天津市

东丽区志

（1979—2010）

天津市东丽区地方志编修委员会　编

方志出版社
Publishing House of Local Records

图书在版编目(CIP)数据

天津市东丽区志.1979—2010/天津市东丽区地方志编修委员会编. ——北京：方志出版社，2020.4
ISBN 978-7-5144-4168-0

Ⅰ.①天… Ⅱ.①天… Ⅲ.①东丽区—地方志—1979-2010 Ⅳ.①K292.13

中国版本图书馆CIP数据核字(2020)第071000号

天津市东丽区志(1979—2010)

编　　者:天津市东丽区地方志编修委员会
责任编辑:张　颢

出 版 者:方志出版社
地址　北京市朝阳区潘家园东里 9 号(国家方志馆4层)
邮编　100021
网址　http://www.fzph.org
发　　行:方志出版社图书经销中心
电话(010)67110500
经　　销:各地新华书店
印　　刷:天津市津华胶印厂

开　　本:889×1194　　1/16
印　　张:82
字　　数:2257千字
版　　次:2020年4月第1版　　2020年4月第1次印刷
印　　数:0001~1300册

ISBN 978-7-5144-4168-0　　定价:780.00元

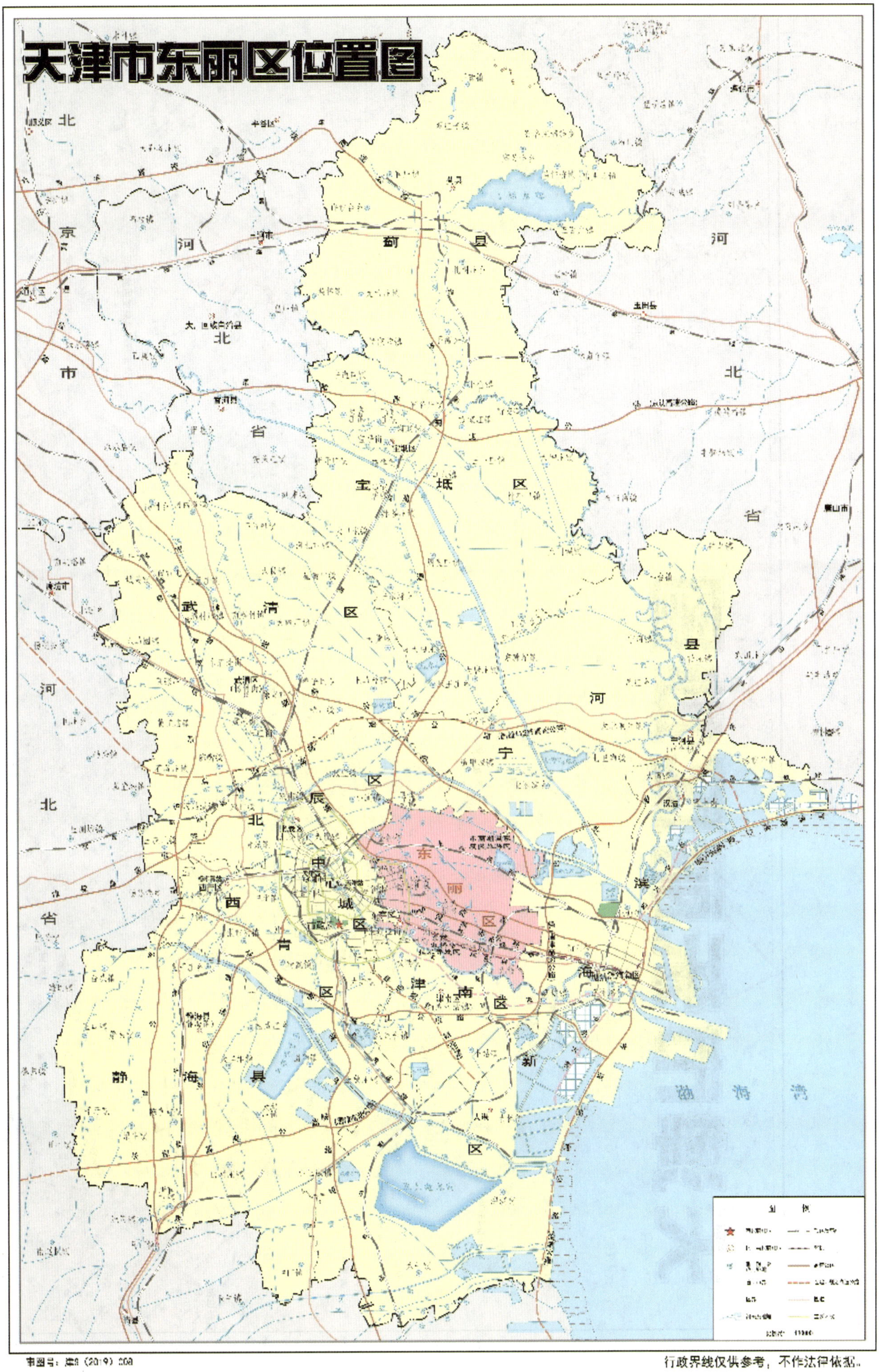

审图号：津S（2019）008

行政界线仅供参考，不作法律依据。

天津市东丽区地图
位置示意图
大张庄镇
小淀镇
西堤头镇
造甲城镇
西七里海
北辰区
宁河县
金钟街
华明街
宜兴埠镇
东丽湖温泉度假旅游区
东丽湖
天津港保税区·空港
北辰科技工业园
宁河县
武清区
宝坻区
蓟县
北辰区
西青区
东丽区
津南区
静海县
滨海新区

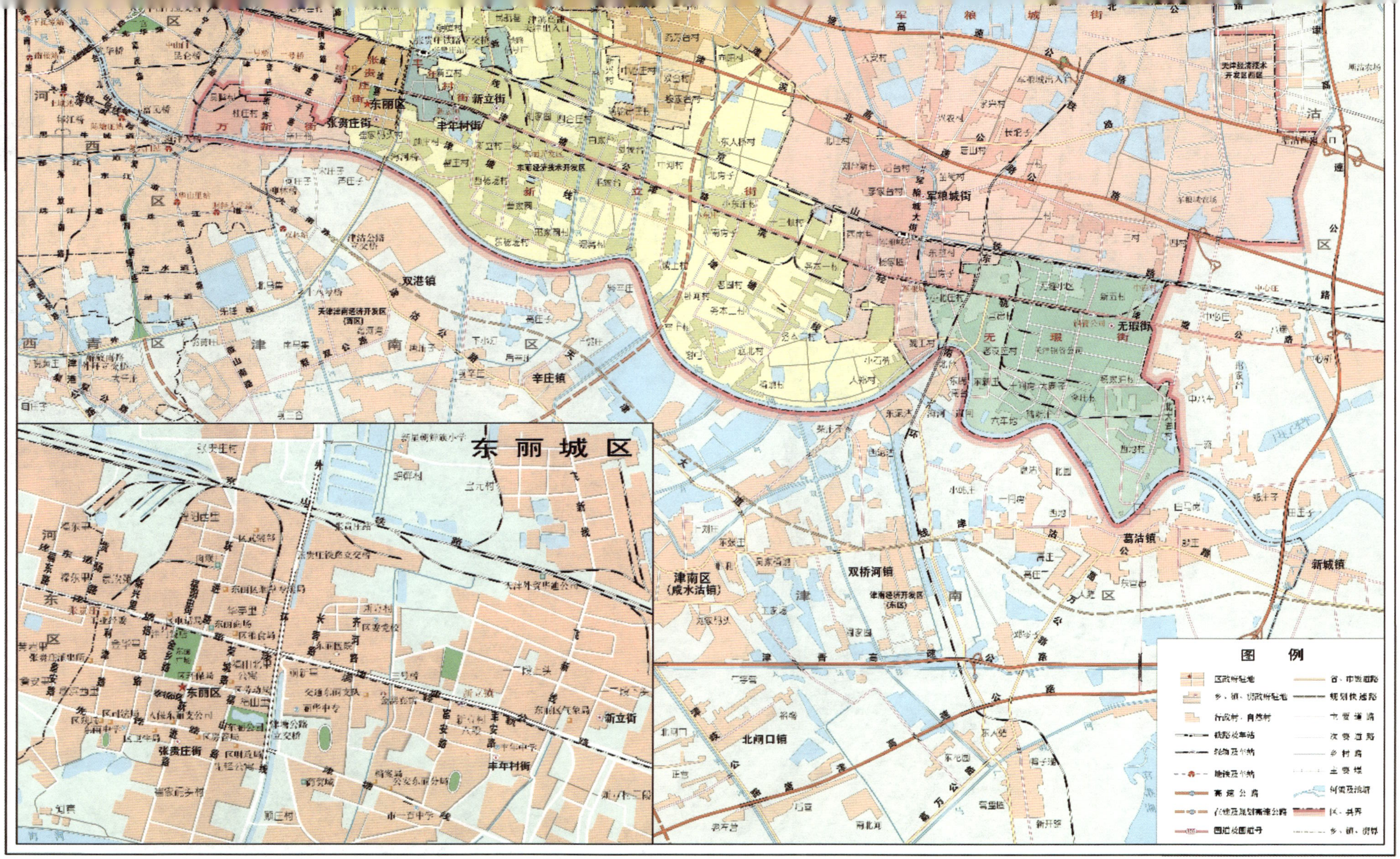

审图号：津S（2019）008

行政界线仅供参考，不作法律依据。

城镇新貌

东丽广场

魅力华明入世博

2010年5月1日，上海世博会城市最佳实践区唯一农村城市化题材案例华明馆开馆

华明馆笑脸墙

华明馆外景

2009 年 9 月 21 日，东湖向丽湖蓄水暨新地河水库改造启动

天海风·滑水狂欢节

东丽区交通及水利工程位置图（2010）

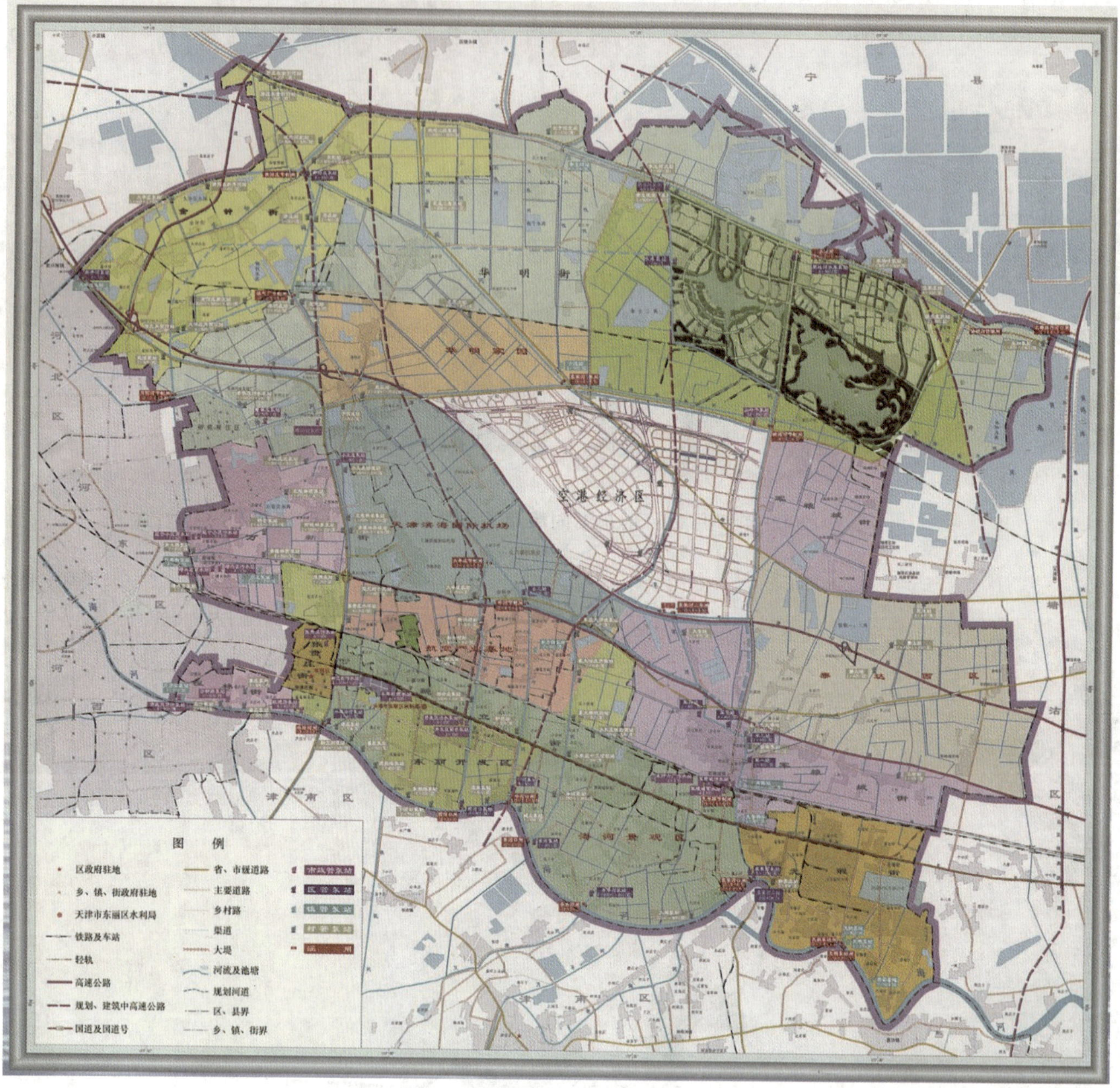

东丽区地方志编修委员会

主　任： 谢　元

副主任： 陈友东　刘克强　孔宪义　田先钰

顾　问： 夏　新　孙富霞　李大勇

委　员： 张俊河　韩孝堂　张绍堂　胡德方　黄佩玲　宋丽娜

王绍森　张建东　赵洪茂　魏秀娟　杨成立　蒋文会

李晓霞　张建华　李春捷　刘俊岭　刘岩萍　邱守江

杨治刚　边仕苓　袁茂霞　李义柱　王志超　苑树军

许金来　张克奎　杨海良　路四江　魏俊香　王金辉

任国宏　张顺喜　刘　耘　丁　凌　章　锐　于秀山

张　博　张玉国　韩宝星　李宝龙　马　超　尹　琪

孙国彬　常爱民　耿俊杰　马权岭　孙敏英　信衍红

张玉明　安　战

天津市东丽区地方志编修委员会办公室

主　　任： 安　战

成　　员： 王　娜　吴俊侠　魏吉祥　刘秀芹

吴　迪　曹心慧

《天津市东丽区志(1979—2010)》编修人员

主　编： 张玉明

副主编： 安　战

总　纂： 王建国　杨茂树

编　辑： 王　娜　吴俊侠　魏吉祥　刘秀芹

吴　迪　曹心慧

撰稿人： 王志民　刘培猛　许新复　杨丰树

陈　元　韩子丰

天津市地方志编修委员会办公室区志审定人员

主　审： 关树锋

副主审： 张月光　白文平

编　审： 沙　洵　韦　恬　张　轶

《天津市东丽区志(1979—2010)》评审人员

(按姓氏笔画排列)

于伟平　关树锋　任云兰　张月光

陈　克　傅常欣　谭汝为

图照提供： 全志图照来源于参编单位、《东丽年鉴》及主编拍摄

序

继1996年首部《天津市东丽区志》问世之后，续修《天津市东丽区志（1979—2010）》自2003年1月启动，经全区130个单位的广泛参与及编修人员的辛勤工作，现终告付梓，编纂成书。这是东丽区社会文化建设领域的一件盛事，也是东丽区地方志工作又一项重大成果，可喜可贺！

中共十一届三中全会开启了改革开放历史新的时期。志书客观地记载了天津市东丽区32年改革开放的奋斗历程，呈现了东丽区历届区委、区政府励精图治，带领全区人民，全面贯彻党的路线、方针、政策，解放思想，开拓创新，积极推进改革开放，坚持以经济建设为中心，以富民强区为目标，以深化改革为动力，统筹城镇发展，积极探索加快发展的新途径，全区经济建设和社会发展以及人民生活质量显著提高的壮美画卷！

《天津市东丽区志（1979—2010）》历经15次调整、完善，共计34编120余万字。纬事经时，存真厚重，全面系统地记载了东丽区自然环境、经济、政治、文化和社会等方面的发展历程，彰显了区内浓郁的区情特色及鲜明的时代特征，是一部内容丰富、资料翔实、体例完备、文风端正的地方百科全书。

盛世修志是中华民族的优良传统，志书具有“存史、育人、资政”和信息传递、对外交流等多种功能。为政者可以志为借鉴，认真总结过去，积极建设现在，科学规划未来；为民者可以志为教材，了解、研究、宣传、建设东丽，激发爱家乡、爱祖国的热情，为东丽区经济社会持续快速发展做出更大的贡献。

《天津市东丽区志（1979—2010）》是一部鸿篇巨制，是一项浩瀚繁博的社会文化建设工程。编写过程中，始终得到了天津市地方志编修委员会办公室领导、专家学者的具体指导，以及驻区单位的大力支持。每个编、章、节、目都渗透着编修人员的辛劳和汗水，体现着编修人员对历史负责，对人民负责的严谨态度和奉献精神。在此，为编纂本志书付出艰辛劳动及关心、支持、帮助编志工作的单位和各界人士表示衷心的感谢！

谨书数语为序。

中共天津市东丽区委员会书记　夏　新

天津市东丽区人民政府区长　谢　元

2019年8月

序

继1996年首部《天津[illegible]》[illegible]《天津[illegible]区志（1979—2010）》自2005年1月启动，经全区150个单位[illegible]编修人员的辛勤工作，现终付梓，[illegible]。这是东丽[illegible]一件盛事，也是东丽区[illegible]大成果，可喜可贺！

[illegible]

《[illegible]区志（1979—2010）》[illegible]，共计31编120余万字。[illegible]

[illegible]

[illegible]

谨以[illegible]为序。

中共天津市东丽区委[illegible]

天津市东丽区人民政府区长　[illegible]

2010年[illegible]月

凡　例

一、本志以马克思列宁主义、毛泽东思想、邓小平理论、“三个代表”重要思想、科学发展观、习近平新时代中国特色社会主义思想作为指导，坚持辩证唯物主义和历史唯物主义的立场、观点和方法，力求全面、客观、系统地记述东丽区域自然、政治、经济、文化、社会各个方面的发展变化和改革开放成果。

二、本志名称定为《天津市东丽区志(1979—2010)》，系1996年12月版首部《天津市东丽区志》的续志。

三、本志全面、系统、客观、准确地记述区域内1979—2010年的经济社会发展历程，充分反映改革开放和社会主义现代化建设的成果，体现时代特征与地方特色，力求思想性、科学性、著述性及资料性的统一，彰显存史、育人、资政作用。

四、本志上限始于1979年，下限至2010年。为保持记事的连续性和完整性，部分事物的记述适当上溯。首部区志下限为1995年，本志1979—1995年部分内容略写。对首部区志讹误之处作纠正、疏漏之处作增补。

五、本志以东丽区2010年行政区域为记述范围，对区内单位在区外进行的与区经济社会发展密切相关的重大活动适当收录。

六、本志按类立编，编下设章、节、目，部分目下设子目。各编、章下均设无题序，概括、引领、提示其记述的内容。

七、本志为体现区域特色和时代特征，部分章的内容升格为编。如在城镇建设编后另设华明示范镇编，产业园区编后另设东丽湖温泉度假旅游区编，商业服务业编后另设对外经济和贸易编。既体现相邻编的联系，又突出了区域鲜明的特色。

八、本志述、记、志、传、图、表、录诸种体裁并用，以志为主。横分门类，纵写史实，述而不论。志前有地图，图表随文；志后设附录，内含文存、前志补遗、索引，编修始末等。

九、本志采用规范的现代语体文、记述体。文字、标点符号、数字、计量单位等，均按《天津市地方志书编修行文规范》执行。

十、本志人物传记遵循“生不立传”原则，收录本籍和客籍对东丽区社会发展有贡献和重要影响的人物。“人物编”中设个人荣誉表，含被授予市级及其以上劳动模范、先进个人、特级个人荣誉等。

十一、本志在局部重复区名时，简称为区、东丽、全区、区内。采用第三人称记述，所述地域机构、团体、组织、会议、文件等以当时称谓为准，首次出现时用全称，之后使用简称。

十二、本志一般在辛亥革命前用历史纪年，括注公元纪年。

十三、本志统计数字，涉及全区的以区统计部门公布的数据为准，属于部门或机关单位的以其部门或单位统计核定数据为准。为客观真实反映区内人口管理规模及土地面积，在政区、人口等编中使用全国人口普查的相关数据，在政区、自然环境、农业等编中使用土地管理部门的土地调查相关数据。

十四、本志为保持各编、章记述内容的完整性，减少交叉和避免重复，凡相同的内容均在主体编、章中详细记述，在有关编、章中略记，同时加以注释。

十五、本志史料一般来源于各承编单位，无承编单位或提供有难度的，则取材于文献、档案、报刊、书籍、口述史资料和社会专项重点调查研究等。

目　录

总　述……………………………………………………………………1

大事记……………………………………………………………………9

第一编　政　区

第一章　建置　区划……………………………………………………45

第一节　建置沿革……………………………………………………45
第二节　边界勘定……………………………………………………46
第三节　行政区划……………………………………………………50
第四节　纳入滨海新区………………………………………………52

第二章　街道　乡………………………………………………………54

第一节　张贵庄街道…………………………………………………54
第二节　丰年村街道…………………………………………………58
第三节　万新街道……………………………………………………62
第四节　新立街道……………………………………………………67
第五节　无瑕街道……………………………………………………71
第六节　华明街道……………………………………………………74
第七节　金钟街道……………………………………………………77
第八节　军粮城街道…………………………………………………80
第九节　么六桥回族乡………………………………………………83

第二编　自然环境

第一章　地质 地貌……89
第一节　地　质……89
第二节　地　貌……91
第二章　气候 物候……92
第一节　气　候……92
第二节　物　候……95
第三章　自然资源……97
第一节　土地资源……97
第二节　水资源……101
第三节　地热资源……103
第四节　气候资源……104
第五节　动物资源……105
第六节　植物资源……109
第四章　自然灾害……112
第一节　干旱　沥涝……112
第二节　雹　灾……113
第三节　风　灾……114
第四节　霜　冻……115
第五节　病虫害……115

第三编　环境保护

第一章　环境监测……119
第一节　监测站……119
第二节　环境监测……122
第二章　污染治理……124
第一节　大气污染治理……124

第二节　水污染治理……125
第三节　固体废弃物污染治理……126
第四节　噪声污染治理……127
第五节　工业污染治理……127
第六节　控制污染物排放总量……128

第三章　环境管理……128

第一节　建设项目管理……129
第二节　城市环境综合整治……130
第三节　宣传教育……131

第四章　执法监察……133

第一节　环境信访……133
第二节　专项检查……134
第三节　污染调查……136
第四节　监察执法……137

第五章　生态区建设……138

第一节　创建环保模范城区……138
第二节　创建生态区……139
第三节　建设成果……140

第四编　人　口

第一章　人口规模与分布……145

第一节　人口总量……145
第二节　人口分布……147

第二章　人口变动……147

第一节　自然变动……148
第二节　机械变动……149

第三章　人口构成……150

第一节　性别 年龄……150

第二节　民族构成……152
第三节　职　业……153
第四节　家庭 婚姻……154
第五节　人口素质……155

第四章　人口控制……160

第一节　机　构……160
第二节　政策法规……161
第三节　宣传教育……162
第四节　技术服务……164
第五节　人口控制概况……165
第六节　计划生育管理……167

第五编　城镇建设与管理

第一章　城镇规划……173

第一节　机　构……173
第二节　规划编制……173
第三节　地名管理与测绘……179
第四节　执法监督……180

第二章　基础设施建设……180

第一节　机　构……180
第二节　城区道路……181
第三节　供　水……182
第四节　排　水……182
第五节　供　热……184
第六节　路　灯……186

第三章　津滨新城区建设……186

第一节　机　构……187
第二节　新城区建设概况……187
第三节　新市镇建设……188
第四节　城中村改造……189

第五节　大项目撤村……190
第四章　市容环卫　园林绿化……191
第一节　机　构……191
第二节　环境卫生……192
第三节　市容街景……195
第四节　行政执法……198
第五节　园林绿化……199
第六节　公园景区……200
第五章　城管综合执法……201
第一节　机　构……202
第二节　市容综合整治……202
第三节　违法建设治理……204
第四节　法治服务……204

第六编　华明示范镇

第一章　示范镇建设……209
第一节　机　构……209
第二节　华明示范镇规划……209
第三节　实施示范镇建设……210
第二章　社区建设……212
第一节　社区居委会……212
第二节　特色居委会和居民园区……213
第三节　社区工作……213
第三章　服务业　旅游业……215
第一节　服务业……216
第二节　旅游业……216
第四章　参展上海世博会……219
第一节　入选世博会……219

第二节　华明展馆……219
第三节　华明日活动……220
第四节　主要成果……221

第七编　交通运输

第一章　设　施……225
第一节　公　路……225
第二节　铁　路……234
第三节　航　空……238
第四节　水　路……239
第二章　运　输……241
第一节　机　构……241
第二节　公路客运……242
第三节　公路货运……245
第四节　水上运输……249
第三章　管　理……250
第一节　客运管理……250
第二节　日常管理……250
第三节　车辆维修……252

第八编　邮政　通信　电力

第一章　邮　政……257
第一节　机　构……257
第二节　邮路设施……257
第三节　邮政业务……258
第二章　通　信……261
第一节　政务网络……261

第二节　联通通信……262
第三节　移动通信……265
第四节　广电网络……266
第三章　电　力……267
第一节　机　构……268
第二节　电网发展……268
第三节　电力管理……272
第四节　电厂建设……275

第九编　水　利

第一章　管理机构……279
第一节　机构沿革……279
第二节　科室设置……279
第二章　水利工程……279
第一节　饮水工程……280
第二节　河道治理……281
第三节　泵站建设……288
第四节　农田水利……290
第五节　环境建设……293
第三章　水利管理……295
第一节　工程管理……295
第二节　资源管理……299
第三节　水政监察……303
第四章　防汛抗旱……306
第一节　组织建设……306
第二节　防洪工程……307
第三节　排涝工程……307
第四节　防汛抢险……308
第五节　排水救灾……309

第六节　抗旱救灾……309

第十编　农　业

第一章　管理机构……313
第一节　东丽区农业经济委员会……313
第二节　农业技术推广服务中心……313
第三节　畜牧水产服务中心……313
第二章　农业经济体制改革……314
第一节　家庭联产承包责任制……314
第二节　土地延包与合理流转……315
第三节　农村税费改革……316
第四节　农民专业合作社……316
第三章　种植业……317
第一节　粮食作物……317
第二节　经济作物……320
第三节　蔬菜作物……321
第四节　花卉　食用菌……325
第五节　植物保护……327
第四章　养殖业……329
第一节　畜牧养殖……329
第二节　水产养殖……334
第三节　动物疫病防控……339
第五章　林　业……342
第一节　育种育苗……343
第二节　植树造林……344
第三节　果树果园……347
第四节　林木保护……350

第六章　农业机械……352
第一节　农业机具……352
第二节　农业作业……354
第三节　农机管理……355
第四节　农机服务……356
第七章　沿海都市型现代农业……358
第一节　农业产业化建设……358
第二节　设施农业……361
第三节　现代农业园区……362

第十一编　工　业

第一章　管理机构……367
第一节　机构沿革……367
第二节　东丽区工业经济委员会……367
第二章　工业经济体制改革……367
第一节　体制调整……368
第二节　产权制度……369
第三章　发展概况……369
第一节　乡镇企业……369
第二节　“6216”工程……370
第三节　新型工业化……371
第四节　中小企业……371
第四章　发展规模……372
第一节　资产规模……372
第二节　产销效益……373
第三节　规模企业……375
第五章　工业结构……376
第一节　结构调整……377

第二节 主导行业……378
第三节 主导产业……379

第六章 产品产量……384

第一节 重点产品……384
第二节 主要产量……385
第三节 名牌商标……387

第七章 固定资产投入与技术改造……387

第一节 固定资产投入……388
第二节 技术改造……389
第三节 技术中心……392

第八章 工业节能……393

第一节 节能管理……393
第二节 节能宣传与考核……395
第三节 节能资金……396
第四节 节能监测……396

第九章 工业管理……397

第一节 质量管理……397
第二节 人力资源管理……398
第三节 财务与营销管理……400
第四节 危险化学品管理……401
第五节 服务中小企业管理……401

第十二编 产业园区

第一章 东丽经济开发区……407

第一节 机　构……407
第二节 基础设施……407
第三节 园区规划……409
第四节 招商引资……410
第五节 高新科技……411

第六节 重点企业……412
第二章 军粮城工业园区……418
第一节 机 构……418
第二节 基础设施……418
第三节 园区规划……419
第四节 园区产业……420
第五节 重点企业……421
第三章 滨海重机工业园区……422
第一节 机 构……422
第二节 基础设施……422
第三节 园区产业……423
第四节 重点项目及产品……424
第四章 华明工业园区……425
第一节 机 构……425
第二节 基础设施……425
第三节 园区产业……426
第四节 重点企业……427

第十三编 东丽湖温泉度假旅游区

第一章 新地河水库……431
第一节 新地河工程……431
第二节 新地河水库工程……431
第三节 新地河水库效益……433
第二章 冠名东丽湖……434
第一节 新地河水库易名东丽湖……434
第二节 管理机构……434
第三章 东丽湖资源……435
第一节 动植物资源……435

第二节　地热资源……435
第三节　项目资源……436
第四章　东丽湖规划与建设……438
第一节　东丽湖区域规划……438
第二节　东丽湖基础设施……439
第三节　东丽湖改造……440
第五章　旅游文化……441
第一节　早期旅游开发……441
第二节　文体旅游综合发展……441
第三节　旅游景点选介……442
第四节　旅游宾馆……444

第十四编　商业　服务业

第一章　管理机构……447
第一节　供销社　物资总站……447
第二节　粮办　运管局　商务委……447
第二章　商品流通体制改革……448
第一节　供销社体制改革……448
第二节　粮食系统体制改革……449
第三节　服务市场建设……449
第三章　商业经营……450
第一节　粮油经营……450
第二节　生活消费品……453
第三节　农用物资……454
第四节　燃油经营……455
第五节　医疗药品……455
第六节　废旧物资　烟花爆竹……456

第四章　商贸流通……457
第一节　商业街　商业中心……457
第二节　商场　超市……458
第三节　专业批发市场……460
第四节　集贸市场……463
第五章　服务业……464
第一节　餐　饮……464
第二节　住　宿……466
第三节　生活服务……467
第六章　仓储物流……469
第一节　仓　储……470
第二节　物　流……473
第三节　金钟商贸物流区……477

第十五编　外经外贸

第一章　对外经济……483
第一节　机　构……483
第二节　发展决策……483
第三节　招商引资……484
第四节　出国办企业……486
第二章　对外贸易……487
第一节　出口贸易……488
第二节　进口贸易……491
第三章　外资企业……492
第一节　合资　合作……492
第二节　独资企业……493

第十六编　建筑业　房地产业

第一章　建筑业……499
第一节　机　构……499
第二节　建筑管理……499
第三节　工程监理……502
第四节　招标投标……503
第五节　建筑设计……504
第六节　建筑企业……505
第二章　房地产业……507
第一节　机　构……507
第二节　住房保障与房屋改革……508
第三节　房地产管理……509
第四节　执法监察……513
第五节　房地产开发……515
第六节　房地产交易……518
第七节　物业管理……520
第八节　房地产企业……521

第十七编　财税　金融

第一章　财　政……525
第一节　机　构……525
第二节　体制改革……525
第三节　财政收入……528
第四节　财政支出……530
第五节　管理监督……534

第二章　国　资……536
第一节　机　构……536
第二节　管理监督……537
第三节　国企发展……539
第四节　国企贡献……540
第五节　区属国有企业……541
第三章　国　税……544
第一节　机　构……545
第二节　税制改革……545
第三节　税收征管……546
第四节　税务管理……548
第五节　纳税服务……549
第六节　稽查检查……551
第四章　地　税……552
第一节　机　构……553
第二节　税制改革……553
第三节　税款征收……554
第四节　管理服务……556
第五节　税务稽查……557
第五章　金融业……558
第一节　金融服务……558
第二节　银行业……559
第三节　保险业……567

第十八编　经济管理

第一章　土地资源管理……573
第一节　机　构……573
第二节　规划管理……574
第三节　资源管理……574

第四节　市场管理……575
第五节　地籍管理……576
第六节　土地整理……577
第七节　执法监察……578
第八节　节约集约示范区……580

第二章　计划管理……581

第一节　机　构……581
第二节　计划编制与执行……582
第三节　固定资产投资管理……585
第四节　项目计划管理……585
第五节　政策研究……587

第三章　统计管理……587

第一节　机　构……588
第二节　专业统计……588
第三节　统计调查……591
第四节　统计服务……594
第五节　统计法治……595

第四章　工商行政管理……595

第一节　机　构……596
第二节　企业登记管理……596
第三节　市场监督管理……599
第四节　登记监督管理……600
第五节　商标广告管理……601
第六节　经济合同管理……603
第七节　经济监督检查……604
第八节　消费者权益保护……605

第五章　物价管理……605

第一节　机　构……606
第二节　价格管理……606
第三节　收费管理……607
第四节　监督检查……608

第五节　价格调查……609
第六节　价格服务……611
第六章　审计管理……612
第一节　机　构……612
第二节　国家审计……613
第三节　内部审计……616
第四节　社会审计……617
第五节　业务管理……617
第七章　质量技术监督管理……618
第一节　机　构……618
第二节　计量监督检定……619
第三节　质量监督检验……620
第四节　标准化与代码……621
第五节　特种设备监管……622
第六节　食品安全监管……623
第七节　检测科研成果……624
第八章　食品药品监督管理……625
第一节　食品管理……625
第二节　药品管理……627
第九章　安全生产监督管理……629
第一节　机　构……629
第二节　综合监督……629
第三节　专业监管……631
第四节　宣传培训……632
第五节　生产事故……633
第十九编　中国共产党
第一章　党员及党代表大会……637
第一节　党员数量与结构……637

第二节　党代会代表……639
第三节　党代表大会……640
第二章　中共东丽区委员会……641
第一节　领导机构……641
第二节　工作机构……644
第三章　重要会议……646
第一节　区委工作会议……646
第二节　区委全体（扩大）会议……646
第三节　区委常委会议……647
第四节　党员代表会议……647
第四章　重要决策……648
第一节　宏观决策……648
第二节　专项决策……648
第三节　措施决策……649
第五章　组织建设……649
第一节　机　构……650
第二节　党员教育……650
第三节　党员管理……653
第四节　基层组织建设……654
第五节　干部选用与管理……657
第六节　人才队伍建设……659
第七节　机关党建……661
第八节　党校培训……664
第九节　老干部工作……666
第六章　宣传工作……668
第一节　机　构……669
第二节　理论学习……669
第三节　新闻宣传……671
第四节　社会宣传……673
第五节　宣传队伍……674

第七章 纪律检查……674
第一节 机 构……675
第二节 党风廉政建设……676
第三节 监督检查……678
第四节 廉洁自律……680
第五节 专项治理……681
第六节 查办案件……682
第八章 统一战线……684
第一节 机 构……684
第二节 落实统战政策……685
第三节 港澳台工作……687
第四节 非公经济人士工作……688
第五节 统战理论学习……688
第九章 精神文明建设……689
第一节 公民道德建设……689
第二节 未成年人思想道德教育……691
第三节 城乡文明共建……692
第四节 精神文明创建……693
第五节 志愿服务……695
第十章 政策研究 督查工作……695
第一节 政策研究……696
第二节 督查工作……699
第十一章 机构编制 保密工作……702
第一节 机构编制……702
第二节 保密工作……704

第二十编 人民代表大会

第一章 人大代表……709

第一节　代表选举……709
第二节　代表构成……709
第三节　全国及天津市人大代表……710

第二章　代表大会……711

第一节　第八届人民代表大会……711
第二节　第九届人民代表大会……712
第三节　第十届人民代表大会……712
第四节　第十一届人民代表大会……713
第五节　第十二届人民代表大会……714
第六节　第十三届人民代表大会……715
第七节　第十四届人民代表大会……717
第八节　第十五届人民代表大会……718

第三章　常务委员会……719

第一节　机构及组成人员……719
第二节　重要会议……721

第四章　常委会主要工作……723

第一节　依法监督……723
第二节　重大事项决定……724
第三节　人事任免……725
第四节　视察调研……725
第五节　代表工作……727
第六节　指导乡镇街道人大工作……727

第二十一编　人民政府

第一章　政府机构……731

第一节　领导成员……731
第二节　组成部门……733
第三节　政务会议……736

第二章　施政要略……740
第一节　经济建设……740
第二节　园区建设……743
第三节　社会事业……744
第四节　城镇建设……745
第三章　信访工作……746
第一节　机　构……746
第二节　信访制度……747
第三节　来信来访……747
第四节　案件查办……748
第五节　培训调研……750
第四章　行政执法……751
第一节　机　构……751
第二节　行政监督……752
第三节　行政复议……753
第四节　法治宣传……754
第五章　行政许可审批服务……755
第一节　机　构……755
第二节　行政服务……756
第三节　社会服务……757
第六章　民族宗教事务　侨务与外事……758
第一节　民族事务……758
第二节　宗教事务……760
第三节　侨　务……761
第四节　外　事……761
第七章　应急工作　机关事务……763
第一节　应急工作……763
第二节　机关事务……764

第二十二编　政治协商会议

第一章　委员组成……769
　第一节　委员产生……769
　第二节　委员界别……769
第二章　全体委员会议……771
　第一节　第一届委员会……771
　第二节　第二届委员会……772
　第三节　第三届委员会……772
　第四节　第四届委员会……773
　第五节　第五届委员会……774
　第六节　第六届委员会……775
　第七节　第七届委员会……775
第三章　常务委员会……776
　第一节　组成人员及机构……776
　第二节　常委会会议……779
　第三节　主席会议……780
第四章　主要工作……780
　第一节　政治协商……780
　第二节　民主监督……781
　第三节　参政议政……782
　第四节　提案工作……783
　第五节　调研视察……783
　第六节　信息联谊……784
　第七节　文史工作……785

第二十三编　民主党派　人民团体

第一章　民主党派……789

第一节　民革东丽区委员会……789
第二节　民盟东丽区委员会……789
第三节　民建东丽区支部委员会……790
第四节　民进东丽区委员会……791
第五节　农工党东丽区委员会……792
第二章　人民团体……793
第一节　总工会……793
第二节　共青团……796
第三节　妇女联合会……801
第四节　科学技术协会……807
第五节　工商业联合会（商会）……810

第二十四编　政　法

第一章　政法委及综治……817
第一节　机　构……817
第二节　政法委工作……817
第三节　社会治安综合治理……819
第四节　平安东丽建设……821
第五节　政法队伍建设……823
第二章　公　安……824
第一节　机构　设施……824
第二节　维护稳定……825
第三节　打击犯罪……826
第四节　治安管理……829
第五节　户政管理……831
第六节　法治、预审和监所……833
第七节　消防管理……834
第八节　交通管理……837
第三章　检　察……839
第一节　机　构……839

第二节　刑事检察……839
第三节　经济检察……844
第四节　渎职侵权检察……846
第五节　控告申诉检察……847
第六节　民事行政检察……849
第七节　监所检察……850
第八节　职务犯罪预防……851

第四章　法　院……851

第一节　机　构……852
第二节　刑事审判……852
第三节　民事审判……853
第四节　商事审判……855
第五节　行政审判……856
第六节　案件执行……857
第七节　审判监督……859

第五章　司法行政……860

第一节　机　构……860
第二节　普法宣传……861
第三节　依法治区……863
第四节　公证事务……864
第五节　法律援助……865
第六节　律师事务……866
第七节　基层司法……867

第二十五编　军　事

第一章　机　构……873

第一节　人民武装委员会与国防动员委员会……873
第二节　人民武装部……873
第三节　驻　军……874

第二章 兵 役……874
第一节 兵役机构……875
第二节 兵员征集……875
第三节 预备役……877
第三章 民 兵……877
第一节 组织建设……877
第二节 政治教育……878
第三节 军事训练……878
第四章 拥政爱民……878
第一节 支援地方经济建设……879
第二节 学雷锋献爱心……880
第三节 军民共建……881
第五章 国防动员……882
第一节 国防教育……882
第二节 人民防空……884

第二十六编 人事劳动与社会保障

第一章 人事管理……889
第一节 机 构……889
第二节 调配考录……889
第三节 干部管理……893
第四节 人才建设……898
第五节 工资福利 退休管理……900
第二章 劳动管理……904
第一节 机 构……904
第二节 劳动制度改革……904
第三节 就业及培训……907

第四节　劳动争议仲裁……910
第五节　劳动保障监察……910
第三章　社会保障……911
第一节　养老保险……911
第二节　医疗和生育保险……915
第三节　工伤保险……916
第四节　失业保险……917

第二十七编　民　政

第一章　管理机构……923
第一节　民政局……923
第二节　老龄委……923
第三节　慈善协会……923
第二章　基层政权建设……923
第一节　村委会建设……924
第二节　居委会建设……926
第三节　志愿者队伍……927
第三章　救灾救济……928
第一节　灾害救济……928
第二节　低保救助……929
第三节　“五保”供养……932
第四节　专项救济……933
第四章　社会福利……936
第一节　福利生产……936
第二节　福利彩票……937
第三节　慈善事业……938
第五章　拥军优抚安置……939
第一节　拥军优抚……939
第二节　抚恤补助……942

第三节 退伍安置 943
第四节 军队离退休人员安置 944

第六章 社会行政管理 945

第一节 社团管理 946
第二节 婚姻登记 948
第三节 收养登记 950
第四节 殡仪服务 950

第七章 双拥工作 952

第一节 组织建设 952
第二节 双拥创新 953
第三节 宣传表彰 954

第八章 残疾人事业 955

第一节 代表大会 955
第二节 组织机构 956
第三节 主要工作 956

第九章 老龄事业 960

第一节 服务设施 960
第二节 权益保障 963

第二十八编 教 育

第一章 教育体制改革 967

第一节 管理机构改革 967
第二节 办学体制改革 967

第二章 基础教育 968

第一节 学前教育 968
第二节 小学教育 971
第三节 中学教育 978

第三章　职业（中专）教育……985
第一节　调整与发展……985
第二节　教师进修学校……986
第三节　职教中心学校……988
第四章　成人教育……991
第一节　农民教育……991
第二节　职工教育……993
第三节　成人高等教育……994
第四节　社会办学……995
第五章　高等院校……997
第一节　天津体育学院职业技术学院……997
第二节　天津体育学院运动与文化艺术学院……998
第三节　驻区高等院校……999
第六章　教　师……1001
第一节　教师队伍……1001
第二节　师资培训……1001
第三节　教师待遇……1003
第四节　师德建设……1004
第七章　学　生……1005
第一节　学生组织……1005
第二节　德育教育……1006
第三节　课外教育……1009
第四节　考试升学……1011
第五节　卫生保健……1012
第八章　教育管理……1013
第一节　教育设施……1013
第二节　教育经费……1015
第三节　教育督导……1016

第九章　教育科研……1019
第一节　教研教改……1019
第二节　教科研究……1021
第三节　教育学会……1023

第二十九编　科学技术

第一章　科技组织……1027
第一节　管理机构……1027
第二节　科技队伍……1027
第三节　职称评定……1028
第二章　科技管理……1028
第一节　规划与计划……1028
第二节　科技政策……1029
第三节　改革创新……1029
第三章　科技成果……1030
第一节　科技项目……1030
第二节　科技推广……1031
第三节　科技获奖……1032
第四章　科技服务……1034
第一节　知识产权……1035
第二节　生产力促进中心……1036
第三节　科技企业孵化器……1037
第四节　培训与交流……1038
第五章　科技测报……1039
第一节　气象业务……1040
第二节　气象服务……1041
第三节　地震监测……1041

第六章　信息技术……1042
第一节　政务信息……1042
第二节　企业信息……1042
第三节　农业信息……1043
第七章　科技普及……1043
第一节　科技兴农……1043
第二节　民营科技……1045
第三节　“星火计划”……1047
第四节　高新科技……1048
第八章　科技创建……1050
第一节　科技兴区……1051
第二节　全国科技进步先进区……1052
第三节　国家可持续发展实验区……1053

第三十编　文　化

第一章　管理机构……1057
第一节　群众文化管理……1057
第二节　广播电视管理……1057
第三节　新闻传媒管理……1058
第二章　群众文化……1058
第一节　文化设施……1058
第二节　民间花会……1063
第三节　节庆展演……1064
第四节　民间艺术……1065
第五节　民间收藏……1066
第六节　文化市场管理……1068

第三章　文学艺术……1069
第一节　文学创作……1070
第二节　书法 绘画 摄影……1073
第三节　音乐 舞蹈……1075
第四节　戏剧 曲艺……1076
第五节　文学艺术界联合会……1078
第四章　文化遗产……1078
第一节　文物普查……1078
第二节　碑　文……1079
第三节　非物质文化遗产……1082
第五章　新闻传媒……1086
第一节　广　播……1086
第二节　电　视……1087
第三节　报　刊……1090
第六章　档案　史志……1091
第一节　档　案……1092
第二节　史　志……1095

第三十一编　卫　生

第一章　卫生体制改革……1101
第一节　管理机构……1101
第二节　公费医疗……1101
第三节　农村合作医疗……1101
第四节　人事体制改革……1102
第五节　新型卫生服务体系建设……1104
第二章　医疗机构……1104
第一节　区级医院……1105
第二节　社区卫生服务中心……1107

第三节　村卫生所……1107
第四节　驻军医院……1108
第五节　其他医疗卫生单位……1108
第三章　医疗队伍……1110
第一节　区属医疗队伍……1111
第二节　乡镇街医疗队伍……1111
第三节　乡村医生……1111
第四节　其他医疗队伍……1112
第四章　医疗技术及设备……1112
第一节　中　医……1112
第二节　西　医……1113
第三节　护　理……1117
第四节　医疗设备……1117
第五章　疾病控制……1119
第一节　地方病防治……1119
第二节　传染病防治……1121
第三节　慢性病防治……1125
第四节　职业病防治……1126
第五节　结核病防治……1127
第六节　公共场所卫生监测……1128
第七节　学校卫生……1129
第八节　疾控中心实验室……1129
第六章　妇幼保健……1130
第一节　妇女保健……1130
第二节　儿童保健……1133
第三节　初级卫生保健……1133
第七章　医政管理……1134
第一节　行政管理……1134
第二节　质量管理……1135
第三节　医疗事故管理……1135
第四节　卫生社团……1136

第八章　红十字会……1136
第一节　代表大会……1136
第二节　组织建设……1136
第三节　主要工作……1137

第三十二编　体　育

第一章　管理机构……1143
第一节　体育局……1143
第二节　体育团体……1143
第二章　传统体育……1144
第一节　武　术……1144
第二节　花　毽……1145
第三节　中国象棋……1145
第四节　风　筝……1145
第五节　民间花会……1146
第三章　群众体育……1146
第一节　全民健身……1146
第二节　职工体育……1147
第三节　农民体育……1148
第四节　老年体育……1149
第五节　妇女体育……1150
第六节　残疾人体育……1151
第四章　学校体育……1151
第一节　幼儿体育……1151
第二节　中小学生体育……1152
第三节　体育传统项目创建……1155
第四节　体育赛事……1157

第五章　竞技体育……1159
第一节　区级全民运动会……1159
第二节　区农民运动会……1160
第三节　参加市级赛事……1161
第四节　参加全国、国际体育赛事……1163
第五节　承办天津市赛事……1165
第六节　承办国内、国际赛事……1167
第六章　体育管理……1169
第一节　体育设施……1169
第二节　体育产业……1173
第三节　体育交流……1174
第四节　人才培养……1176

第三十三编　社会生活

第一章　居民生活……1181
第一节　收　入……1181
第二节　消费支出……1183
第二章　社会风俗……1185
第一节　生活习俗……1185
第二节　节庆习俗……1187
第三节　民俗新风……1189
第四节　陋习　禁忌……1191
第三章　宗　教……1192
第一节　伊斯兰教……1192
第二节　天主教……1194
第四章　方言　俗语……1194
第一节　语　音……1194

第二节　方言词汇……1195
第三节　俗语　谚语　歇后语……1198
第四节　民间传说……1199

第三十四编　人　物

第一章　传记……1207
第一节　本籍人物传记……1207
第二节　客籍人物传记……1211
第二章　名　录……1216
第一节　烈　士……1216
第二节　劳动模范……1218
第三节　获省部级荣誉称号者……1222
第四节　特级荣誉称号者……1228
第五节　援藏、疆、甘干部名录……1230
第六节　正高级职称名录……1232
第七节　区境外工作的东丽籍知名人士名录……1234

附　录

文　存……1237
前志补遗……1255
索　引……1259
编修始末……1273
提供资料人员名单……1277

东丽区志

总　述

东丽区位于天津市中部偏东，地处海河中下游北岸，天津市中心城区和滨海新区核心区域之间。地理坐标为北纬39°00′～39°14′，东经117°13′～117°33′。东接天津港，西与河北区、河东区和西青区相连，南临海河与津南区相望，北与宁河县、北辰区毗邻。区境东西最长为30.1千米，最短为18.8千米，南北最宽为25千米，最短为15.92千米。境内地势平坦，西高东低，间有洼地和堤状地带，属暖湿带半湿润大陆性季风气候，年平均气温12.3℃，年平均降雨量502.4毫米，无霜期195天。2010年，区域总面积475.44平方千米，其中经济功能纳入滨海新区225平方千米。辖张贵庄、丰年村、万新、无瑕、新立、华明、军粮城、金钟8个街道办事处和么六桥回族乡，有109个村民委员会、60个社区居民委员会，6个城市公司。全区户籍人口共13.40万户34.69万人，其中非农业人口14.44万人，全区常住人口57万人。辖区内居住着汉、回、朝鲜、蒙古、满等48个民族。

总 述

东丽古为渤海之域，约经3000年的海退成陆过程，形成今日陆地面貌。春秋战国时期，境内已有人繁衍生息；唐汉时代，军粮城已成为繁华重镇。明永乐年间，大批来自晋、冀、鲁、豫等地的百姓定居境内；清同治年间开辟耕地“招民认垦”，使外地农民再次举家落户。新中国成立初期，全区常住人口已达9.92万人。

东丽地理位置得天独厚，水陆空交通便捷。境内有京山、北环铁路枢纽横贯东西；津滨轻轨、京津高速公路、京津塘高速公路、津滨高速公路、津塘公路、津汉公路、杨北公路、津北公路等10余条公路与外环线、东金路纵横交叉；拥有70余条航班的天津滨海国际机场坐落区内；紧靠北方最大的国际贸易港口——天津港；京津塘、京哈、津渝、京福、京同、京淄6条国家级公路交会东丽；现代化的空港物流中心兴建已初具规模，形成了公路、铁路、水路、航空多功能的立体交通网络。

东丽生态环境良好，地热资源丰富，地热面积337平方千米，占全区总面积的70.88%，天然可采热能1.72×10^{14}千卡。区内有市十大旅游景点和七大生态自然保护区之一的东丽湖温泉度假旅游区，东丽湖总水容量2200万立方米，是杭州西湖的1.5倍。湖面的负氧离子含量达到市区6倍以上，散落湖域的1333公顷天然湿地保持着原生态植物群落，成为滨海新区的“后花园”。海河中段横穿东丽区南部，河岸线长18千米，保留着开阔的田野和自然村庄，成为东丽区发展生态观光、休闲旅游的宝贵资源。

东丽人才辈出。从东丽走出的名人，有民国期间天津纱布业中颇有名望的人物范竹斋、铁路总工程师詹天佑的副工程师柴寿畴、张学良部队随军军医王秉礼、第一次世界大战后期赴苏俄参战的外交司令官徐麟福、抗日将领刘家鸾。新中国成立后，有任北京大学副校长的郭景海，中共上海市委副书记杨士法，有爱国爱乡、倾资兴学、造福桑梓、无私奉献的爱国华侨王克昌等。

1978年，中共十一届三中全会胜利召开，标志着我国进入一个全面实行改革开放的新时期。32年，东丽区深入贯彻中共十一届三中全会以来的各项路线、方针、政策，解放思想，实事求是，深化改革，扩大开放，科学发展，顺利实现了全区工作的重点转移，有力地推动了各项事业的全面发展。32年伟大实践证明，这场历史上从未有过的大改革、大开放，极大地调动了东丽区人民的积极性，成功实现了从高度集中的计划经济体制到充满活力的社会主市场经济体制、从封闭半封闭到全方位开放的历史性转折。32年的沧桑巨变，全区发生了翻天覆地的变化，在经济、政治、文化、社会等各方面都取得了辉煌成就，实现了跨越式发展。

经济持续快速发展　综合实力稳步增强

2010年地区生产总值达332.34亿元，是1979年的208.73倍。人均地区生产总值为95796元，是1979年的157.34倍。区级财政总收入40.19亿元，是1979年的139.36倍。农民人均纯收入14210元，是1979年的63.89倍。社会固定资产投资336.97亿元，是1979年14461倍，2001—2010年年均固定资产投资109.46亿元。农村产业结构在调整中得到优化升级，第一、第二、第三产业结构比，2001年为4∶43∶53,2010年为1∶61.3∶37.7，产业结构的不断优化，促进了经济运行质量和效益的提高。

20世纪80年代，全区普遍实行以家庭联产承包为主要形式的生产责任制，贯彻“服务城市，富裕农民”的方针，打破以种植业为主的生产格局，农、林、牧、副、渔全面发展。至1988年逐步建立起“一菜三水”（蔬菜、水稻、水产、水果）为主的农副产品生产基地。农业已完成由“以粮为纲”的生产结构向农业内部粮、经协调发展的转变，至1998年基本实现农、林、牧、副、渔并重，肉、蛋、菜、鱼、奶、果全面发展的生产格局，一批产业龙头带动的农业产业化逐步形成，加快了农业现代化的发展步伐。1999—2003年，农业以发展为主题，以调整为主线，使都市型、外向型、休闲观光型农业得到发展。农业逐步以蔬菜、花卉、食用菌为主，粮经比例由3.21∶1发展为1∶1.3，建设了110个畜牧水区养殖小区，养殖业占农业总产值比重达55%。全区发展具有进出口经营权企业5家，使原单一大白菜的出口增加到花卉、食用菌、鸵鸟、肉驴等10个。2004—2010年，沿海都市型现代农业格局初步形成，2007年花卉、食用菌、观赏鱼、种源工程四大产业已成为东丽特色优势产业，占全区农业总产值的35.44%，成为农业经济增长的新亮点。2010年，传统农业规模明显减缩，高附加值现代都市型农业迅速增长，全区建成规模化农业园区12家，设施农业面积1249公顷，认定无公害产地2700公顷，无公害产品173个，森林覆盖率达15.1%。初步形成了以华泰农业示范园区、大顺园林为代表的农业休闲旅游景区，与东丽湖、军训教育基地等构成东丽北部休闲旅游带，沿海都市型现代农业的社会效益显现。

改革开放后，全区乡镇企业快速发展，成为农村经济的主力军。1985年，个体工业开始发展，成为全区工业的重要组成部分，特别是缝纫、化工、工艺美术制品等行业发展较快。1986年，全市第一家私营企业华特食品有限公司开办。20世纪90年代，全区工业向多层次、多成分、全方位发展，逐步走上持续发展、科学发展的新型工业化发展道路。1995年，全区工业形成了以乡镇集体工业为主体，私营工业和部门工业为两翼的工业体系。全区29个工业行业中，已培植出机械、化工、建材、食品、饮料、缝纫六大支柱行业，涌现出苗街外贸专业村和欢坨印制专业村等。1996年，实施扶优扶强战略，重点抓好13家大企业，使其资产总额和利润总额分别比1986年增长60%和86.3%。1998年，实施“四、三、二”工程，即盘活存量资产4亿元、新项目开发投入3亿元、技术改造增量2亿元。1999年，把产品营销工作列为全区乡镇工业的重点。2001年，三资工业企业达310家，创国内生产总值15.6亿元，占第二产业GDP比重48.9%，出口创汇3.1亿美元，占全部创汇额的98.5%。2002年，开始发展产业园区，至2010年东丽经济开发区、东丽湖温泉度假旅游区、服务滨海经济功能区、军粮城工业园区、滨海重机工业园区、华明工业园区、航空航天产业园区、金桥产业园区、街道产业园区、现代服务业园区等经济板块，已形成良好的发展态势，促进了先进制造业的发展。在全区经济发展中起到重要的引领示范作用，逐渐形成具有规模的企业聚集、效益显著的产业基地。2010年，全区工业在“工业强区”的经济发展战略指引下，探索和实践新型工业化发展之路，全区工业企业4398家，完成工业总产值1050.3亿元，为1979年的1382倍，实现销售收入1005.8亿元；全年工业固定资产投资125.8亿元，占全区固定资产投资的37.3%。

东丽区充分利用区位优势和空港、海港、水运、铁路、公路立体交通网路，大力发展以仓储、运输、商贸、物流为重点的第三产业，产值、利税迅速增长，逐步形成多种经济成分，多种经营方式，多个流通渠道共同发展的新局面。1987年，张贵庄和军粮城农贸市场建成。20世纪90年代，区乡村投资建成长青温州服装城、东丽商贸城等14个大中型市场。至1995年，全区有专业市场、综合批发市场、集贸市场24个，饮食服务业2198户，全区完成社会商品零售额34.26亿元。1995年后，金钟农副产品综合批发市场等规模较大的市场开业。2000年后，相继建成中国北方五金城等辐射力强的大型专业化市场及东丽湖大酒店等综合性星级酒店。居民服务业向文化娱乐、通信信息、物业家政等与人民生活联系密切的新兴行业发展。社区商业中心、超市、专卖店、连锁店等新业态不断涌现。2010 年，居然之家等商业大项目，带动全区商贸服务业加快向现代化、专业化、多元化发展；全区超亿元的批发零售企业达 63 家，完成年社会商品零售额 106.04 亿元。

自 1980 年始，东埅村等兴建仓储货场，发展仓储业。苗街村农民集资兴建国内第一条民办铁路专用线，新兴村农民兴建天津市第一家外贸保税仓库。至 1995 年全区有 93 座仓库货场，仓储业成为第三产业的龙头行业和全区经济的重要支柱。2000 后，全区推动仓储业向集约化现代化发展，打造东丽现代物流品牌。振东物流中心等企业进入天津市百强物流企业行列，安达集团等 3 家企业跻身中国百强企业行列。至 2010 年，全区有物流企业 688 家，仓储企业 79 家，完成年产值 31.63 亿元，第三产业生产总值达 125.23 亿元，为全区生产总值的 30%。

城镇建设日新月异　城乡面貌发生巨变

东丽区委、区政府审时度势，按照高起点规划，高标准建设，高效能管理的原则，用科学发展的理念，着眼于东丽未来的发展，确立了城市架构及产业布局。改善城市环境，提升城市功能，建设生态宜居新城区的进程不断加快。进入 21 世纪，东丽区坚持走中心城区、新市镇、经济功能区协调发展的道路。在加大城区改造建设，提升城区整体形象的同时，进一步深化和完善“以宅基地换房”“依托大项目整体撤村”和“实施城中村改造”三条城市化建设基本途径，加快推进全区城市化建设，开创了构建和谐东丽、实现率先发展的新局面，一个中心城区、四个新市镇、九个经济板块的津滨新城区架构基本形成。

东丽区已形成了中心城区、新市镇和功能区协调发展的城市格局。华明示范镇成功参展上海世博会城市最佳实践区，华明模式走向全国、走向世界。军粮城新市镇、金钟新市镇还迁住宅加快建设。环内 16 个城中村改造工程全面启动。完成了泰达西区、空客项目等还迁住宅和经营性用房建设，为民生、一村、唐山、永兴 4 个村村民营造了祥和、安逸、舒适的幸福生活。实施了丽湖建设和东湖改造工程，推动了东丽湖地区建设发展。

深入持续地开展大规模坏境综合治理，实施了津塘公路等道路绿化工程，改造提升绿地，整治提升街景立面，规范广告牌匾，清理废品收购点，实施社区“白、亮、净”工程。区绿化覆盖率达 39.8%。加强环境保护，加大违法占地、违法建设治理力度，保护了经济社会发展的良好秩序。

“十一五”期间，实施了金钟路、津塘二线等道路建设改造工程，共长 124 千米面积 322 万平方米。新建变电站 14 座，完成高压线改线入地 61 千米。完成丰年村地区等 10 片排水改造工程。新增供热面积 347 万平方米。落实地铁二号线、京秦客运专线等 18 项市重点工程。完成华明示范镇等 3 项污水处理工程，开工建设张贵庄污水处理厂。完成西河、袁家河等泵站建设，实施东减河、中河等 19.3 千米二级河道治理工程。区域基础设施功能不断完善提升。

社会事业蓬勃发展　教科文卫欣欣向荣

改革开放使东丽区教育事业呈现“力度加大，亮点增多，整体推进”的局面。坚持“教育为本，科教兴区”方针，全面实施素质教育，不断深化教育改革，成绩斐然。育才中学成为华北地区最大的国防教育基地，一百中学获得“中国中学名校”荣誉称号。1992 年提前两年实现“普九”规划。20 世纪 90 年代中期，全区学校实行办学水平达标升级制，对教育思想、学校管理、教学质量全面考核、评估。进入21世纪，创建特色教育，提升边远薄弱学校办学水平，缩小校际差距，各级各类教育均衡发展。东丽区加大教育投入，2003—2008年被列入市区重点工程建设的项目投资6.61亿元，至2010年新建九年一贯制学校2所、示范中学2所、模范小学1所、幼儿园3所。全区中小学实现各校建校园网，100%拥有多媒体教室，办学环境得到改善。东丽区学前教育入园率93%，小学入学率及流动人口子女入学率100%，初中入学率及毕业合格率100%，高中阶段普及率95%，高考本科一批上线率为15.7%。被天津市政府评为天津市教育工作先进区。

科技兴区战略推动东丽区经济与社会的快速、持续发展，科技总体水平步入全国先进行列。科技创新创业载体建设成果显著，获首批“国家民用航空航天高新技术产业化基地”“国家高端重型装备制造业高新技术产业化基地”“国家半导体照明高新技术产业化基地”“国家节能装备特色产业基地”及“天津滨海国家农业科技园区”。被国家知识产权局认定为首批“中小企业知识产权战略推进工程”实施单位。区科技企业孵化器被认定为国家级科技企业孵化器。全区拥有3个国家级高新技术产业化基地、3个生产力促进中心、19个市级以上工程技术中心及企业技术中心、13个科学技术孵化器、85个产学研联合体。推进知识产权战略，资助创新能力提高，专利申请达5964项。2008年，民营科技型企业发展到162家。东丽区科技成果向生产力转化明显加快，科技为津滨新城区建设提供强力支撑。1979—2010年，累计实施区级以上科技项目1506项，其中获得天津市以上奖励68项。东丽区连续保持全国科技进步考核先进区、国家可持续发展实验区、全国科普示范区称号。

东丽区文化设施日臻完善，改革开放后重建了文化馆、新华书店和图书馆。新建了区规划展览馆、华明博物馆，区级文化活动场馆总建筑面积2.1万平方米。文化活动设施全面更新，多数村（居）建立了文化活动室，建成街道乡村图书馆、农家书屋、社区图书室120个，实现区域全覆盖。东丽区以小说、诗歌、散文为代表的文学创作成绩斐然，至2010年全区拥有中国作协会员4人，市作协会员40人，区作协会员110人，业余文学作者增至230人。全区文学作者编著、出版文学专著65部，在省市级以上报纸杂志发表作品4000余篇，获文学奖1000余项，被誉为天津市“文学大区”。东丽区书法家协会、艺术摄影协会、中老年艺术研究会和区文联相继成立；红帆艺术团、百中滨海国画院、老干部艺术团、明山业余评剧团等文艺社团组织的建立，带动了全区书画、摄影、声乐、舞蹈、戏曲等艺术门类的繁荣兴旺。田野艺术节、消夏文化艺术节、“农行杯”文化艺术节、职工文化月、民间花会等全区群众性的文化活动多姿多彩，常年不断。广播电视设施的不断更新，区委党报《今日东丽》创刊，“东丽在线”网络启用，形成“两台一报一网”全方位涵盖的新格局。全区社会文化生活更加丰富多彩，人民精神风貌更加昂扬向上。

改革开放后，东丽区卫生事业从单一的医疗卫生服务走向医疗、预防、保健为一体的全方位健康服务。区内医疗卫生条件逐渐改善，医疗机构、医疗设施不断完善，医疗水平不断提高。至2010年，区域内共有医疗机构139个，其中区级医院3个，开设病床737张，区属专业技术人员有713人，为1979年的1.14倍，经改扩建的东丽医院系二级中等综合医院，被批准为天津市全科医师规范化培训基地。东丽医院泌尿外科经尿道电切膀胱肿瘤、经尿道激光切除前列腺，在全市居领先地位，引进腔内泌尿激光手术，填补了全市一项技术空白。中西医结合治疗老年病、白癜风亦成为突出的学科。全面实行儿童计划免疫接种制度，对儿童和孕产妇进行系统保健管理。实施结核病全程督导化疗管理，受到国际结核病专家的称赞。进入21世纪，覆盖全区的新型卫生服务体系逐步完善，2008年始，由区政府向居民统一提供疾病预防控制、妇幼保健、慢性病管理、健康教育等18

项基本公共卫生服务。2010年，建成社区卫生服务中心辐射的卫生服务站33个，以社区居民健康为中心的社区卫生服务模式初步形成。强化药政、药械监管治理，完善和落实基本药物制度，确定基本药物824种，统一采购、配送、品规、价格，打击游医药贩，净化医药市场，减轻患者负担。医疗卫生事业以改革促发展，为区域经济社会协调发展做出了贡献。

改革开放对体育事业有着强大的推动作用，20世纪80年代，东丽区体育事业以学校为重点，同时推动了农村、社区体育迅猛发展，广泛开展职工、妇女、老年人、残疾人等体育活动。竞技体育业余训练工作不断提高，在学校已逐渐向制度化、科学化、规范化转变。90年代，区体育事业全面加强基础设施建设，开展“体育传统项目学校”创建。21世纪，实施《全面健身计划纲要》，打造“健康东丽”工程，开展系列群众体育健身活动。举办区级运动会，参加并承办国际、国家和市级体育比赛，其中两次承办世界大学生滑水锦标赛。区投资新建社区全民健身广场、体育训练中心、游泳训练中心、文体中心、体育艺术学校等，提升了与天津市体育学院联合兴办两所高等学院办学条件。为全国及天津市输送体育后备人才241名。东丽区荣获天津市体育工作大型体育场馆建设、与高校联合办学、招商引资力度和体育产业创收4项全市第一，各项体育工作均取得了新的成绩。

文明法治不断提高　和谐东丽效果显著

认真贯彻落实《公民道德建设实施纲要》《天津市民行为道德规范》，公民思想道德建设不断加强，全国文明城区创建工作扎实推进。开展文明村居、文明之星、文明市民、诚信东丽、和谐社区创建活动，取得实效，村务公开民主管理实现规范化。建成了“四位一体”的媒体宣传阵地。广泛开展“五五普法”和“法律六进”宣传教育活动，人民群众的法律意识不断增强，“法治东丽”建设再上新水平。创新社会管理取得实效，认真贯彻执行《信访条例》，进一步畅通信访渠道，矛盾纠纷预防化解工作实现制度化，村居基层组织在推进维护稳定工作中发挥了积极作用。全面加强社会综合治理，警防、民防和技防网络防控体系不断完善。加强对学校及幼儿园的安全防范。创建平安在社区（乡村），严厉打击各类犯罪，社会治安形势持续稳定，“平安东丽”建设取得明显成效。公共安全体系进一步健全，建成区应急指挥平台，建立人防、公安、交通、城市管理、防汛等应急指挥系统，制定了144个各类应急预案，处理公共安全突发事件能力明显增强。深入开展食品药品安全等专项整治行动。严格落实安全生产责任制，加强各环节安全监督管理，查处违法行为，及时清除安全隐患，公共安全得到保障。

坚持统筹经济社会发展，实施民心工程，着力改善民计民生。就业规模继续扩大，东丽区在全市率先实施创建充分就业区，群众工资性收入不断增加。加大政策支持和投入，加强促进就业和服务，健全街乡劳动服务中心和村居服务站，联盟对接企业363家。“十一五”期间，职业技能培训2.8万人次，累计新增就业6.4万人，开发公益性岗位5000多个，就业率达90%以上。受理劳动仲裁5678件，妥善处理劳动纠纷，维护劳动者合法权益。社会保障救助体系不断完善，全区形成3大类66项社会保障救助体系。“十一五”期间，连续5年提高救助保障标准，政府累计投入13.2亿元，全区7.2万人纳入被征地养老保障，1.6万人享受农村退养补助。城镇职工养老保险参保人数达15.7万人，8968人参加城乡居民养老保险，24.1万人参加城乡居民基本医疗保险，落实了城乡居民基本保障制度。

党的建设不断加强　组织保证坚强有力

中共十一届三中全会后，东丽区委实现工作重点转移，深入进行改革，开创了各项工作新局面。贯彻执行“一个中心、两个基本点”的基本路线，坚持以经济建设为中心，锐意改革。围绕兴区富民奔小康中心任务，深化改革，扩大开放，加快“津滨辅城”建设。

跨入21世纪以来，以加强执政能力建设和先进性建设为重点，全面加强党的建设，为实现率先发展提供坚强组织保证。深化“强基创先”工程和“三级联创”活动，推进基层党建制度化、系统化，扩大基层党建领域，加大非公经济党建力度，增强党组织基础建设。坚持固本强基，探索“两推一选”“一票双推”新举措，使基层班子整体素质得到全面提高。建立健全编制约束、目标管理、绩效考核、奖惩激励“四位一体”运行机制，充分调动广大基层干部积极性。从完善制度入手建立健全重大事项民主决策、重点工作落实、督查考核机制，构建起决策目标、执行责任、考核监督三个体系。在广大党员干部中开展“讲学习、讲政治、讲正气”三讲教育、“三个代表”重要思想教育、保持共产党员先进性教育、“解放思想、干事创业、科学发展”大讨论和深入学习科学发展观等主题教育活动，进一步解放了广大党员干部思想，更新了观念。全区各级党组织和广大党员统揽全局、励精图治、改革创新、干事创业，党的建设得到进一步巩固和加强，各方面取得了新的业绩，促进了东丽区经济社会全面协调可持续发展。

东丽区改革开放32年实践证明，改革开放是推动东丽加快发展的强大动力，是决定东丽前途命运的关键抉择。改革开放的东丽政通人和，经济快速发展，城乡巨变，全区步入小康社会。1996至2010年，东丽区被国务院及国家部委授予36项次先进区荣誉，被天津市委、市政府授予46项次先进区荣誉；区属委局乡镇街道被国家部委授予92项次先进单位和先进集体荣誉，被市委、市政府授予113项次先进单位和先进集体荣誉；区属基层单位被国家部委及市委、市政府授予158项次各类先进荣誉称号。

改革开放32年，东丽区经济社会发展取得显著成绩，全区上下以事在人为的坚定信念，开拓进取的拼搏勇气，推动全区科学发展和谐发展率先发展，凝聚了可贵的民心民气，探索了符合科学发展观要求、具有东丽特色的新途径，创造了无数的物质财富和精神财富，积累了宝贵的经验，为“十三五”乃至更长时期的发展奠定了坚实基础，这些都被载入续修《天津市东丽区志（1979—2010）》史册。

东丽区志

大事记

1979年

1月2日　　区委召开常委会议，继续开展区委常委本身的揭、批、查工作，帮助在“文化大革命”中执行“四人帮”错误路线的常委提高认识。

1月9日　　成立东郊区工商行政管理局。

1月12日　　区委讨论平反冤假错案工作，决定召开落实政策大会，要求有关部门做好准备工作。

2月3日　　区召开三级干部会议，传达贯彻中央《关于加快农业发展若干问题的决定》《农村人民公社工作条例（试行草案）》《关于地主、富农分子摘帽问题和地富子女成分问题的决定》。会议决定把工作重点从阶级斗争为纲转移到社会主义现代化建设上来。

2月15日　　赵宝仓任东郊区委书记。

3月21日　　撤销东郊区“五七”干校，改建为东郊区委党校。

4月27日　　区委、区革委印发《关于区委、区革委各部门接待和处理人民群众来访工作的暂行规定（草案）》。

8月17日　　组建中共东郊区委纪律检查委员会筹备组。

10月　　建立军粮城、张贵庄、赤土农贸摊群市场。

11月　　成立东郊区对外贸易局。

1980年

1月　　建立区科技干部技术职称评定委员会。

1月3日　　东郊区选举委员会对外办公。

2月4日　　区计委劳动工资组与区知识青年上山下乡办公室合并，组建东郊区劳动局。

2月28日　　区为脱产干部、职工和农村基层干部3061人落实政策，占应落实政策人员总数的95.9%。

4月27日—30日　　召开东郊区第八届人民代表大会第一次会议。会议决定撤销区革命委员会，恢复区人民政府，设立区人民代表大会常务委员会。选举葛同欢为区政府区长。

5月22日　　成立东郊区物价委员会。

5月27日　　恢复建立东郊区绿化委员会。

6月21日　　区境内农作物遭受严重雹灾，受灾面积2476公顷。

8月　　东郊区少年宫建成。

11月7日　　区第三次海河筑坝工程开工。12月14日完成，海河与渤海断流。

12月15日　　建立东郊区环境保护办公室、东郊区司法局、东郊区石油经营处、东郊区标准计量管理所。

1981 年

1 月 24 日　　建立东郊区工农教育委员会、东郊区城建房管局。

3 月 30 日　　区委、区政府提出农、林、牧、副、渔全面发展，实行科学种田，大搞社队企业、运输等副业，鼓励和支持农民搞服务业、手工业、运输业。

4 月 24 日　　建立中共东郊区委农村工作部。

5 月 1 日　　境内持续大风，阵风 8～9 级，部分蔬菜棚架倒塌，温室玻璃破碎。大棚蔬菜受灾面积 26 公顷，露天定植的 644 公顷蔬菜被毁。

6 月 15 日　　东郊区水利电力局改称区水利局。

8 月 20 日　　区政府颁布《加强科技成果管理和贯彻执行科学发明、技术改进奖励条例》。

8 月 26 日—30 日　　组织区委、区政府和各公社领导干部参加市委组织的考察团，赴沧州地区学习实行农村生产责任制的经验。

9 月 4 日—6 日　　区委、区政府组织各公社领导干部和大队书记百余人赴吴桥县、青县学习推行联产计酬责任制及大包干的经验。

11 月　　成立区法律顾问处。

12 月 12 日　　成立东郊区畜牧水产局。

12 月 21 日　　区委印发《关于落实农业生产责任制中几个问题的处理意见》，对承包期限、指标、集体财产的使用和管理等作出具体规定。

1982 年

1 月 4 日　　区委召开全区负责干部刹住赌博、迷信、婚丧事大操大办“三股歪风”动员大会。

2 月 4 日　　区刘辛庄中学被市体委、市教育局命名为市首批田径传统项目学校。

3 月 16 日　　区落实植树造林谁栽谁有的政策，颁发林木所有证。

4 月 1 日　　成立天津市农业经济学会东郊区分会。

5 月　　建立张贵庄、万新庄、军粮城 3 个街道办事处。

5 月 20 日　　区委对全区 5533 份干部档案进行清整，撤销“文化大革命”形成的不实材料。

6 月 20 日　　军粮城一带持续降雹 15～20 分钟，玉米、高粱粮食作物受灾。

7 月 1 日　　零时，全国第三次人口普查开始。区普查登记总户数为 65508 户，总人口为 271054 人。

8 月 6 日　　建立天津市引滦明渠土方工程东郊区民兵团。

10月22日　市委农委批准区委、区政府申报的《万新庄公社体制改革方案》。

11月17日—18日　区委、区政府召开实行农业生产责任制经验交流大会。

12月25日　恢复向阳村天主堂宗教活动。

1983年

1月10日　市政府领导吴振陪同北京市委书记段君毅到区詹庄子、赤土新村考察菜粮田承包责任制情况。

1月　建立天津市税务局东郊区税务分局。

1月19日　撤销农村人民公社体制，建立乡（镇）政府和村民委员会。

2月28日　区委、区政府印发《关于认真推行经济合同制和加强经济管理的工作意见》。

3月1日—4日　召开区第八届人民代表大会第四次会议，选举出席市第十届人民代表大会代表共19名。

3月25日—26日　区委召开知识分子工作会议，各局党组（党委）负责人和人事、组织和宣传科长及医院、学校党支部书记共100多人参加会议。区委副书记惠振忠就加强和改善全区知识分子工作作了报告。

3月　区首次向国外输出服务业劳务40名。

4月1日　区新建商业网点8处，计550平方米。

6月6日　市委下达《关于调整东郊区领导班子的通知》，葛同欢任区委书记，张继光任政府代理区长，赵白山任区人大常委会主任。

7月11日　建立教育卫生体育工作部和统一战线工作部。

7月15日　新立村公社析置新立村乡和么六桥乡。

8月10日　区第一座自控除氟塔在贯庄村建成。

11月16日　成立区委老干部局。

12月26日　成立东郊区审计局。

是年　全区遭受大旱，1～8月累计降雨仅296毫米。

1984年

1月17日　区张贵庄市场正式开市。

2月25日　区政府印发《关于改善人民生活十三项工作的决定》。

3月　建立中共东郊区委纪律检查委员会。

是月　成立东郊区石油公司。

4月26日　建立军粮城镇人民政府和军粮城镇农工商联合公司，撤销军粮城街道办事处和军粮城乡人民政府建制。

5月8日　区委撤销教育卫生体育工作部，建立教育局、卫生局党委。

5月14日　区委建立“中共东郊区直属机关委员会”。

5月16日　区委、区政府颁发《关于进一步放宽政策加快发展乡镇企业的若干规定（试行）》。

5月19日　市委书记、代市长吴振到东郊区考察。

5月20日—24日　召开政协东郊区第一届委员会第一次会议，选举惠振忠为区政协主席。

5月22日—25日　召开区第九届人民代表大会第一次会议，选举赵白山为区人大常委会主任，张继光为区政府区长。

7月1日　修葺一新的骆驼房子清真寺于“开斋节”开寺。

8月9日　夜始，境内连续降雨24小时，降雨量达196.64毫米，全区有5740公顷农田积水。

8月12日　区境内海河水位急剧上涨，千名抢险队员奋战三昼夜，堵口复堤。

8月21日　张贵庄村工商联合公司与日商合资组建“兴业有限公司”，为区首家“三资”企业。

9月29日　市计委批准军粮城街道苗街蜡烛厂与香港沃茂有限公司合资生产经营蜡烛，年生产3000吨，产品全部销往境外。

是日　区第一个乡镇文化中心——小东庄乡文化中心建立。

9月　国务院副总理万里到东埊村视察。

10月6日　中国国民党革命委员会东郊区支部成立。

11月29日　区委召开专业户、联合体代表会议。

1985年

1月9日　东郊区经济开发服务公司与日本横滨市日中开发株式会社合资经营的天津国际高尔夫俱乐部签订合同，为华北地区第一个国际标准的高尔夫球场。

1月14日　东郊区政府与河东区、河北区政府分别签订《东郊区、河东区联合认界议定书》《东郊区、河北区联合认界议定书》。

1月28日　区幺六桥乡改称为东郊区幺六桥回族乡，是天津市第一个回族乡。

3月23日　区委印发《关于健全全党抓党风责任制的规定》。

4月30日　市第十届第三次人代会通过的《关于城市总体规划方案》，将东郊区东部的部分地区列入天津市滨海地区，将军粮城列为近郊的四个“卫星城”之一。

5月10日　东郊区依靠市场调节政策，开始实行蔬菜价格放开。

5月30日　东郊区青少年活动中心建成。

6月　建立天津市工商银行东郊区办事处。

8月1日　　苗街村建成国内第一条由农民投资修建的仓储铁路专用线。

8月19日　　区委、区政府颁发《关于积极发展和完善新经济联合体的意见（试行）》。

9月7日　　区委举行新中国成立以来第一个教师节庆祝大会。

11月　　成立东郊区环境保护局。

1986年

2月25日　　成立区首所职业学校——第一职业中等专业学校。

3月17日—20日　　召开中共东郊区第四次代表大会。选举中共东郊区第四届委员会，葛同欢任区委书记。

4月29日　　国家主席李先念、中共中央书记处书记郝建秀，在市长李瑞环、市人大常委会主任吴振陪同下视察赵沽里村。

5月13日—14日　　召开区委、区政府教育工作会议。

6月11日　　召开东郊区信用合作社联合社社员代表大会，宣布恢复代表大会制度。

9月23日　　区水利局与市地质矿产局合作，在新地河水库泵站东打出区第一眼优质热水井，深1842米，出水口水温达98℃，净水自流每小时40吨。

10月1日　　区政府投资兴建的占地3.22公顷的东丽公园建成。

11月27日　　区为退耕还果、退耕还渔，一次性批准核减耕地面积471公顷。

12月25日　　区委召开整党工作总结大会。

1987年

1月　　北于堡村农民黄俊明建成区内第一个机械化家庭农场。

2月26日—3月1日　　召开政协东郊区第二届第一次会议，选举惠振忠为主席。

2月26日—3月3日　　召开区第十届人民代表大会第一次会议，选举葛同欢为区人大常委会主任，张继光为区政府区长。

3月21日　　崔家码头村农民体育协会成立，为天津市第一个村级农民体育协会。

3月25日　　市人大常委会领导及部分市人大代表来区考察政法工作。

5月12日　　张贵庄全封闭市场开业。建筑面积2445平方米，设柜台723个。

是日　　区计划生育办公室改名为区计划生育委员会。

5月　　成立区农民体育协会。

5月14日—6月5日　　区委组织5000名宣讲队伍，向全区群众宣讲中央文件，宣讲达55158户110375人，受教育面占全区劳动力的90%以上。

6月1日　魏王庄村农民马峻岭自筹资金开辟全市首家由农民经营的水路旅游业务，为海河客运断航15年后的首次复航。

6月4日　日籍华人王克昌返乡探亲，向大郑庄捐资3万元人民币兴建雨衣厂，捐赠5000元人民币扩充大郑庄小学“王克昌图书馆”。

6月9日　赵沽里村宝石晶体厂研制成功人造猫眼宝石，成为全市首家能生产人造猫眼宝石的乡镇企业。

6月16日　区委颁布《关于加强横向经济协作，引进各类人才的暂行规定》。

6月　区政府对外经济贸易办公室成立。

7月5日　军粮城三村个体服装、欢坨村个体印刷、大杨庄村个体毛衣针织兴起，分别成为东郊区个体专业村。

8月12日　东郊区同牡丹江市郊区、锦州市葫芦岛区缔结《友好区协议书》。

8月30日　区委建立中共天津市东郊区委党史资料征集委员会。

8月　东郊区体育馆落成，占地1350平方米，建筑面积1188平方米，设观众席位1012个，为多功能综合性体育馆。

9月14日　东郊区与佳木斯市郊区、鞍山市旧堡区缔结《友好区协议书》。

9月　德意志民主共和国科技普及代表团到区考察第一届科技周活动。

10月1日　天津市外环线道路竣工典礼在张贵庄外环线工程纪念碑前举行。中共中央顾问委员会副主任王震剪彩，北京军区司令员秦基伟为纪念碑揭幕，市委书记、市长李瑞环讲话。

10月19日　程林工业区二村、三村自来水安装工程竣工，1087户居民开始饮用滦河水。

10月26日　东郊区与吉林市郊区缔结《友好区协议书》。

12月7日　区委、区政府颁布《关于鼓励发展土地适度规模经营的十条规定》。

1988年

1月20日　区委、区政府颁布《关于鼓励发展私营经济并加强引导管理的暂行办法》。

1月25日　市民政局津民字第20号文件批复：经审查同意赤土乡的赤土、新村、北于堡、胡张庄、李场子、永和6个村为抗日根据地。

1月　十三顷村津东水表厂，取得中国第一家乡镇企业水表生产许可证。

1月28日　区政府民政科改称为东郊区民政局。

1月29日　军粮城二村钢窗厂生产的军窗牌25A型空腹钢窗被评为国家部级优质产品。是区首个上“国榜”的产品。

1月30日　天津市郊县首家个体录像服务部在东郊区成立。

2月3日　区政府统计科改称东郊区统计局。

2月15日　天津市东郊区监察局、天津市东郊区标准计量管理局建立。

3月11日　区内修建京津塘高速公路线外配套工程92项，总投资163.8万元，动土石方18.4万立方米。

3月　建立丰年村街道办事处。

4月6日　区首家民办科研机构星火化工研究所开业。

4月19日　区新兴村建起天津市第一家村办外贸保税仓库。

4月26日　区首个弱智儿童辅读班在丰年村小学建立。

5月9日　区颁布《关于支持外向型经济发展的十条措施》。

5月26日　国家计生委主任彭佩云到区视察。

5月30日　区建立天津市农村第一个乡镇企业管理协会。

6月28日　区成立天津市郊区第一个建设基金会。

8月17日　区委、区政府作出《加强廉政建设的十项规定》。

8月23日　区第一届全民运动会开幕，至11月10日结束，设8个竞赛项目、5个组别，50个代表团、216个代表队、3022名运动员参加比赛。

8月26日　赤土造纸厂发生重大火灾，损失芦苇2000余吨。

9月3日　国家体委命名东郊区为“全国体育先进县”称号。

10月28日　南何庄村一农民盗伐树木110株，被区公安局依法逮捕。

11月　天津市第一家私营有限责任公司——华特食品有限公司建立。

是年　全区文物普查结束。发现并确定区内古墓葬8处、古遗址7处、古建筑2处、古贝壳堤2条、碑记3件。

1989年

1月　万新庄敬老院院长宋宝兰出席全国“老有所养”“敬老爱老”表彰大会，受到党中央领导接见。

3月24日　日籍华人王克昌捐资300万元人民币，成立王克昌奖学基金会。

4月12日　全国人大常委会委员长万里到区视察贯庄村和国际高尔夫球场。

5月13日　新兴村兴建区第一支农民专业消防队。

5月22日　区举行首届田野文化艺术节。

8月25日　区8乡1镇全部成立了农村合作基金会。

8月29日　区委、区政府惩治腐败、加强廉政建设工作领导小组成立。

9月5日　区首次开展无偿献血活动。

10月26日　区委颁布《关于乡（镇）集体企业实行全员风险抵押承包的暂行规定》。

10月30日—11月1日　区工会第二次会员代表大会召开，选举产生东郊区工会第二届委员会。会议选举刘铭海为工会主席。

11 月 28 日　市委常委杨竞衡、市民族事务委员会主任肇中亚等考察么六桥回族乡。

12 月 18 日—21 日　中共东郊区第五次代表大会召开，选举产生中共东郊区第五届委员会，张继光任书记。

1990 年

1 月　区委宣传部与安徽电视台合作的电视剧《跑爷和他的子孙们》，拍摄完成。

2 月 13 日　区政府颁发《关于鼓励开发粮田的几项规定》。

2 月 21 日—25 日　区政协第三届第一次会议召开，选举第三届委员会，郑树阳任主席。

2 月 22 日—26 日　区第十届人大第一次会议召开，选举李占珵为区人大常委会主任，王学思为区长。

3 月 20 日　建立东郊区编制委员会办公室及东郊区档案局。

4 月 13 日　建立区政府驻珠海市联络处。

4 月　区交通警察中队改称为交通警察大队。

5 月 18 日　市人大常委会主任吴振率市人大代表团考察么六桥回族乡乡镇企业。

5 月 21 日　台湾地区以陈书友为团长的工业考察团一行 38 人到区考察。

6 月 13 日　市政协主席刘晋峰率市政协委员一行 40 人，到区考察乡镇企业。

6 月 23 日　撤销区委农村政策研究室，恢复农村工作部，建立区委研究室。

7 月 1 日　全国第四次人口普查东郊区入户登记工作结束。全区总户数为 85713 户，总人口为 296013 人。

7 月 7 日　天津市郊县第一个由农民集资兴建的荒草坨乡敬老院落成。

7 月 10 日　区委五届三次全体会议作出《关于加强同人民群众联系的决议》。

8 月 21 日　区“五讲四美三热爱”活动领导小组更名为东郊区精神文明建设指导委员会。

8 月 30 日　建立东郊区保密局。

9 月 3 日　建立东郊区政府法制办公室。

9 月 5 日　建立东郊区经济体制改革委员会。

9 月 8 日　蒙古人民共和国工会联合会主席巴特巴雅尔一行 6 人到区参观东南雨衣服装厂和张贵庄地毯厂。

9 月 18 日　区迎亚运火炬传递仪式举行，2 万人参加活动。

11 月 15 日　区长王学思、副区长张长远赴石家庄市，出席中国北方城市经济技术协作区会议。

11 月 26 日　建立东郊区人事局。

12 月 10 日　区长王学思率队赴广州等地学习考察。

12 月 11 日　东郊区与广州市增城县签订缔结《友好区县协议书》。

1991 年

1 月 24 日　四川省广汉市委书记叶文志一行 3 人到区考察。

2 月 12 日　区委、区政府邀请天津市驻深圳、珠海、海口、成都、沈阳等地办事处主任，就发展经济、扩大联合事宜进行座谈。

3 月 23 日　《东郊区志》编修委员会成立。

3 月　《东郊区国民经济和社会发展十年规划及“八五”计划（草案)》经区人大十一届第二次会议讨论通过。

4 月 19 日　昆明市市长王廷琛到区参观欢坨村蔬菜生产。

4 月 23 日　建立东郊区政府食品工业办公室。

4 月 24 日　区境两次遭受冰雹袭击，长达 20 分钟，6 个乡镇受灾面积 1199 公顷，受灾人口 12 万人。

4 月 26 日　举行区首届集体婚礼。

4 月 29 日　区被评为“全国乡镇建设先进单位”。

5 月 4 日　区社会治安综合治理委员会办公室建立。

5 月 27 日　张家口市委书记刘建生到区进行友好访问。

6 月 6 日—19 日　区委书记张继光率队赴东北地区学习考察经济工作。

6 月 13 日　联合国开发计划署官员苏南和粟庆雄到区，对乡镇企业信息管理系统进行考察。

6 月 24 日　区境 5 个乡 1793 公顷农作物突遭冰雹袭击，致使部分农作物绝收。

7 月 3 日　市长聂璧初到区检查金钟河、海河防汛工作。

7 月 9 日—11 日　张家口市宣化县与区签订建立友好区县协议。

7 月 20 日　建立东郊区物资局。

7 月 27 日　中共中央总书记江泽民视察天津张贵庄机场、天津无缝钢管工程基地。

7 月 28 日　区委、区政府作出《关于表彰侦破东堼特大杀人纵火案有功集体和参战干警的决定》。

8 月 4 日　全市首条危险品铁路专用线在新兴村开通。

8 月 6 日　区委台湾工作室建立，加挂区政府台湾事务办公室牌子。

9 月 13 日　稻飞虱灾害在全区 8000 公顷稻田迅速蔓延，全区 5333 公顷受灾，933 公顷绝收。区委、区政府组织大规模抗灾自救。

9 月 23 日　区长王学思等赴宝鸡市参加中北城郊协作区理事会议。

10 月 17 日　东郊区与广东省湛江市郊区结为友好区。

10 月 25 日　区志编委会第一次会议通过编修方案，全区修志开始。

11 月 3 日　中央军委法制局、国务院法制办、全国人大法工委、天津警备区领导到区检查军事设施保护工作。

11月8日　市委书记谭绍文到区考察乡镇企业。

12月6日　天津市第一家与外商合资的私营企业——中美合资华特食品有限公司成立。

12月12日　东郊区被国家教委评为“全国扫盲先进单位”。

1992年

1月21日　东郊区被评为“全国自来水普及先进区”。

1月23日　丰润县委书记李永丰一行9人到区考察。

1月　美国特教专家库克教授、泰森教授到丰年村小学考察弱智班教学工作。

3月6日　东郊区更名为东丽区。

3月19日　建立天津钢管公司排水管理处、东丽区物资局、东丽区房地产管理局。

4月8日　国务院副总理田纪云到区视察乡镇企业。

4月10日　区委书记张继光、区长王学思等赴河北省新城县考察白沟镇市场和乡镇企业。

4月23日　中国农行总行副行长何林祥等到区考察资金投放情况。

4月29日　区委、区政府领导同中国民航学院签订《加强经济技术合作协议书》。

4月　坐落永和村的天津集装袋厂投资50万元，建成集装袋检查站，成为“三北”地区集装袋检测中心。

5月9日—16日　常务副区长王开基率队赴山东省莱州市、烟台市考察初级卫生保健工作。

5月14日　红桥区区长王立德到区商讨合资开发东丽湖旅游项目事宜。

5月23日　东丽区与新疆昌吉回族自治州签订《建立友好协作关系协议书》。

5月28日　区商业局更名为东丽区供销合作社。

6月1日　东丽公园雷锋像举行揭幕仪式。

6月8日　甘肃省天水市市长王文华率团到区考察乡镇企业。

7月2日　中共中央政治局常委李瑞环视察天津无缝钢管工程。

7月5日　张贵庄周日市场开业，以日用杂货、服装为主，摊位千余个。

7月6日　赤土乡建制撤销，改设赤土镇。

7月25日　市编委批复：同意东丽区建立经济开发小区管理委员会。

7月28日　区委、区政府颁布《关于加快改革，扩大开放，促进经济上新台阶的实施意见》。

8月4日　东丽湖旅游度假村落成。

8月10日　中国台湾地区工商考察团邱永汉一行80人到区参观考察。

8月25日　天津市首家中韩合资纺织企业——新宇纺织品有限公司开业。

9月11日—13日　新疆昌吉自治州州委书记吴佳和一行到区进行访问。

9月18日　吉林市丰满区区长刘联友率队到区进行访问。

9月　区委农工部编辑的《天津名镇丛书·军粮城》出版。

10月8日—14日　第四届中国西部商品交易会在陕西省宝鸡市举行，区18家企业的产品参展，与外省市26个单位签订供货合同。

10月18日　区长青服装市场开业。

10月29日　全国人大常委会副委员长陈慕华等到区视察。

12月1日　东丽区规划土地管理局建立。

12月22日—25日　中共东丽区第六次代表大会召开。会议选举产生中共东丽区第六届委员会，郑树阳当选为区委书记。

1993年

1月6日　区委、区政府制定加强农业基础地位的10条措施。其中撤销27个收费、罚款项目，减轻农民不合理负担142.5万元。

2月9日　全市第一家私营企业集团——天津大亨集团成立。

2月22日—25日　区政协第四届委员会第一次会议召开，会议选举王开基为区政协主席。

2月22日—27日　区第十二届人民代表大会第一次会议召开，会议选举王学思为区人大常委会主任、陈章伟为区政府区长。

3月23日　区内第一家拥有自营进出口权的企业——立信集团公司成立。

3月24日　区转变职能，下放权利，撤销51个非常设机构。

4月16日　区委、区政府颁布《关于引进人才、技术、项目、资金、信息的优惠政策》。

4月28日　区台属联谊会成立。

4月30日　区委、区政府制定《关于创建“小康村”实施意见》。

5月1日　区青少年业余无线电台开始工作，同世界52个国家和地区建立了通讯联系。

5月17日　区逐步调整和完善产业结构，初步形成农业、工业、储运、流通和旅游等六大支撑体系。

5月20日　区劳务市场开业。

5月　区委书记郑树阳当选为市委候补委员。

6月29日　撤销万新庄乡，设立程林街道办事处；撤销新立村乡，设立新立镇。

7月28日　区减轻农民负担，清理涉及农民负担的项目136项，其中市级项目110项、区级项目26项。宣布停止收费进行管理的项目涉及26项。

8月11日　军粮城镇东堼村居民接待日本近畿洋上大学青年“友好之船”访华团一行526人在家中住宿，规模空前。

9月18日　市政协副主席李长兴到么六桥回族乡参加建乡十周年纪念会。

是日　全国人大常委会副委员长田纪云视察天津国际高尔夫俱乐部。

9月　大毕庄乡被农业部、国家体委评为“全国开展亿万农民健身活动先进单位”。

11 月 2 日　国务院总理李鹏视察天津无缝钢管工程。

11 月 26 日　张贵庄泰安里平房改造工程竣工，400 余户居民将陆续喜迁新居。

12 月 13 日　东丽区教育委员会建立。

12 月 19 日　军粮城皮件厂 2 万件皮夹克启运韩国。该厂产品已销往美国、俄罗斯、日本、瑞典、意大利等 20 多个国家和地区。

12 月 30 日　泰山行宫重建揭幕，并列为区级文物保护单位。

12 月 31 日　大毕庄乡建制撤销，设大毕庄镇。

1994 年

1 月 10 日　区委、区政府印发《关于进一步鼓励支持个体私营经济发展的实施办法》及《关于农民负担费用和劳务的管理意见》。

1 月 14 日　区委、区政府印发《关于教育改革和发展的实施意见》。

2 月 28 日　撤销李庄子乡建制，设立无瑕街道办事处。

3 月　军粮城一村等 10 个村被市命名为第一批明星小康村，南大桥等 35 个村为小康村。

4 月 14 日　区召开欢送 70 名机关干部到农村任职大会。

5 月　区女企业家刘乃兰获民政部最高荣誉奖——孺子牛奖，受到国家主席江泽民接见。

7 月 6 日　国际结核病和肺病联合会主席依那桑教授一行，考察区结核病控制工作。

7 月 8 日　东丽湖浴场开业。

7 月 9 日　富士达自行车集团公司成立。

7 月 22 日　区被民政部授予“全国双拥模范城”荣誉称号。

8 月 1 日　天津市东丽区国家税务局和天津市地方税务局东丽分局建立。

8 月　卫生部、联合国基金会、世界卫生组织分别授予东丽医院、军粮城医院“爱婴医院”称号。

8 月　区公安分局连破经济诈骗大案 5 起，为企业挽回经济损失 50 万元。

9 月 25 日　撤销小东庄乡建制，设立小东庄镇。

9 月　吴嘴村成为全市首家推行社区型股份合作制的试点单位。

10 月 24 日　区委、区政府印发《关于积极推进土地适度规模经营的意见》。

11 月 9 日　撤销荒草坨乡建制，设立华明镇。

11 月 23 日—24 日　区工会第三次代表大会召开。会议选举产生区工会第三届委员会，张雷洪任主席。

12 月 27 日　区委印发《关于加强外商投资企业党组织建设的意见》。

12 月　东丽区被评为天津市综合治理先进区。

1995年

1月9日　　区妇女儿童保健所建成。

1月22日　　区乡企业管理信息系统通过鉴定。

3月　　市命名苗街等12个村为第二批明星小康村，流芳台等34个村为小康村。

6月30日　　区委书记郑树阳当选为全国优秀县（市）委书记。

7月13日　　区委、区政府印发《关于进一步精简会议、活动的规定》。

8月28日　　区委印发《关于加强个体企业党建工作的意见》。

9月28日　　“东丽区商贸城中国日用品商城天津市场”建成开业。

9月　　区获得第三次全国城市卫生检查评比先进单位。

9月28日　　天津英昌乐器有限公司正式投产。

10月10日　　西杨场村向新加坡、日本、马来西亚等国家和中国香港地区销售白菜270吨。

11月6日　　区委、区政府印发《东丽区拥军优属若干规定》。

11月14日　　东丽区经济开发区注册资金和占地面积最大的企业科莱恩有限公司开工。

11月　　首届中国京剧艺术节，区春台少儿京剧班被评为全市“十佳票房”之一。

12月15日　　天津张贵庄机场更名为天津滨海国际机场。

12月16日　　赵沽里村农民自筹资金500万元兴建的金钟蔬菜批发市场一期工程竣工。

是年　　程林街道被评为国家级无违法批地、无违法管地、无违法用地乡镇达标单位。

是年　　由国家工商局和中国企业评价协会评出的“中国500家最大私营企业”中，区有3家企业榜上有名，占全市私营企业上榜的44%。

1996年

1月7日　　经市检查验收，东丽区实现了村村达小康的奋斗目标。

1月25日　　由吴嘴村老年协会主持，子女们与老年人签订“赡养协议书”。该村被授予“天津市保护老年人合法权益先进集体”光荣称号。

2月1日　　天津市长青实业有限公司成立。

2月5日　　么六桥回族乡中河清淤工程竣工。

4月18日　　天津市东丽区青年联合会和学生联合会成立。

5月21日—29日　　区长陈章伟带队赴上海宝山区、浙江温州和台州路桥区学习考察。

6月13日　　区被国务院残疾人协调委员会、国家教委、民政部、中国残疾人联合会授予“特殊教育先进区”光荣称号。

6月22日　金钟蔬菜批发交易市场，成为继红旗、何庄子之后，全市第三家大型蔬菜批发交易市场。

8月14日　为保证海河泄洪，组织720人对靠近海河左堤的网障进行清除，共拆除插网1000余个。

9月19日　区结核病防治所，被卫生部授予全国结核病防治工作先进单位。

10月31日　津赤路、军粮城地区公路等3项公路大、中修工程全部竣工。

11月1日　1996年度区土地变更调查统计工作圆满结束。

11月12日—13日　区政府召开《东丽区志》蓝本评稿会。

12月13日　市人大代表到区听取经济运行情况和十件实事落实情况的汇报。

12月30日　区委召开第六届12次全体（扩大）会议，通过了《东丽区1977—2000年社会主义精神文明建议规划》《东丽区建设“津滨辅城”的区域发展战略方案》。

是月　新立镇、大毕庄镇、程林街道、华明镇、军粮城镇、小东庄镇被市农工委、市农委等委办命名为“天津市体育先进乡镇”。

是月　区委宣传部组织开展文明村、文明单位、文明机关、文明家庭、文明市民、文明工商个体户、文明楼院、文明行为八大系列精神文明创建活动。

是年　东丽区被国务院残疾人工作协调委员会授予全国残疾人工作先进县。

1997年

1月14日　东丽区被评为全国双拥模范（区）县。

1月16日　区委召开党政机构改革会议，部署党政机构改革实施方案。

2月25日　区组织干部群众收听收看邓小平追悼大会实况转播。

3月23日　51个机关单位1800余人到东丽湖种植“香港回归纪念林”，植树1997株。

4月13日　官房村自筹资金37万元“引滦入村”，结束了多年饮用高氟水的历史。

5月23日　第一所民办公助学校百华中学成立。

5月30日　中办、国办信访局领导到区检查指导信访工作。

6月5日　东丽区被市政府命名为“村民自治示范区”。程林街道、华明镇被命名为“村民自治示范乡镇”。

6月10日　“严打、整治统一行动”取得战果。共清查“三厅”、路边店425家，治理外来人口1.9万人。

6月27日　首部《天津市东丽区志》举行首发式。

9月15日　天津市首批农业名牌产品诞生，东丽区有6种产品上榜。

是日　第一座较大型、高标准公园——万力公园竣工并交付使用。占地面积1.46万平方米，园景以草坪为主，绿化面积 1.45 万平方米，草坪 1.11 万平方米。

10 月 12 日　东丽区荣获“天津市民政工作先进区”称号。

11 月 18 日　农业部代表为赵沽里村金钟蔬菜批发交易市场颁发和悬挂“全国定点鲜活农产品中心批发交易市场”牌匾。

12 月 8 日　区教育局改为区教育委员会。

12 月 23 日—26 日　中共东丽区第七次代表大会召开。区委书记郑树阳作《高举邓小平理论伟大旗帜，加快“津滨辅城”建设步伐，以崭新的面貌跨入 21 世纪》的报告。

12 月 27 日　区委第七届委员会举行第一次全体会议，选举陈章伟为区委书记。

1998 年

1 月 18 日—21 日　区政协第五届委员会第一次会议召开。选举王开基为区政协主席。

1 月 19 日—23 日　区第十三届人民代表大会第一次会议召开。会议选举张海泉为人大常委会主任、张中华为区政府区长。

2 月 16 日　区委书记陈章伟在市委工作会议上，作题为《加大改革力度，加快经济发展步伐》的汇报。

2 月 24 日　区委、区政府印发《东丽区 1998 年加强党风廉政建设和反腐败工作实施意见》。

3 月 12 日　召开乡镇企业产权制度改革试点工作中期指导推动大会。

是日　中共东丽区代表会议召开，选举产生出席中共天津市第七次代表大会代表 8 名。

3 月 25 日—26 日　区第十三届人民代表大会第二次会议召开。会议审议通过关于建设项目“津滨辅城”区城发展战略方案的决议。

4 月 8 日　富士达、大亨和大地三家公司跻身全国私营企业 500 强行列。

5 月 15 日　区委、区政府印发《关于乡镇企业产权制度改革有关问题的暂行规定》。

5 月 20 日　召开“民营科技企业工作会议”，并下发《东丽区关于促进民营科技企业加快发展的若干意见》。

6 月 16 日—17 日　区境内农作物遭受大暴雨和冰雹袭击，共造成 1522 公顷农田受灾，成灾面积 426 公顷。另外，造成 4061 户 12909 间农房被砸漏雨，砸毁库房 8000 平方米、校舍 6822 间，经济损失共计 985.6 万元。副市长孙海麟、区长张中华到现场指导救灾工作。

6 月 28 日　东丽湖举行建湖 20 周年庆典暨 1998 华夏城乡游东丽湖浴场开业仪式。

7 月 6 日　区委、区政府印发《东丽区领导干部任期经济责任审计制度》。

7 月 8 日　区委、区政府印发《东丽区关于实施农业产业化的意见》。

7 月 26 日　广播电视培训中心大楼竣工并投入使用。

7 月　国际奥委会文化与奥林匹克教育委员会主席何振梁到区视察体育工作。

8 月 18 日　“东丽湖杯”铁人三项赛暨第三届“国际奥委会主席杯”全国百城市自行车赛在

东丽湖举行。

9月23日　天津常务副市长杨新成考察区乡镇企业。

10月28日　区委、区政府印发《关于在企业中推行企务公开、民主管理工作的意见》。

12月14日　区委、区政府印发《关于开展延长土地承包期工作的意见》。

12月25日　国家副主席胡锦涛接见共青团十四届二中全会团中央委员时，大新庄青年农民刘寿国受到接见。

12月29日　区委作出《关于加强区委常委班子自身建设的决定》。

12月　程林街道获全国亿万农民健身先进集体荣誉。

1999年

1月6日—7日　市人大代表东丽代表组视察赵沽里金钟蔬菜批发市场和居民小区，视察富士达自行车集团。

1月8日　第一家境外生产型企业“特瑞丽斯塑料股份有限公司”在哈萨克斯坦共和国开工生产。

是月　小东庄镇丽田公司与古巴就合资在古巴境内建自行车厂达成协议。

2月2日　市政府外经贸委办公布1998年天津出口50强企业排行榜，区“天津星湖实业有限公司”和“天津韩飞鞋业有限公司”分列第17名和第19名。

2月25日—26日　召开教育工作会议，颁布《关于加快中小学干部队伍年轻化和加强领导班子建设的若干意见》及《关于开展学校建设与管理工作评比活动的实施意见》。

3月2日　在东丽湖举行迎接新世纪植树仪式。市党政军领导、团中央书记处书记及青少年学生代表参加了仪式和植树活动。

3月10日　区委党校通过中央党校函授学院验收评估达标工作，由“教学点”升为“中央党校函授学院天津分院东丽教学区”。

3月20日　市委书记、市长带领市干部、大学生5000余人到东丽湖植树1万株，其中澳门回归纪念林1999株。

4月1日　建立天津市第一家鹿业养殖有限公司，驯养繁殖梅花鹿。

4月15日　设立粮食管理局，区劳动局更名为区劳动和社会保障局。

4月　东丽区被民政部命名为“全国村民自治模范区”。

7月10日　哈萨克斯坦共和国执政党主席到区考察农村牧渔项目。

7月13日　区委印发《关于在区级领导班子、领导干部中深入开展“讲学习、讲政治、讲正气”为主要内容的党性党风教育的实施方案》。

7月25日　天津扫地王专用汽车有限公司与摩洛哥卡萨布兰卡市签订在该市建厂生产清扫、保洁车辆的协议。

8月18日　天津市首家经济开发区商会东丽经济开发区商会成立。

9月8日　区文明办、绿化委员会印发《关于建设“百村百林”工程的实施意见》。

10月5日　世界卫生组织官员考察区结核病治疗管理工作。区被确定“关于全球联合防治结核病课题研究协作单位”。

10月9日　天津圣发烛业有限公司经外经贸部批准为自营出口企业。

11月18日　天津天水物业发展有限公司在区建设“天水国际村”。

是年　东丽区被民政部授予全国村民自治模范区。

2000年

1月7日　区委、区政府颁布《东丽区率先基本实现农业现代化实施规划》。

1月25日　东丽区委机关报《今日东丽》创刊出版。

是日　东丽区被民政部命名为“全国双拥模范城”，实现三连冠。

2月14日　市委副书记、市纪检委书记刘岩峰到区听取农口区县党风廉政建设和反腐败工作汇报。

2月24日　扫地王专用汽车公司生产的4台新型清扫车，由天津港运往摩洛哥。

3月1日　市政府批准赵沽里村为现代化示范村，森林高效精品农业开发有限责任公司为特色精品农业示范区，大顺园林装饰有限公司为现代化设施农业示范区。

3月24日　区委、区政府提出《关于深化教育改革，全面推进素质教育的实施意见》。

4月18日　图书新馆建成，建筑面积4005平方米，有读者座席400个。

5月23日　北京市崇文区考察团到东丽区考察个体私营经济发展情况，与区签订《友好协议书》。

6月1日　实验小学学生范占一出席中国少年先锋队第四次全国代表大会。

6月7日　区第三产业办公室成立。

6月11日　区长张中华率财政、工商等部门负责人赴北京考察丰台、朝阳、崇文区花卉市场。

6月20日　区委、区政府印发《关于加速科技进步和技术创新的实施意见》。

6月26日—27日　区防治稻蝗，飞机喷药12架次，面积4000公顷。

7月10日　中国游泳协会指定区游泳训练中心为全市郊县第一家游泳场。

7月11日　区委、区政府印发《关于加快小城镇建设的实施意见》。

7月16日　国务院副总理温家宝视察东郊区污水处理厂。

8月16日　法国2000年丝绸之路旅行团选择东丽湖为旅游宿营地。

8月30日　区扶贫发展资金工作会议召开。

9月1日　区委、区政府印发《关于加强对乡镇以上领导干部监督的规定》。

9月5日　区委、区政府印发《关于随军家属就业安置的暂行规定》。

9月7日　卫生部将区结核病控制工作拍摄纪录片向全国推广。

9月17日　市长李盛林到东丽湖温泉度假旅游区指导工作。

9月8日　市各区县领导到区考察小城镇建设。

9月26日　么六桥回族乡获全国“亿万农民健身活动”先进乡镇称号。

9月30日　区职业教育中心学校晋升为“国家级重点职业学校”。

10月27日　参加六市农村工作座谈会的北京、上海、天津、重庆、广州、厦门市的领导，参观区富士达集团公司。

11月8日　区人才市场举行开市典礼。

12月5日　全区乡镇街道健身路径全部建成。

12月26日　经对外经济贸易部批准，天津丽兴贸易公司成为区第一家享有外贸经营权的流通公司。

2001年

1月9日　东丽区工商分局连续七届被市工商局评为“达标创优”优秀局。

1月10日　副市长王述祖出访古巴，在哈瓦那接见新立街道中外合资企业丽田车料有限公司中方负责人，听取了汇报。

是日　东丽区连续6年荣获“天津市内联引资先进单位”称号。

1月19日　民营企业“天津麦卡特科技发展有限公司”在天津高新技术产业园区举行开业庆典，其公司成为全国首家膜结构研究机构。

2月7日　市长李盛霖一行考察马三立老人园。

2月16日　华泰现代化农业示范园区建成。

是日　华联矿山仪器厂开发研制的超细立式球磨搅拌机，接近世界先进的纳米工艺水平。

2月25日　古巴共和国圣地亚哥省代表团到区进行参观访问。

3月6日　副市长夏宝龙、市民委主任李仁智等考察么六桥回族乡。市民委把国家民委支援该乡万亩瓜果基地工程建设的20万元交给乡负责人。

3月8日　实施“蓝天工程”暨2001年环保工作会议召开。

3月23日　农业部副部长范小建到区考察金钟批发市场，对无公害蔬菜生产及销售情况进行调研。

是日　首家可降解塑料产品生产线在赤土镇建成投产。

3月30日　第一家大型奶业合资企业—天津市玉泰畜牧养殖有限公司成立。

是月　华明集团总经理刘乃兰被评为全国劳动模范，获得“五一劳动奖章”。

5月15日　东丽医院妇产科荣获“全国巾帼文明示范岗”称号。

5月16日　区广播电视台安装数字音频工作站，成为天津市首家安装音频工作站的区县。

5月19日　开展平坟还田活动，全区出动771人次，平毁坟头7949座。

5月25日　区政府印发《东丽经济开发区吸引高科技效益项目土地出让优惠办法》。

是日　无瑕街道成为国务院第一批国家级“小城镇建设试点单位”。

6月27日　区委在东丽礼堂举行中国共产党建立80周年暨表彰大会，宣读区委关于表彰先进党组织、优秀共产党员、优秀党务工作者的决定。

是月　最大水利枢纽工程袁家河泵站竣工。

7月7日　区人才市场、劳动力市场联合举办下岗职工和失业人员招聘洽谈会。

7月18日　金钟蔬菜、粮油、水产批发交易市场被评为“全国鲜活农产品定点交易市场”。该市场享有农产品外贸进出口权，并注册“金钟”牌商标。

7月28日　华泰农业示范区引进台商140万美元种植世界名花蝴蝶兰，成为天津市第一家台商独资企业。

7月31日　大毕庄镇在全市率先推行村级财务预算制度。

是月　大新庄种植的西瓜注册为“大新庄”牌西瓜商标，成为天津市西瓜商标注册第一家。

8月1日　世界大学生滑联、国家体育总局、东丽区政府等七方代表举行申办第一届世界大学生滑水比赛备忘录签字仪式。

8月3日　天津体育学院职业技术学院与区体委举行合作办学签订仪式。

8月18日—20日　全国少年儿童游泳锦标赛在区举行，这是区承办最大的全国性赛事。

8月22日　东丽区“国防工事军民共管”获全国先进单位。

是月　区农业科技园区成为参观游览热点，华泰、大顺、森林、白羽、东鑫等园区接待最高日达4000人次。

9月19日　民营企业研制的6种人民币着色专用配套产品，被国家印钞造币总公司认定为第五套人民币专用配套颜色。

是月　东丽区荣获“天津市社区文化先进区”称号。

10月18日　撤销小东庄镇建制，并入新立街道。撤销赤土镇建制，并入华明镇。

11月15日　市长李盛霖带领有关单位负责人，对长青村温州城进行安全生产检查。

是日　有线电视实现村村通，覆盖全区各镇街乡106个村，用户率在95%以上。

12月26日　市长李盛霖等实地考察外环线东丽区段绿化和外环河情况。

12月28日　张有会任中共东丽区委书记、张云鹏任区委副书记。

2002年

1月1日　区企业名称登记实现全市联网。

1月4日　区工会更名为天津市东丽区总工会。

1月18日　区政府召开关心困难群众生活工作会议。

1月30日　市政协主席房凤友一行到区，对经济发展农业结构调整情况行进调研。

2月22日　“邦德、富士达”“和泰”“大亨”“福满地”“TPCO”5件商标被认定为天津市著名商标。

2月26日　共青团东丽区委员会做好“身边的希望工程”，为122名特困生和2002年“特殊团费”资助的35名特困生送去助学款3.71万元。

3月6日　区政府召开对外招商引资推动工作会议。

3月13日　区政府召开创建环保模范城暨2002年环保工作会议。

3月15日　金钟河蔬菜贸易中心总经理刘国兴、富士达自行车有限公司总经理刘洁，荣获“第四届全国乡镇企业家”称号。

3月28日　区政府召开小城镇建设专题会议。

4月5日　区首部村志《胡张庄村志》出版发行。

4月10日　赛特测机企业70%产品实现出口，销往西欧、美洲和日本等40个国家和地区。

4月26日　确定44个村为首批村账镇管村。

4月28日　举行纪念共青团80周年大会。

是日　区老年大学成立，开设书法、绘画、声乐、计算机4个专业。

5月9日　区政府召开扩大开放、加大投入大会。

5月15日　区政府召开工业园区建设专题会议。

7月5日　“中国北方国际英才村”落户东丽区。

7月26日　东丽区在市十运会青少年组田径比赛中，取得4金8银7铜的优异成绩。

8月16日　区政府召开“立党为公、执政为民”主题实践活动推动会。

8月23日—25日　“万科杯”第一届世界大学生滑冰锦标赛在东丽湖举行。

9月3日　月牙河治理工程竣工。

9月18日　民办初中校东环实验中学成立。

9月25日　东丽区被评为第五次全国人口普查工作“国家级先进区县”。

9月26日　国务院副总理温家宝到东丽区视察饮水解困和改善水质工程。

10月22日　天津市农村饮水解困除氟改水现场会在区举行。

10月30日　区国家职业技能鉴定所成立。

是月　金钟蔬菜批发交易市场，在国家“三绿工程”博览会上被评为“争创全国绿色批发市场”示范单位。

11月5日—7日　中共东丽区第八次代表大会召开，张有会作题为《坚持实践“三个代表”重要思想，为基本建成现代化津滨新城区而团结奋斗》的报告，大会选举产生中共东丽区第八届委员会，张有会当选为书记。

11月14日　大安生态村经市环保局和农林局验收通过。

11月18日　区全民健身广场落成。

12月4日　农业部、中国农科院、南开大学等与区新立街道玉泰奶牛养殖有限公司合作引进优质奶牛育种技术及新型饲料生产技术，在北京市政府农业发展项目招标中一举中标。

是日　在西地村成立首家世界名犬繁育中心。

12月9日　政协东丽区第六届委员会第一次会议召开，陈章伟当选为主席。

12月10日—13日　区第十四届人民代表大会第一次会议召开，会议通过了《东丽区建设现代化津滨新城区战略方案》，选举张海泉为区人大常委会主任、张中华为区政府区长。

12月27日　胡张庄村首批20吨玫瑰葡萄出口俄罗斯。

2003年

1月9日　区政府召开产业园区建设推动会。

1月15日　《天津日报》刊载东丽区在新世纪之初的战略定位是建设现代化津滨新城区。

1月30日　区委、区政府印发《东丽区“环境建设年”活动实施方案》

2月28日　《天津日报》刊载东丽区投资140亿元提升区域经济。

3月4日　中国香港、澳门、台湾地区及新加坡企业代表团到区考察。

3月5日　英国发展署、英国利物浦大学及上海复旦大学官员、博士、教授一行考察区结核病控制工作。

3月6日　张贵庄中心城区“六路一广场”改造建设工程开工。

3月12日　市人大常委会副主任梁肃一行对区发展规划及农业发展情况进行考察。

3月15日　天津空港物流加工区建设全线开工。

3月26日　区政府召开稳定信访工作会议。

3月28日　区妇女第八次代表大会召开，大会选举产生东丽区妇联第一届执委会。

4月1日　市长戴相龙一行到区，对华泰农业科技示范园区、蝴蝶兰养殖基地等进行考察。

4月2日　东丽中学被国家环保局和教育部评为国家级“绿色学校”。

4月20日　贯庄一村民与天津市首例“非典”病人同住一病区被传染，成为东丽区首例“非典”病人。区防病站及时进行“流调”、消毒，下达隔离通知。

5月17日　区政府召开农村“非典”防治宣传工作会议。

5月25日　区政府召开落实“苦干五年争第一”工作目标责任状签字大会。

6月26日　市足球训练中心落户东丽区。

7与11日　区政府召开村务公开民主管理大会。

8月8日　《新立村志》出版发行。

8月11日　市学习贯彻“三个代表”重要思想宣讲团到区巡讲。

8月14日　举行驻韩国汉城办事处签字仪式。

8月28日　范庄村、赵沽里村、新五村被市命名为“民主法制示范村”。

9月10日　第一所九年一贯制学校“天津市滨海实验学校”建成。

9月12日　举行么六桥回族乡建乡20周年庆祝大会。

9月19日　东丽湖获得2005年第29届世界滑水锦标赛举办权。

9月22日　区防病站成为市卫生系统第一家通过国家实验室认可的区县级防病站，也是长江以北地区第一家。

9月28日　区政府举行“六路一广场”落成剪彩仪式。

是日　区旅游局长张凤鳌当选为中国工会第十四次全国代表大会代表。

10月8日　东丽湖被批准为“国家水利风景区”。

10月10日　区内出现50年不遇的连续降雨天气，累计降雨量达148毫米。

11月21日　邀请市委党校教授为全区处级干部作《中共中央关于完善社会主义市场经济体制若干问题的决定》辅导讲座。

12月15日　区委、区政府印发《东丽区防治传染性非典型肺炎工作应急预案》。

2004年

1月1日　区政府实行居住区农业人口新型合作医疗制度。

1月14日　区政府召开庆祝荣获双拥模范城“四连冠”暨迎新春党政军民座谈会。

1月20日　区委、区政府印发《关于进一步做好劳动就业工作增加群众收入若干意见》。

2月12日　区委、区政府印发《关于加快个体私营经济发展的若干规定》。

3月16日　区政府召开工业会议，颁布《东丽区新型工业化发展纲要》。

3月26日　天津市建城地基基础工程有限公司被国家工商总局授予国家级守合同重信用单位。

4月25日　市公安局东丽分局协助市、区烟草专卖局，查获一个非法生产、经销假冒伪劣香烟地下工厂，现场收缴假烟3万余条。

5月10日　东丽区世纪种养业有限公司和大顺园林有限公司被天津市认定为第二批农业产业化经营市级重点龙头企业。

5月16日　国税东丽分局对“东洋化妆品有限公司”偷税一案实施税收强制执行措施，对其公司资产依法进行拍卖。

6月21日　国家开发银行天津市分行为支持区中小企业的快速发展，与区政府签署贷款1000万元的合作协议。

7月28日　在市下达三年任务的第一年提前完成饮水解困工程。

8月17日　区政府召开深化村务公开和民主管理工作会议。

9月1日　“数字东丽”信息化整合方案启动。

是日　“应大”牌皮装获得中国名牌产品称号。

9月14日　区委召开纪念全国人大成立50周年暨区人大成立25周年座谈会。

9月24日　提前108天超额完成市政府下达的无偿献血任务。

10月1日　东丽公园改造工程竣工。

10月25日　区委、区政府印发《关于实施人才强区战略的意见》和《关于鼓励引进和培养人才的若干规定》。

11月11日　区建筑设计院与日本株式会社小松物产合资成立天津津丽小松建筑景观设计有限公司。

12月6日　中共中央组织部有关领导到区调研新型农村合作医疗工作。

12月7日—8日　区总工会第五次代表大会召开，选举产生东丽区总工会第五届委员会和经费审查委员会。

是年　东丽区被中国科协技术协会授予全国科普示范县（市、区）。

2005年

1月14日　选派11名民营企业家赴清华大学读研。

1月27日　区委印发《关于在全区党员中开展以实践“三个代表”重要思想为主要内容的保持共产党员先进性教育活动的实施意见》。

2月7日　天津市地方税务局东丽区分局更名为天津市东丽区地方税务局。

2月5日　区委、区政府印发《东丽区关于加强依法信访维护稳定的暂行规定》。

3月30日　区委、区政府印发《关于开展创建“平安东丽”活动实施意见》。

4月22日　区政府举行勇斗持刀歹徒壮烈牺牲的公安东丽分局治安巡逻大队队长葛致钢追悼大会。

是月　天津安达集团有限公司董事长崔洪金荣获“2005年度全国劳动模范”称号。

5月26日　中国民主同盟天津市东丽区工作委员会成立。

6月6日　区委、区政府印发《关于进一步加强和改进未成年人思想道德建设的实施意见》。

6月17日　区委印发《关于重大事项实行科学民主决策的意见》。

7月3日　市长戴相龙一行到东丽湖考察、调研。

7月23日　区政府召开经济工作会议，落实温家宝总理视察滨海新区时重要讲话精神，为“苦干五年争第一”建设现代化津滨新城区奠定更加坚实的基础。

8月10日　新立街道举行毛泽东塑像揭幕仪式暨新立花园广场落成典礼。

8月15日　“2005万科世界杯世界滑水锦标赛”在东丽湖畔开幕。

8月16日　大毕庄镇地区普降大暴雨，降雨量达171毫米，直接经济损失达3685万元。区委书记张有会、区长张中华等到受灾地区指导救灾工作。

9月9日　总投资10亿元，占地32公顷国内超大规模的大唐航空物流配载有限公司与华明镇举行空港物流项目签字仪式。

9月15日　市政府批准葛致钢为烈士。

9月28日　程林街道更名为万新街道。

10月8日　中国北方最大的五金销售批发市场——中国北方五金城正式开业。

10月28日　东丽区被文化部、人事部授予“全国文化先进区县”。

11月21日　区建筑规模最大的华明学校落成。

12月1日　国家开发银行天津分行与区政府举行开发性金融合作协议签字仪式。

12月19日　区委、区政府印发《关于深化产权制度改革的意见》。

2006年

1月6日　组织20辆运输车，将8.5万件棉衣被送往甘肃贫困地区。

1月14日　区政府在东丽湖举行“和谐生态东丽湖”新闻发布会。

3月14日　区“东丽在线”成为人民网合作的地方网站。

3月18日　《人民日报》报道《天津东丽区造就“四金”农民让群众得实利》。

4月24日　区委印发《关于建设学习型城区的意见》

4月26日　富士达集团公司“邦德富士达”商标获全国驰名商标。

是日　新五村获“全国民主法制示范村”称号，徐庄村、新五村被确定为“全国农村财务管理规范化示范单位”。

5月9日　区质量技术监督局荣获“全国质量技术监督检验检疫工作先进单位”荣誉称号。

5月15日　区盲人协会被中国残联授予“全国先进盲人协会”荣誉称号。

5月—11月　区体育代表团在天津市第11届运动会上，青少年组以104.5枚金牌名列全市金牌榜第一名。

6月2日　“WYH9150坐标轴式全数控曲线齿椎齿轮研齿机”机床运行稳定可靠，比传统研齿机的效率提高2～3倍，达到国标先进水平。

6月12日　区政府召开盘活闲置建设用地现场推动会。

6月21日　依法治区领导小组办公室荣获全国“四五”普法先进办公室。

6月30日　区建立“天津市东丽区行政许可服务中心”。

7月7日　举办建党85周年暨红军长征胜利70周年报告会。

7月13日　安达集团、天津市物流货运中心荣获全国物流百强企业称号。

7月15日—29日　区体育局承办2006年“俄罗斯年”中俄青少年运动会（国际式摔跤）比赛。

8月22日　第十四届人大常委会第31次会议审议通过《关于服务滨海新区、融入滨海新区、乘势发展的意见》和《东丽区华明示范小城镇总体规划》。

10月8日　市政府批准，撤销华明镇，设立华明街道办事处。

10月9日　区政府召开首届学习节启动仪式暨“百千万工程”推动会。

10月10日　在津全国政协委员到东丽区华明街道考察社会主义新农村建设。

10月14日　农业部、国家体育总局、中国农民体育协会授予新立街道全国“亿万农民建设活动”先进乡镇称号。

11月11日　区文化馆馆长许向诚参加中国作家协会第七次代表大会，受到胡锦涛、温家宝等中央领导的接见。

11月21日　区委、区政府印发《关于推进社会主义新农村建设的实施意见》。

11月26日　华明集团公司荣获全国新农村建设百强示范企业称号。

11月　金钟农产品批发市场荣获国家级“双百市场”称号。

12月6日—8日　中共东丽区第九次代表大会召开，张有会作题为《全面落实科学发展观，加快建设国际型、知识型、生态型津滨新城区，为率先基本实现现代化而努力奋斗》的报告。张有会当选为中共东丽区第九届委员会书记。

12月22日　区政府举办创建学习型城区报告会。

是年　市政府批准军粮城工业园区为市级开发区。

2007年

1月8日—10日　政协东丽区第七届委员会第一次会议召开，选举弭尚华为区政协主席。

1月9日—12日　东丽区第十五届人民代表大会第一次会议召开，选举秘长荣为区人大常委会主任、尚德来为区政府区长。

2月5日　区政府和保税区管委会签订共建新农村联合推动机制协议，提高空港物流加工区被征地农民社会保障水平。

3月5日　区委决定：撤销东丽区工作岗位目标责任制等22个领导小组。

4月3日　区委、区政府印发《关于市区重点建设项目涉及村民住房拆迁安置的实施意见》。

4月12日　市长戴相龙考察华明示范镇和东丽湖开发建设情况。

4月14日　东丽区第四届运动会开幕，至11月13日闭幕，规模大、设项多、范围广、赛程长，为历届首次。

4月16日　区委印发《关于重大事项实行科学民主决策的意见》。

4月20日　公安东丽分局被公安部评为全国县级公安机关优秀执法示范单位。

5月30日　举办“迎奥运”千人健步行活动。

6月25日　成立东丽区社会主义学校。

6月26日　东丽区举办第二届国际学习节主题论坛。

7月10日　区委、区政府印发《关于东丽区确保实现率先发展的实施意见》。

7月15日　天津市首家专业水上运动会所——天津水上休闲运动俱乐部在东丽湖成立。

7月20日　2007年全国汽车场地越野锦标赛“东丽湖杯”天津分站赛在东丽湖举行。

7月23日　区委、区政府印发《关于征地撤村村民建设经营性设施的实施意见》。

8月26日　东丽区遭遇50年未遇特大暴雨，4小时降雨量达204毫米，最大积水深度达1.5米。区立即启动除涝预案，组织抢险，短时间内将积水及时排除。

9月10日　区委印发《关于进一步加强领导干部廉洁从政的若干规定》。

9月　区妇联被全国妇联授予“全国家庭教育先进集体”荣誉称号。

9月26日—10月7日　世界最佳模特大赛中国区总决赛在东丽湖举行。

10月6日　市政府批准，撤销大毕庄镇，设立金钟街道办事处。

11月5日　成立东丽区行政学校。

11月13日　区委、区政府印发《关于狠抓项目落实确保率先发展的实施方案》。

是月　东丽区连续第五次获“全国双拥模范城”称号。

12月26日　东丽区被体育总局授予全国“2007年度全民健身与奥运同行活动优秀组织奖”。

是年　东丽区被科技部授予“全国科技进步先进区”荣誉称号。

是年　区国防教育基地被北京军区国防委员会评为天津市唯一的“北京军区学生军训工作先进单位”。

2008年

1月19日　团委组织区青联企业家捐款80余万元，在陕西安康市平利县女娲山乡援建1所“天津东丽希望小学”。

1月　东丽区被民政部确定为全国农村社区建设实验区。

2月15日　区政府召开三级干部会议，按照“提前一年创百亿强区”要求，分析研究农村工作。

2月19日　大郑慧源剪纸中心作品《清明上河图》，参加全国情系奥运手工编织品网络大赛，夺得巧手金奖。

3月9日　上海世博会考察团到华明示范镇考察社区管理，并考察了民俗博物馆。

3月20日　华明示范小城镇案例成功入选2010年上海世博会。

是日　市委书记张高丽率市党政军领导到区外环线津滨桥绿化节点，参加义务植树活动。

3月31日　区委、区政府印发《2008年开展“平安东丽”创建活动实施方案》。

4月17日　区委、区政府印发《关于加快发展服务的若干意见》。

4月26日—27日　东丽区组队参加2008年全国风筝精英赛，获团体总分第一名。

是日　市委、市政府主办的“亚洲地热论坛”在东丽湖举行。

5月18日　中华陶艺馆开业典礼在东丽湖广场举行。

5月23日　团区委组织区青联企业家捐款150万元，在四川广元市利州区和陕西宁强县代家坝镇分别捐建“天津华明集团希望小学”和“天津东丽希望小学”。

6月2日　东丽区制作的20集电视连续剧《恋恋东丽湖》开镜。

6月12日—13日　中国第五届花卉产业高峰论坛在东丽湖举行。

6月18日　区妇联第九次代表大会召开，大会选举产生区妇联第九届执委会，武广华当选为主席。

7月8日　市委书记张高丽等到华明示范镇考察，听取“宅基地换房”开展示范小城镇情况汇报。

7月15日　境内普降暴雨，平均降雨量83.2毫米，全区受灾农作物2554公顷。

7月30日—8月5日　区委书记张有会带领全体区级领导，到塘沽、蓟县、宝坻、西青、津南、武清、北辰等区县学习考察。

8月1—2日　东丽区7名火炬手，参加第二十九届北京奥运会天津滨海新区火炬传递活动。

8月8日　大郑慧源剪纸中心设计制作的剪纸作品，被奥组委选中，作为奥运会唯一指定剪纸类礼品。

8月18日　国务院副总理李克强到华明示范镇视察。

8月30日　区饮水管网入户改造工程全部完工。

9月17日　天津安达物流有限公司被评为国家AAAA级企业。

9月20日　区委、区政府印发《东丽区经济功能区布局及管理机构设置实施方案》。

9月22日　东丽区服务滨海新区建设管理委员会成立、东丽区军粮城工业园管理委员会成立、东丽区华明工业园区管理委员会成立、东丽区应急管理办公室成立、东丽区机关事务管理服务中心成立。

10月1日　第二届世界大学生滑水锦标赛，在东丽湖温泉度假旅游区举行。

10月6日　青海省委书记强卫、省长宋秀岩等，到第一百中学考察，并看望在百中就读的青海籍学生。

10月17日　新华社、人民网、中央人民广播电台等在津中央媒体记者组成考察团，到华明示范镇参观考察。

10月25日—26日　区委、中央党史学会等共同主办的“纪念改革开革开放30周年论坛”，在东丽湖举行。

11月5日　区委、区政府印发《关于发展沿海都市型现代农业的意见》。

11月19日　中国经济时报社渤海信息网络中心落户东丽区。

11月24日　共青团中央书记处第一书记陆昊等，考察华明示范镇建设管理和规划建设情况。

11月27日　区第三届青年联合会第一次会议召开，会议选举李晓霞为东丽区青联第三届委员会主席。

12月4日　天津警备区司令员王小京等，到区考察深入开展科学发展观学习实践活动。

12 月 6 日　　陕西省委书记赵乐际等，到华明示范镇参观考察。

12 月 11 日　　柬埔寨人民党代表团到华明示范镇参观考察。

12 月 13 日　　国土资源部、中国矿业联合会等组成评审组，对东丽湖地区地热资源进行考察，授予“中国温泉之乡”称号。

12 月 20 日　　天津市首家宅基地换房地块及原村民居住区复垦地——华明示范镇宅基地复垦设施农业园开工仪式在永和村举行。

是年　　东丽区被民政部授予全国农村社区建设实验县（市、区）。

2009 年

1 月 7 日　　区政府与中国青年汽车集团举行青年汽车天津制造基地项目签约仪式。

1 月 16 日　　区委印发《以改革创新精神进一步加强处级领导班子思想政治建设的意见》《以改革创新精神进一步加强人才工作的意见》。

2 月 3 日　　区委、区政府印发《东丽区促进经济发展十条措施》。

是日　　东丽区与中国农业银行天津分行签署战略合作协议。

2 月 9 日　　外交部新闻司副司长姜瑜带领俄罗斯、美国、意大利、西班牙、朝鲜等 23 个国家和地区的媒体记者到华明示范镇参观考察。

2 月 12 日　　市政协主席邢元敏到区傲绿公司调研市、区农业龙头企业情况。

2 月 16 日　　浙江省长吕祖善等到华明示范镇考察。

2 月 28 日　　区文明义工志愿者综合服务站举行揭牌仪式。

3 月 15 日　　区委、区政府印发《关于进一步推进科技创新建设创新型城区的实施意见》。

3 月 19 日　　区委印发《关于开展深入学习实践科学发展观活动的实施意见》。

3 月 28 日　　区政府和中国民营科技促进会主办的“2009 年全国民营科技促进会联席会议暨应对全球金融危机民营企业创新发展论坛”在东丽区举行。

4 月 7 日　　市委书记张高丽等到区调研，听取关于加强党的基层组织建设、推动经济社会又好又快发展的工作汇报。

4 月 10 日　　经科技部、国家发改委等联合评议，授予东丽区“国家可持续发展实验区”称号。

4 月 13 日　　金钟新市镇被市政府批准为：第三批以宅基地换房建设示范小城镇试点。

4 月 22 日　　美国龙安集团总裁、美籍华人饶及人等到区考察，饶及人被聘为东丽区城市规划建设经济顾问。

4 月 27 日　　甘肃省委书记陆浩、省长徐守盛等到华明示范镇考察。

4 月 27 日—28 日　　区委书记张有会等赴四川、贵州、重庆等地进行项目洽谈和学习考察。

5 月 10 日　　东丽区承担援建的陕西最大安置点宁强县燕子镇东丽村，首批 40 户村民搬进新房。

5月11日　　甘肃嘉峪关市委领导一行到华明示范镇考察。

5月14日　　区委、区政府印发《东丽区农村综合配套改革总体方案》。

5月19日　　区政府举行天津滨海钢材城开业仪式。

5月20日　　区政府与华侨城集团公司签署合作框架协议。

5月26日　　区委、区政府印发《东丽区整体村域房屋拆还迁规定》。

5月27日　　浙江宁波市委书记巴音朝鲁等到华明示范镇考察。

6月13日　　区政府举行首批非物质文化遗产项目授牌暨民间艺术传承工程启动仪式。

6月14日　　滨海新区管委会主任何立峰等到东丽湖、华明示范镇和华明工业园区考察。

6月30日　　区委、区政府印发《关于处理违法占地和违法建设案件分工和责任追究的规定》。

7月3日　　国家副主席曾庆红等到华明示范镇考察宅基地换房工作。

7月10日　　市委书记张高丽等到区，对中国一重集团天津滨海制造基地、华明示范镇宅基地复垦设施农业园区、天津朗钜水上温泉欢乐谷和东丽湖华侨城项目进行联查。

7月18日　　成立万新产业园区管理委员会、新立产业园区管理委员会、么六桥产业园区管理委员会和金钟工业园区管理委员会。

7月24日　　区委、区政府印发《关于促进区属国有企业发展壮大的实施意见》。

8月8日　　区举行首届“全民健身日”暨东丽区群众体育节启动仪式。

8月18日　　东丽区与中国兵器工业集团举行投资合作协议签约仪式。

是日　　东丽航空产业区被列为天津市区县示范工业园区。

8月30日　　东丽湖温泉度假旅游区被正式命名为“中国温泉之乡”。

9月8日　　加拿大本拿比市、德里克市长等到区考察，与东丽经济开发区总公司签署战略伙伴合作协议。

9月8日　　庆祝新中国成立60周年“祖国颂·东丽情”爱国歌曲巡演启动仪式在东丽广场举行。

10月12日　　敦煌市委书记孙玉龙等到华明示范镇考察。

10月30日　　东丽湖·恒大国际温泉会议中心项目在东丽湖正式立项。

11月10日　　国家主席江泽民等到华明示范镇考察宅基地换房工作。

11月17日　　区委、区政府印发《关于加快残疾人事业发展的实施意见》。

11月19日　　中宣部部长刘云山等到区华明示范镇考察。

11月21日　　区政府与四川海特集团签订华明工业园区、海特航空研发及产业化基地项目合作协议。

12月24日　　区政府与雨润天津国际食品全球采购中心签署综合性农副产品集散中心项目合作协议。

是年　　东丽区被科技部、国家发改委授予“国家可持续发展实验区”。

2010 年

1 月 6 日　东丽区通过农业部农产品质量安全中心验收，获得“全国无公害农产品标识推广与监管示范县”称号。

1 月 7 日　人民日报社社长张研农一行到华明示范镇考察。

1 月 12 日　东丽湖天安数码城项目正式立项。

1 月 19 日　东丽区举行个体劳动者第六次代表大会和民营企业协会第一次代表大会。

1 月 22 日　中共中央政治局常委李长春等到华明示范镇农家书屋和农村文化活动站视察。

1 月 28 日　东丽区中心城区第一个商业中心——华润万家超市项目正式立项。

2 月 22 日　区政府召开三级干部会议暨“解难题、促转变、上水平”活动动员大会。

2 月 28 日　区政府召开奋战 300 天市容环境综合治理动员大会。

3 月 5 日—14 日　全国人大代表、东丽区委书记张有会参加第十一届全国人民代表大会第三次会议。

3 月 16 日　区政府召开 2010 年科技工作会议。

3 月 24 日　全国政协副主席杜青林等到区考察城市化建设工作。

3 月 27 日　北京市委书记刘淇等到华明示范镇、华明工业园区和天津滨海国际花卉科技园区参观考察。

4 月 6 日　美国加州众议院副议长马世云等到华明示范镇考察。

4 月 19 日　区委、区政府印发《国有企业领导人员廉洁从业若干规定》。

4 月 29 日　区人大常委会召开纪念东丽区人大常委会成立 30 周年座谈会。

5 月 1 日　“华明示范镇”在中国 2010 年上海世博会正式开馆。

5 月 7 日　吉林省委、省政府领导一行到华明示范镇考察。

5 月 10 日　上海世博会城市最佳实验区华明示范镇案例特别活动日庆典仪式在上海世博园广场举行。

5 月 17 日　北京昌平区委书记侯君舒一行到华明示范镇居住区、华明工业园区等地参观。

5 月 21 日　中华全国总工会主席王兆国到华明示范镇考察。

5 月 27 日　区政府与天津科技大学举行全面合作协议签约仪式。

5 月 29 日　全国政协主席贾庆林一行到华明示范镇考察。

6 月 5 日　中央组织部部长李源潮一行到华明示范镇考察。

6 月 10 日　区政府与市政府签订《东丽区城中村改造目标责任书》。

6 月 12 日　中央军委总政治部主任李继耐一行到华明示范镇考察。

6 月 30 日　海南省省长罗保铭一行到华明示范镇进行考察。

7 月 8 日　全国妇联副主席宋秀岩一行到天津市农村妇女创业中心考察，听取东丽区妇女工作和农村妇女创业中心发展情况汇报。

是日　　中共政法委副书记王乐泉一行到华明示范镇考察。

7月18日　　福建省委书记孙春兰、省长黄小晶一行到华明示范镇考察。

8月5日　　山西省委书记袁纯清一行到华明示范镇考察。

8月10日　　国务院副总理吴仪一行到华明示范镇考察。

8月25日　　区委、区政府印发《城市化建设中必须遵守的若干纪律规定》。

是日　　“弘泽大街全国社区商业示范社区”举行授牌仪式。

8月26日　　新立新市镇被市政府批准列入第四批以宅基地换房建设示范小城镇试点。

8月30日　　青海省人大常委会主任强卫、省长骆惠宁一行到华明示范镇考察。

9月3日　　东丽区接收512名青海玉树灾区初中一年级学生就读耀华滨海学校。

9月4日　　贵州省政协主席王正福等到华明示范镇考察。

9月12日　　东丽区与蒙古国乌兰巴托市韩乌拉区缔结友好合作关系协议。

9月30日　　区疾病预防控制中心通过亚太地区总部ISO9001质量管理体系认证。

是日　　北京、天津、上海、重庆市人大常委会主任到区考察。

10月23日　　区委书记张有会、区长尚德来等，赴武清区、宝坻区、蓟县学习考察。

10月28日　　区政府召开外贸出口企业协会成立大会暨第一届会员代表大会。

10月31日　　中国2010年上海世博会华明馆参展184天，接待参观人数超200万人，各类专业参观团队300余个，有5万余人在馆内留言。

11月3日　　“华明现代设施农业产业园区管理委员会”成立。

11月4日　　区委书记张有会、区长尚德来等赴滨海新区学习考察。

11月10日　　建设工程质量安全监督管理支队成立。

11月18日　　东丽区成立养老中心。

11月19日　　区科协召开第四次代表大会，大会选举产生第四届委员会，田先钰当选为主席。

11月30日　　区委、区政府印发《关于进一步健全完善社会保障和救助体系的意见》。

12月10日　　区委、区政府印发《进一步统筹城乡就业创建充分就业区实施意见》。

是日　　区政府与兰州大学签署科技合作协议。

12月21日　　华明示范镇被市评定为国家AA级旅游景区。

12月25日　　区政府与香港天骥控股有限公司签订总部商务花园项目协议。

是年　　东丽区被人力资源和社会保障局授予全国转移农村劳动力就业先进县（市、区）。

东丽区志

第一编

政　区

东丽区古为渤海之域，早在3000年前逐渐由西向东退海成陆。境内出土文物表明：战国时期，已有人居住生息，部分地区形成小的村落；汉晋时期，务本村、大郑庄、西南埝等沿海一带留下人们劳动、生活的足迹；唐代，军粮城已成为比较繁华的军事重镇；明清时期，境内村庄多已建立，至民国初期，各自然村落均已基本形成。

东丽区归属多次变迁，至建区前分属天津县和宁河县管辖。1953年5月始，独立建制，称津东郊区。1955年6月，更名东郊区。1992年3月，改称东丽区，为天津市新四区之一。

东丽区地理位置优越，水陆空交通便捷，建设国际型、知识型、生态型现代化津滨新城区的区位优势明显。全区新市镇规划实现全覆盖。东丽区经济社会发展的核心是抢抓滨海新区开发开放的历史性机遇，尽快融入新区、服务新区，努力实现又好又快发展。

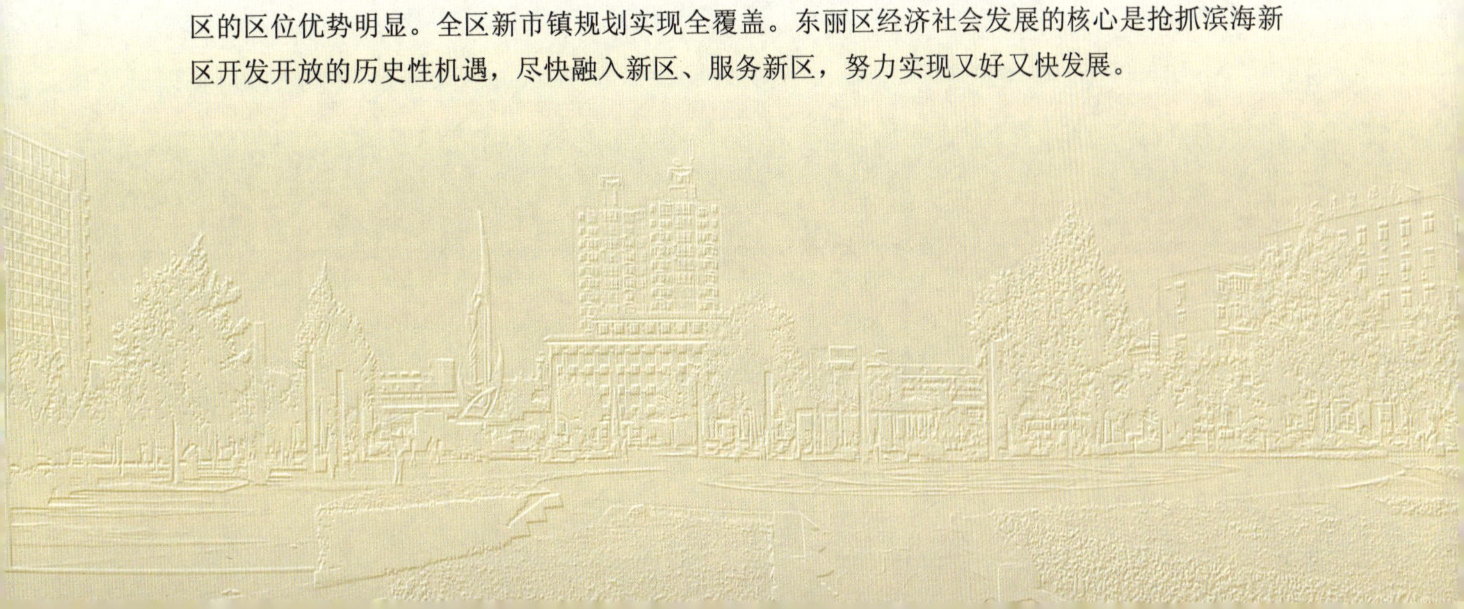

2010年，东丽区党政领导机关办公大楼

第一章　建置　区划

1979年，全区辖8个人民公社。1982年，辖8个人民公社，3个街道办事处。1983年，撤销人民公社建置，行区统乡辖村制，辖9个乡、3个街道、113个村委会。1984年，撤部分街道建镇，辖8个乡、1个镇、1个街道、112个村委会。1993年，撤部分乡改镇改街，辖5个乡、3个镇、3个街道、111个村委会。1994年，撤乡改街镇，辖1个乡，6个镇，4个街道，109个村委会。2001年，撤镇建街。2010年，全区辖8个街道、1个乡、109个村委会、60个居委会、6个城市公司。

第一节　建置沿革

一、地理位置

东丽区位于天津市中部偏东，海河中下游的北岸，地处天津市中心城区和滨海新区之间。东接天津港，对内辐射“三北”（华北、东北、西北），对外辐射环渤海，既是“三北”地区到天津港的必经之路，又是连接市区与滨海新区的重要通道。京津塘、京哈、津渝、京福、京淄、京同6条国家级公路交汇东丽，沟通天津与东北、华北、华东、华南各省区的交通往来，地理位置优越。

东丽区位于北纬39°～39°14′，东经117°13′～117°33′。区政府驻地张贵庄西距天津站12千米，东距天津港30千米，西北距北京135千米。区境东西最长处为30.1千米，最短处为18.8千米；南北最宽处为25千米，最短处为15.92千米。2010年，经土地详查，幅员面积475.44平方千米，其中225平方千米的面积纳入滨海新区，其经济功能纳入滨海，社会事务仍属东丽区管理。

二、政区沿革

1949年10月，中华人民共和国成立，时区境大部仍属天津县十区，军粮城、李庄子一带属宁河县九区。

1950年7月，天津县境改划7个区，区境大部属天津县二区，大毕庄一带属天津县三区，军粮城一带属宁河县六区。

1952年4月，天津县由河北省天津地区划归天津市辖。1953年5月，撤销天津县建制，成立四个郊区，区境为津东郊区。1955年6月，经天津市人民委员会批准，津东郊区更名为东郊区。

1958年2月，天津市由中央直辖市改为河北省直辖市，东郊区仍属天津市辖。是年7月，宁河县所辖军粮城、李庄子2个乡划归东郊区。是年8月23日，东郊区实行人民公社化，组建成新立村人民公社和军粮城人民公社。10月1日，天津市郊区建制撤销，东郊区并入河东区辖。10月20日划入河东区的2个人民公社合并，称河东区新立村人民公社。

1962年2月，贯彻“调整、巩固、充实、提高”的方针，为使行政区划更适合国民经济的发展，恢复4个郊区建置。

1967年1月，天津市又改为中央直辖市，东郊区仍属天津市辖。

1992年3月，东郊区更名为东丽区，仍为天津市管辖。

2010年，仍称东丽区，坐落张贵庄街道跃进路38号。

第二节　边界勘定

一、东郊区边界调整

1984年，区界西部变更，月牙河成为东郊区与河东区的界河，月牙河以西为河东区，以东为东郊区。是年11月，市区与东郊区分界线调整：将东郊区所辖的程林庄新居住区规划区域，划归河东区管辖，面积2.5平方千米。其划界为东至沙柳路、南至程林庄道、西至月牙河、北至卫国道东段。将东郊区与河东区的张贵庄路至程林庄道一线，月牙河以西区域，包括万新庄第一、第二居委会区域划归河东区管辖。将东郊区所辖民权门新居住区规划区域，东至岷江路，南至北塘排污河，西到污水池南岸，北至月牙河，划归河北区管辖，面积0.36平方千米。将东郊区与河北区的新开河至金钟河一段界限东移，以昆仑路为界，该界段以西原东郊区所辖区域划归河北区管辖。

1989年3月，河北区与东郊区界进行重新调整，调整后的河北区与东郊区的岷江路一段界线以月牙河和上江路为界。变更区域南侧地带以排污河为界，划分河北、河东两区范围。

二、东丽区边界调整

（一）1994—1995年边界调整

1994年9月，将东丽区鲁山道住宅小区地段划归河东区管辖。其范围：东至沙柳路上坡角，沿该上坡角向西至西堤上坡角南行至松阳里11号院53号楼，由该楼西行至SOS儿童村东北墙角，由该墙角与SOS儿童村东侧、南侧外墙至昆仑路东边线向南至卫国道；北至博山道北侧边线。

1995年，东丽区东邻塘沽区，以北塘排污河、津汉公路支线、军粮城农牧场、四村、新五村、北大道、苏庄之东侧为界；南以海河为界，与津南区为邻；西沿赵沽里、月牙河、詹庄、潘庄、吴嘴至海河北岸，与河北区、河东区相接；北以新开河为界，与北辰区相隔；以金钟河、永定新河为界，与宁河县接壤。

（二）签订区县边界线交会点协议书

1997年9—11月，东丽区与河西区、津南区、河东区、河北区、北辰区、塘沽区、宁河县勘界工作办公室对8区县边界线交会点（简称三交点）的位置及有关事宜进行协商和实地踏勘，确定区县边界线交会点位置及附近的边界走向，签订区县边界线交会点协议书，标绘区县边界线交会点协议附图。

1997年9月3日，东丽区与河东区、河西区签订《河东、河西、东丽三区边界线交会点协议书》。三交点位于月牙河中心线向南延伸线与海河中心线交会处，三区边界线走向为：由该点沿海河中心线向西延长，该延长线以南为河西区；由该点沿月牙河中心线向北延长，该延长线以东为东丽区，以西为河东区。

1997年9月5日，东丽区与河西区、津南区签订《河西、东丽、津南三区边界线交会点协议书》。三交点位于双林河（中心线延伸线）和海河（中心线）交会处。交会处三区边界线走向为：由交会点起，河西区、东丽区区界以海河中心线为界，向西延伸；河西、津南区界以双林河中心线为界向南延伸；东丽、津南区界以海河中心线为界向东延伸。

1997年10月15日，东丽区与河东区、河北区签订《河东、河北、东丽三区边界线交会点协议书》。三区三交点位于北塘排污河中心线与大江路东侧排灌渠中心线延长线交会处。三区边界线走向为：由该点沿北塘排污河中心线向东向西延长，该延长线以南为河东区；由该点沿大江路东侧排灌渠中心线向北延伸至月牙河，西为河北区、东为东丽区。

1997年10月23日，东丽区与河北区、北辰区签订《河北、东丽、北辰三区边界线交会点协议书》。三区三交点位于新开河中心线与外环线三号桥西侧桥栏交会处。三区边界线走向为：河北、北辰界线由新开河中心线向西南延伸；河北、东丽界线由外环线新开河桥西侧向东南延伸；东丽、北辰界线由新开河中心线向东北延伸。

1997年10月28日，东丽区与塘沽区、津南区签订《塘沽、东丽、津南三区边界线交会点协议书》。三区三交点位于塘沽区三川桥村南渔池旁土路西角线与海河中心线交会点处，在北大道砖厂南1.1千米处，在一疙瘩村东南角西500米处，在三川桥村南海河边果园中心南偏西南300米处。交会处三区边界线的走向，由交会点起：塘沽、津南线向东偏南沿海河中心线延伸；塘沽、东丽线向北沿三川桥村南果园南渔池南土埂西南线向北延伸；东丽、津南线向西沿海河中心线延伸。

1997年11月12月，东丽区与塘沽区、宁河县签订了《塘沽、东丽、宁河三区县边界线交会点协议书》。三区县三交点位于塘沽界内黄港一库与东丽界内永和水库中间红排河河心与永定新河河心交点处。交会处三区县边界线的走向为：由交会点起，塘沽、东丽界线沿红排河中心向南延伸；东丽、宁河沿永定新河往金钏河方向延伸；塘沽、宁河线沿永定新河延伸。

1997年11月12日，东丽区与北辰区、宁河县签订了《东丽、北辰、宁河三区线边界线交会点协议书》。三区县三交点位于津塘运河古道中心处，交会处三区县走向为：由交会点起：宁河、北辰区县界线沿津塘运河古道北岸水沟中心线向北偏东延伸；宁河、东丽区县界线沿津塘运河古道中心线向西南延伸，沿东丽耕地处边沟向西北延伸。

（三）签订区县行政区域边界线协议书

东丽区与津南、塘沽、河西、宁河、北辰、河东、河北区县分别根据签订的勘界实施方案，召开联席会议，认真进行了调查研究，经过充分协商，对有关问题达成一致意见，在地形图上统一了边界走向位置，最终确定了行政区域界线。

签订东丽、津南行政区域边界线协议书

1997年10月10日，东丽区与津南区签订《东丽区人民政府、津南区人民政府勘定两区行政区域边界线协议书》。东丽、津南两区边界线走向为：从河西、东丽、津南三区三交点起，沿海河中心线自然走向向东延伸至塘沽、东丽、津南三区交会点止，全长28.473千米。其中，二线闸一段，以1984年建闸前原海河中心线为界。

签订塘沽、东丽行政区域界线协议书

1997年11月13日，东丽区与塘沽区签订《塘沽区人民政府、东丽区人民政府联合勘定两区行政区域界线协议书》。塘沽、东丽两区边界线走向为：自塘沽、东丽、宁河三区县边界线交会点起，向南偏西南沿北塘排污河自然流向延伸7.72千米至老津汉公路的中心线；折向西南沿老津汉公路中心线延伸5.2千米至杨北公路中心线；折向东偏东南沿杨北公路延伸2.9千米至军粮城矾石厂与中心庄稻田之间土路中心线；折向南沿军粮城矾石厂与中心庄稻田之间土路延伸0.78千米至军粮城农场与中心庄稻田之间土路中心线；折向东沿军粮城农场与中心庄之间土路中心线延伸1.4千米至高压线东侧土路中心线；折向东偏东南沿高压线东侧土路中心线延伸1.73千米至津北公路中心线；折向东沿津北公路中心线延伸0.035千米至路南土路中心线；折向南沿津北公路路南土路中心线延伸0.65千米至京津塘高速公路北侧土路中心线；折向东沿京津塘高速公路北侧土路中心线延伸0.9千米至中心桥北干渠西侧土路西坡角；折向南偏西南沿中心桥北干渠西侧土路西坡角延伸2.68千米至土山南侧土路中心线；折向西偏西北沿土山南侧土路中心线延伸1.84千米至中心庄公路石桥，继续向西偏西北沿三川桥排灌渠延伸0.73千米至两沟的东沟中心线；折向南沿东沟中心线延伸1.35千米至京山铁路北护河南边线；折向西偏西北沿京山铁路北护河南边线延伸0.35千米至京山铁路南侧排灌渠向北延长线；折向南偏西南沿京山铁路南侧排灌中心线延伸1.05千米至津塘公路中心线；折向东偏东南沿津塘公路中心线延伸0.17千米至中西村路中心线；折向南偏西南沿中心村路中心线延伸1.26千米至土路中心线；折向东偏东南沿土路中心线延伸0.52千米至水沟中心线；折向北偏东北沿水沟中心线自然流向延伸0.45千米至土路中心线；折向南偏西南沿土路中心线延伸0.47公路至土路中心线；折向东偏东南沿土路中心线延伸0.21千米至土路中心线；折向南偏西南沿土路中心线延伸0.8千米至三川桥村养鱼池西北角；折向南偏东南沿三川桥养鱼池西北角延伸0.34千米至北大道村养鱼池东北角土埂；折向南沿北大道村养鱼池土埂延伸0.65千米至塘沽、东丽、津南三区边界线交会点止。全长34.01千米。

签订河西、东丽行政区域边界线协议书

1997年11月13日，东丽区与河西区签订《河西区人民政府、东丽区人民政府勘定两区行政区域界线协议书》。河西、东丽两区边界线走向为：从河东、河西、东丽三区边界线交会点起，沿海河中心线自然流向延伸至河西、东丽、津南三区边界线交会点止。全长2.3千米。

签订东丽、宁河行政区域边界线协议书

1997年12月4日，东丽区与宁河县签订《东丽区人民政府和宁河县人民政府联合勘定的行政区域界线协议书》。东丽、宁河两区县走向为：从东丽、北辰、宁河三区县三交点起向南偏东南行0.4千米，至金钟河河心，转向东偏东南沿金钟河北堤北下坡脚行0.77千米，转向东偏东北沿沟北埝下坡脚行0.06千米，转向东北沿沟北埝下坡脚行1.2千米，转向东沿沟北埝下坡脚行1.1千米，转向东偏东南沿沟北埝下坡脚行0.27千米，转向东北沿沟北埝下坡脚行0.23千米，转向东偏东南沿埝南下坡脚行0.1千米，转向东南沿埝南下坡脚行0.54千米，转向东北沿田辛鱼池埝东沟行0.16千米，转向北偏东北沿田辛鱼池埝东沟行0.71千米，转向东南沿主沟中心行0.34千米，转向东偏东南主沟中心行0.88千米，转向西沿埝中心行0.73千米，转向东偏东南沿北沟北埝中心行0.48千米，转向东沿北沟北埝中心行1.19千米，转向南沿西沟间土埝中心行0.33千米，转向东偏东北沿两主深渠埝中心行0.48千米，转向东偏东南沿永定河南堤南下坡脚行0.67千米，转向南沿草垛子养殖场外边沟外边线自然流向延伸行4.32千米，转向南偏东南沿埝中心行0.41千米，转向西沿圈埝中心行1.21千米，转向南偏西南至金钟河中心行0.08千米，转向东偏东南沿金钟河北堤北下坡脚行1.3千米，转向北沿胡张庄大埝中心行0.5千米，转向东北沿胡张庄大埝北下坡脚行0.95千米，转向东南沿永定河南埝南下坡脚行0.65千米，转向南沿埝东下坡脚3.32千米，转向东偏东南沿金钟河北下坡行3.1千米。全线长度为26.3千米。

签订东丽、北辰行政区域边界线协议书

1997年12月18日，东丽区与北辰区签订《东丽区人民政府、北辰区人民政府联合勘定两区行政区域界线协议书》。东丽、北辰两区边界线走向为：自河北、东丽、北辰三区边界线交会点起，向东北沿新开河中心线自然流向延伸5.88千米至西北岸外侧小公路中心线的延长线，折向东偏东北沿小公路中心线延伸0.7千米至东安驾校西公路的西边线，折向北偏西北沿东安驾校西公路西边线延伸1.91千米至南孙庄村养鱼池南堤外坡角，折向南偏西南沿南孙庄养鱼池南堤外坡角延伸0.18千米至南孙庄养鱼池西堤外坡角，折向北沿南孙庄养鱼池西堤外坡角延伸0.36千米至南孙庄养鱼池北堤外坡角，折向东偏东北沿南孙庄养鱼池北堤外坡角延伸0.17千米至小土路中心线，折向北沿小土路中心线延伸0.045千米至南孙庄养鱼池南堤外坡角，折向西偏西南沿南孙庄养鱼池南堤外坡角延伸0.89千米至南孙庄养鱼池西堤外坡角，折向北偏西北沿南孙庄养鱼池西堤外坡角延伸0.255千米至丰产河中心线，折向东偏东北沿丰产河中心线延伸0.81千米至永金引河中心线，折向东偏东南沿永金引河中心线延伸3.24千米至永钟引沟中心线，折向南偏东南沿永钟引沟中心线延伸0.5千米至金钟河中心线，折向东偏东北沿金钟河中心线自然流向延伸5.24千米至北京排污河东北堤内坡角向东南延长线，折向北偏西北沿北京排污河东北堤内坡角延伸2.38千米至北于堡村耕地外边沟中心线，折向东北沿北于堡村耕地外边沟中心线自然走向延伸3.34千米至东丽、北辰、宁河三区线边界线交会点止。全长22.99千米。

签订河东、东丽行政区域界线协议书

1998年1月13日，东丽区与河东区签订《河东区人民政府、东丽区人民政府联合勘定的行政区域界线协议书》。河东区与东丽区边界线：从河东、河北、东丽区三交点起，沿北塘排污河中心线向东延伸至昆仑路，折向南至博山道，沿博山道北侧边线，折向东至沙柳路北路中心线，折向南至养鱼池北，沿养鱼池北堤、西堤上坡线至养鱼池西南角，沿松阳里东边道东边线向南延伸至松阳里11号院53号楼南边垂直10米延长线相交处折向西，至SOS儿童村东北墙角，沿SOS儿童村东墙、南墙延伸至昆仑路东边线，沿昆仑路东边线向南至卫国道北边线，沿卫国道北边线向东延伸至沙柳路东边延长线后折向南，沿沙柳路东边线侧石向南偏东南延伸至程林庄路南边线侧石，沿程林庄路南边线侧石向西延伸至月牙河西岸上坡线，沿月牙河西岸上坡线随河流自然走向延伸至京山铁路路基南下坡线，沿路基南下坡线，向东偏东南延伸至张贵庄铁路危险品货场西墙延长线与京山铁路路堤南下坡线交会点，沿张贵庄货场西墙延伸至货场南门，沿双东路西边线向南延伸至津塘路南边线，路南延津塘路南边线向东至第五造纸厂东墙延长线，沿造纸五厂东墙向南至该墙东南角。折向南偏西南至冶金机修厂围墙东北角连线。沿冶金机修厂东墙、南墙、西墙自然走向延伸至天津谷川毛刷文教用品有限公司南墙与冶金机修厂西墙交点，再沿谷川毛刷文教用品有限公司南端延伸至异型轧钢厂东墙，沿异型轧钢厂东墙向北至高压线，沿此高压线向西至变电所路中心线，沿变电所路中心线南行至天津中板厂南墙，沿中板厂南墙向西至该墙西南角后，折向北至铁路线南侧，沿铁路线南侧向西至冶金局运输总公司储油站西侧公路的东边线，沿此公路东边线向北延伸至天津市第一机床厂南墙，沿该墙向西延伸至天津市焊接材料有限公司东墙，沿东墙、南墙延伸至月牙河中心线，沿月牙河中心线向西南方向延伸至河东、河西、东丽三交点止。全长21.12千米。

签订河北、东丽行政区域界线协议书

1998 年 9 月 25 日，东丽区与河北区签订《河北区人民政府、东丽区人民政府勘定两区行政区域界线协议书》。河北、东丽两区边界线走向为：自河北、东丽、北辰三区边界线交会点起，沿外环线西边线向南偏东南行 2.13 千米至金钟河大街中心线；折向南偏西南沿金钟河大街中心线；折向南偏西南沿金钟河大街中心线行 1.7 千米至金沙江路中心线与金钟河大街中心线交点；折向东偏东南沿金沙江路中心线行 0.396 千米，由此点折向东北东行 0.066 千米至月牙河南岸；沿月牙河南岸行 2.02 千米至月牙河与大毕庄排污渠中心线交点；折向南沿大毕庄排污区中心线南行 0.41 千米至北塘排污河中心线止。全长 6.722 千米。

东丽区边界线全长 141.915 千米。

（四）调整河北区、东丽区行政区域界线

1999 年 9 月，根据市民政局《关于调整河北区、东丽区行政区域界线的通知》，将原河北区和东丽区金钟河大街、金沙江路、月牙河南岸的界线进行调整，将文江里、灵江里、丹江里、天江里等区域划归河北区管理。

第三节　行政区划

一、东郊区行政区划

（一）撤村转非农业　1982 年，新立村公社所辖种子队村撤销，该村土地被征用，农户全部转为非农业户口。

（二）建立街道办事处　1982 年 5 月，区建立张贵庄街道办事处、万新庄街道办事处、军粮城街道办事处。1988 年 6 月，建立丰年村街道办事处。

（三）建立乡人民政府　1983 年 4—9 月，改革“政社合一”体制，实行政企分开，各人民公社改为乡人民政府建制。其中新立村人民公社管委会撤销后，分为 2 个乡：新立村乡、么六桥乡。东郊区时辖新立村乡、么六桥乡、军粮城乡、李庄子乡、小东庄乡、万新庄乡、大毕庄乡、荒草坨乡、赤土乡 9 个乡。1985 年 1 月，么六桥乡改为么六桥回族乡。

（四）撤街建镇　1984 年 4 月，撤销军粮城街道办事处，军粮城乡和军粮城街道办事处合并，更名为军粮城镇。是年 11 月，万新庄街道办事处随同万新庄乡部分地区实行新的区划范围一并划归河东区属。

1988 年底，东郊区划为 2 街道、1 镇 8 乡。即张贵庄街道、丰年村街道、军粮城镇、新立村乡、万新庄乡、大毕庄乡、荒草坨乡、么六桥回族乡、赤土乡、李庄子乡、小东庄乡。

二、东丽区行政区划

（一）撤乡建镇　1992 年 7 月，撤销赤土乡，设立赤土镇，实行镇管村体制。1993 年 6 月，撤销新立村乡，建立新立镇，原行政区域不变，实行镇管村体制。1993 年 12 月，设立大毕庄镇，同时撤销大毕庄乡，行政区域不变，实行镇管村体制。1994 年 8 月，撤销小东庄乡，设立小东庄镇，行政区域不变，实行镇管村体制。1994 年 11 月，经天津市人民政府批准，撤销荒草坨乡，设立华明镇，原行政区域不变，实行镇管村体制。2001 年 10 月，撤销赤土镇建置，将其行政区划和所属建置并入华明镇。

（二）撤乡建街 1993 年 6 月，撤销万新庄乡，建立程林街道办事处，为区人民政府的派出机构，2005 年更名为万新街道。1993 年 12 月，撤销李庄子乡，建立无瑕街道办事处，为区人民政府的派出机构。

1995 年，区辖 4 个街道办事处、6 个镇、1 个乡。即张贵庄街道、丰年村街道、程林街道、无瑕街道办事处；军粮城镇、赤土镇、华明镇、大毕庄镇、新立镇、小东庄镇；么六桥回族乡。下辖 66 个居民委员会、109 个村民委员会和 6 个市区农业村队（郑庄子、大直沽、阳光、前进、中山门、长青）。

（三）撤镇建街 2001 年 4 月，撤销新立镇，建立新立街道办事处。2001 年 10 月，区委、区政府决定调整部分街镇行政区划，将小东庄镇行政区划和所属建制并入新立街道办事处。2006 年 10 月，撤销华明镇，设置华明街道办事处，其管辖范围与原华明镇的管辖范围相同，办公地点设在华明家园。2007 年 9 月，撤销大毕庄镇，建立金钟街道办事处。2008 年 7 月，撤销军粮城镇，建立军粮城街道办事处。

2010 年，东丽区共划分为 8 个街道办事处、1 个乡。即张贵庄、丰年村、万新、无瑕、新立、华明、军粮城、金钟街道办事处和么六桥回族乡。全区共辖 109 个村委会，60 个居委会，6 个城市公司。

1979—2010 年东丽区行政区划基本情况统计表

表 1-1　　单位：个

年份	行政区划单位					基层组织			
	合计	人民公社	乡政府	镇政府	街道	生产大队	生产队	村民委员会	居民委员会
1979	8	8	—	—	—	110	745	—	—
1980	8	8	—	—	—	110	775	—	—
1981	8	8	—	—	—	112	941	—	—
1982	11	8	—	—	3	114	1010	—	—
1983	12	—	9	—	3	—	979	113	—
1984	10	—	8	1	1	—	995	112	—
1985	10	—	8	1	1	—	351	112	—
1986	10	—	8	1	1	—	—	112	—
1987	10	—	8	1	1	—	—	112	—
1988	11	—	8	1	2	—	—	112	—
1989	11	—	8	1	2	—	—	111	—
1990	11	—	8	1	2	—	—	111	—
1991	11	—	8	1	2	—	—	111	—
1992	11	—	7	2	2	—	—	111	—
1993	11	—	5	3	3	—	—	111	—

续表 1-1

年份	行政区划单位					基层组织			
	合计	人民公社	乡政府	镇政府	街道	生产大队	生产队	村民委员会	居民委员会
1994	11	—	1	6	4	—	—	109	—
1995	11	—	1	6	4	—	—	109	—
1996	11	—	1	6	4	—	—	109	—
1997	11	—	1	6	4	—	—	109	—
1998	11	—	1	6	4	—	—	109	—
1999	11	—	1	6	4	—	—	114	39
2000	11	—	1	6	4	—	—	114	39
2001	9	—	1	3	5	—	—	114	42
2002	9	—	1	3	5	—	—	109	47
2003	9	—	1	3	5	—	—	109	47
2004	9	—	1	3	5	—	—	109	49
2005	9	—	1	3	5	—	—	114	39
2006	9	—	1	2	6	—	—	114	39
2007	9	—	1	1	7	—	—	114	39
2008	9	—	1		8	—	—	115	58
2009	9	—	1		8	—	—	115	58
2010	9	—	1		8	—	—	109	60

说明：村民委员会同生产大队一级，村民委员会个数不含6个城市公司（队）

第四节　纳入滨海新区

一、概况

2008年，按照国务院《关于天津滨海新区综合配套改革试验总体方案的批复》的要求和中共天津市委、市政府统一部署，天津市滨海新区人民政府组织编制《天津市滨海新区土地利用总体规划（2006—2020年）》，规划范围为滨海新区行政区及东丽、津南部分功能区，以及规划填海造陆区域，其中陆域面积为2270平方千米。

2008年，临空产业区空客A320总装车间

东丽区纳入滨海新区面积225平方千米，占滨海新区功能区总面积的9.91%，占东丽区总面积475.44平方千米的47.33%。东丽区区位优势明显，

产业基础雄厚，增产潜力巨大。东丽区功能区纳入滨海新区功能区主要涉及先进制造业产业区、临空产业区、滨海高新技术产业开发区。划分纳入滨海新区涉及东丽行政区域有：无瑕街道、军粮城街道、么六桥回族乡、华明街道等部分区域。

东丽区225平方千米纳入滨海新区功能区后，区域内的规划建设发展迅速，不断入驻大、好项目。华明街道工业园区项目、东丽湖片区项目、空港物流园区项目、东丽开发区项目、泰达西区项目、滨海高新区片项目、滨海重机工业园项目、么六桥回族乡工业园区项目等。这些项目不断提升东丽区经济、民生、环境、区域竞争力等各个方面的实力，形成产业配套齐全、科技资源丰富等多重优势，进一步提高与周边主要区域的联动合作能力，为东丽区的大发展打下坚实基础。

二、服务滨海新区建设

（一）管理机构

2007年2月，东丽区服务滨海新区建设管理委员会成立。内设：行政办公室、机场办公室、空港加工区（空客）办公室、泰达西区办公室、冶金工业园区办公室和高新技术产业园区办公室。

（二）招商引资

2007年，邀请20批100人次客商到区考察，走访企业86家次。天津市祥云宾馆有限公司、天津联奥货运有限公司、北京金凤货运有限公司天津分公司、天津市港怡商务服务有限公司、天津市奥凯航空货运服务公司5家企业在区注册资金800万元。

2008年，区政府与天津滨海国际机场签订合作备忘录，加快航空城开发建设，成立“东丽区航空物流产业发展指挥部”。走访企业360家次，落实招商项目5个。是年2月，厦门航空天津分公司成立。天津大新华快运控股有限公司注册资金2亿元。

2009年，走访企业400家次，落实招商项目6个。大韩航空、红星美凯龙和天津伟业投资有限公司项目注册。完成迪卡依项目注册、变更、增资工作。深圳宝能集团旗下的宝丰物流有限公司注册资金6亿元。

2010年，洽谈重点企业16家。大韩航空项目1490.9万元注册资金全部到位。全年完成实际投资1.08亿元。

（三）项目建设

天津空港总部基地 2009年，天津市土地整理中心将机场客运路旁21.11公顷土地划归东丽区整理，进行天津空港国际总部基地项目建设。规划用地规模18.45公顷，建设用地规模18.01公顷，总建筑面积30万平方米。项目8月18日开工。其中，滨海试训基地项目做为天津空港国际总部基地项目一期建设工程，总建筑面积1.18万平方米，主体为5层，建筑高度24米。2010年6月，主体封顶，12月完成内外檐装修，总投资5000万元，完成投资2419万元。天津空港国际总部基地项目，完成地块内填土方37万立方米；完成基础配套设施立项、道路、绿化设计方案、监理及施工招标；完成规划路、外环辅道的选址及规划设计方案。

2010年，东丽区失地农民及应届毕业生就业专场招聘会

航空物流总部基地 2010年8月，航空物流总部基地项目开工建设，10月主体开槽施工，完成主体两层建设。总用地面积4.14公顷，建筑面积3.22万平方米。总投资1.6亿元，完成投资5367万元。

（四）协调服务

区服务滨海委与滨海新区建立条块互补、职能整合的工作机制，支持和服务滨海新区功能区中的开发区、保税区、机场地区、空港经济区、泰达西区、冶金工业园区等经济功能区开发建设发展，及时给予协调服务。区服务滨海委为区被征地农民创造劳动岗位，加强被征地农民岗前培训，提高农民就业技能。2007年，创造就业岗位895个；2008年，落实就业岗位300个；2009年，落实就业岗位350个。2010年，区与移动、柳工集团、赛瑞等40家企业联合召开招聘会，安置就业人员200多名。1997—2010年，累计接待到区参观天津空客A320总装线活动20批，共计300人次。

第二章 街道 乡

1979年，全区有8个人民公社，110个生产队（同村建置）。经行政体制改革，至1983年公社改为乡、街道，全区有9个乡、3个街道、113个村。经多次变更，至1994年全区有6个镇、4个街道、1个乡、109个村。至2010年全区有8个街道、1个乡、109个村。区辖街道、乡各具特色，共36个特色交织一起，构成区域总体特色，展示区域鲜明亮点。

第一节 张贵庄街道

一、概况

1981年12月，东郊区成立张贵庄街道筹备组。1982年5月，建立东郊区张贵庄街道办事处。1992年3月，更名为东丽区张贵庄街道办事处。位于东丽区西南部，东至外环线与丰年村街道相邻，西接河东区二号桥街道，北靠京山铁路与张贵庄村相接，南临新立街道崔家码头村。2010年，辖区面积2.88平方千米，户籍人口9819户24558人，其中农业人口40人。“六普”常住人口17346户45931人。

街道驻地原为张贵庄村管辖的荒地和部分农田，1957年开辟成区机关驻地。1958年初，区机关从河西区灰堆迁此，发展成为新兴城镇，成为东丽区中心城区及政治、经济、文化、金融、商贸、科教中心。

街道地理位置优越，交通便捷，津塘公路东西走向穿越街道中部，跃进路南北走向穿越街道中部。街道内有东丽公园、东丽广场和惠民公园3大公共园林和1个社区服务中心。街道内文化、教育、卫生、体育及公共设施不断完善。

2010年，张贵庄街道办事处

21 世纪始，街道着力推进和谐社区建设，通过强化环境整治、繁荣社区文化、保障改善民生、深化平安创建、发展楼宇经济，各项事业均取得显著成绩。2001—2010 年，街道先后被市政府评为“创建环境保护模范城区先进单位”“天津市社区建设示范街道”“科普工作先进集体”“创建国家环境保护模范城市先进集体”“天津市法制宣传教育先进单位”“天津市基层救灾救助规范化管理先进集体”。

二、社区

（一）居委会沿革 1982 年 5 月前，中心城区境域原隶属新立村人民公社管辖。1982 年 6 月，从新立村人民公社析出商业局、信号厂地区、一建、十五间房、红旗楼、民航学院、跃进楼、食品二厂、化工厂、建筑公司、区机关、铁路、东郊农场 13 个家属委员会和 1 个直属居民小组。新建三聚里、常熟里、东明路、新泰道 4 个居民委员会，共由 17 个居民委员会，组建成张贵庄街道办事处。1983—1986 年，新建兴业里、振兴里、振华里、詹滨里 4 个居委会。1986 年，街道由 21 个居委会组成。1988 年 6 月，张贵庄街道划出驯海里、民航巷、东明路、中河巷、常熟里、齐河路、新泰道、泰兴里、东郊农场 9 个居民委员会和 1 个直属居民小组归丰年村街道办事处。1989 年始，随着中心城区住宅建设的发展，至 1998 年街道居委会增至 26 个。1999 年始，历经 11 年的调整、合并、新增，至 2010 年街道有 18 个社区居民委员会。

（二）社区居民委员会 2010 年，有福阳街、泰安里、三聚里、振华里、永平巷、华亭里、兴业里、振兴里、福山里、詹滨里、招远路、先锋里、津门里、詹宾南里、詹宾西里、福山北里、景欣苑、詹安里 18 个社区居民委员会。

2010 年张贵庄街道社区居委会一览表

表 1-2

居委会名称	所在中心城区位置	管辖小区	管辖范围		成立时间	特色
			四至	人口（人）		
福阳街	中北部	福阳街	跃进路西、景新苑东 津塘路北、京山铁路南	2360	1964 年	老年戏曲
泰安里	中东部	泰安里、泰兴公寓 福荣楼	跃进路东、津塘路南 福荣路西、栖霞路北	3125	1964 年	准物业
华亭里	东北部	华亭里、三建宿舍 北空宿舍、后铁路宿舍	外环线西、跃进路东 振华里北、京山铁路南	2537	1965 年	未成年教育
三聚里	西北部	三聚里	津塘公路北 双东路东、永平巷西	1993	1982 年	老年活动
永平巷	西北部	永平巷、新兴里、新兴东里	津塘路北、跃进路西 三聚里东、福阳街南	2100	1982 年	社会救济
兴业里	西部	兴业里、美爱家园 天丽公寓	津塘路南、利津路西 栖霞道北、詹安里东	3218	1983 年	准物业 群众文化
振兴里	中东部	振兴里、俊景苑 嘉祥里、振兴南里	福山路西、先锋路北 跃进路东、栖霞道南	2520	1984 年	物业管理

续表 1-2

居委会名称	所在中心城区位置	管辖小区	管辖范围		成立时间	特色
			四至	人口（人）		
振华里	北部	振华里、振华东里 惠民里	外环线西、跃进路东 构件三厂南、津塘路北	1493	1985 年	共驻共建 未成年教育
福山里	东部	福山里	福山路东、栖霞道南 外环线西、先锋路北	2264	1985 年	群众文化特色门楼及未成年教育
詹滨里	中西部	詹滨里、金华里	招远路西、津塘路南 利津路东、詹滨南里北	5087	1986 年	治安防范
招远路	中南部	招远路南院 招远路北院	利津路东、无名路南 招远路西、先锋路北	1731	1989 年	准物业 车位管理
先锋里	东部	先锋里、先锋公寓 跃进南里	外环线西、福山路东 崔家码头村北、福山里南	2919	1989 年	治安防范 准物业
津门里	中部	津门里、金乡里	跃进路西、招远路东 先锋路北、津塘路南	4413	1990 年	准物业 一站式服务
詹滨南里	中南部	詹滨南里	招远路西、利津路东 无名路北、津门小学南	1495	1990 年	准物业 文体活动
詹滨西里	西部	詹滨西里	利津路西、先锋路北 栖霞道南、詹安路东	6025	1996 年	准物业　群众文化　未成年教育
福山北里	东部	福山北里	外环线西、福山路东 栖霞道北、津塘路南	1438	1997 年	准物业 政策宣传
景欣苑	西北部	景欣苑	津塘路北、双东路东 京山铁路南、三聚里西	3084	2000 年	群众文化 妇女手工编织
詹安里	西部	詹安里 詹西教师公寓	詹安路西、先锋路北 黄岩里东、造纸五厂南	3200	2003 年	物业管理 文体活动

（三）詹滨西里社区居委会简介　1996 年 9 月成立，辖区面积 0.09 平方千米，是街道建筑规模和人口数量最大的社区。2010 年，有住宅楼 30 幢，简易公用建筑 4 栋，志愿者队伍 4 支 540 人。社区条块整齐、方正匀称、基础设施良好，建有 3000 平方米的文化广场。社区推行准物业管理，落实“四位一体”管理模式。成立卫生保洁队伍，履行服务承诺。2005 年，被天津市政府评为“五星级示范社区”。2010 年，被市文明办评为“天津市未成年思想道德建设先进单位”。

2009 年，整洁干净的詹滨西里社区

三、街道特色

（一）楼宇经济彰显活力　2009 年 2 月，街道成立楼宇经济办公室。借助区位优势，找准定位，采取“发动全员招商”“主动出击抢商”等有效措施，结合实际制定“一站式”“保姆式”等服务制度，进一步完善招商体系。为打好楼宇经济载体建设攻坚战，对上东壹街、嘉德大厦、榕洋大厦等商业楼宇和配套设施进行改造完善，为企业落户搭建了新的平台。2009 年，实现税收 200 万元。2010 年，共引进楼宇企业 78 家，完成注册资金 3.04 亿元，实现税收 500 万元。

（二）平安创建共享和谐 1986 年始，街道连续 6 年被评为区级社会治安综合治理先进单位。1996 年后，街道多次被评为市、区级社区治安综合治理先进集体。2005 年，区启动“平安东丽”创建活动，街道狠抓“三支队伍”建设，形成了以警防为主，协防为辅，社区义务巡逻队补充的“三位一体”防控网络。各社区发挥群众义务调解员的作用，及时化解邻里矛盾和纠纷，推动了社区平安。2005—2010 年，街道共排查调处各类矛盾纠纷 397 次，调解率 100%，成功率 98%以上，无一起重大进京上访案件。为创建平安和谐社区，开展“法制宣传月”“无邪教社区”等活动，组织各类专题讲座 211 期，受教育群众 6700 人次。全街道通过开展平安社区创建活动，成为遵守社会公德、职业道德和家庭美德、举止文明、邻里和睦的平安社区。

（三）物业管理惠及百姓 街区大部分是 20 世纪 90 年代前建成的老楼区，配套设施不完善。2002 年始，为彻底根治“脏、乱、差”的问题，彻底改善中心城区面貌，逐年加大资金投入。2007—2010 年，按照“硬化、绿化、亮化、净化、美化”的目标要求，利用连续 3 年“大干 300 天”环境综合整治活动的契机，开始“楼道革命”，全面治理辖区“脏、乱、差”问题。2008 年始，为使老楼区保持优美整洁的宜居环境，从建立长效管理机制入手，走“旧区新管”的物业管理道路，实行准物业管理。通过 3 年的探索实践，形成了“街道扶持、社区运作、公安配合、居民参与”四位一体的准物业管理格局。实现了环境卫生管理规范化、长效化，满足了居民改善居住环境的愿望，提高了居民生活质量。2010 年，津塘公路以南的 12 个小区全部实现了准物业管理，受益群众 37453 人。

（四）群众文化繁荣发展 20 世纪 80 年代，街道辖区居民文化生活贫乏。90 年代后期，随着城市化建设的加快和居民生活水平的提高，社区文化建设进入了快速发展期。区政府投资兴建社区服务中心、东丽广场、惠民公园、健身路径等设施，为辖区居民提供休闲娱乐场所。2002—2010 年，街道推进社区文化建设，广大群众参与社区活动的积极性日益增强，群众文体队伍从 12 支增至 40 支，涵盖绘画、书法、摄影、手工编织、戏剧、健身等内容。经常参与文体活动的人数由 105 人增加到 6000 人。2010 年，已建成文体活动站 18 处、居家书屋 7 个，建立中小学生寒暑假快乐营地 16 个，全部向居民免费开放。2010 年 5 月，街道社区服务中心被国家体育总局、中央文明办联合授予“国家级社区体育健身俱乐部”称誉。

2010 年，张贵庄街国家级社区体育健身俱乐部揭牌

第二节　丰年村街道

一、概况

1988年6月，建立丰年村街道办事处。位于东丽区西南部，地处城乡接合部，东至津塘公路4号桥，南至津塘二线，西隔外环线与张贵庄街道相连，北至京山铁路。2010年，辖区面积5.5平方千米，户籍人口3349户7631人，其中农业人口8人。“六普”常住人口6911户19075人。

街道驻地原为张贵庄街道管辖的丰年村住宅小区，故以丰年村得名。丰年村中心区地处津塘公路3号桥与4号桥之间，俗称“三号半”。

街道地理位置优越，界内交通便捷，辖区内津塘公路、津滨轻轨干线与街道丰安路呈交叉状穿过街域中心，外环线、津塘二线、富安路等11条路道构成经纬。公交679路终点站坐落于街道，公交185路等10余条线路途经辖区，轻轨新立站设于街域内。街道内教育、卫生、文化、体育等社会事业及公共设施完善，满足了居民所需。

进入21世纪以来，街道着力发展楼宇经济，推进和谐社区建设，深化平安创建；着力强化环境整治，繁荣社区文化，保障改善民生，各项社会事业取得了优异成绩。

1996年，被市政府评为天津市规划土地监察管理目标责任书先进集体。1999年，被市委、市政府评为拥军优属模范集体。2004年，被市委、市政府评为天津市再就业先进工作单位，被国家体育总局评为全国健身先进单位。2005年，被市政府评为天津市人民调解工作先进单位。

二、社区

（一）居委会沿革

天津市统建住宅楼　街道辖区原为新立村人民公社耕地。1979年，天津市在此征地统建商品住宅楼，形成居民区。1982年5月，成立张贵庄街道时，将常熟北里、常熟南里、丰年北里、丰年南里组成常熟居民居委会。

接收张贵庄街道划出的居委会　1988年6月，张贵庄街道办事处划出的驯海里、民航巷、东明路、中河巷、常熟里、齐河路、新泰道、泰兴里、东郊农场9个居委会和1个直属居民小组（长青里—津东机械厂家属宿舍）归新组建的丰年村街道管辖。

调整新建居委会　1988年6月，丰年村街道接收张贵庄街道划入的9个居委会后，将东郊农场居委会并入东明路居委会，新建丰年村、昌乐里、民航学院3个居委会。丰年村街道建立之初有丰年里、常熟里、泰兴里、中河巷、民航局、驯海里、昌乐里、齐河路、东明路、新泰道、民航学院11个居民委员会。

新建、合并、划出、撤销居委会　1989年，建丰新里居委会。1993年，建长青里居委会。1999年，将齐河路、长青里居委会并入新泰道居委会；昌乐里居委会并入泰兴里居委会；中河巷居委会并入丰年里居委会。2002年，建丽新里居委会。2006年，将驯海里、民航巷、民航学院居委会划出归新立街道管辖。2007年，撤销东明路居委会。2009年，建丰和居委会。

1988年始，经22年的划入、新建、合并、撤销、划出，至2010年，丰年村街道有7个社区居委会。

（二）**社区居民委员会**　2010年，街道有丰年里、常熟里、丰新里、泰兴里、丽新里、新泰道、丰和7个居委会。

2010年丰年村街道社区居委会一览表

表1-3

居委会名称	管辖小区	管辖范围		成立时间	特色
		四至	人口（人）		
泰兴里	泰兴里、枫泽园、环新楼	外环线东、津塘公路南 丽新里社区西、东丽电大北	1610	1982年	文化生活
丰年里	丰年北里、丰年南里、祥和公寓	丰安路东、津塘公路南 驯海南路西、新立村北	4130	1982年	残疾人康复
常熟里	常熟北里、常熟南里	富安路东、津塘公路南、丰安路西、东丽看守所和丽泽小学北	3321	1982年	文化生活
新泰道	民和巷、玉门巷、永平巷、石油楼、长青里、康平巷、永昌里、铁路楼、民和巷	常青路东、结合路南 党校路西、津塘公路北	2205	1982年	志愿服务
丰新里	丰新里	淮安路东、津塘公路南 富安路西、体育中心北	1901	1989年	志愿服务
丽新里	丽新里、龙庭里	泰兴里社区东、津塘公路南 龙庭路西、体育中心北	3460	2002年	志愿服务
丰和	天合家园、东园花园、香港花园AB区、元谷、隆达小区、金松小区	东丽开发区一经路东、一纬路南、二经路西、二纬路北	1437	2009年	文化生活

（三）常熟里社区居委会简介

1982年3月成立，辖区面积0.24平方千米。由常熟北里和常熟南里组成。1979年，天津市在此征地，统建商品住宅楼，形成居民区。1982年，以江苏省常熟市名定为常熟村和常熟二村。建有四至五层楼房32幢101栋。该社区居民自治组织健全，各项管理制度完善，两委班子分工明确，实行居务公开。2007年，改造建成300平方米设施齐全，融办公、会议、培训为一体的办公用房。社区荣获2007—2010年度天津市妇联系统先进集体、2008年天津市“四无社区”称号、2008年天津市创建全国残疾人工作示范城市先进集体、2009年天津市社区党建示范点、2010年天津市妇联基地组织建设示范社区荣誉。

2009年4月，区长尚德来（左二）考察常熟里社区环境综合治理情况

三、街道特色

（一）加强环境综合整治，提升街域整体面貌

街道将改善市容环境卫生面貌，打造宜居丰年列为重点工作，建立机关干部深入社区指导、巡查制度。组建 50 人市容保洁队伍，签订辖区道路环境整治责任书，建立环境治理长效机制，落实民心工程，为居民打造干净、整洁、优美的居住环境。2007 年，街道为常熟里 20 户居民新安装天然气，并完成 9 号和 12 号楼立面整修；为丽新里、泰兴里 2000 户居民更换自来水管道；为丰年里、常熟里和泰兴里 61 栋老楼房进行供热补建，使 2162 户居民告别 30 年靠煤球炉取暖的历史。将丰年中学南侧 200 米污水明沟改暗管；为常熟里、丰年北里封闭护栏，整修地面 6000 平方米；封堵 88 幢楼 658 个垃圾通道，设置环保垃圾箱。2008 年，完成丰安路、富安路、晨宏道、霞宏道、霁宏道市容环境整治，道路设置减速带、隔离带；设置道路标识牌 26 个、斑马线 2 千米；规范线网，霞宏道进行 4000 平方米硬化；对道路两侧街景进行粉刷面积 13000 平方米；封堵私开门脸房 73 间。2009 年，实施“白亮净”工程，完成常熟里、丰年里、丽新里、泰兴里社区旧楼道提升改造工程，为 380 个楼道安装楼宇对讲门，提高安全防范能力。打通丰安路、龙延路部分路段，拓宽富安路路面，为霞宏道安装路灯。2010 年，加大对辖区主干道路、社区出入口重点区域的整治力度。开展“同在一方热土、共建美好家园”大规模清整活动 20 次，拆除违章建筑及违章广告牌匾 30 处，清除乱堆乱放 200 处，清理垃圾 6700 吨。治理市场外溢，取缔疏导无证摊点 30 个，建成丽新里临时市场。2010 年，丰年村街道被评为市级卫生先进单位。

（二）开展社区文体活动，丰富群众文化生活

2009 年 8 月，参加“爱党爱国爱家乡、红歌大家唱”华明大舞台专场表演

1990 年始，社区涌现了一批业余京剧社、舞蹈队、晨练队等自发的文体队伍。2002 年，常熟里、新泰道、民航巷、驯海路民航学院居委会成立中老年活动站（室）或活动中心，各文体站点，定期开展文体活动，丰富居民文化生活。2006 年始，开展群众喜闻乐见、健康向上的文体活动，展示诚信、和谐丰年的崭新形象。2007 年，建立宣传报道组，创办《丰年之窗》，后改版为《和谐丰年》(月刊)。2008 年始，每两年举办一届社区艺术节和社区运动会。艺术节突出”迎奥运、构和谐“的主体，举办老年人绘画展、家庭趣味运动会、青少年才艺展示会及“唱响红色主旋律、构建和谐新丰年”文艺专场演出系列文体活动。2007 年始，组织参加区第四届运动会，获最佳表演奖、优秀组织奖、体育道德风尚奖。参加区第五届运动会及全民健身大会，获“帝达杯”长跑比赛女子甲乙组第一名、男子组甲组第一名，获五子棋男子组第一名的成绩。2009 年，在华明大舞台“爱党、爱国、爱家乡”丰年村街道专场演出获区政府颁发的最佳创意奖。社区代表队获健身操（舞）大赛一等奖。获东丽区“开发区杯”春季长跑比赛男女甲乙组第一名。2010 年，参加“帝达杯”长跑比赛获团体和个人男女甲乙组第一名。获“安达杯”广场舞比赛最佳表演奖和最佳活力奖，第 11 届健身操比赛国家推广项目第一名，全民健身日暨第二套市民广播体操展示活动表演第一名和优秀组织奖。常熟里社区成功申报为市级气功站

点。丰年里社区居民制作的“周民宫灯”作为市级非物质文化遗产被选中参展上海世博会。街道组织参加区“万人红歌会”，创建常熟里老人评剧团、泰兴里老年秧歌队等7支品牌文体队伍。街道社区文体活动日益昌盛，推动了社区文化体育事业的繁荣发展。

（三）社会治安综合治理，积极创建平安社区

1991年，街道成立社会治安综合治理办公室，建立目标岗位责任制，与派出所签订目标管理责任书，向居委会、企业下达综合治理责任书，做到管理到单位、责任到人。1992年始，街道综治办工作步入规范化、系统化轨道，与各居委会签订“综合治理”目标责任书。街道以公安干警为主体建有三支巡逻队，居民小组组成13支325人义务巡逻队，昼夜巡逻，维护社会治安，提升辖区居民生活安全感。2006年，开展平安街道工作，制定创建“平安街道”方案，成立组织机构，与大型企事业单位签订治安责任书，强化“平安单位”创建基础。2007年，创建“法官、警民共建平安社区机制”，整合社区资源，构建齐抓共管，居民参与的工作格局。聘请新立法庭庭长为社区调解指导员、社区民警为社区调委会调解员，共同参与化解社区不稳定因素，综合运用法律、政策、经济、行政手段和教育、协商、疏导办法从源头上预防、化解不稳定问题。年内排查矛盾纠纷53件，调解成功52件，刑事案件发案下降30%，无青少年违法犯罪，有效地促进辖区的社会稳定。中共十七大期间实现零上访目标。2008年，街道形成人民调解，治安调解和司法调解手段相配合的大调解格局，调处各类民间纠纷77件，成功率98%。开展警民联调21次，签订调解协议书9份。为做好稳定工作，年内街道信访工作实现了“两会”、奥运会、残奥会、“达沃斯论坛”、中共十七届三中全会期间零上访目标。2009年，街道坚持“打防结合，预防为主”的方针，健全矛盾纠纷排查调处机制，深化“法官指导下，警民调解工作机制”。完善警防、民防、技防“三张网”建设，组件11人流动人口协管员队伍和28人的社会治安巡逻队，流动人口管理工作被列为全市3个试点之一。建立突发事件应急机制，实现元旦、春节、全国“两会”、国庆期间进京到市零上访的目标。重视安全生产工作，全年无发生重特大安全事故。2010年，街道创建“党政领导亲自抓，分管领导具体抓，各部门密切配合抓”的综合维稳工作格局，排查矛盾纠纷90起，调解成功率达到98%。开展“无邪教社区”“无毒社区”创建工作，街道社区安全感和社区治安满意度达到100%，丰年村街道已成为一个平安社区。

（四）加大招商引税力度，率先实现充分就业

2008年，街道发展楼宇经济，制定招商引资方案，引进企业3家，实现累计投资850万元。全年采集就业信息573条，开发岗位497个，安置就业412人，完成全年任务的106%。2009年，街道成立招商引税办公室，引进企业20家，注册资金总额276万元，纳税120万元。落实再就业长效机制，发展联盟企业12家，为下岗失业人员和大学生举办专场招聘会，采用25人。落实再就业政策，为下岗失业人员提供就业信息425条，开发岗位355个，安置就业329人，完成全年任务的137%。2010年，成立街道商会，搭建招商引资新平台，加强与辖区企业沟通，提高对引资企业的服务水平，推动楼宇经济增长。引进企业42家，累计注册资金2.78亿元，其中千万以上23家，实现纳税495.8万元。全年安置就业365人，在全区率先实现“充分就业街道”创建工作。

第三节　万新街道

一、概况

2005年8月始，称万新街道办事处。其前，1979年称万新庄人民公社管理委员会；1983年1月称万新庄乡人民政府；1993年6月称程林街道办事处。位于东丽区西部、天津市中心城区和滨海新区之间。东与天津滨海国际机场、新立街道相连，南靠海河，西以月牙河为界与河东区接壤，北邻卫国道。2010年，户籍人口18633户39225人，其中农业人口12618人，比1979年减少76.52%。"六普"常住人口37837户98673人。街域交通便捷，东南半环快速路、津滨大道、成林道、津塘公路贯穿辖区，外环线、中环线、张贵庄路、跃进路等主要干线穿越全街。

2010年，街道面积40.47平方千米，耕地面积260.6公顷，比1979年减少76.52%。辖12个行政村、7个社区居委会、5个城市公司。是年，农村生产总值37.23亿元，农村经济总收入47.25亿元，三级财政收入23.93亿元，固定资产投资28.53亿元，农民人均纯收入16270元，比1979年增长68倍。

1996年，被国家体委评为全民健身宣传周先进单位。1998年被农业部、体育总局、中国农民体协评为全国亿万农民健身活动先进单位。2001年和2002年，被中宣部、国家计生委、中央文明办评为全国婚育新风进万家活动先进单位。

二、村民委员会、居委会、城市公司

（一）**村民委员会沿革**　1979年至1984年10月，设南程林、北程林、小王庄、杨台、万新庄、南大桥、增兴窑、詹庄子、潘庄、辛庄、冯口、杜庄子、吴嘴13个生产大队管委会。1984年11月，撤销万新庄生产大队，其他12个生产大队按村级行政单位改称村民委员会，同时保留生产大队名称。1986年，统称村民委员会。

2010年万新街道各村基本情况一览表

表1-4

项目 名称	街道部位	户数（户）	人口（人）	从业人员（人）	人均纯收入（元）	整体撤村拆迁			特色
						被征收土地面积（公顷）	已完成拆迁面积（平方米）	还迁房开工时间	
南程林	北片	1600	3500	1400	14327	149.60	69878	2009年6月	—
北程林	北片	1026	2650	1960	15358	72.33	—	2009年10月	—
小王庄	北片	525	1709	870	15161	102.47	47328	—	—
杨　台	北片	648	1625	187	12500	279.07	87472	—	—

续表 1-4

名称＼项目	街道部位	户数（户）	人口（人）	从业人员（人）	人均纯收入（元）	整体撤村拆迁			特色
						被征收土地面积（公顷）	已完成拆迁面积（平方米）	还迁房开工时间	
南大桥	北片	964	1779	1148	17622	183.80	48110	—	综合菜市场
增兴窑	北片	790	1970	900	17706	56.93	—	—	股份合作制企业
詹庄子	南片	1247	2869	900	18273	71.07	63987	2010 年 9 月	农业科技示范村
潘　庄	南片	858	1807	798	13379	26.13	47684	2010 年 9 月	—
辛　庄	南片	837	1694	661	16080	42.53	42591	2010 年 9 月	—
冯　口	南片	501	1298	780	17529	22.40	22952	2010 年 9 月	“五个好”村民委员会
杜　庄	南片	1775	3672	1132	9989	52.87	82096	2010 年 9 月	—
吴　嘴	南片	1741	3587	400	15000	33.80	61926	2010 年 9 月	园林装饰、市民族文化特色村

（二）社区居委会沿革　万新庄地区毗邻市区，居民较多。1981 年始，建立程林工业区一村等居民委员会。1982 年 5 月，建立万新庄街道办事处。1984 年 11 月，对市区和东郊区部分界线调整，将万新庄乡管辖的第一、第二居委会区域划归河东区管理。1985 年 6 月，又将部分居委会划归河东区，同时万新庄街道办事处亦撤销，其余 8 个居委会并入万新庄乡。几经调整，至 2010 年街道有 7 个社区居委会。

2010 年万新街道社区居委会基本情况一览表

表 1-5

名称＼项目	所在办事处位置	管辖小区	管辖范围		特色
			四至	人口（人）	
程林东里	成林道与昆仑路交界	程林北里、程林东里、新新制药厂宿舍、新新平房、三石油宿舍、三石油平房、16局212大院、地毯13厂平房、瀛通公寓、登州里、程林二村、皮革五金宿舍、球拍厂宿舍	东至登州路、西至程旺路、南至程林道、北至卫国道	7108	完善社区服务体系
荟臻里	成林道一村	一村、荟臻里、程春里、津缝楼、川合小区、沙柳里、乐器厂小二楼、家具十厂、锯条厂宿舍、烟厂、乐器厂、粮食局、交通局、糕点厂、起重电机、荒草坨宿舍、小三楼、兰亭里、沙柳北路127号	北至成林道、南至杨台村、东至杨台中路、西至程春路	7000	志愿者队伍建设

续表 1-5

项目 名称	所在 办事处位置	管辖小区	管辖范围		特色
			四至	人口 （人）	
昆仑里	东南半环快速路东津滨大道南	昆仑里小区	东至增兴窑商贸街、西至昆仑路、南至鸿福菜市场、北至津滨大道	4964	特奥示范社区
新丰里	成林道与昆仑路交口	新丰里、公安宿舍、沧浪东南里、万润公寓、汽研中心、武警公寓、武警家属院、广贤家园	东至杨台村、西至昆仑路、南至南大桥村、北至成林道	3958	管理规范人际和谐
铁城公寓	昆仑桥东侧	铁城公寓、新铁城南院、昆程园、新铁成北院	东起天山南路、西至昆仑路、南起津滨大道、北至程林道	3554	市五星级社区
蓝天社区	津塘二线南辛庄村北	蓝天花园、天水丽园、建新南里	华顺路以东、辛庄村以北、蓝天花园十号楼以南、西至潘庄村	3862	居民自治管理模式
临月里	津滨大道快速路旁	临月里、昆悦里、昆华里	东至昆仑路、南至增兴窑、西至月牙河、北至津滨大道	2059	区级文明社区

（三）铁城公寓社区居委会简介

2003年7月建立，位于城乡接合处。东起天山南路，西至昆仑路，南起津滨大道，北至成林道，毗邻月牙河与河东区接壤，交通便利，地理位置优越。全社区共有22幢楼、141个楼门、1771户，区域总面积15.4万平方米。居民主要是天津铁厂退休职工。

社区居委会围绕居民，创新思路，敢于实践，创建优秀小区。通过向居民发放联系卡等方式，拓宽民意收集渠道，为居民办理计生、户籍、保险、失业登记、法律咨询等各项业务提供便利。及时了解社情民意，协调解决居民反映的实际问题，遏制不安定因素发生，确保辖区社会安全稳定。利用公示栏招募辖区志愿者，成立“铁城公寓社区志愿服务队”，包括环境保护队、法制宣传队、治安巡逻部、文体活动队共170人，定期为社区老人及居民开展服务活动。

社区实行网格化管理模式，坚持环境卫生自查制度，做好卫生保洁工作，加强社区环境建设，保证无散落垃圾，无卫生死角，严格控制小广告非法张贴。利用宣传栏或讲座形式，开展健康教育宣传，做到社区内净化、绿化、亮化，无脏乱差，确保环境整洁干净。

为丰富社区居民文化生活，满足老年人的需求，分别建立党员、老年人活动室，增添体育运动器械，给居民提供更多活动场地。社区常年开展主题鲜明、内容丰富、形式多样的群众文化教育活动，营造社区浓厚的文化氛围。社区被评选为天津市文明小区、天津市美丽社区荣誉称号。

（四）城市公司

东丽区有6个村级城市公司，其中万新街道有5个。其前身均为1955年以个体农民为主、部分城市户籍社会青年组成的农业互助组、初级社、高级社农业生产组织。城市化的建设发展，全部耕地被占用后，创建集体性质的企业公司，农民成为新型的工业企业劳动者。

2010 年万新街道城市公司基本情况一览表

表 1-6

序号	公司名称			企业性质	位置	经营范围
	现名称	成立时间	曾用名称			
1	正达实业公司	1970 年	郑庄子大队	集体所有制	河东区中山门	电梯配件、仓库租赁、房地产开发
2	前进工业公司	1991 年	前进大队	股份制公司	河东区程林路北侧、中环线红星路与程林道交口	医用包装制品、塑料制品、仪器仪表、温控器、加油站、电缆制造
3	中山实业公司	1992 年	中山门大队	集体所有制	河东区广宁路北头	租赁
4	天津市阳光集团有限公司	2003 年	阳光农业合作社、阳光农业生产队、天津华津公司、阳光村、阳光实业公司、阳光集团公司	集体所有制	河东区卫国道	油漆涂料、粘接剂、高效环保型灭火器材、特殊纸张、特殊塑料管件
5	天津市华兴世纪投资发展有限公司	2007 年	大直沽大队华兴实业公司	股份制公司	东丽区天山南路	测量仪器，自动

续表 1-6

序号	从业人员（人）	平均分配水平（元）	特色
1	51	41364	——
2	23	26087	7 个经济实体、产权制度改革，人员和资产界定、股份量化
3	39	15797	扶持个体经济发展
4	270	19259	拥有资产 1 亿元，生产型企业集团
5	67	27423	“信誉、效率、严谨、拼搏”企业精神，产品远销 40 个国家、地区

阳光集团有限公司简介

1993 年建立，坐落河东区卫国道 128 号，所属企业 7 家，从业职工 270 人。2010 年，劳均纯收入 1.93 万元。从事油漆涂料、粘接剂、高效环保型灭火器材、特殊纸张、特种塑料管件等产品生产及仓储、运输等经营，是集产品开发、生产及经营于一体的规模企业。

公司前身是阳光农业合作社、阳光高级社，隶属河东区李公楼街道办事处，社员都是有城市户籍的社会青年，从事农业劳动。1958 年，更名阳光农业生产队，1961 年转至东郊区万新庄人民公社领导。

1969 年，天津市建设向阳楼住宅区，占用阳光农业生产队 13.4 公顷耕地。1976 年地震后，天津市进行震后城市建设，占用66.07公顷耕地。1980年，天津市实施菜篮子工程，组建天津市华津公司占用全部剩余耕地。

1981年，阳光农业生产队更名阳光实业公司。为解决职工就业问题，创建天津市阳光金属结构厂、天津市阳光木箱厂、天津市阳光针织厂、天津市阳光汽车队、天津市东光特种涂料总厂、天津市阳光建筑涂料厂、天津市阳光剪板厂、天津市星火化工研究所、天津市阳光福利五金制品厂、天津市阳光物资供销公司、天津市阳光机电五金经理部、天津市阳光建筑工具租赁部、天津市阳光汽车配件供应站、天津市磷化喷涂设备厂、天津市恒阳乳化有限公司、天津市辉伯塑料管件有限公司、天津市阳特钢铁有限公司、天津市阳光纸制品厂等多家企业。企业的建设发展，解决了集团公司职工的就业、福利劳保等问题。随着集团公司实力的增加，对企业的投资力度也越来越大，引进、聘请、培养了众多的专业技术人才、管理人才，为企业的再发展打下坚实的基础。1993 年阳光实业公司更名注册为天津市阳光集团公司，实现了上规模、上水平、重管理、创效益、重科技、求发展的企业管理模式。

2003年11月，集团公司进行规范，企业更名为“天津市阳光集团有限公司”，并逐步转变经济发展方式，维持第二产业的发展水平，逐步转向发展租赁业。公司获得市红旗党组织、市文明单位等多项荣誉称号。

三、街道特色

（一）毗邻市区，纳入天津市中心市区规划控制范围

万新街道辛庄、冯口、吴嘴、杜庄、潘庄、增兴窑、南大桥、杨台等村毗邻天津市河西区和河东区，街域面积90%以上在外环线以内。万新街道因坐落外环线以内，按照《天津市城市总体规划》要求，已纳入天津市中心市区规划控制范围，并由天津市中心市区统一规划。

（二）街域优势，传统农业向都市型农业转型

万新街道依靠国家的农村政策、先进的科学技术、农业生产资金的投入、得天独厚的区位及资源优势，调整农业内部结构，逐步完成了由传统农业向都市型农业的转变，走出了一条具有万新特色的农业发展之路。

1986年始，实施大棚黄瓜应用嫁接技术。2000年，相继引进大棚食用菌、温室南菜等新的栽培形式和品种。传统食用型的水产养殖已向观赏型、休闲垂钓型发展。鳄鱼等特种鱼的养殖，对于促进观光旅游、饮食服务和制革、制药等行业的发展以及出口创汇带来良好的经济效益。

1998年，吴嘴村与大顺园林装饰有限公司合资建设22.67公顷花卉、林木生产基地，建成220间高效节能温室及连栋大棚，引进高档花卉、苗木新品种，并开拓花卉生产向产业化生产模式。2010年，詹庄村华泰现代农业科技示范区，建成连栋式智能型花卉栽培大棚10万平方米，利用现代化生产设备，自动喷淋、调光、降温、排湿，应用低热井水加温。建成组培车间3000平方米，引进生产蝴蝶兰花。至2010年，固定资产已达4600万元，年收入600万元。

（三）城镇建设，全街农民转型为城市居民

万新街道农业人口占三分之一。2006年始，分南北两片进行城中村改造。整体撤村使万新农民的生产和生活方式发生历史性的变迁，居住了几十年的旧平房换成了宽敞明亮的新楼房，实现了安居、乐业、有保障的新人生。

（四）万新大厦，为全街经济腾飞搭建平台

2005—2009 年，万新街道历经 4 年艰苦创业，建成了万新大厦。大厦坐落津滨大道与天山南路交口，用地面积 23644 平方米，建筑面积 7 万平方米，建成 A、B 两栋楼房。

万新大厦的建成，已成为万新生产园区的最大亮点，完善街道楼宇经济的重要载体。2003 年始，为快速发展园区，相继注册天津市万新投资发展有限公司、天津市新加投资发展有限公司、天津市万新滨海咨询有限公司、天津市万亿达投资发展有限公司、天津市滨海万新投资开发建设有限公司。公司的落户，有利地促进了园区的公共服务事业、土地整理基础设施建设、商品房销售代理、物业管理、商业投资、劳动服务、企业管理等快速发展，为实现街道全面经济腾飞搭建了坚实的平台。

第四节　新立街道

一、概况

2001 年 4 月，撤销新立镇，建立新立街道办事处。其前，1979 年称新立村人民公社管理委员会，1983 年 9 月称新立村乡人民政府，1993 年 6 月称新立镇。位于东丽区中心地带，地处城乡接合部，东邻军粮城街道，西与万新街道接壤，南临海河与津南区相望，北靠么六桥回族乡。2010 年，户籍人口 32520 户 89347 人，其中农业人口 55488 人。“六普”常住人口 37837 户 98673 人。街域内交通发达、便捷，形成东丽区唯一的海、陆、空为一体独特的立体交通网络。京山铁路、津秦高铁、津滨轻轨穿越辖区。津塘公路、津北公路、津滨高速、津塘二线、驯海路等国道、省道纵横交错。天津滨海国际机场坐落街域。津滨轻轨小东庄站、张贵庄火车编组站，830 路、856 路、806 路公共汽车始发站设在万科魅力之城。京山铁路在境域内建有跃进路、驯海路、合兴路、民族路、东大桥地道口，津秦高铁建有小东庄地道口，津滨高速建有新兴地道口。海河北岸建有大郑村、泥窝村海河渡口。

2010 年，街域面积 66.71 平方千米，耕地面积 2180.73 公顷，比 1979 年减少 42.43%。辖 27 个行政村、3 个社区居民委员会。是年，农村生产总值 53.42 亿元。固定资产投资完成 38.99 亿元，农村经济总收入 68.12 亿元，三级财政收入 9.79 亿元，农民人均纯收入 13184 元，比 1979 年增长 61 倍。

2006 年，被农业部、国家体育总局、中国农民体协评为全国亿万农民健身活动先进单位。2009 年，被中央精神文明办评为全国精神文明建设先进单位。2010 年，被全国妇联评为全国妇联基层组织建设示范街乡镇。

二、村委会、居委会

（一）村委会沿革　1979 年至 1983 年 8 月，设新立村、四合庄、中河、张贵庄、崔家码头、顾庄子、翟庄子、西杨场、东杨场、邢家圈、宝元村、新兴村、骆驼房子、中心庄、刘辛庄、窦家房子、么六桥、大新庄、大东庄、三合庄、向阳村、流芳台、郭家台、双合村、穆家台共 25 个生产大队管委会。1983 年 9 月，将骆驼房子等 13 个大队划给新组建的么六桥乡。新立村乡将其余新立村、四合庄、中河、张贵庄、崔家码头、顾庄子、翟庄子、西杨场、东杨场、邢家圈、宝元村、新兴村 12 个生产大队按村级行政单位改称村民委员会，同时保留生产大队名称。1986 年，撤销生产大队名称，统称村民委员会。2001 年 10 月，区撤销小东庄镇时，将其原管辖的小东庄、东大桥村、中营村、十三顷村、老圈村、卧河村、泥窝村、城上村、窑上村、务本一村、务本二村、务本三村、赵北村、稻地村、大郑村 15 个村民委员会划入新立街道管辖，至此新立街道共管辖 27 个村民委员会。

2010 年新立街道各村基本情况一览表

表 1-7

项目 村名	街道部位	户数（户）	人口（人）	从业人员（人）	人均纯收入（元）	整体撤村拆迁（城中村改造）	特色
新立村	中部	1968	4646	2170	13727	2009 年还迁 700 户	花园
四合庄	东部	2189	4998	2260	12374	—	—
中河	东部	1315	3123	1010	12657	—	—
张贵庄	西部	2320	5697	2844	11279	建成 26 栋、10.6 万平方米还迁住宅	津东四大名菜之一大黄苗韭菜
崔家码头	西南	1431	3883	1362	12314	257 户签定农用地移交协议	津东四大名菜之一白果强丰番茄
顾庄村	南部	972	2469	1360	13369	履行民主程序、进行表决	周日市场
翟庄村	南部	817	1928	810	12655	履行民主程序、进行表决	—
西杨场	南部	987	2440	1193	12445	—	蔬菜出口
东杨场	南部	795	1814	686	12298	—	蔬菜出口
邢家圈	东南	211	488	249	11258	—	沼气能源村
新兴村	东北	1365	3500	1745	13566	—	外贸仓储
宝元村	北部	1093	2693	1009	13618	—	朝鲜族村
小东庄	东部	1840	4973	2940	13303	2005 年 1000 户迁入东盛园小区	四羽毛服装
东大桥	东北	1164	3030	1350	13316	—	鸵鸟养殖

续表 1-7

项目 村名	街道部位	户数（户）	人口（人）	从业人员（人）	人均纯收入（元）	整体撤村拆迁（城中村改造）	特色
中营	东部	489	1211	625	11779	—	肉鸡养殖
十三顷	东部	440	1118	450	6836	—	—
老圈	东部	161	545	248	12086	—	—
卧河	东南	972	2437	1210	12503	—	奶牛养殖
泥窝	东南	1100	2625	1120	13262	—	—
城上	东南	525	1489	791	11240	—	—
窑上	东南	760	1925	1123	12010	—	农业科普基地
务本一	东部	863	2137	963	13908	—	—
务本二	东部	534	1464	659	12643	—	—
务本三	东部	750	1850	700	10573	—	—
赵北	东南	1044	2629	1575	12766	—	村队企业
稻地	东南	472	1331	739	12067	—	肉鸡养殖
大郑	东部	1216	4112	1600	10320	—	剪纸专业村

（二）居委会沿革 1979 年至 1982 年 5 月，有商业局、信号厂地区、一建、十五间房、红旗楼、民航学院、跃进楼、食品二厂、化工厂、建筑公司、机关、铁路、农场共 13 个家属委员会和 1 个津东机械厂居民小组。1982 年 6 月，将 13 个家属委员会及 1 个居民小组全部析出，交于新建立的张贵庄街道管辖。2006 年，接收从丰年村街道析出的驯海里、民航巷、民航学院 3 个居民委员会。2010 年，新立街道管辖驯海里、民航巷、民航学院 3 个社区居民委员会。

2010年新立街道社区居委会基本情况一览表

表1-8

项目 名称	所在街道办事处位置	管辖小区	管辖范围			成立时间
			四至	户数	人口	
民航巷	北侧	民航巷小区	东至民航大学南校区、西至民航大学老宿舍、南至民航大学职工宿舍、北至津滨高速	1219	2420	1955年
驯海里	北侧	信号厂、材料厂车站宿舍	东至宝元村耕地、西至外环西线、南至京山铁路线、北至民航大学	1879	4858	1965年
民航学院	北侧	民航大学小区	东至民航巷、西至驯海路、南至信号厂、北至津北路	1350	4050	1977年

（三）民航学院居委会简介

2006年，辖区面积0.21平方千米，楼房37栋，居住1350户4050人，其中党员23名，社区志愿者队伍200余人。社区内有教职工食堂、社区服务站、幼儿园、水厂和3处健身活动场地。

社区有广场舞表演队、老年健身队（太极拳、太极剑、太极扇）、佳木斯养生操队等群众健身文体活动组织。

社区实行准物业化管理，每天有专人打扫卫生，街域干净整洁。保安人员每天巡视，社会治安稳定。社区实行网络化管理全覆盖。利用社区宣传橱窗及时宣传党的方针政策。宣传社会主义核心价值观、好人好事及国内、国外大事等。

三、街道特色

（一）科技兴农增效益　试验推广创高产

新立街道的农业科技、科普工作成绩显著，长期立足于蔬菜名特优新品种的实验、示范、推广工作。东西杨场津东中青青麻叶大白菜、崔家码头白果强丰番茄、张贵庄大黄苗韭菜构成津东四大名菜的3席。1990年，“再改良地膜覆盖栽培技术研究”通过市级成果鉴定达国内先进水平。1992—1995年，番茄新品种白果强丰推广，年效益达6813万元。1996—1998年，参加区“万亩蔬菜保护地三高模式技术开发”，累计开发2056公顷，增值效益9733万元。1997年，参加“大白菜丽新中纹品种示范”通过市品种审定委员会审定。1997—1999年，出口蔬菜生产基地的“再改良地膜覆盖栽培技术”提高年效益530万元，获区科技成果一等奖、市金桥工程优秀项目二等奖。

（二）花园广场创新意　开放之门展梦想

2005年8月10日，占地面积3万平方米的新立花园竣工剪彩。为缅怀毛泽东主席1958年8月10日视察新立村，在新立花园广场中央矗立一座毛泽东主席塑像，塑像高4米，为汉白玉雕塑而成，基座高2米。塑像两侧为圆形花坛，8面浮雕分立两侧，浮雕墙长9米，高1.6米，厚0.6米。每面浮雕墙没有写意之门，分别是：开放之门、兴旺之门、智慧之门、成功之门、健康之门、丰收之门、吉祥之门、幸福之门，表达了新立村人民奔向中华民族复兴的美好梦想。

（三）工艺剪纸获金奖 民间艺术展风采

“大郑工艺剪纸”是具有浓厚东丽地方特色的传统工艺品。大郑慧源剪纸中心参与北京奥组委、北京市政府、国家体育局举办的“同一个世界、同一个梦想”大型展示活动。大郑剪纸独占6个展区之一的“剪影神州行”展区。大郑剪纸为奥运会特别创作的3件作品，被选为赠送奥林匹克青年营的礼品。刘长华、刘长惠姐妹创作的剪纸7米长卷《清明上河图》被中国妇女儿童博物馆收藏。《清明上河图》剪纸作品参加由全国妇联妇女发展部、市妇联和天津日报报业集团主办的“情系奥运手工编织品网络大赛”，以精细的雕刻，典雅的品位，赢得观众青睐，摘得全国妇女手工编织大赛桂冠。

（四）经济总量速增长 综合实力居首位

2006—2010年，经济总量快速增长，综合实力跃上新台阶。“十一五”期间，农村生产总值年均增长18.3%。2010年，三次产业结构比重为1.36∶46.24∶52.4，实现农村生产总值53.42亿元，位居东丽区各街乡首位。固定资产投入由2006年的8.85亿元上升到2010年的38.98亿元，年平均增长30.5%。三次产业比重逐渐上升，经济结构得到优化升级。招商引资成绩显著，一批好项目落户，先后吸纳了威利雅水业、中航油管道、红星美凯龙、宜家居一批国内外知名企业。“十一五”期间，新增艾瑞斯集团、中钢集团天津分公司、瑞克尔混凝土、君晟机电、津滨威立雅水业、津美特表面处理、正天机械、延顺建材、滨海钢材城一批年销售收入超亿元的企业，连续3年获区招商引资金杯。2010年，内联引资48.9亿元，实际利用外资1.02亿美元，招商引税8000万元，工业销售收入实现105亿元。

第五节 无瑕街道

一、概况

2010年，无瑕街道办事处

1994年2月，撤销李庄子乡人民政府，建立无瑕街道办事处。其前，1979年称李庄子人民公社管理委员会，1983年4月称李庄子人民政府。位于东丽区东南部，北依京山铁路，西靠军粮城街道，东邻滨海新区塘沽胡家园街道，南临海河与津南区葛沽镇相望。街域津塘公路两侧驻有天津钢管股份有限公司、中国一重集团天津重工有限公司、天津钢铁有限公司和天津天铁炼焦化工有限公司等国家大型企业。2010年，户籍人口11522户31256人，其中农业人口10955人。“六普”常住人口16104户54126人。街域内交通发达，北部京山铁路经过街域全长3.8千米；津塘公路、津滨轻轨、津塘二线东西贯穿全境；二道闸路南北向自津塘公路官房村通往津南区，街域内全长1.72千米。

2010年，街域面积21.85平方千米，耕地面积508.87公顷，比1979年减少60.77%。辖15个行政村、5个居民委员会。是年，农村生产总值38.53亿元，固定资产投资53.37亿元，农村经济总收入35.2亿元，三级财政收入8.34亿元。农民人均纯收入14126元，比1979年增长85.7倍。

1997 年，被国家体育运动委员会评为全民健身宣传单位。2001 年，被国家体育总局评为 1996—2000 年度全国体育先进单位。2002 年，被农业部、国家体育总局、中国农民体协评为全国亿万农民健身活动先进单位。2006 年，被中共中央组织部评为全国先进基层党组织。

二、村委会、居委会

（一）村委会沿革 1979 年至 1983 年 2 月，设立新袁庄、老袁庄、大宋、小宋、翟庄子、李庄子、杨泊子、五村、西窑、北大道、西地、苏庄、大杨 13 个生产大队管委会。1983 年 3 月，将原新袁庄大队的官房 4 个小队和小北庄 2 个小队划出，组建官房村和小北庄村生产大队，李庄子乡即辖 15 个村，按村级行政单位改称村民委员会，同时保留生产大队名称。1986 年，撤销生产大队名称，统称村民委员会。

2010 年无瑕街道各村基本情况一览表

表 1-9

项目 村名	街道部位	户数（户）	人口（人）	从业人员（人）	人均纯收入（元）	整体撤村还迁地址	特色
新袁	西南	1100	3348	1334	11678	纳入军粮城二期新市镇迁村范围	高跷花会
官房	西南	516	1488	853	10604	纳入军粮城二期新市镇迁村范围	村务公开
小北庄	西南	178	523	300	12320	纳入军粮城二期新市镇迁村范围	陵园建设
老袁	西南	527	1651	869	11230	启动还迁无瑕花园	古建筑老姆庙
大宋	南部	687	2125	785	13046	已还迁无瑕花园	—
小宋	南部	738	2352	940	12889	已还迁无瑕花园	—
翟庄	南部	318	886	384	10622	启动还迁无瑕花园	—
李庄	南部	565	1712	826	12687	已还迁无瑕花园	—
杨泊子	南部	1045	1898	1709	25959	已还迁无瑕花园	现代物流
新五村	东部	332	964	420	13500	已还迁无瑕花园	党建
西窑	南部	513	1461	734	10029	启动还迁无瑕花园	—
北大道	东南	782	1990	921	12920	已还迁无瑕花园	—
西地	南部	509	1335	575	12028	已还迁无瑕花园	—
苏庄	东南	733	2286	1016	12052	启动还迁无瑕花园	宝辇花会
大杨	东南	375	1154	350	11406	启动还迁无瑕花园	文化特色村

（二）居委会沿革 1992 年，兴建天津无缝钢管总厂（今名天津钢管股份有限公司），同时，将荒野和部分耕地辟为职工住宅区。钢管公司生活区第一小区称荷月里，因于农历六月施工，古代六月的别称为荷月，故名。第二小区称择月里，因于农历七月施工，古代七月的别称

为择月，故名。第三小区称畅月里，因于农历十一月施工，十一月的别称为畅月，故名。由于钢管公司的逐年扩大与居民的日益增多，1994 年街道在钢管公司生活区组建荷月里、择月里、畅月里 3 个居委会。1999 年，启动以新五村为试点的中心小城镇建设。2003 年，组建了园月里、无瑕花园社区居民委员会。至 2010 年，街道有择月里、畅月里、荷月里、园月里、无瑕花园 5 个社区居委会。

2010 年无瑕街道社区居委会基本情况一览表

表 1-10

名称 项目	所在办事处位置	管辖小区	管辖范围			成立时间
			四至	户数	人口	
择月里	西北	择月里	东起钢管中学、西至无瑕道、南起中冶天工厂、北至辉煌路	733	2080	1994 年
畅月里	西北	畅月里	东起逢春道、西至钢花道、南起为民路、北至辉煌路	920	216	1994 年
荷月里	西北	荷月里	东起钢花道、西至无瑕道、南起为民路、北至逢春路	804	2016	1994 年
园月里	西北	金建里 明月里 园月里 端月里 丽水公寓	东起一号路西侧、西至官房村、南起津塘公路、北至一冶公司	1187	3718	2003 年
无瑕花园	东北	滨瑕里 聚贤里 博才里	东起银河大道、西至西环路、南起南环路、北至育才路	1908	5771	2003 年

（三）社区居委会无瑕花园简介

无瑕花园社区居委会地处津塘公路北，面积 0.13 平方千米，管辖聚贤里、滨瑕里和博才里 3 个小区。辖区共有 43 栋楼，176 个楼门，1908 户 5771 人。

社区不断深化管理工作，提升服务能力，为规范管理，入户采集居民信息，建立居民信息平台，并组建了小区治安巡逻队。街区安装了电子眼，成立了文明督导队，为社区的和谐、稳定发挥作用。荣获民主法治社区、社会治安综合治理优秀达标等荣誉称号。

2009 年，无瑕街道宜居小区——无瑕花园

三、街道特色

（一）市区工业东移，无瑕“钢城”崛起

无瑕街道区位优越、交通便捷，为对外经济联系、科技文化和信息交流提供了有利条件，也为筹措资金发展外向型经济搭建了平台。随着天津市工业东移战略的实施，国有大中型制造业企业相继建成投产。街内钢管制造、钢铁冶炼、炼焦化工、机器设备等重工企业密集，成为一座新兴的“钢城”。作为东丽区最早纳入滨海新区经济版图和统计范围的区域，街道将经济发展融入市工业东移

战略中，借势发展冶金产业延伸加工、配套服务业和现代物流业，为全街道的经济发展提供了后劲。

（二）文化底蕴深厚，文化活动普及

无瑕街道民间珍贵的物质文化遗产已整理挖掘出9项，分别被命名为市、区级非物质文化遗产项目。其中苏庄宝辇已有200年悠久历史，具有极强的地域特色；老姆庙始建于明朝，已有600多年历史，系天津古代漕运文化的体表之一，1992年12月，被评为区级文物保护单位，2006年被市命名为“天津市风貌建筑”；长利高跷已传承6代，有百余年历史，深受群众的称赞；翔云龙灯队于清朝末年成立，舞龙表达了人们快乐喜悦之情，寓意祥云降福，天随人愿，年年风调雨顺。1995年，参加在北京举办的全国首届舞龙大赛，并参加庆祝香港回归大型文艺演出，深受欢迎。

无瑕街道有文艺团队20余支，在提高全民文化素质，增强居民归属感和向心力以及塑造良好文化氛围方面发挥了重要作用。2007年，无瑕街道被文化部授予“民间文化艺术之乡”，大杨村被命名为“天津市民间文化特色村”称号。

（三）旧有村落消逝，新型城镇兴起

2008年，无瑕街道出版了《消逝的村落》——东丽区无瑕街道村庄搬迁纪念，留下了历史的追忆。街道有15个行政村，大杨村始建1404年，有600余年建村史。1999年9月，无瑕街道小城镇建设工程被列入国务院体改委小城镇发展中心试点单位。2002年，新五村的迁村并点工程全部完成。2008年李庄、西地、北大道、杨泊村的污染搬迁工程全部竣工。2008年，正式启动大杨、苏庄等7个村的整体撤村，已还迁2300人。剩余新袁、官房、小北庄3个村已纳入军粮城新市镇迁并计划范围内，无瑕街道全部村庄将实现城镇化。无瑕街道的农民将实现从数代散居乡野、蜗居陋室的境遇，跃为欣逢盛世，政通人和，喜得广厦万千的新生。

（四）依托驻街企业，高效发展经济

无瑕街道依托驻街国营大企业，积极发展经济。2008年，成立无瑕街道经济发展中心，占地1.13公顷，建筑面积6500平方米。多渠道开展招商引资，全年利用外资3071万美元，内资20.93亿元，招商引税1.5亿元。入驻街道经济发展中心企业25家，总注册资本19.98亿元，其中天津钢管公司、天津钢铁公司共投资6家。发展楼宇经济型公司创税1520万元。2009年，依托街国有大型冶金企业和重机工业园的开发建设，发展楼宇经济，引进企业38家，总投资达20亿元。2010年，中国一重、焊管项目、赛端机器、中鼎石油等6个项目全部开工并部分投产，使街域内经济效益、生态效益形成“双赢”格局。

第六节　华明街道

一、概况

华明街道，此前辖有荒草坨和赤土人民公社管理委员会。1983年后改称荒草坨乡和赤土乡人民政府。1992年7月，撤销赤土乡，建立赤土镇。1994年11月，撤销荒草坨乡，建立华明镇。2001年10月，撤销赤土镇，并入华明镇。2006年10月，撤销华明镇，建立华明街道办事处。位于东丽区中北部，东邻滨海新区，南与么六桥回族乡、军粮城街道接壤，西依万新街道，北连金钟街道及宁河县。2010年，户籍人口18744户49929人，其中农业人口42438人，“六普”常住人口22374户64238人。金钟路、北环铁路、迎宾路、津汉公路横穿东西，外环线、京津塘高速、杨北公路纵贯南北。经提升改造，津汉公路、津大线（赤欢路）、杨北公路及外环线部分路段大幅拓宽，新建津芦公路。京津塘高速公路机场出口、地铁2号线空港终点站设立辖区内。

2010年，街域面积172.64平方千米，耕地面积3033公顷，比1979年减少54.3%。辖14个行政村、6个居民委员会。是年，农村生产总值38.07亿元，固定资产投资59.29亿元，农村经济总收入53.95亿元，三级财政收入3.2亿元，农民人均纯收入14489元，比1979年增长60倍。

2008年，被农业部评为中国十大和谐乡镇。2009年，被民政部评为全国和谐社区建设示范街道。

二、村委会、居委会

（一）村民委员会沿革 1979年至1983年2月，荒草坨人民公社时期，设李明庄、于明庄、北坨、南坨、朱庄子、范庄子、赵庄子共7个生产大队。1983年3月，建立荒草坨乡时，按村级行政单位改称村民委员会，同时保留生产大队名称。1986年，撤销生产大队名称，统称村民委员会。2001年10月，区撤销赤土镇建置，将其原管辖的赤土、贯庄、北于堡、南于堡、李场子、胡张庄、永和7个行政村建制并入华明镇。其间，华明镇共管辖14个村民委员会。

2010年华明街道各村基本情况一览表

表1-11

项目 / 村名	街道部位	户数（户）	人口（人）	从业人员（人）	人均纯收入（元）	整体撤村还迁地址	特色
赤土	北部	3526	10267	5916	12674	华明示范镇第二、三居委会	专业运输
范庄	西北	3028	7783	4060	13625	华明示范镇第四居委会	粮食生产基地
贯庄	南部	2741	8133	1968	12943	华明示范镇第一居委会	村庄建设
李明庄	西部	1987	4753	2185	19870	李明庄住宅楼	—
北于堡	北部	878	2499	1028	12686	华明示范镇第四居委会	家庭农场
北坨	西部	906	2508	860	11298	华明示范镇第三居委会	—
赵庄	西南	801	1977	1294	14850	华明示范镇第二居委会	—
朱庄	西南	914	2187	921	13540	于明庄明珠花园	—
南于堡	北部	649	1758	746	10819	华明示范镇第五居委会	—
永和	东北	528	1432	702	13650	华明示范镇第五居委会	民营企业
于明庄	西南	667	1631	650	11944	于明庄明珠花园	—
南坨	西部	463	1400	755	14850	华明示范镇第二居委会	—
胡张庄	东北	510	1385	650	14000	华明示范镇第二居委会	葡萄生产
李场子	东北	404	1027	543	13729	华明示范镇第三居委会	—

（二）居民居委会 2006年初，天津市第一批“宅基地换房”试点，启动华明示范镇建设。2007年9月始，整体撤村的村民陆续迁入华明示范镇，组建了7个居民委员会。

三、街道特色

（一）昔日荒草“沉滩”，今朝津东粮仓

1949年前，街域荒草坨及赤土地区地势低洼，土壤为盐化潮土和盐化湿潮土，荒野沼泽甚重，以渔樵为生的人们开荒种田。由于生产滞后，耕作粗放，粮食产量低而不稳，播种亩产低于50公斤。新中国成立后，兴修水利，垦荒种稻，把荒草盐碱滩开辟成农田。1962年，粮食播种面积达2286.4公顷，总产3548.9吨，播亩产量103.5公斤。1979年，粮食播种面积6688.9公顷，总产23979吨，播亩产量239公斤。1995年，粮食播种面积4371.2公顷，总产32771吨，播亩产量499.8公斤。粮食播种面积占全区39.3%，总产占全区43.6%，成为全区粮食生产的主要地区。2010年，粮食播种面积1783.3公顷，占全区57.2%；总产10613吨，占全区60.2%，成为全区主要的产粮地区。改革开放32年期间，年均粮食播种面积3649.3公顷，年均生产粮食22540.4吨，累计为社会供应粮食72.13万吨。

（二）和谐宜居乡镇，参展上海世博会

华明示范镇是天津市社会主义新农村建设的重点工程之一，是实施“宅基地换房”的第一个试点小城镇。华明示范镇建成后，街域12个村4万余村民搬入新居，使原来布局分散，使用效率低的农民宅基地，通过统一复垦，实现土地集约利用，走出一条资源节约、环境良好、经济发展、社会和谐的中国特色城镇化道路。华明示范镇着力打造现代服务功能完备和生态环境良好的宜居镇。突出农城特色，保留农村和引入城市的优点，保留民风、民俗和民居味道，适应村民从事物流业的传统，科学划分居住、服务就业等区域功能布局，合理安排居住、商业、学校及休闲娱乐场所配套设施。突出生态特色，注重人与自然相处，结合原有湿地，建设了街心公园和湖面，合理利用资源，保留田埂上数千株旱柳、果树，形成了最纯粹的自然景观和良性循环生态圈，选植适宜的观赏树种和花草，形成特色田园。突出建筑特色，住宅、公建等建筑物体现先进设计理念，造型外沿风格新颖、美观、协调、统一，既有风情小镇特色，又有旅游观赏景观。突出环保生态，广泛推广使用太阳能和燃气能源，扩大雨水、中水利用，采用地热温泉集中供热，推广节能环保型建材。华明示范镇的建设，人性化氛围强烈，彰显赏心悦目、贴近自然的田园人居环境。

2008年4月3日，华明示范镇作为上海世博会唯一农村城市化题材案例，在全世界87个城市106个报名参选项目中脱颖而出，成功入选2010年上海世博会。以“一样的土地，不一样的生活”为主题，参展上海世博会，构筑社会主义新农村建设美好前景。世博会期间，华明馆作为城市最佳实践区，接待中外参观者200万余人次，向全世界展示了华明示范镇建设创新模式及中国农村城市化建设的巨大成就。

（三）宅基地换房，安居乐业保障

华明街道原12个村共有宅基地804.73公顷，建设新城镇需占用耕地561.8公顷，经宅基地复耕后，腾出土地242.93公顷。系列的宅基地换房惠民政策，使村民安享安居乐业保障。

村民搬得起：向农民发放中水设施补贴、楼层差价补贴、租房费等。农民住得好：成立华明示范镇管理委员会，改变原来村管理的方式，按照3000户为一个社区、300户为一个邻里，组建居民委员会，实行一系列降、减、免、补政策，减轻农民负担。居民就业广：新城镇选址在滨海新区空港物流加工区附近，区位优势明显，预留133.33公顷土地用于二、三产业发展，在津汉公路两侧预留1.27平方千米的商务区、1.1平方千米的经济功能区，建设了适合村民特点的运输物流区。

加大农民就业技术、技能的培训，村民就业和自主创业达到1.8万人。村民保障多：健全社会保障体系和农民财产持续增长机制，多渠道打造“四金”（薪金、租金、股金、保障金）农民。建立农业公司，农民以土地承包经营权入股，成为新型农业产业工人，实现股金和薪金收入。

宅基地换房，不改变农村现行基本经济制度，坚持承包责任制不变；落实国家土地保护政策，坚持可耕种土地不减、质量不降低。2010年底，在复耕的141.78公顷土地上，建设了滨海国际花卉科技园、华明复垦设施农业园区、天津滨海都市现代农业示范基地等项目，建成500余座二代阳光节能温室及生产加工车间、保温仓库，种植西红柿、黄瓜、茄子、草莓等30多个蔬菜水果品种，销往高端酒店和大型卖场，农业产业园形成规模。

（四）华明工业园区，街道经济支撑

2008年9月，成立工业园区。2009年8月，被市政府确定为天津市首个区县示范工业园区。2010年，共引进各类企业（项目）15个，楼宇总部注册企业308个，总投资额突破160亿元。华明工业园区借助毗邻空港经济区、泰达西区和滨海高新区三大国家级开发区优势，发展轨道交通、航空航天、电力电气、电子信息四大支柱产业及总部经济、楼宇经济。围绕产业定位和“一切政策向大项目倾斜、一切资源向大项目聚集、一切力量向大项目集中”的招商策略，通过政府招商和以商招商相结合，引进带动能力强、科技含量高的好项目、大项目。整合166万平方米楼宇资源，开拓实施楼宇总部经济发展新模式，形成以大项目为核心，科技型中小企业为主导、楼宇总部经济为基础的发展格局。2010年，华明工业园区完成国民生产总值8亿元，在全市31个示范工业园区年度综合考评中位居第一，提升街道实现农村经济总收入53.95亿元，比2009年增长9.74%。华明工业园已成为街道经济发展的主要支撑和东丽区新兴产业发展的重要载体。

第七节　金钟街道

一、概况

2007年9月，撤销大毕庄镇，建立金钟街道办事处。其前，1979年称大毕庄人民公社管理委员会。1983年7月称大毕庄乡人民政府。1993年12月称大毕庄镇。位于东丽区西北部，地处城乡接合部，东南两面与华明街道相连，西侧与河北区接壤，北隔新开河、金钟河与北辰区为邻。2010年，户籍人口14757户38795人，其中农业人口29323人。“六普”常住人口27533户73732人。205国道纵贯全街道，系华北地区通往东北三省的唯一公路。街道周边有京山铁路、津蓟铁路、北环铁路。津汉路、杨北公路、外环线、金钟路、京津塘高速公路、津蓟高速公路在街域内纵横交错。

2008年，金钟街道办事处

2010年，街域面积42.15平方千米，其中耕地面积1287公顷，比1979年减少38.75%。辖8个行政村及城市长青公司。是年，农村生产总值41.21亿元，固定资产投资37.20亿元，农村经济总收入61.89亿元，三级财政收入2.98亿元，农民人均纯收入14461元，比1979年增长65.3倍。

2005年，被全国残联评为全国残疾人工作先进集体、被国家体委评为全国健身活动先进集体。

2010年，被全国妇联评为全国妇联基层组织建设示范街乡镇。

二、村民委员会

（一）组织沿革 1979年至1983年6月，管辖欢坨、南孙庄、南何庄、大毕庄、徐庄、赵沽里、河兴庄、新中村、二道桥、长青10个生产大队。1983年7月，按村级行政单位改称村民委员会，同时仍保留生产大队的名称。1984年，撤销二道桥生产大队。1986年，撤销生产大队的名称，统称村民委员会。

2010年金钟街道各村基本情况一览表

表1-12

项目／村名	街道部位	户数（户）	人口（人）	从业人员（人）	人均纯收入（元）	整体撤村	特色
欢坨	东北	2698	8010	3265	12133	列入金钟示范镇	蔬菜生产
南孙庄	东北	3012	7889	2936	9473	列入金钟示范镇	渔业生产
南何庄	中部	1896	4789	2030	10788	列入金钟示范镇	仓储物流
大毕庄	中部	3100	7715	2912	17625	列入金钟示范镇	仓储物流
徐庄	西南	635	1890	1028	34346	原村址	仓储物流
赵沽里	西部	1389	2463	1594	26736	列入城中村改造	商贸批发
河兴庄	西南	1014	2398	1028	20655	—	租赁物流
新中村	西部	380	885	179	14000	列入金钟示范镇	租赁
长青	西北	164	380	174	18553	—	租赁

（二）城市长青公司

长青公司面积0.02平方千米，总户数164户，总人口380人。1955年成立初级社，以种蔬菜为主，原名长青社，后改为长青村。1996年成立长青公司，注册资本1200万元。2006年，进行集体经济组织产权制度改革，成立由村民参股、持股的长青实业有限公司，并建立了村委会和公司二合一管理的新模式。经营范围主要有：铝合金制造、物资供销批发零售、淡水养殖等。面对村域面积狭小困境，分别在南何庄、军粮城征置土地8.67公顷和4公顷，进行园区建设，取得回报。2008年，在园区建设的基础上，又投资1500万元，建成了2万平方米的标准厂房，年收租金700万元，成为集体收入的主要来源。2010年，长青村实施向外拓展空间的发展战略，做好两个园区的开发建设，公司总收入780万元，人均收入18553元。

三、街道特色

（一）园田聚集，高产高质高效益

改革开放后，大毕庄乡坚持“服务城市、富裕农民”的方针，大力实施“菜篮子”工程，为市民生活提供可靠的生活保障。1986 年，蔬菜播种面积达 2058 公顷，总产 6.81 万吨，占全区 40.8%，其中大毕庄村有园田 241 公顷，年产蔬菜 2.33 万吨，为天津市最大的园田村。1988 年，大力发展保护地蔬菜栽培，大毕庄乡成为实施改良式中棚一棚多用生产技术的主栽区。1994 年，大毕庄镇成为“东丽区放心菜”工程的重点镇街和主要产区，开创了天津市蔬菜生产向“绿色食品”方向迈进的新局面。1998 年，实施蔬菜保护地“三高”栽培模式工程，提前蔬菜上市期，提高产品质量，增加产值 20%。1999 年，大毕庄镇仅种植特色蔬菜品种芹菜达 467 公顷，年产量 4 万吨。镇蔬菜经纪人协会，组织会员赴辽宁、吉林、黑龙江省的大城市，与蔬菜公司和经营者建立业务关系，又建成大型蔬菜批发交易市场。优质芹菜供销东北，日成交额 30 万元，部分还销往华北和西北地区。街道蔬菜生产的规模化、集约化栽培模式，实现了高产、高质，取得了较高的经济效益。

（二）实现跨越，赵沽里铸造“金钟”

1996 年始，赵沽里村依靠科学的决策，凭着艰苦创业精神和地理优势，从一个村办商贸企业逐步发展壮大。“南菜北调工程”的实施，为金钟农产品批发市场打开了广阔空间。1998 年，建成了粮油批发市场，注册了“金钟”品牌。2000 年，新建一个 6000 平方米水产鲜活大厅及 3000 平方米冷库、恒温库和零售大厅，村办企业实现了跨越式发展。

天津市金钟农产品批发市场占地面积 26.7 公顷，有摊位 2300 个，日车流量万辆次，日人流量超万人次，蔬菜年消费量达千亿吨，水产品年消费量达百万吨。联动天津及周边 14.67 万公顷蔬菜种植区，建立和完善了市场与基地、农户与客商之间稳定的购销关系和合理的利益连结机制。已在天津郊县、河北、山东、海南等地区发展订单农户 1.66 万户，形成稳定基地面积 8000 公顷，每年为市场提供 55 万吨无公害蔬菜。2003 年，交易额 45 亿元。2004 年，交易额 47.26 亿元。2010 年，实现销售量 315 万吨，交易额 90.08 亿元。

天津市金钟农产品批发市场，2001—2002 年，连续 2 年被市政府评为商贸流通百强企业和市农业产业化经营市级龙头企业，被市商务委确定为“天津市实施放心食品工程经营试点单位”，被中消协评为“诚信单位”。2002 年，被国家九部委批准为农业产业化国家重点龙头企业。2003 年，被国家发改委定位利用国债拨款资金建设信息系统和检验检测系统建设的农产品批发市场。赵沽里村铸造的“金钟”，已震响津门，响彻“三北”，辐射全国。

（三）依托优势，徐庄崛起物流城

1988 年始，徐庄村依托地处金钟路通往东北 3 省的村位优势，借助大毕庄周边地区多年自发形成的联运、货运和仓储货物集散地优势，在村口金钟路边融资兴建振东旅馆。当年村取得百万元经济效益，安置百名村民就业，迈出了致富的第一步。1999 年，扩大经营建成振东货运中心，当年受益。2000 年，建成木材市场、工贸小区，积累了发展后劲，全村农民人均纯收入达 5505 元。物流企业的发展，使封闭保守的小村，变成了车流滚滚、人气兴旺、一派繁荣。2002 年，投资 2200 万元，建成华北地区最大的物流中心——振东物流中心。2003 年后，又建成东大物流有限公司、振东巨邦物流中心、振东货运中心等 11 家大型物流企业，占街道大型物流企业总数的 86.4%。现代物流业的快速发展，使徐庄村发生了彻底的改变。2010 年，徐庄村人均分配水平达 34346 元，创金钟街道前位，为全区农民人均所得的 2.42 倍，徐庄人已过上了宽裕型小康生活。

（四）科学规划，创新小城镇建设

金钟示范镇项目作为天津市第三批宅基地换房试点项目，又是外环线调整线内唯一的新市镇。建设中坚持以人为本，打造绿岛新城，将还迁住宅和配套设施同步建设，将主体施工和环境绿化同步进行，将商业中心建设与招商引资同步开展。利用北临新开河的基础，从东南西三面开挖一条环城景观河，成为和谐宜居的绿色新市镇。菜市场、文化活动中心等多项便民设施一应俱全，中心广场、时代广场、金水公园等成为村民的好去处。建设中以新市镇建设为契机，开辟新的发展空间，大力发展都市型农业、第二产业和生活服务业，促进农民就业增收，加速了区域经济转型升级。

第八节　军粮城街道

一、概况

2008 年 7 月，撤销军粮城镇，建立军粮城街道办事处。其前，1979 年称军粮城人民公社管理委员会。1983 年 4 月，称军粮城乡人民政府。1984 年 4 月称军粮城镇人民政府。位于东丽区东部，南侧与津南区双桥河镇隔海河相望，北靠东丽湖，东临滨海新区胡家园街道和无瑕街道，西与新立街道和么六桥回族乡接壤。街域面积大部坐落在滨海新区内，西北部为空港经济区、航空产业区，东侧为天津市经济技术开发区西区、天津高新技术产业区。2010 年，户籍人口 19356 户 51679 人，其中农业人口 40462 人。“六普”常住人口 16910 户 52112 人。街域内交通发达，北临天津滨海国际机场、东临天津港，津北公路、杨北公路、津塘公路、京山铁路、京秦高速铁路、京津城际铁路延长线、津滨轻轨、京津塘高速公路、津滨高速公路横贯全境。军粮城地道口、新市镇地道口和东堼地道口贯穿街道中心南北，改善了街域南北交通，成为连通津北公路与津塘公路的重要交通要道。街域内设军粮城火车站、军粮城轻轨站、京秦快客军粮城北站。连接市区和滨海新区的 621 路、503 路、835 路等公交车途径境内，形成了高效便捷的立体交通网络。山岭子村地处天津市地热带，地下有丰富的地热资源，井口水温高达 98℃，开发利用潜力巨大。

2010 年，军粮城街道办事处

2010 年，街域面积 112.35 平方千米，其中耕地面积 2177.27 公顷，比 1979 年减少 41%。辖 19 个行政村，5 个居民委员会。是年，农村生产总值 32.38 亿元，固定资产投资 28.60 亿元，农村经济总收入 46.78 亿元，三级财政收入 3.45 亿元。农民人均纯收入 14372 元，为 1979 年的 69.7 倍。

1996 年，军粮城一村被市委市政府评为社会治安综合治理先进单位、被市政府评为“八五”台阶工程立功单位。2005 年，被天津市委评为红旗乡镇党委，被市政府评为五台阶工程立功先进单位、个体私营经济工作先进单位、创建文明城区五个一活动先进城区。2006 年，军粮城工业园被国家发改委评为市级开发区。军粮城街道计生协会被国家计生协会评为全国计划生育协会先进单位。

二、村委会、居委会

（一）村民委员会

1979年至1983年5月，军粮城人民公社时期，设魏王庄、东堼、杨台、苗街、塘洼、刘台、大安、兴农、永兴、唐山、民生、山岭子、一村、二村、三村、四村共16个生产大队管委会。1983年6月，建立军粮城乡时，按村级行政单位改称村民委员会，同时保留生产大队名称。1986年，撤销生产大队名称，统称村民委员会。1994年5月，军粮城镇时期，撤销刘台村建置，设立刘台新村、后台村、北旺村、李家台村，全镇共设19个村民委员会。

2010年军粮城街道各村基本情况一览表

表1-13

项目 村名	街道部位	户数（户）	人口（人）	从业人员（人）	人均纯收入（元）	整体撤村现村址	特色
魏王	南部	985	2425	1167	13234	暂原村址	海河旅游
东堼	东部	1256	3618	1155	15878	暂原村址	仓储运输
杨台	南部	1822	3632	1762	15474	暂原村址	仓储运输
苗街	北部	3236	8512	1451	15230	暂原村址	外向型企业
塘洼	西北	1310	3375	458	11629	343户1136人迁入鋆塘居小区	—
刘台新村	西北	923	2614	755	11527	暂原村址	—
李家台	西北	642	1578	529	10484	暂原村址	—
后台	西北	558	1689	667	12218	暂原村址	—
北旺	西北	798	2144	857	12580	暂原村址	棉花生产
大安	西北	532	1348	685	12836	暂原村址	观赏鱼养殖基地
兴农	北部	232	686	320	20475	暂原村址	钢铁加工业一条街
永兴	东北	894	2594	826	10156	迁入和顺家园	—
唐山	东北	476	1247	437	13328	迁入和顺家园	外资企业
民生	东北	987	2782	982	12648	迁入和顺家园	工艺品
山岭子	北部	1367	3821	448	17746	迁入华明示范镇	地热资源
一村	东部	670	1749	870	16191	迁入和顺家园	党建
二村	东部	860	2436	1157	16024	暂原村址	钢窗企业
三村	东部	785	2315	870	11196	暂原村址	果园
四村	东部	220	599	350	12884	暂原村址	—

（二）居民委员会

居委会建置 军粮城地区非农业居民长期分散居住在农业户之间，未形成集中居住区域。1981

年，为加强对居住户的管理服务，建立了杨台、苗街、塘洼、机米厂、农场5个居民委员会。

管理机构沿革 1981年至1982年5月，居委会由军粮城公社管理。1982年6月，建立军粮城街道办事处，专职管理居委会。1984年4月，撤销军粮城街道办事处，居委会归军粮城镇政府管理。

管理内容形式 居委会未设专职管理人员，由镇街聘请退休人员分片管理。主要负责片内的劳动就业服务、低保户困难救助、残疾人帮扶、计划生育等工作。塘洼、苗街、杨台、机米厂居委会建立党支部，负责党员管理工作。

2010年军粮城街道各居委会管理范围表

表1-14

居委会名称	管　理　范　围	备　注
塘洼	塘洼村、山岭子村、刘台新村、李家台村、后台村、北旺村、兴农村、大安村	—
杨台	杨台村、东堼村	—
苗街	苗街村、一村、二村、三村、四村、永兴村、民生村、唐山村、杏林食品厂	一村、民生、唐山、永兴迁出入驻和顺家园
机米厂	机米厂居民区、魏王庄村	—
农场	军粮城农场（户籍人口管理）	全部迁出

农民还迁社区管理 2009年12月，一村、民生、唐山、永兴村民整体迁入和顺家园。2010年初，街道创新探索新形势下农民还迁后新址的管理方法，实施社区化管理。街道派2名干部主管，设立和顺家园社区管理中心，下设综合部、事务部、管理部、财务部。坚持“以块为主，条块结合”的原则，实施社区管理中心和村干部两条线无缝衔接、相互配合、共同管理的“双线管理”方法。完善的新型社区管理机制，为村委会改建居委会积累了成功的经验。

三、街道特色

（一）对外贸易，开辟企业创汇先河

改革开放初期，军粮城镇苗街村以生产工艺蜡烛出口为创始，相继建立了制桶厂、竹竿厂、毛纺厂等外向型企业，成为对外出口贸易的专业村，带动民生村、唐山村、东堼村相继投资建立了外贸生产企业。1988年，军粮城镇拥有外贸生产企业47家，占全区外贸生产企业的86%，成为外贸出口专业镇。

1990年，军粮城镇外向型企业，年产值超千万元的有10家，经济收入达2.1亿元，年创汇2240.3万美元。全镇直接和间接出口产值达9169.8万元，占全镇工业产值的40.8%，占全区出口产值的42.8%。生产经营的劳保用品、保温材料、工艺蜡烛、床上用品等10余类产品、上千个品种，远销日本、美国等30个国家和中国香港澳门地区。

2010年，天津丽兴钢铁贸易有限公司，被批准为全区第一家享有外贸经营权的流通公司。

（二）位置优越，吸引高端管理人才

军粮城街道地理位置得天独厚，处在天津中心城区和滨海新区之间的中心地带，成为滨海新区重要的组成部分。滨海新区的大推力火箭、长城汽车、中航航空保障服务（天津）股份公司等大项目坐落其中，为街道提供了发展空间。以航空产业区开发建设为契机，发展战略新兴产业，服务新区，依托新区，借势发展，共促共赢。街道做好产业谋划和项目对接，引进中航航空服务保障（天津）股份公司项目。瞄准航空航天对高端人才市场的需求，与中国北方人才市场合作成立北方人才东丽分公司，成立航天人才开发交流中心天津基地，为打造航空航天和高端管理人才基地奠定了坚实的基础。

（三）整合资源，促进楼宇经济发展

以滨海新区开发开放为契机，找准发展方向，实施园区改造提升，加快楼宇总部经济发展。开发建设滨城楼宇总部、丽兴园、立业园等楼宇总部项目区。做好在建、在谈通钢大厦、滨城大厦等楼宇总部项目区建设。加强招商队伍建设，组成82人的专兼职招商队伍，为楼宇经济发展提供人才保障。成立天津军承投资发展有限公司，以市场化手段促进楼宇经济发展壮大。

（四）依托新区，打造新型“四金”农民

军粮城街道主动探索融入和借势滨海新区发展的新途径，全面打造“四金”农民。借助滨海新区开发开放的大势，与天津经济技术开发区西区、长城汽车等大项目做好就业联盟，采取多渠道开发就业途径，有效地解决了失地农民的就业问题，打造“薪金”农民；结合泰达西区还迁经营性用房，打造“租金”农民；根据东丽区农村综合配套改革的实施意见，做好山岭子、永兴、民生、唐山、一村5个完成整体撤村工作的村集体经济组织产权制度改革工作，打造“股金”农民；积极落实各项社会保障政策，增加农民的保障性收入，做好被征地村民的参保工作，实行农村居民基本养老保障和退养补助制度，实现农村保障全覆盖，打造“保障金”农民。

第九节　么六桥回族乡

一、概况

2003年，么六桥回族乡人民政府

1985年1月，撤销么六桥乡人民政府，建立么六桥回族乡人民政府。其前，1979年隶属新立村人民公社管理委员会管辖。1983年9月，从新立村乡人民政府析出，建立么六桥乡人民政府。位于东丽区中心地带，东与军粮城街道和新立街道接壤，西与天津滨海国际机场和新立街道毗连，南邻京山铁路，北邻天津空港物流加工区及空客A320项目基地。以乡驻地么六桥及回族聚集，定名。2010年，户籍人口5235户14074人，其中农业人口11208人（户籍人口含已迁入华明新市镇的5个村）。“六普”常住人口4696户14252人。乡内有14个民族，少数民族总人口2526人，其中回族人口2370人，占乡少数民族93.82%。京津塘高速公路从乡境东北斜穿而过，津滨高速公路穿越乡境中部。市级公路，乡境段西连外环线，东接军粮城街道，横穿乡境中部，系东西向进出乡域的重要干线。

2010 年，乡域面积 19.27 平方千米，其中耕地面积 445.6 公顷，比 1979 年减少 57.3%。辖 9 个行政村，5 个社区委员会。是年，农村生产总值 13.05 亿元，固定资产投资 15.46 亿元，农村经济总收入 13.42 亿元，三级财政收入 1 亿元。农民人均纯收入 13359 元，为 1979 年的 67.86 倍。

2000 年，街道被农业部、体育总局、中国农民体协评为全国亿万农民健身活动先进乡镇。2009 年，流芳台村被中央精神文明委评为第二批全国文明村镇工作先进村镇。

二、村委会、居委会

（一）村民委员会沿革 1979 年至 1983 年 8 月，管辖 25 个生产大队，其中包括京山铁路北么六桥、大东庄、大新庄、三合庄、窦家房子、向阳村、流芳台、刘辛庄、郭家台、中心庄、双合村、穆家台、骆驼房子 13 个生产大队。1983 年 9 月，分建新立村乡和始建么六桥乡。将上述 13 个大队划入么六桥乡管辖，组建村级行政单位，改称为村民委员会，同时保留生产大队名称。1986 年，撤销生产大队名称，统称村民委员会。2008 年 4 月，么六桥、大新庄、三合庄、向阳村、流芳台 5 个村整体撤村。2009 年，撤销 5 个村民委员会，建立社区管理委员会。2010 年，全乡有 8 个村民委员会，5 个社区居委会。

2010 年么六桥回族乡各村基本情况一览表

表 1-15

项目 村名	街道部位	户数（户）	人口（人）	从业人员（人）	人均纯收入（元）	整体撤村	特色
么六桥	中部	456	1351	312	13434	入住华明示范镇第七居委会	种植水稻
大新庄	西北	759	2177	1220	13947	入住华明示范镇第七居委会	耕地西瓜
流芳台	南部	610	1604	634	16297	入住华明示范镇第七居委会	物业公司
向阳	东南	435	1112	495	14673	入住华明示范镇第七居委会	95%村民信奉天主教
三合庄	中部	223	593	200	12608	入住华明示范镇第七居委会	—
大东庄	北部	652	1780	778	10320	乡中心镇区	肉牛、奶牛饲养
窦家房子	中南	306	879	435	13237	乡中心镇区	—
骆驼房子	南部	266	771	380	13536	原址待迁	回民聚居
穆家台	南部	245	819	433	11862	原址待迁	回民聚居

续表 1-15

项目 / 村名	街道部位	户数（户）	人口（人）	从业人员（人）	人均纯收入（元）	整体撤村	特色
刘辛庄	南部	269	722	356	9899	原址待迁	回民聚居
中心庄	南部	209	587	353	13172	原址待迁	回民聚居
郭家台	东南	180	527	210	13656	原址待迁	—
双合	南部	180	469	270	12455	原址待迁	蚯蚓养殖

（二）乡中心镇区简介　2000 年，乡制定长远规划，制定经济园区、住宅区规划建设。2001 年，启动金桥工业园区及中心镇区建设。2002 年空港经济区征用大东庄村全部土地，镇区规划建设大东庄村还迁房，成为第一个整体搬迁入驻中心镇区的村队。2010 年，中心镇区共规划建设 3 个还迁小区：龙泉里、龙凤里、龙祥里；3 个商品房小区：龙城里、龙港里、瑜芳园。共有居民 2320 户，居住人口 7000 人。中心镇区中央修建主干道 1 条，命名中心大道，大道宽约 14 米，总长约 1 千米。

三、街道特色

（一）落实民族政策，尊重群众信仰自由

设立么六桥回族乡，是落实民族政策，保障少数民族发展繁荣的一项基本制度。1982 年末，全区有回民 1318 户 5180 人，其中居住么六桥乡骆驼房子、中心庄、刘辛庄、穆家台、双合、窦家房子 6 个村 3537 人，占全区回民人口的 68.28%，人口数量相当于乡的行政单位。么六桥乡是区统战、政协、民族事务工作的重点乡。建立民族乡将促进党的民族政策、宗教政策的落实，利于保护和发展正常的宗教活动，更好地调动少数民族和信教群众参加社会主义建设的积极性。1985 年 1 月，建立民族乡后，区进一步落实民族、宗教政策，政治上保证了民族平等和区域自治，经济上给予乡镇企业贴息和低息贷款，享受 3～5 年免税照顾；区财政、教育、建委等部门帮助修建民族路、回族小学、民族中学，扩建清真寺；乡尊重回族风俗习惯，开辟了 5 公顷、15 块回民墓地；激发少数民族参与改革开放时期社会主义建设的积极性。2006 年、2009 年被评为“天津市民族团结进步先进单位”。2010 年 7 月，全国政协民宗委领导到乡调研，视察回族乡经济发展情况。

骆驼房子村清真寺始建于 1875 年。1982—1991 年，政府拨款和乡村集资，多次修缮。1998 年，迁至村外扩建。1999 年 3 月，建成占地 0.36 公顷、建筑面积 1369 平方米的大殿、讲堂、女寺等。

向阳村天主教堂始建于 1912 年，坐落向阳村。1987 年 6 月，区乡拨款，各界捐助，重建天主教堂，因向阳村信奉天主教的群众较多，随村民整体拆迁。投资 1600 万元，在华明家园建成占地面积 0.41 公顷、建筑面积 1963.41 平方米的罗马式天主教堂，保护了群众正常的宗教活动。

（二）编纂全区首部乡志，保护碑记文化遗产

1995 年 8 月，乡政府立碑“银羊工程”纪念碑。2000 年 11 月，骆驼房子清真寺民主管理委员会立碑“骆驼房子清真寺迁建碑记”。2005 年 10 月，流芳台村委会立碑“流芳台路碑”和“流芳台村碑”。

1999年，么六桥回族乡组织人员编著《么六桥回族乡志》，系东丽区首部乡镇街志。乡志全面记述了从建制改革、自然环境、经济、政治、社会事业、民族宗教等历史和现状，成为“存史、育人、资政”的一部志书。

2008年，流芳台村编著东丽区内第一部村史。2010年，拍摄专题纪录片《流芳溢彩》，留存影像资料。

2009年，么六桥传统手工技艺“金全清真烧鸡”，民间文学“排地民谣”，被批准为东丽区首批非物质文化遗产。

（三）创新特色种植养殖，实施市级“银羊工程”

1995年始，乡实施市政府“菜篮子工程”重要组成部分的“银羊工程”。是年，乡种羊场引进国家三大优良绵羊品种之一的小尾寒羊550只，饲养户引进220只，又成功繁育490只。小尾寒羊与当地绵羊成功杂交后，有了地方特色的优势品种，迅速掀起全乡饲养优种羊的热潮，形成了规模化养殖。

1997年，绵羊存栏9196只。1999年，出栏绵羊12770只。乡已成为天津市肉羊供应基地、皮革制品中心、优种羊集散中心等商贸企业基地。建有东丽区最大的蚯蚓养殖场，年产60吨，产品畅销国外；东丽区规模最大的肉鸽养殖公司，年均出栏6万只；规模较大的观赏鱼养殖公司，年均营业额500余万元。特色大新庄西瓜，皮薄肉脆，甘甜多汁，誉满津门。特色种植养殖业的发展，么六桥回族乡实现了由传统农业向都市型农业方向转型升级。

（四）建立金桥产业园区，加大招商工作力度

2003年始，乡创建金桥产业园区。地理位置优越，地处东丽区中心地带，西靠滨海国际机场、空客A320总装厂，北临天津保税区空港物流加工区、京津塘高速公路，路网建设四通八达。产业园区开发建设以天津金桥顺达投资发展有限公司为企业运作形式，前期占地面积1.06平方千米，2008年建筑面积扩大到40.5万平方米，并纳入航空产业区发展规划。2009年，占地面积扩为3.14平方千米。2009年，乡建立滨海金桥经济发展服务中心，创新工作思路与工作方法。采取全民招商等措施，引进企业119家，注册资金3.5亿元，实现税收384万元。2010年，累计招商75家，年产值14.58亿元。产业园区依托空客A320总装厂、天津保税区空港物流加工区，建设以机械加工和金属制品为主的航空工业配套基地，前景日益美好。

东丽区志

第二编

自然环境

境内陆地历经沧桑变迁，形成于前3900—1500年前。境内小王庄、张贵庄、崔家码头贝壳堤是古海岸遗迹，具有重要的科学价值，为国内外科学家所瞩目。1992年10月，被国务院批准为“天津古海岸与湿地国家级自然保护区”。

境内地貌为海积冲积平原，地势坦荡低平，绝大部分在海拔4米以下，地面坡度很小，是典型的低平原。其上河渠纵横，密如蛛网；水库、洼淀、坑塘众多，星罗棋布。地表土质黏重，地下水位较高，土壤为盐化潮土，宜开垦为菜园土和水稻土。

境内为暖温带半湿润季风气候，四季分明，降雨集中，雨热同期，光照充足，风能丰富；有旱涝、冰雹等自然灾害。

境内地热资源丰富，地热面积337平方千米，占全区面积的71%，开发利用潜力巨大。生态环境相对良好，有天津市十大旅游景点和七大生态自然保护区之一的东丽湖温泉度假旅游区，经保护性开发后，已成为滨海新区的“后花园”。

东丽广场

第一章 地质 地貌

区境内陆地逐渐形成坦荡的平原。地层由元古界、古生界、中生界、新生界等不同时期沉积的海相、陆相地层构成。地质构造属新华夏构造体系。地势广袤低平，属于典型的低平原地貌，多河流、沟渠、洼淀，低平地、洼地、微高地，贝壳堤、人工堤及坑塘构成低平原的景观。

第一节 地 质

一、陆地形成

距今18亿—8.5亿年前的元古代，境内与华北地区被海水侵占，长达9.5亿年之久，在稳定的古海洋环境中沉积了厚达2000米的碳酸盐类海相地层。距今8.5亿年，境内与华北地区上升隆起海退成陆，直到距今6亿年前，长达2亿多年的漫长时期都是陆地环境。

距今6亿—4.6亿年早古生代时期，境内与华北地区又遭受海侵，在海洋中沉淀了一套寒武系至中奥陶统的海相地层。从距今4.6亿年的晚奥陶世起，境内与华北地区地壳上升，海水全面退去，形成了华北古陆。境内作为华北古陆一部分，保持了1亿多年的陆地环境，直到距今3亿年的中石炭世才重新下沉，并发生了多次海侵与海退，时而为海，时而为陆。距今2.7亿年的二叠纪时，华北地区又全部隆起成陆，直到新生代第四纪中更新世，境内和天津地区都是陆地环境，未被海水淹没。

渤海形成于距今15万年第四纪中更新世后期。当时全球气候变暖，大陆冰盖和高山冰川消融，海面上升。渤海海峡断裂陷落，大量海水涌入，不仅淹没了渤海盆地，而且淹没了境内等华北平原东部地区。晚更新世后期，全球气候变冷，进入冰期。由于大陆冰川发育，导致全球海面大幅度下降，使近海海面以下120～130米深的大陆架，均露出水面成陆，渤海干涸，境内与天津东部地区又变成陆地。距今1万年全新世时期，全球气候渐渐转暖，海面开始上升。距今约6000年，海侵达到最大规模，渤海恢复原来海洋面貌，而且海水还侵入到地形等高线5米以下，华北平原东部地区、境内和天津平原地区又沦为海洋。

距今约5500年起，全球气候渐渐变冷，海面缓缓下降，渤海西岸天津地区自西向东逐渐退海成陆。距今3800年左右，海岸线移到小王庄、张贵庄、巨葛庄、八里台、中塘、沙井子、小刘庄、武帝台一带，并在此停留1000年左右，形成古海岸遗迹贝壳堤。距今2500年左右，海岸线移至白沙岭、军粮城、大郑庄、东泥沽、邓岑子、上古林、马棚口、歧口一带，又在此停留约1000年，堆积了第二道贝壳堤。距今700年左右，海岸线退至大神堂、蛏头沽、北塘、新河、塘沽、驴驹河、高沙岭、唐家河、马棚口、歧口一线，形成距海最近的第一道贝壳堤。随着全球海面下降和黄河等华北大河搬运泥沙填海造陆，境内最近一次海侵后，经过约3000年的海退成陆过程，形成今日陆地面貌。

二、地层

境内地下分布着元古界、古生界、中生界、新生界等不同时期沉积的海相、陆相地层。

（一）元古界（18亿年—8.5亿年 Pz） 主要分布在京津塘高速公路以北华明街道东部、军粮城街道北部、京山铁路以南无瑕街道等地区。系中上元古代8.5亿年前，在华北古海洋中沉积的海相地层，主要岩性是碳酸盐类的石灰岩、白云岩、燧石白云岩、含粉砂微晶白云岩、沥青质白云岩及碎屑盐类的砂岩、页岩、粉沙质页岩等。

（二）古生界（6亿年—2.25亿年 Pz）

寒武系 主要分布在华明街道西部和么六桥回族乡、新立街道、军粮城街道的南部地区，是境内分布面积最广的一个地层。古生代5亿年至6亿年寒武纪时期，在华北浅海中形成的海相沉积岩层。主要岩性是石灰岩、竹叶状灰岩、白云质灰岩、白云岩及页岩夹竹叶状灰岩等。

奥陶系（O） 主要分布在金钟街道、华明街道、么六桥回族乡、新立街道等地区。古生代4亿年至5亿年奥陶纪时期，在华北浅海中沉积的海相地层，是境内分布范围较大的一种海相地层。岩性主要是灰岩、白云岩夹竹叶状灰岩等。

（三）中生界（2.25亿—0.7亿年 Mz）

未分层的中生界（Mz） 主要分布在金钟河以南，新地河以东，京山铁路以北的华明街道东部、军粮城农场及东丽湖等地区。为中生代时期在华北拗陷带中，沉积的陆相碎屑岩系地层及火山岩系地层，主要岩性是砂砾岩、页岩、安山岩、凝灰岩、流纹岩及含煤岩层。

白垩系（K） 主要分布在海河以北的新立街道南部地区。白垩系地层在境内分布范围较小，只限于海河北岸一带。白垩系地层是距今0.7亿年至1.35亿年时期，在华北沉积盆地中堆积的陆相碎屑系地层。主要岩性是砂岩、砾岩及页岩等。

（四）新生界（0.7亿年至今 Kz） 新生代时期，境内受新构造运动的影响，强烈下沉，接受沉积，形成新生代地层。境内普遍分布着新生代地层，唯地层厚度因受古地形的影响各地差别较大。

第三系（Tr） 早第三纪时，以今新地河下面的沧东断裂为界，以西为沧县隆起区，属于侵蚀剥蚀环境，缺失早第三系地层；以东为黄骅拗陷区，接受沉积，堆积有早第三系地层。晚第三纪时，整个华北平原地区的基底均大幅度整体下沉，堆积有晚第三系地层。新地河以西地区第三系地层较薄，一般900～1300米；新地河以东地区第三系地层较厚，一般1500～2500米。第三系地层距今300万年至7000万年时期，在陆环境中沉积的河湖相地层。主要岩性为砂岩、页岩、泥岩及含石油、天然气的油页岩等。

第四系（Q） 广泛分布于境内，为距今300万年以来，堆积的河湖相地层及海陆交互相地层，厚约600米，是一套灰黄、灰绿色细沙，粉沙质的砂层与黏土层。

三、地质构造

境内地质构造上位于新华夏构造体系，华北平原沉降带的次一级构造单元沧县隆起、黄骅坳陷的北部。境内地质构造地带主要有两组：一组是北北东向构造带，另一组是北西西向构造带。

北北东向构造带 有天津断裂、白塘口西断裂、沧东断裂、军粮城断裂、白塘口东断裂。

北西西构造带 有海河断裂、程林庄断裂、贯庄断裂。

以上两组断裂带的交叉与分割，形成了天津断裂、程林庄断裂、军粮城断裂、贯庄北断裂圈定的大东庄凸起及白塘口西断裂、白塘口东断裂、程林庄断裂圈定的白塘口凹陷。这些断裂带同属于新华夏构造体系，其中北北东向断裂是新华夏构造体系主断裂带，它们属于压扭性断裂。北西西向断裂属于张性断裂，与北北东向断裂相伴而生，都形成于中生代侏罗纪，一直发展至现代。1976年唐山地震时，都有不同程度的活动。它们的产生与发育，一方面控制着境内平原下面基底地形的轮廓，另一方面也控制着境内平原下面地层的分布、地下热水的形成、地面沉降等。

第二节　地　貌

一、地貌特征

（一）地势低平　境内位于华北平原北部，地势广袤低平。海拔均在5米以下，一般3～4米。大致从西北向东南、从西南向东北，微微倾斜。地面坡降1/6000～1/10000，在世界地貌类型划分上属于典型的低平原地貌。

（二）平地为主　境内地处海河流域下游，地貌类型以低平地为主，其次有一些浅碟形洼池和微高地镶嵌其上。人工微地貌有堤埝、坑塘、路沟等。

（三）贝壳堤明显存在　天津市东部滨海平原上，保留着3道全新世古海岸线的遗迹—贝壳堤。其中分布在境内有两道：一道在小王庄至张贵庄，14C测年为3040±120年（上部）—3880±60年（下部）；另一道在白沙岭—军粮城—大郑庄，14C测年为1460±95年（上部）—2530±120年（下部）。贝壳堤由完整贝壳、贝壳碎屑和砂组成。高出地面1米多，南北走向，东西平行排列。其上发现有战国墓和唐朝石棺墓。贝壳堤不仅是滨海平原上的一道奇观，而且具有重要的科学研究价值。

（四）地貌年轻　渤海形成于第四纪晚更新世（Q_3）世界气候温暖期。15万年来，渤海西岸及境内发生过多次海陆变迁。最后一次海侵发生于距今7500年的全新世的世界气候温暖期。当时渤海西进淹没包括境内海拔5米以下的滨海平原地区。约在距今5000年，渤海开始东退。3800年左右海岸线在张贵庄一带，2500年左右海岸线在军粮城一带，700年海岸线在塘沽一带。境内成陆较晚，地貌的发育从3800年起，在河流、海洋两种动力共同作用下，经历海滩—低湿地—低平地的演化过程，形成中国最年轻的平原地貌类型。

二、地貌区

（一）地貌区形成　境内地貌区，在中国地貌区划中，属于华北平原区；在天津地貌分区中，属于天津东南部海积冲积平原区。境内的地貌是地质构造下沉作用，河流、湖泊、海洋搬运堆积作用，人为改造作用等多种因素综合作用形成的。中生代燕山运动奠定境内地貌的基底轮廓。新生代第三世纪以后，大面积强烈下沉，堆积巨厚的河湖相及海陆交互相的沉积物，填平基底地形的高差起伏。黄河、海河等大河的搬运堆积作用在境内地貌区的形成中，起了重要作用。境内地貌为古代滨海地区，平原下面有数层海相沉积层，这里曾多次发生过海进与海退。现代低平的平原地貌是距今4000年以来，由河流堆积与人为改造共同形成的。

（二）地貌区构成　境内地貌区地势低，大部分地区海拔3～4米，洼淀底部只有2米左右，坡度极平缓，坡降1/10000左右。主要由低平地、洼地、微高地、贝壳堤、人工堤及坑塘等构成，打破了低平原单调的景观。境内地貌区的地面组成物质以黏土和砂质黏土为主。贝壳堤分布区为贝壳及贝壳碎屑，但在区境所占有面积不大。因地势低平，排水不畅，地下水位较高，浅层地下水为咸水，土壤含盐量较高。土地适宜发展水田、水产养殖和菜田。

第二章 气候 物候

境内属于温暖带半湿润大陆性季风型气候。特征是季风显著，大陆性气候较强，四季分明，雨热同期。春季风多雨少，夏季高温多雨，秋季风清云淡，冬季干冷少雪。年降水量呈现日趋减少状态，易出现干旱。时有沙尘、雾霾天气，偶有倒春寒、霜冻等灾害发生。

第一节 气 候

一、特征

气候属于温暖带半湿润大陆性季风型气候。主要有4个特征。

（一）季风显著 盛行风向随季节发生明显转换。冬季，受蒙古—西伯利亚高气压控制，盛行西北风。夏季，在北太平洋副热带高压控制之下，盛行东南风。春秋季为过渡季，风向多变。

（二）大陆性较强 境内东距渤海虽然不远，但由于渤海四周被陆地环抱，且面积小，水又浅，因而气候受海洋影响小，受大陆影响大。气温的年较差比世界同纬度的大陆东西岸地区偏大，具有大陆性气候特点。

（三）四季分明 春季随着太阳直射点北移和蒙古—西伯利亚冷气团势力减弱，天气逐渐变暖，大地开始增温，气候回升快，日照多，太阳辐射强，空气干燥，多风少雨，易出现春旱。当北方冷空气势力较强时，会造成“倒春寒”现象。夏季气温高，湿度大，降水多，洪涝、冰雹和连阴雨，是夏季主要的灾害天气。秋季，暖湿气团实力减弱，冷空气开始活跃，气温下降快。天气以晴为主，冷暖适中，出现“秋高气爽”现象。秋季降雨明显减少，冰雹、霜冻、秋旱等灾害天气时有发生。冬季，以晴为主，雨雪稀少，气候寒冷干燥，河流结冰，大地封冻。

（四）雨热同期 境内夏季（6—8月）是全年的高温期，又是夏季风盛行期。来自热带太平洋的东南季风带来丰富的湿热气流，降水集中，形成高温与多雨期相伴出现、协调配合的“雨热同季”。

二、温度

（一）气温

年平均气温 据区气象局1996—2010年15年间的统计，年平均气温为13.2℃，比1966—1995年间的年平均气温11.9℃上升1.3℃。年平均气温最高的是2007年，平均气温13.9℃。年平均气温最低的是1996年，平均气温12.3℃。年内最高气温为2000年的41.4℃，最低气温为2000年的

-16℃。1996—2010 年，境内每年平均气温波动不大，略有增减，总体上仍属上升趋势，说明气候在逐渐变暖。

四季分配及起止时间　根据气候平均气温标准，春季始于 4 月 6 日，终于 6 月 10 日，共 66 天；夏季始于 6 月 11 日，终于 9 月 7 日，共 89 天；秋季始于 9 月 8 日，终于 10 月 30 日，共 53 天；冬季始于 10 月 31 日，终于 4 月 5 日，共 157 天。

霜期和无霜期　据区气象局 1996—2010 年 15 年间统计，年均无霜期 220.4 天，无霜期最长的 2006 年为 247 天，最短的 1998 年为 199 天，可以满足作物两年三熟或一年两熟的需要。

（二）地温

地面温度　境内地面温度自 11 月至翌年 2 月，地面温度低于气温，其余各月均高于气温。年平均地面温度为 14℃，比年平均气温高 2.2℃。地面平均温度全年最高月是 7 月，达 29.9℃；最低月是 1 月，为-5.4℃。

冻土期　土壤冻结期开始于 11 月下旬，终止于 3 月中旬，持续期约 114 天。最大冻结深度约 60 厘米。

三、降水与蒸发

（一）降水量　据区气象局 1996—2010 年 15 年间的统计，区年平均降雨量为 495.3 毫米。年降雨量最多的 1998 年降雨 857 毫米，最少的 2002 年降雨 297 毫米。年内最大日降雨量 2007 年 147.3 毫米，最小降雨量 2005 年 35.6 毫米。年内最长降雨天 2001 年 8 天。1996—2010 年 15 年的平均降雨量比 1966—1995 年 30 年的平均降雨量 576.3 毫米减少 81 毫米。

（二）降水分配　境内四季降水的分配很不均匀，夏雨集中，冬雪稀少，春雨渐增，秋雨骤减。夏季风盛行期，6 月、7 月、8 月三个月的季降水量约占全年降水量的 73%左右。冬季在干燥寒冷气团控制下，雨雪稀少，12 月和翌年 1 月、2 月三个月的季降水量占全年降水量的 2.1%。春季空气干燥降水不多，3 月、4 月、5 月三个月的季降水量占全年降水量的 10.7%左右。秋季降水次于夏季，9 月、10 月、11 月三个月的季降水量占全年降水量的 14.2%左右。区降水量年际变化较大，1998 年年降水量最多为 857 毫米，2002 年年降水量最少为 297 毫米，最多与最少相差 560 毫米，最多年降水量是最少年降水量的 2.9 倍。

（三）降雪与积雪　境内冬雪一般从 12 月初到翌年 3 月初。最迟初雪日在 1979 年 2 月 5 日，最早终雪日在 1982 年 1 月 3 日，最迟终雪日在 1979 年 4 月 25 日。年平均降雪日约 10.4 天，最多降雪日为 1984—1985 年，达 23 天。区冬季积雪一般从 12 月中旬到翌年 3 月上旬。年平均积雪日约 13.8 天，积雪深度一般在 25 厘米以下，但个别年份冬季遇有强大的暖湿气流，降雪量和积雪深度也会突然增大数倍。

（四）相对湿度　境内年平均相对湿度为 65%。相对湿度以夏季最大，秋季次之，春季最小。最大值出现在 8 月，为 86%；最小值出现在 4 月，为 54%。1—12 月各月相对湿度（%）分别为：56、59、58、54、56、68、80、81、73、68、66、61。

（五）蒸发势与干燥度　境内年均蒸发势为 1142.9 毫米。蒸发势以 5 月最大，为 184.6 毫米；以 12 月最小，为 28.5 毫米。境内年均干燥度为 1.9。年内变化，以冬春季较大，夏季较小。其中以 7 月、8 月的干燥度值最小，分别为 0.6、0.7。其余各月均大于 1，尤以 3 月最大。

四、日照和太阳辐射

（一）日照 境内的天文日照数，从冬至的 9 小时 25 分，增加到夏至的 14 小时 56 分。全年日照时数为 4439 小时。但因受阴雨、云雾等天气变化的影响，全年实际日照数为 2730.2 小时。年日照百分率为 61%。日照时数有明显的季节变化，一年中以春季 5 月份日照时数最多，可达 287.5 小时，冬季 12 月日照时数最少，仅为 176.8 小时。日照百分率也有较显著的季节变化，春秋季较高，都在 62%以上，5 月可达 66%；夏季较低，其中以 7 月最低，仅为 53%左右。

（二）太阳辐射 境内理论年总辐射应为每平方厘米 225 千卡，因受天气变化影响，实际年总辐射为每平方厘米 125 千卡。区内太阳辐射，因受云量和昼夜长短季节变化的影响，以 5、6 月最强，为每平方厘米 16.2 千卡和 15.24 千卡。1—12 月的太阳辐射量（平方厘米/千卡）分别为：6.2、7.3、11.5、13.3、16.2、15.24、15.2、11.6、10.9、8.8、6.0、5.5。

五、风

（一）风向 境内风向有明显的季节更替现象。冬季以西北风盛行，风向频率约为 26%。夏季以东南风为主导风向，风向频率为 28%左右。春秋季风向处在过渡季节，以西南风为最多风向。

（二）风速 境内 1996—2010 年年平均风速为 2.7 米/秒。年平均大风出现日数为 28.3 天。各月都有大风发生，以冬、春季大风日数较多，夏秋季大风日数偏少。据区气象局 1996—2010 年 15 年间的统计，除 1999、2001、2003、2005、2006 年最大风速低于 17 米/秒外，其它年最大风速均在 17 米/秒以上，其中 2010 年内最大风速为 18.8 米/秒。

1996—2010 年东丽区气象资料统计表

表 2-1

项目／年份	年平均气温	年内平均最高气温	年内平均最低气温	年内降雨量	年内平均风速	年内最大风速	年内最高气温 1.2	年内最低气温	年内无霜期	年内雾天数	年内最长降雨天	年内最大降雨量
	℃	℃	℃	毫米	米/秒	米/秒	℃	℃	天	天	天	毫米
1996	12.3	17.3	8.2	397.2	3.2	17.3	36.2	-11.4	214	26	7	56.1
1997	13.0	18.3	8.7	401.7	3.1	18	39.2	-15.5	206	30	4	41.2
1998	13.4	18.5	9.3	857.0	2.9	17.7	35.8	-13.5	199	33	5	123.4
1999	13.2	18.4	9.1	426.3	3.0	16.7	39.2	-11.3	209	22	4	83.7
2000	13.0	18.1	8.8	406.4	2.7	17.7	41.4	-14.4	217	23	3	63.0
2001	13.1	18.2	8.9	376.6	3.0	14.7	38.2	-15.5	230	16	8	54.0
2002	13.3	18.6	9.1	297.0	3.0	17.3	40.5	-10.9	215	25	4	38.2

续表 2-1

项目/年份	年平均气温	年内平均最高气温	年内平均最低气温	年内降雨量	年内平均风速	年内最大风速	年内最高气温1.2	年内最低气温	年内无霜期	年内雾天数	年内最长降雨天	年内最大降雨量
	℃	℃	℃	毫米	米/秒	米/秒	℃	℃	天	天	天	毫米
2003	13.0	17.9	9.1	629.9	2.9	15.3	37.5	-11.7	244	23	3	98.6
2004	12.9	18.5	9.2	610.0	3.1	17.0	38.4	-13.6	225	22	6	57.4
2005	13.0	18.1	8.8	443.9	2.9	13.3	36.8	-10.7	226	9	4	35.6
2006	13.6	18.6	9.6	367.6	2.2	10.8	37.4	-13.4	247	46	4	43.8
2007	13.9	18.9	10.0	581.3	2.2	18.4	38.4	-9.6	221	36	7	147.3
2008	13.6	18.6	9.5	631.3	2.1	17.9	36.2	-14.3	234	—	7	94.3
2009	13.4	18.5	9.2	591.1	2.0	18.2	38.1	-11.7	216	21	5	118.6
2010	12.6	17.5	8.7	412.6	2.0	18.8	39.6	-16.0	203	9	5	43.9

第二节 物 候

一、春季

（一）立春（2 月 3—5 日之间），气温明显回升，天气逐渐变暖，土地逐渐解冻。白昼渐长，日照时间显著增加，河池逐渐解冻，迎春花始开，全节气天气仍然较干冷多风少雪。农业准备春耕，畜牧防疫开始。

（二）雨水（2 月 18—20 日之间）冬季严寒盛期基本解除，土地逐渐反墒，蒸发量增大。杨柳枝条泛绿，茅草萌芽，大雁始见。农谚："七九河开河不开，八九雁来雁必来"。种植业耙压保墒，浇返青水。

（三）惊蛰（3 月 5—7 日之间）土壤开化加快，河池完全解冻，地下越冬虫蛇开始复苏，鸟类亦开始活动，蜜蜂群飞。榆树、桃树、旱柳芽出，杏花开放。农谚："二月二龙抬头"，古人诗云："雷惊天地龙蛇蛰，雨足浇园草木柔"。种植业春耕，播种早春作物。

（四）春分（3 月 20—22 日之间）春分当日昼夜相等，霜止，以后白天比黑夜日趋渐长。蒸发量显著增加。土壤失墒加快，芦苇、草木相继萌发，旱柳始展新叶，榆树始见花，大地出现绿意。节末家燕、蛇、青蛙始见。农作物进入生长期，蓄水保墒，适时春播。

(五)清明（4 月 4—6 日之间）气温回暖，地表温度回升很快，农作物生长，春季开始，田野泛绿，芦苇、苍耳破土而出，且始展叶。本节气可播种春玉米、高粱、棉花。春雷始鸣，风多干燥，蔬菜定植防霜冻。正是植树造林和牲畜繁育的季节，农谚："驴盼清明，牛盼谷雨"。

（六）谷雨（4 月 19—21 日之间）温度升高，降水量增加，大风日数和风速之大，居全年之首。气温回升快，不再有降雪和冻土现象，春播春种全面展开。农谚："谷雨前后，种瓜点豆"。

二、夏季

（一）**立夏**（5月5—7日之间）夏季开始，气温迅速升高，少雨，始有雷雨、冰雹，空气湿度小，蒸发量大，干旱比较突出。节令初期枣树、合欢树开始展叶，洋槐树盛开，小麦拔节孕穗，有“立夏麦呲牙”的农谚。

（二）**小满**（5月20—22日之间）气温回升幅度趋于减缓，暖空气活动加强，在冷空气作用下，间有成灾的冰雹出现。布谷鸟始鸣，桑葚成熟，枣树、椿树开花。其间要防干热风，棉田间苗，防止蚜虫，春播农作物中耕除草。

（三）**芒种**（6月5—7日之间）麦类作物进入灌浆成熟阶段。气温升高，降水增加，多雷雨、冰雹。枣树花盛开，合欢树始开花，棉花定苗，麦熟始收，抓紧夏种和春播作物田间管理，预防“卡脖旱”。

（四）**夏至**（6月21—22日之间）夏至当日是一年中白昼最长夜间最短的一天，气温高，为麦收抢种高峰时期，有“夏至十天麦场空”农谚。梧桐树开花，蝉、蟋蟀始鸣，蚊子始见。

（五）**小暑**（7月6—8日之间）气温高，湿度大，天气闷热，降水明显增加，进入盛汛期，多暴雨或阴雨连绵，常发生洪涝灾害。春玉米抽穗开花，西瓜成熟上市。

（六）**大暑**（7月22—24日之间）进入伏天，为一年中平均气温最高的时期，湿度大，降水量大。大暴雨出现次数增多，为防汛繁忙期。始种秋菜，农谚：“头伏萝卜，二伏菜”。

三、秋季

（一）**立秋**（8月7—9日之间）天气炎热高峰已过，气温有所下降，早晚凉爽，伏天终止。农谚：“立秋十八天，寸草结籽时”。春玉米乳熟，洋槐种子成熟，苍耳种子脱落，大白菜播种。

（二）**处暑**（8月22—24日之间）暑气渐弱且逐渐消失，气温下降开始变快，降水明显减少，晴天较多。春玉米成熟，枣树果实成熟，开始采摘新棉，农谚：“暑去寒来换金凤”。

（三）**白露**（9月7—9日之间）日暖夜寒，气温转凉，湿度、降水明显减少，秋高气爽，秋季真正开始。大秋农作物收获，芦苇开花，果品收获，青蛙终鸣。

（四）**秋分**（9月23—24日之间）交节当日，昼夜相等，后白昼日短，气温明显下降，冷空气活动频繁，昼夜温差大，天气晴朗凉爽。蝉终鸣，蚊消匿，青蛙入蛰。

（五）**寒露**（10月7—9日之间）天气凉爽，气温继续降低。芦苇始枯，枣树始落叶，柳树叶脱落，大白菜进入包心期。时见大雁南飞，蟋蟀终鸣。

（六）**霜降**（10月23—24日之间）天气渐冷，气温继续下降，地面植物生长期基本结束，时有冰冻降雪现象。旱柳叶始落，枣树、臭椿叶落尽，时收获萝卜、芥菜。

四、冬季

（一）**立冬**（11月7—8日之间）冬季开始，气温明显下降，土壤日融夜冻，降水由雨转雪或雨夹雪。时洋槐、旱柳叶落尽，地面植物全部进入休眠期。农谚：“立冬出白菜，别让寒冻害”。

（二）**小雪**（11月22—23日之间）多偏北风，风速加大，天气渐冷。农谚：“小雪封地”之说，土壤结冻，河水开始结冰，有积雪。

（三）大雪（12 月 6—8 日之间）土壤冻土加深，河水结冰加厚。农谚：“大雪封河”。

（四）冬至（12 月 21—23 日之间）交节当日为全年中夜最长昼最短之日。冬至日，数九开始。北风较多，天气更加寒冷。

（五）小寒（1 月 5—7 日之间）西北风多，偶伴降雪，风停降温。严寒季节已到，降水甚少。

（六）大寒（1 月 19—21 日之间）北风多，风速大，天寒刺骨，滴水成冰，进入“三九”为全年最冷时期。

第三章　自然资源

区境内土地资源、水资源、地热资源及野生动植物资源丰富。山岭子地热田达 200 平方千米，占区域总面积的 42%，地热资源丰富。区境内野生动植物繁多，主要动物 92 种（昆虫类、鱼类、无尾两栖类、爬行类、鸟类、兽类）。主要植物约 47 种（绿化用材、野生药用植物、绿地植物、水土保持植物）。

第一节　土地资源

一、土壤资源

境内因历史上受海洋、河流相互作用成陆，底部以海积为主，上部受黄河改道覆盖泥沙形成冲击平原，北部地区的金钟河沿岸，清代叫“塌河淀”，原是排泄洪水的地方，由于水分蒸发，盐分浓缩，久之形成了盐碱滩，被称为赤碱滩、荒草坨。因受土壤母质、地下水和气候的影响，在土体内部都程度不同的含有可溶性盐分，形成境内土壤的特点。

(一)土壤普查　1980 年 5 月至 1982 年 11 月，由区农林局主持，组建土壤普查工作队。139 名工作人员共挖土剖面 803 个，取盐分、全量、农化样品 9914 个，取地下水样 774 个，化验样品 5894 个，获取数据 39312 个，提供有效数据 32255 个，完成全区范围的土壤普查任务。

（二）土壤监测　1989 年 2 月至 1990 年 2 月，为进一步掌握全区土壤的理化性状及其变化规律，研究影响农业生产的主要因素，以因土施肥，科学指导生产，对全区耕地的耕层土壤进行了全面的调查。利用航片判读和实际踏查相结合，实际监测面积 14825 公顷，取 0～20 厘米混合土样 364 个，取全量样 37 个，获得有效数据 3356 个。

（三）土壤类型　境内是被第四纪松散沉积物广泛覆盖的平原区。地势坦荡低平，海拔在 5 米以下，河渠纵横交错，洼地众多，排水不畅。地下水埋藏浅，降水季节分配不均，干湿交替，地下水季节性升降明显，发育了广泛分布的潮土类土壤，局部低洼地区形成了沼泽土。根据地势、地下水埋藏状况，依土体构型的特点，土壤质地及含盐的不同，结合植被覆盖盐分差异，人为影响和生产的需要，境内土壤分为 2 个土类：潮土、沼泽土。4 个亚类：普通潮土、盐化潮土、湿潮土、草甸沼泽土。18 个土属：近代河流冲积物潮土（小红土)、菜园潮土（黑红土）、人工堆垫潮土（黑红土)、菜园盐化潮土（黑红土）、人工堆垫盐化潮土（黑红土)、菜园湿潮土（黑红土)、脱水性湿潮土（两合土）、硫酸盐氯化物菜园盐化湿潮土（黑黏土）、氯化物硫酸盐菜园盐化湿潮土（黑红土）、氯化物硫酸盐盐化湿潮土（黑红土）、重碳酸盐氯化物盐化湿潮土（红黑土）、氯化物重碳酸盐盐化湿潮土（黑红土）、硫酸盐氯化物盐化湿潮土（灰弄土）、氯化物盐化湿潮土（灰黏土）、开垦草甸沼泽土（盐碱土）、硫酸盐氯化物未开垦草甸沼泽土（盐碱土）、氯化物重碳酸盐开垦草甸沼泽土（盐碱土）、硫酸盐重碳硫盐开垦草甸沼泽土（盐碱土）。

（四）土壤养分 1980 年 5 月至 1982 年 11 月，东郊区组建全区范围的土壤普查工作队，完成了全区范围的土壤普查任务。经土壤普查结果分析，全区土壤养分总的概念是土壤肥力较低。土壤有机质含量小于 2%以下。面积达 14221.25 公顷，占总耕地面积的 62.6%。全区有 4666.67 公顷耕地土壤肥力上升；5333.33 公顷耕地土壤肥力保持平衡；12706.93 公顷耕地土壤肥力下降；全区土壤肥力基本接近中度偏下的水平。

二、土壤分级

根据生产情况，粮田地区按历年产量高低，园田地区按产量和产值水平划分等级。粮田分 5 个等级，园田划分 3 个等级。

一级土地：主要包括中壤质菜园潮土，占总耕地面的 1.47%。

二级土地：包括重壤质菜园湿潮土、重壤质盐化湿潮土和一部分人工堆垫潮土，占总耕地面积的 36.10%。

三级土地：主要土壤类型是重壤质盐化湿润土，占总耕地面积的 43.46%。

四级土地：主要土壤类型为重壤质盐化湿潮土，占总耕地面积的 18.37%。

五级土地：主要土壤类型包括重壤质盐化湿潮土，占总耕地面积的 0.60%。

从全区土壤物理性状分析，土质黏重，土壤容量大，土壤坚实，造成土壤易板结构耕性差。从营养状况分析，不仅 c/n 小，而氮磷比例失调。从土壤耕层盐分分析，含量都比较高。

1983 年东郊区土地评级分析数据统计表

表 2-2

类别	土地级别	面积（公顷）	有机质（%）	全氮（%）	c/n	碱解氮（ppm）	速效磷（ppm）
园田	1	332.91	4.56	0.18	4.3	134	120
	2	2921.51	3.19	0.169	10.90	109	69
	3	1205.96	2.80	0.130	12.03	137	54
粮田	2	5276.85	2.48	0.140	11.60	81	27
	3	8661.79	2.12	0.120	10.24	80	19
	4	4170.72	1.68	0.097	10.04	56	16
	5	137.19	1.44	0.095	8.8	43	6
面积合计		22706.93	—	—	—	—	—

1983 年东丽区土地土壤含量一览表

表 2-3

类别	土地级别	n/p	速效钾（ppm）	Pn	容量 克/立方厘米	全盐（‰）	地下水矿化度 g/L
园田	1	1∶0.1	187	8.30	1.23	1.67	2.51
	2	1∶0.6	272	8.30	1.23	1.95	3.27
	3	1∶0.39	294	8.30	1.26	2.23	3.82
粮田	2	1∶0.33	355	8.40	1.24	2.16	3.65
	3	1∶0.24	340	8.40	1.33	2.06	4.51
	4	1∶0.28	378	8.50	1.35	2.33	4.80
	5	1∶0.14	372	8.60	1.22	2.83	1.40

三、土地利用

（一）土地总面积调整 1953 年 5 月，建立天津市津东郊区，辖区内实有土地总面积为 324.15 平方千米。

1958 年 7 月，河北省唐山专区宁河县所辖军粮城、李庄子 2 个乡划归东郊区。同时，河东区所辖郑庄子等 5 个农业村队划归东郊区。1958 年 8 月，海河南岸洋码头等 4 个乡划归南郊区；大毕庄、孙庄 2 个乡划归北郊区。东郊辖区内实有土地总面积增至 460.6 平方千米。

1964 年 5 月，北郊区所属大毕庄人民公社划归东郊区。同时，将天津市区所属的长青等 3 个农业村队划归东郊区。东郊辖区内实有土地总面积增至 509.86 平方千米。

（二）土地总面积调查 1989 年 11 月至 1992 年 6 月，东丽区历时两年半，完成了第一次境内的土地利用现状调查工作。经全体工作人员的辛勤工作，准确地查清了境内行政辖区 477.34 平方千米土地利用现状的分布及数量，取得了系统、完整的土地资源数据。

1992 年，第一次土地详查之后，又有零星土地划出。1995 年，东丽辖区总土地面积为 474.12 平方千米。

2007 年 10 月至 2011 年初，东丽区经历了土地利用现状调查、集体土地所有权调查和城镇地籍调查等主要阶段，准确查清了境内土地利用现状的分布及数量。以 2009 年 12 月 31 日为标准时点汇总二次调查数据，东丽辖区总土地面积为 475.44 平方千米。

（三）土地总面积利用 1982 年，东郊区农业区划办公室资料显示，区总土地面积为 50992.87 公顷，其中农用地粮田、菜地、果园、防护林、苗圃等 26526.5 公顷，占 52.02%；非农用地城乡居民点、厂矿用地、交通用地等 16357.27 公顷，占 32.08%；水域占地河流、水库、坑塘等 5477.84 公顷，占 10.74%；特殊用地国防用地等 272.21 公顷，占 0.53%；未利用土地盐碱滩、草荒地等 2359.05 公顷，占 4.63%。年底人均土地 0.187 公顷（2.8 亩）。

1987 年，东郊区农业区划办公室资料显示，区总土地面积为 50986.58 公顷。其中农用地 24093.79 公顷，占 47.26%；非农业占地 22788.55 公顷，占 44.69%；水域占地 1982.16 公顷，占 3.89%；特殊用地 97.15 公顷，占 0.19%；未利用土地 2024.93 公顷，占 3.97%。年底人均土地 0.185

公顷（2.77亩）。

1995年，区国土资源分局资料显示，境内总土地面积为47412.12公顷。其中农用地（耕地、园地、林地等）17976.83公顷，占37.92%；非农业用地（城镇村及工矿用地、交通用地等）12938.34公顷，占27.29%；水域占地13531.34公顷，占28.54%；未利用地2965.61公顷，占6.25%。年底人均土地0.159公顷（2.385亩）。

2000年，区国土资源分局资料显示，2000年境内总土地面积为47882.68公顷。其中农用地（耕地、园地、林地等）17791.5公顷，占37.16%；非农用地（城镇村及工矿用地、交通用地等）14195.88公顷，占29.65%；水域占地13748.24公顷，占28.71%；未利用地2147.06公顷，占4.48%。年底人均土地0.156公顷（2.34亩）。

2010年，区国土资源分局资料显示，境内总土地面积为47543.27公顷。其中农用地（耕地、园地、林地、草地等）10104.41公顷，占21.25%。农用地中耕地为8507.86公顷，比1979年末耕地18247.8公顷，减少9739.94公顷，减少53.38%。城镇村及工矿用地、交通用地为27857.29公顷，占58.59%，比1982年9582.95公顷增加2.91倍。水域及水利设施用地9337.44公顷，占19.64%；其他用地244.13公顷，占0.52%。年末人均土地0.137公顷（2.055亩），比1982年0.187公顷（2.8亩）减少0.05公顷（0.745亩），减少26.7%。

1995—2010年东丽区土地分类面积统计表

表2-4　　　　单位：公顷

项目／数字／年份	耕地	园地	林地	牧草地	其他农用地	城镇村及工矿用地	交通运输用地	水域	水利设施用地	未利用地	其他用地	合计
1995	17281.38	503.84	191.61	—	—	10242.55	2695.79	13531.34	—	2965.61	—	47412.12
1996	17499.46	507.33	198.00	—	—	10360.86	2708.73	13678.66	—	2978.06	—	47931.13
1997	17188.20	498.40	196.20	—	—	10834.80	2706.40	14167.13	—	2340.00	—	47931.13
1998	17079.80	498.39	196.20	—	—	11025.70	2910.92	13851.49	—	2322.18	—	47882.68
1999	17087.13	498.39	196.20	—	—	11043.98	2910.22	13846.62	—	2300.14	—	47882.68
2000	17096.91	498.39	196.20	—	—	11295.17	2900.71	13748.24	—	2147.06	—	47882.68
2001	16789.23	498.39	195.82	—	—	11733.36	2926.20	13627.39	—	2112.29	—	47882.68
2002	16702.63	550.14	270.47	—	10968.17	11794.00	交通用地 1916.17	—	1518.69	2006.68	2155.72	47882.68
2003	16621.00	542.63	270.47	—	10918.96	11967.07	1914.22	—	1518.69	2002.97	2126.67	47882.68
2004	12809.94	537.09	482.51	22.55	13086.35	14399.98	1962.23	—	1270.82	1260.17	2051.04	47882.68
2005	12624.73	537.09	482.51	22.55	13001.77	14817.79	1966.25	—	1183.84	1215.65	2030.50	47882.68

续表 2-4

项目/数字/年份	耕地	园地	林地	牧草地	其他农用地	城镇村及工矿用地	交通运输用地	水域	水利设施用地	未利用地	其他用地	合计
2006	12517.33	539.49	471.89	22.55	12868.53	14946.77	2178.02	—	1183.81	1121.68	2032.61	47882.68
2007	11487.20	448.72	292.35	22.55	11843.65	17206.27	2229.79	—	1184.63	1180.67	1986.84	47882.68
2008	10360.63	418.92	255.71	22.55	11353.66	18373.81	2440.05	水域及水利设施用地	1184.63	1498.18	1974.54	47882.68
2009	8918.75	371.21	728.67	草地 627.82	—	24028.89	2915.79	9703.76	—	—	248.38	47543.27
2010	8507.86	354.80	677.35	564.40	—	24822.70	3034.59	9337.44	—	—	244.13	47543.27

第二节 水资源

一、地表水

（一）降水 境内降水空间分布不均，总趋势由东北向西南递减。根据1955年以来记载的资料统计，多年平均年降水量为553.51毫米，主要集中于6—9月汛期，多年平均值为442.74毫米，占全年降水量的80%，而春季占全年降水量的11.44%，冬季占全年降水量的2%。1991—2010年，区境年最大降雨出现在1998年，降雨量为857毫米。最大降雨出现在1998年6月17日和2009年7月22日，降雨量均为123毫米。

（二）地表水资源量 境内多年平均降雨经流深为74.6毫米，地表径流量3566万立方米。频率为20%的丰水年经流深104.5毫米，地表经流量4995万立方米；频率为50%的平水年经流深68.2毫米，地表经流量3260万立方米；频率为75%的枯水年经流深46.9毫米，地表经流量2242万立方米。

（三）地面蓄水 东丽区地面蓄水主要依靠三级河道、水库、坑塘、深渠等。1991年，蓄水能力为4306万立方米，其中，中小型水库3163万立方米，三级河道403万立方米，深渠240万立方米，坑塘500万立方米。由于开发建设，小水库相继填垫报废和降等，新地河水库除险加固时库容也相对减少，虽不断对二级河道进行治理、增加蓄水量，但至2010年，全区蓄水能力比1991年降低。2010年，全区蓄水能力为2979万立方米。

二、地下水

（一）各含水岩组砂层分布 境内属于咸水区，全区上覆咸水层，可利用的地下水资源主要是咸水层下的四层淡水承压含水层。各含水岩组的含水砂层分布亦不均匀。其中第二含水组在华明街道一带，含水砂层厚度为30～40米，其他地区在10～30米之间；第三含水组在华明街道、军粮城街道一带，砂层厚度为30～40米之间，其他地区为10～30米；第四含水组在新立街道北部、么六桥回族乡一带，砂层厚度为40～50米，其他地区砂层相对较薄；第五含水层在金钟街道一带和海河沿线，含水砂层厚度可达50～60米，其他地区砂层厚度相对较薄。

（二）地下水资源　东丽区含水砂层颗粒细小砂层厚度薄、渗透性和导水性差，地下水补、排条件不佳。据1999年《境内地下水资源开发区划报告》显示，境内浅层水补给量每年为5912万立方米，排泄量每年为5932万立方米，基本保持平衡。深层水资源蕴藏量每年为1585万立方米，其中第二至第五含水组的资源量每年分别为856万立方米、312万立方米、234万立方米、183万立方米。境内地下水资源总量为5316万立方米/年。由于浅层地下水含水量薄，含盐量高，尚未开发利用，东丽区可开采地下水资源量为1585万立方米/年。

三、外来水

境内外来水主要有东郊污水处理厂再生水，海河园田指标水和通过城市管网接收的自来水。

（一）东郊污水处理厂再生水利用　北塘排水河横贯境内北部，每年均有大量工业、生活等污水经此入渤海。天津市政府为改善城市环境，减轻海域污染及开发第二水资源，1989年8月开始建设东郊污水处理厂，1993年竣工投入使用。东郊污水处理厂日处理污水能力40万吨，为境内稻田生产提供较为充足的水资源。1991—2000年，全区引用再生水36768万立方米。2001年，由于连续干旱缺水，境内进行农业结构调整，不再大面积推广水稻种植，引用再生水量明显减少。

（二）海河园田指标水　境内历史上的农业用水均取自海河。60年代后，海河来水量锐减，境内从海河取水受到限制，每年天津市水利局分配境内海河园田指标水，解决部分园田用水急需。1991—2000年，东丽区购引海河园田指标水8321万立方米。2000年10月至2001年2月，国务院批准实施第6次“引黄济津”，海河沿岸二道闸以上各口门被封堵后，境内不再引用海河水灌溉。

（三）自来水　境内的自来水水源以引滦入津水源为主，通过城市管网流经区内，用于张贵庄街道、万新街道、金钟街道等外环线以内部分区域的生活和工业用水。境内每年通过城市管网接收自来水4000万立方米。

四、水资源总量

东丽区境内水资源总量多年平均值为5151万立方米，其中地表水3566万立方米，可开采利用地下水1585万立方米， 通过城市管网接收自来水4000万立方米，总量为9151万立方米。

第三节　地热资源

一、地热田特征

（一）地热梯度　从地表向下每深入 100 米地温升高 3.3℃称为地温梯度，每深入 100 米地温升高 3.5℃以上称为热梯度，用 3.5℃/100 米等值线圈划地热异常区。境内山岭子地热田，地热梯度等值线从边缘的 3.5℃/100 米至中心 8.4℃/100 米。山岭子地热田东起山岭子，西到荒草坨，南自海河，北至金钟河。按 4℃/100 米等值线圈定，面积为 200 平方千米，占境内总面积的 40%；按 3.5℃/100 米等值线圈定，面积为 337 平方千米，占境内总面积 70.6%。

（二）地热地质　山岭子地热田在地质构造上，位于沧县隆起北端的大东庄凸起上，东有军粮城断裂，西有天津断裂，南有海河断裂，北有造甲城断裂，中有贯庄断裂。热储层分上下两部分，上部为新生代第三系地层，下部为中上元古界灰岩、砂岩地层，基岩顶板埋深约 1200 米。山岭子地热田属于板块构造热传导型热水地热田。

（三）地热储量　山岭子地热田水温随深度递增，300 米深处为 35℃～40℃，500 米深处为 45℃～55℃，1000 米深处水温可达 80℃～90℃。热储层分上下两部分，上部分热水储量为 1.88×10^{10}立方米，天然可采热水量为 1.68×10^{9}立方米，热能储量为 3.13×10^{15}千卡，天然可采热能量为 4.21×10^{13}千卡；下部分地热田热水储量为 3.13×10^{9}立方米，天然可采热水量为 3.13×10^{8}立方米，热能储量为 4.04×10^{15}千卡，天热可采热能量为 1.72×10^{13}千卡。

二、地热利用

1994 年 6 月，天津市地热勘查开发设计院提交的地热田普查报告显示：可采地热资源总量为 17 亿立方米。山岭子地热田，是天津市探明的第二座大型中低温地热田，井口水温最高达 96℃，可采地热资源相当于 1223 万吨标准煤。

境内地热资源丰富，全区已开采地热井 11 眼，主要分布在东丽湖、山岭子、四合庄、刘辛庄、么六桥、小东庄等地。1985 年 8 月，境内与市地质局合作，在新地河水库泵站以东 60 米处，打出一口优质地热井，井深 1842 米，水温 98℃，井水自流 40 吨/小时。1989 年，在山岭子村北开采地热井 1 眼，井深 1728 米，水温达 96℃，井水自喷高达 20 米。山岭子村充分利用这一天然资源发展村经济，分别创办化工厂、染织厂，开设温泉洗浴，引进热带鱼养殖技术，并利用其热能为村民冬季取暖。2000 年 2 月，小东庄村成功打成 1 眼地热井，井深 1100 米，水质清澈透明，无异味，水质优良，每小时出水量为 85 吨。小东庄村利用地热井为 12 万平方米城镇小区取暖供热，建设温泉康乐洗浴中心，开展地热水产养殖、水床栽培产业开发，并改善了村民常年饮用高氟地下水的现状。境内地热水资源为改善人民生活及繁荣经济发挥了作用。

第四节　气候资源

一、光能资源

（一）**日照时数**　据区气象资料显示，境内年平均日照时数为 2749.5 小时，年均日照百分率为 62%。

东丽区境内日照时数与百分率表

表 2-5　　单位：小时

项目＼月份	1	2	3	4	5	6	7	8	9	10	11	12	全年
日照时数	196.1	193.5	233.7	249.7	297.6	276.7	235.2	233.6	242.5	227.9	184.5	178.2	2749.5
日照百分率	65	64	63	63	67	63	52	55	65	66	62	61	62

（二）**太阳辐射**　境内年均太阳辐射总量为 125.6 千卡/平方厘米。

东丽区境内各月平均太阳辐射量表

表 2-6　　单位：千卡/平方厘米

项目＼月份	1	2	3	4	5	6	7	8	9	10	12	全年
总辐射	6.238	7.525	11.253	13.052	15.916	15.203	12.819	12.229	10.94	9.971	5.36	125.600
生理辐射	3.057	3.687	5.514	6.395	7.799	7.449	6.281	5.992	5.361	4.396	2.626	61.544
生理辐射占总辐射百分率	5.0	6.0	9.0	10.4	12.7	12.1	10.2	9.7	8.7	7.1	4.3	100

东丽区境内年均生理辐射量为 61.54 千卡/平方厘米。这部分被植物固定下来的光合有效辐射，境内农业生产对光能的利用率只有 1%～2%，光能的开发利用潜力很大，太阳能采暖前景广阔。

二、热量资源

境内热量资源丰富，日均温≥0℃的持续期为 271 天，积温为 4596.4℃；≥5℃的持续期为 234 天，积温为 4458.1℃；≥10℃持续期为 200 天，积温为 4150.6℃；≥15℃持续期为 158 天，积温为 3569℃；≥20℃的持续期为 105 天，积温为 2547℃；这样的热量条件，可以满足两年三熟或一年两熟作物的需要。

三、风能资源

境内属于季风性风能利用区，冬春两季风力较大，而夏秋两季较小。1—12 月各月平均风速（米

/秒）分别为：3.3、3.4、3.8、4.3、4.0、3.5、2.8、2.3、2.4、2.8、3.0、3.2。全年平均风速为3.2米/秒。风能密度为95.2瓦/米，≥3米/秒的风速为4555小时。风能具有利用方便，无污染等优点。

第五节　动物资源

一、昆虫资源

境内昆虫种类繁多，有益虫也有害虫，其中也有益害兼之。

东丽区主要昆虫（益虫）资源一览表

表2-7

序号	名　称	经　济　意　义
1	黑色食虫蝽	猎食仓库害虫
2	微小花蝽	捕食蚜虫、蓟马及螨类
3	东亚小花蝽	捕食蚜虫、蓟马及螨类
4	仓花蝽	捕食麦蛾、粉螟卵及幼虫
5	黄色食毛虫	捕食小昆虫
6	天津树蝽	捕食小虫
7	柽姬蝽	捕食摇蚊、盲蝽、长蝽等害虫
8	华姬蝽	捕食螨类、蚜虫、叶蝉、盲蝽、昆虫的卵及幼虫
9	黄壮猎蝽	捕食鳞翅目昆虫的幼虫
10	茶褐猎蝽	捕食天幕毛幼虫、松毛虫等害虫
11	盗猎蜡蝽	捕食鳞翅目昆虫的幼虫
12	十三星瓢虫	捕食棉蚜、槐蚜、麦长管蚜等害虫
13	展缘异点瓢虫	捕食三棱草蚜虫
14	多异瓢虫	捕食棉蚜、麦蚜、玉米蚜、洋槐蚜等害虫
15	二星瓢虫	捕食桃粉蚜、棉蚜、麦二叉蚜、槐蚜、吹绵蚧等害虫
16	七星瓢虫	捕食棉蚜、麦蚜、豆蚜、菜缢管蚜等害虫
17	龟纹瓢虫	捕食麦蚜、棉蚜、玉米蚜、高粱蚜等害虫
18	红点唇瓢虫	捕食桃坚蚧、矢根蚧等害虫
19	四斑显盾瓢虫	捕食蚜虫、棉蚜、金花虫卵等害虫

续表 2-7

序号	名　　称	经　济　意　义
20	黑背小瓢虫	捕食蚜虫等害虫
21	红星盘瓢虫	捕食蚜虫
22	双带盘瓢虫	捕食蚜虫
23	曲纹虎甲	捕食蛾类等害虫
24	川原虎甲	捕食鳞翅目幼虫
25	青步甲	捕食鳞翅目幼虫
26	后星步甲	捕食鳞翅目幼虫
27	黄缘步甲	捕食蜗牛、黏虫、切根虫等害虫
28	短鞘步甲	捕食蝼蛄等害虫
29	山大黑金龟	取食兽类粪便，有天然清洁工之称
30	肖扁金龟舌虱亚种	取食兽类粪便，有天然清洁工之称
31	金龟子	取食兽类粪便，有天然清洁工之称
32	丽草蛉	捕食桃蚜、棉蚜、麦蚜、柳蚜、红蜘蛛、蚧类等害虫
33	蚁蛉	捕食蚁类
34	黑带食蚜蝇	幼虫捕食蚜虫
35	斜斑纹额食蚜蝇	捕食蚜虫
36	六斑食蚜蝇	捕食苹果瘤蚜、梨二叉蚜、桃蚜、桃蚜瘤蚜等害虫
37	四斑食蚜蝇	捕食棉蚜等多种害虫
38	大灰食蚜蝇	捕食棉蚜、豆蚜、桃蚜、棉长管蚜等害虫
39	四带食蚜蝇	捕食蚜虫等害虫
40	虎斑食蚜蝇	捕食蟒象卷蛾幼虫等
41	中华斑虻	捕食多种害虫
42	白头小食虫虻	捕食蟒象、夜蛾、卷蛾等害虫
43	大食虫虻	捕食蟒象、夜蛾幼虫
44	中华蜜蜂	取食花蜜、传播花粉、酿蜜

二、鱼类资源

东丽区主要鱼类资源一览表

表 2-8

序号	名称	生活习性	分布	经济意义
1	草鱼	喜居淡水下层及多水草区域	东丽湖、坑塘、洼淀	为国内四大家鱼之一，生长快、肉味美、为经济鱼类、胆可入药
2	鲤鱼	生活淡水、适应性强、耐寒	河流、湖泊、洼淀	经济鱼类、生长迅速、饲料广泛、人工养殖产量大
3	麦穗（罗汉鱼）	杂食	静水水体	小型食用鱼
4	鲫鱼	生活不同水体、杂食	洼淀、坑塘、河流、湖泊	中小型经济鱼、肉细嫩、味鲜美、生长慢、个体小、全鱼可入药
5	白鲢（胖头）	生活水体较深处、以浮动植物为食	河流、湖泊	大型食用经济鱼、国内四大家鱼之一
6	鳙鱼（花鲢）	生活流水或静水中上层、以浮游动物和藻类为食	河流、湖泊	大型食用经济鱼、国内四大家鱼之一
7	泥鳅	生活静水底层、杂食、适应性强	坑塘、湖泊、洼淀	小型食用经济鱼、分布广、全鱼可入药
8	青鱼	生活淡水中下层	淡水	为国内四大家鱼之一，个体大、生长迅速、胆可入药
9	黄鳝	底栖鱼类、夜间外出觅食	湖泊、坑塘、洼淀	肉味佳，肉、血、皮、头均可入药
10	乌鳢（黑鱼）	肉食、凶猛、有很强的环境适应性	河流、湖泊、坑塘、洼淀	大型淡水食用鱼，分布广、产量大、肉鲜美
11	翘嘴红鲌（噘嘴鲢）	大型凶猛鱼类	河流、湖泊、洼淀	肉味鲜美、生长迅速
12	三角鲂（鲂鱼）	杂食性鱼类、以植物性饵料为主	淡水养殖	大型食用经济鱼、生长较快、肉味鲜美
13	长春鳊	草食性鱼类	河流、湖泊、浅水处	中型食用鱼、分布广、肉味鲜美
14	白鲦	生活淡水上层、杂食	河流、湖泊、坑塘、洼淀	小型食用鱼、繁殖力强、生长快
15	拟鮈（棒花鱼）	杂食	静水水体	小型食用鱼
16	圆尾斗鱼	生活在小水域	洼淀、坑塘	可作观赏鱼
17	罗非鱼	地热大棚养殖	淡水养殖	京津冬季供应

三、无尾两栖类资源

东丽区主要无尾两栖类资源一览表

表 2-9

序号	名 称	生活习性	分 布	经济意义
1	大蟾蜍	生活于池塘、水沟	广泛分布	蟾酥可入药、捕食农业害虫
2	花背蟾蜍	生活于池塘、水沟	广泛分布	蟾酥可入药、捕食农业害虫
3	黑斑蛙（青蛙）	生活于池塘、水沟	坑塘、水溪	捕食农业害虫

四、爬行类资源

东丽区主要爬行类资源一览表

表 2-10

序号	名 称	生活习性	分 布	经济意义
1	无蹼壁虎	生活于干燥、温草地	广泛分布	能捕食蚊、蝇等害虫
2	丽斑麻蜥	生活于干燥、温草地	广泛分布	能捕食农业害虫
3	赤链蛇	生活在平原	广泛分布	能捕食老鼠
4	红点锦蛇	杂草丛中	广泛分布	能捕食鼠类
5	鳖（甲鱼）	生活在淡水中、白天喜阳光、夜间外出觅食	湖泊、洼淀	名贵食品，鳖甲有药用

五、鸟类资源

东丽区主要鸟类资源一览表

表 2-11

序 号	名 称	经 济 意 义
1	喜鹊	食虫、也食农作物
2	灰喜鹊	食虫、也食农作物
3	黑榨绿啄木鸟	啄食树干害虫
4	斑啄木鸟	益鸟
5	云雀	著名笼鸟
6	蓝歌鸲	以虫为食、对农林有益

续表 2-11

序号	名　称	经　济　意　义
7	文须雀	笼鸟饲养
8	大苇莺	喜吃昆虫
9	芦莺	主要食害虫，为益鸟
10	黄眉柳莺	食昆虫，为益鸟
11	回声杜鹃	食害虫、为益鸟
12	环颈雉	名贵品种
13	鹌鹑	肉卵可食用
14	绿翅鸭	肉可食、羽毛可利用
15	斑嘴鸭	肉鲜美可食，羽毛可利用
16	小白鹭	捕食农业害虫

六、兽类资源

东丽区主要兽类资源一览表

表 2-12

序号	名　称	经　济　意　义
1	蝙蝠	食昆虫
2	麝鼠	名贵品种
3	狐狸	名贵品种
4	黄鼬	捕食老鼠

第六节　植物资源

境内的维管束植物种类较丰富，包括蕨类植物、裸子植物、被子植物。其中大多数有一定的经济价值。按其用途，可分为绿化、药用、绿肥和水土保持植物等。

一、绿化用材树种

东丽区主要绿化、用材树种一览表

表 2-13

序号	名称	俗名	性状	经济意义
1	侧柏	柏树、扁柏	常绿乔木	园林绿化树种，木材可供建筑、雕刻、家具用材，叶子和种子供药用
2	圆柏	桧柏	常绿乔木	庭园观赏树，木材可供建筑、家具工艺品等用材，种子和叶可供药用
3	加拿大杨	—	落叶乔木	生长快、适应性强，为行道树和庭园观赏树种
4	毛白杨	—	落叶乔木	抗烟尘和污染，木材供建筑、家具、造船用，根、皮、花均可入药
5	垂柳	—	落叶乔木	根系发达，适应性强。为园林绿化和固堤、防沙、护田树种。枝、须根、叶花、果供药用。又系早春蜜源植物
6	旱柳	柳树	落叶乔木	宜做街道、固堤、护岸树种。木材可供建筑、器具用，枝可编筐
7	月季花	—	矮小直立灌木	观花灌木，也可盆栽，干花入药，1984年定为市花
8	洋槐	刺槐	落叶乔木	生长迅速，是行道树、防护林的优良品种。木材可作枕木、家具和农具；花含芳香，是良好的蜜源植物
9	臭椿	—	落叶乔木	木材制家具，叶可饲养春蚕，树皮可提栲胶，种子可榨油，根皮果实可供药用
10	槐	国槐	落叶乔木	庭院行道优良树种，根皮、枝叶、花及种子均可入药，木材供建筑及家具用材
11	无刺洋槐	—	落叶乔木	街道树和绿化观赏的优良树种
12	冬青卫矛	大叶黄杨	常绿灌木小乔木	绿化观赏植物，树皮可药用
13	五叶爬山虎	五叶地锦爬山虎	本质藤本	垂直绿化树种
14	毛泡桐	泡桐	落叶乔木	速生，能防烟尘，净化空气，是绿化优良品种。木材轻，耐腐性强，可做家具、航空用材，叶、花可做药和饲料
15	油松	—	常绿乔木	庭园观赏树种，木材供建筑、家具用材，可提取松节油、橡胶，针叶、花粉可供药用
16	龙柏	—	常绿乔木	为园林绿化观赏树种
17	合欢	绒毛树	落叶乔木	园林绿化观赏树种，树皮、花蕾供药用
18	栾树	—	落叶乔木	园林绿化树种
19	元宝槭	五角枫	落叶乔木	街道树，是观赏树种。种子油可做工业原料、木材建筑用
20	多花蔷薇	野蔷薇	落叶乔木	绿化观赏植物，花果根可药用
21	榆树	—	落叶乔木	果实可食用、绿化
22	白蜡	—	落叶乔木	绿化观赏
23	107 杨	—	落叶乔木	绿化观赏

二、野生药用植物

东丽区主要野生药用植物一览表

表 2-14

序号	名称	俗名	性状	经济意义
1	独行菜	葶苈草	多年生草本	全草及种子药用，利尿、止咳、化痰
2	蛇床	—	一年生草本	果实称蛇床子，药用，能祛风、除湿、杀虫、止痒
3	罗布麻	茶叶花	多年生草本	全草用药，清热降压、强心、利尿
4	益母草	—	二年生直立草本	全草用药，调经活血，清热利尿
5	细叶益母草	—	二年生直立草本	全草用药，调经活血，清热利尿
6	曼陀罗	—	一年生草本	叶、花、种子药用，有镇痉、镇静、镇痛和麻醉功效
7	酸浆	金灯	多年生草本	花萼、浆果供药用，清热解毒、利尿
8	地黄	—	多年生草本	根状茎药用，鲜地黄能清热生津、凉血；生地黄、熟地黄均能入药
9	车前	—	多年生草本	种子和全草药用，利尿、清热明目、祛痰
10	平车前	—	一年生草本	种子和全草药用，利尿、清热明目、祛痰
11	茜草	茜草根	多年生攀缘草本	根茎药用，行血止血、通经活络、止咳祛痰
12	青蒿	—	一年生草本	全草药用，清热除湿、凉血、解暑
13	刺儿菜	小蓟	多年生草本	全草入药，凉血、祛瘀、止血
14	醴肠	旱莲草	一年生草本	全草用药，有滋阴补肾、凉血、止血、消肿、强壮之效
15	蒲公英	—	多年生草本	全草药用，清热解毒，利尿散结
16	牛蒡	—	二年生草本	果实药用，疏散风湿，宜肺透疹，消肿解毒，根叶入药

三、绿肥植物

东丽区主要绿肥植物一览表

表 2-15

序号	名称	俗名	性状	经济意义
1	满江红	绿藻	一年生小型浮水植物	同化空气中氮素，为水田良好的绿肥和饲料，全草药用
2	紫穗槐	—	落叶灌木	嫩枝叶可作绿肥，为保持水土、固沙造林的树种
3	草苜	—	一、二年生草本	优良绿肥，可作饲料和供药用
4	凤眼莲	水葫芦	多年生浮水草本	生长繁殖快，为优良绿肥和饲料
5	菹草	扎草	多年生沉水草本	生长迅速

四、水土保护植物

东丽区主要水土保护植物一览表

表 2-16

序号	名称	俗名	性状	经济意义
1	紫穗槐	—	落叶灌木	生长力强，为保持水土、固沙、造林和防护林低层树种
2	糙叶黄耆	—	多年生草本	根状茎匍匐蔓生，可作水土保持植物和牧草
3	白茅	茅根	多年生草本	根状茎蔓延甚广，生长力极强，能固堤保土，可以固沙

第四章　自然灾害

区境内 1980—1984 年、1997—2001 年连续干旱。2003 年、2007 年夏涝较重。境内偶有雹灾、风灾。农作物虫害以 1991 年夏末秋初稻飞虱灾害严重，造成 1533 公顷水稻绝收。由于水利设施的逐步完善，现代农业园区的兴起，步入 21 世纪后，各类自然灾害得到有效控制。

第一节　干旱 沥涝

东丽区境内旱涝发生有明显的连续性，1980—1984 年持续发生干旱。春旱严重，初夏干旱发生较多，且常春夏连旱，机率达 40%以上。1981 年，受干旱面积 10758.2 公顷，成灾面积 7622.6 公顷；1983 年受干旱面积 9637.9 公顷，成灾面积 7992 公顷，为较严重的两年。1992 年 1—5 月，降雨量只有 45.9 毫米，旱情严重。1997 年区境内遇 50 年未遇的特大干旱，造成直接经济损失 1015 万元。2000 年，特大干旱之年，灾害面积 8220 公顷，直接经济损失 7900 万元。2001 年，是连续第五个干旱年，受灾面积 6670 公顷，直接经济损失超亿元。夏涝的频率为 25%，以 1984 年涝灾最严重，667 公顷连秋菜和秋菜被浸泡，1266.7 公顷大白菜推迟播期。2007 年，遭遇 50 年未遇特大暴雨，4 小时降雨 204 毫米，受灾面积 4945 公顷，直接经济损失 4495 万元。

1979—2010 年东丽区干旱灾情一览表

表 2-17

年份	成灾季节	灾情
1980	春、初夏	几十年未有大旱，4 月中旬停止农业从海河用水。为抗旱保水，在海河邢家圈第 3 次筑堤，1981 年 7 月拆除
1981	春、初夏	持续干旱第 2 年。由于上半年干旱，无蓄水，灾情大于 1980 年。夏粮比 1980 年减产 50%，秋粮减产 20%
1982	春、夏	持续干旱第 3 年。夏收、秋收受灾
1983	春、夏	持续干旱第 4 年，为灾情最重的年份。全区受灾面积 9640 公顷，成灾 7993 公顷

续表 2-17

年 份	成灾季节	灾 情
1988	春	4 月、5 月降雨仅 20 毫米，比常年减少 50%，春旱严重
1989	春、夏	春旱，伏亦旱。1988 年冬无雪，1989 年持续高温，全区农田普遍受灾
2000	春	特大干旱，春末未降一场透雨，成灾面积 8220 公顷，经济损失 7900 万元
2001	春、初夏	2—5 月降雨仅为 15.8 毫米，受灾面积 6670 公顷，经济损失超亿元

1979—2010 年东丽区沥涝灾情一览表

表 2-18

年份	成灾季节	灾 情 简 介
1983	夏	涝灾受灾面积 147 公顷，成灾面积 67 公顷
1984	夏	6 月 15 日、19 日暴雨。8 月 9 日夜开始，连续降雨 24 小时，雨量达 196.64 毫米，为近 5 年最大的一次降雨，全区 5740 公顷农田积水，沥涝成灾，200 公顷绝收
1987	初夏	6 月 27 日暴雨，雨量达 130 毫米，荒草坨一带达 140 毫米，是 30 年来在 6 月降雨最大的一次，农田积水，部分沥涝成灾
2003	秋	10 月 10 日，上午 10 时 20 分至 12 日上午 8 时 55 分，区境出现 50 年不遇连续降雨天气，累计降雨量达 148 毫米，其中程林街道达 163 毫米。造成房屋、农田等多处被淹泡
2005	夏	8 月 16 日，大毕庄镇地区普降大暴雨，降雨量累计达到 171 毫米。由于降雨量集中，造成排水困难，使农业、企业及居民住宅均受到不同程度损失，直接经济损失达 3685 万元
2007	夏末	8 月 26 日，遭受 50 年未遇特大暴雨，4 小时降雨达 204 毫米，大部分地区出现积水，最大积水深度 1.5 米，受灾面积 4945.4 公顷，直接经济损失 4495 万元
2008	夏	7 月 15 日，普降暴雨，平均降雨量 83.2 毫米，农作物受灾面积 2554 公顷，其中华明街道降水量为 108 毫米，受灾面积 1982 公顷

第二节 雹 灾

据东丽区农业部门资料显示，1979—2010 年，全区出现较重冰雹灾害 8 次。冰雹出现的时间为每年 4—6 月，最早在 1999 年 4 月 19 日，最晚在 1991 年 6 月 24 日。其中 1991 年及 2000 年为最严重的两次雹灾。

1979—2010 年东丽区境内雹灾统计表

表 2-19

年份	成灾季节	灾 情
1980	初夏	6 月 21 日，突遭雹灾，受灾面积 2476 公顷，其中粮田 2067 公顷，园田 409 公顷
1982	初夏	6 月 20 日，军粮城一带持续降雹 15～20 分钟。1000 公顷大面积玉米、高粱受灾，重灾 533.3 公顷，玉米叶片被砸光
1983	夏	全区受灾面积 7 公顷

续表 2-19

年份	成灾季节	灾　　情
1991	春	4月24日，晚19时和23时，两次遭受冰雹袭击，时间长达20分钟。冰雹大的如鸡蛋，小的如豆粒，每平方米达数百个。受灾严重的有万新庄乡、新立村乡、军粮城镇、李庄子乡、么六桥乡。受灾稻秧、蔬菜、果园面积1199公顷，占全区稻秧蔬果面积的36%，受灾涉及人口12万人，为全区总人口的40%
1991	初夏	6月24日17时20分至40分，大毕庄乡、新立村乡、荒草坨乡、么六桥乡186公顷蔬菜、118公顷瓜果、1489公顷粮食作物突遭冰雹袭击，致使部分农作物绝收
1998	初夏	6月16日晚至17日凌晨，遭冰雹袭击，最大冰雹直径3公分。全区共造成1523公顷农田受灾，成灾面积420公顷，其中蔬菜170公顷（大棚损失20公顷）、水果16公顷、西瓜5公顷、旱田作物229公顷。同时还造成4061户12909间农房被砸漏雨，砸毁库房8000平方米，校舍6822平方米，共造成经济损失985.6万元。受灾最重的是无瑕街道，其次是新立镇和军粮城镇
1999	春	4月19日，大毕庄镇部分地区突遭冰雹袭击，受灾333公顷，其中绝收187公顷，经济损失830万元
1999	春	8月23日，么六桥乡、赤土镇、新立镇、程林街道遭冰雹袭击，造成直接经济损失1592万元
2000	春末	5月17日，下午5时20分，程林街道、赤土镇、华明镇、大毕庄镇等部分村突降冰雹，持续5分钟。冰雹粒径2～4毫米，密度每平方米15粒，受灾面积8000公顷。其中程林街道最为严重，雹径为10毫米，密度每平方米多达50粒，62.13公顷蔬菜损失三成
2000	秋	10月15日，下午5时40分，冰雹突袭大毕庄镇、华明镇部分村，有的地方持续40分钟，最大雹径3厘米，地上冰雹厚度达10厘米，致使收获在即的水稻、旱田作物、大棚蔬菜、水果等损失惨重。共有2527公顷农田受灾，直接经济损失4012万元
2010	初夏	6月17日，遭受强降雨、冰雹袭击。永和村、胡张庄村经济作物受灾面积442.7公顷，经济损失849.3万元

第三节　风　灾

东丽区一年四季均有瞬时风速在17米/秒以上的大风，是区域常见的灾害性天气，年大风日数平均约35天。大风多出现在冬季12月和翌年1月及春季3月、4月，夏秋季较少，其中3月、4月大风最多。春季的西北大风对农业生产危害较大。

1979—2010年东丽区境内风灾一览表

表2-20

年份	成灾季节	灾　　情
1981	春末	5月1日，夜间大风，阵风8～9级，部分蔬菜棚架倒塌，温室玻璃破碎。大棚蔬菜受灾面积26公顷，露天定植的644公顷蔬菜被毁。全年风灾使农作物受灾面积367公顷，成灾面积273公顷
1990	春末	5月6日，全区612.6公顷水稻秧田遭风灾，其中50%的地膜被大风掀起，秧苗受到伤害
2000	春末	5月17日下午5时20分，部分镇、街道突遭龙卷风袭击，风灾破坏蔬菜大棚、温室1.87公顷，致葡萄绝收0.2公顷。200余间房顶上的油毡和瓦片被卷走，有3人受轻伤

第四节　霜　冻

东丽区霜冻期为10月中旬至翌年4月中旬，其间常有寒潮天气入侵。霜冻危害主要发生在春秋作物生长期内，夜间或凌晨地面出现小于0℃的低温，致使农作物遭受冻害或死亡。出现在晚秋的早霜冻，主要危害秋菜等。发生在春季的晚霜冻，对早稻、露地定植蔬菜及果树等都有危害。

1979—2010年东丽区境内霜冻灾害一览表

表2-21

年份	成灾季节	灾　　情
1979	秋	大白菜尚未到收获季节，被冻在地里
1984	春	4月10日，268.3公顷春夏菜遭受霜冻，其中245公顷甘蓝、芹菜，23.3公顷黄瓜严重减产
1990	春末	受低温影响，全区44公顷秧田受害严重，其中么六桥乡8公顷秧田全部枯死
1992	春	4月12日凌晨，气温骤降至2℃。万新街道、新立街道、军粮城街道的蔬菜遭受霜冻。西红柿、茄子、辣椒、豆角、黄瓜被冻死，共计85公顷
1993	春	4月9日，区境内风力7～8级，阵风9级，风后气温骤降至零下1度，1332公顷菜田遭受风灾和冻害，其中绝收面积76公顷，造成经济损失862万元
2008	冬	12月20日—21日，普降大雪，降雪厚度在20厘米以上，区设施农业受灾面积25.53公顷

第五节 病虫害

东丽区常发性危害农作物的病虫害有40余种。

一、病害

粮食作物　水稻病害主要有稻瘟病、纹枯病。玉米、高粱病害主要有大斑病、小斑病、瘤黑粉病。

经济作物　棉花病害主要有青枯病、炭疽病、立枯病、枯萎病、黄萎病、铃病。

蔬菜　主要病害有霜霉病、灰霉病、炭疽病、疫病、青枯病。

林木　主要病害有烂皮病。

二、虫害

粮食作物　水稻虫害主要有中华稻蝗、稻飞虱、二化螟。玉米、高粱主要虫害有玉米螟、高粱条螟、小地老虎、蛴螬、金叶虫、蝼蛄。

经济作物 棉花虫害主要有棉铃虫、棉蚜、红蜘蛛、盲蝽象。

蔬菜 主要虫害有蚜虫、红蜘蛛、菜青虫、白粉虱、棉铃虫、茶黄螨、豆荚螟、小菜蛾、美洲斑潜蝇。

林木 主要虫害有美国白蛾、国槐尺蠖、豹毒蛾。

三、农田杂草

境内农田杂草种类较多，对农作物危害较重的有马齿苋、灰绿藜、地肤、打碗花、刺菜、藻草、狗尾草、稗草、牛毛毡、水绵、金鱼藻等。

1979—2010 年东丽区境内农作物病虫灾害一览表

表 2-22

年份	季节	灾　　情
1983	秋	虫害受灾面积 140 公顷，成灾面积 40 公顷
1985	秋	水稻二化螟发生面积 4666.7 公顷，倒伏面积 1000 公顷，最重地块虫墩率超过 90%，全区损失稻谷 150 万公斤
1989	夏	全区稻蝗发生面积 5000 公顷，虫口密度每平方米有 6～90 头
1990	春末	大面积发生水稻青枯病
1991	夏末 秋初	由南方迁入水稻褐飞虱，全区爆发性地发生稻飞虱。蔓延 8000 公顷，5333 公顷受灾。1533 公顷绝收，占水稻种植面积的 18.9%。全区稻谷总产比 1990 年减产 22.6%；亩产仅 374 公斤，比 1991 年减产 25.9%
1992	秋	大白菜病毒病发生严重
1992	秋	全区蔬菜白粉虱大发生
1992	春	露地番茄发生棉铃虫，第三穗青果虫蛀率高达 50%以上

第三编

环境保护

东丽区环境保护始于20世纪80年代，因工业生产和生活中排出废水、废气和废渣逐渐增多。1980年成立专职环境保护机构，开始对环保进行监管。1985年11月，成立东郊区环境保护局。1992年3月，更名为东丽区环境保护局。完成区乡镇企业和污染源调查工作，为污染源的环境管理和环境规划提供科学依据。开始实施“一控双达标”工作。相继进行全区改燃及工业污染源限期治理工作，环境质量逐步改善。进入21世纪，开展创建国家环境保护模范城区活动，实施蓝天、碧水、安静、生态、污染防治、细胞工程六大环境工程。2005年，率先在全市环保系统完成环境监测和环境监察管理规范化建设，环境管理和环境监测能力不断加强，坚持环境影响评价、建设项目“三同时”管理、排污管理、总量控制等多项制度和举措不断跟进，环保事业取得全面发展。2007年，编制完成《东丽区生态区创建规划》，全面开展生态城区创建，进行污染综合整治，全区环境质量明显改善。2010年，以治污减排为重点，开展环境污染专项整治行动，促进企业加强污染治理，完成污染源总量削减任务，做到达标排放。推进生态区建设，区域环境质量明显改善，完成了东丽区环境保护“十一五”规划确定的目标任务。

2006年，东丽区环保局进行环境应急监测演练

2009年，区环保局帮助企业解决实际问题受到赞誉

2010年，"倡导低碳生活、共建生态文明"主题宣传活动

第一章　环境监测

1986年始，区内增设95台套环境监测仪器设备，对水和废水、环境空气和废气、土壤、噪声与振动、室内空气、煤质、汽车排放污染物等进行质量监测。

2001—2009年，区环境空气质量达到二级和好于二级的天数呈逐年上升趋势。2010年，空气质量达标率为78.9%，全年空气质量除二氧化氮外，其他指标基本呈下降或持平走势。

区域由于农业用地减少，二级河道失去排灌功能，水渠自净功能较差，污染情况较严重，大部分水体水质不良。2006—2010年，全区环境质量基本保持良好水平。

第一节　监测站

一、基础设施

1980年10月，建立东郊区环保监测站，初期仪器设备简陋，仅开展水质监测项目。1986年始，充实环境监测技术人员，购置大气采样、锅炉烟尘监测等多种专业仪器设备。

2002年，新建实验楼、办公楼，添置大型监测仪器。实验楼总建筑面积942平方米，分别设有天平室、分光室、气相色谱质谱室、煤质分析室、原子吸收室、原子荧光分析室、油分析室、COD分析室、BOD分析室、水质分析室、大气分析室、超纯水制备室、细菌分析室、离子色谱室、嗅辩室、配气室、应急监测设备室、仪器库房及危险品库等，拥有各类仪器设备95台套，其中万元以上的大型仪器20台（套）。

2006年，区投入160万元购置了多台应急监测仪器设备，便携式傅立叶红外测试仪、苏码罐、防护服等现场监测仪器和防护设备，共计14种30台（套）。

2008年，中央专项资金投入138万元，区政府投入资金418.3万元，用于加强基础设施建设，增添了气质联用仪、连续光源原子吸收分光光度计等监测仪器62台（套），其中，连续光源原子吸收分光光度计为国际上技术先进的仪器设备，成为当时天津市环境监测系统唯一配备的监测仪器设备。

2010年，区环境保护监测站仪器设备原值超过1000万元，监测站分析能力实现新跨越，夯实了环境监测技术基础。

东丽区环境监测站“十一五”期间购置仪器设备表

表3-1　　　　单位：台、件

仪器名称	仪器型号	数　量	用　途
恒温恒流大气采样器	BX-2400	8	大气监测
智能烟尘采样仪	3012H-C	8	大气监测
加长烟尘采样枪	2米	2	大气监测
烟尘测试校准仪	TH-BQX	1	大气监测

续表 3-1

仪器名称	仪器型号	数 量	用 途
皮托管压力校准仪	3082	1	大气监测
颗粒物采样器	TH-150$PM_{2.5}$	8	大气监测
自动吹扫捕集	CDS8000	1	环境应急
红外测油仪	SP4800ilTech121	1	水质监测
BOD 快速测定仪	220B	1	水质监测
COD 自动消解	COD-Tech	2	水质监测
便携式流速仪	SVR	1	水质监测
便携式油烟测定仪	BraverOSD110	2	大气监测
生物显微镜	CX31-32C02	1	微生物检测
生物显微镜	BX-51T	1	微生物检测
可见分光光度计	722N	2	土壤、大气、水质监测
连续光源原子吸收	contrAA700	1	土壤、大气、水质监测
声级计	6270	5	噪声
全球定位仪	E718	1	土壤、大气、水质监测
气相色谱仪	7890A	1	土壤、大气、水质监测
液相色谱仪进样器	与 1100 配套使用	1	土壤、大气、水质监测
PH 计 现场用	HI8424	1	环境应急
离子计	HI3222C	1	土壤、大气、水质监测
氮吹仪	MTN-2008D	1	土壤、大气、水质监测
土壤研磨机	Pulverisette 2	1	土壤监测
土壤采样器	04.01.SB	1	土壤监测
定硫仪	SDS616	1	煤质分析
纯水仪	PURELABOption-Q 15	2	监测分析
配气装置	DBPI	1	大气监测
便携式溶解氧仪	HI98186	1	水质监测
气象监测仪器	Vantage Pro2	1	气象要素
便携式傅立叶红外测试仪	GASMET4020	1	环境应急
苏码罐	3.2L	5	环境应急

续表 3-1

仪器名称	仪器型号	数　量	用　途
便携式水质多参数测定仪	PORS-15	1	环境应急
防护服	中型	5	环境应急
正压式呼吸机	Aeris	1	环境应急
真空瓶（玻璃）	10L	10	环境应急
GPS	小博士	1	土壤、大气、水质监测
摄像设备	GZMC200	1	环境监测
照相设备	SONY	1	环境监测
无线基站	GM3188	1	环境应急
对讲机	GP338	5	环境应急
离子色谱	CIC-100	1	监测分析
氡气	1027	1	大气监测
撞击式空气微生物采样器	FA-2	1	微生物检测

二、监测项目

1986 年始，开展对大气、水质和噪声的 12 个项目监测。1990 年，针对污染企业排放污水特点，重点开展重金属、化学需氧量、氰化物等 20 多个水质项目监测，并开展烟尘以及氯气、盐酸气等废气项目的监测工作。1996 年，负责全区三级重点源常规监测、监督性监测、建设项目验收监测，达到每年水质监测 400 余厂次，锅炉烟尘监测 300 余台。明确对污染源监测的有关规定及监测频次，促进污染源监测工作规范化。1997 年，配合“南水北调工程”赴河北省白沟进行环境现状监测，第一次执行跨省市监测任务。

2002 年，承担区水、气、声、渣 70 余个项目的监测，及多项跨区域协作环境监测工作，2004 年，新开设苯系物、总氮等项目的监测，同时调试运行气相色谱仪、液相色谱仪，拓宽监测领域。2008 年，新增有机物等监测项目 35 个，填补区环境监测中的土壤、固废、振动、室内环境监测等多项空白。

2010 年，区监测站已涵盖了 100 个监测项目，涉及环境空气、室内空气、废气、地表水、废水、噪声、振动和机动车排放污染物等环境要素的环境质量评价、固定和移动污染源监测以及信访监测、突发环境污染事故监测等领域。

三、监测成果

1996 年 6 月，监测站通过了天津市技术监督局组织的第一次计量认证审核。2002 年，中国加入 WTO 以后，计量认证的标准进行了修改，进一步与国际通用标准靠拢。监测站完善实验室各类相关制度、编制质量手册、程序文件、作业指导书等。在全市各区县站中第一个通过了按新标准审核的计量认证。

2004 年 10 月，与市场合作承担国家级项目——天津机场扩建项目环境现状监测。2005 年 2 月，在全市第一个通过天津市监测中心组织的实验室规范化建设的验收，使区环境保护监测站由四级站升为二级站。2006 年，完成水质、环境空气、室内空气和土壤等 40 个拟增项目的持证上岗考核工作。2007 年，完成质量体系换版和试运行工作，通过计量认证复评审现场考核工作。年底通过实验室资质认定的评审，成为天津市环保系统第一批通过资质认定的单位。2008 年，组织编制《东丽区环境突发事件应急预案》，并指导全区 50 家重点企业编制环境应急预案，基本达到突发环境污染应急事件监测要求。

2010 年，执行《环境监测规范》，发挥监测技术人员的积极性和创造性，开拓监测业务范围，扩大投资，增添先进的监测设备、仪器，提高环境监测的能力和水平。

第二节　环境监测

一、水环境质量监测

（一）地表水监测

东丽区水质监测断面共有 12 个。其中海河、外环河各 2 个断面；金钟河、月西河、东丽湖、新地河、东河、东减河、西河、西减河各 1 个断面。分别设在二道闸上、二道闸下、新开桥、外环线 0.4 千米处、永和桥、南大桥、东丽湖东湖、新地河、东河、东减河、西河、西减河流域中段，每月取样监测一次。

2006 年起，天津市加大海河二道闸上水域水质监测，由区环保监测站负责该断面水质监测，强化海河上游水域水质的监督力度。

2006—2010 年，加大水环境质量监测力度，增加河流断面和监测项目，加强出入境断面的水质监测，外环河增加新开桥断面，此断面为入境断面。海河增加二道闸上断面，此断面为景观水断面，也是观测海河水质的出境断面。强化氮、磷等影响水质富营养化项目和重金属的监测，使监测项目更加全面，评价标准更加合理。监测断面和项目的增加，使区域地表水水质变化状况和变化规律的评价更趋完善。

（二）水环境质量

区农业用地减少，原有二级河道基本失去了农业排沥灌溉功能。由于水体流动受到限制等诸多原因，水体自净能力较差，使得污染状况比较严重，大部分水体水质不良。经不断治理水质已有改善。

二、大气环境质量监测

（一）空气环境监测

1986 年，开展大气环境监测初期，有 2 个监测点位、3 个监测项目（总悬浮颗粒物 TSP、二氧化硫 SO_2 和二氧化氮 NO_2）。2001 年，发展到 4 个监测点位、6 个监测项目。新增的 3 个项目是：一氧化碳 CO、灰尘自然沉降量（简称降尘）、硫酸盐化速率。其中 TSP、SO_2、NO_2 改为每日连续 24 小时采样。2001 年，在东丽中学设立环境空气质量国控监测站点，监测项目为可吸入颗粒物、二氧化硫、二氧化氮，成为天津市环境空气质量状况的一个组成部分，为环境质量状况分级提供了依据。2003 年，开展可吸入颗粒物（PM_{10}）监测。2010 年，环境空气质量监测常规项目，包括 SO_2、NO_2、TSP、PM_{10} 4 项及灰尘自然降尘量、硫酸盐化速率。除东丽中学设有环境空气质量国控监测站外，区另设有总悬浮颗粒物监测 2 个站位、降尘和硫酸盐化速率监测 4 个站位，加大了区域环境空气质量状况监控的覆盖率。

（二）大气环境质量

2001—2009 年，区境环境空气质量达到二级和好于二级的天数呈逐年上升趋势。

2010 年，经环境空气质量自动 24 小时连续监测的有效监测天数为 365 天，达标天数为 286 天，达标率为 78.4%。区全年空气质量，除二氧化氮外，其他指标基本呈下降或持平走势，“十一五”期间后两年，空气环境质量明显向良好发展。

三、噪声环境质量监测

（一）噪声监测

区环境噪声监测项目主要包括：城市区域噪声监测、城市交通噪声监测和噪声功能区定期监测。区域环境噪声监测面积覆盖区界内整个建成区及道路交通噪声监测 2 条道路的 3 个路段；功能区噪声监测，选取了东丽湖度假村、环保监测站、军粮城发电有限公司、小东庄环保所 4 个代表性的站位，分别代表居住、商业、工业和交通 4 种噪声类型。区内 1～4 类标准适用区均设有测点。

2006—2010 年，区对社会生活噪声污染加强管理，对产生严重噪声扰民的单位严格执法，及时处理扰民问题。安静小区的创建是环境噪声不断改善的重要标志，区每年对达到标准的居民小区授牌，每两年对已达标的安静小区复测和检查，促进居民居住环境质量不断改善和提高。共创建安静小区 12 个，设立监测点位 60 个。

2010 年，进一步推动环境保护宣传教育工作，强化公众环保意识，严格执行有关控制生活噪声的各项法规、政策，使区域环境噪声得到了有效的控制。

（二）声环境质量

区为控制环境噪声污染，保证人民群众有安静的学习工作和休息环境，组成联合执法工作机制，采取有效措施，2006—2009 年期间全区声环境质量基本保持良好。随着人文活动不断增加，影响声环境质量因素愈来愈多。2010 年，区内声环境质量，区域噪声、交通噪声、功能区噪声，除功能区域的等效声级二类外，控制声环境质量的任务仍很繁重。

第二章　污染治理

20世纪80年代，区环保机构将强化环境保护管理及治理环境污染列入重要日程，提出“以新带老”(以新项目治理带动老项目治理)和利用经济杠杆促进治理，一批老污染源得到初步治理或基本治理。90年代，区内对污染源限期治理，采取取缔关闭“十五小”(小造纸、小制革、小染料、土炼焦、土炼硫、土炼砷、土炼汞、土炼铅锌、土炼油、小选金、小农药、小漂染、小电镀、土石棉制品、土法放射性制品)，拆除污染设备、查处冒黑烟排废气、控制农村污染源等环保专项行动。进入21世纪，在基本达到“一控双达标”(主要污染物排放总量控制在国家规定的排放总量指标内，环境空气、地表水环境质量，按功能分区分别达到国家规定的有关标准）目标后，开始实施“蓝天”“碧水”“安静”“生态”“污染防治”“细胞”六大环境工程，锅炉改燃、拆除、并网，烟气脱硫，污水处理，规范排污口，创建基本无燃煤区和噪声达标区，推广清洁生产和循环经济，实行环保准入制和污染减排等，开展生态区创建，环境污染得到有效控制，环境质量明显好转。

第一节　大气污染治理

一、治理工业燃烧设备

1981年，开展以治理工业燃烧设备为主的大气污染防治工作，控制烟尘、二氧化硫、碳氢化合物。较严重的大气环境污染分布于程林工业区、大毕庄工业区和军粮城工业区。至1990年，全区340台锅炉，有300台安装了消烟除尘设备，占总数的88.2%。烟尘排放和黑度减轻，总体达标率为54%。

1989—1991年，区环保部门依据国家颁布的城市综合整治定量考核标准，对“三废”进行全面治理，改造151台炉灶，推行民用煤使用，建立6平方千米烟尘控制区，建设4个集中联片供热小区，局部大气环境得到净化。1992年，全区燃烧设备共有831台，年均耗煤量104.92万吨，工艺废气排放量为52580标准立方米。经治理，排放工艺废气47570标准立方米。同时二氧化硫、一氧化碳、降尘量等普遍下降，全区大气环境达到国家大气质量三级标准。

1994年，对区内78家重点污染单位进行调查，摸清底数，治理严重污染项目29个，更新锅炉9台，更换除尘设备17台。天津市合成材料厂采用新的烟气净化技术，基本解决了抛煤机炉的黑烟排放。

二、落实“一控双达标”

1996—2000年，全区环保战线贯彻《国务院关于环境保护若干问题的决定》《市政府关于控制大气污染的通告》及各项环保法律法规，坚持以不断改善环境质量为目标，推进“一控双达标”，逐步实施水、大气等污染防治规划，加大综合治理力度，使全区环境质量明显提高。1997—1999

年，全区投资2493万元，完成220个工业污染源限期治理工作，其中废水源63个，烟尘源154个，噪声源2个，废气源1个，基本实现工业污染源达标排放，二氧化硫削减12800吨，烟尘削减5652吨，水中化学需氧量7000吨。落实市政府《关于控制大气污染的通告》相关规定，改燃及脱硫除尘双重治理工作取得显著成绩，茶炉、大灶、1吨/小时及以下锅炉等共3112台，改燃率达到100%，2吨/小时及以上锅炉、窑炉450台，治理率100%，进行改燃或脱硫、除尘双重治理的164台。完成东丽开发区环保模范社区、无燃煤区、噪声达标区的创建工作，被市政府命名为天津市环境保护模范社区。中美史克制药有限公司等5家企业被评为区级环保先进企业。

三、实施“蓝天工程”

2000年，实施以控制煤烟型污染、防治扬尘污染和控制机动车污染为主要内容的“蓝天工程”。2002年起，开展国家环保模范城区创建工作，进一步推进“蓝天工程”实施。2000—2005年，严格控制煤烟型污染，对集中供热管网覆盖区内的650台燃煤设备进行治理，对10吨/小时(含10吨/小时)以下小型供热锅炉完成拆除、并网或改用清洁能源，禁止新建20吨/小时以下燃煤供热锅炉。并网小锅炉房8座，共新增并网供热面积22.679万平方米。完成东丽开发区、钢管公司及生活区、国控点1.5千米半径、滨海国际机场、张贵庄中心区域5个基本无燃煤区创建工作，对无燃煤区内的662台燃煤设施进行改燃、拆除、并网等治理。

第二节 水污染治理

一、控制污水排放

东丽区的水环境污染主要是工业废水和生活污水的污染。工业废水年均排放1647万吨，涉及化工、冶金、食品、造纸和医药等行业。废水多含氰化物、硫化物、锌、六价铬等。区内纳污水体主要是北塘排污河和乡村部分沟渠池塘。1980年开始，加强区域内地表水和工业废水的监管，采取有效措施控制和治理水污染，督促区内的化工、医药、冶金等企业治理废水，逐步规范企业排放口，减少排放不达标废水和私自偷排废水，防治水污染。1985年，治理18家电镀厂，主要措施：明确废水排放渠道，严格要求废水排放达到规定标准，经常监测及随时验收。1987—1989年，治理22家印染行业。1991年，全区开展清理外环线、海河附近企业排污点。1992年，天津市第五电镀厂、军粮城津东羊毛衫厂、赤土造纸厂污水排放得到治理。1993—1995年，全区对电镀、漂染、化工、造纸等行业的污染源进行监测治理。推广先进的废水治理技术，治理废水超标排放。1996年开始，推进“一控双达标”，逐步实施水污染防治规划，加大水污染综合治理力度。1996—1999年，完成63个废水源治理，基本实现工业污染源达标排放，水中化学需氧量削减7000吨。

二、实施“碧水工程”

2000年，区实施“碧水工程”，在保证企业污染治理稳定达标的基础上，不断削减污染物的排放量。2002—2005年，为防止水环境恶化，对污染企业进行全面大检查，共监督检查1500厂次，处罚78厂次，整改185厂次违法排污行为，使重点工业企业废水达标率达95%。2005年，实施主要污染物总量削减，对排放废水的重点企业继续加强监督管理，制定减排目标，采取有效措施，严格控制废水排放浓度和排放量。2006年，区政府与市政府签订“十一五”COD总量削减目标责任书。2006年，完成天津第二煤气厂等2家企业关停工作。2007年，完成天津天铁炼焦化工有限公司废水深度处理等3项治理工程。2008年，严格执行天津市颁布实施的《污水综合排放标准》，共完成天津滨海国际机场东区等4项废水治理工程。2009年，完成富士达自行车有限公司废水深度治理及回用工程。2010年，完成滨海国际机场西区、民航大学北院、科莱恩（天津）有限公司、东郊污水处理厂再生水回用4个COD减排治理项目，实现COD削减357.2吨，超额完成年度制定的削减目标。

三、污水处理工程

至2010年，区完成天津天铁炼焦化工有限公司、中国民航大学等14家废水处理设施改造工程。完成华明工业园、东丽湖两座污水处理厂建设及启动张贵庄污水处理厂建设。实现化学需氧量年削减13000吨，氨氮年削减1700吨。实施大规模水环境专项治理，河道水质改善。城镇污水集中处理率达到75%，水环境质量达到功能区标准。

第三节　固体废弃物污染治理

20世纪80年代，东丽区固体废弃物来源于工业企业和日常生活的排放，主要以粉煤灰、氯化钙、硫酸钙、氧化钙、屠宰余物及生活垃圾等。主要治理办法：严格对有害废弃物指定堆放地点，由产废弃物单位及时处理；对无害废弃物，指定地点填坑垫洼；变废为宝，利用科学技术提炼废物；生活垃圾实行造肥。

1991年，军粮城发电厂产粉煤灰11.29万吨，炉渣1.25万吨。石油化工厂产氯化锌、碳酸钙等6万吨。五一化工厂产废白土、白化残渣4000吨。天津市肉类联合加工厂产屠宰余物280吨。1992年，全区生活垃圾达1.75万吨。随着经济的发展，固体废物种类及产生量逐年增多，星湖鞋业公司每年产生百吨固体废弃物，由于没有处理和净化设施，将废弃物转移到厂外，周围群众作为燃料使用，产生大量有害气体，空气污染严重。为彻底解决固废污染问题，区环保部门加大监管力度，要求企业生产过程中产生的所有固体废弃物必须统一回收，集中进行无害化处置，杜绝随意丢弃、堆放。

1996年，区有12家固体废物产生单位。2010年，增加到30家固体废物产生单位及7家医疗废物产生单位。区环保局每年定期对产生固体废物单位，进行无害化处置排查，消除事故隐患，使固体废物与医疗废物的无害化处置率达100%。

第四节　噪声污染治理

一、噪声污染来源

东丽区内噪声主要来源于交通、工业、基本建设等。交通噪声分布在津塘、津北、津汉、外环线、京山铁路和滨海国际机场等地。军粮城发电厂最高排气声阵时达100分贝。境内大部分地区噪声超过国家标准。因噪声来源广且繁杂，给治理造成了较大困难。

2006—2010年，在张贵庄中心城区16.68平方千米的范围内，划分106个等面积的网格，在每个网格中心设一个监测点，每个测点测量10分钟，得到等效连续A声级以及百分声级L10 、L50 、L90。将106个测点噪声测量值的平均值即作为张贵庄区域环境噪声的总体结果。在106个测点中，交通噪声为14个，占总数的13.2%；其次是工业噪声16个，占总数的15.1%；社会噪声测点为76个，占总数的71.7%。

二、实施“安静工程”

1992年，制定《东丽区城市区域环境噪声标准适用区域划分方案》，使噪声点源的管理、治理更加合理。2000—2005年，区实施“安静工程”。在全区范围内开展环境噪声综合整治工作，使交通噪声、社会生活噪声明显改善。对建筑施工噪声加大执法力度，措施得力，建立固定噪声源档案，超标固定声源治理达到工业企业厂界排放标准，小区环境噪声达到二类区域标准。创建滨海国际机场和程林街道2个噪声达标区。完成东丽开发区、钢管公司厂区、钢管公司生活区、张贵庄中心城区4个噪声达标区，并通过市环保验收，实现固定噪声源治理率、达标区覆盖达到100%。噪声达标区的创建完成，为居民创造安静的生活环境，实现“安静城区”目标，为全区的城市环境综合整治定量考核工作打下良好的基础。2009年，区环保局发布《关于在中、高考期间加强环境噪声污染监督管理的通告》，采取措施，加强中高考期间噪声污染控制，防止噪声污染干扰。2010年，在中高考期间加强对一百中学、东丽中学考场学校周边的巡查，夜间到施工现场抽查。在考场周边设立机动车禁鸣、禁行区域，清理关闭高音喇叭，劝阻商贩叫卖，现场设有环境执法人员检查监督，避免交通、工业、建筑工地和社会噪声影响学生考试，为考生营造安静的学习、休息、考试环境。2004—2010年，先后创建詹安里小区、荷月里小区、临月里小区、景欣苑小区、枫泽园小区及华明家园范围内的怀园、翠园、景湖苑、旭园、紫园10个安静居住小区。

第五节　工业污染治理

20世纪80年代开始，区加强环境监管力度，利用经济杠杆督促企业治理污染。90年代后期，区按照《中华人民共和国环境保护法》“地方各级人民政府，应当对本辖区的环境质量负责，采取措施改善环境质量”的要求，对超标污染源下达指令限期治理，对不能按期完成限期治理任务的企业，区责令限产、停产或关闭，确保辖区环境质量得以改善。

1996 年下半年开始，为贯彻落实国务院《关于环境保护若干问题的决定》，实现“一控双达标”的战略目标，区政府办公室下发《关于对超标排放污染物单位限期治理的意见》，对境内企业超标污染源下达限期治理任务，1999 年底前实现治理达标。区环保部门加强监督管理、督促，把防治环境污染关口前移，禁止有污染的项目开工建设，杜绝企业先污染、后治理现象的发生。1997—1999 年完成治理超标污染源 220 个，其中废水 63 个，烟尘 154 个，噪声 2 个，废气 1 个。

2001 年始，区环境保护工作继续深化。

第六节　控制污染物排放总量

区按照国家“十一五”规划纲要提出的“主要污染物排放总量减少 10%”（约束性指标）要求和市政府下达的污染减排任务，“十一五”期间在全区开展了二氧化硫和化学需氧量排放总量控制的推动工作。

2006 年，区政府与市政府签订《天津市东丽区“十一五”二氧化硫总量削减目标责任书》《天津市东丽区“十一五”水污染物总量削减目标责任书》。按照要求，区 2010 年的二氧化硫排放总量控制在 3.789 万吨/年以内，即在 2005 年的基础上（4.2076 万吨）削减 10%（每年削减量不低于 2.1%），即每年削减量不低于 884 吨；化学需氧量排放总量 2005 年为 6808 吨，到 2010 年底，化学需氧量排放总量目标控制在 6127 吨以内，在 2005 年的基础上削减 681 吨，削减比例为 10%。

2006—2010 年，国家、市、区及企业共投资 2.3 亿元，完成区政府与市政府签订“十一五”二氧化硫排放总量削减目标责任书的非电力行业 11 个单位的 27 台 650 蒸吨锅炉脱硫改造工程，完成军粮城电厂 5～8 号 4 台 20 万千瓦机组脱硫改造工程，完成 1～4 号 4 台 5 万千瓦机组关停项目。投资 5600 万元，对排放量大、排放浓度高的企业进行重点督办，完成天津第二煤气厂、新新制药厂 2 项结构减排项目，完成天铁炼焦有限公司废水深度治理及中水回用工程、东郊污水处理厂扩容项目及滨海国际机场、民航大学污水处理厂建设等 14 项治理工程。

2010 年，东丽区二氧化硫削减 1.26 万吨，化学需氧量削减 311.12 吨。“十一五”期间累计二氧化硫削减 35461 吨，化学需氧量削减 6342 吨，实现全区污染减排任务目标。

第三章　环境管理

20 世纪 80 年代，区开始实施建设项目环境保护管理、企业排污管理及区内环境综合整治定量考核管理。严格新建项目的审批，严格控制新的污染，把住布局关和排放关，保护和改善环境。1990 年始，区逐步实行排污许可证制度，按照国家规定对排放污染物超过国家或地方规定排放标准的企业单位，缴纳超标准排污费。

1989—2010 年，为落实环境综合管理，区每年均全面完成市下达的各项考核指标。自减排工作纳入“城考”指标以来，东丽区每年完成减排任务，在全市各区县中名列前茅。

第一节　建设项目管理

一、环境影响评价

区环保局为加强建设项目环境保护管理，严格控制新的污染，保护和改善环境，要求建设单位按照规定组织编制“环境影响报告书”“环境影响报告表”，或填报“环境影响登记表”。对可能造成重大环境影响的，编制《环境影响报告书》，对产生的环境影响进行全面评价；对可能造成轻度环境影响的，编制“环境影响报告表”，对产生的环境影响进行分析或专项评价；对环境影响很小、不需要进行环境影响评价的，填报“环境影响登记表”。1989 年，区根据市环保局《建设项目环境保护管理程序》，规定凡投资 1000 万元以上的建设项目必须进行环境影响评价；投资小于 1000 万元的建设项目，根据对环境的污染程度，由市环保局决定是否进行环境影响评价。

1996—2000 年，区共审批建设项目 1354 个。2000 年以后，区环保局对市环保局委托审批和区政府授权有关部门审批立项的建设项目有审批权。2008—2010 年，市委、市政府、环保部及市发展改革委员会分 3 次下放审批权限，对坐落在区范围内，对环境可能造成轻度影响的 27 个行业的建设项目，全部由区环境保护行政主管部门审批。

2000—2010 年东丽区环保局审批建设项目情况统计表

表 3-2　　　　单位：份

年份	环境影响报告表	环境影响登记表	合　计	年份	环境影响报告表	环境影响登记表	合　计
2000	83	158	241	2006	124	82	206
2001	234	454	688	2007	95	127	222
2002	168	620	788	2008	92	97	189
2003	37	106	143	2009	49	44	93
2004	34	168	202	2010	105	100	205
2005	66	133	199	总　计	1087	2089	3176

二、“三同时”制度

20 世纪 80 年代，区环保部门贯彻执行国家环境保护部门制定的“三同时”（建设项目中防治污染及其他公益的设施，必须与主体工程同时设计、同时施工、同时投产）制度。1998 年，区启动执行国务院通过的《建设项目环境保护管理条例》。

2004 年始，严格新建项目环保审批，区环保部门“三同时”管理重点是控制新污染源的产生和扩大，对不符合环保要求的建设项目实行否决权，强调“一票否决”。至 2010 年，区环保局共审批建设项目 4530 个，验收 630 个，因污染环境、选址不当、不符合环保要求等依法否决 36 个。通过“三同时”严格把关，有效控制新污染，逐步减少老污染，使区内生态环境得到逐渐改善。

三、行政执法

（一）排污许可证制度 1990 年，区环保局开始逐步实行排污许可证制度，凡是需要向环境排放各种污染物的单位或个人，需事先向环境保护部门办理申领排污许可证手续，经批准获得“排污许可证”后方能向环境排放污染物。在年度排污申报登记的基础上，核准企事业单位能源消耗、排放状况、处理设施等情况。从建筑施工类的夜间施工许可证开始，逐步开展大气、水、固体污染物排放许可证的预审、审批和发放工作。进一步规范企业污染物排放口，设立统一的排污标志。2000 年开始，年审申报登记 400 户以上，为用经济手段调整污染项目、促进企业治理污染打下基础，每年按时完成企业排污申报登记工作报表审核及录入工作。至 2010 年，全区完成排污申报档案户数 4982 户。

（二）征收排污费

1981 年始，对区内超标排放污水、烟尘、工艺废气、工业粉尘的企事业单位征收排污费。对排放污染物超过国家或地方规定排放标准的企事业单位，缴纳超标准排污费，并负责治理。企业事业单位向水体排放污染物（不超标的污水）的，按国家规定缴纳排污费。

2001 年以前，征收排污费全部上缴市环保局，市属企业缴纳的排污费由市环保局转交各主管工业局，乡镇企业缴纳的排污费由市环保局返还区环保局，用于企业治理污染。2003 年，征收的排污费一律上缴财政，全部专项用于环境污染防治。

2005 年，区环保局严格按标准核定排污单位污染物排污量，加大征收排污费的力度，规范收费程序，建立排污量和排污费缴纳情况公告制度，提高收费透明度。

2001—2010 年，区累计完成申报登记 3583 户，收费 2695 户。其中 2010 年，完成排污申报登记 488 户，收费 373 户，征收排污费 1961 万元。

第二节　城市环境综合整治

1988 年开始，区贯彻执行国务院环境保护委员会发布《关于城市环境综合整治定量考核的决定》《城市环境综合整治定量考核实施办法（暂行）》。1989 年 9 月始，区贯彻执行《天津市城市环境综合整治定量考核规划》中的 16 项考核指标：大气总悬浮微粒年日平均值、二氧化硫年日平均值、烟尘控制区覆盖率、城市热化率、民用型煤普及率、工艺粉尘达标率、城市地表水 COD 平均值、万元产值工业废水排放量、工业废水处理达标率、工业废水处理率、区域环境噪声平均值、城市交通干线噪声平均值、工业固体废物综合利用率、工业固体废物处理处置率、生活垃圾清运率、城市人均绿地面积。

1989 年后建立城市环境综合整治定量考核机制。1989—2000 年，区每年全面完成市下达给区各项考核指标，生活污水处理率、生活垃圾无害化处理率、城市气化率、城市集中供热率、城市建成区绿化面积等不断提高，环境质量改善，城市环境管理基础工作和能力建设加强。

2001—2010 年，区根据市下达考核内容：API(污染综合指数)≤100 的天数占全年天数比例、

2006年，东丽区召开环境保护工作会议

可吸入颗粒物年平均值、二氧化硫年平均值、二氧化氮年平均值、饮用水水质达标率、城市水环境功能区水质达标率、区域环境噪声、交通干线噪声平均值、工业固体废物处置利用率、危险废物集中处置率、重点工业企业排放稳定达标率、万元工业增加值主要工业污染物排放强度、建设项目环境管理情况、完成总量控制任务、生活垃圾无害化处理率、建成区绿化覆盖率、环境保护投资指数、环境管理目标责任书、蓝天工程、碧水工程、安静工程、生态保护、循环经济、环境信访各项考核指标均按期完成。通过实施城市环境定量考核工作，持续加大环保投入，环保投资指数（当年环境保护投资占当年国内生产总值的百分比）基本稳定在4%以上。随着蓝天工程的实施、大气污染治理力度加大，环境空气污染有所控制。噪声质量稳定达标，每年均为满分。2001年，加大噪声达标区创建力度，在建成区创建噪声达标区13平方千米，噪声达标区覆盖率由2000年的9.42%提高到2001年的83.81%，2003年达到了100%。污染控制措施扎实有效，工业固体废物处置利用率、危险废物集中处置率稳定保持在100%。自减排工作纳入“城考”指标以来，每年完成减排任务，在全市各区县中名列前茅。绿化覆盖率逐年增加，由2000年的28.33%增加到2010年的42.75%，城区环境面貌明显改善。

第三节　宣传教育

一、环保宣传

(一)广播、报刊、电视宣传

1990年，区环保局专设政宣科，负责全区环保宣传教育工作。区广播站每周一日环境保护专栏节目。是年，区环保局、文化局等部门编写《里巷小事》，以文艺形式进行环保宣传。

1995年，创办《环境简报》，每月一期。每年组织企业征订《中国环境报》，及时了解环保政策法规及各地环保工作动态。

2002—2004年，分别在《今日东丽》、东丽电视台开设“东丽区创建国家环保模范城区”专刊及专栏节目，及时报道区“创模”工作进度及成果。

2004年9月23日，《中国环境报》设东丽区创建环保模范城专版，展示区创建环保模范城区成果。

2002—2010年，在《今日东丽》、东丽电视台开设环保专栏及专题节目，刊登播发环保工作动态及环保科普知识。

（二）专项活动宣传

1996 年始，区落实《国务院关于环境保护若干问题的决定》，加大环境保护法律法规宣传力度。每年组织企业负责人参加“环境保护法律法规培训班”，提高企业环保守法意识。2002 年始，每年组织企业、机关事业单位团员青年、中小学生开展学习《关于落实科学发展观加强环境保护的决定》、环保法律法规、环保科普知识等环保知识竞赛活动。组织环保青年志愿者深入街道、社区、企业以板报、橱窗、展牌等形式广泛宣传环保法律知识、生态区创建、节能降耗、环保常识。

2008 年，组织青年志愿者参加“奥运法制宣传万里行”启动仪式的宣传，发放环保知识宣传单、环境信访条例、环保宣传画册等宣传品。

2009 年，在中心城区街道社区安装环保公益宣传 LED 显示屏 59 块，宣传生态区建设动态、普及环境保护知识、发布环境信息等。

2010 年，围绕工作重点，创新环境宣传形式，采用多渠道、多方式向社会公众宣传节能减排、生态建设、环保法律法规等。继续深入推进绿色创建系列活动，创建完成 2 个“安静居住小区”、2 所市级“ 绿色学校”，生态环保理念深入人心，群众环境意识普遍提高。以“环保进乡村”、“六五”世界环境日等为契机，组织开展“倡导低碳生活，共建生态文明”主题宣传活动，激发全民参与环保热情，形成了全社会支持环保、参与生态区建设的良好氛围。

（三）世界环境日主题宣传

1986—2010 年，每年 6 月 5 日“世界环境日”期间，围绕主题组织开展多种形式的环保宣传活动。宣传环保法律知识、张贴标语、宣传画，发放环保科普知识手册，开展环境宣传咨询，举办文艺演出、环保知识竞赛，举办环保绘画大赛，开展环保宣都进校园等系列活动。

二、环保教育

（一）“绿色学校”创建

1999 年起，全区中小学校开展“绿色学校”创建活动，对学生进行广泛的环境保护宣传教育。组织学生开展多种形式的环境教育活动，普及环保知识，提高环保意识。

2000 年，区政府命名第一百中学、丰年中学、正心小学、中河小学为首批区级绿色学校。

2009 年，开展绿色学校创建复查工作，指导全区 27 所市、区级绿色学校、幼儿园创建档案整理工作，全部通过了市环保局的复查。

至 2010 年底，东丽区共有国家级绿色学校 2 所，市级绿色学校 11 所，区级绿色学校 12 所，市级绿色幼儿园 2 所。

2009 年，区政府召开“东丽区提高环保审批效能培训会”

（二）环保系列教育

2002 年，区环保局与教育局、文化局联合组织全区学校、幼儿园，举办“东丽区青少年儿童共建美好家园”环保系列主题征文、书法、绘画活动。在 2083 篇（幅）作品中评选出 120 篇优秀作品，其中30篇获市级奖励，区环保局荣获市级优秀组织奖，获奖作品被收录在《未来家园畅想——新世界杯环保作品集》。

2005年，组织部分绿色学校参加全国青少年环境保护第二届大中小学“珍惜爱护水资源系列比赛活动”。区报送21件优秀作品入选国家环保总局总决赛。

2010年，区委宣传部、文广局、环保局、关工委、新闻中心联合主办“帝达杯”2010年中小学生环保读书系列活动。以“倡导低碳生活，共建生态文明”为主题，全区36所学校2万名中小学生以征文、绘画、环保制作、演讲等不同形式参加活动。共征集优秀征文358篇、环保制作191件、绘画作品200幅。

第四章 执法监察

区环保部门严格依照监察规范依法开展各项环境执法工作，通过完善“12369”环保热线，加大环境信访处理力度。通过各类专项检查、污染调查，对各类环境违法行为，严格依法查处，让群众满意。制定《东丽区环境突发事件应急预案》，全面加强公共环境突发事件应急体系建设，为社会发展和经济建设保驾护航。

第一节 环境信访

20世纪80—90年代，区内环境信访主要是噪声扰民和大气污染案件，主要是建筑业夜间施工噪声和餐饮业、加工业产生的噪声扰民问题。其次是化工企业产生的废气和异味；餐饮业油烟随意排放；储煤场、施工工地及部分企业造成的二次扬尘问题。针对餐饮业油烟污染、施工工地噪音扰民等问题，区环保局专门成立巡查组，加大对餐饮业、施工工地巡查力度和监督管理，有效降低了此问题的信访量。

2004年，逐步完善“12369”环保热线，区环保局加大环境信访处理力度，实行24小时环境监察制度，坚持每日3人值班、节假日执法人员巡查制度，对群众信访反映的环境污染问题，不分昼夜，立即赶赴现场，及时解决。开展“整治违法排污企业保障群众健康”环保专项行动，处理和解决群众关心的环境问题。2006—2010年，依法处理环保信访案件641起，处理率、结案率为100%；对违法行为严格依法处理，让群众满意。

2010年，区环保局按群众信访要求对储煤场、堆料厂、建筑工地扬尘及供热燃煤锅炉进行全面检查，控制扬尘及二氧化硫污染。对居民区周边容易产生噪声和异味的企事业单位进行专项检查和巡查，严格要求废品收购点和餐饮业单位采取有效防治措施，保证噪声和异味达标排放。全年受理群众信访案件165件，处理率、回复率、结案率均达100%。

第二节 专项检查

一、二级河道沿线企业排污检查

2003年，加强对区属二级河道的治理和监测，保证水质达到标准。进一步加大外环河景观河道东丽段水质整治力度，确保水质优于五类水体。加大重点地区废水治理工作及产业园区废水的治理，确保达标排放。加大滨海机场、民航学院及驯海路周边地区企事业单位生产和生活废水进行治理。对军粮城镇政府周围的市政排水网进行整治及修复，对部分工业废水进行治理，解决了该地区水污染，严重危害环境、危害人身健康以及严重污染地下水源的问题。2009年，区环保局针对直接或间接向袁家河排水的问题召开专题会议，对直接向袁家河排水的企业进行重点检查，下发《关于对向袁家河排水企业进行限期整改的通知》文件，要求企业在规定时间必须完成废水的治理问题。

二、堆场扬尘治理检查

2003年，建成区内生活垃圾和渣土临时堆存点，并采取了防尘、防异味措施。对国控点1.5千米半径范围内的垃圾和渣土进行彻底清理。对区内10吨以上锅炉的煤堆、灰堆和堆存面积300平方米以上的储煤场、沙石料储售场，采取密闭、封闭、挡风墙等防尘措施。对露天堆场采取苫盖、封闭等措施，防止扬尘对大气环境质量的影响。2006年，对全区“三堆”情况进行执法检查，严控扬尘污染。对于明庄、李明庄地区等7个大型“三堆”进行检查并下达限期整改通知书。对各储煤场和货场下发“严防扬尘污染”的通知。

三、建设项目审批手续检查

2007年，对钢铁、水泥、电石、炼焦、铁合金等行业建设项目违反《中华人民共和国环境影响评价法》《建设项目环境保护管理条例》《天津市建设项目环境保护管理办法》的违法建设、违法审批问题进行全面检查，核实行业环保手续现状。2010年，对建设项目进行专项检查。对涉及区内有关项目逐个进行检查。对有关单位下达限期补办通知书，并督促企业办理环保审批手续。

四、涉含重金属企业检查

2007年，对区涉铅的春达板栅厂进行检查，对照专项行动的要求逐条核对。对其正在新建的企业要求该单位在办理环保审批手续后才能开始建设。2009年，对区内涉砷等一类污染物排放重点企业进行专项执法检查。2010年，对涉含总汞、总镉、总铬、六价铬、总砷重金属等一类污染物企业进行3次专项检查。重点对企业环保审批手续、处理设施及运行记录、排水去向、废渣转移去向进行检查，并现场取水进行监测。通过检查，涉重金属污染物排放企业，处理设施运转正常，运行记录比较完整。

五、污染隐患企业检查

2004年开始，对化工等污染隐患企业进行大检查。了解企业生产工艺、查找存在环境隐患。指导23家化工企业、制药企业制定环境突发事件应急预案。2007年，配合区市容、综合执法队、安监局等部门清理整顿小炼油厂，对危险化工行业进行检查。2010年，对区重点行业风险源化学品专项检查。对104家企业分8次进行了培训，指导企业填表，并将所有信息核对录入微机，建立风险源档案。

六、　造纸企业清理检查

2007年，区环保局对不符合产业政策的小型造纸企业进行了依法整治或关停。依据环保有关规定，责令赤土造纸厂停止生产，并将造纸生产线设备全部拆除。

七、供热燃煤企业检查

每年供热期，区环保局开展对全区供热企业的执法检查，加大监督管理力度，召开全区供热企业负责人会议，提出具体管理要求。供热季，每月对全区集中供热站和企业锅炉运行情况、双除设施运行情况进行检查，发现问题及时解决，保证污染处理设施正常运转，特别是国控点周围的3家供热站，加大检查频次。全区供热锅炉实施分片管理，实行片长管理实名制。

八、“十五小”检查

2004年，对“十小”“新五小”企业逾期未淘汰的一律依法取缔、关闭，采取停止供电、供水措施，对有关设备就地销毁，严禁向其他地区转移。2009年，对区内天津钢铁集团有限公司和天津钢管制铁有限公司的工艺、环保设施运行现状进行检查。2010年，对区内产能过剩行业，主要是钢铁行业的有关企业进行检查。

九、工业园区检查

2007年，区环保局对东丽经济开发区、军粮城工业园进行全面执法检查。召开专题会议、对区内企业逐个检查，摸清企业环评、环保审批、验收、申报登记、排污收费等情况。2010年，对区内各类开发园区企业进行检查，对工业园企业调查建档。

十、医疗机构检查

2010年，开展对全区医疗机构专项检查。重点对医疗机构的环保手续办理情况、污水处理设施运行、管理情况、医疗废物收集及贮藏、运输情况等进行全面的检查，并建立信息档案。

第三节　污染调查

一、乡镇工业污染源调查

1990年，区进行乡镇工业污染源调查。1989年底，全区乡镇企业1141个，其中乡镇工业企业920个，产值9.8亿元，是乡镇企业的主体。有机械、化工、鞋帽、服装、建材等25个行业，300多种产品，出口产品达40种，经济效益居市郊前列。

1989年，区乡镇工业排放重点污染物2951.33吨。其中烟尘1548.78吨，二氧化硫936.45吨，工业粉尘383.86吨，一氧化碳82.24吨。排放工业废水138.23万吨，处理达标量为21.95万吨，排放达标率为54.98%。产生固体废弃物11457吨。其中综合利用3535吨，处理处置6799吨，排放1123吨。

通过调查，对全区乡镇工业污染源的综合评价，掌握乡镇工业污染源数量及分布情况，确定主要污染物及主要污染源、污染区域，提出乡镇工业环境保护对象及发展计划。

二、工业污染源调查

1991年，区开展第一次工业污染源调查。1990年底，全区有污染的企业共331个，其中，市属企业98个，区属和乡镇企业233个。98家市属企业分属28个市局级系统。由于部分企业处于停产或半停产状态，三废排放量比往年有所减少。全区工业废水年排放总量1647万吨，其中市属企业排放1563万吨，占总排放量的95%；乡镇企业排放84万吨，占总排放量的5%。燃煤污染产生烟尘69406吨，二氧化硫49723吨，一氧化碳1856吨，氮氧化物25119吨。工艺废气52508万标准立方米，其中，经过处理的年排放量为47570万标立方米，处理率为90.6%。

通过污染源调查，摸清污染状况及污染物排放种类、数量、重点污染源及存在问题，为加强环境管理，搞好环境规划提供依据。

三、第一次全国污染源普查

2008年，东丽区重点企业污染源普查培训会

2007年11月，区组织召开污染源普查领导小组会议，部署启动普查工作，制定普查方案，编制和完善技术规范，确定普查工作试点，开展普查宣传及培训等。

2008年，开展全区污染源普查工作。普查内容：查清污染源的数量，污染物的产生，削减、排放规律和状况，污染治理状况，污染治理设施能力及技术水平，全部污染物的排放总量及分类；掌握污染源区域及行业分布情况；查清主要污染行业的排污情况及达标排放情况；掌握污染源的环境管理状况、开展清洁生产、发展循环经济及建设项目审批验收情况；分析全市污染源现状及发展变化趋势，产生污染的主要原因及防治对策；建立污染源档案及数据库，建立新的环境统计平台；健全各级环境统计、监测、监督和执法体系。普查对象为辖区内所有排放污染物的工业源、农业源、生活源和集中式污染治理设施。普查标准时间为 2007 年 12 月 31 日。

2008年开始，完成普查指导员和普查员的培训、污染源清查、普查表格的审核及录入等工作。累计培训 550 余人次，共填报、审核、录入普查对象 3407 个，其中工业污染源 1906 个（重点企业 545 个、一般企业 1361 个）、生活源 608 个、农业源 892 个、集中式处理设施 1 个。全区工业污染物排放情况：废水排放量 1582 万吨，其中 COD 排放量 3230 吨、氨氮排放量 132 吨、石油类排放量 26 吨，BOD 排放量 670 吨。全区烟尘排放量 6053 吨，SO_2排放量 36105 吨，氮氧化物排放量 20989 吨、工业粉尘排放量 4769 吨。2009 年完成《东丽区全国污染源普查技术分析报告》，对全区各种污染物排放情况进行全面分析。通过污染源普查，汇总全区各类污染源的污染物排放情况等资料，为环境管理和环境监察工作提供依据。

第四节 监察执法

一、监察队伍

2003 年，区环境监察支队成立，全面负责全区环保执法工作。全体执法人员统一参加市环保局及区法制办组织的执法培训及考试，取得执法资格证书，所有执法人员统一持证上岗，依法行政。

2008 年，区监察支队在市局和区政府的共同支持下，完成了监察支队标准化建设的各项工作，达到国家规定的环境监察标准化建设二级标准，并通过市局验收。通过标准化建设，监察支队在人员结构、仪器设备、应急能力、工作制度、执法文书及档案管理等方面不断提高，支队执法能力不断增强。

二、依法行政

（一）查处违法案件 20 世纪 90 年代，区环保局监管科负责环境执法工作。2004 年，区环境监察支队全面推行依法行政，制定《环境监察规范》，明确规定了各项环境执法工作的执法要求、执法程序和工作纪律，严格依照监察规范依法开展各项环境执法工作。对于各类环境违法行为，严格依法查处。对于重点环境违法案件，依法召开案审会，民主决策，依法处罚。2006—2010 年，对群众的来信、来访及时处理、及时回复、及时回访反映人，并对违法行为严格依法处理。

（二）建立违法案件档案 2007 开始，环境违法案件终结后的督察工作全面展开，执法人员对违法案件持续跟踪、检查，建立违法案件档案。

三、突发环境事件应急处置

2006 年，区环保局成立环境污染事件处置应急领导小组和 4 个专业工作组，组织编制《东丽区环境突发事件应急预案》，指导全区 50 家重点企业编制环境应急预案。依据工作原则，统一领导，分级响应，及时处置。与重点单位保持应急通信渠道的畅通，协调其做好应急准备及有效处置。投资 100 万元，购置环境应急监测应急设备、防护装备。为提高工作效率，区环保局在节假日安排执法人员应急值守。全面加强公共环境突发事件应急体系建设，突发环境事件实施预警和应急处理救援能力大大提升。

第五章　生态区建设

在区域经济发展进程中，由于多种复杂的因素，企业的各类排放物污染了城镇和乡村，且日益严重。区为有效地防治污染，制定《东丽区生态区建设规划》，全面推进蓝天、碧水、安静、生态、污染防治、细胞工程六大工程。经阶段性的实施，东丽区生态区建设成果显著。

第一节　创建环保模范城区

一、蓝天工程

2002—2005年，区建成国控点1.5千米范围之内、滨海机场2个基本无燃煤区。巩固张贵庄中心区、东丽开发区、钢管公司及生活区3个基本无燃煤区的创建成果。共改燃和拆除锅炉665台，并网小锅炉房8座，并网面积16.47万平方米，加大扬尘污染控制力度。对全区内的“三堆”进行防尘治理。加强建筑工地的管理，督促施工单位采取措施，严格控制施工扬尘。加强对运输洒漏等违章行为治理，有效控制道路扬尘污染。严格控制机动车尾气污染，对排放超标车辆进行不解体洗缸、调试等措施，共验机动车6254部，对排放不合格车辆不解体洗缸1623部；纠正尾气超标车辆5943部，控制尾气污染。

二、碧水工程

工业企业开展节水工作，区内万元产值取水量从 100 立方米，递减至 24.5 立方米，实现年节水 73.9 万立方米。加大对河道治理力度，对外环河东丽段 18.4 千米的河坡实施了双侧护砌，并进行了绿化。加强对二级河道的治理力度，共拆除违章建筑 500 多处，清理河道两侧垃圾 4 万吨。加强对企业排水管理和监督检查，2002—2005 年，共进行监督检查 1500 厂次，处罚 78 厂次，整改违法排污行为 185 次。企业污水处理不断提升，企业废水达标率在 95%以上。

三、安静工程

2002—2005年，创建噪声达标区和安静居住小区，完成滨海国际机场和程林街道噪声达标区创建工作；在詹安里、钢管公司生活区、景欣苑创建3个安静居住小区。

四、生态工程

开展生态工程创建，军粮城镇大安村和华明镇胡张庄村被命名为市级生态村。东丽湖地区生态环境不断改善，东丽湖周围林带已具规模，栽植树木已达30余万株，湖坡及堤岸的绿化面积已达47.5%。

五、污染防治

区内国控、市控、区控重点污染源企业基本做到工业废水、工业废气达标排放，工业污染得到基本控制。工业固体废物基本达到有效利用，综合利用率达95%以上，全区9所医疗防病机构医疗废物全部进行无害化处理，医疗废物集中处置率达100%。

六、细胞工程

2002年以来，创建张贵庄街道、东丽开发区、钢管公司及生活区、滨海机场4个环保模范社区；创建2所国家级绿色学校、1所市级绿色幼儿园、5所市级绿色学校、10所区级绿色学校及16家环保先进企业。

第二节　创建生态区

2007年9月，东丽区启动生态区创建工作，成立以区长为组长，有环保、交管、市容、运管等34个职能部门为成员的生态区创建领导小组，下设办公室。是年12月，区人大审议通过《东丽区生态区建设规划》，区生态区建设开始进入实施阶段。制定2010年指标体系，包含经济发展、生态环境保护、社会进步3大类共29项指标。

2008年，区环保局制定《东丽区生态区建设成员单位三年行动计划及实施方案》《东丽区生态区建设三年行动计划指标任务分解表》《东丽区生态区建设宣传方案》《东丽区生态区建设基本条件任务分解表》。组织召开生态区建设推动会，建立年度专项档案，制

2010年3月，东丽区生态区建设推动会现场

定《东丽区区域污水治理方案》《东丽区区域污水治理的框架意见》。生态区建设规划中29项指标，已有22项指标达到生态区建设标准。生态区建设规划重点工程项目库共包含6类31个项目，总投资133.22亿元。至2008年底，完成项目13个，在建项目11个。

2009年，区环保局推动生态区重点指标落实。“六五”世界环境日，开展以生态区创建、迎接创模复检、节能减排为主要内容的宣传活动。将各项创建指标任务、重点工程分解落实到成员单位。组织23家生态区创建成员单位与区政府签订《东丽区生态区建设行动计划目标责任书》。

2010年，东丽区生态区建设推动大会召开，安排部署2010年重点工作任务。推进生态区建设三年行动计划。巩固北塘排污河专项治理成果，开展污水综合治理执法检查，严查污染物和色度超标排放。协调推进启动张贵庄污水处理厂建设，推进华明示范镇和各产业园区污水处理设施及管网工程建设，改善全区水环境质量。开展大气污染防治工作，改善环境空气质量。加大对施工工地、砂石物料堆场、废品收购点等重点扬尘污染源的执法检查力度，控制扬尘污染。对全区供热单位开展专项执法检查，有效控制二氧化硫超标排放。坚持扬尘控制工作例会制度及部门联动机制，及时分析查找问题，采取有效措施改善空气质量。是年，二级良好天数286天，达标率78.45%。开展农村生态环境综合整治工程，推动城乡环境一体化治理进程。进一步落实“以奖促治”政策，有效利用环保专项资金加快推进农村污水、垃圾等环境基础设施建设步伐，因地制宜推进农村污水、垃圾污染治理，建设万新街道12个村队垃圾处理站。

第三节　建设成果

一、国家级生态乡镇建设

2008年，华明街道开始“国家级生态乡镇”创建工作，编制完成《华明街环境规划》，通过专家论证并经区政府批复实施。

2009年，区申请中央农村环境综合整治专项资金126万元，建设万新街垃圾中转站项目，解决农村垃圾污染问题，改善农村环境质量。

2010年，区境内完成天津钢管公司、东丽区供热办、滨海国际机场等27台非电力锅炉及军粮城电厂、津源热电有限公司6台发电机组的脱硫改造工程。加大对施工工地、砂石物料堆场、废品收购点等重点扬尘污染源的执法检查力度，控制扬尘污染。对全区供热单位开展专项执法检查，有效控制二氧化硫超标排放。坚持扬尘控制工作例会制度及部门联动机制，及时分析查找问题，采取有效措施改善空气质量。完善对重点排水企业的执法监控，督促企业实施污水深度治理，完成天津天铁炼焦化工有限公司、中国民航大学等10余家废水处理设施改造工程。在全区实施大规模水环境专项治理，河道水质有所改善。严格实行危险废物转移申请审核、审批制度，定期开展危险化学品从业单位环境安全隐患现场检查工作。全区重点排污单位的工业固体废弃物综合利用率达100%。

二、文明生态村建设

区强化农村环境保护工作，实施农村环境综合整治工程，建立农村环境综合整治长效机制，深入开展农业生产环境污染治理，加大畜禽规模养殖场综合整治力度，完成“养殖场粪污处理生态转化示范园区建设”项目，累计建成文明生态村16个。进一步落实“以奖促治”政策。有24项指标达到国家生态区建设标准。

三、污水深度治理

完善对重点排水企业的执法监控，督促企业实施污水深度治理，完成天津天铁炼焦化工有限公司、中国民航大学等10余家废水处理设施改造工程。在全区实施大规模水环境专项治理，河道水质有所改善。完成华明工业园、东丽湖2座污水处理厂建设，启动张贵庄污水处理厂建设。

四、空气质量改善

2010年，东丽区境内已完成了天津钢管公司、东丽区供热办、滨海国际机场等27台非电力锅炉、军粮城电厂、津源热电有限公司6台发电机组脱硫改造工程。加大对施工工地、砂石物料堆场、废品收购点等重点扬尘污染源的执法检查力度，控制扬尘污染。对全区供热单位开展专项执法检查，有效控制二氧化硫超标排放。坚持扬尘控制工作例会制度及部门联动机制，及时分析查找问题，采取有效措施改善空气质量。加强大气污染联防联控，加强对建设工地、运输撒漏和重点扬尘污染源的检查治理，有效防治了扬尘污染。区环境空气质量有了明显改善，二级达标天数逐年上升，环境空气质量二级及以上良好天数由2003年的222天增加到2010年的286天。

第四编

人　口

改革开放后，随着经济建设的快速发展，外来人口呈日益增多且流动性强趋势，人口规模、结构及素质等发生了变化。经2010年全国第六次人口普查，全区人口总量比1982年第三次人口普查增长1.1倍，人口密度每平方千米增加1.24倍。年龄结构0～14岁少儿人口比重由28.98%降至11.14%；65岁以上的老年人口比重由4.04%增至6.53%，逐渐步入老年型社会。民族结构人口由1982的9个民族增至2010年49个民族组成。文化结构，2010年与1982年相比，大学以上文化程度占全区总人口的比重由0.81%上升至12.07%；高中文化程度由6.43%上升至15.32%；初中文化程度由29.29%升至45.31%，全区文化素质有很大提升。

1971年恢复计划生育工作后，加强行政管理依法行政，服务项目逐步完善。使群众从思想上逐渐认识少生、优生的优越性。1981—1985年，计划生育率平均89.8%，全区人口增长得到有效控制。1986—1990年，全区计划生育率达97.53%。1991—1995年，全区计划生育工作步入稳定发展时期。1996—2000年，全区人口发展速度呈明显下降趋势，人口出生率为9.25‰，人口自然增长率为2.61‰。2001—2005年，全区人口发展速度继续下降，人口出生率为8.57‰，自然增长率为2.55‰。2006—2010年，由于区内第一批独生子女进入婚育期，人口出生率缓增为10.80‰，自然增长率为4.91‰，仍处于稳定发展时期。2010年底，全区常住人口570050人，其中，户籍人口346923人。

1994年，东丽区计生工作“宣传高潮日”活动

2010年，区计生委与民政局联合开展免费婚检工作

2010年，区计生委举办独生子女特困生救助启动仪式

第一章　人口规模与分布

1979—1982 年，全区人口户均规模大于 4 人，非农业人口所占比例为 22%。1998 年，全区户籍人口总数突破 30 万人，户均人口规模降至 3 人以下。2008 年，全区非农业人口所占比例升至 40%。至 2010 年，区内农业人口主要居住在新立、华明、金钟、军粮城、无瑕、万新街道，占农业人口总数的 89.3%。张贵庄、丰年村、新立街道及经济开发区人口密度最大，每平方千米达 3096 人。

第一节　人口总量

1979 年，全区总户数 59084 户，常住总人口 263087 人。1982 年，第三次人口普查全区有常住人口 65495 户，人口 271054 人。总人口同 1964 年第二次人口普查 189408 人相比，18 年人口增加 81646 人，增长 43.11%，平均每年增加 4536 人，年均增加 252 人。

1990 年，第四次人口普查，全区有常住人口 85713 户 296013 人，总人口同第三次人口普查相比，8 年人口增加 24959 人，增长 9.21%。平均每年增加 3120 人。

2000 年，第五次人口普查，全区有常住人口 145246 户 451256 人。总人口同第四次人口普查相比，10 年人口增加 155243 人（主要是外来人口与寄宿人口的增加）增长 52.44%，平均每年增加 15524 人。

2010 年，第六次人口普查，全区有常住人口 196365 户 570050 人，总人口同第五次人口普查相比，10 年人口增加 118794 人，增长 26.33%，平均每年增加 11879 人。全区常住人口比 1982 年第三次人口普查增加 298996 人，增长 1.1 倍。

1979—2010 年东丽区户籍总户数、总人口及平均户规模情况统计表

表 4-1　　单位：户、人

年份	总户数	总人口			其中			
		合计	男	女	非农业	农业	非农业人口占（%）	户规模（人/户）
1979	59084	263087	131126	131961	51298	211789	19.50	4.45
1980	59565	262030	130819	131211	53378	208657	20.37	4.39
1981	63025	266785	133679	133106	56676	210109	21.24	4.23
1982	67523	272721	136817	135904	59417	213304	21.79	4.03
1983	70055	275409	138143	137266	63737	211672	23.14	3.93
1984	72010	278344	139725	138619	66631	211713	23.94	3.86
1985	71620	271392	136376	135016	61086	210306	22.51	3.78

续表 4-1

年份	总户数	总人口			其中			
		合计	男	女	非农业	农业	非农业人口占（%）	户规模（人/户）
1986	73442	273070	137354	135716	61523	211547	22.5	3.71
1987	75847	275434	138678	137056	62720	212974	22.79	3.63
1988	78219	279291	140818	138443	68399	210892	24.49	3.57
1989	81672	282750	142405	14035	74778	207972	26.45	3.46
1990	85202	286070	144088	141982	80602	205468	28.18	3.35
1991	87983	288820	145562	143258	83494	205326	28.91	3.28
1992	90465	292542	147479	145063	86988	205554	29.74	3.23
1993	91941	294411	148492	145919	89122	205289	30.27	3.20
1994	92910	295736	149157	146579	92454	204282	30.92	3.18
1995	93703	297106	149890	147216	92033	205073	30.98	3.17
1996	94919	298545	150596	147949	93301	205244	31.22	3.14
1997	98948	298933	150861	148072	96855	202078	32.40	3.02
1998	100932	302572	153199	149373	102039	200533	33.72	2.99
1999	101425	302532	153024	149508	104937	197595	34.69	2.98
2000	102104	304070	153761	150309	107584	196486	35.38	2.97
2001	102620	305917	154533	151384	109554	196363	35.81	2.98
2002	103784	308278	155880	152398	111822	196456	36.27	2.97
2003	107923	312483	157457	155026	113742	198741	36.4	2.89
2004	121679	313170	157395	155775	113944	199226	36.38	2.57
2005	124473	318209	159963	158246	120652	197557	37.92	2.55
2006	128287	323530	162247	161283	125062	198468	38.66	2.52
2007	130513	330921	165655	165266	131017	199904	39.59	2.53
2008	132540	336345	168384	167961	135311	201034	40.23	2.53
2009	133442	341940	171237	170703	139705	202235	40.86	2.56
2010	134095	346923	174078	172845	144383	202540	41.62	2.58

第二节　人口分布密度

一、分布

1982年后，区经济发展迅速，张贵庄、丰年村、万新街道的建立，东丽经济开发区的兴起，乡镇企业的发展，三资企业的增多，经商务工的外来人口大量涌入，使区人口呈现上升趋势，其中张贵庄地区是全区人口增长较快的地区。2000年，第五次人口普查全区常住人口451256人，其中张贵庄街道48033人，丰年村街道29931人，程林街道80817人，无瑕街道35564人，新立街道78431人，军粮城镇51646人，华明镇47512人，大毕庄镇61856人，么六桥回族乡14297人，东郊农场1134人，军粮城农场2035人。

2010年，第六次人口普查数据，全区常住人口570050人，各街乡及其他地区人口为：张贵庄街道45931人，占全区总人口8.06%；丰年村街道19075人，占3.35%；万新街道98673人，占17.31%；无瑕街道54126人，占9.49%；新立街道136357人，占23.92%；华明街道64138人，占11.25%；金钟街道73732人，占12.93%；军粮城街道52112人，占9.14%；么六桥回族乡14252人，占2.50%，东丽开发区5142人，占0.90%；东丽湖3650人，占0.64%；航空新城2862人，占0.50%。

二、密度

1982年，第三次人口普查为每平方千米532人，同1964年第三次人口普查371人相比，人口密度增加161人。1990年，第四次人口普查为581人。2000年，第五次人口普查为945人。2010年，第六次人口普查为1194人，同1982年人口普查532人相比，人口密度每平方千米增加662人，增长1.24倍。

区境域内人口分布不均匀，以第六次人口普查数据为例，张贵庄街道是区新兴的中心城区和主要领导机关所在地，是全区的政治文化金融中心，土地面积2.88平方千米，仅占全区面积的0.60%，而常住人口占到8.06%，达到45931人，人口密度每平方千米15948人，是全区人口密度最大的街道。按部位划分张贵庄地区位于区西南部（包括张贵庄街道、新立街道、丰年村街道、东丽经济开发区）土地面积66.71平方千米，占到14.03%，达到206505人，人口密度每平方千米3596人。华明街道地广人稀，常住人口为64138人，人口密度每平方千米372人，是区人口密度最小的街道。

第二章　人口变动

20世纪70年代末至80年代中期，区内外来人口较少，人口自然增长率较高，为8‰～13‰。80年代后期，外来人口迅速增加。2000年，区内寄宿人口和常住总人口已占全区总人口的36.58%。2010年，区内寄宿和常住人口比2000年增加134264人，全区常住人口570050人，其中户籍人口346923人。

第一节 自然变动

1982 年第三次人口普查，全区总户数 65495 户，总人口 271054 人，比 1964 年第二次人口普查 189408 人增加 81646 人，增加 43.11%，年平均增长率为 2.40%。

1990 年第四次人口普查，全区总户数 85713 户，总人口 296013 人。比 1982 年第三次人口普查 271054 人增加 24959 人，增加 9.21%，年平均增长率为 1.15%

2000 年第五次人口普查，全区总户数 145246 户，总人口 451256 人，比 1990 年第四次人口普查 296013 人增 155243 人，增加 52.44%，年平均增长率为 5.24%

2010 年第六次人口普查，全区总户数 196365 户，总人口 570050 人，比 2000 年第五次人口普查 451256 人增 118794 人，增加 26.33%，年平均增长率为 2.63%。

第六次人口普查统计，全区出生人口 3996 人，死亡人口 1987 人。出生率 7‰，死亡率 3.49‰，人口自然增长率 3.51‰。第六次人口普查与第五次人口普查相比出生率下降 1.55 千分点，死亡率下降 1.04 个千分点，自然增长率下降 0.51 个千分点。

1979—2010 年东丽区户籍人口自然变动情况统计表

表 4-2

年份	人口总数（人）	人口出生		人口死亡		自然增长率（‰）
		出生（人）	出生率（‰）	死亡（人）	死亡率（‰）	
1979	263087	4596	17.47	1368	5.20	12.30
1980	262030	3511	13.40	1394	5.32	8.08
1981	266785	4870	18.25	1475	5.53	12.72
1982	272721	5730	21.01	1501	5.50	15.51
1983	275409	4757	17.27	1233	4.48	12.79
1984	278344	3921	14.09	1185	4.36	9.83
1985	271392	3913	14.42	1348	4.97	9.45
1986	273070	4646	17.01	1289	4.72	12.29
1987	275434	5016	18.21	1080	3.92	14.29
1988	279291	4584	16.41	1263	4.52	11.89
1989	282750	4352	15.39	1334	4.72	10.67
1990	286070	4190	14.15	2395	8.37	6.28
1991	288820	3141	10.88	1169	4.48	6.40
1992	292542	3685	12.60	1228	4.20	8.40

续表 4-2

年 份	人口总数（人）	人 口 出 生		人 口 死 亡		自然增长率（‰）
		出生（人）	出生率（‰）	死亡（人）	死亡率（‰）	
1993	294411	3563	12.10	1723	5.85	6.25
1994	295736	3560	12.04	1664	5.63	6.41
1995	297106	3303	11.12	1631	5.49	5.63
1996	298545	3108	10.41	1712	5.73	4.68
1997	298933	3938	9.83	2620	8.76	1.07
1998	302572	2706	8.94	1882	6.22	2.72
1999	302532	2647	8.75	1898	6.27	2.48
2000	304070	2532	8.33	1885	6.20	2.14
2001	305917	2549	8.33	1899	6.21	2.12
2002	308278	2476	8.03	1958	6.35	1.68
2003	312483	1726	5.52	1885	6.03	-0.51
2004	313170	2914	9.30	1806	5.77	3.53
2005	318209	3683	11.57	1829	5.75	5.82
2006	323530	3471	10.73	1733	5.36	5.37
2007	330921	3472	10.49	1966	5.94	4.55
2008	336345	3645	10.84	1998	5.94	4.90
2009	341940	3955	11.57	2018	5.90	5.67
2010	346923	3593	10.36	2186	6.30	4.06

第二节 机械变动

东丽区进入改革开放和现代化建设新阶段后，充分发挥区位优势，加快改革开放步伐和津滨辅城建设，推动全区经济社会的快速发展，大批外省市地区人口流入区内参与建设。

2000 年，第五次人口普查时，区境总人口 451256 人，居住在区而户口登记地在天津市区其他乡镇街道及外省市地区人口 165077 人，占普查登记人口的 36.58%。其中在天津市管辖地区的 83287 人，占普查登记人口的 18.46%；在外省市地区人口 81790 人，占普查登记人口的 18.12%。户口登记地在外省市地区的涉及 30 个，其中来自山东省 17152 人，河北省 12351 人，河南省 9674 人，安徽省 9459 人，黑龙江省 5100 人，四川省 5092 人，福建省 3244 人，浙江省 3099 人，吉林省 3006

人，来自其他20个省市地区13613人。

2010年，第六次人口普查时，居住在区境而户口登记地在外乡镇街道的人口299341人（男性174101人，女性125240人），占全区普查登记人口570050人的52.51%。与2000年第五次人口普查时165077人相比，人数增加134264人。以街道及地区划分，新立街道63118人，金钟街道40746人，无瑕街道30133人，华明街道23168人，万新街道75844人，军粮城街道12865人，张贵庄街道25614人，丰年村街道12328人，么六桥回族乡5765人，东丽开发区5100人，东丽湖3323人，航空新城1337人。户口登记地在外省市地区的涉及29个，其中，来自山东省32866人，河北省31784人，河南省29430人，安徽省13152人，黑龙江省14438人，四川省8026人，福建省4551人，山西省7060人，辽宁省4905人，吉林省6678人，湖北省9407人，内蒙古自治区3599人，江苏省3151人，其他16个省市地区18750人。

第三章　人口构成

1979年，全区户籍人口性别比为99.37，2010年为100.71，男性上升1.34。进入21世纪，年龄结构逐步转为老年型。1982年，第三次人口普查全区由9个民族构成，少数民族占总人口1.99‰；2010年，第六次人口普查全区由49个民族构成，少数民族占总人口2.56%。经第三次至第六次人口普查，已婚率、离婚率均呈现上升状态；家庭结构户均人口规模从5.16人走向以夫妇加子女的二代家庭户为主体的家庭格局。20世纪80年代，区内居民文化程度不断提高，2010年每一万人口中大专及以上文化程度有1207人，高中有1531人。

第一节　性别　年龄

一、性别构成

1982年，第三次人口普查，全区人口为271054人，其中男性135858人，占普查总人口的50.12%。女性135196人，占普查总人口的49.88%。性别比为100.49：100（女=100）。

1990年，第四次人口普查，全区人口为296013人，其中男性150301人，占普查总人口50.78%，女性145712人，占普查总人口49.22%；性别比为103.15：100。

2000年，第五次人口普查，全区人口为451256人。其中男性232954人，占普查总人口51.62%，女性218302人，占普查总人口48.38%，性别比为106.71：100。

2010年，第六次人口普查全区人口为570050人，其中男性313393人，占普查总人口54.98%，女性256657人，占普查总人口45.02%，性别比为122.11：100。

2010年，全区户籍人口中，男性174098人，女性172845人，性别比为100.71：100。其中学龄前儿童性别比为107.20：100， 7～17岁少年组为106.84：100，18～35岁青年组为108.72：100， 36～60岁中壮年组为98.66：100，61岁以上老年组为86.19：100。

2010 年东丽区街道乡及地区常住人口数、户数、性别情况统计表

表 4-3 单位：户、人

街道乡 地区	户数			人口数			
	合计	家庭户	集体户	合计	男	女	性别比（女=100）
张贵庄街道	17346	17141	205	45931	23590	23341	96.78
丰年村街道	6911	6621	290	19075	9951	9124	109.06
万新街道	37837	37117	720	98673	51485	47188	109.11
无瑕街道	16104	12411	3693	54126	35185	18941	185.76
新立街道	43564	37959	5605	136357	76797	59560	128.94
华明街道	22374	20741	1633	64138	34479	29659	116.25
金钟街道	27533	25605	1928	73732	40657	33075	122.92
军粮城街道	16910	16438	472	52112	27690	24422	113.38
幺六桥回族乡	4696	4278	418	14252	7432	6820	108.97
东丽开发区	1210	44	1166	5142	3077	2065	149.01
东丽湖	876	706	170	3650	2439	1211	201.40
航空新城	1004	915	89	2862	1611	1251	128.78

二、年龄构成

1982 年，第三次人口普查全区人口 271054 人，0～14 岁人口 78538 人，占 28.98%；15～64 岁人口 181576 人，占 66.98%；65 岁以上人口 10960 人，占 4.04%。其中 80 岁以上人口 1027 人，占 0.38%，年龄最大的 97 岁，1 人。

1990 年，第四次人口普查全区人口 296013 人，0～14 岁人口 66647 人，占 22.51%；15～64 岁人口 215106 人，占 72.67%；65 岁以上人口 14260 人，占 4.82%。其中，80 岁以上人口 1676 人，占 0.57%，年龄最大的 99 岁。

2000 年，第五次人口普查，全区人口 451256 人，0～14 岁人口 73675 人，占 16.33%；15～64 岁人口 351510 人，占 77.89%；65 岁以上人口 26071 人，占 5.78%，其中 80 岁以上人口 2976 人，占 0.66%；100 岁及以上 2 人。

2010 年，第六次人口普查全区人口 570050 人，0～14 岁 63490 人，占 11.14%；15～64 岁人口 469335 人，占 82.33%；65 岁以上人口 37207 人，占 5.53%；其中 80 岁以上人口 5602 人，占 0.98%；年龄最大 100 岁及以上 3 人。同 2000 年第五次人口普查相比，0～14 岁人口比重下降 5.19 个百分点，15～64 岁人口比重上升 4.44 个百分点，65 岁以上人口比重上升 0.75 个百分点，80 岁以上人

口比重上升 0.32 个百分点。区 65 岁及以上人口与 0-14 岁人口比为 58.60%，近成为老年型人口。

2010 年，全区户籍人口中 0～6 岁 22380 人，占总人口 346923 人 6.45%；7～17 岁 32412 人，占 9.34%；18～35 岁 95813 人，占 27.62%；36～60 岁 147403 人，占 42.49%；61 岁以上 48915 人，占 14.10%。近成为老年型人口。

东丽区 3～6 次全国人口普查常住人口年龄构成统计表

表 4-4 单位：人、%

人口普查（次数）	人口岁数				占人口比重			
	合计	0～14 岁	15～64 岁	65 岁以上	合计	0～14 岁	15～64 岁	65 岁以上
第三次	271054	78538	181556	10960	100	28.98	66.98	4.04
第四次	296013	66647	215106	14260	100	22.51	72.67	4.82
第五次	451256	73675	351510	26071	100	16.33	77.89	5.78
第六次	570050	63490	469353	37207	100	11.14	82.33	6.53

第二节 民族构成

1982 年，第三次人口普查，全区常住人口 271054 人，由 9 个民族组成（汉族、蒙古族、回族、壮族、朝鲜族、满族、土家族、白族、达翰尔族），其中汉族 265657 人，占总人口的 98.01%；少数民族合计 5396 人，外国人加入中国籍 1 人，占总人口的 21.99%。同 1964 年第二次人口普查相比，增加土家族和达翰族，减少瑶族和傣族。少数民族中回族 5180 人，占少数民族的 95%，为区内人口最多的少数民族。

1990 年，第四次人口普查，全区常住人口 296013 人，全区民族增至 16 个（汉族、回族、朝鲜族、满族、蒙古族、维吾尔族、壮族、白族、藏族、苗族、侗族、黎族、畲族、纳西族、土家族、锡伯族）。其中汉族 289931 人，占总人口的 97.95%；少数民族 6082 人，占总人口的 2.05%；少数民族中回族 5610 人，占少数民族总数的 92.24%。

2000 年，第五次人口普查，全区常住人口 451256 人，由 29 个民族组成。其中汉族 439221 人，占总人口的 97.33%；少数民族 12035 人，占总人口的 2.67%；少数民族中蒙古族 436 人，回族 7156 人，藏族 30 人，维吾尔族 39 人，苗族 66 人，彝族 37 人，壮族 59 人，布依族 12 人，朝鲜族 2457 人，满族 1322 人，侗族 12 人，瑶族 2 人，白族 24 人，土家族 301 人，黎族 3 人，傈僳族 2 人，畲族 6 人，水族 1 人，纳西族 2 人，柯尔克孜族 3 人，土族 18 人，达尔族 11 人，仫老族 2 人，羌族 2 人，毛南族 1 人，仡佬族 4 人，锡伯族 20 人，俄罗斯族 5 人，其他未识别的民族 2 人。回族占少数民族的 59.50%；朝鲜族占少数民族的 20.42%；满族占少数民族的 10.98%。

2010 年，第六次人口普查，全区常住人口 570050 人，由 49 个民族组成，比 2000 年第五次人口普查增加 20 个民族。其中，汉族 555471 人，占总人口的 97.44%，少数民族 14579 人，占总人口的2.56%；少数民族人口比重比2000年减少0.11个百分点。少数民族人口中，回族人口7319人，是区境内人口最多的少数民族。占全区少数民族人口的50.20%；主要分布在么六桥回族乡、新立街道，占全区回族人口的63.87%；满族2382人，占全区少数民族人口的16.34%（下同），朝鲜族2359人，占16.18%；蒙古族958人，占6.57%；土家族367人，占2.52%；壮族164人，占1.12%；苗族150人，占1.03%；藏族65人，维吾尔族55人，彝族86人，布依族41人，侗族110人，瑶族21人，白族122人，哈尼族12人，哈萨克族29人，傣族3人，黎族43人，傈僳族4人，佤族28人，畲族30人，高山族1人，拉祜族2人，水族30人，东乡族7人，纳西族7人，景颇族2人，阿尔克孜族3人，土族16人，达翰尔族29人，仫佬族3人，羌族8人，布朗族2人，撒拉族4人，毛南族4人，仡佬族19人，锡伯族37人，普米族9人，怒族7人，俄罗斯族3人，鄂温克族10人，裕固族4人，京族6人，塔塔尔族1人，赫哲族3人，门巴族3人，基诺族1人，其他未识别的民族10人。

2010年全区户籍人口中，由37个民族组成，其中少数民族9290人，占总人口2.68%。

第三节 职 业

一、行业分布

1982年，第三次人口普查，全区在业人口151894人，其中农、牧、林、渔业76970人，电力、煤气、自来水的生产和供应业325人，制造业48934人，建筑业5151人，交通、运输、邮电、通信业4202人，商业、饮食业、物资供销及仓储业6436人，住宅管理、公共事业管理和居民服务业574人，卫生、体育和社会福利事业1145人，教育、文化艺术事业4335人，科学研究和综合技术服务事业836人，金融保险业329人，国家机关、政党和群众团体2550人，其他行业107人。

1990年，第四次人口普查，全区在业人口177077人，其中农、林、牧、渔、水利业72892人，工业61809人，建筑业5364人，交通运输、邮电通信业9868人，商业、公共饮食业、物资供销和仓储业13882人，房地产管理、公共事业、居民服务和咨询服务业1976人，卫生、体育和社会福利事业1276人，教育、文化艺术和广播电视事业4604人，科学研究和综合技术服务事业177人，金融保险业582人，国家机关、政党机关和社会团体4636人，其他行业11人。

2000年，第五次人口普查，全区在业人口20113人，其中农、林、牧、渔业2619人，制造业8394人，电力、燃气及水的生产和供应业232人，建筑业956人，交通运输、仓储及邮电通信业2113人，批发和零售贸易、餐饮业2689人，金融保险业189人，房地产业92人，社会服务业930人，卫生、体育和社会福利业270人，教育、文化艺术及广播电影电视业688人，科学研究和综合技术服务业49人，国家机关、党政机关和社会团体814人，其他行业78人。

2010年，第六次人口普查，全区在业人口25433人，其中农、林、牧、渔业1084人，占4.26%；第二产业12726人（工业9399人、建筑业3327人），占在业人口50.04%；第三产业11623人（交通运输业3445人，批发零售贸易业3316人，住宿餐饮业910人，金融业251人，房地产业301人，其他服务业3400人），占在业人口45.70%。

二、职业分布

1982年，第三次人口普查，全区在业人口151894人（男85471人、女66423人）。在业人口的职业分布：各类专业、技术人员9139人，国家机关、党政机关、党群组织、企事业单位负责人3107人，办事人员和有关人员1953人，商业工作人员4525人，服务性工作人员7383人，农林牧渔劳动者69390人，生产工人、运输工人和有关人员56129人，不便分类的其他劳动者268人。

1990年，第四次人口普查，全区在业人口177077人（男100781人、女76296人）。在业人口的职业分布：各类专业、技术人员12351人，国家机关、党政机关、党群组织、企事业单位负责人5044人，办事人员和有关人员4312人，商业工作人员7911人，服务性工作人员9007人，农林牧渔劳动者69683人，生产工人、运输工人和有关人员68660人，不便分类的其他劳动者109人。

2000年，第五次人口普查，全区在业人口20113人（男12535人、女7578人）。在业人口的职业分布：国家机关、党群组织、企事业单位负责人1081人，专业技术人员1859人，办事人员和有关人员1162人，商业服务人员3934人，农、林、牧、渔、水利业生产人员2538人，生产、运输设备操作人员及有关人员9501人，不便分类的其他从业人员38人。全区15岁及以上劳动力共34424人，其中在业20113人，未工作人口14311人。未工作人口中，在校学生1289人，料理家务5699人，离退休2935人，丧失工作能力1161人，从未工作或正在找工作961人，失去工作正在找工作1181人，其他1085人。

2010年，第六次人口普查，全区常住人口中就业人口25433人，就业人口的职业分布：国家机关、党群组织、企事业单位负责人755人，技术服务人员2760人，办事人员和有关人员1409人，商业服务人员7576人，农、林、牧、渔、水利业生产人员934人，生产、运输操作人员及有关人员11933人，不便分类的其他人员66人，全区16岁及以上人口47346人，其中经济活动人口25433人(就业)，失业人口1892人，非经济活动人口20021人，就业人口占53.72%，失业率6.92%，劳动参与率57.71%，失业人口1892人；毕业后未工作335人；因单位原因失去工作368人，因本人原因失去工作272人，承包土地被征用295人，离退休15人，料理家务246人，其他361人。

第四节　家庭　婚姻

一、家庭结构

1982年，第三次人口普查，家庭户65348户，家庭户总人口267863人，家庭户均人口4.10人，比1964年第二次人口普查家庭户均5.16人，家庭户规模缩小了20.54%。

1990年，第四次人口普查，家庭户85279户，家庭户总人口287063人，家庭户均人口3.37人，比第三次人口普查家庭户规模缩小了17.80%。

2000年，第五次人口普查，家庭户136161户，家庭户总人口409087人，家庭户均人口3.00人，比第四次人口普查家庭户规模缩小了10.98%。

2010年，第六次人口普查，家庭户179976户，家庭户总人口479749人，家庭户均人口2.67人，比第五次人口普查家庭户规模缩小了11.00%。

三人户家庭基本是由一对夫妇和一个子女组成，在第四次人口普查时，三人户家庭占家庭户总户数的36.67%。在第五次人口普查时占47.25%；在第六次人口普查时占34.66%。二代户家庭已成为同居的主体，第四次人口普查，二代户家庭58010户，占家庭户总户数的68.02%；第五次人口普查83728户，占61.49%；第六次人口普查83389户，占46.33%。传统的几世同堂的家庭户越来越少，已走向以夫妇加子女的二代家庭户为主体的家庭格局。第六次人口普查，四代户家庭315户，仅占家庭户数总户数的0.18%。

二、婚姻构成

1982年，第三次人口普查，全区15岁以上人口192516人。其中，未婚人口为60440人，未婚率为31.40%；已婚人口为121612人，已婚率为63.17%；丧偶人数为9919人，丧偶率5.15%；离婚人口为545人，离婚率为0.28%。

1990年，第四次人口普查，全区15岁以上人口229366人。其中，未婚人口为48711人，未婚率为21.24%；已婚人口168700人，已婚率为73.55%；丧偶人口为11022人，丧偶率4.80%；离婚人口933人，离婚率为0.41%。

2000年，第五次人口普查，全区15岁以上人口344240人。其中，男性174160人，女性170080人；未婚人口61330人，未婚率为17.82%；有配偶人口264310人（初婚257670人、再婚6640人）已婚率76.78%；离婚人口3080人，离婚率0.89%；丧偶人口15520人，丧偶率4.51%。

2010年，第六次人口普查，全区15岁以上人口477520人。其中，男性259810人，女性217710人；未婚人口103480人，男性67730人，女性35750人，未婚率为21.67%；有配偶人口348150人，男性182820人，女性165330人，已婚率72.91%；离婚人口7530人，男性3680人，女性3850人，离婚率1.58%；丧偶人口18360人，男5580人，女12780人，丧偶率3.84%。

第五节　人口素质

一、文化素质

1982年第三次人口普查，全区具有各种文化程度人口为197826人，占全区总人口的73.72%，占6岁以上应统计文化人口的81.68%。其中，大学毕业人口1188人，占全区总人口的0.44%，占6岁以上文化人口的0.49%；大学肄业或在校生1001人，占全区总人口的0.37%，占6岁以上的文化人口的0.41%；高中人口17499人，占全区总人口的6.46%，占6岁以上的文化人口7.15%；初中人口79400人，占全区总人口的29.29%，占6岁以上的文化人口的32.46%；小学人口100738人，占全区总人口的37.15%，占6岁以上文化人口的41.18%。全区有文盲、半文盲44813人，占全区总人口的16.53%，占6岁以上文化人口的18.32%。

1990年，第四次人口普查，全区具有各种文化程度人口为234779人，占全区总人口的79.31%，占6岁以上应统计文化人口的87.48%。其中，大学本科2106人，占全区总人口的0.71%，占6岁以上文化人口的0.78%；大学专科3543人，占全区总人口的1.20%，占6岁以上文化人口的1.32%；中专5872人，占全区总人口的1.98%，占6岁以上的文化人口的2.19%；高中19762人，占全区总人口的6.68%，占6岁以上文化人口的7.36%；初中102184人，占全区总人口的34.52%，占6岁以上文化人口的38.07%；小学101312人，占全区总人口的34.23%，占6岁以上文化人口的37.75%；全区有文盲、半文盲33603人，占全区总人口的11.35%，占6岁以上文化人口的12.52%。

2000年，第五次人口普查，全区具有各种文化程度的人口为399725人，占全区总人口的88.58%，占6岁以上应统计文化人口的93.79%。其中，研究生365人，占全区总人口的0.08%，占6岁以上文化人口的0.09%；大学本科10809人，占全区总人口的2.40%，占6岁以上文化人口的2.70%；大学专科16520人，占全区总人口的3.66%，占6岁以上文化人口的4.13%；中专26969人，占全区总人口的5.98%，占6岁以上文化人口的6.75%；高中41832人，占全区总人口的9.27%，占6岁以上文化人口的10.47%；初中186703人，占全区总人口的41.37%，占6岁以上文化人口的46.71%；小学115071人， 占全区总人口的25.50%，占6岁以上文化人口的28.79%；扫盲班1456人，占全区人口的0.32%，占6岁以上文化人口的0.36%；未上过学的26489人，占全区总人口的5.87%，占6岁以上文化人口的6.63%；

2010年，第六次人口普查，全区具有各种文化程度的人口为523423人，占全区总人口的91.82%，占6岁以上文化人口的96.76%。其中，研究生2914人，占全区总人口的0.51%，占6岁以上文化人口的0.54%；大学本科32436人，占全区总人口的5.69%，占6岁以上文化人口的6%；大学专科33471人，占全区总人口的5.87%，占6岁以上文化人口的6.20%；高中87328人，占全区总人口的15.32%，占6岁以上文化人口的16.14%；初中258298人，占全区总人口的45.31%，占6岁以上文化人口的47.75%；小学108976人，占全区总人口的19.12%，占6岁以上文化人口的20.15%；未上过学的17531人，占全区总人口的3.08%，占6岁以上文化人口的3.24%。

2010年，第六次人口普查，每一万人口中，有大专及以上文化程度的1207人，比2000年第五次人口普查614人增加593人，增长96.58%。具有高中文化程度的每一万人口中有1531人，比2000年第五次人口普查1525人增加6人，增长0.39%。15岁以上文盲人口15128人，占15岁以上人口的比重2.99%，比2000年40075人，占人口比重2.69%，下降0.30%。

二、身体素质

（一）国民体质监测

2000年监测　7—9月，区完成天津市第一次国民体质监测工作。监测对象为3～69岁国民，其中幼儿3～6岁，男140人，女140人；成年人20～59岁，男160人，女160人；老年人60～69岁，男80人，女80人。受测项目26项，检测指标包括身体形态、身体机能和身体素质3个方面。检测结果：幼儿组合格样本为90.3%，其中良好率为39.6%；成年组合格样本为43%，其中良好率为6.6%；老年组合格样本为42.1%，其中良好率为5.7%。

2005年监测　6—7月，区完成天津市第二次国民体质监测工作。监测范围和人数：3～69岁，分三种人群（幼儿、成年、老年），14类样本，28个年龄组，共1298人。监测内容包括形态（身高、坐高、体重、胸围、腰围、臀围、皮褶厚度），机能（安静脉搏、血压、肺活量、台阶试验），素质（立定跳远、网球掷远、坐位体前屈、10 米折返跑、走平衡木、双脚连续跳、握力）臂力、纵跳、男俯卧撑、女一分钟仰卧起坐等 24 项体质监测和 44 项问卷调查两部分。

测试结果：幼儿组，幼儿骨骼纵向生长处于中高水平，同龄男性普遍高于女性，发育程度和营养状况良好，随着年龄增长身高标准和体重水平呈轻微下降趋势，由于运动不足导致在一定程度上出现“小胖墩”“豆芽菜”体型。幼儿弹跳能力和协调性处于中等水平，随年龄增长整体水平增长正常。幼儿投掷能力和全身协调性处于中等水平，女性普遍低于男性，随年龄增长上肢和腰腹力量提高不大，整体水平呈下降趋势。幼儿柔韧性较好，男女没有明显差异。速度和灵敏素质处于中等水平。平衡能力和心理承受刺激的能力明显偏低。协调性和下肢力量处于中等水平，第二次监测幼儿合格样本占全部样本的 96.1%，明显高于第一次监测的 90.3%。良好率为 44.3%，高于第一次监测的 39.6%。区幼儿整体身体素质水平比第一次监测有一定的提高，处于中高水平。

成年组，男女身高从 50 岁后呈下降趋势，体重在 35～50 岁形成高峰，身高标准和体重处于中上水平，肺的容积和扩张能力处于中下水平，心血管系统机能水平一般，人体柔韧性较差。人体前臂和手部肌肉力量一般，人体爆发力较差，人体平衡能力较差。人体神经与肌肉系统的协调性和快速反应能力处于中等水平。成年各组各项指标大部分处于中等水平，随年龄的增长没有明显下降。成年组合格样本占全部样本的 69.2%，明显高于第一次监测时的 43%；良好率为 21.4%，远远高于第一次监测的 6.6%。成年人体质状况比 2000 年有很大提高。

老年组，身高标准和体重处于正常水平，肺活量、握力、坐位体前屈处于中低水平，选择反应时、闭眼单脚站立处于较低水平。老年组合格率为 42.9%，良好率为 5.9%，较第一次监测的 42.1% 和 5.7%仅有小幅提高。

2005 年各组各项指标监测结果，区内人口体质较 2000 年有大幅增长，但整体水平还有待提高。需进一步大力开展全民健身运动，使区内人口保持良好的身体素质和健康水平。

2010 年监测　4—5 月，区完成天津市第三次国民体质监测工作。监测范围和人数：在全区党政机关及部分街道、乡、幼儿园共 27 个单位，5000 余人进行 14 个组别、28 个样本的测试。测试项目包括：身体形态类、身体机能类、身体素质类。测试结果：3～6 岁幼儿身高、体重均较 2005 年有所提高，身高的增长在国家合格范围内，胸围与身高的生长速度基本相符，体质水平较好。儿童胸围的均值高于 2005 年的均值，造成肥胖儿较多，脉搏随年龄的增长，逐渐趋于减慢，坐位体前屈的指数随年龄增长保持不变或减少，柔韧性较好。素质部分的均值随年龄增长而增长，素质有明显提高。

成年、老年平均身高、体重均高于 2005 年的水平，女性体重增加较明显。肺活量的均值增长变慢，进入中年以后呈缓慢下降趋势。身体素质部分的握力，随年龄的增加而增加，到 50 岁后呈下降趋势，坐位体前屈比 2005 年均值有所下降。总的趋势是身体形态正逐年向肥胖发展，心肺功能呈逐年减退趋势，应广泛关注。

（二）百岁老人

2010 年，全区有百岁老人 10 人，其中男性 3 人，女性 7 人，女性高于男性 1.33 倍。

2010年东丽区百岁老人一览表

表4-5

序号	姓名	性别	出生日期	所属街道	现住址
1	孙宗林	男	1907年7月	金钟街道	南孙庄村
2	任姚氏	女	1908年2月	无瑕街道	新袁庄村
3	冯增兰	女	1908年4月	万新街道	河西区小海地
4	李玉江	男	1909年2月	张贵庄街道	詹滨西晨19-2-201
5	翟祥兰	男	1909年2月	新立街道	翟庄村
6	杨克其	女	1909年7月	华明街道	赤土村
7	魏友玉	女	1910年1月	无瑕街道	新袁庄村
8	于富英	女	1910年2月	万新街道	昆仑里23-2-202
9	刘振英	女	1910年6月	新立街道	民航宿舍
10	于诗荣	女	1910年7月	军粮城街道	唐山村

（三）人口死亡顺位

1978年，全区人口死亡1544人，其中因病死亡1428人，意外死亡116人，因疾病死亡占死亡人口总数的92.48%。按死因顺位占死亡总数的比重依次为：心脏病33.29%、脑血管病25.64%、肿瘤13.08%，呼吸系统疾病5.82%、传染疾病5.44%、消化系统疾病3.43%、其他疾病5.78%。

1988年，全区人口死亡1245人，其中因病死亡1119人，意外死亡126人（车祸、自杀、溺水、中毒），因病死亡占死亡总人口的89.87%，按死因顺位占死亡总数的比重依次为：心脏病、肺心病、冠心病、风心病、高心病）31%，脑血管病23.86%，肿瘤（肺癌、胃癌、肝癌、白血病、肠癌、食管癌、宫颈癌、乳腺癌）15.24%，呼吸系统疾病4%，消化系统疾病2.85%，先天异常2.54%，新生儿病2.54%，传染疾病2.23%，泌尿系统疾病1.92%，其他疾病3.69%。

1995年，全区人口死亡1631人，其中因病死亡1499人，损伤和中毒132人（意外死亡），因病死亡占死亡总人口的91.9%，按死因顺序占死亡总数的比重依次为：循环系统疾病47.02%，肿瘤18.39%，呼吸系统疾病16.61%，消化系统疾病2.57%，传染疾病1.71%，泌尿生殖系统疾病0.98%，新生儿病0.73%，内分泌，营养和代谢及免疫疾病0.67%，精神病0.67%，神经系统病0.67%，先天异常0.55%，血液和造血器官疾病0.18%，肌肉、骨髓系统疾病0.06%，其他疾病1.09%。

2005年，全区人口死亡1829人，其中因病死亡1728人，损害和中毒101人（意外死亡），因病死亡占死亡总人口的94.47%，按死亡顺位占死亡总数的比重依次为：循环系统疾病50.19%，肿瘤22.90%，呼吸系统疾病9.78%，消化系统疾病1.69%，内分泌、营养和代谢及免疫疾病1.58%，泌尿、生殖系统疾病1.09%，先天异常0.65%，精神病0.49%，神经系统疾病0.49%，传染病0.21%，血液和造血器官疾病 0.16%，肌肉和骨骼系统及结缔组织疾病 0.05%，其他疾病 5.19%。

2010 年，全区人口死亡 2186 人，其中，因病死亡 2084 人，损伤和中毒 102 人（意外死亡），因病死亡占死亡总人口的 95.33%，按死亡顺位占死亡总数的比重依次为：循环系统疾病 53.97%、肿瘤 27.72%、呼吸系统疾病 7.82%，泌尿、生殖系统疾病 1.28%，消化系统疾病 1.23%，内分泌、营养、代谢及免疫疾病 1%，先天异常 0.36%，肌肉、骨骼系统和结缔组织疾病 0.32%，神经系统疾病 0.22%，传染病 0.13%，精神病 0.09%，血液和造血器官疾病 0.04%，其他疾病 1.16%。

1978—2010 年东丽区部分年份人口死亡顺位比重一览表

表 4-6　　　　单位：%

死亡类别 \ 年份		1978	1988	1990	1995	2000	2005	2010
死亡人数		1544	1245	2395	1631	1885	1829	2186
因病死亡	循环系统病	58.93	54.86	59.2	47.02	47.79	50.19	53.97
	肿瘤	13.08	15.24	16.90	18.39	21.11	22.90	27.72
	呼吸系统病	5.82	4.00	4.80	16.16	13.05	9.78	7.82
	泌尿系统病	—	1.92	1.00	0.98	0.68	1.09	1.28
	消化系统病	3.43	2.85	2.00	2.57	1.64	1.69	1.23
	其他疾病	5.78	3.69	4.15	1.09	3.88	5.19	1.15
	内分泌营养代谢及免疫病	—	—	—	0.67	1.32	1.58	1.00
	先天异常	—	2.54	0.90	0.55	0.84	0.65	0.36
	肌肉骨骼及结缔组织病	—	—	—	0.06	0.21	0.05	0.32
	神经系统病	—	—	—	0.67	0.26	0.49	0.22
	传染疾病	5.44	2.23	2.00	1.71	0.58	0.21	0.13
	精神病	—	—	—	0.67	0.31	0.49	0.09
	血液和造血器官病	—	—	—	0.18	0.10	0.16	0.04
	新生儿病	—	2.54	1.40	0.73	1.22	—	—
	小计	92.48	89.87	92.35	91.90	92.99	94.47	95.33
其他死亡		7.52	10.13	7.15	8.10	7.01	5.53	4.67

注：其他死亡为损伤、中毒、意外死亡

第四章 人口控制

1979年以后，全区计划生育工作机构逐步建立健全。区根据国家有关人口控制的政策，不断加强婚育管理，提倡晚婚晚育，一对夫妇只生一个孩子，使人口控制工作逐步走上正常化、规范化、法治化轨道，全区人口增长速度呈逐年下降趋势。区根据国家《中华人民共和国人口与计划生育法》，制定完善奖励扶助措施，多次调整对独生子女父母的奖励及对独生子女死亡、病残的救助标准。加强计划生育协会和社区计生服务站的管理。2010年，区获全国首批“计划生育优质服务站”称号。

第一节 机 构

一、计划生育委员会

1979年5月，东郊区计划生育委员会办公室成立，为区革命委员会直属科室。

1987年5月，成立东郊区计划生育委员会，内设办公室、药具技术站、宣传指导站。

2001年11月，成立东丽区人口和计划生育委员会。增设事业编制药具站、计划生育技术服务站。2010年，区人口和计生委内设办公室、政策法规科、规划统计科、宣传教育科、生殖健康服务中心、计划生育药具站、流动人口管理服务科、科学技术服务科。

二、计划生育协会

（一）区级计划生育协会

1984年7月，区计划生育协会成立，经区民政局社团登记注册，成为国家计划生育协会地方组织，为计划生育事业服务非营利性群众团体，接受区计生委业务指导。

1984年7月至2003年4月，区召开计划生育协会第一至第五次会员代表大会，选举产生各届理事会、会长、副会长、常务副会长、常务理事。

（二）乡镇街村计划生育协会

1988年12月，大毕庄乡在全区第一个建立基层计划生育协会。至1989年12月，全区乡镇街计划生育协会全部建立。乡镇街计生协与同级计生办合署办公。

1989年底，全区各村（居）委会计生协会全部建立，村（居）计生协会会长一般由党支部书记兼任，副会长由1名“五老”（老党员、老干部、老模范、老农民、老长辈）担任，秘书长由计划生育专职干部兼任。村（居）计生协会下设“四级网络”，即理事会—会员小组长—会员—会员联系户。1992年底，区乡村三级计生协会164个，理事1341名，会员14714人，会员小组1415个，会员联系户27205户。乡村建“会员之家”139个。

（三）流动人口计划生育协会

见四章六节计划生育管理。

（四）计划生育协会主要工作

1991 年 5 月，赤土乡召开计划生育现场汇报会，由赤土村计生协会作了《充分发挥协会在孕后型向孕前型转变过程中的积极作用》为主题的重点发言，向全区各级计生协会推广了赤土村计生协会的经验。

1989 年，区计生协会在胡张庄村开展“帮助贫困母亲摆脱贫困、摆脱愚昧、种植葡萄”的幸福工程项目活动，得到市幸福工程组委会 10 万元免息贷款，资助该村 41 名计划生育贫困母亲，发展葡萄栽植致富生产。

2003 年，天津市幸福工程组委会主任、市计生协会会长亲临胡张庄考察，对该村幸福工程成果给予了充分肯定。《今晚报》以《胡张庄 41 位母亲富了》为题，对胡张庄的幸福工程救助计划生育贫困项目进行宣传报道。

2008 年，区计生委计生协会开办独生子女意外伤害保险，每年支付保险费 100 万元，每年理赔 60 万～70 万元。2009 年，区计生协会为 0～16 岁独生子女家庭办理安康保险。

2010 年，区计生协会制定完善《东丽区计划生育协会章程》，指导全区各级计生协会开展基层计划生育工作。

第二节　政策法规

一、计划生育政策

（一）提倡晚婚晚育　1979 年，区委、区革委批转区计生办《关于提倡晚婚和计划生育若干问题的试行办法》，大力提倡晚婚，对非法同居生育的给予经济惩罚；鼓励计划生育好的单位，年终奖金要高于普通的先进单位。1989 年 1 月始，区落实《天津市计划生育条例》，把计划生育工作纳入法治管理轨道。鼓励晚婚、晚育、少生、优生。明确男女双方按照法定结婚年龄推迟 3 年以上结婚为晚婚，已婚妇女 24 周岁以上生育第一个子女为晚育。2002 年 9 月始，区贯彻落实《中华人民共和国人口与计划生育法》。2003 年 9 月始，区贯彻落实市颁布的《天津市人口与计划生育条例》，全面开展晚婚晚育工作。

（二）提倡一对夫妇只生育一个孩子　1980 年 1 月，区规定将计划生育工作的重点转移到“一对夫妇只生育一个孩子上来”。规定：除特殊情况（第一个孩子非遗传性严重疾病的；再婚夫妇一方原有一个子女的另一方无子女的）需经公社批准允许生二胎外，一律不准生育二胎。

（三）执行生育第二个子女规定　1981 年、1983 年、1984 年、1988 年，区执行天津市人民政府出台的《关于生育第二个子女的规定》。1989 年 1 月始，区执行《天津市人口与计划生育条例》对生育第二个子女的规定。

2003 年 9 月始，区贯彻执行市《人口与计划生育条例》关于生育第二个子女的规定。

二、奖励扶助措施

（一）独生子女家庭奖励 1979年，区规定：一对夫妇只生育一个孩子的社员由生产队每月奖发相当于或高于5元的儿童保健费工分或现金，只要一个女孩的儿童保健费要高于一个男孩的标准。1982年，区对农村领取独生子女证的家庭，根据生产队实际和家庭要求，多划半人份到一人份包产地；可将儿童保健费折成粮食（现金），从独生子女户应交的包产产量（产值）中扣除，也可从生产队提留中折成粮食（现金）由队付给；也可从社队利润中列支。

2004年，区政府拟定对计划生育的奖励扶助试行办法，规定对终身只要一个子女并领取“独生子女父母光荣证”的夫妻，每月发给10元独生子女父母奖励费，有条件的单位也可适当提高奖励标准；独生子女区内就学，优先获得奖学金，家庭特困生免收学杂费。区计生委发放独生子女家庭医疗优惠卡，在东丽医院就医减免10%的治疗费。对符合最低生活保障标准的农村独女户，最低生活保障金和独生子女父母奖励费应适当提高，并给予助学、资金扶持。

2006年，全面开展独生子女家庭奖扶制度，对符合农村地区年满60周岁的夫妻，每人各自奖励600元。

（二）独生子女意外死亡救济 2005年，区制定《关于独生子女发生意外死亡对其父母给予一次性救济办法的规定》：从2005年起，凡有东丽区户口，女方满50岁以下，独生子女发生意外死亡的家庭，其父母不再生育或抱养小孩的，区政府一次性救济1万元人民币。

（三）退二胎生育指标的扶助 1990年3月，区公布《关于执行（天津市计划生育条例）实施细则》的意见，增加对于符合生育第二个子女的条件，决心不生及退掉二胎指标的，要给予特殊奖励。

（四）特扶特奖 1985年6月，区计生办印发《关于贯彻1985年计划生育工作会议有关节育具体政策规定的通知》，明确鼓励一孩育能妇女上节育环，两个及以上孩子的育能妇女在自愿的基础上一方结扎，其手术费，陪伴费、假期、营养费等均享受规定的计划生育待遇。

1987年9月，区计生委提出“凡夫妻具备抱养条件，孩子来源清楚，符合政策，经验证后，限期办理公证手续。

2008年，区对2006年、2007年下发《关于落实部分计划生育家庭奖励扶助制度的实施意见》标准进行调整：对符合天津市奖励扶助制度规定条件的“双农人员”，具有东丽区农村集体经济组织成员资格，享有退养补贴，转非未转工，以及半非半农户中农业户籍一方年满60周岁独生子女父母的奖励。

第三节　宣传教育

一、基本国策教育

1980年，中共中央《关于控制我国人口增长问题致全体共产党员、共青团员的公开信》发表后，区委下发文件，要求全区共产党员、共青团员带头执行晚婚晚育政策，在全区广泛开展“一对夫妇只生一个孩子”的宣传。1982年，中共十二大将计划生育确定为基本国策之后，通过农村人口问题展览、幻灯、电影、文艺专场演出等多种形式，广泛宣传基本国情，计划生育基本国策，开展社会主义生育观教育。区委要求各级党组织把计划生育纳入党员干部教育总体规划，开展不同形式教育，增强人口意识和人均观念，自觉做执行计划生育政策的模范、宣传群众的模范。

二、社会宣传教育

（一）提倡晚恋、晚婚，鼓励计划生育教育　1980年，开展以提高独生子女领证率、落实长效节育措施为中心的计划生育宣传活动。1983年1月，各单位召开动员会，开展算账对比，出动宣传车，文艺演出等形式宣传。组织教育宣讲团，培训各公社骨干1480人，登门入户，深入田间地头宣传群众，形成党团员、干部带头计划生育的高潮。1984年后，将避孕节育集中突出宣传转向经常性教育工作。1998年始，在全区育龄群众中开展生殖健康全程教育与服务，进行生殖保健知识宣传。2000年，开展以避孕节育措施知情选择为重点的宣传，使育龄群众自主选择适合、安全、有效的避孕方法。

（二）婚育科普教育　1986年，全区开展人口知识、计划生育政策及婚育、避孕节育、妇幼保健、儿童教育等科普知识教育。1987年，开展青春期、新婚期、孕产期、哺乳期、育儿期、更年期“六期”知识教育活动。1989年，区召开“基础知识教育经验交流会”，使“六期”教育在全区深入展开。1990年，开展“计划生育基础知识竞赛”，经选拔组成区代表队，在全市郊县组决赛中夺得冠军。1991年，印发《计划生育基础知识教育纲要》和“六期”通俗知识易懂、图文并茂的宣传资料，发到村委会、居委会，召开“基础知识教育经验交流会”。至1992年，全区拥有乡村“六期教育”教员164人，接受教育群众25872人，普及率达85.66%，参加考核24891人，考核合格率达82.41%。

（三）人口形势教育　1984年7月，继续提倡一对夫妇只生一个孩子及市政府发布的《关于生育第二个子女的规定》，开展宣传活动，增强群众人口忧患意识和控制人口增长的责任感、紧迫感，自觉树立“只生一个好”“生男生女都一样”的新生育观。1990年，全区开展以少生孩子为国家做贡献的算“人口增长与人均生活水平关系账”活动。区计生委利用节假日和与人口有关的纪念日，在人群密集的地区设立宣传街，开展宣传日、宣传周、宣传月活动。1987年7月11日世界50亿人口日，1988年亚洲30亿人口日，1989年4月中国11亿人口日、1999年10月12日世界60亿人口日、2002年7月11日世界人口日及每年科技周、元旦、春节期间，开展大型咨询宣传活动，宣传人口形势、生育政策、避孕节育、优生优育及生殖保健知识等。

（四）政策法规宣传教育　1988年，宣传区《关于计划生育若干问题管理试行办法》及《天津市计划生育条例》；1990年，宣传《东郊区贯彻执行（天津市计划生育条例）实施细则》；1991年，宣传《中华人民共和国婚姻法》；1992年，宣传国家计生委《流动人口计划生育管理办法》；2002年，宣传《中华人民共和国人口与计划生育法》；2003年7月，宣传《天津市人口与计划生育条例》等。

（五）婚育新风进万家宣传教育　1999年3月，区印发《东丽区开展婚育新风进万家活动实施方案》，向各镇街乡发放宣传包330个，书籍2026册，宣传折页18165张，婚育知识光盘90套，挂图300套。2000年，区组织“为了美好明天”全区婚育新风秧歌大赛、“幸福之光”全区文艺节目汇演。2001年，开展“幸福家庭”创建活动，举办区“独生子女家庭艺术节”。2003年，全区开展文明标兵示范户创建工作。2004年，举办“青春健康项目”师资培训班。2006年，举办全区“关爱女孩行动知识”竞赛。2008年，开展“四个一”活动：为100名独生子女女孩户困难家庭的育龄妇女安置就业；区乡村共同慰问、资助100个独生子女困难家庭的女孩；为100个贫困计划生育女儿户在社会救助、福利项目、养老保障、社区服务等工作中，对女孩及其家庭给予优惠；为100名女孩户贫困母亲进行生殖保健指导。

2010年，东丽区人口计生委举办“关爱独生子女、弘扬婚育新风”演讲比赛

第四节　技术服务

一、服务机构

1971年，东郊医院恢复计划生育门诊，公社卫生院（所）恢复计划生育指导站。1974年后，李庄子、赤土卫生院开展计划生育手术，小东庄、荒草坨卫生院开设计划生育门诊。1987年，成立区计划生育药具技术服务站，是年7月，东郊医院设立计划生育科，承担全区大部分计划生育手术任务。1992年9月，么六桥回族乡建立计划生育技术服务站。1993年5月，建立区计划生育技术服务站，后更名为区生殖健康服务中心。

二、服务措施

（一）指导长效节育措施　1980年，动员指导育龄群众采取长效节育措施，为计划外怀孕育龄妇女做好人工流产手术服务。1983年，区政府提出“坚持避孕为主的方针，集中力量提高长效节育率”，全区开展以落实长效节育措施为重点的技术服务活动。

（二）与区外医院联合开设计划生育手术门诊　1988—1990年，李庄子乡北大道村与塘沽区杭州道卫生院联合开设计划生育手术点；大毕庄卫生院与天津工人医院联合开设计划生育手术门诊；荒草坨乡范庄村聘请市内医院名医在村内设立计划生育手术室。赤土村聘请程林医院妇科医生、胡张庄村聘请东郊医院妇科医生、贯庄村与市259医院合作，定期开展计划生育手术服务。

（三）开展育龄夫妇健康检查　1993年，开展育龄妇女生殖健康教育咨询服务、节育避孕及优生指导、病残儿医学鉴定。2003年，开展孕早期及再生育夫妇的孕前优生健康检查。区在全市率先引进使用生物芯片诊断技术，为育龄夫妇进行“出生缺陷”和“生殖道感染”的干预、诊断，将出生缺陷干预前移至新婚及孕早期关口。2009年，全区完成育龄妇女生殖健康普查6万余人次，全部建立生殖健康档案。

（四）建立社区人口和计划生育服务站　2009年，区委、区政府下发《关于进一步开展社区人口和计划生育服务的实施意见》及实施方案，区计生委与区卫生局联合开展社区人口和计划生育服务。全区8个社区卫生服务中心挂牌成立社区人口和计划生育服务站，为各服务站配备3名专业技术人员和1名大学生，从事计划生育服务工作。以区政府购买服务方式，将育龄妇女生殖健康查体、计划生育咨询、知识宣传、随访服务、计划生育手术监测等18项计生服务项目打成5个特色包。2010年，区作为开展免费孕前优生健康检查试点单位，在市召开人口和计划生育优质服务提质提速现场会上，向全市推广先进经验，获全国首批“计划生育优质服务站”称号。

三、药具管理

（一）药具供应　1979年，区内避孕药具由区供销社批发站按供应范围免费发放。1984年始，区计生办承担避孕药具发放任务，设有避孕药具库，理顺避孕药具供应渠道。1993年始，设避孕药具零售点3个，1994年增至7个，1995年增至10个。2003年，区在天津市计生系统率先开展“避孕药具免费供应发放改革”，程林街道等7个单位设置8台IC卡避孕套自助发放机，丰年村药店等60个单位挂免费领取避孕药具标示牌，开展多渠道、开放式避孕药具领取发放办法。2010年，全区设有23个自动药具发放机，在公共场所和流动人口聚集地增设药具自助发放机，安装15台药具自取机。

（二）药具管理　1985年，规范药具管理，达到“五有”，即存放有固定地点、管理有专人、发放有名册、效果记载有卡片、使用有指导。至2000年，区和各乡镇街均建立药具库，村（居）、车间（班组）药具管理做到“三相符”，即收入与发出相符、花名册与实际用药人相符、计划数量品种与实际服用数量品种相符。“四定”，即定专人、定时、定点、定量发放到使用者手里。落实三项制度，即月入户检查药具发放制度、检查使用效果制度和季度抽查制度。

第五节　人口控制概况

1979年，全区出生人口4596人，其中一孩2204人，为出生人数的47.96%；二孩1572人，占34.2%；多孩820人，占17.84%.人口出生率14.47‰，自然增长率12.27‰。

1981—1985年，基本落实长效节育任务，全区人口增长得到有效控制，基本由盲目生育状态转入计划生育轨道，由孕后型控制向孕前型发展。全区多胎生育年均为出生人口的1.47%，其中1984年多孩出生率首次为零，计划生育率年均为89.80%，一孩率年均为88.58%，计划外二孩率年均为7.54%。

1986—1990年，全区计划生育工作稳定发展，全区一孩出生率年均为84.32%，内二孩出生率年均为13.20%，外二孩年均出生率为2.31%，多孩年均出生率为0.14%，计划生育率年均为97.53%.

1991—1995年，全区计划生育工作完全步入稳定发展时期，逐年落实市政府下达的计划生育率要求。全区一孩出生率年均为85.75%。区内二孩出生率年均为13.45%，外二孩出生率年均为0.75%，多孩出生率年均仅为0.04%，计划生育率96.37%。区逐年落实市政府下达的计划生育率、一孩率、多孩率三项指令性任务，成为天津市控制人口增长较好的区县之一。

1996—2000年，全区人口增长速度呈明显下降趋势。其间，全区共出生人口13931人，比

1991—1995 年 17252 人减少 3321 人，减少 19.25%。其中一孩出生 11456 人，减少 22.56%；内二孩出生 2350 人，增加 1.29%；外二孩出生 122 人，减少 6.15%；多孩出生 3 人，减少 57.14%. 人口出生率为 9.2‰，减少 2.55‰；自然增长率为 2.61‰，减少 4.01‰。

2001—2005 年，全区人口增长速度继续下降，由于年龄结构影响，生育状况呈现自然调整。其间，全区共出生人口 13348 人，比 1996—2000 年 13931 人，减少 583 人，减少 4.18%。其中，一孩出生率为 79.44%，下降 2.79%；内二孩出生率为 79.44%，增加 2.08%；多孩出生率为零，人口出生率为 8.57‰，自然增长率为 2.55‰，减少 0.06‰。

2006—2010 年，由于区内第一批独生子女陆续进入婚育期，人口出生率比 2001—2005 年期间缓慢增加。其间。人口出生率为 10.80‰，比 2001—2005 年增加 2.23‰. 由于深入开展综合治理，全区低生育水平连年保持稳定，计划生育率为 98.89%，多孩生育为零，自然增长率为 4.91‰，人口发展规划指标全面完成。

1979—2010 年东丽区户籍人口计划生育情况统计表

表 4-7

年份	出生人口（人）						自然增长率（‰）	出生率（‰）	一胎率（%）	政策生育率（%）
	合计	一孩	内二孩	外二孩	多孩	非婚				
1979	4596	2204	1572		820	—	12.27	14.47	47.95	—
1980	3511	2310	1012		177	12	8.08	13.40	66.14	—
1981	4870	3692	35	946	197	—	12.72	18.25	75.81	76.53
1982	5730	4988	74	560	108	—	15.51	21.01	87.05	88.34
1983	4757	4465	81	173	33	5	12.79	17.27	93.86	95.56
1984	3922	3803	78	40	—	—	9.83	14.09	96.97	98.95
1985	3913	3596	283	30	3	1	9.45	14.42	91.92	99.13
1986	4646	4030	514	88	6	—	12.29	17.01	86.91	97.98
1987	5016	4314	625	69	8	—	14.29	18.21	86.04	98.46
1988	4584	3903	610	66	5	—	11.89	16.41	85.14	98.45
1989	4352	3463	671	209	8	1	10.67	15.39	79.60	94.99
1990	4190	3497	589	95	5	4	6.28	14.65	83.46	97.52
1991	3141	2722	385	32	2	—	6.40	10.88	86.66	98.92
1992	3685	3215	449	21	—	—	8.40	12.60	87.26	99.43
1993	3563	3057	474	29	3	—	6.25	12.10	85.80	99.10

续表 4-7

年份	出生人口（人）						自然增长率（‰）	出生率（‰）	一胎率（%）	政策生育率（%）
	合计	一孩	内二孩	外二孩	多孩	非婚				
1994	3560	2986	547	25	—	2	6.41	12.04	83.98	99.24
1995	3303	2813	465	23	2	—	5.63	11.12	85.17	85.17
1996	3108	2639	447	20	2	—	4.68	10.41	84.91	99.29
1997	2938	2467	452	19	—	—	1.07	9.83	83.90	99.35
1998	2706	2195	489	22	—	—	2.72	8.94	81.12	99.17
1999	2647	2129	492	25	1	—	2.48	8.75	80.43	99.02
2000	2532	2036	470	36	—	—	2.12	8.33	80.02	98.58
2001	2549	1999	527	23	—	—	2.12	8.33	78.42	99.10
2002	2476	1949	499	28	—	—	1.68	8.03	78.72	98.83
2003	1726	1378	303	45	—	—	-0.51	5.52	79.84	97.33
2004	2914	2347	485	82	—	—	3.53	9.30	88.54	97.19
2005	3683	2930	716	37	—	—	6.20	11.95	79.55	99.00
2006	3471	2689	737	45	—	—	5.37	10.73	77.47	98.70
2007	3472	2699	743	30	—	—	4.55	10.49	77.74	99.14
2008	3645	2869	730	46	—	—	4.90	10.84	78.71	98.74
2009	3955	3066	846	43	—	—	5.67	11.57	77.52	98.91
2010	3593	2642	914	37	—	—	4.06	10.36	73.53	98.97

第六节　计划生育管理

一、管理机制

（一）计划生育目标责任制

1982 年始，区贯彻执行市农委、市计生办下发《关于在农业生产责任制中抓好计划生育工作的通知》和市政府对各区县计划生育指标首次实行承包制的意见。是年2月，区政府向市政府签订1982—1983年《计划生育工作任务保证书》。区政府召开计划生育工作会议，下达计划生育工作考核目标，各公社与区政府签订1982—1983年《计划生育保证书》，考核指标有计划生育率、一胎率、独生子女率、多胎率4项。1988年，区政府第二次与市政府签订《计划生育工作任务承包书》，区制定《达标考核评比细则》，实现“达标”评比数字化管理。1991年，区政府第三次与市政府签订《计划生育工作任务承包书》，市对1991—1993年的计划生育率、一孩率、多孩率计划生育指标每年考核一次。区政府与各乡镇签订《计划生育任务承包书》。2002—2010年，区政府推行《人口和计划生育目标管理责任书》管理办法，取得成效。

（二）以现居住地为主管理

2004年始，按照《天津市以现居住地管理为主实施计划生育管理暂行办法》要求，对人口分散的育龄妇女试行现居住地管理和统计。管理范围按行政区划界定，对辖区内常住人口和在辖区内居住3个月以上暂住人口中所有育龄人员实施计划生育管理，提供计划生育服务。全区成立以村（居）委会主任为组长的现居住地管理领导小组，建立信息员队伍，建立信息上报制度。对迁出、迁入育龄妇女情况及时转卡、建卡，纳入迁入地管理。建立完善属地化管理，强化各行政机关、企事业单位法定代表人计划生育责任，各乡镇街对坐落本辖区机关和企事业单位负有计划生育管理和服务职责。

（三）计划生育村（居）民自治

2001年，区按照“建章立制、以制治村、民主管理、优质服务”的总体要求，突出计划生育村民自治章程制定、计划生育合同管理、村民公开3个环节，形成党支部和村委会、计划生育专职干部、计划生育协作组三位一体的管理服务体系。按照居住相近、活动方便的原则，设立村民自治小组，实现育龄群众参与、监督、管理计划生育的原则，全区计划生育工作推行村民自治。

2003年，全区开展计划生育村有95个，计划生育村民自治率88%。2008年，全区开展计划生育村有104个，计划生育村民自治率96.3%。

2009年，下发《东丽区计划生育村民自治规范》《东丽区计划生育村民自治合格村评估内容和指标的通知》。

2010年，区根据国家开展“万村示范”和市计生委“示范村居”创建工作要求，成立区基层计生群众自治工作领导小组。印发《东丽区人口和计划生育群众自治示范活动实施方案》，在全区开展“示范村居”创建活动。计划生育基层群众自治合格村102个，计划生育基层群众自治合格率94.4%，创建人口和计划生育示范社区8个。金钟街道徐庄村被评为国家级示范村居。

二、流动人口计生管理

（一）流动人口计生管理组织

2008年，区人口计生委设立流动人口办公室。街乡计生办设专人负责，在人口流动聚集地村居组建104人专职计生协管员队伍，发展计划生育协会组织和计划生育服务站。协会会长由外来人口中的商会负责人担任，计生协管员兼任秘书长，在外来人口中发展理事和会员。在外来流动人口最多的金钟街道与商务委会合作，建成金温商贸城、北方五金城、东北农民工、新中木材市场、福建莆田商会5个计划生育服务站。至2010年，全区建立流动人口计生协会21个和流动人口计生服务站12个，发展会员4000人。

（二）流动人口计划生育服务

1993年，区落实《天津市实施〈流动人口计划生育管理办法〉细则》，经查验有关证件后，发给“天津市流动人口婚育登记证”，进行计划生育和优生保健的宣传教育，订立计划生育保证书，提供避孕药具和节育技术服务等。

2008年，在流动人口聚集地推进“以房管人”，在辖区企业、用工单位开展“以业管人”，在全区普遍开展示范街镇创建活动，为流动育龄妇女孕检1600人。

2009年，区印发《中共东丽区委东丽区人民政府关于进一步发展社区人口和计划生育服务的实施意见》和《实施方案》，采取措施，做实“计卫联手”实现计划生育服务全覆盖的目标。对常住流动人口育龄妇女开展计划生育生殖健康查体、计划生育咨询、知识宣传、随访服务、计划生育手术监测等18个计划生育服务项目免费服务。全区开通流动人口全员人口信息子系统，开展重点服务对象信息提交、信息协查、信息反馈、网络化协作等工作。与全国31个省份，市、县签订《双向管理协议书》。

2010年，区人口计生委完善PADIS(系统名称)流动人口信息平台，开放PADIS流动人口子系统乡级用户，完善PADIS系统使用检查、信息反馈制度，全年完成信息录入8000条，反馈信息3000条，反馈及时率95%。

东丽区志

第五编

城镇建设与管理

中共十一届三中全会后，东丽区坚持高起点规则，高水平建设，高效能管理，加快城市化建设，改善城市环境，提升城市功能，生态宜居新城区建设进程加快。进入21世纪，坚持走中心城区、新市镇、经济功能区协调发展的道路，探索宅基地换房、城中村改造、依托大项目整体撤村3条城市化建设途径，1个中心城区、4个新市镇，9个经济板块的津滨新城区架构基本形成。

规划引领作用明显增强。区城市总体规划编制完成，确定了“国家级航空航天产业基地、先进装备制造业基地、国家文化交通中心、生态宜居城区”的城市定位。完成4个新市镇规划、东丽湖地区控制性详细规划、中心城区改造提升等106项城市设计和专项规划编制。

城市化建设不断加快。形成了中心城区、新市镇和功能区协调发展的城市格局。华明示范镇成功参展上海世博会城市最佳实践区，军粮城、金钟新市镇还迁住宅加快建设，环内16个城中村改造工程全面启动。完成泰达西区、空客项目等还迁住宅和经营性用房建设，实施丽湖建设和东湖改造工程。基础设施加快建设，功能不断完善提升。

市容环境建设全面提升。连续开展大规模环境综合整治，完成了津塘公路等道路绿化工程，改造提升了绿地，整治提升了街景立面，规范了广告牌匾，清理了废品收购点。实施社区楼道“白亮净”工程。区绿化覆盖率达39.8%。加强环境保护，加大对违法占地、违法建设整治力度，保持了经济社会发展良好秩序。

2008年，东丽公园

2008年，惠民公园

2009年，泰达西区居民还迁楼

第一章 城镇规划

东丽区城镇规划的编制和管理体系不断深化和发展，机构建设不断完善，职能进一步明晰。从简单的村镇规划编制，逐步形成了“空间发展战略规划—城市总体规划—专项规划—城市设计—控制性详细规划—修建性详细规划”等全覆盖、立体交叉，近、中、长期相结合及完整科学的规划体系。以规划为龙头，以基础建设为切入点，全面提升城乡承载功能。改革开放的深入，经济社会的快速发展，推动了规划管理的不断深化和发展。规划管理工作的深入和加强，促进了经济社会的发展进程，区城乡建设发生巨大变化。

第一节　机　构

1984年5月，区建立城乡建设委员会，规划建设由区建委乡镇科和建管科负责。1987年10月，区建立规划土地管理办公室，与区建委一套机构、两块牌子。1992年6月，区撤销规划土地管理办公室，建立区规划土地管理局。1993年11月，区规划土地管理局与区城乡建设委员会合并，保留区规划土地管理局牌子。1997年1月，区规划土地管理局与区建委合署办公。2002年1月，区规划土地管理局更名为区规划和国土资源局。2007年7月，组建区规划局。2008年10月，区规划局改为天津市规划局东丽区规划分局，为市规划局派出机构，接受市规划局和区政府双重领导。2010年，区规划分局内设办公室、综合业务科（地名管理科）、规划管理科（测绘管理科）、建设用地科、建设管理科（市政工程科）、执法监察科。

第二节　规划编制

一、总体规划

2008年，规划分局初步编制完成《东丽区总体规划（2008—2020年）》，确定用地分类和主要用地构成。2009年，编制全部《东丽区总体规划》，确定区城市土地使用和空间发展布局。

（一）城市空间结构　规划形成“两轴、两带”的城市空间结构。

城市综合发展主轴　规划由海河沿岸的天钢柳林城市副中心、创智产业区、海河中游核心区、工业文化创意中心构成。近期保留天津钢厂等大型工业企业，远期迁至南港工业区。

城市综合发展次轴　重点建设东丽湖国际商务休闲中心、航天研发中心、航空产业商务区、航天新城、国际文化中心、国际会展、预留远期天津市行政中心。

航空航天产业带　以京津塘高速公路为依托，以临空产业区、滨海高新区、开发区西区为重点，以华明工业区为配套，形成天津市高端制造业发展基地。

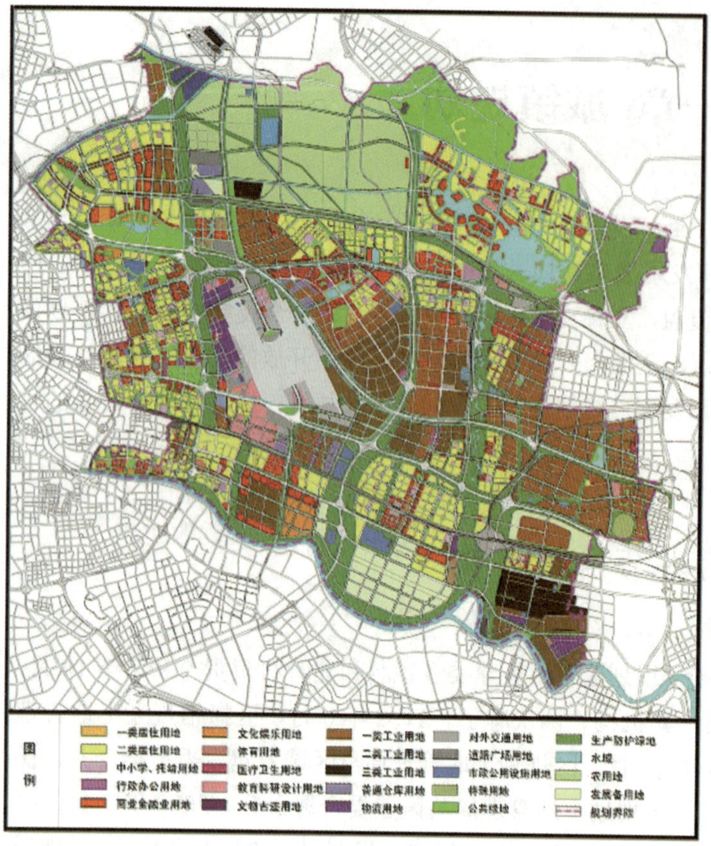

东丽区总体规划（2008—2020年）

生态休闲带 由东丽湖地区、滨海现代农业示范区、南淀风景区构成，形成连接中心城市与北部湿地生态保护区的生态过渡带。

（二）“53683”产业布局 构架为：建设东丽中心城区、华明新市镇、军粮城新市镇、金钟新市镇、新立新基地复垦设施农业示范区3个农业园区。

市镇5个生态宜居城区，临空产业园、泰达西区、高新技术产业园3个市级功能区，东丽经济开发区、军粮城工业园区、华明工业园区、金钟工业园区、滨海重机工业园、临空产业配套区6个区级工业园，航空城国际物流中心、东丽湖商务会展及休闲旅游中心、海河中游中央国际服务区、智慧城城市副中心和新立街道、军粮城街道、金钟街道、航港物流中心8个服务业中心，滨海都市现代农业示范基地、滨海科技农业示范园区和华明宅基地复垦设施农业示范区3个农业园区。

（三）用地规划

居住用地规划 全区分为6个居住片区，即：卫国道、张贵庄新立、金钟、华明、军粮城、东丽湖居住片区。

工业用地规划 由6个功能区构成，市属3个为临空产业区、高新技术产业区、先进制造业产业区；区属3个为东丽经济开发区、华明街经济功能区、临空配套产业区。

仓储用地规划 规划三大物流聚集区，即：金钟街公路铁路物流片区、航空城物流片区、军粮城码头物流片区。

2009年，根据区环外地区滨海部分的规划成果，首次对区总体规划进行编修，完善了区滨海部分的总体规划。

二、分区规划

（一）东丽湖总体规划 2007年，完成东丽湖总体规划的编制，范围：东至东丽区界，南至津汉公路，西至蓟汕联络线，北至京津二通道。规划总面积85.51平方千米，初步确定区用地构成和产业分布。2009年，完成东丽湖控规及城市设计编制，其中控规编制范围为东至汉港大道，南至北环铁路，西至蓟汕联络线，北至东丽之光大道，总面积34.89平方千米，共7个控规单元，确定东丽湖核心区的主要用地指标。城市设计编制范围：东至东丽区界，南至津汉公路，西至蓟汕联络线，北至京津二通道，编制总面积85.51平方千米，初步确定东丽湖地区的建筑形态和建筑特色。

（二）华明示范镇总体规划 见第六编第一章第二节华明示范镇规划

（三）金钟街道总体规划 2009年，编制完成《东丽区金钟街道总体规划》。规划在挖掘金钟街道自身特色的基础上，通过规划有序的迁村并点，促进资源的优化配置，建立合理的村镇体系，利用市场机制，超前规划、有序实施、城乡互补，开创金钟街道未来发展的新局面。

金钟街道行政管辖区范围总面积45.30平方千米，其中外环东路以内（环内部分）用地面积1.66平方千米，外环东路以外（环外部分）用地面积43.64平方千米。环内部分因纳入中心城区一体化建设，不列为本次规划范围。规划范围：东、南至辖区边界，西至外环东路，北至新开河和永金引河，与华明镇接壤，规划区占地面积43.66平方千米。

2009年3月，区政府正式批复金钟街道总体规划（2009—2020年）。金钟街道是区北部地区产业发展的重点地区，充分发挥区位优势，大力发展特色产业，逐步将金钟街道建设成为以外围产业功能区为基础，以商业、物流为主导，辐射东北、华北的产业物流基地。

（四）军粮城镇总体规划 2006年，编制《东丽区军粮城镇总体规划（2006—2020年）》。军粮城镇系天津市30个中心镇之一，地处滨海新区。规划时充分分析周边产业布局，在挖掘军粮城镇本身特色基础上，通过规划有序迁村并点，促进资源优化配置，确立合理城镇发展模式，充分利用市场机制，超前规划、有序实施、城乡互补，开创军粮城镇未来发展的新局面。

按照东丽区“一区、四镇”（中心城区、大毕庄镇、华明镇、新立镇、军粮城镇）城镇体系布局，军粮城镇镇域规划打破原军粮城镇行政界限，规划范围包括军粮城镇、无瑕街道、么六桥回族乡及新立街道东部部分村庄，总面积186.38平方千米。

军粮城镇区规划范围：东至规划军粮城镇十七号路，南至规划津塘快速路，西至规划环外快速环路，北至规划津滨快速路，总面积19.34平方千米。

（五）华明工业园总体规划 2010年，区规划分局编制《天津华明工业区总体规划》。华明工业园区是东丽区八大工业园区之一，是华明示范镇的重要组成部分。为给华明示范镇居民提供就业保障，依托周边地区的临空优势和华明示范镇规划建设航空配套工业园的工业园区，编制华明工业园总体规划。规划四至范围：东至华明示范小城镇西区，南至津汉快速路，西至机场大道，北至北环铁路，总占地面积733公顷，分两期建设。

（六）天津滨海东丽农业科技园区总体规划 2008年，完成天津滨海东丽农业科技园区总体规划编制。9月，经天津市农村工作委员会正式批复。园区功能定位：通过打造高档花卉生产、技术推广、生态休闲三大产业体系，将建成国家北方花卉高新技术孵化中心、科技培训服务中心、物流集散中心，建成全国知名高档花卉研发和产业基地。

三、控制性详细规划

（一）军粮城镇工业小区控制性详细规划 2002年6月，区政府正式批复军粮城工业小区控制性详细规划，严格控制建设用地规模，全面贯彻“十分珍惜、合理利用土地和切实保护耕地”的基本国策。工业小区用地总规模严格控制在183公顷范围内。

（二）华明新市镇控制性详细规划 见第六编第一章第二节华明示范镇规划。

（三）东丽湖地区控制性详细规划 2007年9月，天津市政府正式批复《东丽湖地区总体规划》。定位是依托中心城区，建设成为天津市新的、重要的生态型居住区；依托以航空城为主的滨海新区产业功能区，建设成为高档配套服务区；利用地热资源，建设成为特色旅游休闲度假区。2009年，完成东丽湖控规编制。2010年，编制东丽湖地区控制性详细规划设计方案。2010年11月，市规划局总体处结合《关于进一步深化外围地区大型居住项目规划整改工作的通知》要求，指导东丽湖对原有控规进行产业提升，主要内容：东丽区总体规划提升要求通过梳理东丽湖及周边地区交通系统，加强东丽湖与西侧金钟街道的联系；滨海新区总体规划提升要求完善东丽湖路两侧城市功能，使其成为滨海新区西部公共服务轴北部延伸的重要节点；调整东丽湖地区规划，对未出让地块，增加中、小型住宅比例，适当增加产业用地；加快编制东丽湖地区对外公共交通线网规划和场站规划，加快轨道、快速公交线、公交首末站建设，加强东丽湖地区与中心城区、空港经济区、华明新市镇和滨海高新区的交通联系。

（四）军粮城新市镇一期控制性详细规划 2007年12月，天津市规划局正式批复《东丽区军粮城镇总体规划（2006－2020年）》。充分发挥区位优势，大力发展特色产业，逐步建设成为以外围产业功能区为基础，以商业、服务业为主导的田园文化休闲城镇。2008年，完成军粮城新市镇一期控制性详细规划的编制工作。规划范围：东至富盛路，南至京山铁路，西至东文路，北至津滨快速路，用地总面积7.02平方千米。2009年3月，东丽区政府正式批复军粮城示范镇小城镇控制性详细规划。

（五）滨海新区部分控制性详细规划 2007年12月，市政府正式批复《滨海新区第一批重点地区控制性详细规划》。涉及东丽区重点地区是：军粮城散货物流区JDbg（07）01、02规划编制单元、机场分区JD（06）01规划编制单元。2009年，完成滨海新区部分控规编制。

（六）金钟街道控制性详细规划 2009年3月，区政府正式批复《金钟街道控制性详细规划》。规划范围：东至外环线调整线，南至北环铁路，西至京津塘高速公路，北至志成道延长线，规划总面积2094.6公顷。

（七）金钟街道金钟产业园区控制性详细规划 2009年4月，区政府正式批复《金钟街道金钟产业园区控制性详细规划》。规划范围：东至外环线东北部调整线，南至北环铁路，西至规划路，北至金钟路。规划用地面积535.73公顷。

（八）华明示范镇东区控制性详细规划 见第六编第一章第二节华明示范镇规划

（九）华明工业园控制性详细规划 2010年，区规划分局编制完成《华明工业园控制性详细规划》。2010年11月，区政府正式批复《华明工业园控制性详细规划》。规划范围：东至映春路，南至津汉快速路，西至机场大道，北至北环铁路，规划总用地面积733公顷。

四、修建性详细规划

（一）东丽湖·万科城修建性详细规划 2001年，为促进东丽湖发展建设，开始督促项目单位编制《东丽湖·万科城修建性详细规划》。2002年，完成一期修建性详细规划，规划范围：东至景荟路，南至情景道，北至东丽大道，一期规划面积6.3万平方米。

（二）华明新市镇修建性详细规划 见第六编第一章第二节华明示范镇规划。

2006年华明新市镇村庄原建设用地统计表

表5-1

村名	户数	村庄建设用地（亩）	户均（亩）	村名	户数	村庄建设用地（亩）	户均（亩）
赤土	3455	2562	0.74	永和	399	624	1.56
贯庄	2126	1749	0.82	范庄	2459	1579	0.64
北于堡	614	447	0.73	北坨	898	859	0.96
南于堡	550	321	0.58	南坨	347	539	1.55
李场子	338	565	1.67	赵庄	714	476	0.67
胡张庄	392	709	1.81	山岭子	976	1639	1.68
				总计	13268	12069	0.91

（三）军粮城示范镇一期安置区修建性详细规划　2009年，编制完成《军粮城示范镇一期安置区修建性详细规划》。军粮城示范镇被列入市第三批示范小城镇，该镇一期农民安置区修建性详细规划，按照推进农村城镇化和建设社会主义新农村的要求，充分挖掘地域自然、人文特色，发挥区位、资源优势，整合镇村布局，优化土地资源，促进经济发展，营造生态宜居生态氛围，让农民享受现代城市文明。该镇位于天津中心城区和滨海新区之间，海河中游北岸，东至袁家河东侧，南至津塘公路，西至蓟汕高速联络线，北至津滨高速。距海河4千米，与津南区咸水沽隔海河相望。距天津中心城区7千米，距滨海新区17千米，距天津机场5千米。军粮城示范镇的一期安置区，四至范围：东至茶金路，西距规划11号路，南至规划九大街，北至规划四大街，用地面积192公顷。

（四）金钟新市镇修建性详细规划　2009年，完成金钟新市镇修建性详细规划。该新市镇位于天津市中心城区环外东北方向，距外环线1.3千米，距机场1.5千米，用地北侧与新开河相隔，规划建设用地隶属东丽区金钟街道管辖范围。规划范围：东、南以津蓟路为界，西至北环铁路，北至新开河，规划总用地256公顷。还迁区用地内被城市快速路和主干道规划成3个片区，中部片区内集中布置为居住区配套公共服务设施用地及地区公建用地。结合现状地形条件及城市道路的规划，居住用地按还迁村庄的管理规划分成5个相对独立管理的居住街坊。整体用地周边规划以水系环绕，区内形成设施齐全、交通条件便捷、居住环境优美“岛中岛”的布局特色。该修建性详细规划就道路组织、建筑布局、配套设施、绿化系统均做出了详细规划。

五、重点地区规划

（一）东丽区近期城市住房建设规划　2006年，编制《东丽区近期城市住房建设规划（2006-2010年）》。规划范围为区行政辖区内的城镇建设区，包括环内的中心城区和环外的4个新市镇及东丽湖旅游度假区。为与《天津市住房建设规划》衔接，将区从空间上分为3个地区，即中心城区外环线以内地区、外环线至环外环之间地区、环外环以外地区。规划期限为2006—2010年。

全区实行新建住房套型比例平衡原则，即“区界内新建住房套型建筑面积在 90 平方米以下住房面积不小于住房建设总面积的 70%；住房用地供应总量中，中小套型、中低价位用地不小于供地总量的 70%”。

（二）中心城区总体城市设计 2008 年 12 月，编制东丽中心城区（环内部分）总体城市设计。确定中心城区的性质为“国家级航空航天产业基地，中国北方国际航空枢纽，天津市未来的行政文化中心与国际交流中心，生态宜居城市”，明确环内地区为东丽区的政治经济文化中心。2009 年 10 月，市规划局正式批复《东丽区环内地区总体城市设计》。该设计确定的空间结构清晰明确，进一步梳理了环内地理的交通、公共开放空间，确定了开发建设的时序，成为近期建设开发项目、土地出让的管理依据。

（三）东丽湖城市设计 2009 年，完成东丽湖城市设计编制，形成东丽湖两个核心开发区域：国际会议中心区和旅游中心区，沿生态主水系设置公共功能带，联系两个核心区；在两个区域之间创造内岛，设置复合商业走廊和 SOHO 居住区，为城市设置具有独特气氛的复合功能区。

（四）东丽区航空产业区总体规划 2009 年，区规划分局编制《东丽区航空产业区总体规划（2009－2020 年）》。依托该地区的临空优势和军粮城示范镇规划建设东丽航空产业园区；依托现有以民航大学为主的航空智力密集区和东丽开发区、空港物流加工区、高新技术制造区资源，实行优惠的区域政策和产业政策，推动区域经济向航空新技术产业的转化，带动区域经济呈现新增长点。规划以区位分析和产业分析为基础，在产业定位、功能布局、空间结构、绿化体系、生态建设等方面进行研究，提出相应对策与方案，促进产业区建设与北侧民航科技产业化基地，南侧军粮城示范镇相协调、补充、映衬，实现区域整体“安居乐业有保障”。规划的天津航空产业区是天津临空产业区的七大功能分区之一，也是天津市民航客机产业化基地的重要组成部分，是天津市航空产业发展的沃土。天津临空产业区总体规划由市政府于 2006 年 1 月批复，规划定位为：是天津临空经济发展的核心载体，是滨海新区的重要的功能区之一。应建设成为以航空物流、民航产业、临空会展贸易、民航科教为主要功能的现代化生态型产业区。天津临空产业区按产业特点和区域交通特点分为 6 个功能分区：规划机场运营及保障区、航空教学培训与科研区、中国民航科技产业化基地区、空港加工区、空港物流区、飞机维修区。区土地利用总体规划中东丽航空产业区用地为城镇建设用地。东丽航空产业园区位于天津滨海国际机场东南侧，南侧与军粮城示范镇相接。东至东金路、蓟汕联络线，南至京山铁路、津滨快速路，西至机场大道、规划路七，北至京津塘高速公路、津北路，总规划用地面积 18.25 平方千米，可建设用地面积 12.8 平方千米。

（五）津塘公路沿线区域城市设计 2010 年，编制津塘公路沿线区域城市设计。重点将津塘公路打造为“天津城市发展主轴上的黄金走廊”。

六、乡镇规划

1998 年，区按照《天津市城市总体规划》《天津市基本农田保护规则》要求，结合建设“津滨辅城”区域战略方案的设想，区规划土地管理局委托天津市城市规划设计院进行东丽区乡镇级总体规划的研究和编制。1998 年至 2000 年 6 月，对大毕庄镇、赤土镇、新立镇、小东庄镇、军粮城镇、华明镇、么六桥回族乡、无瑕街道的总体规划进行编制。其间，经反复修改、提升、完善，并征询乡镇街道及相关部门的意见和建议，2000 年 6 月规划成果完成，7 月报市规划局陆续正式批复。

规划确定了各乡镇街的区域、用地范围、建设规模、人口规模、发展定位、发展方向、经济结构模式、迁村并点、社会发展目标、城市化水平、产业布局及配套基础设施、环保、防灾和近期建设等要素，为各乡镇街今后的发展具有重要的指导作用。

程林街道因坐落于外环线以内，已纳入天津市中心市区规划控制范围，并由中心市区统一规划，故未纳入单独编制该区域的规则。

第三节　地名管理与测绘

一、　地名管理

（一）地名标志更新　1995年，完成无瑕街道地名标志更新工作。经市验收检查东丽区地名档案被评为市二级档案达标先进单位。

（二）地名命名、更名、注销　1979—2010年，命名区内1000余条街道的标准地名；更名50条，注销地名50条。

（三）道路命名　2008年11月，完成华明示范镇内荣达路、祥云路、康惠路、弘愿道、弘信道等道路的命名工作。

（四）里巷命名　2009年7月，对无瑕街道还迁房春霞里、丽霞里、秋霞里、森淼里、民惠里进行命名。

二、测绘工作

1997年3月，成立东丽区测绘队。

2009年，累计完成76项地形图测绘和55项规划放线，包括天津市天舒房地产开发有限公司（舒畅园住宅楼1～18号）、天津万科房地产有限公司（阅桦苑住宅楼3～5号、10～12号、15～18号、22～23号）、天津市房地产发展（集团）股份有限公司（昆俞北路A地块限价商品房1-35号楼、32～33号楼配套商业）、天津西营门国家粮食储备库（扩建工程：平房仓库1～8号）、中国汽车技术研究中心（新院区建设：整车排放实验室、电磁电器实验室、NVH实验室，零部件实验室1号、零部件实验室2号）等验线及62项竣工验收项目，包括天津市津房置业发展有限责任公司（秋丽家园经济适用房：1～15号、18号、20～22号、25号、27号、29号、32号楼）、天津万筑投资有限公司（格兰苑：1～12号公寓楼、15～18号公寓、19号配套公建）、华润置地投资（天津）有限公司（香润轩：1号,2号,14～16号）、天津市亿联置业发展有限公司、天津国际轻工商贸城E区不锈钢产品交易市场E9～E16、天津市滨丽建设开发投资有限公司（华明示范小城镇增建农民还迁住宅）等。完成国有土地两证合一内业制图90项二证合一，其中包括天津市晟远房地产有限公司（分证）、天津市惠民安居建设有限公司（民生村）、天津海能科技创新投资股份有限公司、华润置地投资（天津）有限公司、天津滨海天瑞投资有限公司等。

2010年，累计完成66项地形图测绘和72项规划放线、验线及竣工验收项目的测绘工作，完成国有土地两证合一内业制图70项。其中包括天津市东丽城市基础实施投资集团有限公司（金钟街示范小城镇农民还迁住宅建设：第一标段）、天津滨海金地投资有限公司（金地企业总部D区、滨海临空企业总部D区）、天津市房地产发展（集团）股份有限公司（翠海佳园：一、二、三组团1～26号楼及楼间地下车库、配套公建）、天津市津房置业发展有限责任公司（秋丽家园经济适用房：16、17、19、23、24、26、29～31号、33～34号）、天津西营门国家粮食储备库（天津西营门国家粮食储备库扩建工程：平房仓1-8号）等项目。

第四节 执法监督

区规划分局负责城市规划、测绘、地名和城建档案执法监察工作，严格依照法定程序执法，执法人员持证上岗，牢固树立依法行政意识，建设一支高素质的规划管理执法监察队伍。强化规划审批后管理，健全审批与执法工作衔接机制。加强程序制度建设，细化执法流程，明确执法环节和步骤，保障程序公正。2007—2010年对违法案件进行违法确认共计196件，有效遏制了违法建设行为。

第二章 基础设施建设

中共十一届三中全会后，区城镇建设蓬勃发展，城乡面貌焕然一新。市政基础设施建设不断完善，城镇环境建设效果明显，新城区建设卓有成效。

城市基础设施建设的推进，使全区住与行发生变化。完成“三年气化工程”，1988年始，全区实施了集中供热工程。实施中心城区“六路一广场”改造建设工程。对中心城区的“四纵四横”道路进行改造，以亲水亲绿为基调，建设了一座富有东丽特色，体现东丽人精神面貌，具有现代文化气息的东丽广场。

至2010年，区实现村村通公路，城区修筑了福山路、先锋路、栖霞道、招远路、詹安路、利津路、晨宏道、丰安路、津塘二线公路等，改造提升了津塘公路。中心城区已形成交通路网，方便居民出行，道路实现硬化、绿化、美化、亮化，雨污排水通畅。建成区天然气、暖气双气入户，部分居民区热水入户，农村地区自来水入户率100%。修建东丽公园、福山里公园、东丽广场、惠民公园等，为群众提供休闲、运动、游乐场所。张贵庄地区已形成高楼林立，公共设施齐全，配套项目完整，适合群众居住的现代化城区。

第一节 机 构

1981年9月，区城乡建设管理在原区计委代管的基础上，设立城乡建设房管局。1982年4月，改为建设房管局。1984年5月，改为城乡建设委员会，成为专职城乡建设管理部门。1987年10月，区规划土地管理办公室建立，与区建委一套机构、两块牌子，为全区土地管理的职能部门。1992年4月，区建委下属的房产公司独立升格为区房地产管理局，与区建委分离。1992年6月，区成立规划土地管理局。1993年11月，区规划土地管理局与区城乡建设委员会合并，保留区规划土地管理局牌子。1997年4月，区成立市容环境卫生管理局，与区城乡建设委员会合署办公。

2001年11月，区城乡建设委员会改称区建设管理委员会，是区政府主管区城乡建设管理工作的政府组成部门。2001年12月，区委、区政府确定区人防办为正处级单位，纳入区政府序列。2002年1月，区市容环卫局改为区市容环境卫生管理委员会，与区建委分离，直属区政府领导。2010年3月，区建委负责的园林管理划入区市容和园林管理委员会。2010年11月，成立区建设工程质量安全监督管理支队，为区建委管理的事业单位，等级规格相当副处级。2010年，区建委内设党委办公室、行政办公室、人事科、财务科、城市建设配套办公室、工程质量安全监督管理科、市政建设管理科、房地产建设管理科、供热办公室、综合计划科。下辖区市政工程管理所、区供热站、区建筑管理站、区建设工程质量监督站、区工程建设交易服务中心、东丽建筑设计院、区建设开发中心、天津市惠民安居建设有限公司、天津汇通房屋拆迁有限公司、区建筑工程有限公司、天津华北实业公司。

第二节　城区道路

城区道路管理工作，由区建设管理委员会市政建设管理科和区市政管理所负责。

1979年始，张贵庄地区街道里巷的道路修建逐渐增多。至1995年，共有街巷甬路123条，其中沥青路40条，水泥路83条。

2003年，东丽广场

1996年始，对福山路中段、跃进路（津塘路至先锋路）、招远路、利津路北段、栖霞道等道路进行提升改造或拓宽维修，完成招远路南段、詹滨南道、金乡路、詹滨西里、天水丽园等道路建设。2003年，实施“六路一广场”工程，福山路、跃进路、招远路、利津路、栖霞道、先锋路“四纵两横”的6条道路作为东丽中心城区的主干道，大部分始建于20世纪80年代至90年代初期。随着改革开放的深入和经济社会的发展，中心城区的主干道路及道路两侧的基础设施不能满足近10万居住人口城区的需要。经向社会各界征求意见，并通过专家的论证，对中心城区的“四纵两横”道路进行改造。融资贷款1亿多元，拆除公安局、农林局等原有的公建办公楼2.33万平方米和民房4440平方米，保留了原金乡公园的树木，兴建一座占地4.8公顷，建筑面积5.2万平方米的东丽广场。广场以亲水亲绿为基调，内含绿化面积高达50%。从高22.6米的“东起鹏程”的主题雕塑，到蕴含东丽文化的浮雕墙，再到悬空立体的百米廊桥，直至夜景灯光和喷射18米高水柱的电子音乐喷泉，既富有东丽特色，又赋予时代气息。正如广场碑文所写：巨帆高扬，海门开张；政通人和，紫气东来，壮哉津滨新城！建成后的东丽广场集文化、休闲、娱乐、健身为一体，成为东丽一处标志景观。

实施了丰年村、东丽经济开发区、机场货运道路、程林二村道路的修建及维修工程。

至2010年，城区内共有街巷甬路145条，其中沥青路面84条、水泥路面61条，总长103.7千米。

第三节　供　水

一、机构

城区供水工作，由区委城市建设配套办公室负责协调，具体管理工作由天津市华澄供水工程技术有限公司和天津津滨威立雅水业有限公司负责。

二、供水设施

1979年，全区铺设主供水管道20多条，初步解决了居民饮水问题。20世纪80年代始，实现楼房供水入户，平房供水引巷进院、入户。1986年，全区乡村有5.55万户居民使用自来水，受益人口20万人。1987年，实施“引滦入张（张贵庄）”工程。中心城区的居民和赵沽里、南大桥、张贵庄等28个村居民喝上滦河水。1992年，全区基本实现自来水入户。1995年，全区乡村饮用自来水达7.87万户，占乡村总户数的100%。

1996年，实施詹滨西里、利津商厦等供水工程。铺设津塘公路至先锋路直径300毫米的自来水管道1037米，解决体育中心、商贸城、顾庄村的供水问题。投资1.4亿元，完成变电所路至无瑕街道自来水管道铺设，全长21.78千米，解决了沿线村队、企事业单位、商户的供水问题。

2001年6月，完成区津塘二线供水工程，全长18.26千米，填补了军粮城一带供水空白区，彻底改变了津塘二线周边地区的水压低现象。津塘二线供水工程被列为天津市重点建设项目，彻底结束了区10万居民长期饮用地下高氟水的历史，同时，为全市工业东移保障了饮用水源。

2002年，区饮水解困工程全面完成，实现三年任务一年完成。共打饮水解困井58眼，维修机井2眼，更新机泵7台（套），使14万人摆脱吃水难的问题，共投资127万元。

2003—2010年，区完成东丽湖29千米自来水管道工程、程林庄路1.5千米供水工程、津塘公路自来水管道工程、么六桥住宅区自来水配套工程、军粮城小区自来水内网工程等，铺设自来水主干管道149.5千米。完成华明示范镇、空客还迁区、华明工业园区、华明新家园自来水管道工程，管径为DN300～1400毫米，总长度8.62万千米。

第四节　排　水

一、城镇排水

城区排水管理工作由区建委市政建设管理科和区市政管理所负责。

（一）排水管道

1979年，张贵庄地区共铺设排水管网32.4千米，建收水井1325座，检查井803座，初步解决了张贵庄地区主要路段和住宅区雨水、污水的排泄问题。

20世纪80年代，排水系统得到进一步加强和完善，至1995年，张贵庄地区（含程林工业区）

共有排水管道102.42千米，其中，雨水管道20.75千米、污水管道15.89千米、含流管道65.78千米，建有收水井3810座，检查井3068座，雨水排放泵站5处，污水排放泵站1处，形成张贵庄街道、丰年村街道、六建宿舍、昆仑里小区和程林工业区5片排水网络。

1996年始，陆续完成津门里和詹滨西里2.7千米排水工程，修建利津路、栖霞道、先锋路、劝业里住宅楼、招远路北段、丰安路、晨宏道等排水管道。完成东丽开发区东区、一纬、二纬路、永安路道路排水等工程。对利津路商业网点、振兴里、先锋里、龙廷里小区、程林东里、天水丽园、民和巷、铁路宿舍、贵环小区等处的排水设施进行维修改造。

2002年，建成中心城区排水工程，解决张贵庄地区及丰年村地区雨、污合流排放问题。

2007年，华明示范镇居住区排水管道建设完成。2010年，华明示范镇和华明新家园污水接入空港污水处理厂处理，共铺设污水管道4.9千米，华明示范镇52千米排水管道纳入城市设施统一管理。

至2010年，全区有排水管道203.62千米，其中，雨水管道71.99千米、污水管道62.86千米，合流管道68.77千米，建有收水井5175座、检查井7174座。

（二）泵站

1994年4月，建增兴窑雨水排放泵站，排水能力为0.24立方米/秒。1995年12月，建开发区雨水排放泵站，排水能力为11.1立方米/秒。2008年6月，建华明雨水排放泵站，排水能力为6.51立方米/秒。

1994年12月，建增兴窑污水排放泵站，排水能力为0.24立方米/秒。1995年12月，建开发区污水排放泵站，排水能力为0.8立方米/秒。2008年6月，建华明污水排放泵站，排水能力为0.36立方米/秒；

1987年6月，建丰年村合流泵站，排水能力为1.1立方米/秒。

2010年7月，建贵环小区合流泵站，排水能力为0.14立方米/秒。

（三）保障队伍

每年雨季之前，排水主管部门充分做好防汛各项组织工作，设立设施巡视调度组、防汛联络及雨量监测组、物资供应组、机械车辆调配组、泵站巡视抢险组、临时泵应急措施组、抢险机动组、维修组、安全组和后勤组等部门，组成80余人和18台车辆构成防汛抢险体系，逐级落实，责任到人。设备有对讲机10部、值班指挥车1辆、巡视检查车4辆，备有吊车、挖掘机、装载机、推土机、吸污车、管道疏通车13辆。区建委系统各基层单位分别成立10～20人的防汛抢险小分队，遇有汛情及时支援。设防汛抢险突击队，由驻区部队参加，根据险情随时调整突击队人数，以确保抢险需要。

为确保汛期群众的安全转移和生活医疗需求，各居民片分别设立群众转移场所，确定医疗卫生保障点。

二、钢管公司地区排水及污水处理

（一）管理机构

天津钢管公司东丽排水管理处负责钢管公司地区20千米雨污水管道排水及疏通维护。

1988年，天津无缝钢管总厂开始在区李庄子乡工业区建设。1989年，厂区道路、排水管道、污水处理厂等配套设施项目完工并投入使用。无缝钢管工程指挥部和区政府商定，将建设后的无缝钢管总厂的厂外、厂前、生活区的道路、雨污水管道、污水处理厂、泵站、机修厂、涵桥等市政配套服务设施移交给区管理。1991 年 12 月，建立天津钢管公司东郊排水管理处。为处级全民事业单位，委托区水利局管理，业务上接受天津钢管公司和有关部门指导。1994 年初，与区水利局脱离，直接隶属区政府领导，业务上仍接受天津钢管公司指导。

2007 年 12 月，排水管理处的 300 名事业编制调整到所属事业单位。排水处内设行政办公室、党办室、人事劳资科、财务科、保卫科、生产科、技术设备科。下设污水处理中心、泵站管理所、机修中心、市政环卫养护管理站、设备物资供应站、房屋管理服务站、净化水处理中心、天钢污水处理中心。

（二）排水

泵站管理所负责东、西两座排水泵站，承担钢管公司地区 5 平方千米范围内的雨水及钢管公司内生产的废水排放任务，肩负钢管公司及生活区雨季汛期的防汛排涝重任。东泵站位于污水处理中心厂区院内，占地面积为 3575 平方米，建有 6 千伏高压变电站、泵房及附属房间。泵房内安装 900HLB-16 型混流泵 4 台，IS-25 型排水泵 2 台及与其配套的电气设备，排水能力为 3.2 万立方米 / 小时。西泵站位于钢管公司厂外 1 号路与 10 号路交口处，占地面积 3825 平方米，建有 6 千伏高压变电站、泵房及附属房间。泵房内安装 900HLB-16 型混流泵 5 台，IS-25 型排水泵 2 台及其配套的电气设备，排水能力为 4 万立方米 / 小时。泵站管理所 9 台排水泵满负荷运行排水量为 7.2 万立方米/小时，年均排水量约 1200 万立方米。

2010 年，东丽排水处泵站管理所管理的东、西两个雨水泵站全年排放生产净废水和雨水 1250 万吨，排水量与 2009 年持平，圆满完成汛期排水任务。

（三）污水处理

1992 年，污水处理中心建成（原名污水处理厂），位于钢管公司南侧，占地面积约 5 公顷，设计规模为日处理污水 3 万吨。采用典型的活性污泥法二级处理工艺，关键部位引进美国先进设备。运行 18 年来，年均处理污水 600 万吨，处置污泥 1200 吨，为天津钢管公司、直接还原铁厂及无瑕工业区生产、生活污水的达标排放提供了保障，各项指标全部达到国家环保排放标准。

2010 年，污水处理中心处理污水 680 万吨，处置污泥 8580 吨，回用水用量 2.04 万吨。年均生化需氧量（BOD）削减量为 183 吨、削减率 75.87%；化学需氧量(COD)削减量为 1043 吨、削减率 63.69%；固体悬浮物(SS)削减量为 1413 吨、削减率 90.3%。全年出水各项指标达到国家钢铁行业排放标准，出水合格率达 100%。

第五节　供　热

一、供热站

全区供热管理工作由区建委供热办公室负责，供热实施工作由区供热站及各社会站（公司）共同承担。其中，区供热站所属詹滨西里、么六桥、无瑕、大毕庄、福山北里、华明、军粮城及肉联厂 8 个分站，供热范围以住宅为主，并负责张贵庄地区机关、企事业单位的供暖服务。其他地区的机关、学校、企业事业单位、乡村、机场等均由各社会站负责供热。位于区内的社会站（公司）包括天津市金钟路供热站、天津市帝达地热开发有限公司、天津市丽新里供热站、中国汽车技术研究中心、天津铁路信号厂有限公司、天津市顺通热力公司、天津市东丽湖地热开发有限公司、天津市军粮城发电有限公司、天津市新华天泓矿业投资有限公司、天津市无瑕建筑安装有限公司、天津市东丽区华明街道李明庄村供热站、天津市城悦保洁公司、天津市滨海国际机场供热站、天津市钢管集团有限公司、天津民航大学供热站、天津清洁能源有限公司。

二、供热采暖

1988 年前，供热采暖只有部分机关和企事业单位，均为自采自供。1988 年 11 月，张贵庄地区开始集中供热采暖，主要是福山里、振兴里、嘉祥里住宅区和 9 个机关，供热面积 5.37 万平方米。1989 年，又完成居民供热面积 4.71 万平方米，实现 28 个单位与区供热管道联网。至 1995 年，集中供热采暖增加詹滨里、先锋里、金华里、惠民西里、泰安里、詹滨西里、津门里、福山北里等，供热面积 45.83 万平方米，受益居民 6628 户，单位 89 个。共有锅炉房 7 座，锅炉 15 台，每小时供热能力 7680 万大卡，铺设管网 20 千米。

1996 年后，完善新建热源点配套设施，对部分设施进行调试、改造，对老旧居民区外管网进行重新规划、维修、改造。随着新居民区的建设，增设大型先进的锅炉，淘汰一批老旧落后的小锅炉，对部分老式锅炉进行脱硫除尘等技术改造，为老居民区住宅客厅、厨房、卫生间补装采暖设施。

1996—2010 年东丽区供热站统计表

表 5-2

年份	锅炉房（座）	锅炉（台）	外管网（千米）	年份	锅炉房(座)	锅炉（台）	外管网（千米）
1996	7	18	300	2004	20	10	550
1997	7	18	300	2005	20	10	550
1998	7	18	300	2006	21	9	545
1999	7	18	300	2007	23	10	571
2000	6	16	270	2008	24	11	623
2001	5	12	250	2009	25	11	623
2002	5	13	250	2010	18	8	519
2003	5	12	250	—	—	—	—

至 2010 年，区内共有燃煤锅炉房 20 座，地热站 11 座，热电站 11 座，燃气站 1 座，换热站 82 座，供热锅炉 46 台，共铺设一次网、二次网管道 488.32 千米，受益居民 10.95 万户，供热总面积 1187.44 万平方米。其中，区供热站共有锅炉房 8 座，锅炉 18 台，铺设管网 551.51 千米，受益居民 6.93 万户，受益单位 3465 个。供热总面积 573 万平方米。

三、供热应急预案规程

为确保及时、准确处理和排除供热运行中的突发情况，区供热站通过 ISO9000 国际标准质量认证，并制定应急预案规程，降低事故或故障的危害和损失。规程包括 5 个预案：当锅炉发生爆管事故时，司炉班长和司炉工应减弱燃烧，加大补水维持压力，继续运行，待备用炉启动后执行停炉程序。当锅炉房突然停电后，立即关闭锅炉进出口阀门，打开紧急补水和紧急泄放阀门，打开炉门和锅炉进水阀门，启动补水泵，向锅炉补水。当一次供热管网大量失水，迅速查明并关闭大量失水的供水循环回路的供、回水阀门。司炉人员迅速打开炉门，降低炉膛温度，迅速关闭锅炉进、出口阀门，打开排气阀和紧急泄放阀，直到炉水汽化现象消失。供热站立即组织人员抢修，直到恢复供热。经补水锅炉压力正常后，重新启动循环泵，恢复系统正常运行。若循环泵进、出口弹性软连接破裂时，迅速关闭循环泵进、出口阀门，同时启动备用循环泵。当二次供热管网大量失水，迅速判明并关闭大量失水处的供、回水阀门。通知供热站采取相应措施，立即组织人员抢修，直到恢复供热。当锅炉发生轻微汽化现象，减弱燃烧，放汽。发生严重汽化现象，紧急停炉，关闭锅炉的进行口阀门打开紧急补水和紧急泄放阀，打开炉门。

第六节　路　灯

城区路灯管理工作由区建委城市建设配套办公室负责协调，具体路灯管理工作由天津市路灯管理处负责。

20 世纪 70 年代末至 80 年代初，兴建楼房住宅区及里巷道路的照明路灯多为较高档次的高压水银灯。

1996—2010 年，随着城市建设的快速发展，以及居民住宅区的建设，路灯既解决照明，还朝着高档、节能、美观方向发展。为金华里、嘉祥里等老居民区解决多年无路灯的问题。完成津塘二线（外环线至茶金路）路灯安装及新袁庄段路灯安装，总长度 13 千米；完成二道闸公路东丽段的路灯安装，总长度 1.4 千米。在区域范围内实现夜晚照明。

第三章　津滨新城区建设

21 世纪初期，区根据 2000 年 6 月中共中央、国务院下发《关于促进小城镇健康发展的若干意见》及《补充意见》，结合区域实际，采取有效对策，加快迁村并点步伐。2004 年始，按照中央和天津市委的决策部署，区迈入了小城镇建设崭新的发展阶段。2008—2009 年，为东丽区新城区建设全面启动的时期。2009 年，全区城市化率达到 70%以上。2010 年，现代化“津滨新城区”已初展雄姿。

第一节 机 构

2010年3月，《东丽区机构改革实施方案》决定组建区政府城市化建设办公室，为区政府派出机构，区政府办公室不再挂区城市化建设办公室牌子。

2010年5月，区编委办印发《东丽区人民政府城市化建设办公室主要职责内设机构和人员编制规定》的通知，确定区政府城市化建设办公室为负责全区城市化建设综合协调、组织推动、监督检查和指导落实工作的区政府派出机构。内设综合科、一科、二科、三科。

第二节 新城区建设概况

2001年始，东丽区结合区域实际，采取有效措施，加快迁村并点步伐，加强城镇基础设施建设，拓宽利津路北段，建设维修村镇公路25千米、城区道路5.3万平方米。1997—2001年，累计投资15亿元，实施无瑕街道、新立街道等小城镇建设，完成农民住宅109万平方米，共有3.6万户9万余人迁入新居。

2003年，全区小城镇开工住宅建设面积108万平方米，竣工面积36万平方米。

2004年始，区小城镇建设迈入崭新的发展阶段。2004年1月，区第十四届人民代表大会第二次会议，作出《关于推进农村城市化建设的决定》。区政府制定《东丽区2004—2007年农村城市化建设规划》，是年8月，区印发《关于深入开展城市化建设试点工作的通知》，主要内容包括集体企业与集体经济组织体制改革、土地整合与土地流转改革、农村就业与社会保障体系建设、小城镇建设与管理、村级行政组织改革、城中村改造、建设征地与拆迁补偿安置、都市型农业产业园建设、小城镇经济功能开发建设9个方面。积极探索“宅基地换房”“城中村改造”“依托大项目有序撤村”等城市化建设新途径。在华明镇推行以“宅基地换房”小城镇建设试点。至2006年，全区小城镇住宅建设累计完成265万平方米，城市化率达58%。

2007年，军粮城新市镇总体规划获得市政府批准，实施东丽湖城市规划设计，加快东丽湖道路等基础设施建设。落实市重点项目和城中村改造等23个整体撤村的还迁选址和建设规划。是年，完成城镇住宅建设150万平方米，正式启动华明示范镇拆迁还迁工作。

2008年，全面完成华明示范镇建设工程。实施了城中村改造、21个市重点工程整体撤村还迁建设，全区城市化建设开工面积180.66万平方米。

2008—2009年，为区新城区建设全面启动时期，第三批示范小城镇试点军粮城新市镇、金钟新市镇开工建设，确定新立新市镇规划，形成军粮城、新立、华明、金钟4个新市镇。2009年，基本完成泰达西区还迁工程的入住，万新街道海河沿岸还迁住宅建设启动，加快推进丰新里危楼房屋、民和巷改造工程和东丽湖开发建设，区住宅改造工程顺利实施，建成区规划展览馆。是年，全区开工在建工程达472万平方米。落实地铁二号线、京秦客运专线、东金路等市重点工程征地拆迁。

2010年，区决定将空客项目占用流芳台、大新庄、么六桥、三合庄和向阳村5个村土地的村队1853户5904名村民还迁至华明示范镇。8月，新立新市镇被市政府批准列入第四批宅基地换房示范小城镇，其规划定位为航空航天产业配套服务区、海河中游宜居易商低碳生态社区、集教育文化休闲商业为一体的现代化居住区。9月，智慧城和赵沽里村还迁住宅项目开工。历经10年区小城镇建设蓬勃发展，面貌焕然一新。

第三节　新市镇建设

一、华明新市镇

2006年4月动工兴建，2007年9月竣工。为市政府批准的全市开展第一批农村示范小城镇建设试点。至2010年，包括并镇在内的17个村、15070户、43637农民搬入示范小城镇居住。

见第六编华明示范镇。

二、军粮城新市镇

2009年4月，军粮城新市镇项目纳入天津市第三批宅基地换房建设示范小城镇试点。项目位于天津中心城区和滨海新区核心区之间，海河中游北岸，东至袁家河东侧，西至蓟汕高速联络线，北至津滨高速，南至津塘公路。项目规划总用地19.34平方千米，安置区分两期开发，涉及4个街道，38个行政村，2.7万户7.5万人。

2009年12月，军粮城新市镇一期正式开工。项目涉及军粮城街道14个村，项目规划占地面积791.73公顷，其中还迁用地161.41公顷、出让区用地规模391.74公顷、复垦区238.58公顷。项目总建筑面积190.6万平方米，其中农民还迁住宅面积167.3万平方米、配套公建23.3万平方米，计划安置村民1.5万户4万余人。

三、金钟新市镇

2009年4月，金钟新市镇项目纳入天津市第三批宅基地换房建设示范小城镇试点。项目位于金钟路以北，新开河、津蓟高速引线、北环铁路地段，规划总用地规模774公顷，其中，还迁用地规模218公顷，出让区用地规模325公顷，复垦区231公顷。新市镇项目建筑面积共计157万平方米，其中，住宅133.4万平方米、配套公建部分23.6万平方米。公建设施项目主要包括中小学、幼儿园、社会卫生中心、文化活动中心等。涉及大毕庄、南何庄、南孙庄、欢坨、新中村5个行政村，计划安置村民1.1万户2.9万余人。2009年12月开工建设。2010年，还迁房建设完成场地平整、景观河土方工程、大毕庄界内道路基础工程施工。还迁区133.4万平方米还迁房工程全部开工建设，一期60万平方米住宅主体建至3～5层。

2010年，金钟新市镇施工现场

四、新立新市镇

2010年8月，新立新市镇项目被天津市人民政府批准列入第四批宅基地换房示范小城镇试点。项目位于区中心城区东侧，东至蓟汕快速路，南至海河，西至外环线，北至津滨高速。规划占地560.95公顷，其中，还迁区用地规模132.47公顷、出让区用地规模293.82公顷、复垦区用地面积134.66公顷。项目总建筑面积148万平方米，其中，住宅100万平方米、配套公建16万平方米、其他用房面积32万平方米。涉及翟庄等11个行政村，计划安置村民1.12万户2.65万人。是年9月，对辖区内有关村民住宅摸底调查，数据统计建档立卡。11月，履行各项民主程序，进行整体撤村的户表决工作。顾庄村委会、翟庄村委会向新立街道办事处呈报了整体撤村的请示。

第四节　城中村改造

一、小王庄还迁住宅和经营性用房项目

2007年，小王庄村启动拆迁。还迁项目东至规划迭山路，南至规划程昆道，西至规划国山路，北至成林道。规划建筑面积18.72万平方米，其中，住宅11.8万平方米，公建6.92万平方米，占地12.2公顷，计划安置村民1480人。2008年1月开工。2010年底，项目的自来水、燃气等外管网已经到位，工程范围内的建筑物及设施基本完成拆迁和迁移。

二、张贵庄村还迁项目

2006年11月，区政府下达《关于张贵庄村整体撤村事宜的批复》。还迁项目规划建筑面积33.5万平方米，其中，住宅32.5万平方米，公建1万平方米，占地27.87公顷，计划安置村民5587人。2009年，一期还迁楼开工建设。2010年，建成26栋10.6万平方米还迁住宅。

三、杨台、南大桥还迁住宅和经营性用房项目

2008年10月，开工建设杨台、南大桥村还迁项目，东至规划雪山路，南至规划程永道，西至规划沙柳路，北至规划万山道。规划建筑面积45.67万平方米，其中，住宅26.3万平方米，公建19.37万平方米，占地24公顷，计划安置杨台和南大桥村民3740人。2008年10月开工。

四、李明庄村还迁项目

2009年3月，开工建设李明庄村还迁项目。坐落外环线以南，龙山道以北，李明庄村界域内。总建筑面积23.28万平方米，其中，住宅22.85万平方米，公建0.43万平方米，投入资金5.75亿元，占地19.67公顷，计划安置村民4946人。2010年，完成一期16.8万平方米还迁住宅楼内外装饰工程、燃气及给排水配套工程，完成二期还迁住宅选址。

五、赵沽里村还迁项目

2009年，还迁项目位于金钟河大街南侧，东至赵沽里东里，南至丹江里，西至赵沽里大街，北至规划上江路，规划建筑面积20.2万平方米，其中，住宅19.1万平方米，公建1.1万平方米，总占地12.34公顷。计划安置村民3527人。2010年，完成还迁房户型、套数选定，完成还迁房11.2万平方米及地下建筑3.8万平方米桩基施工。

六、天钢、柳林城市副中心还迁项目

2010年9月，天钢、柳林城市副中心还迁项目开工建设。东至外环线，南至利福道，西至沙柳南路，北至先锋路。规划建筑面积123.9万平方米，其中，住宅105万平方米，公建18.9万平方米，占地60公顷，涉及万新街道詹庄、潘庄、辛庄、冯口、杜庄、吴嘴村和新立街道崔家码头村，计划安置村民2.26万人。

七、增兴窑村还迁项目

2010年，增兴窑村还迁项目启动。东至昆仑路，南至京山铁路，西至月牙河，北至千山道。规划建筑面积20.35万平方米，其中，住宅19.97万平方米，公建0.38万平方米，占地面积16.8公顷，计划安置村民1720人。完成增兴窑还迁地块349户、4.7万平方米住宅拆迁。

八、南程林、北程林村还迁项目

2010年，南程林、北程林村还迁项目启动。东至规划东台山路，南至规划万山道，西至规划跃进路，北至规划程雪道。规划建筑面积46.78万平方米，其中，住宅25万平方米，公建21.78万平方米，占地面积41.87公顷，计划安置村民6180人。完成南程林、北程林还迁地块850户、13.5万平方米住宅拆迁。

第五节　大项目撤村

一、污染搬迁项目

2003年，为解决津塘公路以南工业污染较严重的无瑕街道杨泊子、西地、李庄、北大道4个村村民居住环境问题，实施污染搬迁工程。项目总建筑面积28万平方米，占地20.16公顷，安置4个村人口2025户7763人。2009年底，完成还迁入住。

二、泰达西区项目

2008 年 3 月，军粮城街道依托大推力火箭、长城汽车等大项目征地撤村，启动和顺家园建设工程。2009 年 10 月，建设完成 114 栋、建筑面积 61.79 万平方米的和顺家园还迁社区。2009 年 12 月，民生、唐山、一村、永兴 4 个村 1800 户 8200 村民整体入住和顺家园。

三、空客项目

2010 年 7 月，空客 A320 项目征用土地涉及么六桥回族乡流芳台、么六桥、三合庄、向阳村、大新庄 5 个村。年末，实现迁入华明新市镇，安置村民 6401 人。

四、空港项目

2003 年，军粮城镇山岭子村土地被天津空港物流加工区建设征占。2008 年 2 月，山岭子全村 1427 户 3900 人迁入华明家园。华明街道贯庄村村民迁入华明家园。大东庄村村民迁至么六桥回族乡新建的建筑面积 20.8 万平方米的乡中心小区。总建筑面积 25.44 万平方米，占地面积 6.67 公顷，安置人口 13525 人。

五、散货物流区还迁住宅

2008 年，按照东丽区军粮城散货物流区开发建设实施方案，无瑕街道的大宋、小宋、大杨、老袁、苏庄、西窑、翟庄 7 个村，需进行整体撤村。涉及村民 4300 户 12299 人。还迁住宅建设全部选址于无瑕花园内，总建筑面积 46.03 万平方米，占地面积 30.67 公顷。2009 年 4 月，项目建设启动。2010 年，已完成建筑面积 61.72 万平方米，还迁 2300 人。

第四章　市容环卫　园林绿化

1979 年后，市容环卫工作随着城市建设的发展而兴起。经全区人民的长期努力拼搏、奋斗，特别是经过多年的市容整治、抗击“非典”及奋战一百五十天、奋战三百天综合整治，全区人民爱护环境、美化家园的意识在不断增强，市容环境卫生工作实现了宣传到位、组织到位、资金到位、整治到位。2010 年，区境内高楼林立、道路通畅、环境优美、清流环绕、绿树莺啼、华灯璀璨。

第一节　机　构

1982 年，区成立建设房管局，下设环卫科。区成立“三整顿”工作领导小组，下设办公室，后改为市容办公室。1984 年 4 月，城建房管局改为区城乡建设委员会。1985 年，组建城市管理监察中队。1988 年，区建委环卫科撤销，成立区环卫所（原区清洁队并入）为全民事业单位，市容办、城管监察中队与环卫所一套班子，环卫所由区建委领导。

1997 年 4 月，成立区市容环境卫生管理局，与区城乡建设委员会合署办公，内设办公室、市容监察管理科、环境业务管理科、市容环境协调指导科。下设清洁队、城管中队、渣土管理所、垃圾清运队。

2002 年 1 月，区市容环境卫生管理局更名为区市容环境卫生管理委员会。2003 年，爱卫办职责由区卫生局划入区市容委，区市容委与建委正式脱离，直属区政府领导。是年，成立了 9 个镇街乡市容环卫管理所和开发区、东丽湖旅游度假区市容环卫管理所。

2010 年 3 月，组建区市容和园林管理委员会，同时，加挂区爱国卫生运动委员会办公室的牌子，将原区市容委职责、区建委园林管理职责划入区市容和园林管理委员会，不再保留区市容环境卫生管理委员会，内设办公室、人事科、监察管理科、环境卫生管理科、园林管理科、爱国卫生管理科。下属单位：清洁队、城管中队、渣土管理所、垃圾清运队、园林管理所。

第二节　环境卫生

一、道路清扫保洁

（一）环卫设备与保洁人员　1980 年始，张贵庄地区雇用 10 名清洁工，靠人工清扫道路。1981 年，配备手推封闭保洁车 17 辆，保洁职工 33 人。1995 年，区环卫所配备动力扫道车 1 部，保洁员 23 人，张贵庄和丰年村街道有保洁员 72 人。2003 年，采取机扫与人工清扫相结合的方式，机扫率达 60%。2005 年，4 台机扫车，130 人上路作业，市内道路机扫率达 100%。2008 年，区市容委配备 6 台机扫车上路作业，每天有 150 人上路作业。2009 年，设 10 台机扫车，2 台多动能洗路车，每天 575 人上路作业。2010 年，全区保洁人员 585 人。

（二）道路清扫　1980 年始，区环卫部门负责张贵庄地区主要道路清扫工作。日清扫路面 11.7 万平方米。1987 年，清洁队负责张贵庄地区津塘路和跃进路两条路面，日清扫面积 14 万平方米。1988 年，增加里巷面积 9 万平方米。1993 年，增加福山路、先锋路、栖霞道 3 处路面。1995 年，区环卫所日清扫路面 23 万平方米，张贵庄街道日清扫路面 20 万平方米，丰年村街道日清扫路面 5.84 万平方米。1997 年，区市容委清洁队负责张贵庄地区清扫保洁工作，日清扫保洁道路 13 条，18.78 万平方米。2002 年，日清扫保洁道路 14 条 23 万平方米。2004 年始，区市容委清洁队对中心城区主干道和国控点周边地区进行洒水压尘作业，治理扬尘，清洗路面。2005 年，张贵庄地区道路清扫工作增加到 17 条，面积 41.9 万平方米，是年，区市容委又承担津滨大道、卫国道、昆仑北路快速路等共 209 万平方米环卫改造、拓宽道路的清扫任务。2008 年，区市容委共承担 31 条道路（城区 18 条、环内 13 条，共长 43 千米）154 万平方米的清扫保洁任务。2009 年，津塘公路提升改造竣工后，区市容委负责道路清扫任务，共承担 32 条道路 236.7 万平方米的清扫任务。2010 年，区市容委负责清扫保洁的道路共 33 条，面积 276 万平方米。

（三）工作制度　1981 年始，实行一扫一保制，即每日清扫一次，保洁一次。1988 年始，推行一扫二保制，即每日清扫一次，保洁两次，实行定岗、定责、定段“三定”责任承包制。1995 年始，实行辖区负责制，张贵庄街道和丰年村街道各负责清扫保洁街道路面。2002 年始，全面实行清扫人员承包和百分考核制度，强化“一扫全保”制。2008年，原区市容委清洁队的清扫保洁任务，招标天津市滨海建业劳务服务有限公司承包，区市容委负责监督检查、考核、核拨经费。2009年，中心城区实施24小时清扫保洁方式，其他一级路实施18小时清扫保洁，津塘公路实施16小时清扫保洁。

二、公厕管理

（一）新建公厕 1993年，在福山路、跃进北路和原17路公交汽车终点站建成3处水冲式公厕。2003年，在月牙河沿线新建1座二类公厕。2007年，在中心城区新建公厕2座。2008年，在环内万新街道界内新建公厕2座。

（二）改造、维修旱厕 1989—1992年，区政府投资10万元，改造、维修旱厕30座。1993年，在福山路、跃进北路和原17路公交终点站拆除旱厕6处。2003年，为配合百万市民大清整和抗击“非典”活动，环内19座旱厕改为水冲厕。2004年，按照全国无障碍设施电视电话会议及市市容委指示精神，区对东丽广场、东丽公园、张贵庄机场、永平巷、常熟里、民和巷、康平巷7座公厕进行无障碍设施改造，是年7月1日正式使用。是年7月8日，市市容委组织全市各区县市容委负责人，在区召开天津市公厕增设无障碍设施工作中期推动会，向全市推广东丽区的经验。2007年，在中心城区改造公厕1座。

（三）公厕达标管理 1988年，区环卫所下设公厕管理办公室负责39座旱厕管理，健全旱厕管理档案，专人负责，雇人承包，对承包人制定清掏、打扫、消毒、清运制度，规定每日清扫，确保公厕清洁。1995年，区环卫所统一管理公厕36座，按市环卫局颁布的管理标准，定期检查，严格管理，全部达到管理标准。1997年，中心城区公厕共34座，其中，位于主干道路的8座公厕实行收费管理，其余26座公厕由当地居委会管理。2001年，区市容委直接管理的公厕27座，管理人员每日勤于打扫，经常打开通风窗口，做好夏季消毒和日常照明工作，在雨季前对公厕进行维修、补漏，按时按标准进行粪便吸纳、清运，保证粪便不外溢。2007年，区市容委直管公厕19座，均按市颁标准按时清掏、消毒。2010年，区市容委直管公厕21座，均做到达标管理。

三、垃圾清理填埋

（一）垃圾转运站点建设 1981—1987年，中心城区建有垃圾收集点43个。1988年，新建垃圾池13个。1989年，在津门里建张贵庄垃圾转运站1座，占地面积1755平方米。1990年8月，建成丰年村垃圾转运站。10月，在翟庄子村建成全区最大的垃圾场，占地面积6.53公顷。2007年，在全区范围内建设58个垃圾集中转运点。

（二）垃圾清运 1981—1987年，中心城区清运垃圾1万吨，清运方法用人力车将垃圾运到指定地点，再用汽车转运到垃圾场。1989年，年清运垃圾1.8万吨，采取收、封、运一条龙。1997年，增加车辆，延长转运站开放时间，年清运垃圾2万吨，生活垃圾日产日清，清运率达100%，垃圾处理为填埋式。2000年，年清运垃圾3.8万吨，清运工程渣土、废弃物2.43万吨。张贵庄地区机关、企事业单位生活垃圾袋装率达95%，商业门脸、个体工商户垃圾袋装率达80%以上，双气居民垃圾袋装率达85%以上。2003年，区政府拨款270万元，购置专用垃圾清运车28辆，分配给各环卫所用于垃圾集中清运，垃圾处理为无害化处理。2007 年，全区范围将生活垃圾集中存放，由各镇街乡环卫所以直运的方式集中收运，进行无害化处理，中心城区垃圾无害化处理率达 100%。2008 年，区内餐厨废弃物收运处理工作由天津市碧海环保技术咨询服务有限公司负责，实行无害化处理。区内公厕粪便收运及化粪池清吸清运工作由区市容委协调指导统一管理。

（三）垃圾清运管理 1988 年始，垃圾清运工作由环卫所和管理部门分工负责。1989 年，为保证环境卫生，制定日产日清、消毒灭菌制度。1998 年始，推行生活垃圾袋装化管理，减少二次污染，张贵庄地区主干道路两侧的机关、企事业单位、商业门脸等与区市容委签订门前三包责任书 130 份，代包户达到 70%以上。2003 年，区市容委制定《东丽区防“非典”特殊时期垃圾处理办法》《东丽区医疗垃圾处置办法》，投入专人专车，配备防护设备，运输各医院、疗养点、隔离点垃圾并专门处理。是年，成立各镇街乡及开发区、旅游渡假区环卫所。2007 年，区市容委与中心城区主干道路两侧 98%的单位、商业门脸等签订门前清扫责任书。2008 年，区市容委与机关、企事业单位签订协议，实行清运垃圾有偿服务。

四、清雪融雪

2003 年，区政府成立东丽区清融雪工作指挥部，指挥部在区市容委设办公室，具体负责清融雪工作的安排、指挥、推动、检查等任务。每年入冬前，制定全区清融雪工作预案，各街乡有关部门也成立清融雪指挥部，负责本辖区、本系统清融雪工作。区市容园林委主要负责指挥、推动、协调各街乡市容环卫管理部门的清融雪工作，同时负责对中心城区、环内城市道路、桥梁等清融雪工作，负责对花坛、绿地、树穴的管理，防止污雪和垃圾倒入；指导居民区内绿地的净雪堆放，并对各街乡及有关单位清雪工作进行检查推动指导。区建委负责指挥、协调建设单位对施工工地的清融雪工作，并进行监督管理，指导各居民区对净雪倾倒进行管理，负责区管道路的清融雪工作。交警东丽支队负责对融雪、运雪车辆的指挥疏导，维护和保障清融雪道路交通秩序和畅通。区水利局负责对禁止倾倒污雪的区管河道及景观河道等进行监督检查。公路东丽分局负责所属公路、桥梁的清融雪工作。区节水办负责协调有关部门，保障市容环卫、公路管理及各街乡部门单位因融雪超指标使用自来水，并按公共事业用水价格供给。区气象局负责提前向区清融雪指挥部提供天气降水形势预测，并及时、准确向区清融雪指挥部提供近期降雪气象预报。区文化广播电视局负责及时播发区领导和区清融雪指挥部对清融雪工作的指示和要求，及时宣传报道清融雪工作。区卫生局负责救治伤病人员。区综合执法局负责社会单位清融雪的执法检查，组织开展门前卫生责任制单位清融雪工作的执法检查。区武装部负责协调驻区部队、武警支援地方的清融雪工作。区清融雪工作实现小雪 24 小时净、中雪 48 小时净、大雪 72 小时净总体标准。

2008 年，环卫工人在跃进路清雪

第三节 市容街景

一、市容环境治理

（一）建筑立面装饰整修 1987 年，开展区界内外环线两侧美化活动，修建装饰围墙 6000 延米，粉刷平方、楼房外檐 10 万平方米。1990 年，区组织两次规模较大的装饰清整活动。5 月，区政府投资 80 万元，装饰、粉刷平房和楼房 9.6 万平方米。7—8 月，对津塘公路、跃进路、程林庄路重要地段和张贵庄、小东庄、军粮城农贸市场及张贵庄地区楼群、里巷进行清整。1994—1995 年，全区开展迎“亚乒赛”“世乒赛”美化市容活动，共装修建筑物 2.02 万平方米。2000 年，粉刷赵沽里村路边外檐围墙 1500 平方米。2002 年，完成月牙河东丽段 1.7 千米建筑物立面整修，粉刷楼房 16 幢 4.56 万平方米。拆迁后平方立面恢复粉刷 256 间 3317 平方米，整修围墙 307 延米，新建围墙 230 延米，粉刷供热管道 4500 平方米。津汉线路段，整修平房 486 间，围墙 6070 延米，楼房 4 幢 1.66 万平方米。2003 年，配合东丽广场建设，张贵庄地区共整修楼房 70 幢 16 万平方米。2005 年，整修外环线两侧楼房 25 幢及平房围墙 4.75 万平方米；整修金钟河大街两侧楼房 10 幢及平房围墙 2.15 万平方米；整修金钟公路两侧楼房 19 幢及平房围墙 199 平方延米；整修津滨高速、京津塘高速公路两侧楼房 38 幢 20.2 万平方米，新建围墙 685 平方延米。

（二）广告、牌匾、违章建筑治理 1995 年，区开展拆除违章建筑专项活动，共拆除“官搭”和“私搭”建筑物 1172 间 1.49 万平方米，市容面貌得到改观。1999 年，张贵庄街道、程林街道、大毕庄镇、华明镇拆除重点部位违章建设，拆除招远路违章建设 24 户 800 平方米，拆除增兴窑村违章建设 1200 平方米，拆除昆仑里地区违章建设 740 间 1 万平方米，拆除高速公路跃进路出口处违章建设 1100 平方米。张贵庄地区经重点整治拆除不规范牌匾 108 块，清除乱挂幔帐 64 幅，拆除违章棚亭 46 处，清理乱贴乱画 2113 处，清理乱堆乱放 395 处，治理里空外卖 577 处。2003 年，开展东丽区环境建设年活动，张贵庄地区封堵影响市容的首层私开门脸，建起半透明围墙，在整修过程中对于不规范的广告牌匾进行清除和规范。2005 年，第六届亚欧财长会议在天津召开，区承担 6 条道路的综合整治任务。共拆除金钟河大街、金钟公路、外环线广告牌匾 445 块，拆除违章棚亭 30 处、违章建筑 35 处、残墙断壁 16 处 360 延长米。是年，区承接第 29 届世界滑水锦标赛和“2005 年天津国际嘉年华”娱乐中心大型活动，区市容委承担卫国道、津汉路、外环线等市容环境清理整治和东丽湖赛场周边市容环境保障工作，共拆除违法建筑、违章棚亭 36 处，拆除破旧牌匾 8 块，清理沿线摆摊设点、占路经营 280 处（次）。

（三）清脏治乱活动 1990 年，区政府投资 20 万元，在张贵庄等地区清除私搭乱盖 196 处、乱堆乱放 70 处，治理楼群甬道 33 条，清除杂草 4620 平方米，清运垃圾废土 6300 吨，擦洗果皮箱 85 个，清理花坛、绿地 230 平方米，整治城乡接合部环境卫生 2 处。1993 年，开展卫生大检查活动，清除乱贴乱画 173 处、乱堆物品 7 处、乱摆摊点 150 处。2003 年，在开展东丽区环境建设年和抗击“非典”工作中，区政府发布《关于清理整治市容环境卫生的命令》《关于清理整治主要道路两侧市容环境卫生的命令》。全区清理脏乱点位 147 个，清理清运垃圾 16 万吨。2005 年，配合整修津滨高速、京津塘高速公路及金钟公路两侧环境中，清除绿地污染杂物 650.7 万平方米，清理河道漂浮物1000吨。出动运输车、装载机、铲车、挖掘机196台次，动用清理人员640人次，清理垃圾41处、废品收购点11处、煤堆9处、脏乱点位79处、占路经营摊贩300处。

（四）综合治理

2000年，区实施“畅通工程”开展退路进厅活动。区市容委对跃进北路、栖霞道东段、福山路及招远路北进行清理。总计清理违法违章建筑及棚亭211间1956平方米，清理摊点290处，清除遮阳罩53个，清理小货车81辆，清除乱堆乱放230处。张贵庄地区共拆除各类违法建筑、棚亭1566间1.39万平方米，清理乱堆乱放1319处，拆除小煤池2860个，清理摊点364个。

二、重点地区综合治理

（一）京山铁路沿线整治工程 2004年始，对京山铁路沿线东丽区段进行综合治理，区成立“东丽区京山铁路沿线市容环境综合治理指挥部”，下设程林街道分指挥部、新立街道分指挥部。共拆除违章棚亭182间2500平方米，拆除无契证房屋609间2.15万平方米。绿化7950平方米，种植乔木5992棵、灌木8.08万棵，铺设草皮1.71万平方米，铺设甬道5060平方米，绿化面积25.44万平方米。2005年，实施京山铁路东丽段第二期治理，包括北侧5.2千米、南侧1.3千米，总长6.5千米，共绿化20.04万平方米，种植各类乔木7000余株，花灌木5万余株，铺设甬路，设置园林小品。2006年，对联建走行线、危走线、构件三厂3条铁路专用线，总长3.61千米进行综合治理，绿化面积14.48万平方米，拆迁住宅房屋5287平方米，拆除违法建筑1230平方米，拆迁非住宅房屋2034平方米，种植各类乔木11万余棵、灌木2万余棵。铁路沿线治理工作历时3年完成任务。

（二）东南半环快速路综合治理 2005年，对东南半环快速路东丽区段南起京山铁路，北至成林道，3.4千米进行综合治理。共拆除沿线违章棚亭40间，拆除沿线楼房二层以上窗户护栏1112个，统一规范首层窗护栏、门脸、牌匾和户外广告，对沿线35幢4.5万平方米的楼房进行综合整修。

2008年整修一新的航大宾馆外檐

（三）机场周边地区综合治理 2007年，天津滨海国际机场周边的治理任务被列入天津市二十项民心工程。区市容委联合区城市管理综合执法局、新立街道，首先对与滨海国际机场相连的驯海路及机场货运路进行了综合治理，共拆除违法建筑5120平方米，清理大型废品收购站5处，清理违章广告11处，清理垃圾、杂土3670吨。同时完成了机场周边地区立面整修设计方案并进行了部分施工。2008年，完成津北公路、机场客运路、货运路、机场南门立面整修11.48万平方米，绿化3.73万平方米，拆迁1000平方米，拆除不规范广告牌匾26块、规范完善100块。经过两年的综合治理，机场地区的市容环境面貌有了极大的改善。

（四）二级河道综合治理 2007年，区市容委与区水利局联手，共同对区内6条二级河道的

14 个路河节点和 1 个示范段进行治理。6 条二级河道累计长 76 千米，共拆除河道两侧违章建筑 1.2 万平方米，清理河道垃圾 11.7 万吨。

三、爱国卫生运动

（一）机构设置 区爱国卫生运动委员会，主任由区领导担任，组织成员由各街道、委办局等单位领导组成。

（二）工作概况 1979 年，加强粪便管理，全区粪便统一管理的大队占 96.4%，积肥队 496 个，积肥员 2516 人。新建和改建公厕 3223 座、迁村外牲畜棚 980 个、迁村外猪圈 4288 个、修街道路 21 千米。21 个生产大队饮用市区自来水，20 个生产大队机井水入庭院、打深井 117 眼，全部饮用井水。1980 年 5 月 31 日，首个“世界无烟日”进行宣传引导，倡导戒烟行动。1984 年，深入学习国家领导邓小平为爱国卫生工作题词：“防治地方病，为人民造福”，从做好天津地方病防治工作入手，加大宣传和自身防治意识，提高身体素质。2003 年，区爱国卫生运动委员会办公室（下爱卫办。）办配合“非典”防治工作，组织开展“依靠科学、战胜非典”主题卫生大清整活动，全区 10 万余人次参加义务劳动，清除垃圾杂物 4 万余吨，喷洒消毒药剂 30.68 吨。2007 年，开展环境卫生集中清整日活动，全区出动 1.6 万多人、专业车辆 228 部，拣拾绿地垃圾袋 3.2 万余个，清运垃圾杂土、河道漂浮物 1900 余吨、清除卫生死角 230 余个。军粮城镇一村被命名“市级卫生村”。2008 年，按照《2008 年奥运会天津赛区病媒生物防治方案》，区财政投资 3 万元，购置病媒防治药剂，对机场及周边地区近 7 平方千米重点防治区域进行病媒防治消杀作业。么六桥回族乡中心庄村命名为“市级卫生村”。2009 年，落实全市连续开展大干 300 天市容整治行动。区爱卫办充分发挥动员全社会参与的积极作用，开展病媒生物防治、单位卫生评比检查、健康教育宣传等活动，提高广大群众的环境卫生意识和防病保健能力。2010 年，区 9 个街乡建立病媒生物防治消杀服务队伍，专兼职病媒生物防治消杀人员达到 200 余人。定期深入全区村居、社区开展消杀工作。

（三）重点工作

环境卫生 1983 年，实行门前三包。1987 年，小东庄乡首建消毒站。至 1988 年，11 个乡镇街建消毒站，消毒人员 110 人。区防病站对消毒人员进行药物、器械使用和消毒方法的培训。1990 年，区环卫所建垃圾转运站。

灭鼠 1987 年，区政府把灭鼠达标列为农村十件大事之一。区乡镇街成立灭鼠指挥部，层层签订灭鼠承包责任书。组成 10 名长年鼠密度检测员，对住户、工厂、食品行业每月调查 500 户。区培训师资 55 人，层层培训投药员 2120 人。经验收鼠密度为 0.0064%（九格粉迹法）获得达标。1988 年，鼠密度仍控制在规定之内。1989 年始，监测鼠密度增高，进行投药捕杀。

灭犬 1987 年，全区统计有 19718 只犬，犬伤人出现 3 例。是年 7 月，区成立灭犬委员会。全区灭犬 18620 只，占应灭犬总数的 94.4% ，91 个村实现无犬村。1989 年，贯彻执行天津市政府颁布的《关于养犬暂行管理办法》对养犬进行疫苗预防注射。

门内卫生达标 1994 年，开展“门内卫生达标”活动，220 个单位达标，评选 29 个市级先进单位、2 个红旗单位。区爱委办被评为市级先进集体。1995 年 10 月，区政府所在地区通过市卫生达标检查验收，获天津市第三次全国城市卫生检查评比先进单位。

改厕 2003—2006 年，区爱卫办推动开展农村卫生户厕改造工作，作为建设社会主义新农村的一项利国利民、惠泽百姓的德政工程、民心工程。区按照市爱卫办等有关部门的要求，精心组织，克服困难，狠抓落实，全面推进户厕改造工作。

2003—2006年东丽区户厕改造统计表

表5-3

年份	当年改厕数量（万座）	合计改厕数量（万座）	普及率（%）	资金投入（万元）
2003	0.2	2.24	34.67	200
2004	0.97	3.21	49.69	1689.42
2005	1.69	4.9	75.85	2016.92
2006	1.13	6.03	93.34	959.79
合计	3.99	—	—	4866.13

第四节　行政执法

一、依法行政

（一）广告牌匾审批　区内设置大型单立柱广告牌，由区市容园林委初审，市市容园林委审批。主干道路两侧、重点繁华地区、机场地区设置广告牌，由市市容园林委审批，其他地区设置广告牌匾由区市容园林委审批。由申请人提出申请，审批部门现场勘查，下达准予受理通知书或不予受理通知书。

（二）渣土排放管理　凡产生渣土的单位或个人，在工程开工前，携带经规划部门批准的施工执照及工程计划（个人需携带私产房地产证），到区市容园林委登记，办理渣土排放处置手续，区市容园林委渣土管理所核发许可证。

（三）扬尘撒漏专项治理　2007—2009年，联合整治扬尘撒漏专项治理，使车轮带泥、扬尘撒漏现象得到有效控制。

二、普法工作

自“一五”普法始，区市容园林部门通过开展法制宣传教育和推进依法治理，进一步增强全体干部职工学法守法意识的普法理念，确定以“提高依法行政能力、提高执法人员法制意识”的工作目标，以领导干部、行政执法人员为重点的普法对象，并从目标出发，明确普法内容、方式和步骤；同时，根据实际制定年度计划、普法要点，保证普法工作有计划、有步骤、有重点地进行。充分利用区法治宣传月和“12・4”法治宣传日等活动，向广大群众宣传法律知识。

第五节 园林绿化

一、道路绿化

（一）**行道树栽植** 东丽区开发区行道树 1997年栽植，乔木为主，2010年有树木3180株。栖霞道行道树 1998年栽植，2010年有乔、灌木等4个品种树木，共635株。跃进路行道树 1998年改造，2010年有2个乔木品种，共202株。招远路行道树 1998年栽植，2010年有乔木214株。先锋路行道树 1998年栽植，2010年有乔木437株。卫国道行道树 2003年栽植，2010年有乔木562株、灌木565株。华明家园行道树 2008年栽植，乔木为主。2010年共有行道树8295株。

（二）**街景绿地** 招远路街景绿地 1998年始建，占地面积7763平方米，草坪3759平方米，2010年绿地内有乔木、灌木共158株。栖霞道街景绿地 1998年始建，占地绿化面积8963平方米，草坪3700平方米，2010年绿地内有乔木、灌木共360株，其中，灌木组球造型120个。昆仑北路街景绿地 2003年始建，占地绿化面积1.48万平方米，草坪1.07万平方米，2010年绿地内有乔木、灌木共792株。卫国道街景绿地 2003年始建，占地绿化面积8.1万平方米，草坪7.49万平方米，2010年绿地内有乔木、灌木共1.31万株。津汉公路街景绿地 2004年始建，占地绿化面积3.6万平方米，草坪3.43万平方米，2010年绿地内有乔木、常绿乔木、灌木共1520株。金钟河大街街景绿地 2005年始建，占地绿化面积3万平方米，草坪1.41万平方米，2010年绿地内有乔木、灌木、灌木组球造型2210株。世纪大道街景绿地 2006年始建，占地绿化面积12.57万平方米，草坪12.05万平方米，2010年绿地内有乔木、灌木、植物造型35个品种共1620株。津蓟高速公路出口处街景绿地 2006年始建，占地绿化面积6.36万平方米，草坪面积4.97万平方米，2010年绿地内有乔木、灌木1990株。津塘公路街景绿地 2007年始建，占地绿化面积164万平方米，草坪88.8万平方米，2010年绿地内有乔木、灌木165.45万株，花卉81万株。电大路街景绿地 2007年始建，占地绿化面积1.2万平方米，草坪2601平方米，2010年绿地内有乔木、灌木1554株。外环线内侧58米绿化带 2002年始建，占地绿化面积79.42万平方米，水面面积7.13万平方米，草坪面积32.2万平方米，地被及宿根花卉20.62万平方米，绿篱12.19万平方米，2010年绿地内有乔木、灌木8.87万株。

二、铁路沿线绿化

京山铁路沿线绿地，位于京山铁路北侧，跃进路以西，绿地面积4.34万平方米，草坪面积1.71万平方米。2010年，绿地内有乔木、灌木1.52万株。

2008年，月牙河沿岸绿化效果

三、河岸绿化

2003年9月，月牙河沿岸两侧东丽段绿化竣工，绿化面积 4.6 万平方米，草坪 2.42 万平方米。2010 年，绿地内有乔木、灌木绿篱模纹 47 个品种共 2.36 万株。

四、居住地绿化

2007 年，华明新市镇园区内绿化面积 36.06 万平方米，园区外绿化面积 46.28 万平方米，其中，道路绿地 29 万平方米，道路绿轴绿地 6.32 万平方米，公园绿地 10.96 万平方米。

五、东丽广场绿地

总面积 5.2 万平方米，绿化面积 2.24 万平方米，草坪 2.01 万平方米。2010 年，绿地内有乔木、灌木 56 个品种 3700 株。

六、园林雕塑

东丽广场主雕塑“东起鹏程”，以门、船、帆的抽象造型组成，意在表现东丽区作为天津东大门的重要地理位置和以水文化为主题的深厚历史及在新形势下强劲的发展势头。雕塑整体造型高耸挺拔，静中寓动，其指令性的空间形式给人以强烈的视觉冲击，使人产生生气蓬勃、奋发向上的情感联想。

第六节　公园景区

一、综合公园

（一）东丽公园　1986 年始建，1987 年 10 月 1 日对外开放。占地面积 3.4 公顷，坐落区福山路南侧。园景以中间湖为中轴线，划分公园为南北两个区域，以桥连接南北两岸，桥中有小亭台，湖东侧栽有荷花及浮萍，湖西侧有一座喷泉，旁边为亲水平台，公园北侧建有花房，花房一侧种有竹林，另一侧地形高点建一凉亭，栽有松树等树木；公园南侧中间为海棠林，其间设有长椅，一侧种植花卉小品等，以甬路蜿蜒其中，另一侧为健身设施及儿童游乐设施，滑梯、健身器材、乒乓球台等。绿化面积 3 万平方米，水面 1.2 万平方米，草坪 6560 平方米，花卉 2206 平方米。2010 年，绿地内有乔木、灌木 735 株。

（二）芳草公园　1998 年建设竣工，占地面积 8.7 万平方米。坐落区外环线以东，津赤路以北。园景以中间湖为基础，湖四周种有草坪，并栽植花卉及乔木。有一桥引入湖中间一亭台，四周水面栽有荷花等水生植物。绿化面积 8.31 万平方米，水面面积 3.38 万平方米，草坪 6581 平方米。2010 年，绿地内有乔木 964 株，月季 2870 株。

（三）新立公园　2005 年 10 月建设竣工，占地面积 2.54 万平方米。坐落在津塘公路以北，新立村南侧。园景北侧为小广场，以毛泽东塑像为中心，以中心点向四周辐射，用台阶逐级提高，周围建有雕塑墙，主要题材为人民斗争史的浮雕。广场南侧是两个并排的起伏地形，其间贯穿甬路连接广场，随着地形起伏栽植绿篱、草坪、花卉、乔木等植物。绿化面积 2.54 万平方米，草坪 7200 平方米；宿根花卉 1 个品种，占地面积 638 平方米；绿篱 1 个品种，2.78 万株，1735 平方米。2010 年，绿地内栽植乔木、灌木 320 株，月季 2950 株。

2009 年，新立公园

二、社区公园

（一）欣苑公园　1997 年始建，坐落在赵沽里小区以北，占地面积 1.9 万平方米。园景以草坪为主，绿地内栽有成片树木。绿化面积 1.59 万平方米，草坪 1.56 万平方米。2010 年，绿地内有乔木等 1466 株，月季 520 株。

（二）万力公园　1997 年始建，坐落在沙柳路以东，占地面积 1.46 万平方米。园景以草坪为主，穿插几条甬路，甬路两侧栽植各种树木。绿化面积 1.45 万平方米，草坪 1.11 万平方米。2010 年，绿地内有乔木、灌木 2050 株，有月季 3000 株。

（三）惠民公园　2005 年 10 月竣工，坐落在区外环线以西，津塘公路以北，占地面积 1.8 万平方米。园景仿欧式广场造型。北侧为四面钟表造型钟楼，以道路向东、南、西侧辐射，南侧为石榴林；西侧栽有树林，中间道路穿行，路旁设有长凳；东侧为长方形绿篱造型。绿化面积 1.3 万平方米，草坪 5000 平方米，花卉 340 平方米。2010 年，绿地内有乔木、灌木 7703 株。

（四）华明公园　2007 年 8 月竣工，坐落在区津汉公路旁，华明小城镇内，占地面积 12.66 万平方米。园景以营造原生态植物环境系统的设计理念，公园充满野趣和田野景象，地形参差起伏，木栈道穿行其中，连接亲水栈桥，湖心长堤连接左右两岸，湖面面积 1.5 万平方米，芦苇、菖蒲等水生植物遍布湖面。绿化面积 10 万平方米，水面 2.04 万平方米，草坪 6.17 万平方米，花卉 1196 平方米，绿篱 5446 平方米。2010 年，绿地内有乔木、灌木 29 个品种 2950 株。

三、园林设计

1993 年，天津市北方园林市政工程设计院有限公司成立，坐落在东丽区华明工业园华明大道 20 号，具有国家市政公用行业（风景园林规划设计）甲级资质，为一家综合性、专业化的知名景观设计机构。代表作有区东丽大道西段延长线绿化景观设计等。

第五章　城管综合执法

东丽区城市管理综合执法局，以保障区经济发展和城市化建设及打造人民满意城市管理综合执法队伍为目标，坚持依法行政，认真履行职责，强化队伍建设，加大执法力度，规范依法执法行为。围绕“融入滨海，集聚优势，构筑高地，科学发展”总体要求，严厉打击违法占地、违法建筑等影响和阻碍经济建设、城市化建设的行为。为推动区重点工作、重点工程、重点项目顺利进行提供坚强有力的执法保障，使市容环境面貌得到根本性的提升。

第一节　机　构

1997 年 10 月，区随着城市化建设的推进，为加强城市管理，临时组建区城市管理联合执法大队。2002 年 7 月，区按照国务院办公厅《关于继续做好相对集中行政处罚权试点工作的通知》文件要求，在原区联合执法大队的基础上，从区规划和国土资源局等单位抽调人员充实健全区城市管理执法大队。

2007 年 2 月，区委、区政府在调整合并区相关城市管理行政执法队伍的基础上，成立东丽区城市管理综合执法局。

东丽区城市管理综合执法局，是主管本辖区城市管理综合行政执法工作的行政机构，规格为处级。内设办公室、人事科、法制科、执法督查科（指挥中心）。下设：执法一大队，管辖新立街道、张贵庄街道、丰年村街道；执法二大队，管辖万新街道、么六桥回族乡；执法三大队，管辖军粮城街道、无瑕街道；执法四大队，管辖金钟街道。2007 年 7 月，设立华明镇执法大队，管辖华明街道。2010 年 12 月，设立东丽湖旅游度假区执法大队，管辖东丽湖旅游度假区。

第二节　市容综合整治

一、中心城区综合整治

2007 年，区以中心城区为重点，以迎奥运和落实市 20 项民心工程为目的，开展对中心城区、城乡接合部和津塘路、津滨大道、卫国道 3 个入市口；京津塘、京津塘二线、津滨、津蓟 4 条高速路入口；津塘公路、津滨大道、卫国道、昆仑路、金钟河大街 5 条迎奥运道路，以及滨海国际机场周边、东丽湖旅游度假区等重点区域的市容环境综合整治工作。治理违法占路、流动摊贩、市场外溢等违法行为 9000 余处，清理违法小广告 12 万余张、涂鸦 14200 处，查处扬尘撒漏违章车辆 137 台次，有效改善了市容环境秩序。

二、迎奥运环境专项治理

（一）高速公路综合治理　2008 年，对京津塘、津滨高速公路两侧 74 处脏乱点位进行了 13 次清整，清理垃圾杂物 1140 吨，取缔违章牌匾 30 处，拆除不规范、单立柱广告牌 58 块，清除涂鸦 1687 处，清理废品收购站 1 处。治理沿途相关河道 2 条，拆除各类建筑 3.41 万平方米。拆除津蓟高速公路沿线各类建筑 2.38 万平方米，清理枯死树 7.96 万株，平整绿化带土地 81.33 公顷。

（二）入市道路综合整治　津汉公路（外环线至东金路）完成拆迁 7824 平方米。津塘公路拆迁 11.2 万平方米。

（三）迎奥运专项道路综合整治　卫国道区段及津汉线（外环线至空港物流一号桥）完成拆迁

6038 平方米；金钟河大街东丽段、金钟公路（外环线至津蓟高速公路立交桥）完成拆迁 450 平方米；津滨大道完成拆迁 3.53 万平方米，拆除违法广告牌 36 块。

（四）以崭新面貌迎接奥运会　2008 年，以崭新城市面貌迎接奥运会和市 20 项民心工程的总体部署，深入开展 32 次迎奥运环境专项治理活动。完成津塘公路、津滨大道、卫国道、昆仑路、金钟河大街 5 条迎奥运道路 15 万平方米房屋退线拆迁工作、道路两侧 69 万平方米立面整修工作，清除户外大型广告牌匾 2656 块。对外环线内侧 30 条主干道路按照“示范路”“严管路”“规范路”3 个层次分级管理，纠正违法占路、流动摊贩、露天烧烤等违章行为 1.31 万处，清理违规灯箱、布标 4279 处，清理非法小广告 3.2 万处。收缴非法音像光盘制品 3 万张及非法出版物 2000 册，有效改善了区市容环境面貌。

三、“靓津城、迎国庆”百日会战

2009 年，区执法局开展新一轮市容环境综合整治和“靓津城、迎国庆”百日会战，加强环境综合秩序综合整治，落实“全天候、全过程、全覆盖、长效化、精细化、规范化”管理和“定人、定岗、定时、定责”巡查制度，加大道路环境秩序治理力度。全年治理主干道路 45 条，规范违法占路、流动摊贩、露天烧烤等违章行为 1.1 万处，清理违规灯箱、布标 3391 处，覆盖、清除非法小广告 2.3 万余处，清除废旧电线杆 84 棵。

四、大干六百天综合治理

2008 年，津塘路立面整修效果

2008—2010 年，以协办奥运会、举办达沃斯论坛、迎接新中国成立 60 周年为契机，区连续 3 年开展大规模市容环境综合整治。2007 年，区成立迎奥运市容环境卫生综合整治领导小组。

2008 年始，区成立城市管理领导小组。2008—2009 年，在全区范围内开展两个大干 150 天市容环境综合整治活动，2010 年，开展奋战 300 天市容环境综合整治工作。经过 3 年 600 天奋战，区内市容环境综合整治初步形成了大气、洋气、清新靓丽、中西合璧、古今交融的城市风格。津塘公路、津滨高速公路、京津塘高速公路、津蓟高速公路、卫国道、东南半环快速路、津滨大道、津汉路、金钟河大街、金钟公路、外环线、杨北公路、达沃斯论坛迎宾线、育佛宫迎宾线等重点道路及迎宾线的综合整治取得一定的成效。在治理过程中，共完成立面整修 9.42 万平方米，拆除、规范各类广告牌匾 2202 块，拆除各类违章建设 7.74 万平方米，清洗楼房 8723 平方米，厂房粉刷 2.89 万平方米，楼房抹灰 7.69 万平方米，平房粉刷 2.66 万平方米，平房抹灰 5.27 万平方米，清理堆物 3.84 万立方米，道路维修 2600 平方米，补砌 960 平方米，新建围墙 1097 延米，拆除破损墙体 1600 立方米，新建提升绿化 37.47 万平方米。对中心城区跃进路、福山路、先锋路、栖霞道、招远路、利津路、津塘路、詹安路进行综合治理，完成楼房立面粉刷 20.57 万平方米，规范广告牌匾 1.45 万平方米，粉刷平房围墙 3380 平方米，空调移机 2320 个，安装空调罩 2890 个，更换塑钢窗 7262 平方米，拆除护栏 2250 平方米，整修门脸 5880 平方米，安装卷帘门 2500 平方米，拆除违章风斗 7100 平方米，砌筑台阶 3147 平方米。

第三节　违法建设治理

2007 年，区执法局面对违法建设数量较大，范围较广的难点对违法建设进行全面拉网式集中整治，建立巡查治理长效管理机制，全年拆除违法建设共计 17 万平方米。

2008 年，区执法局对违法建设增加巡查班次和巡查密度。完成么六桥回族乡骆驼房子村 1.34 万平方米、军粮城镇民生村及三村 12.5 万平方米、无瑕街道苏庄村等重大违法建设强制拆除任务。全年拆除违法建设 30.8 万平方米，其中，依法强制拆除 26.7 万平方米，相关人自行拆除 4.1 万平方米。

2009 年，完成泰达西区、津汉公路、金钟路、津塘二线等重大违法建设治理拆除任务，共拆除违法建设 22.5 万平方米。

2010 年，区执法局坚持“重点突破、集中整治、根治难点”打击违法建设、违法占地工作思路和“凡违必拆”治理原则，严格违法建设巡查监控机制，坚决制止新增违法建设。严厉打击在新市镇建设、迁村并点和城中村改造工作中违法抢建行为，做到发现一处，查处一处，露头即打。依法拆除各类违法建设 10.01 万平方米，日巡查率达 100%。保持防违治违高压态势，使违法建设蔓延势头得到遏制，违法建设数量显著减少。

第四节　法治服务

一、执法保障

2007 年，区执法局完成天津滨海国际机场扩建重点工程、空客 A320 项目征地、泰达西区大推力火箭项目征地、华明家园二期工程征地执法保障任务。

2008 年，区执法局完成华明街道 10 个村、天津卷烟厂扩能项目、长城汽车、大推力火箭、中国一重滨海制造基地、华明临空产业园、外环线（东丽段）绿化工程辅道等征地拆迁建设执法保障任务。

2009 年，区执法局完成东丽湖西湖重点工程、地铁二号线房屋拆迁、蓟港铁路建设项目、津塘二线道路提升改造、金钟路道路提升改造执法保障任务。配合新立街道、无瑕街道、华明街道完成新市镇建设涉及的张贵庄村、新五村、贯庄村、范庄村、南坨村、北坨村、赤土村整体撤村拆迁执法保障任务。配合军粮城街道、无瑕街道、新立街道、金钟街道、华明街道完成第七届村级两委会选举现场秩序维护工作。

2010 年，区执法局完成津秦铁路、蓟港铁路建设项目拆迁和监护施工执法保障任务；协同华明街道、金钟街道、军粮城街道、万新街道、无瑕街道新市镇建设完成执法保障，完成华明街道范庄村等5个村土地整合、金钟新市镇开工建设、军粮城新市镇开工建设、海河沿线开发拆迁、无瑕街道部分村民选房等执法保障任务，协助拆迁27.33万平方米，100%完成大项目建设及农田复垦中涉及占地、拆迁、还迁、选房等执法保障任务。

二、服务群众

2009年，区执法局以“多加扶持多帮助，多做实事排忧难”为中心，变“为民做主”为“由民做主”、变“政府城管”为“公众城管”、变“单一联动”为“综合联动”、变“管理式发展”为“内涵式发展”，开展“进千场、入万家”和“走百家企业、访千户居民”特色执法服务活动。解决企业、学校周边环境秩序和经营商户实际困难等问题117个，服务企业20家、商家店铺173家、社会单位11个、集贸市场8处、居民社区11个、家庭5户，帮助82个占路摊贩进入市场合法经营，设置49处统一标识餐车、文具车、餐饮车，促进就业173人。

三、依法办案

2010年，区执法局在华明示范镇推行执法新模式示点工作，遵循“以人为本、公正执法、深入细致、创新发展”管理原则，确定“在服务中实施管理，在管理中提升服务”工作思路，从转变村民不良生活方式入手，推进新市镇管理逐步完善。实行执法新模式以来，查处非法诊所16家，取缔污染环境、噪声扰民饭店11家，治理随意改变门窗尺寸行为117起，治理私搭乱建9处，清理违章占道经营850处，发放爱国卫生常识资料220份。建立执法和执勤相结合工作机制，确保对示范镇内出现违章行为的及时发现、正确处置。体现执法下沉原则，执法前移，变事后“罚、堵”，为事前“理、疏”。

东丽区志

第六编

华明示范镇

东丽区坚持以科学发展观为指导，借滨海新区发展大势，以建设富裕文明和谐的现代强区为目标，以华明示范镇建设为突破口，把统筹城乡发展作为破解“三农”问题、加快区域经济又好又快发展的重大举措，在全国率先探索出一条宅基地换房的城市化建设新途径。

华明示范镇建设，通过农村建设用地减少与城市用地增加相挂钩，实施农村城市化建设的示范工程，是滨海新区综合配套改革实验、推进城乡协调发展的成功探索，是中国农村发展史上的一次深刻变革。作为天津市首批示范小城镇建设试点，在尊重农民意愿，不增加农民负担的前提下实施“宅基地换房”。农民用老村庄旧平房换来了环境良好、资源节约、和谐宜居的新家园，换来了“安居乐业有保障”的新城人生。

2008 年，华明示范镇荣膺全国十大宜居生态乡镇，荣获住房和城乡建设部广厦奖，并在全世界 87 个城市 106 个项目中脱颖而出，成功入选 2010 年上海世博会城市最佳实践区。

2009 年，华明示范镇荣膺世界不动产联盟乡村美优秀奖、中国土木工程詹天佑大奖、中国土木工程詹天佑奖优秀住宅小区金奖、中国人民环境范例奖。2010 年，荣获第九届中国土木工程詹天佑大奖。

2008年，华明家园住宅区

2008年，华明家园住宅楼

2010年5月1日，上海世博会城市最佳实践区唯一农村城市化题材案例华明馆开馆

第一章　示范镇建设

华明示范镇系天津市第一批农村示范小城镇建设试点，建设中突出农城、生态、建筑、环保四个特色。主要操作模式是“宅基地换房，实现了“一样的土地，不一样的生活”，建设社会主义新农村的典范。

第一节　机　构

2008年，东丽区华明街道办事处加挂东丽区华明示范镇管理委员会牌子。

华明示范镇管委会下设党政综合、经济发展、社区事务和城区管理4个办公室及示范镇环卫所、综合执法大队、华明交管办。组建了7个居民委员会，选聘了4家物业公司。市政、园林、绿化实行管干分离，通过社会招投标方式，选定3家管养队伍，进行市场化运作。

第二节　华明示范镇规划

一、总体规划

华明镇新镇区规划用地范围：东至蓟汕联络线，南至津汉公路，西至天津市垃圾处理厂，北至北环铁路，规划总占地11.63平方千米。规划确定华明新镇产业重点发展为空港物流加工区和东丽湖风景区服务相应产业。

二、控制性详细规划

2005年，完成华明新市镇控制性详细规划的编制。2006年9月，市政府正式批复华明示范镇东区控制性详细规划，规划期限为2006—2020年。华明示范镇东区主要用于土地开发，为整体建设提供经济支撑。该区域规划布局清晰，建设规模合理，配套设施齐全，集居住商贸为一体，成为环境优美、特色鲜明的现代化生态宜居小城镇。

三、修建性详细规划

2006年，完成华明新市镇修建性详细规划。华明镇是天津市“以宅基地换房”第一个示范镇。规划共涉及12个村，总户数13268户，总人口41063人，村庄原总占地面积12069亩；户均0.91亩。农民宅基地总面积3133亩，户均0.24亩。12个村现有户均村庄面积全部达到了0.5亩以上，完全可以实行宅基地换房。

四、东区控制性详细规划

2010年3月，区政府正式批复《华明示范镇东区控制性详细规划》。规划范围：东至赤海路，南至津汉公路，西至东减河，北至北环铁路。总用地面积311.46公顷，总建筑面积289.76万平方米。

第三节 实施示范镇建设

一、天津市第一批农村示范小城镇建设试点

华明示范镇建设，为市政府批准的全市开展第一批农村示范小城镇建设试点。示范镇工程于2006年4月动工兴建，到2007年9月竣工。至2010年，包括并镇在内的17个村（原华明街道12个村，么六桥回族乡、军粮城街道5个村）15070户43637名农民搬入示范镇居住。

二、示范镇建设的创新

（一）突出四个特色

农城特色 注重民风、民习、民俗，科学划分居住、服务、产业设施功能布局。

生态特色 保留原有树木，同时，选植适宜本地生长的观赏树种和花草，形成特色田园。日照系数达到1.6，绿地率超过40%。

建筑特色 住宅、公建等建筑物体现先进设计理念；造型外沿风格新颖、美观、协调统一，形成风景小镇、旅游一景。

环保特色 采取地热温泉集中供热。广泛推广使用太阳能和燃气能源，扩大雨水、中水利用，实施垃圾不落地管理，开辟清洁能源使用渠道，推广节能环保型建材。

（二）完善两项便民措施

政府补贴惠民 为减轻村民居住成本，实行一系列降、减、免、补政策。面向还迁村民，提供太阳能及中水设施补贴、楼层差价补贴、租房费等21项资金补贴。

服务措施亲民 按期搬迁的村民免交半年物业费和一年供热费。实行物业费用补贴，以二级服务标准为基础，居民第一年物业费每平方米只需交0.1元，5年内不超过0.3元。购置便民电动车，免费提供居民乘坐。建设大型机动车停车场和农用车停车场。增加农民就业渠道，健全村、居、协调管理的农民就业服务机制。

（三）达到六个效果 节约和集约利用土地、节约能源和资源、增加就业岗位、增加农民收入、使农民共享城市生活方式、逐步缩小城乡差别。

（四）实现八个创新 农村土地流转制度、管理体制、管理方式、农村集体经济组织形式、建设投融资方式、综合执法体制、社会保障制度、小城镇扶持政策8个方面创新。

三、“以宅基地换房”

（一）操作模式

华明示范镇建设主要操作模式是“以宅基地换房”。即在国家现行政策框架内，坚持承包责任制不变，可耕种土地不减，尊重农民自愿的原则，高水平规划、设计，建设有特色，且适于产业聚集和生态宜居的小城镇，从而实现人口向城镇集中，工业向小区集中，耕地向种田大户集中，农民由一产向二产、三产业转移。农民以其宅基地，按照规定标准置换新市镇住宅并迁入居住。原有宅基地统一组织整理复耕，实现耕地占补平衡。新市镇除农民住宅外，另规划土地开发出让，用土地出让收入平衡新市镇建设资金。

（二）规划设计

示范镇选址 华明示范镇选址在华明街道区域空港物流加工区对面。京津塘高速公路与津汉公路相交处，交通便利，区位优势明显，能适应示范镇居民从事物流业的传统和经济发展的长远需要。

功能布局 科学划分居住、服务、就业的区域功能布局，合理安排居住、商业、学校及休闲娱乐场所等配套设施。

城镇环境 体现生态特色，注重人与自然的和谐相处。利用原有湿地，规划建设街心公园和湖面，保留田埂上的旱柳、果树千余株，形成良性循环生态圈和高于城市绿化的田园特色。

建筑特色 住宅和公共建筑体现高标准，安装电子巡视、摄影监控等安防系统，利用太阳能、地热资源等绿色能源，体现绿色环保可持续发展的设计理念。建筑造型体现风格新颖、美观协调，既有风情小镇特色，又有旅游观光价值。

改善农民生活品质 每条主干街道建有公共服务设施，结合农民喜欢户外活动的习惯，以农民下楼不出300米的原则，规划服务和休闲活动场地。

（三）运行效果

实现土地平衡 示范镇共有宅基地804.73公顷，建设示范镇需占耕地561.8公顷。通过对农民宅基地复耕后，实现耕地不减少又增加建设用地。

实现资金平衡 示范镇总用地分两部分，一部分为农民还迁用地231.73公顷，另外330.06公顷进行市场运作挂牌出让，土地出让收益返还用于建设小城镇。示范镇建设总收入近50亿元，用于市场运作出让土地收益超50亿元，全部还清贷款资金后，还有剩余。真正实现了政府不出资，百姓不掏钱，实现建设资金自我平衡。

（四）农民还迁 2005年底，市政府批准华明镇为开展第一批农村示范小城镇建设试点。2006年4月动工兴建，2007年9月竣工，共完成建筑面积244.57万平方米。建成后整体撤村的村民陆续迁入华明示范镇，至2010年包括并镇在内的共17个村43637名农民迁入示范镇居住。共有49个园、565栋楼房1561个楼门、23876套单元房。

第二章　社区建设

华明示范镇注重社区建设与管理工作，7 个居委会各具特色。管理层次分明，责任分工明确，充分发挥居民自治管理能力。在社区交通、市容、服务、行政执法等方面均有创新。已接待国内外参观团 1643 批次，66496 人参观、考察和调研。

第一节　社区居委会

2007 年 9 月始，整体撤村的村民陆续迁入华明示范镇，组建了 7 个居民委员会。

华明示范镇居委会基本情况一览表

表 6-1

居委会名称	管辖园区	住宅			户数（户）	人口（人）
		栋楼（栋）	楼门（个）	套房（套）		
第一居委会	华湖苑、明湖苑、欣湖苑、景湖苑	84	300	2890	2805	8280
第二居委会	泽园（一、二、三）、怀园（一、二）、翠园（一、二、三）	58	164	2385	2255	5800
第三居委会	逸园（一、二）、达园（一、二）、通园（一、二）、坤园（一、二）	84	228	2866	2808	8034
第四居委会	翔园（一、二）、福园（一、二）、昊园（一、二）、德园（一、二）	73	213	2788	2688	7165
第五居委会	厚园（一、二）、禾园、岭盛里、岭昌里、岭华里、岭泽里、岭明里	85	270	3058	2635	7050
第六居委会	紫园（一、二）、旭园、畅园	73	164	3989	2610	5300
第七居委会	锦园、芳园、慈园、敬园、香园、馨园、悦园、润园、乔园	108	222	5900	2160	6900

续表 6-1

居委会名称	辖区面积（万平方米）	坐落	成立时间	迁入村庄	特色
第一居委会	33.2	华湖苑 27 号楼	2007 年 9 月	贯庄	科普活动
第二居委会	23.31	翠园 23 号楼	2007 年 9 月	赤土、胡张庄、赵庄、南坨	网络管理

续表 6-1

居委会名称	辖区面积（万平方米）	坐落	成立时间	迁入村庄	特色
第三居委会	27.01	通园 20 号楼	2007 年 9 月	赤土、北坨、李场子	社会就业
第四居委会	26.94	德园 18 号楼	2007 年 9 月	范庄、北于堡	文化生活
第五居委会	27.56	岭泽里 9 号楼	2007 年 9 月	南于堡、永和、山岭子	幼儿教育
第六居委会	28.49	紫园 37 号楼	2009 年 11 月	赤土、胡张庄、赵庄等村	便民驿站
第七居委会	40.13	香园 12 号楼	2011 年 10 月	流芳台、大新庄、三合庄、么六桥、向阳村	妇女之家

第二节　特色居委会和居民园区

一、特色居委会

第四居委会，设工作人员 8 人，发展特色楼门 23 个，其中党员楼门 3 个，有义工 500 人。建有 10 个民间协会，会员 800 人。创建居民活动室、图书阅览室、未成年人活动室、综合服务站、居民楼“五个一”活动阵地。成立卫星小站远程教育教学体系，50 人取得职业资格证书。农家书屋藏书 6000 册，少儿书屋藏书 1000 册，成为华明示范镇社区最大的开放式图书室。2009 年成立快乐营地、青年文化导航园。

2009 年，外国记者团到华明示范镇体验民俗

二、特色居民园区

第二居委会怀园 20 号楼 2 门，系 2009 年创立的社区第一个邻里和睦“特色楼门”。从楼外围环境到楼门内部装饰都凸显“家”的感觉。采取居民自治管理方式，每户居民都负责对楼门卫生和公共物品的管理和监督。2009 年 2 月 9 日，楼门居民迎接来自两个国家 50 余名国际友人，共度正月十五元宵佳节，成功完成接待任务。

第三节　社区工作

一、社区管理

（一）管理层次分明，责任分工明确　充分发挥居民自治管理作用，提高居民的文化素养，在完善社区园长及楼栋长队伍基础上推进网络化管理。每栋楼设立“六大员”（党小组组长、调解员、治安员、物管员、宣传员、卫生员）共2996名。明确各员职责分工和工作任务，完善制度和档案管理，开展相关培训。在党小组长的带领下，其他成员配合开展卫生监督、治安巡视、纠纷调解、文明宣传、物业督察，既是居委会的“信息员”，又是居民的“发言人”，园内遇有情况均能及时给予解决。

（二）开展互查互看，健全监督制度 建立健全相应的网络化管理监督制度，通过互查互看等形式，规范网络化管理工作方式，约束监督成员工作行为，从而提高网络化管理工作效率。

（三）注重辐射作用，形成自治氛围 居委会通过网络化管理模式，使居民提高了爱护社区和创建和谐社区意识，培养了服务居民、关爱邻里、人与人之间的亲情，为创建和谐社会奠定了良好基础。实现网络化管理，将居民自治管理在整个社区得以普及，消除了社区管理盲区，达到管理优化、服务优化。

二、社区交通

（一）取缔燃油三轮车 华明示范镇管委会针对原燃油三轮车质量低劣、安全系数低、二氧化碳排放量高、违章行驶、非法营运的弊端，对社区内420辆燃油三轮车全面普查登记。本着充分准备、稳步实施、强势推动、疏和堵结合的原则，制定方案、选择车型、成立协会、政府补贴，逐步实现以节能、环保新型电动车取代老式燃油三轮车。通过综合执法，依法治理取缔燃油三轮车400余辆，更换了92辆电动车上路运营。

（二）创建驾驶员协会 为实现建设和谐社区，强化交通安全教育，完善交通业务指导和便民服务措施，预防和减少交通事故，成立了华明示范镇机动车驾驶员协会。协会认真履行职责，在宣传培训、素质教育、拓宽服务渠道、实施规范管理及发展队伍等方面发挥了作用，协会建立驾驶员档案1.1万册、机动车辆档案9500册。

三、社区市容

（一）物业联查 由原“抓阄选园、联合行动、统一检查”的模式，改变为“指定园区、照片取证、独立负责”的新模式。组织联查3个小组，由各组负责人带领各自联查成员就园区、楼道内、楼内地下室环境卫生3个大项7个小项，涉及4家物业公司负责的13个重点园区进行详细检查，对发现的问题进行记录，做到影像资料齐全。联查小组从提升社区环境的角度，提出延伸性的点评，由社区办汇总，将联查结果反馈到各物业公司，提高了物业服务质量。

（二）市容网络化管理 分为大网络（街道办事处）、中网络（居住社区、工业园区、农业园区、其他区域）、小网络（居委会、物业小区、村队、社会单位责任片区）。每个网络确定具体的组织机构、公共设施、工作制度、人员职责、上墙图版、档案资料、队伍建设及宣传培训等内容。并制定逐级分包、联查联系、定期检查、问题处理移交、联席会议、宣传培训、信息报告7项工作制度。

四、社区执法

华明示范镇成立4个社区执法中队，实施“一支队伍管全部”的大综合执法模式。按照“包干到人，各负其责”的原则，执法人员全部下沉到园区内，并在社区内设立固定的办公地点，接受群众监督。在社区行使食品安全和卫生监督、爱国卫生、犬类、房屋安全、殡葬管理5个方面的法律、法规、规章规定行政处罚权。示范镇督查考核小组对社区中队的执法情况进行定期检查和随机抽查，将考核结果纳入每名执法队员的量化考核成绩，作为奖惩的依据。物业公司对社区执法中队当月执法情况进行总结，填写反馈表，进行全面评价。社区定期与有关物业公司负责人召开座谈会，倾听建议，共同推进社区执法工作不断上台阶。

五、社区服务中心

（一）实施社区经营网点托管机制　以华明示范镇为组建部门，注册成立华明示范镇社区服务中心，作为社区经营托管主体。示范镇内的小型、微型经营主体作为其下属经营网点，与社区形成托管关系。以社区为单位核发社区服务中心营业执照，并以此为平台，将社区服务网点整合起来开展经营活动。

（二）加大经营网点管理　对违反工商法律法规网点依法查处，情节严重的取消备案资格；对未备案或无照经营者进行查处和取缔。对社区内无照经营网点引导主体备案，并对其进行交易规范、消保维权等法律宣传；对社区内拒不办理备案和工商注册的经营者进行综合治理。

（三）搭建“四大”服务平台　依托社区服务中心搭建社区创业服务中心、社区证照办理中心、社区行政调解中心、社区劳动者服务中心“四大”服务平台。社区服务中心成立后，在降低行政成本、提高监管效能、帮扶自主就业、服务民计民生、改善生活环境、促进社会和谐、化解矛盾纠纷及降低社会风险等方面均取得了良好成效。

六、社区行政接待

2008—2010年，华明示范镇先后有15个国家派团参观访问，全国各省区派团前往参观考察。党和国家领导人也到示范镇指导工作。共接待国外政要24批次803人；国际人士参观22批次401人；国内重点考察参观团队1566批次6042人；国内社团参观团队31批次1250人。总计1643批次66496人。

第三章　服务业　旅游业

华明示范镇服务设施完善，有大中型商场、专业市场、商贸中心、餐饮等服务业。旅游业应运而生，华明会议中心、华明湿地民俗博物馆、华明湿地公园、农业设施园、特色居委会及楼门等成为人们旅游的必到景区，尽显示范镇“一样的土地，不一样的生活”无穷的魅力。

第一节　服务业

一、商场

大型商场兴福亿家一店，坐落在永和路和弘津大街交口，建筑面积 6410 平方米。兴福亿家二店，坐落在香园 9 号楼商业综合体，建筑面积 12064 平方米。

二、菜市场

2008年，建成华明示范镇第一、第二两个菜市场，总建筑面积6500平方米，辐射人口4.5万人。建成华明示范镇幸福菜市场，建筑面积3200平方米，辐射人口3万人。

华明新市镇第一菜市场投入运营后，新市镇居民享受到标准化菜市场带来的卫生、便捷和规范化服务。菜市场蔬菜、水果、杂粮、水产、熟食等一应俱全，极大地方便了人民生活。市场强化管理服务，建立完善的价格标准、治安消防和销售计量等管理制度。每个摊位的货架、标牌、广告装饰悬挂统一规范、整齐美观。店铺摊位布局合理，环境干净整洁，货物摆放整齐，给消费者提供了良好的购物环境。

三、商贸中心

华明商贸中心占地面积3.5万平方米，沿街400余米建有店铺189家，摊位150余个。经营品种有蔬菜、水产、肉蛋禽类、粮油、食品、土产、副食调料、日用百货、服装鞋帽等，商贸中心设施先进、功能完善，是华明地区最大的批发零售综合性商贸市场，辐射华明社区、工业园区和空港加工区，服务周边人口5万余人。

华明商贸中心注重市场培育，加强科学规范管理。减免摊位管理费、水电费；实行24小时电子全程监控，确保交易安全。设电子公平秤，每月进行抽查，杜绝缺斤短两现象，维护消费者权益。商贸中心日均客流量达5000人次，成为周边群众青睐的综合性商品购物场所。

四、其他服务业

餐饮服务有 32 家，经营面积 4052 平方米。通信器材、美容美发、日用百货、药械药店等店铺有 74 家，经营面积 7582 平方米。

第二节　旅游业

一、旅游服务组织

2010 年 11 月，成立华明示范镇旅游公司，开始承接旅游接待服务工作。

二、旅游景区

2010年，华明示范镇被评为国家AA级景区

（一）华明会议中心　位于华明博物馆旁，设有示范镇规划沙盘、图版和5个规格不等的接待室，影音多媒体设施完备，能同时容纳400人。接待项目包括讲解沙盘、宣传短片和座谈交流，使游客能充分地了解示范镇“一样的土地，不一样的生活”前后的改变。

（二）华明湿地民俗博物馆　2008年4月，华明湿地民俗博物馆建成开放。建筑面积1150平方米，室内展示面积1000平方米。又称“华明民俗馆”，是天津市首家乡镇级博物馆。它以记录华明湿地生态和民俗风情为主要内容，分为湿地生态展示区、生产劳作展示区、生活场景展示区、民俗文化展示区和现代华明展示区，配有影视播放厅、民俗旧物陈列厅和名人书画作品展室。秉承“追溯湿地文化，记忆华明文化”的理念，还原历史场景，展示历史文物，运用多媒体演示、1∶1民宅展示、华明家园微缩沙盘等新旧对比手段，体现北方农村独特的湿地人文景观，还原早期华明农民的衣食起居和生产劳作状态。展馆还设置了2010年上海世博会城市最佳实践区参展实物模型展示、华明示范镇总体规划沙盘和3D环形幕，体现城市化发展给华明人生产生活带来的翻天覆地变化，展示了华明示范镇宅基地换房的成果，讴歌了华明人锐意进取创造幸福生活的精神面貌。自开放以来，吸引全国各地及本市干部群众到馆参观。

2009年，华明示范镇宅基地复垦设施农业园区展厅

（三）华明湿地公园　2007年8月建成，坐落在弘泽大街和六、七经路交口，占地面积14公顷。公园建设结合原有的湿地文化特征，设计了街心公园和湖面，保留了原来田埂上的旱柳、果树，突出田园风情特色。公园三面绿地环绕，绿树成荫，成为居民消暑纳凉的处所。湿地公园西侧建造两个广场，一是2.6万平方米的中心广场，包括休闲广场、主题公园、青少年活动场地、绿化景观带等；二是健身广场，设有完整的健身器材，每日来公园健身休闲的居民络绎不绝。

（四）农业设施园　2009年4月建设，占地面积80公顷。

温室采摘　园内有410栋温室蔬菜可供采摘，品种有番茄、黄瓜、甜瓜、彩椒、水果苤蓝、茄子等30多个。园区品种通过了农业规范、绿色、有机转换等认证。

开心农场　农业园为旅客提供果蔬种子、有机肥料，并设专业技术人员现场指导种植、施肥、除草、除虫等基本生产技术，体验农业生产的操作规程。

2009年，华明复垦设施农业园区黄大极、漫迪辣椒

垂钓 农业园区设有0.52公顷养殖水面，投放有鲤鱼、鲫鱼、草鱼、罗非鱼、澎泽鲫等垂钓爱好者喜爱的品种。配有垂钓平台和垂钓服务部。

农家饭 农业园区有美味可口的农家饭，配有地道的野菜团子和特色的赤土扣肉、丸子，并为游客自己采摘的蔬菜瓜果、垂钓的鱼进行加工。

（五）社区居委会、特色楼门

社区委员会 7个社区居委会各具特色，活动内容丰富，有“五个一”活动阵地、6个服务站、居民学校、图书阅览室、社区协会活动室、老人日间照料室、社区卫生服务站、未成年活动基地等。居委会组织成立了35个协会，开展丰富多彩的活动，社区文化生活十分活跃。

社区特色楼门 社区已建成“双拥楼门”“人防楼门”“文化楼门”等风格各异的楼门300个，形成“园区公园化，楼道客厅化”格局。居民楼道内悬挂本楼栋住户“全家福”、居民创作的书画、编织、刺绣作品及便民服务电话、公示栏、温馨提示栏等。特色楼门已成为华明示范镇社区一道独特的风景和个性化标志，展示了华明村民良好的文化素养。

（六）电动旅游观光车 配备10辆11人座电动旅游观光车，并配备车载讲解器，沿途讲解示范镇的建设、民俗风情及旅游特色等。

（七）世博华明馆 2009年3月始全面施工建设。为继续发挥“华明世博效应”，充分展示东丽区农村城市化发展经验及实践效果。以“参加一次世博会，带回一个实践区”为建馆方针，世博会后将世博华明馆整体迁回华明，成为永久性展馆。世博华明馆选址于华明会务中心西侧，毗邻华明湿地民俗博物馆，总建筑面积1789.67平方米，一层建筑面积1137.06平方米，二层建筑面积652.6平方米。展厅分为三部分。集中展示世博会华明馆所展出的全部展品，其表现手法独特新颖。

2010年，华明馆笑脸墙

万名笑脸组成“笑脸墙” 按照设计程序、自动进行大小影像的更换。升级后“墙”上的照片用手指点击任何一张，可放大到整面“墙”上。

世博华明馆设大型数字沙盘 配合25米超大弧幕，运用多媒体等技术演绎华明未来规划。

世博华明馆设5个展区 互动体验区 通过高科技展示华明示范镇湿地公园，参观者仿佛置身于芦苇摇曳、群鹭惊飞、虫鸣蛙叫的湿地公园。穿行绿色长廊时，原汁原味的田园风光纷纷映入眼帘。荣誉珍藏展区，用数字屏和实物，展示华明示范镇历年所获荣誉。亮点工作展区，以华明示范镇“十二五”规划为主线，展示其“三区联动，强镇惠民”内容。现代农业示范展区，展示华明“三区联动”万亩现代农业示范区。生态宜居示范镇展区，用灯箱展板、丝网印刷、数字屏幕，展示华明“三区联动”两万亩生态宜居新市镇取得的成果。

世博华明馆，作为唯一反映农村城市化题材的案例，让全世界看到一个真实的中国农村，在城市化浪潮中激流勇进、标新立异、勇立潮头的大美形象。

第四章 参展上海世博会

华明示范镇成功入选上海世博会，参展期间迎来中外参观者200余万人次，5万余人在馆内留言，表达热切观感和真诚祝福。华明馆在上海世博会形成了一道靓丽的风景线，并产生了华明效应。其借鉴性强、示范作用大，成为各级政府团队和专业人士学习、探索农村城市化发展经验的关注焦点和最佳选择。

第一节 入选世博会

2008年1月，华明示范镇成立申报参加2010年上海世博会工作组，由滨丽公司牵头，负责拟定申报材料，经反复研究确定华明示范镇以“一样的土地，不一样的生活”作为参展主题，申报参展城市最佳实践区。3月9日，上海世博会组织方考察天津华明示范镇案例，对华明模式推进农村城镇化建设的探索表示肯定。

2008年4月3日，上海世博会城市最佳实践区初选结果揭晓。4月8日，天津市政府收到上海世博会组织方邀请，华明示范镇在全世界87个城市，106个项目中脱颖而出，成功入选上海世博会城市最佳实践区。

2008年10月17日，在世博局举行“中国2010年上海世博会城市最佳实践区天津华明示范镇案例《参展合同》签字仪式”。

第二节 华明展馆

一、展馆开闭馆

2009年4月20日，华明示范镇展馆竣工并交付使用，参加上海世博会园区试运行。2010年5月1日，华明展馆正式开馆，10月31日华明展馆闭馆。

2010年，华明馆外景

二、位置、规模

华明展馆位于上海世博园E片区城市最佳实践区B3-1联合馆内，长31.6米，宽12米，占地面积382平方米，是2010年上海世博会唯一农村城市化题材案例。

三、参展人次及媒体宣传

184天精彩展示，华明展馆迎来中外参观者200余万人次，各类专业团队、重要来访300余批次，5万余人在馆内留言，表达热切观感和真诚祝福。中央电视台、《人民日报》《光明日报》新华社等国内外上百家媒体播发报道华明展馆达500余篇。

三、特色与亮点

（一）华明展馆，朴实、清新、大气 以“一样的土地，不一样的生活”作为参展主题，深刻揭示“宅基地换房”成功实践的创新内涵和创新成果。展馆外观清新恬静、大气朴实，让参观者感受到幸福、温暖、和谐、宜居的新华明。馆内通过万张笑脸墙，展露出华明人发自内心的幸福感；通过图文、模型、触摸屏、刷屏等直观的新旧对比，反映出深得民心、实现人民安居乐业有保障的实践成果；通过幻影成像、实景模拟，再现华明人幸福、昂扬的崭新生活；通过影片《寻找华明》，真实感人地演绎出华明发生翻天覆地的深刻变化。7个展项浑然一体，又互为补充，各成风景又交相辉映，主题突出、点面结合、形式生动，给人以强烈的感官冲击和情感共鸣，吸引人、感染人，让参观者进的来、留得住、看得懂、记得牢、感受深。

（二）华明亮点，聚焦世界目光 华明馆成功运营，产生积极而深刻的社会影响。加拿大游客在留言屏上留言：“我爱这个美丽小城”。北京游客说：“华明实现了中国农民的一个梦啊！”数万条留言，写满了对华明真诚热烈的赞许和祝福，比如：“希望有一天到华明去！”“我骄傲，我是华明人！”从部、委、局和省区、市，到地方县、乡、镇、村参观的团队遍布全国20多个省、直辖市、自治区。华明世博馆，成了各地政府团队和专业人士学习、探索农村城市化发展经验的关注焦点和最佳选择。

（三）华明风景，影响愈加显著 中央电视台、新华社、《人民日报》、新华网、世博网等上百家主流媒体到华明馆深度采访报道，华明风景已成为城市案例中最响亮耀眼、别致靓丽的特色标志之一，影响面越来越宽，影响力越来越大。

第三节　华明日活动

一、特别日庆祝活动

2010年5月10日，是华明示范镇特别日活动，是上海世博会城市最佳实践区第一家举办的活动日。为展示“魅力华明”，结合天津活动周进行园区联动，全面推介天津，展示华明。

二、华明日主要活动

（一）《锦绣家园》文艺演出 演员来自天津和华明镇，小到几岁孩童，大到古稀老人，表演淳朴是津味浓郁。

（二）特色剪纸表演　充分展示了民间艺人高超的技艺，作品精彩纷呈，观者赞不绝口。

（三）“一样的土地，不一样的生活”长卷签字仪式　赢得数千中外观众和几十家中外媒体高度关注和赞誉，精彩开启“华明时间”。

（四）工艺表演、专著推介、喜迎“双百”风格独特的载体活动　每个活动独具特色，反响十分强烈。

（五）“相聚美丽天津、探源多彩华明”天津沙龙活动　让大家零距离感受到真实多彩的天津华明。天津沙龙活动是实践区第一个在世博会和天津两地举办的活动，赢得中外馆和世博局领导的广泛赞誉。

第四节　主要成果

一、获奖情况

华明案例的精彩展示，博得了组织方和广大参观者的一致好评和充分肯定。在城市最佳实践区表彰大会上，天津华明案例荣获国际展览局颁发的银奖，由国际展览局秘书长洛塞泰斯先生亲自颁奖，为天津市及东丽区争得了荣誉。相继荣获文明场馆、最佳运营团队、立功竞赛先进集体及最佳实践者、优秀党员、服务标兵等集体和个人奖等20余项。荣获上海市委、上海市文明办、上海世博局组织方设置的全部奖项，在最佳实践区名列前茅。

二、展品收藏

2010年，上海世博会城市最佳实践区参展案例获国际展览会银奖

2010年10月31日，举行华明馆闭馆暨展馆移交仪式

2010年10月31日，世博会闭幕后，华明馆几件意义非凡的展品，永久保留在世博纪念馆，作为见证华明、见证精彩的珍贵记忆和佐证。天津华明案例展品“一样的土地，不一样的生活”主题印章、华明特别日活动纪念长卷、《一样的土地，不一样的生活》专著，入选上海世博会纪念馆长久收藏。

东丽区志

第七编

交通运输

东丽区地理位置优越，水陆空交通便捷。境内有京山、北环铁路枢纽横穿东西；津滨轻轨、京津高速公路、京津塘高速公路、津蓟高速公路、津滨高速公路、津塘公路、津汉公路、杨北公路、津北公路与外环线东金路构成经纬；天津津港军粮城港埠有限公司郑家台码头位于无瑕街道滨海重机工业园内；拥有 70 余条航班的天津滨海国际机场位于新立街道；紧靠中国地方最大的国际贸易港口——天津港。东丽区形成天津市唯一的公路、水路、铁路、航空立体化交通网络。

1987年，魏王3号旅游船

2008年，郑家台码头海轮停泊

2008年，津滨轻轨干线和津塘公路横穿张贵庄街道

第一章 设 施

改革开放后，区境加快道路、桥梁建设，翻修拓宽老公路，加固路面，绿化路侧。兴建民营铁路专用线，开辟水运航道，开发水运业务。至2010年，区境共有高速公路4条，国道1条，市级公路9条，区级公路10条，桥梁60座。

第一节 公 路

一、机构

1979年，东郊养护队业务属天津市建设局市管处领导（后名为天津市政工程局公路管理处），行政属区政府建委管理。）内设生产股、路政支队、行政股、机械股、工程股、养管股、拌合场。

1990年10月，东郊养护队正式更名为天津市东郊区公路管理所。1992年，更名为东丽区公路管理所。

2000年3月，天津市东丽区公路管理所与天津市公路管理局第一公路管理所合并，成立天津市公路管理局东丽分局。2007年，由于天津市公路管理局改制，公路管理局东丽分局更名为东丽公路处，属市公路处统一管理，为驻区单位。

2007年4月，天津市公路管理局东丽分局更名为天津市东丽公路处，是主管东丽地区公路养护管理的事业单位，属市公路处统一领导，为驻区单位。内设：综合办、政工科、计划养护科、乡路办、财务科、路政科。下属单位：天津市公路管理局东丽分局养护所、天津市公路管理局东丽分局施工处。

二、高速公路

（一）京津塘高速公路

1987年12月始建，1993年8月全线通车。该路起自北京市三环路十八里店，经河北省廊坊市东、天津市武清区杨村、天津市北辰区宜兴埠，穿越东丽区境至塘沽区河北路，全长142.69千米。东丽区段起自金钟街道新中村，途经华明街道、么六桥回族乡、军粮城街道三村，至军粮城农牧场入塘沽区境，长29.5千米。

该路为两块板双向四车道，沥青混凝土路面宽23～26米，中间隔离带宽2.5米。沿线全封闭，全立交，设有防撞钢护栏和反光交通标志。

该路是国内第一条跨省、市的高速公路，最高时速为110千米/小时，最低时速为50千米/小时，禁止设计时速低于70千米/小时的机动车辆上路。沿途与区境内的金钟公路、跃进路、津赤路、赤海路、津汉公路、东金公路相交，在大毕庄、滨海国际机场、军粮城街道设有进出道口。

（二）津蓟高速公路 2001年4月始建，2003年9月通车。津蓟高速公路是天津市通往北京及东北地区的一条快速交通干线，也是市区通往蓟县的一条最快捷的通道。南起金钟路与外环线交口东丽区徐庄子附近，接金钟路。终点为蓟县县城西 3 千米处，接邦喜公路。沿线经东丽区、北辰区、宁河县、宝坻区，全长 104 千米，路基宽 28 米，双向四车道，设计时速 120 千米/小时。

（三）**京津高速公路** 2008 年 7 月全线通车。北京和天津之间直达的第二条高速公路，全长 142.69 千米。起点为北京朝阳区五环路化工桥，终点为天津塘沽。天津段起自滨海新区北塘，终点在武清区高村接京津高速公路北京段，主线全长 101.8 千米。东丽区境内设东丽湖、东丽 2 个出口。

（四）**津滨高速公路** 1998 年 10 月始建，2000 年 10 月全线竣工。该路西起天津市中环线的东兴立交桥，沿津滨大道向东上跨外环线后，穿越东丽区至塘沽区胡家园立交桥进入滨海新区塘沽市区，全长 28.5 千米，路基宽 36 米，双向 4 车道，设计时速为 120 千米/小时。全线设 4 处收费站，东丽境内设军粮城收费站，为天津市乃至长江以北地区第一条不停车收费高速公路。

三、国道津塘公路

1938 年始建，津塘公路又名国防公路。西起河东区九经路，东至滨海新区塘沽河北路，全长 45 千米。该路在东丽区境内长 18.24 千米，沿途与跃进路、驯海路、民族路、东金公路、李庄子路、二道闸路交叉相接。改革开放以来津塘公路逐渐成为一条连贯东西的横向交通枢纽，是津塘之间重要公路干线。

1982 年，对军粮城至塘沽区河北路 18.67 千米路段进行改造，使该路段成为一级公路，其中区境内的路基宽 36 米。路面为四块板形式，上下行快车道各宽 8 米，两侧慢行道各宽 6 米，中间设三条凸起式分隔带，各宽 2 米。是年，秋季对一号桥至跃进路 3.3 千米的路段进行改建。建成后的公路为一级公路，路基宽 40 米，三块板式沥青混凝土路面，中间机动车道宽 18 米，两侧各设 2 米宽绿化带，外加各 8 米宽的非机动车道。1986 年，对跃进路至军粮城 13.06 千米路段进行改建和扩建。建成后公路为一级公路，路基宽 34 米，为四块板式沥青混凝土路面，上下行车道各宽 8.5 米（包括左右两侧路绿化带各 0.5 米），中央改为 60 厘米宽的混凝土墩分隔带，两侧快慢车分隔带各宽 1.5 米，慢车道宽 6 米。1991 年 11 月，对津塘公路的起止点重新划分。由河东区九经路至区内津塘公路立交桥段，长 10.4 千米，称津塘路；由津塘公路立交桥至塘沽区河北路段，长 34.61 千米，称津塘公路。1998 年拓宽改建后，分别于 2005 年、2008 年、2010 年进行三次挖补盖被中修。到 2010 年底，津塘公路路况保持良好，随着周边新兴商业设施以及空港经济区、滨海新区快速发展，津塘公路已成为区境重要交通枢纽。

四、市级公路

（一）津北公路

1937 年始建，津北公路原为北埝道。该路西起月牙河，经万新街道、么六桥回族乡、军粮城街道后入北塘，全长 38.81 千米，其中区境内长 25.42 千米，月牙河至外环线段亦称张贵庄路。1980 年，从东金路至塘沽区界 8.1 千米的路段修筑 7 米宽的沥青混凝土路面。1987—1990 年，逐步将驯海路至塘沽区界段的路面和路基加宽至 9～12 米。1988 年，么六桥至东金路大修，将道路拓宽 2

米，维修总长 7.17 千米。1990 年，津北公路 5.32 千米大修，铺设油面 4788 平方米，道路状况得到明显改善。

2000 年，随着津滨高速公路的全面竣工，该段成为津滨高速一个组成部分，曾命名世纪大道，后定名为津滨大道。沿途与跃进路、驯海路、赤海路、东金路、中心庄路等交叉相接。2004 年，新兴村至东金路段大修。2010 年，外环至新兴村部分路段改建。

津北公路是一条与滨海新区塘沽地区相连的主要干道，有效缩短由市内 6 区前往滨海新区的时间，提高往来于市区、东丽区、滨海新区出行效率。

（二）杨北公路

1953 年始建，杨北公路自武清区杨村镇南端与京塘公路相交，经北辰区、东丽区至塘沽区北塘镇，以起止点命名，全长 72.34 千米。区境内自金钟河重型桥经金钟街道、华明街道，至军粮城街道，长 26.85 千米。沿途与金钟公路、津赤路、赤海路、东金路等相交。2009 年，因修建空港经济区，赤海路至东金路一段被征用，杨北公路区界内从此被分为两个不相交的部分。

1979 年、1980 年两次扩建，修筑成次高级沥青混凝土路面。从金钟河重型桥至金钟公路路口段约 1 千米，路面宽 15 米；金钟公路路口至塘沽区段，路面宽 7 米。1991 年，局部挖补盖被中修。1994 年，金钟路口至津赤路口部分路段大修。1997 年，局部部分路面大修。2001 年，局部路面大修，津汉公路至金钟路口大修。2008 年，杨北公路局部路面大修。2010 年，北环铁路至金钟路口中修，金钟路口至金钟河桥大修。

（三）驯海路

1957 年始建，驯海路南起津塘公路 4 号桥西侧，北至天津机场，全长 2.89 千米。因在根治海河高潮时修筑，故命名为驯海路。该路按二级公路标准填筑路基土方。1958 年，铺筑路面工程，建成后的公路，路基宽 16 米，路面宽 9 米。驯海路作为距离外环线最近的一条环外南北向公路，成为区境南北向交通行驶的重要通道之一，是沟通滨海国际机场与津塘公路之间的一条线路。

1990 年，驯海路中修局部挖补盖被。1997 年，部分路段大修。2007 年，全线大修，修筑了水泥砼路面，改善了道路通行状况。

（四）金钟公路

新中国成立前，金钟公路称津芦公路、津芦省道、山海关大道、大榆路，是津、冀、鲁一带群众赴关东谋生者必经的土路。金钟公路位于区北部，西起金钟街道赵沽里村东北侧的外环线，东至金钟河重型桥与杨北公路相交处，全长 13.28 千米。该路原为山海关大道的一小部分，1963—1977 年历经改造拓宽，金钟公路初具雏形。建成后的金钟公路路基宽 23 米，路面为双层式沥青混凝土结构，宽 15～18 米。

2002 年，杨北公路至东丽湖段新建。2006 年，大毕庄地道东侧至杨北公路段大修。2008 年，外环线至大毕庄地道中修。2009 年，杨北公路至津芦南线段大修。2010 年，大毕庄地道至跃进路拓宽 15～36 米。

金钟公路作为区北部的主要公路，是连接北辰、河东、宁河县的要道。金钟路延长线作为津蓟高速的联络线，使市区到达宝坻区、蓟县的时间，较以往缩短。金钟公路是通往山海关、东北方面的要道，在经济上、军事上具有重要作用。由于周边大型物流企业和生产加工企业聚集，该路的拥堵现象严重。

（五）津汉公路

1969年始建，津汉公路西起外环线与卫国道相交处，东至汉沽区的汉沽大桥，以起止点命名，路面宽12米，全长52.82千米。东丽区境内自外环线，经华明街道、军粮城街道至永和大桥，长22.36千米。沿途与区内外环线、跃进路、京津塘高速公路、杨北公路、赤海路、东金路等交叉相接。1977年，开始设计津汉公路新线。1989年，完成津汉公路新线工程。

津汉公路历经养护维修，1996年，外环线至跃进路段由12米加宽至24米。2003—2005年，外环线至东金路段改建，路面由12米拓宽至45米。2008年，部分路段大修。2010年，外环线至东金路段中修，挖补盖被大修。

津汉公路与市区卫国道相接，日通行车流量压力较大。津汉公路是通往滨海国际机场的必经之路，也是重要的景观公路。

（六）二道闸路

1987年修筑，位于东丽区东南部，无瑕街道界内。南起海河二道闸北岸，北至津塘公路无瑕街道官房村，全长1.56千米。路基宽24米，路面宽6米，为沥青混凝土结构。

1990年，两次中修局部挖补盖被。1996年，中修局部挖补盖被。2001年，大修。2006年，中修。

该路为汉港公路东丽区内的一部分，解决了津南区与东丽区之间交通不便的难题，车辆通过海河二道闸可以直接由此路通往津塘公路，有效缩短了通车里程。

（七）机场路

1988年建成，为天津滨海国际机场扩建配套工程。机场路西起外环线与津北公路交叉口北200米，东至天津滨海国际机场，全长1.07千米。该路全部处于区管辖范围内，路基宽37米，路面宽12米，为两块板式沥青混凝土结构，中间隔离带2米。该路的建成缓解了驯海路的交通压力，对便利天津滨海国际机场交通具有重要作用。

（八）津塘二线

1997年始建（东丽开发区段），位于区南部，全长14.6千米，宽度9～31米，路基宽度16～47米，道路面积为30.54万平方米。2000年，修建开发区至东金路局部路段。2004年，部分路段改建，路面由12米拓宽至23米，开发区段大修3.05千米。2005年，修建东金路至袁家河桥段。2009年，修建袁家河桥至汉港路段。部分路段改建，路面由23米拓宽至31米。

津塘二线属于津塘公路的分流路线，实为先锋路外环线以外的延长线。津塘二线的修筑，使得区横纵交错的交通网络有了一个纵向的延伸，因该路直接贯穿东丽经济开发区，对区新兴经济起到带动作用。

（九）外环线公路

1986年10月始建，1987年10月1日建成通车。外环线公路以津塘公路立交桥为起止点，是天津市内、中、外三环公路的最外一环，全长71.44千米。区境内南起海河桥、北至新开河桥，长18.24千米，中途穿越区内新立街道、万新街道、华明街道、金钟街道，并与境内津塘公路、津北公路、跃进路、津汉公路、金钟公路等交叉相接。

外环线公路路基宽50米，路面宽22米，为上下行两块板，共6个车道，两侧为各11米宽的土路肩，两块板之间为6米宽的隔离带，外侧为30米宽的外环河。路面结构为：基层为15厘米厚的粉煤灰、碎石三合土和30厘米厚的石灰土，面层为5厘米厚的沥青混凝土，总厚度为50厘米。

该路是天津市有史以来最大的一项市政道路工程，是环绕市区边缘的交通大动脉。主要功能是承担城乡货运交通任务，减缓穿越市区的交通压力。

五、区级公路

（一）跃进路

1956 年始建，由于修筑期间正值大跃进，故命名为跃进路，并沿用至今。跃进路位于区中部偏西，南起崔家码头村，北至南河庄村，与金钟公路相接，全长 16.01 千米，为沥青混凝土路面，沿途设有涵洞 34 座。原为联村道路，经 1972—1975 年修筑，全线建成。

跃进路作为贯穿全区的一条主要区级道路，途经新立街道、万新街道、金钟街道等多个地区。2000 年，外环至津汉线大修。2002 年，部分路段大修。2003 年，跃进路由崔家码头至京山铁路段经过大修施工后，道路已具备市政道路标准。2004 年，天津市政工程局同意将该路段共 2.53 千米移交给区建委管理。2009 年，津汉线至北环铁路段大修。

2010 年，跃进路共分为三段进行日常管理，其中海河至京山铁路段 2.53 千米由区建委统一养管；京山铁路至外环线段 5.1 千米属于乡村道路，由各隶属街道村队进行养管；外环线至津芦公路段 8.38 千米由市公路局统一养管。

（二）津赤路

1964 年始建，至 1991 年修建成 6～12 米的高级路面。津赤路西起天津市第三香料厂，经程林工业区、华明街道，东至赤土村金钟河右堤路。以起止点命名，全长 18.80 千米。

该路从天津市第三香料厂至小王庄西桥段亦称成林道，从小王庄西桥至天津市第三石油加工厂段亦称登州路，由第三石油加工厂至天津市新新制药厂段亦称崂山道，从天津市新新制药厂至天津市合成洗涤剂厂段亦称崂山支道。1994 年，跃进路至北杨线大修。1998 年，赤土村里路面大修。2000 年，部分路段中修，局部挖补盖被。2001 年，部分路段大修。2002 年，杨北线至赤海路部分路段大修。2004 年，部分路段大修。

该路为东西向车道，与河东区相连，外环线以内的部分属于市政道路管辖范围，外环线以外属于公路局养管范围，随着华明镇的崛起，该路得到较大提升。

（三）东金路

1970 年始建，至 1978 年分段建成。东金路位干东丽区东部，南起海河，经魏王庄、大郑、东杨台、苗街、兴农等村，北至津汉公路，全长 14.09 千米。路基宽 12～14 米，路面宽 6～9 米，为沥青混凝土结构。该路原称茶金路，沿途有涵洞 46 座。

1990 年，该路京山铁路至九大桥段大修。1996 年，京山铁路至九大桥段拓宽改造。1997 年，津塘线至京山铁路部分路段由 7 米拓宽至 9 米。1999 年，津汉线至杨北线大修。2002 年，海河至津塘线大修。2004 年，津北线至杨北公路大修。2009 年，津塘二线至津塘线拓宽改造。2010 年，津汉线至津北线拓宽改造。

东金路位于东丽区核心地带，是继驯海路之后区内中东部地区又一个重要的纵向交通枢纽，沿途与多条国省干线相交，是东丽区南北双向的走廊。

（四）东金支路　1977 年修建，位于军粮城街道界内，南起东金路苗街村，北至杨北公路，长 0.54 千米。为次高级路面，宽 6 米，沿途有涵洞 2 座，为东金路延伸线，是连接东金路与杨北公路的支线。

（五）津汉一支路 1970年始建，位于东丽区东北部，北起津汉公路与北环铁路相交处，南至杨北公路，全长4.42千米。为沥青混凝土路面，宽6米。连接津汉公路和杨北公路。

（六）津汉二支路 1971年修建，位于区东北部，西起津汉一支路，东至海洋生产基地，全长0.42千米。1996年、1998年、2007年，部分路段大修。2008年，二支线大修。

（七）山岭子路 1979年修筑，位于军粮城街道界内。南起东金路新建村，北至津汉公路，长3.24千米，为高级路面，宽5米。原为山岭子村低级路面，修筑成二级灰土沥青混凝土路面后，对沟通区北部偏僻地区交通具有重要作用。

（八）赤海路 1986年建成，位于区中部。南起津北公路，经三合庄、大东庄、贯庄，北至赤土村，长11.75千米，沥青混凝土路面，宽7～14米。1992年，该路北环铁路至赤土村中修。1997年，津北线至贯庄村中修。1999年，津汉线至北环铁路大修。2009年，北环铁路至金钟河大修。赤海线对沟通区南北交通、发展经济具有重要作用。

（九）金钟河右堤路 1974年修建，位于区北部，西起杨北公路，东至津汉公路，穿越金钟街道和华明街道。全长17.90千米，路面宽8米，其中渣石路面11.45千米，土路6.45千米。该路对区北部沟通城乡交通，以及金钟河堤保护具有重要作用。

（十）东丽湖联络线 2008年始建，养管路段起点为金钟延长线，终点为收费站，全长3.11千米，宽度12米，路基宽度26米，道路面积为63581平方米。

六、乡村公路

东丽公路处本着村道村管的原则，养管工作主要由各街道乡镇负责，公路处为乡村道路的建设养护进行资料的汇总和提供技术支持。

乡村道路作为区路网的重要组成部分，是区及天津东部道路畅通的保证。2010年，区109个村，村村实现通公路，有乡村公路300余条，总长为323.4千米。

七、桥梁

（一）津塘公路（津塘线）

津塘公路立交桥 1987年1月始建，是年9月落成。位于区政府驻地张贵庄东，津塘公路与外环线交叉处，为马鞍状三层互通式立交桥。上部结构为箱形梁，下部结构为双柱式墩。全长90米，桥梁面积为1629平方米。为外环线规模最大三层环形立交桥，是连接市区与滨海新区、天津港的交通走廊。

三号桥 1938年始建，1971年、1988年两次拓宽。位于新立街道新立村西1千米。上部结构为空心板梁，下部结构为双柱式墩。全长14米，桥梁面积476平方米。对沟通津塘公路交通具有重要作用。

丰年村高架桥 上部结构为空心板梁，下部结构为双柱式墩。全长1.6千米，桥梁面积为2.89万平方米。

四号桥 1938年始建，1971年、1988年两次扩建。位于新立村南500米。上部结构为空心板梁，下部结构为多柱墩。全长 14.2 米，桥梁面积为 269.8 平方米。

新立村立交桥　上部结构为空心板梁，下部结构为双柱式墩。全长 204.6 米，桥梁面积为 5115 平方米。

五号桥　1938 年始建，1971 年、1988 年两次扩建，位于四合庄村南侧。上部结构为桁架拱，下部结构为多柱墩。全长 24.7 米，桥梁面积为 827.45 平方米。

民族路通道桥　上部结构为空心板梁，下部结构为双柱式墩。全长 42 米，桥梁面积 1050 平方米。

六号桥　1938 年始建，1971 年、1988 年两次扩建，位于中河村南 500 米。上部结构为空心板梁，下部结构为多柱墩。全长 32.7 米，桥梁面积为 1095.45 平方米。

七号桥　1938 年始建，1971 年、1988 年两次扩建，位于中营村东南 400 米。上部结构为空心板梁，下部结构为多柱墩。全长 22 米，桥梁面积为 737 平方米。

军粮城立交桥　上部结构为空心板梁，下部结构为双柱式墩。全长 244.6 米，桥梁面积为 6115 平方米。

九号桥　1938 年始建。1960 年、1971 年、1985 年三次扩建，位于军粮城街道界内。上部结构为 T 形梁，下部结构为多柱墩。全长 50.3 米，桥梁面积为 1760.5 平方米。

十号桥　1938 年始建，1960 年、1971 年、1985 年三次扩建，位于无瑕街道内。上部结构为空心板梁，下部结构为双柱式墩。全长 20.4 米，桥梁面积为 724 平方米。

无瑕村立交桥　1992 年 6 月始建，是年 10 月竣工通车。位于无瑕街道界内。上部结构为 T 形梁，下部结构为双柱式墩。桥总长 2340 米，其中正桥长 1715.7 米，桥梁面积为 3.26 万平方米。此桥是天津钢管公司配套工程，是津塘公路上最长的立交桥。

（二）津汉公路（津汉线）

于明庄桥　1984 年修建，位于华明街道于明庄村北 1.3 千米。上部结构为空心板梁，下部结构为双柱式墩。全长 15 米，桥梁面积为 420 平方米，为沟通津汉公路的重要桥梁。

空港加工区一号桥　上部结构为箱形梁，下部结构为双柱式墩。全长 472 米，桥梁面积为 4.63 万平方米，为沟通津汉公路的重要桥梁。

空港加工区二号桥　上部结构为箱形梁，下部结构为双柱式墩。全长 305.17 米，桥梁面积为 9765.44 平方米。

空港加工区三号桥　上部结构为箱形梁，下部结构为双柱式墩。全长 537.5 米，桥梁面积为 2.04 万平方米。

排污河桥　1978 年修建，位于军粮城街道津汉公路上。上部结构为空心板梁，下部结构为双柱式墩。全长 12 米，桥梁面积为 156 平方米。

排污河大桥　1978 年修筑，位于胡张庄南 2 千米，津汉公路上。上部结构为空心板梁，下部结构为双柱式墩。全长 84 米，桥梁面积为 814 平方米，为津汉公路的重要桥梁。

金钟河大桥　1981 年始建，系钢筋混凝土公路桥。位于区东北部，胡张庄村北 1 千米。上部结构为 T 形梁，下部结构为双柱式墩。全长 537.5 米，桥梁面积为 1133 平方米，为津汉公路的重要桥梁。

杨北立交辅道桥　上部结构为箱形梁，下部结构为双柱式墩。全长 14 米，桥梁面积为 476 平方米。

东减河桥 1986年修建，位于贯庄村北侧，跨越东减河，系钢筋混凝土公路桥。上部结构为空心板梁，下部结构为多柱墩。全长48.5米，桥梁面积为557.75平方米。

西减河桥 1984年修建，位于华明街道赵庄村西北1千米。桥长40.44米，宽14米。上部板梁，下部灌注桩，系钢筋混凝土公路桥。

（三）津北公路（津北线）

小红桥 1940年始建，原为木桥，1968年改建成钢筋混凝土公路桥。上部结构为空心板梁，下部结构为排架墩。全长14.5米，桥梁面积为159.5平方米。

么六桥 1972年始建，原为木桥。1939年改建，1971年重建，为钢筋混凝土公路桥，位于么六桥村东500米，跨越中河。上部结构为空心板梁，下部结构为双柱式墩。全长39.7米，桥梁面积为357.3平方米。

刘台立交桥 上部结构为箱形梁，下部结构为双柱式墩。全长154米，桥梁面积为1848平方米。

新建桥(原兴农立交桥旁) 上部结构为箱形梁，下部结构为单柱式墩。全长368米，桥梁面积为4232平方米。

长板桥 1971年修建。位于军粮城街道刘台新村北1千米津北公路上，跨越袁家河，系钢筋混凝土公路桥。上部结构为空心板梁，下部结构为双柱式墩。全长32.6米，桥梁面积为358.6平方米。

（四）津芦线

孙庄大桥 1964年始建，原为木桥。1978年，改建成钢筋混凝土公路桥。位于金钟街道孙庄村东500米，跨越东减河。上部结构为空心板梁，下部结构为多柱式墩。全长50米，桥梁面积为900平方米，为沟通金钟公路的重要桥梁。

金钟河重型桥 1975年修建，位于金钟街道欢坨村东北4千米，跨越金钟河。上部结构为箱形梁，下部结构为双柱式墩。全长181.5米，桥梁面积为5808平方米。

（五）津塘二线

东河桥 上部结构为空心板梁，下部结构为双柱式墩。全长34米，桥梁面积为374平方米。

中河桥 上部结构为空心板梁，下部结构为双柱式墩。全长34米，桥梁面积为374平方米。

袁家河桥 上部结构为空心板梁，下部结构为双柱式墩。全长77米，桥梁面积为693平方米。

（六）杨北公路（北杨线）

一号桥 1968年修建，1986年扩建。位于华明街道范庄村东南2千米，跨越四线河。上部结构为空心板梁，下部结构为双柱式墩。全长20米，桥梁面积为252平方米。为钢筋混凝土公路桥。

二号桥 1968年始建，1975年扩建。位于华明街道贯庄村西北1千米，跨越六线河。上部结构为空心板梁，下部结构为双柱式墩。全长16米，桥梁面积为192平方米，为钢筋混凝土公路桥。

三号桥 1965年始建，1986年扩建。位于军粮城街道山岭子村西2千米，跨越污水河。上部结构为空心板梁，下部结构为双柱式墩。全长23米，桥梁面积为287.5平方米，为钢筋混凝土公路桥。

四号桥 1960年始建，1986年扩建。位于军粮城街道山岭子村南2千米，跨越新地河。上部结构为空心板梁，下部结构为双柱式墩。全长62米，桥梁面积为775平方米，为钢筋混凝土公路桥。

贯庄桥　上部结构为空心板梁，下部结构为双柱式墩。全长12米，桥梁面积为120平方米。

山岭桥　1977年修建。位于军粮城街道山岭子村东北1千米，横跨排污河，系钢筋混凝土公路桥。对沟通山岭子路与东金路、津汉公路的交通具有重要作用。上部结构为空心板梁，下部结构为双柱式墩。全长12米，桥梁面积为120平方米。

洪排河桥　上部结构为空心板梁，下部结构为双柱式墩。全长55.26米，桥梁面积为2221.452平方米。

K13+590小桥　上部结构为空心板梁，下部结构为双柱式墩。全长26米，桥梁面积为1045.2平方米。

（七）机场大道立交桥　桥梁面积为7.55万平方米。

（八）跃进路

小王庄桥　1970年修建。位于万新街道小王庄村北，跨越排污河，系钢筋混凝土公路桥。对沟通跃进路交通具有重要作用。上部结构为空心板梁，下部结构为双柱式墩。全长9米，桥梁面积为78.3平方米。

于明庄桥　1976年修建。位于华明街道于明庄村北1.5千米，跨越北塘排污河，系钢筋混凝土公路桥。上部结构为空心板梁，下部结构为双柱式墩。全长50米，桥梁面积为2015平方米。

李明庄立交桥　上部结构为空心板梁，下部结构为双柱式墩。全长70米，桥梁面积为1050平方米。

（九）东金路

九大桥　1969年，中共九大召开之际修建。位于军粮城街道苗街村北500米，东金路上，系钢筋混凝土公路桥。上部结构为空心板梁，下部结构为双柱式墩。全长48米，桥梁面积为432平方米。

兴农立交桥　上部结构为箱梁，下部结构为多柱式墩。全长664.66米，桥梁面积为3.06万平方米。

（十）东丽湖联络线立交桥　上部结构为箱梁，下部结构为多柱式墩。全长307.5米，桥梁面积为8120平方米。

（十一）津赤路

华明立交桥　上部结构为空心板梁，下部结构为双柱式墩。全长66.5米，桥梁面积为598.5平方米。

范庄桥　1972年修建。位于华明街道范庄子村北1千米，津赤公路上，跨越东减河，系钢筋混凝土公路桥。对沟通津赤路、杨北公路交通具有重要作用。上部结构为空心板梁，下部结构为双柱式墩。全长40米，桥梁面积为344平方米。

六线河桥　1979年修建。位于华明街道赤土村西南，跨越六线河，系钢筋混凝土公路桥。上部结构为空心板梁，下部结构为双柱式墩。全长26米，桥梁面积为260平方米。

（十二）赤海路

大东庄立交桥　上部结构为T形梁，下部结构为多柱式墩。全长104米，桥梁面积为1248平方米。

赤贯桥　1977年修建。位于华明街道贯庄村北1千米，赤海路上，跨越排污河，系钢筋混凝土公路桥。上部结构为空心板梁，下部结构为双柱式墩。全长53米，桥梁面积为477平方米。

（十三）山岭子路新地河桥 1960年修建。位于军粮城街道山岭子村南2千米，跨越新地河，系钢筋混凝土公路桥。上部结构为板拱，下部结构为重力式墩。全长10米，桥梁面积为90平方米。

（十四）津汉支线排灌渠桥 上部结构为空心板梁，下部结构为双柱式墩。全长10米，桥梁面积为90平方米。

（十五）外环线

1号桥 1987年1月修建。位于万新街道北程林以东1千米外环线上，跨越程林排污河，系钢筋混凝土公路桥。由两座并列、间隔2米的桥梁组成，桥长30.61米，桥面各宽13.25米。为外环线配套工程，对沟通外环线的交通具有重要作用。

2号桥 1987年1月修建。位于华明街道于明庄以南1千米外环线上，跨越北塘排减河，系钢筋混凝土公路桥。由两座双向并列，间隔2米桥梁组成，桥长21.45米，桥面各宽12.25米，上部桥梁，下部灌注桩。

3号桥 1987年1月修建。位于华明街道李明庄东南1千米外环线上，跨越北塘排污河，系钢筋混凝土公路桥。由两座双向并列，间隔2米的桥梁组成，桥长33.4米，桥面各宽12.25米，上部板梁，下部灌注桩。

4号桥 1987年1月修建。位于华明街道西部，南淀西北外环线上，跨越月西河，系钢筋水泥板公路桥。由两座双向并列、间隔2米的桥梁组成，桥长30.65米，桥面各宽12.25米，上部板梁，下部灌注桩。

第二节 铁 路

一、铁路干线

（一）京山铁路 区境内西起河东区与东丽区交界的月牙河，途经张贵庄、军粮城站，东至无瑕街道新五村北入滨海新区塘沽中心庄公路交叉点，全长26.7千米。区境段内铁路沿线有天津市肉类联合加工厂、天津铁路信号厂、天津滨海国际机场、军粮城发电厂、天津市硫酸厂、军粮城机米厂、天津钢管股份有限公司，以及乡镇自办的仓储业等企业。原有51股铁路专用线，至2010年调整为28股铁路专用线，分别在张贵庄站、军粮城站接轨。

（二）北环铁路 西起北辰区境内的京山铁路南仓编组站，东至滨海新区塘沽境北塘站，与京山铁路相交，全长49.38千米。在区北部穿境而过，途经大毕庄、范庄、山岭子、胡张庄等站，至军粮城街道四道桥道班入滨海新区塘沽境内，长25.5千米，为货运专线。

北环铁路亦称南仓北塘联络线，系国家投资项目。为缓解京山铁路南仓站至塘沽站货物运输的紧张状况，于1973年动工修建，1975年建成。1988年增建复线23.58千米。增建后货车通过能力由原来每天33对增至53对。区境内北环铁路沿线有立交桥1座，桥梁5座。天津市第二煤气厂及乡镇仓储业等单位共设有8股铁路专用线在大毕庄站接轨，对缓解京山铁路货运运输压力具有重要作用。

二、铁路车站

（一）张贵庄车站 清光绪十五年（1889）始建，位于东丽区张贵庄村东南1千米处，车站中心里程位于京山线150千米+428米处。

该站原为京山铁路的三等客货联运站，1993年升为二等客货联运站，2007年停止办理客运业务。站内原设行车、调车、货运、装卸和客运5个部门。原隶属北京铁路局天津铁路分局天津车务段管辖，2009年4月划归塘沽站管理。

该站有2条正线、5条到发线（到达和发送）、6条调车线、另有42条铁路专用线与该站接轨，其中国有40条，民办2条，总长25千米。站内可停放客运列车13辆，货运列车8辆，日经站客车72辆，货车71辆，平均每小时有7.2辆客货列车经过该站。年发送旅客4.5万人次，年到达旅客4.7万人次。日装车15.7列，日卸车11.9列；年发送货物27.5万吨，年到达货物193万吨。

2010年，车站行车作业使用微机联通设备，为自动闭塞区段。有正线2条，到发线5条，调车线5条，调车机1台。车站拥有危险品货场1个，货场设龙门吊2台，有中国航油集团天津石油有限公司、天津市津东新兴危险品铁路货场、天津天纺物流有限公司、国家物资储备局天津八三八处，天津建工集团物资供应中心、天津兵工物资有限公司、天津新兴储运公司等13家企业分布在21条专用线上，其中4家单位办理危险品货物到达及发送。

该站的危险品货场建于1954年，占地面积10.8万平方米。是天津市唯一的危险品货场，也是华北地区最大的危险品货场，负责天津及华北地区危险品的发运、到达和中转。年完成危险品发送1.4万吨、到达10万吨，中转2.1万吨，为天津和华北地区的危险品货运中心。至2010年，全站年装车4520车，卸车4.55万车。

（二）军粮城车站 清光绪十五年（1889）始建，位于京山铁路162千米处，地处区军粮城街道界内。占地面积21.4万平方米，建筑面积4239平方米。设有客运、货运、运转、工务、电务等部门。有站线7条，11个单位共计23条500个货位的专用线在该站接轨。

该站采用国内先进的闭塞通讯、信号设备，2台调车机车担负站内车轨的调倒及各专用线的取送作业，每天有13列客车、104列货车经停该站。原年发送旅客22万人次，年到达旅客24.7万人次。日均装车10列，日均卸车33列。日均发送货物540吨，日均到达货物1.65万吨。

该站原归属北京铁路局天津铁路分局天津车务段管辖。2009年4月划归由塘沽站管辖。1985—1991年，对站内设备进行改造，建700平方米集中楼一座，340平方米货运楼一座，并采用6502型大站集电设备。2007年，停止办理客运业务。2010年，因军粮城地区整体撤村等原因，原有塘洼、电建、松务、加气、硫酸厂专用线已废弃或停用。现有电厂、东铁、北方、东堼、机米厂、钢管公司、三煤气铁路专用线。

三、铁路专用线

（一）国有铁路专用线

新中国成立前，境内只有军粮城机米厂和天津铁路信号工厂专用线2股，总长1.5千米。

新中国成立后，随着驻区国有企事业单位的建立，铁路专用线开始得以发展。1955年，天津市肉类联合加工厂修建铁路专用线4股，长2.6千米。1961年，天津市军粮城发电厂修建铁路专用线7股，长6.76千米。1978年，天津张贵庄机场修建铁路专用线2股，长3.33千米。1985年，区建材供应公司修建铁路专用线3股，长2.5千米。是年，天津市第二煤制气厂修建铁路专用线11股，长7.9千米，与北环铁路接轨。1988年，天津钢管公司修建铁路专用线6股，长11.2千米。至1995年，驻区企事业单位共有铁路专用线35股、长35.79千米，其中有24股与京山铁路接轨、11股与北环铁路接轨。

（二）民办铁路专用线

1985年，区内开始建设民办铁路，至1993年共修建铁路专用线11条16股总长18.91千米，投资3271万元。使全区仓储运输业具有了利用铁路和公路联运，接卸、发货、储存、集疏港等综合功能。区民办铁路专用线，分布在军粮城街道、新立街道、华明街道的苗街村、山岭子村、塘洼村、东杨台村、东韪村、新兴村、务本村、十三顷村、贯庄村9个村。民办铁路专用线有效长度为15.36千米，拥有各种储运、装卸机械602台。苗街村与天津铁路分局经济技术开发公司联营，经天津市口岸委员会批准，修建国内第一条农民集资兴办的铁路——东铁储运公司铁路专用线。东铁线有3股，全长2.76千米，有效长度2.45千米。3股铁路专用线，全部用条石护坡，两侧有效货位340个，均为水泥面站台。东铁专用线，1985—1990年共接卸货物12.5万车，724万吨，创产值5027万元。东铁专用线的投产使用，扩大了仓储业的发展和货物集散能力，为运输业的发展增加了活力。

1988年4月至1992年5月，又相继兴建东港、新储、新铁、韪铁、军铁、岭铁、松铁、贯铁、杨铁9条12股铁路专用线。其中新立镇新兴村于1992年4月兴建的化工危险品铁路专用线，为国内华北地区第一家农民兴建危险品铁路专用线。铁路专用线的开发和利用，进一步促进了全区仓储运输业的发展，显著提高了储运业的经济效益。赤土镇贯庄村，1989年仓储业产值为42万元，由于铁路专用线的运营，1990年仓储业产值增至159万元，比1989年增加117万元，增加2.8倍。全区1985年储运业总产值为7397万元，1990年增至3.39亿元，1990比1985年增加3.58倍。

1989年8月，区仓储管理所为加强铁路专用线的管理，维护运输秩序，促进乡镇铁路运输事业发展，制定铁路专用线管理暂行规定，要求铁路专用线建立健全货物收、发手续，配备装卸队，对货物被水浸泡或雨淋造成损失负责赔偿；做好消防安全工作，按标准合理收费，设安技组或安技员抓好安全生产，采取必要措施减少对环境的污染。

1995年后，受仓储、运输市场的调整和整体撤村等因素影响，区仓库库存量减少，部分铁路专用线停止使用。至2010年，全区有铁路专用线17条，总长度22.22千米，其中，民办铁路专用线12条，长度15.92千米；乡镇铁路专用线5条，长度6.3千米。

2010年东丽区民办铁路专用线一览表

表7-1

铁路专用线企业名称	地点	里程（千米）
中国兵工物资天津公司	新兴村	0.32
天津北方五洋国际运输有限公司	东韪村	0.33
天津市军粮城机米厂	军粮城火车站	2.10

续表 7-1

铁路专用线企业名称	地点	里程（千米）
天津市建设发展总公司建材物资站	军粮城大街	0.83
天津市建筑材料供应公司	津塘公路 4 号桥	3.4
天津纺织集团有限公司第一仓库	驯海路	1.3
天津市津信储运场	驯海路	0.9
中国储备棉管理总公司天津直属库	荒草坨村北	0.48
天津市津东军杨铁路货场	杨台村	0.6
天津市东丽区军铁储运货场	塘洼村	1.5
天津市东铁储运公司	津塘公路	2.76
天津市东堼铁路储运公司	东堼村	1.4

四、张贵庄铁路立交桥

1987 年 1 月始建，8 月竣工。位于张贵庄街道与丰年村街道交界处，是外环线横跨京山铁路重要桥梁。由双向并列的桥梁组成，两桥间隔 4 米，外环线上行，京山铁路下穿。桥长各 518.46 米，桥面各宽 12.25 米，快慢车道分驶，不设人行道。桥面最高处为 12.6 米，桥下净空 6.75 米。桥上部分为钢筋混凝土 T 形梁，下部为双柱式墩台钻孔灌注桩。立交桥中心处跨京山铁路张贵庄编组站 9 股铁道，对沟通张贵庄地区铁路南北两侧交通具有重要作用。

五、津滨轻轨—天津地铁 9 号线

2001 年 1 月 18 日始建，一期工程（中山门—东海路区间），于 2003 年 9 月 30 日建成通车，2004 年 3 月 28 日开通载客试运营。全线设立车站 14 座（不包含预留站），并建立控制中心、车辆基地、停车场各 1 个。线路全长 45.409 千米，其中高架线 39.915 千米，地面线 5.494 千米。

津滨轻轨在区界内设立新立站，位于津塘公路新立街道新立村，车站为高架站，设有 2 个侧式站台；东丽开发区站，位于津塘公路东丽开发区，车站为高架站，设有 2 个侧式站台；小东庄站，位于津塘公路新立街道小东庄村，车站为高架站，设有 2 个侧式站台；军粮城站，位于津塘公路军粮城街道，车站为高架站，设有 2 个侧式站台；钢管公司站，位于津塘公路无瑕街道钢管公司，设有 1 个岛式站台。另在区政府驻地张贵庄、津塘公路南侧预留待建张贵庄站。

津滨轻轨是天津市区与滨海新区连接的重要轨道线路，是唯一将两地连接的地铁线路，极大地方便了人们的出行。

六、铁路地道

京山铁路区境内设有跃进路、驯海路、合兴路、中河桥、民族路、东大桥、军粮城大街、十三孔桥、东垦等地道。

第三节 航 空

一、机场建设

1939 年 11 月始建，原称天津张贵庄机场。1950 年，成为新中国最早的民用航线，机场担负新中国专业飞行和技术人才培养的任务，誉为“新中国民航的摇篮”。机场位于区中部偏西，外环线东侧。东距天津港 33.8 千米，西距天津站 13.3 千米。经二次扩建后，机场被确定为首都机场的备降场，同时担负大型飞机的训练任务。1979 年 4 月，开辟 7 条始发航线，结束了长期作为航线经停站的状况，是年，旅客发运量 1.27 万人次，货邮发运量 1.27 万件次 1806 吨。1988 年 8 月，经第四次扩建和 2002 年飞行区改造后，天津机场成为华北地区仅次于首都机场的第二大国际机场，飞行区达到 4E 级。

1996 年 10 月，天津机场被国务院升格为国际定期航班机场，后更名为“天津滨海国际机场”。机场依靠自身良好的净空和交通条件，先进的设备和优质的服务，吸引国航天津分公司、新华航空公司、东方通用航空公司和邮政航空公司在这里“安家”。拥有客运飞机 16 架，通用及邮政飞机 15 架。

2007 年，完成一期扩建工程。2008 年 4 月 28 日零时，天津机场新航站楼开始使用，以接替老航站楼用于客流运输。新航站楼采用指廊式布局设计，主体建筑面积 11.6 万平方米，建筑物最大高度 43 米，单层面积 5 万平方米，总面积达 25 万平方米，旅客吞吐量 1700 万人次，货邮吞吐量 50 万～60 万吨。设有 60 个值机柜台，6 台自助值机设备，17 条安检通道，19 个登机桥。2009 年，机场扩建二期工程启动。

2010 年，机场二号跑道开放客运运行，成为双跑道运行的大型机场。

二、航线航运

1979 年，先后开辟由天津起降的 7 条航线。1981 年，开辟天津—香港的航线。1983 年，复航北京—天津—南京—广州的航线。1987 年，新辟 2 条航线。1990 年，开辟吉林经天津至郑州的航线。

1995 年，天津滨海国际机场已开辟 35 条航线，其中国际航线 5 条。国际定期航班每周 14 个班次，地区定期航班每周 18 个班次，国际不定期包机每周 100 余个班次。

2003—2006 年，天津机场顺应发展需要，采取积极营销策略，引进航班航线，旅客吞吐量实现从 100 万人、170 万人、220 万人到 280 万人的 4 个跨越。以天津为基地，国内最大支线航空公司天津航空开始正式运营国内支线航空客、货运输业务。在天津机场设基地运营的国内航空公司达到8家。世界航空公司货运业务排名前三位的大韩、新加坡货航运营业绩良好，大韩航空公司已在天津筹建货运基地。

2006年，天津机场累计完成旅客吞吐量280万人次，同比增长26.3%；累计完成货邮吞吐量10万吨，同比增长20.9%；安全保障飞机起降5.5万架次，同比增长15.8%。先后有新货航、货邮航、香港航空、蒙古航空、东星航空、吉祥航空6家航空公司进驻天津，使得在天津滨海国际机场开通正班航线的国内外航空公司增加到24家。天津至上海航线以每天往返13班高密度运营，成为最成熟的一条航空运输快线。

2009年，天津机场扩建二期工程启动后，天津滨海国际机场将成为中国北方国际航空物流中心、大型门户枢纽机场。天津机场已开通航线61条，通航城市51个，已成为以国内航线为主体，以东北亚航线为龙头，以欧美航线为两翼的航线网络精品机场。

2010年，天津机场已开通70余条航线。

第四节　水　路

一、航道

（一）海河　历史上，东丽区凭借优越的地理位置，水上运输一直占据重要地位。由于海河上游兴建拦蓄工程，来水量逐年减少，致使航道淤浅，内河航运受阻。1985年，建海河二道闸，海河航道被切断，区内航道只剩下二道闸至天津段。为开辟新的航道客运，1987年6月区内魏王3号旅游船首次开航，由天津赤峰桥沿海河东下至海河二道闸。1987年12月，建成天津港驳船码头公司郑家台码头，使海河下游通航段全线开通。

（二）金钟河　该河冬枯夏溢，水深、流量不固定。由于该河上游淤积严重，遂停航。

二、渡口

1979年，区内海河北岸主要有冯口、崔家码头、泥窝、赵北、大郑、大宋、苏庄等渡口；金钟河南岸主要有南孙庄、欢坨、北于堡、赤土等渡口。20世纪80年代，由于金钟河水量锐减，沿岸渡口逐步废弃。2010年，海河北岸仅有大郑、泥窝渡口继续摆渡。

（一）苏庄渡口　清顺治年间（1644—1661）位于海河北岸无瑕街道苏庄村南，对岸为津南区葛沽镇，河面宽350米。木质机械渡船，为海河两岸过往行人和货物运输提供方便。随着天津市工业东移战略的实施，兴建钢铁基地，整体撤村后，2008年渡口已废弃。

（二）大郑渡口　清光绪十一年（1885）建立，位于海河北岸新立街道大郑村东，对岸为津南区东泥沽村，河面宽200米。两岸设有水泥码头。1986年改用铁制机械渡船，为海河两岸过往行人和货物运输提供方便。2010年，为村民自营，过往行人和车辆日益减少。

（三）泥窝渡口　1937年建立，位于海河北岸新立街道泥窝村南，对岸为津南区张家嘴村，河面宽260米。1983年始，由村民自行经营。1990年改用铁制机械渡船，为海河两岸过往行人渡河提供方便。2010年，行人日益减少，以摆渡小客车为主，日均近百辆。

（四）冯口渡口 清同治四年（1865）建立，位于海河北岸万新街道冯口村南，对岸为河西区柳林疗养区，河面宽300米。1988年改用铁制机械渡船，为两岸过往行人（多为上、下班职工）过往提供方便。2005年，因市区海河修建大桥后，渡河职工大量减少，故停渡，渡口即废弃。

（五）魏王庄渡口 1961年建立，位于海河北岸军粮城街道魏王庄村，对岸为津南区东泥沽村和东嘴村，河面宽300米。1982年由天津市青年实业联合公司接管设“青年号”渡船1艘，可同时摆渡6辆载重货运汽车。1985年改为由村民承包经营渡口。1987年，连接东丽、津南的二道闸路修筑通行，渡口客流减少，2002年废弃。

三、码头

天津津港军粮城港埠有限公司

1985年始建，1987年12月建成，位于无瑕街道老袁庄村南。初建时名为天津港驳船码头公司郑家台码头。2002年12月，区与天津港集团公司签订合作协议，更名天津津港军粮城港埠有限公司，隶属天津港集团公司。公司是由东丽区政府与天津港集团公司共同投资组建的合资公司，注册资金1064万元，其中，东丽方投资550万元，天津港方投资514万元。

初建后，因靠泊能力低，没有通航使用。1992年始，挖泥加深疏通河道，使码头水深由3.1米加深到3.8米，靠泊能力由500吨级提高到1000吨级。2000年，两次提升为3000吨级，至此海河下游船舶通航段全线开通。

公司经电力设施、装卸设备的投入改造，码头占地面积12.1万平方米，建筑面积1346平方米，库房面积3000平方米，堆场5万平方米，码头岸长326米，预留泊位1个。其中，313米建成6个500吨驳船泊位，设计年吞吐能力70万吨，为缓解天津港压船压港问题具有重要作用。2003年9月，公司开业，从事内贸船舶业务作业。航运主要货类有海砂、石料、煤炭、钢材、杂货等。由于码头坐落在东丽滨海重机工业园内，利用河道优势，为重工业企业的原材料和产品的进出提供了便利，同时拉动了码头周边仓储业和运输业发展。

经25年建设发展，码头公司各项经济指标逐年稳定增长。2004—2010年，航运货物吞吐量完成1913万吨，年均273万吨；收入1.61亿元，年均2300万元；净利润3384万元，年均483.4万元。

2008年，军粮城港埠有限公司郑家台码头装卸海沙

四、闸桥

（一）海河桥 1987年2月始建，是年9月竣工。位于新立街道崔家码头村和津南区卢庄子村之间的外环线上，跨越海河。以河得名，属市级管理。由两座双向并列、间隔4米的桥梁组成。桥长266.5米，桥面总宽26.5米，上下行道各宽13.25米，不

设人行道。11孔，跨越8孔各20米，3孔各35米，桥下净空5米。南段引道长96米，北端引道长156米，宽各30.5米。钢筋混凝土结构，上部为T形梁，下部为双柱式墩台钻孔灌注桩。系外环线配套工程，对沟通海河两岸南北交通具有重要作用。

（二）节制闸桥 1964年建成，位于华明街道永和村北1千米，跨越金钟河，桥长89.8米，宽8米。为防止海水倒灌和限制金钟河淡水外泄，故名。钢筋混凝土桥面，具有咸淡分家功能。1981年，津汉公路裁弯取直，此段公路已废弃，桥已失去作用。

（三）渔船闸桥 1964年建成，位于华明街道永和村北1千米，跨越金钟河疏航道上。因金钟河节制闸建成后，出海打渔不能通航，特在金钟河南侧开挖一条疏航道，另连此桥，故名。桥长35.6米，宽8.3米，5孔，每孔跨径各7米，钢筋混凝土结构。1981年，津汉公路裁弯取直，此段公路废弃，桥已失去作用。

第二章 运 输

1979年，全区拥有各类货运车辆3854辆，其中，汽车310辆、拖拉机1414辆、畜力胶轮大车2130辆。至2010年，货运车辆猛增，注册运输企业1376家，货运汽车8748辆，是1979年的28倍，年实现产值24亿元。其动力基本适应全区新市镇建设对专业化、标准化运输不断增加的需要。

1996年，区内始有民营农村客运班线。至2010年，拥有客运企业5家，38部车辆，班线覆盖全区镇街乡村。1979年，区内有市公交客运班线3条。至2010年，区境内有市公交始发、终发、始终发、过境班线35条。2010年，区水上运输企业已发展到3家。

第一节 机 构

1984年7月，区建立东郊区运输管理站，隶属区乡镇企业经济委员会领导。1985年1月，东郊区运输管理站与东郊区储运公司合并，更名东郊区运输管理所，为区政府直属单位。1988年2月，东郊区运输管理所更名东郊区交通运输仓储管理处，升格为处级单位，列入区政府直属单位。1992年2月，东郊区交通运输仓储管理处更名东郊区交通运输管理局，3月更名东丽区交通运输管理局。内设办公室、运输管理科、单证管理科、稽查科、汽车维修管理科、机务管理科、仓储管理科、港航监督管理所、大无缝管理所。

1993年，将乡镇管辖的大毕庄、万新、新立、小东庄、么六桥、荒草坨、军粮城、李庄、赤土9个运管站划入区交通运输管理局直接管辖。1994年，增设新立、军粮城、万新庄、赤土4个运管所。

1995年8月，调整驻乡、镇、街道运管机构，调整后名称为：新立村、军粮城、小东庄、么六桥、程林、华明、大毕庄、赤土、无瑕、大无缝运管所。是年10月，天津市交委在区运输管理局设立市联合运输办公室派出机构，名称为天津市东丽联运管理处。2001年8月，大无缝运管所更名天津市东丽区交通运输管理局直属运管所。是年11月，区交通运输管理局增设航运管理科。2002年10月，设立区交通战备办公室。2007年2月，增设天津市东丽区地方海事处。2010年，区交通运输管理局内设：办公室、人事科、财务科、法制安全管理科、运输管理科、机务管理科、物流联运发展科、客运驾培管理科、稽查科、交通战备办公室、地方海事处11个职能科室。下属单位：无瑕、军粮城、小东庄、新立村、么六桥、程林、华明、大毕庄、赤土、局直属管理所及局招待所、储运服务中心、机动车检测中心。

第二节 公路客运

一、民营客运企业

1996年，东丽区洪森汽车服务社成立，成为区较早的民营农村客运班线。

2002年，区内农村客运班线发展迅速，共有农村客运公司5家，车辆16部，线路7条。

2010年，区拥有民营客运企业5家，8条客运班线，38部客运车辆，运营线路总长249千米。班线覆盖全区镇街乡，镇街乡通车率100%，村通车率98%。

二、公交集团客运

1979年，区内有151、167、176、180、185、188等路公交客运。至1995年，区内共有始发、终发公交线路6条，过境线路6条，便民线路2条。至2010年，经更名、调整、新设，区内有始发公交线路15条，终发线路11条，过境线路5条，区内始发、终发线路4条，共计35条。

2010年市公交在东丽区境内客运班次线路一览表

表7-2

线路名称	始发、终发、过境	线路起止点	运营线路东丽区境内主要站点
17	始发	丰年村—中心广场	丰年村、张贵庄、造纸宿舍、詹庄子
28	过境	第三石油化工厂—中心广场	第三石油化工厂、登州路、程林东里、程林二村、工地、杨台、万新村南
30	始发	崔家码头—泗阳道	崔家码头、津门里、詹安里
42	终发	金钟河大街—南程林	南大桥、电表厂、东城家园、公交四公司、程林公墓、南程林
185	终发	中心公园—无瑕花园	张贵庄、驯海路、四合庄、中河、小东庄轻轨站、小东庄、十三顷、军粮城、无瑕道、滨瑕里、无瑕花园

续表 7-2

线路名称	始发、终发、过境	线路起止点	运营线路东丽区境内主要站点
305	始发终发	张贵庄公交站—张贵庄公交站	张贵庄公交站、栖霞道、津门里、先锋里、金华里、造纸宿舍、跃进路、新立村轻轨站、丰年村、驯海路、开发区管委会、东方财信、防疫站、妇女创业中心、帝达工业园、新豪科技园、丰田合成、印刷城、泰科图比、运动中心、万新机械、市政机城、金桥焊条、电装电机、日硝玻璃、中国联通、春发香料、柱重机械、丰津传动、香港花园、华润万家东丽店、张贵庄公交站
307	始发终发	无瑕花园—中国一重	无暇花园、博木里、滨瑕里、钢管公司东门、东丽排管处、滨海重机园、中冶环保公司、赛端机器、中国一重
621	过境	天津站—塘沽南站	跃进路、驯海路、东气厂、四合庄、中河、东河、小东庄、十三顷、小马场、军粮城、袁庄、十号桥
622	始发	空港经济区—水木天成	空港经济区、天一印染、纺织园南站、纺织园北站、西八道、景和路、空港经济区学校、邻里中心、空港经济区图书馆、华旗资讯、时尚舞台、空港经济区海关、丽港大厦、汽车园东站、汽车园、赵庄子、李明庄
635	终发	西青公交站—万新村南	武警医院、万新村南
639	终发	赵苑小区—增兴窑	昆仑里、增兴窑
660	终发	中心广场—华明新家园北站	李明庄、赵庄子、商贸市场、德园、福园、翔园、示范镇管委会、明湖园、泽园、翠园、旭园、橡树湾、顶秀欣园、华丰家园、华明新家园北站
663	终发	天津站—万科东丽湖	李明庄、赵庄子、空港物流、华明镇、赤贯桥、山岭子、万科东丽湖
666	终发	天津站—民航大学	南大桥、电表厂、东城家园、公交四公司、程林公墓、民航宾馆、民航大学
673	始发	万新村东—商业大学	万新村东
679	始发	丰年村—泗阳道	丰年村、丰年村口、新立村轻轨站、张贵庄、跃进路、造纸宿舍、詹庄子
689	终发	天津站—空港加工区	李明庄、赵庄子、汽车园、汽车园东路、科技大楼、投资服务中心、高尔夫球场、船大路、航空路、空港纺织园北站、空港纺织园南站、中环南路、空港加工区

续表 7-2

线路名称	始发、终发、过境	线路起止点	运营线路东丽区境内主要站点
691	始发终发	空港地铁公交站—空港经济区公交站	空港地铁公交站、保税路、汽车园东路、西三道、投资服务中心、国际温泉高尔夫、远洋新干线、复地温莎堡、中环西路西七道、中环西路西八道、西九道、西十道、益园钢板、天保青年公寓、空港经济区公交站
692	始发	空港地铁公交站—港城大道公交站	空港地铁公交站、环河西路、汽车园北路、空港商务园西区、海关、时尚舞台、中环东路、东二道、空港经济区图书馆、邻里中心、空港经济区学校、景和路、西八道、纺织园南站、纺织园北站、中心大道中环南路、环河南路、特警总队、民航产业化基地、经三路、港城大道公交站
706	过境	第六大道公交站—西青开发区公交站	南大桥、津门里、先锋里、顾庄子
804	过境	新华路百货大楼—永定塔陵	徐庄子、工业区、大毕庄、何庄子、孙庄子、东安驾校、欢坨村、欢坨大桥
806	始发	万科魅力城—西站北广场	万科魅力之城、家世界、驯海路、丰年村、新立村轻轨站、张贵庄、跃进路、造纸宿舍、詹庄子
818	终发	长春道公交站—华明新家园北站	李明庄、赵庄子、空港物流加工区、华湖苑、明湖苑、泽园、翠园、旭园、橡树湾、顶秀欣园、华丰家园、华明新家园北站
819	始发	万新村南—嘉春园	万新村南、武警医院、万新公寓、天山南路、电表厂、东城家园、公交四公司
830	始发	万科魅力城—中心公园	万科魅力之城、家世界、驯海路、丰年村、新立村轻轨站、张贵庄、跃进路、造纸宿舍、詹庄子
835	过境	嘉陵南里—开发区科技大学	东丽体育中心、一百中学、东方财信、东丽开发区管委会、东丽家世界、四合庄、中河、小东庄轻轨站、小东庄、十三顷、务本一村、军粮城、东堼、官房、无瑕道、钢管公司、大无缝轻轨站、十号桥
840	始发	西站公交站—贵环小区	詹庄子、金华里、詹滨里、津门里、栖霞路、食品二厂、张贵庄村、贵环小区
856	终发	水木天成—万科魅力城	詹庄子、造纸宿舍、跃进路、张贵庄、新立村轻轨站、丰年村、驯海路、家世界、宜家家居、万科魅力城
857	始发	张贵庄—阳光 100 公交站	张贵庄、跃进路、造纸宿舍、詹庄子

续表 7-2

线路名称	始发、终发、过境	线路起止点	运营线路东丽区境内主要站点
868	终发	富力津门湖—徐庄子	何兴庄、东窑洼、二煤气、徐庄子
869	始发	何兴庄—航海道	何兴庄
870	始发终发	新中村公交站—司法警官学校	新中村、新中园、新中村汽配城、何兴庄外环小区、东窑洼、何兴庄
872	始发	东丽开发区—华苑雅士道	东丽开发区、六经路、三经路、一经路、防疫站、一百中学、鉴开中学、东丽体育中心、先锋里、津门里、詹滨里、金华里、造纸宿舍、詹庄子
机场专线 4 路	始发	天津机场—唐山道	天津机场、赵庄子、李明庄、第三石油化工厂、登州里、程林东里、工地、杨台、万新村南、武警医院
机场专线 5 路	始发	天津机场—文化中心公交站	天津机场、赵庄子、李明庄、太阳城、天山北路、沙柳北路、倚虹东里、嵩山道、兰亭里、武警医院

第三节 公路货运

一、运输业兴起

20 世纪 70 年代末，天津港对外贸易不断扩大，军粮城公社和李庄子公社村队组织马车、拖拉机和少量汽车为天津港运送、接卸货物，推动区运输业的发展。改革开放后，全区农村调整产业结构，农村劳动力从单一种植业为主转向多产业、多渠道、多层次就业。全区在发展仓储业的同时，发展了与之相配套的运输业。

20 世纪 80 年代始，公路货运业实行多家经营，乡镇运输业快速发展。1983 年，全区拥有各种运输车辆 4854 部，年运营产值 3740 万元，纯收入达 2053 万元。1985 年，全区拥有各种运输车辆 5358 部，年产值 5796.8 万元。1987 年，乡镇集体、个体联户运输力量不断发展壮大，已成为区内运输业的一支主要力量。全区拥有各种运输车辆 5614 部，其中，包括汽车、拖拉机、吊车、铲车、马车、人力车、三轮车等。经营运输业有 1202 户，其中，乡镇集体 197 户，个体联户 995 户，其他 10 户，从业人员 17168 人，乡镇年运营产值为 13072 万元，比 1983 年增加 9332 万元，增长 3.5 倍。

20 世纪 90 年代，运力结构不断调整，老化或小型的运输车辆逐步被淘汰，一些车型新、车质好、吨位大的运输车辆投入运营。1994 年，8 吨以上的大型车辆已达 2153 部，总吨位 27176 吨，占全区运输车辆总吨位的 54%；中型车辆达 1697 部，总吨位 9073 吨，占总吨位的 18%，年实现产值 70800 万元。

二、运输业低谷

20世纪90年代末，由于受市场经济的影响，区内交通运输行业开始逐年下滑，大量大吨位车辆迁出区，赤土镇最为严重。至2003年，区道路运输陷入低谷，全区道路运输车辆3244部，吨位1.2万吨。8吨以上大型车辆523部，吨位5325吨，占总吨位的41.7%，年实现产值6379万元。

三、货运车辆陡增

2008年，区交通运输行业开始回暖，运力结构逐步优化，集装箱、冷藏保温、罐式运输和大件货物运输等专用货运车辆占运输车辆总数的10%，注册运输企业达到1047家，货运车辆6452部3.2万吨，8吨以上车辆1266部1.7万吨，占总吨位的53%，完成产值19.4亿元。

2010年，区加快运力结构调整步伐，全区道路运输货运车辆增势迅猛。注册运输企业1376家，货运车辆8748部，总吨位4.87万吨。8吨以上大型车辆2187部，吨位1.95万吨，占总吨位的40%，年实现产值24亿元。其中专用运输车辆1119部，总吨位1.5万吨；危险品专用车辆548部，总吨位3049吨。专用运输和危险品运输车辆分别占总体货运车辆31%和6.2%，基本适应全区新市镇建设对专业化、标准化运输不断增加的需要。

1983—2010年东丽区运输行业发展情况统计表

表7-3

年份	企业数（个）	车辆总数（辆）	总吨位（吨）	年收入（万元）
1983	1940	4854	2190	3740
1984	1950	4922	2400	6950
1985	1960	5358	2789	5796.8
1986	2000	5425	2900	8909
1987	2404	5614	2990	13072
1988	2400	5599	3211	25910
1989	2310	5612	3509	34900
1990	2316	5490	4321	44011
1991	2390	5601	4780	53110
1992	2410	5610	4790	58990
1993	2400	5700	4960	69320
1994	2403	5850	50326	70800
1995	2450	5910	50320	70791
1996	2480	6005	50327	70900

续表 7-3

年份	企业数（个）	车辆总数（辆）	总吨位（吨）	年收入（万元）
1997	2483	6200	50339	73000
1998	2492	6350	50346	73921
1999	2460	6453	50400	74000
2000	2410	6500	50406	74120
2001	2370	6670	50500	74400
2002	2230	6760	50510	74000
2003	1000	3244	12000	6379
2004	1000	3240	11700	5300
2005	980	3250	12000	5400
2006	988	3340	12890	5600
2007	1010	4000	14000	6000
2008	1047	6452	32000	194000
2009	1259	7100	34000	196000
2010	1376	8748	48700	240000

2010 年东丽区规模货物运输企业一览表

表 7-4

企业名称	性质	车辆（辆）	吨位（吨）	企业地址
天津市汇英汽车运输有限公司	有限责任公司	822	6746	金钟街道南何庄村
天津市全鑫运输队	合伙企业	779	12143	金钟街道东跃进路西
天津市津东今立达运输公司	集　体	740	3463	新立街道翟庄村
天津市通达汽车服务有限公司	有限责任公司	326	1002	东丽开发区一经路
天津市泽宁运输服务有限公司	有限责任公司	260	1419	先锋路与外环线交口
天津市正大运输公司	集　体	210	2098	津塘公路小东庄
东丽区万利运输有限公司	有限责任公司	210	2375	新立街道西杨场村
天津市江浩物流有限公司	有限责任公司	182	2872	无瑕街道十号桥
天津市大无缝物流发展有限公司	有限责任公司	167	2568	无瑕街道惠园

续表 7-4

企业名称	性质	车辆（辆）	吨位（吨）	企业地址
天津市天顺物流有限公司	有限责任公司	153	1135	新立街道东大桥村
天津市富明运输有限公司	有限责任公司	150	691	东丽区凯达大道
天津市永兴运输场	集　体	126	1304	军粮城街道永兴街
天津市盛世弘兴物流有限公司	有限责任公司	120	1373	津塘公路九号桥
天津市万邦迅捷物流有限公司	有限责任公司	118	1173	天津滨海国际机场
东丽区军粮城杨台运输队	集　体	99	1027	军粮城街道杨台村
天津市丽水运输有限公司	有限责任公司	91	1317	无瑕街道大无缝生活区
东丽区华明镇于明庄运输队	集　体	76	650	华明街道于明庄村
天津市健嘉运输有限公司	有限责任公司	71	1217	津塘路八号桥
天津市钢霞物流有限公司	有限责任公司	71	935	津塘公路十号桥
东丽区东疃汽车运输公司	集　体	68	805	军粮城街道东疃村
天津市鑫旺达运输服务有限公司	有限责任公司	66	363	新立街道泥窝村
天津市金隅混凝土有限公司	有限责任公司	66	691	东丽区金钟街道
天津市奥顺集装箱货运有限公司	有限责任公司	62	748	东丽区腾飞路
天津市金华捷运输服务车队	集　体	59	288	华明街道景湖苑

四、重点汽车货运企业

天津安达集团股份有限公司　坐落于新立街道，是一家大型民营企业。安达集团始建于 1988 年 1 月，为天津安达储运总公司。1990 年，总公司自主设计并指导制造出国内第一辆轿车专用运输车，开创了轿车零公里运输的先河。1995 年，安达成立集团股份有限公司，成为国内商品车物流起步最早的企业。安达集团与法国劳尔公司合资组建天津劳尔工业有限公司，生产出国内第一辆无大梁结构空气悬挂、液压螺旋升降的 TCL9150 型和 LR9090 型轿车专用运输车，填补了国家空白。2000 年，安达集团投资加入通讯电子领域，组建安中通讯电子公司，研制开发和生产 GPS 卫星定位跟踪系统。2002 年，安达集团整体通过国际质量 ISO9001-2000 认证，成为行业内第一家获得认证的企业。2007 年，安达集团与英国 Arthro-Kinetics Plc 公司合作，成立中英合资关节动力安达（天津）生物科技有限公司。2008 年，安达集团依托最大的汽车消费市场和最大的进口汽车贸易集散基地的区位优势，建设完成最大的多品牌智能化立体分拨中心，该中心是世界第一座立体高科技汽车仓储集散场地。2010 年，安达集团获得“全国先进物流企业”称号。安达集团董事长崔洪金，系全国劳动模范、全国优秀民营企业家、国家工商联优秀民营科技实业家、天津市助残爱心大使及慈善之星、天津市优秀中国特色社会主义事业建设者。

天津大无缝物流发展有限公司　坐落在区无瑕街道，依托天津市渤钢集团运营，是天津钢管集团公司的控股子公司。公司成立于2003年，注册资金4000万元，资产合计2亿元。有各类车辆83辆。主要经营公路运输、铁路运输、仓储、集疏港和大型货车整车修理等业务，拥有与京山铁路相连接的2.5千米专用线、储存货场、运输车队和联合体车队。公司通过ISO9001-2000质量体系认证。公司发扬“拼搏、进取、互动、创新”的企业精神，发挥自身资本优势、凝聚能量、规范运作，不断发展。2003年营业额5300万元，2004年营业额1.37亿元，2005年营业额2.62亿元，2007年营业额3.36亿元。2009年营业额3亿元，比2003年增长5.6倍。

2010年东丽区重点汽车货运企业基本情况一览表

表7-5

企　业　名　称	所在街道	运输能力（吨）	年收入（万元）
天津大无缝物流发展有限公司	无瑕街道	1800	5052
天津安达集团股份有限公司	新立街道	1789	4990
天津市东丽区联合运输有限公司	新立街道	100	1070
天津安达拓领物流有限公司	新立街道	890	2030
天津市江浩物流有限公司	无暇街道	1011	2712
天津市东丽区万利运输有限公司	新立街道	1000	2100

第四节　水上运输

一、客运、货运中断

海河素有“九河下梢”的自然条件，历来水上运输兴旺发达。区凭借着优越的地理位置，海河客、货运输一直占据重要地位。20世纪70年代末，由于境域公路运输逐步取代了内河航运，水上运输船只日益减少。全区仅有机动船9条，桥船2条。还有小游船26条，其中手划艇12条、电瓶船4条、脚踏船10条，从业人员27名。1985年，海河二道闸建成后，区境内海河段货运即中断。2000年后，随着区城市化进程的推进，迁村并点逐步深入，沿岸大量村民移居，摆渡的需求急速下降。至2010年，区境内仅剩有2个渡口，3条渡船。

二、海河旅游兴起

1987年6月，军粮城镇魏王庄村民马俊岭联合全家10名成员，自筹资金10万元，购置2艘旅游船，将其命名为魏王3号和魏王4号。在海河上开辟了天津市第一家民营客运旅游线路，成为海河客运在1972年断航15年后的首次复航。市人大常委会副主任石坚、区委书记葛同欢、区长张继光等出席开航剪彩仪式。

魏王客运旅游船每天往返一次航班，由市区赤峰桥沿海河东下至二道闸，每年5—10月为开航期，载客量180人。游客尽情欣赏海河两岸风光，聆听讲解员叙述两岸村庄古老的记忆，船上配有歌舞表演，设有小吃及茶点。2002年，由于家庭经营管理及客源等问题，旅游线路由天津市园林处接管经营。

三、水上货运新生

2004年成立天津海通船务运输有限公司，注册资金3300万元，是民营有限责任公司。该公司根据区原郑家台码头的停泊标准，设计建造了两艘3000吨级散货运输船，解决郑家台码头海河水域经营运力不足的问题，荣获区政府颁发的知名企业称号。2007年，该公司根据市场需求，又投资建造一艘5000吨级散货船，于2008年下水运营。该公司成为全国驰名海运企业，获东丽区海运骨干企业荣誉。

2010年，东丽区水上运输企业已发展到3家：天津海通船务运输有限公司、天津市鹏伟船务工程有限公司、天津润德船务有限公司。

第三章　管　理

1979年，区内公路管理由市建设局市管处领导，行政上属区政府建委管理。1990年，区养护队正式更名区公路管理所。2000年，成立市公路管理局东丽分局。2007年，更名市公路管理局东丽公路处，为驻区单位。区交通运输管理局，全面加强安全检查、证照管理、车辆管理、行业诚信建设及行业应急保障、车辆维修等管理工作，创造了良好的交通运输环境。

第一节　客运管理

2000年，区建立市公共客运管理处东丽管理所，业务受市公共客运管理处领导，隶属区政府办公室管理。区运管局依据《中华人民共和国道路运输条例》依法对区域内民营客运企业进行管理，负责民营班线审批、线路规划、资格审核等工作。

第二节　日常管理

一、安全检查

区交通运输管理局不断加大对道路运输行业的监管力度，全力抓好行业安全工作。重视道路运输企业安全隐患排查，强化安全生产监督，规范交通运输行业市场秩序。通过开展多层次、全方位的安全治理工作，全力夯实安全基础。为提高行业安全水平，每年组织实施各类安全生产检查，开展“安全生产月”“打非治违”等各类安全隐患专项治理活动。针对道路运输行业特点，加强对运输车辆的路面稽查，严厉查处货运车辆超载超限等违法行为，加强源头企业流动巡查力度，强化驻站监管与流动巡查相结合的管理机制。重点抓好道路运输市场、客运市场、机动车维修市场、危险品运输、仓储市场的违章治理和执法检查，为创造良好的交通运输环境，建设平安东丽、和谐东丽做出了贡献。

2010 年，运政稽查大队路检

2008 年，区运管局全面加强奥运期间交通运输行业安全生产工作，制定印发《东丽区关于奥运期间确保交通运输及相关行业安全生产保障工作意见》等 7 个文件，并与工商、交警支队、区安委会、技监局等单位，联合开展对车辆超限、超载行为及危险品存储单位等进行专项综合治理整顿，有力地保障奥运会和达沃斯论坛期间的安保工作。

2009 年，区运管局开展源头治超工作。制定《关于东丽区交通运输管理局开展源头治理车辆非法超限超载工作方案》，按照“立足源头、属地管理、条块结合、分类监管、依法治理”的原则，集中力量、齐抓共管，严格落实治超工作任务和目标。采取设置专门驻站人员、开展 24 小时不间断流动巡查、逐户签订《天津市治理车辆非法超限超载责任书》、入户宣传治超工作等专项活动，确保车辆非法超限超载治理工作顺利开展。

2010 年，区运管局与交警东丽支队联合，重点打击无资质运营、未按规定进行机动车定期检测和规范运营、客货混装运输、危险品违规运输等违法违规经营行为，集中开展为期 30 天的全区道路客运企业安全教育整治检查活动。

二、证照管理

按照交通部、国家经委 1986 年 12 月颁布的《公路运输管理暂行条例》和相关法规，区运管局对区内运输业户的开业和停业、货物运输、旅客运输、省际运输、搬运装卸、汽车维修、运输工作、价格及单证实施管理。

2009 年，执法人员执行路检稽查任务

根据交通部 1993 年印发《道路货物运输业户开业技术经济条件（试行）》规定，区运管局对普通货物运输、零担货物运输、大件货物运输、集装箱运输、冷藏保温运输、危险品运输、搬家运输 7 类运输业户均纳入管理。

参加营运交通运输及相关行业经营者，须先行申请，经区运管局审核同意，报市交通局运管处批准，领取“行业许可证”后，到工商行政管理部门申领工商营业执照方准营业。

三、车辆管理

区运管局对全区货运、客运车辆实施机务管理，按照操作规程、检验标准，对受检车辆进行检验，完成对营运车辆的技术等级评定工作。汽车等级评定标准执行中华人民共和国交通行业标准。

道路运输营运的车辆在等级评定后，进行道路运输申请，经区运管局审核同意后，报市交通局运管处批准，并领取道路运输证后方可进行运输营运。

2010年起，区运管局开始使用“标准协同式道路运输业务管理系统”进行“道路运输许可证”“道路运输证”的办理、审验等相关业务处理，做到业务处理与市级管理部门同步进行，进一步提升信息化、数字化、无纸化办公水平。

“标准协同式道路运输业务管理系统”共有道路货物运输企业、车辆管理模块、道路旅客运输企业、车辆管理模块、营运车辆技术等级评定管理模块、道路运输从业人员管理模块4个子系统，涉及道路客货运输和从业人员管理各项工作。

四、行业诚信建设

2007年3月，按照《道路运输从业人员管理规定》，国家对道路运输从业人员实行从业资格考试制度，东丽区开始对道路运输从业人员进行依法管理，逐步推进行业诚信体系建设，建立健全企业质量信誉考核和从业人员诚信考核2个管理体系，以及对驾驶员、押运员、维修工、装卸工等进行6项诚信考核机制。2009年，启动东丽区维修、客运、货运企业质量信誉考核工作，对全区道路运输从业人员进行诚信考核。

2010年，区运管局积极推广行业从业人员诚信考核工作，建立健全驾驶员、押运员、维修工、装卸工等6项诚信考核机制，完善9300名从业人员的管理档案。对全区135家运输企业、78家维修企业进行企业质量信誉考核，评定AAA级企业92家，将考核结果列入企业晋级和年审总评。

五、应急保障

2007年始，区运管局加大全区交通运输保障工作推进力度，全面完善交通运输行业应急保障工作机制，组建由250名专业运输人员组成的全区物资运输应急救援队。组织有资质、有规模的运输企业组建防汛、人防、交通战备3支保障车队，保障车辆符合应急保障车辆技术要求，具备应对区内各项应急抢险、人防战备以及防汛抢险运输保障任务。

2010年，区运管局积极协调运输企业，召开防汛车辆保障工作座谈会，全面部署全区9个防汛车队及91部防汛保障车辆应急联络、车辆调度、车辆维护等应急保障要求，确保各项抢险运输保障工作有备无患。

第三节　车辆维修

一、汽车维修行业

区运管局依法对区域内汽车维修企业进行管理，规范机动车维修市场秩序，促进区机动车维修业不断壮大。1987 年，全区共有 120 户汽车维修企业，其中全民企业 4 户，集体企业 40 户，个体联合企业 76 户，从业人员 3020 人。1992 年增至 220 户。1993 年，区注册维修企业 263 户，从业人员 3588 人。1995 年，全区共有汽车维修企业 335 户，全年完成产值 3500 万元。1999 年，维修企业 357 户，其中安达汽修厂、上海大众、东联进口、海丰公司 4 家企业产值都突破 1000 万元，汽车维修业整体保持了稳步发展的势头。2009 年，区汽车维修企业 440 户，2010 年，484 户。

2010 年，东丽区汽车维修业从业资格培训动员会

2010 年，区运管局结合全区汽车维修业发展趋势，从开业申请、立项审批、业务支持等方面，加大对一、二类维修企业扶持力度，一、二类企业新增 23 家，占新增企业数的 52%。至年底，一、二类企业占维修企业比例达 30%，机动车维修服务网络格局逐渐趋向合理化。

1993—2010 年东丽区汽车维修企业类别统计表

表 7-6

年份	一类企业（户）	二类企业（户）	三类企业（户）	合计（户）	产值（万元）
1993	3	66	194	263	800
1999	7	90	260	357	1000
2009	15	116	309	440	27800
2010	15	130	339	484	28800

二、规模汽车维修企业

天津市柯兰德汽车销售有限公司　1993 年，获得美国福特公司授权，开始经营福特品牌进口汽车。2002 年，获得长安福特公司授权成为天津市首家长安福特经销商。公司在天津、华北地区乃至全国享有较高的知名度。2003 年，公司投资兴建的福特品牌全新展厅正式开业，企业规模进一步扩大。展厅位于东丽区卫国道，占地面积 6400 平方米，是一座具有现代化标准，集新车销售、汽车维修、配件供应及信息反馈于一体的 4S 店。公司在册员工 128 人，下设财务部、销售部、服务部、客服部、配件部、行政部。2010 年，公司年营业额超 2 亿元，以较高的客户满意度获得福特公司颁发的优秀服务奖项。

天津市新濠汽车销售有限公司　2008 年成立，注册资金 1500 万元，公司坐落于东丽开发区一经路，是东风汽车有限公司东风日产乘用车公司授权在天津地区的一家汽车 4S 经销商。该公司是全球 500 强企业浩物机电公司旗下的全资子公司，隶属天津市物资集团总公司。天津市新濠汽车销售有限公司占地面积 1.3 万多平方米，建筑面积 8200 多平方米，是全国 210 多家专营店中最大的一家。该公司曾多次受到东风汽车有限公司东风日产乘用车公司的嘉奖，并被授予“全国优秀专营店”称号。

2010年东丽区规模机动车维修企业基本情况统计表

表7-7

企业名称	性质	职工数量（人）	注册资金（万元）	场地面积（平方米）	2010年营业额（万元）	开业日期
天津东联丰田汽车服务有限公司	（港澳台商）合资经营企业	90	100	8000	925	1994年4月
天津市海丰汽车服务有限公司	其他有限责任公司	68	523	10225	8268	1998年8月
天津市环宇福星汽车销售有限公司	私营有限责任公司	85	240	2163	6986	2000年1月
天津市丽水汽车维修有限公司	私营有限责任公司	15	50	300	310	2000年1月
天津市贯通汽车修理有限公司	私营有限责任公司	15	50	416	711	2000年1月
天津市军达顺机电设备销售有限公司	私营有限责任公司	56	1000	1000	7492	2002年11月
天津大无缝物流发展有限公司	其他有限责任公司	139	4000	300	24587	2003年1月
天津市金祥达汽车销售有限公司	私营有限责任公司	11	300	1160	6612	2005年11月
天津市东本汽车销售服务有限公司	其他有限责任公司	30	1000	5900	1525	2005年11月
天津市盛世弘兴汽车销售有限公司	私营有限责任公司	5	1000	5200	12960	2008年1月
天津亮通汽车维修服务有限公司	私营有限责任公司	13	50	345	108	2009年7月

东丽区志

第八编

邮政　通信　电力

20 世纪 80 年代，区邮政事业服务设施相对落后，邮件主要依靠自行车、摩托车等人工投递。90 年代，增加汽车投递线路，邮政业务增加储蓄汇兑及特快专递。2003 年始，新增电子商务业务。2010 年，区内有 10 个支局和分局，投递线路 30 条，邮政服务已覆盖全区行政区域。

东丽区率先建成天津市第一家物理隔离的政务光纤网，方便区与各部门之间工作业务信息交流。联通分公司经体制改革，由单一固话业务经营变为固话、移动全业务经营模式，积极推进固定网络移动网络的宽带化。2009 年，已获 3G 牌照，正式进入 3G 时代。移动公司在区域内设有无线基站 560 个，室内覆盖 150 个，光传输网络资源 300 千米覆盖全区 70%道路，3G 网络覆盖全区。2010 年，用户达 60 余万户，区域信息化需求进入新阶段。

东丽区电力管理实行体制和机制改革，开展电网建设，解决困扰电力供应不足问题，实现电力供需平衡。对农村低压电网进行规范化、标准化技术改造，实现城乡用电同网同价，增强用电安全可靠性，促进农村经济建设快速发展。

1995年，天津市电力公司东丽供电分公司办公大楼

2007年，中国移动通信集团公司东丽分公司张贵庄跃进路营业厅

2008年，中国联合网络通讯公司东丽区公司张贵庄永和巷营业厅

第一章 邮 政

区邮政事业，经管理体制改革，发生显著变化。至2010年已经形成区邮电局、邮储东丽支行、邮政速递公司三大板块。区邮电局拥有支局、分局、分公司等10个基层单位，网点19处，投发部2个，投递线路30条，邮政社区20处，村邮站54个，拥有职工345人。

第一节 机 构

1979年9月，区邮电局电话部分析出，改称张贵庄邮电支局。1984年9月，张贵庄邮电支局改称区邮电局（中心局）。

1992年3月，东郊区邮电局更名为东丽区邮电局。是年12月，东丽区邮电局划归天津市邮政局市东邮局领导。1992—1995年，区邮电局内设张贵庄邮政支局、军粮城邮政支局。1996年初，军粮城邮政支局划出，改为市东邮局直属邮局。

1999年1月，天津邮政重组独立运营，成立东丽区邮政局。

2005年1月，区邮政局更名为区邮电局。2007年11月，邮政储蓄专业从东丽邮电局分离，成立中国邮政储蓄银行天津市东丽区支行。

2009年1月，邮政速递专业从区邮电局分离，成立天津市邮政速递物流公司东丽区分公司。至此，东丽邮政通过企业改革划分形成三大板块。即：东丽区邮电局、邮储东丽区支行、邮政速递物流分公司。

2010年，区邮电局内设办公室、市场部、财务部。基层单位为张贵庄支局、军粮城支局、徐庄子支局、空港华明支局、金融业务局、投递分局、电子商务局、集邮分公司、函件分局、运钞分局。有网点19处、2个投发部、投递道段30条、邮政社区20处、村邮站54个。邮政服务涵盖全部东丽行政区域，拥有职工345人。

第二节 邮路设施

1979年，区邮电局有投递路线7条，其中摩托车路线4条，自行车路线3条；军粮城局有投递路线11条，其中摩托车路线6条，自行车路线5条。

1992年，全区投递路线增至22条，其中区邮电局14条，有摩托车2条，自行车12条；军粮城邮电局8条，有摩托车2条，自行车6条。1995年，全区共有投递路线19条，其中摩托车线路5条，自行车线路13条，汽车邮路1条。

1998年，全区有投递路段24条，其中摩托车道段5条，自行车道段19条。1999年，随着城市化建设加快，全区共有邮政投递道段30条，其中摩托车道段3条，自行车道段25条，邮路2条。

2006年，全区农村设立邮电服务站84个。2007年，全区首批詹滨里等4个邮政社区揭牌，先后建立邮政社区服务网点 20 个。2008 年，新建邮政社区 6 个。共有直投道段 26 条，邮政社区网点 26 处，村邮站 80 个。全区共有汽车邮路 5 条，自行车邮路 20 条，摩托车邮路 2 条。

2009—2010 年，邮政投递车辆不断更新，原有摩托车被汽车取代。随着城镇建设迁村并点，邮政社区由 26 个合并为 20 个，村邮站由 80 个合并为 54 个。为提高邮政投递时限，全区先后设置汽车投递道段 22 个，邮运及投递车辆 24 部。为减轻投递员工的劳动强度，把所有的自行车道段变更为 8 个电动自行车段，全局投递道段 30 条，在岗投递员工 50 人。

第三节　邮政业务

一、函件

1979 年，全区进出口函件 73.49 万件。1982 年，张贵庄邮电局增办特挂函件和投递特挂函件业务，全区进出口函件 76.8 万件。1987 年，区邮电局增办有声信函业务。1990 年，全区进出口函件 213.76 万件，其中出口 96.22 万件、进口 117.54 万件。1995 年，全区进出口函件 283.56 万件，其中出口 157.32 万件，进口 125.94 万件。1996 年，全区进出口函件 310.27 万件，其中国内信函 290.75 万件、国际信函 8.4 万件、义务兵免费信件 11.12 万件。1998 年，全区进出口函件 290.75 万件，其中国内信函 274.23 万件、国际信函 7.4 万件、义务兵免费信件 9.12 万件。

2001 年，全区进出口函件 481.88 万件，其中国内函件 471.28 万件、国际信函 2.40 万件、义务兵免费信件 8.2 万件。2003 年，全区进出口函件 166.92 万件，其中国内函件 124.8 万件、国际函件 0.6 万件、义务兵免费信函 4.7 万件、商业信函 36.82 万件。2006 年，全区进出口函件 161.21 万件，其中国内函件 124.08 万件、国际函件 0.43 万件、无名址函件 36.7 万件。

2008 年，全区进出口函件 257.74 万件，其中国内函件业务量为 106.7 万件、国际函件 0.3 万件、数据库商函 21.64 万件、无名址函件 129.1 万件。

2009 年，全区函件进出口 636.1 万件，其中国内函件业务量为 354.2 万件，国际函件 0.2 万件，数据库商函 38.8 万件、无名址函件 242.9 万件。

2010 年，全区函件进出口 225.1 万件，其中国内函件 117.8 万件、国际函件 0.1 万件、数据库商函 44.8 万件、无名址函件 62.4 万件。

二、报刊发行

1979 年，全区发行报刊为 660.72 万份。1985 年，全区发行报刊 1033.6 万份。1988 年，全区发行报刊 466.3 万份。1994 年，《人民日报》《求是》改由《天津日报》所属投递部门投递，大部分由天津日报报业集团投递发行。1995 年，区邮电局发行报刊 344.81 万份。

1996 年，天津报业集团成立红报箱投递公司，《今晚报》等部分党报、党刊及天津市的部分报刊划走，邮政投递业务减少。

2006 年，报刊发行收入 110.2 万元。2008 年，报刊发行收入 139.5 万元。

2010 年，全局报刊发行业务收入 196.4 万元，发行邮发报刊 300 余种，其中党报党刊 20 余种。

三、包件

1985年，全区进出口包件4.19万件。1990年，全区进出口包件5.33万件。1995年，全区进出口包件3.85万件。

1996年，全区出口包件4.4万件，其中国内包裹4.05万件、国际包裹0.35万件；进口包件8.2万件，其中国内包裹8.15万件、国际包裹0.05万件。

1998年，出口包件5.6万件，其中国内包裹5.1万件、国际包裹0.5万件；进口包件10.1万件，其中国内包裹10万余件、国际包裹0.1万件。

2002年，出口包件5.74万件，其中国内普包4.56万件、快包0.98万件、国际包裹0.20万件；进口包裹8.9万件。

2005年，出口包件5.3万件，其中国内普包5.21万件、国际包裹0.09万件、国内快递包裹3.36万件；进口包件8.5万件。

2008年，出口包件4.2万件，其中国内普包1.24万件、国际包裹0.06万件、国内快递包裹2.9万件；进口包件4.41万件。

2009年，出口包件3.95万件，其中国内普包0.9万件、国际包裹0.05万件、国内快递包裹3万件；进口包件4万余件。

2010年，出口包件4.11万件，其中国内普包1.73万件、国际包裹0.05万件、国内快递包裹2.33万件；进口包件4.31万件。

四、邮政储蓄及汇兑

1999年，全区邮政储蓄余额1636万元。2001年，邮储余额为31351万元。2005年，邮储余额为10.87亿元，金融业市场占有率为10.17%，代理保险保费2000万元。2007年，邮储余额为15.91亿元，代理保险保费8501万元。2010年，邮储余额为16.04亿元，代理保险保费4562万元，开具汇票22.43万张。

五、特快专递

1999年初，特快专递业务从张贵庄支局营业组划出成立揽收班组。2000年初，成立区邮政局速递营销中心，是年，全局速递业务收入270.4万元。2001年12月，成立区邮政局速递分局，是年，全局特快专递业务收入296.7万元。2005年4月，重新组建区邮政速递物流局，加大速递物流业务的发展，借助“24小时”通关的优势，围绕着“环渤海次晨达”“全夜航”“跨区域次晨达”“卡哈拉项目”“思乡月”“五节联送”等业务的开发，使EMS的市场占有率扩大，是年全区特快专递业务收入实现471万元，创历史新高。2008年全区特快专业业务收入达919万元。

2009年初，区邮政速递物流局，因体制改革从区邮电局划出，成立天津市邮政速递物流公司东丽区分公司，隶属天津市邮政速递物流公司。区邮电局为速递物流分公司代理速递业务，是年，全区特快专递业务收入968万元，其中，速递物流区分公司业务收入604.7万元，区邮电局窗口代理业务收入为 363.3 万元。

2010 年，全区速递物流业务收入 1015.6 万元，其中速递分公司自营收入 784 万元，区邮电局代理速递业务 231.6 万元。区邮政速递物流分公司设置 3 个揽投部，共有员工 70 余人，各类机动车 46 辆。日均处理邮件 900 余件，其中进口 500 余件、出口 400 余件。

六、集邮

1985 年，区邮电局开始办理集邮业务。

1992 年，李庄子邮电所，办理集邮业务，1993 年，军粮城邮电局开办集邮业务。集邮业务收入 31.9 万元。1995 年，全区集邮业务收入达 25.51 万元。1998 年，全区集邮业务收入 92.2 万元。

1999 年初，经邮电体制改革，到 2002 年集邮业务收入达到 315.9 万元，同比增幅 104%。随着邮市走热，集邮业务从以前的单独“纪特邮票”，逐步向邮品、收藏票品发展。

2006 年，新增赵沽里邮电所集邮台席，是年，全区集邮收入 145.25 万元；通过开发企业年册、企业形象册、个性化邮票及新型邮品，推动了全区集邮业务的发展。2008 年，赵沽里邮电所集邮台迁至空港华盈大厦邮电所。是年，全区集邮业务收入 621.3 万元。

2010 年，全区集邮业务收入为 547.3 万元。全区共设张贵庄支局、民航大学邮电所、军粮城支局、钢管公司邮电所、空港华盈大厦邮电所 5 处集邮业务专台。

七、电子商务

（一）代理电信业务 2003 年初，开办代理电信业务，代理移动电话和小灵通放号。2004 年，开办代收电话费业务，全年累计代收 33.3 万笔。2005 年，代收电话费 62.4 万笔。2007 年，代收电话费 161.9 万笔。2009 年，代收电话费 134.1 万笔。2010 年，代收电话费 118.7 万笔。

（二）代售航空票业务 2008 年 5 月，张贵庄邮电支局营业厅开办代售航空票业务，随后军粮城支局、徐庄子支局、空港华明支局等所属网点均开办了代售航空票业务，是年，全局共代售 327 张。2009 年，全年代售航空票 1696 张。2010 年，代售航空票 4084 张，航意险 46 单。

（三）邮储短信业务 邮储短信 22132 户，累计在网 31401 户。

（四）代收有线电视费业务 2010 年初，在张贵庄支局、军粮城支局、徐庄子支局、空港华明支局开办代收有线电视费业务，至年底代收有线电视费客户 14652 户。

八、物流分销

2000 年起，张贵庄邮电支局、军粮城邮电支局开办邮购业务，是年，完成业务收入 7.55 万元。2005 年，实现收入 18.37 万元。2008 年，分销业务销售网点新增徐庄子邮电支局、空港华明邮电支局，全局实现收入 7.2 万元。

2010 年，随着新的业务不断叠加到邮政网络综合平台，物流分销业务收入为 122.2 万元。物流分销业务产品由农资分销等产品，不断拓展到日用生活商品等，满足了百姓多样化的需求。

九、电报 长途电话

（一）电报 1979年，全区发报1.17万份。1985年，全区进出口电报7.60万份。1988年，区邮电局新增中文电报译码机1台，代替了人工手译电文。1990年，全区进出口电报9万份。1995年，区邮电局电报已发展为水情电报、公益电报、汇款电报、礼仪电报及港台电报五大种类。全年进出口电报3.94万份，其中出口1.88万份、进口2.06万份。

1996年，随着电信通信手段不断发展，电报业务逐年呈下降趋势，全区进出口电报3万余份，其中出口电报1.35万份，进口电报1.65万份。1997—1999年，邮局因电报业务锐减仅安排4人维持对外营业。1999年4月1日，该项业务交由天津市网络通信公司东丽分公司办理，其进口电报由该公司受理后交由邮局窗口办理按照挂号邮件投递。

（二）长途电话 1997年至1999年4月，邮局年均办理公众长途电话业务2808个，其中，国际及港澳台电话600余个，国内直拨电话2208个。1999年4月后，长途电话业务即终止。

第二章 通 信

2002年，中国网通集团天津市通信公司东丽分公司建立。2008年5月，中国联通和中国网通合并为新中国联通，中国联合网络通信有限分公司天津市东丽区有限公司建立，由单一固话业务经营变为固话、移动全业务经营模式。联通分公司基本覆盖区现代通信网络，推进固定网络和移动网络宽带化，为区用户提供优质、可信的通信服务。

2004年，区政府率先建成天津市第一家物理隔离的政务光纤专用网，方便了区领导机关与各部门及部门间的工作业务信息交流。

2005年6月，天津广播电视网络有限公司东丽分公司建立。广播电视网络在实现有线电视村村通、实施模拟电视整体转成数字电视、拓展宽带服务业务中发挥了重要作用。

2007年1月，在中国移动天津公司大众客户营销服务部基础上，建立中国移动通信集团有限公司东丽分公司，承担区境内全球通、神州行、数字移动电话、移动互联网络等业务服务。

第一节 政务网络

一、机构

2003年，区政府办公室内设信息化办公室，负责组织制定和实施全区信息化发展规划、对全区重要信息化项目进行审核验收、电子政务网的建设和维护运行、电子政务网信息资源数据库建设、区政务公众信息网门户网站建设、电子政务系统应用技能培训等。

二、政务网络建设

2004年，区率先建成天津市第一家物理隔离的政务光纤专用网，至2010年区政务网已接入全区五大机关、委办局、街道乡和有关单位90余家互联互通的电子政务网络平台，方便区与各部门及部门之间工作业务信息的交流。

2008年，区政府办公室制定《东丽区政务专网二期改造方案》，为网络安全高效运行提供安全及管理技术保障。与H3C公司签订设备保险合同。配合新华社天津分社“新华内参”网络平台升级换代工作。完成全区“先行办公系统”进行目录升级工作。为区行政许可中心、机关事务管理局、服务滨海委等11家单位开通政务网。信息化办公室及时审核广电局政务网改造工程项目。

2009年，将全区政务网节点升级为传输网骨干节点，为天津市空港物流加工区、民航大学、滨海国际机场、天钢集团公司、中国国际航空公司提供接入天津市政务网节点路由。年内，政务网新增用户10家，先行办公系统新增用户26家。完成机房改造工程，接入全区外网，保证了两套网络正常运行。

2010年，区信息化办公室完善政务网应用平台建设，建立区政务系统基础数据库，该项目纳入区数字城市管理系统项目建设。区信息化办对该项目进行细致审核，严格把关，12月投入使用，取得良好社会效益。在充分利用现有资源情况下，完成了政务网与其他网络整合工作。年内更新计算机10台，维修计算机100台次，处理因使用不当、设备老化、病毒攻击等情况造成的断网事件10起，保证了区政务网安全运行。

三、应用系统建设

（一）技防网工程 2006年，区开始建设技防网工程，共新建420个监控点位，其中包括技防网一期建设108个，二期建设312个，区投资3000万元。技防网三期及整合平台建设施工，新建点位61个，区投资370万元。2008年，完成区技防网二期工程验收工作。

（二）防汛指挥中心 2009年，区信息化办协助区水利局建成东丽区防汛指挥中心，包括会商系统、视频监视系统、气象信息系统、水雨工情检测系统、防汛信息查询系统。根据建设的需要，认真设计方案，并经反复论证，保证了方案合理可行。

（三）数字化城市管理 2009年，完成东丽区数字化管理系统建设工作，区信息化办协同区市容委对该项目的整体情况及建设方案进行反复修订，完善该系统方案的合理性，在原有基础上对设备性能进行提升，提高了全区市容环境管理工作水平。

第二节 联通通信

一、机构

1979年9月，东郊区邮电局电话部分析出设立区电话局，改称天津市市内电话局四十九分局。

1988年6月，改称天津市市内电话局东郊分局，内设机务班、电力班、测量班、干线班、维护班、电缆班。

1992年4月，更名为天津市市内电话局东丽分局。1993年1月，增设东丽分局通信服务公司。

2000年，天津市市内电话局东丽分局更名为中国电信集团天津市电信公司东丽区分公司。2002年，更名为中国网通集团天津市通信公司东丽通信分公司分公司。

2008年5月，中国联通和中国网通合并为新中国联通。合并后更名为中国联合网络通信有限公司天津市东丽区分公司。2010年，内设张贵庄永平巷营业厅、东丽经济开发区营业厅、东丽空港加工区营业厅、东丽湖营业厅、东丽李庄子营业厅、东丽南何庄营业厅等8所自建营业厅和40家合作厅。

二、主要业务范围

（一）固定电话

固定电话网基础服务 区内电话、长途电话及IP电话、用户电话交换、公用电话、无线市话、电话卡等。

业务范围 市话、IP电话、国内国际长途、交换机入网、中继线、Centrex虚拟电话专网、IC橙卡、国际定向卡、来电显示、呼叫等待、呼叫转移、遇忙回叫、三方通话、热线服务等。

固定网电话增值业务 个性化回铃音、移机不改号、同振业务、语音信箱、会议电话、语音短信、被付费电话。

普通电话 1979年，全区电话用户为834户。1984年，增至1017户。1987年，发展到1446户，电话交换机利用率为90%。1988年，全区电话用户增至1985户。1990年，增至3855户。1992年，增至6323户。1995年，全区电话用户达2.25万户，为1979年用户的27倍。2005年，全区电话用户达10.2万户。

住宅电话 1984年始，区内全年安装4部。1987年，全区住宅电话7部。1988年，程控交换机开通后，住宅电话快速发展，全区住宅电话达171部。1990年，全区住宅电话达897部。1993年，经扩容，新增住宅电话2291部，一年装机量超过了前8年装机数的总合，是年，全区住宅电话总数达4562部。1995年，全区共有住宅电话1.54万部，为1988年的90倍。2005年，全区共有住宅电话6.47万部，每百户拥有51.8部。

长途电话 1979年，全区长途去话1.27万次。1980年始，区内用户可以打长途半自动电话。1988年，区内长途电话实现了国内和国际直拨，全区长途电话户204户，年长途去话2.42万次。1992年，全区长途电话用户增至1271户，全区长途去话27.1万次。1994年，全区长途电话用户增至4740户，全区长途去话56.68万次。1995年，全区长途电话用户达8399户，为1988年的41.2倍；全区长途去话110.75万次，为1988年的46.1倍，其中国际长途去话3.31万次，港澳长途去话8346次，国内长途去话105.6万次。

公用电话 1983年，全区公用电话3部。1990年，增至7部。1993年，全区有公用电话17部。1995年始，在市场、主要公路干线两侧及居民居住稠密地区建立公用电话亭，中心城区张贵庄建电话亭9个。全区公用电话达122部，为1990年的17.4倍。2005年，全区公用电话460部。

传真 1988年6月，开通程控电话以后，开始办理传真业务，10月区政府机要科安装了一台传真机，成为全区第一个传真机用户。1990年，全区传真机用户发展到18户。1991年增至23户。

1992年，区内各乡镇企业与驻区的企业单位相继安装传真机共61户。1995年，全区已达91户。

（二）移动通信

基础业务 基本语音业务、移动可视电话、无线上网卡、无线VPDN。业务范围：本地电话、长途电话、漫游业务、后付费和预付费业务、亲情号码，移动VPN，中文秘书台、一卡多号，可视电话，移动办公等。

增值业务 手机上网、手机搜索、手机电视、手机音乐、手机报、短信、手机邮箱、彩信、OTA卡。业务范围：炫铃、联通在信、音乐俱乐部、联通手机报、WAP邮箱、企信通、10158短信听等。

（三）电话信息服务

电话信息台语音信息服务 语音聊天类、信息咨询类、点播定制类、互助参与类。业务范围：160人工语音台、168自助语音台、10155丽音点送、10157/10159丽音业务等。

电话导航 语音信息服务、数据信息服务。业务范围：黄页、企业名片、传真报号、短信查号、品牌报号、查询转接、媒体延伸等。

（四）数据通信

网元及电路专线出租 网元出租、电路专线出租。出租范围：管道、光纤、波长、同步端口、通信设备、DDN、SOH、以太网专线、卫星电路、ATM等。

数据业务 VPN业务、视频通讯。业务范围：综合VPDN、MPLSVPN、电视电话会议、视频会议、宝视通等。

（五）互联网

接入业务 按接入业务方式不同，分为超级E线通、出访业务、WLAN接入、专线业务、GPRS/WCDMA接入、WLAN接入。

应用业务 涵盖视频监控、视频电话、IPTV业务、企业邮局、个人邮箱、网络音响、体感互动游戏、网络杀毒、E盾、完全咨询服务等基于互联网的各项商务、娱乐、安全信息服务。

（六）呼叫中心 全座席业务外包服务，人员外包服务，平台外包服务，增值类服务。

（七）信息通信技术 系统集成服务，软件服务，外包服务、知识服务、IT业务集成设备服务。

三、通信服务

政企客户 东丽空港加工区、滨海高新区、东丽经济开发区、各街乡的中小工业区。其中大型企事业有东丽区政府各委办局固定电话和光纤业务，以及空港管委会、空港地区85%的企业，天津滨海国际机场、大无缝钢管公司、天钢集团等。东丽联通公司主动为新建的企业提供诚挚、热情、主动的通信服务。

公众客户 主要是中心城区张贵庄“六路一广场”的集中居民区、华明家园、军粮城示范镇、金钟示范镇、各个居民小区及村队的居民，用户总数达25.6万户，为其提供移动电话、固话和宽带服务。

四、电信设备

1973年，东郊区电话局对设备进行改造，安装步进制自动交换机，区内电话开始自动交换，全区电话交换机总容量达1300门。1985年，全区电话交换机总容量为1400门。1987年，增至1600门。1988年，区内引进日本电气公司（NEC）生产的AX61-型程控交换机，容量为2300门。

1991年，李庄子电话支局引进日本电气公司生产的AX61-型程控交换机2000门。全区电话交换机全部改造为程控交换机，电话通信全部实现程控化。

1995年，东丽区局通信大楼落成，新增电话交换机2万门，使全区电话交换机总容量达5.5万门。

2010年，联通资产规模达5.5亿元。

第三节　移动通信

一、机构

中国移动通信集团天津有限公司东丽分公司，前身为中国移动天津公司大众客户营销服务部。2007年1月，为满足日益增长的客户需求，实行区域化精细化管理，成立天津移动东丽分公司。2010年，天津移动东丽分公司下设综合部、市场经营部、重要客户服务部、渠道部、建维部5个3级部门，并以区域行政村为划分依据，进一步细化为张贵庄、开发区、无瑕、空港、华明5个区域营销中心。区域内自办营业厅有东丽营业厅、利津路营业厅、开发区营业厅、无瑕营业厅、军粮城营业厅、大毕庄营业厅、华明营业厅、机场VIP营业厅、中国民航大学动感地带体验店（南北院）10家，合作厅70家，员工200人。

二、新业务范围

2010年，天津移动东丽分公司除基本无线通话以外，短消息、无线上网、彩信、企业短信通、移动梦网等新型数据业务发展较快。在3G、MMS（彩信）、CMNET（中国移动互联网）、GPRS（通用分组业务）、GPS（全球定位系统）、随E行（笔记本无线上网）、企业短信通、积分奖励、农信通、气象通、金融通（收听实时的股票、期货和外汇的实时行情和咨询讯息）、校信通、移动总机、集团彩铃、全球通8幅套餐、商旅套餐、手机邮箱、综合V网等业务基础上，新推出集团专线、企信通等业务，引领移动通信新潮流。公司致力于4G网络的发展，让客户享受到更加方便、顺畅的高速网络畅享新体验。东丽区域内设有无级基站560个，室内覆盖150个，光传输网络资源300千米，覆盖全区90%的道路。区域内有30个居民小区完成全业务接入，3G网络覆盖全区，4G网络完成测试。2010年，用户达到68.81万户。

三、信息化服务

天津移动东丽分公司参与地方信息化建设及推广应用，改善地方投资环境，促进地方经济发展，服务地方客户群体。公司采用最先进的技术和设备、最优惠的价格、最优质的服务，为地方政府、工业园区、各企事业单位的信息化建设服务。根据客户需求，为客户量体设计，制定个性化基础通信设施建设、各类数据通信业务应用、信息化建设等方案，全力支持客户实现信息化办公及业务发展。

公司结合区域内业务特点和区域特征，加强与地方政府合作，开展信息化业务。东丽移动为遍布区域内各主要经济区域的3000余户集团客户提供基础信息化解决方案，年贡献收入千万余元。为政府及事业单位提供便利的信息化服务建设方案，在提供集团V网、集团彩铃、专线等基础信息化服务同时，对存在特殊需求的客户提供行业定制信息化解决方案和ICT系统集成解决方案，提升了信息化水平。

第四节　广电网络

一、机构

1997年11月，区成立广播电视服务中心，隶属区广播电视局管理。主要负责对全区有线电视网络的发展、维护、稽查、电视费的收取和用户管理工作。内设网络开发部、用户管理部、稽查部，下设程林、张贵庄、军粮城、大毕庄4个管理站。

2005年6月，原区广电服务中心从区广播电视局分离，与天津广播电视网络有限公司整合，成立天津广播电视网络有限公司东丽分公司。分公司下设建设维护部、综合业务部、用户管理部、综合办公室，设金钟营业厅、程林营业厅、滨丽营业厅、无瑕营业厅、张贵庄营业厅5个营业厅。公司职工86人，其中技术人员25人，中高级职称5人。

二、有线电视“村村通”

1995年3月，为适应有线电视发展的新形势，经东丽区政府与天津有线电视台协商，决定在张贵庄地区兴建东丽区有线电视网。是年4月，福山里、泰安里、詹滨里等4800户居民首期入网，共接收26套节目，收视效果良好。1996年开始，由区广播电视局进行网络设计、工程建设及入网安装，自张贵庄地区向全区农村扩展。1998年，由技术人员自行设计建设的有线电视前端通播，传输电视节目增加到29套。按照“以农村为重点，先近后远、先易后难”的方针，降低建网成本，加大对困难村和弱势群体帮扶力度，加快速度，提高质量。2001年底，区在全市各区县中率先实现了有线电视“村村通”工程。共铺设光缆395千米，电缆4520千米，传输节目达到40个频道，覆盖全区各镇街乡106个村，有线电视用户增加到9.12万户，入户率在95%以上。

三、实施模拟电视整体转成数字电视

2005年6月，分公司以管理为中心、服务为宗旨、设备为保障，促进广电事业进入全面发展。2007年7月，实施将模拟电视整体转成数字电视工程，推进数字电视向高清互动业务迈进。2008年底，全区除农网用户均整体转成图像比模拟信号更清晰的数字电视，播出节目数量和新机顶盒功能被用户广为接受和欢迎。

四、宽带服务业务

2009年始，在数字电视普及的新形势下，分公司努力扩展宽带服务业务，数字电视业务与宽带业务相结合，加快推进有线电视数字化整体转换。不断推进总公司要求的小网变大网、模拟变数字、单向变双向、标清变高清、变用户看电视为用户用电视的发展进程，为三网融合奠定了坚实的基础。

五、设备管理

分公司以技术设备作为数字电视事业发展的保障，不断加大对技术设备的管理和投入。2007年，开始对有线电视网络进行改造，将模拟信号整转数字信号，投资建成分中心机房1个，二级机房6个，远端机房40个，简易机房3个，添置光站等各种设备860台套，总投资2179万元。固定资产从2005年6月合并累积到5600万元。技术设备的不断更新，有力地保障了数字电视事业的全面发展。

六、发展成效

2010年，历经13年发展，天津广播网络东丽分公司已有12.36万用户使用有线数字电视，网络管理实现了科学化、规范化、程序化。以方便用户、服务用户为宗旨，认真履行服务承诺，保证及时安装、及时维修、合理收费、科学管理。健全用户档案，规范服务程序，改进服务作风，自觉接受群众监督，用户入网率、收费率和用户满意率不断提高。

天津广电网络东丽分公司成立之初，全区有线电视模拟网络光缆4521千米，电缆5875千米，用户9.92万户。2010年底，光缆5435千米，电缆7574千米，数字电视用户发展到12.36万户，模拟用户6293户。广播电视网在服务东丽人民，服务经济社会发展中发挥了重要作用。

第三章　电　力

1995年8月，天津市电力公司环城供电公司进行改组，将原东丽供电所改组为天津市电力公司东丽供电分公司，负责管辖区境内供电网络的运行维护。1995—2010年，东丽供电分公司进一步扩大改革开放，综合经济实力增强，产业结构优化，国内生产总值逐年上升。实行体制和机制上的改革，顺应经济发展形势，大力推进电网建设。至2010年，东丽供电分公司拥有变电站23座，52台主变，容量1288兆伏安。拥有110千伏、35千伏及10千伏线路4417条，线路总长度2326.22千米，为区发展经济和保障人民生活做出了贡献。

第一节　机　构

1979年，天津市东郊供电所承担区境内供电管理工作。1992年，更名为天津市电力公司环城供电公司东丽供电所。

1995年8月，按照天津市电力公司的统一要求，东丽供电分公司正式成立。成立之初，共设9个部门：行政办、党办、工会、生计科、人事科、财务科、用电科、多经材料科、东丽开发区电力公司。2010年，经规范调整分公司共设17个部门：办公室、思政科、工会、人力资源科、财务科、调度科、生产技术科、精益办、发展建设科、安全监察科、营销科、输电工区、变电工区、供电所、用电所、空港供电营业所、物流分中心。职工总数由成立初期的202人，增至318人。

第二节　电网发展

一、供电范围

1995年，东丽供电分公司管辖区大部分供电区域，其余小部分由城东供电分公司供电。管辖范围是35千伏及以下供电设备，其中，35千伏变电站5座，9台主变，总容量74.2兆伏安；35千伏线路6条75.4千米；10千伏线路25条432.33千米，10千伏电缆7.62千米，低压线路501.11千米。

1997年，进行首次供电范围调整，原城东供电分公司管辖的7条10千伏线路划归东丽供电分公司管理，以增加对张贵庄、大毕庄、华明、程林地区的供电能力。

2000年，进行第二次供电范围调整，将京山线以南完全按行政区域划分供电范围，接收城东供电分公司部分线路。

2002年，天津市电力公司将高压供电公司东丽地区110千伏变电站及线路划归东丽供电分公司。

2005年，原开发电力公司撤销，遵循属地化管理原则，其管辖的23.41千米35千伏电缆划归东丽供电分公司管理。同时，将高压供电公司管辖的11.02千米110千伏电缆，划归东丽供电分公司管理。

二、电网架构

（一）镇街乡村电网建设

1995 年，东丽供电分公司成立初期，管辖东丽电网中的 5 座 35 千伏变电站，9 台主变，总容量 74.2 兆伏安，35 千伏线路 6 条，75.44 千米；10 千伏线路 25 条，432.33 千米；10 千伏电缆 7.62 千米，低压线路 501.11 千米；35 千伏变电站分别是驯海路 35 千伏变电站、军粮城 35 千伏变电站、小马场 35 千伏变电站、贯庄 35 千伏变电站和胡张庄 35 千伏变电站。5 座变电站均始建 60 年代，设备陈旧，线路老化。

1996 年，贯庄 35kV 变电站由于厂房陈旧，主设备落后老化，10 千伏及 35 千伏开关遮断容量不够，严重威胁人身和设备安全，分公司对该站进行迁址重建。新站位于津汉公路以北，占地面积 3212 平方米。1996 年 12 月投入运行。该站主变容量为 10 兆伏安，共 2 台，总容量为 20 兆伏安。

1998 年，胡张庄 35 千伏变电站由于厂房陈旧，设备落后老化，进行迁址重建。新址距原址 3 千米，该站更名为东丽湖 35 千伏变电站。重建后新站占地面积 2178 平方米。1998 年 12 月投入运行，主变 2 台，主变容量均为 10 兆伏安。2005 年 8 月，随着东丽湖 110 千伏变电站的投运，该站更名为湖西路 35 千伏变电站。2009 年 1 月，对 2 台主变进行增容改造。主变容量由 10 兆伏安增至 20 兆伏安，总容量为 40 兆伏安。

1999 年，小马场 35 千伏变电站由于厂房年久失修，设备老化，无法满足当地发展的供电需求，进行迁址重建。新站位于津塘路南侧，距原站址 500 米，占地面积 2964 平方米，是年 11 月 8 日投入运行，2 台主变，总容量为 32 兆伏安。为满足天津市城市电网发展需要，适应区工农业发展环境，提高供电可靠性，在大毕庄镇建成大毕庄 35 千伏变电站，占地面积 2205 平方米，于 1999 年 12 月 30 日正式投入运行，两台主变总容量为 32 兆伏安。投入运营不久，由于采用单电源供电方式，供电可靠性较差的问题凸现出来。为解决大毕庄地区对供电需求以及对供电质量要求的问题，经过专业分析论证，提出对该站投入第二电源的方案。经多方共同努力，2004 年 6 月 15 日，第二电源开毕线投入运行。

2000 年，张贵庄已成为东丽区经济、文化、政治的中心地区，电力供应起初由东南郊、驯海路、丽兴等变电站提供，由于处于上述变电站供电范围的末端，电压质量、供电可靠性均存在问题。为提高区政府以及直属机关单位的供电可靠性，满足居民不断增长的用电需求，分公司建成先锋路 35 千伏变电站。坐落于区先锋路与詹安路交口的西北角处，占地面积 1810.4 平方米，3 台主变，总容量 60 兆伏安。

2001 年 1 月，按照天津市电力公司的统一要求，原来由高压供电公司负责管辖的 110 千伏变电站和线路实行属地化下放。分公司接管九车地 110 千伏变电站，坐落于大无缝工业区以东，于 1989 年 8 月 16 日投运，移交时只有 1 台主变，容量 31.5 兆伏安。2003 年进行扩建工程，增加 1 台主变，容量为 20MVA。2004 年进行增容，增容后总容量达到 63 兆伏安。2007 年、2008 年分别对 2#、1#主变进行增容，增容后总容量达到 100 兆伏安。

2001 年，么六桥地区没有 110kV 电源点，35kV 电源点又集中在南部，该地区靠 10kV 线路供电，且处于供电末端，电压质量和供电可靠性均不高。为优化东丽区的 110 千伏和 35 千伏电网的结构，改善供电条件及满足地区负荷增长的需要，为地区发展创造有利条件，分公司建成么六桥 110 千伏变电站。座落在区流芳台村，津北公路北侧，赤海公路西侧。占地面积 12100 平方米，容量为 31.5 兆伏安，是年 3 月 30 日投入运行。2005 年对 1#主变进行增容改造工作，容量由 31.5 兆伏安增至 50 兆伏安，同期扩建了 2#主变，主变容量为 50 兆伏安，总容量达到 100 兆伏安。

2003 年，万新村地区的房地产开发规模增长迅速，而当地的配电网能力薄弱，分公司在该地区建成南大桥35千伏变电站，缓解电力供需平衡。该站坐落于程林街道畜牧兽医站东侧，占地面积2082平方米，2003年7月2日投入运行，3台主变，总容量为60兆伏安。按照天津市将东丽区建设成为独具特色的“津滨辅城”的总体发展战略，一些大型项目将在无瑕街道地区落户，为满足该地区房地产开发和其他经济产业电力供应需求，分公司建成无瑕街道35千伏变电站。坐落于区无瑕街道，占地面积2810平方米。11月28日投入运行，2台主变，总容量为40兆伏安。

2004年，随着东丽开发区招商引资工作的不断推进，东丽开发区发展迅速，原有的丽兴变电站已经不能满足新增用户的用电需求，为了配合该园区的进一步发展，分公司建成新立园35千伏变电站。该站为全室内变电站，坐落于东丽区开发区内。7月17日投入运行，2台主变，总容量为40兆伏安。2008年扩建2#主变，总容量为60兆伏安。

2005年，随着区“津滨辅城”战略的实施和天津市工业东移，一大批项目在区落户建设，尤其是东丽湖温泉度假旅游区的开发，万科房地产、国际赛车场、东方夏威夷和世界之窗等重点工程开工，对电力的需求大量增加。该地区只有湖西路35千伏变电站承担供电，且电源线长达30千米，同时支持8个用户站，电网结构相当薄弱。为解决这一问题，分公司建成了东丽湖110千伏变电站。坐落在区东丽湖渡假村，北侧距金钟河1.5千米，津汉公路以西，南邻东丽湖，占地面积15360平方米。2005年8月24日投运，2台主变，总容量81.5兆伏安。2008年对2#主变进行增容改造工作，容量由31.5兆伏安增至50兆伏安，总容量达到100兆伏安。

2006年，大毕庄地区已成为联系唐山、东北等地重要枢纽之一，天津亿联置业有限公司将在该地区打造集展示交易、仓储物流、综合服务于一体的北方轻工业产品贸易中心。该地区唯一的电源点大毕庄35千伏变电站，负荷率已接近80%。为满足该地区用电需要，保证电网安全运行，是年1月21日，坐落于金钟河大街延线五金城旁的南何庄35千伏变电站投入运行。该站2台主变，总容量40兆伏安。2009年，扩建3#主变，总容量为60兆伏安。

2007年，位于东丽区华明示范小城镇东北侧华明35千伏变电站投入运行。该站占地面积1596.5平方米，2台主变，总容量40兆伏安。是年12月，坐落于区军粮城示范小城镇内的茶金路35千伏变电站投入运行。该站规模为2台主变，总容量40兆伏安。是天津市电力重点民心工程，作为天津市打造坚强电网的一个重要节点，为军粮城示范小城镇建设注入了发展动力。

2008年12月，位于天津市东丽区军粮城工业园区内的魏王庄35千伏变电站工程投入运行。该项目是天津电网“十一五”建设期间的一项重点建设项目，占地面积1500平方米，2台主变，总容量为40兆伏安。该站投产送电后，确保了军粮城工业园区的供电可靠性，为解决该地区高新技术产业生产急需的用电负荷，解决园区内日益紧张的用电需求发挥了重要作用。

2009年10月，位于区华明新市镇工业小区内的华瑞路35千伏变电站投入运行，该站占地面积1500平方米，2台主变，总容量为40兆伏安。该站解决了园区内用电紧张的问题，提高华明工业园区的供电可靠性，并为空港经济区的电力输送提供了保障。

（二）空港经济区电网建设

2004年8月，物流35千伏变电站投运；2006年11月，环河路110千伏变电站投运；2007年5月，保税路35千伏变电站投运；2010年9月，袁家河110千伏变电站投运。4座变电站都坐落在空港经济区内，主要为空港经济区输送电能，为缓解区东北部的用电负荷，发挥了重要作用。

至2010年，东丽供电分公司管辖变电站23座。其中，110千伏变电站5座，10台主变，容量500兆伏安；35千伏变电站18座，42台主变，容量788兆伏安。110千伏线路20条，线路总长度

226.84千米，其中，架空线路184.19千米、电缆42.65千米；35千伏线路185条，线路总长度503.38千米，其中，架空线路94.11千米、电缆409.27千米；10千伏配电线路236条，线路总长度1596千米，其中，架空线路784千米、电缆812千米。

三、低压电网的改造与发展

（一）农电管理体制 1998年，东丽供电分公司贯彻党中央、国务院关于改革农电管理体制的决定，实现城乡用电同网同价（简称“两改一同价”）。历经3年时间完成了农村电网的建设与改造，实现了电力企业销售到户、抄表到户、收费到户、服务到户的“四到户”管理。城乡用电同网同价，农村电网健康发展。

区电网35千伏电源主要位于南部，北部、中部地区无35千伏电源，造成35千伏线路供电半径过长，电能质量低，网损大。35千伏变电站均为单电源，无事故备用电源，配电线路供电方式简单，基本属于辐射型，线与线间联络弱，无互带能力，供电可靠性差。10千伏线路负荷分布不合理，个别线路负荷过大。部分用户的10千伏线路因设备老化，维护不及时，时常引发系统事故。大部分农村低压线路年久失修，损耗大，电压合格率低，居民家用电器不能正常使用，存在不安全隐患。

供电企业负责电力输送和高压维管。电管总站领导各乡、镇、街电管站，负责低压电网的规划改造及维护工作。区电管总站和三电办公室是一套班子、两块牌子。农电职工队伍庞大，电管站在各村下设电工，负责村内电网维护管理，全区115个行政村，有电工390人。在电费的收取工作中，由于个别村电工承包电费，存在人情电、权力电、关系电现象，加重了农民负担。

城乡电网管理体制不同是造成农村电价高于城市电价的主要原因。由于区低压电网是由农民自己建设管理，发生的电能损耗、运行维护费用和农村电工报酬，都要通过电价向农民平摊。农村电网的维修、改造资金投入少，电网设施老化，平均损耗率在20%左右，有的高达40%，使得农村电价远高于城市。

（二）农网“两改一同价”的实施 1999年，对农电体制实施改革。撤销电管总站和下属的电管站，将区9个乡镇街按营业区域划分，成立4个供电营业所，由东丽供电分公司管理。供电营业所负责区域内无人值班变电站的值守；10千伏线路的巡视、维护；电费抄收、表计管理、安全用电；受理“业扩”报装及其他用电业务的申请等。供电营业所人员由分公司职工和接收的部分原电管站职工构成。农电体制改革后，低压维改费转入供电企业，仍按原有规定收取使用，由区计委负责监督。实现城乡同价后，按天津市电力公司统一投资计划执行。

农村低压电网改造工程建设单位为东丽供电分公司，改造全区农村居民照明线路设备，为居民更换磁卡表。分公司与各乡镇街就改造工程量、资产转移、电费结清等问题达成一致，并签订《天津市东丽区农村低压电网建设（改造）协议书》，由分公司进行汇总，报天津市电力公司审批并申请资金，完成审批后，分公司负责工程的整体实施。1998—2000年，分公司陆续实施农村电网改造工程，其间，新建110千伏变电站1座、35千伏变电站3座，新建和改造10千伏线路256千米，更换高耗能变压器317台，改造低压线路1779千米。完成101个村的表计改造，共装表7.56万具，总投资达19070万元。

第三节　电力管理

一、营销机构与管理

东丽供电分公司成立初期，按照天津市电力公司机构设置要求，设立了用电科，主要负责电费的抄表、核算、收费及用电业务的受理等。

1995 年，分公司管辖电力用户 2397 户，年售用电为 2.09 亿千瓦时。

1998 年 2 月，为适应用户数量和用电业务的不断增长，分公司成立新立、程林、赤土和军粮城 4 个营业站，主要负责抄表、收费、用电检查及电表的拆、装、移、换等业务。

1999 年 10 月，经农村电力体制改革，分公司成立军粮城、大毕庄和先锋路 3 个供电营业所。用电科以用电职能管理为主，同时负责业务受理 10 千伏及以上用户的电费核算、发行，35 千伏及以上用户的用电检查工作。供电营业所负责农网电费的核算、高低压用户的抄表、电表的拆装移换、10 千伏及以下用户的用电检查工作，新产生的农网电费的抄表、核算和收费。

2001 年 12 月，成立低压供电营业所，取消先锋路供电营业所。军粮城供电营业所和大毕庄供电营业所负责 10 千伏线路运行维护、抄表收费、装表及 10 千伏高供低计的检查工作。低压供电营业所负责低压业务受理、低压线路的运行维护、低压电费的抄核收。

2005 年 1 月，用电科与低压供电营业所合并，成立用电所，实行科所合一。用电所设置业务组、装表班、检查班、高低压电费核算组、高压电费班、检查班、台抄班以及 6 个营业站，职责范围为“业扩”受理、装表、电费的抄核收、用电检查等。原军粮城供电营业所改为供电所，主要负责输电、配线线路的运行维护。

2006 年 10 月，按照天津市电力公司的统一要求，成立营销科，进一步规范了营销各专业的职能管理。

2010 年，东丽供电分公司发展电力用户 19.44 万户，其中，220 千伏 11 户，110 千伏 5 户，35 千伏 144 户，10 千伏 6066 户，10 千伏以下 18.82 万户。按用电类别分，大工业用户 865 户，一般工商业用户为 1.37 万户，农业 808 户，居民 17.9 万户。年售电量达 65.67 亿千瓦时。经 15 年的电力发展建设，营销管理机构由区域划分管理转变为按电压等级、专业管理。业务范围由电费的抄表、核算、收费，增加了电能计量装置的管理与维护，“业扩”报装业务受理，电力客户安全用电检查，负控管理，反窃电稽查以及优质服务工作等，逐步走向专业化、规范化和集约化管理。

二、营销业务

（一）营业厅建设

1995 年，营业厅投入使用，设营业员 1 名，负责业务受理、咨询、“业扩”收费等业务，敞开式办公。

1998 年 8 月，利津路营业厅建成投入使用，设咨询受理员 1 名、电力客户受理员 2 名、居民业务受理员 1 名、企业电费收费员 1 名。增设客户休息区及书写区、电力产品展示区。配有触摸式查询系统，电力法律法规及业务流程电视滚动播出系统。营业厅为客户配备了便民服务箱、饮水机等服务设施。

2001年9月，分公司本部成立先锋路营业厅，专为非居民电力客户办理业务，利津路营业厅专门受理居民用电业务。先锋路营业厅、利津路营业厅在原有功能的基础上增加了电力产品展示区，并在营业收费柜台加装防弹玻璃和监视系统。

2005年1月，先锋路营业厅，按照国家电网公司营业厅建设标准迁址修建。营业厅内硬件设施完善，服务功能齐全。入口处增设了残疾人专用通道，大厅设置了客户洽谈室、咨询台、客户休息座位、便民服务箱、便民雨伞。厅内悬挂业务流程、电价标准、业务收费标准和“三个十条”（国家电网公司员工服务“十个不准”、国家电网公司公开、公平、公正调度“十项措施”，国家电网公司供电服务“十项承诺”）。

（二）一户一表

1995年，分公司成立初期，实行一户一表改造。改造前，居民用电以楼栋或胡同为单位共用一块总表，各户安装分表，由于线路老化线损率高，以及人为因素，导致分表与总表电量不相符，分表用户分摊分表相差总表电量。实行一户一表改造以后，取消总表，将新型电表直接接入用户，居民用电心明眼亮，摊派相差总表电量的问题也得以解决。

1998年8月，民用电业务受理并入营业厅，专设民用电业务受理窗口。

2004年6月，城农网居民用电业务采用天津民用电管理信息系统处理数据，归档、查询更为方便快捷。

（三）用电检查

东丽供电分公司负责对高电压等级用户和重要用户安全用电的检查工作。以往因用户设备故障导致电力系统事故屡有发生，给用户的生产经营造成损失。分公司本着保障电力系统安全稳定和服务电力用户的宗旨，完善管理制度，加大对用户的走访和检查力度。每年开展季节性用电安全检查，对防汛泵站和生产密集型企业进行重点检查，保证区排灌防汛和企业生产的正常进行。督促企业低谷用电，保障用电高峰期负荷平衡。完成国庆、春节、两会、高考等重大节日和重要活动的保电任务，为区生产生活做出贡献。

1996年11月，按照《重要用户安全供用电管理规定》，加强重要用户的安全巡视工作，并建立周期性检查工作日志。

1997年，为提高业务素质，从事用电检查工作的人员必须通过培训和考试，持用电检查证上岗工作。

1998年，开展用电营业普查，开展《供用电合同》签订工作。

2001年4月，在新立毛纺厂召开误操作事故现场会，会上新立毛纺厂汇报了35千伏误操作事故原因及教训。用电检查人员对35千伏及以上用户电气的安全工作提出了具体要求。

2002年8月，在用电检查中发现东丽腾发金属35千伏避雷器瓷质裂纹，及时向用户下达缺陷通知单，要求立即停运，并进行设备更换。

2003年12月，分公司召开用电大户联谊会，通报天津地区电力供应形势和分公司开展安全供用电工作情况，对用户安全用电提出要求。

2005年11月，为汲取天津移通大厦双电源全停事故教训，对东丽所管辖的所有双电源用户重新进行专项普查，对其双电源的进线方式重新进行核对。

2008年7—8月，对北京奥运会涉及的重要保电场所用电情况开展专项检查，帮助保电用户制定停电处置方案，确保奥运保电期间重要场所安全可靠用电。

（四）优质服务

分公司制定《社会监督员制度》《所长接待日制度》《便民服务制度》《特殊客户服务制度》《宣传制度》等12项服务制度。简化“业扩”、报装业务流程，缩短用户等待时间；购置售电车，在偏远地区流动售电，方便居民购电；走访大电力客户，为企业用电排忧解难；配合区政府，完成区重要活动、节日庆典等活动的保电工作。秉承“急用户之所急、想用户之所想”服务宗旨，不断提高服务水平。

1999年，开展“身为东电员工，心系东丽人民”系列服务活动。塑造社会承认、百姓满意的行业形象，为客户创造温馨和谐的外部环境，提供可信赖的电力产品，解决供电服务深层次的问题。建立畅通、高效、快速的服务体系，大力开拓电力营销市场，提高经济效益和社会效益。

2001年5月，开展“一卡连万家”活动，走访东丽区纪委纠风办、广电局、张贵庄街道办事处、丰年村街道办事处等部门和硫酸厂、铁路信号厂、棉纺九厂、东丽化工厂、渤海石油、新地河水库、溶剂厂、电解铜厂、腾发有色金属材料有限公司、耐迪电子有限公司等10千伏及以上电力客户，调查服务满意率，征求意见和建议。通过走访，区属各机关单位以及电力客户对分公司的优质服务工作的满意率达到99%。9月，开展以电力市场整顿为内容的用电营业普查活动，针对“两改一同价”工作的实际情况，组织专业人员深入农村街头，向广大农民宣传“电力市场整顿和优质服务年”活动内容和供电服务承诺以及电力政策；整顿农村电力市场秩序，对万户农民用电情况进行检查，纠正违章用电现象和打击窃电行为。

2003年，分公司开展“优质服务是国家电网生命线”的宣传活动，严格履行社会服务承诺，不断提升服务水平，打造东丽供电优质服务品牌。“非典”期间，电费管理人员改变多年的坐收形式，变成挨家挨户入户收费。其间，为方便群众交费，推出各项服务承诺，向用户公开咨询维修电话，并提供24小时全天候服务，深受客户好评。

2004年6月，分公司召开打击窃电与违章用电专项治理推动大会，开展用电大普查宣传活动。

2005年5月14日，开展上街宣传服务活动，当天受理了双合村村委会反映的电压低的问题。组织专人制定改造方案，一周时间内，为该村迁移架空变台1座，架设高压线300米，更换低压线路1560米，解决了长时间困扰村民生活的低电压问题，村民赠送锦旗以表谢意。

2008年5月，在天铁集团举行“金牌迎奥运、满意365”服务活动启动仪式，在东丽区和空港物流加工区的16家企业确定为首批VIP金牌电力客户，为企业配备大客户代表，提供更为方便、快捷、贴心的优质服务。10月，第二届世界大学生滑水锦标赛在天津东丽湖滑水基地举行，分公司全体职工以“辛苦我一人，光明千万家”的精神，积极投入保电工作。加强变电站以及线路的巡视工作，缩短巡视周期，由以前的3天一个周期改为1天一个周期。每周增加一到两次夜巡，解决了白天太阳红外线干扰所造成对接头测温不准确的问题，保证各种缺陷及时发现，及时处理，确保了重点线路、重点用户的安全稳定用电。

2009年6月16日下午，东丽地区突降大暴雨，电力故障频频上升，17时分公司接到军粮城镇杨台村紧急求助电话，因雷击一台变压器二次线和保险烧断停电，造成村内排水系统无法启动，仓库面临被淹的危险。抢修人员及时赶赴现场，冒雨完成抢修。8月，分公司与华明镇社区联合开展“迎祖国六十华诞，展供电服务风采，创民生窗口单位暨我运动，我健康，我快乐”主题宣传活动。

分公司与华明镇政府签订《共建电力示范小区协议书》，明确双方合作共建的八项新举措，联手打造华明家园精品社区。将流动售电车开进社区，帮助居民购电，活动当天，前来办理业务的居民超过 100 人次，现场收缴电费 4 万余元。

2010 年，分公司加强与社区居委会和居民的交流与沟通，认真听取客户的意见和建议。通过利用纯电力电动车到社区定期售电的方式，在民航小区、赵沽里小区、无瑕花园、新立花园、华明家园社区，开展供电服务进社区活动 146 次，受理和答复业务咨询 259 件。业务咨询答复率 100%，发放宣传材料 1457 份。为快速推进“三新”农电发展战略及新农村电气化建设步伐起到重要作用。为加快电动汽车充电站、充电桩建设，利用华明镇作为世博会城市最佳实践区项目的契机，于 4 月 28 日举行华明大型电动汽车充电站启动奠基仪式，为电动汽车充电站建设在电力系统的率先发展打下基础。年内，完成了 10 个充电桩建设。

第四节　电厂建设

一、军粮城发电有限公司

1960 年，天津军粮城发电有限公司始建，1961 年停建，1964 年复建。1966 年 10 月 19 日 1 号机组竣工投产，成为天津地区第一台高温高压机组。1971 年 5 月，一、二期工程 4 台 5 万千瓦机组全部建成投产。1986 年，开始由国家和地方共同投资，先后进行三、四期扩建，建设 4 台 20 万千瓦机组。1988 年 5 月，5 号机组建成投产。至 1993 年 6 月 30 日，8 号机组建成投产，4 台 20 万千瓦机组全部投产，成为天津地区第一座百万电厂和华北电网主力电厂。1 号、2 号机组分别于 1996 年 4 月、1997 年 9 月退役，3 号、4 号机组于 2009 年 7 月关停。五期“上大压小”扩建 2 台 35 万千瓦供热机组工程于 2008 年 6 月核准并开工建设。2010 年 7 月，9 号机组投产发电，军电公司总装机容量达到 150 万千瓦。

2002 年，“厂网分开”改革实施后，军电公司属“647”待出售电厂，历经天津市电力公司、国网新源控股有限公司管理。2005 年 12 月，天津军粮城发电有限公司、天津军电热电有限公司（简称军电公司）同时成立。2007 年 12 月，军电公司安全生产责任及管理权划归中国华电集团公司。2009 年 5 月，军电公司按照华电集团公司部署归属华电国际股份有限公司管理。2011 年 10 月，军电公司划归中国华电集团发电运营有限公司管理。

军电在发展进程中经历海河水发电、燃汽轮机工程、煤改油和油改煤等重大工程改造建设，为推动国民经济的发展，满足工农业生产和人民生活作出贡献。公司于 1997 年被华北网局授予无渗漏火电厂称号；1998 年被国家电力公司、华北电力集团公司命名为达标企业和“二星级企业”；1999 年 9 月被国家电力公司授予全国一流火力发电厂称号。

二、津能热电有限公司

2005 年 7 月，天津国电津能热电有限公司注册成立，由国电华北电力有限公司和天津市津能投资公司共同投资组建。公司坐落东丽区金钟街道，占地 30 万平方米。

2009 年 8 月和 11 月两台 300 兆瓦等级燃煤供热机组已投产发电，年发电量 36 亿千瓦时。

公司承担天津市河东区、和平区、河西区等中心城区和东丽区华明地区居民冬季采暖供热任务，总供热面积 1300 万平方米，其中，中心城区 1170 万平方米，东丽华明地区 130 万平方米。

公司以提供绿色、环保、优质的电力、热力资源为己任，是天津唯一集烟塔合一、脱硫脱硝、封闭煤棚、等离子点火、中水利用等国内先进电力环保技术和节能设施于一身的发电企业，在同类型企业中具有较高的环保效率。公司积极响应国家环保政策，不断加大环保升级改造力度，二氧化硫、氮氧化物、粉尘排放浓度分别达到燃煤机电厂排放水平。

公司以建成“中国国电集团公司一流电厂”为奋斗目标，秉承“严格、高效、正义、和谐”的企业核心价值观和“永无止境、创造一流”的企业精神，为社会提供满意的服务。2007 年以来，连续 4 年荣获天津市文明单位荣誉称号，是天津市 A 级纳税企业，天津市 AAA 级劳动关系和谐企业。2010 年，获得全国“安康杯”竞赛优胜单位荣誉称号。

第九编

水 利

20世纪80年代，全区大搞农田水利建设工程，建设稳产高产田，兴建小型水库，储备水源，修复完善水利设施，排灌效益增强。水利建设由重建轻管转为建管并重，水利管理工作逐步完善。1988年始，区水利管理工作逐步实现制度化、正规化和系统化，发挥各项水利设施的效益。

1991—2001年，区投入4500万元，按照旱涝兼治、排蓄结合、以蓄代排、综合治理的原则，清挖河渠，进行中低产田集中连片治理，修建蓄水工程。其间，疏浚二级河道37.11千米，新建坑塘、蓄水池98座，清淤疏浚干支渠2228条，增加蓄水600万立方米，修复完善配套建筑物1294座，累计恢复、改善灌排面积34973公顷，使排水灌溉条件得到改善。市投入8545万元，完成海河干流治理和袁家河泵站重建工程，治理后海河干流泄洪能力达800立方米/秒，袁家河泵站排灌能力达20立方米/秒，提高了全区抗洪排泄能力。

2002—2010年，区水利建设处于全面发展阶段，是民生水利、生态水利、资源水利和法制水利建设取得进展的重要阶段。筹措资金5.68亿元解决农村人畜饮水困难，进行水环境治理，实施排水工程建设。在全市率先解决农村居民饮水安全，率先尝试排水工程水企共建、互利双赢的建设模式，率先达到节水型区县标准，率先建立河道长效管理机制，防汛信息化建设处于全市领先水平，水管体制改革步入全国先进行列，实现水利到水务的转型，走出一条新时期水利发展改革之路。

2004年，治理后的外环河顾庄段

2007年6月，东丽区联合执法对西减河沿岸违章建筑物强制拆除

第一章　管理机构

随着改革开放的深入，区水利系统不断转变职能，2001 年成立区节水办，办公地点设在区水利局，赋予区水利局新的职能。2007 年，完成水管单位体制改革，建立以流域、河系为管理单元的水管体系，实现了流域水资源、水工程、水环境的一体化统一管理。2010 年，成立区水务局，实现了从水利到水务的成功转型。

第一节　机构沿革

1979 年，东郊区水利电力局主管全区水利电力工作。1982 年 3 月，改称东郊区水利局。1992 年 3 月，更名东丽区水利局。2010 年 4 月，经机构改革成立东丽区水务局，成为主管全区水务工作的职能部门。

第二节　科室设置

1979 年，内设行政办、党委办、电力科、水利科、政保科、财务物资科、机井科。1981 年，政保科更名人事科，财务物资科分设为财会科、物资科。1989 年，水利科、机井科合并为农田水利科。

1992 年 3 月，内设行政办公室、党委办公室、工程科、财会科、人保科、水政科、水源科、物资科、监察科、农水科、多种经营办公室。

1997 年 5 月，内设党委办公室、行政办公室、人事科、农水科、地下水资源管理办公室、水政监察科、防汛抗旱办公室、工程科、财务审计科、物资科。

2001 年 12 月，内设党委办公室、行政办公室、人事科、农水科、水政监察科、财务审计科、科技科。

2010 年 4 月，成立水务局，增加城区供排水管理的职能，划入区建委涉水事务管理的职能。内设党委办公室、行政办公室、人事科、财务审计科、工程建设管理科、水务科、水管科、防汛抗旱科、排水管理科、水政监察科、节水用水科。节水办公室和防汛抗旱办公室为区属机构。下设事业单位：东丽区水利局设计室（加挂东丽区水利工程建设管理中心牌子），东丽区地下水资源管理中心（加挂东丽区控制地面沉降管理中心牌子），东丽区市河管理所，东丽区东减河管理所，东丽区西减河管理所，东丽区水务建设开发中心。

第二章　水利工程

1979—2010 年，东丽区实施饮水解困、河道治理、泵站建设、农田水利、环境建设等水利工程。累计市、区、乡村投资 7.04 亿元，完成土、石方 795.59 万立方米。改善灌溉面积 3.5 万公顷，提高了全区抗洪排涝能力，水环境得到有效保护，改善了水环境面貌。

第一节 饮水工程

一、农村饮水解困工程

1999年始，东丽区连年干旱。2002年，区内有84个村的人畜饮水依靠地下水。由于开采地下水逐年加大，造成水位下降，出水量锐减，全区15.85万人出现饮水困难。是年，区根据市提出“力争经过两、三年努力，解决天津市农村饮水困难的问题”部署，将解决农村人畜饮水工作列为改善人民生活10项工作之一。8月20日，区召开人畜饮水及饮用纯净水工程现场会，提出三年任务一年完成的奋斗目标。2002年底，区完成第一批饮水解困工程，打人畜饮水解困井58眼，维修机井2眼，更新机泵7台（套）。2004年，完成第二批人畜饮水解困工程，打人畜饮水解困井2眼，更新机泵5台（套）。工程投资1291万元，有效地解决了84个村的15.85万人吃水难问题。

二、除氟改水工程

区境内地下水含氟量严重超标，农（居）民长期饮用地下水易骨质疏松、骨折，已影响群众的身体健康。区决定建设48处除氟水站（点），把除氟改水与解决农村人畜饮水困难结合起来，用1年时间结束全区农村长期饮用高氟水的历史。2002年9月，国务院副总理温家宝和市委书记张立昌等视察东丽区人畜饮水解困及除氟改水工程，给予充分肯定。2003年，区将除氟改水工作列入改善人民生活10件实事之中。9月，水利部组织全国部分省、市、地区60名领导，到区考察除氟改水工程，一致认为，东丽区除氟改水工程在全国同类地区处于领先水平。至2003年底，投资883.45万元，其中市卫生局补助40万元，区补助105万元，村队自筹738.45万元，建设4处除氟水站（点），在全市率先解决了农村长期饮水高氟水的历史。

二、管网改造工程

2010年，新立街道新兴村管网入户和饮水安全施工现场

区内饮水机井多建于20世纪八九十年代，由于入户管网老化严重，存在着饮水安全隐患。2005—2006年，区结合文明生态村建设，对永和村、兴农村、流芳台村、东埑村、一村、卧河村的管网进行改造。2007年，实施对十三顷村、中营村、四合庄村、大郑村、南孙庄村、小北庄村的管网改造，解决1.89万人安全饮水问题。2010年，实施新兴村饮水安全工程，使1396户3355人受益。至2010年，全区共改造管网88.44千米，安装水表6893块、变频设备6台（套），建设管理房2199平方米，工程总投资1042.75万元。

第二节　河道治理

一、一级河道治理

（一）海河

险工险段治理　历史上区境海河左堤弯曲低矮、残缺不全，部分以地代堤，防洪标准低。1964—1978年，区对一些险工险段曾进行治理，由于施工标准低，已修复的堤段大部被冲毁。1979年始，对海河左堤再行治理，主要在冯口、魏王庄、李庄子等8处险堤进行浆砌石墙护坡，至1984年护堤长度达4121米，使部分险段得以控制。1984—1987年，每年汛前对北大道村、苏庄、卧河村、辛庄等村12处险段采取抛石护堤，缓解对堤岸的冲刷，至1987年抛石长度达3490米。1988年，万新庄、新立村、小东庄、军粮城、李庄子乡镇对25千米的海河左岸进行抢修，完成土方40万立方米，至此海河左堤东丽段有了较完整的堤埝。1991年始，对海河干流按设计泄洪能力400立方米/秒标准治理，至1997年完成，海河左堤治理长度为12.48千米，总投资1416万元。1998年始，按设计泄洪能力800立方米/秒标准进行治理，至2000年区内海河干流防洪治理工程全部竣工。其中浆砌石墙26.82千米，混凝土墙500米，浆砌石护坡1700千米，抛石1172米，复土堤28.52千米，完成土石方148.1万立方米，总投资5453万元。治理后海河左堤堤顶高程为5.64～6.0米，堤顶宽6米，边坡1∶2，浆砌石墙顶高程3.5米。

除险加固工程　为增强抗御洪水能力，消除部分堤段未达标而形成的堤顶未硬化坑洼不平，影响防汛抢险通行能力以及局部塌陷威胁堤防安全等隐患，区逐年实施海河除险加固工程。2004年，实施海河左堤外环线至老袁庄船闸段22千米泥结石路工程。2005年，实施军粮城电厂取水口堤防加固工程及老袁庄船闸治理工程。2009—2010年，实施下翟庄、苏庄段防汛道路治理工程、大杨村渡口应急加固工程、海河干流苏庄段应急工程及海河左堤口门维修工程。1991—2010年，海河左堤除险加固投入资金704.3万元，其中市水利基金658.4万元，区自筹45.9万元，动土石方3.4万立方米。除险加固工程竣工后，提高海河堤防防汛抢险通行能力和沿河村队的排水能力，消除了防洪隐患。

（二）金钟河

左堤复堤工程　区境内金钟河段，1949年前上段淤塞严重，已失去作用。新中国成立后，人民政府着手治理金钟河。至1990年，几经加固治理，右堤高程达6.0米，形成较完整的堤埝，由于左堤在天津市防洪圈以外，堤埝薄弱，防洪标准较低。区界内金钟河左堤即老华北闸至与宁河县交界范围内，历史上为蓄滞洪区，该段无堤防，俗称无堤段。1992年，市政府将金钟河复堤加固工程纳入城市防洪规划。1992年11月及1993年7月，投资148.59万元，完成金钟河左堤赤土18队、赤土吊桥至“五七”干校桥、胡张庄3段堤段共计9248米的复堤工程。复堤后，原堤顶高程不足4米的达到了4.5米，堤顶宽4～6米，内外边坡1∶3。同时改建赤土、胡张庄6座口门，总动土石方12.26万立方米。金钟河左堤虽经复堤，但高程仅达4.5米，比右堤低1.5米，仍存在着防洪隐患。

除险加固工程　金钟河历经47年的建设，逐步增强了抗御洪水的能力。由于金钟河右堤孙庄段建有苹果园，使右堤不能全线贯通，且沿岸门口建设时间较长，不同程度存在着病险隐患，已危及堤防安全。1996年始，为消除隐患，区分年度实施金钟河险段加固工程，是年，实施孙庄苹果园堤防整修工程，使金钟河右堤全线贯通。1998年，实施金钟河右堤胡张庄段720米复堤加固工程，提高金钟河防洪标准。2007—2009年，实施金钟河右堤杨北公路至津汉公路段16.8千米复堤加固工程，堤顶高程达6.5米，全面提高右堤河道巡视检查及防汛抢险的通行能力。

应急治理工程 2009—2010年，实施金钟河左堤无堤段津芦大桥两侧850米、海军干校桥西200米、东丽湖桥东最薄弱堤段的应急治理工程，初步消除漫堤倒灌的隐患。

涵闸维修改造及废弃口门拆除复堤工程 1998—2010年，完成南孙庄泵站节制阀、欢坨二线泵站穿堤涵闸、赤土新村泵站穿堤涵闸、赤土村金钟河北穿堤涵闸、李场子泵站穿堤涵闸、凌淀子泵站东侧穿堤涵闸、赤土凌淀子泵站东侧穿堤涵闸、赤土凌淀子穿堤涵闸、胡张庄排水口门8座涵闸维修改造，完成欢坨、四线河、五线河、六线河、赤土、李场子、胡张庄等9座废弃口门拆除复堤工程。金钟河除险加固工程（含应急治理工程、涵闸维修改造及废弃口门拆除工程）投入资金1163.44万元，其中市水利基金939.34万元，区自筹224.1万元，共动土石方36万立方米。

（三）新开河 1949—1962年，经两次疏浚，加固治理新开河。由于右堤建有一座冰窖，形成防洪隐患。1999年，为消除防洪隐患，对冰窖进行了填埋并实施复堤工程。2007年，对新开河右堤外环线至东安驾校段7.15千米的堤段进行复堤加固，提高高程达6.5米，提高新开河巡视检查及防洪抢险的通行能力。对大毕庄泵站穿堤涵闸、南何庄泵站穿堤涵闸进行维修加固。工程总投资123.86万元，其中市水利基金93.86万元，区自筹30万元，,共动土石方3.67万立方米。

（四）永定新河 1986—1989年，天津市对险工险段进行了整治，共复堤33.5千米，修建防浪墙14.1千米，清淤14.8千米，完成土方543万立方米。1996—1997年，对永定新河右堤东丽段1.9千米进行复堤，复堤堤顶高程为8.2米，堤顶宽8.0米，同时，对北塘排水河涵闸进出口胸墙翼墙加固，永和闸、胡张庄2座涵闸重建，总动土石方18.4万立方米，总投资223.4万元，其中区农民防汛义务工折合筹资105.3万元。2008年，为解决堤顶路面未硬化、坑洼不平，影响堤防抢险问题，投资186万元对东丽段堤防进行复堤和堤顶硬化治理。修筑混凝土路面13800平方米，动土石方16422立方米，整体提高了永定新河堤防防洪抢险通行能力。

2010年东丽区一级河道基本情况一览表

表9-1

<table>
<tr><th></th><th>项目名称</th><th>海 河</th><th>新开河</th><th>金钟河</th><th>永定新河</th></tr>
<tr><td rowspan="2">河段</td><td>起止地点</td><td>月牙河口—塘沽三川桥</td><td>新开河橡胶坝—南孙庄</td><td>南孙庄—金钟河闸上300米</td><td>金钟河防潮闸河下300米—北塘污水河闸</td></tr>
<tr><td>长度（千米）</td><td>30.118</td><td>7.7</td><td>22.625</td><td>1.9</td></tr>
</table>

续表 9-1

	项目名称	海 河	新开河	金钟河	永定新河	项目名称
堤防	岸别	右	右	右	左	右
	万新街道	3.78 千米 月牙河口—崔家码头小闸	—	—	—	—
	新立街道	15.96 千米 崔家码头小闸—小石碑	—	—	—	—
	军粮城街道	0.80 千米 小石碑—袁家河闸	—	—	—	—
	无瑕街道	9.58 千米 袁家河大闸—三川桥	—	—	—	—
	金钟街道	—	7.7 千米 新开河橡胶坝—南孙庄	5.48 千米 南孙庄—欢坨三线河	—	—
	华明街道	—	—	17.145 千米 欢坨三线河—防潮闸上 300 米	12.1 千米 老华北闸—东丽宁河界	1.9 千米
堤顶高程（米）		5.8～6.0	5.5～6.5	2.9～6.1	4.8～6.6	6.28
堤顶宽度（米）		6	5～14	4～12	5～12	8
上口宽（米）		200	80～90	80～90		500
河底宽（米）			40～60	40～60		—
河底高程（米）		-30～-5.0	-2.72～-1.58	-1.58～-1.22		-0.67～-4.46
边 坡		1∶2	1∶2	1∶2		迎水 1∶4 背水 1∶3
设计流量（立方米/秒）		1200	—	400		1400
现状流量		400～800	—	70		—

2010年东丽区海河沿岸固定排水泵站一览表

表9-2

序号	站名	规模	流量（立方米/秒）	装机（千瓦）	功能	所属性质	所属单位
1	詹庄泵站	500/2	1	110	两用站	村管站	万新街道
2	冯口泵站	500/2	1	110	两用站	村管站	万新街道
3	顾庄泵站	500/1	0.5	55	单排站	村管站	新立街道
4	新立村泵站	900/1，500/1	2.5	265	两用站	村管站	新立街道
5	翟庄泵站	500/1	0.5	55	两用站	村管站	新立街道
6	西杨场泵站	350/2	0.9	94	两用站	村管站	新立街道
7	东杨场泵站	600/2	1.6	110	两用站	村管站	新立街道
8	下河口泵站	500/2	1	110	两用站	村管站	新立街道
9	西河口泵站	1200/5	20	1400	两用站	国有站	西减河管理所
10	外环海河站	900/3	6	465	两用站	国有站	区市河管理所
11	中河泵站	900/6	12	930	两用站	国有站	西减河管理所
12	泥窝泵站	600/1	0.8	55	两用站	村管站	新立街道
13	城上泵站	600/1	0.8	55	两用站	村管站	新立街道
14	东河泵站	900/2	4	310	两用站	国有站	西减河管理所
15	大郑泵站	600/1，500/1	1.3	110	两用站	村管站	新立街道
16	务本河泵站	900/2，600/1	4.8	365	两用站	国有站	新立街道
17	袁家河泵站	1200/5	20	1400	两用站	国有站	东减河管理所
18	袁家河二站	1400/6	30	2400	两用站	国有站	东减河管理所
19	新袁庄泵站	600/2	1.6	110	两用站	村管站	无瑕街道
20	无瑕泵站	700/3	4.2	390	单排站	街管站	无瑕街道
21	天钢泵站	900/4	9.6	740	单排站	街管站	无瑕街道
合　计		21座	124.1	9639	—	—	—

2010年东丽区新开河、金钟河、永定新河沿岸固定排水泵站一览表

表9-3

序号	站名	规模	流量（立方米/秒）	装机（千瓦）	功能	所属性质	所属单位
1	新开河外环站	700/3	5	405	两用站	市管站	区市河管理所代管

续表 9-3

序号	站名	规模	流量（立方米/秒）	装机（千瓦）	功能	所属性质	所属单位
2	大毕庄九站	600/3 500/3	2.9	220	两用站	街管站	金钟街道
3	新中村泵站	600/2	1.6	110	两用站	村管站	金钟街道
4	南河庄新开河站	600/2	1.6	110	两用站	村管站	金钟街道
5	大毕庄泵站	900/1,600/3	4.4	320	两用站	村管站	金钟街道
6	南孙庄泵站	900/8	16	1240	两用站	国有站	西减河管理所
7	欢坨孙庄桥泵站	900/1,600/1	2.8	210	两用站	村管站	金钟街道
8	欢坨二线站	900/1,600/1	2.8	210	两用站	村管站	金钟街道
9	欢坨河北站	500/1,300/1	0.7	77	两用站	村管站	金钟街道
10	大毕庄小白房站	500/2	1	110	单灌站	村管站	金钟街道
11	孙庄摆渡口站	500/2	1	110	单灌站	村管站	金钟街道
12	北于河北泵站	600/2	1.6	110	两用站	村管站	华明街道
13	赤土四站	900/4	8	620	两用站	国有街管站	华明街道
14	赤土凌淀子泵站	900/2,600/1	4.8	365	两用站	村管站	华明街道
15	赤土河北站	600/2	1.6	110	两用站	村管站	华明街道
16	李厂子泵站	900/1,600/1	2.8	210	两用站	村管站	华明街道
17	胡张庄 104 泵站	900/2	4	310	两用站	村管站	华明街道
18	新地河水库站	900/8	16	1240	两用站	国有站	水库管理处
19	永和泵站	700/2	2.8	260	两用站	村管站	华明街道
合计	19 座	—	81.4	6347	—	—	—

二、二级河道治理

（一）东减河清淤疏浚治理

2010 年，治理后的东减河华明家园段

1969 年，对全线河道进行疏浚、清淤、筑堤。1987 年，再次对全线进行清淤，动土方 23 万立方米。1996—1997 年，投资 209.23 万元，其中区补助资金 129.3 万元，军粮城镇、赤土镇匹配资金 50 万元，受益村队自筹 29.93 万元，对机米厂闸至六线河口段 14.61 千米的河道进行清淤，动土方 39 万立方米。2007 年，区投资 601.74 万元，实施东减河与津塘公路节点南北两侧清淤护砌，其中南侧200米，北侧260米。护砌采用浆砌石结合混凝土格构梁结构型式，动土石方3.67万立方米。2010年，区投资2673万元，对津汉公路至北环铁路华明家园段2.8千米进行清淤护砌，动土石方39.16万立方米。

二期临时调线工程 2004年，天津空港物流加工区开工建设，需占用东减河京津塘高速公路以北至津汉公路段5.5千米河段。为恢复东减河道正常使用功能，需将东减河占用河段予以永久调线。永久调线河道起点位于加工区北侧袁家河与津汉公路相交处，向东延伸沿津汉公路南侧开挖河道至茶金公路，与新地河连通，全长6.06千米。在永久调线河道未实施前，为保证袁家河灌排水畅通，实施了一、二期临时调线工程。2005年4月，一期工程开工，至12月竣工。开挖河道4.7千米，新建两孔钢筋混凝土箱涵147米，修建U形排水渠518米，临时调线河道全长5.36千米，共完成土石方68.6万立方米。2009年初，实施二期临时调线工程，工程包括杨北公路和津汕公路两段，共开挖河道4.21千米，共动土方23.5万立方米，2010年5月竣工。一、二期临时调线工程总投资8197.11万元。

永久调线工程 2009年5月，永久调线工程开工，2010年5月竣工。开挖河道6.06千米，动土92万立方米。同时，配套建设袁家河1号闸、2号闸，工程总投资9049万元。至此，东减河线路调整全部竣工，开挖的临时河道将作为天津空港物流加工区内部景观河道。

东减河一、二期临时调线工程和永久调线工程资金来源均为空港物流加工区。几经改造后，东减河全长为31.1千米，上口宽30～40米，底高程-2.0米，设计流量30～50立方米/秒，调、蓄水能力225.3万立方米。至2010年，沿岸建有固定排灌泵站19座，排灌能力48立方米/秒，总装机容量3815千瓦，是东丽区排、蓄、调水的主要河道。

（二）西减河

疏浚清淤 新中国成立后，西减河于1963年、1970年、1986—1988年，对全线河道进行疏浚、清淤。1995—1996年，投资61.15万元，其中区补助资金28万元，受益村队自筹33.15万元，对京山铁路桥至农场桥段8千米进行清淤，动土16万立方米。

河道调线工程 2005年，天津滨海国际机场扩建，占用西减河3.3千米。为恢复河道原有功能，保证机场和区城乡汛期排水安全，年底对西减河实施河道调线工程。新挖西减河线路沿机场扩建征地线内侧，两端与征地线外的原西减河相连，改线段全长4千米，工程于2006年竣工。

综合治理试验工程 2006年2月，区以么六桥回族乡流芳台村建设文明生态村为契机，把西减河流经流芳台村2.1千米河段作为综合治理实验段，包括清理垃圾杂物、拆除违章建筑、平整堤岸、绿化美化等。经2个月集中整治，拆除违章建筑30处，植树1100株，平整堤岸、撒草籽、种植花草1万平方米。出动挖土机、推土机、运输车辆80台（次），为全区河道综合整治积累了经验。

清淤护砌 2007年，区投资519.28万元，实施西减河与津塘公路节点南北两侧各200米清淤护砌。护砌采用浆砌石结合格构梁、舒布洛克砖、彩色地砖平台等结构形式，动土石方4.77万立方米。

临时导流工程 2010年，滨海国际机场扩建二期航站楼建设，占压西减河2.3千米，在对西减河调线前实施西减河机场段临时导流工程。工程包括清淤西减河河道1000米，疏浚津汉路方涵168米，津汉路以北绿化带内管道改建800米。工程于4月开工，8月竣工，清淤后河道底宽12米，底高程-1.85米，边坡1∶2.5，清淤土方量5万立方米，改造后的管道规模为两排直径2.4米。工程总投资3475万元，资金来源天津滨海国际机场。

西减河改造后河道全长21.2千米，上口宽30～40米，河底宽15～20米，河底高程-1.5米，设计流量30立方米/秒，调、蓄水能力85.5万立方米。2010年，河道沿岸建有固定排灌泵站18座，灌排能力24.21立方米/秒，总装机容量1991千瓦，为东丽区排、灌、调水主要河道。

（三）东河 新中国成立后，东河于1955年、1968年、1972年、1986年、1993年进行了清淤。2007年，区投资402.35万元，实施东河与津塘公路节点南北两侧各200米清淤护砌，采用浆砌石结合混凝土压顶的结构形式，动土石方3.43万立方米。治理后河道全长7.7千米，河道上口宽20米，河底宽7～10米，河底高程-1.0米，边坡1∶2，设计流量20立方米/秒，调、蓄水能力11.7万立方米。2010年，沿岸有固定排灌站10座，灌排能力11.1立方米/秒，总装机容量930千瓦。

（四）西河 新中国成立后，西河于1995年、1968年、1986年、1994年进行了清淤。2007年，区投资1726.01万元，实施西河与津塘公路节点改造工程，其中南侧至海河段河道清淤护砌2.53千米，北侧清淤护砌180米。护砌采用浆砌石结合舒布洛克砖的结构形式，动土石方14.1万立方米，舒布洛克砖砌筑4141立方米。西河全长6.8千米，河道上口宽18米，底宽5～10米，河底高程-1.0米，边坡1∶2，设计流量14立方米/秒，调、蓄水能力8.2万立方米。2010年，沿岸有固定排灌泵站4座，排灌能力6.2立方米/秒，总装机容量517千瓦。

（五）月西河 该河系月牙河的下游段，因与西减河相接，故名为月西河。2004年，市投资2200万元，实施月西河治理工程，清淤长度5.5千米，清淤涵洞1座，共动土方26.6万立方米，并对外环线外侧1.6千米进行护砌，砌石量1.6万立方米。月西河上口宽20米，河底宽8～15米，底高程-1.5米，边坡1:2，设计流量20立方米/秒，调、蓄水能力28.8万立方米。2010年，沿岸有固定排灌泵站4座，灌排能力6.1立方米/秒，总装机容量633千瓦。

（六）新地河

永久调线工程 2004年，天津空港物流加工区开发建设，占用新地河部分河段，为保证区二级河道排灌功能的完整性，实施空港物流加工区新地河永久调线工程。调线工程线位为：在空港物流加工区内新地河转弯处，沿茶金公路向南至京津塘高速公路，后沿京津塘高速公路向西与袁家河老河道相接，开挖河道长度5.83千米，新建新地河闸1座。2005年1月，投资800万元，新地河闸开工建设，6月竣工。2010年1月，新地河永久调线京津塘高速公路向西与袁家河老河道相接段开工建设，8月永久调线工程全部竣工。共动土147万立方米，工程总投资9840万元，资金来源为空港物流加工区。

东丽湖地区调线工程 2010年9月始，按照天津市政府2007年9月《东丽湖地区总体规划（2006—2020）》，对新地河实施调线工程。该工程始于新地河与北环铁路交口北侧，沿北环铁路北侧西行至津汕高速公路规划红线后折向北，沿津汕高速公路规划红线东侧至金钟河，调线长度7.86千米。袁家河、新地河永久调线工程完成后，新地河闸南侧河段调入东减河，新地河长度调整为6.6千米。

三、其他河道治理

（一）外环河整治工程

贯通工程 1986年，外环河自开挖以来，全线始终未贯通。2002年，根据天津市开始实施外环河整治工程的部署，完成了区界内外环河贯通工程，共打通河道3.151千米，动土方32.65万立方米。

综合治理工程 2003年，实施外环河东丽区18.4千米护砌工程。其中跨河配套工程等第九标段（海河左堤泵站改造工程）、第十二标段（李明庄桥、南淀桥工程）、第十三标段（南淀1、2、3、4号倒虹工程、月西河倒虹工程）和第十四标段（东丽区公路涵、铁路涵、倒虹旧桥维修工程）共计4个标段17项工程由区水利局组织实施。工程投资1844万元，共完成土方6.12万立方米，石方2.3万立方米，混凝土浇筑3.6万立方米。2004年，全部完成外环河综合治理工程。

（二）排咸河调线工程

排减河下游河道填垫 2004年，空港物流加工区开发建设，占用排咸河3千米，排咸河下游位于空港物流加工区内的河道被填垫，连同排咸河与北塘排水河的津汉公路涵洞口保留。

排咸河改线 2005年，天津滨海国际机场扩建，为避免排咸河污染机场环境，兼顾排水与灌溉，对排咸河进行改线，由明渠改为混凝土管道。排咸河改线为：由排咸河改线段起点向北至机场征地线，向由沿征地线铺设钢筋混凝土箱涵至西减河。在与西减河相交处建分水闸，在汛期使沥水排入西减河。为解决排咸河下游农田灌溉需求，在箱涵入西减河之前分岔，在新挖西减河右堤下铺设钢筋混凝土箱涵，至原排咸河用倒虹吸穿越西减河后与机场征地线外排咸河相连，设计流量为4立方米/秒，工程于2006年竣工。

第三节　泵站建设

一、国有泵站更新改造

1978年前，东丽区建有袁家河泵站、军粮城第一扬水站、军粮城第二扬水站、军粮城第四扬水站、军粮城第五扬水站、么六桥第一扬水站、么六桥第二扬水站、中河排水站、东河泵站、西河泵站、务本河泵站、新地河水库泵站。其中东河泵站、西河泵站、务本河泵站原由乡镇管理，2003年划归区管。由于泵站建设时间较长，设备严重老化，为充分发挥国有泵站骨干作用，区逐步实施了国有泵站更新改造。

（一）军粮城第二扬水站更新改造 1943年始建，设计流量1.6立方米/秒。1987年，区投资71.3万元进行更新改造，安装900毫米卧式轴流泵两台，设计流量4立方米/秒，机电设备2台套，总功率310千瓦，配电变压器500千伏安。为排灌两用站，灌溉面积466公顷。

（二）么六桥第一扬水站更新改造 1942年始建，设计流量2.4立方米/秒，为单灌站。由于设备老化和地震沉降原因，已不能正常运行。1991年，投资97.11万元（市补38.84万元）进行迁址改建。安装600毫米卧式轴流泵3台，设计流量2.4立方米/秒，机电设备3台（套），总功率165千瓦，配电变压器250千伏安。改建后为排灌两用站，排水面积666.7公顷，排灌面积333.3公顷。2004年4月，由于天津空港加工区建设占地，该扬水站已报废。

（三）袁家河泵站更新改造 1974年始建，设计流量16立方米/秒，经25年运行，设施老化，存在严重安全隐患。1999年1月，经市水利局批准拆除旧站异地重建。1999年8月开工，2001年8月竣工。设计流量20立方米/秒，安装5台1200ZLB-125型立式轴流泵，总装机容量为1400千瓦，配电变压器2000千伏安，动土石方3878立方米。工程总投资1676万元，资金来源于海河干流治理资金。

（四）西河泵站更新改造 1972年始建，设计流量6立方米/秒。由于设施老化失修，已超使用年限无法正常运行。2006年，市水利局批复同意报废。2007年12月，市发改委同意实施西河泵站更新改造工程，工程规模20立方米/秒。2008年1月，开工建设，9月竣工。安装5台1200ZLB-125型立式轴流泵，总装机容量为1400千瓦，完成土石方6.1万立方米。工程总投资2917万元，资金来源为区财政专项资金。

（五）国有泵站维修 2000—2010年，每年由市、区小型农田水利工程补助资金安排国有泵站的维修泵房、闸门、启闭机等配套工程及更新变压器、开关柜等电器设备。其间，维修国有泵站投资达823万元，其中市补助资金357.75万元，区补助资金465.25万元。

二、新建国有泵站

（一）南孙庄排水泵站 1979年始建。安装900毫米卧式轴流泵8台，设计流量16.0立方米/秒，机电设备8台（套），总功率1240千瓦，配电变压器1600千伏安。工程投资97万元，来源区专项资金。泵站为灌排两用站，灌排面积5666公顷。

（二）外环海河泵站 1988年始建，安装900毫米卧式轴流泵3台，设计流量6立方米/秒，机电设备3台（套），总功率465千瓦，配电变压器630千伏安。工程投资406万元，来源市外环线配套资金。泵站为灌排两用站，灌排面积1666公顷。

（三）无瑕泵站 1997年3月开工建设，8月竣工，共完成土石方10239立方米。设计流量4立方米/秒，其中2 立方米/秒担负无瑕街道666.67公顷土地沥涝排水，2立方米/秒担负第三煤制气厂雨水排放任务。泵站安装700ZLB-100型水泵3台（套），总装机容量为390千瓦。泵站主副厂房建筑面积133平方米，管理室等附属房间建筑面积58.44平方米。工程总投资419万元，资金来源为第三煤制气厂。

（四）天津钢厂排水泵站 2004年，为解决无瑕街道地区安全度汛及保证天津钢厂生产正常运行问题，经东丽区水利局与天津钢铁有限公司研究决定实施天钢排水泵站工程。2005年4月开工，2006年10月竣工。设计流量为8立方米/秒，安装4台900QZB-85型潜水轴流泵，总装机容量为620千瓦，配电变压器1台，容量1250千伏安。动土石方5.4万立方米。工程总投资2057万元，由天津钢铁有限公司负担。

（五）袁家河第二泵站 2008年10月，天津市水利局同意实施袁家河第二泵站工程。以解决由于空港物流加工区、华明家园、军粮城产业园及军粮城卫星城等重点项目的实施需要，解决袁家河泵站20立方米/秒的排涝规模不能满足东减河小区的排水需求问题。东丽区政府研究决定实施袁家河第二泵站工程。2009年9月开工，2010年9月竣工。泵站规模30立方米/秒，预留排水出口规模为5立方米/秒，安装6台1400ZLB5610-8型立式轴流泵，总装机容量为2400千瓦。完成土石方7.8万立方米。工程总投资6136万元，资金

2010年，新建的坐落在东减河河口的袁家河第二泵站

来源为空港经济区与东丽政府共同承担，其中空港经济区出资 4295 万元。

第四节 农田水利

1979—2010 年，东丽区按照旱涝兼治、排蓄结合、以蓄代排、综合治理的原则，分阶段有重点地开展农田水利建设。1989 年 5 月，在市大禹杯评比竞赛中荣获全市第三名；1992 年 5 月，又荣获郊区第一名；1989 年、1992 年共获以奖代补奖金 20 万元。

一、中低产田集中连片治理

（一）建设稳产高产田 1980—1990 年，区农田水利建设，围绕建设稳产高产田及疏浚河道、完善水利工程配套进行。其间，改造粮田 13.33 千公顷，恢复和改善灌排面积 16 千公顷。1991—1997 年，为进一步改善中低产田排灌条件，提高效益，掀起集中连片治理中低产田的高潮。1992 年，军粮城镇，对周家洼盐碱地改造，使民生、永兴、唐山、苗街、山岭子、兴农等村队受益。改造面积 666.67 公顷，修复完善配套建筑物 768 座。

（二）低洼盐碱地改造 1998 年，胡张庄村改造 40 公顷葡萄园，收效显著。1999 年，胡张庄村又将 106.67 公顷农田进行改造，种植水稻和耐旱作物效益明显。2000 年冬，赤土村筹集资金 160 万元，对 160 公顷低洼盐碱地进行改造。改造后形成 28 个台田、28 个渔池，进行种植养殖综合开发。2000 年冬，北于堡村投资 100 万元，对金钟河北 133.33 公顷及村南稻地 66.67 公顷农田彻底改造。经调整灌排渠系，加宽浚深主干渠道，平整土地，修筑道路，动土 45 万立方米。农田改造后，金钟河北以种植耐旱品种棉花为主，与村办棉纺厂形成产业化生产；村南稻地发展水果生产，均取得较好经济效益。

二、蓄水工程建设

东丽区蓄水工程建设以中、小型水库为主，并实施深挖、疏浚河道沟渠，兴建、改造蓄水坑塘，有效拦蓄地表水，增加水源。至 2002 年，建有中小型水库 16 座，其中，中型水库 1 座，小型水库 15 座。占地面积 1611.55 公顷，设计总库容 3357 万立方米，设计灌溉面积 4253 公顷，总投资 1530 万元。水库蓄水工程的建设为农业灌溉创造了条件。

（一）中型水库

兴建新地河水库 1978 年，区建成新地河水库（又名东丽湖）。设计堤顶高程 8 米，堤顶宽 8 米，正常蓄水位 6 米，死水位 3 米，设计库容 2200 万立方米，兴利库容 1470 万立方米，是一座集以蓄代排、农业灌溉、水产养殖多功能为一体的中型水库。1991—1997 年，累计为全区农业生产提供水源 4271.3 万立方米。1998 年，随着区农业结构调整及新地河水库的开发，不再为农业灌溉提供水源，仍保留以蓄代排的作用。

实施除险加固工程 新地河水库经 26 年运行，出现围堤沉降、堤身断面消弱、堤坡冲刷、涵闸结构老化、局部堤段渗漏等问题。2004 年，区水利局委托中水北方勘测设计研究有限公司对水库进行安全检测、鉴定。2005年3月，市水利局决定实施新地河水库除险加固工程。2008年8月，经水利部海河委员会、市水利局、市发改委等专家审查审定，确定新地河水库除险加固方案。确定方案为降低围堤高度，浚深水库，迎水坡局部浆砌石护砌、背水坡草皮护坡，拆除重建进水闸、安全闸和输水闸，修建堤顶道路，由地上围堤变为地下水库，并在库中筑岛，满足旅游开发需要。由于库中筑岛占用一定的库容，为满足新地河水库原功能，并带动新地河水库西区的发展，2008年8月，区研究决定对新地河西侧赤土小水库进行扩容改造，通过新地河、输水闸工程措施使新地河水库与赤土小水库连通。2009年1月，赤土小水库开工建设，4月工程竣工。2009年4月，市发改委下达新地河水库除险加固工程固定资产投资计划4630.85万元，资金来源为区专项资金。2009年9月，工程全面开工，2010年12月工程全部竣工。累计开挖土方1737万立方米，总面积达740公顷，总岸线由11.54千米增加到45.2千米。工程实施后，新地河水库库容为1394万立方米，赤土小水库库容为405万立方米，总库容达1799万立方米。2010年，新地河水库除险加固工程全部完成后，新地河水库称东湖，赤土小水库称丽湖。

2010年4月，新地河水库除险加固施工现

（二）小型水库

兴建小型水库 1975年，区内只有一座以自然水坑蓄水库容74万立方米的万新庄小水库。1980—1987年，建设了永和水库、南何庄水库、赤土一库、新村水库、山岭子水库、欢坨一库、欢坨二库、苗街一库、赤土二库、南于堡水库、赤土三库、苗街二库、赤土四库，设计总库容1353万立方米。2002年，新建大毕庄小水库，设计库容70万立方米。至此，区内有小水库15座，设计总库容1497万立方米。

小水库报废 区内由于各类园区建设和城镇化的发展，小水库相继被填垫占用。1995年，赤土四库、欢坨一库、欢坨二库被占用报废。2006年，南何庄水库、万新水库被填垫报废。2008年，苗街一库报废。2008年12月，区内小水库减至9座。

小水库降等 由于小水库的逐渐淤积、坝埝损坏、配套设施损毁及对外经营水面养殖，水库功能基本丧失，已不再具备调蓄水功能。2008年，区水利局组织有关工程技术人员对赤土一库、赤土二库、赤土三库、新村水库、南于堡水库、永和水库、苗街二库、山岭子水库、大毕庄水库9座小水库进行论证。是年12月，将《东丽区小型水库报废降等论证报告》上报市水务局农水处备案。至此，区内15座小水库全部报废或降等为坑塘，其中报废6座，降等为坑塘9座。

河道沟渠、蓄水坑塘 二级河道为区内的主要灌排水河道，为提高其灌排能力，1993—1997年区乡（镇）村共投资385.77万元，对区内二级河道分年度分段进行了清淤疏浚，清淤长度37.11千米，累计动土81.5万立方米。1997年后，区内持续干旱，为增加农业水源，区农田水利基本建设围绕水源工程展开，深挖、疏浚河道沟渠，兴建、改造蓄水坑塘。2001年，区政府为有效拦蓄地表水，增加抗旱水源，下发《关于兴建蓄水池的实施办法》文件，区积极支持鼓励有条件的镇街乡村开发建设蓄水池，增加水资源蓄存量。2000年冬至2001年春，刘台新村连片治理京津塘高速公路取土用的26.67公顷坑塘，并及时蓄水，为40公顷葡萄园生产用水储备水源。山岭子村对承包到期的小水库、坑塘进行疏浚整理，由村委会统一管理，恢复农业灌溉用水。2001年，大毕庄村投资300万元开发利用金钟河南岸弃置荒地，兴建占地18公顷，蓄水70万立方米的大毕庄小水库，解决村内333.33公顷园田灌溉水源。2001年，南孙庄村利用津蓟高速公路建设时机，将位于村永金引河北岸弃土坑开发33.33公顷建设蓄水坑塘，蓄水量达70万立方米。蓄水坑塘建设既支持市重点工程建设，又为村新开河畔26.67公顷园田、66.67公顷旱田提供水源保证。1997—2010年，全区新建坑塘、蓄水池55座，清淤疏浚干支渠1699条，增加蓄水400万立方米，为大旱之年农业丰收打下坚实基础。

三、节水工程建设

（一）防渗渠道

园田防渗渠道 1982年始，区在各乡推广建设园田防渗渠道。至1988年，共建设园田防渗渠道183.02千米，全区2033公顷园田实现了防渗化。

稻田防渗渠道 1996年，在东大桥村推广稻田防渗渠道，取得较好效益。1997—2000年，在新兴村、中营村、卧河村、刘台新村、流芳台村、三合庄、大新庄、穆家台村铺设稻田防渗渠道。至2000年，全区铺设稻田防渗渠道29.63千米，控制面积545.33公顷。

2009年，东丽区华明宅基地复垦农业设施园区滴灌工程

（二）农业园区节水灌溉技术 区大力发展设施农业建设，在农业园区灌溉中采用大口径低压输水管道滴灌和微灌等节水灌溉技术。1999年，胡张庄村铺设大口径低压输水管道5千米，控制面积33.33公顷；詹庄、窑上村安装滴灌设备20台套，控制面积6.67公顷。2000年，窑上村、苏庄村、詹庄村和欢坨村共安装滴灌设备86台套，控制面积41公顷。2001年，丽水农业种植园区、苗街丰田农业示范园区、赤土村、吴嘴村、詹庄村和欢坨村共铺设大口径低压输水管道25.46千米，安装滴灌设备90台（套），控制面积146.67公顷。2002年，卧河村、山岭子村、大宋村、老袁村、李明庄和詹庄共铺设大口径低压输水管道16.15千米，安装滴灌设备56台（套），控制面积100公顷。2003年，永和村、胡张庄村新建大口径低压输水管道17.7千米，控制面积260公顷；苗街丰田农业示范园区和山岭子村新建滴灌53.33公顷。2004年，新兴村安装微灌设备66台（套），控制面积13.33公顷；丽水园区安装微灌设备40台（套），控制面积6.67公顷；永和村新建大口径低压输水管道6.6千米，控制面积66.67公顷。2005年，丽水园区安装微灌设备70台（套）、新建大口径低压输水管道1.4千米，控制面积6.67公顷。2009—2010年，华明宅基地复垦农业设施园区安装微灌设备405台（套），控制面积82.8公顷。至2010年，区农业种植园区共铺设大口径低压输水管道72.31千米，配套滴灌和微灌设备827台（套），节水控制面积817.14公顷。

第五节　环境建设

一、河道综合治理

为改善二级河道水环境，提升全区整体形象，区加强河道拆违治乱治理，并将清理垃圾、漂浮物列入经常化的治理范畴。2004 年，依法对西河、中河、西减河、袁家河两岸违章建筑予以强制拆除，共拆除违章建筑物 500 处，总面积 1.39 万平方米，清除垃圾 4 万立方米。2005 年，结合创模迎检工作要求，组织人员 2000 人次，动用机械车辆 200 台（次），对外环河、东河、西河、中河进行不间断清理，共清除垃圾 5000 立方米，有效地改善了二级河道的水环境。2007 年，依法加大二级河道治理力度，区水利管理人员深入沿河的新立街道、么六桥回族乡、军粮城镇、大毕庄镇、无瑕街道、华明街道的 22 个村队，依照法律程序发放区《关于二级河道环境综合治理的通告》1100 份，现场制作询问笔录和现场勘查笔录 508 份，下达《责令限期拆除违章建筑物决定书》108 份。5 月 30 日，区水利局与有关部门，依法对西河南段河道管理范围内违法建筑进行强制拆除，共清理河岸 3.8 千米，拆除违章建筑 935 平方米，清除大型废品收购点 2 处。6 月 22 日，区水利局与有关部门联合执法，对西减河沿岸违章建筑物依法进行强制拆除，共拆除违章建筑房屋 10 间 308 平方米。全年共拆除违章建筑 10670 平方米，清理垃圾及漂浮物 11.7 万吨。2008 年，为保证奥运会和达沃斯论坛顺利召开，针对重点河段开展集中治理，累计清理垃圾 5900 立方米，使二级河道治理取得阶段性成果。2009 年，区水利局加大水环境治理力度，4 月开展二级河道环境整治行动，共出动人员 3596 人次，挖掘机 15 部，车辆 1788 车次，清理垃圾 4553 立方米。对金钟河欢坨段 5 千米堤防垃圾进行集中清理，共清理垃圾 2.7 万立方米。同时按照《东丽区二级河道保洁考核办法》和《东丽区二级河道保洁巡查制度》，通过开展监管结合的河道长效管理考核机制，有效巩固了二级河道治理取得的成果。

二、外环河景观建设

2003—2004 年，区率先对外环河进行景观化治理，将外环河西侧河坡全部实施花砖护砌，种植草皮。共完成内侧护砌 6383 米，土方 3.3 万立方米，石方 0.24 万立方米，混凝土板护砌 3.9 万平方米，混凝土框格 1.3 万平方米，植草 2.55 万平方米。同时，对外环河泵站进行维修改造装饰。在护砌的基础上，对张贵庄城区海河左堤泵站至商贸城新建成外环河绿色景观示范带植树、植草绿化，改变了外环河以往垃圾成堆、臭气熏天的面貌，成为岸绿水清、整洁美观的河道景观。

2007 年，路河结点改造后的东河津塘公路南段

三、路河节点改造工程

2007年，区为提高农村环境质量，决定实施津塘公路路河节点改造工程。工程设计理念为实现“堤防稳固、岸坡整洁、堤岸绿化、灯亮景美”的新河道景观。采用浆砌石结合舒布洛克砖、彩色地砖平台等结构形式，突出多样化。该工程包括津塘公路与西河、西减河、东河、东减河、三号桥河、四号桥河节点南北两侧各200米至海河2330米的河道进行护砌、与津塘公路垂直的26条长1507米的支沟铺设管道。河道护砌工程完成后，对堤岸进行了绿化，加装了护栏，安装了路灯。工程于2007年9月开工，2008年5月竣工，共护砌河道4405米，铺设支沟管道1507米，总动土石方25.38万立方米，工程总投资4045.73万元，资金来源区财政。

四、污水处理

（一）东郊污水处理厂 1989年8月至1993年，经市政府批准，区内建设国内规模最大的东郊污水处理厂。建成初期主要承担赵沽里及张贵庄两大排水系统的污水处理，日处理污水能力40万立方米，服务面积7441公顷，工厂730家，人口111万人。全厂设施与工艺技术达到了国际污水二级净化的先进水平。

（二）大无缝等污水处理厂 1991年，大无缝污水处理厂建成投入使用。随着各类大企业、园区的建设与进驻，区内服务经济建设的污水处理厂相继建成。至2010年，区内又建成滨海机场污水处理厂、东丽湖污水处理厂、空港经济区污水处理厂、泰达西区污水处理厂、华明工业园污水处理厂和东丽开发区污水处理厂，污水处理能力达50.2万立方米/日。由于东郊污水处理厂收水范围包括区境外中心城区，承担区内污水处理量20万立方米/日。2010年，东丽区实际处理能力为29.2万立方米/日。

2010年东丽区污水处理情况一览表

表9-4

污水处理厂名称	建成年份	服务范围	设计规模（万立方米/日）	处理能力（万立方米/
大无缝污水处理厂	1991	大无缝钢厂、无瑕街道	3.00	2.00
东郊污水处理厂	1993	环内部分中心城区、新立街道、东丽开发区	40.00	20.00
滨海机场西区污水处理厂	2001	滨海机场西区	0.20	0.20
东丽湖污水处理厂	2005	东丽湖休闲度假区	0.10	0.10
空港经济区污水处理厂	2006	华明新市镇、空港经济区	4.50	4.50
泰达西区污水处理厂	2007	泰达西区	1.25	1.25
滨海机场东区污水处理厂	2008	滨海机场东区	0.40	0.40
华明工业园污水处理厂	2008	华明工业园	0.50	0.50
东丽开发区污水处理厂	2010	东丽开发区	0.25	0.25
合　　计			50.20	29.20

第三章 水利管理

全面强化水利管理工作。加强泵站、河道、闸涵等水利工程设施管理，建立健全制度，落实责任制。加强地下水资源管理，规范取水许可、水资源论证、凿井审批、地下水位动态监测，合理开发、利用地下水资源。保证生产、生活用水，推行节约用水。加强水证行政执法管理，查处水事违法行为。保障防汛行洪安全，保护有限的水资源，改善水生态环境。

第一节 工程管理

一、泵站管理

2010年，东丽区有固定排灌站139座，总设计流量361立方米/秒，装机容量28922千瓦。

（一）国有泵站 全区国有泵站15座，设计流量159.8立方米/秒，装机容量12135千瓦。街乡村管理124座，设计流量201.2立方米/秒，装机容量16787千瓦。

管理权属 国有泵站分别由东减河管理所、西减河管理所和市河管理所管理。东河管理所管理袁家河泵站、袁家河二站、军粮城一站、军粮城二站、军粮城四站、军粮城五站。西减河管理所管理西河泵站、中河泵站、东河泵站、务本河泵站、南孙庄泵站、么六桥二站。市河管理所管理外环海河泵站、外环新开河泵站。

管理职责 建立泵站管理组织机构，明确领导责任、直接责任、管理人员责任，各泵站设专人管理，一般每泵站设管理人员4名。年初至汛前，对所属泵站进行机泵检修，对电气设备进行预防性试验，对泵站及闸涵进行试运行。为加强泵站管理，建立考核机制，制定《东丽区国有泵站考核管理办法》，明确安全生产、规章制度、站容站貌、设施管理考核内容。各管理单位每季度开展自查考核，区水利局组织进行不定期考核评比。

2010年东丽区国有泵站基本情况一览表

表9-5

泵站名称	工程地点	所在河流	建站年度	建站投资（万元）	建站规模（立方米/秒）
军粮城一站	苗街桥东	东减河	1972	29.99	6
军粮城二站	苗街村南	东减河	1987	71.30	4
军粮城四站	刘台村南	东减河	1963	27.71	4
军粮城五站	兴农村南	东减河	1962	56.50	8
么六桥站	么六桥	西减河	1963	47.51	4

续表 9-5

泵站名称	工程地点	所在河流	建站年度	建站投资（万元）	建站规模（米³/秒）
外环海河站	顾庄	海河	1987	406.50	6
袁家河泵站	魏王庄	海河	2000	1676	20
袁家河二站	魏王庄	海河	2010	6613	30
务本河泵站	稻地	海河	1976	25.50	4.8
东河泵站	卧河村	海河	1977	26.52	4
西河泵站	邢圈村	海河	2008	2916.81	20
中河泵站	泥窝村	海河	1975	75	12
新地河水库泵站	小汾	金钟河	1978	119	16
南孙庄泵站	南孙庄	金钟河	1979	97	16
新开河泵站	新中村	新开河	2002	1007	5
合　计	—	—	—	13195.34	159.8

续表 9-5

泵站名称	电　机			水　泵			主变压器		排灌面积	
	台数	单机	单站	台数	单机	单站	台数	容量（千伏安）	排水（公顷）	灌溉（公顷）
		（千瓦）			（立方米/秒）					
军粮城一站	3	155	465	3	2	6	1	750	667	667
军粮城二站	2	155	310	2	2	4	1	500	667	667
军粮城四站	2	155	310	2	2	4	1	560	—	1200
军粮城五站	4	155	620	4	2	8	1	1000	1200	1200
袁家河泵站	5	280	1400	5	4	20	2	2000	5666	5666
袁家河二站	6	400	2400	6	5	30	2	4000	3540	3540
务本河泵站	3	155 55	365	3	2 0.8	4.8	1	630	800	667
么六桥二站	5	55	275	5	0.8	4	1	500	667	667
东河泵站	2	155	310	2	2	4	1	630	1666	667
西河泵站	5	280	1400	5	4	20	1	2000	1866	853

续表 9-5

泵站名称	电机			水泵			主变压		排灌面积	
	台数	单机（千瓦）	单站（千瓦）	台数	单机（立方米/秒）	单站（立方米/秒）	台数	容量（千伏安）	排水（公顷）	灌溉（公顷）
中河泵站	6	155	930	6	2	12	1	1600	3733	3733
南孙庄泵站	8	155	1240	8	2	16	1	1600	5666	5666
新开河泵站	3	135	405	3	1.7	5	1	500	2666	
外环海河站	3	155	465	3	2	6	1	630	1333	1333
新地河水库站	8	155	1240	8	2	16	1	1800	以蓄代排	
合　计	65	—	12135	65	—	159.8	17	18700	30137	26526

（二）街乡村管泵站　分别由新立街道、军粮城街道、无瑕街道、华明街道、金钟街道、万新街道、么六桥回族乡管理。其中，新立街道管理泵站 24 座，军粮城街道管理泵站 16 座，无瑕街道管理泵站 4 座，华明街道管理泵站 29 座，金钟街道管理泵站 24 座，万新街道管理泵站 16 座，么六桥回族乡管理泵站 11 座。街乡水利站或村委会派专人负责泵站的运行和维修，并签订承包合同，明确岗位职责。

2010 年东丽区街乡管理泵站基本情况一览表

表 9-6

街乡名称	按功能分类								效益		水泵台数	装机容量（千瓦）	总投资（万元）
	小计		单灌站		单排站		两用站		灌溉	排涝			
	座	流量（立方米/秒）	座	流量（立方米/秒）	座	流量（立方米/秒）	座	流量（立方米/秒）	（公顷）	（公顷）			
新立街道	24	27.6	3	1.5	2	3.5	19	22.6	1353	1473	45	2373	671.93
么六桥乡	11	8.7	7	4.3	—	—	4	4.4	445	426	23	842	344
军粮城街道	16	21.1	9	5.2	—	—	7	15.9	2160	3533	29	1855	161
无瑕街道	4	19.4	—	—	2	13.8	2	5.6	—	2000	11	1550	1507
华明街道	29	72.8	10	14.7	—	—	19	58.1	3033	6320	66	5527	753
万新街道	16	17.4	2	1.8	1	1.6	13	14.0	1160	1730	40	1648	254
金钟街道	24	34.2	8	7.2	1	1.5	15	25.5	1308	2000	53	2992	295.8
合计	124	201.2	39	34.7	6	20.4	79	146.1	9459	17482	267	16787	3986.73

二、河道管理

（一）东丽区河道管理所　1979—2006 年，区河道管理所负责区内河道管理工作，包括市水利局委托管理的 4 条一级河道和区内 6 条二级河道。按照《天津市河道管理办法》，各河道设置巡堤员，实行定段、定人、定责管理，包括河道防堤、护岸工程、穿堤建筑物的巡视检查，河道管理范围内挖土、私搭乱盖等水事违法行为的查处，以及河道管理范围内建筑项目审批，巡堤人员与河道管理所签订堤防管理责任书等。

（二）水管单位体制改革 2007年，区进行水管单位体制改革，实行流域管理，区河道管理所更名为市河管理所，负责市水务局委托管理的海河、新开河、金钟河、永定新河4条一级河道和外环河。东减河管理所负责管理东减河、新地河。西减河管理所负责管理西河、西减河、东河、月西河。2008年，改革后的各河道管理单位，完善落实一、二级河道管理制度，按各自管理范围，加强河道堤防、护岸工程、穿堤建筑物的巡视检查，加大水事违法行为的查处，做好河道管理范围内建设项目行政许可管理工作。

（三）水环境保护 区在河道管理模式上创新，水环境保护已成为河道管理的主要内容。河道管理与文明生态村建设及社会再就业相结合。2006年，区河道管理所首次招聘10名社会“4050”人员进行外环河河道保洁，2007年增至20名。2006年春，流芳台村利用建设文明生态村之机，对村段内的西减河进行治理，聘用2名河道管理员，负责河道保洁。2007年，为维护和巩固综合治理成果，区批准实施由区水利局拟定的《东丽区二级河道长效管理暂行办法》，形成“区、街乡、村”三级管理模式。2009年，为规范河道管理人员的岗位职责及奖惩措施，区水利局制定《东丽区二级河道保洁考核办法》《东丽区二级河道保洁巡查制度》，通过实施监管结合的河道长效管理考核机制，保障了良好的河道水环境。

2010年东丽区二级河道基本情况一览表

表9-7

河道名称	起止点	长度（千米）	河宽(米)	河底高程（米）	蓄水量（万立方米）	设计流量（立方米/秒）
东减河	魏王庄至南孙庄	31.1	30～40	-2.0	225.3	30～50
西减河	泥窝村至南孙庄	21.2	30～40	-1.5	85.5	30
新地河	新地河闸至小汾闸	6.6	55	-3.0	80.5	40～60
东河	卧河村至么六桥	7.7	20	-1.0	11.7	20
西河	邢圈村至大新庄	6.8	18	-1.0	8.2	15
月西河	月牙河至西减河	5.4	20	-1.0	28.8	20
合计	—	78.8	—	—	440	155～195

三、闸涵管理

（一）排水闸口调查 2005年4月，按照水利部《关于加强入河排污口监管工作的通知》要求，区水利局组织农水科、河道管理所对全区一、二级河道沿岸890个排水（闸）口进行了核查。一级河道沿岸有排水（闸）口96个，其中，海河左堤沿岸71个，金钟河右堤沿岸25个，全部为穿堤涵闸。二级河道沿岸有排水（闸）口 794 个，其中，东减河沿岸 126 个，西减河沿岸 148 个，东河沿岸 238 个，西河沿岸 235 个，月牙河沿岸 20 个，新地河沿岸 6 个，外环河沿岸 21 个，总计 890 个。

（二）水闸注册登记　2008 年 10 月，为规范水闸管理，保证水闸安全运行，区按照水利部《水闸注册登记管理办法》，对辖区河道、堤防上依法院建的水闸水库大坝及水电站输、泄水建筑物上的水闸和灌溉渠系上过闸流量大于 1 立方米/秒的水闸，完成了注册登记。全区共登记水闸 163 座，其中一类闸 112 座，二类闸 51 座。

四、水利工程土地确权

1992 年，区为依法确认国有水利工程用地的所有权、管理权，保障水利工程的正常运行，按照国家土地管理局和水利部联合下发《关于水利工程用地确权有关问题的通知》及天津市第二次土地调查领导小组办公室《关于公路、水利等国有土地确定界址通知》文件精神，开展水利工程土地确权工作。

（一）国有泵站土地确权　1992 年，区内开展国有泵站土地确权工作。按照程序，对军粮城二站、军粮城四站、军粮城五站、袁家河排水站、外环海河泵站、中河泵站、南孙庄泵站、么六桥一站、么六桥二站进行勘测定界平面图的测绘工作，确定四至，并上报区土地管理局审批。1993 年，区土地管理局下发军粮城二站等 9 座国有泵站土地确权证，确权用地面积 13.7 万平方米。2005 年，又对袁家河泵站、第一排灌管理处、第一排灌管理处宿舍进行土地确权，确权用地面积 4.93 万平方米。至 2010 年，区内有 10 座国有泵站进行了土地确权，确权用地面积 18.61 万平方米。

（二）河道土地确权　1993 年，区界内的东河、西河、西减河、新地河 4 条二级河道大部分地段河道所与有关村队签订了河道用地确权协议书。由于尚未进行勘测定界测绘平面图，区土地管理局暂未下发土地确权证。

第二节　资源管理

一、取水许可

（一）用水许可审批　1995 年，区依据《天津市实施〈取水许可制度实施办法〉细则》，推行取水许可证制度。全区应办证单位 153 个，实办 143 个，办证率 93.5%，列全市第一。逐年按照《取水许可制度实施办法》实施取水许可证年审签证工作，根据市节水办下达的用水指标，审核地下水用水计划、批准新的取水户、分解用水指标。2004 年，《中华人民共和国行政许可法》颁布实施后，由市节水办下达区自来水用水指标，区建委核定自来水用户，制定用水指标分配计划，区水利局负责审批。2009 年后，核定自来水用户、用水指标分配计划，审批用水指标工作，均由区水利局负责。1995—2010 年，全区共审核用水取水许可证 2708 件次，核定地下水用水指标 20467.06 万立方米，分解自来水用水指标 1955.95 万立方米。取水许可制度的落实，使区水资源管理步入法制轨道，水资源由无序开采为有序开采，实现了水资源的规范管理、减少浪费、优化配置、高效利用。

1995—2010 年东丽区取水许可审批一览表

表 9-8

年份	地下水		自来水	
	审核取水许可证（件）	用水指标（万立方米）	审核取水许可证（件）	用水指标（万立方米）
1995	143	1562.94	—	—
1996	153	1545.32	—	—
1997	168	1200	—	—
1998	82	1355.42	—	—
1999	165	1455.58	—	—
2000	177	1571.1	—	—
2001	110	1602.83	—	—
2002	160	1613.34	—	—
2003	93	1665.25	—	—
2004	200	1046.36	—	—
2005	183	1603.96	—	—
2006	134	536（企业）	68	177
2007	67	234.96（企业）	74	200
2008	171	975（企业）	91	464.58
2009	141	1449	80	554.62
2010	143	1050（企业）	105	559.75
合计	2290	20467.06	418	1955.95

（二）凿井许可审批 2000 年，区为规范区内开凿行业的管理，控制超采，保护地下水资源，制定《东丽区凿井审批实施细则》。机井建设按照取用地下水审批制度进行审批，控制新打机井数量，执行新建地下水取水户建设项目水资源论证制度。申请单位在凿井施工前将方案报区水利局，办理机井施工许可证，手续齐全后，经批准方可施工。取水工程竣工后，将成井资料报区地下水资源管理中心，经济中心对取水工程验收合格后，申请单位到区行政许可中心申请核发取水许可证，并办理计划用水指标。使用前按规定安装水表，缴纳地下水资源费。

（三）控制地下水开采 根据 1999 年《天津市东丽区地下水资源开发区划报告》，区境深层可开采量为 1584.82 万立方米/年。随着经济发展，人口增多，使地下水常年处于超采状态。1994 年，开采量高达 2727.85 万立方米。区为有效遏制地面沉降，保护地下水资源，逐年核减开采指标，控制地下水开采量。2010 年，地下水开采量已降至 1296.47 万立方米。

二、机井管理

（一）新凿机井　1979年，全区有机井464眼。1980—1989年，为解决干旱缺水状况，掀起打井抗旱高潮，共打农业机井220眼。2000年前，新打机井主要用于农业灌溉和农村生活。2001年，区农业生产结构调整，新打农用机井主要为设施农业、科技园区提供水源。其他新打机井以农村人畜解困、企业用井、环境绿化用井为主。2002—2004年，新打农村人畜解困井60眼。2008年，新打高速公路绿化井20眼。

（二）机井维修　区水利局针对全区机井建设时间长，部份机井老化、损坏状况，加强机井管理，定期组织机井检修，每年检修机井100眼，以保证机井正常使用。

（三）机井废弃与回填　随着井龄增长，有的机井已经报废。由于小城镇和经济园区开发建设，被征地范围内的机井随之报废。2004年始，区为防止地下水污染，有效保护地下水资源，及时回填废弃井，并开展污染治理研究。区水利局选择魏王庄地区开展污染治理研究，并制定治理方案。共回填机井15眼，回填泥球量198.55立方米；抽水14天，抽水量2000立方米，取水化验21个水样，取得科学数据，为全市开展污染治理奠定基础。2008年，范庄村整体拆迁，为保护地下水资源，对该村4眼机井进行回填。1991—2010年，全区回填废弃机井152眼。

三、节约用水

（一）节水宣传　区每年以“世界水日”“中国水周”“科技活动周”“全国城市节水宣传周”重大水事节日为契机，深入企事业单位、机关、学校、社区和乡村，利用多种形式开展节水宣传。

（二）工业节水　1999—2008年，区建乡村集中供排水工程1处，企业节水工程10处，工程总投资1583.89万元，其中天津市地下水资源办公室补助资金185万元。节水工程建设后，取得了经济效益和社会效益，年节约地下水50万立方米，年经济效益145万元。区水利局深入建筑、机械、化工、医药、文化、食品、住宿、餐饮行业，全面了解用水单位管网状况、用水现状，找出水量平衡关系和合理用水程度，采取相应措施，挖掘用水潜力。至2010年，全区进行水平衡测试的单位达60家（次），工业用水重复利用率达91.3%，万元工业增加值取水量降到10.8立方米。

（三）节水型社会建设　2006年，区审批通过《东丽区节水型社会建设规划》。2008年，区水利局制定《东丽区节水型社会建设实施方案》。建立了健全组织、保障、水资源论证、超计划用水累计加价、水平衡测试5个制度；规范取水、凿井2项行政许可；从产业结构调整、用水指标分配、经济杠杆调节、节水型单位建设、节水宣传5个方面，全面提高全区节水水平，建设节水型社会。

区参照建设节水型社会标准，创建节水型区县。执行新建地下水取水户建设项目水资源论证制度。2006—2010年，全区新增地下水取水户30户，水资源论证率达100%。对超计划用水户，按超计划用水累计加价制度，依法征收超计划水费，用经济手段控制用户节约用水，其间征收超计划水费17.07万元。至2010年，全区创建节水型小区4个，创建节水型企业21个。推广节水型器具，提升用水计量水平。至2010年，全区200家用水单位淘汰排水型器具，实施了小北庄、大郑村、十三顷村、中营村、四合庄村、南孙庄村、大安村、兴农村、永和村、流芳台村等村队管网改造88.44千米，安装水表6893块，农村用水逐步装表计量收费。公民节水意识不断增强，节水型社会建设已具雏形。

四、水费征收

（一）征收灌排水费 1981—1985年，根据原区农林水利局印发的《关于继续征收基本水费和灌溉污水水费的通知》标准征收水费，期间征收水费57.8万元。1986年，区水利局按市政府颁布《天津市国营泵站水费征收使用暂行办法》，制定《国营排灌站、新地河水库水费征收使用管理实施细则》，区政府转发。征收标准：灌区灌水费，每千瓦时电为0.15元；二级河道排水费，园、旱田每亩1元；机关、学校、厂矿、农场、基建、仓库、铁路、公路等单位每亩3元；水库水费，1立方米0.015元。1986—1997年，征收灌排水费及水库水费456万元。

1998年，区水利局根据市政府颁布的《天津市水利工程水价核定及水费计收管理暂行办法》，拟制《关于调整我区灌排水费标准的通知》，经区政府批准，出台了新的灌排水费标准。规定国营泵站灌水费由原按电度征收改为按水量征收，每立方米调整为0.025元。水库水费每立方米由原0.015元调整为0.08元。农田排水费由原1元/亩调整为3元/亩，按耕地面积征收。工厂企业排水费由原3元/亩调整为9元/亩，按所占全部毛面积征收。1998—2007年，共征收水费380万元。

2008年，区政府办公室批转区水利局拟制的《东丽区调整辖区内国有泵站非农业排水费征收标准的通知》，明确非农业排水费征收标准调整为每年每亩40元，不再征收农业排水费。2008—2010年，共征收排水费716万元。

（二）征收地下水资源费 1987年始，区按照《中华人民共和国水法》《天津市节约用水条例》《取水许可和水资源费征收管理条例》法律法规的规定，对区内所属取用地下水的单位和个人依法征收水资源费，对超计划用水部分征收超计划水费，以此督促单位和个人节约用水。区征收的地下水资源费纳入区财政预算管理，本着“取之于水、用之于水”的原则，用于水资源的保护、管理及合理开发。1991—2010年，区征收地下水资源费3046.29万元。

1999—2010年东丽区企业节水工程建设情况一览表

表9-9

实施年份	工程名称	坐落地点	工程建设主要内容	效益
1999	赤土造纸厂节水改造工程	赤土村	建25立方米蓄水池1座，1500立方米沉淀池，引水渠400米，16平方米泵房1座	用水量下降三分之一，降低污水排放量，收到较好社会、经济环保效益
1999	圣发商贸有限公司节水改造工程	赤土村	600立方米沉淀池，100吨冷却塔2台，DN80毫米管道300米及配套设施	
2000	东丽区福利有机化工厂节水工程	大毕庄村	冷却塔6座，蓄水量300立方米。循环水池3座，蓄水量400立方米。配套管道2500米	年用水量从7万立方米降至3万～4万立方米，产量增加一倍以上

续表 9-9

实施年份	工 程 名 称	坐落地点	工程建设主要内容	效　　益
2000	东丽区全胜福利橡胶厂节水工程	大毕庄村	105 立方米蓄水池 1 座，50 立方米冷却塔 1 座，配套管道 39 米	节约用水 60%以上
2003	方大禽业节水工程	津塘公路六号桥东	新建 100 立方米污水处理池 1 座，144 立方米蓄水池 1 座，购置污水处理设备 1 套、冷却塔 2 座，羽毛水分离循环设备 1 套，改造给排水管道 1500 米	用水量下降三分之一，降低污水排放量，收到较好社会、经济、环保效益
2004	东丽湖度假村节水工程	东丽湖	新建管道沟 900 米，开挖土方 1500 立方米，铺设管道 5400 米，管道保温、管道试压、管道冲洗、管道沟封盖	节约用水 30%以上
2005	体育中心节水工程	津塘二线北外环线东	使用节水型器具，更换节门、水嘴 1200 个，建设 200 立方米生活用水回收池 1 座，对学生浴池安装计算机节水控制系统，购置废水回用设备 1 套。安装中央空调 1 台	水电两项费用年节省 19.5 万元
2006	国际温泉高尔夫俱乐部节水改造工程	空港物流加工区东南	新建管道沟 7000 米，铺设管道 7000 米，动土方 8000 立方米，增加喷灌喷头 300 个	年节约用水 10 万立方米，年节约柴油 60 吨，节约用电 3 万千瓦时/年，节约资金 40 万元
2006	天津市圣发烛业有限公司节水工程	么六桥乡金桥工业园区内	修建 32000 立方米循环水池 1 座，铺设管道 3150 米（其中集雨管道 2710 米），修建泵站 1 座，安装变频泵 6 台	年节约用水 8 万立方米，节约用电 1.6 万千瓦时，经济效益 12 万元，地下水重复利用率达 95%以上
2005—2007	东堼村集中供排水工程	东堼村	新建供水水厂 1 座，铺设供水管网 12010 米，铺设排水管网 11220 米，配套检查井 110 个，化粪池 1175 组	年节约地下水 34 万立方米，节约电费 15 万元，节省维修费、检修费、人工费 28 万元，年综合效益达 59 万元
2008	东丽区玉泉宾馆节水工程	东丽开发区一经路 6 号	更新改造室内外给水、排水、热水管道系统共铺设管网 2715 米，更新压力水箱 3 个，更新节门、水嘴共 547 个，安装卫生器具 184 套	年节约用水 1 万立方米，节约用电 1 万千瓦时，节约维修费 2 万元，年经济效益达 8 万元

第三节　水政监察

一、队伍建设

1986 年，区通过选拔、培训、考核，由市水利局任命区水政监察员 86 人，并持证上岗。之后，区水利局所属职能科室、基层单位、乡镇水利站全部设置了水政监察员。至2010年，全区有114名水政监察员，形成了完整健全的水政监察管理网络，保障了水事秩序及水利设施正常运行。区水利局为执法队伍配备执法车辆、影像装备、统一着装，为水利执法工作的开展提供了有力保障。

区水利局对水政监察员实行“先培训后上岗”的原则。拟任水政监察员，首先培训，经考核合格取得证件后，方准上岗。组织执法人员参加水利部、市水利局、区执法办举办法律知识培训，邀请法律专家授课，讲解水法律、法规及行政执法操作。1991—2010年，共组织参加各类培训班75班次，受训人员达6450人次。通过培训提高了水政执法队伍的整体素质。

二、水法规建设

区在梳理汇编国家、天津市制定的水法规体系的基础上，下发了多项规范性文件。1986年，下发《关于国营排灌站、新地河水库水费征收、使用管理实施细则》。1987年，下发《农村水利义务工实施细则》。1991年，下发《征收排污、废水费实施细则》。1998年，下发《关于调整我区灌排水费标准的通知》。2003年，下发《农村生活使用地下水管理暂行办法》。2004年，下发《关于调整我区排灌水费标准的通知》。2007年，下发《二级河道长效管理暂行办法》。2008年，下发《调整辖区内国有泵站非农业排水费征收的标准》。

三、行政审批

2004年始，区实行水行政许可审批制度，按行政许可事项的内部管理与监督程序实施行政许可审批。2005年，区水利局对贯彻落实《中华人民共和国行政许可法》情况开展监督检查。依照法律程序，对审批项目合并调整或撤销。2008年，进一步调整行政审批项目，由原23项缩减为13项许可项目。保留的许可项目有：河道管理范围内取土审批、填垫河湖水面审批、河道管理范围内建设项目审批、围垦水库河流审批、工业污废水向农业渠道排放审批、护堤护岸林木砍伐审批、用水计划指标核定审批、取水许可审批、凿井审批、开发建设项目水土保持方案审批、开发建设项目水土保持设施验收、水工程建设项目水土保持设施验收、水工程建设项目及工程方案审查、设计公共利益公共安全工程建设强制性标准内容的水利工程施工图审查。2006—2008年，共审批行政许可项目1085件，限时批复率100%，办事企业和群众对“窗口”工作满意率达100%。

2006—2010年东丽区水行政许可审批一览表

表9-10　　单位：件

年份 类别	2006	2007	2008	2009	2010	总计
河道管理范围内建设项目	1	14	9	8	4	36
取水许可	—	13	11	29	62	115
凿　井	15	20	38	7	7	87

续表 9-10 单位：件

类别＼年份	2006	2007	2008	2009	2010	总计
用水计划指标核定	134	67	171	221	248	841
水土保持方案	—	3	3	—	—	6
小　计	150	117	232	265	321	1085

四、行政执法

（一）查处违法冲车业 2002 年，区节水办会同区公安、工商部门联合行动，对全区违法冲车业进行查处。共责令停止违法冲车单位和个人 20 家，收缴冲车水泵 2 台（套），冲车用水枪 2 支。

（二）查处拖欠地下水资费 2003 年，对区乡镇企事业单位用水情况进行执法检查。共检查企事业单位 79 家。下发整改通知书 35 份，收缴拖欠地下水资源费 10 万元。

（三）查处擅自凿井行为 2009 年 2 月 10 日，区地下水资源管理中心执法人员，在执法巡查中发现天津开发区兰德食品有限公司未经批准擅自在欢坨村赤欢路南侧厂院内凿井。执法人员现场制止无效。2 月 11 日，区水利局向当事人下达《责令停止水事违法行为通知书》，令其限期封填该机井，仍未果。2 月 20 日，区水利局对该公司下达《行政处罚事先告知书》和《行政处罚听证告知书》。公司责任人认识到问题的严重性，在规定的期限内封填了该机井。

2009 年 2 月，东丽区水利局对未经批准擅自凿井进行封填

（四）查处私搭乱建 2000 年，蓟港铁路施工单位未经允许，擅自在军粮城一场干渠内砌筑钢筋水泥墩，使灌排水受限。区水政执法人员赴现场勘查，依法责令其停工，恢复原貌。2004 年，开展改善二级河道环境、拆除治乱工作，对西河、中河、西减河、袁家河两岸违章建筑物予以强行拆除。共拆除违章建筑物 500 处，总面积 13900 平方米。2007 年 3 月 14 日，区水政执法人员在执法巡查中发现邢家圈村一村民擅自在西河河道管理范围内违法建房，执法人员现场制止无效。3 月 15 日，区水利局对当事人下达《责令停止水事违法行为通知书》，当事人仍继续施工。3 月 21 日，区水利局对当事人下达《责令限期拆除违章建筑物决定书》，当事人仍继续施工。3 月 23 日，区水利局与综合执法局联合执法，暂扣当事人的施工工具，对其下达《水事违法案件暂扣车辆、机具、物品通知书》。当事人在规定期限内拒绝自行拆除已建违章建筑。5 月 30 日，区水利局与综合执法局等部门在区法制办、督查室的监督下联合执法，强制拆

2009 年，东丽区对金钟河欢坨段堤防垃圾进行了集中清理整治

除644平方米的违章建筑。2007年6月，区水利局、综合执法局、市容委、法制办、么六桥回族乡、区电视台等部门联合执法，对西减河沿岸违章建筑物依法进行强制拆除，共拆除违章房屋10间308平方米。

查处乱倒垃圾 1993年，天津热电一厂将灰水排入二级河道新线河，阻塞淤积了河道。区依法查处，该厂赔偿河道清淤费12万元，保证了排水畅通。2004年，依法对西河、中河、西减河、袁家河西岸清除垃圾4万立方米。

第四章 防汛抗旱

东丽区加强防汛抗旱组织管理工作，落实组织机构，做好防汛各项准备。实施防洪工程、除险加固工程、灌排水工程建设，防洪标准不断提高，排水灌溉体系不断完善。

1991—2010年，区境不同程度受到旱涝灾害影响，重视防汛抗旱减灾工作，组织动员全区排水抢险、抗旱救灾，将沥涝、旱灾损失降到最低。为确保“引黄济津”应急调水工程实施，区按时完成海河左堤二道闸以上沿岸口门封堵任务及区内排水掉头工程，确保海河水质不受污染及海河沿岸口门封堵后区内排水安全。

第一节 组织建设

一、防汛抗旱组织机构

（一）东丽区防汛抗旱指挥部 由区长任指挥，区人民政府各有关部门和人民武装部主要领导为成员，负责全区防汛抗旱工作的指导和检查工作。下设防汛抗旱指挥部办公室，具体负责全区防汛抗旱各项工作，办公室主任由区水利局局长兼任，其机构设在区水利局。

（二）镇街乡防汛抗旱指挥部 各镇街乡行政主要领导负总责，相关部门参加，并责成农业服务中心或水利站负责本辖区内的防汛抗旱工作。

二、防汛准备

思想准备 每年利用各种形式宣传防汛工作面临的形势，增强全民预防洪涝灾害和自我保护意识，克服麻痹思想，做好防大汛的思想准备。

组织准备 每年调整完善区各级防汛抗旱组织指挥机构，制定区防汛安排意见，明确区防汛抗旱指挥部成员单位防汛职责任务，落实防汛责任制。汛前组织召开防汛动员大会，部署全区防汛任务，各镇街乡和东丽湖管委会主要领导向区长递交防汛责任状。

工程准备 每年制订专项维修计划，按时完成排水工程和应急度汛工程建设。对存在病险的堤防、水库、涵闸、泵站等各类水利工程设施实行应急除险加固。对跨汛期施工的水利工程和病险工程，落实安全度汛方案。

预案准备 每年根据实际情况，修订完善行洪河道抢险方案、排水除涝方案、受灾群众转移方案、区防汛办抢险人员调整方案等为主要内容的区防汛应急预案。针对防汛物资调运、重点区域应急排水 、河道水库堤防险工险段等修订完善专预案。区内各镇街乡及有关单位编制本单位、本部门的防汛预案。

物资准备 区防汛物资分区、镇街乡、村三级储备。区级储备由水利局、供销社、农委、运管局等单位负责，主要用于防洪工程抢险。至2010年，区级专储防汛物资品种20种，包括麻袋、编织袋、铅丝、水桩、钢管桩、镐锹、土工布、排水泵、发电机、电线电缆、应急灯、救生衣、抢险舟、叉车、推土机、挖掘机等。各镇街乡、有关单位储备一定数量的物资，用于排水自救。与木材厂、编织袋厂、供销社等企业以号料形式储备木桩、编织袋、铁锹等，以备应急使用。

第二节 防洪工程

东丽区南临海河，北靠金钟河，为泄洪入海末端，地处天津城市防洪圈内。历史上，受社会、经济等诸多因素的制约，防洪能力较低，河防岁修只能减少局部损失，不能抵御大的洪水灾害。新中国成立后，有计划地整修了境内河道堤防，1991—2010年，区按照市统一要求，不断加强防洪工程、除险加固工程建设，防洪标准提高。

流经区内的防洪河道有4条，南有海河，北有新开河、金钟河、永定新河，承担着洪水入海任务。区境内行洪河道全长62.343千米，其中，海河30.18千米、新开河7.7千米、金钟河22.625千米、永定新河1.9千米。

区为适应防大汛、抗大洪的需要，逐步实施了行洪河道治理，提高了抗御洪水的能力。为减少防洪隐患，对堤防险工险段、病险口门等进行了除险加固工程，全面增强了抗御洪水的能力。

第三节 排涝工程

一、城区排水

（一）东丽区市政管理所 负责排水范围为东起丰年村，西至水东里，南起海河北岸，北至程林庄一、二村。涵盖外环线以内的张贵庄地区、程林地区、增兴窑地区、贵环小区及外环线以外的丰年村、民和巷、华明家园等地区。排水设施有泵站5座，管道203.6千米，检查井7174座，雨水井5175座。排水主要出路为海河、外环河。

（二）天津市第八排水所 负责区外环线以内的津塘路、跃进路、先锋路、程林庄路、崂山道、沙柳路等主干道雨水的收集与排放。排水设施有泵站9座，河道及管道共计148.28千米，排水出路主要为北塘排水河。

二、园区排水

区境内驻有天津滨海国际机场、空港加工区、空客A320项目、一重项目、泰达西区、高新产园区、天津军粮城发电有限公司、天津钢铁有限公司、天津钢管制造有限公司和区内华明家园、军粮城工业区等各类产业园区及大中型企业。其排水是通过园区及板块内部排水设施建设，各自形成独立的排水系统，实现了雨水及时排出。排水出路主要是区内的二级河道，也有部分园区企业直接排入海河、金钟河。

三、农村排水

（一）农村排水出路 一部分通过海河、金钟河沿岸泵站直接排入一级河道；另一部分村庄、农田等区域沥水通过村庄周边及田间渠道排入区境内二级河道。

（二）街乡界内排水出路

万新街道 将沥水排入海河、外环河、排咸河、小污河等排沥渠道。

新立街道 将沥水排入海河、西河、西减河、东河、外环河。

军粮城街道 将沥水排入海河、袁家河、新地河、北塘排污河。

无瑕街道 将沥水排入赵家河、胜利河。

华明街道 将沥水排入金钟河、永定新河、新地河、东减河、西减河、北塘排污河、外环河。

么六桥回族乡 将沥水排入西河、西减河、东河。

金钟街道 将沥水排入新开河、金钟河、东减河、西减河、月西河、外环河。

四、二级河道排水

区水利局负责二级河道排水。各街乡、园区将各自区域沥水排入二级河道后，区水利局通过河口国有排水泵站分别排入海河、金钟河。

第四节　防汛抢险

2003 年 10 月 10—12 日，天津市出现连续降雨，区境内累计降雨量 148 毫米，其中万新街道达 163 毫米。由于连续降雨，区内二级河道水位持续上涨，部分农田积水。10 月 11 日 17 时，务本河口及新立村、翟庄、顾庄、崔家码头村、冯口村、辛庄、詹庄等口门不同程度地发生满溢，为保证天津“引黄济津”供水安全，区进入全线抢险状态。11 日 9 时至 12 日 3 时，镇街乡抢险人员和水利局职工，挥锨铲土、拎袋堵口，堵住了溢水口门，确保海河水不受污染。华明镇组织民兵 160 人，奋战 6 小时加固金钟河胡张庄坝，保证大坝安全。防汛抢险中全区出动武警部队 120 人，公安干警 20 人，民兵 300 人，水利抢险队伍 140 人。区运管局抽调 9 部卡车运送物资，区水利局出动车辆 30 部，提供应急灯 14 盏、救生衣 120 套，调运编织袋 3000 条、铁锨 500 把，完成了保水抢险任务。抢险人员堵住了溢水口门，确保了海河水免受污染。由于区内没有了排水出路，造成全区积水面积达 1.21 万公顷，其中，农田积水面积 0.93 万公顷，水深 30 厘米以上的 0.67 万公顷，城区积水 0.28 万公顷。受灾人口 22 万人，全区直接经济损失超亿元。

第五节　排水救灾

一、2005年排水救灾

8月16日，区境普降暴雨达80.4毫米，其中大毕庄镇达171毫米，致使全镇多处受淹泡。此次降雨时间短、强度大，造成全区农田积水1064.8公顷，受灾人口3.2万人，成灾人口2.8万人。

全区各单位立即行动，做好排水除涝工作。水利系统干部深入基层指导排水工作，组织疏通排水渠道，清理阻水障碍物，检查安排泵站及时开车排水，帮助企事业单位做好排水工作。

区防汛办紧急组织开启海河沿岸泵站，新地河水库泵站开车以蓄代排，降低二级河道水位，充分利用小水库、坑塘、沟渠蓄水，减小排水压力。申请市防汛办启用外环新开河泵站向新开河排水，降低外环河水位。通过及时有效地排水，沥涝造成的损失已降至最低。

二、2007年排水救灾

8月26日2时，区境突降暴雨，持续4小时。海河沿线普降雨量达127毫米以上，小东庄地区降雨量高达204毫米，系继1955年以来降雨量最大的一次。暴雨造成农田和城区大面积积水，平均深度为30～40厘米，最深处达1米。丰年村、民和巷、新立村小学、机米厂、新袁庄、无瑕花园等居民区及村庄受灾严重。由于降雨强大，雨量集中，全区受灾面积4945公顷，成灾面积3059公顷，受灾人口33036人，受损企业36家，倒塌房屋31间，损坏房屋5169间，直接经济损失4495万元。

2007年8月26日，东丽区水利局排水职工全力提闸排水

是日7时，区主要领导召开防汛紧急会议，部署排水救灾工作，区下发《关于全员立即上岗到位，全力开展排水工作的紧急通知》。要求各镇街乡及区防汛指挥部成员单位立即全员上岗，所有排水设施全部启动；立即清查危漏房屋，深入检查化工危险品仓库，统计灾情，转移群众，确保人身安全。

区主要领导带队赴无瑕街道、丰年村街道、新立街道、么六桥回族乡和东丽开发区了解灾情，慰问受灾群众。区水利部门、各镇街乡全力提闸排水。驻区165名官兵及区防办抢险队员，分别赴东河、西河、中河、务本河、袁家河等泵站，排除阻水坝埝，清除杂物，确保排水畅通。8月29日16时，全区农田积水基本排出，共排沥水1553万立方米，完成了排水救灾任务。

第六节　抗旱救灾

一、1992年抗旱救灾

1992年6—9月，区境入春后降雨量累计为272毫米，旱情严重。全区农田受灾面积2502公顷，成灾面积 1483 公顷，造成直接经济损失 1813.29 万元。为降低损失，区水利局积极调配水源，全年共调引海河水、新地河水库水、污水和开采地下水达 8286.75 万立方米。同时采取错峰用水的管理措施，缓解水源不足，减轻干旱造成的农田损失。

二、1997 年抗旱救灾

1997 年，区境遇到 50 年未遇的特大干旱，全年降雨量仅为 350.9 毫米。为保证 2666.7 公顷菜田、7333.3 公顷稻田灌溉用水，积极调配水源。全年调水 7776.47 万立方米，其中，海河水 768.47 万立方米，水库供水 300 万立方米，引再生水 5508 万立方米，开采地下水 1200 万立方米。采取稻田提前蓄水，完成面积 3013 公顷，推广节水灌溉，推广节水种稻 3000 公顷。有效的抗旱措施，保证菜粮生产获得丰收。

三、2000 年抗旱救灾

2000 年，特大干旱，春季未降一场有效雨。区面对抗旱工作的难度，积极采取措施，从海河购买指标水 461.1 万立方米，新地河水库放水 327 万立方米，引再生水 2000 万立方米，开采地下水 153.95 万立方米，二级河道供水 300 万立方米，完成插秧 4480 公顷，缓解了旱情。

四、2001 年抗旱救灾

区境连续第 5 个干旱年。2001 年 2—5 月降雨量平均为 16.5 毫米，为 2000 年同期的 20%。5 月后，持续高温，土地严重失墒，地面可用水源骤减，二级河道干涸，污水河断流，小水库、坑塘接近死库容，新地河水库蓄水仅有 500 万立方米，全区水源紧张。已播农作物受灾面积达 6670 公顷。由于地下水位普遍下降 2～6 米，全区 6 个乡镇出现了人畜饮水困难问题。区召开抗旱工作会议，对抗旱工作部署动员。会后，区和部门领导分片包乡督促检查指导抗旱工作。各镇街乡立即行动，组织人员深入抗旱第一线，指导村队抗旱保春播。加强节水工程建设，建设输水管道 27.06 千米，购置喷灌机组 10 台（套），增加蓄水，调蓄沥水，使新地河水库蓄满 2200 万立方米。调蓄金钟河和污水河水源，二级河道蓄水 500 万立方米。加强蓄水集雨工程建设，建塘坝、疏浚整治小型水库、坑塘，及时蓄水。实施农业结构调整，减少水稻种植面积，推广棉花等耐旱农作物。打更新井 21 眼，维修机井 61 眼，春季用于农业抗旱机井达 165 眼，供水 130 万立方米，解决了部分村队吃水难的问题，缓解了部分农田的缺水问题。市外经贸委支援区抗旱资金 37 万元，市农委捐款 11.7 万元，全部用于区人畜饮水困难村的机井工程。区安排抗旱资金 180 万元，用于节水工程建设及抗旱设施补助。群众自筹资金 600 万元，开展自救工作。全区投入抗旱人力 3.8 万人次，开动机井 165 眼、扬水站（点）65 处，临时泵 650 台（套），安装使用喷灌机组 10 台（套）。么六桥回族乡出动车辆 180 部，适时点浇，为 333.4 公顷西瓜、棉花抗旱保苗赢得了时间。

第十编

农　业

东丽区农业历经32年的改革开放呈现出历史性的变革，以种植业为主发展成为多样化、产业化、生态高效的都市型现代农业。

20世纪 80年代，实行以家庭联产承包为主要形式的生产责任制，建立健全区、乡、村三级农业社会化服务组织，贯彻“服务城市，富裕农民”的方针，打破以种植业为主的生产格局，农、林、牧、副、渔全面发展。农业由“以粮为纲”生产结构向农业内部粮、经协调发展的转变。

1988—1998年，农业围绕市场经济，因地制宜调整为以副食品生产为主，以“三特”为主攻方向，以高效为目的产品结构，农业生产格局发生了变化。全区农业基本实现农、林、牧、渔并重，肉、蛋、菜、鱼、奶、果全面发展的生产格局，加快了农业现代化的发展步伐。

1999—2003年，区农业以发展为主题，以调整为主线，都市型、外向型农业格局初显，休闲观光和外向型农业发展。农业在调整中加速前进，市场、科技、园区已成为农业经济发展的三要素。

2004—2010年，区沿海都市型现代农业格局初步形成，逐步实现由生产型为主要功能的传统农业向满足城市需求的都市型农业转型。2010年，全区传统农业的规模明显减缩，以鲜活农产品加工冷藏流通、花卉、观赏鱼和植物研发生产、观赏鱼养殖等高附加值现代都市型农业迅速增长。初步形成以华泰农业示范园区、大顺园林为代表的农业休闲旅游景区，与东丽湖、军训教育基地等共同构成了东丽北部休闲旅游带。华泰农业示范园区、永和农业园区、华明新市镇、区军训基地被评定为市级农业旅游示范村（点）。

1999年，么六桥回族乡东鑫鸵鸟养殖厂饲养鸵鸟

2003年，大新庄西瓜丰收

2008年，实施的津滨高速公路绿化带

2010年，东丽湖放流鱼苗

第一章 管理机构

根据东丽区经济社会发展需要，区农经委挂畜牧兽医局、区绿化委员会办公室牌子。将区农林局、农机局、畜牧水产局的行政职责整合列入农经委，既与市政府工作部门的设置和职能配置相对应，又体现区政府机构的功能特点。

第一节 东丽区农业经济委员会

1979年，东郊区革命委员会设立农业办公室。1980年4月，区农业办公室并入区政府办公室，设农业组。1982年6月，恢复农业办公室。1984年5月，撤销农业办公室，改设农业经济委员会。1997年7月，更名为区农业委员会，内设办公室、农业科、畜牧水产科、区划办公室。是年12月，成立人工影响天气办公室。2001年12月，恢复区农业经济委员会名称。2005年4月，区农村合作经济管理站从区委研究室划归区农经委管理。2010年，内设机构：党委办公室、行政办公室、财务管理科、农业科、林业科、畜牧兽医科、水产渔政科、农产品质量安全科、法制教育科、农业产业化科。下属单位：区动物疫病预防控制中心、区动物卫生监督所、区农村合作经济管理站、区人工影响天气办公室。

第二节 农业技术推广服务中心

1979年，区农林局主管全区农林业工作。2010年3月，区农经委成立区农业技术推广服务中心，将原区农林局和农机局管理的事业单位隶属关系调整到农业技术服务中心管理，为区农经委管理的副处级事业单位。内设：综合科、种植业服务科、农机服务科、农业服务科。下属事业单位：天津市农业广播电视学校东丽分校、区林业工作站、区种植业开发中心、区蔬菜工作站、区农业技术推广中心、区种子管理站、区农业机械化技术学校和区农业机械供应站。

第三节 畜牧水产服务中心

1981年，区畜牧水产局主管全区畜牧水产业工作，负责行政和行业管理。2010年3月，区农经委成立区畜牧水产服务中心，将原区畜牧水产局管理的区乡镇畜牧兽医站、水产技术推广站、水产良种开发中心隶属关系调整到区畜牧水产服务中心管理，为区农经委管理的副处级事业单位。内设综合科、财经科、科技教育科、畜牧服务科、水产服务科。下属事业单位：区乡镇畜牧兽医站和区水产技术服务站。

第二章 农业经济体制改革

1979年始，区内首先进行家庭联产承包责任制及多种形式并存的农村第一步改革。继而启动土地适度规模经营，土地延包与合理流转，发展商品生产的第二步改革。同时，为减轻农民负担，运行新税制，进行了农村税费改革。

进入21世纪，区进一步深化农村改革，创建农民专业合作社，疏理流通渠道，发展农业商品经济，农产品实现“农超对接”销售，覆盖京津冀和西北地区，促进了无公害农产品的开发与发展。

第一节 家庭联产承包责任制

一、建立农业生产责任制

1979年2月，区委下发《东郊区发展农业的九条具体规定》，提出“可以建立劳动定额、划分作业组、实行小段包工、定额计时、包工到组、联产计酬等多种形式的生产责任制。”是年，全区有87个生产队，实行联产到组。欢坨村在全区成为第一个实行包产到户的生产大队。1980年，区委放宽生产队的自主权，支持社员从事家庭副业生产。全区有95个生产队签订生产合同，137个生产队建立351个联产计酬常年作业组，90%生产队实行定土地、定人员、定工、定产值、定开支，超产奖、亏产罚的“五定一奖罚”生产责任制。有59个农机队、61个林业队、9个渔业队、56个社队集体畜牧场，实行专业承包联产计酬责任制。

1981年，区委下发《关于落实农业生产责任制中几个问题的处理意见》，对耕地承包期限指标、集体财产的使用和管理等方面作出具体规定。区内各村队开始按队、组、户搞联产承包，实行“大包干”政策，实行责任田与口粮田并行的“双田制”。至年底，全区944个生产队已有887个建立各种形式的农业生产责任制。

1983年，区委下发《关于进一步稳定、完善农业生产责任制的意见》，是年，全区92.77%的生产队、90.28%的农户实行以家庭联产承包为主要形式的责任制。

1984年，全区实行农业生产责任制的村达96.4%，其中，包干到户的611个生产队，占62%；包产到户的108个生产队，占11%；包产到组的93个生产队，占9.4%；包产到劳的89个生产队，占9%；其他生产形式生产队86个，占8.6%。

1987年，全区农业生产责任制逐步由承包到队（组）、定额计时、小段包工、责任到劳、几统一的大包干、联产计酬等形式，集中发展到统分结合的“双层经营制”。是年，全区实行农业生产责任制的村队，已达97.35%。

二、土地适度规模经营

1985年，区委下发《关于完善专业户、联合体的意见》《关于鼓励发展土地适度规模经营的十条规定》，对发展土地适度规模经营起到了促进作用。

1988年，全区农村经济向专业化、商品化发展，涌现了一大批专业大户和家庭农场。全区有种田大户349户，承包土地面积1146.7公顷，户均3.27公顷，最多33.3公顷。有家庭养鸡场489个，养鸡32.5万只，户均665只。家庭养猪场284个，存栏1.5万头，户均53头。家庭牛场78个，饲养奶牛753头，户均9.7头。129个渔场共承包水面553.33公顷，户均4.29公顷。

1994年，区委下发《关于积极推进土地适度规模经营的意见》。年底全区实行规模经营的有7904个场、队、户，面积3196.2公顷，占耕地面积的28.29%。全区45个村集体调整土地7484.47公顷，其中，规模经营3432.87公顷，发展种粮大户888户，家庭农场69个，集体单位承包3个。

第二节　土地延包与合理流转

一、土地延包

1995年，全区开展第一轮土地承包工作，签订承包合同5.12万户5.16万份。合同年限一年期3797户3591份；二至五年期3.65万户3.66万份；五年以上期1.08万户1.13万份。有偿承包104个村，面积1.28万公顷，其中，口粮田6706.6公顷、承包田6128.33公顷、承包费541万元。全区跨村、乡、县、省来区境异地承包有306户，面积872.53公顷，户均2.85公顷。

1998年12月，区委下发《关于开展延长土地承包期工作的意见》，在全区开展第二轮土地承包工作，明确土地承包经营期限为30年。至1999年3月，全面完成土地调整和土地承包合同签订、鉴证并发放“土地承包经营权证书”。

二、土地合理流转

2001年，在确定和完善以家庭承包经营为基础、统分结合的双层经营体制基础上，探索土地使用权合理流转新途径，把土地资源变为资本，优化配置，推动集约化适度规模经营。

2006年，按照依法、自愿、有偿的原则，推进农村集体建设用地流转试点工作。建立集体土地有序流转的运行机制，成立区土地收购中心，是年，获批转用土地445.27公顷，收购储备土地323.4公顷。

2009年，区制定土地整理储备开发、节约集约用地等措施，开展土地征转分离试点，强化集约节约高效利用土地新机制。

2010年，筹备建立区农村土地承包经营权流转信息平台，促进农村土地资源合理配置，规范流转行为。

第三节　农村税费改革

一、减轻农民负担

1993 年，区委将减轻农民负担列入重要工作日程，全面清理工作涉及 66 个区级部门，9 个乡镇及所属 90 个部门、111 个村和 1111 个乡、村、联合企业，共清理达标升级活动 22 项，清理涉及农民负担的项目 136 项，取消对农民不合理收费项目 62 项、达标升级活动 25 项，减轻农民负担 700 多万元。

二、运行农村新税制

2004 年，区委、区政府在全区开展农村税费改革试点工作。主要内容为五个取消、一个调整、一个改革。取消乡镇级统筹费，取消农村教育集资等专门面向农民征收的行政事业性和政府性基金、集资，取消屠宰税，取消统一规定的劳动积累工和义务工，取消生产环节和收获环节征收的特产税，调整农业税，改革村提留征收使用办法。2004 年 4 月，根据市农村税费改革试点工作会议精神，全区取消农业税、农业附加税。税费改革后，农民的农业税负担为零，减负幅度为 100%。

第四节　农民专业合作社

2002 年 9 月，区第一个农民专业合作经济组织——胡张庄农民致富合作社成立。社员 260 人。种植葡萄 93.3 公顷，肉鸡养殖年出栏 100 万只，肉羊年出栏 2000 只，养殖水面 180 公顷，人均收入 6000 元。

2007 年，经工商注册的农民专业合作社发展到 14 家，辐射带动农户 3300 户，带动种植面积 513.3 公顷，水产养殖面积 653.3 公顷，牲畜饲养量 1.6 万头，禽类饲养 110 万只。加入专业合作社农户比未加入农户平均增收 600 元以上。

2009 年，农民专业合作社发展到 18 家，新增工商登记的社员 353 人，其中，4 家专业合作社被评为市级农民专业合作社。

2010 年，全区在工商部门登记注册的农民专业合作经济组织 26 家，资产总值 4479 万元。其中，实行合作组织 4 家，注册社员 1036 人，带动非成员农户 3643 户。农民专业合作社中，种植业 8 家、畜牧业 9 家、水产养殖业 6 家，服务业、手工业、特种养殖各 1 家。全年统一销售农产品总值 9451 万元，农产品实现“农超对接”的大型连锁商业超市 100 多家，覆盖京津冀和西北等地。在天津经济开发区、梅江居住区等开设有机农副产品专卖店，实现农产品直接进超市。在蓟县、宁河、西青等区县建立无公害蔬菜、绿色杂粮生产基地，辐射带动种植面积 5933 公顷。

第三章　种植业

32年改革开放给区农业发生了历史性变革，从以种植业发展为主的农业生产，已发展成为产业化、多样化、生态高效的沿海都市型农业。

区在农业生产上坚持以蔬菜和其他副食品生产为主，同时又不放松粮食生产。通过调整粮食和经济作物的比例和布局，农业生产开始向区域化生产发展。种植业生产由计划经济向市场经济转变，蔬菜重点发展保护地和无公害蔬菜生产。"放心菜"工程，使种植业走上了科技化发展轨道。花卉、食用菌品种生产，种植业迈向多元化生产格局。

区实施"36420"工程，六大基地中，种植业瓜果、花卉、蔬菜、食用菌占据4席。现代农业示范园区成为亚洲最大兰花生产基地。农业产品出口，由单一的大白菜增加到花卉、食用菌等产品。区积极推进以花卉为主导产业的滨海东丽农业科技园区建设，花卉的品质、规模、档次全国领先。种植业的巨大变化，有力推动沿海都市型农业健康发展。

第一节　粮食作物

一、玉米

（一）播种面积　1979年，播种3800公顷，占全区粮食播种面积的19.6%。1982年，播种达6320公顷。2000年，减至532.5公顷。2010年，播种2441公顷。

（二）播种总产　1979年，总产1.22万吨。1982年，总产2万吨。2000年，总产1620吨。2010年，总产1.44万吨。

（三）种植区域　主要集中在赤土镇、大毕庄镇、军粮城镇。1992年，赤土镇播种869公顷，占全区玉米播种总面积的49%。

二、高粱

（一）播种面积　1979年，播种2333公顷，占粮食播种总面积的12%。1984年，播种3280公顷。2000年，播种923.3公顷。2010年，播种315.5公顷。

（二）播种总产　1979年，总产7581吨。1999年，总产1.19万吨。2010年，总产1979吨。

（三）种植区域　主要集中在军粮城镇、赤土镇、大毕庄镇。1992年，军粮城镇播种619公顷，占全区播种高粱总面积的50.7%。

三、水稻

（一）栽种概况　1949—1964年，年均种植水稻7620公顷。1965—1971年，年均种植水稻1.42万公顷。1970年，种植水稻1.51万公顷，占粮田播种面积的79.3%，占粮食总产90.4%，创种稻历史最高纪录。1972—1978年，因连续干旱，大部分稻田改种旱田，年均种稻1771公顷。1973年，仅种植水稻134公顷。1979—1985年，年均种稻5533公顷。1986—1999年，年均种稻7150公顷，比水稻恢复期增29%。由于水源减少及滨海新区功能区的建设，2000—2010年，年均种稻907公顷，为水稻发展期年均种稻面积的6.4%。2010年，种稻面积仅为54.5公顷。

（二）栽种总产 1979年，总产3.26万吨，占粮食总产47%。1992年，总产6.72万吨，占粮食总产81.8%。2010年，总产410吨，占粮食总产2.3%。

（三）种植区域 主要集中在军粮城镇、赤土乡、小东庄乡、荒草坨乡、么六桥回族乡。1992年，军粮城镇栽种水稻面积1877公顷，占全区栽种水稻总面积的23.2%。

四、麦类

区域种植的麦类有冬小麦（秋麦）、春小麦、春大麦、啤酒大麦、芒大麦等。

（一）播种面积 受自然条件和耕作制度的影响起伏不定。1979年，播种6197公顷。1980年后，播种面积逐年减少。1981—1988年，播种面积年均为1547亩。1989年始，即终止种植。

（二）播种总产 1979年，总产1.63万吨，占粮食总产23.6%。1988年，总产370吨，占粮食总产0.53%。

（三）种植区域 主要分布在军粮城镇、赤土镇、么六桥回族乡。

五、豆类

（一）播种面积 1981—1992年，年均播种42公顷。1993—2000年，年均播种454.5公顷。2001—2005年，年均播种1136公顷。2006—2010年，年均播种232.4公顷。

（二）播种产量 1981年，总产216吨。2001年，总产4086吨。2010年，总产816吨。

（三）种植区域 主要分布在军粮城镇、华明镇。

六、谷子

（一）播种面积 栽培历史悠久，种植面积小。1979年，种植41.5公顷。1980—1984年，年均种植14.1公顷。1985年始，终止种植。

（二）播种产量 1979年，总产76.5吨。1984年，总产75.5吨。

（三）种植区域 主要分布在小东庄镇、军粮城镇。

七、薯类

（一）栽种面积 1981年，栽种9.7公顷。1982年，栽种14.7公顷。1983年，栽种11.7公顷。1984年，中止种植。

（二）栽种产量 1981年，总产22.5吨。1983年，总产22.5吨。

（三）种植区域 主要分布在李庄子乡。

1979—2010年东丽区粮食作物种植面积及产量情况统计表

表 10-1　　单位：公顷、吨

项目 / 年份	全年粮食		玉米		高粱		水稻		大豆		麦类及杂粮	
	面积	总产	面积	总产	面积	总产	面积	总产	面积	总产	面积	总产
1979	19400	69327	3800	12168	2333	7581	6847	32627	0	0	6420	6951
1980	18480	61346	3667	12306	1533	5549	7767	37708	0	0	5513	5783
1981	15953	46104	6227	18564	2233	7586	4353	17314	85	216	3055	2424
1982	15827	51185	6320	19999	2693	9171	4180	19073	47	105	2587	2837
1983	15120	41742	5633	11787	2627	7758	4573	19146	27	595	2260	2456
1984	15813	59181	5120	15091	3280	9777	4973	30419	20	40	2420	2400
1985	13940	58324	4287	14193	2240	7875	5920	33181	67	118	1426	2957
1986	12980	67181	3460	13289	2027	7399	6733	44638	27	52	733	1803
1987	12599	65463	3233	12867	1873	7470	6947	43391	60	52	486	1685
1988	11533	69900	2173	9090	1713	8060	7400	52180	27	60	220	510
1989	11168	72640	1868	8558	1342	6008	7821	57345	37	171.4	100	557.6
1990	11138	74894	1950	8592	1331	6818	7739	58640	69.6	348.1	48.4	503.9
1991	11226	61184	1829	9396	1183	5490	8093	45369	32.5	489.1	88.5	439.9
1992	11225	82084	1774	8027	1221	5723	8075	67192	49.8	768.4	105.2	373.6
1993	10850	74815	1983	9673	1625	8101	6618	55408	492.4	1276	131.6	357
1994	11071	74147	1737	8574	2123	10342	6300	52438	881.6	2541	29.4	252
1995	11127	75229	1671	8168	1847	8129	7323	58164	272.3	681	13.7	87
1996	11093	76578	1426	5400	2238	12103	7317	59000	112	75	0	0
1997	10950	71198	1350	4878	2326	10476	7075	55438	199	406	0	0
1998	10914	72083	1502	7338	2558	10540	6343	53183	511	1022	0	0
1999	10635	71729	1351	5240	2318	11919	6316	52833	650	1737	0	0
2000	6113	32743	532.5	1620	923.3	3086	4139	27240	518.2	797	0	0
2001	7000	37097	1200	5492	1573	8326	2239	19193	1988	4086	0	0
2002	6419	34396	1017	4296	1772	9144	2433	18448	1197	2508	0	0

续表 10-1

项目 / 年份	全年粮食		玉米		高粱		水稻		大豆		麦类及杂粮	
	面积	总产	面积	总产	面积	总产	面积	总产	面积	总产	面积	总产
2003	2738	11069	894.9	4218	847.3	4330	126.3	807	869.5	1714	0	0
2004	3012.6	13209	1330	6933	310.9	1744	237.3	1785	1134.4	2747	0	0
2005	2510	11489	1569	7467	124.4	627	325.7	2311	490.6	1084	0	0
2006	1883.4	9529	1400	7301	95.7	514	179.6	1284	208.1	430	0	0
2007	1759.5	8750	1411	7210	66.2	313	118.3	856	164	371	0	0
2008	1598.3	8988	1385.6	8090	22.9	150	47.5	356	142.3	392	0	0
2009	3036	18784	2194	14408	411.4	2393	79.3	636	351.2	1347	0	0
2010	3107.5	17567	2441	14362	315.5	1979	54.5	410	296.5	816	0	0

第二节　经济作物

一、棉花

（一）播种面积　1979 年，区内种植面积为 163.9 公顷。1980—1983 年，年均种植为 100.8 公顷。1984 年，增至 232.8 公顷。1986 年，因棉布放开供应及区内种棉产量低，仅种植 0.67 公顷。1987—2002 年，全区中止种植。2003 年始，因干旱及农业结构调整，种棉又兴起，当年种植 3096 公顷，为 1979—1986 年种棉面积总合 829 公顷的 3.73 倍。2004—2010 年，年均种植 4270 公顷。

（二）播种产量　1979 年，总产 41.2 吨，公顷均产 0.25 吨。1980—1986 年，总产 324.7 吨，年均 46.3 吨，公顷均产量 0.49 吨。2003—2004 年，年均总产 14338 吨，公顷均产 3.52 吨（籽棉）。2005—2010 年，总产 25409 吨，年均总产 4147 吨，公顷均产 1.02 吨（皮棉）。

（三）种植区域　主要分布在华明镇、军粮城镇、新立街道。

二、花生

区内个别地块零星种植。1979 年，种植面积 58.3 公顷，总产达 51.8 吨。1980—1985 年，种植 100.8 公顷，年均 16.8 公顷，总产 60.3 吨，年均产 10.1 吨。1986 年始，终止种植。

三、向日葵

民间零星种植，观赏或采收干果食用。稻改旱后，逐步向田间发展。1979 年，种植 16.7 公顷，总产 3.2 吨。1980—1987 年，种植 418.8 公顷，年均 52.4 公顷，总产 265.9 吨，年均 33.2 吨。1988 年始，终止种植。

四、油菜籽

20 世纪 70 年代，稻改旱后，引种试种。1979 年，种植 41.3 公顷，总产 11.1 吨。1980—1984 年，种植 109.4 公顷，年均 21.9 公顷，总产 17.9 吨，年均 3.58 吨。1985 年始，终止种植。

五、芝麻

个别地块零星种植的油料作物。1979 年，种植 12.5 公顷，总产 1.47 吨。1981 年，种植 13.2 公顷，总产 3.4 吨。1984 年，种植 3.5 公顷，总产 1.3 吨。1986 年始，终止种植。

六、胡麻籽

稻改旱后，引进“匈牙利 3 号”“尼泊尔”胡麻品种，区内东北部旱田试种。1979 年，种植 314.7 公顷，总产 102.6 吨。1980 年，种植 401.3 公顷，总产 96.4 吨。1984 年，种植 34.6 公顷，总产 20.4 吨。1985 年始，终止种植。

七、蓖麻籽

区内素有种植蓖麻的历史，限于个别地块或零星种植。稻改旱后步入田间种植。1985 年，种植面积 97.8 公顷，总产 138.5 吨。1986 年，种植 58.6 公顷，总产 60.8 吨。1988 年始，终止种植。

八、果用瓜类

区内种植的果用瓜类有西瓜、菜瓜、香瓜、甜瓜等，以种植西瓜为主。1979—1989 年，年均种植 62.5 公顷。1990—1999 年，年均种植减少至 34 公顷。2000 年，种植面积扩大，为 509 公顷。2001 年，种植面积 681.3 公顷。2006 年，总产 2.24 万吨，创历史最高水平。2010 年，种植面积 197.3 公顷，总产 1.05 万吨。

第三节　蔬菜作物

一、面积、产量

（一）面积　1979 年，全区有菜田面积 3672 公顷。1980—1992 年，由于国家建设征占菜田和内部调整种植业结构，菜田面积逐年减少。1992 年，全区有菜田面积 2411 公顷，比 1979 年减 1261 公顷，减 34.3%。1993—2005 年，全区菜田面积稳定在 2211 公顷。2006—2010 年，年均种植面积 1633 公顷。

（二）产量 1979 年，全区蔬菜总产 23.47 万吨。1980—1992 年，年均总产 19.12 万吨。1993—2005 年，年均总产 22.87 万吨，由于设施菜田的增加和复种指数的提高，其间年均种植面积比 1980—1992 年年均 2770 公顷减少 559 公顷，减 20.1%，但年均总产提高 3.75 万吨，提高 19.6%。2006—2010 年，年均总产 17.42 万吨。

（三）分布 主要分布在大毕庄镇、万新街道、新立街道、军粮城镇。2005 年，大毕庄镇播种面积 2502 公顷，占全区菜田播种面积的 49.8%，成为蔬菜生产的基地。

二、种植品种

（一）常规品种

20 世纪 80 年代，全区种植蔬菜有 14 科、47 种类、200 余个品种。90 年代，种植 16 科、53 种类、224 个品种。津东中青 1 号青麻叶大白菜、大毕庄实心芹菜、崔家码头白果强丰番茄、张贵庄大黄苗韭菜被誉为津东“四大名菜”。其他名优品种有早、中、晚熟茄子，娃娃脸水萝卜、天津芥蓝、一串铃小冬瓜、棒槌瓜、豇豆、大粉番茄等。70 年代后，引进荷兰花椰菜、瑞士雪球；从外省市引进蕹菜、苦瓜、丝瓜、木耳菜、青菜、苋菜等；从天津农科院引进津研、津杂、津春系类黄瓜，津绿、津白系类大白菜等。

（二）名特品种

津东中青 1 号青麻叶大白菜 1985—1987 年，区种子公司选育。1987 年 10 月，通过成果鉴定。该品种株高中等，外叶少而直立，包心速度快而紧实，净菜率高达 82%以上。抗病、抗逆性强，稳产高产，商品性能好。1987 年 12 月，被天津市人民政府授予新品种选育科技进步二等奖。1990 年，已累计推广 420 公顷，亩产 5 吨。1992 年，荣获中国农业首届博览会优秀产品奖。

大毕庄实心芹菜 区内传统优良品种。叶片肥嫩，色绿，无空心，纤维质少，芳香味。抗热、抗寒、抗病性能好、品质好。喜肥水，生长速度快，四季均可栽培。春、秋季定植 50 天即可收获，亩产 5 吨。

崔家码头白果强丰番茄 1990—1991 年，经区乡科技人员选育而成。1992 年，经天津市农作物品种审定委员会通过鉴定。该品种植株生长势强，果实大，果肉厚，酸甜适度，品质好。抗病毒、早晚疫病、脐腐病。抗逆性，耐盐碱，丰产，亩产 6 吨。1992 年，荣获天津市科技进步三等奖。1993 年，推广至全国 20 个省市、地区种植，总面积达 2 万公顷。

张贵庄大黄苗韭菜 区内传统优良品种。叶浅绿色，假茎高呈白色，叶片柔嫩。味道浓，香中含辣，辣中有甜，品质好。耐寒性强，适于露地和保护地栽培，亩产 5 吨。

三、蔬菜销售

（一）批发交易和加工 1980 年始，全区 49 个菜田村均建立了蔬菜产销服务组织。1984 年始，区内相继兴建张贵庄村福来酱菜厂、大毕庄村咸菜制品加工厂及祥和酱菜厂、欢坨村六味居酱菜厂。

年酱制咸菜4000吨，销往东北、西北、华北各省、市、地区。1988年始，区投资44万元，相继兴建大毕庄、欢坨、张贵庄3个蔬菜批发市场，每年外销量超3000吨。区内主要公路沿侧自然形成了大毕庄、欢坨、南河庄、四合庄、中河、小东庄、崔家码头等季节性或早日批发交易市场。1991—1993年，大毕庄村在路边、地头成交蔬菜1万吨。

（二）蔬菜外贸出口基地 1988年始，西杨场村建立外贸蔬菜品种实验基地。1992年，销往新加坡、日本、马来西亚等国家及中国香港地区蔬菜1500吨。1993年，赵沽里村加入天津食品进出口集团公司，建成2000平方米蔬菜加工车间，年内加工出口蔬菜2000吨。1994年，赵沽里村加工出口蔬菜5000吨。1995年，赵沽里村新建2个大型蔬菜加工车间和1个冷库，形成蔬菜生产、收购、加工和出口一条龙，加工出口量增加到1万吨以上，成为天津市重要蔬菜出口基地。

（三）“东丽放心菜”工程 1995—1997年，实施放心菜工程，列入区农业上水平、上台阶的重点工程。区成立领导小组，实行任务、目标、管理责任制。放心菜品种以芹菜、大白菜、番茄、油菜、甘蓝为主。实施3年，累计种植3613公顷。1995年，为市民供应无化学农药污染的放心菜4.02万吨。1997年，供应8.69万吨。区放心菜工程经市专家组的验收和鉴定，开创了蔬菜生产向“绿色食品”方向迈进的新局面。

（四）金钟蔬菜市场 1996年始，建天津市金钟农产品批发市场。2001年，初具规模。其中，金钟蔬菜市场蔬菜交易区8万平方米，蔬菜交易货源稳定，带动市、区及周边地区的蔬菜种植，已成为华北地区最大以蔬菜为主的综合批发交易市场。

四、保护地生产

蔬菜保护地生产源于夹风障或用麦糠、草苫覆盖以增强抗寒功能。1979年，逐渐发展成阳畦、温室、中小棚、大棚，达195公顷。1980年始，引进地膜覆盖蔬菜技术。1983年，全区保护地生产面积达515公顷。1986年，区扶植发展保护地蔬菜生产，拨款34万元，每亩大棚补贴200元。当年发展大棚达26公顷，比1985年增加44%。

2000年，全区保护地蔬菜面积1463公顷，占园田面积的66.2%，为1979年的7.5倍。

20世纪90年代，蔬菜生产推广改良式中棚。1996年，实施万亩蔬菜保护地三高模式栽培技术工程，应用面积634.8公顷。2007年，推广二代节能温室15公顷。2010年，全区保护地蔬菜面积有879公顷，占园田面积的69%，其中，农业科技园田蔬菜生产采用智能温室设施，对区内高端、高质、高效农业发展具有典型的推广作用。

1979—2010年东丽区蔬菜种植面积及产量一览表

表10-2

项目 年份	园田面积（公顷）	播种面积（公顷）	总产量（吨）	复种指数	总上市量（吨）	总上市量占总产量（%）	保护地园田（公顷）			
							面积	温室	中小棚	大棚
1979	3672	6880	234725	1.93	223110	95.05	195	22	130	43
1980	3584	6540	203000	1.82	163613	80.60	181	23	131	27
1981	3608	6896	183336	1.90	170464	92.98	124	21	76	27

续表 10-2

年份 \ 项目	园田面积（公顷）	播种面积（公顷）	总产量（吨）	复种指数	总上市量（吨）	总上市量占总产量（%）	保护地园田（公顷）			
							面积	温室	中小棚	大棚
1982	3584	6460	207909	1.90	190928	91.83	206	13	172	21
1983	3448	5177	179667	1.50	178139	99.15	515	11	481	23
1984	3282	6750	195421	2.05	176044	90.08	672	7	641	24
1985	2984	5513	199460	1.84	166271	93.36	676	6	652	18
1986	2906	5219	192290	1.80	169746	88.28	739	23	690	26
1987	2736	3647	190048	1.33	175732	92.47	885	12	809	64
1988	2578	5048	184180	1.96	168727	91.61	1049	18	929	102
1989	2514	5016	190814	1.99	169520	88.84	991	18	841	132
1990	2435	5066	185099	2.08	171280	92.53	889	20	730	139
1991	2350	4939	182848	2.10	174290	95.32	1074	23	913	138
1992	2411	5017	192153	2.08	182412	94.93	1158	31	980	147
1993	2211	5217	181512	2.35	176067	97.00	1163	40	980	143
1994	2211	5126	187000	2.32	182136	97.40	1270	43	1088	139
1995	2211	5224	200740	2.36	195839	97.56	1273	45	1214	149
1996	2211	5189	212991	2.35	209092	98.17	1432	45	1237	150
1997	2211	5338	234573	2.41	225272	96.03	1448	45	1251	152
1998	2211	5415	232996	2.45	230270	98.83	1452	47	1255	150
1999	2211	5316	245729	2.40	239940	97.64	1457	48	1262	147
2000	2211	5396	124461	2.44	227830	97.17	1463	50	1266	147
2001	2211	5226	250972	2.36	243140	96.88	1410	50	1210	150
2002	2211	4523	247425	2.05	245594	99.26	1438	50	1238	150
2003	2211	4382	275439	1.98	267682	97.18	1327	52	1124	151
2004	2211	4864	244361	2.2	234699	96.05	1333	35	1204	94
2005	2211	5026	225030	2.27	218279	97.00	1294	39	1168	87
2006	2060	4711	216612	2.27	212540	98.12	1201	42	994	165
2007	1987	5087	209463	2.56	207745	99.18	1110	46	947	117

续表 10-2

年份＼项目	园田面积（公顷）	播种面积（公顷）	总产量（吨）	复种指数	总上市量（吨）	总上市量占总产量（%）	保护地园田（公顷）			
							面积	温室	中小棚	大棚
2008	1390	2696	132003	1.93	128505	97.35	1068	35	710	323
2009	1364	3309	167481	2.43	163752	97.77	946	29	586	331
2010	1274	2674	145676	2.10	143243	98.33	879	27	545	307

第四节　花卉　食用菌

一、花卉园艺

20 世纪 80 年代，区内农民在庭院或自留地设置简易花窖栽培花卉，供欣赏、赠送亲友之需，少量在农贸集市销售。90 年代后期，逐渐形成专业化、规模化花卉生产。

2001 年，区在农业结构调整中，突出重点，把为现代都市提供高档次消费品放在首位，其中主打花卉产业。全区花卉产业实现了零的突破，成为天津市最大的花卉生产基地。区对大顺园林、北方园林等企业，从资金、政策、管理方面扶持花卉龙头企业，大顺园林成为全市重要的花卉生产基地之一。在龙头企业带领下，全区有近百户农民专门进行花卉养植，形成了么六桥回族乡芦荟和君子兰、无瑕街道月季、新立街道仙人掌、大毕庄镇草皮、程林街道盆花生产格局，形成了全市规模最大的蝴蝶兰、君子兰生产基地，其中大新庄一个村，春节期间向市民提供优质君子兰 3 万盆。在区内投资专事蝴蝶兰生产的台湾育品生物科技有限公司，通过克隆技术培育的蝴蝶兰，具有花色鲜艳、花期长、适应气候能力强的特点，其生产的蝴蝶兰占据国内市场半壁江山，80%的产品销往法国、德国、美国等十几个国家，年产量达 1600 万株。

2006 年，全区花卉生产扩大，生产面积达 30 公顷，温室、连栋大棚共计 19.74 万平方米。全年累计销售盆花 287.8 万盆，单花 2627.4 万枝，销售产值达 1.22 亿元，花卉生产已成为区种植业的主导产业之一。大顺园林装饰有限公司被批准为天津市花卉标准化生产示范基地，为全区花卉生产起到了示范引领作用。

2007 年，区花卉产业的发展，把技术创新放在首位，大力发展特色名品花卉，引进国内外优良品种，充分发挥自身生产和流通优势，打造区花卉品牌。大顺园林装饰有限公司完成了天津市花卉技术工程中心建设，开展高档花卉新品种的研发。全区花卉园艺播种面积 62 公顷，鲜切花 1938 万枝，盆栽观赏植物 116 万盆。区花卉产品销往全国各省市及港澳地区，区花卉产业已成为中国北方最大的高档盆花生产基地。

2008 年，区坚持高标准规划，高水平设计，推进以花卉为主导产业的滨海东丽农业科技园区建设。全区花卉产业取得突飞猛进的发展，花卉的品质、规模、档次节节攀升，在业界声名鹊起，宝莲灯、蝴蝶兰等龙头品种的生产繁育规模全国领先。大顺园林装饰有限公司生产的高档名贵花卉

“宝莲灯”在中国盆栽花卉交易会110个参评作品中力压群芳，捧得金花奖，已跨入国内高档花卉生产先进行列。继2007年“猫眼竹芋”夺魁后，再次获金奖荣誉。全年花卉园艺作物播种面积23.4公顷，鲜切花1991万枝，盆栽观赏植物86万盆。

2009年，由于大顺园林公司拆迁及华泰育品公司改扩建，使花卉产量和产值同比下降。全年花卉园艺作物播种面积20.5公顷，鲜切花1650万枝，盆栽观赏植物53万盆。

2010年，花卉园艺作物播种面积10.3公顷，鲜切花3万枝，盆栽观赏植物1418万盆。

二、食用菌

2010年，东丽区食用菌良种繁育

区按照沿海都市型农业发展方向，以调整农业种植结构作为促进农民增收的有效途径，鼓励多样化种植，有效地发展食用菌生产。1999年，顾庄一农民刻苦钻研栽培技术，食用菌品种有10余个，年收入10万元，人称“蘑菇状元”，带动全区130户农民从事食用菌生产。

2001年，全区兴起食用菌生产高潮。杨台村、山岭子村建立了蘑菇生产基地，面积达15公顷。军粮城镇一村玉米套种香菇获得成功，其露地栽培香菇，自然条件下种植，香菇纯净、质量优良，价格较高，每亩净收入达6000元。军粮城镇以产业化经营和发展温室栽培食用菌取得成功经验。坐落山岭子村的天津市绿岭农业发展有限公司集开发、研制、生产、加工、销售于一体，投资1560万元，建二代节能温室111栋，承包给农民生产食用菌，并建设现代化菌种繁育培植厂，成为市最大的食用菌生产基地，年生产菌种400万瓶（袋），为农民提供菌种，并负责加工和销售。绿岭农业公司与韩国、广州、深圳客商签订了200吨翅鲍菇产销协议。2002年，建立大安村蘑菇生产基地。全区生产食用菌的温室面积扩大到20公顷。2003年，建成日光节能温室198栋12.4公顷。

2005年，区农林局全力启动被农业部确立的部级重点“东丽区食用菌良种繁育基地”项目，1870平方米综合实验楼和8000平方米生产车间，已全面竣工。2006年，区投资200万元，对原丰田食用菌生产基地的大棚温室及配套设施进行改造、维修和建设。应用液体菌种的制种技术，缩短食用菌生产周期，减少成本投入。丰田食用菌生产基地每年向社会提供各种优质菌种20种300万棒，生产优质鲜菇750吨。全区食用菌投产面积9.7公顷，投入菌棒736万棒，累计产量2020.7吨，累计产值1351.4万元。2007年，区食用菌良种繁育基地项目已全部完成并投入生产，并通过农业部验收。全年食用菌生产面积大幅增加，已达11.8公顷，总产1800吨，产值达1056万元。

2008年，全区食用菌产业，坚持品种珍稀化、产品优质化、科技提升化、经营产业化、种植规范化原则，生产面积增加到15.5公顷，总产2000吨，产值超千万元。

2009年，全区食用菌生产面积15.5公顷，产量2409.6吨，产值1683.9万元。区农林局与天津鸿滨禾盛农业技术开发有限公司合作筹建国家发改委重点项目滨海珍稀食用菌工厂化生产基地。该基地一期工程于10月1日开工建设，建筑面积16.41万平方米，包括菌种房、培养室、研发中心、栽培室、生产车间、包装车间及6个二代节能温室。

2010年，全区食用菌生产面积9.94公顷，产量1393吨，产值1013万元。滨海珍稀食用菌工厂化生产基地已基本完成一期工程建设。

第五节 植物保护

一、主要病虫害

（一）病害

水稻 纹枯病、稻曲病、稻瘟病、条纹叶枯病。

玉米 细菌性茎腐病。

棉花 立枯病、炭疽病、棉花枯、黄萎病、棉花铃病、红黄叶枯病、棉花青枯病。

蔬菜 霜霉病、瓜类炭疽病、瓜类枯萎病、病毒病、白菜软腐病、番茄疫病、黄瓜角斑病、灰霜病、疫病、炭疽病。

果树 苹果腐烂病、葡萄炭疽病、葡萄霜霉病。

（二）虫害

水稻 二化螟、稻纵卷叶螟、稻飞虱、稻螟蛉、稻蝗、黏虫。

玉米 玉米螟、黏虫、玉米蚜、地下害虫（蝼蛄、蛴螬、金龟子）、土蝗、玉米叶螨。

高粱 黏虫、高粱蚜、粟灰螟、土蝗、地下害虫（蝼蛄、蛴螬、金龟子）。

大豆 大豆蚜。

棉花 棉铃虫、棉盲蝽、棉红蜘蛛、棉蚜。

蔬菜 蚜虫、菜青虫、小菜蛾、韭菜蛆、白粉虱、美洲斑潜蝇、茶黄螨。

果树 苹果食心虫、桃蚜、桃小食心虫、盲蝽象。

二、病虫害测报

20 世纪 80 年代始，在不同作物种植区域设立病虫测报网点，对主要病虫进行周期性的跟踪调查，每年发布 20～30 期测报信息，指导防治。1985 年，区农林局建立防蝗站。1986 年，区农业技术中心设植物保护技术服务站，开设庄稼医院，通过技物结合方式，指导全区农作物病虫害测报、检疫、防治和技术服务工作。90 年代，区农业技术中心设 5 个测报点，负责全区农作物病虫害测报的上传下达，指导病虫害防治。2001 年后，为有效地开展对有害生物的监测调查工作，区植保人员定期或根据农作物病虫害实际发生情况，深入田间或农户进行重点测报调查，汇总各监测点病虫情报告，每年发布病虫情报告 30 余份，为农民提供区内主要农作物重大病虫害发生和防治信息，指导农民科学防治，确保农作物稳产增收。

三、病虫害防治

20 世纪 80 年代，普遍推广高效、低毒、低残留农药品种。1985 年，引进瑞毒霉杀菌剂防治黄瓜疫病，亩增产 1.75 吨；用杀虫霜水剂和多菌灵杀菌剂水稻浸种，防治干尖线虫病和恶苗病，效果达 90%以上。1986 年，引进杀虫霜大颗粒剂，防治水稻二化螟，省工、成本低，防治效果达 90%

以上。90年代，加强专业化防治。1992—1995年，连续4年用飞机喷撒马拉硫磷油剂防治中华稻蝗等虫害，效果显著。随着化学农药的生产供应，区内已形成了以机械、药械为主的防治方法。1995年，全区拥有机动喷雾（粉）机102台，手摇喷雾（粉）机8727台。

21世纪初期，区全面加强对农作物病虫害的预测预报和指导防治工作。2002年，全年发布病虫害测报信息30期，有效地防治了东亚飞蝗、稻水象甲等害虫。2004年，坚持“以防为主，以治为辅”原则，全年投入测报人员150人次，发布病虫简报12期，对区内6667公顷宜蝗区制定防治预案。2006年，对重点病虫害稻水象甲、美国斑潜蝇、蝗虫、黑点豹蠹蛾等害虫的繁殖和发展进行定期检测，根据病虫害发生情况及时发布简报，指导农民进行科学防治。2010年，为有效开展对有害生物的检测调查工作，防止农业有害生物的侵入蔓延，在旱田作物完成了玉米螟、玉米蚜、棉铃虫、棉蚜、棉花苗期病害等病虫害的调查监测工作；在蔬菜完成了小菜蛾、菜青虫、甜菜夜蛾、黄瓜霜霉病、炭疽病等病虫害的调查监测工作。根据农业部和市植保站要求，做到对水稻二化螟、稻纵卷叶螟、稻瘟病、稻飞虱、玉米螟、棉铃虫等进行农作物重大病虫害随时到田间调查，每周上报市植保站，共报送区内重大农作物病虫害报告21期。为确保蝗虫不起飞，不成灾，按市防蝗指挥部的部署，从4月初至8月底，对全区宜蝗区进行蝗虫虫情监测，完成宜蝗区蝗虫虫卵的调查。出动车辆25次，人员75人次，对宜蝗区每月踏查，将蝗虫发生情况上报市防蝗指挥部，发布蝗虫虫情报告16期。经监测区内没有发现群居性东亚飞蝗虫情，土蝗蝗蝻比2009年出土晚10～15天，蝗蝻数量少于2009年同期。由于及时监测和预防，蝗虫未造成危害。

四、植物检疫

（一）区内农业有害生物监测

假高粱　1990年，传入区境，主要发生在京山铁路两侧，尚未进入农田危害。随着铁路两侧绿化改造，假高粱蔓延面积逐渐减少。

稻水象甲　1988年，从河北省柏各庄农场传入区境，主要危害水稻。

美洲斑潜蝇　1995年，传入区境。主要危害蔬菜叶片，幼虫食啃叶肉，只剩叶表皮。至2010年，该害虫已危害多种蔬菜。

黄瓜黑星病　2007年，在增兴窑大棚黄瓜上偶现。2008年，又在南程林村大棚黄瓜发现。经市区植保人员指导防治，已基本控制黄瓜黑星病的发生。

加拿大一枝黄花　2006年，由新兴村花卉种植户作为插花引种发现。经5年监测，长势弱，没有造成危害。

美国白蛾　1995年，传入区境。主要危害绿化树木，区内未发生其危害农作物现象。

苹果棉蚜　2008年，在南程林村苹果园发现。全果园只有一株一枝条有苹果棉蚜。区内其他果园尚未发现苹果棉蚜。

（二）全国及市级确定的农业有害生物监测　至2010年，国家级植物检疫对象有30种，其中区内有农业有害生物7种。对其他在区内易发生的检疫对象，如番茄溃疡病、红火蚁、三叶斑潜蝇、黄瓜绿斑驳花叶病毒、黄顶葡、瓜实蝇、橘小实蝇等农业有害生物普遍进行监测。

（三）植物检疫审批

为防止农业有害生物的传播，保证种子、苗木的质量，区农业技术中心加强种子、苗木检疫工作。在宣传植物检疫法规程序的基础上，严格按照植物检疫法规程序为4家农作物种子繁育生产企业办理相关种子调运检疫手续，开具种子调运检疫证书。

区农业技术中心对种子繁育生产企业办理植物检疫证书时，均为种子繁育生产企业办理的植物检疫证书编号。要求种子繁育生产企业在种子销售前进行种子包装时，必须在种子包装上印制种子检疫证编号。

为贯彻落实国家《植物检疫条例》和《天津市植物检疫条例实施办法》，每年春秋季进行植物检疫执法检查。保证区农作物种子、花卉、苗木的质量，预防农业有害生物侵入。每年4月对全区4家种子繁育生产及25家经营单位进行一次检疫执法检查，年均检查种子30吨，针对违规问题，按照法规进行查扣等处置。

2008年始，根据检疫对象对农作物的危害，对检疫对象阻截带监测点进行了具体安排。对大顺园林公司红火蚁阻截带、华明镇胡张庄村梨火疫病阻截带、军粮城镇美国白蛾阻截带进行现场调查，并定期进行监测。

第四章　养殖业

区养殖业加强新科技成果向现实生产力的转化及重点品种、重点项目的研究开发，已获得显著经济效益。其中，“肉羊胚胎移植技术研究及生产应用”“肉羊人工授精技术的应用推广”和“淡水主养套养南美白对虾技术示范”项目均被鉴定为国内领先。

结构调整促进养殖业由数量型向质量型的转变。全区畜牧业已由小规模分散饲养的传统生产方式实现向规模化生产方式转变。

深化改革促进养殖业由单一生产向公共卫生、公共安全的转变。养殖业由食用向观赏、休闲的转变。

第一节　畜牧养殖

一、马属动物

区内马、骡、驴原系传统农业生产和运输的主要役用动物。1979年，存栏7648头（匹）。随着改革开放和农业经济的发展，役用动物逐渐被农业机械所代替，马、骡、驴的数量逐年减少。1990年，减至5406头。1999年，减至347头。2000年后，马、骡、驴作为役用动物基本消失，仅有少量的驴作为食肉用饲养。2002—2004年，全区出栏肉驴900头。

二、牛

（一）耕牛　原用于传统农业生产，随着农业机械化的发展，耕牛不再用于农业生产。1979年，减至35头。1993年，仅存5头，而后消失。

（二）肉牛　区内肉牛系非传统养殖动物。1984年，赤土乡新村村民首次从哈尔滨引进肉牛

30头，开始区内肉牛养殖，带动养殖肉牛的发展。1987年，全区有肉牛303头。1994年，新兴村、东大桥村确立了2个规模型肉牛饲养大户，存栏80头。1995年，从山东、河北省引进肉牛546头，建立了华明、赤土2个人工授精站，全区年出栏1020头，年末存栏达1062头。2002年，年末存栏3559头。2010年，年末存栏805头。1985—2010年，全区存栏肉牛年均1728头，为1984年存栏的57.6倍。肉牛养殖主要分布在新立街道、军粮城街道和么六桥回族乡。

（三）奶牛 1977年，区内乡村仅试养奶牛1头。1979年，发展为4头，年产奶1.5吨。1980年，苗街村建立第一个集体奶牛场，带动全区奶牛养殖的发展。1982年，赤土村建立蓬源奶牛场。1985年，么六桥、苗街村建立奶牛人工授精站，当年产犊212头。1995年，全区奶牛存栏1220头，2008年，全区奶牛存栏1937头。1980—2010年，奶牛年均存栏1145头，为1979年存栏的286倍。区内奶牛品种多为荷兰黑白花奶牛血液为主的中国黑白花奶牛。奶牛养殖主要分布在新立街道、军粮城街道、华明街道、么六桥回族乡。

三、羊

（一）绵羊 区内绵羊品种多属毛、肉兼用的经济类型，主要为蒙古羊和寒羊杂交后代，饲养形式为农户散养和规模化圈养。1994年，区建立银祥肉羊原种场，引进国内优良品种小尾寒羊种羊310只，引进萨福克、道宾特、美利奴、杜泊等国外优良肉羊品种种羊17只。1995年，区实施“银羊工程”，以赤土和么六桥村为基地，在全区推广肉羊饲养，建立30个重点示范户，形成产业化规模。1996年，区举行首届赛羊大会，进一步推动了饲养肉羊的发展。1995—1997年，全区累计肉羊饲养量17.84万只，累计出栏肉羊10.29万只。

（二）山羊 区内多为本地品种及青山羊、波尔山羊等引进品种。饲养形式为农户散养。1979年，存栏3225只。2004年，存栏1590只。1990年，存栏4276只，创区内存栏最高水平。1979—2004年，年均存栏2774只。2004年后，农户饲养量减少。

（三）奶山羊 1982年，新立村乡和军粮城镇从山西省和天津板桥农场引进奶山羊177只，品种为萨能奶山羊杂交后代，饲养形式为农户散养。1983—1985年，年均饲养163只。1986年后，不再养殖。

四、猪

猪为区内传统养殖动物。1979年，全区有266个养猪场，其中机械化半机械化养猪场7个，全年饲养量达10.98万头。多为杂交品种，具有耐粗饲料、生长后期增重快、脂肪多的特点。1980年，从北京试验养猪场引进纯种长白公猪2头，区建立了以长白公猪为父系，本地猪为母系的人工授精站，进行品种改良。1980—1985年，猪的饲养量连续减少，年均出栏2.41万头，为1979年出栏的67%。1986年，区从天津畜牧研究所引进优良瘦肉型猪品种杜洛克公猪3头，建立三元杂交瘦肉型猪繁育体系。1989年，出栏瘦肉型猪2.15万头，占当年出栏总头数的75.2%。1994年，出栏瘦肉型猪4.37万头，完成了天津市50万头优质瘦型猪推广工程。1995—2007年，年均出栏9.95万头，比1994年出栏增2.27倍。创区内饲养历史最高水平。2008—2010年，区内由于整体撤村等原因，猪的饲养量明显减少，年均出栏6.17万头，为1995—2007年均出栏率的62%。

五、兔

区内兔饲养品种多为肉用型家兔。1979年，饲养3063只。1980—1992年，年均饲养5684只。1993—1997年，由于销售等原因，家兔饲养量逐年减少，其间年均存栏361只。1998—2001年，兔的养殖又兴起，年均存栏6373只。2002年后，基本不再养殖。

六、鸡

（一）蛋鸡　改革开放后，区大力提倡和扶持农民养殖家禽。养鸡由传统的家庭散养向专业化生产转化。1979年，笼养鸡在区内开始发展，建成赤土、李庄子、万新庄、詹庄、四合庄等规模化的37个蛋鸡养殖场，年鸡存栏40.1万只。1985年，全区有200只以上的养鸡专业户1206个。1986年，李明庄村养鸡专业户杨子元建立了区内第一个万只蛋鸡场。蛋鸡饲养品种有白壳蛋鸡来航、褐壳蛋鸡罗斯等。1981—1990年，年均鸡存栏57.19万只、比1979年存栏增加42%。2010年，存栏（含肉鸡）13.8万只。

（二）肉鸡　1991年，区内开始发展肉鸡专业化饲养。采取公司加农户合同放养形式，由大型肉鸡企业提供鸡雏、饲料、技术服务，农户育雏饲养，育成肉鸡由公司回收。赤土、么六桥、军粮城等乡镇建设了肉鸡养殖小区，进行产业化生产。1991年后，鸡的出栏主要为肉鸡。1991—2000年，鸡出栏597.45万只，年均59.75万只。2001—2010年，鸡出栏2582.2万只，年均出栏258.2万只，比1991—2000年均出栏增长4.32倍。

七、鸭、鹅

鸭分为蛋鸭和肉鸭两种经济类型，实际饲养多为蛋鸭品种，以麻鸭、绍兴鸭为主，有少量北京鸭。1984年，新地河水库从哈尔滨引进康贝尔鸭3000只。鹅以农户散养为主。1979年，鸭鹅存栏1.79万只。1980—1990年，鸭鹅年均出栏2.78万只、存栏4.03万只。1991—2000年，鸭鹅年均出栏0.93万只，比1980—1990年均出栏减少67%；年均存栏0.71万只，比1980—1990年年均存栏减少82%。2010年，么六桥回族乡三合庄村建成饲养规模3万只的养鸭场。

1979—2010年东丽区畜禽养殖及肉蛋奶产量统计表

表10-3

项目 年份	马属动物	牛	羊	猪	家禽	肉类产量（吨）	禽蛋产量（吨）	奶类产量（吨）
	年末合计（匹）	年末合计（头）	年末存栏（只）	年饲养量（头）	年末合计（百只）			
1979	7648	39	9586	108916	4187	1200	1000	1.5
1980	6693	72	11424	82814	3174	1787	1207	12
1981	6565	54	15294	62745	3893	1473	1591	19
1982	6168	240	17943	68328	6360	1211	1636	216
1983	6046	453	17018	50354	6457	2425	2554	417

续表 10-3

项目 年份	马属动物 年末合计（匹）	牛 年末合计（头）	羊 年末存栏（只）	猪 年饲养量（头）	家禽 年末合计（匹）	肉类产量（吨）	禽蛋产量（吨）	奶类产量（吨）奶类
1984	5643	632	16574	34461	5805	1620	1755	914
1985	5747	787	14209	24911	6694	1577	3204	1832
1986	5264	1108	14876	25938	6028	1329	3744	2106
1987	4936	1298	14861	23327	6089	1435	3830	4675
1988	4512	1273	18301	44904	7538	2480	4802	2589
1989	5072	1274	17235	50511	6968	2900	5063	3150
1990	5406	1365	16173	48039	5459	2884	4938	3491
1991	5289	1657	16692	45664	5962	3022	5241	4179
1992	5820	1946	12165	57911	5554	3069	5177	5177
1993	5190	1677	10508	48369	5426	4092	4826	3854
1994	4353	1596	14012	72975	5368	4606	5170	2625
1995	2602	2282	19759	89178	6868	6467	6445	4451
1996	1891	3148	27758	84155	5811	6050	6340	4752
1997	1469	2885	26082	88039	5238	6738	6434	4675
1998	1009	3158	22557	92876	4445	7064	5315	4412
1999	347	2980	22197	99297	4020	7795	5356	4446
2000	—	3409	23019	110867	4426	8101	4366	4508
2001	—	3149	25330	144980	5652	10937	4881	4980
2002	—	5425	28827	160989	14148	16742	4220	6002
2003	—	5194	24076	178550	7945	21210	3700	6369
2004	—	5925	29277	219175	7087	20612	1931	8853
2005	—	6784	13441	202978	6108	20836	1773	6532
2006	—	7028	7413	219004	4008	21839	1645	5099
2007	—	4969	4668	173962	5174	16252	1420	5004
2008	—	4437	5729	111751	2399	10727	1133	6518
2009	—	2669	5553	119508	2050	9274	927	5347
2010	—	2017	4459	115631	1780	6316	920	3641

八、特种养殖

（一）畜类特种养殖

水貂　1979—1990 年，年均存栏 1283 只，共出售貂皮 7501 张。1991—2001 年，年均存栏 183 只。2002 年后，饲养量减少。

肉狗　2000—2001 年，出栏 1200 只。

牧羊犬　2004 年，存栏 32 只。

观赏狗　2000—2001 年，出栏 2630 只。2005—2006 年，出栏 17067 只。

海狸鼠　2000 年，出栏 6 只。

蓝狐　2000 年，出栏 6 只。

熊　2000 年，存栏 2 只。

鹿　2000—2001 年，年均存栏 226 只。2004 年，存栏 160 只。梅花鹿养殖已形成规模，兴立鹿业养殖公司开发高档鹿茸和鹿茸血酒等深加工保健产品。

1998 年，新立村兴立农业有限公司饲养梅花鹿

野猪　2005 年，出栏 1200 只。

貉　2008 年，存栏 320 只。

（二）禽类特种养殖

山鸡　2000 年，出栏 600 只。

大雁　2004 年，存栏 50 只。

乌鸡　2000—2001 年，出栏 3.6 万只。

珍珠鸡　2000 年，出栏 200 只。

野鸭　2004 年，存栏 200 只。

1998 年，么六桥回族乡白羽王养殖厂饲养肉鸽

鹦鹉等观赏鸟　2000 年，出栏 2 万只。2005—2009 年，年均存栏 5718 只，共出栏 2.42 万只。

肉鸽　2000—2001 年，全区饲养肉鸽年均存栏 5.16 万只，共出栏 25.92 万只。2005—2010 年，年均存栏 1.68 万只，共出栏 30.17 万只。区白羽养殖公司为区养殖业的龙头企业，采取公司加农户放养形式，由公司回收乳鸽进行深加工销售，取得显著经济效益。

信鸽　2000—2001 年，年均存栏 1600 只，共出栏 1400 只。2005—2006 年，年均存栏 7113 只。

鸵鸟　2000 年始饲养。2001 年，存栏为 548 只。2005—2010 年，年均存栏 138 只。东鑫鸵鸟养殖公司，开发了高档鸵鸟皮革制品、鸵鸟蛋壳彩绘雕刻工艺品等。

孔雀　2007—2010 年，共出栏 1450 只。

（三）其他特种养殖

蜜蜂　1979—1994 年，年均养蜂 107 箱，共产蜂蜜 34.06 吨。1995 年后，终止饲养。

蝎子　2000—2001 年，年均存栏 35.15 万只，共出栏 47.3 万只。

蜘蛛　2000—2001 年，年均存栏 1250 只，共出栏 2400 只。

蚯蚓　2000 年始饲养，2005—2010 年，年均存栏 5 吨，年均出栏 60 吨。

九、畜牧业产业园区建设

2008 年，区根据《天津市现代畜牧业示范园区建设管理办法》，开始实施现代畜牧业示范园区项目建设。2010 年，全区已建成 4 个生猪现代示范园区。

2008—2010 年东丽区生猪现代畜牧业示范园区建设情况统计表

表 10-4

园区名称	建设日期（年）	占地面积（公顷）	建筑面积（平方米）	投资额（万元）	出栏规模（头）		销售收入（万元）
					种猪	商品种	
津东原种猪场示范园区	2008	4.67	9080	490.9	5000	2000	1800
世纪兴生猪示范园区	2008	6.67	20000	3096	4800	10000	3868
正祥德生猪示范园区	2009	2.43	8000	356.1	—	6500	975
振兴生猪示范园区	2010	3.33	12000	472.74	—	7800	1170
合　计	—	17.10	49080	4415.74	9800	26300	7813

十、畜牧科技“十万只肉羊综合技术开发示范工程”

东丽区畜牧水产局承担市科委下达的“十万只肉羊综合技术开发示范工程”。1995—1997 年，累计羊饲养量达到 17.84 万只，其中小尾寒羊 9156 只，杂交改良羊 11.8 万只，其他羊 51244 只，完成计划饲养量的 178.4%。实施项目 3 年，肉羊出栏 10.29 万只，完成计划任务的 257.3%；累计产值 3422.96 万元，完成计划的 122.25%；累计完成纯效益 1852 万元，完成计划的 131.4%。历经 3 年的实施，全区初步形成了从区到乡镇、村、户的良种繁育体系，使全区羊群品种退化现象得到明显改善，羊群质量有了显著提高，杂交羊的比重达 70%以上。

1996 年 9 月，东丽区首届优良肉羊展赛会

第二节　水产养殖

一、淡水养殖

（一）养殖水面　区河道纵横，坑塘遍布，水域类型分为河流、池塘、水库等。养殖水域主要为池塘养殖和水库养殖。1979 年，全区养殖水面 197 公顷。1999 年，扩大为 2591 公顷，为 1979 的 13 倍，创历史最高年份。2010 年，全区有水域面积 9337.44 公顷，水产养殖面积 2297 公顷，占水域面积的 24.6%，其中池塘 1739 公顷，水库 558 公顷。主要分布在新地河水库、军粮城街道、华明街道、金钟街道。

（二）水质　区内水产养殖主要依靠新地河、金钟河及自然降水，东丽湖水库作为少量补充。区内主要河流水质为劣Ⅴ类，主要污染因子为氨氮、生化需氧量和高锰酸钾指数。区内每年 1—6 月处于枯水期，造成养殖水质呈现 pH 值高（8.0～9.5）、碱度高、半咸水的特点。区内总体水质条件较差，部分地区水质不符合国家的渔业用水标准。

（三）饵料生物资源　区内养殖水面中浮游植物种类共有 42 种，以硅藻、隐藻、绿藻为优势种，广泛分布于河流、池塘、水库。浮游动物种类有 26 种，以轮虫和枝角类为优势种。底栖动物种类有 11 种，其中环节动物有苏氏尾鳃蚓和霍普水丝蚓；软体动物有梨形环棱螺、耳萝卜螺；节肢动物较多，主要有羽摇蚊幼虫、刺铗粗腹摇蚊幼虫等。水生维管束植物有 9 科 11 种，分别占全市 21 科的 42.9%和 44 种的 25%。

（四）养殖品种　区鱼类以淡水鱼养殖为主，主要有草鱼、鲢鱼、鳙鱼、鲂鱼、梭鱼、鲤鱼、鲫鱼及引进的罗非鱼等 10 个品种；甲壳类主要为南美白对虾类和河蟹类；观赏鱼养殖主要有锦鲤、金鱼及淡水热带鱼 100 余个品种。

二、海水养殖

1984 年，区试行海水养殖。赤土乡胡张庄村利用永定新河涨潮时的海水养虾，开发养虾池 0.60 公顷。1985 年，赤土乡永和村开发海水养虾 26.7 公顷。1987 年，永和村又开发海水养虾 10 公顷。1988—1998 年，全区海水养殖稳定在 33 公顷。尔后即终止海水养殖。

三、水产品捕捞

（一）淡水捕捞　1979 年，全区淡水捕捞量 44 吨。1990 年，淡水捕捞 1088 吨，为 1979 年 24.7 倍，创历史最高年份。1991—2000 年，年均淡水捕捞 294 吨。

（二）海洋捕捞　1980 年，全区有出海渔船 15 只，有各种网具 315 件。春秋季在大沽口及山东省桃河一带从事浅海捕捞作业。捕捞鱼种有棱鱼、鲈鱼、小杂鱼、毛虾等。1981—1990 年，年均海洋捕捞 22 吨。1991—1993 年，年均海洋捕捞 10 吨。1994 年始，由于船只和网具滞后，终止海洋捕捞。

1979—2010 年东丽区水产品产量及养殖面积统计表

表 10-5

项目/年份	水产品总产量（吨）							水产养殖面积（公顷）			产值万元（万元）
	合计	海水产品			淡水养殖			合计	其中		
		小计	海洋捕捞	海水养殖	小计	淡水捕捞	淡水养殖		海水养殖	淡水养殖	
1979	331.5	77.7	77.7	0	253.8	44	209.8	197.1	0	197.1	25
1980	332	73	73	0	259	45	214	411.5	0	411.5	56
1981	387	43	43	0	344	75	269	363.1	0	363.5	66
1982	485.7	25	25	0	460.7	196.7	264	780.8	0	780.8	45.5
1983	536	7	7	0	529	96.3	432.7	783.7	0	783.7	96.6

续表 10-5

项目 年份	水产品总产量（吨）							水产养殖面积（公顷）			产值万元（万元）
	合计	海水产品			淡水养殖			合计	其中		
		小计	海洋捕捞	海水养殖	小计	淡水捕捞	淡水养殖		海水养殖	淡水养殖	
1984	656.9	7	7	0	649.9	140.4	509.5	747.7	0.6	747.1	107
1985	1496	39	6	33	1457	416	1041	1683	73	1610	353
1986	2425.7	50.7	22.5	28.2	2375	582	1793	2146	34	2112	542
1987	3526.5	117.5	41.6	75.9	3409	783	2626	2090	72	2018	1140
1988	4112	72	32	40	4040	429	3611	2100	37	2063	1499
1989	5178	64	17	47	5114	817	4297	2129	37	2092	1484
1990	5687	66	18	48	5621	1087	4534	1934	37	1897	1628
1991	6190	37	0	37	6153	517	5636	1923	37	1886	1768
1992	6696	51	5	46	6645	875	5770	1920	37	1883	1864
1993	6116.5	20.5	8	12.5	6096	746	5350	1968	40	1928	2483
1994	7251	20	0	20	7231	658	6573	2414	37	2377	4732
1995	8397	1	0	1	8396	823	7573	2379	37	2342	5782
1996	8709	1	0	1	8708	557	8151	2409	37	2372	6096
1997	9387	3	0	3	9384	712	8672	2435	37	2398	7117
1998	10296	30	0	30	10266	739	9527	2471	37	2434	6267
1999	13339	0	0	0	13339	662	12677	2591	0	2591	7465
2000	14461	0	0	0	14461	354	14107	2591	0	2591	9246
2001	16411	0	0	0	16411	241	16170	2591	0	2591	11230
2002	18415	0	0	0	18415	628	17787	2591	0	2591	11098
2003	17965	0	0	0	17965	300	17665	2591	0	2591	13990
2004	21987	0	0	0	21987	248	21739	2798	0	2798	15234
2005	21291	0	0	0	21291	416	20875	2784	0	2784	17703
2006	21017	0	0	0	21017	350	20667	2733	0	2733	21008
2007	17418	0	0	0	17418	90	17328	2700	0	2700	22382
2008	13514	0	0	0	13514	80	13434	2295	0	2295	26542
2009	11646	0	0	0	11646	0	11646	2172	0	2172	30030

四、水产产业园区建设

（一）产业带建设　根据市水产局提出的在全市建立南美白对虾、良种鲫鱼、海珍品、贝类4条优势水产品产业带的要求，区列为南美白对虾产业带。2005—2007年，区内建成天津市丽源水产良种场、天津市南淀科技养殖发展有限公司、天津市连发养殖有限公司、东丽区长港渔业队、东丽区华明镇永和村养殖场、东丽区金鑫养殖有限公司、天津市华泰现代农业有限公司7个南美白对虾产业园区，总计面积253.3公顷，占全区池塘养殖面积11%。总产量828吨，总产值2200万元，总效益610万元。南美白对虾产业园区的建设，为全区水产养殖设施和养殖水平的提高，以及水产养殖产业升级换代和提高农民收入均起到了引导和带动作用。

（二）示范园区建设　2008年，区开展优势水产品养殖示范园区建设。项目建设按照现代企业标准化、设施化的标准进行建设，打造东丽区水产养殖品牌，体现渔业生产科技型、环保型、生态型、效益型的特色，促进科技成果转化，农民增收，农业增效。

（三）示范园区选介

天津市丽源水产良种场　2008年，经市批准为重点示范园区，养殖面积达8公顷。2009年，园区建成后，生产水产品单位面积产量、经济效益均高于全市同类养殖平均水平的20%以上；产品无公害标准合格率达100%。正常年份年生产培育南美白对虾苗种2亿尾，产成虾120吨；培育罗非鱼种22万尾，成鱼330吨。为周边地区养鱼池提供优质鱼苗，带动水产养殖生产，推动全区养殖业的发展。2009年，已培育罗非鱼种5万公斤，生产成鱼35万公斤，产值560万元，效益200万元。

2009年，天津市丽源水产良种场

东丽区大安绿丰农民专业合作社观赏鱼养殖示范园区　2009年建设，占地面积2.67公顷，总养殖面积1.2公顷，用于养殖成鱼面积1.1公顷，孵化面积0.10公顷。有鱼缸263口，水泥池101个，建成养殖大棚1座8200平方米，其中棚内池塘5000平方米，养殖水泥池3200平方米；孵化车间2座，面积1000平方米；展示厅1座，面积900平方米。养殖品种主要有埃及神仙、鹦鹉、地图、罗汉、皇冠、战船、蓝鲨、黄蓝龙、清道夫等。产品无公害率100%。2010年，生产成鱼260万尾，苗种190万尾，年产值1200万元，年利润300万元。

五、特色渔业

（一）观赏鱼

养殖发展　20世纪70年代，大毕庄、长青村观赏鱼养殖已形成规模。90年代初，建成东兴观赏鱼市场，发展成为我国北方最大的观赏鱼批发市场。

养殖规模　2004年，全区有观赏鱼养殖场池134公顷，水泥池12公顷，保温大棚7公顷，水族箱2万个。经营者400户，生产能力达1亿尾，户均获利5万～10万元，成为区水产业新的利润增长点。2010年，全区观赏鱼养殖房屋、大棚面积达36450平方米，其中有养殖缸8660个，水泥池2.4万平方米，土池650亩，年生产能力在2亿尾以上。

2005年5月，东丽区成立观赏鱼养殖协会

东丽区观赏鱼养殖协会 2005年5月，成立区观赏鱼养殖协会。是以养殖专业户、管理和技术人员自愿组建的民间科技群众团体，有会员400人。协会的成立，为促进观赏鱼养殖业健康发展，提高科学养殖水平等，发挥了积极的作用。

开设专业门诊 区鱼病防治院发挥仪器、设备和技术人员优势，聘请市水产研究所专家作为顾问，开设观赏鱼专业门诊，为观赏鱼养殖户服务。

苗种繁育基地 区建立张贵庄地图鱼、永兴村孔雀鱼、丽源观赏鱼分场清道夫、华泰农业园区鹦鹉鱼为主的观赏鱼苗种繁育基地。

观赏鱼规模生产场 区建立天津市丽源水产良种场、东丽区大安绿丰农民专业合作社观赏鱼示范园区、天津市华泰现代农业开发有限公司3个观赏鱼规模生产场。

观赏鱼市场 2006年，投资840万元建立区观赏鱼市场，修建观赏鱼及器材批发交易市场3万平方米，鱼馆1万平方米。创立了观赏鱼专业网站，构架与外界联系的平台。2005年，观赏鱼收入1074万元。2010年，收入10545万元，为2005年的9.82倍。

观赏鱼出口基地 组建行销公司，成为天津市唯一具有出口资源的企业。2006年12月，首次将8个品种1660尾热带观赏鱼销往俄罗斯。

（二）垂钓休闲渔业

垂钓业兴起 20世纪80年代，垂钓业在区内兴起。初期，休闲者在养殖池塘随意垂钓，后发展为养殖专业户指定池塘对外开放垂钓。2005年，垂钓开始向专业垂钓池塘转变。2010年，全部转变为专业垂钓池塘。由于垂钓设施完善、服务规范，各垂钓场所将垂钓与其他休闲项目相结合，形成各具特色、综合性的垂钓休闲渔业。2007年，全区垂钓园收入1086万元，为2005年收入的2倍。

千亩休闲垂钓园建设工程 2005—2007年，区经历3年投资资金500万元，建成标准化、设施化、规范化水平较高的无公害休闲垂钓园15处，规模1154亩；精钓园7处，规模202亩；普通垂钓园7处，932亩；垂钓宫1处，规模3000平方米。配套建立了休闲餐饮、娱乐活动室600平方米。各垂钓园共接待垂钓休闲者5.4万人次，钓鱼量42万公斤，获经济效益231万元，平均每亩效益9426元。2007年，全区垂钓园收入1086万元，为2005年收入的2倍。

六、特种养殖

（一）大银鱼 1980年，万新庄鱼池清坑及新地河水库放水时均偶然发现已绝迹的大银鱼。1991年，新地河水库中自然繁育并已形成大银鱼种群。1993年，收获大银鱼15吨。1995年，产量高达120吨。1996年后，产量逐年减少。2001年，区境内大银鱼又绝迹。

2010年丽源水产良种场罗非鱼养殖

（二）罗非鱼　1984年，宝元村养殖户引进养殖成功，后因销售原因不再养殖。2009—2010年，丽源水产良种场利用地热大棚养殖，采取周年生产、轮捕上市技术。春节期间价格高时出池，供应北京、天津冬季市场需求。

（三）革胡子鲶　1985年，欢坨村引进试养成功。1997年，东丽湖10亩池塘产革胡子鲶2吨。2005年，华泰农业园区108平方米水泥池生产革胡子鲶43吨。由于园区提升改造，2007年终止养殖。

（四）河蟹　20世纪50—60年代，区境内盛产河蟹，后因金钟河、海河相继建闸，水稻面积骤减，河蟹曾一度绝迹。1987年，赤土村从辽宁地区引进蟹苗试养成功，并在军粮城镇、荒草坨乡等稻田区推广。1993年，全区养殖面积520公顷，产蟹118吨。1994年后，区境内自然条件不宜河蟹生长，养殖规模逐渐缩减。

（五）澎泽鲫　1997年，引进试养成功。1999年，全区迅速推广。由于具有个头大、生长快、产量高、味鲜美的特征，深受养殖者及消费者的青睐。2000年，销往韩国288吨，创外汇56万美元。2001—2010年，每年产量稳定在100吨。

（六）南美白对虾　2000年6月，丽源水产良种场首次引进南美白对虾100万尾，放置6.67公顷池塘中经3个月试养成功，收获5.5吨，产值15万元。2002年，推广面积133.33公顷。2003年，全区推广。2009年，养殖面积高达1416公顷，已成为渔农增收的主要品种。

（七）青鱼　2000年，万乐垂钓园由湖北省引进，采用驯养及投喂饲料的方法试养成功。青鱼具有生长快和产量高的特点，亩产量达4吨。2001—2010年，青鱼已成为垂钓爱好者的优质鱼种。

（八）鳄鱼　2005年，华泰农业园区引进试养成功。2010年，养殖规模达100尾，主要销往宾馆、高级饭店。

（九）大鲵　2010年，华泰农业园区试养成功，共养殖5尾。

第三节　动物疫病防控

一、畜牧

（一）疫病防控机构

1990年，区恢复兽医卫生检查站。1992年，新建区动物检查站，两站主要承担全区畜禽疫病的防、检、治和乡站兽医人员的管理培训工作；负责兽医、兽药及畜禽疫病的监督检验等行政执法工作。2004年1月，区成立重大疫病动物防控指挥部，各乡镇街道成立应急指挥行动小组。区动物疫病预防控制中心负责全区动物检疫和动物防疫执法监督工作。新立、军粮城、华明3个乡镇畜牧兽医中心站分片负责乡镇街道的动物防疫和检疫工作。2009年，区聘用30名村级动物防疫员，从事村级动物防疫工作。

（二）疫病防控概况

常见疫病 20世纪80年代，基本控制的疫病有猪肺炎、丹毒、链球菌病、弓形体病、气喘病、雏白痢、球虫病、仔猪白痢；马流感、流行性淋巴管炎；羊痘、兔疥癣病等。

强制免疫 2004年始，对禽流感、口蹄疫、猪疫、猪蓝耳病列为危害严重的重大动物疫病，实施强制免疫。

日常免疫 对饲养周期长的规模饲养场的动物按免疫程序进行日常免疫，对家庭散养动物进行春、秋2次集中免疫。消毒、免疫、监督、无害化处理等防控经费，由市、区财政承担。

应急预案 2004年2月，邻区出现禽流感疫情后，区立即采取普查、消毒、紧急免疫、肉鸡提前出栏及从海河至京山铁路扑杀禽类，建立隔离带等有力措施，有效地防止疫情传入和发生。

疫病监测和净化 长期开展禽流感、口蹄疫、猪瘟、猪蓝耳病等动物疾病的抗体检测工作，掌握免疫效果和疫情动态，为全区畜牧养殖业健康发展提供技术保障。区动物疫病预防控制中心化验室对牛结核、布鲁氏菌病等人畜共患病定期进行流行病学调查、检疫、血清监测。

（三）动物卫生监管

监管机构 东丽区动物卫生监督所依法实施动物防疫监督和重大动物疫情的应急处理；依法实施动物及动物产品检疫与质量安全监督；负责兽药、动物诊疗的监督管理；负责“动物防疫合格证”“兽药经营许可证”“动物诊疗许可证”“生鲜乳收购许可证”的审核发放及其他涉及动物卫生的行政执法与管理工作。

屠宰检疫 1979年前，动物屠宰由企业按照行业规定进行检疫。改革开放后，对个体从事动物屠宰点，由区兽医部门负责检疫。2000年，区兽医部门对个体屠宰点进行清理整顿，全区审批定点屠宰场28个，年屠宰生猪50万头。2006年，国家对动物屠宰实行准入制度，区建立了安康生猪屠宰场，年屠宰能力达7万头。

动物诊疗、兽药经营 2010年，全区有12家经营性动物诊疗单位，以个体为主。

动物卫生合格证管理 区实行动物防疫合格证制度，对在区内从事饲养，经营动物和生产、经营动物产品及动物诊疗等活动的经营者，均应取得动物防疫合格证。

动物无公害畜产品产地认证和产品认证 2002年，白羽养殖有限公司申报的乳鸽、天津市银羊肉羊原种场申报的天津市无公害畜产品地认定、天津市源野养殖科技开发有限公司申报的无公害产品产地认定、天津市东鑫养殖有限责任公司申报的鸵鸟肉与鸵鸟饲养，经天津市无公害畜产品管理办公室和天津市畜牧局批准为天津市无公害畜产品产地认定。

二、水产

（一）产品质量安全

无公害基地建设与产品认证 2002年，区根据农业部“无公害食品计划”要求，大力发展无公害水产养殖，加强无公害水产品基地建设。2007年9月，全区已完成无公害水产品产地认证35个，军粮城镇、大毕庄镇、万新街道成为无公害乡镇。无公害基地面积达到2180公顷，占全区总养殖面积75%。认定无公害水产品27个，产量4792吨。2008年，区获得天津市第二个“无公害水产品基地区县”称号。

水产品质量监督检查 2003年始，区水产管理部门每年都开展水产品药物残留专项整治及无公害产地检查。发现生产经营违规药品的依法进行处理，对使用违禁药品的，限期整改。2003—2007 年，农业部、市区农委分别对区境水产品养殖池塘进行产地药物残留检测，共抽样 300 批次，涉及鱼、虾多个品种，检查合格率均为 100%。2008 年，国家水产品质检中心 3 次来区对水产品质量安全进行抽样检测，所检药品合格率为 95% 以上。2009 年，农业部、市区质检部门对区境内池塘、无公害水产基地、水产品市场进行多次检查，抽取样品 96 个，检测 320 批次，抽检合格率为 99.4%。2010 年，抽检水产品样品 116 个，检测 319 项次，合格率为 99%。对检测出个别指标不合格问题，及时采取措施，查找原因，告知养殖户中止捕捞，待检测指标全部合格后方准出池。严格的监测，确保了消费者的食品安全。

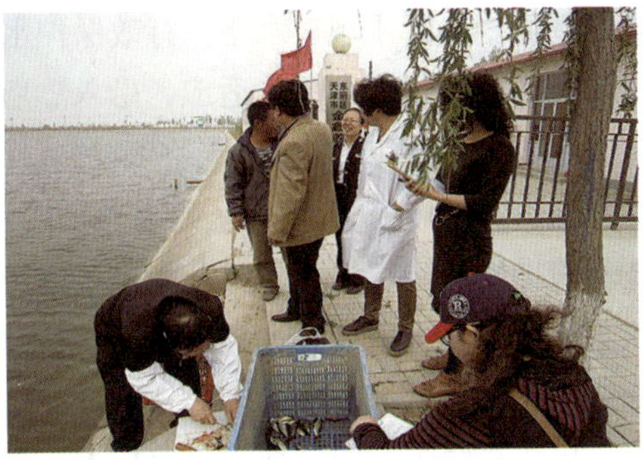

2008 年，市区质量监督检验测试中心对水产品质量安全抽样检测

（二）水生生物保护

创建水产健康养殖示范场　区按照农业部水产健康养殖示范场创建标准，开展水产健康养殖示范场创建行动。严格按照标准，强化标准化基地及水产品质量安全建设，着力打造品牌渔业，规范企业规模化生产建设。2007—2010 年，丽源水产良种场、永和宏达合作社、金鑫养殖有限公司、新地河水库相继被农业部授予“农业部水产健康养殖示范场”荣誉。

水生生物资源放流　为加强区境内生态建设和环境保护，改善、修复自然水域水生生态系统，建设宜居生态城区，区开展水生生物资源增殖放流活动。区水产管理部门在增殖放流过程中，前期做好放流水域水资源及水质条件调查，确定放流的品种和数量，确保增殖放流苗种没有疫病后投放。2008—2010 年，全区共放流 6 批次 106.6 万尾。其中 2008 年 6—8 月，在外环河机场路至货运路段共放流各类鱼苗 4 批 50 万尾。2009 年 6 月，在东丽湖、赤土小水库水域放流白鲢、鳙鱼、草鱼、鲤鱼鱼苗 30 万尾。2010 年，在东湖、丽湖水域放流白鲢、鳙鱼、草鱼、鲫鱼鱼苗 26.6 万尾。通过放流使海河、东湖、丽湖的水质得到较大改善，修复和保护了水生生物资源，对大水面渔业增值起到推动作用。

查处水域污染事件　区水产管理部门制定区渔业污染事故处理程序，对犯法行为进行规范，对事实清楚、证据确凿案件及时调解处理。2004 年，调解水域污染纠纷 1 起，裁决赔偿 3000 元。2005 年，处理渔业污染事故 4 次，协调赔偿金 10 万元。

水生野生动物保护　区贯彻落实野生动物保护法，保护野生动物资源。执法人员定期到华泰现代农业园区、玉合动物养殖场、金色家园动物进出口贸易有限公司，进行有关水生野生动物的检查。对华泰现代农业园区鳄鱼和大鲵的驯养繁殖、经营、利用情况和玉合动物养殖场的毛皮海狮养殖及金色家园动物进出口贸易有限公司南美毛皮海狮经营利用情况和水生野生动物驯养环境及设施进行检查，核实有关手续和资料，宣传水生动物保护法律、法规，规范驯养繁殖和经营利用行为。

制定水产养殖规划　2008 年，根据区城市总体规划和土地利用总体规划，综合沿海都市型现代农业发展、渔业结构战略性调整、养殖水域可持续利用和水体生态环境改善的现实需要，区制定水产养殖规划。主要内容：合理利用水域资源，提高养殖水域利用率，促进水产养殖业持续健康发展；大力推行生态健康养殖，构建与区生态型津滨新城区建设相适应的人工湿地生态系统，保持渔业水域面积不低于现有水平，有效保护水域生态环境；拓展渔业的休闲观光、生态保护功能，建立现代渔业产业体系，形成适应、融入、服务东丽津滨新城区建设的生态休闲渔业科学发展新格局。

（三）病害防治

病害防治 1995年，区建立鱼病防治站，为市鱼虾病防治中心的直属站，负责区内病害防治技术的推广、病害调查、病害测报、鱼病防治，同时，还承担水质化验、病害诊治、技术咨询、培训工作。1999年在赤土镇，2000年在李场子村设立了鱼病防治服务点。2000年，在丽源水产良种场建立了防治分站，抽调技术骨干，定期到点（分站）服务。由于服务范围扩大，及时有效地解决养殖户在养殖生产中遇到的养殖技术、病害防治方面的难题。

草鱼烂鳃病、肠炎病、赤皮病 终年可见，各鱼池均有发生。经水体消毒，内服抗生素，此病均可被控制。

爆发性鱼病（出血病） 1989年，区内流行，而后每年均有发生。经清淤泥，改造池塘，放鱼苗前消毒，减少放养鱼苗密度及投放抗菌素药物等综合防治措施，此病得到控制。

三毛金藻中毒病 1985年，区内流行。1995年，军粮城镇、赤土镇再次发生三毛金藻中毒病。经换水或撒黄土泥浆或用硫酸铜等药物，此病得到控制。

轮虫 2000年，区内流行，而后至2010年均有发生。

（四）苗种检疫

进出市水产苗种检疫 1997—2000年，区鱼病防治站与市鱼虾病防治中心共同参加滨海机场检疫工作，对进出市的水产苗种进行检疫检验。其间，共检疫鱼类、虾类、蟹类等鱼种94.3亿尾。2001—2010年，滨海机场苗种检疫工作，由市鱼虾病防治中心独立完成。

进出区水产苗种检疫 2001年，区鱼病防治站对进入区内的水产苗种进行检疫。2006年，检疫苗种2690万尾。2007年，增加了观赏鱼的苗种检疫，共检疫苗种4694万尾。2010年，检疫苗种1.87亿尾。

检疫方法与效果 采取现场检疫与实验室检疫相结合的方法，对现场检疫出有携带寄生虫的苗种，指导养殖户采用治疗措施，使病原得到有效控制，对疫病的发生和发展起到防控效果。

第五章 林 业

东丽区林业历经改革开放32年，已由单一的造林模式向兼顾生态的发展理念转变，传统的林业向现代化林业转变，由低效率林业向高效率林业转变，基本形成了以道路、河流为骨架的城市森林生态系统。

区林业经历3个发展时期：即1978—1988年完善农田林网时期、1989—1998年发展高效经济林时期和1999—2010年建设造林重点工程时期。

区农田林网的建设，高效经济林的发展，造林重点工程的实施，加快了全区森林覆盖率的提高。1982年，全区森林覆盖率为2.26%；1995年，提高到5.38%；1998年，提高到8.1%；2007年，提高到12.1%；2010年，提高到15.6%。全区森林覆盖率提高13个百分点，为全区现代林业系统的形成奠定了基础。

第一节　育种育苗

一、林木树种

（一）林木品种　1979年，区内林木主要栽植树种有桧柏、榆树、槐树、椿树、杨树、柳树、桑树、白蜡、泡桐、刺槐等。其中柳、杨、槐、椿等树木为优势树种。20世纪80年代，调入臭椿、香椿、侧柏、紫穗槐种子，引进意大利杨新系号和速生杨等试验。1995年，区内已有50个树种。2010年，区内有百余个树种。主要树种有白蜡（绒毛白蜡、小叶白蜡、青蜡、美国白蜡）、榆、杨、柳、槐等。

（二）树种简介

榆树　家榆、白榆、垂榆、金叶榆。

杨树　白毛杨、钻天杨、加拿大杨、意大利杨、杂交杨、107速生杨和108速生杨。

柳树　旱柳、垂柳、垂暴柳、馒头柳、杞柳、龙须柳、贺兰黑、中丁黑、垂白钻天柳。

国槐　国槐、龙爪槐、金叶槐、金枝槐。

刺槐　刺槐（洋槐）、红花刺槐、香花槐。

柏树　翠柏、洒金柏、桧柏、刺柏、龙柏、千头柏、蜀柏、六角柏、沙地柏。

椿树　臭椿、千头椿、红叶椿。

松树　油松、黑松、罗汉松、雪松、马毛松。

桐树　泡桐、海桐、青桐、法国梧桐。

其他　香椿、桑树、栾树、龙爪桑、元宝枫、四季橘、朝鲜槐、鹅掌楸、银杏、白杜卫矛、构树、合欢、玉兰。

灌木　紫穗槐、桡柳、海桐、火炬树、木槿、紫叶李、金银木、冬青、女贞、紫叶小蘖、柽柳、紫荆、金银花、紫藤、枸杞、爬山虎、西府海棠、丁香、珍珠梅、榆叶梅。

（三）古树名木

詹庄国槐　明永乐年间（1403—1424年）栽植，有近600年历史。此树胸径93厘米，树高14.5米，树干半边有皮，下部内空。虽有一大枯枝，但树冠枝叶繁茂，生机盎然，树冠覆盖面积200平方米，雄伟壮观。

范庄古槐　明永乐年间栽植，有近600年历史。一株胸径58厘米，树高14米，枝疏叶茂，树冠覆盖面积113平方米。另一株胸径61厘米，树高17.3米，老干童枝，冠若巨蘑，树冠覆盖面积176平方米，繁茂蔽院，树下纳凉，景观甚雅。

徐庄国槐　“燕王扫北”时，随员建房时栽植，有近600年历史。胸径118厘米，树高10米，两大主干杈萌生新枝，枝疏叶茂，冠幅直径10米，冠状优雅。

老袁枣树　清康熙二年（1663年）栽植，有300余年历史。一株胸径43厘米，树高11.5米，树冠覆盖面积39平方米。另一株胸径35厘米，树高11.7米，树冠覆盖面积20平方米。古枣树老干如叟颜，枝疏叶茂，生机勃勃，果实累累。枣树周围萌生众多小枣树苗，景色壮观。

二、林地苗圃

（一）林地面积　1982 年，全区有林地面积 1022 公顷，林木覆盖率 2.26%。20 世纪 80 年代，区大力发展林业，开展全民义务植树活动，投资建设区林果良种场，为乡村和农户造林提供优质苗木，对村队集体造林给予苗木补贴，提高了全民造林积极性，绿化面积激增。1995 年，全区有林地面积 2527 公顷（未含外环线内），林木覆盖率 5.28%。高效经济林及造林工程的落实，增加了林地面积，提高了林木的覆盖率。2010 年，全区有林地面积 6270 公顷，林木覆盖率增至 15.6%，比 1980 年提高 6.9 倍。

（二）采种育苗

扩增育苗面积　1979 年，当年育苗 45.5 公顷。1984 年，为加速林业建设，是年育苗 83.2 公顷，比 1979 年增加 83%。

采集绿化用种　20 世纪 80 年代，为改变区内树种较单一的局面，从山东省及外市、区、县引进荷兰杨、钻天杨、钻天柳、泡桐等 7.49 万株，调进白蜡、臭椿、洋槐、紫穗槐种子 700 公斤。

建立育苗基地　1984 年，区拨专款 6.5 万元，建成了贯庄、胡张庄、刘台 3 个村队办骨干育苗基地 21 公顷。1985 年，全区育苗面积增至 181 公顷。1986 年，市区投资 60 万元，建立了 8.7 公顷的区林果良种场，新育苗 4.5 公顷，为市、区重点绿化工程和乡村户繁育、供应绿化乔木 21 万株，在林业优种化生产上发挥了骨干作用。

稳定育苗面积　由于耕地面积的逐年减少，苗圃面积亦随之减少。2002 年，由于绿化工程的需要，是年新育苗 81.8 公顷。2006—2010 年，每年育苗面积稳定在 112.4 公顷。

第二节　植树造林

一、农田林网建设

1979 年 3 月 12 日，全国第一个植树节，区组织全民开展植树造林运动。1980 年 5 月，区重建绿化委员会。1980—1982 年，区组织全区林业资源调查和区划，掌握全区林业资源的实际情况，为林业发展方向提供科学依据。1981 年，区发布《关于确权发证落实林业生产责任制方案》文件，加速林业建设的步伐。1983 年，区发布《关于进一步开展全民义务植树运动的安排意见》和《植树造林技术章程》，公社与村队签订绿化合同，重点绿化新地河水库。1984 年，区印发《关于开展全民义务植树运动的实施办法》和《关于加强林木保护管理》布告。是年，建成贯庄、邢圈、赵沽里 3 个绿化村。1985 年，重点绿化一田（新立村南方田农田林网），二河（新地、海河），四路（津北、赤海、振兴、赤新公路）。1986 年，重点绿化一个学校（增兴窑小学），一个村（赵沽里村），一条路（增兴窑街道），一条河（金钟河北于堡堤岸），一条农田林网（么六桥二站灌区农田林网），一个花园式单位（建委庭园）。1987—1989 年，区制定领导干部任期目标绿化责任书、乡镇街绿化保证书，广泛宣传《中华人民共和国森林法》及《实施细则》。区建立外环线绿化带建设指挥部，采取大坑、大水、大苗、大绿等技术措施，全面完成外环线绿化带重点工程建设，推动全民绿化向纵深发展。1989 年，实施津塘公路绿化工程建设，采取公路两侧筑台田，开沟深栽等技术措施，成活率达 82%，为低洼盐碱地造林开拓了一条新路。

1979—1990 年，区不断加大各项植树造林政策的落实及苗木市场的放开力度，农村和农民植树造林积极性普遍高涨。全区累计植树 534.9 万株，年均植树 44.57 万株。

1990 年，全区农田防护林面积比 20 世纪 80 年代初期增加 1334 公顷，达到 2019 公顷。全区主要道路及一、二级河道两侧都建有林带，90%以上的乡村公路两侧都有单行的林带，田间主要排灌渠两侧都栽有林带。农田林网的发展使区农业自然灾害逐年减少。

二、规范化科学化植树造林

20 世纪 90 年代，全区植树造林向规范化、科学化方向发展。1992 年，区提出“有路就有树，有树就成林”的要求，完成了津塘公路三条放射线的绿化，驻区单位落实义务植树小班登记卡制度。1993 年，响应市政府“人人尽义务，绿化天津市，迎接世乒赛”的号召，区五大机关承包新地河水库重点绿化工程，做到包栽、包管、包成活，一定三年不变。1994 年，坚持速度、质量、效益三同步，完成京津塘高速公路两条放射线一期工程，层层签订植树绿化责任状，绿化任务与各级干部政绩考核挂钩。1995 年，以质量为中心，全民绿化植树，完善义务植树资金提取使用管理办法，抓重点工程，以点带面，完成市、区 6 项重点绿化工程。1996 年，响应市委、市政府“全民动员大干三年使天津绿起来”的号召，区乡村层层签订绿化责任书，实行首长责任制。抓重点工程以点带面，优质完成了京津塘高速公路屏障、杨北路、赤土一至四库和东丽湖大学生义务植树基地重点绿化工程，植树 8.5 万株。全区 43 万株植树任务，春季一季完成。1997 年，完成京山铁路、东减河造林、东丽湖大学生义务植树基地等 10 项重点绿化工程，共 17.3 万株。探索城郊接合型、生态环境型、庭院经济型和企业花园式单位 4 种绿化新路，植树 2 万株。1998 年，驻区部队、武警医院、武警医学院、边防检查站和区五大机关干部 570 人在外环线李明庄段共建“双拥林”，植树 3000 株。1999 年，按照大都市农业定位，以塑造大都市形象为主调，重点绿化、美化公路、村庄、单位、景区，共植树 12.3 万株，为改善区生态环境和投资环境起到良好的作用。2000 年，落实区改善人民生活十件好事的“百村百林”工程，有 44 个村完成任务，造林面积 59.5 公顷，植树 2.92 万株。完成京津塘高速公路绿化工程示范面积 227 公顷。启动东丽湖森林公园一期工程，共造林 3.6 公顷，植树 0.8 万株。

三、实施造林重点工程

（一）概况

21 世纪初期开始，区各级政府重视林业工作，落实林业相关政策，筹措林业建设资金，组织实施京津塘高速公路绿化带建设工程、津滨高速公路绿化建设工程、外环线外侧绿化带建设工程、津蓟高速公路绿化带建设工程、京津塘二线高速公路绿化带建设工程、津塘公路迎奥运绿化工程和东丽湖大绿工程等一批市、区级造林重点工程。

2001—2010 年，全区新造林面积达 2438 公顷，其中，更新改造林地 670 公顷，森林覆盖率由 1998 年的 8.1%提高到 2010 年的 15.6%。为确保造林质量，区林业管理部门制定《造林重点工程苗木招投标制度》《造林重点工程管理办法》《造林重点工程监理制度》《造林重点工程技术规程》等相关政策，推广应用了盐碱地适生树种的引进、保水剂的使用、土壤改良办法的先进造林技术。通过实施造林重点工程，增加林地面积，提高森林覆盖率，改善了城市生态环境。

（二）造林重点工程简介

外环线绿化带工程 天津市重点绿化工程，区境内全长18.24千米，平均宽度480米，途径4个乡镇16个村。1987年春动工，1989年4月竣工。开挖外边沟及干渠18.5千米，开挖疏浚斗、毛渠41.68千米，改造菜田167公顷，完成水利配套工程64项，平整渔池台面100公顷。绿化带内挖渔池136公顷。内外侧主副林带全长23.9千米，栽植乔木2.9万株；副林带长1.72千米，植树562株；完成9个环村（厂）林绿化，植树1824株。另栽植灌木3.03万株，栽植果树228公顷，共栽植20.16万株。市区乡村共投资735.6万元，投入劳动日26.9万个，出动机械153台，完成土方276.38万立方米。

津塘公路绿化工程 天津市重点绿化工程，1989年冬设计规划，1991年春竣工。区境范围自三号桥起至塘沽区中西村止，单程全长17.26千米。绿化地段分为7个类型、61个小班，绿化总面积为21.9公顷。两侧经新立村、小东庄、军粮城、李庄子3乡1镇。完成土方工程10.13万立方米，市区投资50万元，栽植乔木1.97万株、柳撅1100株、紫穗槐1.5万株。

东丽湖水库绿化工程 天津市重点绿化工程，1985年开始修建东丽湖度假村，栽植果树4.4公顷。1991—1994年，组织全区机关干部和市大专院校师生参加义务植树劳动。绿化西堤、北堤、植树2万株，树种为榆树、白蜡、柳树、槐树、紫穗槐等。1995年，市委书记高德占率领60余名市直机关干部参加义务植树活动，连同大专院校师生共植树3万株。

2003年市区重点造林工程 外环线100～200米绿化带生态林工程，造林98.1公顷，植树6.6万株，成活率89%。京津塘高速公路绿化带生态林扩建工程，造林71.4公顷，植树5.5万株，成活率75%。津滨高速公路绿化带生态林工程，造林43.9公顷，植树3.7万株，成活率87%。东丽湖“大绿”工程，造林10公顷，植树1万株，成活率90%。

迎奥运津塘公路绿化工程 天津市重点工程，2007年启动，2008年竣工。绿化施工总面积为112.8万平方米。区境内沿线节点公园共新建、改造提升8处，其中，新建丰年村节点公园2.9万平方米、东联节点公园4800平方米、小东庄节点公园8300平方米、袁家河节点公园5万平方米，改造提升新立节点公园8300平方米、无瑕节点公园5.67万平方米、天钢处节点公园、天一摩尔节点公园。津塘公路沿线河道、公路桥下进行绿化改造，对四号桥河道、中河、东河南北各200米、西河两侧1900米进行绿化提升，共完成3100米河道绿化工程。区境内绿化工程全线种植常绿乔木4.2万株、乔木15.4万株、灌木77.5万株、色带68.73万株、花卉79.67万株，铺设草坪88.84万平方米。

津滨、京津塘、津蓟、京津塘二线高速公路绿化工程 天津市重点绿化工程、市政府民心工程。2007年，区林业管理部门完成实地测量和设计工作。2008年，主管领导和专业技术人员对施工单位资质进行严格审查，按工程设计要求施工，严把工程质量关。为提高绿化树木成活率，共开凿机井20眼。

区境内津滨高速公路完成绿化面积100.15公顷，栽植乔、灌木24.43万株；京津塘高速公路完成绿化面积122.52公顷，栽植乔、灌木20.73万株；津蓟高速公路完成绿化面积30.91公顷，栽植乔、灌木14.75万株；京津塘二线高速公路完成绿化面积19.44公顷，栽植乔灌木5.42万株。

4条高速公路共完成绿化总面积273.02公顷，栽植乔、灌木65.33万株，完成模纹栽植2048平方米。实施津滨等4条高速公路浇灌井、排盐、给水管网铺设等工程，高质量地完成了4条高速公路绿化任务。

2009年，区林业管理部门继续推进津滨等4条高速公路绿化工程建设，顺利完成4条高速公路绿化和苗木的正常养护任务，树木成活率在98%以上，并组织完成各项工程的核验工作。

2010年，“天津植树日”期间，区组织领导机关干部和驻区官兵300人参加“军民共建双拥林”义务植树活动，植树1100株。是年3月21日，区召开高速公路及外环线绿化工程管护工作会议，提出对苗木补植、涂白、修剪、病虫害防治、肥水管理、台面卫生除草防火等各项要求。按期完成13.5公顷绿化苗木养护、病虫害防治和除草灭荒工作。

第三节 果树果园

一、面积产量

（一）果园面积 1979年，全区果园面积56.7公顷。20世纪80年代，实行农业生产责任制，果树面积显著增大。1985年，果树面积达172.2公顷，比1979年增加115.5公顷，增3倍。1987—1988年，外环线绿化带的建设，推动了全区果树生产的发展。1990年，果树面积368.3公顷，比1985年增2.14倍。90年代，区贯彻市委、市政府“服务城市，富裕农民”的发展战略，推动农业产业结构调整，把发展果树列为重点。果园主要分布在新立镇、程林街、大毕庄镇、赤土镇，占全区果园面积的78.5%。1994年，全区有果园37个，平均面积10公顷。2000年，果树面积426.1公顷，比1990年增15.6%。进入21世纪，造林工程的实施及先进科技的推广，推动全区果树生产发展。2005年，果园面积702公顷，比2000年增64.8%，为1979年的12.38倍。2010年，全区耕地面积量大幅减少，果园面积仍有297.7公顷，比1979年增5.25倍。

（二）果品产量 1979年，全区果品总产量121.3吨。1981—1990年，年均产量750.38吨。1991—2000年，年均产量3742吨。2001—2010年，年均产量7355.9吨。2003年，果品总产量高达1.07万吨，创区果品产量历史最高水平，比1979年增1.060万吨，增88.42倍。2010年，全区果品总产量5181吨。

二、果树品种

20世纪80年代，全区果树主栽品种为苹果、桃、梨、葡萄。90年代，全区果树有10种，94个品种。

苹果：红星、国光、金冠、祝光、白龙、红玉、倭锦、鸡冠、印度、胜利、玉林、红魁、葵花、黄魁、辽伏、秦冠、玉霞、赤阳、金丰、国庆、红富士、玫瑰红、乔纳金、红元帅、金矮生、红津轻、世界1号、短枝金冠、甜黄魁、燕山红、石红、短枝新红星。

桃：白凤、久保、岗山白、庆丰、五月鲜、岗山500号、蟠桃、桔早生、天津水蜜、津艳、六月白、离核水蜜、垛子 2 号、北京 2 号、绿化 9 号、春蕾、上海水蜜、早熟桃、北京 14 号、小林水蜜、深州水蜜等。

葡萄：玫瑰香、蛇龙珠、先锋、巨峰、白香焦、黑奥林、乍娜、早生高墨、里查马特、龙宝、凤凰 52、黑旋风、红瑞宝、伊豆锦、白鸡心、红鸡心、白莲子、龙眼等。

梨：雪花、20 世纪、晚山吉、莱阳茌梨、鸭梨、京白、长十郎、蜜梨、砀山酥梨、平顶香、鸭广梨、早酥、巴梨、锦丰。

枣：金丝枣、梨枣。

红果：大金星。

李：盖县大李。

杏：海棠、沙果。

进入 21 世纪，区林业管理部门科技人员指导农民引进推广产值高、经济效益显著的果树优良品种。主要品种：美国红提葡萄、木瓜枣、白玲枣、金丝 4 号枣、冬枣、赞皇金丝大枣、黄金梨、金太阳杏、女神梅李等。

三、果园建设

（一）经营方式　20 世纪 90 年代，全区果园经营方式，有集体承包、联户承包、专业户承包。

（二）家庭果园　1987 年，区内家庭果园发展，已成为庭园经济的组成部分。1988 年，全区有家庭果园 70 个，面积 10 公顷，户均 2.14 亩。1995 年，全区有家庭果园 84 个，面积 33.2 公顷，户均 5.9 亩。21 世纪初，由于整体撤村等原因，家庭果园随之消失。

（三）果园选介

华明街道魏乃群种植园　1982 年建园，坐落于华明街道赤土村。占地面积 2.67 公顷，投资 80 万元。该园在品种上选用品质优良、适应性强、耐旱、耐寒、耐瘠薄、树势强健、结果早、高产稳定、管理简便、经济效益高的赞皇金丝大枣。在栽培技术上采用人为控制树冠矮密栽培法，行距 2 米，株距 1.5 米，每亩实栽 230 株。在田间管理上采取增施肥料、适时浇水与排涝、及时做好枣树整形和修建、及时加强枣园土壤管理等措施。平均亩产鲜枣 1.6 吨，年总产 50 吨。

天津滕绿农业科技发展有限公司　2009 年始建，坐落于无瑕街道小北庄村。园区占地 20 公顷，投入资金 500 万元。主要种植品种为巨峰葡萄，设施类型为竹架大棚，年摘葡萄 50 吨。该园已申报天津市无公害农产品鲜食葡萄产地认证。

天津市滨海瑞捷农业技术开发有限公司　2009 年 12 月建园，坐落于新立街道泥窝村。园地占地 33.4 公顷，投入资金 600 万元。主要种植品种为葡萄，设施类型为竹架大棚，年采摘葡萄 400 吨。该园已申报天津市无公害农产品鲜食葡萄产地认证。

1979—2010 年东丽区林业生产情况统计表

表 10-6

项目 / 年份	年末实有育苗面积（公顷）	当年植树（千株）	年末四旁林木（千株）	新造林面积（公顷）	当年采伐（立方米）	果园面积（公顷）					鲜果产量（吨）
						合计	葡萄	枣	苹果	桃及其他	
1979	166.7	1148	4470	—	689	56.7	3.3	0.4	23	30	121.3
1980	138.3	728.3	3316	—	56.5	78.1	3.3	0.4	35	39.4	158.3
1981	97.6	368	2683	—	166	96.4	3.3	0.4	46	46.7	235.9
1982	87.5	402	2289	—	134.4	109.7	3.3	0.4	47.9	58.1	230.2
1983	113.7	356	2837	—	36	89.9	3.7	0.4	36.9	48.9	476.4
1984	165.5	419.7	3257	—	37	90.9	5.7	0.4	36.9	47.9	326.2
1985	180.9	392	3540	—	40.6	172.2	64.5	3	50.8	53.9	663.6
1986	166.7	371	3303	—	64.5	150.6	54.4	0.3	48.9	47	626.8
1987	162.3	324	3355	—	232	169.1	57.1	3.3	60.1	48.6	825.4
1988	154.4	281	2718	—	167	306.2	70.2	3.1	151.1	81.8	1142.7
1989	143.5	280.3	2203	—	69	376.8	62.1	5.6	214.9	94.2	1341.6
1990	123.9	279	2331	—	93	368.3	67.9	0.5	211.5	88.4	1635
1991	97.4	279	2794	—	12	375.2	62.5	0.7	222.1	89.9	1548
1992	72.4	300	3152	—	47.2	373.9	59	2.3	218.5	94.1	1669.5
1993	64.6	442	3517	—	125	362.9	53.9	0.9	211.3	96.8	2124
1994	50.7	584	4159	—	261.7	369.5	56	1.3	233.8	78.4	3051
1995	76	574	3630	—	25	361.6	62.7	0.2	225.6	73.1	4455
1996	41.6	430	3209	—	31.8	350.5	65	5	214.4	66.1	4547
1997	39.5	412	3976	—	33.6	356.9	65.3	5.9	210.8	74.9	4075.3
1998	41.9	381	3718	—	239	346.9	96.9	2.6	121.8	125.6	4907
1999	42.1	400	3256	—	41.5	417.1	170.5	15	159.9	71.7	5343
2000	42.1	255	3393	—	35	426.1	162.7	42.6	150.4	70.4	5700
2001	58.9	305	3306	411	255.4	500.1	179.1	83.5	137.5	100	6303
2002	135.9	224	3464	205	3391	543	222.1	110.5	112.2	98.2	7773
2003	136.7	241	3657	273	750.3	715	251.1	203.4	81.7	178.8	10725
2004	106.1	169	3852	149	4326.2	636.4	230.5	148.9	78.7	178.3	7853

续表 10-6

年份＼项目	年末实有育苗面积（公顷）	当年植树（千株）	年末四旁林木（千株）	新造林面积（公顷）	当年采伐（立方米）	果园面积（公顷）					鲜果产量（吨）
						合计	葡萄	枣	苹果	桃及其他	
2005	112.4	116	3399	108	350.6	702	235.9	210.7	66.5	188.9	7000
2006	112.4	113	3726	105	2363.2	683.4	199.7	221	65.8	196.9	9710
2007	112.4	149	416	137	5322.3	488.4	187.3	120.5	56.4	124.2	6687
2008	112.4	1261	419	457	532.1	386.4	173.1	85.3	28	100	6570
2009	112.4	297.4	442	235	5006.8	232.1	112	64.7	12.7	42.7	5757
2010	112.4	395.7	442	358	2020.3	297.7	113.3	104.8	12.7	66.9	5181

第四节　林木保护

一、管理机构

区农林局为林木保护管理机构，内设林业科，负责种苗培育调配、林木种植、规划和管护工作。1979 年，全区 61 个生产大队建立了林业队（组），大队设立护林员，加强林木管理。1980 年 5 月，区重建绿化委员会。是年，各乡镇配备专职林业员。1990 年，区建立森林植保检疫站。1991 年，全区 8 乡 1 镇建立了林业工作站。2005 年，区成立林业专项行动办公室。

二、依法治林

（一）颁布管护法令　1981 年，区制定《关于林木确权发证落实林业生产责任制方案》。1984 年，区发布《关于加强林木保护管理的布告》。1987 年，区颁布《关于加强幼树管理的意见》。2009 年，区编制《东丽区生态公益林管理办法》。

（二）林权管理　1981 年，区制定《关于林木确权发证落实林业生产责任制方案》。区政府为保护林业产权，明确规定国家、集体、个人所栽植的树木，其权属谁栽归谁所有。按照《中华人民共和国森林法》规定，核发林权证书。

（三）采伐管理　区农林局按照《天津市林业采伐管理办法》规定，坚持采伐限额，严格采伐手续。由区农林局对申报树木采伐的单位或个人，进行实地勘察，对树种、数量、面积、范围及权属进行核实，后发给准予采伐证书，并监管采伐的全过程，确保每年采伐量控制在市林业局下达的指标内。

（四）严惩毁林案件　20 世纪 80 年代，区贯彻执行国务院《关于坚决制止乱砍滥伐森林的紧急通知》，强化林业管理职能，采取经济、法律和行政手段强化林政执法力度，对违章砍伐林木案件，给予严肃查处。1988 年，对南河庄、向阳村农民盗伐林木事件的主要责任者，给予了严惩。

对南于堡、四合庄、大安村、南孙庄违章乱砍滥伐者，均给予经济处罚。90年代，全区查处毁林案件32起，其中重大案件4起。2001—2010年，全区查处毁林案件31起，其中重大案件3起。2003年，大东庄一村民趁空港物流功能区建设之际盗伐林木130株，折合蓄积20.8立方米，移交区公安机关，被区法院判处有期徒刑3年。

三、保护野生动物

区在贯彻《中华人民共和国野生动物保护法》工作中，推行野生动物驯养许可证制度，审批驯养繁殖野生动物项目2个，依法完成对饲养黑天鹅、猴、袋鼠等野生动物的审批工作，对12家饲养野生动物的企业进行年检。做好迁徙候鸟的监测工作。

2001—2010年，区林业管理部门查处滥捕鸟类案件24次，没收销毁捕鸟网具82件套，放飞灰鸥、灰背鸥等鸟类1.06万只，没收掩埋死鸟2000只，对重大案件当事人移交区公安机关处理。其中救护候鸟5只，救护放飞国家二级和市重点保护鸟类20只，救护放飞因迷途受伤的野生鸟类27次32只。由于保护野生动物资源，打击破坏野生动物资源的犯罪活动，区林业管理部门以“加强野生动物保护，促进生态文明建设”为题，申报“斯巴鲁”国家级野生动物保护先进集体。

四、森林保护

（一）林产品检疫　区林业管理部门加强林地资源管理，开辟进区木竹制品的检疫工作。20世纪90年代，林政执法人员统一着装，佩戴执法证，坚守张贵庄火车站对林产品进行检疫，后又开辟军粮城火车站、大毕庄火车站开展检疫工作，累计检疫4000车木材。

（二）苗圃产地检疫　严把苗木进区关。1993年，对区内外苗木产地，建立检疫档案，开具检疫证21份，共30.7万株苗木。1996年，对154公顷苗木进行产地检疫。2008年，苗木产地检疫8万株，调运检疫2万株。2010年，苗木产地检疫20万株，开具检疫证1000件，确保无检疫害虫的传入和传出，苗木产地检疫率达100%。

（三）病虫害监测与防治

防治榆树金花虫　1979年始，区内榆树金花虫蔓延成灾，危害面积达百分之百，轻者榆叶成网状，重者植株死亡。1981年，进行防治榆树金花虫的药效试验，取得一定成效。1982年，利用金花虫老熟幼虫群集化蛹规律，组织5600人次，扫蛹45.3万个，收到防治效果。1983年，组织67个专业队，出动1800人次，两次用乐果涂干、针剂注射、喷药防治金花虫165万株。1984年，防治117万株，防治效果80%以上。1989年，用呋喃丹埋根防治，效果在85%以上，榆树金花虫危害得到控制。

防治绒毛白蜡梣小吉丁虫　1991年始，白蜡树小吉丁虫危害严重，列入重点检疫对象。当年，组织5个专业队，动用74台高压喷雾器和背负式喷雾器，防治400公顷10万株白蜡树和10公顷苗圃10万株苗木，防治效果在85%以上。

防治网幕毛虫　1997年，全区5个乡镇31个村和8个驻区单位发生第一代、第二代网幕毛虫，发生面积374公顷，发生株数50万株。为杀病虫备用农药2.4吨，出动车辆181车次，组织人员550人次，防治面积567公顷，防治效果在90%以上。

防治美国白蛾 2000年，区首次将防治美国白蛾纳入工程管理，拟订“歼灭第一代，基本控制第二代，补治第三代”的计划。2001—2010年，逐年均将防治美国白蛾列入重点工作。其间，备生物农药66吨，出动车辆1.26万车次，组织药械1573台次，设监测点12个，放置测报灯12盏，参与防治人员1.43万人次，区拨入专项资金280万元，防治面积累计2.69万公顷。经10年的连续防治，全区没有发生美国白蛾疫情的传播和蔓延，防治率达100%，防有虫株率达0.1%以下国家防治标准，通过了市专家组织的检查验收。

在对林业重点虫害有效防治的同时，对春尺蠖、国槐尺蠖、六星黑点豹蠹蛾、沟框象、舞毒蛾和杨树烂皮病等进行监测预报及防治，有效地保护森林资源。

第六章　农业机械

东丽区农业机械化的发展在改革开放中探索前进并开拓创新，取得多方面的成就和历史性进步。1979—1990年，经体制转换，市场在农业机械化发展中的作用逐渐增强。国家允许农民自主购买、经营和使用农业机械，农民逐步成为投资和经营农业机械的主体，农业机械多种经营形式并存，集体所有的拖拉机实行承包经营。1991—2000年，通过市场引导，农村劳动力开始出现转移趋势，农村季节性劳动力短缺的趋势显现，区农机管理部门组织跨区机收服务，使联合收割机利用率和经营效益大幅度提高，高效率的大中型农机具出现恢复性增长。2001—2010年，区农业机械科技发展进入依法促进、自主创新阶段，科技化水平不断提高，推动农机推广体系改革与建设，使农机化服务的社会化、市场化进程加快，形成健全的农业机械服务体系。

第一节　农业机具

一、农具

1979年，区内农业生产仍使用靠畜力牵引的耠、耙、耧等传统农具及人力操作的镐、锨、锄等小型农具。1980—1990年，随着农业机械化水平和农业生产综合机械化作业率的提高，大型传统农具逐渐淘汰。2010年，传统农具中的镐、锹、耘锄、平耙、四齿、镰刀、划拉子等小型农具仍延续使用。

二、农机

1979年，全区拥有拖拉机1590台，农用排灌动力机械5048台，农用载重汽车310辆。1980—1982年，随着农村土地承包制的完善，开始发展农户经营农机，农户拥有拖拉机8台。1983年，中共中央1号文件的贯彻落实，户营农机模式蓬勃兴起，农户拥有拖拉机数量增至399台，占全区拥有量的27.9%。1989年，农户拥有拖拉机量达1618台，占全区拥有量的83.6%，已占农业机具的主导地位。

1979 年，全区拥有农用载重汽车 310 辆。1990 年，增至 4644 辆，为 1979 年的 15 倍。1996 年，增至 5790 辆，比 1995 年增长 24.7%，拥有量创区历史最高水平。

1979 年，全区农机总动力为 18.85 万千瓦。1995 年，增至 73.98 万千瓦，为 1979 年的 3.92 倍，创区内农机总动力最高水平。其中，耕作机械动力 5.43 万千瓦、排灌机械动力 5.77 万千瓦、运输机械动力 56.34 万千瓦、拖拉机机械动力 5.39 万千瓦、农用水泵等机械动力 1.03 万千瓦。

2000 年始，由于农业结构调整及国家建设占用耕地等原因，全区农机拥有量锐减。2000 年，农机总动力减至 48.45 万千瓦，为区内鼎盛时期 1995 年的 65.5%。2010 年，减至 21.97 万千瓦，为 1995 年的 29.7%。

1979—2010 年东丽区农业机械化情况统计表

表 10-7

项目 年份	农业机械总动力（千瓦）	拖拉机拥有量		农用排灌动力机械		农用载重汽车		农用水泵
		（台）	（千瓦）	（台）	（千瓦）	（辆）	（千瓦）	（台）
1979	188534	1590	44424	5048	77162	310	26299	2913
1980	173909	1672	58168	5138	81477	396	36975	2946
1981	246075	1637	54107	5131	71942	641	61337	3402
1982	296698	1449	51594	5189	67437	1137	127296	3402
1983	356840	1432	55781	5449	69101	1408	165057	3222
1984	406474	1275	52022	5220	70783	1881	209777	3657
1985	401702	1400	59471	4889	64304	2217	258593	3504
1986	414277	1782	75983	4995	82878	2600	319075	3351
1987	454622	1934	85059	5527	80576	2995	346589	3700
1988	505368	1921	63567	6856	56599	3169	284079	3512
1989	692704	1869	84867	4650	66994	4376	519837	2901
1990	593106	1826	57494	5623	58418	4644	425551	4112
1991	562028	1827	43693	5621	53423	4562	407067	3935
1992	597019	1889	47362	5466	56560	5129	434200	4372
1993	681938	1974	51615	5209	54537	5617	512886	4240
1994	692573	1777	52738	5209	54537	5792	525634	4257
1995	739750	1572	53860	5289	57715	5766	555259	4474
1996	700801	1490	51788	5309	58511	5790	512030	4485
1997	661838	1258	40933	5126	57896	5463	465242	4351
1998	676607	1377	50230	5603	63753	5685	459482	4849

续表 10-7

项目 年份	农业机械	拖拉机拥有量		农用排灌动力机械		农用载重汽车		农用水泵
	总动力（千瓦）	（台）	（千瓦）	（台）	（千瓦）	（辆）	（千瓦）	（台）
1999	635267	1369	50092	5567	63557	5165	411486	4813
2000	484511	1128	39170	5568	61999	4646	339078	4818
2001	482822	1141	39726	5528	61566	4541	337268	4788
2002	466003	1080	36613	5528	61584	4413	323637	4793
2003	464374	1029	35072	5576	60082	4426	322124	5021
2004	449223	957	30329	5123	55272	4171	301672	4957
2005	444351	938	29805	5069	54525	4151	299377	4857
2006	414738	676	20280	4832	51663	3923	282792	4795
2007	409263	652	19361	4800	51248	2890	279291	4768
2008	369880	554	16490	4710	50496	3417	247297	4648
2009	314856	472	14017	4005	42923	3748	269856	3951
2010	219664	331	9811	2811	27967	4374	314928	2766

说明：农业机械总动力 1979 年至 1987 年为马力

第二节　农机作业

一、农机作业转型

（一）社营农技站改变经管方式　1979 年，人民公社社营农技站虽开拓了农村运输和为社员服务的内容，但单一农田作业状况尚无大的突破。尔后，转变观念开展一主多副的作业模式。随着村营农机队的发展，实行定额奖赔、联产计酬、包机到人、小段包工、两级承包责任制，开创统一经营与分散经营相结合的双层经营模式。

（二）农机专业户为农户服务　1983 年始，农机专业户为农户提供全套服务。1985 年，大杨村农机户傅明来利用一台铁牛 55 型拖拉机，为周边农户耕地 320 公顷。1986 年，傅明来联合 3 个农机户，为农民耕地 1027 公顷。赤土新村魏乃运拥有东方红 20 型拖拉机 2 台和配套农具 6 件，为新村 95%的农户提供耕、耙、播、中耕、培土、施肥、耠青及收运等系列化作业全套服务。

二、农机作业更新

（一）服务水稻生产向服务旱田作物转变　1979—1999 年，农机作业以水稻生产为主。2000 年始，由于水源减少，改种旱田作物，农机作业则向服务玉米、高粱、大豆、棉花等旱田作物耕作转变。

（二）秸秆还田作业　1999 年，投入秸秆还田机 15 台进行还田作业。1000 公顷玉米、高粱，过腹还田 333 公顷，秸秆还田 667 公顷。采取人工摘穗、秸秆粉碎机粉碎秸秆，翻耕地模式，焚烧率 100%。

1999 年，农机秸秆还田作业

2000 年，农机为稻改旱机耕服务

（三）农机作业向设施农业转变　2009 年，全区已推广各类先进、适用农业机械 660 台（套），其中园区和设施农业机械 415 台、畜牧水产养殖机械 210 台、物理农业设备 25 台、其他机械 10 台套。为适应建设高科技农业、园区农业、设施农业、生态农业、休闲观光农业及以农产品加工物流业为主的高效现代农业的发展，区农机作业已向设施农业和畜牧水产养殖业转变。

三、农机跨区作业

2000 年，区首次组织 7 台联合收割机赴武清区进行跨区作业。历时 9 天，机收面积 67 公顷。2003 年，区农机局组织 3 台联合收割机，赴秦皇岛、唐山、抚宁等地区进行水稻机收作业，每台机械纯收入 4 万元。跨区农机作业服务，取得较好的社会效益和经济效益。

第三节　农机管理

一、集体经营时期管理

（一）生产管理　1979—1983 年，区农机管理部门下达任务指标，乡镇农机站将任务落实到村队，由乡镇农技站监督执行。

（二）劳动管理　乡镇农技站职工实行工分加补贴制，村队农机手农忙上机、农闲务农，劳动报酬比同等农民略高。

（三）机务管理 执行市局制定的技术保养升级赛的办法，按月分季定期检查车质，分级挂牌。1981年，开展机具技术状态、机手技术水平、农机安全生产、生产责任制、经济效益优异“创五优”活动，推动农机管理工作创新发展。

二、农户经营时期管理

（一）建立农业机械监理站 1995年区农业机械车辆管理站更名为东郊区农业机械监理站，形成区、乡、村三级健全的安全管理体系。

（二）实施农机法规管理 农机机械监理站组建后，严格施行《天津市拖拉机上公路驾驶员考试规定》《天津市拖拉机非城镇、非公路事故处理的暂行规定》《天津市拖拉机驾驶员违章处罚规定》《农用拖拉机驾驶员安全监督管理规章》《拖拉机及驾驶员实行日上站制度》《天津市农业机械安全监理规章》和国务院、农业部、公安部、交通部制定的交通安全管理法规，区内农机事故率、重大伤亡率逐年下降。

三、信息化管理

（一）外引内联 20世纪90年代初期，农机化管理重点工作是抓春耕、春种、三夏、三秋及农田基本建设。为改变区内滞后的收割方式，区农机部门购置了2台收割机和2台联合收割机，在区内进行机械收割作业。80年代末，农机服务市场化不断深入，跨区作业应运而生。1988年，区接待外省市联合收割机10台，在区内进行水稻机收服务，实现机收面积54公顷。1999年，组织75台（区55台、外埠20台）联合收割机，在区内机收面积2534公顷，机收率达40%，提高了机械化水平。

1999年，引进联合收割机

（二）跨区作业 2003年，区内水稻面积减少，联合收割机闲置。农机管理部门多方联系，掌握外省市机收需求情况，组织养机户参与跨区作业。

第四节 农机服务

一、服务体系建设

（一）农机协会 1979—1985年，开展乡镇服务组织建设，采用管理与鼓励相结合的方法，促使村队、农户为农田作业服务。村队个体农机户成立农机协会，把松散农机户集中起来，实行自我管理、统一服务，为农业生产提供耕、耙、播、中耕、培土、施肥、耠青、收运等系列化服务。

（二）农机化服务网络 1985—2000年，以区农机局为龙头，乡级农机管理服务站为枢纽，村农机服务队、农机协会为基础，建立农机化管理服务网络。作业服务采取统一组织、作业、供油、收费“四统一”服务方法。农机协会执行作业合同制、会员按作业合同进行作业服务，农户进行验收签认，协会统一收费、发放作业费和油料费。2000年，全区农机服务组织发展到93个，农机户3141户，农机服务专业户1327户，农机修理网点17个，从业人员276人。全区建立12个农机先行村、3个市级先行村。农机服务涉及农业生产、农民生活、农村建设等领域，覆盖面遍及全区乡村。

二、专业化服务

（一）新型农机经营大户 2004—2005年，随着农机作业的发展，农户对农机需求的转变，涌现7个融资20万元以上新型农机经营服务大户，农机服务项目包括收获、秸秆还田、春耕犁耙播等。

（二）农业作业服务社 2006年6月，成立区农机作业服务社，以14个农机大户为基础，以农机维修、农机配件供应单位为补充，按自愿、民主、平等、互利原则组建。服务社拥有拖拉机28台，配套耕作机械49台，融资360万元。全年作业面积214公顷，作业收入41.2万元，户均收入2.91万元。

（三）农机专业合作社 2008年1月，区内建立工商部门登记、具有法人资格的“利农农机专业合作社”。合作社核心成员5户，带动农机大户16户，与107个种田大户签订服务合作协议，合作社农机化作业量占全区作业量的30%。合作社投入资金88.31万元，购置大中小型拖拉机及微耕机18台、购配套机具22台，培训各类农机技术人员410人次。具备机耕、机播、机收、运输及农田建设等“一条龙”的作业服务能力。2009年，合作社进行耕、旋和播种农业作业面积累计达5667公顷。

三、农机具维修

1998年，区农机管理部门为10家农村机械维修点发放合格证书。2010年，区农机管理部门及6家农机维修点协助街乡和村户检修农机具主机613台（次），检修配套农具750台（件）。保证了春耕、三夏、三秋农机服务生产的进行。

四、下乡服务

2010年，区农机管理部门组织全区农机主机及配套农具1063台（件），坚持下乡村服务，并为区重点农业工程、设施农业园区、畜牧水产养殖小区和农机户提供先进适用的农机新技术、新信息和业务指导，帮助解决农业生产中存在的技术难题。

五、农机培训

1979年10月，建立区农机培训班，开始规范化的农机技术培训。1987年9月，区农机培训班被农牧渔业部授予“全国农机培训先进单位”。1989年10月，被农牧渔业部授予“1988年度全国成人教育先进单位”。1990年12月，建立区农机化技术学校。1979—1995年，共培训各类农机驾驶员3658名。

2000年1月，区农机化技术学校转变办学观念，明确办学宗旨，严格教学管理，提高办学质量，通过了天津市车辆管理所关于社会力量办学资格认证验收，使农机培训在市场竞争中稳步发展。2002年，培训合格农机驾驶员58名。

2003—2010年，随着区城镇化建设和滨海新区功能区占地，耕地面积大幅度减少，从业农机队伍明显减缩，多数拖拉机驾驶员改驾汽车或改行。农机化技术学校，步入汽车驾驶培训的主流。其间，共培训汽车驾驶员3000名。

第七章　沿海都市型现代农业

东丽区农业工作以建设沿海都市型现代农业为目标，以增加农民收入为核心，以实现农业园区化、设施化、标准化、规模化、产业化为突破口，以发展特色农业、生态农业、效益农业、创汇农业为主攻方向，扩大农业对外开放，不断提高农业劳动生产率、科技贡献率和土地产出率。推进以花卉、食用菌为主导产业的园区建设和循环农业示范园区、特色产业示范园区建设。以华明现代农业产业园区为重点，全面加快推进现代化农业产业园区建设，提升沿海都市型现代农业、特色农业发展水平。

第一节　农业产业化建设

一、制定实施意见

1998年6月，区为适应农村经济发展的新形势，根据市农业产业化工作会议部署，制定《关于农业产业化建设的实施意见》，就1998—2000年农业产业化建设提出具体要求，制定《东丽区扶持农业产业化龙头项目的优惠政策》。

二、继续调整农业产业结构

1999年，为实施农业产业化建设，继续调整农业产业结构，压缩低效益品种的生产规模，扩大经济作物面积，增加优质、特种畜禽和水产品养殖比例。兴建3个农业科技示范区，实施8项示范工程和9项实验示范推广项目，发展10个农产品加工企业，提高农产品科技含量，推动农业产业化进程。

三、实施“36420”工程

2000年，全区为加快农业产业化进程，启动“36420”工程。华泰等3个农业科技示范园基本建成，葡萄、大枣、花卉、观赏鱼等六大基地扩大了规模，兴建了4个鲜活农副产品水产品市场和国顺肉联厂等20个农业产业化龙头项目。全区调减粮食种植面积1400公顷，增加美国红提葡萄、以色列彩椒、荷兰火鹤等优质高效的经济作物。畜牧业引进肉鸽、野鸭、香猪、鸵鸟等名特优新品种。全区特种养殖品种达14个15万只（头）。水产品增加优质品种，其产量占水产品总量的20%以上。特种养殖力度加大，非洲蓝颈鸵鸟、美国绿头野鸭落户。2001年，建成总占地面积83.5公顷的大顺园林装饰、华泰农业和森林精品农业三大科技园区；建成花卉、观赏鱼、瓜果、肉类、食用菌和蔬菜6个基地；建成四大农产品交易市场。20个农业产业化龙头企业年创产值20亿元。

四、国家级、市级农业产业化龙头企业

2003年，金钟蔬菜批发市场、方大禽业有限公司已成为国家级、市级农业产业化龙头企业，全区进入农业产业化体系的农户4.4万户，占全区总农户的60%。2004年，大顺园林公司和世纪兴种养公司也进入了市级龙头企业行业。

五、 农业产业化经营向纵深发展

2005年，全区投资额在200万元以上农业产业化企业29家，总投资4.71亿元。2007年，农业产业化龙头企业36家，销售收入7.4亿元，资产总值7.8亿元。培育了一批与龙头企业配套的规模化农产品生产基地，带动和辐射种植面积29万公顷，带动农户7.2万户，全区进入农业产业化体系的农户比例达到73%。2010年，全区资产总值千万元以上的农业产业化龙头企业12家，涉及花卉、食用菌、无公害绿色有机蔬菜生产、畜禽种业繁殖、生物制药、有机杂粮、水产品及畜禽产品加工等领域，资产总额9.9亿元，年销售收入7.09亿元。天津瑞普生物技术股份有限公司在国内A股成功上市，宽达水产食品有限公司、天津瑞普生物技术股份有限公司的兽医用药和方大禽业发展有限公司的家禽肉片，获得天津市著名商标信誉。天津瑞普生物技术有限公司的转移因子溶液及天津国顺肉类食品有限公司的熏蒸香肠、火腿获得天津市名牌产品商标，春发食品配料有限公司的“春发”牌商标晋升为中国驰名商标之列。

六、重点龙头企业简介

（一）天津市金钟农产品批发市场 1995年始建，坐落在赵沽里村，占地面积26.67公顷，注册资金1000万元，固定资产3.6亿元。系国家级农业产业化经营重点龙头企业，已成为华北地区最大的以蔬菜为主集鲜活水产品、水果、副食品、禽蛋肉、粮油等产品“中转加销地”型综合批发交易市场。商品流通覆盖全国20个省、直辖市、自治区，具有较强的综合实力和辐射带动能力。2010年，实现市场交易额84.03亿元，居天津农产品批发市场首位，其中蔬菜、水果交易额占全市农产品批发市场全年交易额的50%，海淡水鲜活、冷冻水产品占25%。批发市场拥有外贸自营进出口权，“金钟”牌果菜已进入中国香港澳门地区及东南亚国家市场，年创汇150万元港币，被商务部列为“双百市场工程”国家农产品现代流通体系建设单位、重点联系市场单位。2010年，被天津市人民政府定为“天津市冬季蔬菜储备基地”，跻身全国农产品批发市场50强行列。

（二）天津绿洲庄园农业技术发展有限公司 2005年始建，坐落在东丽湖畔，占地面积3.33公顷，注册资金150万元，投资总额1200万元。年产白色金针菇2000吨，产品认定为无公害农产品，每天保鲜上市5至6吨。公司在天津市率先研究和采用新技术成果，首家实现工厂化周年生产白色金针菇，生产技术达到国内领先水平，荣获全国食用菌行业科技创新奖，被天津市政府命名为农业产业化经营市级重点龙头企业。成为天津市食用菌协会、天津市食品工业协会、中国食用菌协会理事单位。公司生产的“味鲜园”牌金针菇，洁白匀整，味道鲜美，质地脆嫩，营养丰富，已通过农业部无公害农产品认证，是享誉中外的绿色保健食品。“味鲜园”商标已成为中国食用菌上榜品牌，产品每天新鲜上市，畅销京、津、华北、东北各地，深受消费者喜爱。

（三）天津市国顺肉类食品有限公司 1998年始建，坐落在东丽经济开发区，注册资本2000万元，拥有资产8200万元。公司参照欧洲标准设计建造的十万元级无菌净化车间，其全部设备采用意大利、德国、丹麦等欧洲最为先进的肉类食品加工设备。公司有员工227人，年生产能力14400吨。是天津市农业产业化经营市级重点龙头企业，天津市食品安全示范企业。主要产品为熏煮香肠火腿制品、熏烧烤肉制品、酱卤肉制品三大系列，共计60个品种。是国家质量监督检验检疫局批准的第一批QS生产许可证认证单位，并取得HACCP-EC-01食品安全管理体系认证、ISO9001：2000质量认证、ISO14001：2004环保管理体系认证。产品受到消费者青睐和好评，为天津市农业名牌产品。

（四）天津市傲绿农副产品集团有限公司 2000年始建，坐落在区津北公路，注册资金2800万元，固定资产6532万元。公司被天津市政府认定为农业产业化经营市级重点龙头企业。企业通过了ISO9000质量体系认证及HACCP食品安全体系认证，“邑农”牌农产品获得无公害认证、有机认证品种达300余个，其中有机杂粮等产品已通过日本JAS认证、欧盟BCS认证及美国NOP认证。公司主要产品有：无公害蔬果、糯玉米、有机蔬果、杂粮、有机速冻蔬菜及成熟黑大蒜等8个系列200余个品种。2010年，销售额1.2亿元。产品销往天津、北京、上海等10个省市，350余家超市连锁店，部分产品出口日本、美国、新西兰、法国等国家。

（五）天津春发生物科技集团有限公司 详阅本志第十二编产业园区第一章东丽经济开发区第六节重点企业。

（六）天津市宽达水产食品有限公司 1999年始建，坐落区华明工业园区。公司专业从事冷冻水产品及其深加工制品的开发、生产、销售和冷链配送的知名企业。拥有3000吨的冷库、一座50平方米保鲜库及两座5吨的速冻库。2010年通过了ISO9001质量体系认证，是天津市第一家自有加工基地的水产品加工型企业，是天津市农业产业化市级重点龙头企业。公司主营鱼糜系列制品、肉糜系列制品、调理品、冷冻鱼虾系列、冷冻贝类系列以及鲜活系列等产品200多种，年产5000余吨。产品销往天津、北京、西安、深圳、广州、石家庄、保定、唐山、宝鸡、兰州等全国大中城市。2010年销售额超过1亿元。“宽达”品牌冷冻水产系列小包装产品在天津市连锁商业销售，覆盖华润万家、家乐福、沃尔玛、易买得、物美等大型连锁商业超市，已成为国内大中城市一级卖场（超市）的热销商品。2009年“宽达”商标被评为天津市著名商标。

（七）天津市方大禽业发展有限公司 2001年始建，坐落在津塘公路六号桥东，注册资金1000万元，固定资产6883万元。公司是一家集肉种鸡饲养、无公害肉鸡放养、肉鸡屠宰分割加工为一体的农业产业化龙头企业。被农业部认定为全国农产品加工业示范和全国创名牌重点企业，被天津市政府命名为农业产业化经营市级重点龙头企业。企业拥有分割鸡系列产品100余种，腌制调理品

30余种，产品畅销北京、天津、河南、黑龙江、吉林、辽宁等地，深受广大消费者欢迎。“方大”牌已获得“天津市著名商标”称号。

第二节　设施农业

一、概况

1973年，首建塑料大棚0.8公顷。1974年，推广塑料大棚50.8公顷。1982年，推广地膜覆盖307公顷。1983年，全区设施农业面积达924公顷。1993年，设施农业生产总面积达2000公顷。

20世纪90年代始，推广改良式中棚，1995年发展到333.3公顷，亩均产量比普通中棚增产1.2吨。1995年，已发展高效节能日光温室17.3公顷，设施农业总面积达2350公顷。

1996—1998年，实施万亩蔬菜保护地三高模式栽培技术工程。1996年，应用面积635公顷。1998年，应用面积2056公顷，新增产值9732万元。区内设施农业形成了以蔬菜大中棚和少量温室及畜牧业零星设施为主的特点。

二、开发新型设施

（一）建设二代节能温室和智能温室　2001年，建设采光和保温性能好，冬季最低温度可保持8摄氏度以上，能满足农作物正常生产的二代节能温室450栋，连栋智能温室1.5万平方米。2007年，全区二代节能温室达40.2公顷，智能温室18.9公顷。是年，二代节能温室达77.5公顷。2009年，二代节能温室达173.5公顷。2010年，二代节能温室达192.7公顷，比2007年增长4.8倍；智能温室55公顷，比2007增长2.9倍。

（二）建设种植、养殖小区和设施园区

1999年，区继续调整农业生产结构，大力发展设施农业，提高生产水平。2001年，建起华泰、大顺、森林、山岭子、福朗园、丰田等科技示范小区。2002年，兴建种植园区14个，占地面积400公顷；建畜牧养殖小区45个，占地面积286.5公顷，实现了畜禽品种规模生产，集中管理；建设水产养殖车间8个，占地面积2.7公顷，以观赏鱼名优水产品生产为主。2003年，建设种植小区38个，占地面积2083公顷，其中建成日光节能温室751株，种植小区有食用菌生产、果树种植、蔬菜种植、花卉种植、苗木种植；建设养殖小区118个，水产小区9个。2008年，种植、养殖园区发展到177个，生产面积1312公顷，产值占整个农业比重达到59.6%。是年，全区建设种植业示范园区、科技园区6个，占地面积133.3公顷，种植品种以花卉、食用菌、葡萄、水果为主；蔬菜设施种植面积593.3公顷，占菜田面积的55.6%。

（三）设施农业面积调整　2006年，全区设施农业面积1354.7公顷，其中智能温室18.9公顷，二代节能温室40.2公顷，普通温室61公顷，塑料大棚671.6公顷，中小棚563公顷。2008年，设施农业面积1392公顷。2009年，设施农业面积1139.2公顷，普通温室、塑料大棚及中小棚应用范围大幅减少，而二代节能温室面积继续增加，占全区设施农业总面积的15.2%，达173.5公顷。2010年，全区设施农业面积882公顷，其中智能温室55.1公顷，二代节能温室192.7公顷，大棚 523.2 公顷，中小棚 111 公顷。

第三节　现代农业园区

一、制定加快农业现代化建设决策

2000 年，区决定实施农业“36420”工程。2002 年，实施“五项任务”和“八个五工程”。2004 年，区提出实施农业园区战略，发挥农业的经济、生态和生活功能，实现由生产型为主要功能的传统农业向满足城市需求的都市型农业转移。2007 年，筹建占地面积 226.7 公顷的东丽现代农业高科技园区，打造国际中高档花卉产业集群高新技术产业孵化中心。2008 年，区通过了《东丽区发展沿海都市型现代化农业的意见》及《东丽区沿海都市型现代农业建设实施方案》，提出大力发展高科技农业、园区农业、设施农业、生态农业、休闲观光农业和农产品加工物流业，明确了建设滨海花卉科技园区种植业、生猪、观赏鱼、南美白对虾示范园区等任务。

二、实施现代农业园区战略

2001 年，基本完成“36420”工程，3 个科技示范园区日趋成熟，在不同领域起到发挥实验、示范和推广带动作用；六大生产基地初具规模，成为区农业的支柱产业和农业发展的增长点。2002 年，新建大安、新川园株、大顺园林、新兴、绿都金果园 5 个规模较大的种植园区，新建东坔腾达园林苗木基地、大顺园林花卉苗木基地、田源食用菌繁育基地、种苗蔬菜种植协会 4 个种苗培育基地，推动全区现代农业进入快速、健康的发展轨道。2002 年，建设种植园区 14 个，占地面积 400 公顷，以蔬菜、花卉、食用菌生产为主，建有温室 501 个，建连栋温室 1.57 公顷。2003 年，华泰现代农业示范园区成为亚洲最大的兰花生产基地。2008 年 12 月，滨海国际花卉科技园区开工建设。2009 年，全面加快推进滨海国际花卉科技园区、华明复垦设施农业园区、天津北方生态园林产业园区、华泰现代农业示范园区、天津滨海都市现代农业示范基地等项目建设。华明复垦设施农业园区已建成二代日光节能温室 410 栋。2010 年，全区现代农业科技园区、示范园区达到 16 家，涵盖花卉、食用菌、蔬菜、生猪、观赏鱼、南美白对虾等特色产业。区为强化科技园区示范带动作用，打造天津滨海都市型现代农业发展新高地，以滨海国际花卉科技园区、傲绿农业科技园区及北方生态园林产业园为核心建设滨海国家农业科技园区，对区内高端、高质、高效农业发展具有极大地推动作用。

三、重点现代农业园区简介

（一）天津滨海国际花卉科技园区　2008 年 12 月，由天津滨海国际花卉科技园区股份有限公司投资开工建设。坐落在赤土村，占地面积 226.67 公顷，项目建设总投资 40 亿元，建设期为 2008—2013 年。园区功能区包括综合管理服务区、高档花卉工厂化生产区和休闲旅游观光区。园区发展高档花卉种苗繁殖、工厂化生产、观光休闲、科技服务和物流配送等产业，建成中国北方花卉高新技术孵化中心、科技培训服务中心、物流集散中心。2009年，投入资金4.2亿元，完成土地平整，垫土50万平方米，新打热水井3眼，砌建围墙6000米，加工预制玻璃温室钢结构骨架30公顷，加工基础预埋件1万个，完成智能温室设计工作。2010年，投资7.2亿元，完成30万平方米智能温室主体骨架建设；完成遮阳网及地下管道铺设；完成加工车间、指挥中心、办公楼、研发中心等设施主体框架、部分外部装饰框架及预制板安装。项目竣工投产后，年产花卉种苗3900万株、高档盆花2400万株、草花3900万株、高档鲜花2000万枝，年接待游客15万人次，年产值14.26亿元、利润4.98亿元。

（二）华明宅基地复垦设施农业园区 2008年12月开工建设。坐落在永和村和胡张庄村，占地面积141.78公顷。2009年，投入资金1亿元，完成410栋二代日光节能温室建设，栽植作物307栋；完成水电路配套基础设施、景观绿化及环境治理14公顷。2010年，投入资金1000万元，完成连栋智能温室主体钢结构建设及园区展示大厅、绿化景观、永和片区泵站、棚间排水改造工程建设和综合环境治理。在二代日光节能温室中栽植作物372栋，与华润万家超市实行"农超对接"合作，在河西区设立"华明精品蔬菜"直销店。园区全部建成后，年生产绿色、无公害蔬菜瓜果6000吨，年总收入4765万元，安置劳动力1500人，辐射带动周边区域发展设施农业666.67公顷。

（三）天津滨海无瑕农业生态园 2008年始建，坐落在无瑕街道新袁庄村，占地面积25.33公顷。园区以生产蔬菜为主，辅以珍馐果品及名贵植物、花卉生产销营的农业生产示范园区。2010年底，无瑕农业生态园建设已初具规模，建有智能温室区、节能日光温室区、冷棚区、综合服务区、生态休闲区，其中智能连栋温室3栋，建筑面积1.57万平方米；二代节能温室28栋，建筑面积1.9万平方米；冷棚24栋，建筑面积2.9万平方米。

（四）天津市华泰现代农业园区 1998年始建，坐落在军粮城街道刘台村，占地面积33.47公顷，总投资6000万元。系国家星火计划龙头企业技术创新中心、天津市科普教育示范基地、天津市跨世纪农业科技培训教育实习基地、天津市无公害蔬菜和无公害水产品生产基地，获得无公害农产品认定。园区建有5000平方米的观赏鱼养殖车间，用于养殖中、高档观赏鱼，年产值3500万元。园区包括台湾蝴蝶兰花的组培和种植、无公害蔬菜种植、淡水鱼养殖及农业旅游观光。种植的台湾蝴蝶兰花占地面积10公顷，采用"克隆"技术进行组培研发，以瓶苗、小苗、中苗、大苗为主，年产量2200万株，产值4000万元。主要销往日本、美国、法国、韩国、泰国、荷兰等国家及中国台湾等地区。

2008年，华泰现代农业园区果类植物木瓜

（五）天津市世纪兴种养业有限公司生猪示范园区 2000年成立，坐落在区华明街道赤土新村。注册资金1050万元，总资产6000万元，总占地面积6.67公顷，建筑面积2万平方米。建有生产车间30栋，其中，公猪舍3栋、妊娠舍3栋、产房3栋、仔培舍3栋、育成舍17栋、料加工车间1栋，是天津市标准化种猪示范

2008年，世纪兴种猪养殖场

场。园区存栏基础母猪1000头（有长白、大约克夏、杜洛克3个品种）。拥有较先进的育种、兽医等设备，年可提供优质纯种猪3200头，优质二元母猪4800头，优质商品猪1万头，优质种公猪精液16万头份。年销售收入4000万元，年利润达954.13万元。园区累计带动农户2000多户，辐射影响天津市郊县及天津周边地区。园区设施功能完善，设备先进，防疫条件齐备，管理制度严格规范。2002年，通过天津市无公害产地认定，是天津市生猪无公害标准化生产典型单位和生猪活体贮备库之一。园区粪污处理率达到100%；园区生产区环境绿化率达到20%以上，生活区绿化率在60%以上；实验室可进行基本的病理解剖和血清学诊断；高床产仔、网上育仔达到100%，猪舍温度自动控制率在80%以上。园区环境保护采取保护、净化生态环境及洁净生产措施如沼气发电等，有利于生态环境的保护、资源的持续利用和农业的可持续发展。2005年，园区承担国家标准化委员会"无公害生猪标准化示范区"项目。2006年，承担天津市种猪良繁体系示范工程建设项目。2007年，承担国家标准化规模养殖场建设项目、生猪扩繁场建设项目。2008年，承担天津市畜牧业示范园区建设项目。通过以上项目的实施，园区实现了绿化、净化、美化，提高了企业整体水平，成为现代畜牧养殖企业的代表。

（六）丽源水产良种场示范园区 前身系2001年6月成立的天津市丽源水产良种场。位于区军粮城镇山岭子村东、津汉公路南、茶金路东侧，占地面积13.33公顷。场区内水资源较丰富，地下水为全淡温热水区，水质好，无污染，可采量较大，宜于发展水产养殖无公害的"绿色食品"。丽源水产良种场成立后，即承担农业部农业综合开发项目。2003年，被天津市无公害水产品办公室认定为"无公害水产品基地"，其南美白对虾被农业部认证为无公害水产品。投资790万元，建设了钢筋水泥混凝土浇筑、镀锌钢管拱架的保种越冬大棚（单体面积2940平方米）6座；办公用房、生产附属用房及化验室596.56平方米；打地下温水井1眼，深483米，流量88.8吨/小时，温度45.7度；完成了1.76万平方米越冬水泥保种大棚水泥池的建设；铺设铸铁上下水管道400延米；安装变压器1组（200千伏安）、发电机1组；完成了水、电、路绿化等各种辅助设施建设。2008年，提升建设为丽源水产良种场示范园区，良种场养殖面积8公顷。项目建成后，园区生产水产品单位面积产量、经济效益高于全市同类养殖平均水平的20%以上；产品无公害标准合格率达到100%。正常年份可生产培育体质健壮大规格南美白对虾苗种2亿尾，产成虾120吨；培育罗非鱼种22万尾，成鱼330吨，产值650万元，效益300万元。为周边地区渔池提供优质鱼苗，从而带动周边地区水产养殖生产，推动区养殖业发展。2009年，培育罗非鱼种5万公斤，生产成鱼35万公斤，产值560万元，效益200万元。

第十一编

工　业

改革开放以来，全区工业迅猛发展，规模总量扩大，效益水平提高，逐步走上持续发展、科学发展的新型工业化发展道路。1992年，全区工业向多层次、多成分、全方位发展。1995年，全区工业形成了以乡镇集体工业为主体，私营工业和部门工业为两翼的工业体系。

1997年，广泛开展“学邯钢、转机制、抓管理、增效益”活动。区政府制定《关于对规模企业实施重点扶持的办法》，实施扶优扶强战略。区政府制定《关于深化产权制度改革，加快乡镇企业体制、机制转变若干问题的意见（试行）》《东丽区乡镇企业结构调整实施意见》《关于加强乡镇企业经营者队伍建设的若干意见（试行）》。

1998年，采取抓大放小、联大引强、扶优扶强等一系列措施，实施“四、三、二”工程，即盘活存量资产4亿元、新项目开发投入3亿元、技术改造增量投入2亿元。1999年转变观念，抓重点、抓主要矛盾，把产品营销工作列为全区乡镇企业工作重点。

2001年，按照区津滨新城战略的要求，提出“分层次搞好产业布局”，重点产业发展要遵循因地制宜原则，从功能工业布局与天津市工业东移大格局相呼应，现有企业有步骤地进行南移，构建津塘公路工业带，形成“南工、北农、中商服”的产业总体布局。

2010年，全区工业在“工业强区”的经济发展战略指引下，探索和实践新型化工业发展之路，全区工业企业4398家，完成工业总产值1050.3亿元，同比增长28.2%；实现销售收入1005.8亿元，同比增长29%。

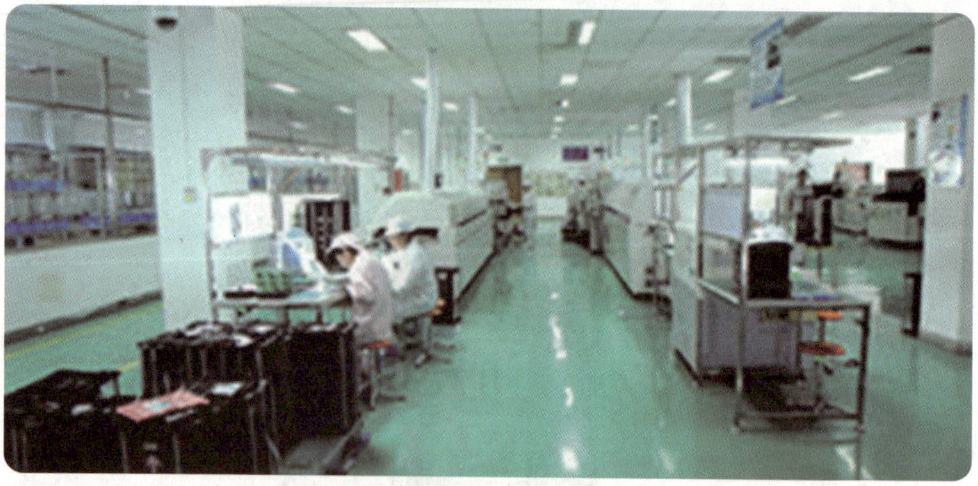

2006年，天津市松正电子有限公司生产车间

2006年，天津富士达自行车有限公司

2008年，丰田汽车发动机生产车间

第一章　管理机构

改革开放初期，区属工业多为社队企业。1978年，组建区社队企业局。1984年，为适应全区工业向多层次、多成分、全方位发展的需要，组建区乡镇企业经济委员会。2001年，为全面管理好全区工业经济，抓好中小企业和将国有经济发展统筹规划、综合协调、组织推动和指导服务，组建区工业经济委员会，经管理机构的改革，已基本适应“工业强区”经济发展的战略。

第一节　机构沿革

1979年，区社队企业局主持全区社队企业经营和管理工作。

1984年5月，区社队企业局撤销，改设为区乡镇企业经济委员会。

1992年，区乡镇企业经济委员会进行内部改革，企经委设党委办公室、行政办公室、开发产销科、企管审计科、质量安全科、化工食品科、机电科、轻纺科、建材科、第三产业科、教育科和信息中心。同时，各乡镇建立企业经济委员会。

1997年9月，区乡镇企经委内设党委办公室、行政办公室、经济运行管理科、企业管理科、教育科、财务审计科、第三产业科、政研信息科。

第二节　东丽区工业经济委员会

2001年12月，撤销区乡镇企业经济委员会，组建区工业经济委员会，内部设区安全生产监督管理局。内设：经济运行科、政研信息科、教育培训科、企业管理指导科、科技进步指导科、行政办公室、财务科、党委办公室。各乡镇企经委更名为综合经济管理办公室。

2002年10月，调整后内设科室：经济运行科、政策研究科、科技教育科、企业建设科、开发科、行政办公室、财务科、党委办公室。2003年，成立区中小企业服务中心。

2005年4月，区委区政府将内设的区安全生产监督管理局调整为区政府直属机构，规格为处级。区工业经委另设科级事业单位：区乡镇企业经济技术服务中心和区乡镇企业职业教育培训中心。是年11月，合并为区中小企业服务中心。

2010年，区工业经委职责是负责全区工业经济、中小企业和非国有经济发展统筹规划、综合协调、组织推动和指导服务的职能部门。内设：党委办公室、行政办公室、政策研究科、财务科、经济运行科、科技教育科、工业项目技术改造科、综合服务科、节能环保科，园区服务办公室。下属事业单位：中小企业服务中心、节能监测中心。

第二章　工业经济体制改革

20世纪80年代，区内工业企业实行承包责任制，完善企业经济责任制，扩大企业自主权，将竞争和风险机制引入企业。90年代，实行企业股份合作制，推进产权制度改革。21世纪初始，以资产为纽带，名牌产品为龙头，组建集生产经营、科研开发、内外贸为一体的各类型企业集团。

第一节 体制调整

一、经济责任制与企业自主权

1984年5月，区委区政府印发《关于进一步放宽、改革加快发展乡镇企业的若干规定（试行）的通知》，完善企业经济责任制，超额按比例分成，减产按比例扣罚，解决“大锅饭”问题，奖金上不封顶，下不保底，实行个人定额计件，成绩突出的职工，实行专项奖励或晋升工资。

1984年始，培养“内行”担任企业领导，变企业领导委任制为选择招聘制，民主办企业，充分调动科技人员积极性。

1988年末，全区694个企业实行内部承包，183个基础较好、规模较大的企业实行厂长任期目标责任制。

1987年，完善经营承包责任制改革，全区717个企业实行承包，占总数的95.6%，686个企业实行不同形式的内部经济责任制，百万元以上的企业全部实行有标生产。是年，总产值比1986年增长37%，销售收入增长25%，税金增长43.7%，利润增长34.6%，实现产值、收入、利税同步增长。

二、竞争和风险机制

1988年，深化企业改革，涌现企业兼并、优化组合、租赁承包、股份制、厂币制的先进典型。

1989年，关停并转138家企业，利用有限的资金、能源扶持一批经济效益好、发展潜力大的企业，兴建和扩建一批骨干企业。

1990年，区制定行业和产品调整方案，确定重点抓5个带头企业、10个骨干行业和60个重点产品。关停并转130个质量不过关、产品不对路、原料无来源或浪费严重的企业。乡镇集体工业实现收入10.37亿元，比1989年增长20.7%，利润总额9800万元，增长15.6%。

三、行业和产品结构

1991年，以名优产品为龙头，组织规模生产，新上一批换代产品，开发50个新产品。乡村集体工业28个行业中，纺织、缝纫、化工、食品、塑料制品、建材、金属制品、机械电子8个行业完成产值10亿元，比1990年增长28.2%。全区企业完成总产值15.32亿元，比1983年增长9倍。

第二节　产权制度

一、股份合作制

加强企业管理，深化企业改革。通过强化企业管理，降低消耗，提高产品质量，防止集体资产流失。加强资金管理，压缩非生产性开支，完成清产核资工作，实行企业股份合作制。2000 年，全区累计实行股份合作制企业 653 家，占总数的 84.3%。

二、创新机制，建立现代化体制

2000 年 3 月，区委印发《加快建立现代化企业体制，推进乡镇企业全面上水平的意见》和《工业结构调整实施意见》。提出总体要求和发展目标：创新乡镇企业体制和机制，以市场为导向实施经济结构战略性调整，为乡镇企业改革发展创造良好环境。

2000 年后，按照“产权清晰、权责明确、政企分开、管理科学”的要求，进一步加强企业改制工作。支持资产规模大、产品市场好、竞争力强的企业通过兼并、收购、联合等方式，实行资产重组，优化资本结构，依法建立权责明确、相互制约的法人治理结构。引导有一定资产存量但缺乏活力的企业，打破地域和所有制界线，向优势企业集中，实现共同发展。

三、组建企业集团

进入 21 世纪，区在加快发展大中型企业的基础上，鼓励骨干企业打破部门、地区、行业和所有制的界限，以资产为纽带，名牌产品为龙头，组建集生产经营、科技开发、内外贸为一体的各类型企业集团。

第三章　发展概况

20 世纪 80 年代，区制定乡办、村办、联户办、个体办“四个轮子一起转”的乡镇企业发展战略，90 年代推动乡镇企业二次创业的发展战略并得到有效实施。进入 21 世纪，落实新型工业化发展纲要，扶持中小型企业发展战略，使区步入工业强区轨道。

第一节　乡镇企业

一、乡镇企业起步

1984 年 5 月，区贯彻中共中央国务院转发农业部《关于开创社队企业新局面的报告》精神，将区社队企业局更名为区乡镇企业经济委员会。随后在乡乡镇企业管理、壮大、生产基础设施建设，等方向不断加大力度，使区乡镇企业进入了大发展时期。

1984—1986 年，实施乡办、村办、联户办、个体办“四个轮子一起转”乡镇企业发展战略。

1986 年底，区工业有乡办 68 家，年产值 6740 万元；村办 637 家，年产值 27508 万元；联户办 7 家，年产值 4480 万元；个体也得到迅速发展，达千户以上。

二、乡镇企业第二次创业

1997 年始，区企经委全面贯彻实施 1997 年 10 月第八届全国人大常委会通过的《中华人民共和国乡镇企业法》。从法律上明确乡镇企业是农村集体经济组织或者农民投资为主，在乡镇（包括所辖村）举办的承担支援农业义务的各类企业，明确指出乡镇企业是农村经济的重要支柱和国民经济的重要组成部分。1997 年 1 月，《乡镇企业法》正式实施后，区乡镇企业以此为契机，实施了二次创业发展战略。

区企经委制定《东丽区乡镇企业二次创业实施意见》和《东丽区乡镇企业‘九五’计划和 2010 年远景规划》。区以天津市区“退二进三”（缩小第二产业，发展第三产业）、“工业东移”结构调整的契机，搞好“接二连三”（承接第二产业东移项目，连接第三产业合作项目），大力推进城乡联合，区委、区政府制定 8 条招商引资政策，加大招商引资力度。区企经委与市外经委、汽车总公司、冶金局、一轻局、医药局等单位进行联谊，相互沟通，达成多项经济合作。

第二节 “6216”工程

2000 年，区企经委与区计委联合制定《东丽区工业结构调整实施意见》，确定实施“6216”工程发展战略。提出用 3～5 年时间，加快区工业企业改革和结构调整的步伐，积极支持 6 个主导行业发展，努力培育 20 个名优产品，帮助扶持 10 个龙头企业，加快建设 6 个工业园区。

一、6 个主导行业 交通运输设备制造业、化工制造业、电气制造业、服装制造业、食品制造业和塑料制品制造业。

二、20 个拳头产品 已有的“应大”牌服装、“乃大”牌通信线缆、“邦德·富士达”牌摩托车及自行车、皇冠牌清扫车、东光牌涂料、太极牌电机、赛特牌测机、天塔牌冷食、大亨牌饮料 10 个产品积极争创名牌，另再培育 10 个产品争创名牌。

三、10 个龙头企业 天津市华明集团公司、天津富士达集团公司、天津应大服饰有限公司、天津扫地王专用汽车有限公司、天津有容通讯线缆有限公司、天津市专用电机有限责任公司、天津市森源电器设备制造有限公司、天津大亨集团有限公司、天津市圣发烛业有限公司、天津市东光特种涂料有限公司。

四、6 个工业园区 么六桥、无瑕、军粮城、大毕庄、新立、华明。

第三节　新型工业化

一、制定新型工业化发展纲要

2004年，区政府按照中共十六大提出的“走出一条科技含量高、经济效益好、资源消耗低、环境污染少、人力资源优势得到充分发挥的新型工业化路子”的号召，制定《东丽区新型工业化发展纲要》（以下简称《纲要》），确定走新型工业化道路的发展战略。

区《纲要》有12个部分，共36条，称东丽工业发展36计。《纲要》对区工业发展战略和发展规划做了明确的阐述，是工业发展的指导纲领。《纲要》的主线是走出一条具有区特色的新型工业化道路，将区工业定位于国际型工业。《纲要》明确要建设天津重要的先进制造业基地，引导和扶持企业向“专、精、特、新”发展，组织和实施 “东丽区制造业信息化工程”。注重“产、学、研”结合，实施工业清洁生产，壮大成长型规模企业；打造优势产业链（群），建设特色产业园区，与农业产业化和现代服务业协调发展，建立职业经理队伍，加强职业技能教育，实现改革形式的多样化，建立中小企业服务体系。

二、落实新型工业化发展纲要

2004年3月，区政府召开专门宣传贯彻《纲要》的东丽区工业工作会议。会上，开发区管委会、建城地基基础工程有限公司、万新精密制品有限公司、春发香精香料有限公司作了典型发言，区领导作了题为《认清形势，把握大局，努力实现我区工业发展的新跨越》的主题报告。通过电视台、《今日东丽》报，编印宣传手册，组织宣讲团等多种途径宣传。区各有关部门逐条对照，落实任务。区政府将贯彻落实《纲要》情况列入对有关部门工作督察的重点，并作为绩效考核内容。

第四节　中小企业

一、制定百家中小企业成长工程实施方案

2008年，全球金融危机使区工业发展受到影响。为减小金融危机的负面影响，使企业渡过难关，2009年区政府转发区工业经委《百家中小企业成长工程实施方案》，开始实施扶持中小企业成长的发展战略。

《百家中小企业成长工程实施方案》的目标是2009—2011年，用3年时间重点支持区内现代制造业、现代服务业100家成长型中小企业。提升企业自主创新能力，提高企业核心竞争力和整体发展实力，促其做优、做强、做大，有效抵御国际金融危机对全区中小企业的冲击，加快中小企业发展。划定成长型中小企业标准，明确成长型中小企业的认定程序，制定实施百家中小企业成长工程的具体措施，落实支持成长型中小企业的各项政策。

二、区政府扶持百家中小型企业

区政府每年拨款5000万元，用于支持技术改造；每年拨款1000万元在品牌战略、技术创新、教育培训、拓展市场、节能降耗、信息化、服务平台等方面给予支持。

第四章　发展规模

1979年，区属工业162家，其中社队办工业16家，区办工业1家，企业规模小。20世纪90年代，区加大固定资产投入，至2000年全区工业企业发展到668家，职工4.39万人，产值73.25亿元，固定资产原值达22.64亿元。2010年，全区工业发展到4398家，职工12.51万人，产值达1050.3亿元，工业资产原值达242.52亿元。规模以上工业企业达472家，其中年亿元以上工业总产值的企业104家，年销售收入亿元以上工业企业75家，5亿元以上28家。

第一节　资产规模

一、增长速度

1979年，区工业有162家，职工2.08万人，固定资产原值6861.7万元，实现工业产值7471.8万元。到2010年，区工业企业发展到4398家，企业职工12.51万人，固定资产原值242.52亿元，实现工业产值1050.3亿元。改革开放32年，企业个数增长22.15倍，企业职工增长6.02倍，固定资产原值增长353.44倍，工业产值增长1405.69倍。四项指标平均年递增率分别为11.5%、6.2%、24.1%、27.3%，区工业实现高速增长。

1981—2010年东丽区工业平均增长速度统计表

表11-1

国民经济和社会发展规（计）划	起止年份	企业个数平均增长（%）	职工人数平均增长（%）	工业产值平均增长（%）	工业增加值平均增长（%）
“五五”计划	1976—1980	—	—	—	—
“六五”计划	1981—1985	11.1	12.7	29.3	18.9
“七五”计划	1986—1990	14.2	12.0	28.7	17.1
“八五”计划	1991—1995	13.7	14	21.2	26.1
“九五”计划	1996—2000	12.8	14.3	14.2	11.5
“十五”计划	2001—2005	22.4	23.6	32.4	32.0
“十一五”规划	2006—2010	25.9	12.0	32.4	30.4

二、资产规模

东丽区工业企业固定资产原值，1979 年为 0.38 亿元，1996 年为 14.15 亿元，2000 年为 22.64 亿元，2010 年为 242.52 亿元。

第二节　产销效益

一、经济规模

1979 年，区拥有工业企业 194 家，是年实现工业总产值 7458 万元；1996 年，区拥有工业 847 家，完成工业总产值 46.19 亿元，产值比 1979 年增长 61.93 倍；2010 年，区拥有工业企业 4398 家，完成工业总产值 1050.3 亿元，产值比 1996 年增长 22.74 倍。

1996—2010 年东丽区工业企业发展情况统计表

表 11-2

年份	企业数（个）	从业人数（人）	产值（亿元）	同比增长（%）	增加值（亿元）	同比增长（%）
1996	847	48665	45.29	13	12.03	12.5
1997	823	46948	57.3	26.5	12.05	0.17
1998	819	47135	59.0	2.9	12.7	5.4
1999	751	43881	66.72	13	13.84	8.9
2000	668	43922	73.35	9.9	15.4	11.2
2001	820	41689	83.28	13.5	17.58	14.1
2002	873	58233	107.3	28.8	21.9	24.5
2003	987	72418	132	23.3	27.5	25.5
2004	1017	64279	175.88	33.2	35.85	30.3
2005	2023	97398	220	25	40	11.5
2006	1753	79578	302	37.2	50	25
2007	2574	85152	400	32.4	70	40
2008	4984	100490	570	42.5	105	50
2009	4910	112301	780.3	36.8	122	16.1
2010	4398	125060	1050	34.5	155.6	27.5

二、产销状况

1979—2010 年东丽区部分年份工业产销比例表

表 11-3

单位：亿元

年　份	1979	1996	2000	2010
产值	0.75	45.29	60.45	1050.31
销售收入	0.73	42.69	56.11	1005.82
产销比例（%）	97.30	94.24	92.82	95.76

三、工业增加值

区工业增加值占全区生产总值的比重逐年增加，1980 年 23.5%、1990 年 34.7%、2000 年 40.1%、2010 年 54.8%。

1990—2010 年东丽区工业增加值占全区生产总值比重统计表

表 11-4

单位：亿元

年份	工业增加值	全区生产总值	占比重（%）	年份	工业增加值	全区生产总值	占比重（%）
1980	—	—	23.5	2000	25.66	64	40.1
1990	2.54	7.32	34.7	2001	28.58	73.6	38.8
1991	2.88	8.93	32.2	2002	31.21	85	36.7
1992	4.69	10.8	43.4	2003	38.78	101.15	38.3
1993	6.82	14.46	47.2	2004	38.68	120.73	32.4
1994	7.1	20.54	34.6	2005	45.20	102.21	44.1
1995	9.17	26.6	34.5	2006	54.79	122	44.9
1996	14.8	35.11	42.1	2007	68.17	145.5	46.9
1997	15.69	39.6	39.6	2008	86.17	180.16	47.8
1998	17.44	46.52	37.4	2009	131.33	250.59	52.4
1999	20.47	54.31	37.7	2010	182.22	332.34	54.8

说明：工业增加值按当年价计算。

四、利润税收

1979—2010 年东丽区部分年份利润、利税情况统计表

表 11-5

单位：万元

年　份	1979	1996	2000	2010
利润总额	2137	24357	39978	663012
利税总额	4226	47293	465359	1189879

2010年东丽区重点纳税工业企业一览表

表11-6　　单位：万元

序号	企业名称	纳税额	序号	企业名称	纳税额
1	上海烟草（集团）公司天津卷烟厂	146860	5	天津市永昌焊丝有限公司	5154
2	中美天津史克制药有限公司	37578	6	天津富士达自行车有限公司	4245
3	天津丰津汽车传动部件有限公司	13665	7	天津市应氏服饰有限公司	4009
4	天津三五汽车部件有限公司	8597	8	天津市建成地基基础工程有限公司	3904

第三节　规模企业

2010年，全区规模企业472家，资产总额374.02亿元，其中三资企业130家，资产总额149.09亿元，占规模企业的39.86%；内资企业资产总额224.93亿元，占规模企业的60.14%。

1996—2010年东丽区部分年份社企规模以上工业企业发展情况表

表11-7

年份	规模以上工业企业数（个）	其中：年销售收入亿元以上（个）	备　注
1996	171	0	2010年以前规模以上工业企业为年销售收入500万元以上工业，2010年为年销售收入2000万元以上工业企业
2000	135	2	
2005	314	43	
2010	472	85	

2010年东丽区销售收入3亿元以上规模工业企业统计表

表11-8　　单位：万元

企业名称	行业类别	平均人数	现价产值	出口交货值	销售收入
上海烟草(集团)公司天津卷烟厂	1620	883	264320	—	266325
天津丰津汽车传动部件有限公司	3725	799	249087	4468	248998
天津天铁炼焦化工有限公司	2520	1387	167970	—	199981
中美天津史克制药有限公司	2720	1004	204014	22	193549
天津丰田合成有限公司	3725	1722	175564	—	188984
天津大通铜业有限公司	3311	288	143394	—	177898
天津富士达自行车有限公司	3799	1988	162806	154688	164219

续表 11-8

企业名称	行业类别	平均人数	现价产值	出口交货值	销售收入
天津三五汽车部件有限公司	3725	671	104207	—	154505
天津市永昌焊丝有限公司	3499	1124	136279	—	145267
天津电装电机有限公司	3725	690	123038	1240	130648
天津精达里亚特种漆包线有限公司	3662	880	117010	—	130100
天津市天材混凝土有限公司	3121	1152	127702	—	120930
天津赛瑞机器设备有限公司	3579	1628	109330	—	111080
天津太平货柜有限公司	3431	109	104472	104472	104816
通钢立业	3574	64	98013	—	98013
天津市三隆化工有限公司	2710	110	79148	—	86903
天津钢管三圆管材有限公司	3230	130	70725	—	83113
天津拉勃助剂有限公司	2661	614	55963	—	81994
天津市建城地基基础工程有限公司	3090	1016	73035	—	73035
天津建华管桩有限公司	3122	174	25016	30160	70000
天津市渤海精细化工有限公司	2614	593	71995	4651	62572
天津西诺帕思电子有限公司	4061	400	59945	11071	59970
住友重机械减速机（中国）有限公司	3552	671	54111	17354	56920
天津益恩彼电子有限公司	3611	1110	53106	2671	53106
天津宝丰混凝土桩杆有限公司	2022	850	49640	—	48272
天津新兴数字电子有限公司	4061	1300	43999	24289	43999
天津有容蒂康通讯技术有限公司	3931	550	40040	—	41844
科莱恩（天津）有限公司	2644	349	43040	27752	41754
天津得英特电子有限公司	3612	1162	39834	13923	38654
中钢(天津)钢材加工有限公司	3230	99	71272	—	36352
立业建工轻钢有限公司	3541	140	31806	—	31806

第五章 工业结构

东丽区围绕走新型工业化道路，实现行业结构、产品结构、组织结构和布局结构的调整。调整中以支持主导行业发展、拳头产品、龙头企业、工业小区为重点，明确建设天津重要的制造业基地，发展新型工业和优势产业，引导企业向专、精、特、新发展。经工业结构调整，在机械装备、汽车部件、现代冶金、电子信息、生物医药、新型建材、航空航天等主导产业销售收入，2010 年占全部工业的 53.6%，工业增加值占 54.6%。

第一节 结构调整

一、行业、产品、组织、布局结构调整

1985 年，区根据国家计划委员会、国家经济委员会、国家统计局、国家标准局审查批准的《国民经济行业分类和代码》的规定，开始在区工业企业中的 30 个工业行业中实施。1989 年，乡办企业按照区政府《关于东郊区乡镇工业产品结构调整工作的安排意见》，重点发展机械、化工、饮料、机电行业。

2000 年，区委下发《加快建立现代企业制度，推进乡镇企业全面上水平的意见》。区政府批转区计委、企经委制定《东丽区工业结构调整实施意见》。分析区工业结构现状，提出结构调整的指导思想与原则，明确结构调整的目标与措施，实施“6216”工程，实现行业结构、产品结构、组织结构和布局结构的调整。2001 年，区委七届十次会议和区十三届人大五次会议，都明确将结构调整工作列入“十五”计划的重要内容。

二、新型工业化发展

2004 年，区落实中央关于“走新型工业化道路”的要求，制定了《东丽区新型工业化发展纲要》。《纲要》第三部分提出要加快结构调整步伐，明确“建设天津重要的制造业基地”“发展新型工业和优势产业”“引导企业向专、精、特、新发展”。《纲要》核心内容是实施六大战略举措，其中重要的一项是实施加快结构调整的战略举措。

2006 年，区提出努力提高创新力，更新观念，实施结构调整新战略。区实施集约化发展战略，把提高经济效益作为结构调整工作的重心。实现经济增长方式从粗放型向集约型转变，有利于节约资源、降低消耗、增加效益，资源优化配置的工业优化结构，实现区工业健康、快速、持续发展。实施集群化发展战略，成为区域经济发展的主导，成为提高国际竞争力的新兴力量。区工业结构调整的集群化发展战略，以规模企业为龙头，形成相同行业或相关企业的产业群体。以丰田传动、丰田锻造和丰田合成等多家丰田整车一级供应商及高津事务所、龙衵公司等模具、测量仪器配套商为骨干企业的汽车零部件产业集群。以美国 ITT 公司、新加坡万新公司、韩国富川电机公司为骨干企业的电子产业集群。以国内单体产能最大的富士达自行车有限公司为骨干企业的自行车产业集群等。实施集中化发展战略，区实施工业结构调整的集中化发展战略，通过工业结构的调整，在区工业中逐渐形成行业发展向优势行业集中，企业发展向规模企业集中，工业布局向产业园区集中。

三、发展主导产业

2008 年，区委、区政府制定《关于加快工业率先发展的意见》，提出大力发展“6+1”主导产

2007 年，中国一重集团天津重工有限公司 5×20 数控龙门铣

业。即：抓住中国一重项目落户区及赛瑞机器扩能的契机，大力发展机械装备制造业。围绕天津汽车工业基地扩能，以丰田汽车部件为基础，引进相关配套项目，

发展汽车部件制造业。依托海河下游冶金工业基地及与之配套的冶金深加工企业，发展现代冶金制造业。加强与摩托罗拉、三星电子等企业的配套合作，借助软件园项目，发展电子信息制造业。以中西药、医疗器械、医药中间体为重点，发展生物医药制造业。以地基管桩、轻质板材、保温材料为重点，发展新型建材制造业。依托空客 A320、新一代运载火箭产业化基地项目及临空产业区建设，发展航空航天制造业。是年，区政府制定《关于加快工业率先发展实施方案》，明确主导产业销售收入占全区工业总量的比重及各主导产业的发展目标。

2010 年，区机械装备、汽车部件、现代冶金、电子信息、生物医药、新型建材、航空航天“6+1”主导产业实现总产值 570.2 亿元，占全部工业的 54.3%，销售收入 561.3 亿元，占全部工业的 53.6%，完成工业增加值 99.5 亿元，占全部工业的 54.6%。

第二节　主导行业

20 世纪 70 年代，区工业企业的主导产业以农机、铆焊加工为主。到 1979 年，机加工行业产值 2625 万元，占全区总量的 35%。

20 世纪 80 年代，区工业企业的主导产业包括金属制品、机械设备、交通设备、化工、纺织、食品、电器机械、服装、冶金。到 1989 年，主导产业完成产值 6.1 亿元，占全区总量的 62%。

20 世纪 90 年代，区工业企业初步形成金属制品、机械设备、交通设备、化工、纺织、食品、电器机械、服装、冶金九大主导行业，涉及工业企业 534 家，从业人数 25856 人，实现产值 33.62 亿元，资产 24.04 亿元，分别占全部工业总量的 71.1%、58.9%、62.5%、63.9%。

进入 21 世纪，区结构调整步伐逐渐加快，逐渐向优势产业集中。2006 年始“十一五”期间，全区形成 4 大优势产业，包括交通运输设备、电子通信设备、金属制品及新型建材，涉及工业企业 450 家，实现产值 86.72 亿元，占全部工业总产值的 49.26%；2010 年，全部工业企业分布在 30 个工业行业中，其中交通运输设备、现代冶金、电子产品及通信设备、金属制品、新型建材和机械设备制造业为区工业主导产业，六大主导产业实现总产值 534.5 亿元，占全部工业的 68.5%，销售收入 507.3 亿元，占全部工业的 65.9%，完成工业增加值 65.5 亿元，占全部工业的 61.2%。

2010年东丽区工业行业类别及法人单位情况一览表

表 11-9

制造业类别	企业法人数	制造业类别	企业法人数
农副食品加工业	26	橡胶制品业	28
食品制造业	67	塑料制品业	131
饮料制造业	11	非金属矿物制品业（含建材业）	144
纺织业	71	黑色金属冶炼及压延加工业	30
纺织服装、鞋、帽制造业	87	有色金属冶炼及压延加工业	32
皮革、毛皮、羽毛（绒）机器制品业	18	金属制品业	633
木材加工及木、竹、藤、棕、草制品业	59	通用设备制造业	
家具制造业	58	专用设备制造业	221
造纸及纸制品业	87	交通运输设备制造业	163
印刷业和记录媒介的复制	76	通信设备、计算机及其他电子设备制造	85
文教体育用品制造业	23	仪器仪表及文化、办公用机械制造业	45
石油加工、炼焦及核燃料加工业	5	工艺品及其他制造业	52
化学原料及化学制品制造业	225	废弃资源和废旧材料回收加工业	4
医药制造业	18	电器机械制造	156
化学纤维制造业	5	烟草	1

第三节 主导产业

一、机械装备制造业

（一）结构调整

20世纪80年代，机械制造业以农机厂、铆焊综合厂为主，主要产品为机加工及构件加工。1980年，拥有金属切削机床1664台（套），包括车床、钻床、镗床、磨床及重型机床高精度机床等；拥有锻压设备482台（套），包括液压机、自动压力机、锻锤、剪断机、整形机等。

20世纪90年代初期，汽车配件及机加工为主。中期，装备制造业逐步发展壮大，1996年普通机械制造业企业70家，产值2.28亿元；专业设备制造业企业37家，产值1.99亿元；交通运输设备制造业企业71家，产值7.5亿元；

2001年，装备制造行业进一步巩固发展，普通机械制造业企业73家，产值2.69亿元；专业设备制造业企业20家，产值9740万元；交通运输设备制造业企业51家，产值10.8亿元，电气机械及器材制造企业35家，产值5.6亿元，其他制造业23家，产值7.1亿元。

2010 年，机械装备制造业拥有工业企业 820 家，占工业企业总数的 20.3%，完成总产值 230.2 亿元，占全部工业的 21.9%，完成利税 24.8 亿元，占全部工业总量的 20.4%，成为全区比重最大的优势产业。其中代表性企业有中国一重、赛瑞机器、中核机械、康库德重工机械、精诚机床制造、凯达重型水电设备、君晟机电等。

（二）骨干企业选介

天津赛瑞机器设备有限公司 1992 年始建，前身为天津钢管机修厂。是由天津钢管有限责任公司与中冶京诚工程技术有限公司共同组建的多元投资股份制企业。位于区滨海重机园，拥有总面积 15.3 万平方米现代化厂房和各种现代化的生产、加工设备及检测设备 765 台套。是国内具有制造、加工特大型、重型机电设备的企业之一。2010 年，实现工业总产值 10.94 亿元，实现销售收入 11.12 亿元，利润总额 1.24 亿元；利税总额 1.35 亿元，有员工 1628 人。

2009 年天津赛瑞机器设备有限公司 1.5 兆瓦风力发电机增速机主机架

天津市艾瑞斯机械制造有限公司 2000 年成立，位于区开发区三纬路。作为经营电梯配件的企业，坚持诚信和让利于客户，坚持用良好的态度服务于客户。公司主要经营生产电梯配件，主营行业为建筑建材、楼宇设施。2010 年，实现工业总产值 1.47 亿元，实现销售收入 1.36 亿元，利润总额 1495 万元；利税总额 2008 万元，有员工 300 人。

二、汽车部件制造业

（一）结构调整

20 世纪 90 年代初期，区内汽车零部件企业起步。1990 年，全区汽车配件企业 14 家，其中村办企业 12 家、联办企业 2 家，当年完成产值 1336.8 万元，代表性企业赵北汽车配件厂、天津市稻地汽车配件厂等企业。

20 世纪 90 年代中期后，区加大招商引资力度，汽车零部件企业快速发展。1995 年 12 月，天津丰津汽车传动部件有限公司，在区经济技术开发区投资建设，与天汽集团、天津市汽车底盘部件总厂合资建立，丰津汽车传动部件有限公司主要为天津夏利提供等速万向节及其零部件，自此，丰田开始在区内大规模投资汽车零部件生产。

1995 年末，天津市刹车管厂和日本丰田合成株式会社、丰田通商株式会社在天津市成立生产、销售汽车用橡胶零部件的合资公司天津丰田合成有限公司。丰田合成有限公司位于东丽经济技术开发区，注册资本人民币 2 亿元，主要为天津一汽丰田、广州本田等国内知名轿车企业提供高质量的汽车配套零部件。

1997 年，天津丰田汽车锻造部件有限公司在东丽经济开发区投资建立。

2003 年，天津三五汽车部件有限公司在天津市工商局注册成立。注册资本金 500 万美元，在东丽经济开发区购买工业用地 5 万平方米，投资总额为 1000 万美元。随着丰田汽车在国内扩大其整车项目，做为零部件供应商，为天津丰田配套生产排气系统部件。

2010年，全区汽车零部件制造业有企业105家，龙头企业主要有丰津汽车传动、丰田合成、电装电机、三五汽车等。上述企业均是丰田汽车的一级供应商，主要产品有汽车刹车制动软管、汽车等速万向结、刹车盘、曲轴等。全年完成工业总产值88.3亿元，占全部工业总量的8.4%，利税9.7亿元，占全部工业总量的8%。

（二）骨干企业选介

卡达克汽车高新技术公司　1999年成立，位于区经济开发区。主要从事汽车催化转化器产品的设计开发、试验研制、整车匹配和批量制造。2010年，实现工业总产值2.32亿元，实现销售收入2.32亿元，利润总额1624万元；利税总额2100万元，拥有员工92人。

天津劳尔工业有限公司　1995年，由世界著名挂车生产商法国劳尔公司与天津安达集团共同出资组建，位于东丽区经济开发区，拥有年产4000台车和挂车的生产能力。2010年实现工业总产值1.47亿元，实现销售收入1.5亿元，利润总额1374万元；利税总额2223万元，拥有员工389人。

天津丰田合成有限公司　2006年成立，坐落在区经济开发区。主要生产树脂材料和制品、模具、特种密封材料、汽车用和工业用橡胶及塑料制品、汽车方向盘及安全气囊、汽车零配件、汽车检具、发光二极管产品的批发、佣金代理、进出口、提供相关配套服务。2010年，实现工业总产值17.55亿元，实现销售收入18.89亿元，利润总额2.43亿元；利税总额3.4亿元，拥有员工838人。

三、现代冶金制造业

（一）结构调整

20世纪80年代，冶金制造业以铸钢、铸铁综合厂为主，主要产品为铸铁、铸钢件。1980年，铸铁件5118.9吨，铸钢件265.2吨。90年代，依托天津钢铁集团、天津钢管集团带动辐射作用，冶金制造业逐步发展壮大。1996年，黑色金属冶炼及金属制品铸铁管制造业企业25家，产值1.27.亿元；从业人员1239人。2010年，有企业21家从业人员1793 人，实现产值38.6亿元。

（二）骨干企业选介

泰科图比（天津）管件有限公司　2007年10月成立，由意大利泰科图比管件有限公司出资建设，注册资金600万欧元，位于东丽经济开发区四纬路与六经路交会处，主要生产应用于核电站、火电站以及石油炼化、管道输送等行业的管件产品。2010年，实现工业总产值0.55亿元，实现销售收入0.67亿元，利润总额505万元；利税总额656万元，拥有员工145人。

三圆管材有限公司　1992年成立，位于区津塘公路10号桥，是天津钢管集团全资子公司，主要承担钢管深加工产品、钢管精加工产品及钢管配套加工产品。其主要产品为：大口径无缝钢管475～1200毫米直径高压锅炉管、气瓶管、管线管、流体管、结构管及大表套管等；油井附件产品为地热井管、割缝石油套管、变径接箍等系列产品。2010年，实现工业总产值7.07亿元，实现销售收入8.3亿元，利润总额3148万元；利税总额4606万元，拥有员工130人。

天津市凯鑫程有色金属加工有限公司　2002年12月成立，位于区无瑕街道新袁村。主要从事有色金属加工，专业生产铝合金锭、锌合金锭、工业纯铝贸易等。是华北地区较大规模的有色金属加工企业。2010年，实现工业总产值1.56亿元，实现销售收入1.54亿元，利润总额201万元；利税总额372万元，拥有员工30人。

天津市东海制桶有限公司 1982年成立，位于区军粮城镇一村工业园，是生产20～250升各种出口包装天津钢桶的专业企业。生产各种型号、规格、容量的闭口桶、开口桶、中开口桶、直口桶、缩口桶及固碱桶、电石桶，是食品、石油、化工、涂料等行业必备包装用品。2010年，实现工业总产值1.12亿元，实现销售收入1.13亿元，利润总额613万元；利税总额921万元，拥有员工180人。

四、电子信息制造业

（一）结构调整

20世纪80年代，区内电子行业企业，以生产洗衣机配件、电冰箱零件、电线及漆包线等产品为主。90年代，电子行业逐步发展，除原有电子元器件及电线产品外，增加电子及通信设备、仪器仪表、电风扇等产品生产企业。

2001年，电子及通信设备企业11家，产值2.24亿元；仪器仪表企业6家，产值5147万元。2001—2010年，区电子信息产业快速发展壮大，成为区内优势产业。

2010年，电子信息制造业拥有企业252家，占工业企业总数的6.2%；完成总产值60.1亿元，占全部工业的5.7%；完成利税5.9亿元，占全部工业总量的4.8%。

（二）骨干企业选介

天津市森源电器设备制造有限公司 1998年成立，位于区华明街道南坨村。主要从事电器开关控制设备制造、输配电及控制设备制造及安装；钣金结构制造、加工；机械加工、安装；普通货运。2010年，实现工业总产值4726万元，实现销售收入4728万元，利润总额855万元；利税总额1106万元，拥有员工130人。

天津益恩彼电子有限公司 2006年成立， 位于区经济开发区一经路北。主要产品：三星手机充电器。2010年，实现工业总产值5.3亿元，实现销售收入5.31亿元，利润总额5141万元；利税总额1.09亿元，拥有员工1100人。

天津有容蒂康高分子材料有限公司 2009年成立，位于区华明街道。主要从事高分子材料生产与销售并提供相应的技术咨询服务，是一家生产与加工为一体的科技型企业。2010年，实现工业总产值4亿元，实现销售收入4.18亿元，利润总额5461万元；利税总额6416万元。拥有员工550人。

五、生物医药制造业

（一）结构调整

1987年10月，中美史克在区正式投产。中美史克制药有限公司是全球最大的药厂之一的葛兰素史克（GSK）与国内天津中新药业股份有限公司和天津太平（集团）有限公司共同投资设立的消费保健用品公司。主要生产胶囊、片剂、软膏3种剂型，年产能力23亿片/粒/支，代表产品有新康泰克、芬必得、必理通、泰胃美、史克肠虫清、兰美抒、百多邦、伯克纳等。

1998 年，天津瑞普生物药业有限公司成立。从最初单一企业成长为具有规模的动物保健产业集群。成为中国 A 股市场第一家专注于动物保健行业企业，瑞普在产业关键技术攻关、重大新产品开发、技术标准制定等方面处于领军地位。20 世纪初期，公司产品在国内市场覆盖率超过 90%，出口 20 多个国家和地区，综合实力位居行业第二。

2010 年，生物医药制造业拥有企业 18 家，实现产值 32.1 亿元，占全部工业的 3.1%，利税 7.1 亿元，占全部工业总量的 5.8%。

（二）骨干企业

中美天津史克制药有限公司　1987 年投产，位于区万新街道。2008 年，中美史克除了四大 OTC 品牌新康泰克、芬必得、百多邦、史克肠虫清外，还成功上市了全球牙医首选推荐的抗牙敏感牙膏舒适达；新康泰克和芬必得两大品牌家族上市，新康泰克红色重感装成功上市。2009 年，芬必得酚咖片新头痛装的成功上市。2010 年，中美史克口腔护理新品牌“保丽净”成功上市，同年康泰克鼻贴上市。是年实现工业总产值 20.4 亿元，实现销售收入 19.35 亿元，利润总额 3.5 亿元；利税总额 6.1 亿元，拥有员工 1004 人。

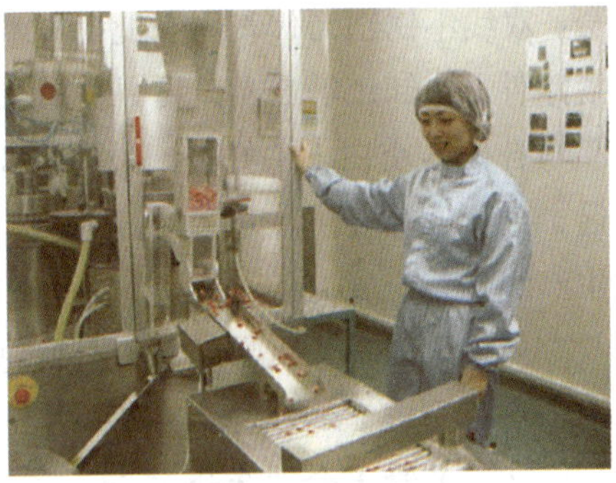

2008 年，中美史克制药生产车间

六、新型建材制造业

（一）结构调整

20 世纪 80 年代，区内建材制造业以水泥面板、机制砖瓦厂为主，主要产品为水泥板、机制砖、瓦、白灰等。1980 年，生产水泥板 20.07 万平方米、机制砖 5275 万块、瓦 25 万片、白灰 6000 吨。90 年代，新型建材制造业不断壮大。1996 年，水泥产量达到 2 万吨，水泥预制构件 9 万立方米，砖 5140 万块，石灰 4000 吨，大理石板 3.42 万平方米，石棉制品 292 吨。

2010 年，规模以上新型建材企业 42 家，实现产值 31.7 亿元，从业人员 3425 人。

（二）骨干企业选介

天津市和国投市政水利工程有限公司矿粉厂　2006 年成立，位于区么六桥回族乡。主要从事粒化高炉矿渣粉，是优质的混凝土掺合料和水泥混合材，是当今世界公认的配制高耐久性混凝土结构的首选混合材料之一。2010 年，与国投集团、浩达理想重组，浩达理想投资 3000 万元，重组后的浩达理想矿粉总投资为 1.06 亿元，共 3 条生产线，年产量 80 万吨，产品填补国家相关产业的空白，为滨海新区的建设做出贡献。2010 年，实现工业总产值 2760 万元，实现销售收入 2230 万元，利税总额 69 万元，拥有员工 70 人。

瑞科尔建筑材料（天津）有限公司　1994 年建立，1995 年投产，位于东丽区新立街道。2010 年，实现工业总产值 6105 万元，实现销售收入 6221 万元，利润总额 122 万元；利税总额 263 万元，拥有员工 550 人。

天津井上高分子材料制品有限公司　2004 年 6 月成立，位于东丽经济开发区。主要从事海绵复合品（表皮+底布），软质海绵加工，硬质海绵发泡成形品（ＥＡ），软质海绵发泡成形品，再生海绵成形品的生产及销售。2010 年，实现工业总产值 1.85 亿元，实现销售收入 2.03 亿元，利润总额1368万元；利税总额2385万元，拥有员工220人。

七、航空航天制造业

（一）结构调整

航空航天制造业是区的新兴产业，主要依托驻区大型航空制造业企业，涉及空客320、大火箭、直升机等项目配套产业。航天精工飞机标准件国产化生产线项目，主要研发生产以钛合金、高温合金、双线不锈钢为代表的一批高技术新型先进螺纹连接件、快卸螺栓、摇摆锁栓、自锁螺母、卡箍、管路件、快卸锁等产品，其中快卸螺栓、摇摆螺栓和ARJ21国产支线客机特种紧固件和管路件等产品填补国内空白，并打破国外的行业垄断和封锁。2010年，航天航空制造业依托空客A320、大火箭、直升机等天津市龙头项目带动，正在着力加快其配套产业的发展。贵航精工飞机标准件国产化生产线项目，2010年底投产。中航（天津）航空保障服务基地、天津航空基地、航材院新建厂房及办公楼、成都飞机零部件、海特总部及研发中心、航天精工总部6个项目正在建设之中，预计6个项目总投资28.3亿元。

（二）骨干企业选介

航天精工（天津）制造有限公司　2009年成立，地处区和空港经济区联合开发的滨海航空产业园区，属金桥产业园。项目总投资为3.8亿元，占地面积10公顷，建筑面积7.77万平方米。2011年建成投产，设计生产能力为8000万件。公司由研发办公区、生产车区、物流区和生活休闲区组成，拥有员工300人。

天津中昌织物技术有限公司　2003年成立，位于么六桥回族乡金桥工业园区。主要生产化纤、腈纶、锦纶、羊毛为原料的高级工业用纺织面料，产品已被广泛用于汽车、飞机、火车等交通工具的内饰装修。2010年，实现工业总产值3335万元，实现销售收入2850万元，利润总额235万元；利税总额330万元，拥有员工80人。

第六章　产品产量

1991年，区工业企业以农机、铆焊加工为主，主要产品为农机构件加工及编织袋、服装、木器、空压机、减速机等50余种。20世纪90年代，工业主要产品及加工配套产品达百余种，主要产品涉及21个行业大类200多种小类行业产品。2010年，主要产品涉及29个大类300余种小类行业产品及配套产品。2010年，全区已拥有中国知名商标企业3家，天津市著名商标企业41家。

第一节　重点产品

1979年，区工业企业以农机、铆焊加工为主，主要产品为机加工及构件加工。1980年，工业产品主要有编织袋、服装、皮革、塑料制品、木器及工艺品、地毯、空压机、减速机等20余种。加工产品有铸铁、铸钢及锻件、汽车配件、自行车配件等30余种。拥有金属切削机床1664台（套），包括车床、钻床、镗床、磨床及重型机床和高精度机床等。拥有锻压设备482台（套），包括液压机、自动压力机、锻锤、剪断机、整形机等。20世纪80年代中期，企业产品日益丰富，重点产品有津东集装袋厂编织袋。

1987年，中美史克在区正式投产，其康泰克、芬必得、百多邦、史克肠虫清成为四大OTC品牌产品。

20世纪90年代，区工业主要产品有服装、皮革、皮鞋、水泥、金属制品、钢门窗、塑料制品等50余种。加工配套产品有汽车配件、自行车零部件、铸钢及锻件、电子配件、工矿配件等50种。1990年，拥有服装企业37家，东南雨衣服装厂生产风雨衣，产值达到4183万元。汽车配件企业14家，其中村办企业12家，联办企业2家，完成年产值1336.8万元，骨干企业天津市赵北汽车配件厂、天津市稻地汽车配件厂等。

2001年，全区工业企业618家，主要产品涉及27个行业大类200多种小类行业产品，其中重点产品有自行车、通信线缆、乐器等。重点企业富士达自行车年产量达40万辆，实现工业总产值4.15亿元。有容蒂康主要产品是MDF电缆、DDF电缆、同轴电缆、PCM电缆、计算机电缆、数据缆、电力电缆和上述各种电缆组件。该产品供应华为技术、中兴通讯、上海贝尔、阿尔卡特—朗讯、西门子—诺基亚、北电网络，也供应属于上述通信公司的国外单位。年通讯线缆产量达8.78万千米，实现工业总产值2.8亿元。英昌乐器成立于1993年8月，投资3920万美元，占地11.6公顷，主要生产各式钢琴、电子钢琴、合成器等。年生产能力6.7万台，出口占65%，内销占35%，销量基本尽产尽销。国内拥有160多家代理店。钢琴及电子乐器出口销售遍布世界100多个国家和地区。

2010年，全区工业企业4398家，主要产品涉及29个大类300余种小类行业产品及配套产品，其中重点企业重点产品富士达自行车，产量达500万辆，实现工业总产值4.15亿元。容蒂康通讯线缆产量达18.6万千米，实现工业总产值4.77亿元。英昌乐器投资3000万元，更换最新式的电炉用于无瑕疵钢琴铁板的生产，增强自动化生产流水线Lay-out的变更，并进行了尖端的ERP系统开发。在中国乐器行业销量排行榜位居第三位。

第二节　主要产量

2008年，根据第二次全国经济普查，东丽区工业企业主要产品生产量、销售额：

2008年东丽区工业企业主要产品生产量、销售额统计表

表11-10

产品名称	计算单位	生产量	销售额（千元）
饲料	吨	145445	656978
软饮料	吨	570221	32797
卷烟	万支	2005000	1643601
纱	吨	11428	55131
服装	万件	2329	301128

续表 11-10

产品名称	计算单位	生产量	销售额（千元）
皮革服装	件	160004	126118
家具	件	130317	168266
机制纸及纸板	吨	7133	12194
纸制品	吨	1784165	262342
硫酸（折 100%）	吨	85412	99782
纯碱（碳酸钠）	吨	2392	8634
涂料	吨	26882	102458
化学试剂	吨	23933	165002
塑料制品	吨	112036	382995
水泥	吨	6200	20353
预应力混凝土桩	米	2619197	254777
水泥混凝土预制构件	立方米	90456	8945
生铁	吨	4725319	3165130
粗铁	吨	6164108	9478273
钢材	吨	5162256	36564668
铜材	吨	4915	308688
焊条	吨	17021	68668
金属成形机床	台	5745	14385
阀门	吨	74288	268171
减速机	台	18972	95636
铸铁件	吨	32883	228985
模具	套	62311	105716
缝纫机	台	212190	100440
电子整机装联设备	台	6686	40168
机动车（汽车）零配件	千元	3029968	3038055
两轮脚踏自行车	辆	6304083	1809949
电动自行车	辆	155912	128133
直流电动机	千瓦	3552	13593
配电或电器控制设备（11 万伏以下）	台（套、面）	16250	79814

续表 11-10

产品名称	计算单位	生产量	销售额（千元）
通信及电子网络用电缆	对千米	1157612	450620
电子元件	万只	1027868	603719
工业自动调节仪表与控制系统	台（套）	21511	46153
工业仪表	台（个）	123189	13354
发电量	万千瓦时	575345	1601449

第三节　名牌商标

一、中国驰名商标

东丽区依据国家工商行政管理总局2003年4月发布的《驰名商标认定和保护规定》，引导全区工业企业制定、实施名牌发展战略，扶持、培育名牌产品和各种商标，成效显著。涌现出一大批在全市乃至全国的名牌产品和名牌商标。1995—2010年，区应大皮革时装有限公司“应大”牌皮装、富士达集团有限公司“邦德·富士达”牌自行车、天津钢管有限责任公司“TPCO”无缝钢管荣获中国驰名商标称号。

二、天津市著名商标

1996年，区开始实施名牌发展战略，组织企业开展天津市著名商标申报工作。1999年，和泰、迎宾、SK&F和天女首次获得天津市著名商标称号。2007年，区根据市政府发布《天津市著名商标认定和保护办法》，制定《东丽区品牌发展战略扶持奖励资金使用管理办法》，使区著名商标认定工作广泛开展。2010年，区已有天津市著名商标41家。获得天津市著名商标的企业，从无形价值方面及经济效益方面，均对企业产生较大的拉动作用，提高了市场占有率、市场排位、产品质量、社会知名度和用户满意度，带动了企业的发展和社会的认可度。（见第十八编第四章第五节商标广告管理）

第七章　固定资产投入与技术改造

1979年，全区工业企业固定资产原值为6862万元，经新项目引进和原有企业更新改造，2000年固定资产原值上升为22.64亿元。进入21世纪，全区加大企业的固定资产投入，至2010年已拥有固定资产原值242.52亿元，比1979年增长353.42倍。2001—2010年，区内工业企业享受国家、市、区技改贴息支持资金达1.6亿元，促使工业基本建设、项目引进、技改、产值、利税全面提升。

第一节　固定资产投入

一、鼓励企业投入

（一）召开工业投入大会　2005年，区召开加大工业投入工作大会，提出“发展是硬道理，投入是硬措施”的思路，鼓励企业加大固定资产的投入。2007年，区提出“抓好一批在建项目投产达标，抓好一批新项目开工建设，抓好一批拟建项目评估筹备”工作部署，筛选确定30个“三个一批”重点项目，进行跟踪服务，协调解决困难和问题，促其早落地、早开工、早投产。

（二）编制现代制造业招商项目指导目录　2007年，区工业经委成立现代制造业招商服务办公室，组成2个招商组，走访中环电子集团、汽车工业集团、冶金集团等大工业公司。加强与项目管理单位、主体单位联系，建立回访制度和经常性沟通渠道，建立项目数据库。参与中国一重项目引进和天津卷烟厂重点技改项目推动；引进香港嘉华集团5800万美元，注册香港嘉华投资有限公司和建筑有限公司；引进港商投资660万美元钽电容项目；签订计划总投入1.5亿元铝箱生产线项目；策划落实占地8.67公顷，开发投入2亿元的表面处理工业园项目；洽谈投资2000万美元台湾地区不锈钢板和天锻集团工业园项目等，均取得投资的成效。

（三）落实“百亿工程——2008”招商专项行动实施方案　2008年，区工业经委收集国内机械装备、汽车配件、现代冶金、新型建材等行业重点企业投资信息，负责滨海新区民营企业创业基地项目，与天士力等集团就组建开发公司、确定投资股份及土地一级开发模式等事项进行研究，形成会议纪要。接洽台湾地区吉富中国资本投资公司，推介区“4+8”航空配套产业区，就航空配套产业区园中园项目、太阳能发电厂项目、太阳能发电设备制造项目达成意向。完成对中国冶金科工集团钢结构、天津市起重电机公司搬迁改造、食品二厂搬迁改造等项目的分析评估。

二、固定资产投入成效

2003—2005年，全区工业固定资产投资项目830次，其中新建项目550项，技改项目280项。完成固定资产投入61.7亿元，其中新建项目37.06亿元，技改项目24.64亿元。标准厂房建设已竣工122.55万平方米。千万元以上投资项目52项。

2006—2009年，全区工业固定资产投资项目764项，其中新建项目444项，技改项目320项。完成固定资产投入214.06亿元，其中新建项目131.74亿元，技改项目82.32亿元。千万元以上投资项目85项。

2010年，全区固定资产投资项目229项，其中新建醒目113项，技改项目116项。完成固定资产投入108亿元，其中新建项目66亿元，技改项目42亿元。

第二节 技术改造

一、支持企业技改

（一）免征关税和进口环节增值税 1988年始，区乡镇企经委根据《国务院关于调整进口设备税收政策的通知》，对符合《外商投资产业指导目录》鼓励类和限制乙类，并转让技术的外商投资项目，在投资总额内进口的自用设备，除《外商投资项目不予免税的进口商品目录》所列商品外，免征关税和进口环节增值税；对符合《当前重点鼓励发展的产业、产品和技术目录》的国内投资项目，在投资总额内进口的自用设备，除《国内投资项目不予免税的进口商品目录》所列商品外，免征关税和进口环节增值税。

（二）贷款贴息和奖励 2000年，区乡镇企经委贯彻执行天津市推出的支持企业技改投入政策。凡符合国家产业政策，且已列入市重点技术改造项目计划的工业投资与技术改造项目，择优对其中产业带动作用强、技术水平高、经济效益显著的工业项目予以贷款贴息支持，贴息期限为一年。对固定资产投资规模在1000万元以上的工业投资项目予以贷款贴息。区制定促进招商引资提高企业经济效益的奖励办法，财政局推出实施细则，对新建企业和技改企业进行不同程度的奖励。2003年2月，区工业经委贯彻执行市农委、市财政局、市中小企业促进局《天津市郊县工业重点技术改造项目贷款贴息管理办法》，对列入郊县工业企业技术改造财政贴息项目计划的项目，予以贷款额4%左右的贴息支持，重点支持列入区县重大项目计划的在建工业项目，项目投资规模原则上不小于1000万元。富士达自行车有限公司铝合金车架技术改造项目列入国家重点技术改造“双高一优”项目计划。2005年7月，区出台《工业技术改造贷款项目贴息资金管理办法》。为推动工业企业加大技术改造投入，优化产业升级，区设立技术改造贴息专项资金，每年不少于800万元，列专户管理，循环累计使用。 区财政贴息资金按照发展壮大优势产业、择优扶持中小企业、支持区域特色工业的原则，重点支持投资1000万元以上的技术改造贷款项目。凡符合国家产业政策和天津市工业发展规划，项目建设单位坐落在东丽区并在区注册纳税的内资或内资控股的合资企业，均可申报技改贴息。贴息标准原则按实际落实的项目贷款金额和银行同期利率的一定比例予以贴息，贴息期限为一年。

（三）制定促进经济发展措施 2009年1月，区实行《东丽区促进经济发展的10条措施》。进一步加大企业技改的支持，其中5000万元资金支持优势企业改造。对投资在200万元以上且列入区重点技改贷款的项目，按贷款额的8%予以贴息支持，单体项目技改贴息总额≤300万元。对获市级技改贴息支持的，同时享受区技改贴息支持。对列入区重点技改且利用自有资金投入200万元以上用于购置设备、基础设施建设的项目，年底按投资总额8%予以补助支持，单体项目补贴总额≤300万元。9月，区工业经委根据财政部、工业和信息化部、国家发展和改革委、国家能源局、国家税务总局和海关总属六部委联合发布《关于调整重大技术装备进口税收政策的通知》，区自7月1日起，对区内企业为生产国家支持发展的重大技术装备和产品而确有必要进口的关键零部件及原材料，免征进口关税和进口环节增值税。同时，取消相应整机和成套设备的进口免税政策。对国产装备尚不能完全满足需求，仍需进口的，作为过渡措施，经严格审核，以逐步降低优惠幅度、缩小免税范围的方式，在一定期限内继续给予进口优惠政策。

二、技改支持资金

（一）市经信委、市财政局贷款贴息 2001—2004年，对东丽区津东华明纸箱厂予以40万元的工业技术改造项目贷款贴息支持。对区富士达自行车、隆美纺织共予以100万元的工业技术改造项目贷款贴息支持。对区扫地王专用汽车予以30万元的高新技术产业化项目贷款贴息支持。对天津市国顺肉类食品有限公司实施的总投资5300万元的搬迁改造肉制品生产加工基地项目予以40万元的贷款贴息支持；对富士达自行车有限公司实施的总投资5000万元的电动自行车生产线改造项目予以35万元的贷款贴息支持。

（二）市农委、市财政局贷款贴息 2005—2007年，对国顺肉类食品、富士达自行车、建城地基基础、天大胜远中央空调、隆美纺织、仓源机械6个技改项目予以195万元的贷款贴息支持。对天津市圣发烛业有限公司实施的总投资3700万元的扩能建设工艺蜡烛出口生产线项目予以30万元的贷款贴息支持；对天津富士达自行车有限公司实施的总投资2500万元的改造出口型健身自行车生产线项目予以30万元的贷款贴息支持。对富士达自行车、赛瑞机器设备、圣发烛业、中宝制药、有容蒂康线缆、凯达重型设备6家企业予以市郊区工业重点技术改造贷款项目贴息376万元。分3批对区8项技改项目予以市郊区工业重点技术改造贷款项目贴息386万元。市经委、市财政局分2批对区9项技改项目予以市重点工业技术改造项目贴息610万元。

（三）区财政贷款贴息 2005—2006年，区对富士达自行车、国顺肉类食品、圣发烛业、川铁信号设备等17家技改企业予以250万元贷款贴息。对赛端机器、丽业钢材加工、艾瑞斯集团、福田锅炉、国顺肉类食品等7家有限公司予以235万元贷款贴息。

（四）调整工业技改贴息政策 2007年，区制定《关于调整东丽区工业技术改造贷款项目贴息资金管理办法的通知》，有4家企业，共13台套进口机电设备获批进口设备免税，为企业节约资金558万元。区工业经委先后帮助区25家企业，共5213台套进口机电设备申办进口设备免征手续，企业累计获免征关税和进口环节增值税7016万元。2008年，根据《东丽区工业技术改造贷款项目贴息资金管理办法》的规定，按照发展壮大优势产业、择优扶持中小企业、支持区域特色工业的原则，由区工业经委和区财政局联合签发《关于下达2007年东丽区工业重点技术改造项目贴息资金计划（第一批）的通知》。本批贴息共安排14个项目，总投资8.09亿元，银行贷款2.98亿元，设计年新增销售收入20.22亿元、利税2.96亿元，区财政共安排贴息资金495万元。是年，区石油管材加工、丽业钢材加工、鑫桁机械制造、君晟机电传动工程、凯达重型设备、有容蒂康线缆、方大禽业、赛瑞机器设备8家企业实施的技改项目获得2008年郊县工业重点技术改造项目贷款贴息389万元。区红日电气自动化有限公司实施的多级串联叠加中压变频调速装置的研发推广项目，被批准列入天津市2007年电力需求侧管理项目补助资金计划，获市工业发展基金专项补助90万元。

2009年，区中宝制药有限公司建设中药透皮给药新剂型研发生产基地、中核机械有限公司二期中核成套设备扩能、一重集团天津重工有限公司滨海制造基地等7个项目，获天津市工业技术改造项目市财政贴息补助资金450万元。是年，区工业经委、区财政局联合下达2008年东丽区工业重点技术改造项目贴息资金计划，本批贴息共安排23个项目，总投资10.6亿元，银行贷款4.48亿元，设计年新增销售收入24.71亿元、税金1.22亿元，区财政共安排贴息资金782万元。是年，区宝佳钢管加工、三圆管材、赛瑞机器设备、一重集团天津重工等8家企业实施的技改项目获得2009年市滨海新区第一批重点产业项目贷款贴息资金618.35万元。是年，康库得机电技术有限公司、神川电机有限公司、艾瑞斯集团有限公司、永昌焊丝有限公司等9家技改企业，共获市财政240万元的工业专项扶持资金补助。区奥瑞克电梯有限公司实施的扩能改造电梯生产线项目、华明印刷有限公司实施的高档包装装潢印刷生产线扩能改造、富士达自行车有限公司实施的高档自行车生产线与燃气东丽设备改造等7个项目被列入2009年郊县工业企业技术改造财政贴息项目计划，获市财政贴息资金469万元。落实区2009年第一、二批重点技改项目扶持奖励资金项目44项，落实区扶持奖励资金4299万元。区凯华绝缘材料有限公司等5家中小企业实施的技改项目被列入2009年第一批工业中小企业技术改造项目新增中央预算内投资计划，获中央财政一次性投资补助903万元。经争取，区后补入围的格林森高精齿轮有限公司技改项目被列入2009年第二批工业中小企业技术改造项目新增中央预算内投资计划，获中央财政一次性投资补助160万元。

2010年，区万新传动设备有限公司引进国内、外先进设备实施的冷连轧宽钢关键部件—减速机生产线技术改造项目，进口两台总价148万美元的磨齿机，国家予以免征关税60余万元。是年，中国一重与天津机电共建滨海新区制造基地等5项重大工业项目被列入2010年天津市工业技术改造项目，获市财政补助资金800万元。国顺肉类食品有限公司二期建设肉制品生产线等8个项目被批准列入2010年郊县工业企业技术改造财政贴息项目计划，获市财政贴息、补助资金500万元。是年，区万新传动设备有限公司冷连轧宽带钢关键部件——减速机生产线技术改造等4个项目，被列入工业中小企业技术改造项目2010年中央预算内投资计划，共获中央财政一次性投资补助950万元；区航天精工（天津）制造有限公司ARJ21紧固件国产化生产线建设项目被列入重点产业振兴和技术改造2010年中央预算内投资计划，获中央财政一次性投资补助2052万元。以上项目共获中央投资补助3002万元，东丽区成为各区县、各有关部门中列入扶持项目最多、补助金额最大的区县。区有3个项目被批准列入2010年天津市工业技术改造项目贴息资金计划，获市财政贴息资金393万元。区2个项目列入天津市2010年电力需求侧管理项目补助资金计划，获市财政贴息补助资金80万元。经区百家中小企业成长工程领导小组共同研究，依据《东丽区解难题调结构促进经济发展10条措施》，对47个工业技改项目安排财政资金3045万元予以一次性政策扶持。47个项目2010年计划总投资25.55亿元，已完成投资13.26亿元，落实银行贷款6.5亿元。其中，贷款贴息项目4个，投资补助项目25个，配套市级技改贴息、设备补助项目10个，市级重大项目投资补助项目8个。预计项目全部投产达产后，可年新增销售收入157.2亿元，新增利润15.6亿元、税金8.6亿元。

三、技改贴息

2001—2010年东丽区企业享受国家、市、区技改贴息支持资金统计表

表11-11　　　　单位：万元

年份	技改贴息企业（家）	贴息来源						
		国家发改委	市经委	市计委	市农委	滨海委	东丽区	合计
2001	1	—	40	—	—	—	—	40

续表 11-11

年份	技改贴息企业（家）	贴息来源						
		国家发改委	市经委	市计委	市农委	滨海委	东丽区	合计
2002	2	—	70	—	—	—	—	70
2003	2	—	30	30	—	—	—	60
2004	4	—	75	—	—	—	—	75
2005	14	—	60	—	195	—	250	505
2006	11	—	——	—	376	—	235	611
2007	21	—	700	—	386	—	495	1581
2008	33	—	450	—	389	—	782	1621
2009	51	1063	240	—	469	618.4	4299	6689.4
2010	20	3002	1273	—	500	—	—	4775
合计	159	4065	2938	30	2315	618.4	6061	16027.4

第三节　技术中心

1996年，东丽区依据市经委《关于印发〈天津市企业技术中心认定办法〉的通知》《天津市鼓励和支持大中型企业和企业集体建立技术中心的暂行办法》，鼓励和支持企业建立技术中心。2002年，根据市经委《关于下发“天津市企业技术中心申请认定工作指南”的通知》文件精神，区高度注重以企业技术中心建设为重点的技术创新体系建设工作。加强对企业技术中心的培育、督促、检查、指导和服务，多措并举，齐心协力，不断增强企业的市场竞争能力、创新能力和发展后劲，推动企业技术中心建设工作向纵深发展。按照《天津市企业技术中心管理办法》的相关要求，对全区企业技术中心实行动态管理，对重点培育的企业以“学帮带”为措施，宣传相关激励政策和典型经验，激励企业加快实施中心建设工作。组织召开相关知识培训会，提高企业建立企业技术中心意识。积极与上级主管部门对接沟通，加强企业指导。在政策扶持方面，制定了相关的资金扶持政策。同时，组织国家、市级企业技术中心，申报新能力建设项目，争取更多资金扶持。

2003—2010年，区有16家企业被认定为市级企业技术中心。2009年，天津瑞普生物技术股份有限公司获得“国家级企业技术中心”认定，是全市区县第二家，也是民营企业唯一获此殊荣的企业。

2003—2010 年东丽区市级企业技术中心名称一览表

表 11-12

企　业　名　称	认定年份	企　业　名　称	认定年份
天津富士达自行车有限公司	2003	天津市精诚机床制造有限公司	2008
天津有容蒂康通讯技术有限公司	2003	天津津东华明纸箱厂	2008
天津春发食品配料有限公司	2005	天津市君晟机电传动工程有限公司	2008
天津市松正电子有限公司	2006	天津德凯化工股份有限公司	2009
天津市红日电气自动化有限公司	2006	天津铁路信号工厂	2009
天津赛瑞机器设备有限公司	2007	天津艾瑞斯集团有限公司	2009
天津瑞普生物技术集团有限公司	2007	川铁电气（天津）集团有限公司	2010
天津市应氏服饰有限公司	2007	天津市金立钢管有限公司	2010

第八章　工业节能

20 世纪 90 年代，区全面贯彻《中华人民共和国节约能源法》及市颁布的有关法规。按照合理用能的原则，加强节能管理，推进技术进步，提高能源利用效率，降低成本，提高效益，减少环境污染。区设立节能专项资金，以诚实申请、公开受理、择优支持、专款专用、科学监管的原则，鼓励和引导全社会开展节能工作。2010 年，万元 GDP 能耗（吨标煤）为 1.29。“十一五”期间，万元 GDP 能耗下降 25.97%。

第一节　节能管理

一、节能共励

1991—1994 年，区开展节能升级和建立节能奖工作。为 3 家企业技术改造提供节能资金保证，4 家企业获得区节能降耗奖励，5 家企业获得市节能工作领导小组颁发的能源利用合格证，3 家企业被评为市节能奖先进企业，赤土造纸厂获市节能先进企业称号。

二、节能法规

1998 年 1 月始，区实施《中华人民共和国节约能源法》，召开乡镇企业结构调整现场会。天津智慧压缩机有限公司项目列入天津市技术创新计划，承担节能、低噪音、环保型旋涡式空气压缩机的制售。1999 年 3 月始，区贯彻实施国家经济贸易委员会颁布的《重点用能单位节能管理办法》，按照合理用能的原则，加强节能管理，推进技术进步，提高能源利用效率，降低成本，提高效益，减少环境污染。

2001年5月始，区贯彻实施《天津市节约能源条例》。

2003年1月始，区贯彻实施《中华人民共和国清洁生产促进法》。

2004年10月始，区贯彻实施国家发展改革委、国家环境保护总局发布的《清洁生产审核暂行办法》。

三、节能项目审批与验收

2006年4月，区开展废旧物资回收经营企业资源综合利用认定工作，5家企业经过初步审定。7月，区政府批准工业经委提出的成立区工业节能领导小组和建立区节能监测中心的请示，设立区节能专项资金，推动节能工作。8月，制定区工业节能推动方案。10月，天津富士达自行车有限公司、军粮城发电有限公司通过了天津市清洁生产审核验收。

2007年4月，成立东丽区节能监测中心。

2008年3月，区红日电气自动化有限公司的全数字晶闸管中高压软启动装置和Solared系列中压变频调速系统入选《天津市先进实用节能技术、产品推荐目录》。5月，对钢铁、酒精、水泥等相关行业企业产能情况进行了自查，没有不符合规定的淘汰类、限制类企业。8月，区工业经委固定资产投资合理用能审核职能正式进入区行政许可大厅现场审批。是年，建档存档固定资产投资项目合理用能审核材料76件及部分批复、接待咨询办事人员300余件次，按时办结率和满意率100%。9月，区工业经委开展清洁生产推动工作。10月，区节能监测中心建设完成，通过验收。中心收录国家节能技术标准涉及水、电、热3类，共计22项，辅助测试标准32项；中心调试验收现场测试设备和理化实验设备38台（套），并形成指导设备运行的作业指导书。天津市经委确定区7家企业重点用能单位资格。11月，区属天津市永昌焊丝有限公司、盈德气体有限公司通过能源审计。

2009年2月，区新濠集团公司的LED外延芯片及封装应用等3个项目，入选资源节约和环境保护2009年中央预算内投资备选项目。3月，区配合市经委开展“年综合能耗万吨标准煤以上单位能源审计工作”。4月，区政府印发《关于加强节能工作的实施办法》《东丽区节能目标责任评价考核实施方案》《东丽区节能专项资金使用管理办法》文件，推动节能工作深入开展。6月，区获得市发改委下达推广节能灯10.5万只任务，实际完成27万只，位列全市各区县第二名。一年可减排二氧化碳1.4万吨、二氧化硫140吨；全区一年可节电1400余万千瓦时，节省电费840万元。8月，区完成560余家规模以上企、事业单位的能源统计、计量检查工作。10月，区节能监测中心主持天津市三和管桩有限公司锅炉、蒸汽、水、电市级节能技术改造项目，中心对其开展节能检测、节能诊断和技术改造项目的验收工作，为该企业每年节约燃煤3549吨，节约资金195万元，每年水、电节约近100万元。全区有13家节能技改和示范性推广应用项目和3家清洁生产企业共获得500万元的资金扶持。11月，区严格执行固定资产投资项目合理用能评估和审查制度，完成项目审查54件。12月，区航天精工和新濠科技开发有限公司获得市节能专项资金支持。区“十一五”前4年万元GDP能耗累计下降26.64%，2009年下降14.77%。12月，区开展清洁生产工作的企业累计共有14家。

2010年1月，区出台《东丽区实施固定资产投资项目节能评估和审查办法》，严格实施节能评估审查制度，未通过节能审查的项目不得开工建设。2月，区公共机构节能工作批准实施，区工业经委具体负责。3月，区对各耗能单位年综合耗能5000吨标准煤以上的重点耗能企业进行统计、计量执法检查，参加自查的企业1073家，对34家企业进行抽查。4月，区配合市节能监督检查部门对区6家高耗能企业开展重点用能单位产品能耗限额标准执行情况监督检查，全部符合检查标准。区政府与中冶建筑研究总院签订投资“百亿”的“节能减排、循环经济领域战略合作伙伴关系协议”，项目将实现园区内钢铁渣“零排放”。5月，区工业经委推广节能照明灯具43万只，年节电 2220万千瓦时，减排二氧化碳 2.22 万吨；7月，在天津节能新产品信息发布会及产品展销会上，区焱能节能有限公司入选第四届中国环渤海（天津）国际节能环保绿色产业展览会参展资格。在天津滨海生态城市博览会上，区金日久建材科技股份有限公司研发的新型绿色建筑材料和新型太阳能发电装置，以其领先的科技手段，得到与会国内外有关专家学者和企业代表的高度关注。8月，区滨海华明开发建设有限公司的华明低碳产业基地研发中心的地源热泵项目列入节能专项资金计划，获得35万元的节能专项资金奖励。10月，区制定节能降耗预警调控方案。12月，“十一五”期间区万元GDP能耗累计下降25.97%，超额完成“十一五”节能目标29.9%。

第二节 节能宣传与考核

一、节能宣传周

1991年始，区每年按主题举办节能宣传周活动。1996年主题“综合利用资源，促进经济增长方式，转变和可持续发展”。1997年“依法用能，提高能效”。1998年“依法用能，提高能效”。1999年“依法节能、节约增效”。

2000年“依法节能，节约增效”。2001年“节约能源，持续发展”。2002年“依法节能，持续发展”。2003年“节能与全面建设小康社会”。2004年“节约用电，缓解瓶颈制约”。2005年，“全民动员，共建节能型社会”。

2006年，“节约能源，从我做起”。2007年，“节能减排、科学发展”。2008年，“依法节能，全民行动”。

2009年，“推广使用节能产品，促进扩大消费需求”。2010年，“节能攻坚、全民行动”。

二、目标责任评价考核

2009年4月，区政府下发《关于加强节能工作的实施办法》《东丽区节能目标责任评价考核实施方案》《东丽区节能专项资金使用管理办法》文件，推进区节能工作。区成立节能工作领导小组，办公室设在区工业经委，负责节能工作的组织、推动、协调、评价考核工作。5月，全区各相关部门及镇街乡完成节能工作领导小组的创建工作。7月，区建立节能工作协调机制，区发改委负责确定全区年度节能降耗任务指标，将其纳入区经济工作目标考核体系；区工业经委负责全区工业企业的节能工作，各相关部门负责其管理范畴内的有关节能推动工作，将节能工作责任落实到全区各个层面。

第三节　节能资金

一、天津市节能专项资金

2009—2010 年，区 40 家工业企业享受天津市节能专项资金补贴 820 万元，用于节能项目总投资 2.49 亿元，贷款额 1313 万元，共节能量 3.25 万吨标煤，其中，东丽湖地热开发有限公司，节能量 5000 吨标煤，傲绿农副产品有限公司节能量 5.7 万吨水。

二、区节能专项资金

2009 年 4 月，区政府下发《东丽区节能专项资金使用管理办法》，设立东丽区节能专项资金。由区财政预算安排，遵循诚实申请、公开受理、择优支持、专款专用、科学监管的原则。鼓励和引导全社会开展节能工作。

节能专项资金主要用于节能降耗改造项目建设；节能新技术、新工艺、新设备的推广应用项目；开展清洁生产审核的企业；经济和社会效益明显的资源综合利用项目；开展节能降耗管理、诊断、咨询项目；建立节能技术服务机构，充实机构人员，完善管理与服务工作体系；节能宣传、教育、培训、持证上岗；对节能工作先进单位和先进个人的表彰奖励；对完成或超额完成节能目标责任评价考核的部门和单位的奖励。

2008—2010 年东丽区企业享受区节能专项资金项目一览表

表 11-13

年份	项目单位名称	项目名称	总投资（万元）	节能量（吨标煤）	享受补贴（万元）
2008	天津市红日电气自动化有限公司	变频调速装置的研发及推广	1000	1000	30
2009	天津新濠科技开发有限公司	大功率 LED 产品研制及产业化项目	18712	2218	30
2009	航天精工（天津）制造有限公司	地源热泵	1928	2317	30
2010	天津滨海华明开发建设有限公司	地源热泵	650	2000	35
2010	天津宝丰混凝土桩杆有限公司	锅炉改造及余压余热利用	355	845	30

第四节　节能监测

2005 年 10 月，工业经委组织有关人员赴江苏连云港市进行节能工作考察后，写出《关于东丽工业开展节能工作探讨》调查报告，向区政府呈交《关于加强我区节能管理工作的报告》。2006 年 7 月，区政府成立工业节能领导小组。2007 年，区节能监测中心成立，成为天津市第一家区县级节能监测中心，区财政拨款 123 万元用于节能监测中心建设。节能监测中心主要职责是检测评价用能单位的综合能耗、单耗、重点单位能源利用状况报告、生产、销售用能产品能效标示、余能资源回收利用情况；检查耗能产品及设备使用期限、用能单位生活用能管理；宣传贯彻节能法律法规。

2008—2010 年东丽区万元 GDP 能耗对比表

表 11-14

年份	万元 GDP 能耗(吨标煤)	下降比例（%）
2008	2.60	14.84
2009	2.21	14.77
2010	1.29	58.37

说明：东丽区“十一五”期间万元 GDP 能耗下降 25.97%

第九章　工业管理

20 世纪 80 年代始，区对乡镇企业产品质量检验进行制度化、规范化和科学化管理，鼓励企业争创优质产品。90 年代，开展产品标准普查，推行质量体系认证，企业标准化生产基本普及。实施品牌战略，培育、组织、申报国家及市级名牌产品。21 世纪初，为提高生产和管理水平、提升自主创新能力，加强人力资源管理，引进和招聘国内外中高级企业管理及技术人才。强化监控危险化学品管理，指导企业排除隐患，确保安全生产。

第一节　质量管理

一、质量管理认证

1994 年始，区实施 ISO9000 质量管理认证。2010 年，全区 70%拥有自主产品的企业完成质量管理认证工作。

二、产品创优

80 年代，乡镇企业产品质量检验开始制度化、规范化和科学化。1982 年，产品检验实行“二不三包”制度，即产品未检验合格不入库、不出厂，包修、包退、包赔。提高了产品和乡镇企业的声誉。1984 年，区颁发《优质产品奖励办法》，鼓励企业重视产品生产，争创优质产品。万新减速机厂，在生产产品中实行总工艺师牵头，车间助理工艺师全权负责，段、班、组技术员把关的工艺管理网络，厂部设立全面质量管理办公室。1991 年，全区乡镇企业有 47 家获计量定级合格证，355 种产品实行按标准生产，26 家企业荣获“农业部质量达标”称号。1992 年，全区乡镇企业产品质量检验执行自检、互检、总检的“三检”程序。1993 年，为进一步提高乡镇企业产品质量，全区开展产品标准普查，共检查企业 300 家，其中有标准产品 735 种。1994 年，全区有 395 家企业实行标准化生产，在全市产品质量抽查中，国家级产品合格率 100%，市级产品合格率 85.5%。1995 年，乡镇企业开展推行 ISO9000 系列质量体系认证，天津有容通讯线缆有限公司成为区首家获得 ISO9000 系列质量体系认证的企业，当年有 70 家通过农业部全面质量管理达标验收。

1996 年，全年新增农业部全面质量达标企业 13 家，累计 83 家。开展质量攻关及提质降耗工作，全年完成质量攻关项目 10 项，降损 380 万元。召开全区科技大会，落实区政府《关于推动乡镇工业企业科技进步的有关政策》，重奖张惠敏等 7 位科技项目主持人，推动全区“科技兴企”深入开展，用于新产品开发研制资金投入 2645 万元，开发、引进达到市先进技术水平以上的新产品 15 项，其中赛特测机的磁阻尼水准仪，津东染料的永固红、胭脂红染料，新立空压机的卧卷式空压机 4 种产品达到国际水平。

2000 年，企业标准化生产基本普及，产品标准化覆盖率达到 95%以上，全区 101 家企业荣获“农业部质量管理达标”称号。2003 年，制定出台《东丽区知名品牌认定管理办法》。

2007 年，区政府下发《东丽区品牌发展战略扶持奖励资金使用管理办法》。精诚机床公司的“YH6012 重型数控弧齿轮铣齿机”和瑞普生物技术公司“鸡 α-干扰素”获市政府授予的技术创新一等奖。圣慧生物科技有限公司“环保型镁配合物和辣椒碱自抛光防污涂料”、红日电气自动化有限公司的“高性能全数字通用变频器开发”、有容安波电缆技术有限公司“低密度聚四氟乙烯绝缘低损耗射频电缆”、神川电机有限公司“低压大功率变频高速三相异步电机”、精诚机床公司“YH950 数控弧齿锥齿轮研齿机”5 个项目被认定为市级科技创新项目。

第二节　人力资源管理

一、引进人才

（一）引进和招聘人才　2008 年始，全面加强区高层次人才队伍建设，加快创新型人才培养，提高自主创新能力，建设创新型城区。区坚持以促进全区经济社会发展为目的，以国家和市区重点建设工程、重大技术改造工程、重大科技攻关项目以及行业、部门的建设发展需求为重点，以提高生产和管理水平、提升自主创新能力为目标，带动区经济发展。全区每年引进人才 400 人。2010 年，全区企业拥有各类人才 3500 人。

（二）天津市“千人计划”　经区工业经委推荐的申报人选有春发的陈钦云、航天精工的赵国盟和百顺松涛的潘清海荣获被市委、市政府定为天津市“千人计划”创新人才。

二、岗位培训

区根据 2001 年 12 月市人大《天津市专业技术人员和管理人员继续教育条例》，每年组织高级、中级和初级职称人员培训，主要内容为财务管理、技术管理、市场营销等。

区工业经委对企业技术工人进行焊工、电工、钳工、起重工、拔丝工、钢筋工、车工、缝纫工、混凝土工、电子装配工、计算机操作、汽车驾驶、手工编织、家政服务员、插花工、餐厅服务员、护理工、美容美发等岗位培训。1990—2010 年，累计培训 2.17 万人次。

三、继续教育

1984 年，区颁发《质量管理人才引进优惠政策》，同时注重自我培养人才。1985 年，全区共引进机械、化工、服装及管理等专业人才 578 人，企业自培人才 20 人。

1989 年，区乡镇企业培训中心建成，担任全区乡镇企业各类人才的培训工作，各乡镇建立培训站。1992 年，全区乡镇企业自培中专以上技术人才 794 人，组织业务培训 244 期，参加人员 4.43 万人次，举办厂长（经理）培训班 17 期，引进人才 1.57 万人，其中，工程师 1376 人，管理人才 2938 人，促进了全区乡镇企业发展。

1993 年，区组织召开 2 次人才交流大会，参加人数达万名。区乡培训中心（站）开展专业技术和岗位培训，人员达 8600 人次。1994 年，围绕“5150 工程”，全区委培 843 人，招聘 4985 人，评审各类专业技术人员 1481 人，其中高级职称 16 人，中级职称 332 人。

1995 年，全区本着“引得来，留得住，用得好”的原则，引进人才 5432 人，举办首次厂长（经理）任职资格培训班，参加 1095 人。全区乡镇集体企业共有各类人才 5360 人，其中高级技术职称 413 人，中级技术职称 1744 人，初级技术职称 3203 人。

1996 年，继续实施“5150 工程”，提前 2 年半完成市“5150 工程”五年计划下达区的任务指标，在全市 12 个区县中名列前茅。全年完成各类岗位培训 4226 人次，各类短期培训 1.48 万人次，专业技术人员教育 5000 余人，引进各类人才达 5000 余人，配备“一长三（总）师”184 个企业。

2000 年，全区利用三级培训网培训技术和管理人员 1.4 万多人次，600 名厂长（经理）取得农业部颁发的全国乡镇企业领导干部任职资格证书。程林街道专用电机厂引进 12 名技术人员开发生产巴顿电机，富士达集团招聘上百名技术和管理高级人才为企业发展服务，军粮城地基基础公司与南开大学联合开发微型桩，全区建立科研机构的企业达到 55 家。

2002 年，组织专业技术人员继续教育 1692 人，其中中高级 343 人。5—7 月组织 3 批次“青岛海尔企业发展战略研讨班”，全区 100 多名中高级经济师及规模企业、民营企业厂长、经理参加。组织部分民营企业家赴温州学习民营企业发展经验。与区电大分校联合办学优势互补，资源共享，共组织 16 期 600 多人参加会计电算化培训。组织完成与市电大联办的工商管理、财会大专学历教育班。全区三级教育网络共培训 1.5 万人次。全年有 126 人获得初、中、高级职称。

2004 年，探索 MBA、EMBA、职业经理人培训，选派 11 名年轻民营企业家到清华大学参加高级职业经理人资格培训。2005 年，与电大河北校区合作开办工商管理、财务管理 4 个大专班。“351”蓝色证书培训工作启动。

2007 年，建立丽诚中小企业培训中心，完成蓝色证书培训 1.33 万人，超额完成历时 3 年的蓝色证书培训任务，共完成 4.6 万人，其中完成职业技能培训鉴定并取得国家职业资格证书 2000 人，完成在岗职工培训取得农业部蓝色证书 1.3 万人，完成农民转移培训取得农业部蓝色证书 8897 人，完成企业职工专项培训取得市蓝证办合格证书 2.21 万人，成为全市“351”培训的先进区县。

2010 年，区工业经委出台《东丽区非农产业职业技能提高培训工程实施方案的补充意见》，制定《东丽区工业企业引进人才若干规定》，赛特测机有限公司从日本宾得公司引进菱田直树等 4 位日本籍高级专家，开发了电子经纬仪核心部件——主板、电子经纬仪、全站仪。

第三节　财务与营销管理

一、财务管理

1979年1月，区在社办企业推行会计科目19个，其中占用类科目10个，来源类科目9个。记账方法实行“增减记账法”，队办企业参照执行。1980年，执行农业部和财政部联合制定的财务管理办法和会计制度。设会计科目23个。社队企业一般采用“增减记账”法，有的采用“借贷记账”和“收付记账”法。

1986年，执行农业部和财政部制定的财务、会计和成本开支范围3项制度。乡镇企业设会计科目35个，工业企业使用的会计科目29个，其中占用类科目17个，来源类科目12个。打破了“划分两类资金管理”和“采用三段平衡核算”的传统模式，实行统一的记账方法，超前改革了资金周转单循环计算的样板。是年，军粮城、万新庄2乡镇的企业开始实施成本核算。至1990年，全区开展成本核算的乡镇企业有800余家。

1993年，实施财务、会计制度改革。区成立乡镇企业培训中心，组织全区财会人员学习新会计制度，全区114个行政村建立会计辅导站，由村主管会计兼任辅导员，统一工业系统财务管理。1994年，开始实行承包审计和厂长（经理）离任审计工作。

1998年，在8家规模企业进行财务管理试点，配合经济体制改革推广。2001年，全区有355家工业企业会计基础工作达标。21世纪初期始，工业经委逐渐取消了对企业微观的财务管理。

二、营销管理

1978年，区社队企业局设供销科，负责计划内原材料分配和计划外原材料调剂，供销科下设仓库。1980年，仓库改建为供销经理部，实施独立核算。1982年，供销经理部改建为供销公司。

2010年，区工业经委召开装备制造业发展恳谈会

1991年，区供销协会成立，协会为全区乡镇企业生产与流通等发挥桥梁和纽带作用。协会由区乡企经委的负责人和知名企业厂长、经理等36人组成理事会。14家外向型企业参加天津出口商品交易会，睡袋、透明蓝、仿古钟等产品与外商达成合作意向。15家企业参加天津春季商品交易会，成交额112.2万元。13家企业参加石家庄全国糖烟酒交易会，成交额674万元。是年，推广大毕庄乡采取销售人员报酬与业务定额和回收货款挂钩的办法，取得收效。

1992年，撤销供销科，职能划转供销公司。1993年始，物资供应和产品销售走向市场化。

第四节　危险化学品管理

一、填报准确

组织监控化学品企业如实填报《全国监控化学品年度统计报表》。填报户数要准确，新增企业、减少企业都要报批，停产企业要连续3年填报零生产，企业的监控化学品生产设备彻底拆除，营业执照上交才能停止报表，从禁化武计算机监控系统中销户。填报数字要准确，企业购进原料、投入生产量，库存储备、实际生产量、销售使用、实际库存、都要和台账、出入库单等原始资料完全一致。2005年4月，区申请企业294家，已取证企业271家。在已取证企业中，生产企业157家，使用企业74家、储存企业40家。

二、调查核实

2007年，区工业经委开展年度监控化学品企业调查。召开全区监控化学品生产企业会议，要求28家监控化学品生产企业完成数据整理和物料衡算工作，按照标准的范本准备《视察前情况介绍》等中、英文文件，以应对国际核查。

三、重点监管

掌握监控化学品企业新建、迁址、变更、拆除等情况的审批、上报工作。做好重点监控化学品企业的临时调查以及生产第四类监控化学品含硫、磷、氟产品申报生产特别许可的认证工作。2008年，区工业经委为保证“迎奥运”期间的安全，制订《认真做好监控化学品生产企业监管计划》，重点监管监控化学品生产企业。召开全区监控化学品生产企业会议，指导企业排除隐患，确保安全生产。并对全区监控化学品生产企业逐一进行了检查，落实各企业的第一责任人，签订安全生产责任书，制定值班联络制度。

第五节　服务中小企业管理

一、融资服务

工业经委与国家开发银行合作，搭建中小企业贷款服务平台。通过政府推动，多方参与，银企结合的方式，为区中小企业提供中、短期贷款。2004年9月，筹建区中小企业信用促进会，吸纳会员企业40多家，为区中小企业在融资、担保、投资和商业往来中提供绿色通道和便利服务。

2004年6月，区政府与国家开发银行天津市分行签署合作协议，在区开展国家开发银行中小企业贷款业务。以东丽区贷款评审委员会作为贷款推荐平台，以区中小企业服务中心为贷款操作平台，既是借款主体，又是贷款主体，负责统借统还；以区中小企业信用担保中心为担保平台，对审查合格的贷款企业提供担保，并向国家开发银行天津分行缴存20%的风险保证金；区中小企业信用促进会为贷款企业信用评价机构，对企业信用征集和评价。2004年6月至2009年7月，“三台一会”贷款模式运作5年，分11个批次，为60个项目、49家企业发放贷款5.24亿元。

全区开展中小企业征信评级工作，委托专业资信评估机构，对企业信用评级进行市场化运作，包括产业分析、基础素质分析、经营与管理分析、外部支持分析、财务分析5个方面。2006年始，对100家中小企业信用评级，筹建中小企业信用数据库和信用信息查询系统。经市经委申报，国家发改委已将区列为中小企业信用服务体系建设试点区域，并获得国家中小企业服务体系专项补助资金支持。

二、维权服务

为提高全区中小企业的法律意识，帮助企业维护合法权益，区工业经委加强企业法律维权服务，选择君悦律师事务所为合作伙伴，于2004年初在服务中心设立法律顾问室，服务范围涉及民事法律事务、公司法律事务、知识产权事务、金融保险事务等。服务模式为律师金卡服务、代理诉讼和非诉讼、专项法律顾问和常年法律顾问。已为15家企业开展金卡服务，为3家企业担任常年法律顾问，为10家企业代理法律案件，为全区中小企业发展起到保驾护航的作用。

2010年，法律事务咨询中心与36家企业、村队建立常年法律服务关系，与18家企业建立长期法律顾问关系，为企业挽回或避免经济损失7000余万元，解决和避免群众上访事件13起，为8个单位和个人解决多年未解决的疑难问题，帮助6家企业解决股权纠纷，为3家企业解决知识产权问题。

三、代理服务

2002年，为5家企业代办营业执照和自营进出口权申请。协调天津海关为企业办理进口设备免税手续，为区19家企业在进口设备免税方面进行服务，免税设备数量达5193台，免税总额达6162万元。帮助企业策划包装技改项目，撰写可行性研究报告，协调市经委、农委等部门申请技改贷款贴息。2003年始，为区3家企业6个技改项目申请技改贴息235万元。

2009年，开展“保增长渡难关上水平”活动，深入企业375家，协调企业解决在融资、技改、品牌、科技创新、节能、开拓市场等8方面存在的困难和问题。工业经委协调街乡及区相关部门，落实解决问题353项。区政府办制定《关于转发百家中小企业成长工程实施方案的通知》，明确百家成长型中小企业标准，提出从2009—2011年，在区财政预算中设立区百家中小企业成长工程专项资金，每年拨款6000 万元支持百家成长型中小企业，重点支持区现代制造业、现代服务业100家成长型中小企业，其中用于支持企业技术改造资金每年5000万元，每年计划1000万元在品牌战略、技术创新、教育培训、拓展市场、节能降耗、信息化、服务平台等方面给予支持。

2010年，开展“解难题促转变上水平”活动 ，加强与市发改委、市经信委、市中小局、市农委的沟通和联系，及时掌握政策信息，争项目、争资金，组织申报国家和市级扶持奖励项目，获得市级以上扶持资金1.12亿元，数额名列各区县之首。全区工业逐步形成“二区四园”的布局，结构趋于合理，主导产业规模不断壮大，环境污染和高耗能产业得到有效控制，区工业逐步走上了资源节约型、环境友好型的新型工业化轨道。

四、信息服务

（一）建立区企经委管理信息系统 1989年5月，区企经委与市计委经济信息中心和市计算站合作，共同建立“区企经委管理信息系统”。区企经委投入10.8万元，购置微机、打印机及附属设备，装修了机房。1990—1991年，联合国开发计划署专家两次来区考查该项目开发情况。1991年，各镇街乡企经委配备了微机、打印机等办公设备。

1992年3月，为加快“区企经委管理信息系统”建设，区政府批复区企经委内设信息中心，外挂天津市东丽区经济信息中心的牌子。

1994年，“区企经委管理信息系统”开发了统计信息管理、企业基本情况、人事管理、技术档案管理、财务统计、管理费收支管理、文档管理7个子系统应用软件，建立相应的数据库、信息库。实现机关内部局域网连接，区、乡之间点对点连接的信息网络。该系统通过天津市科委技术鉴定，专家认为“是全国乡镇企业系统中率先进行开发的一个上挂全国信息网，下连各乡镇街及骨干企业的区、乡、企业三级分布式的经济管理信息系统”“该系统在全国乡镇企业经济信息管理中处于国内领先水平”。

（二）建立“中国中小企业东丽网” 为落实区政府《新型工业化发展纲要》中关于推进信息化建设的意见，从搞好区中小企业信息服务出发，经策划和设计，2005年2月开通“中国中小企业东丽网”，专门为中小企业服务，是区具有综合性、浏览性、互动性的经济信息网站。“东丽网”是区为中小企业发展提供信息服务的重要平台，网站设置经济要闻、工业信息、政策法规、招商引资、科技项目、人力资源、安全监管、融资担保、代理服务、服务机构十大服务板块，共20项功能，拥有近万条信息，基本涵盖了工业经委的工作职能和服务内容，是天津市建立的首家区级中小企业服务网站。

（三）推动企业上网建站 按照《东丽区新型工业化发展纲要》，“用信息化带动工业化，实施制造业信息化工程，重视信息资源的开发应用”的要求。启动“千家企业上网”工程，引导企业以上网为切入点，建立企业网站，通过互联网推销产品、招商引资、搜集市场信息和技术情报。2010年，通过网通和广电局上网的企业上网率25%，通过对规模以上企业进行的网上调查，建有网站的企业占20%。

东丽区志

第十二编

产业园区

1992 年，东丽区学习贯彻邓小平南方谈话精神，在全区掀起改革开放的新高潮。是年 6 月，经市人民政府批准建立区内第一个市级经济开发区。成立初期，经济开发区以吸引外商投资企业为主，作为全区招商引资的窗口，充分发挥外向型经济的带动作用。2000 年以后，经济开发区进一步扩大开发开放，实行外商与内商投资并举，加速产业转型升级，大力发展高新技术产业，投资规模和经济总量迅速扩大，成为区内现代工业和科技型企业的重要基地。

2006 年以后，为适应城市化、工业化发展新形势，区相继成立军粮城工业园区、重机工业园区和华明工业园区，承载农村城市化发展的经济功能区职能，为促进农村经济转型发展和农村劳动力就业发挥重要作用。其中，华明工业园区配合市首个示范镇——华明新市镇建设，成为市政府批准成立的郊县首个示范工业园区。在促进居民住宅区、工业园区和现代农业复垦园区“三区”联动发展、提升乡镇经济实力、加快农村城市化发展等方面发挥良好的带头示范作用。

经市政府批准设立管委会，全面行使经济、社会和行政管理职能的经济功能，各产业园区均在促进全区经济发展中起到重要的引领示范作用，成为具有相当规模的企业聚集、效益显著的产业基地和推动区域经济发展的重要载体。

1993年，东丽经济开发区办公楼

2008年，华明集团产业园

2008年，中国一重正在研发的海水淡化系统

第一章　东丽经济开发区

1992年6月，成立天津市东丽经济开发区，是天津市对外开放的重要窗口、区内首个市级经济开发区。

东丽经济开发区区域面积721.70公顷，东至中河，南至海河，西至开发区一经路，北至津塘公路，地处连接天津市区和滨海新区新港的津塘公路沿线，处于素有“金色走廊”美誉的东丽区中心位置。东丽经济开发区西距市中心14千米，东距天津新港35千米，北距天津滨海国际机场4.5千米，京津塘高速、津滨高速等10多条高速公路形成便捷的公路交通网络，园区道路四通八达，具有得天独厚的地理交通优势。在促进区外向型经济和科技型企业发展中，发挥不可替代的重要作用。

第一节　管理机构

1992年6月，根据天津市编制委员会《关于建立经济开发小区管理委员会的批复》，成立东丽经济开发小区管理委员会。1993年6月，区委、区政府决定将东丽经济开发小区管理委员会改为东丽经济开发区管理委员会，规格处级，为区政府派出机构，代表区政府对开发区实行统一管理，是区政府负责东丽经济开发区建设和管理的职能部门。

开发区管委会建立初期，内设综合部、规划土地部、招商部、计财部和工商管理部。2010年，内设工委办公室、行政办公室、招商部、招商二部、规划土地部、工程部、安全生产管理部、综合部、财务部，设有工会、团委、妇联、武装部党群组织。

2008年，区委、区政府决定由东丽经济开发区管委会同时兼负东丽航空产业园区的开发建设和管理职能。该产业园区地处空客A320飞机项目所在的天津市航空城范围内，重点发展航空航天领域产业配套项目，以及电子信息、汽车、精密仪器、装备制造和生物制药等项目。与周边的空港加工区、滨海高新区、现代冶金制造区等起到产业互补、相互辐射带动作用。

第二节　基础设施

一、基础设施建设

东丽经济开发区自1992年成立以来，不断提高基础设施建设水平，努力为招商引资和园区发展提供良好的投资环境。为适应园区扩大和产业发展需要，园区基础设施建设历经4个阶段，分别是1992—1995年西区，1996—1998年东区，2000—2002年新区，2003—2005年南区。至2010年，东丽开发区基础设施建设累计投资11.56亿元，分别用于道路、管网、绿化等方面建设，园区已达到道路、电力、通信、供水、排水、供气、供热和土地平整“七通一平”的标准。

（一）道路交通　累计建设园区道路（含机动车道和便道）68.06万平方米，开发区内道路四通八达，宽阔整齐。南北向道路从一经路到七经路共有7条，东西向道路从一纬路到五纬路共5条，还有一条盛源路。道路宽度从12米至50米。陆续开通了830路、806路、872路等公交汽车，地铁9号线设有东丽开发区站，四通八达，交通便利。

（二）环境绿化 开发区内绿化面积累计达41万平方米，主要以槐树、木槿、八棱海棠、毛白杨、原蜡等树木为主，花卉、灌木为辅，还栽有草坪绿地，改造、绿化园区生态环境。

（三）给排水 开发区内采用环网供水，共铺设自来水管道4.71万延米，与天津市供水管网连接，日供水能力6万吨，水质稳定良好，满足了生产生活用水需求。开发区内修建泵站2座，污水处理厂1座，雨污水排水管道6.24万延米。排水采取雨污分流制，雨水通过管道及泵站直接排入河道用于农田灌溉，生产和生活污水通过天津市政管网排入污水处理厂进行净化。

（四）电力通信 开发区南有220千伏变电站1座，区内建有双电源35千伏变电站2座，装机容量为9万千伏安，采用10千伏电缆直埋地下，环网供电。开发区内建有4万门程控电话局1座，采用日本NEC设备，为客户提供国内、国际电话、传真、互联网等业务服务。

（五）供热供气 开发区充分利用地热资源建成调温供热站，铺设地热管道7.69万米，向企业生产和居民用户集中供热，充足的地热水为企业职工洗浴提供方便。园区采用高效环保的天然气，接通市区燃气管道，干线配套完善，向各企业和居民区提供优质高效的天然气能源。

二、生活和商业配套设施

至2010年，东丽经济开发区引进国内外投资企业431家，建成隆达公寓、金松花园、天合家园、东园花园、香港花园、东丽一号、四合花园7个居住小区，初具现代化工业小城镇规模。开发区内设有中国农业银行东丽开发区支行、浙商银行东丽开发区支行、中国工商银行东丽开发区支行、天津银行东丽开发区支行、中国银行东丽开发区支行、农商行东丽开发区支行6家银行。有帝达园酒店、花都温泉宾馆、德馨园酒家、威士达公馆、麦当劳餐厅、逸海明珠大酒店、中汽世纪酒店、龙宾大酒店等10余家宾馆饭店，还有华润万家大型超市、阳光新城市购物广场、东风日产汽车维修店等，各种生活和商业配套设施齐全。东丽经济开发区环境面貌得到全面提升，城市功能不断完善，为投资企业及相关单位员工、居民提供全面良好的生活服务。

1992—2010年东丽经济开发区基础设施建设情况统计表

表12-1

项目 年份	道路工程（万平方米）	铺设管道（米）				场平（万平方米）	基础设施总投资（万元）
		合计	地热管道	排雨、排水	生活用水		
1992—1998	28.66	—	—	—	—	148.63	33115
1999	—	7588	—	5388	2200	—	1116
2000	0.18	50100	—	28300	21800	100.00	2254
2001	2.44	12380	4580	5200	2600	0.05	1800
2002	2.38	27800	27000	400	400	65.00	1500

续表 12-1

年份＼项目	道路工程（万平方米）	铺设管道（米）				场平（万平方米）	基础设施总投资（万元）
		合计	地热管道	排雨、排水	生活用水		
2003	10.61	27000	10200	11200	5600	225.00	25462
2004	12.4	19700	10100	6600	3000	25.00	6000
2005	0.96	24242	17900	—	6342	16.32	7463
2006	6.60	10000	3000	3500	3500	40.00	24000
2007	—	1000	—	—	1000	20.00	600
2008	2.00	—	—	—	—	13.32	5000
2009	1.38	3400	1100	1600	700	—	4800
2010	0.45	2260	3000	260	—	1.00	2496
合计	68.06	186470	76880	62448	47142	654.32	115606

第三节　园区规划

2000年后，东丽经济开发区按照国家级开发区标准，加强区域发展规划的制定和实施。突出产业特色，汇聚创新要素，完善创新创业服务体系，适应开发区发展需要，不断提高整体规划水平。

一、产业发展

重点提升汽车配件、机械设备、电子信息等传统优势产业，大力发展新能源新材料和生物医药等战略性新兴产业以及现代服务业，由第二产业逐步向第三产业过渡，逐步实施“腾笼换鸟”，从传统的机械加工向科技研发转型。

二、土地和厂房建筑

由原全部工业用地，调整增加公共服务设施和科技研发用地比例，使开发区土地使用功能更加完善、更加多样化，适应开发区经济社会全面发展的需要。厂房建筑方面，由单层厂房向多层厂房发展，一般控制在3～5层，建筑容积率在1～1.5之间，特殊工业研发类项目适当提高。金融服务业项目在满足航空限高前提下，建筑容积率绝对值控制在3～4之间。

三、道路和环境绿化

开发区与天津市海河中下游规划相结合，重点对开发区一经路、津塘公路、先锋路、海河沿线、机场快速路等道路沿线及节点进行重点规划提升。结合项目改造进行绿化美化，重点提升区内景观绿化，形成完善的绿化网络体系，改善开发区的整体环境。企业进行改造提升，必须保证项目绿化率达20%以上，沿道路退线绿化隔离，道路两侧绿化整齐美观，功能区内部绿化突出特色，建成收放有序、美观大气的绿化体系与生态景观。

第四节　招商引资

一、招商引资

20世纪90年代初，东丽经济开发区引进首家外资企业韩国五星物产有限公司。至2010年，开发区先后引进日本丰田汽车、电装、丰田合成，美国国际纸业、安费诺凯翼、戴瑞米克，瑞士科莱恩，韩国三星、新兴富川等一批国际著名跨国企业，国内外客商纷纷来东丽开发区投资建厂。东丽开发区累计引进外资11.83亿美元。实现出口产品创汇30.89亿美元，取得良好的经济效益。

开发区管委会在发挥政府招商主渠道作用的同时，充分借助和发挥国内外行业协会、商会、中介咨询机构作用，不断探索尝试市场化社会化招商模式。从用土地和政策优惠引资向用创业创新环境引资转变，招商主体由政府主导向中介机构主导转变，不断优化引资渠道，扩大引资领域，提高引资质量。通过强化产业链招商、中介招商、以商招商等新的招商策略和手段加大招商引资力度。

至2010年，开发区先后引进日本、韩国、美国、加拿大、法国、德国、新加坡等10多个国家和中国台湾等地区的195家外资企业和236家内资企业，共引进国内外企业431家。

二、园区发展

2000年以来，东丽经济开发区紧紧围绕汽车、机械制造、电子信息等主导产业和新能源新材料、生物医药等新兴低碳朝阳产业，着力引进一批规模大、科技含量高的重点项目。通过贯彻落实东丽区人才计划，引进国内外高层次产业领军人才，以人才带动项目，以项目聚集产业。初步形成以汽车零配件、新能源新材料、电子信息为主的三大主导产业。以中国汽车研究中心、丰田合成、电装电机为代表的汽车企业，以中核机械、斯特兰能源为代表的新能源企业，以泰科图比管件、金桥焊材、凯华绝缘为代表的新材料企业，以安费诺、科维彤创为代表的电子信息企业，以瑞普生物、原子高科为代表的生物医药企业，以及春发生物科技、住友重机等国内外知名企业，为开发区可持续发展奠定了坚实的基础。

“十一五”期间，东丽开发区经济飞速发展，累计完成工业销售收入787亿元，生产总值140亿元，出口创汇18亿美元，固定资产投资85亿元，实现财政收入35亿元，分别比“十五”期间增长270%、190%、103%、86%和170%。在经济总量不断提高的同时，东丽开发区对全区经济增长的贡献日益突出，其外向型经济窗口和市级经济开发区的重要作用明显增强。

1992—2010 年东丽经济开发区招商引资情况统计表

表 12-2

项目 年份	招商企业			总投资（万元）	引进外资（万美元）	签订土地出让合同		企业增加值（亿元）	出口产品创汇（万美元）
	合计（个）	三资（个）	内资（个）			合同（份）	面积（万平方米）		
1992-1998	168	77	91	164519	26687	54	163.76	5.86	11538
1999	15	10	5		2500	9	24	1.88	7000
2000	12	7	5		760	7	20	4.8	8967
2001	11	7	4	3154	5200	8	22	5.54	10000
2002	22	14	8	4300	11000	20	41	6.33	11856
2003	30	20	10	7000	16800	25	10	8.23	18000
2004	38	21	17	41000	7845	20	60.86	12.8	18439
2005	28	8	20	7463	4180	—	—	17	39000
2006	30	11	19	24000	5990	19	55	20	41500
2007	5	5	0	2600	7086	7	24.38	23.98	50300
2008	7	6	1	5000	8890	—	—	30	33188
2009	8	3	5	4800	10348.6	4	44.67	30.92	29534
2010	57	6	51	5000	11000	4	19.13	43.51	29534
合计	431	195	236	268836	118286.6	177	484.8	210.85	308856

第五节　高新科技

一、科技创新服务体系建设

进入 21 世纪，东丽经济开发区适应现代化、信息化发展的新形势，加快经济发展方式转型和产业优化升级，不断加强自主创新能力建设和科技创新服务体系建设，发展科技研发创新载体，加速科技成果转化，促进开发区加快向高新科技园区转型发展。

至 2010 年，开发区已有科技服务机构和平台 102 家。拥有 2 个国家级重点实验室：滨海辐照处理与检测重点实验室、春发咸味香精检测实验室；2 个市级工程技术研究中心：中国汽车技术研究中心的天津市机动车尾气催化净化与工程中心和天津市汽车安全技术工程中心；2 个博士后流动站：瑞普生物博士后流动站、中国汽车研究中心博士后流动站；1 个国家级企业技术研究中心以及 11 个市级企业技术中心，如瑞普生物、金桥焊材、精诚机床等国家和市级企业技术中心。50 余家开发区企业成立了技术研发中心。园区内新建了科丽泰、帝达两个科技企业孵化器，其中科丽泰孵化器是天津市各区县唯一的国家级科技企业孵化器，孵化载体面积达到13万平方米，孵化和在孵企业110多家。园区内还建有东丽区行政许可服务中心、国家电控配电设备质量监督检验中心、东丽区技术监督检测中心等多家公共服务平台。

二、科技型企业发展

2010底，东丽开发区已认定科技型中小企业69家。其中一半以上企业属于新能源新材料、生物医药、环保低碳等高新技术产业和战略性新兴产业领域。科技服务机构帮助企业申报认定高新技术企业达到27家，占全区高新技术企业总数的55%，实现年产值85亿元。园区企业有10个项目获得国家及市级科学技术进步奖。依托科技创新机构载体实施了50项国家级、市级重点科技创新项目和产业化项目，达成产学研合作项目36项，与中国科学院、天津大学、天津科技大学等科研院所建立了长期合作关系。企业发明专利申请量和新增授权发明专利数分别达到221件和20件。

三、创新创业人才引进

根据国家和天津市关于鼓励引进和培养高层次人才的相关政策，以及东丽区加快人才强区建设，构筑人才集聚高地的要求和有关政策，园区企业积极引进高端创新创业人才。至2010年，园区共有从业人员1.97万人，本科以上学历人数达4168人，每万名从业人员中本科及以上学历人数为2118人。园区企业还引进了以美国新泽西州罗格斯大学博士陈钦云、南开大学生命科学院院长尹芝南为代表的10余名国家及天津市科技领军人才。各企业拥有高层次人才120余人，其中国家中科院、工程院院士7人，“千人计划”（国家海外高层次人才引进计划）4人，以及多位国家“973”计划（重点基础研究发展计划）项目的专家学者。高层次人才的引进、自主创新能力的提高和科技型企业的壮大，为东丽开发区产业升级转型与科学、和谐、可持续发展提供了用之不竭的动力。

第六节　重点企业

一、天津春发生物科技集团有限公司

1992年10月成立，坐落在开发区丽北路11号，注册资金3500万元，是国内较早应用现代技术生产咸味食品香精的专业企业。拥有员工300余人，其中技术人员104名，占员工总数的35%。公司占地面积6.67公顷，建筑面积4万平方米，拥有国际最先进的全封闭自动生产线和研发生产设备。产品包括粉状、液体水状、液体油状、液体膏状四种剂型，共700余种咸味食品香精和调味料品。

春发集团技术研发中心是天津市市级企业技术中心，拥有国内领先的研发团队及来自国外的资深技术产品开发专家。2003年，公司被认定为“高新技术企业”。公司注重建立产、学、研联动发展模式，与天津科技大学、中科院天津工业生物技术研究所等多所高校和研究机构建立长期合作伙伴关系。其拥有的科技专利和科技成果，有力地支撑企业的快速、可持续发展。公司产品技术已获20项国家发明专利、外观设计专利，有20项获科技成果。

公司成立以来，先后获得高新技术企业、中国轻工业香料香精行业十强企业、天津市食品工业五十强企业、天津市百强私营企业、全国农产品加工示范企业、天津市农业产业化经营市级重点龙头企业、天津市优秀企业等多项荣誉。产销量连年保持全国前列，产品畅销国内30个省市。2010年，春发公司实现年产量1000余吨，产值12亿元，利润7861万元，税收3312万元。

二、天津市金桥焊材集团有限公司

1995年建厂，2001年迁入东丽经济开发区六纬路1号，是专业生产焊接材料的大型企业，拥有享誉海内外的中国驰名商标“金桥”焊材品牌。公司董事长侯立尊从事焊材制造业70余年，在原材料、涂料渣系、生产设备、生产工艺等领域有很多专有技术，为企业发展打下了坚实深厚的基础。2009年8月，侯立尊荣获中国焊接学会授予的“中国焊接终身成就奖”。历经十几年发展，已成为拥有5个大型焊材生产企业的集团公司，在东丽经济开发区和无锡共建有6个工厂，建筑面积5万余平方米。员工发展到5000多人，公司总资产达6.3亿元，产品200多种。

金桥公司专业生产碳钢、低合金钢、耐热钢、低温钢、不锈钢、堆焊、铸铁七类电焊条和气保实心焊丝、药芯焊丝、埋弧焊丝、氩弧焊丝、焊剂等六大类焊接材料300多个品种，并承接用户有特殊要求的焊材研制和生产，与国内多家知名钢铁企业合作开发了与新钢种所匹配的各类焊接材料。公司拥有覆盖全国各地的营销网络，产品远销国内外，广泛应用于船舶、桥梁、锅炉压力容器、机车车辆制造和石油、化工、冶金、建筑等领域，服务于国民经济发展与国防建设。公司技术力量雄厚，检测仪器齐全，具有世界先进检测水平，获得中国（CCS）、英国（LR）、法国（BV）、美国（ABS）、挪威（DNV）、德国（GL）、日本（NK）、韩国（KR）八国船级社质量认证，通过了ISO9001国际质量认证，还得到核电、锅炉、船舶等领域的第三方质量认证。2010年，公司年产销各种焊材100余万吨，实现年产值30亿元，利润3676万元，税收6185万元。

三、天津电装电机有限公司

1995年12月，在东丽开发区投资建厂，坐落在开发区六经路3号，公司占地面积5.9公顷，建筑面积2.3万平方米，初期有员工572人。是由电装(中国)投资有限公司、丰田通商株式会社共同出资组建的日资企业。主要制造和销售、维修发电机、起重机、传感器的汽车电子控制装置。

为适应世界汽车发电机和起动机向小型化、轻型化、高可靠性、大功率发展的市场需求，公司引进日本电装的先进产品、技术、设备，确保生产产品、技术水平和质量水平达到电装同类产品技术标准，先后通过TS16949质量体系认证及ISO14001环境体系认证。公司专业生产汽车用发电机、起动机及传感器的汽车电子控制装置、零部件等，产品，畅销市场，声誉良好。客户遍及丰田、现代、福特、宝马、奔驰、上海通用、一汽、广汽、东风裕隆等众多汽车厂家，多次获得“天津市先进外商投资企业”“天津市五一劳动奖状”“天津市高新技术企业”等荣誉。

2010 年，实现工业总产值 13.06 亿元，利润总额 1.49 亿元，税收总额 6686 亿元，拥有员工 690 人。

四、科莱恩（天津）有限公司

1997 年，科莱恩（天津）有限公司成立，坐落在开发区先锋东路 83 号，是最早进驻东丽经济开发区的国际 500 强企业之一，瑞士投资方是精细和特种化学品领域全世界领先的跨国集团——科莱恩国际有限公司。科莱恩（天津）有限公司占地面积 10 公顷，总投资额 9300 万美元，1998 年正式投入生产运营。主要产品为高档高质染料及化学品，供纺织品、皮革及纸张使用，成品多供出口。

公司配备整套尖端设备，生产多种纺织品、皮革及纸张用染料、特种化学品，具备完善的质量及环境、安全健康管理体系，并先后通过 ISO9001:2008, ISO14001:2004 及 OHSAS18001:2007 认证。科莱恩（天津）有限公司基于科莱恩全球统一的质量标准，生产世界公认的优质产品，赢得客户广泛赞誉。

2010 年，实现年产值 4.3 亿元，利润 1427 万元，税收 3073 万元。

五、天津丰津汽车传动部件有限公司

1995 年 12 月成立，坐落在开发区先锋东路 81 号，是日本丰田汽车有限公司与天津汽车工业（集团）有限公司、天津汽车底盘部件总厂三方合资企业。公司建筑面积 2 万多平方米，员工 820 人。主要产品是搭载在天津一汽丰田汽车公司和广州丰田汽车公司生产的整车上的等速万向节、前桥等传动部件产品，年产量 18 万套，是区内最大的汽车零部件生产企业。

丰津公司引进日本丰田公司的技术和生产方式，生产具有世界先进水平的产品，汽车部件畅销国内，出口日本等国，以高品质的产品赢得良好的市场信誉和客户好评，为天津市汽车产业的发展做出积极贡献。公司多次荣获天津市先进外商投资企业称号。2010 年，公司实现年产值 20 亿元，利润 2.05 亿元，税收 1.5 亿元。

六、天津三五汽车部件有限公司

2003 年 4 月成立，坐落在开发区五纬路 29 号，是日本三五株式会社投资建立的日本独资企业，总投资 1510 万美元，占地面积 7 公顷，建筑面积 1 万平方米，是为丰田汽车做排气系统配套的零部件厂家，有员工 500 余人。主要从事汽车零部件（汽车排气系统，车门防撞横梁）的生产销售及钢铁二次加工产品的加工和销售。天津三五汽车部件有限公司是日本三五集团在中国设立的第一家零部件生产厂家。公司拥有国际先进水平的造管生产线，具备独立钢管生产能力，实现了汽车排气系统部件由材料、钢管至组装的连贯生产。主要客户群体为丰田汽车公司以及其相关供应商。

2010 年，实现年产值 15.09 亿元，利润 1.3 亿元，税收 9343 万元。

七、天津精达里亚特种漆包线有限公司

2004 年 5 月成立，坐落在开发区四纬路 6 号，2005 年 1 月建成投产。是由安徽铜陵精达特种

电磁线公司和美国里亚电磁线公司共同投资兴建的中外合资公司。公司占地面积 3.16 公顷，主要生产设备和检测仪器由德国、丹麦、美国引进，达到国际先进水平。主导产品为特种漆包线，产品有 200 级聚酯亚胺包铜圆线、复合聚酰胺酰亚胺漆包铜圆线、180 级聚酯亚胺漆包铜圆线、多层复合漆包铜圆线、抗电晕漆包铜圆线以及各种电线电缆和漆包线行业用裸铜线，广泛应用于空调、冰箱压缩机、吸尘器、微波炉电机、电动工具、电机以及各种耐高温等级电机、电器行业。2008 年，年产量达到 2.5 万吨，产值 10 亿元。

2010 年，利润 3449 万元，税收 1623 万元。

八、天津韩星爱肯特光电子有限公司

2004 年 2 月成立，坐落在开发区六经路 5 号，是隶属于韩国韩星株式会社的全资子公司，投资总额 800 万美元。占地面积 4.21 公顷，建筑面积 1.83 万平方米，员工 500 余人。公司主要从事手机摄像头,手机键盘,连接器等手机配件的生产、加工、销售。2006 年，公司先后通过 ISO9001 质量管理体系认证和 ISO14000 生产环境管理体系认证。

2010 年，实现工业总产值 1.24 亿元，实现销售收入 1.17 亿元，利润总额 5141 万元，利税总额 1.09 亿元，员工 422 人。

九、安费诺（天津）电子有限公司和安费诺凯翼（天津）电子有限公司

2002 年成立，坐落在开发区五经路 1 号，为美国安费诺集团在东丽经济开发区设立的两个子公司。美国安费诺（Amphenol）公司是驰名中外的连接器制造商，全球三大连接器制造商之一，主要从事设计、制造和销售电器、电子和光缆连接器等通信设备。设在东丽经济开发区的两家子公司投资总额达 2000 万美元，有员工 2000 人，占地面积 4 公顷。公司专业生产手机和通讯工具的连接器、转轴、RF 开关、天线、I/O 插座等，集研发、生产和销售为一体，产品广泛应用于移动通信（手机类）、手提电脑、数码相机、数码摄像机、光电应用等产品配套领域。

公司引进国内外先进的专业生产设备，工艺技术和产品质量达到世界同行业先进水平，先后通过 ISO9001 质量管理体系、ISO14001 环境管理体系认证，并实施标准化管理。不断扩大资产规模，提升生产能力，升级产品技术，立足天津向全球化发展。

2010 年，实现年产值 1.44 亿元，利润 1053 万元，税收 658 万元。

十、天津市先导倍尔电气有限公司

1998 年成立，坐落在开发区先锋东路 10 号，公司占地 2.67 公顷，建筑面积 1.2 万平方米。公司员工 200 余人，年生产各种电控设备 2000 余套，是一家以高新技术产业为支柱的新型企业。公司致力于改善电能质量、电气传动、自动化控制系统及其装置的设计生产。主要产品有新一代高压有源动态无功与谐波补偿装置 SVG、低压有源滤波 APF、高压变频调速器、高压软启动、同步机

励磁装置等，广泛应用于冶金、矿山、海上石油、石油化工、电力、建材、轨道交通等行业。公司拥有多种相关专业技术人才，其中工程师、高级工程师占员工 80%以上。2001 年通过 ISO9001 国际质量体系认证，并成立科技研发机构，开发具有自主知识产权的产品。依靠过硬的技术和可靠质量，赢得众多用户，成为国内自动化行业中的知名企业。

2010 年，实现年产值 1.2 亿元，利润 2108 万元，税收 1698 万元。

十一、天津天石休闲用品有限公司

1994 年成立，坐落在开发区一经路 11 号，为加拿大独资企业，专业生产经营睡袋、服装等系列户外休闲用品。1994—2004 年，先后在东丽开发区建成 3 家户外休闲产品制造工厂，总建筑面积达 3 万平方米，有员工 1000 余名。2010 年，天石公司实现产值 2 亿元，税收 714 万元。

天石公司与美国著名户外休闲用品公司建立了长期合作关系，生产加工包括 SIERRA DESIGN、KELTY、 SLUMBERJACK、WENZEL、DECATHLON 等国际一流品牌产品，同时也是美国 WAL-MART、COSTCO、TARGET、SAM’S、HEMA，法国迪卡侬等世界著名公司的供应商。天石公司的出口产品有 20 个系列、500 余个品种。生产能力不断扩大，品种不断增加。其中，睡袋一厂拥有高档系列产品精品生产线，具有年产 200 万条睡袋的能力。睡袋二厂拥有大众消费产品快速生产线，年产睡袋 250 万条；睡袋三厂拥有家纺产品、宠物用品系列产品的生产能力。天石公司先后取得美国杜邦（INVISTA）公司“产品使用一级许可证”，通过 ISO9001 质量体系认证，引入 ERP 生产管理系统，工厂整体运做更加高效，户外休闲系列用品的综合生产能力与技术保障均已排行世界同行业前列。

十二、瑞普（天津）生物药业有限公司

1998 年成立，坐落在开发区六经路 6 号，占地面积 2.67 公顷，建筑面积 1.58 万平方米。瑞普公司是动物用药物制剂的研发、生产、销售和相关技术服务的高新技术企业，是全国首批通过农业部 GMP 认证的企业。

瑞普生物专业从事植物提取制剂类、化学药物制剂类、生化制剂类动物药品的研制和生产，以生产优质、高效、绿色的动物药品为已任，技术水平达到国际领先水平。经 12 年努力，成功开发出适应不同地区动物需要的中药可溶性颗粒、中药粉剂、药物口服液、化药可溶性粉、化药注射剂、药物添加剂、消毒剂等数百个产品，成为中国药物制剂、饲料添加剂规模最大、产品种类最全的动物保健品生产基地，跻身中国动物保健品行业 10 强企业。

公司大力引进高端专业人才，共有研究开发人员 36 名，其中博士 3 人、硕士 12 人，本科 21 人。研究人员中高级职称 4 人，占 11.1%；中级职称 18 人，占 50%，建成国内最先进的研发与中试基地，并与国内外 20 多个科研院所建立了稳定、密切的技术合作关系，成为行业内技术创新领军企业。公司恪守“科技引领行业，质量增值客户”的发展理念，秉承“前瞻、创新、诚信、敬业”的企业精神，坚持技术创新、营销创新和管理创新，努力创一流动保企业，树国际知名品牌。成为全国动物用药物制剂领域的领军企业。2010 年，公司实现年产值 3.3 亿元。

十三、天津新兴数字电子有限公司

1994年成立，坐落在开发区丽新路1号，为韩国独资企业。公司占地面积7公顷，建筑面积4.4万平方米。主要产品为各种型号、规格的高精度录像机、摄影机机芯配件以及微波炉、空调、复印机等产品配件。

公司是韩国新兴精密株式会社在中国投资的4家企业之一，其中设在东丽开发区的公司是规模最大、投资最多、效益最好的企业。建厂初期，公司仅为三星电子等几家企业提供加工产品，后致力于电子录像、摄像机精密机芯的研究和开发。公司有冲压设备128台，注塑设备35台，模具加工设备32台，零部件生产线20余条，大多数是从韩国、日本、瑞士进口的新型精密设备，包括线切割机床和各种数控铣床、磨床等，还有高精度的检测设备以及各种测定平台，为确保产品精度和质量品质提供了保障。

新兴公司长期坚持以人为本的发展理念，注重产品开发和科技人才的开发引进。公司有员工922人，其中韩国技术人员18名，专职管理和科技人员114人，占总人数11%。具有大专以上学历的员工315人，占总人数的34%。1998年以来，新兴公司每年都被评为天津市最佳外商投资企业和双优外商投资企业。2000年，公司通过ISO9000质量体系的认证。2005年，通过ISO14000环境体系认证。2006年，被评为国家高新技术企业。2010年，公司生产各种精密机芯产品17种，年产值6亿元，利润292万元。

十四、高津(天津)汽车设备有限公司

2004年成立，坐落在开发区三经路24号，是在东丽开发区注册的高新技术企业，专门从事汽车、摩托车生产用模具夹具的设计、制造、售后服务及咨询，是天津一汽丰田公司的主要供应商。注册资金20万美元。占地面积3500平方米，厂房面积1000余平方米，公司现有员工60人。公司以“办一流企业、创名优产品”为目标，凭借雄厚的经济技术实力和制造能力，为国内外客户提供优质产品、技术咨询和操作培训，取得良好效益。

2010年，实现年产值3864万元，利润220万元，税收240万元。

十五、天津新明纤维树脂制品有限公司

2005年3月成立，坐落在开发区一经路39号，为日本丰和纤维工业株式会社独资企业，设在东丽开发区帝达工业园，注册资本55540万日元。员工100余人。该公司为丰田汽车公司配套企业，主要生产、加工和销售各种塑料制品、汽车用内外装饰零部件和家具、墙壁地面吸音隔音材料等。

2010年，实现年产值1.19亿元，利润3107万元，税收135万元。

第二章　军粮城工业园区

2002年，始建军粮城工业园区。园区总面积248公顷，规划面积183公顷。园区范围东起袁家河，南至津塘二线，西至小东庄，北至津塘公路。功能定位为冶金制品、自行车、电子和商业金融业，依托紧邻天津冶金工业区的产业优势，发展无污染、高附加值项目，建设科技型、节约型、环保型工业园区。发展目标为以楼宇总部、科技研发为主的海河中游配套服务区。

第一节　机　构

2006年4月，根据天津市人民政府《关于同意设立天津军粮城工业园区等17个市级开发园区的批复》精神，设立天津军粮城工业园区。2008年9月，设立军粮城工业园区管理委员会，是区政府负责军粮城工业园区建设和管理的职能部门，并加挂东丽区街道产业园区管理委员会的牌子。内设：招商部、规划部、工程部、综合部和办公室。2009年7月，军粮城工业园区管理委员会由原区政府管理，独立运作成片开发，调整为由区政府管理，与军粮城街道共同运作开发的体制。

2009年1月，成立天津市滨城建设开发投资有限公司，成为军粮城工业园区的投融资平台和服务载体。公司主要承担园区基础设施开发建设、公共设施、公共服务事业经营管理，土地整租整合、自有房屋出租、物业管理、劳动服务、绿化工程等。

第二节　基础设施

2003年始,军粮城工业园区开始进行基础设施建设。至2010年，军粮城工业园区供水、供电、供暖、燃气、通信等设施设备齐全完善，园区基础设施建设资金总投入达1.6亿元。

一、道路建设

2003年，修建园区首条道路博发道，全长420米，宽9米，双向2车道。至2010年，先后建成腾飞路、宝仓路、慧鹏路。腾飞路长1400米，宽14米；宝仓路长1500米，宽18米，均为双向4车道，南北向贯穿园区，连接津塘公路和津塘二线。慧鹏路长330米，宽10米，双向2车道，东西向连接东金路与腾飞路。完成东金路（园区段）拓宽改造工程，长1500米，宽18米，双向4车道，南北向连接津塘公路和津塘二线。

二、电力燃气

建成园区35千伏变电站，完成铺设外网线路工程；建成燃气调压站2座，铺设完成东、西区燃气管道，部分企业接入燃气投入使用。

三、供热排水

完成园区供热管网主干管铺设，实现供热。建成园区污水泵站，排污量达每秒 0.6～0.8 立方米，建成园区雨水泵站，排水量达每秒 1.8～2 立方米，设有 4 台立式轴流泵，两用两备。

四、园区绿化

完成东金路、津塘公路至津塘二线路段绿化，完成园区内津塘二线、腾飞路、宝仓路两侧绿化工程，种植乔木 1250 棵，种植灌木、铺设草皮 2.04 万平方米，铺设人行路 5300 平方米。按示范园区标准实施亮化工程，安装路灯 70 盏，总长 2.87 千米，园区主干道路全部达到亮化标准。

第三节　园区规划

一、早期功能定位

军粮城工业园区初期功能定位为冶金制品、自行车、电子和商业、金融业,科技型、节约型、环保型工业园区。主要是依托紧邻天津冶金工业园区的产业优势，大力发展以金属压延为主导产业的无污染、高附加值项目。

二、提升园区规划定位

2008 年,为适应天津市海河中游总体规划对军粮城地区“行政及国际功能板块”定位的要求，编制园区提升改造城市设计方案，对发展规划进行提升改造。军粮城工业园区新的产业发展定位为以楼宇总部，科技研发为主的海河中游配套服务区。具体划分为两区、一带、一廊道，总体规划建筑面积不小于 85 万平方米。“两区”为商务办公服务区和科技信息咨询区，商务办公区规划占地 12.54 公顷，规划建设面积 34 万平方米，科技信息咨询区规划占地面积 11.41 公顷，规划建设面积 21 万平方米;“一带”为楼宇总部服务带，规划占地面积 12.6 公顷，规划建设面积 30 万平方米;“一廊道”为城市绿化廊道。

2009 年，军粮城工业园区按照示范工业园标准规划园区，完成区域范围内各功能（道路、绿地、工业、商业）定位，并对军粮城工业园区扩展区进行现场测绘，编制军粮城工业园区改造提升规划，依据天津市海河中游总体规划将军粮城工业园区整体调整为东丽区东部区域楼宇总部经济基地和现代服务业中心。

第四节　园区产业

一、引进项目

军粮城工业园区自成立以来，不断创新招商引资机制，加大主导产业、潜力产业和高端化、高质化、高新化企业引进力度，加速园区企业技术进步和产业升级。通过会议招商、以商招商等方式引进重点建设大项目，抓好中小项目，吸引一批与市、区重点项目相关配套企业落户，形成产业聚集优势。通钢贸易大厦、广福商业中心、中冶建工天津基地等大项目先后落户工业园区。

二、园区发展

2006年，园区进驻企业24家，投资5亿多元。在建项目3个，总投资4.5亿元。开工投产15家企业，其中太平货柜项目总投资4980万美元，月产量在10000个标箱以上。2007年，园区进驻企业27家，投产企业17家，完成投资额7.03亿元。完成生产总值20亿元，完成销售收入25亿元，实现税收2000万元，安置就业2660人。腾飞钢管、宝仓钢管、立业建工、露宝实业、长青实业、峰盛工贸、慧鹏金属等一批重点项目投入生产，成为全镇新的经济增长点。2008年，园区进驻企业增至32家。投产企业19家，完成投资额12亿元，完成生产总值20亿元，完成销售收入27亿元，安置就业2800人。宝仓钢管、立业建工轻钢、通钢立业、巴克利伟等项目均按计划建成投产，拉动了全街道经济发展。2009年，园区入驻企业40家，投产企业26家，完成生产总值25亿元，完成销售收入30亿元，安置就业5800人。

2009年后，园区管委会抓住天津滨海新区快速发展的机遇，积极整合园区土地资源，加快军粮城楼宇总部经济基地和现代服务业中心建设，楼宇总部经济基地、高档商务酒店及公寓、重型装备产品交易结算中心、钢铁物流与电子结算中心等均取得显著进展。至2010年底，军粮城工业园区已设立滨城楼宇总部项目区、丽兴园楼宇项目区、立业园楼宇项目区3个楼宇经济项目区，累计引进注册型企业21家，注册资金2亿元。

2010年，园区投产企业达到28家，就业人数6500人，完成生产总值60.64亿元，销售收入75.5亿元，固定资产投入12.12亿元，技术改造投入2.89亿元，安置就业6500人，园区内注册资金1000万元以上的企业已达到12家。

2004—2010年东丽区军粮城工业园区投产企业主要经济指标统计表

表12-3

年份	企业（家）	生产总值（亿元）	销售收入（亿元）	就业人数(人)	税收（万元）
2004	6	0.75	0.90	650	420
2005	8	2.70	2.90	80	240
2006	14	9.20	15.50	1600	900

续表 12-3

年份	企业（家）	生产总值（亿元）	销售收入（亿元）	就业人数(人)	税收（万元）
2007	17	20.00	25.00	2660	2000
2008	19	20.00	27.00	3700	4800
2009	26	25.00	30.00	5800	3200
2010	28	60.64	75.50	6500	9718

第五节　重点企业

一、天津富士达自行车有限公司　1992年成立，注册资金1150万美元，厂区占地33.33公顷，厂房建筑面积26.7万平方米，有职工4500人，是专业生产自行车的著名企业。

2009年后，富士达产品全面转型升级，先后投入巨资建设了山地车精品生产线，高端碳纤维工厂，引进多项折叠车专利技术，吸引了大量优秀的技术人员，全力打造“性价比最高”的自行车运动品牌，年产各种规格型号的自行车、山地车1000万辆，以规格全、品质优，销售网络和售后服务好，畅销全国并远销日本、韩国、美国、德国、东南亚以及中国台湾地区，位居全国自行车行业前列。2010年，公司实现年产值15亿元.。

二、天津太平货柜有限公司　2005年成立，注册资金2570万元，总投资7960万美元，占地18.65公顷，有职工1400人。主要从事集装箱的制造销售、维修及金属板材加工、焊接、集装箱储存业务，为出口创汇型企业。2010年，生产集装箱6万个，实现销售收入1.2亿美元。

三、天津立业建工轻钢有限公司和通钢立业钢材加工配送有限公司　2007年成立，注册资金分别为2500万元和5000万元，总投资5000万元，占地7.27公顷，员工120人。2008年，投资引进高频焊接薄壁H型钢生产线和纵剪机组，年产H型钢10万吨，致力建设集钢铁贸易、物流、加工、配送为一体的大型物流公司。2010年实现产值7.5亿元。

四、天津市腾飞钢管有限公司　2005年成立，公司注册资金5000万元，总投资2.4亿元，占地4.67公顷，拥有10万余平方米室内外仓库，拥有国内领先的热熔扩管技术，有职工100余人。主要产品为符合国标、美标的结构管、流体管、管线管、高中低压锅炉管、石油裂化管、液压支柱管、合金结构管、机械加工管、热扩管、方矩管等各种无缝钢管。2010年，实现年产值5.7亿元，实现税收584万元。

五、天津宝仓钢管加工制造有限公司　2007年成立，占地17.46公顷，注册资本4800万元，总投资2.7亿元，建筑面积13.98万平方米。公司主要产品为无缝钢管，2010年，实现年产值6亿元，实现税收347万元。

六、天津市三和管桩有限公司　2003年成立，总投资1.5亿元，占地0.47公顷，有职工650人。公司生产销售PHC管桩及砼制品、商品混凝土等，共有5条预制管桩生产线,每条线年产2500米。2009年，5条生产线全部开通。2010年，实现年产值3.5亿元，实现税收1237万元。

七、天津丽兴园物流发展有限公司　2007年成立，总投资2亿元，占地13.12公顷，有员工

130人，是中国物流与采购联合会特准颁发的AAAA级物流企业。公司在北京、天津、山东、吉林、辽宁、江苏等11个省市共设52个营业网点。年加工钢铁产品100万吨，钢材吞吐量400万吨，仓储能力70万吨，是华北地区钢材仓储能力最大、加工范围最广的钢铁物流企业。2010年，总销售额50亿元，钢材加工产值4.5亿元。

八、巴克立伟（天津）液压设备有限公司 2007年成立，总投资1100万美元，占地2.0公顷，是专门从事高科技的液压传动控制设备及其相关元器件设计、制造的企业。主要生产工业蓄能器等产品，并达到国内领先技术水平。

九、广福商业中心 总占地面积6.6公顷，建筑面积18万平方米，计划投资10亿元。项目定位为集商务办公、休闲娱乐、科技研发为一体的综合体，规划建设商业用房和公寓式住宅。2008年5月，投资3亿元，一期工程开工建设，2009年底竣工。总建筑面积5.4万平方米，建有6栋2～3层商业用房，4栋17层公寓式住宅。

十、通钢大厦 2009年10月30日奠基开工。占地面积2.13公顷，规划总建筑面积4万平方米，计划总投资2亿元。项目定位为集商务办公、休闲娱乐、酒店住宿为一体的综合大厦。

第三章 滨海重机工业园区

2008年3月，设立天津市滨海重机工业园区。园区位于东丽区无瑕街道，规划面积1123公顷，东至中心庄路、南至海河、西至汉港公路、北临天津钢管集团和天津钢铁公司。发展定位为高端装备制造业和高档金属制品，是天津滨海新区先进制造业产业区的重要功能板块。

第一节 机 构

2007年2月，成立天津市东丽区军粮城散货物流区。2008年3月，借助滨海新区开发开放，抓住全国装备制造业布局调整机遇，军粮城散货物流区进行新的产业定位，规划提升为滨海重机工业园区，加挂“天津市滨海新区重机工业园区”牌子。2009年1月，加挂“天津市滨海重机工业园区管委会”牌子，是区政府负责滨海重机工业园区开发和管理的职能部门。内设机构有办公室、综合部、规划部、工程部、招商部、财务部等。

第二节 基础设施

2007年，园区成立后，累计投资4.46亿元，先后完成一期规划780公顷各项基础设施建设工程，完成园区所涉及村庄的拆迁和项目占地的土方平整工程。

一、道路工程

园区道路等级均按装备制造业标准修建，先后完成五号路、十号路、津塘二线等道路施工。津塘二线长5326米、宽64米，规划为城市主干道。五号路长2038米，宽30米，规划为城市次干道。十号路长1800米、宽30米，规划为城市次干道。道路侧石、人行道、路灯等设施基本到位，涉及绿化填土全部完成。

二、给排水

园区内建有两座雨水泵站，分别为西区雨水泵站和五号路雨水泵站。西区雨水泵站占地面积3502平方米，规划雨水流量为16立方米/秒；五号路雨水泵站占地面积7175平方米，规划雨水流量为16立方米/秒。园区内建污水处理厂1座，规模为25万立方米/日。

三、电力燃气

园区内建设220千伏变电站1座，位于津塘二线与规划五号路交口处，占地2公顷。由市燃气集团铺设线缆6.0千米，设置高压调压站2座，接通天然气。

四、环境绿化

2010年，园区绿化提升工程全部竣工，累计绿化面积6.64万平方米。新植苗木12.33万株，补植草皮2万平方米。提升工程完成后，形成高中低多层次绿化效果，园区整体环境明显提升。

第三节　园区产业

一、园区发展

（一）水上运输 园区成立初期,依托天津海河下游便利的水上交通优势,发展水上运输和仓储物流业,组建成立天津海通船务运输有限公司，与天津港三公司合作,改扩建军粮城码头,使之初具规模。2007年,投资4000万元购置了东丽1号、2号、3号散货轮投入运营，水上运输能力扩大到万吨以上,码头货物年吞吐量达到280万吨。

（二）装备制造业基地　2008年后，抓住滨海新区开发开放和中国装备制造业发展战略布局调整的历史性机遇，重机工业园区加快转轨变型,紧紧依托街域内天津钢铁公司、天津无缝钢管公司等国有大型冶金企业，广泛吸纳国内外大型装备制造企业落户园区，努力把滨海重机工业园区建设成为北方规模最大、水平最高的装备制造业基地，有力地提升北方装备制造业整体规模和水平，成为天津滨海新区升级和体制创新的示范区,成为东丽区经济增长的新亮点。

至2010年，滨海重机工业园区发展规模不断扩大，吸纳企业数量迅速增长。投资项目从2家发展到13家，其中市重点项目8个，区重点项目5个，总投资187亿元，投资强度达到每亩370万元，超过天津市示范工业园区标准。2010年，园区实现固定资产投入42.32亿元，产值9.5亿元，销售收入6758万元，税收3474万元。

二、项目开发

园区管委会努力抓好“大项目、好项目”，吸纳“精品项目”，完善园区产业构成，积极打造“循环经济示范工业园区”。中国一重天津滨海制造基地项目、焊管基地项目、高档金属制品项目、赛瑞机械铸锻件项目、中鼎石油钻具项目、中冶钢铁渣粉项目、天钢联扩能改造项目、钢管扩能项目及圣特钢绞线项目均已落户滨海重机工业园区。上述项目总占地面积达 261.6 公顷，固定资产投资达 42.32 亿元，初步形成以天钢集团、钢管集团为高档金属制品基地；以中国一重、赛瑞机器为装备制造基地；以中鼎石油钻具等项目为关联产业基地的格局。

园区发展一批以大项目为核心的配套企业，形成一定规模的加工配套能力，初步形成多层次、相依存、可循环的产业生态链条，使资源得到合理配置利用，充分提高企业生产率和产出量，不断增强企业的市场竞争力。

第四节　重点项目及产品

一、中国一重天津滨海制造基地　2008 年 5 月开工建设，由中国第一重型机械集团公司和天津市机电工业控股公司共同建设，被列入天津市第一批重点工业项目。项目占地 52.35 公顷，建筑面积 23.77 万平方米，计划投资 35 亿元。项目分 3 期进行，由 4 个联合厂房、厂办公大楼、综合楼和其他辅助动力设施组成，主要生产重型锻压装备、重型冶金装备、重型工程矿山装备、重型环保装备和压力机、挖掘机、盾构机等。2010 年 4 月，一期工程竣工，开始接受订单。

二、天津太钢焊管基地　2009 年 12 月启动，由天津天管太钢焊管有限公司投资建设。项目占地面积 42.7 公顷，分两期实施建设。其中，一期工程预计投资 15 亿元，建设两条焊管生产线，年产焊管 45 万吨；二期规划投资 30 亿元，建设百万吨高档焊管生产基地。主要生产石油石化、煤炭、电力、交通运输、建筑等行业的高中端焊管产品，以满足石油天然气输送管线管、石油套管和结构管需求。

三、赛瑞机器芯棒和优质高合金钢锻件　2009 年 4 月开工。由天津赛瑞机器设备有限公司投资建设。项目占地 33.33 公顷，建筑面积 6.23 万平方米，总投资 25 亿元。主要生产机器芯棒、风力水力发电机轴类、冶金设备类、化工轴类锻件、大型超重型非标设备的铆焊件锻件、风力发电机等产品。2010 年，电渣车间、锻造车间、热处理车间、机械加工及表面处理车间主体建设完工。

四、天钢高档金属制品　2010 年开始启动，由天津钢铁集团有限公司投资建设。项目占地 28 公顷，投资 10 亿元，主要生产预应力混凝土用钢绞线、预应力钢棒等高级金属制品，年生产能力 40 万吨。

五、中冶钢铁渣粉　2010 年开始启动，为中冶集团百亿环保先导项目。由中冶建筑研究总院有限公司，天津钢管集团股份有限公司和天津美泽投资发展有限公司共同投资建设，计划投资 4.46 亿元，占地 5.4 公顷。主要从事工业废物的处理、回收和综合利用及利用再生资源生产的产品开发、研究和销售。主要产品包括矿渣、钢渣粉、钢铁渣复合粉等。

六、天钢联提升改造　2010 年开始启动，由天津天钢联钢铁有限公司建设。占地 26.67 公顷，投资10亿元，建筑面积9万平方米。该项目计划建设2个年产150万吨球团工程，属技改项目。建成投产后，可改变炼钢高炉系统炉料结构，弥补焦炭强度不足、降低焦比、提高铁水质量，使企业降低生产成本，显著提高经济效益。

七、中鼎石油钻具　2008年开工，由天津中鼎石油钻具制造有限公司投资建设。该企业是生产制造石油、天然气及非挖掘钻采工具的专业生产厂家。项目占地8.07公顷，投资2.68亿元，计划年产各类石油钻具6万吨，2010年底建成投产。

八、钢管扩能　2010年开始启动，由天津钢管集团股份有限公司投资建设。计划总投资22.34亿元，占地59.93公顷。项目内含5个子项，分别为80万吨管坯深加工项目、挤压管项目、20万吨大口径管材加工项目、20万吨特殊管材热处理项目、50万吨钢渣热闷处理加工项目。

九、海滨圣地预应力钢绞线　2010年开始启动，由天津市海滨圣地预应力制品有限公司投资建设。项目占地5公顷，建筑面积2.8万平方米，投资2.16亿元。主要生产预应力钢绞线、钢丝、钢棒、无粘结钢绞线等产品。

第四章　华明工业园区

2008年9月，成立华明工业园区，是天津市人民政府批准成立的天津市区县示范工业园区。地处东丽区中北部，东邻华明示范镇，西靠外环线调整线，南隔津汉公路，北至金丽大道。周边有京津塘高速、京津高速、津蓟高速、唐津高速、津滨高速、机场大道等多条交通干线，与空港经济区、滨海国际机杨相连接，拥有便利的海、陆、空立体交通优势。

华明工业园区是天津市中心城区与滨海新区核心区两个中心相向拓展的重点发展区域。在促进设施农业园区、居住社区、高新工业园区“三区”联动发展，提升华明整体经济实力，加快东丽区城市化建设方面起到良好的示范作用。

第一节　机　构

2008年9月，东丽区华明工业园区管理委员会成立，为区政府管理的事业单位，是区政府负责华明工业园区建设和管理的职能部门。主要负责编制、组织实施园区总体发展规划，承担工业园区内部管理、招商引资、项目建设以及园区各项基础设施和公共设施的建设和管理。内设机构为综合部、规划工程部和招商部。2008年12月，成立天津市滨海华明开发建设有限公司，承担园区土地整理、基础设施建设和土地出让。

2010年12月，内设机构调整为办公室、综合部、招商部、规划部、工程部、企管部、综合生产管理部。

第二节　基础设施

2009年2月，按照市政府批准的示范工业园区规划、产业发展规划和《天津市示范工业园区规划设计导则》，全面启动基础设施建设工程。

至2010年，建成园区道路8条，总面积32万平方米，形成了“四横四纵”的路网体系。建成3.5万伏变电站1座，完成横穿园区的22万伏高压线迁移切改工程。修建雨水泵站、污水处理厂各1座，铺设完成电力、雨污水、自来水、通信管网。实施园区生态绿化工程，种植乔木5万株，灌木20万平方米，设置道路交通设施及城市景观标志，安装路灯669盏，在低碳产业基地西侧和华明大道建设了3个景观点。对华明工业园区主入口实施提升改造。

第三节　园区产业

一、园区发展

2009年8月，市政府批准华明工业园区为天津市区县示范工业园区。华明工业园区规划面积733公顷。东至映春路，南至津汉公路，西至机场大道，北至北环铁路。

华明工业园区大力发展轨道交通车辆、航空航天配套、电力电气装备、电子信息四大支柱产业及楼宇总部经济。围绕产业定位和“一切政策向大项目倾斜、一切资源向大项目集聚、一切力量向大项目集中”的招商策略，通过政府招商和以商招商相结合，引进一批带动能力强、科技含量高的大项目好项目。中国北车城轨制造基地、基础件研发制造基地、霍尼韦尔亚太区工程检测中心、内蒙古一机集团天津公司、清华科技园天津分园等有较强实力的大型央企、世界500强企业和大院大所先后落户华明工业园区。园区重点培育和发展战略性新兴产业，相继引进天津晶东科技企业孵化器、天津市日津科技有限公司等一批科技型中小企业。整合园区内166万平方米楼宇资源，开拓实施楼宇总部经济发展新模式，基本形成以大项目为核心，科技型中小企业为主导，楼宇总部经济为基础的发展格局。

二、项目引进

华明工业园区着力引进大项目好项目，注重以载体建设引领产业结构升级。2009年11月，投资9亿元华明低碳产业基地开工建设。占地面积19.33公顷，规划建筑面积28.3万平方米，是天津市首批科技型中小企业孵化转化载体试点。华明低碳基地体现低碳经济概念，按照“节能、环保、绿色、人文”的理念进行设计建设，重点发展电子信息、新能源新材料、生物医药、科技服务和楼宇总部经济项目，大力支持高层次领军人才创新创业，体现绿色能源与低碳节能技术孵化培育、低碳经济集成系统示范和低碳经济产业化项目引进三大功能，建设集研发、试验、教育、示范、展示、生产、服务等功能为一体的现代化低碳产业基地，成为培育科技型企业创新发展的载体。吸引了霍尼韦尔亚太区工程检测中心、清华科技园天津分园等一批科技含量高、创新能力强的项目。

至2010年，华明工业园区共引进各类企业（项目）45个，楼宇总部注册企业308个，总投资额160亿元。2010年，华明工业园区完成地区生产总值8亿元，三级财政收入11258万元，楼宇经济引税3500万元，在天津市31个示范工业园区年度综合考评中位列第一。华明工业园区已成为华明街道经济发展的主要支撑和东丽区新兴产业发展的重要载体。

第四节　重点企业

一、霍尼韦尔过程自动化集成中心　2010年开始启动，由霍尼韦尔（中国）有限公司投资建设，建筑面积6900平方米。霍尼韦尔集团总部设在美国新泽西，是占世界领导地位的跨国公司，其业务涉及楼宇自控、工业自控、航空航天自控等领域。

中心主要为霍尼韦尔中国、亚太区及部分全球客户提供工业自动化设计、制造、总成、调试等一系列全过程解决方案，其产品用于楼宇、工业、商业及其他领域自动控制系统，包括楼宇智能自控消防安保产品的设计、开发、组装、制造、销售及技术培训、咨询服务、维护保养、升级改造等，是集设计、系统集成、制造调试和人员培训为一体的自动化系统集成中心。

二、清华科技园天津分园　2010年开始启动，建筑面积2.6万平方米，是由清华大学科技园和东丽区联合打造的高科技产业园，由启迪（天津）科技园管理有限公司负责管理和运营。

清华科技园天津分园以低碳环保、动漫、互联网企业孵化和文化创意产业培育为主，充分发挥清华科技园辐射发展的优势，从企业的孵化入手，抓住成果转化机遇，促进企业在天津的产业化落地，打造完善的产学研服务体系和鼓励创新型企业成长发展的良好环境，帮助科技型中小企业快速成长。入驻清华科技园天津分园的科技型企业已有颐和兴业（天津）科技有限公司、紫光胜拓(天津)软件科技有限公司、天津云联科技有限公司等28家，注册资金1.2亿元。

三、EOD总部港　2009年，EOD总部港一期工程竣工。该项目由天津滨海金地投资有限公司投资建设，总建筑面积50万平方米，是天津市首个总部经济特区项目。EOD总部港项目从企业需求出发，为企业定制具有很强独立性、灵活性、生态性、标志性、展示性的专属价值空间。入驻总部港的企业拥有楼体独立冠名权，彰显独特的企业形象，为客户提供独立、高效、环境优美的商务空间。EOD总部港有金地企业总部B、D两区，一期建筑面积4.3万平方米招商载体。2010年，启动建设金地企业总部A区招商大楼，另有金地企业总部C、E两区6万平方米进入主体施工。

四、天津有容蒂康通讯技术有限公司　成立于1992年，原在东丽区范庄村。2009年，公司迁入华明工业园区新建成的现代化厂房。有容公司由华明集团（天津）、凯悦化工（天津）、得天科技（美国）和立德威尔（美国）4家企业共同出资建立，是一家全新的高科技合资公司。

公司有1500多名员工，5万平方米现代化厂房。主要产品有MDF电缆、DDF电缆、同轴电缆、PCM电缆、计算机电缆、数据缆、电力电缆各种电缆、组件，种类4000余种，形成各种通信电缆的生产、配套、加工一体化。公司引进国际先进生产线和配套设备、测试仪表，先后通过ISO 9000质量体系认证和ISO14001环境体系认证，多项产品荣获国家24项专利。客户包括华为、中兴、贝尔、烽火、阿尔卡特-朗讯等许多国内外著名企业，多次被评为最佳供应商、金牌供应商和最佳合作伙伴。公司成立以来，先后多次荣获市政府颁发的新产品开发先进企业、天津知名企业、高新技术企业等称号，已成为中国和亚太地区主要通信线缆生产供应商之一。2010年，公司完成年产值6亿元。

第四节 重点企业

第十三编

东丽湖温泉度假旅游区

1993年，东丽湖温泉度假旅游区成立，是以第三产业为主的产业园区，它开创了天津市利用大中型水库开发旅游业的先河，掀开了东丽区旅游产业新的篇章。

东丽湖温泉度假旅游区地处东丽区东北部，位于天津市中心城区与滨海新区核心区之间，毗邻泰达西区、高新技术产业园区、空港经济区和华明示范镇。距市中心24千米，距天津滨海国际机场12.5千米，距天津港30千米。临近京津塘高速公路、津汉公路、金钟公路等多条主干公路，位置优越、交通便利。东丽湖滨水岸线长45.28千米，景观独特，水系面积749公顷，有着丰富的地热储备和动植物资源。

1994年4月，东丽湖被天津市确定为滨海新区旅游度假区域。2000年，被天津市确定为八大旅游区之一和七大生态自然保护区之一。2003年10月，被水利部确定为国家级水利风景区。2009年，东丽湖入选“滨海八景”，被评为国家AAA景区，在全国浅层地热能和地热资源管理工作会议上接受了“中国温泉之乡”荣誉匾额。

进入21世纪，随着房地产开发及商务会展等第三产业的蓬勃发展，2010年东丽湖完成生产总值11.92亿元，完成固定资产投资49亿元，实现内资到位额50亿元，完成外资0.5亿美元，实现三级财政收入1.65亿元。经济、文化、社会事业全面发展，取得丰硕成果。东丽湖历经岁月变迁，成为东丽区重要的经济功能板块，成为一座宜游、宜业、宜会、宜居、宜娱、宜购的气势宏伟的怡然水城。

2005年，第二十九届世界滑水锦标赛东丽湖万科滑水赛道

2008年，欢乐谷内景

2010年，东丽湖鸟瞰图

第一章　新地河水库

20世纪70年代，区境内遇严重干旱。区委组织全区人民全力投入抗旱斗争。以自力更生、无私奉献的精神，近两万余名干部、群众，历经6个月的艰苦奋战，新地河水库宣告建成。为农业生产和改善人民生活发挥了重要作用，开创了平原人工造湖的创举、为民兴利造福的先河。

第一节　新地河工程

东丽区素有“退海不毛之地”“九河下稍入海底”之称，旱涝常常交替发生。1972年大旱，水源缺水日益加剧，全区大部分农作物旱枯。海河、金钟河临近断流，部分村民饮水困难。全区粮食产量只有19660吨，比1949年产量还低47.5%。1973年始，全区13400公顷水稻被迫改种旱田作物。1962年以来，各村队积存的储备粮已用净，为生计甚至有个别村民外出乞讨。

区委面对严重缺水的局面，1975年作出决定拓宽深挖新地河。新地河位于军粮城地区山岭子村南，原系宁河县第六区为开荒种稻开挖的一条河。区委决定扩宽深挖，使之加大沟通海河与金钟河二级河道，到达蓄水200万立方米能力，做到遇旱能灌，遇涝能排。工程全长10.7千米，河上口宽52米，河底宽25米，河深大沽水平面负2米，共计土方量193万立方米。1975年12月5日正式施工，1976年7月15日完成全部土方工程及配套工程。施工中以公社村队为单位，民兵为骨干，劳动大军每天最多达1.7万人。全部竣工后，成为区内具有能蓄水、排沥涝、灌溉农田、调节用水、供水库蓄水疏水五大功能的河道。

第二节　新地河水库工程

一、水库工程建设

1976年初，区委令区水利局编制修建新地河水库方案。1976年1月报市，在市水利基本建设会议上批准，列入1977年计划。根据市批复精神，区委、区革委决定，集中一切力量兴修新地河水库。提出一年准备，一年建成。整个工程采取“四先四边”，分期施工，集中力量打歼灭战的做法，即：先选址定位、先筹备基金、先测量设计、先建泵站；边组织拆迁、边筹措物料、边施工建筑围堤、边建设涵闸。分前奏、大会战、蓄水三期施工。

（一）选址与规划　水库库址确定在新地河东侧，空军农场西侧，李场子村南苇地以南，北环铁路以北的范围内。库区占地面积849.6公顷，其中原部队农场298.6公顷（后交李庄子公社代管），赤土公社391公顷，军粮城公社160公顷。农田412.9公顷，草地434.4公顷，苗圃2.3公顷，涉及3个公社13个大队。规划西堤长2.5千米，南堤长4千米，东堤长1.35千米，北堤长3.66千米。水库围堤长度为11.54千米，灌水渠长1.4千米，总计12.94千米。库区最大蓄水深3米，达到大沽水准6米，水库面积7.2平方千米。按最大风力8级、风速20.7米/秒测算，风浪在坡面和爬高 1.6 米，确定堤面超出最高蓄水位 2 米，即地面筑堤 5 米，达大沽水准 8 米。堤顶宽 8 米，旁侧植树 1 米，通车堤顶宽 7 米，围堤主堤临背水面均为 1∶4。总土方量为 301 万立方米，砌石 4450 立方米，砼及铪 1910 立方米，总用工量 175 万个工日。水库配套工程，主要为一站四闸：即新地河水库扬水泵站 1 座，20 立方米/秒进水闸 1 座，4 立方米/秒灌溉输水涵闸 1 座，排咸河安全闸 1 座，军粮城扬水站五场灌水闸 1 座。

（二）筹措资金 区委、区革委确定“自力更生为主，多方筹措资金”原则。水库总投资 362.61 万元，主要保主体工程泵站和主要配套工程。资金来源：争取市委、市革委及市水利局投资 270 万元，区财政自筹 92.61 万元。总工程量中 272 万立方米的土方工程都由义务工完成，每方土只补生活费 0.3 元。水库占用驻地军队和村队土地，只补助少许款额。

（三）占地和拆迁 1977 年 7 月 4 日至 8 月 8 日，工程指挥部分别同赤土、贯庄、李场子和胡张庄村签订了“水库占地协议书”，同时与 10 余户村民签订了搬迁安置协议书。共占村队土地 400 公顷，大部分为荒草地，少量为低产田。会战开始后，即进行拆迁工作，共拆除房屋 167 间，其中砖房 15 间。对影响施工的农作物 8.9 公顷（高粱、玉米、油料、棉花、苗圃）均给予了补偿。扬水站拆除 2 台 900 毫米水泵及其附属工程，封闭机井 6 眼。东郊供电所拆除高压电线 5 千米，电线杆 80 棵；电话 49 局拆除电线杆线路 3 千米，电话杆 65 棵；共发补偿费 3.09 万元。水库建设征占村队土地，得到赤土、万新庄、李庄子、军粮城公社的大力支持，被占地村队做出了无私奉献，使拆迁工作顺利完成。

二、水库大会战指挥部

1977 年 7 月，水库大会战指挥部成立，区委副书记、区革委副主任葛同欢任总指挥。9 月 20 日，建立水库临时党委，葛同欢任书记。指挥部抽调 51 名工作人员，组成工程组、政工组、后勤组、农机组。9 月 15 日前，工作人员全部到岗。9 月 30 日，指挥部召开生产队长以上干部、民兵代表参加的千人誓师动员大会，区委书记、区革委会主任张贵祥作了动员报告，大会战指挥部总指挥葛同欢作了动员讲话，大会战从此拉开了序幕。

1977 年，新地河水库大会战启动，参战民工万余人靠铁锨、肩抬、小推车作业

三、大会战全线告捷

（一）水库宣告建成

1977 年 9 月 30 号，新地河水库建设正式启动。水库建设期间，各公社、村队以民兵骨干编成营、连、排、班，自带被褥、粮食、柴草及各种施工工具，乘汽车、拖拉机、马车、自行车进驻工地。10 月中旬，工地民工达万人。11 月 12 日，工地民工超 2 万人，施工达到高潮。总用工量达 175 万个工日，主要靠铁锨、肩挑，小推车作业，工地有各种施工机械 788 台，工程日进度为 7.8 万立方米，经 6 个月的艰苦奋战，完成工程量 295 万立方米。到 1978 年 3 月 30 日，水库宣告建成。

1978 年 4 月 3 日和 13 日，新地河水库泵站开机向水库蓄水洗库 1200 万立方米。10 月下旬开始，正式修建水库四项主要配套工程，至年末四座闸的修建任务基本完成。

1977 年 10 月，参建水库民工主要靠双人抬筐运土作业

1977 年，组织全区 788 台各种施工机械参建

1978 年，清挖水库底部，筑成库堤

（二）续建和续修

新地河水库建成后，区委、区革委决定续建和维修区境内第一座水库，使水库向多功能方向发展。决定将原区 104 干校房屋和 18 公顷土地，全部归水库使用管理。将原解放军移交给李庄子公社北大道村队耕种的 16 公顷土地征收，由水库建设繁育鱼苗基地。

1986 年 9 月，在新地河水库泵站附近打成一眼深 1842 米的热水井，每小时自流 45 吨水，出口温度达 97°C。1987 年，征用赤土乡李场子村 16.6 公顷土地，投资建成一座可容纳百人的康复中心。1988 年始，建起温室大棚，利用地热水进行罗非鱼繁殖和越冬。后又发展养殖河蟹，种植万亩果园。初步建成用地热水洗浴治病的康复中心和垂钓、娱乐、社团会议活动场所，为发展旅游、繁荣经济奠定了基础。

1980—1990 年，共投资 169.6 万元，进行围堤加固护坡。开挖节流沟、维修水库泵站、修闸涵、修公路等 21 项工程。

1992 年，投资 140 万元，修建通往库区和康复中心的 3 条公路和小花园，筹建北方地区繁殖罗非鱼中心，修建钓鱼台，库区西岸填沙建游泳场地等。

第三节　新地河水库效益

水库蓄水后一次性可灌溉旱田 6000 余公顷，改善农业生产条件。1979 年 6 月至 1992 年 6 月，水库用于农田灌溉水 7542 万立方米，全区水稻面积从 1977 年的 867 公顷恢复到 1989 年的 7820 公顷。水库的建设推动林、牧、副业的发展，蓄水养鱼坑池面积从 1977 年的 169 公顷，发展到 1989 年的 2093 公顷；果园面积从 1977 年的 41 公顷，发展到 1989 年的 310 公顷。

水库建设带动一批社队水利工程建设，赤土公社为了使用新地河水库的水，挖节流河 5 千米。赤土村连续修建 3 个 200 公顷的小水库，既蓄水，又养殖鱼、蟹。山岭子村修建了 33 公顷小水库。带动全区修建小型水库 14 座，可蓄水 714 万立方米。

1978—1995 年，17 年为全区供水 10151 万立方米，保证了 2000 公顷水稻灌溉。1979—1995 年，捕捞鱼虾 2960 吨。东丽湖度假村自 1994 年 7 月 8 日营业以来，已接待参观、考察和游客近

10 万人次。

第二章 冠名东丽湖

1985 年，新地河水库易名东丽湖，成为天津市第一个以湖称谓的中型人工水库。

第一节 新地河水库易名东丽湖

1984 年，东郊区通过对广东、深圳等南方发展较好地区的考察，天津市旅游局、天津市经济开发公司和区政府联合向天津市政府提交报告，明确提出发展旅游的设想，从深圳西丽湖度假村的开发经验中获得灵感，提出为新地河水库易名。经比较、研究，区委、区政府同意将新地河水库易名为“东丽湖”。

1985 年 6 月 11 日，区政府向市政府报送了《关于新地河水库“取名东丽湖”旅游开发区的报告》，经批复“东丽湖”逐渐叫响。自此，“东丽湖”成为天津市第一个以湖称谓的中型人工水库。

第二节 管理机构

一、新地河水库管理所

1978 年 1 月，新地河水库管理处成立，负责行使水库管理职能，隶属区水利局。2005 年 8 月，新地河水库管理处更名为新地河水库管理所。

二、东丽湖旅游局

1992 年 7 月 2 日，东丽湖旅游开发筹备处兴办东丽湖度假村。10 月 20 日，成立东丽湖旅游开发管理处。10 月 28 日，东丽湖度假村更名为天津市东丽湖旅游开发总公司。

1993 年 4 月 2 日，建立东丽湖旅游开发管理处，为科级事业单位，隶属东丽区水利局。

1996 年 4 月 11 日，新地河水库管理处从区水利局分离，建立天津市东丽湖旅游开发服务中心，内设办公室、开发招商部、规划工程部、综合经营部和治安保卫部。

1997 年，以东丽湖旅游开发服务中心为班底，组建东丽区旅游局，确定为正处级单位，主管全区旅游及东丽湖开发工作，与新地河水库管理处合署办公。

三、东丽湖温泉度假旅游区管理委员会

2002 年 11 月，成立“东丽湖开发区管理委员会”，与区旅游局实行“一套人马，两块牌子”的运行机制。内设办公室、规划统计科、市场开发科和企业管理科。

2004 年 6 月，成立东丽湖温泉度假旅游区管理委员会，为区政府管理的事业单位，负责东丽湖的管理开发工作，采取同区旅游局“一个机构，两块牌子”的合署办公形式。

2010 年，区旅游局和东丽湖管委会正式分设，东丽湖温泉度假旅游区管委会专职负责东丽湖的行政管理和区域发展职能。

第三章　东丽湖资源

东丽湖自然资源丰富，动植物资源种类繁多，尤以地热资源的综合开发利用，成为吸揽国内外知名企业参与投资建设的着眼点，资源优势日益凸显。国内地产业巨头、著名地产商等掀起投资高潮，使东丽湖具有雄厚的项目资源，促进了区域经济进一步优化和快速发展。

第一节　动植物资源

一、植物

东丽湖区域内水系发达，植被茂盛，拥有大片淡水湖泊和原生态湿地，原生植物达 60 余种。

二、鱼类

20 世纪 80 年代，东丽湖开始投放白鲢、花鲢、鲤鱼等鱼苗，水产品产量逐年递增。1979—1995 年，捕捞鱼虾等水产品 2960 吨。水库建成蓄水后，野生鱼类逐渐繁衍，1991 年东丽湖发现大银鱼野生种群，曾名列天津“时令四鲜”之一，享誉全市。优质丰富的水产品为东丽湖赢得“淡水小海洋”的美誉。

三、鸟类

东丽湖生息繁衍的鸟类，有常见的喜鹊、啄木鸟、云雀、杜鹃、小白鹭等。国家重点保护鸟类有白天鹅、黑嘴鸥、白鹅雁、秃鹫、白尾鹞、小鸥、猫头鹰等。

第二节　地热资源

一、第一眼热水井

1985 年，天津市地矿局为检测地热资源，在东丽湖地区实验地开采第一眼热水井，井深 1842 米，出口水温 97° C，每小时自流热水 45 吨。借助优质的地热资源，水库先后修建罗非鱼温室养殖基地、甲鱼卵化场、种植养殖基地，种植果树万株，为全市人民提供新鲜、无公害的蔬菜及名特优水产品。

二、“地源”牌矿泉水

为进一步探索地热资源的开发利用，培育出“地源”牌矿泉水，是天津市唯一使用地下热水经处理后制成的矿泉水。该产品口味独特、水质清澈、富含多种有益人体健康的微量元素，属于偏硅酸型优质天然矿泉水。1995 年 10 月，“地源”牌矿泉水荣获全国第二届农业博览会金奖，被中国国际航空公司天津市分公司指定为飞机乘客专用饮用水。

三、东丽湖地热开发有限公司

2005 年，东丽湖地热开发有限公司成立，依靠先进的地热资源梯级利用技术，实现房地产项目清洁型供暖和供水。该项技术的成功投产，拓宽了东丽湖地热资源的开发利用途径，提高了资源使用效率，使东丽湖成为名副其实的“无烟区域”和“绿色区域”。

第三节　项目资源

一、项目引进与建设

（一）天水国际村　20 世纪 90 年代，东丽湖区域房地产业逐步兴起，根据高级别墅区建设规划，引进天水集团投资，依东丽湖畔，设计建设了东丽湖区域第一个房地产项目——天水国际村。该项目建有 18 栋欧洲古典式风情别墅，业主多为外资企业高级管理人员。

（二）万科集团进驻东丽湖　1999 年，全国地产业巨头——万科集团进驻东丽湖，秉承新都市造城理念和持续性生态理念，在位于东丽湖北岸的黄金地段，打造一个占地 273 公顷，建筑面积 190 万平方米，具有北欧风情的设施齐全、生态宜居的高端主题城镇。2005 年，首期临湖别墅区 22 万平方米竣工入住。2008 年，东丽湖万科项目在有 17 个国家和地区参加的，享有“绿色奥斯卡”之称的国际花园城市（社区）竞赛中脱颖而出，夺得“可持续发展社区”金奖。至 2010 年，万科项目开发面积 130 万平方米，产品包括独栋别墅、联排别墅、洋房、公寓等。

（三）地产商投资　2003 年后，在万科项目带动下，深圳朗钜、上海亿兆、台湾华纳等地产企业及津东房地产等著名地产企业陆续进驻东丽湖，开发地产、商业、旅游业项目。各企业纷纷主打欧洲风情产品，设计建设别墅、公寓、酒店等商业楼宇和住宅，形成东丽湖“万国建筑博览会”的景观特色。东丽湖社会知名度迅速提升，各项经济指标成倍增长，区域投资价值和土地价值达到区域历史第一个高峰。

2005 年始，随着东丽湖改造的完成和区域设施不断完善，东丽湖区域掀起新一轮企业投资热潮。华侨城、恒大、天安数码、滨海汇能、松江置业等一批知名企业入驻。投资总额超过 200 亿元，项目涵盖旅游度假、会议会展、商业服务、医疗休养、总部经济等多项产业。至 2010 年，累计地产开发面积逾 1000 公顷，建设面积超 800 万平方米，先后建成万科城、朗钜天域、夏阳溪韵、朗钜温泉谷、东丽湖大酒店等一批房地产和商业旅游项目。东丽湖以房地产为主的单一形态明显改善，区域的经济结构进一步优化。

二、大型综合类项目

（一）东丽湖万科城　1999 年，由万科集体投资兴建，占地面积 273 公顷，总建筑面积 190 万平方米。2005 年，首期临湖别墅 22 万平方米竣工入住。至 2010 年，已建成以北欧风格临湖别墅为主兼有高层、小高层住宅，集居住、教育、商务、商贸、旅游、休闲为一体的综合性生态居住小镇。

（二）东丽湖华侨城　2009 年开工建设，占地面积 400 公顷，为东丽湖历史上最大的综合性投资项目。规划建设有大型主题公园、五星级度假酒店、多功能演艺中心、综合创意文化街区、特色商务商业区和大型住宅区，致力于打造中国北方旅游文化新地标。

（三）东丽湖恒大国际温泉会议中心　2009 年开工建设，占地面积 87 公顷，建筑总规模 100 万平方米。项目包括五星级酒店、国际会议中心及运动中心、饮食中心、商业中心、娱乐中心，集商务会展、休闲娱乐、旅游度假为一体的大型综合体。

（四）天安数码城　2010 年规划建设，规划用地面积 66.7 公顷，总建筑面积 133 万平方米。规划建设会议展览中心、创业中心、高科技企业研发中心、企业管理总部、商业办公及餐饮设施，成为创新科技企业、创意产业、物流产业、专业服务机构聚集的科技园区。

（五）天骥总部商务花园　2010 年规划建设，规划用地面积 23.8 公顷，建筑面积 40 万平方米。规划建设总部基地办公区、配套商业区及住宅区，涵盖低密度办公、青年新兴创业基地、企业培训、商务商业基地、企业培训、商务商业配套、特色商贸、低碳节能住宅等方面项目。

三、住宅类项目

（一）竣工入住项目　朗钜天城项目：项目占地 66.7 公顷，总建筑面积 31 万平方米。2005 年，深圳朗钜公司投资兴建。2008 年，首期工程竣工交付使用。为意式风格的生态住宅区，主要有低密度住宅、小高层公寓、意式休闲商业街等。

夏阳溪韵项目：项目占地 10.67 公顷，总建筑面积 5.4 万平方米。由上海亿兆公司投资兴建，2008 年建成，为西班牙风格养生度假低密度住宅项目。

（二）规划建设项目　华纳景湖花园，天津滨园公司投资建设，占地面积 2 公顷，建筑面积 1.5 万平方米。规划建设以休闲、度假、温泉理疗、旅游为主题，融古典与现代为一体的温泉度假会馆及居住型公寓。

松江东湖小镇，天津松江地产投资建设，占地面积 14.1 公顷，建筑面积 22 万平方米。规划建设高层、洋房、会所等。

澳洲风尚园，天津滨海汇能公司投资建设，占地面积 30.5 公顷，建筑面积 35.6 万平方米，规划建设高层住宅、洋房、联排别墅、商业街、商务酒店等。

第四章　东丽湖规划与建设

东丽区将东丽湖的发展提升至全区的新高度，制定奋斗目标，注重基础设施建设。经区域开发建设和改造，已形成东湖、丽湖相连通的龙形水系，环境优美，景色宜人；形成融合古今、荟萃中西、独具湖泊休闲魅力的城市“中庭”和旅游旗舰。

第一节　东丽湖区域规划

一、早期旅游发展规划

1993 年，天津市城乡建设委员会批复《东丽湖总体规划方案和近期建设规划方案》，标志着东丽湖旅游开发建设正式起步。在规划中明确东丽湖温泉度假旅游区四至范围：东至津汉公路，南至北环铁路，西至湖西路（今东丽湖路），北至金钟公路、总面积 18.81 平方千米。东丽湖温泉度假旅游区为以水上活动、温泉疗养、度假为主，兼有娱乐、购物、美食等多功能的市级旅游区。旅游区内规划 9 个景区，3 个功能区和 2 个村庄，分 3 个阶段开发建设，至 2020 年达到全盛时期。

二、东丽湖地域总体规划

（一）天津市批准总体规划

在实施 1993 年早期旅游发展规划的基础上，经过不断地深化和提升，2007 年 9 月 16 日，天津市政府正式批复《东丽湖地区总体规划》，成为天津市历史上第一个经市政府批复的区域规划。东丽湖主动与国际接轨，加快推进区域规划，邀请美国 RTKL、英国伟信、德国莱茵之华等一批国际顶尖设计公司对东丽湖发展方向进行思考和研究，博采众家之长，编制完成总体规划。这一规划由原先的旅游规划转变为区域规划，区域面积增至 85.51 平方千米，西部扩至津蓟高速公路，南至津汉高速联络线，定位为高档配套服务区、特色旅游休闲度假区和生态型居住区，规划人口 20 万人。在总体规划的指导下，东丽湖地区城市设计和控制性详细规划先后编制完成并获批准，随着生态规划、产业规划、运营规划、市政基础设施规划、旅游规划等一批子规划和专项规划相继编制完成，东丽湖基本构建起科学的发展体系。同时，聘请新加坡国际规划大师孟大强作为东丽湖规划顾问，综合区域的发展实际，不断提升和完善规划体系。

在客观评价东丽湖发展的基础上，总体规划对区域的各种资源进行有机整合，进一步突出东丽湖自身水系特色，首次突破了东丽湖原有的湖体形式，做足“水”文章。确定“双湖双核”的城市发展方向，规划南部总部基地与教育培训区、中部旅游文化、创意演艺、酒店会展区和北部生态居住区三大功能分区。明确了以旅游会议产业、总部经济和现代服务业为主的产业规划布局，描绘出东丽区的美好远景和蓝图。

（二）“二五八”奋斗目标

2009 年，区委、区政府将东丽湖的发展提升至全区的新高度，制定东丽湖“二五八”奋斗目标，即用两年时间基本完成两湖改造工程和以两湖为中心的基础设施建设；用五年时间，基本建成南部总部基地区、中部文化旅游区和北部生态居住区；用八年时间，按照《东丽湖城市设计》要求，基本完成东丽湖区域系列项目的开发建设，为区经济发展起到了拉动作用。

2009 年，东丽区筹建了东丽湖规划展馆，东丽湖区域规划受到社会广泛关注，各界人士纷纷前来了解参观，东丽湖依据区域规划迎来新的发展。

第二节　东丽湖基础设施

东丽湖自开发旅游项目以来，不断加强基础设施建设。至 2010 年，已累计投入资金 19.74 亿元，建成水系 740.2 公顷，道路 30 千米，开挖地热井、回灌井及冷水井 17 眼，道路、电力、通信、给排水、供热、供气等基础设施，基本满足项目开发和区域生活的需要。

一、道路交通

建成东丽湖路、东丽大道、东一路、东二路、东三路、南一路、南二路、南三路，完成建设上水渠道路拓宽、金钟路延长线、湖西路下穿引道、湖滨湖延长线、北干线、射线三、新地河上水渠桥等，形成了长 25 千米的东丽湖环形公路网。

二、水电通讯

建成自来水管道 27 千米，采用环网供水，与天津市供水管网连接，满足了用户生产生活用水需求。完成 3.5 万千伏架空线路迁移全长 6 千米，新地河高压线入地全长 5 千米，完成 110 千伏高压进线工程及赤欢路架空线路入地工程。建成 110 千伏变电站、630 千伏安变电站。建成东丽湖通讯大楼，提供国内国际电话、传真、互联网等多项业务服务。

三、供气供热

建成湖西路天然气高压站，完成煤气管道 16.4 千米，从天津市燃气管网引供气干管至东丽湖。完成供热配套管线 15 千米，开采地热井 11 眼。建成换热一站、二站、三站、扩建站、朗钜换热站、恒大换热站等供热站，供热面积达 147 万平方米。充分利用地热资源，实现东丽湖地区集中供热。

四、东丽湖绿化

东丽湖建成以来，在湖区周边，形成芦苇、杂草草甸、刺槐等 3 种生态群落，建成 13.33 公顷绿化风景林，种植各种树木 31 万株。

2010 年，东丽湖湖体改造完成后，先后恢复、新建绿化面积 461 万平方米，其中，丽湖周边绿化工程，绿化面积 46.56 万平方米；东丽湖路和东丽大道绿化提升工程，绿化面积 32.44 万平方米；东湖生态岛绿化工程，绿化面积 4.1 万平方米；东湖自然艺苑区绿化工程，绿化面积 55.65 万平方米；东湖三带一区绿化工程，绿化面积 322 万平方米。大面积种植杨树、国槐、金叶槐、紫叶李、垂柳、馒头柳等苗木，紫花苜蓿、马蓝、向日葵、蓖麻、油葵、大花秋葵等地被植物，以及荷花、芦苇等水生植物，形成具有视觉震撼力的大规模花海景观。

第三节　东丽湖改造

一、制定改造方案

1999 年，区委、区政府即提出改造东丽湖的设想。东丽湖整体面积 7.6 平方千米，由于湖西面积较大，周边缺少景点，其现状制约了长远发展，必须在湖的改造上做文章。通过内部挖潜，向湖要发展空间，即通过浚深改造，将现有湖挖深，在保持蓄水总量不变的前提下，在湖边填垫出 200 多公顷土地。按照区制定的改造计划，区旅游局组织有关人员调研，开始编写东丽湖浚深和湖中筑岛方案。

2005 年 3 月始，东丽湖管委会全面开展水库改造初步设计工作，提出改变最初只在东丽湖造地 200 公顷的设想，拟在西区增挖一个新湖，利用东丽湖改造，带动西区开发，并制订了先开挖丽湖，再改造东湖的实施方案。东丽湖的改造计划和设计工作，进行了一系列调研论证，广泛征求各有关方面的意见建议。2007 年、2009 年，东丽区先后成立东丽湖开发建设领导小组和东丽湖重点项目领导小组，认真筹备和组织东丽湖改造工程。

二、开挖丽湖和改造东湖工程

2005 年，东丽湖改造前风光

2011 年，东丽湖改造后风光

2009 年，东丽湖管委会投资 1.88 亿元，完成丽湖开挖建设，历时 100 天开挖土方 430 万立方米，填垫土地 284 公顷。

2010 年，东丽湖管委会投资 2.91 亿元，完成东湖改造土方开挖工程。其中投资 2.2 亿元，开挖土方 1305 万立方米，投资 4480 万元，完成东丽湖除险加固工程；投资 720 万元，完成侨城半岛工程；投资 700 万元，完成东湖生态岛绿化工程；投资 1700 万元，完成东湖环湖 5 米路工程。两湖改造取得阶段性胜利。

2009—2010 年，连续两个冬季，分别用时 100 天进行施工，完成了丽湖（西湖）的开挖和东湖的浚深改造工程，累计开挖土方 1737 万立方米，总面积达 740.7 公顷，总岸线由 11.54 千米增至 45.2 千米。

改造后的东丽湖形成东湖、丽湖相连通的龙形水系，环境优美、景色宜人。为东丽湖向世界知名的会议旅游胜地、著名的湖泊旅游度假目的地、北方湖泊旅游开发的典范和非物质文化遗产交流平台不断迈进。

第五章　旅游文化

20 世纪 90 年代，尝试经营水上休闲简易的游乐项目，开通了东丽湖一日游活动。21 世纪初，不断扩大开放，加快旅游区投资开发步伐，向综合性旅游发展。扩大旅游文化内涵，举办国内外体育赛事，组织高端会议、论坛，开发大型旅游景点，建设和完善旅游星级宾馆，旅游业日益兴盛，使人们充分体验到东丽湖的“城市、自然、人文”相互融合的亲水休闲空间。

第一节　早期旅游开发

20 世纪 90 年代，东丽区按照水利部有关精神，水库结合实际，在不影响其水利设施功能的前提下，开展多种经营活动，以旅游开发增加地区收入。1990 年，东丽湖地热康复中心（后改为东丽湖宾馆）建成投入使用，是东丽湖区域内第一家宾馆。1992 年，三星级宾馆东丽湖度假村建成开放。东丽湖西岸水上乐园开业，开始尝试经营水上休闲游乐项目。

1994 年始，旅游景点及活动设施建设成效彰显。相继建成东丽湖浴场、东丽湖喷泉广场、船楼、十二生肖园林小品、神龟亭等旅游观光设施纳客。配套建成沙滩游乐场、温泉游泳池、按摩池、四滑道水滑梯等水上游乐设施。夏季开辟水上飞人、索桥、豪华游艇、快艇、摩托艇、碰碰船、遥控船、脚踏船、手划船等活动项目。冬季辟有冰帆、冰车、雪橇、冰排、冰滑梯、溜冰、冻钓等项目。开通了东丽湖一日游汽车专线。

初期东丽湖旅游开发经营十分火爆，来自京津冀等地的游客络绎不绝，取得了良好的经济效益和社会效益，提高了东丽湖的知名度。

第二节　文体旅游综合发展

进入 21 世纪，东丽湖旅游区域不断扩大开放，加快旅游区投资开发步伐，旅游业日益兴盛。东丽湖规划展馆、朗钜水上温泉谷、天海风水上休闲运动俱乐部、东丽湖大酒店等一批旅游项目开张纳客，带动了一些国内外大型文化活动、体育赛事落户东丽湖。

一、扩大旅游文化内涵

文化活动全面开花，邀请“词坛泰斗”乔羽游览东丽湖，为东丽湖作词题字，在文化界引起广泛的反响。邀请国内知名戏曲作者、歌唱家创作和演唱《我爱东丽湖》等 14 首以赞美东丽湖为主题的歌曲，唱响东丽湖品牌。成立影视文化公司，筹资 200 万元拍摄电视连续剧《东丽湖恋曲》，并在中央电视台 8 套等电视频道播出，首开天津市区县拍摄影视剧的先河。

二、举办国内外体育赛事

2001 年，世界第一届大学生滑水锦标赛在东丽湖举办，取得巨大成功。

2005 年，第 29 届世界滑水锦标赛和国际嘉年华成功落户东丽湖。

2006 年始，相继举办东丽湖钓鱼比赛、全国汽车场地越野锦标赛、天津市第十一届运动会铁人三项比赛、全国风筝锦标赛、全国马拉松游泳锦标赛暨 2008 年北京奥运会资格赛、世界最佳模特大赛中国区总决赛、东丽湖滑水节等比赛和活动。

2008 年，世界大学生滑水比赛

2009 年，东丽湖龙舟大赛

三、高端会议和论坛

组织全国有奖征稿大赛。组织中国花卉产业论坛、亚洲地热论坛、亚澳论坛等高端会议和论坛，增强了东丽湖的吸引力和竞争力。

第三节　旅游景点选介

一、东丽湖自然艺苑区

东丽湖自然艺苑区是最早开发的自然亲水项目，整个自然艺苑区规划面积近 60 万平方米，仅水面的荷花种植区就达 8 万平方米，游客夏秋季可以在此体验“映日荷花别样红”的感受，是一个“城市、自然、人文”相互融合的亲水休闲空间。

二、东丽湖地域发展产业项目区

东丽湖先后引进了华侨城、恒大、天安、天骥等一批国内知名企业，涵盖旅游文化、会议会展、酒店会馆、总部经济、教育卫生等多种业态。

旅游文化项目以华侨旅游文化项目、恒大国际温泉会议中心和滨海花卉科技为龙头，总占地533公顷，致力于打造中国地方旅游文化新地标。总部经济项目以天安数码城和天骥总部基地项目为代表，总占地面积124.8公顷，建筑面积171万平方米，形成辐射环渤海的“高端、高新、高产”的产业集群带。

综合配套项目由武警附属医院、武警后勤学院和东丽区职业教育中心为典型，总占地面积79.3公顷，建筑面积45万平方米，建设天津市东北部地区教育卫生新核心。

东丽湖地域发展产业项目区，开创了宜居、宜娱、宜购、宜会、宜游、宜业的区域发展新局面。

三、朗钜欢乐温泉谷

“温泉谷”是朗钜集团根据国家AAA级景区标准投资兴建的大型温泉主题公园，是亚洲最大的单体室内温泉主题公园，是天津市最大的以水上休闲娱乐及温泉理疗为主的室内温泉主题公园。项目整体建筑设计效果与原生态雨林环境浑然一体，室内环境四季如春，尽显地中海热带海洋风情。项目占地面积为8公顷，总建筑面积5.5万平方米，呈规则矩形。建筑室内空间高度最高达25米。拥有国内最大的温泉恒温造浪池，可进行水上运动、娱乐等活动。有数十种不同的温泉理疗泡池，冬季可以泡温泉，健康养生；夏日可以戏水冲浪，解暑降温。

2008年，欢乐温泉谷外景

四、天海风俱乐部

2009年，东丽湖天海风·滑水狂欢节

2006年，天海风水上休闲运动俱乐部成立。由国家体育总局水上运动管理中心认定，全国首家符合国际标准的水上休闲、运动场地。整个俱乐部依托优美的东丽湖水系与自然景观，由国际滑水会所、国际滑水赛道、运动主题餐吧组成。国际滑水赛道兰多湾是目前世界上规模最大、最标准的人工滑水赛道之一，分别在2002年和2005年成功举办世界滑水赛事。天海风俱乐部是全国首家面向大众的综合型水上运动俱乐部，拥有专业场馆、设施以及国家教练为主的教练团体，为广大水上运动爱好者提供了一个休闲运动的高端平台。

第四节　旅游宾馆

一、东丽湖度假村

1992 年，东丽湖度假村建成营业，隶属中国联通天津分公司。度假村占地面积 4 万余平方米，建筑面积 2 万平方米。度假村风清水阔，空气清新，环境优美，交通便捷，是东丽湖温泉度假旅游区兴建最大的集旅游、住宿、餐饮、娱乐、健身及召开会议于一体的多功能三星级大酒店。

度假村备有双人间和豪华别墅，可供 200 余人同时住宿，24 小时供应热水，卫星电视、迷你酒吧等服务设施应有尽有。一楼设有大餐厅和风格各异的贵宾雅间，能同时为 300 余人提供各地风味的特色菜肴，承办各式酒会宴会，还有适合散客的中西快餐厅。

位于主楼二层的主会议大厅有 300 余个座席，宽敞明亮，富丽堂皇，设施齐全，为会议提供优质高效服务。分布各楼层的 8 个小型会议室风格迥异，阶梯式、圆桌式等会场适应不同规模、档次的会议需求。

酒店设有迪斯科舞厅、棋牌室、电子游戏机室、健身房和保龄球场、网球场、高尔夫球场、室内游泳池等娱乐休闲设施。度假村院内呈园林设计格局，环境优雅，还另设有湖畔别墅小楼，提供高档客房服务。

二、东丽湖大酒店

2010 年 6 月建成开业，位于东丽湖东丽之光大道，由区政府投资兴建。大酒店楼高 7 层，客房总数 43 间（套），风景优美，按高品质涉外酒店标准兴建的个性化高端酒店。

东丽湖大酒店采用典雅的装修风格，配套设施完善。酒店设有豪华大床房、豪华套房、行政套房等不同房型，客房内设国内长途电话、国际长途电话、互联网上网接口等设施，舒适整洁，温馨优雅。酒店餐饮设有中、西餐厅，分吸烟和非吸烟区域。正餐以粤菜为主，菜品精美地道，早餐提供中式、欧式、美式等各类自助饭点，多功能宴会厅可容纳 300 余人，提供宴席和会议服务。

酒店设有会议室、贵宾接待室、同声传译报告厅以及棋牌室、卡拉 OK 厅、健身室、桌球室、乒乓球室等休闲娱乐场所。东丽湖大酒店营业厅，多次举办全国、全市性的大型会议和商务会展、论坛活动，成为东丽区对外接待的重要场所。

三、恒大国际温泉会议中心

2009 年始建，位于东丽湖东丽之光大道西侧，由著名的恒大的地产集团投资兴建。项目包括超五星级标准酒店、国际会议中心、温泉中心及贵宾楼等，还规划设计有设施先进、功能齐全的运动中心、商业中心和休闲度假居住区。计划总投资 100 亿元，占地 8.67 公顷，总建筑面积 100 万平方米。2009 年，一期工程超五星级标准大酒店和商业中心、会议中心已开工建设。

东丽区志

第十四编

商业　服务业

20世纪80年代，东丽区商业主要以供销社系统、城镇及农村等集体商业和粮食系统、食品公司、石油公司、物资总站等国有商业为主体，个体私营商业初显。90年代，随着各项经济政策的放宽和商业体制改革，逐步形成多种经济成分、多种经营方式、多条流通渠道并存的局面。国营、集体、私营、合资、有限责任公司商业等并存，尤以个体私营商饮服务业迅速发展，使区内商业欣欣向荣。进入21世纪，为适应全区城市化、工业化发展的新形势，区内相继建成一批大型专业化市场、社区商贸中心、专业批发市场、集贸市场，形成超级市场、连锁经营、农贸市场、专卖经营等多种体制、机制竞相发展的新局面。2010年，全区批发零售业完成增加值37.59亿元，限额以上批发零售企业达177家。全区社会消费品零售额106.04亿元。

改革开放初期，区内仅有旅馆、饮食业、理发洗浴、照相及修理等服务业。90年代，区制定多项优惠政策，促进服务业得以快速发展。进入21世纪，区内服务业门类齐全，网点密集，尤以仓储业、现代物流业挖掘利用先发优势、品牌优势、区位优势，突出特色，2010年全区有仓储企业79家、物流企业688家，完成年产值48亿元。

2009年，银河大酒店外景

2010年，自行车电动车配套商城

2010年，金钟农产品批发交易市场

2010年，天津巨邦物流配载中心

第一章 管理机构

20世纪80年代，区内商业服务主要以供销社系统、粮食系统等主管部门为管理机构。经体制改革，区商业委员会与外经贸委职责整合为商务委，主管全区内外贸易和国际经济合作的职能部门。

第一节 供销社 物资总站

一、东丽区供销合作社

1978年9月，恢复区供销合作社建制。1996年，内设党委办公室、监察科、行政办公室、业务科、物价科、财务审计科、劳资人事科、基建科、基层科、工会、团委、安全保卫科12个科室。下设军粮城、小东庄、新立村、赤土、大毕庄、万新庄、荒草坨7个基层供销社和万新庄、张贵庄副食、生产资料、张贵庄医药4个批发部及物回公司、荣盛贸易公司、蔬菜交易市场、饮食基层商店、煤建基层店、四号桥基层商店、东丽商场、跃进路副食商场、宏光食品厂8个基层单位，有职工学校、187个自营网点。

2010年，区供销社机构经历多次改革精简，内设党政综合办公室、财务审计科、劳资科、业务科。下属单位：军粮城供销社、小东庄供销社、新立村供销社、大毕庄供销社、万新庄供销社、四号桥基层商店、张贵庄副食百货批发部、张贵庄生产资料批发部、东丽商场、物回公司、煤建商店、饮食服务基层店、职工培训中心。

改革后的区供销合作社，主要经营日用消费品、农业生产资料、废旧物资回收等，是综合服务性集体企业。

二、东丽区物资总站

1992年3月，区决定以区物资站和区建筑材料物资站为基础，建立区物资局，归口区计划经济委员会。主要职责：在经济体制转轨情况下，依托国有物资流通的主渠道，有计划地协调物资流通领域，并兼顾社会效益和经济效益，为区工农业生产和城乡基本建设提供有效地物资服务。内设金属材料、机电设备、综合物资、建筑材料、木材、燃料6个供应站。

1997年3月，根据区委、区政府党政机构改革方案的实施意见，将区物资局改成经济实体。

1998年9月，鉴于区物资局改组为经济实体的现状，撤销区物资局，改设为区物资总站。

第二节 粮办 运管局 商务委

一、粮食办公室

1979 年，区粮食局，管理全区粮油购销工作。1999 年 4 月，实行政企分设，撤销区粮食局，设立区粮食管理局，负责全区粮油行业管理，实施区政府确定的粮油市场调控措施。内设：办公室、储备管理科、市场管理科、财务科。

2001 年 11 月，区粮食管理局更名为区粮食办公室。2005 年，区粮办与区商委合署办公。

2010 年，区粮办与区商委合署办公改为部门管理机构，由区发改委管理，内设综合科、储备科、市场管理科（监督检查科）。

二、运管局　商务委

东丽区交通运输管理局主管全区仓储、物流联运业等行业管理。东丽区商务委员会主管全区商业、服务业等行业管理。见第七编交通运输第二章运输第一节管理机构，第十六编外经外贸第一章管理机构第一节机构沿革。

第二章　商品流通体制改革

1979—1990 年，区供销社体制改革，由全民所有制向集体所有制转变，全部执行承包经营责任制，20 世纪 90 年代探索所有制与经营权分离的股份合作制。粮食系统实行政企分开，全区商业、服务业形成多种经济成分，各种经营模式，多条流通渠道并存的局面，大规模现代商业设施涌现。21 世纪，供销系统零售网点全部转为民营，大型物流企业、社区商业中心、高档商务中心、综合市场迅速兴起。

第一节　供销社体制改革

一、实行承包经营责任制

1979年，供销社体制改革起步，并逐步调整、充实、完善。1980—1983年，全区供销系统企业全部实现由全民所有制向集体所有制的转变。1984—1990年，基层社集体所有制逐步实行承包经营责任制，采取“集体承包、统一核算”的方式，至1990年基层社全部执行承包经营责任制。

1994年，基层社对部分边、远、小、亏的商业网点实施“租壳卖瓤”的办法。1996年，整个基层社抽本、租赁经营方式全面推开，重点解决承包中负盈不负亏的问题。1997年，加大改革力度，尝试企业内部经营机制转轨，全面开展经营与分配的改革。经营方面调整经济结构形式，全面推行经营、价格、用工、分配四项放开。对偏远和亏损小店实行“两权分离”式的租赁经营；对利润大店实行“四放活”，即经营放活、价格放活、人事用工放活和分配放活式承包。价格方面根据价值规律和供求关系，经营者自主灵活定价；用人方面实行干部聘任制，职工全员劳工合同制，对职工报酬实行风险抵押，工资奖金与效益挂钩，充分调动职工积极性。改革后的企业，真正成为自主经营、自负盈亏、自我约束、自我发展相对独立的经济实体。

2000—2008年，区供销社提高传统业务经营规模和强化资产经营效益，创新经营理念、经营模式和企业管理。农业生产资料、废旧物资、烟花爆竹等传统业务的规模和经营效益逐年增长，企业实力增强。全系统17个独立核算法人单位连年实现盈利。

2009—2010年，区供销社营销额分别为4.6亿元、5.34亿元，实现消费品零售额分别为3亿元、3.4亿元；实现增加值分别为2219万元、2750万元；利润为144万元、169万元，各项经济指标均超额完成全年计划。

二、股份合作制

1997年，区供销社开展探索股份制改革，制定企业改制8条措施，进行股份合作制改革尝试。2002年，将医药公司作为改革试点。

2005年，医药公司彻底改制为股份制企业，成立北药大通股份有限公司。引进社会资金入股，区供销社占股份的7.28%，改革后实行所有制和经营权分离。企业年销售额由4700万元增长为1亿元，提高1.13倍。

第二节　粮食系统体制改革

1989年，根据天津市粮食经营体制改革需要，成立天津市粮油购销公司东郊区分公司，粮食部门划分为盈亏2条线，实行代理制。

1999年，根据区《关于东丽区粮食流通体制改革实施意见》，按照政企分开原则，撤销区粮食局，设立区粮食管理办公室，负责全区粮油行业管理和实施区政府确定的粮油市场调控措施。组建区粮食收储有限公司和区粮食经营有限公司。

2005年，区粮办与区商委合署办公。2006年，区粮办粮食管理科加挂监督检查科牌子。

2010年，区粮办由区发改委管理。

第三节　服务市场建设

一、拓宽商品流通渠道

1987年，区建成张贵庄封闭农贸市场和军粮城半封闭农贸市场。随后陆续建成天津市温州城，东丽商贸城等14个规模不等的市场。

1997年，扩建东丽商场，宏光食品厂房地产开发，大毕庄商场联合改造。全区逐步形成多种经济成分，各种经营模式，多条流通渠道并存，国营、集体、合资、有限责任公司商业一起上的局面。

二、完善服务业发展格局

2008年，区贯彻落实国家、市关于加快发展服务业各项政策，以发展现有服务业为目标，以完善政策体系为主线，以重点项目招商和建设为重点，营造服务业良好环境。区制定出台《关于加快发展服务业的若干意见》《加快发展现代服务业实施方案》《东丽区实现服务业发展资金奖励办法》，完善区服务业的发展政策体系。依据全区土地利用总体规划，完成《现代化服务业布局规划》，确定“一轴、一键、两带、一网”（现代物流发展轴、商贸商务消费键、东丽湖商务旅游带和海河文化休闲带，支撑现代服务业发展综合服务网），科学服务业发展格局。是年，东丽软件园、天津滨海钢铁市场、滨海临空产业园等投资大、效益好服务大项目落户区内。大型会展业、商贸业、专业市场和大型商贸区建设不断完善，商业规模不断壮大。全区服务业各类经营注册主体1.33万户。完成无瑕花园、华明集团、天山南路3个社区商业中心改造。全年亿元以上在建项目13个，投资12.28亿元。水上欢乐谷、鑫泰汽配城、天津滨海钢铁市场第一期项目投入运营。东丽湖西区高档商务中心、华明示范镇东区商务配套设施等6个项目被列入天津市第一批重点项目。全年完成“三进工程”（农业生产资料连锁经营进乡镇、日用消费品连锁经营进村庄、农副产品进市场），91家连锁店投入运营。

第三章　商业经营

20世纪80年代始，区境内逐步终止粮食、油脂统购统销，陆续取消生活日常品购买票证。90年代，集贸市场开放，各类农副产品商品货源充足，购销两旺，大型商场的建立及各类超市、专业市场、连锁店的兴起，日益满足了城乡居民生活的需求。21世纪初全面放开粮食购销市场，通过吞吐储备粮的形式，调解市场供求，保持粮食市场稳定。

第一节　粮　油

一、粮油购销

（一）统购统销　1982年，开始实行粮食购销大包干政策，即征购包干、统销包干和加价款包干。粮食购销包干指标实行3年统算，丰收可多购少销，歉年可少购多销。1984年，秋粮征购开始执行“倒三七”比例计价办法，生产队、农户交售粮食，百分之三十按统购价，百分之七十按超购价，加价为统购价的百分之五十。1985年始，粮食统购终止。

（二）议购议销　1979年始，区境内开展油脂议购议销，粮食局油脂站和各粮店商业网点均开展议价经营，调剂解决区内人民生活的用油。粮食市场逐渐开放，农民完成征购任务，生产的余粮可以议价卖给国家，议购的价格高于统购牌价。80年代开始，议价经营范围不断扩大到粮油及其制品、油料和各种杂粮等，补充市场余缺，调剂人民生活。从为解决区内群众生活所需品种，发展到与外地省市作议价生意。

1979—1995年，全区议购粮食6.88万吨，议销粮食8.26万吨。1993年4月，粮食购销全面放开。

1987—1990年，全区议销油脂1611吨。1991—1995年，全区议销油脂2810吨。

（三）合同定购　1985年粮食年度开始，天津市实行粮食合同定购。市分配区合同订购任务4000吨，区完成5195吨。1986年粮食年度，中央提出粮食合同定购“既是经济合同，又是国家任务”，充实合同定购经济内容，实行合同定购与发放预购定金、奖售化肥及柴油“三挂钩”政策。1986

—1990年，区完成合同定购11128吨。

（四）国家定购　1991年，粮食合同定购改为国家定购，作为农民应尽的义务必须保证完成。继续实行“三挂钩”政策。5月1日起，调整粮油统购价格，面粉、大米、玉米每500克提高0.1元，实行购销同价。1994年，区执行国务院对定购计划仍作为国家任务、农民应尽的义务，落实到生产单位和农户，确保完成，并对国家定购的粮食实行国家定价，大幅度提高粮食收购价格，公开粮食收购政策及“三挂钩”物资标准。

（五）粮食购销市场化　2001年粮食年度，区按照天津市粮食购销市场化改革的意见，从秋粮收购开始，取消粮食定购和保护价收购，把生产经营的自主权交给农民。放开粮食收购市场，实行经营主体多元化，建立规范有序、运转灵活、连接市内外的多形式多层次的粮食市场体系。凡符合国家法律法规规定并依法登记的各类所有制经济主体，经区粮食行政管理部门审查资格，工商行政管理部门核准登记，均可从事粮食批发收购。放开粮食收购价格，实行随行就市。正常情况下，区政府不再规定粮食收购价格，粮食价格由市场供求形成，通过吞吐储备粮的形式来调节市场供求，平抑市场粮价，保持粮食市场稳定。至2010年，区粮食以区级储备和代储其他政策性粮食为主。

二、粮食储备

1980—1983年，军粮城、李明庄粮库建仓房17间。1990年，为粮食出口存粮的需要，投资38万元，在新立村乡宝元村建立粮库。1990—1992年，军粮城、李明庄、贯庄粮库共修建仓房9间。1995年，全区共有储存粮食仓房39间。1996年，贯庄粮库更名为天津贯庄国家粮食储备库，直属国家管理。

2002年，天津贯庄国家粮食储备库自筹资金新建2栋高大平房仓。是年8月，因京津塘高速公路机场口拓宽，李明庄粮库被占用，补偿实物和人员一并归入天津贯庄国家粮食储备库建制。是年12月，赤土粮站因华明小城镇建设被拆除，补偿和人员也并入天津贯庄国家粮食储备库建制。2004年，军粮城粮库自筹资金900万元，新建3栋高大平房仓。

至2010年，全区有粮食储存仓房19间。

三、粮食保管

（一）物理防治　1979年始，主要采取彻底清销，捣毁粮虫孳生地；清销包装器材，储粮所用的麻袋、面袋、席子、苫布和现场作业所用的麻袋片均实行严格检查；本着“先散存、后包装”的原则，凡是能囤存的粮食都要入囤储存，在严寒冬季进行冷倒囤，过筛除杂防虫；深翻粮面防止升顶等措施。

（二）化学药剂防治虫害　20世纪70年代，普遍推广“磷化铝”“磷化锌”粮面施药，藏于粮堆里施药，熏蒸灭虫等。80—90年代，推行低氧（密封粮仓，使含氧量控制在4%～12%）、低温（用薄膜将粮堆密闭，使粮温在15℃以下）、低药，“三低”科学保粮方法。

（三）综合防治　既采取常规的物理防治保粮方法，又采取新的科学防治保粮方法，广泛采用电子检温、机械通风、压盖防治、双低储藏等项新技术。对小麦采取热入仓密闭、双低（低氧低药）、准低温、机械通风、塑料薄膜压盖等储藏技术，正常条件下可储藏3～5年。应用低药加强害虫的防治，特别是麦蛾的防治，提升科学保粮水平。做好每年夏季防雨汛工作，实行“雨前、雨中、雨后”三查制度，及时发现问题，防止因下雨造成粮食雨湿和淹泡，确保粮食安全度汛。

（四）创建“四无粮仓” 20世纪70年代，在粮食储存、购销单位开展无虫、无霉、无鼠雀、无事故的“四无粮仓”竞赛活动。把好入粮质量关，及时检测粮食的水分、温度及虫害情况，发现问题及时通风、晾晒、冷冻、药物除虫、机械除杂，以达到“四无”标准。1985—1986年和1990—1995年均实现“四无”区目标，受到天津市粮食局的表彰。

2005年，制定“一符四无”粮仓检查评分标准，明确“一符”系指国有粮油仓库代储存的粮油要做到账物相符，即保管账、统计账、会计账与实物相符，考核标准为百分制。2004年，贯庄国家粮食储备库荣获国家“一符四无”粮仓先进单位。

四、粮食管理

计划经济时期，粮食管理主要靠行政管理和票证管理。20世纪90年代后，随着社会主义市场经济的发展，粮食购销实行市场化改革，粮食管理工作重点转为行政审批、粮食市场监管、储备粮管理。

2004年，天津市《粮食流通管理条例》颁布实施，区粮食管理部门会同有关部门承办全区粮食系统内部企业的“粮食收购资格证”“粮食批发经营资格证”“面粉销售许可证”，对辖区国有粮食企业进行内部管理。区粮办执行《天津市粮食流通管理办法》，对办理“粮食收购许可证”的资格条件、申请办法、审核程序、办理科室和电话等方面的内容，通过公示牌等形式进行公示。

至2010年，全区审核办理“粮食收购资格证”15户，其中国有粮食企业6户。区粮办执行《天津市粮食购销企业资格认定暂行办法》，对符合要求的国有粮食购销企业办理核发“天津市购销企业资格证”，获得此证的粮食单位在税收方面享受政策优惠。全区有5家国有粮食企业获得此证。

五、监督检查

（一）库存检查 2009年后，区粮办每年开展一次库存检查工作。主要检查辖区内的中央储备粮、国家临时存储粮、地方储备粮，国有及国有控股粮食企业储存的商品粮。重点调查粮食库存点的账实相符、账账相符情况，库存粮食质量与安全卫生情况，储备粮轮换情况，政策性粮食补贴拨付使用情况，仓储管理和收购资格情况等。2010年，区粮办对军粮城粮库、贯庄国家储备库和军粮供应站进行检查。

（二）储备粮安全检查 每年春、夏、冬三季对辖区内市级、区级储备粮进行粮油安全检查。重点检查储备粮数量质量、安全储存和定点储存情况；各种化学药剂安全储存、规范使用及账目记载和安全生产管理情况；仓储规范化管理活动开展情况；科学保粮，储粮新技术应用及开展相关实验课题等情况；粮油仓储设施、设备安全使用和维修改造情况。2008年，区粮办组织安装电子测温设备和远程电子监控器，用计算机检测粮食储备库中的粮食温度、湿度等情况，粮库管理实现自动化智能化，科学保粮率达95%以上，保证储备粮安全储存。

（三）粮食供需平衡调查 2004年，区粮办正式开展粮油供需平衡统计调查工作。调查内容包括：粮食产量信息、农户及城镇居民户粮食收支情况、粮食加工转化、企业粮食收支情况、粮食经营企业粮食收支情况。至2010年，区粮办已连续7年开展平衡调查工作，基本掌握全区粮食供需平衡情况。

五、粮食企业简介

（一）东丽区粮食购销有限公司　1999年成立，由区粮食管理局管理。主要经营区粮食收储和销售业务，为独立核算、自主经营、自负盈亏的经济实体。内设财务科、储备科、保卫科、办公室。下辖天津贯庄国家粮食储备库、军粮城粮库、荒草坨粮站（李明庄粮库）、赤土粮站、军粮城供应站。公司严格执行储备粮食管理制度，实行规范化、科学化、精细化管理，被评为“一符四无”先进单位。

（二）东丽区粮食经营有限公司　1999年成立。2003年，公司由区商委归口区粮办管理。主要职责是在保障市场供应和稳定市场粮价，承担国有资产保值增值责任，并接受委托负责区范围内特殊用粮的供应。公司成立时下辖13个亏损企业。2001年实现扭亏为盈。2003年，重组后更名为4个子公司；丰谷粮油贸易有限公司、泰谷粮油贸易有限公司、裕谷粮油贸易有限公司和东环饲料有限公司。2007年，成立享有出口权的鸿盛通农产品贸易有限公司。

第二节　生活消费品

一、农副产品

1980年，农村经济改革后，集贸市场开放，允许农民出售自产蔬菜，陆续取消各种票证，绝大多数商品敞开供应。1992年后，肉类、禽蛋、蔬菜、水产等各类农副产品价格全部放开，自主经营。

1995年后，区农副产品市场各类商品供应充足，日益丰富。随着大棚温室等先进技术的普及，蔬菜普遍实行反季节温室大棚种植，一年四季都有新鲜蔬菜供应。肉类供应改变猪肉独大的局面，牛羊禽类及其加工制品供应齐全，销量剧增。鱼虾蟹贝等海淡水产品逐渐成为居民家庭的日常食品，农副产品经营进入全区各集贸市场、菜市场、超市和个体私营店铺，购销两旺，日益繁荣。

二、日用百货

20世纪80年代后，棉布、手表、自行车、缝纫机等商品取消凭票供应。90年代后，彩电、冰箱、洗衣机、收录机等新家电商品需求量激增。起初，由商业部门实行指标分配，发票排队购买。1995年后，彩电等较为紧俏的家电商品全部敞开供应。各类生活日用品逐渐向中、高档次发展，如呢绒、化纤织品、烟酒、茶叶、软包装调料、饮料保健品、南方果品、罐头食品等市场畅销。区供销社为满足市场需求，建成东丽商场、军粮城百货商场、金谷商厦、李明庄百货商场，以满足城乡居民生活日用品需求。与此同时，大批集体、个体经营者进入商品市场，货源充足，竞争激烈，促进了生活日用品市场的兴旺。1995年，全区有国有、集体、私营、个体商业经营户8062户，全区完成社会商品零售额34.26亿元。

1997年后，家世界家居、家乐仓储式大型超市在区建成开业，蔬菜副食、日用百货等各种商品进入超市经营。2000年后，各类超市、专业市场、连锁店成为日用百货、服装鞋帽、蔬菜副食、家电家具等商品的经销主渠道。空调、电动自行车、计算机、手机、数码相机等新一代生活用品持续热销。2008年后，区商委组织“家电下乡”，落实惠民政策，促进农村家电消费，建立完善家电下乡销售网络和售后服务体系，建立家电下乡销售网点36个，以旧换新网点35个。在华润万家、军粮城电器商城举办“家电下乡和家电以旧换新”宣传月活动，使城乡居民充分享受国家惠民政策。至2010年，全区累计销售各种家电下乡和以旧换新电器产品4000台，销售额1000余万元。2010年，全区完成社会商品零售额106.04亿元。

第三节　农用物资

一、农资购销

20世纪80年代，全区农村开始普遍推广农用地膜覆盖技术，年销售各种农膜400余吨。80 年代后，农民对尿素、磷酸二铵等优质化肥的需求量激增，区供销社和农业科技部门年均供应化肥11000余吨。1988年9月，区执行国务院《关于化肥、农药、农膜实行专营的决定》，统一由供销社经营。区供销社成为全区农业生产资料供应的主渠道，主要经营品种有化肥、农药、农膜、农药器械、中小农具等。90年代后，区供销社、农业科技部门和农民直接从生产厂家选购农膜，用于蔬菜、水稻、西瓜育秧，年消费量600余吨。农村改革后，全区农村农机具销售量激增，区农机供应站和物资局以供应大型农机具为主，区供销社以中小型农具为主，年均销售农机具5万余件。

1994年，全国农资市场开放，一些个体私营和专业合作社开始介入农资销售业务，农民自采和市场交易日趋活跃。区供销社发挥主渠道作用，广泛组织货源，满足农民生产需求，并实行保质监销制度，确保农用物资质量。1996年，完成农资销售额5000万元。2000年，区供销社实施“上联厂家、中联供销系统、下联农户”的经营战略，理顺购销渠道，增设服务网点，完成农资销货额6800万元。

二、农资服务

2003年起，区供销社强化为民服务意识，加强农资网络建设，采取自主建设与整合资源相结合，充分发挥基层供销社和批发销售站点积极性，全系统建设农资销售网点73个，形成较为健全完善的农资销售网络。2008年，区供销社适应农业现代化、专业化发展新形势，抓好农业生产资料采购供应、农资销售网络建设等全方位服务。以优质、高效、环保、节能的农膜、化肥、农药等农资为购销重点，在全区建成35个具有一定规模的农资销售直营店，建起遍布全区乡村的农资服务网络，方便农民生产需求。深入开展农业科普知识宣传活动，邀请北京农科院和区农林部门技术人员实地讲解种棉知识，培训棉农200余人，30余名农药技术人员取得农药资格上岗证书。实行农用物资进货、销售、质量保证制度，防止坑农害农事件发生。2008年，全区农资销售额完成1300万元。其中销售化肥2000吨、农膜550吨、农药50吨、各类蔬菜种籽15吨。

第四节　燃油经营

一、煤　炭

1984年，区供销社陆续在铁路信号厂、丰年村、程林二村、大毕庄煤厂安装半自动化蜂窝煤生产线，年均生产2000吨，全区推广使用。1989年，成立张贵庄煤建基层商店，为区内唯一专门经营煤炭的单位。煤建基层商店占地2148平方米，其中蜂窝煤生产车间160平方米，存煤罩棚708平方米，有2条半自动化蜂窝煤生产线。下设2个煤厂、1个经营部，主要经营机制煤球、蜂窝煤、劈柴、炉具等。1992年，全区经营煤炭网点发展到53个，承担900多个企事业单位和9600多户居民用煤供应。是年，销售机制煤球9.23万吨、蜂窝煤4755吨、杂煤3235吨。

1995年后，随着张贵庄等地区实行集中供热，机关团体和居民的用煤量减少。农村新住宅的兴建和蔬菜大棚生产的发展，农村生产生活用煤量增多，集体、个体煤炭经营户发展，购煤渠道趋向多元化市场化。2000年后，全区城市化工业化进程加快，大型住宅区、农村新市镇纷纷建成，地热、天然气、太阳能等清洁能源得到广泛使用，除住宅区供热站和一些特定企业外，煤炭的社会需求量大减。2008年，区供销社煤店退出，停止煤炭经营。全区煤炭市场基本由个人合伙经营。

二、石 油

1981年，成立区石油公司负责全区石油销售。石油供应实行切块包干、保证重点、兼顾一般、支持生产、控制消费的供应政策。石油产品的销售价格管理，执行国家指令性计划价格。随着改革开放不断深入，区内运输业和各类企业迅速发展，汽油、柴油用量大幅度增长。1983年，开始增加议价油供应，但平价油的分配仍是切块包干、以车定量、凭证供应，高价议价油主要是用于补充平价油的不足。

1993年4月，石油供应全面放开，区境内陆续新建一批加油站。1994年5月，整顿石油经销市场，理顺批发、零售价格，对零售价格作出最高限价规定。除区石油公司承担批发业务外，其他皆为零售单位。1995年，全区共有加油站45个。1999年10月，成立天津石油集团东丽石油公司，公司主要经营石油制品批发兼零售和汽车运输业务，员工人数为82人，注册资本506万元。至2010年，全区共有加油站61个，主要隶属于中石化、中石油，有极少数隶属壳牌等石油私企。

第五节　医疗药品

1982年，在张贵庄津塘公路与跃进路交叉口西北侧建立东郊药店，建筑面积131平方米，成为区内唯一的专业药品零售商店。药店主要经营西药、成药、中草药，并兼营兽药及夏令保健药品等1100余种，年零售额80余万元。2001年，东丽药店被市政府评定为天津市首批医疗保险定点药店。

20世纪90年代，张贵庄批发站药库、大毕庄药库、军粮城药库合并，成立张贵庄医药公司。设有3个成药库、3个西药库、2个饮片库，库房总面积2000余平方米，主要经营西药、中成药、中药饮片、医疗器械、消毒用品等，承担全区各医院、卫生院、村保健站的医药品批发业务。医药公司下属有东丽药店、军粮城药店、丰年村药店3个药品零售商店。

2002年，医药公司与北京红日医药集团合作，组建天津市北药大通股份有限公司，年销售额增至1亿多元。

2003年后，随着政策开放，一些单位与个人开始兴办药店，从事医药用品经营，并呈现出连锁经营的趋势，如张贵庄地区的金象大药房、宝仪堂药房等。2006年，全国性连锁药店——老百姓大药房在张贵庄上东一街设店营业，以较大规模和低药价、多品种开拓市场。

2010年，全区有药店163家，遍及村（居）社区，便利城乡群众。

第六节　废旧物资　烟花爆竹

一、废旧物资回收

1984年，区供销社成立物资回收公司，有物资回收网点24个。收购品种包括有色金属、黑色金属、杂物料3大类60余个品种。1988年，区计委、公安分局、供销社联合成立钢铁办公室，加强对废旧物资收购站的审批检查工作。1990年，根据公安部和工商行政管理局联合通知精神，整顿区境内废旧金属收购市场。1995年，区供销社系统收购废旧物资总额超过3000万元。废旧物资回收市场基本放开，全区废旧物资收购点发展到近百家。1996年，基本形成以供销社废旧物资回收公司为主体，个体物资回收点遍布全区的局面。区对废旧物资经营个体户实行登记审批制度，必须具有公安部门颁发的特种行业经营许可证方可经营，通过加强检查管理，取缔一些非法经营点。

2000年后，区供销社打破传统经营范围，调整经营结构，大力发展废旧物资回收网络，做好再生资源回收利用工作，全区正规物回收购点达到70个。2003年，成立区再生资源回收利用公司，被确定为天津市“废旧钢铁回收加工中心首批试点企业”。公司对废钢铁切割、剪裁加工等一线操作工人进行严格规范的技术培训，使之掌握安全生产操作技能，通过区质监局技能考核取得上岗证。区商委、供销社组织专项检查，召开专项治理会议，加强废旧物资回收市场的管理。

2010年，全区废旧物资回收销售收入达1.26亿元，完成86个再生资源社区站点建设，“再生资源分拣加工中心项目”规划设计通过财政部和商务部审核。

二、烟花爆竹

1996年后，根据公安部等国家有关部委和天津市政府规定，烟花爆竹批发业统一由供销社专营，并实行从国家定点生产企业进货制度。2000年，烟花爆竹零售实行“证配货”制度，由供销社配发“烟花爆竹经销许可证”，经营者需持公安部门签发的“烟花爆竹经营许可证”领取并在供销社进货。2001年，区贯彻执行市商务委下发文件，落实国家七部门《关于加强烟花爆竹安全管理的通知》和市政府政令精神，整顿和规范市场秩序，维护烟花爆竹市场流通安全，打击制售假冒伪劣产品违法行为，确保国家和人民群众生命财产安全。2008年，区供销社投资80万元改造烟花爆竹存储仓库，取得了烟花爆竹批发安全储存许可证。

随着国家重视生态环保，加强环境污染源治理，烟花爆竹燃放受到极大限制。2010年，全区烟花爆竹销售额呈下降趋势。

第四章　商贸流通

20世纪80年代，区内农贸市场恢复和建立，各类生活用品市场和生产资料批发零售市场兴建。90年代，陆续建成小东庄市场、长青温州服装城、东丽商贸城等一批市场。1995年，全区有生产资料、建材、服装、农副产品、蔬菜批发专业市场和集贸、摊群市场等57个，全区完成社会商品零售额34.26亿元。

1995年后，商品经济大开放大流通，家世界家乐、家居仓储式大型超市、金钟农副产品综合批发市场、赵沽里民权门综合交易市场等一批规模大、辐射强的大型商业设施先后建成开业，促进了全区商贸市场的兴旺发展。2005年后，适应全区城市化工业化发展的新形势，相继建成国际轻工五金城、滨海钢材城、鑫泰汽配城、北方自行车商城等一批大型专业化市场。社区商业中心、各类超市、专卖店、连锁店等新业态不断涌现。

2010年，美国家宜和红星美凯龙、居然之家等商业大项目落户区开工建设，带动商贸服务业加快向现代化多元化发展。全区批发零售业完成增加值37.59亿元，限额以上批发零售企业达177家，超亿元批发零售企业达63家。

第一节　商业街　商业中心

一、商业街

（一）利津路商业街　1996年建成投入使用，位于张贵庄利津路。初期，商业街南起津塘二线，北至栖霞道，长500余米，多为三层底商楼房店铺。商业街两侧店铺以餐饮饭店为主，炒菜、火锅、烧烤齐全，还有洗浴、美容、娱乐等行业。川苏、巴蜀、荣华、海粤鲜等饭店各具特色，竞争激烈。2001年9月，巴蜀饭店举办巴蜀之夜文艺晚会，邀请天津歌舞团、曲艺团著名演员在利津路搭台演出文艺节目。2005年，利津路商业街北延工程竣工。其北端延长至津塘公路，商业街全长达750米，路宽11米。商业街经营种类更加多样化、时尚化。除餐饮、服装、鞋帽、食品、烟酒等传统行业，银行、通信、医药、快餐店、服装专卖店迅速增加，成为东丽中心城区业态最全、引领消费最繁华的一条商业街。

（三）上东一街商业街　2008年6月，建成开业。位于津塘公路与招远路交口，由天津滨海联投控股公司投资建设的商业商务项目，占地面积2万平方米，建筑面积3.2万平方米。“上东一街”建筑主体沿津塘公路、东丽广场及招远路呈U字形布置，形成中心广场式的步行商业街区，各种类型商铺齐全，集餐饮、购物、娱乐、商务为一体。餐饮有鸿起顺火锅、肯德基全市首家汽车穿梭式分店，加州牛肉面、大成盛记等快餐店；服装有金利来等名牌专卖店和迪士尼等品牌童装店；有农业银行、大连银行、渤海银行等金融机构，还有地下茶城、药店、旅行社等业态。

（三）驯海路商业街 位于津塘公路新立村，南临津塘公路，北临津北公路，全长2千米。驯海路沿线有新立村、宝元村2个村落和信号厂职工宿舍、民航学院生活区，人口密集。20世纪90年代起，适应招商引资和企业发展需要，沿驯海路一带饭店、旅店、歌厅、浴池纷纷建立，餐饮住宿、娱乐购物、金融通信、修车加油等各类商业服务设施齐全，逐渐形成商业街规模。以京山线地道为界，路南端有裕德隆饭庄、景阳春酒楼，还有歌舞厅、超市、汽修、烟酒、手机等门店，主要服务于新立村居民、企业等。路北端有友鹏、金三角等餐饮饭店和民航宾馆、快捷住宿酒店，还有世纪华联超市、快餐店、网吧、加油站等。驯海路中段有百货商场、医院、饭店、银行、邮局、超市等。

（四）么六桥津北公路商业街 位于津北公路么六桥回族乡政府东，长1千米，形成于20世纪90年代中期。随着招商引资和企业发展，一些餐饮、娱乐、商贸店铺在交通便利的津北公路两侧建立。沿津北公路有大小餐馆40余家，其中综合性的舞厅、酒楼、洗浴中心达18家。2000年，新建的新世纪娱乐城大酒店建筑面积2600平方米，有餐饮娱乐单间数十个，经营中高档菜肴兼歌舞娱乐，可同时容纳数百人。另有“义华大酒楼”“排地大酒店”“龙凤酒楼”“食全食美酒店”等特色餐馆，还有超市、汽修、烟酒等商业门店。因生意火爆名声远扬，还吸引许多市区经商办事的顾客来此消费。2007年后，因大项目占地商业街逐渐萎缩消亡。

二、社区商业中心

（一）无瑕花园社区商业中心 设在无瑕花园银河大街，沿街240米营业店铺有86个，营业面积11284平方米，服务人口2.5万人。经营商品包括蔬菜水产、肉蛋禽类、食品、日用百货、服装等。商业中心设有饭店、银行、药店、通信器材、超市等多种业态，从衣食住行各个方面便利群众，满足百姓需求。全区规模最大、设施最全的三星级酒店——银河大酒店，为商贸商务活动提供了高档次的会议接待场所。

（二）天山南路社区商业中心 设在万新街道南大桥村天山南路。地处市郊接合部，沿街600米。经营商品有农副产品、食品、日用百货、服装、家电等，有餐饮、住宿、银行、药店、超市、快捷酒店等多种业态，网点店铺115个，总营业面积3000平方米，服务周边人口包括南大桥村民和市区居民3.5万人。

第二节　商场　超市

一、综合商场发展概况

20世纪80年代后，为适应城乡居民日益增长的生活消费品需求，区投资先后扩建新建了东丽商场、军粮城百货商场、金谷商厦、李明庄百货商场、钢管公司商场等综合性百货商场。商场以规模大、商品全、辐射广，成为当地城乡群众的主要购物场所。

二、商场选介

（一）东丽商场　位于张贵庄跃进路与津塘公路交叉路口北侧，原为东郊百货商场。1986年移址扩建，1989年9月开业。商场建筑面积4800平方米，营业面积3700平方米，东丽商场隶属区供销社，是零售兼批发的综合性百货商场。经营有家用电器、五金交电、装饰用品、服装鞋帽、文体用品、床上用品、大小百货、儿童玩具、日用陶瓷、木器家具、金饰品、小食品、箱包、钟表、烟酒等15大类1.3万多个品种。1997年，东丽商场再次扩建，新增营业面积3000平方米，经营规模达到9700平方米，成为区最大的综合性商场。

2008—2010年，东丽商场先后投资730万元进行全面装修改造，提高商场档次环境，完善配套设施，达到天津市中型综合性百货商场先进水准。通过加强服务，引进名优商品，吸引了区内外广大消费者。2010年，东丽商场销货额达到8300万元。

（二）军粮城百货商场　坐落于军粮城镇苗街村。建于1970年，初期营业面积630平方米，经营商品4000余品种。1990年12月，商场扩建工程竣工开业，建筑面积2700平方米，营业面积扩大至2000平方米，经营商品有17大类1万余种，是区内首家以家电商品经营为主的百货商场，军粮城百货商场对家电商品实行售前预购、售中调试、售后安装维修一条龙服务，为改善当地农村购物环境，繁荣市场起到重要作用。20世纪90年代后期，随着市场经济的开放发展，军粮城百货商场由自主经营改为将商铺对外出租。2003年，发展新型业态，引进时代超市连锁经营。2004年后，经营方式改为以招商出租为主、联营为辅。

（三）金谷商厦　坐落于军粮城镇苗街村，1995年底竣工开业。建筑面积4032平方米，营业面积3050平方米，设置柜台300多个，经营有纺织、百货、五金交电、食品等1万余种各类商品。商厦四楼设置了区内首家自选商品柜台，经营高档次的保健食品和儿童食品，厂家直销，质优价廉，并备有自选食品篮筐，受到消费者欢迎，日客流量5000余人。2010年，经营方式改为柜台出租，由个体户租赁经营。

三、超市选介

（一）家世界大型超市　1996年12月，由天津市民营企业家投资创建的家世界家居装饰建材超市在东丽开发区落成开业，成为国内第一家大型仓储式建材超市。家居装饰建材超市建筑面积5000平方米，为超大型的仓储式开放空间，经营装饰建材商品上万种，现场设有各种装修标准的样板间，供顾客参观参考。家居装饰建材超市引进美国“家得宝”公司先进的经营管理模式，卖场图纸由美国设计公司设计，货架、手推车、软件系统等从美国引进。在全国率先实行统一采购，统一质检，统一定价，统一分类布区，统一售后服务的经营管理方式，让消费者享受到“一站式购齐”所需物品的良好服务。1997年底，家居建材超市西侧，家世界所属的家乐综合商品超市建成开业。家乐超市同样是仓储式格局，营业面积5000多平方米，经营食品饮料、日用百货、农副产品、服装、电器等2万余种商品，以“低价、新鲜、丰富”的经营理念受到好评，日营业额达335万元，成为东丽人民最喜爱的购物场所，还吸引大批市区顾客远道而来专程购物。实行开架售货、自选购物、一站式服务的超市经营模式受到顾客好评和商家广泛关注，仿效家世界经营模式的各类购物超市不断涌现。

（二）其他超市 2000年后，各类超市逐渐成为全区群众购物的主渠道，既有华润万家商品种类齐全的大型综合性超市，又有家世界家居装饰建材、苏宁电器等经营商品专一的专业超市，还有设在村居社区的便利店形式的小型超市，经营主体以民营为主，连锁经营、个体经营多样化发展。

2006年，首家由个人投资建成的张贵庄招远路百乐福超市开业。超市营业面积400余平方米，经营副食、百货等各类生活日用品，品种3000余种，实行24小时全天候营业，以货品全、服务好赢得社区群众好评。2010年，由区商委和区供销社推动，全区农村建起60余家较为规范的合作超市，总营业面积达到2万平方米。津工超市、世纪华联超市等连锁超市也在全区各乡镇街道广泛设店。设在利津路商业街、大毕庄金钟新城和无瑕街道无瑕花园的津工超市不仅商品较全、店面较大，还增添代收电费、代售火车票等服务项目。

（三）在建大型建材超市

红星美凯龙单店项目 位于东丽开发区东、津塘公路北侧。总投资3亿元，占地4.4公顷，建筑面积18万平方米。2009年12月开工建设，是红星美凯龙在天津建设的最大规模的体验式商场。

宜家单店项目 位于东丽开发区东、津塘公路北侧，与红星美凯龙单店相毗邻。由全球最大的家居用品零售商——瑞典宜家集团投资兴建，2009年12月开工建设。总投资2亿元，占地8.93公顷，建筑面积6.7万平方米。

第三节 专业批发市场

一、发展概况

1992年，由大毕庄乡长青村农民兴建的天津长青温州城服装批发市场建成开业，为全区建成最早的专业性批发市场。至1995年，全区相继建起东丽商贸城、天津温州服装城、江南服装城、民权门综合批发市场、东丽木材批发市场、金钟蔬菜批发市场等14个大中型市场，初步形成了专业批发市场、生产资料市场、综合商品批发市场、农副产品批发市场等类型共同发展的局面。

2000年后，区充分发挥地理交通优势，加大招商引资和投资开发力度，着力抓大项目、大市场，向现代化、规模化、多元化发展。至2010年，先后扩建新建金钟农产品批发市场、中国北方轻工五金城、滨海钢材城、东环鑫泰汽配城等一批规模大、水平高、辐射广、实力强的专业批发市场。世界五百强企业瑞典宜家和居然之家、红星美凯龙等国内外著名建材家居企业均在区落户，动工兴建超大型家居建材专业市场。全区共有大中型专业批发市场63家。

二、市场选介

（一）金钟农产品批发交易市场 位于外环线与金钟路交会处，由大毕庄乡赵沽里村投资兴建，交通便利，设施完善。1996年，建成开业。占地26.67公顷，有各种摊位2300个，其中固定摊位1200个，日均客流量上万人次。市场建有低温保鲜冷库3座、恒温保鲜库1座，总储藏量达3万吨。进入市场交易的蔬菜、水产品、水果、副食品、粮油、禽蛋肉等农副产品有数万余种，蔬菜年交易量达1000万吨，水产品年交易量达100万吨。

作为天津市最大的蔬菜集散地——金钟农产品批发市场，联动天津及周边地区14.67万公顷蔬菜种植区，建立了完善市场与基地、农户之间稳定的购销关系和网络。在天津郊县、河北、山东、海南、珠海等地区发展订单农户1.66万户，形成蔬菜种植基地8000公顷，每年为市场提供无公害蔬菜55万吨，保证了市场全年均衡交易。2002年后，金钟农产品批发交易市场先后被命名为国家级农业产业化重点龙头企业、农业部定点鲜活农产品中心批发市场、天津市商贸流通百强企业、农业产业化经营市级重点龙头企业，被市商务委确定为“天津市实施放心食品工程经营试点单位”。14年来，金钟农产品批发市场在充分保障天津城乡居民生活必需品供应的同时，带动全国上百万农民走上共同致富道路，充分发挥了农业产业化龙头企业服务社会、服务“三农”的重要功能。

2010年，金钟农产品批发交易市场交易额达90.08亿元。商品流通覆盖全国20多个省、直辖市、自治区，交易规模在全国同类市场中位居前列，跻身全国农产品综合批发市场50强行列。

（二）东丽商贸城　位于津塘公路与外环线交汇处南侧顾庄村口，1994年5月建成开业，建筑面积13000平方米。初期，东丽商贸城以商住结合的三层商贸楼为主体，进驻商户100余家，经营商品以食品饮料、糖酒香烟、副食调料、干鲜果品为主，配有餐馆、歌厅、洗浴等服务设施。1995年，商贸城总建筑面积扩大到2万平方米，罩棚6500平方米，有交易大厅和写字间，有程控电话、电视监控、卫星电视接收等，水电气暖设施完善，还有占地面积1.33万平方米的大型停车场，成为集批发、展销、食宿为一体的农副产品综合贸易集散中心。

2000年后，商贸城经改造扩建，不断完善市场设施，扩大经营规模，增加服务功能，成为区最有影响力的综合性农贸市场。

（三）东丽花鸟鱼虫市场　位于张贵庄先锋路与利津路交口南侧，2005年5月建成开业。市场占地3.33公顷，室内经营面积6000多平方米，露天经营面积1万多平方米。市场主要经营各种观赏鱼、宠物、花卉、观赏鸽鸟、鸣虫及其用品，是天津市当时最大的花鸟鱼虫市场。东丽花鸟鱼虫市场每周五还开设露天观赏鱼交易市场，花鸟鱼虫爱好者不仅可以将自己繁殖的观赏鱼及时送到市场出售，还可在此采购到来自国内南方及东南亚地区的稀有品种育种繁殖，市场十分火爆。2010年秋，因城中村改造项目建设需要，花鸟鱼虫市场拆除。

（四）中国北方五金城　位于区金钟河大街延长线，由天津市亿联置业发展有限公司开发建设。总投资11亿元，总建筑面积66万平方米。规划建设集五金机电商品的批发、展示、交易为一体，生活配套服务齐全，兼具大商贸大物流功能的超大规模的五金商品市场。

2010年中国北方五金城

2005年9月，五金城一期工程竣工开业，建成占地面积45.3公顷、建筑面积40万平方米的营业店铺和商务用房。五金城营业门店采用高标准设计和装修，框架结构的独立商铺即可自成一体又可灵活组合。一楼临街商铺、二楼大型连体卖场、三楼办公商务房，每套面积100平方米，为商家建立区域发展总部创造了良好的硬件设施条件。五金城交通便利，配套设施完善。仓储物流区和宾馆酒店、展览中心、银行、超市等商贸服务设施齐全完备，宽带网的接入为电子商务提供了软件支持，形成一个完全开放而又相对独立的复合型商业社区。吸引了正泰集团、德力西集团、人民电器集团、环宇集团、文光集团、香港统益国晖集团、瑞典阿特拉斯•科普柯、英国多明尼克•汉德、天津市电缆总厂、台湾越崎企业股份有限公司、浙江华东阀门有限公司等700余家国内外知名企业入驻。五金城经营品种有工具五金、日用五金、机械装备、建筑五金、电子电器、电气电工等1万余种，年交易额150亿元人民币，日均客流量上万人。

中国北方五金城的建成填补了中国北方大型五金市场的空白，为国内外客商提供了轻工五金产品交易与展示的广阔平台。

（五）北方自行车商城　2005年，金钟街道河兴庄村投资2000多万元，将原天津自行车二厂创办的北方自行车商城引入村内。自行车商城占地面积13.5公顷，建筑面积16.5万平方米。位于外环线与市区交界处，设有商铺区、仓储区、物流区、服务区、生活区等五大区域，交通便利，配套设施完善。商城引进全国各地800多个自行车零件厂家和经营商户进驻，年交易额20亿元，成为涵盖天津、辐射全国、配套齐全、管理规范的自行车电动车销售配送交易中心，被誉为全国最大的自行车零件基地，荣获天津自行车专业委员会颁发的“天津电动车配送中心”。北方自行车商城作为《天津市自行车产业“十一五”规划》构筑的自行车发展四大战略平台之一，发展目标是打造集销售、物流、生活服务、工业园、展览馆为一体的现代化自行车产业基地。

（六）滨海钢材城　位于津塘公路军粮城8号桥，由天津昊雄钢铁物流发展有限公司投资兴建，2009年5月建成开业。滨海钢材城总投资6亿元，占地面积26.6公顷，建筑面积6万平方米，建有600余套商铺和交易大厅。滨海钢材城主要经营钢材仓储、钢材销售加工以及五金交电、建筑材料、装饰材料、机电产品等货物，年吞吐量500万余吨。钢材城分为商务办公区、仓储加工区、货场区和五金交易区，商住一体，便利商户进驻经营。储运货场配有各种吊装运输设备，设有方便快捷的结算中心，为客户提供现代物业管理和货物进出的各种便利条件，钢材城还设有投资担保公司，为入驻商户提供多种融资服务。

（七）东环鑫泰汽配城　坐落于区金钟街道新中村，毗邻津滨高速公路、京津塘高速公路和外环线，2008年10月建成营业。东环鑫泰汽配城投资4.3亿元，占地21.33公顷，建筑面积13万平方米。各项配套设施完善，每户都装有电话、宽带网络、卫生间。设置了办公区、生活区和大型仓储区，其中仓储区面积达12万平方米。汇聚了国内外各知名汽车品牌的零部件配件，经营品种丰富，规格齐全。汽配城对客户实行售前、售中、售后全程跟踪的“一站式服务”，为汽车配件、汽车用具、汽车改装、汽车修理、汽车美容等汽车经营厂商搭建了高标准的服务平台。

（八）兴耀粮油食品批发市场　地处河北区建昌道延长线、金钟河大街与外环线交口处，是天津最大的以粮油为主的批发市场。2004年建成开业，年成交额从6亿元增长至10亿元。市场占地面积10公顷，建筑面积9万平方米，有经营房屋二层楼1500余间，供外地住宿的生活区配套公寓房1000余套。入驻经营户600余户，来自全国20余个省市。市场主要经营品种包括大米、面粉、杂粮、食品、副食品以及洗涤用品、土特产品、各种调味品等。经营商品近万种，辐射天津市及华北、西北、东北等地区，起到了连接生产者、经营者和消费者的中间桥梁作用。

（九）杨北路建材城　位于金钟公路与杨北公路四岔路口，交通便捷。由天津市天之福建材有限公司投资建设，2007年建成开业。主要经营各种进口木材（包括原木、方木）、建筑模板、家装板材、装饰材料、人造板、木皮、木材、钢材等，是净资产值逾10亿元的民营股份制大型建材批发兼零售企业。杨北路建材城占地面积33.3公顷，水泥道路及场地水泥硬化面积15万平方米，建筑面积8000余平方米。建材城内各商户分区经营，整体规范，道路循环，布局合理，经营管理科学，并有天津市木材检疫检验站、中国外运集团物流公司、厦门建发集团物流天津分公司等联合加盟，是天津乃至华北地区规模最大的的建材企业之一。

第四节 集贸市场

一、发展概况

1979年始，区农贸市场逐步开放。是年10月，区恢复建立张贵庄、军粮城、赤土3个农贸摊群市场。1987年，建成张贵庄全封闭农贸市场和军粮城半封闭农贸市场。1995年，全区有农贸市场、摊群市场40余个。2000年后，通过建设、改造一批重点区域农贸市场，淘汰占路摊群市场，全面提升区农贸市场硬件设施和管理水平。2010年，全区有标准化菜市场6个、农贸市场22个、周期性市场12个、自发占道市场9个，共有49个各类市场，其中具有投资主体，设施设备和管理相对完备的农贸市场19个，辐射全区7个镇（街、乡），总占地面积51.53公顷，总建筑面积13.43万平方米，容纳经营户7000家，从业人员1.98万人，年营业额87.1亿元。

二、市场选介

（一）张贵庄农贸市场 1979年10月始建，初建时系摊群市场，有摊位33个。1984年，市场迁至福山路，增设半封闭罩棚和售货亭台，经营摊位增至120个。1987年5月，完成改建扩建工程。市场建筑面积扩大到2445平方米。建有营业厅1个，营业楼房46间，平房38间，售货亭36间，全封闭罩棚3229平方米，售货柜台723个。市场设有百货、副食调料、干鲜果品、水产、蔬菜、肉类禽蛋等8个经营区，经营商品1万余种。设有计量监督岗亭2座，由专人负责，现场处理所售商品出现的缺斤短两和质量问题。首创由工商所长至市场管理员、摊贩委员会、行业小组层层负责、分头把关的立体化市场管理办法。1988年，市工商局在张贵庄市场所召开全市农贸市场管理现场会，推广其先进经验。1990年6月，市场进行维修改造，改善照明条件，畅通上下水道，增设水产品区输氧设施，新增简易门店30余间，形成市场外围售货摊群，进一步扩大了经营场地。日均客流量达1.2万人，年营业额增至亿元以上，成为张贵庄中心城区供应农副产品的主要市场，曾连续3次被评为全国文明集贸市场。1995年后，增设了家电维修、缝纫裁剪、花鸟鱼虫等经营项目。开拓进货渠道，改进服务手段，持续开展重诚信守信誉活动，不断完善市场经营设施，提高科学管理水平，促进市场稳步发展，满足了张贵庄地区居民群众生活需求。2009年，因道路建设需要，张贵庄农贸市场拆除。

（二）军粮城农贸市场 坐落于军粮城街苗街村，始建于1979年10月。1986年，改建扩建。1987年5月竣工开业。改建扩建后，占地面积9373平方米，设营业店堂68间1212平方米，售货亭57个660平方米，半封闭罩棚1641平方米，摊位572个。经营商品有百货、水产、蔬菜、干鲜果、土产杂品、花鸟鱼虫、禽蛋肉类、副食调料八大类上万品种，日均客流4万人次，市场年交易额1亿多元。经营管理中率先实行信誉袋、信誉卡制度，要求进场的经营者必须给消费者发放统一印制的信誉袋、信誉卡，一旦出现商品质量问题，消费者凭袋、卡申诉解决，获“天津市文明市场”称号。1997年，军粮城农贸市场改建成服务部，建筑面积8000平方米，商铺224家。2002年，更名为天津市立信集团商贸中心市场服务部。

（三）军粮城标准化菜市场 2008年，建成军粮城鋆塘居菜市场，建筑面积4447平方米，辐射人口2.5万人。2009年，建成军粮城街泰达西区综合生活服务区菜市场，建筑面积3000平方米，辐射人口2.5万人。

第五章　服务业

1979年后，区内个体、私营、集体餐饮业、旅店业迅速发展。20世纪90年代，餐饮业日趋兴旺，涌现一批特色酒店，旅店业建成一批规模较大、设施齐全的宾馆。21世纪初，餐饮业特色酒店，向市区拓展，走上连锁经营的发展道路，旅店业建成一批星级酒店。居民服务业由传统服务向新兴服务转型，逐步形成项目增多，门类、行业齐全，适应居民生活需要的社会化服务网络，服务体系日臻完善。2010年，全区有规模较大的饭店、餐馆140余家，规模较大的宾馆、连锁酒店30余家，服务业各类经营注册主体达1.33万家。

第一节　餐　饮

一、发展概况

1979年后，个体、私营、集体饭馆开始兴建发展。1995年，全区有各类餐馆饭店1100户。其中，国营15户、集体95户、私营9户、个体981户。规模较大的饭店有长青大饭店、津门饭店、德悦大酒店、圣光酒楼、依乐大酒店等。20世纪90年代后期，餐饮业日趋兴旺，涌现一批特色酒店，个体、私营饭店已成为餐饮业的主力军。川苏、海粤鲜、巴蜀等风味餐馆，小肥羊、玉德福的火锅，津门饭店底商的韩国烧烤等满足了不同消费群体的就餐需求。

2000年5月，家世界集团投资兴建的家和巨无霸海鲜城，在东丽开发区建成开业。以其较大的规模、丰富的海鲜、特色风味菜品和现代化管理引领天津餐饮时尚，成为全市规模最大、最具特色的餐饮名店。友鹏、金三角两家酒店专营鲜活海鲜菜品，质优价廉，品种丰富，迎合大众口味，颇受欢迎。由于管理有方，生意兴隆，友鹏、金三角两家饭店从区崛起，不断向河东、河西、河北等市区扩展，开设分店，走上连锁经营的发展道路。至2010年，全区规模较大的饭店餐馆达140余家。

随着经济飞速发展，人们生活水平提高，快餐市场日益红火。2000年后，肯德基、麦当劳、德克士等洋快餐纷纷在区开店。设在招远路口的肯德基东丽店，店堂宽敞明亮，美式快餐食品种类齐全。店外还建有全市肯德基快餐店的第一个汽车穿梭餐厅，方便驾驶员就餐。其他如兰州拉面、云南过桥米线、香河肉饼、沙县小吃、杭州小笼包等全国各地不同风味的快餐店，遍布全区各乡镇街道、村居社区。为适应农村城市化发展需要，一些新式早点快餐车、早餐亭出现在社区街巷。2009年，华明新市镇统一定制规范化的早点快餐车通过租赁方式向社区推广，首批20辆早点快餐车投入使用，在方便社区群众早餐、增加就业岗位、维护街道环境和交通秩序等方面取得了良好效果。借鉴华明新家园经验，全区加快便民早餐车网络化建设，推进便民早餐流动车在全区各村（居）社区普及发展。

二、饭店选介

（一）天津市津门饭店　坐落于津塘公路与招远路交口，1982年3月建成开业，为市供销社系统规模最大的饭店。占地面积14900平方米，建筑面积3300平方米，客房80套。1986年，扩建后楼3000平方米，新增客房68套。1986年，临津塘路底商建成津门烤鸭店，建筑面积350平方米，以北京烤鸭为特色，有特级厨师2人，一级厨师4人，鲁、川、粤等风味名菜齐全。20世纪90年代后期，饭店增建艺膳园、南苑酒楼等餐饮店面，建筑面积扩大到上千平方米，可供数百人同时就餐。还开设了烧烤、火锅、韩国料理等多种形式菜肴，以质优价廉著称。2000年后，津门饭店引进朝鲜平壤金达莱酒店，异国风味菜品丰富了饭店菜系。

（二）天津市德悦饭店　坐落于津塘公路与利津路交会口，由万新街道詹庄村兴华实业公司投资兴建，1994年10月，建成开业。占地面积1.2万平方米，建筑面积6300平方米。酒店设有中餐厅和各类风格单间数十个，可同时接纳500人就餐，适于举办婚寿宴席。菜品以粤菜、淮菜、鲁菜为主，多种风味兼有，肥牛火锅也受到百姓青睐。2004年拆迁。

（三）家和巨无霸海鲜城　位于津塘公路与东丽开发区二经路交会口，紧邻家世界购物中心，2000年建成开业。建筑面积11000平方米，可同时容纳1300人就餐，是当时天津市第一家超大型现代化酒店。就餐区一层为接待预定区、客人休息区、导购自选区及海鲜涮坊。导购自选区，用玻璃鱼缸分别放养龙虾、皇帝蟹、老虎斑及各种鱼虾蟹贝水产品，鲜活卫生，品种繁多，客人自选海货的同时还可欣赏鲜鱼活虾的风景。二楼就餐区根据位置与格调不同，分为ABCDE五区，50多个单间，装修雅致简洁，宽敞舒适。饭店拥有100多名厨师和多位特级厨师，烹调的菜品以粤菜为主，兼有川鲁、淮扬风味。创造新颖的服务形式，如溜冰鞋送菜、电瓶车售货、IC卡点菜、结账等，餐饮全程实现计算机监控和管理，领先于全市各个饭店。海鲜城以其较大的规模、丰富的河海两鲜、精致多样的风味菜品和现代化的经营管理，引领天津大型餐饮酒店时尚，吸引全市乃至北京的食客纷至沓来，成为天津规模大、独具特色的餐饮名店。

（四）友鹏海鲜酒楼　位于东丽区驯海路口，临近津滨高速口，建筑面积1500平方米，1995年建成开业。菜品主要以海鲜为主，如螃蟹、皮皮虾、三鲜饺子、清蒸鲑鱼、多宝鱼等。三鲜饺子以海鲜为主料，晶莹剔透，皮薄馅美，颇受欢迎。友鹏海鲜一直致力于天津传统菜品与海鲜菜品的挖掘、整理，并吸收粤菜、鲁菜、川菜、闽菜、淮扬菜等菜系长处，兼容并蓄，保持地方特殊性和口味多样性，努力打造具有天津特色、时代特色的海鲜菜品，同时走平民路线，鱼虾鲜活，价格便宜，打响友鹏品牌。店面不断向市区拓展，已拥8家连锁店，连续多年被市政府评为“民营百强企业”。2010年，被评为天津市餐饮业优秀企业和服务标兵企业。

（五）金三角海鲜酒楼　位于区驯海路口，紧邻友鹏海鲜城。1993年开业，建筑面积1200平方米。开业之初就把海鲜菜品作为主打方向，从大连、青岛请来烹饪厨师，以水产品鲜活卫生、菜品丰富、价格低廉著称。后实行连锁经营，在市区开设多家分店，开启引领津门餐饮百姓海鲜消费时代。

（六）裕德隆饭庄　坐落于区津塘公路与驯海路交口处，建筑面积4000余平方米，有员工100余人，是天津市大型清真饭店。饭店有大型宴会厅1个，小型宴会厅3个，豪华包间30多个，可同时接纳就餐人员1000余人，可满足会议包桌、朋友联谊、家庭团聚、喜寿宴席等多种需求。另有能容纳100余辆汽车的停车场满足就餐泊车需要。饭庄继承传统的清真菜品优点，并结合区内消费者口味不断改进，使传统清真菜得到发扬，又将川菜和粤菜融入到清真菜品中，使清真菜品种更加丰富，红烧牛尾、北京烤鸭等一些风味菜品尤其受到消费者好评。2009年，在天津市首届清真菜品大赛中获得优异成绩，秘制羊排、美味桂鱼卷、富贵金针肥牛、黄金鱼翅辽参等菜品分别获金、银、铜奖。

第二节 住 宿

一、发展概况

1983年，全区仅有两家住宿旅店。1985年后，区内旅店业迅速发展。国营、集体、私营、个体高、中档次的宾馆旅店陆续建成开业。1995年，全区旅店业经营户增加到87户，其中国营5户，集体和私营个体82户。规模较大、设施齐全的旅店主要有东丽宾馆、奥兰宾馆、先锋宾馆、金滦宾馆等。2000年后，区内建成无瑕街道银河大酒店、东丽湖大酒店、徐庄村东启大酒店等综合性星级酒店。与此同时，如家、汉庭、居巢、速8等经济型连锁酒店迅速扩张发展，逐渐成为大众商务、旅游、出差住宿的首选。许多以低价揽客的个体私营小旅店纷纷建立，全区住宿业高、中、低档次齐全，分布全区各乡镇街道村居，满足不同群体住宿需求。至2010年，全区规模较大的宾馆、连锁酒店有30余家。

二、宾馆（酒店）选介

（一）东丽宾馆 又称“区政府招待所”，坐落于津塘二线东丽体育中心东侧。1980年，原在张贵庄跃进路南，建成区人民政府招待所，有前楼、后楼、大餐厅、锅炉房等，建筑面积5208平方米。1987年12月，区政府投资兴建的新宾馆主楼竣工对外营业。主楼高六层，建筑面积达5000平方米，设有高中档客房108套，床位283个，各类会议厅6个。1989—1992年，宾馆先后更新改造了洗衣房、餐厅，新建了咖啡厅、冷库、供热房，增设了电梯。内设客房部、餐厅饮食部、供应后勤部和培训部等部门。宾馆更新改造后，主楼、前楼有客房158套、床位520个。多功能餐厅面积1700平方米，可同时接待600人同时就餐。大会议厅600平方米，可为600人的会议提供服务。1995年初，东丽宾馆与香港合资组建丽嘉欢乐园有限公司。

2003年，东丽宾馆迁至津塘二线东丽体育中心东侧。由区政府投资进行扩建改造。年底，新馆竣工营业，总建筑面积达1.06万平方米。宾馆设有大餐厅，可同时接待400人用餐。有客房110间，会议室3个，年接待会议100余次，接待客人3万人以上。

2008年12月，东丽宾馆再次装修改造后重新开业，住宿客房由全球连锁企业洲际酒店集团管理，（智选假日酒店）共有客房156间，可同时接待309人住宿。房间有液晶平板电视并提供无线上网服务，备有免费茶叶、咖啡及矿泉水，设有保险箱。酒店二楼有洗衣阁，供商务型客人自助洗衣，还有乒乓球、羽毛球等运动健身场所。餐厅由深圳市鹏恒酒店管理有限公司管理，设有中餐厅、西餐厅。中餐厅以经营粤菜为主，京菜、川菜为辅，有高级大型单间和中型单间，可同时接待200人用餐。精美的菜品、舒适的客房、优质的服务和优雅的环境成为公务或集体活动的首选。

（二）先锋宾馆 坐落于张贵庄先锋路东口外环线内侧，1994年6月建成开业，建筑面积7500平方米。有高、中档客房110套，可供240人住宿。有可供300人同时就餐的餐厅。有4个大中小型会议室，建有190平方米的卡拉OK歌舞厅和卫星电视系统。客房内设有直拨电话、地热温泉淋浴，水温达41℃，昼夜为旅客提供服务。2000年，先锋宾馆改为区运管局办公场所。

（三）奥兰宾馆　坐落于津汉公路南侧，由天津武警总队投资兴建。1995年4月宾馆建成，对外营业。建筑面积1.6万平方米，有高中档客房152套，装饰典雅。客房内有国内国际直拨长途电话、彩电、冰箱等。宾馆设有中西餐厅、酒吧、歌舞厅、购物中心等，餐厅和20余个单间可同时容纳300人就餐。建有保龄球馆、桌球馆、游泳池、桑拿浴、健身房、网球场等运动休闲场所，设施完善。宾馆院内园林式风光，古典装饰的长廊花木丛生，环境优美整洁。

（四）银河大酒店　坐落于津塘公路无瑕花园，毗邻国家特大型企业——天津钢管公司和天津钢铁公司，地理位置优越，由天津滨海富民集团公司投资建设。 2002年9月，酒店建成开业。 2009年扩建、装修，增设会议商务楼。酒店主楼高12层，附楼高5层，造型似船帆，成为无瑕地区的标志性建筑，是集住宿、办公、餐饮、娱乐、洗浴、会议、旅游、商务为一体的三星级综合性涉外大酒店。酒店一楼大堂设有总服务台、大堂吧、礼品部、商务中心。餐饮服务区，建筑面积达8400平方米。透明玻璃地面、玻璃穹顶的银河大厅宽敞明亮，独具特色，可同时容纳500人就餐，是举办婚寿宴席的绝佳处所。二楼宴会厅可容150人举行宴会和演艺活动。分布于楼上的30余个高级雅间，大小不同，风格各异，装修雅致高档。川鲁粤菜、津门特色菜品一应俱全，员工服务周到规范。酒店有客房280间（套），标准间、套间、高级间，房型齐全，宽敞明亮，并配有卫星电视、国内国际长途电话和国际互联网专用线。宾馆有不同类型的各种会议室、接待室10余个，设在酒店附楼的阶梯大剧场有480个座位，可为各种会议和商务活动、文艺演出提供全方位的高档次服务。

2010年银河大酒店接待大厅

（五）金滦宾馆　坐落于津塘公路三号桥，1995年12月建成开业，是隶属天津市水利局引滦工程管理处的三星级会议型宾馆。2006年6月，经扩建改造后，占地面积达到3万平方米，建筑面积1.2万平方米，拥有完善的服务设施。酒店有客房76间，标准间风格简约明快，套房风格高档典雅。配备有10人贵宾厅、20人圆桌会议室、16人小型会议室、70人教室型会议室等各种类型的会议室，可同时接待多个会议，还配备有歌厅、健身房、棋牌室、乒乓球等娱乐设施。餐饮部设有一层大厅，二层单间和举办大型婚礼宴会的多功能厅，菜品以江南杭州菜为主要特色。宾馆院内有大片绿地、果林，整体设计为庭院式风格。环境清幽，风景秀丽，宾客漫步庭院可尽享园林风光，十分惬意。

第三节　生活服务

一、传统服务

1980年4月，区饮食服务公司成立，负责全区餐饮和群众生活服务行业管理。全区有理发店、照相馆、修理店等21家，从业人员277人，营业面积1679平方米，年营业额36万元。1982年，区供销社成立修配服务综合店，包括理发、照相、刻字修表、电视机及家用电器修理。1985年后，全区理发、洗染、缝纫、修配、照相、浴池等居民服务业迅速发展，电视机、洗衣机、电冰箱等家电修理业务兴起。1990年11月，区建委在先锋路东口毗邻外环线的福山里，建成东丽温泉浴池。浴池建筑面积1100平方米，营业面积560平方米，使用地下温泉水，水温达51℃，含锌、锶、铳、铁、锂等多种对人体有益的微量元素。温泉浴池分设男、女部，可同时容纳200余人沐浴，是全区首家利用地热温泉建成的大众浴池，方便张贵庄地区群众洗浴需求。至1995年，全区居民服务业有经营门店1011户，包括理发照相、洗染缝纫、黑白铁加工、铝合金装饰、日用品修配、自行车修理、家用电器修理、打字复印、名片布标制作、公用电话等。

二、新兴服务

2000年以后，随着全区城市化建设加快，人民生活水平显著提高，居民服务业由传统服务业向新兴服务业转型，新服务组织、项目不断增多，逐步形成门类、行业齐全，适应群众生活需要的社会化服务网路，服务体系日臻完善。居民生活服务从传统的理发、洗浴、日用品修配等扩大到家电数码、信息通信、物业家政、广告中介、洗浴美发、汽车维修、文化娱乐等新兴行业。其中，家政服务有保姆、清洁、送水等项目，中介有房产、职介、婚介等项目，文化娱乐有广告文印、音像制品、电子游戏、卡拉OK歌舞厅等。2010年，全区服务业各类经营注册主体达1.33万家。

（一）美容美发 1995年后，理发业由一般的理发、烫发，向美容美发发展，新娘化妆、美容保健、减肥等逐渐成为主要业务。标新、娇阳、阿阳等美容美发店规模较大，环境设施较好，服务项目全面。与此同时，价格低廉的个体小店遍及全区各村（居）社区。

（二）照相婚庆 1995年后，照相业逐渐向彩色扩印、外景拍摄、艺术写真、婚纱摄影、婚庆录像等业务发展。2000年后，婚纱照、婚庆录像、儿童照、个人写真和证件照、彩扩放大等成为照相馆的主营业务。2010年，全区有照相馆60余家，婚庆公司10余家。

（三）中介服务 1995年后，随着房地产和民营经济的活跃发展，区内经营房屋中介、职业中介、律师事务所的中介机构日益增多，在方便群众生活，促进经济发展中发挥了重要作用。至2010年，全区经营房屋租售业务的正规中介机构有29家，主要为我爱我家、中原地产、链家地产、顺驰等专业地产中介，还有一些个人开设的小店。从事职业介绍的中介机构有10余家。区就业服务中心、人才交流中心为全区主要的公益性职业介绍机构。从事律师服务的机构有公益性质的区法律援助中心、建筑农民工法律援助站以及毅诚、鼎名、秦天等律师事务所。

（四）歌舞娱乐 1995年后，歌舞厅、网吧、电子游艺厅等文化娱乐场所不断发展。适合家庭、单位活动的练歌房逐渐取代歌厅、夜总会，成为大众休闲娱乐的场所。位于张贵庄利津路的恰恰练歌厅营业面积800多平方米，有大小单间数十个，音响好、价格低，环境优雅，成为家庭亲友或同事聚会唱歌的好去处。网吧、游艺厅向规模化正规化发展。至2010年，全区有持证经营网吧32家，游艺厅17家，歌舞娱乐场所17家。

（五）洗浴足疗 1995年后，浴池洗浴业务逐渐扩大到足疗、保健、推拿、修脚等，满足个性化的消费需要。各类浴池遍布全区城乡居民家门口，多为大众性的中小浴池，方便了百姓个人清洁卫生需要。温泉大众浴池、明旺浴池等规模较大。津门饭店等宾馆酒店附设洗浴中心，服务项目齐全，还有二人转和文艺节目表演等。至2010年，全区有一定规模的浴池40余家。

（六）汽车4S店　2000年后，私家车迅猛发展，逐渐进入东丽城乡居民家庭。与之相适应，汽车销售、维修业务火爆，并出现了以汽车品牌专营为主，实行销售、维修、上牌、保险等业务一条龙服务的汽车4S店。2001年，成立于20世纪90年代初的海丰汽车维修服务公司，被中外合资北京切诺基汽车公司选定为天津首家特约维修站，后又在塘沽投资建成拥有6000平方米厂房、设备设施先进的海湾汽车服务公司，成为全国9家汽车生产商的特约维修站。1998年后，区内相继成立新濠东风日产、凯达广州本田、天津一汽丰田等汽车4S专卖店，实行专业化、品牌化、规范化经营。至2010年，全区有汽车销售维修企业484家。

（七）信息通信　90年代中期以后，以电脑、手机为代表的信息通信业发展迅速。张贵庄地区成立最早的佳艺电脑公司不仅卖电脑、修电脑，还开展电脑技术培训业务，为区早期计算机的使用推广起到了一定作用。2000年后，电脑进入大众家庭，成为家家必备的信息工具，其销售渠道进入苏宁、国美等连锁家电超市。手机销售随产品不断更新换代而日益火爆。销售渠道以中国联通、中国移动、中国电信三大运营商开设的门店为主，遍布城乡社区。电脑、手机的维修服务一般由品牌生产销售商负责，个体维修逐渐萎缩。

（八）物业管理　2005年后，为适应全区城市化发展的需要，以承担住宅小区保洁、保安、环境绿化和设施管理为主要业务的物业公司纷纷建立。居民住宅区开始全面推行物业管理。2007年，华明新市镇建成入住，通过成立和引进物业公司对住宅区全部实行了物业服务。2008年，张贵庄街道开始引进物业公司对老楼区实行准物业管理。至2010年，张贵庄街道津塘公路以南的12个小区全部实行了准物业管理，受益群众达3.8万余人。成立较早的立扬物业管理公司有员工400余人，物业服务从住宅扩大到办公楼、商务写字楼、医院等，主要物业项目有天合家园、美爱家园、枫泽园、东丽医院、东丽区养老中心等。物业服务托管面积达33余万平方米。至2010年，全区有一定规模的物业公司22家。

（九）家政服务　2000年后，随着社会发展和生活提高，以做饭、卫生、照顾老人、儿童为主要业务的家政服务发展迅速，保姆的社会需求量日益增加，还出现了专门照顾新生幼儿的月嫂、打扫卫生的小时工及送水工、搬家公司等，除少数专业家政服务公司外，多为个体职业。2010年，全区有一定规模的家政服务机构60余家。

（十）广告文印　20世纪90年代中期以后，广告业快速发展，广告业务范围不断扩大。经营布标广告、册页印刷、装潢设计、打印、复印等业务的个体小店遍布城乡。1997年，区有线电视台设广告部，为区内首家经营媒体广告业务单位。2002年，《今日东丽》创刊后，主要在副刊版面和中缝刊登平面广告。至2010年，全区从事广告制作、广告设计、广告代理和户外广告的专业广告公司有20余家。

第六章　仓储物流

20世纪80年代，区调整农村经济产业结构，使仓储业与运输业融为一体，成为第三产业的龙头和全区经济的重要支柱。90年代，受国内市场竞争及物品储存东移等影响，区仓储业急速下滑。21世纪初，区着力提升仓储业科学发展水平，逐步转变发展模式，引导传统仓储企业向现代物流业发展，扩大投资规模，提升产业层级，发展现代物流业。2010年，全区有仓储企业79家，实现产值24.40

亿元，有物流企业688家，实现产值23.60亿元。全区有国家AAA级以上物流企业4家，仓储与现代物流业实现了大发展。

第一节 仓 储

一、发展概况

1980年后，东埑、军粮城一村、苗街等村队抓住天津新港进出口物资集港疏港需要，先后建成30余个仓储货场。1985年，区做出利用邻近天津机场、天津新港、京山铁路交通优势，加快乡镇仓储运输业发展的决策。全区统一规划，给予政策支持，在紧靠天津市区和新兴工业区的大毕庄乡、万新庄乡，建设发展以内贸为主，为城市生产、生活服务的仓库货场；在紧靠京山铁路、津塘公路的军粮城镇、小东庄乡、李庄子乡发展以外贸出口服务为主的集港运输仓库货场。通过调整农村经济产业结构，使仓储业运输业融为一体，成为第三产业的龙头和全区经济的重要支柱。

1985年，军粮城镇苗街村农民集资兴建国内第一条民办铁路专用线，为乡镇仓储运输业的发展开辟了新的领域，带动全区民办铁路的发展。1988年，新立镇新兴村农民兴建天津市第一家外贸保税仓库，参与津欧大陆桥的开发，在发展外向型经济方面发挥积极作用。仓储业起步阶段，仓库货场的设施简陋，货物多为露天存放，有的仅有几间简易的库房。储存的货物只有粮食、油料、煤炭、矿石等少数品种。为改善仓储条件，各乡村累计投资1.2亿元，完善消防、排水、保卫等配套设施，加强仓储基础设施建设，增强吸引货源能力，提高管理水平。90年代后，全区仓储业逐步实现原材料存放罩棚化，制成品存放库房化，仓库管理微机化，大幅度增加存放货物种类。储存的货物种类扩大到食品、食糖、钢铁、矿建材料、木材、金属、机械、矿产品、土产品、化工原料及制品、工艺品、针织品、服装、医药、词料、畜产品、橡胶制品、五金交电、电子产品、日用百货、民用车辆、文体用品、包装材料等30多个品种。与此同时，开发深加工服务业务，增加以五金矿产、畜产、土产为主的原材料加工项目。加工货物品种达107种，年加工量100多万吨，出口17个国家和地区。至1991年末，全区累计兴建以内贸为主的仓库23座，储存能力为150万吨；以外贸为主的仓库52座，一次性储存能力为350万吨，同时，发展了一些适合存放多种货类的货场，提高了仓库综合利用能力。

1995年，区共有储运仓库93座，总存储面积378.1万平方米，一次性库容量达500万吨以上，实现入库量415.5万吨，出库量358.5万吨，库存量240.8万吨，全年货物吞吐量774万吨。存储量占天津市仓储总量的五分之一，业务辐射西北、华北、华南等十几个省、直辖市、自治区。

1999年，受国际外贸进出口疲软、国内市场竞争激烈、物品储存东移和津塘疏港公路收费等因素影响，区仓储业处于急速下滑趋势，出现库存量减少的情况。全年库存入库量182.9万吨，出库量191.5万吨，库存量374.4万吨，年吞吐量624.8万吨，分别为1995年的44%、53%、155%、80.7%。

二、转型升级

21世纪初，随区内经济发展，传统的仓储业营运模式难以适应市场经济规律，发展进入瓶颈，区着手提升仓储企业的科学发展水平，利用区地理位置优越的条件，逐步转变仓储企业发展模式，引导传统仓储企业向现代物流业发展，区内一些有实力的仓储企业开始转型升级，在传统仓储业基础上，扩大投资规模，提升产业层级，发展现代物流业，为仓储业适应市场经济考验奠定基础。2001—2010年，年均产值为23848万元。

2010年，全区仓储业79家，总占地面积319.28万平方米，有效使用面积190.27万平方米，最大吞吐量258.6万吨。拥有库房296栋，62.76万平方米；水泥地面33.97万平方米，能力50.4万吨；垛位面积46.81万平方米。实现产值2.44亿元，比2006年增长3.36倍。

一、规模仓储企业

2010年东丽区规模仓储企业一览表

表14-1

企业名称	企业性质	占地面积（平方米）	使用面积库房、水泥地面、垛位（平方米）	最大存储量（吨）
天津市东丽区刘台仓库	集体	94500	22840	26000
天津市东丽区魏王庄运输仓库	集体	40000	17000	17000
天津市泰森物资仓储有限公司	有限公司	26000	25000	50000
天津市盛华储运有限公司	有限公司	36000	34000	36000
天津市东堼储运公司	集体联营	60000	24600	36000
天津市博洁钢管有限公司储运仓库	私营	6000	6000	3000
天津市东堼铁路储运公司	集体	56537	50000	40000
天津市瑞鑫海贸易有限公司	有限公司	30000	25000	25000
天津市清源物流有限公司	集体	24400	13000	11000
天津市东丽区杨泊仓库	集体	2000	2000	4000
天津市东丽区杨泊矿产仓库	集体	15000	7980	20000
天津市新兴储运公司	集体	133000	130000	400000
天津市中荣化工仓储有限公司	合资	82210	80000	100000
天津市裕华经贸总公司张贵庄分公司	国有分支	200000	180000	50000
天津市新兴危险品铁路货物	集体	39996	15000	60000
国家物资储备局天津八三八处	国有	100000	45000	85000
天津市建工集团物资供应中心钢材交易市场	国有	89736	21087	23100
中国兵工物资天津公司	国有	80000	39500	70000
中国纺织物资天津公司仓库	国有	83916	27000	40000
天津市东大储运公司仓库	集体	28014	15000	12000
中国储备粮管理总公司天津直属库	国有	310000	84000	150000
中央储备粮天津东丽直属库	国有	200000	180000	20000

四、仓储大村

（一）军粮城街道东堼村 1974年，东堼村建成第一座外贸仓库。1980年后，全村仓储货场增加到12个。1989年，东堼村自筹资金修建一条1.7千米的铁路专用线，仓储货场直接与村旁的京山铁路接通，货物年吞吐量最高达100万吨。各仓库货场与陕西、甘肃、宁夏、内蒙古、山西、河南、青海、四川、贵州等省区数百个单位建立业务关系。1994年，东堼村组建以外贸仓储业为主体的泰和集团公司，提高科学管理水平和经济效益。1995年，全村仓储产值达1960万元。主要仓储经营单位有军粮城东堼仓库、军粮城五金矿产仓库、东堼铁路储运公司、东堼集装箱储运仓库等13个库场，总占地面积45万平方米，一次性库容量46万吨，年吐吞量达100万吨，成为全市第一个仓储专业村。2010年，经转型升级的调整，东堼村拥有仓储企业11个，总占地面积35.1万平方米，一次性库存37.8万吨。

（二）军粮城街道苗街村 1985年，苗街村与天津铁路分局经济技术开发公司联营，建立东铁储运公司，村民集资兴建国内第一条民办铁路专用线，承担铁路外贸进出口物资的接卸、发运、保管、集港等一系列服务。东铁储运公司占地面积53万平方米，库场面积40万平方米，库容量16万吨。有粮油、焦炭、生铁、煤炭、板石、矾土6个货区和五金机械、零担货物2个货房。配备大型吊车7台、装载机3台、叉车7台和汽车、拖拉机等，货物接卸全部机械化作业。库区结构合理，消防设施完备，组建了专职消防队。3条铁路专线全部用条石护坡，两侧有效货位340个，均为水泥面站台。存储货物以外贸为主，主要是粮油、五金矿产，其中，石墨、铝锭、锌錠、镁锭等出口日本、韩国、加拿大、美国和欧洲、南美洲等国家。服务客户来自山西、宁夏、甘肃、河北、河南、山东、吉林、湖南等地区。1994年，苗街村仓储产值达2000余万元，获利润450万元，其规模和储运物资能力居全区仓储业首位。2010年，经转型升级的调整及整体撤村等原因，苗街村有仓储企业5家，占地面积14.14万平方米，一次性库存12.7万吨，不再具有仓储大村的优势。

（三）军粮城街道一村 1981年，军粮城镇一村投资200万元，建起首座矿石储存货场。主存物资为铝矾土和包装出口货物，并安装了加工机械，进行铝矾土的加工。1985年，一村又投资100万元，建成第二座储存货场，主要为山西、陕西等省外贸、五金矿产、畜产外贸服务。1989年，在距村东10千米处的杨北公路旁，投资建成津东军一货场。到1995年，一村已有矿石储存货场、一村储存货场、津东军一货场3座。总占地面积为24.9万平方米，库场容量39.6万吨，年吞吐量50万吨。拥有用于仓储业的自卸汽车8部，装载机3部，货车4部，破碎机15台，输送带52套，细碎设备2套，吊车2部，基本实现了机械化作业。为满足原料加工的需要，建设了制样车间、化验室等。一村仓储业客户遍及国内6省市44个单位，其加工的铝矾土出口量占天津港铝矾土出口总量的75%，出口欧洲、美洲等20多个国家。2010年，经转型升级的调整及整体撤村等原因，一村仅有仓储企业3家，总占地面积0.74万平方米，最大储存量2.7万吨。不再具有仓储大村的优势。

（四）新立街道新兴村 1984年，建成第一个仓库货场，占地面积16万平方米。1985年，拓宽仓储业务，建成天津市首家外贸文体仓库。初期储存大型纸张，年储量1.5万吨。后集中储存文体用品，吸引了天津市针织公司、包装公司等货主。1988年，投资修建全长894米的铁路专用线，并与天津外运公司建立铁路运输业务关系。1987年，增建库房5000平方米。1988年4月，在天津海关支持下，新兴村成立天津市首家外贸公共保税专用仓库。1992年4月，投资280万元，修建第二条铁路专用线，扩大直接出口业务。新兴村仓储业由天津市新兴储运公司、新兴危险品铁路仓库、天津市统一储运服务公司3座库场组成。总占地面积30多万平方米。其中，库房面积为1万平方米，另有4万平方米海关监管的保税仓库，一次性库容量达20万吨，年吞吐量为200万吨。存储货物品种达60个，其中钢材、电子产品、机械部件等外销30多个国家和地区，为国内80多个客户服务。1994年，产值达1380 万元，固定资产660万元。2010年，经转型升级的调整及整体撤村等原因，新兴村拥有仓储企业8家，总占地面积64.32万平方米，一次最大存储量为72.52万吨，仍属仓储专业大村。

五、大型仓储企业——魏王储运公司

1986年，建立魏王储运仓库后，扩建为魏王储运公司。地理位置优越，坐落在军粮城镇，处于市区、滨海国际机场、天津港口及主要省际铁路和高速公路的中心位置，距津塘路1千米、津塘二线0.5千米，紧邻东金路。

1995年1月始，企业对外招标，制定“走出去”战略，走访西北、华北7省8市进出口公司及大型企业，考察仓储业发展状况，为企业整体发展提供真实依据。1996年，公司代表天津市储运行业参加广交会，掌握了大量市场信息，开阔了视野，为科学决策发挥了作用。1998年，公司调整思路，与矿产冶炼企业沟通，加快货物流转且又减少物流成本。公司提出“仓储贸易、贸易仓储”的思路，形成物流分拨中心的雏形。1999—2004年，公司以每年20%的年仓储量平稳增长。

2005—2010年，公司连续6年被市政府口岸委评为“五好仓库”。2006年，公司在二道闸仓库对外招标一次中标，使仓库面积增加1.3万平方米，是年，公司与中钢集团签署战略性合作协议，成为中钢国际货运天津有限公司的治金分拨中心。

2008—2010年，公司将全部资产投入到库房建设和基础设施建设的软硬件建设中。兴建1000～4000平方米的大型室内库房，购置天车、叉车等硬件设施，以适应新兴市场需求。兴建属于公司的独立网站和操作平台，招聘管理人才，为公司注入活力。其间，将现有资源重新整合提出“物流、金融流、贸易流、人才流及信息流的五流统一”的思想，打造华北最大的物流交易平台。

2010年，公司仓库通过ISO9000质量管理体系认证。公司经营及时调整，以原单一出口货物导向分拨为基础，增加进口货物国内分拨和国内企业进入华北地区区域分拨的三种并举的新业态。经20年的发展历程，占地面积10公顷，拥有室内仓库4万平方米，室外硬化堆物6万平方米，年仓储量以20%以上的速度持续增长。各种货物年吞吐量超60万吨，将成为华北地区最高标准的仓储物流基地。

第二节　物　流

一、发展概况

20世纪90年代中期以后，区为适应经济改革的深入发展，着手提升仓储企业科学发展水平，逐步转变仓储企业的传统发展模式，引导仓储企业充分利用区内地理位置优势，加快转型升级，扩大投资规模、提升产业层级，积极向现代物流业发展。

区委、区政府制定《天津市东丽区现代物流发展战略》《东丽区现代物流发展规划》及大毕庄物流项目、航空物流发展项目、军粮城钢铁冶金散货物流区项目等重点物流园区建设发展规划，为区现代物流业发展明确了目标、方向和发展框架。全区积极扶植仓储企业利用现有库房、堆场、铁路专用线，向中高等级仓库、专业仓库、大型物流企业发展。通过加快产业结构升级、促进企业结构优化和物流市场资源合理配置，鼓励物流企业通过参股、兼并、合资、合作等多种形式进行资产重组，提升物流经济水平，培育一批规模大、水平高、竞争力强的大型现代物流企业，加快推进仓储物流业集约化现代化进程。

2000年后，区仓储业挖掘利用先发优势、品牌优势和区位优势，进一步加快现代物流业发展。突出军粮城钢材物流特色，充分发挥物流园区的产业集聚和互联互动作用；突出大毕庄地区商贸物流特色，形成网络化现代化仓储运输体系；突出专业化物流特色，利用新兴村和无瑕街道海河下游工业区钢铁、冶金、化工基地优势，打造东丽物流品牌，服务“三北”地区。全区储运业通过产业升级，在全市物流领域保持领先水平。2005年，振东物流中心、东大物流中心、安达集团、东环物流有限公司、大无缝物流发展有限公司、天津物流货运中心进入天津市百强物流企业。其中，天津安达集团、天津物流货运中心、大无缝物流发展有限公司 3 家企业进入中国百强物流企业。

2009年，全区物流企业参与国家标准《物流企业分类与评估指标》评选活动，提升企业知名度和市场信任度，增强市场竞争力。至2010年末，全区有国家AAA级以上物流企业4家。其中，天津安达集团股份有限公司、天津丽兴园物流发展有限公司达到国家AAAA级物流企业标准。天津东环物流有限公司、天津钢霞物流有限公司达到国家AAA级物流企业标准。2010年，全区有物流企业688家，仓储物流业完成年产值48亿元。

一、物流企业选介

（一）天津市丽兴园物流发展有限公司 2007 年成立，坐落于军粮城工业园区，是区规划最先进、最具规模的专业钢板仓储加工中心，主营钢材的物流、仓储、加工、配送、金融服务、电子商务等业务。公司占地 16.6 公顷，总投资 3 亿元，员工 150 多名。钢材产品年销量 300 万吨，销售额达 100 亿元，年加工钢铁产品 100 万吨，钢材吞吐量 400 万吨，仓储能力 70 万吨，其钢材卷板库存量占华北地区库存量的 40%，成为华北地区最为集中、交易量最大、加工性能最优的板材交易中心、最专业的板材深加工基地和最活跃的板材流通超市，是中国物流与采购联合会颁发的国家 AAAA 级物流园、中国仓储协会五星级仓库、中国仓储服务金牌企业。

（二）天津市立业园物流有限公司 2009 年 12 月成立，坐落于军粮城工业园区，是经营钢铁仓储、加工、配送、质押融资、信息资讯、电子商务平台及商品房租赁为一体的大型综合物流企业。占地 10.6 公顷，建有 4 万平方米露天钢材存放区，2 万平方米大型室内仓库，可供出租的 1.5 万平方米办公楼，钢材年吞吐量达到 200 余万吨。

（三）天津市兴农钢材剪板贸易中心 2006 年成立，坐落于军粮城镇兴农村。2010 年，兴农村已形成以钢材加工为特色，集钢材加工、仓储、物流为一体的产业一条街。全村 55 家钢材加工企业占地面积达 40 公顷。是年，全村钢材销售收入达到 128 亿元。

（四）天津市大无缝物流发展有限公司 2003 年正式运营，坐落于海河下游冶金规划发展区内，地处无瑕街道津塘路 10 号桥，毗邻天津港、天津滨海国际机场。是由天津钢管储运中心、天津钢管国际经济贸易有限公司、天津市滨瑕工贸有限责任公司共同出资建立的具有现代物流理念的大型物流发展有限责任公司。总投资4500万元，有储存货场10万平方米，车辆150台。年储运能力500万吨。公司拥有核心车队和众多联合体车队、大型汽车修理车间以及大宗物资储存货场，主要有物流信息服务、货物配载、汽车货运、物资仓储、货运代理，钢材、有色金属材料加工，钢材、冶金炉料煤炭贸易等业务。

（五）天津市东环物流有限公司　1986年5月成立，原名东环运输站，1994年12月改名为东环运输有限公司，2001年9月，更名为天津市东环物流有限公司。公司占地面积1.5公顷，拥有8000平方米立体仓库和2000平方米包装车间，员工100余人。公司以医药成品、原料的仓储运输为主。公司按客户要求达到药品流通GSP要求，是以空运、铁路及海运等多种运输方式，集联运、仓储、分销、配送、产品包装、流通加工、信息处理为一体的标准第三方物流公司，在沈阳、长春、哈尔滨、上海、杭州、宁波、武汉、长沙、广州、西安、成都、重庆设有分公司。公司员工均经过专业物流培训持有上岗证书，保证货物出港、查询、跟踪服务的准确性和及时性，并与各地分公司提供相互技术支持。公司拥有先进的GPS全球卫星定位系统和全方位的计算机信息管理系统。有20余部装备GPS卫星定位的运输车辆(箱车、冷藏车)。东环公司有24年物流发展经验，通过ISO9000质量管理体系认证。先后被市评为“守合同、重信用”企业、“联运行业最佳诚信单位”，跻身天津市“百强十佳物流企业”行列。

2009年鑫汇洋水产品冷藏加工物流基地

（六）天津市鑫汇洋水产品冷藏加工物流基地　位于区大毕庄北环铁路西侧与金钟公路交口处，紧靠京津塘、津滨高速公路和津蓟高速公路，交通便利，地理位置优越。由(香港)大洋国际(控股)有限公司和天津水产集团有限公司共同出资建设。占地面积230公顷，总建筑面积22万平方米，投资10亿元。为冷冻、冷藏、物流、加工为一体的超大规模冷冻食品物流基地，总冷藏量20万吨。设有仓储服务区、水产品加工区、市场交易区、管理办公区、配套服务区、展览展销区等六大功能，年吞吐量500万吨，为华北地区最大的水产品冷藏加工物流基地。2009年9月，一期工程竣工投入使用。投资4.5亿元，建筑面积12万平方米，建成两座总冷藏量为10万吨的冷库和一座1.5万平方米的水产品交易大厅及相关的配套设施。每座冷库一层到五层存储市场供货，冷库温度为-18℃～-25℃，自动测温系统24小时监控，确保库存商品安全。六层、七层为商检定点库（主要储存国家冻品冷冻肉)。交易区设有平台，方便仓储叉车、物流运输车辆运行及摆放货物。水产品交易大厅可容纳500余客户，先进的电子监控系统确保商户安全交易。生活配套服务区面积5000平方米，提供完善的服务设施，有银行、融资担保单位和海关保税库便利客户交易运输。基地以先进的大型冷库设施为基础，聚集水产冻品的物流、信息交流和资金流转，为全国客户提供高效便捷的服务。

（七）天津安达集团股份有限公司　1988年1月成立，创始人崔洪金，初名为区劳动储运公司。公司以5.5万元资产起家，主要业务是为天津汽车销售服务公司运送津产商品单车。1992年初，开发研制成功一次可运送6部夏利轿车的大型商品汽车集装运输车，在全国首创商品车零公里运送的先进物流方式。1993年，与天津汽车工业总公司汽工贸公司联营，成为天津汽车销售公司上海、广州、湖南、湖北公司的天津储运基地，客户遍及华东、华中、华南、西南地区及海南省。1995年，成立安达集团公司，下属有12个子公司，员工1600多人，是集物流、贸易、汽车销售、专用挂车制造、通信电子、计算机软件开发等为一体的现代化综合性集团公司。拥有商品车物流专用运输车300余辆，现代化仓库45万平方米，商品车年吞吐量30余万辆。以先进的信息化、网络化物流管理方式，成为全国最大的商品汽车物流基地。2002年1月，国内同行业首家取得ISO9001-2000国际新版质量管理体系认证。安达集团是天津市交通与物流协会副会长单位，荣获“中国百强物流企业”称号。

（八）天津市安达汽车物流公司 商品汽车物流是安达集团的主业，作为其下属的天津安达物流有限公司是天津一汽夏利汽车公司的整车第三方物流公司，是中国北方最大的现代化整车物流公司。

安达物流是中国商品汽车“零公里”运输的开创者，是国内单体规模最大的商品车第三方物流公司，物流服务链的信息化程度居国内领先水平。服务范围从生产线末端开始，为汽车厂商提供“门到门”服务，包括仓储、PDI、分拨配送、信息回馈等全过程服务。除服务于天津一汽外，安达物流作为上海大众、日产风神、神龙汽车等品牌在华北地区的商品车分拨中心（VDC），为厂商提供在华北地区商品车的仓储、配送服务。安达物流是天津保税区进口汽车仓储以及内陆配送的总承包商。自有专用LOHR牌运输车317辆，协议合作运输车800辆，自备火车专列2列60节车厢，拥有现代化商品车分拨中心（VDC）12万平方米，整车专用仓库20万平方米，在广州、昆明、成都、西安、沈阳建设有区域分拨中心，商品车年配送能力达到30万辆。集团下属LOHR公司生产的轿车专用运输车占据国内40%以上份额。其研制的LR9150、LR9200等十几种车型填补国家空白，获得国家专利。

针对中国商品车物流业的特点，安达集团与清华大学合作开发商品车物流链管理系统（ADLS系统）和网络资源共用信息平台，该系统与厂商的R3系统连接，时刻全面跟踪每一项业务的每一个作业环节，每一辆车的库存方位编码及库龄管理、每一笔订单的执行进度、运输车辆的GPS全程监控（所有运输车辆全部配置GPS追踪系统），信息精确，搜索方便灵活，处于国内领先地位。安达通讯电子生产的GPS/GSM监控系统，利用卫星跟踪定位技术，为物流管理和服务发挥了重要作用。

2010年东丽区规模以上物流企业一览表

（年营业收入500万元以上企业）

表14-2

序号	单位名称	序号	单位名称
1	天津市通广物流有限公司	18	天津市钢霞商贸有限公司
2	天津市东丽区联合运输有限公司	19	天津市江浩物流有限公司
3	中国航油集团津京管道运输有限责任公司	20	天津市东丽区无瑕街杨泊矿产仓库
4	天津市群利运输有限公司	21	天津市天禧龙物流有限公司
5	天津市东丽区李明庄农机运输队	22	嘉里大通物流有限公司
6	天津市大中货运有限公司	23	天津市东铁储运公司

续表 14-2

序号	单位名称	序号	单位名称
7	天津宝仓物流有限公司	24	天津市林盛达贸易有限公司
8	天津市泉宇天使货运有限公司	25	天津市森士达物资储运有限公司
9	天津中荣化工仓储有限公司	26	天津兵工物资有限公司
10	天津安达物流有限公司	27	天津市东丽区魏王庄储运仓库
11	天津丽水物流有限公司	28	天津新创业运输有限公司
12	天津市东旭物流有限公司	29	天津市津东杨泊车队
13	天津滨海腾飞物流有限公司	30	天津健嘉运输有限公司
14	天津丽水运输股份合作公司	31	天津市龙驰物流有限公司
15	天津市东环物流有限公司	32	天津市滨城劳动服务中心
16	天津丽水集团有限公司	33	天津市捷运物流有限公司
17	天津奥顺集装箱	34	天津市泽园工贸有限责任公司

第三节　金钟商贸物流区

一、发展概况

20 世纪 90 年代始，大毕庄地区以商贸物流为主体的第三产业迅速起步发展。1998 年，大毕庄镇第三产业实现年产值 4.18 亿元，在全区名列前茅。2000 年，大毕庄镇三产业投入达 1.35 亿元，全镇第三产业比例达到 69.4%。2006 年，大毕庄镇利用区位和资源优势，相继建成振东物流等企业，第三产业增加值达 14.36 亿元，占全镇经济总量的 70%，并设立三产建设项目 100 项，投资 17.2 亿元，引进内资 12.6 亿元。

2010 年，金钟街道共有商贸物流经营企业（户）8540 家，占地面积 271.9 公顷，总建筑面积 129 万平方米，从业人员 35010 人，主要分布在徐庄村、赵沽里村、河兴庄村、新中村、长青村和大毕庄村 6 个村，形成在全市具有相当规模和影响的金钟商贸物流区。

二、物流企业

金钟街域内有大型物流企业 13 家。其中，徐庄村拥有东大、振东、巨邦等 11 家物流公司，成为区现代物流业发展基地和物流专业村。1999 年 11 月，振东货运中心成立。2001 年 6 月，哈百货运有限公司成立，是年 7 月，振东巨邦物流中心成立， 8 月哈飞货运有限公司成立。2002 年 3 月，东大物流成立。2003 年 1 月，振东物流中心成立。2004 年 9 月，保安物流公司成立。2005 年 9 月，连成物流公司成立。2009 年 12 月，安诚捷迅储运公司成立。

2010 年，全街道 13 家大型物流企业，年营业额达到 10.6 亿元。

2010 年金钟街道大型物流企业一览表

表 14-3

名 称	属性	坐落地点	管理、从业人员（人）	服务内容
天津市通广物流有限公司	私营	金钟河大街与外环线交会口	42	货运物流
天津市釜航物流有限公司	私营	徐庄村	4	货运物流
天津市哈飞货运有限公司	私营	徐庄村	4	货运物流
天津市保安物流有限公司	私营	徐庄村	4	货运物流
天津市哈百货运有限公司	私营	徐庄村	8	货运物流
天津市东大物流有限公司	私营	徐庄村	12	货运物流
天津市安诚捷迅储运有限公司	私营	大毕庄村	3	货运物流
天津市连成物流有限公司	私营	徐庄村	5	货运物流
天津市物流货运中心	私营	徐庄村	8	货运物流
天津市振东物流中心	集体	徐庄村	100	管理服务
天津市振东巨邦物流中心	集体	徐庄村	120	管理服务
天津市振东货运中心	集体	徐庄村	130	管理服务
天津市振东旅馆	集体	徐庄村	200	管理服务

三、专业市场

金钟街域内有大型专业市场 11 家，经营范围涵盖食品、五金交电、木料建材、汽车工程机械配件等。1996 年 3 月，金钟农产品批发市场建成营业。2003 年 7 月，金温商贸城营业。2005 年 5 月，北方自行车城落户河兴庄。是年 10 月，北方五金城营业。2006 年 9 月，金朝阳电动自行车商城开张。2010 年年交易额到达 100 亿元。2008 年 1 月金钟水产交易市场建成。是年 2 月，天津鑫汇洋国际物流有限公司在大毕庄工业区建成。至 2010 年，商贸业从业人数 26980 人，交易额达 246 亿元。

2010 年金钟街道大型专业市场一览表

表 14-4

名称	属性	坐落地点	年交易额（亿元）	经营范围
天津市新中木材批发市场	集体	新中村	10	木材交易批发
中国北方五金城	私营	大毕庄村	89	五金交电、机械设备、
杨北路建材城	私营	欢坨村	35	建材交易批发
东环鑫泰汽配城	私营	新中村	1	汽车配件、农机配件、

续表 14-4

名称	属性	坐落地点	年交易额（亿元）	经营范围
金温商贸城	私营	徐庄村	1	服装销售批发
金朝阳电动自行车商城	私营	徐庄村	10	电动自行车，配件
北方自行车商城	私营	河兴庄村	10	市场经营及管理服务
金钟蔬菜批发市场	集体	赵沽里村	90	蔬菜水果批发
天津鑫汇洋国际物流有限公司	国有	大毕庄工业	40	仓储、展览、冷冻食品批发
天津市兴耀粮油批发市场	私营	河兴庄村	20	粮油批发
滨河金钟水产交易市场	集体	赵沽里村	9	水产批发零售

东丽区志

第十五编

外经外贸

中共中央关于沿海地区经济开发战略的部署，为东丽区发展外向型经济提供了良好的发展机遇。20 世纪 70 年代末，全区外贸商品出口品种逐渐增加，其中农业天鹰椒的种植面积和出口数量为天津市之冠。

1989 年 12 月，区第五次党的代表大会提出，要坚持鼓励出口政策及措施，使工业产品的出口占主导地位。1990 年始，工业出口已拓展到轻工、化工、机械、纺织等 11 个门类 300 余种产品，远销亚洲、欧洲、美洲、澳大利亚等 30 多个国家和地区。

区利用外资工作，经历了由 1984—1991 年的探索阶段及 1992—1995 年的发展阶段和 1996—2010 年的巩固提高阶段。1985 年，全区仅有中外合资企业 5 家。1999 年，全区累计批准三资企业 562 家。2005 年，全区对外经济保持高速、可持续发展的格局。至 2010 年，经调整全区累计批准三资企业 1009 家。2010 年，经调整全区实有三资企业 408 家，营业收入 221.72 亿元，外汇收入 8.66 亿美元，实缴税金 13.69 亿元，实际利用外资 4.76 亿美元，外贸出口总值 21.5 亿元。

1980年，李庄子乡北大道村工艺品厂生产的“公主”牌仿古钟全部销往国外

2007年，东丽区东方财信与中外运、大韩航空合资天津航空货运站合作签约仪式

2010年，东丽区外贸出口企业协会成立大会

第一章　对外经济

改革开放后，区实行对外开放坚持长期不变的方针，历次党的代表会议均提出对外经济发展的战略纲要，制定发展外向型经济的政策和措施，为外资企业提供全方位优质服务。通过拓宽招商领域，创新招商方式，促进对外经济快速发展。至2010年全区累计实际利用外资27.54亿元。

第一节　机　构

1979年9月，设外贸局外贸公司筹备组，11月建东郊区对外贸易局。1984年5月，设对外贸易公司，与外贸局合署办公，两个牌子，一个班子。1990年7月，区外贸局增加管理外经工作职能，对外称东郊区对外经济贸易局。

1991年8月，建立东郊区对外经济贸易委员会，列入区政府工作部门序列，规格为处级；撤销区对外经济贸易局，恢复区对外贸易局名称，归口区对外贸易经委。1996年11月，区对外贸易公司划归天津市利和进出口集团公司管理。2002年7月，成立东丽区对外招商局，隶属区对外经贸委管理。2005年12月，成立东丽区外商投资服务中心，与区外对招商局为一个机构、两块牌子，等级规格相当副处级。2007年2月，区政府经济协作办公室调整到区外经贸委合署办公。2010年3月，区外商投资服务中心更名为区招商服务中心，列入区政府合作交流办公室管理。区对外经贸委（区经协办）职责整合列入区商务委员会。

第二节　发展决策

一、对外经济发展战略

1984年，区委提出重点发展外贸出口产品，逐步把区建设成为服务城市大工业的外贸出口加工基地。

1986年3月，区第四次党代会提出，逐步把区经济建成依托城市、面向国内外市场，商品经济发达，三大产业协调发展的“贸工农”型城郊贸易。

1989年12月，区第五次党代会提出，实行对外开放是长期不变的方针，要坚持鼓励出口的政策，把乡镇企业作为外贸出口的主力军，同时大力发展创汇农业，进一步推动外向型经济的发展，更有成效地扩展对外贸易和经济技术交流。要进一步改善投资环境，认真执行有关涉外经济法规，集中力量抓好一批“三资”企业，发挥示范作用，增强对外商投资的吸引力，要积极吸收符合国家产业政策的外商直接投资，多办一些利用现有企业进行改造的合营、合作企业。

1992年12月，区第六次党代会提出，加快对外开放，要拓宽对外开放的领域，继续完善投资环境，积极开拓国际市场，大力办好“三资”企业。

2002年，区召开第八次党代会，对全区新的发展定位为建设国际型、知识型、生态型的现代化津滨新城区。

2006年12月，区第九次党代会提出，加大招商引资力度，进一步提高对外开放水平。要打好“工业东移”的天津牌、滨海新区的国家牌、空客项目的国际牌，努力使区成为国际资本的聚集地、高新技术的承接地、产业延伸的始发地，在滨海新区开发开放中走向全国、对接世界。

二、发展外向型经济政策和措施

1988年5月，区制定《关于支持外向型经济发展的十条措施》，主要措施：落实承包责任制；规划东部以军粮城镇为中心建成综合出口基地；北部以赤土乡为中心建成化工、土产出口基地；西部以万新庄乡为中心建成机电、化工出口基地。搞好投资环境建设，逐步建成10个工业开发小区；新建外贸出口企业和乡镇企业，开发外贸出口产品新增值部分享受两年免税照顾；鼓励招聘外来人才，对创造经济效益的可提取奖金等。

1996年，区制定《加快招商引资提高企业效益奖励办法》等政策，增强对外商的投资吸引力。

2004年，区制定《进一步扩大对外开放加快开放型经济发展的若干意见》及《实施细则》，全文6部分，共22项措施，加大招商引资的力度。

三、为外资企业提供全方位服务

1995年，区加强软环境建设，召开驻区外商座谈会，外经贸工作人员主动登门到三资企业征求意见，切实改进工作作风，受到外商好评。

1999年，区加强对重点企业的全方位服务，为外资企业创造良好的发展环境，增加了网上招商。

2001年，区建立对外联络处，聘请经济顾问和招商信息员，聘用国外招商代理，为外资企业提供招商服务。

2003年，进一步健全区乡两级招商组织，组建区招商局，制定完善招商引资工作机制。

2007年，区实施“百亿工程—2007年专项行动”，成立服务滨海新区管委会，加强与航空城、空港物流加工区、泰达西区、冶金工业区等滨海新区重要经济功能区的合作。围绕主导产业、重点行业加强招商引资工作，打造东丽区借势发展的新优势。

2010年，区商务委完善外贸促进机制，完成对126家外贸企业的政策扶持，核准通过338家中小企业参于开拓国际市场。

第三节　招商引资

一、引进外资

1984年始，区步入引进利用外资工作。1985年，合同外资额309.75万美元。1996年，合同外资额7430.19万美元，利用外资额6455.9万美元。2000年，合同外资额8172万美元，实际利用外资4919万美元。2005年，合同外资额12467万美元，实际利用外资8348万美元。2010年，全区累计批准“三资”企业1009个，其中外资企业707个；本年合同外资额3725万美元，其中外资企业1691万美元；全区累计合同外资额21.32亿美元，其中外资企业14.01亿美元。是年，实际利用外资47604万元，累计实际利用外资27.54亿美元。累计新批项目批准证书965个，领取营业执照1008个。

二、招商措施

（一）拓宽招商领域　加大走出去、请进来的工作力度，重点走访经济发达地区、热点地区及大型国有企业和科研院所。加大与国家部、委、办及驻京津商会、行业协会、跨国公司和大公司代表处、投资中介机构的联系。加大与滨海新区各功能区的联系合作，在项目上实行优势互补，把大项目、好项目引进区内。

（二）创新招商方式　探索新的招商方式，把载体招商、产业链招商、存量招商作为重点有机结合起来。坚持载体招商、规划先行。确定产业布局，突出各园区的产业特色，有针对性地策划组织招商。坚持以商招商，深挖区内重点行业、重点企业的潜力，有针对性的招商。围绕汽车制造、风电设备等优势行业及大无缝、中国一重、空客A320等重点项目，有针对性地吸引一批相关配套企业落户东丽。

（三）强化项目落地　明确重点，专人负责，促进项目早签约、早落地、早投产。加强新项目的评估分析，对运行中出现的问题及时解决。

（四）优化服务环境　简化办事程序，提高办事效率，实行一站式审批服务，使项目快速落地。主动帮企业解决生产、经营、进出口、增资扩能中遇到的问题，营造“亲商、安商、富商”的良好气氛，使三资企业迅速发展壮大。

（五）发挥龙头作用　结合全区产业优势，对龙头企业认真分析研究，“以小带大，以点带线，以线扩面”，强化产业链招商，丰富招商政策，开展组合招商，部门联动招商。区外经外贸管理部门与区规划分局、国土分局、财政局、工商东丽分局等相关政策主体单位，一同推进新项目招商工作，推动招商引资工作顺利进行，促进项目快速落实。

1996—2010年东丽区利用外资情况统计表

表15-1

项目／年份	批准三资企业			合同外资额		实际利用外资（万美元）	新批项目责任书（份）	领取营业执照（份）
	本年（个）	累计（个）	其中外资企业（个）	本年（万美元）	其中外资企业（万美元）			
1996	41	462	—	7430	—	6456	41	41
1997	36	498	—	5511	—	5054	36	36
1998	29	527	—	7068	—	5504	29	29
1999	35	562	26	3631	2800	3007	35	35
2000	48	610	38	8172	6000	4919	48	48

续表 15-1

年份＼项目	批准三资企业			合同外资额		实际利用外资（万美元）	新批项目责任书（份）	领取营业执照（份）
	本年（个）	累计（个）	其中外资企业（个）	本年（万美元）	其中外资企业（万美元）			
2001	43	653	37	16507	11370	15400	43	43
2002	54	707	42	5845	1500	11200	54	54
2003	58	765	53	13169	7800	7528	60	58
2004	74	839	46	18428	11000	10615	28	28
2005	50	889	31	12467	4186	8348	50	50
2006	29	918	20	12236	8500	10820	29	29
2007	28	946	24	22957	22885	17799	28	27
2008	25	971	12	32715	14062	37501	25	25
2009	18	989	13	3784	3106	45702	18	18
2010	20	1009	11	3725	1691	47604	20	20

第四节　出国办企业

一、乡镇国外办企业

1996 年始，瞄准国际市场区乡镇企业走出国门办企业取得成效。乡镇企业产品外向度提高到 18%，高于全市平均水平 2 个百分点。

1997 年，西杨场村发展外汇农业，优质大白菜远销海外，向日本、新加坡、马来西亚销售大白菜 400 吨。

1999 年，积极开拓国际市场，扫地王、丽田车料、艺达玩具厂等 7 家乡镇企业，到境外投资办企业，投资总额逾 500 万美元。2 月，天津“扫地王”专用汽车有限公司与摩洛哥卡萨布兰市签订投资 20 万美元，在卡萨布兰市建厂，生产清扫、保洁车辆。12 月 2 日，《今晚报》刊载报道：东丽区农民以优质价廉造型各异的工艺蜡烛，赢得了国外客商的垂青。年出口 1600 吨，销售收入 6000 万元，近千个花色，成为欧美、中东、东南亚 40 多个国家市场上的抢手货。

2000 年，丽田车料公司在古巴生产自行车年产 7 万辆，其中并向委内瑞拉销售 1.3 万辆，实现了境外再出口。

2001 年，军粮城镇山岭子村成立北方绿岭农业发展有限公司，投资 550 万元，改造土地 96 公顷，修建 100 栋砖混大棚，种植食用菌，建立菌种厂。在韩国租地 1 公顷，投资 100 万元人民币，建成 7000 平方米的食用菌种植温室，注册“三元农产品株式会社”，并加入当地食用菌协会，取得了食用菌生产经营资格，成为天津市第一家到国外发展农业的村队。

二、民营企业境外投资

（一）“九五”期间

1996年，区企业天津市扫地王有限公司在泰国等投资50万元人民币，开拓了“扫地王”公司在国外的市场。是年，军粮城镇唐山村企业天津市艺达玩具厂出资30万美元、美商出资20万美元在美合办玩具厂。

1998年8月，区企业天津东方塑料制品有限公司投资15.5万美元，在哈萨克斯坦办起特瑞丽斯塑料有限公司，经营塑料制品。

1999年10月，区企业天津丽田车料有限公司投资160万美元，在古巴办起耐尔瓦自行车厂，生产和经营自行车及零件。

（二）“十五”期间

全区有远见的民营企业家，掀起了在境外办企业的高潮。2001—2005年，在韩国、印度尼西亚、蒙古、尼日利亚、美国、委内瑞拉、俄罗斯等国家，以设办事处、办厂等方式发展境外企业。

2001年8月，区企业天津市圣发烛业有限公司在尼日利亚设立了拉各斯办事处。区企业天津富士达自行车有限公司在印度尼西亚投资290万美元，开办天津富士达集团，生产、经营自行车及零件。

2003年9月，区企业天津市安达集团有限公司在韩国投资50万美元，建立韩中安达瑞华国际贸易公司，经营轿车、集装箱运输拖车。12月，区企业天津市圣发烛业有限公司在美国投资60万美元，创建圣发烛业（美国）有限公司，生产、经营蜡烛。

2004年2月，区企业天津丽田车料有限公司在委内瑞拉投资10万美元，成立贡莱卡机械金属有限公司，经营自行车、小家电。是月，区企业天津兆得实业有限公司在俄罗斯设立兆得实业有限公司办事处。

2005年9月，区企业天津石油管材有限公司到美国投资30万美元，建立石油管材北美公司，经营进出口贸易。12月，区企业天津春发食品配料有限公司到美国投资50万美元，成立CF食品配料有限公司，经营食品配料贸易。

（三）“十一五”期间

东丽区在国外建立企业，提高了国内产品的知名度，促进了区与境外国家的经贸往来。

2007年9月，天津市华西亚进出口有限公司在乌兹别克斯坦共和国设立天津市华西亚进出口有限公司驻乌兹别克斯坦共和国办事处。

第二章　对外贸易

20世纪70年代，区农副产品、工业产品开始出口。80年代，区外贸部门培育种植、养殖业和工艺产品出口加工生产基地，扶持外贸出口工业企业专业镇、村，组织货源，发展出口贸易。出口基地进一步扩大，形成综合出口、化工及土产出口、机电及轻工出口3个基地，形成了多窗口、多渠道出口的格局。2010年，全区中小企业开拓国际市场项目338个，全区443家加工贸易、冶金制品、机电市场、农产品等出口业务企业完成外贸出口额19.17亿美元，10家企业进口贸易额2.09亿美元。

第一节 出口贸易

一、农副产品外贸出口

20世纪70年代末，区大力扶持农副产品出口，全区有55个生产大队种植天鹰椒，种植面积334公顷，成为天津市最早种植和出口天鹰椒的地区。1979年，全区出口农副产品天鹰椒125吨、冻鸡80吨、大白菜175吨、完成出口供货值129.34万元。

1982年，出口品种有天鹰椒、茄子、蘑菇、大白菜、肉鸡、肉兔、泥鳅鱼、鱼虫子、苇帘、草制品等，全年完成出口供货值133.6万元。

1983年，区外贸局开始在赤土乡和新立村乡建立养殖和种植基地，为外贸出口提供货源，全年农副产品出口供货值106万元。

1985年，区增加粮食和经济作物品种的出口。品种有高粱、蓖麻、貂皮、大白菜、草珠帘，出口供货值达270万元，比1979年增加1倍，其中高粱为114万元，为当年出口值的42%。

1986年，由于国际市场价格的波动，天鹰椒的出口逐年减少，粮食、油料及水产品的出口开始增长，其中高粱出口2700吨、蓖麻239吨，全年出口供货共为266万元。

1987—1990年，出口品种主要有养殖虾、蓖麻、草珠帘、草制品、脱水菜、大白菜、貂皮、蜂蜜等。出口总值为1646万元，其中1990年出口供货值高达1101万元，创区内最高水平。产品销往日本、欧洲等国家及中国香港地区。

1991年，以种植出口大白菜、甘蓝、大葱等名优蔬菜品种的西杨场村，被天津市外贸局、天津市外贸食品公司命名为天津市蔬菜外贸出口基地。

1992—1995年，农副产品出口量下降，出口品种仅为大白菜、甘蓝、葱头、养殖虾等，其中出口蔬菜为1.3万吨，完成出口供货值845万元。

二、工业产品外贸出口

20世纪70年代，区工业产品开始出口。1979年，全区工业品出口供货值为234万元，主要产品为蜡烛、钉丝等。

1982年，出口蜡烛1977吨、杠铃2万副、地毯1780平方米，劳保手套1000打、棒球手套2500副、钉丝1281吨，出口供货值976万元。

1983—1985年，出口品种有蜡烛、台布、杠铃、手套、钉丝、旅游椅、肠衣、毛衣、纺织品、皮革制品等。全区外贸生产企业，1983年20家，1984年增至54家。工业品出口供货值，1983年1695万元，1985年增至2430万元，为1979年的10.4倍。

1986—1987年，增加化工产品的出口。1987年，外贸生产企业发展到114家，全区工业品出口供货值为 4230 万元。

1988 年，全区有外贸生产企业 55 家，其中军粮城镇 47 家，占全区 85.5%，成为外贸出口专业镇。苗街村津华羊毛衫厂年产羊毛衫 30 万件，换汇 175 万美元，其“津华牌”羊毛衫获得国际羊毛局认可。苗街村蜡烛厂生产的“葵花”牌蜡烛远销美国、英国、德国、日本、澳大利亚等 10 多国家及中国香港地区。民生村床上用品厂，生产值达 47 万元，产品销售澳大利亚、新西兰、德国等国家及中国香港等地区。1988 年，全区工业品出口供货值达 1.14 亿元，首次突破亿元大关。

1990 年，全区有外贸生产企业 77 家，出口产品发展到 15 个行业 115 个品种。主要出口创汇行业有化工、纺织、服装、文教用品、工艺品、机械等。全区工业品出口供货总值增至 1.66 亿元。

1992 年，全区有外贸生产企业 81 家，全区工业品出口供货总值达 3.72 亿元。1993 年，全区工业品出口供货值为 3.96 亿元。1994 年，全区工业品出口供货值为 5.38 亿元。

1995 年，全区有外贸生产企业 82 家，实现外贸供货值 7.12 亿元，其中直接出口 5.82 亿元，间接出口 1.3 亿元，有 300 余种产品出口欧美、东南亚、澳大利亚、新西兰等 40 个国家和中国台湾、香港地区。

三、工艺产品外贸出口

1973 年，李庄子公社北大道村工艺品厂制做的茶具、酒具、怪兽等仿古工艺品开始出口。1978 年，改制景泰蓝等产品，由北京外贸部门负责出口。1980 年，改制仿古钟，由天津外贸部门负责出口。1982 年，全区工艺品出口供货值为 12.6 万元。

1984 年，全区有工艺品出口企业 2 家，出口工艺品 4500 件，出口供货值 41.5 万元。1985 年，增加手编、手绣、麦草制品等手工艺品，出口供货值增至 830 万元。1986 年，工艺品出口增加透明蓝、玩具等品种，6 家出口企业工艺品供货值 416 万元。

1987 年，增加工艺大被、盘布，全年供货值为 1031 万元。1988 年，工艺品出口供货值 1140 万元。

1990 年，全区工艺品出口企业达 9 家，年工艺品出口供货值达 2798 万元。1991 年，工艺品出口企业发展到 18 家，年工艺品出口供货值达 5688 万元。1992 年，全区年工艺品出口供货值 6965 万元，居全区各出口行业之首。

1993 年，全区有工艺品出口企业 13 家，年工艺品出口总值为 5167 万元。1994 年，全区有工艺品出口企业 14 家，年工艺品出口总值为 1.61 亿元。

1995 年，全区工艺品出口企业发展到 20 家，年工艺品出口总值达 2.01 亿元，占区工业品出口供货总值的 34.5%。

1986 年东方工艺品厂生产的“透明蓝”工艺品大量外销

四、组织外贸出口货源

1979—1990 年，区外贸管理部门为做好外贸出口货源的收购工作，大力组织货源供应，共完成收购总值为 4.83 亿元。1979 年，完成收购总值 536 万元。1985 年，完成收购总值 2036 万元。

1990 年，完成收购总值 1.32 亿元，为 1979 年的 24.6 倍。

经 10 余年的发展，区已形成机械、化工、轻工、纺织、食品、橡胶、服装、工艺、建材、养殖等 27 个行业。已建成区东部军粮城外贸综合基地和储运基地；建成区北部赤土化工、五金基地；区中部轻工、食品出口基地。1990 年，区生产的出口商品主要有地毯、工艺品、羊毛衫、文教用品、旅游用品、专用电机、小农具、蜡烛、皮衣、开槽地板条等。

五、外经外贸总值

1986 年，全区外贸收购额 3114 万元，比 1979 年增长 5.8 倍。军粮城镇已具有外向型经济的雏形，全镇三分之一劳力从事外贸生产或服务。1987 年，区外向型经济有了新发展，广开渠道，扩大出口货源，建立出口生产基地，加强横向联系，外贸出口额达 7500 万元，比 1986 年增长 53%。出口基地进一步扩大，区东部的综合出口基地得到巩固和发展，北部的化工、土产出口基地和西部的机电、轻工出口基地已具雏形。外贸专厂增至 41 个，间接出口厂家发展到 24 个。出口品种由原 28 个增至 36 个。扩大了协作和联合，区外贸部门与市土产、食品、化工等进出口公司联办经营部；从其他郊县组织大量出口货源；利用“中北城郊协作区”开展转口易货贸易。1988 年，全区外贸总值大幅度增长，外贸收购值完成 8411 万元，比 1987 年增长 2.14 倍。1989 年，全区外贸企业发展到 48 家，外贸收购值 1.1 亿元，比 1986 年增长 2.4 倍。1990 年，外经外贸和间接出口全年实现产值和收购值达 2.2 亿元，比 1989 年增长 19%。

1991 年，继续调整产业结构，坚持发展外向型经济，其中程林外向型经济开发小区进入规划和前期准备阶段。外贸出口产品在实行自负盈亏体制的过程中初步得到调整，出现了多窗口、多渠道出口的新格局。

1994 年，全区外贸出口企业 73 家。1995 年，外贸出口企业增至 82 家。外贸出口值稳步增长，1993 年完成外贸出口值 1.2 亿元，1994 年 4.8 亿元，1995 年 6 亿元，1997 年 10 亿元，1998 年达 11.4 亿元，1999 年增至 18 亿元。2000 年，区外贸出口额达 3.5 亿美元。

2001—2005 年，区完成出口额呈上升趋势，年完成出口分别为 4.45 亿美元、5.03 亿美元、6.44 亿美元、8.31 亿美元、11.7 亿美元。2005 年比 2001 年出口额增长 2.63 倍。

2006—2007 年，区出口产品已经逐步由初级、附加值低的产品向附加值高、科技型、深加工产品转变。2006 年，全区完成外贸出口额为 14.04 亿美元。2007 年，完成外贸出口额为 19.93 亿美元。

2008 年，区外贸出口额为 25.04 亿美元，其中 1000 万美元以上企业有 30 家，前 3 名区属企业为天津富士达自行车有限公司、天津市太平货柜有限公司、天津石油管材加工有限公司。天津市出口前 3 名国有企业有天津钢管国际经济贸易有限公司、天津钢铁有限公司、天津市隆康国际贸易有限公司，出口总额为 21.45 亿美元，占区外贸出口总额 85.68%。外贸出口产品主要以钢材、电子产品、机电产品、机械设备为主。出口遍及亚洲、非洲、欧洲、美洲等 10 余个国家和地区。

2009 年，区有出口业务企业 455 家，外贸出口额 16.08 亿美元。其中外资企业 239 家，出口总额 7.79 亿美元。出口额在 1000 万美元以上企业有 18 家。天津市出口前 100 名区属企业“天津钢管国际经济贸易有限公司”“天津富士达自行车有限公司”“天津得英特电子有限公司”等 4 家企业出口总额为8.83亿美元，占区外贸出口总额54.91%。区外贸出口产品主要以钢材、电子产品、机电产品、机械设备为主，出口遍及亚洲、非洲、欧洲、美洲等10余个国家和地区。

2010年，区商务委完善外贸促进机制，完成对126家外贸企业的政策扶持，核准通过2010年中小企业开拓国际市场项目338个。全区443家出口业务企业完成外贸出口额19.17亿美元。其中加工贸易占全区外贸出口的34.92%，冶金制品出口占全区外贸出口的29.53%，机电产品占全区外贸出口的24.93%，农产品出口占全区外出口的2.23%，其他为8.39%。区组织成立天津市区县第一家外贸出口企业协会。

第二节　进口贸易

一、引进技术设备

20世纪80年代初，区内乡镇企业经进口贸易购买国外先进设备或与外商合资，对企业进行改造。1982—1983年，军粮城皮件厂、民生床上用品厂投资44.57万元，分别从韩国、日本购买双针机、大轴机、缝纫机、洗衣机、干燥机、烫熨机17台。

1985年，天津兴业有限公司等5家企业代理进口机床等设备，从日本、德国引进微电脑操纵设备及各类机床等设备189台（套），进口额为309万美元。

1988—1991年，天津市北方旋压封头厂、天津太阳毛纺织有限公司、天津三庆制衣有限公司、天津新宇纺织品有限公司等，从意大利、日本、韩国等国家和中国台湾地区引进3套生产线等机种共519台（套），进口额为490万美元。

1992—1994年，天津京直物产开发有限公司、天津金龙织造有限公司、天津仙岛玩具有限公司、天津英昌钢琴有限公司、天津山海关食品有限公司、天津韩成服饰有限公司等企业，从韩国、荷兰等国引进各种制衣、食品、包装、机械等设备1053台（套）。

1995年，全区14家中外企业，进口丰田叉车、包装机床等设备150台（套），进口额为1375万美元。

二、进口贸易额

1996—2010年，全区进口贸易额大幅提高。其中2008年，全区121家企业进口贸易额达15.69亿美元，通关进口注塑机、焊接台、数控车床、电瓶叉车等121项设备共760台（套）。2009年，全区35家企业进口贸易额达1.92亿美元，通关进口压缩机、冲压模具、真空泵等36项设备94台（件）。2010年，全区10家企业进口贸易额达2.09亿美元，通关进口13项机械压力机、清洗机、数控立式车床等设备21台（件）。

第三章　三资企业

1984年，区始创合资企业。1989年，组建第一家独资企业。1992年，合作企业成立。26年以来，区三资企业经历了由缓慢发展到快速腾飞的历程。2010年，经历年调整、变迁，在区工商管理部门实有登记的三资企业408家，为1995年2.81倍；投资总额24.26亿美元，比1985年增长5.78倍；出口产品销售收入8.66亿美元，比1995年增长7.87倍，三资企业全面发展壮大。

第一节　合资　合作

一、首创合资、合作企业

1984年9月，东郊区始创合资企业，军粮城乡苗街蜡烛厂与中国香港地区天茂有限公司合资生产经营蜡烛，年生产蜡烛3000吨，产品全部销往国外。

1993年，区宏光冷冻食品厂与美国李氏建筑公司，合作组建天津约翰食品有限公司，注册资金205万美元，为区内最早成立的中外合作企业。

二、合资、合作企业的发展

（一）1985—1995年　1985年2月，区合资企业——天津兴业有限公司成立。该公司由新立乡张贵庄农工商联合公司与日本野田企业公司合资建立，总投资20万美元，中方占75%，日方占25%。主要经营农副产品加工和观赏性小动物的生产。1985年3月，区内投资最大的合资企业——天津国际高尔夫俱乐部建立，注册资金860万美元，双方投资比例均为50%，由赤土乡贯庄农工商总公司与日本横滨日中开发公司合资兴建。1985年，全区共建合资企业5家。1986年1月，由万新庄乡农工商公司、天津立达集团公司和中国香港地区香港实华有限公司合资兴建天津津华包装印刷有限公司，总投资450万美元，主要经营纸箱制作及印刷业务。1986年，全区发展合资企业2家。1989年10月，天津太阳毛纺有限公司成立，由军粮城镇苗街实业公司、天津市针织公司与日本太阳毛絛株式公社、日本石井株式会社合资兴建，总投资为337万美元，主要生产毛纱，产品全部销往国外。1989年4月，首家与中国澳门地区合资兴办的企业天津市东美食品有限公司建立，由区第一职业中等专业学校校办工厂与澳门南美公司共同投资建立，主要从事食用菌生产。1991年10月，建立天津新宇纺织品有限公司，总投资400万美元，由区新立毛纺厂与韩国宇一株式会社合资兴建，主要生产棉布、化纤布、服装、箱包等产品。1991年，全区吸引外资239.83万美元。1993年8月，区内合资企业规模最大的天津英昌乐器有限公司，由天津三环事业公司与韩国英昌乐器制造株式会社合办，注册资金3920万美元，中方投资15%、韩方投资85%。至1995年，全区共有合资企业134家，全年吸引外资2831万元。有合作企业14家，全年吸引外资375万元。

（二）1996—2000年　全区合资企业40家，其中合作企业8家，注册资本7334.44万美元，投资总额13241.93万美元，其中中国、英国合资企业——天津万科兴业（集团），投资总额为3000.7万美元；中国内地和香港地区合资企业——天津万科东丽发展有限公司，投资总额2892.2万美元；

中国、加拿大合作企业——天津国际赛车场有限公司，投资总额为2980万美元。全区在“九五”期间，吸引了英国、韩国、加拿大、以色列、日本等国家及中国台湾、香港、澳门地区的房地产、木业、汽车、制衣、玻璃、颜料、皮革、塑胶、厨具、食品、自行车等行业到东丽区投资办厂。

（三）2001—2005年　全区合资、合作企业60家，（其中合作企业7家），注册资金1.16亿美元。投资总额为2.07亿美元，比“九五”期间增加7451万美元，增长率为56.23%。其中，中国内地、澳门合资企业——天津宝龙置业发展有限公司投资总额2998万美元；中国内地、香港合作企业——天津联业顺祥房地产投资总额为2500万美元。全区在“十五”期间，新增加与泰国、新加坡、美国、丹麦、英属群岛、澳大利亚、萨摩亚等国和地区的金属制品、化学、燃气、钢材、鞋业、工艺品、农产品、管桩、烛业、建材等产业。

（四）2006—2010年　全区合资、合作企业40家（其中合作企业1家）。注册资金3.80亿美元，比“十五”期间增加2.64亿美元，增长2.27倍，投资总额为7.76亿美元，比“十五”期间增加5.69亿美元，增长2.75倍。其中投资总额超千万美元的合资企业有：中国、新加坡合资的天津首创新明置业有限公司，投资总额9500万美元；中国内地、香港合资的天津滨威立雅水业有限公司，投资总额5.06亿美元；中国、中国香港地区合资的天津市康库得曲轴制造有限公司，投资总额3033万美元；中国、加拿大合作企业天津威福锅炉有限公司，投资总额2466万美元。全区在“十一五”期间，新吸引了西班牙、德国、法国、英属威尔克等国家和地区的客商，开办了电器、锅炉、国际物流、保健食品、水业、机械制造、防治、石油器材、墙体材料等产业。

第二节　独资企业

一、首家独资企业

1989年11月，东郊区首家独资企业——天津强源国际有限公司建立。该公司由中国台湾地区客商胡首华所创，注册资金70万美元，利用万新庄乡增兴窑村厂房，从事废棉加工、服装饰品生产，经营期限为20年。

二、独资企业的发展

（一）1990—1995年　1990年，全区新建独资企业2家，均为中国台湾地区客商所建，共吸引外资21万美元。1991年，全区新建独资企业8家，吸引来自美国、韩国、日本、澳大利亚等国家和中国台湾地区的客商在区内投资。1992年，全区有独资企业36家。1993年，全区独资企业发展到177家。1995年，全区共有独资企业233家，累计吸引外资8672万美元。

（二）1996—2000年　全区有独资企业140家，注册资本9323万美元，总投资1.23亿美元。吸引韩国、日本、美国、新加坡、加拿大、西班牙、荷兰、巴拿马、英属维尔京、卢森堡等国家和中国台湾、香港地区的客商到区投资建厂。其中，韩国为独资企业之首，共77家，占独资企业的55%，投资总额达2249万美元。其他依次是中国香港地区15家、美国12家、中国台湾地区8家、新加坡5家，其他国家和地区各1家。主要从事矿产、家具、工艺品、灯具、机械、电子、木业、化工、服装、酒业、汽车锻造、皮革、文体制品、食品、鞋业、塑料、饮具、玻璃制品等产品。

（三）2001—2005年 全区独资企业达190家，比“九五”期间增加50家。注册资金1.96亿美元，比“九五”期间增加1.03亿美元，增加1.1倍。投资总额达2.74亿美元，比“九五”期间增加1.51亿美元，增长1.23倍。韩国仍居首位，建独资企业106家，占独资企业的55.8%，投资总额达1.07亿美元，占全部投资总额的39.17%。日本居第2位21家，其他依次为中国香港地区15家、美国11家、中国台湾地区10家、新加坡6家、英属维尔京及加拿大各3家，印度尼西亚、英属群岛、澳大利亚各2家，法国、瑞士、荷兰、秘鲁、毛里求斯、厄瓜多尔、德国各1家。投资增加了综合照明、建筑涂料、生物科技、光电通信、金属构件、橡胶轮胎、耐火制品、管桩、水产饲料养殖加工、电动车、精密仪器等产业。

（四）2006—2010年 全区独资企业达253家，注册资金3.51亿美元，比“十五”期间增加1.55亿美元，增长率为79%。投资总额达4.85亿美元，比“十五”期间增加2.11亿美元，增长率为77%。2010年，全区独资企业中，韩国占据近一半，其他依次是日本、美国、新加坡、澳大利亚、加拿大等国家和中国香港、台湾地区等，共吸引32个国家和地区，产业种类达200余个，投资总额千万美元以上的外商独资企业28家。

1994—2010年东丽区三资企业基本情况统计表（一）

表15-2

项目／年份	单位（个）	从业人员		劳动报酬		总产值（现价）（万元）	营业收入（万元）	出口产品销售收入（万美元）
		全部（人）	中方（人）	全部（万元）	中方（万元）			
1994	91	14858	13960	4158	3584	82337	76462	5220
1995	145	17565	17297	9208	8286	158519	136435	11164
1996	202	19597	19190	12254	11038	218836	224363	15357
1997	210	22620	22353	16441	14670	257172	246444	17323
1998	180	21819	21509	19961	17952	268797	266201	18947
1999	220	20242	19936	21537	18720	345044	328320	9723
2000	218	24040	23728	26704	23085	433618	424090	27083
2001	237	27034	26645	34372	29596	517741	502621	31482
2002	273	30808	30278	40825	34701	548619	556770	37089
2003	273	32787	32262	46396	39379	701008	691485	46951
2004	389	34844	34305	55911	47304	1120028	1151513	63390
2005	434	36453	35980	68438	60198	1438489	1450394	84086
2006	434	36369	35760	74462	66888	1827734	1893455	86085

续表 15-2

项目 / 年份	单位（个）	从业人员		劳动报酬		总产值（现价）（万元）	营业收入（万元）	出口产品销售收入（万美元）
		全部（人）	中方（人）	全部（万元）	中方（万元）			
2007	463	33808	33116	84491	74791	1922125	1938660	87039
2008	380	28657	28345	81895	72844	1961093	1954149	83242
2009	380	27514	27222	86202	77678	1665786	1710342	83216
2010	408	25871	25593	104870	96175	2124908	2217245	86636

1994—2010 年东丽区三资企业基本情况统计表（二）

表 15-3

项目 / 年份	实交税金（万元）	固定资产		利润总额（万元）	全区外贸出口	
		原值（万元）	净值（万元）		总值（亿元）	比上年增减%
1994	715	23294	—	3300	—	—
1995	2046	46736	—	5386	—	—
1996	2441	87347	—	4322	—	—
1997	3444	115826	—	5475	—	—
1998	5925	119591	—	4205	—	—
1999	7678	110019	—	5743	—	—
2000	14434	142920	—	30876	—	—
2001	18836	193376	—	-1931	—	—
2002	19959	—	192752	27067	—	—
2003	21706	—	189872	40717	—	—
2004	29121	—	233817	46266	6.8	+44.1
2005	65566	—	333977	101433	6.5	+27.01
2006	87906	—	404501	98559	70.0	+5.6
2007	98182	—	454164	91205	68.3	-2.4
2008	115521	—	435092	127274	51.95	+1.9
2009	93741	—	323976	108786	37.92	-8.3
2010	136903	—	395584	174499	21.5	-43.3

2010 年东丽区销售额 2 亿元人民币以上三资企业一览表

表 15-4

企业名称	企业性质	注册资金（万美元）	销售额（万元人民币）	地址
天津丰津汽车传动部件有限公司	合资	2997.5	248998	东丽经济开发区三经路
中美史克制药有限公司	合资	2994	193549	东丽区程林庄工业区
天津丰田合成有限公司	合资	4812	188984	东丽经济开发区
天津富士达自行车有限公司	合资	1150	164219	东丽区军粮城道口南
天津三五汽车部件有限公司	独资	4530	154475	东丽经济开发区五纬路
天津电装电机有限公司	合资	2990	130648	东丽经济开发区
天津精达里亚特种漆包线有限公司	合资	2489.3	130010	东丽经济开发区四纬路
天津得英特电子有限公司	独资	210	115995	东丽经济开发区一经路
天津太平货柜有限公司	合资	4980	104472	东丽区军粮城工业园区
天津建华管桩有限公司	独资	168.9	82802	东丽区无瑕街道新袁庄
天津益恩彼电子有限公司	独资	500	53106	东丽经济开发区一经路
天津宝丰混凝土桩杆有限公司	合资	820	48356	东丽区津塘公路 352 号
科莱恩（天津）有限公司	合资	9300	41754	东丽区先锋东路 83 号
住友重机械减速机（中国）有限公司	独资	1568	41478	东丽经济开发区三经路
天津新兴数字电子有限公司	独资	1600	39247	东丽经济开发区
天津有容蒂康通讯技术有限公司	合资	1400	38223	东丽区华明工业园区
天津彩虹饲料有限公司	独资	604.9	25640	东丽经济开发区一经路
西麦斯（天津）有限公司	合作	5000	25602	东丽区津塘公路 409 号
科维彤创（天津）电子工业有限公司	独资	690	22572	东丽经济开发区
天津井上高分子材料制品有限公司	独资	355	20277	东丽经济开发区四纬路

东丽区志

第十六编

建筑业　房地产业

1979 年以来，区建筑业进入全面发展的新时期。施工队伍已完成从原始小工程操作向机械化施工的转变，形成了多专业、多层次，承揽各类建筑工程的产业大军，建筑设计了一批优质工程。建筑市场、招投标、监理、验收等逐步得到规范。经改革，全区已基本构成综合与专业、总包与分包协调发展的建筑市场格局。

区房地产管理工作，坚持以经济建设为中心，以城市化建设为主线，以房屋管理为基础，在产权产籍管理、房屋修缮管理、物业管理、住房保障和房屋改革及拆迁管理、执法检查等方面取得了成绩，为全区城市化建设做出贡献。

2010年，东丽区房管局房产档案管理库房

1999年，东丽区房管局房地产交易大厅

第一章 建筑业

20 世纪 80 年代，东丽区建筑业进入全面发展的新时期。全区开展“创文明工地、建全优工程”活动,以创建优质、低耗、高效、安全生产为目标，加强企业管理、提高工程质量。按照土建、安装、构件生产、勘察设计，制定各自的全优标准，形成设计、建筑制品、施工技术创全优一条龙。区建筑业经改革，建筑队伍由原单一国有改变为国有、集体、个体经营等多种形式。企业内部实行经理负责制、干部招聘制等项制度，改革扩大了企业自主权。

1990 年后，区建筑业坚持以整顿队伍、加强管理、提高素质、增进效益为重点，转换企业经营机制，建立现代企业制度，逐步形成了集房屋、道路、电站、铁路等土木建筑业和线路、管道、设备安装业及建筑物装饰装修为一体的行业体系。

1999 年，全区具备建筑业企业资质的有 56 家，涵盖 34 类专业，基本构成综合与专业、总包与分包协调发展的市场格局。2010 年，全区主要建筑企业拥有固定资产净值 12.9 亿元。

第一节 机 构

1979 年，区建筑管理站负责全区建筑管理工作。1982 年更名为天津市东郊区社队建筑建材服务公司。

1989 年，区政府组建天津市东郊区建筑管理站，隶属区乡镇企经委。1990 年 1 月，划归区建委管理，下设市场检查科、企管科、合同科、财务科、办公室、建安公司、建筑装饰公司。

1998 年初，区政府调整建筑行业管理机构，组建建筑行业管理办公室，形成资质审查、建筑招标、质量验收、收费征缴、管理服务一条龙的工作体系。2009 年，撤销管理办公室，恢复建筑管理站和质量监督站。

2010 年 11 月，东丽区建设工程质量安全监督管理支队成立，为区委建委管理的副处级事业单位。内设办公室、监督一科、监督二科、监督三科、综合执法科、巡查督导科、备案管理科。

第二节 建筑管理

一、企业资质管理

1990 年 1 月始，为加强对建筑企业的管理，保证企业合法权益和正常生产经营活动，明确责任，维护建筑市场经济秩序，按照资质标准对具备升级条件的企业晋级，注销不具备资质条件的施工企业。

（一）颁发资质等级证书

1995—2010年东丽区取得建筑业资质等级证书的建筑企业一览表

表16-1

年份	企业总数（个）	新增企业（个）	产值（亿元）	施工总包（个）	专业承包（个）	劳务分包（个）	从业人数（人）
1995	72	18	4.1	9	34	29	9325
1996	68	12	6.1	10	26	32	14398
1997	60	15	7.8	11	16	20	8433
1998	55	12	9.5	13	18	24	4560
1999	60	10	9.6	10	23	27	9765
2000	56	8	11	9	23	24	5013
2001	52	6	13.2	9	26	20	5504
2002	49	9	15.3	7	20	22	5852
2003	59	10	16.1	5	26	28	6020
2004	58	8	19.8	5	25	28	12870
2005	65	7	23.2	6	28	31	9259
2006	56	17	27.8	6	31	19	11731
2007	59	14	41.3	5	41	13	16758
2008	66	7	59.5	6	46	14	18620
2009	81	15	45.4	6	56	19	21625
2010	113	32	155.2	6	72	35	56525

（二）企业结构调整

2003年以来，区的城市化进程加快，固定资产投资增长加速，为建筑业发展提供了新的引擎和动力，同时根据建筑市场发展的要求，围绕“做大做强区建筑业”的总体目标，加大企业结构调整。2010年，区属施工总承包企业6家，专业承包企业72家，劳务分包企业35家，逐步形成以总承包企业为龙头、专业承包为依托、劳务分包为基础的产业结构。

企业加快经营结构调整，由单一承担房屋建筑，向设备安装、建筑装修、道路、市政工程等扩展；由单纯从事建筑业，向房地产开发、建筑机械制造与租赁、建材加工等相关行业发展。企业改革改制基本完成，现代企业制度已经建立。在东建公司完成国有股权全部退出后，全区建筑企业国有股份比例不足10%，已普遍实现民营化。随之企业内部管理及分配制度发生重大变革，企业管理水平和经济效益进一步提高，建筑业进入健康稳定发展时期。

（三）教育培训

区建筑行业主管部门根据市建委《关于加强我市建设教育培训管理工作的意见》，做好建筑业职工教育培训工作。2010年，累计培训各类建筑师、造价师、规划师、结构师、咨询师等职业资格和项目经理、中级岗位、技术工人、特殊工种等11.2万人次。

二、建筑业安全管理

（一）建筑业施工安全管理机构

20世纪80年代，随着建筑行业各级组织管理机构的不断健全，建筑施工企业建立了专管机构。区建委建筑管理站内设立建筑市场安全科，专门负责全区建筑业施工安全工作，逐步形成质量监管不放松、安全工作有人抓的新局面，建筑安全生产管理水平得到不断提高。

1985年前，区内建筑工程质量状况由区建委和市有关部门监督检查。1986年8月，区建设工程质量监督站成立，专门从事区内土建工程质量监督检查和验收及审批办理建筑规划许可证、建筑施工执照。

（二）安全达标和创建文明工地活动

20世纪90年代，区建委根据国家建设部颁布《建筑施工安全检查评分标准》和天津市建委制定的相应实施细则，全区开展大规模安全达标活动，实现安全管理由定性管理向定量管理的转变，建筑施工现场安全生产、文明施工水平取得明显进步，安全管理工作逐步规范化、标准化。

1997年开始，对文明工程颁发区级文明工地证书，全区施工现场施工水平明显提高。采取措施把创建文明工地、树立行业形象纳入工作目标，形成甲方、施工方、监管方三方齐动员的局面；强化监督管理力度，促进创建文明工地活动的全面开展；贯彻落实法规、标准，保证创建活动顺利进行；建立激励机制和制约机制，激发和调动企业创建文明工地的积极性，保持创建活动的常态化发展。

20世纪90年代末，区建委根据市建委在全市开展大规模的“八五”安全达标活动部署，促进了区内施工现场整体防护水平的提高和安全技术的进步，减少了事故隐患和人员伤亡事故的发生。从抓建筑业企业安全资格认证和安全培训入手，加强机构建设和严格落实法律制度及行业标准。开展安全达标和创建文明工地活动，开展多发性事故专项治理。

（三）建设工程安全监管

2003年，区建筑行业管理办公室成立。为进一步加强全区建筑安全监督管理工作，将安全管理科并入建筑市场质量监督管理站，后更名区建筑质量安全管理支队，负责全区安全生产目标责任制落实、企业安全资格认证审批、伤亡事故统计报告、安全培训工作。

2006年，区建委建设工程安全生产监督管理科成立，负责建设工程质量安全监督管理工作，对全区建设工程施工质量、安全生产和文明施工进行管理，参与工程重大质量、安全事故的调查处理。

2010年，区建设工程质量安全监督管理支队成立，在日常巡查、抽查的基础上，开展开复工、起重机械、架体、旋工机械、冬季施工等专项安全检查，消除施工安全隐患，确保全区建设项目安全施工。1997—2010年，全区建设项目无一起较大以上安全生产事故发生。

三、建筑农民工管理

（一）创立“建筑劳务基地县”

20世纪80年代末，随着建筑业的发展和用工制度的改革，区内一些大、中型建筑企业为了稳定用工队伍，保证一线作业层队伍素质，提高工程质量，相继在建筑劳动力资源丰富的地区建立起一批定点选用建筑劳务的县，称作“建筑劳务基地县”。

（二）保护农民工合法权益

为有效保护农民工合法权益，维护社会稳定，区建管站做好清理拖欠工程款和清理拖欠农民工工资工作。2004 年开始的三年清欠工作，全区累计清理拖欠工程款 10.5 亿元，解决拖欠农民工工资投诉 5197 起，共为 4.9 万人解决拖欠工资 3.1 亿元。建立完善清欠审查制度、建筑劳务工资保证金制度、建筑业企业农民工工资储备金制度、劳动计酬手册制度等清欠长效机制，有效地防范了新的拖欠发生。

四、建筑节能管理

20 世纪 90 年代末，区每年都把节能工作列为区委年度工作意见和政府工作报告的一项重要内容。

2008 年，区率先组建全市第一家已取得资质证书的节能监测机构。区建委贯彻执行《天津市新型墙体材料发展应用与建筑节能管理规定》，区建筑节能实现了从工程设计、图纸审查、墙改基金征收、施工许可证核发、工程监理、工程质量监督、工程竣工验收的全过程监督。新建建筑全部执行住宅节能 65%和公共建筑节能 50%的节能标准。

2008—2009 年，区落实建设部和财政部下达天津市 1300 万平方米既有居住建筑供热计量和节能改造任务。2008 年区完成改造任务 10 万平方米、2009 年完成 39.6 万平方米供热计量和节能改造任务，改造工程包括永平巷 1～6 号住宅楼；三聚里、詹滨西里住宅楼；水东里、詹安里、詹滨西里（二期）住宅楼。改造内容包括：建筑维护结构改造，室内供热系统计量及温度调控改造，热源及供热管网热平衡改造，屋面保温节能改造。

节能改造工程由区建设开发中心组织实施，由区建设工程监理有限公司监理，区建筑工程有限公司施工建设，并通过能效测评。改造后的居室降低了供热能耗，提高了室内采暖的温度，在取得良好经济效益的同时，使广大居民切实受益，获得较好的社会效益，通过对供热系统的提升改造，辖区环境、环保工作也有明显的改善。

至 2010 年，区依据《中华人民共和国节约能源法》《民用建筑节能条例》《天津市民用建筑节能条例》等法律法规，结合建设市场实际情况，辖区内已建成并投入运行的节能型建筑项目华明示范小城镇，建设面积 125 万平方米。

第三节　工程监理

1999 年，为加强全区建筑市场的监管力度，区政府发布《东丽区建设工程项目监督管理规定》，规范工程建设实施程序，建立工程项目报建等级制度；加强工程建设施工的招标、投标管理，规范建设市场的交易行为；建设工程实行施工许可证制度；大力推行建设监理制；严格实行合同管理制度等地方性规定。建筑行业管理办公室进一步加大对全区建筑市场的管理力度，与区监察局联合制定配套规定，进一步加强建筑市场和施工现场的管理。是年，区建筑工程监理公司成立。公司培养了一批业务精、技术高、精通监理业务、善于管理的高级监理人才。下属各项目部配备了工程质量检测工具和检测设备，实现微机化管理。制定完善的监理实施细则及各阶段的质量控制、投资控制、进度控制流程，实行监理前监理工作交底制度、例会制度，建立业主、承包商信息反馈制度、监察部巡回检查制度、内部联检评比制度。

2000年后，随着建设行政主管部门的管理力度逐步加强，对应监理工程全部实施监理，实行监理合同登记备案制度，按规定可不监理的建设工程，建设单位也主动委托了监理，社会对监理单位的认识逐渐加深，监理在工程建设中的地位逐步提高。

2007年3月，加大市场透明度，打破以往靠关系、靠权力、靠压价取得工程监理的局面，进一步体现公开、公正、公平竞争的原则，使监理工作管理更科学、规范。随着区建设招投标市场不断规范化，逐渐形成监理招标市场模式。监理项目实行总监负责制，材料设备进场报验，分部分项质量报验和见证取样制度。做到施工资料归档标准化和规范化。现场监理人员配备、廉政建设、旁站监理到位。

第四节　招标投标

一、建立建设工程招投标市场

1995年，区建设工程招投标市场建立，招标投标监管机构属区建委管理。对辖区内工程项目按照管理范围进行监督管理，主要包括：建设市场违法违规行为实施市场执法监察；建设工程的施工、监理招标投标监督管理；建设工程合同备案；施工许可证管理；施工现场管理、安全监督、质量监督管理。

建设工程招投标监管公司落实市、区两级监管责任，通过有效的管理使邀请招标和公开招标的项目都进入有形建筑市场进行交易。实行招投标的工程，缩短了工期，控制了投资，招投标行为逐步规范，招投标工作质量逐步提高，招投标竞争机制对于创造公平竞争的建筑市场环境，提高资金利用效益和质量，维护国家利益和社会公共利益发挥了重要的作用。进一步加强属地管理的优势，切实担负起属地管理的职责。建立健全执法监察、审批备案、日常监管等制度。

二、招投标及合同审查、审批

招投标设有专门的开标、评标场所，分离评标，设置了电子大屏幕和电子触摸屏，有独立的开标室和评标室，引进了计算机评标专家自动抽取和语音通知系统，与市建交中心专家库联网，避免评委专家泄露，使评标过程更加公正。

在招投标工作中，加强备案文件和招标代理单位的资格审查，对资格预审文件备案、招标文件备案、招投标情况报告备案、合同备案的严格审核。对于不符合办事程序的备案文件坚决予以拒绝。认真审查招标代理单位的代理资格，坚决拒绝无证及越级代理，对于违反法律法规的严肃处理。

无论公开还是邀请的标，均按要求提前24小时在天津市建交中心评委专家库中抽取评委，成员为5人以上单数。抽取专家评委的人数不少于总数的2/3。抽取的方式为由中心管理人员、招标办监督人员和招标人共同监督抽取。对于公开招标项目的招标公告与中标公示的发布，一律都在建交中心网上公布。招标公告5天，中标公示3天。

对开标活动的监督本着实行招标业主负责制。对于全部使用国有资金或国有资金占控股或主导地位的建设工程，使用国际组织或者国外政府贷款、援助资金的建设项目，以及市政基础设施工程，实行公开招标。依法必须实行公开招标的建设项目，一律进入交易服务中心，在招标监督管理机构的监督下依法进行招标。对重大的建设项目，实行招标监督机构与监察部门联合监督。并与市场监察部门配合，加大监管力度，引进先进的管理方法，推进建筑市场的公平有序的竞争，严把市场准入关，促进工程质量，查处违法开工项目。

三、招标投标监督管理

2003年，实行计算机辅助评标系统的应用及评标过程的全程监控。与市建交中心联网并安装评标专家抽取系统，达到了资源的共享。无论公开还是邀请的标一律网上抽取评委。

2007—2010年，共招标67项，建筑面积271.44万平方米，中标造价18.68亿元。已形成具有一定规模、具有专门交易场所、具有相关咨询服务为一体的综合性有形建筑市场。

第五节　建筑设计

一、建筑设计室

1980年以前，全区公用和民用建筑的设计，主要靠区内外的能工巧匠及区外专业设计单位。

1982年，区成立天津市东郊区建筑设计室，开始建筑物设计，主要设计住宅、公共建筑和厂房。为非经济独立核算事业单位，隶属区建设房管局，1984年后隶属区建委。有工作人员9人，其中工程师1人，技术员2人，只能承担区内一些简易的建筑设计任务。1982—1984年，设计项目总计190项，总建筑面积95.27万平方米。

1984年，建筑设计室资质定为丁级。1985—1988年，增加住宅区和企业整体设计项目。1989年，全室共有人员10人，其中工程师4人，助理工程师1人，技术员5人，实现全员技术型。1989—1992年，项目设计共有559项。

二、建筑设计所

1992年，设计室更名为东丽区建筑设计所，为独立核算事业单位。1993年7月，获得市建委颁发的建筑工程丙级设计资质。1995年，建筑设计所工作人员25人，其中工程师6人，助理工程师9人，技术员1人。下设设备设计室、土建设计一室、土建设计二室、行政办公室和微机工作站。1995年，设计所设计项目108项，设计面积16.6万平方米。主要设计项目有民用住宅、工业建筑、公共建筑和构筑体。

三、建筑设计院

1999 年 2 月，区建筑设计所获得国家建设部批准，市建委颁发的建筑工程乙级设计资质，更名为天津市东丽建筑设计院。全院共有工作人员 41 人，其中高级职称 13 人、中级职称 20 人，包括注册建筑师、工程师、公用设备工程师（暖通空调）、电气工程师（供配电）。设有总图、建筑、结构、给排水、暖通、空调、电气等专业。技术专业配套，人员精干合理。

1996—2010 年，共完成公用、民用建筑设计 552 项，总建筑面积达 588.75 万平方米。

第六节　建筑企业

一、乡村建筑企业

1980 年，社队建筑队伍 32 家。1985 年 118 家，其中四级建筑企业 14 家。1992 年，乡镇建筑企业整顿调整为 70 家，三级施工队增加到 7 家。李庄建筑安装公司、军粮城基础工程公司、万新建安公司等，已能承建中型工业、民用建筑物。1995 年，全区乡镇建筑企业发展为 110 家，其中三级企业 21 家，四级企业 21 家。

1996 年以后，各建筑企业加强了专业技术人员培训、继续教育，加强项目经理培训等工作，不断完善管理机制，建筑队伍不断壮大。丽中建筑公司、南大桥构件厂、城建地基基础工程有限公司、无瑕街楼板厂同为二级企业。是年，全区完成建筑产值 5.2 亿元，建筑税收 1743 万元。

1980—1995 年东丽区乡村建筑企业统计表

表 16-2

项目 年份	企业数（家）			从业人数（人）	竣工面积（平方米）	产值（万元）
	总 数	其中 三级企业	其中 四级企业			
1980	32	—	—	2050	—	913
1981	37	—	—	3500	53800	958
1982	56	—	—	6116	75200	1100
1983	83	—	—	8981	105400	1740
1984	99	—	11	11029	105700	2000
1985	118	—	14	13876	163200	3010
1986	82	1	17	6036	195200	4000
1987	84	2	27	7167	236300	6140
1988	87	3	31	8433	298900	6826
1989	87	3	29	9049	360600	10478
1990	71	5	18	8901	325400	11710

续表 16-2

项目 年份	企业数（家）			从业人数（人）	竣工面积（平方米）	产值（万元）
	总数	其中				
		三级企业	四级企业			
1991	65	7	28	8568	342200	13714
1992	70	7	27	9619	350000	14811
1993	99	15	24	14398	280000	16883
1994	110	21	24	9910	340000	23883
1995	72	21	21	14669	510000	41200

二、区属建筑企业

1975 年 10 月，区建筑工程公司成立，隶属区革委领导，为集体所有制企业。1984 年，划归区建委管理。2000 年，增资扩股，资产重组，改制为天津市东丽区建筑工程有限公司，企业性质为有限责任公司，获得房屋建筑工程施工总承包一级企业资质。

2010 年，东建公司共有职工 315 人，其中高级技术人员 16 人，中级技术人员 63 人，初级技术人员 226 人。内设机构：总工办、财务部、安全部、办公室、贯标办、合同预算部、技术质量部、项目管理部。下设单位：万圣建筑劳务公司、建筑工程试验室、凯同建筑机械设备有限公司、钢结构分公司、市政工程分公司、装饰装修分公司、土建分公司。是年，总产值 12 亿元，利税 3000 万元，利润总额 350 万元。

东建公司具有房屋建筑工程施工总承包、建筑材料试验、劳务分包一级资质；市政公用工程施工总承包、钢结构工程专业承包、建筑装修装饰工程专业承包二级资质；机电设备安装工程专业承包、起重设备安装工程专业承包三级资质。

东建公司主要业绩：完成“泰达西区综合生活配套服务区 8 组团配套公建——幼托、小学工程”，并获天津市建设工程“结构海河杯”“海河杯”；北方园林产业基地工程获天津市“市级文明工地”；区广电中心、科研教师基地为天津市文明工地示范观摩工地；东丽游泳池、财政局、运管局、开发区管委会办公楼、中医医院、中谷酒造厂房办公楼、利津路商业区、建管站培训楼、民航学院综合楼、詹安里、民航开发总公司综合楼、民航学院成教公寓、公路所办公楼、区人防应急总指挥中心、电业局综合楼、开发区锅炉房、天水丽园、档案局、景欣苑、先锋里、区委办公楼、区医学观察所、区中心广场、开发区帝达工业园、蓝天花园、红磡领世郡别墅、俊景苑、东丽检测中心、区行政许可中心、露宝工业园、泰达西区、华明还迁住宅、东丽湖水域天城、空港加工区住宅、区人民法院综合楼、区广电中心、科研教师基地、么六桥经济适用房、华明老人院报告厅、区职校、北方园林产业基地、李明庄经济适用房、榕洋金城、神川机电厂房、军粮城农民还迁住宅为局优工程。

三、驻区建筑企业

1998 年 3 月，中国第二十冶金建设公司天津公司成立。公司地址在区津塘公路十号桥，注册资本 3600 万元。2006 年 12 月，更名为天津二十冶建设有限公司。

天津二十冶成立 14 年，完成各类大型工程 200 多项，施工地域遍布全国十余个省市。累计完成轧线 63 条；高炉 69 座；转炉 50 座；焦炉 26 座；烧结 27 座；电炉 3 座；加热炉 6 座；制氧 7 座；市政项目 2 项；民建项目 24 项；其中 1000 立方米以上高炉 25 座；100 吨以上转炉 23 座；100 平方米以上烧结 19 座。承建的项目多次获得国家级、省部级、行业和集团内部各类奖项。

1998—2002 年，企业总产值从 3.04 亿元增加到 2002 年的 6.24 亿元，年均增长 16%；企业净资产从 3463 万元增加到 8366 万元，增长 2.42 倍；人均劳动生产率从 6.13 万元/年，增加到 17.25 万元/年，年均增长 23%；在岗职工人均收入从 5531 元增长到 11133 元，年均增长 16%。

2003—2007 年，各项经济指标增长迅速。企业总产值从 15.13 亿元增加到 52.12 亿元，5 年累计完成 161.95 亿元，年均增长 36.2 %；企业净资产从 8607 万元增加到 1.59 亿元，年均增长 16.6%；在岗职工劳动生产率从 36 万元增加到 134 万元，年均增长 38.9%；利润总额从 318 万元增加到 8388 万元。到 2007 年底，公司总产值、利润总额分别达到二十冶的 46.8%和 74.5%，分别比 2003 年提高 11 个百分点和 56 个百分点，

2008—2010 年，各项管理制度基本完善、管理链条基本理顺、各项经营指标稳步提升。企业营业收入从 65.6 亿元增加到 70 亿元；利润总额从 8132 万元增长到 2.6 亿元，在岗职工人均收入从 4.6 万元增长到 5.8 万元。主要经济指标超过中国冶金集团公司内半数以上子公司，在天津市百强企业排名中名列第 61 位。

第二章　房地产业

改革开放后，区房地产管理工作，坚持以经济建设为中心，以城市化建设为主线，以房屋管理为基础，以狠抓工程建设为重点，按照“在城市化进程中尽展房管职能”的工作思路，拼搏进取，锐意创新。全面做好房屋修缮管理与服务工作，把党和政府对人民群众的温暖送到千家万户。在产权产籍管理、房管修缮管理、物业管理、住房保障和房屋改革、拆迁管理、执法监察、重点工程项目等方面取得成绩，改变了全区房地产业的面貌，为城市化建设做出贡献。

第一节　机　构

1980 年 6 月，成立东郊区城建房管所，为区直属单位，由区计委领导。

1981 年 1 月成立东郊区城建房管局，城乡建设和房地产管理工作从区计委析出，归城建房管局主管。下设城建规划科、市政工程科、房管科、办公室、设计绘图室。是年 6 月，成立东郊区房地产管理公司，由区城建房管局领导。为科级单位，设产权股、房管股、器材股、修缮股、财务股和办公室。下属张贵庄房管站、程林房管站、器材站、房管修缮工程队和公房管理所。1984 年，撤销区城建房管局，建区城乡建设委员会，区房地产管理公司为区建委下属单位。

1992年4月，撤销区房地产管理公司，建东丽区房地产管理局，归口区城乡建设委员会管理。局机关设7个科室，基层单位有4个站所。区政府组建的平房改造办公室、拆迁办公室和城镇住房制度改革办公室由区房管局代管。是年9月，建立“东丽区房地产交易所”。是年12月，建立东丽区霞辉房地产开发公司。1995年8月，成立区物业管理服务中心。1996年4月，成立“东丽区房屋拆迁服务中心”。1998年12月，设立“房地产行政执法监察科”。1999年1月，建立天津市东丽民用公房管理所。

2000年4月，建立东丽区房地产价格评估事务所、东丽区房地产管理局测量队。2001年4月，成立东丽区房产公司。2002年12月，建立东丽区房地产登记制证中心。2003年7月，区房管局地产评估事务所与房管局脱钩改制，依法按市场经济体制运作。2004年11月，局机关监察科更名为法制监察科。撤销区平房改造办公室。局机关增设物业管理科，对外加挂东丽区物业管理办公室的牌子。2005年8月，成立天津市东丽区房屋安全鉴定中心。是年12月，增设房屋拆迁管理科，对外加挂东丽区房屋拆迁管理办公室的牌子。2008年8月，将区房产公司更名为区房产服务中心。

2010年7月，东丽区房地产管理局建立，为负责全区房地产行政管理、住房保障和改革工作的区政府部门。内设：党委办公室、行政办公室、房管科、产权科、法制监察科、财务科、物业管理科、房屋拆迁管理科。下属单位：区房地产交易所、测量队、登记制证中心、房产服务中心、公用房屋管理所、民用公房管理所、拆迁服务中心、霞辉房地产开发中心、房屋安全鉴定中心、房地产开发公司、物业管理服务中心。是年12月，局机关增设房地产市场管理科。

第二节　住房保障与房屋改革

一、住房保障

2003年，对区内128户低保户办理减免房屋租金45户，减免租金689.7元。2009—2010年，为1278户办理限价房各项审批手续。2006—2010年，为735户办理廉租住房补贴手续。至2010年，为445户办理经济适用房手续。2009年5月，向低收入家庭出租住房的出租人发放补贴，至2010年共办理293户。

二、房屋改革

（一）逐步实现住房商品化　20世纪80年代，区将职工租住公房作为一项社会公益事业，长期实行低租金预算制。群众所需住房，由国家按低标准分配，个人缴纳少量租金，国家财政按预算拨付维修经费等各项费用。1990年8月，为逐步实现住房商品化，把住房的生产、交换、分配和消费纳入市场经济轨道，区政府成立城镇住房制度改革领导小组，区房管部门设房改办公室。区制定《东丽区城镇住房制度改革实施方案（草案）》于1994年10月1日正式实施。同时区制定《方案操作办法》《公有住房出售办法》《调整租金和发放补贴办法》《离退休职工住房补贴的计算办法》《社会救济对象住房补贴计算办法》《公房售后维修管理办法》《职工月工资总额构成规定》《直管公有住房出售程序规定》《单位公有住房出售程序规定》《在住房制度改革中实行制度纪律监督的有关规定》10 个配套文件，强化操作规程，明确纪律，保证房改工作健康有序的开展。

（二）推行住房公积金制 1992 年 1 月开始，在党政机关、人民团体、集体所有制企事业单位中推行，由单位和职工个人共同缴纳住房公积金，缴存率按 1991 年职工月工资额各缴存 5%。1994 年 12 月开始，调整为以 1993 年末职工月工资为标准，单位和职工各缴存 3.01%。2008 年，完成全区在职职工公积金一次性补贴发放，共涉及 153 个单位 5590 名职工，补贴资金 1.25 亿元。2009 年，区出台《东丽区在职职工补充住房公积金实施方案》《关于东丽区 2009 年在职老职工缴存补充住房公积金的通知》，为全区财政供养单位在职职工建立补充公积金制度，推动新职工补充住房公积金缴存基数的调整工作，调整后与公积金缴存基数持平。新老职工补充住房公积金政策调整共涉及 8800 余人，区财政每年投入 7920 万元，确保新老职工切实享受此项福利。

（三）住房货币分配 2004 年 6 月，区出台《东丽区机关和事业单位住房货币分配实施方案》，自 1999 年 7 月 1 日 起实行。是年完成新职工补充住房公积金的建立和补缴工作，为全区 128 个财政供养单位及 928 名新职工建立补充住房公积金制度，自 1999 年 6 月起补缴共计 385.6 万元。

2005 年始，财政供养新职工的补充住房公积金纳入财政预算，按月正常缴存。全年完成区各单位离退休职工的住房档案审核工作，进行三榜公示，为 115 个单位，1305 人发放一次性补贴资金 2902 万元；为 7 个镇街乡、60 个单位、677 人发放一次性住房补贴 1584 万元。

2006 年，根据市《关于落实离退休干部货币分房职级待遇请示的批复》文件精神，区房管局与老干部局联合制定《关于离退休干部住房货币分配工作的实施细则》，规定凡科级及以下待遇离休干部在住房货币分配中，职级待遇按副处级待遇计算。是年 6 月开始，对全区离休干部进行住房普查、建档。共发放住房补贴 158 万元，有效解决离休干部的住房问题。

第三节 房地产管理

一、产权管理

（一）产权登记

1983 年 5 月至 1991 年，区房产公司按照市房地产管理局《关于开展我市城镇房产和土地清查换证工作的通知》，在全区首次全面系统的房地产清查和换证工作。设立“清查换证办公室”，抽调工作人员深入万新庄、张贵庄、军粮城街道管界内，逐户对工矿、机关、企事业单位自有住房、私人所有房屋、区房管部门直接管理经营的公产房屋及单位、个人、使用国有土地进行验证、绘图、核实登记、填发“天津市房产所有证”和“天津市国有土地使用证”。共办理产权初始登记 1468 件，57707 间，建筑面积 265.43 万平方米。经清查换证，基本澄清全区房地产状况。区房产公司设专门股室和专职人员，于 1992—1995 年又对新办的清查换证遗漏户补办房产的初始登记，计 3874 件，建筑面积 247.68 万平方米。区房管部门审核确认房屋产权后，发给产权所有者产权证，并代土地管理部门核发土地使用证，统一换发新证并载明房屋和土地的情况，并附有 1∶500 或 1∶2000 的房产地产图，图上表明地号，四至和房屋开间、编号、尺寸、结构、做到证图结合，权实相符。

1988 年开始，区房产公司根据国家城乡建设环境保护部 1987 年 4 月颁发《城镇房屋所有权登记暂行办法》，设专人办理有关房屋所有权因买卖、赠与、继承、分析、调拨、扩建、拆除等原因而发生的变更手续。1988—1995 年，累计房屋买卖 1477 件、6772 间，建筑面积 22.03 万平方米。成交额 1.76 亿万元，每平方米价格 799 元；赠与 59 件、119 间，建筑面积 1995 平方米；继承 34 件、81 间、建筑面积 1503 平方米；分析 9 件、13 间、建筑面积 205 平方米；交换 28 件、55 间，建筑面积 985 平方米；更名 16 件、269 间、建筑面积 5405 平方米；新建 17 件、77 间、建筑面积 3080 平方米；出售公房 2187 件、3744 间、建筑面积 12.25 万平方米。

2003 年，实现各项产权登记 209.14 万平方米，其中转移登记 26.59 万平方米，抵押登记 81.7 万平方米，换证补证登记 3.37 万平方米，变更登记 24.1 万平方米，初始登记 73.38 万平方米，

2006 年，开展住宅两证合一发放工作，全年发证 12302 件。是年，区房管局制定《关于开展房屋权属补办登记工作的实施方案》解决全区房屋产权历史遗留问题，对昆仑里 3 号、6 号、12 号、13 号楼列为补登项目，全年完成产权补登 243 件，建筑面积 1.27 万平方米，维护了产权人的合法权益。

2010 年东丽区房管局产权产籍管理工作交流会

2008—2010 年，区房管局按照《天津市房地产登记条例》依法登记房屋权利受法律保护，未经登记房屋不得转让，区房管局统一规范房地产登记程序和要件，确保权属登记质量，提高办证效率，保证登记系统安全运行。共完成各项产权登记 1424.68 万平方米，其中为加快历史遗留房屋补登，完成产权补登 3.27 万平方米。

（二）产籍档案 1983 年，筹建产籍档案室，核实整理产籍资料 4000 余份，设专人管理，制定《产籍档案管理制度》《档案室岗位责任制》《产籍档案使用制度》等。1990 年 6 月，产籍档案室建成。1991 年 11 月开始，采用市房地产产权产籍管理统一使用的软件系统，添置计算机，提高产籍档案的准确性、科学性、和管理工作的效率。1995 年末，区房管局存有产籍档案 9000 余份。2010 年，区房管局共存有产籍档案 13.55 万件。

（三）落实私房政策 1983 年，区房产公司结合清查换证开展落实私房政策工作，对已撤村并列入城镇范围内的万新庄、种子队、丰新里 3 片地区的私有房屋，经验证核实确系转非农业之前农民自建且产权归属无争议的私房，给予确权发证，总计发证 3200 户，解决了房产所有者多年的疑虑，稳定了人心。

（四）涉外房地产管理 1992 年 8 月以前，涉外房地产由市房管局直接管理。此后，凡坐落东丽经济开发区的“三资”企业和与乡镇企业联办“三资”企业，总投资在 500 万美元以下的，无论以作价投资形式或以租赁形式占用原有房屋和新建房屋，其涉外房地产登记手续均由区房管局办理。是年 11 月，中美合资企业华特饮料有限公司在区房管部门办理了第一份涉外房产证。至 1995 年，有 78 家“三资”企业办理了登记，27 家领取了产权证。

（五）产权网络管理 1991 年，区开始采用房地产产权产籍管理统一使用的软件系统。

2003 年，区房管局为适应不断增多的产籍档案，制定完善《档案库房管理制度》《档案库房六防措施》《房产档案保密制度》《查阅利用档案原则》《档案管理岗位职责》等规章制度，经市、区档案部门对局档案软、硬件等一系列验收考核，由市三级档案管理单位升为市二级档案管理单位。

2006 年，启动产权产籍管理 4.0 版本，设立下载服务专区，实现办件需要的所有文本和表格

全部公开，构成信息透明的网上交易平台。对7万余件库存产权档案重新进行整理订卷，方便群众查询利用。

2007年，完成产权产籍5.0版本的升级工作。实施产权内外网物理隔离，保障交易市场网络的安全、畅通。扩充、刷新网上房屋交易信息资源，启动存量房交易所示范合同文本。

（六）小城镇确权发证　2010年，区房管局开展小城镇农民宅基地换房确权发证工作。抽调18名业务骨干，经调试设备、网络对接、人员培训、协调减免税费、确定华明街道和滨丽公司为共同甲方等，由3个工作组的3条流水线分别制作了合格的产权证，成为全市首例。产权证的及时发放，为华明新市镇参加上海世博会最佳实验区增加了含金量。至年底，累计发证5419件，登记面积51.84万平方米，使群众放心满意，为其他小城镇确权发证工作的开展提供了成功范例。

二、经营管理

（一）直管公产房屋修缮

公房修缮　1979年，建立房屋修缮登记制度，实现“报修有登记表，完工有记录和用户签字，完成情况和使用材料有核对手续”。公房与民用公房修缮核算严格分开，大中修工程建立一套核算手续，每项工程开工前实地勘察，编制预算；施工中进行质量抽查；竣工后进行检查验收，编制决算书。修缮工程年度有计划，制度趋于完善。1981年，区房产公司建立专业的房屋修缮队伍。1984年，修缮任务由各房管站所负责实施。2010年，区房管系统修缮队伍发展到58人，做到思想、组织、预案、物资、措施“五到位”。

以租养房　1996—2008年，将收缴直管公产房屋65%的租金用于公房修缮费。2009年后，将修缮费用提高到公产房屋租金的68%，专款专用。维修工程采取随报随修，保障公用公房正常安全使用。

修缮范围　1986年开始，按市房地产管理局印发的《关于颁发公用公房修缮范围的函》执行，2010年，执行市国土房管局印发的《天津市公用公房修缮范围》，主要包括屋顶、墙体、地面、门窗维修及油漆、水、电、设备工程等。

（二）公房租金管理

租金收缴方式　20世纪90年代，多数单位直管公产房屋租金由区财政统一拨款给房管部门。2010年，有8个单位直接收缴租金，其余单位仍执行由区财政统一拨款方式。

公房租金标准　1996年，房屋每平方米计租标准为0.90～1.20元；2002年，调整为1.17～1.32元；2006～2010年，调整为1.32～1.87元。

移交房管部门管理　20世纪90年代，区属行政机关办公用房和统建配套房屋统一交给区房管部门管理。1996年，公房所直管公产房屋面积9.37万平方米。2010年，公房所直管面积增至13.68万平方米，区房管部门与公房使用单位均建立了租赁关系。

1996—2010年东丽区公房经营管理情况统计表

表16-3

年份	直管公房面积（平方米）	房屋租金单价（元）	年租金（元）	年份	直管公房面积（平方米）	房屋租金单价（元）	年租金（元）
1996	93750	0.90～1.20	963996	2004	140565	1.17～1.32	1944055
1997	100221	0.90～1.20	1081229	2005	136210	1.17～1.32	1802744
1998	102633	0.90～1.20	1120455	2006	145300	1.32～1.87	3116053
1999	124191	0.90～1.20	1126350	2007	153443	1.32～1.87	3248886
2000	121637	0.90～1.20	1259159	2008	146176	1.32～1.87	3315697
2001	123052	0.90～1.20	1346666	2009	146176	1.32～1.87	3164428
2002	130384	1.17～1.32	1469160	2010	136753	1.32～1.87	3197400
2003	130489	1.17～1.32	1860426	-	-	-	-

（三）房屋租赁

城镇私房出租管理 1989年前，私房出租未纳入区房管部门工作范畴，租赁双方协商一致后，租赁关系即告成立，租约多为口头协定。1989年开始，区房管部门将城镇私房出租的管理工作列入日程，对出租情况做了调查并开始登记。1990年开始，按租金的5%收取鉴证费。1990—1995年，登记办理的城镇私房出租户1024户，承租户1324户，出租房屋1979户，出租建筑面积3.51万平方米，月租金每平方米2.10～6.48元。

网上办理房屋租赁登记备案 2004年9月，开始实行网上办理房屋租赁登记备案，将2003—2004年有效的房屋租赁备案合同实行微机录入。2010年，网上办理住宅房屋租赁备案629户，建筑面积4.15万平方米；网上登记办理非住宅房屋租赁备案112户，建筑面积18.91万平方米。完善了房屋租赁登记备案手续，为备案管理工作提供系统的保障。2010年4月，对企业产住宅房屋进行重新登记备案，换发新租赁合同，建立单位产房屋电子管理系统，累计完成31个单位，3100户居民的备案及调租换证工作。

（四）房屋接管 1980年6月，区房管所成立后，即接管区财政拨款建设的公产房屋。1989年，根据区政府批转区财政局、建委《关于移交区属行政机关办公用房管理的报告》，区属24个机关单位新建、扩建办公用房陆续移交房管部门。1996—2008年，接管4个部门保管的自修房屋51处。

（五）房屋安全与使用管理

震后重建扫尾和加固 1979—1982年，对唐山发生强烈地震后涉及区境内危房修复及重建房屋，进行扫尾和加固。

房屋查勘和普查 2003年，区房部门对直管公房和售后房屋进行查勘，对发现的质量问题，及时采取措施予以维修和加固。2007年，对津塘公路两侧房屋、外环线外侧500米范围内房屋及金钟河大街、卫国道、世纪大道两侧417万平方米房屋进行基本数据调查、核对，为改变市容市貌奠定基础。2009 年 9 月，开展全区房屋普查工作，完成 7354 幢、69635 户、1200 万平方米房屋的勘察、拍照、数据整理、核实及录用工作，为区房屋的安全有序管理奠定基础。根据普查结果，会同鉴定中心对 13 处 2.3 万平方米严重损坏房屋进行安全鉴定，消除了安全隐患。

历史风貌建筑安全管理　2006 年开始，对区金钟街道泰山行宫和无瑕街道老姆庙开展历史面貌建筑保护工作，每年进行安全巡查 20 次。

平改坡及屋顶改造　2008 年，开展平改坡工作，对区快速路两侧 13 幢、建筑面积 1.1 万平方米住宅房屋进行改造，被市环境办评为市平改坡工程示范楼。2010 年，开展坡屋顶改造工程，完成先锋里、詹滨里等 7 处共 35 幢楼 3.55 万平方米坡屋顶改造工程，3000 户居民直接受益，为居民营造舒适的生活环境。

（六）房屋安全鉴定

2005 年，成立区房屋安全鉴定中心，贯彻落实建设部《城市危险房屋管理规定》《房屋安全鉴定管理办法》等法律法规，加强内部管理、提高业务水平、严格鉴定程序，确保群众住房安全。2005—2006 年，完成房屋安全鉴定 212 件，建筑面积 8.74 万平方米。

2007 年，加大房屋改造工程的鉴定、检查和监督力度，完成委托鉴定项目 44 件，建筑面积 5254 平方米，鉴定报告满意率 100%。

2008 年，按照市局“关于开展农村中小学校舍安全鉴定”工作部署，重点对区 23 所中小学校舍进行查勘，完成 7 幢教学楼 1.15 万平方米安全鉴定工作，提出建议和措施，消除隐患，确保教学安全。全年完成房屋安全鉴定 60 件，建筑面积 2.54 万平方米。

2009—2010 年，完成房屋安全鉴定 576 件，建筑面积 9.9 万平方米。其中，安全性及装修拆改安全鉴定项目 269 件。

（七）拆迁管理

2003 年，实施平房改造和危陋房屋改造面积 5.59 万平方米，1392 户拆迁。2004 年，侧重解决特困户拆迁，全年完成 2.8 万平方米，552 户拆迁。

2005 年，为确保市政道路建设的顺利实施，对昆仑里 21～23 号楼等实施拆迁。2006 年，完成 3691 平方米、140 户拆迁工作。

2008 年，配合外环线内侧辅道工程，对天津市影像设备厂宿舍等发放房屋拆迁许可证，共拆除住宅面积 8760 平方米，涉及 225 户。非住宅面积 5963 平方米，涉及 3 户。

2010 年，区房管局规范房屋拆迁监督管理，严格拆迁管理制度，维护被拆迁当事人合法权益，依法规范拆迁人拆迁行为。承担津秦铁路及景观河道、民和巷、轻轨、新立街道国有土地、军粮城街道道路拓宽、14 号路、中心城区改造、丰年里改造、金钟街道国有土地房屋测量的 10 项拆迁任务，完成拆迁总面积 8.23 万平方米，使 1723 户居民得到妥善安置，保证城市建设项目顺利实施。

第四节　执法监察

一、房地产行政执法监察

（一）住宅拆改管理　2000 年 5 月，区房管部门对建成交付使用的房屋擅自拆改房屋结构，明显加大房屋荷载等违规行为进行处罚。在执法监察科（中队）设专线投诉举报电话，接受群众举报监督，同时加强巡查，对被举报和巡查发现的违规人员进行劝服并出具整改通知书，责令其限期整改。2004 年，全年专项治理拆改房屋结构 121 户；2005 年，专项治理拆改房屋结构 34 起，阳台、露台搭建 5 起；2006—2010 年，专项治理拆改房屋结构 258 起。

房屋拆改执法案例 2007 年 5 月，区房管局执法中队接到先锋里居委会举报，该小区某号楼某某私自拆改房屋结构。执法人员立即到达现场，经现场核实，相对人某某擅自拆窗改门，违反了《天津市房屋安全使用管理条例》，执法中队将其告知相对人，并下达《责令改正通知书》，责令其限期改正，6 月底已自行恢复。7 月，区房管局执法中队接到欣园里居民举报，该小区某号楼某某私自拆改房屋结构。执法人员立即到达现场，经现场核实，相对人某某将住宅楼房室内结构拆改的行为，违反了《天津市房屋安全使用管理条例》的规定，执法中队下达《责令改正通知书》，责令相对人自行恢复原状。7 月底，执法人员到现场查勘已恢复其原貌。

拆改前

恢复后

（二）门脸房拆改管理 1997 年，出现大量的住宅楼房私开门脸。通常伴随拆窗改门、扩大窗户破坏墙体、拆改阳台 3 种拆改行为，对整幢楼房安全构成极大威胁，私开门脸的经营也违反了房屋使用性质。区房管局执法监察科建立每日巡查制度，对中心城区私开门脸等违规行为进行巡查整治。

拆改前

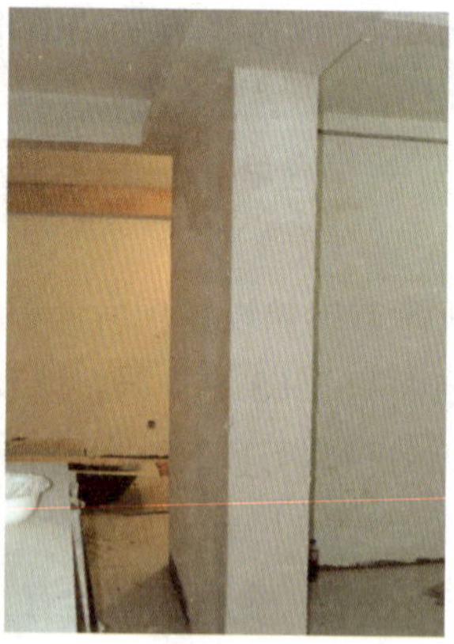
恢复后

2006 年，根据《天津市房屋安全和使用管理规定》和《东丽区禁止拆改房屋结构和住宅楼开设门脸的规定》，区房管局成立拆改房屋结构和住宅楼开设门脸工作领导小组，对张贵庄中心城区房屋拆改和乱开门脸现象进行专项治理，对六路一道违章私开门脸 87 户建立了相关档案，确定管理相对人 58 户。专项治理工作的开展，使区整体重点沿线两侧私开门脸的现象得到一定程度的遏制，市容环境明显改善。执法监察科是年荣获市专项治理先进集体荣誉称号。2006—2009 年，累计治理中心城区私开门脸 94 户。

2010 年，根据市奋战 300 天市容环境综合整治工作部署及区加强私拆门脸治理工作具体安排，区房管局制定《东丽房管局市容环境综合治理方案》，成立市容环境综合整治领导小组，同时成立督查小组，由执法监察科具体实施。从 2010 年 4 月 1 日至 5 月 13 日，动用车辆 68 次，出动执法人员 120 人次，施工人员 260 人次，成功封堵户数 163 户。市国土房管局以《东丽房管局敢于碰硬封堵私拆门脸治理工作成果显著》为题，编发简报，总结东丽 5 条经验，号召全市各区县房管局学习借鉴。

（三）规范房地产市场经营　区房管部门开展房地产市场执法监察。对区内未办理房屋产权登记、房屋租赁许可证的企业和单位，对未登记备案、无资质的房屋中介机构，对开发企业无两书一证进行商品房销售等行为进行整顿治理。

二、依法行政

2004年，为深入贯彻落实《2004年天津市政府法制工作要点》和《2004年房管法制工作会议》文件精神，以规范房管行政管理行为和深化执法责任制，区房管局制定了行政执法责任分解制度，首次对区房地产管理行政执法范围分解成5大项管理、65个责任点，做到职责分明、有章可循、层级负责。

2006年，随着“五五普法”规划的出台与全国范围内“法律六进”活动的推进，执法监察科加大普法宣传力度。每月深入区内物业管理企业，组织认真学习《中华人民共和国物权法》《天津市房屋安全和使用管理规定》及《天津市物业管理条例》等相关法规知识，促进物业企业管理规范化。至2010年，深入物业小区开展法制宣传50余次，出动人数300余人次；结合“3·15”消费者保护日、“12·4”法制宣传日、科技周等活动深入开展普法活动，在关键点位设展台发放《天津市房屋安全和使用管理规定》《天津市物业管理条例》等宣传材料，提高群众对房地产法律法规知晓度，1999—2010年，发放宣传材料8000余份。

第五节　房地产开发

一、普通小区

（一）丰年村中心小区　1977年，市革委为解决地震后市民住房困难，从新立村征用农田14.2万平方米，地处津塘公路3号桥与4号桥之间，故俗称“三号半”。1978年开始建设，1983年建成总建筑面积2.03万平方米的居民楼。1987年，区房管局接管后，又陆续建造一批居民住宅楼，至1995年，小区住宅建筑总面积达12万平方米，供万人居住。

（二）福山里居民小区　1984年，区城乡建委按照市、区城乡建设规划开始建设，在张贵庄街道东部占用农田和部分洼淀、村路共7万平方米。至1988年建成居民住宅楼19幢，建筑总面积43868平方米，均为5～6层砖混结构条式楼，含单元980套，供2300人居住。

（三）先锋里居住小区　1987年，根据区城建计划，在张贵庄街道东部，占用农田和零星洼淀7400平方米。1989年完成1～4号居民住宅楼建设。1991年建成5号楼。小区内共有砖混结构住宅楼5幢均为6层，有26个门洞，400套单元，总建筑面积2.48万平方米，供千人居住。

（四）泰安里居住小区　1992年，经市建委、市平房改造办公室和区政府勘察鉴定，对原20世纪50—70年代建起的砖木结构和砖混结构的平房住宅列为平改项目。由区平房改造办公室和新华航空公司等单位联合开发建设。1993年底工程竣工。位于张贵庄街道中部，建有6层住宅楼13幢，门洞37个，单元822套，总建筑面积4.57万平方米，供3000人居住。

（五）詹滨里居住小区 1986年，区统建办公室占用詹庄村耕地和城区边缘用地2万平方米，建筑面积1.43万平方米的首批住宅楼，因临近詹庄村，处海河之滨故名“詹滨里”。是年又在詹滨里西侧建设占地7066平方米，建筑面积11754平方米的住宅楼4幢，定名金华里。1990年，天津市信托开发公司又建詹滨南里、津门里住宅楼，占地1.5万平方米，建筑面积47678平方米。1994年，由区房管局和区建设开发公司始建詹滨西里，1995年建成16幢。

二、商品房

（一）1985—1995年普通商品房

1985年，在张贵庄跃进路以西兴建商品住宅楼，建筑面积17344平方米，建成后定名詹滨里。是年，市分配区首批农建商品房指标，崔家码头村在振兴里东建成建筑面积10854平方米；辛庄在造纸五厂建成8000平方米；大直沽农工商公司在本村建成9500平方米；河兴庄在福山里北建成4000平方米；南大桥村在桥西建成1.45万平方米；新立村在津塘公路南建成7000平方米；詹庄村在本村建成9264平方米。1992年，建成津门里商品住宅楼计4.77万平方米。由天津市房产信托公司承建。

1986年，建成金华里1号、3号、5号、6号四座商品住宅楼，共计建筑面积10808平方米；长青村在本村开发建设商品房4.05万平方米。1987年，阳光村在卫国道建成2万平方米；河兴庄在原水里北建成4000平方米；长青村在河北饭店对过建成2.5万平方米；南大桥村在外运车队东建成1.4万平方米；崔家码头村在福山里东、红旗楼和体育场南建成2.5万平方米；大直沽村在南大桥规划区内建成3000平方米；赵沽里村在湛江路小区建成3万平方米；欢坨村在湛江路小区建成2万平方米；辛庄、杜庄、潘庄在电传所南建成1.2万平方米；新立村在红旗楼南建成6000平方米。1988年，建成詹滨里5号、6号、12号三幢楼，计2.17万平方米；建成程林一村1号、3号商品住宅252套，1.23万平方米。1989年，建成詹滨里8号楼4844平方米。1992年，建成詹滨里9号楼8546平方米。1995年，建成詹滨西里1号、2号、4号、8号四幢楼2.16万平方米。由东丽区建设开发公司承建。

1992年，建成程林一村10号楼建筑面积5136平方米；长青村建成1.2万平方米；增兴窑在昆仑里建成1.2万平方米。1993年，建成津门里10号、13号楼，计2663平方米；建成泰安里6～12号楼，其中作为商品房的部分1.62万平方米。1994年，建成程林二村8～13号楼 2.34万平方米；建成詹滨西里3号楼，商品房部分177平方米。由东丽区房地产开发公司承建。

1993年，建设丽新楼，建筑面积33710平方米。1995年建成丽新楼8290平方米。由丽新房地产开发公司承建。

1994年，在东丽经济开发区内建成商品楼建筑面积7137平方米；张贵庄贵环小区建成2.47万平方米；崔家码头村先锋里南建成7387平方米。由天津大地房地产开发公司承建。

1994年，在月牙河东建成建筑面积1.16万平方米。1995年，在月牙河小区内建成3.18万平方米；在红星公寓建成1.13万平方米；在程林庄道建成1.09万平方米。由万新房地产开发公司承建。

1995年，建成常熟北里建筑面积3414平方米。由丰年村房管站承建。

1995年，建成常熟二村建筑面积3735平方米。由东丽公房管理所承建。

1985—1995年，东丽区开发建设商品房总计建筑面积66.89万平方米。

（二）2001—2005小普通商品房

项目名称：水东里、隆达公寓、景欣苑、贵环花园、嘉丽大厦、金乡里、天水国际村、铁城公寓、万新公寓、无瑕花园、香港花园、欣圆小区、詹安里、东丽湖万科城、金钟公路3699号、东园花园、朗钜天域、枫泽园、明湖园。上市建筑面积67.60万平方米。

主要开发企业：天津市利合房地产开发有限公司、天津市戎发房地产开发公司、天津市万科房地产有限公司、天津市东大房地产开发有限公司、天津亿联投资控股集团有限公司、天津朗钜地产有限公司。

（三）2006—2010年普通商品房

项目名称：雪莲东里、香港花园、悦盛园、朗钜天域、龙港里、天合家园、俊景苑、东丽湖万科城、溪韵风景湾、雪莲西里、蓝海苑、金钟公路3699号、维尔蓝堤花园、双东路商业、万科魅力城、新世嘉大厦、华纳景湖花园、矽谷港湾、龙城里、广福商业中心、溪堤郡、香邑花园、金隅悦城、保利玫瑰湾、财智大厦、东丽一号、水域天城、翠海红山、恒大绿洲、榕洋金城、广福家园、雪莲北里、金色雅筑。上市建筑面积：161.25万平方米。

主要开发企业：天津滨海发展投资控股有限公司、天津市霞辉房地产开发公司、天津市万科房地产有限公司、天津亿兆投资发展有限公司、天津滨海机场房地产开发有限公司、天津朗钜地产有限公司、天津万科兴业发展有限公司、天津万筑投资有限公司、汉拿（天津）投资开发有限公司、天津市东丽区建设开发中心、天津市津丽湖投资有限公司、天津市东丽软件园建设开发有限公司、天津首创新明置业有限公司、天津保利昆仑房地产开发有限公司、天津市源圆房地产开发有限公司、天津松科房地产有限公司

三、经济适用房（2002—2006年）

项目名称　华亭里、水东里、昆仑公寓、昆仑北里、龙城里、万隆花园、园月里、悦盛园、美爱家园。上市建筑面积21.02万平方米。

主要开发企业　天津市津东房地产开发集团有限公司、天津市宏汇置业有限公司、天津开发区中润置业有限公司、天津市榕洋房地产开发有限公司。

四、定向销售经济适用房（2005—2010年）

项目名称　东城家园、好美嘉园、秋丽家园、顶秀欣园，上市建筑面积53.55万平方米。

主要开发企业　天津市房地产发展（集团）股份有限公司、天津渤海恒源房地产开发股份有限公司、天津市津房置业发展有限责任公司、天津顶秀置业有限公司。

五、限价商品房（2009—2010年）

项目名称　昆俞家园、舒畅园、海山南里、海山北里、华富家园、舒畅欣园，上市建筑面积127.17万平方米。

主要开发企业 天津市房地产发展（集团）股份有限公司、天津市天舒房地产开发有限公司、天津市松江集团有限公司、天津市天房信诚房地产开发有限公司、天津市安居建设发展总公司。

第六节 房地产交易

一、房地产交易大厅建设

1999年，建成房地产交易大厅。2008年，区房管局投资115万元，改造房地产交易大厅，由原7个窗口增设至18个服务窗口和专职咨询台。负责辖区内所有国有土地房屋及其占用范围内的土地使用权及集体土地非住宅房屋的等级发证工作。同时负责打印存量房买卖协议及从事存量房交易资金监管工作。代区地税局征税涉及登记房产的契税所得税、营业税、印花税等。全面设专人办理有关房屋所有权的买卖、赠与、继承、分析及商品房的销售等变更手续。推行“一站式”服务模式，实现“办件政策、办事程序、服务时限、收费标准、服务水平”五统一。全面推行公示制，首办责任制和责任追究制，完善绿色通道，实行特事特办，提高办事效率，受到客户好评。

二、房屋置换

1981年开始，为解决部分职工上下班路途远和在住房问题上发生的其他种种困难，区房管部门开办了换房业务。1982年，区成立换房工作领导小组，主持全区换房工作。区根据1982年市房管局颁发《天津市职工住房互换办法（试行）草案》，打破原规定只限于同类产权的房屋才可以互换的界限，开办不同产权房屋的互换，使群众花钱省，见效快。1984年开始，区政府每年都将换房工作列为改善人民群众生活所办实事之一。区房管部门为需要换调房的住户，拓宽联系面，扩大信息量为群众牵线搭桥，寻求排忧解难途径。1982—1995年，为3282户住房困难的群众换房4071间。

区房管部门根据历年竣工的统建房屋面积，为换房户和困难户调整住房。1981—1995年，共为5831户调配房屋8363间，使群众的居住条件得到改善。

1981—1995年东丽区换房和调房统计表

表16-4

年份＼项目	换房		调房		年份＼项目	换房		调房	
	户	间	户	间		户	间	户	间
1981	28	30	—	—	1989	85	109	497	693
1982	64	67	—	—	1990	279	362	511	710
1983	62	89	54	63	1991	320	414	689	963
1984	169	215	142	174	1992	351	454	423	556
1985	183	207	156	190	1993	410	456	256	342
1986	267	300	567	1124	1994	303	397	344	637

续表 16-4

年份＼项目	换房 户	换房 间	调房 户	调房 间	年份＼项目	换房 户	换房 间	调房 户	调房 间
1987	349	443	1432	2015	1995	274	371	190	261
1988	138	157	570	635	合计	3282	4071	5831	8363

三、公房出售

1994—1995 年，区实行城镇住房制度改革，鼓励公有住房的承租人将所居住的公房购为产权私有。两年间，区房管部门办理购买公房手续 2187 件 3744 间，建筑面积 12.25 万平方米。

四、私产房出售

1988 年，随着房地产管理由计划经济向市场经济转轨，区房产公司按照国家《城镇房屋所有权登记暂行办法》有关规定制发通知，设专人办理房屋买卖手续，将房产交易纳入正规。1988—1995 年，全区范围内办理私房买卖交易计 4225 间，12.23 万平方米，总成交额 8582 万元，每建筑平方米价格 701.83 元。

五、商品房出售

1994 年开始，办理商品房交易，至 1995 年两年共办理商品房交易手续 611 件 2547 间，建筑面积 9.8 万平方米，总成交额达 903 万元，每平方米价格 922 元。

2002—2010 年东丽区商品房销售情况统计表（一）

表 16-5

年份	商品房			经济适用房		
	销售面积（平方米）	销售总额（万元）	销售均价（元/平方米）	销售面积（平方米）	销售总额（万元）	销售均价（元/平方米）
2002	19765	3669	1856	2065	326	1578
2003	61605	12240	1987	20207	2563	1268
2004	187938	57592	3064	89620	16867	1882
2005	125107	56621	4526	26351	5538	2102
2006	383035	185269	4837	23142	6443	2784
2007	386163	247086	6398	8626	2923	3389
2008	298794	193324	6470	29718	11637	3916
2009	455580	331820	7283	4151	984	2370
2010	740150	682318	9219	1831	7693	4202

2002—2010 年东丽区商品房销售情况统计表（二）

续表 16-5

年份	定向销售经济适用房			限价商品房		
	销售面积（平方米）	销售总额（万元）	销售均价（元/平方米）	销售面积（平方米）	销售总额（万元）	销售均价（元/平方米）
2002	—	—	—	—	—	—
2003	—	—	—	—	—	—
2004	—	—	—	—	—	—
2005	12821	3810	2972	—	—	—
2006	58973	17479	2964	—	—	—
2007	34836	13414	3851	—	—	—
2008	74559	29234	3921	—	—	—
2009	63349	26405	4168	346751	167195	4622
2010	96657	37771	3908	603745	346004	5731

第七节　物业管理

一、维修资金归集

2005 年始，区严格落实《天津市商品住宅维修基金管理办法》，确保新建住宅维修基金实现应缴尽缴。是年，归集新建商品住宅维修基金 1083 万元，归集率 100%。2010 年，归集新建商品住宅维修基金 1949 万元，归集率 100%，追缴原有商品住宅维修基金 35 万元。

二、新区物业管理规范化、市场化

2005年，全面推行前期物业管理备案、双确认、物业承接验收等10项制度，重点落实5万平方米以下新建住宅协议选聘制度，新建物业管理实施率达100%。增加前期备案项目10个，对新增10个物业管理项目落实双确认制度，完成协议选聘物业管理企业4个，面积43万平方米，业主会备案3件，物业服务合同备案3件，物业企业资质注销2家，物业企业等级审核2家，业主会到届退出1家，新增天津津都亿联物业管理有限公司等5家物业企业。

2006 年，对辖区物业项目实行网上动态管理，全年协议选聘物业企业 4 家，面积 43 万平米，业主会备案 3 件，物业服务合同备案 3 件，物业企业资质注销 2 家，物业企业等级审核 2 家，业主会到届退出 1 家，新增物业企业 5 家，物业企业退出 4 个项目。

三、行业管理

2006年，区制订年度物业管理工作计划，组织召开全区物业经理工作会。根据2005年新出台的物业管理办法，组织召开了项目经理、业主会主任培训工作会，物业管理从业人员素质提高。是年，区实行物业管理项目50个，总面积382.75万平方米（住宅面积为234.84万平方米）。其中新增物业管理项目10个，面积78万平方米，物业管理实施率达100%。

2010年，建立物业企业长效培训制度，培训物业管理人员190人；推动辖区内旧小区物业管理工作，按照“政府引导扶植，市场规范运作、属地化管理”原则，编制《东丽区物业管理创新模式》，妥善处置万隆小区和上东壹街物业公司物业撤出、俊景苑物业公司更换、香港花园物业纠纷等问题。

四、物业巡查

2005年，建立健全日常巡查与抽查制度，深入企业巡查65次，通过巡查规范了企业行为，为提升物业管理诚信度，保持社会稳定起到促进作用。2006年，加大对物业企业的监督指导力度，敦促各物业企业在小区建立两箱三栏；根据规划图标注实有情况，深入新旧物业管理项目检查服务用房落实情况15次；全年共对旧小区共用部位维修基金使用7次；建立物业、社区、街道联席网制度；完成物业项目日常巡查65次；处理完成信访7件；接待来电来访101次；协调解决业主困难4件，业主的满意率达98%。

2007年，发挥社区物业管理联系会议网络作用，调处化解矛盾35件。2008年，严格落实日常巡查制度，先后深入溪韵风景湾、朗锯天域、雪莲东里等企业进行巡查75次。

2009年，针对信访较为突出的万新公寓屋顶漏雨问题，区房管局深入万新小区，进行政策指导，加强与政府相关部门的沟通协调，完成万新公寓9幢楼屋顶漏雨维修工程，受到居民一致好评。

2010年，区房管局以改善群众居住环境为目标，加大对新《天津市物业管理条例》宣传力度，对8个街道1个乡、6个居委会进行业主委员会活动规则及备案程序专题培训。加强老旧楼区物业管理，制定完成《关于我区整修后旧楼区管理的意见》。

第八节 房地产企业

一、天津市霞辉房地产开发公司

1992年成立，为区属全民企业，主要从业房地产开发及商品房销售。初期有管理人员10人，2010年达30余人。公司秉承“重质守信，以诚为本”的宗旨，落实工程质量监管机制，确保区内重点工程进度，相继开发一批区重点建设项目和民心工程。

1998—2010年东丽区霞辉房地产开发公司承建区重点工程一览表

表16-6

承建年月	工程项目	建筑面积（平方米）	竣工期
1998年12月	区图书馆	5000	2006年6月
2001年3月	区国税局	8248	2003年1月
2001年6月	区委区政府大楼	11950	2003年1月
2003年9月	振兴南里改造	63500	2007年5月
2008年1月	华明老人院	10171	2010年4月
2008年12月	华明学校	2158	2009年9月
2008年8月	区法院审判综合楼	3559	2011年
2009年1月	天津银行东丽支行	6177	2011年4月
2009年10月	区广电中心	15769	2012年1月
2009年10月	区教育科研教师培训基地	14037	2012年1月
2010年12月	区体育中心	34250	2012年10月

二、天津市津东房地产投资开发集团有限公司

1992年8月，四村民营企业家徐树山创建津东房地产投集开发集团有限公司，至2010年已打造成集房地产、酒业、商业、物业为一体的综合性集团公司。连续6年在天津市百强民企评比中，名列前茅，被评为“天津市房地产业开发二十强企业”，获“中国房地产企业200强全球奖”及“天津市AAA劳动关系和谐企业”等荣誉。该集团公司积极参与奉献社会公益事业，参与了为汶川地震、希望小学、蓟县北少林工程、援藏事业、玉树赈灾、云南旱灾、舟川山洪等捐献慈善事业。共捐助各类善款3000余万元。

第十七编

财税　金融

改革开放32年间，区财政、税务、金融发生翻天覆地的变化。区财政收入快速增长，从1979年的2864万元，跃升为2010年的40.19亿元，增长140.34倍。区级财政支出从1979年的966万元，上升到2010年的40.22亿元，增长416.35倍。区对乡镇分税制体制改革以来，制定支持经济发展的财政扶持政策，利用各主管部门发展经济的积极性，财政收入保持较快增长。

1994年，国家实行税制改革，区国税、地税分设。是年8月，天津市东丽区国家税务局和天津市地方税务局东丽区分局成立。1994—2010年，区国家税务局税收完成总额253.7亿元，全区地方税收完成总额149.4亿元，为国家财政和地方建设做出贡献。

2007年，区政府组建国资委后，理顺投资关系，明确出资人地位，建立区政府授权，国资委代表区政府履行出资人职责的新型管理体制。国资委按照出资比例代表区政府对投资企业依法享有资产收益，参与重大决策和选择管理者等权利，出台一系列国资监管规章制度，确保国有资产安全运行，实现国有资产保值增值。

2010年，驻区金融机构有农业、工商、农商、建设、邮储等16家银行及中国人寿、中国财险、天津社保等6家保险机构。金融业的兴起，对全区经济建设、企业兴办、人民生活等诸多方面，都起着推进、扶助和保障作用。

2001年，东丽国税局新征管法税收政策发布会

2010年，区国资委组织国有企业财会人员业务培训

2010年，新立街道银企对接活动现场会

第一章　财　政

1984年前，区财政收支预算基本由市财政控制，实行“固定比例留成，超收分成”财政体制，区财政自主权较小。1985年始，实行“核定基数、总额分成、比例包干”，市财政不再下达预算指标的新财政体制。1988年，区财政收入首次突破1亿元。2000年，全面推行乡镇财政区域化管理的新体制，区财政收入达2.8亿元。2006年，区财政收入突破10亿元，达13.1亿元。2010年，区财政收入40.19亿元。三级财政收入126亿元，为区县第二位。

第一节　机　构

1979年，区财政局与区税务分局合署办公。1983年，区财政、税务机构分设。区财政局是主管全区财政工作的政府职能部门，内设办公室、人事教育科、预算科、行政事业财务科、综合科、农业财务科、会计科、企业财务管理科、财政税收财务大检查办公室。2010年，财政局内设科室有办公室、人事教育科、预算科、行政事业科、综合计划科、会计科、企业财务科、农业财务科、基建社保科、预算外资金科、财政监督科、国库科、政府采购办公室、财政管理科。下属事业单位：财政局预算编审中心、区政府采购中心、担保中心、农村社会保障服务中心、财政集中支付中心、会计服务中心、市场建设服务中心。

第二节　体制改革

一、核定基数，总额分成，比例包干

1979—1984年，实行“固定比例留成，超收分成”财政体制。1985年始，中央与地方，实行“核定基数，总额分成，比例包干”的新财政体制。市核定区总额分成的比例为30%，核定预算财政收入任务4823.6万元，是年实际收入6431万元，比1984年增长2132.2万元，按比例分成得1929.3万元。1988年，市重新核定区的总额分成比例为22.4%，并确定定额补助180万元，核定预算收入任务9466万元，是年实际收入1.03亿元，按比例分成得2314.3万元。

1989年，金融部门紧缩银根，控制信贷，资金紧张，财政支出中的增支因素增加（调整工资，提高书报费、洗理费标准），市将区的总额分成比例调整为30%。

二、分税制财政体制

1992年，市政府决定对各区县实行“分税制”财政体制。财政收入分为市与区县共享收入和区县固定收入。其中市与区县共享收入按50%分成。市以区县1991年收入情况做基数测算，确定区1992年财政收入基数8283万元，支出基数4483万元，上解市财政基数3800万元。年递增包干

比例为2%，从1992年起每年递增上解。1992年，按分税制财政体制计算，实际财政收入13853万元。其中共享收入实现7849万元，50%留区；固定收入实现6004万元，全部留区。固定收入加上留区的共享收入减上解市财政3800万元，区实际收入为6128.5万元，比原财政体制计算，多得678.5万元。

1993年，对分税制财政体制进行调整。实行消费税、非金融机构所得税全部上缴中央，增值税75%上缴中央，25%留地方，其他税种全部留给地方的财政体制。按照中央对财政体制改革的总体要求，区对9个乡镇在1993年试行“定收定支、超收分成、结余留用、超支不补”的财政体制。全年乡镇财政实现收入9207万元，超核定任务的22.7%，比过去超过7%分成，多得收入300万元。1995年，乡镇的三级财政收入达到1.46亿元，其中本级收入7840万元，超基数731.4万元，乡镇实现超收分成350万元。

三、乡镇财政区域化管理体制

1999年，探索建立新的乡镇财政区域化管理体制，完成企业摸底、区域划分、基数测算等工作，体制框架已初步形成并进入试行阶段。新体制进一步规范区、乡两级政府间的财政分配关系。2000年，全面推行乡镇财政区域化管理的新体制。按照“分级管理”的原则，明确区乡两级财政的收入范围和支出责任，理顺区乡两级政府间的财政关系，调动乡镇政府发展经济、挖掘财源的积极性。2001年，继续完善以区域化管理为主要内容的乡镇管理体制，乡镇财政累计实现收入9799万元，超任务1089万元。做好乡镇会计基础工作，对撤并乡镇整体财务情况进行摸底，研究探索有利于乡镇经济发展的财务管理模式。

2002年，对原超收分成体制进行完善，实行区域化管理体制，加大对超收乡镇的奖励力度，初步形成“一级政权、一级事权、一级财政”的财政分配关系。按照中央细化预算编制的要求，在实行综合财政预算和“零基预算”的基础上，延长预算编制时间，细化预算编制内容，修订预算核定标准，严格审批程序，提高预算的科学性和准确性。推行国库集中支付制度，并以工资直接支付为突破口，建立全区行政事业单位人员工资信息数据库。

四、“收支两条线”改革

2003年，市对区县财政体制进行了调整完善，区按照“属地化”管理的原则，下划外资企业及部分市属企业，区财政规模进一步扩大。深化预算管理体制改革，以工资统发为突破口，进行集中支付制度改革，减少资金流通环节，提高资金使用效益。按照细化预算要求，模拟编制部门预算，为改革实行做好准备。推行“收支两条线”改革，年内按照规定将公安、法院等部门的收费收入纳入预算管理，取消部分不合理收费，推行罚缴分离和票款分离，理顺分配关系，规范资金管理。2004年，市对区财政体制按照属地化原则继续调整完善，下划区天津卷烟厂、军粮城发电厂、天铁炼焦厂等大企业。推行“收支两条线”改革，将收费收入纳入预算管理，增加区财政收入2732万元。

2005年，按照“属地化”管理原则，进一步完善区乡财政体制，对大企业归属情况进行调查，重新确定收入基数及任务。落实9000万元财政体制分成资金，完善超收分成资金管理制度，促进乡镇经济发展。按照细化预算要求，继续对公安等部门模拟编制部门预算。

五、预算管理制度改革

2006年，对区内10个单位试编部门预算，为改革的全面推行做好准备。实施政府收支分类改革。加强财税知识和会计电算化培训工作，提高会计人员业务水平。实施会计工作电算化试点，推动会计工作标准化建设。

2007年，全面推行部门预算制度改革，重新制定财政支出标准，细化基本支出和项目支出预算，实行预算内外收支管理，增加预算透明度，初步建立预算绩效评价体系，资金管理和使用趋于科学化、规范化。开始进行国库集中支付改革试点，对12个单位进行集中支付改革试点，减少资金流转环节，提高财政资金使用效率。为加强市级经济功能区分成资金管理，制定管理办法，明确资金使用范围和审批程序，规定按平均进度分年度调入金库，纳入预算管理，规范分成资金的使用行为。

2008年，根据有关法律法规，结合区实际，制定《关于推进部门预算改革的意见》《东丽区部门预算管理暂行办法》《东丽区项目支出预算管理办法》《东丽区预算外资金管理办法》等一系列预算管理制度。从制度上明确“一个部门一本预算”、零基预算、综合预算的原则，规范“定员定额”管理、信息库管理、项目库管理的方法，严格部门预算的编制程序，强化预算编制、执行、决算的全过程监督。全年审核项目预算3.9亿元，核减0.7亿元，资金节约率18%，提高财政资金使用效益。推行集中支付制度改革，试点单位达到36家，占全区一级预算单位的58%，对资金实施全过程监督，规范财政资金的使用行为。做强做大东方财信、城投集团等融资平台，扩展融资渠道，保障重点项目融资需要。

2009年，完善部门预算制度，细化项目预算，严格执行政府采购、基本建设资金管理办法，强化支付过程控制，规范项目资金使用。推行集中支付制度改革，全区一级预算单位全部实行集中支付，减少支付环节，提高资金使用效率。开展“小金库”专项治理工作，严肃财经纪律，推进廉政建设。制定加强政府投资项目资金管理办法，加强工程立项、增项、招投标等程序控制，规范投资行为。整合区属特定目的公司，拓展融资渠道，保障重点项目融资需要。加强政府债务管理，制定政府性贷款项目“借、用、管、还”管理办法，严格举债审批程序，防范和化解财政风险。

六、加强财政基础工作

2010年，以加强财政基础工作和基层建设为重点，提高财政管理科学化、精细化水平。严格预算编审、执行等环节管理，建立部门基础信息数据库，细化基本支出及项目预算，严格控制公用经费等一般性、消耗性支出增长，规范预算追加审批程序，提高预算执行效率。严格工程类预算审核，加强成本控制，强化支付过程管理。推行集中支付制度改革，全区一级预算单位及教育系统二级预算单位全部实行集中支付制度，减少支付环节，提高资金使用效率。开展社会团体和国有企业“小金库”专项治理工作，严肃财经法律。严格政府投资项目管理，健全完善相关制度，规范投资行为，加强廉政建设。拓展融资渠道，合理调配各类资金，保障重点项目资金需求。

第三节　财政收入

1979年，区财政收入为2864万元。1988年，区财政收入达1.03亿元，从此区财政收入以亿计。1988—1990年，区年均财政收入为1.18亿元。

1991—1995年，区财政收入为7.79亿元，年均为1.56亿元。比1979年增长5.44倍。

2000年，全年三级财政收入为5.13亿元，比1995年3.16亿元增长1.97亿元，增长62.34%。区级一般财政收入2.82亿元，比1995年1.74亿元增长1.08亿元，增长62.06%。

2005年，全年三级财政收入为30.76亿元，比2000年5.13亿元增长25.63亿元，增长5倍。区级一般财政收入9.8亿元，比2000年2.82亿元增长6.97亿元，增长2.47倍。2006的，区级一般财政收入13.1亿元，首超10亿元。

2010年，全年三级财政收入为126亿元，比2005年30.76亿元增长95.24亿元，增长3.1倍。区级一般财政收入40.19亿元，比2005年9.8亿元增长30.39亿元，增长3.1倍。

改革开放32年，区财政收入快速增长。区级财政收入由1979年的2864万元，飞速跃为2010年的40.19亿元，增长139.34倍。

1979—1995年东丽区地方财政收入情况统计表

表17-1　　　　单位：万元

项目 年份	总收入	各项税收	企业收入	工商税收	其他收入
1979	2864	2856	4	—	4
1980	2852	2840	9	—	3
1981	2459	2452	9	—	-2
1982	3827	3308	15	—	4
1983	4022	3993	20	—	9
1984	4299	4272	18	—	9
1985	6431	6402	—	—	29
1986	8270	国营企业所得税（下同） 41	农牧业税耕地占用税（下同） 108	8071	50
1987	9388	25	94	9219	50
1988	10330	25	118	10137	50
1989	12734	21	141	12468	104
1990	12285	-4	134	12059	96
1991	14230	34	220	13919	87
1992	13843	3	227	13487	126

续表 17-1

项目 年份	总收入	各项税收	企业收入	工商税收	其他收入
1993	17899	13	212	17417	257
1994	14461	企业所得税（下同） 2399	620	10700	742
1995	17449	2436	762	13402	849

1996—2010 年东丽区地方财政收入情况统计表

表 17-2　　单位：万元

项目 年份	总收入	工商税收类	农牧业税收耕地占用税	企业所得税	专项收入	罚没收入行政性收费	增值税	营业税	其他收入
1996	20082	2931	723	2822	514	751	4170	8171	
1997	21773	3219	916	3142		649	4741	9106	
1998	23375	其他税收类 （下同） 4870	1003	3762	575	1125	5202	6838	
1999	24480	4103	557	6192	634	717	5114	7163	
2000	28246	4637	225	7099	693	629	7272	7691	
2001	37917	6957	452	10036	805	736	9541	9390	
2002	38226	5788	269	6906	909	884	12283	11187	
2003	39504	14380	61	3854	1440	742	9869	9106	52
2004	67635	25573	1577	8511	4644	3554	13210	10270	296
2005	97988	30440	2151	10518	5890	8343	24741	15399	506
2006	131002	40700	耕地占用税 土地增值税 （下同） 1644	16502	8993	9734	32645	20587	197
2007	186408	52584	1342	19187	10225	37851	38828	24941	1450
2008	242644	86355	5686	34077	13222	20992	44956	35232	2124
2009	354623	83448	62879	32003	12152	40309	44559	43879	35394
2010	401922	127279	10212	48052	14443	78448	51654	71162	672

说明：2009 年其他收入系国有资本经营收入，国有资源有偿使用收入

2010 年其他税收类含：个人所得税、城市维护建设税、房产税、印花税、城镇土地占用税、车船税、契税

第四节 财政支出

1976—1980年，“五五”期间区财政支出5490万元，年均支出1098万元，其中1979年为966万元，1980年为1117万元。

1981—1985年，“六五”期间区财政支出规模较小，主要用于基本建设、农业、城市维护、科教文卫及行政管理等，年均支出1437万元。年均比“五五”期间增长339万元，增长30.87%。

1986—1990年，“七五”期间区财政支出逐步加大，用于基建、农业、城市维护、科教文卫、抚恤等方面大幅增加，年均为3909.8万元，比“六五”期间年均增长2472.8万元，增长1.72倍。

1991—1995年，“八五”期间区财政支出在保证行政事业单位正常经费需求同时，保证重点项目及农业、科教文卫等社会事业的发展，促进全区经济稳定增长和社会全面进步。年均支出为10398万元，比“七五”期间年均增长6488.2万元，增长1.66倍。1995年，财政支出为1.66亿元，与是年财政收入1.74亿元，基本实现收支平衡。

1996—2000年，“九五”期间区财政支出为12.15亿元，年均为2.43亿元，比“八五”期间年均增长1.39亿元，增长1.34倍。其中，1999年，加大对农业、科技和基础设施的投入，专项资金进行农业科技项目开发，兴建农业科技示范区，建设高效、集约化新型农业。扶持农业产业化发展，推动农业创新和技术开发，进行农业机械化推广应用。专项教育基金，用于兴建小东庄卫生院及区属医院、卫生院购置医疗设备。专项资金修建乡村公路，启动体育中心建设工程。2000年，支出重点转移到公共需求。启动一百中学新校基建工程及体育中心建设工程。建立扶贫专项基金，扶持生活困难户走脱贫致富道路。支持公共事业发展，兴建南水北调及引黄济津工程，建京津冀高速绿化带、垃圾处理厂，改善城乡环境，提高城镇整体功能。

2001—2005年，“十五”期间区财政支出32.84亿元，年均为6.69亿元，比“九五”期间年均增长4.14亿元，增长1.7倍。其中2001年，加大基础设施建设，科教文卫、社会保障等项目投入。兑现区促进招商引资和经济发展的各项奖励政策。2002年，投入资金用于乡村两级农业生产专项补助。城市建设支出用于市政、园林、环卫、乡村公路建设，兑现国家调整机关、事业单位干部、职工工资政策。2003年，投入专项资金用于绿化工程，落实农业综合开发匹配资金和贷款贴息。“非典”时期追加预算购置防治“非典”专用救护车等。拨付低保资金，保证城镇低收入群体生活保障资金落实。2004年，筹措资金兑现农民种粮补贴和国家储备粮轮换，筹措资金用于农村低收入家庭医疗救助、农村医疗和农民体检，增加老年事业发展资金，增加环保经费。落实房屋公积金，保证住房政策兑现。落实土地开发和城镇基础设施建设资金。2005年，增加预算用于发展畜牧业小额贷款贴息、林业有害生物防治，兑现农民种粮补贴。落实资金用于示范中学、模范小学，东丽中学扩建项目。建立突发公共卫生应急指挥系统建设。支持科学普及、基础科研和高新技术产业化基础建设。

2006—2010年，“十一五”期间区财政支出133.06亿元，年均为26.6亿元，比“十五”期间年均增长20.04亿元，增长3.05倍。2006年区财政全面支持和谐社会建设，加大教育、文化、卫生、社会保障、生态环境、社会治安、公共基础设施等重点事业的投入。2007年，完善社会保障体系，加大社会保障和就业资金的投入。2008年，落实改善民生的各项政策措施资金，直接用于社会保障。落实再就业政策资金，加大农村劳动力培训，拓宽农业就业渠道。2009 年，继续加大民生投入。2010 年，重点投入农村退养补助、城乡居民基本养老保障、储备被征地农民养老保障资金、城乡居民医疗保险优抚对象医疗补助等。

改革开放 32 年，区财政支出由 1979 年 966 万元，上升到 2010 年 40.22 亿元，增长 415.35 倍。1979—2010 年，区财政总收入 187.37 亿元，总支出 186.13 亿元，结余 1.24 亿元，基本实现区财政的收支总量平衡。

2010 年，区财政养老保障落实到农村千家万户

1979—2006 年东丽区地方财政总支出情况统计表

表 17-3　　单位：万元

年份＼项目	总支出	基建	支援农业	城市维护	文教科卫	抚恤救济社保
1979	966	33	164	67	458	87
1980	1117	66	165	50	528	86
1981	1206	30	236	72	609	67
1982	1192	103	184	62	636	30
1983	1267	32	126	59	702	62
1984	1479	84	90	69	841	29
1985	2041	128	68	259	1114	45
1986	3044	412	395	106	1426	54
1987	3582	441	665	117	1524	55
1988	3666	105	303	273	1874	60
1989	4357	125	317	258	2072	82
1990	4900	96	469	336	2480	100
1991	5825	205	406	371	2825	120
1992	6779	346	400	318	3213	144
1993	9510	967	405	514	4061	138
1994	13243	1042	345	581	5702	179
1995	16633	1258	321	512	6941	294
1996	20032	1428	456	618	8633	280
1997	21979	1000	206	549	9469	361
1998	24186	800	236	747	10519	436

续表 17-3

年份＼项目	总支出	基建	支援农业	城市维护	文教科卫	抚恤救济社保
1999	25966	570	724	753	12342	453
2000	29377	4405	496	805	11752	608
2001	40053	6765	525	840	14782	936
2002	49816	6494	3850	1274	16759	771
2003	57729	9342	1700	1153	21238	1146
2004	76139	9179	1175	4161	23769	1737
2005	104696	7830	1727	8879	27078	2222
2006	132466	6577	2727	11351	34270	5281

年份＼项目	行政管理	知青安置	其他事业费	专项支出	企业控潜改造	其他
1979	135	—	—	—	—	22
1980	142	37		—	—	43
1981	135	28		—	—	29
1982	137	—	31	—	—	9
1983	167	—	104	—	—	15
1984	208	—	141	—	—	17
1985	209	—	179	—	—	39
1986	286	—	266	—	—	99
1987	317	—	363	—	—	100
1988	288	公检法支出（下同）128	381	—	—	254
1989	344	161	653	—	—	345
1990	476	184	468	—	—	291
1991	523	215	617	156	120	267
1992	696	288	600	219	49	506
1993	924	358	802	216	179	946
1994	1349	901	1029	577	161	1377
1995	1569	1069	1157	707	106	2699

续表 17-3

年份＼项目	行政管理	知青安置	其他事业费	专项支出	企业控潜改造	其他
1996	1633	1277	1209	892	192	3414
1997	2045	1689	1570	—	200	4890
1998	2265	1806	1659	575	200	4943
1999	2440	1822	1993	633	509	3687
2000	2753	2323	1958	560	738	2979
2001	3628	3021	2107	805	1809	4835
2002	5023	2871	1744	812	3324	6894
2003	5033	3057	4319	1440	1497	7804
2004	6609	4504	6085	2718	3118	13084
2005	7643	6405	3891	4141	7746	27134
2006	10264	8443	3543	7045	5716	37246

2007—2010 年东丽区地方财政总支出情况统计表

表 17-4　　单位：万元

年份＼项目	总支出	一般公共服务	公共安全	教育	科学技术	文化体育	社会保障
2007	193983	15775	14851	34928	2680	2230	14185
2008	244474	20883	20199	43946	3666	4686	19186
2009	357431	23404	23063	59835	5135	16331	25363
2010	402198	30808	33897	75518	5899	19186	28637

年份＼项目	医疗卫生	环境保护	城乡社区事务	农林水事务	交通运输	工业、商业、金融事务	其他
2007	13390	1513	33475	5186	561	19587	35622
2008	21575	1682	37085	6177	738	10755	53896
2009	21693	1999	52831	7638	824	油粮物资储备（下同）1433	92589
2010	22155	2100	50396	9809	1809	404	63033

说明：2009 年另支出电力信息 23468 万元、国防 1825 万元

2010 年另支出资源勘探电力信息事务 49323 万元、商业服务业事务 2138 万元、国土资源气象事务 1086 万元

第五节　管理监督

一、预算外资金管理

1992年，区鼓励行政单位兴办第三产业，发展生产经营活动，开始积存预算外资金。

1994年，区政府部门对全区50个行政单位实行预算外资金“收支两条线、专户储存”的办法，共有44个单位参加财政专户储存，累计存入专户资金1040万元。

1996年，为强化预算外资金管理，对区属行政事业单位的预算外资金，实行“财政专户储存，收支两条线”管理。区属行政事业单位只能在一个银行开设一个预算外资金收入账户和一个预算外资金支出账户。收入账户办理单位预算外资金收入，不得办理任何支出业务，按月由开户银行将资金划入区财政专户管理。支出账户除财政部门从财政专户划转资金外，支出计划经财政部门审批。

1998—1999年，开展预算外资金的清理检查，对各单位预算外收入，行政事业性收费收入，按规定及时上缴财政专户。对全区各行政事业单位的预算外资金开展清理检查，对不符合规定的账户全部撤销。

2000年，修改区预算外资金管理办法实施细则，落实“收支两条线”管理规定，完善缴拨款审批程序，对部分单位预算外资金实行双向控制。强化专户管理，进行账户清理工作，规范资金使用行为。

2001年，部分行政事业性收费纳入预算管理，加强行政事业性收费票据的验旧领新，对专户管理资金，规范资金的支出行为，坚持账户清理工作。

2002年，行政事业单位预算外资金账户进行清理，对不符合规定的账户全部撤销，全面推行“罚缴分离、票款分离”和“单位开票、银行代收、财政统管”的管理办法。

二、行政事业单位财务管理

1979年，区财政对行政事业单位实行“年初核实预算，年终据实报销，结余财政收回”的管理办法。1980年后，对全额预算管理单位试行预算包干，结余留用，超支不补的预算管理办法。1990年，对用款额度较大的行政事业单位采取定额包干的办法。严格用款的计划审核程序，控制拨款环节，坚持按项目进度拨款，注重反馈资金使用情况。

1992年，鼓励行政单位兴办第三产业，创办经济实体。允许各单位动用历年结余，发展生产经营活动。1995年，对会议费、购置费、差旅费、招待费等消费性支出进行压缩和控制。

1997年，强化正常经费核定管理，对各单位正常经费的年初预算采取“三重核定”办法，先将预算标准印发各单位，由各单位进行初核，财政部门分管人员进行复核，最后由主管科长、局长复核审批。

1998—1999年，完善正常经费核定标准和审批程序。落实节支措施，压缩一般性、消耗性支出。优先保障农业、科技、教育、政法及社会保障等事业的支出需求。控制招待费、会议费、修缮费、电话费等公用开支。

2000—2001 年，细化预算编制工作，对预算核定实行定员定额标准，严格审批程序，提高预算的准确性。

2002 年，协调税务部门做好收入管理工作，按月分析收入进度，确保及时足额入库。完善预算核定标准，压缩一般性消耗性支出，重点保证公共支出，重点支出。强化预算监督，对大宗的专项资金进行检查，保证专款专用。

2003 年，对全区 2002 年行政事业性收费项目和收支情况调查分析，规范收费项目，把各行政事业单位收费项目、收费标准、收费收入等情况摸清底数。

2004—2010 年，加强对罚没和行政事业性收费收入的管理，对纳入预算管理的行政事业性收费收入和政府性基金每年进行专项检查。在规范资金管理的同时，增加财政收入。

三、社会集团购买管理

2007—2010 年，1981 年前，行政事业单位所需办公用品和业务设备，采取按计划发放社会集团购买券的办法。超计划购买，须报区财政部门审查批准。1981 年，建立控制社会集团购买办公室，实行计划管理，定额供应，专项审批，限额控制的办法。32 种专控商品由区控办审查，市控办审批。1985 年，专控商品改为 18 种，分级审批，市审批 10 种，区审批 8 种。1992 年，审批权限下放，区审批 32 种，市审批 6 种。对专控商品采取设立辅助账监督的办法，要求原始凭证与记账凭证单相符。

区政府采购中心围绕全区经济建设大局，拓展政府采购范围。为确保招标采购工作公开、公平、公正，保证施工质量，开标前组织标书制作、公告发布、投标供应商现场踏勘等准备工作，及时召开项目答疑会、采购预算标线公布会，完成全区各项采购任务，服务质量和公信力增强。采购预算从 2000 年的 0.064 亿元到 2010 年的 2.5 亿元，采购规模不断扩大。2000—2010 年，实际采购金额比预算节约资金 1.26 亿元，平均节约率 11%，提高了财政资金的使用效率。

四、乡镇财政管理

1990 年以前，乡（镇）级财政是区级财政的报账单位，“统收统支，据实报销”。1991 年，开始加强乡（镇）财政的各项基础性工作，逐步完善乡镇财政体制，使乡镇财政与财税脱钩，理顺乡镇财政、财务二者关系。1992 年，在新立村乡进行乡镇金库试点，实行“收支挂钩，总额分成，结余留用，超支不补”的财政体制。1993 年初，扩大小东庄乡、万新庄乡为乡镇金库试点，同时对 7 乡 2 镇执行《关于乡镇试行“定收定支，超收分成”的财政体制的实施意见》，确定各乡镇以 1992 年实际收支为依据，加上支出的调整因素及 1993 年出台的政策补贴，核定 1993 年收支基数，超收分成，乡镇分享超收部分的 23%。1995 年，乡镇继续实行“定收定支、超收分成、结余留用、超支不补”的财政体制，严格执行区、乡两级“分灶吃饭”的原则，有力地调动乡镇超收的积极性，发挥一级政府、一级财政的职能作用。1997 年，重新核定乡镇收支基数。

1999 年，探索建立新的乡镇财政区域化管理体制。年内完成企业摸底、区域划分、基数测算等工作，体制框架已初步形成并进入试行阶段。

2000 年，全面推行乡镇财政区域化管理新体制。按照“分级管理”的原则，明确区乡两级财政的收入范围和支出责任，理顺区乡两级政府间财政关系，调动乡镇政府发展经济、挖掘财源的积极性，使乡镇财政收入得到大幅度提高，财政实力得到壮大，财政职能明显增强，乡镇经济得到快速发展。

2004—2010年，对各镇（街）乡开发区和旅游区的财政体制进行核算。对各镇（街）乡实行新的分税制财政体制，对开发区和旅游区实行财政分成政策。按照市对区体制的要求，实行属地征管，重新划分收入范围，调整征管工作。对区域内9000余户企业税收经营地址进行逐户核对并划分归属，重新核定收支基数。

五、公费医疗管理

1992年前，公费医疗由卫生部门核拨放款，区卫生部门统一到财政按实际开支拨款，开支没有限额，公费医疗连年大幅上升。1987年前，年开支在100万元以内。1991年，突破302万元。1992年，进行公费医疗报销制度改革，按照职工年龄段拉开档次，按档次差额报销。各单位公费医疗财政包干，超支不补。1997年，加强公费医疗经费管理，抑制公费医疗经费膨胀。继续落实、强化、规范新的公费医疗管理制度，对享受公费医疗人数进行核定，建立台账，并输入卫生局公费医疗管理部门微机管理程序。1999—2010年，保留离休干部和二级乙等以上参战、参军退伍军人公费医疗待遇，其余人员实行由社会保险机构管理的城镇职工基本医疗保险。

第二章　国　资

2007年，东丽区国资委成立后，制定一系列国资监管规章制度，严格国有资产产权交易程序，建立重大事项报告制度，对大额资金进行使用跟踪，对股权转让、资产处理严格把关，确保了国有资产安全运用。区已从乡镇村经济为主体的单一经济发展格局，逐步转变为以区级国有资本为主框架，街乡国有资本为支点，拉动其他经济成分共同发展的新型经济框架。2010年，纳入财务决算国有企业108户，资产总额474.64亿元，营业收入5.99亿元，缴纳税金0.33亿元，实现了国有资产保值增值。

第一节　机　构

一、东丽区国有资产监督管理委员会

2007年2月，根据天津市编委《关于东丽区人民政府有关机构设置的批复》，区委下发《关于组建东丽区人民政府国有资产监督管理委员会的通知》，在原国有资产管理办公室的基础上组建区人民政府国有资产监督管理委员会，规格处级。区国资委内设办公室、产权管理科、改革发展科、预算考核科。

二、东丽区国资委兼职委员会

2007年成立区国资委兼职委员会，委员由区委组织部及区发改委、法制办、监察局、财政局、审计局主要领导担任，参与国资管理规范性文件和政策的制定，以及区属国企重大事项的决策。

三、主要工作

2007—2010年，区国资委理顺投资关系，明确出资人地位，建立区政府授权、国资委代表区政府履行出资人职责的新型管理体制，按照出资比例代表区政府对投资企业依法享有资产收益、参与重大决策和选择管理者等权利。出台一系列国资监管规章制度，严格国有资产产权交易程序、建立重大事项报告制度、对大额资金进行使用跟踪，对股权转让、资产处置严格把关，为对全区经营性国有资产实施统一监管打下基础，确保国有资产安全运行。以加快产权结构调整、建立现代企业制度为重点，整合和优化国有资产配置，通过统筹土地房产资源、国有资本金注入、公建资产运作等方式，促进资本集中，将东方财信、城投公司、滨丽公司等一批国有骨干企业打造成集融资、投资、资产管理和资本运作为一体的企业集团，作为政府性投资项目建设的承贷和投资主体，履行国有资产经营管理、土地收储经营、政府建设性投资、政府信用融资管理及其他投资业务等多项职能。运用市场化手段发挥国有企业支持经济社会发展的引导作用，充分发挥国资委投融资主体职能，搭建三级架构投融资平台，企业投融资能力不断提升，为全区重点项目建设提供资金支持。以国有资本为起点，集聚社会资本、技术和人才，吸引了天津赛瑞、中国一重、天安数码科技园、恒大国际温泉度假村、华侨城一期等重大项目落户。区已从乡村集体经济为主体的单一经济发展格局逐步转变为以区级国有资本为主框架，街乡国有资本为支点，拉动其他经济成分共同发展的新型经济架构。2010年12月，纳入财务决算国有企业108户，比国资委成立初期增长35%；资产总额474.64亿元，增长451.27%；负债总额358.05亿元，增长448.32%；实收资本69.11亿元，增长276.62%；所有者权益116.59亿元，增长460.53%；营业收入5.99亿元，缴纳税金0.33亿元，实现国有资产保值增值。

第二节　管理监督

一、明确出资人地位

区国资委建立后，改变以往由区财政出资、事业单位建立公司或区财政以借款形式成立公司的风险较大、投资关系复杂的方式，逐步建立责、权、利相统一的国有资产监管体系，基本理顺投资渠道，探索国有企业由行政型向市场型转换路径。即对政府出资、事业单位建立的公司转由国资委代表区政府行使出资人权利。对于向区政府借款建立的公司，经确认后转为国资委投资。融资平台东方财信集团、基建平台城投集团、资本运营平台东方国润3个一级公司出资人均为国资委,理顺投资渠道，规避财政风险。国资委统一对一级公司注资，以股权为纽带的国有资本监管体系已初步形成，至2010年底，国资委为3个一级公司出资总计33.59亿元，为打造区级投融资平台，拉动区域经济发展奠定基础。

二、搭建三级架构投融资体系

第一层级投融资主体东方财信集团、城投集团作为区属投融资平台，发挥政府投资主体导向作用，担负整合全区资源的重任，成为代政府融资、引导社会投资的骨干企业。第二层级以各园区公司为投融资平台，采取东方财信集团为投资主体，街乡参股经营的运作模式，利用资源优势自筹资金，自主开发，自主发展,有效缓解融资压力。第三层级企业以具体建设项目或专业经营为内容，坚持市场化运作，以资金自身平衡或实现收益为前提，广泛吸纳社会资金，多元融资，有效增强国有资本作用，为项目建设提供资金支持。

三、建立完善各项规章制度

区国资委建立健全基本涵盖国资监管各领域、各环节的规章制度。2007—2009 年，区制定出台或转发《关于建立健全国有资产监督管理体制和投融资体制的实施意见（试行）》《东丽区企业国有资产监督管理暂行办法》《东丽区关于促进区属国有企业发展壮大的实施意见》《转发部分区属国有企业整合方案的通知》《转发区国资委〈统筹资产资源　做大做强东方财信和城投公司　增强区属国有企业实力实施方案〉的通知》。2010 年，区制定转发《东丽区贯彻〈国有企业领导人员廉洁从业若干规定〉实施办法》《批转天津市东丽区区属国有企业重大事项报告暂行规定的通知》《关于转发天津市东丽区区属国有企业对外捐赠管理暂行办法的通知》《东丽区企业国有资产处置暂行办法》《关于学习贯彻落实〈关于进一步推进国有企业贯彻落实“三重一大”决策制度的意见〉的通知》《东丽区区属国有企业担保业务管理暂行办法》，将国有资产运转的各个环节纳入法制化轨道，确保国有资产安全运行。

四、规范化科学化监管

（一）企业重大事项监管　2010 年 8 月，召开全区国有企业产权登记会议，在企业整合的基础上，对全区正常经营的国有企业重新登记核实，建立电子台账，对全区国有资产实行动态管理，加强对资产处置、产权交易、收购房地产、担保、重大项目安排和大额度资金运作等重大事项的监控力度。强化对股权转让的监管，加强资产评估管理，严格执行股权转让进场交易。在区国资委严格监督下，普特运输公司整体转让增值 5.6 倍；华夏艺社整体转让增值 12.5 倍。在国有企业报废、闲置资产处置过程中，严把资产评估关和专项审计关，选择市国资委认可的评估及审计机构，严格评估、公开竞价，邀请区纪检部门全程监督，盘活国有资产，避免企业对国有资产的违规处置。

（二）规范法人治理结构　按照党管干部原则，把党组织考察任免企业领导人员与出资人依法选派产权代表、董事会依法任命经营管理者统一起来。在公司的主要岗位派遣处级及科级干部任公司董事及监事依法参与公司事务，按照《中华人民共和国公司法》的规定建立起规范的法人治理结构，确保区委区政府发展经济和社会事业的各项政策得到落实，为国有资产保值增值提供坚强的组织保证。2007 年以来，区新成立的公司全部建立董事会（执行董事）和监事（会），规范组织架构，完善法人治理结构及决策规则，为企业规范运作提供保证。对早期成立的企业已经具备成立法人治理结构条件的，区国资委及时向区委组织部提出充实调整的意见和建议。

（三）规范企业财务管理　对重点国有企业主管会计进行业务培训，为区统一国有企业会计核算方法、促进国有企业会计工作规范化、确保资金安全、防范财务风险奠定基础。把对国有企业的审计纳入区国资委重点工作，实行常态化，通过定期检查或不定期抽查等方式对国有企业资产、负债、损益的真实、合法和效益进行审查，通过财务运行层面的监督检查，及时发现问题，并加以解决。每年在对全区国有企业年度财务数据归纳整理的基础上，决算报表进行解读分析，形成数据全面准确的国有企业状况分析报告，为领导决策提供科学依据。

（四）建立法律顾问制度　注重发挥中介机构专业优势，区国资委及重要国有企业建立法律顾问制度，法律顾问负责处理企业经营、管理和决策中的法律事务，对国资委有关业务、政策、特别是重大事项的决策提供法律意见，对区国有资产经营和流转过程进行把关，分析相关的法律风险，明确法律责任，保证决策的合法性，使国有企业在合法合规经营的前提下，实现国有资产的保值增值。

第三节　国企发展

一、做大做强区属一级平台公司

加强融资平台，国有资本运营平台和基建平台建设，充分发挥其政府投资主体的导向作用，担负整合区属资源的职责，成为资产优良、投融资能力较强、行使政府投资职能、引导社会投资的骨干企业。融资平台东方财信投资集团有限公司，对宏观性、战略性项目进行投融资，为所属国有独资和国有控股公司提供融资担保，为实现全区大融资、大投资、大发展、大收益打下良好基础。国资运营平台东方国润投资有限公司，对区域内重要产业项目进行投资，引导产业结构调整，带动区域经济发展。基础设施建设平台城市基础设施投资集团有限公司，对区域内基础设施建设项目以市场运作方式进行投融资。

二、搭建资本运作载体

至2010年底，区国资委批准组建天津市东方财信投资集团公司、天津市东丽城市基础设施投资集团有限公司、天津市军粮城散货物流区开发建设有限公司、天津滨海新区重机工业园投资发展有限公司、天津滨城建设开发投资有限公司、天津滨海华明开发建设有限公司、东丽湖建设发展有限公司、滨海金钟（新立、金桥、万新）投资开发建设有限公司、滨农投资有限公司等34个国有企业，从事投融资管理、土地整理、园区开发建设、楼宇总部经济、旅游、仓储运输等行业，完成搭建融资平台、整合区域资源、选商选资、发展楼宇总部经济等工作，有利于推动经济发展方式的转变，拓宽区域发展空间，培育新的经济增长点。

三、整合委办局经营性资产

建立退出机制，加大劣势企业整合力度，对缺乏竞争力、长期亏损且扭亏无望的67户国有企业进行了整合重组，其中撤销37户、解除挂靠24户、改制6户，委办局中被长期占用的资源被整合出来，避免闲置浪费，规避法律风险，解决部分历史遗留问题。在清理委办局经营性资产过程中，把区房管局所属的霞辉房地产公司、排水处所属的丽水集团、开发区管委会所属的地热公司等优质资产无偿划转至东方财信集团，促进资本向重点企业集中，壮大企业实力。开展一系列股权划转工作，解决有关企业投资关系复杂问题，理顺产权关系，统一所有权与经营权。

四、创新合作模式

充分发挥区国有企业在重点产业发展领域的引领作用,创新国有资本运营模式，发挥国资放大效应，探索与不同性质企业合作的路径。区国资委批准开发区总公司、散货物流区开发建设公司、东方财信集团、城投公司与央企、市属国企、外省市国企和大型民营企业组建控股或参股公司，在高新技术产业、基础设施建设、道路交通、仓储物流、供水供热等领域开展合作，培养自身实力，实现区域经济借力发展。

第四节　国企贡献

一、为全区经济建设提供资金支持

提高金融创新能力，探索多元化融资模式，在防范金融和财政风险的基础上为区域发展提供资金支持。2005年，以土地预期收益质押形式，国开行为华明示范镇建设提供贷款25亿元，对示范镇建设全面开工、全速推进发挥关键性作用。2010年，金钟新市镇项目获得额度高达60亿元的贷款，为国家农村城镇化建设提供新的融资模式。2009年以来，与天津信托合作，先后以股权性集合信托方式募集资金支持东丽湖基础设施、无瑕街道还迁房、军粮城新市镇等项目建设；与天津银行、北方国际信托合作，以重机园收益权买断方式融资支持军粮城散货物流区开发建设。与中国一冶签署金钟示范镇建设BT合作框架协议，实现区BT合作建设模式创新。2010年，与中外建等央企以BT或小BT模式进行建设合作，确保金钟新市镇还迁区134万平方米住宅工程全面开工。以东丽湖地热供热站设备及配套设施作为租赁标的，与天津渤海租赁公司操作售后回租项目，盘活存量资产，支持东丽湖开发建设。

二、推进城市化建设

国有企业作为区示范小城镇建设的责任单位，充分发挥国有经济的主体地位，整合土地资源，创新建设开发模式，保障建设工程的质量和进度，取得显著的经济社会效益。滨丽公司建设的华明示范镇成功入选2010上海世博会城市最佳实践区，是世博会唯一农村城市化题材的参展案例。区规划建设620万平方米的金钟、军粮城、新立3个新市镇，全部由区属国有公司开发建设。其中，金钟和军粮城新市镇建设，以BT模式与中冶建工、一冶、中外建等龙头国企开展合作，促进国有资本融合。津塘二线、金钟路拓宽改造工程、市容环境综合整治等20个基础设施建设项目；东丽职业教育实训基地、东丽医院、体育中心、养老中心等10个民计民生项目，全部由区属国有公司主导建设，区属国有公司在保发展、保民生、保稳定中发挥重要的作用。

三、推进产业园区开发建设

创新园区管理体制机制，设立街乡园区管委会和开发建设公司，各园区公司把园区开发和推进城市化建设有机结合起来，采取区属国有一级公司为投资主体，街乡参股经营的运作模式，按照功能定位，快速推进区域开发建设，产业园区功能全面提升，投资环境进一步改善，国有企业发展实力得到增强。通过打造两级招商平台，在聚集高端产业、吸引内外资企业、解决农民就业、组织税收、增加地方财政收入等方面形成合力。滨海重机工业园依托滨海新区和海河下游冶金工业区集聚优势，加快基础设施建设及园区环境综合整治，共吸纳中国一重滨海制造基地项目、天津赛瑞机器设备有限公司芯棒和高合金铸锻件项目、中鼎石油钻具项目等12个优质项目，吸纳总投资额约140亿元，已初步形成高端技术装备制造业产业集聚区。华明工业园通过债转股壮大公司资产，加快工业地产开发建设，投资9亿元建设28万平方米的低碳产业基地，进一步优化园区投资环境。东丽湖改造工程，开挖土方1300万立方米，湖面面积达到433公顷，是改造前的2.5倍，有力提升该区域高端服务业发展的载体环境。

四、推进区域经济发展方式转变

发挥国有资本在重点产业发展领域的引领作用，区属国有企业与央企、大型国企开展合作，引进高端产业项目，调整产业结构，不断提升区域经济的发展层次。引进中冶集团节能环保项目，推动区域循环经济、低碳产业的快速发展；中国一重天津滨海制造基地、中国北车工业园、一机集团轨道交通项目，推动高端装备制造业集聚发展；贵航精工飞机标准件、中航集团飞机保障基地、中航工业航空材料园项目，增强航空高新技术产业化的能力；中国汽研中心新院项目，提高汽车配套产业的发展潜力；华侨城项目，提升高端服务业的发展层次。

第五节　区属国有企业

一、天津市东方财信投资集团有限公司

（一）企业沿革　2005年7月，成立东方财信投资集团有限公司，原始出资人为东丽区中小企业信用担保中心。2007年8月，由天津市东丽区经济投资发展有限公司、天津市滨辅建设开发有限公司、天津市兴丽实业公司、天津市丽郎投资有限公司、天津市丽荣投资发展有限公司、天津市滨新城市建设投资有限公司、天津市东方财信投资有限公司合并，组成天津市东方财信投资集团

有限公司。内设：总经理办公室、财务部、行政部、人力资源部、市场开发部、技术部、招商部。2009年8月，由原区中小企业担保中心持有的东方财信投资集团有限公司90%的股权无偿划转给区国有资产监督管理委员会，10%的股权无偿划转给天津市东丽区国财国有资本运营有限公司。2010年12月，东方财信集团注册资金由10.70亿元增至26.59亿元。

2010年，天津市东方财信投资集团公司办公楼

（二）资产概况 2010年，拥有下属公司23家，其中全资及控股子公司12家，参股子公司11家，总资产为178.83亿元，净资产为56.12亿元，其中归属于母公司所有者权益为55.37亿元，资产负债率为68.62%。

（三）优化重组 2010年10月始，东方财信集团根据所属公司相关情况进行整合重组。滨辅工业园由东方财信集团下属天津市滨辅建设开发有限公司无偿划转至滨城开发建设投资有限公司。东方财信集团持有的龙江精细化工有限公司全部股权无偿划转给滨海新立投资开发建设有限公司。东方财信集团持有的天津市东方鸿业物业管理有限公司100%股权、滨辅建设开发有限公司100%股权、天津市滨新城市建设投资有限公司100%股权、天津市丽荣投资发展有限公司100%股权、东丽宾馆100%股权、天津世纪方盛地产有限公司100%股权、科丽泰科技孵化器有限公司100%股权，合计2.18亿元及天津市和德实业有限公司80%股权、东丽湖大酒店90%股权、天津万科中心大厦有限公司75%股权，合计8415.2万元，划转至天津市东方国润投资有限公司。

（四）主要控股、参股子公司 主要有：天津市军粮城散货物流区开发建设有限公司、天津滨城建设开发投资有限公司、天津滨海创意投资发展有限公司、天津市滨丽建设开发投资有限公司、天津市霞辉房地产开发公司、天津市滨海华明开发建设有限公司、东丽湖建设发展有限公司。

（五）重点工程项目建设 主要有：东丽宾馆装修改造工程、东丽湖500亩土地填垫土方工程、华明镇山岭子还迁楼项目建设、入住、维修工程、西河泵站改扩建项目、东丽文体中心项目、东丽湖大酒店（原天泉宾馆）装修改造工程、东丽区规划展览馆装修工程。

（六）推进融资工作 2008—2010年，向银行借贷资金累计总金额为97.89亿元。2010年，东方财信集团融资工作取得突破，融资金额较2009年大幅增长，并积极探索融资新方式：是年完成华侨城银团并购贷款3亿元，成功收购天津华侨城公司全部股权；为发挥区针对农民的富民政策，成立滨农公司，开创惠农融资新方式，吸收社会闲散资金，拓宽融资范围，至2010年12月，滨农公司共筹集资金2.03亿元，为区农民实现股金收入提供一条新的途径；以东丽湖地热站设备资产及配套设施为标的物，采取金融衍生手段——融资租赁，向渤海租赁公司成功融资8010万元，开辟区融资新渠道；下属滨海创意公司计划建设6条道路，建设资金规模为4000万元，通过与公路局和承担该工程的施工企业共同协商，成功采用BT模式进行项目建设并圆满完成；东方财信集团为解决区建设项目资金紧张的局面，提高直接融资比例，委托中信证券有限公司制定债券发行方案，计划发行长期债券20亿元，申报材料已上报市发改委。

二、天津市滨丽建设开发投资有限公司

2010年，天津市滨丽建设开发投资有限公司办公楼

（一）组建 2005年9月，经区批准成立滨丽公司，系区属国有公司，负责区农村城市化建设任务。公司内设：综合办公室、财务管理部、工程管理部、前期发展部、合同管理部、技术管理部。2010年，公司注册资本3.5亿元。

（二）主要城市化建设

华明示范镇建设 第六编华明示范镇第一章第二节街道实施示范镇建设。

华明示范镇增建农民还迁住宅和配套公建 建筑面积28.4万平方米。2008年3月，开始桩基施工，4月进行主体施工，8月73栋楼主体封顶，12月完成全部移迁。

军粮城示范镇一期项目建设 总投资107.34亿元，总建筑面190.3万平米。2010年，起步区95.3万平方米、113栋住宅楼全部开工，年底部分主体完成至11层到15层。市政工程总计完成排水10017米，道路8%灰土工程完成12525立方米，混砟完成7800立方米，热力管线完成1540米，90%以上道路全部完成地下管线工程及道路路基结构工程。北区95万平方米进行拆迁交地、勘察试桩工作，进行桩基施工。

军粮城示范镇二期项目 2010年，完成军粮城示范镇二期进行项目申报、测算等前期工作。与市发改委、市国房局接洽申请办理二期项目立项和土地增减挂钩试点整体审批工作，已委托编制二期安置区修建性详细规划方案。

新立示范镇控制性详细规划方案 2010年，委托编制示范镇控制性详细规划方案，进行现状地形及管线实测。完成示范镇安置区修建性详细规划方案的初稿和第四批土地增减挂钩试点项目申请入库工作。

（三）多渠道融资 公司与国家开发银行签订37.5亿元的10年期贷款合同，用于一期起步区，与中国农业发展银行天津市分行签订20亿元8年期贷款合同，用于一期北区。同时，采取“由房建总包单位带资本金”的方案，解决部分项目资本金。2010年底，各参建施工单位已累计提供项目资本金12.5亿元，保证项目的顺利进行。

三、天津市东丽城市基础设施投资集团有限公司

2010年，天津市东丽城投集团有限公司办公楼

（一）组建 2007年8月，区政府批准成立城市基础设施投资有限公司。初始注册资本金1亿元，运营模式为政府投资项目代建。2008年9月，城投公司更名为城市基础设施投资集团有限公司。成为由区政府直接管理的投融资平台，作为区属国有一级专业化公司，实行独立运作并向集团化发展。2010年，企业注册资本金

10 亿元，资产总额 52.72 亿元，拥有天津市金钟小城镇建设投资有限公司、天津市榕昱投资有限公司两家全资控股子公司，内设综合办公室和房建部、市政部、前期部、合同部、财务部。

（二）企业改革创新

突破投融资瓶颈，搭建投融资平台 完成 60 亿元中国工商银行新市镇建设融资、27 亿元新市镇 BT 和“带资本金建设”融资及部分民心工程等公益性项目融资。创新国有资本运营模式，实施区首个采用 PPP 模式的建设工程——张贵庄轻轨站及配套商业综合体项目建设工程。

提高规划管理水平，打造优质精品工程 以金钟新市镇项目为龙头，全面统筹金钟路、津塘二线等 10 余项重点工程建设。规范和加强招投标管理，推行“小业主、大监理”管理模式，完善项目运行管理和监控机制，确保质量和进度。获得“中国市政金杯示范工程大奖”、天津市建设工程“海河杯奖”、“天津市城市园林绿化优质工程一等奖”等。

改革创新体制机制，促进专业团队建设 加强国有企业法人治理结构规范化建设，坚持党委领导下的董事会总经理负责制。建立健全和优化内部组织架构，健全完善各项管理制度，严格按照现代企业制度规范管理公司运行。发挥党建引领作用，探索国有企业党建工作新模式，利用组织优势，转化组织资源，激发组织活力，破解发展难题。

（三）主要投资建设项目 金钟新市镇、东丽区环境综合整治民心工程 、金鑫园民心工程还迁房、津塘二线道路拓宽改造工程、金钟路拓宽改造工程、赤海路道路工程、东丽医院（一期）改扩建工程 、东丽区体育中心训练馆工程 、东丽区规划展览馆外檐改造工程 、华明日光温室工程 、东丽之光大道改造工程。

四、天津市东方国润投资有限公司

2008 年 12 月，区组建东方国润投资有限公司，系由区政府国有资产监督管理委员会与区国财国有资本运营管理有限公司共同运营组建的国有企业，注册资本 2.2495 亿元。

东方国润下设天津市滨辅建设开发有限公司、天津市滨新城市建设投资有限公司、东丽宾馆等 12 家子公司，内设总经办、招商部、人力资源部。

东方国润成立后，暂未启动经营性业务。至 2010 年，为整合国有资产，确保国有资产保值、增值的要求，重点提高融资能力，发挥做大做强东方财信投资集团有限公司投融资平台的作用。

第三章 国 税

1994 年初，开始全面进行税收体制改革，由地方财政包干改为分税制。是年 8 月，区税务分局遵照全国税务系统机构改革统一部署，将区税务分局划分为东丽区国家税务局和地方税务局东丽分局。1995 年，区国税局被市局确定为征管改革试点单位，取消传统的专管员管户制度，建立起征管与稽核相结合的征管模式，实行“纳税申报在办税服务厅，税务稽查到企业”的模式。2002 年，区国税局作为市国税局系统试点，率先在全市国税系统运行 CTAIS 征收管理系统。实施“全税工程”强化依法纳税，税收收入连年持续增长。1994 年，区国税局税收为 1.98 亿元；2010 年区国税局税收为 49.8 亿元，比 1994 年增长 25.15 倍。

第一节 机 构

1979 年，区财政局、税务分局合署办公。1983 年 1 月，区财政局、税务分局机构分设，建立东郊区税务局。1989 年 10 月，更名天津市税务局东郊区分局。1994 年 8 月，天津市税务局东丽区分局遵照全国税务系统机构改革统一部署，将天津市税务局东丽区分局划分为天津市东丽区国家税务局和天津市地方税务局东丽区分局。

东丽区国家税务局隶属天津市国家税务局垂直领导，为正处级管理机构，是主管区国家税收工作的行政部门。1994 年 8 月，区国家税务局内设办公室、人教科、监察科、税政科、征管科、计会科、稽查所、涉外所、咨询所、新立村所、大毕庄所、军粮城所、程林所、综合税务所。1995 年，新设置稽查一所、稽查二所、稽查三所。2010 年，区国家税务局内设：办公室、政策法规科、税政科、收入核算科、纳税评估科、征收管理科、进出口税收管理科、财务管理科、人事教育科、监察室、离退休干部科（挂靠人事教育科）。直属机构：天津市东丽区国家税务局稽查局（级别为副处级，其内设 4 个正科级机构:综合科、案件审理科、检查一科、检查二科。派出机构：第一税务所、第二税务所、第三税务所、张贵庄税务所、军粮城税务所、金钟税务所。事业单位：信息中心、机关服务中心。

第二节 税制改革

一、流转税类

（一）1994 年税制改革

1994 年，市国税局检查指导税制改革工作

1994 年 1 月起，区国税局对原增值税、产品税、营业税、盐税、特别消费税的相应税收条例及其实施细则同时废止。根据第八届全国人大常委会第五次会议审议通过的《全国人民代表大会常务委员会关于外商投资企业和外国企业适用增值税、消费税、营业税等税收暂行条例的决定》，流转税法首先实现了内外企业的统一，原有的工商统一税及其实施细则废止，并最终形成以实行全面的增值税为主，在征收增值税基础上选择少数消费品交叉征收消费税，对不实行增值税的部分劳务交易征收营业税的新的流转税法格局。改革后的流转税制由增值税、消费税和营业税组成。在工业生产领域和批发、零售商业普遍征收增值税，取消产品税，选择少量消费品交叉征收增值税和消费税。对不实行增值税的劳务和第三产业征收营业税。增值税的基本税率定为 17%，低税率定为 13%。增值税实行的是价外计征的办法，即按不包含增值税税金的商品价格和规定的税率计算征收增值税。消费税主要针对少数最终消费品在征收增值税的基础上再开征消费税。消费税的税目有 11 个，包括烟、酒及酒精、化妆品、护肤护发品、贵重首饰及珠宝玉石、鞭炮焰火、汽油、柴油、汽车轮胎、摩托车、

小汽车。消费税采用从量定额和从价定率两种征收办法，税率、税额共设11档，采用从价征收办法的，按含有消费税税金在内的价格和规定税率计算征收消费税。

（二）2003—2008年新一轮税制改革

2003年10月始，区国家税务局将增值税由生产型改为消费型，将设备投资纳入增值税抵扣范围。

2006年4月起，对消费税税目和税率进行调整。由原来的11个调整为14个。新增高尔夫球及球具、高档手表、游艇、木制一次性筷子、实木地板税目，取消汽油、柴油税目，增列成品油税目。取消护肤护发品税目，将原属于护肤护发品征税范围的高档护肤类化妆品列入化妆品税目。提高部分消费品征税税率（如小汽车）。

2009年1月起，区国税局实施《中华人民共和国增值税暂行条例》《中华人民共和国消费税暂行条例》和《中华人民共和国营业税暂行条例》。国家增值税实现由生产型向消费型转变的重大改革，同时对原消费税和营业税条例进行相应修订，保证消费税、营业税同增值税税法衔接上的有效性，进一步适应经济社会发展的需要。

二、所得税类

（一）1994年税制改革 区国税局贯彻《中华人民共和国企业所得税暂行条例》及财政部发布的实施细则。将原有的“国营企业所得税”“集体企业所得税”“私营企业所得税”合并为企业所得税。

（二）2003—2008年新一轮税制改革 2008年1月起，区国税局实施《中华人民共和国企业所得税法》。统一纳税人认定标准；统一企业所得税税率为25%；统一和规范税前扣除办法和标准；统一税收优惠政策，建立“产业优惠为主，区域优惠为辅”的新税收优惠体系；对外资企业实行优惠过渡期政策，统一全区内外资企业所得税制度。

第三节 税收征管

一、税收征管模式重大改革

1995年1月，区国税局被市局确定为征管改革试点，取消传统的专管员管户制度，建立征管与稽核相结合的征管模式，实行“纳税申报在办税服务厅，税务稽查到企业”的模式。

1997年1月始，区国税局根据建立以纳税申报和优化服务为基础，以计算机网络为依托，集中征收，重点稽查的新的征管模式。是年4月，再次进行税收征管改革，在纳税人中实现软盘和录入器等电子申报。逐步开始建立纳税人自行申报制度、设置办税服务厅、建立健全计算机监控网络体系和进行重点稽查等。

2001年5月始，区国税局实施新修正的《中华人民共和国税收征收管理法》。将税收征管的“管事制度”与“管户制度”相结合，在健全高效的税收信息共享网络的依托下，以日常稽查和纳税评估为主要手段，明确税收管理员的职责，对纳税人实际经营活动进行动态监控，从而提高全区税务机关整体税源监控的能力，实施税收属地化管理。从8月开始至10月中旬，纳税人迁移工作基本结束，实际应迁出户数41户，实际接收档案资料企业205户，所有迁出迁入企业顺利实现交接，各种统计报表及汇总情况按时上报市局。2005年1月，区局恢复税收管理员管户制度。

2009年，区国税局制定《税源分类管理办法》和《涉税业务统筹管理办法》，提出以细化税源分类管理为主线，以纳税评估为手段，实现税源分类管理科学化，人员管理专业化，征管基础精细化，信息管理网络化的工作思路。

二、税收征管信息化

1994年始，区国税局实施“金税工程”，推行以增值税为主要内容的工商税制改革，并实施以专用发票为主要扣税凭证的增值税征管制度。为有效遏制不法分子利用增值税专用发票偷骗国家税款的违法犯罪现象，在纸质专用发票物理方位的基础上引入现代化技术手段。

1998年，开始推行“金税工程”二期，包括防伪税控开票系统、防伪税控认证系统、增值税计算机交叉稽核系统和发票协查系统。

2002年5—10月，区国税局作为市国税系统试点单位之一，按照信息采集、审核、录入三个步骤，使中国税收征管信息系统（CTAIS1.05）于10月上线，率先在全市国税系统运行CTAIS征收管理系统。12月，CTAIS系统完成过渡，正式转化到前台征收。CTAIS系统的成功启动，提高全局申报征收工作的质量，严格各项工作岗位流程的衔接和各部门科室之间的监督制约。

2009年，区国税局完成税源管理平台上线工作

2004年4—6月，区国税局与“中瑞华通信息技术有限公司”合作，完成增值税一般纳税人新申报办法的启动运行，实现增值税专用发票信息与增值税一般纳税人税款申报和缴纳信息的交叉比对，充分发挥“金税工程二期”的税控作用，为进一步优化纳税服务，加快征管信息化建设打下基础。

2006年初，按照市局部署，启动运行新版中国税收征管信息系统（CTAISV2.0），新系统更加严谨和科学，使数据资源得到最大限度共享，征管查体系得到进一步完善。

2008年4—6月，根据市局计算机定税工作实施要求，经过3个月的信息采集、户数确认、公式测算与反复修改完善，完成1009户个体工商户个体计算机定税工作。规范了个体税收定额管理，减少个体工商户定额核定和调整过程中的人为性、随意性，实现定额和调整的公平、公开、公正。

2009年8月1日，“税源管理应用系统”新平台在区国税局范围内正式上线运行。

第四节　税务管理

一、税务登记

1998 年 5 月，区国税局执行国家税务总局发布的《税务登记管理办法》。2004 年 7 月，东丽区行政许可中心成立，区实现国地税联合开业登记审批。区局对纳税人开业、变更、注销、停业、复业、外出经营报验、税务登记证的使用、非正常户的认定实行税务登记管理。

1994—2010 年东丽区国家税务登记（新开业）统计表

表 17-5　　单位：户

年份＼户数＼性质	合计	企业	个体工商户
1994—2002	3127	2481	646
2003	799	610	189
2004	948	693	255
2005	1029	724	305
2006	1599	1156	443
2007	2055	1215	840
2008	2086	1482	604
2009	2198	1426	772
2010	2262	1479	783

说明：由于 2002 年中国税收征管信息系统（CTAIS1.05）上线，对 2002 年以前开业的企业信息全部进行重新录入，所以 2002 年的数据含 2002 年以前开业户数

二、账簿凭证管理

2010 年 12 月，区国税局根据《中华人民共和国税收征收管理法》和《中华人民共和国发票管理办法》的相关规定，对纳税人账簿、凭证、发票、税控的使用实行税务管理。

三、纳税申报

2008 年 7 月，区局开始推行远程申报工作，纳税申报的对象为纳税人和扣缴义务人。申报内容包括：税种、税目，应纳税项目或者应代扣代缴、代收代缴税款项目，计税依据，扣除项目及标准，适用税率或者单位税额，应退税项目及税额，应减免税项目及税额，应纳税额或者应代扣代缴、代收代缴税额，税款所属期限、延期缴纳税款、欠税、滞纳金等。纳税申报形式包括直接申报、邮寄申报、数据电文。

2010 年底，全区共有 8240 户企业开通远程申报系统，开通率达到 99%。

四、税款征收

区国税局深化税收改革，开创税收征管新模式。税款征收的方式包括查账征收、查定征收、查验征收、定期定额征收、委托代征税款、邮寄纳税等。2010 年，税收收入 49.8 亿元，比 1994 年 1.98 亿元增长 24.16 倍。

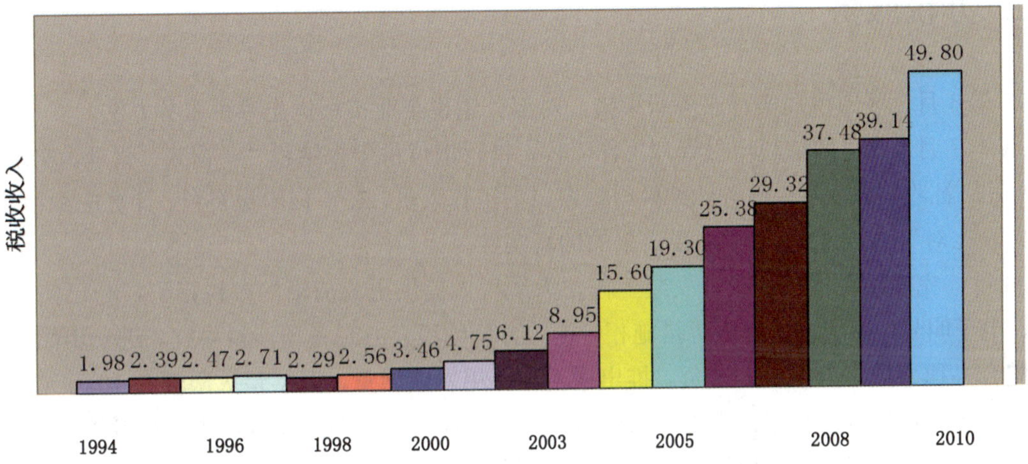

1994—2010 年东丽区国家税务税收收入情况示意图　单位：亿元

注：上图数据含免抵调库

第五节　纳税服务

一、宣传服务

1994 年 4 月起区国税局每年开展“税收宣传月”活动，将 4 月 1 日定为“局长接待日”，把税法知识宣传到企业、社区、农村和广大纳税人中，提高纳税人税法遵从度。至 2010 年已连续开展 17 年宣传服务活动。

2009 年 9 月，区局在互联网上开通局领导电子邮箱、外部网站和重点税源外网信息交换平台，为纳税人解决涉税难题，对外发布信息，发挥在税收宣传、公众参与、纳税服务、政务公开等方面作用。推出“飞信传书”短信群发服务平台，形成“网站+短信”的联动服务机制。

2010 年，区局自行建立出口退税网上预审平台、开通六大类信息提醒业务、增加出口退税博客内容。累计已发送各类提醒信息 5.34 万条。

二、咨询服务

区国税局纳税咨询服务执行首问负责制。办税服务厅设置咨询服务台，解答纳税人涉税咨询问题；税源管理部门针对纳税人特点，按照纳税人共性、个性不同需求，分类提供纳税咨询辅导的个性化服务，帮助纳税人解决实际困难。通过电话、信函、现场咨询、税务网站等多种途径，主动为纳税人提供高效快捷的纳税咨询服务。

2009 年 12 月，区局制定《纳税咨询热点问题定期报送制度》，及时反馈纳税人需求。至 2010 年底，共向市局报送热点问题 24 条。

2010 年 4 月，区局在中国税收征管信息系统中对业务科室所有人员增设咨询服务岗。

三、办税服务

1997 年 6 月，区国税局实行服务新举措，对部分纳税企业实行优先办税服务办法。

2003 年 7 月，改进增值税申报管理工作流程，推行增值税申报纳税“一窗式”管理，实现“一窗一人一机”征收模式。办税服务厅纳税申报窗口的工作人员，在审核申报资料、计算应纳税款时，进行“票表比对”，以审核增值税纳税申报的的真实性。

2008 年，完成纳税标识的设计安装工作，为纳税人提供更为清晰的办税指引，与已实行的错峰申报、电子叫号、短信群发等服务措施相呼应，方便纳税人办理各项涉税事宜。进一步简化办税程序、整合办税事项，为纳税人减负。推出增值税专用发票增量，开票最大限额在 10 万元以下的企业由各税源管理所直接终审；小规模纳税人和个体工商户的注销工作直接由各税源管理所终审，有关出口企业申请自印衔头出口发票由一所受理并审批等措施。

2009 年，办税服务厅设立自助办税区和取表填单区，纳税人在自助办税区直接进行网上申报，在取表填单区直接向工作人员咨询问题。针对重点税源企业，推行预约服务制度。

2010 年，办税服务厅成立“青年志愿者”服务队，开展“一站式”服务、延时服务和提醒式服务。

四、维权服务

办税服务厅设置岗位人员基本情况一览表、办税监督牌、意见箱；公布区国税局电子邮箱、受理纳税人投诉部门和监督举报电话，建立特邀法制监督员、廉政监察员制度和科所长值班制度。及时受理对纳税服务质量的投诉、对税务人员违法违纪行为的举报，畅通与纳税人的沟通渠道，切实维护纳税人的合法权益。至 2010 年底，纳税人投诉率保持为零。

五、纳税服务平台

2009 年 9 月，建立区国家税务局网站，具备纳税咨询、法规查询、涉税公告、网上办税、办税指南、投诉举报、局长信箱、税收宣传等基本服务功能。

六、纳税信用体系建设

2009 年 9—11 月，区局按照《天津市国家税务局、天津市地方税务局纳税信用等级管理办法》，结合市局工作安排，联合区地方税务局在全局管理纳税人范围内开展纳税信用等级评定工作，至10月23日完成国、地税机关分别初评和联合审批工作，评定A级纳税人38户，B级纳税人5189户，C级纳税人20户，D级纳税人29户。

七、纳税评估

（一）建立纳税评估机构　2009年9月，区国税局成立纳税评估科，确定纳税评估分析指标和预警标准；对区重点管理纳税人实施纳税评估工作，搜集、整理、发布纳税评估典型案例，定期对评估工作开展情况进行总结和交流，向稽查部门移交纳税评估中发现的纳税人涉嫌偷、骗税问题。

（二）评估成果　2009年，开展专项纳税评估，利用自行研发的“税源管理应用系统”和“预警信息管理软件”，提炼重点行业共性特征，计算平均税负水平，开展低税负、零负申报企业核查工作，调整入库税款6088万元，调减留抵税额628万元，纳税人零负申报率始终控制在10%以内。设计出纳税评估数据模型，采取“纳税辅导核实和以票控税相结合”方式，推进专项评估向纵深发展，全年入库税款2164万元。制定《东丽区国家税务局纳税评估操作办法（试行）》。修订《东丽区国税局纳税评估工作征管稽查衔接办法（试行）》。2010年，推行三级分类评估机制，即税收管理员为第一级，税源管理部门的评估岗为第二级，纳税评估科为第三级。对“大一”企业以纳税服务为出发点，使其继续保持原有税负水平，对“大三”企业以纳税辅导为出发点，通过对纳税人的税法遵从度方面查找原因，提高税负水平。创建金属制桶业、金属钢结构件、手机外壳涂装加工业、单晶硅片切割行业等纳税评估模型，确定评估分析指标，根据涉税风险点，提出防范措施。共涉及3个行业10户企业，查补增值税425.37万元、所得税100.14万元，共计税款525.51万元。建立评估企业信息数据库，引进纳税评估软件智能化分析功能，提高数据采集效率。开展全国第一例立案的无形资产转让定价案件调查，完善区国税局转让定价同期资料的管理、台账编制和资料检查工作。

第六节　稽查检查

一、成立稽查局

2005年4月,区国税局稽查局成立。确定税务稽查的基本任务是：依照国家税收法律、法规，查处税收违法行为，保障税收收入，维护税收秩序，促进依法纳税，保证税法的实施。税务稽查以事实为根据，以税收法律、法规、规章为准绳，依靠人民群众，加强与司法机关及其他有关部门的联系和配合。各级税务机关设立的税务稽查机构，按照各自的税收管辖范围行使税务稽查职能。

区国税稽查局成立后至2010年底，共稽查934户（次)，其中检查出有问题的户数746户，共查补税额17365万元，收缴滞纳金额948万元，处罚金额2619万元。

2005—2010 年东丽税务稽查情况统计表

表 17-6

项目 金额 年份	检查户数（户）	有问题户数（户）	查补税额（万元）	滞纳金金额（万元）	处罚金额（万元）
2005	219	153	1278	193	707
2006	126	79	2243	89	340
2007	127	103	1677	94	271
2008	108	89	1131	130	738
2009	196	180	5395	290	215
2010	158	142	5641	152	348

二、执法检查

1999 年 6 月，区国税局政策法规科设置税收执法检查岗，负责制定执法检查工作制度、计划和实施方案；对税收法律、法规执行情况进行监督检查。组织开展执法检查工作，按规定制发税务执法检查处理决定书并监督执行。上报执法检查工作情况，对执法检查工作进行通报、总结；贯彻落实税收执法责任制考核评议和税收执法过错责任追究办法。税收执法管理信息系统执法考核子系统的日常管理工作。配合财政、审计等部门对税务部门的监督与审计工作。

2001 年 8 月，区局建立税收法制监督网络。

2005 年 7 月，区局制定《东丽区国税局推行税收执法责任工作方案》。

2009 年始，加强对税额核定、增值税一般纳税人认定、增值税专用发票和其他发票管理、税款征收、票证管理、纳税评估、税务稽查、行政处罚等税收执法环节的执法检查和执法监察。着重做好重大案件违法事实、法律依据、处罚标准的审理复核工作，把握好政策尺度。案卷审理工作做到细致、准确，做到一次退卷解决所有问题，把好法律流程关。

第四章 地 税

1994 年 8 月，区税务分局划分为东丽区国家税务局和地方税务局东丽区分局。2005 年，改称东丽区地方税务局，加挂东丽区地方税务局稽查局牌子。国税、地税分税制管理后，区地税局作为试点单位调整了内设机构，按照征、管、查三分离的模式，进行征管改革。强化管理服务、税务稽查，管理工作专业化、科学化、精细化，提高征管质效。2010 年，实现税收 28.61 亿元，比 1987 年的 8689 万元增长 32.92 倍。

第一节　机　构

东丽区地方税务局隶属天津市地方税务局垂直管理，为正处级管理机构，是主管区地方税务工作的职能部门。（见第十七编财税　金融第三章国税第一节机构）

1994年8月，地税局内设：办公室、人教科、监察科、税收管理科、计会科。下设：稽查所、中心税务所、军粮城税务所、程林税务所、大毕庄税务所、财税管理所。

2010年，内设：办公室、人事教育科、监察科（纪检组）、税管科、稽查科、计会科、信息技术科、纳税评估科、征收科、管理一所、管理二所、管理三所、管理四所、稽查一所、稽查二所、大毕庄税务所、军粮城税务所共17个科所。

第二节　税制改革

一、国税地税分税制管理前税种改革

（一）农业税　1978年，全区农业税纳税单位682个，纳税土地面积1.91万公顷。常年粮食产量为1.99万吨，平均税率为12.2%，依率计征税额折合2423吨。

1984年，区贯彻市《关于对全市农林特产收入征收农业税的若干具体规定》征收农林牧产农业税。

1985年，农业税征收改革，由征收粮食为主，改为折征代金，按粮食“倒三七”比例折价。

（二）工商税　1979年，区境内税种只有工商税和工商所得税。征收范围：淡海养殖、经济技术、园艺作物、水生植物等。

1983年，区税务部门对国营企业实行第一步利改税，税利并存。开始征收建筑税和国家能源交通重点建设基金。

1984年，区对区境内国营企业实行第二步利改税，全面以税代利，将工商税分解为产品税、增值税、营业税、盐税。开始征收国营企业所得税、奖金税、工资调节税。

1985年，区境内开始征收城市维护建设税，开征集体企业和事业单位奖金税。

1986年，区恢复征收房产税，车船使用牌照税。1987年，区开始征收个人收入调节税。1988年，区开始征收土地使用税、印花税。开征私营企业所得税。1989年，区开征国家预算调节资金。市税务局涉外分局将坐落区境内的“三资企业”，税收征管工作，移交区分局。

1991年，区停征建筑税，开征国家资产投资调节税。

1994年，区境内税制再次改革，原流转税的产品税、增值税、营业税、工商统一税，改革后形成“以增值税为核心税种”，相应设置消费税、营业税的流转税制格局。对增值税的计算，由“价内计征”改为“价外计征”。将原按生产实耗扣除等法计算企业应缴税额，改为按购入扣除法计算。

二、国税、地税分税制管理后的地税征管改革

1996 年 4 月，区地税分局为适应税收征管改革的需要，作为试点单位调整部分内设机构，撤销新立村税务所和财税管理所。按照征、管、查三分离的模式，组建天津市地方税务局东丽区分局征收所和天津市地方税务局东丽区分局管理所。

1998 年，区地税分局增设天津市地方税务局东丽区分局中心税务所，负责张贵庄街道、丰年村街道、新立村镇、小东庄镇及么六桥回族乡的个体工商业户和集贸市场地方税务征管工作。

2001 年 4 月，增设信息技术科。2004 年 3 月，撤销管理所、程林税务所，组建管理一所、管理二所，稽查所分设为稽查一所和稽查二所。

2005 年 3 月，区分局更名为区地方税务局，加挂区地方税务局稽查局牌子。

2006 年 10 月，区地税局组建管理三所。2010 年 5 月，区地税局增设纳税评估科和管理四所。

三、区地税局征管范围

负责营业税、城市维护建设税（不包括由国家税务局系统负责征收管理的部分），企业所得税（2002—2008 年新开办企业的企业所得税由区国家税务局征收，2009 年以后主营不是营业税的新开办企业由区国家税务局征收）、个人所得税（不包括对银行储蓄存款利息所得征收的部分），资源税，城镇土地使用税，耕地占用税，土地增值税（2005 年 10 月开始征收），房产税，城市房地产税，车船使用牌照税，印花税，契税，以及各税的滞纳金、补税、罚款。

第三节　税款征收

一、国税、地税分税制管理前的税款征收

税务登记　区税务部门遵照有关法律的规定，对纳税人的开业、变动、歇业及生产经营范围实行税务登记管理。

纳税鉴定　区税务部门对纳税人的有关纳税事项作出的书面鉴别与认定。办理税务登记的纳税人，分别就经济性质、经营方式、经营范围、生产产品的品种及性能用途等，如实填写纳税鉴定申报表，由区税务部门审批后，送交纳税人执行。

纳税辅导　区税务部门对纳税人在申报纳税前，帮助其解决纳税方面的疑难问题，防止错漏的发生。

纳税申报　区税务部门对有纳税义务的单位或个人，在发生纳税义务后，对其填报的纳税申请表，核实无误后，填开缴款书或完税证。

纳税检查　区税务部门以税收政策、法规和征管制度为依据，对纳税人履行纳税义务情况进行审查监督。检查方式分税务机关检查和纳税人自查互查。1991 年始，税务分局实行按户建立纳税资料档案，由专人集中管理。至 1992 年，共查处违纪金额 2455 万元。对查处的问题，责令补交

违法违纪款，对情节严重者分别给予政绩处分或移交司法机关处理。

发票管理　1986 年始，区税务部门遵照国家有关规定，使区境内的发票管理工作走上规范化、制度化、法律化的轨道。区境内使用的发票种类主要有：工业企业、商品批发、商业零售、建筑安装行业、饮食行业、服务行业、旅游业、个体商户、机动车存车费、临时经营、其他经营、广告业、农牧渔业等专用发票。

二、国税、地税分税制管理后的税款征收

1994 年 8 月，国税、地税分设后，区地税分局按照税收征管改革的要求实行集中征收，变入户收税为纳税人上门申报，在各税务所建设办税服务厅，提供纳税申报、税务登记、票证发票、税收宣传与咨询等纳税服务，税务征收实行微机申报，建立局域网，实现税收数据的集中存储和分析应用。

2000 年，开通银行划款申报纳税和远程电子申报纳税，软盘申报和邮寄申报，实现多种方式的纳税申报，提高纳税申报工作效率。

2010 年，在各办税服务厅安装 POS 机，实现银联刷卡缴税。年办理纳税申报次数达 5.5 万余次；开具各类机打发票 2.5 万余份；发售各类发票 260 万余份；饮食发票兑奖 1.7 万余张；契税和耕地占用税审核受理 45 户次；个人契税、营业税和个人所得税减免审核 500 余人次；纳税人登记、变更、领购发票、增量、减免税、退税、注销、停业等业务的受理、转办、送达等各类涉税事项 6800 余件；装订档案资料 1 万余册；接待税务咨询 5000 余次，现场解决各类问题 4000 余次。

1994—2010 年东丽区地方税务局征收情况统计表

表 17-7　　　　单位：万元

项目 年份	合计	营业税	企业、个人所得税	城建税	车船税房产税	土地使用税	印花税	投资税	滞罚收入
1994	8689	4327	2532	223	1138	328	118	18	5
1995	8904	4280	2741	209	1104	346	151	52	21
1996	10951	5988	3124	346	1055	294	120	8	16
1997	12930	6908	3771	403	1378	283	131	21	35
1998	19831	9492	6830	1277	房产税（下同）1375	265	215	102	车船税（下同）275
1999	20690	8788	7690	1305	1368	237	597	固投税 524	181

续表 17-7

项目 年份	合计	营业税	企业、个人所得税	城建税	车船税房产税	土地使用税	印花税	投资税	滞罚收入
2000	22037	8707	企业所得税（下同）5649	1762	1851	483	400	个人所得税（下同）3024	161
2001	26409	10394	6250	2140	2540	262	234	4425	164
2002	30648	12299	6910	2320	2778	388	338	5111	504
2003	50953	18213	10156	8063	3556	385	550	9669	361
2004	66108	20542	13322	10636	4572	580	1424	14643	389
2005	84766	30798	12256	建设税 13668	6124	758 土地增值税 42	1057	19457	606
2006	108187	41175	17841	18209	7474	2612	1522	18704	650
2007	143448	49884	32364	21272	8721	5610	2274	22628	695
2008	179388	65016	36769	28196	10105	7437	6223	23620	2022
2009	194977	82369	29037	26105	12271	8291	7630	27392	1882
2010	286059	136408	45922	31382	13670	12164	10518	33272	2723

说明：本表数据取于东丽区统计局《统计年鉴》。经区税务局核查，需再增补 2006—2010 年契税及耕地占用税收入：2006 年 9093 万元、2007 年 11605 万元、2008 年 30602 万元、2009 年 85817 万元、2010 年 62803 万元

第四节　管理服务

一、税务管理

1994 年 8 月，国税、地税分设后，区地税局按照征、管、查三分离的原则，成立稽查所。在综合所设管理组，对全区企业的税务登记、税种限定、发票领购申请、减免税申请等各类纳税事项进行管理。

2001 年，区地税局实施新税收征管法，深化税收管理改革。2002 年，扩增管理人员，全面加强税务管理。2003 年，按照属地原则，重新划分管辖区域。

2004 年，区地税局全面实行税收管理员制度，加强税源管理。结合工作实际，制定税收管理员职责、行为规范和操作规程，并成立管理二所增加税务管理力量，按照属地管理原则划分税收管理员管辖区域，实现“管事”与“管户”相结合，推进税务管理工作的专业化、科学化、精细化。

2006年，区地税局成立管理三所，同时“税管员平台”系统上线，各类涉税事项逐项进入税管员平台系统进行电子操作，逐步实现税务管理电子化。

2009年，区地税系统实行《纳税人涉税事项操作指引》和《税务人员税务事项操作指引》，规范税收执法行为。

2010年，区地税局增设管理四所，进一步充实管理力量。增设纳税评估科，通过纳税评估查找涉税疑点，开展纳税约谈帮助企业纠正违规涉税行为，促进遵从税法，提高征管质效。

二、纳税服务

区地税局以办税服务厅为载体，以纳税人合理需求为导向，以信息化为依托，以提升纳税人满意度和税法遵从度为目的，按照公开、公平、公正的原则，不断优化纳税服务，全力塑造服务型税务机关。提出“人人是窗口，个个树形象，事事讲服务，件件抓落实”的服务口号。以“始于纳税人需求，基于纳税人满意，终于纳税人遵从”为工作要求，以“全心全意为纳税人服务”为纳税服务宗旨，积极构建服务型税务机关，为广大纳税人提供文明优质服务。区地税局在各办税服务厅设有办税服务区、自助办税区、取表填单区、等候休息区、公共宣传区和咨询辅导区。办税服务区设有办税服务窗口，提供纳税申报、项目登记、发票销售和发票开具等纳税服务。自助办纳税区设有可以登录因特网的计算机，方便纳税人网上自行报税和查阅资料。取表填单区有填单台，填单台上有各类表单示例方便纳税人填写。公共宣传区设有税收宣传栏；咨询辅导区有专人负责现场解答或协助办理各类涉税问题。等候休息区设有休息椅，另外还设有饮水机、叫号机、大屏幕、触摸屏和各类税收宣传资料，提供以纳税人为本的办公环境和服务设施，实现全方位的纳税服务。

第五节　税务稽查

一、税收大检查

1985—1995年，区税务局累计组织366个检查小组，检查6511户，参加人员1129人，补缴税款金额3981万元。

每年的税收、财务大检查工作自9月、10月开始至次年2月底结束。检查时限为本年和上一年度发生的问题，对数额大、性质严重的案件，追溯到以前年度。大检查的范围包括国营、集体企业，行政事业单位、社会团体、私营企业及个体商户，中央企事业单位。

大检查政策贯彻执行“自查从宽，被查从严，实事求是，宽严适度”原则。对在规定的自查期内，由单位自查，或上级主管部门抽查、联查、互查及专业检察部门进行辅导检查出的违纪违法问题，除如数补交各种违纪款项外，一律按“被查从严”办法处以罚款。屡查屡犯，情节严重的给予政纪处分。触犯刑律的，移交司法机关处理。

二、税务稽查

1994 年 8 月，国税、地税分设以后，按照征、管、查三分离的原则，成立稽查所，负责对全区纳税人进行稽查的责任。

1997 年 11 月，区地税局推行“以纳税申报和优化服务为基础，以计算机网络为依托，集中征收、重点稽查”的征管模式。成立稽查科，选案、稽查、审理、执行四环节开展税务稽查工作。区地税局制定一系列税务稽查工作管理规定，规范税务稽查工作职责、稽查内容、稽查文书的使用等，规范稽查执法行为。依法开展税收日常检查、专项检查和专案检查。重点查处大案要案，集中力量开展分级分类检查，强化稽查管理，规范操作流程，加强与国税、公安等部门的配合协调，有力打击偷漏逃税等涉税违法行为。依托信息化技术和稽查系统软件，逐步实现稽查数据统计电子化，稽查选案电子化等稽查操作电子化，稽查全规程电子化。

2004 年，稽查所分设为稽查一所和稽查二所，充实稽查力量。不断完善稽查工作制度，规范稽查文书的使用、稽查执法行为和稽查操作流程，创建“规范型”“廉政型”“沟通型”“学习型”“服务型”五型稽查。

第五章　金融业

改革开放初期，区内金融机构以农业银行为主，居民储蓄和信贷数额逐步增加。20 世纪 80 年代以后，逐步形成以农业、工商、建设等专业银行为主体，与保险等多种金融机构并存的局面。1991 年，中国银行东丽支行正式对外营业后，强化外汇、存、贷、汇款业务及外币兑换、国际结算等业务，扩大国际间经济合作，不断与国际接轨。

21 世纪始，区内金融机构数量增多，各金融机构防范风险能力逐步增强，基础设施、经营结构创新，强化信息科技支撑，扩展各项业务，坚持服务“三农”及企业的发展。2010 年，区内注册银行由 20 世纪 80 年代的 3 家发展到 16 家，支行、营业部、分理处遍布全区。全区金融系统各项存款余额 536.71 亿元，各项贷款 283.50 亿元。

第一节　金融服务

一、机构

2010 年 3 月，区批准成立金融服务办公室，为区政府服务、协调和管理全区金融工作的处级部门。区发改委不再挂金融服务办公室牌子。内设为综合科、政策法规科、金融情报科、机构监管科（协调联络）。

二、管理服务

（一）银行对接工作　2010 年，区金融办与驻区金融机构沟通联系，了解和掌握金融政策，鼓励驻区金融机构对区的融资项目给予更多的支持。深入傲绿、北药大通等18家企业开展调研走访，了解企业生产经营和资金需求情况，帮助企业破解融资难题。开展银行融资对接工作，全年组织3次现场会，10家融资机构，40家企业参加银企对接活动，为企业解决融资需求6.93亿元。

（二）企业上市工作　2010年，区内瑞普生物、北方创业、精诚机床、川铁集团等18家企业进入区后备资源库，其中瑞普生物于9月17日在深圳证券交易所创业板挂牌上市，实现产品经营向资本经营的一次跨越，是区企业资本运作的一次成功范例。10月，召开拟上市企业座谈会，北方创业、海宇光电等8家拟上市企业就企业上市发展状况、所面临的实际困难及未来工作安排作交流。11月，组织驻区10家企业的负责人到上海证券交易所、上海通用汽车公司、深圳证券交易所进行参观学习，推进企业上市工作。

（三）搭建金融平台　2010年，区金融办建立完善驻区金融机构通讯网络，完成区金融机构基本情况调查，建立区有融资需求的企业信息库，定期收集、整理、分析和监测驻区金融行业相关数据资料。区有驻区银行15家，营业网点126家，各项存款余额为536.71亿元，比2009年增长22%；各项贷款合计为283.5亿元，比2009年增长23%，有价证券及投资26.46亿元。

（四）金融改革创新　2010年，区金融办拟定《关于东丽区进一步推进金融改革创新的实施意见》，已下发执行。起草《关于设立东丽区股权投资基金的实施方案》，区国有公司滨丽、城投、东丽湖管委会已完成各自设立基金的实施方案。

（五）金融监管工作　2010年，区金融办加大对小额贷款公司和融资性担保公司监管服务力度，完成区融资性担保公司的基本情况的调查，建立区融资性担保公司工作机制，加强监督管理。加强对小额贷款公司资金流向的动态监测，深入调研，确保其健康平稳发展。区成立小额贷款公司7家，注册总资本5.9亿元。市工商银行为区内4家小额贷款公司授信共计2亿元，扩大贷款规模，缓解企业融资困难。累计放贷5.9亿元，贷款余额2.9亿元，累计放贷户440户，上缴税金182.3万元，实现利润752.6万元。

第二节　银行业

一、中国农业银行东丽支行

（一）机构沿革　1979年4月，农业银行东郊支行与人民银行东郊区办事处分设办公，以后农业银行东郊支行逐步取代人民银行东郊区办事处的业务。1990年3月，划归农行天津分行管理。1992年3月，更名为农业银行东丽支行。后又更名为中国农业银行股份有限公司天津东丽支行，成为国有控股股份制银行。

（二）内设机构　1995年，农业银行东丽支行设8个科室、5个部、8个营业所、23个储蓄所。2006年，下设机构：营业部、新立村支行、军粮城支行、大毕庄支行、程林庄支行、梅江支行、无瑕支行、津东支行、东丽开发区支行、金钟河大街支行、东丽湖支行、万东路营业所、万科分理处、晨阳道分理处、福东里分理处、靖江路分理处、金钟路分理处、华明分理处、津塘路分理处、招远路分理处。2010年，农行东丽支行本部（机关）内设业务部、客户一部、客户二部、个人金融部、信贷管理部、财会运营部、监察保卫科、综合管理部、辖属对外营业机构共12个，其中1

个营业部，11 个二级支行即分布在东丽区中心城区、工业园区、商贸区、街道社区。

（三）业务创新

基础设施 2010 年，农行东丽支行拥有自动现金机具 102 台，自助银行 6 家，自助服务终端 44 台，网银体验机 11 台。拥有 SWIFP 系统，已与国际业务处理系统自动链接，与分布在 108 个国家和地区的 1201 家银行建立代理行关系。

产品与服务创新 有效对接市场需求，创新推出商业贷、POSPAO 等业务产品，测试投放首台预处理填单机，与天津电信合作发行天津市首张手机移动支付联名 IC 卡——金穗天翼卡，使产品和服务市场竞争力进一步增强。

信息科技支撑 强化信息科技支撑，充分发挥新一代核心银行系统试点作用，BOEING 系统一期成功投产上线，是科技创新和支撑能力进一步提升。

（四）经营范围

办理人民币存款、贷款、结算业务；办理票据贴现；代理发行金融债券；代理发行、代理兑付、销售政府债券；买卖政府债券；代理收付款项；办理外汇存款、外汇贷款、外汇兑换、国际结算、结汇、售汇；办理资信调查、咨询见证业务；办理其总行在中国银行业监督管理委员会批准的业务范围内授权的业务；经中国银行业监督管理委员会批准的其他业务。

（五）存贷款额

1979—2010 年农行东丽支行存贷款规模情况统计表

表 17-8　　单位：亿元

年份＼项目	各项存款余额	各项贷款余额	存贷款总规模	年度＼项目	各项存款余额	各项贷款余额	存贷款总规模
1979	0.75	0.19	0.94	1995	8.16	5.41	13.57
1980	0.11	0.08	0.19	1996	10.09	6.39	16.48
1981	0.49	0.33	0.82	1997	12.34	7.23	19.57
1982	0.84	0.22	1.06	1998	14.66	5.83	20.49
1983	1.15	0.31	1.46	1999	17.30	10.20	27.50
1984	1.17	0.64	1.81	2000	18.70	9.10	27.80
1985	2.06	1.06	3.12	2001	14.60	14.00	28.60
1986	1.55	1.16	2.71	2002	25.40	9.10	34.50
1987	1.85	1.86	3.71	2003	36.60	19.20	55.80
1988	2.37	2.86	5.23	2004	48.20	26.20	74.40
1989	2.54	3.03	5.57	2005	54.40	27.50	81.90
1990	3.31	3.99	7.30	2006	64.60	36.90	101.50
1991	6.01	5.00	11.01	2007	78.50	42.40	120.90
1992	6.18	5.66	11.84	2008	66.20	35.30	101.50
1993	6.78	5.22	12.00	2009	83.70	35.60	119.30
1994	8.14	4.49	12.63	2010	90.80	33.40	124.20

（六）服务成果

强化对重点战略客户重点营销　支持东丽区能源、交通、基础设施建设及华明工业园、航空产业园、滨海重机园、东丽湖旅游度假区、东丽开发区等项目建设。

重点支持知名企业及优质客户　对东丽区内行业性、系统性客户，知名的内外资企业，“两高一优”农业，农业产业化及天津市北车、华明工业园等一批优质客户和项目，给予重点支持，使其经济建设获得资金保障，取得显著效益。

推进“三农”业务发展　加大农村城镇化建设项目的营销拓展力度，持续推动千百万工程及惠农工程建设，全面提升农村金融服务能力。

持续推进经营转型　农行东丽支行加大对东丽区中心城区和新市镇地区网点布局和提升改造力度，推进自助渠道体系建设，加大对学校、医院、交易市场等区域自助设备布放力度。

获“平安农行”称号　农行东丽支行连续多年获得“平安农行”称号。为农行天津分行连续荣膺“榜样天津”企业社会责任榜“卓越金融奖”做出贡献。

二、天津农商银行东丽支行

（一）机构　1979 年，东郊信用社联合社划入农业银行东郊区办事处管理。1981 年，区境内信用社调整为 9 个基层社、36 个分社、16 个代理站，形成遍布东郊城乡的经营服务网络。1990 年 3 月，区信用合作社联合社随农行东郊区办事处一起划归市行管理。1996 年 10 月，东丽信用合作社联合社与农行东丽支行脱钩，隶属中国人民银行天津市分行管理，规格为处级。2006 年 3 月，区联社经农村金融改革，更名为天津市东丽农村合作银行。2010 年 6 月，在天津农村合作银行基础上，改制重组成立天津农村商业银行股份有限公司东丽支行。2010 年，农商银行东丽支行共有 13 个机关部室：中小企业部、个人金融部、资产经营部、国际业务部、授信审批部、风险管理部、稽核部、营运管理部、预算财务部、人力资源部、科技信息部、安全保卫部和行长办公室。下辖 8 个二级支行、1 个营业部、46 个分理处。

（二）服务宗旨　坚持服务“三农”和中小企业的市场定位，充分利用自身网点覆盖范围广的优势，大力拓展各项业务，为促进天津市农民增收、农业发展、农村社会稳定和城乡经济建设做出重要贡献。

（三）业务范围

公司金融业务　存款业务主要有单位本币活期存款、单位本币定期存款、通知存款等。融资业务主要包括银团贷款、动产抵押、货权质押授信业务、房地产开发贷款、微小企业授信业务等。国际业务主要包括公司外汇账户服务 、汇款业务、托收业务、信用证业务等。

个人金融业务　储蓄业务包含个人活期储蓄、个人结算储蓄、整存整取定期储蓄、零存整取定期储蓄、存本取息定期储蓄、个人通知存款、定活两便储蓄及教育储蓄。国际业务主要分为个人外币储蓄、对外付汇业务等。卡业务主要有吉祥借记卡、吉祥贵宾金卡、吉祥生肖卡、吉祥信用卡、社保卡等。信贷业务主要包括个人支农信贷产品、个人消费类贷款产品、房易贷产品及其他贷款产品。

资金业务　同业业务主要包括同业拆借、同业存款、同业综合授信。票据业务主要分为银行承兑汇票贴现、买方付息直贴、银行承兑汇票转贴现。

存贷款额 至2010年底各项存款165亿元，各项贷款达到59亿元。由于坚持“做社区型小的零售银行”的市场定位，重点支持一批有市场、效益好、讲诚信的中小企业，实现银企“双赢”。

（四）服务成果

扶持中小企业发展，实现社会责任 农商银行东丽支行针对区境内中小企业贷款问题，坚持“诚实守信、风险可控、业务发展、合作共赢”原则，立足银行实际，结合城乡金融业发展状况，适应中小企业的融资需求，研发适合中小企业的金融产品。推出商标专用权、专利权质押贷款、经营性房产法人按揭贷款、信用共同体贷款和微小企业贷款等产品为中小企业的融资提供便利。实现银、企和掌控机构的“多赢”。

坚持市场定位，支持“三农”发展 农商银行东丽支行按照总行各项强农惠农政策的精神，充分发挥支农主力军的作用，对符合条件的涉农贷款需求，积极投放贷款给予支持，有效促进东丽区农业经济发展和农民收入增加。

为东丽区村民提供便捷服务 农商银行东丽支行与国家电网合作开展代理售电收费业务，全面覆盖包括金融服务站及无瑕社区在内的63个站点，缩短农户领取家电补贴的路程，简化中间流转环节，提高发放效率，在拉动中间业务收入的同时也树立起农商银行便民、贴心的良好服务形象。

三、工商银行天津东丽支行

（一）机构 1985年6月，中国工商银行天津市东郊区办事处成立。1992年3月，改称中国工商银行天津市东丽区支行。2005年12月，中国工商银行整体改制为股份制，东丽支行更名为中国工商银行股份有限公司天津东丽支行。工商东丽支行是天津分行辖属的一级支行。2010年，拥有职工159名，其下设4个机关部门：市场营销一部、市场营销二部、运行管理部、综合管理部；下设10个二级支行：先锋路支行、程林支行、张贵庄支行、滨海国际机场支行、民航支行、民权门支行、华明支行、金钟支行、金路支行、东丽开发区支行。

（二）服务宗旨 “您身边的银行，可信赖的银行”。

（三）工行特色 坚持用科学发展理念获取新的成长动力，着力通过改善经营结构、加强内部管理、推进创新发展，在严峻复杂的经营环境下保持健康良好势头。

（四）业务范围 办理人民币存款、贷款、结算业务，办理票据贴现。代理发行金融债券及代理发行兑付、销售政府债券，买卖政府债券。代理收付款项，代理保险。办理外汇存款、外汇贷款、外汇汇款、外币兑换、因私售汇及国际结算、结汇、售汇。办理资信调查、咨询见证业务及外币票据承兑及贴现。通过上级行办理代客外汇买卖，外汇信用卡的发行及代理国外信用卡付款业务。

（五）经营效益 2010年末，工商东丽支行实现资产总额60.06亿元，比2000年增长46.88亿元；存款余额56.55亿元，贷款余额30.31亿元；营业收入2.69亿元，账面利润1.75亿元。

2000—2010年工商东丽支行经营情况统计表

表17-9　　单位：亿元

项目 / 年份	存款余额	贷款余额	营业收入	资产总额	账面利润
2000	11.79	3.38	0.55	13.18	0.02
2001	12.91	3.12	0.50	13.81	0.12

续表 17-9

项目 年份	存款余额	贷款余额	营业收入	资产总额	账面利润
2002	15.65	3.83	0.18	16.39	0.15
2003	17.05	4.09	0.61	18.11	0.08
2004	17.92	2.20	0.77	21.01	0.18
2005	20.53	1.75	0.75	24.17	0.32
2006	22.37	1.64	0.76	26.61	0.24
2007	25.15	6.23	0.84	29.65	0.29
2008	31.63	5.65	1.39	33.66	0.64
2009	44.43	12.76	1.58	48.13	0.76
2010	56.55	30.31	2.69	60.06	1.75

四、中国建设银行天津东丽支行

（一）机构　1989年，称中国人民建设银行天津河东支行东郊区办事处。1992年4月，建行东郊支行更名为建行天津东丽支行。1995年8月，东丽支行、津东重点工程支行合并，称东丽支行。2010年，内设人力部、财会部、风险管理部、公司业务部、个人金融部、住房金融与房地产信贷部、营业部、国际业务部、办公室。下设津东支行、滨海临空支行、东丽开发区分理处、一号桥分理处、跃进路分理处、先锋路储蓄专柜、利津路储蓄所、滨河小区储蓄所、昆仑小区储蓄所、小海地储蓄所。

（二）业务范围

资产业务　2010年，各项贷款余额71亿元，全年办理票据贴现业务达74亿元，贴现总额在天津市分行系统排名第一。个人住房贷款余额8.4亿元。

负债业务　2010年，本外币一般性存款余额48.64亿元。其中储蓄存款24.52亿元，企业存款24.12亿元。1992—2010年，存款从1.02亿元增加至41.75亿元，增长40倍。在资产规模迅速增加的同时，资产质量进一步提高，公信贷资产全部为正常，个人信贷资产正常率99.9%以上，全部信贷资产不良率为零。

1992—2010年建行东丽支行存贷款情况统计表

表17-10　　单位：亿元

项目 年份	存款	贷款	项目 年度	存款	贷款
1992	1.03	22.49	2002	8.41	11.93
1993	1.54	26.17	2003	—	—
1994	1.65	23.48	2004	13.10	13.03
1995	1.68	24.18	2005	13.22	11.85
1996	3.19	24.42	2006	13.65	15.42
1997	4.29	7.23	2007	19.36	26.06

续表 17-10

项目 年份	存款	贷款	项目 年份	存款	贷款
1998	4.86	8.86	2008	20.09	30.47
1999	5.25	9.54	2009	27.53	29.64
2000	5.63	11.13	2010	41.75	45.27
2001	7.26	11.35			

中间业务　2009 年，中间业务收入实现区域排名跃居第一，东丽支行历史性跨入建行天津市分行 A 类行。2010 年，实现中间业务收入 5113 万元，中间业务产品涵盖人民币业务、外汇业务、黄金、理财、证券、保险近 100 个业务品种。

住房公积金及住房贷款业务　1992 年始，建行东丽支行负责全区公积金收缴工作及单位、个人的公积金贷款业务，每年公积金贷款均匀增加。2010 年，公积金缴存单位 1062 个，年收缴公积金 10 亿元，公积金贷款余额 8.5 亿元。

（三）企业社会责任　建行东丽支行支持东丽区地方经济建设及国有大、中型企业作为重点贷款投放对象。已为空港物流区征地拆迁及跃进路等六条主要道路和东丽广场的改造、散货物流区建设提供应急的贷款。2009 年始，与天津国际 SOS 儿童村建立帮扶关系，每年捐款、物及开展各项活动。

五、中国银行天津东丽支行

（一）机构　1990 年 12 月，筹建中国银行天津东丽支行。1991 年 5 月，正式对外营业。2005 年股改后更名为“中国银行股份有限公司天津东丽支行”。内设机构：2010 年，内设办公室、会计出纳科、信贷科、存汇科，对外营业网点有机场分理处、招远路储蓄所、开发区分理处、福东里储蓄所、支行营业部、华明家园分理处、第六大道支行。

（二）服务品牌　从 1996 年中国银行创建“文明优质服务”的服务理念并建立严格考核标准，从总行、分行、管辖支行、经营支行定期进行层层检查考核。在中国银行百年历史进程中，“全球服务”的品牌理念已深入人心，在新百年的起点上，“以客户为中心，以市场为导向，以科技为引领”将中国银行全球服务品牌提升到新高度。

（三）业务范围　1991 年，中行东丽支行运营初期的业务主要分为四类：个人业务、公司业务、会计出纳业务和国际结算业务。2010 年，业务范围涵盖人民币存款、贷款、结算业务；办理票据贴现、代理兑付、销售政府债券及代理收付款项及代理保险业务；人民币信用卡业务；外汇存款、外汇贷款、外汇汇款、外币兑换、国际结算、外汇票据的承兑和贴现；结汇、售汇及通过上级行办理代客外汇买卖、外汇信用卡发行及代理国外用卡的发行及付款；资信调查、咨询、见证业务；总行在银监会批准的业务范围内授权的其他业务（涉及国家有专项专营规定的按规定执行）。

（四）存贷款额　1991—2010 年，中行东丽支行本外币合计存款由 0.19 亿元增至 47.34 亿元；本外币合计贷款由 0.1 亿元增至 20.69 亿元。每年迈上一个台阶，为东丽区经济发展建设积极提供服务和支持。

1991—2010 年中行东丽支行存贷款情况统计表

表 17-11　　　　单位：亿元

项目 年份	存款（本外币折合）			贷款（本外币折合）		
	公司存款	储蓄存款	合计总额	公司贷款	个人贷款	贷款合计
1991	0.11	0.08	0.19	0.10	—	0.10
1992	0.42	0.25	0.67	0.65	—	0.65
1993	1.02	0.53	1.55	0.99	—	0.99
1994	1.29	1.19	2.48	1.59	—	1.59
1995	1.64	1.73	3.37	1.73	—	1.73
1996	2.12	2.42	4.52	2.47	—	2.47
1997	2.70	2.66	5.36	3.35	—	3.35
1998	3.15	3.46	6.61	3.88	—	3.88
1999	3.02	4.10	7.12	4.30	0.01	4.31
2000	3.37	4.89	8.26	4.10	0.03	4.13
2001	4.00	5.80	9.80	4.80	0.14	4.94
2002	4.18	7.20	11.38	4.51	0.27	4.78
2003	5.26	8.71	13.97	3.80	0.33	4.13
2004	6.12	9.52	15.32	5.97	1.18	7.15
2005	10.87	10.58	21.45	8.67	1.46	10.13
2006	8.85	11.53	20.38	8.73	1.64	10.37
2007	16.20	12.94	29.14	10.62	2.42	13.04
2008	13.29	16.30	29.59	7.35	2.72	10.07
2009	16.35	20.66	37.01	14.23	3.79	18.02
2010	23.62	23.72	47.34	16.05	4.64	20.69

六、天津银行东丽支行

（一）机构　1992 年，天津银行东丽支行成立。1993 年，正式对外营业。隶属天津银行滨海分行的下属分支机构。2010 年，东丽支行下设综合管理部、运营管理部、个人银行部、公司银行部。营业部下设天山南路支行、一经路支行、无瑕街支行、金钟河大街支行、福山路支行、滨海钢材城支行。

（二）业务范围

存款业务　1992 年始，东丽支行开办存款业务，由单一币种发展到办理人民币、美元、日元、港币存款储蓄业务。2010 年末，各项存款余额 29.92 亿元，其中储蓄存款 10.55 亿元，对公存款 19.37 亿元，外汇存款 965 万美元，实现国际业务结算量 2373 万美元。为拓展存款业务工作，东丽支行挖掘现有客户资源，将存款大户指定专人维护，提高授信业务综合收益，增加授信企业存款沉淀和结算流水。加强柜面、大堂经理营销，利用与客户直接接触，向客户推介支行个人业务。加强公私联动，将个人业务向公司客户方面拓展。

贷款业务 东丽支行与东丽区政府全面合作，对区内国营、集体企业及乡镇企业提供金融服务和贷款支持，加大贷款投放力度，确保企业实现经济效益。2010年，支行积极开拓新业务渠道，提高信贷业务的综合效益。贷、存联动，全年累计办理银行承兑汇票171笔，开票余额合计6.6亿元，吸收保证金6.5亿元，日均沉淀存款3.5亿元。拓展中间业务，签发履约保函3.02亿元，沉淀存款1.52亿元。开展中小企业信贷特色品种推广，全面推出商业抵押分期贷款、工程机械个人按揭贷款、应收账款质押贷款等特色业务，丰富支行信贷业务品种。

七、中国邮政储蓄银行东丽支行

（一）机构 2007年11月，中国邮政储蓄银行东丽支行成立，是在改革邮政储蓄管理体制的基础上组建的商业银行，是中国邮政储蓄银行天津分行的下属分支机构。支行成立初期，内部机构设置有综合部和业务部两个部门，下设二级支行3家，分别为中国邮政储蓄银行天津军粮城支行，中国邮政储蓄银行天津河兴庄支行，中国邮政储蓄银行天津詹滨西里支行。2010年，随着区域经济发展，经营范围涵盖面的扩大，内部机构设置不断完善，内设综合管理部、个人业务部、公司业务部、信贷业务部、财务会计部，下设二级支行有军粮城支行、河兴庄支行、詹滨西里支行。

（二）业务范围 在运营初期，东丽支行业务范围包括储蓄、理财、对公、信贷、外汇、绿卡、国际业务等。在提供本外币储蓄存款、国内及国际汇兑、转账业务的同时，还提供包括代理基金、代理保险、代发工资、代发养老金、代收电信资费等30多项中间业务，为用户提供方便的“一站式”金融服务。为适应客户需求，陆续同业拆借业务，信用证服务及担保业务、提供保险箱服务业务、票据承兑与贴现业务，在服务东丽地方经济发展方面发挥着积极作用。

（三）经营特色 东丽支行把握“根植城乡、服务大众、支持‘三农’”的市场定位，发扬“同心同德，求实求新”的企业精神，以“科学发展、提升素质、严密内控、强化管理”为立业之基，努力打造有特色的现代零售商业银行，向全功能银行迅速转型。东丽支行依托网络优势，扎根城乡、服务社区，围绕城乡居民基础金融需求，加快产品和业务创新，走出一条特色发展之路，迅速成长为区域内零售金融市场重要的新生力量。发挥邮政储蓄网络覆盖城乡二元经济的优势，提供全面的金融服务，支持区域经济建设。

（四）存贷款额 2009—2010年，东丽支行各项业务均实现跨越式发展，各项存款由2009年底的5.68亿元增加至7.40亿元，贷款余额由2009年底的0.75亿元增加至1.54亿元。

2009—2010年邮储银行东丽支行存贷款情况统计表

表17-12

单位：亿元

项目 年份	存款			贷款	
	合计	公司存款余额	储蓄存款余额	本年放款	贷款结余
2009	5.68	4.86	0.82	0.75	0.31
2010	7.40	6.10	1.30	1.54	0.65

八、驻区其他银行

1994年5月建立中行津钢支行，2007年5月建立交通银行东丽支行，2007年10月建立中信东丽支行，2009年1月建立深圳发展银行东丽支行，2009年4月建立兴业银行东丽支行，2009年12月建立渤海银行东丽支行，2010年6月建立农发行东丽支行，2010年8月建立东丽华明村镇银行，2010年7月建立哈尔滨银行东丽支行。

第三节　保险业

一、天津社会保险基金管理中心东丽分中心

（一）机构　1987年，区劳动局内设科级单位社会保险事业管理所，主要承担全区范围内全民企业职工养老保险工作，负责职工养老资金的统筹征集和拨付。1990年，业务范围扩大到集体企业。1992年10月，成立天津市社会保险公司东丽区分公司，原区劳动局社会保障事业管理所归社保东丽区分公司垂直领导，升级为处级金融事业单位。1995年6月，社保东丽区分公司内建天津人寿保险公司东丽区代办所。1998年7月，社会保险东丽区分公司更名为天津市社会保险基金管理中心东丽分中心，属全额拨款处级事业单位，原人寿保险业务即终止。2010年，内设办公室、基金征缴科、支付管理科、医疗保险科、计划财务科、稽核科、工伤保险科、社会保险登记科。

（二）服务宗旨　记录一生、服务一生、保障一生。

（三）创新举措　制定经办服务4项承诺：首次负责、一次性告知、限时办结、工作纪律。在工作纪律中明确坚持6不准：坚持依法经办，不准违规操作；坚持公开公正，不准弄虚作假；坚持爱岗敬业，不准玩忽职守；坚持清正廉洁，不准以权谋私；坚持勤政为民，不准刁难推诿；坚持真诚服务，不准生冷横硬。

（四）服务范围　1987年，全民企业职工的养老金统筹由区社会保险事业管理所办理。1990年，业务范围扩大到集体企业和机关事业单位合同制工人养老保险。社保东丽区分公司成立后，1993年“三资企业”中方职工的养老基金纳入统筹。2003年始，机关事业单位和各类企业全面开展医疗保险2004年后，开展工伤保险，失地农民养老保险业务。2005年9月始，启动生育保险。10月始，失业保险基金由劳动和社会保障局征收划归社保东丽分中心征收，并开始征收养老、医疗、工伤、生育、失业“五险”基金。2009年始，启动城乡养老保险服务。2010年始，启动城乡居民医疗保险业务。

（五）业务工作

养老保险　至1995年底，全区参加统筹单位305个，其中全民企业74个，集体企业77个，“三资”企业18个，机关事业单位（合同制工人）136个。参加统筹职工87582人，其中在职职工70127人，离退休退职职工17455人。

1987—1995 年东丽区职工养老基金征集情况统计表

表 17-13

单位：个、万元

年份	参加单位	征募总额	上缴金额	下拨金额
1987	77	630	231	399
1988	105	1133.6	311.3	822.3
1989	137	1377.6	420	957.6
1990	204	1829.8	388.8	1441
1991	180	2278	528.3	1749.7
1992	239	2626.5	581.2	2045.3
1993	304	3008	215.5	2792.5
1994	332	5730.3	814.6	4915.7
1995	305	6758	296.3	6461.7

“五险”基金　1992 年 10 月始，社保东丽分中心承担全区行政机关、事业单位及各类企业养老、医疗、生育、失业、工伤保险基金的征收和支付业务，履行执行政策经办业务、基金平衡、社会服务等职责。2010 年度，共征集“五险”基金 143005 万元，支付“五险”基金 102125 万元，承担全区 67860 名离退人员养老金发放工作。

2005—2010 年社保东丽分中心主要业务统计表

表 17-14

单位：万元

年份	五险基金征收		五险基金支付			
	户数	年征收基金	养老支付	医疗支付	工伤支付	生育支付
2005	6044	71740	45090	3343	433	—
2660	6533	95801	59191	4277	751	574
2007	7457	134631	65859	4472	898	507
2008	8744	155271	82685	4705	966	441
2009	10150	125620	90772	5634	1641	814
2010	11905	143005	93170	6000	2274	681

二、中国人民财产保险股份有限公司天津市东丽支公司

（一）机构　1981 年 6 月，中国人民保险公司天津市分公司在农行东郊区办事处内设立区保险代理处，办理国内保险业务。代理处行政上受中国农业银行天津市东郊区办事处领导，业务上受中国人民保险公司天津市分公司管辖。1984 年初，农行东郊区办事处成立保险科，对外称中国人民保险公司天津市东郊区代理处。1985 年 1 月，代理处由农业银行区办事处内分出，改称中国人

民保险公司天津市东郊区公司。区公司的行政、业务均由人保天津市分公司管辖。1996年10月，将中国人民保险公司天津市东丽区公司分设为中保财产保险有限公司天津市东丽区公司（中保产险）和中保人寿保险有限公司天津市东丽区公司（中保寿险）。2003年6月，中保产险公司更名为中国人民财产保险股份有限公司天津市东丽区支公司。

1986年10月分设后，内设办公室、业务一科、业务二科、内勤科、理赔科、财务科。1998年10月，公司设立机场办事处。2000年8月，公司设立办公室、业务一科、业务二科、计财科、市场开发管理科、理赔科，下设军粮城办事处、赤土镇办事处。2002年12月，设立无瑕营销服务部、新立营销服务部和大毕庄营销服务部。2003年10月，支公司机构重组，内设综合部及营业一部、二部、三部、四部、五部。2008年11月，公司设立钢管公司营业部；12月，公司设计华明营销服务部。2010年，内设综合部及业务一部、二部、三部、四部。

（二）服务宗旨 公司以“人民保险、服务人民”为使命，秉承“以人为本、诚信服务、价值至上、永续经营”的经营理念，弘扬“求实、诚信、拼搏、创新”的企业精神，充分发挥品牌、人才、产品、技术和服务等优势，为促进东丽区改革、保障经济、稳定社会、造福人民提供强大的保险保障。

（三）创新举措 立足服务经济社会发展全局，以市场为导向、客户为中心，以金牌服务回报客户；以科学发展观为指引，以锐意进取的改革精神和求真务实的科学态度，与时俱进，整合创新，实现公司新的创业和跨越式发展，为全面建设小康社会和构建社会主义和谐社会提供更加优质的保险保障服务。

（四）业务范围 1981年5月，区恢复办理国内保险业务。1982年始，设立运输工具保险、家庭财产保险。1985年6月始，开办农业保险。1996年10月，人保东丽区支公司分设后，承保险种逐步扩大，开办了除长期寿险业务以外的一切保险业务。2010年，开办的财产系列保险业务主要有：企事业单位的财产损失险、家庭财产险、机动车辆保险、责任保险、意外伤害保险、短期健康保险、信用保证保险和农业保险等人民币或外币保险以及与上述业务相关的保险业务，共计10个险种。

（五）投保与理赔 1985—1995年，公司为全区92亿多元的资产，47个大中型企业，5000多部机动车辆等提供保险保障，累计收入保险费14854万元，受理各种赔案11864件，累计赔付款额4305万元。

1996—2010年，财、寿险分业经营后，人保财险东丽支公司业务规模逐年递增，理赔服务不断提升。至2010年，公司保险收入累计14500万元，理赔支出7800万元。

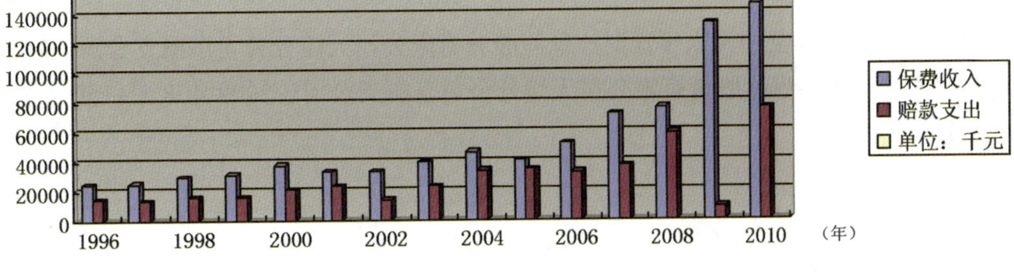

1996—2010年人保财险天津东丽支公司保费收入、赔款支出示意图

三、中国人寿保险天津东丽支公司

（一）机构 前身为中国人民保险公司天津市东郊区公司，1996年10月，人保东丽区公司分设为中保财产保险有限公司天津市东丽区公司和中保人寿保险有限公司天津市东丽区公司。后中保寿险公司更名为中国人寿保险有限公司天津市东丽区支公司。

1996年，内设办公室、计财科、业务科、营业部。1999年，内设综合部、团险销售部、个险销售部、中介业务部、收展部。2010年，内设综合管理部、个险销售部、银行保险部和团体业务部。个险销售部下设无瑕街营销服务部、新立街营销服务部、华明镇营销服务部。

（二）服务宗旨 中国人寿东丽区支公司秉承“专业、真诚、感动、超越”的服务理念，依托覆盖全区城乡的服务网络，力求通过“热诚、规范、准确、便捷”的服务，致力于为东丽区广大民众提供优质的保险产品和服务。

（三）创新举措 东丽区支公司摸索研究制定以多渠道一体化营销服务为重点的创新营销策略，从支公司层面整合各渠道的客户资源，实现渠道间优势互补和资源共享，全方位多层次挖掘客户需求。经营管理上，借助文化建设驱动工作人员的执行力建设，推动目标责任制管理。

（四）业务范围 1984年，恢复人身保险。至1995年，开办团体人身意外伤害保险，中小学生平安保险，简易人身保险、独生子女及少儿保险、住院病员意外伤害保险及各种养老保险等24个险种。1996年，财、寿险分业经营后，主要经营以人的寿命和身体健康为标准的人寿保险、健康保险和意外伤害保险业务。承办人身保险的再保险业务，国家法律、法规允许或国务院批准的资金运用业务，各类人身保险服务、咨询或代理业务。主要险种有：国寿99鸿两全保险、国寿美满一生年金保险、国寿康宁终身重大疾病险、国寿福禄双喜两全保险、国寿瑞鑫两全保险、国寿长久呵护住院费用补偿医疗保险、国寿绿洲意外伤害险、国寿附加儿童住院费用补偿医疗保险、国寿农村小额定期寿等几十种。

（五）投保与理赔 1984—1995年，累计有3万多户家庭35万多人次，参加人身保险，累计给付金额139万元。1996—2010年，财、寿险分业经营后，人寿保险东丽支公司业务规模逐年递增，理赔服务不断提升。2010年，全年实现个险新单期保费2993万元，其中10年期及以上新单保费1028万元，个险短险410万元，其中意外险保费270万元。团险短险保费1495万元，其中意外险保费1003万元。银保趸交保费10224万元，期交保费1153万元。

四、驻区其他保险公司

1995年3月，建立中国太平洋财产保险股分有限公司天津分公司东丽支公司。2002年5月，建立中国太平洋人寿保险股份有限公司天津分公司东丽支公司。2009年8月，建立平安财产保险东丽支公司。

第十八编

经济管理

改革开放以后，国民经济发展开始由“计划经济体制”向“市场经济体制”转变。区经济发展迅猛，各经济管理监督部门调整工作方向理顺层次关系，改变工作方式，从有利于区经济建设和提高人民生活水平出发，对经济工作的政策引导和管理，逐步形成系统、严谨的配套机制。区经济管理部门紧跟形势，在土地、计划、统计、工商、物价、审计、质检、食药、安全管理等方面大胆改革，锐意进取，成果彰显。

区经济管理部门不断改革创新，制定和实施对经济建设起到保驾护航作用的政策、法规、措施，为区经济快速发展奠定坚实基础。

2006年，工商东丽分局到天津农村商业银行东丽支行进行团体登记服务

2008年，东丽区质监局进一步清缴问题乳粉工作告知专题会

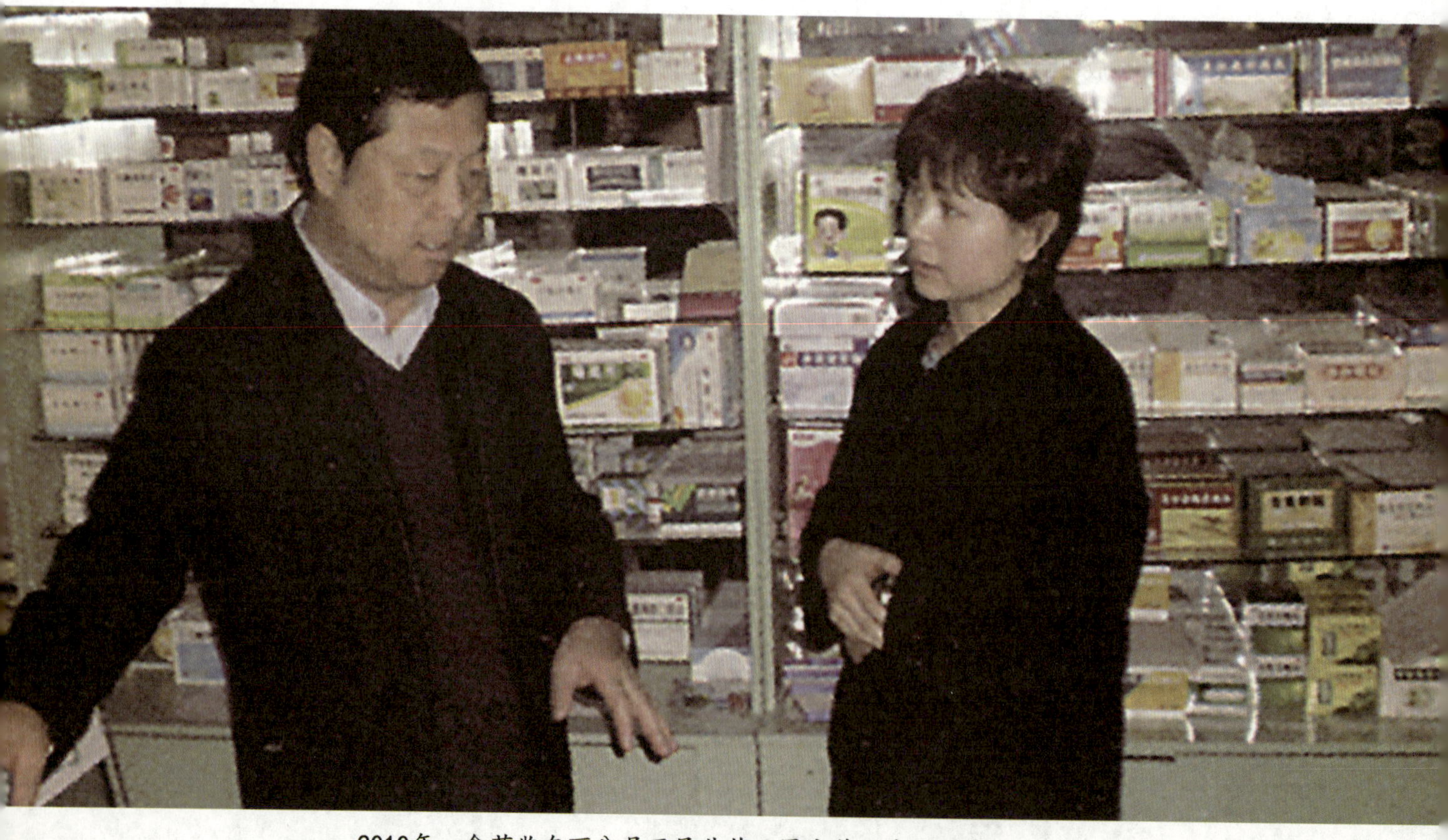

2010年，食药监东丽分局开展非药品冒充药品专项检查

第一章　土地资源管理

1979年始，区改革土地管理体制，逐步向多功能现代化地籍管理转变。运用行政、法律、经济手段查处违法占地案件，严格控制非农业建设占用耕地，统一办理全区建设土地使用手续，执行一系列土地管理法规，实行依法管理确保土地资源的合法使用。区国土资源分局，被国土资源部授予2009年度全国县级国土资源政务信息网上公开示范单位和全国国土资源信访工作先进集体，全区土地管理工作不断开创新局面。

第一节　机　构

一、天津市国土资源和房屋管理局东丽区国土资源分局

1981年1月，区成立城乡建设房管局，内设建管科负责土地征用、土地规划、土地监察工作。1984年5月，区城乡建设委员会内设乡镇科、监管科负责用地管理、规划建设。是年，成立区征地办公室。1987年10月，区成立规划土地管理办公室，与区建委合署办公，为全区土地管理的职能部门。1992年6月，区成立规划土地管理局；9月区建委将土地管理科、地籍管理科、土地监察科、乡镇建设管理科、规划建设管理科划转区规划土地管理局，成为全区土地管理的专职机构。1993年11月，区规划土地管理局与区建委合并，保留区规划土地管理局的牌子。2001年11月，规划土地管理局更名为区规划和国土资源局。2002年1月，区规划土地管理局更名为规划和国土资源管理局。

2007年7月，组建天津市国土资源和房屋管理局东丽区国土资源分局，为市局的派出机构，规格为处级，依法履行本辖区国土资源的监督管理工作。内设综合办公室，土地资源管理科、土地市场科、地籍管理科、执法监察科。下属单位：东丽区土地利用事务中心、东丽区黄土资源管理中心、东丽区地籍管理中心、东丽区开垦征地事务中心。

二、东丽区土地整理中心

1992年12月，成立区地产开发公司，隶属区规划土地管理局。2002年5月，更名为区土地整理中心，由区政府直接管理。2007年10月，区核定为副处级自收自支事业单位，内设综合科、土地收购科、土地管理科、资金管理科。

第二节 规划管理

一、张贵庄地区规划

1980年，区土地管理部门编制区委、区政府驻地张贵庄地区规划。规划面积7.9平方千米，包括道路、绿化、公建、居住、给排水等。1984年，区建委和天津市规划局等部门对张贵庄地区编制第二个规划方案，增加公共绿地、居住用地及公共建筑用地面积。1990年，区建委对张贵庄地区规划进行第三次修订，完善张贵庄地区作为区政治、经济、文化中心的设想。

二、军粮城镇规划

1985年，区建委与军粮城镇共同编制军粮城镇规划，确定军粮城镇的发展方向和范围，规划总面积4平方千米，规划总人口至2000年控制为5万人。

三、土地利用总体规划

全区土地利用总体规划以1996年为基期，2000年为近期，2010年为远期，展望到2030年的时间节点编制土地利用总体规划。从2007年始，历时3年，至2010年9月，经区政府审议通过《东丽区土地利用总体规划（2006—2020年）》。区土地利用总体规划以《中华人民共和国土地管理法》等有关法律、法规、规章为依据，坚持严格保护耕地特别是基本农田，控制非农建设占用耕地的原则；坚持节约和集约用地，提高土地利用效率的原则；坚持城乡协调发展，统筹安排各区域、各类用地的原则；坚持保护和改善生态环境，优化土地利用结构，转变土地利用方式，提高土地利用水平，推进社会、经济、环境的协调发展至规划末期建设用地总规模为2.72万公顷，基本农田保护面积为3722公顷，实现土地利用规划修编与区重点项目落地的双赢。

第三节 资源管理

一、土地征收转用

区土地管理部门按照区“三四五六”发展计划，坚持以服务保障项目用地需求为工作重点，破解项目用地审批中遇到的难点问题，完成市、区重点项目的征地报批工作。2007—2010年，累计完成建设用地审权246批次，涉及面积6929.24公顷，其中包括征收集体土地、新增建设用地。区土地管理部门坚持以“服务重点项目、促进经济发展”为重点，保障市区级重点项目需求，确保空港物流加工区、泰达西区等板块的发展空间，为华侨城、中国一重、北车等市区级重点项目的落地开工建设奠定基础。配合市重点基础设施的建设，完成津滨高速、蓟港铁路的拓宽改造工程；中山门、赵沽里、李明庄地块的征地拆迁工程及京秦客运专线、东金路、地铁二号线等市重点项目的土地征转报批工作。

二、城乡挂钩试点

区土地管理部门依据“城镇建设用地增加与农村建设用地减少相挂钩”的原则，以“征地拆迁是前提、资金到位是保障、民主程序是基础、工程建设是关键，两个平衡（资金平衡、占补平衡）是成败”指导思想，全部实施完成国土部批准的第一批试点—华明新市镇的建设。华明挂钩试点建新区面积 438.8 公顷，建新区占用耕地面积 263.7 公顷。实现两个平衡，一个实现周转指标的平衡，华明挂钩试点项目共使用周转指标 426.8 公顷，复垦后新增耕地 365.7 公顷，完成周转指标的如期归还。

三、“一张图”管理

2009 年，区国土资源分局按市局统一部署，建成全市第一个国土资源综合管理信息系统，形成了全国土地资源各类数据“一张图”。利用先进信息技术，推进电子政务，提高工作质量和效率，为管理和决策提供高效和科学的信息服务，提高土地资源战略决策水平，使区国土资源管理工作步入精细化管理阶段。

第四节　市场管理

一、土地供应

2003—2010 年，全区累计以招标拍卖挂牌方式出让国有建设用地 1171.92 公顷，其中房地产用地 919.83 公顷，工业用地 452.09 公顷。土地出让金总价 192.35 亿元，实现政府净收益 101.14 亿元。出让房地产用地规划总建筑面积 1115.57 万平方米，其中住宅 709.71 万平方米，商业 405.86 万平方米。2007 年，区国土资源分局逐步建立规范的土地交易市场。土地的供应，确保华侨城、恒大、天安、天骥等重点服务业项目及中国一重、北车、中国汽研中心、中国核工业集团等重大工业项目落地，为区社会经济注入新的活力。

二、土地征后监管

2007 年始，区国土资源分局，将 1992 年以来所有供地项目逐宗进行清理，以清理闲置土地作为确保项目落地的突破口，开展辖区内已供土地的征后监管工作。经调查档案、实地勘察、现场核实方式，查清土地供应后实际利用情况。坚持“以用为先、依法调整、分类处理、集约利用”的原则，采取依法收回、收取闲置费、限期改造提升等有效途径，全面提升存量土地利用效率，通过加强征后监管工作，促进东泰世纪、三嘉华等企业开发建设速度，有效避免囤地等土地闲置或低效利用问题，形成以存量促发展的良好氛围。

第五节　地籍管理

一、第一次土地详查

1989年11月至1992年6月，全区进行土地详查。通过详查，查清全区总土地面积为47733.67公顷，其中国有土地10989.74公顷，集体土地36743.93公顷。国有土地中，耕地1226.07公顷，园地158.13公顷，林地115.34公顷，城镇居民点和工矿用地4616.93公顷，交通用地1519.84公顷，水域面积3191.63公顷，未利用土地161.79公顷。

二、第二次土地调查

2007年10月始，区进行第二次土地调查。历经土地利用现状、集体土地所有权、城镇地籍调查等阶段，于2011年初完成。经调查共完成集体土地所有权登记451宗，登记发证率达96.4%。完成城镇地籍调查阶段，共登记2252宗。经第二次土地调查，查清全区土地家底，查清全区现有土地的地类、权属总量和分布，为土地的利用管理提供了保障。

（一）城镇土地调查　2009年9月，区国土资源分局根据《国务院关于开展第二次全国土地调查的通知》及《天津市第二次土地调查城镇地籍调查工作方案》部署及下发的《东丽区城镇地籍范围的通知》，全面开展辖区范围内的城镇地籍调查工作。经调查组织落实和业务培训后，到市、区档案馆和区建委、规划局查阅历年用地手续中土地登记卷、土地征收卷、土地划拨卷，强化内外业核查，解决每一宗土地的登记问题，完成区域范围内所确定的城镇地籍调查土地总共2597宗，面积93.8平方千米的工作任务，已完成登记发证2252宗，面积88.8平方千米。其中，集体土地所有权登记发证84宗，面积17.73平方千米；国有土地使用权2077宗，面积71.09平方千米，土地登记覆盖率94.7%，达到市要求的工作目标。

（二）农村土地权属调查　2007年10月始，区国土资源分局根据国土资源部《关于依法加快集体土地所有权登记发证工作的通知》和《天津市第二次土地调查实施细则》，在2006年么六桥回族乡13个村、面积18.62平方千米农村集体土地登记试点的基础上，在全区范围内开展第二次土地调查集体土地所有权调查登记确权工作。涉及外环线外侧7个涉农乡镇街，共96个村队，面积220平方千米的集体土地。区域内涉及国有河道9条，涉及公路19条。其间，与相邻的北辰、宁河、塘沽、津南区县完成区县边界的接边工作。农村集体土地调查外业测量界线长度1690.58千米，界址线49577条，埋设截止桩898个，钢钉界址点50个，喷涂界址点62个。此次区农村集体土地调查成卷460宗。按程序经自查互检，发布集体土地所有权登记公告，完成领证446宗，登记发证面积212.16平方千米，登记发证率96.4%，超过市规定的95%的达标要求。

（三）土地权属争议调处　区国土资源分局在第二次土地调查工作中，就解决村集体之间、村集体与驻军部队之间，村集体与公路、水利、教育等部门之间集体土地所有权的权属纠纷问题，召开专题协调会，坚持尊重历史、面对现实的原则；坚持利于群众生产生活，利于社会稳定的原则；坚持政策和法律并用的原则，调处原刘台村因分村发生的土地权属争议、山岭子村与贯庄村土地权属争议、窦家房子村与刘辛庄村土地权属争议等。连同新发现的权属争议地块共 89 宗，至 2010 年底已完成调处工作 78 宗，调处率达 87.6%。

三、土地登记

（一）历年土地登记　统计数据不包括国有个人住宅用地和集体宅基地登记。2008 年 9 月始，国有土地的房屋和土地实行统一登记，两证合一。

1988—2010 年东丽区土地登记情况统计表

表 18-1

年　份	国有土地使用权登记（宗）	集体土地使用权登记（宗）	年　份	国有土地使用权登记（宗）	集体土地使用权登记（宗）
1988-1995	575	233	2003	99	115
1996	103	97	2004	128	46
1997	100	102	2005	108	59
1998	216	81	2006	106	50
1999	113	115	2007	150	12
2000	53	163	2008	160	45
2001	59	134	2009	89	29
2002	99	148	2010	148	8

（二）土地登记档案　至 2010 年，区土地管理部门共建立地籍档案 57486 卷，建立国有土地使用权登记卷 2306 宗、国有土地使用权（住宅）登记卷 6976 宗，集体土地建设用地使用权登记卷 1437 卷、集体土地建设用地使用权（宅基地）登记卷 46283 宗、集体土地所有权登记卷 493 宗。

第六节　土地整理

一、地产开发

1992 年，依据《中华人民共和国土地管理法》及《天津市土地管理条例》，为适应土地制度改革，成立区地产开发公司。1994—1995 年，编制完成东丽区地图。1999—2000 年，地产开发公司在区天山南路西侧建泰通公寓 12 栋楼，总开发面积 5 万平方米，容积率 2.2，小区绿化率达 30%。2001 年，泰通公寓被中国社会调查评为“质量信得过”项目。

二、土地整理

（一）征地拆迁调查　2002 年，完成世纪大道、月牙河改造工程，赤欢路拓宽改造、金钟河大街提升改造工程的拆迁调查任务。2003 年，完成崔家码头、辛庄、潘庄征地拆迁调查工作，调查房屋总面积 14.84 万平方米。

（二）收购整理地块 2003—2004 年，收购地块 11 宗，其中国有土地 7 宗，集体土地 4 宗，总面积 213.43 公顷。2005 年，整理储备地块 15 宗，面积 323.4 公顷。2006 年，收购整理地块 9 宗，其中存量建设用地 110.6 公顷。新增建设用地 32.13 公顷。2009 年，收购整理地块 11 宗，其中国有土地 8 宗，集体土地 3 宗，面积 96.62 公顷。2010 年，收购整理储备地块 67 宗，面积 1786.54 公顷。

（三）村（居）房屋拆迁搬迁 2003 年，完成东南半环、月牙河改造工程涉及增兴窑村部分村民的房屋拆迁工作，拆迁房屋面积 1.2 万平方米，涉及村民 130 户，其中选择还迁的村民 60 户。区地产开发公司与区土地交易中心成立金钟河大街重点工程拆迁指挥部，完成长青、何兴庄 1300 户村民的房屋拆迁工作。2004 年，完成昆仑里 21～23 号楼 267 户居民的搬迁工作。2004 年，拆除东南半环工程涉及的南大桥村委会、三晃电子有限公司、津冀畜牧有限公司，公建面积 8119.18 平方米。

（四）土地整理储备信息库 2005 年，根据区土地利用总体规划和土地利用现状情况，制定区《土地储备实施办法》及《土地收购储备程序》。2008 年，建立区土地整理储备信息库，完成区涉及各单位的土地储备情况汇总，整理储备地块 23 宗，其中国有土地 11 宗、集体土地 11 宗、特用地 1 宗，面积 4285.89 公顷。2009 年，更新土地收购储备信息库，整理储备地块 34 宗，其中集体土地 19 宗、国有土地 14 宗、特殊用地 1 宗，收储面积 7828.56 公顷。

（五）供地与办理房地产使用证 2005 年，完成供地地块 5 宗，面积 115.14 公顷。2009 年，实施供地 5 宗，面积 41 公顷。2010 年，办理完成东丽湖度假旅游区 5 宗地块房地产使用证。

（六）地类、权属调查 2009 年，完成南淀风景区现状地类、权属调查。该区域总面积 1008.23 公顷，包括南北坨、李明庄、赵沽里等 7 个村队集体土地 889.9 公顷和二煤气、自来水集团等 16 宗国有土地 118.33 公顷。

第七节 执法监察

一、 建立土地监管共同责任制

2007 年始，区国土资源分局以“保障科学发展、保护耕地红线”为主线，以增强执法监管综合能力为目的，以严肃查处违法占用基本农田行为为重点，探索建立领导指挥、联合查处、驻警、社会监督、联动、综合宣传、廉政、奖励、保障九方面创新机制，推进土地执法工作。

二、查处违法用地、占地

（一）查处违法用地 1986—1988 年，区土地管理部门依据《中华人民共和国土地管理法》从单纯行政管理转向行政、法律、经济措施相结合的综合管理。全区共查出违法用地 881 件，占地 59.24 公顷（含耕地 16.2 公顷），其中未经批准擅自占用 467 件，26.4 公顷（含耕地 5.47 公顷）；无权或越权审批土地 6 件，6.13 公顷（含耕地 3.53 公顷）；买卖变相买卖和出租土地 7 件，2.3 公顷（含耕地 0.07 公顷）；批少占多超标占地 401 件，24.4 公顷（含耕地 7.13 公顷）。依法处理 859 件，使全区乱占滥用土地的违法问题基本得到有效控制。1989 年，查处 1 名干部利用职权违法占地建私房，罚款 300 元后补办用地手续。

（二）清理违章建筑 1990 年，清理违章建筑 76 宗。1993 年，区政府与乡镇街签订《清理违法建筑制止私搭乱盖工作目标责任书》，清理各种违章建筑 72 项。1994 年 4 月始，为清理整顿市容环境，创建文明整洁的卫生城，迎接第 43 届世乒赛，区规划土地监察联合执法队、对区内香山道、外环线、津塘公路、卫国道、程林庄道等主干道及詹滨里、金华里等重点区域违法占地、违法建设进行全面清理。共拆除清理废品收购点 9 处，拆除广告牌 123 块，清理违章棚亭摊点 81 处，拆除违法建筑 4100 平方米，清理违法占地 9000 平方米。1995 年，对占压煤气管道的违章建筑进行专项治理；对占压机场排水沟渠的临时建筑进行彻底清理，共拆除临建 7 处，建筑面积 200 平方米，保障了天津滨海国际机场安全度汛。

（三）卫星遥感监测图片开展土地执法检查 2006 年始，区国土资源分局利用卫星遥感监测等技术手段制作的叠加监测信息及有关要素后形成的专题图片开展土地执法检查。2006 年，“卫片”执法检查发现违法用地 48 宗，面积 43.89 公顷，已全部立案查处，并已申请法院强制执行。2007—2009 年，“卫片”执法检查发现违法用地 170 宗，面积 263.84 公顷（含耕地 139.4 公顷），其中未报即用类违法用地 129 宗，面积 139.13 公顷（含耕地 82.59 公顷）；边报边用类违法用地 27 宗，面积 108.62 公顷，（含耕地 56.85 公顷）；其他违法用地 14 宗，面积 16.09 公顷。涉及违法的 170 宗案件均已立案查处，移送法院申请强制执行 165 宗，其中涉嫌刑事犯罪的土地违法案件 41 宗。2010 年，组织 10 次“卫片”涉及区 192 宗，图斑填报图斑信息，图斑总面积 669 公顷，其中耕地面积 317 公顷。全年立案查处违法用地案件 16 宗，面积 7 公顷。通过土地卫片执法检查，形成全国一张图管理国土资源，建立土地审批、供应、使用、执法监察等业务的网络监管平台。建立“天上看、地上查、网上核”的立体土地监管体系，有效遏制违法用地上升态势，切实保护耕地。

三、打击盗挖黄土

2009 年，区国土资源分局与区市容委建立共同治理盗挖黄土协议。为防止国土资源的流失，国土资源分局会同区公安分局、执法局、驻区武警部队成立专门巡查队伍，开展专项打击活动。全年制止多起违法取土行为，处理违法取土案件 9 起，其中盗窃山岭子村 10 万立方米黄土的 3 名主犯全部落网，司法部门以涉嫌盗窃罪对其绳之以法，这在全国范围内尚属首例。

四、违法占地典型案件

2009 年 3 月，区国土资源分局依靠“卫片”查知中铁建工集团某公司私自非法占用区土地，进行非农建设。经立案调查实测，该公司非法占用土地 10234 平方米，所占土地系规划为基本农田的基地。依据《中华人民共和国土地管理法》规定，限期其拆除在非法占用土地上新建的建筑物和其设施，恢复土地原状。4 月 16 日，下达《土地行政处罚告知书》。4 月 20 日，下达《土地行政处罚决定书》，限 5 日内拆除其在非法占用土地上新建的建筑物和其他设施，恢复土地原状。中铁建工集团某公司对区国土资源分局下达的《土地行政处罚决定书》拒不履行，7 月 27 日，区国土资源分局向区人民法院申请强制执行，同时因其占用基本农田数量较大，已涉嫌触犯国家刑法之规定，于 7 月 8 日将其案卷移送公安东丽分局。

第八节　节约集约示范区

一、节约集约用地决策机制

区国土资源分局根据国家国土资源部和市国土房管局统一要求，全面做好土地利用总体规划修编工作。针对区特殊的地理位置及经济建设的强劲发展，结合“保增长、保红线”的“双保”方针，对区保证项目用地和基本农田面积不减少的工作进行调研究、分析。结合区经济发展战略，以节约集约为先导，编制完成《东丽区 2006—2020 年土地利用修编计划》，同时结合土地利用规划修编工作，取得 10 项科研成果，得到专家学者的认可，其中《建设用地资源梳理与集约高效利用》已纳入国家星火计划。土地利用总体规划修编工作的完成，为区的经济发展做出贡献。

二、项目建设运行机制

（一）原有建设用地提升改造　区为彻底解决“项目等地和地等项目”问题，全面提升土地节约集约利用水平。将清理闲置土地作为确保项目落地的突破口，开展区内国有建设用地使用权出让合同专项清理工作，对 1992 年以来所有供地项目逐宗清理。通过清理，坚持“以用为先、依法调整、分别对待、集约利用”的原则，对闲置未用的土地依法予以处置，使全区形成以存量促发展的氛围。鼓励停产、半停产企业对现有土地、厂房开展嫁接改造，增资建设。2007 年以来，已盘活东丽家世界、垃圾处理厂等一批低效或闲置土地，并收回土地使用权 134 公顷，保证天津卷烟厂技术改造及东丽一号、金泰水湾等项目落地建设，使存量土地资源取得最大的经济效益。天津卷烟厂项目占地 25.73 公顷，年税收达 20 亿元。

（二）新增建设用地项目选资　区注重土地的节约集约利用，制定明确的节地标准，严格禁止有污染的项目的各项投入指标未达到标准的项目坚决不准落户，走上招商选资强区之路。一批好项目相继落户东丽：中国北车天津工业园，占地 100 公顷，投资 37 亿元；海特航空新科技园占地 13.33 公顷，投资 4 亿元；中航航空服务保障基地项目，占地 33.33 公顷，投资 20 亿元等。一批好项目的落地，为区经济社会的发展注入强劲活力。

三、土地利用创新机制

区贯彻落实国家统筹城乡发展的重要战略部署，在华明街道开展城镇建设用地增加与农村建设用地减少相挂钩的试点项目建设。通过“增减挂钩”，华明示范镇达到节约集约利用土地、节约能源和资源、增加就业岗位、增加农民收入、使农民共享城市生活方式、逐步缩小城乡差别 6 个效果。

区在华明挂钩试点项目建设取得成功的基础上，推进城市化进程，将其成功模式在区域内全面推广。区创新以增减挂钩实现城市化的“三区联动”产业发展新模式，并结合城市化的进程推进农村“三改一化”的新实践。

四、科技支撑机制

区强化国土资源信息化建设，提出以土地节约集约利用为核心的信息化平台搭建方案。利用先进信息技术推进电子政务，提高工作质量和效率。为管理和决策提供高效和科学的信息服务，提高区国土资源战略决策水平。

五、“两违”监理联动机制

区国土资源分局为切实保护耕地，健全开展动态巡查、建立联动制度、实行奖励激励、开展联动共建、建立驻警制度、健全保障制度6项违法占地、违法用地监理联动机制，遏制了违法用地。

六、参与首批国土部资源节约集约模范县市评选

区重视土地的节约集约利用，在创建土地节约集约示范区过程中成立以区长为组长的领导小组，贯彻落实国土部及天津市的创建工作方案，加大宣传力度，提高全社会对节约集约利用土地的认识，高水平完成创建活动，被天津市推荐为首批参选的国土资源节约集约模范县市，获得国土部验收小组充分肯定。区在创建土地节约集约示范区工作中，始终坚持立足存量，深入挖潜。协调市国土房管部门、市发展改革部门，以“毛地出让、净地交地”“整体一次性出让、分宗签订土地出让合同”等多种形式完成天津卷烟厂技术改造项目，成功出让家世界改造地块、贯庄垃圾场地块。三宗土地累计增加区级土地出让收益6.48亿元，并同时收取建材公司地块2.49亿元政策性成本。

第二章　计划管理

中共十一届三中全会后，国民经济的发展开始由计划经济体制向市场经济体制转变。随着经济体制的转变，东丽区发展和改革委员会成为全区国民经济和社会发展、综合协调经济体制改革工作部门。历经3次计划管理体制的改革创新，为东丽区经济的快速发展奠定了坚实的基础。

第一节　机　构

1979年，为东郊区计划委员会。1984年6月，更名为东丽区计划经济委员会。1992年3月，更名为东丽区计划经济委员会。1997年1月，更名为区计划与经济委员会。1997年7月，内设办公室、综合计划科、投资科、能源科、信息科、外经科、第三产业科。2001年11月，更名东丽区发展计划委员会，是区政府主管全区国民经济和社会发展工作的政府组成部门。划出区第三产业办

公室，转区商业委员会管理；将农房规划职能转区建委管理。划入原区物价局的管理工作，区物资局所属事业单位逐步向企业过渡，暂由发展计划委员会管理。内设办公室、综合计划科、投资管理科、能源科、信息科、外经科、第三产业科。

2007 年 2 月，成立区发展和改革委员会。内设科室调整为：办公室、综合计划科、投资管理科、电力科、体改科。

2010 年 3 月，区发展和改革委员会挂区物价局、区重大项目推动办公室牌子。区发改委是负责全区国民经济和社会发展、综合协调经济体制改革的区政府工作部门。5 月划去区物价局的职责，将发改委金融服务的职责划转区政府金融服务办公室。2010 年，内设办公室、综合计划科、投资管理科、电力管理科、经济体制改革科、重大项目科、价格管理科、价格监督检查科、价格监测科、成本调查队。下属单位：开发性银政合作服务中心、投资咨询服务中心、价格认证中心。

第二节　计划编制与执行

一、年度计划

计划编制　区各年度经济和社会发展计划由区经济计划管理部门将一年之内各项经济发展指标及要求作出具体安排。制订年度计划时，召开全区计划工作会议，各委办局乡镇街参与计划的编制。

计划下达　充分讨论研究修订后，经区政府审核，区人民代表大会批准，将计划任务下达各个系统、乡镇街贯彻执行。

计划执行　对计划的贯彻落实结果进行检查督促，并向区人民代表大会报告年度各项计划执行情况，由区人民代表大会审议。

计划重点

1979—1985 年，年度计划的主要经济指标，包括农业生产计划、工业生产计划、工农业总产值、财政收入计划、农村社会总收入及农民人均收入等。

1986—1992 年，指令性计划逐渐缩小，计划指标大部分下达到系统。计划重点转变为加强宏观经济的统一计划指导，着重对工农业发展方向、比例关系、增长速度、基本建设投资规模及项目，实行全面安排。1992 年，商业购销、供销系统购销陆续退出计划系统。企业产权体制改革后，工业系统的技术改革项目由企业确定。

1993—2010 年，全区经济建设处于社会主义市场经济逐步健全完善时期。区计委根据国家宏观政策的调控，仅制定宏观指标，不再下达农业微观计划指标。区经济计划管理部门将重点转移到建设项目的计划、选择、立项和争取国家资金上。由历年的确定具体指标，改为制定国内生产总值、财政收入、农民人均纯收入、社会消费品零售额、固定资产投资、实际利用内资额及外资额等宏观控制指标。

二、中长期规划

《东郊区1976—1985年国民经济发展规划要点》 第五个五年计划（1976—1980年）和第六个五年计划（1981-1985年），其间应实现的各项生产指标，侧重于工农业生产。第六个五年计划的主要指标：粮食平均亩产300千克，蔬菜总产22.5万吨，果品产量250吨，农民人均收入346元等。“六五”计划末，完成情况：粮食平均亩产308千克，蔬菜总产19.9万吨，果品产量663.6吨，鸡蛋产量3202吨，奶类产量1832吨，水产品总产1496吨，农民人均年收入692元；工农业总产值4.25亿元，乡镇工业产值3.28亿元，财政收入6431万元，农村社会总收入5.44亿元；修建村镇柏油公路70千米，自来水入户率98.1%。“六五”期间，国内生产总值中各业比重发生较大变化，第一产业产值比重由1980年的28.98%下降到17.79%，第二产业产值比重由1980年的63.24%提高到66.83%，第三产业产值比重由1980年的7.78%提高到15.38%。

《东郊区国民经和社会发展第七个五年计划纲要》（1986—1990年） “七五”计划指导思想：坚持以经济建设为中心和改革开放的方针，贯彻治理整顿和深化改革；坚持“服务城市，富裕农民”和城乡一体化发展方向，调动各方面的积极性，克服困难，使全区政治、经济、社会稳定，完成“七五”计划提出的各项经济和社会发展指标。主要指标：到1990年，工农业总产值6.83亿元，农村社会总收入9.32亿元，农民人均收入1100元，财政收入1.034亿元，基本建设投资累计达1500万元，全区人口控制在29.8万人之内，粮食总产5.97万吨，水产品4167吨，果品产量2000吨，奶产量3.75万吨，鸡蛋5700吨，肉类2200吨。林木覆盖率达10%。

“七五”计划末，主要指标完成情况：全区社会总产值23.26亿元，年均增长31%；乡镇工业总产值13.9亿元，年均增长33.3%；农村经济总收入19.1亿，年均增长28.5%；农民人均收入1216元；社会商品零售额4.6亿元；粮食总产7.49万吨，蔬菜总产18.51万吨，肉类总产2400吨，奶类总量3491吨，鸡蛋总产4500吨，水产品总量5687吨。

《东郊区国民经济和社会发展十年规划和第八个五年计划》（1991—1995年） 计划指导思想：认真贯彻党的方针政策，坚持以经济建设为中心，以城郊型，外向型发展方向和服务城市、富裕农民、城乡一体综合发展的战略，积极稳妥、稳中求进的原则。主要指标：“八五”末达到，全区社会总产值45～50亿元，农业总产值2.7亿元，工业总产值31.2亿元，农村经济总收入41亿元，财政收入1.8亿元，人均收入2000元，人均国民收入5770元，人口总数控制在31.32万人。

主要措施：深化农村改革，落实农村经济政策，多方筹措资金，合理投放；合理布局，调整产业产品结构；加强企业基础管理；做好物资供应和产品销售，依靠科技，做好人才培养和技术引进；健全组织机构，为企业服务；深入基层，转变领导作风；统筹兼顾，落实计划任务。

“八五”计划末，主要指标完成情况：全区社会总产值87.02亿元，农业总产值5.46亿元，工业总产值58.63亿元，三级财政收入3.16亿元，农民人均纯收入2722元。全区总人口297106人，低于规划控制数。其他指标均超额完成计划。

《东丽区国民经济和社会发展第九个五年计划（1996—2000年） 计划指导思想：“九五”期间，实施向现代化过渡的发展战略，搭起经济、社会发展、科技发展3个框架，建立市场经济运行、外向经济运用、民主法制的监督激励3个机制，加快发展速度，调整产业结构，在保证经济总量不断增长的同时，提高经济质量和效益。主要指标：“九五”末达到实现地区生产总值64亿元，三级财政收入 5.13 亿元，农民人均收入 5351 元。全区综合实力显著增强，城乡人民生活达到小康水平。经济结构明显优化，三次产业占国内生产总值调整到 2.77%、47.23%、50%，使第三产业成为支柱产业。农业综合开发取得明显效果，推进农业产业化进程。全区粮食总产 3.38 万吨，蔬菜总产量 24.05 万吨，生猪出栏 7.99 万头，肉类总产 0.82 万吨，蛋类总产 0.72 万吨，牛奶 0.45 万吨，水产品 1.45 万吨，水果 0.57 万吨。

“九五”计划末，主要指标完成情况：全区实现地区生产总值 57.1 亿，全区社会总产值 136.49 亿元，农村经济总收入 112.41 亿元，三级财政收入 5.13 亿元，农民人均纯收入 5351 元。全区综合实力显著增强，城乡人民生活达到小康水平。三次产业调整趋向合理，占国内生产总值的 4%、45.2%、50.8%。社会商品零售额 91.67 亿元，城乡居民储蓄余额 38.85 亿元。其他指标均已超额完成。

《东丽区国民经济和社会发展第十个五年计划纲要》（2001—2005 年） 计划指导思想：以邓小平理论和“三个代表”重要思想为指导，全面贯彻中共中央十五届五中全会精神。以结构调整为主线，以改革开放、科学创新为动力，以提高人民生活水平为目的，把握市委“乘势而上、开拓创新、全面上水平”的工作基调。坚持以经济建设为中心，抓住机遇实现跨越式发展，加快农村城市化步伐，努力促进都市型农村经济的发展，逐步建成具有沿海都市特色的区域，实现“津滨新城”建设。

“十五”末计划应达到的主要指标：国内生产值 128 亿元，财政收入超 10 亿元，城镇居民人均收入 1.3 万元，农民人均纯收人 8634 元。提前 5 年实现第二步战略目标，70%的村率先实现农业现代化。固定资产累计投入 176 亿元。引进外资 6.3 亿美元，累计引进内资 62 亿元。基础设施不断完善，城市功能增强，道路、管网、绿化等城市基础设施累计投资 17 亿元。

“十五”计划末，主要指标完成情况：地区生产总值 102 亿元，人均生产总值 32121 美元，三级财政收入 30.76 亿元，农民人均纯收入 8643 元，5 年固定资产投入 176 亿元。主要特点是载体建设不断增强，产业结构优化升级。积累了发展后劲，基础设施日臻完善。城市化进程加快，城区面貌焕然一新，社会事业全面进步。

《东丽区国民经济和社会发展第十一个五年规划纲要》（2006—2010 年） 计划指导思想：全面落实科学发展观，坚持以人为本，实现既快又好的发展作为主线贯彻始终，形成鲜明的特色，突出体现区域化特色。突出以人为本，突出生产结构的战略性调整，突出城市化战略，建设特色新城镇，突出生态环境建设和增长方式的转变。立足滨海新区，建设特色新市镇，把东丽区建设成为高度开放、尊重人才、最宜人居的国际型、知识型、生态型津滨新城区。

“十一五”末，完成规划确定的主要目标地区：生产总值 205 亿元。人均地区生产总值 7910 美元，农民人均纯收入 13900 元，三级财政收入 74.6 亿元。每年固定资产投资年均达当年地区生产总值的 40%，科技进步贡献率超过 60%，城市化率达 90%，人均住房建筑面积达 33 平方米。城市建设、生态环境、社会事业得到极大发展。高度开放，集聚人才，最宜人居的国际型、知识型、生态型津滨新城区基本建成。

“十一五”末，主要指标完成情况：全区地区生产总值 318 亿元，人均生产总值 1.4 万美元，三级财政收入 126 亿元，全社会固定资产投资累计达 973 亿元，区域经济持续又好又快发展，综合经济实力居全市前列。板块经济集聚效益明显，逐步形成 6 个工业园区、10 个高端服务聚集区、3 个农业园区的发展格局。华明工业园区、航空产业园区成为全市示范园区。在全市率先实施城市化战略，依托“宅基地换房、城中村改造、大项目有序撤村”三条途径，形成中心城区、新市镇和功能区协调发展的实践。华明示范镇作为天津市首批宅基地换房试点，成功参展2010年上海世博会城市最佳实践区。军粮城、金钟、新立新市镇被列为天津市第三、四批示范小城镇试点。

第三节　固定资产投资管理

1995—2000年，共审批项目1428个，总投资41.57亿元，建设规模为647.89万平方米。

2001—2005年，共审批项目1013个，总投资29.47亿元，建设规模为459.59万平方米。

2004年始，区计划管理部门审批职能进行相应调整。对企业不使用政府投资建设的项目，一律不再实行审批制，区别不同情况，实行核准制和备案制。投资体制的改革，落实了企业投资的自主权。

2006—2007年，全区完成固定资产投资179.19亿元，其中城镇投资85.39亿元，农村投资93.8亿元。投资性质：新建投资90.24亿元，扩建和技术改造投资28.21亿元，生活设施投资22.57亿元，单纯购置38.17亿元。新建标准化厂房123.3万平方米。

2008—2009年，全区完成固定资产投资399.82亿元，其中生产性投资296.4亿元。全区共计完成投资项目390个，其中亿元以上项目53个，累计完成投资额158.1亿元，占投资总额的68.3%；6000万至1亿元项目共计31个，累计完成投资额25亿元，占投资总额的10.8%。产业投向：第一产业4.22亿元，第二产业180.2亿元，第三产业215.4亿元。

2010年，全区完成固定资产投资337亿元，比2009年增105.5亿元，增速为45.6%，位居环城四区第一。大力加快高端服务业发展，恒大国际会议中心、红星美凯龙等项目陆续开工，第三产业和大项目成为投资主力。三产完成投资194亿元，达57.5%。至2010年，全区亿元以上大项目共62个，累计完成投资234.36亿元，占投资总额的63.9%。

第四节　项目计划管理

一、重点项目计划管理

（一）并联审批　2008年，区发改委发挥区行政许可中心“绿色通道”作用，强化并联审批制度，落实限时办结制，简化审批手续，提高办事效率。按照国家产业政策和经济结构调整的法规对项目进行核准、备案。

（二）成立大项目办公室　2009年3月，区成立重大项目推动领导小组，发改委设立办公室。建立区重大项目库，每季度对全区5000万元以上的重大项目进行整理汇总。全年整理上报4批市级重大项目46项。按月跟踪整理4批区重大项目进度信息，上报市、区有关领导及部门。2009年，全区共有5000万以上重大项目191项，总投资1490.26亿元，累计完成投资316.81亿元，其中是年完成投资190.52亿元。

（三）重点项目建设攻坚　2010年，区发改委落实落地项目促开工、竣工项目促生产。3月至

7月，组织开展大干150天重点项目建设攻坚战。对62个项目进行跟踪服务，促使6个项目开工建设，7个项目竣工，11个项目全部或部分投产。第四季度，开展大干100天重点项目建设攻坚战，选取43个作为重点推动项目。促使5个新建项目开工建设，11个项目主体竣工，5个项目投产或部分投产。2010年10月，区委办、政府办转发区发改委《关于建立东丽区重大项目建设推动机制安排意见》。全年共有5000万元以上重大项目206项，总投资1675.59亿元，累计完成投资517.32亿元，其中是年完成投资258.31亿元。

二、招商引资与合作交流

（一）机构 2010年3月，成立区合作交流办公室，加挂区招商局牌子，是区政府负责全区内外资招商引资、跨地合作交流工作的职能部门。内设综合科、综合统计科、合作发展科、经济联络科、招商协作科。下属单位：区招商服务中心、区经济技术协作服务中心。

（二）健全机制 成立招商选资领导小组，实行招商引资党政“一把手”工程，推动产业链招商，制定招商规划。坚持项目论证制度，严格落实准入标准。加强项目跟踪服务机制，通过深化行政审批制度改革、建立跟踪协调服务制度、完善项目配套服务、定期召开项目推动联席会议等措施，为新落地项目提供优质服务。完善招商引资活动组织机制，通过推行招商信息交流制度，组织开展招商引资专项行动、创新推介方式、优化招商手段等举措，多渠道获取项目信息。健全招商引资保障机制，完善招商队伍建设，制定政策文件，加强招商基础性工作。结合全区产业优势，对引进龙头企业进行认真研究分析，做到“以小带大、以点牵线、以线扩面”，实行产业链招商、专业化招商、标准化招商。开展组合招商、部门联动招商，与区规划分局、国土分局、财政局、环保局、工商分局等相关政策主体单位，共同推进新项目招商工作，推动招商工作顺利进行和项目快速落地。

（三）招商引资 2010年，全区引进内资项目479个，比2009年增长46.4%；实际利用内资258亿元，比2009年增长36%。其中外地投资121.1亿元，比2009年增长28%。全年洽谈储备项目181个，协议投资额2738亿元，其中在谈项目134个，投资总额1207亿元，投资亿元以上项目110个，占在谈项目82%；已签约开工项目47个，总投资1531亿元，其中投资亿元以上项目34个，占签约项目72%。是年6月，区政府召开华明东区土地出让招商专项会议。区合作交流办组建专项行动组，拟定2地块推介方案，与区国土分局、财政局配合，加大推介力度和范围，对华润置地、雨润地产、金融街地产、桃源居地产、中兴地产、中冶天工、大合房屋株式会社等25家项目单位进行土地推介，为华明东区土地出让奠定基础。经与区国土分局、财政局等部门联合走访洽谈有关企业，顺利引进华润置地、上海中星2家企业。6月，上海中星（集团）有限公司以26.298亿元摘得1号地4宗拍卖土地68公顷；7月，华润置地以19.39亿元摘得华明6宗住宅用地51公顷。

（四）合作交流 2010年，区合作交流办走访市政府驻北京、上海等地办事处，充分利用市政府驻外机构平台，加强与外省、市、区（县）政务往来和经济互动，全年组织6次大型招标推介会，出访20余次，履行服务招商引资职能。寻求优势企业，对接全区优势产业和需求，挖信息、搭平台、广洽谈、促落地。加强与外省市驻津办事处和外地驻津商会联络，用好驻津办信息互通平台及工作交流平台，参加各类经贸洽谈活动，使招商引资水平得到提高。是年，区合作交流办高标准选商选资，引进中国建筑集团、中国冶金科工集团、中国航空工业集团、中国华润总公司、家世界等500强企业；中冶集团、中国北车、中国兵装集团、华侨城、保利地产等14家央企。在谈储备项目中，第一产业 6 个，主要集中在高端产业领域；第二产业 88 个，主要集中在战略性新兴产业；第三产业 87 个，主要集中在总部经济、高端商业、现代物流等领域。区合作交流办组建近一年的业绩，荣获天津市政府颁发的“国内招商引资工作”银奖。

第五节　政策研究

2008 年，区发改委完成调研报告 15 篇。其中《适应城市化建设的需要推进农村集体经济产权制度改革》获天津市农村改革开放和发展 30 年征文二等奖，《关于创意产业发展的调查研究》获天津市 2008 年度发展服务业优秀调研成果三等奖，《以宅基地换房—解决大城市近郊区城市化建设中资源瓶颈的新探讨》获市发改委 2008 年度优秀调研成果奖。区发改委制定《东丽区关于支持企业上市融资加快发展的实施意见》，培育和扶持了一批综合实力和核心竞争力强的优质企业上市。

2009 年，区发改委制定《东丽区关于加强民营经济发展的实施意见》，进一步加快民营经济发展，培育经济增长新亮点，壮大区域经济综合实力。区“保增长、渡难关、上水平”活动办公室制定《东丽区促进经济发展 10 条措施》，区发改委制定《关于建立东丽区帮扶企业工作长效机制的实施意见》，把服务落实在解决企业实际困难上，最大限度地发挥政府服务职能，促进区经济全面协调可持续发展。制定《关于东丽区推进金融服务的实施意见》，编写《东丽区金融服务创新、探索与研究》。进一步深化农村综合配套改革，全面推进农村金融服务工作。

2010 年，区“解难题、促转变、上水平”活动办公室制定《东丽区解难题调结构促进经济发展 10 条措施》，加快转变经济发展方式，更好地服务企业、服务项目、服务群众。制定《东丽区创建 LED 照明节能示范区实施方案》，支持发展节能环保产业，支持 LED 照明产品的推广应用。制定《东丽区 BT 模式建设项目管理暂行办法》，进一步推进融资体制改革，拓宽政府项目融资渠道，广泛吸引社会资本投入城市化建设，规范区政府投资项目 BT 模式建设管理。区发改委制定《关于建立东丽区政府投资项目储备库的通知》，提高政府投资决策科学化、民主化水平，提高项目管理的计划性和严肃性，制定《东丽区财政预算资金政府投资项目管理暂行办法》，建立健全科学的政府投资决策，建设和监督管理制度，降低政府资金风险。

第三章　统计管理

东丽区统计事业，改革开放后经历由单一功能向整体功能发展的过程。改革开放的战略决策，为区统计事业注入生机和活力，使统计事业迈入现代化统计快速发展新的历史时期。

区统计事业坚持实事求是、与时俱进、求真务实的指导思想。面向乡、镇、街道和区域企业，统一搜集汇总和提供统计信息，认真开展统计分析和统计调查，为市区领导科学决策、制定国民经济和社会发展规划、区域经济建设提供优质服务。

1979—2010 年，区统计局充分履行统计工作的职能，为全区经济发展和社会进步做出应有的贡献。期间，获得第一次经济普查和第二次经济普查国家级先进集体、第五次人口普查国家级先进集体、第二次全国基本单位普查先进集体、全国企业“一套表”联网直报先进集体荣誉称号，在市统计局千分制考核中（2008—2010 年）连续三年获得一等奖。

第一节 机 构

1978—1980年，区计划委员会负责统计工作。1981年3月，成立区政府统计科，各人民公社和基层单位配备统计人员，全区形成系统、稳定的统计机构。1988年8月，统计科改为区统计局。内设办公室、农业科、社会科和农村经济调查队。1990年7月，原农村经济调查队更名为农村抽样调查队，为事业单位。1995年2月，设立综合统计科，农业科职能并入农村抽样调查队。1997年7月，内设办公室、综合统计科、社会经济统计科。1997年12月，设立统计监察科。2003年6月，建立普查中心，各乡镇街道成立统计办公室。2005年7月，撤销社会经济统计科，建立产业统计科。2006年6月，明确农村社会经济调查队规格为副处级。2008年2月，增设服务业统计科。2010年，内设办公室、综合统计科、产业统计科、服务业统计科、统计监察科和普查中心、农村社会经济抽样调查队2个直属事业单位。9个街乡和2个功能区设置统计办公室，并配备专职统计人员。

第二节 专业统计

一、农业统计

1979年，全区农业统计的内容有：总户数人口、农村人民公社组织及劳动力、农作物播种面积产量，干鲜果、林业、牧业、渔业生产，粮食达超纲要、自然灾害，耕地面积、农机拥有量、农业现代化、农村人民公社粮食及现金收益分配、农业总产值，生产大队基本情况。1981年，新增社员户建房情况报表。1982年，撤销副业生产情况报表，新增工副业生产情况报表。1983年，撤销农村人民公社基本情况改为农村政社组织，新增农村生产责任制、专业户重点户生产、农村经济联合体情况及农民家庭主要耐用消费品年末拥有量、全区建民房情况报表。1984年，撤销专业户重点户生产、农村经济联合体、全区建民房情况报表，新增村镇建设、粮食购销决算、工农业总产值报表。1987年，撤销农村政社组织、村镇建设、粮食购销决算情况报表，新增农村用电、施用化肥、社员房屋建设、园田队蔬菜上市、全区粮食购销、农村社会总产值、农业总产值和农业商品产值、村级基本情况报表。1989年，撤销社员房屋建筑、农民家庭主要耐用消费品年末拥有量情况报表。1990—2010年，农业统计基本仍按1989年内容。

二、工业统计

1979年始，对区域内全部工业企业生产经营情况进行统计。1999年始，根据国家规定全部国有及年主营业务收入达到500万元以上的非国有工业法人企业为规模以上工业企业，开展对其进行专项统计。实行工业企业报表制度改革，工业总产值、工业企业主要产品产量、主要经济指标由以前的全口径统计改为规模以上企业填报。2007年，按照国家统计局的规定，将年主业务收入不足2000万元的非国有工业法人企业不再作为规模以上工业统计范围。2008年始，区实行联网直报，全部规模以上工业企业在互联网上登陆市统计局网站进行统计报表，直接改变企业上报纸质报表，不再运用统计人员手工录入的传统方式。

三、固定资产投资统计

1979 年，基本建设统计内容，只有基本建设项目完成情况表。1982 年，基本建设完成情况增加新增固定资产项目。1985 年，新增建筑公司利润表。2000 年始，执行国家统计局固定资产投资报表，其固定资产总数实行区属口径，市局反馈市属项目。2007 年始，分设固定资产投资完成、按投资制度完成额分组、按行业类型分组表。2008 年始，固定资产投资总数改为在地口径。

四、商业统计

1979 年，统计内容分为商业部门商品流转总值、社会商品零售额、分类及各类比重。1980 年，增加商业企业机构、商业零售网点、饮食业服务业机构、供销部门商品流转总值。1984 年，调整为社会商品零售额、城乡集市贸易成交情况、个体经济情况、城乡个体工商户基本情况。1995 年，调整为社会商品零售情况、全区综合集贸市场成交情况。2006 年，随着商业统计的改革，统计内容调整为社会消费品零售额、限额以上批发和零售业企业财务状况、限额以上批发和零售业企业商品购进销售库存总额、商品交易市场成交情况。2010 年，统计内容为社会消费品零售额、限额以上批发和零售业企业商品购进销售库存总额、限额以上批发和零售业主要财务指标、限额以上住宿和餐饮业企业主要财务指标、亿元商品交易市场成交情况。

五、劳动工资统计

1979 年，统计项目包括区属全民、区属集体、市属全民单位职工人数及工资。1980 年，增加全民单位职工增减变动、劳保福利费用构成、计划外用工来源。1984 年，增加合同制职工增减变动情况。1986 年，增加全民单位退休、离休、退职人员保险福利费用构成，集体单位离、退休人员保险福利费用构成情况。1987 年，增加全区劳动工资补充资料。1999 年，增加行政单位及事业单位状况。2006 年，劳动工资统计调整为区属国有单位、区属集体单位、市属单位。2008 年，增加单位从业人员和劳动报酬情况年报汇总表。2010 年，调整为从业人员和劳动报酬情况汇总表（全部）、区属集体单位全部职工人数与工资情况、区属国有单位职工增减变化情况。

六、综合统计

1979 年，统计内容有全区总户数、总人口及教育、卫生、计划生育、邮电、财政、信贷、知青等基本情况。1984 年，增加银行信贷、纳税户数、分税种分经济类型统计、石油公司主要商品购销存数量、优抚对象、农村社会救济、个体经济概况。1985 年，增加全区工农业总产值。1986 年，增加全区人口年龄构成。1987 年，增加工商税收经济类型统计、合资企业、合作企业收益情况。1988年，增加国民经济主要指标完成情况、外贸出口值及收购值、医院工作、人口死亡原因分类统计。1991年，增加国民生产总值发展、农民家庭调查户情况、金融情况。1992年，增加国民收入、全区社会总产值、三资企业基本情况。1993年，增加开发小区基本情况。1997年，增加民政事业、福利厂福利店、电话局业务、气象统计、环境保护。1999年，增加三资企业及开发区、交通运输及个体私营企业情况，技术监督行政执法、基层工会、妇联情况。2001年，增加档案事业、法院案件收案和结案、公证工作、检察机关立案侦查经济案件。2004年，增加图书馆、共青团情况。2006年，增加抚恤补助，安置优待，低保、救济，婚姻、收养，老龄情况。2010年，统计内容按大项目分为：本区概况，农村基本情况，村级基本情况，农民家庭调查情况，工业及建筑业情况，三资企业及开发区情况，交通运输及个体私营企业情况，财贸情况，劳动工资情况，教育、卫生、广播电视、文化、计划生育情况，人口情况，其他情况，附件。

1979—1986年东丽区国民经济主要指标完成情况统计表

表18-2

单位：万元

项目 年份	地区生产总值	农村社会总产值	农村经济总收入			区级财政收入	固定资产投资	城乡居民储蓄余额	社会商品零售额
			总收入	纯收入	农民人均				
1979	—	15922	16487	8193	219	2864	233	765	8522
1980	—	18585	18248	7884	228	2852	110	1183	9208
1981	—	20310	20644	8243	237	2459	79	1135	9290
1982	—	24248	24455	10028	278	3327	223	1634	10197
1983	—	29009	30450	12830	399	4022	162	2976	11815
1984	—	38026	39430	17401	583	4299	374	4561	17046
1985	30497	56927	54492	22472	692	6431	426	7926	20422
1986	38555	75742	68788	26919	804	8270	727	11723	17766

说明：1978—1986年农村社会总产值（现价）和农村经济总收入数据取自市农委主编《当代天津农村》、“东郊区统计资料简编”，固定资产投资为区计划内完成基建投资额

1987—2010年东丽区国民经济主要指标完成情况统计表

表18-3

单位：万元

项目 年份	地区生产总值	农村社会总产值	农村经济总收入			区级财政收入	固定资产投资	城乡居民储蓄余额	社会商品零售额	“三资”企业	
			总收入	纯收入	农民人均					产值	创汇（万美元）
1987	47048	100490	91908	32888	925	9388	1082	15976	21867	716	35
1988	63642	145651	138104	42547	1082	10330	589	20265	48690	1541	136
1989	77587	188651	169408	48578	1180	12734	659	26184	72955	1904	237
1990	87416	221194	191013	49420	1216	12285	80	35954	51705	3732	406
1991	89346	272421	214194	52128	1256	14230	226	53200	69365	5351	626
1992	108169	327560	248745	58672	1363	13843	335	69875	71197	17977	1390

续表 18-3

项目 年份	地区生产总值	农村社会总产值	农村经济总收入			区级财政收入	固定资产投资	城乡居民储蓄余额	社会商品零售额	三资企业	
			总收入	纯收入	农民人均					产值	创汇（万美元）
1993	144641	428745	335823	74720	1424	11899	6874	91224	123614	53678	4002
1994	205441	633266	455390	109969	2201	14461	9374	127471	293549	82337	5220
1995	266035	706961	613872	119633	2722	17449	4007	169004	557225	158519	8135
1996	351143	918492	726515	129698	3342	20082	9065	221678	691179	218836	11589
1997	396027	1188290	839323	141290	4001	21733	3883	264162	691179	257013	17319
1998	465256	1217861	920970	161516	4501	23375	3220	327163	762972	268797	18947
1999	543100	1433558	1010062	171480	5001	24480	3331	373073	884334	459935	21871
2000	570995	1642677	1124107	180946	5351	28246	3037	388507	916651	433618	27082
2001	615020	1877015	1293410	204948	5851	37917	3768	472638	1193845	517741	31482
2002	675405	2106148	1490771	235526	6451	38226	178726	489207	523956	548619	37088
2003	762930	2467951	1726013	255596	7161	39504	404800	679217	604931	701008	46951
2004	867000	3054032	1927224	269114	7877	67635	480061	840797	365294	1120027	67390
2005	1022096	—	2329798	325927	8634	97988	569874	922782	416009	1433488	84085
2006	1220000	—	2452211	341713	9500	131002	836963	1065732	444211	1827734	86085
2007	1455000	—	2645457	407420	10458	186408	955354	1316784	816961	1922125	87039
2008	2182500	—	2929532	439602	11595	242644	1683194	1644406	868115	1961093	83242
2009	2505900	—	2999299	475065	12834	354623	2315155	2287672	1002358	1715300	29534
2010	3323375	—	3266071	533422	14210	401922	3369653	2585268	1060422	2124908	86636

说明：1987—2001 年，固定资产投资为完成基建投资。2002—2010 年，固定资产投资为全区固定资产完成额。三资企业产值为人民币，创汇为美元。1999—2010 年，社会商品零售额为社会消费品零售额。2005 年始，不再统计农村社会总产值

第三节 统计调查

一、普查

（一）工业普查

第二次工业普查 以 1985 年 12 月 31 日为标准时间，于 1986 年对辖区乡镇及其以上独立核算单位工业企业进行普查。普查内容：工业企业经济基本情况、工业技术装备状况、工业经济效益、内部结构和职工状况等。普查结果：全区 1985 年共有工业企业单位数 171 个，工业总产值（现价）14.9 亿元，工业净产值 3.55 亿元；年末职工人数 59028 人，其中工程技术人员 2223 人，工资总额 6326 万元；流动资金全年平均余额 3.6 亿元，全部资金 8.47 亿元；利润总额 1.36 亿元，已交

利税费 0.68 亿元，企业留利和单项留利 0.34 亿元；企业综合能源消费量（标准煤）698 千吨；人均净产值 6117 元，人均利税 3765 元，人均平均工资 1691 元。

第三次工业普查 1995 年，区统计局开展第三次工业普查。普查结果：区工业企业单位 1158 个，工业总产值 37.86 亿元，实收资本（自有资金 12.59 亿元，年末从业人员 61163 人，本年应缴税金总额 1.22 亿元。

（二）第三产业普查

1993 年 1 月，普查年度为 1991 年和 1992 年。主要内容：第三产业发展规模，（经营）活动成果，实物资产情况等指标。普查范围：区域内各种经济型的第三产业企业、事业、行政单位和社会团体。普查结果：1992 年，全区第三产业单位 2943 个，年末劳动者 24.8 万人，总产出 83.79 亿元，增加值 21.63 亿元，工资总额 7.45 亿元，利润 5.58 亿元。税金 3.78 亿元，固定资产折旧 2.43 亿元，大修理基金 0.88 亿元。第三产业单位含国有经济 532 个、集体经济 2242 个、个体经济 60 个、联营经济 37 个、股份制经济 1 个、外商投资经济 41 个、港澳台投资经济 15 个、其他经济 15 个。

（三）农业普查

第一次农业普查 普查标准时点为 1996 年 12 月 31 日，时期指标为 1996 年 1 月 1 日至 12 月 31 日。普查目的：准确掌握改革开放以来农业生产要素的规模与结构的变化情况，进一步查清农村和农民的基本概况，为制定各项社会经济政策提供科学依据，推动农业和农村经济更快更好地发展。普查对象：各种类型的农业生产经营单位、农村住户、乡镇企业、行政村和乡镇。普查主要内容：农业生产经营单位的数量、规模和结构，农业用地在各生产经营单位的分布和使用情况，农业生产性固定资产的数量、结构和性能，农村劳动力的数量、素质、从事行业和流动情况，乡镇企业和建制镇的基本情况等。普查结果：农村住户 58000 户，农村家庭成员 20.52 万人。农业经营户 9879 户，农业从业人员 3.61 万人。农业用地面积 18893 公顷（耕地 15733 公顷、水田 312 公顷、林地 76 公顷、渔业养殖 2772 公顷）。非农乡镇企业 1302 个，其中乡镇办 124 个，村办 934 个，联户办 92 个，户办 152 个，从业人员 5.46 万人。

第二次农业普查 2006—2007 年，普查标准时点 2006 年 12 月 31 日 24 时，资料时期 2006 年度。普查对象：全区范围的农村住户、城镇农业生产经营户、农业生产经营单位、村民委员会和乡镇人民政府。普查采用全面调查的方法，对所有对象逐个查点和填报，组织工作人员 1200 人，填报普查表 9 万张。调查 7 个乡级行政单位，110 个行政村，8.02 万个住户。普查主要内容：农业生产条件、农业生产经营活动、农业土地利用、农村劳动力及就业、农村基础设施、农村社会服务、农村居民生活，以及乡镇村委会和社会环境等方面的情况。普查结果：2006 年末，全区共有农业生产经营户 1.11 万户，以种植业收入为主的户占 94%，共有农业生产经营单位 25 个。农业从业人员 1.39 万人，其中男性占 52.5%，女性占 47.5%。全区有农业技术人员 1800 人，各类拖拉机 300 台。温室面积 0.06 千公顷、大棚面积 0.35 千公顷、中小棚面积 0.09 千公顷。

（四）基本单位普查

第一次基本单位普查 普查标准时点为 1996 年 8 月 31 日，普查资料调查时期为 1996 年 1 月至 8 月。普查对象：区内所有法人单位及所有法人单位所附属的产业活动单位。其中包括各类企业法人、事业单位法人、机关法人、社团法人和其他法人。以及这些法人所附属的农业、工业、建筑业、交通运输业、批发零售贸易业、餐饮业、服务业等产业活动。普查内容：单位的经济类型、所属行业、从业人员、企业规模、营业状况等各类单位的基本属性和主要标识。普查结果：全区法人单位 2707 个。其中国有经济 151 个、集体经济 1891 个、私营经济 409 个、联营经济 21 个、股份制经济 8 个、外商投资经济 169 个、港澳台投资经济 58 个。全区法人单位从业者人数 19.45 万人，其中国有经济 7.05 万人、集体经济 8.07 万人、私营经济 0.55 万人，联营经济 0.41 万人、股份制经济 0.05 万人、外商投资经济 2.32 万人、港澳台投资经济 0.61 万人，其他经济 0.39 万人。全区企业法人实收资本 99.03 亿元，其中国家资本 66.12 亿元、集体资本 15.18 亿元、法人资本 1.73 亿元、个人资本 2.81 亿元、外商资本 13.19 亿元。

第二次基本单位普查 普查年度为 2001 年 1 月 1 日至 12 月 31 日。普查对象：行政区划内除农户和个体经济以外所有的法人单位及法人单位所附属的产业活动单位，其中包括各类企业法人、事业单位法人、机关法人、社团法人和其他法人，以及这些法人所属的农业、工业、建筑业、交通运输业、批发零售贸易业、餐饮服务业、行政事业单位和社会团体等产业活动单位。普查主要内容：单位的经济类型、所属行业、从业人员、企业规模、营业状态等各类基本属性和主要标识。区采取以块为主、条块结合的方法，全面完成普查工作，汇总全区基本单位普查的全部数据。

（五）经济普查

第一次经济普查

普查的标准时点为 2004 年 12 月 31 日，时期资料为 2004 年度。普查对象是在区境内从事第二产业和第三产业的全部法人单位、产业活动单位和个体工商户。普查主要内容包括单位标识、从业人员、财务收支、资产状况、企业的主要生产经营活动和生产经营能力，主要原材料和能源消耗及科技开发的收入状况等。普查主要结果：全区全部法人单位 4947 个，从业人员 185154 人。全部法人单位中，企业法人单位 4474 个，从业人员 168291 人，资产总计 658.48 亿元，营业收入 648.67 亿元；事业法人单位 166 个，从业人员 10597 人；机关法人单位 58 个，从业人员 3432 人；社团法人单位 74 个，从业人员 256 人；其他法人单位 175 个，从业人员 2578 人。2006 年 5 月，区统计局完成区经济普查资料汇编，内设综合篇、地域篇、专业篇、其他篇，详细汇总了普查数据，全面掌握区第二产业和第三产业的发展规模、结构和效益等信息，建立健全覆盖区国民经济各个领域基本单位名录库及经济普查数据库系统。

第二次经济普查

普查的标准时点为 2008 年 12 月 31 日，普查时期资料为 2008 年度。普查对象是区行政区域内从事第二、第三产业的全部法人单位、产业活动单位和个体经营户。普查的主要内容包括单位基本属性、从业人员情况、财务状况、生产经营情况、能源消耗、主要生产设备、信息化和科技活动情况等。组织 1200 名普查指导员和普查员，普查登记单位 8608 家。普查的主要结果：全区全部法人单位数 8134 个，从业人员 255574 人。全部法人单位中，企业法人单位数 7342 个，从业人员 230303 人，营业收入 2026.83 亿元、资产合计 2374.95 亿元；事业法人单位数 302 个，从业人员 12931 人；机关法人单位数 84 个，从业人员 4104 人；社团法人单位数 83 个，从业人员 1268 人；其他法人单位数 323 个，从业人员 6968 人。2010 年 6 月，完成区经济普查资料汇编，内设综合篇、区域篇、专业篇。详细汇总普查数据，全面掌握全区第二产业和第三产业的发展规模及布局；了解全区产业组织、产业结构、产业技术的现状以及各生产要素的构成；摸清全区各类企业和单位能源消耗的基本情况；建立健全覆盖区国民经济各行业的基本单位目录库、基础信息数据库和统计电子地理信息系统。普查为加强和改善宏观调控，科学制定区中长期发展规划，提供科学准确的统计信息资料。

二、抽样调查

（一）农民家庭情况抽样调查 1988—1999年，从全区农村农民住户抽取80个调查户作为区调查样本户，样本户对全区具有代表性，每隔4年或5年轮换一次样本户。抽样调查内容：农民家庭调查户基本情况、总收入总支出及纯收入、现金收支情况、主要实物消费情况、耐用品年末拥有量等。

（二）农村居民收支抽样调查 2000—2010年，区统计局从全区农村居民住户抽取440个调查户作为调查样本户，样本对全区各乡镇街都具有代表性，每隔4年或5年轮换一次样本。主要指标为农村居民人均纯收入。抽样调查内容：农村居民家庭基本情况、总收入与总支出情况、纯收入与可支配收入来源、现金收入与现金支出情况等。

第四节　统计服务

一、统计年鉴

1979年，区计委汇编《东郊区国民经济统计资料》。1981—1987年，由区政府统计科汇编《东郊区国民经济统计资料》。1988年始，由区统计局汇编《东郊区国民经济统计资料》，内容包括本区概况，农村基本情况，农、林、牧、副、渔业情况，农民家庭调查情况，村民委员会基本情况，工业、劳动工资、财贸及其他，共7类75项内容。1997年，改称《东丽区社会与国民经济统计资料》。1999年，更名《东丽统计年鉴》后，统计内容更新调整为本区概况、农村基本情况、村级基本情况、农村家庭调查情况、工业及建筑企业情况、三资企业及开发区情况、交通运输及个体私营企业情况、财贸情况、劳动工资情况、教育卫生广播电视文化计划生育情况、人口情况、其他情况、主要指标解释13类80项内容。每年印制150～350册，提供给区领导及有关部门，供做决策依据。

二、统计分析与调研

1982年始，区统计部门掌握大量的统计数据，运用定性与定量相结合的分析方法，反映社会经济及社会生活的发展规律。至1992年，共撰写重要的统计分析资料60篇。1993年，撰写调研报告20篇。1994年，区统计局对全区110个行政村进行综合经济实力排队和评估，为区领导进行决策提供丰富的资料。1995年，撰写统计分析资料12篇，其中《农民陷入人情漩涡欲罢不能》1篇，刊载于《天津日报》，受到市区及有关部门领导的重视。1996—2007年，每年撰写统计分析15至20篇。2008年始，将统计分析进行细化，每年发表统计报告及简明统计分析各10篇、统计专报5篇、调研报告2篇。每年在市级《统计科学与实践》刊物有6篇以上刊载。2008—2010年，通过东丽统计信息网和天津统计信息网，发布统计信息813条。

第五节　统计法制

一、统计法制建设

1994年，区根据《中华人民共和国统计法》和《天津市统计管理条例》，下发《东丽区统计工作管理暂行办法》，对区内国民经济和社会发展计划执行情况实行有效监督，及时检查国家各项政策实施情况，考核经济效益和社会效益，使统计法制不断加强，统计执法力度逐年加大。

二、普法教育与培训

1988年始，区统计局按照市局统一要求，采取多种形式广泛宣传《中华人民共和国统计法》及《统计法实施细则》，组织全区领导干部和统计人员进行普法教育，共有7230人参加统计普法教育，普法率达95%。区统计局成为“三五”“四五”“五五”统计普法免验单位，2009年，组织各单位分管统计工作的领导及专兼职统计人员2434人参加“五五”统计普法学习、考试、取得合格证书。9月，以新《中华人民共和国统计法》于2010年1月起施行为契机，多措并举，全区开展“新《中华人民共和国统计法》宣传日”活动，掀起统计普法宣传高潮。全区1973名统计人员参加从业资格证认定考试培训，获取统计上岗证，968名统计从业人员参加继续教育培训。

三、统计执法

区统计局本着有法必依，执法必严，违法必究的原则，常年坚持开展统计执法。在“五五”普法期间，围绕区内各专业统计报表，检查297家企事业单位，对84家企业聘请、任用未有统计资格证书人员从事统计工作违法行为下达责令改正通知书，对14家企业提供不真实资料的违法行为给予警告处罚，其中4家企业给予警告并罚款5000元行政处罚，并通报曝光，发挥“查处一案，教育一片”社会效果。经教育与惩罚的结合，有效地遏制统计违法行为，维护《中华人民共和国统计法》的权威和统计工作秩序，保证统计数据质量。统计执法检查工作的规范化、制度化、经常化使各级领导和统计人员的法律意识不断提高，法律观念不断增强。

第四章　工商行政管理

东丽区工商行政管理工作，从恢复建制到全面发展，坚持解放思想，更新观念，围绕中心，服务大局，着力监管，改革体制，创新机制，强化素质。经32年持之以恒、坚持不懈的努力，工商行政管理事业从无到有，从小到大，从弱到强，发生天翻地覆的变化，促进区经济社会持续快速发展，树立良好的社会形象，以与时俱进、开拓创新、拼搏进取的精神谱写光辉的篇章。工商东丽分局3次被中央精神文明建设指挥委员会授予全国文明单位，连续4次被国家工商局、人事部授予全国工商系统先进集体，连续17次被市工商局授予天津市工商系统“达标创先”评比优秀单位。

第一节 机 构

1979 年 1 月，成立区工商行政管理局，与区财政局合署办公。6 月，区工商行政管理局与区财政局分设，内设办公室、业务组。

1997 年 5 月，内设党委办公室、行政办公室、人事教育科、监察科、法制科、企业登记管理科、外商投资企业登记管理科、个体私营经济监督管理科、市场监督管理科、公平交易科、商标广告监督管理科、经济合同监督管理科。

1998 年 12 月，区工商局划归市工商局垂直领导，更名天津市工商行政管理局东丽分局，成为市工商局设在区主管市场监督管理和行政执法工作的直属机构。

2010 年，工商东丽分局内设办公室、宣传教育科、人事科、财务科、法制科、外商投资企业注册管理科、企业注册管理科、市场监督管理科、公平交易科、消费者权益保护科、商标广告监督管理科、监察科。派出机构有检查支队及民权门、军粮城、华明、东丽经济开发区、滨海国际机场、程林、张贵庄、东丽湖旅游区、专业市场工商行政管理所和专业管理二所、专业管理三所。事业单位有个体劳动者协会、消费者协会、“12315”消费者投诉中心、信息中心。

第二节 企业登记管理

一、国有、集体企业登记

1979 年 6 月，根据国家工商总局《工商企业登记管理条例实施细则》及市局制定的《补充规定》，将全区国有、集体、联营与合营类别的工商企业纳入登记范围，换发全国统一的营业执照。对企业筹建登记、开业登记、变更登记、歇业注销和企业名称、经营范围加强了管理。1992 年，全区有国营企业 451 户，比 1981 年 116 户增 335 户，从业人员 6.43 万人，注册资金 17.06 亿元；有各类集体企业 3859 户，比 1981 年 517 户增 3342 户，从业人员 12 万人，注册资金 15.8 亿元。1993 年始，为利于企业发展，促进向市场经济过渡，简化登记手续，放宽经营范围、经营方式，放话企业名称、资金限额，减少中间环节和登记前的专项审批，取得明显效果。1995 年，制定新的支持企业发展措施，鼓励、支持企业按生产要素重新组合，发展有限责任公司。经优化组合，全区国营、集体企业达 5418 户。1996 年，支持大中型企业放开搞活，促进现代企业的建立，全区国营、集体企业 4998 户。1997 年，新注册国有、集体企业 372 户。1998 年，支持建立现代企业制度，对企业进行规范化的公司制改造，推进所有制结构调整，引导有规模、有实力的企业，以多种形式参与改制，全区企业改制达 80 户，促进企业建立起符合市场经济要求的机制，也盘活部分国有资产。1999 年，国有集体企业新开业 212 户。2000 年，围绕促进国有企业实现改革和脱困目标，对天津肉联厂等国有企业建立资本社会化、服务多元化的新企业机制，促进乡镇、集体经济健康发展，完成企业改制 195 户。2001—2005 年，新发展内资企业 202 户，完成乡镇企业改制 271 户，国有集体企业开业登记 138 户。2006 年，以解除挂靠、整体改制、主辅分离、出售等形式进行改制 11 户企业，新发展国有集体企业 94 户。2007—2010 年，改制企业 43 户，新发展国有集体企业 173 户。2010 年，经调整、重组、改制、发展，全区有国有、集体企业 816 户，注册资金 29.39 亿元。

二、个体、私营经济登记

（一）个体工商户　1979年始，区根据国有经济为主体，发展多种经济形式的方针，对个体工商业采取鼓励发展的措施，允许有经营能力的无业人员、待业青年和农村多余劳动力从事手工业、交通运输、房屋修缮、商业、饮食服务、修配等行业的个体经营。1979年，个体工商户16户，注册资金2075元。进一步对个体工商实行引导、鼓励的方针。在组织形式和活动范围上，允许合伙、合资、合作经营，可与国营、集体企业联营，可跨区经营，允许外地个体户来区经营。1980年，全区有个体工商户126户。1984年，区内出现2户以上，各自提供资金、实物、技术等，合伙经营，共同劳动，共担风险的388户合伙经营组织。1987年，《民法通则》施行后，全部改为个体合伙。1989年，区内个体工商户发展为5306户，个人合伙843户。1995年，全区个体工商户7000户，从业人员1.28万人，注册资金1.55亿元。2000年，个体工商户开业963户，累计达4339户，从业人员7652人，注册资金1.65亿元。2005年，新发展个体工商户1333户，累计达到6927户，从业人员1.33万人，注册资金2.79亿元。2009年，按照“非禁即可”的原则，行政审批大提速。新发展个体工商户2206户。至2010年，全区个体工商户达1.47万户，从业人员3.32万人，注册资金6.21亿元。

（二）私营企业（内资企业）　1987年11月，区核准第一家私营企业——华特食品有限公司成立。1988年，区发布《关于鼓励发展私营经济并加强引导、管理的暂行办法》。1990年，全区私营企业发展到226户，从业人员4544人，注册资金2702万元。1995年，私营企业达1150户，从业人员1.7万人，注册资金3.95亿元。1997年，全区集团公司已发展到4个，三大企业栖身于全国500强。2000年，私营企业达2421户。全年新发展私企中生产型的232户，科技型的13户，占新发展企业的61%。区被市政府评为“发展个私经济先进区县”，12家企业被评为百强企业。2005年，进一步改进和完善并联审批登记管理模式，实行“一人核准制”。全年新发展私营企业686户，注册资金6.4亿元，全区私营企业达4646户，从业人员3.83万人，注册资金61.8亿元。2006年，全区有私企集团14家。2010年，全面推进“一个窗户服务”，进一步整合资源，优化“一窗受理、综合许可、一厅运转、联合审批”的工作模式，完成市场主体注册登记内资企业1928户，全区累计注册登记小额贷款有限公司7家，担保有限公司8户。办理股权出质登记21户次，股权出质金额14.66亿元，实现融资额达31.87亿元。2010年，全区内资企业达1.16万户，从业人员3.94万人，注册资金527.14亿元。

1996—2010年东丽区个体工商户、内资企业登记情况统计表

表18-4

项目 年	个体工商户			内资企业		
	户数（户）	人数（人）	资金（万元）	户数（户）	人数（人）	资金（万元）
1996	8186	14001	18269	1360	18237	49091
1997	8400	14425	19907	1477	19401	66332

续表 18-4

项目/年份	个体工商户			内资企业		
	户数（户）	人数（人）	资金（万元）	户数（户）	人数（人）	资金（万元）
1998	7800	13700	21200	1764	22275	99000
1999	9876	14727	23043	2271	26170	128623
2000	4339	7652	16460	2421	32099	541749
2001	5159	9410	17590	2857	32578	628422
2002	5173	9463	17680	3085	33174	655440
2003	5863	9993	19800	3509	33839	362000
2004	7143	12864	27200	4504	36891	533800
2005	6927	13311	27900	4646	38271	618000
2006	7551	14573	30184	5076	42688	783612
2007	10194	18587	42000	6157	38273	999800
2008	11502	23236	51162	7046	38335	1248151
2009	13708	28964	58324	10381	39203	3867214
2010	14698	33173	62089	11590	39389	5271366

三、三资企业登记

1985 年 2 月，区内第一家中外（含中国港澳台地区）合资企业是张贵庄农工商联合公司与日本野田企业公司建立的天津兴业有限公司，注册资金 20 万美元，中方占 75%，日方占 25%。1985 年 3 月，注册资金 860 万美元的中外合资企业，天津国际高尔夫俱乐部由贯庄农工商总公司与日本横滨日中开发公司合资兴建，双方投资比例均为 50%。1993 年 8 月，区内中外合资企业规模最大的天津英昌乐器有限公司，由天津三环事业公司与韩国英昌乐器制造株式会社合办，注册资金 3920 万美元，中方投资 15%，韩方投资 85%。区内境外独资企业登记注册最早的为天津强源国际有限公司，由中国台湾人胡首华所创，注册资金 70 万元。1993 年底，区内外商独资企业规模最大的为韩国 HANBEE 产业株式会社创办的天津韩飞鞋业有限公司，注册资金 560 万美元。区中外合作企业有宏光冷冻食品厂与美国李氏建筑公司组建的天津约翰食品有限公司，注册资金 205 万美元等。至 1995 年，在区内登记的三资企业共 403 家，其中合资企业 162 家，独资企业 221 家，合作企业 20 家，外方常驻人员 800 人，投资总额 4.2 亿美元，注册资金 3.4 亿美元。

1996 年，按照积极、合理有效地利用外资思路，进一步改善外商投资环境。日本、瑞士、韩国、美国等国家和地区的 36 家世界 500 强跨国公司落户东丽开发区。1998 年，由于受东南亚金融危机影响，发展速度有所下降，但总体规模没有倒退。2000 年，新注册三资企业 43 家，累计 426 家，投资总额 1.61 亿美元，注册资本 1.41 亿元，境外方出资 3314 万元。2001 年，支持境外资本向高科技、第三产业等领域发展，新注册三资企业 35 家。2001—2003 年，新注册三资企业 122 家，投资总额 1.75 亿美元。2005 年，新注册投资企业 40 户，投资总额 6696 万美元，累计三资企业 559

户，投资总额 14.14 亿美元。2006—2008 年，注册三资企业 70 户，投资总额 3.55 亿元。2009 年，发展三资企业 20 户，注册资金 4703.64 万美元。2010 年，新发展三资企业 24 户。至 2010 年，全区实有三资企业 408 户，其中合资 176 户，独资 227 户，合作 5 户，投资总额 24.26 亿美元，注册资本 82.78 亿美元，境外方注册资本 48.65 亿美元。

第三节　市场监督管理

一、市场建设

1979 年 10 月，区内建立张贵庄、军粮城、赤土摊群农贸市场。1984 年，建军粮城大牲畜市场。1987 年，区和有关部门投资 75.6 万元建成全封闭张贵庄市场和半封闭军粮城市场。1988—1992 年，建成小东庄、招远路市场和旧机动车交易市场。1993 年始，区内多方面、多渠道筹资 2000 万元，兴建全国第一家由农民自筹资金具有股份合作制法人资格的大型专业服装市场—天津市温州城及全市唯一的国际民贸市场——天津机场民贸市场等。1994 年，长青村封闭市场开业。1995 年，逐步形成大毕庄周三市场、赤土周四市场、程林周六市场和张贵庄周日特色市场，东丽商贸城竣工。至 2005 年，全区生产资料、专业服装、综合批发、集贸、蔬菜批发、摊群等市场达 57 个，占地面积 94.27 万平方米，建筑面积 16.57 万平方米，累计投资 8140 万元。1996 年 3 月，天津市金钟蔬菜批发市场开业。9 月，津意皮革城开业。1997 年，各乡、镇、街、村和企业投资 4700 万元，利用闲置厂房、场地改建、兴办市场 15 处。全区市场达 60 处，总占地面积 97.8 万平方米，建筑面积 19.2 万平方米，摊位 9545 个，从业人员 1.6 万人，建筑总投资 1.2 亿元。1998 年，实现市场建设由数量型向质量型转变、由综合型向专业型转变、由初级型向高级型转变，本着“谁建设谁投资谁受益”的原则，组建区市场建设服务中心，进一步加强市场建设。全区登记市场达 34 处，摊群市场 26 处。1999 年，信号厂摊群市场建成，西杨场综合批发市场开业。2001 年 8 月，初步完成张贵庄市场退路进厅工作，全年市场成交额达 30.77 亿元。2002 年 1 月，区市场建设服务中心接管原属区工商局主办的市场，并对张贵庄商贸城市场进行移交。

二、市场管理

1995 年 10 月，区工商行政机关所办市场实行办管分开，全区原工商局自办的商贸城及张贵庄、军粮城、小东庄、大毕庄、赤土农贸市场和联办的招远路、信号厂市场，从组织机构、责任、人员、财务、资产、办公地址等方面进行办管分开。

1997 年始，开展创建文明市场和“物价计量信得过单位”活动。2002 年 1 月，区工商局向区市场建设服务中心办理移交手续。2002 年 5 月，周日市场实现退路经营。2008 年，落实《中华人民共和国食品安全法》，启动“食品流通许可证”发放管理工作证。推进商品交易市场信用分类监管工作，促进市场开办者履行经营管理职责，经营者守法经营。2010 年，组织开展“春节市场”“流通环节散装食品市场”“农村食品市场”等 24 次各类市场专项执法活动，推进“天津市诚信市场”建设。

第四节　登记监督管理

一、年检验照

1982年始，区工商局对全区工商企业建立年检报告书和复查验照制度。1990年，分两批对生产服务型和流通领域的企业，全面进行年检换照，普遍换发“企业法人营业执照”或“营业执照”，内资企业年检率为99.9%，外资企业实检率100%。1995年，结合年检抓缴资，促进外资实缴资本的到位，提前3个月完成4550万美元缴资任务。2000年，年检验照质量创历史最好水平，内资、外资、私营企业年检率均达100%。2005年，对国有、集体企业由各工商所直接年检，年检率排在全市的前列。继续推行企业免检制度，在2004年免检72户的基础上，又有19户企业取得免检资格。2009年，推行网上年检6935户、团体年检325户、上门年检485户，年检验照率达90%，为免于提交审计报告的公司年检5559户，快速年检的措施，促进了企业的发展。

二、依法查处

1990年，年检中对悬挂执照经营、擅自复印营业执照、抽逃资金等违法行为开展专项检查治理，立案查处10起案件，清理纠正假企业75户，吊销“三无企业”80户。1997年，年检查出有违法行为企业124户，处罚60户，吊销企业336户。2000年，通过年检查处违法违章73起，依法吊销营业执照4865户，解决了历史遗留问题，使区内市场主体的质量进一步提高。2002年，处罚企业136户。

三、管理改革

1990年，区工商局推行企业管理员制，开创了管理工作的新局面。1997年，开展“下基层、搞服务、解难题”活动，走访企业866家，召开现场会8次，为企业解决或解答疑难问题162件。1999年，以军粮城工商所为试点进行监管方式改革，实现了监管方式“由被动到主动，由静态到动态、由单一驻场到全面巡查”的转变。2001年，调整内部机构，成立监管组、市场组、内务组，实行动态监管管理。2002年，推行“经济户口簿”、监管卡8391户，效果显著。2004年，在民权门工商所进行156家网上年检试点工作，简化年检手续，提高年检效率，走在全市先列。2005年，推进企业监督管理权力下放。2007年，建立并落实进货台账制度，无照经营得以彻底解决。2009年，推行团体年检、上门年检等快速办结措施。2010年，制定《流通环节散装食品管理规范》等，创新散装食品监管模式，市场监管能力明显增强。

第五节　商标广告管理

一、商标注册

1986年，区工商局建立商标广告科，以宣传、贯彻《中华人民共和国商标法》《广告管理条例》为主线，提高企业商标、广告意识，开展依法保护注册商标专用权、商标转让、商标续展等工作。1992年，天津市举办著名商标评选活动，区当选的著名商标有东南风雨衣服装厂“四羽毛”商标，华特食品有限公司“大亨”商标，合成洗涤剂厂“天津”商标。1993年，全区有360户企业注册商标574件，其中国营企业84户137件；集体企业245户394件；私营企业19户31件；个体企业1户1件；合伙企业11户11件。办理使用许可合同2户企业9件商标，办理转让1户8件。1995年，全区注册商标企业466户，共有商标599件，其中国有企业89户143件；集体企业313户335件；私营企业23户40件；个体和个人合伙企业18户18件；三资企业16户16件；其他企业7户7件。1996年，天津市电冰箱厂重新取得“冰峰”注册商标专用权，完成7户企业9件商标的续展，全区48户新老企业申办51件注册商标。累计拥有商标专用权企业达510户，注册商标604件。2000年，通过商标验证，指导企业建立健全商标管理制度，掌握闲置商标底数，为企业盘活无形资产。全年核准注册商标74件，全区累计商标917件。2005年，全区企业注册商标累计1400件，其中著名商标13件、驰名商标1件。2008年，全区有注册商标2536件，天津市著名商标24件、中国驰名商标3件。2010年，区工商局制定《东丽区实施商标战略促进东丽经济发展的意见》。年末，全区共有注册商标2445件，其中天津市著名商标36件、中国驰名商标3件。

2010年东丽区驰名著名商标名录

表18-5

企业名称	商标	使用商品	商标等级
天津市盛华软线电缆有限公司	长颈鹿	电缆	著名
天津傲绿神农科技有限公司	AOLU傲绿	植物肥料、动物肥料	著名
中美天津史克制药有限公司	SKQF	药品制剂、原料药	著名
上海烟草（集团）公司天津卷烟厂	江山、恒大、大前门	卷烟	著名（3件）
天津市德凯化工股份有限公司	DKCHOEK	染料	著名
天津市华明集团公司	华明集团	纸张加工、纸张处理、图样印刷	著名
天津天女化工集团股份有限公司	天女	油墨、有机颜料	著名
天津有容蒂康通讯技术有限公司	乃大图形	电线、电缆	著名
天津市宽达水产食品有限公司	宽达	鱼（非活）、虾（非活）、鱼制食品、鱿鱼、贝壳类动物（非活）	著名
天津大顺园林集团有限公司	大顺	自然花、新鲜的园艺草木植物	驰名、著名
天津市福厦食品有限公司	怡农	巧克力、麦丽素、可可制品	著名
天津世纪盛发集团有限公司	天塔	蜡烛	驰名、著名
天津市中环温度仪表有限公司	TJZH	测量仪器、压力显示器、温度指示剂	著名

续表 18-5

企业名称	商标	使用商品	商标等级
天津铁路信号有限责任公司	津信	修路信号电源屏、铁路道岔遥控电动设备、铁路车辆缓冲器	著名（2件）
天津钢管集团股份有限公司	TPCO图形	无缝钢管、石油套管	驰名、著名
天津富士达集团有限公司	邦德·富士达	摩托车、自行车	驰名、著名
天津钢管集团有限公司	TGSY	钢管、金属管、中央供热设备用金属管	著名
天津钢铁集团有限公司	天钢及图形	盘条	著名
天津建城基业集团有限公司	图形	混凝土建筑构件	著名
天津市机床电器有限公司	天宇	电磁离合器	著名
和泰（天津）投资集团有限公司	HEAPTY和泰	皮衣（服饰）	著名
天津大亨投资发展有限公司	大亨	果茶	著名
天津天大胜远冷暖设备有限公司	天大胜远、天大胜远图形	空气调节装置（中央空调）	著名（2件）
天津市双星香精香料有限公司	春发	香精	驰名、著名
天津市国威给排水设备制造有限公司	KOVI	金属阀（非机械零件）、金属水管阀（非机械零件）	著名
天津瑞普生物技术股份有限公司	瑞普、ringpu	兽医用药、兽医用制剂、兽医用生物制剂、兽医用化学制剂、兽医用饲料添加剂	著名（2件）
天津市方大禽业发展有限公司	FD图形	肉、死家禽、肉罐头、肉片、蛋	著名
天津大宇食品科技有限公司	大宇	涮羊肉调料、各种调味酱、调味品、番茄酱（调味品）	著名
天津福满地木业有限公司	福满地	地板、拼花地板条	著名
天津扫地王专用汽车有限公司	SON	洒水车、垃圾车	著名
天津蒙冠食品有限公司	蒙冠	肉、肉片、肉冻、肉脯、揉磨	著名
天津肉类联合加工厂	迎宾	肉、火腿、肠	著名
天津市应大投资集团有限公司	应大	皮衣（服装）	驰名、著名

二、广告管理

1980年，区工商局根据市局《关于印发天津市印刷、照相、广告宣传商标管理办法》的文件，加强了区内广告管理工作。1992年，全区共核准广告经营单位10户。1995年，广告经营单位增至28户。2000年，广告经营单位38户。2002年，全市开展广告经营单位“百佳二十强”评比，区内择业、德祥、高速、标榜4家公司入选。2005年，广告经营企业64户。2009年，全区广告经营企业达181户，其中广告公司70户、兼营企业111户。2010年，开展虚假违法广告专项整治工作。配合市广告协会的恢复工作，区发展广告协会会员7户。年末，全区有广告经营企业310户。

第六节　经济合同管理

一、鉴证经济合同

1982年，区工商局建立合同科，宣传贯彻《中华人民共和国经济合同法》，依法监督各类经济合同的签订。1983—1993年，共鉴证经济合同1321份，鉴证金额15243万元。

二、开展“重合同、守信誉”活动

1985年始，全区企业开展“重合同、守信誉”活动。市政府命名天津市延安化工厂、天津市肉类联合加工厂为首批重合同、守信誉企业。至1994年，共命名10批、117家为重合同、守信誉企业。1999年，结合新《中华人民共和国合同法》的贯彻实施，深入开展“重合同、守信誉”活动，57户企业为“重合同、守信誉”单位。2004年，区内已有77家企业获市级“重合同守信誉”单位荣誉称号，其中3户荣获国家级“重合同守信誉”单位荣誉称号。2007年，5家企业被认定为全国“重合同守信誉”单位。

三、受理仲裁合同纠纷案件

1981年，区成立仲裁委员会，日常工作由合同科办理。1984—1992年，共受理仲裁案件147件，其中调解91件、撤诉17件、转司法部门2件、裁决32件、其他5件。1993年，办理合同纠纷案件1件，立案和协助办案12件，帮助企业解决拖欠款14起，追回款物合计40.5万元，协助收回逾期贷款25万元。1994年，受理合同纠纷15件，争议金额336万元，协助企业追回拖欠款物合计210万元。1995年，受理合同纠纷1件，争议金额2.8万元，帮助企业挽回经济损失8000元。

四、办理企业动产抵押物登记

1996年，办理企业动产抵押物登记75户，抵押物总价值1.09亿元，贷款总金额4671.5万元。1997年，宣传《中华人民共和国担保法》。2001年，办理动产抵押物登记53件，抵押物值19.02亿元，贷款额13.17亿元。2006年，加强动产抵押登记工作力度，凡手续齐全、符合规定，坚持立即办理、当天办结，为企业办理动产抵押物登记45件，抵押物价值4.9亿元，2.08亿贷款及时到位。2009年，办理动产抵押登记74件，抵押物价值103亿元，贷款47.6亿元。2010年，办理动产抵押48件，实现融资额达31.87亿元。1996—2010年，区工商局共有企业办理动产抵押1185件，抵押物价值392.4亿元，贷款195.65亿元。

第七节　经济监督检查

一、监督检查机构

1980年3月，区工商局内设市场科，设“打击投机倒把专案组”。1983年，设立经济检查科。1984年3月，设立经济监督检查科。1993年，成立“打假办公室”。

二、监督检查重点

1979—1984年，经检工作主要抓贩卖倒卖、非法包工、私卖粮食、套卖汽油。1985—1990年，经检重点抓倒卖汽车、有色金属、钢材。1991年始，经检重点打击假冒伪劣、走私贩私，反对不正当竞争。1996年，贯彻落实《中华人民共和国行政处罚法》，坚持从实际处罚，查处经纪违法违章和突发性案件，保护合法经营，维护消费者利益。1997年，以“三打一平”为重点。2002年，经检虚假出资、验资和抽逃资金案件。2005年，以食品安全专项整治和保护注册商标专用权行动为重点。2008年，将监管执法寓于服务中，执行“三步式”执法规范，食品安全专项整治。2009年，组织百日专项战役，开展打击“黑网吧”专项行动。2010年，打击“两虚一逃”案件。

三、查处经济违法案件

1979—1982年，查处违法案件42件，处罚34件，罚款7192元。1983年，查处违法案件7件，罚款5794元。1986年，查处33件。1993年，查扣假酒2616瓶、假烟650条、假冒商标3.6万个、假冒糖果2.2万袋、假冒包装物10.08万个。1995年，依法查处各类经济违章违法案件159件，罚没金额17万元，查获违法物资有：过期农药1576瓶、假鞋油980箱、假冒香皂6663块、假酒1.6万瓶、假包装袋4.19万个、假商标标识2.25万个。1996年，查处24件，其中没收不合格工具110件，价值4800元。1997年，查处66件，捣毁制假黑窝点16个，查处假味精111箱、假醋5000瓶、假天津春卷1.1万盒、假调料4900千克、造假仿冒包装袋及产品标贴32.8万个。1998年，查处275件，总案值80万元，查处假酒5883瓶、假灯塔牌油漆7008桶、假仿冒标签65万张。1999年，查处580件，总标值60万元。2000年，查处307件。2001年，查处918件，取缔无照经营510户，端掉造价黑窝点35个。2005年，查处835件，其中查处虚假出资和抽逃资金案10件，涉案金额3300万元。查处川福商贸有限公司篡改生产日期的特大型案件，商品计3万袋（瓶），案值达7万元。首次受理美国“佳洁士”公司涉外商标案件。严厉查处取缔天津市爱可欣商贸有限公司网络传销案。2006年，查处414件。2007年，取缔食品无照经营302户，捣毁制假售假窝点123个。2008年，在清查“问题奶粉”“三鹿牌婴奶粉”战役中，监督下架问题奶品1313千克，清理无照经营1260户，取缔非法炼制地沟油11户，没收地沟油4300千克。2009年，取缔黑网吧304户，查扣不合格面粉6385袋，案值25万元。查结商业贿赂案2件，罚没款15万元。2010年，查处339件，依据《中华人民共和国公司法》查处“两虚一逃”群案45个，涉案案值达3亿元。

第八节　消费者权益保护

一、成立区消费者协会

1990年8月，区消费者协会成立，标志着消费者权益保护工作进入法制化的轨道。1995年，充分发挥“两桥梁”“三维护”“一促进”工作。1997年，开展“消费者合法权益受到侵害时，请找工商”的活动，悬挂提示铜牌22块，制作提示宣传牌标86个。1998年，宣传《中华人民共和国消费者权益保护法》，向社会公布24小时值班电话，开展“讲诚信、反欺诈”宣传服务活动。1999年，在边远村镇建立8个村级投诉站，建立以基层所为辐射点的两级受理投诉网络。2001年，开展“消费者满意一条街”创建活动，利津路被评为全国示范街。2003年，提出“零风险购物、零距离服务、零时差投诉”口号。2004年，强化区“12315”投诉中心建设，实现与全市投诉举报网络的贯通。2005年，开展“12315维权入社区、农村、企业活动”建立维权联系点39个，二级直通互助企业50家。2007年，107个村居委会建立消费者投诉站，覆盖率100%。2008年，规范“一会两站”建设。2009年，深入申诉举报中心与大型、重点企业的直通互动。2010年，整合消保、消协、12315工作职能，实现“一厅受理、一厅调解、专线分拨、上下互动”消费维权新模式。

二、为消费者挽回经济损失

1995年，受理消费者投诉120件，为消费者挽回经济损失41466元。1997—1999年，受理申诉、投诉案件736件，挽回经济损失66.5万元。2001年，受理申诉、投诉、举报231件，挽回经济损失27.9万元。2003—2005年，受理投诉、举报487件，挽回经济损失36.5万元。2006—2008年，受理申诉、举报2689件，挽回经济损失109.5万元。2009—2010年，受理消费者申诉、举报739件，为消费者挽回经济损失68.1万元。

第五章　物价管理

东丽区物价管理工作，贯彻落实国家价格方针、政策和法律法规并实行监督，依法对辖管范围内的价格和行政事业性、经营性收费实行监管。组织实施国家价格主管部门制定的价格监测制度，开展成本调查，发布价格信息，依法对价格活动进行督查检查，对价格违法行为实施行政处罚。开展交通事故车损、涉案物品的价格鉴证工作。改革开放以来，区物价工作为发展东丽区经济服务，为企业生产经营服务，为各级领导经济决策服务等方面发挥积极作用。1984—2009年，区物价局获得国家计委、国家发改委、国家物价局等全国先进物价检查所、全国农产品调查工作优秀集体等13项荣誉。

第一节 机 构

1980年10月，区政府设立物价办公室。1982年6月，改设区物价委员会。1984年5月，撤销区物价委员会，成立区物价局，是区政府主管全区物价工作的职能部门。内设办公室、物价管理科、物价检查所。1985年，增设检查科，与检查所合署办公。1988年，增设农产品成本调查科。1994年，成立物价信息科和价格事务所。2001年，内设办公室、价格管理科、市场监测监证科、物价检查所。

2010年，区物价局并入区发改委，保留原管理科、检查科、成本科和价格认证中心。

第二节 价格管理

一、价格体制改革

（一）调整价格管理政策 1979年始，随着国家逐步调整价格管理政策，逐步放开对市场价格的管理。区综合运用以经济手段为主，行政、法律手段为辅的价格调控机制，形成国家定价、国家指导价和市场调节价等多种价格管理形式。

（二）价格放开与管理部门监管 1992年，除少数重要商品外，其余商品价格基本放开，实行市场调节。20世纪90年代，区96%以上商品和服务价格由经营者自主定价，通过市场竞争形成价格，管理部门对市场价格进行监管，稳定价格总体水平。

（三）调整完善、宏观调控与法制化建设 20世纪90年代中期始，区价格管理部门的职能由定调价为主转变为“定规则、当裁判、搞服务”为主。区别政府监管与市场调节的边界，价格监管以保护消费者合法权益为目的，维护公平的市场竞争环境，增强生产经营者可持续发展的能力，促进社会福利最大化。按照WTO要求完善价格管理，坚持依法治价，依法制止价格欺诈等不正当竞争行为，依法制止价格垄断和暴利行为，使全区价格管理走上法制化管理的轨道。

二、价格管理

（一）审批产品价格 1984—1988年，区物价局共审批产品价格222项，品种有消防器材、糖果、饮料、皮鞋、服装、水暖器材、医疗化工、酱制品等。项目包括出厂价、批发价、零售价。

（二）审定商品价格 1989—1993年，审定商品价格436项。其中，食品价格109项，轻工业品价格57项，重工业品价格44项，农产品价格34项，农用生产资料价格139项，非商品服务价格53项。

（三）出租车服务价格 1993年5月，出租车纳入非商品服务价格管理。1994年，制定出租车租价调价程序，核发“审检证”，建立租价年审制度。1998年，为1028辆出租汽车审定价格。2000年，为1326辆出租汽车审定价格。1995年，为全区16个出租汽车单位637辆出租汽车进行年审换证。1996年，为全区615辆出租汽车进行年审验证。1997年，为全区615辆出租汽车进行年审验证，1998年为全区737辆客运出租汽车进行年审，换证16本，发证296本。

（四）推行“企业定价证”制度 1994—1997年，继续推行“企业定价证”制度，全区累计颁发“企业定价证”1520本。

（五）房地产开发价格 1997年，区物价局根据市物价局关于《天津市商品住宅价格管理暂行办法》和《天津市城镇商品房交易价格行为规则》通知，对区内具有开发经营资格的房地产开发企业开发经营的住宅按照市场调节价、政府指导价、政府定价3种形式进行管理。为区内房地产开发（施工）企业办理《天津市建设项目负责卡制度》立卡手续，并将其作为审核成本和销售价格的依据。1998年，为津门新里、金乡里住宅小区、川河小区、詹安里小区初审房地产销售价格成本资料。1999年，为无瑕花园、贵环小区、程林北里、天丽公寓、凤麟公寓、万新公寓、隆达公寓、建新公寓、颐园小区、财城温泉公寓审核住房价格成本资料，报市局审批。为区属建筑开发公司、万新房地产公司、丽新房地产公司等11家企业初审销售价格审批资料，有效规范商品房交易价格。2000年，为泰通公寓、春江里经济适用房初审销售价格审批资料。2002年，为程林东里住宅小区经济适用房、悦盛园农民集资建房审核销售价格申请资料。

（六）审定物价收费标准 1999年，为军粮城电厂、万新物业管理公司等4家企业初审物业管理综合服务费成本构成资料并上报市局审核。2002年，为港建物业、滨海物业、遥波物业审核前期物业服务费申请资料。2003—2005年，对区行政辖区内已经审批的物业管理企业进行价格备案管理。为无瑕花园、教师公寓、景欣苑小区、新立花园等16个住宅小区办理物价管理服务费备案手续。为东城等3个住宅小区前期物业管理服务收费等级及收费标准作出批复。2006年，区物价局下发关于龙城里、龙港里住宅小区前期物业管理服务费等级及收费标准的批复。2008—2009年，为顶秀欣园等5个住宅小区核定物业管理服务收费标准。2010年，放开居民小区物业管理服务费定价权限，由房地产开发企业或居民小区业主委员会与物业企业协商定价。

（七）审定社会办学收费 2001年，区物价局为中日大明等3所学校换发收费许可证；为新越中学、翔东中学审核办学成本资料，上报市价格主管部门审批。2005年，为百华实验中学等8所私立学校拟定调整收费标准进行初审、上报工作。2007年，为百华实验中学高中部核定正式收费标准。

第三节 收费管理

一、核发收费许可证

（一）行政事业单位审核发证 1988—1989年，根据区全面清理整顿行政事业单位收费安排意见，完成区内34个收费单位清理登记上报工作，涉及收费项目258项。至1991年为41个部门220个收费单位核发“收费许可证”，涉及收费项目243项。1992年，批准2个单位收费资质和收费标准，核发“收费许可证”。调整7个事业性幼儿园保育费、取暖费收费标准。批准区妇幼保健所收取孕产妇和儿童保偿金。1993年，根据市政府颁发《天津市行政事业收费管理规定》，为区41个部门属304个行政事业单位的323项收费换发“收费许可证”375本，撤销或部分撤销8个部门收费项目。1996—1997年，为421个行政事业单位审核发证436本，为60个单位办理增项，为80个单位办理变更，注销“收费许可证”10本，纠正问题24项。1998年，为205个行政事业单位核发“收费许可证”233本，变更收费标准52项，取消涉企不合理收费16项。

（二）经营服务单位审核发证 1997年，区物价局对16家广告服务企业进行价格备案管理；对利用行政权力和垄断地位强行收费行为进行全面清理。2003年，规范各级各类办学单位培训收费行为。2008年，开展经营服务性收费年审，共审验35个单位，21项经营服务性收费项目。2010年，为万科城伊顿慧智双语幼儿园等30家单位核发“经营服务性收费审核证”。

二、依法管理、定期审验

1995年，区物价局对劳动、环卫、房地产等部门进行专项检查，对全区43个部门383个行政事业单位进行审查。共审验“收费许可证”385本，年审率100%，注销“收费许可证”5本，纠正问题32项。在全区范围内开展清理整顿商品房建筑收费工作，对学校跨年度收费问题进行清理。1999年，对全区130个村的电工“收费许可证”进行年度审验，对130个医疗单位的收费情况进行年审，对出租车管理企业收取综合服务费情况进行年审。2001年，审验收费许可证409本，撤销3本，年审率100%。对全区收费单位收费项目核对、调整，其中2项保留不收费，12项取消收费，24项转为服务价格收费。2003年，开展行政事业性及经营服务性收费和政府性基金年度审验。共审验收费许可证403本，撤销5本，年审率92%。2004年，全面清理各项收费，重点清理与人民群众生活密切相关的各项收费，如教育、涉农、供热、下岗再就业、农民进城务工等收费。2007年，对行政机关、事业单位及社会团体和有关企业经营服务性收费进行专项清理，提出清理意见报市物价局。规范教育收费和服务性收费，严禁公立学校以改制为名乱收费，进一步降低公办高中择校生比例和收费标准。2009年，完成区建委等10个部门涉及的12项涉企收费办理停止收费手续。为房管局等12个部门的9项涉企经营服务性收费项目办理减半收费手续。2010年，开展行政事业性、经营性社会团体收费清理工作，共涉及92个单位，66项收费项目，涉及金额10.77亿元。

三、收费价格公示与监督

1993年，全区推广公开收费、制度上墙、自觉接受群众监督制度。1994年，实行收费项目、标准、范围“三公开”。2001年，区物价局为涉农乡镇村制作121块公示牌，下发镇街乡村，在全市率先完成教育收费和涉企价格公示工作。为实现涉企价格和收费公示制度长期化、规范化，在7个涉农乡镇设立农村价格监督站，聘请20名农村监督员。2003年，全面推行“两证一卡”制度，发放“价格监督员证”15个，“收费员证”390个，“企业缴费登记卡”180份。2009年，大力推行收费公示制度，增加收费透明度，全区各收费单位在醒目位置设置公示牌126块。

第四节 监督检查

1980年，区物价管理部门重点检查副食品、饮食业、百货、粮油价格及衡器状况。1982年，重点检查饮食业、物资业、旅店业、存车业收费标准。查处违价案件13件，罚没金额8145元。

1984—1992 年，重点检查副食品、饮食品、百货、粮油价格及衡器状况，检查饮食业、农业生产资料、日用百货、旅店业、存车业收费标准。8 年间，检查单位 31878 户次，查处违价案件 2707 件，罚没金额 217.69 万元。

1993—1995 年，重点检查教育、医疗、客运、粮、油、肉、蛋、菜等与居民生活关系密切的商品价格。落实市政府《天津市明码标价管理办法》。

1996—1999 年，以稳定市场物价、抑制通货膨胀、规范收费行为为目标，加强电力、客运、广告业、物业管理、成品油等专项价格检查。

2000—2003 年，围绕群众关心的生活必需品价格和服务收费，突出明码标价、节假日市场价格检查。利用“3·15”活动，开展《中华人民共和国价格法》宣传。组织开展涉及医疗药品、水电价格专项检查。

2004—2006 年，以减轻下岗职工、进城务工农民负担为重点，开展下岗职工再就业收费、农民进城务工收费大检查。整顿和规范市场价格秩序大检查。

2007—2010 年，以社会反映强烈的价格问题，重点检查农贸、供热、药品、成品油、粮油肉蛋菜、电信价格和教育、农机服务、医疗服务等收费。

1980—2010 年，区物价管理部门，经全区物价检查，累计出动检查人员 32750 人次，检查单位 26815 户次，查出违法案件 4247 件，罚没金额 1437.74 万元，返还违法所得 2.4 万元。

通过价格监督检查工作，及时制止和纠正乱收费行为，责令违纪者退还违法所得，减轻群众负担，维护消费者合法权益。

第五节　价格调查

一、公办全日制高中校成本监审

2006 年 8 月，天津市物价局决定自 2007 年 1 月起，在全市范围内对 84 所普通公办全日制高中校 2004—2006 年教育情况实施成本监审。区物价局制定《关于开展高中教育成本监审工作实施方案》，会同区教育局联合对监审工作进行部署。监审结果：平均每个学生教育成本，一百中学为 0.92 万元，四合庄中学为 0.48 万元，军粮城中学为 0.42 万元，钢管公司中学为 0.42 万元。

二、民办学校教育成本监审

2008 年，区物价局根据天津市耀华滨海学校、天津市百华中学等 4 所民办校“关于教育成本实施监审的申请”，监审人员于 5 月 15 日至 6 月 18 日开展民办中学成本监审。监审结果：平均每个学生教育成本，耀华滨海学校（初中）为 1.29 万元，百华中学（高中）为 8060 元，百华中学（初中）为 6014 元。

三、价格监测

1991年底始，区物价局对区内居民基本生活必需品价格实施监测。经不断调整，已形成完善的价格监测网络。2010年，价格监测涉及农副产品、生猪、杂粮、成品油、房屋等12大类58个品种。区物价局对各类品种的价格监测，做到及时、准确、无错报漏报，将重大节假日应急价格监测和市场巡查结果及分析上报市局、区政府。密切关注市场价格、供应异常波动，对区内出现抢购加碘食盐风潮，立即启动《价格异常波动预警处理方案》。开展《关于当前农村生产和消费情况》《关于东丽区近几年农副产品成本价格波动趋势》《关于房地价格情况》专项调查。2008—2010年，监测人员到监测网点采价6998户次，报监测数据66.42万个，报分析报告199篇、情况反映188篇、市场价格动态信息164条。

2007—2010年东丽区主要农副产品和农用生产资料行情价目表

表18-6　　单位：千克、元

项目	年度	2007	2008	2009	2010	项目	年度	2007	2008	2009	2010
粮食类	稻米	3.49	3.49	3.98	4.36	水产类	带鱼	14.00	14.00	14.58	16.94
	玉米	1.64	1.64	1.72	1.96		鲤鱼	12.08	12.08	9.50	11.92
	小米	5.90	5.90	6.00	7.33		鲫鱼	13.17	13.17	12.79	13.73
	大豆	6.47	6.47	5.13	6.16		白鲢鱼	7.55	7.55	6.88	7.40
	绿豆	7.77	7.77	7.34	14.41	蔬菜类	黄瓜（鲜嫩）	3.71	3.71	4.84	4.58
	富强面粉	3.00	3.00	3.18	3.34		西红柿（鲜嫩）	4.07	4.07	4.54	4.57
油类	豆油	10.65	10.65	7.92	8.50		青椒（鲜嫩）	5.47	5.47	7.33	5.82
	色拉油	11.05	11.05	8.27	10.24		卷心菜（鲜嫩）	2.48	2.48	3.15	2.63
蛋类	鸡蛋	6.77	6.77	6.89	7.96		芹菜（鲜嫩）	2.78	2.78	3.55	3.23
肉类	生猪(活毛)	14.82	14.82	11.94	12.05		大白菜（鲜嫩）	1.82	1.82	2.15	2.26
	去骨中肋	27.58	27.58	23.36	22.94	农资类	尿素（国产N46%）	2.32	2.32	1.83	1.91
	去骨后臀肩	27.83	27.83	24.58	24.50		碳酸二氨（进口）	4.62	4.62	3.11	3.47
	牛肉(净肉)	28.50	28.50	29.21	30.23		三元复合肥(国产)	3.05	3.05	2.59	2.58
	羊肉(净肉)	35.67	35.67	36.50	39.75		碳酸氢氨（国产）	0.75	0.75	0.66	0.69
饲料类	活鸡(饲养)	12.42	12.42	11.52	12.54		农膜（普通）	16.78	16.78	13.42	14.43
	猪饲料	2.32	2.32	2.32	2.49		地膜（普通）	15.48	15.48	11.78	13.18
	鸡饲料	2.26	2.26	0.67	0.82		敌杀死2.5%	71.50	71.50	70.00	77.50
	豆粕	3.91	3.91	3.39	3.23		敌百虫	23.67	23.67	20.00	12.75
	麦麸	1.35	1.35	1.42	1.44		敌敌畏	25.67	25.67	23.67	21.50

四、农产品成本调查

1979年始，开展农产品成本调查工作，确定调查生产队蔬菜品种3个。1983年，增至6个。1985年，改为以承包户为单位。1987年，增至4个蔬菜户，品种达7个。1988年，增加1个生猪点3户。1989年，建立2个水稻生产成本调查点8户。1990年，增加1个蛋鸡调查点3户。1992年，增加1个淡水鱼调查点4户。1995年，增加肉鸡调查点4户、葡萄调查点4户。1997年，增加棉花和冬枣调查点各4户。至2010年，全区农本调查发展到19点，分布10个村。每年蔬菜调查品种11个共18亩，蛋鸡调查2.86万只，生猪调查0.67万头，肉鸡调查1.48万只，淡水鱼调查240亩，奶牛调查350头。1979—1989年，农本调查为打基础阶段，调查人员深入田间地头和饲养场，选择调查户，确定调查点，进行跟踪调查。10年间，调查蔬菜面积257.6亩，平均亩产2083千克、亩产值1802.7元、亩成本676.9元、亩减税纯效益1125.8元。

1990—1995年，为适应市场经济变革，摸索和调整农本调查工作思路和方法。5年间，对6户生猪调查点累计调查生猪2336头，平均头重108.4千克、每头生猪产值409.32元、成本382.19元、纯收益27.13元。

1996—2000年，调查蛋鸡点6户，调查蛋鸡4.86万只，平均每百只蛋鸡产蛋量1487.2千克、每百只产值9314.62元、每百只总成本8634.02元、百只纯收益680.6元。

2001—2003年，调查水稻总面积288.9亩，平均亩产量546公斤、亩产值791.75元、亩成本478.13元、亩纯收益313.63元。

2004—2006年，以农业结构调整为中心，加大工作效率，提高调查质量。调查淡水鱼养殖面积348.6亩，平均亩产量989千克、亩产值6685.56元、亩成本2688.8元、亩纯收益3996.76元。

2007—2009年，调查葡萄102.5亩，平均亩产量2127.8千克、亩产值9078.51元、亩成本4129.79元、亩纯收益4948.72元。

32年间，农本调查人员完成国家规定的每年对40户以上的《农民种植意向调查》《农户生产资料购买及农资价格变化情况的调查》《农户存粮及售粮情况调查》《肉、蛋、菜产供销走势调查》等。累计下村到户1.56万户次，撰写调查报告和情况反映486篇。其中，被市物价局采用或转载242篇，被区委、区政府和有关部用采用188篇。

第六节　价格服务

1994年10月，开始受理公安部门在办理刑事案件时所涉及的赃物估价工作。1996年，成立区财产物品评估委员会，评估力量得到进一步充实，制度从无到有，鉴证程序得到完善，评估领域也由过去单纯的赃物评估发展到对检察院的扣押物、法院的纠纷物、银行贷款的抵押物、交通部门的事故车辆定损等领域。1998年，取得了天津市物价局评估资格，先后建立健全《价格评估人员工作守则》《现场勘察程序》《委托评估须知》《收费标准》等制度“公平、公正、科学、合理”的原则得到进一步体现。1998年8月28日，发布《东丽区道路受损车物定损、估值工作有关事项规定》。

1999年，在巩固做好公安部门委托刑事案件价格评估基础上，重点拓展交通事故受损物品及法院民事纠纷案件涉及的各类物品价格评估，评估工作的人员都取得不同等级的资质证书，制定特殊疑难案件的“合议制度”。2000 年，制定“天津市东丽区价格事务所工作章程”。2001 年，更名为天津市东丽区价格认证中心，并制定《价格鉴证工作程序》《价格鉴证人员管理办法》《培训考核制度》《集体审议制度》等内容。

2002—2003 年，根据区委、区政府的要求，开展村队征地涉及的地上物补偿及粮食局粮食储备轮换粮等价格鉴定工作，完成占地拆迁的新立街道四合庄村、么六桥回族乡大东庄村地上物拆迁补偿价格鉴证工作。

2004—2007 年，为配合区政府 20 项民心工程的实施，多次出动人员，配合区拆迁指挥部到华明、万新、新立、么六桥等乡镇街道的拆迁现场，对所涉及的相关物品进行严格的归类登记、评估。

2008—2009 年，为确保价格鉴定结论书的准确及刑事案件的时间界限，提前为委托方出具《价格鉴证结论书》或《道路交通事故车物损失鉴定结论书》，委托评估率达到 100%，未出现重新鉴定和复核裁定案件，获得全国价格认证中心规范化建设达标单位。

第六章　审计管理

1982 年，《中华人民共和国宪法》确立审计监督制度以来，区审计局履行区政府主管全区审计工作政府职能，开展了预算执行、乡财政、行政事业单位、任期经济责任、基建投资、国有企业、金融保险、专项资金审计和审计调查。

1983—2010 年，区审计局完成审计项目 621 个，审计单位 2289 个。查出违规金额 23.33 亿元，应上缴财政金额 45967 万元，已上缴财政金额 5097 万元，核减工程结算 10767 万元，管理不规范金额 18.82 亿元。

区审计局建立 27 年来，在审计监督方面认真履行职责，不断改革创新，为区内经济保持健康快速发展做出了成效。1997—2004 年，连续被评为天津市文明机关。

第一节　机　构

一、东丽区审计局

1983 年 10 月，成立区审计局，内设办公室、企业审计科、行政事业审计科。1986 年 6 月，企业审计科分为工业审计科和商业审计科。1991 年 8 月，增设综合科、财政金融基建审计科。

1997 年 5 月，内设办公室、综合科、行政事业审计科、金融基建审计科、工业审计科、商业审计科、乡镇审计指导科。2001 年 12 月，内设办公室、法规科、财政事业审计科、经贸审计科、经济责任内审科。2004 年 6 月，增设经济责任审计科、固定资产投资审计科。2005 年 3 月，法规科更名法制科，财政事业审计科更名财政审计科；经贸审计科更名行政事业审计科，经济责任内审科更名内审指导科。2008 年 9 月，增设国有企业审计科。2010 年，区审计局内设办公室、法制科、财政审计科、行政事业审计科、固定资产投资审计科、经济责任审计科、国有企业审计科、信息化科、内部审计指导科。

二、内部审计和社会审计机构

（一）内部审计　1992 年，区粮食局、供销社、教育局设专职人员 7 名，建立内部审计指导科。区运管局、建委、水利局等 10 个单位设立兼职内审人员。2000 年 6 月，成立区内部审计协会。内审会员单位 64 个，其中专职内审机构 4 个，内审人员 189 人。

（二）社会审计　1992 年 3 月，成立区审计事务所，隶属区审计局管辖。1994 年 10 月，更名为天津丽达审计事务所。1996 年，区审计局与丽达审计事务所分设。1999 年 9 月，丽达审计事务所脱钩改制，更名为丽达会计师有限责任事务所。

第二节　国家审计

一、财政金融审计

（一）区财政预算执行审计　1995 年，区审计局以本级财政预算执行审计为龙头，做好各项审计。通过审计，探索总结本级预算执行审计工作方法，本级预算执行审计成为每年审计的重点项目。1996—2010 年，开展本级预算执行审计，查出违规金额 13.1 亿元，应上缴财政金额 4.36 亿元，已上缴财政金额 3721 万元，管理不规范金额 10.09 亿元。区审计局每年向区人大、区政府提交审计结果报告和审计工作报告，均得到充分的肯定和重视。2007 年度财政预算执行和其他财政收支审计项目，被市审计局评为表彰审计项目。是年，在区财政预算执行审计中，对部门预算单位延伸审计查出，尽管区财政部门对各单位职工住房公积金拨付标准相同，各单位缴存时却自行掌握计算缴存基数。延伸审计结果查出，单位间人均缴存额差异较大。有的单位超标缴存职工住房公积金，变相发放奖励或补贴。2008 年 7 月，区财政部门采纳区审计局建议，制定下发《关于规划东丽区公积金缴存办法》的通知，规范全区公积金缴存管理。2009 年，区审计局在预算执行审计中，发现部门未实行预算，致使年度预算核定支出指标与实际需要相差较大，部门间资金分配不平衡。区审计局向区财政部门提出应尽快实施部门预算，以提高预算编制的完整性、准确性和规范性的建议。区财政部门拟定《东丽区关于推进部门预算改革的意见》，经区政府常务会议研究通过并执行，《意见》规范预算编制程序，细化编制内容，改进预算编制方法，规范政府收支行为。

（二）乡镇政府财政审计　1993 年，对全区 9 个乡镇街普遍进行审计，并延伸其所属部门 72 个，审计重点是乡镇街财政往来款项及个人欠款等。1994 年，对乡镇街及其所属 46 个部门进行审计，审计总金额 8479 万元。1996—2010 年，开展镇街乡财政决算审计，完成审计单位 117 个，并延伸审计所管辖的国有企业及独立核算的部门和单位。经审计查出违规金额 9834 万元，应上缴财政金额 459 万元，管理不规范金额 3.01 亿元。在审计中关注惠民政策的落实情况，将惠民补贴资金作为审计监督的重点内容。落实惠民政策，对种粮农民直接补贴资金、购置农机具补贴资金、能繁殖的母猪和后备母牛养殖户补贴资金及参保种粮养殖户保费补贴资金进行跟踪审计，确保在春耕季节将农资综合直补发放到农民手中。

（三）金融保险审计　1996—2010 年，对中国农业银行东丽支行、天津市商业银行长青支行、中保人寿天津分公司东丽支公司等 9 个金融保险单位进行审计。查出违规金额 740 万元，应上缴财政金额 3 万元，已上缴财政金额 3 万元。

二、企业审计

1983—1995 年，开展工业企业和商业企业的审计，完成审计项目 107 个，审计单位 261 个，查出违规金额 1760 万元，应上缴财政金额 146 万元，已上缴财政金额 146 万元。其间，1988 年对天津市电焊网厂产品成本审计时，发现由于社会上的不正之风，使该厂采购原材料锌锭中断，被迫停产。区审计局及时发出题为《“好处费难付”，锌锭难购，天津市电焊网厂停产》的信息。经市审计局采用，市人民广播电台播出后，受到市领导的重视和社会的关注。此项审计成果荣获市审计局首届优秀审计项目二等奖。1996—2010 年，完成审计项目 23 个，审计单位 84 个，查出违规金额 4717 万元，应上缴财政金额 29 万元，已上缴财政金额 21 万元，管理不规范金额 2961 万元。

三、行政事业审计

1983—1995 年，完成审计项目 81 个，审计单位 764 个，查出违规金额 160 万元，应上缴财政金额 38 万元，管理不规范金额 4.6 亿元。其间，1987 年区政府转发了区财政局、审计局《关于对行政事业单位财务收支情况开展定期审计的意见》，行政事业单位定期审计开始。1998 年，公安东丽分局重视审计结果，针对存在问题，采取有效措施，制定《关于加强公安行政事业收费和罚没款管理的规定》。2009 年，区审计局在部分行政事业单位预算执行及其他财政收支审计中，查出各类违规金额 945 万元，下达审计决定 12 份，针对查出的问题提出审计建议，取得明显审计结果。被审计的 12 个行政事业单位于审计期内补缴税金，上缴财政金额 204 万元，规范了预算单位的服务及缴存行为。7 个单位购置固定资产金额入账，并对固定资产增减进行账目调整，已调账金额 588 万元。相关单位根据审计建议将专项资金 153 万元归还原渠道并制定关于加强财务管理暂行规定。区卫生和教育系统对财会人员进行业务培训，提高财会人员的科学理财及依法理财的能力，该审计项目被市审计局网站区县动态采用。

四、经济责任审计

（一）建立制度 1998 年始，区制定《东丽区领导干部任期经济责任审计制度》《东丽区经济责任审计公示制度》《东丽区经济责任审计立项制度》《关于处级党政领导干部任期经济责任审计暂行办法》等制度，理顺工作程序和操作规范。

（二）审计效果 1996—2010 年，区审计局根据区委组织部的委托，对区内 257 名党政领导干部进行任期经济责任审计，查出管理不规范金额 2573 万元。

（三）典型案例 2009 年，区审计局对某单位 1 名处级领导干部任职期间经济责任履行情况审计时查出，该单位下属公司存在违规集资 1468 万元的问题。根据区委组织部意见对该公司进行专项延伸审计。审计过程中，被审单位百般阻挠，拒不提供相关真实凭证，反而多次提供虚假资料。经区审计人员通过现场勘查、外围查证等审计手段，查出该单位以个人名义开设银行卡（折），公款私存达 9357 万元；收取房租不入账；账外经营粮食，利润不入账；私设“小金库”达 423.85 万元等问题。该案依法移送区监察机关，相关当事人共 4 人被追究刑事责任。

五、基建投资审计

（一）自筹资金和政府投资项目审计　1983—1995 年，区审计局开展自筹基建资金来源、建筑税、停缓建项目跟踪、基本项目开工前、固定资产投资项目开工前、国有土地使用权有偿收入、耕地占用税等 12 个项目进行审计。审计单位 82 个，查出违规金额 54 万元，应上缴财政金额 13 万元，已上缴财政金额 13 万元。1996—2010 年，对区部分政府投资项目的竣工决算进行审计，完成审计项目 11 个，审计单位 29 个，查出违规金额 3611 万元，核减工程结算 1.07 亿元。其间，2009 年为整合审计资源，区审计局联合社区审计组织，聘请工程师，增强审计力量，加大现场勘查力度，利用工程软件和计算机现场审计实施系统，从造价和财务管理方面审计，取得核减工程结算、减少财政支出 2300 万元的效果。

（二）农民还迁住宅工程审计　2006 年，区城市化建设进程加快，区政府投入农民还迁住宅建设资金逐年加大。为保证财政建设资金有效使用，对农民还迁住宅工程进行审计总金额 5.27 亿元。审计中，以核实还迁工程为突破口，通过查阅宅基地房屋图纸、拆迁协议等原始资料，利用计算机审计对搬迁村民花名册进行筛选，查出以多列建设成本、虚报拆迁户和安置面积，共套取财政资金 9157 万元的问题。审计为区领导决策、节约财政建设资金及规范农民还迁住宅建设等发挥积极作用。

六、专项审计及调查

2010 年，区审计局现场调查特殊学校功能教室使用情况

（一）专项资金审计　1983—1995 年，开展水产养殖补助、教育经费使用、执法部门罚没款等专项资金审计。完成审计项目 10 个，审计单位 75 个，查出违规金额 33 万元。1996—2010 年，对农村人畜饮水困难工程、改水除氟工程、外环线绿化带项目、捐款捐物收支管理、防治非典资金、“625”工程资金等进行审计。完成审计项目 32 个，审计单位 50 个，查出违规金额 75 万元，管理不规范资金 454 万元。其间，2005 年开展农业开发资金使用效益审计，对肉羊原种场提出审计建议，加强内部管理，加快优质种羊向农民推广进程，促进区畜牧业的发展。根据审计建议，区农发办提出改进意见，落实资金报账制，实行专户核算、专人管理、专款专用，并对项目进行事前、事中、事后加强监督指导，确保项目按计划建设，实现较高的经济效益。该审计项目被市审计局收入效益审计案例选编。

（二）审计调查　1983—1995 年，进行预算资金、“小金库”、支农周转金、教育附加费、乡镇外向型企业等审计调查。其间，《军粮城部分外向型企业审计调查报告》得到国家税务局重视，成为向国务院汇报的天津地区农村企业负担问题的重要内容。1996—2010 年，开展外环线绿化带、支农资金使用、最低生活保障资金收支和管理；开展家电、汽车、摩托车下乡财政补贴资金及生态村建设资金效益等审计调查。共完成审计调查 13 项，审计调查单位 59 个。查出违规金额 3861 万元，提交审计调查报告 13 份。其中，《东丽区创建国家环境保护模范城区资金使用效益情况的审计调查报告》被市审计局《农业与保护资金审计论文集》采用。

（三）特定目的公司运作情况专项审计调查 2010 年，按照市政府《关于做好我市 43 家特定目的公司运作情况专项审计调查》通知的要求，为防控地方政府债务融资风险，促进特定目的公司加强融资管理、规范运作，提高资金效益，区审计局对全区 7 家特定目的公司融资、使用、管理、还款等情况进行专项审计调查。经审计调查，查清 7 家公司的基本情况及融入资金的“借、用、管、还”情况，查出违规占用贷款项目资金、建设工程未履行工程项目建设程序、委托贷款资金潜在损失、重大经济决策未履行民主决策程序等违规问题金额 13.11 亿元。区审计局根据审计调查，向区政府及相关单位提出 6 条审计建议：加强融资管理，健全内控制度；规范融资使用，做到专款专用；严格执行工程项目立项审批及招标程序；控制理财风险，确保资金安全；确保工程项目监管的独立性；保证国有资产收益及时收回。此次专项审计调查，从防控地方政府投入资金安全使用入手，对特定目的公司融资行为可能引发的财政、金融等各种风险及风险苗头进行分析，揭示体制、机制、制度、管理层面存在的主要问题，对促进区内特定目的公司健全完善管理体制，提高资金管理水平和资金使用效益发挥积极作用。

第三节　内部审计

一、制度化、规范化建设

1993 年始，区审计局围绕内审指导与监理联系点相结合，深入各单位帮建例会制度、报表制度，对内审案卷的立卷、归档进行指导。定期为内审人员提供法规资料，加强与内审单位的联系与沟通，妥善解决内部存在的问题。坚持以指导工作的制度化，促进内审工作的规范化。区制定《东丽区内部审计工作评比标准》《东丽区内部审计人员培训暂行办法》《东丽区内审案卷检查评比制度》等 20 个规定。全区有 11 个单位结合实际制定了内审工作的规定，为开展内审工作提供了保障。

二、宣传与培训

区审计局坚持每年深入内审单位讲解内审工作的重要性，创立刊物《审计通讯》。利用《今日东丽》及《天津内审》报刊宣传区内部审计相关内容。每年召开表彰大会，对涌现出的优秀集体和先进个人进行表彰。每年举办各种类型培训班，对内审人员进行《中华人民共和国审计法》《内审项目立项细则》《审计技术与方法》等系列培训，加强做好内审人员的后续教育工作。严格执行中国内审协会制定的内部审计若干准则，定期对各内审单位进行内审程序、内审案件、内审质量的考评。组织开展评选优秀内审项目、优秀内审案卷、优秀内审论文活动，提高内审工作的效率。

三、内审成效

1996—2010 年，区审计局指导和监督内审机构进行内审工作。各内部审计单位有效地开展财务收支、项目资金、基建工程项目、农村集体财务、经济责任、固定资产经济效益等审计。共审计

315 个单位，延伸审计下属单位 837 个，审计总金额 22.6 亿元。查出违规金额 3500 万元，减少损失和浪费 1515 万元，提出合理化建议 216 条，有效促进部门单位经济的健康运行。

第四节　社会审计

一、发展社会审计

1992 年始，区审计部门发展社会审计。1992—1995 年，区审计服务所与 158 家企事业单位建立审计咨询关系，入户服务达 4300 次。为 2696 家企业办理验资年检手续，为村办企业、乡镇企业及第三产业等 62 家企业办理了委托审计。在区司法机关输送的经济案件中查证、鉴证发挥了职能作用。向咨询单位提供财经法规和有关经济资料 800 册，解决会计核算等事项 84 项，提出改善经营管理、提高经济效益建议 23 条。天津丽达审计事务所荣获市审计系统 1994—1996 年度先进集体。

二、独立法人资格的中介服务组织

1996 年始，社会审计工作已成为具有独立法人资格的中介服务机构。具备了内资、外资的审计业务及资产评估资格。1996 年，完成财务收支审计 17 项、承担离任审计 12 项、验资年检 230 项、担任常年顾问 22 项、其他 10 项。

三、社会审计组织改革

1999 年，区社会审计组织改革，完成天津丽达审计事务所脱钩改制工作，终止执行注册会计师法定业务。区审计局主要抓好对其监督、指导工作，协助该机构建立并完善各项规章制度，监督其严格按照《中华人民共和国注册会计师法》《注册会计师独立准则》执业。2010 年，区内注册的社会审计机构 2 家，天津丽达有限责任会计师事务所和天津双星联合事务所。

第五节　业务管理

一、审计法制化建设

组织审计人员认真学习《中华人民共和国行政复议法》和《行政复议实施条例》等相关法律，掌握新的法律法规，增强法律意识和法规观念，提高依法审计的自觉性。贯彻落实《中华人民共和国审计法》《国家审计准则》《天津市审计监督条例》，建立《东丽区审计局审计程序》《东丽区审计局审计复核工作规定》《东丽区审计局责任追究制度》，为审计业务的规范开展提供制度保障。实现审计项目的计划管理、项目立项，审计调查、实施方案、审计通知书、审计实施、审计工作底稿到审计报告的编审等主要环节的程序化控制，严格实行三级复核制度。

二、审计统计管理

制定《东丽区审计局统计工作规定》《东丽区审计局统计报表考核内容》。运用统计资料和审计案例做好审计统计与审计分析相结合，利用统计报表中反映出来的数据和审计过程中发现的问题，加以整理，分析原因，提出解决问题的意见和建议，为各级领导掌握真实情况，指导工作，加强宏观决策。

三、审计信息化管理

2007 年始，计划内审计划项目全部实行 AO 计划项目管理。预算执行审计运用 AO 现场审计实施系统，实现计算机审计，其他项目开展计算机辅助审计。投资项目审计，利用计算机 SOL 语句对复杂大量的数据进行筛选提炼，剔除虚列的还迁面积和工程成本问题，节约了财政资金，提高工作效率和质量。2008 年，区审计局在市审计局网络采用信息列新四区第一位。

四、审计档案管理

2010 年，区审计局存放各门类档案 5290 卷（件），其中审计档案 1997 卷，会计档案 764 卷（册）。建立局域网，实现审计资源、档案资源共享。编制审计报告、审查意见、审计通知、任期经济责任审计、财政预算执行情况、审计制度等汇编 18 种 56 册。汇编材料进入档案系统，承载着审计历史，记录着审计的发展，为审计工作的提高和深化提供可靠资源保障。

第七章　质量技术监督管理

东丽区质量技术监督事业在改革开放中逐步发展、壮大。质量技术监督的综合管理、行政执法及检验检测体系日益完善，质量技术监督行政管理职能逐渐扩大，行政执法水平逐渐提高，科技和经济实力逐渐增强。

区质量技术监督工作，随着社会和经济建设的快速发展，从“以质量为核心，以标准和计量为基础”到形成“综合管理、行政执法及安全监察三位一体”的工作格局，再到“以质取胜，实施名牌战略和技术标准战略，狠抓食品安全和特种设备安全”。使质量技术监督工作全面有效地履行各项工作职能，为区经济和社会发展服务，取得成绩。

区质量技术监督局，出色地完成各项工作任务。1988 年，被国务院法制局、国家技术监督局评为全国先进单位。2006 年和 2008 年，被国家质量监督检验检疫总局分别评为质量监督检验检疫工作先进单位及全国特种设备安全工作先进单位。

第一节　机　构

1979 年 10 月，区增设标准计量管理所，隶属区科委管理。1988 年 2 月，标准计量管理所晋格为区标准计量管理局。1989 年 12 月，更名区技术监督局。1997 年 5 月，内设办公室、单位编码办公室、质量监督科、计量科、标准化科、稽查科，设事业单位有计量检定所、产品质量监督检验所和质量、计量、标准化质询服务中心。2000 年 10 月，区技术监督局更名区质量技术监督局。2001 年 5 月，区质量技术监督局划归天津市质量技术监督局管理，其党务、宣传、普法教育、综合治理、精神文明建设工作仍由东丽区管理。2001 年 12 月，区劳动和社会保障局锅炉等特种设备的安全监察监督管理职能和区工业经济委员会质量管理职能划转区质量技术管理局。2010 年，内设办公室（人事监察科）、质量管理科、质量监督科、食品生产监管科、标准化科（编码办公室）、计量科、特种设备安全监察科、执法稽查科（政策法规科）。直属技术机构：区计量检定所、区产品质量监督检验所。

第二节　计量监督检定

一、建立计量标准装置

1980 年始，区计量管理部门装置砝码、活塞压力计、天平。1987 年，建立一套金属标准装置。1988 年，建立心电图机检定标准装置。1990 年，建立汽车里程表标准装置。至 1992 年，共建立质量、压力、电磁、光学、流量、放射等 13 项计量标准装置，可开展燃油加油机、心电图机、医用诊断 X 线机等 30 种计量器具的检定。

二、检定计量器具

1984 年，根据国务院发布《关于在我国统一实行法定计量单位的命令》及市局统一部署，区标准计量管理局在全区贯彻落实。至 1990 年，共检查验收 1758 个单位（家）。1985 年，贯彻《中华人民共和国计量法》，对全区企事业单位强制检定计量器具进行登记。1988 年，区标准计量管理局设 7 个检定站，对压力表、血压计、衡器、水表进行授权检定；对长度、电学、热工小容器进行委托检定，全区计量器具受检率达 90%以上。至 1989 年，共强制登记检定计量器具 7000 余台（件）。1997 年，对全区 45 家加油站进行监督抽查，抽查 77 个样品，合格率 85.7%。366 家企业办理强检计量器具登记备案证书。1998—2006 年，799 家企业强制检定计量器具进行备案登记。对全区 36 个医疗单位的 282 名医用计量器具进行监督检查。开展定量包装商品专项检查，抽查商品 128 批次，合格率 98.3%。开展水表专项检查。对 300 余家企业的食品、冷冻食品、电线电缆、化工产品、电动机等 10 种产品进行计量专项检查，检查在用计量器具 350 件。至 2006 年，建立了计量管理数据库，全区强制检定计量器具做到按周期检定，大中型企业受检率达 98%。2007—2010 年，开展能源计量检定工作，对 4 家万吨耗能企业和 8 家 5000 吨以上耗能企业进行重点监管，对 15 家 3000 吨以上耗能企业进行摸底调查建立档案，帮助企业合理配备能源计量器具。

三、计量合格确认与定级升级

1984—1990 年，区计量管理部门为 1758 家受检单位颁发“实施法定计量单位合格证”。其间，根据国家计量管理局《工业企业计量工作定级升级办法》，对全区企业的计量管理、计量器具配备、计量检测率、计量技术素质进行考核验收。至1992年，共考核验收发放合格证130家，其中万新减速机厂等4家企业为二级计量单位。1986年，全区开展“物价计量信得过单位”活动。至1992年，20个单位被评为“物价计量合格单位”，59个单位被评为“物价计量合格信得过单位”。1997年，为73家企业办理计量合格确认。1998—2006年，为660家企业进行计量合格确认。指导18家企业年能耗标准煤3000吨以上的较大耗能企业合理配备计量器具，建立能耗计量管理体系，发挥计量工作对促进企业技术改造、节能降耗的作用。至2010年，全区12家企业取得制造计量器具许可证；2家企业取得修理计量器具许可证；6家企业通过市级IS010012计量体系认证。

四、依法查处计量违法案件

1993年，区技术监督部门加强市场计量器具检查，检查800个摊贩，没收非法市制木杆秤。1994年，检查商店、批发店、自由市场计量器具5000台（件），没收“鬼秤”13件、不合格秤70件，没收短量包装商品价值700元。对380个企事业单位进行计量监督检查，立案14起，处罚12起，强制执行1起，罚款3000元。1998年，开展水表专项检查，没收计量不合格水表498只。

第三节　质量监督检验

一、质量监督检验

1990年始，区技术监督局对全区食品进行检验。检验形式为监督检验、委托检验及冷饮食品发放许可证的检验。1991年，对全区20家皮鞋厂10余种不同规格款式的皮鞋进行检验。1992年始，对家具、服装产品进行质量监督检验。至1994年，对51家冷饮食品和肠类食品实行生产许可证管理；对自行车、化妆品、低压电器、螺纹钢等20家生产企业发放临时许可证。全年为147家企业发放临时许可证，为其342个产品进行检验。1998年9月始，对区内未列入或尚未获工业产品（国家）生产许可证的部分产品实行工业产品（地方）生产许可证管理。1998—2003年，开展产品质量定期监督抽查，抽查企业1100余家次，产品1300批次，产品合格率逐年提高。2006年，围绕农资、食品、建材强制性认证产品和关系人民群众健康安全的产品加大抽查力度，共抽查452家企业15类559批次产品，合格率为94.6%。2002—2003年，开展首次全区工业企业质量状况普查，首批建立54个企业质量档案。2004—2010年，加强对强制性认证产品的监管，重点对流通环节和生产企业进行检查，出动执法人员1160人次，检查企业512家次。至2006年，共向201家企业发放工业产品生产许可证。

二、质量监督

1992年始，区技术监督局根据市政府关于打击生产、经销伪劣商品违法活动的要求，会同区工商、公安、卫生、食品药监等部门联合行动，开展打击生产、经销假冒伪劣商品违法行为专项行动。1992—1994年，检查企业529家、商品1.46万种，处罚企业53家，罚款7.65万元。1997年，区质检部门与王朝酿酒有限公司、天津油毡厂、古井酒厂、韦奇日化公司联合开展8次专项打假活动，检查企业50家，查获假冒产品货值3万元。1998—1999年，出动执法人员3000余人次，检查企业1500家次，立案237件，端掉制假窝点8个，罚款55万元。2000—2010年，围绕农药、化肥、农机配件、汽车摩托车配件、电线电缆、低压阀门、建筑材料、食品和化妆品等与人民群众生活密切相关的产（商）品，共立案查处各类违法案件900件，其中万元以上案件200件，端掉制假窝点100个，查获假冒伪劣产品货值1300万元。受理并解决群众投诉举报500件，为群众挽回经济损失300万元。

三、产品质量创优质品牌

1993年，在全区开展“经销质量信得过单位”活动。1994年，区政府命名9家企业为“经销商品质量信得过单位”。1997年始，贯彻落实国务院颁布《质量振兴纲要（1996—2010）》。2002年，引导和帮助企业建立质量管理体系，争创品牌，提升企业的总体实力和市场竞争力。2003年始，培育指导企业参评天津名牌产品。至2010年，全区共有36个产品被认定为天津市名牌产品。

第四节　标准化与代码

一、标准管理

1989年4月，区标准计量管理局根据《中华人民共和国标准化法》颁布实施，区内标准化监督管理工作正全面开展。1991年，开展建卡立案工作，对全区在产产品执行标准进行全面调查。共调查709个品种，其中执行国家标准的195种，执行部颁标准或行业标准的156种，执行企业标准的119种，执行技术协议标准的36种，无标准生产的23种。为使标准化工作服务于企业，至1994年收集国家标准汇编及有关标准书籍620册，备存各类标准1.14万个。2002年，编制《东丽区农业标准化工作实施意见》，将农业标准化工作列入重要议事日程。2004年，区质量技术监督局与区农林局和市林果研究所共同完成《无公害农产品、食用菌质量标准》和《无公害农产品、食用菌栽培技术规范》2项天津市地方标准的制定。2007年，指导企业修订企业产品标准并办理执行标准登记。至2010年，全区已有30个企业产品采用国际标准或国外先进标准。区“世纪兴种养联作农业标准化示范项目”“无公害肉鸡深加工示范项目”2个国家级农业标准化示范区，已经通过验收。两个项目的推广对促进农业增效，实现农民增收和推动农村产业结构调整发挥了积极作用。

二、标准监督

（一）包装标签监督检查　区技术监督局根据国家技术监督局的要求，开展食品包装标签的监督检查，检查生产、经销企业94家，检查商品230种，其中合格105种，合格率仅为45.65%。1991年，经1990年监督检查后再检查生产企业28家，检查产品35种，合格30种，合格率上升为87.71%。

是年对白酒、饮料、葡萄酒、茶叶、面包五大类商品标签执行情况进行监督检查，共检查商品6154件，合格5499件，合格率89.49%。1994年，对30个商业企业，100种商品进行食品标签检查，合格率90%以上。对40个生产企业食品标签抽查，合格率达95%。

（二）标准登记造册 1993年，区标准化工作拓宽服务领域，对全区工业产品执行标准登记造册，156个企业的337个产品进行标准登记。东方制桶厂200升闭口钢桶标准，取得国外先进标准采标证书。1994年，102个企业146个产品进行标准登记。1995年，全区开展消灭无标生产工作。至1998年，全区产品标准覆盖率由46%提高至98.7%，通过市局的验收。2007年，对全区重点行业的生产加工企业执行强制标准情况进行调查清理，重点调查清理涉及消费者人体健康和生命安全的食品、许可证产品、CCC产品、日用消费品、农业投入品、建材装饰用品等生产加工企业执行强制性标准的情况，经调查，区内强制性执行标准备案登记率为96.44%，有效率为98.71%，标识合格率为94.11%。

三、组织机构代码证书

1993年始，根据国务院决定和市代码办公室的部署，当年为企事业单位办理代码登记2800份。1994年，办理300份。至2010年，为2.6万个组织机构颁发组织机构代码标识和证书。

第五节　特种设备监管

一、特种设备普查

2002—2004年，全区范围内全面开展锅炉、压力容器、压力管道、气瓶、电梯、起重机械、厂内机动车、游乐设施等在用特种设备的普查整治工作。其间举办普查工作学习班13期，培训人员540名，培训范围覆盖全区所有特种设备使用单位。普查在用设备3055台套，压力管道47.8千米，气瓶1.8万只，基本查清全区在用特种设备数量、分布和安全状况，建立了全区特种设备数据库，在全市率先通过验收。

二、特种设备专项整治

2003—2005年，开展小型锅炉、盛装化学危险品的压力容器（罐车）、气瓶充装站、起重机械、电梯等专项整治活动。出动检查人员1260人次，检查特种设备生产、使用单位626家。2008—2010年，开展特种设备隐患排查治理，安全百日督查、压力管道元件、起重机械专项整治，民用电梯安全大检查、“四类设备”“四类伤害”等专项及综合整治活动。完成了奥运会、达沃斯论坛等重大活动中特种设备安全保障工作。连续3年开展特种设备安全百日督查专项整治活动，使特种设备生产、使用单位的法律观念和安全责任主体意识显著增强，企业的安全行为及安全管理得到规范，全区特种设备生产、使用单位的安全状况明显改善。

三、特种设备管理机制

2001年始，区质监局严格实施特种设备注册登记制度，依法实施特种设备设计、制造、安装的行政许可，实行特种设备作业人员和检验人员的资质核准制度，建立事故调查处理及应急救援机制。至2010年，全区有特种设备：锅炉651台、压力容器2797台、电梯1859台、起重机械4486台、厂车562辆、游艺机和游艺设施4台、压力管道8条，总数10367台（辆），其中在用8626台。培训考核特种设备作业人员2万余人次，人员持证上岗率在95%以上。由于全面对特种设备的安全监督，全区特种设备万台事故起数和万台死亡人数均为零，全区特种设备安全形势始终呈现长期持续的稳定。

第六节 食品安全监管

一、食品企业建立质量档案

2002年始，区质监局落实食品质量安全市场准入制度，把食品从工业品监管调整为单独的重点产品专项监管。2004年始，贯彻落实国务院《关于进一步加强食品安全工作的决定》，加强对食品生产、加工企业的监管工作，提高产品质量和管理水平，确保食品质量安全，开展对食品生产，加工企业质量状况普查，建立健全质量档案工作。至2005年，全区有84家食品生产、加工企业建立了档案。2008年，为避免重复漏建企业质量档案，开展理清建档基数工作，全区建立食品生产、加工企业档案102家。

二、颁发食品生产许可证

2002年始，陆续对生产食品类产品的企业颁发食品生产许可证。至2010年，全区拥有有效食品生产许可证的食品生产企业125家、食品相关产品生产企业43家（其中食品用塑料包装、纸包装生产企业14家、食品添加剂生产企业28家、餐具洗涤剂生产企业1家）、化妆品生产企业7家。

三、食品安全法律法规培训

2007年，贯彻落实国务院《关于加强食品等产品安全监督管理的特别规定》，组织食品和重点产品生产企业负责人培训，共培训550人次。2009年，举办食品安全法律法规培训班4期，培训420人。

四、食品安全专项整治与执法检查

2007年，检查食品生产企业78家，取缔食品生产加工黑窝点37个。2008年，制定食品生产加工企业监管专项工作方案，加大对企业巡查力度，对区内151家获证企业进行巡查，取缔食品生产加工黑窝点28个。2009年，实施重点区域整治行动，对120家企业开展专项执法检查，巡查250家次，取缔食品生产黑窝点29家，完成食品及相关产品年审130家，注销证书16张。2010年，开展打击违法添加非食用物质和滥用食品添加剂专项整治。组织区内29家使用添加剂生产企业和150家食品生产企业开展自查自纠，严格落实食品添加剂生产许可使用报告、如实标注制度。加强对企业的监管巡查，出动执法人员896人次，检查企业299家次，年审企业156家，注销证书39张，取缔食品生产加工黑窝点20个。开展问题乳粉清缴工作，出动执法人员226人次，对区内68家含乳食品生产加工企业进行拉网式检查，督查其签订承诺书，对13家停产企业加贴“设备暂停使用封签”。

第七节　检测科研成果

一、东丽检测中心

2005年，天津市质量技术监督东丽检测中心破土动工，投资670.49万元，总用地面积1.3万平方米，建筑面积3703平方米。2006年9月，建成使用。2007年，再投资296.9万元，进行2期扩建，扩建面积1466平方米。2008年，竣工投入使用。

二、检测中心实验室

实验室建筑面积4762平方米。实验室以质检所和计量检定所为依托，在稳定拓展原有检测检验项目基础上，围绕区域经济发展定位和发展规划，采取合资合作方式成立。引进“电子电气环境有害物质（ROCH）及汽车配件检测、冶金产品检测和移动通信终端检测”3个高新技术检测项目，前2个检测项目已通过中国合格评定国家认可委员会实验室认可，达到国际水平。2008—2010年，合作实验室的检测范围逐渐扩大和延伸，服务区域辐射华北、东北等地区，为企业环保质量、生产制造、出口创汇提供技术支持，取得良好的社会效益和经济效益。

三、科研成果

1987年，区计量检定所拟定“心电图机检定规程”，经市计量检定所审验通过，市局定位天津市地方检定规程。

1988年，区计量检定所与市计量科技研究所共同拟定“医用诊断X线机检定规程”。1989年，市局批准为天津市地方检定规程。

1994年，区技术监督局与宇光仪表研究所、津东水表厂、区环保局合作研制，L22高压金属管转子流量计荣获天津市科技进步二等奖。

2006年，区计量检定所承担的科研项目通过市科委专家组鉴定，结论为国内领先水平。该项目为规范全市汽车修理行业，保障四轮定位准确可靠，为确保汽车行车安全起到显著作用。2008年，获市科技进步三等奖。

2001—2010 年，区计量检定所共完成市科研项目 8 项，其中获市级奖励的 5 项。2008 年 12 月，区质量监督所食品检测实验室取得国家 CNAS 实验室认可，成为天津市区县检测机构中第一家通过国家 CNAS 实验室认可的技术机构。

第八章　食品药品监督管理

20 世纪 80 年代始，区按照国家颁布的食品卫生法实施管理，实行卫生许可制度，开展经常性卫生监督和监测。加强药政机构建设，强化药品管理。90 年代，区连续 3 年通过国家食品卫生达标验收，在全市建设第一个“全国食品卫生达标区”。2001 年 12 月，建立天津市药品监督管理局东丽分局。区卫生局将药检职能等移交该局。2004 年 7 月，更名为天津市食品药品监督管理局东丽分局。内设市场监督科，稽查执法科等 4 个职能科室，负责对全区药品及医疗器械生产、流通、使用进行行政和技术监督。并负责食品、保健品、化妆品安全管理的综合监督。组织协调和依法开展对重大事故的查处工作。

第一节　食品管理

一、食品安全行政管理

1979 年，区防病站成立食品卫生科，设专职监督员，对区内 12 家冷食、1 家糕点厂、10 家餐馆进行监督、监测、发证。1980 年始，对食品从业人员体检，核发卫生许可证。1983 年 7 月始，区施行《中华人民共和国食品卫生法》，加强对全区食品卫生监测、化验。

1992—1994 年，区连续 3 年通过国家食品卫生达标验收，在全市 12 个区县中，第一个创建“全国食品卫生达标区”。1994 年 10 月，实现食品卫生监督监测电脑化，被卫生部定位全国试点单位。至 1995 年，全区专职食品卫生监督员增到 10 人，举办食品从业人员培训班共 22 期。

1996—2010 年，对食品卫生进行监督量化分级管理，打击食品加工黑窝点。建立卫生安全管理规范，加强对学校集体用餐的监督检查和食堂食品添加剂专项整治。开展桶装餐饮用水生产销售、生猪定点屠宰、保健食品等专项监督检查。加强对建筑工地食堂卫生监督，开展“五小”行业集中整顿。

二、食品卫生监督检查

（一）食品卫生监测　1987—1995 年，区卫生管理部门对熟肉及酱制品、冷食、饮料、乳蛋类、酒类、非发酵豆制品、植物油、糕点、餐具等进行食品卫生监测。1987 年，监测 586 件，合格率 76.3%。1990 年，监测 972 件，合格率 74.2%。1995 年，监测 3731 件，合格 3223 件，合格率 86.4%。监测合格率比 1987 年提高 10 个百分点。

（二）食品卫生监督检查　1996 年，监督食品加工、餐饮、销售行业 1.06 万次，其中给予处罚 153 户次，罚款金额 3.44 万元，停业整顿 42 户；从业人员体检 8074 人，合格率 94%，调离 38

人。2000 年，监督 1.24 万次，处罚 51 户次，罚款金额 3.64 万元。停业整顿 15 户；从业人员体检 1.33 万人，合格率 98%，调离 53 人。2005 年，监督 1.44 万次，处罚 83 户次，罚款 4.66 万元，停业整顿 48 户；从业人员体检 1.95 万人，合格率 94%，调离 35 人。2010 年，监督 1.06 万户，累计处罚 32 户，罚款 1.8 万元；从业人员体检 2.1 万人，合格率 94%，调离 41 人。

1996—2010 年东丽区食品卫生监督工作统计表

表 18-7

年份	经营比例（%）			监督检查					体检情况		监测情况	
	加工	餐饮	销售	监督（户次）	处罚（户次）	罚款金额（元）	停业整顿（户）	吊销许可证（户）	体检人数（人）	调离人数（人）	采样数（件）	合格率（%）
1996	7	33	60	10612	153	34350	42	0	8074	38	5379	94
1997	7	33	60	11262	82	25000	16	0	10320	40	5422	9
1998	8	32	60	11828	48	22500	18	0	11986	42	6014	97
1999	10	35	55	11780	43	12500	14	0	11583	66	5911	99
2000	7	37	56	12369	51	36400	15	0	13313	53	5903	98
2001	8	34	58	12740	62	42200	11	0	13956	61	6684	91
2002	10	34	56	12860	55	31000	12	0	14006	21	6701	97
2003	8	33	59	13066	78	14000	5	0	14566	19	6729	99
2004	9	32	59	14608	80	35100	21	0	14568	39	6577	96
2005	9	33	58	14383	83	46600	48	0	19446	35	6932	94
2006	9	31	60	13262	79	34565	15	1	19945	19	6744	96
2007	9	32	59	14515	98	106000	0	0	25335	116	6716	97
2008	7	30	63	13928	83	77700	0	0	27650	72	6312	99
2009	0	100	0	12181	69	180500	0	0	23823	47	6542	98
2010	0	100	0	10567	32	18000	0	0	21049	41	5379	94

三、食品安全保障

2000 年，区卫生管理部门为做好全国少儿游泳比赛期间食品安全保障工作，全面加强对涉及食品单位的监督检查，保证了在区参赛运动员的饮食安全。

2002年，区卫生管理部门组织食品安全管理人员全力做好饮食安全监管工作，完成了“万科杯”第一届世界大学生滑水锦标赛食品卫生监督保障工作。

第二节　药品管理

一、实施国家药品法

（一）药政管理纳入对医疗单位的考核　20世纪80年代，区卫生局将药政工作纳入对医疗单位的考核项目，对药品管理、使用、保管、划价等，每季度考核1次，并对新老药物临床疗效、不良反应搜集与分析，保证用药质量及合理用药。1987年，对全区196个单位全面检查，查出淘汰药、过期失效、变质药135种，价值3400元，全部销毁。对医院，卫生院主要检查药事委员会和质量管理委员会运行情况，规范特管药使用。对卫生院、个体医生检查进药渠道，进行用药基础知识考核，共考核乡村医生、个体医生334人，发购药证232份用药合格证333份。1985年7月1日，区实施国家药品法，区卫生局举办医疗单位，药品经营单位、工厂保健站负责人员学习班，贯彻落实药品法律法规。1987年，组织药剂员、药剂士学习，结业40人。区卫生局聘请3名药品监督员协助工作。依据国家药品法，对医疗、经营，制剂单位进行发证，并停办区内土药厂。

（二）换发药品生产、经营、制剂许可证　1989年，全面换发药品生产、经营、制剂许可证。1993年始，经营药品单位必须经区卫生局药政科考核合格后方准发证、认证，对查出购、销、存中的质量问题，限期改正，写出处理报告。至1995年，全区发放药品经营许可证7份，制剂许可证1份，续发企业保健站麻醉购买证18份，二类精神药购买证185份（工厂保健站67份、乡村卫生所96份、个体区17份、社会办医5份），并推行药品经营企业质量文书档案管理。

（三）打击游医药贩，净化医药市场　1992—1995年，共查处无证经营药品，销售伪劣药品、非法贩运药品等案件78起，没收1558种药品，其中假药71种，价值4.8万元，罚款1.23万元。1996—2000年，区卫生局贯彻落实《中华人民共和国药品法》《医疗机构管理条例》，打击游医药贩，净化医院市场。共办案185件，没收药品1484种，医疗器械366件，罚没款3.45万元。2010年，区卫生监督所联合公安、工商、药监、综合执法等相关部门对非法行医监督巡查199户，查获非法行医诊所81户，处罚81户，其中移送公安机关案件18户。没收器械83件，没收药品67箱，罚款4.4万元，对17名屡教不改非法行医者进行了刑事拘留。

（四）开展药品、医疗器械流通市场专项整治　2001年，区贯彻落实市政府药品流通体制改革要求，实行药品集中招标采购和收支两条线管理，减轻患者经济重担。2002年，启动药品零售企业GSP认证工作，至2010年累计认证239家药店，药品经营企业面貌显著改善。

2003年，防治“非典”期间，开展药品、医疗器械流通市场大型专项检查15次，出动检查人员4000余人次，共立案结案36起，没收违法销售药品、医疗器械900余种，货值金额8.58万元，没收款9.67万元，有力打击制售假、劣药械的违法行为。是年始实施“地标升国标工程”，至2004年6月，区内396家乡医、161家药品经营企业、42家医疗机构经营使用的药品均为“国药准字”。

2007年11月至2008年北京奥运会闭幕，启动反兴奋剂宣传及专项整治行动。2009年11月始，开展药品经营企业非药品冒充药品行为专项整治行动，共出动337人次，检查相关企业150余家，检出企业疑似非法药品冒充药品200余种。

（五）实行基本药物零差率销售 2010年，区卫生局完善落实基本药物制度，制定区基本用药目录，确定824种，统一采购、配送、品规、价格。是年4月10日，全区7所社区卫生服务中心、2所具有社区服务功能的二级医院实行基本药物零差率销售，至年底共销售基本药物2321万元，为患者节省费用348万元。

一、药械监管与治理

（一）管理机构 2001年12月，天津市药品监督管理局东丽分局成立。2004年7月，更名为天津市食品药品监督管理局东丽分局。2010年，内设办公室、人事监察科、市场监督科、稽查执法科等。

（二）日常监管工作 2008年，对区内5家药品生产企业、1家医疗机构制剂室、2家药品批发企业、124家药品零售企业、27家药品零售连锁企业分别进行两次以上日常监督检查，实现辖区内监管无空白目标。对涉及特殊药品的两家企业，每季度进行一次以上监督检查，防止滥用、流弊现象发生。增加对可疑药品抽验批次，抽验化学药制剂104批次、中成药50批次，中药饮片36批次，抗生素71批次。全年出动检查人员1860人次，接到信访举报件16件，查处案件25件，罚没款金额3.4万元。

2009年，加强对药品、医疗器械生产、流通、使用环节日常监管和抽验。对5家药品生产企业、2家药品批发企业进行日常监督检查16次，对药品零售企业五年期换证检查65家，检查药店100家。对59家零售药店进行药品经营质量管理规范认证，限期整改3家。出动监督检查人员600余人次，检查医疗机构18家，门诊2家，乡医300余家，对出现问题提出整改意见，限期完成整改。药品抽验化学药制剂89批次，中成药74批次，中药饮片62批次，抗生素35批次，阳性率为6.9%。完善药品、医疗器械不良反应事件报告监测制度，全年上报药品不良反应零报告表282份及1例不良反应报告。加大药品广告监测，经确认存在广告违法违规1起，及时做出处理。

2010年，对9家药品生产企业、5家药品批发企业、32家零售连锁门店、131家零售药店进行日常监督检查，覆盖率达100%。组织22家药品零售企业完成换证工作，对13家新开业零售企业进行GSP认证。检查医疗器械生产企业25家，覆盖全区6家三类医疗器械生产企业、骨科植入类4家、血液透析干粉生产企业1家、体外诊断试剂生产企业1家，立案处罚企业2家，提出整改企业3家，全面整顿规范药械市场秩序。

（三）药械专项治理 2008年，开展麻黄碱、静脉注射人免疫球蛋白、完达山刺五加注射液、双黄连注射液、电疗磁疗光疗物理治疗设备等专项监督检查16次，对160户进行检查。开展反兴奋剂专项整治活动，利用3个月对全区药品批发零售企业进行拉网式检查，共检查155家药品经营企业，规范经营行为，维护全区药品市场稳定。

2009年，开展盐酸芬氟拉明、盐酸克仑特罗、甲型H1N1流感、计划生育药械市场、双黄连等专项监督检查13次，对180户相对单位进行检查。配合天津市食品药品监督管理局对一次性无菌器械、透析粉、透析液生产企业进行专项检查。出动执法人员48人次，检查企业3家，覆盖全区4家三类骨科植入类医疗器械生产企业，2家一次性无菌医疗器械生产企业，1家其他产品生产企业。立案处罚企业1家，要求整改企业5家。

2010年，开展清热解毒中药饮片专项抽查、非药品冒充药品及工业氧冒充医用氧、一次性无菌医疗器械等专项整治行动。配合区打击非法行医领导小组对军粮城街道等地区非法行医进行联合检查，出动执法人员200人次，对200户相对单位进行检查。

第九章　安全生产监督管理

区安全生产监督管理工作，认真贯彻执行国家安全生产方针政策和法律法规，综合管理全区安全生产工作，依法开展安全生产检查，依法组织调查处理生产安全事故，查处不具备安全生产条件生产经营单位，协调生产事故应急救援工作。在安全生产监督管理过程中，对危险化学品、烟花爆竹、冶金行业等安全隐患排查治理，均达到标准要求，使全区形成安全稳定环境。2006年，区安全生产监督管理局被国家安全生产监督管理总局评为先进单位。

第一节　机　构

1999年4月，区劳动和社会保障局内设职业安全卫生监察科和锅炉压力容器安全监察科，承担全区安全生产管理工作。2001年12月，区组建工业经济委员会，在其内部设区安全生产监督管理局，内设综合科和监督管理科，将区劳动和社会保障局承担的安全生产监督管理职能划至安全生产监督管理局，并与区安全生产委员会为一个机构、两块牌子。

2005年4月，区工业经济委员会内的区安全生产监督管理局调整为区政府直属机构，为主管全区安全生产工作的职能部门。内设办公室、监察科、事故处理科、危险化学品管理科、法规教育科。2005年7月，增设区安全生产技术服务中心；是年10月，成立人事争议调解委员会。2010年6月，增设职业安全健康监督管理科。

第二节　综合监督

一、安全生产检查

2002年1月，区安委会成立联合检查组，对各委办局、镇街乡安全工作落实情况进行检查指导。并对重点易燃易爆、有毒有害生产经营企业、大型公共聚集场所、大型库区、罐区及关系国计民生的供水、供电、供气等87家企业进行检查。3月，区安委会向全区发出《关于认真做好“两会”期间安全生产工作的紧急通知》《关于开展春季安全生产大检查工作的通知》，要求各委办局、镇街乡立即作出部署，开展安全监察。4月，下发《关于加强“五一”黄金周安全生产工作的通知》，对全区安全生产工作做出具体安排部署。7月，对城乡接合部违章建筑和租赁厂房、出租私房进行专项整治，对1223家违法单位依法进行清理。

2003年，开展“百日安全无事故”活动，重点对全区监控单位、易燃易爆企业、大型超市、娱乐场所、学校进行检查。

2005—2006年，区组织安全生产大检查14次，共检查生产经营单位323家，发现隐患856处，下达隐患整改指令书83份，隐患整改率达95%以上，整改完成55家，对5家企业的违法行为进行处罚。取缔和治理9处经营加工户违章将高压锅炉改装承压使用的锅炉27台，其中取缔无照经营、无卫生许可证的5处，锅炉15台；对有照经营的4家下达整改通知书，责令立即清除的锅炉12台。

二、专项治理

2004年，开展春季防火战役消防安全、人员密集场所、易燃易爆单位大排查大整治、高校及周边地区消防安全、建筑工地消防安全检查、集贸市场消防安全、易燃易爆化学危险品消防安全检查、清明节消防保卫、两节两会消防安全、国庆节消防安全保卫工作10项专项治理工作。共检查单位782家，下发《责令限期改正通知书》743件，《重大火灾隐患改正通知书》2份，《复查意见书》632份，依法督促单位整改火灾隐患745件，消防处罚55起，罚款21.6万元。通过专项治理工作，针对发现的隐患问题采取责令限期整改、实施消防处罚、给予媒体曝光等措施进行督促整改，有效地遏制重特大火灾事故的发生，确保全区消防安全，维护经济社会的安全生产形势。

三、“隐患治理年”

2008年，开展“隐患治理年”行动。区政府批转区安监局《关于进一步开展隐患排查治理暨安全生产百日会战实施方案》。深入开展危险化学品、烟花爆竹、冶金、建筑施工、特种设备、道路交通、人员聚集场所等重点行业和领域安全生产隐患排查治理专项行动。对全区各类重大事故隐患1687家企业进行普查登记，落实整改措施，实施排查督办。

四、“安全生产年”

2009年，开展“安全生产年”行动。区政办、安委办下发4个文件，在全区开展安全生产宣传教育、安全生产执法、安全生产治理3项行动，推进重点行业和领域全面开展安全生产专项整治。结合国庆60周年，开展工商企业安全大检查和“迎国庆，百日安全大检查”活动。

五、防止机械伤害和高处坠落事故专项整治

2010年，贯彻落实国务院安委会和市委、市政府关于进一步加强安全生产工作的要求，区下发《关于开展防止厂（场）内高处坠落伤害事故专项整治工作的实施方案》文件，在全区范围内开展防止机械伤害和高处坠落事故专项整治活动。检查机械制造企业22家，检查隐患79项，下达整改指令17份。有效遏制生产经营单位机械伤害和高处坠落生产安全事故发生，促进全区安全生产形势持续稳定。

第三节　专业监管

一、危险化学品监督管理

2002年3月，全面实施对区内危险化学品监督管理。

2004年，建立全区危险化学品生产、使用、储存企业台账，对全区251家生产、使用、储存危险化学品企业进行安全评估。2005年，对全区生产危险化学品企业进行安全生产许可证取证工作。2006年，全区开展危险化学品专项整治工作，对不具备安全生产条件的企业实施关闭，共关停并转小化工企业6家。

2007年，全区104家危险化学品生产企业取得安全生产许可证。对区境内危险化学品生产企业实施产品登记，完成99家危险化学品生产企业产品登记工作，对全区危险化学品生产企业具有危险工艺企业进行摸底调查。

2008年，辖区内危险化学品从业单位与区安监局签订《安全生产责任书》。区开展对危险化学品企业实施专项治理活动，区安监局、环保局、卫生局、质监局、消防东丽支队联合组成执法检查组，对全区危险化学品企业进行安全生产检查，通过专项检查进一步规范危险化学品企业的生产经营活动。区召开宣传贯彻《天津市危险化学品安全管理办法》会议，组织辖区内全部生产、经营、储存、使用、运输危险化学品从业单位的主要负责及管理人员330人参加会议，使《管理办法》落在实处，进一步加强全区危险化学品安全管理。

2009年，对全区危险化学品从业单位开展监督检查工作，开展“百日安全大检查”。区召开安全生产工作会议，对各街乡、有关单位和危化企业的工作目标、检查内容、责任落实、检查方法、进度安排提出具体要求。区安监局专门成立领导小组，对危化企业“百日安全大检查”和隐患治理活动进行周密部署。区安监局组织辖区内170家危险化学品生产、使用、储存、经营单位主管领导及管理人员和有关单位管理人员进行安全生产应急预案备案培训。提高预防和应对突发事件的能力，规范全区安全生产应急预案管理和备案工作。

2010年，贯彻落实《天津市安全生产条例》规定，对辖区坐落于外环线内危险化学品生产企业进行摸底调查，为企业逐步搬迁至环外做好准备工作。

二、烟花爆竹监督管理

2005年，烟花爆竹零售行业的批准和日常监管工作，由区公安部门全部转至区安监局监管。区安监局对烟花爆竹零售、储存实施审批和监管权力。区安委会牵头，由区安监局、公安东丽分局、供销社、综合执法、交警部门按照职责分工负责对烟花爆竹临时零售工作进行全方位监管。

2008年，对位于区津塘二线的烟花爆竹市场进行专线治理，将集中经营的临时销售点重新布局安排，彻底解决烟花爆竹市场存在的安全隐患。

2010年，区安监局组织召开危险化学品和烟花爆竹专项整治工作会议。会议传达市、区委领导对加强安全工作的重要讲话，印发《东丽区危险化学品和烟花爆竹领域专项整治实施方案》，对进一步做好危险化学品和烟花爆竹领域专项整治工作进行周密部署，对切实加强重点行业领域以及春节、“两会”期间安全生产工作提出具体要求，维护全区安全生产形势的持续稳定，有效遏制危险化学品和烟花爆竹领域生产经营安全事故的发生。

三、第二、三类非药品类易制毒化学品监督管理

2007 年，区安监局开展全区生产、经营非药品类易制毒化学品（第二、三类）从业单位的培训工作，至年底区安监局共发放非药品类易制毒化学品（第二、三类）生产、经营备案证明 114 个。2008—2010 年，共发放非药品类易制毒化学品（第二、三类）生产、经营备案证明 36 个。2010 年，进行换证 82 个。

2010 年，区安监局开展对危险化学品企业的日常监督，检查企业 240 家，查出隐患 858 处，整改率达 100%。针对春夏季硫化氢中毒事故易发特点，开展预防硫化氢中毒事故专项治理，对辖区内 18 家市政、食品企业进行检查治理，确保无中毒事故的发生。

第四节　宣教培训

一、安全生产宣传教育

2002 年始，区安监局利用区内有关宣传媒体，开展《中华人民共和国安全生产法》《中华人民共和国消防法》《中华人民共和国道路交通安全法》《建设工程质量管理条例》《中华人民共和国职业病防治法》《危险化学品管理条例》《特种设备安全管理条例》《安全生产许可证条例》等安全法律法规的宣传教育和全区安全生产工作动态的宣传工作。每年 6 月，“安全生产月”期间，组织安全生产月集中咨询日、安全生产知识竞赛、安全生产征文、安全生产应急演练、安全生产事故警示等宣传教育活动，在全区营造了关爱生命、关注安全的良好氛围。

2010 年，区安监局安全生产月集中咨询日活动

2008—2010 年，区安委会组织开展安全生产月集中咨询日宣传活动，在东丽广场组织 44 个安委会成员单位和 80 家企业参加，以“治理隐患，防范事故”“关爱生命、安全发展”为主题的宣传咨询活动。

二、安全生产培训

2002—2010 年，区安监局加大安全生产的培训力度，共组织特种工作人员培训班 300 期，为企业培训特种工作人员 3 万余人次。组织企业法人代表和安全管理人员培训班 60 期，培训 3678 人次。

第五节　生产事故

2002年，辖区企业发生生产安全事故4起，死亡4人。2006年，发生生产安全事故5起，死亡5人。2009年，市安监局按照亿元GDP和10万名从业人员参数，给区下达安全生产事故死亡人数控制指标6人，是年全区发生生产安全死亡事故3起，死亡4人。2010年，市局下达的死亡人数控制指标6人，是年全区发生生产安全死亡事故4起，死亡4人。

区发生的生产安全事故，2003年、2005年较低，2006年、2007年较高。2008年，区安全生产形势稳定，无较大以上事故发生，在控制死亡事故指标方面居全市前列。2009—2010年，由于全面提高区域性监督管理，强化宏观监督管理和重点单位的监督管理，使事故性安全管理向预防性安全管理转移，从而使全区安全事故达到降低的目的。区内死亡人数控制指标为市局下达控制指标的66.7%。

2002—2010年东丽区安全生产事故情况统计表

表18-8

年份	死亡事故（起）	死亡人数（人）	经济损失（万元）	事故处罚	
				行政处分（人）	经济处罚（万元）
2002	4	4	58	—	—
2003	2	2	41	—	—
2004	4	4	59	—	—
2005	2	2	42	—	—
2006	5	5	400	—	—
2007	5	5	189	10	32
2008	3	3	85	6	0
2009	3	4	210	3	44.5
2010	4	4	571.5	2	35

附：典型案例

2009年，辖区内某公司在组织地下污水管道抢修作业中，2名施工人员在井口吸入井内外溢的硫化氢，中毒后坠落井内，经抢救无效死亡。从业人员在井口施工作业时没有系安全带（绳），缺乏自我保护意识；抢救方法不当，造成大量硫化氢溢出，使施工者瞬间中毒和窒息，为事故直接原因。公司对从业人员安全教育和培训不到位，从业者未掌握必需的安全生产知识，为事故主要原因。公司忽视安全生产监督管理，现场管理人员未及时制止作业人员的违章行为，为事故的间接原因。某公司为事故的主要责任，依法处以19.5万元的罚款。公司总经理在事故中应负领导责任，依法处以2008年收入30%的罚款，计6162元。给予发包单位负责人行政记过处分。

东丽区志

第十九编

中国共产党

中共十一届三中全会后，区委贯彻全会精神，开展关于真理标准问题的讨论，清理“左”的影响，推动指导思想和实际工作的拨乱反正，实现工作重点的战略转移。执行《关于党内政治生活的若干准则》，党内生活实现正常化。

区委按照十二大提出的总任务、总目标和十二届三中全会决定，深入进行改革，开创各项工作新局面。遵照《中共中央关于整党的决定》，开展了整党工作。贯彻执行中共十三大提出的“一个中心、两个基本点”的基本路线，坚持以经济建设为中心，锐意改革，全区改革和建设迈出新的步伐。

中共十四大、十五大后，区委高举邓小平理论伟大旗帜，围绕兴区富民奔小康中心任务，全面贯彻党的基本路线和各项方针政策，深化改革、扩大开放。在加快建立社会主义市场经济体制的变革中，加快“津滨辅城”建设，全区改革和建设步入了一个新的发展时期。

进入 21 世纪以来，区委贯彻落实党的十六大和十七大提出的总任务、总目标，在全区广大党员干部中开展“三讲”教育、“三个代表”重要思想学习教育、保持共产党员先进性教育、“解放思想、干事创业、科学发展”大讨论和深入学习实践科学发展观等主题教育活动，全区广大党员干部进一步解放思想，更新观念。各级党组织励精图治、改革创新、干事创业，党的建设得到进一步巩固和加强，取得新的业绩，促进区经济社会全面协调可持续发展。为全面建设小康社会，区委领导各级党组织和广大党员实现科学发展，进入加快推进现代化建设的新阶段。

1993年，东丽区基层党支部组织党员学习

2000年，东丽区领导干部反腐倡廉教育大会

2005年，台胞与大陆居民同唱一首歌

2008年，中共东丽区委第九届七次全体会议

第一章　党员及党代表大会

1979年，全区有中共党员7077人。2000年，全区党员总数为13512人。进入21世纪，全区党员人数不断增加。2010年，全区党员总数为19954人，比1979年增加2.81倍，党员的年龄降低，学历提高，行业分布广泛。1979—2010年，全区召开6次党代表大会，选举产生区党代会代表1726人次，市党代会代表43人次。

第一节　党员数量与结构

一、年龄及学历构成

1979年，全区7077名党员中，有35岁及以下年龄的党员2681人，占党员总数的89%；小学以下文化程度的党员4266人，占党员总数的60.27%；大专以上文化程度的党员172人，占党员总数的2.43%。党员队伍中有女党员1253人，占党员总数的17.7%；少数民族党员92人，占党员总数的1.29%。

1990年，全区9609名党员中，有45岁及以下年龄的党员4553人，占党员总数的47.39%；小学以下文化程度的党员4206人，占党员总数的43.77%；大专以上文化程度的党员775人，占党员总数的8.06%，比1979年党员总数增长3.32倍。党员队伍中有女党员1612人，占党员总数的16.77%；少数民族党员161人，占党员总数的1.67%。

2000年，全区13512名党员中，45岁及以下党员4744人，占党员总数的35.1%；初中及以下文化程度的党员7818人，占党员总数的57.85%；大专以上文化程度的党员2533人，占党员总数的18.74%。党员队伍中有女党员2783人，占党员总数的20.59%；少数民族党员228人，占党员总数的1.68%。

2010年，全区19954名党员中，35岁及以下党员4076人，占党员总数的20.43%；初中及以下文化程度的党员8209人，占党员总数的41.13%；大专以上文化程度的党员7771人，占党员总数的38.94%，比1979年党员总数增长16.02倍。党员队伍中有女党员5155人，占党员总数的25.83%；少数民族党员369人，占党员总数的1.84%。

二、职业构成

1979年，全区党员从事农业的，占党员总数的67.81%，党政机关占12.7%，工业占8.23%，教科文卫占5.19%，其他行业占6.07%。

1990年，全区党员从事农林牧渔业的占党员总数的33.44%，党政机关占13.27%，工人占2.82%，企事业管理及技术人员占12.51%，乡镇企业劳动者占22.92%，离退休干部（工人）占11.59%，营业服务员及城镇个体劳动者占2.83%，其他占0.58%。

2000年，全区党员从事农林牧渔业的占党员总数的45.01%，党政机关社会团体占19.43%，教科文卫体及福利事业占12.38%，工业占2.04%，交通运输、商业服务业占2.54%，房地产、金融保险业占1.56%，其他行业占17.04%。

2006年，全区党员从事农林牧渔业的占党员总数的35.12%，工人占4.28%，企事业单位管理及技术人员占12.74%，机关干部占13.93%，离退休（退职）人员占27.8%，其他占5.59%。

1979—2010年东丽区党员基本情况统计表

表19-1　　　　单位：人

年份	总数	党员		年龄				文化程度			
		女	少数民族	25岁及以下	26～35岁	36～55岁	56岁及以上	大专及以上	高中中专	初中	小学以下
1979	7077	1253	92	452	2229	3559	837	172	388	2251	4266
1980	7433	1270	99	343	2354	1831	2905	197	442	2499	4295
1981	7606	1237	109	317	2369	4422	498	201	493	2550	4362
1982	7825	1180	109	295	2163	2055	3312	212	535	2723	4355
1983	7967	1173	85	272	2191	2932	1572	245	581	2801	4340
1984	8111	1386	99	280	2121	4073	1637	280	693	2884	4254
1985	8405	1423	107	309	2127	4159	1810	359	863	2990	4193
1986	8757	1461	129	335	1972	4359	2091	440	1046	3013	4258
1987	9092	1534	140	425	1909	4513	2245	521	1206	3053	4312
1988	9275	1549	126	344	26～45岁 4072	46～60岁 3237	61岁以上 1622	627	1256	3125	4267
1989	9397	1589	142	260	4255	3331	1551	705	1341	3184	4167
1990	9609	1612	161	249	4304	3430	1626	775	1421	3207	4206
1991	9898	1670	146	246	4275	3575	1802	935	1506	3405	4052
1992	10289	1748	157	253	4277	3837	1922	1070	1636	3666	3917
1993	10594	1814	164	320	4328	3965	1981	1153	中专 845	高中中技 941	初中及以下 7655
1994	10949	1940	161	373	4412	3832	2332	1214	898	1031	7806
1995	11389	2040	260	439	4490	3982	2478	1415	1068	1095	7811
1996	11831	2200	178	486	4408	4172	2765	1568	1262	1210	7791
1997	12187	2323	189	443	4462	4314	2968	1839	1361	1226	7761
1998	12543	2449	207	508	4302	4599	3134	2122	1487	1302	7632
1999	12970	2614	215	489	4282	4784	3415	2326	1695	1282	7667
2000	13512	2783	228	535	4209	5054	3714	2533	1808	1353	7818

续表 19-1

年份	总数	党员		年龄				文化程度			
		女	少数民族	25 岁及以下	26～35 岁	36～55 岁	56 岁及以上	大专及以上	高中中专	初中	小学以下
2001	14120	2912	240	532	4235	46-59 岁 5426	60 岁及以上 3927	2744	1919	1428	8029
2002	14240	2991	250	502	4281	5222	4235	3202	1729	1444	7865
2003	14843	3088	263	35 岁及以下 2437	36～45 岁 2619	5376	4411	3586	1763	1498	2996
2004	15345	3297	275	2611	2626	5501	4607	3998	1783	1532	8032
2005	15907	3617	278	2709	2756	5546	4896	4456	1768	1667	8016
2006	16522	3852	288	2806	2916	5529	5271	5117	1690	1650	8065
2007	17632	4193	321	3135	3199	5502	5781	5976	1778	1690	8183
2008	18338	4460	325	3343	3288	5634	6073	6485	1885	1775	8193
2009	19200	4841	342	3715	3289	5921	6275	7155	1951	1879	8215
2010	19954	5155	369	4076	3319	5885	6674	7771	1993	1981	8209

第二节　党代会代表

一、代表选举

区历次党代会召开前，区委按照全区党员总数的一定比例，将党代会代表的名额分配到各基层单位，由基层党组织召开党员代表大会或党员大会，酝酿代表候选人，采取无记名投票、差额选举的办法，选举出席区党代会代表。代表选举产生后报区委代表资格审查委员会审查批准。

二、代表构成

党代会代表由各级领导干部、各类专业人员、军队代表、劳动模范、先进工作者及各类专业户中优秀党员等组成。根据区委拟定的代表构成比例要求，按照应选代表 20%差额，提出代表候选人名单。代表中各级领导干部一般所占比例为 65%左右，专业技术人员、各条战线的先进模范人物代表不低于总数的 35%，其中妇女代表所占比例不少于 20%，少数民族代表不少于 2%。

第三节　党代表大会

一、第四次代表大会

1986年3月17—20日，在东郊礼堂召开，出席代表288人，列席代表11人。会议听取并审议张继光代表第三届区委所作《认清形势，再展宏图》工作报告，听取并审议区纪检委工作报告。大会选举产生中共东郊区第四届委员会委员25人、候补委员4人、区纪委委员15人。

二、第五次代表大会

1989年12月19—21日，在东郊礼堂召开，出席代表266人。会议听取并审议葛同欢代表第四届区委所作《坚持党的基本路线，在治理整顿和深化改革中稳步前进》工作报告。审议并通过《中共东郊区纪律检查委员会工作报告》。大会选举产生中共东郊区第五届委员会委员21人、候补委员3人、区纪委委员15人。

三、第六次代表大会

1992年12月22—25日，在东丽宾馆召开，出席代表279人。会议听取并审议张继光代表第五届区委所作《高举党的十四大旗帜，为建设社会主义现代化的新东丽而奋斗》工作报告。审议并通过《中共东丽区纪律检查委员会工作报告》。大会选举产生中共东丽区第六届委员会委员25人、候补委员4人、区纪委委员13人。

四、第七次代表大会

1997年12月23—26日，在东丽宾馆召开。出席代表300人，列席代表22人，特邀代表6人。会议听取并审议郑树阳代表第六届区委所作《高举邓小平理论伟大旗帜，加快“津滨辅城”建设步伐，以崭新的面貌跨入21世纪》工作报告。审议并通过《中共东丽区纪律检查委员会工作报告》。大会选举产生中共东丽区第七届委员会委员29人、候补委员6人、区纪委委员17人。

五、第八次代表大会

2002年11月5—7日，在东丽宾馆召开。出席代表300人，列席代表47人，特邀代表10人。会议听取并审议张有会代表第七届区委所作《坚持实践“三个代表”重要思想，为基本建成现代化津滨新城区而团结奋斗》工作报告。审议并通过《中共东丽区纪律检查委员会工作报告》。大会选举产生中共东丽区第八届委员会委员29人、候补委员6人、区纪委委员17人。

六、第九次代表大会

2006年12月6—8日，在东丽宾馆召开。出席代表293人。会议听取并审议张有会代表第八届区委所作《全面落实科学发展观，加快建设国际型、知识型、生态型津滨新城区，为率先基本实现现代化而努力奋斗》工作报告，审议并通过《中共东丽区纪律检查委员会工作报告》。大会选举产生中共东丽区第九届委员会委员33人、候补委员7人、区纪委委员19人。

第二章　中共东丽区委员会

1979年初，东郊区各级党组织与各级革委会合署办公。1980年4月，全区党、政机构均分设办公。1992年3月，中共天津市东郊区委员会更名为中共天津市东丽区委员会。自1986年3月至2006年12月，东丽区共召开6次党代表大会，选举产生6届中共东丽区委员会。1992—2010年，经区党政机构改革，全区党的系统工作机构设置随之作出相应调整。

第一节　领导机构

1979年至1983年5月，区委领导机构为中共东郊区第三届委员会，其间常委有：张贵祥、刘振剑、赵宝仓、秘长荣、张金兰、翟殿柱、赵耘、葛同欢、臧明发、刘瑞汉、惠振忠、王兰书、史铨、赵白山、何建雄。张贵祥、赵宝仓任区委书记，刘振剑、赵宝仓、葛同欢、秘长荣、翟殿柱、刘瑞汉、惠振忠任区委副书记。1983年5月至1986年3月，其间经调整常委有：葛同欢、张继光、惠振忠、王学思、郑树阳、王开基、张兴云、张海泉、李占埕，葛同欢任书记，张继光、惠振忠、李占埕任副书记。

1979年至1986年3月，区委领导班子由市委直接调整和任命。1986年3月至2006年12月，在召开第四次至第九次党的代表大会后，区委常委会委员分别由各届次全体委员以无记名投票方式，采取差额选举办法，在委员中选举产生。常委会组成人员因届中人事变动而有所调整。

1979—2010年中共东丽区委书记、副书记、常委名表

表19-2

组织名称	职　务	姓　名	出生年月	籍　贯	任职年月
中共东郊区第三届委员会（1979.01—1986.03）	书记	张贵祥	1938.03	天津汉沽	1979.01—1979.02
		赵宝仓	1925.02	河北饶阳	1979.02—1983-05
		葛同欢	1928.11	河北饶阳	1983.05—1986-03
	副书记	刘振剑	1922.10	山东邹平	1979.01—1979-02
		赵宝仓	1925.02	河北饶阳	1979.01—1979-02
		葛同欢	1928.11	河北饶阳	1979.01—1983-05
		秘长荣（女）	1951.09	山东阳信	1979.01—1979-02

续表 19-2

组织名称	职　务	姓　名	出生年月	籍　贯	任职年月
中共东郊区第三届委员会（1979.01—1986.03）		翟殿柱	1927.05	天津东丽	1979.01—1979.08
		刘瑞汉	1920.07	河北束鹿	1979.02—1983.05
		惠振忠	1927.08	河北完县	1979.08—1983.05
		张继光	1930.01	天津东丽	1983.05—1986.03
		李占埕	1932.03	天津武清	1985.12—1986.03
	常委	张金兰（女）	1945.02	天津东丽	1979.01—1979.02
		赵　耘	1936.06	山西左权	1979.01—1980.04
		臧明发	1929.05	内蒙古	1979.01—1983.05
		王兰书	1926.10	山西武乡	1979.02—1983.05
		史　铨	1929.06	天津	1979.02—1983.05
		赵白山	1924.07	河南林县	1981.08—1983.05
		何建雄	1928.05	天津	1981.08—1983.05
		王学思	1936.02	天津东丽	1983.05—1986.03
		郑树阳	1938.12	天津宝坻	1983.05—1986.03
		王开基	1938.07	河北大城	1983.05—1986.03
		张兴云	1942.06	天津东丽	1983.05—1986.03
		张海泉	1942.05	河北景县	1983.02—1986.03
中共东郊区第四届委员会（1986.03—1989.12）	书记	葛同欢	1928.11	河北饶阳	1986.03-1989.12
	副书记	张继光	1930.01	天津东丽	1986.03—1989.12
		李占埕	1932.03	天津武清	1986.03—1989.12
		郑树阳	1938.12	天津宝坻	1986.03—1989.12
	常委	王学思	1936.02	天津东丽	1986.03—1989.12
		王开基	1938.07	河北大城	1986.03—1989.12
		张兴云	1942.06	天津东丽	1986.03—1989.12
		张海泉	1942.05	河北景县	1986.03—1989-12
		张中华	1953.06	河北河间	1986.03—1989.12
		刘学仁	1937.06	天津西青	1987.12—1989.12
中共东丽区第五届委员会（1989.12—1992.12）	书记	张继光	1930.01	天津东丽	1989.12—1992.12
	副书记	王学思	1936.02	天津东丽	1989.12—1992.12
		郑树阳	1938.12	天津宝坻	1989.12—1992.12
		张海泉	1942.05	河北景县	1989.12—1992.12
	常委	王开基	1938.07	河北大城	1989.12—1992.12
		刘学仁	1937.06	天津西青	1989.12—1992.12
		张兴云	1942.06	天津东丽	1989.12—1990.06
		张中华	1953.06	河北河间	1989.12—1992.12

续表 19-2

组织名称	职 务	姓 名	出生年月	籍 贯	任职年月
		袁自和	1942.04	辽宁辽中	1989.12—1992.12
		赵桂华（女）	1942.07	天津东丽	1990.06—1992.12
中共东丽区第六届委员会（1992.12—1997.12）	书记	郑树阳	1938.12	天津宝坻	1992.12—1997.12
	副书记	陈章伟	1944.09	湖北孝感	1992.12—1997.12
		张海泉	1942.05	河北景县	1992.12—1997.12
		张泽恩	1938.10	河北抚宁	1992.12—1997.12
	常委	刘学仁	1937.06	天津西青	1992.12—1997.12
		张长远	1936.10	河北易县	1992.12—1997.12
		张中华	1953.06	河北河间	1992.12—1997.12
		张福来	1949.01	天津东丽	1992.12—1997.12
		赵桂华（女）	1942.07	天津东丽	1992.12—1997.12
		弭尚华	1949-09	山东临昌	1992.12—1997.12
		袁自和	1942.04	辽宁辽中	1997.12—1996.08
		王洪泰	1943.04	天津	1996.08—1997.12
		张世友	1947.03	山西应县	1996.08—1997.12
中共东丽区第七届委员会（1997.12—2002.11）	书记	陈章伟	1944.09	湖北孝感	1997.12—2001.12
		张有会	1951.11	天津宁河	2001.12—2002.11
	副书记	张中华	1953.06	河北河间	1997.12—2002.11
		张福来	1949.01	天津东丽	1997.12—2001.12
		甘玉昆	1945.09	天津武清	1997.12—2002.11
		张云鹏	1950.01	天津和平	2001.12—2002.08
		姜志山	1946.08	天津津南	2002-06—2002-11
	常委	弭尚华	1949.09	山东临昌	1997.12—2002.11
		张全礼	1948.02	山东	1997.12—2002.11
		张世友	1947.03	陕西应县	1997.12—2002.11
		王洪泰	1943.04	天津	1997.12—2002.11
		秘长荣（女）	1951.10	山东信阳	1997-12—2002-11
		杨泽堂	1949.06	天津东丽	1997.12—2002.11
		尚德来	1955.01	天津宁河	1997.12—2002.11
		周遂成	1951.02	山东即墨	1997.12—2002.11
		姜志山	1946.08	天津津南	1997.12—2002.06
		冯长江	1955.10	山东阳谷	2002-02—2003-11

续表 19-2

组织名称	职务	姓名	出生年月	籍贯	任职年月
中共东丽区第八届委员会（2002.11—2006.12）	书记	张有会	1951.11	天津宁河	2002.11—2006.12
	副书记	张中华	1953.06	河北河间	2002.11—2006.09
		姜志山	1946.08	天津津南	2002.11—2006.12
		秘长荣（女）	1951.10	山东信阳	2002.11—2006.12
		尚德来	1955.01	天津宁河	2002.11—2006.12
	常委	弭尚华	1949.09	山东临昌	2002.11—2006.12
		张全礼	1948.02	山东	2002.11—2006.12
		杨泽堂	1949.06	天津东丽	2002.11—2006.01
		冯长江	1955.10	山东阳谷	2002.11—2006.12
		迟广智	1953.02	河北青县	2002.11—2006.12
		孙富霞（女）	1959.01	天津东丽	2002.11—2006.12
		刘金钟	1954.01	山东无棣	2004.11—2006.12
		陈　晖	1950.08	浙江舟山	2004.11—2006.12
		于景森（蒙）	1965.04	河北隆化	2005.09—2006.12
		尚斌义	1965.10	山东滨州	2006.10—2006.12
中共东丽区第九届委员会（2006.12—）	书记	张有会	1951.11	天津宁河	2006.12—
	副书记	尚德来	1955.01	天津宁河	2006.12—
		孙富霞（女）	1959.01	天津东丽	2006.12—
	常委	尚斌义	1965.10	山东滨州	2006.12—
		张传捷	1956.06	天津东丽	2006.12—
		刘金钟	1954.01	山东无棣	2006.12—
		冯长江	1955.10	山东阳谷	2006.12—
		陈晖	1950.08	浙江舟山	2006.12—
		于景森	1965.04	河北隆化	2006.12—
		郑会营	1961.12	天津宝坻	2006.12—
		苑树发	1960.03	河北宁静	2006.12—
		徐树青	1962.07	天津东丽	2010.01—

第二节　工作机构

一、1979—1992 年机构设置

1979 年至 1980 年 3 月，区委设办公室、组织部、宣传部、农业办公室、纪律检查委员会筹备组、党校，办公室仍与区革委会合署办公。1980 年 4 月，党政分设，区委工作机构设办公室、组

织部、宣传部、农业办公室、文教办公室。1992 年，区委工作机构设办公室、机要科、组织部、宣传部、统战部、农村工作部、农村政策研究室、政法委员会、社会治安综合治理委员会办公室、党史资料征集委员会、机构编制委员会办公室、直属机关党委、老干部局、党校、保密局、档案局。

二、1997 年机构改革设置

保留办公室、研究室、组织部、宣传部、统战部、政法委员会（综治办与政法委合署办公）、区直机关党委。老干部局由组织部管理，保密委员会办公室由区委办公室管理，文明办由宣传部管理。台湾工作办公室与统战部合署办公，农村工作部并入区委研究室，档案局由区委管理。党史资料征集委员会改为党史研究室，为事业单位。区委机要科，仍由区委办公室管理。

三、2001 年机构改革设置

保留区纪律检查委员会（与区监察局合署办公）、办公室、组织部、宣传部、统战部、政法委（与综治办合署办公）、研究室。文明办设在宣传部，台湾工作办与统战部合署办公，保密委办公室由区委办公室管理，老干部局由组织部管理，机要局并入办公室，编委办列入区委机构序列，与人事局合署办公。处理法轮功问题领导小组办公室，由区委办公室管理。档案局与档案馆合署办公，由区委管理。党校、党史研究室仍为区委直属事业单位。

四、2010 年机构改革设置

保留区纪律检查委员会、办公室、组织部、宣传部、统战部、政法委、研究室。部门管理机构保留保密委办公室、老干部局、防范和处理邪教问题领导小组办公室。组建区委督查室，编委办改为独立设置，成立机要局。组建区新闻中心，为宣传部管理的事业单位。2010 年 12 月，区委工作部门设：办公室（机要局、保密局）、组织部、宣传部、统战部、文明办、政法委、研究室、督查室、机关党委、老干部局、编委办、党校、党史研究室、防范办、档案局。

第三章　重要会议

1979 年初至 1986 年 3 月，中共东郊区第四次代表大会前，由于区委领导组成人员的频繁调整、变动，区委全体会议被区委工作会议、区委两级或三级干部会议所取代。至 1986 年 3 月东郊区召开第四次党代会后，党的会议才趋于正常，并按时召开区委全体会议。东丽区党的重要会议包括：区委全体会议、常委会议和党员代表会议。会议的召开及会议所作出的决议、决定，对全区全面贯彻执行党的路线、方针、政策，全面加强执政党的领导及党组织的自身建设，推进全区改革开发时期经济社会发展起着决定性的作用。

第一节　区委工作会议

1979年4月17—18日，区委召开工作会议。出席会议的有区委常委、区革委副主任、各委办局负责人、各公社书记、大队党支部书记共190人。区委书记赵宝仓传达中共中央〔1979〕31号文件。会议总结中共十一届三中全会以来党的各项政策落实情况，安排下阶段的工作任务。

1980年3月3—7日，区委召开第二次工作会议。会议期间学习了中共中央十一届五中全会公报、邓小平《目前形势和任务》的报告、中发〔1980〕1号文件，部署了区委全年工作。会议还传达了市委组织工作及市委纪检工作会议精神。

1982年2月2—11日，区委召开第三次工作会议。会议围绕着贯彻中央会议精神和市委召开的领导干部会议精神，把思想认识统一到十一届三中全会以来的方针政策上来。会议期间有关区委领导作生产情况报告，提出关于加强政治思想工作和建设社会主义精神文明的意见。会议讨论并通过区委1982年工作要点，确定以计划经济为主，以市场调节为辅，加速生产。

第二节　区委全体（扩大）会议

1986年3月至1989年12月，区委第四届委员会共召开9次全体（扩大）会议。其中1986年11月6—9日，召开四届二次全体（扩大）会议，区委领导作《深入学习贯彻党的十二届六中全会决议，把我区精神文明建设推向新阶段》的报告。1987年1月22—23日，召开第三次全体（扩大）会议，学习中央〔1987〕2、3号文件，讨论并通过区委1987年工作要点。1988年10月25—27日，召开四届六次全体（扩大）会议，传达党的十三届三中全会、中央工作会议和市委五届二次全体会议精神。1989年11月22—24日，召开四届八次全体（扩大）会议，传达和学习中共十三届五中全会精神和市委五届四次全体会议精神。

1989年12月至1992年12月，区委五届委员会共召开4次全体（扩大）会议。其中1990年7月9—10日，召开五届三次全体（扩大）会议，学习中共十三届六中全会《决定》和市委贯彻意见，作出《关于加强同人民群众联系的决议》。1990年12月25—26日，召开五届四次全体（扩大）会议。总结1990年全区经济工作，研究确定1991年经济发展计划，提出经济增长目标各项具体措施。

1992年12月至1997年12月，区委六届委员会共召开12次全体（扩大）会议。其中1993年5月21日，召开六届四次全体（扩大）会议，传达贯彻市委第六次代表大会精神，部署加快区经济发展工作。1994年1月10日，召开六届六次全体（扩大）会议。传达市委六届二次全体（扩大）会议精神，讨论并通过区委1994年工作要点。1996年1月3日，召开六届十次全体（扩大）会议，讨论通过《东丽区国民经济和社会发展第九个五年计划和2010年长远规划》。1996年12月30日，召开六届十二次全体（扩大）会议，审议修改并通过《中共东丽区委1997年工作要点》《东丽区1997年至2000年社会主义精神文明建设规则》《东丽区建设“津滨辅城”的区域发展战略方案》。

1997年11月至2002年11月，区委七届委员会共召开13次全体（扩大）会议。其中1999年8月19日，召开七届六次全体（扩大）会议，讨论通过区委《关于加强改进思想政治工作的实施意见》，并通过决议。2000年6月16日，召开七届八次全体（扩大）会议，通过《中共东丽区委关于深入学习江泽民“三个代表”重要思想的决定》。2000年12月21日，召开七届十次全体（扩大）会议，审议通过《东丽区关于制定国民经济和社会发展第十个五年计划的建议》。2001年10月26日，召开七届十二次全体（扩大）会议，审议通过区委《关于进一步加强和改进党的作风建设的实施意见》。

2002年11月至2006年12月，区委八届委员会共召开十一次全体（扩大）会议。其中2002年11月29日，召开八届二次全体（扩大）会议，通过《关于认真学习贯彻党的十六大精神的决议》。2003年12月30日，召开八届五次全体（扩大）会议，审议通过《中共东丽区委关于进一步加快农村城市化建设的若干意见》。2004年9月30日，召开八届六次全体（扩大）会议，审议通过《中共东丽区委关于大力加强党的执政能力建设的决议》。2005年12月29日，召开八届八次全体（扩大)会议，审议通过《中共东丽区委关于制定东丽区国民经济和社会发展第十一个五年计划的建议》。2006年11月14日，召开八届十次全体（扩大）会议，审议通过《中共东丽区委关于贯彻落实（中共中央关于构建社会主义和谐社会若干重大问题的决定）的实施意见（草案)》。

2006年12月至2010年12月，区委九届委员会共召开九次全体（扩大）会议。2007年6月8日，召开九届四次全体（扩大）会议，区委书记作《认真学习贯彻市第九次党代会精神，乘滨海新区开发开放大势，确保实现东丽区率先发展》的讲话。2008年12月30日，召开九届七次全体（扩大）会议，审议通过《东丽区关于加快推进农村改革发展的实施意见》。2009年12月29日，召开九届八次全体（扩大）会议，审议通过《中共东丽区委关于加强和改进新形势下党的建设的实施意见（草案)》。2010年12月30日，召开九届九次全体（扩大）会议，审议通过《中共东丽区委关于制定东丽区国民经济和社会发展第十二个五年规划的建议》。

第三节 区委常委会议

区委常委会议在全体会议闭会期间，行使全体会议职权，向全委会负责，接受全委会监督。常委会议一般每月召开1～2次，遇有重要情况可另行召开。1979—2010年，共召开区委常委（扩大）会议977次，其中1979年1月至1986年3月，三届区委召开203次；1986年3月至2010年，四至九届区委召开774次。

区委常委会主要议题：传达贯彻学习中央、市委的重要文件、指示和中央、市委会议精神；讨论决定全区经济建设、政治建设、文化建设、社会建设、生态文明建设和党的建设等方面的重要问题。对区级国家机关、群众团体、经济组织、文化组织和其他非党组织的领导机关中的党委、党组请示的问题做出决定或答复。讨论决定召开党代表大会（党员代表会议）和全体会议的有关事项。讨论区委下发（含区委、区政府联合下发）重要文件和区委主要领导代表区委所作的重要报告、讲话。按照干部管理权限和规定程序，讨论干部的推荐、提名、任免和奖惩，讨论处级（含副处级）组织机构的设置和调整。对应由全体会议决定的事项事先进行审议和提出意见。对必须由常委会议决定的其他重要问题做出决定。

第四节 党员代表会议

1983年11月10日、1988年3月17日、1993年4月、1998年3月、2002年2月4日。2007

年5月，区委先后召开6次党员代表会议。会议议程均为选举产生出席天津市党代会代表。分别选出出席市第四次党代表大会代表5人，市第五次次党代表大会代表6人、候补代表1人，市第六次党代表大会代表5人，市第七次党仪表大会代表8人，市第八次党代表大会代表9人，市第九次党代表大会代表10人。

第四章　重要决策

党的十一届三中全会以来，东丽区进入改革开放和社会主义现代化建设的新时期，区委结合区情实际在政治、经济、文化等方面作出了战略性、指导性重要决策，并落实了决策措施。带领全区广大党员干部群众深入贯彻落实党的各项方针、政策，解放思想，实事求是，深化改革，扩大开放，科学发展。开创了东丽区政治、经济、文化、社会、党建全面发展的崭新局面。

第一节　宏观决策

1992年，修订《关于实施科技兴区发展战略的决定》。1993年1月13日，通过全面实施加快发展战略的工作要点。1996年1月3日，通过《东丽区国民经济和社会发展第九个五年计划和2010年长远规划》。1996年12月23日，通过《东丽区建设“津滨辅城”的区域发展战略方案》。1996年12月30日，通过《东丽区1997—2000年社会主义精神文明建设规划》。2000年1月7日，印发《东丽区率先基本实现农业现代化实施规划》。2000年12月21日，通过《东丽区委关于制定区国民经济和社会发展第十个五年计划的建议》。2002年11月，提出实施“中心城区化”战略。2004年10月25日，提出《关于实施人才强区战略的意见》。2005年12月19日，通过《中共东丽区委关于制定东丽区国民经济和社会发展第十一个五年规划的建议》。2008年11月5日，提出《关于发展沿海都市型现代农业的意见》。2009年3月15日，提出《关于进一步推进科技创新建设创新型城区的实施意见》。2010年12月30日，印发《关于制定东丽区国民经济和社会发展第十二个五年计划的建议》。

第二节　专项决策

1993年4月30日，制定《关于创建“小康村”实施意见》。1995年3月3日，提出实施“51510”工程、绿色证书工程。1995年3月8日，制定《关于加强党的建设三年（1995—1997）实施规划》。1996年，提出围绕“做人民好公仆”主题，在领导干部中开展“示范工程”，在执法服务部门中开展“创优服务工程”，在农村领导班子中开展“凝聚力工程”。1999年1月18日，作出《关于批转〈东丽区农村基层组织建设三年规划（1998-2000年）〉的通知》。1999年7月11日，提出《关于加快小城镇建设的实施意见》。2000年7月11日，提出《关于加快小城镇建设的实施意见》。2002年12月14日，专题研究“六路一广场”项目工程。2007年3月21日，转发《关于把“强基创先”工程进一步引向深入的实施意见》。2008年5月4日，制定《关于实施“五大员”助推社会和谐“百千万工程”的意见》。2010 年 2 月 24 日，作出《关于实施 2010 年十项民心工程的决定》。

第三节　措施决策

1990 年 7 月 19 日，作出《关于加强同人民群众联系的决议》。1993 年 4 月 16 日，颁布《关于引进人才、技术、项目、资金、信息的优惠政策》。1993 年 12 月，颁布《关于教育改革和发展的实施意见》。1994 年 1 月 10 日，发布《关于进一步鼓励支持私营经济发展的实施办法》。1994 年 10 月 24 日，下发《关于积极推进土地适度规模经营的意见》。1995 年 8 月 28 日，提出《关于加强个体企业党建工作的意见》。1998 年 6 月 1 日，提出《关于农业产业化建设的实施意见》。1999 年 8 月 19 日，通过《关于加强和改进思想政治工作的实施意见》。2000 年 3 月 24 日，制定《关于深化教育改革，全面推进素质教育的实施意见》。2000 年 6 月 20 日，提出《关于加速科技进步和技术创新的实施意见》。2001 年 1 月 18 日，提出《关于开展“三个代表”重要思想学习教育活动的实施意见》。2003 年 1 月 30 日提出《东丽区“环境建设年”活动实施方案》。2004 年 2 月 12 日，作出《关于加快个体私营经济发展的若干规定》。2004 年 5 月 17 日，制定《关于进一步扩大开放，加快开放型经济发展的若干意见》。2004 年 6 月 3 日，提出《关于深入开展农村党的建设“三级联创”活动的实施意见。2004 年 10 月 25 日，制定《关于鼓励引进和培养人才的若干规定》。2005 年 4 月 1 日，提出《关于开展创建“平安东丽”活动实施意见》。2005 年 12 月 19 日，提出《关于深化产权制度改革的意见》。2006 年 4 月 24 日，制定《关于建设学习型城区的意见》。2007 年 7 月 10 日，制定《确保实现率先发展的实施意见》。2008 年 2 月 20 日，提出《关于加快工业率先发展的意见》。2008 年 11 月 3 日，提出《以改革创新精神，全面加强基层党的建设若干意见》。2008 年 12 月 30 日，制定《关于加快推进农村改革发展的实施意见》。2009 年 2 月 3 日，印发《东丽区促进经济发展 10 条措施》。2009 年 3 月 19 日，提出《关于开展深入学习实践科学发展观活动的实施意见》。2009 年 12 月 29 日，提出《关于加强和改进新形势下党的建设的实施意见》。2010 年 5 月 2 日，制定《关于在全区党的基层组织和党员中深入开展创先争优活动的实施意见》。2010 年 2 月 10 日，印发《东丽区解难题调结构促进经济发展 10 条措施》。

第五章　组织建设

1979 年后，全区组织工作按照围绕中心、服务大局的总体要求，改革中创新、继承中发展、开拓中前进，取得了重要进展和显著成效。坚持党管干部原则，以思想政治建设为核心，以目标管理绩效考核为载体，以深化干部人事制度改革为重点，以健全监督制度为保障，全面加强领导班子和干部队伍建设。坚持党管人才原则，认真研究并严格遵循社会主义市场经济规律和人才成长规律，以加快实施人才强区战略为统领，以加强重点领域人才队伍建设为突破，以创新人才工作体制机制、完善人才政策体系为主线，以加强人才教育培养为支撑，不断促进人才工作上水平。坚持强基创先工程，牢牢把握“抓基层、打基础、强根基、管长远”的工作思路，把理论武装作为首要任务，把基层班子建设作为关键环节，把体制机制创新作为重要保障，把群众满意作为工作导向，不断提高基层党组织和广大党员推动发展、服务群众、凝聚人心、促进和谐的能力和水平，基层基础得到不断夯实和巩固。

第一节　机　构

1980年4月，撤销东郊区革委会，恢复东郊区人民政府，党政分开，区委工作部门设中共东郊区委组织部。1992年3月，为中共东丽区委组织部。区委组织部是在区委的领导下，负责全区组织工作、干部工作和人才工作的部门。2010年，内设办公室、干部科、青年干部科、组织科、组织员办公室、调研科、党员管理科、人才科、干部监督室。

第二节　党员教育

一、学习准则和新党章

（一）真理标准问题补课　1979年，组织全区党员干部开展关于真理标准问题大讨论的重新补课。学习中央《关于进一步加强全国安定团结的通知》精神，教育党员向前看、顾大局、讲团结，教育引导党员干部做解放思想、安定团结和四个现代化建设的促进派。

（二）学习《准则》和新党章　1980年，各级党组织以《关于党内政治生活的若干准则》和党章修正草案为主要教材，开展党员教育。举办《准则》、新党章修正草案学习班，组织辅导报告22次。各公社、局举办学习班42次，参加学习6390人，占全区党员的89.15%。

（三）学习十二大文件　1982年，召开学习党的十二大文件经验交流会。开办党员、干部学习班54期，轮训3258人。

二、全面整党

1984—1986年，采取自上而下、分期分批的方式，按照学习、对照检查、整改、组织处理和党员登记四个阶段，开展全面整党工作。全区党组织通过党员学习、谈心谈话、批评和自我批评，集中开展党员自我剖析和问题整改。召开党小组会、支委会和支部大会，做好党员登记。全区8234名党员，予以登记8153人，占99%；缓期登记39人，占0.5%；暂不登记20人，占0.2%；不予登记22人，占0.3%。受处分党员52人，占0.63%。整党后，各级党组织都健全完善了组织生活和党员教育制度，普遍推行了“党员目标管理”“三会一课”“民主监督”“抓党风责任制”等制度。

三、“三讲”教育

1999年7月始，全区在处级以上领导班子和领导干部中开展以“讲学习、讲政治、讲正气”为主要内容的“三讲”集中教育。

区级领导班子，领导干部“三讲”教育　1999年7月14日至9月27日，在区级领导班子23

名领导干部中，用整风精神，开展“三讲”教育。经思想发动、学习提高，自我剖析、听取意见，交流思想、开展批评，认真整改、巩固成果4个阶段，召开座谈会68次、民主评议会102次，3040人次参加座谈、评议会。征得批评意见、建议、剖析材料1941条。通过“三讲”教育，区级领导班子、领导干部在思想、政治、作风和纪律上取得了新的提高和进步。

区级机关内设处室处级干部“三讲”教育　1999年10月18日至10月29日，区委、人大、政府、政协内设处室的67名处级在职党员领导干部集中开展“三讲”教育。“开门”搞“三讲”，向机关全体干部发出《征求意见表》3864份，召开32次座谈会，征求批评意见、建议、希望760条，使机关处级领导干部在思想上有了明显提高，政治上有了明显进步，团结和纪律上有了明显加强，作风有了明显转变，整改有了明确方向。

第二批处级领导班子和领导干部“三讲”教育　2000年3月16日至5月中旬，在41个委办局、乡镇街道集中开展“三讲”教育。

第三批处级事业单位领导班子和领导干部开展“三讲”教育　2000年8月14日至9月底进行。

“三讲”教育“回头看”活动　2000年5—12月，分批进行。全区“三讲”教育取得明显成效，有力地推动了区改革开放和现代化建设，各项事业发展上了一个新台阶。

四、“三个代表”重要思想学习教育

2000年，区委作出《关于深入学习贯彻江泽民同志“三个代表”重要思想的决定》，制定《关于在农村开展“三个代表”重要思想学习教育活动的实施意见》。

2001—2002年，61个部委办局，11个镇街乡，9个驻区单位的4730名机关干部、630个科室站所，114个村的717名村干部和5个驻区单位的80名干部，参加学习教育活动。学习教育活动分成学习培训、对照检查、整改提高3个阶段。为确保村级班子教育活动实效，区委抽调186名干部组成指导组，全程帮促村级班子学习教育活动扎实开展。各级党组织突出“细、严、实、紧”，抓好党员干部学习培训。举办辅导班4期，就6个专题进行辅导，1100名机关干部、932名村级干部、165名包村干部参加。召开各类座谈会241场次，发放征求意见表2.68万套，征求意见信1221封，走访基层单位409家，征求意见建议1.03万条，全面地找准领导班子和党员干部队伍中存在的突出问题。坚持把整改提高作为学习教育活动的出发点和落脚点，制定整改措施4842项，健全各类制度1100余条。全区各处级领导班子发挥示范引领作用，带头参加学习讨论、查摆问题、制定整改措施、抓好整改落实。全区114个村级班子坚持以发展农村经济、增加农民收入、保持农村稳定为主题，以改进干部作风为重点，以干部受教育、农民得实惠为基本要求，广泛征求各方意见，下力量整改突出问题。

五、保持共产党员先进性教育

2005年，区委制定《关于在全区党员中开展以实践“三个代表”重要思想为主要内容的保持共产党员先进性教育活动的实施意见》。2005—2006年，分三批开展先进性教育活动，共涉及651个党组织、15345名党员。每批次活动都分为学习动员、分析评议、整改提高3个阶段。活动中，区委制定《进一步加强区委常委会思想政治建设的意见》等22个规范性文件，健全了党政领导信访接待日制度、领导干部经济责任审计制度、干部考评激励机制和目标管理考核制度等；制定《区委关于重大事项实行科学民主决策的意见》，健全重大决策前的调研、专家咨询、审议、评估修正和责任追究制度；建立农民增收、就业服务、社会保障、社会救助、村容整治、治安防范、思想文化建设和民主管理“八大体系”，形成“党员长期受教育、群众长期得实惠”的长效机制。中央先进性教育活动办公室和全国 7 家主要新闻媒体刊发、播发东丽区的做法，市委先进性教育活动办公室等 63 次刊发东丽区教育活动情况。

六、深入学习实践科学发展观

2009—2010 年，分两批在全区党员干部中开展深入学习实践科学发展观活动。全区 445 个单位、947 个党组织、16862 名党员参加活动。整个活动，明确“一个总要求”，即党员干部受教育、科学发展上水平、人民群众得实惠；坚持“两个统一”，即学习与实践相统一、改造主观世界与改造客观世界相统一；突出“三个重在”，即重在武装思想、重在解决问题、重在取得实效；遵循“四个原则”，即坚持解放思想、突出实践特色、贯彻群众路线、正面教育为主；注重实现“五个目标”，即思想认识达到新高度、能力素质得到新提升、解决问题取得新成效、创新机制实现新突破、科学发展再上新水平。确定“服务滨海新区、构建和谐东丽、实现率先发展”的总载体，深入开展“解放思想、干事创业、科学发展”大讨论和“为科学发展献计献策做贡献”“为人民群众办实事解难题”“帮扶企业渡难关”等实践活动。各级党组织紧密联系本单位、本部门工作实际，找准活动着力点，把实践特色和活动实效贯穿始终。整个活动分为学习调研、分析检查、整改落实 3 个阶段。区委成立指导检查组，全程督导联系单位。区级领导建立基层联系点 39 个，各基层党委领导班子成员建立基层联系点 475 个，与 3862 个服务对象建立帮扶关系。中央学习实践活动巡回检查组对东丽区学习实践活动给予高度评价。中央学习实践活动简报刊发东丽区“推进农村综合配套改革”“打造四金农民”“打造三区联动新路径”经验做法，36 篇简报被中央和市委学习实践活动领导小组办转发，600 余篇信息被新闻媒体刊播。

2009 年，东丽区学习实践科学发展观活动

七、创先争优活动

2010 年，区委制定《关于在全区党的基层组织和党员中深入开展创先争优活动的实施方案》，以“深入学习实践科学发展观，争当科学发展的排头兵”为主题，以“推动科学发展、促进社会和谐、服务人民群众、加强基层组织”为目标，在全区各级党组织中开展创先争优活动。开展“我承诺、我参与、我奉献”主题实践活动，明确提诺、审诺、定诺、亮诺、履诺、评诺 6 个步骤，创设共性承诺、个性承诺、志愿承诺、岗位承诺等承诺方式，引导各级党组织和广大党员紧紧围绕“解促上”活动、打好四个攻坚战、拆迁还迁等工作进行专项承诺。各单位坚持因地制宜、分类指导，

积极创设实践载体，开展一批各具特色的主题实践活动。

第三节 党员管理

一、党员发展

1979年，区委作出关于恢复建立区委组织员谈话制度的决定，批准35名组织员。按照注重培养、积极发展、坚持标准、严格把关原则，1979—1985年，全区发展新党员1328名。

1986年，党员发展工作实现向知识分子、青年、第一线干部职工和专业户、联合体优秀分子的重点转移，健全组织制度，加强对发展对象的培养教育和考察。1988年，全区有党员9275名。1989年，贯彻“坚持标准、保证质量、改善结构、慎重发展”的方针，重视从生产、工作第一线和艰苦工作岗位培养、吸收党员，注重对入党积极分子的政治素质考察。1989—1997年，共发展新党员2790名。

2002—2010年，坚持“六项制度”要求，本着成熟一个发展一个的原则，严格执行“三级考察、两级预审”程序，健全完善发展党员定期报表、入党积极分子备案、《入党志愿书》编号管理等制度，全面抓好发展党员工作。1979—2010年，全区共发展党员8136名。2010年，全区有党员19954名。

二、党员管理

（一）党员分析 1982年，开展对8个公社，31个公司、局、街道7618名党员状况的调查分析，其中合格党员占38.9%，基本合格党员占54%，基本不合格党员占5.7%，不合格党员占1.4%。

（二）民主评议 1988年，制定《关于加强流动党员管理的意见》《关于处理不合格党员的意见》等一系列党员管理规章制度。为考察党员在思想、工作和作风等方面的表现，采取民主评议的方式组织开展党员鉴定。每名党员认真开展自我检查和总结，统一填写“党员鉴定评议表”，由党小组、党支部综合作出评议鉴定。全区99.6%的党员参加了鉴定，共表扬好党员5600多名，授予优秀党员称号100名，对不合格党员进行了妥善处置。

三、管理新途径

1989—2010年，各级党组织严格执行党的组织生活等制度，定期开展民主评议和先进表彰，积极探索流动党员、下岗职工党员、离退休党员的管理新途径。针对农民集中还迁后，部分村尚未完成“产改”，党员与原村级组织仍存在利益依附的现状，区分集中居住点、利益结合点，明确划分村、居党组织的管理职能，实行由村、居党组织对党员进行双线管理和服务，逐步构建起一区居住、多点发挥作用的良性机制，实现对党员的管住、管好、管活。

四、东丽党建网

1993—2007 年，开通“东丽党建网”，建成区、街两级党员服务中心，实现远程教育农村、社区、重点企业全覆盖。2008—2010 年，针对流动党员的不稳定性和难以集中性，组织实施机关党员结对助学；针对还迁过渡期党员租住相对分散，开通短信平台、建立支部—党员—群众双向联系；针对基层支部工学矛盾突出、老干部身体欠佳行动不便等情况，建立党员教育流动课堂；针对非公企业和社会组织党员的生产性特征，灵活利用公休日、工歇期等业余时间开展多形式教育，实现党员教育全覆盖。

第四节　基层组织建设

一、农村基层党组织建设

（一）建立基层党组织　1980 年，区委召开村级组织建设会议，加强农村党组织建设和村级党组织的配套建设。8 个公社 100 个生产大队的党支部进行改选，班子结构更加适应形势要求。1983 年，结合人民公社体制改革，全区共建立 9 个乡党委和 108 个村党支部。

（二）基层领导班子建设　1985 年，组织部提出《关于进一步加强基层党组织建设的意见》，要求进一步改进党的基层组织设置，加强农村党支部领导班子建设。1986 年底，全区按照干部“四化”的标准，逐步实施了农村基层党组织的领导班子调整。各乡镇党委认真抓好基层党支部生活会，解决基层领导班子在内部团结、执行政策、经济建设等方面存在的问题。1992 年，区委以村级党组织“五个好”建设为目标，组织开展农村党支部“双达双升”活动。1993 年，确定将农村党支部班子建设作为基层党建工作重点，加大培训力度，提高组织领导能力。

（三）党建规划　1995 年，区委制定《中共东丽区委关于加强党的建设的三年（1995—1997）实施规划》，对党的基层组织建设和党员队伍建设做出了明确规定。各级党组织根据各自特点和具体情况，均相应制定了党建规划。全区坚持把农村党支部建设同小康村创建相结合，重点实施对后进村党支部的整顿转化，小康村数量达到 35 个。1996 年，大力实施基层领导班子素质提高工程，鼓励在职自学，组织 40 名村干部参加中专培训，全区基层党支部书记高中以上学历达到 49.5%。加强党建基础设施建设，全部村队实现“一室五有十上墙”。1998 年，从建设“知识型”的农村干部着眼，加强村干部培训，115 个村 558 名村干部取得了中专以上学历。1999 年，区委作出《关于批转〈东丽区农村基层组织建设三年规划（1998—2000）〉的通知》，具体明确了学习教育、会议、干部岗位责任、村务公开、报告工作、财务管理、民主评议干部、考察考核 8 项村级组织建设制度。

1986 年，四合庄村“两委”会换届选举

（四）“强基创先”工程　2000—2010 年，深入开展“三级联创”活动。制定《以改革创新精神全面加强党的建设若干意见》和《关于对村级班子和干部

实行目标管理绩效考核的意见》等文件，建立健全编制约束、目标管理、绩效考核、奖惩激励“四位一体”运行机制和村级后备干部管理八项制度。推行“一票双推、等额不定职、相对多数”的选举方式，保证了基层换届的平稳有序，村级班子实现“双高四强六带头”。坚持以深化“四项民主”为重点，拓展基层民主参与空间。健全多方联动、充满活力的基层民主有序参与机制，完善重大决策“六步工作法”，全面推行党群议事会、民主议政日、“三公开”等制度。健全权力运行制约机制，坚持村章街管、村账街管，强化对村级事务的监督制约。大力推进村级组织活动场所、138个党员服务中心和144个现代远程教育终端站点建设，为基层组织建设提供了阵地保障。

（五）党建新途径　针对农民集中交叉还迁后，原有以村为单位的管理格局被打破，但资产处置、集体改制和身份转化尚未全面完成，探索打造“双轨并融”型组织模式，即根据居住社区管理需要，在新市镇新建社区党组织、居民委员会和社区服务中心，负责社区管理。继续保留原村级组织设置，负责推动拆迁、产改、群众增收及处理各种遗留问题，保证了城市化建设过渡期内的农村基层组织和谐稳定。

二、街道社区党组织建设

（一）网络化、特色化建设　区委制定修改加强和改进街道社区党建工作的意见和规定。通过调整居民区区划、新建小区先建党支部后建居委会、选派党员到居委会任职和先联合后独立等方式，推进社区党组织建设。2009年，制定《关于推进街道社区党建“连心”品牌建设的实施方案》，指导优化社区党组织设置，推动社区党组织的网络化、特色化建设。2010年底，全区建立社区党组织47个（总支2个、支部45个），基本形成以社区党支部（总支）为核心，楼门党小组为延伸，兴趣型、功能型“特色党小组”为补充的纵向分布、横向连接的交互式社区党组织网络。

2009年，党员活动室建设

（二）落实“三有一化”　通过机关选派、社会招聘和选聘优秀村干部转岗任职等方式，加强以专职党务干部为主体的街道社区班子和干部队伍建设。建立区、街两级社区干部培训机制。坚持财政主导、多元投入，完善街道社区经费投入保障机制。开展“老旧社区场所达标升级”活动，实现党员活动室、办公议事室、便民服务室、教育培训室、文体娱乐室“五位一体”建设目标。把社区活动场所建设纳入新市镇建设总体规划，确保“一站三中心”建设高标准落实。

（三）社区管理运行机制　实施流动党员的联动排查和同步管理。推行在职党员社区报到制度。依托社区服务中心，实施开放式办公、“一站式”服务，规范服务标准，优化工作流程，打造便民、优质、高效服务窗口。坚持民主选举、民主决策、民主管理、民主监督“四规范”。建立党员代表会、居民代表会和民主监督委员会，推行党群议事会、民情沟通日、民主议政日，开展民主评议和群众满意度测评，形成“群众说事、党员理事、会商议事、承诺定事、跟踪督事、述职评事”的社区管理运行机制。

三、非公有制企业党组织建设

1997 年，企业党员积极参加支部学习

1988 年，在中外合资、中外合作和外商独资企业中建立党支部和党小组各 1 家。1992 年，全区“三资”企业发展到 10 户，3 户建立独立党支部，2 户建立党小组。1994 年，制定《关于加强外商投资企业党组织建设的意见》。1997 年，全区“三资”企业发展到 219 户，17 户建立独立党支部，5 户建立党小组。为适应乡镇和村办企业发展，指导 93 家乡镇企业、236 家村办企业建立党支部，220 家村办企业建立党小组。2004 年，成立区工商联会员企业党委，组织开展“红心”品牌创建，进一步加大非公有制企业党组织建设力度。2010 年，采取独立建、联合建、挂靠建、楼宇建和下派党建指导员等形式，全区建立非公有制企业党支部（总支）211 家，实现党组织在规模以上非公企业、党的工作在非公企业的全覆盖。

1979—2010 年东丽区党组织设置统计表

表 19-3　　单位：个

年份	区委	党组	基层党委	总支部	支部	党小组
1979	1	2	14	20	380	963
1980	1	4	11	20	423	1078
1981	1	11	12	14	426	1058
1982	1	17	14	9	372	1090
1983	1	21	12	13	471	1085
1984	1	18	20	18	446	955
1985	1	18	19	28	524	964
1986	1	18	20	34	552	996
1987	1	18	20	35	544	1012
1988	1	18	14	44	559	1266
1989	1	20	13	52	196	900
1990	1	21	13	54	650	905
1991	1	21	13	56	643	776
1992	1	25	13	60	655	827
1993	1	20	14	61	657	797
1994	1	22	14	63	663	786
1995	1	22	8	67	674	914
1996	1	21	13	70	700	1133
1997	1	23	13	73	504	778

续表 19-3

年份	区委	党组	基层党委	总支部	支部	党小组
1998	1	22	14	78	612	793
1999	1	22	13	64	476	343
2000	1	22	13	81	501	410
2001	1	22	13	81	501	410
2002	1	28	23	77	458	410
2003	1	33	22	80	494	—
2004	1	33	19	80	519	—
2005	1	33	18	75	589	—
2006	1	33	17	111	725	—
2007	1	33	23	86	847	—
2008	1	33	22	96	832	—
2009	1	33	24	97	847	—
2010	1	29	28	99	903	—

第五节 干部选用与管理

一、干部选任

1980 年，按照年轻化、专业化、知识化标准，组织开展全区大中专文化青年干部摸底调查，建立卡片。协助市委考察任免干部 18 人，区委考察任免干部 43 人，区委组织部考察任免干部 81 人，将一批年富力强的中青年干部充实到各级领导班子。1981 年，召开选拔中青年干部民意测验会，推荐区级领导班子后备人选。1982 年，完成对全区 5533 份干部档案的清整、装订工作，撤掉不实材料，使干部管理走上规范化、制度化轨道。全区调整 18 个中层领导班子，提拔公社、局、委、办级干部 23 人。对公社、局副职以上 179 名干部进行全面考察，完成书面考察材料 177 份。培养优秀中青年干部 34 名为中层后备干部，6 名提拔为中层副职。1983 年，实施区委、区人大常委会、区政府领导班子成员调整，区委班子平均年龄下降 6.15 岁，大专以上文化比例提高 25%。1986 年，选拔干部逐步改变神秘化、封闭式和“手工业”的工作思路和方法，坚持党管干部原则和干部“四化”方针，做到任人唯贤、公道正派，选拔了一大批德才兼备的优秀中青年干部进入领导岗位。后备干部建设逐步转移到经常性的调整补充、完善结构、定向培养、加强管理的轨道上来。考察二级班子 17 个，新提二级班子领导干部 19 人，调整二级班子 21 个，推荐二级班子后备干部 289 人。1992 年，全区组织开展公务员制度试点和公开选拔领导干部试点，实行处科级干部聘任制，坚持把民主评议和政绩考核作为考评选拔领导干部的重要举措。1993 年，区委决定每年对区属各委办局和镇街乡党政领导班子和领导干部进行一次评议考核。选派 12 名年轻干部到基层锻炼。1994 年，为 11 个乡镇街配备 16 名女领导干部，实现各乡镇街配备 1 名妇女干部的目标。

1995年，制定《关于实施干部考察工作责任制的试行办法》等文件，对民主推荐、考察、任命干部提出规范化要求。制定实施《东丽区新提拔副处级领导干部见习制度》，下派26名副处级干部见习锻炼。1996年起，坚持每年选派一批干部到改革一线，到急、难、险、重岗位锻炼。1998年，配备党外人士副区长。1999年起，制定《关于印发〈东丽区处级和镇乡领导干部交流工作暂行办法〉的通知》《关于印发〈东丽区关于在处级和镇乡干部领导班子领导干部中实行戒勉的暂行规定〉的通知》《关于印发〈东丽区处级领导干部任职前实行公示制的暂行办法〉的通知》和《东丽区公开选拔年轻干部实施方案》等系列文件，进一步健全领导干部选拔任用工作机制。

2000年以后，坚持以深化人事制度改革为重点，全面落实民主推荐、民主测评、民主评议、差额考察、考察预告、任前公示等制度，建立充满活力的领导干部选拔任用工作机制。制定《东丽区在干事创业中培养锻炼干部的意见》，明确搭建“六个一批”平台。2007—2010年，通过有计划的培养锻炼，180余名优秀年轻干部走上领导岗位，占提拔干部总数的87%以上。完善公开选拔竞争上岗办法，加大竞争性选拔干部工作力度，平均每2年组织一次公开选拔竞争上岗，先后5次组织115个处级职位开展竞争性选拔，104名优秀年轻干部走上了领导岗位，占提拔干部总数的50.1%。

二、干部教育

1979年，组织开展全区科级以上领导干部读书班，集中学习党的十一届三中全会、中央工作会议文件和毛泽东、周恩来有关文章。1981年，组织各公社、局党委和区级机关各部门，对照中央文件指出的8种不正之风和市委4点要求，开展《关于党内政治生活的若干准则》执行情况大检查。1982年，培训干部406人次。1988年，举办2期《关于建国以来党的若干历史问题的决议》领导干部学习班、3期十二大精神领导干部培训班、4期《邓小平文选》中层领导干部读书班和十三大文件领导干部学习班。1992年，举办6期处级干部学习班和4次经济形势、经济政策报告会，深入学习邓小平南方讲话精神。在全区党政机关开展以思想教育为主线、服务经济为中心、加强党的组织建设和作风建设为重点的社会主义思想教育。83个机关单位、近5000名干部职工参加教育活动。制定《关于加强年轻干部培养教育工作的实施意见》等一系列制度、措施，加强年轻干部教育培训。1993年，开展邓小平“特色理论”学习，举办处级干部经济理论专题讲座和干部轮训。1994年，组织2625名机关干部开展现代经济管理知识和政治理论培训。1995年，提出《关于东丽区1995年开展全社会学习培训工作的意见》，组织“领导科学十二讲”，培训各级干部2976名。

1992年，副处级干部拓展培训班

2000年，街乡党政领导班子成员学习实践活动读书班

1996年，以党支部为单位，组织全区党员干部开展充分发挥基层党组织战斗堡垒作用、党员先锋模范作用和干部示范带头作用大讨论。组织开展“做人民好公仆”活动，进一步深化各级领导干部思想认识。1999—2010年，组织处级以上领导班子和领导干部开展以“讲学习、讲政治、讲正气”为主要内容的“三讲”教育。制定《以改革创新精神进一步加强处级领导班子思想政治建设的意见》，落实“五项培养工程”，组织开展“与时俱进、争创一流”“立党为公、执政为民”“解放思想、干事创业、科学发展”等一系列主题实践和大讨论活动。

三、干部考评监督

制定《关于进一步完善决策目标执行责任考核监督体系的意见》，配套建立《重大事项决策程序》等17个系列文件，以制度形式规范领导班子和领导干部决策行为，逐步提高科学、民主、依法决策的能力和水平；健全完善目标管理绩效考核体系，健全落实目标设定、责任分解、情况报告、工作协调等工作机制，构建全面的指标评价体系、严密的日常监控体系、多维的考核主体体系、科学的考核方法体系和鲜明的结果运用体系。

完善强化预防、及时发现和严肃纠正的干部监督工作机制，坚持预防、监督、查处并举，把严格监督、严肃纪律贯穿干部选拔任用工作始终。

坚持以作风监督为重点，制定《东丽区处级干部向组织报告个人有关事项的规定》。坚持领导干部述职述廉和任职谈话、任期经济责任审计制度；坚持以干部选拔任用过程监督为重点，健全提拔科级干部预先申报、科级干部任免联席会议、联合考察、公示、任前谈话、任职试用期等制度。坚持以做好干部监督举报受理工作为重点，逐步构建专人负责、科长把关、分管部长签批、部长了解工作机制，做到有举报必受理、有问题必查核、经查实必处理。

第六节　人才队伍建设

一、工作领导

2004年，成立区人才工作领导小组，负责研究全区人才发展规划、制定人才政策和高层次人才引进、培养、资助等重大事项。领导小组下设办公室，负责落实领导小组确定的目标任务及开展日常工作。制定《中共东丽区委、东丽区人民政府关于实施人才强区战略的意见》，明确实施人才强区战略的指导思想、目标任务、重点工作和保证措施。2005年，编制《东丽区人才“十一五”规划》。2006年，区人才工作领导小组成立党政人才队伍等5个工作推动组，明确组织部与工作推动组牵头单位、各成员单位的职责分工，全区形成区委统一领导、组织部门牵头抓总、各部门各司其职的人才工作格局。2007年，区委组织部增设人才科。2010年，制定《东丽区“十二五”人才发展规划》。

二、人才政策

2004年，制定《东丽区关于鼓励引进和培养人才的若干规定》《东丽区人才发展资金管理使用办法》。2005年，设立区人才发展专项资金，区财政每年投入400万元，对全区重点人才引进、培养、使用优先予以资金保证。2009年，为进一步强化党管人才工作，制定《以改革创新精神进一步加强人才工作的意见》。根据发展需要，区人才发展专项资金增加到每年500万元。2009—2010年，区财政增设卫生人才发展专项经费，每年拨付320万元。2010年，全区人才发展资金累计投入达到3240万元。

三、人才工程

2004—2010年，实施大规模培训干部工程，累计开办各类培训班60余班次，培训各类干部和人才9000余人次。2005年，针对全区教育、卫生系统高层次人才不足，学科骨干人才紧缺的问题，开展急需紧缺专业技术人才引进培养计划。2005—2007年，引进特级教师10名，自主培养享受国务院特殊津贴人才2名。2009—2010年，为东丽医院、东丽中医院引进8名主任医师、博士等高层次人才，9名学科骨干紧缺人才和68名专业硕士研究生。通过自主培养，新增主任医师等高层次人才3名。2010年，全区享受津贴高层次人才由原来13人，发展到48人。

2004年，北京大学高级管理研修班结业典礼

四、人才服务

2004年起，为发挥“人才之家”作用，建立定期联系慰问优秀人才制度，协助引进单位解决优秀人才的户口、子女入学、住房等问题。2006年，建立“东丽人才网”，定期发布人才政策、需求、信息，成为政府、企业、人才三方信息交流对接的平台。2007年，创办《东丽人才》杂志，大力宣传东丽区人才规划、重大人才政策、人才工程和活动，以及优秀人才的创新创业发展事迹，成为人才工作者和各类人才了解掌握东丽人才工作的媒介。2009年，组织召开全区高层次人才座谈会，区级领导与42名高层次人才代表座谈交流人才发展，建立起区领导与高层次人才间的直接联系。建立高层次人才库，编制《东丽区高层次人才名录》，进一步明确重点联系和服务的人才对象。为优化人才发展环境，建立东丽区博士后创新实践基地，开辟以区域经济发展聚集和培养博士后人才的新途径。2010年，共建立大顺园林与中国农科院、美国密歇根州立大学，瑞普集团与中国农大、中科院生物物理所等51个产学研联合体。做大做强科技企业孵化器和生产力促进中心，搭建支持企业发展的服务平台。建成科技企业孵化器23家，生产力促进中心4家。在航讯科技开

发有限公司、和泰（天津）投资集团有限公司等 21 家企业，建立东丽区首批青年就业见习基地，覆盖电子信息、机械制造等主导产业，为企业可持续发展储备人才。

第七节　机关党建

一、组织建设

（一）管理机构

1984 年 5 月，成立中共东郊区直属机关委员会。1992 年 3 月，更名为中共东丽区直属机关委员会，主要负责直属机关党组织和不设党委单位的党组织工作。2010 年内设办公室。

2009 年，区直机关党委入党积极分子培训班

（二）发展党员

1984—2010 年，区直属机关委员会举办入党积极分子、发展对象培训班，学习马克思列宁主义、毛泽东思想、邓小平理论、“三个代表”重要思想和科学发展观，学习《中国共产党章程》，学习党的路线、方针、政策。按照“坚持标准、保证质量、改善结构、慎重发展”的方针，共发展党员 1253 名。2010 年，区直机关党委共有党员 2236 名。

（三）组织工作

1984 年 5 月，区直属机关委员会下属 7 个党总支和 19 个党支部。2010 年，下属 23 个机关党总支（内设 120 个支部）和 21 个机关党支部。

制度建设　1989 年 9 月始，实行三会一课报表制度，以了解基层党组织的活动情况。1994 年，建立离退休党支部或职工党支部。1996 年，开展“最佳党日设计实例”评选活动。1998—2010 年，进一步完善支部工作制度、民主集中制度，落实“三会一课”制度、民主评议制度、党内民主生活会制度、党员汇报思想制度、党组织定期谈心制度、党员警示提醒制度。

党建联查　1993—2010 年，机关党委坚持每年开展党建联查工作，通过自查、单位互查，机关党委点评，查找工作中存在的不足，提出解决方法，推动机关党建工作目标责任制的落实，加强和改进机关党的建设，促使机关党建工作上水平、上台阶。1997 年，经过半年、年终两次联查，将所属党组织按照比例分类，结果为好占 33%，比较好占 64%，差占 3%。

学习型党组织　基层党组织建立学习有组织、交流有渠道、研讨有专题、运用有空间、考核有制度的学习机制。在党组织和党员干部中开展读书心得交流、演讲，送优秀书籍下乡、进学校到军营，读书讲坛等为主要内容的读书月活动。党员干部通过精读体现党员先进性和时代要求的著作、文章，撰写读书心得，以支部为单位，采取座谈演讲等多种形式进行交流，提高党员干部的文化素养与政治素养。

二、思想建设

（一）"话说十年" 1988年，在党员中开展"话说十年"活动，即让广大党员联系国家、市、区及个人家庭十年的变化，摆实情、讲实话、实事求是地把成绩讲明，困难和问题讲透，办法、措施讲清，改革前景讲明，用科学的分析方法统一党员思想。

2009年，区直机关党委纪念中共成立88周年表彰大会

（二）纪念建党周年表彰 1993年，纪念建党72周年表彰活动，对47名党员、8个先进党组织进行表彰。1995年，纪念建党74周年大会，表彰34名共产党员，6个先进党组织。1996年，对7个先进党组织，41名优秀共产党员，2名优秀党务工作者予以表彰。1999年，在"争创"活动中，对涌现出的4个优秀党组织和29名优秀党员进行表彰。2001年，评选8个先进基层党组织，8名优秀党务工作者，45名优秀党员。2003年，评选10个先进基层党组织，8名优秀党务工作者，50名优秀党员。2009年，结合庆祝建党88周年，开展对25个先进党组织、20名优秀党务工作者和120名优秀共产党员的表彰活动。树立先进集体和先进个人典型，振奋广大党员干事创业的精神，进一步坚定了攻坚克难、再创佳绩的决心。

（三）党风廉政建设 1993年，贯彻中纪委二次会议精神，组织各基层党组织学习观看中纪委宣教处辅导报告，以提高党员廉洁自律的自觉性。1994年，组织开展反腐倡廉教育，在区直机关开展《党纪党风、反腐倡廉百题知识的学习党日活动》，参加人数达2415人次。1998年，开展"警钟日"活动，坚持"谈话提醒"制度，建立廉政档案，聘请监督员。1999年，推行"政务公开"，增强办事透明度，规范党员干部行为。2000年，加强监督促廉政，增强拒腐防变的能力。2010年，组织学习《惩治和预防腐败体系2008—2012年工作规划》，落实《建立健全教育、制度、监督并重的惩治和预防腐败体系实施纲要》，学习《东丽区2009年纪检监察工作会议》精神，认真贯彻落实《党内监督条例》，注重吸收党内外意见，打造直属机关勤政廉政作风。

（四）创先争优 1994年，基层党组织深入开展"创先争优"活动，在学习徐洪刚等英雄模范事迹的同时，学习身边的先进模范人物。1995—1996年，各基层党支部充分运用教育、学习、组织生活、参观等形式，把"创先争优"活动推向高潮。1998年，紧紧围绕讲政治，比学习理论；讲奉献，比工作业绩；讲廉洁，比遵纪守法；讲道德，比文明服务；开展"创先文明机关，做人民好公仆"活动，增强全体党员服务意识和奉献精神。2001年，围绕创建"文明机关"，开展以强化服务意识、兑现社会承诺为核心；以转变机关作风，争做人民好公仆为目标；以"创一流、树形象、办实事、比贡献"为内容的党员实践活动。使党员进一步增强了党员意识、创新意识、实干意识和奉献意识，树立起"廉洁、勤政、务实、高效"的公仆形象。2010年，制定《关于在区直机关深入开展创先争优活动实施意见》和"我承诺、我带头、我奉献"主题实践活动实施方案，开展文明出行交通劝导志愿服务活动，先后有48个区直单位500余名党员干部报名参加。在22个区直窗口单位开展党员先锋工程活动，认真开展承诺、审诺、履诺、践诺活动，与23个总支和21个支部签订承诺书。

（五）学习"三个代表"重要思想 2002年，基层党组织集中开展以学习"三个代表"重要思想为主要内容的党员先进性教育，注重抓好三个结合：即与深入学习江泽民“七一”重要讲话结合；与学习十五届六中全会《中共中央关于加强和改进浑的作风建设的决定》结合；与学习党的十六大精神结合。采取专题党课、专家讲座等多种形式，组织集中辅导，把学习成果体现、落实到各项具体工作中。2003年，组织开展以全面贯彻“三个代表”重要思想，苦干五年争第一为目标，建设现代化津滨新城区为主题的学习教育，为区直机关220名党员作了十六大精神专题讲座。开展“践行‘三个代表’重要思想，树党员干部形象”为主题的学习教育。

（六）先进性教育　2005年，开展“党在我心中”系列党课活动，收集各基层党组织上报有关党课教材120余篇，评出一等奖3名，二等奖6名，三等奖15名，最佳组织单位12个。开展“做合格党员”为主题的警句格言征集活动。将创作、摘录的警句格言1500余条编辑成册，发至每位党员手中。开展“百个支部结对百个家庭”活动，区直机关44个党组织共走访慰问了362户困难户，捐赠14万余元。

（七）“八荣八耻”社会主义荣辱观　2006年，指导各基层党组织认真学习胡锦涛总书记提出的“八荣八耻”社会主义荣辱观，使广大党员干部不断加强自身修养和人格锤炼，始终保持政治上的坚定和思想道德上的纯洁。2007年，以“帮思想、帮生活、帮技能、帮择业”为主要内容，不断深化“联手助残献爱心，百个支部结对百个家庭”活动。弘扬中华民族扶危助残的优良传统，机关党员干部以实际行动践行荣辱观。

（八）学习实践科学发展观　2009年，开展学习实践科学发展观活动。在学习调研、分析检查和整改落实三个阶段中，查找出党建工作中不符合科学发展观要求的薄弱环节，提出解决和完善办法，切实用科学发展观指导党建工作高质量开展。开展“区直机关学习实践科学发展观知识竞赛”，激发广大党员干部干事创业的决心和信心。组织参加“清风颂”书画摄影暨迎国庆硬笔书法比赛。纪念建党88周年和庆祝新中国成立60周年，组织参加“祖国颂 东丽情”红歌联唱，激发直属机关党员干部爱党、爱国热情。扎实开展学习王瑛、吴大观精神活动，组织集中学习讨论1662人次，撰写思想体会700余篇。

三、党员管理

（一）民主评议党员　1987年，开展党员民主评议工作，召开基层支部书记动员会，要求基层党组织对党员进行认真分析，逐一研究，经全体党员认真评议后，填表上报。1989年，为推动民主评议党员工作的开展，选择农机局党总支、物价局党支部进行了民主评议党员试点工作，并对取得的经验加以推广。1995—1996年，把开展民主评议党员活动与党员目标管理、创先争优、党员领导干部的带头作用、完成本职工作结合起来，使评议工作更具实效性。

（二）党员目标管理　1989年，学习农村党员目标管理经验，组织8个试点单位到兴农村、大毕庄村、新立村进行参观学习。1991年，机关党委在借鉴农村党的组织建设经验的基础上，针对机关的特点，决定对区直机关党支部（总支）的党建工作实行目标管理。举办基层支部书记培训班，邀请宁河县委组织部、宁河县百货公司介绍开展党员目标管理经验。1992年，机关党委召开党建工作交流会、党员目标管理现场会。1998年，坚持党员目标管理和党支部目标管理，实行量化考核，与业务工作、评优工作、奖惩制度结合起来，发挥了党员的模范作用。

（三）信息系统管理　为加强机关党组织、党员和入党积极分子队伍的科学管理，做到底数清、情况明，机关党委为各基层党组织购置2005版党员管理信息系统软件，并对管理人员进行了培训。实现了党组织和党员信息管理的信息化、年底党内统计的便捷化。

（四）党员活动室建设　为加强机关党员的教育管理，充分发挥党员活动室的阵地作用，提高党员生活质量，2006年，完成了首批29个党员活动阵地建设。2007年，8个单位建设标准化党员活动室。

第八节　党校培训

一、管理机构

1979年3月，撤销东郊区“五七”干校，改建为中共东郊区委党校。1984年5月，改称中共东郊区党校。1992年3月，改称中共天津市东丽区委党校。1991—2008年，内设办公室、教研室、资料室、组教科。2010年，内设办公室、教研室、组教科、行政科。

二、基础设施

1980年建平房33间，建筑面积979平方米。1984年3月，建砖混三层教学楼1座，建筑面积2266平方米。1992年，校园面积9709平方米，校舍建筑面积3665平方米。有大、中教室6个，学习、办公室56间。2005年10月，另地新建。占地面积2公顷，新建读书楼6000平方米，餐厅会议厅综合楼2400平方米，整理教学楼4000平方米。2006年，经另地重建后，占地面积1.94万平方米，总建筑面积1.29万平方米。教学楼教室14个，另设电教室、电子阅览室。综合会议楼设大中小会议厅，配有学员餐厅。读书楼设学员客房123间。党校已成为集培训、会议、餐饮于一体的综合培训中心。校内设有多功能厅、羽毛球及篮球场地。2010年10月，新建体验式拓展训练基地，开展户外拓展培训项目。党校成为集教育、培训、会议、考试于一体的综合性场所和党员教育培训基地。

2006年，易地重建后的新党校

三、工作成果

（一）干部培训　1981—1992年，开办学历班、处级干部及党政干部短训班78期，培训9072人次。1994—2000年，开办处级干部政治理论学习班、政工干部培训班、农村会计辅导班、农村支部书记岗位培训班、农村及科级后备干部班、处级领导干部及科级干部进修班、处级领导干部“三讲”教育读书班，共16期，培训

2001年，东丽区“五大员”培训班在区委党校举办

2088人次。2001—2010年，举办青年干部培训班、处级干部读书班、村级干部贯彻农村实施细则培训班、处级领导干部培训班、《中华人民共和国行政诉讼法》骨干培训班、“农民教育问题”研讨会，农村基层干部培训班、处级干部MPA及卫生系统研修班、入党积极分子培训班、科级干部任职培训班、科级公务员及“五大员”培训班、高校毕业生到村任职培训班、处级及科级干部拓展训练培训班、公文写作与处理骨干培训班、公共管理硕士课程研修班、医院管理高级研修班等，共256期，培训40680人次。2005—2010年，成立宣讲团，深入到各镇街乡和委办局及基层单位宣讲区委八届七次全会、区三级干部会议精神，宣讲科学发展观等，共119次，受众达11000人次。

（二）科研调研　2000—2005年，完成撰写论文和调查报告106篇、学习体会42篇。其中在《求知》增刊、《今日东丽》、区委《调查研究》等刊登发表28篇，获市委党校优秀论文奖、优秀科研成果奖、函授教育科研奖等13篇。2006—2010年，完成撰写论文和调查报告84篇。其中在区《学习型杂志》《今日东丽》《东丽论坛》，区境外《思考与借鉴》《求知》增刊及天津市社会建设与社会管理体制改革理论研讨会等刊登发表42篇。获市委党校新中国成立60周年理论研讨会、市党史研究会建党85周年理论征文等一等奖1篇、二等奖3篇、三等奖8篇。

（三）教育教学改革　1999年，通过了中央函授学院天津分院的验收评估达标工作，由“教学点”升为“中央函授学院天津分院东丽教学区”。2000年，加强教学管理，完善制度和规定，建立教案检查制度。落实《党校教学管理细则》，完善班主任岗位责任制度和工作程序。2001年，坚持和完善“一个中心、四个结合”的教学原则，以“三基本”和“五当代”为主要内容，结合“三个代表”重要思想和十一届三中全会以来的方针政策、党章、精选马克思列宁著作、毛泽东著作及有关科技知识、法律知识、市场经济理论知识等讲座，把学习邓小平理论进一步引向深入。为提高教师理论水平，购进辅导录像带及学习资料，进行专题研究，以适应教学需要。2003年，在“三个代表”重要思想纲要学习中，采取每个教师轮流试讲的办法，并进行评教、讨论，锻炼了教师队伍。2004年，每季度进行一次“资源共享”研讨，提高师资队伍素质，提高教学质量。实施实行聘任制试点工作，建立政事职责分开、单位自主用人、人员自主择业、政府依法管理、配套设施完善的管理机制。建立适应党校特点，符合专业技术人员、管理人员和工勤人员岗位的聘用制度。形成人员能进出、职务能上下、待遇能升降、优秀人才脱颖而出、充满生机与活力的用人机制，实现了人事管理的法制化、科学化。2008年，开展教学评估，检查教学质量。落实考务管理制度，严肃考风考纪。2009年，深化教学改革，加强教学研究，创新教学理念。落实知识灌输向能力培养转变；围绕教学主题创新，实现从专职教师到以党校教师为主、兼职为辅过渡。按照教学内容的高度和深度，介绍最新成果，扩大学员视野，启发学员思路。围绕教学方法和管理手段进行创新，推行研究式教学，突破以教师为中心的格局。2010年，开展“打造精品课”工程，推出城市化系列专题精品课。落实《新老教师帮扶制度》《精品课试讲评教制度》《学员评教制度》等，加大对青年教师的培养力度。

（四）师资队伍建设　1979年，区委党校成立后，师资力量得到加强。1992年，党校有专兼职教师11人。为提高教师的思想、理论、文化业务素质，组织参加报告会、研讨会，参加继续教育。1997年，建立目标卡、教育台账，教师全年参加培训8次，总计38天。2001年，教师岗位高级4人，中级1人，初级2人。2007年，高级教师4人，中级教师1人，助理讲师4人。2008年，通过在职进修、专题学习、理论研讨、集体备课等教研活动，提高教师业务能力和教学水平，参加各类师资培训140人次。2010年，高级教师4人，中级教师4人，其中4名中级教师完成了市委党校研究生班进修。制定“创先争优”方案，通过外出培训、挂职锻炼、学术交流与合作等途径，加大专业带头人和骨干教师的培养力度。通过与其他单位建立联系，建立兼职教师制度，推进党校与基层的深度融合。党校已建立一支规模适当、结构优化、素质良好、富有活力、相对稳定的教职工队伍。

第九节　老干部工作

一、机构

1983 年 11 月，中共东郊区委建立老干部局，与区委组织部合署办公。1985 年 11 月，分属独立办公。区委老干部局是区委主管老干部工作的部门，归口区委组织部管理。2010 年内设办公室、生活服务科、活动室（活动中心）3 个科室。

1983 年 11 月，全区离休干部 360 人。1994 年将处级退休干部纳入老干部局管理。2010 年，全区离退休干部 434 人，其中离休干部 70 人、退休干部 364 人。离退休干部中，地师级 31 人、处级 403 人。

二、落实待遇

（一）政治待遇　东丽区落实老干部政治待遇做到“四个坚持”，即坚持政治理论学习制度、坚持通报情况制度、坚持走访慰问制度和坚持参观考察制度。为老干部订阅《天津日报》《天津老干部》和《今日东丽》，组织每周阅读文件一次。每年举办老干部理论学习班，邀请区委党校教师做专题辅导。每年召开全区老干部大会，由区委主要领导向老干部通报全区政治、经济、城市化建设等方面的情况，并对老干部工作提出要求。区召开重要会议和党代会、人代会前，都邀请区级离退休老领导参加座谈，听取他们的意见和建议。每年春节前夕，区级领导带队，深入老干部家中走访慰问，了解情况，听取意见，切实把党和政府的温暖送到老干部的家中。每季度组织区级老领导参观考察东丽经济社会发展新成果，区主要领导陪同。组织开展庆祝中华人民共和国成立 50 周年、60 周年和庆祝中国共产党建党 80 周年、90 周年等系列活动。组织开展“回顾昨天、感受今天、展望明天”和“晚年幸福生活大家谈”等教育活动。组织主题征文，出版回忆文集《峥嵘岁月》一书。全区组建了 13 个离退休干部党支部，31 个混编支部。深入开展“五好”离退休干部党支部创建活动。召开全区“五好”离退休干部党支部建设工作经验交流会，总结推广离退休干部党支部组织、思想、制度建设的经验。组织开展“创先争优”“奉献‘十二五’、争当‘八大员’”和“让党旗在社区飘扬”等思想政治教育活动。

（二）生活待遇

优先发放离休费　原机关事业单位离休干部的离休费由区财政统一打卡，优先发放。原企业离休干部离休费由区人力资源和社会保障局统一打卡发放，调资与党政机关、事业单位同步进行，确保离休费、年度生活补贴和由单位支付的其他各项费用按时足额发放。及时调整离休干部护理费、丧葬费、抚恤金等标准，区财政为企业离休干部全额支付抚恤金。

医药费“双月清”　坚持“单位尽责 、财政支持、加强管理”和离休干部医药费“双月清”的原则，完善预付金、周转金制度，切实解决大额医药费垫付问题，确保医药费按规定实报实销。原企业离休干部看病就医全部纳入医疗统筹机制，所需经费由区财政全力支持。离休干部医药费由区财政担负，并确保医药费正常使用。

建立帮扶资金　2009 年，建立离休干部帮扶资金。为遇特殊情况的离休干部和因病造成生活困难的离休干部遗孀给予了帮扶。

（三）“四就近”服务　2008 年始，区委老干部局利用社区资源开展就近学习、就近参加活动、就近得到关心照顾、就近发挥作用的离休干部“四就近”服务工作。成立老干部“四就近”服务工作领导小组，建立联席会议制度，举办社区“四就近”服务工作培训班，并召开服务工作座谈会。开展社区“四就近”服务工作先进单位创建活动，已有 3 个社区被评为天津市社区离退休干部服务先进单位。

三、老干部活动

（一）文体活动　1984 年建立区老干部活动中心，设置棋牌室、台球室，在院内修建两块门球场。2003 年迁入新址，区财政出资 800 多万元改扩建老干部活动中心，占地 5728 平方米，建筑面积达 3562 平方米。室内设有台球厅、棋牌室等 17 处活动场所，可同时容纳 300 余人参加活动。增添沙狐球、健身器材、乒乓球设施，更新增加棋牌桌椅和办公用品，装修大会议室，并在原有场地上新征地修建 3 个土质门球场。2007 年为适应门球活动，又将 3 个土质门球场扩建为四块人造草皮门球场，成为当时天津市唯一四连块草皮场地，被天津市门球协会定为全市比赛场地。门球活动在东丽区老干部中开展近 30 年，参与人员多，技术水平高，受到老干部的喜爱，已成为东丽区老干部活动的龙头和亮点项目。老干部门球协会承办、组织参加全国、市区各级赛事 50 多场，被国家体育总局中国门球协会评为全国先进单位。

2007 年，老干部局参加门球比赛

（二）组建协会　组建门球、台球、棋牌和书画 4 个协会，成员 200 多人。区财政每年拨付专项经费 30 万元，确保老干部活动经常化。区老干部活动中心坚持开展门球、台球、书画等丰富多彩的文体娱乐活动，形成天天有活动、周周有训练、月月有赛事的老干部活动长效机制，每次活动都有一百多人参加。

（三）老干部艺术团　2003 年 10 月，建立东丽区老干部艺术团，建团初期有近 40 人，2010 年已扩充至 100 余人。建团后得到了区领导和有关部门的高度重视，先后拨款和资助 50 万元，购置各种乐器、音响和演出服饰。老干部们以饱满的热情进行排练和演出，充分体现老干部的精神风貌，受到群众和市区领导的称赞。在市区的

2005 年，老干部艺术团在区委老干部大会上汇报演出

各项比赛和有关庆祝活动演出中，取得了优异的成绩。2009年在“天津市庆祝新中国成立六十周年万人大合唱”演出中，演唱歌曲《革命人永远是年轻》，得到市领导和广大老干部的赞誉。2010年荣获天津市中老年歌咏比赛三等奖。老干部活动中心多次荣获天津市老干部活动中心建设先进单位、天津市老年人体育工作先进单位、老干部活动中心建设互学互比互看活动先进单位等称号。

四、老有所为

老干部结合自己的实际和能力，积极为东丽区各项事业发展发挥余热，以各种方式为构建和谐社会做出贡献。有的热心慈善事业捐款捐物，帮助贫困群体，有的积极参加志愿活动，从事社会公益事业；有的参与党史、地方志的编修和社情民意调查，为领导决策提供咨询；有的通过关心下一代组织，资助贫困学生，到学校对青少年进行爱国主义教育；有的关心少儿身体健康，组织肥胖少儿进行门球锻炼；有的撰写回忆录，著书立传，参与宣讲团活动，将历史和革命精神传承给后人；有的利用文艺演出形式进行社会主义精神文明宣传；有的在社区党支部中发挥党员的模范作用，带领居民建设和谐社区等。这些老干部将他们的余热奉献给社会，回报党和政府对他们的关爱。

五、关心下一代

1995年，区委成立区关心下一代工作委员会。关工委加强“五老”队伍建设，发挥“五老”政治优势，全区宣讲团成员扩展到600余人，受教师生、家长、社区干部、群众已超10万人次。协助区妇联、团委、教育局推动社区关工委上下联动，办好“家庭学校”，举办单亲家庭、独生子女家庭、心理健康等专题讲座60场，群众达6万人。贯彻落实“关心少年儿童健康行动计划”，在中小学开展“阳光体育运动”。以青少年学生为主体的门球队已组建32个，成为全市之最。每年以重大节日为契机，在青少年中开展优秀传统爱国主义教育活动，开展“老少同乐”“同唱一首歌”“同画一幅画”“家庭趣味运动会”“祖国在我心中”征文等活动。四川汶川大地震后，基层关工委协助区妇联，动员社会各界爱心父母编织、捐赠全新毛衣4050件，送给灾区孤残儿童。

第六章　宣传工作

1979年后，东丽区党的宣传教育工作，结合区情实际，开展中共十一届三中全会以来改革开放的基本路线、方针、政策及国内外形势的宣传教育。结合开展真理标准问题的讨论，开展坚持“四项基本原则”宣传教育。组织党员、干部进行政治和经济理论学习，反对资产阶级自由化。20世纪90年代至21世纪初，学习邓小平南方讲话，开展社会主义道路教育、“三讲”教育。学习贯彻“三个代表”重要思想，保持共产党员先进性教育，开展学习实践科学发展观教育活动等。全面做好新闻报道和先进典型的宣传，以科学理论武装人，以正确舆论引导人，为津滨新城区建设发展提供精神动力和思想保障。

第一节　机　构

1979年，中共东郊区委设宣传部。1996年5月，在宣传部设东丽区精神文明建设办公室。2001年12月，内设办公室、教育科、宣传科、新闻科。2010年，内设办公室、理论科、宣教科、新闻科。

第二节　理论学习

一、经济理论

1979年，组织学习中共十一届三全会精神，要求全区各项工作都要服从和服务于经济建设这个中心，把重点转移到社会主义现代化建设上来。1982年，组织干部学习《陈云文稿选编》和薛慕桥《中国社会主义经济问题研究》，在区委党校举办经济理论学习班。1984年，编写《学习商品生产知识参考材料》10讲。1993年，突出以经济建设为中心、科技是第一生产力、教育是基础理论等学习宣传。1995年，以经济建设为中心，以提高干部理论水平为目的，抓好区级中心组学习。1999年，扣住加快“津滨辅城”建设和全区发展目标编写宣传提纲，组织理论宣传团，使干部群众坚定信心，稳定全区经济发展大好环境。2000—2002年，组织经济理论辅导报告和外出参观考察乡村经济建设。邀请专家学者讲授不同层次干部参加的WTO知识讲座。2008—2010年，邀请国内著名经济专家学者专题讲座或集中授课18场次，讲解经济理论。

二、党的基础知识

（一）学党章、《准则》、整党文件　1980年，举办《关于党内政治生活的若干准则》、新党章修正草案学习班。全区办学习班42次，参加学习6390人，占全区党员的89%。组织辅导报告22次，听众9000多人。区委领导亲自作辅导报告10次，各级领导和机关党员干部1000多人参加学习。从掌握党的基本知识和党规党法入手，解决党员中存在的思想、组织、作风不纯的问题，清除林彪、江青反革命集团在党内的流毒和影响。1984年，开办整党文件学习班。1995年，组织党员学理论、学党章，层层培训骨干，落实40课时安排。1996年，以“双学”为主，在党员中开展“学、赞、做”演讲活动。1997年，组织学习十五大修改后的党章，理解把邓小平理论确定为党的指导思想。2000年，开展学党章活动，党员集中时间一年，共40课时，坚持领导干部上党课制度。2001年，农村基层党组织安排282人讲党课，听众1.2万人。2008年，邀请国内著名专家学者为区两级中心组讲授党建内容。2009—2010年，在基层党组织中开展“万名书记讲党课”活动。

（二）学中央党代会、届中全会精神　1988年，宣传中共十二次代表大会精神。1988年，编发《学习十三大宣传提纲》。1994年，举办学习中共十四届三中、四中全会《决定》，加快建立市场经济体制，加强党的建设，共培训1800人次。1996年，学习宣传十四届五中、六中全会精神，转变经济增长方式。1998年，学习宣传中共十五大和十五届三中全会精神，提高对教育工作的认识，提高党员干部理论水平。2001 年，学习宣传十五届六中全会精神，加强和改进党的作风建设。2002 年，学习中共十六大文件，深刻领会“三个代表”重要思想精神实质。2004 年，宣传学习中共十六届三中、四中全会精神，加强党的执政能力建设。2006 年，学习落实十六届六中全会精神，坚持贴近实际、贴近生活、贴近群众、以人为本，为促进全区各项事业协调发展提供精神保障。2008 年，学习宣传中共十七大精神，落实科学发展观。2009—2010 年，学习宣传中共十七届三中、五中全会精神，深化领导干部“精读一本著作、精讲一次党课、撰写一篇调研文章、破解一道难题”活动。

三、邓小平理论

1980—1982 年，组织学习宣传邓小平《目前形势和任务》的报告和邓小平提出的“四项基本原则”及“建设有中国特色社会主义”理论。1983 年，组织学习《邓小平文选》。1987—1989 年，编发《坚持四项基本原则，反对资产阶级自由化》教育材料。1992 年，学习宣传邓小平南方讲话精神，学习提出的“三个有利于”，向全区人民进行社会主义宣传教育。1993—1995 年，组织“有中国特色的社会主义理论”学习，组织不同层次的理论学习班、经验交流会和优秀论文评选工作。1997 年，组织学习“和平统一、一国两制”的香港回归理论。1998—2010 年，以邓小平理论为指导，结合“三个代表”重要思想和科学发展观进行宣传工作。

四、“三个代表”重要思想

1997 年，组织学习江泽民十五大报告和“5·29”重要讲话。1998 年，组织处级以上干部学习江泽民在党的十一届三中全会召开 20 周年纪念大会上的重要讲话。2000 年，制定在全区开展“三个代表”重要思想学习活动的计划。2001 年，以“三个代表”重要思想和江泽民七一讲话为重点，在党员干部中深入学习。对处级干部的 122 篇调研报告进行评选。组成宣讲团，为镇村干部、学校师生作巡回报告 10 场。举办一周集中学习培训，邀请区领导和专家教授就“三个代表”重要思想内涵和如何实践“三个代表”重要思想进行讲授。2002—2003 年，宣传增强实践“三个代表”重要思想自觉性和坚定性，在全区开展“与时俱进、争创一流”大讨论。要求各单位抓住“三个代表”重要思想灵魂，把握解放思想，事实求是，与时俱进精髓。2004—2010 年，引导全区干部群众以邓小平理论和“三个代表”重要思想为指导，以科学发展观为统领，搞好理论学习。

五、科学发展观

2007—2010 年，以邓小平理论和“三个代表”重要思想为指导，以科学发展观为统领开展宣传工作。2010 年，全区 445 个单位、947 个党组织、16862 名党员参加了学习实践科学发展观活动。邀请专家学者辅导，举办交流会，发挥两级中心组学习带头作用，开展优秀调研文章评选，提高了全区党员、干部、群众理论水平。

六、学习节与学习型城区论坛

2006年，召开东丽首届学习节启动仪式，全区各单位和广大干部群众以扎扎实实的态度全力推进建设学习型城区的各项工作。2007年，举办第二届国际学习节主题论坛。会上对区50个先进学习型组织和60名先进学习型个人进行表彰并赠书。2008年，举办第三届东丽国际学习节暨第六届全国学习型城区论坛，邀请全国14个省、直辖市、自治区，19个市、区、县150余名国内外知名学者和代表参会。出版《学习型城区创建散论》，拍摄东丽区创建学习型城区纪实专题篇。2009年，举办第四届东丽学习节。作为主办单位之一，参加在长春市朝阳区举办的第七届全国学习型城区论坛。

第三节　新闻宣传

一、《今日东丽》

见第三十编文化第五章新闻传媒第三节报刊

二、广播电台、有线电视台、“东丽在线”网站

（一）广播电台　1982年，东郊区广播站首次开播“当日新闻”。1986年，有线广播实现了无线调频传输方式。1994年，实现了调频广播，听众可通过收音机直接收听区站节目。1997年，建立自立式发射塔1座，开办迎接香港回归专题教育节目。1998年，实现电台录控中心数字化。1999年，全面改版，开设直播板块节目，直播节目分为新闻类、社教类、服务类与综艺类，由20个固定栏目组成。2005年，自办节目实现由录制到直播的转变，广播栏目发展到32个，每天连续播11.5小时，丰富了人民群众的精神文化生活。2009年，首次使用广播移动直播车现场直播，实现东丽广播发展史上新跨越。

（二）有线电视台　1995年4月，在全区建立有线电视网，5月开始转播中央和地方省、市台的电视节目。1996年5月1日，有线电视台正式播出，广播电视事业进入了一个崭新的阶段。1997年，开办迎接香港回归专题教育节目。1999年，大力发展有线电视新增户，确保通播率。2001年，推出《谱写精神文明的新篇章》《劳模的时代风采》《80辉煌看今朝》等栏目。《东丽新闻》实行了“日新闻”。提前3年完成市广播电视发展“十五”计划，实现有线电视“村村通”，发展数量和速度居全市郊县首位。2005年，播出实现由周新闻到日新闻的跨越，每日连续滚动播出。2008年，开设《学习贯彻十七大精神，实现东丽率先发展》和《解放思想，干事创业，提前一年创百亿强区》等专栏，宣传东丽各项事业所取得辉煌成就。2009年，全年播出《东丽新闻》305期、《区县新闻》61期、《法制经纬》27期、《华明大舞台》20期。与新华社合作新闻节目，为全区社会和经济建设搭建新的宣传平台。2010年，全年播出《东丽新闻》261期、《要闻回顾》52期、《法制经纬》24期，制作《反腐倡廉建设》等7个专题片。

（三）“东丽在线”网站　2002年，“东丽在线”网站开通运行，设立新闻、财经、文化、科

技、生活服务等27个栏目，以时效性、娱乐性、实用性强的特点，成为东丽区网络新媒体。2005年，实现了广播、电视、网站三位一体的强势媒体，并建成东丽区教育专网、政务专网、交通监控专网。2006年，在人民网首页专门开设“天津东丽”专栏。2008年，《手机东丽新闻》首次播出。实现向人民网总网首页发稿216篇、图片87幅，向人民网·天津视窗发稿1542篇，向新华网·天津频道发稿822篇。2009年，开设《学习实践科学发展观活动》《辉煌60年魅力东丽》《走进重点工程》等专栏。全年向人民网总网发稿496篇。2010年，系列报道《聚焦世博看华明》刊发稿件50篇，图片40幅，播发手机新闻2800条。在人民网发稿538篇，图片149幅；新华网发稿548篇，图片97幅；播发手机新闻1.8万次。

三、媒体刊发稿件

1980年，通讯报道被市级报社、电台采纳稿件300篇。1993年，在市以上报刊发表稿件200篇。1994年，团区委提出“让大地重新走红是我们的责任”的倡导在《天津青年报》刊登。1999年，《东丽信息》被市委采用120条、市政府采用69条，市级以上新闻媒体发稿470篇。2001年，在市级以上报刊发稿209篇。2008年，在市级以上媒体刊发稿件1065篇。接待新华社、《人民日报》《经济日报》《工人日报》、天津电视台等媒体采访50次。2009年，在天津电视台、天津电台播放新闻稿件97篇（条）。在人民网、新华网发稿210篇，市级以上媒体刊发110篇。华明街道元宵节成功接待了50名外国记者采访团。2010年，在市级以上媒体发稿1450篇，接待中央电视台、新华社、《人民日报》等媒体采访220余人次。

四、新闻宣传管理

（一）基础设施 1986年，广播站增设调频发射机、接收机、收录机等设备，达到国家广播电视部规定的甲级设备标准。1994年，广播站实现由有线广播向调频广播的转变。1996年，扩大有线电视覆盖面，完成光缆铺设18.6千米，电缆铺设20千米，共有1800个终端。1997年，建成自立式调频广播电视发射塔，增添数字音频工作站。1998年，建成2700平方米的广播电视大楼。2004年，实现节目编辑制作数字化，文稿撰写审核网络化。2006年，“东丽在线”网站与人民网首页进行对接。2007年，基本实现中心城区数字电视整体转换。

（二）发展规模 1997年，发展电视入网3万户。1999年，全区有线电视用户达到6.18万户。2000年，新安装有线电视1.3万户，全区入网率达75%。2001年，率先实现有线电视“村村通”，入户率达95%以上。2006年，有线电视入网率达99%，宽带用户达1.1万户。2008年，全区宽带个人用户累计达2.65万户，集体用户614户，布网小区124个。2009年，全区宽带网累计达3.36万户，专网用户304个。2010年，全区宽带网个人用户累计达3.75万户，集体用户382户，专网点位308个，布网开通小区149个。

（三）新闻管理 1999年，加强对广播电视事业的管理和指导，为东丽区改革开放和现代化建设营造良好舆论环境。区新闻信息中心制定《东丽区信息工作考评办法》《新闻信息中心奖励办法》《关于加强信息员队伍建设的意见》。2009年，加强新闻宣传管理，规范宣传口径，建立新闻宣传研讨会制度和新闻媒体通气会制度，完善新闻宣传联席会制度。每月制定下发《新闻宣传要点》。

2010年，成立区新闻中心，加挂东丽区《今日东丽》编辑部牌子。

第四节　社会宣传

一、思想教育

（一）坚持四项基本原则　1979年，召开关于实践是检验真理的唯一标准问题讨论会、报告会、理论宣传工作会，加深对党在新时期政治路线、思想路线和组织路线的理解。1987年，开展反对资产阶级自由化，坚持四项基本原则的正面教育。1989年，编写《坚持四项基本原则，反对资产阶级自由化教育》宣传材料。下发《关于按照市委防止动乱、稳定局势的部署，做好当前宣传工作的通知》。1991年，结合形势教育，从国情入手，深入了解当代资本主义的特点，进行反对资产自由化教育。

（二）社会主义道路教育　1988年，开展以社会主义初级阶段基本路线教育为中心内容的宣传工作。1990年，全面开展社会主义道路教育，编辑社会主义道路宣教材料2000册。1992年，宣传邓小平南方讲话，向全区人民进行社会主义教育，摆脱了姓“社”、姓“资”抽象争论的困扰，进一步解放了思想。2008年，组织开展“话改革、看变化、促发展”和“坚持改革开放、促进东丽发展”宣传活动，教育引导广大群众坚定走中国特色社会主义道路的信心和决心。

（三）唯物论和无神论教育　1999年，通过各种形式开展“崇尚科学、反对迷信”教育，提高人们唯物主义修养。2006年，开展“学科学、用科学、让科学走进生活”主题活动。

（四）爱国主义教育　1994年，开展爱国主义教育，组织参观革命历史遗址、遗迹，访问老红军、老武工队员、老干部讲革命传统。1996年，落实《爱国主义教育实施纲要》，建成全区第一个爱国主义教育基地。2009年，大力弘扬爱国主义精神，开展爱党爱国爱家乡主题教育集中宣讲565场次，受教育群众1.2万人次。

（五）“十二五”规划宣讲　结合创百亿强区、市区民心工程、城市化建设等，精编宣讲教材，主抓宣讲质量，开展宣讲示范观摩，向全区人民进行改革开放及全面建设国际型、知识型、生态型津滨新城区的教育。

二、主题教育

（一）“双学”教育　1995—1997年，以提高党员素质增强党性为目标，组织党员学理论、学党章。

（二）迎庆建党80周年　2001年，为唱响共产党好、社会主义好、改革开放好主旋律，组织各单位以多种形式开展纪念活动。在党员中开展“为党旗增光辉”党性学习实践活动，组织党员学习《建党80周年党员教育读本》。组织开展以歌颂党、歌颂祖国、赞美东丽为主题的“走进新时代、颂歌献给党”大型歌咏活动。有线电视台开办《80辉煌看今朝》《先锋颂》等栏目。

（三）“挑战自我强素质，苦干五年争第一”　2003年，利用集中培训和党日、学习日等形式，开展党的基本理论、基本路线、基本纲领和基本经验教育，开展国际国内形势和区情教育，坚定理想信念，增强实践“三个代表”重要思想的坚定性和自觉性。争做拥有现代知识现代技能、学习型、开放型、创新型、智慧型的复合人才。

（四）小公民道德建设 2003－2008年，围绕“爱国守法、明礼诚信、团结友善、勤俭自强、敬业奉献”基本道德规范，在全区儿童中以“我做合格小公民”为主题，开展小帮手、小伙伴、小卫士、小主人道德实践活动。

（五）助推社会和谐“百千万工程” 2006－2008年，组建一万户思想政治工作网络，集中宣讲3190场次，受教育群众1.24万人次。收集群众意见和建议2700余条，解决实际问题155项。通过宣讲，党员干部群众统一思想，明确目标，党和政府的工作得到基层组织和村（居）民理解和支持，做到了凝心聚力，科学发展，共建和谐。

第五节 宣传队伍

一、基层宣传员

1980年，全区建立区、社、队三级宣传教育网。聘请报告员70人，基层宣传员1500人，全区通讯员120人。1993年，在宣传干部中开展“四个一”活动，写出水平较高调查报告和学习“特色理论”心得体会，宣传队伍思想作风和业务素质不断提高。2000年，完成宣传干部建档工作。2003年，加强宣传思想工作网络建设，各单位配备专兼职政工干部，村和企业设2～3名专兼职宣传员，形成宣传思想工作网络。2005年，全区每个行政村、规模较大企业设立宣传员，行政村中村民小组、片及50户以下设立2～3名宣传员，50户以上设立3～5名宣传员，形成区、乡、村（居）三级政工队伍网络。镇街乡设立通讯员，村、企业设立兼职通讯员，通讯员队伍总数达到300名，形成区、乡、村（居）三级纵向通讯网络。

二、“五大员”宣传员

2006年，全区建立讲解员、监督员、通讯员、辅导员、协调员五大员队伍1300多人。2007—2008年，为1400名“五大员”免费订阅《天津日报》《今日东丽》，发放《学习型》杂志和工作笔记本，为学习、工作提供必备资料。2008年，加大对新闻战线干部职工教育和培训力度，每月召开一次新闻通讯员联系会，对全体新闻通讯员进行集中培训。组织两次“五大员”集中培训。

第七章 纪律检查

东丽区纪律检查委员会围绕改革开放和经济建设，落实党风廉政建设和反腐败斗争各项目标任务。制定《关于落实〈建立健全教育、制度、监督并重的惩治和预防腐败体系实施纲要〉的实施意见》，落实党风廉政建设责任制，坚持围绕中心、服务大局，坚持标本兼治、综合治理、惩防并举、注重预防的方针，以建立惩治和预防腐败体系为核心，以完善体制机制为重点，加大改革创新力度，全面推进工作落实，党风廉政建设和反腐败工作取得新成效，为区经济社会发展提供了坚强的纪律保证。

第一节　机　构

一、领导机构

1979 年 8 月，成立东郊区委纪律检查委员会筹备组。1984 年 3 月，撤销筹备组，建立中共东郊区委纪律检查委员会。是年 5 月，区委纪检委从区委序列中划出，独立办公，改称中共东郊区纪律检查委员会，升格为副地师级。1988 年 2 月，区建立监察局。1993 年 8 月，区纪委、区监察局合署办公，一套机构两项职能。

1986 年 3 月，区第四次党代会始，区纪律检查委员会委员由党的代表大会选举产生。其常务委员会及书记、副书记，由纪律检查委员会全体会议产生后，呈报区委通过。

（一）第四届纪律检查委员会　1986 年 3 月，区第四次党代会选出纪委委员 15 人。区纪委四届一次全会选举张泽恩为区纪委书记，刘学仁为副书记，姜志山、赵良互、周洪起为常委。1987 年 12 月，增补郑连传为副书记。1987 年 4 月，增补俞作邦为常委。

（二）第五届纪律检查委员会　1989 年 12 月，区第五次党代会选出纪检委委员 11 人。区纪委五届一次全会选举张泽恩为区纪委书记，郑连传为副书记，赵良互、姜志山、俞作邦为常委。1990 年 7 月，增补俞作邦为副书记。

（三）第六届纪律检查委员会　1992 年 12 月，区第六次党代会选出纪委委员 11 人。区纪委六届一次全会选举刘学仁为区纪委书记，姜志山为副书记，刘洪涛、程兰启、何有东为常委。1993 年 8 月，增补崔和云为副书记、增补王砚龙为常委。1994 年 5 月，增补王砚龙为副书记。1997 年 11 月，增补房士琪、刘金钟为常委。

（四）第七届纪律检查委员会　1997 年 12 月，区第七次党代会选出纪委委员 17 人。区纪委七届一次全会选举姜志山为区纪委书记，何有东为副书记，王砚龙、程兰启、刘洪涛、房士琪、刘金钟为常委。2000 年 5 月，增补房士琪为副书记。2001 年 1 月，增补刘金钟为副书记。2000 年 9 月，增补刘长久为常委，是年 12 月增补黄学谦为常委。

（五）第八届纪律检查委员会　2002 年 11 月，区第八次党代会选出纪委委员 17 人。区纪委八届一次全会选举姜志山为区纪委书记，房士琪、刘金钟为副书记，刘长久、黄学谦、殷金书、曹凤河为常委。2004 年 8 月，增补刘长久为副书记。2005 年 10 月，增补李洪顺为常委。

（六）第九届纪律检查委员会　2006 年 12 月，区第九次党代会选出纪委委员 19 人，区纪委九届一次全会选举刘金钟为区纪委书记，房士琪、刘长久、黄学谦为副书记，殷金书、曹凤河、李洪顺、杨来明、魏秀娟为常委。

二、工作机构

1988 年 2 月，设立区监察局。1993 年 8 月，区纪委、区监察局合署办公，内设办公室、信访室、教育调研室、案件审理室、执法监察室、纪检监察室、党风廉政室。2001 年 12 月，内设办公室、信访室、干部室、教育调研室、案件审理室、执法监察室、领导干部廉洁自律室、案件检查室。

2010年3月，内设办公室、信访室、教育调研室、案件审理室、执法监察室、领导干部廉洁自律室、纠正部门和行业不正之风室、案件检查室。同时撤销区监察局内设监察室和对外加挂的区行政效能投诉中心牌子。

第二节　党风廉政建设

一、党风廉政建设责任制

东丽区以落实党风廉政建设责任制为龙头，把反腐倡廉建设纳入经济社会发展总体规划，统一研究部署，定期检查考核。成立区惩防体系建设领导小组和反腐败工作协调领导小组，每年制定《东丽区党风廉政建设和反腐败工作意见》，明确区级责任领导、牵头落实部门和区纪检监察机关三级责任主体。建立党风廉政建设考评工作机制，考核结果纳入全区绩效考核体系。通过实行工作任务分解、落实、督促和考核，各级领导干部履行“一岗双责”意识增强。

2008年，东丽区落实惩治和预防腐败体系实施办法推动会

2008年，区委、区政府下发《关于进一步落实党风廉政建设责任制的意见》，坚持标本兼治、综合治理、惩防并举、注重预防的方针。2010年，成立东丽区惩治和预防腐败体系建设暨落实党风廉政建设责任制工作领导小组，健全和完善党委统一领导、党政齐抓共管、纪委组织协调、部门各负其责、依靠群众支持和参与的领导体制工作机制，为加快推进全区开发开放、实现科学发展和谐发展率先发展提供保证。

二、反腐倡廉建设制度

实施办法　1999年，区委下发《关于实行党风廉政建设责任制的实施办法》，加强组织领导，层层明确责任，认真履行职责，严格考核检查。2005年，区委下发《东丽区关于落实〈建立健全教育、制度、监督并重的惩治和预防腐败体系实施纲要〉的实施意见》，将惩防体系建设作为加强党风廉政建设的重要内容。2008年，区委、区政府下发《关于印发〈关于进一步落实党风廉政建设责任制的意见〉的通知》，进一步明确各级领导班子和领导干部责任，认真履行“一岗双责”。

监督检查　1999年，区纪委制定《关于建设工程领域违法违纪行为的暂行处理办法》，严肃处理工程领域违法违纪案件。2003年，区纪委制定《东丽区小型建设工程监督管理实施细则（试行）》，切实加强监督检查。2006年，区纪委制定《关于对华明示范小城镇建设实施监督检查的办法》。2010年，区委下发《关于印发〈城市化建设中必须遵守的若干纪律规定〉的通知》，保证城市化建设顺利实施。

查办案件　2005年，区纪委制定《关于规范共产党员、国家机关工作人员信访行为的暂行规定》。2010 年，区纪委《关于印发〈天津市东丽区纪检监察案件审理若干规定〉的通知》，进一步规范案件审理工作。

三、领导干部廉洁自律制度

1996 年，区委下发《关于禁止在各种会议和活动中向党政领导干部赠送礼品的规定》。1997 年，区委下发《关于贯彻落实中央〈关于党政机关厉行节约制止奢侈浪费行为的若干规定的〉的实施意见》。1998 年，区委下发《东丽区领导干部任期经济责任审计制度》。1999 年，区委下发《关于印发〈东丽区关于在处级和镇乡领导班子、领导干部中实行诫勉的暂行规定〉的通知》。2002 年，区纪委印发《东丽区领导干部廉政谈话制度（试行）》。2007 年，区委制定《关于进一步加强领导干部廉洁从政的若干规定》。2008 年，区纪委制定《关于党员、干部涉纪涉法事项报告的规定》。2010 年，区委关于印发《东丽区学习贯彻〈国有企业领导人员廉洁从业若干规定〉实施办法》的通知。

四、提高行政效能制度

2007 年，区委下发《关于转变作风抓好工作落实的意见》，要求以良好作风促进工作落实。2008 年，区监察局印发《天津市东丽区人民政府行政责任问责制试行办法〉的通知》，对行政问责作出明确规定。2009 年，区纪委、区委组织部印发《东丽区行政效能考核试行办法（试行）》。2010 年，区政府印发《天津市东丽区行政机关首问负责制度、限时办结制度、责任追究制度的通知》，对提高工作效能、转变工作作风起到促进作用。

五、农村党风廉政建设制度

1996 年，区委下发《关于实行农村村务公开制度的决定》，在全区各镇街乡实行村务公开，明确村务公开的内容、形式及监督检查工作。2003 年，区委下发《关于进一步加强村务公开和民主管理的意见》，对村务公开和民主管理工作提出新的更高的要求。2007 年，区纪委下发《关于印发〈东丽区村级干部述职述廉暂行办法〉等制度的通知》，推动农村党风廉政建设全面落实。

六、反腐倡廉教育

（一）党纪党规教育　1997 年，开展以“讲学习、讲政治、讲正气”为内容的党性党风党纪教育，结合领导班子民主生活会，对照检查并整顿改进。1998 年，学习《党纪处分条例》等 7 部法规。2000 年，举办廉政专题讲座 32 场，听众 900 余人次。2004 年，开展提高党的执政能力和以“四大纪律”“八项要求”为重点的组织纪律教育，组织举办各类培训班 10 余期。2010 年，以学习《廉政准则》为重要内容的党纪党规教育，编印“52 个不准”廉政周历。

（二）主题教育　1998 年，开展以“艰苦奋斗、遵纪守法、率先垂范”为主题的党课教育。2001 年，开展“三学、三想、三增强”活动，以讲廉政党课为载体，开展党性宗旨教育和反腐败形势教育。2002 年，围绕“为人民掌好权、用好权”问题在领导干部中开展权力观教育和“立党为公、执政为民”主题实践活动。2003 年，开展增强“三个意识”、提高“三个能力”和坚持“两个务必”的学习教育活动。2006 年，突出抓《建立教育、制度、监督并重的惩治和预防腐败体系实施纲要》的学习宣传和落实。2007 年，开展“弘扬新风正气，正确行使权力”主题教育活动。2008 年，开展“讲党性、重品行、做表率”主题教育活动。2010 年，开展具有岗位特点和行业特色的廉洁从政教育。

（三）示范教育 1996 年，开展学习孔繁森等模范人物、宣讲身边先进典型的教育，3500 余名党员干部参加。2001 年，结合学习陈钟槐先进事迹，在全区树立一批先进典型，利用表彰会、报告会等形式广泛宣传。2002 年，通过开展评选市级廉政标兵以及向郭宝印等先进模范人物学习等活动，进行理想信念和廉洁从政教育。2009 年，开展首届“十佳廉政勤政标兵”和“廉政勤政优秀党员干部”评选活动，在全区评选 10 名标兵和 28 名优秀党员干部。2010 年，开展第二届廉政勤政优秀党员干部评选表彰活动。

（四）警示教育 1996 年，组织全区党员干部观看《存亡警示》等教育录像片。2000 年，组织 4000 余人次观看《特殊的一课》录像片，9000 余人次观看廉政电影《生死抉择》。2006 年，组织 700 名党员观看《生死牛玉儒》影片。2008 年，组织全区 31 名局级领导、398 名处级领导和 1920 名党员干部和部分离退休干部及家属观看警示教育片《忏悔录》，组织座谈和交流 55 场。2009 年，组织区委学习中心组和 46 个单位党员领导干部到周邓纪念馆及中国第一大案展览馆参观。

第三节　监督检查

一、财政资金和重点项目监督检查

2008 年，成立重点工程资金监管办公室，制定《东丽区重点工程资金监管工作方案》，对环境建设投入、社会事业投入、重点工程补偿资金、土地收益资金、征地保障资金等大额资金实行监管，开展重点工程大额资金审计工作，确保资金使用安全。2009 年，将新市镇及拆迁还迁等 8 个项目作为监管重点，完成华明示范镇项目建设和资金使用情况的核查。2010 年，成立区财政投入项目和专项资金项目监管工作领导小组，同时成立项目决策、工程管理等 5 个专项检查组，集中 5 个月的时间对 2007 年以来政府投入的 163 个项目的决策立项、工程管理、资金管理使用情况进行全面检查，确保区财政资金安全合理使用。

2008 年，东丽区工程建设领域突出问题专项治理工作部署会

二、行政效能的监督检查

1998 年，开展行政机关效能监察试点工作，以政务公开、提高办事效率、依法行政等为主要

内容，收到效果。2003年，成立行政效能（企业投诉）中心，制定监督投诉制度，设置监督电话，及时受理解决投诉举报。2008年，制定《东丽区人民政府行政责任问责制试行办法》和《东丽区行政许可服务中心行政效能监察暂行办法》，促进政府部门工作人员做到依法行政，提高行政效能。2010年，制定《天津市东丽区首问负责制度（试行）》等三项制度，对24个行政部门和9个街乡落实“三项制度”的情况进行专项检查，督促行政机关及工作人员认真履行职责，提高工作效率。

三、干部选拔任用、公开招考工作监督

区纪委在干部选拔任用和公开招考招聘工作人员中，坚持提前介入，对方案制定、资格审核、考试现场等环节进行全程监督，实现公开公平公正。2002年，开展对《党政领导干部选拔任用条例》落实情况的监督检查，对126名副处级以上领导干部选拔任用程序开展监督，做到全程参与、监督到位。

四、建筑市场及工程招投标管理

1999年，制定《东丽区建设工程项目监督管理办法》和《中共东丽区纪委监察局关于建设工程领域违法违纪行为的暂行处理办法》，开展建设工程项目执法监察。对41个在建工程进行检查，对13个存在问题的工程项目责令整改。2000年，对67个在建项目进行检查，规范工程招投标管理，工程项目全部实行招投标。2002年，制定《东丽区建设工程项目监督管理规定》《建设工程领域违法违纪行为暂行处理办法》《工程建设管理廉政规定》，加强工程项目廉政建设。2003年，制定《东丽区小型建设工程监督管理办法（试行）》，对在工程项目交易中出现的未按《中华人民共和国招标投标法》进行招投标、弄虚作假等不规范行为进行查处。2006年，对华明示范小城镇建设进行招投标、资金使用、工程进度等全方位的监督。

五、政府采购制度的监督检查

2000年，制定《东丽区监察局关于落实政府采购制度监督的暂行办法》，规范了实施政府采购的范围、标准和程序，并不断扩大政府采购的领域和范围。2000—2008年，监督政府采购资金5.68亿元，节约资金6010.3万元，节约率10.58%。

六、土地违法案件查处和国有土地使用权出让清理

2003年，建立东丽区土地交易中心和土地储备中心，成立土地市场整顿工作领导小组，向土地交易中心派驻临时监察组，对土地使用权出让进行全程跟踪。2008年，成立查处土地违法案件领导小组，对26宗土地违法案件进行认真调查，对案件责任人给予党纪政纪处分，遏制土地违法案件的发生。

七、粮食流通体制改革执法监察

1999 年，为确保“粮改”顺利进行，配合有关部门对粮食流通领域的有关单位进行检查。保证粮食市场的正常运转。

八、征用农民集体土地补偿费管理使用监督检查

2004 年，成立清偿工作组，对 7 个镇（街、乡）自 1999—2003 年农民集体土地补偿费管理使用情况进行全面检查。共检查涉及资金征用农民集体土地 31 项，征地面积 745 公顷，补偿金额 3.5 亿元，未发现拖欠、截留、挪用农民土地补偿费问题。

第四节　廉洁自律

一、规范领导干部从政行为

1998 年，对《关于进一步规范党政机关公务招待活动的暂行规定》进行修订。1999 年，严格审核出国（境）事由和经费来源。2002 年，制定《关于党政机关工作人员下基层进行公务活动的廉政规定》《关于进一步转变作风，规范乡镇领导干部“走读”工作的意见》《东丽区领导干部廉政谈话制度》。2003 年，制定《东丽区村级干部廉政规定》。2005 年，制定《领导干部向组织报告个人重大事项制度》《领导干部述职述廉制度》，增强领导干部的自律意识。2010 年，认真落实领导干部配偶和子女从业、投资入股、经商办企业等有关规定。

二、制度落实监督检查

1997 年，组织全区按照《关于厉行节约制止奢侈浪费若干规定》对照检查，自查自纠。2001 年，开展领导干部廉洁自律“回头看”活动，召开座谈会 207 个，参加人员 2291 人，发放问卷调查表 6022 份，处级干部对照 78 个不准规定进行对照检查。2004 年，结合贯彻“四大纪律、八项要求”，深入开展“三谈两述一报告”制度的落实推动工作，各级纪委负责人同下级党政主要负责人谈话共计 282 人次，实行领导干部任前谈话 235 人次，诫勉警示谈话 58 人次，述职述廉 882 人次。2007 年，贯彻落实《关于严格禁止利用职务上的便利谋取不正当利益的若干规定》。2009 年，开展《贯彻中央厉行节约八项要求解决有关突出问题》专项活动。

三、专项清理

1996 年，对清理出的 13 部超标小汽车及新购 27 辆小汽车进行逐车核查，解决公车私用问题。抓清理领导干部超标准住房工作，对全区乡镇副职以上干部购房、分房、建房、调房等做出统一规范。1999 年，对改扩建、装修办公楼进行清理，狠抓报建项目的审批工作。2001 年，在全区 1428

名科级以上干部中开展关于领导干部不准收受现金、有价证券规定的调查，对发生的违纪问题进行严肃处理。2004 年，开展对党政机关领导干部兼任企业职务问题的清理工作，23 名领导干部按要求全部辞去在企业中所兼任的职务。

第五节 专项治理

一、医药购销不正之风治理

2000 年，全区各医院实行医药分开核算，药品收入“收支两条线”，公开医疗、药品的收费标准和价格，药房达到“三放心”标准。2004 年，在卫生系统全面推行医疗器械和药品集中采购制度。2006 年，区卫生局与区属医疗机构、医院、社会办医机构及企业保健站签订《无非法行医承诺保证书》，建立系统管理网络。加强医德建设，加大对医生收取患者“红包”问题的监督力度，对发现问题的医院和医生进行了严厉查处。

二、教育乱收费治理

1997 年，对 27 所学校进行抽查，查出违纪金额 117 万余元，及时清退。2002 年，规范中小学和公办民助学校借读收费，对发现的违规收费问题纠正和处理。2003 年，制定《关于 2003 年治理中小学乱收费工作的意见》，层层签订责任书，实行教育收费公示制，保证收费项目的标准化、规范化。2004 年，在全区中小学推行教育收费“一费制”管理，执行收费公示制和收费联系卡制度。

三、公路“三乱”行为治理

对治理公路乱设站点、乱罚款、乱收费，采取有关单位专项自查与专项治理领导小组集中检查和抽查相结合的方式，重点治理收罚款项目不规范、票据使用不规范、资金使用不规范、账目设置及处理不规范四大类问题，不断完善查处公路“三乱”快速反应机制，加强对上路执法人员执法行为的监督检查，严肃查处和纠正公路“三乱”行为，实现了区内主要干道和乡村公路无“三乱”问题。

四、减轻农民和企业负担治理

2002 年，区纪委与物价局共同制作 125 块《涉农价格收费公示牌》，发至各镇街乡和村委会，向群众公开，接受群众监督。2003 年，结合农村税费改革，对减轻农民负担进行摸底调查，分析研究，制定措施。1998 年，取消向企业收费项目 14 项，为企业减轻经济负担 9.5 万元；10 个执法部门制定 58 项治理措施，认真履行服务承诺。

五、预算外资金账户清理

1996年，对全区115个行政事业单位预算外资金进行清理，清理银行账户95个，撤销银行账户9个，开设专户储存账户99个。1997年，组成8个专项工作检查组，对76个单位318项行政事业性收费进行清理检查，达到各项收费实行专户储存和“收支两条线”的治理目标。1999年，成立了落实“收支两条线”工作领导小组，对区属各单位的账户进行审查清理，对43个执收、执罚单位及下属141个部门的584个账户，按规定撤销了83个账户，保留501个账户。2000年，对71个单位行政执收执罚部门进行检查，清理撤销违规账户，所有行政机关的预算外资金全部落实“收支两条线”管理规定。

六、强农惠农政策违规违纪治理

2009年，以落实强农惠农政策为重点，配合有关部门加强中央和市、区强农惠农政策落实情况、涉农价格和收费情况的监督检查，坚决纠正损害农民利益的突出问题。认真开展综合治理工作，严肃查处截留、挪用、克扣强农惠农补贴资金和乱收费、乱罚款、乱摊派等违规违纪行为。配合有关部门做好农资打假工作，对制假、造假造成严重后果的实行行政问责。2010年，成立联合检查组，对9个单位和7个街乡强农惠农资金使用情况进行专项检查，涉及强农惠农资金6.48亿元，保证资金的安全使用。通过各项专项检查，虚报冒领骗取财政资金、截留挪用财政资金等问题得到杜绝。

七、商业贿赂治理

2006年，区委成立治理商业贿赂专项工作领导小组，制定实施方案，重点治理工程建设、土地出让、产权交易、医药购销、政府采购以及资源开发和经销等领域的商业贿赂，着力解决公益性强、与人民群众切身利益密切相关、破坏市场经济秩序的问题，查处3件商业贿赂案件，涉案金额达5万余元，取得初步成效。

第六节　查办案件

一、信访工作

（一）领导责任制　将信访案件的办理纳入重要议事日程，实行责任到人，主要领导对重要信访案件亲自批示、督办、审核，分管领导认真研究、查处、答复，做到谁批示谁负责、谁主管谁负责，并将办理情况向常委会进行汇报，坚持集体决策。

（二）完善制度　设立信访举报热线电话，实行网络举报，制定群众集体上访排查制度和解决群众集体上访责任制，建立《信访例会制度》《信息网络制度》《规范共产党员、国家机关工作人员信访行为的暂行规定》等制度。坚持和完善信访举报分析排查机制，积极预防和妥善处置群众性事件和突发性公共事件。

（三）信访监督　在全市率先实行信访监督制度，有效控制苗头性、倾向性、不稳定问题的发生；建立区、街、村三级信访网络，实行信访指导员、联络员制度，认真解决群众反映强烈的突出问题，实现以稳定促发展。提高信访应急处理能力。在全国“两会”、奥运会等重大活动期间，制定信访防控预案，认真落实信访责任制，及时处理各类突发性信访案件，为维护全区社会稳定做出贡献。1986—1994 年，共受理群众来信来访 865 件。1996—2010 年，共接到群众来信来访 2111 件，每件信访件都得到及时办理。

二、查处违纪违法案件

（一）完善领导机制　坚持在区委的统一领导下，建立查办案件工作责任制和领导包案制度，形成了主要领导亲自抓、分管领导具体抓、其他常委协助抓的办案工作机制，同时加强对基层纪检组织办案工作的指导和督查，做到协同配合、发挥合力。

（二）协调联合办案　坚持查办案件联席会议制度，加强反腐败协调小组的工作，纪检、公安、检察、法院、审计等部门密切配合，及时沟通信息，挖掘案源，遇到案情共同研究、共同排查线索，提高办案速度和质量。

（三）完善管理制度　建立查办案件工作制度，明确查办案件工作的原则和工作程序；完善案件管理工作制度，对查办案件工作的统计报送、信息反馈、综合分析、台账登记作出明确规定，使案件查办更加科学规范。

（四）严肃纪律　针对不同时期违纪案件的新特点、新动向，组织办案人员参加业务知识学习培训，交流工作经验，制定办案人员守则，严肃组织纪律，不断提高办案能力。制定《关于进一步提升纪检监察干部素质能力的规定》《东丽区纪委监察局案件审理若干规定》《东丽区纪委监察局执法办案能手评选办法》，在全市率先实行“持证上岗”制度，促进查办案件工作的规范化，提高查办案件的综合效果。

1979—1995 年，查处违纪违法案件 705 件，335 人受到党纪政纪和组织处理。1996—2010 年，查处违纪违法案件 302 件，305 人受到党纪政纪和组织处理。

1996—2010 年东丽区党员违纪违法案件处理情况统计表

表 19-4　　单位：人

年份＼项目	党纪处分					政纪处分				小计
	开除党籍	留党察看	撤销党内职务	严重警告	警告	记大过	警告	免予处分	取消预备党员资格	
1996	10	6	—	5	1	—	1	—	—	23
1997	10	4	—	4	1	1	—	1	—	21
1998	14	3	1	3	1	—	—	—	—	22
1999	10	4	—		4	—	1	2	—	21

续表 19-4

年份＼项目	党纪处分					政纪处分				小计
	开除党籍	留党察看	撤销党内职务	严重警告	警告	记大过	警告	免予处分	取消预备党员资格	
2000	5	3	1	1	7	—	—	4	—	21
2001	11	2	—	6	4	—	—	1	—	24
2002	12	1	1	3	1	—	—	1	—	19
2003	6	1	—	11	1	—	—	5	—	24
2004	10		—	1	1	—	1	4	—	16
2005	7	2	—	1	3	—	—	6	—	21
2006	5	3	—	3	1	2	1	4	—	19
2007	11		—	1	3	—	—	—	—	16
2008	12	1	—		2	3	—	—	—	20
2009	15	1	1	1	—	—	1	—	—	19
2010	12	3	—	1	—	—	2	—	1	19
合计	150	34	4	41	30	6	7	28	1	305

第八章　统一战线

1979—2010 年，中共东丽区委统一战线工作部，贯彻落实中央和市、区委关于加强统一战线的有关指示精神，注重同各民主党派、无党派人士、少数民族人士和宗教界爱国人士的合作，支持和推动各民主党派、工商联加强自身建设，广泛联系港澳台及海外爱国人士，充分发挥统一战线人才荟萃、智力密集、联系广泛的独特优势，紧紧抓住滨海新区开发开放大好契机，围绕建设津滨新城区奋斗目标，以科学发展观为指导，着力把握统战工作着力点，选准切入点，创新工作思路和方法，转变工作作风，扎实开展工作，使党的统战工作不断得到巩固和加强。

第一节　机　构

1979 年，区委宣传部兼管统战工作。1983 年 7 月，建立中共东郊区委统一战线工作部。1991 年 8 月，建立中共东郊区委台湾工作办公室，同时加挂东郊区人民政府台湾事务办公室牌子。1997 年 7 月，区委统战部与区委台湾工作办公室、区政府台湾事务办公室合署办公。内设办公室、对台办。2004 年 10 月，统战部内设机构调整为综合科、党派科。

第二节 落实统战政策

一、解决历史遗留问题

1983年统战部成立后，对在历次运动中，特别是“文化大革命”中受错误路线迫害的一些爱国民主人士的问题，进行复查纠正和落实政策。对原错划的51名右派人员进行复查，对留有“尾巴”的政治结论中不当之词进行修改，并对部分人员安排工作，对5户家庭办理农转非手续。落实原国民党起义及投诚人员政策，为参加北平和平改编确认的起义人员恢复了名誉，将26名起义人员与投诚人员区别开来，并分别颁发了荣誉证明。对台胞台属在“文化大革命”中被查抄收的财产折款退还，有的补发了工资。

二、支持民主党派自身发展

认真贯彻落实1982年中共十二大明确提出的同民主党派“长期共存、互相监督、肝胆相照、荣辱与共”的十六字方针，支持民主党派自身发展，加强同民主党派的团结合作。各民主党派发展初期，统战部积极协助各民主党派做好思想工作，消除疑虑和偏见，使各民主党派成员得以稳步发展。1988年，全区有75名民主党派成员。民进组织发展较快建立了区工委，1997年，全区已建立5个民主党派组织，民建、农工党为支部，民革、民盟、民进成立区工委。

2010年，全区民主党派有民革东丽区工委、民盟东丽区工委、民建东丽区支部、民进东丽区工委、农工党东丽区工委，成员共计290名。大部分成员具有中级以上专业职称和本科以上文化，成为各条战线的业务骨干和先进人物。

三、加强民主党派思想政治教育

（一）革命传统教育　1991年，举办中共建党70周年录像报告会，组织政协委员、民主党派成员观看原毛泽东主席卫士长李银桥讲述毛泽东主席生前生活片段。1995年，组织各界人士召开庆祝抗日战争胜利50周年座谈会。2008年，组织民主党派代表赴西柏坡参观学习，进行革命传统教育。

（二）举办培训班、专题讲座　1996年，举办两期民主党派后备干部培训班。2006年，举办新一届民主党派领导班子成员培训班，50人参加培训。2010年，邀请市社会主义学院副院长作“树立和践行社会主义核心价值体系”专题讲座，150人参训。

（三）专题思想政治教育　1989年，召开7次学习座谈会，传达学习中共中央精神，确保各民主党派成员与中国共产党保持一致。2003年，在统一战线成员中开展为期2个月的“三增强”“四热爱”教育活动。2004年，在民主党派组织中开展“四个一”“四好”活动。2009年，召开“统一战线庆祝新中国成立暨多党合作制度确立60周年座谈会”。

四、引导民主党派、无党派人士发挥作用

（一）联席会议制度 1986年，确立了民主党派联席会议制度，每季度召开党派主委例会，向民主党派通报全区经济社会发展情况及区委、区政府重大决议，扩大民主党派的知情范围，听取建议。每年围绕全区经济社会发展的重点、难点、热点问题及重大事项和区委、政府年度工作报告等组织各种形式的通报会、协商会、座谈会，广泛征求党外人士的意见。至2010年，区委共召开座谈会83次，协商通报会78次，各民主党派提出有价值、有分量的意见和建议共510余条，其中370余条被有关部门采纳。

（二）考察、献计献策 1993年，组织各民主党派负责人和政协委员考察区经济开发小区和东丽湖等地，对区开发建设提出合理化建议。1996年，组织高层次的民主党派知识分子，围绕区“九五”计划、“2010年目标”发展战略进行讨论、论证。召开了各民主党派、团体、知名人士“为东丽的腾飞献计献策”大会。组织党外人士就区经济社会发展中存在的问题开展调研，为区委、区政府决策提供依据，到2010年，各民主党派、无党派人士完成调研材料100余篇50余万字。充分发挥党外人士作为人大代表、政协委员的参政议政作用，积极向两会提交提（议）案，每年两会党外人士提交的提（议）案数量占到当年总数的一半以上，到2010年，党外人士共提交提（议）案1400余件。

（三）特邀监督员 为更好地发挥民主党派的民主监督职能，从1994年开始，区各届人大、政协推荐人大代表及政协委员中工作能力强、素质好、有威信的民主党派、无党派人士担任特邀监督员、教育监督员和法院、检察院监察员。到2010年，区20余个行政管理、执法执纪部门有100余名特邀监督员。特邀监督员定期参加有关部门的汇报会、征询会、实地检查、执法等活动。至2010年，共参与各类检查活动计1000余次，提出意见和建议900余条，其中700余条被采纳。

（四）开展社会服务 2007—2010年，组织民主党派开展一年一次的“科技、卫生、教育、文化、体育、法律”进社区活动，为群众开展免费服务，累计服务3000余人次。

2007年，组织各民主党派开展“六进社区”服务活动

五、广交深交党外朋友

贯彻党的统一战线政策，和党外人士广交深交朋友。1985年开始，每年举办新春座谈会和中秋茶话会，区主要领导出席，和广大党外人士欢聚一堂，共度佳节。每年组织党外人士外出参观旅游，通过活动联络感情，增进了解，推进工作。

六、党外代表人士选拔使用

在历届区人大、政协中，党外代表人士所占比例不断提高。人大方面，第十一届有1名党外副主任、党外代表占27.2%；第十二届有2名党外副主任，党外代表占28.1%；第十三届有1名党外副主任，党外代表占33.3%；第十四届有1名党外副主任，党外代表占34.4%。政协方面，第一届政协委员69人中，党外人士为34.8%；第三届有5名党外副主席，党外委员为60%；第五届有5名党外副主席，党外委员为60.3%。1990年，开始有1名党外人士担任副区长。

1989年，开始在区政府办公室、水利、农林、司法、民政、排灌处、教育、卫生、旅游、农委等政府部门安排民主党派、无党派人士担任处级领导干部，部分乡镇街安排副处级镇街领导。1990年，对全区208名党外科级以上干部的安排情况进行了摸底调查，会同区委组织部在教育系统举办推荐党外后备干部工作。2003年，对区党外代表人士进行重新登记造册，筛选30人进入天津市党外代表人士人才库。2008年，向区委推荐48名党外后备干部人选。

第三节　港澳台工作

一、港澳台侨胞侨属工作

（一）三胞眷属工作　深入开展三胞眷属教育和联谊活动，通过召开春节茶话会、中秋赏月会、座谈会、报告会，组织参观旅游，区领导宴请归国台胞等活动，深入进行爱国主义和社会主义教育。密切与三胞眷属的联谊，加深了解，增进感情，合理解决台胞台属工作调动、住房困难、升学就业、迁移户口等问题，开展对台交流交往，做好台胞及台湾团组的接待工作，组织经贸、教育、文化等各领域团组赴台学习考察，不断扩大对台交流，加强互利合作，保障台商的合法权益及优惠政策，吸引台资到区落户，推进海峡两岸的交流，发展经贸关系。

（二）台属台胞工作　1985年，全区有台属52人，协助大部分台属以美国、日本等国家和中国香港地区为中转站与在台亲人取得联系，有的在香港与亲人会面。1988年，协助24名台胞回乡探亲。组织台属参观天津新车站、新港码头、塘沽开发区。帮助3名台胞与亲属取得联系，协助台属办理赴港会面手续。1989年，组织台属学习中共中央有关精神，号召台属开展“一封信”活动，向海外亲人说明学潮真相，介绍大陆的稳定局势，宣传中共的对台方针政策不变，消除顾虑。1992年接待11名台胞回大陆探亲旅游。1993年，区成立东丽区台属联谊会。1997年，组织台属参观平津战役纪念馆及抗日战争胜利纪念馆。2003年，向全区台属、台胞发出慰问信，介绍市政府防治“非典”的十条规定，宣传“非典”预防知识，做好稳定工作。2008年，节日期间走访台属、定居台胞和台商，发放慰问款3万元。至2010年，全区共接待台胞500余人次，到区交流台湾团组20批，400余人次；组织赴台交流团组10批，100余人次；走访慰问台胞、台属1000余人次；解决涉台纠纷70件，解决生活、生产困难150余件。

（三）台商投资兴办企业　1992年，组织2次台属座谈，介绍投资环境及优惠政策，促成2家台商到区投资。1995年，协助台胞在新兴村兴办台资企业。1996年，组织台商学习《台湾同胞投资保护法》，为台商投资提供政策咨询和信息服务。2006年，全区实际利用台资4120万美元，解决台商办企业困难 7 件。

二、对台联谊工作

1994 年，区成立对台经济工作领导小组，协助市台办筹建天津市台湾同胞投资企业协会，组织 10 家企业加入协会。2004 年组织千名师生参观台湾图片展。2005 年，组织区土木建筑学会考察团赴台考察交流。2007 年，组织文化、农业 2 个交流团组 16 人赴台考察交流。召开区台属联谊换届大会，选举产生新一届理事会理事。2008 年，组织台商台属参加津台两地民间交流摄影展和台湾风情摄影展。2010 年，协助全国台联台胞青年夏令营天津分营成员 70 人参观区华明镇。

第四节　非公经济人士工作

1986 年，统战部制定《关于建立“天津市东郊区工商联合会”的实施方案》。1987 年 8 月，东郊区工商联组织恢复建立。1994 年，组织工商联合会学习有关经济法规和邓小平建设有中国特色的社会主义理论。1997 年，举办“庆七一、迎回归”联欢会。2004 年，东丽区总商会成立。

1995 年，举办 2 期非公有制经济代表人士培训班。1998 年，全区非公有制人士中，有全国政协委员 1 人，市政协委员 3 人，区人大代表 4 人，区政协委员 20 人。2000 年，举办非公有制经济代表人士“致富思源、富而思进”座谈会。2004 年，在非公有制经济人士中开展 2 个月的“三增强”“四热爱”教育活动。2005 年，广大非公有制经济人士积极投身公益事业，踊跃捐款捐物。5 名人士入选天津市光彩事业促进会第一届理事会理事。2008 年，非公有制企业为汶川地震灾区捐款捐物 1.5 亿元。2010 年，在非公有制经济代表人士中开展非公评价工作，作为评选表彰、政治安排的标准。14 家非公有制企业为贵州毕节实验区“同心水窖”工程捐款 51 万元。

2010 年，组织非公企业为贵州毕节实验区“同心水窖”捐款

第五节　统战理论学习

组织统战成员认真学习统战理论知识和中共中央、市委重要文件精神，深刻领会关于开展统一战线工作的新思想、新要求、新部署，深刻认识中国共产党领导的多党合作和政治协商制度所具有的历史必然性和巨大优越性。

采取多种方式，在实际工作中锻炼考察统战成员，对热心于统战工作特别是热衷参政党理论研究的成员，着重加以培养，造就一支政治素质好、理论水平高、业务能力强的相对稳定的理论研究队伍。每年制定统战理论研究课题，督促各党派和个人做好课题调研，并积极报送优秀调研成果参加市委统战部统战理论创新成果评选，每年都有1～2篇统战论文获奖。

紧紧围绕中央关切、基层关心的现实问题，深入开展调研，掌握真实情况，提出应对良策。重点研究解决统一战线中的新情况新问题。统战部充分发挥桥梁联系作用，选择优秀调研成果向区委、区政府和市委统战部报告。至2010年，全区统一战线成员共完成统战理论研究课题80个，各类调研报告、论文120篇。

第九章　精神文明建设

东丽区精神文明创建活动始于20世纪80年代初，历经“学雷锋、做好事”。1983年开展“五讲四美三热爱”活动。1984年开展“文明礼貌周”活动及争做“五好社员”“五好家庭”活动。1985年开展“学英雄、见行动，为四化做贡献”活动及学雷锋做“四有”（有理想、有道德、有文化、有纪律）新人活动。1992年开展创建“社会新风达标户”及“文明家庭”活动。1994—1995年，开展“五学”（学知识、学科学、学技术、学业务、学外语）；“三比”（比学习、比本领、比贡献）及“四创”（创优质产品、创优质服务、创优美环境、创优秀形象）争做津门楷模活动，各项创建活动均取得了成效。1997年始，围绕道德建设、志愿服务和村居群众性精神文明创建活动，创建思想道德教育阵地，树立先进典型，创建全国未成年人思想道德建设先进城区，全区城乡文明程度和公民文明素质进一步得到提升。

第一节　公民道德建设

一、普及道德规范

（一）学习宣传“公约”“守则”　1997年《天津市民行为道德规范》颁布，每年以集中宣传日和广泛宣传相结合的方式，普及道德规范。2003年开始，每年9月确定为东丽区公民道德宣传月，通过编印《村民教育二十点》《居民教育五字言》《小公民宣言十不要》等教育读物，开展“我最痛恨的十大生活陋习”评选、“东丽发展我受益、我为家乡献良计”等征集活动，使公民基本道德规范进机关、进村庄、进小区、进家庭、进学校，引导人们自觉养成科学文明健康的生活方式。2008年，《天津市民文明公约》《天津市民行为守则》公布，全区掀起了宣传学习《公约》《守则》的高潮。居民从小事细节入手，从我做起、积极践行，文明行为蔚然成风。2009年，开展“践行公约守则·共建美好家园”主题活动，发放倡议书，签写承诺书，展出热爱家乡、文明出行、文明礼仪、移风易俗等内容的漫画百余幅，营造了“迎国庆，讲文明、树新风”的浓厚氛围。

（二）主题教育实践活动　组织开展“看家乡新貌，促天津发展”主题教育活动，全区近三千名干部、村（居）民、志愿者参观了天津市规划展览，游览海河，观赏城市新貌，振奋了热爱祖国、热爱天津的激情，增强了立足本岗、建设家乡的使命感。2010年，举行“迎世博，讲文明，展新貌”主题实践活动。扎实推进“普及规范，践行礼仪”“摒弃陋习，美化家园”“关爱生命，文明出行”“示范窗口，携手共建”“志愿服务，爱心传递”五大全民行动，实现市民素质明显提高、市容环境明显改观、交通秩序明显通畅、窗口服务明显优化，全力打造优质的人文环境。

二、树立先进典型

（一）文明之星 1997—2003年，开展表彰群众性精神文明十大系列创建活动先进集体和先进个人标兵活动，表彰文明市民、文明楼院、文明村、文明工商户、文明单位、文明家庭、文明出租车驾驶员、文明机关、文明行业、文明学校。2004年，全区培育表彰了600个先进典型（百个环境整治带头人、百个下乡服务明星、百个文明督导员志愿者、百个诚信公民标兵、百个文明示范家庭、百个文明示范楼院）。2006年，启动“文明之星”评选活动。评选出诚信之星、守法之星、孝顺之星、致富之星、慈善之星、公益之星、育苗之星、环保之星、才艺之星、敬业之星各10名共计100名文明之星。

（二）文明市民 2007年，启动“十佳文明市民”评选活动。冰湖勇救两名落水儿童的新立街道青年当选为天津市“十佳文明市民”。2008年，评选18位文明之星入选中国好人榜，14位入选天津市好人榜。2010年，进一步弘扬先进典型先进事迹，在全区营造“知荣辱、学先进、讲义气、促和谐”的社会风气。

三、诚信东丽活动

2003年，全力打造诚信品牌，开展诚信东丽活动。实施“810”工程，即每年建设10个诚信示范机关，10个诚信示范单位，10个诚信示范企业，10个诚信示范市场，10个诚信示范学校，10个诚信示范社区，10个诚信示范村，10个诚信示范标兵。每年为1000名“诚信公民”佩带大红花、赠送公德文化衫，激发群众共铸诚信的责任感和荣誉感，调动热爱家乡、建设东丽的自觉性。

四、“双十百佳”评选

2008年，在全区各窗口单位、企业和城乡干部群众中开展诚信“双十百佳”评选工作。选树典型，弘扬先进，引导全区人民以诚立业，以信兴业，以诚待人，以信立身，形成“讲道德、讲诚信、讲正气”的良好社会风尚，为实现东丽区率先发展营造良好的社会信用环境。

2005年7月，市委副书记刘胜玉，市委常委、市委宣传部部长肖怀远考察徐庄村“五个一”阵地

五、文明“五个一”创建

2000年，重点实施具有东丽特点的“一三五八”精品工程，即建设1个精品文明社区、3个精品文明城镇、5个精品文明小区、8个精品文明村。推动文明村、

文明小区“五个一”创建活动从由点到面迅速向全区辐射。2005年，徐庄村等15个村率先完成村民学校、综合服务站、文体活动站、未成年活动站、村街花园的创建任务，发挥教育、服务、娱乐三大功能作用。2005年7月26日，全市创建文明“五个一”活动现场推动会在徐庄村举行。2006年，中央文明办调研组到徐庄村进行调研，对创建“五个一”活动给予充分肯定。2007年，文明办实地检查验收，南何庄村等5个村被评为市级创建文明“五个一”活动先进单位。2008年，配合小城镇建设，启动了华明新市镇6个居委会的“五个一”阵地建设。

第二节　未成年人思想道德教育

一、思想道德教育阵地

（一）建设文明书角

2005年，实施具有东丽特色的“文明书角”援建工程，为每个行政村赠送未成年人“文明书角”。与各镇街乡、村（居）签订《东丽区未成年人“文明书角”日常管理责任书》，指导各村开展“好书伴我成长，文明在我心中”寒暑假读书月活动。2010年，全区行政村和社区全部建立文明书角。

2009年，依托文明书角开展“读好书，走好路，做好人”主题实践活动

（二）创建快乐营地

2009年，东丽公园、徐庄村等5个快乐营地建成。2010年，第二批11个快乐营地、第三批5个快乐营地建成。分别举办了全市快乐营地冬令营启动仪式和全区夏令营汇报演出。快乐营地已成为未成年人寒暑假、节假日、课外时间开展丰富多彩活动的重要平台，使未成年人在活动中开阔视野、增长见识、陶冶情操、愉悦身心。

二、建立“三位一体”教育网络

2005年，修改和完善《东丽区关于进一步加强和改进未成年人思想道德建设的实施意见》，制定绩效考核标准，构建学校、家庭、社区三位一体的教育网络。通过开办家长学校，举办家教报告团，评选“文明家庭”等形式，引导家长树立正确的教育观和成才观。开通“阳光育苗”咨询热线，组建“五老”志愿者队伍。2008年，举办“同在一方热土，放飞童年梦想”百米文明画卷创作比赛，营造了“迎奥运，改陋习，讲文明，我参与，我奉献，我快乐”的浓厚氛围。2009年，以“做一个有道德的东丽人”为主题，组织未成年人开展争做“六个小”主题实践活动，即争做童歌童谣小选手、文明礼仪小博士、市容环境小卫士、手工制作小能手、书法漫画小作者、城乡文明小记者，增强了教育的吸引力和感召力。区文明办、区教育局等单位联合启动学子道德实践工程，大力营造有利于未成年人健康成长的良好氛围。

三、净化社会文化环境

2009 年，区文明办制定《东丽区关于净化社会文化环境专项治理工作的责任分工》，形成区文明委统一领导，文明办协调指导，各职能部门分工负责的工作机制。健全责任分工制度、联席会议制度、联合督查制度、社会监督制度和文明监督岗制度五项工作制度，有效遏止了不良文化的滋长蔓延。在《今日东丽》报、东丽在线上刊播举报电话，接受社会各界对影响社会文化环境不良行为的举报。先后面向社区、乡村招募义工监督员队伍 100 余名，佩戴红帽子、红袖章，采取“定岗、定责、定人、定时”的办法，开展对网吧的义务巡视工作，较好地发挥了对社会文化环境的监督作用，为未成年人健康成长保驾护航。

四、创建全国未成年人思想道德建设先进城区

2010 年 8 月，东丽区未成年人思想道德建设已走在全市的前列，区文明委决定启动创建全国未成年人思想道德建设先进城区工作。2010 年 9 月，部署创建先进城区的工作。区文明委对在未成年人思想道德建设工作中做出突出贡献的 10 个机关先进单位、10 个村居先进单位、10 个优秀团队、10 个机关先进工作者、10 个村居先进工作者以及 176 名优秀义工辅导员进行了表彰。

第三节　城乡文明共建

一、集中服务解难题

定期组织有关职能部门，深入基层举办“情系乡村百姓，服务助推和谐”为主题的集中服务日。2003 年，举办大型集中宣传活动 6 次，吸引数万名群众，为村民解决大量实际问题。至 2010 年共举办集中服务日 40 次，受惠群众 20 余万人。2005 年，组建由警官、法官、检察官、公证员、卫生员、税务员、政策宣传员、科技指导员、就业导航员、文体辅导员、文明传播员组成 800 人“三官八员”志愿者队伍，举办“亮明身份，服务百姓”志愿者下乡服务活动启动仪式。

2007 年 2 月，举办六进乡村集中服务日

二、长期服务暖民心

2003 年 5 月 8 日开通“战胜非典，我们伴您同行”服务热线。宗旨是以爱心、诚心、信心和决心，为群众分忧，替群众解难，帮助群众科学战胜非典。2004 年，开展“东丽发展我受益，我为家乡献良计”征集活动。征集到意见建议 3000 余条，使“苦干五年争第一”的奋斗历程，成为村民知情、理解、支持、参与的过程，调动了全区广大村民的积极性、主动性和创造力，营造“集

民智、举民力、谋发展、争第一”的浓厚氛围。2006年，开设“民情专递”服务热线，为身患白血病的13岁女孩捐款15万余元。2007年春节前夕，联合21个单位在南何庄村举办以“情系乡村百姓、服务助推和谐”为主题的下乡集中活动日。2008年，在华明街道等举办“辞旧迎春送温暖·共建文明新家园”“迎奥运、讲文明、树新风”“践行公约守则，争做文明市民”下乡服务日活动。2009年 1月，在十三顷村举办“喜迎新春送温暖，携手共建新农村”六进乡村集中奉献日活动。

三、围绕中心搞宣传

2003年，编印《便民服务手册》，发至全区家家户户。《手册》收录区45个委办局的服务项目、承诺、热线和投诉电话，涵盖农业、科技、法律、卫生、就业等涉及群众生产生活的各个方面，成为区委、区政府联系农民群众的连心卡。2007年，配合华明街道12个村的搬迁动员工作，编排演出《拆迁还迁政策好》《华明家园异彩飘香》《改陋习、树新风，争做文明东丽人》等文艺节目，吸引上万名村民观看。

第四节　精神文明创建

一、争当环境卫士

2007年，以“文明在我建设”为主题，以维护市容环境为重点，组建万名文明督导员，走上街头里巷，劝导身边不文明行为，评选出100名环境卫士。结合“大干300天，市容环境综合整治工作,开展以“让我们携手同心，向环境脏乱差宣战”为主题的集中清整日活动，组建万名文明督导员，编印美化市容宣传画，开展“让公共场所净起来”“让道路两侧净起来”、“让城市面貌美起来”“让城市天空净起来”“让市场内外净起来”“让生活小区净起来”为主题的集中清整日,使干部群众的环境意识增强,市容环境改观。2009年9月20日全市“我爱家乡的河”志愿服务行动主点位设在月牙河桥一侧，广大志愿者清理河道两侧垃圾杂土。每年组织有关部门在农历七月十五、十月初一前夕，举行“倡导文明，告别陋俗，爱我家园”万人上街劝阻烧纸活动启动仪式和“严禁烧纸、文明祭奠”主题宣传周，营造讲究科学，文明祭祀的浓厚氛围。

二、争当礼仪明星

2008年，以社会礼仪、政务礼仪、国际礼仪为重点，通过开设文明礼仪公益大讲堂，举办文明礼仪知识大赛暨文明礼仪展示活动，帮助全区广大干部群众在文明用语、礼貌待人、优质服务、职业道德等方面有了明显进步。各基层单位广泛开展“建礼仪东丽、迎人文奥运”等主题实践活动，评选出100个文明礼仪小博士、100个文明礼仪形象大使、100个文明礼仪示范窗口。

三、争当文明使者

2007年，以“文明在我脚下”为主题，以有序礼让、文明乘车，遵守规则、文明通行、照章停靠、文明行驶为重点，倡导文明出行。印发“文明行车、自觉礼让”倡议书，倡导机动车驾驶员树立礼让意识。通过举办交通安全知识讲座，普及交通法规常识。开展“当一天交通协管员”志愿服务活动，维护交通秩序，培养市民自觉遵守交通秩序的好习惯。2010年，组建50人的文明交通劝导员学雷锋志愿服务队，对乱穿马路、跨护栏者进行劝导和制止。

四、“我们的节日”主题实践活动

2009—2010年，倡导文明新风，弘扬民族优秀传统文化，深入挖掘传统节日的文化内涵，把组织和开展好“我们的节日”主题实践活动作为群众性爱国主义教育的重要载体，引导广大城乡群众进一步了解、认同、喜爱，过好传统节日。

春节、元宵节期间开展“喜迎新春送温暖，携手共建新农村”庆祝活动，组织学雷锋志愿者开展文艺节目展演，书法小分队下乡为群众现场书写、赠送春联。将具有倡导文明字样的新年有奖贺卡，发放到群众手中。组织文艺下乡小分队深入敬老院表演节目，受到老人们的热烈欢迎。

2009年7月，“爱党爱国爱家乡”红歌大家唱华明大舞台录制现场

清明节期间开展“文明祭祀、你我先行”集中宣传教育。举办“鲜花祭祀亲人，放飞无限思念”祭奠仪式，用文明、节俭的方式祭奠亲人。中小学校、机关单位组织学生、干部职工到烈士陵园、周邓纪念馆、平津战役纪念馆为革命先烈扫墓，敬献花圈和鲜花，表达对革命先烈的崇敬之情。

端午节期间，举办以纪念屈原为主题的诗歌诵读活动和包粽子比赛，使传统节日活动凸显传统文化魅力，引导人们增强爱国主义情感。

重阳节期间，举办“庆重阳，颂文明”书画展，展出作品近百幅，营造尊老、敬老、爱老、助老的良好氛围，促进儿女孝道、家庭幸福、社会和谐。开展关爱空巢老人志愿服务活动，使每一名老人都享受到节日的快乐和家庭的温馨。

五、“爱党爱国爱家乡”红歌大家唱

2009年，在全市率先成立东丽红歌会，启动“爱党爱国爱家乡”群众性红歌大家唱活动。发展1500多名会员在东丽公园、东丽广场举办20多场“周六红歌大家唱”活动。各街乡相继成立红歌会分会，利用广场、公园等阵地组织群众唱红歌。主题口号“唱红歌、鼓士气、促和谐、创百亿”深入人心，形成了“人人唱红歌，人人受教育，人人展风采”的浓厚氛围。为喜迎中华人民共和国成立60周年，9月28日，全区“祝福祖国、喝彩东丽”群众歌咏大会掀起了红歌大家唱活动新的高潮。在这次集中展示中，全区各行业24支方队展示风采。9月29日，由350名城乡干部群众组成东丽代表队，参加全市庆祝新中国成立60周年群众歌咏大会。

第五节　志愿服务

2009年2月，区委书记张有会和市文明办副主任沈志建为东丽区文明义工志愿者综合服务站揭牌

2009年2月28日，举行区学雷锋志愿服务指导中心揭牌仪式。推进建立区、街、社区（村）三级志愿服务网络，共建立161个志愿者服务分站组织，招募组建了由党员、劳动模范、身边好人等先进分子和爱心群众参与的学雷锋志愿者队伍，解决了群众想参加志愿服务没有组织、没有途径、没有载体的现实问题。

2009—2010年，区志愿服务指导中心组建了政策宣讲、环境清整、文明劝导、网吧监督、交通执勤等10支志愿服务队，常年活跃在全区的大街小巷。由道德模范、劳动模范、身边好人以及热心公益事业的市民组成的3000多名专职义工，并带动了一大批群众自愿加入到志愿服务事业中来。以“爱心驿站”为品牌，搭建了奉献爱心、汇集爱心、传递爱心的平台。至2010年底，与10名孤儿和30名贫困家庭的学生结成帮扶对子，先后为各地灾区、孝子以及孤寡老人等捐赠善款。同时，还将收到的衣物以最快的速度送到贫困生和青海玉树学子手中。2010年9月，全市首辆公益爱心车——“爱心大篷车”投入使用。 组建38个帮扶小组，拓展了“关爱空巢老人”志愿活动的领域。

2010年3月5日，《天津日报》《今晚报》以《爱心浇开文明花》为题长篇报道了东丽区爱心义工志愿服务活动的经验做法。天津电视台、各大网站也以“义工之家”为题进行了重点报道，推动全区志愿服务事业蓬勃发展。2010年，区学雷锋志愿服务指导中心获全市优秀品牌项目奖。区文明办接待多批来自区县及外省市的考察，志愿服务成为东丽精神文明建设的一大亮点。

第十章　政策研究　督查工作

1981年始，区委设置政策研究机构，历经机构调整，1990年建立区委研究室。参与区农村改革政策研究、经济社会发展研究及战略性政策研究，参与区重要文稿起草及政策的制定，组织推动全区处级领导干部开展调研工作。

2005年，区建立督查室后，根据区委、区政府重点工作，开展重点指标、重点项目、人大代表及政协委员提案、信访件的督查。完善目标管理绩效考核体系；组织实施全区目标管理绩效考核工作，促进全区经济社会各项事业持续发展。

第一节 政策研究

一、机构

1981年4月，区委建立农村工作部。1984年5月，改为区委农村政策研究室。1990年7月，撤销农村政策研究室，恢复农村工作部。1990年7月，建立区委研究室。1996年3月，农村工作部对外加挂农村集体资产管理办公室的牌子。1997年1月，区委农村工作部并入区委研究室，加挂区委农村工作部的牌子。2001年11月，将原与区政府办公室合署办公的区经济体制改革委员会更名为区经济体制改革办公室，与区委研究室为一个机构、两块牌子。内设办公室、综合科、调研科、体改科。2007年，经济体制改革办公室划入区发展和改革委员会，撤销体改科。2010年，区委研究室内设综合科、经济社会研究科、政策研究科、调查研究科。

二、农村改革政策研究

（一）家庭联产承包责任制 1979—1981年，进行多种生产责任制形式的探索。1982年下发《关于落实农业生产责任制中的几个问题的处理意见》。1983年，推广家庭联产承包责任制。1988年，采取措施逐步稳定与完善农业生产责任制。1988—1991年，开展适度规模经营的探讨与研究。

（二）推行股份合作制 1993年，推动深化农村改革，积极推行股份合作制。制定《关于乡镇村集体企业实行股份合作制的试行意见》《东丽区乡镇企业股份合作制试行办法》《实行股份合作制企业集体资产评估管理办法》《东丽区股份合作制企业示范章程》等配套文件。全区实行股份合作制的企业共计93家，股金总额5020.4万元，其中集体股份2685.36万元，占53%。同时，推行新的会计制度。举办了25期新会计制度培训班，1410人参加了培训，为新老会计制度接轨创造条件。

（三）农村产权制度改革 1994年，深化农村产权制度改革，加快农村经济发展。将乡镇企业实行股份合作制作为农村产权制度改革的主要内容。召开不同类型研讨会、经验交流会和工作汇报会，增强广大干部群众的改革意识。建立健全规范的章程和制度，在吴嘴村推行全市第一家的社区型双层股份制试点，加快股份合作制企业的发展。全区发展到300家，比1993年增加207家，股金总额1.3亿万元，增加8173万元。实现了多种形式、新老企业、各行各业综合发展，达到了转换经营机制，优化生产要素组合的目的，为加快乡镇企业发展注入新的活力。1995年，集体企业产权制度改革向深层次发展，新增122家，股金总额达2.24亿元。制定《东丽区1995年产权制度改革意见》《东丽区个体企业、集体资产管理办法》和《关于进一步完善企业产权制度改革的意见》，健全配套政策，狠抓规范化建设。1996年，深化农村产权制度改革。制定《关于做好乡镇企业1996年承包合同兑现，1997年合同签订工作的意见》，进一步促进了乡镇企业的发展。2009年起草《东丽区2009年村级集体经济组织产权制度改革工作方案》《东丽区村级集体经济组织产权制度改革操作程序》《东丽区农村集体经济组织产权制度改革专项方案》《村级集体经济组织产权制度改革相关政策的若干规定》。是年，基本完成25个整体撤村的改革任务。加强督促落实，深入基层，具体指导，推进了改革，同时带动了未在25个撤村范围的正达、前进、赵沽里、崔家码头4个村加入改革行列，使产改村达到 29 个。

（四）清产核资与资产管理 1996 年，区镇（街乡）两级建立集体资产管理办公室，加强了对农村集体资产管理的指导、监督和协调。确定区清产核资试点单位 11 个，制定《东丽区试点单位清产核资的工作意见》及试点单位清产核资的《试行办法》和《操作规程》。1997—1998 年，开展清产核资。确定清核范围，做好清核户数登记。确定清核时点，进行清前账目整理。确定清核任务，抓好六个环节：清产核资、界定资产所有权、重估资产价值、核实资金、产权登记、建章建制。2000 年，规范集体资产管理，清理不良债务，完成全区 187 个单位的“清债”工作，清理核实不良债务总额 1.5 亿元。清理挂靠企业，制定《关于进一步清理挂靠集体企业的通知》，完成了 132 个挂靠企业的清理甄别工作，清理甄别挂靠集体企业净资产总额 1.2 亿元。

（五）税费改革 2001 年，开展税费改革。摸清农民负担情况、村提留使用情况、乡镇级收支情况、核定农作物常产。核实计税土地面积，对非农用地面积进行了清理。确定税费改革方案，按照“减轻、规范、稳定”的基本方针，结合区实际，制定税费改革方案。制定《东丽区村级范围内筹资筹劳管理办法》《东丽区农民负担监督管理意见》等。

（六）村账镇管 2002 年，推行村账镇管。加强组织领导，制定《关于推行村账镇管工作的意见》，成立村账镇管工作领导小组。健全机构，搞好培训。协调、指导各镇街乡筹建会计服务中心，配备 35 名专业会计人员，开展培训。建立健全制度，制定《村账镇管工作规范》《村账镇管工作标准》以及财产清理与会计交接、会计业务核算、经济活动管理、财务监督、会计队伍建设五大类共 17 项工作制度。

（七）农村经济体制改革 2005 年，起草《东丽区关于深化经济体制改革的意见》《东丽区村级集体经济组织体制改革实施细则》《区属国有企业改革实施细则》文件，为区农村集体经济组织、区属国有企业体制改革指明方向，提供遵循依据。具体工作实施：召开全区产权制度领导小组全体成员会，统一各镇街乡思想，坚定改革的信心和决心；在全区范围内设定试点村 14 个，对改革实行先行先试；对试点村改革工作人员进行改革业务培训，为工作做好前期准备；深入各个试点村，对改革的步骤、进程、方案以及敏感问题具体指导。指出大宋村改革方案中不合理部分，使改革沿着正确方向发展，取得了良好的社会和经济效益。深入长青村分析情况、正确引导、使改革健康发展，完成新型股份制改革。指导区体育局实体公司制定改制方案。总结改革的先进典型，撰写《大宋村以改革促经济发展的启示》《建城基础公司快速发展的启示和思考》《借鉴昌平经验促进我区农村集体经济组织改革》等多篇文章。

（八）综合配套管理 2009 年，制定相关政策，为改革提供依据。制定《东丽区农村综合配套改革总体方案》《东丽区农村综合配套改革总体方案三年实施计划（2009—2011 年）》《农村综合配套改革情况报告制度》。召开全区农村综合配套改革动员会，参加会议的有各街乡综合配套改革领导小组成员及撤村和计划撤村的村党支部书记、村委会主任、集体经济组织负责人，共 200 余人。

（九）三改一化 2010 年，区向市申报成为“三改一化”试点区。起草《天津市农村集体经济组织产权制度改革实施办法》《东丽区“三改一化”实施方案》《2011—2013 年“三改一化”三年工作计划》。各街乡、村也相应成立领导小组。深入基层进行调研，制定《关于村级集体经济组织产权制度改革若干问题的规定》《关于村集体经济组织中若干特殊情形人员资格界定的解释》，起草《关于东丽区农村集体经济组织产权制度改革的情况汇报》。推进滨农公司运作，协调制定《区级农村投资公司组建方案》，由东方财信负责成立滨农投资公司，从而为改革后村级集体经济组织资金投向提供了平台，确保参股农民享有较高收益。修订《滨农投资有限公司资金运作暂行办法》，完善滨农公司与村签订资金使用协议；扩大资金吸纳范围，将未改制村土地补偿费和公建补偿金纳入范围，以确保部分征地村的征地补偿费保值增值。

三、经济社会发展政策研究

2005年，起草《东丽区关于做好被征地农民基本社会保障工作的意见》，对城市化进程中征地农民的社会保障工作进行规范。起草《东丽区被征地农民保障资金管理使用办法》，解决拆迁过程中国有公益设施的权属问题，避免国有资产的流失。2006年，起草《东丽区关于建立经济发展指标体系的规定》等10个文件。起草《东丽区建设用地置换流转办法》《〈关于撤村村民享有征地补偿费资格认定的指导意见〉的补充意见》等5个文件，下发《东丽区关于逐步解决部分征地村农民社会保障问题的实施意见》等2个文件，成为解决被征地农民社会保障问题的规范性文件。下发《关于城市化建设过程中涉及村立即进行集体经济组织产权制度改革的通知》，对农村集体经济改革提出了新的要求。2007年，研究出台《关于为征地撤村村民建设经营性设施的实施意见》《关于市区重点建设项目涉及村民住房拆迁安置的实施意见》《关于东丽区征地补偿和资金管理意见》《东丽区被征地农民社会养老保障工作规程》《关于解决大东庄等三个村和赤土等七个村农民养老保障意见》5个政策性文件，以区委、政府文件下发。起草《区国有土地收购储备管理暂行办法》《关于加快现代服务业的意见》《关于加快我区产业园区发展的指导意见》《东丽区集体建设用地使用权流转管理办法》《东丽区深化改革加强农业技术推广体系建设的实施方案》等政策性文件。2008年，起草下发《东丽区进一步加强土地管理工作的通知》《关于进一步加强项目管理的意见》《关于进一步加强征地补偿费和专项资金管理使用的通知》《东丽区关于农村劳动力就业工作意见》。起草《关于华明街道综合配套改革试点问题的工作方案》《军粮城镇关于解决魏王庄村村民养老保险、保障问题的请示》《关于万新街道拟对“城中村”改造过程中社会保障工作所涉及退费问题》等14个文件。2009年，制定下发《东丽区整体村域房屋拆还迁规定》《“农转非”人员待遇规定》《加强工业园区管理意见》。起草《关于妥善解决被征地农民参加城镇企业职工养老保险和征地参保缴费差异问题的规定》《东丽区进一步加快城市化进程的实施意见》《关于〈东丽区促进招商引资支持企业发展的奖励办法（试行）〉的补充规定》。2010年，完成《关于完善我区城市化政策体系的建议》的报告。在对2004年以来有关政策进行梳理、分类、分析的基础上，结合当前实际，与时俱进，提出需要制定和完善的相关政策体系架构及核心要点。完成《东丽区促进总部经济发展暂行办法》《东丽区社区管理意见》《东丽区集体土地住宅房屋拆迁安置办法》。

四、战略性政策研究

2010年，开展“三四五六”发展计划的研究。对主要经济指标以2008年为基数，到“十二五”末每三年翻一番，用四年时间高标准建成示范工业园区，五年全面完成新市镇建设，六年基本实现现代化，对其可行性与可操作性进行论证，已经形成成熟的研究成果。对区航空发展的研究，起草《加快发展临空产业，打造“中国航空城——天津东丽”城市品牌》。

五、调查研究

（一）落实调研课题　2007年，为进一步提高调研工作的针对性和调研质量，制定《东丽区促进调研成果转化制度》，明确精选调研课题、落实调研责任、确定调研成果、调研成果的转化、调研成果的资励与总结等环节，促进调研成果的转化利用。完成多篇高质量的调研报告，包括《城市化必须解决好被征地农民的后顾之忧——我区城市化的改革与实践》《关于兴农钢材市场的调查报告》《关于宁波环卫工作考察报告》等。2010年，完成《关于加强农村集体土地征地费管理健全安置分配机制的思考》《村级及集体经济组织产权制度改革构建股权结构的若干问题》《关于村级集体经济组织成员资格的确认》《东丽区以宅基地换房模式建设示范小城镇的创新实践与理性思考》等。

（二）编辑《调查研究》　每年初下达调研任务，组织全区各单位确定调研课题，按时上报调研文章，经过筛选、修改，大部分刊登在《调查研究》上，为领导科学决策提供参考。从2000—2010年，共刊发《调查研究》484期，其中由研究室撰写稿件刊发42期。

（三）收集外部动态信息　收集区内外经济和社会发展等各方面情报，为区领导提供参考资料，共编撰《决策参考》12期。

（四）编辑《文件选集》　对历年区委、区政府制定颁发的全部文件进行筛选，收录具有重要指导作用的文件，编撰出版《文件选集》，每1～2年出版一册。2000—2010年，共刊发7册，收录重要文件611件。对历年刊登在《调查研究》《决策服务》《东丽工作简报》的调研文章进行筛选，将优秀调研成果收集到《调研成果选编》，每1～2年出版一册。2000—2010年共刊发3册，收录优秀调研文章265篇。

第二节　督查工作

一、工作机构

2005年8月，整合区委督查室和政府督查室职能，设立区委、区政府督查室，并加挂东丽区目标管理绩效考核委员会办公室牌子，行使督查与考核职能。2010年3月，经市机构编制委员会批准设立东丽区委督查室，挂东丽区人民政府督查室、东丽区目标管理绩效考核办公室牌子。区委督查室既是区委的工作部门，也是区政府的工作部门，列入区委机构序列，负责全区督查和绩效考核工作。内设综合科、一科、二科、三科、四科。

二、主要工作

（一）重点指标督查　2006—2010年，做好与发改委、统计局、工业经委、商务委等经济部门沟通。通过开展调研服务、领导下基层，召开职能部门与街道、功能区协调会议等方式，加强对地区生产总值、财政收入、招商引资等重点指标的督查，推动各指标单位完成全年目标任务。编制印发《季度重要项目和重点指标进展情况汇编》《季度经济指标完成情况资料汇编》《季度投资额1000万元以上大项目进展情况资料》等各20期，促进各街道和功能区互比互看。

（二）重点项目督查　2006—2010年，完善并落实《重点项目执行责任落实制度》《重点项目协调制度》和《定期报告重点项目进展情况实施方案》等。采取现场督查、跟踪督查等方式，对区委区政府确定的经济、城市化建设、社会事业、市容环境等共821个重点项目进行督查推动，确保重点项目按照时间节点完成目标任务。建立专项督查组，全力推动“保渡上”“解促上”等活动在全区层面大力开展。加大跟踪督查力度，有效推动“市区迎检项目”“十个百日专项战役”“大干100天完成四项攻坚战”等专项战役取得战果。通过深入现场调研服务、联合督查等，推动机场扩建征地拆迁、大推力火箭征地等市重大项目开工建设，协调解决华明新市镇建设和东湖浚深改造中影响项目建设的难点难题，推动区委、区政府重点项目的落实。

（三）人大代表和政协提案督查 2006—2010年，出台并落实《区人大代表建议、区政协委员提案办理工作制度》，规范建议和提案办理工作，形成“九个程序”和“五个统一”工作程序和标准。创新采取联合办理分别答复、召开中期推动会、深入现场办公服务、抓实办理大户等方式，严把办理件审核关、交办关、答复关，督促承办部门落实主要领导负责制，做好人大代表建议及政协委员提案的督查办理工作。共办理建议提案766件，历年办复率、见面率、满意率均达100%，办结率80%以上。编印《东丽区代表建议、政协提案办理情况报告册》，将办理结果向代表和委员公开，接受监督。

2006年，召开代表建议政协提案交办暨表彰会议

（四）公仆热线和信访件督查 2005—2010年，把督查公仆热线群众反映问题、区领导批示信访件作为加强党和政府与人民群众紧密联系的重要通道，建立专项督查岗，明确责任单位和反馈时限，加大督查力度，跟踪督查群众反映问题解决情况。共收到公仆热线督办件839件，历年办复率均达100%。共收到领导批示信访件370件，历年办结率均达到84%以上，其中2008年达98%，做到“事事有落实，件件有回音”。

2008年，召开代表建议政协提案中期推动会

三、目标管理绩效考核工作

（一）建立目标管理绩效考核体系 2005年，在全市首创目标管理绩效考核。构建目标管理绩效考核基本框架，明确考核范围与系统、内容与权数、方法与程序、等次与结果运用等。2006—2010年，完善绩效考核体系，将区委、区政府确定的重点指标、重点项目、重点工作等纳入绩效考核，作为全区各街道、各部门全年重点工作，实行跟踪督查、全员考核，实现绩效考核的全覆盖。2004年开始，对全区7个街道和2个功能区开展“争优夺杯”竞赛活动，对财政收入、固定资产投入、招商引资、安置就业、镇区建设、社会稳定等重点工作完成情况出色的单位给予奖励，有效调动各单位比学赶超争先进的积极性。2007—2010年，开展“创新创优”工作项目评选，对区绩考委确定的各镇街乡、区直单位年度重点业务工作项目范围内具有规模较大、辐射面

较广、影响力较强、对全区经济和社会发展起到较强带动作用的项目进行加分，鼓励各项工作创新创优。

（二）考核系统、指标、主体　建立街乡考核系统，由7个涉农街乡组成。建立区属部门考核系统，由64各区属部委办局、3个国有公司组成。街乡系统考核指标由经济建设、城市化建设、政治建设、文化建设、社会建设、重点工作目标、区领导综合评议构成，总权数为100。还设定二级考核项目23项，三级考核项目92项。区直单位考核指标由重点业务工作目标、共性工作目标、综合评议构成，总权数为100。重点（业务）工作指区委、区政府部署和集中反映部门主要工作职能的重点工作；共性工作指党建、党风廉政建设、宣传思想、精神文明建设、社会治安综合治理；综合评议包括公众评议、区领导评议和单位互评。考核主体：公众评议主体，由350名知情、参政议政能力较强的各界人士组成，通过满意度测评，综合评价区直部门绩效；区领导评议主体，由24名区级领导组成，从领导角度对被考核部门绩效作出综合评价；街乡五大建设考核主体，由27个相对应的区直部门考核，分别对涉及的25个考核指标完成情况作出评价并提供考核结果；区直部门评议主体，由68个区直部门主要领导组成，从部门角度互相评价绩效；重点项目考核主体，由区绩考委确认的25名综合部门主要责任人组成，对考核对象年度重点项目完成情况作出评价，评选出年度创新创优项目。

2006年，目标管理绩效考核互评现场

（三）考核等次与结果的运用　考核等次分为：优秀、良好、一般3个等次。目标管理绩效考核结果实行五挂钩：与确定机关干部年度奖金标准挂钩、与“一奖五杯”优胜单位的评定挂钩、与领导班子成员业绩考核挂钩、与单位领导班子考核挂钩、与干部的选拔任用挂钩。

四、督查考核成果

（一）建立目标决策抓落实的责任体系　把各项决策和工作任务转化为目标责任体系，用目标引导行动，用督查推进落实，用考核激发活力，建立“纵向到底、横向到边、上下联动抓落实的责任体系”，实现了“工作目标化、目标项目化、项目责任化、责任绩效化”。督查和绩效考核工作成为推动区委、区政府各项重大决策部署落实、提高政府执行力和公信力的有效手段。全区各项工作争先创优，荣获42项国家级和110项市级先进荣誉称号。

（二）建立“督考用”三位一体工作机制　将督查立项的内容与考核内容设定相结合，日常督查与绩效管理相结合，督查实效与考核结果相结合，绩效考核结果与班子考核、干部奖惩任用相结合，全市首创“督考用”三位一体工作机制，树立了人人争先、事事争优的理念。2005—2010年，督查室对441项重点督查项目、2799项考核项目进行督查、监控和核实，对区委、区政府临时交办的432个项目进行了督查落实，对218个创新创优项目进行了审核评选，共撰写督查报告等反馈材料1260篇，得到市、区领导批示294篇。全区参加目标管理绩效考核的67个单位的考核结果全部纳入部门主要领导个人档案。

（三）促进经济社会各项事业可持续发展　东丽区全面完成“十一五”规划确定的各项目标任务。经济持续快速发展，综合实力迈上新台阶；城市化建设稳步开展，城乡面貌发生重大变化；民计民生持续改善，社会事业全面进步。

（四）营造创新创优干事创业氛围 目标管理绩效考核把抓落实工作与鼓励单位创新创优结合起来。通过目标责任分解将责任和压力逐级传导，强化各级领导干部机遇意识、忧患意识和责任意识，踏实研究问题，认真落实工作，攻坚克难，锐意进取，敢于担当，全区形成了一心一意破难题、齐心协力谋发展的良好氛围。坚持奖惩并举，使先进者更加奋力，使后进者把压力变动力，全区形成为“富民强区、构建和谐东丽”干事创业、攻坚克难良好局面。

第十一章 机构编制 保密工作

1990年，建立了区编制委员会办公室后，按照历次机构改革工作的实施意见组织落实，并加强机构编制的日常管理工作，促进了整合编制资源和合理有效使用编制工作。

1980年始，区委全面加强保密工作，经保密宣传教育及对有关涉密工作人员的培训，使广大干部群众提高了保密意识，保密干部的水平得到提高，确保了党和国家秘密的安全。

第一节 机构编制

一、工作机构

1990年3月，建立东郊区编制委员会办公室。1993年11月，更名为东丽区机构编制委员会办公室。2010年，内设综合科、机关机构编制科、事业单位机构编制科。

二、机构改革

（一）1997年机构改革 1997年1月，区委、区政府印发《东丽区党政机构改革方案的实施意见》。确定改革的指导思想：适应建立社会主义市场经济体制的要求，按照政企职责分开，精简、统一、效能的原则，从实际出发，积极稳妥地推进。着重解决政企不分、机构重叠、职能交叉、人员较多等问题，切实做到转变职能、理顺关系、精兵简政、提高效率。有利于加强和改善党的领导、加强和发挥地域管理职能，有利于处理好改革及发展和稳定的关系。改革的原则：转变政府职能是行政管理体制和机构改革的重点，理顺党政部门之间的关系，避免机构设置重叠；理顺政府各部门之间的关系，形成责权明确、分工合理、协调运转的新格局；理顺区与街道、乡镇的关系，合理划分职责权限，健全街道、乡镇的职能。落实区党政机构设置、街道乡镇机构设置、人大政协机关的机构改革。通过机构改革，进行了编制的调整，区级机关和街道机关的编制以1993年底市编制核定的编制名额，按23%比例进行了精简，乡镇机关的编制按1993年中央确定的分类标准重新核定。

2009年，深入现场督查

行政机关改为事业单位的其编制随之核定为事业编制。落实定职能、定内设机构、定人员编制“三定”工作。

（二）2001年机构改革　2001年11月，区委、区政府印发《东丽区党政机构改革实施方案》。确定改革的指导思想：适应社会主义市场经济发展的需要，有利于加强党的领导和促进政府职能转变，有利于理顺各级政府、各部门之间的关系，有利于加强基层政权建设和各项基础工作，有利于精干公务员队伍、降低行政成本、减轻财政负担、提高工作效率。通过改革逐步建立廉洁高效、运转协调、行为规范的行政管理体制。机构改革的原则：按照社会主义市场经济和社会发展的要求，转变政府职能，实现政企、政事分开；按照实事求是、从实际出发的要求，结合地域特点和经济社会发展水平、市场发育程度、资源状况，因地制宜地推进改革；按照权责一致的原则，合理划分事权，理顺条块以及行政层级之间的关系；按照精简、统一、效能和优化结构、加强基层的原则，调整机构设置，提高工作效率；按照依法行政的要求，加强行政管理的制度化、规范化和法制化建设，逐步由行政手段管理转向依法管理；按照积极稳妥的方针，正确处理改革发展与稳定的关系。落实区党政部门的机构改革、街道乡镇的机构改革、区人大和政协机关及群众团体的机构改革。通过机构改革，对区级机关、乡镇机关（包括党委、人大、政府、政协及工会、共青团、妇联等群众团体机关）行政编制总的精简比例为20%。在精简人员编制的同时，相应精简领导职数，不设部门领导助理。机构改革中，对分流人员进行了妥善安置。

（三）2010年机构改革　2010年3月，区委、区政府制定《东丽区机构改革实施方案》。确定机构改革的指导思想：坚持以人为本，执政为民，把维护人民群众的根本利益作为改革的出发点和落脚点，着力解决制约东丽区经济社会发展的突出矛盾和问题，着力解决人民群众最关心、最直接、最现实的利益问题，建立适应东丽区功能定位，有利于科学发展的体制机制，建设人民满意的政府。机构改革的基本原则：与市政府机构改革相衔接，积极探索实行职能有机统一的大部门体制。从实际出发，体现东丽区特点的行政管理体制。处理好改革发展稳定的关系，积极探索，改革创新，统筹兼顾，突出重点，稳妥推进，切实解决制约东丽区经济社会发展的体制性障碍和突出问题。机构改革的主要任务：转变政府职能，理顺职责关系，明确和强化责任，调整优化组织结构，严格控制机构编制。机构改革中，区委机构调整后设置工作部门9个，部门管理机构3个。区政府机构设置工作部门30个，部门管理机构2个。

三、机构编制管理

（一）坚持四项制度　专题报告制度，凡涉及机构编制调整事项，先由各单位向编委报请示，经编委办审核后提交编委会研究审定或经编委会提交区委、区政府审批，对重大事项由区政府常务会议或区委常委会议审定。进人核编制度，各单位进人先到编委办核实人员编制，凭编委办开具的机构编制审核表到相关部门办理相关手续。相互协调、齐抓共管制度，做好与组织、人力社保、财政等部门的配合与协调，形成各司其职、各负其责、共同把关、齐抓共管的格局。监督检查制度，每年末对全区机构编制情况进行统计检查，发现问题及时纠正。

（二）强化三项管理　规范化管理，实行机构名称和设置规范、编制核定和职能配置规范管理，制定人员调动核编程序、法人登记变更程序、法人年检等工作程序。实名制度管理，通过机构编制实名制管理信息系统，录入全区400多家机关事业单位上万名干部职工信息，全面掌握机构名称、性质、规格、经费形式等变化和人员增减、流动去向等情况，促进整合编制资源和合理有效使用编制的工作。动态化管理，及时对机构、编制、人员变化的单位进行数据更新、核对，动态反映增减情况，增强机构编制工作的准确性、时效性和动态性，促进机构编制管理模式的转变，使全区党政机关、事业单位实有人员控制在编制总量限额内。

第二节　保密工作

一、管理机构

东丽区委保密委员会办公室、东丽区保密局既是区委保密委员会的办事机构，又是区政府负责保密工作的行政管理部门，主管全区保守国家秘密的工作，归口区委办公室管理。

1980 年 9 月 17 日，东郊区委建立区委保密委员会。1988 年 7 月 5 日，区委保密委员会，下设办公室。1990 年 8 月 30 日，经市编委批准建立东郊区保密局，规格为区属局级，与区委保密委员会办公室为一套机构、两块牌子。2001 年 12 月，根据区委、区政府关于《天津市东丽区党政机构改革实施方案》，确定区委保密委办公室（保密局）由区委办公室管理，内设综合科。

二、保密宣传教育

（一）开展“五个一”活动　1990—1999 年，全区保密宣传教育于每年 5 月利用一周时间，以《中华人民共和国保守国家秘密法》（以下简称《保密法》）及《中华人民共和国保守国家秘密法实施办法》为内容，贯彻落实中央和市委关于新形势下保密工作的指示精神，在全区开展“五个一”活动：各单位党委中心组召开一次保密内容的学习会；各单位保密领导小组召开一次保密工作会；分管保密工作的领导，作一次保密形势与任务报告会；对要害岗位的工作人员及涉密人员进行一次强化保密法纪的教育；各单位组织一次自查，检查保密基础性工作的落实情况。全区各单位利用广播、板报、简报、发放宣传材料、张贴宣传标语、知识竞赛等方式，使广大干部群众对保密工作的性质、任务、方针政策等有了深入的理解，保密意识有了提高。

（二）学法、知法、守法教育　2000—2009 年，继续开展《保守国家秘密法》宣传活动，每年举办《保密法》宣传周，开展专题讲座、知识竞赛、有奖征文等活动。2001 年创办《东丽区保密工作简报》，下发全区，成为学法、知法、守法教育的重要平台。加强对领导干部和重点涉密人员的宣传教育，在国家公务员队伍中开展学法、知法、守法教育活动，使广大领导干部增强敌情观念，克服麻痹思想，强化保密意识。

（三）普及保密知识　2004 年，区保密局编发《东丽区领导干部、重点涉密人员保密手册》。2005 年，编辑下发《领导干部、重点涉密人员保密知识汇编》第二集。2007 年，整理出版《东丽区“四五”保密法制宣传教育成果汇编》，内容包括：工作指导、失泄密案件、保密知识、相关法律法规等。从 2006 年开始，在保密宣传周期间增加《中华人民共和国国家安全法》的宣传教育活动。2008 年，增加区保密局利用无线通讯网络和计算机网络等向全区党政领导干部、涉密人员和公务员发送手机短信和电子邮件，传播保密知识。2010 年，为宣传新修订的《保密法》，区保密部门以“新形势、新任务、新法律、新要求”为主题，于 9 月 25 日至 9 月 30 日开展了为期一周的《保密法》宣传活动。通过报告会、研讨会、学习动员会，悬挂横幅、挂图，制作展板等形式进行宣传，使全区广大干部群众对新修订的《保密法》有了初步了解。

三、保密培训

（一）保密法培训　1990—1999 年，共举办保密培训 11 次，培训对象为全区各单位保密干部和涉密人员。对其宣讲《保密法》，传达学习中央、市委有关文件精神，通过培训，全区保密干部的水平得到提高。

（二）网络保密专题培训　2000—2010 年，办公自动化广泛应用到日常工作领域，区保密局采取多种形式，抓好“三级培训”工作。通过党校教学培训，对处级以上领导干部进行新形势下如何做好保密工作的教育；组织各单位专（兼）职保密干部和重点涉密人员，集中开展保密培训；对计算机操作及管理人员，开展以网络保密技术为主的专题培训，增强技术人员的反窃密水平，为办公自动化的顺利开展提供安全保证。

四、保密检查

（一）保密常规检查　1990—1999 年，区保密局逐年对全区进行保密检查，检查内容：密级文件的管理，涉密计算机、传真机、复印机的管理，大事记、地方志稿件等关系到国家安全和利益的涉密及内部事项。检查采取自查、互查、联查、专项检查与抽查相结合的方式，做到查隐患、堵漏洞。

（二）保密专项检查　2000—2009 年，保密检查增加不定期的专项检查：对计算机涉密信息系统和公共网络的专项检查、对区五大机关的专项检查等。检查的内容增加保密要害部门、部位的管理，重要涉密会议和重大涉密活动保密管理，领导干部保密责任制落实，涉密计算机信息系统的保密防范和管理，重要考试试卷管理，各单位内部保密管理制度建立健全等。检查采取自查、互查和抽查相结合的方式。通过检查发现，计算机网络保密安全已经成为保密部门的重要工作，保密部门应对工作领域越来越宽，现有的技术力量应对计算机的保密管理和磁介质管理工作还有不足，纸质文件管理的环节还存在漏洞。每次保密检查后区保密局对有问题的单位下发整改通知书，要求其整改，然后区保密局进行复查。通过检查，使全区保密工作向依法管理、依法治密迈进，保障各单位业务工作健康发展。2010 年，除在全区党政机关开展计算机、移动存储介质、信息系统、信息设备保密检查外，还进行政府信息公开保密审查工作专项检查和涉密载体清理专项检查，确保党和国家秘密的安全。

五、签订保密承诺书

2001 年开始，全区重点部门和处级以上领导及涉密人员签订《保密工作岗位责任书》，后改为《保密承诺书》。截至 2010 年，全区签订保密承诺书 994 份。

第二十编

人民代表大会

1980年4月，东郊区第八届人民代表大会第一次会议召开，选举产生东郊区第八届人民代表大会常务委员会。第八届至第十五届区人大及其常委会坚持党的领导、人民当家做主和依法治国的有机统一，认真履行宪法和法律赋予的各项职权，坚持在继承中创新，在创新中发展，依靠全体人大代表和全区人民，充分发挥职能作用，服务全区发展，推进民主法制建设和依法治区取得进展，为全区经济和社会发展及全民普法等做出决议、决定。对区人民政府、区人民法院、区人民检察院进行法律和工作监督。为全区改革开放、经济建设和社会又好又快发展，为构建国际型、知识型、生态型、创新型现代化津滨新城区发挥了重要作用。

1995年，区人大常委会对任命的区政府工作人员进行述职评议

2005年，区人大代表视察小城镇建设

2010年，东丽区第十五届人民代表大会第五次会议召开

2010年4月，召开区人大常委会成立30周年座谈会

第一章　人大代表

1979 年 9 月至 2006 年 10 月，东丽区依法选举产生区级人大代表 1454 人次、市级人大代表 132 人次、全国人大代表 1 人。区、市、全国人大代表在各级人民代表大会中均起到了党和国家同人民群众的联系作用。

第一节　代表选举

一、选举办法及程序

依照五届全国人大二次会议通过的《中华人民共和国全国人民代表大会和地方各级人民代表大会选举法》的规定，1979—2010 年，区第八届至第十五届人民大表大会代表，由本行政区内选民直接选举产生。其选举过程一般分为选前宣传、选举准备、划分选区和选民登记、提名协商确定代表候选人、选民无记名投票差额选举代表和代表资格审查等步骤。代表的任职时间与本届人民代表大会同步，代表资格随下一届人民代表大会第一次会议的召开而自动取消。解放军驻区部队选举区人大代表，一般召开军人代表大会选举产生。

二、代表名额

1979 年 9—12 月，选举产生区第八届人民代表大会代表 194 名。1983 年 10 月—1984 年 2 月，选举产生区第九届人民代表大会代表 182 名。1986 年 9—12 月，选举产生区第十届人民代表大会代表 181 名。1989 年 10—12 月，选举产生区第十一届人民代表大会代表 182 名。1992 年 9—12 月，选举产生区第十二届人民代表大会代表 182 名。1997 年 9—12 月，选举产生区第十三届人民代表大会代表 180 名。2002 年 9—10 月，选举产生区第十四届人民代表大会代表 179 名。2006 年 9—10 月，选举产生区第十五届人民代表大会代表 174 名。

第二节　代表构成

历届区人大代表由农民、工人、干部、知识分子、解放军、民主党派及其他爱国人士组成，具有先进性、广泛性和代表性。

1979-2010 年东丽区人民代表大会代表组成情况统计表

表 20-1

项目	届次	八	九	十	十一	十二	十三	十四	十五
性别	男	171	148	144	140	137	129	127	124
	女	23	34	37	42	45	51	52	50
	计	194	182	181	182	182	180	179	174
年龄	35 岁以下	25	18	19	21	21	11	10	7
	36～55 岁	129	132	124	130	134	136	143	143
	56 岁及以上	40	32	38	31	27	33	26	24
民族	汉族	188	177	174	174	175	174	174	169
	少数名族	6	5	7	8	7	6	5	5
政治情况	中共党员	110	127	123	119	131	120	121	121
	群众	83	52	55	57	46	55	54	45
	民主党派	—	1	3	6	5	4	4	3
	无党派人士	—	2	—	—	—	1	—	5
文化程度	大学以上	—	—	—	—	—	22	41	61
	大专	—	29	37	43	62	47	53	49
	中专高中	—	11	—	—	25	51	43	35
	初中	—	102	112	110	73	49	42	29
	小学以下	—	40	32	29	22	11	—	—
职业情况	工人	16	25	21	15	12	14	8	16
	农民	101	94	87	74	82	70	55	47
	干部	56	31	38	55	63	68	63	58
	知识分子	17	18	25	28	20	18	17	19
	军人	4	3	3	2	2	3	—	—
	归侨	—	2	2	1	—	—	—	—
	其他	—	9	5	7	3	7	36	34

第三节　全国及天津市人大代表

2008 年 3 月，东丽区张有会出席第十一届全国人民代表大会。1980—2008 年，东丽区出席天津市第九届至第十五届人民代表大会的代表 132 名，其中九届 29 名、十届 19 名、十一届 16 名、十二届 16 名、十三届 17 名、十四届 17 名、十五届 18 名。

第二章　代表大会

历届区人民代表大会主要议程：听取和审议区人民政府、区人大常委会、区人民法院、区人民检察院工作报告，审议通过区国民经济和社会发展计划执行情况，审议区财政决算和预算报告。每届第一次区人民代表大会，选举区人大常委会正副主任、常委会委员和区政府正副区长，选举区法院院长和检察院检察长。通过人大代表议案，收集整理人大代表建议、批评和意见。1980—2007 年，共召开 8 届、34 次代表大会。出席区政协会议的全体政协委员均列席听取并讨论政府工作报告。

第一节　第八届人民代表大会

此届人民代表大会代表任期 4 年 1 个月，共召开 4 次会议。

一、第一次会议

1980 年 4 月 25—29 日在东丽宾馆举行，出席会议代表 182 人。会议根据全国人大五届二次会议通过的《中华人民共和国地方各级人民代表大会和地方各级人民政府组织法》的有关规定，设立区人民代表大会常务委员会，撤销区革命委员会，恢复区人民政府。会议听取和审查区革委会工作报告，听取和审查区人民法院和区人民检察院工作报告。选举产生区人大常委会委员 12 人，刘瑞汉为主任，韩步平、王兰书、赵振山、李宝珠为副主任；选举葛同欢为区长，史铨、张继光、赵耘、王学思、齐学礼为副区长；选举刘志仁为区人民法院院长、李林栋为区人民检察院检察长。选举区出席市第九届人民代表大会代表 29 人。

二、第二次会议

1981 年 4 月 8—11 日在东丽宾馆举行，出席会议代表 173 人。会议听取和审议区人民政府工作报告，听取和审查区财政预决算报告；听取和审议区人大常委会、区人民法院、区人民检察院工作报告。

三、第三次会议

1982 年 4 月 14 日—17 日在东丽宾馆召开举行，出席会议代表 173 人。会议听取和审议区人民政府工作报告，听取和审查区财政决算和预算报告；听取和审议区人大常委会、区人民法院和区人民检察院工作报告。对上述报告作出决议。

四、第四次会议

1983 年 2 月 28 日—3 月 4 日在东丽宾馆举行，出席会议代表 160 人。会议听取和审议区人民政府工作报告，听取和审议区 1982 年财政决算和 1983 年财政预算的报告并通过决议，听取和审议区人大常委会、区人民法院和人民检察院工作报告并通过决议。通过关于贯彻《中共中央（1983）1 号文件》的决议。选举区出席市第十届人民代表大会代表 19 人。

第二节　第九届人民代表大会

此届人民代表大会代表任期 2 年 9 个月，共召开 3 次会议。

一、第一次会议

1984 年 5 月 22—25 日　在东丽宾馆举行，出席代表 165 人。会议听取和审查区人民政府工作报告，听取和审查区 1983 年财政决算和 1984 年财政预算草案的报告，听取和审查区人大常委会、区人民法院和人民检察院工作报告。选举产生区人大常委会委员 12 人，赵白山任主任，王兰书、赵耘、王芝瑞、李宝珠任副主任；选举张继光为区长，王学思、陈章伟、何秀恒为副区长。选举李维明为区人民法院院长、张福海为区人民检察院检察长。通过关于区人民政府、区财政预决算及区人大常委会、区人民法院、区人民检察院工作报告的决议。

二、第二次会议

1985 年 3 月 27—30 日　在东丽宾馆举行，出席代表 165 人。会议听取和审议区人民政府工作报告，并作出相应的决议；审查和批准区 1984 年财政决算和 1985 年财政预算草案的报告，并作出相应的决议；听取和审议区人大常委会、区人民法院和区人民检察院工作报告，并作出相应的决议。

三、第三次会议

1986 年 3 月 30 日—4 月 3 日　在东丽宾馆举行，出席代表 155 人。会议听取和审议区人民政府工作报告，听取和审查区 1985 年财政决算和 1986 年财政预算报告，审议区国民经济和社会发展第七个五年计划（草案），听取和审议区人大常委会、区人民法院、区人民检察院工作报告。通过大会各项决议，审议通过关于议案程序的暂行办法。

第三节　第十届人民代表大会

此届人民代表大会代表任期 3 年，共召开 3 次会议。

一、第一次会议

1987年2月26日—3月3日　在东丽宾馆举行，出席代表165人。会议听取和审议区人民政府工作报告，听取和审议区1986年财政决算和1987年财政预算草案的报告；听取和审议区人大常委会、区人民法院和区人民检察院工作报告，均作出相应的决议。选举产生区人大常委会委员13人，葛同欢任主任，王兰书、李宝珠、赵耘任副主任。选举张继光为区长，王开基、王芝瑞、王学思、何秀恒、陈章伟为副区长；选举李维明为区人民法院院长，张福海为区人民检察院检察长。

1987年，东丽区十届人大一次会议时向人大代表颁发代表证

二、第二次会议

1988年3月5—8日　在东丽宾馆举行，出席代表165人。会议听取和审议区人民政府工作报告，听取和审议区1987年财政决算和1988年财政预算草案的报告，听取和审议区人大常委会、区人民法院和区人民检察院工作报告，均作出相应的决议。选举区出席市第十一届人民代表大会代表16人。

三、第三次会议

1989年3月29日—4月1日　在东丽宾馆举行，出席代表166人。会议听取和审议区人民政府工作报告、听取和审议区1988年财政决算和1989年财政预算草案的报告，听取和审议区人大常委会工作报告、区人民法院和区人民检察院工作报告，均作出相应的决议。

第四节　第十一届人民代表大会

此届人民代表大会代表任期3年，共召开3次会议。

一、第一次会议

1990年2月21—26日　在东丽宾馆举行，出席代表172人。会议听取和审议区人民政府工作报告，听取和审议区1989年财政决算情况和1990年财政预算草案的报告，听取和审议区人大常委会、区人民法院和区人民检察院工作报告，均作出相应的决议。选举产生区人大会常委会委员13人，李占理任主任，孙庆春、李宝珠、张洪禧、范有志、赵耘任副主任。选举王学思为区长，王开基、王芝瑞、甘玉昆、何秀恒、张长远、陈章伟为副区长。选举李维明为区人民法院院长、苏道春为区人民检察院检察长。

二、第二次会议

1991 年 3 月 4—8 日，在东丽宾馆举行，出席代表 169 人。会议听取和审议区人民政府工作报告，听取和审议区 1990 年财政决算情况和 1991 年财政预算草案的报告，听取和审议区人大常委会、区人民法院和区人民检察院工作报告，均作出相应的决议。审议区国民经济和社会发展十年规划和“八五”计划（草案），审议通过区人民代表大会议事规则。

三、第三次会议

1992 年 3 月 2—5 日，在东丽宾馆举行，出席代表 168 人。会议听取和审议区人民政府工作报告，听取和审议区 1991 年财政决算情况和 1992 年财政预算草案的报告，听取和审议区人大常委会、区人民法院和区人民检察院工作报告，均作出相应的决议。

第五节　第十二届人民代表大会

此届人民代表大会代表任期 5 年，共召开 6 次会议。

一、第一次会议

1993 年 2 月 22—27 日在东丽宾馆举行，出席代表 173 人。会议听取和审议区人民政府工作报告，审议区国民经济和社会发展十年规划和“八五”计划主要指标调整意见的报告；听取和审议区 1992 年财政决算情况和 1993 年财政预算草案的报告；听取和审议区人大常委会、区人民法院和区人民检察院工作报告，均作出相应的决议。选举产生区人大常委员会委员 13 人。王学思任主任，王海广、华耀先、苏道春、庞树义、赵耘为副主任。选举陈章伟为区长，王芝瑞、甘玉昆、张长远、张中华、张全礼、陈继亮为副区长。选举李维明为区人民法院院长，周洪起为区人民检察院检察长。

二、第二次会议

1993 年 4 月 27 日　在东丽宾馆举行，出席代表 173 人。选举区出席市第十二届人民代表大会代表 16 人。

三、第三次会议

1994 年 2 月 20—23 日　在东丽宾馆举行，出席代表 170 人。会议听取和审议区人民政府工作报告、审查和批准区 1993 年国民经济及社会发展计划执行情况和 1994 年国民经济及社会发展计划草案。听取和审议区1993年财政决算情况和1994年财政预算草案的报告，听取和审议区人大常委会、区人民法院和区人民检察院工作报告，均作出相应的决议。

四、第四次会议

1995年2月16—18日　在东丽宾馆举行，出席代表175人。会议听取和审议区人民政府工作报告，听取和审议区1994年国民经济和社会发展计划执行情况报告和1995年国民经济和社会发展计划草案；听取和审议区1994年财政决算情况和1995年财政预算草案的报告，听取和审议区人大常委会、区人民法院和区人民检察院工作报告，均作出相应的决议。

五、第五次会议

1996年1月23—26日　在东丽宾馆举行，出席代表172人。会议听取和审议区人民政府工作报告，听取和审议区国民经济和社会发展第九个五年计划和2010年长远规划（草案）的说明；审查和批准区1995年国民经济和社会发展计划执行情况报告和1996年国民经济和社会发展计划草案；听取和审议区1995年财政决算情况和1996年财政预算草案的报告，听取和审议区人大常委会、区人民法院和区人民检察院工作报告，均作出相应的决议。

六、第六次会议

1997年1月21—24日　在东丽宾馆举行，出席代表152人。会议听取和审议区人民政府工作报告，听取和审议区1996年国民经济和社会发展计划执行情况报告和1997年国民经济和社会发展计划草案；听取和审议区1996年财政决算情况和1997年财政预算草案的报告，听取和审议区人大常委会、区人民法院和区人民检察院工作报告，均作出相应的决议；补选袁自和为区人大常委会副主任。

第六节　第十三届人民代表大会

此届人民代表大会代表任期5年，共召开6次会议。

一、第一次会议

1998年1月19—23日　在东丽宾馆举行，出席代表176人。会议听取和审议区人民政府工作报告，听取和审议区1997年国民经济和社会发展计划执行情况和1998年国民经济和社会发展计划草案的报告；听取和审议区1997年财政决算情况和1998年财政预算草案的报告，听取和审议区人大常委会、区人民法院和区人民检察院工作报告，均作出相应的决议。选举产生区人大常委会委员15人。张海泉任主任，苏道春、袁自和、陈继亮、华耀先、刘玉生为副主任；选举张中华为区长，弭尚华、张全礼、迟广智、樊延生、张传捷、王晓敏为副区长，选举杜要武为区人民法院院长、周洪起为区人民检察院检察长。

二、第二次会议

1998年3月25—26日　在东丽宾馆举行，出席代表174人。会议选举区出席市第十三届人民代表大会代表17人，审议区建设“津滨辅城”区域发展战略方案的报告及说明。

三、第三次会议

1999年1月26—28日　在东丽宾馆举行，出席代表175人。会议听取和审议区人民政府工作报告，听取和审议区1998年国民经济和社会发展计划执行情况和1999年国民经济和社会发展计划草案的报告；听取和审议区1998年财政决算情况和1999年财政预算草案的报告，听取和审议区人大常委会、区人民法院和区人民检察院工作报告，均作出相应的决议。补选区人大常委会委员2名。

四、第四次会议

2000年1月18—20日　在东丽宾馆举行，出席代表175人。会议听取和审议区人民政府工作报告、听取和审议区1999年国民经济和社会发展计划执行情况和2000年国民经济和社会发展计划草案的报告；听取和审议区1999年财政决算情况和2000年财政预算草案的报告，听取和审议区人大常委会、区人民法院和区人民检察院工作报告，均作出相应的决议。补选区人大常委会委员2名。

五、第五次会议

2001年1月4—6日　在东丽宾馆举行，出席代表172人。会议听取和审议区人民政府工作报告，听取和审议区2000年国民经济和社会发展计划执行情况和2001年国民经济和社会发展计划草案的报告；听取和审议区2000年财政决算情况和2001年财政预算草案的报告，听取和审议区人大常委会、区人民法院和区人民检察院工作报告，均作出相应的决议。审议区人大常委会关于2000年代表建议、批评和意见办理情况的报告，补选区人大常委会委员。

六、第六次会议

2002年1月22—24日　在东丽宾馆举行，出席代表174人。会议听取和审议区人民政府工作报告，听取和审议区2001年国民经济和社会发展计划执行情况和2002年国民经济和社会发展计划草案的报告；听取和审议区2001年财政决算情况和2002年财政预算草案的报告，听取和审议区人大常委会、区人民法院和区人民检察院工作报告，均作出相应的决议。审议区人大常委会关于2001年代表建议、批评和意见办理情况的报告，补选张福来为区人大常委会副主任。

第七节　第十四届人民代表大会

此届人民代表大会代表任期 4 年，共召开 4 次会议。

一、第一次会议

2002 年 12 月 10—13 日在东丽宾馆举行，出席代表 177 人。会议听取和审议区人民政府工作报告，并作出相应的决议；听取和审议区 2002 年国民经济和社会发展计划执行情况和 2003 年国民经济和社会发展计划草案的报告；听取和审议区 2002 年财政决算情况和 2003 年财政预算草案的报告，听取和审议区人大常委会、区人民法院和区人民检察院工作报告，均作出相应的决议。选举区常务委员会委员 16 人。张海泉为主任，张福来、陈继亮、霍俊华、赵金山为副主任。选举张中华为区长，弭尚华、迟广智、樊延生、张传捷、王晓敏、轧乃利为副区长，选举杜要武为区人民法院院长，周洪起为区人民检察院检察长。选举区出席市第十四届人民代表大会代表 17 人。通过关于建设现代化津滨新城区方案的决议。

二、第二次会议

2004 年 1 月 6—8 日在东丽宾馆举行，出席代表 159 人。会议听取和审议区人民政府工作报告、听取和审议区 2003 年国民经济和社会发展计划执行情况和 2004 年国民经济和社会发展计划草案的报告；听取和审议区 2003 年财政决算情况和 2004 年财政预算草案的报告，听取和审议区人大常委会、区人民法院和区人民检察院工作报告，均作出相应的决议。审议关于推进区农村城市化建设的规定，审议区人大常委会关于 2003 年代表建议、批评和意见办理情况的报告。

三、第三次会议

2005 年 1 月 18—20 日　在东丽宾馆举行，出席代表 160 人。会议听取和审议区人民政府工作报告，听取和审议区 2004 年国民经济和社会发展计划执行情况报告和 2005 年国民经济和社会发展计划草案的报告，听取和审议区 2004 年财政决算情况和 2005 年财政预算草案的报告，听取和审议、区人大常委会、区人民法院和区人民检察院工作报告，均作出相应的决议。审议通过关于建立被征地农民劳动与社会保障制度的决定，审议区人大常委会关于 2004 年代表建议、批评和意见办理情况的报告。

四、第四次会议

2006 年 1 月 5—7 日　在东丽宾馆举行，出席代表 160 人。会议听取和审议区人民政府工作报告，听取和审议区 2005 年国民经济和社会发展计划执行情况和 2006 年国民经济和社会发展计划草案的报告；听取和审议区2005年财政决算情况和2006年财政预算草案的报告，听取和审议区人大常委会、区人民法院和区人民检察院工作报告，均作出相应的决议。审议关于推进区农村城市化建设的规定，审议区人大常委会关于2004年代表建议、批评和意见办理情况的报告。

第八节　第十五届人民代表大会

此届人民代表大会代表任期5年，共召开5次会议。

一、第一次会议

2007年1月9—12日　在东丽宾馆举行，出席代表158人。会议听取和审议区人民政府工作报告、听取和审议区2006年国民经济和社会发展计划执行情况和2007年国民经济和社会发展计划草案的报告；听取和审议区2006年财政决算情况和2007年财政预算草案的报告，听取和审议区人大常委会、区人民法院和区人民检察院工作报告，均作出相应的决议。审议通过关于动员全区人民构建和谐东丽的决定。选举区人大常委会委员19人。秘长荣为主任，迟广智、霍俊华、杜要武、余明斗、赵金山为副主任。选举尚德来为区长，尚斌义、张传捷、轧乃利、王连成、戴东强、丁梅为副区长，选举魏以禄为区人民法院院长，侯智为区人民检察院检察长。

二、第二次会议

2007年11月28—29日　在东丽宾馆举行，出席代表170人。选举区出席市第十五届人民代表大会代表18人。

三、第三次会议

2008年1月8—10日　在东丽宾馆举行，出席代表169人。会议听取和审议区人民政府工作报告，听取和审议区2007年国民经济和社会发展计划执行情况和2008年国民经济和社会发展计划草案的报告；听取和审议区2007年财政决算情况和2008年财政预算草案的报告、听取和审议区人大常委会、区人民法院和区人民检察院工作报告，均作出相应的决议。审议关于推进区农村城市化建设的规定。

2009年1月，区十五届人大四次会议会场

四、第四次会议

2009年1月5—7日　在东丽宾馆举行，出席代表161人。会议听取和审议区人民政府工作报告，听

取和审议区2008年国民经济和社会发展计划执行情况和2009年国民经济和社会发展计划草案的报告;听取和审议区2008年财政预算情况和2009年财政预算草案的报告。听取和审议区人大常委会、区人民法院和区人民检察院工作报告，均作出相应的决议。审议通过关于全面推进和实施区总体规划的决定。

五、第五次会议

2010年1月26—27日在东丽宾馆举行，出席代表167人。会议听取和审议区人民政府工作报告,听取和审议区2009年国民经济和社会发展计划执行情况和2010年国民经济和社会发展计划草案的报告；听取和审议区2009年财政决算情况和2010年财政预算草案的报告。听取和审议区人大常委会、区人民法院和区人民检察院工作报告，均作出相应的决议。

第三章　常务委员会

1980年4月，区第八届人民代表大会始设区人大常务委员会。区人大常委会是区人民代表大会常设机构，对区人民代表大会负责并报告工作。区人大常委会成员每届任期与人民代表大会代表任期相同。

第一节　机构及组成人员

一、常委会组成

东丽区人大常委会由主任、副主任、委员组成。第八届至第十五届区人大常委会历经8次换届。

1980年4月，区第八届人民代表大会始设立区人大常委会，设主任1人，副主任4人，共设常委会委员12人。1984年5月，区第九届人大常委会，设主任1人，副主任4人，共设常委会委员12人。1987年3月，区第十届人大常委会，设主任1人，副主任3人，共设常委会委员13人。1990年2月，区第十一届人大常委会，设主任1人，副主任5人，共设常委会委员13人。1993年2月，区第十二届人大常委会设主任1人，副主任5人，共设常委会委员13人。1998年1月，区第十三届人大常委会，设主任1人，副主任6人，共设常委会委员15人。2002年12月，区第十四届人大常委会，设主任1人，副主任4人，共设常委会委员16人。2007年1月，区第十五届人大常委会，设主任1人，副主任5人，共设常委会委员19人。

二、办事机构

1980年7月，区人大常委会办事机构设办公室。1990年9月，设内务司法工作委员会、财经城建工作委员会、教科文卫工作委员会。1993年，设调研室、代表联络室。至2010年12月，区人大常委会下设办公室、调研室、代表联络室、内务司法工作委员会、财经城建工作委员会、教科文卫工作委员会。办公室内设秘书科、行政科、人事科（兼管老干部工作）和信访科（信访办公室）。

三、主任副主任名表

1980—2010 年东丽区历届人大常委会主任副主任名表

表 20-2

届　次	职 务	姓 名	籍贯	出生年月	政治面目	任职时间	备　注
第八届（1980-04 至 1984-05）	主　任	刘瑞汉	河北束鹿	1920.	中共党员	1980-04 至 1984-05	
	副主任	韩步平	天津	1915-11	中共党员	1980-04 至 1984-05	
		王兰书	山西武乡	1926-10	中共党员	1980-04 至 1984-05	
		赵振山	河北	1920.	中共党员	1980-04 至 1984-05	
		李宝珠	河北霸县	1923-09	民进会员	1980-04 至 1984-05	不驻会
第九届（1984-05 至 1987-02）	主　任	赵白山	河南林县	1924-07	中共党员	1984-05 至 1987-03	
	副主任	王兰书	山西武乡	1926-10	中共党员	1984-05 至 1987-03	
		赵　耘	山西左权	1936-06	中共党员	1984-05 至 1987-03	
		王芝瑞	天津东丽	1939-10	无党派	1984-05 至 1987-03	
		李宝珠	河北霸县	1923-09	民进会员	1984-05 至 1987-03	不驻会
第十届（1987-02 至 1990-02）	主　任	葛同欢	河北饶阳	1928-11	中共党员	1987-03 至 1990-02	
	副主任	王兰书	山西武乡	1926-10	中共党员	1987-03 至 1990-02	
		赵　耘	山西左权	1936-06	中共党员	1987-03 至 1990-02	
		李宝珠	河北霸县	1923-09	民进会员	1987-03 至 1990-02	不驻会
第十一届（1990-02 至 1993-02）	主　任	李占理	天津武清	1932-03	中共党员	1990-02 至 1993-02	
	副主任	赵　耘	山西左权	1936-06	中共党员	1990-02 至 1993-02	
		李宝珠	河北霸县	1923-09	民进会员	1990-02 至 1993-02	不驻会
		范有志	天津东丽	1934-11	中共党员	1990-02 至 1993-02	
		孙庆春	天津宝坻	1933-01	中共党员	1990-02 至 1993-02	
		张洪禧	河北安国	1933-03	中共党员	1990-02 至 1993-02	
第十二届（1993-02 至 1998-01）	主　任	王学思	天津东丽	1936-02	中共党员	1993-02 至 1998-01	
	副主任	赵　耘	山西左权	1936-06	中共党员	1993-02 至 1997-01	
		王海广	山东黄县	1936-08	中共党员	1993-02 至 1997-01	
		苏道春	四川南充	1944-04	中共党员	1993-02 至 1998-01	
		袁自和	辽宁辽中	1942-02	中共党员	1997-01 至 1998-01	

续表 20-2

届　次	职　务	姓　名	籍贯	出生年月	政治面目	任职时间	备　注
第十二届（1993-02 至 1998-01）		华耀先	天津	1936-05	民建会员	1993-02 至 1998-01	不驻会
		庞树义	天津	1941	民进会员	1993-02 至 1998-01	不驻会
第十三届（1998-01 至 2002-12）	主　任	张海泉	河北景县	1942-05	中共党员	1998-01 至 2002-12	
	副主任	苏道春	四川南充	1944-04	中共党员	1998-01 至 2002-12	
		张福来	天津东丽	1949-01	中共党员	2002-01 至 2002-12	
		袁自和	辽宁辽中	1942-02	中共党员	1998-01 至 2002-12	
		陈继亮	山东沾化	1948-10	中共党员	1998-01 至 2002. 12	
		华耀先	天津	1936-05	民建会员	1998-01 至 2002-12	不驻会
		刘玉生	天津	1941-08	中共党员	1998-01 至 2002-12	
第十四届（2002-12 至 2007-11）	主　任	张海泉	河北景县	1942-05	中共党员	2002-12 至 2007-01	
	副主任	张福来	天津东丽	1949-01	中共党员	2002-12 至 2007-01	
		陈继亮	山东沾化	1948-10	中共党员	2002-12 至 2007. 1	
		霍俊华（女）	天津	1950-12	中共党员	2002-12 至 2007-01	
		赵金山	天津	1957-08	民盟会员	2002-12 至 2007-01	不驻会
第十五届（2007-01 至　）	主　任	秘长荣（女）	山东阳信	1951-10	中共党员	2007-01 至—	
	副主任	迟广智	河北青县	1950-02	中共党员	2007-01 至—	
		霍俊华（女）	天津	1950-12	中共党员	2007-01 至—	
		杜要武	河北	1951-01	中共党员	2007-01 至—	
		余明斗	湖北武汉	1960-01	中共党员	2007-01 至—	
		赵金山	天津	1957-08	民盟会员	2007-01 至—	不驻会

第二节　重要会议

一、常委会会议

区人大常委会会议是区人大常委会依法行使职权的主要形式。依照地方组织法的规定，每两个月至少举行一次。其主要任务是：听取和审议区人民政府、区人民法院和区人民检察院的专项工作报告，并作出相应的决议和决定；审议区人民政府、区人民法院、区人民检察院及区人大常委会主任会议提出的议案，并作出相应的决定。1980—2010 年，共召开区人大常委会议 232 次，听取和审议 949 项议题。

区第八届人大常委会会议 共召开区人大常委会会议 33 次，听取和审议 92 项议题。在全面开创社会主义现代化建设新局面方针指引下，依照宪法和法律的规定，加强地方政权建设，健全社会主义民主和法制，加强社会主义物质文明和精神文明建设，积极发挥地方国家权力机关的作用，促进全区各项工作的开展。

区第九届人大常委会会议 共召开区人大常委会会议 21 次，听取和审议 56 项议题。依据宪法、法律规定的任务和赋予的职权，积极发挥地方国家权力机关的作用，认真开展工作，促进全区社会主义建设事业的发展。

区第十届人大常委会会议 共召开区人大常委会会议 23 次，听取和审议 73 项议题。遵循中共十一届三中全会及十三大以来的路线、方针和政策，坚持四项基本原则，依据宪法、法律赋予的职权，认真落实区人民代表大会的决议，围绕党的中心工作，努力发挥地方国家权力机关的作用。为振兴东郊，繁荣东郊，积极开展各项工作，推动和促进全区社会主义物质文明和精神文明建设的深入发展。

区第十一届人大常委会会议 共召开区人大常委会会议 19 次，听取和审议 85 项议题。遵循党的基本路线，围绕经济建设中心，贯彻落实区人民代表大会各项决议，依照宪法、法律赋予的职权，促进全区物质文明和精神文明建设的深入发展。

区第十二届人大常委会会议 共召开区人大常委会会议 36 次，听取和审议 159 项议题。认真履行宪法和法律赋予的职权，认清性质，选准位置，积极探索，扎实工作，在促进全区物质文明、精神文明和民主法制建设的发展过程中，较好地发挥地方国家权力机关的作用。

区第十三届人大常委会会议 共召开区人大常委会会议 36 次，听取和审议了 172 项议题。认真贯彻中共十五大和十六大精神，认真落实区第七次、第八次党代会的部署和区人民代表大会的决议、决定，坚持"服从核心，围绕中心，立足法制，尽职尽责，扎实进取"的工作思路，和"新、活，实、好"工作标准，认真履行宪法和法律赋予的各项职责，较好地发挥地方国家权力机关常设机关的作用。

区第十四届人大常委会会议 共召开区人大常委会会议 34 次，听取和审议 155 项议题。贯彻中共十六大精神，依照"服从核心，围绕中心，坚持同心，顺应民心，开拓创新"工作思路，认真履行法定职责，为区"苦干五年争第一"，建设现代化津滨新城区做出积极贡献。

区第十五届人大常委会会议 共召开区人大常委会会议 30 次，听取和审议 157 项议题。坚持党的领导、人民当家做主和依法治国的有机统一，认真履行宪法和法律赋予的职责，紧紧围绕全区中心工作和大局，依法决定重大事项，加强和改进监督工作，进一步发挥代表作用，加强自身建设，为推动科学发展、促进社会进步做出积极贡献。

二、主任会议

区人大常委会主任会议由区人大常委会主任、副主任组成。主要内容是初拟提请人大常委会审定的区人代会召开日期及主席团、秘书长名单，决定议程及其他建议事项；讨论常委会向代表大会的报告及常委会工作要点和常委会的决议、决定草案；讨论区"一府两院"向常委会提出议案、人事任免案，讨论决定以常委会议召开的工作会议，组织视察及其他活动等。1980—2010 年，共召开主任会议 393 次，讨论决定事项 1199 项。

区第八届共召开主任会议75次，讨论决定事项152项。区第九届共召开主任会议40次，讨论决定事项81项。区第十届共区召开主任会议25次，讨论决定事项62项。区第十一届共召开主任会议37次，讨论决定事项130项。区第十二届共召开主任会议56次，讨论决定事项202项。区第十三届共召开主任会议49次，讨论决定事项146项。区第十四届共召开主任会议59次，讨论决定事项164项。区第十五届至2010年12月，共召开主任会议52次，讨论决定事项262项。

第四章　常委会主要工作

东丽区人大常委会认真履行宪法和法律赋予的职权，积极探索，扎实工作，在促进全区物质文明、政治文明和精神文明建设中，较好地发挥了地方国家权力机关常设机关的作用。人大工作与时俱进，开拓创新，各项工作不断取得新的进展。

第一节　依法监督

监督权是法律赋予人大常委会的重要职权。历届区人大常委会对区政府、区法院和区检察院实行法律监督和工作监督。坚持每两个月至少召开一次人大常委会会议，听取和审议区政府及其部门、区法院、区检察院有关工作报告，开展视察活动。为加大监督力度，区人大常委会不断创新监督工作，建立执法责任制，开展执法检查，开展述职评议和工作评议。

一、执法责任制

1993年，区人大常委会决定，在区行政机关和司法机关普遍建立岗位责任制、行为规范制、执法宣传制及执法监督制4项内容的执法责任制。为推动责任制的不断深化和落实，区人大常委会组织区人大代表对区政府执法部门建立和落实执法责任制的情况进行检查和评议，使全区行政机关和司法机关的执法水平明显提高，公正执法、廉洁执法、文明执法得到落实。

二、执法检查

1983年，区人大常委会对新颁布的食品卫生法进行了两次检查。1989年7月，区人大常委会会同区政府在全区范围内开展了统计法、经济合同法执法检查。区人大常委会连续两年开展环境保护法执法检查。1998—2006年，区人大常委会对区贯彻实施农业法、劳动法、经济合同法、环境保护法、产品质量法、食品卫生法等法律情况进行了检查。2007—2010年，区人大常委会按照监督法的规定，进一步改进执法检查方式，加大执法检查力度，增强工作透明度，开展道路交通安全法、劳动合同法、义务教育法、行政诉讼法、食品卫生法等执法检查。对检查中发现的问题，区人大常委会要求执法机关限期整改，对落实情况进行跟踪监督。通过执法检查，有效地保证宪法和法律的贯彻实施。

三、述职评议

为加强对被任命人员的监督，1995 年 7 月，区人大常委会在市率先作出《关于对区人大常委会任命的区行政、审判、检察机关工作人员开展述职评议的决定》。首批对区民政局、水利局、规划国土局和技术监督局局长进行述职评议，这次评议引起较大的社会效应。其后，区人大常委会通过委托述职和书面述职等形式，对区人大常委会任命的区政府、区法院、区检察院工作人员，普遍进行了评议。述职评议工作坚持民主公开的原则，增强了人大常委会监督力度和国家机关工作人员的公仆意识、廉政意识和法律意识。

四、工作评议

为解决社会反映强烈的法院判决“执行难”问题，1998 年以来，区人大常委会连续 3 年对区法院执行工作进行了评议。按照人大代表的评议意见，区法院严格了终止执行的审批标准，进一步强化了执行力度，使执行效率和质量得到进一步提高，区法院的执行工作一直走在全市前列。2004 年，区人大常委会评议工作开始向基层延伸，向个案延伸，向办案人员延伸。

第二节　重大事项决定

讨论和决定本行政区域的重大事项，是宪法和地方组织法赋予地方人大及其常委会的一项重要职权。历届区人大及其常委会对行使重大事项决定权的理论和实践进行了积极探索，紧跟改革开放的步伐和社会主义民主法制建设的进程，围绕全区中心工作，及时抓住具有全局性、长远性、根本性的大事，由人大常委会或通过人大常委会提请人民代表大会作出决议或决定。

2009 年 9 月，区人大代表视察东丽湖华侨城建设情况

1981 年，区人大常委会作出《关于落实中共中央〔1980〕七号文件，进一步加强和完善农业生产责任制的决议》。1984—1986 年，区人大常委会先后作出《关于认真学习〈中共中央关于经济体制改革的决定〉的决议》《关于在公民中基本普及法律常识的决议》《关于东郊区 1987 年至 1995 年绿化规划的决议》。1987—1989 年，区人大常委会作出《关于认真贯彻治理经济环境整顿经济秩序全面深化改革方针的决议》和《关于严格执行民诉法当事人举证责任规定的决定》。1990—1993 年，区人大常委会作出《关于继续进行法制宣传教育的决议》和《关于依法治区的决议》。1994—1998 年，区人大常委会作出《关于废止〈天津市东郊区乡人民代表大会主席团工作试行办法〉的决定》《关于开展评选和表彰优秀区人大代表和先进代表组活动的决定》《关于继续开展法制宣传教育推进依法治区的决议》。1998—2002 年，区第十三届人大二次会议，审议通过东丽区建设“津滨辅城”区域发展战略方案的决定。区人大常委会先

后作出《关于加强乡镇人大工作的决议》《关于批准调整东丽区“九五”计划的决议》《关于继续开展法制宣传教育推进依法治区的决议》。2002 年 12 月，区十四届人大一次会议，通过《关于建设现代化津滨新城区方案的决议》。2003 年 2 月，区人大常委会通过 6 项决议，批准区政府提请向相关银行贷款的议案，贷款总金额达 21 亿元。2004 年 1 月，区十四届人大二次会议，审议通过《关于推进东丽区农村城市化建设的决定》。2005 年 1 月，区十四届人大三次会议，审议通过《关于建立被征地农民劳动与社会保障制度的决定》。2007 年 1 月，区十五届人大一次会议，审议通过《关于动员全区人民构建和谐东丽的决定》；2009 年 1 月，区十五届人大四次会议，审议通过《关于全面推进和实施东丽区总体规划的决定》。人大及其常委会的决定，使区委关于全区经济建设、社会发展和依法治区的战略意图转化为国家意志，具有国家权威性和长期稳定性。以上决定，对于全面推进区农村城市化建设，早日实现津滨新城区的战略目标，具有重大的现实意义和深远的历史意义，为加快区经济和社会发展、推进依法治区发挥重要作用。

第三节　人事任免

1980—2010 年，区人大常委会依法任免和决定任免国家机关工作人员。在人事任免工作中，区人大常委会坚持党管干部的原则和人大依法任免的有机统一，不断改进任免工作，增强民主性和透明度，并加强对被任命人员的监督。1989 年，区人大常委会开始实行区政府被任命人员到会做任前发言。1999 年，区人大常委会审议通过《天津市东丽区人事任免监督办法》。规定了“一试三书”制度，即任前有法律考试，任中有供职报告书，任后有任期目标责任书和述职报告书。区人大常委会实行任前调查和公示，任中听取供职报告，任后开展述职评议等一系列制度，进一步强化任后监督。2006 年 12 月，根据监督法的有关规定，区人大常委会对人事任免监督办法进行修定，取消人事监督的相关内容，进一步完善了人事任免工作程序。

第四节　视察调研

第八届人大常委会　共组织区人大代表 1500 余人次，对区政府及有关部门的工作进行视察活动。通过视察，代表们的亲眼看到实行农业生产责任制的优越性，经广泛宣传及交流经验，促使农业生产责任制不断完善，在连续严重自然灾害情况下，区农业生产仍有很大的发展，经济效益得到提高。视察“托幼”和“五保”老人供养工作，写出专题调研报告，提出在建设社会主义精神文明中，把赡养老人，作为对青年进行政治思想教育的重要内容，把道德教育和法制教育结合起来，使青年树立爱护老人、尊敬老人、赡养老人的美德。在开展“文明礼貌月”活动中，组织区人大代表视察，并上街参与环境卫生劳动，使全区人民群众深受鼓舞，促进了区“五讲四美”活动深入开展。

第九届人大常委会　为使代表们了解区政府、法院和检察院的工作，发挥代表的监督作用，组织区人大代表重点视察区”一府两院”及农业生产、乡镇企业、经济建设、文教卫生、市场物价、法制建设等工作。通过视察，代表们直接了解区“一府两院”工作，对区“一府两院”的工作，起到一定的推动作用。区部分人大代表视察军粮城和大毕庄两个法庭，先听汇报再座谈，了解到经济案件和离婚案件明显上升，代表们指出：应引起司法部门高度重视，工作人员要认真学习，提高业务水平，严格区分一般经济纠纷和经济犯罪的界限，决不能让犯罪分子有机可乘。对大毕庄法庭办案中的深入细致，秉公执法，表示赞扬，促进了人民法庭的审判工作。

第十届人大常委会 组织代表视察、检查“一府两院”工作 21 次；召开各种类型座谈会 8 次；组织机关干部深入乡村调查研究，写调查报告 7 篇。常委会和各代表大组重点围绕全区农业生产、畜牧水产养殖，农业科技、教育、市场物价、环境保护，以及司法活动等方面进行视察和检查。通过视察区人大代表了解“一府两院”工作情况，既肯定成绩又提出一些建议和意见，监督和促进了“一府两院”工作，发挥了人大代表参政议政的作用。

第十一届人大常委会 结合常委会审议的工作内容，组织代表对有关全区经济工作和法律、法规的贯彻实施及人民群众普遍关心的问题进行视察。召开专题座谈会，请代表为振兴区经济献计献策。有目的地走访代表，征询代表对全区重大事项的意见和建议。组织市、区两级人大代表对区农田水利建设、村办企业生产科研情况及部分乡镇企业技改措施进行视察，增进代表对区经济工作及其他各项工作的了解，向区政府及有关部门提出了意见、批评和建议，促进了一些实际困难和问题的解决。

第十二届人大常委会 为支持人大代表参与决策，提高人代会的审议质量，常委会进行人代会大会发言的尝试，请部分代表就所关心的热点问题提前进行调研，并整理好书面材料，作为大会审议意见，在人代会上报告，代表针对社会热点，有理有据的发言，引起“一府两院”有关部门的重视，提高大会的审议实效。围绕法律、法规在区的贯彻落实情况、区人代会决议的贯彻执行情况和群众普通关心的热点、难点问题，组织代表开展视察、检查、调研、评议等活动，发挥代表的监督作用。有效地促进“一府两院”工作开展，也为常委会审议“一府两院”工作提供依据，使常委工作更加符合人民的意愿。

第十三届人大常委会 通过对企业生产机制改革的视察，对财税征管工作的调研，促进了企业发展和税源的增加。重点听取审议区外经外贸工作、经济开发区、东丽湖温泉度假旅游区发展情况的报告，进行了视察和调研。组织代表对“三资”企业和农业产业化发展等进行视察 37 次，推动了全区经济快速、健康发展。

第十四届人大常委会 常委会健全了代表建议、批评和意见督办制度，对事关全局的重要建议，都要组织代表对办理情况进行专项视察、重点督办。常委会邀请人大代表列席区人大常委会会议，组织代表参加执法检查、视察和调研，邀请人大代表参加工作评议，聘请区人大代表担任行政、司法机关的执法监督员。举办代表统一活动 16 次，参加代表 2891 人次。

第十五届人大常委会 组织代表视察区医疗卫生基础设施建设及运行情况，对其提升扩建、专项基金有效使用、保证工程质量等提出建议，促进基础建设中的问题解决。围绕农村养老保障、医疗保障、华明新市镇还迁入住开展集体调研，为审议专项报告做准备。组织全体区人大代表视察全区文化阵地建设情况，部分代表视察农村环境整治、社会救助、农民安置、企业安全生产情况，促进民计民生问题的解决。组织主任会议成员和部分人大代表开展专项集体调研，提出加快新立新市镇加快建设进程的建议。视察军粮城新市镇、金钟新市镇工程建设的进展情况。视察万新街道城中村改造工程，针对存在的突出问题提出了意见和建议，对加快全区城市化建设起到推动作用。视察全区义务教育现代化建设情况，推动区在全市义务教育现代化率先达标，促进义务教育的均衡发展。

第五节　代表工作

一、创新代表活动方式

人大代表是人民代表大会的主体。区人大常委会尊重人大代表的主体地位，密切与代表的联系，不断创新代表活动形式。1980 年，区人大常委会制定《区人大常委会联系区人大代表制度和区人大代表联系选民制度》。1986 年，区人大常委会召开区人大代表与区政府领导座谈会。区长、副区长和有关部门负责人到会直接听取意见，效果很好。1996 年，区人大常委会决定开展评选和表彰优秀区人大代表和先进区人大代表组，有 23 名区人大代表和 3 个区人大代表组受到表彰。1999 年，区人大常委会审议通过《关于建立区人大代表统一活动日的决定》《关于开展争当选民信赖的好代表，争创先进区人大代表组活动的决定》，进一步活跃代表工作。2002 年，有 24 名代表和 2 个代表组受到表彰。2003 年，区人大常委会制定《关于代表向选民述职的决定》，代表定期向选民述职，听取意见，接受评议。

二、议案建议办理

在区人民代表大会会议期间，区人大代表反映选民的意见和要求，依法向大会提出议案、建议、批评和意见，是法律赋予代表的民主权利。历届区人大常委会重视代表参与管理国家事务的权利，认真处理代表议案、建议、批评和意见。1986 年 5 月，区九届人大常委会第十五次会议，审议区九届人大三次会议上代表提出的《关于严格控制市属各工厂对我区环境污染的议案》《关于大毕庄粪场迁址的议案》《关于解决百中教师宿舍“三级跳坑”问题的议案》，对 3 项议案分别作出决议。1989 年 5 月，区十届人大常委会第十六次会议，审议代表在区十届人大三次会议上提出的《关于治理改造先锋路各单位供热设施的议案》《关于采取措施鼓励教师在边远校任教的议案》，作出了 2 项决议，交由区政府办理。区十一、十二届人大常委会逐步完善代表议案处理程序，每年对办理情况进行审议，将办理情况作为政府、法院和检察院的一项考核内容。区十三届人大常委会制定《关于代表建议、批评和意见办理办法》，对具有东丽特色的一些成功做法进行了规范。政府在办理工作中，坚持由区长亲自交办，分管区长负责督办等做法，收到较好办理效果。在历届区人代会及闭会期间，人大代表提出议案，建议、批评和意见 3300 余件。区人大常委会分别交由区政府、区法院、区检察院和有关单位办理，办理结果得到区人大代表和人民群众的认可。

第六节　指导乡镇街道人大工作

1991 年，在区人大常委会指导下，进行设立乡（镇）人大主席团常务主席的试点。1992 年，全区各乡（镇）普遍设立了人大主席团常务主席。区人大常委会制定《东丽区、乡（镇）人大主席团工作试行办法》，使乡（镇）人大主席团开展工作进一步规范。1998 年 9 月，区人大常委会作出《关于加强乡镇人大工作的决议》，并通过举办人大主席培训班和召开工作经验交流会，组织乡

（镇）人大主席和秘书学习有关法律知识，交流人大工作经验，提高乡（镇）人大工作水平。2007年4月，为适应区乡(镇)机构的变化，区人大常委会决定，在张贵庄、丰年村、新立、万新、无瑕、华明6个街道设立人大街道工作委员会。2007年10月，设立金钟街道工作委员会。2008年10月，设立军粮城街道工作委员会。区人大常委会通过邀请各街道人大工委主任列席区人大常委会会议，组织召开街道人大工作会议，举办街道人大工委主任履职培训班及赴外地学习考察，增强业务水平，提高依法履职能力。

第二十一编

人民政府

1979年，东郊区革命委员会行使政府职能。1980年4月，区第八届人民代表大会第一次会议，根据地方组织法有关规定，撤销区革命委员会，恢复区人民政府。20世纪90年代，随着改革开放的不断深入，区政府所设工作机构多次更易撤并。2010年12月，区政府工作机构精简至30个。

中共十一届三中全会后，历届区政府坚持党的基本路线，全面推进经济建设和改革开放，贯彻执行国家制定的方针政策，实施经济体制改革，推进政治体制改革和民主法治建设。为适应改革开放的需要，区政府转变职能，变“行政指挥”为“经济服务”，政务公开，廉洁自律，高效透明，全面推进区各产业经济、城乡建设、精神文明建设及各项社会事业快速发展，全区呈现欣欣向荣的景象。

2009年，区法制办被国务院评为全国行政复议优秀单位

2010年，军粮城街道行政服务中心成立

第一章 政府机构

1979年，区革委会时期，有行政机构32个。1980年4月，按五届人大二次会议通过的《地方各级人民代表大会和地方各级人民政府组织法》，东郊区召开第八届人民代表大会第一次会议，选举产生东郊区人民政府，经调整，设政府工作机构30个。1997—2010年，经3次机构改革，8次换届选举，区政府领导班子，实现新老交替，适应了改革开放、经济社会发展的需要。

第一节 领导成员

1980年4月，恢复东郊区人民政府后，区长负责政府全面工作，常务副区长协助区长主持日常工作，其他副区长按系统分工负责有关委、办、局（公司）工作。

1980—2010年东丽区历届人民政府领导人一览表

表21-1

届次	职务	姓名	性别	出生年月	政治面目	籍贯	任职时间
第八届（1980.04—1984.05）	区　长	葛同欢	男	1928.11	中共党员	河北饶阳	1980.04—1983.05
	代理区	张继光	男	1930.01	中共党员	天津东丽	1983.05—1984.05
	副区长	史　铨	男	1930	中共党员	天津市	1980.04—1983.05
		张继光	男	1930.01	中共党员	天津东丽	1980.04—1983.05
		赵　耘	男	1936.06	中共党员	山西左权	1980.04—1983.05
		王学思	男	1936.02	中共党员	天津东丽	1980.04—1984.05
		齐学礼	男	1922	无党派	天津宁河	1980.04—1983.05
		陈章伟	男	1944.07	中共党员	湖北孝感	1983.05—1984.05
		何秀恒	男	1944	中共党员	天津东丽	1983.05—1984.05
第九届（1984.05—1987.02）	区　长	张继光	男	1930.01	中共党员	天津东丽	1984.05—1987.03
	副区长	王学思	男	1936.02	中共党员	天津东丽	1984.05—1987.03
		陈章伟	男	1944.07	中共党员	湖北孝感	1984.05—1987.03
		何秀恒	男	1944	中共党员	天津东丽	1984.05—1987.03
第十届（1987.03—1990.02）	区　长	张继光	男	1930.01	中共党员	天津东丽	1987.03—1990.02
	副区长	王学思	男	1936.02	中共党员	天津东丽	1987.03—1990.02
		王开基	男	1938.07	中共党员	河北大城	1987.03—1990.02
		王芝瑞	男	1939.10	无党派	天津东丽	1987.03—1990.02
		何秀恒	男	1944	中共党员	天津东丽	1987.03—1990.02
		陈章伟	男	1944.07	中共党员	湖北孝感	1987.03—1990.02
		甘玉昆	男	1945.09	中共党员	天津武清	1989.12—1990.02

续表 21-1

届次	职务	姓名	性别	出生年月	政治面目	籍贯	任职时间
第十一届（1990.02—1993.02）	区　长	王学思	男	1936.02	中共党员	天津东丽	1990.02—1993.02
	副区长	王开基	男	1938.07	中共党员	河北大城	1990.02—1993.02
		王芝瑞	男	1939.10	无党派	天津东丽	1990.02—1993.02
		甘玉昆	男	1945.09	中共党员	天津武清	1990.02—1993.02
		何秀恒	男	1944	中共党员	天津东丽	1990.02—1993.01
		张长远	男	1936.10	中共党员	河北易县	1990.02—1993.02
		陈章伟	男	1944.07	中共党员	湖北孝感	1990.02—1993.02
第十二届（1993.02—1998.01）	区　长	陈章伟	男	1944.07	中共党员	湖北孝感	1993.02—1998.01
	副区长	张中华	男	1953.06	中共党员	河北河间	1993.02—1998.01
		王芝瑞	男	1939.10	无党派	天津东丽	1993.02—1998.01
		甘玉昆	男	1945.09	中共党员	天津武清	1993.02—1998.01
		张长远	男	1936.10	中共党员	河北易县	1993.02—1996.03
		张全礼	男	1948.02	中共党员	山东省	1993.02—1998.01
		陈继亮	男	1948.10	中共党员	山东沾化	1993.02—1998.01
		秘长荣	女	1951.10	中共党员	山东阳信	1995.09—1997.12
		迟广智	男	1950.02	中共党员	天津东丽	1996.09—1998.01
第十三届（1998.01—2002.12）	区　长	张中华	男	1953.06	中共党员	河北河间	1998-01—2002-12
	副区长	弭尚华	男	1949.09	中共党员	山东临昌	1998.01—2002.12
		张全礼	男	1948.02	中共党员	山东省	1998.01—2002.12
		迟广智	男	1950.02	中共党员	河北青县	1998.01—2002.12
		樊延生	男	1952.11	中共党员	河南舞阳	1998.01—2002.12
		张传捷	男	1956.06	中共党员	天津东丽	1998.01—2002.12
		王晓敏	女	1957.11	无党派	江苏镇江	1998.01—2002.12
第十四届（2002.12—2007.12）	区　长	张中华	男	1953.06	中共党员	河北河间	2002.12—2006.11
	代理区	尚德来	男	1955.01	中共党员	天津宁河	2006.11—2007.01
	副区长	弭尚华	男	1949.09	中共党员	山东临昌	2002.12—2007.01
		迟广智	男	1950.02	中共党员	河北青县	2002.12—2007.01
		樊延生	男	1952.11	中共党员	河南舞阳	2002.12—2007.01
		张传捷	男	1956.06	中共党员	天津东丽	2002.12—2007.01
		王晓敏	女	1957.11	无党派	江苏镇江	2002.12—2007.01
		轧乃利	男	1960.04	中共党员	天津东丽	2002.12—2007.01
		尚斌义	男	1965.10	中共党员	山东滨州	2006.10—2007.01

续表 21-1

届次	职务	姓名	性别	出生年月	政治面目	籍贯	任职时间
第十五届（2007.12—）	区　长	尚德来	男	1955.01	中共党员	天津东丽	2007.01—
	副区长	尚斌义	男	1965.10	中共党员	山东滨州	2007.01—
		张传捷	男	1956.06	中共党员	天津东丽	2007.01—
		轧乃利	男	1960-04	中共党员	天津东丽	2007.01—
		王连成	男	1961-10	中共党员	河北黄骅	2007.01—
	副区长	戴东强	男	1966-09	中共党员	山东省	2007.01—
		丁　梅	女	1973-12	民盟盟员	上海市	2007.01—
	区长助	王庆友	男	1953-08	中共党员	江苏淮安	2007.01—

说明：区长、副区长及区长助理的民族均为汉族

第二节　组成部门

一、革委会时期（1979 年 1 月—1980 年 4 月）

设办公室（与区委合署）、文教卫生办、财贸办公室（1979 年 7 月撤）、计划委员会、上山下乡办公室、民政科、计划生育办公室、科学技术委员会、体育运动委员会、农林局、水利电力局、社队企业局、农机局、商业局、粮食局、财政局、对外贸易局、工商局、公安分局、教育局、卫生局、“五七”干校、农业银行东郊办事处、食品公司。下属机构设新立村、小东庄、军粮城、李庄子、赤土、荒草坨、万新村、大毕庄 8 个公社革委会。

二、恢复人民政府初期（1980 年 4—6 月）

设办公室、农业办公室（后并入政府办公室，设农业组），文教卫生办、计划委员会、民政科、计划生育办公室、科学技术委员会、体育运动委员会、农林局、水利电力局、社队企业局、农机局、商业局、粮食局、财政局、对外贸易局、工商局、公安分局、教育局、卫生局、劳动局、农业银行东郊办事处、食品公司。下属机构设新立村、小东庄、军粮城、李庄子、赤土、荒草坨、万新村、大毕庄 8 个公社管委会。

三、第一次机构改革

（一）保留机构　1997 年 1 月，东丽区进行第一次机构改革，保留办公室（加挂外事办公室牌子）、城乡建设委员会、对外经济贸易委员会、乡镇企业经济委员会、科学技术委员会、计划生育委员会、体育运动委员会、人事局、劳动局、财政局、工商行政管理局、交通运输管理局、审计局、统计局、技术监督局、环境保护局、房地产管理局、规划土地管理局、文化局、卫生局、民政局、司法局、监察局、农林局、水利局、畜牧水产局、机构编制委员会办公室、信访办公室、经济协作办公室、人民防空办公室、公安分局。

（二）更名机构 计划经济委员会更名为计划与经济委员会，农业经济委员会更名为农业委员会，教育局改为教育委员会。

（三）组建机构 组建区商业委员会、市容环境卫生管理局。组建区国有资产管理局，规格为副处级，由财政局管理。组建区侨务办公室、民族宗教事务办公室，合署办公，规格为副处级，由区政府办公室管理。

（四） 合署办公与管理归属 经济体制改革委员会与区政府办公室合署办公。法制办公室由区政府办公室管理。物价局由区计划经济委员会管理，对外名称不变。地震办公室规格为副处级，由区城乡建设委员会管理。爱国卫生运动委员会办公室规格为副处级，由卫生局管理。农业区划办公室并入农业委员会。

（五）事业单位赋予行政职能 农业机械管理局改为事业单位，赋予行政职能；广播电视局为处级事业单位，赋予行政职能；组建旅游局，为处级事业单位，赋予行政职能。

（六）改制与撤销 区物资局改组为经济实体，撤销外贸局、商业局。粮食局体制不变。

（七）区政府派出机构 张贵庄、丰年村、程林3个街道办事处及东丽区经济开发区管理委员会为区政府派出机构。

四、第二次机构改革

（一）保留机构 2001年11月，东丽区进行第二次机构改革，保留办公室（加挂外事办公室、信息化办公室牌子）、商业委员会（加挂第三产业办公室牌子）、科学技术委员会、对外经济贸易委员会、监察局（不计机构个数）、民政局、司法局、财政局、人事局、劳动和社会保障局、交通运输管理局、农林局（加挂绿化委员会办公室牌子）、水利局（加挂节约用水办公室牌子）、文化局、卫生局、审计局、统计局、环境保护局、房地产管理局、信访办公室与区委信访办公室合署办公。

（二）更名机构 区计划与经济委员会更名为发展计划委员会，城乡建设委员会更名为建设管理委员会，计划生育委员会更名为人口和计划生育委员会，教育委员会更名为教育局、体育运动委员会更名为体育局，规划土地管理局更名为规划和国土资源局，粮食局更名为粮食办公室，农业委员会更名为农业经济委员会，市容环境卫生管理局更名为市容环境卫生管理委员会（加挂爱国卫生运动委员会办公室牌子），经济体制改革委员会更名为经济体制改革办公室（与区委研究室为一个机构、两块牌子）。

（三）组建机构 组建区工业经济委员会，设立安全生产监督管理局，与安全生产委员会办公室一个机构、两块牌子，设在工业经济委员会。

（四）合署办公与管理归属 民族宗教办公室与侨务办公室合署办公。人民防空办公室属于国防运动员委员会的办事机构，又是区政府主管人民防空工作的职能部门。法制办公室由政府办公室管理，物价局由发展计划委员会管理，地震办公室由建设管理委员会管理。区老龄委员会办公室设在民政局。

（五）撤销与改制 撤销乡镇企业经济委员会，畜牧水产局改为处级事业单位。原物资局所属事业单位逐步向企业过渡，暂由发展计划委员会管理。

（六）体制不变　东丽区排水管理处、政府招待所、公安局体制不变。广播电视局（加挂新闻信息中心牌子）、农机局、旅游局仍为处级事业单位。区供销社仍按编委有关规定设置。

（七）区政府派出机构　东丽经济开发区管理委员会、东丽湖旅游开发管理委员会为区政府派出机构。

五、第三次机构改革

（一）保留机构　2010年3月，东丽区进行第三次机构改革，保留办公室（加挂信息化办公室牌子）、发展和改革委员会、工业经济委员会（加挂中小企业发展促进局牌子）、农业经济委员会、科学技术委员会、国有资产监督管理委员会、建设管理委员会、人口和计划生育委员会、监察局（不计机构个数）、财政局、民政局、教育局、卫生局、体育局、环境局、房地产管理局、交通运输管理局、审计局、统计局、司法局、安全生产监督管理局、信访办公室、人民防空办公室。

（二）组建机构　组建区商务委员会，将商业委员会职责、对外经济贸易委员会（经济协作办公室）职责整合划入商业委员会。不再保留商业委员会、对外经济贸易委员会（经济协作办公室）。

组建区人力资源和社会保障局，挂公务员局牌子。将人事局、劳动和社会保障局职责整合划入人力资源和社会保障局。不再保留人事局、劳动和社会保障局。

组建区市容和园林管理委员会，挂爱国卫生运动委员会办公室牌子。将市容环境卫生管理委员会、建设管理委员会园林管理职责划入市容和园林管理委员会，不再保留市容环境卫生管理委员会。

组建区文化广播电视局，挂新闻出版局、版权局牌子。将文化局、广播电视局行政职责整合划入文化广播电视局。不再保留文化局、广播电视局。

组建区水务局，挂节约用水办公室牌子。将水利局、建设管理委员会涉水事务管理职责整合划入水务局。不再保留水利局。

组建区合作交流办公室，挂招商局牌子。将原对外经济贸易委员会管理的外商投资服务中心更名为招商服务中心，隶属关系调整到合作交流办公室管理。

组建区金融服务办公室，发展和改革委员会不再挂金融服务办公室牌子。

组建区城市化建设办公室，为区政府派出机构，政府办公室不再挂城市化建设办公室牌子

（三）合署办公与隶属关系变更　政府法制办公室由区政府办公室管理改为区政府工作部门，挂行政复议办公室牌子。民族宗教办公室更名为民族宗教事务办公室，由与侨务办公室合署办公改为部门管理机构，规格为副处级，由政府办公室管理，挂侨务办公室牌子。粮食办公室由与原商业委员会合署办公改为部门管理机构，规格为副处级，由发展和改革委员会管理。

农业经济委员会挂畜牧兽医局、绿化委员会办公室牌子。将农林局职责，畜牧水产局（兽医局）行政职责整合划入农业经济委员会。不再保留农林局、农业机械管理局、畜牧水产局（兽医局）。组建畜牧水产服务中心、农业技术推广中心，为农业经济委员会管理的事业单位，规格相当副处级。将原畜牧水产局（兽医局）承担的事业职责划入畜牧水产服务中心，原农业机械管理局承担的事业职责划入农业技术推广服务中心。

物价局职责划入发展和改革委员会，在发展和改革委员会挂物价局牌子，不再保留物价局。地震办公室职责划入人民防空办公室，在人民防空办公室挂民防办公室、地震办公室牌子，不再保留地震办公室。

六、2010年政府系统工作部门

（一）直属工作部门 办公室、发改委、工业经委、农业经委、科委、国资委、建委、人口计生委、商务委、市容园林委、监察局、财政局、民政局、教育局、卫生局、体育局、环保局、房管局、运管局、审计局、统计局、司法局、安监局、人力社保局、文广局、水务局、信访办、人防办、合作交流办、金融服务办、执法局。

（二）部门管理机构 民族宗教事务办、粮食办。

（三）事业单位 东丽湖温泉度假旅游区管理委员会、机关事务管理服务中心、东丽宾馆、排水管理处、军粮城散货物流区管理委员会、华明工业园区管理委员会、军粮城工业园区管理委员会。

（四）派出机关 张贵庄街道办事处、丰年村街道办事处、万新街道办事处、新立街道办事处、无瑕街道办事处、华明街道办事处、金钟街道办事处、军粮城街道办事处、么六桥回族乡、东丽经济开发区管理委员会、行政审批办公室、城市化建设办公室。

（五）非区直属（市垂直）部门 天津市公安局东丽分局、东丽区国家税务局、东丽区地方税务局、天津市工商行政管理局东丽分局、东丽区质量技术监督局、天津市食品药品监督管理局东丽分局、天津市国土资源和房屋管理局东丽区国土资源分局、天津市规划局东丽区规划分局、天津市东丽公路处、东丽气象局。

第三节 政务会议

一、区政府常务会议

区政府常务会议是区政府集体议事决策性会议，由区长或常务副区长主持召开，区长、副区长、区长助理、政府办公室主任出席，区人大常委会、区政协、区武装部相关领导人列席，区政府成员单位主要负责人参加会议。8～15届区政府共召开常务会议900次，发会议纪要730次。

议题内容：传达上级党委、政府的重要指示、决定，讨论提出贯彻落实意见；研究涉及区政府工作全局的重要事项；需提请区人民代表大会及其常委会审议的事项；区政府制定和公布的重大决定、法令等重要文件及需经常务会议决定的事项。

1980—2010年东丽区8～15届区政府常务会议主要议题一览表

表21-2 单位：次

年份	会议次数	发纪要次数	主要议题
1980	25	13	5月6日，区长、副区长分工作出安排
1981	27	20	2月18日，听取财政局1980年财政收入、预算支出完成情况和1981年财政支出概算汇报。对1981年财政支出作了初步安排。要求财政局做好向区人代会作财政预决算报告的准备。要求各单位、各部门本着开源节流的精神，增加收入，减少开支，努力减轻国家负担

续表 21-2

年份	会议次数	发纪要次　数	主要议题
1982	29	19	7 月 26 日，听取副区长张继光《关于引滦入津明渠工程任务》的汇报，决定组建领导班子，做好思想发动和物质准备工作，召开公社主任会议，布置任务
1983	32	19	11 月 5 日，听取区财政局《关于区财政计划执行情况》的汇报。会议要求各单位、各部门要加强财务管理，严格控制各项开支，堵塞漏洞，搞好增收节支
1984	28	16	8 月 14 日，听取区外贸局《关于发展对外经济与外商联合办企业情况》的汇报。会议要求有关部门，解放思想，开辟渠道，积极引进外资，促进全区经济发展
1985	28	14	7 月 8 日，听取区计委《关于东郊区农业第七个五年发展规划（草案）》的汇报。会议决定，召开农口有关局及部分乡参加的座谈会，征求意见，修改后，再提交区委常委会讨论
1986	28	13	1 月 18 日，听取区计委《关于 1986 年基建和配套费项目安排意见》的汇报，会议要，求要放宽视野，可搞大型项目，责成区建委、计委共同详细研究
1987	22	13	5 月 16 日，讨论区计委《关于加强基本建设资金管理的请示》。会议原则同意，责成区计委作修改后，以区政府名义发文，会议决定今后凡申请基建项目统一报区计委审查
1988	22	11	5 月 28 日，听取区建委《关于东郊区集中供热工程实施方案》的汇报。决定：集中供热工程要分期分批进行，争取早动手，所需投资由区建委筹集，锅炉房选址不能造成污染
1989	27	10	4 月 15 日，听取区教育局关于市普教工作会议精神的汇报。会议要求，区教育局及有关部门要切实抓紧危漏校舍维修工作，对一级危房，不要修修补补，要推倒重建，确保工程质量。认真落实教师宿舍，照顾第一线教师，解决困难户
1990	32	20	3 月 23—24 日，常务会议听取区民政局关于召开区“宣传殡葬法规和平坟工作会议”意见的汇报，决定在 3 月下旬召开会议。区体委传达市“迎亚运工作会议”精神，决定成立第十一届亚运会基金会区集资办公室
1991	33	24	6 月 22 日，听取建委等部门《关于程林庄外向型经济工业区规划意见》的汇报。责成区建委、计委、外经贸局向市有关部门联系，取得支持，共同开发
1992	35	29	5 月 29 日，听取区建委和区外经贸委关于“天津市东丽区经济技术开发区”规划及有关政策情况的汇报。责成区建委进一步搞好规划，外经贸委要根据市有关政策规定，参考各区县情况，进一步修改完善有关政策，一并提交区委常委审议
1993	31	25	3 月 3 日，研究确定新一届领导成员的分工
1994	39	36	3 月 26 日，听取并原则同意区计委《关于 1995—2000 年区国民经济发展计划和 1994 年国民生产总值、农民人均收入两项指标分析安排意见》。要求区计委在安排国民经济发展计划时，适当提高第三产业所占的比重，争取到 2000 年达到与第二产业持平或略高的水平
1995	36	36	2 月 10 日，听取并同意区计委拟定的《关于区 1995—1997 年经济工作“三二五十”的发展设想》
1996	33	33	6 月 14 日，听取区公安分局关于安全防火工作汇报。会议要求防火主管部门及各单位，要进一步提高全面消防意识，落实“谁主管谁负责”消防责任制，加大监督检查力度，对存在的事故隐患，限期整改，对屡教不改的给予必要的经济处罚

续表 21-2

年份	会议次数	发纪要次 数	主要议题
1997	20	20	3 月 7 日，听取区政府办公室关于市、区人大代表、政协委员提出的涉及区经济发展、城乡建设、文教卫体和人民生活等方面的有关批评、意见、建议和提案情况汇报。要求各承办单位要认真对待，抓紧办理，确保答复满意率达到 100%
1998	27	26	1 月 25 日，确定区政府领导成员工作分工事宜
1999	25	24	12 月 27 日，传达市政务公开民主监督工作会议精神，通过区关于落实政务公开、民主监督制度的实施意见，同意成立区落实政务公开、民主监督制度领导小组
2000	32	32	3 月 21 日，研究并通过区乡镇财政管理体制改革的试行办法，要求区财政局向区委领导通报情况，抓好落实工作
2001	36	36	4 月 13 日，通过由区体改委拟定的区政府审批制度改革实施方案。要求各有关单位要认真抓好落实工作
2002	26	24	2 月 23 日，原则通过《区 2001 年国民经济和社会发展计划执行情况及 2002 年国民经济和社会发展计划（草案）的报告》，报区委常委会
2003	33	33	5 月 23 日，通报区 1—4 月个体私营经济发展情况。会议指出，全区个体私营经济发展形势较好，私营企业发展在环城四区中一直居领先地位。要求把培育大型私营企业作为发展个体私营经济的工作重点，推动个体私营经济发展再上新水平
2004	36	36	2 月 14 日，原则同意区财政局拟定《东丽区区、镇街乡分税制财政管理体制改革办法（试行）》。要求区财政局加强财政预算管理，强化业务指导，严格预算监督，规范财政预算行为，修改后报区委常委会研究通过
2005	28	28	4 月 8 日，同意区计委制定 2005 年第一批财政预算资金安排基建项目控制性投资计划。会议指出，计划侧重于教育、卫生等公共设施建设
2006	35	35	2 月 10 日，听取区统计局关于第一次经济普查及对有关数据的修订情况和区计委关于 2006 年经济指标任务分解情况。原则同意区统计局修订结果和区计委分解计划。建议根据发展需要，在年底前对下达任务指标再做相应调整，使数据更加科学合理
2007	28	28	3 月 23 日，听取区审计局关于 2006 年全区审计工作情况的汇报，肯定区审计局一年来的工作成绩，并同意 2007 年审计工作安排。强调支持审计信息化工作，提高审计工作效率和质量，确保资金安全运行
2008	22	22	1 月 25 日，原则同意制定加强区国有资产监督管理的有关制度规定。要求，区国资委结合区内实际，深入研究和探索加强国有资产监管，促进区国有经济健康发展
2009	19	19	11 月 30 日，听取区发改委《关于东丽区 2009—2011 年经济发展计划情况的汇报》。会议要求，各街乡要按要求提前做好谋划，研究制定好落实措施
2010	16	16	3 月 5 日，常务会议原则同意区发改委提请的《东丽区关于开展“解难题、促转变、上水平”活动实施方案》。要求，各级要高度重视；加强组织领导，认真落实责任，优化投资环境，提高服务水平，推进项目建设速度，促进企业快速发展

二、区长办公会议

1999 年始，区政府设置区长办公会议制度，由区长或常务副区长主持召开。主管副区长、区长助理或有关副区长及主管部门、有关部门主要负责人参加。13～15 届政府共召开区长办公会议 259 次，编发纪要 247 次。

1999—2010 年东丽区 13～15 届政府区长办公会议主要议题一览表

表 21-3　　单位：次

年份	会议次数	发纪要次　数	主要议题
1999	2	2	9 月 17 日，研究做好政府领导工作，必须适应社会主义市场经济发展要求，实现观念转变、领导经济工作方式转变；依法治区实现由人治向法治的转变及由守制型向创新型转变，以创新的思路、作为、绩效推动全区各项工作上台阶、上水平
2000	12	12	1 月 13 日，研究国有资产改革问题
2001	10	6	4 月 20 日，研究无瑕街道小城镇综合改革试点规划方案。要求无瑕街道结合市要求的各项指标，在经济定位、政策、人口、社会事业、城镇管理等方面加以修改，以便形成整个区域的小城镇综合改革规划方案
2002	13	6	6 月 28 日，研究东丽商贸城防火问题。会议要求，对存在的火灾隐患，要制定整改方案，落实责任，确保商贸城安全经营
2003	18	17	4 月 18 日，同意区计委制定的《关于成立东丽区经济发展规划编制工作领导小组的意见》，报区委常委会通过
2004	15	15	7 月 23 日，研究区危险化学品事故应急处置和救援预案。要求先建立领导小组，再审定各部门的职责后，以区政府的名义转发领导小组制定的预案
2005	19	19	9 月 2 日，听取科委关于区科技事业发展“十一五”规划（草案）汇报。会议指出，规划的思路，要以科学发展观为指导，坚持走节约型和循环经济发展之路，努力实现可持续发展战略，使经济社会协调发展，建成现代化津滨新城区
2006	20	20	6 月 23 日和 29 日上午，取区有关经济部门的工作汇报，针对上半年工作中存在的突出问题和下半年工作安排进行专题讨论研究。会议要求，各单位要结合自身实际，与滨海新区的政策和产业进行有效对接，抓住各自工作重点难点和薄弱环节，进行大胆创新和突破，力争圆满完成任务
2007	41	41	1 月 15 日，研究确定第十五届区政府领导成员工作分工，报区委常委会研究
2008	41	41	1 月 12 日，通报全国安全生产电视电话会议精神。决定组织开展大规模的专项检查活动，认真排查隐患，落实好各项安全措施，为全区经济发展和社会稳定等各项工作提供基础保障
2009	31	31	11 月 14 日，原则同意区发改委《关于提请审定<关于编制东丽区国民经济和社会发展“十二五”规划的安排意见>的请示》。会议要求，要结合区战略发展规划作进一步调整、深化，要有所突破和创新
2010	37	37	12 月 7 日，研究区政府办公室提请的《东丽区 2011 年十件实事安排情况》。要求，由区政府办公室牵头，按照会议意见，进一步研究确定，逐一制定说明和预算，提交区政府会议审议

三、重要专题会议

由区长、常务副区长或主管副区长主持召开，有关副区长、区长助理及主管部门、有关部门主要负责人参加，原则上不定期召开。自2002年建立重要专题会议制度以来，共计召开会议650次，编发纪要610篇，议题涉及招商引资、园区建设、小城镇建设等方面。

第二章　施政要略

1980—2010年，东丽区经历8届人民政府。历届政府均认真贯彻落实市、区委重要决策，依据区实情，在发展经济、园区建设、社会事业、城镇建设等方面作出了重要战略决策。全面推进东丽经济发展、城镇建设和社会进步，使东丽区逐步朝向现代化津滨新城区和小康社会迈进。

第一节　经济建设

一、农业

1979年后，农村体制改革全面展开。区政府认真贯彻按劳分配原则，积极推行生产责任制，注重经营管理。至1983年，全区979个生产队，95%实行联产承包责任制，其中家庭承包占63.7%，各种形式的经济联合体发展到860个，社员家庭副业收入大幅度增加，达到2165万元，人均61.71元。1984年，集约经营初具规模，各类专业户11491户，占农户总户数的21%；两户一体经济收入达到7716万元，占农村经济收入的19.6%。

1984—1986年，加强农田水利建设，重点改造低洼园田，疏浚二级河道4条，完成干支渠清淤468条，新建、修复桥闸涵泵站482座；增加农业投入，实行“以工补农”，资金达到1585万元。

1987—1989年，区财政用于农业投资达1056万元，各乡、村以工补农，建农资金达6900万元；重点进行二级河道清淤、干支渠清挖、中低产田改造、新地河水库供水配套及海河堤防修复加固，总动土石方490万立方米。修复、新建桥涵闸站999座。全区规模经营粮田面积达70%，园田面积达58%，建成2000公顷淡水养殖基地、407公顷水果基地。

1990—1992年，区财政投入2270万元，新建桥涵泵站971座，完成暗管排咸83.7公顷，改造荒地和中低产田3800公顷；各级农业服务组织不断健全，进一步完善了统分结合的双层经营体制，蔬菜、生猪、鸡蛋、牛奶和水产品在稳定规模的基础上都有较大增长。

1993—1997年，农业适度规模经营步伐加快，推行土地集中和集体服务两种形式农业适度规模经营。狠抓水稻、蔬菜、畜牧和水产品生产基地建设，增加优质畜禽和水产品养殖品种。农业产业化起步，兴建110家农副产品交易市场和加工企业，6种产品被评为“天津市农业名牌产品”。

1998—2002年，农业结构调整成效显著，沿海都市型农业迅速崛起。实施“36420”工程，建成大顺园林装饰等3个科技示范园区、绿岭食用菌等6个生产基地、滨海特种养殖交易中心等4个农产品市场、方大禽业等20个农业产业化龙头企业。以华泰观光园为代表的旅游观光农业兴起，年接待游客达 20 万人次。兴建东鑫鸵鸟等养殖小区 45 个，面积 287 公顷，养殖业占农业总产值的比重达到 51%。

2003—2006 年，都市型农业稳步发展，着力发展花卉、食用菌、观赏鱼、畜禽种业四大主导产业，标准化、产业化程度显著提高，涌现出大顺园林、国顺肉联等一批市级以上龙头企业，农业专业合作组达到 14 家，70%的农户进入农业产业化体系。建成“天津花卉技术工程中心”。投入 2.73 亿元加强水利基础设施建设，重点实施袁家河改线等工程。建立健全重大动植物疫病防控体系。

2007 年，花卉、食用菌、观赏鱼、籽种等特色产业成为农业的主导。全年完成种养业产值 8.5 亿元。36 家龙头企业实现销售收入 7.4 亿元。确定了 2 平方千米滨海农业科技示范区和产业发展规划。农产品质量安全监管体系进一步完善，通过全国畜禽标准化示范区验收。

2008 年，继续实施设施农业项目，稳步推进食用菌、观赏鱼、畜禽种业等生产基地发展。启动花卉产业基地示范区建设，成功主办第五届中国花卉产业高峰论坛。农业产业化龙头企业持续发展，农产品加工转化率达 65%。加强无公害基地建设，实施种植、养殖基地无公害生产。

2009 年，滨海国际花卉科技园区开工建设，华明复垦设施农业园区成为农业设施化、产业化龙头。全区千万元以上龙头企业 10 家。全区进入产业化体系农户达到 82%。加强无公害基地监管，推进农业标准化生产，达到规模的畜禽养殖基地全部通过认定。水产品养殖达到无公害区标准。

2010 年，华明复垦设施农业园区投产运营，滨海国际花卉科技园区 30 万平方米智能温室主体完工，都市农业建设稳步推进。

二、工商业

1979 年，区政府快速推进农村乡镇工业的发展。1980 年，贯彻“调整、整顿、改革、提高”方针，打破只管生产不管销售、只靠计划不靠市场的束缚，突破了计划经济一统的格局。

1983 年，乡镇企业作为集体经济的支柱，逐年巩固壮大。乡、村两级工业企业达到 405 个，比 1979 年增加 1.5 倍；职工 3.88 万人，比 1979 年增加 87.7%；工副业占农业总收入的 79%，比 1979 年提高了 15%。

1984—1986 年，初步形成乡办、村办、户办、联办等多层次的乡镇企业结构，总产值达到 5.47 亿元。以仓储运输业为骨干的第三产业取得很大发展，运输汽车 2156 辆，收入达 9000 万元，第三产业占三次产业的 21.5%。全区外贸收购额达到 3200 万元，军粮城镇具有“外向型”经济的雏形。

1987—1989 年，为大工业配套、外贸、农业生产、城乡人民生活服务的“四服务”企业产值占全区总产值 90%。兴建和扩建一批骨干企业，年产值超千万元的有 11 个，百万元以上的有 219 个；外贸专厂发展到 48 个，中外合资合作企业发展到 18 家；个体工商户发展到 5700 多户，实现年产值 2.2 亿元。有 46 项产品评为部、市、局级优质产品，59 个企业获市“重合同守信誉”称号。

1990—1992 年，全区产值超 500 万元的企业达到 100 余家，超千万元企业达 35 家，初步形成“集装袋”“四羽毛”“东方涂料”“华特食品”等企业集团雏型。个体私营企业达到 350 家，年产值近 4 亿元。外向型经济有了突破性进展，全区“三资”企业发展到 73 家，总投资 5647.1 万美元，1992 年实现产值 1.5 亿元，出口创汇 1300 万美元。

1993—1997 年，实施乡镇企业“扶优扶强”战略，年产值超千万元的企业达到 101 家。加快了外向型经济和个体私营经济发展步伐，三资企业累计投资 5.18 亿美元，协议投资额 4.58 亿美元。

个体工商户达到8400户，私营企业1477户，其中3家企业跻身全国私营企业500强。大力发展以仓储运输、商贸市场、旅游服务和房地产开发为主的第三产业，1997年实现增加值21.3亿元，比1992年增长2倍。

1998—2002年，推进企业产权制度改革，集体企业改制670家，吸引社会资金3亿多元，实现投资主体多元化，“三资”企业和个体私营企业产值分别占工业总量的41.4%和34.3%。20多个国家和地区的外商在区投资建厂，5年实际利用外资累计3.6亿元。

2003—2006年，全区销售收入超亿元的企业达45家，其中超5亿元企业11家。交通运输设备、电子通信设备、金属制品、新型建材四大主导产业占工业总量的50%以上，产业聚集效应逐步显现。私营企业注册资金规模达78亿元，累计实现税收16亿元。新建国际轻工商贸城，启动天一摩尔项目，改建军粮城码头，新建五矿新兴钢材、巨邦物流等项目。“应大”皮装、“邦德”自行车被命名为中国名牌，金钟市场进入国家“双百”市场行列。

2007年，机械装备制造、电子通信设备制造、新型建材等主导产业规模不断壮大，完成产值264亿元，占工业总量的62.2%；超亿元企业累计达51家。全年完成工业固定资产投入27亿元，竣工达产项目102家，工业企业实现销售收入410亿元。钢铁、商贸、航空三大特色物流产业快速发展，安达集团和大无缝物流公司等9家物流企业进入国家级和市级百强。现代服务业发展加快。全年完成服务业固定资产投入35.7亿元，实现增加值61.9亿元。

2008年，坚持把先进制造业作为实现率先发展的重要支撑，实施了中国一重天津滨海生产基地、赛瑞机器设备扩能、天津烟厂扩能改造、泰克图比和华明集团扩能改造等重大项目建设。机械设备制造、生物制药等六大主导产业规模日益壮大，占工业总量的73.7%，实现销售收入420亿元。新增销售收入超亿元企业9家，累计达到60家。软件园、滨海临空企业总部、嘉华经济总部等服务业重点项目开工建设，全年完成服务业固定资产投资45.2亿元。

2009年，中国一重天津滨海重工、赛瑞机器等列入全市重大工业项目建设。全区238个工业和技改项目完成投资91.5亿元。机械设备制造、汽车部件等六大主导产业带动作用增强，占工业总量的68.5%，成为工业经济发展的重要支撑。汽研中心、无缝钢管、天钢、天津烟厂等国企扩能扩展。贵航精工等航空产业项目开工建设，带动潜力产业发展。精诚机床等一批具有自主知识产权的品牌产品，成为先进制造业的代表。民营企业快速发展壮大，实施中小企业发展成长工程取得成效。全区实现工业销售收入770.2亿元，同比增长35%。服务业快速发展。华侨城文化旅游、恒大温泉会议中心项目落户东丽湖，促进高端服务业快速集聚发展。居然之家、宜家家居、红星美凯龙等项目开工建设，推进高端商贸服务业的发展。通钢物流中心等项目建设，推动物流业发展。运盛、天安数码城等重点项目引进，实现科技研发、总部经济发展新突破。全区服务业实现增加值66亿元。

2010年，优势传统产业和战略性新兴产业不断发展壮大，工业销售收入突破1000亿元，比2009年增长30.6%。销售超亿元企业85家。初步形成以东丽湖旅游度假区、新立商务商贸区、万新商务商贸区、金钟物流商贸区为主导的会议会展、休闲旅游和商贸物流等服务业聚集区。服务业实现增加值125.2亿元。全年签约落地项目25个，完成楼宇税收5亿元。

第二节　园区建设

1990—1992年，区政府制定《关于加快改革、扩大开放、促进经济上新台阶的实施意见》，将开发建设“三区、两线、一湖”作为全区经济发展的战略重点。面积为2平方千米的东丽经济开发区，本着边开发、边招商、边建设的原则，完成33.33公顷起步区的垫土平整及2000对通讯电缆等工程，安装了给（排）水，临电设施。66.67公顷的二期开发工程已开工实施。半年时间内开发区已接待中外客商近300家，签订土地出让合同14家，出让土地40多万平方米。程林科技示范园区、新兴工贸园区加快建设。进一步完善了东丽湖旅游区的配套服务设施，建造5000平方米的人工沙滩浴场，完成了湖区内公路、花坛、停车场及总体规划布局。

1993—1997年，东丽经济开发区成为区最大的经济增长点之一，5年内共协议引进内资2.7亿元，实际利用资金1.6亿元。加快以东丽湖为龙头的旅游业开发建设，成立区旅游局，投资1.87亿元，完善基础设施建设，兴建市电话局培训中心、颐园宾馆等5座大型综合服务设施，增加水上系列游乐项目。1997年，吸引中外游客8.5万人次。

1998—2002年，东丽经济开发区出让土地1.2平方千米，吸引韩国韩星电子、澳大利亚瑞普兽药等高新技术项目，产品涉及电子、生物技术、机械、化工等行业；2002年完成税收2.45亿元，成为全区最大的经济增长点，是全市外商投资回报率最高地区之一。完成东丽湖旅游度假区区域规划，投入资金10.27亿元，完善了水、电、路基础配套设施，建成东丽湖旅游度假村、滑水会所和飞瀑温泉主体工程等旅游设施；成功举办第一届世界大学生滑水锦标赛，提高东丽湖在国内外的知名度，成为中外客商投资的热点区域。

2003—2006年，全区板块经济架构基本形成。开发建设军粮城、新立、大毕庄、么六桥、华明产业园区，发展了16个重点村级经济集中区。全区乡镇产业园区累计投入开发资金10亿元，开发面积5.2平方千米，入住企业190家，引进资金21亿元，聚合优势明显增强。东丽经济开发区辐射带动作用日益显现，4年累计新开发5平方千米，引进253家企业，引资额达到27.4亿元，年销售收入超百亿元，实现税收12.9亿元。规划军粮城散货物流园、东丽软件园等经济板块，打造了区域经济发展的新引擎。东丽湖被确定为国家级水利风景区，4年累计引进资金16.8亿元，建设万科、朗钜、滑水会所等项目，成功举办第29届世界滑水锦标赛、全国汽车场地越野赛、国际嘉年华等活动，共接待游客200万人次，成为区域发展新亮点。

2007年，东丽开发区、乡镇产业园区继续扩能发展。启动临空产业配套区、航空物流综合产业区、海河中游商务区的规划和招商等各项工作。积极推进散货物流区征地招商。东丽软件园、华明商务区、新立商务区、华明经济功能区、东丽湖服务产业功能区的基础设施建设、招商开发等进展顺利。成立服务滨海新区管委会，加强与航空城、空港物流加工区、泰达西区、现代冶金工业区等滨海新区重要经济功能区的合作。

2008年，实施东丽开发区扩展扩能、军粮城工业园区功能提升、滨海重机工业园和乡镇工业园区扩展，推进航空产业配套区、东丽湖综合服务区、机场商务区等板块规划建设。完成东丽湖地区控制性详细规划和城市设计，东丽湖水上欢乐谷成为天津市重要的休闲旅游场所。

2009年，进一步完善产业园区规划和定位，着力推进华明工业园区、滨海重机工业园区的开发建设，提升建设水平和发展质量。加大东丽开发区资源整合力度，取得实效。军粮城工业园区、金钟工业园区扩展扩能发展。启动东丽航空产业区建设。推进华明商务商贸区、新立商务商贸区、机场总部基地、东丽软件园等服务业集聚区建设。全区基本形成工业“两区四园”和服务业集聚区发展的产业布局。加强载体建设，开工建设60万平方米工业和商业地产。

2010年，初步形成东丽湖旅游度假区、新立商务商贸区、万新商务商贸区、金钟物流商贸区为主导的会议会展、休闲旅游和商贸物流等服务业集聚区。华明复垦设施农业园区投产运营，滨海国际花卉科技园30万平方米智能温室主体完工。

第三节　社会事业

1980—1983年，全区初等教育普及率达到98.2%，经市验收成为“普及初等教育合格区”。群众性的文化体育活动更加活跃，村、队相继建立文化俱乐部。中小学生体育达标率显著提高，1983年打破1项全市和13项全区学生运动会记录，培养出一批运动员骨干。

1984—1986年，全区集资981万元改善办学条件，维修翻建校舍2586间，新添置课桌椅9000多套，购置一批包括24台微机和65台彩电在内的教学、实验设备；新建成职工教育中心，职工“双补”（补文化、补技术）完成90%。文体事业有新发展，全区74个村建有文化室俱乐部，小东庄乡文化中心被评为全国先进集体，大毕庄乡被市批准为“体育之乡”。

1987—1989年，集资2600万元，修缮危漏校舍7万多平方米，新建翻建军粮城中学、丰年中学、四合庄中学等41所中小学校舍；成立中小学幼儿教师奖励基金会，400多名优秀教师受到表彰奖励。新建东郊医院、中医医院，扩建军粮城医院和么六桥、荒草坨、李庄子卫生院，病床增加到570张。组织培训一支400多人的群众文化活动骨干队伍；举办首届“田野”文化艺术节。新立村乡、李庄子乡和荒草坨乡被评为天津市“体育之乡”；举办东丽区首届运动会和体育节。

1990—1992年，区财政用于教育经费共6400万元，年平均递增33.5%；改扩建中小学51所，总面积达8万平方米；提前两年完成全区“普九”达标工作。深化医疗制度改革，实施定点医疗，开办专家门诊。区业余作者在省市级以上报刊发表作品330多篇，创作出版长篇小说《跤坛风云》，搜集出版《中国民间文学·天津东丽》分卷。新建东丽温泉游泳池和5个网球场，入选“全国体育先进县（区）”行列。

1993—1997年，新建改建38所中小学校，兴建教师住房7.2万平方米，创建一批示范校、规范校、达标校和特色校。完成初级卫生保健及东丽医院等3所医院二级甲等和二级乙等评审达标工作，3所医院被命名为“爱婴医院”。连续五年被评为天津市群众体育工作先进区，新立镇等6个单位被评为全国体育先进单位。

1998—2002年，优化教育资源配置，全区中小学由98所调整为67所；投资1亿多元，建成区电教中心、天津市学生社会实践和军训基地，建设一百中学示范高中校和无瑕街道九年一贯制学校，开办天津广播电视大学分校、天津市体育学院高职技术学院和区老年大学，初步构建终身教育体系框架。社区文化建设进入天津市先进行列，程林街道等6个镇街乡先后被评为全国群众性体育活动先进单位。农村卫生组织一体化管理进一步加强，70%的村实行合作医疗。基本形成了以区文化馆、图书馆、体育馆、游泳馆、社区服务中心为载体，连接镇街乡文化站、健身场所，辐射村（居）文体活动点，布局合理、功能较齐备的文体活动网络。

2003—2006年，累计投入5.3亿元，建成滨海实验学校、华明九年一贯制学校，东丽湖九年一贯制学校，示范中学主体竣工，启动了模范小学建设；4所学校被评为市级“AAA”校。区防病站达到国家级实验室标准，率先在全国建立卫生防病局域网；新建小东庄、无瑕卫生院，农村合作医疗村级覆盖率达到100%。建成全民健身广场等体育设施，成功举办全国女足联赛等国际、国内赛事。群众文化蓬勃发展，进入全国文化先进区行列。

2007年，启动职业教育中心示范校和实训基地建设，完成华明学校扩建，示范中学和模范小学建成投入使用，完成中心城区两所幼儿园改扩建，建成青少年科技活动基地。启动东丽医院改扩建，改造提升军粮城医院，完成区卫生防病站和华明卫生院建设，建成120急救站。成功举办全国诗歌征文和东丽区文化艺术节活动；建成华明示范镇民俗博物馆。举办区第四届运动会，承办全国少儿乒乓球比赛、汽车越野赛等各类赛事，基本实现群众体育设施全覆盖。

2008年，启动特殊教育学校建设，全面推进优质校、特色校和现代学校制度试点校建设。规划医疗卫生实施布局，完成东丽医院住院楼主体工程、中医医院改造和23个社区卫生服务站、41个规范化村级卫生所建设，三级卫生服务网络基本形成。启动文体中心、体育馆建设。成功举办“文化杯”文学评奖和第七届艺术节；深入挖掘传承大郑传统剪纸艺术。举办“全民健身与奥运同行”系列活动和各项体育赛事。

2009年，全区26所学校通过天津市现代化标准达标验收，职业教育中心学校开工建设，建成民生小学，明强特殊教育学校。东丽医院新住院楼投入使用，建成区疾控中心和卫生监督所。累计建成标准化社区卫生服务站30个，规范化村卫生所45个。举办第八届文化艺术节、庆祝中华人民共和国成立60周年、群众体育节等系列活动。

2010年，职教中心建设顺利进行，东丽医院门诊楼正式启用。积极组织开展春节系列文化活动。实施农家书屋、村（居）文化室工程和农村电影放映工程，丰富群众文化生活。参加天津市第十二届运动会取得优异成绩。文体中心、游泳中心提升改造工程进展顺利。

第四节　城镇建设

1995年，军粮城镇被确定为天津市小城镇建设试点单位。1996年，投入资金1亿元，完成3个试点镇11万平方米建设。

1998—2002年，加快了无瑕街道、新立街道等小城镇建设，完成农民住宅109万平方米，共有3.6万户9万余人喜迁新居。无瑕街道小城镇建设规划获得市“优秀村镇规划一等奖”，被列为国家级小城镇建设试点单位。

2003—2006年，积极实践“宅基地换房”“城中村改造”“依托大项目有序撤村”等城市化途径。在华明镇实施天津市以宅基地换房推进小城镇建设试点，300栋农民还迁住宅楼如期实现封顶，创造天津建筑史上的新纪录。按照“三保一测算”原则，推进“城中村”改造。建成新立花园、无瑕花园和么六桥新区等一批农民居住区。

2007年，东丽湖和军粮城新市镇总体规划获得市政府批准，高水平实施东丽湖城市规划设计。加快东丽湖道路等基础设施建设。军粮城新市镇起步区建设加快实施。“宅基地换房”“城中村改造”“依托大项目有序撤村”步伐加快。华明示范镇农民住宅建设工程、村民还迁和一期土地复耕基本完成。落实市重点项目和23个整体撤村的还迁选址和建设规划。全年完成小城镇住宅建设150万平方米。

2008 年，华明示范镇成功入选 2010 年上海世博会城市最佳实践展区。军粮城新市镇、金钟新市镇被列为天津市第三批示范小城镇试点。启动军粮城新市镇一期工程。城中村改造取得积极进展，开工建设 110 万平方米。泰达西区等重点还迁工程开工建设 180 万平方米。

2009 年，第三批示范小城镇试点军粮城新市镇、金钟新市镇开工建设，新立新市镇规划确定。泰达西区还迁工程基本完成还迁入住。空客、无瑕街道还迁工程和张贵庄等城中村改造项目加快建设。开工在建工程达到 472 万平方米。万新街道海河沿岸还迁住宅建设顺利启动。

2010 年，进一步深化东丽区总体规划，全区新市镇规划实现全覆盖。华明示范镇参展上海世博会取得圆满成功。军粮城新市镇、金钟新市镇建设快速推进，空客还迁等项目基本完成还迁入住。还迁工程在建 388 万平方米，新开工 360 万平方米，竣工 189 万平方米。

第三章　信访工作

1980年后，信访工作进入一个新时期，针对改革开放新形势下出现的热点、难点问题，采取信访、调解、公安、法院等有关部门协调办案和现场联合办公的工作模式，不断提高信访工作效率。

1995年前，信访主要集中在市场经济、困难企业、困难群众生活、村干部等问题。1996—2012年，群众信访集中在土地、干群关系、市场经济、群众生活等问题。2003—2010年，主要集中在征地、拆迁、换届选举、失地农民保障、民工工资等问题。

区委、区政府重视人民群众来信来访，不断健全完善受理和办理制度，信访工作逐步走向规范化和制度化，成为党和政府与人民群众联系的重要部门。区信访办分别于1992年、1994年、1999年，被评为天津市信访工作先进单位。2009年，被评为天津市国庆稳定安保先进集体。

第一节　机　构

一、信访办公室

1979 年，区革命委员会信访组负责全区信访工作。1981 年 4 月，成立东郊区人民政府信访办公室。1984 年 5 月，区信访办并入区政府办公室。1988 年 5 月，建立区委、区政府信访办公室，成为独立建制的处级单位。2001 年 12 月，区信访办调整为区政府直属机构。2008 年 8 月，区信访办设立：综合科、接访科。2010 年 6 月，区政府信访办公室，加挂区委信访办公室牌子，为受理群众来访、负责全区信访工作的区政府部门，内设综合科、来访接待科。东丽区处理信访突出问题及群体性事件联席会议办公室设在区信访办。

2010 年，中央信访工作督导组到东丽区检查指导信访工作

二、基层组织

1979 年 10 月，成立区信访领导小组，各公社建立相应组织或指派专人做好此项工作。1988 年 5 月，区信访办独立建制以来，抓基层信访工作组织建设，做到信调合一，使问题与矛盾解决在基层。1995 年，区人民法院、人民检察院、区纪检委及各乡镇街道均设专门科室接待群众来信来访。2005 年，全区镇街乡和 38 个委办局全部建立信访工作机构和信访接待室。2006 年，开始推广村级信访接待制度。2008 年，全区各村建立信访接待室。2010 年，贯彻落实《加强街乡镇综治信访服务中心（村）综治信访服务站建设实施意见》，9 个街乡建立综治信访服务中心，156 个社区（村）建立综治信访服务站。

第二节　信访制度

1979 年 10 月，区委常委、区革委副主任坚持每周四接待群众来访制度。1997 年 5 月，区委、区政府印发《关于做好当前稳定工作的通知》，要求各级领导深入基层，把信访问题解决在基层。1996 年 4 月始，实行区委组织部选派干部到区信访办轮岗锻炼制度。

2002 年始，区信访办聘请律师常年参与信访接待，帮助群众解答有关法律方面问题，引导群众通过合理合法渠道解决问题。2004 年 9 月，区政府制定《东丽区关于开展集中处理信访突出问题及群体性事件工作方案》，决定建立区处理信访突出问题及群体事件联席会议制度，下设办公室和 7 个专项工作小组，工作重点是采取坚决措施，全力控制进市进京集体上访。2005 年，全区统一实行领导信访接待日制度，接待日为每月第四周的星期三，接待地点设在本机关，并挂公示牌。各镇街乡、区级党政部门、单位主要领导必须亲自参加接待工作。

2007 年始，实施“村（居）信访联络员”制度，主要职责是报送信息、排除化解矛盾纠纷、宣传《信访条例》、导访和代访。2008 年 7 月，区委常委会议，通过《关于党政领导干部大接访活动的实施方案》，为北京奥运会成功举办、改革开放 30 周年纪念活动及夏季达沃斯论坛在天津顺利举办创造良好的社会环境。2009 年 4 月，区委办公室、区政府办公室联合转发《领导干部定期接待群众来访实施办法》《区级机关定期组织干部下访实施办法》《矛盾纠纷排查化解工作制度化实施办法》。2010 年 3 月，区委办公室、区政府办公室转发《东丽区信访稳定风险预警研判暂行办法》。

第三节　来信来访

1979—1987年，区信访办共受理群众来信来访6476件。1988—1999年，建立区委区政府信访办公室以来，共受理群众来信8611件，接待来访7069人次。1996—2010年，共办理群众来信4814件次，接待群众来访6520件次，接待群众来访31727人次。向市信访办和区委、区政府上报信访信息100余条。

1996—2010 年东丽区信访办接待来信来访情况统计表

表 21-4

年份	信访总量（件次）	办理群众来信（件次）	接待群众来信（件次）	接待群众来访（人次）
1996	310	173	145	433
1997	920	653	267	426
1998	895	153	204	733
1999	573	118	166	299
2000	616	191	260	1381
2001	646	173	307	2028
2002	749	229	453	2051
2003	1135	438	697	3586
2004	789	304	485	2482
2005	847	197	650	6322
2006	660	188	472	1685
2007	836	519	317	1782
2008	996	831	678	2750
2009	848	379	469	2871
2010	1216	266	950	2898

第四节　案件查办

一、信访工作原则

1979—1995 年，区信访工作遵循中央办公厅、国务院办公厅《党政机关信访工作暂行条例（草案）》（以下简称《信访条例》），处理群众来信来访实行“分级负责、归口办理”原则，各单位独立处理解决的信访案件达到 80%。重大疑难案件或涉及单位较多案件，由主管区级领导批示，区信访办牵头组织有关职能部门，联合接待群众来访，共同分析案情，联合调查研究，共同商定处理意见，联合答复，使复杂疑难案件得到及时解决。区委、区政府及人大、政协主要领导，坚持周四接待群众来访制度，做到“四个坚持”，即坚持亲自接待来访群众、坚持及时阅批来函来信、坚持督促查办案件、坚持亲自查处重大疑难案件。1995 年，区依据国务院《信访条例》，坚持分级负责、归口管理，谁主管、谁负责，及时、就地依法解决问题与思想疏导教育相结合的原则，认真处理来信、接待来访，倾听人民群众的意见、建议和要求，接受人民群众的监督。党政领导亲自阅批重要来信、亲自主持研究解决重要信访事项，区委常委会坚持定期听取信访工作汇报，区人大每季度召开公检法和信访办参加的信访工作联席会，分析研究全区信访工作。2005 年，区依据国务院修订的《信访条例》，信访工作坚持属地管理、分级负责，谁主管、谁负责，依法、及时、就地解决问题与疏导教育相结合的原则，建立统一领导、部门协调、统筹兼顾，各负其责、齐抓共管的信访工作格局。每年初召开全区信访工作会议，区委、区政府定期听取信访工作形势汇报，全区党政机关坚持每月第四个星期三集中信访接待日制度，重大复杂疑难案件采取协调会、挂牌督办、集体会商等形式，加大信访问题化解力度。建立区处理信访突出问题及群体性事件联席会议，统一领导全区处理信访突出问题及群体性事件工作，尽力把矛盾化解在基层。

二、重大信访案件

1979—1995年，群众信访主要集中在市场经济、困难企业、困难群众生活、村干部等问题。如1988年万新庄乡辛庄杨某，因犯偷盗罪被两次判刑，释放后找工作，用工单位都因其是释放的劳改犯而不敢接收，他来到信访办要求政府给条生路，不然就自杀。信访办工作人员安抚情绪做思想工作并及时向区长汇报，区长亲自接待，详细了解情况，并与万新庄乡政府联系，由乡政府妥善处理其生活出路问题以促使其重新做人，防止矛盾激化重新犯罪。党和政府领导亲自接待，使问题就地解决，有效消除不安定因素。1993年，为做好张贵庄泰安里平房改造工程居民还迁工作，区政府常务会议责成区信访办会同房管局、司法局、公安局、张贵庄街道组成领导小组，协调配合，400户居民还迁安置顺利完成，群众情绪平稳。1995年，小东庄镇十三顷村民因军粮城发电厂跑漏灰水污染问题与该厂产生纠纷并发生肢体冲突，因该案双方各执己见一直未及时解决，造成双方当事者均上访反映。为尽快化解矛盾，由区委主管领导牵头，区信访办协调镇政府、派出所、厂领导共同研究，就化解问题几次座谈、协商，很快就打人赔偿和污染赔偿问题达成一致意见并签订协议，避免了群体性事件冲突。

1996—2002年，群众信访主要集中在土地、干群矛盾、市场经济、群众生活等问题。如1996年小东庄镇卧河村民赵某反映一家老小生活困难无力生存，经信访办协调有关部门实地调查，赵某反映问题基本属实，经多次研究，最终由镇政府按政策对其丈夫医疗费用给予报销，每月定额发放生活补助，春节发放一定节日补助，考虑其丈夫身体状况，给予赵某特殊照顾，为其调换了工作岗位，赵某对政府的关心和照顾表示感谢。1998年，宏光食品厂190人反映厂方经营不善，面临倒闭，不履行劳动合同，不发放生活费、集资款、烤火费、医药费，对职工安置不满问题，由于问题涉及众多职工利益问题，区委、区政府召集区信访办、区供销社、区劳动局、职工代表进行协调。经多次座谈研究协商，认为职工要求合情合理，要克服一切困难尽快解决。最终决定将该厂全面开发房地产，用盘活资金解决存在的困难，用先期到位资金首先解决职工集资款，分流安置现有职工，拖欠烤火费、医药费逐步解决，职工对处理结果表示满意。2000年，大毕庄镇赵沽里村民反映私人用地毁坏外环线绿化带，区信访办责成农林局调查核实，发现村民邢某及刘某共同出资承包该村外环线果园，用于农业开发和果园更新改造，但未按规定办理采伐更新林木和占用林地手续，擅自毁林建造温室、车间、房屋。最终，对二人非法占用林地行为处以罚金，责令其二人对已毁坏的外环果园进行造林绿化，费用自行承担。2002年，为落实天津市工业东移规划，保证天钢建厂正常施工，大无缝、海绵铁和三煤气3家企业正常生产，做了大量群众工作，化解多起群众越级集访。

2003—2010年，群众信访问题主要集中在征地、拆迁、失地农民保障、换届选举、民工工资等问题。特别是区农村城镇化建设以来，涉及土地征用、征地补偿、村民资格待遇、拆迁还迁的信访问题占信访总量的60%，信访工作压力加大，集体访、越级访明显上升。2003年，全区对92件集体上访、重复上访、缠访问题进行专项治理，解决和基本解决81件。2004年，排查并交办信访突出问题109件，88件基本结案。2004年，区政府制定《关于撤村村民享有征地补偿费资格认定的指导意见》。是年，制定《关于城市化进程中农村征地补偿费涉及计划生育问题的指导意见》，科学指导补偿款认定政策。区政府投入大量财政资金用于劳动保障工作站建设，组织农村富余劳动力就业，建立完善被征地农民养老保险、农民退养保障补助、新型农村合作医疗保险、最低生活保障、残疾特困人员救助等社会保障体系，农民失地有了保障，安居乐业共享和谐。2005年，上级机关交办的84件重要信访事项，办结率和回复率均为100%。2006年，排查出矛盾纠纷68个，当即解决33个，解决前期排查出的信访疑难问题13个。2007年，区级领导包案14个重点疑难信访案件，结案10件，全区21个信访突出问题，有16个彻底化解。2008年，对市交办13件重信重访问题进行专项治理，有11件结案。2009年，市联席办交办9个信访积案，结案8个，同时化解区内信访积案10个。2010年，区级信访70件重点不稳定问题，化解35件。

第五节　培训调研

一、普法宣传

1996年，区级领导干部对国务院《信访条例》进行集中深入的学习。区委组织部、宣传部把宣传、贯彻《信访条例》纳入全年各层次党员领导干部培训计划。区委党校将《信访条例》纳入全年各层次学习班、研讨班的教学计划，聘请市、区信访办领导进行专题宣讲和辅导。1997—2004年，以会代训、专项辅导等方式，对基层贯彻落实《信访条例》情况进行指导。2005年3月始，开展为期2个月的“依法信访，维护社会稳定”宣传月活动。2006—2007年，组织开展信访法制宣传月活动，深入各镇街乡，通过宣传展牌、发放宣传材料、现场咨询等形式，向群众宣传《信访条例》等法律法规，发放宣传材料8000份，组织各镇街乡及有关委办局进行《信访条例》《天津市信访工作若干规定》知识答题。2008—2009年，区信访办设计印制信访指南宣传品，在全区法制宣传月等大型宣传活动中发放宣传材料1万余份。2010年，在全区综治宣传月、法制宣传月等大型宣传活动中发放宣传材料3000余份。编印区《信访工作手册》6万余字。

二、教育培训

1988年12月，举办专兼职信访干部培训班，区乡两级信访干部参加，邀请市信访办领导授课，基层信访干部受到一次系统的信访知识教育。2005年4月，举办学习贯彻《信访条例》培训班，全区处级以上领导干部和各村（居）委会党支部书记参加培训班，邀请市信访办领导就新修订《信访条例》需要把握的主要内容、《信访条例》修订的特点和落实主体责任等进行系统辅导。同时，分期分批举办区级领导、处级干部、乡镇街和村基层干部的不同层次培训，全年共组织各类培训班30批次，参加培训人员3202人次。2006年，组织不同层次、不同类型的信访干部培训，通过以会代训的形式培训150人次。2007年4月，举办为期两天的基层信访干部和信访联络员培训。区信访办对340余名村居干部进行《信访条例》和“如何做好村居信访稳定工作”为主要内容的培训。2008—2010年，在基层信访干部培训、综治信访干部培训班及以会代训形式累计培训干部360人次。

三、信息调研

1996年，区下发《关于进一步做好我区信访调研工作的通知》，拟定调研参考题目，收到基层报来的调研报告和理论文章16篇，上报市信访办信息42条，论文10篇。1997年，向市、区领导部门呈报信息120条，《天津信访》录用信访办6篇文稿。12月18日《天津日报》报道《东丽区选派干部到信访部门锻炼》。1999年，各级报送信息131条，被市采用39条，调研文章16篇。8月3日《今晚报》报道东丽区实施选派干部到信访部门轮岗锻炼制度收效明显，此项措施成为区进一步培养锻炼干部的有效渠道。2002年，区信访办向区委、区政府报送信访信息、信访情况、信访动态、信访通报54期，向市信访办、市农委信访处报送信息 65条，被市信访办采用 24条，报送调研报告和理论文章 7篇，被采用3篇。2003年，区信访办的信访信息、信访情况、信访动态、信访通报等专刊，出刊34期，向市信访办、市农委报送信息65条，被市采用24条，报送调研报告和理论文章7篇，被市采用5篇。市《信访工作》第37期刊发东丽区《以高度政治责任心和真诚态度解决群众重复上访问题》的经验作法。2005年，区信访办上报稳定和信访信息164期，完成调研报告4篇。市委领导在《天津市处理信访突出问题及群体性事件联席会议简报》第41期《东丽区程林街道建立信访听证会制度》做出重要批示。2007年，区信访办撰写信访信息24期、信访情况15期、稳定专报92期、稳定简报12期、北京控访专报44期，在《天津信访》发表文章4篇，在天津市《信访工作》21期、26期刊登文章2篇。撰写贯彻落实市、区九次党代会精神、率先发展大讨论和处级干部百题研讨等调研文章4篇。2008年，撰写信访信息47期、稳定工作专报235期、驻京稳控工作专报16期、区联席会议情况通报6期。《东丽区多措并举全力做好信访稳定工作》一文在《天津信访》2008第4期刊登。2010年，题为《天津市东丽区大力改善民计民生从源头预防和减少信访问题发生》的文章在《求是》理论网发表；题为《天津市东丽区：农民生活好了信访问题少了》的文章在《天津日报》《今日东丽》、人民网、天津网发表。

第四章 行政执法

1990年9月，区政府建立法治办公室后，参与全区行政规范性文件的制定及清理审核，参与行政执法监督检查，负责行政复议及应诉。对全区行政执法人员进行相关法律知识的学习培训，利用多渠道向人民群众进行法律宣传，营造推进依法行政良好社会环境和浓厚氛围。为全区重点工程建设及企业的发展提供法律服务。2009年2月，被国务院法治办公室评为全国行政复议工作优秀单位。

第一节 机 构

1990年9月，建立区人民政府法治办公室，规格为处级，列入区政府序列，是区政府主管全区法制工作的职能部门。1997年7月，区法制办内设综合科、行政复议诉讼科、执法监督检查科。2005年12月，区法制办内设综合科、执法监督检查科。2010年3月，区法制办由区政府办公室管理改为政府工作部门，挂区人民政府行政复议办公室牌子，内设综合科、执法监督科、行政复议科。

第二节　行政监督

一、依法行政执法人员考核

1992年4月，区法制办组织行政执法人员学习行政执法文件和守则，考核合格后，颁发“天津市行政执法证”1000余份。1993年，换证、领证150份。对全区行政执法人员每隔2年组织一次公共法律业务知识培训，组织注册考试。每隔2年，核验证件，办理收、换、补行政执法证件。至2010年，共集中培训行政执法人员1.28万人次，完成执法证的注册工作。

二、规范性文件审核

2001年6—11月，区法制办开展规范性文件清理工作。对1949—2001年的行政规范性文件进行清理。共查阅卷宗646卷，清理区政府规范性文件716件，其中明确废止的67件。

2004年2—4月，按照市政府、市法制办及市清理办关于贯彻落实《中华人民共和国行政许可执法》通知要求，组织全区所属单位对区政府文件和以委办局名义制发的3896件文件进行清理。其中设定行政许可的文件共22件，有效的6件，停止执行的16件。

2007年5—11月，区法制办在全区范围内组织开展较大规模的规范性文件清理工作。完成对国务院行政法规655件和市政府规章178件、规范性文件893件的审查清理，并提出合理化建议101条。对区制定的889件各类规范性文件进行审查清理，筛选出现行有效规范性文件249件，经认真审核，确定废止的636件，修改的4件。

2009年，区制定《东丽区行政规范性文件制定流程》，明确规范性文件制定的环节、步骤、时限及相关程序，加强和规范区行政规范性文件的制定工作。

2010年6月始，集中3个月时间，组织全区各单位完成区行政规范性文件集中清理工作。对1990—2010年区政府和所属单位下发900余份文件逐一进行审查清理。

三、行政执法监督检查

1994年，区法制办组织进行行政执法大检查。10月间查处北坨村民，未经批准擅自挖掘养鱼池，毁坏耕地6.7公顷。依据法律程序调查取证后，扣押其挖掘工具，制止继续破坏耕地的行为。协调区外贸畜产品收购站按政策处理破产案件。对卫生执法工作进行监督检查，对全区5乡、3镇、3街道行政执法工作进行检查。

1998年，区法制办在全区进行执法单位开展深化行政执法责任制工作，完善落实执法责任制、执法规范制、执法监督制、执法宣传制和执法监督制。

2003 年，区制定《东丽区政府关于全面推进依法行政的实施意见》《东丽区行政执法部门赴企业执行公务暂行规定》。2004 年 3 月，对《东丽区政府依法行政的实施意见》进行审定，建立完善依法行政小组。

2005 年，区法制办依照国家法律法规，对区行政执法单位拟定处罚案件的主体、程序、证据及法律适用等方面进行严格审查，核准公布全区 31 个行政许可主体，明确行政许可机关的主体地位。是年，对《中华人民共和国国旗法》执行情况进行例行检查。

2006 年，区法制办研究制定《东丽区推行行政执法责任制的意见》后，逐年对全区行政执法责任制工作落实情况进行督察，结合绩效考核统一考评。对行政处罚案件进行法律考核，从源头上杜绝执法不严、执法不公等问题。是年，区法制办制定《东丽区禁止拆改房屋结构和住宅楼开设门脸的规定》《东丽区禁止非法取土实施办法》《东丽区禁止违法建设的实施办法》《东丽区关于土地权争议历史遗留问题的解决办法》。

2008 年，区法制办对全区行政执法单位报送审查处罚案件及各类法律文书进行审核，纠正不妥之处。全年审核处罚案件 10 件，针对存在问题提出 21 条审核意见，无败诉案件发生。

2010 年，区法制办全年审核执法部门拟定处罚案件 8 件，针对存在问题提出 38 条审核意见，无败诉案件发生。审核把关政府通告、强行拆除决定书等法律文书 450 件。2005—2010 年，共审核行政执法单位上报拟处罚案件 150 件，促进依法行政工作向规范化轨道发展。

第三节　行政复议

一、建立行政复议制度

2008 年，区法制办制定下发《东丽区人民政府行政复议机构办案规则》《全区行政复议、行政应诉事件报告制度》，完善行政复议、行政诉讼案件统计报告制度。全年各行政单位和部门，未发生具体行政行为在行政复议中被撤销行政案件及行政败讼的案件。

2009 年，区法制办制定完善《东丽区政府行政复议办公室接待制度》《东丽区政府行政复议机构立案审查规定》复议工作制度。全年受理办理行政复议案件 18 件，未发生具体行政行为在行政复议中被撤销的行政案件和行政诉讼败诉案件。

2010 年，区法制办制定完善《东丽区行政复议案件调解和解规定》《行政复议案件材料查阅办法》复议工作制度。全年受理办理行政复议案件 4 件，未发生被撤销和败诉案件。

二、承办行政复议案件

1993 年 5 月，么六桥回族乡流芳台村民非法占地违章建房。乡政府根据《中华人民共和国土地管理法》《天津市土地管理条例》对其进行行政处罚。本人不服，向政府提出复议。经区法制办对案件进行详细调查，依法作出维持原行政行为的行政复议决定。是年，区法制办妥善处理一起程林街道 42 名群众上访投诉案件。

2004 年，区法制办在北京某报社诉区政府案件中，代表区政府应诉，通过庭外大量细致深入的工作和在法庭上有理、有力、有节的辩论，使这一案件以区政府胜诉而告终。

三、行政复议业绩受表扬

2006 年 5 月，华明镇范庄村村民，提交关于交通运输行政审批事项复议案件，得到妥善解决。申请人向区法制办赠送写有“依法复议，业务精湛”的锦旗。

2007 年 2 月，东丽区被市法制办评为天津市行政复议先进单位。

2009 年 2 月，区法制办被国务院法制办公室评为全国行政复议工作优秀单位，成为天津市唯一行政复议工作优秀集体。

第四节　法治宣传

一、学习培训

1993 年始，区法制办逐年组织各级执法人员学习行政执法法规和政策，组织乡镇街、委办局行政执法人员进行培训。讲授《中华人民共和国行政诉讼法》及有关文件，提高法律意识。举办由乡镇街、委办局主要领导及业务骨干参加的《中华人民共和国国家赔偿法》学习培训班，为 1995 年实施做准备工作。对经济管理和执法部门，提供有关问题的咨询 40 余次。

2004 年，区法制办和区人事局共同制发《东丽区关于开展公务员行政许可法学习培训工作的实施方案》，举办全区各单位业务骨干参加的《中华人民共和国行政许可法》集中学习培训班。组织全区 44 个行政单位 993 名公务员，参加《中华人民共和国行政许可法》和行政规范知识考试，合格率达 100%。

2008 年，区法制办组织《国务院关于加强市县政府依法行政的决定》《天津市全面推进依法行政实施意见》的再学习。组织乡镇街、委办局 400 余名 一线行政执法人员，举办《中华人民共和国国家城乡规划法》《行政复议法实施条例》及行政执法业务知识培训班。

2009 年，区法制办主动深入城市化管理综合执法局等单位举办专题讲座，为执法人员进行业务培训和辅导，切实提高各级干部及执法人员依法行政意识。

2010 年，区法制办集中 15 天，组织 39 个行政执法单位 890 名执法人员，进行法律业务知识学习培训。聘请法学专家，就《政府信息公开条例》《中华人民共和国行政处罚法》《中华人民共和国物权法》等法律专业知识进行系统辅导讲座。

2010 年，区法制办举办全区行政执法人员法律知识培训班

二、法制宣传

1991 年始，区法制办在办理区政府涉法事务时，即开展法律咨询，宣传法律、法规和政策。

2006 年，区法制办与区综治办联合下发关于开展法制宣传活动的通知。在东丽广场进行为期 9 天的法律宣传活动，现场解答群众咨询。之后，每年 3 月均组织执法工作人员开展法律“宣传日”活动，印制宣传材料、展牌在东丽广场和村队进行宣传。

2008 年始，充分利用政务网、东丽在线、板报、电视台等有效媒体，营造推进依法行政良好社会环境和浓厚氛围。

2009 年，结合《中华人民共和国行政复议法》实施 10 周年，编写纪念宣传材料，在《今日东丽》分期刊载。2010 年，利用法制宣传日活动，编印发放有关行政复议宣传材料 500 份，增强群众法律观念。

第五章　行政许可审批服务

2004 年 7 月，区建立行政许可服务中心，是全市首批组建的集中行政审批事项的行政服务中心。服务中心集中全区 33 项行政审批事项，实现政府职能部门直接面对投资者、企业和办事群众。严格执行综合服务窗口接件、效能登记、双限时、帮办领办“四位一体”运行机制，统一操作流程，规范审批行为，提高审批效能。服务中心行使组织、管理、监督、协调、服务职能，为企业和群众提供高效快捷服务，增强社会服务职能，得到办事企业、群众和社会各界的公认。

第一节　机　构

一、机构沿革

2004 年 7 月，建立试运行的区行政许可服务中心，是全市首批组建的集中行政审批事项的行政服务中心，在区建委办公。2006 年 12 月，迁至东丽开发区新址。2010 年 7 月，服务中心更名为区行政审批管理办公室，挂区行政许可服务中心牌子。

二、服务内容

服务中心集中全区 33 项行政审批事项，实现政府职能部门直接面对投资者、企业和办事群众。2010 年，已进驻服务中心办公的职能部门有工商东丽分局、发展计划委员会、商务委、消防东丽支队、运管局、卫生局、质量技术监督局、建委、人防办，工作人员 35 名。服务中心基本职能是为投资者、企业和群众提供优质、高效、规范和便捷的行政许可服务。按照公开透明、便民高效的原则，采取“一门受理、相关联办、现场审批、限时办结”的办理模式，在规划建设、工商管理等方面实现“一条龙”审批服务。

三、管理措施

创新联合审批办理机制　严格执行综合服务窗口接件、效能登记、双限时、帮办领办“四位一体”运行机制。实施投资类项目联合审批、一窗接件、接办分离。严格限定审批时限和自然时间，统一操作流程，规范审批行为，提高审批效能。

落实帮办领办制度 组织各街乡和经济功能园区建立帮办组织，落实帮办人员，为所辖区域内投资项目全部审批提供无偿帮办和全程服务，与“中心”专人领办服务和联合审批效能监察机制相互衔接。

强化提前介入超前和上门服务 对已进入联审程序的在办项目，组织各审批部门进入项目单位上门服务，了解项目进度和审批过程中遇到的难点、结点问题。有条件的进行现场审批，重大问题及时协调各职能部门限时办理。协助市审批办相关部门，对重大项目上门服务、解决难题、现场审批，促进项目早日开工建设。

强化“一站式”集中审批服务 以规范审批项目，提升审批服务水平为核心，强化“一站式”集中审批服务。规范在区实施的审批事项，实行动态管理。对投资项目联合审批主体部门审批事项申请材料进行规范管理。

四、工作效能

行政许可服务中心进一步转变职能，提高效率，推进行政审批制度改革，打造行政审批服务工作的“升级版”。围绕区委、区政府确定的目标任务，做好上级减少调整和下放行政审批事项的对接工作。整合审批服务资源，实现行政审批和政务便民服务一站式。创新投资项目联审机制，以高效便捷为目标，简流程、减环节、定标准、优服务，依托信息技术实现实体大厅与网络大厅一体化。扩大审批服务事项在互联网上受理、办结。建立与街乡统一的网络应用系统，实现审批向“中心”集中，服务向基层延伸。

五、街乡服务中心

2010年，区行政审批办按照市审批办《关于建立街道乡镇服务中心的实时指导意见》，协调各街道乡推进服务中心建设。实现在全市范围内第一批完成街道乡行政服务中心的建设任务，指导街乡组织直接面向群众和企业审批部门入驻街乡的服务中心。年内，已完成军粮城、无瑕、丰年村、新立、金钟、万新6个街道服务中心建设。

第二节　行政服务

一、行政审批服务

2006年12月至2010年12月，区行政许可服务中心按照《国务院审批办关于进一步深化行政审批制度改革意见的通知》《天津市行政审批管理规定》的要求进行内设机构性质审批职能归并整合，推进行政审批制度改革。至2010年12月，区行政许可服务中心已累计完成行政许可事项196926项，办结率100%，现场审批率98.5%，按时办结率100%；非行政许可事项146312件，办结率100%，现场审批率 99.7%，按时办结率 100%；配套服务事项 96431 项，配套服务率 100%。4 年间共计接待群众咨询 317365 人次，群众满意率 100%。区行政许可服务中心运行的实际效果，得到办事企业、群众和社会各界的公认。

（一）集中审批服务　区行政许可服务中心启动后，改变申请人多次到一个部门办理审批事项和涉及多部门要反复办理的现象。现只要进“中心”，就可以办理各种审批和配套服务事项，杜绝“四难”问题，方便了企业和群众。

（二）限期办理制度　原办理行政审批没有时限限定，有时限的也较长。现进入“中心”实行集中审批后，各部门将认真贯彻实施《中华人民共和国行政许可法》，按照便民高效的原则，逐个确定审批事项，做到按时限要求审批。为保障行政审批效率，不断强化现场审批，进驻部门全部建立首席代表制度，并启用本部门审批专用章，严格要求在“中心”现场受理和审核审批申办事项，委办局领导亲自到“中心”现场审批。

（三）监督制约机制　进入“中心”集中办理的行政审批事项，从受理、审核到审批，全部实行“阳光”下运作。各单位按照区行政许可中心的要求，清理许可事项，将其输入中心计算机管理系统后，所有的审批事项都在外网上实行政务公开，在“中心”窗口办理都有明确的廉政要求。区监察局派驻“中心”监察窗口对行政效能进行监察，对廉政建设进行严格监督，有效防止利用行政审批“寻租”的现象。

（四）社会服务功能　服务中心始终坚持“深情为民，倾心服务，一丝不苟，持之以恒”的服务宗旨，把“一件一件办成，一件一件办好”作为生命线，认真办好“天津 8890 家庭服务网络”，细致周到地为群众服务，受到老百姓的真心赞扬。

二、行政效能监察

区行政审批办制定行政效能考核办法，制定项目预审批服务、帮办领办服务、窗口工作人员考核 3 项制度，搭建起行政效能监督平台，完善行政审批监督体系。区监察局在“中心”设立行政效能投诉中心并派驻监察室，由专人负责，受理和办理申请人投诉和对进驻部门及工作人员的行政效能进行监督检查，并向社会公布投诉电话。行政审批管理办公室会同监察机关对窗口单位行政效能综合考评。注重行风政风监督员队伍建设，聘请 4 名人大代表和政协委员作为社会监督员。启用行政审批网上检查系统，所有审批事项全部进入审批系统，审批程序实行网上操作办理，实时收集审批事项办理情况，严格控制审批时间，实行审批时间和自然时间双限时。

第三节　社会服务

一、“8890”服务热线

2007 年初，区行政审批管理办公室在区行政许可服务中心引进“8890”服务热线。4 年来，坚持以“深情为民、倾心服务、一丝不苟、持之以恒”为宗旨，以天津市“8890”家庭服务网络平台为依托，以区行政许可服务中心为阵地，致力于解决市民家庭日常需求和为加盟企业提供优质快捷服务。

二、“三位一体”服务措施

为充分发挥平台的服务功能，凸显惠民便民的服务理念，实现服务质量、效率和效果的有机统一，“8890”服务热线区执行部结合区城乡地域特点和群众生活需要，推行“全天候服务+全方位服务+全程式服务”三位一体的服务措施。执行部实行 24 小时不间断服务，确保热线服务人员随时接听解决市民家庭的生活服务性救助。为解决市民群众生活的多元化需求，执行部充分利用网络平台为市民提供政府公共资源信息服务、市场资源信息服务以及社会资源信息服务等多样化、个性化的服务。为保证服务质量和效果，执行部对每一个服务事项都进行全程跟踪落实，切实做到“件件有着落、事事有回音”。

三、社区服务成果

至 2010 年，“8890”服务热线区执行部接市民电话 102652 件，其中受理水电维修、电器维修、出行服务、家庭保姆等方面的咨询 94361 人次，实现 100%受理及反馈、按时办结率 100%、市民满意度 100%。在方便市民家庭生活、为市民排忧解难的同时，执行部还为服务性企业无偿提供家庭服务需求信息和免费宣传推广，促进群众生活需求与服务性企业之间的衔接，推进区家庭服务产业的规模化、规范化发展。实现公共资源与社会需求之间的无缝对接、群众服务诉求和企业优质服务之间的信息对接，从而在政府、群众、企业三方之间架起沟通、服务和发展的连心桥，累计吸纳 332 家企业加盟。

第六章　民族宗教事务　侨务与外事

1996 年，区政府设民族、宗教和侨务办公室，负责贯彻执行有关民族、宗教事务的法律、法规和方针政策，依法管理区内清真食品市场，扶持民族经济，开展民族团结进步创建活动，维护民族宗教界人士合法权益，全区营造民族团结和谐的社会氛围。落实《宗教事务条例》，使活动场所内部有法可依、有章可循，实行民主管理。落实《归侨侨眷权益保护法》，帮助侨企排忧解难，维护来区归侨侨眷和国外侨胞合法权益。凝聚侨心，汇聚侨力，为区对外开放和社会经济发展发挥积极作用。是年 4 月，区成立外事办公室。对外友好合作与交流，建立友好区，友好合作，召开招商引资会。

第一节　民族事务

一、成立民族宗教工作领导小组

区成立民族宗教工作领导小组，定期听取工作汇报，研究部署民族宗教工作。明确工作职责，坚持民族宗教联席会议制度，区委统战部牵头，每季度召开区政府民族宗教办、公安东丽分局、各街乡等有关部门参加联席会议，研究民族宗教工作。健全工作网络，按照《东丽区民族宗教工作岗位责任制》的规定，制定完善民族宗教突发事件应急工作预案，建立健全民族宗教工作三级网络，抓好各街乡村管理机制建设，明确分管领导和专（兼）职干部和村级具体人员，形成上下联动的管理网络，确保信息畅通。加强学习教育和培训，使广大干部能够准确把握党的民族宗教政策和法律法规，提高对民族宗教工作重要性、必要性、长期性的认识，增强做好民族宗教工作的责任感、紧迫感。

二、建立回族乡村

1985 年 1 月，经市政府批准设立么六桥回族乡。区内有 7 个回族村：么六桥回族乡的窦家房子村、骆驼房子村、穆家台村、刘辛庄村、中心庄村、双合村和新立街道的新兴村。

三、贯彻民族工作法规

区政府认真贯彻《城市民族工作条例》《民族乡工作条例》，切实保障少数民族政治权利。建立健全民族工作机构，精心培养少数民族干部和各类专业人才。在历届区街乡人大代表和政协委员的选举中按比例安排少数民族代表，他们在各自岗位上努力工作的同时，按照参政议政的要求，为区经济建设、社会发展建言献策，发挥应有的作用。

四、开展民族团结进步创建活动

进入 21 世纪，区民宗办按照市委工作部署，深入开展“民族团结进步创建”活动，组织参加市第六次民族团结进步表彰大会。以典型引路，促进区民族团结进步，事业健康发展，营造全区民族团结社会稳定良好局面。积极争取政策和市民委相关部门的支持，为少数民族经济发展服务，协调有关部门帮助民族村解决实际困难。改造修建民族侨，改善民族村饮水条件。区对口安排有实力的委办局联系困难民族村，帮助其解决生产、生活困难，加快少数民族脱贫致富步伐，在维护社会稳定上发挥积极作用。2010 年，区民族宗教办制定“民族团结月”活动实施方案，下发《关于做好 2010 年民族团结月活动的通知》，扎实开展民族团结进步创建活动。“民族团结月”期间，为少数民族困难群众和困难学生发放慰问金。配合区教育局等部门妥善安置青海省玉树地震灾区学生来耀华滨海学校就读。做好回民墓地规划筹建工作，研究制定规划方案。多形式、多渠道，广泛宣传党的民族政策和民族理论，在全区营造民族团结和谐的社会氛围。

五、清真食品市场监督管理

2010 年，加大宣传《天津市清真食品管理办法》的力度，建立健全清真食品市场监督检查机制，严格清真食品经营户备案制度。协调解决鉴开中学、一百中学等中小学设立清真食堂（灶）的问题，消除学生家长后顾之忧。帮助“大宇”等清真食品生产厂家申请清真食品定点企业，争取贴息贷款，促进企业做大做强。发挥清真食品义务监督员作用，依法妥善解决清真食品问题引发的矛盾与纠纷，确保区内清真食品安全及清真食品市场规范有序，确保少数民族合法权益，确保社会稳定。

第二节　宗教事务

一、落实《宗教事务条例》

区民族宗教办广泛深入地组织学习宣传《宗教事务条例》（以下简称《条例》），使各级宗教工作干部对条例的精神、内容、实质有较深刻的了解和认识，明确工作职责，增强依照《条例》做好宗教工作的政治责任感和工作责任心。

建章立制，加强制度建设。依照《条例》结合“和谐宗教活动场所创建活动”加强对场所管理人员的教育引导，采取举办培训班、座谈会等形式，组织学习党的宗教政策、国家有关法律法规和日常管理知识，帮助建章立制，实行民主管理。全区依法登记的宗教活动场所，3 座清真寺、1 座天主教堂、7 个基督教聚会点都建立民主管理组织，制定教务、财务、岗位责任、会议议事、安全消防等管理制度，使场所内部有法可依、有章可循。管理组织成员之间职责明确，增强工作责任心，提高办事效率，自我管理能力有了较大提高。

二、和谐宗教活动场所创建

2009 年，区民族宗教办制定和谐宗教活动场所实施方案，召开创建活动推进会，深入清真寺、天主教堂宗教活动场所进行检查指导，按照创建标准，进一步规范宗教活动各项制度。召开民族宗教专题协调会，研究向阳村天主教堂、大宋村清真寺异地重建工作。新天主教堂设立在华明示范镇，于是年 10 月开工建设。加强宗教活动场所管理，依法治理基督教私设聚会点。

2010 年，充分发挥和谐宗教场所创建活动载体作用，依法加强宗教活动场所管理。根据市《宗教活动场所登记管理办法》，对 11 个宗教活动场所颁发宗教活动场所登记证，使宗教活动纳入政府管理轨道。重视天主教堂、清真寺异地重建工作，是年 9 月天主教堂主体完工，是年 3 月大宋清真寺建成投入使用。

三、解决应对突发事件

区民族宗教办在处理宗教突发事件中，深入细致地开展工作，使影响区社会稳定的事件和苗头问题及时得到妥善处理。区民族宗教办会同区公安分局等部门及时稳妥处理由于宗教问题引发的突发事件，确保全区社会稳定。

第三节 侨 务

一、贯彻《归侨侨眷权益保护法》

区政府高度重视《中华人民共和国归侨侨眷权益保护法》《天津市实施〈中华人民共和国归侨侨眷权益保护法〉办法》的贯彻落实。建立区侨务工作领导协调机制，区领导带领侨办和其他主管部门深入侨资企业开展调研服务，帮助侨企排忧解难。以宣传贯彻落实《归侨侨眷权益保护法》为切入点，举办侨法宣传教育活动，营造学法知法用法守法的良好社会氛围。维护来区归侨侨眷和国外侨胞合法权益，凝聚侨心，汇聚侨力，对促进区对外开放和经济社会发展发挥积极作用。

二、侨务干部培训

区民族宗教办组织侨务干部认真学习国侨办《关于贯彻十七届四中全会精神，加强地方侨务工作的意见》和市政府向市人大常委会所作的全市侨务工作报告，提高侨务干部理论政策水平和综合业务能力。

三、为归侨侨眷解难题办实事

2010 年，区有侨眷 130 人，侨资企业 21 家。区侨办坚持依法护侨，切实维护侨眷合法权益。对全区侨眷在经济、教育、就业、生活补贴、困难救济等方面权益保护情况进行执法检查，确保归侨侨眷权益和社会保障政策得到有效落实。协调解决旅居希腊侨民反映在国内投资利益问题及侨眷反映拆迁补偿问题。组织侨资企业参加 2010 年华侨华人滨海新区创业发展洽谈会活动。项目推介和对接，配合招商选资工作，东丽湖华侨项目已落地开工。

第四节 外 事

一、工作机构

1996 年 4 月，成立东丽区人民政府外事办公室，隶属于区政府序列，挂靠区政府办公室的处级单位。主要职责：负责组织接待来区进行公务活动的各国外交人员，负责区领导干部因公出国（境）的审核及按有关规定承办区有关单位工作人员因公出国（境）的护照、签证等事项。

二、主要工作

（一）友好合作与交流 1996 年 4 月，韩国釜山市沙下区区厅长朴在泳率团到东丽访问。是年 10 月，区政府领导率团进行回访。1997 年 6 月，韩国仁川市南洞区副厅长韩学洙率团到东丽访问。是年10月，东丽区商会组团前往韩国进行考察。2000年5月，韩国釜山市沙下区副厅长李相基率团到东丽区访问。

通过4年的交往，区共引进韩资企业53家，总投资额达1600万美元。引进韩资企业中，在工艺品、鞋、钢琴、电子等行业均取得良好经济效益，为区增加税收，解决大量就业。

（二）建立友好区 1996年5月，区和韩国釜山直辖市沙下区，根据中韩两国建交公报原则、为进一步巩固和发展两区友好合作，增进中韩两国人民了解和友谊，经过友好协商，双方同意建立友好区。双方同意在平等互利基础上，共同促进两区人民之间的友好交往和经济贸易往来，积极开展科技、文化、卫生、教育等各个领域的交流与合作。

（三）建立友好合作关系 1997年7月，区与韩国仁川市南洞区，根据中韩两国建交公报原则、为进一步巩固和发展两区友好合作，增进中韩两国人民的理解和友谊，经过友好协商，双方同意建立友合作关系。双方根据平等互利的原则，在经济、贸易、科技、文化、教育、卫生、体育、人员等方面开展多种形式交流与合作，促进共同繁荣与发展。双方领导人和有关部门保持经常联系，以便就双方交流与合作事宜及共同关心问题进行协商。

（四）召开东丽区招商引资推介会 2008年6月，区委领导率区商务代表团对加拿大本拿比市进行访问，在当地政府积极协助下召开东丽区招商引资推介会，取得圆满成功。

（五）战略伙伴合作 2009年6月，东丽软件园和加拿大本拿比市贸易局，双方本着诚实守信、平等互利、共同发展的原则，并依据中国和天津市有关法律、法规和相关政策，决定以天津软件园——东丽园项目合作为契机，经双方协商达成战略伙伴合作协议。双方就天津东丽软件园项目尽快做大做强，在项目招商引资、产业发展等方面开展更深层合作。本拿比市将有关部分软件企业移至天津东丽软件园，在园区设置办事研发机构，进行软件生产。天津东丽软件园将以最完善的基础建设，配套服务及最优美的科研办公环境欢迎本拿比市企业的到来。

1994—2009年部分外国代表团到访东丽区一览表

表21-5

时间	国籍及代表团名称	负责人及职务	到访人数	到访停留地点	活动事项及内容
1994.4	韩国釜山市沙下区友好代表团	姜秉朝副厅长	4	东丽区	沙下区和东丽区缔结友好关系
1996.5	韩国釜山市沙下区友好代表团	朴在泳厅长	12	东丽开发区英昌钢琴厂	签署相关协议
1997.7	韩国南洞区议会代表团	金春植	9	东丽开发区、家居、新立村	建立友好合作关系
2005.11	瑞士SRT公司代表团	富兰克-特尔	4	东丽区政府	实地考察，商谈项目合作事宜
2009.9	加拿大本拿比市代表团	德里克市长	18	东丽区	签署友好城市备忘录

（六）审核上报因公出国（境）团组手续

2008—2010年，区外事办公室审核上报123批因公出国（境）团组手续。出国（境）主要事由：从事经贸活动、科技考察、参加培训、出席会展，参加国家部委办局和市团组、友好访问、教育考察交流等。出访国家和地区主要有：美国、加拿大、法国、澳大利亚、新西兰、英国、瑞士、意大利、新加坡、日本、韩国、古巴、朝鲜、蒙古及中国香港、澳门地区。

第七章　应急工作　机关事务

2008年4月，区成立应急指挥中心，开辟政府热线，制定应急预案，加强应急体系建设，有效处理类发事件，排除重大安全隐患。

2008年9月，区成立机关事务管理服务中心，以标准化建设推进机关事务工作效能，创建节约型机关。加强机关国有资产管理，使固定资产纳入科学化、制度化、规范化管理轨道。完善接待工作流程和规章制度体系，保证接待工作高质量、高效率。

第一节　应急工作

一、机构

2008年4月，区政府应急指挥中心成立，设在公安东丽分局110指挥中心。是年8月，成立东丽区应急管理办公室，设在区政府办公室内。

二、主要工作

（一）政府热线　2008—2010年，区应急办接听为民服务网络专线群众来电7527起，其中咨询类4993起，转办类2534起，办结2273起，办结率89.7%，其中办理市政府专线电话交办事件157起，办结率100%。组织“公仆接待日”活动30次，受理群众反映问题751件，立项402件。

（二）应急预案　2008年，区应急办共制定应急预案85个，其中街乡总体应急预案9个，专项应急预案37个，部门应急预案39个。2009年，区应急办共制定应急预案118个，其中区总体应急预案1个，街、乡总体应急预案9个，专项应急预案38个，部门应急预案39个，其他应急预案31个。全区共有173个居委会（社区、村），制定应急预案的有127个。各级各类应急预案的制定，为预防和应对突发事件提供了行动依据。2010年，区应急办完成《天津市东丽区突发公共事件总体应急预案》修订及印发工作，修订各部门预案、专项预案72份，进一步健全区应急预案体系。

（三）应急体系建设　2008年，区应急办编制并实施突发公共事件应急体系建设规划。2009年，健全基层应急管理组织体系，各街道、乡人民政府成立应急管理领导机构、办事机构，确定相关负责人员，负责本地区各类突发事件的预防和应对工作，根据突发事件的不同类型，加强应急管理工作的分类指导和督促检查。2009年11月，区政府建立应急联动、平战结合的现代化应急指挥中心平台，整合市委、市政府视频资源，实现与市委办公厅、市政府应急办视频系统互连互通。区应急办坚持实行每周和市应急办及区内视频系统单位点名制度，定期对设备进行调试、维护、检修。2010年，区应急办开展综合应急救援队伍建设工作，组建区综合应急救援支队，形成以“一队八组”（应急救援支队和分组小分队）为核心的综合应急救援队伍。区应急办结合区实际情况，制定

《“十二五”期间东丽区突发公共事件应急体系建设规划》《东丽区突发公共事件信息报告制度》《东丽区综合应急救援联动实施方案》《东丽区综合应急救援队伍联席会议制度》。

（四）应急演练 2008年11月，区应急办与区武装部牵头，区应急职能部门联合共同组织《天津市应对自然灾害救援网上指挥演练》，以武清地震为背景成功演练地震等突发公共事件的处理流程、处理方法，提高区应对突发公共事件的处理能力。2010年5月，区应急办会同东丽供电分公司、环保局、卫生局、公安分局、交警支队、消防支队和新闻中心等单位开展区高危客户停电应急演练。2010年7月，开展防汛抗灾演练。区委、区政府主要领导现场指挥演练，并邀请天津警备区、市应急办等市领导观摩演练。

（五）处置突发事件 2009年，成立区甲型H1N1防控指挥部，制定《东丽区甲型H1N1流感应急防控预案》《东丽密接人员追踪工作处置流程》等文件，有效控制疫情。2010年，“十一”期间，组织相关部门对京津塘高速公路载有危化品车辆侧翻事故，及时处理危化品，排除重大安全隐患。12月14日，金钟街道华光红美公司发生火灾，区应急办及时组织有关部门积极采取措施，确保将损失降到最低，避免事态扩大。事中，跟踪事件发展全过程。事后，积极吸取教训在全区范围内开展危险源自查活动。

第二节　机关事务

一、工作机构

2008年9月，成立东丽区机关事务管理服务中心，加挂东丽区机关事务管理局、东丽区接待办公室牌子。内设办公室、后勤科、接待科、车辆管理科，是区委、区政府负责组织协调区机关对外接待工作、机关财务管理、后勤综合服务管理和国有资产监督管理的职能部门。为区政府管理的事业单位，等级规格为处级。

二、管理标准

制定《东丽区机关事务管理局制度汇编》《东丽区区级机关后勤管理工作实施方案》《进一步加强东丽区接待工作实施方案》《东丽区机关事务管理服务中心章程》《东丽区机关事务管理局各种突发事件应急预案》《东丽区节能减排工作实施方案》等31项工作制度。实现对机关后勤管理、接待服务业务过程全面控制和监测，明确各级领导干部、各岗位人员职责、业务工作程序和标准，完善内部权力运行与监督机制、工作责任机制，接受相关单位及领导、干部的监督。完善岗位目标责任制、服务承诺制、强化效能管理。统一机关事务工作集中管理，以标准化建设提升效能，降低运行成本，创建节约型机关。

三、设施维护

2009—2010年，区机关事务管理局累计完成机关大院基础设施维护、改造、新建等工程89项。其中，严格做好电梯设施设备维修，完成2500平方米用水改造工程。新增主楼大厅、停车场技防设施，完善机关安全监控体系，增加公共区域绿化点位，使机关办公环境明显改善。

四、服务接待

2009—2010 年，机关事务管理局在思想理念、机制体制、特色服务上创新，完善接待工作流程和规章制度体系，用制度化、规范化管理模式取代经验型、粗放型管理模式。与区五大机关办公室、区直属部门密切沟通，广泛合作，整合资源，共享信息，圆满完成服务上海世博会天津周华明馆日活动、市委九届八次会议互查互看迎检接待等各项接待任务。

东丽区志

第二十二编

政治协商会议

十一届三中全会召开以后，东郊区委根据中共中央和中共天津市委关于在各区县恢复和建立人民政治协商会议组织的指示精神，1983年8月建立区政协筹备小组。1984年5月，正式建立中国人民政治协商会议天津市东郊区委员会。区政协高举社会主义和爱国主义两大旗帜，突出团结民主两大主题，按照中国共产党同各民主党派和无党派爱国人士“长期共存、互相监督、肝胆相照、荣辱与共”的方针，认真履行政治协商、民主监督、参政议政职能，围绕区委、区政府的重大决策和全区人民生活的重要问题，充分发扬民主，广开言路，调动一切积极因素，建言献策。为巩固和扩大全区爱国统一战线，促进改革开放和经济发展，维护安定团结的政治局面做出了重要贡献。

1991年，区政协医务界委员到大毕庄乡敬老院义诊

2005年1月，政协东丽区第六届委员会第三次会议

2010年，区政协委员在新立广场开展“六进社区”服务活动

2010年1月，区政协第七届委员会第四次会议

第一章　委员组成

区政协委员由中共党员、各民主党派和工商联、人民团体、各界代表、无党派人士组成。在常务委员会领导下，围绕全区大局和中心工作，履行各项职能。

1984—2010年，历届区政协委员中，第五届人数最多，为241人。界别最多的是第三届，由22个界别组成。特邀代表最多是第六届，有31人。第七届首设农民代表4人。

第一节　委员产生

区政协第一届委员会委员的界别、名额、人选，由区委邀请区内各群众团体、各界人士代表酝酿、协商后，确定由69名委员组成。第二至第七届委员人选通过区委与区内各民主党派、人民团体及各界人士代表酝酿、协商，提交上届区政协常委会议协商决定。历届区政协任期委员变更，均由区政协常委会议协商决定。区政协委员任期时间与本届委员会届满相同。委员产生后由区政协颁发聘书和政协委员证。

第二节　委员界别

区政协第一届委员会委员69人，由中共地方党组织、台侨属、少数民族、宗教、工会、共青团、妇联、供销粮食、科技、文化、教育、医药卫生、体育、农民及军烈属、特邀人士15个界别组成。委员中，有中共组织委员4人，占5.8%；少数民族委员5人，占7.2%；妇女委员17人，占24.6%。

区政协第二届委员会委员111人，由中共地方党组织、民革、民盟、民进、台侨属、少数民族、宗教、工会、共青团、妇联、政法、经济、供销粮食、科技、文化、教育、医药卫生、体育、农民及军烈属19个界别组成。委员中，有中共组织委员11人，占9.9%；民主党派委员5人，占4.5%；少数民族委员5人，占4.5%；妇女委员33人，占29.7%。

区政协第三届委员会委员121人，由中共地方党组织、民革、民盟、民建、民进、农工、台侨属、少数民族、宗教、工会、共青团、妇联、工商联、政法、供销粮食、科技、文化、教育、医药卫生、体育、农民及军烈属、特邀人士22个界别组成。委员中，有中共组织委员6人，占5%；民主党派委员8人，占6.6%；少数民族委员6人，占5%；妇女委员29人，占24%。

区政协第四届委员会委员189人。由中共地方党组织、民革、民盟、民建、民进、农工、台侨属、少数民族、宗教、工会、共青团、妇联、工商联、政法、经济、供销粮食、科技、文化、教育、医药卫生、体育、农民及军烈属、特邀人士23个界别组成。委员中，有中共组织委员15人，占7.9%；民主党派委员12人，占6.3%；少数民族委员9人，占4.8%；妇女委员49人，占25%。

区政协第五届委员会委员241人，由中共地方党组织、民革、民盟、民建、民进、农工、台侨属、少数民族、宗教、工会、共青团、妇联、工商联、政法、经济、科技、文化、教育、医药卫生、体育、农民及军烈属、特邀人士21个界别组成。委员中，有中共组织委员21人，占8.7%；民主党派委员10人，占4.1%；少数民族委员9人，占3.7%；妇女委员48人，占19.9%。

区政协第六届委员会委员175人，由中共地方党组织、民革、民盟、民建、民进、农工、少数民族、宗教、工会、共青团、妇联、工商联、经济、科技、文化、教育、医药卫生、体育、农民及军烈属、特邀人士20个界别组成。委员中，有中共组织委员16人，占9.1%；民主党派委员15人，占8.6%；少数民族委员4人，占2.3%；妇女委员37人，占21.1%。

区政协第七届委员会委员184人，由中共地方党组织、民革、民盟、民建、民进、农工、少数民族、宗教、工会、共青团、妇联、工商联、经济、科技、文化、教育、医药卫生、体育、农民、特邀人士20个界别组成。委员中，有中共组织委员20人，占10.9%；民主党派委员21人，占11.4%；少数民族委员4人，占2.2%；妇女委员37人，占20.1%。

1984—2010年政协东丽区历届委员界别统计表

表22-1

人数　届次 界别	第一届	第二届	第三届	第四届	第五届	第六届	第七届
中共	4	11	6	15	21	16	20
民革	—	1	2	3	2	3	5
民盟	—	1	2	2	1	3	4
民建	—	—	1	1	—	3	3
民进	—	3	2	4	6	3	5
农工	—	—	1	2	1	3	4
台侨属	4	11	10	13	10	—	—
少数民族	5	5	6	9	9	4	4
宗教	2	4	3	4	4	5	4
工会	2	1	1	1	2	4	3
共青团	3	3	2	2	3	5	2
妇联	3	2	1	4	9	6	4
工商联	—	—	2	2	10	18	15
政法	—	2	6	7	9	—	—
经济	—	14	—	32	60	43	77
供销粮食	3	6	5	6	—	—	—
科技	8	13	16	17	14	5	5
文化	3	4	5	4	2	2	1
教育	5	9	8	15	10	7	2
医药卫生	4	7	8	9	9	3	3
体育	1	1	1	1	1	2	2

续表 22-1

人数＼届次 界别		第一届	第二届	第三届	第四届	第五届	第六届	第七届
农民、军烈属		10	13	10	18	34	9	—
农民		—	—	—	—	—	—	4
特邀		12	—	23	18	24	31	17
合计		69	111	121	189	241	175	184
委员中	男	52	78	92	140	193	140	147
	女	17	33	29	49	48	35	37

说明：本表数字均系每届第一次全委会议委员数

第二章　全体委员会议

1984—2010 年，区政协召开全体委员会议 27 次。其中第一、第二、第三届均召开 3 次，第六、七届均召开 4 次，第四、第五届均召开 5 次。主要任务是选举委员会主席、副主席、秘书长和常务委员。协商讨论全区政治、经济、文化和社会生活中的重大问题。听取和审议常委会工作报告、提案工作报告。列席区人民代表大会。

第一节　第一届委员会

一、第一次会议

1984 年 5 月 20—24 日举行。会议由区委副书记惠振忠致开幕词，市委统战部副部长郎维华及区委副书记、代区长张继光分别讲话。会议选举产生区政协第一届常务委员会，惠振忠为主席、臧明发、杨树勋、罗瑞明、杨守仁为副主席。

二、第二次会议

1985 年 3 月 27—30 日举行。副主席罗瑞明致开幕词，副主席臧明发作常委会工作报告，增补 1 名常委。区委书记葛同欢出席会议并讲话。

三、第三次会议

1986 年 3 月 31 日至 4 月 3 日举行。副主席杨树勋致开幕词，副主席罗瑞明作常委会工作报告，区委副书记李占理讲话。会议增补常委 2 名。

第二节　第二届委员会

一、第一次会议

1987 年 2 月 26 日至 3 月 1 日举行。副主席臧明发致开幕词。会议审议通过副主席罗瑞明所作的常委会工作报告，市政协副主席廖灿辉和区委副书记郑树阳出席并讲话。会议选举惠振忠为主席，臧明发、周鸿翔、罗瑞明、何隽川、翟兴龙为副主席。

二、第二次会议

1988 年 3 月 4—7 日举行。会议审议通过副主席罗瑞明所作的常委会工作报告和提案委员会副主任刘佩云所作的提案委员会工作报告，区委副书记李占理讲话。会议增补常委 2 名。

三、第三次会议

1989 年 3 月 27—30 日举行。会议听取和审议了罗瑞明副主席所作的常委会工作报告和提案委员会副主任刘佩云所作的提案委员会工作报告，听取和审议了文史资料委员会主任唐东甲所作的文史资料研究委员会的工作报告。区委副书记李占理讲话。党派组代表罗瑞明在发言中向各民主党派成员、全体政协委员提出在治理整顿、深化改革中“从我做起，约法三章”的倡议，得到全体委员的一致响应。

第三节　第三届委员会

一、第一次会议

1990 年 2 月 21—25 日举行。区委书记张继光出席会议并讲话。会议选举郑树阳为主席，张兴云、李学东、孙廷才、何隽川、翟兴龙、陆元培、刘承祉、王文旗为副主席。

二、第二次会议

1991 年 3 月 4—7 日举行。会议审议通过副主席张兴云所作的常委会工作报告和副主席李学东所作的提案委员会工作报告。市政协秘书长郭金侯作《人民政协的历史和工作》专题报告，市政协副主席何国模和区委书记张继光出席会议并讲话。会议增补常委 2 名，选举韩中民为秘书长。

三、第三次会议

1992 年 3 月 2—5 日举行。会议审议通过副主席张兴云所作的常委会工作报告和副主席李学东所作的提案委员会工作报告。表彰在 1991 年政协工作中做出突出成绩的 36 名政协委员。市政协主席刘晋峰和区委书记张继光出席会议并讲话。

第四节　第四届委员会

一、第一次会议

1993年2月22—25日举行。市政协秘书长郭金侯作了题为《新时期人民政协任务性质及职能作用》的辅导报告。市政协副主席肖元和区委副书记张泽恩讲话。会议选举王开基为主席，张兴云、李书阁、葛文会、翟兴龙、刘承祉、王文旗、冯学棣、杨时行为副主席。

二、第二次会议

1994年2月19—22日举行。会议审议通过了副主席张兴云所作的常委会工作报告和副主席李书阁所作的提案委员会工作报告。区委副书记张泽恩讲话。

三、第三次会议

1995年2月15—17日举行。王开基主席致开幕词。会议审议通过了副主席张兴云所作的常委会工作报告和副主席李书阁所作的提案委员会工作报告。表彰了在区政协1994年开展的“四个一”活动中做出成绩的先进委员和先进集体。市政协副主席陆焕生和区委副书记张泽恩讲话。

四、第四次会议

1996年1月22—25日举行。会议审议通过了张兴云副主席所作的常委会工作报告和副主席李书阁所作的提案委员会工作报告。表彰了在区政协1995年开展的“四个一”活动中做出突出成绩的先进委员和先进集体。市政协副主席陆焕生和区委副书记张泽恩讲话。

五、第五次会议

1997年1月20—22日举行。会议审议通过副主席张兴云所作的常委会工作报告和副主席李书阁所作的提案委员会工作报告。表彰在区政协1996年开展的“四个一”活动中做出突出成绩的先进委员和先进集体。会议根据《提案工作条例》，对崔洪金等11名优秀提案人予以表彰。会议增选魏同刚为四届政协常委、副主席。市政协副主席陆焕生和区委副书记张泽恩讲话。

第五节　第五届委员会

一、第一次会议

1998年1月18—21日举行。主席王开基致开幕词。会议审议通过副主席张兴云所作的常委会工作报告和副主席葛文会所作的提案委员会工作报告。选举产生区五届常务委员会，王开基为主席，张兴云、魏同刚、赵桂华、王文旗、冯学棣、庞树义、张执谊、李聿声为副主席，韩中民为秘书长。市政协副主席陆焕生和区委书记陈章伟讲话。

二、第二次会议

1999年1月25—27日举行。会议审议通过副主席张兴云所作的常委会工作报告和副主席魏同刚所作的提案委员会报告。会议增选常委2名。表彰在区政协1998年开展的“四个一”活动中做出突出成绩的于喜旺等40名先进委员和先进集体程林街道等6个学习活动组；根据《提案工作条例》，对王志国等10名委员的提案给予表彰。市政协副主席张好生和区委副书记张福来讲话。

三、第三次会议

2000年1月17—19日举行。会议审议通过副主席张兴云所作的常委会工作报告和副主席赵桂华所作的提案委员会工作报告。会议同意韩中民辞去常委、秘书长职务；同意高本畿辞去常委职务；补选汪涛为五届常委、秘书长。表彰在区政协1999年开展的“四个一”活动中做出突出成绩的马文杰等37名先进委员和先进集体机关学习二组等3个学习活动组；根据《提案工作条例》，对刘敬声等9名委员的提案给予表彰。市政协和区委领导分别讲话。

四、第四次会议

2001年1月3—5日举行。会议审议通过副主席张兴云所作的常委会工作报告和副主席赵桂华所作的提案委会工作报告。会议补选连良桂为五届政协常委。表彰了在“四个一”活动中做出成绩的于春富等39名先进委员和先进集体机关二组等3个学习活动组；根据《提案工作条例》，对机关二组和高德泉等14名委员的提案给予表彰。市政协副主席周绍熹和区委副书记张福来讲话。

五、第五次会议

2002年1月21—23日举行。会议审议通过副主席张兴云所作的常委会工作报告和副主席赵桂华所作的提案委员会工作报告。会议同意王开基辞去五届主席职务的请求，选举陈章伟为五届主席；同意刘佩云、王耀忠因退休辞去常委职务的请求。表彰在2001年开展的“四个一”活动中做出突出成绩的于世友等35名先进委员和先进集体机关二组等3个学习活动组；根据《提案工作条例》，对江高林等 11 名委员的提案给予表彰。市政协副主席张永根和区委领导讲话。

第六节　第六届委员会

一、第一次会议

2002 年 12 月 9—11 日举行。主席陈章伟致开幕词。会议审议通过副主席张兴云所作的常委会工作报告和周遵成副主席所作的提案委员会工作报告。选举产生区六届常务委员会，陈章伟为主席，甘玉昆、周遵成、刘俊生、冯学棣、张执谊、宋文喜、刘金生、马金萍为副主席，汪涛为秘书长。市政协副主席张好生和区委副书记秘长荣讲话。

二、第二次会议

2004 年 1 月 5—7 日举行。会议审议通过副主席甘玉昆所作的六届常委会工作报告和副主席周遵成所作的提案委员会工作报告。会议表彰 2004 年度社情民意及信息工作先进个人薄洪福等 4 名委员，表彰新立街道和大毕庄镇 2 个先进学习活动组。根据政协《提案工作条例》有关规定，对高学刚等 10 名委员和优秀提案予以表彰。市政协副主席朱坦和区委副书记秘长荣讲话。

三、第三次会议

2005 年 1 月 4—6 日举行。会议审议通过副主席周遵成所作的六届常委会工作报告和副主席刘俊生所作提案委员会工作报告。会议增补杨泽堂为六届政协委员、副主席。会议表彰新立街道和大毕庄镇 2 个先进学习活动组，表彰吴凤海等 4 名委员提出的优秀提案。及江高林等 4 名信息工作先进个人。市政协常务副主席卢金发和区委副书记秘长荣讲话。

四、第四次会议

2006 年 1 月 4—6 日举行。会议审议通过副主席周遵成所作的六届常委会工作报告和副主席刘俊生所作提案委员会工作报告。

第七节　第七届委员会

一、第一次会议

2007 年 1 月 8—10 日举行。主席陈章伟致开幕词。会议审议通过了副主席周遵成所作的常委会工作报告和副主席刘俊生所作的提案委员会工作报告。选举产生了区七届常务委员会，弭尚华为主席，樊延生、周遵成、杨泽堂、王晓敏、刘俊生、宋文喜、刘金生、吴仁彪、高学刚为副主席，杜凤君为秘书长。市政协副主席周绍熹和区委书记张有会讲话。

二、第二次会议

2008 年 1 月 7—9 日举行。主席弭尚华席致开幕词。会议审议通过副主席樊延生所作常委会工作报告和副主席刘俊生所作提案委员会工作报告。表彰在“融入滨海，建言献策”活动中的优秀成果，在信息工作中做出突出成绩的 3 名先进委员和 3 个先进学习活动组；根据《提案工作条例》，对刘焕礼等 5 名委员和民建支部所提提案给予表彰。市政协副主席周绍熹和区委副书记孙富霞分别讲话。

三、第三次会议

2009 年 1 月 6—8 日举行。主席弭尚华致开幕词。会议审议通过副主席樊延生所作常委会工作报告和副主席刘俊生所作提案委员会工作报告。会议增选王怀英为政协东丽区第七届委员会常务委员、副主席，增补纪洪敏为政协东丽区第七届委员会常务委员。会议根据《区政协关于评选优秀政协委员的实施办法（试行）》的规定，对马旭林等 18 名优秀委员予以表彰。表彰在信息工作中做出突出成绩的 6 名先进委员和 3 个先进学习活动组；根据《提案工作条例》，对刘焕礼等 5 名先进委员的提提案给予表彰。市政协和区委领导分别讲话。

四、第四次会议

2010 年 1 月 25—27 日举行。主席弭尚华致开幕词。会议审议通过副主席樊延生所作常委会工作报告和副主席刘俊生所作提案委员会工作报告。会议增选张长河为政协东丽区第七届委员会常务委员、副主席。市政协和区委领导分别讲话。

第三章　常务委员会

1984—2010 年，区政协共产生 7 届常务委员会。区政协常委会议不定期召开，第一届至第七届区政协共召开 164 次常委会议。设有区政协主席会议，第一届至第七届共召开 133 次主席会议。

第一节　组成人员及机构

一、组成人员

1984—2010 年，政协东丽区委员会共设 7 届常务委员会。常务委员会由主席、副主席、秘书长和常委会委员组成。

1979—2010年政协东丽区委员会历届主席、副主席名表

表22-2

届别	职务	姓名	籍贯	出生年月	政治面目	任职年月	备注
第一届（1984.05—1987.02）	主席	惠振忠	河北光县	1927.08	中共党员	1984.05—1987.02	
	副主席	臧明发	内蒙古	1928.12	中共党员	1984.05—1987.02	
		罗瑞明（女）	广东三水	1929.07	民进会员	1984.05—1987.02	不驻会
		杨树勋	天津	1928.06	无党派人士	1984.05—1987.02	不驻会
		杨守仁	河北昌黎	1942.01	无党派人士	1984.05—1987.02	不驻会
第二届（1987.02—1990.02）	主席	惠振忠	河北完县	1927.08	中共党员	1987.02—1990.02	
	副主席	臧明发	内蒙古	1928.02	中共党员	1987.02—1990.02	
		罗瑞明（女）	广东三水	1929.07	民进会员	1987.02—1990.02	不驻会
		周鸿翔	天津北辰	1930.02	中共党员	1987.02—1990.02	
		何隽川	天津	1932.09	无党派人士	1987.02—1990.02	不驻会
第三届（1990.02—1993.02）	主席	郑树阳	天津宝坻	1938.12	中共党员	1990.02—1993.02	
	副主席	张兴云	河北霸州	1942.06	中共党员	1990.02—1993.02	
		李学东	天津东丽	1934.08	中共党员	1990.02—1993.02	
		孙廷才	山东宁津	1931.10	中共党员	1990.02—1993.02	
		何隽川	天津	1932.09	无党派人士	1990.02—1993.02	不驻会
		翟兴龙	河南开封	1931.07	无党派人士	1990.02—1993.02	不驻会
		陆元培	江苏靖江	1930.08	无党派人士	1990.02—1993.02	不驻会
		刘承祉	天津	1935.07	民进会员	1990.02—1993.02	不驻会
		王文旗（女）	河北容城	1946.02	无党派人士	1990.02—1993.02	不驻会
第四届（1993.02—1998.01）	主席	王开基	河北大城	1938.07	中共党员	1993.02—1998.01	
	副主席	张兴云	河北霸州	1942.06	中共党员	1993.02—1998.01	
		李书阁	天津东丽	1936.10	中共党员	1993.02—1998.01	
		葛文会	天津东丽	1938.11	中共党员	1993.02—1998.01	
		魏同刚	天津东丽	19419.04	中共党员	1997.01—1998.01	1997.01补选
		翟兴龙	河南开封	1931.07	无党派人士	1993.02—1998.01	不驻会
		王文旗（女）	河北容城	1946.02	无党派人士	1993.02—1998.01	不驻会
		刘承祉	天津	1935.07	民进会员	1993.02—1998.01	不驻会
		冯学棣	上海	1952.03	民建会员	1993.02—1998.01	不驻会
		杨时行	辽宁黑山	1927.08	无党派人士	1993.02—1998.01	不驻会

续表 22-2

届别	职务	姓名	籍贯	出生年月	政治面目	任职年月	备注
第五届（1998.01—2002.12）	主席	王开基	河北大城	1938.07	中共党员	1998.01—2002.01	
		陈章伟	湖北孝感	1944.09	中共党员	2002.01—2012.12	2002.01 当选
	副主席	张兴云	河北霸州	1942.06	中共党员	1998.01—2002.12	
		魏同刚	天津东丽	1949.04	中共党员	1998.01—1999.04	
		赵桂华（女）	天津东丽	1942.08	中共党员	1998.01—2002.12	
		王文旗（女）	河北容城	1946.02	无党派人士	1998.01—2002.12	不驻会
		冯学棣	上海	1952.03	民建成员	1998.01—2002.12	不驻会
		庞树义	天津	1941.12	民进会员	1998.01—2002.12	不驻会
		张执谊	天津	1947.06	民革成员	1998.01—2002.12	不驻会
		李聿声	天津	1936.07	农工党员	1998.01—2002.12	不驻会
第六届（2002.12—2006.12）	主席	陈章伟	湖北孝感	1944.09	中共党员	2002.12—2006.12	
	副主席	甘玉昆	天津武清	1945.09	中共党员	2002.12—2006.12	
		周遵成	山东即墨	1951.02	中共党员	2002.12—2006.12	
		刘俊生	天津	1957.12	中共党员	2002.12—2006.12	
		冯学棣	上海	1952.03	民建会员	2002.12—2006.12	不驻会
		张执谊	天津	1947.06	民革成员	2002.12—2006.12	不驻会
		宋文喜	天津东丽	1954.12	农工党员	2002.12—2006.12	不驻会
		刘金生	天津	1948.10	民进会员	2002.12—2006.12	不驻会
		马金萍（女）	北京	1959.01	民盟盟员	2002.12—2006.12	不驻会
		杨泽堂	天津东丽	1949.07	中共党员	2006.01—2006.12	2006.01 始任
第七届（2007.01—）	主席	弭尚华	山东临邑	1949.09	中共党员	2007.01—	
	副主席	樊延生	河南舞阳	1952.11	中共党员	2007.01—	
		王晓敏（女）	江苏镇江	1957.11	无党派人士	2007.01—	
		刘俊生	天津	1957.12	中共党员	2007.01—2011.12	
		王怀英（女）	天津	1954.06	中共党员	2009.01—	
		张长河	山东无棣	1954.09	中共党员	2010.01—	2010.01 始任
		杨泽堂	天津东丽	1949.07	中共党员	2007.01—2010.02	2010.02 退休
		周遵成	山东即墨	1951.02	中共党员	2007.01—2009.12	
		宋文喜	天津东丽	1954.12	农工党员	2007.01—	不驻会
		刘金生	天津	1948.10	民进会员	2007.01—	不驻会
		吴仁彪	湖北武汉	1966.02	无党派人士	2007.01—	不驻会
		高学刚	天津	1961.01	无党派人士	2007.01—	不驻会

二、办事机构

1989年，设立秘书科，行政科。2001年12月，区政协内设处级机构有办公室、专门委员会办公室、研究室，其中办公室下设秘书科、行政科，专门委员会办公室下设一科、二科。2006年3月，区政协机关增设委员联络室。

2007年1月，区政协专门委员会设置：提案委员会、学习委员会、科技教育委员会、城建环境委员会、医疗文体委员会、社会法制委员会、文史委员会、港澳台侨委员会、经济建设委员会。

第二节　常委会会议

政协常委会议主要内容是：学习传达上级文件和会议精神；讨论内部机构和人事任命、免除和补选委员，研究、制定年度或单项工作计划；协商区人大、政府、政协领导人选；讨论届次工作报告和提案工作报告（草案）及通过各类决议等。每届常委会均围绕区工作中心履职尽责，创新实践。

第一届常委会。共召开26次常委会议。发挥“政治协商、民主监督”职能作用，促进社会主义建设；发挥人民政协的人才优势，为两个文明建设服务；广交朋友，积极开展爱国联谊活动；组织委员认真学习中共制定的路线、方针和政策。区人民政协组织队伍发展壮大，体现了党的大团结大统一精神，反映了新时期区爱国统一战线和人民政协生机勃勃、兴旺发达的局面。

第二届常委会。共召开20次常委会议。高举社会主义、爱国主义两面旗帜，团结全区政协委员、各民主党派、各界爱国人士，遵循中共十三大确定的基本路线，以经济建设为中心，坚持四项基本原则，坚持改革开放，坚持共产党领导的多党合作和政治协商制度，为全区的经济建设和治理整顿、深化改革，为社会主义精神文明建设和民主法制建设，为维护安定团结的政治局面做了大量的工作。

第三届常委会。共召开24次常委会议。区政协改革创新、大胆实践、积极进取、不断做出新贡献。全体委员遵循中国共产党的基本路线，紧紧围绕经济建设这个中心，认真履行政治协商、民主监督的基本职能，积极参政议政，为振兴东丽区，促进改革开放和社会主义两个文明建设，巩固和发展安定团结的政治局面，发展海外联谊，促进祖国和平统一大业做了大量的工作，取得了新的成绩。

第四届常委会。共召开31次常委会议。坚持以邓小平理论和中国共产党的基本路线为指导，认真贯彻《全国政协关于政治协商、民主监督、参政议政的规定》，贯彻中共东丽区委全委会议精神及区政协工作会议精神，团结依靠全体政协委员、各民主党派、工商联、各族各界代表人士，围绕区委、区政府的工作大局，解放思想，开拓进取，切实履行基本职能，创造性地开展政协工作，为东丽区的改革、发展和稳定做出了贡献。

第五届常委会。共召开27次常委会议。深入学习贯彻中共十五大和市、区委全会精神，牢牢把握团结与民主两大主题，紧紧围绕区委、区政府的中心工作，以与时俱进、开拓创新的精神，认真履行政治协商、民主监督、参政议政职能，为推动全区整体工作上水平，实现跨越式发展做出了积极的贡献。

第六届常委会。共召开19次常委会议。认真学习贯彻中共十六大和市、区委八次党代会精神，紧紧围绕区委提出的发展战略和“苦干五年争第一”的阶段性工作目标，团结和依靠全体政协委员、民主党派、人民团体和各界人士，认真履行政治协商、民主监督，参政议政职能，与时俱进，开拓进取，为加快现代化津滨新城区建设，构建和谐东丽做出了积极的贡献。

第七届常委会。共召开 17 次常委会议。认真贯彻中共十七大和市、区委九次党代会精神，牢牢把握团结和民主两大主题团结带领全体政协委员和各界人士，紧紧围绕“加快建设国际型、知识型、生态型津滨新城区，构建和谐东丽，率先基本实现现代化”的奋斗目标，履职尽责，创新实践，为加快现代化津滨新城区建设做出积极贡献。

第三节　主席会议

政协东丽区主席会议由主席、副主席和秘书长组成，不定期召开会议。1984—2010 年，共召开主席会议 133 次。

主席会议的主要内容为：学习、传达上级有关文件和会议精神；研究届次常委会议事项；决定内设机构设置和分工；研究安排年度工作计划、总结；交流、通报考察情况；审议专委会工作计划；审议通过各项条例、方案等。

第四章　主要工作

1984—2010 年，区政协主要工作为政治协商、民主监督、参政议政、征集提案、调研视察、为经济社会发展服务。做好统战联谊工作，挖掘征集整理文史资料的出版，开拓口述历史资料编研，加强信息和网络建设，建立和加强横向联谊。为保护社会稳定，密切党、政府同人民群众的联系发挥作用。

第一节　政治协商

区政协第一届委员会。　领导多次列席区委常委会议，参与讨论和决策全区重大问题。1985 年，区级机关整党，区委专门邀请非中共党员的政协委员座谈，征求对区委工作的意见。区委主管书记多次参加区政协常委会和其他各种会议，通报情况，征求意见，商讨问题。区第四次党代会前，区委召开有关政协常委、委员参加各界人士座谈会，就党代会的任务、开法和新区委领导班子人事安排征求意见。

区政协第二届委员会。　区政协主要领导应邀列席区委常委会议，仅 1989 年就达 28 次，参加区历年经济分析、发展规划研讨会。会上既有政协委员的广泛协商，也有区领导层之间的协商，就改革开放、两个文明建设及人民生活的重大问题进行协商，反应民意，提出意见和建议，对改进工作，促进民主科学决策发挥了积极作用。

区政协第三届委员会。　坚持抓大事、议大事，把区委和政府的中心任务作为主要议题进行协商讨论，听取各个方面的意见与建议。对区国民经济和社会发展十年规划和“八五”计划纲要（草案）进行了认真的协商讨论，提出积极的意见与建议。请区政府主管区长和有关部门领导通报区制定的“一湖、二线、三区”经济发展规划，提出了有益的意见与建议。

区政协第四届委员会。　就每年的《政府工作报告》、财政预决算报告，半年经济工作情况、区政府每年为人民办的十年实事、东丽湖开发、开发区发展规划、党代会报告等重大问题进行协商讨论，提出有参考价值的意见和建议。其中对区“九五”计划和2010年远景目标提出了90条意见与建议，多数被区委、区政府采纳。开拓专题协商的方法，5年中召开专题委员会7次，就“乡镇企业二次创业”“加快外向型经济发展”“加强精神文明建设”“实施科教兴区战略”等事关全区发展的大事建言献计，产生了很好的协商效果。

政协第五届委员会。　充分运用全体会议、常委会议、主席会议和专题座谈会多种形式就《津滨辅城发展战略实施方案》《十五计划发展纲要》《中共东丽区委关于加强党的作用建设实施意见》政府工作报告及小城镇建设发展规划等事关全区经济社会发展的重大问题进行协商讨论。召开23次座谈会议，提出意见建议700余条，许多意见被区委、区政府采纳，有的意见建议已在区委、区政府及有关部门的实际工作中得到较好的落实。

区政协第六届委员会。　进一步完善全委会、常委会、主席会、专门委员会协商议政格局，多方位、多层次开展协商议政活动。对“一府两院”工作，城乡建设发展规划，提出建设性意见和建议160条，其中有的已被纳入今后发展规划，为区委、区政府科学决策提供了参考依据。

区政协第七届委员会。　领导列席区委常委会和区政府常委会。2008年，参加对实现百亿强区，长远发展战略规划，非公经济发展、以商引资、扶持公司上市、板块经济、土地优化整合、投融资机制等提出意见和建议。2009年，在区政协七届三次全委会议期间，应对金融危机、创百亿强区问题，提出关于产业结构调整、加快功能区建设、企业自主创新、完善行业规划、加强联合协作、稳定就业岗位等建议。2010年在政协七届四次全委会上与区委、区政府主要领导座谈协商中提出意见和建议30条。在民主党派和各界人士座谈协商会上，提出意见和建议15条。区政府专门制定落实方案，确保落到实处，确保委员和群众满意。

第二节　民主监督

一、聘请特邀监督员

1998年始，区政协开展特邀监督员工作，有13名政协委员应邀担任工商局、物价局、教育局、公安局、法院等单位的监督员。2002年，特邀监督员队伍扩大到115人，聘请监督员的部门、单位达30个。特邀监督员以高度的社会责任感和强烈的事业心，积极参与执法检查和行业监督，反映群众的意见和要求，帮助行政执法执纪部门、国家机关及有关窗口单位改进作风，做好工作，发挥民主监督的重要作用。六届政协聘请特邀监督员的单位由五届前的17个增加到34个，特邀监督员由五届81人次增加到120人次。七届政协采取聘请和选派相结合，聘请单位增加到41个，监督员增加到159人次。聘请单位基本上覆盖了全区所有执法执纪单位和有关职能部门，特邀监督员的文化素质、法律意识和参政议政能力都有了明显提高。

二、监督员培训

区政协每年召开一次监督员工作会议，对监督员进行培训，研究进一步做好监督员工作。把监督员工作纳入政协工作的重要议事日程，定期研究，驻会主席分工负责，并把监督员工作划归社会法制委员会，做到年初有计划，平时有安排，工作有人抓，定期有交流，为监督员创造了良好的工作条件。

三、监督活动

区政协进一步加强制度建设，完善联系制度、工作制度和定期交流制度。2003 年，制定《特邀监督员工作试行办法》。通过座谈、交流、走访等形式推动各聘请单位的制度建设。制定《关于接受民主监督的暂行办法》；采取集中和分散相结合的方法把监督员分到各职能部门，促进监督工作的经常化和具体化。严格要求特邀监督员必须按照区政协制定的办法的要求，围绕区委、政府的中心工作就有关全局性的重大问题进行监督。围绕经济建设、反腐倡廉、治理三乱、打假、减轻农民负担、严打等项工作，广泛开展监督活动。坚持服务与监督相结合，在服务中监督。开拓了 3 条渠道：直接渠道，监督员直接向聘请单位反映对该单位工作的意见和建议；协调渠道，对凡不便直接提出或带有共性的问题，以及一时拿不准的问题，监督员可向区政协社会法制委员会提出；领导渠道，对群众反映强烈的重大问题或涉及聘请单位领导的问题，监督员可直接向区政协领导反映，然后经调查再向区政府提出意见和建议。

第三节　参政议政

区政协第一届委员会。　各工作组与有关单位开展对口协商。1985 年，教育、卫生等政协委员初步进行对口协商，受到本单位领导的重视。1986 年，区教育局召开“恳谈会”，请本系统的政协委员和民主党派人士对本局的工作提出意见。李庄子乡人民代表大会，请乡籍政协委员列席，调动了政协委员参政议政、知情出力的积极性。

区政协第二届委员会。　常委会连续三年在区人代会召开前，讨论修改《政府工作报告(讨论稿)》。围绕农业生产、乡镇企业、双增双节、教育、卫生、整顿公司、市场物价等问题开展视察、考察、检查活动 35 次，提出意见和建议 132 条，许多意见已被区政府和有关部门采纳。政协领导和工作组深入基层调查研究，就区农业生产、中小学生流失情况、偏远地区教师宿舍改造、海河沿岸村容村貌的治理整顿、污水利用等问题写成调查报告和情况反映 14 件，为区领导机关决策提出了参考意见。

区政协第三届委员会。　围绕经济建设这个中心进行视察、考察和检查，参加活动的委员达 720 人次。其中经济建设委员会就市场管理、食品卫生、查处伪劣商品等群众关心的热点问题，连续组织 8 次视察和检查活动，在有关部门支持和配合下，查处和纠正一些违纪和违法行为。组织委员对外资企业就加强管理、提高企业效益及应注意的问题，提出了 8 条建议，受到有关部门的重视。有计划走访委员和各界人士 230 人次，沟通思想，密切关系，激发参政议政的积极性。

区政协第四届委员会。　协助区委、区政府做好“兴区富民奔小康”工作，经常深入到镇街乡视察、调研，帮助基层解决资金短缺，投资办厂和产品营销等难题。组织36次不同形式、不同内容的实地考察和义务咨询，为人民群众排忧解难，受到群众的欢迎。为东丽湖和经济开发区及部分乡镇村洽谈项目近百次，帮助召开“招商引资座谈会”，为区引进香港花园、大众汽车维修中心、飞鸽集团销售公司等8个项目。帮助企业与驻区国有企业和外省市地区有关企业建立了友好关系。

区政协第五届委员会。　组织委员对种植养殖业结构调整、小城镇规划建设、社会治安综合治理、教育结构调整、农业结构调整的产销、生态建设等近40次的视察，提出改进意见和解决办法，帮助有关部门改进工作，受到各方面好评。

区政协第六届委员会。　深入开展调查研究，提高参政议政水平。围绕加快东丽发展、加强精神文明建设、维护社会稳定等重大问题，完成8个课题调查研究，15篇调查报告有6篇被区委研究室转发，得到区委领导的充分肯定。围绕水利建设、产业园区建设、环保“创模”工作、一百中学新校建设，提出建议50条。对全区经济社会发展起到了促进作用。

区政协第七届委员会。　2008年，深入开展“融入滨海，建言献策”主题实践活动。广大委员深入基层、企业了解情况，分析问题，寻找破解难题的对策，全年报送文稿20篇。向区委、区政府报送建言献策6篇，区委、政府主要领导先后16次作出批示。《关于加大公共财政支持“三农”力度的建议》在市十二届政协第四次专题常委会议上，区政协做了大会发言。2009年，把积极探索创百亿强区和构建和谐东丽的路径招法作为建言献策的重点，形成建议文稿21篇。向区委、区政府报送《关于农村城市化进程中实现养老保障协调推进的建议》等6篇，区委、区政府主要领导多次做出批示，责成有关部门认真落实。2010年，区政协委员《关于发挥社会疏导功能，有效解决无序上访问题的建议》等7篇建言献策报告，区政府首次以文件形式向区政协反馈落实情况，对委员们关心，支持政府工作给予高度评价和充分肯定。

第四节　提案工作

政协的提案工作在政协全体会议和日常工作中，都占有重要地位。历届政协都十分重视提案工作，提案委员会不断改进和加强提案工作，使之制度化、规范化，努力提高提案质量，积极做好提案督办、催办、协办和信息反馈。自一届政协至七届五次会议期间共收到委员提案2474件，立案2435件，办复率达到100%。为调动、发挥政协委员参政议政的积极性，鼓励全体委员写出更高层次、更高质量的提案，进一步提高提案的办理质量和效果，发挥其应有的作用，从区政协四届委员会开始开展了评选、表彰优秀提案和提案优秀承办单位的活动。1998—2010年，共评选优秀提案70件，有80人次受到表彰。

第五节　调研视察

一、调研工作

区政协重视调研工作，并在实践中逐步形成政协主席调研、课题组调研、专委会调研、学习活动组调研和委员调研等多种形式相结合的调研工作格局，紧跟形势发展开展经常性、多层次、全方位的调研已成为政协委员履行职能的基本工作内容之一。2007年，组织开展“融入滨海、建设献策”主题实践活动。26年来，区政协围绕全区中心工作和改革、发展、稳定中出现的新情况、新问题，组织撰写230余篇调研文章，内容涉及经济发展、城镇建设、科技教育、民族宗教、社会稳定等方面，为区委、区政府科学决策提供具有重要参考价值的建议和意见。

二、视察工作

区政协充分运用全委会议整体协商、专门会议对口协商的工作机制和形式，组织委员先后就创建百亿强区、推进城市化建设、应对金融危机、调整产业结构、转变发展方式、改进民计民生、“十二五”规划编制等重点问题，深入协商讨论，使事关全局的重大决策部署有广泛的群众基础；紧紧围绕全区发展的重点工作、重点项目、重点部位、重点环节等，通过主席会议和专门会议视察议政80余次，提出意见建议300余条。

第六节　信息联谊

一、信息工作

在深化改革、扩大开放、全面建设小康社会的新形势下，区政协进一步加强信息工作的组织网络建设。建立一支由政协委员、民主党派和有关单位人员参加的信息员队伍，制定《关于加强反映社情民意信息工作的试行办法》和具体的奖励措施，完善网络，健全制度，进一步拓宽向市政协和区委、区政府反映社情民意的渠道。2002—2003年，向市政协和区委、区政府报送社情民意信息60余件，市、区领导42次给予重要批示，使群众关注的城乡环境卫生、老复员军人生活待遇、教师医药费报销等一批热点、难点问题得到圆满解决，在维护社会稳定、加强民主监督、密切党与人民群众的联系等方面发挥了越来越重要的作用。2010年，有6篇新闻稿件在全国《人民政协报》刊登，39条信息为市政协《值班报告》刊用，35条信息在《今日东丽》刊登。区政协网站，充实了栏目内容，拓宽了联系委员、宣传委员、与委员互动交流的渠道，为委员反映社情民意、发表意见建议、实现信息交流提供了新平台。

2004年，区政协召开反映社情民意和信息工作会议

二、联谊工作

（一）祖国统一联谊会　1986年，区政协建立祖国统一联谊会，发展“三胞”及其家属会员60人。通过学习报告会、纪念会、中秋茶话会、参观游览形式，广泛宣传“一国两制”的基本国策。热情接待来访，认真处理来信，帮助同海外亲友建立通信信息，做好委员和有关人员对台通信和出国探亲、访友的指导工作，帮助台属解决实际困难，激发他们为祖国统一贡献力量的热情。1990年以来，热情接待探亲、访友、观光的“三胞”，帮助排忧解难，以诚取信，对促进两岸沟通起到

了积极作用。

（二）“三胞”中青年联谊会　1994年10月，区政协建立“三胞”中青年联谊会，发展首批会员45人。组织“三胞”中青年参观、春游、联欢、军体运动会、写一封信和交朋友等活动，激发他们的爱国热情，增添为家乡办实事的决心。2008年9月，区“三胞”眷属中青年联谊会召开第四届理事会议换届会议，会议通过第四届理事会会议章程，组成人员和今后工作安排意见。

（三）横向联谊　1987年始，为活跃和深化区政协工作，加强同市、区县政协之间的横向联系和交流。津郊四区政协建立每季度一次联系会议，与河东、南郊、北郊、西郊联合举办“津门五区书画联展”。1988年，区政协率区横向经济技术考察团到内蒙古科右前旗和科右中旗进行考察，为区外贸部门提供一些研究性的项目和信息。1993年始，区政协已于60个市、区、县政协建立横向联系，交流政协工作的经验，为宣传东丽、促进合作做出贡献。2010年，接待来自全国政协、省市和区县政协调研考察团24个，就新市镇规划建设管理，村级集体经济产权制度改革及组织管理等工作进行深入交流。

第七节　文史工作

2004年5月，纪念东丽区政协成立20周年书画展

东丽区政协重视文史资料的征集出版工作。自1988年编辑出版第一辑“天津东郊文史”(后更名为“天津东丽文史资料”）至2010年刊印6辑，共收入189篇文章，总计75万余字，并有大量珍贵的历史照片。通过文史资料工作，广泛联系全区社会各界人士，扩大爱国统一战线工作的影响，调动了各方面的积极因素，激发各族各界人士爱国爱乡爱社会主义的热情，在履行政协基本职能方面发挥积极作用。通过文史资料反映了时代的变革和区历史文化发展。以古鉴今，给广大群众特别是青少年提供爱国主义、社会主义和革命传统教育的宝贵教材。2004年，出版《东丽政协二十年》一书，详细记录1984以来，东丽政协的发展历程。参与市政协组织的天津设卫建城600周年主题国画创作活动。2009年，赴津南区参观小站练兵园、周汝昌纪念馆，学习借鉴文物收集、保护工作的先进经验。赴北辰政协学习文字史料征集出版和口述历史影像制作等工作经验。

第七节 文史工作

第二十三编

民主党派　人民团体

1982年，区内始建中国农工民主党。1983—1987年，相继组建中国国民党革命委员会、中国民主同盟、中国民主建国会、中国民主促进会。2010年，全区有民主党派组织5个，党员、盟员、会员共290人。

东丽区群众团体有区总工会、共青团东丽区委员会、区妇女联合会、区工商业联合会、区科学技术协会、区残疾人联合会、区红十字会群众团体组织。

改革开放以来，区内各民主党派同中共东丽区委“长期共存、互相监督、肝胆相照、荣辱共存”参政议政、建言献策、扶贫济困、赈灾救助，为区社会主义现代化建设和改革开放事业做出贡献。各群众团体在不同的领域围绕区经济社会、和谐社会建设开拓进取，以创新精神开展工作，根据所属成员特点和自身优势，开展多项有特色、见成效的工作，为完成区委、区政府制定的各项任务目标发挥了重要的助手作用。

2007年5月，举行残疾人就业专场招聘会

2008年5月，区工商联举行“金融创新与产业发展”东丽湖论坛

2010年，区妇联组织广大妇女开展手工编织培训

2010年9月，第六届东丽区青年就业招聘会暨青年创业项目推动会

第一章　民主党派

东丽区民主党派组织包括民革东丽区工委、民盟东丽区工委、民建东丽区支部、民进会东丽区工委、农工党东丽区工委，其主要任务是政治协商、民主监督、参政议政、服务社会等。

第一节　民革东丽区委员会

一、组织

1984年10月6日，民革天津市委员会东郊区支部委员会成立，有成员5人，刘静娴任支部负责人。1992年，成员18人。1995年，成员21人，6月14日改选后，张执谊任主任委员。2002年7月，民革东丽区支部升格为工作委员会，张执谊任主任委员。2006年4月，召开换届大会，刘萍任新一届工委主任委员。至2010年，民革党员发展到41人，主任委员刘萍，副主任委员刘静宇。

二、参政议政

民革东丽区工委围绕区科学发展、快速发展、促进滨海新区开发开放和保障改善民生为重点开展调查研究，建言献策。2000—2010年，民革党员向区两会提交提（议）案92件、调研报告40篇。其中，《彻底改变津京铁路两侧容貌》的提案被市政府采纳实施。2010年，工委申报天津市社会主义学院招标课题，获得市社院审准，被收入《天津市社会主义学院2010年度课题成果集》。

三、服务社会

探索服务社会的新形式、新途径，开展形式多样的服务社会活动。2007—2010年，每年深入社区开展“三下乡六服务”活动。2008年，与民革天津市委会共同为赵沽里村民和边远学校教师义诊。2009年，为庆祝中华人民共和国60周年与中共东丽区委宣传部、统战部在市委画院联合举办《祖国颂·家乡情——王冠峰百幅书法作品展》。2010年，参与举办“赞家乡·走进世博——王冠峰百幅书法作品展”。

2003—2010年，组织民革党员投身社会公益活动。民革党员为抗击“非典”、汶川地震等捐款63万元。

第二节　民盟东丽区委员会

一、组织

1985年3月，民盟天津市委员会东郊区直属小组成立，盟员4人。1988年1月8日，成立民盟东郊区支部委员会，成员 11 人，高鸣声任主任委员。1994 年 6 月 11 日，第三届支部委员会增选王凤岭、王文旗为副主任委员。1995 年成员 35 名，王凤岭主持工作。1997 年 12 月 25 日，选举产生第四届支部委员会，王凤岭任主任委员。2000 年 10 月 26 日，选举产生第五届支部委员会，赵金山任主任委员。2005 年 5 月 26 日，民盟东丽区工作委员会宣告成立，赵金山任主委。民盟东丽区组织不断发展壮大，2010 年，盟员 70 人。

二、参政议政

民盟围绕区中心工作，提出有价值的建议。至 2010 年，工委参加中共东丽区委、区政府召开的民主协商会、专题座谈会和情况通报会 50 次，提交建设性的意见和建议 60 条。开展调研工作，向市、区两级人大和政协提交提（议）案 200 余件。其中《关于引进人才发展东丽教育的意见》在区得以贯彻实施。

三、服务社会

2007 年始，民盟与其他民主党派联合开展以“构建和谐东丽、共建美好家园”为主题的科技、教育、医药卫生“三服务”活动；坚持开展“扶贫助学献爱心”活动，资助特困生完成学业，为困难学生义务辅导；发挥盟员多在教育部门工作的特点，开展教育服务，在每年市、区级教学研讨中作学术讲座。其中，2010 年，盟员张宝贵在“2010 劳动就业与收入分配国际学术研讨会”作题为《人力资本与经济增长》的大会发言，同时担任第二分会场“人力资源开发与劳动关系专题”的评论人，并受大会委托作大会总结发言。

第三节　民建东丽区支部委员会

一、组织

1987 年，民建天津市东郊区小组成立，司华庭任小组长。1992 年，民建东丽区小组成员发展到 7 人。1993 年 4 月，建立民建东丽区支部，华耀先任主任委员。1995 年，成员 9 人。2002 年 12 月，民建东丽支部换届，冯学棣当选副主任委员（主持工作）。2006 年 4 月，支部换届，郭京生当选主任委员。2010 年，共有会员 25 人。

二、参政议政

民建东丽区支部围绕区加快科学发展、构建和谐社会，组织会员认真履行参政议政的职能献言献策、反映社情民意。至 2010 年，参加中共东丽区委、区政府、区政协组织的协商会、通报会、座谈会及视察活动等 100 次，以支部、会员和政协委员的名义，向区政协会议提交提案 70 项，其中政协主席督办提案 42 项，区政协优秀提案 20 条。每年针对全区企业的经济现状和突出问题有针对性的组织调研，撰写调研报告和建议，多项意见建议被采纳。

三、服务社会

民建支部引导会员企业家致富思源、富而思进，参与扶贫、捐资助学和社会救助等活动，协调关系、化解矛盾，努力维护安定和谐的社会环境。国际金融危机爆发以后，民建东丽区支部召开“我为应对国际金融危机影响献一策”活动，全体会员积极响应，纷纷献计献策。组织会员参加应对国际金融危机学习讲座，引导会员企业根据企业现状，积极采取“自助取暖、抱团取暖”，在国际金融危机期间会员企业做到不减薪不减员。

汶川及玉树地区地震、甘肃特大泥石流等自然灾害发生后，会员响应号召，为灾区人民捐款捐物。2008年，为汶川地震灾区人民捐款30万元。2010年，会员企业为贵州毕节“水窖工程”捐款10万元。金桥焊材为青海玉树地震灾区捐款1000万元。会员帮助社区贫困家庭、东丽区慈善协会、村委会老年活动中心、么六桥小学、北京20名盲残儿童捐款10.5万元，为东大桥、小东庄等4个村70周岁以上600名老人送慰问金20万元。

第四节 民进东丽区委员会

一、组织

1985年，民进天津市东郊区支部建立。1987年成立民进东郊区工作委员会，李宝珠任主任委员。1992年10月，民进东丽区工委改选，刘承祉任主任委员。1997年12月，召开换届大会，庞树义当选主任委员。2006年5月，召开换届大会，刘全生当选主任委员。2010年，民进东丽区工委下设4个支部，成员94人。

二、参政议政

民进东丽区工委参与中共东丽区委、区政府、区政协召开的党派联席会、党外干部会、情况通报会。在区人大、政协两会期间，民进会员认真履行参政议政职能，积极建言献策，递交提（议）案，部分提案被定为政协主席督办提案，得以较好落实；部分提案被评为优秀建言献策奖。研究课题《关于在滨海新区城镇化发展中进一步扩大高校毕业生就业的建议》被民进市委会提交市政协第十二次会议，获得优秀提案奖。在深入调研基础上，完成《关于做大做强东丽区文化产业的建议》《民主党派地位与作用的研究》等多篇调研报告，为有关方面提供借鉴和参考。

三、服务社会

连续5年参加区委统战部组织进社区“六服务”活动；组织“用爱的心弦弹拨起明天的希望”

捐资助困活动，为困难中小学生捐款；组织会员为四川地震灾区、青海玉树地震灾区捐款；举办如何参政议政讲座及应对国际金融危机献一策座谈会；开展教育服务活动，指导基层学校搞好教学。

四、自身建设

组织“走进中国民航大学，感受航天事业发展”实践考察活动和树立和践行社会主义核心价值体系学习教育活动；举办《中国画艺术鉴赏》，组织会员到天津蓟县、江西井冈山、河北易县、天津规划展览馆、天津北塘古镇等地进行培训教育，拓宽会员视野，增强凝聚力。

第五节　农工党东丽区委员会

一、组织

1982 年，中国农工民主党天津市东郊区小组成立，成员 4 人。1996 年 12 月，成立中国农工民主党天津市东丽区支部，李聿生任主任。1999 年 8 月，成立农工党东丽区工委，宋文喜任主任委员。下设一个支部，一个小组。2006 年 6 月，工委换届，宋文喜任主任委员。至 2010 年，农工党员 60 人。

二、参政议政

1997 年 1 月，提交《关于“津滨辅城”发展战略的建议》《西北部地区（外环线）应加强对游医药贩的清理》《应清理城乡接合部环境卫生》等提案，被区政府采纳。2003 年，农工党员针对“非典”带来的不利影响，对保持经济平稳发展提出建议，中共东丽区委领导做出批示。1995 年，对全区医药卫生界基本情况及技术职称评定问题进行调查研究。1997 年 11 月，向鹤童老人院捐赠尿片。支部名誉主委李聿声荣获天津市公安民警形象优秀监督员的称号，在全市总结表彰大会发言，受到市领导的接见。

三、服务社会

1998 年，参加抗洪救灾，捐款捐物，为哈尔滨市抗洪救灾指挥部，捐赠 2.1 万元的救灾设备和药品，帮助灾区人民抗洪救灾。2003 年 4 月，“非典”爆发，医疗战线上的广大农工党员，坚守岗位，尽职尽责。5 名农工党员荣获抗击“非典”先进党员称号。2004 年 5 月 25 日，和农工党市委会共同在军粮城第二中学举办“热爱生命、保护口腔”知识讲座，向学生赠送护牙洁具。2004 年 10 月 15 日，到张贵庄社会服务中心，为詹滨里小区居民提供内科、外科、儿科、妇科、中医科的咨询服务，受益居民 120 人。2005 年 6 月 9 日，在军粮城第二中学开展“从我做起，注重环境卫生，提高生活质量”的活动。向广大师生宣传环保，为全校教师提供主要项目的体检。2008 年 5 月，四川汶川地区发生强烈地震，广大农工党员踊跃捐款，共计 10200 元。

第二章　人民团体

1979年，区工会、团区委、区妇联、区科协4个群众团体均已正常开展工作。1980年，恢复区红十字会。1987年，恢复区工商联组织。1989年，成立区残联。群众团体是党和政府联系人民群众的桥梁和纽带，在改革开放中围绕区委、区政府各个时期中心工作，健全工作机制，完善组织体制，创新思路举措，依法履行社会职能。为维护劳动者、妇女儿童、青少年、残疾人合法权益，组织开展劳动竞赛、技能培训、科技致富，构建和谐社会，在区经济社会建设中发挥群众团体的组织作用。

第一节　总工会

区工会按照市区委和市总工会提出的工作目标要求、抢抓改革开放的历史性机遇，全面落实“组织起来，切实维权”的工作方针，充分发挥工会组织联系党与群众的桥梁纽带作用，以解决职工最关心、最直接、最现实的利益问题为工作重点，健全工作机制，完善组织机制，转变思想观念，改进工作作风，创新思路举措，依法履行社会职能。在指导和推进基层工会组织建设、民主管理、技术创新、素质教育、维权帮扶等各项工作中均取得了成绩，为建设津滨新城区发挥了作用。

一、历次代表大会

1979年至1989年9月。区工会组织为天津市总工会的办事机构，没有召开区工会代表大会。1989年10月至2004年11月，区共召开4次工会代表大会。

（一）第二次代表大会　1989年10月30日至11月1日召开，出席代表147人。会议听取并通过王宝通代表区工会办事处所作《全区职工团结起来，充分发挥主力军作用，为推进我区改革和建设而奋斗》的工作报告。选举产生由13人组成的区工会第二届委员会，其中选举常委5人，刘铭海为主席。

（二）第三次代表大会　1994年11月23—24日召开，出席代表130人。会议听取并通过张雷洪代表区工会第二届委员会所作《团结动员全区职工发挥主力军作用，为建设东丽区做贡献，努力开创工会工作新局面》的工作报告。选举产生由15人组成的区工会第三届委员会，其中常委7人，张雷洪为主席。

（三）第四次代表大会　1999年12月29—30日召开，出席代表153人。会议听取并通过张雷洪代表区工会第三届委员会所作《高举邓小平理论伟大旗帜，团结动员全区广大职工开创工会工作新局面，为实现跨世纪宏伟目标努力奋斗》的工作报告。选举产生由23人组成的区工会第四届委员会，其中常委6人，张雷洪为主席。

（四）第五次代表大会　2004年12月7—8日召开，出席代表208人。会议听取并通过张雷洪代表区工会第四届委员会所作《团结动员全区广大职工，为建设现代化津滨新城区贡献力量》的工作报告。选举产生由23人组成的区工会第五届委员会，其中常委9人，张雷洪为主席。

二、组织建设

（一）区工会组织 1979年2月，区工会改称天津市总工会东郊区办事处。1989年11月，更名天津市总工会东郊区工会。2002年1月，更名天津市东丽区总工会。2001年12月，下设办公室、经保部、组宣部、财务部、经审委、工人俱乐部。2003年11月，建立困难职工帮扶中心。

（二）基层组织

基层工会 1979年，区工会对所属工会组织进行全面恢复整顿工作，至1988年共建基层工会152个，发展会员13587人，108个基层工会完成了组建任务。至1999年，完成镇街乡（村办）企业建工会50个、私营企业建工会130个、外商投资企业建工会46个，区建工会工作名列市总会前3名。2010年，全区共有基层工会1725个，涵盖单位3109个，职工16.14万人，会员14.49万人，其中农民工会员2.39万人。

职工之家 20世纪80年代，区工会向基层工会部署建设职工之家。至1999年，全区建成职工之家150家，职工小家70家。2010年，“合格职工之家”合格率达95%，获得市级以上“建家”荣誉的单位46个，个人72名。荣获天津市和谐劳动关系AAA级企业2家，新立村街道工会被评为全国乡镇工会工作先进单位。

工人俱乐部 1988年，区工会工人俱乐部建成开放，成为职工舞厅、展厅、排练厅兼做全区性的室内棋类、球类比赛场地。设职工培训教室，用于文化技术学习，设大会议室兼做录像放映。俱乐部内设棋类、球类活动间10个，退休职工益寿厅，图书阅览室及书库。另设橱窗宣传、室外旱冰场、篮球场等。工人俱乐部充分发挥宣传教育培训等职能作用，参与组织大型文体活动。

三、主要工作

（一）技术创新 1979年始，区工会以节约增效、技术创新为宗旨，组织开展形式多样的劳动竞赛、合理化建议、技术培训和岗位练兵；工业、商业、财贸等系统83家，职工8713人次参与。1985年7月，建立职工机械组织，发展基层机械小组12个，会员150人。1986年7月，成立区职工技术协会。至1999年，发展基层技协组织806个，会员6.9万人；组织企业申报职工技术成果6项、建设节约型社会职工技术新成果3项。职工提合理化建议累计16万条，被采纳1.2万条，创经济效益4000万元。1987年以来，评选出全国、市级劳动模范、“十五”立功、“五一劳动奖章”等各种光荣称号先进人物990人次，集体和单位83个，每年召开一次区级先进表彰大会。编辑出版报告文学《前列》《群众作家》专刊——《时代楷模》等宣传专辑，年均印制3000册。1998年以来，开展以“经济增实力，企业增效益，职工增收入”为主要内容的“九五”“十五”立功竞赛活动，参加活动的班组和人数均达80%以上；开展以安全生产为主题的竞赛、宣传、

2010年12月，和泰集团职工书屋揭牌

咨询、检查和慰问等活动，年均投入资金 3 万元。至 2010 年，共举办培训班 332 期，参加各种竞赛和接受培训的人数 140 万次；实现技术革新 6000 项，创经济效益 6000 万元，召开区级以上先进技法经验推广会 55 次。其间，多次组织职工参加全市职工计算机技术操作、珠算平打、医务护理、教师演讲、板书、果蔬雕、冷菜图案拼、书法、餐厅服务英语等多种技能大赛，共 100 人获奖。

（二）素质教育　1979 年以来，以政治思想、科学文化、道德法制等为主要内容，开展职工理论学习、法制政策教育、文化补习、技术业务培训及演讲、诗朗诵、歌唱、书画展、球类、棋类比赛等多种形式的文体活动。至 2010 年，举办区级以上培训班年均 10 期，培训职工 3000 人次，基层工会培训班年均 300 期，受训职工 3 万人次。96%以上的企业建立图书室和文化阵地，参与职工年均 5 万人次。职工文化普及率 100%，其中 90%中青年职工具有高中文化水平，95%具有基本专业技能。乡镇街及教育、供销等 20 个系统工会成立职工业余文艺演出剧团，年均为职工群众演出 120 场，观众 56 万人次。1980—2010 年，全区工会系统共举办职工业余书画、摄影展览 229 次，参展作品 2.3 万件，百幅作品入选市美展，其中《引滦入津图》参加全国美展。2008 年“5·12”汶川抗震救灾活动中，全区工会系统干部职工、劳模企业家等踊跃捐款千万元。

（三）民主管理　1980 年始，区工会进行职工代表大会制度的建立试点全面推广。1989 年，采取基层自查、系统检查、区抽查的办法，对全区 90 个单位职代会的组织状况、职权落实及职工民主权利进行检查，并选出区级民主管理先进单位、优秀职工代表和市级优秀个人、先进集体。1999 年，全区共签集体、三资、私企协议 454 家，职工总数 2.89 万人。至 2010 年，共有 1649 家企业推行厂务公开民主管理制度，全区工会系统国有、集体企业职代会建制率达 100%，非公建会企业职代会建制率达 98%以上，职代会召开率达 95%。全区工会系统 99%企业建立职代会制度，职代会召开率 95%以上；建立平等协商集体合同制度的企业达到建立工会组织企业的 85%，共签订工资集体协议 1066 份，占全区建制企业 73%，覆盖职工 5 万人；签订女职工权益专项集体合同 643 家，覆盖职工 1.32 万人。全区累计 901 家基层工会办理法人资格证。天津二十冶金建设有限公司和天津电装电机有限公司被天津市劳动和社会保障局、市总工会、市国资委和市企业联合会评选为天津市 AAA 级“劳动关系和谐企业”；30 家企业被评为 A 级“劳动关系和谐企业”。2006 年、2007 年建制工作排名全市第二，2008 年、2009 年、2010 年签订工资集体协议全市名列第一。实行公司制企业职工董事、职工监事制度建设企业达 500 家。年均举办《中华人民共和国劳动合同法》《天津市企业职工民主管理条例》等法制专题讲座 6 期，受训人员 1500 人次。1996 年 1 月，成立区工会劳动法律监督委员会以来，每年与区劳动和社会保障局、安监局等部门进行劳动合同法用工大检查，开展“安全生产月”宣传咨询活动，总计纠正违法违规行为 127 件。

（四）维权帮扶　1979 年以来，维护职工经济权益逐步形成制度。大力发展托儿所、职工食堂、小浴室、更衣室等集体福利设施；完善推广乡镇企业职工退休养老金的试点工作；建立职工生活档案，进行节日帮扶慰问，使职工的特殊困难得以及时解决。1997 年，成立区职工互济互助基金会，在工会系统筹集资金 32.2 万元，为区扶贫解困和下岗职工的再就业奠定经济基础。2003

2009 年 8 月，区工会领导慰问华利集团一线职工

年11月，建立区总工会困难职工帮扶中心，职工生活保障工作步入制度化、规范化轨道。开展“送温暖”工程为重点的系列活动，包括“两节”慰问、“金秋助学”“一帮一、结对子”等。至2010年，投入资金462万元，对1389户困难职工建档案实行动态管理，救助特困职工、劳模、工会干部、单亲女职工、孤寡老人等1.79万人次，救助困难职工子女就学1375名。区工会与基层企业联合举办劳动技能就业培训班52期，培训下岗失业人员1.66万人次；与区有关部门联合举办下岗失业及农民工招聘会16次，接待应聘人员3.2万人次，实现再就业4938人。至2010年，区工会系统职工中，农民工人数为5.11万人，占职工总数近40%，区工会集中强化农民工队伍的帮扶工作。至2010年底，区工会组织帮扶救助农民工570人次，培训3160人次，投入资金63万元，救助农民工子女就学123人，与区劳动保障局、建委一同为农民工追讨欠薪51万元，接待农民工来信来访13件，并全部妥善解决。区工会荣获2008年中华全国总工会命名的“农民工合法权益保障先进集体”光荣称号。

第二节　共青团

中国共产主义青年团东丽区委员会认真学习贯彻党中央、团中央及市、区委重要会议精神，围绕区委各个时期中心工作和团市委各项任务，履行组织青年、引导青年、服务青年、维护青少年合法权益四项职能，夯实团建基础，提升活动水平，服务青年需求，团结带领全区广大团员青年为助推全区各项事业发展做出贡献。

一、历次代表大会

（一）第四次代表大会　1979年5月29—31日召开，出席代表618人。大会审议并通过张雷洪代表第三届委员会所作《学四化、干四化、为伟大新长征贡献青春》工作报告。大会选举产生共青团东郊区第四届委员会，委员21人，其中常委5人，张雷洪任书记。

（二）第五次代表大会　1984年3月29—31日召开，出席代表385人。大会听取并通过尚德来代表第四届委员会所作《全区青年行动起来，以崭新面貌和实干精神，为加快步伐而奋斗》工作报告。大会选举产生共青团东郊区第五届委员会，委员20人，其中常委7人，尚德来任书记。

（三）第六次代表大会　1987年3月17—19日召开，出席代表344人。大会听取并通过尚德来代表第五届委员会所作《全区团员青年积极行动起来，高举改革旗帜创四化大业，做四有新人》工作报告。大会选举产生共青团东郊区第六届委员会，委员23人，其中常委7人，尚德来任书记。

（四）第七次代表大会　1990年12月6—7日召开，出席代表220人。大会听取并通过尚德来代表第六届委员会所作《团结带领全区团员青年为建设新东郊建功立业》工作报告。大会选举产生共青团东郊区第七届委员会，委员25人，其中常委7人，尚德来任书记。

（五）第八次代表大会　1993年9月23—24日召开，出席代表200人。大会听取并通过宁培建代表第七届委员会所作《团结带领全区团员青年解放思想把握机遇，为建设社会主义现代化的新东丽而奋斗》工作报告。大会选举产生共青团东郊区第八届委员会，委员25人，其中常委7人，宁培建任副书记（主持工作）。

（六）第九次代表大会 1998年5月5—6日召开，出席代表179人。大会听取并通过辛玉海代表第八届委员会所作《高举邓小平理论伟大旗帜，团结带领全区团员青年为实现东丽跨世纪的宏伟目标而努力奋斗》工作报告。大会选举产生共青团东丽区第九届委员会，委员27人，其中常委9人，辛玉海任书记。

（七）第十次代表大会 2003年4月9—10日召开，出席代表158人。大会听取并通过冯侠代表第九届委员会所作《与时俱进，勇担重任，为建设现代化津滨新城区贡献青春和才智》工作报告。大会选举产生共青团东丽区第十届委员会，委员27人，其中常委9人，冯侠任书记。

（八）第十一次代表大会 2007年11月22日召开，出席代表168人。大会听取并通过佟功强代表第十届委员会所作《凝心聚力 奋发有为 团结带领广大团员青年为加快实现东丽率先发展而奋斗》工作报告。大会选举产生共青团东丽区第十一届委员会，委员27人，其中常委9人，佟功强任书记。

二、组织建设

（一）内设室、部 1979年，团区委内设办公室、权益部、青工部、青农部。1999年9月，内设办公室、青农部、组宣部、实业部、少先队工作委员会，另监管区青年联合会和学生联合会。2006年12月，内设办公室、青农部、权益部、监管青年联合会、学生联合会、青年志愿者协会、青年企业家协会。2010年，内设办公室、权益部、青工部、青农部。

（二）基层组织建设 1979—1995年，基层团委班子健全率达100%，团支部健全率95%以上。1993年，在4家外商投资企业建立团组织。1996—2007年，开展各类实用知识及团干部培训120次，参与人数4000人。2008年，启动区团干部素质培训工程。至2010年，组织直属团干部、村（社区）团干部、企业团干部等406人次。基层支部健全率达100%，支部工作手册使用率达100%，全年团员教育轮训90%。团籍注册率96%以上。至2010年底，全区建直属团委14个，团总支12个，团支部26个，团员总数21562人。

2006年，新建企业团支部（总支）4个；举办基层团干部和新任职团干部业务培训，开展“看香港”学习考察、素质拓展训练等活动，提高团干部的综合素质。召开区青年中心建设工作现场推动会，编制下发《东丽区青年中心工作手册》，全区成立9个城乡青年中心。2007年，拓展新经济组织建团工作，新建企业团支部（总支）2个；举办基层团干部和新任职团干部业务培训，开展“红色之旅”等活动，提高团干部综合素质。2008年，开展“星级团组织”创建工作，制定《东丽区“星级团组织”创建工作试行办法》，连续3年评选区“星级团组织”，加强各级团组织间的学习和交流。2009年，深入开展示范点创建活动，确定华明街道、万新街道、无瑕街道基层团组织为示范点创建单位，增强基层团组织的吸引力、凝聚力、创造力和战斗力，推进农村团基层组织建设和工作水平。2010年，与区委组织部制定《关于进一步加强区直属团组织规范建设的工作意见》《关于进一步加强村级团组织建设的工作意见》《关于进一步加强基层团干部队

2010年9月，东丽区村（社区）团干部培训

伍建设的实施意见》《关于加强非公有制经济组织和新社会组织团建工作的实施意见》，实现共青团工作在各类青年群体的全覆盖。加强“两新”（新经济组织、新社会组织）团组织管理工作，在“两新”企业中建团200家。召开区党建带团建暨基层团组织创先争优活动推动大会，制定下发《关于坚持党建带团建在全区基层团组织中开展创先争优活动的实施意见》，在基层团组织和广大团员中积极开展创先争优活动。

（三）青年联合会 2000年、2004年、2008年，分别召开区青年联合会第一次至第三次委员会。2004—2010年，区青联连续开展青联委员走进西柏坡接受革命教育活动及青联委员中秋茶话会、联谊活动；开展赴上海、新疆考察，赴驻区部队与官兵共度国庆佳节活动。其中，2008年团区委、区青联组织华明集团、建城地基基础工程有限公司、应氏服饰有限公司等区著名企业，到吉林省四平市、公主岭市、榆树市等地，召开3场“工岗快递”天津专项行动专场招聘会，数千名当地农村青年到现场咨询，并有百余人与企业签订《务工意向书》。2009年，团区委和区青联深入青联委员企业一线，开展企业融资情况调研活动，2008—2010年，区青联连续开展帮扶捐助活动，青联企业家捐款80万元，用于救助困难家庭子女及在西部困难地区援建一所天津东丽希望小学；组织10名区青联委员以自驾方式赴陕西，实地走访考察在“5·12”大地震中受灾严重的宁强、略阳、安康等地，并在当地援建2所天津东丽希望小学；区青联委员和广大团员青年捐资50万元在陕西省宁强县代家坝镇共同援建的天津东丽希望小学全面竣工投入使用。

2009年11月，东丽区“人大代表、政协委员与共青团面对面”活动

三、主要工作

（一）思想教育 1979—1986年，组织全区团员青年开展中央文件学习活动，参加团市委理论学习测试，发放试卷5000份，回收率在95%以上。

1987—1992年，团区委开展以“三热爱”为主题的团徽闪光系列活动。连续举办三届“五四”游园联欢会，共6000名团员青年参加。

1988—2010年，举办10届青年文化艺术节，开展主题征文、演讲、青年讲坛等青年文化系列活动。其中1994年开展“纪念建党七十三周年歌颂党”歌咏活动、爱国百科知识百题竞赛。1997年，开展“迎回归知香港爱家乡”知识竞赛，“迎回归爱祖国”诗歌演唱会，“迎回归知天津”读书竞赛。2006年，开展“树立社会主义荣辱观”征文活动，团区委推荐450份作品参加市级评选，其中28份作品获等级奖。2007年，以“我与祖国共奋进”主题教育活动为载体，通过开展“东丽发展我成长，我为和谐做贡献”主题活动，

2010年，纪念“五四”运动91周年表彰大会暨第四届“东丽区十大杰出青年”颁奖仪式

对青少年进行国情教育和形势政策教育，宣传东丽和天津的大好形势，教育全区广大青少年了解区情、热爱东丽，进一步引导青少年为东丽经济发展、社会和谐贡献力量；东丽共青团网站开通，拓展了青年及时沟通和交流的平台。2008年，举办“学习十七大、凝聚党旗下”主题学习实践活动及“解放思想、干事创业、科学发展”大讨论活动，激发广大团员青年爱岗敬业、服务人民、建设家乡的使命感和责任感。2009年，举办“现代团干部应具备的基本素质”专题讲座、“我与祖国共奋进、我与东丽同发展”征文比赛等活动。2010年，区“青年文化艺术节”工作案例成为团中央25个优秀案例之一，入选团中央《思想引导大纲（案例集）》和《分类引导青年工作电教片》。

（二）青年文明号创建　2000年始，团区委开展跨行业“青年文明号”评比工作，共命名区级青年文明号单位54个，推荐市级青年文明号4个，11名青年典型荣获“天津市青年文明号服务之星”荣誉称号。2008年，启动“青春笑脸映东丽、文明服务促和谐”系列主题实践活动，通过优质微笑服务、优质服务理念征集、优质微笑服务培训、志愿服务奉献、青年文明号服务之星评选等活动的深入开展。2010年，开展“和谐发展 节能减排”为主题的区“青年文明号节能减排示范行动”。

（三）服务青年就业创业　1979—1988年，团区委开展各类技术比武、岗位技术培训活动，完成技术比武132次，培训青年4496人次。1989—2004年，团区委与区科协共同在农村青年中开展“培养农村星火带头人”活动，共举办星火培训班719期，培养青年星火带头人360人，其中5人被评为国家级青年星火带头人，推广农业新技术11项，成立区级青年科技示范园4个。2005—2010年，举办6届区青年就业招聘会，提供就业岗位5696个。其中2006年举办农村青年学历进修班，全区有62名青年报名参加。2008年，建立区青年就业创业服务中心和农村青年中心中国移动示范点，创建应大服饰、精美特、世纪兴等6家企业为第一批“青年创业就业见习基地”，为大学生就业搭建平台，共建青年就业创业见习基地35个。2009年，区万名农村青年人才培训工程大专班在东丽电大开班，招收学员274名。2010年，发挥金融服务站的平台作用，通过与驻区天津银行、小额贷款公司等单位合作，开展相关业务培训和项目推荐，为青年创业融资提供有效帮助。

2010年，东丽区“共青团关爱农民工子女志愿服务行动”启动仪式

（四）志愿服务　1979—1984年，团区委在团员青年中开展“学雷锋，树新风”活动，全区建学雷锋小组1944个，涌现区级学雷锋好青年308名。1993—2000年，开展志愿服务工作，全区建志愿者服务队5400个、志愿服务阵地3500个、青年服务岗80个，参与活动累计8万人次。2004—2010年，开展“身边的希望工程”活动，累计接受捐助33.6万元，捐助区内特困中、小学生524名；成立区特困学生“爱心家园”，组织特困学生开展座谈会、赴北京游览参观、“看家乡新貌，促天津发展”主题实践活动；团区委从团中央申请特困农民工子女助学资金14.4万元，资助区内特困农民工子女240名，争取团市委“希望工程圆梦大学——爱心牵手大行动”资金1.6万元，资助区内特困大学生4名；开展“用青春筑和谐，与东丽共发展”志愿服务系列活动，通过“爱心义卖”、捐助困难家庭学生、义务劳动等活动帮助困难群体。其中2006年，开展“为百位功臣献爱心”活动，全区各级青年志愿者服务组织

和青年志愿者深入敬老院、驻区部队、孤残户和军烈属家中开展赠送慰问品、义诊、文艺演出等帮扶奉献活动，至2010年累计参与人数达2300人次，送出慰问品和慰问金11.2万元。全区推行青年志愿者注册制度，举办区首批注册青年志愿者宣誓仪式，招募注册青年志愿者1021名。2008年，弘扬“一方有难、八方支援”中华民族传统美德和社会主义风尚，开展为地震灾区捐款活动，收到特别团费16.7万元，青联委员捐款400万元，捐款数额在全市共青团系统中名列前茅；举办东丽区“爱心·梦想”特困青少年才艺特长培训班，开设国画班、小主持人班、绘画班、声乐班、国际象棋班、计算机班等专业；开展“福娃爱心传递”公益活动，面向贫困家庭子女、农民工家庭子女、少数民族子女及孤残儿童等特殊少年儿童群体赠送北京奥运会吉祥物——爱心“福娃”1000套；招募“平安天津志愿者”503名参与奥运安保工作；开展“每人捐献一本书活动，为陕西省宁强县“天津东丽希望小学”，捐助图书1500册，捐款1万元。2009年，团区委竞标争取到团中央、中国青少年发展基金会“希望工程——农民工子女助学”项目，共发放资金64.08万元，救助区内农民工子女1188人次完成学业。2010年，开展“奉献青春，情暖冬日”关爱农民工子女志愿服务行动，入户对农民工子女进行慰问，送去书籍和生活用品等折合2.5万元。全区43个基层团组织对100位革命老功臣进行结对，172名团员进行365小时的帮扶。开展保护母亲河志愿服务行动，共清理河道4千米、综合治理河道周边树林面积10平方千米。

（五）少先队工作 1991—2004年，团区委召开区第一次至第四次少先队代表大会。1996年，开展“中国少年雏鹰行动”“争创红星少年活动”“手拉手一助一活动”。2006年，制定《东丽区社区少先队工作管理细则》《社区少先队工作手册》《社区队员活动手册》等管理制度，在全区9个镇街乡成立社区少工委和社区少先队大队示范点。2007年，创建三级“雏鹰争章”评选机制，形成少年儿童健康成长的评价体系，在津门小学召开“雏鹰争章”活动现场会。2008年，全面深化“雏鹰争章”活动，以“我的争章故事”交流活动为载体，加强队员间学习实践的沟通，并将《我的争章故事》一书编辑成册；确定津门小学等10所学校为2008—2010年区级红领巾示范学校，施行三级雏鹰奖章的评选机制，对121名优秀队员授予区三级雏鹰奖章；举行 “以经典为友，与博览同行”主题读书教育活动、“希望杯”百团大赛活动，全区建立红领巾小社团124个，开展红领巾书屋创建活动，全区建立读书类社团80个、书屋6个、书架29个、书角307个。2009年，深入开展“红领巾心向党”“体验魅力东丽 争当红领巾小导游”“祝福祖国 放飞希望”“红领巾心愿墙”“我与祖国共成长”主题队会展示、区三星级雏鹰奖章颁章等少先队活动。2010年，团区委开展“红领巾展风采　与祖国共奋进”少先队主题展示活动启动仪式；以争当“四好少年”活动为统领，做好组织、引导、服务少年儿童的工作，开展“听党的话 争当‘四好少年’主题队会、队日”“体验魅力东丽 争当红领巾小导游”活动。

（六）未成年人教育与权益保护工作 1997年，团区委深化《未成年人保护法》《未成年人保护条例》教育宣传活动。1999—2003年，健全未成年人保护委员会三级组织网络，建立未成年人被侵权案件联席会议制度，在区公、检、法、司、工商、广电部门创建市级“优秀青少年维权岗”6个，协调解决遗弃、虐待、拐卖等侵犯未成年人合法权益案件20件。2004年，团区委配合区综治委预防青少年违法犯罪办公室，在全区9个镇街乡完成特殊青少年基本情况摸底调查，为家庭特困、辍学、待业、有劣迹和犯罪倾向的特殊青少年建立详细档案，初步形成区预防青少年违法犯罪预警机制。2006年，团区委举办关于使用“全国社区青少年信息管理系统”培训班、“未成年人成果展”“关注孩子心灵成长主题报告会”等大型活动。2007年，在全区镇街乡开展创建“未成年人零犯罪社区”典型示范点、创建优秀“青少年维权岗”等活动。2008年，开展“与法同行 牵手明天”主题宣传活动；开展“未保条例伴我成长”知识竞赛；召开2008年区预防青少年违法犯罪工作会议暨“12355”青少年健康成长指导中心成立仪式；举办以青少年毒品预防和艾滋病预防为内容的综合性图片展活动。2009年，团区委联合天津青年宫共同主办的“天津流动青年宫暑期公益行”走进东丽暨青少年自护教育活动在华明示范镇广场举行。2010年，团区委以“互联网与青少年健康成长”为主题举办“共青团与人大代表、政协委员面对面”活动；举行区“律师进校园”活动启动仪式；在青年家园青少年文化生活导航园开展“文化导航，快乐成长”区青年家园暑期系列活动；在丰年村街道常熟里社区设立全区首家“人大代表、政协委员联系青少年事务工作中心和工作站”；与区鼎名律师事务所、鉴开中学和东丽中学开展“律师进校园”等一系列法制教育活动，共有 1600名学生参与活动。

第三节　妇女联合会

1979年以来，区妇女联合会认真履行职能，创新工作机制，丰富工作内容，坚持以实现和维护妇女儿童利益为根本，以提高妇女综合素质为目标，以加强妇联组织能力建设为关键，围绕全区发展大局，在党政所急上做工作、在妇女所需上下功夫、在妇联所能上创特色，团结和带领全区广大妇女，在改革开放和现代化建设的伟大实践中建功立业。区妇联荣获全国先进妇联组织、全国“巾帼文明岗”、全国家庭教育先进集体、全国妇联系统信访工作先进集体、全国“美德在农家”先进集体等荣誉称号。

一、历次代表大会

（一）第三次代表大会　1980年1月27—29日召开，出席会议代表498人。大会听取并通过张金兰代表第二届妇联执委会所作《全区妇女团结起来，为迅速实现四化而努力奋斗》工作报告。大会选举产生了区妇联第三届执委会委员20人，张金兰任主任。

（二）第四次代表大会　1983年12月26—28日召开，出席会议代表250人。大会听取并通过张金兰代表第三届妇联执委会所作《全区妇女团结起来，为开创妇女工作新局面而努力奋斗》工作报告。大会选举产生了区妇联第四届执委会委员20人，其中常委7人，张金兰任主任。

（三）第五次代表大会　1987年6月5—7日召开，出席会议代表253人。大会听取并通过秘长荣代表第四届妇联执委会所作《全面提高妇女素质，为两个文明建设再立新功》工作报告。大会选举产生区妇联第五届执委会委员25人，其中常委9人，秘长荣任主任。

（四）第六次代表大会　1992年5月20—22日召开，出席会议代表219人。大会听取并通过秘长荣代表第五届妇联执委会所作《团结奋斗，务实创新，为东丽区经济及各项事业发展贡献力量》工作报告。大会选举产生了区妇联第六届执委会委员27人，其中常委9人，秘长荣任主任。

（五）第七次代表大会　1997年5月21—22日召开，出席会议代表220人。大会听取并通过王怀英代表第六届妇联执委会所作《团结自强，再接再励，为我区经济发展和社会进步再创佳绩》工作报告。大会选举产生区妇联第七届执委会委员29人，其中常委9人，王怀英任主席。

（六）第八次代表大会 2003 年 3 月 27—28 日召开，出席会议代表 218 人。大会听取并通过武广华代表第七届妇联执委会所作《认真实践“三个代表”重要思想，团结带领全区广大妇女为建设现代化津滨新城区而努力奋斗》工作报告。大会选举产生区妇联第八届执行委员会委员 29 人，其中常委 11 人，武广华任主席。

（七）第九次代表大会 2008 年 6 月 18—19 日召开，出席会议代表 260 人。大会听取并通过武广华代表第八届妇联执委会所作《强抓机遇　凝聚力量　共促发展　团结带领全区广大妇女为实现东丽率先发展而努力奋斗》工作报告。大会选举产生区妇联第九届执委会委员 49 人，其中常委 15 人，武广华任主席。

二、组织建设

（一）区妇联内设科室

1979 年，称东郊区妇女联合会。1992 年 3 月，内设办公室、妇儿工委办公室、维权部、城乡部。1997 年，内设办公室、组宣部和城乡工作部。2001 年，内设组宣部、城乡工作部、妇儿工委办、办公室。2007 年，内设办公室、妇儿工委办公室、组宣部、维权部和城乡部。2008 年，区妇联成立东丽区农村妇女创业中心。2010 年，内设办公室、妇儿工委办公室、维权部、城乡部。

（二）基层组织建设

干部队伍建设 1999—2003 年，区乡两级妇联干部中大学本科以上学历达 75%。114 个行政村中，进入党支部、村委会任职的女性 98 人。各级妇联组织发挥人才优势，向各级党委组织部门举荐优秀妇女干部 243 人，其中 45 人任副处级以上领导职务。至 2003 年，区人大代表中女性占代表总数的 29%；区政协委员中，女性占委员总数的 20.6%。

制度建设 区妇联在全市首创“一册式”管理办法（即：市和区妇联相关文件、工作职责和妇女工作记录表汇集一册），推动基层妇联工作制度化、规范化；最先探索建立妇女代表联系制度及定期活动制度，开通妇联网站，设立主席信箱，加强妇联组织与妇女代表、妇女群众的沟通与联系。健全完善各项学习和工作制度，开展“创建优秀基层妇联组织”“争做优秀妇联干部”“争先创优”活动，健全基层妇联组织百分考核机制，引导各级妇联组织创特色、创品牌，重大工作上下联动，相互协同、整体推进，激发基层妇联组织的活力和创造力。

基层组织建设 2010 年，全区 147 个村（居）、65 个委办局、130 个企业和经济组织建立了妇代会、妇女小组或女职工委员会，在全市率先推进新经济组织、新社会组织中妇联组织建设，30 个民营企业建立了妇委会。

三、主要工作

（一）家庭建设

1979 年，区妇联在全区开展以提高家庭成员素质为目标的“五好家庭”创建活动。至 1984 年，评出“五好家庭”“文明家庭”3861 户，其中 7 户家庭受到全国妇联表彰。

1999—2003年，全区各级妇女组织丰富文明家庭创建活动内容。开展家庭读书活动，为农村妇女捐赠图书6000册，建立农村妇女图书室。开展文明家庭与困难家庭结帮扶对子活动400对。开展

“和睦之家、敬老之家、教子之家、绿色之家、读书之家、科技之家”评比活动。全区涌现镇街乡级文明家庭7253户、区级文明家庭1123户、市级文明家庭60户、市级文明家庭标兵户9户、市级最美好家庭金奖3户、银奖2户。开展扶贫助困活动，区妇联资助困难家庭50户，资助特困生110人，投入慰问金和资助金4.5万元。在“情系西部共享母爱”活动中，组织全区各界妇女捐款20万元，有11人和7个单位分别被评为“举津门大众之力，援西部以甘泉”先进个人和先进集体。区妇联2次被评为天津市精神文明创建活动先进集体，3次被评为市文明家庭创建工作优秀区县。

2004—2008年，区妇联落实《公民道德建设实施纲要》，建立先进文化一条街、文化园、巾帼文明宣传队。举办妇女文化艺术节、妇女健身操（舞）比赛、“三八”健康杯体育活动通信赛、家庭趣味运动会、农村和社区妇女大合唱等活动。在全区打造“文明之家、学习之家、敬老之家、育才之家、和谐之家、平安之家、绿色之家、节约之家”8个特色“文明家庭八争创”活动品牌。全区评选区级文明家庭及各类特色家庭标兵户3000户、市级文明家庭标兵户120户、市级最美好家庭金奖户和银奖户10户、全国五好文明家庭6户。

2006年，举办东丽区妇女文化艺术节闭幕式

2009—2010年，区妇联深化家庭文化建设，强化“和谐性文化”宣传。举办第二十八届和二十九届妇女“三八”健康杯体育活动通讯赛、第四届妇女文化艺术节、第六届家庭趣味运动会、女企业家体育项目比赛等系列活动。以“母亲教育工程”为载体，落实《东丽区家庭教育工作“十一五”规划》。开展送家庭教育知识进社区、进学校，举办母亲教育报告会、家庭教育讲座、咨询、亲子游戏等活动20场，5000名家长和学生参加活动。在文明家庭创建活动中，评选出特色家庭2800户。2010年，开展“低碳家庭·时尚生活”读书征文、知识竞赛活动，征集征文26篇。

（二）经济建设

“双学双比”　1978年始，区妇联每两年开展一次“三八红旗手（集体）”评比活动。1980—1983年，动员全区农村妇女参加多种经营生产活动。1984年，全区以妇女为主的种植、养殖、手工业等方面的重点户、专业户发展到8500户。1987年，在市妇联组织的“三十”竞赛，即争当十项种植、十项养殖、十项手工业“女状元”活动中，获种植业团体第一名，养殖业团体第二名，个人第一名。全区有40名妇女被命名为区级“女状元”，有20个单位成为“三十”活动先进集体。1978—1988年，受全国表彰的“三八红旗手”4名，市表彰的119名。市级“三八红旗集体”12个。

1990—1991年，在全区妇女中开展以学文化、学技术、比成绩、比贡献为主要内容的“双学双比”活动。举办各类培训班397期，1729人参加文化学习，1.31万人参加技术培训。1991—1993年，区“双学双比”协调领导小组连续3年被评为市级“双学双比”先进协调单位。1993年，宣传华明实业公司总经理刘乃兰勤奋学习，为国家做贡献的事迹；宣传崔家码头村、张贵庄村10户妇女科技致富种植和养殖示范专业户的事迹。

1999—2003年，区妇联着力抓好“三个带动”，即科技带动：科技人员与女能手结科技帮扶对子415对，结连环对子1700对，组建农村妇女技术服务小组（协会）64个；开展科技服务活动390次，8500名妇女参与活动，使3万名农村妇女受益。能人带动：建立以各级妇女科技示范基地、妇女之家、农广校为阵地，以科技人员、女能手、科技致富带头人为骨干的妇女培训网络。举办各类技术培训215期，培训妇女科技骨干5800名，使4.2万名农村妇女掌握1～2门实用技术。区妇联连续6年被评为科技周活动先进单位、区级培训工作先进单位，2000年被评为市级“九五”培训工作达标单位。涌现一大批创新能力强，带动妇女科技致富的农村妇女人才和科技人才，有2人被评为全国“双学双比”女能手；有134人被评为市、区级“三八红旗手”、“双学双比”女能手；4名科技人员被评为市级先进科技服务工作者；1人荣获全国“三八绿色奖章”。基地带动：2003年，区妇联在区级科技示范基地召开“屯玉一号”玉米、优质大枣新品种新技术推广会、肉鸽养殖推动会、“千名妇女千亩保护地”工程启动会等活动。2004—2008年，全区涌现市级科技致富女能手16名，全国“双学双比”女能手8人，2人荣获全国“三八绿色奖章”。

“巾帼建功”　2003年，培训下岗女工520名，340名妇女实现再就业。加强对“巾帼文明示范岗”管理，实行挂牌服务、动态管理，成为妇女组织的形象工程。有3人分别荣获市级“巾帼创新业”先进个人、“巾帼创新业”标兵、“津门女将”光荣称号。东丽医院妇产科被评为全国“巾帼文明示范岗”。

2004—2008年，坚持岗上抓建功、岗下抓就业。挖掘手工编织、保姆、保洁、母婴护理、养老护理等家庭和社区就业服务岗位，为下岗失业妇女送岗位、送技能、送项目，培训下岗失业妇女500名，使300名妇女实现再就业。2人被评为津门女将、全国巾帼建功标兵、全国“三八红旗手”；2个单位被评为全国“三八红旗集体”，5个单位被评为全国“巾帼文明示范岗”。

2009—2010年，在私营企业中开展“三八红旗手”和“三八红旗集体”评选表彰等活动，对45名民营企业 “三八红旗手”和19个“三八红旗集体”进行表彰。全市率先于民营企业中建妇委会，有30个民营企业建立了妇委会，扩大了妇联的组织覆盖、工作覆盖和服务覆盖。“巾帼文明岗”创建活动进一步推进，区市容委和区妇联等8个单位荣获“全国巾帼文明岗”荣誉称号。

创业就业　2004—2008年，区妇联建立全国首家农村妇女创业中心，有10名女企业家和妇女创业带头人走进天津电台《创业沙龙》和东丽电视台《创业故事》栏目，讲述创业经历。与区残联携手扶持农村妇女创业带头人，建立区妇女情结手工艺品制作中心。组织妇女进行手工编织和外贸手工加工定单培训，举办培训班20期，培训妇女手工编织骨干600人，发展手工编织站点15个，带动1000名妇女从事手工编织，不出家门实现灵活就业。建立天津市妇女情结手工艺品制作有限公司，推荐优秀手工编织作品参加“情系奥运”全国妇女手工编织网络大赛，有5件作品进入决赛，1件作品获得金奖，4件作品获得银奖。大郑村刘长会姐妹制作的5.2米长剪纸《清明上河图》获得金奖。区妇联扶持建立大郑慧源剪纸中心，成为区妇女情结手工艺品制作中心分中心。与区劳动局联合举办区妇女就业招聘会，组织88家企业现场进行招聘，并组织创业中心20家入驻企业参加华明家园就业招聘活动，为400名妇女安置就业。

2009年，区财政投入2300万元用于创业中心的建设，优化农村妇女创业与就业环境，是年又有12家妇女领办企业入驻创业中心，注册资金达1300万元。在华明家园建立集教育培训、项目咨询、创业就业指导于一体市农村妇女创业中心华明分中心。举办妇女创业、手工编织、家政服务、计算机培训4期，180名妇女获得职业技能证书。借鉴楼宇经济发展模式，与新立街道签订联合招商引资协议，有12家企业注册创业中心。成功承接市妇女创业推动会，在全市总结推广东丽区妇女创业就业的成功经验，并接待全国妇联、中央国家机关妇委会、法国及中国香港、台湾地区维权专家和河北省、陕西省、部分区县妇联的22个考察团。建立福春源商贸有限公司，将30种精品剪纸、陶瓷、水晶等产品推向市场，6个剪纸产品申请外观专利，为华明示范镇参加2010年上海世博会研发设计部分参展经销产品。在创业中心建立700平米的展卖大厅，以大郑剪纸为重点的民间手工艺品得到创新发展，6次参加国内国际举办的各种展览，3项包装设计获得全国设计金奖。为7家妇女创办的企业申办大学生实践基地，为120多名女大学生提供就业和见习岗位，为600名妇女安置就业。

2010年，建立天津市农村妇女创业中心无瑕街道分中心和么六桥回族乡分中心。举办SYB创业培训班4期，106人取得结业证书；培养孵化女带头人30名；举办家政、手工编织等妇女职业技能培训班10期，458人取得证书；完成农民素质工程培训人员497人。举办礼宾礼仪、法律维权、健康养生等各种讲座咨询会35期，培训人员达5000人。建立"东丽区半边天家政服务中心"，成立6个妇女领办的直管家政服务公司，安置就业170人。与区民政局合作，将日间照料、居家养老融入创业中心的工作。壮大市妇女情结手工艺品制作有限公司和福春源商贸有限公司，拓展手工编织外贸业务领域。壮大以大郑剪纸为龙头的手工编织业的发展，举办手工编织培训5期，使500名农村妇女转移就业和灵活就业；在上海世博会期间，在华明馆主办两期"匠心传承津派文化、世博舞台妙手生花"手工艺表演活动，并承接4000套大郑剪纸礼品制作任务，发放手工编织中国结5000套、串珠1500件、沙画50幅，外贸加工500件，使300名妇女不出家门实现灵活就业。

（三）妇女儿童权益保护

维护妇女儿童合法权益　1983年，编写维护妇女儿童合法权益材料，在广大妇女中开展法制教育。1985年，成立区妇联法律顾问小组，建立三级信访网。1987年，区妇联就妇女参政议政、女职工劳动保护、男女同工同酬、保护妇女儿童合法权益等问题参与了社会协商对话活动。1993年，区妇联被评为市级维护妇女权益工作先进单位，6个单位被评为维权工作先进集体，12名妇女干部被评为维权工作先进个人。成立区妇女权益保护委员会和儿童工作协调委员会。

执法宣传与检查　1993年，对11个"三资"和乡镇企业开展执法检查。1997年，举办《妇女法》大型咨询一条街活动。1999年，举办"三八"维权周大型咨询服务，开通东丽区9148妇女维权热线。加大《中华人民共和国妇女权益保障法》《中华人民共和国未成年人保护法》和新《中华人民共和国婚姻法》等法律法规宣传教育；举办法律法规知识竞赛和送法下乡等活动，2万名妇女接受法律教育和法律咨询服务。发挥三级信访网和9148妇女维权热线作用，受理妇女来访案件480件，结案率100%。探索社会化维权机制，组建区首支妇女法律援助志愿者队伍。2004—2008年，金钟街道徐庄子村被全国妇联命名为"妇女法制宣传教育"活动示范点。发挥三级信访网络和"妇女温馨家园"的作用，接待妇女群众来信来访500件，结案率达100%。

"健康母亲行动"　推动卫生健康营养保健知识及健康普查进社区，组织1.8万名城乡妇女参与"女性安康保障计划"投保活动，使12名妇科癌症患者得到1～6万元的救助。建立"单亲特困母亲及其家庭救助基金"，与"阳光关爱"实现对接，募集资金50万元，向528人次单亲特困学生发放助学金21.12万元。为72名爱心爸爸、妈妈颁发荣誉证书。向180名单亲特困母亲发放救助金7.2万元，为1000名单亲特困母亲免费投保"女性安康保险"。2009年，向社会募集资金17万元，对152名单亲母亲每人发放500元救助金和100元节日礼品。

"半边天家园"示范点建设　2009年，在9个街乡建立38个"半边天家园"示范点。通过发挥"半边天家园"法律心理帮助中心、家庭教育服务中心、创业就业指导中心、学习教育培训中心、扶贫助困救助中心、文化宣传活动中心、健康保健服务中心职能作用，提升服务水平，促进妇女全面发展。华明街道"半边天家园"被评选为市级示范家园。

“阳光关爱”活动 2010 年，开展“颂美德，促和谐，送温暖，献爱心”活动，召开区“情系妇女儿童 温暖 2010——单亲特困母亲和困难学生慰问大会。对 230 名单亲特困母亲进行救助，每人发放价值 600 元的慰问金和礼品。在全区教育系统开展“恒爱行动——义卖爱心储蓄罐”活动，义卖爱心储蓄罐 2 万个，募集资金 40 万元。举办区 2010 年单亲家庭特困学生救助大会暨玉树特困学生救助仪式。通过“阳光关爱”行动共募集资金 22 万元，救助 272 名特困学生和 12 名考入重点高中和大学本科的学生，为来津就读的玉树 87 名孤儿和单亲困难学生送去“爱心羽绒服”。

（四）教育培训

举办妇女培训班 1994 年，全区各级妇女组织举办各类型妇女培训班 73 期次，受训妇女 6429 人次。全区村级妇代会主任，区科级以上妇女干部和妇女工作者共 500 人，分别参加区、乡举办的迎“95”《内罗毕前瞻性战略》培训班。1995 年，成立区妇女培训中心，举办岗位培训班 77 期，共培训 2.04 万人次。1999—2003 年，对全区妇女进行党的基本理论、基本路线、基本纲领教育；进行爱国主义、社会主义和社会公德、职业道德、家庭美德以及“四自”精神教育。在广大妇女中广泛开展科学知识、科学精神、科学思想、科学方法的教育，倡导“崇尚科学，拒绝邪教”思想。通过多种形式的思想教育，涌现出一批妇女先进典型。有 118 人荣获市、区级“三八红旗手”，31 人荣获市“九五”“十五”立功先进个人，6 人荣获市级劳动模范。刘乃兰荣获市特等劳动模范、全国劳动模范、全国“五一劳动奖章”。

推进“母亲教育工程” 2004—2008 年，征集编印机关女干部行为规范、母亲行为规范和《母亲教育格言》，建立家庭教育指导中心、母亲教育示范基地，建立和完善 106 所家长学校，成立家庭教育讲师团，开通家庭教育网站，设立家庭教育咨询电话，广泛开展送家庭教育知识进社区、进学校活动，举办母亲教育报告会、家庭教育讲座、家庭教育咨询、亲子游戏等活动 45 场，2.5 万余名家长和学生直接参与活动。启动“万名母亲进学堂”活动，把民主法制教育、实用技术教育、职业技能教育、学历教育以及社会主义新农村和荣辱观教育融入到“母亲教育”活动之中。评选出两届 20 名“优秀母亲”。开展“争做合格父母、培养合格人才”的“双合格”家庭教育实践活动，促进未成年人思想道德建设。新立街道新立村家长学校被评为“优秀家长学校”。金钟街道徐庄子村家长学校被评为全国“流动人口、留守儿童家长学校”。2010 年，参加市妇联开展的“老美华杯”天津市第二届“十大杰出母亲”评选活动，丰年街道居民胡冬梅荣获“优秀母亲奖”，区妇联荣获“优秀组织奖”荣誉称号。

实施妇女教育培训规划 2008年，制定实施《东丽区妇女教育培训规划（2008—2010年）》，建立领导小组。举办各类培训60期，5200人参加。以创新形式做好妇联干部岗位培训班和妇联系统学历教育培训，举办社会工作者培训2期，培训150人。为推进高层女性人才教育培训，举办实用技术培训25期，培训妇女2800人，举办职业技能培训25期，培训3800人，其中596名妇女获得手工编织、家政服务、月嫂技能证书。借助市妇联实施“天津市外来务工人员社区学习中心”项目，建立天津市新市民社区学习中心分中心，对外来务工妇女进行技术技能培训。

实施“万名女带头人培训工程” 2009年，以“万名女带头人培训工程”为重点，区妇联承接了市新市民学习培训项目。举办手工编织、家政服务、月嫂等职业技能培训13期，培训农村妇女588人，在全市区县妇联系统率先启动SYB创业培训，有51名妇女获得国际劳工组织颁发的创业培训证书，13名妇女通过培训实现创业，农民素质工程培训任务实现4年任务两年完成。

第四节　科学技术协会

东丽区科协实施科普惠农兴村、科普益民、科学素质计划。通过各项科普活动的开展，全区人民的科学素质有了较大提高，区连续3次荣获“全国科普示范区”荣誉称号。区科协作为党和政府联系广大科学技术工作者的桥梁和纽带，团结和动员科学技术工作者为区经济发展和社会进步服务，推动区科技事业发展，成为开展科普工作的主要社会力量。

一、科协会员代表大会

（一）第一次代表大会　1993年9月20—21日召开，出席大会代表104名。大会听取并审议邱年刚所作《肩负起光荣的历史使命，为科技兴区贡献力量》工作报告。大会选举产生区科协第一届委员会委员，邱年刚当选主席。

（二）第二次代表大会　1997年1月14日召开，出席大会代表109名。大会听取并审议邱年刚代表第一届科协委员会所作《团结拼搏务实创新，为实现科教兴区战略贡献力量》工作报告。大会选举产生区科协第二届委员会委员，邱年刚当选为主席。

（三）第三次代表大会　2005年12月13日召开，出席大会代表120人。大会听取并审议田先钰代表第二届科协委员会所作《坚持科技发展观，积极推进“科教兴区”战略，为建设现代化津滨新城区做贡献》工作报告。大会选举产生区科协第三届委员会委员。田先钰当选为主席。

（四）第四次代表大会　2010年11月9日召开，出席大会代表165名。大会听取并审议田先钰代表第三届科协委会员所作《团结和带领广大科技工作者，为提高全民科学素质构建和谐东丽贡献智慧和力量》工作报告。大会选举产生区科协第四届委员会委员，田先钰当选为主席。

二、组织机构

1978年6月，东郊区科学技术协会建立，与区科委合署办公。1984年5月，区科协与区科委机构分设。2001年，区科协内设办公室、科学技术普及部、工业企业部、青少部。2005年7月至2010年，区科协与区科委再次合署办公。

1984年，成立区青少年科技活动领导小组。2002年，成立区全国科普示范区工作领导小组。2007年，成立区全民科学素质工作领导小组，办公室均设在区科协。

1983—2004年，在9个乡镇街道建立科协组织和18个区级学（协）会。

1984—2008年东丽区科协所属学（协）会一览表

表23-1

社团名称	会员数（人）	成立年份	社团名称	会员数（人）	成立年份
医学会	966	1984	花卉协会	120	2004
畜牧兽医学会	42	1984	环境保护协会	49	2005
农业经济学会	70	1991	青少年科技辅导员协会	122	2005

续表 23-1

社团名称	会员数（人）	成立年份	社团名称	会员数（人）	成立年份
质量技术监督协会	23	1992	农机协会	289	2005
农村女能手科技人员协会	70	1994	高新技术企业联合会	54	2005
农村会计学会	403	2000	观赏鱼养殖技术协会	58	2005
珠算学会	60	2001	消防协会	43	2006
反邪教协会	109	2001	乡村医生协会	165	2007
种苗蔬菜种植业协会	324	2002	中小企业专业技术人员协会	56	2008

三、主要工作

（一）科普活动

科技周　1987 年，东郊区科协组织开展首届科技周活动。各委办局，乡镇街，驻区企业 70 个单位组织开展科技活动。其间，举办各类科普报告会 51 次，研讨会、座谈会 43 次，科普展览 20 期，科技咨询 62 次，科技竞赛 13 次，放映科教电影(科普录像)92 场，发放科普宣传材料 10 万册（份）、科普挂图 300 张，科普宣传板报 400 次。至 2010 年,区已连续举办“科技周”24 届。科技周活动成为区“品牌”科普活动。

全国科普日　2002 年 6 月 29 日，《中华人民共和国科学技术普及法》颁布实施。区科协每年举行纪念活动，开展系列科技咨询、宣传活动。

区科协在东丽中学举办科普报告会

2010 年，东丽区全国科普示范区创建工作推动会

2003—2010 年东丽区科协历届科普日活动一览表

表 23-2

届　次	活动主题	举办时间
第一届	崇尚科学，摒弃生活陋习	2003 年 6 月 29 日

续表 23-2

届 次	活动主题	举办时间
第二届	科学普及——你我共参与	2004 年 6 月 29 日
第三届	科普进万家，文明社区（乡村）行	2005 年 9 月 17 日
第四届	节约安全促发展、科学健康促文明	2006 年 9 月 10 日
第五届	节能、环保、安全、健康	2007 年 9 月 17 日
第六届	节约能源资源，保护生态环境，保障安全健康	2008 年 9 月 20 日
第七届	传播科学文化、倡导科学生活，持续和谐、健康发展	2009 年 9 月 18—25 日
第八届	坚持科学发展、走近低碳生活	2010 年 9 月 18—25 日

评选种养状元、能手 1995 年始，区科协联合区农委、区精神文明办在全区开展评选高产状元、能手活动。至 2003 年，付春鹏、魏国亮被评为市级种养状元；邢方明、窦官山、刘寿庚等 41 人被评为市级种养能手。李有喜、李俊岭、张树文等 36 人被评为区级种养状元；张加江、杨淑华、张淑萍等 63 人被评为区级种养能手。2005—2009 年，区种植养殖状元 13 人，种养能手 2 人，市级种植养殖能手 30 人，市级种植养殖状元 2 人。

评选科学文明家庭 2005 年，区科协组织开展“讲精神文明，比科学生活，创建科学文明家庭和科学文明社区”活动。经专家评审，评选出 75 户为区“科学文明家庭”，4 个社区为区“科学文明社区”，市级“科学文明家庭”24 户。2005—2009 年，评选区“科学文明家庭”42 户，区“科学文明社区”4 个。市“科学文明家庭”14 户。

实施“科普惠民兴村计划” 2006 年始，为表彰奖励在推广农业技术、传播农业知识、带动广大农民科技致富方面有较强示范作用、辐射性强的农村专业技术协会、农村科普示范基地和农村科普带头人，区实施“科普惠民兴村计划”。2008 年，区观赏鱼养殖技术协会被评为“天津市科普惠农先进单位”。2009 年，华泰现代农业有限公司、种苗蔬菜种植业协会被评为“天津市科普惠农先进单位”、王金林被评为“天津市科普惠农带头人”。

（二）科普工程

金桥工程 1993 年，组织实施“金桥工程”。区科协在全区确定 7 个重点项目。其中，为天津钢管公司轧钢厂设计的两座大型节能高效窑炉已竣工投产，年产各种型号钢材 3 万多吨。

示范工程 1999年，区科协启动“科普示范工程”。按照各类科普示范单位的标准，至2003年，全区创建科普示范乡镇3个、创建科普示范基地15个、科普示范校5所、科普示范教育基地2处、科普示范村9个、科技示范户800户。1999年始，在栖霞道等12处建科普长廊514米。

“四个一”建设工程 2006 年，落实市科协在全市启动的科普“四个一”建设项目即（科普服务站、科普宣传栏、科普宣传员、科普大篷车电视播放网）工程建设项目，区科协在中、小学校、文化站、图书室、活动站、种养大户等地，建科普活动室 72 个、科普宣传栏 235 处，发展科普宣传员 1376 人。2006 年，与中国科普声像中心签订《科普大篷车》电视播放协议，在东丽电视台开设《科普大篷车》电视节目。

（三）全国科普示范单位创建

全国科普示范区　2002年，区向中国科协申请创建第二批“全国科普示范区”。按照“全国科普示范区的标准”，经过2年的创建，2004年4月市科协受中国科协的委托，组织科普专家组对区的创建工作进行检查验收。专家们通过听取汇报，现场考察、查阅历史档案，进行现场评估，给予很高的评价。是年10月，中国科协下发通知命名区为“全国科普示范区”。2007年11月，市科协检查组到区检查“全国科普示范区”开展科普示范工作情况。经过专家评估打分，区通过复审，保持“全国科普示范区”荣誉称号。

全国科普教育基地　2009年，区科协向市科协申请，经过市科协审核后提交到中国科协。对照《全国科普教育基地测评体系表》要求进行自查自评。9月16日，受中国科协委托，市科协组织专家组到育才中学进行检查工作档案，实地查看人防、禁毒、国防3个展馆，参观工业劳动园、农业生态园，参观高炮、CS场地。12月28日，育才中学被中国科协认定为“全国科普教育基地”。

（四）青少年科技工作

2005年4月，区青少年科技辅导员协会成立。2008年11月，区首届青少年科技创新比赛及创新成果展览在丽泽小学举行。全区57所学校，693件作品参加比赛。至2010年，连续举办3届比赛，1074件作品获奖。2008年前，每年一届的天津市青少年科技创新大赛，各学校择优推荐参加。2008年后，经过区选拔后，根据市创新大赛分配的名额，进行推荐。2002—2010年，区获得市青少年科技创新大赛奖。

（五）特色科普工作

2004年8月，区科协制定《东丽区科学技术普及奖奖励办法》及《东丽区科学技术普及奖奖励办法实施细则》，得到中国科协和市科协的肯定，市科协转发全市各区县科协。中国科协在《科普动态》2004年第23期，以《东丽区重奖科普》为题进行刊载。2005年5月，召开“东丽区首届科普奖表彰大会”。至2010年，区表彰在科普活动、科普创作、科普阵地建设和科普组织建设方面的154个项目，586名项目主要完成人。

第五节　工商业联合会（商会）

1987年，恢复东郊区工商联组织后，随着市场经济的发展，工商企业联合的民间组织迅速发展，随着商会工作的载体创新、服务创新和运作创新，工商联（商会）的作用逐步显现。区工商联按照市、区委的工作部署，结合民营企业发展实际，以问题为导向、以创新为动力、以活动为方法，帮助企业解难题、得实惠，助推民营企业实现转型发展。

一、会员代表大会

（一）第三次会员代表大会　1987年8月25—26日召开，出席会议代表71人。大会听取并审议傅清源代表筹备办公室所作《恢复筹建工作报告》。大会选举产生26人组成的工商联第三届执委会，司华庭任主任委员。

（二）第四次会员代表大会　1990年12月29—30日召开，出席代表61人，大会听取并审议傅清源代表第三届执委会所作工作报告。大会选举产生31人组成的工商联第四届执委会，傅清源任主任委员。

(三)第五次会员代表大会 1992年11月19—20日召开，出席会议代表60人。大会听取并审议尹同安代表第四届执委会所作工作报告。大会选举产生27人组成的第五届工商联执委会，傅清源任主任委员。

(四)第六次会员代表大会 1997年3月26—27日召开，出席代表94人。大会听取并审议尹同安代表第五届执委会所作工作报告。大会选举产生36人组成的第六届工商联执委会，尹同安任会长。

(五)第七次会员代表大会 2001年12月11日召开，出席代表94人。大会听取并审议宋金挺代表第六届执委会所作工作报告。大会选举产生45人组成的区工商联（商会）第七届执行委员会，宋金挺任工商联主委、商会会长。

(六)第八次会员代表大会 2006年8月22日召开，出席代表173人。大会听取并审议汪涛代表第七届执委会所作工作报告。大会选举产生53人组成的区工商联（商会）第八届执行委员会，高学刚任区工商联会长、商会会长。

二、组织建设

1979—1986年，区工商联处于中止状态。1987年8月，恢复东郊区工商联组织。1994年12月，组建东丽区商会，与区工商联合署办公。1997年7月，区工商联内设会长室、办公室、会员服务部、调研联络部。1999年，组建东丽经济开发区商会。2004年2月，区商会更名为区总商会。2006年8月，区工商业联合会和区总商会领导机构分别设置，不再合署办公。2007年，成立东丽区工商联房地产商会、天津市工商联太阳能商会、市工商联机械行业商会、金桥工业园等基层商会。2009年，成立东丽区工商联东北物流商会。2010年，成立全市首家小额贷款公司商会。区工商联内设：办公室、经济部、会员服务部。

三、主要工作

(一)培训就业评定职称 1987—1992年，举办经济信息发布会，向企业提供信息200条，落实经济技术咨询30项。1995年，与区劳动局联合组织千户个体私营企业厂长、经理学习贯彻劳动法、新税法培训班。与区物价局、教育局、党校协调建立一所社会办学的岗前培训学校，培训16届500名学员。组织会员参加1995年天津春季全国商品交易会，成交400万元。1996年，举办“安全生产、文明生产”为主题的私营企业厂长经理培训班。1997年，召开厂长经理培训班100人参加。2000年，召开“双思”座谈会，提高非公经济代表人士政治素质和社会责任。组织企业家参加全国工商联、中国人民大学工商管理学院联合举办的工商管理硕士研究生班。2001年，为民营企业

2010年，区工商联小额贷款公司商会成立大会暨与工商银行信贷签约

的经营者和专业技术人员评定专业技术职称，帮助20家企业38人认定职称。2002年，组织200名各类专业技术人员参加职称专业和继续教育培训。举办现场咨询和政策宣讲会，帮助10户私营企业解决外贸自营进出口权的申办问题。2003年，为12家会员企业55人专业技术人员申报高级技术职称。举办各类培训班4期，共培训专业技术人员52人和企业管理人员24人。协助企业做好“非典”防控工作，到20家劳动密集型企业，稳定员工情绪，防止无序流动。深入企业基层调研23次，介绍项目8个，达成意项5个、签订协议3个，为么六桥金桥园区引进3个企业出让土地3.33公顷。2005年，实施人才强企工程，与师范大学合作，在安达集团、松正电子建立产学研综合实践基地，帮助企业培养400名人才。2007年，建立促进民营经济发展服务中心，为23家企业协调和解决发展中的困难问题70件。2008年，举办东丽湖论坛签约仪式和2008东丽湖论坛，25家主流媒体报道刊发稿件13篇。成立融入滨海、服务东丽咨询服务中心，为企业策划、协调、推进项目30次，帮助20家企业接洽业务合作关系。举办民营企业招聘周，共有23家企业与120人达成就业意向。2009年，开展“保增长、渡难关、上水平”活动，走访执委会常委企业60家，下发调查问卷480份，召开座谈会5次，征集各类问题48件、建议32条，帮助75家企业解决土地、房产、融资等问题159件。发展楼宇经济，成立上东商务港招商中心，引进3家企业，注册资金2000万元。通过召开招聘会、校企联合、“以师带徒”活动，达成就业意向130人。2010年，推动企业转型升级，启动“四三二一”工程，即推选出40家有核心竞争力、效益好、管理先进的规模企业作为重点培育对象，尽快做大做强；开展科技、管理、产品3项创新活动，推动企业升级；打造20家符合现代产业体系要求的典型企业发挥示范带头作用；带动100家企业制定完善发展规划，提升竞争新优势。在北方创业集团召开转变经济发展方式现场观摩会，《中华工商时报》《天津日报》、人民网等多家媒体对活动进行报道。全年召开招聘会3场，帮助企业协调解决难题150件。累计引进企业11家，注册资本共计8210万元。

（二）解决企业融资难题 1994年，区工商联从农业银行和工商银行为墩奇食品公司扩大再生产，为银河广告公司承办第四十三届世乒赛友好使者万里演出广告总代理等项目，共贷款125万元。1995年，协助企业贷款175万元，会同法律顾问及法院为企业追回欠款121万元。2004年，建立会员企业联保贷款协会，为企业解决贷款1350万元，增收100万元。牵头并由民营资本参股成立联信投资担保公司，帮助企业融资3000万元。2005年，搭建银企合作平台帮助企业融资1.4亿元。建立由应大投资集团等5家企业组成的滨海联投（控股）有限公司，实现规模企业强强联合发展。2006年，拓展融资渠道，通过联信投资担保公司，组织联保护保和搭建银企对接平台为会员企业解决贷款8000万元。加大对滨海联投的支持力度，完善内部管理制度，聘请高管人才，制定发展战略，为天津劝华集团签订总额3亿元的“华联广场 ”项目。2007年，与北大金融与产业研究发展中心签订协议，帮助企业融资6000万元。2008年，支持华明街道南坨村电控柜行业整合，帮助筹借资金5000万元，建立股份制电力电子集团公司。发挥联保贷款作用，帮助企业融资6亿元。组织4家企业申报成立小额贷款公司。2009年，举办融资洽谈会，签约贷款金额3010万元，达成贷款意向7300万元。开展“手拉手、渡难关、合作发展”活动，共签订供销合同4000万元，帮助20家企业实现采购对接，达成合同1.6亿元。组织民营企业建立5家小额贷款公司，帮助中小企业解决资金311笔，共计3.2亿元。2010年，与区政协经济委员会、市农商银行东丽支行合作，举办第二届民营企业融洽会，签订授信合同4.17亿元，发放贷款1.38亿元。协调组建2家小额贷款公司，总数达到7家，全年共向中小企业发放贷款521笔，共计6.39亿元。

（三）做好评选和推荐　1993年，区工商联发展10户非公有制经济代表人士为会员。在会员中有7人被推荐为区人大代表，12人为区政协委员。武振海当选为区人大常委、市人大代表、市工商联副主委、全国工商联常委。冯学棣当选为市九届政协常委。于文树当选为市工商联执委。1998年，在全国500强私营企业排行榜中，富士达、大亨集团公司分别位居第17位和第77位。1999年，组织4名企业家参加全市第三期非公有制经济代表人士培训班。9家企业进入市百强私营企业龙虎榜。德祥集团、富士达集团在全国500强私企排名中分别位居26位和80位。3家会员企业入选市"双十佳"私营企业。2000年，与区纪检委、监察局合作，为家世界等5家企业办理市纪检委、市监察局授予的"重点保护服务单位"。2001年，在天津市百强私营企业评选中，9家企业进入前30名，第一、二、三名均为区工商联会员企业。2009年，立业钢铁贸易、丽兴京津钢铁、金桥焊材公司参加全国上规模民营企业评选，进入前500名；精诚机床制造有限公司申报"重型数控齿轮加工机床成套技术装备产业化"项目被评为2009年度全国工商联科技进步奖二等奖。与区妇联联合对区15家民营企业妇委会予以命名，45人被授予"三八红旗手"荣誉称号，19家企业被授予"三八红旗集体"荣誉称号；崔洪金等9人荣获"市第二届优秀中国特色社会主义事业建设者"称号；推荐民营企业家严立淼、夏达军、吴宗旺荣获2008年度市劳动模范，曹恒海等5人荣获2008年度市"五一劳动奖章"先进个人，安达集团物流调度中心荣获"2008年市模范集体"荣誉称号。2010年，丽兴钢铁、立业钢铁、金桥焊材三家企业进入全国民营企业前500家。

（四）开展调研工作　1999年，区工商联组织会员参政议政，《支持鼓励企业投资农业，加快农业产业化的建议》等3名政协委员的提案获区政协表彰并被评为"优秀提案"。2001年，撰写《就我区私营企业中人才的几点建议》等调研报告。其中，《对促进东丽区私营企业发展的几点想法》入选《理论与对策》文集。2002年，撰写《促进东丽私营企业发展的几点思考》获市工商联三等奖。2003年，撰写《影响私营企业发展的几点建议》和《同业商会的建立是社会主义市场经济发展必然趋势和客观要求》两篇调研文章，区领导作出批示。2006年，撰写两篇研讨材料，《关于做好工商联工作、促进非公有制经济健康发展的思考》获得全区优秀调研报告三等奖，《适应新形势、开创新思路、为做强民营企业创造新支点》成为全区处级以上领导干部执政能力研讨班上的典型材料。2007年，撰写《东丽区双"50强民营企业"的调查报告》。2009年，撰写《东丽区2008年民营经济发展报告》《关于解决我区民营企业用地问题的建议》等调研报告3篇。2010年，撰写《东丽区非公有制经济代表人士队伍建设调研报告》。《〈创业故事〉促非公经济人士健康成长》案例，荣获全市思想政治工作创新案例评选活动一等奖。

（五）组织对外招商　1987—1992年，区工商联8次组织会员及区内74家企业赴南京、深圳等地参加全国和地区的经贸活动，成交额800万元。组织企业会员赴泰国、马来西亚、新加坡等国家和中国香港地区开展经贸活动。1993年，组织11家会员分别参加广州、青岛、北京的产品展销会，成交额133万元。先后与韩国、日本、英国、美国客商进行接触，探讨投资项目。1996年，组织会员赴日本商贸洽谈。赴全国工商联及中国香港地区开展招商工作。1997年，组织会员赴西双版纳和塘沽参加产品分销会。组织30家会员赴北京、太原考察。1998年，在区内接待日本下关商议所产业经济考察团。2004年，组织8家民营企业到美国、阿联酋等国家进行商贸洽谈，分别在纽约、费城和长岛进行商务洽谈。

（六）光彩事业　1994年，区工商联实施"光彩事业献爱心"活动。为新疆和田地区牧民饮水难开展的"打井工程"捐款4万元，在两口井旁，树立着刻有天津市东丽区字样的铭碑。1997年，会员企业为贫困地区建希望小学、建立残联奖励基金共计捐款 190 万元。1998 年，会员企业为遭受长江、嫩江、松花江特大洪水受灾地区捐款捐物共计 120 万元。2003 年，组织会员企业到 220 户困难家庭慰问，送去慰问品，共计 5.8 万元。开展“思源、博爱”基金捐款活动，全区会员企业共捐款 110 万元支持全区抗击“非典”。2007 年，开展“身边的光彩事业”活动，会员企业累计向贫困党员、职工、学生等捐款 60 万元，累计慰问 120 户贫困家庭。2008 年，成立全国首家民营企业关爱基金，共募集善款 1140 万元，并向 100 名贫困学生、100 名企业困难员工、50 名残疾人、120 户特困家庭和 15 名孤儿捐助善款 25 万元。会员企业为 2320 名特困学生、困难党员和群众，送去慰问品和慰问金共计 29 万元。开展抗震救灾募捐活动，会员企业向汶川地震灾区捐款捐物共计 2958 万元。2010 年，会员企业向玉树地震灾区捐款 1100 万元，为贵州毕节地区水窖和集中供水项目建设捐款 51 万元。

东丽区志

第二十四编

政 法

中共十一届三中全会后，区政法机构逐步恢复和建立健全，政法工作的重点逐步转移到保卫和促进经济建设为中心的社会主义现代化建设及维护人民的合法权益上。区政法系统依靠法律为区政治整顿和深化改革、维护经济秩序及社会安定，共同创建小康社会发挥保驾护航作用。

20 世纪 80 年代，区公安机关开展严厉打击盗劫等刑事犯罪，并进行以清查流动人口、流窜犯罪为主的专项行动。90 年代至 21 世纪初以侦破大要案和现行案件为中心，开展以打击盗窃、逞凶称霸、流氓和收藏凶器为重点的专题斗争。破案率保持在 90%以上。

区检察机关集中精力查办贪污、受贿等经济犯罪大案、要案，加强预防职务犯罪体系建设，坚持打防并举，有效预防职务犯罪，充分发挥检察机关在惩防腐败中的特殊职能作用。审判机关“从快、从严”审理刑事案件，维护法律的严肃性，加大刑事司法领域人权保护力度，加强民商事审判，拓展案件审理范围。强化行政审判，加大对公民、法人等合法权益的保护。

区制定普法规划，实施普法学习教育，全区形成依法治区局面。开展民主法治示范村、社区建设。法律援助、人民调解、律师、公证、司法所建设等法律服务机构健全。深化“法制区县”创建，区被评为全国“五五”普法先进区。

2006年4月，区法院执行庭集中向案件当事人发放执行款

2006年，分局打黑除恶公开处理大会

2007年，消防灭火抢险现场

2009年2月，区司法局召开“回家乡促改造亲情帮教座谈会”

第一章 政法委及综治

1984 年 5 月，区委成立政法委后，紧紧围绕构建社会主义和谐社会和全区“三四五六”发展计划，认真落实区委、区政府各项工作要求，深入推进三项重点工作，加强社会管理创新，妥善处理人民来信来访，依法办理涉法涉诉案件，有效化解社会矛盾，发动全社会齐抓共管，扎实推进平安建设，为全区大局稳定做出了积极努力。

第一节 机 构

1984 年 5 月，建中共东郊区委政法委员会，系非实体机构。1986 年 8 月，政法委列入区委工作机构。1991 年 5 月，建东郊区社会治安综合治理委员会办公室，与区委政法委合署办公。2010 年，区委政法委内设办公室、执法督查科。综治办内设社会治安综合治理指导科、综合科。

第二节 政法委工作

一、打击刑事犯罪

1990—1992 年，区针对发生报复、杀害村干部 26 起案件，深入有关村进行调查，组织公检法部门依法对案件进行公开处理。对 32 名罪犯予以严惩，有效地控制了此类案件的发生。1996—2000 年，坚持以“摧团伙、打现行、破大案、追逃犯”为重点，以打击暴力犯罪、走私、盗窃、抢劫机动车、打恶治乱、追逃等为主要内容的“严打”整治行动和专项斗争。2000 年，破获刑事案件 1007 起，受理刑事案件 299 件。破获、立案查处、审理经济案件 884 件，挽回经济损失 3800 余万元。2001—2004 年，“严打”斗争以打击杀人、抢劫、绑架等严重暴力犯罪、涉枪、涉暴犯罪和有组织犯罪、入室盗窃、盗窃机动车以及地痞、村霸等流氓恶势力为重点。2005 年，突出打击有组织犯罪、严重暴力恐怖犯罪，抢劫、抢夺等多发性侵财性犯罪，全年立刑事案件 5364 起。2006 年，开展“打黑除恶”专项严打整治斗争，重点打击街面抢夺(劫)、入室盗窃、盗窃自行车电瓶车、盗窃破坏城市公共设施、盗窃农用机具等违法犯罪行为，增强人民群众的安全感。2007 年，重点实施春季严打、“两抢一盗”“打黑除恶”、自行车被盗等专项行动，实现了全区治安大局的持续平稳。全年立案 209 件，侦破各类刑事案件 243 件，打掉涉黑涉恶犯罪团伙 17 个，涉案成员 76 人。2008 年，摧毁涉黑涉恶团伙 8 个 67 人，破获“两抢一盗”案件 1061 起，破获各类经济案件 54 起，挽回经济损失 3402 万元。审结故意杀人、故意伤害、强奸、聚众斗殴、寻衅滋事等暴力犯罪案件 192 件，判处人犯 374 人，审结抢劫、盗窃案件 178 件。2009 年，侦破八类案件 283 起，其中命案破案率为 85%；摧毁涉黑涉恶团伙 6 个 39 人。破获“两抢一盗”案件 643 起，破获“涉车”案件 19 起。破获各类经济案件 130 起，挽回经济损失 930 万元。审结故意杀人、故意伤害、强奸、聚众斗殴、寻衅滋事等暴力犯罪案件 239 件。审结抢劫、盗窃案件 218 件。2010 年，共侦破“八类”案件 267 起，命案破案率为 81.25%；共摧毁涉黑涉恶团伙 4 个 20 人。破获“两抢一盗”案件 494 起，破获“涉车”案件4起；破获各类经济案件219起，挽回经济损失1000多万元。共审结故意杀人、故意伤害、强奸、聚众斗殴、寻衅滋事等暴力犯罪案件199件。审结抢劫、盗窃、抢夺、诈骗侵财犯罪案件172件。通过严打整治，有效遏制刑事犯罪的高发态势，保持全区社会治安形势的持续稳定。

二、维护社会稳定

（一）排查化解矛盾纠纷 2001—2004年，按照早知道、工作早到位、问题早解决，矛盾抓小、情况抓细、工作抓实、提早介入的思路，坚持身到位、细到位、解决到位、责任到位，开展矛盾纠纷月排查月调处。将一批有热心、公心、诚心，熟悉社情、村情、民情的村民选聘为人民调解员，做好处理涉法上访案件的基层基础工作，有效控制涉法上访事件发生。主动接受社会监督，将接访活动广泛向社会公开。落实责任，实行领导包案责任制，问题不解决不摘牌。落实时限，能及时解决的案件在接访中立即解决，疑难案件限时解决到位。严格执行回访制度。对已办结的案件，责成专人进行跟踪回访，耐心做好说服和解释工作，力争使当事人心悦诚服，息诉罢访。2008年，开展集中排查化解矛盾纠纷专项行动，将有进京上访苗头的人员，迅速加以化解。

（二）大联调机制 2005年，化解社会矛盾纠纷，探索建立党委政府统一领导，政法牵头协调，司法部门业务指导，职能部门共同参与，集民间、行政和司法调解于一体，整合资源、整体联动的“大联调”维稳工作机制。全区化解各类不稳定因素90余起，全年群体性事件与2004年同比下降70.6%，共调处各类民间矛盾纠纷1379起，调处成功率达97.89%，没有发生在全市有重点影响的群体性事件，没有发现因处置不当、矛盾激化对社会稳定造成较大冲击的重（特）大事件。

（三）法治建设 2006年，成立依法执政、依法行政、公正司法、学法用法、依法管理、舆论宣传等协调指导机构。落实行政执法责任制，深入开展医疗卫生、土地征用、房屋拆迁、国企改制、教育收费等领域的专项整治活动，保护群众的合法权益。推进司法改革，完善岗位职责、执法程序、办案流程管理等方面的规章制度，在全系统开展“规范执法行为，促进执法公正”专项活动，切实落实司法为民。集中梳理环保、卫生、教育、城管等几十类群众关心、社会关注的重点问题加以整治，取得明显成效。开展“五五”普法教育，推进基层民主法治建设，深化基层依法治理工作，在全区营造“事事有法可依，人人知法守法，各方依法办事”的浓厚氛围。

（四）为基层提供法律服务 2009年，组织开展“走百家企业，访千户村（居）民”活动。组织44个综治委成员单位走访企业200余家，深入群众1000余户，为企业解决实际问题16件，征求群众对社会治安的建议11条，解决人民群众关注的治安难点问题。走访一重等大型企业，提供法律服务。全力做好国庆等重大时期的安全保卫工作。为村两委会换届选举工作提供法律保障，协调政法各部门干警，做好拆迁、拆违过程中的法律保障工作。

（五）涉法涉诉信访 2010年，深入开展涉法涉诉信访工作，有效化解不稳定因素，从源头上预防化解矛盾纠纷。受理和接待涉法涉诉来信来访46件次，及时通报涉法涉诉信访情况，做到件件有落实，件件有回音。加大重要时期涉法涉诉信访问题的排查工作力度，及时妥善处理群众涉法涉诉信访案件，减少或避免越级访、重复访和进京非正常访。实行零报告制度和24小时值班制度，确保重要时期涉法涉诉进京非正常访为零的目标。健全涉法涉诉工作制度，建立涉法涉诉信访工作例会制度，有效促进社会和谐稳定。

第三节　社会治安综合治理

一、综治目标责任管理及制度体系建设

（一）建立健全综治目标管理责任体系　1988年，区政府与乡镇街、委办局签订社会治安综合治理目标管理责任书。1991年，制定考核制度形成目标管理责任体系。1993年，各级综治委实现“组织机构、规章制度、人员责任”三落实。1994年，实施综合治理目标责任书检查，验收，赏罚分明。1994—1995年，区被评为“天津市综合治理先进地区”。1995年，区政府与市委、市政府签订“社会治安综合治理目标责任书”。1996年，区、街乡镇、村三级责任书实现网络化。2006-2010年，区连续5年荣获“天津市落实社会治安综合治理目标责任书优秀达标地区”。

（二）建立健全社会治安综合治理工作制度　1996年，制定《1996—2000年东丽区社会治安综合治理五年规划》。1997年，制定《关于镇街乡社会治安综合治理工作制度的暂行规定》《关于村（居）委会社会治安综合治理工作制度的暂行规定》，社会治安综合治理工作进一步制度化、规范化。2000年，制定《东丽区社会治安综合治理领导责任制考核办法》《东丽区社会治安综合治理委员会联合办公制度》等，发挥各部门职能作用。在全区各镇街乡建立司法调解中心。制定《东丽区关于实行严重危害社会稳定重大问题领导责任制查究制度的暂行规定》，强化各级党政领导“保一方平安”的政治责任。2001年，制定《东丽区关于建立矛盾纠纷排查制度的规定》《东丽区矛盾纠纷排查调处工作督查制度》《东丽区关于对发生严重危害社会稳定重大问题的地方实行领导责任查究的暂行规定》。制定村级《综治办职责任务》等，建立健全村级综治办工作制度体系。2004年，制定《东丽区社会治安综合治理委员会若干工作制度的规定》《东丽区社会治安综合治理领导责任制联系会议制度》《东丽区社会治安综合治理领导责任制实施办法》《东丽区关于影响稳定重大问题的报告制度》。制定《关于在全区非公有制企业实行法定代表人治安责任制方案》，在全区非公有制企业实行企业法定代表人治安责任制，强化非公有制企业法定代表人的政治责任、社会责任、经济责任和法律责任。2008年，制定《东丽区社会治安综合治理委员会关于实行决策目标、执行责任和考核指标体系的实施细则（试行）》，建立健全党政机关决策目标、执行责任和考核指标体系。2009年，制定《东丽区街乡综治工作中心职责和制度》，街乡综治工作中心实现规范化运行和制度化管理。2010年，制定《东丽区加强街乡综治信访服务中心和社区（村）综治信访服务站建设的实施意见》，制定街乡镇综治信访服务中心和社区（村）综治信访服务站相关制度。完成9个街乡综治信访服务中心，156个社区村综治信访服务站建立工作。

2010年，东丽区9个街乡全部完成综治信访服务中心组建

二、社会治安重点地区和突出治安问题排查整治

1995年，确定市级、区级重点治理地区。由公、检、法、司部门组成工作组，开展深入治理。与华明镇64家路边店签订治安协议书，重点地区治理全部验收达标。1996年，突出对村痞村霸，盗窃、“六害（指卖淫嫖娼；拐卖妇女儿童；利用封建迷信骗钱害命；聚众赌博；制作、贩卖、传播淫秽物品；吸食、制作、贩卖毒品）”等重点治理。抓获茶津路段扒盗煤炭的违法犯罪分子7名。1997年确定盗窃、村痞村霸、“六害”、外来人口犯罪、青少年违法犯罪问题为重点治理问题。1999—2005年，对确定市、区重点治理地区进行治理。2006年，制定《社会治安排查与重点整治工作制度（试行）》，建立对突出治安问题和治安混乱地区、单位的排查整治长效工作机制。2008年，制定《东丽区社会治安滚动排查整治工作制度》，建立社会治安滚动排查整治工作长效机制。2010年，制定《东丽区社会治安重点地区排查整治长效机制建设的实施意见》，形成覆盖全区、上下贯通、条块结合、有效衔接、整体运行的工作体系。

三、青少年法制教育和校园安全防范

1992年，针对青少年违法犯罪现象，制定《东丽区帮教暂行规定》，强化“两劳一少”（劳动改造、劳动教养、少年管教）放回后的教育，减少重新犯罪。在重点青少年帮教上实行“社会和家庭结合、乡镇街村和单位结合、专人帮和联帮结合、帮思想转变和解决实际问题结合、改造场所和场外教育结合”。1994年，区成立“青少年法制教育工作室”。1995年，从公、检、法、司部门抽调干警为全区22所中学配备法制教育辅导员，到校讲课223次。1996年，各校开展青少年法制宣传教育。2000年，制定《关于进一步加强学校校园及周边环境治安综合治理的通知》，加强学校及周边地区治安稳定维护。2001年，区“9148”法律服务平台与镇街乡实现联动服务。为全区88所中小学配备法制副校长。2002年，制定《关于新形势下深化预防青少年违法犯罪工作的意见》。2003年，制定《关于加强我区中小学兼职法制副校长工作的意见》。2010年，针对全国发生的暴力伤害幼儿园儿童的恶性案件，制定《关于进一步加强校园、幼儿园安全防范工作的紧急通知》，组织全区各方力量全力做好校园安全防范保卫工作。区财政共投资470万元，为64所中小学、幼儿园配备专职保安177名，在中小学校门、操场、食堂等重要部位安装视频探头745个，安装“一键式”按键报警368个，安装红外对射装置592个。

四、重要时期、重点领域维护稳定

2003年，制定《关于切实做好防治非典型肺炎期间维护社会稳定工作的通知》，严密防范和及时处理各类群体性事件和其他影响社会稳定的问题。2005年，制定《关于进一步做好规划建设系统社会治安综合治理和维护稳定工作的通知》，发挥规划建设系统作用，维护社会稳定。制定《关于对非法卫星电视接收设施问题加强综合治理的实施方案》，加大对非法卫星接收设施专项治理工作力度，维护政治稳定和文化安全。2009年，制定《关于认真做好国际金融危机形势下维护社会治安和社会稳定工作的通知》，组织开展国际金融危机形势下维护社会治安和社会稳定工作。2009年，制定《关于加强维护稳定和治安防控工作的通知》，发挥综治组织优势，维护社会治安和社会稳定。

2010 年，东丽区加强足疗按摩洗浴场所管理建立部门联动机制，规范场所经营秩序，遏制场所“黄赌毒”等违法犯罪活动，净化社会治安环境。

五、铁路护路

2000 年，制定《东丽区创建安全文明铁道线活动实施方案》，开展创建安全文明铁道线活动。2004 年，组织“确保铁路第五次提速安全”护路联防专项行动。2005 年，制定《关于做好铁路护路排查工作的通知》，协调铁路公安以及工商等部门，集中对辖区内铁路线段及周边地区进行摸底排查。2008 年，在辖区津山线铁路沿线，开展“创建奥运平安铁路通道”活动。开展铁路沿线涉路矛盾纠纷排查调处、铁路沿线治安混乱地区和突出治安问题整治活动。制定《东丽区关于加强奥运会、残奥会期间铁路沿线巡防守护工作实施方案》。组织京津城际铁路沿线街镇乡开展“迎奥运保安全创建奥运平安铁路通道志愿者在行动”活动。组织开展蓟港铁路沿线治安秩序专项整治行动。2009 年，制定《2009 年东丽区铁路护路联防工作要点》，整顿铁路沿线治安复杂区段和突出的治安问题。2010 年，制定《关于加强上海世博会期间铁路护路联防工作的通知》，组织开展世博期间铁路护路联防工作。制定《东丽区进一步加强高速铁路护路联防工作的意见》，加强辖区高速铁路和在建高速铁路沿线的护路联防工作。

2008 年，东丽区铁道护路队

六、表彰工作

1993 年，区综治委成立“见义勇为奖励基金会”，制定《东丽区见义勇为基金章程》。1994 年，奖励基金到位资金达 30 万元。召开东丽区见义勇为表彰大会，对 11 名见义勇为治安积极分子给予奖励，在全区宣扬治安积极分子的先进事迹。1997—2010 年，全区共表彰见义勇为先进集体 7 个，见义勇为先进个人 71 名。全区表彰落实综治目标责任书优秀达标地区 37 个，全优达标单位 2 个，优秀达标单位 55 个，基层优秀综治办 11 个，综合治理先进集体 235 个，社会治安综合治理先进个人 398 个，平安家庭创建先进集体 9 个，平安家庭标兵户 351 户。

第四节　平安东丽建设

一、基层平安创建

1996 年，组织综合治理先进集体报告团开展巡回报告。1998 年，制定《安全小区、安全村标准》《安全街乡镇标准》《安全单位标准》，组织全区开展基层创安活动。1999 年，制定《关于落实属地管理原则进一步深化创安活动的意见》。2004 年，制定《基层创安活动标准》。2005 年，制定《关于开展创建“平安东丽”活动实施意见》，启动平安东丽创建活动。2006—2007 年，制定《关于2006年开展“平安东丽”创建活动实施方案》，组织开展年度平安东丽创建活动。2008年，开展“平安东丽、平安奥运”主题实践活动，保障2008年北京奥运会和夏季达沃斯论坛期间社会稳定。2009年，开展“走百家企业、访千户村民”活动。开展“平安乡村行动”。开展社会治安综合治理百日专项战役。开展“东丽区国庆平安行动”，维护国庆期间全区社会和谐稳定。2010年，开展“平安社区行动”“平安乡村行动”。制定《2010年开展“平安东丽”创建活动实施方案》，推进矛盾纠纷化解、社会管理创新和公正廉洁执法三项重点工作。制定《关于深化“平安东丽”建设工作的意见》，部署2010—2012年深化“平安东丽”建设工作，明确平安社区、平安村、平安单位、平安街乡标准。组织开展“迎夏季达沃斯论坛、世界气候大会和国庆平安行动”，对外来人口聚集地治安复杂地区进行清理清查，对中小旅馆洗浴足疗场所进行检查整治，对重点地区部位开展巡逻堵卡行动。

2008年，组建东丽区“平安天津志愿者”队伍

二、建立健全社会治安防控体系

2003年，制定《东丽区社会治安防控体系建设意见》，提出构建治安防控“三张网”的建设目标。2004年，制定《东丽区2004—2006年社会治安防控体系建设规划》。2005年，东丽交警支队在全区范围内安装“GSM+GPS”车辆定位防盗及劫车报警系统”。转发《公安东丽分局关于开展企事业单位门卫室规范化建设专项整治工作方案》，强化企事业单位内部安全防控。2006—2010年，每年制定社会治安防控体系建设计划，按年推进社会治安防控体系建设任务。2006年，制定《东丽区2006年技防网建设实施方案》《东丽区基层专职巡逻队组建及管理办法》。至2010年底，全区建成使用机动车号牌抓拍识别联网比对报警系统7套，视频监控点位3456个，其中3000个点位录入公安部“安全技术防范系统工作平台”。2008年，组建东丽区“平安天津志愿者”队伍，招募“平安天津志愿者”6000名。成立“平安天津禁毒志愿者”支队。2009年，制定《东丽区“平安天津志愿者”工作方案》，规范完善志愿者管理，建立平安天津志愿者长效工作机制。2010年，将全区平安天津志愿者队伍纳入区志愿者协会管理。组织平安天津志愿者开展夏季达沃斯论坛期间安全保卫工作。区财政出资20万元为全区969名治安专职巡逻队员上人身意外保险。

三、进行平安命名

1998—2004年，全区共命名安全小区35个、安全村51个、安全单位183个。2005—2010年，命名平安街乡9个、平安社区72个，平安村125、平安单位177个、平安校园109个、平安商场（市场）8个、平安园区6个、平安企业120个、平安大道7条、平安

2005年，命名平安单位

医院4个、平安文化市场7所、平安边界村50个、平安家庭标兵户1047个。

第五节　政法队伍建设

一、法制和业务培训

1993—1995年，从政法部门抽调一批经验丰富、责任心强的干警到乡镇街，担任主管政法工作的副书记。

1996—2000年，全面实施“三五”普法规划，举办各类法制培训班86期，受训人员近1.5万人。修订和完善岗位责任制，建立责任追究制度。在开展以遏制司法腐败为核心的集体教育整顿和争创人民满意的政法干警活动中，采取自查自纠、召开各界群众座谈会，邀请人大代表、政协委员征求意见等形式，查处8类146件职务违法违纪问题。政法部门普遍实行警务、检务、审判、司法行政公开，建立和完善《关于制止民警刑讯逼供及责任追究制度》《检察院干警廉洁遵纪责任制度》《人民法院执法违法责任追究制度》等21项制度，群众送表扬信和锦旗720件，受到中央以及市级部门表彰的干警达70人次。

二、规范执法行为

2001—2004年，开展保持共产党员先进性教育活动，落实规范执法行为、促进执法公正整改措施，增强干警政治敏锐性和鉴别力，执法能力和服务水平不断提高，综合素质明显加强。结合“规范执法行为，促进执法公正”专项整改工作，认真开展“公正、效能、为民”活动。政法各部门实现了用制度规范执法行为，用制度提高执法水平，确保执法公正。2005年，围绕“执法行为进一步规范，执法中的突出问题得到进一步整改，执法监督进一步完善，政法队伍素质得到进一步提高，社会各界对执法工作和政法队伍的满意程度进一步上升”的目标，将容易发生徇私枉法、权钱交易，违规违法办案、执法不文明，玩忽职守、执法不作为，地方、部门保护、违法干预办案等作为集中整改的重点，开展“集中整改、健全制度、培训考核”的专项整改活动。2006年，开展社会主义法治理念教育，以执法为民为主线，以加强社会主义法治理念教育和开展执法规范化建设专项活动为载体，进一步转变干警执法思想和服务观念，提高政法队伍整体素质和战斗力。解决了政法干警“为谁执法、靠谁执法、怎样执法”的根本问题，打牢执法为民的思想基础。

三、执法责任与执法监督

2007年，推进执法公开，将司法机关职权范围、执法依据、执法过程和执法结果向社会公开，保障群众知情权，提高执法透明度，增强接受群众监督的自觉性，以公开促公平，以公开促公正。2008年，加强执法责任体系、执法质量和效率考评体系、执法工作信息化建设，健全完善执法工作制度体系，规范执法行为。有效提升政法队伍整体素质和形象。人民群众对政法干警的满意率达97%以上。2009年，完善执法监督工作机制。完善《东丽区政法委案件监督工作制度》《东丽区委政法委案件协调工作制度》《东丽区政法机关涉法涉诉进京上访案件领导包案制度》《案件评查制度》和《执法监督专项查办制度》，健全案件转办、承办、督办、查办、终结机制。有效开展执法督查工作，做好案件协调工作。2010年，建立执法办案风险评估预警机制，有效预防涉法涉诉信访。为全面提高办案效率和案件质量，全面提升政法队伍工作水平，从源头上预防和减少执法办案过程中涉法涉诉信访案件的发生，有效化解不稳定因素，促进公正执法，维护社会和谐稳定。

第二章 公 安

改革开放32年，东丽分局紧跟区委、区政府和市公安局决策部署，围绕维护地方社会经济发展主线，以严打违法犯罪、创新社会管理和构建和谐警民关系为支点，在社区警务、“三张网”建设、流动人口管理、执法规范化等方面取得一定成绩。20世纪80年代，开展“严打”斗争，恢复户籍管理等基础工作。90年代，分局职能和刑侦、治安等工作机制、方式均进行了重大调整。进入21世纪，伴随着滨海新区开发开放，分局重新定位于服务建设现代化津滨新城区的大局，全力创建“平安、和谐、法治东丽”，成果显著。

第一节 机构 设施

一、机构

1979年，公安东郊分局机构设置为办公室、政治工作办公室、政保科、内保科、治安科、防火科、预审科(下设看守所)、刑警队，下辖新立村、小东庄、军粮城、李庄子、荒草坨、赤土、大毕庄、万新庄8个派出所，设立新立村派出所治安分所。1980年始，增设法制科、打击经济犯罪办公室（1992年改为经济案件侦查科）和治安巡逻队（1990年更名为治安民警队），将办公室分设为办公室、行政科和机要通信科，将治安科划分为治安科、户籍科，将看守所从预审科下辖单位独立为分局直属机构，并设立跃进路派出所、杜庄派出所、么六桥派出所和丰年村派出所，恢复程林工业区派出所，撤销新立村派出所治安分所。

1992年3月，更名天津市公安局东丽分局。增设监察室、两化管理科，防火科改称消防科。跃进路、荒草坨、李庄子派出所先后更名张贵庄、华明、无瑕派出所，成立无缝钢管厂地区派出所。1997年，刑侦机构改革，侦审合一，刑警队改称刑侦支队，下设综合室和9个大队，撤销经侦队、预审科编制。原治安民警队更名防暴支队（加挂巡警支队牌），设立东丽开发区派出所。1998—1999年，消防科脱离分局并入武警消防支队，政治工作办公室更名为政治处，增设督察队。

2000—2003年，成立信访科，法制科、政保科、办公室先后更名法制办公室、国内安全保卫支队和指挥室，设立经济犯罪侦查支队（撤销原刑侦支队二大队）和东丽湖派出所。2004年，行政科更名后勤保障科，无缝钢管厂地区派出所并入无瑕派出所，程林工业区派出所与万新庄派出所合并为程林派出所，设立预审支队（撤销原分局刑侦支队八大队）。2005年，设立空港治安大队，程林派出所更名万新派出所。2007年，指挥室下增设一、二、三科，成立绩效考评工作科。防暴支队更名巡（特）警支队，巡警支队增设综合室和一、二大队，分局设巡警三大队，小东庄派出所并入新立村派出所，杜庄派出所并入万新派出所，设立开发西区治安大队。2008—2010 年，大毕庄派出所更名金钟派出所，分局增设非机动车管理科、警训队、公共信息网络安全监察支队、警卫科和禁毒支队，巡警支队下增设警犬侦训队。

2010 年，公安东丽分局共有 37 个科、室、队，12 个派出所，3 个临时机构。

二、主要设施

（一）基础设施和警力装备　1982 年，分局有民警（职工）241 人，执法执勤车辆为二轮、三轮摩托车。1985 年始，配备吉普车、小客车。1990 年，民警增至 353 人。1995 年，配备桑塔纳、夏利小客车。2000 年，民警增至 541 人。

2003 年，分局电话仍为主要接报警渠道，日均接警 92 起。2005 年始，配备无线电台。2006 年，安装 2 个 350 兆集群电台基站，实现全区同频同播覆盖。2007 年，新 110 指挥中心建成，公安专用网络接报警服务台启用，日均接警增至 173 起。2008 年，购置防爆应急现场指挥车。2009 年，增设 3 个电台基站，基本满足“统一指挥、快速反应、协同作战”的无线语音调度需求。是年，分局自主研发“信息研判及绩效考评应用系统”正式投入使用。

2010 年，分局民警增至 887 人，有各类警用车辆 160 辆，共配备无线集群电台 800 部，分局日均接警 215 起。

（二）技防网建设　2006 年始，按照“政府投资，广电建设，公安使用”原则，分局承担点位规划、设备使用职责，建设区“技防网”工程，建成视频监控 108 处。2008 年，建设视频监控 312 处。2010 年，建视频监控 61 处，在进出区重要路口建机动车号牌抓拍识别联网比对报警系统 15 套，初步实现全区主要区域全覆盖。

第二节　维护稳定

一、落实政策

1979 年，分局复查平反“文化大革命”中冤假错案 137 件。完成 1022 名被管制人员解除监督工作，恢复公民权利。

二、处置突发事件

1999 年，新立镇宝元村部分村民自发组织堵塞镇内交通要道驯海路的方式表达关于占地补偿等方面的诉求，分局出动警力维持现场秩序，配合区政府展开化解工作，妥善处置堵塞道路的问题。2004 年始，着手完善处置突发紧急事件工作机制。是年，出动警力，妥善处置区内群体性事件 228 起，排查和预警不安定因素 575 起。2006—2010 年，分局累计妥善处置紧急突发事件 700 余件；配合区、街道化解各类矛盾纠纷 2200 余件次。

2003 年，在抗击“非典”斗争中，分局抽调 120 名警力成立“非典”处置工作队，配合对武警医院、东丽医院、东丽医学观察所和区内与“非典”患者有过接触的人员进行隔离，妥善处置民航学院宿舍发现疑似“非典”病例、大毕庄派出所界内发现可疑无名男尸等敏感警情，严厉打击借机造谣生事、扰乱秩序、诈骗钱财等违法犯罪，查处涉“非典”案件5起。是年，依法查处苏某某鼓动、带领大毕庄镇欢坨村部分村民上街游行、扰乱社会秩序案。

1979—2010年，分局圆满完成中共十二次至十七次全国代表大会、每年全国“两会”及香港回归、澳门回归和2008年北京奥运会期间安保任务。

第三节　打击犯罪

一、基本情况

1979年始，区内刑事发案呈持续上升态势，是年全区发生刑事案件163件。根据全国第三次治安会议精神，全区掀起打击刑事犯罪、整顿治安秩序的高潮。1983年开始“严打”斗争结束后，1986—1987年，区内刑事发案稳中有降，1988年起再次开始攀升，进入20世纪90年代开始呈倍数增长。1993—1994年，区刑事发案300—400件，分局刑事破案率保持在85%。1996年，全区刑事发案首次突破1000件。

1997年，全国刑侦机制改革，分局成立刑侦支队，下辖除综合室和4个专业队外，还包括5个辖区大队，与各自辖区内的派出所捆绑工作、考核，发挥合力。1997—1998年，刑事发案稳中有降，1999年再次攀升，2000年突破1500件。

分局刑侦支队刑事案件的办理曾取消侦查、预审分开的科学做法，采取侦审合一的办案模式。2002年，侦、审再次分开，当年破案1070件，比2001年破案数提升115.3%。2005年，立案2704起，破案1255起。2010年，立案4620起，破案1902次。

二、破案打处

（一）开展“严打”斗争　1983年全区开展为期3年的“严打”斗争。分局在全区范围内连续对犯罪分子进行3次集中打击。共抓获各类刑事犯罪分子690人，其中逮捕420人、劳教207人。摧毁各种刑事犯罪团伙99个，涉及343人。破获各类刑事案件413起，缴获凶器147件，判重刑72人。在“严打”的威慑下，有30余名犯罪分子主动投案自首。1984—1985年，继续开展“严打”斗争，共查获犯罪分子1359人（逮捕882人、劳教384人、少管39人、其他54人）。摧毁各类犯罪团伙290个、涉及1287人。破获刑事案件1176起，其中重大案件157起，缴获各种作案工具249件，收缴赃物、赃款共计28万余元。1986年起，分局开展以反盗窃为重点的斗争，召开6次公开处理大会。当年破获各类案件190起，有1218名违法犯罪分子投案自首。1990年2月15日夜，2名民警下村抓赌时遇有人拆卸变压器，2人即分路围抄。歹徒用匕首刺伤民警，民警身负重伤后仍缠住3名歹徒，在下乡民警协助下，将3名歹徒抓捕归案。

（二）侦破大要案件　1993—1995年，分局以侦破大要案和现行案件为中心，分别开展以打击盗窃、逞凶称霸、抢劫、流氓和收缴凶器为重点的专项斗争。摧毁盗窃、抢劫、流氓、诈骗等各类犯罪团伙259个，涉及1168人。收缴各种凶器2187件，包括各种枪支330支、管制刀具433把、

1994 年，分局以侦破大要案为重点，开展专项斗争抓获现行犯罪分子

爆炸物品 296 件。期间，抓获在农业银行程林营业所抢劫出租车杀人犯李某某；在赤土镇抓获外逃新疆 6 年之久的市局通缉犯张某某；侦破军粮城镇北旺村强奸、杀人系列案件。在二煤气厂、大无缝钢管厂、军粮城火车站、军粮城电厂和杨北、茶津公路等重点地区开展 9 次专项治理整顿，打击盗窃、哄抢煤炭、集港物资不法行为，抓获车匪路霸 43 人，收缴被盗、抢劫赃物价值 3 万余元。1996 年，对横行乡里、逞凶称霸的流氓恶势力团伙及时打击，抓获了王某某、范某某、翟某某等流氓恶势力骨干分子 36 人。1997 年，侦破大毕庄村杀人碎尸案等 3 起杀人案以及涉案价值近 40 万元聋哑人撬盗保险柜系列大案，全区案件高发态势得到控制。

2007 年，分局在制爆缉枪行动中打掉一贩卖枪支（零部件）黑窝点，查获大量仿真枪及零件

（三）破获“八类”案件　1999—2001 年，分局强化破大案、摧团伙、追逃犯、打流窜和打黑治恶工作，“八类”案件（杀人、纵火、抢劫、强奸、投毒、绑架、爆炸、故意伤害）破案率始终保持在 90% 以上，共破获刑事案件 2970 件，打处违法犯罪嫌疑人 1934 人，摧毁各类犯罪团伙 124 个。期间查获、摧毁冒充民警抢劫台胞价值 10 万余元财物团伙，以王某某为首涉枪、涉黑团伙；查获“10·23”特大绑架、抢劫北京人团伙；查获韩某某流氓团伙及刘某某、刘某某、刘某某恶势力团伙和张某某、张某某特大恶势力团伙；还侦破涉案假币 14 万元的天津市最大一起假币案。2002 年，破获“八类”案件 235 起，其中杀人、绑架案件破案率均为 100%。打击处理各类犯罪嫌疑人 871 人，其中批捕 298 人，移送起诉 568 人，劳动教养 89 人。摧毁各类犯罪团伙 80 个、涉案 298 人，其中恶势力团伙 5 个。

（四）“非典”时期以打维稳　2003 年，分局在“非典”肆虐期严厉打击借机造谣生事、扰乱秩序等违法犯罪活动，查办涉“非”案件 5 起。辗转数地迅速侦破杀害出租车司机的“5·8”杀人劫车案和“5·9”程林北里入室强奸、抢劫、杀人案。打掉在军粮城镇苗街村危害农村基层政权，操纵破坏选举，暴力威胁、恐吓、报复村干部及村民代表的闫某英、闫某锁黑恶势力犯罪团伙。

（五）命案侦破和打黑除恶　2004 年，根据公安部统一部署，分局开展命案侦破专项行动，现行命案破案率 85.7%，侦破 2003 年李某某杀人案及常某某强奸杀人案等。是年，仅用 42 小时迅速侦破“3·19”市局督办农业银行东丽支行蒙面抢劫大案，追回全部 24 万元被抢现金，抓获嫌疑人朴某某。2005 年，破获市级督破案件 8 起，摧毁恶势力团伙 8 个、其他团伙 60 个，抓获网上逃犯 217 人，其中市局悬赏逃犯 1 人、督捕逃犯 6 人，包括特大抢劫杀人案犯邹某某、市局悬赏督捕逃犯宋某某。2006—2007 年，全区治安形势较为严峻，区委成立“打黑除恶”专项斗争领导小组。分局以命案侦破和打黑除恶为龙头，采取主要领导阶段性专司命案侦破等超常规手段，先后成立命案侦破、打击黑恶势力犯罪、打击涉毒犯罪和打击侵财犯罪 4 个专业队，开展各类专项行动。期间，分局“八类”案件破案保持在90%以上，其中命案破案率维持在85%左右；摧毁涉黑涉恶团伙28个，其中部级督破9个、市级8个、市局级6个，克服各种阻力，侦破原西杨场村党支部书记、人大代表张某某涉黑案件；破获毒品（含贩毒、吸毒）案件112起；侦破侵财系列案件120起，破获涉案数百万元假文物诈骗案，侦破公安部督办系列盗窃机动车案，摧毁纪卫丰特大系列流窜技术开锁入室盗窃团伙。2008年起，区内杀人、绑架、强奸等恶性案件发案明显下降，分局打击重点转向侵财案件，接连打掉多个盗窃保险柜、技术开锁、爬阳台入室盗窃犯罪团伙，破“两抢一盗”案件（抢劫、抢夺、入室盗窃）1492起。是年，分局建立涉黑涉恶高危人员动态信息库的做法被公安部和市公安局推广。2010年，分局立刑事案件4620件，比2009年下降7.7%；侦破刑事案件1902起，比2009年提升12.4%。在公安部部署的打击电信诈骗行动中，分局打掉冒充消防武警诈骗企业以及利用QQ网上聊天进行诈骗的犯罪团伙各1个，抓获8名涉案成员。

三、禁毒工作

20世纪80年代，区内禁毒形势较为平稳，分局对极少量吸毒不法分子主要通过除“六害”斗争将其纳入治安管控予以打击。90年代，由于外来人口大量涌入，一些涉毒分子藏匿其中，分局开始重视禁毒工作。1992年，分局查获1起非法种植罂粟案，铲除罂粟21棵。1993—1994年，分局在万新庄乡等暂住人口集中地区清查整顿中，查获贩毒案3起，抓获6人，缴获杜冷丁针剂594支。

1995年5月，根据市局统一部署，分局首次在刑警队内设立缉毒组，专门负责涉毒案件侦查。2004年，根据市局统一要求，分局在刑侦支队内设立缉毒队，专业负责毒品案件侦查及禁毒宣传工作。2007年，分局重新调整刑侦支队各直属队工作，由刑侦二大队专司缉毒打黑，开展禁毒宣传及易制毒企业管理工作。

20世纪90年代后期，区内贩毒分子多为零包贩毒的散户、下线，分局始终对其保持严打态势。1997年，破获了天津市新中国成立以来最大一起涉外贩卖毒品案，抓获涉案人员30余名，其中贩毒人员11人，含缅甸籍毒贩1人，缴获海洛因3395克、毒资15万元。2002—2006年，开展“禁毒”严打整治专项斗争，破获吸贩毒案件172起，抓获吸、贩毒人员246人，收缴毒品89.6克。其间，一举摧毁张贵庄地区吸毒和零星贩毒网络。

2007年，共抓获涉毒违法犯罪分子88人，摧毁吸、贩毒团伙5个，其中逮捕18人，劳教18人，强制戒毒30人，限期戒毒3人，治安处罚19人。收缴毒品海洛因230余克、冰毒1600余克。

2008—2010年，抓获涉毒违法犯罪分子134人，摧毁吸、贩毒团伙5个，强制戒毒40人，社区戒毒15人，社区康复17人。破获涉毒刑事案件125起，收缴毒品6329.32克。

四、打击经济犯罪

（一）组织机构

1982年，分局抽调5名干警，成立打击经济犯罪办公室，对走私贩私、贪污受贿、投机诈骗、盗窃国家和集体财产等严重犯罪坚决打击。1992年，分局成立经济犯罪侦查科。1996年，将经济犯罪侦查科调整为刑侦支队下辖二大队。2001年，将经侦职能从刑侦支队分离出来，成立经济犯罪侦查支队。2004年始，由区政法委和金融办牵头，每年召开打击经济犯罪有关部门联席会议，包括区金融办、商务委、公安、工商、税务局等单位，确定每年打击经济犯罪重点领域和目标，有计划、有组织地开展联合行动。

（二）主要成果

1982 年，分局立经济犯罪案件 6 起，全部破案，含投机倒把 2 起、贪污 1 起、诈骗 1 起、其他 2 起，其中涉案价值万元以上 3 起。1985 年，结合经济体制改革新形势，搞好内部保卫，破内部盗窃案件 10 起、诈骗案件 2 起，破获蒲某某勾结区广播站干部赵某某诈骗 20 万元转账支票大案。1986—1991 年，共立案查处 46 件，抓获 94 人，其中逮捕 42 人，追缴赃款赃物 400 余万元。

1993—1995 年，分局立经济案件 63 件，破案 58 件，破案率 92.1%，追回经济损失 859.2 万元。其间，破诈骗案件占破案总数 75%以上。1996 年，立经济犯罪案件 51 起，查破 41 起，立案、破案分别同比提高 96%、78%，破获中国香港爱美高发展公司胡某某以合作开发房地产名义诈骗津联实业公司 230 余万元等重大案件。20 世纪 90 年代中后期，涉税案件开始在区内凸显，1998 年查处 85 起，占是年查处案件 60%，涉案金额 200 余万元。

2001 年，分局开展打击经济犯罪“百日会战”，破经济案件 132 起，抓获嫌疑人 54 名，追捕经济犯罪逃犯 25 名，为企业挽回经济损失 1115 万元。

2002 年，分局相继开展打击倒卖、虚开增值税专用发票犯罪活动，打击侵扰或冠以空车配货、物流、租赁、建筑等行业的合同诈骗犯罪活动以及整顿规范公司出资行为专项行动。是年，共破经济案件 135 起，其中涉税案件 109 起，涉税金额达 2 亿元；抓获嫌疑人 43 人，挽回经济损失 708 万元。一举破获了涉及天津、北京、河北、山西、福建、浙江、上海等 10 余个省市，价税合计达 1.72 亿元的特大虚开增值税专用发票案件。

2004—2006 年，分局共破获经济案件 238 起，打处 171 人，挽回经济损失 3200 余万元。其间，分局会同有关部门摧毁全市规模最大、涉案人员最多的制造假烟窝点，缴获假烟及造假机器价值 100 余万元；破获天津通亚钢铁贸易有限公司偷税案，为国家挽回税收损失 560 余万元；破获涉案金额 1000 余万元的“徐某某集资诈骗案”。

2008—2010 年，分局相继开展“打假”和“天网”专项行动，重点针对假冒伪劣商品、假冒注册商标案、信用卡诈骗和金融诈骗案件发起攻势。其间，共破案 481 起、打处 294 人，挽回经济损失 2287 万元。

第四节　治安管理

一、特种行业管理

1979 年始，分局恢复对特种行业的管理。要求旅店每天将当日住宿登记簿交治安科或派出所查验；对旧货业严加控制检查，防止为犯罪分子销赃；印铸业严格手续，不准无证刻印；狠抓娱乐场所的社会道德和秩序等。

1991 年，全区有特种行业 278 户，其中印刷业 124 户、复印业 6 户、旧货业 77 户、信托寄卖业 3 户、旅店业 59 户、刻字业 9 户。是年，由特种行业提供线索 69 件，破刑事案件 29 件，抓获打击处理各类违法犯罪分子 179 人。1993—1995 年，分局举办培训班，对全区物资回收业经理、法人代表进行守法教育。其间，继续对特种行业进行清理整顿，清查旅店、“三厅（游戏厅含网吧、歌舞厅、录相厅）”及文娱场所600余店次，查获带有色情服务的女服务员22人，收教嫖娼卖淫人员84人。取缔无治安许可证路边店51家。清查物回站抓获违法犯罪分子54人。1995年底，全区有特种行业575户，其中旧货业300户、旅店106户、刻字业8户、复印业22户、印刷业139户。

二、整顿治安复杂区域和场所

20世纪80年代，全区文体活动场所、农贸市场发展较快，治安乱像藏匿其中。其间，台球出租户发展迅猛，影响交通与市容，有的进行赌博活动。1987年4月，分局出动百余名干警，对569个台球摊点进行清理整顿，清除乱设摊点441个，没收台球案14张。是年6月，集中4天，抽调干警200余人次，对东郊、军粮城两个影院进行治安秩序专项治理。抓获起哄闹事、侮辱妇女的不法分子56人，其中治安拘留24人、罚款18人、警告批评14人。

1992年，分局继续整顿农贸市场，建立市场治安组4个，设治保人员16人、协勤人员155人、摊位安全员61人，与565个商贩签订治安承包书。1995年6月，市场协勤人员有167人，治保组35个132人，安全员187人，对无证经营的71家电子游戏厅和45家台球厅给予罚款和取缔。1996年，通过重点整治大型企业周边和军粮城火车站地区、外来人口聚居地以及“三厅”、路边店、物回站点等治安复杂行业和场所，使治安面貌得到根本转变。是年，查处治安案件1384起，治安处罚2932人。

2000年，分局加大对娱乐服务场所、治安复杂场所整治力度，清查场所1023家，联合工商等部门依法取缔歌舞娱乐场所68家，占全区总数38.2%。在外来人口聚集、娱乐复杂场所集中的大毕庄镇何兴庄、赵沽里地区进行27次专项整治，取缔、查封美容美发场所440家，抓获卖淫嫖娼等违法人员108名。

三、铲除“六害”

分局针对“六害”泛滥，坚持高压严打。1987—1988年，共查获、摧毁赌博团伙67个，抓获惯赌分子477人，收缴赌资2.1万元。通过查处赌博案件，破获盗窃、抢劫、诈骗等刑事案件22件，抓获犯罪分子17人。广泛宣传取缔赌博，2572人到公安机关坦白登记，悔过戒赌。1989年，抓获涉“六害”犯罪分子360人，摧毁团伙61个（其中卖淫嫖娼团伙3个、19人，制作、贩卖、传播淫秽物品团伙7个、60人），收缴赃物、赃款7.8万元。

1993年，查获“六害”案件543件，摧毁违法团伙506个，涉及3022人。其间，本着“治老板、打嫖客、拆小屋、收卖淫”的方针，破获卖淫嫖娼案件41起，抓获卖淫女44人、嫖客70人、容留妇女卖淫者3人；取缔在新立镇、大毕庄镇、程林工业区稿封建迷信、顶仙看病、招摇撞骗的3个窝点；查处赌博案442件，摧毁千元以上赌博团伙40个，缴赌资43.24万元。1994年，查处贩毒案1件2人，缴杜冷丁187支。1995年，开展禁赌扫丑斗争，查处赌博案件385起，涉及1652人。查处卖淫嫖娼案件44起，涉及133人。

四、治安专项整治

1998年，分局着力抓“一巩固两收缴三清整”工作：巩固大型企业和物资集散地周边治安秩序；收缴非法枪支弹药、管制刀具和淫秽物品，收缴各类枪支71支、管制刀具182把，查缴非法出版物4800件、淫秽录像制品980件，查处不法分子86名；清查整治治安复杂行业和场所，取缔无照经营场所75家。年内查处治安案件1825起，治安处罚3849人。1999年，开展“扫黄打非”“禁赌禁娼”“扫除社会丑恶现象”“集贸市场秩序整治”等10余项重点整治工作。全年查处治安案件1587起，治安处罚3903人，收缴各类枪支99支、管制刀具137把、非法盗版音像制品3259件、淫秽物品1865件。

2006—2007年，分局开展“打击制贩假证专项行动”，先后捣毁制假窝点9个，查处制贩假证嫌疑人31人，收缴大批作案工具和半成品；开展“治理违规养犬专项行动”，办理犬证6715个，收缴违规犬、无主犬、流浪犬2968只，送留检犬2456只；开展“清理管制刀具、非法枪支和爆炸物品专项行动”，收缴管制刀具1788把、非法枪支738支、子弹2560发、雷管569枚。

2010年，分局重点开展维护校园及周边治安秩序集中整治工作，制定10项举措，为全区66所中小学各增配2名保安，组织128名民警、152名辅警专职负责校园周边安保工作，落实“三见”措施（见警察、见警车、见警灯），组织开展区“校园安保1号”反恐演练。

第五节　户政管理

一、实有人口管理

（一）常住人口管理和户籍制度改革　改革开放后，随着社会主义市场经济逐步确立，人口流动状况加剧，户籍管理制度开始初步变革。1998年，区落实国务院批转公安部《关于解决当前户口管理工作中几个突出问题的意见》，解决了群众反映强烈的关于公民落户的问题，是年常住人口首次突破30万人。2007年，区政府在东丽开发区设立全市首个区级人口服务管理中心，由公安、计生、人力社保、卫生、房管、教育、司法等职能部门联合办公，实现了暂住登记、身份证办理、计划生育、劳动保障、法律援助、卫生防疫等“一站式”受理、“一条龙”服务。是年，全区开始推进以宅基地换房为基础的小城镇建设，全面实行“三改一化”综合配套改革，即集体所有制改股份制、农业户籍改非农业户籍（农转非）、村民改居民以及城乡一体化。首批试点涉及近8万户、20万余人。分局全程介入、充分调研，做好村民户籍“农转非”工作准备。2010年底，全区常住人口346923人。

（二）寄宿人口管理　2002年以前，寄宿人口属流动人口管理范畴。1993年，分局做好寄宿人口登记管理。年内全区寄宿人口4988户13217人，登记受理的4452户，11566人，完成率87.5%。2002年，根据市公安局规定，对于到非户口登记地址居住的市常住人口，现住地和户口地派出所分别按照寄宿人口和人户分离人口进行统计、登记、管理，寄宿人口开始单独立项纳管，是年区新增登记寄宿人口4000余人。2007年，全区寄宿人口22434人。2010年末，全区寄宿人口75525人。

（三）流动人口管理　1986年，分局贯彻实施市公安局《城镇暂住人口管理暂行规定》，实行

“暂住证”制度，加强对流动人口管理。1988年，流入区内暂住人口20801人，其中民工队746个10749人，租私房户847户7084人。1989年，分局成立暂住人口管理办公室，流动人员开始纳入规范化管理。1994年，分局对流动人口最多的大毕庄镇、新立镇、程林街道等地区狠抓管理，建立2个由外来人口组成的30余人治安联防队，开展群防群治，协助公安部门破案，使大毕庄、新立、程林地区刑事案件下降90%，破案率提高50%。是年流动人口11102人。1996年，根据《天津市流动人口管理暂行规定》，区政府成立流动人口管理工作协调小组，下设办公室，将流动人口纳入政府协调管理。1998年2月，根据区委、区政府联合发出的《关于调整区流动人口管理工作协调小组成员的通知》有关要求，进一步明确了政府牵头，公安为主，各部门密切配合的管理格局。2000年底，全区已有流动人口10万余人。2003年7月始，按照区委、区政府要求，各镇街乡相继组建“流动人口管理服务站”。2007年，区政府开始组建流动人口三级协管员队伍，配合分局加强流动人口登记、管理。2008年，区政府进一步明确每500名流动人员配备1名专职协管员的标准，将三级协管员队伍扩充至500人。是年，登记流动人口35万余人，首次超过常住人口。2009年，区政府在万新街道、金钟街道、华明街道等建成9个流动人口服务管理分中心，统一协调多部门为流动人员集中办理暂住登记等提供服务。2010年始，区政府推动流动人口服务管理社会化，强调发挥基层组织和用工单位的作用，协助做好流动人口管理工作。加强协管员队伍多元化建设，并逐步将其纳入政府公益性项目。2010年末，全区暂住人口376975人。

（四）蓝印户口管理　1995年，《天津市蓝印户口暂行管理规定》颁布实施，是年申请资格仅限于人才引进，东丽区申领者较少。1996年，申领条件范围拓展至大额投资和购买住房。2008年，由于全市蓝印户口申领户数快速增加，其受理程序由市局下放到分局。是年，分局受理蓝印户口71户。2010年，全区受理蓝印户口105户。

二、身份证管理

1986年，分局在有关部门配合下，完成全区居民身份证的登记、照相、编码、填卡等项工作。1987年，将191437人的身份证发放到居民手中。1991年，全区制证总数为222498件，已制证下发的217489件，占制证率97.7%。1995年，对第一批下发10年期的身份证集中进行制证、照相、填卡、换发工作。全年应换证51201人，实换证43944人，占85.8%。1999年10月，身份证号码由15位升为18位。2005年初，开始试制换发第二代居民身份证。是年10月，全面启动照相、填卡、制证、换发工作。2006年7月，停止受理签发第一代居民身份证。至2010年，全区实际换发二代证人数293854人，占应制证总人数的98.2%。

1995年分局对第一批十年期身份证进行换发工作，民警为群众上门服务

第六节 法治、预审和监所

一、机构

1979年3月，分局调整机构设置，保留预审科，看守所为预审科的下设部门。1988年9月，看守所独立为分局直属机构。1997年，撤销预审科，其职能并入刑侦支队。2004年6月，预审职能再次独立，成立预审支队。

1980年1月，为落实《中华人民共和国刑法》和《中华人民共和国刑事诉讼法》，分局抽调5名执法经验丰富人员组建法制科。1983年，审核呈报劳动教养、少管、刑事强制措施、收审措施以及治安处罚案件审核等职能划归法制科。1990年10月1日，《中华人民共和国行政诉讼法》正式施行，法制科增加管辖行政复议案件的受理、复议、组织听证以及诉讼代理职能。1995年1月1日，《中华人民共和国国家赔偿法》正式施行，法制科增加办理国家赔偿案件相关职能。1997年，刑事拘留、提请逮捕案件审核职能由法制科划归刑侦支队。2004年，刑事拘留措施审核职能重新划归法制办。

二、法制、预审工作

1980年，分局加强预审，提高案犯审结率。年内受理各类刑事案件239起，是年结案236件，结案率98.7%，并纠正了一起错捕案件。是年初，东郊农场发生1起持火枪伤人致残案。薛某某对持枪伤人供认不讳，逮捕薛某某后，经审查与被害人提供的证词及有关证据有出入。经大量查证工作，在证据面前薛某某供认了代弟受审的事实，免除了错案。

1983—1986年“严打”斗争中，分局共受理案件682起1117人，审结667起1082人，审结率为97.8%。移送检察院607件1066人。通过预审追出余罪，并挖出犯罪分子117人，转出线索101件。

1991年，分局受理各类案件187起，涉及案犯282人，审结179起273人，结案率95.7%。深挖线索12件，抓获犯罪分子17人。1993年，受理各类案件262件514人，审结239件465人，审结率90.5%。通过深挖线索破获各类刑事案件13件，挖出犯罪分子35人，追缴赃款39636元、赃物折价32480元。1997年，参照市公安局《办理刑事案件程序规定》，分局制定了相应措施，维护执法严肃性，对不批捕的坚持走满法律程序，年内提请复议复核14人，占全市39%；成功批捕6人，占全市86%。

2000年，分局提请逮捕389人，批准376人，批捕率96.7%；移诉460人，批准419人，批准率91.1%；呈报劳教152人，批准147人，批准率97%；对不批捕的坚持走满法律程序，年内提请复议复核8人。2002年，分局提请逮捕534人，比2000年提升37.3%，批捕率稳定在97.2%；移送起诉567人，比2000年提升23.3%。2005年，通过预审深挖查破案件55起，查获犯罪嫌疑人29人。通过审理河南籍盗窃嫌疑人马占军，该马检举了同乡庄某在河南安阳市染料厂抢劫杀人的重大线索，分局迅速将线索专递给安阳警方，协助破获这起省级督破案件。

2006年，分局审核行政案卷970册，裁决行政处罚840人，受理劳动教养案卷110册，劳教批准率100%。年内审核提请逮捕792人，批捕753人，批捕合格率95.1%；审结移送起诉案件586

案，涉及嫌疑人 901 人，移诉起诉合格率 98%。通过预审深挖破案 321 起，追诉犯罪嫌疑人 68 人。2010 年，分局审批行政、刑事案件 1300 余起，刑事拘留 1021 人，行政拘留 904 人，取保候审 344 人，监视居住 9 人，预审移送起诉 1050 人。

三、监所工作

1983—1986 年“严打”期间，分局看守所对在押犯开展了坦白检举活动。仅 1984 年就有 122 名在押犯写出 660 件坦白检举材料，挖出犯罪分子 12 人。1987 年后，看守所实行岗位责任制，做到教育经常化、管理制度化、生活规范化，有益于促进在押犯认罪伏法、改恶从善。

1990 年，分局根据《中华人民共和国看守所条例》的规定，加强监内侦查工作。干警及时掌握在押犯情况，8 月粉碎 5 名在押犯妄图凿墙越狱的企图。1994 年，分局对在押犯开展坦白检举大会战。公、检、法三长亲自动员，当场兑现政策。年内从坦白检举中收集犯罪线索 826 件，破案 41 起，其中重大案 10 件，逮捕 10 人。

1997 年，分局制定《收押、释放人犯双体检制度》，有效解决了监所内在押犯打人的问题。是年看守所创下第一个安全无事故 500 天的成绩。2001 年，分局看守所被评为区“夏季百日安全竞赛优胜单位”，成功实现 1780 天无责任事故。2002 年，看守所改建留置室 5 个，建立并实行了留置报备制度，实现连续 2000 天无责任事故。

2005—2006 年，经对原看守所进行翻新重建，分局新看守所（拘留所）分两期建成启用，占地面积 6600 平方米，分为门卫室、收押大厅、提讯区、一监区、二监区、拘留所、食堂和办公区 8 个部分。监区设置监室 48 间、禁闭室 4 间、管教谈话室 6 间和 1 个监控值班室；提讯区设置律师会见室 1 间，提讯室 9 间；设计关押量 450 人。至 2006 年，看守所实现连续 10 年安全无事故，并通过开展坦白检举工作破获宋新亮抢劫杀人案。

2007—2010 年，分局看守所在押人员连年下降，2007 年在押 962 人，2010 年在押 771 人，降幅 20%。累计收押 3411 人次，其中未成年人 300 人，占 9%；女性 42 人，占 1.2%。

第七节　消防管理

一、管理机构

1983 年 1 月，公安消防科干警纳入中国人民武装警察部队序列。1995 年，编为天津市公安消防局第一支队 16 中队。1998 年 1 月，市消防部队实行消防科队合一，建立市公安消防总队东丽支队。2002 年，成立消防 46 中队。2003 年，建成东丽 119 消防指挥中心。2006 年，成立消防 51 中队。2008 年，成立消防 59 中队。

1999—2010 年，消防东丽支队被市政府、公安部消防局、市公安局、市公安消防总队等授予“人民满意先进集体”“安全无事故先进单位”“业务大比拼优胜单位”等 31 项次荣誉称号。消防中队战士邵自广应召入伍至 2010 年，参加扑救各类火灾 4000 余次，抢救群众百余名，立功 13 次。被公安部评为“全国公安消防部队执勤岗位练兵训练标兵”“公安边防、消防警卫部队优秀士官”“全国消防部队优秀共产党员”“十七大保卫先进个人”全国消防部队“十大杰出消防战士”。

二、消防宣传

1980年后，乡镇企业快速发展，火灾发生增多。区防火部门加强对乡镇企业防火工作的宣传、指导、培训。1987年，全区乡镇均建立防火安全委员会，各行政村组成92个防火联片，乡镇企业组成254个防火小组。1990年，有150个单位与公安分局签订防火承包协议书，签约率100%。

1998年1月，在全区开展创建家庭防火员、“119”安全规范小区活动。至年末，全区1000名居民经过培训成为家庭防火员，3个居民区被评为“119”安全规范居民区。是年，开展《中华人民共和国消防法》宣传周活动，共制作专题板报200块、宣传横幅50条，发放宣传资料1500多份。

2002年，组织区内5所中学1500多名学生参加“119”防灾减灾知识竞赛，增强学生防火自救意识，检查社会单位430家（次），发出各类法律文书517份，处罚单位272家；完成建筑防火审核53家。

2007年，消防东丽支队进行“119”宣传日活动

2005年，“天津国际嘉年华大型游乐活动”在区东丽湖举行，消防支队先后3次对主办单位管理人员和服务人员200余人进行消防知识培训。2007年11月，在东丽广场，举行“119消防日”“迎奥运消防志愿者”启动仪式暨区冬季消防工作会议，共计1000余人参加了活动。共摆放消防展牌100余块，发放各种宣传材料3万余份，悬挂标语口号100余条，接待群众咨询近5000余人。是年，全区加大火险隐患检查整治力度，建立区级重大火灾隐患挂牌督办整改制度，对9家存在重大火灾隐患的单位挂牌督办。

2008年，夏季达沃斯论坛天津市举行，消防支队先后2次组织大型“集中宣传日活动”，组织消防志愿者深入到偏远社区、村发放《消防安全手册》1000余份。

三、消防监督

1981年，区公安分局防火科对张贵庄地区商业网点、街办工厂等34个单位进行检查，共发现火灾隐患与不安全因素69项，通知有关单位限期整改。1989年，对各单位防火安全责任书进行验收，完成承包责任书的在95%以上。

1999年，消防东丽支队确立街道级消防安全重点单位279家，实行分级管理，扩大防火工作控制面。2000年，全面落实消防管理（市消防局、防火监督处）责任制。2001年，区重新划定第三级消防安全重点单位，确立街道级消防安全重点单位310家，全部建立防火档案。组织消防灭火逃生演练50次，1200多名群众参加消防咨询。2003年，建成东丽119消防指挥中心。对重点消防单位实行城市火灾报警联动系统联网，并开通11家。对存有或生产易燃易爆危险物品单位开展“反习惯性违章”消防安全专项整治，对违法的11人和2家单位予以处罚。2004年，对16中队全面改造。是年，开展社区消防达标活动，至年末，有50%社区达标。是年，消防支队与385家公众聚集场所等重点单位和5家物业单位签订《消防安全承诺书》，检查区级重点消防单位327家（次），复查67家。2005年，“天津国际嘉年华大型游乐活动”在东丽湖举行，消防支队人员深入现场进行消防安全检查服务20余次，检查发现并消除各类动态和静态火灾隐患21件。

2006年6月，召开区消防协会成立大会，审议通过《天津市东丽区消防协会章程》；大会选举产生第一届理事会、常务理事会；选举产生常务理事、理事长、副理事长、秘书长；聘请名誉理事长、名誉副理事长。是年，在全区开展居民家庭防火宣传周活动；开展闲置厂房专项整治，对未经消防审核擅自改变用途、集中住人、擅自内装修的行为坚决予以查处。

2008年，夏季达沃斯论坛天津市举行，支队采取“四项措施”做好各项工作，开展人员密集场所、易燃易爆单位、“三合一”建筑专项治理工作；先后对京津塘高速、津汉公路、卫国道沿线200米以内的6个村队及单位开展隐患排查整治，演练重点单位50余家次。

2009年，区圆满完成消防安全责任制考核工作，区政府组成3个考核组，深入全区各委办局、街乡开展消防安全责任制考核，全区37个委办局、街乡均按照《天津市消防安全责任制规定》要求，把消防安全工作纳入年初工作计划和发展规划。

2010年9月，成立区综合应急救援支队，负责应急抢险救援任务，防范和及时处置重大突发灾害事故。

四、装备建设

改革开放以来，区消防装备建设不断进入高速发展时期。消防装备不断更新，从“老解放”消防车，到大吨位水罐车、高喷消防车、云梯消防车、泡沫消防车、抢险救援车；从简易的挠钩、腰斧等救援装备，到液压破拆工具组、雷达生命探测仪、红外线可视仪、堵漏工具。消防装备不断升级换代的过程印证东丽消防事业的巨大变化。至2010年，消防支队共有执勤车辆21部，其中水罐车7部、抢险救援车4部、泡沫车4部、干粉车2部、云梯消防车1部、高喷车1部。配备有灭火、防护、破拆、侦检、警戒、救生、堵漏、排烟、照明、洗消、训练器材11大类，188种8536件，有效提高了灭火救援的高效处理能力。

2010年，消防支队的执勤车辆

五、火灾事故

1980—1995年，全区共发生火灾529起，死21人，伤56人，经济损失212.56万元。

1998—2010 年东丽区火灾事故统计表

表 24-1

年份	接警(次)	火灾(次)	伤(人)	死亡(人)	挽回经济损失(万元)
1998	489	197	5	1	43
1999	621	342	3	2	55
2000	522	327	2	1	106
2001	466	291	0	1	96
2002	617	262	1	3	111
2003	503	57	0	0	52
2004	543	63	0	0	68
2005	713	49	4	1	46
2006	703	40	0	2	48
2007	1001	89	0	0	237
2008	1214	56	2	3	479
2009	1251	58	3	1	394
2010	1511	33	0	1	108
合计	10154	1864	20	16	1843

典型案例

2007 年 12 月 15 日，区大毕庄镇徐庄村振东物流有限公司 16 号库发生火灾。总队 119 指挥中心立即调派 9 个中队，共计 35 部灭火抢险消防车。东丽、河东、河北和总队指挥员共 200 余名官兵参加火灾扑救工作。区常务副区长、市消防总队长及参谋长等亲临现场指挥作战。参战官兵在灭火指挥部的统一指挥下，英勇顽强，连续作战，成功抢救出 3 名被困人员，火灾被成功扑灭。

第八节　交通管理

一、管理机构

1979 年，称天津市交通大队东郊区民警中队。1990 年 4 月，改编为东郊交通大队，直属市交通总队领导。1997 年 11 月至 2010 年 12 月，更名为天津市公安交通管理局东丽支队。下设：综合室、事故处理科、秩序管理科、安全监督管理科、华明大队、张贵庄大队、军粮城大队、空港经济区大队和东丽湖大队。

二、车辆管理

1980 年，验机动车 3695 部。1990 年 7 月，建立机动车自动检测线，结束人工检验的历史。1995

年，全区共有自检组27个，联检组26个，乡镇农机管理站自检组9个，全年验机动车22135部。2001年，验机动车18971部。2006年，验机动车26432部。

2006年始，交警东丽支队将车辆管理工作交由各交警大队负责，并选派安监民警到各大队负责辖区的车辆管理工作。

2007年，机动车年检验共计43212辆。2008年，机动车年检验共计44354辆。2009年，机动车年检验共计45113辆。2010年，东丽交警支队共有4个交警大队负责对全区车辆进行管理，全年机动车检验共计46225辆。

三、驾驶员管理

1979—1990年，驾驶员培训工作统一由汽车技校司训班集体培训考核。1990年以后，改为由驾校培训，考试合格发证。2006年始，交警东丽支队所属4个交警大队的安监民警将驾驶人进行安全管理，负责对本辖区驾驶人进行管理和交通安全宣传教育工作。2010年，交警东丽支队共有4个交警大队负责对全区78188名驾驶员进行管理。

四、安全管理

1979年，区境公路上警告、路标、禁令等各种标识牌安装齐备，并在津塘公路跃进路口等8个路口相继安装交通信号灯。至2000年，全区公路上共有各种标识牌1763面，交通隔离护栏、护网、隔离带及各类道路标线总长168.25千米；管辖界内国道1条，省道9条，县级道25条，市政道路及乡村道路14条，累计总长度315.7千米，管辖面积475平方千米。1997年10月，随着交管机构扩大，区道路交通组织、交通设施管理、道路施工的监管、危险化学品运输管理，由兼职代管到专人管理，逐步走入正轨。 2005年4月，区招入第一批20名交通协警。2010年，全区交通协警有150人。其中，110名男协警主要担任交通指挥疏导工作，40名女协警主要担任违法处理、停车场管理、危险品运输等窗口服务工作。

五、事故处理

1979年，全区共发生交通事故350起，死亡10人，伤240人。1989年，共发生交通事故415起，死亡45人，伤210人，造成直接经济损失122万元。1994年，全区共发生交通事故2219起，死亡64人，伤657人，造成直接经济损失409万元。

2004年5月1日，《中华人民共和国道路交通安全法》实施后，道路交通事故的规定范围发生变化，原先不属于公安机关交通管理部门受理范围的乡村道路、楼群甬道内发生的交通事故，都纳入到交管部门的受理范围。是年12月，交警东丽支队事故处理机构做出相应调整，事故处理民警又重新回到各交警大队办案，支队事故科仍保留，继续指导各大队办案，调整后使事故处理工作再上新台阶。2004年，全区共发生交通事故10057起，死亡128人，受伤552人，直接财产损失517.9万元。2009年，全区共发生交通事故15061起，死亡67人，受伤595人，直接财产损失696.3万元。2010年，全区共发生交通事故15045起，死亡64人，受伤493人，直接财产损失277.1万元。

典型案例

1989 年 10 月 10 日 17 时 20 分，贯庄村驾驶员于某某（男，32 岁）驾驶带斗大货车，在津塘公路由东向西行至新袁庄村附近时，将车驶入逆道，与对面正常行驶旅行轿车相撞，而尾随于车后的旅行轿车，因车距离近，刹车时也撞在货车上。结果造成死亡 4 人，伤 21 人，一车报废、两车严重损坏的特大交通事故。

第三章　检　察

1979—2010 年，区人民检察院履行宪法和法律赋予的职责，围绕全区经济发展社会稳定的大局，以“理性、平和、文明、规范”的执法理念，开拓进取，扎实工作，强化法律监督、强化自身监督、强化队伍建设，各项检察工作取得新进展。依法履行检察职能，打击刑事犯罪，维护社会大局稳定。查办和预防职务犯罪，发挥检察机关在惩防腐败中的特殊职能作用。加强对侦查、审判、执行活动的法律监督，维护社会公平正义。加强检察机关自身建设，提升执法能力水平和执法公信力。1992 年和 2009 年，区检察院两次被市检察院授予天津市检察机关集体三等功。2010 年，被评为天津市检察机关优秀检察院。2008 年、2010 年两次荣获全国检察宣传先进单位。

第一节　机　构

1980年3月，区检察院正式重建并恢复工作，设办公室、批捕科、起诉科和自侦科。1985年，调整为：办公室、批捕科、起诉科、经济检察科、法纪检察科、监所检察科、控告申诉检察科、政工科。1987年4月，区检察院升格为副区级。1987年11月，增设驻东郊税务分局检察室。1990年8月，增设民事行政检察科，是年12月，设立行政科。1991年1月，设监察科。1997年7月，撤销税务检察室。是年8月，经济检察科更名为反贪污贿赂局。2002年，批捕科更名为侦查监督科，起诉科更名为公诉科。2005年，设法警队。

2010年4月，设未成年人刑事检察科、法律政策研究室。是年6月，成立派驻基层检察室。是年12月，区检察院机构设置：政治处、办公室、法律政策研究室、监察科、反贪污贿赂局、反渎职侵权局、公诉科、侦查监督科、未成年人刑事检察科、职务犯罪预防科、监所检察科、控告申诉科、民事行政检察科、技术科、法警队、行政科、派驻基层检察室17个部门。

第二节　刑事检察

一、侦查监督检察

1980—1982 年，区检察院批捕工作坚持履行职责加强法律监督，搞好社会治安综合治理。办案中坚持打防并举，对发案多、漏洞多的单位进行重点整改，提出检察建议，协助发案单位堵塞漏洞，建立健全各项管理制度。1983—1985 年，审查批捕工作贯彻中共中央“严厉打击严重刑事犯罪”方针，从重从快打击各类严重危害社会治安的刑事犯罪活动，共受理提请批捕案件615件1054人，经审查批准逮捕794人，不批捕152人。1987年始，承担职务犯罪案件中逮捕案犯的审查工作。

1997年，实施新《中华人民共和国刑法》，不断摸索侦查监督方式，依照法律监督程序，加大对公安机关侦查活动的监督力度。如在对犯罪嫌疑人王某某涉嫌故意伤害案作出批准逮捕决定中，区检察院及时向公安机关提出检察建议，要求公安机关对原尸体检验报告进行改正，最后区法院对犯罪嫌疑人王某某做出有罪判决。

2003年，区人民检察院在侦查监督检察过程中，严格审查案件，把握案件的主动权，对于扰乱社会秩序的恶势力予以坚决打击，维护社会公平正义，行使检察机关的监督职能。区人民检察院办理的立案监督案件中，通过对军粮城镇某村犯罪嫌疑人胡某某强奸前妻案进行有效立案监督，使得胡某某被判处有期徒刑6年。在犯罪嫌疑人蒋某某涉嫌寻衅滋事案中，依法追捕2人。经区人民检察院追捕的犯罪嫌疑人顾某某、翟某某被依法判刑。

2006年，区检察院在处理宋某某、寇某盗窃案中，针对办案人员擅自进入嫌疑人住所查取赃物，侵犯嫌疑人合法权益的行为，提出纠正意见。在打黑除恶专项行动中，组建专门审查恶势力犯罪案件专案组，在案件提捕阶段，与公安机关建立联系机制，采取分组按片引导侦查的方法，由专案小组向刑侦支队定期了解案发、破案情况。全年受理提请批捕案件478件733人，经审查批捕441件676人，比2005年分别上升11.9%和11.7%。在审查李某等5人聚众斗殴案中，引导公安机关取证，以涉嫌聚众斗殴罪批捕犯罪嫌疑人，取得较好效果。

2007—2009年，区检察院把维护社会稳定，创建“平安东丽”作为首要任务，受理审查批捕案和立案监督数高居全市第二，批捕案件准确率达百分之百。共受理批捕案件1675件2554人，经审查批捕1601件2421人，不批捕139人，追捕3件4人。区检察院与区公安分局、区法院密切配合，从重从快严厉打击了严重暴力犯罪、黑恶势力犯罪、“两抢一盗”系列侵财犯罪等刑事犯罪活动，维护社会稳定。侦查监督部门立案监督工作要求公安机关说明不立案理由37件52人，公安机关主动立案19件34人。

2010年，区检察院坚持严打方针，履行刑事检察职能，加大立案监督和侦查监督力度。全年，受理提请批捕案件508件746人，经审查，批捕476件712人。 向区公安机关发出不立案理由通知书16件32人，公安机关接通知后立案11件27人；依法改变公安机关定性案件8件14人；追捕21件30人。

1979—2010年东丽区人民检察院审查批捕情况统计表

表24-2

项目 年份	受理		批捕		不捕	退查	其他
	件	人	件	人	人	人	人
1979	99	99	—	67	28	4	0
1980	82	110	—	89	16	5	0
1981	82	123	—	92	23	7	1
1982	75	118	—	92	25	0	1
1983	241	447	—	357	0	0	90

续表 24-2

项目 年份	受理		批捕		不捕	退查	其他
	件	人	件	人	人	人	人
1984	211	354	—	259	89	6	0
1985	163	253	—	178	63	0	12
1986	91	137	—	110	16	0	11
1987	87	124	—	96	26	1	1
1988	124	216	—	200	3	2	11
1989	144	220	—	208	3	0	9
1990	171	296	—	274	0	0	22
1991	160	226	—	201	0	0	25
1992	180	283	155	251	2	2	30
1993	255	448	221	371	5	76	0
1994	286	458	261	366	47	23	27
1995	292	446	259	361	54	0	3
1996	344	514	319	413	49	—	—
1997	265	412	219	315	63	—	—
1998	301	440	260	374	46	—	—
1999	280	404	239	341	58	—	—
2000	284	424	269	404	17	—	—
2001	362	586	334	529	28	—	—
2002	337	501	328	487	15	—	—
2003	345	556	320	507	45	—	—
2004	384	595	368	559	33	—	—
2005	417	647	394	605	30	—	—
2006	478	733	441	676	43	—	—
2007	522	800	504	767	33	—	—
2008	594	912	556	845	65	—	—
2009	559	842	541	809	41	—	—
2010	508	764	476	712	47	—	—

说明：本表（含以下各表）1979—1995 年数据取于首部《东丽区志》，1996—2010 年数据来自区人民检察院提供。受理指当年受理数据，受理后的办理情况含历年转办的案件数据

二、审查起诉

1980 年，区检察院审查起诉，出庭支持公诉，依法对免予起诉人员开展考察教育，落实帮教

1986 年，区人民检察院公诉一起抢劫案

组织及措施，减少和避免重新犯罪。审查起诉工作中，对重大及有影响的案件，在确保质量的前提下从快审查。1988 年，受理谷某某等 5 人结伙盗窃价值 19000 元的案件，由于作案地点、盗窃次数多，窃取物资种类繁杂、数额大，给起诉工作带来较大的困难。为从重从快打击这一重大团伙盗窃犯罪反复核查供证材料，认真提讯案犯，仅用 10 天时间就审结此案。

2004 年，区检察院将出庭支持公诉作为审查起诉工作的重点。对法院处理不当的案件，按照审判监督程序进行口头建议直至提起抗诉。如被告人苏某某、寇某某聚众扰乱社会秩序案，此案在全区乃至全市均有很大影响，被告人苏某某拒不供认，为增强合议庭以及旁听人员直观的感受，决定使用多媒体举证系统示证。区检察院从市公安局提供的数小时聚众堵路现场录像中，重点摘录 10 分钟的片段，结合证人证言等证据向法庭出示，配合公诉人的说明，罪证锁链完备，达到预期效果，获得参加庭审人员的一致认可，终使 2 人受到有罪惩处。

2006 年，张某某等 9 人聚众斗殴、妨害公务案，此案涉及人员多、影响大，且被告人之间还存在推卸、兜揽、隐瞒等问题，承办案件的办案组在审查案卷的基础上，复核相关证言、陈述、鉴定结论，讯问被告人供述，固定了聚众斗殴的证据，增加了故意损坏公私财物罪款。经庭审，法庭完全采信公诉机关的指控。区检察院受理移送审查起诉案件 568 件 889 人，经审查，提起公诉 527 件 825 人，比 2005 年分别上升 3.7%和 2.1%。2006 年 2 月，成立“涉黑涉恶”专案小组，对涉黑涉恶、重大复杂案件做到领导挂牌督办，专案小组提前介入。审查起诉涉恶案件 4 件 12 人，有力打击犯罪分子的嚣张气焰。调整公诉部门人员结构，变办案双轨制为主诉单轨制，全部实行主诉办案组管理。为提高结案效率，共对 266 件适用简化审程序。

2007 年，大宋村翟某某等聚众扰乱社会秩序案，当事人出于谋私目的组织村民围堵某国有企业，借机向政府施加压力，给企业造成上百万元的损失。公诉人员在犯罪嫌疑人被刑事拘留后即提前介入，与公安机关一道分析案情、提出建议，案件移送审结后主诉检察官快审快结。在开庭审理阶段，面对 4 名被告人及 4 名辩护人，公诉人通过讯问、举证、辩论，使 4 名被告人完全认罪。

2007—2009 年，受理审查起诉案件 2108 件 3020 人，提起公诉 1936 件 2792 人。依法发出检察建议 6 件 21 人，发出纠正违法通知书 2 件 3 人，起诉案件准确率达百分之百。刑事抗诉工作共提出抗诉 17 件 31 人，上级院支抗 8 件 15 人。在办理王某某交通肇事案中，一审法院判决王某某无罪，区人民检察院经审查后认为，王某某交通肇事导致 2 人死亡，始终不予供认，但现场证据及检查勘验笔录均证实王某某构成交通肇事罪，经院检委会研究决定抗诉，本案最后发回重审，区法院改判王某某有期徒刑 5 年。

2008 年，区检察院进行一系列公诉改革措施。实行主诉检察官办案责任制，实行普通程序简化审，加快办案节奏，提高工作效率，缓解案件集中与办案人员紧张的矛盾。是年 12 月，区检察院未成年人犯罪案件检察室被评为市优秀青少年维权岗。2009 年，维护未成年人合法权益，坚持惩办与教育相结合，打击与挽救相结合，以案件审查为根本，在办案中实行“宽严相济”和“教育为主，惩罚为辅”的刑事政策。与公安东丽分局会签《关于合适成年人进入看守所参与审查批捕、审查起诉阶段讯问的相关规定》，在全市范围内率先建立。

2010年，区检察院受理移送审查起诉案件646件957人，经审查，提起公诉638件910人，出庭支持公诉457件674人，作出不起诉决定21件23人。在查办刑事案件的同时，探索刑事和解制度，年内对21件22人以刑事和解方式结案。加强审判监督，对4件8人认定事实、适用法律和量刑方面存在问题的刑事判决提出抗诉。深入开展青少年维权岗活动，探索外来未成年人审查逮捕、审查起诉工作机制，适合成年人参与对未成年人司法保护工作机制。全年对26名涉罪未成年人进行帮教。

1979—2010年东丽区人民检察院审查起诉情况统计表

表24-3

项目/年份	受理		起诉		免诉	不诉		其他	
	件	人	件	人	人	件	人	件	人
1979	73	101	56	98	—	—	—	17	8
1980	96	161	96	128	—	—	—	—	23
1981	99	156	98	126	—	—	—	1	30
1982	107	191	96	166	—	—	—	11	25
1983	182	407	170	348	—	—	—	12	59
1984	202	419	164	325	—	—	—	28	94
1985	141	261	106	191	—	—	—	35	70
1986	119	165	87	117	—	—	—	32	48
1987	124	173	106	143	—	—	—	18	30
1988	162	258	143	233	—	—	—	19	25
1989	214	379	151	285	—	—	—	63	94
1990	242	503	202	351	—	—	—	63	152
1991	244	354	182	277	—	—	—	62	77
1992	222	340	174	260	—	—	—	56	88
1993	285	525	231	446	—	—	—	78	128
1994	346	583	275	460	—	—	—	71	123
1995	286	411	234	371	—	—	—	27	32
1996	384	586	333	519	28	6	6	—	—
1997	233	331	209	297	29	2	4	—	—
1998	277	375	256	362	9	3	6	—	—
1999	271	433	261	415	7	2	2	—	—
2000	299	501	291	492	9	1	2	—	—
2001	330	587	319	551	50	1	1	—	—
2002	363	536	350	491	39	3	3	—	—
2003	382	637	358	583	16	6	9	—	—
2004	405	654	374	611	20	4	4	—	—

续表 24-3

项目/年份	受理		起诉		免诉	不诉		其他	
	件	人	件	人	人	件	人	件	人
2005	496	800	508	808	20	3	5	—	—
2006	568	889	527	825	51	5	5	—	—
2007	561	889	545	836	105	10	10	—	—
2008	781	1155	636	1002	59	11	11	—	—
2009	766	976	755	954	41	17	17	—	—
2010	646	957	638	910	70	21	23	—	—

第三节　经济检察

1981年底，区检察院根据严厉打击经济领域中严重犯罪形势的需要，经济检察单设科室。1987年，成立驻区税务分局检察室，强化税收、严格税法，查处偷、抗税案件。1989年，实行侦捕、侦诉分离，需要逮捕人犯的案件由经济科提请批捕科审查逮捕，预审后由起诉科审查起诉并出庭支持公诉。1987—1990年，共查处偷、抗税案件18件，追缴偷漏税款106万元。1991年，办理农业银行军粮城储蓄员刘某某特大贪污案，在掌握其贪污数额仅5000元的情况下，办案人员根据其工作环境、家庭状况及赃款主要用于赌博的事实，系统清查刘经手的历年账目，迅速查清刘某某以开假储蓄存单收储蓄款不下账手段，贪污公款13.1万元的犯罪事实。1992年5月，市中级人民法院一审判处贪污犯刘某某死刑，剥夺政治权利终身。

1997年，区检察院成立反贪污贿赂局，在查处贪污、贿赂案件中，把突破大案要案作为主攻方向。1999年，查办区一学校负责人李某某非法保管“小金库”案，其中李某某贪污6万余元，其余2个助手各贪污1万余元。2005年，查处中国国际航空股份有限公司天津营业部职员马某挪用公款200余万元的大案。1996—2005年，反贪污贿赂局共受理案件746件，立案197件236人，追回挽救经济损失1176万元。

2006年，区反贪局共受理各类案件线索53件，初查26件，立案16件18人，挽回直接经济损失54万元。全面开展治理商业贿赂专项工作，确定了查处商业贿赂背后的职务犯罪的工作重心，查处重点放在工程建设、土地出让、产权交易、医药购销等重点领域。

2007—2009年，区检察院通过办案为国家挽回直接经济损失389万元。2008年，查办农行东丽支行李某某贪污500万元的特大案件，李某某利用在单位二级主管，掌握微机验证密码，能够调拨银行系统内部资金及对前台柜员进行授权的职务之便，擅自将国债保证金内的500万元，转入个人账户，用于归还个人债务。反贪局侦破案件后，区法院以贪污罪判处李某某有期徒刑15年，剥夺政治权利3年。反贪局侦查梁某某等贪污案荣获市检察机关反贪系统2008年度“十大优质案件”。2009年，依法查办区粮食购销有限公司经理刘某等4人贪污窝案串案案件。

2010年，区检察院共受理贪污贿赂等职务犯罪案件线索78件，初查66件，立案47件50人。所立案件中大案44件47人，占93.62%，共为国家和企业挽回直接经济损失156万元。

1979—2010年东丽区人民检察院查处贪污贿赂案情况统计表

表24-4

项目 / 年份	受理	立案		追回损失	免诉	
	件	件	人	万元	件	人
1979	6	1	1	0.50	—	—
1980	14	2	2	0.40	—	—
1981	13	7	7	1.30	2	2
1982	58	26	31	15.00	—	—
1983	16	14	16	2.10	—	—
1984	28	18	25	9.00	2	2
1985	27	10	10	36.50	4	4
1986	70	39	52	16.00	7	9
1987	38	10	11	4.40	3	4
1988	46	22	25	81.00	5	6
1989	120	70	75	66.00	25	29
1990	321	74	80	61.00	—	—
1991	62	36	46	77.00	—	—
1992	55	32	40	62.42	11	—
1993	96	38	46	90.78	17	—
1994	88	38	45	380.00	11	—
1995	134	36	46	1500.00	9	—
1996	129	36	46	150.00	—	—
1997	80	26	34	118.00	—	—
1998	91	13	16	78.00	—	—
1999	73	14	20	43.04	—	—
2000	95	18	19	60.29	—	—
2001	71	22	23	158.16	—	—
2002	63	18	21	104.56	—	—
2003	57	18	18	260.00	—	—
2004	50	15	22	119	—	—
2005	37	16	17	69.16	—	—
2006	53	16	18	54	—	—
2007	59	20	21	78.82	—	—
2008	71	29	31	200	—	—
2009	78	42	44	110	—	—
2010	78	47	50	156	—	—

第四节　渎职侵权检察

1980 年，区检察院法纪检察工作，重点针对个别国家工作人员法制观念淡薄，侵犯公民人身权利和民主权利现象严重的情况，查处非法拘禁、刑讯逼供、诬告陷害、徇私舞弊等案件。1980 年后，法纪检察工作重点放在查处玩忽职守和重大责任事故案件。工作中做好综合治理，协助发案单位整章建制，落实安全生产措施。

1996—2005 年，违纪检察共受理案件 59 件，立案 24 件 24 人，经提起公诉有 14 名犯罪嫌疑人受到刑事责任追究。2006 年 5 月，区人民检察院反渎职侵权局成立后，反渎职侵权检察工作不断深化。是年，查处了东丽交警支队民警金某某徇私枉法案。

2007—2009 年，共立案 13 件 14 人，其中大案 8 件 9 人，要案 1 件 1 人。2008 年，查处区张贵庄街道办事处么某某玩忽职守案。2009 年，办理王某故意伤害案被评为全市反渎职侵权检察部门“优质案”。

2010 年，反渎局共受理案件线索 18 件，初查 9 件，立案 6 件 9 人，全部为重大案件，侦查终结并移送审查起诉 7 件 10 人，提起公诉 6 件 9 人，获得法院有罪判决 4 件 7 人。大要案率 100%，侦结率 100%，起诉率 100%。

1979—2010 年东丽区人民检察院受理渎职侵权案件情况统计表

表 24-5

年份	受理数（件/人）	立案数（件/人）	移送起诉（人）	免予起诉（人）	其他（件/人）
1979	2/2	0	0	0	—
1980	16/16	2/2	1	1	—
1981	9/9	1/1	1	0	—
1982	3/3	1/1	1	0	—
1983	0	0	0	0	—
1984	0	0	0	0	—
1985	14/14	4/4	0	2	—
1986	9/21	5/11	10	1	—
1987	9/12	6/10	8	2	—
1988	10/13	9/11	4	5	—
1989	26/42	9/15	0	0	—
1990	24/26	10/11	0	0	—
1991	22/24	9/9	0	0	—
1992	22/22	9/9	2	8	1/1
1993	17/17	11/11	5	7	—
1994	30/30	5/5	5	0	—

续表 24-5

年份	受理数（件/人）	立案数（件/人）	移送起诉（人）	免予起诉（人）	其他（件/人）
1995	22/22	10/10	10	0	—
1996	31/31	7/7	3	0	—
1997	4/4	2/2	1	0	撤案 1 件
1998	6/6	1/1	0	0	—
1999	1/1	1/1	1	0	—
2000	2/2	2/2	2	0	—
2001	1/1	1/1	1	0	—
2002	3/3	3/3	1	0	—
2003	6/6	3/3	2	0	—
2004	3/3	2/2	2	0	—
2005	2/2	2/2	2	0	—
2006	4/4	1/3	3	0	—
2007	6/6	2/2	2	0	—
2008	8/8	3/3	3	0	—
2009	12/12	8/9	9	0	—
2010	18/18	6/9	9	0	法院作出有罪判决 4 件 7 人

第五节 控告申诉检察

1985 年，区检察院全面受理控告申诉工作任务，坚持以事实为依据，以法律为准绳，做到严肃对待，认真受理，发现问题及时解决。对群众的控告检举和申诉，热情接待，工作中做到不积压不拖拉。特别是发现经济罪案与举报线索，及时迅速初查。署名举报经济犯罪的，查处结果都主动尽快反馈。1988 年 8 月，设立经济罪案举报室，方便群众积极揭发检举经济犯罪。至 1989 年末，共受理群众口头、书面、署名、匿名等形式举报犯罪线索 361 件，其中立案查处 79 件。

对申诉不当的，从法制教育的角度，进行说服和回复。对申诉理由充分的，认真予以纠正。1985 年 9 月，孙某某申诉案，区公安机关经立案侦查，将孙某某以盗窃罪移送起诉，区检察院作了免予起诉处理。1991 年 9 月，孙某某提出申诉后，控申部门进行大量调查工作，认为孙某某案虽属盗窃行为，但系法人所为，数额尚小，不构成犯罪，定罪免诉不当，应予纠正，经检察委员会研究决定作撤案处理。1996—2005 年，控告申诉检察共受理案件 835 件，自行查办 57 件，直接签发 835 件，转办 737 件，存查 41 件。2006 年，控申部门共受理群众来信来访线索 70 件，所有信件均由主管检察长批阅。控申部门召集有关部门召开矛盾调处会议 18 次，研究解决群众关心的土地占用补偿、农村干部职务犯罪等上访问题。

2007—2009年，建立以检察长接待日为龙头，日常接待为主体，预约接待为补充，举报电话受理、举报网络受理等，多种形式结合的控申举报接待工作体系，拓宽了群众上访渠道。创新推出“诚、稳、快、实、情”五字接待法。共受理来信来访467件708人，其中集体访91件415人，检察长接待来访87件121人。将人民监督员接访工作机制引入到信访接待工作中。在2008年全国两会和举办北京奥运会等特殊时期，对涉检涉诉案件逐件排查，制定预案，妥善处理了8起案件，实现了涉检“零进京访”工作目标。是年10月，控申部门被市委政法委授予市政法系统奥运安保维稳先进集体。

2010年，受理群众来信、来访362件587人。其中检察长接待44次，处理案件41件101人、集体访32件175人。在全国“两会”、“世博会”及“达沃斯论坛和世界气候大会”期间，加强对涉检诉访逐件排查，建立了全方位、动态化的预警机制，及时消除隐患，堵塞漏洞，妥善处理，实现了涉检“零进京访”的目标。

1985—2010年东丽区人民检察院控申情况统计表

表24-6　　单位：件

年份	受理数		自行查办	直接签发	转办	存查	备注
	控告	申诉					
1985	71	16	8	9	64	6	—
1986	53	8	4	3	43	11	—
1987	110	0	7	0	100	3	—
1988	252	7	14	38	196	11	—
1989	344	0	15	15	290	24	—
1990	249	0	41	17	168	23	—
1991	122	2	5	14	196	9	—
1992	117	3	7	9	34	6	—
1993	115	2	7	2	27	11	—
1994	201	2	6	7	39	21	—
1995	101	4	4	101	37	13	—
1996	197	5	20	9	45	15	含重复42件
1997	186	4	13	12	77	36	含重复54件
1998	135	3	16	5	28	7	—
1999	141	4	11	65	46	12	—
2000	129	4	13	41	67	21	—
2001	115	3	6	115	99	16	—
2002	130	9	22	130	111	19	—

续表 24-6

年份	受理数		自行查办	直接签发	转办	存查	备注
	控告	申诉					
2003	78	7	12	78	64	2	—
2004	74	1	9	74	65	3	—
2005	46	1	4	46	44	1	—
2006	30	4	4	30	2	2	—
2007	2	1	1	2	2	4	—
2008	16	11	17	16	10	3	—
2009	233	17	30	233	220	5	—
2010	142	67	85	142	120	4	—

第六节 民事行政检察

1990 年 8 月，区检察院设立民事行政检察科，负责对民事审判活动、行政诉讼活动实行法律监督。成立初期的工作主要是从法制宣传入手，把检察机关的民事、行政诉讼监督范围以及权限等告之于民。同时对重大、疑难的民事案件派员出庭，在评审中了解情况。对不服行政处罚提出申诉的当事人或法定代理人，进行法制教育。如受理季某某不服公安行政处罚的申诉案后，经过对全案的调查研究，认为处罚恰当。遂对当事人进行了深入细致的思想工作，使其服从并接受了行政处罚。对人民法院正确的判决、裁定，做好当事人的服判息诉工作。如肖某某申诉案，区检察院提请抗诉获得上级院支持后，法院启动再审中，当庭调解结案，取得良好社会效果。

1996—2005 年，民事行政检察共受理案件 181 件，立案 75 件，提出抗诉和建议抗诉共 60 件。2006 年，全年共受理各类民事行政申诉案件 18 件，经审查，提请抗诉和建议抗诉 8 件，上级院支抗 5 件。

2007—2009 年，民事行政检察受理民事申诉案件 79 件，经审查立案 26 件，不立案 42 件，终止审查 1 件，向上级院提抗 12 件，建抗 10 件，法院再审改判 2 件。工作中，耐心做好申诉人工作，由于工作得法，避免多起不必要的上访和控告。

2010 年，受理各类民事申诉案件 57 件，经审查，向上级院提请抗诉和建议抗诉 12 件，督促、支持起诉 11 件。

1999—2010 年东丽区人民检察院受理民事申诉案件情况统计表

表 24-7　　单位：件

年 份	受理数	立案数	提请建议抗诉数	其 他
1999	17	3	2	

续表 24-7

年 份	受理数	立案数	提请建议抗诉数	其 他
2000	23	5	4	
2001	26	3	3	
2002	26	16	9	
2003	10	6	6	
2004	17	9	8	
2005	17	9	8	
2006	18	9	8	上级检察院支抗 5 件，法院再审改判 1 件
2007	17	8	8	上级检察院支抗 3 件，法院再审改判 2 件
2008	31	8	8	
2009	31	10	10	
2010	57	12	12	

第七节　监所检察

1979 年，监所检察工作由批捕部门承担。1985 年，设立监所检察科，独立行使权力，全面负责对看守所检察和对社会服刑“五种人（管制、缓刑、假释、监外执行、剥夺政治权利）”的监督考察及帮教工作。监所检察工作重点放在接收人犯法律手续的完备程度，羁押人犯是否超时超限，有无久押不决的问题，防止以拘代侦、以拘代捕等违法现象发生。监督看守、管教人员及具体案件承办人员在提解、管理、释放人犯过程中，有无违法犯罪情况发生。监所检察工作配合看守所严格管理，防止人犯出现自杀、脱逃、串供等事故，协助管教人员对人犯进行认罪服法教育，开展坦白检举活动等，使人犯能够正确接受法制教育，加强改造，争取重新做人。重点抓监外人员的执行情况检察工作，在区公安分局配合下，多次集中对全区社会改造（缓刑、假释、暂予监外、管制、剥夺政治权利）考察对象进行考察。对监管措施不落实的，及时向主管公安机关提出纠正；对监管方面底档清晰、管理认真、执行较好的，提出表扬；对考察中发现的突出问题，采取措施沟通联系得以解决。2004 年，区检察院驻看守所检察室被评为全国“三级检察室”。

2006 年，区检察院以监管活动和刑罚执行情况为重点，加强监所检察工作。全年共开展入所检察 460 人次，出所检察 363 人次，所内巡视检察 240 人次，交付执行检察 210 人次，帮教在押人员 300 次，安全防范检察 15 次。2007 年，驻看守所检察室被最高人民检察院评为全国“二级检察室”。年内，注重维护在押人员的合法权益，为 1 名在押犯纠正错误刑期。配合区委政法委开展核查纠正监外执行罪犯脱管、漏管的专项行动。2008 年，加强刑罚执行监督，重点纠正超期羁押、违法减刑、假释、保外就医等问题。区人民检察院驻所检察室与区看守所联合行动，开展了为期一个月的严厉打击“牢头狱霸”的专项行动，维护监管秩序。

2007—2009 年，监所检察入所检察 2288 人次，出所检察 2024 人次。交付执行检察 1187 人次，提出书面口头检察建议及纠正违法 18 件，开展监外执行情况检察 10 次。突出刑罚执行和监管活动的监督重点。

2010 年，共对 1113 名在押人员的羁押期限、交付执行等情况进行动态检察，对全区 450 名监外服刑人员的刑罚变更、执行情况开展专门检察，与区看守所联合开展安全防范检查 12 次，促进监管执法规范化。

第八节 职务犯罪预防

1997 年 8 月，区人民检察院反贪污贿赂局成立后，开展职务犯罪预防工作。2003 年 1 月，反贪局报送《加强对物资采购环节监督制约》检察建议，被最高人民检察院评定为全国检察机关预防职务犯罪优秀检察建议。

2007—2009 年，职务犯罪预防工作结合职务犯罪案件发出检察建议 21 件，预防咨询 23 次，开展警示教育 31 次，职务犯罪线索处置 12 件，完成职务犯罪案例剖析 17 件，行贿犯罪档案查询 30 次涉及 800 余个单位。2008 年，制定《预防职务犯罪工作实施办法》。《马忠挪用公款案分析》获得 2008 年度全国检察机关预防“十佳案例分析”。在预防工作中，开展重大项目预防与开展系统预防相结合。对天津滨海国际机场航站楼工程改造及国电津能天津有限公司立项开展了重大工程建设预防。通过以案释法和举办廉政展览等，进行法制宣传教育 181 次，受教育人数 1 万人次，针对发案单位存在的问题，提出书面检察建议 90 份，选择案件多发的行业领域建立预防网络 31 个，配合交通、教育、金融等 8 个重点部门联合开展了系统预防，深入 2 个亿元以上的区级重大建设项目进行了同步预防，形成预防网络体系，为有关单位提供行贿犯罪档案查询 173 次。

2009 年，区人民检察院开展系统预防，协助东丽供电分公司与 70 余家供货单位签订《东丽供电分公司合作单位禁止商业贿赂保证书》，对国家重点项目东北郊电厂、渤海精细化基地等重点工程项目开展重点预防，与天津军粮城发电有限公司签订共同开展职务犯罪预防工作实施意见。是年，区人民检察院在天津钢管集团有限公司，召开预防职务犯罪警示教育宣讲会。对区新当选的 150 余名农村基层组织两委会人员进行法制警示教育。

2010 年，预防工作注重做好警示教育和预防咨询，以检企共建为平台，扩大预防工作。深入区建委、二十冶天津建设有限公司、国电津能有限公司等开展警示教育 15 次、预防咨询 30 次。邀请市人民检察院有关部门人员共同深入军粮城发电有限公司，开展“迎新春、颂廉洁”文化教育活动。积极参与社会管理创新，在全区 9 个街乡设立检察工作室，加强对街乡的法制宣传和职务犯罪预防，接待人民群众来信来访和提供法律咨询，受理群众举报和控告申诉等。

第四章 法 院

1979—2010 年，东丽区人民法院依法履行审判职责。刑事审判保持对严重刑事犯罪高压态势，推进法治社会进程，逐渐加大刑事司法领域人权保护力度，工作重心逐渐由打击恶性暴力犯罪转向维护辖区稳定。民商事审判依法调节个人、家庭及经济组织之间各类社会关系，化解矛盾并维护各方的合法权益，不断拓展案件审理范围。行政审判注重保护和监督行政机关依法行政，逐步加大对公民、法人和其他组织合法权益的保护力度。执行工作通过开展执行会战和“执行年”活动，不断改进工作方式，保证判决结果得到落实，维护法律的严肃性。32 年间，区法院年受理案件数量增长近 20 倍，内设部门由 1979 年的 6 个增至 2010 年的 21 个，工作人员从 30 人扩充到 134 人。

第一节 机 构

1979 年，区法院内设办公室、司法科、刑事审判庭、民事审判庭、军粮城人民法庭、大毕庄人民法庭和荒草坨人民法庭。1982 年，区法院撤销司法科，成立经济审判庭和执行组。1987 年 2 月，设立人事科。是年 10 月，成立执行庭。1988 年 3 月，设立行政审判庭。1989 年 5 月，设立告诉申诉庭。1990 年 2 月，成立监察室，10 月设立调研室。1996—2002 年，先后成立东丽法院法警队，组建审判监督庭，将经济审判庭和房地产审判庭合并更名为民事审判第二庭，设立民事审判第三庭和庭前准备庭。2008 年 2 月，设立司法技术辅助办公室，与办公室合署办公。是年，成立联合调解工作室。2010 年，区人民法院内设部门为：政治处、办公室（司辅办）、财务科、信访科、监察室、研究室、刑一庭、刑二庭、审判监督庭、行政审判庭、民一庭、民二庭、民三庭、庭前准备庭、执行庭、立案庭、法警队、程林中心法庭、新立中心法庭、华明中心法庭、军粮城中心法庭。

第二节 刑事审判

1979—1989 年，区法院刑事审判工作依照《中华人民共和国刑法》《中华人民共和国刑事诉讼法》及全国人大常委关于从重从快的有关决定，针对刑事案犯中青少年占比例偏高的现象，对失足青少年着重教育改造，立足挽救，对有悔改表现的给予悔过自新、重新做人的机会，促进其向好的方面转化；对屡教不改、罪行严重的，从重从快进行打击。

2010 年 5 月，区法院对李某拒不执行法院判决案件进行公开审理

1990—1995 年，根据刑事案件逐年上升的形势，以公开审判为主线，贯彻严打精神，重点审理了组织他人偷越国境案、贩运伪造国家货币案，强迫妇女卖淫案、私藏枪支弹药案。成立青少年合议庭，聘请区教育局、团区委和部分中学教师担任少年合议庭的陪审员。

1996—2000 年，贯彻实施修订后刑法和刑事诉讼法，坚持严打，打击重点指向各种暴力犯罪、涉枪犯罪和团伙犯罪。严格执行审判程序制度，强化当事人举证和当庭质证职能。加强少年审判工作，从区工会、妇联、团委和教委聘请特邀陪审员。

2001 年，审理东丽区首起邪教组织破坏国家法律实施案，以利用邪教组织破坏法律实施罪分别从重判处 2 名被告人有期徒刑 6 年和有期徒刑 3 年。该案件是经中央 610 办公室批准在天津市公开报道的唯一一起邪教组织犯罪案件，并作为案例被国家有关部门予以刊用。

2002—2003 年，保持对严重刑事犯罪的高压态势，加大刑事司法领域人权保护力度。杜绝超期羁押案件，为符合条件的未成年被告人及聋哑被告人指定辩护人。2004—2010 年，以维护社会稳定为首要任务，加强对涉枪犯罪、聚众扰乱社会治安等类型案件的审理，全面推行量刑规范化，确立基准刑，量刑程序、裁量标准公开。

1979—2010 年东丽区人民法院刑事案件收结案统计表

表 24-8

年份	收案件数	结案件数	年份	收案件数	结案件数
1979	68	57	1995	275	264
1980	97	83	1996	400	391
1981	108	98	1997	263	254
1982	140	123	1998	299	290
1983	176	156	1999	282	276
1984	235	223	2000	353	341
1985	138	129	2001	406	394
1986	160	134	2002	352	327
1987	120	110	2003	417	409
1988	176	173	2004	418	405
1989	166	153	2005	521	487
1990	230	209	2006	587	537
1991	213	209	2007	576	540
1992	220	215	2008	637	599
1993	275	263	2009	651	630
1994	315	304	2010	627	608

第三节　民事审判

1979—1981 年，区法院充实民庭和基层人民法庭的审判人员，贯彻“依靠群众、调查研究、有利生产、调解为主”的方针，集中精力审理财产权益、婚姻家庭、打架斗殴等民事纠纷案件。针对涉及赡养纠纷案件逐年增多的情况，采取案件审理与法律宣传相结合的方式，有效化解矛盾。

1982—1990 年，按照《中华人民共和国民事诉讼法（试行）》和《中华人民共和国民法通则》，严格依法办案。1988 年，区法院制定《区人民法院关于严格执行民事诉讼当事人举证责任规定的意见》（草案）。

1991—1992 年，按照新颁布实施的《中华人民共和国民事诉讼法》，制定《东丽区人民法院实施〈民诉法〉有关问题细则》，下放一般民事和经济案件的审核批准权，将工作重心放在基层人民法庭，方便群众诉讼。加强对基层调解组织的指导，针对典型案例，采用公开审理的形式，邀请各村调解委员会主任参加旁听，收到很好的社会效果。

1993—1994 年，加强对基层调解组织指导，各种民事纠纷的民间消化量不断增加，成讼案件呈现下降趋势。人身损害赔偿案件增多，2 年共受理 108 件，收集证据及证据鉴别难等问题凸显。审结新型案件包括名誉权、名称纠纷，涉外劳动争议，著作权争议。

1995 年，落实当事人举证责任制度，妥善处理了欢坨村 51 户村民诉村委会返还电话费案件。是年，制定《东丽区人民法院审理道路交通事故赔偿案件的具体办法》的试行意见，得到天津市中、高两级法院的肯定，并在全市法院推广。

1996—1998 年，重点规范民事案件审理工作，采取“一步到庭”的审判方式，强化当事人的举证责任。1996 年，在市法院系统率先成立交通事故巡回法庭。1998 年，在审理交通事故赔偿案件中，对肇事汽车司机逃逸案件，依法判决注册车主承担赔偿责任，维护受害当事人的利益。

1999—2001 年，建立矛盾纠纷排查调处工作制度，加大对涉及企业职工工资及下岗职工安置等案件的审理力度，为存在隐患和漏洞的企业单位提出司法建议。

2002—2007 年，坚持民事审判服务于辖区稳定的大局，加大案件调解工作力度。针对区城市化发展过程中，农村集体组织成员资格确认、土地补偿和人口安置补助纠纷案件大量增加等问题，深入基层调研，统一案件裁判尺度，到镇街乡干部培训班讲解相关法律规定、邀请镇街乡干部和村两委会负责人旁听此类案件的审理，化解矛盾纠纷。

2010 年 11 月，区法院与工商东丽分局、区消费者协会成立消费者纠纷联合调解室的揭牌

2008—2010 年，贯彻落实劳动合同法立法精神，重点加强对涉及劳动者保护和企业发展案件的审理，仅 2008 年就审结劳动争议案件 884 件。

2010 年，强化诉讼调解，区法院与工商东丽分局、区消费者协会联合成立全市首个消费者纠纷联合调解室，共同调解化解消费纠纷，当年民事案件调撤率达 53.7%。

1979—2010 年东丽区人民法院民事案件收结案统计表

表 24-9

年份	收案件数	结案件数	年份	收案件数	结案件数
1979	291	274	1995	938	899
1980	382	345	1996	1231	1198
1981	445	416	1997	1391	1347
1982	522	446	1998	1986	1941
1983	472	430	1999	2229	2203
1984	424	404	2000	2505	2489
1985	431	381	2001	2304	2262
1986	698	479	2002	2975	2930
1987	817	767	2003	3146	2989
1988	936	832	2004	2362	2328

续表 24-9

年份	收案件数	结案件数	年份	收案件数	结案件数
1989	976	803	2005	2830	2527
1990	973	866	2006	2486	2410
1991	966	917	2007	2867	2704
1992	960	917	2008	4026	3785
1993	898	865	2009	4097	3836
1994	888	864	2010	3673	3513

第四节 商事审判

1982 年，经济审判庭正式成立。是年，受理土地、买卖、加工承包、购销合同等案件 18 件，审结 13 件。

1983—1990 年，遵照《中华人民共和国经济合同法》《中华人民共和国民事诉讼法》的立法精神，坚持以“调解为主，审判为辅”的原则，依法处理经济纠纷案件。妥善处理 “哈白兔”养殖纠纷案等一系列重大疑难案件。

1991 年，随着经济领域治理整顿的深化和清理三角债工作不断进展，经济纠纷案件数量回落，收案较 1990 年下降 54.1%。是年，区法院成立巡回法律咨询服务小分队，为驻区大型企业和重点村集体企业提供咨询服务，进行义务法律咨询 9 次，巡回讲授经济合同法，帮助企业解决签约、履约中的问题。

1992 年，区法院设立咨询服务点，为部分乡镇企业、驻区大中型企业提供全方位、多侧面的法律咨询服务，全年为驻区企业挽回经济损失 620 万元。是年，审理天津市金星工艺品厂申请破产案，系《中华人民共和国企业破产法》颁布后，区法院受理的首起破产案件。

1993—1994 年，区法院成立经济纠纷调解中心，在区辖区内乡镇企业和大中型国有企业中设立 15 个常设法律服务点，开展法制共建活动，与军粮城镇一村、兴农村等 5 个企业和村队建立法制共建关系。区法院专门服务小分队为 5 家企业清理债权债务 106.2 万元，追回外欠款 43.2 万元。

1995 年，妥善处理涉及 100 个单位和个人的天津市参琦天然食品饮料公司破产案，维护当事人的合法权益。1986—1995 年，共受理经济纠纷案总标的金额 1.739 亿元，为区境企业挽回经济损失 1.038 亿元。

1996—1997 年，深化庭审方式改革，举办商事审判庭审观摩。在案件审理中，注重平等对待各种所有制经济主体，推进社会主义经济新秩序的建立。

1998—2002 年，强化经济审判的服务职能。针对受理案件中出现的技术合同和票据纠纷等新类型案件。加大对各类买卖合同纠纷案件、企业破产案件和涉及企业改制案件的审理力度。对企业以及其他市场主体在企业管理、生产经营及企业改制中存在的问题，审理中注重提出司法建议，维护各方利益。

2003—2006 年，维护公平竞争的市场秩序和稳定的金融秩序，审理中注重规范企业行为。针对金融借贷案件和各类经济合同纠纷急剧增多的情况，采取集中送达、集中审理、集中评议的方式，加快审结速度，维护市场经济秩序，确保交易安全。

2007—2010 年，商事审判重点集中在金融纠纷案件。审理过程中，协助金融单位强化内部管理，规范贷款行为。

2009 年，全球金融危机爆发后，区法院深入街巷及驻区企业调研，制定《当前形势下做好审判和执行工作应当注意的问题》《东丽区人民法院应对金融危机，服务辖区社会的六项措施》，从严把握合同解除、撤销、变更条件和标准，促进合同履行。审慎处理破产案件，把握破产条件，妥善解决破产企业职工安置和债权人保护等问题。

1983—2010 年东丽区人民法院商事案件收结案统计表

表 24-10

年份	收案件数	结案件数	年份	收案件数	结案件数
1983	16	8	1997	1044	990
1984	58	46	1998	746	712
1985	116	92	1999	913	883
1986	185	126	2000	948	942
1987	247	185	2001	887	853
1988	209	131	2002	975	936
1989	298	180	2003	903	867
1990	638	556	2004	1079	1036
1991	293	249	2005	1122	1078
1992	277	238	2006	1164	1127
1993	391	342	2007	1448	1367
1994	489	448	2008	1184	1113
1995	695	593	2009	949	892
1996	902	834	2010	936	895

第五节　行政审判

1987 年，区法院组建行政审判庭。是年 9 月，公开审理第一起治安行政案件。1990 年，《中华人民共和国行政诉讼法》颁布实施后，严格依照该法律规定进行审判。

1991—1992 年，加强《中华人民共和国行政诉讼法》宣传工作。1992 年 6 月，指导一百中学开展“行政审判模拟法庭”，收到良好的教育效果。

1993 年，审理行政争议案件，担负行政执行任务，全年强制执行 36 件行政裁决。

1994 年，对么六桥回族乡流芳台村 2 户村民违法占地建房案，采取强制执行措施，维护了行政机关的权威，教育了民众。

1995 年，审理曹某某不服天津市公安局治安管理处罚裁决书案，最终公安局败诉。

2003—2010 年，逐步摸索行政诉讼方式改革。为华明新市镇还迁工程，市、区年度民心工程，提供法律支持。对中国一重项目 21 件强制拆除房屋交出土地案为代表的 80 余件非诉执行案件的合法性审查中，全部裁定准予强制执行，为进入执行程序打下坚实的司法基础。2003 年，加大对公民法人和其他组织合法权益的保护力度。全年审结的行政诉讼案件中，行政机关败诉率达 22.7%。2004—2005 年，加强对行政审判规律的研究，强化被告的举证责任，完善庭审功能。正确处理司法权和行政权的关系，在非诉行政执行案件的审查中，引入听证制度，增强行政审判工作的透明度。2006—2007 年，探索行政诉讼的协调机制，提升行政审判的社会效果。2006 年，在审理一起不服工伤认定案件时，尝试庭外调解，促使当事人之间庭外和解并及时履行，首次实行利用协调手段解决行政争议案件。2008 年，在全市法院系统率先依法建立非诉行政执行案件委托执行机制，将法院裁定准予执行的非诉案件委托具有执行职能的行政机关执行，理顺和规范行政机关的执行职能，加大非诉案件的执行力度。

1987—2010 年东丽区人民法院行政案件收结案统计表

表 24-11

年份	收案件数	结案件数	年份	收案件数	结案件数
1987	2	2	1999	265	265
1988	5	5	2000	7	7
1989	4	4	2001	64	56
1990	4	4	2002	20	20
1991	8	8	2003	48	48
1992	2	2	2004	63	63
1993	37	36	2005	21	21
1994	9	9	2006	29	29
1995	5	5	2007	30	29
1996	27	21	2008	102	94
1997	64	64	2009	35	33
1998	51	42	2010	38	36

第六节　案件执行

1979—1981 年，区法院裁判文书的执行工作均由案件主审法官负责。1982 年，建立执行组，着力解决长期拖延执行的民事案件。1987 年，成立执行庭，依法执行已经发生法律效力的刑事、民事、经济纠纷和行政案件的判决及裁定。

1991—1995 年，区法院针对“执行难”情况，探索对策，加大力量，对未执行案件分类排队，采取开展大规模执行会战、重点执行积案集中解决、对拒不执行生效法律文书的当事人实行司法拘留等措施，有效推动执行工作。1993 年 6 月，成立公路执行室，配合公路执法人员清理违法占路和被损坏公共设施。

1996 年，建立被执行人财产申报制度，集中召开被执行人法制宣传教育大会，全年结案数量比 1995 年上升 41.7%。

1998—2000 年，开展“执行年”等集中执行会战活动，采取划片执行和重点执行相结合、落实被执行人财产申报制度、拍卖被扣押物品和对拒不执行当事人行政拘留等方法，有效清理执行积案。1998 年，全年执结各类案件 1466 件，比 1997 年上升 136.45%。

2002—2003 年，加强对执行案件的监督检查，区法院制定《被执行人财产申报制度》《悬赏举报制度》《超四个月未结案件联动执行制度》《执行中止、终结、和解和请示操作规程》《外出执行若干规定》《执行款物发放制度》等文件，规范执行人员的执法行为。应用执行案件管理系统软件对执行工作进行全方位控制，规范执行工作程序。

2004—2006 年，制定实施、推动“阳光执行”工程，在全市法院系统首次实行《执行进程告知制度》，增强执行工作透明度，实行执行程序全公开。推行执行风险告知制度，建立执行案件公开听证制度。

2007—2008 年，改进执行工作管理方式，完善执行工作责任制。建立庭长、副庭长、执行员三级工作责任体系，实行执行员外出登记制度和执行工作月通报制度。制定《执行案件审查监督工作规定》，有效防止消极执行和拖延执行。

2009—2010 年，完善执行“四公开”（公开执行人员，公开执行风险，公开执行进程，公开执行款物分配情况）机制，保证当事人的知情权。组织力量进行清理执行积案工作，对具备执行条件案件全部执行完毕。2010 年，区法院被市高级人民法院授予清理执行积案工作先进集体。

1985—2010 年，东丽区人民法院执行案件收结案统计表

表 24-12

年份	收案件数	结案件数	年份	收案件数	结案件数
1985	44	32	1998	1681	1466
1986	73	43	1999	1879	1813
1987	193	85	2000	1879	1929
1988	199	126	2001	1520	1485
1989	357	164	2002	1410	1283
1990	345	169	2003	1718	1653
1991	303	192	2004	1888	1803
1992	345	225	2005	1786	1644
1993	469	296	2006	1737	1649
1994	439	302	2007	2062	1931
1995	490	266	2008	2204	2020

续表 24-12

年份	收案件数	结案件数	年份	收案件数	结案件数
1996	724	377	2009	2256	2103
1997	1277	620	2010	2029	1958

第七节　审判监督

一、告诉和申诉

1979 年，区法院告诉和申诉工作由信访接待室专人负责群众来信来访及院长接待日。1989 年 5 月，由告诉申诉庭负责刑事、民事、行政、经济案件的立案及审结案件的申诉复查和再审、重审工作。

1992 年，制定《东丽区人民法院告诉申诉细则（试行）》，规范告诉工作。是年，审查立案 1188 件，立案处理申诉案 58 件，审查再审重审 12 件。

1998 年，设立多功能接待厅，集中办理咨询、接待、审查立案、收退费等业务。全年审查立案 3686 件，处理来信 39 件，接待群众来访 1000 余人次，办理诉前保全案件 7 件，支付令案件 20 件，公示催告案件 12 件，裁定不予受理案件 1 件。

1999 年，接待群众来访 657 人次，处理来信 63 件。办理诉前保全 12 件、公示催告 10 件，支付令 3 件。

2003—2007 年，实行信访工作责任制，建立起由院长、庭长和干警构成的信访接待网络。纪检监察部门和审监庭共同办理信访案件。

2008—2009 年，成立诉讼服务中心，向当事人提供诉讼引导、材料收转、判后答疑、信访接待等 8 个项目的服务。2009 年，诉服中心参予立案调解 197 人次，信访接待 188 人次，判后答疑 109 人次。开辟下访渠道，深入信访当事人的单位或家中，成功化解信访案件 14 起。

2010 年，坚持院长接待制度并建立每周一次的信访工作例会制度。接信、接访 149 人次，占全部信访案件的 75.6%。

2009 年 3 月，区法院工作人员为当事人提供法律咨询服务

二、案件复查

1980—1990 年，对 1955—1965 年间审理的反革命案件和其他政治性案件进行全面复查，移送市高级法院 1 件，改判无罪 2 件，做其他处理 7 件，其余均维持原判。

1992 年，对 76 件已终结的刑事、经济、民事案件进行抽查。是年 3 月，区法院制定《再审程序实施细则》。

1993 年，抽查案件 300 件，再审案 1 件。1994 年，评查案件 300 件，再审案 4 件。1995 年，抽查 400 件，再审案 2 件。

1998—2002 年，实行申诉、申请再审案件听证制度，审查当事人申请及检察机关抗诉提起再审案件。受理再审案件 69 件，审结 66 件，评查各类案件 10000 余件。

2003—2007 年，建立案件质量评查、评估体系，由审判监督庭对生效案件进行普查与审判委员会对发回重审和改判案件进行重点评查，定期下发案件质量评查通报，对存在质量问题案件的承办人进行处罚。审判委员会对进入再审程序的案件重点把关，确保再审质量。2007 年，受理再审案件 8 件，审结 6 件。审判监督庭普查归档案件 4000 余件，审判委员会评查发回改判案件 63 件。

2008—2010 年，加大对生效案件的评查力度。审判委员会对发回改判案件进行重点评查，并抽查归档案件。2008 年，对 4 件进入再审程序的生效案件予以改判，抽查归档案件 750 件。2009 年，对 2 件予以改判，抽查 710 件。2003—2010 年，共受理再审案件 79 件，审结 77 件，结案率达 97.5%。

典型案例

1987 年 6 月 20 日，经济庭开庭审理国营河北省平山机械厂诉军粮城机械厂承揽加工合同纠纷案。

原告（定作方）、被告（承揽方），于 1985 年 8 月 14 日签订双梁桥式起重机承揽加工合同，货价款 83810 元，交货期为 1985 年底，定作方预付百分之五十货款。承揽方按期通知定作方提货验收，并交清货款。定作方付款后，以承揽方未能提供与产品相符的说明书及验收仪器和量具为由，拒绝提货，并诉至区法院要求承揽方退款，赔偿由此造成的经济损失和违约金。

承办人详细询问了事情经过，进行实地勘查后认为：双梁桥式起重机质量是解决此案的关键。在调解无效的情况下，到原告单位调查，又请专家鉴定。经天津市标准局质量检脸站第 57 站技术鉴定，符合机械工业部颁发标准(jB1036-82)各项性能要求，确定该机器合格。原告在事实面前承认机器合格，从而使诉程 16 个月的疑难案件得以圆满解决。

第五章　司法行政

东丽区司法行政事业，经改革发展，机构性质从单一的行政体制，发展到行政、事业体制、合伙等多种体制并存的格局。区司法局紧紧围绕区委、区政府的中心工作，以维护社会稳定为首任，以提高服务质量为中心，以夯实基层基础为重点，以强化队伍建设为保证，按照“抓班子，带队伍，强基层，创亮点，保稳定”的工作思路，充分发挥法制宣传、法律服务、法律保障职能作用，司法行政事业呈现大发展、大繁荣的良好局面，为促进全区经济建设、社会发展及和谐稳定发挥了重要作用。

第一节　机　构

1981 年 10 月，区司法局成立，内设办公室、司法业务科、宣传教育科、法律顾问处。1982 年，设立区公证处。1986 年，司法业务科更名为调解工作管理科。1988 年，调解工作管理科更名为基层工作管理科。1992 年，法律顾问处更名为天津市第一律师事务所。1994 年，设立律师管理科。1997 年，区司法局内设办公室、政工科、宣传教育科、公证律师管理科、基层工作管理科、帮教安置科、公证处，下辖第一、远东 2 个事业性质律师事务所。2001 年 12 月，建立区法律援助中心。2001 年，内设办公室、政工科、法制宣传教育科（区依法治区领导小组办公室）、基层工作管理科、安置帮教工作管理科（区刑释解教人员安置帮教工作协调小组办公室）、公证律师工作管理科、公证处 7 个职能科室。2006 年 12 月，区公证处更名为东丽公证处。2007 年 12 月，各镇街乡司法所机构单独设置，为司法局派出机构。2008 年，区司法局机关增设社区矫正管理科和媒体法制宣传科。2010 年，区司法局科室为办公室、政治处、法制宣传教育科、媒体宣传科、基层工作管理科、社区矫正工作管理科、帮教安置工作管理科、法律服务管理科。

第二节　普法宣传

一、“一五”普法

1986—1990 年，全区实施“一五”普法。重点普及《中华人民共和国宪法》《中华人民共和国婚姻法》《中华人民共和国刑法》《中华人民共和国刑事诉讼法》《中华人民共和国民法通则》《中华人民共和国民事诉讼法》《中华人民共和国经济合同法》《中华人民共和国继承法》《中华人民共和国兵役法》《中华人民共和国治安管理处罚条例》。普及对象是工人、农民、知识分子、干部、学生、军人、其他劳动者和城镇居民中一切有接受教育能力的公民。组织宣传活动 911 次，举行法律讲座 276 次，发放法律常识读本 12 万册，发放宣传材料 26593 份，制作黑板报 204 期，开展图片展览 682 次。法律常识普及率达 93%。全区 17.63 万人取得了普及法律常识合格证，占应普法对象的 89%。

二、“二五”普法

1991—1995 年，全区实施“二五”普法。重点普及《中华人民共和国宪法》《中华人民共和国行政诉讼法》《中华人民共和国集会游行示威法》《中华人民共和国土地管理法》《中华人民共和国残疾人保障法》《中华人民共和国义务教育法》《中华人民共和国妇女权益保障法》《中华人民共和国未成年人保护法》《中华人民共和国消费者权益保护法》《中华人民共和国产品质量法》《中华人民共和国反不正当竞争法》《中华人民共和国环境保护法》《全国人大常委会关于禁毒的决定》《中华人民共和国公务员暂行条例》《天津市社会治安综合治理工作条例》《天津市计划生育工作条例》等 28 项法律、法规和决定。普法重点对象是区处级以上领导干部、行政执法人员、司法人员、中学在校学生。其间，组织宣传活动 18 次，组织各类讲课 253 次，听课人数达 23860 人次，开展图片展览 165 次，发放宣传材料及教材 45750 册，举办培训班 38 次，培训骨干 2130 人次，开展法律咨询 18 次，受教育人数达 33540 人次。1991 年，区司法局被评为“全国税法宣传教育先进单位”。

三、"三五"普法

1996—2000年，全区实施"三五"普法。主要宣传内容是深入学习邓小平关于社会主义民主与法制的理论；继续学习宪法和宪法修正案；重点学习社会主义市场经济法律知识以及同工作、生产、生活密切相关的基本法律知识；学习有关维护社会治安的法律等。普法重点对象是区处级领导干部、行政执法人员、企业经营管理人员和青少年。其间，首次组织全区领导干部及人大常委会任命人员法律知识考试，参考率达90%以上。编印与村（居）民生产生活密切相关的《东丽区村（居）民法律知识读本》10万余册，每户一册。

四、"四五"普法

2001—2005年，全区实施"四五"普法。主要宣传内容是继续深入学习宣传邓小平民主法制理论和党的依法治国、建设社会主义法治国家的基本方略；紧紧围绕党和国家的中心工作，积极开展法制宣传教育。宣传中坚持法制教育与法制实践相结合，继续推进依法治理工作。坚持法制教育和思想道德教育紧密结合，依法治国与以德治国紧密结合，促进民主法制建设和精神文明建设。通过开展全区领导干部法律知识讲座、"依法治区保稳定、苦干五年争第一"法制宣传教育月活动、以家庭为单位的法律知识答卷活动、"六进乡村在行动，抗击非典促发展"宣传服务月活动、"村官"法律知识竞赛、"12·4"法制宣传日系列宣传活动等各种主题宣传活动，全区上下形成了学法、懂法、守法、用法的良好局面。区被评为天津市"四五"普法先进区县。

五、"五五"普法

2006—2010年，全区实施"五五"普法。主要宣传内容是深入学习宣传宪法；深入学习宣传经济社会发展的相关法律法规；深入学习宣传与群众生产生活密切相关的法律法规；深入学习宣传整顿和规范市场经济秩序的法律法规；深入学习宣传维护社会和谐稳定、促进社会公平正义的相关法律法规；坚持普法与法治实践相结合，大力开展依法治理；组织开展法制宣传教育主题活动；大力推进法制宣传教育进机关、进乡村、进社区、进学校、进企业、进单位，在各行各业掀起学法用法的热潮。其间，建立区有线电视台、《今日东丽》报、区广播电台、东丽普法网"四位一体"的媒体法制宣传阵地。5年来，共制作《法制经纬》专题节目71期；刊登专栏72期；在线说法节目播出131期；东丽普法网更新内容225条。东丽普法网依托村务公开网络资源优势实现"村村通"。为华明示范镇6个居委会、无瑕花园居委会、新立花园居委会等配备法律学习触摸屏、法制宣传投影仪、法制宣传栏等硬件设施，为26个村（居）建设法律图书角。组织开展区"五五"普法和"法治区县"创建工作亮点工程评选活动，对"双创"工作十佳亮点工程和十优亮点工程进行表彰。区

2008年5月，区司法局开展"奥运法制宣传万里行活动"

被评为全国“五五”普法中期推动先进单位、全国“五五”普法先进区。

第三节　依法治区

一、依法治区领导小组

1999年，区成立依法治区领导小组，在区司法局设办公室。全面贯彻落实区人大关于深入开展依法治区的决定，及区“四五”“五五”普法规划，以提高全区法治化管理水平为目标，精心规划部署，扎实组织实施，积极推进依法治区。

二、“法治区县”创建

深化“法治区县”创建活动，认真落实《东丽区委重大事项决策程序》《东丽区委关于进一步加强与各民主党派政治协商的实施意见》《东丽区实行干部选拔任用工作责任追究制》等文件精神，积极推进依法执政，领导干部无重大违纪案件和渎职、贪污、受贿等刑事案件发生，各级行政机关的工作逐步得到规范，依法决策、依法管理、依法行政的能力明显增强，法治政府建设取得新进展。区法制办被评为2009年度全国行政复议工作优秀单位。

三、司法改革

坚持“司法为民”宗旨，牢固树立以依法治国、执法为民、公平正义、服务大局、党的领导为内容的社会主义法治理念。严格执法、文明执法，公正执法，司法整体水平有了新的提高，司法为民工作取得新突破，没有发生因工作失误、执法不当导致的重大非正常信访案件，没有发生因错案造成严重后果或恶劣影响的事件。2010年，区检察院研发的执法业绩档案管理系统软件，被市检察院在全市检察系统推广。

四、村务公开、民主管理

完善以村务公开、民主管理为核心的民主选举、民主决策、民主管理、民主监督的制度建设，指导各村健全和完善村民会议和村民代表会议制度，健全议事规则。严格落实村级重大事项“六步工作法”，实施“村账街管”和“村章街管”，进一步规范村干部施政行为。

五、民主法治示范村、社区建设

开展“民主法治示范村”“民主法治示范社区”创建和“法律进乡村”“法律进社区”活动，将村（居）各项事务纳入法治化管理轨道，保障人民群众依法行使选举权、知情权、参与权、监督权，推进基层民主法治建设。无瑕街道新五村、金钟街道徐庄村先后被命名为全国“民主法治示范村”。2009年，区被评为“全国村务公开民主管理示范区”。

区依法治区工作取得明显成效，各地区、各行业、各部门都呈现依法管理、规范运行、科学有序的良好发展态势，推进全区经济和社会事业的全面进步。先后被评为2001—2005年天津市普法依法治理先进区县、首批“全国法治县（市、区）创建活动先进单位”、2006—2010年全国法制宣传教育先进县（市、区）。

2010年8月，民主法治村、民主法治社区授牌仪式

第四节　公证事务

1982年，区公证处正式对外挂牌办公。1983—1986年，深入8乡1镇开展公证法律知识宣传，实行巡回办公，拓宽业务领域，在民事、联营、经济协议、借贷款协议等服务项目的基础上，又开办赡养、继承、抚养、房产买卖、工程招标、财产租赁等30多个公证服务项目。

1994年，在区法院设立公证执行室。1997年，加强公证处软件、硬件设施建设，开展涉外业务。

1998—1999年，在服务内容上以产改、涉外公证业务为主攻方向，为全区企业办理租赁、买断、拍卖等公证事项；为金融贷款、农村房屋买卖、市放心肉工程、企业改制等方面提供公证服务；为小东庄镇中营村、卧河村、务本三村等村队下属19个企业办理产权出售协议公证、企业整体拍卖、租赁合同公证等公证事项27件，涉及标的额1500万元。

2000年，正式对外办理涉外公证业务。2002年，制定《公证质量管理规定》和《公证工作目标管理规定》等项制度，推进内部管理规范化。

2003—2005年，为华明镇赤土村办理1300件《放弃土地承包经营权协议》公证，保障村民的合法权益，协议签约率达95%，为区政府有效整合土地推进小城镇建设提供保障；为区规划和国土资源局公开挂牌出让国有土地使用权进行现场公证13件，总标的额2.3亿元；与华明小城镇建设项目融资机构天津市世纪华明投资发展有限公司签订《协议书》，先后为华明镇赵庄村、南于堡村、北于堡村、北坨村办理公证业务5300件；与华明镇政府签订《常年公证法律服务协议》，保证政府部门房屋置换工作的顺利开展。

2007—2010年，区公证处完成改制工作，由原有的行政体制改为事业体制；公证卷宗实现全部微机化管理；东丽公证处为2008年东丽湖世界最佳模特大赛中国区总决赛进行现场公证；深入开展文明公证处创建活动，通过司法部中国公证员协会的考核验收，被授予全国公证行业最高奖项全国文明公证处荣誉称号；东丽公证处在华明街道、无瑕街道、金钟街道、军粮城街道成立公证便民服务站，改变过去“坐堂等证、坐堂办证”工作模式；通过市公证协会考核，被评选为“天津市公证行业文明公证处”。

2010年10月，区公证处公证员在公正便民服务站为群众办理公证

第五节　法律援助

一、建立法律援助组织和制定制度

1997年，区司法局制定《关于律师承担法律援助义务的暂行规定》，引导律师为广大弱势群体提供法律服务。2001年，区司法局与区信访办，签订《法律顾问协议》，律师开始参与信访工作。2001—2005年，制定《法律援助中心管理办法》《财务管理办法》《律师承担法律援助暂行办法》等制度。区残联建立残疾人法律援助工作站。2006年，建立工青妇法律援助工作站。2008—2010年，依托街乡司法所，建立法律援助工作站，初步形成法律援助工作网络。加强法律援助机构建设、队伍建设，实现法律援助接待场所规范化、接待人员专业化、各项管理制度化。制定法律援助先行受理制度和法律援助绿色通道制度，完善法律援助案件受理制度。依托律师事务所、公证处、街乡设立法律援助申请受理点12个，依托村委会设立法律援助联系点109个，依托居委会设立法律援助联系点44个。在区法院、区劳动仲裁委员会设立法律援助便民联系窗口。在全市首先创新法律援助和信访工作管理模式，在区信访部门设立法律援助接待大厅。

二、法律援助范围及成果

2001—2005年，区司法局向100名残疾人和100名生活困难者发放法律援助卡。拓宽法律援助形式，采取咨询、代书、诉讼代理、非诉讼代理、公证证明等形式提供法律援助，为农民工追讨工资10万余元。区司法局与张贵庄街道签订法律服务进社区协议。向全区400名残疾人和低保户发放法律援助卡。

2008—2010年，开展“迎奥运、促和谐、法律援助在行动”主题实践活动纪念《法律援助条例》实施5周年“法律援助宣传周”活动。落实市法律援助中心工程项目，切实保证符合条件的困难群众获得法律援助。组织律师、公证员、法律服务工作者深入10余社区，开展法律援助巡回服务活动，开展宣传咨询活动10余场次，解答群众咨询220人次，发放宣传材料1800份。1997—2010年，共办理法律援助案件450余件。

三、开通“148”法律服务专用电话

1999年，区司法局开通148法律服务专用电话，实行24小时服务，列为区政府为民办十件实事之一。2000年，设立“9148”三八维权热线，确定每月8日、18日、28日为妇女维权咨询日。2002年，“9148”号码按司法部要求改为“12348”。1999—2010年，“12348”法律服务专线解答法律咨询3442件，为全区妇女提供方便、快捷、高效的法律服务，维护全区的社会和谐稳定。

四、成立东丽区拥军法律服务中心

2010年，在全国首家成立“东丽区拥军法律服务中心”，通过开展贴近部队实际的法律宣传、讲座、咨询、援助活动，提升广大官兵及军属的法律意识和法律素质，维护广大官兵的合法权益，加强军政军民团结，促进军地和谐稳定，推动“双拥”工作的深入开展。

第六节　律师事务

一、机构

1981年11月，成立区法律顾问处，隶属区司法局管理。1988年3月，增设第二律师事务所。

1994年，第一、第二律师事务所调整为第一、凯明、志正、远东4个律师事务所。凯明律师事务所设河东分部，远东律师事务所设滨江道分部。

2010年，经调整全区拥有天津鼎名、天津高丽、天津毅诚、天津秦天4个律师事务所，律师共21人。

二、律师体制改革

1986—1995年，实行“自收自支、节约留用”的改革措施，责、权、利结合，区司法局给予律师司务所财务自主权、人员招聘权。在所与所律师之间形成竞争机制。

2010年8月律师为驻区部队官兵讲解法律知识

1996—1997年，为适应律师体制改革，区司法局制定《司法局律师事务所账目内审制度》《司法局律师业务档案管理制度》《司法局律师保障基金具体规定》《关于律师承担法律援助义务的暂行规定》《律师业务培训的规定》等制度，加强和完善律师事务所的监督和管理。

1999—2000年，区司法局做好律师事务所改制工作，制定脱钩改制方案，律师事务所改制的基础性工作提前完成。

2003—2005年，制定《东丽区律师管理办法》，实现科学规范的律师管理机制。组建律师顾问团，参与区政府决策，为建设法治政府提供法律服务和保障。

2006—2010年，积极整合吸纳高素质法律人才，促进律师业向人员专业化、管理规范化、服务高水平方向发展。加强律师事务所建章立制工作，完善律师管理体系，强化律师队伍建设，增强律师执业素质。

三、律师服务成果

1981—1985 年，区法律顾问工作初创阶段，共承办经济案件 11 件、刑事辩护 108 件、民事代理 42 件、代写法律文书 221 份，担任 18 个单位的法律顾问，挽回经济损失 97 万元。

1986—1995 年，区属律师事务所共承办经济案件 795 件、刑事辩护 635 件、民事代理 1180 件、行政诉讼 8 件、代写法律文书 1686 份，法律咨询 2032 人次，担任 67 个单位的法律顾问，挽回经济损失 4174.6 万元。

1996—2000 年，全区办理各类案件 2016 件，其中刑事案件 550 件，民事案件 830 件，经济案件 611 件，其他 25 件。2000 年，律师协助政府顺利解决小东庄村村民与四羽毛集团的矛盾纠纷，维护了社会稳定。

2001 年始，律师参与信访工作，至 2010 年，共接待信访事项 852 件，3204 人次，涉法涉诉上访，占律师接访量的 68%。

2003—2005 年，全区律师共办理各类案件 2061 件，其中刑事案件 393 件，民事案件 1114 件，经济案件 441 件，其他 113 件。

2006—2010 年，在社区建立法律服务联络员制度，满足社区居民对法律服务的需求。组织律师深入张贵庄街道、丰年村街道，开展“法律服务进社区”活动，举办法律知识讲座，解答法律疑难问题，发放宣传材料。5 年间，律师共办理各类案件 1416 件。

第七节　基层司法

一、司法所建设

乡镇街道司法所为区司法局的派出机构，司法所实行区司法局和乡镇街道双重管理的工作体制。1986 年 3 月，区司法局在赤土乡试办乡镇法律服务所。1988 年，全区已建法律服务所 4 个。1990 年，全区建乡镇法律服务所 7 个。1996—1997 年，区司法局在原乡镇街法律服务所的基础上建立了新立镇、赤土镇、无瑕街道司法科（所），镇街乡司法科（所）与综治办合署办公。1998—2001 年，各司法科（所）认真做好人民调解、安置帮教、法制宣传、法律服务等工作，为化解基层矛盾纠纷，维护社会和谐稳定发挥了重要作用。2002—2007 年，强化工作职能，加强司法科（所）建设，全区镇街乡全部建立司法（科）所；进一步推动标准化司法所和文明示范岗活动；司法所实行归口管理，基层司法行政工作得到加强。2008—2010 年，进一步加强司法所规范化建设，组织开展宣传教育活动，调处各种矛盾纠纷，加强对刑释解教人员和社区矫正人员的引导教育，有效防止多起进京访和集体访事件的发生，在维护和谐稳定方面发挥了积极的作用。

2010 年 5 月，区人大代表、政协委员考察张贵庄街道司法所

1986—1988 年，法律服务所承办民事代理 52 件，调解纠纷 246 件，代写法律文书 142 份，解

答咨询 452 人次，担任 2 个单位法律顾问，挽回经济损失 24 万元。1990 年，承办民事代理 230 件，非诉代理 27 件，代写法律文书 484 份，解答咨询 916 人次，挽回经济损失 75 万元。1991 年开始使用司法部制作的“乡镇法律工作者证”，4 个所达到部颁标准。1994 年，无瑕街道法律服务所被评为天津市优秀法律服务所。1991—1995 年，各所共承办民事代理 384 件，非诉代理 118 件，经济案件 92 件，代写法律文书 1257 份，解答咨询 1607 人次，担任 10 个单位法律顾问，挽回经济损失 672.2 万元。1996 年，各基层法律服务所共办理各类案件 123 件，其中民事案件 46 件，诉外调解 77 件，担任法律顾问 14 家；设立军粮城镇、张贵庄街道、丰年村街道、无瑕街道等宣传活动点，举办“贴近基层社会，服务千家万户”大型法律咨询活动；无瑕街道法律服务所再次被评为天津市优秀法律服务所。1998 年，基层法律服务所共调处各类经济纠纷 31 件，诉讼代理 75 件，非诉代理 17 件，代写法律文书 180 件，解答法律咨询 500 余人次，挽回经济损失 200 余万元。2003 年，军粮城法律服务所被司法部、中国残联命名为全国“残疾人维权示范岗”。

二、人民调解

2008 年 11 月，东丽区联合调解室揭牌成立

1981 年，区司法局接管区法院移交的人民调解工作。是年，全区有调委会 140 个，调解人员 450 人，全年调解各类民事纠纷和轻微刑事纠纷 1677 件。1995 年底，全区有基层调解委员会 214 个、小组 433 个，调解人员 5583 人。1981—1995 年，调解各类纠纷 28694 件，防止矛盾激化 381 件，调解成功率 94%。1996—2000 年，成立了长青温州城调委会、赵沽里批发交易市场调委会、何兴庄市场调委会，建立东丽区无瑕街道和塘沽区中心庄乡联合调解协调领导小组及接边 6 个联合调解委员会两级联合调解机构，全区 11 个镇街乡建立了司法调解中心，强化了调解组织建设。其间，排查调处各类矛盾纠纷 3471 件，防激化案件 57 件，调解成功率 96%以上。2002 年，探索在大型企业、民营企业、集贸市场建立调解组织的实践，先后在天津钢管公司、天津富士达公司、天津华明集团、东丽商贸城建立了调解组织；通过加强调解队伍建设，形成了镇街乡调解中心、村（居）调委会、调解小组三级调解组织网络。2003—2005 年，依托各级调解组织，在“两节”“两会”及“非典”时期，积极开展多种形式的矛盾纠纷排查调处工作，重点做好群众普遍关注的热点和难点问题和重点部位、重点人员的排查调处工作。2001—2005 年，排查调处各类矛盾纠纷 5013 件，调解成功 4582 件，防激化案件 117 件，调解成功率 97%以上。2007—2008 年，在丰年村街道开展以社区社会治安综合治理工作为载体，以警务室为平台，调委会为依托，社区志愿者为基础的警民联合调解机制试点工作，创新人民调解工作新机制；建立公安派出所、司法所联合调解室和法院联合调解室。2010 年，区人民法院、交警东丽支队、区司法局联合召开“充分发挥交通事故巡回法庭作用，进一步深化诉前调解工作座谈会”，恢复交通事故巡回法庭，建立交通事故调解工作室。2006—2010 年，排查调处各类矛盾纠纷 5286 件，调解成功率 97%以上。

三、安置帮教

1997年，区成立安置帮教领导小组，办公室设在区司法局。1997—2010年，区司法局逐年对全区刑释解教人员进行排查、登记，建立管理档案，同时建立全区刑释解教人员信息查询管理系统，确保管控人员无失控漏管。多次深入天津监狱、西青监狱、板桥、双口等劳改劳教场所开展大墙延伸帮教活动。2000年，制定《东丽区过渡性安置刑释解教人员经济实体享受税费优惠政策的意见》。2008年，《关于做好刑释解教特困人员临时救助工作的试行办法》，对刑释解教特困人员实施首月救助，安置帮教工作的制度性创新尝试，在全国尚属首次，市委政法委对此刊发专报，《法制日报》《天津政法报》、新华网、人民网等30多家媒体对此予以刊载。至2010年已对60余名刑释解教特困人员实施首月救助。1997—2010年，全区共接受帮教1021人。

四、社区矫正

2005年始，区社区矫正工作启动。2006年，区召开社区矫正工作启动大会，2007年，区司法局认真做好社区矫正试点工作并逐步扩大试点范围。至2010年，全区80个村（居）开展社区矫正工作。制定出台《东丽区整体推进社区矫正工作实施意见》并组织落实服刑在教人员基本信息核查机制、服刑在教人员必接必送制度和社区服刑人员集中见面制度。

东丽区志

第二十五编

军　事

1977年8月，东郊区人民武装委员会成立。1997年1月，新建东丽区国防动员委员会。区人民武装部落实“长期准备，全面规划，重点建设，平战结合”方针，加强对人民群众的防原子、防化学、防细菌武器的“三防”教育，实施民兵应急分队和专业技术分队建设，负责民兵和学生军训工作，协调，组织区国防教育和国防动员。

1983年7月，组建天津陆军预备役第一师坦克团，1986年2月撤销建制。1999年1月，组建天津预备役高炮师运输营。至2010年，区内已建成多支人民防空专业队，防控应急救援建设和管理能力走向正规化。

2001年，学生军训汇报

2004年，应征公民兵役登记

2004年，民兵应急分队的应急训练

2005年，东丽区人防专业队

第一章　机　构

东丽区人民武装机构包括区人民武装委员会、区国防动员委员会、区人民武装部及区属委、局、乡和驻区企事业单位基层人民武装部，驻区中国人民武装警察天津总队所属支队、中队。

第一节　人民武装委员会与国防动员委员会

一、人民武装委员会

1977 年 8 月，重建东郊区人民武装委员会，是中共东郊区委领导的武装工作常设机构。武委会主任由区委书记兼任，副主任由区委、区政府、区人武部领导兼任，委员由有关部门负责人兼任。武委会在区人武部设办公室。

武委会主要负责：贯彻落实中共中央、国务院、中央军委关于民兵、预备役建设和有关兵源动员及转业、复员、退伍军人安置方面的方针政策。解决民兵、预备役工作及其改革重大问题，做好兵员动员及研究制定党管武装、党委议军、国防教育等规划、制度、实施办法。

二、国防动员委员会

1997 年 1 月，成立东丽区国防动员委员会，与区武委会合并为一个机构、两块牌子。国防动员委员会组成人员即为武委会组成人员。主任由区长担任，副主任分别由分管武装工作的副区长、区人武部部长和政委担任，主要成员单位有关领导任委员。

国防动员委员会主要负责领导全区国防动员工作，做好民兵、预备役建设。组织领导区人民武装动员、国民经济动员、人民防空、交通战备工作。负责协调区军事、经济、社会等方面重大国防动员工作。

第二节　人民武装部

一、区人民武装部

人民武装部是根据国家区县级行政区划设立的军事领导指挥机关，是区委的军事部，区政府的兵役机关。在天津警备区和区委的双层领导下，负责全区民兵预备役、兵役和学生军训工作，协调、组织区国防教育和国防动员。

1979—1986 年，区人武部为军队建制。

1986 年 4 月 5 日，人武部改归地方建制，全称改为天津市东郊区人民武装部。人武部改归地方建制后，其性质、职能、任务不变，仍为区委的军事部，区政府的兵役机关。当地驻军的军事领导指挥机关，仍然接受天津警备区和东郊区委、区政府双重领导，仍然以完成天津警备区下达的民兵、预备役工作任务为主。变化的只是党的关系、人事任免、财务保障均由地方党委，政府负责。

1996年3月28日，人武部改归军队建制。改归后全称为中国人民解放军天津市东丽区人民武装部，规格为副师级，内设军事科、政工科、后勤科、办公室、训练基地办公室、以劳养武办公室。人武部改归军队建制后，仍然受天津警备区和东丽区委、区政府双重领导，工作性质、职能任务没有改变。

2010年，区人武部内设科室：军事科、政工科、后勤科。

二、基层人民武装部

1979年，区内8个人民公社均设人民武装部。2010年，各街道、乡均设人民武装部。

基层人武部长参加同级党委、工委，为街道办事处副主任级职务或副乡长级职务。

第三节 驻 军

一、中国人民解放军

2010年，东丽区驻军主要有：中国人民解放军93675部队，中国人民解放军北京军区93688部队军械修理所，中国人民解放军北京军区93688部队教导队，中国人民解放军总参管理局汽车训练大队，中国人民解放军66356部队教导队，中国人民解放军北京军区第一副食品生产基地，中国人民解放军总参谋部管理局保障部天津生产基地，中国人民解放军北京军区司令部副食品生产基地，中国人民解放军总参谋部军训和兵种部天津房地产管理所，中国人民解放军北京军区空军天津房地产管理所，中国人民解放军海军天津农副业基地。

二、中国人民武装警察部队

中国人民武装警察天津总队第二支队14中队，中国人民武装警察天津总队汽车运输中队，中国人民武装警察天津公安消防总队东丽支队，中国人民武装警察天津武装部队医学院。

第二章 兵 役

1979年，区实施义务兵和志愿兵相结合的兵役制度及预备役制度。1984年，区执行《中华人民共和国兵役法》规定，实行以义务兵为主体的义务兵与志愿兵相结合，民兵与预备役相结合的兵役制。至2010年，区健全兵役机构，历年完成兵员征集、体检、审查、审批、送兵工作任务，确保兵源的合格质量。

第一节 兵役机构

一、征兵领导小组

为确保每年征兵工作圆满完成，区每年均建立征兵工作领导小组，小组代表区政府行使对征兵工作的领导权，协调各方面关系。组长由区委副书记、区长担任，副组长由副区长及武装部长、政委担任，其他成员经历年调整主要由区政府办公室、宣传、公安、监察、劳动人事、财政、卫生、民政等部门负责人组成。领导小组主要负责传达贯彻上级领导指示，分析征兵工作形势，制定措施。领导全区征兵工作的开展，确保征兵工作的完成。

二、征兵办公室

征兵办公室是征兵工作领导小组的办事机构，也是区政府负责办理征集兵源具体业务机构，在上级兵役机关、本级党委和政府的领导下，负责全区的征兵工作。

1979 年，区征兵办公室由区武装部，宣传部、组织部、宣传站、公安局、卫生局、财政局、商业局、粮食局等单位抽调人员组成。1984 年始，办公室由区武装部、宣传部、公安局、民政局、卫生局、教育局、区纪检委等单位抽调人员组成。办公室设在区武装部，武装部副部长任主任，军事科长任副主任。

办公室设组织、宣传、政审、体检、后勤保障 5 个组。

第二节 兵员征集

一、组织准备

（一）制订工作计划 征兵前，区武装部根据上级下达的征兵要求，制定全区征兵工作安排意见，报请区征兵领导小组审定后，以区政府名义下发。

（二）培训征兵人员 对区征兵办公室人员和乡镇街及建武装部的企事业单位专职武装干部和有征兵任务单位负责征兵工作的人员以会代训；对负责政治审查的公安局参加征兵办人员和基层派出所长，由公安局牵头进行培训；对参加体检的医生由卫生局牵头，征兵办派人参加培训；由乡镇街，教育局分别组织对村队民兵连营长、治保委员和学校负责政审人员进行培训。根据各自需要学习《中华人民共和国兵役法》《征兵工作条例》《征兵政治审查规定》《应征公民体格检查标准》等内容，确保兵员从源头上把好身体、政治、文化关。

二、兵员条件

（一）征集年龄 均以当年国防部征兵办公室下达的规定为准。1980 年始，根据新兵役法规定，凡在当年 12 月 31 日前年满 18～22 周岁、未服过现役的男性公民，都应进行兵役登记。应满 17 周岁的应届高中毕业生，本人自愿申请，亦予以登记。

（二）文化程度 1982年冬季征兵，农村征集具有初中以上文化程度的青年；少数民族居住集中的地区，酌情放宽。城市和县城只征集1982年高中毕业生。

1989年春季征兵规定，农村征集初中毕业以上文化程度的青年。城市和县城征集高中毕业生（含职业高中毕业生），厂矿企业、事业单位征集高中毕业文化程度的青年职工。

1990年开始，农村征集具有初中毕业以上文化程度的青年；城镇征集具有高中毕业（含职业高中）以上文化程度的青年；女青年只征集当年应届高中毕业生。

2003年，区开始征集在校大学生入伍，规定大学生优先上站体检，优先批准入伍，优先选择去向等方面的特殊照顾。

（三）征集范围

20世纪80年代后，征兵工作主要着重于本人综合表现。

征兵工作兵员的身体条件、政审标准视社会发展状况及时调整。

三、宣传发动

征兵前的突击宣传同经常性的教育相结合，变一季宣传为四季宣传。对适龄青年的宣传教育同全民国防教育相结合。单纯说教式的宣传同形象教育相结合。宣传教育同过细的思想工作相结合。宣传依法尽义务与宣传党和国家的优抚政策及宣传部队是培养两用人才的大课堂相结合。广泛深入地宣传，有的放矢地解决思想认识问题，使全区征兵工作出现了父母送子、兄弟相争、应征青年互争的热烈局面。

四、检兵定兵

（一）体格检查 应征公民上站体检前，按照《应征公民送检评选条件》，在身高、体重、血压、视力、色觉等方面进行目测和病史调查。村、镇两级通过目测，淘汰明显不合格者，择优选送确定送检人员。明确体检岗位职责。按照国防部颁发《应征公民体格检查标准》《应征公民体格检查办法》进行检查，坚持按规定办事，防止偏宽偏严。体检中，医务人员按体检标准和体检办法，认真履行职责，工作严谨细致，认真扎实，病史调查准确。遇难以结论问题，采取集体会检，充分论证，全面衡量，做出科学合理的结论，确保为部队输送合格兵。

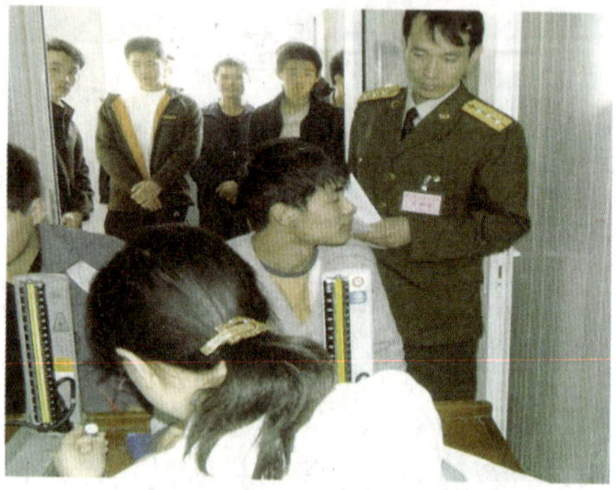

2004年，应征公民体格检查

（二）政治审查 由领导班子集体研究，慎重选拔，公安局领导亲自负责征兵政审。各基层派出所由所长负责，与户籍民警共同组成政审小组，负责具体工作。严格落实村委会和居委会，乡镇街道，区政审组三级联审和区域联审制度及基层初审，区征兵办复审制度。充分发挥接兵部队在征兵政治审查中的作用。严格执行征兵政治审查的规定。由于严把政审关，东丽区未发生过因政治不合格退兵的问题。

（三）审批定兵 审批定兵时，吸收体检，政审组负责人，主检医生，乡镇街道负责人和武装部部长，接兵部队首长和带队干部参加，区武装部部长，政委主持，征兵办公室负责逐人介绍体检、政审情况，提出审批意见及去向分配，各方均同意情况下，即审定。

（四）交接新兵　审批定兵后，区征兵办公室为被批准的新兵建立档案。经征兵办批准入伍的新兵，由区征兵办开出注销户口通知书，由基层负责征兵具体工作人员或交给其家长到驻地派出所注销户口。以接受部队为单位，本着随走随发的原则，分批发放服装。新兵转送前一天，区征兵办与接收部队办理交接手续。每批新兵走前，区、乡镇街道、村各级领导都亲自送行，给每个新兵带光荣花，举办欢送仪式。

第三节　预备役

1983年7月，东郊区组建天津陆军预备役第一师坦克团，1996年2月撤销。撤销后组建天津陆军预备役第一师后勤部机关和师医院、修理所、仓库、后勤管理排、直属工兵营，1998年撤销。

1999年1月，组建天津预备役高炮师运输营。预备役组建包括已建立民兵组织的单位民兵，还包括不建立民兵组织的单位经过预备役登记的退伍士兵、专业技术人员和其他符合预备役条件的男性公民。1996—2010年，每年定期对已登记确定服预备役的退伍军人变动情况核对，保持预备役队伍的纯洁可靠。

第三章　民　兵

1979—1986年，全区民兵编制几经整顿，1987年始，经整顿按分类编组，逐步建设民兵专业技术分队。2008年，按照“编为用、建为战”的原则，完成民兵和预备役人员编组任务。强化政治教育和专业技术训练，全区民兵在发展经济、国防工事管理、维护治安等活动中，为全区经济发展和精神文明建设做出贡献。

第一节　组织建设

1979—1983年，东郊区民兵组织整顿，减少数量提高质量，以适应“四化”建设和战备需要，经整顿全区落实基干民兵、普通民兵人数。

1986年，在乡镇企业中建立民兵组织，按企业规模分别建立基干民兵营、连、排，把民兵工作纳入厂长、经理目标管理责任制。

1987年7月，区人武部落实基干民兵人数。基干民兵中落实专业技术兵人数，编成专业技术分队。

1994年，经民兵组织整顿后，全区落实基干民兵人数。基干民兵中编制应急分队、专业技术分队及普通民兵编成民兵连（营）。

2000年始，民兵整顿逐年加大专业技术分队和对口专业技术分队的比例。

2008年，区人武部围绕“市场”和“战场”需要，本着“编为用，建为战”原则，完成民兵和预备役部队人员编组任务。组织对基层武装部和基干民兵重点连队进行集结点验。

2009年，区人武部坚持村编应急班，街编应急排，条块建有应急连，全区民兵组织形式全区域覆盖，区、街、村都有应急力量的民兵编组新格局。

2010年，区人武部按照“任务牵引，信息主导，重点突出，实质推进”要求，整合民兵力量体系，规范民兵与预备役部队、人防、交战、经动等各支队伍的组建秩序，对基干民兵编组任务和编组种类进行调整和归类，将基干民兵按应急救援、勤务保障和防卫作战三大类进行整合。组建应对有自然灾害、事故灾难、公共卫生事件的民兵应急救援专业分队，结合整组检查验收，组织对各类重点分队进行拉动点验。

第二节　政治教育

一、教育内容

1979年始，民兵政治教育主要内容是坚持四项基本原则，共产主义理想、道德和人生观教育，社会主义民主、法制教育。通过教育使民兵自觉坚持四项基本原则，坚持党的基本路线，坚信党的领导，坚持走中国特色社会主义道路，动员民兵带头执行改革开放搞活经济政策。

1980年始，加强对民兵基本知识教育，包括战备思想、人民战争、民兵光荣传统、民兵性质与任务、怎样当好民兵；进行时事政治教育，包括形势与任务、党的路线、方针与政策、国家的法律和法令等。1985年始，突出民兵工作如何实现战略转移，围绕服从、服务经济建设和建设有中国特色后备力量的教育。

1990年始，落实总政治部下发的“四课”内容，即民兵性质任务、优良传统、爱国主义、形势战备和政策法制教育。

2003年始，教育内容突出进行“三个代表”重要思想理论教育，形势战备教育和国防教育，注重“舆论战、心理战、法律站”知识教育和强化民兵职能、理想奉献教育。

二、青年民兵之家建设

1992年始，民兵连队建起青年民兵之家，全区已建63个，既是民兵政治教育的课堂，又是学习科学文化、读书看报、开展多种形式的文化活动场所。寓教于学，寓教于乐的形式，增强了吸引力。

2000年后，村队青年民兵之家逐渐减少。民兵政治教育，多利用广播、电视、网络等现代化教育手段，还利用区电台、电视台每年“八一”征兵期间设有后备力量专题节目，宣传《兵役法》《民兵工作条例》《天津市民兵预备役工作规定》等内容。区人武部以开展国防知识竞赛的形式，发竞赛试卷检查教育效果，使民兵政治教育取得较好的成绩。

第三节　军事训练

一、分散训练

1980年始，民兵训练由区人武部与基层共同组织。全区建立7个训练点，区人武部派人与乡镇武装干部、民兵共同组织实施。

1990年始，民兵训练基地与原训练点相结合。民兵干部骨干、专业技术兵，由区人武部在区民兵训练基地组织训练，其余人员在原训练点训练。

1996年后，民兵训练全部在民兵训练基地按规范化训练要求组织实施。

二、某种专业训练

1979年，组织专职武装干部及武装基干民兵进行集中训练。

1985年后，集中训练民兵干部和专业技术兵。

1990年始，训练重点为民兵干部、专业技术兵和应急分队，突出应急分队进行应急任务所需的内容。

1996—2005年，训练对象突出专武干部和民兵干部、专业技术兵、应急分队。训练坚持按《民兵军事训练大纲》和正规化训练的要求严格培训。

2008年，组织部分民兵骨干集训。

2009年，组织重点应急连进行维稳处突演练和国庆备勤。组织完成分队民兵军训任务。组织民兵应急分队进行集中训练，参加市警备区组织的演练考核。

2010年，组织大专业、民兵分队进行共同训练和专业训练。组织区重点民兵应急分队和应急营骨干，进行以反恐维稳基本技能，共同科目为主要内容的训练。

第四章 拥政爱民

东丽区具有双拥工作的优良传统和坚实的工作基础，区人武部和驻区部队继承和发扬中国人民解放军拥政爱民的光荣传统，组织部队和民兵积极参加地方经济建设和抢险救灾工作。驻区部队制定《驻东丽区部队拥政爱民若干规定》，主动承担急、难、险、重的任务，开展军民共建活动，努力塑造文明之师的良好形象，巩固和发扬新型的军政军民关系。

第一节 支援地方经济建设

一、义务劳动

1982年9月，区人武部组织民兵参加宝坻县开挖引滦明渠施工义务劳动。历晚50天，动用各种施工机械1800台（辆），完成土方59万立方米。

1988年以来，区人武部组织民兵多次参加外环线东丽段及东丽湖绿化工程。

1990年始，驻区部队每年在植树节期间参加军民共建双拥林义务植树劳动，先后培育了东丽湖双拥林、大新庄至么六桥双拥绿化带、外环线绿化带、津塘公路绿化带等，共植树160万株。

1992年，驻区部队与驻地开展军民共建五路一广场活动。部队千名官兵与驻地群众一起清扫道路、清除垃圾、宣传卫生知识，共做好事、办实事近万件。

2001 年 8—9 月，驻区部队官兵两次参加清理月牙河义务劳动。

二、抢险救灾

1988 年 7 月，区人武部组织民兵抢险队伍，对海河险工险段加固。

1991 年 11 月，区人武部组织 7 个民兵连，参加海河干流治理工程义务劳动。共修筑河堤长 2 千米，动土石方 300 立方米。驻区 5 支部队组织 400 名官兵参加区海河护堤大会战，完成 10 万平方米的清整任务。

1994 年 3 月，区人武部组织基干民兵投入抗旱保水工程义务劳动，参加清挖干、支渠和河道清淤、清障劳动。

1996 年 7 月，区人武部组织民兵历时 10 天在海河左岸加固堤长 2.2 千米，新修石墙达到百年不遇洪水的标准。

1986 年，民兵参加外环线垫土工程

2003 年 4—7 月，区人武部在抗“非典”战斗中，组织民兵连巡逻队排查外来人口，监视疫情，防止病毒传入。

第二节　学雷锋献爱心

一、捐款捐物　资助贫困群众

1990—2010 年，驻区部队共捐资 70 万元，为“希望工程”捐款，为受灾地区募捐。

1991 年 3 月，驻区部队开展为残疾人献爱心活动，官兵为残疾人捐款捐物、修理住房、买米送水。利用军事演习间隙帮助群众打轧稻谷、修整道路、清除垃圾、修理家电。

1994 年 3 月，驻区部队派出 300 多名官兵开展“迎世乒、学雷锋义务服务奉献日”活动。为群众修理家电 86 台，理发 50 多人，医疗义诊 400 余人，无偿提供药品 240 余种，价值 1200 元，清理街道垃圾 50 余吨。

1996 年，驻区部队在军粮城礼堂举行资助贫困学生捐赠仪式，决定资助该镇 8 所学校 24 名学生到小学毕业，3 名初中学生到初中毕业，资助金额 1.08 万元。

1996—2002 年，驻区武警医学院为灾区捐款 9.59 万元，捐物 3800 件，为希望工程捐款 7000 元。2003 年，武警医学院为驻区困难户捐款 4 万元。长期与 8 户残疾人贫困户结对子。先后为他们送去 7000 元食用油、复读机等生活及学习用品，被评为天津市“拥政爱民模范集体”。2004 年，武警医学院为驻地中小学捐赠支教费 2 万元，为希望工程捐款 1 万元，救助失学儿童 10 名。

二、送医送药、医疗救助

1996—2002年，驻区武警医学院为地方和灾区义务救治伤病员2000余人次。1997年，组织专家教授为无瑕街道、小东庄镇、新立镇200余名在乡老复员军人进行体检和会诊。1998年，组成8名医疗人员小分队赴湖北抗洪第一线送医送药、医疗救助。

2003年4月，武警医学院附属医院总动员投入抗“非典”，心血管内科主任刘维宇战斗在第一线连续奋战，以身殉职，被武警总部批准为烈士，中央组织部命名其为“全国优秀共产党员”。

2005年，武警医学院附属医院为患先天性心脏病儿童治疗22例，减免手术费20%。为介入治疗的23例儿童，每名资助治疗费1.1万元。

第三节　军民共建

一、培训基层干部

1990年始，东丽区乡镇街、村（居）委会换届后，驻区部队协助地方举办读书班、培训班，以提高新上任基层领导干部的政治素质和领导能力。1996年，驻区武警医学院与东丽区委组织部联合举办农村党支部书记培训班，为115名农村党支部书记讲《提高自身政治素质，当好率领群众共同致富的带头人》专题课。是年，驻区部队政委为区工商局申请入党的积极分子讲《加强道德思想建设，当好人民公仆》主题党课。

1997年，区人武部政委为东丽区180名居委会干部作《树立正确的人生观价值观，努力做好居委会工作》的主题发言。历年来，驻区各部队在党的基本路线、教育、人生观世界观教育、“三讲”教育和保持共产党先进性教育等重大教育后，都派出人员给驻地党支部、村委会和党员介绍搞好教育的做法及体会，帮助地方抓好重大政治教育。

二、配合地方中心工作

驻区部队多年来支援东丽区为全国受灾地区募捐衣物的运送工作，部队派专车、专人负责装卸和押运。各部队做到随叫随到，要人出人，要车出车，每次都圆满完成送达任务。

历年汛期，驻区部队都组织防汛抢险突击队，随时待命。2003年10月，区境内连降大雨，境内各河水外溢，为保障海河全市饮水不受污染，驻区部队团长、政委亲自带领抢险突击队投入海河护堤堵漏战斗，奋战一昼夜加固加高河堤，受到区领导和人民群众称赞。

驻区各部队在区境引滦工程、外环线工程、海河治理、无瑕钢管厂埋设电缆工程等重点工程中都主动参与，做出贡献。

三、维护社会治安

1979—1990年，区人武部组织民兵协助公安机关抓获各类犯罪分子324人。至2005年，民兵在承担护村、护路、护场、护线和重点目标守卫等任务中，累计出动5万余人次，为维护区域的社会稳定做贡献。

第五章 国防动员

20世纪80年代始，全区按幼儿、学生、民兵及预备役、广大群众、机关处级以上领导干部分层进行国防教育。加强“三防”教育和“三防”专业建设。健全人民防空组织和人防专业队建设。至2010年，巩固改造已建人防工程，构筑人防公共工程，促进人防工程规范化建设。加强警报建设，组织防空警报试鸣、演练、警报器鸣响，覆盖率全区已达100%。

第一节 国防教育

一、组织领导

1990年7月，成立区国防教育工作领导小组，由组长、副组长及成员组成。1998年2月，更名为区国防教育委员会。1990-1995年，区国防教育领导小组下属办公室设在区委宣传部。日常工作主要由宣传科负责，区人武部政工科协助。

1996年后，区国防教育办公室设在区人武部，日常工作主要由区人武部政工科负责，区委宣传部宣传科协助。根据国防教育委员会确定的计划，由领导机构成员，按各自分管的不同业务渠道，指派专人具体落实。涉及全区性的重大活动，则由区宣传、武装、教育、文化、民政、工、青、妇等有关部门临时抽调人员共同组织实施。

二、教育内容及方法

（一）分层教育

第一层次为幼儿教育，把爱祖国、爱国防、爱军队、爱家乡等编成儿歌，使幼儿从小在心灵上打下爱国、爱家、自强自力的烙印。

第二层为青少年学生，开设国防教育课，落实军体课，坚持对学生军训，组织国防知识竞赛，邀请复退老军人讲传统，到部队开展学军活动等。

第三层次为民兵、预备役人员，主要利用民兵政治教育课，组织国防知识竞赛，利用征兵、整训、训练等机会进行教育。

第四层次为广大群众教育，主要利用大众传播媒体，搞好大众舆论宣传，以提高全民国防意识。

第五层次为党政机关和处级以上领导干部，主要采取定期组织国防形势报告会，区委党校培训等形式进行教育。

（二）战备形势教育

1979年、1987年，全区召开战备形势教育报告会、英模报告会、对越自卫反击作战参战人员庆祝大会等形式，对全区人民进行爱国主义和革命英雄主义教育，使广大群众树立英模为榜样，坚定走富国强兵之路的观念。

1989 年 8 月，区委宣传部及区人武部，结合治乱平暴对全民进行国防教育，使广大群众认识建立强大的国防不仅是对外敌侵略，维护祖国统一和领土完整的需要，也是对内保安定，为经济建设保驾护航的现实要求。

1990 年后，全区每年在“八一”建军节前集中举办全民国防教育周。区按照市颁布的《天津市国防教育暂行条例》，国防教育领导小组制定教育职责和教育制度，规范不同层次的教育内容。

2001 年，区组织《中华人民共和国国防教育法》宣传活动，印制 21 万份国防知识竞赛答卷，开展“五个一”活动（一次大型宣传日、一堂国防课、一场知识竞赛、一份竞赛答题、一次征文）。全区各界围绕国防教育撰写征文 150 篇。

2002 年，“八一”前后，区级领导干部参加“军营一日”活动，在国防教育宣传周期间，区领导与全区人民一起走上街头参加集中宣传，发放宣传材料 3 万份。

2008 年 9 月，区国防教育基地举办天津市全民国防教育日暨第十九届国防教育周启动仪式，军地 3000 余人参加。

2009 年，全面普及全民国防教育，8—11 月，组织参加教育部和国家国防教育办公室举办全民国防教育网络知识竞赛活动，获得全国中学组、小学组和总评三项全国第一的优异成绩，区国防教育基地被命名为“首批国家国防教育示范基地”。

（三）节庆教育

1990—2000 年，“八一”期间，区国防教育领导小组组织开展国防教育活动周活动，召开报告会、座谈会，组织为军烈属办好事送温暖等活动。在民兵中开展以爱国防、知国防为内容的读书演讲活动。组织民兵参观大沽炮台遗址等活动。组织区级领导参加“军营一日”活动，举办“军民鱼水情”国防征文活动。区直机关、企事业单位、学校、乡镇普遍请驻区部队官兵讲国防课，组织实弹射击比赛。

2005 年，在纪念抗日战争胜利 60 周年和红军长征胜利 70 周年期间，组织党政干部、民兵预备役人员和广大群众开展以“弘扬长征精神、激发爱国热情、推进中华腾飞”为主题的国防教育系列活动。组织党政干部、各界代表和驻地部队官兵举办“牢记历史、展望未来”纪念抗日战争胜利 60 周年座谈会，有效地增强了全区干部群众关心国防、支持军队建设的国防意识。

2010 年“八一”期间，以“富国强军、共筑长城”为主题，举办全民国防教育日和区第二十一届国防教育周活动，进一步推动国防教育深化普及。

三、学生军训

1989 年，按照上级军事机关和天津市委的规定，东郊区在潘庄中学对新入学的高中生进行为期 20 天的学生军训试点。

1990 年，区内一百中学、预备役军人学校对当年入学的高中生组织军训。

1991 年后，区内 5 所初中学校每年对初一、初二年级学生进行 7～20 天的军训。试点学校的军训由区人武部、区教委和学校共同组织在民兵训练基地完成，其余均在学校内完成，少数学校也有到部队进行军训。

1993 年，驻区部队抽调 30 名官兵对 4 所中学 2100 名学生进行为期 50 天的军事训练。

1997年，驻区部队与区教育局联合5天举办军事夏令营，312名中学生在夏令营进行了队列、军体操等军事项目训练。

1998年，区教委建成东丽区学生军事训练和社会实践基地，每年保证区内学生进行军训。至此，学生军训均在区军事训练基地进行。至2000年，已接纳75所学校4.9万人的军事训练。

第二节　人民防空

一、机构

（一）区人民防空指挥部

1979年12月，恢复区人民防空领导小组。1982年4月更名为区人民防空委员会。2000年4月，区人民防空委员会改建为区人民防空指挥部。

（二）人民防空办公室　1979年8月，区人防办为区革委直属机构。1980年4月，区人防办列入区政府编制序列，称区人民防空办公室。1985年6月，区组建人防通讯站，为区人防办所辖全民所有制单位。1997年5月，区人防办为正处级单位，列入区政府编制序列，与区建委合署办公。内设综合科、业务科、通信站。2001年12月，区人防办从区建委分出，明确为区政府主管人民防空工作的单位，接受区委、区政府、区人武部和市人防办双重领导，内设指挥通信科、工程科、综合科、通信站。2005年，调整为法制宣传科、综合科、通信站。2010年3月，区政府地震办公室的职责划入区人防办，区人防办加挂区政府民防办公室、区政府地震办公室牌子，内设综合科、工程科、法制科、地震科、指挥信息保障中心。

二、人防专业队伍建设

1979年，区人防专业队伍设医疗救护、治安保卫、运输、抢修4支专业队。

1986年，调整为抢险抢修、防化、医疗救护、交通运输、通信、消防、治安保卫7支专业队。

2001年，人防专业队进行调整改革，并列入民兵编制序列，由28周岁以下有专业特长的民兵组成抢险抢修、运输、医疗救护、通信、消防、防化、治安7支专业队。

2010年6月，区人防办举行区人防专业队整装点验、授旗仪式，来自公安东丽分局、区建委、卫生局、环保局、中国网通东丽分公司、消防东丽支队、运管局，携带特种工程车及救援设备参加，标志着区防空防灾应急救援建设和管理能力走向正规化。

三、人防工程

（一）工程建设

人防工程建设随着形势的发展而变化，1979—1985年，人防工程主要是战备的需要，注重防核武器、化学武器、生物武器的袭击。1985年后，根据上级提出的“全面规划、突出重点、平战结合、质量第一”的建设方针，区人防工程建设重点转移到与城市建设相结合，运用市场经济观念、经营观念、效益观念，注重建设战备效益好、经济效益高的平战结合骨干工程。

工程类型 坚持百年大计、质量第一、严格制度、加强管理，即时总结防水、防潮、防塌方的经验。

（二）新建公共工程

1996年10月，《中华人民共和国防空法》颁布后，区人防工程建设走上法治化的轨道。

1996—2005年，陆续新建人防工程，安装防空警报器。从建筑质量和规模上都超越了之前构筑的工事，更加适应平战结合与未来防空袭的要求。

2008年，区人防办完成天津市学生素质教育基地人防示教工程一期建设，开展二期配套设施建设和设计布展工作。开展平战结合与社会力量共同合作，修建人防地下工程。

2009年，区人防办依法推进防空工程靠前服务，创新人防结建审批方式，超额完成年度任务。

2010年，区人防办依法推进防空工程建设中坚持以建设为主，主动为建设排忧解难，促进人防工程规范化。

四、防空演习

（一）警报点 1979—1995年，各乡镇、村陆续配备了手摇警器，分别由乡镇武装部和各村民兵连负责管理。其中20世纪70年代在军粮城机米厂和大毕庄钢铸厂分别装设了电动警报器，其音响范围基本可覆盖全区。

2008年，区人防办在通信保障体系建设中以突出小城镇目标区，增设电声警报点，加大警报维管力度，对搬迁警报设点单位，按规定办理手续，进行迁移安装。保证张贵庄中心区和重点经济目标区警报音响覆盖率100%。

2010年，区人防办新增电声电动警报点2个，落实日常维管制度，保证全区所有警报器处于良好技术状态。9月，组织防空防灾警报试鸣演练，警报器鸣响率和中心城区覆盖率均达100%。

（二）警报信号 20世纪80年代始，全面实施全国统一防空警报信号：预警，鸣36秒，停24秒，反复3遍为一个周期，共3分钟；空袭警报，鸣6秒，停6秒，反复15遍为一个周期，共3分钟；解除警报，连续鸣放一长声，鸣放时间为3分钟。

东丽区志

第二十六编

人事劳动与社会保障

1979 年始，区人事劳动工作为改革探索期，主要职能是劳动工资、劳动安全保护、干部和劳动力调配、知青和待业青年安置、办理干部任免手续等。1984 年始，实行劳动用工制度改革。1993 年始，实施干部制度改革，为试行国家机关干部公务员制，做准备及培训工作。

1995 年，《中华人民共和国劳动法》等法规、条例颁布后，区社会保障工作逐步规范化、制度化，并开始从国营、集体企事业单位向私营企业、“三资”企业扩展。1999 年始，人事制度改革进一步深化，劳动和社会保障事业进入发展的新时期。21 世纪初期，区劳动和社会保障工作全面转向以市场经济为导向，以劳动保障为核心，以就业和再就业工作为重点的服务型新模式。2006 年始，区在全市率先制定解决农村劳动力就业的政策体系，开创人力资源和社会保障事业发展的新局面。

2010 年，组建东丽区人力资源和社会保障局。实现就业形势稳定、群众收入水平提高，社会保障范围扩大、保障标准提升，人才工作加强、人事制度改革深化，劳动关系和谐，区整体就业水平和保障标准处于全市领先。区人力资源和社会保障局被评为全国转移农村劳动力就业先进示范区县、全国清理整顿人力资源市场秩序专项行动先进单位、天津市优秀青少年维权岗、工人先锋号。

2007年，区9个镇街乡全部建成劳动保障服务中心

2007年，老年农民拿到退养补助后喜不自禁

2010年，区人力保障局联合空港经济区，举办被征地农民及高校毕业生招聘专场

2010年，为农民工追回企业托欠工资后，农民工向劳动部门工作人员赠送锦旗

第一章　人事管理

东丽区人事管理工作，在干部调配、大中专毕业生分配、安置军转干部、公务员招考、事业单位招聘、“三支一扶”大学生管理工作中，严格执行国家及市人事部门的政策规定，使人事管理改革逐步深化。在分配、考核、录用中，坚持德才兼备的用人标准，贯彻公开、平等、竞争、择优的原则，使区人事管理工作更加适应现代化建设和需要。

第一节　机　构

1980年4月，成立区政府人事科。1984年5月，区政府人事科与区劳动局合并为东郊区劳动人事局。1987年1月，区劳动人事局分设为区劳动局和区政府人事科。1988年6月，区政府人事科改称为区政府人事室。1990年12月，区政府人事室改为区人事局。2010年3月，区人事局、区劳动和社会保障局合并，建立东丽区人力资源和社会保障局，挂东丽区公务员局牌子。

第二节　调配考录

（一）干部调配

1991年，区委组织部、区人事局制定下发《东郊区干部调配规定及实施细则》。明确调配原则：贯彻德才兼备、任人唯贤的干部路线，做到知人善任，用其所长，调配得当；计划补充，统筹兼顾，保证重点，充实和稳定基层；严格按照各单位编制定员配备干部；坚持合理流向，力求在区内调剂余缺；关心干部疾苦，照顾和解决干部的实际困难，做到有利工作，方便生活。区人事局调配范围为区国家机关、企事业单位国家干部。采取调出部门先报送干部调动材料，经区人事局审批同意后，再行调动的方法，以用人单位择优与人事部门推荐；根据计划分配与组织派遣相结合的形式进行。是年，为逐步实行和完善干部计划管理与干部公开考录制度，压缩超编范围，使干部总量适度增长，由区委组织部、区人事局联合发布《关于严格控制行政机关、事业单位干部调入的通知》，要求区属行政、事业单位，凡已超编的一律停止人员调入，有空编的单位，确因工作急需补充人员时，必须在完成指令性计划或保留计划增干目标后，在不增加财政负担和保持干部总量平衡的情况下，从区内调剂补充。

1992—2010年，区人事管理部门负责同级党委和政府确定的管理范围内的国家干部的调配工作。调动干部时，应先由调出、调入单位进行商洽，并征求被调干部的意见，然后按干部管理权限报其主管部门审核批准。凡接到调令的干部，须按规定的时间办理调动手续，无正当理由不服从调动，经批评教育无效的，要给予必要的行政处分，调动后无故逾期不报到的，应视为旷工，并按有关规定处理。

（二）大中专毕业生分配

1985—1995 年，区接收安置大中专毕业生 640 人。

1997 年，区根据国务院《关于〈中国教育改革和发展纲要〉的实施意见》和人事部制定下发《人事部关于做好 1997 年全国学校毕业生接收工作的通知》精神，人事部门对事业单位接收毕业生加强指导和管理，根据事业单位不同的性质、机构编制、职能及财政来源，对接收毕业生进行分类指导。区人事部门把国有企业、农业、教育等行业和部门放在毕业生接收工作的重要地位。为毕业生到集体、乡镇、民营等非国有单位择业疏通渠道，创造条件，制定有关配套政策；进一步发挥人才市场在毕业生资源配置中的积极作用，切实加强市场管理。

1998 年，区依据人事部《关于做好 1998 年全国高等学校毕业生接收工作的通知》，做好高校毕业生的接收工作，坚持就业分配制度改革方向，做好“并轨生”的自主择业工作。严格执行《国家公务员暂行条例》和《国家公务员录用暂行规定》，按照公开、平等、竞争、择优的原则，通过考试考核录用毕业生。事业单位把好毕业生接收关，对不同性质和经费来源的事业单位，采取不同的接收措施，分类指导，加强管理。结合事业单位人事制度改革，对接收的毕业生实行聘任制，试行职员制。严格执行委培生到委培单位就业，定向生到定向地区就业的政策。自费生就业要进入人才市场，按照有关政策，做好接收管理工作。

1996—2000 年，接收安置大中专毕业生 354 人。2000 年后，分配制度进行改革，不再分配大中专毕业生，改为考试招聘。

（三）接收安置军转干部

1988—1995 年，区接收安置军转干部 184 人。

1998 年，区按照市《关于做好 1998 年军队转业干部安置工作的意见》，对军队转业干部进行安置。根据德才条件和地方工作需要，按照其在军队的职务等级、贡献、专长进行合理安排。接收团职及其以上职务的军队转业干部，采取考核选调的办法。接收营职及其以下职务的军队转业干部，实行考试考核，择优录取的办法。未取得国家公务员录用资格的，不得分配到党政机关工作。鼓励军队转业干部从事个体、私营经济劳务或自谋职业。

2001 年，区按照中共中央、国务院、中央军委印发《军队转业干部安置暂行办法》及 2002 年市委、市政府、市警备区印发《天津市〈军队转业干部安置暂行办法〉实施细则》的规定，区委、区政府高度重视军队转业干部安置工作，定期召开专题会议进行研究部署，全面落实军转干部安置政策。全面贯彻落实《军队转业干部安置暂行办法》，认真执行国家和天津市关于军转干部安置的各项方针政策，根据转业干部的德才条件和在部队职务等级、任职年限等安排适当的岗位和职务，享受国家规定的政治、经济待遇，根据实际情况安排相应职务，安置、任职同时进行。以人为本，坚持尽量专业对口安置的原则，合理配置人才资源。把安置工作作为重大政治任务完成，把转业干部作为重要的人才资源来配置。具体工作中，为安置人员着想，对阅档时所掌握的个人信息进行具体分析和研究，同时主动与转业干部联系，了解他们对安置去向、工作岗位等方面的愿望和要求。分配时，坚持专业尽量对口的原则，针对转业干部的具体情况，主动上门与接收单位联系，介绍情况，积极推荐，做到人尽其才、才尽其用。

2000—2006 年，共安置军队转业干部 64 人。2007—2010 年，共安置军队转业干部 71 人。

2007—2010年东丽区军队转业干部安置人数统计表

表 26-1　　　　　　　　　　　　　　　　　　　　　　　　单位：人

年份	接收人数				安置率（%）
	合计	团职	营职及以下	技术干部	
2007	13	3	8	2	100
2008	14	8	3	3	100
2009	19	10	5	4	100
2010	25	8	13	4	100
合计	71	29	29	13	100

（四）公务员招考

1995年，区人事部门为规范国家公务员录用工作，保证国家公务员素质，提高行政效能，根据《国家公务员暂行条例》《国家公务员录用暂行规定》和《天津市国家公务员录用实施办法》。制定区国家公务员录用实施细则，加强国家公务员录用的管理工作，组织实施各部门录用考试工作。

1997年，区依据《天津市人事局关于加强国家公务员录用管理工作有关问题的通知》，严格执行未经人事局统一考试并批准录用的人员，一律不准进入机关工作。对在《天津市国家公务员录用实施办法》下发之前，已在国家行政机关工作，现仍在机关行政编制内干部岗位上工作的混岗人员，如确因工作需要，可在机关推行公务员制度实施人员过渡时，经过严格考核，竞争上岗。本人符合国家公务员条件的，可在机关完成人员过渡后，在检查验收阶段由用人机关向市人事局写出书面报告，经审核后办理国家公务员录用手续。《通知》下发前已完成人员过渡工作的单位，不再办理。对擅自办理调入国家行政机关担任公务员职务的人员，一律不承认其公务员身份。

1999年，区依据《天津市国家公务员录用实施办法》开始公务员招考工作，成立由区委主管领导和组织部、监察局、编委办、财政局、人事局主要领导组成的区人事招录调配工作协调小组，建立组织、人事部门联席会议制度。对全区党政机关人才队伍建设进行统一领导、统一规划、统一协调、统一部署。协调小组制定、审批全区公务员招考计划，适时调整党政人才队伍结构，保证党政人才队伍结构与经济发展结构的总体平衡。协调小组定期召开会议，通报工作进展情况，研究解决工作中遇到的问题。区人事局考录调配科承担协调小组办公室职能，负责办理具体招考调配业务，保证招录调配工作与全区发展形势相适应。

2004年，区根据中组部、人事部《关于进一步加强和完善党政机关考试录用工作的通知》，进一步加强和完善党政机关考试录用工作，切实把好党政机关的“入口”关。严格坚持考试录用制度，严禁违规进人；进一步规范和改进考试录用工作，提高录用质量；建立有效控制手段，加强对机关进人和考试录用工作的监督管理；加强领导，不断加强和完善党政机关考试录用工作；对区内考试录用制度的执行情况进行认真检查。

2006年，区根据《中华人民共和国公务员法》，并按照市人事局的要求，加大从基层和生产一线考录公务员的力度，每年专门计划一定职位定向招录大学生“村官”“三支一扶”（到乡镇开展支教、支农、支医和扶贫工作）大学生和“大学生志愿服务西部计划”志愿者。根据招考职位的要求和特点，面向社会、面向高校、面向特定人群广泛发布信息。考录工作坚持“五个集中”：集中申报计划、集中报名审核、集中笔面试、集中体检考察、集中审批录用，确保考录工作规范有序进行。制订招录计划时坚持从工作实际需要出发，在对公务员队伍结构分析的基础上，计划申报坚持“四个优先”：优先为经济建设部门招录，优先为城市化建设和“三改一化”单位招录，优先为三区联动和“三重”岗位（重点工作、重点项目、重点工程）招录，优先为机制体制改革及促进各项社会事业发展需要招录。坚持“五严五禁”：在考录过程中严格编制审核，禁止超编进人；严格条件设置，禁止以人划线；严格资格审核，禁止因人而异；严格考务管理，禁止违规违纪；严格录用考核，禁止流于形式，确保考录工作公平、公正平稳实施。

2007年，区按照中共中央组织部、人事部印发《公务员录用规定(试行)》，进一步规范了公务员录用工作。录用公务员，坚持公开、平等、竞争、择优的原则，按照德才兼备的标准，采取考试与考察相结合的方法进行，确保了录用公务员的质量。

2010年，区通过公开招聘，公务员队伍结构明显优化，专业知识层次明显提高。公务员队伍平均年龄44.2岁，比2006年下降3.5岁；本科学历占公务员队伍的63%，比2006年提高10个百分点；研究生以上学历占公务员队伍的14.4%，比2006年提高9个百分点。

1999—2010年东丽区公开招聘公务员统计表

表 26-2

年份	1999—2005	2006	2007	2008	2009	2010	合计
招聘次数	7	1	2	1	1	1	13
招聘人数	68	15	62	36	34	48	263

（五）事业单位招聘

2003年，区根据《国务院办公厅转发人事部〈关于在事业单位实行人员聘用制度意见〉的通知》和《天津市具有行政管理职能事业单位补充工作人员暂行办法》精神，制定《东丽区事业单位补充工作人员暂行办法》，按照公开、平等、竞争、择优的原则，在财政拨款的区属事业单位范围内推行凡进必考。是年，教育系统招聘54人。2004年，区委党校、区畜牧水产局等单位招聘7人，卫生系统招聘47人。2005年，教育系统招聘62人，卫生系统招聘36人。

2009年，区劳动局为交警支队招聘和培训的首批大学生辅警队伍上岗值勤

2005年底，区根据人事部颁布的《事业单位公开招聘人员暂行规定》，及市人事局发布的《关于贯彻实施〈事业单位公开招聘人员暂行规定〉有关问题的通知》精神，为深入推进事业单位人事制度改革，2006年制定《东丽区事业单位公开招聘人员暂行办法》，扩大凡进必考的实行范围，明确规定区事业单位招聘专业技术人员、管理人员和工勤人员，不论单

位性质及资金来源渠道，都要面向社会实行公开招聘，凡符合条件的各类人员均可报名应聘，不得设置歧视性条件要求。区公开招聘坚持德才兼备的用人标准，贯彻公开、平等、竞争、择优的原则，根据招聘岗位的任职条件及要求，采取考试、考核的方法进行。事业单位公开招聘工作，由区人事局会同有关部门负责组织实施。按照“制定招聘计划，发布招聘信息，受理应聘人员的申请，对资格条件进行审查，考试、考核，身体检查，根据考试、考核结果，确定拟聘人员，公示招聘结果，签订聘用合同，办理聘用手续”的程序进行。2006—2010 年，区事业单位公开招聘 28 次，共招聘 1057 人。

2006—2010 年东丽区事业单位公开招聘统计表

表 26-3

年份	2006	2007	2008	2009	2010	合计
招聘次数	5	5	5	5	8	28
招聘人数	227	253	185	191	201	1057

（六）“三支一扶”大学生管理

2006 年，区成立“三支一扶”工作领导小组及其工作协调管理办公室（设在区人力社保局），负责“三支一扶”的统筹协调工作。“三支一扶”大学生服务期间的管理，坚持“谁用人，谁受益，谁负责”和培训与使用并重的原则。服务单位负责“三支一扶”大学生的平时考核，区“三支一扶”办负责“三支一扶”大学生的年度考核和服务期满考核工作。对“三支一扶”大学生日常管理实行动态、人性化管理。平常工作生活中，坚持日常联系制度，公开办公电话及个人联系方式，加强沟通和交流，随时了解和掌握“三支一扶”大学生岗位服务情况，解答有关“三支一扶”政策、规定方面的问题，帮助协调解决在工作、生活中的困难。认真做好“三支一扶”大学生服务期满考核工作，落实有关政策，及时为符合条件的“三支一扶”大学生办理用编及聘用手续。是年，区招募“三支一扶”大学生 10 人。至 2010 年，共招募 46 人，其中 24 人服务期满直接聘用，5 人考入公务员队伍，5 人考入事业单位，辞职 5 人，未到岗 4 人，自谋职业 3 人。对于离开服务单位的“三支一扶”大学生，区管理办公室组织其与服务单位做好离岗交接手续，保持了区“三支一扶”大学生工作的稳定。

第三节 干部管理

东丽区实施干部管理制度改革，推行科级领导职位竞争上岗，加大组织考察，对干部任免进行公开、公平、公正、民主性的有效监督。加强干部的培训、考核、奖惩及人才的引进和专业技术人员的评聘管理等一系列的干部管理措施，使区干部管理工作适应了改革发展的形势需要，为全面实现小康目标的历史新时期，开创了干部管理工作的新局面。

一、管理范围

区人事部门负责的干部管理工作范围涉及机关公务员、参照公务员法管理单位工作人员、事业单位工作人员的招录、任免、培训、考核、奖惩、工资福利等。

行政机关、参照公务员法管理单位、事业单位科级及以下职务的任免；全区机关、事业单位科级职数审批；全区公务员、参照公务员法管理单位工作人员、事业单位工作人员能力素质建设和思想作风建设的规划和培训；全区机关事业单位工作人员年度考核、奖惩、辞职辞退、申诉控告工作；区政府序列公务员、参照公务员法管理单位工作人员登记和统计工作；承办提请区政府和区政府提请区人大审议的有关人事任免事项。

全区公务员、参照公务员法管理单位工作人员的考试录用和全区事业单位公开招聘工作人员工作；军队转业干部和随军、随迁家属安置工作；区政府序列机关、事业单位工作人员调配审批，办理党群序列机关、事业单位工作人员的调配手续；全区机关事业单位工人的调配工作。

全区事业单位岗位设置管理工作；承办专业技术人员职称申报评审、认定和组织各类职称资格考试；全区事业单位专业技术岗位和政工师岗位职数的管理；专业技术人员的继续教育和继续教育协会工作；街道社区居委会专职干部和事业单位工人聘用到干部岗位的管理；全区干部统计工作。

全区机关、事业单位工作人员工资收入分配、福利、工龄计算和退休工作；全区科级及以下职务退休人员的管理服务工作；承办技术工人技术等级培训的报名工作；机关、事业单位工资统计及人事计划申报备案；全区福利费的收缴与使用。

二、干部任免

（一）科级职务的任免

1987—1995 年，全区任命正副科级干部 874 人，免职 174 人。1993 年始，加强干部制度改革，下放任免权限，有条件单位推行中层干部聘任制。1993—1995 年，全区有 79 个单位试行中层干部聘任制，为试行国家机关公务员制，做准备工作和培训工作。

2004 年，区颁布《国家公务员科级职务管理暂行规定》，对科级任职的管理权限，公务员晋职、培训、辞职、降职、免职等进行明确规定，是东丽区开展科级干部任免工作的基本依据。

2005 年，严格执行以竞争上岗方式选拔任用科级干部的相关规定，通过执行竞争上岗制度，打破“由少数人选人”“在少数人中选人”和在选拔干部上论资排辈、求全责备、迁就照顾的旧观念，充分调动广大干部的积极性。对不宜实行竞争上岗的科级领导职务，采取到基层单位对任职人员进行考察的方式，将考察结果进行归纳总结后，向所在单位领导汇报，指出拟任职人员的优点及不足，帮助其尽快改正。是年，办理科级任免职 115 人，办理科员、职员任职备案 108 人。

2006 年，坚持下基层考察制度，认真听取群众意见，及时向拟任职人员及其单位主管领导进行反馈，客观全面地了解拟任职人员情况，掌握第一手资料，发挥任免主管部门的监督作用，保证科级任免工作的严肃性和公正性，使一批素质高、业务精、能力强的人员走上科级干部岗位。全年共办理科级任免职 168 人。办理科员、办事员任职备案 123 人。

（二）科级领导职位竞争上岗

2007 年，根据区科级任免工作中存在的实际问题，对科级委任工作的程序和报批材料等事项进行修改和完善，制定《东丽区党政群机关委任科级职务相关问题的说明》，进一步明确科级任免工作的流程，突出强调测评、考察和公示等环节，加大群众监督的力度。制定《东丽区党政机关科级领导职位竞争上岗暂行规定》，对科级领导职位竞争上岗的程序办法、基本资格条件及组织实施等方面的问题做明确具体的规定，进一步规范、严格区科级领导职位竞争上岗工作。全年共办理科级任免职 138 人。办理科员、办事员任职 159 人。

2008 年，贯彻《东丽区党政机关科级领导职位竞争上岗暂行办法》和《东丽区党政机关委任公务员科级职务暂行办法》，对各单位科级任免程序严格要求，对任免材料统一格式、统一要求，对职数、人员条件严格审核。强调组织考察的范围，重视各个程序环节的有效监督。积极鼓励引导，以竞争上岗的方式选拔科级领导干部，对竞争上岗的各个环节悉心指导，反复斟酌面试题本，认真准备面试材料，共有 9 个单位 26 个职位开展科级领导职位竞争上岗，109 人参加竞争，其中 26 人通过竞争走上了科级领导岗位。全年共审批科级职务任免 299 人。办理科员、办事员任职 159 人。

2009 年，坚持严格执行《东丽区党政机关科级领导职位竞争上岗暂行办法》《东丽区党政机关委任公务员科级职务暂行办法》文件精神，对各单位科级任免工作高标准，严要求，强化组织考察范围，加大组织考察力度，通过直接参与任职公示及组织考察对各单位科级任免工作的公开、公平、公正、民主性进行有效监督。将竞争上岗作为科级干部选拔的主要途径，共有 7 个单位 32 个职位开展科级领导职位公开选拔竞争上岗，91 人参加竞争，其中 32 人通过竞争走上科级领导岗位。同时按照《关于进一步加强和改进科级职务管理工作的意见》，科级领导职务任免工作全面实行组织人事部门科级任免事项联席会制度。全年共有 113 人被列为考察对象，882 人参与了民主测评，745 人参与考察谈话，审批科级职务任免 202 人。办理科员、办事员任职 174 人。

2010 年，认真贯彻《党政领导干部选拔任用工作条例》和干部选拔任用工作四项监督制度，围绕落实干部群众知情权、参与权、选择权和监督权，提高选人用人公信度，从健全制度体系、强化监督管理、注重贯彻落实入手，加强科级干部选拔任用和监督管理制度化建设，研究制定《东丽区关于进一步加强科级干部选拔任用与监督管理工作的意见》《东丽区党政机关科级领导职位公开选拔竞争上岗暂行规定》《东丽区党政机关科级干部选拔任用工作有关事项报告暂行办法》等 13 项制度，形成以一个意见为统领、3 个规定为主要内容、9 个暂行办法为配套支撑的科级干部选拔任用和监督管理“1+3+9”制度体系。使区科级干部选拔任用工作从政策依据到组织实施，从职务规划到任命使用，从部门监管到社会监督，都有统一规范的标准。改变以往各单位随时申请、随时研究、随时实施、随时审批的科级干部选拔任用工作的随意性。采取“四个统一”的办法，统一标准，统一程序，统一时间，统一组织实施，共完成 53 个单位 220 个职位以民主推荐方式选拔任用科级干部工作，组织实施全区 19 个单位 44 个职位公开选拔竞争上岗工作。办理科员、办事员任职 141 人。

三、考核　奖惩

（一）公务员考核　1996 年，区委组织部、区人事局印发《东丽区国家公务员年度考核实施细则》，年度考核的对象为各级国家机关的公务员和参照执行《国家公务员暂行条例》的事业单位和参照管理的党群机关的工作人员。2007 年起，机关及参照公务员法管理单位对非领导成员公务员（工作人员）的考核执行《公务员考核规定（试行）》。考核的内容为德、能、勤、绩、廉。考核结果分优秀、称职、基本称职、不称职4个等次。考核的程序为自我小结、个人述职、群众评议、组织评定、反馈、存档、备案。公务员年度考核优秀等次人数，一般掌握在各机关参加年度考核公务员总人数的15%以内，最多不超过20%。2010年，年度考核的优秀比例与2009年度全区机关单位目标管理绩效考核评定结果为基础有所调整：2009年绩效考核结果为“优秀”的单位，其机关2010年年度考核“优秀”等次人员比例调整为15%，下属事业单位2010年年度考核“优秀”等次人员比例调整为13%；调整“优秀”等次人员比例后，未能增加“优秀”等次人员数，额外增加1名优秀名额；2009年绩效考核结果为“良好”的单位，评优比例仍按原规定执行；2009年绩效考核结果为“一般”的单位，其机关2010年年度考核“优秀”等次人员比例调整为9%，下属事业单位2010年年度考核“优秀”等次人员比例调整为7%。

（二）事业单位人员考核 1996年，区人事局印发《东丽区事业单位工作人员年度考核实施细则》，考核对象为各级国家行政机关所属事业单位的各类职员、专业技术人员和工人。2004年开始，执行《天津市事业单位工作人员考核暂行办法》。

（三）公务员奖励 公务员奖励种类有嘉奖、三等功、二等功、一等功、授予荣誉称号。2007—2010年，453人授予嘉奖。2010年111人授予嘉奖；是年，按照《公务员考核规定（试行）》“被确定为优秀等次的，当年给予嘉奖；连续3年被确定为优秀等次的，记三等功”的规定，制定下发《关于做好连续三年考核优秀人员奖励工作的通知》。审批2007—2009年度连续3年考核优秀的公务员、参照管理人员25人记三等功，2008—2010年连续3年优秀的公务员、参照管理人员12人记三等功。

（四）考核与奖励挂钩 机关工作人员的考核结果与奖励挂钩，坚持精神奖励和物质奖励相结合。2007年，年度考核被评定为优秀等次的工作人员，给予一次性奖金500元奖励，并享受年度考核奖金。2008年开始，给予一次性奖金800元奖励。2010年，按照《公务员奖励规定（试行）》，获得记三等功奖励的公务员（参照管理人员）给予一次性奖金1500元奖励。

（五）纪律惩戒 区各级行政机关严格按照《公务员法》《行政机关公务员处分条例》依法开展公务员惩戒工作。行政机关公务员处分的种类为警告、记过、记大过、降级、撤职、开除。2010年，全区共有1747名公务员，有4名干部给予纪律惩戒，其中2名给予撤职处分，1名给予警告处分，1名给予开除处分。纪律惩戒人员占公务员总数的0.23%。

四、人事争议仲裁

1990—2000年，区人事工作中涉及人事争议的问题，由人事局相关业务科室解决，解决途径不规范，一般以调解为主。2001年，区人事局成立人事仲裁办公室，仅负责受理接待群众上访、申诉等人事争议问题，具体解决仍交到相关业务科室办理。

2004年，区人事局成立人事争议仲裁科，专门负责处理全区机关和事业单位人事争议。是年，区成立人事争议仲裁委员会，由区人事局、区工会、区委宣传部、政府法制办、教育局、司法局、财政局、卫生局等单位委员组成。其主职责是制定仲裁规则和相关管理制度，聘任和管理专职、兼职仲裁员，处理管辖规范内的人事争议，研究处理重大、疑难人事争议。区仲裁委的成立，标志人事争议仲裁进入了实质性建设阶段。

2005年，区下发人事争议处理办法的组织规则、仲裁办案规则、仲裁员守则、人事争议调解办法等配套措施。为提升区仲裁工作规范化水平，推进人事争议仲裁工作的健康发展，提供有力的政策法规支持。

2006年，区财政拨款30万元，在全市率先建成仲裁案件审理大厅，购置相应设备，建立完善仲裁开庭相关制度，制定仲裁员守则、仲裁开庭规则、仲裁庭纪律、仲裁开庭程序等。

2007年，区对仲裁委员会和调节委员会进行人员调整，仲裁委员增至11名委员组成，调解委由43家事业单位代表组成。为解决事业单位聘用制改革仲裁员管理机构问题，区在全市首创成立案件审理办公室，为仲裁工作队伍建设奠定人员基础。

2008年，为加强全区人事干部的仲裁业务知识，聘请市专家对全区120名人事干部和调委会成员进行仲裁业务知识讲座。是年6月，区首次开庭审理第一起案件，聘请全区各调解委员会成员旁听。

2009年，区人事局制定《东丽区人事争议排查调处制度（暂行）》，规定每半年开展一次矛盾纠纷排查工作，排出的隐患，上报区人事争议仲裁委员会，及时对人事争议隐患和苗头进行调解和处理。预防和减少了人事争议案件的发生，保护了人事人才工作的和谐稳定。

至2010年，区仲裁委办公室接待人事争议来访人员180人次，受理案件117次。本着调解优先，立足调解的精神，只有一例案件正式开庭审理，其余案件全部通过调解方式得以圆满解决。

五、教育培训

2005年，区人事局举办科级任职培训班，共44名干部参加培训，历时3个月完成培训。开展《中华人民共和国公务员法》（以下简称《公务员法》）宣传学习活动，发放《公务员法》及相关教材1120册。在全区开展"《公务员法》知识问答"答题活动；聘请市委党校、市行政学院专家教授为区党政机关700余名科级以上领导干部进行《公务员法》知识专题辅导讲座；在全区各党政机关中开展以"学习《公务员法》、加强公务员队伍建设"为主题的征文活动并给予表彰和奖励。

2006年，区人事局与市委党校、市行政学院联合举办2006年科级公务员任职培训，共41个单位的50名45周岁以下科级公务员参加培训。区人事局和区委组织部、区职业教育中心联合对全区党政机关男55周岁及以下，女50周岁及以下，未参加公共管理硕士(MPA)专业学位或公共管理(MPA)研究生课程班学习的74个单位1200名公务员进行公共管理(MPA)核心内容集中强化培训。共分为2期，每人每周培训半天，共计培训40课时。

2007年，区人事局组织党政群机关及参照公务员法管理单位45周岁以下的70名科级公务员、新招录的9名"三支一扶"应届大学生，共计89人，在区委党校进行为期5天的岗位基本知识及能力的培训，并安排干部到蓟县进行为期2天的拓展训练。在《行政机关公务员处分条例》颁布施行后，在区行政机关及政府序列参照公务员法管理单位的公务员（工作人员）中开展一系列形式多样的《行政机关公务员处分条例》培训工作。采取集中学习与自学紧密结合的方式，组织广大公务员对《行政机关公务员处分条例》《国家公务员行为规范》进行学习培训，领导干部与党员同时对党风廉政建设的相关规定进行再学习。在全区公务员范围内集中组织开展撰写交流学习体会、辅导讲座、专题讲座、专题研讨、《行政机关公务员处分条例》学习情况的检查验收、对照检查与整改等学习培训工作。9月，组织全区1954年1月1日以后出生的1200名机关公务员及窗口部门工作人员进行普通话培训，培训采取分类型集中培训的形式，聘请天津市语言文字培训测试中心教师进行专门辅导。

2008年，对50名2007年晋升为科级领导职务的公务员（参照管理人员）进行任职培训。组织派遣2名处级公务员及53名考录公务员进行任职和初任培训；采取自学与单位集中培训相结合的方式，对全区1300名公务员、工作人员进行培训；组织全区机关及参照公务员法管理单位中从事公文写作与处理工作的66名一线年轻公务员、工作人员进行为期5天的集中脱产培训；通过《东丽区公文写作与处理知识模拟考试试题》复习答卷工作，采取从各单位抽调170名公务员（工作人员）集中考试，与各单位集中组织考试相结合的方式，对学习培训效果进行验收，培训出勤率达98%，成绩合格率达100%。

2009年，举办区科级公务员任职培训，晋升科级职务的64名公务员参加培训。区人事管理部门与市行政学院及区各相关单位协调沟通，组织派遣4名处级公务员及41名2008年考录公务员参加在市委党校、市行政学院的培训。在全区公务员范围内开展公共危机管理知识培训，其中的一项重要培训内容是《中华人民共和国突发事件应对法》；对全区机关、参照公务员法管理单位中承担公共危机事件处置或信访等相关工作且承担本机关、单位公共危机管理知识培训任务的68名公务员（参照管理人员）进行集中脱产培训；组织公共危机管理百题知识问答和考试考核。

2010年，举办区科级干部任职培训，80名科级干部参加培训。完成全区公务员（参照管理人员）公共危机管理培训考核验证工作。与市行政学院及相关单位协调沟通，组织派遣处级公务员参加市局调训。制定《东丽区2010年科级公务员（工作人员）任职培训方案》，认真做好培训的前期准备工作。

第四节　人才建设

一、人才引进

1988年，区成立人才交流办公室，设在区人事室。是年，引进科技人才14人。

1991年，区人才交流办公室改建为区人才交流中心。

1993年，人才交流服务中心与外经贸委、企经委等单位共同举办人才智力交流洽谈会，引进人才，吸引投资，提高东丽区的知名度。通过天津电视台、天津广播电台、《天津日报》《今晚报》等新闻媒介宣传区优越的投资环境，推动人才交流工作。是年，引进人才115人，为1988年的8.2倍，比1992年增长40%以上。1994—1995年，引进专业技术人才284人。

2000年，在学习借鉴上海、成都等省市经验的基础上，建立区人才市场，人才交流中心与区劳动局联合，在每月的第一个周五举办人才招聘会。人才市场与劳动力市场初步融会贯通，共同解决辖区企事业单位招工、用人的难题，并为大学生青年就业搭建桥梁。

2010年，成立区人力资源和社会保障局后，区人才市场、劳动力市场实现办事程序、服务标准统一，形成集档案管理、人员调动、流动党员管理、职业介绍、职称评定、技能培训、劳务派遣、集体户口挂靠等多种业务于一身的综合性窗口单位和部门。制定“百千万人才工程实施方案”，编制“东丽区‘十二五’人才规划”。

二、人才管理

2005年，区创新机关事业单位用人方式，面向社会招录人才选派从事临时和辅助性工作，逐步加强管理和规范。为提高办事效率，方便企事业单位和群众查询、下载最新动态信息和法规政策等，区人才中心投资30万元，建立综合人力资源网站。网站方便区企事业单位和群众，作为东丽之窗，通过互联网实现与国际接轨。

2009年，区经市人事局批准建立博士后创新实践基地。是年，区委下发《以改革创新精神进一步加强人才工作的意见》，明确通过完善政策机制、引进机制、培养机制和投入机制，努力做好专业技术人才、高层次创新创业人才和高级经营管理人才的引进以及人才智力的柔性引进，构建完备的政策体系和工作机制，把各类人才集聚到东丽率先发展的宏伟事业中来，构建区域性人才高地。是年团区委、区劳动局、区工商联、区残联等单位举办大型“促进青年就业”专场招聘会。区人事部门根据《天津市人才流动条例》的要求，加强对区内人才中介机构的监管力度。在全国性的清理整顿人力资源市场专项行动中，区成绩突出，获得先进单位称号。

三、人才服务

1995年，区7个乡镇4个街道和部分局委下属单位共建立人才交流服务站13个，初步形成全区人才交流服务网络。1996年，区首次召开人才服务工作总结会，表彰人才服务工作先进单位、先进个人及优秀人才各10名。区人才中心对引进人才的档案管理，党员管理、职称评聘及养老保险代理进一步规范，并开始办理存档人员的退休手续。

1998年，为解决引进人才落户难的问题，在区人才中心设立集体户口，对本科以上学历的青年人才和其他高层次人才及其配偶、未成年子女按照人才引进的方式办理落户手续。

2001年，区再次召开人才工作总结会，对先进单位、先进个人和优秀人才表彰，把为企业引进人才服务工作冠名为“经济人才服务工作”。

2003年，区人才市场在坚持正常开市招聘的基础上，对入市单位、求职人员，全部实行免费入场。建立用人单位需求库和人才库，将职业介绍常态化。

2008年，东丽人才网建立，本着“面向社会、服务公众、方便快捷、双向沟通”的指导思想，聘请专业的网络公司对网站进行制作及维护，网站的建立为各类企业及人才又搭建了一个全新的服务平台。

2010年，按照国家和天津市中长期人才发展规划，围绕区未来5年的发展目标，与区人才办共同起草制定《东丽区“十二五”人才发展规划》，提出具体要求和办法。

四、专业技术职称评定

1978年始，区开展职称评定工作。1982年，全区专业技术干部192人，其中150人评定技术职称。1987年4月始，进行职称改革。1989年，全区40个事业单位，10个企业单位842人参加职称评定，评出高级职称8人、中级职称147人、初级职称687人。

1990年，职称评定与改革工作，由区科委移交区人事局主管。至1993年，评聘工作新增39个单位，评出高级职称7人、中级职称36人、初级职称109人。

1994 年，参评单位 150 个,参评人员 172 人，评出高级职称 16 人、中级职称 65 人、初级职称 91 人。

1995 年，参评单位 151 个，参评人员 82 人，评出高级职称 15 人、中级职称 51 人、初级职称 14 人。

1996 年，区在全市率先将人才中心存档的引进人才纳入职称评审范围，在人才中心设立初级评委会，扩大人才服务内容。是年，在引进人才中评出高级职称 5 人、中级职称 17 人、初级职称 26 人。

2000 年，区根据市人事局统一安排，启动 “131” 创新型人才培养工程（即选拔 10 名年龄在 40 岁左右具有硕士研究生以上学历或具有副高级以上职称的人员作为第一层次人选；选拔 30 名年龄在 35 岁左右，具有硕士研究生以上学历或中级以上职称的人员作为第二层次人选；选拔 100 名年龄在 30 岁左右，具有本科以上学历或中级以上职称的人员作为第三层次人选)。“131” 创新型人才培养周期为两年，入选人员的培养经费由市、区人才发展基金及所在单位予以支持。

2002 年，区根据《天津市专业技术人员和管理人员继续教育条例》，把专业技术人员的继续教育纳入地方性法规管理范围，并作为职称晋升的必备条件，严格按照条例要求对全区专业技术人员的继续教育进行监督管理。

2003 年，区人事局设立专业技术人员管理科，专职负责区属企事业单位各类职称的评审和聘后管理。

2004 年，区事业单位工作人员实行聘用合同制管理，3960 名专业技术人员全部与所在单位签订合同。2006 年，区共有 690 人通过职称申报。

2007—2010 年东丽区专业技术人员职称申报情况统计表

表 26-4　　　　单位：人

年份	申报职称人数	通过人数	其中			其中	
			高级	中级	初级	事业单位	企业
2007	624	620	93	213	314	593	27
2008	676	671	95	213	363	606	65
2009	695	677	102	236	339	—	—
2010	685	685	101	243	341	—	—

2010 年底，区专业技术人员（不含人才引进）5893 人，其中含享受国务院特殊津贴人员 4 人，正高 17 人，副高 776 人，中级 2929 人，初级 2167 人。

第五节　工资福利　退休管理

一、工资制度改革

（一）机关、事业单位工资制度改革历程

第一次工资制度改革　1956 年,区实行第一次工资制度改革，建立职务等级工资制度。

第二次工资制度改革　1985 年，区对国家机关事业单位的工资制度进行了第二次改革，将原来的职务等级工资改为以职务工资为主的结构工资制，分为基础工资、职务工资、工龄工资、奖励工资。为鼓励中小学校和中等专业学校、技工学校的教师、幼儿教师和护士长期从事本职业，首次建立了教龄、护龄津贴即除按规定发给工龄津贴外，另外分别加发教龄津贴和护士工龄津贴。

第三次工资制度改革　1993 年，区对国家机关、事业单位工资制度进行第三次改革，实行不同的工资制度，机关干部、技术工人、普通工人，事业单位专业技术人员、管理人员、技术工人、普通工人分别执行各自不同的工资标准。引入竞争、激励机制，工资的增长与年度考核挂钩。机关干部实行职务级别工资制，包括基础工资、职务工资、级别工资、工龄工资。职务工资分为若干档次，级别工资分为 1～15 级，每一级别对应一个标准。事业单位实行职务等级工资制，其标准工资由职务工资（固定工资）和事业人员津贴（活工资）两项构成。 事业单位人员津贴以编制部门核定的全额拨款、差额拨款、自收自支三种不同类型的预算管理形式确定不同的津贴比例。建立正常晋升工资制度，在考核称职（合格）的基础上，机关事业单位每 2 年晋升一档职务工资，机关干部 5 年晋升一个级别工资。根据国家经济发展水平及物价水平的不断提高，区机关事业单位分别在 1997 年 7 月、1999 年 7 月、2001 年 1 月、2001 年 10 月、2003 年 7 月 5 次调整工资标准。

第四次工资制度改革　2006 年，区对公务员实行国家统一的职务与级别相结合的工资制度。同时改革事业单位工作人员收入分配制度和相应调整机关事业单位离退休人员离退休费。这次改革简化了基本工资结构，增强工资的激励功能。将公务员基本工资结构简化为职务工资、级别工资两项构成。职务工资主要体现公务员的工作职责大小，一个职务对应一个工资标准，为体现岗位职责的差别，领导职务和非领导职务对应不同的职务工资标准。级别工资主要体现公务员的资历、职务和工作实绩，每一级别设若干个工资档次。公务员根据所任职务、德才表现、工作实绩和资历确定级别和级别工资档次。公务员对应的级别数增加到 27 个。完善正常增资办法，实现工资调整的制度化、规范化。结合公务员基本工资结构的调整，相应调整公务员正常晋升工资的办法。公务员晋升职务，相应提高职务工资和级别工资；年度考核累计 2 年和 5 年称职及以上的，可以晋升一个级别工资档次和一个级别。

（二）事业单位实行岗位绩效工资制度

2006 年 7 月，区事业单位实行岗位绩效工资制度，由岗位工资、薪级工资、绩效工资和津贴补贴 4 部分组成，其中岗位工资、薪级工资为基本工资。在计算退休费、抚恤金、病假待遇、探亲路费等，都以基本工资作为基数，计算相关的待遇。

2006 年 7 月 1 日起，事业单位工作人员正常增加薪级工资。年度考核结果为合格及以上等次的工作人员，每年增加一级薪级工资，并从第二年的 1 月起执行。收入分配制度改革后，事业单位工作人员考核为基本合格、不合格的年度，不能正常增加薪级工资。工作人员岗位变动后，按新聘岗位执行相应的工资标准。

2009 年 1 月始，区义务教育学校，包括小学、初中和特殊教育学校，完全中学的初中阶段，一贯制学校的小学和初中阶段的正式工作人员，实施统一的绩效工资制度。义务教育学校正式工作人员的收入由基本工资和绩效工资构成。区义务教育学校人均绩效工资水平按照区义务教育学校工作人员 2008 年 12 月的人均基本工资和区公务员人均津贴补贴水平之和确定。

教师绩效工资分为基础性绩效工资和奖励性绩效工资。基础性绩效工资占绩效工资总量的 70%，主要体现区经济发展水平、物价水平和岗位职责等因素。在基础性绩效工资中设立岗位津贴。奖励性绩效工资占绩效工资总量的30%，主要体现工作量和实际贡献等因素。奖励性绩效工资设立班主任津贴、年级组长津贴、教研组长津贴、备课组长津贴、超课时津贴、教育教学成果奖励、目标考核奖。绩效工资不作为计发离退休费的基数。区及教育系统、各学校自定的津贴补贴一律取消。

2009年10月起，公共卫生与基层医疗卫生事业单位实施绩效工资。

二、离退休待遇规定

（一）出生日期认定

区执行中央组织部、人事部、公安部《关于办理干部退（离）休等手续时认定出生日期问题的通知》规定：认定干部出生日期，应以本人档案中的最早记载和出生证或出生时的户口登记手续为依据。如查不到原始户口登记手续的，应一律以本人档案中最早记载为准。

（二）离退休条件

离休条件 按照《国务院关于老干部离职休养制度的几项规定》，新中国成立前参加工作，符合下列条件之一的，都可以离休：参加中国共产党领导的革命战争；在解放区参加革命工作并脱产享受供给制待遇的干部；在敌占区从事地下革命工作的干部。

退休条件 机关事业单位工作人员退休条件的主要依据是1978年颁布的《国务院关于安置老弱病残干部的暂行办法》和《国务院关于工人退休退职的暂行办法》。退休包括法定退休、提前退休、延长退休、暂缓退休。

（三）2006年7月套改后退休人员退休费计发办法

机关单位工作人员和参照机关工作人员退休后的基本退休费按照退休前职务工资和级别工资的一定比例计发，事业单位工作人员退休后的退休费按本人退休前的岗位工资和薪级工资、教师护士10%之和的一定比例计发。工作年满35年为90%，满30年不满35年为85%，满20年不满30年为80%，满10年不满20年为70%。

事业单位工作人员工作年限不满10年的，按50%计发退职生活费。

退休时的工作年限为满年满月，每满一年计算为一年。

一、干部职工福利

（一）职工福利内容

区依据《中华人民共和国宪法》规定“在发展生产的基础上，提高劳动报酬和福利待遇”。职工福利内容包括：为职工提供各种生活方便而创办的食堂、托儿所、浴室等福利设施；为解决职工生活困难而建立的困难补助，其中包括定期补助和临时补助；为改善职工生活而建立的福利性制度和生活补贴；为保障职工身体健康，照顾职工及家属的实际生活困难而实行的各种休假制度。

区每年以机关和全额事业单位的在职和离退休人数为基数，按照每人每年10元的标准提取，用以帮助困难职工和改善退休老干部的生活条件。

（二）福利项目

社会保障　养老保险、医疗保险、失业保险、工伤保险是国家劳动部门规定各类企业必须为员工提供的社会保险福利。除员工月工资外，企业为这部分保险支付相当于工资额的 10%～20%。

住房津贴　国营企业，住房分配或廉价租住房是企业提供给员工的最大一项福利。随着国家推行货币化分房制度的开展，企业改实物分房为货币分房，住房津贴按月随工资发放，建立住房公积金，提供住房低息贷款已成为企业为员工提供住房福利的新形式。

交通费　企业为员工上下班提供交通福利，主要包括：企业提供交通工具接送员工上下班；企业按内部规定为员工报销上下班交通费；企业每月发放一定数额的交通补助费。

工作午餐　企业为员工提供的免费或低价午餐或提供一定数额的工作午餐补助费。

有偿假期　主要包括：产假、病(工伤)假、事假、探亲假、婚假、丧假等国家法定员工依法取得缺勤收入的福利待遇；员工根据企业同意，一年中可以享有若干天的有薪假期；国务院规定中国公民依法享有的包含春节、国庆节等法定节假日。

培训　以培训人才和企业员工作为一种福利，不断加强对员工培训的设入。

五险一金　养老保险、医疗保险、生育保险、失业保险、工伤保险、公积金。

东丽区社会保险缴纳比例一览表

表 26-5

<table>
<tr><th colspan="2">险　种</th><th>单位缴纳（%）</th><th>个人缴费（%）</th></tr>
<tr><td colspan="2">养老保险</td><td>20</td><td>8</td></tr>
<tr><td rowspan="2">医疗保险</td><td>医疗保险</td><td>10</td><td>2</td></tr>
<tr><td>大额医疗救助</td><td>0</td><td>300 元/年</td></tr>
<tr><td colspan="2">生育保险</td><td>0.8</td><td>—</td></tr>
<tr><td colspan="2">失业保险</td><td>2</td><td>1</td></tr>
<tr><td colspan="2">工伤保险</td><td>0.5、1、2</td><td>—</td></tr>
<tr><td colspan="2">公积金</td><td>7</td><td>7</td></tr>
</table>

社会保险的缴费基数同时设有上限和下限，其分别根据市公布的上年度全市职工月平均工资的30%和 60%相应确定。

（三）社保福利待遇标准

2009 年，东丽区根据市政府《批转市劳动和社会保障局等五部门关于建立全市职工平均工资发布及工资保险福利待遇正常调整制度的暂行办法的通知》制定社保福利待遇标准。2009 年市职工年平均工资为 33516 元，增幅为 7.4%，月平均工资为 2793 元，日平均工资为 128.4 元，小时平均工资为 16.1 元。市在岗职工年平均工资为 44773 元，增幅为 7.7%，月平均工资为 3731 元。

2010 年，东丽区基本养老保险、工伤保险、被征地农民社会养老保险、工资福利等依据市职工和在岗职工月平均工资计算的相关待遇，按 2793 元和 3731 元为基数计算。

第二章　劳动管理

改革开放后，区全面执行公开招工政策，推行用工制度改革，全面贯彻实施《中华人民共和国劳动法》，开辟就业渠道，落实就业政策，增强劳动力市场建设，建立城乡一体化的培训体系。加强劳动合同管理，推进劳动合同制度实施三年行动计划，劳动合同内容趋于规范，基本实现劳动合同管理的规范化、法制化。加强劳动争议、仲裁及劳动监督检查工作，维护了劳动者的合法权益，促进了社会稳定与劳动关系的和谐。

第一节　机　构

1980 年 2 月，区计委劳动工资组与知识青年上山下乡办分室合并为区劳动局。1984 年 5 月，区政府人事科与区劳动局合并为东郊区劳动人事局。1987 年 1 月，区劳动人事局分设为区劳动局和区政府人事科。1999 年 4 月，区劳动局更名为东丽区劳动和社会保障局。2010 年 3 月，区劳动和社会保障局与区人事局合并为东丽区人力资源和社会保障局。内设党委办公室、行政办公室、职位管理科、考录调配科、专业技术科、工资福利科、培训科、就业促进科、养老保险科、医疗保险科、失业保险科、工伤保险科、劳动监察科、调解仲裁科、信访科、财务科。下属单位：东丽区劳动保障服务中心、东丽区就业培训中心、东丽区人才交流中心、东丽区劳动力管理综合服务中心、东丽区退出企业职工托管中心、国家职业技能鉴定所。

第二节　劳动制度改革

一、用工制度

（一）退职退休人员子女顶替　1979 年，区执行退职退休人员子女顶替工作政策。1989 年，停止城市职工子女顶替工作，职工退职回乡，职工在农村的子女可顶替一人工作。

（二）公开招工　1980 年区执行公开招工政策，贯彻“三结合”就业方针，即在国家统筹规划指导下，劳动部门介绍就业，自愿组织起来就业和自谋职业相结合。

（三）劳动合同制　1984 年推行用工制度改革，劳动合同制由点到面推开，执行“先培训后就业”的原则。1995 年，贯彻实施市劳动局制定《天津市实施劳动合同制度规定》。

（四）实施再就业优惠证制度　2003 年，区开始实施“再就业优惠证”制度，发放范围的下岗人员是：1984 年以前参加工作，因生产经营原因下岗，在社会上没有找到工作的国有、集体企业中的下岗职工及 1984 年后参加工作，女满 40 周岁、男满 50 周岁的国有、集体企业中的下岗职工；处于领取失业保险金期间或领取失业保险金期满且尚未实现再就业的原国有、集体企业失业人员；领取了一次性安置费尚未就业的原国有、集体企业人员；享受城市居民最低生活保障待遇的就业转失业人员。

（五）劳动就业工作目标责任书　2004 年，区召开劳动就业工作会议，区劳动局和全区 9 个镇街乡向区政府递交 2004 年度区劳动就业工作目标责任书，从此区建立了就业工作目标考核机制。

二、劳动合同

（一）招用劳动合同制工人　1986 年，区按照国务院发布《国营企业实行劳动合同制暂行规定》和市政府发布《天津市贯彻〈国营企业实行劳动合同制度暂行规定〉的实施细则》，区国有企业开始依照暂行规定招用劳动合同制工人，以书面形式明确规定双方的责任、义务和权利。

（二）劳动合同签订　1995 年，区根据《天津市实施劳动合同制度规定》对实施劳动合同制度作出具体规定和要求。1996 上半年，完成原固定工劳动合同签订工作，有 158 户国有、集体企业与职工签订劳动合同，涉及职工 7026 人。1996—2005 年，区劳动合同制度普遍实行，国有企业、集体企业劳动合同签订率在 90%以上，外商投资企业劳动合同签订率在 80%以上。

1996—2005 年东丽区劳动合同签订情况统计表

表 26-6

年份	企业（户）	涉及职工（万人）	年份	企业（户）	涉及职工（万人）
1996	251	8.48	2001	580	9.42
1997	306	8.72	2002	678	9.78
1998	352	8.83	2003	699	10.1
1999	486	8.91	2004	782	11.04
2000	584	9.13	2005	812	11.8

（三）实施劳动合同三年行动计划　2006-2008 年，区为进一步加强劳动合同管理，从源头上规范劳动关系，全面推动劳动合同实施三年行动计划，实现各类企业与劳动者普遍依法签订劳动合同，基本实现劳动合同管理的规范化、法制化。2008 年，区依据《中华人民共和国劳动合同法》颁布实施有利时机，制定具体贯彻落实办法，开展宣传培训工作，全区掀起学法、懂法、守法的高潮。三年时间，区劳动合同签订率连续递增 10%，2006 年达到 71%，涉及职工达 12.98 万人；2007 年达 82%，涉及职工 14.28 万人；2008 年达 91%，涉及职工 15.71 万人。2008 年底，国有企业劳动合同签订率 100%；集体企业劳动合同签订率 91.4%；非公企业劳动合同签订率 74.8%，全面完成目标任务。

（四）实施新一轮劳动合同三年行动计划　以美发美容业、住宿餐饮业、建筑业、制造业、居民服务业为重点推行劳动合同制度。提高乡镇企业、村办企业农民工劳动合同签订率，用三年时间基本实现劳动合同全覆盖。确保劳动合同的签约质量，降低因劳动合同导致的争议发生率，规范劳动合同。巩固国有企业的劳动合同签订率，稳定国有改制企业劳动合同签订率，重点解决非公企业劳动合同签订率低的问题。

2009—2010 年，区劳动行政部门在全区组织实施劳动合同制度落实情况检查 14 次，检查用工单位 1412 户，涉及职工 6 万余人，依法处理非法用工单位 4 户，对 25 户企业发出《限期整改通知书》及时纠正劳动合同中突出问题。检查中对一些用人单位和职工随意约定违约金的问题，区劳动部门也及时予以纠正。2010 年底，全区劳动合同签订率达 93%。

三、劳动工资

（一）劳动工资管理

20世纪80年代初期，劳动工资严格按照计划经济管理体制与模式进行，增人有计划，招工有指标，须经市劳动局审批，区追加的工资基金按基数管理。1985年后，实行工资总额计划管理，对企业的工资总量进行调控管理。1995年，工资分配进一步放开，企业有权自主确定工资分配方式和工资水平，区劳动局对区属企业工资实行宏观调控管理。推进企业工资集体协商制度，审核备案企业工资集体协商户。2005—2010年，落实企业职工各行业岗位工种工资指导线，劳动力市场工资指导价位和人工成本信息指导预测、预警制度。建立健全工资支付即监控和保障制度，预防和解决拖欠工资问题。区按市发布的企业工资指导线对工资分配进行宏观调整。

（二）工资集体协商

集体协商制度初步形成 1995年，区执行《中华人民共和国劳动法》，明确职工一方与企业可以就劳动报酬、工作时间、休息休假、劳动安全卫生、保险福利等事项进行协商，并由工会代表职工一方与企业签订集体合同，集体协商制度初步形成。

集体协商全面推动 2000年，区贯彻国家劳动和社会保障部发布《工资集体协商试行办法》。从协商内容、协商代表的产生、协商程序、协议审查等多个方面，作为主要的法律依据，使区内企业工资集体协商工作全面推动。

集体协商实现签约率、规范率、履约率三提高 2008年，区按照《中华人民共和国劳动法》《中华人民共和国工会法》《中华人民共和国劳动合同法》推行工资集体协商制度，就工资协议的期限、工资分配制度、工资标准和工资分配形式、职工年度平均工资水平及其调整幅度，奖金、津贴、补助等分配办法，工资支付办法，变更、解除工资协议的程序、工资协议的终止条件、工资协议的违约责任、双方认为应当协商约定的其他事项均作了研究并实施。区工资集体协商由2000年两户增加到2008年11户，覆盖职工2682人。2009年增加到45户，覆盖职工33025人。

2010年，区执行市颁布《天津市企业工资集体协商条例》《构建和谐劳动关系的若干意见》，区把工资集体协商作为维护职工合法权益的重要手段，着力扩面提质增效，形成“政府主抓、三方运作、合力推动”的工作格局，实现职工收入持续稳步增长，促进劳动关系和谐稳定。全区共有1199户企业完成工资集体协商，覆盖职工90382人，其中签订行业性、区域性工资协议5份，涉及企业72户，覆盖职工1478人，实现了签约率、规范率、履约率三提高。

（三）特殊工时工作制审批

2008年开始，区依据《天津市企业实行综合计算工时工作制和不定时工作制行政许可规定》《天津市企业实行综合计算工时工作制和不定时工作制行政许可文书管理办法》，对确需实行特殊工时工作制的单位进行审批。2008年，完成特殊工时审批26户，涉及职工总数16554人。2009年，完成特殊工时审批15户，涉及职工总数1732人。2010年，完成特殊工时审批16户，涉及职工总数1369人。

（四）特岗和病退

1978年，区劳动人事管理部门贯彻执行国家下发《关于颁发国务院关于安置老弱病残干部的暂行办法和国务院关于工人退休、退职的暂行办法的通知》。规定全民所有制企业、事业单位和党政机关、群众团体的工人，从事井下、高空、高温、特别繁重体力劳动或者其他有害身体健康的特岗工作人员，男年满55岁，女满45周岁，连续工龄满10年，由医院证明，经劳动鉴定委员会确认，完全丧失劳动能力的可以病退。1997年，区根据国务院《关于建立统一的企业职工基本养老保险制度的决定》，统一了参加工作的职工个人缴费年限累计满15年的，退休后按月发给养老金。2003年，区根据劳动和社会保障部《关于印发职工因工伤致残或因病丧失劳动能力程度鉴定标准（试行）》的通知，及天津市制定《职工因病或非因公致残丧失劳动能力程度鉴定标准（试行）》文件，全面执行国家及市制定的有关规定，规范有关鉴定工作。2009年，区贯彻执行天津市社保局颁发的《关于进一步做好职工特困和因病提前退休工作的通知》，执行中坚持公平正义，强化工作管理，规范操作程序，切实维护职工的长远利益，保障市养老保险制度的可持续发展。

第三节　就业及培训

一、就业安置

（一）就业服务组织建设

劳动服务公司　1980年，区劳动管理部门以安置待业青年为主的劳动服务企业，即新型集体经济加快发展，通过兴办劳服企业，广开就业门路，着力解决城镇就业、知青返城等问题，成立区劳动服务公司，随后全区各乡镇街道均建立劳动服务公司。1995年，全区企业网点有159人，从业人员4550人，其中安置失业青年1214人，2001年，区劳动和社会保障局设立就业科。

劳动保障服务中心　2003年，区劳动保障服务中心成立，同时设立各镇街乡分中心和社区工作站。全区96名“4050”大龄下岗失业人员经培训后走上劳动保障协管员的岗位，在社区工作站为社区居民服务。区初步建立了区、镇街乡、社区三级劳动保障服务平台。

公益性公司管理办公室　2004年，区劳动和社会保障局、区财政局联合成立区公益性公司管理办公室，负责区公益性公司的管理工作。

村级就业工作站　2007年，新立街道新兴村就业工作站建立，成为全市首个村级就业工作站。

2010年，全区拥有1个劳动保障服务中心，9个街乡劳动保障服务中心，155个社区（村）劳动保障工作站。聘请工作人员352名，形成区、街乡、社区（村）两级政府三级网络组织体系，在全市率先实现劳动保障服务平台全覆盖。

2009年，卧河村劳动保障工作站成立

2003年，区劳动保障局在华明街道举办妇女编织培训班

（二）就业渠道

安置下岗职工 1997年，区从改革、发展、稳定的大局出发，贯彻党和政府促进就业再就业的方针，以下岗职工安置为重点，初步形成劳动者自主择业、市场调节就业、政府促进就业的新机制，促进求职登记、职业介绍、劳务派遣等社会化的就业服务。1998—2002年，安达集团、丽明总公司等劳服企业成为安置就业的重要渠道，全区安置就业2.7万人。

加大农村劳动力就业转移力度 2003—2006年，区劳动就业工作全面转向以市场经济为导向，以就业再就业工作为重点服务型新模式，加大农村劳动就业转移力度，全区累计安置就业5.8万人。区劳动力市场经改扩建，形成求职登记、岗前培训、职业介绍、劳务派遣等一条龙服务的市场。

安置被征地农民就业 2006—2010年，随着滨海新区开发开放和城市化进程的加快，农村大量耕地被征用。区就业工作的重点由消除历史存量、安置新生劳动力向安置被征地农民就业转移。在全市率先出台解决农村劳动力就业的政策体系，对职业介绍、技能培训、企业吸纳、公益性公司安置、劳务派遣及自主创业、自谋职业等都给予一定的奖励和资金扶持。其间累计安置就业7.8万人，其中安置区内劳动力6.6万人，保持零就业家庭为零，困难群众安置率在90%以上。

（三）就业扶持政策

制定就业扶持办法 2006年，区为解决农村劳动力就业问题，根据国务院《关于做好被征地农民就业培训和社会保障工作指导意见》和市政府《关于贯彻〈国务院进一步加强就业再就业工作的通知〉的实施意见》，建立城乡一体的就业培训服务体系。区制定实施《关于农村劳动力就业工作的意见》，同时出台了7个办法，即：《东丽区农村劳动力就业资金的使用办法》《公益性公司安置农村劳动力试行办法》《成立劳务派遣公司的补贴和奖励办法》《鼓励企业吸纳农村劳动力就业的试行办法》《鼓励农村劳动力自主创业自谋职业的试行办法》《职业介绍补贴试行办法》《农村劳动力职业技能培训办法》。就业扶持政策细则的制定，解决了全区就业安置工作的纵深推进，促进城市化健康发展。

充分就业区创建 2008年，区制定实施《关于创建充分就业区的实施意见》全区建立109个村级劳动保障工作站，提出充分就业社区（村）、充分就业街镇乡、充分就业区的创建标准。制定实施《关于建立劳动保障工作站的实施办法》《关于创建充分就业社区（村）的奖励办法》，制定《充分就业社区（村）考核验收实施细则》《关于聘用村级劳动保障协管员的通知》。召开区创建充分就业区暨就业工作推动会，全面启动区充分就业区创建工作，推动就业工作再上新水平。2010年，区制定实施《关于进一步统筹城乡就业创建充分就业区的实施意见》，确定新增就业指标，调整完善考核标准、考核内容，按照公平、公开、公正的要求，进一步改进考核办法，建立工作激励机制。

2009年，市劳动和社会保障局在东丽区召开全市涉农区县关于村级劳动保护工作站建设工作推动会

农村困难群体和失地人员就业 2009年，区发布实施《关于进一步加强农村劳动力就业工作的通知》将实施对象分为：困难人员、失地人员、一般人员三类，按照不同实施对象分别调整劳务派遣公司，鼓励企业安置吸纳区农村劳动力，对农村劳动力自主创业、自谋职业给予奖励、补贴。调整公益性公司安置人员年龄由原男50周岁、女45周岁调整为男45周岁、女35周岁。

是年 2 月，市劳动和社会保障局在区召开全市涉农区县关于村级劳动保障工作站建设工作推动会，将东丽区先进经验向全市推广。

二、职业培训

（一）城乡一体培训体系　1981 年，区贯彻中共中央、国务院《关于广开门路、搞活经济、解决城乡就业问题的若干决定》，劳动管理部门普遍开展对城镇待业青年就业前的培训，做到先培训后上岗，逐步实行未经考核不准上岗的制度。保证了劳动者综合素质的提高，受到用人单位的称赞。1985 年，区根据劳动人事部《关于就业培训若干问题的暂行办法》，由劳动人事部门通过劳动服务公司，对就业培训工作进行综合管理，设立办事机构，制定落实就业培训计划。2002 年，根据国务院《关于进一步做好下岗失业人员再就业工作的通知》，区对下岗失业人员实行免费就业服务和职业技能培训。2006 年，区根据国务院《关于做好被征地农民就业培训和就业保障工作指导意见》制定《东丽区关于农村劳动力就业工作的意见》。建立城乡一体的就业培训服务体系。《意见》中提出《东丽区农村劳动力就业技能培训办法》，《办法》中拟定 7 条措施：即资金来源、人员范围与内容、实行培训登记制度、实行培训券发放制度、职责分工、资金使用、工作要求，通过实施提高农村劳动职业技能水平和就业竞争能力。

2007 年，东丽区在全市领先建成综合性职业技术就业培训基地

（二）滨海培训基地　2007 年 6 月，区投资 2475 万元，在新立街道驯海路建成占地 2.33 公顷，总建筑面积 6400 平方米，三层 3000 平方米的综合教学楼，设有理论、实训、语音、残疾人专用教室等 24 间，建有 2300 平方米的机加工综合实训车间和总面积 1100 平方米的 6 个实习车间，配备操作练习场地，开设按摩师、电焊工、养老护理、中式烹调师、汽车维修、美发师、餐厅服务员、计算机、美容师、电工、月嫂、花卉、车工、铣工、保洁、绿化、家政服务、叉车、插花、汽车驾驶、厂内机动车驾驶、装载机、天车工等 30 余个培训工种。培训基地设施齐全，配套设备完善，师资力量雄厚，基本能满足城乡劳动力培训和用工市场对技能人才的需求。

（三）培训补贴　2006 年，根据区农村劳动力职业技能培训办法，凡参加登记培训的农村劳动力，经区劳动保障部门考核合格后，按实际支出给予每人 1500 元以下一次性补助，超出部分个人承担。2008 年对农村劳动力职业技能培训补贴进行调整，凡参加登记培训并经考核合格人员，对一般人员给予 1500 以下一次性补贴；对培训失地人员给予 3000 元以下二次培训补贴；对培训困难人员给予每人 4500 元以下三次培训补贴，超出部分个人承担。

（四）职业技能培训　区培训工作对象主要是区内失地农民、城镇失业人员、农村富余劳动力、复退军人、初高中毕业生未升学的新生劳动力及有一定劳动能力的残疾人，有创业愿望的各类人员，培训方式主要是企业在职职工技能提升培训、劳动预备制技能培训、创业培训、定向就业培训、职业技能培训。2007—2010 年共培训 22649 人，培训后就业率在 80%以上。

（五）职业技能鉴定　2001 年 12 月，区成立职业技能培训鉴定所。2002 年 10 月，市劳动局颁发给区劳动和社会保障局职业技能鉴定许可证。区鉴定专业工种有28个：电工、餐厅服务员、计算机操作工、服装制作工、场内机动车驾驶员、汽车驾驶员、绿化工、插花员、养老护理员、家政服务员、公共区域保洁员、装载机司机、起重工、物价管理员、营养配餐员、中式烹调师、美容师、保健按摩师、汽车维修工、电气焊工、车工、钳工、数控车工、加工中心操作工、钳工、镗工、磨工、电切削工。

第四节　劳动争议仲裁

1987年，区根据国务院《国营企业劳动争议处理暂行规定》，建立劳动争议仲裁委员会，由区劳动局、总工会、计经委等部门组成，办公室设在劳动局，负责日常争议仲裁工作。是年，驻区国有企业组建劳动争议调解委员会，由职工代表、企业行政代表、企业工会代表组成。

劳动争议仲裁主要范围是国有企业和职工之间发生的劳动争议，劳动争议处理制度调解、仲裁、诉讼的基本程序。1993年，根据国务院《企业劳动争议处理条例》，将劳动争议的处理范围扩大到区内所有的企业与职工之间发生的劳动争议，受案范围扩大到因执行国家有关工资、保险、福利、培训、劳动保护的规定而发生的争议，确立"着重调解、及时处理、在查清事实的基础上依法处理"三原则。当事人在适用法律上一律平等，明确劳动争议的当事人和企业职工。1994年，《中华人民共和国劳动法》颁布后，区内的劳动争议处理制度已基本纳入法律的轨道。

1987—1994年，区劳动争议仲裁委员会共受理劳动争议案件41件，涉及职工47人。1995年，全面实施《劳动法》后，由于区内企业劳动关系管理的契约化、市场化步伐加快，不同社会群体之间的利益冲突日益加剧，广大人民群众的法律意识不断提高，劳动争议案件呈现逐年上升趋势，平均每年以约30%的速度递增，1995年，劳动争议案件数量29件；2000年216件；2005年306件；2010年1303件，是1995年的45倍。1995—2010年，案件数量共7645件。劳动争议案件的类型也由简单化向复杂多样化发展，通过调解说教方式快速化解矛盾难度增大，案件处理难度不断加大。

第五节　劳动保障监察

一、劳动执法监察

1994年6月，区劳动和社会保障局监察科成立，1995年，区贯彻实施《劳动监察检查暂行规定》等文件精神，贯彻执行劳动法规，加强劳动法规执行情况的监察和检查，维护劳动者和用人单位的合法权益。1995—2003年，重点解决群众反映突出的拖欠工资、超时加班等劳动违法问题。2004年，区贯彻《劳动保障监察条例》，加大维权查处力度，加强劳动违法专项检查，抓住农民工等热点难点问题依法维权，促进社会稳定与劳动关系的和谐。2007年，贯彻落实《中华人民共和国就业促进法》，探索新形势下充分发挥劳动监察职能的新方法、新路子，开展一系列有针对性的工作。2008年，区劳动监察部门进一步加大对各类用人单位守法信用的监察力度，维护《中华人民共和国劳动合同法》的权威性，开展农民工劳动合同"春暖行动"专项检查活动。2010年，区劳动监察科被市委、市政府授予天津市模范集体荣誉称号。

二、劳动权益保护

1995—2005 年，区重点督察解决群众反映强烈的企业拖欠工资和超时加班问题，维护了劳动者的合法权益。2006 年，开展巡视检查、专项检查、举报投诉案件专查，检查用人单位 797 户，涉及劳动者 5.15 万人，其中开展 9 项专查共检查企业 398 户，涉及 2.3 万人。共受理群众举报投诉 200 件，其中处理紧急突发事件 9 起，下达限期整改 98 份，对一家企业处以 5000 元罚款，对 4 家企业下达处罚告知书，共督促用人单位与 8400 名劳动者补签劳动合同，为 1100 人追回被拖欠的工资 379.3 万元，为 16 人追回保证金 5200 元。取缔非法职业中介机构 21 户，为 9 人追回中介费 2210 元，责成用人单位为 400 名职工补缴社会保险费，为 1120 名农民工缴纳了工伤保险。开展辖区内劳动保障书面审查工作，审查用人单位 1000 户。2008 年，开展农民工劳动合同专项检查活动，共检查用人单位 115 户，涉及职工 2300 人，为 120 名劳动者补签了劳动合同。2009—2010 年，开展劳动执法检查，共检查 1204 户，涉及职工 5.79 万人，受理群众举报投诉 494 件，其中处理突发事件 34 起，为劳动者追回拖欠工资 224.61 万元，归还劳动者非法押金 4.65 万元，为 6859 名劳动者补签劳动合同，为职工补缴 1.72 万元社会保险，为职工挽回各类经济损失 2286.3 万元，有效维护劳资双方合法权益。

第三章　社会保障

区内企事业职工社会保障的主要内容为养老保险、医疗和生育保险、工伤保险、失业保险。区全面贯彻执行《天津市被征地农民社会保障试行办法》促进城乡经济统筹，协调发展，加快健全和完善农民社会保障体系，维护被征地农民的合法权益。区社会保障管理部门依法收取保险资金和多渠道筹集资金，对劳动者因年老、失业、失地、患病、工伤、生育而减少收入时给予经济补偿，维护劳动者能够享有基本生活保障的社会保障合法权益。

第一节　养老保险

一、城镇职工基本养老保险

（一）养老保险实施　1987 年，全区开始建立城镇企业职工养老保险社会统筹制度，在全民企业固定工和劳动合同制工人中实行退休养老社会保险制度。1990 年，社会统筹养老基本征缴扩大到集体企业。1993 年，社会养老保险统筹制度扩大到三资企业。1994 年个人及缴费率从 1991 年标准工资的 2%提高到不得低于缴费工资的 4%，企业缴纳基本养老保险费比例一般不得超过企业工资总额的 20%。1995 年，统一国有企业、集体企业和劳动合同制工人的缴费比例和统筹项目，开始实行统账结合的运行模式，建立职工基本养老保险个人账户。1996 年，执行《天津市城镇企业职工养老保险条例》，国有、城镇集体等非外商企业按上年全部职工月平均工资总额的 20%缴纳基本养老保险费，职工按其上年月平均工资的 4%缴纳基本养老保险费（2003 年最高提到 8%）。1998 年，养老保险统筹制度扩大到私营企业。2005年，确立社会保险“五险合一”的管理框架，加强社会保险登记、申报缴费综合治理机制和监督检查，建立奖惩分明的参保制度，建立社会保险考核体系。2006年，调整个体工商户和灵活就业人员的参保缴费比例至20%，缴费基数达到1078元，使这部分人员退休后待遇稳步提高。2007年，区执行《天津市城镇企业职工养老保险条例实施细则》，补充企业年金、个体工商户、新养老待遇补发办法。2008年，继续完善城镇企业职工参保制度，明确“前补后延”政策：1992年底以前在国有、城镇集体企业工作，因个人原因连续工龄中断，尚未达到国家法定退休年龄的人员，可从1998年1月起补缴养老保险费至满15年；对已经达到国家法定退休年龄的人员，缴费满10年但不满15年的人员，可延长缴费至满15年，使这部分人员退休后可以按月领取基本养老金，保障基本生活。

（二）养老保险待遇与退休管理

养老保险待遇　1993年，区根据市政府批转市劳动局《关于改革城镇企业职工养老保险制度的意见》，区内企业职工养老保险实行社会统筹，基本养老保险金由标准工资和连续工龄计发改为按全市社会月平均工资、职工缴费工资和缴费年限计发。1996年，区执行《天津市城镇企业职工养老保险条例》，用人单位和职工缴纳基本养老保险费达到规定年限的，从职工办理退休手续的次月起，按月领取基本养老保险金，直至死亡为止。

调整增加养老保险待遇　2006年8月，根据市劳动和社会保障局规定：对2005年12月31日前办理退休（职）手续的人员增加养老金，按缴费年限或工龄计算，月人均增加170元。对退休时具有高级技术职称、至2005年12月31日男年满70周岁和女年满65周岁、1994年12月31日前退休、部队军转干部退休的各类人员进行特调，月人均再增加40～50元，其中部队军转干部调整后低于974元的补齐到974元。

新养老金计发办法　采取老人老办法（2005年底以前已办理退休手续的人员）、新人新制度（1998年全国统一养老保险制度以后参加工作的人员）、中人逐步过渡（1998年全国统一养老保险制度以后参加工作，2006年1月1日以后退休的人员）方式。养老保险待遇由基础养老金和个人账户养老金两部分组成。新计发办法实施后实现老人不降，中人不减，新人规范，突出建立养老保险参保缴费的激励约束机制，体现权利与义务的相对应，缴费与待遇相挂钩的养老保险基本原则。

（三）办理职工退休手续　2003—2010年，全区办理职工退休手续共21710人，其中正常退休13020人，特岗退休7373人，因病退休1251人，其他退休66人。

二、被征地农民养老保险

（一）征地参保人员和征地养老人员　2004年12月，区根据天津市《天津市被征地农民社会保障试行办法》，促进城乡经济统筹、协调发展，加快健全和完善社会保障体系，维护被征地农民的合法权益。被征地农民按不同年龄分别划分为征地参保人员和征地养老人员。男年满16周岁不满60周岁、女年满16周岁不满55周岁的被征地农民为征地参保人员；男年满60周岁、女年满55周岁的被征地农民为征地

2007年，区农村退养保障补助试点发放仪式

养老人员。

（二）建立被征地农民社会保障基金制度　区建立被征地农民社会保障基金制度。被征地农民的社会保障基金实行统一筹集，分类保障，分级管理，所需资金来源于征地补偿费和政府补贴。被征地农民的社会保障基金，由征地参保人员社会保险基金和征地养老人员社会保障基金组成。征地参保人员的养老保险基金实行全市社会统筹；征地养老人员的养老保障基金实行区社会统筹。区土地管理部门从征用土地单位缴付的土地补偿费和安置补助费中，按照报乡、镇政府备案后的具体保障人员名单，向社会保险经办机构划转社会保障费用。社会保险经办机构在收到被征地农民的社会保障费后，即与其办理相关社会保障手续。村民委员会根据征地补偿费等情况，以征地上年度全市职工月平均工资的60%作为缴费基数，按照17%的比例一次性缴纳15年的费用。土地管理部门据此为征地参保人员划转养老保险费。

2003年，空港物流加工区征地拆迁补偿兑现发放仪式

（三）征地参保人员、征地养老人员享受养老保险待遇　征地参保人员享受养老保险待遇：男年满60周岁、女年满55周岁，且按规定缴纳社会保障费的，从达到规定年龄的次月起，按月发放养老金，直至死亡为止。征地参保人员，其养老金以达到领取年龄上年度全市职工月平均工资为基数，按照20%比例计发。征地养老人员，自缴纳社会保障费的次月起，按月发放260元的生活保障金。征地时未达到16周岁的未成年人，村民委员会根据征地补偿费等情况，一次性发给不低于1万元的征地安置补助费。其就业后，参加相关的城镇社会保险；未能就业、且符合城市居民最低生活保障条件的，纳入城镇居民最低生活保障。

（四）建立被征地农民的待遇调整机制　区根据社会经济发展情况，适时对征地参保人员的养老保险待遇和征地养老人员的养老保障待遇进行调整，所需资金分别由征地参保人员的养老保险基金和征地养老人员的养老保障基金支出。征地参保人员就业以后应参加城镇企业养老保险社会统筹，达到国家法定退休年龄时，凡符合退休条件的，可以办理退休手续。同时，其原参加被征地人员养老保险的缴费时间和缴纳费用可予以折算。

（五）办理被征地农民社保手续　2005年，区依据《天津市被征地农民社会保障试行办法》，出台《东丽区关于做好被征地农民基本社会保障工作的意见》，严格按照审核程序全面开展工作，为46个村队的38112名被征地农民办理参保手续。是年出台《区劳动和社会保障局及区财政局关于贯庄、大东庄、山岭子村被征地养老人员基本养老保障试行办法的通知》，解决大东庄、贯庄、山岭子村农民养老保障问题。新立街道泥窝村935人被纳入被征地农民社会保障。

2006年，么六桥回族乡三合庄村、大新庄村、流芳台村、么六桥村、向阳村，新立街道张贵庄村，万新街道小王庄村、增兴窑村、杨台村、南大桥村、郑达实业，共计7146人被纳入被征地农民社会保障。

2007年，军粮城街道苗街村、一村、唐山村、民生村、三村、永兴村、北旺村、李家台村、兴农村、后台村、刘台新村，无瑕街道大杨村、苏庄子村、翟庄子村、西窑村、大宋村、老袁村，万新街道冯口村、詹庄子村、吴嘴村、潘庄村、辛庄村、杜庄子村，共计 19059 人被纳入被征地农民社会保障。

2008 年，万新街道南程林村，无瑕街道小宋村、李庄子村，军粮城街道魏王村，么六桥回族乡窦家房子村，共计 4325 人纳入被征地农民社会保障。鉴于李明庄 2003 年区整合土地，同大东庄、贯庄、山岭子 3 个村一样，均为市征地政策出台前实施征地，征地时未落实人员养老保障的情况，按照区《关于研究解决华明街道李明庄村撤村相关问题的会议纪要》，落实李明庄村农民养老保障。

2009 年，万新街道北程林村、中山实业，新立街道崔家码头村，金钟街道赵沽里，军粮城街道杨台村、塘洼村，共计 6647 人被纳入被征地农民社会保障。

2010 年，军粮城街道大安村，么六桥回族乡穆家台、郭家台、双合村、刘辛庄、中心庄、骆驼房子，新立街道翟庄村、顾庄村，共 9 个村按照《天津市城乡居民基本养老规定》整体落实保障。

三、退养补助和农村居民、城乡居民基本养老保险

（一）老年农民养老保障　区农村退养保障补助的实施，使老年农民实现了区级的养老保障。2007 年，区委办下发《关于印发东丽区农村退养保障补助试行办法的通知》，从 2007 年 6 月 1 日起，男年满 60 周岁、女年满 55 周岁、在区内居住 20 年以上、具备区农业户籍人员和转非未转工的村集体经济组织成员，按月领取 120 元退养保障补助。补助标准随经济发展水平适时调整，2008 年 1 月调整为 135 元，2008 年 7 月调整为 180 元，2009 年 7 月调整为 200 元。至 2010 年底，累计 36670 人享受退养补助，补助金额 16383 万元。

（二）农村居民社会基本养老保障　区执行 2007 年 9 月市政府《关于印发天津市农村社会基本养老保障暂行办法的通知》精神，《暂行办法》规定基本养老保险由农籍职工基本养老保险制度、农村居民基本养老保险制度和农村老年人基本生活费补助制度 3 部分构成。

农籍职工基本养老保险　在乡村集体企业、私营企业、个体工商户和城镇中的乡村企业就业的农民工，参加农籍职工基本养老保险。农籍职工养老保险费以全市上年职工月平均工资为基数，按照 8%的比例筹集，其中用人单位缴纳 6%，职工本人缴纳 2%。

农村居民基本养老保险　具有天津市农业户籍，从事农林牧渔劳动，年满 18 周岁不满 60 周岁的农村居民参加农村居民基本养老保险。农村居民基本养老保险费以个人缴费为主，政府给予适当补贴，实行个人账户完全积累模式；参保人员年满 60 周岁后，根据个人账户积累额，按月领取养老金。

农村老年人基本生活费补助　在农村居民养老保险制度实施前已年满 60 周岁、具有天津市农业户籍且居住 20 年、无固定收入的老年人，由政府给予基本生活费补助。补助标准本着尽力而为、量力而行和逐步提高的原则确定。

（三）城乡居民基本养老保障　2009 年 8 月，区政府印发《东丽区落实天津市城乡居民基本养老保险和医疗保险规定的实施意见》，成立区“两险”工作领导小组，主管区长任组长，区委宣传部、区政府办、劳动局、财政局、教育局、社会保险经办机构主要领导任副组长，各相关部门为成员单位，明确职责，制定实施步骤，全面启动两险工作。10 月，根据市政府发布《关于调整完善社会保险制度的意见》，区将被征地农民养老保障制度并入城乡居民基本养老保障制度。12 月，东丽区出台《东丽区退养补助制度与市城乡居民养老保障规定衔接办法》，区财政出资 1.02 亿元，

将2010年1月1日前不满65周岁且已领取东丽区退养保障补助的7043人，按规定一次性缴足15年养老保险费，全部纳入城乡居民养老保险。2010年，东丽区共有11217人参加城乡居民养老保险，缴纳养老保险费30665万元，8171人享受城乡居民养老保险待遇，11591人享受老年人基本生活补助待遇。

第二节　医疗和生育保险

一、城镇职工基本医疗保险

2001年，区成立医疗保险工作领导小组，负责全区城镇职工基本医疗保险的推动和协调工作。

2002年，区对新中国成立前参加革命工作老工人的门急诊补助待遇进行调整。将区实施医保前获准出境定居的退休人员，入境探亲访友或回国定居人员纳入医疗保险范围。明确外商投资企业缴纳基本养老保险费用的比例下调后，中方退休人员供养直系亲属医疗保险待遇问题。为有偿解除劳动合同人员接续医疗保险关系，解决中断缴费人员医疗保险关系接续问题。

2003年，区把重点确定在新建企业和困难企业。对新建企业凡建立养老关系的，要求同时建立医疗保险关系。对困难企业，采取政策引导与宣传发动相结合的方式，督促参保。

2004年，区重点解决困难企业退休人员的医疗保障问题。调整政策，进一步减轻参保患者的医保负担。

2005年，区解决破产企业退休人员和社会办理退休人员及军队退休干部与军队无军籍退休人员参保就医问题，将各类退休人员全部纳入保障范围。

2006年，全区城镇职工医疗保险的人员参保率和单位参保率均达到98%以上，为全市前列。

2007年，重点开展医疗保险扩面工作，参保人员稳中有升。

二、城乡居民基本医疗保险

2004年开始，本着自愿参加、多方筹资，以收定支、收支平衡的原则，在全区内实施新农合政策。

2007年，区城镇居民医疗保险进入前期准备工作，调研、摸底测算、组织培训、政策宣传。2008年，区正式实施城镇居民参保工作。

2009年，区开展城乡居民基本医疗保险启动准备工作。2010年，区实施城乡居民医疗保险工作。

三、农民工医疗保险

2006年，区为维护广大农民工的利益，区内用人单位与农民工凡是建立一年以上期限劳动关系的，应当参加农民工医疗保险。农民工参加医疗保险的费用由用人单位按月缴纳，缴费基数为天津市上年度职工平均工资的60%，缴费比例为3.5%，享受住院、门诊特殊病和大额医疗费救助医疗保险待遇。农民工个人不缴费，不建个人账户。本人达到法定退休年龄时，用人单位不再为其缴纳医疗保险费，农民工本人不再享受医疗保险待遇。

2008 年 7 月，区将农民工缴费比例进行了调整，农民工参加医疗、工伤综合保险试行综合费率制度，具体标准为 2%。

四、生育保险

2005 年 9 月，区正式启动城镇职工生育保险。

2008 年，为保障女职工生育保险权益，改善生育保险待遇，提高产前检查费定额支付标准，提高自然分娩、人工干预分娩定额支付标准，提高宫内节育器置（取）术定额支付标准。

第三节　工伤保险

一、工伤保险制度

1987 年，区对符合有关条件、被确认为患职业病的职工，享受工伤保险待遇。

1996 年，区对沿用 40 多年的企业自我保险的工伤福利制度进行改革，实行工伤保险费用社会统筹。

1997 年，区对工伤范围和认定程序做出规范，调整工伤保险待遇结构和标准，建立区工伤保险基金，实行工伤保险费用社会统筹。

2003 年始，区扩大保险覆盖面，更好地保障劳动者的合法权益。通过强制性的社会保险实现社会共担风险，避免或减轻用人单位之间，由于工伤事故带来的经济负担。同时利用保险机制，通过差别费率以及改善劳动条件、安全教育等措施减少事故发生率，减少经济损失，促进安全生产，有助于调节社会关系的矛盾，维护社会稳定。《工伤保险条例》的实施，使区工伤保险纳入法制轨道，走向社会化、制度化、法制化，为建立和完善社会保障体系奠定良好的基础。

2010 年底，区工伤保险参保人数达到 14 万人。

二、工伤认定

（一）企业职工工伤认定　1996 年 12 月 31 日前发生的工伤事故，由用人单位自行进行认定，填写事故调查表，同有关材料由用人单位存档保管。

1996 年 12 月 31 日至 2003 年 12 月 31 日发生的工伤事故，由用人单位到区劳动局进行申报，并出具《工伤认定决定书》和《工伤职工停工留薪期确认通知》。

2004 年始，区劳动局成立工伤保险科，系统地进行工伤认定工作。是年 1 月 1 日前老工伤人员，由企业填写“2003 年底前老工伤人员审核登记表”，报区人力社保部门，其中，对工伤认定（含批复认定等）、伤残等级结论明确无异议的工伤人员，凭原鉴定结论表或伤残证按照原有等级直接换发新表证。

2006年，区全面落实“平安计划”，突出以农民工为重点人群、建筑等高风险行业为重点行业，进一步扩大工伤保险参保覆盖面。

2008年12月，区劳动局工伤保险科开始使用劳动保障管理信息系统对辖区的工伤认定工作进行管理，其中工伤认定审批管理事项包括工伤认定申请、工伤认定受理、工伤认定决定、工伤伤害部位增加情况确认申请、工伤认定信息查询等内容，实现工伤认定管理的信息化和智能化，使工伤职工的信息录入和查询更加简单快捷，提高了办事人员的工作效率。自劳动保障管理系统应用以来，共录入工伤认定信息7698件，作出工伤认定结论7638件。

（二）公务员单位和参公管理单位工作人员工伤认定　公务员出现工伤事故，区按照市人事局《关于印发〈国家机关工作人员因公(工)负伤处理的暂行办法〉的通知》有关规定执行。

三、劳动能力鉴定

1996年12月31日至2003年12月31日，由用人单位到区劳动局提交劳动能力鉴定材料，由区劳动能力鉴定委员会统一安排进行鉴定，出具《劳动能力鉴定结论》。

2004年1月1日，《工伤保险条例》实施后，区劳动局工伤科成立，开始系统的进行劳动能力鉴定工作，根据企业职工的具体情况和需求，鉴定种类包括：劳动功能障碍程度鉴定、延长停工留薪期鉴定、工伤与非工伤界定、旧伤复发确认、供养亲属劳动能力鉴定、职业康复鉴定。对于2004年1月1日以前发生的老工伤问题，未经劳动能力鉴定或本人要求复查鉴定的，由用人单位到区工伤科办理相关手续。2008年12月，区劳动局工伤保险科开始使用劳动保障管理信息系统对辖区的劳动能力鉴定工作进行管理，其中劳动能力鉴定管理包括停工留薪期确认通知、劳动能力鉴定初次鉴定、劳动能力鉴定复查鉴定和劳动能力鉴定查询等模块的内容。自系统应用以来，共录入劳动能力鉴定信息3579件，工伤职工停工留薪期确认通知7613件。

第四节　失业保险

一、失业保险制度

1987年开始，区对辖区内国有企业、供销社集体企业和事业单位，实行职工待业保险。

1998年以前，失业保险缴费比例为企业职工月平均标准工资总额的1%，外商投资企业为上年度全部中方职工实得工资的3%。1998年下半年将失业保险缴费比例由企业工资总额的1%调整为3%，其中单位2%、个人1%，由企业单方负担改为企业和职工个人共同负担，建立了国家、用人单位和职工三方负担的筹资机制。

1999年，区贯彻执行国务院《失业保险条例》，确定失业保险的基本原则和主要政策。拓宽覆盖面，统一失业保险金征缴比例，确立国家、用人单位和职工三方负担的筹资机制。

2005年9月30日，失业保险金征缴工作移交区社会保险基金管理分中心。

1987—2005 年东丽区失业保险费征缴情况统计表（万元）

表 26-7

年份	征缴单位（个）	征缴金额（万元）	年份	征缴单位（个）	征缴金额（万元）
1987	112	31.50	1997	306	512.56
1988	122	39.31	1998	352	1806.57
1989	162	44.77	1999	485	1856.60
1990	169	70.51	2000	508	2287.56
1991	172	174.92	2001	565	2292.04
1992	172	193.65	2002	581	2369.63
1993	248	235.36	2003	630	2743.06
1994	272	369.89	2004	684	3377.32
1995	272	473.99	2005	797	3456.54
1996	272	493.19			

二、失业金发放

1992 年，失业金发放 5 人，发放金额 0.25 万元。

1993 年，区依据国务院《国有企业职工待业保险规定》，将失业保险保障对象从原来的宣告破产的企业职工、濒临破产企业在法定整顿期间被精简的职工、终止或者解除劳动合同职工和企业辞退职工等 4 种人员扩大到撤销、解散企业职工，停产整顿企业被精减的职工，企业辞退、除名或者开除的职工。是年，失业金发放 24 人，发放金额 2.41 万元。

1995 年，区施行《天津市失业保险条例》后，提高享受失业保险的待遇和标准，失业保险主要用于失业救济金，失业职工的医疗费、丧葬补助费及其供养直系亲属的抚恤费、救济费，失业女职工生育补助费，转业训练费，生产自救费等，发放的标准为市最低工资标准的 80%，保障失业职工的基本生活。是年，失业金发放 512 人，发放金额 81.96 万元。

1998 年，失业金发放 1738 人，发放金额 685.42 万元。

1999 年 1 月，区贯彻执行国务院颁布《失业保险条例》，条例充分体现失业保险保障失业人员基本生活，促进再就业双重功能，使失业保险走向基本完善。是年，失业金发放 1695 人，发放金额 663.21 万元。

2000—2008 年，区按照国家和天津市的有关规定，失业保险费的发放对象涵盖面越来越大，支出范围越来越广。其间，失业金发放 9218 人次，发放金额 3828.53 万元。

三、困难群体帮扶

（一）自谋职业、自主创业 2003 年，区鼓励失业人员自谋职业、自主创业。凡正在领取失业保险金的失业人员，在领取期间实现自谋职业的，领取一年以上（含一年）营业执照后，可将剩余失业保险金（不包含门诊医疗补助金）一次性领取，但最多不超过 12 个月，剩余失业金予以保留。如果个人干满 3 年后不愿再自谋职业，可凭工商部门出具的有效注销证明，继续申领剩余失业保险金。是年，区共有 33 名失业人员办理自谋职业手续。区内凡享受失业保险金的失业人员除能领取剩余失业金外，失业保险基金根据个体营业执照的年限分别给予 1000～3000 元的自谋职业补助费。至 2008 年 6 月，区共有 614 名失业人员实现自谋职业、自主创业。

2008 年 7 月，区进一步深化失业保险促进就业的联动机制，由原来正在领取失业保险金的失业人员，扩大到本区城镇户籍的登记失业人员。规定对大龄自谋职业人员，履行缴费义务，接续养老保险、医疗保险、失业保险，可以按规定享受二分之一的社会保险补贴。从 2008 年 7 月至 2010 年 12 月区有 54 名失业人员办理了自谋职业。

（二）灵活就业社会保险补贴

2006 年 6 月，区为鼓励失业人员多渠道就业，规定凡男满 50 周岁，女满 40 周岁如实现灵活就业，自行接续养老保险、大病统筹医疗保险、失业保险的灵活就业人员，失业保险将给予 1/3 的社会保险补贴。规定凡属于零就业家庭、子女未达到法定就业年龄的单亲家庭、享受城镇最低生活保障金家庭的失业人员可以享受 2/3 的社会保险补贴。符合条件的失业人员可到街道劳动保障中心办理，并报区劳动部门审核合格后，方可到区社会保险分中心办理交费手续。政策的制定得到了失业人员的认可，许多失业人员都加入了灵活就业的行列。是年，全区享受社会保险补贴人员 331 人，补贴金额 32.99 万元。

2007 年，区对失业保险基金扩大补贴标准，将原来享受 1/3 社会保险补贴标准的提高到享受 50%的社会保险补贴，由享受 2/3 社会保险补贴标准的提高到享受 75%的社会保险补贴。正在享受失业保险金的失业人员如果实现灵活就业可以办理剩余失业保险金一次性领取，鼓舞正在领取失业保险金失业人员。是年，全区享受社会保险补贴人员 498 人，补贴金额 105.58 万元。

2008 年，区为减轻自谋职业、灵活就业享受社会保险补贴人员缴纳社会保险费负担，规定从 2009 年 1 月开始凡是享受社会保险补贴的失业人员不再由本人全额垫付缴纳社会保险，而是由本人差额缴费。

2010 年，区享受社会保险补贴失业人员 1948 人，补贴金额 585 万元。

东丽区志

第二十七编

民　政

改革开放32年来，区民政事业成绩彰显，工作制度逐步完善，在爱民、亲民、学民、为民方面日益得以加强。

区民政工作，以“保障民生、维护民利、落实民权、促进和谐”为主线，推进城乡社会救助体系建设，实现社会救助工作广覆盖的高标准。推进城乡基层民主建设和社区建设，加大养老事业发展，健全养老服务保障体系。做好双拥优抚安置工作，深化和丰富双拥工作内容，落实优抚安置政策。强化专项社会事务管理，提升婚姻登记管理和服务质量。加大社会组织管理，强化殡葬服务职能，加快社会福利服务体系建设，加大社会慈善救助力度，加强福利企业管理。区民政事业在调节社会利益、化解社会矛盾、实现社会公平、维护社会稳定、促进社会和谐等方面发挥了重要作用。

1997年，区民政局被评为天津市殡葬改革工作先进集体；2003年，被评为市抗击非典先进集体；2006年，被评为市拥政爱民模范集体；2007年，被评为市级爱国拥军模范集体，再次荣获全国双拥模范城，实现“五连冠”。2008年，被评为全国婚姻登记规范化单位。

2007年8月，召开杨兆兰慈善基金救助大会

2009年12月，召开东丽区退役士兵招聘会

2010年9月19日，东丽区举行迎国庆婚登记集体颁证仪式

2010年11月，举行天津市东丽区养老中心落成剪彩暨揭牌仪式

第一章　管理机构

区民政工作经管理机构改革，在全区基层政权建设、优抚安置及社会救济等项工作管理水平逐步提高。区民政局建立后，已成为主管全区有关社会行政事务的政府职能部门。

第一节　民政局

1979 年，区民政科主管全区民政工作。1988 年 1 月，区民政科改称为东郊区民政局。1989 年 6 月，区成立残疾人联合会，由区民政局代管。1992 年 3 月，东郊区民政局更名为东丽区民政局。1997 年 5 月，区民政局内设 7 个职能科室：办公室、财务管理科、婚姻登记管理科、社会救济科（农村社会养老保险科）、基层政权建设科、社会团体管理科（区社会团体管理办公室）、优抚科（区“双拥”工作领导小组办公室、退伍军人安置办公室）。2008 年 1 月，增设双拥工作科。2010 年，区民政局内设办公室、财务科、优抚安置科（区政府退伍军人安置办公室）、双拥工作科（区拥军优属拥政爱民工作领导小组办公室）、婚姻登记管理科、社会救济科、基层政权建设科、社会团体管理科（区社团登记管理办公室）、老龄工作科（区老龄工作委员会办公室设在民政局，为区老龄委的常设办事机构）。下属事业单位：区军队离退休干部休养所、区救助管理站、区殡葬管理所、区民政局福利生产办公室、区福利彩票发行中心、区养老中心（区光荣院）。

第二节　老龄委

1984 年，区建立老龄工作委员会，下设办公室，由区劳动局代管。至 1986 年，各乡镇街道和部委办局设有老龄工作委员会和兼职老龄工作干部。2001 年 12 月，原由区劳动和社会保障局代管的区老龄工作委员会办公室改设在民政局，为区老龄工作委员会常设办事机构（代管）。2010 年，全区村居有老年协会 133 个。

第三节　慈善协会

1995 年 6 月，区成立慈善协会，区民政局拟定协会章程，向社团管理部门申请登记，取得社团法人资格。是年 12 月，区召开慈善协会成立大会，推选出 103 名协会理事，选举常务理事、会长等共 26 名。

第二章　基层政权建设

1986 年 9 月始，区民政局根据中共中央、国务院《关于加强农村基层政权建设工作的通知》，负责全区城乡基层政权建设的日常工作。通过完善基层服务和管理网络，依法保障基层群众的选举权、参与权、管理权、知情权、监督权。全区基层自治机制基本形成，民主选举、民主决策、民主管理、民主监督制度不断完善，基层民主政治建设规范化得到加强。

第一节 村委会建设

一、民主选举

1988年6月，《村委会组织法（试行）》实施，村委会干部由乡镇政府任命改变为由村民直接选举产生。1991—2009年，村委会进行7次换届选举，执行法律法规一次比一次严格，当选的村委会干部素质逐届提高。

1991—2009年东丽区村委会换届选举情况统计表

表27-1

年份	完成选举的村（个）	占应选村比例%	选出村干部（名）
1991	95	91	463
1994	101	95	454
1997	105	96	459
2000	103	94.5	376
2003	102	93.6	408
2006	106	98	386
2009	57	98	232

二、民主决策

20世纪80年代初，村队尝试村民议事会制度，由村领导班子挑选3～7名老干部、老中共党员及有威信的村民组成议事会，决策村务大事时，事先听议事会成员的意见。区在建立村民会议制度的同时，推行村民代表会议制度。后依据法律法规，区委组织部和区民政局下发《关于建立健全村民代表会议制度的意见》，制定《村民代表会议议事规则》。2004年，区进一步明确村务民主决策的内容。2005年，区委组织部下发《关于农村基层组织重大村务事项民主决策实行“六步工作法”的意见》，指导各村严格按照“提出议案、听取民意、上级审查、党员讨论、会议表决、公开公示”六步工作程序民主决策村务。2007年，全区各村共召开户代表会议229次，村民代表会议610次，民主决策村务920件，促进了村务决策的科学化、规范化，推动了农村工作健康开展。

三、民主监督

1996年3月，区委、区政府下发《关于实行村务公开制度的决定》，对村务公开的内容、形式和组织领导做出明确规定。区成立村务公开工作推动组，负责组织领导和督查工作。是月，区委、区政府召开全区大会，部署村务公开工作。

会上，区村务公开工作推动组下发《关于贯彻区委、区政府“关于实行农村村务公开制度的决定”的实施意见》，确定了5项村务公开的内容：村财务收支情况，计划生育情况，农业或企业承包、租赁和新上项目情况，宅基地审批和土地征用、占用情况，村干部岗位责任制和报酬情况。意见中对村务公开的操作程序、形式和时间、监督保障措施作了规定。各乡镇街道结合本地实际制定具体实施意见，各村制定实施方案。2004年6月，区委、区政府下发《关于健全和完善村务公开和民主管理制度的实施意见》，成立区村务公开和民主管理工作领导小组，下设专职办公室。各乡镇街道、村委会领导机构也相应做了调整，各乡镇街道成立专职办公室，村成立实施小组、村务公开监督小组、民主理财小组，并设立了专管员。2005年，全区统一实行村集体工程项目和集体资产承包租赁的公开招投标制度，军粮城镇东堼村铁路专用线实行公开招投标。标底每年41万元，竞标结果每年67万元，并且一次性交清10年的承包费，村集体纯增收入260万元。2007年，区提出“建立村务公开信息化网站，实现全区村务公开信息化管理”的意见。2008年初，区投入11.8万元建成区村务公开信息化管理网站。为推动全区村务公开信息化管理工作顺利开展，探索实际操作经验，经区领导小组研究决定，无瑕街道为先期试点单位，街道所属的15个村为先期试点村。

2009年，民政部基层政权和社区建设司副司长汤晋苏（左一）向区颁发全国村务公开民主管理示范区奖牌

2009年2月，民政部基层政权和社区建设司副司长汤晋苏（左一）与区委书记张有会（右一）在区村务公开信息网开通仪式上共同按下启动球

四、村民自治示范达标

1991年，区在万新庄乡吴嘴村、新立村乡新立村、小东庄乡东大桥村、军粮城镇一村、李庄子乡新五村、赤土乡赤土村、荒草坨乡范庄村、大毕庄乡徐庄村、么六桥回族乡大东庄村作为示范培养点。经区、乡镇指导，以上各村均达到示范村标准。1992年5月，区委、区政府批转区政法委、民政局等7部门《关于开展村民自治达标活动的安排意见》，是年6月，区民政局印发《村民自治达标考核评分标准》。是年12月，评定军粮城镇一村等14个村民自治先进村（示范村），荒草坨乡朱庄村等22个村民自治达标村。1993年，军粮城镇一村和程林街道吴嘴村被命名为天津市村民自治示范村。区委、区政府在一村召开村民自治工作现场观摩会，在全区各村推广一村村民自治

经验。1995年5月，区委、区政府批转区民政局《关于进一步加强村委会建设的意见》，要求各乡镇街道年内50%以上的村达到村民自治示范村的标准，1996年70%以上的村达到村民自治示范村的标准。1995年8月，结合“小康村”和“明星小康村”的创建活动，区对原《村民自治达标考核评分标准》修改后下发执行。1996年初，区委、区政府召开命名表彰大会，命名程林街道、新立镇、华明镇为村民自治达标街道镇，兴农等73个村为村民自治达标村。1998年3月，区委、区政府提出争创天津市村民自治示范区的工作目标。区被市政府命名为“村民自治示范区”，被民政部评定为“全国村民自治模范区”。1999年4月，区委、区政府召开大会，表彰在村民自治工作中做出突出贡献的35名优秀村委会主任。2000年以后，村民自治侧重于村务公开和民主管理工作。2010年，全区共有示范镇街道4个，示范村34个。

2008年11月，在东丽广场举行《中华人民共和国村民委员会组织法》颁布十周年纪念活动

第二节　居委会建设

一、居委会换届选举

1990年9月，区政府批转区民政局《关于贯彻落实〈城市居委会组织法〉的实施意见》，强调以推进城镇基层民主政治为主线，在街道的指导下，由居民选举产生居委会干部，提高居民自我管理、自我教育、自我服务能力。12月底，全区46个居委会共选举居委会干部196人，居委会干部力量明显增强。1990—2009年，居委会共进行7次换届选举。其中2003年初，东丽区在张贵庄街道招远路社区居委会进行试点后，开始推行社区居委会干部由社区居民代表直接选举。

二、居委会达标评比活动

1996年，区开展居委会达标升级活动。区政府批转区民政局《关于开展居委会达标升级活动的安排意见》，1996年、1998年、1999年分别下发《关于命名表彰一级居委会的决定》及《关于命名表彰二级、三级居委会的决定》。被区政府命名为一级居委会的有：张贵庄街道振兴里居委会、永平巷居委会、福山东里居委会、丰年村街道常熟里居委会、丰年里居委会、民航巷居委会、程林街道荟臻里居委会、新丰里居委会、无瑕街道荷月里居委会、择月里居委会、畅月里居委会。通过达标升级活动居委会的经济条件发生了较大的变化，1999年初，纯收入在万元以上的居委会已达到36个，占居委会总数的71%，比1995年提高了43%。居委会组织建设和制度建设得到巩固、完善，自治能力进一步提高。

三、社区建设

2001 年，区按照社区建设方向，合理调整居委会辖区规模。全区 52 个居委会调整合并为 39 个居委会。区、街道两级加大居委会硬件建设力度，新建、扩建办公用房和服务设施 1530 平方米。2006 年，区开展农村社区建设试点工作。大毕庄镇徐庄村作为试点，经指导培养达到了示范村的要求，受到了市民政局的好评。2009 年，华明街道被评为全国社区建设示范街道。

2010 年 8 月，区开始启用“天津市社区管理信息系统”，向各街道居委会下发《关于印发东丽区推进社区信息化工作实施方案的通知》，是年 9 月，区政府投入 23 万元，为 49 个社区居委会配备信息化计算机，组织全区 88 人参加市民政局信息化平台第二阶段培训。

四、社区服务中心

1995—1996 年，丰年村街道和张贵庄街道相继建立社区服务中心。1997 年，张贵庄街道建立社区服务中心。形成了街道社区服务中心指导居委会社区服务站，居委会社区服务站组织本辖区社区服务工作的格局。是年，72%的居委会建立了社区服务站，社区服务利润达 51.9 万元。1998 年，区投入 20 万元扩建无瑕街道社区服务中心。1999 年，区民政局投入 10 万元支持丰年村街道社区服务中心建设。2002 年，区政府投资 500 万元建成丰年村街道 3035 平方米社区服务中心。2003 年，区政府建成占地面积 1976 平方米，建筑面积 3114 平方米张贵庄街道社区服务中心。

第三节　志愿者队伍

2008 年 9 月 28 日，区在全市率先成立了“东丽区志愿服务协会”。2008—2010 年，全区注册志愿者 1.74 万人。2010 年 8 月 24 日，563 名玉树地震灾区学生在东丽区耀华滨海中学学习 2 年。学习期间，区志愿服务协会向全区招募关爱玉树学生志愿者 2000 多名，开展了爱心牵手快乐成长、情暖中秋、与玉树学生手拉手等一系列的志愿服务活动。

2008 年 9 月，召开天津市东丽区志愿服务协会成立大会，区领导向志愿服务者代表颁发证书

2010 年 11 月 18 日，区养老中心志愿服务基地在区养老中心举行揭牌仪式。是年 12 月 2 日，区志愿服务协会召开区志愿服务协会第一届二次会议，会议审议通过《天津市东丽区志愿服务协会章程》，调整《天津市东丽区志愿服务协会理事》组成人员。

第三章　救灾救济

东丽区贯彻执行国务院和市政府关于救灾救济工作的方针政策，改革救灾救济制度，创新社会救助机制，形成了以最低生活保障制度为基础，以灾民救助、五保供养、多项救助为主要内容，以临时救济为补充的救灾救济工作新格局。

第一节　灾害救济

一、旱涝风雹灾害救济

1985—2001年，区境内7次遭受冰雹、龙卷风灾害，政府发放救济款162万元，解决受灾村民和社会救济对象的生产生活问题。

2002—2003年春旱，区拨救灾款43万元，集中采购救灾粮535.2吨。为解决受旱灾农民生活问题，重点解决受灾群众中特困户、双缺户的家庭困难，各乡镇街道及时把粮食送到灾民家中。

2004年春，由政府采购粮食352.8吨，总价值49.44万元，救济3877户1.16万人。汛期之前，发放危陋房屋修建补助费10万元，对60户修建住房的困难家庭给予救助。

2005年春，由政府采购粮食56.83吨，总价值73.3万元，救济受灾群众4888户1.15万人。是年8月16—17日，全区普降暴雨，为帮助受灾群众解决生活中的实际困难，在全区范围内开展了救灾捐赠活动，筹集救灾款19万元。

2006年，区先后2次集中采购粮食308吨，总价值41.5万元，救济受灾群众3027户6644人。为解决受灾群众危陋住房问题，筹集资金9万元，为56户无自救能力的户修建危陋住房173间。

2007年8月26日，全区突降暴雨，受灾人口3.3万人，区民政局立即启动《东丽区灾民救助工作应急预案》，解决好村（居）民危陋住房问题，区安排自然灾害救济费55万元，对洪灾造成的损失进行救助。

2008年7月15日晚，全区普降暴雨，区民政局会同房管部门核实灾情后，向区政府呈报《关于“7·15”大暴雨危陋住房改建修缮救助资金的申请》。区政府决定危房改建按每间平房5000元，漏雨维修按每户1000元进行救助，共投入资金40.2万元，涉农镇街道按区60%、乡镇街道30%、村10%分级负担，张贵庄街道、丰年村街道，由区财政负担。其中区财政支出30.2万元。改建、维修工程于9月全面完成。

2009年1月冬令期间，集中采购粮食300吨，总价值20万元，确保受灾群众基本生活。冬令期间救济5113户9953人。

2010年7月19—20日的强降雨，共造成全区117户低保困难群众的住房漏雨。共投入12.1万元，涉农街道按照区财政60%、街道乡30%、村委会10%的比例分级负担，张贵庄街道、丰年村街道由区财政负担。其中区财政负担9.54万元；街道乡负担1.92万元；村负担0.64万元，对117户住房进行了维修。

二、救灾捐赠

1991—2010 年，全区人民共为外省市地区及印度洋地区灾区和区内贫困地区捐款 6542.84 万元，募集衣被 410.57 万件。

1991—2010 年东丽区向灾区和贫困地区捐赠情况统计表

表 27-2

年份＼项目	地区	募集衣被（万件）	捐款（万元）	年份＼项目	地区	募集衣被（万件）	捐款（万元）
1991	南方洪涝	4.5	96.6	2004	四川灾区	—	10
1996	甘肃贫困地区	39.6	93	2005	东丽区助困	—	76
1998	长江、嫩江、松花江特大洪水	278.6	1491		印度洋灾区	—	18.1
2000	潘家口	—	42.6	2006	东丽区救困	8.5	88.1
	东丽区助困	—	40		甘肃贫困地区	15	181
2001	甘肃贫困地区	22.57	28.99	2008	四川汶川	6.8	2499
2002	东丽区助困	—	82.5	2009	东丽区助困	—	525.07
2003	为困难群众募捐	—	83		甘肃贫困地区	—	134
	“非典”募捐	—	127.9	2010	甘肃舟曲	—	73.85
2004	甘肃贫困地区	35	15	2010	东丽区助困	—	666.70

第二节 低保救助

一、制定政策

1998 年上半年，区民政局召开各乡镇街道和有关部门负责人座谈会，传达国务院下发《关于在全国建立城市居民最低生活保障制度的通知》及市有关文件，讨论区低保工作安排意见。是年下半年，区政府批转区民政局、财政局《关于实施城乡居民最低生活保障制度的安排意见》。城镇居民低保标准执行市统一政策，每月每人 185 元，农村居民低保标准执行区定政策为全年每人 1200 元。凡家庭人均收入低于上述标准的享受低保待遇。其中，无生活来源、无劳动能力又无法定赡养人或者抚养人的城乡居民全额享受低保标准；有一定收入的城乡居民差额享受低保标准。城镇居民的低保经费由区财政负担，新增低保经费由市、区财政各负担 50%。农村居民的低保经费由区、乡镇街道、村按 5∶3∶2 的比例负担。区负担的经费，由财政局核拨给民政局，由民政局定期拨付给各乡镇街道。各村负担的低保经费，由乡镇街道统筹后与区、乡镇街道低保经费一并发放。低保金由各乡镇街道民政部门负责管理和发放。1998 年底，全区有低保对象 414 户 913 人，其中，城镇 135 户 298 人，农村 279 户 615 人。平均每月发放低保金 5.8 万元。

二、动态管理

1999 年，开始对低保工作实行动态管理。对生活好转的 13 户 26 人停发低保金，对符合低保条件的 31 户 77 人及时发放低保金。区民政局、财政局及时为 164 名城镇低保对象提高保障标准，补发低保金 2.7 万元。年底全区城镇低保有 91 户 181 人，农村低保有 338 户 786 人。

2000 年 7 月，区第一次提高农村居民低保标准，从每人每月 100 元提高到 120 元，增幅 20%，调标后，新增低保 72 户 216 人。年末，农村低保户 369 户 855 人，城镇低保户 109 户 202 人。

2001—2003 年，按照市政府统一部署，区政府认真做好低保扩面工作，重点是下岗后生活困难的国有企业职工。建立农村低保标准的长效增长机制，适时提高农村低保标准。

2004 年 1 月，区政府第二次提高农村低保标准，从 2000 年每人每月 120 元提高到 132 元。年底，全区共有低保户 2947 户 7535 人，发放低保金 529.2 万元。其中城镇低保户 2022 户 5178 人，发放低保金 399.4 万元，月人均补差金额为 76.5 元。农村低保户 925 户 2357 人，发放低保金 129.8 万元，月人均补差金额为 54.55 元。是年，对享受城镇低保的人员年底每人发放一次性补助金 500 元。

2005 年 1 月，区政府第三次提高农村低保标准，由每人每月 132 元提高到 145 元。5 月，根据困难类别，制定不同的救助标准，为符合分类救助条件的低保人员每月增加 27～85 元的保障金。是月，决定对最低生活保障范围边缘低收入居民进行特困救助。凡城镇居民家庭中月人均收入在 266～315 元之内，对离岗（下岗）、失业、无业人员中有劳动能力，但因家庭成员中有重病、重残人，不能实现就业与再就业，影响基本生活的家庭；退休人员中有大病、重病患者的家庭；子女在学的丧偶单亲家庭；成年残疾人与父母共同生活的家庭四类家庭可享受特困救助，以户为单位，每户每月发给特困救助金 50 元。

2006 年 4 月，区政府第四次提高农村低保标准，由每人每月 145 元提高到 160 元。6 月，城镇特困救助标准调整为每户每月 80 元，全区享受特困救助的有 15 户，全年发放救助金 0.8 万元。7 月，市政府第三次提高城镇低保标准，由每人每月 265 元提高到 300 元；提高城镇低保分类救助金标准，对低保家庭中的大病重病者、重度残疾者、65 岁以上老年人、丧偶单亲家庭在学子女，在享受低保的基础上，每人每月由 27～85 元提高到 30～90 元。是年享受分类救助的人员共 227 名，累计发放救助金 10.5 万元。

2007 年 1 月，区政府第五次提高农村低保标准，由每人每月 160 元提高到 200 元，所需资金由原区、乡镇街道、村委会按 5∶3∶2 三级负担改为区、乡镇街道按 7∶3 两级负担。7 月，城镇特困救助标准调整为每户每月 88 元，全区享受城镇特困救助的有 29 户，全年发放救助金 1.61 万元。年底，区民政局、区财政局下发《农村困难家庭特困救助办法》。办法规定，凡农村中月人均收入在 260～310 元之内的困难家庭，按每人每月 60 元标准发给特困救助金。实行特困救助所需经费由区、乡镇街道按 7∶3 的比例负担，列入同级财政年度预算。对农村低保每户每年给予一次性补助 500 元。是年，全区城镇低保户有 2272 户 5481 人，发放低保金 687.5 万元，月人均补差金额为 159.4 元，农村低保户有 1162 户 2852 人，发放低保金 305.4 万元，月人均补差金额为 86.3 元。

2008 年 1 月，区政府下发《东丽区孤儿救助工作暂行办法》，全区 18 名孤儿享受城镇低保待遇，每月领取 500 元生活补助费和 500 元抚养费。是月，区政府第六次提高农村低保标准，由每人每月 200 元提高到 260 元，农村低保家庭一次性补助由每户每年 500 元提高到每人每年 500 元。对城镇低保户每人补助 60 元，农村低保户每人补助 50 元。城镇特困救助标准调整为每户每月 104 元，全区享受此项救助的有 78 户。是年 7 月，区打破城乡二元结构，以区财政补贴方式实行农村低保和城镇低保同一政策、同一标准，农村低保标准同城镇低保一样，提高到每月每人 400 元。区政府提高农村低保家庭和城镇低保家庭一次性补助标准，由每人每年 500 元统一提高到每人每年 1000 元。是年，全区享受低保待遇的共 3288 户 7843 人，其中农村 1067 户 2547 人，城镇 2221 户 5296 人。特困户 57 户 131 人，其中农村 3 户 9 人，城镇 54 户 122 人。全区最低生活保障年经费支出达 1750 万元。

2009 年，全区共有低保户 3666 户，8465 人、特困户 116 户，255 人，其中城市低保户 2404 户 5539 人，发放低保金 1352.75 万元，月人均补差金额为 203.52 元，城镇特困户 93 户 204 人，发放特困救助金 9.75 万元；农村低保户 1262 户 2926 人，发放低保金 581.39 万元，月人均补差金额为 165.58 元，农村特困户 23 户 51 人，发放特困救助金 4.34 万元。发放物价补贴 19.23 万元，其中为城市最低生活保障对象和特困救助家庭发放临时补助 11.16 万元；农村最低生活保障对象和特困救助家庭发放临时补助 8.07 万元。对全区 17 个孤儿及抚养人每人每月发 600 元救助金，春节一次性补助每人 1200 元。对城乡低保家庭中的大病重病、重度残疾、三无人员、老年人、丧偶单亲家庭在学子女，每人每月发放 200～430 元的保障金；对家庭月人均收入在 431～530 元，符合规定的城镇特困户，实行每户每月 130 元的特困救助。对家庭月人均收入在 431～530 元，符合规定的农村特困户，实行每人每月 100 元的特困救助。，全区城乡特困救助共 116 户 255 人，累计发放救助金 14.09 万元。为 23 名解放前入党的老中共党员，按照每月享受 1000 元～1200 元的标准，共发放补助金 21 万元。

三、救助体系

2010 年，区下发《关于进一步健全完善东丽区社会保障和救助体系的安排意见》，包含 3 大类 66 个项目。全区共有低保户 3784 户 8628 人、特困户 192 户 437 人，其中城市低保户 2390 户 5410 人，发放低保金 1162.41 万元，月人均补差金额为 179.05 元，城镇特困户 147 户 339 人，发放特困救助金 13.72 万元；农村低保户 1394 户 3218 人，发放低保金 710 万元，月人均补差金额为 124.34 元，农村特困户 45 户 98 人，发放物价补贴 286.18 万元，其中为城市最低生活保障对象和特困救助家庭发放临时补助 166.67 万元；农村最低生活保障对象和特困救助家庭发放临时补助 119.51 万元。对 15 名孤儿及抚养人每人每月发 600 元救助金，春节

2010 年 8 月 26 日，东丽区资助考入大专以上院校特困生仪式在鉴开中学礼堂隆重举行

一次性补助每人1200元。全年共投入22.68万元。对城乡低保家庭中的大病重病、重度残疾、三无人员、老年人、丧偶单亲家庭在学子女，每人每月发放20～430元不等的保障金；对家庭月人均收入在431～530元，符合规定的城镇特困户，实行每户每月130元的特困救助。对家庭月人均收入在431～530元，符合规定的农村特困户，实行每人每月100元的特困救助。区城乡特困救助共192户437人，累计发放救助金23.72万元。为19名解放前入党的老中共党员，按照每月享受1000～1200元的标准，至10月共发放补助金19.4万元。

第三节　“五保”供养

1988年，区建立完善“五保”供养制度，不断提高标准和服务水平。全区享受“五保”供养的共217户254人。集中供养的“五保”对象125户149人，占“五保”对象总人数的58.7%，生活标准每年每人381.6元～570元，零用钱每月每人5～10元。分散供养的“五保”老人92户104人，生活标准每年312～420元。

1999年1月，区领导深入农村五保户家中慰问

1995年，坚持“五保”经费乡镇统筹，认真履行五保供养协议，使全区“五保”老人生活水平有了新的提高。集中供养的“五保”老人年均生活水平达1600元，分散供养的“五保”老人年人均生活水平达1000元。深入开展文明标兵敬老院评比活动，各敬老院优化美化“五保”老人生活环境，提高生活质量。无瑕街道敬老院跨入天津市文明标兵敬老院的行列。

1996年，对分散供养的“五保”对象发放五保供养证书。集中供养的“五保”对象人均生活水平达2000元，分散供养的“五保”对象人均生活水平达1100元。

1997—1999年，区拨款13.8万元用于程林街道、无瑕街道、军粮城镇敬老院的基础设施建设。

2000—2001年，区投资9.7万元对5所敬老院进行了现有设施的维修改造，完善服务设施。2001年，全区集中供养的“五保”对象人均生活水平达到3000元，分散供养的五保对象人均生活水平达到1650元。

2003年，在防治非典型肺炎工作中，区民政局要求各敬老院落实防治措施。区下拨过氧乙酸35箱，保证各敬老院有足够的消毒剂品。

2005年，区民政局执行天津市实行“五保”供养财政转移支付政策，每名“五保”老人每年2500元，保证资金落实到每位“五保”老人。全区有“五保”老人162名，财政转移支付总额达40.5万元。

2006年，将“五保”供养的资金来源由村集体供给改为在地方人民政府财政预算中安排，全区符合“五保”条件的371人，已签订“五保”供养协议的150人。

2007—2010年，对全区160名“五保”老人发放“五保”供养金204万元。

第四节　专项救济

一、困难群众救济

（一）定期救济　区定期救济标准经费来源于财政拨款，由民政部门办理，救济金和实物按月发放。1988 年，全区享受定期救济的有 91 户 400 人，年发放救济款 7.9 万元，人均 198 元。1995 年，全区享受定期救济的有 305 户 708 人，年发救济款 27.48 万元，人均 388.14 元。1996 年，定期救济对象开始按实际收入与市定救济标准之间的差额享受社会救济。年内为 79 户 216 人提高了救济款数，并新增定期救济对象 45 户。1997 年，实施社会救济工作改革，定期救济被纳入城乡最低生活保障制度。

（二）临时救济　1988 年，区民政局临时救济 48 户 178 人，发放救济款 1.5 万元。1988—2007 年，全区共发放临时救济款 198 万元。1988—1995 年，区民政局在冬令救济工作中，采购棉衣 258 件、棉布 1.44 万尺、棉花 1601 千克、被罩 120 床，分发到困难户手中，保障温暖过冬季。1996—2002 年，冬令救济共支出 47.2 万元。2002 年以后，冬令救济以区发粮食为主，其他过冬用品，主要由各乡镇街道负责解决。每年汛期到来之前，区民政部门深入基层对特困户上报的危陋房屋进行调查，根据实际情况采取区、乡镇街道、村、个人四方出资的政策进行修建。1988—2006 年，全区共筹资 195.5 万元，对 420 户 1014 间房屋进行了修建，保障了困难户的住房安全。

1989—2006 年东丽区修建社会救济对象住房情况统计表

表 27-3

项目/数量/年份	户数（户）	间数（间）	区、乡镇街道、村、个人出资额（万元）	项目/数量/年度	户数（户）	间数（间）	区、乡镇街道、村、个人出资额（万元）
1989	31	47	7	2000	12	37	9
1990	115	300	15.5	2001	18	54	55
1992	42	74	9.5	2002	17	31	5
1995	4	10	4	2004	60	92	10
1996	2	5	0.4	2005	40	124	10
1997	6	17	14	2006	56	173	9
1999	20	50	47.1	合　计	423	1014	195.5

区每年春节前夕筹集 30～50 万元资金或物品组织慰问困难群众。各乡镇街道深入困难群众家庭，以发放慰问金、慰问品、生活必需品等形式慰问救助困难群众。2007 年，乡镇街道发放慰问金与慰问品 55 万元，村队发放慰问金与慰问品 33 万元，对 2900 户困难群众救助慰问，1 万余人受益。

2009 年，一次性临时救助 72 户 210 人，发放救助款 18.58 万元。2010 年，一次性临时救助 37 户，发放救助款 9 万元。

二、精减退职老职工救济

1988 年，区享受 40%救济的精减退职老职工有 157 人，年支出救济费 9.9 万元。1992 年有 130 人，年支出救济费 10.4 万元。1996 年有 75 人，年支出救济费 6.9 万元。2007 年有 40 人，年支出救济费 10.9 万元。2009 年，有 38 人发放救助金 19.6 万元。2010 年，有 37 人发放救助金 19.98 万元。

三、扶贫

2000 年 6 月，筹集东丽区扶贫发展资金文艺演出

20 世纪 80 年代初，区扶贫主要是对缺少劳动力的困难家庭给予税费代付和帮工。90 年代初，民政部门运用救灾扶贫周转金对贫困户进行帮扶。1989 年，区委、区政府组织 305 名机关干部组成包村工作组，深入到 27 个贫困村帮助脱贫致富、改善生产条件。1990 年，27 个村上半年农村社会总产值完成 7899.1 万元，比 1989 年同期增长 19.9%。1993 年，区属各单位派出科级以上干部 2～3 人，深入所包村开展工作。是年全区 23 个经济落后村全部进入小康村行列。2000 年，区政府决定建立区扶贫发展资金。区财政注入 300 万元，其余部分向社会募集。在各级政府的倡导下，全区各部委办局、乡镇街道、村（居）委会、人民团体、驻区各企事业单位、“三资”企业、个体私营企业、驻区部队、社会各届人士为扶贫发展资金做贡献。是年募集扶贫发展资金 120 万元。政府以有偿无息的形式帮助农村特困家庭发展种植、养殖 业或其它高效农业，提高经济收入，逐步从根本上解决贫困。

2003 年，区政府第二次开展募集扶贫发展资金工作。9 月 2 日，举行募集扶贫发展资金义演。演出过程中，区民政局宣读募集扶贫发展资金倡议书，当场收到捐款 42 万元。参加义演的市著名相声演员李伯祥、杜国芝捐款 500 元。义演场面在区电视台播出后，全区掀起募捐高潮，在 1 个月的时间内区民政局接收捐款 183 万元。2003—2005 年，区属各单位开展联系村活动，重要任务是帮助贫困户脱贫，全区各单位共帮扶老弱病残贫困家庭 180 户，为他们送去生活必需品，还帮助他们解决子女上学和就业问题。2006 年，区政府第三次募集扶贫发展资金，区民政局收到捐款 131 万元。

2000—2006 年，全区人民共募捐扶贫发展资金 434 万元，区财政注入 900 万元，全区扶贫发展资金共有 1334 万元。

四、城乡专项救助

（一）医疗救助 2005 年 6 月，区建立和完善农村医疗救助制度，保障农村困难群众基本医疗需求，区政府批转区民政局、财政局、卫生局制定《东丽区农村医疗救助暂行办法》。规定医疗救助的形式和标准：以大病统筹和门诊特殊病为主要形式，区医疗救助基金负担医疗救助对象参加新型合作医疗的个人缴费部分。农村五保对象经合作医疗补助后，可申请对个人负担医疗费用给予医疗救助，全年累计救助额度不超过5000元，剩余部分仍按五保供养渠道解决。对因患大病重病的农村低保家庭经合作医疗补助后，个人负担医疗费用超过区农村最低生活保障年标准50%，并影响家庭基本生活的，可申请对超过部分给予医疗救助。救助比例为：个人负担医疗费用在5000元的按不高于20%的比例予以救助；个人负担医疗费用在5000～1万元的按不高于25%的比例予以救助；个人担负医疗费用在1万元以上的按不高于30%的比例予以救助。

2006年，全区有20人享受医疗救助，区发放救助金4.1万元。资助农村低保户和“五保”户参加农村新型合作医疗，担负农村合作医疗个人缴费15～20元。

2007年，区政府批转区民政局、财政局、卫生局拟制《东丽区农村医疗救助暂行办法的补充规定》。主要内容是：救助对象每人每年享受100元的门诊救助，由区医疗救助资金担负；诊治医院凭救助凭证减收住院费用2000元，对因患大病、重病，实际医疗费用支出较大，且影响家庭基本生活的救助对象，进行年度内“二次救助”，救助金额一般每人每年不超过1万元。是年，共支出55万元。对患重大疾病的城市困难群众，按个人负担的医疗费用的50%进行救助。是年核定符合医疗救助条件的77人，个人负担医疗费95.8万元，按照规定比例救助，共支出47.9万元。

2008年，为进一步解决特困群众看病难的问题，救助标准由全年累计救助额度不超过5000元提高到2万元，“二次救助”由每人每年不超过1万元提高到2万元。

2009年，对区农村“五保”户和农村低保家庭成员，在农村新型合作医疗报销后，个人费用负担仍有困难且影响家庭基本生活的，实施年救助额不超过2万元的医疗救助，对特别困难的实施二次救助。农村医疗救助116人，救助金109万元；门诊2706人,救助金27.06万元。城镇医疗救助142人，救助金86万元；门诊5562人,救助金55.62万元。按照每年每人40元标准，为2633名农村低保对象、占地转非无工作低保对象、“五保”对象，担负农村合作医疗个人缴费17.41万元。

2010年，农村医疗救助及城镇医疗救助共计94人85.3万元。为缓解低保、特困、“五保”对象在二、三级医疗机构门诊治病负担，做好新医疗救助机制的转换工作，共计173人，救助金43.26万元。对城乡低保特困人员8722人实施2010年参保工作。

（二）住房救助　1999—2006年，继续实行区、乡镇街道、村、个人四方出资的政策，共筹资145.1万元，为223户特困户，修建住房561间。2006年9月，区民政局、房地产管理局、财政局制定《东丽区最低生活保障家庭住房救助办法》，对低保户进行住房救助。2006年，为45户办理了公房房租减免手续,每平米减免房租1.45元,并为289户城镇低保家庭发放供热费补贴11.7万元。2007年，为151户办理了公房房租减免手续，共减免房租1.1万元，为321户城镇低保家庭发放供热费补贴13.1万元。

2009—2010年，为180户办理了公房房租减免手续，减免房租2.8万元。为761户集中供热城镇低保家庭、1539户非集中供热200元定额补贴城镇低保家庭、62户200元定额补贴特困户，发放供热费补贴共计80.5万元。对全区农村低保、特困1344户，发放采暖补助43.08万元。办理限价商品房收入核算工作657件，上报合格率100%。办理廉租住房租房补贴收入核算工作76件，上报合格率100%。

（三）教育救助 2002年，为避免低保家庭的学生因经济困难而辍学，区政府决定建立中小学特困生救助基金，并在全区范围内开展募捐工作。区民政局募集中小学特困生救助金96万元。2005年，募集74万元。

2004—2007年，区为低保户办理956名子女减免学杂费手续，共减免学杂费15.9万元。

2006年4月，区民政局、教育局、财政局制定《东丽区中小学特困学生救助办法》，规定区中小学特困生救助基金每人每年发放救助金400元，区属学校免收特困学生学杂费，对进入特殊教育学校的义务教育阶段残疾儿童少年实行免费教育。2006年9月，区实施对特困学生节日补助政策，按照春节、劳动节、国庆节每个节日每人100元的标准，救助中小学特困学生821名，发放救助金8.2万元。2007年7月，提高特困学生节日补助标准，春节为500元，劳动节、国庆节为200元，救助中小学特困学生1033名，发放救助金41.3万元。2008年7月，中小学特困学生救助标准由每人每年400元提高到500元。并再次提高特困学生节日补助标准，春节为800元，劳动节、国庆节为300元。

2009—2010年，为728名低保户在学子女减免学杂费，减免学杂费28.2万元。根据区《关于调整东丽区部分社会救助标准农村退养保障补助标准及被征地农民养老保障待遇的通知》提高中小学特困生节日补助标准，春节每人1200元，劳动节、国庆节每人500元，并对中小学特困生每人每年不低于600元标准救助。对1125名中小学特困生发放年救助金53万元；三大节日补助485万元。

第四章　社会福利

东丽区充分发挥政府主导作用，积极引导社会力量参与，抓住机遇，多元化投资，多层次发展，扩大惠及范围，改善特殊群体福利服务待遇，全区社会福利社会化新格局正在形成。

第一节　福利生产

一、福利企业的兴起

1979年，区首家福利企业创办津东皮革厂。1988年，全区福利企业达到33个，安置残疾人554人，实现产值1753.3万元，利税119.1万元。1989年，对个体福利企业进行整顿，残疾职工的合法权益得到保障。全区各福利企业为333名残疾职工办理了养老保险，投保额6.5万元。1991年，区福利生产实现产值4223.4万元，创利税443.6万元。1992年，区把发展福利企业列入改善全区人民生活的10项决定，为8家福利企业解决贴息贷款442万元。全区福利企业由1991年的37个发展到61个，实现总产值6708.5万元，比1991年增长58.8%，实现利税651.4万元，比1991年增长46.8%。

1993—1997年，区福利企业蓬勃发展。1993年，在乡、镇办福利企业带动下，村办福利企业得到发展。1994年，区出台《福利企业征退税办法》，投入技改资金1275万元，促使企业上规模，上档次，改革福利企业用工制度，推行职工养老保险制度，保障了残疾人合法权益。1995年，区出台福利企业的“台阶奖”和“效益奖”，调动福利企业的积极性。1997年，确定10家骨干福利企业，重点给予指导扶持，其中华明集团实现亿元产值，4家产值实现超千万元。是年底，全区福利企业达101家，新办福利企业34个，完成产值3.8亿元，实现利税达8804.3万元，销售收入3.6亿元。企业职工3364名，其中安置残疾人1469名，为1050名残疾职工办理养老保险，占残疾职工总数的72%，保险金额达25万元。全区残疾职工月平均工资达247元，高于市130元最低工资标准。

二、福利企业的调整与改制

1999—2004年，加大对福利企业免税基金使用情况日常监管力度，落实国家扶持政策，帮助企业不断提高经济运行质量和经济效益，有5家福利企业共投入1050万元进行技术改造并达产。对长期亏损，处于停产、半停产的8个福利企业进行清理，对6家福利企业做出限期整改决定。与各福利企业签订安全生产目标责任书，促进福利企业生产经营正常进行。全区福利企业67家，安置残疾职工1050人，残疾职工上岗率达到85%，完成产值3.2亿元，实现销售收入3.1亿元，利税1.78亿元。95%以上的残疾职工人均月工资由280元提高到400元。

2005年5月，区委副书记尚德来(右二)带队走访慰问区福利企业困难职工

2007年12月，在东丽福利彩票发行中心成立现场，市区领导正在进行剪彩

2005—2006年，建立区福利企业网站，落实国家各项扶持保障政策。2006年，全区48家福利企业，完成产值4.1亿元，实现销售3.9亿元，利税5500万元，残疾职工最低工资标准由每人每月480元提高到550元。

2010年，福利企业18家，职工总数724人，其中残疾职工251人。完成产值1.67亿元，实现销售收入1.64亿元，利税882万元。

第二节　福利彩票

1988—2000年，区有奖募捐券、福利奖券销售共计930.2万元，区提取福利基金168.9万元。2000年8月，区开通电脑福利彩票，设投注站50个，遍布各乡镇街道。

2007年7月，区民政局成立专职福利彩票发行中心,筹办“中福在线”网络福利彩票发行工作。是年11月30日试行销售，12月18日举行开业庆典。2009年，销售彩票450万元。完成了市下达区3年赈灾福利彩票的销售任务，共销售赈灾彩票360万元，为地震灾区募集重建资金72万元。

2010年，全区福利彩票投注站完成彩票销售1840万元。区福利彩票发行中心被授予天津市中福在线销售贡献奖、天津市赈灾彩票销售组织管理优秀奖和中福在线一等奖。

第三节　慈善事业

一、区慈善协会

1995 年 6 月，成立“东丽区慈善协会”，各乡镇街道普遍召开动员会，吸收了 112 个团体会员和 1669 名个人会员 ，募集善款 40 万元。

区慈善协会成立后，探索慈善事业发展新途径，开拓社会保障体制新渠道，扶持社会弱势群体度难关，在捐赠、助困、助学等方面做了大量工作。

二、慈善捐赠

1995 年，天津韩国商会为区 7 所敬老院 150 余名老人捐赠价值 10 万元物品。1997 年，美国撒姆珥协进会为区贫困人员捐赠了医疗器械、食品和衣物。2003 年防治“非典”期间，以慈善协会的名义掀起抗击“非典”捐赠活动。共接收全区 112 个机关、企事业单位及个人捐款 127.9 万元，消毒药水 12.3 吨，款物合计 137.5 万元。分拨到抗击“非典”第一线，物品全部下发经济困难的企事业单位。2005 年 1 月，在全区范围内开展为印度洋海啸受灾地区捐款活动，共接收捐款 18.1 万元。2006 年，全区共接受捐赠资金 88.1 万元，衣被 8.5 万件，解决了困难群众基本生活问题。2007 年 8 月 29 日，召开“杨兆兰慈善救助基金”成立和慈善救助大会，“杨兆兰慈善救助基金”向区慈善协会义捐善款 32.3 万元，并向 40 名困难学生每人发放救助金 1000 元，向符合白内障手术的老人每人发放医疗费 1500 元。2008 年，完成了南方雪灾地区、四川汶川特大地震灾区献爱心捐赠活动，共接收捐款 2752.99 万元，捐赠物资价值 232.23 万元，捐赠棉衣被 6.82 万件。2010 年，完成为西南旱灾、青海玉树地震灾区、甘肃舟曲特大泥石流及为全区困难群众捐赠活动，共接收捐款 1253 万余元。

三、慈善助困

1996—2007 年，慈善协会发放善款 17.1 万元，帮助 462 户困难家庭。2005 年，区民政局与张贵庄街道建立“爱心慈善超市”，向低保家庭提供救助服务。2006—2007 年，慈善协会两次向 14 名孤儿发放救助金 1.6 万元。2008—2010 年，开展迎新春慈善助困活动，共投入 105 万元，对 1400 户农村困难群众家庭实施生活救助，向盲人发放 65 台收音机。

四、慈善助学

1996—2007 年，慈善协会为特困家庭学生发放助学金 21.6 万元，支持 265 名学生完成学业。2008 年，开展“爱心成就梦想”慈善助学活动，资助高考达到一本分数线的低保户子女 4 名，发放助学金 1.4 万元。向生活困难户的在学子女发放 90 双旅游鞋。开展森氏慈善助孤奖学活动，对 8 名孤儿,每人资助 600～1200 元的救助金。2009 年,在全区范围内开展“助医、助学、助老、助困”为主题的慈善一日捐活动，接收捐款 505.07 万元。2010 年，接收捐款 1253 万元，召开区资助考入全日制大专以上院校特困生大会，对 66 名特困生，每人一次性资助 6000 元。为玉树地震灾区来津就读藏族学生资助医疗救助金 10 万元。

第五章　拥军优抚安置

东丽区按照《军人抚恤优待条例》规定的军人抚恤优待与国民经济和社会发展相适应的原则，建立了优抚对象抚恤补助标准自然增长机制，优抚对象生活高于当地一般群众生活水平。探索市场经济条件下对退伍义务兵安置工作的新路子，1988—2010 年，区全面完成安置任务。落实军队离退休干部的政治待遇和经济待遇，为区“全国双拥模范城”五连冠提供了有力支撑。

第一节　拥军优抚

一、义务兵家庭优待

20 世纪 80 年代末，区有烈属 61 名，牺牲病故军人家属 10 名，在乡伤残军人 47 名，在职伤残军人 117 名，在乡老复员军人 375 名，带病还乡退伍军人 13 名，参战 337 名，农村籍 60 周岁无工作老退役士兵 736 名，烈士子女 23 名，农村义务兵家属 176 户，城镇义务兵家属 315 户。1995 年开始，区政府对农村义务兵家属优待金实行乡镇街道统筹。城镇义务兵家属优待金，每年由区财政解决一部分，区机关、企事业单位统筹解决一部分。城镇义务兵家属优待金统筹款保持在每年 50 万元左右，其中 10 万元来自天津钢管公司的支持。 2006 年，农村义务兵家属优待金由区财政支付，城镇义务兵家属优待金由市和区财政按比例负担，2007 年，农村义务兵家属优待金达到 6000 元，是 1988 年的 5.4 倍，城镇义务兵家属优待金达到 3192 元，是 1988 年的 8 倍。

1988—2010 年东丽区农村义务兵家属优待金补助统计表

表 27-4

年份	户数（户）	优待金额（万元）	年份	户数（户）	优待金额（万元）
1988	490	55.35	2000	350	190.75
1989	486	66.20	2001	329	179.84
1990	428	61.10	2002	234	128.70
1991	450	67.68	2003	210	115.50
1992	448	69.38	2004	197	110.32
1993	454	75.75	2005	186	107.88
1994	409	78.00	2006	167	98.95

续表27-4

年份	户数（户）	优待金额（万元）	年份	户数（户）	优待金额（万元）
1995	457	120.25	2007	151	96.00
1996	433	139.82	2008	181	117.65
1997	424	170.00	2009	202	151.50
1998	409	187.00	2010	196	186.20
1999	383	191.00			

1997—2010年东丽区城镇义务兵家庭优待金补助统计表

表27-5

年份	户数（户）	优待金额（万元）	年份	户数（户）	优待金额（万元）
1997	189	34.02	2004	167	40.08
1998	199	35.82	2005	176	42.24
1999	205	41.00	2006	187	59.69
2000	210	42.00	2007	203	85.26
2001	198	39.60	2008	212	89.04
2002	193	38.60	2009	196	117.60
2003	171	34.20	2010	189	141.75

区根据政策规定，义务兵在服役期间，获得荣誉称号或立功者给予奖励。农村入伍，根据功绩大小增发当年优待金，比例为：获得中央军事委员会授予荣誉称号，增发当年优待金的60%；获得军队四总部授予荣誉称号，增发当年优待金的50%；获得军队军区级单位授予荣誉称号和荣立一等功者，增发当年优待金40%；荣立二等功者，增发当年优待金25%；荣立三等功者，增发当年优待金15%。

城镇待业青年入伍，获得中央军事委员会授予荣誉称号，增发7个月的优待金；获得军队四总部授予荣誉称号，增发6个月的优待金；获得军队军区级单位授予荣誉称号和荣立一等功者，增发5个月的优待金；荣立二等功，增发3个月的优待金；荣立三等功者，增发2个月的优待金。

1991—2010年，东丽区义务兵立功人数478人，奖励金额25.6万元。

二、重点优抚

增加重点优抚对象的生活补助 1988—1995年，为2101人次重点优抚对象发放生活补助费102万元。1996年，为229名发放9.6万元。1997—2003年，维持在1996年9.6万元的水平。2004年，自筹资金每月为老复员军人再增补150元，成为对老复员军人优待标准最高的区县。

帮助重点优抚对象修建房屋 1988—1994年，区、乡镇街道、村三级筹资27万元，为重点优抚对象修建房屋66间。1995—1997年，在“爱心献功臣行动”中，区制定实施《重点优抚对象房屋修建三年规划》，区、乡镇街道、村三级加大投入，筹资 40.2 万元为 71 户重点优抚对象修建房屋 226 间。1997 年 11 月，区被市政府评选为天津市农村老烈属、老复员军人、老伤残军人住房修建工程先进区。1988—2010 年，区共筹资 210 万元用于重点优抚对象修建和购置房屋，保障了重点优抚对象的住房问题。

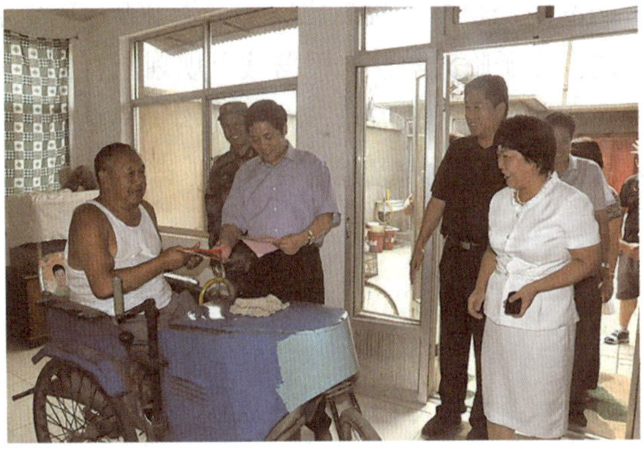

2010 年 7 月，区领导带队入户走访慰问优抚对象

加大医疗经费的投入　区按照 1988 年国家颁布的《军人抚恤优待条例》规定，二等乙级以上（含二等乙级）革命伤残军人享受公费医疗待遇；其他重点优抚对象不享受公费医疗待遇的因病治疗无力支付医疗费，由当地卫生部门酌情给予减免。1990 年，二等乙级以上伤残军人医疗费实报实销 8.9 万元；其他重点优抚对象医疗费减免 20 万元，医疗费开支总计 28.9 万元。从 1992 年开始，区财政逐年加大重点优抚对象医疗费预算。1998 年，25 名二等乙级以上伤残军人医疗费实报实销 48 万元，422 名重点优抚对象医疗费减免 101 万元，医疗费开支总计 149 万元。2001 年，医疗费总计支出 135 万元。2002 年又将二等乙级以上伤残军人医疗费由乡镇街道管理改为区民政局直接管理。2003 年，二等乙级以上伤残军人医疗费开支 19.3 万元。2003—2006 年，重点优抚对象医疗费开支保持在 130 万元。2007 年，医疗费开支增长到 145 万元。2008—2010 年，区民政局协调有关部门，解决好优抚对象医保刷卡就医、垫付报销等方面存在的困难；加大财政医疗补助资金投入，提高优抚对象自负医疗费的补助比例（区财政投入每人每年补助 600 元门槛费）；完善工作举措，组织对患大重症疾病、因病致贫优抚对象的救助工作，并为全区重点优抚对象办理意外伤害险。

三、安置随军家属

1990—1994 年，随军家属人数较少，随来随安置。1995 年，随军家属大幅增加，区双拥领导小组一次解决了 19 名随军家属安置问题。1997 年，安置随军家属 15 名全部就业。

2001—2010 年，115 名随军家属中 41 名安置就业，其余 74 名自谋职业，发放自谋职业扶助金、待业分配期间生活补助费和养老保险金共 50 余万元。

四、其他优待

区坚持在国家机关、企事业单位（含乡镇企业）在招收录用职工时，同等条件下，优先招录优抚对象及其子女。学校、幼儿园、托儿所优先招收优抚对象子女，并对家庭生活困难的减免学杂费。医院等服务单位普遍设立专口，行优先优质服务。工商等部门帮助优抚对象发展生产，在经营等方面给予照顾。现役军人购买交通工具月票，凭有效证件享受半价优待。伤残军人凭伤残军人证免费乘坐交通工具。现役军人、伤残军人和享受定期抚恤、定期补助的优抚对象凭有效证件，免费参观游览公园等景观区。享受定期抚恤、定期补助的优抚对象享受医疗费优惠政策：烈士遗属、因公牺牲军人遗属优惠比例不低于 70%；病故军人遗属、无工作单位的老复员军人优惠比例不低于 50%；

带病回乡退伍军人优惠比例不低于20%。享受定期抚恤、定期补助的优抚对象，因大病造成生活困难的，给予临时救济。根据城市规划原有住房被拆迁，享受定期抚恤、定期补助的优抚对象购买经济适用房的，区政府给予一次性购买补贴。居住在农村享受定期抚恤、定期补助的优抚对象住房有困难的，由区政府帮助解决。

第二节　抚恤补助

一、一次性抚恤

20世纪80年代，区根据国务院、民政部、财政部文件规定对革命烈士、因公牺牲军人、病故军人的家属由民政部门发给一次性抚恤金。一次性抚恤金的标准为：革命烈士，40个月工资；因公牺牲军人，20个月工资；病故军人，10个月工资。义务兵和月工资低于正排职军官工资标准的其他军人死亡时，按正排职军官的工资标准发给其家属一次性抚恤金。立功和获得荣誉称号的现役军人死亡，按规定比例分别增发一次性抚恤金：被中华人民共和国主席或者中央军事委员会授予荣誉称号的，增发35%；被军区（方面军）授予荣誉称号的，增发30%；立一等功的，增发25%；立二等功的，增发15%；立三等功的，增发5%。

1993年10月始，区执行民政部、人事部、财政部下发《关于工资制度改革后国家机关工作人员死亡一次性抚恤金计发问题的通知》，区对国家机关在职人员死亡后，分别按规定工资项目之和计发一次性抚恤金：实行职级工资制的人员，为本人职务工资、级别工资、基础工资和工龄工资；技术工人，为本人岗位工资、技术等级（职务）工资及国家规定比例计算的奖金；普通工人，为本人岗位工资及按国家规定比例计算的奖金。对国家机关离休、退休人员死亡后，按规定项目计发一次性抚恤金：工资制度改革后，实行职级工资制的离休、退休人员，按本人离休、退休时的职务工资、级别工资、基础工资、工龄工资之和计发；退休技术工人、按本人退休时岗位工资、技术等级（职务）工资及按国家规定比例计算的奖金之和计发；退休普通工人，按本人退休时的岗位工资及按国家规定比例计算的奖金之和计发；工资制度改革前离休、退休人员，按民政部、财政部规定增加的离休、退休费计发。对工资制度改革后，凡国家规定增加的国家机关工作人员的工资、离退休人员的离退休费，也应计入一次性抚恤金内。2004年10月以前，国家机关工作人员死亡抚恤在民政部门办理，2005年开始改由国家机关工作人员所在单位办理。

2004年8月始，区执行国务院、中央军委颁布新的《军人抚恤优待条例》对一次性抚恤金的标准调整为：烈士，80个月工资；因公牺牲，40个月工资；病故，20个月工资。月工资或者津贴低于排职少尉军官工资标准的，按照排职少尉军官工资标准发给其遗属一次性抚恤金。立功或获得荣誉称号的现役军人死亡，仍执行以前比例增发一次性抚恤金。区根据国务院、中央军委文件规定执行。

二、定期抚恤

1988年8月始，区政府根据国务院颁布的《军人抚恤优待条例》规定“革命烈士、因公牺牲军人、病故军人的家属按照规定的条件享受定期抚恤金”。2004年8月，新颁布的《军人抚恤优待条例》，区人民政府对依靠定期抚恤金生活仍有困难的烈士遗属、因公牺牲军人遗属、病故军人遗属，增发抚恤金或者采取其他方式予以补助，保障其生活不低于当地的平均生活水平。

区政府多次提高定期抚恤标准，保证了享受定期抚恤优抚对象的生活水平高于当地群众的生活水平。

三、伤残抚恤

1988年7月，区执行国务院颁布的《军人抚恤优待条例》，根据伤残人员致残不同程度分四等六级，即特等、一等、二等甲级、二等乙级、三等甲级、三等乙级。因公致残的抚恤金标准高于因病致残的抚恤金。

2004年8月，区根据国务院、中央军委新颁布的《军人抚恤优待条例》将伤残军人的伤残等级根据劳动功能障碍程度和生活自理障碍程度，由重到轻划为一级至十级，原“四等六级”的划分标准不再使用。因战、因公致残等级被评定为一级至十级的，享受抚恤；因病致残，残疾等级被评定为一级至六级的，享受抚恤。区政府对依靠残疾抚恤金生活仍有困难的残疾军人，增发残疾抚恤金或者采取其他方式予以补助，保障其生活不低于当地的平均生活水平。退出现役的一级至四级（原特等、一等）残疾军人，由国家供养终身。对分散安置的一级至四级残疾军人发给护理费，护理费的标准为：因战、因公一级和二级残疾的，为当地职工月平均工资的50%；因战、因公三级和四级残疾的，为当地职工月平均工资的40%；因病一级至四级残疾的，为当地职工月平均工资的30%。

第三节　退伍安置

一、安置政策和服务机构

1995年，区安置办建立“两用人才服务中心”。2001年。区贯彻执行市政府下发《关于做好2000年冬季退役士兵安置工作的通知》，对落实安置计划确有困难的用人单位，经区安置部门批准，按每人3～5万元标准支付有偿转移安置资金。是年6月，区根据市民政局、市财政局下发《关于退役士兵自谋职业一次性经济补助和待安置期间生活补助费发放问题的通知》，对自谋职业的退役士官，每人发给2.5万元一次性经济补助费；对自谋职业的退役士兵，每人发给2万元一次性经济补助费。退役士官、士兵在待分配期间，由区按市现行最低生活保障标准（241元）发给补助费。2003年，区推进退役士兵安置制度改革，出台《东丽区安置城镇退役士兵暂行办法》，实行全员有偿安置保障金制度，制定保障金收缴方案。建立退役士兵服务中心。2004年，区政府加大对安置工作的资金投入，扩大城镇退伍军人自谋职业的比例，制定为自谋职业退役士兵进行一次性经济扶助和办理2年养老保险的优惠政策，吸引退役士兵选择

2007年10月，召开东丽区退伍军人服务中心网站开通仪式

自谋职业。改革城镇退伍士兵就业分配方式，实行组织上按个人政绩打分，个人从高分到低分自主选择单位的政策，使分配工作公开、公平、公正。2007年，区建立退伍军人服务中心网站，并健全退役士兵、用工单位、区劳动力市场、区人事局人才市场安置网络信息数据库。在华明街道和无瑕街道建立退伍军人基层就业服务站。2008年，区按照市民政局、市财政局下发文件调整城镇退伍军人自谋职业一次性经济补助标准，自谋职业的退役士官由原来的2.5万元提高到3.6万元，自谋职业的退伍义务兵由原来的2万元提高到2.4万元。

二、拓展安置渠道

1979—1984年，区接收退伍军人2220人。其中回乡安置1702人、复工45人、企业单位安置450人、事业单位安置23人。

1985—1989年，区退伍军人853人。其中，在乡、镇、村、企业担任干部的126人，在乡、镇企业工作的350人，个体经商的39人，各类专业户75人，务农146人，参加劳务工的117人。

1990—1999年，接收退伍军人1656人，其中国家统一分配806人，回乡安置850人。

2000—2010年，接收退伍军人1946人，其中城镇退伍军人966人全部妥善安置。有52名退伍军人申请自谋职业，并领取了自谋职业一次性经济补助金。应征入伍的30名进藏新兵，按要求预先安置。退伍安置军人服务中心先后组织招聘会和用工洽谈会，推荐退役士兵532人次，通过双向选择，退役士兵296人推荐就业。加强对退伍军人的专业劳动技能培训，先后开展了微机操作、汽车驾驶等退伍士兵技能培训。2009年，依托滨海培训中心，建立退役士兵技能培训基地，连续举办电工和天车工等退伍士兵技能培训，培训取证率达100%。

第四节　军队离退人员安置

一、机构及设施

1981年始，区民政部门开始负责军队离休退休干部和无军籍退休职工服务管理工作。1989年7月，区民政局成立“军队离休退休干部服务管理所”。1995年4月，更名为军退离休退休干部休养所。

2010年12月，军休所广贤家园竣工剪彩仪式

1989年，干休所担负11名军休干部的服务管理工作。1997年，担负21名军休干部的服务管理工作。2006年，接收安置任务增加，区三级财政投资854万元，在万新街道建成区军队离退休干部干休所昆程园活动站。建筑面积1848平方米，室内设有多功能厅、健身房、书画室、阅览室、棋牌室、台球室、乒乓球室、医务室、理发室等，室外设有460平方米的人造草皮门球场。2007年，干休所由区民政局迁至新建的昆程园活动站办公。拥有服务车辆4部，担负224名军休干部的服务管理任务。2008年，担

负 301 名军休干部的服务管理任务。2009 年，干休所服务车辆 5 部，担负 324 名军休干部的服务管理任务。2010 年，干休所服务车辆 6 部，担负着 341 名军休干部的服务管理任务。

二、接收安置

接收安置军休干部，首先确定安置地点，其次完成建房，最后妥善移交。确保部队交的安心、军队干部来的舒心、地方接的放心。

1981—2010 年，区按照市政府下达的计划，分批次接收安置军队离退休干部和无军籍退休职工 375 名，其中离休干部 18 名、退休干部 339 名、无军籍职工 18 名。至 2010 年，区干休所管理的军队离退休干部和无军籍职工实有 354 人。

三、落实军休干部的待遇

2009 年 4 月，区军休所举行老年大学昆程园揭牌仪式

2007—2010 年，区拨入经费 1.1 亿元，保障了军队离退休干部待遇不断提高，做到军休干部应享受的待遇全部兑现。

干休所通过组织生活、优秀共产党员评选表彰、传达学习文件、订阅《支部生活》等政治学习资料、组织参加重大政治活动，落实军休干部政治待遇。

认真落实军休干部生活待遇，20 世纪 90 年代以来，军休干部离退休金和各项补助、补贴进行 8 次及时调整，做到按时发放。军休干部的医疗保障，从 1985 年起一直实行按比例报销制度。自 2005 年开始，军队离休干部医疗费继续实行实报实销制度，军队退休干部参加基本医疗保险制度，同时实行新华人寿补充保险制度。落实军休干部及无工作直系亲属的医疗待遇，在中央和市级财政下拨的每年每人 4400 元的医疗费的基础上，2007 年区财政为军休干部补贴医疗费 90 万元，人均 4000 元。2010 年，组织赴北京、上海、山东烟台等地旅游、度假、疗养，完善武警广贤家园军休干部活动站建设，并投入使用，为军休干部提供了学习、娱乐、健身为一体的综合性活动场所。是年，区军休所被评为为天津市民政系统文明窗口单位。

第六章　社会行政管理

1979 年后，区内民间社会团体组织迅速发展。20 世纪 90 年代，对社团组织全面进行清理、整顿、复查、登记工作。2010 年，全区有社团 67 个，民办非企业单位 40 个。

20 世纪 70 年代末至 90 年代初，由各乡镇婚姻登记站办理婚姻登记。1992 年，撤销各乡镇婚姻登记站，建立区政府婚姻登记处。

20 世纪 80 年代，全区实行殡葬改革，推行火葬，禁止土葬。90 年代至 21 世纪初，殡葬管理由平掉坟头、复耕还田扩大到殡葬用品市场管理。东丽区在全市开展“治理丧葬陋习，共建美好家园”活动中获优秀区县称号。

第一节　社团管理

一、社会团体登记

1990年5月，开展社团调查工作。是年7月，区民政局成立社团登记管理科，对外称“东郊区社团管理办公室”。1997年，区社团办经清理整顿，全区原有的101个社团，保留并重新换证58个，撤销24个，合并1个，设立分支机构的18个。1998—1999年，52个非法人登记的社团按照《社会团体登记管理条例》要求落实了会员人数和活动资金，变更为法人社团，23名处级以上干部不再担任社团领导职务。2002—2007年，新审查批准7个协会，查办非法、违法民间组织2个。2010年，全区有社团组织67个。

2010年东丽区社会团体登记在册情况一览表

表27-6

单位	注册时间（年月日）	单位	注册时间（年月日）
物流行业协会	1991年3月2日	中小学生特困生奖励基金协会	1999年12月13日
民营企业协会	1991年6月8日	农村会计学会	2000年1月10日
教育学会	1991年7月5日	内审协会	2000年6月21日
再生资源行业协会	1991年7月6日	反邪教协会	2001年5月28日
农业经济学会	1991年8月5日	珠算协会	2001年5月28日
作家协会	1991年8月18日	文化产业协会	2002年4月17日
医学会	1991年8月19日	种苗蔬菜种植业协会	2002年9月17日
计划生育协会	1991年9月28日	见义勇为协会	2003年3月4日
红十字会	1991年9月28日	医药质量管理协会	2003年8月25日
个体劳动者协会	1991年9月28日	商会	2004年2月17日
畜牧兽医学会	1991年10月15日	促进社会习俗改革协会	2004年4月2日
税务学会	1991年10月30日	残疾人公益事业促进会	2004年5月10日
农民体育协会	1991年10月30日	花卉协会	2004年8月10日
消费者协会	1992年3月3日	中小企业信用促进会	2004年9月28日
质量技术监督协会	1992年3月31日	高新技术企业联合会	2005年1月7日
优生优育协会	1992年11月25日	青少年科技辅导员协会	2005年4月8日
台属联谊会	1993年4月17日	观赏鱼养殖协会	2005年5月17日

续表 27-6

单位	注册时间（年月日）	单位	注册时间（年月日）
思想政治工作研究会	1993 年 6 月 10 日	安全生产技术协会	2005 年 6 月 15 日
机动车驾驶人协会	1993 年 7 月 9 日	环境保护学会	2005 年 10 月 21 日
农机协会	1993 年 7 月 29 日	民营企业家拥军协会	2005 年 10 月 25 日
外商投资企业协会	1993 年 8 月 16 日	艺术摄影协会	2005 年 11 月 2 日
社会组织促进会	1994 年 3 月 21 日	消防协会	2006 年 3 月 31 日
经济信息协会	1994 年 5 月 20 日	体育总会	2006 年 11 月 28 日
人大常委会离退休干部协会	1994 年 7 月 5 日	国有企业拥军协会	2006 年 5 月 22 日
三胞眷属中青年联谊会	1994 年 10 月 22 日	乡村医生协会	2007 年 12 月 24 日
女领导干部女企业家联谊会	1995 年 2 月 22 日	门球协会	2008 年 3 月 4 日
书法家协会	1995 年 4 月 4 日	中小企业专业技术人员协会	2008 年 7 月 18 日
青年志愿者协会	1995 年 4 月 19 日	文学艺术届联合会	2008 年 7 月 21 日
慈善协会	1995 年 6 月 23 日	志愿服务协会	2008 年
继续教育协会	1995 年 8 月 2 日	轮滑协会	2008 年 12 月 12 日
农业女科技人员女能手协会	1995 年 9 月 24 日	新闻记者协会	2009 年 11 月 20 日
天津钢管集团股份有限公司职工思想政治工作研究会	1996 年 3 月 7 日	装备制造业联合会	2010 年 7 月 29 日
蓝盾基金协会	1996 年 9 月 4 日	外贸出口企业协会	2010 年 11 月 15 日
中老年业余艺术研究会	1998 年 4 月 17 日		

二、民办非企业单位登记

1998 年 10 月，区民政局对区境内民办非企业单位进行登记管理工作。2000 年，区开展民办非企业单位调查，全区有民办非企业单位 86 个，其中教育 21 个、卫生 2 个、文化 1 个、科技 24 个、民政 8 个、社会中介服务业 30 个。从业人数 669 人，资金数额 3504 万元。管理方面，经政府职能部门批准的 33 个，工商部门注册的 53 个。所有制性质方面，单位主办的 17 个，合伙联办 25 个，个人办的 44 个。2001 年，经过民办非企业单位自查申报、业务主管单位审查、区民政局核准登记、检查验收，全区依法登记民办非企业单位 28 个。是年，凡有 3 名以上中共党员的民办非企业单位，建立了党支部。2004 年 7 月，区社团办启动中学学历教育的民办非企业单位的登记工作，全区登记此类民办非企业单位 6 个。2009 年，启动已备案的社区社会组织转民办非企业单位登记工作，对备案的社区社会组织中符合登记条件的进行了统计和登记。2010 年，民办非企业单位年检工作，应参加年检 40 个。

2010年，东丽区民办非企业单位登记在在册情况一览表

表27-7

单位	注册时间（年月日）	单位	注册时间（年月日）
老年大学	2001年3月5日	婚姻服务中心	2004年4月30日
群鹰青少年体育俱乐部	2001年5月16日	天津市立德中学	2004年11月3日
丰年村养老院	2001年8月30日	天津市翔东中学	2005年3月12日
丽华培训中心	2001年9月24日	区教师进修学校培训中心	2005年4月29日
民办方圆棋牌艺术学校	2001年11月12日	天津耀华滨海学校	2005年7月8日
天津市马三立老人园	2001年12月18日	天津市百华实验中学	2005年7月30日
天津市第一百中学培训中心	2002年3月31日	东丽区佳艺电脑培训中心	2005年8月20日
东丽区供销培训中心	2002年4月4日	东丽区腾飞青少年体育俱乐部	2005年10月17日
天津市公共交通职业技术培训学	2002年4月15日	东丽区振兴质监培训中心	2006年3月20日
电化教育中心培训部	2002年5月21日	天津市东丽区爱车联盟汽车俱乐	2006年11月15日
天津市东丽驯海康复老人院	2003年7月24日	华明街青年就业服务中心	2007年2月9日
无瑕街道社区服务中心	2003年10月11日	丽诚中小企业培训中心	2007年4月11日
天津市北方园林市政工程服务公	2003年10月30日	张贵庄街社区体育健身俱乐部	2008年11月20日
张贵庄街道社区服务中心	2003年11月2日	东丽区兴晨康复养老中心	2008年12月5日
丰年村街道社区服务中心	2003年11月12日	东丽区福林养老院	2009年8月25日
松光社区服务中心	2003年11月15日	东丽区金福养老院	2009年9月8日
退伍军人服务中心	2003年11月16日	东丽区万科城伊顿智慧双语幼儿	2009年11月3日
丽翔赛鸽俱乐部	2003年11月16日	东丽区利群青少年体育俱乐部	2010年7月8日
天津东丽驯海路医院	2004年3月28日	东丽区津滨雅艺培训中心	2010年9月30日
殡葬服务中心	2004年4月28日	东丽区阳光养老院	2010年12月6日

第二节　婚姻登记

一、登记管理

1979—1992年，婚姻登记由所在地人民公社或街道办理。1983年，婚姻登记由各乡、镇、街道办理。1988—1991年，各乡、镇、街道设立婚姻登记站、办理婚姻登记。1992年，建立区人民政府婚姻登记处，撤销各乡、镇、街道婚姻登记站。区民政局增设婚姻管理科。1993—1997年，婚姻系列服务进一步健全，服务项目达20多种。1998—2002年，区投入30万元建立婚姻服务中心和结婚颁证行，开办婚姻介绍、新婚用品服务。建立婚姻预测网络，实行结婚登记复核和离婚复

审制度。2003 年，增加补办婚姻登记、无效婚姻和可撤销婚姻的规定。2006 年，为育龄男女免费进行孕前乙肝五项和梅毒 RPR 检测，区妇幼保健院医务人员负责咨询和取血工作。2008 年，完成区婚姻登记机关电脑网络实施互联。区民政局婚姻登记管理科被民政部授予全国婚姻登记规范化单位。

二、登记手续

1980 年，结婚登记须持本人户口簿或单位证明，到公社办理。1985 年始，使用统一格式的"结婚证明"，贴当事人照片，并在骑缝处加盖区政府婚姻登记专用钢印章。1988 年始，实行婚前身体健康状况检查。

1994 年始，婚姻登记须带户口簿、居民身份证、婚状证明、双方免冠合影照片 3 张和婚检证明；再婚登记须持离婚证或法庭判决书、调解书；现役军人须持所在部队团以上政治机关证明；离婚登记须带户口簿、身份证、结婚证、单位或村委会出具离婚证明信及每人携带 2 张近期免冠 2 寸单人照片，现役军人须持离婚证明、医院的未怀孕证明等。

2003 年 10 月 1 日，结婚登记须带户口薄、身份证及 3 张近期免冠 2 寸合影照片，将婚姻登记须由单位出具婚姻状况证明，改为由本人做出无配偶声明，对婚前医学检查未作规定，强行婚检随之取消，离婚登记须带户口簿、身份证、结婚证、并携带离婚协议书及每人 2 张近期免冠 2 寸单人照片，不再需要单位或村（居）委员会出具婚姻状况证明及离婚证明信。

2004 年，婚前健康证明不再作为结婚登记要件，是年 7 月 1 日始，区结婚登记处启用民政部统一制发的新版结（离）婚证书，取消原"夫妻关系证明书"和"解除夫妻关系证明书"。

1979—2010 年东丽区婚姻登记状况统计表

表 27—8

年份	婚姻登记（对）	离婚登记（对）	年份	婚姻登记（对）	离婚登记（对）
1979	2966	3	1996	2213	164
1980	4115	6	1997	2306	196
1981	3456	11	1998	2430	245
1982	3178	15	1999	2410	320
1983	2956	17	2000	2742	243
1984	3650	18	2001	2245	277
1985	3742	19	2002	2020	260
1986	4095	16	2003	2811	255
1987	3194	28	2004	3199	525
1988	2157	34	2005	2426	621
1989	2774	32	2006	3018	679
1990	2752	22	2007	2907	819
1991	2887	60	2008	3376	851

续表 27-8

年份	婚姻登记（对）	离婚登记（对）	年份	婚姻登记（对）	离婚登记（对）
1992	3123	94	2009	3645	922
1993	2900	143	2010	3191	941
1994	2828	170	合计	93812	8131
1995	2100	125			

第三节　收养登记

2002 年前，收养登记工作统一由天津市民政局负责。从 2002 年下半年开始，收养登记工作分期分批下放到区民政局办理。2003 年 7 月，区民政局成立收养登记处，开始办理辖区内收养登记工作。具体负责辖区内捡拾的、查找不到亲生父母的弃婴和儿童的收养登记；辖区内生父母有特殊困难无能力抚养的子女或由监护人监护孤儿的收养登记；辖区内三代以内同辈旁系血亲的子女及继父或继母养继子女的收养登记；辖区内收养关系当事人协议解除收养关系和登记。2003—2005 年，区民政局办理收养登记 101 人。2006—2010 年，办理收养登记 163 人，合计办理 264 人。

第四节　殡仪服务

一、殡葬改革

20 世纪 70 年代末，取消土葬，汉民逝世后一律实行火化，实现了人口死亡火化率由 5%上升到 80%。80 年代，区民政局围绕巩固提高火化率问题，狠抓乡村红白理事会组织制度和乡村骨灰堂建设。各村普遍将殡葬改革内容列入《村规民约》，并制定火化优惠政策，村民死亡实行火化，村内义务出车运送遗体，给予丧主 50～200 元的丧葬费。为解决骨灰二次装棺埋葬问题，区、乡镇、村三级筹资建设了李庄子乡、赤土乡、范庄村、山岭子村骨灰堂，区境火化率为全市各郊县前列。90 年代，区政府制定《关于进一步加强东丽区殡葬管理的试行办法》《关于制止丧葬封建迷信活动的意见》《关于加强殡葬用品市场管理的有关规定》；两次召开乡村干部殡葬改革工作会议，总结交流殡葬管理经验，表彰先进单位和个人；将殡葬改革列入政府工作目标管理内容，每年区与乡镇街道签订平坟和火化率责任书，经考核后兑现奖惩。区殡葬管理所会同有关部门坚决查处尸体土葬事件，定期查处非法丧葬服务网点和封建迷信用品，支持新立乡、么六桥回族乡、军粮城镇建设骨灰堂，理顺管理与服务的关系，保证全区人口死亡火化率达 100%。

2009 年 8 月，东丽区举行“整治乱烧纸钱，维护市容环境”集中宣传日活动

21 世纪以来，区委、区政府将殡葬改革列入议事日程，纳入“三个文明”建设和社会发展总

体规划。区、乡镇街道利用社会资金建设公墓和骨灰堂，耕地中的坟头逐年减少。区成立社会习俗改革协会，基层强化红白理事会作用，行政管理和群众自律实现了有机结合。全区人口死亡火化率达 100%。

二、殡葬管理与服务

1988—1990 年，各乡镇建立移风易俗理事会，各村（居）委会建立红白理事会。全区平坟 770 余座，拓展耕地 3.34 公顷，人口死亡火化率达到 98%。处理了么六桥回族乡窦家房子村、大东庄村 4 起土葬问题。建成小东庄村、新立陵园和军粮城骨灰堂。1991 年，各乡镇街道与区政府签订《殡葬管理目标责任书》。清明节期间平坟 3500 余座，拓展耕地 2 公顷。是年，全区人口死亡火化率以 99.96%的优异成绩，居全市 18 区县之首。是年，区与乡镇街道签订《殡葬管理目标责任书》。1992 年，对 153 个村（居）委会的移风易俗理事会（原红白理事会）进行换届改选。1993 年，加速发展殡葬服务事业，组建天丽纸艺品加工厂、天福纸艺品公司殡葬用品加工福利企业，产品行销 10 余个省市，年产值 50 万元，实现利税 5 万元。

1994—1999年，区制定公益性骨灰堂建设与管理办法，全区开展大规模平坟还田活动，平掉坟头1.5万座，处理7起土葬，处理张贵庄街道先锋里等3起违反殡葬法规事件。巩固死亡人口火化率100%成果。对殡葬用品市场进行了12次清理检查，依法取缔4个非法生产经营点，捣毁制作销售迷信祭品厂店8家，销毁迷信祭品271件，查处非法经营的“黑厂、黑店”12家。

2000—2009年，区委下发《关于开展“破除迷信，禁止丧事大操大办”治理工作的意见》，区民政局制定《关于进一步加强丧葬用品市场管理的办法》，区成立殡葬管理执法队。对全区殡葬用品销售点进行重新审核登记，取消9个有违规行为销售点的经营资格。区联合执法、殡葬管理所单独执法，对殡葬用品市场进行59次执法检查，8次清理丧葬用品市场，对13家违规经营的服务站做出限期整改的处理决定，查抄取缔14家非法经营点、取缔查抄无照生产经营封建迷信祭品黑点53个，规范殡葬点门前标志23个，销毁封建迷信祭品3900余件，开展“树新风、弃陋习、文明节俭办丧事”专题宣传教育活动，清明节和中元节组织万人上街劝阻烧纸活动，举办3场“市民文明集体共祭”活动，制止16起丧事迷信活动。登记红白理事会144个。根据重点工程需要，迁坟8680座，平坟头1.13万座。拨款支持军粮城镇一村、大毕庄镇赵沽里村修建骨灰堂，火化率100%。在全市开展“治理丧葬陋习，共建美好家园”活动中获优秀区县称号。

三、公益性丧葬设施建设

2004 年，由天津市摩天集团投资组建东华林公墓有限公司，公墓坐落在大毕庄镇欢坨村，规划面积 200 公顷。2005 年，区成立促进社会习俗改革协会，下设殡葬服务中心，有殡葬网点会员单位 37 个。完成了重点工程项目的迁坟工作。2007 年，东华林公墓一期建设工程基本完成，建成蟠园、仙逸园、安逸园、千禧园等 7 个墓区，墓穴 1000 余个，销售 579 个。2008 年，在华明街道设立绿色殡葬服务中心，占地 7600 平方米，建筑面积 2600 平方米。2009 年，经天津市规划局同意区回民公墓选址。2010 年，对大毕庄村民大规模修建家族墓地下发《责令限期清除通知书》，配合街道办事处、相关部门将骨灰迁出，在程林殡仪馆妥善安置。

第七章　双拥工作

区双拥工作高举爱国拥军旗帜，以创建全国双拥模范城为契机，深入开展双拥共建活动，有力促进了军地各项事业健康发展，连续六次荣获“全国双拥模范城”称号。

第一节　组织建设

一、领导机构

1988年，区开展双拥工作。1990年，成立由区委副书记任组长，区人大副主任、区政府副区长、区政协副主席、区武装部政委为副组长及区委办公室、区政府办公室等18个部门负责人为成员的双拥领导小组。办公室设在区民政局。各部委办局、各乡镇街道均建有拥军优属工作领导小组。各部队建有拥政爱民领导小组。

二、组织体系

（一）服务体系　1996年，区双拥工作形成了以民政、组织、人事、编委、劳动部门为主体的军队专业干部、退伍军人、随军家属安置服务体系；以粮食、供销、水电部门为主体的供应服务体系；以城建、规划、土地、房管部门为主体，解决随军家属住房及军用设施、军事用地开发服务体系；以教育、文化、科技部门为主体的智力、科技拥军服务体系；以农林、农机部门为主体的为部队发展农副业生产、绿化营区的服务体系；以工商、个体劳协为主体的义务拥军服务体系；以工、青、妇为主体的”四走一入“服务体系；以宣传、文化、广电部门为主体的国防教育宣传服务体系；以卫生、计划生育部门为主体的卫生医疗服务体系；以村（居）委会为主体的优抚对象扶贫服务体系。

（二）双拥工作片　1992—2001年，区双拥领导小组将全区各单位划分为13个双拥工作片，即：张贵庄街道、丰年村街道、无瑕街道、程林街道、新立街道、华明镇、大毕庄镇、军粮城镇、么六桥回族乡、建委、工商东丽分局、教育局、商业局双拥片（每个工作片中含1～2支驻区部队），在全区形成区抓片、片抓基层的双拥工作格局。2005年，区民政局设立双拥工作科，实行军地合署办公。2006年，双拥工作增至17片，增加了政法委、团委、机关党委、外经贸委，提高了组织和协调工作效率。

（三）拥军协会　2005年10月，区民营企业家拥军协会成立。2006年5月，区驻区企业拥军协会成立。

三、制度建设

区委、区政府和驻区部队把双拥工作列入各自工作的总体规划、重要议事日程和各级领导目标管理责任制，纳入各级干部政绩考核主要内容，双拥工作经费纳入财政预算。区双拥工作领导小组以制度建设推动各项工作的开展，健全和完善领导挂钩制度、走访慰问制度、军地联谊联席制度、检查评比制度。

1990年，区双拥领导工作小组建立党委议军、组织培训、政府职能部门工作协调制度。2004—2010年，建立建全双拥工作领导小组组长年终述职、优抚对象代表评议工作制度。

第二节　双拥创新

一、拥军优属

（一）慰问驻区部队　东丽区委、区人大、区政府、区政协四大机关领导每年坚持在重大节日，对驻区部队和驻津部队机关进行慰问；坚持“驻区部队驻训到哪里，就慰问到哪里”。区领导和有关单位分别赴河北昌黎、宣化和内蒙慰问外训的驻区部队。各双拥片积极发挥作用，深入驻区部队进行慰问演出。2000年开始，每年为驻区部队官兵举办庆“八一”文艺演出。区双拥艺术团、民营企业家拥军协会等社团拥军组织参与驻区部队慰问。各机关团体、青年学生、企事业单位，村（居）委会有组织为军烈属服务上门，排忧解困，座谈慰问。

（二）支持驻区部队建设　随着武警医学院新项目扩建，武警天津总队等部队相继迁入区内，区各级领导多次深入驻区部队了解情况，及时为驻区部队解决拆迁征地、工程配套等问题。为武警医学院等部队盖教学楼、总参兵种部天津农场扩建项目及“拥军路”等驻区部队营区建设，减免建设配套费、土地征用费和其他税费共1920万元，投入财政资金2518.8万元，保证各项目建设顺利竣工。区各双拥片和驻区大企业、社会拥军组织积极开展拥军活动，为部队修建篮球场和营房道路、绿化营区、训练场、宿舍楼修整改造等驻区部队基础设施建设投入资金268万元。2005年，区建立双拥工作保障金357万元，用于支持拥军项目。

2005年10月，举行拥军楼竣工入住仪式

（三）开展六进军营活动　1988年，民政局提出送物品、送服务进军营活动，区财政局拨款6万元作双拥工作经费。2000年，围绕“科技强军，质量进军”，全区各部门、各单位充分发挥各自优势，开展“送科技、送法律、送欢乐、送健康、送物品、送服务”进军营活动。

科技进军营　区民政局投入20万元建立了建筑面积100多平方米的科技拥军培训中心，配备教学投影仪、彩电、电脑等现代化硬件设施。区建立科技拥军基地，基地成员单位与驻区部队结成对子，签订《科技互助协议》，完成科技互助项目。区农林局、畜牧水产局常年派出技术人员深入部队农场进行种植养殖技术指导。提高部队农场的科技水平和管理能力，使4个部队农场成为本系统先进单位。区教委举办部队官兵微机培训班、技能培训班，区文化局捐助各类科技书刊，区双拥办组织部队技术人员外出参观学习，为科技强军做贡献。

法律进军营　区司法局、法院、检察院、工商局等部门定期深入部队，为官兵讲解法律知识，送去法律书刊。军地共同学法用法。2001年，驻区部队被中宣部、司法部、总政治部命名为全国全军“法制宣传教育先进单位”。

2010年8月1日，举行东丽区庆祝建军83周年军民联欢会暨双拥艺术团成立大会

欢乐进军营　每年“八一”建军节，各双拥片组织文艺团体深入部队演出。区书法家协会为部队送去书画作品，旅游局邀请驻区部队官兵到东丽湖游泳、娱乐。驻区部队集体为旅游局赠送了“东丽湖美、军民情长”的锦旗。

健康进军营　区卫生局和区团委每年组织医院青年志愿服务者深入驻区部队，为官兵及其家属义务体检，开展防病知识咨询活动。

物品进军营　为改善驻区部队的办公和生活活动，区委、区政府、各拥军片和社会团体根据各部队需要，及时为他们赠送空调、电脑、摄像机、照相机、饮水机等物品。

服务进军营　各双拥片定期组织义务小分队深入部队为官兵理发、维修电器、修理手表、刻制图章等。

二、拥政爱民

见第二十五编军事第四章拥政爱民。

第三节　宣传表彰

一、双拥宣传

区采取多种多样形式深化双拥工作的宣传教育。区有线电视台、《今日东丽》报开辟专栏节目，宣传双拥工作的法规政策、双拥活动的开展情况及双拥先进事迹。并上报《天津日报》《今晚报》、天津电视台广泛宣传区争创“全国双拥模范城”的报道。区双拥办建有《双拥简报》，每年下发24期，宣传各部门、单位、部队双拥工作的经验做法。1995年，区投入26万元在主要交通干线和乡镇街道政府所在地设置永久性双拥标语，在津塘公路制作“欢迎您到东丽区全国双拥模范城来”的跨公路大型供牌。2000年，在区委南楼楼顶建立“军民同心、鱼水情深”的大型双拥宣传标语牌，在跃进路、先锋路等6条干道旁设立“军民共建文明路”大理石标志牌。区委宣传部、双拥办、文化局联合举办6届“军民情”双拥工作征文活动，获奖作品由区《群众作家》杂志专刊登载，发至各单位。各双拥片开辟双拥工作园地，举办双拥工作演讲、演唱会及剪纸、木刻、绘画、书法作品展等。2003—2010年，区双拥领导小组每年举办军地干部培训班，进行双拥法律法规教育，学习先进地区双拥工作经验和新形势下如何做好双拥工作的报告，推动双拥工作的开展。

二、双拥表彰

1990—2010 年，区委、区政府分别隆重集会，对在双拥工作中做出贡献的先进集体和个人进行表彰，树立典型，推动双拥工作深入开展。

1994 年、1997 年、2000 年、2003 年、2007 年，2011 年 1 月，东丽区连续 6 次被民政部、中国人民解放军总政治部命名为“全国双拥模范城”。

2006 年，区民营企业家拥军协会荣获“援建军营图书室、共建学习型军营”先进单位称号。

第八章 残疾人事业

东丽区残疾人工作，坚持以提高残疾人生活水平，完善残疾人事业长效机制为目标，着力打造扶助残疾人安居乐业奔小康和资源共享两个品牌，全面实施全国残疾人工作示范城市、无障碍示范城市等系列创建活动，全区残疾人生活状况得到根本改善，残疾人平等参与社会生活，共享社会发展成果的程度明显提高，扶残助残的良好风尚得到大力弘扬，残疾人事业的发展更加均衡。区被国务院残工委评为“全国残疾人工作先进区”“全国残疾人就业工作先进区”“全国特教工作先进区”。被中国残联确定为“全国农村残疾人工作试点区”“全国残疾人专门协会工作试点区”。被市政府命名为“创建全国残疾人工作先进区”。

第一节 代表大会

一、第一次代表大会 1989 年 8 月 23 日召开，出席代表 151 人。大会听取并审议翟廷久所作《深化改革开拓前进为开创我区残疾人事业新局面而奋斗》工作报告。会议选举产生区残疾人联合会第一届主席团、执行理事会，王开基任主席团主席，翟廷久任执行理事会理事长。

二、第二次代表大会 1993 年 4 月 30 日召开，出席代表 145 人。大会听取并审议第一届理事长翟廷久所作《执行理事会工作报告》。会议选举产生区残疾人联合会第二届主席团、执行理事会，甘玉昆任主席团主席，李自章任执行理事会理事长。

三、第三次代表大会 1998 年 5 月 27 日召开，出席代表 160 人。大会听取并审议第二届理事长魏国旗所作《依靠政府依托社会为推动我区残疾人事业的更快发展而奋斗》工作报告。会议选举产生区残疾人联合会第三届主席团、执行理事会，樊延生任主席团主席，魏国旗任执行理事会理事长。

四、第四次代表大会 2003 年 3 月 13 日召开，出席代表 141 人。大会听取并审议第三届理事长陈福德所作《坚持实践“三个代表”重要思想，为实现东丽区残疾人事业跨越式发展而努力奋斗》工作报告。会议选举产生区残疾人联合会第四届主席团和执行理事会，樊延生任主席团主席，陈福德任执行理事会理事长。

五、第五次代表大会 2007 年 11 月召开，出席代表 150 人。大会听取并审议第四届理事长李廷富所作《真心实意为残疾人办好事谋利益，为实现东丽区残疾人事业率先发展而努力奋斗》工作报告。会议选举产生东丽区残疾人联合会第五届主席团和执行理事会，张传捷任主席团主席，李廷富任执行理事会理事长。

第二节 组织机构

一、区残疾人联合会 1989年6月，区成立残疾人联合会，由区民政局代管。1991年9月，成立区残疾人福利基金会。1995年3月，区残联机构实行单列，由区政府直接领导。1996年，区残疾人综合服务中心落成。1998年5月，内设办公室、业务科。2000年9月，成立福利企业管理服务中心。2004年5月，区残疾人福利基金会更名区残疾人公益事业促进会。2005年，增设维权科，另设区残疾人劳动服务所。

二、镇街乡残联和村居委会残协 1990年，全区镇街乡和教育局、商业局建立残疾人协会，105个村（居）和37个福利企业建立残协分会或活动小组。1991—1992年，全区镇街乡召开残疾人代表大会，建立残疾人联合会。1998年，全区145个村居委会分别组建残疾人协会，成立助残志愿者联络站。2010年，全区持证残疾人共9560名。

三、残疾人专门协会 2003年，区残联下设5个专门协会，即：区肢残人协会、区盲人协会、区聋人协会、区智力残疾人及亲友协会、区精神残疾人及亲友协会。

第三节 主要工作

一、康复服务

残疾人证管理 1987年，区开展全国首次残疾人抽样调查，全区共有各类残疾人口1.01万人。1992年，开展残疾人普查，全区共有各类残疾人5761人，其中视力残疾444人、听力残疾574人、肢体残疾3208人、智力残疾1129人、精神残疾406人。2006年4月，开展第二次全国残疾人抽样调查，完成大毕庄镇、军粮城镇、无瑕街道6个抽样村（居）委会入户调查工作任务，共调查806户，2370人，入户率、见面率、上站率、检出率均达到或超过全市的总体要求，通过市数据审核验收，被评为第二次全国残疾人抽样调查先进集体。抽样调查数据，全区残疾人口2.36万人。2009年，开展换发第二代残疾人证工作，完成全区8316名残疾人鉴定工作。

康复工作 1990—1992年，协助32名麻痹儿童患者和17名白内障患者接受手术治疗。1995年，对19名贫困白内障患者给予补贴。1995—1997年，协助22名精神残疾人入院治疗，并给予治疗补贴。1998—2005年，举办基层康复员培训班11期，培训基层康复训练服务员和部分患者及家属520名；实施“白内障复明工程”，为83例患者实施复明手术；对适龄低视力患者和聋儿进行筛查治疗，使130名低视力患者得到康复，为30名低视力患者配备助视器，为23名特困家庭聋儿配备助听器；实施“长江新里程”计划，为12名大腿、36名小腿截肢残疾人安装假肢。2002年5月，区残联和中国台北曹仲植基金会共同筹资，为100名生活困难的肢体残疾人无偿捐赠100辆轮椅。2004年，区残联投入资金12万元，对全区331名精神病人每人每月给予30元医疗补贴，对12户特困精神残疾人每人每年500元补贴。开展“爱耳日”“爱眼日”“碘缺乏日”等集中宣传教育活动，发放宣传材料2000份，接待咨询400人次。2006年，协调市安宁医院抽调18名专职医生对镇街乡精神病防治工作进行定点帮扶，负责所包乡镇的精神病防治知识普及讲座、精神病防治工作人员和精神残疾人亲属康复知识培训；定期为所包乡镇精神残疾人“送药入户”，向全区423名精神残疾人发放每人价值200元医疗卡。向全区170名肢体残疾人捐赠轮椅，向160名盲人和600名有需求的肢体残疾人捐赠盲杖、拐杖。2007—2008年，完成白内障复明手术29例；为31名截肢残疾人装配普及型假肢；为225名听力残疾人配发助听器；将美国“琼妮之友”基金会等慈善组织捐赠的370辆轮椅向全区肢残人发放；为423名精神残疾人发放就医卡，为130名贫困精神残疾人发放门诊服药和住院补贴。区、镇街乡、村三级共投入资金150万元，完成四合庄村、大安村、赵沽里村、詹庄村等10个残疾人康复站；投入资金30万元，为康复站配备残疾人专用康复器材150件。2008年，区残联制定《东丽区精神疾病患者康复治疗托养暂行办法》，向全区544名精神残疾人发放就医卡；对全区36名长期住院的精神病患者发放住院补贴11.9万元；为154名长期服药的精神残疾人发放服药补贴。2009—2010年，组织普及型假肢筛查，对29名符合条件的残疾人免费安装了假肢；投入资金20万元，对全区525户农村肢体残疾人家庭配备便椅，向270名肢体残疾人发放轮椅、助行器等辅助器具；投入资金23.04万元，对235名精神残疾人发放服药和住院补贴。区残联投入资金305万元，建成集康复、治疗、理疗、康复知识培训、技术指导等各功能于一体的区残疾人综合康复服务指导中心。区残联投入专项康复经费23.65万元，建设顾庄村、兴农村、西地村等6个残疾人康复站；组织开展白内障筛查工作，为41名贫困白内障患者给予免费手术；为全区700名精神残疾人发放就医卡。

二、社会保障

1990年，区残联组织开展送温暖活动，走访慰问重度残疾人73人，为残疾人办实事25件。1994—1997年，投入资金11万元，对300户贫困残疾人家庭进行慰问。1999年，开展“一助一”活动，结对帮扶残疾人40名。2004年，向416名低保重度残疾人发放医疗补贴13万元；为87名重残、无劳动能力残疾人缴纳商业养老保险；开展农村贫困残疾人“安居工程”，投入资金14.4万元，对15户住房存在严重隐患的残疾人家庭住房进行翻建。2007年始，区残联每年投入资金150万元，为1636名低保残疾人发放生活补贴。2008年，区残联投入资金24.8万元，对全区378户因病、遭灾等原因造成生活贫困的残疾人家庭给予救助；安排资金188万元，对1405户、1601名低保残疾人发放生活补贴；投入资金19.46万元，为4户农村残疾人家庭住房进行翻建，并实施延伸服务；元旦、春节期间，投入资金20余万元，对500户困难残疾人家庭进行慰问。2009年起，提高农村低保残疾人生活补贴发放标准。2010年，区残联投入资金95.6万元，对9560名持证残疾人缴纳商业意外伤害保险；元旦、春节期间，投入资金60万元，对600户困难残疾人家庭进行慰问；安排资金70万元，对1453户1701名低保残疾人发放生活补贴。

三、劳动就业

1987—1989年，全区共兴办福利企业34个，安置有劳动能力残疾人468人。1996年，对14名开展种养殖业的残疾人给予扶持。1997年，组织举办残疾人就业招聘会，到场企业14家，提供工作岗位85个。1999年，区残联扶助98名残疾人开展个体自谋职业，扶持27名残疾人开展种植养殖业，实现脱贫致富。2002 年，组织实施小种植场、小养殖场、小商店、小企业、小加工厂“五小”工程，对 14 户贫困残疾人家庭进行扶持。2003—2004 年，建立 9 个残疾人种植养殖就业基地，12 个年产值 500 万元以上的福利企业，安置残疾人就业 220 名。2006 年，扶持建立以方大禽业为龙头的残疾人扶贫就业基地，采取托底扶持措施，带动 10 户贫困残疾人脱贫致富。2007 年，组织举办 3 期残疾人就业招聘会，当场录用 26 人，新增安置残疾人集中就业 30 人。2008 年，建立天津市安达集团公司、天津市福泰泡沫塑料厂 2 个区级残疾人扶贫就业基地。2009 年，结合换发第二代残疾人证工作，投入资金 81.27 万元，为全区持证残疾人缴纳意外伤害保险，拓宽残疾人医疗保障覆盖面。2010 年，举办残疾人专场招聘会 3 次，共计 175 家企业提供 365 个岗位。

四、教育培训

1996 年，区残联组织残疾人劳动技能培训班 4 期，培训学员 160 人次。1998 年，建立残疾人素质教育基地，开展计算机应用、手工编织等培训班 5 期，培训 200 人。2001 年，投入培训经费 2.77 万元，开办计算机初、中级培训班各 1 期，培训学员 40 人次；在军粮城镇开设肉鸡、肉羊、肉牛养殖培训班，培训 60 人次。2004 年，投入资金 20 万元，开办计算机技能培训、种植养殖培训等 3 期岗前职业技能培训班，培训 220 人次；投入资金 5 万元，开展“五小”扶贫示范工程培训 2 期，培训 98 人次。组织开展劳动技术技能培训班 3 期，共培训 100 人。2008 年，投入资金 4 万元，对 91 名在学残疾学生发放教育助学金；对 24 名重残儿童实施送教入户服务。2009 年，投入资金 750 万元，对丰年小学进行整体改扩建，建成区明强特殊教育学校，接纳 56 名智残学生就学。提高残疾学生教育助学金发放标准，为 114 名残疾学生发放助学金。2010 年，区残联对全区未入学适龄残疾儿童进行调查，对符合入户辅导条件的 20 名残疾儿童开展入户辅导工作。为 2 名残疾学生提供远程开放教育服务。继续实施残疾学生和技能培训补贴发放办法，投入资金 14 万元，对 120 名残疾人学生发放教育助学金。

五、文体活动

1990—2009 年，区残联组团参加历次市伤残人体育运动锦标赛及市全运会残疾人组比赛，共获得 160 枚金牌。1993 年，组团参加市残疾人运动会，获得 8 个第一名。2003 年 5 月，区残联联合区文化局、区科协开展文化进乡村活动，向四合庄村残协赠送 3000 元的千册图书。组织由全区 10 位画家、书法家参加书画笔会，现场作画，将数十幅书画作品赠送给残疾人代表。2006 年，区残联与区文化局联合举办以“创建示范市，造福残疾人”为主题的创建全国残疾人工作示范市区书画作品展。全区 40 名残疾人和社会各界人士报送参展的 80 幅作品。2008 年 5 月，区残联与区文化局、区书法家协会联合举办 “迎残奥”威海、静海、东丽残疾人书画作品展及书画笔会，静海县及东丽区部分知名书画家、残疾人书画爱好者 30 人参加书

2006 年 7 月，东丽区残疾人运动员参加市残疾人运动会比赛

画笔会。展出书画作品60幅，从不同侧面反映区特有的文化底蕴。部分残疾人画家现场作画，并进行交流研讨。2010年，区残联选拔、排练6个残疾人艺术节目，参加市首届残疾人艺术会演，获得2个二等奖。东丽区盲协主席盲人姚广盛1972年双目失明。2007年始，根据自身经历，将改革开放后家乡巨变的成就，用心写歌，摸琴谱曲，请人记录，至2010年创作歌曲40余首。其作品《腾飞吧中国》《一路春风一路歌》《故乡我为你歌唱》获中国少数民族音乐会二、三等奖及全国成就奖，并获感动中国创新歌曲组委会颁发“音乐创作功勋”奖。

六、无障碍建设

2004—2007年，区残联开展无障碍城市建设活动，成立区无障碍建设领导小组和残疾人无障碍督查队。对中心城区主干道新建及改造盲道12千米，人行道交口处、单位出入口坡化处理，并设置无障碍坡道215处。对居住小区、广场公园、文化场所等部分入口坡道和50个窗口单位的楼内无障碍厕所进行改造。组织开展无障碍进社区、进家庭活动，为1785户残疾人家庭安装坐便450个、抓杆502件、闪光（求助）电铃700个，配发便椅600台，全面满足了残疾人家庭的实际需求。为33个社区卫生站、30个基层康复站和20个基层残协改建坡道105处、扶手120件、卫生间44个，使基层残疾人服务设施无障碍率达到100%。2010年，区残联将年内迁入各住宅小区的农村残疾人家庭作为无障碍进家庭活动改造重点，为全区有需求的残疾人家庭改造卫生间92户，安装升降衣架59户，配发便椅150具、闪光（求助）电铃300个。投入资金150万元，对城区81个窗口服务单位和公共设施进行无障碍改造，通过市无障碍检查组的检查验收。

2007年6月，东丽区举办盲人定向行走训练

七、社会助残

1994年，区残联接收区属单位捐赠70万元的洗涤用品，向全区500名贫困残疾人免费发放。2000年，发动镇街乡残联开展结对助残活动，共扶助残疾人374户，结对子91对，发放慰问款物12.4万元。114个村（居）委会与260名残疾人结成帮扶对子，解决实际困难100个。2004年，召开区残疾人公益事业促进会成立大会，现场接收捐款3万元；建立区残联扶残助残捐赠站，区、镇街乡、村共投入救助款物折合130万元，救助贫困残疾人5000人次。2007年，召开区扶残助残总结表彰大会，对40个扶残助残先进单位和40名先进个人进行表彰。

2007年5月，美国友人向东丽区捐赠轮椅

金桥焊材、有容线缆等单位向区残疾人事业进行捐赠，现场募集残疾人福利基金33万元。区建委退休干部刘玉发捐资10万元，建立区智力残疾人专项救助基金，每年对智力残疾人和智残学生给予救助；安达集团公司董事长崔洪金按照其母杨兆兰老人遗愿，将30万元遗产设立杨兆兰专项救助基金，用于全区贫困残疾人救助和白内障复明手术补贴。全区党政机关和社会各界，通过开展"'关爱无限'处级以上干部助残服务""认领帮扶穷亲戚，联手助残献爱心""百个支部结对百个家庭""千人受助，万人受益""红领巾助残""一助一"等专项助残活动，建立一支5000人的助残志愿者队伍，与800户贫困残疾人家庭结扶助对子，形成良好的扶残助残氛围。

八、创建全国残疾人工作示范城市

2003—2008年，开展全国残疾人工作示范城市创建活动。2005年9月，在徐庄村召开区创建全国残疾人工作示范市现场推动会，推广徐庄村、兴农村等单位在创建工作中的经验和做法。推进"阳光工程"，建成区精神残疾人护养院、新立街道残疾人集中托养所、区智力残疾人日间照料站、四合庄村残疾人幸福之家、军粮城镇东埑村残疾人康复就业家园等，使重度精神、智力等残疾人得到妥善安置和托养；创立区精神残疾人康复治疗中心，制定并落实《东丽区精神疾病患者康复治疗托养试行办法》。创立区残疾人素质教育培训基地、技能培训中心，开办"长江新里程计划"高科技助残培训等技能培训班45期，培训各类残疾人800人次；1448户1703名残疾人纳入最低生活保障体系，实现应保尽保。2008年11月，召开区创建全国残疾人工作示范城市总结表彰大会，对7个先进街乡、28个先进单位、25个先进村居、51名先进个人、50个志愿者助残先进集体、38名志愿者助残先进个人、20名优秀残疾人工作者、20名残疾人自强模范进行表彰。

第九章　老龄事业

1990年，区老年人口占全区人口的8.6%， 2007年达到13.61%。面对"银发"浪潮冲击，区坚持"政府主导、社会参与、全民关怀"的工作方针，围绕"老有所养、老有所医、老有所教、老有所学、老有所乐、老有所为"，开展工作，维护老年人合法权益，推动了社会和谐与进步。

第一节　服务设施

一、乡镇敬老院

1987年，区有乡办、村办敬老院17所。各乡镇对敬老院进行整合，村办敬老院一律并入乡镇敬老院。1988年，全区有乡镇敬老院6所（军粮城镇敬老院、李庄子乡敬老院、小东庄乡敬老院万新庄乡敬老院、赤土乡敬老院、荒草坨乡敬老院）。1989年，大毕庄乡建立敬老院，荒草坨乡敬老院迁址新建。1992年，李庄子乡敬老院迁址新建，后更名为无瑕街道敬老院。2002年，赤土镇敬老院并入华明镇敬老院。是年，程林街道敬老院，五保老人由街道出资入住驯海康复老人院。2004年，军粮城镇敬老院迁址到军粮城医院。2008年，华明街道敬老院迁址到华明家园。是年，全区有敬老院5所：军粮城镇敬老院，无瑕街道敬老院，小东庄敬老院，金钟街道敬老院，华明街道敬老院。敬老院共有床位115张，入住“五保”老人64名，工作人员28名。2009年，小东庄敬老院在原址翻新重建。2010年11月，区养老中心建成并投入使用，主要用于收住农村“五保”、城镇孤老等困难老人。至此，全区乡镇敬老院共有床位275张，入住“五保”老人、城镇孤老57人，工作人员41人。

2002年，市长李盛林等领导参加马三立老人园迎新春大联欢

无瑕街道敬老院

1986年始建，地址原在杨泊子村。1992年，因房屋陈旧在李庄子村重建。敬老院占地面积0.04公顷，建筑面积767平方米，有房屋38间，其中，老人用房18间，辅助用房18间，办公用房2间。辅助用房设有餐厅、厨房、浴室、活动室、健身室、接待室。每间老人用房配有空调、暖气和沙发。院内统一配有电视机、冰箱、冰柜、微波炉、洗衣机等生活设施。房屋布局为四合院形状，前檐建有贯通的新式走廊，院中心建有花园和凉亭，环境优雅，雕巧玲珑。敬老院入住五保老人16人，服务人员8人。为确保五保老人生活舒适，安度晚年，敬老院坚持以制治院，规范服务，并实行院长领导下的岗位目标责任制，定期对服务人员进行工作考核，保证服务工作做到：老人饮食荤素搭配，品种多样；老人房间干净，衣着整洁；老人有事随叫随到，服务周到，态度和蔼。无瑕街道敬老院被市、区评为文明敬老院、文明敬老院标兵及天津市民政系统文明窗口单位。2010年，无瑕街道敬老院坐落在10号桥津塘公路北侧50米处，建筑面积1292平方米，使用面积1080平方米，床位40个，入住11名老人，工作人员5名。

1993年春节前夕，区四大机关领导在区委书记郑树阳（右三）带领下慰问敬老院老人

2008年东丽区敬老院基本情况统计表

表27-9

敬老院名称	建院时间	院址	建筑面积（平方米）	房屋（间）	床位（张）	供养人数（人）	职工人数（人）
无瑕街道敬老院	1986	李庄子	767	38	18	16	8
军粮城敬老院	1981	军粮城医院	1100	60	60	22	8
小东庄敬老院	1984	小东庄村	400	19	10	8	3
华明街道敬老院	1989	华明家园	400	10	13	10	5
金钟街道敬老院	1989	大毕庄村	400	17	14	8	4
合计	—	—	3067	144	115	64	28

二、老年公寓

宏达老年公寓是区首家老年公寓。1998 年 5 月成立，为国有第三构件厂第三产业项目，地址在构件三厂招待所一楼。1998 年 10 月，丰年村养老院成立。1999 年，马三立老人园、丽安老年公寓、老来福老年公寓相继成立。马三立在世时常到此居住，市长李盛霖、区委书记陈章伟、区长张中华等曾多次慰问。2005 年，福田康复老人院、驯海康复老人院、志乐养老院成立。福田康复老人院、驯海康复老人院由福田集团与驯海路医院举办，吸引了许多老年人入住。

1998 年，老年公寓的宏观管理工作由区民政局政建科负责。2001 年，由区老龄办负责，市财政每年为每个入住床位补贴 600 元。马三立老人园，每年获得补贴 4.8 万元。每年市财政对区的补贴总额为 13 万元。2007 年，市民政局为各老年公寓划拨轮椅 2 辆。

2007 年，全区老年公寓有 5 家，床位 370 张，入住老人 237 名。

2010 年，全区共有社会办养老机构 8 所，总床位数 899 张，入住老人 330 人。是年全区新建社区老年日间照料服务中心 3 个，新建民办养老机构 1 所，新增床位 150 张。建设完成区养老中心并投入使用。

三、社区老年活动站

2005 年，区农村老年活动站有 83 个，其中建筑面积在 1000 平方米以上的 3 个，500—1000 平方米的 4 个，250～500 平方米的 7 个，250 平方米以下的 69 个，农村老年活动站设有文艺活动室、棋牌活动室、书画活动室以及戏曲、秧歌、文艺队。全区档次最高的老年活动站原为贯庄村老年活动中心，建筑面积 500 平方米。实行房基地换楼房后，该建筑被拆掉。1998 年，大毕庄村投入 100 万元改造修建占地 1900 平方米、建筑面积 1200 平方米的老年活动站。活动站建有 900 平方米的小礼堂，供千名老年人开会和欣赏文艺节目使用。2001 年，新立村投入 280 万元，建成占地 4 公顷、建筑面积 300 多平方米的公园式老年活动站。2006 年，么六桥村筹措资金改造旧厂房，建成使用面积在 1000 平方米的老年人活动中心，受到老年人的欢迎。

2001—2004 年，区民政局利用社会福利彩票募集的福利金，资助社区老年人福利服务设施、活动场所和农村乡镇敬老院的建设。区政府将“星光计划”写入政府工作报告，纳入区基建项目投资计划。2003—2004 年，区民政局筹资 1272 万元，建成张贵庄街道、丰年村街道“星光老年之家”，兴业里、招远路、永平巷、詹安里、福山里、景欣苑、泰兴里、丽新里、丰年里、昆仑里、程林东里社区老年活动站，改造小东庄敬老院，建筑面积总计 7979 平方米。在詹滨里绿化区、丰年里小公园、詹滨西里小广场等 20 处居民活动集中的地方，建成室外老年人健身场地，安装 130 套健身器材，活动场地面积 4800 平方米。2004 年 6 月，在全市“星光计划”检查验收中，区得到市局领导和验收组的充分肯定，并在全市总结表彰会议上介绍经验。

在村、居委会的支持下，老年文体活动已成为基层文体活动的主体。老年人花会、秧歌、腰鼓、健美等队伍，活跃在城乡社区，老年人集体旅游成为时尚，一些村组织老年人到北京、秦皇岛、胶东旅游。杨泊子村支出 35 万元，组织 152 名老年人双飞到江浙旅游。区每年举办由各街道镇乡组队参加的老年人戏剧、门球、秧歌比赛，2003 年举办老年人游泳比赛。在市老年节庆祝活动中，市文化部门抽调赤土村“霸王鞭”节目参加汇报表演。是年夏季应徐庄村老年协会邀请，天津市老年艺术团两次到徐庄村演出。

四、老年大学

见第二十八编教育第四章成人教育第四节社会办学

第二节　权益保障

一、退养补助

20世纪80年代初，经济条件较好的大毕庄乡、万新庄乡一些村队开始给老年农民每月发放10～20元的退养补助（有的村也称为农民退休费）。随着农村集体经济的不断增强，效仿这种作法的村队也不断增多，退养补助金额也在不断提高。2002年底，全区109个村有67个村实行农民退养补助制度，占全区村总数的61%，享受退养补助的农民达18371人，占全区农业老年人的68%。是年全区共发放农民退养补助金1678.8万元，程林街道实行农民退养补助制度的村达100%，人均月补助标准154.48元；大毕庄镇达89%，人均月补助标准158.23元；无瑕街道达73%，人均月补助标准48.85元；华明镇达71%，人均月补助标准105.76元；新立街道达59%，人均月补助标准64.23元；么六桥回族乡达38%，人均月补助标准23.82元；军粮城镇达26%，人均月补助标准35.34元。

2003年，区老龄委召开推行农民退养补助制度会议以后，各村竞相提高老年农民退养补助标准。2006年，全区各村共发放农民退养补助金2930万元。2010年，全区发放农民退养补助金3322万元。

二、惠老政策

建立老年事业发展基金　2001年，区政府办公室下发文件，由区民政局运作，在全区范围筹集老年事业发展基金，是年筹集184万元（包括区财政匹配100万元）。2004年，再次筹集620万元（包括区财政匹配500万元）。两次共筹集804万元，由区财政局实行专户管理。基金产生的利息用于兴办老年福利设施，资助生活特别困难的老年人。

2001年9月，东丽区募集老年福利事业资金文艺演出

执行《天津市被征地农民社会保障实施办法》　2004年，开始对31552名被征地的农民每人每月发放470元的社会保障金，使被征地的农民基本生活有了保障。

解放前参加中共党组织的农村老党员给予生活补贴　区民政局、区财政局联合下发文件，决定从2006年1月起，对1945年8月30日前入党的农村老党员，每人每月发放补助金500元；对1945年8月31日至1949年10月1日期间入党的农村老党员，每人每月发放补助金400元。补助金由区民政局发放。

为老年人发放生活补助金 2006年9月，区政府决定，户籍在本区内；年满80周岁且在本区居住、生活满30年；具有本区农业户口的，非农业无离退休金和养老保险的、被征地农民转为非农业且参加养老保险的老年人；每人每月发放生活补助金100元。2007年，全区享受补助的老年人有3126人，区财政每月支出31.2万元。2009年7月1日起，80周岁以上老年人生活补助标准由每人每月200元提高到每人每月260元。2010年，向3786名80周岁以上老年人发放生活补助金1200余万元。

实行农村退养保障补助 2007年，区委、区政府下发《关于实施农村退养保障补助的意见》，从2007年6月1日起，区财政对男满60周岁、女满55周岁、在区居住20年以上，具备区农业户籍和转非未转工的村集体经济组织成员，每人每月发给120元的生活补助。2007年，全区享受此项待遇的有31552人，区财政局每月支出426万元。2008年1月，区提高退养保障补助标准为每人每月135元。2010年提高到每人每月240元。

提高百岁老人的营养补助费标准 2000年，东丽区百岁老人3名。2000年以前，百岁老人的营养补助费标准为100元，2001年提高到200元，2007年提高到400元。2010年，10名百岁老人发放营养补助金5万元。

慰问敬老院 每年春节期间由区领导带队，对全区敬老院进行慰问，送去2～3万元的慰问品，带去党和政府对五保老人的关爱，使五保老人和全区人民一道过上欢乐祥和的节日。

三、发放“老年人优待证”

根据市老龄委的统一要求，区从2001年开始向老年人发放“老年人优待证”。2001—2004年发放1.2万个，2005—2010年发放5.3万个。自2010年4月1日起，实行65岁以上老年人免费乘公交车，是年为符合条件的老年人发放免费乘车卡2.52万张。

四、表彰

1995年，程林街道敬老院院长宋宝兰被评为“全国敬老好儿女”，出席了北京表彰大会，并光荣地受到江泽民总书记接见。

2002年，市老龄办开展敬老文明单位的创建达标活动。市老龄办对大毕庄村委会、民航学院居委会、新立村村委会进行检查验收，年底市老龄委对以上单位进行命名表彰。是年底，区、乡镇街道两级开展评选敬老模范家庭活动，评选区级模范家庭50个，乡镇街道敬老文明家庭150个。2003年初，在区老龄工作会议上进行了表彰。区妇联开展评选敬老文明好儿女活动，是年表彰敬老好儿女30名。2006年，开展百名敬老护老先进个人评选活动，向市老龄委推荐敬老文明之星3名，老年维权岗2个，敬老双十佳10名。

第二十八编

教　育

1979年始，东丽区教育事业呈现“力度加大、亮点增多、整体推进”的局面。1992年，提前两年实现“普九”规划。20世纪90年代中期，全区学校实行“办学水平达标升级制”。21世纪初，创建特色教育，提升边远薄弱学校办学水平，缩小校际差距，提高教育教学质量，各级各类教育均衡发展。

1992—2003年，全区实施目标教学改革，推行素质教育基本框架模式。2004—2008年，建立完善全区教研、联片教研和校本教研相结合的三级教研网络，促进学校教学均衡发展。

2010年，12所学校被评为市中小学日常行为规范示范校，育才中学被授予“2004—2006年度全国先进素质教育基地”。区学前教育入园率93%；小学入学率、巩固率、毕业合格率、流动人口子女入学率100%；初中入学率100%、巩固率98.5%，毕业合格率100%；高中阶段普及率95%。小升初中考试成绩合格率达到100%，总优秀率40.29%。高考本科一批上线率为15.7%。提前2年完成义务教育学校现代化达标工作，被市政府评为天津市教育工作先进区。

1998年，天津市东丽区国防教育基地

2010年，东丽区实验小学外貌

2010年，东丽第一幼儿园

第一章　教育体制改革

1979年始，区内进行中小学管理体制、办学体制、人事制度等改革。管理体制全区中小学统由区教育局直接管理。办学体制推行校长责任制、教师聘任制。人事制度执行面向全国公开招聘优秀校长和骨干教师、实行绩效工资制。至21世纪初，区内各类教育呈现办学体制的多元化局面。

第一节　管理机构改革

一、区教育管理机构

东丽区教育局是区政府主管全区教育工作的职能部门。1997年12月，区教育局更名区教育委员会。2002年2月，恢复区教育局。

2010年，区教育局内设：党委办公室、团委、行政办公室、小教科、中教科、人事科、德育科、体卫科、基建科、财务科、审计科、督查宣传科、教育督导室、教育工会、法规科。是年5月，成立后勤管理科，共16个职能科室。设有教师进修学校、考试中心、少年宫、教研室、电教中心、卫生保健所、房管所、校办公司8个直属单位。

二、乡镇教育管理机构

1986年初，在全区乡（镇）实行三级办学两级管理。1987年，各乡（镇）成立教育委员会，下设教育办公室，负责管理乡（镇）内小学和初级中学，完中校和区直属校由教育局管理，分为区管校和乡（镇）管校。乡（镇）教育委员会主任由乡（镇）政府任命。

2002年9月，全区乡、镇、街道政府的教育委员会撤销，由区教育局为各乡、镇、街道配备1～2名主管会计，专职负责乡、镇、街道内学校的财务和基建维修工作。

2010年4月，区教育局撤销各乡、镇、街道主管学校财务和基建维修会计，全区各学校由教育局直接管理。

第二节　办学体制改革

一、校长负责制

1978年，中小学实行党支部领导下的校长分工负责制。1995年，全区各中小学全部实行以校长负责制为核心的内部管理体制，学校具有法人资格，校长为法人代表。国办幼儿园实行园长负责制，党支部起保证监督作用。

2008 年，教育局党委与 62 所学校（单位）负责人签订科学规范的校长（书记）三年《任期目标责任书》，并定期进行指导检查。局党委制定《关于做好校级领导班子和领导干部年度考核、校长三年任期目标考核、党建考核工作安排意见》。

二、教师聘任制

2002 年，区教育局开展教师岗位聘任工作，按照“因事设岗、按岗定员、因校制宜、区别对待”的原则，根据教育层次、编制标准、教师职务结构比例确定编制。按照“职位分类、专兼结合、一人多岗”的规定，确定岗位数量，合理配备教职工，做到机构精简、职责分明、管理高效。区教育局出台《东丽区教育局关于实施人才强教战略的意见》《东丽区教育局引进干部、教师待遇的有关规定》《落实东丽区教育局关于对接培养在校研究生暂行规定》《落实东丽区关于加强教师队伍管理的有关规定》《落实东丽区骨干教师考核奖励办法》等文件，面向全国公开招聘教育高层次人才。

第二章　基础教育

20 世纪 80 年代，区将“普及九年义务教育”作为促进教育均衡发展重点工作。1992 年，全区提前两年实现“普九”规划。90 年代至 21 世纪初，整顿中小学教育资源，经撤、并、新建、调整，使学校布局、学制及课程设置更趋合理。增加教育投入，改善办学条件，缩小校际差距，各类学校实现均衡发展，全面提高基础教育的质量。

第一节　学前教育

一、发展概况

1979 年，全区有各类型幼儿园 71 所，保育人员 218 人，入学幼儿 5031 人。1996 年，全区有幼儿园 131 所，其中国办幼儿园 1 所、厂办幼儿园 8 所、街道办幼儿园 2 所、机关事业单位办幼儿园 2 所、驻津单位办幼儿园 2 所、乡镇中心幼儿园 2 所、农村幼儿班 19 所、学前班 76 所、家托所 19 所，共收托幼儿 7681 人，入园难问题得到有效缓解。

2010 年，天津市交通安全现场会在华明第一幼儿园召开

2010 年，经调整全区有幼儿园 65 所，其中国办幼儿 5 所、集体幼儿园 4 所（村队办园）、机关事业单位办幼儿园 1 所（民航大学幼儿园）、小学附设幼儿园 35 所、民办幼儿园 20 所，班级 288 个，共收托幼儿 8785 人。是年，华明第一幼儿园被市教委、市公安局联合授予“天津市幼儿交通安全教育基地称号”，并在该园召开市交通安全现场会。

二、机构与管理

2008 年，幼儿教师专业培训

1981 年，成立区托幼工作领导小组办公室，办公室设在教育局小教科。每年召开一次领导小组工作会议和托幼工作总结表彰大会，各成员单位共同研究学前教育工作重点，解决学前教育发展中存在的突出问题，评选表彰在学前教育工作中涌现出的先进集体和先进个人。

（一）幼儿园招生　每年秋季招收辖区内 3～6 岁适龄儿童入园。其中，国办幼儿园设小班（20～25 人），中班（25～30 人），大班（30～35 人）；小学附设学前班招收 5～6 岁学龄前儿童；民办幼儿园收托 3 岁和 3 岁以上散居儿童。各类型幼儿园实行全日制托管。

（二）教师培训　教育局每年利用寒暑假组织全区各类型幼儿园专兼职保教人员进行专业培训。1979—1999 年，主要以教材教法培训为主，组织全区幼儿园民办教师、代课师参加市幼儿教师教材教法考核，并全部取得合格证。2000—2010 年，区教育局利用周末、寒暑假时间，采取集中培训的形式，分别对各类型幼儿园园长、教师等各类人员进行园所管理、保育与教育等专业理论和专业技能培训。

三、教育教学

（一）幼儿教育发展方针　1979 年，区幼儿教育坚持“两条腿走路”，即国家办园和社会力量办园相结合发展幼儿教育事业的方针。1988 年，幼儿教育在区办幼儿园的同时，主要依靠各部门、各单位和社会各方面的力量办园，全区幼儿教育事业得到稳定健康发展。

（二）幼儿教育改革　20 世纪 80 年代末，教育教学均以单科教学为主——“六科教学”，包括语言、计算、常识、音乐、美术、户外活动。90 年代初，开始尝试“综合主题活动”和“区域活动”，中期发展成为“目标发展体系”。

（三）幼儿教师专业技能　2001—2010 年，为提高幼儿教师专业技能，区教育教学研究室每年开展“师徒对对碰”（结对子）教师专业技能大赛，有多名教师脱颖而出；每年开展送课下园活动，将国办园优秀活动送到小学附设幼儿园及民办园所；每年组织全区开放观摩活动，将优秀活动面向全区各类型园所开放。

四、学前班

1984—2010 年，全区经历从小学附设学前班到小学附设幼儿园的转化和发展。区教育局制定《东丽区关于改进和加强学前班管理的意见》《东丽区小学附设学前班（幼儿园）评估标准》，加强学前班科学管理，提高教育质量。

五、重点幼儿园

（一）第一幼儿园

1965年始建，总占地面积6842平方米。2010年，开设19个教学班，在园幼儿806名。有教职员工68人，其中大专以上学历66人。2006—2010年，区政府投资385万元对园舍设施进行改造，重新翻建东楼教学楼，添置现代化教学设备，更换塑胶场地，配置大型户外活动联合器械，完善种植园、沙池等，充分体现环境育人的办学理念，晋升为市一级幼儿园。坚持运用先进的教育理念，把握正确的办园方向，确立幼儿、教师、幼儿园“三维”可持续发展的办园模式和“创造适合每一个幼儿的教育”的办园宗旨。倡导“让教师快乐地工作，让孩子快乐地成长”的“双快乐”管理理念。促进教师成长和提高教学质量，促进幼儿园和谐健康科学发展。以“回归幼儿生活的品德教育”为教学特色，开设面塑、国学特色课程培养幼儿形成良好的生活和学习习惯，塑造幼儿良好的个性心理品质，达到幼儿品德教育的最佳效果。通过开展读书节、运动节、3+2美食节、宝贝好声音等活动促进幼儿全面而富有个性的发展。充分挖掘和利用社会资源、家长资源，使特色教育促进了幼儿园整体工作再上水平。2005—2010年，一幼被评为全国安全教育示范基地、全国骨干教师实训基地、国家级食品安全诚信示范单位、市师德先进集体、市科研先进单位、区先进集体等荣誉。

（二）第二幼儿园

1988年，由区建委投资兴建，1999年，并入东丽中心幼儿园统一管理。2005年，中心幼儿园分为东丽一幼、东丽二幼。是年申报市一级幼儿园。区财政投资280万元，对幼儿园进行维修改造与提升。为提升办园品质，打造区优质学前教育，2007年，扩建教学楼3120平方米，财政投资200万元进行楼内二次装修及教学设备购置。2009年，晋升为市示范幼儿园。2010年，幼儿园占地面积8552平方米，拥有两座教学楼，建筑面积6747平方米，绿化面积1026平方米，户外活动场地面积4621平方米。设有亲子中心、舞蹈房、音体活动室、美术室、游戏室、多功能活动室等，并设有沙池、动物饲养角和种植角。拥有多媒体教学设备及校园网站。是年，幼儿园有幼儿825人，20个教学班，教职工72人。其中幼儿高级教师50人。坚持“一切为了孩子、为了一切孩子、为了孩子一切”的办园宗旨，牢固树立“充满感情接纳每一个孩子，让他们享有快乐童年”理念，在不断追求“管理优化、保教优质、师资优秀、环境优美”的目标中，逐步形成“加强环境育人的研究，促进园所全面、协调、可持续性发展”的办园特色。二幼是“天津市幼儿园园长培训实践基地”，两次接待河北省幼儿园园长国培班学员来园学访，接待天津市园长班园长来园实践。作为“校企共建实训基地”每年接待东丽区职教中心学前教育专业的学生来园进行实习。二幼获得市“十五”立功先进集体、市文明学校、市首批“绿色幼儿园”、市教育系统政治思想工作先进集体、市“十五”期间推动学前教育事业发展先进集体等多项奖励。

2005年，东丽区第二幼儿园

第二节　小学教育

一、发展概况

（一）学校设置　1979年，全区小学52所。1985年，小学42所。1990年，小学63所。1995年，小学79所。2000年，小学54所。2005年，小学42所。2010年，小学40所。

（二）布局调整　1999年，区教育局通过撤点合并或联合办学方式进行布局调整，至2000年，完成7所小学扩建任务。2001—2008年，全区10个教学点合并于中心学校，提前完成撤并教学点任务。

（三）实现义务教育现代化建设标准目标　2009年，区根据市政府在全市推行义务教育学校现代化建设标准达标任务，区从硬件和软件两个方面提升学校办学水平。2010年，全区小学全部达到市政府规定的100条建设标准，在全市率先实现义务教育学校现代化建设标准目标，比市政府规定四年完成达标任务的时间提前2年。

二、学科课程

1981年3月，区教育局贯彻教育部《全日制小学计划（修订草案）》，1997—2003年，区执行全国课程改革实验，小学阶段以综合课程为主。低年级开设品德与生活、语文、数学、体育、艺术（或音乐、美术）等课程；中高年级开设品德与社会、语文、数学、科学、外语、综合实践活动、体育、艺术（或音乐、美术）等课程，积极倡导学校创造条件开设校本课程。在义务教育阶段的语文、艺术、美术课中加强写字教学。设置综合课程：《品德与生活》（1～2年级），《品德与社会》《科学》（3～6年级）。非课改年级地方课程继续开设语文实践、数学创造、科技普及和文艺欣赏。2005年，开设《天津与世界》《发现与探索》地方课程。2006年，五年级开设信息技术必修课，六年级开设科学课和品德与社会课，社会实践课每学年必须保证1～3天，1～5年级写字训练课每周1课时，卫生健康教育确保每周0.5课时。2009年，小学从一年级开设《快乐英语》。1～5年级开设《习字与书法》课程，要求1～3年级，在语文课中每天安排1课时用于写字教学；4～5年级，每天应安排15～20分钟写字教学训练。从2010年秋季学期开始，小学3～6年级开设民族团结教育课程，3～4年级开设《中华大家庭》，5～6年级开设《民族常识》。

三、教学改革

1993年，制定《东丽区教育改革和发展纲要》，推动全区教育改革深入发展。1994年，全区各校实行“办学水平达标升级制”，对学校教育思想、学校管理、教学质量进行全面考核、评估、年终鉴定，评估标准分达标、规范、示范三个等级，每个等级分三类。1995年，经区教育局评选出中小学达标校一类学校18所，二类学校10所，三类学校3所；规范校三类10所；示范校三类9所，共50所。

1996—1997年，全区推动教学整体改革，开展小学生素质教育发展水平评价研讨工作，小学1～2年级取消百分制，实行等级制。以小学生素质发展水平报告取代学生成绩通知书，学科成绩百分制改为等级制评定；改变仅以教师评价学生优劣方法，采取学生自评、小组评议、教师评价、家长评价相结合方法，鉴定式评语改为激励性评语。1999年，在全面落实新课程计划基础上，确定以学科类课程为主，以活动类课程为辅，以综合类、艺术类为扩展的多元课程结构，使学生特长和个性得到全面发展；在课堂教学中体现学生主体地位。

2001—2002年，区教育局对课堂教学提出四项基本要求：教学要面向全体学生；要营造和谐民主教学氛围；要运用启发式、讨论式教学方法；要合理运用信息技术。教育局对全区教师课堂教学进行等级评定。开展"转变教育观念优秀课"和"校本课程开发与研究"研讨及展示活动。举办语文教育百年论坛学术研讨活动，来自11个省市语文教育专家、中小学语文教师代表400余人共同研讨语文教育改革与发展。

2003年8月，全国第八次新课程改革实验在全区各小学全面启动，教育局通过组织教师参加市教研室各类课改培训活动；聘请专家进行讲座；通过观看教学光盘并配合教研员讲解，组织开展新课程教材教法培训1300余人，重点解决"教师教育观念的转变"，帮助教师尽快实现从教育观念到教学行为转化。

2004—2005年，组织校长、教务主任培训，两次到北京学访，参加北师大和华东师大课程改革研修班，组织外出学访30余次。实施"观摩研讨、活动驱动、典型带动、总结推动"工作策略。完成区第一届双优课评选。

2006年，组织召开"深化课程改革，提高教学质量"专题工作会议、"作业改革与创新的现场会"和"考试与评价改革"现场会。制定并出台《校本教研制度建设实施意见》，规范校本教研组织和实施，全区各小学校长赴上海考察学习校本教研的经验。召开"天津市小学推进课程改革实施校本教研"现场会，实验小学等6所学校语文、数学等学科课例式、专家引领式、课题带动式、专题研究式等校本教研、对口合作教研、联校协作片教研活动分10个展厅进行展示。"校本教研制度建设""教师专业化发展""学生全面发展""校本课程开发"等校本教研成果在会上得到展示，东丽区校本教研经验在全市、全国得到推广。

2009年，聚焦名校——北京、天津著名小学特色教育观摩活动在实验小学举行

2007年，全国教与学方式变革研讨会在区召开，会上，充分展示课程改革试验以来教与学方式改革成果，得到市教委、教育部领导和教育同行高度评价。"小学校本研究的实践与探讨"被教育部作为经验推广。

2008年，区教育局组织开展"实施高效课堂教学——优秀常态课评比"和"优秀校本教研评比"活动，教育局历时1个月，听常态课260余节，开展校本教研活动47场。全区小学成立由钢小、实验、津门、丽泽为龙头校的4个"教育发展共同体"，各共同体通过开展课例展示交流、专家讲座，深入学校指导教学、送课、学生竞赛等活动，促进全区教育教学均衡发展。

2009年，评选表彰优质常态课、优秀校本教研先进个人和集体。召开新课改推动会、深化课程改革提高教学质量推动会，教育部、中国教育服务中心在东丽区举办“聚焦名校——北京、天津著名小学特色教育展示活动”，全国各地100多名校长在实验小学、津门小学进行参观学访。接待邯郸市90余名教师到区小学学访。高效课堂经验在全国小学校长大会上交流，小学生课外阅读专题研究在全市做经验介绍。天津市实施义务教育学校现代化建设标准工作会全面启动，结合达标活动，以“三创建”（创建特色学校、创建优质资源学校、创建现代学校制度试点校）、“四满意”（让学生满意、让家长满意、让教师满意、让社会满意）、“五型校园”（规范型校园、平安型校园、健康型校园、书香型校园、研究型校园）创建活动为载体，提升学校办学特色。经学校申报、指导考查等严格程序，进行首批评选，12所学校命名为区“优质教育资源学校”，3所学校命名为区“现代学校制度试点学校”，24所学校命名为区“特色学校”。

2010年，开展达标课、研究课、示范课、优质课评比活动。举办“课改六年回头看”总结表彰大会和课改成果展示活动，展示全区语文、数学、外语等13个学科，共18节高效课堂教学课例，集中汇报全区小学高效课堂教学成果，对12个课改实验先进集体、7个校本教研和7个校本课程开发先进集体进行表彰，同时表彰2009年度课改实验国家级、市级、区级课堂教学获奖教师。

四、小学选介——东丽区实验小学

1979年，被定为区重点小学。1984年，在崔家码头村北先锋路旁改建校舍，区拨款70万元，拆除平房兴建2800平方米三层教学楼，建筑面积3400平方米。1994年1月，经区政府批准为东丽区实验小学。1995年，又新建教学楼1座，建筑面积1200平方米。2003年，在原主楼三层基础上接建一层。2004年，学校塑胶操场建成使用。2010年，有教学班52个，教职工161人，学生1989人。设有计算机房、语音室、科学实验室、音乐教室美术等专用室，有图书馆、阅览室、闭路电视系统，建立多媒体校园网现代化教学设备。学校获全国教育系统先进集体、全国艺术教育先进单位、全国巾帼文明岗、国家级绿色学校、全国红旗大队、全国体卫工作先进单位、全国群众体育运动先进集体、市劳模集体、市AAA学校、市素质教育示范校等多项荣誉。

1996年，实行校长负责制和教师聘任制。学校培养2名特级教师和18名中学高级教师，小学高级教师占全体教师的90%，向全区输送科级以上干部20名。学校拥有全国优秀体育教师、全国艺术教育优秀教师及全国教师基本功比赛一、二等奖获得者；有市劳模、市人大代表、市优秀教师、市师德标兵、国家及市级课获得者。学校设有10个特色艺术社团，每年培养出大批全面发展，学有特长的学生。近500名学生在国际、国内各级各类比赛中获奖。培养出“津门童星”4名、全国少代会代表1名，百名艺术教育特长生。2名学生受到江泽民等国家领导人的接见。2007年10月，荣获教育部颁发的“中国文明岗”称号。

2009年，实验小学庆祝新中国成立60周年文艺演出

2007—2010年，被市教委授予“天津市文艺展演优秀基层组织单位”。2008—2010年，连续三年评为天津市艺术教育特色校。

2008年4月，“英国沃芃斯教育代表团”来校访问。5月，“实验小学感动校园人物颁奖盛典”隆重启动，真正实现小故事大教育。5月22日，接收来自四川灾区都江堰市二年级的马灵波和马可为两位小朋友入学。6月，迎来全国各地200多名校长参加“聚焦名校——北京、天津特色教育观摩活动”，参观学生的文艺演出、大课间活动、课本剧表演、曲棍球表演赛，并观摩学生课堂。全面启动创建优质教育资源校工程，确立“特色与质量共荣，发展与品牌共享”的总体创建目标。以六大裙带特色为构想，重新打造校园文化。2009年，在东丽礼堂举行题为“践行科学发展观，以高尚师德回报社会”专场文艺演出活动。启动“我是实验形象大使工程”，全校两千多名师生和家长见证宣誓。是年底，学校特聘北京特级教师华应龙、窦桂梅两位专家成立专家工作室、名师工作室、新苗工作室。2010年4月，落实区道德学子形象工程，出台“说好两句话，做好两件事”德育作业。第一本学生养成教育校本德育手册《好习惯伴我成长》投入使用。

2010年东丽区各小学校情况一览表

表28-1

校名	教职工数（人）	学生数（人）	校址
实验小学	161	1989	东丽区先锋路23号
津门小学	127	1645	东丽区栖霞道
振华里小学	63	513	东丽区津塘公路233号
丽泽小学	148	1415	丰年街道富安路
钢管公司小学	69	844	钢管公司生活区津华路
民生小学	38	388	军粮城街道唐山村
刘辛庄回族小学	27	275	么六桥回族乡刘辛庄村
务本一村小学	20	168	新立街道务本一村
欢坨小学	44	496	金钟街道欢坨村
赵北小学	38	307	新立街道赵北村
新中村小学	28	344	金钟街道新中村
新立村小学	48	575	新立村街道新立村
泥窝小学	38	351	新立村街道泥窝村
正心小学	33	364	新立街道大郑村
南孙庄小学	37	462	金钟街道南孙庄村
杜庄小学	30	239	万新街道杜庄村
李明庄小学	23	422	万新街道李明庄村
潘庄小学	38	269	万新街道潘庄村
宝元村小学	20	245	新立街道宝元村
东堼小学	25	261	军粮城街道东堼村
刘台小学	58	688	军粮城街道李台村
北程林小学	51	465	万新街道北程林村

续表 28-1

校名	教职工数	学生数	校址
东羽小学	54	550	新立街道小东庄村
工业区小学	26	300	万新街道杨台村
赵沽里小学	25	240	金钟街道赵沽里村
新兴村小学	21	197	新立街道新兴村
四合庄小学	42	494	新立街道四合庄村
杨台小学	47	414	军粮城街道杨台村
苗街小学	66	654	军粮城街道苗街村
大毕庄小学	45	582	金钟街道大毕庄村
务本小学	20	178	新立街道务本三村
张贵庄小学	37	245	新立街道张贵庄村
东大桥小学	20	168	新立街道东大桥村
徐庄小学	41	530	金钟街道徐庄村
二村小学	41	363	军粮城街道二村
中河小学	32	310	新立街道中河村
新袁小学	37	278	无瑕街道新袁庄村
南何庄小学	35	325	金钟街道南何庄村
流芳小学	52	475	么六桥回族乡流芳台村
增兴窑小学	33	434	万新街道增兴窑村

1979—2010 年东丽区小学基本情况一览表

表 28-2

年份	学校（所）	班数（个）	学生（人）	教职工数（人）	招生（人）	毕业（人）
1979	52	—	34083	2338	6686	4644
1980	46	—	33100	2347	5755	5236
1981	47	—	31481	2402	5054	6673
1982	47	—	30127	2381	5174	5358
1983	47	—	28789	2315	4460	4299
1984	47	—	30729	2222	4155	2801
1985	42	783	28025	1932	4462	5149
1986	44	776	27228	2046	4482	4778
1987	49	784	26568	2108	4236	4006

续表 28-2

年份	学校（所）	班数（个）	学生（人）	教职工数（人）	招生（人）	毕业（人）
1988	56	840	28161	2273	5391	4347
1989	59	865	28985	2298	5398	3973
1990	63	879	29179	2259	4447	3823
1991	69	889	28704	2367	3892	4027
1992	72	900	28550	2452	4119	4086
1993	76	884	28321	2569	4694	4197
1994	68	808	25760	2251	4614	4465
1995	79	871	27148	2609	4619	5050
1996	79	869	26934	2636	4330	4132
1997	79	877	26713	2625	3941	3828
1998	73	858	25873	2613	3448	4024
1999	72	746	21603	2569	3830	7938
2000	54	724	20678	2523	4545	3748
2001	49	699	19458	2407	3507	4225
2002	46	770	20997	2468	3091	1364
2003	43	731	25190	2364	4016	3643
2004	43	708	25471	2297	4087	3806
2005	42	691	25397	2209	4013	4103
2006	40	712	25342	2193	4363	4287
2007	40	704	25116	2228	4235	4336
2008	41	665	24661	2203	4299	3898
2009	40	654	23992	2203	3829	3632
2010	40	645	23245	2183	3740	3562

五、特殊教育

（一）特殊教育学校 1988 年 4 月，丰年村小学开设弱智辅读班，有教师 3 人，招收弱智儿童 10 人。1992 年 12 月，成立全区第一所启智教育学校——自立学校，校舍设在丰年村小学内，至1995年，有2个教学班，教职工5人；杨台小学弱智辅读一个班，学生6人，教师2人。1996年5月，自立学校开设教学班3个，接受残疾儿童31名。成立特殊中心教研组，加强特殊教育管理。1997年，区教育局制定完善特殊教育工作三级管理网络，狠抓教研活动并请市教科院赵树峰教授来自立学校听课，指导教学工作。2008年，自立学校独立建制，更名为东丽区明强特殊教育学校。配有职业技术教育和康复训练专任教师、中高级专业技术职务教师35人。2009年，区政府投资700万元改造原丰年中心小学，称特殊教育学校，是年9月区特殊教育指导中心挂牌成立，招收残疾学生52人。2010年，明强特殊教育学校接收残疾学生93人。1月，明强特殊教育学校家长委员会成立。3月开设5类15门选择性课程。10月加大硬件设施投入，运动、蒙氏、感统、奥尔夫等康复室启用。启智教育学校成立以来，被评为“扶残、助残”先进单位。教师和学生在各种比赛中分获一、二、三等奖。区被中国残联、民政部、国家教委评为全国特教先进区（县）。

2008年，东丽区明强特殊教育学校

2009年9月，东丽区特殊教育指导中心挂牌成立

（二）随班就读教学　1991年，南大桥小学与市教科院合作，招收8名弱智儿童与正常儿童一起随班就读，仅一年均有不同程度提高。1992年，东丽区确定为天津市随班就读试验区之一。1997年，区教委出台《东丽区残疾儿童随班就读暂行条例》。2007年，区教育局制定《东丽区小学随班就读学生的管理规定》。2010年，全区随班就读人数增加到193人，分布在36所小学，92个教学班中。区教育局制定《随班就读学生有关规定》《东丽区特殊儿童受教育档案》，为残疾儿童制订“个性化教育计划”，规范学籍管理，加强对家长指导，积极争取家长配合。运用合作学习、小组讨论、伙伴帮助等方法，对随读生因材施教，全面开展随班就读教育教学研究。

2010年5月，特教学校教师帮助学生做康复训练

（三）入户辅导教学　20世纪80年代，教育局要求各校对重度残疾儿童进行入户辅导。1997年，区教育局把入户辅导工作作为主体列入特殊教育。2010年，入户辅导重度残疾儿童增至25名，特教中心为每名儿童建立成长档案，记载学生基本情况和受教育情况。选派经验丰富的特教教师坚持每两周一次入户了解重残儿童的基本情况，有针对性地对重残儿童进行康复训练和辅导，并记入档案。教育局组织入户辅导教师进行教学交流与研讨，开展重度残疾儿童各类作品展示活动，举办特教教育工作报告会。通过重残儿童家长座谈会，就入户辅导工作与家长进行座谈与交流，得到社会高度赞誉。

第三节　中学教育

一、发展概况

（一）中学设置　1979 年，区普通中学 25 所。1985 年，普通中学 20 所。1990 年，减至 18 所。1995—2000 年，增至 22 所。2005 年，增至 27 所。2010 年，调整为 20 所。

（二）学制与体制　1988 年暑假后，全区初级中学全部移交乡镇管理，完中校仍属区教育局直属管理。2000 年，撤乡镇教委，学校全部归教育局直属。1997—2001 年，区试行“五四三”学制，即小学 5 年，初中 4 年，高中 3 年。2002—2010 年，恢复“六三三”学制，即小学 6 年，初中 3 年，高中 3 年。

二、学科课程

1978 年，初中设政治、语文、数学、外语、生物、地理（初一、二）、历史、物理（初二、三）、化学（初三）、体育、音乐、美术。1983 年，数学分几何、代数。1989 年，增劳动技术课。1978 年，高中设政治、语文、数学、外语、物理、化学、历史（高一）、地理、生物（高二）、体育。1981 年，高中设政治、语文、数学、外语、体育、物理（高二、高三理科）、化学（高三文科不修）、历史（高一和高三文科）、生物（高一、高三理科不修）、生理卫生（高二文科）。

1990—1991 学年度始，执行市全日制普通中学教学计划，每周初一、高二为 30 课时，初二、初三、高三为 31 课时，高一为 28 课时。设政治、语文、数学、外语、物理（初一不修），化学（初一、初二不修）、历史（高二、高三不修）、地理（初三、高一、高三不修）、植物（初一）、动物（初二）、生理卫生（初三）、体育、音乐（初中）、美术（初中）。安排课外活动每周 9～14 课时；劳动技术和社会实践，初中全年 48 课时，高中全年 144 课时。每周活动总量，初中 40 课时，高中 42 课时。

2005 年，基础教育课程改革。初中设思想品德、语文、数学、外语、历史、地理（初一、初二）、物理（初二、初三）、化学（初三）、生物（初一、初二）、体育与健康、音乐、美术、综合实践活动、地方课程，课时总数 34 节，学年总课时（初一、初二为 1190 节，初三 1122 节）。

2006 年，课程结构普通高中课程由学习领域、科目、模块三个层次构成。

三、教学改革

1997 年，区教委出台《东丽区 1997 年实施素质教育意见》，召开专题会议研究治理薄弱校工作，加强在人、财、物、住房分配和职称等方面工作，同时抓住布局调整机遇，使 9 所薄弱校有 7 所摘掉薄弱校的帽子。新立镇、小东庄镇经评估验收已成为办学规范镇。是年，区教委建立领导小组确定样板班做好普通高中新教材试验工作。1998 年，落实课时计划，开展高中优秀课评选活动。1999 年，组织高中课改优秀录像课评比，以课堂教学模式研究为重点，开展目标教学研究。是年 10 月，区教委召开“目标教学阶段总结大会”，19 节目标教学课进行展示；组织部分校长参加“第十三次全国目标教学研讨会”。在各学科进行实验课题和专题研究，如“中学数学教学自学辅导”“自学习惯养成实验”“物理有序启动的实验”“语文训练型授课设计”等。

2000年3月，区召开深化教育改革、全面推进素质教育大会，出台《关于深化教育改革，全面推进素质教育的实施意见》《关于制止义务教育阶段辍学现象的暂行规定》，使辍学现象得到控制。全区全面完成普通高中课程首轮试验任务。区教委狠抓课程计划落实，把培养学生创新精神和实践能力作为重点，实行讨论式、启发式教学，更新教学手段，使教师在教学中运用电化教学等现代教育技术。“目标教学”和“分层教学”等多种教学改革实验，在小东庄中学召开目标教学和分层次教学现场会，以点带面，推动全区教学工作的开展。2002年，继续推行“目标教学”和“先学后教，当堂训练”等多种教学改革实验。

2006年，全区普通高中进入新课程实验阶段，印发《东丽区高中新课程实验工作实施方案》，制定《东丽区学分管理办法》《东丽区学生选课指导意见》《东丽区校本教研实施意见》《东丽区高中生综合素质评价指导意见》等制度，学校根据实际建立相关制度，实行全区模块验收统一检测制度。在一百中学组织“新课程实验研讨会”。

2008年，东丽区高中“学案导学”教学研讨会

2007年3月，区在钢管公司中学组织综合实践课程“课改实验经验交流会”；是年12月，在一百中学再次组织“新课程实验研讨会”，推动以研促改局面的形成。

2008年5月，在钢管公司中学召开“东丽区中学研究性学习课程研讨会”，是年，中学开展课例研究，进一步推进“学案导学”教学法，组建合作学区；开展研究性学习课程研讨活动；建立以促进学生健康主动发展和教师专业化成长为宗旨，以解决学科具体问题为目的的校本教研制度；实现全区教研、联片教研指导和校本教研指导相结合研讨会的三级教研形式优势互补；实施集中教研和网络交流相结合的教研策略；召开新课程改革阶段性总结推动会；建立青年教师学科培养基地，开展跨校际的培训。对薄弱校进行教学指导、送课，开展联片教研活动，促进全区学校教育教学的均衡发展。

2008年，东丽区中学研究性学习课程研讨会

2009年5月21日，在钢管中学开展研究性学习展示汇报活动。样本校的资源、经验得到充分利用。是年，以课程改革为核心，全面推进教育教学改革工作。中学开展同课异构，并试行重点高中指标定向分配工作，推进学生综合素质评价改革，高中进行课改阶段性总结制定下发《东丽区中小学进一步提高教育教学质量指导意见》，加强教学常规管理，提高课堂教学有效性。开展非物质文化遗产进校园活动，举办学生理化生实验技能大赛，提高初中理科实验教学水平。举办加强高中通用技术课程基础设施建设作品展。

2010年，区教育局建立局领导干部下校听课指导制度，落实相关科室（部门）长期下校听课指导制度。开展“品味书香、享受经典”师生读书活动，提高师生文化素养。

四、中学选介

（一）天津市第一百中学

1960 年始建。1980 年，被确定为首批市级重点中学。2004 年，被确定为首批高中示范学校。获得中国中学名校、天津市文明学校、绿色学校、德育特色学校、“AAA”学校、师德建设先进单位等市级以上荣誉称号，赢得社会各界的广泛赞誉。全国人大副委员长王光英、程思远，教育家费孝通、廖静文等为百中题词勉励。市人大常委会主任刘胜玉，副市长余海潮、陆焕生，青海省委书记强卫，省长宋秀岩等各级领导到校指导工作，并为百中题词勉励。

2003 年建成和使用的天津市第一百中学

1983—2010 年，学校坚持以人为本，树立全面、协调、可持续的科学发展观，全面贯彻党的教育万针，遵循教育规律，坚持素质教育，为全国重点大学多输送优秀高中毕业生。学校培养出一大批品学兼优、学有特长的学生，沈雅琴、周琦光等 24 名学生考入清华、北大，以世界知名数学家张旗为代表的百中学子已成为当今科技文化界的精英。易地新建的百中新校区于 2003 年投入使用，新校规模为 72 个教学班，占地 17.3 公顷，建筑面积 5.6 万平方米，有现代化水平高，功能齐，设施全的综合办公楼、教学楼、实验楼、科技楼、宿舍楼、图书馆、报告厅以及多功能体育馆、标准田径场、篮球场、网球场、排球场、游泳池等，有一流的现代化教学设备。2010 年，有教职工 234 人，一线教师 180 人，其中高级教师 90 人，中级教师 50 人；学校有现岗特级教师 6 人，市区级学科带头人、区名教师、名班主任等骨干教师 60 人，学校拥有 36 个班，学生 1651 人。

2008 年 10 月，青海省委书记强卫（右二）、省长宋秀岩（左三）到校考察

学校坚持“创名牌、出特色、追求卓越”办学理念，确立“立足天津，面向全国，走向世界，开拓未来”的宏伟目标和“努力把百中建成全国一流示范性高中和天津市品牌学校”的奋斗目标，制定三高四式”的管理目标，即高质量的教育教学成绩，高水平的教师队伍，高层次的现代化教学手段；军队式的纪律，花园式的学校，现代式的管理，家庭式的温暖工作目标，以及“让每一个学生都得到发展，使他们有一个智慧的人生”的育人目标。学校针对教师队伍年轻化的特点，改革教师队伍管理模式，开展多种形式的业务培训，为青年教师搭建发展平台，促进教师专业化水平的提升，保证教育教学质量的提高。

学校提出用“大教育观”建“大百中”的理念，力争建设“学习型、开放型、生态型”校园，确立“立足天津，面向全国，走向世界，开拓未来”的宏伟目标。同天津市的 12 所示范高中校成为友好合作学校；同国内 8 个省市 10 所学校和国外 5 个国家 8 所学校建立友好交流关系，拓宽办学视野，提升办学层次和水平。2003 年，成立国际部，聘请外籍英语教师，创设英语口语环境，试验双语教学；创造条件，选派英语教师到国外进修；拓宽办学视野，开展国际合作与学术交流，组织境外冬、夏令营，招收外地学生来校就读，支援西部教育，为西部地区培养人才。学校重视对学生的素质教育。2006 年，首创天津市百中国画院，为艺术教育开辟新途径。倡导全体师生树立“健康第一”的思想，开展阳光体育活动、实行选项教学、建立训练基地等途径，不断提高全体学生的身心健康水平。

（二）天津市军粮城中学

1956 年始建，是区内第一所中学。1962 年，建成完全中学。2006 年，被市教委批准为历史名校。获市体育传统校、市“九五”立功先进集体等荣誉。

2010 年，军粮城中学外貌

学校占地 3.6 万平方米，建筑面积 1.2 万平方米，有 1 栋办公楼，1 栋实验楼，2 栋教学楼，2 栋宿舍楼及 300 米环形操场。有 2 个计算机房，3 个多媒体教室，美、音专用教室各 1 个，理化生物实验室各 2 个，器材设备齐全，学校安装校园网和闭路电视双向系统，配备多台多媒体活动车。2010 年，学校拥有 29 个教学班，学生 1198 人，教职工 126 人，中学高级教师 36 人。

学校确立“博学笃志”的校训，“求实、严谨、团结、奋进”的校风。敬业爱生，自树树人的教风和“勤奋、活泼、创新、发展”的学风。“以爱动其心，以行动其身”教书育人，54 年培养两万余名高初中毕业生，为社会各条战线输送大批人才。

2010 年，学校制定新的发展规划，确立“制度规范、文化浸润、理念引领、实干推进、特色提升”的发展思路。确定学校的发展目标是，创建东丽区最具活力和实力的高品质初中、创建天津市特色鲜明的高品质高中。

（三）天津市鉴开中学

2007 年成立。学校占地面积 6.73 万平方米，建筑面积 4.2 万平方米，拥有教学楼三幢，实验楼、图书楼、宿舍楼各一幢，48 个教室全部配备多媒体教学设备，还有可容纳 760 人报告厅、可供 1200 人同时就餐的学生食堂、标准 400 平方米人造草皮运动场。学校以朱熹的《观书有感》诗“半亩方塘一鉴开”而得名，赋以丰厚的物质基础和人文意蕴。在保持德育优势的基础上，提出“五育和谐、人文明显、个性见长”的培养目标。

2007 年，新建并投入使用的鉴开中学

2008 年 4 月，确定以《聚焦课堂——提高课堂教学有效性的研究和实践》为研究课题，尝试“学案导学”课堂模式，逐年深入和提高。学校以“立足东丽，面向天津，影响全国”为办学目标，大力推进素质教育，获得市师德建设先进集体、市教育系统民主管理工作先进单位、全国师德建设示范单位等荣誉。

2010 年，学校共有教职员工 147 人，其中中学特级教师 1 人，中学高级教师 40 人，中学一级教师52人，区级及其以上骨干教师16人。教学班35个，在校学生1477人。是一所师资力量雄厚、硬件条件一流的现代化国办示范性初级中学。

（四）天津市四合庄中学

1957年始建，坐落于津塘公路五号桥南侧。占地2公顷，建筑面积1.13万平方米，是区第一所完中校。2004年，被市教委确定为区级重点高中校。2010年，教学班31个，学生1344人，教职员工148人。116人具有高、中级职称；任教高中年级的教师100%达到大学本科学历，其中有7名硕士研究生。

2010年，建成使用的四合庄中学

学校坚持“为学生从普通走向优秀服务”办学理念贯彻到教育教学实践中，展示“以学生为本” 的时代发展精神。长期以来，学校重视体育工作，坚持健康第一思想，向高等学校输送大量的体育人才，成为区首批命名的体育特色学校。获得市农村地区九年义务教育示范校；高中规范一类校等多项荣誉。

2010年东丽区各中学情况一览表

表28-3

校名	教职工数（人）	年级数（个）	班数（个）	学生数（人）	校址
第一百中学	234	3	36	1651	东丽区津塘二线紫英路2号
钢管公司中学	161	6	31	1311	无瑕街道逢春道2号
滨海实验学校	156	9	39	1472	无瑕街道无瑕花园北
华明学校	301	9	89	3792	华明镇华明家园
四合庄中学	148	6	31	1344	东丽区津塘公路五号桥
鉴开中学	147	3	35	1477	东丽区津塘二线北外环线外1000米
军粮城第二中学	76	3	13	395	军粮城街道气象街7排1号
大毕庄中学	64	3	16	709	东丽区金钟工业区
程林中学	66	3	10	244	万新街道北程林村北
民族中学	46	3	8	239	么六桥回族乡一职专西津北公路南
南孙庄中学	65	3	12	436	金钟街道南孙庄村
东丽中学	175	3	21	887	东丽区张贵庄招远路南
小东庄中学	90	3	19	805	新立街道小东庄村
军粮城中学	126	6	29	1198	军粮城街道刘台村
立德中学	67	3	15	683	河东区詹庄路6号
百华实验中学	47	6	25	1032	东丽区津塘二线紫英路2号
耀华滨海学校	77	5	17	633	东丽区张贵庄新市镇登州南路98号

续表 28-3

校名	教职工数	年级数	班数	学生数	校址
翔东中学	23	3	12	463	东丽区万新村警民路 19 号
水浒文武学校	33	9	9	120	东丽区津塘公路 588 号
东奥学校	9	学生调至鉴开中学就读			东丽区津塘二线体育中心

1979-2010 年东丽区中学发展情况统计表

表 28-4

年份	学校（所）	教职员工（人）	班数（个）	学生（人）	招生（人）	毕业（人）
1979	25	1480	—	21362	6343	7506
1980	24	1556	—	17718	6569	6700
1981	25	1641	—	14900	6183	9019
1982	22	1601	—	14729	5613	3446
1983	22	1581	—	13506	4257	3424
1984	22	1552	—	12364	3324	3623
1985	20	1308	271	11665	4994	3823
1986	20	1292	287	12654	5207	3337
1987	21	1318	308	13192	4288	2532
1988	19	1418	311	14440	4552	3701
1989	18	1372	295	11054	3563	4356
1990	18	1517	302	11910	4302	2909
1991	20	1612	307	12512	4804	3378
1992	20	1678	316	12643	4603	2805
1993	22	1665	304	11975	4370	3562
1994	19	1440	293	11939	4897	3132
1995	22	1599	337	13984	5478	3421
1996	22	1589	338	14466	4690	3458
1997	22	1565	323	13624	4424	4280
1998	22	1586	311	13190	4711	4544
1999	22	1594	377	16599	8074	3913
2000	22	1635	414	17740	5594	3851

续表 28-4

年份	学校（所）	教职员工（人）	班数（个）	学生（人）	招生（人）	毕业（人）
2001	27	1677	428	18879	5546	4155
2002	28	1956	400	16916	3190	4729
2003	28	1985	404	17146	5828	5389
2004	25	1982	405	16885	5477	5595
2005	17	2000	397	16893	5628	5648
2006	23	2009	380	16163	5286	6058
2007	23	1983	389	16189	5183	5395
2008	22	1778	374	15642	5092	5477
2009	22	1738	369	15316	5160	5229
2010	20	1723	368	15167	5170	4881

五、国防教育基地

（一）创建　1998 年，为落实素质教育，让学生树立国防观念，培养军事技能，增强实践能力，区筹措资金 2800 万元，建起东丽区育才中学，即天津市东丽区中小学学生军事训练和社会实践基地。是年 4 月，学区将土地分为种植区和养殖区两个部分，为学生学农劳动提供活动内容。2000 年 4 月，到基地参加社会实践的学生可以入住，最大容量每天 1500 人。市内学校依次组织到基地参加学农活动。学生到基地后对农田和养殖区非常感兴趣。

（二）规模　2000 年，基地规模扩大为占地 53.3 公顷，建筑面积 1 万平方米。其中教学楼 4500 平方米、宿舍楼 3600 平方米，食堂 1200 平方米，锅炉房 120 平方米，洗浴间，洗衣间 300 平方米。是年 6 月，被市教育局批准为“天津市高级中学学生军事训练基地”。7 月正式成立军训处，接待量每天 1000 人。

2001 年 11 月，全国学生军训工作会议在天津召开。中共中央政治局委员、中央军委副主席、国务委员兼国防部长迟浩田，副总参谋长钱树根，总政治部副主任唐天标，教育部副部长赵沁平等领导及与会代表 230 人视察天津市东丽区国防教育基地。市、区领导等陪同。军委副主席迟浩田给予基地评价：“这个基地，在全国是一流的。”

（三）成效　2006 年，基地规范教师、教官岗位职责，提高教学水平，到校军训和参加社会实践的学生日益增多。为满足入住率，学校增建宿舍楼 2400 平方米，食堂 800 平方米，年接待量达到 28000 人。

基地同市公安局合作，建成市唯一的禁毒教育展馆，面积 300 平方米，利用各类图片、图板、实物模型、视频、投影等声、光、电技术直观展示毒品对人体的危害，使学生了解人体科学，真正意识到毒品的危害性，终身远离毒品。2008 年，基地与市人防办合作建设一座市唯一的人防教育展馆，面积 365 平方米，运用现代声光电、投影等高科技展示手段，采用大量真实历史图片、实物模型、动感体验等展示手段，将防空袭、防灾减灾知识融为一体，达到感受体验灾害事件，掌握防灾减灾知识的双重教育效果。是年基地多方筹集资金320万元，兴建国防教育展馆。展馆面积520平方米，展线长700余延米，4个展区，通过大量图片资料、声光电资料、以及三维幻像等高科技互动手段展现我国国防的发展历程。是年9月20日，全民国防教育日"暨天津市第十九届国防教育活动周启动仪式"在基地举行。市委常委、市委宣传部部长肖怀远出席仪式并讲话。

2010年，基地占地面积扩大到56公顷，主体建筑面积3万平方米。基地划分为教育展馆、理论教学、军事训练、拓展训练、实弹射击、综合实践等十几个教育、学习、训练和生活场区。有现代化教学楼1座，宿舍楼12座，A级食堂2个。建有国防教育展馆、人防教育展馆和市唯一禁毒教育展馆，可同时接待5000人参加国防教育活动。基地遵循"高起点、多功能、广辐射"的方针，以"建设一流的国家级国防教育示范基地，推动青少年及社会国防教育工作"为己任，坚持"培育学子军魂，铸造钢铁长城"的办学宗旨，服务素质教育。至2010年，全市有500所大、中、小学的学生77万余名、210余万人次及企事业单位15万余人次，接受国防教育。

第三章　职业（中专）教育

1980年，区改革中学结构，在中学内设职业班，试办职业学校。1986年，全区有11所职业学校。至2004年，历经3次布局整合，只保留1所职业教育中心学校。中等师范教育的兴办，共培养中小教师1858人，为区普通教育的发展发挥重要作用。区职业教育中心学校，已列入国家级重点职业学校，成为市示范性中等职业学校制造类专业实训基地，学校发展迈上新台阶。

第一节　调整与发展

一、中学结构改革

1980年，区政府改革中学结构，在程林工业区中学开设职业班2个，设服装剪裁和成衣专业，招生67人。1995年，职业学校发展到8所，59个班，2431名学生，257名教职工。

1996年，在区成人中专基础上建立天津市丽华中等专业学校，招收154名学生。丽华中专学校承担中专教育、广播电视大学东丽工作站成人教育和机动车驾驶员培训三部分，组成统一领导的办学实体。全区拥有7所职业学校、1所中专学校，在校生2352人。为优化学校布局，提高办学质量和规模效益，区对中等职业学校教育资源进行了整合。

二、职教学校布局整合

第一次整合。1998年，第五职校更名为第二职专，投资400万元建成5000平方米的学生宿舍楼和实验楼，年底四职校停办。是年三职校完成扩建，六职、津门职校并入，三校合一。

第二次整合。1999年9月，区政府将东丽一职专与丽华中专合并，建立区职业教育中心学校。

2000 年 6 月，被教育部批准为国家级重点中等职业学校。

第三次整合。2002 年 9 月，二职专和第二军人学校停办，大部分人员并入职业教育中心学校。2004 年 4 月，区教育局将第三职校并入职业教育中心学校。职业教育中心学校成为全区集中专、电大、培训、汽驾、老年大学等多层次、多门类、多形式、多功能的办学实体。

第二节　教师进修学校

一、发展概况

1971 年始建，初期称东郊师范，占地面积 0.83 公顷，总建筑面积 5744 平方米。2010 年，有教学仪器等设备总价值 128.1 万元，藏书 1.4 万册，总资产 355.3 万元。

1971 年，教师进修学校

学校承担师范与培训双重任务。教研室、教科室与教师进修学校两分两合。2000 年，师范教育停止招生，功能转变为师资培训，采取多层次、多形式、多渠道开展师训干训工作。举办幼儿教师、小学教师、中学教师、校长和主任 4 个层次的培训班；采取脱产、函授、长期、短期 4 种培训形式；通过全日制中师、高师函授、卫星大专、教材教法过关、专业合格证书、计算机培训、岗位培训、新教师岗前转正培训、学科培训等渠道开展培训工作。

进修学校把“千教万教教人求真，千学万学学做真人”作为校训，以 “团结、勤奋、求实、创新”作为校风，以“进德修业，教书育人”作为教风，打造出一批素质高、业务精、能力强的教师队伍。2010 年，有教职员工 52 人，其中特级教师 2 人，副高职称 14 人，中级职称 11 人。

学校在提高师资水平和教学质量及教育科研等方面取得一定成绩。相继获得市区级奖励 10 次，连续被评为市级继续教育先进单位。1995 年，国家、省、市各级领导到学校考察，对学校的工作给予充分的肯定。至 2010 年，承担或参加国家级、市级、区级教科研课题研究 86 人次，全校教师在省市以上级刊物上发表论文 700 多篇；承接多项科研课题，国家级课题 3 个，实际课题 26 个，编辑《自信教育个案集》（1、2、3 集）和《自信教育研究通讯》。《撑起一片自信的蓝天——天津市东丽区自信教育纪实》刊登在《天津教育》，编辑出版 10 万字的《新课改学习资料集》第一集。

二、中等师范教育

（一）中师教育

1971—2003 年，共培养中师、中专学生 28 届 70 个班 2554 人，其中，2300 人补充中小学师资力量。成为区中小学教师队伍的中坚力量，多数人经过锻炼已成为中小学校长、主任、教学骨干、学科带头人。区教育系统评选的劳模、优秀教师、学科带头人、优秀班主任、育才杯获奖入围者 50%毕业于学校。同时，为区党政机关、乡镇街道输送干部上百名，对区干部队伍建设做出贡献。

1996年，学校开始尝试转型，招收非师范中专生。1996—2003年，招收非师范类学生14个班534人。2004年4月始，停止中等师范学校招生。

1971—2003年东丽区中等师范教育毕业生一览表

表28-5

时间	班级（个）	人数（人）	备注
1971-09至1995-07	49	1772	包括普师、民师转正及数、语、外、物、化、体、音、美、卫等
1993-08至1996-07	4	152	普师40人，卫生41人，美术40人，音乐31人
1994-08至1997-07	6	227	卫生40人，外语31人非师范：美术装潢72人。文秘84人
1995-09至1998-07	1	35	英语35人
1996-09至1999-07	1	37	非师范：美术装潢37人
1997-09至2000-07	3	123	非师范：美术装潢35人，文秘88人
1998-09至2001-07	2	84	非师范：文秘40人，计算机44人
1999-09至2002-07	2	82	非师范：计算机43人，英语39人
2000-09至-2003-07	2	52	非师范：英语专业27人，计算机25人

（二）学历提高班

教师进修学校按照国家教委规定的中小学教师学历达标要求，针对全区教师学历不达标的状况，从小学教育专科入手，与天津师大、师范专科学校等高校联合，举办各类专科、本科及研究生研修班等高学历进修班。1981—2010年，共举办学历达标培训19届23个班，大专学历达标800多人；大本学历达标80人；研究生读书班结业80人。

三、继续教育和岗位培训

（一）继续教育

1990年，教师进修学校重点工作由师资培养向以全面提高教师素质为目标的继续教育方向转移。1991—2010年，每5年一轮继续教育工作，共开展4个周期，培训教师8700人次。学校继续教育工作多次受到市、区教育局表彰。1995年4月，国家教委师范司金长泽司长率10省市代表团莅临学校检查指导培训工作。

1995年4月，国家教委师范司司长金长泽（第一排左起第六位）到校指导

（二）岗位培训

学校坚持“立足教育，服务教师”的原则，突出示范性、先导性特色，采取集中与分散结合、学议结合、送教上门等方法，开办中小学校长培训班、骨干教师培训班、后备干部培训班、教师基本功培训班，计算机中、

高级培训班共计300多个班，两万多人次。管理上“三严一加强”，即严格考勤制度、严格考场纪律、严格课堂常规，加强人文关怀。教学贯彻“三高一重”即提高学员理论知识、提高学员的教学水平、提高学员的教科研能力，注重实效。结业学员所在校反馈：学员参加培训后，基础知识得以加强，技能技巧得以更新，教学方法得以改进，教学效果明显提高，教师素质普遍又上新台阶。

第三节　职教中心学校

一、实训基地建设

2006—2010年，职业教育中心学校汽车运用与维修实训基地被确定为中央财政支持的实训基地。

2007年12月，区职业教育中心学校新校（东丽湖校区）举行奠基仪式，2009年7月动工建设。新校区占地25.47公顷，一期建筑面积6.5万平方米，区财政投资3.5亿元。

2010年6月，全国中职组汽修技能大赛开幕式

职业教育中心学校汽车运用与维修实训基地逐步形成“以学生为关注焦点，为学生就业时刻准备着”的办学思想，确定“以就业要求带动学校整体工作提高”的工作思路，通过实行“全员招生”“全员德育”“开设选修活动课”“德育导师制”等一系列措施，使学校的发展迈上新台阶。学校制定落实《学生奖学金试行方案》，5万余元专项资金用于奖励学生。学校确定“强能力、促就业、抓机遇，引领学校科学发展上水平”的学习实践科学发展观实践载体。2010年2月，教育部组织专家组来津就中职组汽车维修项目赛点校进行实地考察时，确定在东丽湖新校区举办全国“丰田杯”中职组汽修技能大赛。6月24—26日，全国各地37支代表队、353名参赛选手参加比赛。教育部副部长鲁昕等领导来赛区视察指导工作。

2010年，区申请市二批示范性中等职业学校建设项目，总体资金600万元，主要用于新校区图书馆建设。是年申请天津市二批示范性中等职业学校制造类专业实训基地建设项目，总资金1950万元，主要用于新校区综合实训楼基础能力建设和制造类专业实训设备购置。是年，争取到国家发改委“十一五”规划二期综合实训楼建设项目资金1050万元。

2010年，职业教育中心学校，61个班，学生3379人。教职工数258人，其中高级教师90人。

2010年6月，教育部鲁昕副部长到汽修大赛现场考察指导

二、生源和就业

（一）生源 主要来自区内初中应届毕业生，部分学生来自市内区县、外省市。与甘肃、吉林、内蒙古、河南、黑龙江、山西等中西部地区开展联合办学。2004年，与甘肃甘谷县职业技术学校开展联合办学，是年签署联办协议，招生504人，2005年招生270人。与甘肃省兰州市实验中专、景泰县职校合作招生80人。2006年，与河南安阳市第一职业学校，内蒙古呼和浩特市第三职业学校、黑龙江齐齐哈尔车辆厂技校、吉林抚松县职校合作办学。2007年，改革招生办法，实行全员招生，学生人数逐年增加，市内蓟县、宝坻、静海、大港、津南等地学生明显增多，成为学校生源的重要补充。2009年，与山西临汾市新博学职校合作，采取2+1模式联合招生59人，2010年，招生140人。

2009年，组织召开校园招聘会

（一）就业 1995年前，一职专幼教、文秘等专业毕业生纳入国家分配计划，其余专业不包分配。部分学生由联办单位或选送委培单位择优录用，部分学生接受学校推荐或自谋职业。

1995年始，学生就业以推荐为主，与空港经济区、泰达西区、天津经济技术开发区等大型企业建立校企合作、订单培养合作关系。2005年，召开校企共让、合作办学座谈会，当场聘请企业人员为学校校企合作专家委员会成员，与多家企业签订校企合作、订单培养协议书。2005—2010年，与全市120家企业建立用人关系，与57家企业建立校企合作、订单培养合作关系，与65家单位建立工学结合友好合作关系。学生专业对口率达到70%，就业率98%。

2010年，职业教育中心学校手工记账模拟室

三、教学与管理

（一）专业设置 1986年，第一职业中等专业学校开设计算机、会计、幼师、园艺、文档、电脑美术等专业，津门职校开设烹饪、餐饮服务与管理、金融等专业，第三职业学校开服装专业，第四职业学校开设服装专业，第五职业学校开设第二预备役、汽修和电器维修专业，第六职业学校开设机电和电子专业。1996年，丽华中专开设计算机及应用、涉外经贸英语及财务会计、汽车应用与修理。

2010年，职业教育中心学校综合布线实训室

1999—2000年，职业教育中心学校新增民航地面运输管理、电视节目制作、金融证券、物业管理、饭店服务与管理和制冷、工艺美术与模特、数控加工技术专业。职业教育中心学校文档专业调整为国际商务专业、开设“课改班”。2005年，职业教

育中心学校计算机及应用专业被确定为首批市级重点专业。2009年，职业教育中心学校重新申报专业设置，分别为汽车运用与维修、数控技术应用、计算机应用、会计、烹饪、国际商务、学前教育、工艺美术、园林技术、机电技术应用、电子技术应用、旅游服务与管理12个专业，扩大春季高考班，增加中职升高职的三二分段专业。2010年，汽车维修和数控2个专业被评为市级骨干专业。

（二）教学管理 2004年，各职校专业教学以文化课为主，专业课教师主要是通过转型培训文化课教师、招聘相关专业大学毕业生担任。校内实训专业为辅。2005年，市、区政府加大职业教育，实训设备投入800余万元。加强实训室建设，加大实践教学的比例。

（三）获得荣誉

1999—2010年，职业教育中心学校获得市艺术特色校称号、全国军训比赛优秀表演奖和全国学生军训工作会议“突出贡献奖”、市学校艺术教育工作先进单位和市绿色学校、市艺术节合唱专场二等奖、第四届“枫叶杯”全国青少年儿童书法绘画艺术大赛集体二等奖。

2010年，职业教育中心学校参加天津市军训汇报表演

1979—2010年东丽区职业教育学校基本情况统计表

表28-6

年份	学校（所）	班数（个）	学生（人）	教职工数（人）		招生（人）	毕业（人）
				合计	其中教师		
1979	1	—	507	54	34	150	46
1980	1	—	214	58	33	60	353
1981	1	—	112	53	31	48	150
1982	1	—	48	49	22	—	61
1983	1	—	48	24	15	48	48
1984	1	—	141	53	26	93	—
1985	11	25	893	—	—	—	—
1986	11	31	1158	—	—	—	—
1987	9	34	1212	160	96	302	81
1988	6	28	969	169	111	330	449
1989	8	33	1227	264	187	324	402
1990	8	32	1068	226	154	305	370
1991	7	33	1037	216	152	372	379
1992	7	34	1098	219	143	482	400

续表 28-6

年份	学校（所）	班数（个）	学生（人）	教职工数（人）		招生（人）	毕业（人）
				合计	其中教师		
1993	9	61	2471	226	156	863	339
1994	9	62	2592	255	178	1058	860
1995	8	59	2431	257	170	1163	1315
1996	8	62	2352	268	196	886	475
1997	8	71	2874	275	183	1165	727
1998	8	89	3621	278	195	1499	1210
1999	5	74	2650	279	207	1005	2122
2000	5	62	2073	287	208	969	1314
2001	5	71	2364	421	298	616	869
2002	4	57	1701	382	273	325	897
2003	4	—	1676	378	257	734	698
2004	1	—	2074	220	124	1023	465
2005	1	51	2373	319	204	609	328
2006	1	—	1757	365	162	184	729
2007	1	—	3330	266	173	1200	1013
2008	1	41	3760	261	173	1200	370
2009	1	80	3529	259	186	1129	1360
2010	1	61	3379	258	180	1052	841

第四章　成人教育

1979 年后，区内相继开展农民教育、继续扫除文盲，实施“燎原计划”，建立农业广播学校，加强乡镇街道成人教育三级网络建设。全面开展职工教育，建立成人中等专业学校，组建广播电视大学、成人高考及自学考试。为全区培养了众多人才，促进干部任职能力及职工、农民素质的普遍提高，成为广大青年自主创业和就业获得实用技术的有力支撑。

第一节　农民教育

一、扫除文盲

（一）典型试点　1979 年，在荒草坨公社于明庄、朱庄试办试点扫盲班，各公社均设立 1～2 个点。全区共有 320 人参加学习，255 人结业。1980 年，全区文盲 5053 人，文盲率 7.3%。经 1981 年、1983 年大规模扫盲活动，共扫除文盲 3689 人。1985 年，全区继续扫除文盲，把提高农民素质纳入“七五”规划。

（一）国际扫盲年 1990年，区配合国际扫盲年的宣传教育活动，区教育局制发《关于进一步扫除文盲工作的意见》，提出1990—1991年扫盲工作主要任务是力争2年内扫除15～45岁的文盲，使全区文盲率降至0.5%以下。全区扫除文盲1308人，脱盲率95.8%。是年11月，区召开1990年扫盲工作总结表彰大会，区扫盲工作已达标。1991年，脱盲率99.7%，完成市下达任务指标，区被国家教委评为“全国扫盲工作先进区”。

（二）扫盲复查 1997年8月，区出台《关于迎接国家教委扫盲复查、巩固扫盲成果的通知》的实施意见，区建立扫盲领导小组，由教育局副局长兼办公室主任，日常管理工作由成教科负责。各乡镇建立扫盲评估机制，建立扫盲汇报制度，领导小组与各乡镇签订扫盲复查、巩固扫盲成果责任书。

二、实施“燎原计划”

1988年，区贯彻执行国务院批准实施“燎原计划”。至1997年，区政府加强领导，制订计划，采取措施全面落实“科教兴农”战略，推动农村教育综合深入开展。

1988—1997年，实施“燎原计划”的示范乡镇实现普及九年义务教育达标，完成扫除青壮年文盲任务，深化农村教育综合改革。1997年12月，程林街道被为天津市评为实施“燎原计划”示范乡镇；小东庄镇人民政府被评为实施“燎原计划”先进集体。

三、农业广播电视学校

1981年，成立天津市农业广播电视学校东丽区分校，隶属于区农林局的一所市级成人中等职业学校。2000年，加挂天津市农民科技教育培训中心的牌子。2008年，建成天津市新型农民远程教育东丽服务中心。建有卫星直播中心教室，运用广播、电视、卫星、互联网等远程教学手段，通过多媒体、面授辅导和实践教学等形式，直接面向农村和广大农民的教育培训和科技推广工作。学校有管理人员和专兼职教师35名。已形成上联天津市农广校、下有5个教学基地、11个实训基地组成的覆盖全区农村三级农民教育培训体系。

1981—2010年，学校坚持“面向新农村、培养新农民”的办学宗旨，突出农民中专学历教育和农业科技教学培训，培养种植、企业管理等13个专业人才2690人；开展跨世纪青年农民培训3050人；绿色证书工程培训6400人，获得绿色证书的农民2350人；农业实用技术培训的农民3760人；农业职业技能证书培训2380人，取得证书的农民2235人。为区现代农业发展和新农村建设提供智力支持和人才保证。

四、农村成人教育

（一）办学网络 1999年，区乡村成人教育学校开展多层次、多规模的实用技术培训及燎原示范项目培训和名企业带头人工程培训等，全区9个乡镇街道70%的村队建立村成人教育学校，办学面达到40%以上，培训20320人次，其中长班培训班423人次，短期培训班19897人次。参加学历教育的全科生594人，大学本科生214人，读研究生课程8人，中专190人，下岗再就业培训155人，专业技能再提高培训59期8494人。2000年，全区9个乡镇街道都建立成人教育学校，并全部达到市级一类标准，经市教委验收，军粮城镇和华明镇进入燎原示范乡的行列。是年，各乡镇、街道举办各级各类培训班，培训人数达163813人次。2001年，全区7个乡镇街道全部达到“燎原计划”示范乡标准，共有示范项目55个，示范户412个，全年培训下岗职工1500人，其中1440人得到安置或转岗，就业率达到96%。全区各级各类培训17.8万人次，区、乡镇、街道投入培训经费586万元。2002年，加强区乡镇街道成人教育三级网络建设，扩大培训规模，提高培训质量。以职教中心为依托，创办老年大学，有5个专业，90名学员。2005年，全区社会力量办学非学历培训机构发展为24个，共举办各级各类培训1万人次。2008年12月，区教育局对村成人文化技术学校从办学条件、学校管理、培训内容、办学成果等方面进行全面检查验收，无瑕街道新袁村等10所成人文化技术学校符合《村成人文化技术学校建设标准》。

（二）红色证书工程　2004—2007年，区实施“红色证书工程”。培养目标是以农村在岗和后备干部、农村经营管理人员、农村技术人员及其他农村从业人员为重点，培养农村高层次应用型人才；培养专业以农业类和涉农类专业为主的农业综合技术专业、农村经济管理专业、园林专业、畜牧兽医专业等；区3年内 “红色证书工程”培训任务数为8900人。2007年，共完成“红色证书”培训人数为1.43万人，为培训指标的161%。

（三）农民大专学历证书教育工程　2008—2010年，培养目标是以乡镇（街道）企业技术、管理人员、农民技术骨干、乡镇（街道）村干部、中职（中专）学生为主要对象，开展以提高业务素质和储备后备人才为目标的专科学历教育；以青壮年农民中职（中专）高职学生为主要对象，开展与推广农业高新技术职业资格证书考试相结合的大专、本科学历教育；以乡镇（街道）村党政干部、青年后备干部为主要对象，开展提升广大党员干部综合素质的专、本科教育。定向专业：高等教育自学考试农村经济管理专科专业，高等教育自学考试农业综合技术专科专业，高等教育自学考试经济与行政管理专科专业、公共管理本科专业。由区职教中心助学机构——丽华培训中心承担任务，参加高等教育自学考试。

第二节　职工教育

一、职工中学

1979年，区建立3所职工业余中学，有18个班，学员654名，招生对象为职工及下乡知青。1980年，暂停办学。1982年，区成立职工中学，招收脱产班3个，业余班16个，学员730人，设专任教师28人。教学重点是先以文化补课为主，结业发证，逐步发展为以培育高中毕业生为主的业余高中校。1991年，并入区成人中专。

二、成人中等专业学校

1991年6月，区建立成人中专学校，内设职工中学、市广播电视大学区工作站、广播电视中专东丽分校、机动车驾驶员培训部，组成统一领导的办学实体。成人中专设半脱产班、非学历班及机动车驾驶员培训班等。1983—1995年，共培养毕业学员4199人，其中，半脱产241人，非学历班2966人，机动车驾驶员992人。

三、广播电视中专分校

1992年，并入成人中专，招生178人。1994—1995年，毕业158人。

第三节　成人高等教育

一、广播电视大学东丽分校

1979年，区恢复广播函授大学。1992年2月，更名天津市广播电视大学东丽分校。

1980年，区成立电大工作站，站长由区教育局局长兼任，专职副站长主持工作。业务工作直接与市广播电视大学对口，完成电大部署的招生录取、学籍管理、分级辅导及毕业考核、签发毕业证等工作。聘请中学大本毕业教师，任二级辅导（即去市听辅导，回区向学员辅导）。1979—1995年，共招收学生2493人，26个班11个专业。在校学生1543人，毕业生865人。

1996年，电大实验楼竣工，开设建筑施工与经营等14个专科专业，在校生3800人，规模领先于其他郊县分校，成为全市所有分校中发展规模最快的分校之一。

2000年秋，开始“人才培养模式改革和开放教育试点”项目研究工作，其间为配合4支队伍（教师、管理、技术、科研）建设，设置办公室、教务处、科研处等。是年招收英语本科专业56人。2001年9月，经市教委批准将东丽工作站改建为市广播电视大学东丽分校，是年春季，招收会计本科专业61人，秋季招收计算机、金融、小学教育3个开放专科专业189人，开放本科招生94人。2002年，本科招生381人，专科招生374人。2003年，扩大招生，全年专、本科共招生1307人。2004年、2005年分别招生979人、811人。从2004年开始将兼职班主任正式改为专职班主任，制定电大班主任管理、工作手册、每周定期例会、每年度进行聘任、考核和奖励等制度。

2006年始，学校相继增设行政管理、物流管理、学前教育3个本科专业和行政管理、物流管理、学前教育、英语、机械制造、汽车维修、人口与家庭、信用管理、乡镇企业管理、法律等专科专业，招生人数连续5年均在1000人以上。2008年，市校开始实施网上教学检查，区“基于网络”“一体化”课程在市各项检查中取得较好效果。

2008—2010年，全校连续3年招生为市前3名校并获“汽车大奖”。2010年3月，申请“全国基层电大发展援助项目”并获得批准，对学校的图书、教学网络进行升级改造建设。严格按照市校教务处考务科的要求，准时、认真无差错完成考务工作、严格规范考风考纪，连续10年安全考试无事故。

2010年，东丽电大校区面积1.04万平方米，建筑面积7147平方米，教室35间，有闭路电视30间，计算机房4间，计算机168台，演播室1个，多媒体教室1个，双向视频1套，卫星接收系统1套。学校在春季开始招收“一村一名”乡镇企业管理专业学生，至年底共招收学员114人，已毕业65人。设置有会计学、法律等17科开放专科专业，有汉语言文学、英语等10个本科专业，在校生总数4296人。

二、成人高考

区域内高考始于20世纪80年代初，列入国家招生计划，国家承认学历，参加全国招生统一考试。90年代，每年有900至1000人参加考试。由于生源减少，全日制大学扩招等原因，招考人数逐年递减。2007年报名568人。2010年报名321人，录取234人。

三、自学考试

1982年，区教育局工农教育科组织全区高等教育自学考试。1989年始，高等教育自学考试工作列入区招生办公室工作范围内。参加考试人员来自全区各单位。每年招生、考试2次。为帮助学员做好考前准备，广播大学东丽分校举办各种培训班和辅导班。1989—1995年，共招生2825人，考试合格毕业82人。

1996—2010年，全区有36896人报名参加自学考试，857人考试合格领取毕业证书。

第四节　社会办学

一、民办非学历培训机构

2010年东丽区民办非学历培训机构基本情况一览表

表28-7

学校名称	举办单位（人）	地址	培训内容	成立时间
东丽区津滨雅艺培训中心	区少年宫	跃进路42号	中小学第二课堂教学及学生艺术特长	1991-11
天津市公共交通职业技术培训学校	天津市公共交通集团（控股）有限公司	津滨大道雪莲南路公交四公司内	初学小客、大货、增驾大客、培训大客驾驶员	1992-01
天津市津东机动车驾驶员培训学校	天津市华兴世纪投资发展有限公司	天山南路天万道3号	机动车驾驶员	1993-05
东丽区教师进修学校培训中心	区教师进修学校	天津市东丽区津塘公路247号	教师再教育、职业技术	1998-12
东丽区供销培训中心	区供销合作社	张贵庄跃进路	初、中级会计技术、管理人员岗位	1998-12

续表 28-7

学校名称	举办单位（人）	地址	培训内容	成立时间
东丽区民办方圆棋牌艺术学校	马春瑞	新立街道津塘公路南	中小学生和幼儿围棋、中国象棋、桥牌	1998-12
东丽区佳艺电脑培训中心	佳之艺科技发展有限公司	东丽经济开发区二纬路 9 号财智大厦	计算机、广告、办公自动化、动画、网络、软件、系统集成、商务英语	2000-05
东丽区丽华培训中心	区职业教育中心学校	张贵庄立交桥南	职业技术、机动车驾驶员、少儿剑桥英语	2001-09
东丽区老年大学	区职业教育中心学校	张贵庄立交桥南	老年教育、职业技术初、中级	2002-03
天津市第一百中学培训中心	第一百中学	津塘二线紫英路 2 号	计算机、高考补习、文化素质学习	2002-04
东丽区农业机械化技术学校	区农业机械管理局	驯海路	汽车驾驶	2002-04
东丽区电化教育中心培训部	区电化教育中心	先锋路 23 号	继续教育、职业技术	2003-05
北方园林市政工程服务公司东丽培训中心	天津北方创业市政工程集团有限公司	华明工业园华明大道	职业技术、继续教育、文化生活	2003-09
东丽区振兴质监培训中心	区质量技术监督协会	先锋路 3 号	标准化、计量、产品质量、代码和条码法律法规	2006-01
东丽区丽诚中小企业培训中心	区中小企业服务中心	津塘公路 33 号	高层管理及财务人员、工业专业技术人员实用技术	2007-04

二、东丽区丽华培训中心

以驾驶员培训、计算机培训、业余高中培训为主。直属东丽职业教育中心学校领导。培训项目有职业技术、驾驶员、剑桥少儿英语、会计从业资格证、会计电算化、会计后续教育，年培训 3000 人次。2010 年，新增统计从业资格证、统计后续教育、汽车修理技能、电工电子技能、数控机械技能、学前教育培训项目，年培训达 5000 人次，为东丽区的经济建设输送专业技能人才。

三、函授学历教育

1983—1992 年，区委党校与有关部门联办大专学历班 3 个，毕业学员 94 人，开设哲学、政治经济学、党史、法学概论、近代史、逻辑学等 19 门课程。联办中专学历班 2 个，毕业 87 人。1997 年，本科大专、中专共 13 个班，在校学生 463 人。1999—2000 年，录取大本、大专班 497 人。2001—2007 年，共录取大本、大专班学生 729 人。

四、老年大学

2002年4月，经区政府批准东丽区老年大学正式开学。开设书法、绘画、声乐、计算机4个专业，学员22人。2003年增设交谊舞、老年养生专业，学员增加到50人。2007年10月，政府出资5万元购置16架电子琴、1架电钢琴 、3只葫芦丝、5只巴乌、1把二胡等教学设备，增加电子琴、声乐、二胡、葫芦丝等专业，办学规模进一步扩大。2010年，区老年大学开设有书法（楷书、行书）、绘画（初级、山水、花鸟）、声乐、电子琴（初学、初级、中级）、二胡（初级、中级）、葫芦丝（初级、中级）、计算机基础及网络共7个专业，14个班，在校生230人。老年大学的任课教师7人均系区职业教育中心学校的退休及在职教师。建校8年，共培养学员2000人次。

第五章　高等院校

东丽区境内有5所全日制高等院校，其中区与天津体院合作办学有天津体育学院职业技术学院、天津体育学院运动与文化艺术学院。驻区高等院校有中国民航大学、中国人民武装警察部队医学院、中国人民解放军军事交通学院。

第一节　天津体育学院职业技术学院

一、合作办学

2000年，区运动员培训大楼及东丽体育中心综合训练馆相继竣工。天津体育学院经实地考察，赞誉区体育设施符合办高职学院的条件。区体育运动委员会为落实市《关于深化教育体制改革、全面推进素质教育的意见》，经区政府同意，区教委与天津体院高职学院双方本着优势互补、互惠互利的原则就合作办学具体事宜历经8个月的协商。

2001年7月20日，天津体院高职学院与东丽体委签订合作办学协议。合作办学期限为15年，从2001年9月1日至2016年7月30日。

2001年9月，经教委批准，区与天津体育学院在区内开办天津体育学院职业技术学院，成为以高等职业技术教育为主的二级学院，开创区县级体育行政部门与高等院校合作办学先河。采用全新办学模式，实现与社会实践一体化、学院管理社会化办学管理机制，为区体育带来新的机遇。

二、基础设施建设

学院占地13.3公顷，有8000平方米学生公寓和可供2000人就餐的学生餐厅。有10000平方米大型综合体育教学训练馆可供舞蹈、篮球、排球、乒乓球、体操、武术、摔跤、跆拳道、散打等项目教学训练使用。有标准400米塑胶跑道的田径场及占地6.7公顷的大型文化休闲广场。现代化的语音室、多媒体教室、计算机房和图书馆设施齐全，6000平方米的教学楼为学生的文化学习、体育训练、生活和娱乐提供保证。

三、专业设置

职业技术学院拥有体育教育、运动训练、学前教育、现代教育技术、体育舞蹈与健身艺术、体育保健与实用按摩、武术与搏击、运动营养与膳食技术、市场营销、足球运动技术、国际体育交流11个专业。高水平运动员文化补习班（预科班）纳入学院管理。

四、生源、学制、教师

学院面向全国各省市招生。招生分春秋两次，春季主要招收“三校生”（中专、中师、职专生），秋季主要招收高中应届毕业生。

学生学习2～3年，完成学业发给高等职业技术教育专科学历证书，也可在毕业时报考天津体育学院高等职业技术教育专科升本科考试，提高学历层次。

学院各专业所开设的课程紧密结合社会需求，任课教师依托天津体育学院雄厚的师资力量和同类院校有授课经验的教师来担任。教师队伍既有资深的教授、副教授、国际级裁判、国家级裁判，还有一大批具有硕士学位的青年教师，保证教育教学质量。2010年，学院设专职教师10人，其他教师由天津体院选派兼任，招收学生872人。学院教学管理规范、教学与科研相结合。

五、办学成果

2001年，学院体育舞蹈与健身艺术专业和运动训练专业，被市教委评为高等职业技术教育试点专业。学院建立16个教学与社会实践一体化的教学实践基地，结合职业技术教育特点，为社会培养实用性、高素质专业人才。2001—2010年，毕业生4215 人，其中26人考上研究生，24人参军入伍，多数学生毕业后承担各类学校体育教学工作或体育部门管理人员，为体育学院赢得荣誉。

第二节　天津体育学院运动与文化艺术学院

一、建立本科独立二级学院

2003年5月，为适应高等教育快速发展形势，扩大高等体育教育资源，探索新的高等教育办学机制和模式，根据《中华人民共和国高等教育法》、教育部《关于规范并加强普通高等学校以新的机制和模式试办独立学院管理的若干意见》和市教育委员会有关文件规定，天津体育学院与天津东奥体育发展有限公司（东丽区体育局属体育产业）签署合作建立二级体育学院“天津体育学院运动与文化艺术学院”的协议。

独立二级学院的性质与办学机制，天津体育学院运动与文化艺术学院为双方合作建立的本科层次独立二级学院，采用社会办学机制，具有独立法人资格。实行董事会领导下的院长负责制，学院机构设有办公室、教务处、后勤处、财务处、学生处、保卫处。2004 年 2 月，教育部对天津体育学院运动与文化艺术学院予以确认。

二、办学宗旨与学制

学院立足天津，面向全国，为国家经济发展和社会进步培养具有高度社会责任感、较强创业精神和实践能力的高素质运动与文化艺术人才。学院为全日制普通高等学校，是以培养国家急需文化艺术类及体育类人才为主要办学定位的高等学府，学生修业年限为 4 年。学院积极开展与其他学校、科研机构以及企事业单位的协作，扩大教育资源，创造条件开展国际国内学术交流，促进教学、训练与科研工作的发展。

三、学科门类设置与教师

学院学科门类设置为教育学、体育学、管理学、文学。自主制订招生计划、教学计划、人才培养方案，选编教材。2004—2010 年，设置专业为体育教育、新闻学、英语、舞蹈学、艺术体育教育、运动训练、民族传统体育等。2004—2007 年，共招收学生 1023 人。

学院实行教师聘任制度、职务聘任制度、教职工考核奖惩制度。学院实行全员聘任制，按需设岗，竞争上岗，择优录用。

四、校园设备设施

校园占地面积 14 公顷，教学训练等设施建筑面积 6 万平方米，内设计算机中心、多媒体教室、训练馆、舞蹈房等。生活设施与职业技术学院共用。

第三节 驻区高等院校

一、中国民航大学

坐落于东丽区西南部，天津滨海国际机场南侧。1956 年 5 月，始建于四川新津机场，初称中国民用航空局航空学校。1963 年 8 月，迁至东郊区境内的天津机场并入中国民用航空高级航校，称中国民用航空机械专科学校。1981 年 8 月，升格为中国民用航空学院。2006 年 5 月升格为中国民航大学。

2010 年，中国民航大学外貌

学校占地面积 110.26 万平方米，总建筑面积 70 万平方米。建有国内一流的工程技术训练中心，有实习飞机21架，各种类型飞机发动机47台。图书馆藏书164.5万册、电子图书165万册、国内外数据库80个。校园网出口带宽1000兆，可供近万台计算机同时上网。

学校注重发挥传统优势学科，不断完善学科专业结构，逐步形成以工为主，理工结合，管理学、经济学和法学等学科综合发展的学科布局，并在国内和民航领域形成一批有较大影响的优势学科。学校现有硕士授权一级学科13个，二级学科49个，其中航空宇航推进理论与工程、交通运输规划与管理、通信与信息系统、企业管理等4个学科为省部级重点学科；拥有工商管理硕士(MBA)办学资质、7个工程硕士专业学位授权领域和1个国际合作办学硕士项目即中法航空安全管理硕士。学校现有27个本科专业，其中飞行器动力工程、交通运输、飞行技术3个专业为国家级特色专业点，飞行器动力工程、交通运输、飞行技术、电气工程及其自动化、电子信息工程、飞行器制造工程、通信工程、计算机科学与技术和工商管理9个本科专业为天津市品牌专业。

学校坚持人才强校战略，涌现一大批在民航业、天津市乃至国内外知名的专家、学者。学校现有专任教师1068人，其中高级职称教师400余人，博士生导师10人，国家杰出青年基金获得者1人，天津市特聘教授1人，天津市教学名师4人，民航特聘专家4人，民航中青年技术带头人9人。

建校以来，学校为民航和社会培养了8万名各类毕业生，遍及民航各生产岗位及技术领域。全国民航七分之一的员工、三分之一的工程技术和管理人才来自学校，一大批毕业生成为民航工程技术和管理的中坚骨干，许多人成为业界精英。学校以培养民航高级工程技术和管理人才为主，现有各类在校学生2.2万人。

2010年，学校已成为一所民航学科专业门类齐全、将航空宇航科学技术与交通运输工程学科群交叉融合的高等学府，誉为中国民航人才的摇篮，科学技术研究的中心，国际文化交流的窗口。

二、天津武警部队医学院

天津武警医学院隶属于武警总部后勤部，编制为副军级，是武警部队唯一的高等医学院校，担负着为武警部队培养卫生技术人才的任务。学院位于河东区程林庄道，占地总面积46.4公顷，总建筑面积19万平方米。1984年6月，经公安部批准，在北京组建中国人民武装警察卫生学校，编制为正师级。武警卫校设训练部、政治部和校务部3个机关，编制均为副师级。1988年，武警卫校在天津河东区程林庄道定点建校。1989年，武警卫校改称武装警察部队医学专科学校。

2005年，天津武警部队医学院

1993年12月，经国家教委批准，武警医专改建为武警医学院。1997年，学校通过国家教委组织的首批本科教学合格评价检查。1998年始，学院9个学科领域与天津医科大学，西安医科大学，河北医科大学和军事医学科学院等单位开展联合培养研究生。1999年，学院获得学士学位授予权。

2008年，武警医学院下设武警医学院附属医院，为三甲等级医院，有病床300张，是天津市指定的综合性社区中心医院，120急救中心。是年5月，经中央军委批准，武警医学院编制由正师级升格为副军级。学院下设4个部：训练部（正师级）、政治部（正师级）、科研部（副师级）、基础部（副师级），4个系：临床医学系、护理学系、医技药学系和卫生勤务学系（均为副师级）及附属医院（正师级）。后又增设研究生队和进修队。培养层次为硕士研究生，本科生、专科生，以培养专科生为主。2007年，开始与地方大学联合培养博士研究生。

学院拥有实力雄厚的师资力量，教授，副教授占教师总数的31.4%。学院图书馆是国家“863计划”中国超星数字化图书馆一级站，全军医药卫生科技查新站，馆藏图书27万册，有中外期刊1838种，馆内建有计算机局域网、多媒体阅览室、关盘检索系统。校园网以光纤为主干，以千兆大网为构架，能实现教学指挥监控、网上点播，校园信息查询等功能。学院拥有军事预防医学、内科医学等5个武警部队重点学科，为天津市解剖学会和体视学会理事长单位及中国军事医学教育学会副主任委员单位。

第六章 教 师

1979—1995年，教师队伍由国办教师、民办教师、代课教师构成。1996年，实施教师资格认定。2003年，实行教师招聘录用制度，并全部辞退长期代课教师。为提高师资水平，对教师进行教材过关与专业考核。制定多项保障措施；广辟培训渠道，组织学历达标进修。2000年始，教师全员进行4个周期的继续教育培训，促使学历与专业水平提高。加强教师职业道德建设，增强教师的社会责任感。教师经5次工资调整及6次正常工资晋升和实施绩效工资后，待遇显著提高。2010年，全区共有教职工5367人，其中中学1723人、职业学校258人、小学2183人、幼儿园756人、特殊教育19人、其他教育428人。

第一节 教师队伍

1979—1996年，教师来源主要有：师范类大中专毕业生计划分配、民办教师转正、国家拨付计划招录职专学校学生转至教师队伍。1996—2002年，实行大中专毕业生分配制度，直接接收分配的教师804人。

2003年，实行教师招聘录用制度。至2010年，招录大学生894人。

2003年7月，区教育局全部辞退中小学长期代课师59名，对被辞退的长期代课师给予一次性补偿金，并解决养老保险问题。

2003年，东丽区招聘教师报名工作

第二节 师资培训

一、学历达标

1979年，为实现区教育发展，制定多项保障措施，将教师学历达标目标完成情况作为评估学校工作和衡量教师队伍整体素质高低的一项重要指标。2003年，区教育局制定《关于报销学历教育培训费的暂行规定》，调动广大教师参加学历教育的积极性，并根据教师参加提高学历教育的情况安排教育教学工作，保障教师提高学历教育工作的顺利进行。区广辟培训渠道，与各高校开展联合办学。1996—2001 年，举办小学教育夜大学大专班、英语夜大学大专班等学历提高培训班。2002 年，与天津师大联合开办“小学教育”专业大专班，40 名小学教师通过成人高考参加了学习。与北京师范大学、天津师范大学联合开办两期“课程与教学论”专题研究生课程班，分别有 96 名和 40 名中小学教师取得结业证书。70 名小学教师参加小学教育大本班的学历提高培训。2007 年，经学历培训教师学历情况：普通高中本科达到 95%，硕士 29 人；职业高中本科达到 90%，硕士 13 人；初中本科达到 81%，专科 94%；小学专科达到 83%；幼儿园专科达到 90%。2010 年，教师学历情况（含在学）：普通高中本科达到 97%，硕士 44 人；职业高中本科达到 95%，硕士 17 人；初中本科达到 86%，专科 96%；小学专科达到 91%；幼儿园专科达到 98%。

二、继续教育

1990 年 7 月至 1995 年 12 月，启动第一周期继续教育工作。安排 576 个总学时，区进修学校在第一周期完成小学语文、数学、英语等 36 个学科班教学，结业 1829 人。完成 806 人中学初级教师继续教育，开设数学、物理、化学等 9 个学科。中学一级、高级教师由天津教育学院进行继续教育培训。

1996 年 1 月至 2001 年 12 月，开始第二周期继续教育工作。规定完成 288 学时，区进修学校在小学教师中开展语文、数学、英语等学科培训，结业 1459 人。小学校长岗位培训班 2 个，结业 78 人。完成 376 人中学初级教师继续教育，涉及数学、英语、语文等 9 个学科。中学一级教师、高级教师的继续教育工作，仍然由天津教育学院承担。

2002 年 1 月至 2006 年 12 月，开始中小教师第三周期继续教育工作。区进修学校完成 1929 名小学教师全员岗位培训，开设语文、数学、英语、体育等学科课程。校本培训由进修学校指导，各校组织实施。完成小学校长岗位培训 96 人。中学教师的全员岗位培训由天津师范大学负责，理论培训采取远程网络学习方式，教学实践活动由进修学校组织、实施、管理。结业人数 1124 人。提出非师范类院校毕业的新教师，分期参加由天津师大举办的教育理论培训班，学制半年，共 120 学时。区进修学校面向中学教师、小学教师、幼儿教师、管理干部，开展计算机高级培训及考核，共计 3129 人。

2007 年 1 月东丽区第四周期继续教育培训

2007 年 1 月至 2010 年 12 月，进行第四周期继续教育工作。规定院校培训 240 学时，校本研修 240 学时。区进修学校面向小学教师，开设语文、数学、英语、音乐、体育、美术、信息技术 7 个学科，结业教师 2061 人次。开展小学校级干部提高班培训，结业 109 人。中学教师继续教育由市继续教育中心组织实施，采取远程网络学习方式，1591 名中学教师结业。81 名中学校长参加天津师范大学教育学院组织的干部任职资格培训班和提高班培训。继续教育期间，区面向全体教师组织开展新教师岗前培训、转正培训、中小学学科骨干培训、科技辅导员培训班、心理健康教育专业培训、英特尔未来教育培训，共 1.36 万人次。

三、骨干教师培训

1995年，开展全区中小学第一批市、区级学科带头人评选活动，5人被评为市中小学青年教师学科带头人，62人被评为区级学科带头人。2003年，开展全区中小学第二批市、区、校级学科带头人评选活动，命名“天津市中小学骨干教师市级学科带头人”5名。评选出区级学科带头人231名，校级学科带头人620名。2004年，开展全区首届“名教师”评选活动，5名中小学优秀教师被命名为“东丽区首届中小学名教师”。2005年，开展第三批中小学区级学科带头人的评选活动，评选出46名区级学科带头人。是年，7名教师被命名为“东丽区首届名班主任”。2006年5月，召开第一次教育人才工作会，出台《东丽区关于实施人才强教战略的意见》《东丽区骨干教师考核办法》等7个文件。2007年，10名教师被命名为“东丽区第二届名教师”；2008年，10名教师被命名为“东丽区第二届名班主任”。2009年，举办第四批学科带头人评选活动，评选110名区级学科带头人，122名校级学科带头人。2010年，10名教师被命名为“东丽区第三届区名教师”。

2002—2004年，共选拔13名中小学骨干教师参加市级骨干教师培训；选拔2名中学教师参加中学语文、数学市级骨干教师研究生班；选派3名中小学骨干教师参加国家级新课程培训。每年暑期选派英语骨干教师参加天津师大组织的中学英语骨干教师集中提高培训和小学英语教师ESEC培训班；选派2名中学英语骨干教师参加出国研修培训。开展区级骨干教师培训，选拔500余名中小学骨干教师参加信息技术“英特尔未来教育”培训。为培养高层次骨干教师人才，区制定《东丽区特级教师后备人选培养计划》，2006年初启动培训工作，聘请天津师大等多所高校的教授开展培训讲座。

2005年3月至2006年3月，开办小学、初中和高中英语教师提高培训班，共有100名英语教师参加为期一年的英语教师提高培训班。2006年暑期，区教育局首次组织24名英语骨干教师赴澳大利亚进行为期三周的境外培训。至2010年，开展英语骨干教师封闭培训共计326人。举办小学、初中各学科骨干教师培训，共计486人。

2010年，区参加市教委“未来教育家奠基工程”“265农村骨干教师培养工程”培训。区5名教师参加未来教育家培训，12名市级学员、46名区级学员、304名校级学员参加“265”骨干教师培训。

第三节　教师待遇

1985年7月前，区执行1956年第一次工资改革的职务等级工资制。是年7月，进行第二次工资改革，开始实行结构工资制，即由基础工资、职务工资、工龄工资三部分组成。1993年10月，国家机关事业单位工资制度进行第三次工资改革，教育系统作为全额拨款单位，固定工资为70%，津贴部分为30%。第三次工资改革建立正常晋升工资制度，在考核称职的基础上，机关事业单位每两年晋升一档职务工资。机关事业单位分别在1997年7月、1999年7月、2001年1月、2001年10月、2003年7月5次调整工资标准。经过5次工资的调整和6次正常工资晋升，教师基本工资相比1993年工资改革前有较大幅度的提高，人均累计月增资748.7元。

2006年7月，为适应深化事业单位改革的需要，国家进行事业单位工作人员收入分配制度改革，逐步建立宏观上注重公平，微观上体现激励，关系合理、秩序规范的岗位绩效工资制度。岗位绩效工资由岗位工资、薪级工资、绩效工资和津贴补贴4部分组成，其中岗位工资、薪级工资为基本工资。此次工资改革后，教师基本工资与2006年7月工资改革前相比人均增资339.7元。随着岗位设置的实施，在副高级专业技术岗位的人员，执行5～7级岗位工资标准；聘用在中级专业技术岗位的人员，执行8～10级岗位工资标准；聘用在助理级专业技术岗位的人员，执行11至12级岗位工资标准；管理人员和工勤人员，每一职务对应一个岗位工资标准，只涉及岗位聘任，不涉及工资晋升。

2009年1月起，区57所义务教育学校实施绩效工资制度。义务教育学校正式工作人员的收入由基本工资和绩效工资组成。绩效工资由基础性绩效工资和奖励性绩效工资两部分组成。基础性绩效工资占绩效工资总量的70%，在基础性绩效工资中设立岗位津贴，岗位津贴是按照专业技术职务的不同职务等级标准每月从统发工资中直接发放。奖励性绩效工资占绩效工资总量的30%，按照分配方案，根据考核进行发放。2010年1月，根据公务员津贴的调整，义务教育学校绩效工资标准做出调整，实施绩效工资后，教职工人均增资近2000元。

第四节　师德建设

20世纪90年代，区加强教师职业道德建设。区教育局通过开展一系列活动，进行教师职业道德建设。

2002年，区教育局党委在全区教育系统开展“展风采，做奉献”共产党员先锋模范作用展示活动。71个党支部采用橱窗、展牌、文集、影集、录像光盘、电脑网页等多种形式，对基层党支部和党员进行展示。参加展示的共产党员747人，占在职党员的89%。《东丽区教育系统党员风采录》摄制组，深入70余所学校（单位）采集优秀共产党员、先进党组织的事迹，摄制、编辑完成《党员风采录》，并制成光盘，在全区教育系统党员、积极分子中开展学习、宣传活动。2003年，教育局组织教育系统党员干部，集中3个月的时间开展“牢记两个务必，发扬优良传统，实现跨越发展”专题学习活动。各基层支部对照“两个务必”开展自查活动，召开民主生活会。800多名党员、干部对照“六个看一看”和“五个牢记”以及在防控“非典”战斗中落实“五个到位、五个带头的要求，结合在教育教学管理、党风廉政建设中发挥先锋模范作用情况，开展批评与自我批评。教育局机关全体干部和200多名校级领导每人撰写1篇学习体会并进行交流。

2004年，区教育局以第20个教师节为契机，开展教师教育年活动。以“三个代表铸师魂”为主题，以创建师德风范校、争当师德先进个人为载体，狠抓师德建设，组织广大教师认真学习“三个代表”重要思想和有关文件精神，继续贯彻落实《公民道德实施纲要》和《教师职业道德规范》，教师师德水平不断提高。组织青年教师师德展示活动，编印《师德个案集锦》和《教师文明用语、教师忌语》，收到明显效果；开展优秀党员网上展风采及评选最佳党日活动方案、优秀党课教案活动评选、表彰，使广大教师的师德水平和专业素质得到进一步提高。

2005年3月和7月，区教育系统分两批进行保持共产党员先进性教育活动。组织开展“党性铸师魂”主题实践及征文活动，坚持以正面教育为主，以“学习篇、誓言篇、榜样篇、展示篇、爱心篇、机制篇”等为轴线，组织党员教师学习《公民道德实施纲要》《中小学教师职业道德规范》，引导教育系统全体党员、教师在实践活动中，不断提高自身素质。

2006年，以“加强师德建设，创建和谐学校”活动为载体，结合课程改革实际，在教育系统中小学开展师德建设调查活动，通过看、问、查等环节，了解学校师德建设情况，规范教师行为，并对5所中学，12所小学的300多名教师，850多名学生进行师德情况的问卷调查，为师德调研报告撰写提供第一手资料。

2008年，贯彻教育部新颁布的《中小学职业道德规范》，进一步加强师德建设，教育局在互联网上开辟师德博客论坛，每月发布一个广大师生关心的热点问题，引领教师积极参与讨论。上网浏览量近800人次，网友参与讨论跟帖发表的博文100余篇。开展“学抗震英模，树教师形象”的师德教育活动，把抗震英模事迹光盘挂在东丽教育视频上，组织基层学校学习讨论。

2009年，教育局党委出台《东丽区教育局关于进一步加强师德建设的若干意见》。进一步明确教师职业道德标准、违规违纪行为界定以及奖惩办法。开展以“五比一创”为主要内容的教育系统“工人先锋号”创建活动，组织师德先进个人、德业双馨十佳教师和师德先进集体评选活动，弘扬教师美德。有9名教师被评为天津市师德先进个人，3个单位被评为先进集体，共有109人被评为教育系统师德先进个人，10人被评为德业双馨十佳教师，16所学校被评为师德先进单位。

2010年，开展“修身正德，为人师表”主题实践活动；利用博客论坛、网络宣传等多种途径加强师德师风建设，倡导为人师表、爱岗敬业的职业道德，不断增强教师的历史使命感和社会责任感。

第七章　学　生

1979年始，教育系统和学生组织开展课外艺术教育，丰富课外生活，促使成为全面发展的学生。全面加强思想道德教育，提高中学政治课和小学思想品德教育教学质量。全区中小学校在学生中开展健康教育和卫生保健工作，加强疾病防控知识教育，培养学生养成良好的卫生习惯。恢复高考后，1979—1993年被大学、大专、中专、技校录取率为32.09%；2001—2010年被大学、大专录取率为70.19%。

第一节　学生组织

一、共青团和少先队

2010年，东丽区教育系统已建立基层团委15个，有总支8个，支部396个，团员8570人。共青团和少先队组织按照“思想教育有新举措，品牌教育有新发展，基础建设有新提高”的总体要求，以中小学社团建设和校园文化建设、雏鹰争章活动为载体，开创共青团、少先队工作新局面。

一、组织建设和活动

（一）社团建设　组织开展“希望杯百团大赛”、社团展示活动，已经成为未成年人思想道德建设的主阵地。2010年，学生社团达184个，参加社团学生超万人。社团活动内容有艺术类、思想政治、读书学报、文化科技、社会实践和身心健康等。全区有 80 个红领巾小社团获得全国优秀社团称号，有 7 个中学生社团获得市“优秀学生社团”称号。

（二）雏鹰争章活动 1993 年，区教育系统实验推广中国少年雏鹰争章活动以来，已成为全区少先队的标志性、品牌性项目。少先队组织遵循以童为本、科研推进、实践创新的原则，使少先队雏鹰争章活动已形成一个综合性、系统性的活动体系，成为广大少先队员素质发展的有效载体和广阔舞台。2007 年始，组织开展全区三级雏鹰争章活动，建立少先队健康成长评价体系，培养一大批优秀少先队员典型。团中央少年部来区针对雏鹰争章活动开展情况进行专题调研，给予高度肯定。2008 年，区津门小学少先队员郭洪宇在人民大会堂被共青团中央、教育部、全国少工委和中央电视台授予第十三届“全国十佳少先队员”荣誉称号，开创区少先队工作新篇章。

东丽区红十字会与教育系统红十字会联合开展博爱助学活动

（三）红十字会 区教育局把传播红十字精神，培养青少年奉献社会、服务社会，作为开展红十字青少年工作的重点，全区 68 所中小学校全部建立红十字会。开展红十字标准校、示范校创建活动，14 所中小学校被评为区级红十字标准校，鉴开中学等 7 所学校被评为市级标准校，第一百中学、实验小学被评为市级示范校。各中小建立青少年活动制度、年终评比表彰制度。中小学红十字会与区红十字会联合开展“博爱助学活动”，共援助百名特困生，发放慰问救助金 4 万元及学习生活用品，为 507 名玉树地震灾区来津求学的学生进行救助，一次性发放困难补助费 8.5 万元，T 恤 654 件、鞋 600 双。中小学红十字会开展“迎世博 发扬红十字精神”手抄报比赛活动，共 25 所学校千名学生参赛，百名学生获奖。在红十字青少年奉献月、博爱助老和迎国庆讲文明树新风活动期间，红十字青少年深入到敬老院奉献基地开展义务奉献活动。结合“红十字健康培训进校园”活动，发放卫生救护知识光盘 60 张，普及人数 4 万人次。

第二节　德育教育

一、队伍建设

（一）德育教育组织 2010 年，区中小学、职校有德育工作人员 1585 人。区教育局德育科 3 人，学校主管校长 45 人、德育处 79 人、团队干部 44 人、班主任 1114 人、德育教师 300 人。

（二）班主任工作

1998 年始，区教育局贯彻执行国家教委颁布的《中小学德育工作规程》，对全区中小学班主任执行聘任、培训、考核、评优制度。

2006 年始，区教育局贯彻执行教育部制定的《全国中小学班主任培训计划》，每年组织开展班主任培训工作。2007 年，聘请 7 位教育专家，为区中小学 1000 名班主任进行为期 5 天的系列培训。2008 年，组织班主任全员考试。2009 年，组织班主任岗前培训考核。

至 2010 年，开展 3 届区名班主任评选表彰活动，进一步发挥优秀典型的激励作用，促使全区中小学班主任成为德育工作的骨干力量和德育组织的实践者及学生成长的引导者。

二、教育内容和方法

（一）思想道德教育

2003 年，发挥课堂主渠道作用，提高中学生政治课和小学生思想品德教学质量，使中小学生进一步树立正确的世界观、人生观、价值观。

2004 年始，确定每年 9 月为中小学弘扬和培养民族精神月，开展以“传承中华美德，争取文明学生”为主题的系列教育活动，包括以“我心目中的天津”为主题的读书和演讲比赛、“诚信教育”征文活动等。

2005 年，结合抗日战争胜利 60 周年，开展征文活动并组队参加市“新华杯”知识竞赛，36 篇征文获市级奖励，其中获一等奖的 7 篇。

2006 年，开展社会主义荣辱观教育，引导学生从我做起，从身边小事做起，从点滴做起，把“八荣八耻”转化为自觉行动，使荣辱观的基本内容做到人人知晓、入脑入心。

2007—2008 年，开展“弘扬和培育民族精神月”活动，各学校通过形势教育课，使学生交流感想畅谈家乡巨大变化。开展“学习英雄少年，弘扬抗震抗灾精神，做一个有道德的人”主题教育活动。

2009 年，实施“东丽学子道德实践工程”。编印东丽学子导行图例和手册，学生及家长人手一册。参加全国未成年人思想道德建设成果展览。以新中国成立 60 周年和弘扬及培育民族精神教育月为契机，在学生中开展读文征文、演讲、合唱综艺节目展示等系列教育活动。

2010 年，深化东丽学子道德实践工程，开展“八学会”“八使者”“三礼四同行”教育活动。评选表彰 7912 名“八使者”小标兵。

（二）行为规范教育

2002—2003 年，区教育局制定《东丽区关于加强市、区两级行为示范校的管理规定》，命名 11 所学校为区级示范校。制定《东丽区中小学落实“德育规程”实施“中小学日常行为规范”检查验收标准》，推动学生行为规范的养成和学生行为规范教育的深入开展。

2004 年，全区学校贯彻《公民道德建设实施纲要》和国家新修订的《中小学生日常行为规范和行为守则》，坚持抓好中小学生养成教育，重点对“十个习惯”进行强化训练。

2005—2007 年，全区中小学开展评选“天津市文明学生”活动，评出市级文明学生 125 名。开展“十个文明习惯”训练活动，从小处入手，从小处做起，取得良好效果。开展“五尊、五不、五远离”活动。

2008 年，区教育局召开中小学生日常行为规范示范校命名表彰暨经验交流会，对 12 所市级和 12 所区级示范校进行命名表彰。将每年 9 月定为日常行为习惯养成教育月。

2010 年，建立健全《礼仪常规》《学习行为常规》《卫生常规》及课堂、操场、食堂、寝室等制度和行为准则。丽泽小学等 4 所学校获得天津市中小学道德工作先进学校称号，东丽中学等 12 所学校获得“天津市日常行为规范示范校”称号。

（三）安全法制教育

2003 年，实验小学等 4 所学校被评为市级法制教育先进校。

2004—2006 年，全区中小学校开展创建安全、文明校园活动。开展“应急避险自我保护”知识宣传教育活动，完成全区中小学生的安全考核工作。开展“安全文明校园”创建工作，制定区中小学校创建安全文明校园工作督查评分标准。对15所区安全文明校园进行表彰。

2007年，开展交通安全教育活动，组织学生参加天津市“小手拉大手”“交通安全进万家”家庭交通安全知识竞赛活动，组织参加市交警会操表演。举办以“消防、校园、青春、生命”为主题的区中小学生消防知识作品展览。

2008—2010年，开展以“消防在我身边”为主题的全区中小学生消防安全知识征文比赛。开展“珍爱生命、保护自我”等法制安全、消防安全教育活动。

（四）科普教育

2004—2005年，组织中小学生参加“市第二十届、二十一届科技创新大赛”。47幅科幻画作品被推荐到市级参评，86名学生参加市级科技创新设计大赛，20名学生获得名次，1名学生获得宋庆龄科技发明奖。195名中小学生参加小学飞行器和中学电磁炮、杆秤比赛。

2006年，立德中学学生闫妍作品“纳米空气处理系统”入选参加全国比赛。

2007年，组织学生参加“天津市第二十二届科技创新大赛”，南河庄小学种子画和新立村小学创新发明作品，参加国家级比赛，分获一、二等奖。

2008—2009年，举办区首届、第二届青少年科技创新大赛，学校上报作品693件（幅），选出68件（幅）优秀科技作品参加市级比赛。收集科技创新项目50件，科技论文43篇，科技实践作品26件，科幻画268幅、科教创新项目24件、科技活动方案18篇、会徽设计118幅，评出一等奖52名、二等奖99名、三等奖166名。

2010年，举办东丽区第三届青少年科技创新大赛。组织参加市第二十五届科技创新大赛，获得4个一等奖、16个二等奖、22个三等奖。区3件作品参加全国科技创新大赛，全部获奖。

（五）环保教育

2004年，实验小学被评为国家级“绿色学校”，李明庄小学被评为市级“绿色学校”。

2005年，中小学开展“小手拉大手”捡拾白色垃圾活动。在“6·5”世界环境日期间，各学校开展“人人参与、创建绿色家园”活动。

2006年，组织6所学校作为唯一展示学生环保作品的代表队，参加市在银河广场举行的世界环境日大型纪念活动暨津沽环保启动仪式，市领导对东丽区环保教育工作给予肯定。

2010年，开展市级绿色学校创建活动。累计全区共命名国家级绿色学校2所，市级绿色学校11所，区级绿色学校12所。

（六）家庭教育

2004年，成立区家庭教育指导中心。聘请专家和讲师团成员为6000余名学生家长做专题报告和咨询，受到学生家长和社会好评。

2006—2008年，聘请团中央“知心姐姐”报告团讲师，深入13所中小学举办16场家庭教育义务报告会和家庭教育讲座，为万余名学生家长进行心理健康教育报告和咨询，受到学生家长好评。

（七）心理健康教育

2005年，举办中小学校心理健康培训班，为全区130名心理健康教师培训。

2009年，在一百中学等4所学校设立心理咨询室，通过咨询和心理测量，及时发现学生需要解决的心理问题，有针对性地进行心理辅导。东丽中学等4所学校获得“天津市中小学心理健康教育先进学校”荣誉。

（八）社会实践教育

2005年，区教育局制定《关于加强中小学社会实践活动的实施意见》，配合区社会实践基地完成劳动课程20项的设置，对小学4至6年级学生社会实践作出新规定。

第三节　课外教育

一、课外艺术教育

1979—1995年，课外文艺活动在各校普及，学校组织歌咏队、舞蹈队。苗街小学、一百中学、实验小学等34项创作歌舞节目在全国、全市获奖。

1996—2004年，区教育局开展丰富多彩的艺术教育活动，普及到每个学校每位学生，全区有990个节目参加比赛，学生人数达3.1万人。

2005—2008年，全区向市学校艺术展演推荐优秀节目达600个，其中310个节目5000人分别获得市一、二、三等奖。书画大赛有13万人参与活动，有2100人分别获得区一、二、三等奖

2009年，区教育局举办区中小学第23届校园艺术节，2000名学生参加群舞、小合唱12个专场比赛，评选出119个节目参加市学校文艺展演比赛，82个节目获得市学校文艺展演一、二、三等奖。组织中小学艺术特长生考核认定工作，9所小学54名学生参加书法、中国画、综合绘画、声乐、舞蹈、器乐等9个门类的考核，有46名考生通过特长生认定。12月，50名中学生参加市艺术特长生的认定考核，26名学生通过市级考核认定。

2010年，区教育局举办区中小学第24届校园艺术节，56所中小学参加重唱、小合唱、校园歌手组合、儿童歌舞剧、校园集体舞、群舞、时尚舞、校园短剧、管弦乐、键盘合奏、民族乐器、电视台节目制作12个项目，区级201个节目获奖，选拔质量较高的109个节目参加市学校文艺展演。在教育局举办以“阳光 青春 交响”为主题的东丽区第24届书画大赛中，全区52所中小学400多名学生参加国画、书法、儿童画、西画、工艺制作、摄影、电脑绘画等类别的比赛，有370多个作品获一、二、三等奖。第十五届全国绘画书法大赛，全区10所中小学140名学生参赛，有50多名学生获全国一、二、三等奖。区中小学合唱节活动全区19所学校进行合唱节初赛评选活动，800名合唱队员参加合唱节活动。区55名学生参加市中学艺术特长生的申报，李艺彤等27名学生通过主持人、声乐、西画、国画、软笔书法、钢琴、小提琴、电子琴、手风琴、民乐、管乐、舞蹈等专业考核，取得由市教育委员会颁发“天津市中学艺术特长生”证书。职教中心、东丽中学、钢管小学和振华里小学代表区参加市学生合唱节合唱团专场比赛，获得一等奖2个、二等奖1个、三等奖1个。

二、东丽区少年宫

（一）概况

1985年5月，区少年宫建成，占地5.32万平方米，建筑面积2069平方米。2010年，管理人员5名，在岗专职教师30人。其中4名区级学科带头人，3名校级学科带头人，区首届“德业双馨”教师1人，2名教师加入中国美协、书协，4名教师加入天津美协，多名教师加入天津舞协、

音协、体协成为会员。

2000年以来，少年宫利用现有场馆和设备设施开设书画、声乐、武术、艺术体操、舞蹈等30个专业，常年对未成年人培训。利用节假日定期对未成年人开放操场、图书室、练功厅、计算机房、爱心梦想书画室等。与教育局、文广局、团区委、关工委、妇联、社区服务中心等单位密切配合，利用小剧场等场地免费组织开展形式多样的大型公益性活动300余次，累计6万人次，推动全区思想道德建设和社会主义精神文明建设。

2010年，东丽区首届快乐三跳运动会

（二）建设与管理 为实现“争一流、上档次”，少年宫抓科学管理环节，建章立制，推行质控管理，欢迎家长监督，每期班组织一次家长观摩评课，及时与家长交流，改进教学。团结一致，保持艰苦奋斗作风，形成“宫兴我荣、宫衰我耻”的共识和良好宫风。

少年宫积极配合市校外联开展教研和业务培训活动，为市校外教育的发展做出贡献。20世纪90年代，东丽少年宫在美术教研、培训方面起到一定的引领作用。少年宫重视教师队伍建设，注重教师基本功培训，教师队伍整体素质和干部管理水平有很大提升。

2009年，参加校园时代全国青少年才艺电视展演

（三）丰富少年课外生活 少年宫本着公益性原则，积极开展中小学校文艺展演、学生合唱节和“三跳”运动会等活动，1986—2010年连续举办24届。全区平均每年有4万多学生参与大型活动，丰富校园文化生活，提高师生的艺术修养和审美情趣，受到学校的欢迎和好评。少年宫同区关工委，老干部局共同组织开展“老少同乐”，同绘一幅画，共唱一首歌的联谊活动成为少年宫的又一品牌公益活动。每年“六一”儿童节、国庆节、元旦，都有数百名学生和爷爷、奶奶同台演出。与区团委合作开办的“爱心梦想”班，免费为全区特困家庭学生提供学习用品和特长培训，深受社会好评。少年宫发挥“指导中心”作用，对全区57所中小学的624个社团从文学、艺术、娱乐、体育、科技、社会实践等方面就开展活动情况，从内容设置、形式方法、准备工作、辅导教师的技能操作以及学生活动的效果等方面进行指导和交流。特色社团活动激发学生的学习兴趣，丰富学生的课外生活。

（四）教育活动效果 少年宫发挥优势特长，组织开展中小学特长生培训和认定活动，多名学生考入高等艺术院校。

1987—2010年，少年宫组织参加全国“心中有祖国，心中有他人”主题教育活动、全国中小学生绘画书法大赛、全国青少年才艺展演、全国校外教育教学交流评选活动；市文艺展演比赛、科技周活动、教职工文化艺术节、校园歌声、市歌咏比赛、中小学三跳比赛等教育活动中多次获奖。参加区级组织的各种活动，获区政府、区教育工会、区教育局颁发的民主管理先进单位、师德先进集体、教学管理先进单位等荣誉100余项，师生在各类比赛中多次获得一、二等奖。

三、教育系统关心下一代工作委员会

1992年，教育系统关心下一代工作委员会成立。

2004年10月，实施“母亲教育工程”，加强对家庭教育的指导、帮助和服务，提高全区家庭教育水平，区教育局、妇联共同成立区家庭教育指导中心，深入么六桥回族乡流芳台村，开展送家教知识进社区宣传咨询活动。

2005年，成立老干部宣讲团。深入东丽中学开展文明行为宣讲、抗美援朝专题报告，在东丽礼堂、一百中学和钢管中学举办4场家教报告会，近4000名学生家长参加，反响强烈。

2008年，与区体育局、老干部局在中小学建立体育特色项目训练基地，在实验小学、鉴开中学等9所中小学校建立曲棍球队、棒球队、游泳队、门球队、篮球队、足球队、乒乓球队等。

2010年，组织开展“帮困助学”活动，关爱单亲、离异和孤残家庭学生，耐心做好“问题学生”的结对帮教工作，关心外来务工人员子女接受义务教育。在丽泽小学举行关爱农民工子女志愿服务行动启动仪式。在区少年宫开展关爱特困生、献爱心帮困助学活动，对家庭有困难的学生进行免费辅导、免费发放学习用品。以育才中学为教育主阵地，增加科普教育功能，建成集消防教育、国防教育、禁毒教育、农业科普教育及动手操作劳动实践教育基地，为区青少年了解科技知识、掌握科技技能提供保障。建立以学校为主的科学教育阵地，在丽泽小学成立动漫渲染艺术基地；在东丽中学成立气象站和防震减灾探究活动基地；在小东庄中学建立“育才园”种植社会实践活动基地；在新立小学建立校园科学乐园。

2008年，教育局关工委被评为市教育系统关心下一代工作先进单位。实验小学、鉴开中学、东丽中学关工小组被评为市教育系统关心下一代工作先进集体。2009年，教育局关工委被评为市、区级关心下一代工作先进集体。

第四节 考试升学

一、管理机构

1979年，区内招生考试工作由教育局工农教育科负责。1989年，划入区招生办公室范围。1993年4月，成立区招生教育考试中心，为教育局属事业单位，业务归属市考试院。

二、普通高考

1979—1993年，全区共有15306人报名参加普通高考，其中4911人被大学本科、大专、中专及技校录取，录取率为32.09%。1994—2000年，共有4509名考生参加普通高考，2622人被中专以上录取，录取率为58.15%。

2001年始，普通高考分春、秋二季招生考试。2001—2010年，全区参加春季高考学生2085人，被录取1134人，录取率为54.39%。参加秋季高考学生18173人，被录取13085人，录取

率为 72%。

第五节　卫生保健

一、学校卫生保健所（室）建设

（一）建立学校卫生保健所　1979—1997 年，全区中小学生开展健康教育和卫生保健工作，培养学生养成良好的卫生习惯，在学生防控传染病及“六病”方面加强防控知识教育。区教育系统建立健全学生管理制度，配备卫生管理人员。1998 年，区教育局成立学校卫生保健所。2010 年，保健所有在编医务人员 10 人，全部达到本科学历，专业技术实力位于全市前列。

（二）校医队伍与学校卫生室建设　1995 年前，校医队伍配备率仅 30%。2010 年，区内中小学、国办幼儿园及民办学校有专兼职校医 79 人。国办幼儿园及初中以上学校全面配备专职校医，小学专职校医配备达到 30%，其中 9 所学校具备“医疗执业许可”。

（三）学校卫生管理　2007 年始，保健所每年组织专业体检队伍，为为全区 4 万余名中小学生免费进行健康体检。体检结论实现全员系统数据录入，为每个学生建立电子信息档案，逐一反馈给学生家长，为提升中小学生的健康水平提供保障。保健所根据每年学生体检结果，有针对性的进行有效干预和治疗。制定《东丽区近视眼防治方案》《东丽区中小学防近工作评估标准》，以班为单位全员配发新眼操图、视力检查表和演示光盘。严格监督学校实施“一日两操”，把近视眼防控工作列入学生专项督导内容，经过 3 年防治，全区中小学生近视眼发病率低于全市水平。实施全区学校食堂营养师培训计划，倡导健康饮食，降低营养不良和肥胖发病率。是年始，与市预防医学会、市教委体卫艺处联合对区专兼职校医进行全员业务培训和考核。保健所把每年的 4 月定为全区中小学传染病防治宣传月、第二周定为防病咨询周。3 月、9 月定为视力保护宣传月，9 月定为预防接种月，12 月定为艾滋病宣传月。经保健报、卫生简讯等形式开展广泛的健康教育和咨询活动，使学生卫生保健知识知晓率达到 90%、行为形成率达 70%。

二、健康教育

1998 年 5 月 22 日，创办《学校卫生保健报》，为普及健康知识，提高卫生教师专业水平起到显著作用。2009 年 6 月 15 日，创办“东丽区学校卫生保健工作简讯”，将学校开展各项卫生保健工作信息及时发表，促进开展学校卫生保健工作积极性。1999—2010 年，每年举办一届“东丽区学校卫生保健知识竞赛”，普及青少年卫生知识，提升全区健康教育科普的整体水平。全区学校利用广播、板报、讲座等开展卫生保健知识的宣传活动，每周进行 0.5 课时健康课。

1999 年，东丽区中小学学生知识竞赛

三、学生疾病防控

（一）学生健康监测　1998 年，对全区 89 所中小学 3.53 万名学生体格检查结果进行统计、分析。心脏听诊异常患病率 3.54%，患有龋齿患病率 36.23%，沙眼患病率 3.96%，蛔虫阳性患病率 6.11%，肥胖率 2.16%，营养不良检出率 3.38%。

2000 年，对全区 85 所中小学 3.61 万名学生进行体格检查，心脏听诊异常患病率 0.63%，患有龋齿患病率 22.25%，沙眼患病率 7.24%，蛔虫阳性患病率 1.21%。

（二）视力保护与矫治工作　根据学生体检监测状况，卫生保健所采取制定《东丽区中小学生保护视力十项措施》，对 3 所学校部分学生进行视力监控，开展用药与不用药视力评比调研。经对比使用珍视明眼药水对早期视力不良有一定效果。保护学生视力，改善学生学习环境和教室采光照明条件。2007 年，为全区 60 所 39343 名中小学生开展视力普查，视力不良率 32.89%。2008—2010 年，全区学生视力不良率均低于全市水平。

（三）常见病、传染病防控　宣传防治蛔虫知识，严把“病从口入”关，坚持晨检。要求学生饭前便后洗手，不喝生水，生吃瓜果蔬菜要洗净。全区中小学总体平均感染率低于国家规定的 7% 标准。1998 年 9—12 月，区内卫生部门联合开展肺结核病普查，进行 X 光胸透的学生 2.16 万人，拍小片 4187 人。经复查拍胸大片确诊，发现陈旧性肺结核 100 人，肺感染 3 人，将复查结果反馈给家长，得以及时治疗。2001 年，开展甲肝疫苗预防接种。保健所出资 70%，学校出资 30%，为 32 所学校购置 32 台紫外线消毒车，形成免疫屏障。2002 年，对 137 名学生进行白喉毒素接种，接种率 100%。2003 年 4 月，下发“非典”防控知识专题讲座提纲，实行每日发热师生日报制度，为各校发放消毒用品。2009 年，区教育局与卫生局成立联防联控甲型 H1N1 流感领导小组，教育局成立防控工作办公室，组织中小学开展防控工作。防控工作突出，受到市区领导称赞。

第八章　教育管理

1986 年始，区实行九年制义务教育，经布局调整，加大学校基础设施建设，提升边远薄弱学校办学水平，改善办学物质条件。1989 年，区设立教育督导机构，制定督导评估方案，开展督学、督政工作。1992 年提前两年实现“普九”规划，各级各类教育均衡发展。1996 年，教育经费投入确保高速“三个增长”，为推进素质教育奠定基础。2009 年，启动义务教育学校现代化建设标准工作，提前两年完成全部义务教育学校达标工作目标。

第一节　教育设施

一、教育建设投资

20 世纪 80 年代初，国家提倡集资办学，区教育建设资金以村队和村集体企业出资，校舍建设以修缮为主。1985 年，为完成普及九年义务教育工作任务，各乡、镇相继成立教育委员会，学校开始进行大面积翻建，学校基础设施建设采取村队出资，区、乡（镇）两级补助，在原有土地、校舍基础上，国家财政、乡镇政府、村队共同出资兴建或改造。90年代后期，全区学校基本建设投资由区财政统筹，逐步实行国家财政投资。

二、设施建设

1998年，区政府投资2018万元，完成中小学校改建、扩建项目建筑面积2.56万平方米。1999—2000年，区以提高规模效益为目标，加快布局调整工作，对辖区内18所在校学生不足200人的小学，通过撤点合并或联合的方式进行调整，区教委将69所国办小学调整为24所中心小学和19所独立建制小学，形成小学43所的格局。其中投资878万元，对7所小学进行扩建，总建筑面积1.16万平方米。投资400万元，兴建第二职业学校5000平方米的学生宿舍楼和实验楼，将津门职业学校、第六职业学校合并到第三职业学校，并征地2.66万平方米，对三职校进行扩建，扩大办学规模。兴建建筑面积8000平方米东丽区中学生劳动教育基地。

2001年，新建、增建贯庄小学、赵北小学、军粮城中学教学楼。投资2400万元建设占地面积66.67万平方米、建筑面积1万平方米的中小学劳动教育基地——育才中学，并启动示范性高中校——一百中学建设工作。

2002—2007年，在教育布局调整工作完成后，建设重点逐步转向品牌学校的打造。扩建赵沽里小学、东丽中学教室（合计800平方米）、新建范庄小学综合教学楼（建筑面积4000平方米）、新建军粮城中学宿舍楼（建筑面积1100平方米）、区电教中心办公楼（建筑面积2100平方米）、新建钢管中学、四合庄中学3幢学生宿舍楼，扩建区第一幼儿园和第二幼儿园，扩建学生社会实践基地——育才中学（建筑面积4600平方米）、新建标准化的市级重点中学——一百中学，以及滨海实验学校、华明学校2所九年一贯制学校。2006年，启动并实施市级示范中学——鉴开中学、市级示范小学——丽泽小学的建设工作。

2008年，鉴开中学、丽泽小学竣工并投入使用；投资750万元，新建建筑面积3900平方米的新兴村小学；投资750万元，将原丰年小学改造成为区第一所符合国家建设规范，具备对残障儿童实行教育实训功能的特殊教育学校——明强学校；投资2500万元，对育才中学进行全面改造和提升。投资2400万元的华明第一幼儿园、华明第二幼儿园于2007年竣工，分别于2009—2010年正式投入使用。投资300万元改造20所学校食堂，消除C级食堂；投资1000余万元，将全区17个教学点中的10个合并于中心学校，7个设为独立学校，在全市率先完成撤并教学点的任务。2008年，投资3.5亿元的职业教育中心学校开始施工建设。

2009年11月，加固后的四合庄小学

2009年，区成立校舍安全办公室，投入人力物力对全区中小学校舍进行安全排查，对校舍信息进行全面详实的统计，建立电子信息库和纸媒档案库。投资2500万元，分两年对新立村小学、四合庄小学等13所学校中不符合抗震标准的校舍进行加固改造和外部环境提升。

2009—2010年，根据区九年义务教育学校现代化达标工作要求，投资4000万元对全区所有义务教育阶段学校进行改造，新建专用教室、建设水冲式厕所、硬化运动场地、铺设屋顶防水层、粉刷内外墙壁、更换老化线路和旧式钢窗等基础设施建改造工程，完成达标建设任务。投资1566万元建设育才中学报告厅。

至2010年，全区办学条件得到改善，全区国办中小学及幼儿园总占地面积达138.82万平方米，比1995年增加22.51万平方米；总建筑面积48.93万平方米，比1995年增加24.92万平方米。

第二节　教育经费

一、经费来源

1979年始，区教育经费来源主要以地方财政拨付为主，后增加农业税附加、教育费附加、人民教育基金、地方自筹、勤工俭学、事业性收入、其他收入等。1979年，教育经费为371万元，1995年增长为5939万元，增长16倍。1996年始，教育经费投入高速增长，区政府投入予以保障。区对教育经费投入从1996年的8889万元增加到2010年的8.55亿元，平均每年增长幅度在17%以上，达到“保工资、保运转、保安全、保发展”的目标。

二、保证教育经费“三个增长”

1995年始，区把教育作为财政支出的重点领域优先保障，将义务教育全面纳入财政保障范围。财政部门在年初预算将义务教育经费单独列项，按照义务教育法的要求，在年初预算及预算执行中的超收收入体现法定增长的要求，确保教育经费的“三个增长”（即财政教育拨款增长高于财政经常性收益增长，按在校学生人数平均的教育费用逐步增长，学生平均公用经费逐年增长）。

2006年，义务教育中小学免收杂费和教科书费。2007年，中职学生实行助学金制度。2010年，高中学生实行助学金制度。中小学预算内公用经费从1996年的生均 172元，增加到2010年的1163元，保证中小学校正常运转。

1979—2010年东丽区教育经费投入一览表

表28-8　　　　单位：万元

年份	经费	年份	经费	年份	经费
1979	371	1990	2353.4	2001	17834
1980	419	1991	2241.9	2002	22591
1981	454	1992	2635.6	2003	25582
1982	499	1993	3204.1	2004	29102
1983	490	1994	4919.9	2005	33161
1984	599	1995	5939	2006	38599
1985	773	1996	8889	2007	44722
1986	934	1997	9695	2008	54851

续表 28-8

年份	经费	年份	经费	年份	经费
1987	1117	1998	11690	2009	69909
1988	1337	1999	13000	2010	85459
1989	2213	2000	15018	--	--

三、经费管理

（一）区教育局统管 1979年后，教育经费除勤工俭学收入各校自行管理外，其余皆由教育局统管，即区财政把全部教育经费全额拨到教育局，后由教育局对各乡镇和国办学校单独拨付教育经费。

（二）确保义务教育学校现代化建设达标 2009年，区财政调整预算，优先安排，全力保障资金落实，2年内投入9887万元，用于中学物理、化学、生物、科学实验室的改造提升，中小学图书馆、功能教室建设，旱厕改造、运动场地建设及校舍的维修工程，并配齐、配足图书及教学仪器设备。

（三）维护校园安全 2009—2010年，区着力在资金投入上维护校园安全。投入2495万元用于民族中学、新立小学、工业区小学、泥沃小学、四合庄小学、欢坨小学等13所学校校舍提升改造工程。根据区打造数字平安区的整体规划，投资1090万元，率先在全市完成中小学、幼儿园安装视频监控、红外对射报警系统，报警系统和110接警中心连接，全区中小学实现与公安局联网系统。每年投入476万元，为中小学配备专职保安。

（四）教育投入向边远学校倾斜 在公用经费核定上，采取有利边远薄弱学校的政策，对边远校给予每年2万元补助，使边远校中小学生均公用经费高于中心地区。每年安排一定的专项资金用于教师班车的购置和运行，解决边远校教师交通问题。

（五）关注特殊群体 2003年，由区政府投入和社会各界的捐助，设立“东丽区特困生救助基金”。区制定《东丽区特困生补助办法》《东丽区关于进一步健全完善社会保障和救助体系的意见》，安排专项资金用于特困生的节日救助，并根据情况调整救助标准。2006—2010年，累计投入资金达到653万元，救助1.4万人次，保证没有一名特困生因家庭经济困难而失学。

第三节　教育督导

一、工作机构

1989年8月，区教育局设立教育督导室。1997年12月，更名区教育委员会督导室。2001年5月，更名区政府教育督导室。设办公室主任、副主任、专职督学、兼职督学、特约督学。

二、督导评估

（一）评估方案

1996 年，出台《东丽区中小学、职业学校素质教育办学水平达标升级评估方案》。

1997 年，修订《东丽区中小学办学水平达标升级评估方案》《东丽区职业学校办学水平达标升级评估方案》。制定《东丽区校长业绩评估方案》《东丽区教师业绩评估方案》《东丽区素质教育课堂教学评估方案》及《班级教育效果考评表》《学校教师课堂教学水平评测表》。拟定《东丽区镇街乡教育工作评估方案》。

1999 年，区出台《达标升级督导评估的补充规定》《关于在达标升级活动中评选成绩显著学校的办法》。区制定关于各职能部门实施《教育法》《义务教育法》《职业教育法》《教师法》等相关法规职责分工的试行方案。

2002—2004 年，修订《东丽区中小学办学水平达标升级评估指标》《关于镇街乡教育职责暂行规定》，印发《东丽区关于申报办学成绩显著或进步校的通知》，修订《关于评选办学成绩显著校的实施办法》。

2006 年，制定《东丽区民办学校办学水平评估方案》《东丽区幼儿园办园水平评估方案》。修订《东丽区中小学校办学水平评估方案》。印发《东丽区镇街乡人民政府教育评估标准》。

2007 年，制定《东丽区校长工作目标责任制考核奖励方案》《东丽区初中课程改革实验工作督导评估细则》《东丽区体育学校办学水平评估方案》《东丽区少年宫、育才中学办学水平评估方案》。

2008 年，制定《东丽区普通中小学办学水平评估方案》《东丽区幼儿园办园水平督导评估方案》。印发《东丽区高中课程改革实验工作督导评估细则（试行）》，修订《东丽区中小学（直属单位）校级领导干部绩效考核方法》《东丽区中小学（直属单位）校级领导干部绩效考核实施细则》，制定《东丽区义务教育学校现代化建设标准达标工作实施方案》《东丽区实施义务教育学校现代化建设标准达标评估手册》。

2009 年，制定《东丽区教育局直属单位工作水平综合督导评估方案》。

（二）督学

1995 年，开展学校办学水平达标升级工作，一百中学、实验小学等 9 所学校被评为示范校，一职专等 3 所学校被评为规范校；李庄中学等 51 所学校被评为达标校。

1996 年，开展学校素质教育办学水平达标升级工作，评出 12 所示范校、52 所规范校、26 所达标校。贯彻《天津市 AAA 学校评估等级量化标准》，开展评比工作，一百中学和北程林小学获得“天津市 1996 年争创 AAA 学校成绩显著学校”称号。

1997 年，开展“达标升级”综合督导评估。1997—1998 年度，评出 14 所中小学为示范校，56 所中小学为规范校，15 所中小学为达标校。完成“AAA”学校的评选工作，东丽中学、一百中学、一职专、实验小学被认定为东丽区中小学素质教育办学水平“达标升级”示范一类校。东丽中学、一职专等 3 所学校被市教育局命名为天津市“AAA”学校。

1999 年，对全区各校办学水平进行评估，评选出 14 所示范校、56 所规范校、15 所达标校，有 2 所学校未达标。

2000—2001 年，开展达标升级综合督导工作，评定示范校 25 所，其中一类校 6 所、二类校 6 所，三类校 13 所；规范校 34 所，其中一类校 10 所、二类校 13 所、三类校 11 所；达标校 6 所，不达标校 1 所。表彰办学成绩显著 6 所学校，表彰办学成绩进步 8 所学校。

2001—2002 年，在全区中小学、职校开展办学水平督导评估工作。评出示范校 28 所，规范校 31 所，达标校 5 所。

2002—2003 年，在全区中小学、职校评选办学成绩显著校、进步显著校督导评估工作。丰年中学、职教中心、实验小学、李明庄小学、钢管小学被评为办学成绩显著校；民族中学、振华里中心小学等 9 所学校被评为办学成绩进步显著校。

2004—2005 年，对全区中学办学水平，按常规管理、教学改革、教科研、质量效益进行督导评估成绩，最高为职教中心 85 分，最低学校为 64 分。对全区小学办学水平，按队伍建设、德育工作、教学工作、体卫艺工作、后勤保障进行督导评估成绩，最高为实验小学 459.2 分，最低学校为 357.9 分。

2007—2008 年，全区小学课堂情况评价结果，最高为津门小学 93.3 分，最低为 67.3 分。对国办幼儿园办学督导评估，最高为东丽一幼 395 分，最低幼儿园为 384 分。对全区中小学进行办学水平综合督导工作，评选教学质量优质校 13 所，教学质量进步校 12 所。组织全区中小学、幼儿园、职校开展首批优质教育资源和特色学校创建评比活动，对中小学进行全面督导评估，命名表彰首批创建学校。优质教育资源学校，一百中学、实验小学、东丽一幼等 17 所；教育特色学校，军粮城中学、滨海实验小学等 13 所；德育特色学校，一百中学、滨海实验学校等 12 所；体育特色学校，职教中心、小宋中心小学等 8 所；艺术特色学校，少年宫等 5 所；科技教育特色学校，东丽中学等 4 所；文化环境特色校，华明学校等 10 所；劳动社会实践教育特色学校，育才学校等 3 所；现代学校制度试点校，军粮城中学等 3 所。

2009—2010 年，对全区中小学校推进素质教育、优化教学过程和管理进行督导评估，评选表彰教育教学先进学校。一等奖钢管公司小学等 8 所，二等奖民生小学等 10 所，三等奖四合庄小学等 11 所，突出进步奖增兴窑小学等 6 所。对幼儿园办园水平综合督导报告评估，最高分为第二幼儿园 94.5 分，最低幼儿园为 88 分。教学质量优质校，一百中学等 6 所；教学质量进步校，鉴开中学等 8 所。组织全区中小学、幼儿园和职校开展第二批优质教育资源学校和特色学校创建评比活动，对申报学校进行全面督导评估，命名表彰第二批创建学校。优质教育资源学校，小东庄中学等 5 所；教学特色学校，津门小学等 3 所；德育特色学校，杜庄小学等 7 所；艺术特色学校，少年宫、丽泽小学；劳动和社会实践教育特色学校，大毕庄小学；文化环境特色学校，东大桥小学等 3 所；体育特色学校，军粮城中学、刘台小学；现代学校制度试点校，鉴开中学。

（三）督政

2004 年，在规划计划、普九与巩固率、教育经费、教师待遇、教育费附加征收、财务管理、成人教育、人事工作、协调工作等项对镇乡街道进行督导评估，总成绩最高为华明镇 98 分，最低乡镇 95.2 分。2006—2009 年，考核项目为中小学适龄儿童入学率、义务教育巩固率、按规定建有镇街乡成人学校，开展技术培训教育、按规定实施“351”工程和“红色证书”工程，各乡镇街道均取得好成绩。经督政，区财政已保证教育经费“三个增长”，均达到市规定的标准。

第九章　教育科研

20 世纪 80—90 年代，教研教改推行以教材教法研究为主，向教法、学法、考法研究转变；由重知识、能力研究向全面育人型转变；由科学教学改革向整体改革转变。21 世纪初期，全面实施以培养学生创新精神和实践能力为重点的素质教育和新课程改革，区多次承担全国、全市教改教研实验研究、研讨会、交流会、成果总结会。区 12 所中小学承担中国教育学会和市教育学会“十一五”规划课题研究工作，被批准为市“十一五”教育课研基地。

第一节　教研教改

一、教研教改

1995 年 12 月，东丽区第七届育才杯比赛

1979 年始，区教研教改工作重点抓基础知识、基本技能补缺和因材施教。引领广大教师将新课程理念转变为具体的教学行为，摆脱应试教育的影响，全面实施素质教育，不断提高全区教育教学质量。以教材教法研究为主，向教法、学法、考法研究转变；由重知识、能力的研究向全面育人型的转变；由科学教学改革向整体改革转变。开展教学课题研究，即“初中数学自学辅导法”“语文作文教学”“语文单元教学”“外语的听说领先教学”“小语的注音识字提前读写”“小数的能力培养”等，为深化全区教学改革，减轻学生过重的课业负担都起积极推动作用。

1985 年 10 月，在区召开“全国部分省市自治区初中数学教学研究会”第二届年会，来自 18 个省（直辖市、自治区）的 170 名代表出席会议。1992 年始，区教研室开始进行研究目标教学整体改革。1994 年 7 月，在区召开“全国初中数学自学辅导实验”第二届年会。为提高“普九”水平，1995 年承担市级“教学目标与学习水平测评实验研究”课题，1996 年 4 月在区召开天津市中小学“教学目标与测评”研讨会。

1997 年 6 月，区教研室组织召开区“学习情感教育”课题研讨会，天津教育学院、天津师范大学、市教研室领导参加会议。12 月举办区第七届“育才杯”、第三届“园丁杯”教学评比活动。

1998 年 2 月，组织召开全区“全面实施素质教育宣讲大会”， 7 月举办“以素质教育为导向，研究教材教法”的专题讲座，12 月完成 1997—1998 年度的目标教学实验中考成绩检测统计工作。

1999 年，提出素质教育可操作的基本框架模式，即两个导向——“三三一一素质教育导向”、“三四五教研导向”；三个行为要点——“四查一听教研指导”“六二二教案模式”“四三一教学模式”。组织东丽区第八届青年教师“育才杯”、第四届“园丁杯”评课活动。是年 10 月，区教研究召开“目标教学阶段总结大会”。

2000 年，在小东庄中学召开全区“深化教改实验，推进素质教育现场会，是年 9—12 月，开展学校、学区片、全区层面的备课、说课、评课、教学基本功考查、论文审定、计算机考查、借班上课等活动。2001 年，全面实施以培养学生创新精神和实践能力为重点的素质教育，是年 5 月组织区中小学首届美术作品展览活动，并与区地震办及人防办联合组织第四届中学地理、环保、人防知识竞赛。2002 年，区教研室实施目标教学、分层次教学和先学后教，当堂训练等多种教学改革实验。

2003—2006 年，全国第八次新课程改革分别在小学、初中、高中全面启动，区教研室承担新课程教学实施的组织与指导工作，并在全市首先研究制定《东丽区课堂评价标准》（试行），建立“区—教研片—学校”三级教研网，形成重研讨、重实践、重反思、重互助的新型教研思路。举办东丽区第一届“双优课”评选工作，与天津市教研室联合举办“区中小学美术教学成果展暨校本教研成果交流展”的大型活动，组织区级“转变教育观念优秀课”研讨会和区级“课改优秀课”评比活动，邀请天津市教研室曹全路主任及 10 个学科 16 名高中教研员到一百中学听课调研。

2007 年，全国高效课堂研讨会

2007 年，举办区第二届“双优课”评选工作。是年 5 月，市教研室在区组织召开“天津市小学科学课堂教学交流研讨活动”，在华明中学召开由 6 省市 400 余人参加的国家级“初中数学课堂教学课题研讨会”。10 月，指导东丽一幼、钢花幼儿园晋升市一级幼儿园。

2008 年，优秀常态课和校本教研评选

2008 年，将全区中小学划分 4 个学片，开展联片教研活动，实施集中教研和网络交流相结合教研策略，小学开展“优秀常态课和校本教研评选”活动，是年 10 月，教研室就初中数学《整体建构减轻学生负担的数学和谐教学》课题，以同课异构方式在鉴开中学举办高效课堂全国研讨会，邀请市教科院王敏勤教授参会。是年 10 月，指导东丽二幼晋升市示范幼儿园工作。

2010 年，东丽区教研室发展咨询委员会成立仪式

2009 年，制定《东丽区教研室义务教育现代化建设标准达标工作实施方案》。组织区《农村小学生阅读理论与实践研究》成果交流暨小学课改总结大会。编印五册《初中新课改资料汇编》和《小学科学教学实用指南》一书。

2010 年，教研室出台《东丽区教研员定点联系学校工作制度》《教研活动考勤反馈办法》《开具教师教研活动证明的规定》等。组建“东丽教研室发展咨询委员会”，聘请市教委咨询委员等 9 人为咨询委员。主办市级初中物理课改专题研究成果展示交流会，完成第三届“双优课”评选工作。

二、获奖情况

（一）教研员获奖　1991—2009年，4名教研员分别获得市级优秀教师、市“九五”立功奖章获得者、市“十五”期间推动学前教育事业发展先进个人、市教育科研工作先进个人。

（二）教师获奖　2003—2010年，区中小学教师参加第一至七届“天津市双优课”论文获一等奖18人、二等奖64人、三等奖136人；参加第九至十三届“天津双成果”论文获一等奖1人、二等奖63人、三等奖170人。

（三）学生获奖　2007年，区中学学生参加市教研室区学体竞赛，初中语文、英语、数学、化学、物理学科获市级三等奖8人；国家级一等奖1人、二等奖5人、三等奖38人。参加信息学奥赛获市级二等奖6人、三等奖12人。2008年，高中生物、物理、数学、英语学科及初中语文、英语、数学、化学、物理学科，获市级二等奖2人、三等奖16人；国家级一等奖1人、二等奖19人、三等奖63人。参加信息学奥赛获市级三等奖2人。2009年，初中语文、英语、数学、化学、物理学科获市级二等奖3人、三等奖13人；国家级一等奖3人、二等奖6人、三等奖46人。2010年，高中生物、物理、数学、英语学科获市级一等奖1人、二等奖10人，三等奖26人；国家级二等奖2人、三等奖6人。

第二节　教科研究

一、建立机构

1986年3月，成立教科室，10月区教育学会成立。1994年9月，教科室撤编与教研室合并，建立学术委员会。2001年，教科室独立设置，隶属区教师进修学校。2005年，教科室归属教研室。

二、研究成果

1986—1990年，区教科室创办《教育科研》双月刊。1986年，市教科所副所长余强基来区作《教育科研与教育改革》报告，中央教科所心理学研究室李静流研究员作《关于教育心理学的课堂应用》报告。1987年2月，北京师范大学成有信、孙喜亭和孟庆茂教授来区举办教育科研方法讲习班。中央教科所副所长滕纯研究员、北京师范大学林崇德教授、四川省社科院查友梁研究员等专家到区讲学。区教科室全体成员参加市“七五”期间教育科研重点课题“赵沽里小学整体改革实验研究”工作，中央教科所领导和研究人员，全国部分中小学领导和教师来到赵沽里小学参观。1990年1月，由中央教科所教法研究室、天津教科院普教所、市教育学会、区教科室共同主办的“首届识字教学科学研讨会”在区召开，全国28省市自治区460余名代表参会，中央教科所滕纯副所长作“教育改革与教育科研”专题报告，并论述识字与扫盲的关系。会上，有6种识字教学流派的代表作学术报告，区教科室王桐生“关于猜认识字的几个理论问题”为其中一派。市教科院与区教科室共同编印《九种识字法》一书。

1991—1995年，区教科室在丰年中学进行“初中生心理教育实验研究”的课题研究。教科员霍克林主持“看读写三结合作文教学模式研究”（在实验小学）和“读启练阅读教学模式研究”（在丰年小学）。

1996年5月，市教育科学研究院在区召开市中小学心理健康教育现场会，市教科院院长、所长和市实验中学、新华中学的教师代表参加会议。由于区中学的心理健康教育研究工作成绩突出，教科院编辑《天津市教科院中小学心理健康教育课题组暨丰年中学心理健康教育汇报会资料》。1997年11月，在区召开市“读启练阅读教学模式”和“看读写三结合教学模式”课题实验阶段汇报会，编印《“读启练阅读教学模式”和“看读写三结合教学模式”课题实验阶段汇报会资料》。

2001—2005年，区教科室加强课题工作的管理与指导，立项结题的课题有国家级1项、市级3项、区级74项。其中，区教科室主持中国教育学会“十五”规划课题《东丽区区域性自信教育研究》，40余所中小学和500余名教师作为实验校和实验教师参与课题研究。2001年9月，召开区第一届科研规划会议。2004年12月，区教育学会创办东丽区第一本教育类杂志——《东丽教育》。

2004年，区教育学会创办东丽教育杂志

2006—2010年，全区立项并结题的课题有国家级3项、市级20项、区级30项。其中，区教科室主持市教育科学规划办“十一五”教育科研规划课题《培养郊区中小学生学习自信心的研究》，10余所中小学作为实验校参与课题研究，该课题被市规划办的专家评审组评为A级课题。2008—2010年，区被批准立项和结题的市教委重点调研课题8项。其中，教科室承担《关于进一步完善东丽区家庭经济困难中小学生资助体系的对策研究》《东丽区义务教育学校现代化标准建设实施中的问题及对策》《关于完善未来教育家奠基工程的对策研究》3项。一百中学、实验小学等12所学校分别承担中国教育学会和天津市教育学会“十一五”规划课题的研究工作，并被批准挂牌为市“十一五”教育科研基地。

三、获奖情况

1996—2000年，区教研室1人参加初中一年级《思想品德》教材编写工作。并获得“天津市基础教育“八五”期间科研先进个人”称号。

2000年9月，区教科室编印《自信教育读本》《自信教育个案集》《自信教育研究参考资料》《自信教育研究工作通讯》等资料。2003年6月，《天津教育》以《撑起一片自信的蓝天——天津市东丽区自信教育纪实》为题，对课题研究进行专项报道，此项课题在区第四届基础教育教学成果评选中获一等奖，被市教委评选为第四届基础教育教学成果三等奖。

2003年，区教科室组织区科委科技促进奖成果申报推荐，13项成果获奖，其中教科室4项成果获奖。区教科室组织2007年和2009年成果申报推荐，有12项成果被认定为区科技促进奖。

2010年，区教科室组织2008和2009年度调研课题成果，参加市教委第二届优秀调研成果评选活动，滨海实验学校《关于农村初中学校高效教学典型经验的研究》和教科室《东丽区义务教育学校现代化标准建设实施中的问题及对策》分获一、二等奖。编辑《高效教研助推高效教学之课题研究篇——课例分析与说教材资料汇编》。

第三节　教育学会

1986年10月，区教育学会成立，是年12月召开首次理事会。1994年9月，建立学术委员会，产生会长、秘书长。区教育学会主要工作：制定全区教育科研规划，对全区各类学校教育科研进行管理、指导、检查、评估，开展全区各类学校领导与教师教育科研培训与指导工作，做好全区教育科研课题立项审批、研究及教育科研推广宣传工作。2004年12月，创办了区教育类杂志——《东丽教育》，为广大教师进行学术交流提供展示的平台，并进行全区群众性学术交流活动。

2010年，区教育学会拥有注册会员2723人，会员来源区中小学、幼教、职教中心及直属单位的一线教师。

东丽区志

第二十九编

科学技术

1979年始，科技兴区战略推动区经济与社会的快速、持续发展。科技总体水平始终保持全国全市先进行列，至2010年连续保持“全国科技进步考核先进区”“国家可持续发展实验区”“全国科普示范区”称号。科技创新创业载体建设，获首批“国家民用航空航天高新技术产业化基地”“国家高端重型装备制造业高新技术产业化基地”“国家半导体照明高新技术产业化基地”“国家节能装备特色产业基地”。成为天津市国家级高新技术产业化（特色产业化）基地和国家级高新技术园区最为密集的区县。被国家知识产权局认定为首批“中小企业知识产权战略推进工程”实施单位。区科技企业孵化器被认定为国家级科技企业孵化器。经国家质监总局批准建设国家级辐射处理与检测重点实验室成为全国同类型的第一座国家实验室。高新技术企业、民营科技型企业，科技型中小企业发展较快，小巨人企业不断涌现。科技成果向现实生产力的转化明显加快，科技对区经济与社会的发展贡献越来越大。为建设国际型、知识型、生态型、创新型津滨新城区提供强力支撑。

2007年，天津市可持续发展
实验区工作研讨会在东丽区举行

2009年，东丽区人民政府与天津
科技大学合作签约仪式

2010年，第四届中国专利周天津地区活动启动仪式

第一章　科技组织

1979 年，区科委与区科协合署办公，是主管全区科技工作职能部门。1990 年，实现区、乡镇街、村三级科技组织管理体系。1995 年，区国有企业、民营企业、事业单位均成立科研机构。2007 年，科委加挂区知识产权局牌子。2010 年，全区从事科技活动的人员达 12875 人。

第一节　管理机构

1979年，区科学技术委员会与区科学技术协会实行合署办公。1980年12月，区计量管理所隶属区科委。1982年2月，区计量管理所划出。1984年5月，科协分出单设，区地震办公室并入科委。1984年7月，区科技开发咨询服务中心纳入科委。1989年10月，区地震办隶属区农委管理。

1990年，区政府成立科技兴农领导小组，选派科技副乡镇长，加强乡镇科技工作的领导。全区各乡镇街建立科委，各村确立科技主任。实现区、乡（镇、街）、村三级科技组织管理体系。

1997年7月，区科委内设机构有：办公室、计划科、管理科。2001年12月，根据《天津市东丽区党政机构改革实施方案》，内设机构有：办公室、计划科、管理科、知识产权科，另设事业单位区科技开发咨询服务中心。2005年7月，区科委与区科协合署办公。8月，知识产权科更名为知识产权办公室。2006年8月，区生产力促进中心成立，属科委直接管理的事业单位。2007年，区科委加挂区知识产权局牌子。2010年，区科委内设：办公室、综合计划科、科技成果科、科技发展科、知识产权科。下属事业单位：区科技开发咨询服务中心、区生产力促进中心、科普培训中心。

第二节　科技队伍

1979—1995年，区科技组织逐步建立，至1995年，建成区级学会协会研究会17个，9个乡镇全部组建科技队伍，各村民委员会增设科技主任，区内国有企业、民营企业、事业单位均成立科研机构。区委、区政府制定《关于实施人才强区战略的意见》《东丽区关于鼓励引进和培养人才的若干规定及实施细则》《东丽区人才发展资金管理使用办法》等政策文件，营造育才、聚才、引才、用才的良好环境。区政府拨出专款400万元，用于人才的培养、引进、奖励。由于大专院校培养的专业人才逐渐增加，分配到区内的科技人员逐年上升，科技队伍不断发展壮大。

2000年，全区国有企业事业单位（不含驻区单位）专业技术人员达到5057人，其中具有高级技术职称的81人、中级职称的1193人、初级职称的3783人。乡镇企业的专业技术人员1624人。其中具有高级职称6人、中级职称32 人、初级职称1586人。对工作在农业第一线的农民，经考核评定，评定出专业科技人员211人，其中农民技师25人、助理农民技师45人、农民技术员141人。科技人员总计达到6892人。

2005年，全区企事业单位获得大专和专业资格证书的专业技术人员11308人，其中高级职称技术人员414人、中级职称技术人员2939人、初级职称技术人员7955人。全区引进各类人才5000多人，其中具有高中级技术职称人员4500多人。直接从事农业生产的农民中有5157人取得绿色证书。

2010年，全区引进高级职称人才17人、博士8人、专业硕士研究生68人。区培养享受国家政府津贴高层次人才1人、正高级人才6人、博士3人。全区企业从事科技活动人员达到12875人。通过与国内外知名大学和中国科学院相关科研院所签订战略合作协议，相继有高学历、高职称、高技能的专家学者200多人到区科技企业指导科技工作，为企业发展出谋划策，解决技术难题。

第三节　职称评定

1980 年，开始对全区专业科技干部实行系统业务考核、职称评定和晋升工作。成立东郊区科技干部技术职称评定委员会。开展科技干部技术职称的套改、复查、确定和晋升工作。14 名科技人员晋升为农艺师、畜牧兽医师、工程师。全年经套改、晋升的科技人员 68 人。1983 年 9 月，职称评定暂停。1985 年重新进行摸底调查，1986 年进行复查。1987 年，技术职称评定工作重新开始，全区参评企事业单位 50 个，参评专业技术人员 842 人。评出高级技术职务 8 人，中级技术职务 147 人，初级技术职务 687 人。初级技术职务含助理技术职务 381 人，技术员职务 306 人。开展农民技术职称的评定工作，评出农民技术员 270 人。1988 年，对农学、蔬菜等专业的农民技术人员分别进行套改晋升工作，25 人晋升为农民技师，45 人晋升为助理农民技师。

为加强科技人员的管理，制定《东郊区专业技术人员管理办法》《东丽区专业技术人员考核标准》《东丽区继续教育管理制度》。建立专业技术人员岗位责任制与专业技术人员考核办法，设立专业技术人员档案。在 1992 年与 1994 年全市统一考核评比中，区获“继续教育先进区”称号。

1992 年，职称评定与管理工作由区科委移交区人事局。

第二章　科技管理

20 世纪 90 年代，区提出“科技兴农、科技兴区”战略目标，制定“七五”至“十一五”科技发展规划，推进科技事业科学有序发展，取得显著成果。进入 21 世纪，区陆续制定多项科技发展政策及科技管理措施，促使民营科技发展，知识产权意识增强，加速科技成果转化。经生产力促进中心的体制机制改革、引导和配置科技成果的转化，提高企业管理水平及研发团队技术创新水平，为科技型中小企业技术创新提供服务保障。

第一节　规划与计划

1990 年，区提出“科技兴农”战略目标。1992 年，区提出“科技兴区”战略目标。1995 年，区作出《关于实施科教兴区发展战略的决定》《关于“科教兴区”的实施意见》。改革开放以来，制定《科技发展“七五”规划（1986—1990）》《科技发展“八五”规划（1991—1995）》《科技发展“九五”规划（1996—2000）》《东丽区“十五”科技发展规划（2001—2005）》《东丽区“十一五”科技发展规划（2006—2010）》。2004 年，编制《东丽区科技发展战略》，完成《东丽区中长期科技发展规划纲要（2006—2020）》。通过科技规划、科技计划的制定与实施，使科技工作明确指导方针、发展目标、重点任务，推进科技事业的科学有序发展，为全区经济与社会的全面、协调与可持续发展提供强有力支撑，并取得明显的效果。

第二节 科技政策

一、科技政策制定

2000—2005年，区制定《关于加速科技进步和技术创新的实施意见》《东丽区科学技术奖励办法》《东丽区促进招商引资、提高企业经济效益的奖励政策》《东丽经济开发区吸引高科技、高效益项目土地出让金优惠奖励办法》《东丽区科技发展专项资金管理办法》。

2006—2010年，颁布《关于建设创新型城区的意见》《东丽区关于实施科技发展规划纲要建设创新型城区有关政策》《东丽区科技创新专项资金管理办法》《关于进一步推进科技创新建设创新型城区的实施意见》《关于进一步落实推进科技创新建设创新型城区的实施办法》《东丽区关于支持科技型中小企业加快发展的实施方案》《东丽区科技型中小企业贷款担保平台建设方案》《东丽区科技风险投资基金设立方案》《关于促进民营科技企业加快发展的若干意见》《东丽区科技发展专项资金管理暂行办法》《东丽区科技创新专项资金管理办法》《东丽区科技成果鉴定计划项目管理办法》《东丽区重大科技计划项目管理办法》《东丽区关于鼓励专利申报、实施专利战略资助办法》等科技管理措施办法。

二、科技政策实施

区科技政策实施，列入各级领导的工作日程，科技管理体系建设得到加强，加速全区科技进步，总体水平始终排在全市农口区县前列。科技发展规划及相关配套政策的制定，提出率先建成创新型城区的奋斗目标，明确科技工作思路和重点工作任务，优化区域科技发展环境。2010年，全区有39家企业被认定为高新技术企业。

民营科技企业有关政策的制定促进了区民营科技企业的发展，民营科技企业技工贸总收入逐年攀升，2005年达到12.11亿元、2006年27.27亿元，比2004年的9.8亿元分别提高23.57%、178.26%。2006年以后，民营科技企业列入科技型中小型企业。

鼓励专利申报、实施专利战略资助办法的实施，使专利申请量由2002年的183件上升到2005的年301件、2006年532件、2010年5964件，全区知识产权意识明显增强，自主创新能力显著提高。

科技创新专项资金管理办法的出台，为全区企业及科研单位吸引优秀人才，引进具有国内外先进水平的高新技术，科技型中小企业创新发展与科技成果转化，发挥重要作用。

第三节 改革创新

2010年，区科委针对专利资助政策、知识产权保护、专利申请等内容开展8期培训讲座，累计培训200人次。

开展生产力促进中心体制机制改革，采用市场化运作方式，引导和配置成果转化，精益管理培训、信息化、投融资、知识产权、人才、管理咨询等专业8个中心，为科技型中小企业技术创新提供服务保障。

成果转化服务中心成功组织举办第五届中国LED（半导体照明）产业高峰论坛；精算管理研究所组织“精算管理与企业增效工程”培训和创新工程师培训各4期，累计培训450人，提高企业管理者生产工程管理水平及研发团队技术创新水平；投融资服务中心推进成立区科技产业投资公司，设立第一支股权投资基金，帮助企业实现高效股权和债权融资，解决企业融资难问题，为企业解决贷款1215万元；知识产权服务中心建立专利储备池；人才服务中心组织30余家企业参加招聘专场，为企业提供人才派遣服务，推进校企合作，建立实习就业基地。

培训企业与高校及科研院所工团建立产教研联合体2010年底累计达30家。征集企业科技技术、项目需求，开展科技考察，走访中国科学院、哈尔滨工业大学、兰州大学等7家科研院所和大学，调研科技型企业110家。

促成滨海国际花卉科技园区与中国科学院、美国密西根州立大学合作，中国科学院天津产业技术创新与育种中心观赏植物分中心落户，与南开大学、天津科技大学、兰州大学建立全面科技合作关系等。

第三章　科技成果

1981年，区颁布加强科技成果管理和执行科学发明技术改革奖励条例。至2010年，共召开科技奖励会议20次，表彰区科学技术奖486项，表彰获得区级以上科技奖励的科技人员，对特殊贡献的科技人员进行重奖。共实施区级以上科技项目1506项，其中列入市级以上科研项目363项，获市级成果登记448项，完成科技项目鉴定156项，获市级以上奖励89项。

第一节　科技项目

1981年，区政府颁发《关于加强科技成果管理和贯彻执行科学发明技术改进奖励条例的通知》，首次提出奖励科技人员的政策文件。1984年开始，召开全区性科技表彰大会，连续进行3年后，由于“反对物质刺激”间断。1991年，重新恢复奖励制度，制定《东丽区科学技术奖励办法及实施细则》，使科技奖励更加科学化、规范化。1984—2010年，召开科技奖励会议20次，表彰区科学技术奖486项，表彰获得区级以上科技奖励的科技人员。区政府每年拨付专用奖励资金，对科技人员给予物资奖励，对有特出贡献的科技人员进行重奖。如：润拓生物技术有限公司总经理李守军、春发食品配料有限公司总经理张俊杰、德凯化工有限公司总经理张克栋获得重奖。

1979—1990年，区委区政府制定科技兴农主要的目标是，围绕种植业、养殖业进行科学技术试验、示范、技术推广，共引进、试验、示范、推广科技项目155项，其中列入市级计划项目18项。获得市级以上奖励19项。

1991—2000年，区委区政府制定科技兴区战略，围绕全区“津滨辅城”建设目标，实施引进、试验、示范和推广区级以上科技计划项目389项，其中有53项列入市级以上科技计划。完成科技项目鉴定31项。获得市级科技成果登记66项。获得市级科技奖励26项。

2001—2005年，全区科技工作按照“加强技术创新，发展高科技，实现产业化”的战略方针，以科技成果的转化和推广应用为重点，围绕建设国际型、知识型、生态型现代化津滨新城区的奋斗目标，实施良种化、农业产业化、高新技术及产品开发、采用新技术、信息化建设、软科学六大科技专项计划，加快科技成果向现实生产力的转化，为区主导行业和特色产业提供引领和科技支撑。5年里，共实施六大科技专项345项，其中列入市级以上科技项目64项。完成科技项目鉴定65项。市级科技成果登记130项。获得市级科技进步奖15项。

2006—2010年，科技工作围绕区委区政府建设创新型城区的战略目标开展工作，5年实施区级以上科技计划项目617项，其中列入市级以上计划项目228项。完成科技项目鉴定60项，完成市级科技成果登记252项，获得市级科技奖励8项。

第二节 科技推广

一、农业科技推广

1979—1990年，科技工作主要以农业技术推广，实用科技成果应用，优良品种选育与引进为主要内容。实施区级以上科技项目145项，其中列入市级计划项目18项，推广新品种40多个，30多项新技术在全区推广。

1991—2010年，在科技成果推广，实现产业化方面成效显著。在农业上，重点实施8万亩水稻增产综合配套技术、东丽放心菜等八大示范工程，引进和培育优良品种，覆盖率达到98%。如：美国的抗虫棉、台湾的蝴蝶兰、食用菌翅鲍菇、观赏鱼实现产业化发展。涌现出依靠科技进步发展起来的世纪兴种养业有限公司、方大禽业、绿岭公司、润拓生物制药（禽药）有限公司成为农业的龙头企业。大顺园艺装饰公司、华泰现代农业、森林农业科技园区各具特色，发挥科技示范作用，涌现刘明海等一批农业科技示范户，成为农业科技成果推广、转化，实现产业化的典范。

二、企业科技推广

以企业为主体、市场为导向产学研相结合的技术创新体系初步形成，精诚机械有限公司与天津大学联合开发的大型机床设备替代进口，打破国外垄断，实现产业化发展。春发食品配料有限公司和和天津科技大学联合开发研制以禽骨为原料生产的天然级肉味香精占领国内市场。2001—2005年，实施高新技术产业化项目20项。

三、科技产业化

2006—2010年，坚持以科技成果转化为中心认真抓好良种化、农业产业化、高新技术及产品开发、采用新技术、信息化、软科学6个专项计划的实施。科技成果推广及高新技术产业化项目达到30多项，推进天津市精诚机床制造有限公司与天津大学共同合作的风力发电大规格内齿圆柱齿轮铣齿机等10个产学研合作项目实施，重点进行安全性锂离子动力电池正极材料磷酸铁锂的产业化等10项高新技术成果产业化项目的实施。

第三节 科技获奖

一、农业

1996—2010年东丽区农业获奖科技成果一览表

表29-1

获奖单位	成果名称	类别、等级	授奖部门	年份
水利局、么六桥回族乡政府、华明镇政府	水稻综合节水及合理利用再生水灌溉技术的研究应用	科技成果三等奖	市人民政府	1996
畜牧水产局	十万只肉羊综合技术开发	星火科技二等奖	市人民政府	1997
农林局	三旱种稻及配套技术的研究与应用	科技成果三等奖	市人民政府	1997
林业站	盐碱地造林适生树种的引进与推广	科技成果三等奖	市人民政府	1997
天津市利农全元植物营养素总厂	多元素高效复混肥料的研制与应用	科技成果三等奖	市人民政府	1997
畜牧水产局	效益型水产养殖综合技术开发	星火科技二等奖	市人民政府	1998
农林局、科学技术委员会	万亩蔬菜保护地三高栽培模式技术开发	星火科技三等奖	市人民政府	1998
卫生防病站	应用酶联免疫吸附试验检测肠出血性大肠杆菌0157H7方法研究	科技进步奖	市人民政府	2000
畜牧水产局、天津市畜牧兽医研究所	应用繁殖新技术培育优质高产肉羊的研究	科技进步奖	市人民政府	2000
农林局	硅肥的研制及综合应用技术开发	科技进步三等奖	市人民政府	2001
农林局、天津农学院	枣优新品种引进、优选及配套栽培技术研究	科技进步三等奖	市人民政府	2003
天津市润拓生物技术有限公司	免疫调节剂胞肽生物预防畜禽疫病的研究	科技进步二等奖	市人民政府	2003
水产技术推广站	淡水主养套养南美白对虾技术示范	科技进步三等奖	市人民政府	2004
畜牧水产局	东丽区畜牧特种养殖产业化研究	科技进步三等奖	市人民政府	2006
农业技术推广中心、天津农学院	硅肥在水产养殖中应用技术研究	科技进步三等奖	市人民政府	2007

二、工业企业

1996—2010年东丽区企业获奖科技成果一览表

表29-2

获奖单位	成果名称	类别、等级	授奖部门	年份
有容通信线缆有限公司	聚氯乙烯绝缘聚氯乙烯护套数字设备电缆	科技成果二等奖	市人民政府	1996
五星电子仪器厂	DJC-3电动机经济运行测试仪	计量成果三等奖	市人民政府	1996
计量技术服务中心	FM200-1A 型液态物料定量灌装机	计量成果三等奖	市人民政府	1998
津东颜料厂	造币用颜良-永固黄、耐晒胭脂红	科技成果三等奖	市人民政府	1998
起重电机厂、特种电机研究所	GD 系列辊道用三相异步电动机	科技成果二等奖	市人民政府	1999
扫地王专用汽车有限公司	机场专用新型清扫车	星火科技二等奖	市人民政府	1999
威德电子系统有限公司	VID-01 A/B 散推物料体积测量仪器系统	星火科技二等奖	市人民政府	1999
福田锅炉有限公司	福田常压系列燃油燃气锅炉	星火科技三等奖	市人民政府	1999
有容蒂康通讯技术有限公司	组合绝缘数字同轴射频电缆	科技进步二等奖	市人民政府	2002
特种电机研究所	YDF2、YBDF2、YLT 系列阀门电动装置用三相异步电动机	科技进步三等奖	市人民政府	2002
国威给排水设备制造有限公司	水力自控阀	科技进步三等奖	市人民政府	2002
春发香精香料有限公司	天然级肉味香精大规模现代化生产技术开发	科技进步三等奖	市人民政府	2003
市凯华绝缘材料有限公司	压敏电阻、陶瓷电容器专用阻燃环氧包封料	科技进步三等奖	市人民政府	2003
康达膜材建筑工程有限公司	膜结构建筑设计技术开发与应用	科技进步三等奖	市人民政府	2003
三元机电设备厂	SY-20型日光温室卷帘机	科技发明三等奖	市人民政府	2004

续表29-2

获奖单位	成果名称	类别，等级	授奖部门	年份
天大胜远中央空调有限公司	VH型燃油（气）真空热水锅炉	科技进步三等奖	市人民政府	2004
特种电机研究所、起重电机厂	YDZ系列工程钻机用三相异步电动机	科技进步三等奖	市人民政府	2005
精诚机床制造有限公司	YH603G型坐标轴式数控弧齿锥齿轮铣齿机	科技进步三等奖	市人民政府	2005
天津信汇塑料化学品有限公司	造纸专用液体染料阳离子棕Y	科技进步三等奖	市人民政府	2005
瑞普生物技术集团有限公司	耐热保护性脾转移因子口服液生物预防家禽疫病的研究	科技进步三等奖	市人民政府	2007
精诚机床制造有限公司、天津大学	轻型汽车后桥弧齿锥齿轮制造成套数控装备的研发	科技进步三等奖	市人民政府	2008
春发是屁配料有限公司、天津科技大学	酵母菌表达风味强化肽的研究与开发	科技进步三等奖	市人民政府	2008
天津瑞普生物技术集团有限公司	逆流提取与超滤纯化联用制备中兽药注射液蒲地兰的研究	科技进步三等奖	市人民政府	2008
瑞普生物技术集团有限公司	重组鸡基因工程α-干扰素	科技进步三等奖	市人民政府	2009
德凯化工股份有限公司	活性染料节能降耗清洁生产新工艺	科技进步三等奖	市人民政府	2010

第四章　科技服务

1979年始，区科委强化科技服务工作，重点抓星火计划及知识产权的培训。1984年始，指导实施《中华人民共和国专利法》，使科技创新及参予市场竞争充满活力。2001—2010年，全区申请专利6866件，授权专利达3504件。为拓展科技服务领域，探索建设多种方式的中介服务体系，开展体制机制改革，由生产力促进中心出资成立8家专业化服务公司，实现行政手段到依靠市场手段的转变。建立科技投融资、培训、人才交流引进、知识产权、孵化器、技术转移、信息化等服务平台，成为区内社会化科技服务体系的重要力量。

第一节　知识产权

一、专利工作

（一）**机构**　2003年6月成立区知识产权办公室。2007年7月，建立区知识产权局，制定《东丽区关于鼓励专利申报、实施专利战略资助办法》；2010年，区政府制定《东丽区知识产权战略实施方案》专利工作进入科学化、规范化轨道。

（二）专利申请、授权　2003年，制定《东丽区关于鼓励专利申报、实施专利战略资助办法》，对申报专利的企业或个人实行资助。2005年，区财政拨付22.32万元专款给予支持。全区申请专利由2001年的138件上升到2005年的301件。授权专利由2001年的65件上升到2005年的124件。2001—2005年，申请专利901件，授权专利504件。2006—2010年，专利申报进入高峰期，专利申请数达到5964件，授权专利数达到3000多件。

（三）专利工作成效　2001年、2004年，专利工作获得市知识产权局表彰。2009年，被市知识产权局推荐为全国知识产权局系统执法先进集体。2010年，被国家知识产权局认定为首批“中小企业知识产权战略推进工程”实施单位。每年在《中华人民共和国专利法》实施纪念日、世界知识产权日开展纪念活动，2010年，开展8期专题培训讲座，培训200多人。搭建知识产权交易平台，同天津工业大学、兰州大学合作共建专利流转储备池，解决高校专利转化率低和企业核心竞争力不高的问题。落实国家中小企业知识产权战略推进工程，“东丽区先进装备制造业产业集聚区”项目被国家知识产权局认定为首批中小企业知识产权战略推进工程实施单位。德凯化工股份有限公司“活性黑 KN-B 中酸性介质耦合的数据化控制方法”经专家评审，获得市专利优秀奖。

二、专利项目选介

（一）天津瑞普生物技术集团有限公司　1998年成立，是集动物药品研发、生产、贸易、投资于一体的高新技术企业，拥有华北地区规模最大、品种最全、通过国家GMP认证的现代化动物药品生产基地。连续8年荣获“农业部兽药质量优秀企业”，入选“中国动物保健品50强企业”，被科技部、农业部、中国畜牧兽医学会联合授予“感动中国畜牧兽医科技创新领军企业”。2006年，经行业品牌价值权威机构调查评估，荣膺“中国动物保健品行业最具影响力品牌”。瑞普集团以“知识产权创新”作为核心竞争力，发展自主技术创新体系。2010年已形成一支由8名博士、22名硕士为首的国内一流研发团队，建立1个省级新型动物生物药品工程中心、1个省级实验动物中心、1个市级新兽药创制中心，建设面积6000平方米达到国际先进水平的动物生物制药工程中心。集团自2004年建立知识产权部，设立2名专职人员，外聘1名专家专门负责集团知识产权工作，并制定知识产权战略。2005年，入选全国第三批企事业知识产权试点单位。至2007年5月，瑞普集团共组织申报国家发明专利207件。知识产权创新为集团发展奠定坚实基础，提供源源不断新产品和新技术，瑞普集团已有2个专利产品获得国家二类新兽药证书，6个专利产品获得三类新兽药证书，98个专利产品取得国家标准。知识产权每年创造上亿元经济效益，专利产品为公司销售收入的60%。

（二）天津市国威给排水设备制造有限公司 专门从事阀门制造的一家民营科企企业，1999年至2000年期间申请4项实用新型国家专利：微阻缓闭止回阀、深井泵自控阀、增压泵自控阀、微阻浮球阀（节水型浮球阀）。为将专利迅速转化为产品推向市场，经过小试、中试两个阶段，专利转化工作获得巨大成功。由深井泵自控阀、增压泵自控阀、节水型浮球阀组成的“水力自控阀”于2002年获区科技进步奖二等奖、获市科技进步奖三等奖，2003年获“国家重点新产品”证书。经市科委授权组织权威专家鉴定，结论是：“该项目的研制是成功的，技术属国内领先，达到国际同系列产品水平。可调节的控制方式和消除水击的结构设计，均填补国内空白。”

该企业系列产品通过ISO9001：2000和ISO14001：2004认证、国家“企业良好行为”（标准化）认证，保证了优质产品和良好服务。企业销售的产品中，专利产品占销售额的89.6%。该企业2002年以来连续4年获市‘重合同、守信用’企业称号。产品销往全国26个省市的部份重点水工业单位使用，其中，引黄入晋、南水北调、大庆乙稀、海南炼油、天钢工程等国家和省市重点工程都用上国威产品。

三、专利试点企业

（一）2006—2010年天津市级专利试点企业：润拓生物技术有限公司、中宝制药有限公司、埃柯特阀门控制设备有限公司、德凯化工有限公司、松正电子有限公司、化学试剂研究所、正平机械有限公司、瑞普生物技术有限公司、应氏服饰有限公司、大顺园林科技有限公司、中国民航大学、春发食品配料有限公司、赛瑞机械设备有限公司、中环温度仪表有限公司、钢铁集团有限公司、精诚机床制造有限公司、二十冶建设有限公司、铁路信号工厂、川铁信号设备公司、君晟成套设备有限公司、中国汽车技术研究中心、绿动植物营养技术开发有限公司、天维移动通讯设备有限公司。

（二）2008—2010年天津市知识产权战略研究试点企业：瑞普生物技术有限公司、德凯化工有限公司、春发食品配料有限公司、精诚机械有限公司、化学试剂研究所、铁路信号工厂、正平机械新技术有限公司、中宝制药有限公司、埃柯特阀门控制设备有限公司、川铁信号设备公司、有容蒂康通讯技术有限公司、二十冶建设有限公司、滨海国际花卉科技园区股份有限公司、天女化工集团有限公司、万新传动设备有限公司、应氏服饰有限公司、中环温度仪表有限公司、富士达自行车有限公司、柯瑞斯空调设备有限公司、神川机电有限公司、赢事达办公用品厂、赛思科技有限公司、利威超硬技术发展有限公司、建城地基基础工程有限公司。

第二节　生产力促进中心

一、体制机制改革

2006年8月，成立区生产力促进中心，隶属区科委。2008年，通过ISO9001：2000质量管理体系认证。2010年，通过ISO9001：2008质量管理体系认证。2010年，为进一步拓展科技服务领域，探索建设多种方式的中介服务体系，开展体制机制改革，即由生产力促进中心出资成立8家专业化的服务公司，采取市场化运作的方式，初步实现生产力促进中心从依靠行政手段到依靠市场手段的转变。形成以已有的4家孵化器为载体，以科普培训中心为补充，以8家服务公司为中介服务机构的全方位科技创新服务体系。发展目标以提高区社会生产力水平和科技型中小企业的创新能力、市场竞争为总体目标，以发展科技型中小企业群体和创新集群为重点，以营造有利于技术创新的资本、技术和人才等要素环境为建立起科技投融资服务平台、培训服务平台、人才交流引进服务平台、知识产权服务平台、孵化器服务平台、技术转移服务平台、信息及信息化服务平台，成为区内社会化服务体系重要力量。

二、主要工作

（一）股权投融资平台建设 生产力促进中心成立后，设立第一支股权投资基金，与天津易邦创展股权投资基金管理有限公司签订了投资合作协议，共同在区合作设立一支2亿元的股权投资基金，先期易邦创展已经注册成立1.8亿元的股权投资基金，后期进行增资，使之规模达到2亿元。搭建科技投资平台，发展科技型企业和科技小巨人成长计划，搭建全区科技投资平台，制定区科技产业投资发展有限公司方案，并成立注册资金为2亿元的天津东发科技产业投资发展有限公司。搭建企业投融资对接平台，帮助企业实现高效股权和债权融资，解决企业融资难问题。组织大连银行和浦发银行等银行与企业对接，解决企业贷款问题。重点帮助神川、恒泰铁路信号厂等落实科技贷款1080万元。搭建风投与企业对接的股权融资平台。组织召开来自天津、北京、上海等地7家股权投资机构以及银行、证券公司和律师事务所等共12家机构参加的君晟公司的项目发布会。组织天创投、易邦创展等风险投资机构组织考察川铁、君晟、奥瑞克等20多家，搭建股权融资平台，促进企业与股权投资机构的合作，实现企业的快速发展。加快高新技术企业的发展，组织科技政策、高新技术企业申报培训，根据企业情况，开展服务指导，帮助企业提升自主创新能力及核心竞争力。

（二）服务与培训 2009—2010年，深入企业76家，调研指导高新技术企业认定工作。2年内新认定高新技术企业31家，全区累计达到40家。组织高新技术企业申报2010年国家火炬计划重点高新技术企业。中国汽车技术研究中心和市川铁信号设备有限公司被评为2010年国家火炬计划重点高新技术企业。实施针对企业不同层次人员培训，促进企业人员素质和能力的提高，为科技企业的发展起到良好的促进作用。知识产权服务多点推进，通过与大专院校及科研院所合作，汇集各高校与科研院所专利于专利流转储备池中，同时收集科技型中小企业的专利技术需求，将两者资源进行配置。2010年，流转储备池内专利总量达到2083项。开展知识产权咨询服务，年均专利申请服务达到1000件以上。发展信息咨询及信息化服务，降低企业创新成本，推动企业信息化建设，帮助五矿钢铁工贸有限公司等6家企业和卫生局等10多家委办局实施信息化项目。推动华明新市镇、卫生局健康信息平台建设。与天津中天滨海科技发展有限公司共同合作研究智慧东丽项目。

第三节 科技企业孵化器

一、民航科技企业孵化器

2003年10月，区委、区政府与中国民航学院共同投资建设“东丽民航科技企业孵化器”，专注于民航科技产业的专业孵化。实行产业化运作、官产学研金有机结合并独立运行的经营模式，充分利用中国民航学院的学科优势、资源优势，加快培育具有特色的高新技术成果和企业，创建高新技术企业群。至2005年，入驻在孵企业15家，年销售收入4000万元，转化科技成果13项，开发新产品14项。

二、科丽泰科技企业孵化器

2006年，建成区科丽泰科技企业孵化器。2007年被市科委认定为市级科技企业孵化器。2009年被科技部认定为"国家科技企业孵化器"，被科技部认定为国家高新技术创业服务中心。2006—2010年，科丽泰科技企业孵化器累计孵化企业120家，注册资金1.68亿元，投资强度776万元/亩，创造就业2000多人，实现销售收入1.5亿元。全区共有科技企业孵化器13个。

2009年，科丽泰科技企业孵化器有限公司被科技部评为"国家高新技术创业服务中心"

第四节　培训与交流

一、科技培训

（一）培训内容与方式　1979年始，培训内容从以农业科技为主逐步延伸到乡村企业、民营科技型企业。培训方式采取多层次（区、乡、村各级科技管理部门、科技示范户），多学科（农、工、商、林、牧、渔各业），多形式（长期、短期、集中、分散、试验、示范、田间、地头）。2001—2010年，全区各类科技培训300多期，培训人数达5万人。

（二）星火计划培训　1979—1995年，举办各层次星火培训，为农村培养一大批离土不离乡的科技骨干，一批学有专长的新型管理人员。区科委举办各种类型培训班280多期，培训41000多人次。1995年，举办全区处级以上领导干部科技讲座2次，120人参加。2003年，科技部认定两个国家星火计划农民科技培训星火学校，5家农村科技服务体系示范单位。开展各种科技计划的申报与管理、信息化带动工业化、高新技术企业的申报及有关政策、生态与可持续发展等专业知识和科技管理技能的培训，推动星火计划的实施。

（三）专利知识与知识产权培训　2001年始，开展专利知识与知识产权保护、专利申报，各种科技计划申报与管理、科技成果申报与管理、信息化带动工业化、高新技术企业的申报与有关政策、生态与可持续发展等专业知识和科技管理技能培训。聘请市知识产权局领导到区进行专题讲座，全区处级以上领导干部参加。利用世界知识产权日开展宣传和培训，2005—2010年，举办专利知识培训30期，培训1700多人次。知识产权应用与保护意识明显增强，专利申请量逐年大幅上升，科技创新能力明显提高。

二、科技交流与合作

（一）参加科技展览　1979—1995年，区科委多次组织有关单位参加国家、市举办的科技展览会、农业展览会、星火计划博览会等活动。1996年，区参加在北京举行的全国星火计划10周年暨农业成果博览会，区有10个获奖星火计划项目参展交流，受到一致好评。华北气体公司经理刘凤祥获得国家科委授予的“星火企业家”称号。

（二）大专院校科研院所合作　加强同20个大专院校科研院所的联系与合作，不断开发新产品。万新减速机厂与天津大学合作研制的“ZCI 蜗杆减速机”获得市星火科技一等奖。天津市专用汽车分厂同国内外有关科研院所技术交流合作的“洗扫车系列开发”项目获得市星火科技二等奖。春发食品配料有限公司与大专院校科研院所及国内外专家建立广泛的合作关系，在天津科技大学食品学院建立生物工程风味实验室，天津科技大学在公司建立产业化实习基地。企业生产的咸味食品香精五大类香型，数百个品种销售到全国各地，销售收入排名行业首位。

（三）科技交流与技术贸易洽谈　2005年10月28日，区委、区政府和天津市科委、市知识产权局共同主办市2005年技术交流与技术贸易洽谈会，来自清华大学、南开大学、天津大学等33所大专院校科研院所90多个展位，涉及工业、农业、新材料、能源、环保等科技成果参加了展出与洽谈，建立合作关系67项，达成合作意向80多项。技术交流与技术贸易洽谈会，取得了圆满成功。

（四）组建产学研联合体　2006年，市花卉技术工程研究中心建成，填补区无市级技术工程中心空白。大顺园林装饰有限公司与中国科学院、天津农学院、天津市园林绿化研究所并吸收天津大学、南开大学等院校教科人员参加成立的产学研联合体。2010年，全区培育企业与高新技术研究所共同建立产学研联合体30个，累计达85个。促成滨海国际花卉科技园与中国科学院天津产业技术创新与育种中心观赏植物分中心落户东丽区。

（五）科技特派团　2006—2010年，借助天津科技大学人才、科研、技术服务优势，在全市率先开展“科技特派团”活动，组织实施“一个教授，联一个企业，兴一个项目，建一个学生就业与实习基地”四个一工程。有21名专家教授组成科技特派团与17家企业进行项目合作对接，14项科技成果成功转化。区与全国大专院校科研院所的交流合作发展加快，一大批科技成果进入企业转化，产学研一体化优势凸显，科技成果转化为现实生产力的步伐明显加快。

第五章　科技测报

1982年，区气象站由区农林局划归市气象局管理。20世纪80—90年代，区气象站主要依据市气象台和国家气候中心发出的气象资料，结合区内气象观测，经综合分析，通过信函或电话发出预报。进入21世纪，在区电视台播放天气预报。2004年，建成自动气象观测站。2006年，区气象信息网站开通，随时间社会提供气象服务。

2005—2010年，区修建7处“强震观测台”，坚持每年巡查12次。创建防震减灾知识“示范校”，完善“三网一员”体系建设，提升群测群防水平。

第一节　气象业务

一、气象预报信息观测

气象局的主要任务是完成地面一般站的气象观测，每天向市气象局传输3次定时观测报文，制作气象月报表和年报表。1980年1月，增加天象观测、能见度观测及报表的制作。1982年，增配高频无线电话。1992年，配备PC-1500袖珍计算机，取代人工编报。1999年3月，执行《加密气象观测报告电码GD-5》，每日8、14、20时3次编发加密天气测报。是年开始用计算机编写报文通过网络传输发加密天气测报。2004年，计算机制作年报的格式改成与人工制作的格式一致。是年建自动气象观测站。2005—2006年，地面气象观测为人工和自动站平行观测年。2006年，东丽气象信息网站正式开通。2006年至2007年10月，陆续建成乡镇自动气象站9个，采集的数据通过无线网络模块传送至市气象局信息中心。2007年1月，开始以自动气象站观测为主，保留全部人工观测仪器，由原来的3次定时观测改为20时人工观测一次。2008年1月，开始使用新观测规范，6月使用重要天气测报使用新标准。

二、农业气象观测

1981年9月，开展农业气象观测业务，主要项目有：农作物生育状况的观测：冬小麦、水稻。物候观测：木本植物和候鸟。土壤水分状况的观测：土钻法测土壤湿度及田间持水量的测定。地下水位、干土层、降水渗透深度的观测。2007年，撤销农业气象观测业务。

三、气象报表制作

1995年4月，正式使用PC-1500机进行数据记带、微机编制地面气象月报表，代替原人工编制的方法，1996年转入微机编制月报表，年报表仍然用手工编制。1999年年报用计算机编制。2005年正式使用自动气象数据制作月、年报表。至2010年报表用自动气象站数据制作。

四、气象预报

预报方法以市气象台预报为基础，参考市局雷达图、天气传真图，结合区域实况、地理环境，更正天气预报。农业气象预报有：春播期预报、大白菜播种期收获期预报、干热风预报、三夏预报、麦收期预报、汛期预报、初冬霜冻预报等。

五、气象信息网络

2003年，开通市气象局到区气象局2兆数字光纤，用于气象数据传输、可视会商、气象办公系统。2004年，建成了CAWS-600型自动气象站。自动站观测项目包括温度、湿度、气压、风向风速、降水、地面温度、地温。2006年，建成可视化天气会商系统，实现与区政府政务网链接。2007

年，建成9个区域自动气象站。2008年，改造完成可视化天气会商系统。

第二节　气象服务

一、气象预报信息服务

1979—2001年，农业气象预报服务工作，主要通过信函或电话将天气预报告知区政府、农委及种植专业户。2002年，开始在东丽电视台播放电视天气预报。2006年，区气象网站建成。是年，市气象局科技服务中心建成短信发布平台，为区各领导、学校提供服务。2008年，组建全区镇街乡、自然村、文教卫生系统共209人的义务气象信息员队伍，用于灾情收集、气象宣传、协助防灾减灾。是年，区气象局和博涵传媒公司在华明新市镇居民小区合作建立气象电子显示屏，共有16个住宅小区安装了气象电子显示屏，滚动播发最新的天气预报和灾害性天气预警信息。2009年6月，气象站与区水利局合作建设区防汛指挥系统，与防汛指挥部实现双向视频互动交流，为区领导提供及时的气象决策服务。

二、气象科技服务与科普宣传

1985年始，开展专业有偿气象服务，主要服务对象是各乡镇政府、各村村委会及军粮城发电厂、硫酸厂、砖瓦厂等企业，服务方式是通过电话告知、邮寄气象旬月报和气象警报接收机。1996年，区气象站服务组更名为科技服务科。2001年，开展防雷检测工作，与区电视局合作开展气象预报时段的电视广告业务。2002年，开展对新建筑物防雷装置的审核及验收工作。2005年，建成东丽防雷中心，负责区境防雷检测、验收和科技服务工作。

气象局在每年的世界气象日、安全生产月、科技周及防灾减灾日宣传活动中，利用对外开放、采用广播、电视、报纸科普宣传栏等形式宣传气象科普知识及气象灾害防御常识。结合农时提出建议，宣传气象常识。接待大、中、小学生来局参观学习，应邀作科普报告，宣讲气象常识及气象灾害防御知识，开辟网站宣传。参加历年的科技周、“3·23”世界气象日宣传咨询活动。

第三节　地震监测

一、机构

1981年1月，区地震办公室与区防雹办公室合署办公，隶属区科委管理。1989年10月，隶属区农委管理。1997年5月，与区建委合署办公。2010年3月，地震办职责划入区人防办，在区人防办挂区地震办牌子。

二、监测

2005年，按照国家地震台网在区境内测定的“强震观测台”位置，修建7处“强震观测台”。2006—2009年，每年坚持巡查“强震观测台”12次，始终保持正常测台工作。创建东丽中学、鉴开中学防震减灾知识教育“示范校”，在东丽中学建一处水井、一台模拟地动仪、一台地电观测仪、一间地震科普馆，用于开展学生防震减灾知识科普活动和水位观测、地点观测实践活动；15次深入学校为学生宣讲防震减灾技能；12次深入社区为居民宣传防震减灾知识。2010年，按照《防震减灾法》和市《防震减灾条例》规定，完善“三网一员”体系建设，着力提升群测群防水平。落实“强震观测台”维护管理制度，开展新建扩建工程地震安全性评价。完成防震减灾规划编制工作，为“十二五”期间开展区域防震减灾事业工作打下基础。2008年，荣获市地震局综合评比优秀奖，防震减灾社会动员单项奖。

第六章　信息技术

20世纪80年代始，区已逐步形成网通、联通、移通、广电通信四大网络供应商为主，覆盖区乡镇的宽带高速城域网。区广电局网络有线电视网络和综合信息宽带网（IP）城域网已覆盖全区114个行政村，实现“村村通”。2000年，制定信息化发展规划、组织实施区教育信息中心、新闻信息中心、科技信息网站、农业网站、企业网站、计划生育网站等一批重点信息化项目，实现信息资源共享。区制造业信息化生产力促进分中心，为中小企业提供全方位、多层次的科技、信息、技术、人才管理等社会服务。为区编委、审计局、工业经委等单位进行计算机专项技术培训，同时在企业中推广CAD、ERR技术取得成效。

第一节　政务信息

1998年7月，区在全市率先开通政府办公业务网。1999年，开通区政务信息网。2002年6月，开通东丽区宽带网，东丽在线网。2004年，覆盖全区的政务信息平台连接86家委办局、镇街乡和114个行政村，形成区、镇、村三级架构。区政务网不断创新，实现日常业务管理、办公自动化、内部信息资源共享，在方便群众、实现政务公开等方面发挥重要作用。推进电子政务网建设，建成政务网应用系统全区有关职能部门30个行政审批事项实现网上审批。2010年，完善政务网服务平台建设，建立区政务系统基础数据库，项目纳入区数字城市管理系统。华明新市镇、卫生局健康信息平台建设启动，10多家委办局实施信息化项目，提升信息化水平。区水务局水利监管项目、交通大队智能交通系统项目、教育局中小学幼儿园监控项目、区市园林委数字城管项目启动。

第二节　企业信息

2001—2005年，制造业信息化建设进入快速发展期，全区制造业90%采用计算机辅助设计，应用信息技术改造传统产业，提升企业竞争力，实现了较高的经济效率。春发食品配料有限公司，富士达自行车有限公司等单位实施制造业信息化示范工程，年度资金占用量均减少1000万元以上，在产供销各个环节中减少了大量能源和资金消耗浪费。信息化生产力促进分中心建立以来，加强在企业中进行信息化建设的步伐，在规模以上制造企业重点推广企业资源计划管理系统。2005年，在10家企业中推广ERP系统，如：春发香精香料有限公司应用ERP后，实现生产与经营管理的全程信息化，消除了过去无计划盲目购进的弊端、合理控制采购成本，减少资金不合理占压。企业成本降柢7%，总体成本降抵15%，有效库存提高35%，减少流动资金占用1500余万元，降低运营成本占用700万元。建立中小科技型企业信息传递网络，宣传政策、发布信息、拓宽企业获得信息的途径。“十一五”期间全区科技型中小企业多数实现信息化管理，提升了企业现代化水平与竞争力，有10多家企业实施信息化项目。2009年，赛瑞机器设备有限公司获得“天津市‘十一五’制造业信息化示范企业”称号。

第三节 农业信息

2001年，开通区农业网站和我国北方首家防病网站，随之围绕农业生产、农产品流通、农村管理、农民信息服务为重点建立农业信息网站，镇街乡、村通过农业信息网获取农业发展动态、农业科技信息、农业产品市场信息，为农村、农业、农民实行全方位的服务。军粮城镇成为农业信息化示范乡镇。2004年，金钟河蔬菜贸易中心被科技部认定为“农业信息化基地”。大毕庄蔬菜批发市场，实行计算机管理，取得较好的经济效益和社会效益。至2010年，随着现代都市型农业的发展，设施化农业、农业科技园、生态园应运而生，大顺园林、华泰农业科技园、世纪兴种养业有限公司等均采用信息化智能化管理，提升现代农业科技管理水平，取得显著的社会效益和经济效益。

第七章 科技普及

20世纪80年代始，全区建立各级各类农业科技服务组织354个，形成以区级为依托，乡镇级为中心，村级为基础，科技专业户、示范户为补充的四位一体社会化技术推广服务体系。全区拥有31个科技示范村，540个科技示范户。1987年始，区民营科技企业兴起，至2010年全区完成627家科技型中小企业市级认定。全区经重新认定的高新技术企业累计达39家。通过科普宣传，全区广大群众已形成运用科学、崇尚科学、创新科学的氛围。

第一节 科技兴农

一、农业科技培训

1979年2月，区委下发《关于举办领导干部农业科学技术讲习班的通知》对区委机关领导、机关干部、公社领导干部进行培训。提高领导干部学科学用科学的自觉性。1979—1989年，农业科技工作主要以种植养殖业为主，引进、试验、推广优良品种和先进生产技术。实施科技项目150

多项，引进推广新品种100多个，保护地栽培、黄瓜嫁接、配方施肥60项农业新技术在全区推广应用。制定《东郊区水稻模式栽培规程》，水稻生产进入规范化、科学化管理。

二、科技兴农组织

1990年，成立以主管区长为组长，由科委、农业、计划、财政、商业等部门领导干部参加的“东郊区科技兴农工作领导小组”，各乡镇也建立乡镇科委，各村确定科技主任。有60个村成立科技指导小组。区与乡镇都制定科技兴农的具体措施。区科技示范服务体系不断完善和增强。

三、社会化农业技术推广的服务体系

至1990年，全区建立各级各类农业服务组织354个，其中区级13个，乡镇级35个，村级306个。从业人员达3000人。初步形成以区级为依托，乡镇级为中心，村级为基础，科技专业户与示范户为补充的四位一体的社会化技术推广服务体系。一个以“两户”（科技专业户和科技示范户）为带头的科技兴农活动在全区展开，形成一户带几户，几户带全村的局面。到1995年，全区涌现出“两户”2580户，其中种植业1827户，养殖业753户。1993—1997年，以发展高产优质高效农业为目标，实施农业科技试验推广项目155项，重点实施“八万亩水稻增产综合配套技术”“东丽放心菜”等8大示范工程项目。4项农业示范工程项目全部通过市有关专家验收，其中“十万只肉羊综合技术开发工程“整体技术达到国内领先水平。至1993年，荒草坨乡、万新庄乡、新立镇、军粮城镇，李庄子乡被授予“天津市科技兴农先进乡镇”。全区有31个科技示范村，540个科技示范户达到市、区规定的指标要求。

四、实施放心菜工程

2001—2010年，农业科技工作进入新的发展阶段，以科技成果转化和推广应用为重点，实施良种化，农业产业化，加快科技成果向现实生产力转化。放心菜工程，将灌溉、施肥、栽培、植保等技术组装配套，推广生物农药生产的蔬菜远离化学农药污染，让人们吃上放心菜。2002—2004年，，实施放心菜面积3600公顷，开发放心菜品种10个，生产放心菜2亿千克，实现产值14600万元。

五、现代农业示范基地建设

引进名贵花卉品种、优质食用菌、蔬菜及棉花新品种，提高经济效益和市场竞争力。花卉栽培、畜牧养殖、农产品深加工技术的的推广应用，形成千亩高档花卉产业，设施化、企业化、标准化的畜牧业养殖业。农业深加工企业的兴起，拉动农业产业结构的调整升级。随着滨海新区的发展和区城市化建设的加快，农业用地大面积减少。摆脱传统的生产方式向现代都市型农业发展，积极发展设施农业、观光农业，科技工作的重心随之转变，华泰农业科技园、森林农业科技园、天津滨海国际花卉科技园、华明复垦设施农业园区、北方生态园林产业园区、大安观赏鱼养殖示范园区、滨海都市现代农业示范基地建设，取得的科技成果，推进现代都市农业快速发展。

第二节　民营科技

一、民营科技企业发展

1987 年，区民营科技企业兴起，按照“自筹资金、自主经营、独立核算、自负盈亏”的原则从无到有，有少到多，健康发展。1988—1997 年，全区发展民营科技企业 30 家。1997 年 12 月，民营科技企业全年技工贸总收入 791.9 万元，职工总数 316 人，其中科技人员 186 人（高级职称 53 人、中级职称 74 人、初级职称 59 人），资产总额 1853.6 万元，利税总额 41.9 万元。涉及机械、化工、电子等行业。1998 年 2 月，市发布《天津市促进民营科技企业发展的若干规定》《天津市民营科技企业管理办法》，为区民营科技企业发展提供动力。1998 年 6 月，区委、区政府召开推动民营科技企业发展动员大会，发布《东丽区关于促进民营科技企业加快发展的若干意见》，相继出台《东丽区关于鼓励民营科技企业发展暂行办法》《东丽区民营科技企业申办程序》等扶持政策，民营科技企业进入发展高峰期。1999 年，民营科技企业加快高新技术产品的研制开发步伐，成为带动全区科技创新的排头兵，成为经济发展的新亮点。37 家民营科技企业就有 10 多项新产品、新技术问世。2000 年，新建民营科技企业 20 家，民营科技企业技工贸总收入由 2001 年的 2 亿元上升到 2002 年的 6.03 亿元、2003 年的 8.4 亿元。2004 年，全区民营科技企业总数达到 100 家，技工贸总收入达到 9.84 亿元。2005 年，民营科技企业达到 120 家，技工贸总收入 12.11 亿元。企业涉及的行业包括：农林、化学原料及化学制品、生物制品、金属制品、日用金属制品、普通机械、通用设备、石化专用设备、汽车制造、电器机械及器材、电子及通信设备、仪器仪表、计算机应用、工程设计、生物制药等 36 个行业。2001—2005 年，经市科委认定的高新技术企业达到 10 家，成为天津开发区、保税区、高新区外获得高新技术企业认定最多的区县之一。天大胜远中央空调等 5 家企业被市科委授予“优秀民营科技企业”。2007 年，区科委继续加大对民营科技企业的服务。制定《2007 年对民营科技企业提供支持与服务措施》，建立由 32 名专家组成的专家信息资源库，对具有科技含量高、市场前景好、有发展后劲的 40 家民营科技企业给予重点服务与支持。全年新发展民营科技企业 12 家，累计共 142 家，技工贸总收入 42.88 亿元。2008 年，新发展民营科技企业 20 家，总数达到 162 家，技工贸总收入达到 57.45 亿元。

2010 年，市委、市政府出台《 天津市科技小巨人成长计划》等系列优惠政策。区立即组织实施科技小巨人成长计划，加快制定有关科技优惠政策，支持科技型中小企业发展。完成 627 家科技型中小企业市级认定，新增科技型中小企业 127 家，新增市级认定 91 家。经市级认定的科技型中小企业有初创企业 280 家、成长期企业 260 家、壮大期企业 87 家。在壮大企业中符合科技小巨人企业条件的 47 家。科技型中小企业实现总收入 342 亿元，民营科技企业全部纳入中小型科技企业管理，进入新的快速发展阶段。

二、民营科技企业选介

（一）天大胜远中央空调有限公司 1999年成立，是主要从事中央空调及相关设备的开发、研制、生产、销售、安装及售后服务的民营科技企业。是全国首家将高校科研成果同企业经营机制紧密结合，并使其转化为生产力的高新技术企业。2005年底，企业长期职工总数112人，具有大专以上学历的工程技术人员占职工总数在50%以上。全年技术性收入与高新技术产品收入占企业总收入的63%，用于高新技术产品开发经费占企业总销售额达到5.18%。主要产品有：直燃型溴化锂冷热水机组、蒸气型溴化锂冷水机组、真空热水机组、水源热泵机组、ZK系列组合式空调机组、GL、GW系列柜式变风量（新风）空调机组、DX、DK系列吊顶式新风（空调）机组、FP系列风机盘管、沉淀式除污器等系列产品拥有多项发明专利。其独特的断电保护、防结晶功能在走向市场后，得到广大用户一致好评。该产品于2005年获得“天津市重点扶持专利产品”的称号，并被收录于国家计委和科技部联合下发《当前优先发展的高技术产业化重点领域指南》文件。

“天大胜远”中央空调是国内首家采用天津大学研制成功的控制系统，使产品具有低耗能、高智能的特点，在智能控制、整机结构、流程设计等方面均取得重大的科技突破，深受广大用户好评，在国内市场的销售量与日俱增，并进入国际市场。VH型燃气（油）真空热水锅炉拥有多项专利技术，使真空锅炉具有负压运行的特点，从根本上解决安全性问题且具有节能、环保的优越特性，热效率高达93.6%。2004年，燃气真空热水锅炉被评为市“科学技术进步奖三等奖”和“天津市重点新产品”，并被列入2005年“天津市火炬计划项目”及“天津技术创新计划项目”。

ZKX型消毒过滤段和GDX型中央空调回风消毒过滤器，在市科委技术论证会上被鉴定为国内领先水平，解决了中央空调回风系统中空气交叉污染问题，使中央空调末端产品向保健型、安全型迈出坚实的一步。 2005年，工业总产值1.13亿元，产品销售收入9657万元，利税1518万元。

（二）天津市润拓生物技术有限公司 1998年成立，是集研发、生产、营销于一体的专营动物药品的民营科技企业。创业初仅有50万元投入、15名员工，已发展到拥有2.2亿元净资产、1100多名员工的集团公司，以年均增长60％的速度快速发展，润拓公司自创立始，研发投入由8％提升到12%，2005年投入1560万元用于研究开发。有8名博士、14名硕士和35名本科生组成的研发团队，与国内、国外16个单位（院校、研究机构和企业）所属的21个研发团队（其中涉及200多名专家教授、在职硕士、在职博士）签订项目或长期研发合作协议，先后承担或完成18项国家、省部级、地市级科技攻关、成果转化和高技术产业化项目，获得1项国际领先水平的科技成果、3项国际先进水平成果和多项国内领先成果，取得了6个农业部颁发的新兽药证书，67个国家标准产品文号，256个市级新兽药生产批文（其中61个已申报国标产品文号）。2005年，申报100项国家发明专利、14项外观设计专利，成为国家知识产权局认定的“全国第三批企事业单位知识产权试点单位”。公司先后与德国汉诺威兽医学院、美国国家疾病控制中心（CDC）、中国农科院、中国兽药监察所、中国农业大学、南京农业大学、军事医学科学院、浙江大学及北京、山东、河北、内蒙古等地农业大学和天津农学院、天津畜牧兽医研究所、天津禽病诊断中心、天津中医药科大学16个大学、研究机构开展技术合作。2005年，生产工业总产值4600万元，销售收入3610万元，利税1850万元。

（三）天津市精诚机床有限公司 1998年成立，是以生产数控齿轮机床为主导产品的民营科技企业。企业有职工44人，其中具有高、中、初级技术职称的专业技术人员共19人。2005年，全年技工贸总收入为2697万元，企业净利润182.5万元，上缴税金总额225.7万元。成功研制开发三大系列15个品种的数控齿轮铣齿机床，其中，自主研究的YH603G坐标轴式数控弧齿锥齿轮铣齿机生产技术成果的成功开发，齿轮机生产技术成果处于世界领先水平，填补国家空白。公司已经成为国内重要的数控弧齿锥齿轮铣齿机供应商之一，特别是小模数数控铣齿机的市场占有率达到了95%以上。公司已有800多台机床销往全国各地，并远销意大利、芬兰、伊朗、韩国等国家和中国台湾地区。公司被市科委认定为高新技术企业。

2007年，区委、区政府领导考察精诚机床有限公司

（四）天津滨海国际花卉科技园区股份有限公司 1991年，民营企业家杨铁顺创立大顺园林装饰有限公司始，历经三次迁址，2008年发展到鼎盛时期。公司占地226.7公顷，预计总投资40亿元，包括综合管理服务区、高档花卉工厂化生产区和休闲旅游观光区3个部分。至2010年，累计投资5.88亿元。30万平方米现代化智能温室及配套附属设施建成后，公司将成为集技术引进、科技研发、品牌制作、服务营销、物流运输等全产业链为一体的综合性花卉企业。经20余年开发自主知识产权品种，已承担国家、市、区级科技项目15项，获国家发明专利11项，实用新型专利50项。2010年，公司被科技部认定为“国家级农业科技园区”。

（五）天津市华泰现代农业开发有限公司 1988年，农民企业家李恩举在33.5公顷低产撂荒土地上，开辟华泰农业科技园。历经20余年的经营发展，已成为集台湾蝴蝶兰种苗繁育、观赏鱼及特种鱼养殖、无公害特色蔬菜种植及水产品养殖、热带水果种植、休闲观光、科普培训等多产业为一体的现代农业园区。承担了国家星火计划、市科技攻关培育等20余项科技项目，注册了园区的商标20余项。华泰公司被市确定为“国家星火计划龙头企业技术创新中心”“天津市跨世纪农民科技培训教育实习基地”。李恩举被评为天津市“科技传播之星”。

第三节　“星火计划”

一、“星火计划”项目

1987—1995年，区实施星火计划科技项目24项，其中组织实施国家级项目有空气变形纱设备研究制造、纺织空气变型技术设备系列开发和织物设计研究、ZCI蜗杆减速机研制、特别系列焊割气体4项。组织实施市级项目20项，其中有低咸度酱菜生产技术开发、蔬菜速冻加工技术、巧克力自动生产线、组合式冷箱系列产品开发、FRV-Z膨胀型透明防火涂涂料、高分子改性沥青三防涂料、微型系列空气压缩机系列产品开发、霜脲氰及72%克霜氰可湿性粉剂、P•Y•F内喷涂钢桶等。

1996—1997年，实施天津市及以上星火计划项目17项，火炬计划项目3项，技改项目273项。

2001—2010年，实施市级以上星火计划50项，其中国家星火计划4项。

二、“星火计划”成效

“星火计划”项目的实施，吸引大批技术和人才，推动了农村经济的发展。1986—1988年，实行“星火计划”三年时间，仅10个“星火计划”项目就引进人才43人，其中具有高级职称6人，中级职称28人，并与26家大专院校、科研单位建立多种形式的技术和经济联系，推动经济的发展。

1987年，区科委“星火”培训中心万新庄乡培训站，仅一年之内就为该乡培训企管、财税、机电等行业的人才485人，壮大农村的技术队伍。2004年，市农业广播电视学校东丽分校、市北方园林市政工程服务公司东丽培训中心被科技部星火办认定为国家星火计划农民科技培训星火学校。世纪兴种养殖有限公司、华泰现代农业开发有限公司、隆美纺织有限公司被认定为国家星火计划龙头企业创新中心。金钟蔬菜贸易中心认定为国家星火计划农村信息化基地。

2006—2010年，实施市级以上星火计划，农业园区蔬菜设施栽培技术集成与示范，白色金针菇工厂化周年高效生产技术示范等项目的实施，提升设施农业科技管理水平，提高经济效益。

第四节　高新技术

2002 年，区科委围绕梳理企业技术创新的主体地位，加大对企业技术创新和成果转化的扶持力度，率先在民营科技企业中培育发展高新技术企业。

2003 年，华海计算机技术有限公司，春发香精香料有限公司通过高新技术企业认定，打破区没有经市科技管理部门正式认定的高新技术企业零的纪录。2004 年有 4 家企业通过认定。2005—2008 年，有 16 家企业通过高新技术企业认定。2008 年，根据科技部、财政部、税务总局联合发布《高新技术企业认定管理办法》和《高新技术企业认定管理工作指引》。是年区有 8 家企业通过高新技术企业重新认定。2009 年，新认定高新技术企业 22 家，位居天津市 18 区县第一位。至 2010 年，全区经过重新认定的高新技术企业累计达到 39 家。

2008—2010 年东丽区高新技术企业一览表

表 29-3

公司名称	享受政策年限	主营业务
天津市春发食品配料有限公司	2008—2010	生产销售食品添加剂、调味香精、调味品
中国汽车技术研究中心	2008—2010	汽车标准制定、检测、信息咨询
天津市赛瑞机器设备有限公司	2008—2010	大型成套冶金设备、成套水电设备、风车设备
天津市精诚机床制造有限公司	2008—2010	机床设备制造、机械零件加工
天津市埃柯特阀门控制设备有限公司	2008—2010	阀门及阀门电动装置、气动装置、手动装置、电气控制设备制造、加工
天津安达物流有限公司	2008—2010	商品汽车仓储；普通货运、代办托运；铁路运输
天津赛思科技发展有限公司	2008—2010	电力产品开发、仪表自动化、工业电视监控系统等

续表 29-3

公司名称	享受政策年限	主营业务
天津有容蒂康通讯技术有点公司	2008—2010	生产、销售通讯器材
天津瑞普（天津）生物药业有限公司	2008—2010	生物技术开发、转让、咨询、服务；化学药品、中兽药销售
天津市永昌焊丝有限公司	2009—2011	各种焊接材料制造、加工
天津大顺园林集团有限公司	2009—2011	高档花卉研发、种植及销售；园林绿化工程、园林装饰工程、农业设施工程、花卉租赁及配送等
天津市凯华绝缘材料有限公司	2009—2011	粉末涂料产品制造及相关技术研究、开发、服务及咨询等
天津滨海新宇科技有限公司	2009—2011	机电设备技术开发；机械设备、电子产品；橡胶及塑料工业专用设备制造
天津市有容安波电缆技术有限公司	2009—2011	电线、电缆、管材、光器件、机电一体化技术及产品的开发、制造
天津市化学试剂研究所	2009—2011	化学试剂、精细化学品技术开发和生产制造等
天津天女化工集团股份有限公司	2009—2011	涂料及燃料制造；油脂制造；合成洗涤剂、有机化工原料制造等
天津市康达膜材建筑工程有限公司	2009—2011	空间膜结构工程、遮阳篷工程、钢结构工程等
天津德凯化工股份有限公司	2009—2011	染料、颜料、中间体、水性涂料助剂制造；化学技术开发、服务、转让等
天津市金立钢管有限公司	2009—2011	散热器专用钢管等产品的研发、生产、销售
川铁电器（天津）集团有限公司	2009—2011	铁路信号设备、信号器材制造；电气电子设备、器材加工等
天津市正平机械新技术有限公司	2009—2011	机电一体化产品加工、制造；机械设备、电气设备、仪器仪表技术开发、咨询服务等
天津电装电机有限公司	2009—2011	发电机、起动机及传感器在内的汽车电子控制装置及零部件的制造、销售及维修等
天津铁路信号工厂	2009—2011	铁道系统信号电源设备、道岔转换设备、驼峰编组厂车辆减速设备的研发及制造等
天津市中环温度仪表有限公司	2009—2011	仪器仪表研究开发、制造及相关技术服务；电子产品制造等
天津斯特兰能源科技有限公司	2009—2011	电能与化学能源转换技术及相关材料研究、开发、生产、销售和技术咨询服务
天津市红日电气自动化有限公司	2009—2011	机电一体化技术开发、转让及咨询；电气自动化工程设计、安装及制造等

续表 29-3

公司名称	享受政策年限	主营业务
天津市正天医疗器械有限公司	2009—2011	Ⅰ类、Ⅱ类 6846-1 植入器材、6846-2 植入性人工器官、6810 骨科手术器械生产
天津神川电机有限公司	2009—2011	机电产品、建筑机械、电子电器、配电装置制造及技术开发；高压电机制造等
天津市先导倍尔电气有限公司	2009—2011	机械电子设备、电气自动化设备、计算机应用设备、电器成套装置及相关设备开发、咨询服务及制造
天津精达里亚特种漆包线有限公司	2009—2011	制造、销售特种漆包线、聚氨酯复合尼龙漆包线、异型漆包线等
天津市空气压缩机有限公司	2010—2012	气体压缩机制造；冷冻式干燥机、无热干燥机、微热干燥机及后处理净化设备制造、维修
天津市万新传动设备有限公司	2010-2012	传动设备及配件、冶金设备、风能设备加工；减速机制造、销售
天津市国威给排水设备制造有限公司	2010—2012	给排水设备加工、制造；阀门产品技术开发、转让、服务；深井泵自控阀、增压泵自控阀、节水型浮球阀制造
天津君晟成套设备有限公司	2010—2012	冶金、矿山、水电、非标成套设备的设计、制造、销售；执行系统的设计、安装、调试、销售；普通机械加工
天津丰田合成有限公司	2010—2012	生产、销售汽车零配件及应用汽车零配件技术的其他产品
天津市奥瑞克电梯有限公司	2010—2012	电梯制造、电梯改装、电梯安装；汽车配件、机械设备制造、加工等
天津华鸿医材有限公司	2010—2012	医疗器械生产；医疗器械的技术开发及相关技术服务等
天津市铁信工贸发展有限公司	2010—2012	铁路通信信号专用器材加工、包装箱加工、制造、轨枕制造、模具制造
高通化学（天津）有限公司	2010—2012	生产、销售反渗透系统专用的水处理药剂及备品备件，反渗透水处理系统设计、施工、维护等技术服务

第八章　科技创建

2003 年，区委、区政府提出创建全国科技进步先进区的目标。2006 年，编制完成区可持续发展战略规划。2005—2010 年，区被科技部连续三次授予全国科技进步考核先进区称号。2009 年，被科技部正式授予“国家可持续发展实验区”称号。区依靠科技进步，改造传统企业，发展都市型农业，建设生态新城区，加强环境保护，认真实施可持续发展实验区优先项目和示范工程，科技创新能力明显增强。

第一节　科技兴区

一、优化经济结构

（一）改造传统企业　2001—2010年，区依靠科技进步，抓好企业的技术改造，淘汰落后的旧设备，更新新设备，引进新技术、新工艺、新成果改造传统企业。加快实施生态产业与循环经济建设，对企业按产值能耗定痤次，给高能耗企业画出最低消耗标准。区财政用于节能减排的投入超过4亿元，5年来全区累计有1000多家企业实施节能改造，每年减排二氧化硫2200多吨，COD削减800多吨。有的企业因资源浪费严重，污染严重，环境评估不达标，共有60多个项目被淘汰，其中15个项目被一票否决，有些企业被关闭。区以现有优势制造业为基础，大力发展节能、低耗、清洁的生态制造业、高新技术企业，崛起一批产业关联度高，资源利用合理的资本密集、技术密集的现代制造业、现代服务业和都市型农业。形成机械装备制造、汽车零部件、现代冶金、电子信息、新型建材、生物医药六大优势产业。

（二）发展现代都市型农业　区农业及展由传统农业向现代都市型农业发展，设施农业、农业科技园、农业示范园、生态养殖示范基地、绿色生态种植示范基地发展迅速，大顺园林集团有限公司的花卉生产成绩斐然，硕果累累。华泰农业科技园的蝴蝶兰集培育、种植、销售、观光为一体。区成为现代化都市型农业的典范，成为国家十大蝴蝶兰出口基地之一。

二、建设生态新城区

华明新市镇是天津实施“宅基地换房”的第一个试点城镇。整个建设中，围绕绿化、生态、宜居、可持续发展的目标进行建设，建筑材料采用安全、环保、无污染、健康材料，配套设施采用节能、生态、绿色、环保的新技术、新产品，安装8000台太阳能热水器，建设中水处理设施，实施雨水、污水分流，确保水源不被污染。采用清洁能源，居民全部采用天然气做饭，告别昔日柴火与煤炭做饭的历史。建成学校、幼儿园、中心医院、老年公寓、文化广场、主题公园、花坛绿地、健身娱乐场所满足农民教育、卫生、娱乐、健身等方面的需求。

通过宅基地换房示范工程建设，区把过去布局分散、使用率低的农民宅基地集中起来，统一整理复耕还田。建立农业科技园，工业科技园，低碳园。为失地农民解决就业难题，提高土地利用率和社会、经济效益，实现安居乐业。

2010年，军粮城镇、大毕庄镇、新立街道、张贵庄街道4个新市镇正在规划中，有的已进入初期建设。建设国际型、知识型、生态型、创新型，津滨新城区的目标正在逐步成为现实。

三、加强环境保护

2003—2008年，区政府投资30亿元重点实施包括生态产业、生态环境、生态人居、生态文化等六大类28项生态建设工程，其中投资12亿元，实施大规模环境建设，沿交通路网修筑起单长124千米的绿色长廊，新增绿地521万平方米，新增花坛、绿地、公园和广场100多处。人均公共绿地由不足5平方米提高到2008年的15平方米。

2006 年开始，对总长 100 多千米的区域内所有二级河道及骨干渠道进行综合治理，引入绿色太阳能照明。

开始启动蓝天、碧水、安静、生态等六大环保工程。2007 年，用于节能减排投入 4 亿元，累计有 1000 多家企业实施了节能改造，每年减排二氧化硫 2200 多吨，COD 削减 800 多吨。城市污水处理率达到 61.7%，垃圾无害化处理率达 61.8%，空气质量良好天数达到 70%以上。通过拓展生态功能区域，优化产业发展布局，在河湖、湿地等生态环境脆弱地区和生态功能保护区实行限制开发，重点发展以良好生态环境为依托的生态宜居、休闲旅游和配套服务的绿色产业。2007 年，建立可持续发展考评机制，将环境保护与治理投资占 GDP 比重纳入科学发展评价考评体系中。

四、推进科技创新

2005—2008 年，区实施高新技术产业化项目 300 多项，科技三项费用支出累计达到 8800 多万元。并通过吸引外来资金、民间资本，重点扶持汽车零部件、电子通讯、生物制药等高新技术产业，带动企业科技投入 4.3 亿元。全区拥有发明和实用新型专利以每年 30%～40%的幅度增加，一年的专利数量比前 20 年的总和还要多，专利拥有总量已达 2000 项，高新技术产业年均实现增加值 24.9 亿元，民营科技企业技工贸总收入 57.45 亿元。2009 年，有 8 个项目列入科技计划，东丽湖地热资源梯级开发循环利用、景观水体生态修复综合技术研究示范、高血压社区综合干预模式研究等项目均取得良好的的社会效益和经济效益。2010 年，专利申请总量达到 5964 项，创新能力明显增强。按照《东丽区可持续发展实验区规划》的要求，认真实施可持续发展实验区优先项目和示范工程，11 个科技示范工程，48 项优先项目进展顺利，部分工程项目已完成。

第二节　全国科技进步先进区

2003 年，区委、区政府提出创建全国科技进步先进区的目标，以此为契机提升全区科技活力。在全市率先通过国家科技进步考核，受到科技部和市政府的表彰。连续两个年度通过国家科技进步考核，被科技部授予 2005—2006 年度、2007—2008 年度、2009—2010 年度全国科技进步考核先进区称号。

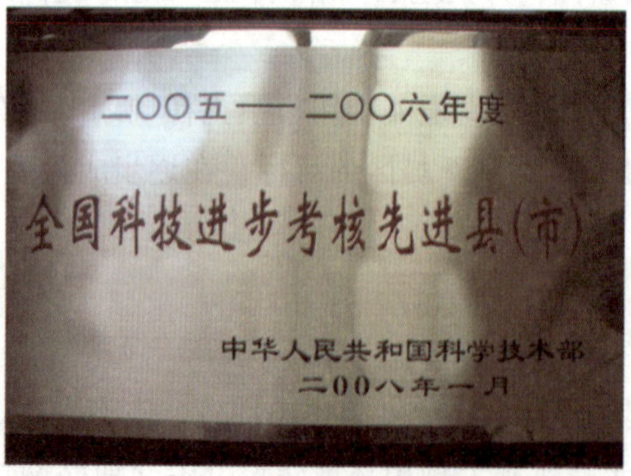

2008 年，全国科技进步考核先进区

2009 年，国家可持续发展试验区

第三节　国家可持续发展实验区

2006年，区根据《国务院推进天津滨海新区开发开放有关问题的意见》，委托北京大学中国持续发展研究中心牵头组成课题组，对区可持续发展基础现状进行科学的综合分析，对今后的可持续发展进行深入的对策研究。历时一年半，编制完成《天津市东丽区可持续发展战略规划》研究成果。提出创建国家可持续发展实验区并进入创建程序。制定区创建国家可持续发展实验区工作机构岗位职责。2007年，列入市可持续发展实验区建设对象。根据科技部关于《实验区规划》的要求，区政府委托北京师范大学资源学院牵头组成专题组，编制区可持续发展实验区建设总体规划。历经7个月，完成《天津市东丽区可持续发展实验区规划》。2007年11月，通过区委、区政府审议通过，经区人大常委会审议批准正式施行。2008年2月，市科委同意区为市级可持续发展实验区。2008年11月，国家21世纪议程中心组织专家组，对区创建国家可持续发展实验区创建情况进行实地考察后，同意推荐为国家可持续发展实验区。2009年4月，区被科技部正式授予“国家可持续发展实验区”称号。

第三十编

文　化

1979年始，区文化设施日臻完善，文化事业发展日新月异，城乡群众文化活动渐趋活跃。至1994年，各乡镇街道建立文化站，村队建文化活动室。1995—2010年，迁址重建文化馆、新华书店、图书馆，新建区规划展览馆、华明博物馆。2010年，全区建成街道乡村图书馆、农家书屋、社区图书室122个，实现区域全覆盖。

20世纪80年代始，区文学、书画、摄影、歌舞、戏曲等文学艺术活动逐渐兴起。进入21世纪，全区掀起群众性文化活动高潮，文学艺术创作水平不断提高，被誉为市"文学大区"。1998—2010年，区连续承办9届市文化杯群众文学评奖活动。2005年10月，区被人事部、文化部命名为全国文化先进区。2009年，区被列入市民间艺术之乡。

2007—2009年，区进行第三次文物普查。2009—2010年，开展非物质文化遗产普查申报，全区共挖掘、保护非物质文化遗产项目32项。

区委党报《今日东丽》创刊，"东丽在线"网站建成启用，全区新闻宣传形成"两台一报一网"全方位涵盖的新格局。

2002年，中央电视台专题节目《让世界了解你》在东丽广电局演播厅录制

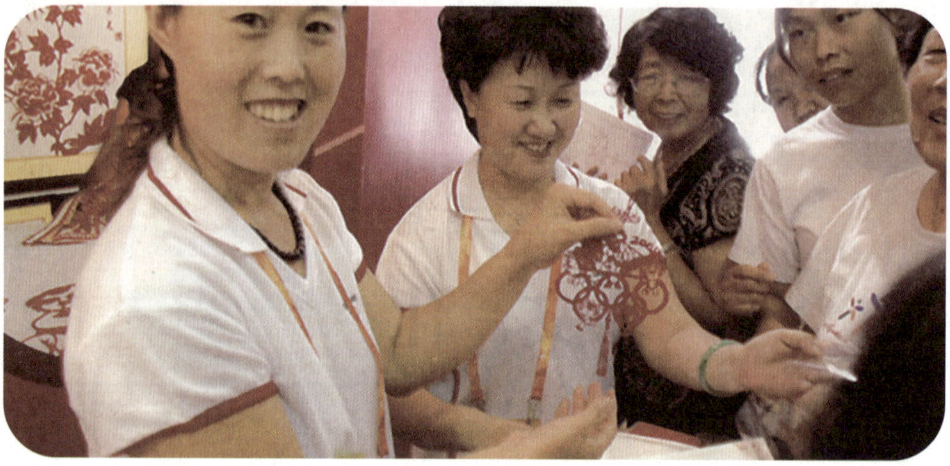

2008年，大郑剪纸巧手刘长会（左一）在“情系奥运——中国妇女手工艺品全国网络大赛”活动中获得巧手金奖

2010年，天津市第十九届“文化杯”全国鲁藜诗歌奖颁奖会在东丽湖举行

第一章 管理机构

1981年，区设立文化局，为加强文化市场管理，1997年增设文化市场管理科。2004年，文化局加挂新闻出版局牌子。2010年，区文化局与广播电视局合并为区文化广播电视局，担负全区文化、文物、新闻出版和广播电视、文化市场等管理职能。

第一节 群众文化管理

1981年5月，设立区文化局，下设办公室、文化科。基层单位有区文化馆、图书馆、电影发行放映公司、新华书店、礼堂、军粮城影剧院。1997年，增设文化市场管理科。

2001年12月，文化局内设办公室、文化科、新闻出版暨文化市场管理科。另设文化馆、图书馆、新华书店、东丽礼堂和文化艺术发展中心。

2004年，区文化局加挂新闻出版局（版权局）牌子。

2010年3月，区文化局并入区文化广播电视局。

第二节 广播电视管理

一、广播站

1979年，区广播站设机房、播音室、控制室、仪器室、档案室、器材室。

1987年5月，广播站升格为副处级单位。1988年3月，增设编播科。1992年，增设机务事业科。1993年，机务事业科分为技术科和事业管理科。1994年4月，区广播站对外加挂区广播电视局牌子。

二、东丽区广播电视局

1996年6月，区广播站升格为区广播电视局，内设办公室、社会管理科、有线电视台、广播电台、工程技术部。1997年7月，内设办公室、技术科、社会管理科、总编室。事业单位设有线电视台和广播电台。是年11月，成立区有线电视服务中心。1999年7月,取消有线电视台和广播电视台建置，成立区广播电视台。

2000年11月，区广播电视局实施“局台合一”，由区广电局领导直接兼任区广播电视台领导。广电局内设科室有办公室、财务科（审计科）、技术管理科、社会管理科。新闻宣传事业机构保留新闻部、专题部、广播部、广告部。2001年5月，建立广播电视台播出部。是年11月，成立区网络服务中心。2010年3月，区广播电视台并入区新闻中心。

三、东丽区文化广播电视局

2010 年 3 月，按照东丽区机构改革方案，原东丽区文化局与东丽区广播电视局合并为区文化广播电视局，挂区新闻出版局（版权局）牌子，是区政府主管文化和新闻出版、版权工作的职能部门，担负着全区文化、文物、新闻出版和广播电视管理、文化市场管理等职能。下属单位有文化馆、图书馆、新华书店、东丽礼堂、文化艺术发展中心和红风筝文化传播有限公司。

第三节　新闻传媒管理

2010 年 3 月，按照区机构改革实施方案，组建区新闻中心，为区委宣传部管理的事业单位，等级规格相当处级。将区《今日东丽》编辑部并入区新闻中心，在区新闻中心挂区《今日东丽》编辑部牌子。

区新闻中心负责全区新闻宣传工作，内设综合科、组织宣传科、技术科、总编科、《今日东丽》编辑部、东丽区广播电视台。

2010 年，东丽区新闻中心庆祝第十一届记者节暨首届优秀新闻工作者表彰大会

第二章　群众文化

20 世纪 90 年代，区建成全新的文化馆、图书馆、新华书店，装修改造东丽礼堂。乡镇街道文化站、村居文化室等群众文化设施齐全完善。21 世纪初，华明湿地民俗博物馆、区规划展览馆相继接待参观、考察团体及游客。区传统的民间花会再获新生，日趋活跃。定期举办"田野文化艺术节"、"文化杯"文学评奖、"农行杯"文化艺术节、春节系列文化活动、消夏文化艺术节等文化活动。民间艺术剪纸受到中外游客喜爱，泥塑、微雕成为民间艺术园地的一朵奇葩。2009 年，区被市列入民间艺术之乡。

第一节　文化设施

一、文化馆（站、室）

（一）区文化馆　1979 年前，基础设施比较简陋。1995 年，区政府投资建成新文化馆，占地面积 896 平方米，建筑面积 3464 平方米，成为承担政府公共文化事业、繁荣群众文化的主导性业务单位。内设展览室、棋牌室 、大众交谊舞厅、美术培训室、钢琴培训中心、综合排练厅、京剧演唱厅、综合教学室、老年活动室、声乐培训室、摄影暗室和多功能厅、文艺部、文学编辑部、美术室、摄影室、书法室。

1979 年始，先后举办声乐、舞蹈、器乐、摄影、书法、文学、曲艺及非物质文化遗产保护等文化服务讲座352期，培训骨干1.06万人，为大专院校培养30余名美术和音乐人才。举办声乐、舞蹈、美术、摄影、文学等专业比赛、会演300余场，1996年始，连年承办“天津市文化杯群众文学评奖”活动。1997年，承办“中国首届（天津）书法节——东丽分会场大型书法展”。2002年，区文化馆被文化部评为国家二级文化馆。2004年，与市群众艺术馆联合举办“纪念天津建卫600周年、程林之光群众歌咏大赛”。2006年，承办区春节文艺联欢会。2004—2010年，连续5届承办“东丽区文化艺术节”活动。区文化馆荣获中国《诗刊》诗歌征文最佳阵容奖、市文化局文化杯优秀组织奖、市作家协会业余文学创作先进单位。

（二）街乡文化站

无瑕街道文化站 原乡文化站活动室建筑面积150平方米。乡改街道后，将无瑕花园一处330平方米楼房改为街道文化活动中心。设多功能厅、棋牌室、图书借阅室等，民间花会活动活跃，被评为市特色文化活动乡镇。

军粮城街道文化站 活动室建筑面积300多平方米，设有录像放映厅、排练室、图书外借及阅览室、综合活动室等。文艺演唱、京剧评剧演唱、书法、交谊舞、农民管乐队等活动开展较好。春台少儿京剧社、兴农村明山业余评剧团在全市称著。

新立街道文化站 由原新立村乡与小东庄乡文化站合并组成。建筑面积390平方米，有图书室、多功能活动室等设施。文学创作、文艺演唱、书法、摄影、农村电影放映成绩突出，原小东庄乡诗歌创作在全市颇有影响，曾被评为市先进文化站。

万新街道文化站 设在街道办事处内，建筑面积310平方米，有图书室、多功能活动室等，还有农村电影放映队。群众性歌咏活动十分活跃，1996年詹庄村农民合唱团曾代表区参加市首届“小康杯”歌咏比赛并获奖。2004年7月，街道与区文化局、市群众艺术馆联合举办“纪念天津建卫600周年程林之光群众歌咏大赛”活动。

金钟街道文化站 设在街道办事处内。建筑面积300平方米，有能容纳百余人的多功能厅，有小舞台能放映电影，经常举办小型文艺演出和书画摄影展览，还有图书室、活动室等。书法、摄影、文艺演出活动开展较好。

华明街道文化站 由原赤土乡与荒草坨乡文化站合并组成。2007年，在华明街道综合服务中心设立文化站新址，建筑面积达700平方米，其中多功能厅100平方米，有完善的灯光、音响设备，可举办小型演出、展览、舞会、排练等。图书室藏书4000余册，还购置了电子乐器，成立电声乐队。群众性书法、广场舞、花会等活动开展广泛。

么六桥回族乡文化站 设在乡政府院内，建筑面积300余平方米。1996年，新建乡文化站为3层楼房，建筑面积500余平方米。设有图书室、排练室、小礼堂、多功能活动室等。评戏、文艺演唱、小品的创作较突出。

张贵庄街道文化站 在街道综合服务中心开辟文化活动阵地，建筑面积310平方米，设有棋牌室、图书室、电子阅览室、多功能活动室及群众文化休闲健身场地。戏剧演唱、广场舞、大合唱等群众文化活动比较突出，经常举行全街性的各种比赛、表演和展示活动。

丰年村街道文化站 在街道综合服务中心开辟文化活动阵地，建筑面积300平方米，设有棋牌室、图书室、多功能活动室及群众文化休闲健身场地。业余京剧团、评剧团和广场舞等文化活动比较突出，经常举行全街性的比赛、表演和展示活动。

（三）村（居）文化室

1995年开始，区全面开展“创建社区文化先进区”活动，加强全区村（居）社区文化室建设，要求文化室面积在100平方米以上，要有群众娱乐的文化场地，做到资金、人员、阵地、设备“四落实”，并将村（居）社区文化室建设纳入乡镇街道全年工作考核。各村(居)委会根据自身实际，因地制宜积极建设文化活动室。四合庄、卧河村、新五村等村活动室建在村委会内，设有棋牌室、图书室及群众健身的广场或场地；大毕庄、赤土村等村依靠老年协会形成该村的文化活动室，除有图书室、书画活动室，还建成小剧场，购置音响灯光，供文艺爱好者演唱排练或接待民间剧团演出；苏庄、大杨庄等村则利用民间花会阵地开展文化活动。比较突出的新立村、赤土村、徐庄村等村文体活动中心，建筑面积都在300多平方米以上，设有图书室、书画室、棋牌室和排练演出厅，功能十分齐全，秧歌队、合唱队、腰鼓队、书法班等坚持常年活动，丰富村民文化生活。

2007年，区政府投资100万元，为乡镇街道和村增添电子阅览室设备，接通宽带网络，配备计算机及播放设备。拨款20万元，为乡镇街道和村（居）图书室订报纸杂志。

二、区图书馆

（一）概况

区图书馆前身为区文化馆图书室。1979年6月，建成全新图书馆馆舍。占地面积2400平方米，建筑面积950平方米，经逐年扩建至1588平方米。2000年12月，由区政府投资建设全新区图书馆落成开馆。建筑面积4005平方米，有读者座席400个，年均接待读者总人数为20万人次，外借书刊10万册次。区图书馆建有报刊阅览室、电子阅览室、新书快借处、综合外借处、少儿借阅处、办证处、多功能室、培训室、资料室、地方文献室、自修室11个功能室。内设采编部、辅导部、阅览部、外借部、信息部、少儿部、办公室、财务部8个部门。2010年，有工作人员24人。其中，中高级职称人员11人。

（二）图书借阅服务

1979年，区图书馆藏书6万余册。1995年末，藏书10.9万册。2010年，馆藏图书及各类文献资源达到19万册（件），订阅各类报刊455种，电子图书2.9万册，光盘资源4500张。馆藏除社会科学、自然科学、文化艺术、教育卫生等各类书刊外，还包括各类地方文献，建立东丽地方文献摘要数据库、东丽作家数据库及东丽信息数据库。

1997年始，区图书馆部分使用微机自动化管理系统。2000年，实行藏、借、阅一体化管理模式，文献资源全部实行开架借阅，采用深圳图书馆开发的ILAS5.0管理系统。2007年，中心机房、电子阅览室设备升级，新建多功能室，具备利用国家文化信息资源共享工程中心和市分中心提供的各类数据库资源，开展图书咨询服务、电子文献服务、网络文献服务的能力。图书管理系统更新换代为ILASII网络版，实现网上图书预约、续借、查询功能。2010年，开通东丽文化网、东丽图书馆网。

区图书馆充分利用图书文献资源服务全区发展，举办基层图书馆管理员培训班，提高基层图书管理水平；参与科技兴区、科技兴农，传播科技知识和科技信息；为区领导机关编印《决策参考》、为相关企业编印《企业决策信息》、为农民群众编印《致富信息》等。区图书馆与偏远学校建立长期服务关系，上门办理图书集体借阅手续，定期将图书送到学校。把偏远学校学生请进图书馆参观后，学生习作“图书馆里的阅读课”一文获全国未成年人思想道德建设创新案例三等奖和市优秀奖。

（三）图书服务网络建设

区图书馆加强图书服务网络建设。至 2010 年，已有天津滨海机场警卫连、和泰公司、鉴开中学、张贵庄爱心保育院等基层图书服务点 25 个。

2007—2008 年，在图书馆建成区文化信息资源共享工程支中心，在 9 个镇街乡和 72 个村（居）建成文化信息资源共享工程基层服务点。区文化信息资源共享工程三级服务网络全部建成投入使用。2009—2010 年，区图书馆协助区广播电视局建设农家书屋，基本覆盖全区。围绕图书馆基层服务点、农家书屋和文化信息资源共享工程服务点，形成以区图书馆为中心，覆盖全区不同阶层，涉及书刊借阅、网上浏览、参考咨询、读者活动等范围广泛的图书服务网络。组织开展“我的书屋我的家”“党在我心中”农家书屋读书征文演讲比赛、“文化共享杯”全国群众摄影艺术作品征集等活动，在全区营造全民学习的浓郁氛围。

（四）全区性读书活动

1979—1995年，组织振兴中华读书、天津解放40周年读书、庆祝建党70周年征文活动。1995年，承办由区宣传部、文化局主办的“爱祖国、爱天津”读书系列活动，举办全区演讲比赛。

1996—2010 年，举办“祖国颂、社会主义颂、改革开放颂”“讲文明、树新风”“新世纪、新农村、新农民”“读好书，促和谐”等市、区和全国性读书征文活动；“爱祖国、爱天津”“遵守法律、遵守纪律、遵守诚信”“倡导绿色生活，共建生态文明”等中小学生读书系列活动。推广阅读爱国主义、集体主义，普及法律知识、宣传环境保护等方面的书籍，上千名读者获得奖励，区图书馆多次获得国家和市、区优秀组织奖。举办“温暖的冬日——我是图书管理员”、“奇思妙想——畅想东丽未来”绘画比赛、“迎新春剪纸艺术比赛”、东丽区青少年书画艺术大赛、阶梯英语宣传推介、“读书与写作”专题讲座、“快乐英语口语秀”、“废旧物品巧利用”巧手制作比赛等各种少儿读书活动 100 余场，得到中小学生、少年儿童及家长的好评。

1994年，文化部首次对全国公共图书馆评估，区图书馆被评为三级图书馆。2004年被评为二级图书馆。2009年，全区实施“农家书屋”建设，培训村（居）基层图书管理员，向各村居文化室、农家书屋配送图书15万余册，订阅期刊3000余册。至2010年，全区122个村（居）建成农家书屋或社区图书室，基本实现全覆盖，在全市率先完成农家书屋建设。

三、东丽礼堂

东丽礼堂（东丽电影院）1958 年始建，初期建筑面积 1000 平方米。1976 年，在原址重建新礼堂，建筑面积 2230 平方米，观众座席 1375 个。设有主剧场观众厅，演员化妆室、贵宾接待厅及附属房间，是区电影放映、戏剧演出和召开大型会议的综合性活动场所。2003 年，区政府投资 300 万元装修改造，设观众软包座席 932 个，安装空调设备，更新配齐舞台音响和灯光设备，具备放映 SR 立体声电影，接待中外大中型文艺团体演出及各种大型会议条件。

1995—2010 年，东丽礼堂放映电影和演出戏剧共计 1.01 万场，观众 133 万人次。连续 11 年举办中小学生暑期爱国主义电影展映，观影学生 30 万人次。落实国家电影放映“2131”工程，成立东丽礼堂电影放映队，年下乡放映电影 190 多场次。

四、新华书店

1979年，区新华书店经营批发兼零售业务，成为全区图书销售窗口。至1985年，在军粮城镇和程林工业区各建门市部一处。1998年5月，区新华书店迁至利津路商业街，建筑面积608平方米的3层综合楼，一楼109平方米为营业厅。书店经营范围包括社会科学、自然科学、文化艺术、图片类图书和中小学教材、教学辅导类书籍及音像制品、文具等。2006年，完成新华书店迁址津塘路门市部装修改造，图书销售量大幅度增长。区新华书店承担全区教育系统全部学生教材和教辅书籍发行任务，是全区图书发行销售的主渠道，为传播科学文化知识，丰富群众精神文化生活发挥作用。

五、华明湿地民俗博物馆

见第六编华明示范镇第三章商贸旅游第二节旅游业。

六、规划展览馆

2009年10月，东丽城市规划展览馆建成并对外开放。规划展览馆位于区津塘二线与外环线交界处，由区政府投资兴建，建筑面积9082平方米，其中展厅建筑面积6239平方米，会议中心建筑面积2843平方米。规模宏大，设施一流，是区历史上第一个集展示、教育、娱乐、旅游为一体的综合性大型展览馆。展区按照“53683”的城市架构和产业布局及各镇街乡区域功能，对展出内容进行划分，展区共有两层，一层分别是序厅、宜居展区、工业展区、农业展区、交通展区、旅游生态展区、社会事业展区。二层为历史展区和巨型沙盘。同时配以基础配套展厅、互助游戏、幻影成像、魅力照相馆以及4D影院和360°影院等。规划展览馆二、三、四层设有区会议中心，有各类会议厅12个，用于接待服务各类不同规模、类别的会议。规划展览馆全面、真实、生动、形象地展现区历史发展和建设成就，展现东丽人热爱家乡建设家乡，创造美好生活的精神面貌，彰显区改革开放和城市化发展的巨大成就，昭示东丽区更加光辉灿烂的美好未来。建馆初期，设有东丽湖85平方千米的城市设计沙盘、东丽湖核心区城市设计沙盘和东丽湖西区国际会议中心城市设计沙盘，举办东丽湖30周年建设历程回顾及规划过程图片展。

2009—2010年，规划展览馆共接待各级各类参观考察团体278个，团体参观人数1.09万人，接待来自社会各界的市民群众4070人，累计接待服务参观者1.5万人。会议中心共接待服务各类会议300余场，与会总人数达2.5万人次。

七、东丽区少年宫

见第二十八编教育第七章学生第三节课外教育。

第二节　民间花会

一、花会活动

1979年始，区民间花会兴起，主要有法鼓、苏庄宝辇、龙灯、旱船、高跷、秧歌、腰鼓、小车会、耍狮子等10余种，是广大农村百姓喜闻乐见的传统文化活动。随着人们生活水平的不断提高，农村民间花会得以恢复再获新生，日趋活跃。

1995年，全区民间花会有吴嘴村合音法鼓、翟庄翔云龙灯会、小东庄小车会、苏庄和大杨庄宝辇法鼓、新袁庄高跷及大宋村旱船等。翔云龙灯会参加“五一”节在北京颐和园举办的中国首届舞龙大赛，获表演奖。每逢春节、正月十五等传统节日，各种花会一齐出动，走乡串村，竞相表演，热烈红火，充分展现了中国传统民俗的魅力。区文化局年年举办正月十五元宵节花会踩街活动，组织全区民间花会队伍齐聚张贵庄中心城区集中表演。2009年，苏庄宝辇、飞翔舞龙舞狮高跷、吴嘴村合音法鼓等民间花会入选区和市级非物质文化遗产保护项目。至2010年，区民间花会队伍发展到20余支，常年参与者有上千人之多。

二、花会队伍选介

（一）苏庄宝辇　是海河岸边苏庄村民通过跑辇活动抒发内心丰收快乐，祈求人们平安吉祥的重要形式。其宝辇制作精细，高贵华丽，为民间艺术珍品。1986年恢复活动时，重新制作的宝辇高4米、宽1.8米，重500千克，获1988年津沽花会大赛继承奖，活动骨干有80余人。多次参加市、区举办的花会表演及各类比赛并获奖，2005年以来，参加市旅游节、天津妈祖文化艺术节大型巡游演出活动，深受群众喜爱。

（二）新袁村长利高跷老会　成立至今已有70多年历史，该高跷队最早由12人组成，后来又增补两个角色。表演节目分为单夹篱笆、双夹篱笆、二龙吐珠、公子扑蝴蝶、摇橹扑风、樵夫砍柴等，表演形式独特，活泼热烈，非常吸引人。每逢年节走村串户进行表演，常被邀请参加市花会踩街和表演活动，很受群众欢迎。

（三）翟庄村翔云龙灯会　成立于清朝末年，也称“玩龙灯”“闹龙灯”。是无瑕街道翟庄村民非常喜欢的传统文化活动。每逢年节都要出会，表达人们欢乐喜庆之情，寓意龙老臣服，天随人愿，每年风调雨顺。1994年，翟庄村重建翔云舞龙队。1999年，改名为飞翔民间艺术团，包括舞龙、舞狮、高跷等多种花会形式，灵活多样，特点鲜明，深受广大群众喜爱。2006年，飞翔艺术团女子舞龙队获得市民间花会广场舞擂台赛第四名，并荣获天津十大擂主之一。

（四）吴嘴村合音法鼓　始于清初，盛于乾隆年间（1736—1795），是万新街道吴嘴村传统悠久的文化活动。初为文法鼓，后逐渐演变为武法鼓。法鼓出会时吹歌前引，法鼓居中，跑轿殿后，颇为壮观。1982年，村委会出资操办恢复法鼓活动，1986年参加市民间音乐盛会获表演奖，吴恩兴获民间乐师称号。1991年后，每逢节日庆典，合音法鼓与村组织的老年迪斯科秧歌队、喜庆娃娃队、吹歌、跑轿、耍狮子、秧歌一齐出动，载歌载舞，鼓乐齐鸣，十分热闹，经常参加花会活动的村民骨干有百余人之多，成为吴嘴村民最重要的民间娱乐活动。

第三节　节庆展演

1989—2010年，全区重要群众性文化活动，共举办200余场次。

一、田野文化艺术节

1989—1994年，每年8月10日前后举行。活动内容包括歌舞比赛、京剧会演、评剧票友大赛、交谊舞比赛、民间花会表演等项目。每届活动全区参加的文艺骨干有1000余人。

二、职工文化月

1995—2010年，区工会和文化局联合举办。活动内容包括 “企业之光”摄影展、“企业精神文采”征文比赛、“金秋十月”职工卡拉OK歌手大赛等。全区各企业组织队伍参加各项活动，通过层层选拔，预赛决赛，历时一个多月，形成员工广泛参与的一项综合性文化活动。

三、“农行杯”文化艺术节

2002—2010年，已连续举办九届“农行杯”文化艺术节。此项活动由区委宣传部、区文化局共同举办，包括区“农行杯”文化艺术节开幕式文艺演出、区戏曲票友大赛、区卡拉OK大赛、区交谊舞大赛、区文艺骨干下乡巡演、区书法绘画展览，区摄影展等活动。农行杯”文化艺术节为全区广大业余文艺骨干搭建展示才华的舞台，丰富人们业余文化生活，提高大众文化品味。

四、春节系列文化活动

1995—2010年，连续举办16届“东丽区春节系列文化活动”，其中包括区春节文艺联欢会，区春节焰火晚会，区元宵节花会踩街、区元宵节灯展，区慰问部队、企业文艺演出，区送书画下乡等活动。春节系列文化活动在为广大群众送去精彩的文艺演出、书画、春联的同时，也送去节日的祝福，丰富城乡人民群众的春节文化生活，受到广大群众的热烈欢迎和好评。

五、消夏文化艺术节

2003—2010年，连续举办八届区消夏文化艺术节。此项活动由区文化局、各乡镇街道组织，于每年7月盛夏来临之际，组织市、区专业演员和基层业余文艺骨干，举办消夏文化艺术节下乡巡演、评剧比赛、广场舞健身舞比赛等。消夏文化艺术节活动由区和乡镇街道、村（居）社区层层举办，形式活泼多样，内容丰富多彩，户外活动较多，参与者广泛。在炎炎夏季，为广大群众送去消凉避暑的精神文化食粮，取得很好的社会效果。

第四节 民间艺术

一、剪纸

剪纸艺术在区农村已流传百余年，种类有窗花、枕花、吊钱等。远近闻名的大郑剪纸形成于清末，至今已经有100多年的历史。这门民间艺术汲取天津卫剪纸艺术精华，伴随大郑村落的形成而起源发展。每逢春节，村里妇女便剪些窗花贴在自家的窗棱门楣，烘托喜庆气氛，逐渐形成一种传统爱好。

20世纪80年代，大郑庄村民把剪窗花、吊钱作为一项主要家庭副业，全村50%以上的农户人人动手刻制吊钱、窗花，成为剪纸专业村。1989年，市召开妇女代表会，该村妇联主任徐富娥现场刻制剪纸《龙凤呈祥》图案，送给俄罗斯、日本、新加坡等国外宾，受到赞誉。1995年，市妇联又征集该村部分剪纸作品送全国妇联，在世界妇女大会展出。2000年以后，随着大郑第三代剪纸艺人的兴起，开始向文化产业发展。其剪纸作品集观赏性、艺术性于一体，并将中国工笔画和西方油画效果引入剪纸，大型作品如清明上河图、侍女图、百马图、金陵十二钗、四大美人图等层出不穷。在第三届中国（国际）文化艺术博览会交易会上，大郑剪纸代表天津剪纸艺术向世界展示中国民间艺术的魅力，博得国内外客商的赞誉。2006年，该村刘洪源创作的1.2米长的剪纸作品《清明上河图》获市委宣传部等部门颁发的中国首个文化遗产日证书。2007年，大郑村妇女刘长会成立慧源剪纸创作中心，成为全市妇女手工编织行业龙头企业，在市妇女创业中心大郑剪纸占据最大的展厅。2008年4月，刘长会和其妹刘长华精心创作的7米剪纸长卷《清明上河图》荣获巧手金奖，被中国妇女儿童博物馆收藏。是年作为北京奥运会特许礼品，送给奥运会青年营205个国家和地区的青年代表。2009年，大郑剪纸被定为市非物质文化遗产。2010年5月，大郑剪纸参展上海世博会。在华明展馆中，十二生肖、京剧脸谱、金陵十二钗、西厢记等一幅幅造型逼真剪纸作品受到中外游客喜爱。

区机关干部李文粱从事业余剪纸创作60年，创作作品900余幅，有210余幅在省市级报刊发表，其作品生活气息浓郁，注重传播科技知识，一些作品充满童趣。1996年退休后，致力少儿剪纸艺术创作，辅导津门小学、顾庄小学等孩子们开展课外剪纸活动。1997年，津门小学参加天津市精卫风情剪纸作品展览，多名学生获得优秀奖。1998年，市科协主办儿童科幻画展，李文粱辅导的儿童剪纸组画《我们未来的生活》荣获三等奖。2003年，结集出版《李文粱剪纸选》。

二、泥塑

1995年，区有活动骨干五六人。小东庄乡孟繁东泥塑作品《三打白骨精》、大毕庄乡孙学瀛泥塑作品《红楼仕女》和《京剧脸谱》入选市美术作品展。张贵庄街道居民郑万起自学泥塑艺术，经几十年钻研，形成独特的制作工艺和艺术风格，誉为“郑氏彩塑”。代表作品有“嫦娥奔月”“仙女散花”“麻姑献寿”等古代仕女及现代雕像，人物形象反映不同时期的社会风貌和时代特点。2000年以来，“郑氏彩塑”多次参加市、区办的各类艺术展览，先后获一、二等奖。泥塑作品着色精致细腻，制作工艺蕴含捏、贴、拨、塑等多种技法，兼具牙雕、石雕和玉雕的“透”“露”“空”

等特点。经市泥塑专家鉴定，具有多项独创新制作技艺，具有较高的美术价值。其作品作为展会、旅游活动纪念品广受好评。2009年，郑万起泥塑工艺入选区非物质文化保护项目。

三、宝辇

苏庄宝辇、大杨宝辇等都有上百年的历史，以做工精细闻名。1983年，苏庄村张洪福受跑辇民俗的熏陶影响，尝试制作工艺小宝辇。他精心设计画图、试用多种材料，反复制作实验，不断改进提高，直至1998年才制作完成。工艺小宝辇高78厘米，长40厘米，宽33厘米。宝辇上有48盏彩灯，780条灯穗，8个嘴子，由387块木头刻制组装而成，端坐宝辇正中的海神娘娘特邀天津评剧院总道具师李德恒协助塑造，做工精细，形神兼备。工艺小宝辇曾先后参加天津市10城市友好联谊会展览、区民间艺术展览，颇受好评。

四、微雕

区民间艺人王树生继承祖上流传的微雕技艺，在长、宽仅数厘米的小石头上，雕刻出精美的山水画或书法作品，成为珍贵的微雕艺术品，被誉为王氏微雕艺术。微雕作品使用的石材主要有巴林石、青田石、寿山石及缅玉、翡翠等，雕刻的作品多为壮阔的山水画和古朴遒劲的毛笔书法。王树生从小跟随父亲王秀山学习书法、绘画和雕刻技艺。1987年，考入东方艺术学院深造，师从孙芳、贾万新、王凯等画家篆刻家，着力提高自身绘画书法水平。历经30多年刻苦钻研，形成独特风格。其微雕作品多次参加全国及市举办的民间工艺美术展览会，受到京津沪及香港、台湾等地人士喜爱，加之石料本身就具有观赏保存价值，不少人热衷收藏其作品。王氏微雕技艺被列入区级非物质文化遗产保护名录。

第五节　民间收藏

一、概况

20世纪80年代后，区群众性的民间收藏活动逐渐开展。早期以邮票、钱币、纪念币等为主，规模较小。1995年，区集邮协会有会员30余人。随着生活水平的逐渐提高，民间收藏种类越来越多，涵盖范围越来越广。

1995年后，全区掀起民间收藏热，收藏品种扩大到字画、奇石、粮票布票、毛泽东像章等包罗万象。翡翠、和田玉、红木家具等稀缺之物成为新时期的收藏热点。在各类收藏中，区民间藏书和特色收藏颇有特点。退休职工邵祝安、韩宝林、教师程维洪坚持藏书数十年，入选市藏书家。新立街道农民王福喜收藏世界各国大小机床达200台。

二、藏书

（一）《中国谚语集成》《中国歌谣集成》 张贵庄街道居民邵祝安，从事藏书50余年。收藏总量8000余册。热衷搜集整理民间谚语、歌谣。2004年，为《中国谚语集成》（天津卷）的编著提供几万条乡土味颇浓的民间谚语、歌谣，为《中国歌谣集成》（天津卷）编著提供有关“义和团”“抗日战争”“时政”等方面的民歌、儿歌一百余首。搜集整理民谚、民谣，涉及各行各业，展现中国各地不同历史时期社会风貌，丰富语言的多样性及文化内涵，具有鲜明深刻的时代烙印，对研究不同时期的社会状况具有重要历史文化价值。2009年6月，“民间谚语歌谣集粹”获区非物质文化遗产项目。2010年9月，在市文明办、市妇联、市民间收藏专业委员会联合主办的“津门十大藏书家”“津门十佳书香家庭”津门十佳特色藏书人”评选活动中，被评选为“津门十大特色藏书人”。

（二）《三字经》大全 区景欣苑居民韩宝林，用20年时间收集不同时代不同版本的《三字经》410本。从同治年间（1862—1874）的《大三元经》到民国时期的《增订三字经》、从盲文版的《新三字经》到日文版的《本朝三字经辩》及国外翻译版本，堪称《三字经》大全。他收藏的古旧书和地图等多达1万余册，仅各版天津地图就有100多种。2009年，韩宝林获“天津市十大特色藏书人”荣誉称号。

（三）举办藏书展览 新立街道中河小学教师程维洪喜爱收藏书籍，已收藏图书6000余册。其收藏的各类书籍中，尤以文史类为多。2008—2010年，程维洪多次举办个人收藏展，吸引不少收藏爱好者和村民群众参观，丰富了群众的业余文化生活。

（四）《词语溯源500例》 区政协干部唐东甲喜爱藏书，至今70余年，收藏各类图书8000余册。藏书种类丰富，涉及教育、政治、党史、文学、字典等。热爱剪报，40年来已剪报上千册，按内容有25大类。利用剪报素材，选编出版《词语溯源500例》一书。全书38万字，揭示许多词语来历、涵义与故事，具有实用价值和参考作用。

三、机床收藏

区新立街道农民王福喜从小就对各种机械有浓厚兴趣，特别喜好收藏各类机床。1992—2010年，收藏世界各国大小机床达200台。收藏机床大部分产自瑞士、德国、美国等国家，有几十年甚至上百年的历史，有的已是存世孤品。北京、深圳、广州、上海、南京，许多地方都留下他寻找工业文物的足迹。为收藏一台1960年德国造的滚刀磨床，先后前往一位老工人收藏者的家中80多回，感动这位老工人，在去世前特意将磨床赠予王福喜。原天津手表厂瑞士造的小型仪表机床、原天津照相机厂加工零配件的铲齿车床都被他收入囊中。一台瑞士造的加工维修手表的小型仪表车床装在精致的木箱中，里面还整齐有序地码放着200多个零配件，连箱子都是原装的，已有100多年历史，十分珍贵。将为收藏的机床建个博物馆，广为展示，永久珍藏。

第六节 文化市场管理

一、管理队伍

1979年后，区内文化市场逐步形成。1988年，开始对全区文化娱乐场所进行登记、发证，加强日常管理，长期开展“扫黄打非”斗争。1989年，区文化局设立文化市场管理科，履行文化市场行政审批和行政执法职能。2004年，区文化局加挂新闻出版局牌子，进一步加大知识产权保护力度，加强新闻出版业管理。2010年，成立区文化市场行政执法大队，专职负责全区文化市场行政执法检查工作。区文化局文化市场管理科进驻区行政许可服务中心，专职负责全区文化市场经营项目的行政审批。行政执法与行政审批两权分设，使文化市场管理走上法制化、科学化、规范化轨道。

二、文化娱乐场所管理

（一）娱乐场所审批 1988 年始，区加强对歌舞厅、卡拉 OK 厅和电子游戏室的管理，所用器材登记注册。至 1995 年，全区歌舞厅、卡拉 OK 厅有影碟机 50 套，激光视盘 500 张，营业性电子游戏机 180 台。至 2010 年，全区有持证经营网吧 32 家，其中单体网吧 28 家，连锁加盟店 4 家。全区有歌舞娱乐场所 17 家。网吧审批数量由市文化局核定，歌舞娱乐场所由区文化局负责许可审批。

（二）娱乐场所管理 区文化局文化市场管理科与区工商、公安、综合执法等部门协同管理文化市场。为适应文化市场发展需要，不断强化对全区营业性娱乐场所管理检查，贯彻执行鼓励、扶持依法经营政策，坚决打击和取缔黄赌毒现象。为切实保护青少年免受黄赌毒之害，严格按照有关政策规定，控制游艺厅、网吧发展数量，提高其经营质量。区文化局不断完善文化市场监控手段，建立互联网监管平台，实现对有证网吧日常动态的监控管理。组织网吧开展互查互评活动，组织行业协会会员培训班，加强有关政策的学习教育，聘请社会义务监督员监督网吧、游艺厅经营，消除非法经营毒害青少年的行为。

三、新闻出版和印刷业管理

1988 年，区文化管理部门开始对区内印刷发行行业进行登记发证工作。全区登记注册的书刊定点印刷厂 9 家，非定点厂 140 家。每年按规定手续进行申报、审核、检查，使管理工作纳入正轨。1995 年始，加强对印刷企业和图书音像零售企业的管理检查，强化经营者对知识产权保护的法律意识，强化对侵权盗版行为的打击处理，使销售盗版出版物现象得到有力遏制，绝大多数相关企业做到合规经营。

2010 年，区共有印刷企业 170 家，由市新闻出版局负责许可证审批和年度核验工作，由市、区两级市场执法部门共同负责印刷业和图书音像市场的日常监督检查。全区共有图书音像零售企业

26家，由区文化局负责许可证审批及年检工作。

四、文化市场整顿

1986—1995年，每年组织大规模普查2～4次，日常随时抽查。期间，共收缴违禁书刊1万余册、私自复制录像带263盘、赌博电子游戏机板14块，取缔无照经营的书刊点13处，封存图书、小报15种和禁止使用的伪劣录像带269盘，封闭赌博麻将牌室1处和“三陪”活动舞厅1家。

1999年，区文化局经历23天集中“扫黄打非”9次。经历28天清查非法出版物。与公安、工商部门经历58天联合检查16次。配合区保密局查泄密书刊1次。全年查处违法印刷案1起，处罚非法经营电脑游戏机1起，取缔无证经营书刊摊点17家、电脑游戏27家，收缴非法书刊53200册、盗版光盘18块，录像带30盘、赌博板11块。

2002年8—10月，加强对全区网吧等互联网上网服务场所专项治理，完成网吧重新审核工作，使网吧等互联网服务经营场所由28家压缩至20家。

2005年，加强文化市场专项治理，重点治理网吧超时经营和接纳未成年人的违法行为。全年集中清查非法出版物20次，日常检查40次，检查各类印刷企业和娱乐场所200余家，收缴盗版光板3000余张和非法出版物600册。

2008年，区文化局全年出动执法检查人员500余次，检查文化用品经营单位280家。开展“文化市场奥运保障活动”，重点检查音像制品经营店铺，收缴盗版光盘3万余张、盗版书籍1000余册，协助工商部门取缔网吧13户。

2009年，区文化局开展“净化文化市场百日专项战役”。与公安、工商、执法局、消防等部门配合，加强对非法经营活动和非法经营场所的联合检查。收缴盗版光盘1.8万张、盗版书籍1万余册，查处无证歌舞厅5家，取缔黑网吧322户。

2010年，区文广局、文化市场执法大队检查文化经营单位100余家，收缴盗版光盘4000张，取缔黑网吧等无证照文化经营场所100余家，依法处罚3家违规接纳未成年人网吧。完成查堵政治性非法出版物工作，对辖区60余家印刷企业进行日常监督检查。

第三章　文学艺术

1979—2010年，区内文学艺术组织相继建立，不断发展壮大，逐渐形成力量较为雄厚、门类较齐全的创作队伍，取得全市瞩目的文学创作成就，被誉为天津市“文学大区”。区连续承办19届市文化杯群众文学评奖活动，成为享誉全国的著名文化品牌。各种文学、艺术协会成立，带动全区书法、摄影、美术、声乐、舞蹈、戏曲等艺术门类的繁荣兴旺。2005年，区被人事部、文化部命名为全国文化先进区。

第一节　文学创作

一、文学创作队伍

（一）区作家协会　1977年9月，由区文化馆干部赵宝山倡导组织，成立区文学活动小组，是全市成立较早的文学社团组织，当时仅有业余文学作者7人。1979年12月，成立全区第一个文学创作组织——东郊区文学社，成员发展到35人。1995年，在原区文学社的基础上，成立区群众作家协会，有会员104人，其中市作家协会会员11人；1998年，更名为区作家协会。至2010年，区作家协会会员发展到110人。其中，中国作家协会会员4人，市作家协会会员40人，天津作协文学院签约作家3人。全区业余文学作者队伍增至230人。区作家协会积极培养文学创作力量，开展区内外文学创作交流，表彰和奖励成绩突出的文学作者，为全区文学事业发展发挥重要作用。

（二）作协刊物　1977年，出刊文学小报《东郊文艺》，是全市区县创办最早文学刊物。1985年，区作协文学刊物《群众作家》创刊。《群众作家》刊物每季度一期，每期文字容量8～10万字，设有精美散文、小说园地、诗星灿烂、校园文学等栏目，风格雅正，图文并茂。《群众作家》编辑部与有关镇街乡、委办局合作，出刊以抗击“非典”、双拥共建、现代农业等为主题的文学作品专号。至2010年，《群众作家》已出版131期，为全区文学作者提供发表作品的平台和交流学习园地，在全市文学作者中有良好声誉和广泛影响。

（三）文学体裁

诗歌　20世纪80年代，诗歌创作活动兴起，以小东庄乡文化站为代表，涌现出许向诚、刘则成、李爱群等一批优秀的农民诗人，形成具有鲜明特色的乡土诗歌作家群。与之同时，受到区劳动锻炼的著名诗人鲁黎的熏陶影响，东郊农场职工丁国栋等人走上诗歌创作道路，取得显著成绩。90年代以后，区诗歌创作更趋活跃，陈东、黄恩益、张松枝、何秉信等都出版自己的诗集。新立街道中河村农家妇女刘凤趁以“芦苇”为笔名创作发表大量乡土味很浓的诗歌，还创办“芦苇诗社”，定期出版《芦苇诗刊》。

小说　20世纪80年代，区小说创作开始兴起发展，贯庄村农民陈连生创作出版长篇小说《津门大侠范长卫》，狄青创作出版中篇小说《都市幽魂》。90年代，姚宗瑛连续创作出版以《跤坛风云》为代表的长篇小说“跤坛三部曲”。2000年后，王焕庆连续创作出版《抽搐》《梗塞》《再生》3部长篇小说，被誉为“现代农村农民三部曲”，引起广泛关注，奠定其在天津小说界地位。

散文　20世纪80年代，散文创作开始兴起发展，力量雄厚，作品众多。王绍森、狄青等出版多部散文集，屡次获奖，在《天津日报》《支部生活》等报纸刊物开辟随笔专栏，在全市都很有影响。丛文、江芝梅、韩武喜、王顺义、许新复、商德刚、王孝义等散文创作骨干出版作品集。江芝梅、商德刚、陈东等被天津作家协会授予“天津市文学创作新人奖”。许新复致力于报告文学创作，发表《荒草情》《凤凰飞》《国旗上的那颗星》等长篇报告文学和散文作品，获文化杯等多项市级征文奖，编著出版有《布新集》《行者足音》《阿拉山下》等多部作品集。

文学评论　1978年，区文化馆设专职文学干部抓文学评论，群众文学评论骨干发展到7人。其中，赵宝山的文学评论关注文学作品的时代特点，观点鲜明，敢于直言，得到蒋子龙等著名作家的高度评价。文学评论集《寂寞集》，是市群众文学评论的第一部专集，从艺术角度对作品进行认真细致的分析点评，促进区内文学新人的成长。

（四）作品简介

《寂寞集》 中国作家协会会员、文学评论家。东丽区作家协会主席、终身荣誉主席赵宝山出版文学评论专著《寂寞集》，在报刊发表文学评论文章300余篇。蒋子龙著文评价“伏身基层，却站到了高处，成功地由一位教师转变为具有全国视野的批评家”。获市作家协会“园丁奖”“红枫奖”等奖项。

《葱叶笛》 中国作家协会会员、农民诗人、市作协文学院签约作家，国家一级作家许向诚编著诗选《葱叶笛》。《葱叶笛》获市鲁迅文艺奖优秀作品奖。两次出席全国青年作家代表大会，被团中央、中国作协授予“全国青年创作积极分子”称号。

《跤坛风云》《跤坛风尘》《跤坛风流》 中国作家协会会员、小说家姚宗瑛创作出版被誉为“跤坛三部曲”的《跤坛风云》《跤坛风尘》《跤坛风流》长篇小说，具有浓郁的天津地方特色。曾两次荣获市“文化杯”一等奖、天津市文学新人奖“特别奖”等奖项。

《抽搐》《梗塞》《再生》 中国作家协会会员，市作家协会文学院签约作家、小说家王焕庆编著的3部长篇小说《抽搐》《梗塞》《再生》，被中国作协统称《时代·命运·农民三部曲》。系区唯一由中国作家出版社本版推出全国发行的长篇小说。

《都市游魂》 中国作家协会会员、市作家协会文学院签约作家狄青创作的首部中篇小说《都市游魂》产生很大反响。获市文学新人奖、市文学新人作品奖及全国散文征文大奖等多个奖项。

四、“文化杯”群众文学评奖

（一）初期文化杯文学评奖 1988年，市“文化杯”群众文学评奖活动由市文化广播影视局、区人民政府共同主办，市群众艺术馆、区文化局承办。文化杯奖项设立之初，由各区县轮流承办。评奖方式是在同一年将小说、散文、诗歌、报告文学等文学体裁一起进行各项评选。1990年，“文化杯”群众文学评奖进行改革，确立小说、散文、诗歌三年一轮回，每年举办评奖活动的文化杯评奖制度。

2008年，天津市第十七届“文化杯”全国梁斌小说颁奖会暨东丽湖全国群众文学创作论坛在东丽湖召开

（二）东丽区主办文化杯评奖 自1998年第七届“文化杯”群众文学评奖活动起，改由区人民政府与市文化局、市群众艺术馆联合举办，每届都在区举行，成为区最重要、最有影响力的文化品牌。区政府重视文化杯评奖活动，将其作为全区一项重点工作列入年度计划，拨专款投入，确保“文化杯”群众文学评奖活动深入持久开展，越办越好。区文化局全力以赴做好组织、评奖和会议筹备工作。2007年，“文化杯”群众文学扩大评奖规模，面向全国业余文学创作者征稿。2008年，“文化杯”群众文学评奖增设梁斌小说奖、孙犁散文奖和鲁藜诗歌奖的冠名，设立东丽万元大奖。区作家王焕庆创作的长篇小说《梗塞》，首次荣获“文化杯”全国梁斌小说奖东丽大奖。2009年，第十八届“文化杯”全国孙犁散文奖征文评奖增设东丽散文大奖、新人新作奖，由天津百花文艺出版社出版文化杯年度获奖作品汇编。

2010年7月，市第十九届“文化杯”全国鲁藜诗歌奖颁奖会暨第三届全国群众文学创作论坛在东丽湖隆重举行。此次“文化杯”诗歌奖评奖活动得到全国20个省区市和市群艺馆（文化馆）大力支持，吸引上千名文学爱好者及中国台湾同胞、海外华人积极参与，报名参赛，共收到诗歌作品1000余件，评出获奖作品138篇（部）。区作者许向诚凭借诗集《许向诚诗选》获得东丽诗歌大奖。这次“文化杯”评奖还举办群众文学诗歌创作论坛，出版《天津市第十九届“文化杯”鲁藜诗歌奖获奖作品集》。

二、文学创作活动

1983年6月，在蓟县盘山，区文学社组织全区业余文学作者的第一次文学笔会。1996年5月，区文化馆和区作家协会与天津日报文艺部联合举办文学讲习班，每周一期，共授课16期。汤吉夫、贾宝泉、王道生、陈茂欣、田师善、高光地、蒋子龙、王之望、李治邦、宋安娜、赵宝山、赵玫等专业作家、文学评论家和大学教授应邀主讲。此次活动历时4个多月，涉及文学创作的各个方面，内容丰富，水平很高，培训文学作者百余人，取得良好效果。

1996—2010年，区文化馆、区作家协会多次组织区业余作者参加市作协举办的文学研讨会；与和平、汉沽、北辰、武清、南开等区县联合，连续举办6次文学笔会；在南戴河、兴城、蓟县、泰安等地举办东丽区作者文学笔会10余次，提高全区业余文学作者写作水平。常年开展创作交流、作品评点、新人培训，举办文学讲习班、作品研讨会、专集出版座谈会、少年作家班讲座等形式多样的活动。先后举办“金色外环”诗歌征文、校园文学征文、国庆征文、军民鱼水情征文，“大亨杯”文学评奖活动等20余次。1997年6月，庆祝东丽文学社成立20周年，举办全区群众文学创作成就大型展览、编印出版《群众作家》纪念专刊，开展一系列文学活动。《天津日报》“报告文学”“文艺评论”“文艺周刊”专栏，连续开辟3个专版，选登区作者的优秀文学作品，反映和评论区群众性文学创作取得的成绩。

1998—2008年，区文化局、区文化馆与市作家协会和部分区县文化馆合作，在区举办4次端午诗会。1998年5月，在赤土中学，与和平区文化馆、汉沽区文化馆联合举办全市专业及业余诗人参加的首届端午诗会。2001年“七一”前夕，市作家协会与区文化局联合举办第二届“颂歌献给党”端午诗会。 2004年5月，由区旅游局、区文化局、区旅游职专共同举办东丽湖第三届端午诗会。2008年5月，区委宣传部、市作协共同举办第四届端午诗会暨抗震救灾诗歌朗诵会。诗人们用诗歌表达对地震灾区人民的关心和支持，体现广大诗人的爱国情怀。

1999年，区文化馆、区作家协会与天津日报文艺部共同举办“东丽杯”全国诗歌大赛。1999—2000年，中国作家代表团两次到区，与天津作家和区文学骨干一起深入农村采访创作，扩大区对外影响。1998—2010年，区政府与市文化局共同举办九届“文化杯”群众文学评奖活动，成为全国著名的群众文化品牌。

三、文学创作成果

1979—1995年，区文学社、群众作家协会培养全区诗歌创作骨干54人，创作诗歌作品1722首，省市级以上报刊发表1104首。小东庄乡业余诗人许向诚两次出席全国青年作家代表大会，市百花文艺出版社为其出版诗集《葱叶笛》。1995 年，全区拥有散文创作骨干 25 人，创作散文作品 752 篇，有 14 篇在市级比赛中获奖。全区有业余小说作者 48 人，其中小说创作骨干 7 人。至 1995 年，创作小说作品 618 篇，其中在省市级以上报刊发表 182 篇。全区有 11 人成为天津市作家协会会员。

至 2010 年，全区有中国作家协会会员 4 人，市作家协会会员 40 人，区作家协会会员 110 人，业余作者 230 余人，形成有较强创作实力风格多样的业余作家群。全区业余文学作者共编著出版诗歌、散文、小说、文学评论、报告文学等个人文学专著 65 部。其中，小说集 12 部，诗歌集 22 部，散文集 9 部，报告文学 9 部，文学评论 1 部，寓言 2 部，文集 10 部。区文学作者在省市级以上报纸、杂志发表文学作品 4000 余篇，获省市级以上文学奖 1000 余项。全区文学创作呈现出人才辈出、日益繁荣的局面，成为区文化领域亮点，被誉为市“文学大区”。

第二节　书法　绘画　摄影

一、书法绘画

（一）书法绘画活动　20 世纪 80 年代，区书法、绘画活动逐渐兴起。1980—1995 年，区文化馆、少年宫、老干部局等开办书法培训班 30 多期，举办书画展览 10 余次，著名书法家王明九多次到图书馆、老干部局和基层乡村辅导书法活动。务本村李默生的书法作品被送日本参展，杜兴友的书法作品获得奥达国际大赛优秀奖。区工会职工美术研究会会员集体创作的国画《引滦入津图》入选全国美术展览。

1995年后，区文化馆、区书法协会、少年宫、老干部局和华明、新立、军粮城等乡镇街道，常年组织书法绘画培训，进行书法绘画观摩交流，举办书画展览。区文化局连年邀请孙克纲、王叔平、韩文来、王冠峰、赵树松、唐云来、顾志新、宁书伦、杜明岑、李克玉等市著名画家、书法家，深入村队和企事业单位举办笔会，开展书法绘画创作辅导、送春联下乡等活动。1996年，区文化局在市群众艺术馆展厅为区少年宫女教师江嫣举办个人工笔画展，市美术家协会，对其工笔画作品给予很高评价。1997年，承办“中国首届（天津）书法节——东丽分会场大型书法展”。2000年后，书法、国画作为国粹艺术进入城乡百姓家庭，成为一些老年人和少年儿童的特长爱好。全区乡镇街道书法协会和老年书法绘画组织，每逢“七一”、国庆、春节和北京奥运会、上海世博会及市、区一些重要活动，参与区宣传文化部门和有关单位举办专题美术书法展览等活动，并先后与北京顺义区、山东威海市、山东济南历下区、湖南宁乡县等市县区联合举办书画作品巡展和书画交流活动。

2010 年，群众参观清风颂书画展

2006年1月，区书法家协会承接“天津市中国书法家进万家行动计划启动仪式”，组织书法家赴华明镇、军粮城镇、无瑕街道为村民百姓书写春联，深入开展中国书法进万家活动。2006年10月，天津百中滨海画院成立。该画院以一百中学校友画家为班底组建。著名画家孙其峰、张德育、曹德兆、唐云来、孙长康、张寿庠等担任画院顾问，画院有区和外区美术家协会会员19人，涵盖山水、花鸟、人物画家。画院首届书画作品展共展出王金厚、王义常、王俊英、王佩翔、吕宝珠、孙玉河、邢纪庆等书画家作品80余件。2007年，东丽籍著名书法家王冠峰创作的《弘扬奥运，振奋民魂——200米书法长卷》，用祖国56个民族的书法文字表达喜迎奥运的爱国激情，多次在北京、天津等地展出。2010年2月，天津美术家协会和天津百中滨海画院在图书大厦联合主办迎春画展，展出天津美协、天津美术学院名家教授和滨海画院画家精心创作的作品50余幅。王金厚、孙玉河、王俊英等先后举办个人画展，有5位画家出版个人作品集。军粮城书画协会每年组织书法爱好者免费为村民百姓写春联。中国民航大学书画影研究会连续4届举办民航大学书法、绘画、摄影作品展，组织会员参加民航系统、市及全国书画展并获奖。宝祥斋金石书画社特聘张寿庠、张运河、马寒松、史振岭等10位中国美术家协会和中国书法家协会会员为书画社会员，在张贵庄举办首届市书画名家优秀作品展，成为传播普及书画艺术的窗口。由安徽投资企业创办的京津徽文化书画院聘请军队和地方知名书画家为顾问，先后在万新庄街道和东丽开发区建立活动基地，经常组织书画艺术书培训、研讨，举办书画作品展览，促进民间书画艺术的创作和交流。

（二）书法绘画队伍　1988 年 8 月，成立东丽区书法研究会，有会员 20 人。1998 年，在此基础上成立东丽区书法家协会。至 2010 年，东丽区书法家协会会员增至 66 人，其中天津市书法家协会会员 16 人。全区书法爱好者众多，形成 200 余人的骨干队伍。区书法家协会先后组织成立了华明、军粮城、民航大学和老年艺术团 4 个书协分会和鉴开中学、津门小学、万乐垂钓中心等 8 个书法创作基地。李祥平、石双樑、邢纪庆、赵桂中、张文达、薄荫龙、杨长生、储征、于春龙等书法家先后在国家级书法比赛中获奖，有 40 余人在省市级书法比赛中获奖。刘长久、孙学江、石双樑钻研篆刻数十年，形成个人治印风格，多次参加全国和天津市篆刻展览并获奖。2006 年，百中滨海国画院成立，带动全区国画创作队伍的发展，全区从事山水、花鸟、人物创作的业余画家有 20 余人。孙玉河、王金厚、江嫣、王义常、王佩翔、吕宝珠、尚德福、刘美艳等人的作品都多次入选市级以上美术作品展览，获得好成绩。孙玉河、王金厚还出版个人美术作品集。

二、摄影

20世纪80年代初，区群众性摄影活动开始起步。至1995年，全区有摄影活动骨干12人，其中天津摄影家协会会员3人、艺术摄影协会会员1人。区摄影爱好者参加市“新图杯”摄影月赛、市摄影艺术展及天津日报摄影比赛并获奖。

2000 年以后，随着数码照相机进入家庭并逐渐普及，摄影成为群众性的艺术创作活动。2006 年，区艺术摄影协会成立，会员 60 余人。其中，中国摄影家协会会员 2 人，市摄影家协会会员 4 人、市艺术摄影学会会员 6 人。区艺术摄影协会成立后，举办艺术摄影讲座，组织摄影骨干深入生活采风创作，配合全区重要活动和乡镇街道、有关单位的工作需要举办专题摄影展。在对外文化交流、展示东丽形象、丰富群众业余文化生活等方面发挥良好作用。2007 年，区艺术摄影协会组织举办东丽区“美好的家园”摄影作品展览，赞颂区城市化发展的建设成就。2008 年 10 月，组织艺术摄影协会会员参加天津市纪念农村改革 30 年发展成就摄影展，全区有 30 幅照片被选中参展，在各区县中选用最多。韩学森、王晶一、范金元等多次参加省市以上摄影展获得佳绩。企业家吴春生酷爱摄影创作，荣获市“职工摄影艺术家”称号，在公司设立摄影活动基地，热心弘扬和发展摄影艺术。

第三节　音乐　舞蹈

一、音乐

20 世纪 80 年代，区群众性的音乐舞蹈活动逐渐兴起。1989 年 5 月，区文化馆举办家庭文艺竞赛。1995 年增至 50 户参赛。3 月，市“安尔乐杯”津门妇女、家庭卡拉 OK 大赛，区 5 户参赛家庭，分别获得家庭演唱、男女混唱和个人演唱两项一等奖、两项二等奖和一项三等奖，成绩突出。

1995 年，著名作曲家王莘为新立村创作村歌《唱唱咱们的新立村》。1996 年，区文化馆霍春溪为詹庄村创作《老槐树》村歌，詹庄村组成 60 余人的村民合唱团，以此村歌参加天津市田野艺术节大合唱比赛，获演唱二等奖。1996 年后，全区掀起群众性歌咏活动热潮。每逢“七一”、“十一”、春节、纪念日和重要活动，常举办全区性的歌咏大会或专题演唱会，各乡镇街道和机关事业单位组团参加。2004 年 7 月，区文化局、程林街道与市群众艺术馆联合举办纪念天津建卫 600 周年程林之光群众歌咏大赛，全市各区县都派出代表队，以合唱、齐唱形式歌颂党、歌唱祖国、歌唱家乡、歌唱新生活，天津电视台——中国天津卫视栏目专题报道歌咏大赛实况，程林街道村队和企业代表队获奖。2008 年“五一”劳动节前夕，区劳动和社会保障局举办劳动保障之歌专题文艺演出，全局干部以大合唱形式压轴演出劳动局局歌《劳动保障者之歌》，获得好评。以离退休干部为主体的区老干部艺术团，自 2003—2010 年，从 30 余人的合唱团发展成为集声乐、器乐、合唱、舞蹈多种艺术形式为一体，上百人的群众文艺团体。每年“七一”“十一”、重阳节都要排练新歌，参加市区组织的歌咏大会、合唱比赛，屡获佳绩。红帆教师艺术团多次代表区参加市和全国大型比赛演出，荣获市职工合唱大赛金奖。东丽激情广场合唱团的退休职工以东丽广场为舞台，每天坚持培训排练。自费订制演出服，购买伴奏乐器，自创反映老百姓生活的歌曲，参加歌咏比赛等活动，常去居民社区和养老院演出，在全市打响东丽激情广场的品牌。区庆祝新中国成立 60 周年红歌巡演、东丽区文明之歌大家唱、华明大舞台卡拉 OK 大赛等全区性演唱、比赛活动，有力地推动群众性歌咏活动的开展。至 2010 年，全区有一定规模、常年坚持活动的合唱团 10 余个。

2004 年，区音乐教师宋茂斌经层层选拔，闯进中央电视台全国第十一届青年歌手大奖赛决赛，以独唱《父亲》和《儿行千里》两首歌曲不凡表现，荣获民族唱法个人单项决赛优秀歌手奖。2008 年，宋茂斌被选中演唱著名音乐家王莘创作的最后一部作品《我有一个幸福的家》，首次演出即获成功，先后荣获文化部优秀演唱奖、天津新歌手电视大赛最佳歌手奖和市十佳歌手称号。

二、舞蹈

1996 年始，随着生活水平提高，适应人们文化休闲，娱乐健身的需要，以广场舞、健身舞、交谊舞为代表的群众性舞蹈活动日益活跃。2000 年后，全区大多数村（居）成立广场舞、迪斯科、健身舞等群众舞蹈队伍。区文化部门和乡镇街道年年举办广场舞、民族舞、交谊舞等舞蹈比赛或汇演、展演、交流活动。民族舞的表演形式有丰收舞、红绸舞、扇子舞及蒙古舞、朝鲜舞等多种多样。天津朝鲜族老年人协会东丽分会舞蹈队编排的《农乐舞》先后参加市朝鲜族文艺比赛、市第四届农民艺术节舞蹈比赛、市第三届舞蹈比赛和华北地区五省市舞蹈比赛，分别荣获特等奖、一等奖和二等奖。交谊舞受到区中老年人和少年儿童的喜爱。军粮城兴盛舞蹈协会坚持常年开展活动，会员发展到100余人，先后参加全国“五月花”杯舞蹈大赛、全国“金五星”杯舞蹈大赛，获得大众交谊舞及规范舞舞蹈一、二、三等奖，并获世界体育舞蹈联合会WSCA/WDCA中国总部颁发的荣誉证书。无瑕街道滨瑕之光舞蹈队韩长征、田华、郑万英、杨富海获得市第三届永安杯全国交谊舞大赛一等奖。区文化部门通过免费开放活动场所、请市区文化馆和舞协的专业老师，深入基层培训，给予专业指导，提高群众舞蹈水平。区和乡镇街道年年举办广场舞、交谊舞、民族舞比赛，给舞迷们提供展示的舞台。2010年9月，区委宣传部、区文化广播电视局和安达集团公司共同举办区“舞动激情——安达杯”全民舞蹈比赛。设最佳表演奖、阵容奖、时尚奖、风尚奖、活力奖奖项。来自全区各街道和乡的20余支舞蹈队，以舞会友，尽显风采，观看比赛的群众达数千人，是区规模最大的一次群众性舞蹈比赛。至2010年，全区有一定规模、常年坚持活动的舞蹈队30余支。

第四节　戏剧　曲艺

一、戏剧

20世纪80年代初，张贵庄地区10余位退休职工组成业余京剧社，自筹经费，购置服装道具，在张贵庄立交桥下开展京剧演唱活动。1995年，演唱队伍扩大到40多人。原市京剧团来区劳动锻炼的3位老演员组织成立军粮城春台少儿京剧社，致力培养青少年京剧苗子，有2名农村儿童考进市戏曲学校，走上专业艺术道路。1995年11月，春台少儿京剧社参加市首届中国京剧票友艺术节京剧选段表演，入选市首批京剧“十佳票房”，张德水等6人获得市“百名戏迷”称号。

1996年10月，么六桥回族乡评剧团演出评剧小品《存折归谁》荣获区“奇特杯”表演一等奖，排练多部古装戏应邀巡回村队演出。1998年，军粮城镇兴农村农民企业家王成山组建明山业余评剧团，投资10万元，建起100多平方米面积的“评剧小礼堂”。明山评剧团有演员20余人，购置了道具、戏服、乐器，角色齐全，成龙配套，常年学戏排练，参加各种演出，并把评戏送进村队、企业、军营和敬老院。2008年2月，在中国大戏院举办明山评剧团专场演唱会，成功演出《包公赔情》和《秦香莲》等评剧名戏，后又在八一礼堂演出多个流派的评剧折子戏。区业余农民演员登上天津卫大舞台，引起全市轰动。明山评剧团先后参加市工会系统评剧大奖赛、退休职工戏曲大奖赛等活动，并获团体银奖。

至2010年，全区常年开展活动的业余戏剧团队，有无暇街道的北大道评剧团、丰年村街道丰泰京剧社、张贵庄街道海兴评剧团及振兴京剧团等20余个。吴嘴、杨泊子、大毕庄、欢坨、赤土、贯庄等村队也都普遍开展群众性的戏剧活动。

二、曲艺

单弦、快板、相声等曲艺表演在区有很好的群众基础，20世纪70年代，市曲艺团演员来区劳动锻炼，传播曲艺表演艺术。么六桥回族乡刘金镇钻研小品、曲艺节目编创。自90年代起，先后创作天津快板《可爱的大东庄》《桥乡四大嫂》，山东快书《李二嫂种西瓜》，双簧《田大妮作报告》，山东柳琴《小村骑在牛背上》等曲艺节目，短小精悍，妙趣横生，由乡农民艺术团排练演出，深受父老乡亲欢迎，2000年，他创作的小品《西瓜缘》荣获中国“曹禺杯”小品小戏创作三等奖。《不能这样活》《考女婿》等获市“天穆杯”小品大赛优秀创作奖。2002年，么六桥回族乡农民艺术团演员毛国风、张忠玲、孙玉华、王秀芬表演的山东柳琴《小村骑在牛背上》，在中央电视台“金土地”栏目播出，受到好评。

1997年8月，区成立中老年艺术研究会，组建中老年业余艺术团。以创作表演曲艺节目为主，吸收全区30多位文艺爱好者参加，坚持活动十余年，创作编排单弦、快板、数来宝、魔术以及戏剧唱段等节目400余个，深入街道、乡村、部队、敬老院演出，或配合会议和重要活动演出280多场，观众10余万人次。2003年后，中老年艺术团配合区文明办，编排创作大量宣传公民道德、倡导文明风尚的文艺节目，如天津快板《对话连心卡》、三句半《公民文明守则》、对口快板《盖房》《唱唱街道老党员》，数来宝《抗非典》《公民道德规范歌》等，被誉为唱响文明之歌的文艺轻骑兵。

2006年10月，市曲艺家协会、市群众艺术馆等单位联合举办市首届曲艺票友大赛，张贵庄街道退休职工杨洪珍脱颖而出，荣获“天津市十佳曲艺票友”最高奖项。杨洪珍致力于曲艺节目表演的学习提高，坚持收听收看《曲艺大观》《鱼龙百戏》等广播电视节目，翻录录音带、光盘二百余盘。掌握“丑末寅初”“俞伯牙摔琴”等京韵大鼓唱段，兼学单弦、京剧老旦、评戏老旦等，在市、区级曲艺、戏剧会演比赛中多次获奖。

三、电视剧

（一）电视剧《跑爷和他的子孙们》 1989年4月，原籍东丽区赤土村的安徽省电视台导演魏汝明、仇强夫妇与赤土乡干部张万满共同编剧，创作电视剧本——《跑爷和他的子孙们》。该剧以赤土村老武工队队长魏义才为原型，展现赤土农村革命老区在抗日战争、解放战争和改革开放各个历史阶段的风云变幻，讴歌赤碱滩人民可歌可泣的斗争精神。该剧由区委宣传部、赤土镇、赤土村与安徽省电视台合作拍摄，魏汝明导演执导。8月，电视剧在赤土村开拍，1990年1月摄制完成，全剧共6集。1990年2月，《跑爷和他的子孙们》首映式在东郊礼堂隆重举行。安徽广播电视厅、安徽电视台和市委宣传部、区委区政府领导及有关委办局、乡镇村各界代表一千多人参加首映式。市委宣传部副部长牟闵对该剧给予很高的评价。他说，这是一部难得看到的好电视剧，有情节，有情感，有历史，有现实；有阶级性，有民族性，教育意义很深刻，使人看后耳目一新，十分振奋。作者和导演都是本地人，很有天津郊区农村的生活味。电视剧《跑爷和他的子孙们》在天津电视台、安徽电视台首播，时任全国政协主席李瑞环看后给予很高评价。在中央电视台二套节目播出后，各省市电视台也纷纷播出，反响热烈。该剧是天津郊县第一部由村镇参与创作拍摄的反映农村革命斗争和改革开放历史的电视剧，在全国亦首开先河。

（二）电视连续剧《恋恋东丽湖》 2008年3月，为宣传东丽区的发展，展示旅游资源，扩大区对外影响力。区委宣传部、东丽湖管委会和天津雷克文化传播有限公司联合开拍20集电视连续剧《恋恋东丽湖》。该剧根据网络小说《贪嘴小八的幸福》改编，以东丽湖为背景，讲述80后年轻人的创业和情感故事。该剧由曾执导过《邓颖超和她的母亲》《走西口》《蓝土地黄土地》等影视剧，获得电视“飞天奖”“五个一”工程奖的著名导演姜申执导，申思编剧。青年演员刘芸、王飞分饰男女一号角色，著名演员吕中、王丽云、鲁继先等都在剧中担当重要角色。2009年5月完成电视剧拍摄，在中央电视台第七套节目播出。

第五节　文学艺术界联合会

2008年7月，召开区文学艺术界联合会第一次代表大会，选举产生区文联组织。区文联是区委、区政府联系全区广大文艺界人士的桥梁和纽带，是发展和繁荣全区文艺事业的重要机构，是促进全区经济社会发展，建设文化强区、构建和谐社会、建设现代化津滨新城区的一支不可或缺的力量。文联机构的成立标志着区文学艺术界的工作迈上新的起点。至2010年，区文联下属社团组织有区作家协会、区书法家协会、区艺术摄影协会、滨海国画院、红帆教师艺术团、中老年业余艺术研究会6个艺术协会。其中，全国性专业协会会员10人，市级专业协会会员80余人。

2008年，东丽区文学艺术界联合会第一次代表大会暨天津滨海画院成立仪式。

第四章　文化遗产

1987—2007年，经两次文物普查，区内有不可移动文物共14处。区内碑记众多，尤以1987年后完好保留着12处碑记，彰显了改革开放的历程和成果。2009—2010年，开展非物质文化遗产普查申报，全区共挖掘、保护非物质文化遗产32项，被列入省（市）级非物质文化遗产名录有6项，其中大郑剪纸、周氏宫灯尤为被国内外称著。

第一节　文物普查

2007年11月，成立区第三次文物普查领导小组，编写区第三次文物普查工作实施方案，出台区第三次文物普查培训班实施意见。为搞好文物普查，区政府拨款10万元，购买GPS卫星定位仪器、笔记本电脑、照相机、录像机、录音笔、打印机、扫描仪等设备，并配备车辆用于田野普查。区文化局邀请市普查办负责人到区，举办由各镇、街、乡文物普查人员参加培训班，学习《中华人民共和国文物保护法》，专家从不可移动文物的种类、分布、特征、保存现状、环境状况等方面，以及合理准确划定文物保护范围、实地调查的注意事项进行讲解，提高普查骨干的文物保护管理水平。

2008年3月至2009年12月，开展文物普查试点工作。重点对军粮城、向阳村、机场等地进行试点普查。通过查找史料，走访群众，发动志愿者，采用实地考察等方式，最终发现张贵庄飞机场旧址、向阳村天主堂、军粮城火车站站长公寓旧址3处新文物点。

2008年10月至2009年5月，田野文物普查工作全面展开。区普查队根据汇总的20余条文物信息，通过实地勘查，了解情况和查找资料，确定3处有历史文化价值的遗存为新发现的文物点。按要求对第二次文物普查时确定的14处不可移动文物进行复查。对尚有9处不可移动文物，依据采集数据填写“第三次文物普查不可移动登记表”；对消失的5处文物点经现场核实填写“第三次全国文物普查消失文物登记表”。经查，区既往不可移动文物总计14处，其中市县级文物保护单位2处，分别为：泰山行宫、东丽区老姆庙。未公布级别不可移动尚未核定为保护单位文物12处，分别为：务本二村遗城址、务本三村遗址、大郑庄遗址、西南堼遗址、刘台北遗址、军粮城唐城城址、东杨台遗址、白沙岭遗址、张贵庄墓群、塘洼唐墓、刘台唐墓、李公德政碑。

第二节　碑文

本节记述限内新建和前志补遗碑文，限内凡首部区志已记述的碑文，不再重复，按立碑时间为序。

一、大宋庄渡口碑

重修宋庄渡口留念
安民兴利我军天职
劳动神圣军民共乐

中华民国三十八年四月四日
中国人民解放军三九一团敬立

二、天津市外环线道路工程冶金纪念碑

继中环后，市府决策：丙寅秋，外环始建，钢渣代石铺路，综合开发利用。信息飞达，全局欢腾，矢志全力以赴。钢渣山高十六米，占地五百亩，位处东郊京山铁路旁。丙寅秋到丁卯秋，全局义务劳动，人日逾六万，车辆台班近两万。冶金职工，钢铁之志，连续拼搏，搬山不止，采集粗渣五十六万吨，规格渣块七万吨，渣山削平，夙愿实现。外环宏程，功在当代，福荫子孙。钢铁职工，甘做路石，为后人铺路，为四化奠基。特此铭志，共励共勉。

天津市冶金系统
天津钢厂等单位　立
一九八七年十月

三、老袁庄老姆庙重修碑记

重修碑记

老姆庙始建于明朝，清康熙四十年重建，民国廿六年再修。数百年前，先辈父老为祈福避祸、祛邪迎祥，故于此地建庙塑像，求老姆奶奶保佑平安。公元一九九三年，东丽区人民政府公布为文物保护单位，并决定修复。市、区拨款，乡村集资，百姓解囊，上下合力，携手筹划，于一九九三

年四月十九日动工修建，同年十月竣工。老姆庙再现当年宏伟之景象，功在当代，名留千古。竣工之际，勒石立碑，铭示后人。

天津市东丽区李庄乡人民政府

于一九九三年十月镌立　薄荫龙敬书

四、大毕庄泰山行宫翻修碑文

泰山行宫为天津市历史文物古迹，传说建于元朝泰定甲子年，历明朝三百余年，修损相间。至清朝几经修缮，始有碑记。最后一次修是民国廿九年，嗣后从未修整。近十几年风蚀雨袭，更加使用不当，日渐倾塌。公元一九九三年，天津市文物局和东丽区政府文化局、大毕庄乡政府、大毕庄村委会、为保护古文化遗址，共同商定翻修方案：公办民集，进行修缮。即后殿增高，翻修山门，中殿挑顶剔碱，二进复原西廊，山门西侧建门楼，相配彩阔丹青，复仿清初建筑风貌。众界相护，妇儒皆欢。对乡村增添景观胜事，各方善举和相近之村，毗邻的企业单位，热心村民解囊奉助。登名碑阴，流芳后世，立志永铭。

天津市东丽区大毕庄乡大毕庄村委员会

癸酉年冬　建立

五、正心小学王克昌先生纪念碑

王公克昌　慷慨捐资

重建正心　兴学重教

造福子孙　立碑为志

天津东丽区人民政府

公元一九九五年四月

六、银羊工程纪念碑碑文

“银羊工程”乃利国福民之策。回族乡民素善饲羊，且水草丰美。乙亥春，乡党政决定引鲁地小尾寒羊数百，建种羊场，采以集中分散，栏精兼饲。力图五载繁达万计，集商贸、屠宰、毛纺、制革、食品为一体。实现农业，富庶乡民。该工程拟分引进、扩群及防病配种、饲料加工两步实施。此举已列入市府“菜篮子”工程，蒙高德占同志关怀，市民委关注，各级鼎助。

银羊工程，万民称颂，以此铭记。

么六桥回族乡人民政府

公元一九九五年八月

七、神龟亭碑

神　龟

公元一九七六年十月，兴修新地河水库（东丽湖），在此处发掘出神龟。经专家考证，乃北宋时期（约公元九六零年）雕刻。此龟长一点八五米，宽零点九米，高零点五米，重一点五吨。龟背之纹四十块，系按《易经》八卦：乾、坤、震、巽、坎、离、艮、兑布局。

那时这一带为退海之地，地势低洼，逢雨季河水涨，海潮浸，淹没庄稼，吞噬房屋。北宋时期；善男信女，佛门弟子，为以佛法普度天下万民，实现镇海制涝之愿，修建了神龟亭。

岁月沧桑，其寺不复存在，龟所驮石碑踪迹皆无，惟神龟留存今日。

为弘扬民族历史文化，故建神龟亭。

天津市东丽区旅游局

公元一九九七年六月十八日

八、东丽区中学生跨世纪林纪念碑

世纪之交，东丽区一万六千中学生，捐资三万元，造跨世纪林。辛苦种植，精心护养，必欲其枝繁叶茂，葱郁参天，结丰硕之果，成栋梁之材。莘莘学子，赤诚之心，日月可昭，天地可鉴，荫被百代，立碑永志。

东丽区教育委员会

一九九九年三月　立

九、东丽广场碑记

津门东丽，雄峙河海之滨。战国曾建漂榆邑，大兴渔盐。唐代“云帆转辽海，粳稻来东吴”，乃食货聚储之地；元时为海漕入口，橹声帆影，舟楫繁忙。文化积淀深厚，民风朴厚纯良。巨帆高扬，海门开张；政通人和，紫气东来，壮哉津滨新城！

农历癸未年秋十月

天津市东丽区人民政府立

十、新立花园广场碑记

新立花园广场占地面积 3 万平方米，广场的总体布局充分显示改革开放以来农村城市化的新面貌。新立村人民为缅怀毛泽东主席一九五八年八月十日视察新立村，在广场中央设立起一座毛泽东主席塑像以激励人们再接再厉奋发图强，开创未来。

塑像高四米为汉白玉整体雕刻而成基座高二米，塑像两侧为圆形花坛和浮雕墙，浮雕墙共计八面，每面长九米，高四点六米，厚零点六米每面浮雕墙均设有寓意之门，并配以相成的浮雕，从不同角度昭示时代在前进，社会在发展，表达广大人民群众奔向未来的美好愿望。广场地面以花岗岩板铺设，并嵌有从中央放射在希望大地上的光芒线。广场前面是造型各异，郁郁葱葱的绿化带和人们休闲健身的活动场地，更加增添广场的和谐与生机。

新立花园广场建设得到中共天津市东丽区委、区人民政府及相关委、办、局、街的大力支持。

天津市东丽区新立街新立村党总支委员会
天津市东丽区新立街新立村村民委员会
公元二零零五年八月

十一、鉴开中学校铭

鉴开中学占地百余亩，投资亿余元，校舍四万平方米，于二〇〇七年九月十日启用。

“鉴开”源于朱熹诗句。鉴乃自省，开系启智。鉴开如东丽“半亩方塘”，滋润一片文化绿洲，开启学子潜能心智。

学校将秉承“人本、民主、奋先、争先”理念，创名校，攀新高，培育栋梁，造福桑梓。

公元二〇〇七年九月　立石

第三节　非物质文化遗产

一、普查与申报

2009年，东丽区首批非物质文化遗产项目授牌暨民间艺术传录工程启动

2009年，按照《国务院办公厅关于加强我国非物质文化遗产保护工作的意见》精神，在全区范围全面开展非物质文化遗产的普查申报，深入挖掘全区非物质文化遗产项目，抢救民间珍贵的非物质文化遗存，做好区内非物质文化遗产的保护和传承工作。

区成立非物质文化遗产保护工作领导小组，举办非物质文化遗产保护培训班，组织骨干力量开展非遗普查和保护。历经学习培训、调查摸底、搜集影像资料、撰写文字材料、填表等翔实细致的工作环节，经由有关专家论证，评选出区第一批区级非物质文化遗产项目24项。其中，大郑剪纸、周氏宫灯、赤土扣肉丸子、新袁长利高跷、排地民谣、无极武术6项被列入市级非物质文化遗产名录。签订《东丽区非物质文化遗产扶持资金使用协议》，编写《天津市非物质文化遗产项目名录——东丽卷》，2010年，评选出第二批区级非物质文化遗产项目8项。至此，区共有非物质文化遗产项目32项。其中，市级项目6项，区县级26项。

二、市级非物质文化遗产

（一）大郑剪纸

大郑剪纸艺术久负盛名，距今已有百余年历史。作品内容新颖朴实、色彩斑斓、刀法细腻利落、线条粗犷有力、形象逼真生动，具有极高的艺术欣赏价值和经济价值。大郑剪纸由传统的剪刀剪法，发展为以刻刀技法为主的剪纸，由于剪纸刻法的不同，剪纸的风格和内容及技法也发生很大变化。用剪刀剪的小巧古朴，用刻刀刻的则精细博大粗犷。采用单色、多色、套色、填创等多种技法，着重表现吉祥富美，紧跟时代脉搏的题材，是它区别于其他地区的最大特点，而单色剪纸是其最大特色和优势。早期具有时代特色的作品有《大海航行靠舵手》《抓革命促生产促工作促战备》等。后期开始向文化产业发展，作品集观赏性、艺术性于一体，并将中国工笔画和西方油画效果引入剪纸，大型作品如《清明上河图》《侍女图》《百马图》《金陵十二钗》《四大美人图》和红楼人物谱《牡丹图》等举不胜举。艺术风格主要表现在注意外形刻画，人物比例均匀，线条衔接柔和，无明显幅度变化。整体图案浑厚有力，线条流畅，刻画精细。花鸟人物，栩栩如生，情景交融，稳如九鼎，细如纤丝，具有木刻、皮影、工笔画的特色，具有很高的艺术价值、收藏价值和观赏价值。

大郑剪纸历史悠久，土壤深厚，艺术超群，品质高雅，在中国民间剪纸中独树一帜。品种种类涉及各个领域，有纸制品、婚庆用品、脸谱、春节用品、贺卡、促销礼品、纪念品、挂历、日用挂摆饰、企业贺卡；内容有人物、花鸟、书法、山水、邮票、外国景色等。用纸多种多样，不断有新突破。有的不用传统工艺的纸张，有的用书画宣纸剪刻剪纸，有的改为250克原色进口珠光艺术纸。技法特色是刻刀纤细，用刀轻巧而有力，刚劲而随意，均匀而散漫，细微之中不失灵活，粗犷之中彰显细腻。握刀上下垂直一线，雕刻准确不差微毫。下刀起刀，刀刀见准。相连之处，特别是在刀与刀连接的地方，说下就下，说起就起。线线相连要求达到“圆如秋月、尖如麦芒、方如青砖、缺如锯齿、线如胡须”。构图造型艺术化，形象夸张、简洁、优美，富有节奏感，色彩单纯、明快。刀法“稳、准、巧”，形成大郑剪纸主要技法和特色。

（二）新袁庄长利高跷

无瑕街道新袁村长利高跷老会，是由津南区葛沽镇长利高跷老艺人传授的，至今已有百余年历史。民国初期，长利高跷老会由李玉起、刘连才等老人操持。属于文高跷，最早由12人组成，其中有头棒、买豆鹦哥、老座子、桥夫、白杆儿，渔翁、青杆儿公子，文锣、武锣、重鼓、丑鼓等角色，后来又增添傻妈妈、傻儿子角色。表演节目分为单夹篱笆、双夹篱笆、二龙吐珠、群体串四门、渔翁捕鱼、公子扑蝴蝶、摇橹扑风、樵夫砍柴等节目。表演器具有腿子、行头、道具、头棒、腰鼓、铙钹等。音乐作品有八仙庆寿、樵夫下山坡、渔人得利、鹦哥贪玩等。表演形式独特，非常吸引人。高跷动作在传承原有动作的基础上不断创新，编排出一套特有的表演套路。长利高跷老会活动丰富该村群众文化生活，增强人与人之间的团结，体现人们期盼风调雨顺，农业丰收的美好愿望。

（三）周氏宫灯

区丰年村街道周荣斌为中国宫廷宫灯、各种龙灯设计创作和制造的传承人。

清末年间，周荣斌祖辈就从事制作手工艺彩灯，至今已有150多年的历史。周荣斌自幼受到祖辈的熏陶，从七岁开始学做宫灯，掌握彩灯制作的全部工艺艺术，积累和保存各种不同建筑图案和古老资料上千种，并在制作艺术和结构造型等方面有新的发展。经过几十年实践，宫灯制作水平不断创新提高，逐渐形成周氏艺术特色。在灯造型上以故宫、天坛、黄鹤楼、角楼、山西古塔等古老建筑造型为主，以古老丝绸和丝金带装裱，再用图画和剪纸、刀刻、针绣多种手工艺组成。灯芯绘画选择各种神话故事、古装人物、山、水、花鸟等古香古色，再加上龙凤、麒麟、宝香花等吉祥图案装饰，给人以中华民族之艺术享受。

周荣斌创作数千件作品，有立体的动物灯、壁灯、宫灯，有楼台亭阁的走马灯和内光彩灯等。研制的走马灯有一层画面转动的，有四层画面转动的，还有三层画面对向交叉转动的，画面有山有水、有人有物，有书法诗词。研制的巨型工艺彩灯如“中华世纪龙”灯、“黄鹤楼”内光彩灯、“北京天坛祈年殿”内光彩灯等典范精品，是传统古典工艺与现代审美视角的高度融合堪称佳作，具有很高的收藏价值。

（四）赤土扣肉、丸子

华明街道赤土村制作的赤土扣肉、丸子工艺历史久远。清末民初，村民魏绍起自幼学徒于天津烤鸭店，从师于大菜制作，包括扣肉、丸子，学成后回原籍赤土村继续传承发扬光大，培养几十名徒弟，创出远近闻名的民间特色，成为赤土村的土特产。经历代传承和发展，扣肉丸子已成为享誉津门之名菜，其色、香、型、味俱佳，口感润滑，肥而不腻。

赤土扣肉、丸子属民间传统手工艺，配料和制作工艺独特。其产品经十几道工序而成，扣肉取猪五花肉为主要原料，以笼屉蒸煮为主要程序，肉片薄、色泽好、肥而不腻；丸子取上好瘦肉绞碎，配制多种调料经水煮而成，口感好、有弹性、味鲜美，是席筵佳品。随着市场经济的发展，赤土村民制作扣肉、丸子作为商品外销的越来越多，并涌现一批年轻有经营头脑的专业经营者。经 20 余年不断扩大销售，赤土扣肉、丸子已行销全市，享誉津门，形成赤土特色名菜。

（五）无极武术

万新街道高铁静为传承人之一，项目属杂技与竞技范畴。

无极武术起源于清朝中期，至今已有 300 余年历史，创始人为江南乐府县人氏刘仙岛，后传于河南苔头人嘉庆年间的进士蔡锦堂。蔡又传天津人王玉珍，王再传徐永庆（光绪年间四品带刀护卫），高凯庭为无极门第五代掌门。第六代传人高铁静，中国武术协会会员，武术七段，现为“天津无极武术研究会”会长。他自幼受环境熏陶，从 1957 年开始在天后宫“无极武术社”学习无极功夫，多次参加国际国内重大比赛，取得优异成绩，具有很高的武功修养和武德修养。2006 年 12 月，成立天津无极武术研究会，高铁静出任会长。

无极武术主要内容分为 8 个部分的功夫组成，一以地支而列的生肖十二形象的练习法，每形分四式，每式五种用法。二无极子龙大枪（以死把握枪法著称）。三无极乌金刀（以独特的操练法区别于其他表演性刀法）。四无极罗汉功法（硬气功，强身健体之需）。五无极童子功法（祛病养身健体之用）。六无极靠板及踢桩法，并有绵沙掌练习法。七无极鹰爪功练习法。八无极形拳及器械的演练（供观赏及表演参赛之需）。散打、搏击、擒拿、格斗、防身术等。

（六）排地民谣

经挖掘、整理现仍流传的有排地范围、排地特产、排地歌谣等。

见第三十三编社会生活第四章第四节民谣传说

2009年东丽区第一批非物质文化遗产项目一览表

表30-1

序号	项目名称	所属地	类　别	代表人	备注
1	大郑剪纸	新立街道	民间美术	刘长惠等	市级
2	郑氏彩塑	张贵庄街道		郑万起	
3	吴嘴合音法鼓	万新街道	民间音乐	张继庆	
4	无极武术	万新街道	杂技与竞技	高铁静	市级
5	飞翔舞龙、舞狮、高跷	无瑕街道	民间舞蹈	翟凤臣	
6	新袁长利高跷	无瑕街道		潘宏利	市级
7	翔云龙灯会	无瑕街道		翟凤臣	
8	霸王鞭	华明街道		集体	
9	大宋旱船	无瑕街道		付少芳等	
10	范氏祖传针灸	华明街道	传统医药	王冠吉等	
11	北坨陈氏膏药	华明街道		陈金江	
12	赤土扣肉丸子	华明街道	传统手工技艺	赵程林等	市级
13	木牛流马	无瑕街道		王少玉	
14	工艺小宝辇	无瑕街道		张洪福	
15	篆刻技术	无瑕街道		孙兰喜	
16	漕运船模	新立街道		翟洪仁	
17	金全清真烧鸡	么六桥回族乡		刘金柱	
18	周记宫灯	丰年村街道		周荣宾	市级
19	板胡、二胡制作	华明街道		于海迎	
20	大杨村宝辇（含法鼓）	无瑕街道	民俗	吴富元等	
21	苏庄村宝辇	无瑕街道		王克俭	
22	民间传说：军粮城传说	军粮城街道	民间文学	集体	
	民间传说：金钟河传说	军粮城街道		集体	
	民间传说：张贵庄传说	新立街道		王立刚等	
23	排地民谣	么六桥回族乡		李文祥等	市级
24	民间谚语、歌谣集萃	张贵庄街道		邵祝安	

2010 年东丽区第二批区级非物质文化遗产项目名录

表 30-2

序号	名称	所属地	类别	代表人
1	王氏蛐蛐罐制作技艺	金钟街道	传统手工技艺	王学义
2	志齐剪纸	金钟街道	传统手工技艺	许志齐
3	李氏正骨法	新立街道	传统医药	李子清
4	傅氏中医综合治疗法	新立街道	传统医药	傅光森
5	范制葫芦制作技艺	新立街道	传统手工技艺	张连喜
6	仿树根陶制作技艺	华明街道	传统手工技艺	高文魁
7	魏氏面塑技艺	张贵庄街道	传统手工技艺	魏国英
8	王氏微雕技艺	万新街道	传统手工技艺	王树生

第五章　新闻传媒

1979 年，区内广播为有线广播。1986 年，增设调频发射机、接收机、收录机设备。1996 年，有线电视台开播。1997 年，建成调频广播发射塔。2000 年，《今日东丽》创刊。2002 年，“东丽在线”网站建成启用，全区新闻宣传形成“两台一报一网”全方位涵盖的新格局。为繁荣文化事业，发挥重要作用。

第一节　广　播

一、设施设备

1997 年，东丽区调频广播发射塔

20 世纪 80 年代初，广播站节目一直用电话线和广播喇叭传输，主要转播中央人民广播电台和天津广播电台节目。1986 年，区广播站增设调频发射机、接收机、收录机等设备，达到国家广播电视部规定的甲级设备标准。1994 年，广播站更新调频发射机，从原 148．175 兆赫改为 101 兆赫，纳入调频广播波段。1997 年，建成调频广播电视发射塔，增添数字音频工作站等先进播出设备，听众只要打开收音机，调好频率即可收听到清晰的广播。节目播出形式由录播改为以直播为主，播出内容转向以区内新闻和科教、文艺等节目为主。主要播出设备有录音采访机、视频编辑工作器、调音台、服务器、卡座、延时器、桥接器。

二、广播栏目

1982 年 4 月 20 日，区广播站首次开播《当日新闻》，在当天所有广播节目之前的重要位置播出，体现其重要性和时效性，后改为《东丽新闻》，主要播出区内新闻事件，反映两个文明建设的新成果和新人新事新面貌。《农业科技》与区农委联办，主要介绍先进种植、养殖技术，优良品种，市场信息等，介绍区内科技致富能手的经验，推广普及农业科技。《文化生活》主要播出文学作品、文艺节目、戏曲、诗歌朗诵及文艺、文学评论文章。《环境保护》与环保局联办，主要向听众介绍如何防止污染，创造良好生态环境，以及区在环保方面的好做法、好经验等。还有计划生育、民主与法制、周末文艺等专题栏目。

1999 年，广播节目全面改版。由录播直播改为以直播为主，直播节目分为四大类，即新闻类、社教类、热线参与类和综艺类。新闻类节目固定栏目有《新闻 20 分》《东丽新闻》等。社教类节目有《科技大视野》《百姓生活》等。至 2010 年，广播栏目由 8 个发展到 17 个，播出时间由每天分时段播出 4 个小时，到每天连续播出 11 个小时，节目不断更新改版，搭建起与广大听众的互动平台，始终保持很高的收听率。

第二节　电　视

一、设备设施

（一）采编播设备　新闻部、专题部有非线性编辑器、放像机、录像机、音视频分配器、网关 PELL、虚拟 奥特、监视器、调音台。演播厅、机房设备有监视器、放像机、录像机 、视频分配器、视频切换器、线编控制器、音频分配器、延时器、功放、调音台、视播器等。

（二）新闻演播室　主要用于主持人播出新闻节目，面积 24 平方米，配有 TC-3 提词器、辅助提词器电脑、冷光源聚光灯和摄像机等设备。编辑室 主要用于编辑、制作东丽新闻等节目，面积 35 平方米，配有编辑机、字幕机、录机，调音台和虚拟背景器等设备。有两个小编辑室，为新闻、专题、广告等节目配音和编辑制作，审看电视剧、故事片等。

（三）多功能演播厅　以文化综艺为主的综合性演播厅。面积 400 平方米，五层楼通体设计，采用声学装修，中央空调系统。舞台座椅为 191 个线控伸缩座椅。音视频设备主要有监视器、调音台、视频分配器、视频切换器、线编控制器、音频分配器等，采取数字技术兼容模拟。设备先进，配套齐全，为制作电视综艺节目提供良好条件，具有会议、访谈、综艺演出、现场直播、电视剧拍摄等多种功能。1998 年，多功能演播厅使用以来，举办区春节联欢晚会、区歌手大赛等许多大型综艺节目、访谈节目，成为区电视宣传和文化活动不可或缺的展示平台。

二、电视栏目

（一）《东丽新闻》　1996 年 5 月 1 日，区有线电视台成立，播出首期新闻节目。以发布区内新闻、反映两个文明建设成果和经济社会文化等各方面发展为定位，是东丽有线电视台第一个自办节目。最初每周一期，每期 10 分钟。后经数次改版，至 2001 年，改为每周六期，每期 15 分钟，基本实现日新闻的目标。坚持正确舆论导向，紧密围绕区委区政府中心工作，服务于区经济社会发展，充分发挥电视媒体快速、直观、生动、形象的优势，在全区新闻宣传方面发挥重要作用。

（二）《金色走廊》 主要播出劳动模范、优秀共产党员和先进集体的感人事迹，展示东丽人良好精神风貌。

（三）《百姓生活》 用平民视角，以纪实手法反映社会展示人生，注重讲述百姓身边的故事，受到群众广泛关注和喜爱。

（四）《农事之窗》 与区农委联办。根据农时向农民提供种植养殖技术和农业科技知识。2001年栏目全面改版，增加信息类、经验类内容，使栏目成为传播农业科技，致富广大农民的桥梁和纽带。2008年，该栏目荣获区科技进步二等奖。

（五）《法制经纬》 与政法公安部门联办，设有警方快讯、一线采风、要案追踪等版块，反映区政法公安战线的工作，弘扬先进干警事迹，提高群众法律意识。

（六）《创业故事》 与区工商联合办，主要反映区民营企业家的创业历程和先进事迹,累计播出40余期，广受好评。市委宣传部在区召开典型宣传现场会，推广东丽经验，对区电视台开办专栏，宣传民营经济发展的创新做法给予很高评价。

（七）《华明大舞台》与华明集团合办，是一档群众参与性很强的娱乐节目，歌舞、曲艺、戏曲种类齐全。配合重要节日、纪念日和重要活动，组织红歌大家唱、优秀歌手大赛等一系列专题专场文艺活动，为广大群众提供展示才华的舞台，吸引区及周边区县许多文艺爱好者积极参与，丰富百姓精神文化生活,提高群众文化品位。

三、东丽在线网站

2002年6月，东丽广电局“东丽在线”网站开通运行，设立新闻、财经、文化、科技、生活服务等27个栏目，突出展现区政治、经济、文化等方面的发展情况。用户通过网上点击可以看到东丽新闻的视频节目，还可以了解国内外大事和热点事件。

东丽在线网站专设《东丽文艺》栏目，集中展示区作者在文学、摄影、美术、书法、剪纸等方面的作品，开设《视听在线》《在线游戏》等栏目，丰富活跃群众业余文化生活。2006年，积极做好外宣工作,在人民网首页开设“天津东丽”专栏，在新华网天津频道首页开设“东丽在线”专栏，每年在这些网络媒体播发文字稿数百条，图片近百幅。随着网络传播技术发展，不断拓展服务功能，提供因特网接入服务、信息服务、政务公开、视频点播、手机新闻、博客微博等各种业务，涵盖面和影响力日益增强，与广播、有线电视三位一体，发挥独特新闻宣传和文化娱乐功能。

四、广播电视共同发展

（一）提高节目水平 1995年5月,东丽有线电视台开播。1996年，成立区广播电视局。广播电台、电视台合为一体，开启区新闻宣传的新阶段。两台把“新闻立台”作为办台宗旨，围绕全区工作大局，把握正确的舆论导向，不断创新思路，创新内容、创新形式，增强节目的时效性、服务性和艺术性,努力为区各项事业发展和人民生活服务，成为区影响力强、覆盖面广的重要媒体。《东丽新闻》是电视台第一个自办节目，它以发布区内新闻、传达党和政府的方针政策，展示区各行各业发展为节目定位，实现由周新闻到日新闻的飞跃。《金色走廊》《百姓生活》《农事之窗》等专题栏目以其服务性、教育性、引导性的特点深受群众欢迎，体现为人民服务为全区发展服务的宗旨。广播节目由录播发展到直播，广播栏目由 8 个发展到 17 个，播出时间由每天分时段 4 小时到每天连续播出 11 个小时，节目不断更新改版，搭建起与广大群众的互动平台，始终保持很高收听率。

（二）更新技术设备　1998 年，全面更新采访、录制、播出设备，启用数字音频工作站。建筑面积 2700 平方米的广播电视大楼建成使用，其中，电视演播厅面积达 400 平方米，设备先进、功能齐全，为制作综艺及大型电视节目提供良好的配套设施。2003 年，有线电视启用非线性编辑和硬盘自动播出系统，实现节目录制和播出一体化，提高节目播出质量和水平。2004 年，广播台更新设备，实现节目编辑制作数字化，文稿撰写审核网络化，提高自动化水平。

五、“两台一网”宣传格局

（一）“东丽在线”开通运行　2002 年 6 月，“东丽在线”网站开通运行，设立新闻、财经、文化、科技、生活服务等 27 个栏目，以时效性、娱乐性、实用性强的特点，成为区网络新媒体。形成广播、电视、互联网 “三位一体”的新闻宣传平台，围绕中心，服务大局，开创区新闻宣传工作新局面。

（二）重点新闻报道　“两台一网”认真做好区党代会、人大、政协会等重要会议和学习实践科学发展观活动、争先创优活动、“保增长、渡难关、上水平”活动等重要活动的新闻报道，以专题、专栏、访谈、评论等多种形式，及时全面地予以充分反映，鼓舞人心，振奋精神，把全区干部群众的思想行动统一到区委区政府决策部署上来。

“两台一网”全面加强经济建设、城市化建设、体制机制创新、社会事业发展、社会稳定等方面重点工作的报道，精心策划，周密安排，及时反映重要工作和重点工程进展情况和先进经验、创新举措、好典型好做法。推出《走进重点工程》《重点工作百日战役》等专题节目，针对重大项目建设、重点工作进展进行跟踪报道和系统全面反映。在每年一次的全市迎检宣传工作中，抽调精干力量组成宣传报道组，精心制作主题宣传片和迎检专题片，采用飞机航拍、广播移动直播车等方式进行现场直播，高质量地完成现场直播、沿途讲解等任务。在“保增长、渡难关、上水平”活动中，“两台一网”开设专栏，采用多种宣传方式，组织战役性集中报道，深入一线基层采访，编发有关的新闻报道，重要新闻配发评论，增强报道力度、深度和感染力，在新中国成立 60 周年、建党 88 周年、纪念改革开放 30 周年等重大宣传活动中，“两台一网”结合自身优势，紧密配合，完成一系列重点报道。“祝福祖国 喝彩东丽”群众歌咏大会、《向祖国汇报》电影主题展映启动仪式和《庆祝新中国成立 60 周年——走进大项目系列报道》《东丽区“爱党爱国爱家乡”红歌大家唱》华明大舞台专场节目等，生动展现新中国成立 60 年来，特别是改革开放 30 年来东丽区的发展变化和辉煌业绩。

（三）取得成绩　2010 年，区广播电视台拥有中高级职称编辑记者 11 名。在中央电视台、中央人民广播电台发稿 196 篇。在天津电视台播发稿件 1740 条，有 204 篇广播电视作品和 36 篇业务论文分获市广电系统一、二、三等奖，居全市郊县前列。

第三节 报 刊

一、《今日东丽》创刊

1999年11月，区委决定创办区委机关报《今日东丽》。2000年1月，《今日东丽》正式创刊，初定为旬报，每期8000份，由报社负责印刷发行，直接送到基层。2004年5月，区委与天津日报社签订协议，《今日东丽》并入《天津日报》专版管理，更名为《天津日报·今日东丽》，每周一期，随《天津日报》在区范围内定向发行。采写、编排、管理由《今日东丽》负责，印刷、发行由《天津日报》负责。是年7月15日，报纸改为彩版印刷。2006年10月，《今日东丽》编辑部迁址至区委党校，办公条件得到改善，添置更新了排版微机和办公车辆。办报经费纳入区财政预算，《今日东丽》的编印发行走上规范化道路。至2010年，《今日东丽》报社有编辑记者5人。

二、栏目设计

2002年，《今日东丽》要闻版开设“新世纪·新东丽”专栏，反映新世纪，区发展面貌。专副刊分别开设“科技信息”“文史园地”等专栏。 2004年，开设“比学赶超争先进、苦干五年争第一、建设现代化津滨新城区”和“加强环境建设、共建美好家园”等专栏， 为现代化津滨新城区建设做好舆论引导。2006年，开设“坚持以人为本，构建和谐社会”等专栏，加强重点事件、重点内容的报道，突出引导性互动性。开设“新农业、新农村、新农民”专栏，刊发《东丽区七大举措稳步推进都市型农业建设》等文章，促进社会主义新农村建设。开设《法制经纬》栏目，推进依法治区。开设《百姓关注》栏目，刊出关系群众切身利益的热点问题。开设《热爱家乡，建设东丽》栏目，推出服务基层群众，支持东丽建设的典型。2007年，开设《立足新起点，抢抓新机遇，再创新优势，实现新跨越，拼搏五年创百亿强区，加快建设国际型、知识型、生态型津滨新城区》栏目，着重刊出《切实为基层解难题办实事》等一系列反映东丽经济发展亮点的报道。开设《东丽发展大家谈》栏目，刊登为东丽发展建言献策的调研性、评论性文章。开设“东丽记忆”专栏，刊出《泌尿学专家翟兴龙》《影剧双栖表演艺术家魏鹤龄》《日籍华人实业家王克昌》《魏文亮的艺术人生》等在全国有一定影响的东丽籍知名人士的专访通讯。开设“切实为人民群众办实事办好事”专栏，刊出《让群众充分享受改革发展成果》等多篇重要稿件，及时反映东丽区委、区政府为人民群众办实事的各项工作和民心工程的进展与成效。2008年，在改革开放30周年之际，《今日东丽》开设“纪念改革开放30年”专栏，推出多块专版反映改革开放巨大成就。副刊举办“纪念改革开放30年 讲述身边故事”征文活动。

2010年，开设“解难题　促转变 上水平”专栏，推出区领导和各职能部门深入基层调研，为大项目建设和重点企业解难题的消息报道。开设“来自世博会的报道”专栏，及时反映华明示范镇参展上海世博会动态，营造浓郁的世博氛围。开设“大干300天，扮靓新东丽”专栏，以图文并茂形式，重点报道区政府召开环境综合整治推动会和各单位的实施举措、先进经验和典型等。开设“全力推进大项目建设”专栏，跟踪大项目建设、城中村改造工程等报道进程、动态、实效。开设“深入学习实践科学发展观，服务滨海新区 构建和谐东丽 实现率先发展”

专栏，及时刊登各单位学习实践活动的动态消息和经验做法。开设《以创先争优为契机，推进全区经济社会和党建工作再上新水平》《赞东丽先锋，展时代风采》等栏目，加大新闻宣传力度，促进争先创优活动在全区深入开展。

三、新闻报道

（一）发挥党报宣传作用　纳入《天津日报》后，《天津日报·今日东丽》在版式编排、发行渠道、人员培训、新闻宣传等各个方面都进入一个新阶段。报纸宣传、服务水平进一步提升。《天津日报·今日东丽》紧密围绕区委、区政府"苦干五年争第一""拼搏五年创百亿强区""富民强区构建和谐东丽"等中心工作和加快城市化发展，建设现代化津滨新城区的发展目标，始终紧跟区委区政府的工作部署，坚持正面宣传，传播党的声音，服务发展大局，为全区经济社会发展营造了良好舆论氛围。在汶川抗震救灾中，《今日东丽》记者跟随区领导深入陕西省宁强县灾区，挖掘"东丽村"感人典型，连续推出多个专版、专栏，开展深度系列报道；在庆祝新中国成立60周年、中国共产党成立88周年等重要时刻，《今日东丽》连续开展区辉煌成就系列报道和重大活动跟踪报道；2010年，在华明示范镇参展上海世博会期间，报社采编人员持续奔波天津、上海两地，历时184天，向全区人民展示"成功、精彩、难忘"的世博会参展成绩。民心工程报道、全国和市区"两会"报道等，引起全区广大干部群众的积极回应。大项目建设、优化产业结构、体制机制创新、城市化建设、社会事业发展等重点工作都得到全面充分的反映。多篇系列评论文章紧跟区委部署，理论联系实际，深入浅出，发挥正确有力的舆论引领作用，引发各级领导与广大干部群众的广泛关注与思考。

（二）转变作风改进报道　按照"走基层、转作风、改文风"的要求，《今日东丽》制定并实施"基层亮点展示计划"。记者编辑深入基层深入实际，做大量调研、跟访，着力了解基层群众需求，挖掘基层工作亮点，提升正确引导舆论、回应社会关切、服务人民群众的能力。通过《记者在基层》等重点栏目，深化贴近基层、贴近群众、贴近实际的鲜活报道，俯下身子"接地气"关注百姓心贴心，切实将群众观点、群众路线体现在新闻宣传实践中。做好《今日东丽》基层扩大发行试点工作，让党报在更大范围深入于群众之中。弘扬主旋律，打好主动仗，充分发挥区委党报宣传群众、鼓舞群众，凝聚民心民力的舆论引导作用，努力为建设现代化津滨新城区做出更大贡献。

第六章　档案　史志

1984年，区建成独立档案馆。1990年，区建档案局。2003年，新档案馆建成并投入使用。2010年，馆藏档案88个全宗，15.8万卷。全区档案管理从无序到规范，从手工操作到现代化管理，已成为全区集中保管历史档案的基地，成为社会各界研究历史、利用档案的服务中心。

1984年，建立区委党史编研机构。2006年，被中共中央党史研究室授予"全国党史系统先进单位"荣誉称号。至2010年，编辑党史著作18部，累计搜集整理党史资料495册，5074万字。1991年建立区地方志办公室，已编辑首部《东丽区志》，荣获全国志书二等奖、天津市志书特等奖。至2010年，编辑完成《东丽年鉴》2卷，部门志13部。

第一节　档　案

一、管理机构

1990年3月，建立区档案局，内设办公室、指导科、档案馆。1999年1月，增设立档案管理科。2001年12月，区档案局与档案馆合署办公，一套机构、两块牌子，由区委管理，内设办公室、业务指导科、档案管理科。2007年11月，增设法制科、编研科。2010年，内设办公室、业务指导科、档案管理科、编研科、法制科。

二、区档案馆建设

（一）库房建设　1984年，建成独立档案馆，建筑面积465平方米，库房面积240平方米，档案工作开始步入正轨。2000年，区投资800万元进行档案馆建设，占地0.8公顷，总建筑面积3704平方米。2003年4月，新馆建成并投入使用，其中独立库房面积400平方米。

2003年，档案馆库房

（二）设施设备　1987年，购置档案柜45套，为首次接收各机关档案做准备。2003年，第一库房安装35列密集架，第二库房安装20列密集架。馆内设有资料室、目录室、裱糊室、消毒室、现行文件阅览室、档案咨询查阅接待室、特殊载体档案库房，设有260平方米的爱国主义教育基地展厅。馆内基础设施有空调机、去湿机、服务器、打印机、扫描仪、刻录机、复印机、消毒机、触摸屏等。建有局域网，为档案信息化管理打好基础。

（三）资料征收　1980年，馆藏档案仅为4个全宗，8656卷。1990年，馆藏档案28个全宗，1.7万卷。2000年，馆藏档案55个全宗，36114卷。2005年，馆藏78个全宗，94115万卷。2010年，馆藏88个全宗，15.8万卷。注重接收馆藏门类的多样性，由单一文书档案，扩展到涵盖文书、地籍、婚姻、诉讼、知青、逝世处级干部、土地延包、重大工程、照片等25类档案。开展档案征集工作，征集名人、地契、荣誉、照片、重大活动、字画等档案600件。馆藏最早档案是形成于清代乾隆年间的地契档案。

（四）档案信息化　2005年始，区档案馆以建设数字档案为目标，开展档案管理信息化建设。布设局域网，购置交换机和服务器及大容量存储设备，进行档案目录数据库建设，对馆藏全部档案目录进行著录。2007年，完成馆藏档案案卷级目录9万条，文件级目录60万条著录工作，建立38个专题档案目录数据库，实现馆藏档案目录计算机检索和管理。逐步开展馆藏档案全文数字化工作，重点对珍贵档案、民生档案和受损较严重档案进行数字化。

2006年，对区委、区政府等重要全宗内部分档案进行扫描，共扫描文件1.5万页。2007—2008年，进行区检察院诉讼档案全文数字化工作，完成全宗1979—2000年诉讼档案8525卷348311页全文数字化扫描工作。2009年，对馆藏知青档案进行数字化，完成全部375卷29065页数字化扫描工作。2010 年，完成地籍档案 820 卷 44715 页扫描工作。

至 2010 年，共完成 56445 卷 190 万页扫描工作。进一步开放档案信息资源，打造现代化综合档案馆，加快发展档案事业。

三、基层档案室建设

（一）行政、事业单位档案室建设　1987 年，区委办公室批转区档案馆《关于区级“四大机关”和各乡镇街局、区直单位建立健全档案室的请示报告》。区档案馆全力贯彻落实，深入各有关单位进行具体业务指导，理顺业务关系，协助建立综合性档案室。明确档案室职责、完备各项制度、配备专职或兼职人员。在 1987 年原有 28 个档案室基础上，至 1992 年全区建立综合档案室 72 个，专兼职档案管理干部 90 人。至 2010 年，区属各基层单位建立综合档案室 85 个。经开展“档案工作目标管理”达标升级活动，全区有 45 个档案室达到市一级管理水平、20 个档案室达到市二级管理水平。

（二）村级档案室建设　2004 年，区档案局（馆）与街道、乡镇联手帮助下辖各村建立和完善档案室建设工作，完成全区 114 个行政村档案室建设工作。2004—2010 年，区档案局（馆）与街道（涉农）、乡档案工作部门联合建立服务农业、农村档案业务工作机制，深入村队指导农村档案工作规范开展，取得较好的成效，为实施“村（居）档案街管”工作打下基础。万新街道、华明街道综合档案室和万新街道的吴嘴村及南大桥村档案室被评为“天津市新农村建设档案工作示范档案室”。

四、档案法制建设

1987 年 9 月 5 日《中华人民共和国档案法》颁布后，区档案馆利用举办培训班、设置展牌等多种方式在全区开展学习、宣传活动。1990 年始，每年 9 月 5 日，以举办现场宣传服务、媒体宣传等方式，向社会宣传档案法。1996 年始，区档案局对全区各级机关、企事业单位、社会团体等立档单位进行档案行政执法检查。至 2010 年，区档案局对全区 164 个单位进行档案行政执法检查，未发现违法违纪现象，并依法颁发档案行政执法合格证书，并做好定期复检工作。

五、档案开发利用

（一）档案向社会开放　1988 年，区档案馆将形成满 30 年的原区人委档案 164 卷集中向社会开放。而后，每年都陆续开展档案鉴定后的开放工作。至 2010 年，向社会集中开放 9 批 5663 卷档案，内容包括工作计划、工作总结、人事任免、农业生产等，为全区有关单位编史修志、决策参考、举办展览等工作提供依据。档案利用在编史修志工作中作用尤为突出，有关单位利用档案编写的史志有《东丽区志》《东丽区农林志》《东丽区水利志》《么六桥回族乡志》《中共东丽区组织史资料》《东郊区工会四十年》《中共天津市东丽区历史》等 215 部，5000 万字。其中，区委党史研究室在编研党史时，经历 8 年，查阅资料 1 万余卷次，编修 15 部党史著作。

（二）档案服务民生　2003 年，区档案馆迁入津塘二线新馆后，建立门类齐全、结构合理、面向人民群众的多元化馆藏民生档案资源体系。至 2010 年，征集和接收民生档案 11.6 万卷册，内容包括婚姻档案、地籍档案、诉讼档案、知青档案、计划生育档案等 19 类。完成 5.64 万卷档案的数字化加工，全文数字化率达 49%。累计接待各类查档人员 1.07 万人次，查阅档案 1.69 万卷，为群众买卖房屋、领取各类补助、解决民事纠纷、计算工龄等提供资料依据。

（三）建立政府信息公开查阅服务中心 2008 年，区政府在档案馆设立政府信息公开查阅服务中心。汇集 2003 年以来，全区各街道、机关单位向社会公开的政府信息。涉及群众关心的教育医疗、社保就业、民政助残扶贫、计划生育、食品药品监管等 80 个方面内容。公民持身份证、工作证等有效证件免费查阅。设有触摸屏、电脑、复印机、扫描仪等现代化设备，即可通过现场咨询也可通过电话、网络等远程方式查询。至 2010 年，共接待各类政府信息查阅利用者 30 人，提供利用文件 40 份。

2009 年，档案馆政府信息公开查阅服务中心

（四）建立“二个教育基地” 区档案局充分挖掘档案信息资源，利用档案资料举办展览，向社会各界特别是广大青少年和党员干部进行思想教育。2004—2010 年，举办“建设现代化津滨新城区图片展”“东丽区纪念抗战胜利 60 周年书画展”“宝岛风情摄影图片展”“庆祝中国人民解放军建军 80 周年国防教育展”等 10 个展览。2004 年，区档案馆被区委、区政府命名为“东丽区爱国主义教育基地”。2009 年，区委、区纪检委将区档案馆命名为“东丽区反腐倡廉教育基地”。

1982—2010 年，东丽区档案馆档案利用情况统计表

表 30-3

年度	借阅档案（人次）	查阅档案、资料（卷、件）	年度	借阅档案（人次）	查阅档案、资料（卷、件）
1982	226	335	1997	278	401
1983	281	421	1998	570	544
1984	290	398	1999	414	526
1985	281	537	2000	411	701
1986	350	400	2001	400	600
1987	1000	3116	2002	1093	1485
1988	452	500	2003	600	600
1989	266	1208	2004	700	2600
1990	283	430	2005	560	800
1991	186	964	2006	900	1056
1992	809	3033	2007	700	800

续表 30-3

年度	借阅档案（人次）	查阅档案、资料（卷、件）	年度	借阅档案（人次）	查阅档案、资料（卷、件）
1993	430	950	2008	584	1185
1994	360	1051	2009	680	1575
1995	346	725	2010	2157	2697
1996	686	1330	—	—	—

第二节　史　志

一、党史编研

（一）机构　1984 年，建立中共东郊区委党史办公室，为区委办公室的内设临时机构。1987 年 9 月，建立东郊区委党史资料征集委员会，规格为正处级，下设办公室。1997 年 1 月，东丽区委党史资料征集委员会改为东丽区委党史研究室。2006 年 6 月，增设党史征集研究宣传教育科。

区委党史研究机构建立以来，研究成果丰硕。2006 年 9 月，被中共中央党史研究室授予“全国党史系统先进单位”荣誉称号。

（二）资料征编

1985 年，区委党史办公室参与原“天津县党史”的征集、调研工作。1986 年，开始转入重点征集、调研东郊区党史资料。根据市党史委的部署，1987 年 9 月组织编辑区党史资料。

自 1984—1992 年，针对东丽地区自 1924 年开始有党的活动以来，至 1952 年的 28 年间，区档案馆无只字历史资料的困难。党史研究历经 8 年，克服重重困难，走访北京、河北、山西、湖北、内蒙、吉林、辽宁、黑龙江等 9 个省、13 个市、47 个县区，共查阅天津市档案馆、河北省档案馆、廊坊地区档案馆、宁河县档案馆、天津公安局档案馆、宁河县公安局档案馆及天津市属各市区郊县档案馆，共查阅档案 2.6 万卷；阅读有关党史书籍 150 余部；查阅《河北日报》《天津日报》《天津农民报》《冀中导报》《天津导报》《冀东日报》等报刊 1.46 万份，其中编入 69 份；搜集文献 3130 份，其中编入 70 份；组织离退休老干部及有关当事人撰写回忆文章 107 篇，其中编入 69 篇；搜集历史照片 285 张，其中编入 180 张；征集党史资料文字约 2500 万字。召开党史座谈会 65 次，走访老干部、当事人和知情人 300 余人。共征集历史原件 103 件，获得历史照片 5 张，写出完整的访问材料 93 篇，保留老同志的谈话录音带 35 盘等大量的珍贵历史资料。为准确编写党史资料奠定了良好基础。

做好党史专题资料的征集工作。2002 年，先后完成东丽地区《镇压反革命运动》《肃反运动》《农业合作化运动》《土改补课运动》4 篇专题党史资料。配合市委党史委征集《中国农村的变革》《天津革命老区》《革命遗址指南》部分资料。2003—2010 年，为市委党史研究室、区委办公室、区委宣传部、滨海新区管委会党委等编辑有关专题党史资料 25 篇：《中共天津市东丽区大事述要（2003—2010）》8 篇；《抗日战争时期东郊惨案》《中共天津市东丽区党志（1948—2008）》，中共天津市委党史研究室、天津市中共党史学会《纪念改革开放三十年论文集（1978—2008）》4篇；东丽区改革开放三十年成果集编委会《奋进的历程·辉煌的成就（党建篇）（1978—2008）》，《天津市滨海新区大事记·东丽部分（2008年）》，中共东丽区委办公室《档案大事记（1998—2002）》4篇，《纪念中人民抗日战争胜利65周年》，25篇专题党史资料共45万字。

2005年，区委党史研究室编辑《中共天津市东丽区历届区委书记、副书记简历》。采集、整理1949—2005年期间16名区委书记、21名区委副书记简历和照片。全册约4万字。

2010年，为配合区委组织部、宣传部，举办“忆改革开放光辉历程，展东丽发展辉煌成就”大型图片展，组织征集图片3500余幅，参与了图片文字说明的编写工作。与区委老干部局、档案局、区关工委配合，提供东郊民主革命时期先进人物图片20余幅，布展了东丽区革命烈士纪念馆。与区委宣传部配合，为区级新闻媒体提供东郊民主革命时期党史人物30余位。参与市、区委组织撰写理论文章30余篇，有效配合全区重点工作的开展。

为完整的保存历年采集的原始党史资料，2010年组织工作人员对积存的全部原始党史资料进行分类系统的整理。分别按8类整理，共计206盒、495册、1.85万件、10.43万页、5074万字，为今后党史研究提供雄厚的资料基础。

（三）党史著作编研成果

1987—2010年，共编辑出版发行党史基本著作14部，完成样书4部。

1991年6月，《中共天津市东郊区组织史资料（1927—1987）》第一集。1992年4月，《金钟河畔的烽火（1927—1949）》《天津县革命史（1945—1946）》。

1994年1月，《天津县党史大事记（1948.12—1953.5）》。

2003年10月，中共天津历史资料丛书《奋斗的历程·东丽区卷（1949—1956）》。

2004年6月，《中共天津市东丽区历史大事记（1949—1978）》。

2006年6月，中共天津历史资料丛书《奋斗的历程·东丽区卷（1957—1966）》。7月，《中共天津市东丽区历史大事记（1979—1992）》。

2009年3月，《中共天津市东丽区组织史资料（1987—2006）》第二集。

2010年12月，中共天津历史资料丛书《奋斗的历程·东丽区卷（1966—1978）》。还先后完成《中共天津市东丽区历史学习纲要（1948—2009）》《中共天津市东丽区历史（1948—2009）》《中共天津市东丽区历次党代会资料汇编（1948.12—2006.12）》《中共天津市东丽区历史大事记（1993—2009）》4部基本著作的编写任务，制作了样书。

上述14部党史书籍共印制2.43万册，410万字。

（四）党史宣传教育

自党史机构成立以来，党史研究室着眼“资政育人，服务现实”的要求，以“六进工程”为载体，深入开展党史宣传教育，推动党史教育进基层。1987年以来，工作人员先后深入机关、企业、社区、村镇、学校、军营807次，现场授课656次，总计听众达3.69万人。2010年，在全区组建了各级各类党史工作宣讲团70余个，设有党史联络员230余名。组织编写《中共天津市东丽区历史课件》，刻录成数据光盘100余套，下发给全区各级党组织，作为党史学习教育的内容。党史研究室先后出台《关于在全区广大党员干部中进一步加强党史学习教育的意见》《关于迎接建党90周年党史宣传教育活动实施意见》和《党史资政工作三年规划》。建立了党史工作四项机制，即：将党史工作纳入党建工作机制；建立党史工作顾问机制；建立党史工作联络组和联络员机制；建立党史工作宣讲团机制。

2010年，围绕纪念抗日战争胜利65周年，编辑《纪念中国人民抗日战争胜利65周年》宣传册200本，深入部分社区、村队和学校宣传。在“东丽党建网”开辟“东丽党史”专栏，宣传东丽人民抗击日本侵华战争的英勇事迹。创办《东丽党史资讯》刊物，开通“东丽党史网”，架起区委党史研究室与全区各单位党史联络组的沟建桥梁，为全区广大党员干部搭建学习党史的平台。

（五）革命遗址普查和抗战人口及财产损失普查

2005年，东丽区开展抗战人口伤亡和财产损失普查，在广泛征集资料的基础上，按照天津市课题组的统一要求，以东丽区现辖区为地域范围，对征集到的资料进行汇总和梳理，最终形成较为准确的数据。1937—1945年抗战期间，东郊地区军人战死为10人，农民（含华工）300余人被日军屠杀，民房被烧毁640间，日军在东郊区建飞机场、铁路信号厂、军粮城机米厂等，占地1.13万公顷；建21个农场，掠夺土地11334公顷。党史研究室从2009年12月至2010年12月期间，采取查阅和征集资料、走访知情人、现场察看等方法，开展了东丽区革命遗址普查。主要涉及三个遗址，其中革命遗址两处，其他遗址一处，具体为：解放军粮城战斗指挥部旧址（现军粮城街苗街小学），位于东丽区军粮城镇东金路；中共天津市委河北支部范庄小学活动旧址，位于京津塘高速公路天津出口东北侧（杨北公路西侧）；赤土惨案遗址（现天津滨海国际花卉科技园区），位于东丽区华明街道办事处原赤土村北，东丽湖旅游区西部。三处遗址均未定级。

二、地方志编纂

（一）区地方志编研

1991年3月，区成立地方志编修委员会办公室。1992年3月，更名区地方志编修委员会，内设办公室。工作职责：主要负责撰写区志工作，指导协助全区委办局、镇街乡村、及驻区单位的志书编纂出版工作。同时负责《天津区县年鉴·东丽篇》《东丽年鉴》编纂出版工作。区历史上非属县级行政单位，故无志书。1991年3月，开始编纂第一部《东丽区志》。区成立编修委员会办公室，工作人员赴全国主要档案馆查阅资料和参加全国培训。是年8月，制定首部《东丽区志》编纂实施方案。11月，举办区地方志基础知识培训班，确定111个参编修志单位（含驻区单位），300余人参加修志任务。

1992—1993年，全区修志单位农林局、农机局、畜牧水产局、水利局、电话局上报部门志稿，其他106个单位提供志书素材，共500余万字。1994年初，区志办根据各单位上报的初稿和资料，拟定篇目，组织分纂。参加分纂由区志办6名在编人员，另聘请14名退休人员试写分纂初稿。是年3月，调整分纂人员，由20人精减到10人。12月，编修人员基本完成分纂任务。

1995年始，参加总纂的10名执笔编修人员，分成3个协作组，每组承担9篇总纂任务。对总纂初稿经反复讨论，几经修改于1996年完成总纂蓝本，送至区领导和各单位评审后，再行修订。内容涉及上限尽量溯源，下限止于1995年12月，共26篇、141章、505节，文字166万字。

1996年11月，区政府与市地方志办公室联合召开首部《东丽区志》蓝本评审会议，会后对志稿再行修改，交付印制。

1997年6月，首部《东丽区志》举行首发式。副区长甘玉昆讲话，祝贺《东丽区志》荣获天津市志书特等奖、全国志书二等奖，中国地方志指导组发来贺电。

（二）编修部门志

根据市地方志办公室部署，在首部《东丽区志》编研同时，区地志办指导协调各单位编修部门志、专业志和乡村志工作。1991—2010 年，全区编修部门志 13 部，编修文字 361.8 万字，印制 1.08 万册。

1991—2010 年东丽区编纂部门志、专业志、乡村志情况表

表 30-4

志书名称	出版日期（年月）	字数（万字）	印刷数量（册）	主编	印刷形式出版社名称
东丽区农林志	1993-07	30	200	杨茂树	内部印发
东丽区水利志	1994-12	30	500	王仁岭	内部印发
东丽区电话志	1994-12	10	500	白宝兴	内部印发
东丽区税务志	1995-12	13	500	陈战方	内部印发
么六桥回族乡志	1996-05	25	200	李庭扬	内部印发
东丽区地名志	1997-05	38	1700	刘玉生	天津人民出版社
东丽区土地管理志	1998-04	21.8	1000	刘玉生	天津社会科学院
东丽区房地产志	1998-07	18	700	宋庆民	天津社会科学院
东丽区计划生育志	1999-09	30.5	500	张秀庭	天津古籍出版社
胡张庄村志	2001-11	30	1000	宋秉仁	天津古籍出版社
新立村志	2002-06	45	3000	杨志刚	天津古籍出版社
东丽区广播电视志	2003-04	30	1000	韦久田	内部发行
东丽区军事志	2010-08（审定）	40.5	200	张世友	内部印发

（三）编辑年鉴

《天津区县年鉴·东丽篇》 2000 年，区地方志参与《天津区县年鉴·东丽篇》编辑供稿工作。至 2010 年，区地志办编辑完成《天津区县年鉴·东丽篇》232 个篇目，1142 个栏目，638 条大事记；刊载区领导访谈录 5 篇，36 个村地名简记和 10 篇附录。区地志办主编为孟学锋。

《东丽年鉴》 2009 年初，区志办启动首部《东丽年鉴》编辑工作。是年 2 月，成立东丽年鉴编辑委员会。至 2010 年，已编辑出版 2 卷。内容设有 48 个篇目，600 条大事记，1600 个条目，120 万字，印刷出版 2000 册。2009 版主编曹凤河，副主编孟学锋。2010 版主编孔宪义，副主编杨子业、孟学锋。

东丽区志

第三十一编

卫　生

1979年后，区卫生事业发生巨大变化，医疗卫生条件逐渐得到改善，医疗机构、医疗设施不断完善，医疗水平不断提高。其中泌尿外科经尿道电切膀胱肿瘤、经尿道激光切除前列腺，在全市居领先地位，引进腔内泌尿激光手术填补了全市一项技术空白。中西医结合治疗老年病、白癜风也是较为突出的学科。全面实行儿童计划免疫接种制度，对儿童和孕产妇进行系统保健管理。实施结核病全程督导化疗管理，受到国际结核病专家的称赞。进入21世纪以来，政府职能不断强化，覆盖全区的卫生服务体系逐步完善，卫生资源总量迅速增长，医疗保障能力持续提升，疾病防治能力显著增强，卫生科技水平大幅提高，人民群众健康水平明显改善。全区卫生事业从单一的医疗卫生服务走向医疗、预防、保健为一体的全方位健康服务，为区域经济社会协调发展做出了重要贡献。

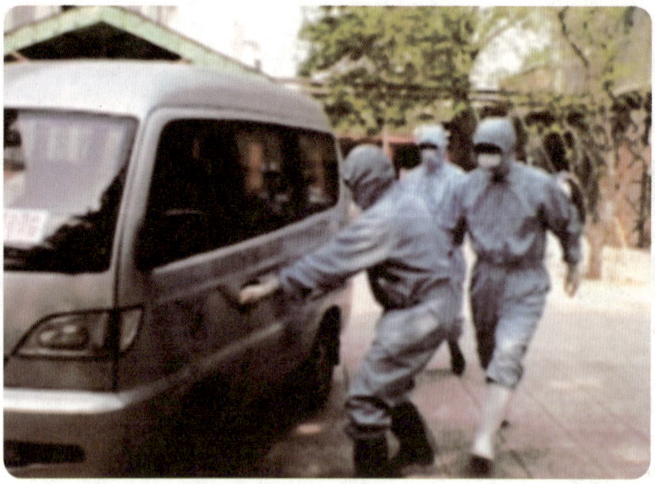

2003年，医务人员快速出击应对“非典”疫情

2006年3月，卫生局打击非法行医专项行动

2010年，扩建后的东丽医院全景

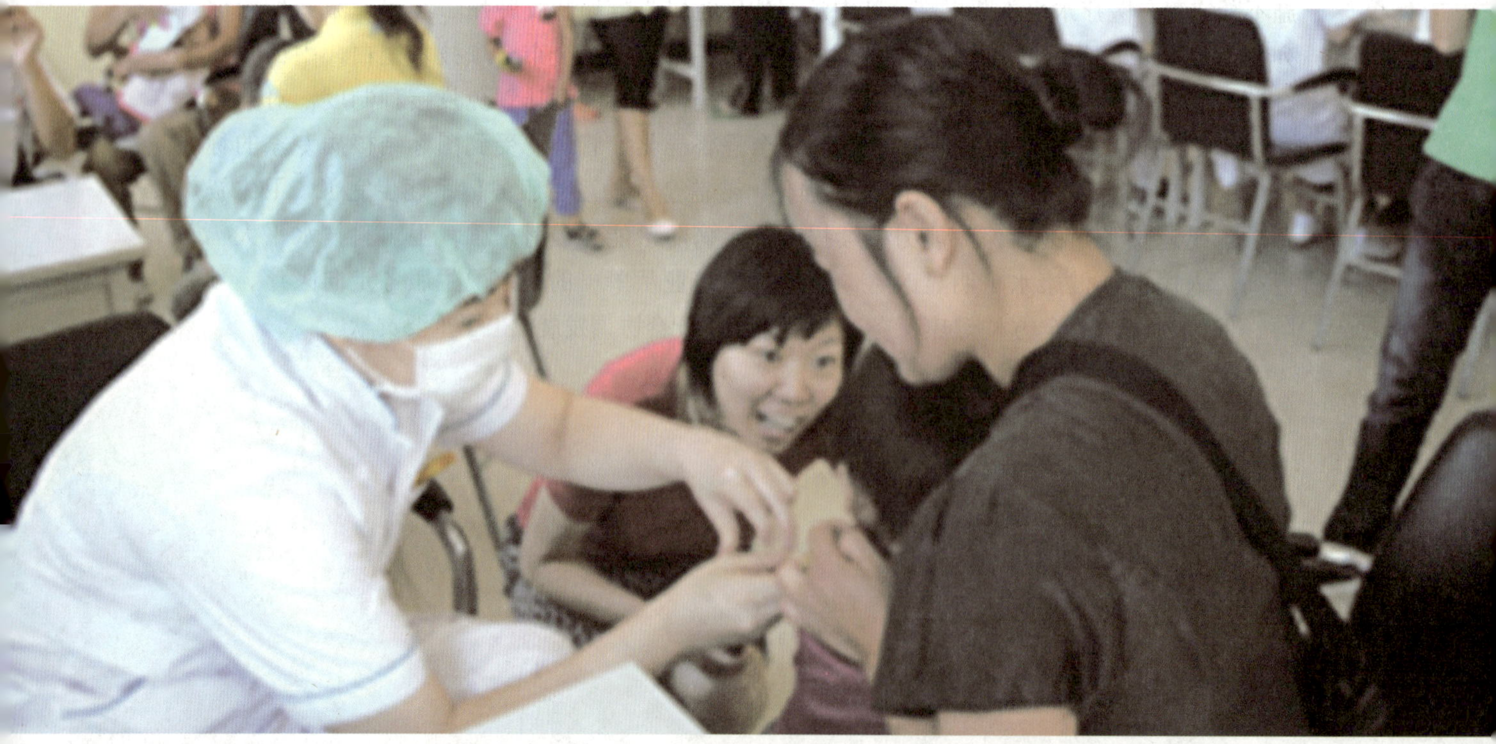

2010年9月，预防接种门诊现场

第一章　卫生体制改革

1979年始，随着国家卫生体制改革不断深入，先后推进人事、公费医疗和农村合作医疗制度改革。完成首次职称评定，实行“聘用制干部”制度，落实学历培养计划，实施事业单位全员聘用制，加强人才引进和招聘工作。20世纪70年代实行“定额包干、现金报销、结余归己、超支不补”政策，80年代实行“双处方制”，20世纪90年代实行“定点医疗、凭证就医”，2002年1月1日起执行城镇职工医疗保险制度，新型卫生服务体系建设不断完善和加强。

第一节　管理机构

东丽区卫生局是区政府主管全区卫生工作的职能部门，区卫生局与区红十字会合署办公。按照卫生体制改革的需要，经调整，2010年区卫生局内设党委办公室、行政办公室、财务科、人事科、药械科、医政科、社区科、预防保健科、妇幼卫生科、工委、团委、妇委、红十字会、献血办、地方病防治办公室。

第二节　公费医疗

1979年，实行“定额包干、现金报销，结余归己，超支不补”的办法。区财政补贴单位每人每年40元，各单位对职工门诊包干费每人每年24元。此办法一度使医疗费下降，并在全市推广。1987年1月1日，实行双处方制，报销时交处方底联。1988年2月，区政府补贴标准提高到60元，单位对个人包干标准每年40元。1990年10月15日，实行“定点医疗、凭证就医”后，全区公费医疗支出仍以每年数十万元乃至百万元递增。2002年1月，全区机关事业单位人员全部参加城镇职工基本医疗保险，公费医疗制度宣告结束。区离休干部、二级乙等以上伤残人员以及非典后遗症病人医疗费由区卫生局代管，区财政局拨款。

第三节　农村合作医疗

一、初期农村合作医疗

20世纪70年代，全区109个村队实行合作医疗。80年代，因开支过大，一些村队陆续停办，1984年只有33个，后来多数村队停办。90年代，恢复合作医疗，至1995年已有72个村队实行合作医疗。针对区内农村合作医疗发展不平衡、覆盖率不高、不稳定的问题，1997年对全区114个村队的医疗状况开展调研，对各村队的人员构成、村医状况、集体卫生所、村中办医、预防保健等各类情况摸清了底数，为进一步扩大合作医疗覆盖率打下了基础。1999年，区政府出台《东丽区农村合作医疗管理办法》。至2001年，农村合作医疗覆盖率已达到70%。

二、新型农村合作医疗

实行个人缴费，集体扶持和政府资助相结合的筹资机制。起步阶段，以乡（镇）为单位进行统筹，农民以家庭为单位自愿参加，缴费标准不能低于每年每人10元，地方各级财政对农民的资助总额不低于每年每人10元，村队合作医疗覆盖面达80%。

2003年，区制定《东丽区新型农村合作医疗管理办法（试行）》，加大新型农村合作医疗工作推动力度。至年底，全区完成新型农村合作医疗村110个，占全区总村数的96.5%，参加人数13.27万人，占全区农业人口66.8%，全区筹集资金793.68万元，村队参合率、个人参合率均在全市4个试点区县中处领先水平。2005年，区卫生局9次30余人深入镇街乡、村进行合作医疗调研，帮助指导7个镇、街、乡调整完善新型农村合作医疗实施细则，建立新型农村合作医疗管理档案5.3万份。区财政局、审计局对2004年合作医疗资金使用情况及2005年合作医疗3级资金到位情况进行专题审计，全区参合人数达到14.6万人，占全区农业人口的73.46%，参合村队113个，占全区总村数的99.12%。全年住院农民有3815人得到医疗补偿，报销金额854.4万元。

2006年，进一步巩固和完善新型农村合作医疗制度，提高农民筹资水平和保障水平，村队参合率达100%，全区参合人数16.9万人，参合率85.57%，全年报销4304人次，报销金额1070万元，全区新型农村合作医疗工作步入全市先进行列，个人参合率列全市第三名，新型农村合作医疗工作在全区绩效考核中获“双创”一等项目。至2007年，在大病统筹（住院报销）的基础上，增加了5种门诊特殊病报销，病种范围包括肾透析、肾移植术后抗排异治疗、恶性肿瘤放疗、化疗镇痛治疗、红斑狼疮和精神病。提取个人缴费的60%建立门诊个人账户，参合人员在区属医院、卫生院及下派的社区卫生服务站就诊可刷卡结算。筹资标准由每人每年120元调整到160元，村队参合率100%，农民参合率94.6%，筹资标准、村队参合率和农民参合率在全市实现了3个第一。2004—2007年，住院受益2万人次，住院补偿5463万元，门诊特殊病受益128人次，支出37.5万元，缓解了农民“因病致贫、因病返贫”的问题。2008年，超额完成新型农村合作医疗年度工作计划，筹资标准由每人每年160元调整为200元，村队参合率100%，个人参合率达到99.5%，实现了3个全市第一。是年7月，新型农村合作医疗工作移交区人力资源和社会保障局，实现医疗保险工作城乡一体化管理，为城乡居民医疗保险并轨打下基础。

第四节　人事体制改革

一、职称评定和执业资格认定

1987年12月，首次进行专业技术人员职称评定工作，临床专业系列评审出正高级2人、副高级21人、中级117人、初级师316人、初级士134人，共计590人，之后每年将符合评审条件的部分专业技术人员予以资格评审。1999年9月，区认定执业医师资格476人，执业助理医师68人，之后每年由医政部门负责组织工作满一年临床医学专业人员参加全国统一考试。2001年9月，中、初级专业技术资格评审调整为参加全国统一考试。

二、聘用制干部管理

1993年10月始，区卫生系统内部在编优秀工人中和已评为“士”以上技术职务且受聘上岗的技术人员中（包括合同制工人）选拔聘用制干部，1993年聘用64人，1995年聘用29人。2004年11月始，不再办理“聘用制干部”审批和续聘手续，不再使用“聘用制干部”称谓。

三、内退制度和学历培养

“九五”期间进行人事用工制度改革。1998年，制定《东丽区卫生局人事用工制度改革意见》，落实内退制度，至2007年政策调整共内退134人，系统内流动23人。1999年，制定并落实人才培养计划，区卫生系统中40周岁及以下的中专学历专业技术人员4年内要达到大专以上学历，是年有279名专业技术人员参加大专学历教育，2001年，98人取得了大专学历，至2003年6月完成学历培养任务。

四、人事调配权划转及事业单位全员聘用

2001年7月，区卫生系统人员由市卫生局划转至区人事局管理，接收人员1530人，其中在职1256人、退休263人、离休11人。基层医疗机构级别待遇进行调整，其中相当副处级单位6个，分别为东丽医院、程林医院、军粮城医院、中医医院、卫生防病站、妇幼保健院；相当正科级单位9个，分别为新立村、小东庄、无瑕街、赤土、华明、大毕庄、程林街、么六桥8个卫生院及卫生进修学校。2004年12月，在定编、定岗和定责的基础上，区卫生系统15个事业单位均完成聘用制工作，在编人数1194人，除不符合政策规定的300人，其余894人均按规定签订聘用合同，实现卫生事业单位由人事管理到岗位聘用合同管理。

五、人才引进和招聘

“十一五”期间，区加强基层医疗机构技术力量，优化资源配置。2006年，区卫生局制定落实《程林医院专业技术人员的整合分配方案》，将程林医院105名医、药、护、技等在岗人员充实到其他医院和卫生院。2007年，区卫生系统首次面向全国招聘卫生专业技术人员，是年招聘研究生3人、本科生30人、专科生5人。至2010年共招聘研究生19人、本科生128人、专科生31人。2008年，引进高层次人才6人，其中医学博士4人、正高级职称1人、副高级职称1人。2010年，引进主任医师6人，调入实用型人才5人（正高级职称3人、副高级职称1人、中级职称1人），调入主任医师4人，副主任医师5人。

第五节　新型卫生服务体系建设

一、医疗服务体系建设

2006年，完成程林医院整合。2007年、2008年分别对军粮城医院、中医医院进行提升改造，中医医院建成康复中心、中药堂。2009年，东丽医院改扩建一期工程建设住院楼投入使用，建筑面积2.32万平方米。2010年，门诊楼投入使用，二期住院楼建设启动，预设床位500张。

二、公共卫生服务体系建设

2007年，成立区卫生监督所，完成卫生监督体制改革，卫生监督与疾病控制工作正式剥离，卫生执法监督工作进入新的发展阶段，建成结构合理、队伍优化的卫生监督执法体系。2009年，区疾病预防控制中心建成并投入使用，成为市首家达到“三年体系建设”要求的区县疾病预防控制中心。全区疾病预防控制工作保持先进水平，突发公共事件应对能力不断加强。承接全国艾滋病综合防治示范区、慢性病综合防治示范区、第五轮全球基金结核病防治项目。肺结核、艾滋病、乙型肝炎等重大传染病发病率处于全国最低水平。在2009年甲型H1N1流感防控工作中，区作为市唯一一家承接甲流留观单位，顺利完成47批次122人医学观察任务。2008年起，由区政府购买向居民统一提供疾病预防控制、妇幼保健、慢性病管理、健康教育等18项基本公共卫生服务，预防控制疾病及其危险因素，进一步提高居民健康水平。2010年，人均基本公共卫生服务经费标准调整为20元，推进了基本公共卫生服务均等化。

三、基层卫生服务体系建设

2007年，赤土卫生院与华明卫生院合并为华明卫生院。2008年，7所街乡卫生院进行功能改造后更名社区卫生服务中心，全面启动社区卫生服务，向辖区居民提供基本医疗服务和免费公共卫生服务。2009年，新一轮医药卫生体制改革全面启动，着力通过制度创新解决体制性、机制性、结构性矛盾，用基本制度维护人民群众的健康利益，至2010年在完善医疗保障制度、实施公共卫生均等化、完善基层医疗卫生体系、建立基本药物制度等方面有较大进展，“看病难、看病贵”问题有一定程度缓解。2010年，成立张贵庄社区卫生服务中心，军粮城医院改为一级管理，理顺政府保障机制，社区卫生服务网络基本建成。按照合理布局、逐步推进的原则，建成社区卫生服务中心辐射的卫生服务站33个，以社区居民健康为中心的社区卫生服务模式初步形成。

第二章　医疗机构

1979—2010年，区医疗机构建设不断完善，群众就医环境明显提高。1995年底，区属医疗机构总建筑面积3.59万平方米，到2010年增加至5.75万平方米，开放病床737张。2010年，区属医疗机构共完成门急诊 121.82 万人次，比 1992 年增加 80.82 万人次，出院 1.16 万人次，比 1992 年增加 4637 人次。至 2010 年底，区域内共有医疗机构 139 个，其中区级医院 3 个，社区卫生服务中心 8 个（下设社区卫生服务站 33 个），村卫生室 70 个，驻军医疗机构 2 个，其他医疗机构 56 个。

第一节　区级医院

一、东丽医院

1979 年，有病床 112 张，职工 113 人，卫生专业技术人员 79 人。80 年代初，建门诊楼，总建筑面积 4000 平方米。1984 年，在津塘公路北侧张贵庄立交桥东，新建综合性医院，占地 3.5 万平方米，建筑面积 1.05 万平方米，病床 300 张，1986 年 11 月 17 日开诊。1993 年 10 月至 1994 年 9 月通过了“二级甲等医院”和“爱婴医院”评审。至 1995 年底，全院职工总数为 402 人，卫生专业技术人员 326 人（含高、中级职称人员 108 人）。设 18 个临床科室、9 个医技科室、9 个职能科室，有先进、大型医疗器械设备四导心电监护仪、除颤示波心电仪、高压氧舱、纤维胃镜、气管镜、喉镜、胆道镜、膀胱镜、十二指肠镜、激光治疗机和进口泌尿手术器械等。

2007 年始，区政府对东丽医院进行一期改扩建，新楼增设特需病房，至 2010 年，医院总建筑面积达 3 万平方米，编制床位 300 张。设 43 个科室，区级临床重点学科 3 个，开展市第二类医疗技术 6 项。卫生专业技术人员 488 人，其中博士 12 人（博士后 2 人），高级职称 62 人，中级职称 116 人。医院先后引进博士学历专业技术人员 5 人，正高级职称人才 2 人、硕士学历副高职称人才 1 人。增加多功能麻醉深度监护仪、口腔全景 X 光机、床旁血滤机、电子内窥镜、超声颈颅多普勒、四排螺旋 CT、多排 CR、DR、四维彩超、腹腔镜、电子胃镜、电子肠镜、电子十二指肠镜、超声内镜、宫腔镜、阴道镜等现代化大型设备。

2010 年，东丽医院门诊大厅内景

2009 年 10 月，东丽医院通过二级甲等医院复审，是区唯一一所二级甲等综合性医院，承担全区及临近部分区县居民医疗任务，被批准为市全科医师规范化培训基地。至 2010 年底完成 170 余名大、中专毕业生实习带教及 18 名全科医师培训任务，完成 31 次继续教育讲座，获批市继续教育项目 1 项，市科委、区科委科研立项 3 项，其中两项获市级科技进步奖。发表中华级会议论文 70 篇、省市级会议论文 50 篇、省市级杂志论文 129 篇，SCI 论文 4 篇。东丽医院已成为一所集医疗、教学、科研、预防、康复为一体的综合性医院。

2010 年，实现门急诊 23.74 万人次，出院 7880 人次，其中治愈率 41.7%，好转率 57.2%。

二、军粮城医院

1979 年，设病床 50 张。20 世纪 80 年代初，将住院部平房增建二层楼，病床增至 70 张，全院建筑面积 2991 平方米，职工 182 人，卫生专业技术人员 122 人。1989 年，住院楼扩建工程列为市政府为农村人民群众办的十件实事之一，1990年6月竣工并投入使用，建筑面积2689平方米，病床增至150张。1994年被核准为爱婴医院。1995年3月23日通过二级乙等综合医院评审。到1995年底，医院总建筑面积7149平方米，专业技术人员166人，其中高中级职称27人，开设12个临床科室及相应的医技、职能科室，有多参数床旁监护仪、除颤监护仪、纤维胃镜等先进医疗设备，并与市有关单位联合装置CT机，中西医结合治疗老年病、疑难病和脑内疾病为医院重点学科，“应用改良人工假体置换治疗肱骨上端内生软骨瘤恶变”治疗方法，被审定为1999年填补市医药空白新技术项目。2007年，区政府投资对军粮城医院进行提升改造，增强了门诊处置能力。2008年9月，强化社区服务功能，设置社区科。2010年1月调整为一级医院。至2010年底，卫生专业技术人员122人，其中高中级职称48人。设备增加了半自动生化仪、血球计数仪、CT机、CR机、全自动生化仪，彩超增至3台。

2010年，实现门急诊4.85万人次，出院641人，其中治愈率53.2%，好转率43.4%。

三、程林医院

1979年，设床位70张。1985年病床增至100张，临床科室11个。至1995年底，职工总数170人，卫生专业技术人员138人，其中高、中级职称人员40人，主要设备有骨质增生治疗仪、纤维胃镜、酶联免疫检测仪、微量元素仪等。医院建筑面积5300平方米，另建临床关怀病房。同有关医院合作治疗血液病、肿瘤，“中西医治疗白癜风”的研究，获市卫生局科技进步二等奖。1995年5月通过二级乙等医院及爱婴医院评审。20世纪90年代以后，由于医院周边大型医疗机构较多，影响经济效益等原因，2006年区政府决定，对程林医院进行资源整合。是年12月向市卫生局报送《关于程林医院歇业的请示》，市卫生局于2007年2月批复同意程林医院停业。经2010年区编委研究，同意将程林医院并入万新街社区卫生服务中心。

四、中医医院

1986年12月，在原东郊医院旧址开诊，设病床100张，全院职工48人，卫生专业技术人员41人，中医药人员占37%，年门诊量3万人次，病床使用率80%以上，主要科室有内科、外科、妇科、儿科、针灸、推拿、急诊、中西药房、检验科、放射科、B超室，大型设备有B超机、超声颈颅多普勒等。

1994年选址重建，1996年落成投入使用，医院占地面积6671平方米，临床综合楼建筑面积7229平方米，床位数增至150张，增加高级病房11间。全院职工157人，卫生专业技术人员127人，高级职称4人，中级职称18人，中医药人员占42%，年门诊量11万人次。内科病房分为内一科心血管病区和内二科脑血管病区，增加外科病房，成立万级层流净化手术室。中医治疗不孕症、肾病、中西医结合治疗脑病为院内重点学科。1999年通过“全国中医医院二级甲等标准”评审验收，2001年被中华医院管理学会授予“全国百姓放心医院”。

2008年，区政府投资对中医医院进行提升改造，改造高级病房22间，增设中医康复室，增加颈腰椎治疗仪、微波内镜治疗仪、电子胃肠镜、美国多参数监护仪、呼吸机、自动煎药机、监护仪床旁机、温热式低周波治疗仪、伟伦除颤监护仪、X光机、CT、CR、电脑熏蒸治疗仪、中央床旁监护、彩超机、麻醉机、全定量检测仪、颈颅多普勒、肌电图、脑电图、VISTA病人监护仪、动态血压分析仪、动脉硬化检测仪、鼻腔窥镜等设备。2010年，全院职工222人，其中卫生专业技术人员188人（高级专业技术职称20人，中级专业技术职称50人），中医药人员占31%，拥有14个临床科室，6个医技科室，年门诊量24.25万人次 ，年出院2556人次。

第二节 社区卫生服务中心

20世纪80年代初，军粮城医院和卫生院合并，地方性卫生行政工作由医院承担。1981年11月，公社卫生院统一由区卫生局领导。1986年1月，原万新庄卫生院划归河东区，区另组建万新庄乡卫生院。是年组建么六桥卫生院。80年代后期，对卫生院进行翻建和扩建。至1995年，全区卫生院总建筑面积8749平方米，总人员154人，其中卫生专业技术人员127人（中级职称17人），先后装备了X光机、心电图机、B超机、尿液分析仪等，并有6所卫生院分别开放5张病床。1999年，政府投资150万元完成大毕庄卫生院、程林街道卫生院新建工程。2005年，为改善农村医疗条件，市、区政府分别投资启动农村乡镇卫生院标准化建设，共投资418万元新建小东庄卫生院和无瑕街卫生院，有5所卫生院自筹资金建立二级接种门诊。2007年，程林街、大毕庄街、新立街卫生院自筹资金新建医疗用房和二级接种门诊，区政府投资1000余万元，为华明街卫生院等单位购置医疗设备，提高了诊疗水平。

2008年4月，赤土卫生院与华明卫生院合并，成立区华明街社区卫生服务中心。9月，大毕庄街等卫生院转型为社区卫生服务中心，即：金钟街社区卫生服务中心、无瑕街社区卫生服务中心、小东庄社区卫生服务中心、新立街社区卫生服务中心、万新街社区卫生服务中心、么六桥乡社区卫生服务中心，军粮城医院加挂军粮城街社区卫生服务中心牌子。2010年6月，成立区张贵庄街社区卫生服务中心。卫生院转型为社区卫生服务中心后，职能转为集预防、保健、康复、基本医疗、健康教育和计划生育技术咨询指导“六位一体”的社区卫生服务。至2010年底，8个社区卫生服务中心总建筑面积1.31万平方米，卫生专业技术人员297人，其中高级职称7人，中级职称76人。大专及以上学历253人，占专业技术人员总数的85%。先后装备有CT机2台，X光机8台，B超6台，心电图机9台，胃镜1台，彩超5台，除颤监护仪3台，腹、宫腔镜1台，血流变仪8台等先进设备。分别开设有内科、外科、妇产科、口腔科、中医科、理疗科、防保科和社区科以及放射、检验、B超、胃镜等辅助科室，部分社区卫生服务中心开展了“国医堂”建设。

第三节 村卫生所

20世纪80年代，农业联产承包以后，大部分村卫生所解散，出现集体、单干、私人开业等多种形式办医，至1995年全区有甲级卫生所69个，乡村医生400人。1996年，全区63个村集体卫生所完成甲级卫生所考核评审和注册工作，占全区集体卫生所的67%。在对村集体卫生所、村医等情况进行充分调研和广泛征求意见基础上，1998年制定《东丽区乡村卫生组织一体化管理办法》并全面推行。1999年，全区99%的村卫生所纳入一体化管理，处于市领先水平。2003年，全区村卫生所已遍及每个行政村，乡村卫生组织实现百分之百一体化管理。2008年，完成41个农村规范化卫生所建设，至2010年，随着小城镇建设和迁村并点工作开展，全区共有村卫生所70个，其中标准化村卫生所45个。

第四节　驻军医院

一、武警后勤学院附属医院

见第二十八编第五章高等院校

二、武警天津总队医院

隶属于武警天津总队后勤部，建筑面积5525平方米，是一所综合性二级甲等医院。2010年编制床位131张，专业技术人员171人（高级职称17人，中级职称38人），拥有飞利浦WX4000双排螺旋CT、日本岛津胃肠X线机、美国GE立柱式拍片机、日本富士CR、飞利浦彩色多普勒超声诊断仪、倍肯SC-300全自动生化分析仪、富士能EG-450电子胃镜、动态心电血压监护仪（Holter）、C型臂、全自动五分类血球计数仪、全自动血流变仪、半自动细菌鉴定仪等一批先进医疗设备。

第五节　其他医疗卫生单位

一、企事业单位保健站（所）

20世纪90年代初，区共有企业保健站（所）66个，医务人员总计400余人，其中，中级以上职称135人。至1995年，机构增至100余个，医务人员近千人，其中高、中级卫生技术人员200余人。随着国有企业改制，企业保健站（所）逐渐减少，至2010年有20余个，医务人员近百人。

二、社会办医

1979年始，凡具备办医条件提出申请，经考核符合要求均发给行医证。1995年，区有社会办医机构53家。20世纪90年代后期卫生行政部门加大对社会办医机构的管理力度，严格审批和换证程序，加强日常监管，规范其依法执业。至2010年，全区共有社会办医机构34家，其中医院3家，门诊部16家，个体诊所15家。

三、驻区医疗机构

（一）天津市安宁医院　是天津市民政局所属的国有福利型精神病专科医院，占地面积3.7万平方米，建筑面积13000平方米，注册床位300张，床位总容量700张，有职工288人，对慢性精神分裂症患者的康复治疗和酒依赖患者的治疗是该院特色。

（二）天津市第一中心（滨海）医院　系原“天津钢管公司职工医院”，1992 年建院，2002 年经市政府批准更名为“天津市第一中心（滨海）医院”，是一所综合性医院。占地面积 12900 平方米，建筑面积 7000 平方米，有职工 103 人，高级职称 14 人，中级职称 74 人。

四、区属站、所、校

（一）疾病预防控制中心

原名区防疫站，坐落于跃进路 4 号，拥有平房 10 间。1979 年，有职工 26 人，其中医务人员 17 人（高级职称 1 人）。设防病科、劳卫科和化验室，设备有 5 台冰箱、2 台细菌培养箱、电子天平、751 紫外分光光度计、721 分光光度计等，化验室只能做简单的细菌培养和理化分析。

1985 年 1 月，更名区防病站。是年在先锋路建新楼，占地 4002 平方米，建筑面积 2000 平方米，1986 年 10 月迁入新址办公。至 1995 年底,有职工 72 人,其中医务人员 67 人(中级以上职称 10 人)。设防病科、环卫科、劳卫科、结核科、计免科、宣教科、食品科等科室。主要设备有气象色谱仪、原子吸收仪、液相色谱仪、电子天平等。

2009 年，更名区疾病预防控制中心，迁至区开发区一经路 15 号，建筑面积 5500 平方米。至 2010 年底，在编人员 65 人，高级职称 7 人，中级职称 21 人，初级职称 29 人。新增原子荧光设备、PCR 仪、进口生物安全柜、低温冰箱等仪器设备。

（二）妇幼保健院

20 世纪 70 年代末建区妇幼保健站,设在区卫生局内。1986 年 7 月，更名区妇幼保健所，迁入原东郊医院旧址开设门诊。1993 年 10 月，在津塘公路三号桥西侧建新妇幼保健所，占地 2126 平方米，建筑面积 1784 平方米，1994 年 11 月竣工，1995 年 1 月投入使用。有职工 48 人，其中医务人员 43 人。开设妇保、儿保、计划生育等科室，主要设备有红外凝结仪、红外线乳腺扫描仪等。

1996 年，设立妇产科病房，床位 22 张，全部实行母婴同室。1997 年，与市第一中心医院妇产科联合开办妇产科病房，2006 年 3 月解除合作。1999 年投入 23.4 万元，购置酶标仪、血球计数仪、胎儿心电监护仪、红外线婴儿抢救台、多普勒等仪器设备。2000 年 8 月，区妇幼保健所更名区妇幼保健院。

2002 年，开设乳腺科门诊，产科开展产时除痛、无痛分娩等新技术，并引进笑气和电动吸奶器。是年，设立孕妇学校，开展孕期保健知识教育。2004—2007 年先后开展儿童听力筛查、先心病筛查、孕前乙肝、梅毒筛查工作。2008 年启动东丽区妇女儿童健康行动计划（2008－2012 年），免费为全区妇女儿童提供孕前叶酸免费筛查等 12 项服务。

2010 年 11 月，取消产科。至年底，区妇幼保健院人员总数 72 人，专业技术人员 66 人，其中高级职称 3 人、中级职称 23 人、初级职称 40 人，工勤人员 6 人。增加产后康复治疗仪、阴道镜、心电图机、彩色 B 超、乳腺扫描仪、耳声发射听力仪、声阻抗听力仪、酶标仪、微量元素仪等妇幼保健设备。

（三）结核病防治所

1992 年 2 月建立，3 月开诊，同区防病站合署办公。是年 10 月，市卫生局组织检查,总分列全市第一,获市结核病防治工作优秀奖。1993 年，获全市第二、郊县第一。1994 年，获市先进单位。

“八五”至“十一五”期间获全国结核病控制工作先进集体。

1994 年 7 月，国际结核病和肺病联合学会主席依那桑教授专程到区考察结核病控制工作。依那桑教授认为区在结核病防控工作上取得的成效，在他考察的 65 个国家中，是最好的地区之一。“九五”期间，尼泊尔国家结核病研究所副所长、肺病专家 Dr.S.Bam、世界银行贷款新西兰皇家结核病学会 P.Gardire 博士、WHO 西太平洋地区结核病顾问 L.Blam 博士和世界卫生组织官员医学博士埃米娜、医学博士美籍华人钱医生分别考察东丽区结核病防控工作。2000 年 9 月，卫生部宣传中心人员采访并将区结核病防治工作拍摄成纪录片作为优秀典型推向全国。

“十五”期间，世界卫生组织官员恩斯诺、英国发展署结核病国际合作项目主任、英国利物浦大学热带病研究所结核病规程主席施奎尔博士和英籍华人汤先生及上海复旦大学公共卫生学院江教授一行 4 人考察东丽区结控工作。

“十一五”期间，卫生部、国家 CDC 结控中心有关领导一行四人对区结控工作“十年规划”中期落实情况进行评估；第五轮全球基金结核病项目办公室姜世文主任、项目组王嘉等，对区全球基金流动人口结核病防治项目进行现场督导；英国伦敦卫生及热带学院专家杰姆斯·凯瑟琳（katherine james）、盖茨基金会官员恒世彤、迟俊英、国家结控中心专家刘小秋等对区结核病防控工作进行考察。

（四）卫生监督所

1996 年，成立区公共卫生监督所，与区防病站合署办公，设置食品科、环卫科、劳卫科和防病科等科室。2006 年，区卫生监督所，人员依照公务员制度管理，核定编制 58 人。建立对外网站，开办网上行政审批系统，派驻专业人员进驻区行政许可受理中心，从事食品卫生、公共场所卫生、职业卫生、供水单位的卫生许可受理工作。2007 年，区卫生监督所正式成立，内设办公室、审批科、综合监督科、医监科、职监科、法制稽查科、监督一科、监督二科、监督三科。

2009 年 6 月，区卫生监督所迁至区开发区一经路 15 号，建筑面积 2400 平方米。2010 年 5 月，对科室进行结构性调整，实行条块结合、区域管理，全面实施综合执法工作模式，成为市首家通过 ISo9001 质量管理体系认证的卫生监督部门。

（五）卫生进修学校

1976 年 9 月始建，前身为区卫生学校，曾于 1977 年、1979 年纳入全市中专招生计划。1981 年，学校改为区卫生进修学校，主要负责在职医护人员的继续医学教育、乡村医生协会工作和医疗事故技术鉴定工作。2003—2010 年，每年举办 1～2 期乡医培训班，共举办 4 期全科医生和 2 期全科护士培训班，培训学员 648 人，完成医疗事故鉴定 36 例。

第三章　医疗队伍

1979 年，全区有卫生事业人员 849 人，农村赤脚医生 504 人。1995 年，有卫生事业人员 1183 人。2010 年，区属卫生机构有医疗队伍 1424 人，为 1979 年的 1.68 倍。

区医疗队伍主要由区属医疗队伍和乡镇街医疗队伍组成，承担全区基本医疗和公共卫生保健任务。2010 年，区属卫生专业队伍高级职称比 1979 年增加 25.7 倍、中级职称增加 37.3 倍，大专及以上学历增加 6 倍；街乡卫生专业队伍大专及以上学历增加 8 倍。

第一节　区属医疗队伍

1979 年，区属卫生事业单位有东郊医院、程林医院、军粮城医院、防疫站和卫生学校。全部人员总计 566 人，其中卫生技术人员 364 人、行政人员 72 人、工勤人员 130 人。卫生技术人中有中医师 32 人、西医师 91 人，医士 56 人、护士 83 人、其他 102 人。

1995 年，区属卫生事业单位有东丽医院、程林医院、军粮城医院、中医医院。人员总计 903 人，其中卫生技术人员 704 人、行政管理人员 88 人、工勤人员 111 人。卫生技术人员中有中医师 52 人、西医师 211 人、护士 117 人、中药师 14 人、西药师 27 人、检验技师 23 人、技师 25 人、其他 255 人。

2010 年，区属卫生事业单位有东丽医院、军粮城医院、中医医院、妇幼保健院、疾病预防控制中心、医学教育机构。人员总计 962 人，其中卫生技术人员 752 人，管理人员 94 人、工勤人员 116 人。卫生技术人员中有执业医师 284 人、职业助理师 18 人、注册护士 238 人、药剂人员 47 人、检验人员 47 人、其他 118 人。

第二节　乡镇街医疗队伍

1979 年，全区有新立村、小东庄、军粮城、李庄子、万新庄、荒草坨、大毕庄、赤土 8 个人民公社卫生院。人员总计 283 人，其中卫生技术人员 217 人，行政人员 48 人、工勤人员 18 人。卫生技术人员中有中医师 29 人、西医师 27 人、医士 41 人、护士 42 人、其他 78 人。

1995 年，全区有新立村、小东庄、李庄子、华明镇、大毕庄、赤土、万新庄、么六桥 8 个乡镇卫生院。人员总计 154 人，其中卫生技术人员 121 人，管理人员 19 人，工勤人员 14 人。卫生技术人员中有中医师 13 人、西医师 55 人、护士 9 人、中药师 3 人、西药师 2 人、检验技师 2 人、其他 37 人。

2010 年，全区有金钟街、无瑕街、小东庄、新立街、万新街、么六桥回族乡、军粮城街、张贵庄街 8 个社区卫生服务中心。人员总计 341 人，其中卫生技术人员 276 人、其他技术人员 34 人，管理人员 12 人、工勤人员 19 人。卫生技师人员中有执业医师 92 人、执业助理医师 24 人、注册护士 64 人、药剂人员 26 人、检验人员 17 人、其他 53 人。

第三节　乡村医生

1979 年，全区 110 个生产大队内实行合作医疗，有赤脚医生 504 人。组织参加卫生局举办广播函授学习班系统学习医学基础知识，经对乡村医生考核，领取赤脚医生证书的 433 人，其中女性 223 人、会接生 81 人，接生员 62 人，平均每个大队有医生 4.6 人。

1981 年，组织乡村医生考试，发乡医证 329 份。获乡医者按农村知识分子待遇，每月按 14 元标准发放补贴。

2004 年 1 月 1 日，区执行《乡村医生从业管理条例》，实行乡村医生执业注册管理。

2006年，区卫生局制定《东丽区乡村医生公共卫生工作补贴暂行规定》《乡村医生从业管理责任书》及《东丽区村医疗卫生机构及乡村医生考核标准》，对承担预防、保健、疫情防控等公共卫生服务的乡村医生，经考核合格后，市、区财政（市财政拨付70%，区财政拨付30%）给予每人每月公共卫生工作补贴100元。

2006—2007年，完成乡村医生专业培训793人次，成立全市首家乡村医生协会。在403名乡村医生中，本科学历占0.49%，大专学历占8.68%，中专学历占20.59%，初中文化占59.3%。有16人持有执业助理及以上资格，占乡村医生总数的3.97%。

2009年，在乡村医生中开展中专学历教育工作（卫生保健专业，学制3年），共有45名在职乡村医生参加“好医生网站”中专学历教育并取得学历证书。2010年底，全区在职乡医348人。

第四节 其他医疗队伍

1995年，区有其他医务人员126人。其中，卫生技术人员104人，管理人员14人，工勤人员8人。卫生技术人员中有西医师43人，护师7人，西药师1人，检验技师4人，其他技师2人，其他47人。

2010年，区内非区属公立医院共有医务人员2000余人，其中高级职称人数达到近200人；企事业保健站共有医务人员100余人，其中多为初级、中级职称；社会办医机构共有医务人员200余人，其中高级职称人员20余人。

第四章 医疗技术及设备

20世纪80年代，区级医院、卫生院均开设中医科。1986年，区中医医院成立。90年代，主任中医师张俊杰采用中西医结合诊断，用中医药治疗老年病、冠心病等获成功经验。2006年，副主任医师毛志中“中药周期治疗无排卵性不孕”获市科委科技成果奖，被评为市首批名中医，患者遍及全国10余个省、直辖市、自治区。2010年，中医医院二科被市卫生局评为市级中医脑病重点专科，被批准为国家中医药管理局科技推广项目——石氏中风单元疗法协作单位。

20世纪90年代始，西医内科分出二级学科，增设心血管、神经内科、呼吸、消化等专业科室。泌尿外科主任医师翟兴龙“应用连续灌洗切除镜做TURP与传统切除镜的对比”临床研究，获市卫生局科技成果三等奖。1997年，东丽医院泌尿外科“CO_2激光治疗睾丸鞘膜水囊肿”新技术填补医疗技术空白。21世纪初，区医疗机构技术水平、临床诊断水平显著提高，专科设置增多。2010年，设病床737标准床位，收治住院病人12028人，确认出院11644人。

第一节 中 医

1979年，区各医院、卫生院均开设中医科、中药房，程林医院设中医病床6张。1984年11月，新立村卫生院分院改为区中医门诊部。1986年12月，区中医医院成立，设病床100张，1996年迁址新建，病床增至150张。2007年增设脑血管病、糖尿病专科门诊。20世纪90年代，全区4所医院均开设中医病床。2010年，部分社区卫生服务中心开展“国医堂”建设。

20世纪90年代前，医疗技术用中药治疗肠梗阻、胆道蛔虫、胆石症、阑尾炎，部分免除手术。主任医师张俊杰用中西医结合诊断，用中药治疗，总结了“大柴胡汤治疗小儿高热”“汗出异常症”和老年病等中医药治疗成功经验。副主任医师李文娴采用中西医结合治疗白癜风，治愈率8.2%、有效率98.6%、显效率70.6%。副主任医师马惠文采用“复方161胶囊”治疗冠心病取得较好疗效。

20世纪90年代后，研究治疗妇科疑难病、妇科杂病、不孕不育、肿瘤、脾胃病、老年病、高热病、咳喘病、肛肠疾病等领域效果突出。1995年，副主任医师毛志中申报“中药周期治疗无排卵性不孕”课题一项，2004年完成科研总结报告，2006年荣获市科委科技成果奖；1999年申报“温化痰湿法治疗卵巢囊肿临床研究”市级课题立项；自拟定处方《调经一号》治疗寒凝血瘀症型痛经，以温补肾阳法治疗黄体功能不全的不孕症，使很多家庭迎来新的生命，2010年被评为市首批名中医，成立毛志中名中医工作室和传承工作室，年门诊量1.63万人次，患者遍及全国十余个省市自治区。主任医师孙万岫治疗脾胃病，以理气为胃病通治之法、活血化瘀为胃痛常用之法、健脾养胃为治本之法，慎辨寒热分别施治，取得了较好疗效。主任医师张俊杰使用“补阳还五汤加减”治疗中风病、“天麻钩藤饮加减”治疗眩晕、高血压病、“二仙汤加减”治疗植物神经功能紊乱、更年期综合症及“瓜蒌薤白汤加减”治疗心血管疾病等方面均见明显疗效。主任医师李渊何应用经方对高热病、咳喘病、糖尿病、冠心病、脾胃病等病症治疗，取得很好的疗效。副主任医师李福芝使用醒脑开窍法、头针、舌针、毫火针、穴位埋线、穴位注射、电针灸、温灸、穴位走罐、腹针及心理暗示疗法，对周围性面瘫临床治疗有效率100%，痊愈率95%以上；对顽固性面瘫临床治疗有效率94.6%，痊愈率60%，在治疗上取得了良好的临床效果。主治医师孙富华总结出补肾固精、健脾益气、活血利水法治疗消渴病肾病，为专科专病研究打下了基础。副主任医师高金泉应用填精补髓方剂及醒脑开窍针法治疗中风取得较好疗效，他所在的中医医院内二科2010年被市卫生局评为市级中医脑病重点专科，并被批准为国家中医药管理局科技成果推广项目——石氏中风单元疗法协作单位。除醒脑开窍疗法外，并开展多项康复治疗，区政府和区残联投入200万建立了区残疾人康复中心，主要开展脑卒中的肢体康复治疗。骨科开展“小针刀”治疗颈椎病、腰椎间盘突出症等，有较好疗效。主任医师王和平采用中西医结合对各种痔、肛裂、肛周脓肿、肛瘘、肛门狭窄、肛周皮肤病以及直肠肿瘤、大肠炎性疾病、便秘、慢性腹泻，积累了丰富的治疗经验。2007年，中医医院开展生黄芪口服、中药坐浴等促进肛肠手术术后伤口愈合治疗。2009年，配合中医药治疗开展中医护理操作，带领康复期患者练习中医养生保健操“八段锦”，耳穴埋豆、艾灸、拔罐、中药熏洗、中频药透等为大量患者解除病痛。

第二节　西　医

一、内科

（一）心内科　开展十二导同步心电图、24小时动态心电图、24小时动态血压、多功能动脉硬化检测、直立倾斜试验、经食道心脏电生理检查术等多项心内科专科检查，并对各种心血管疾病及不明原因晕厥等进行有效诊治，应用经静脉溶栓技术、经静脉心脏临时起搏术、体外心脏复律除颤术等手段对急性心肌梗塞、恶性心律失常、心源性休克、急性左心衰及心脏骤停等各种急重症展开有效救治。

（二）消化内科 建有消化内镜中心，从事消化系统常见病的诊治以及消化内镜检查，在胰腺疾病、消化内镜微创治疗和中毒救治等方面效果显著。

（三）肾内科 开展血液透析、血液滤过、血液灌流、床旁血液滤过及腹膜透析等多种血液净化治疗，进行慢性肾脏病中西医结合治疗、慢性肾功能不全非药物治疗、终末期肾脏病透析治疗和各种原因导致的急性肾功能衰竭、多脏器功能衰竭等治疗以及实施动静脉内瘘术、血液透析患者深静脉置管术、腹膜透析置管术等。

（四）神经内科 主要从事脑血管病、癫痫、帕金森氏综合症、脑炎及脑膜炎、周围神经与肌肉疾病、神经免疫、神经变性和脊髓病变、急性一氧化碳中毒以及一氧化碳中毒性脑病的诊断及治疗，尤其对缺血性脑血管疾病的溶栓、降纤治疗有丰富的临床经验。

（五）内分泌科 长期从事内分泌代谢疾病的医疗与科研，对糖尿病、甲状腺疾病、垂体下丘脑疾病的诊治有丰富的临床经验，并开展胰岛素泵持续皮下胰岛素注射治疗糖尿病等多项先进的临床诊疗新技术。

（六）呼吸内科 拥有纤维支气管镜、肺功能仪、有创及无创呼吸机、进口心电监护仪、微量输液泵等先进设备，为临床诊疗提供强大的技术保障，可治疗急慢性呼吸道感染、支气管哮喘、常见肺间质性疾病、肺心病等。

二、外科

（一）泌尿外科 20世纪80年代，东丽医院经尿道开展手术是全市最早的医院之一，主任医师翟兴龙研究“经尿道电切膀胱肿瘤”手术，1985年获市卫生局科技进步二等奖。之后，“应用连续灌洗切除镜做TURP与传统切除镜的对比”临床研究，获区科技成果二等奖和市卫生局科技成果三等奖。副主任医师王晓林“采取新技术经尿道激光切除前列腺”临床研究，获区采用新技术三等奖，填补市腔内泌尿激光手术一项空白。1997年，东丽医院泌尿外科“CO_2激光治疗睾丸鞘膜水囊肿”新技术填补市医疗技术空白。相继开展用激光做膀胱肿瘤、经尿道膀胱碎石术、肾摘除术、肾盂输尿管狭窄成形术、输尿管吻合术、输尿管切除术、膀胱部分切除术，共做前列腺手术500余例、膀胱肿瘤300余例。1992年9月，承办全国激光培训班一周，完成教学和实习任务。2000年后，陆续开展微创及腔镜技术，经尿道电切镜可对前列腺增生、膀胱肿瘤进行微创电切手术，经皮肾镜及碎石系统可处理肾脏、输尿管、膀胱结石。

（二）普外科 区级医院可开展胃大部切除术和胃癌、乳腺癌、直肠癌、甲状腺癌、食管癌、贲门癌、胃底癌的根治术，实施胸腹联合损伤救治，进行肝、胆、胆道造影和门奇静脉断流术。1993年，开展ERCP及经内镜十二指肠乳头切开术、经内镜胆道外引流术和取石术，之后相继开展小切口胆囊切除术、经内镜ODD括约肌切开总胆管取石术、经内镜胆道内碎蓝网碎石术、腹腔镜下开窗引流术治疗肝囊肿等手术，PPH（环形痔切除）已达国内领先水平。20世纪90年代中期，引进并开展改良乳癌根治术、术中洗肠及Ⅰ期结肠癌切除吻合术、甲状腺腺叶切除术、填充物无张力疝修补术、结肠慢传输至便秘行全结肠切除术、肝硬化门脉高压上消化道出血行脾切除加门体静脉断流术、复杂的胸腹联合伤多脏器切除及修补术、精索静脉曲张经腹膜后高位结扎术、TURP手术、直肠癌根治术、腹腔镜行胆囊及肾上腺切除术等多项新技术。

（三）骨科　20世纪90年代，区级医院开展骨折切开复位内固定术、股骨头置换术、椎板减压术、脊柱结核病灶切除植骨术等。至2010年，累计完成人工髋关节置换400余例、人工膝关节置换100余例、人工肩关节置换28例、人工肘关节置换10例。在MIPPO技术指导下应用各种内、外固定系统治疗四肢及骨盆的严重骨折与创伤，利用激光、臭氧、椎间盘镜等微创手段治疗颈椎病、腰椎间盘突出等常见病。开展各种皮瓣成形、植皮术，肌腱、神经、血管吻合，保肢术等。

（四）神经外科　1996年开展神经外科诊疗。2000年应用微创颅内血肿清除术，已开展微创颅内血肿清除术数百例，均取得优良的治疗效果，无一例意外事故发生。开展亚低温冬眠治疗，提高重型颅脑损伤救治的成活率。

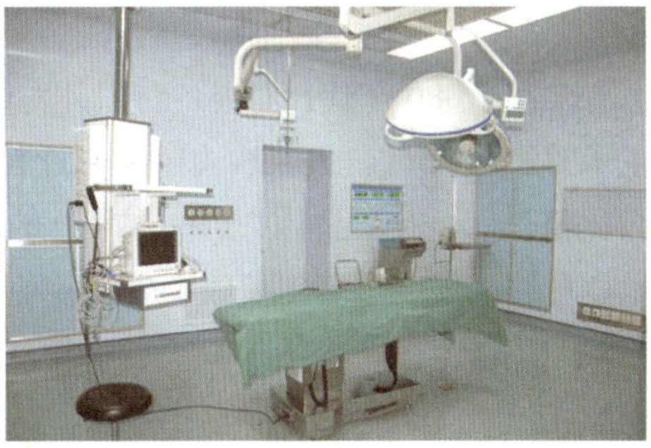

2010年，东丽医院净化手术室

（五）心胸外科　开展胸部常见病、多发病和疑难病的诊断和治疗，包括各种肺癌、食管癌和纵隔肿瘤切除，以及各种胸腔引流术，同时开展胸腔镜下微创手术，治疗自发性气胸、肺大疱、胸膜肿物活检、胸腔积液定性。掌握ICU的抢救和心肺复苏技术，熟练使用呼吸机和掌握人工机械通气技术，并开展肺癌、食管癌术后新辅助化疗和晚期肺癌、食管癌化疗。

三、妇产科

20世纪80年代，开展剖腹产、催产术、人工流产术、绝育术。至90年代，可诊治妊娠合并症和妇科多发病、常见病，开展子宫全摘及宫外孕、卵巢肿瘤、子宫内膜异位症手术治疗等。2000年以后，引进先进设备，利用腔镜技术，增加子宫肌瘤剔除术、子宫半切除术、附件切除术等治疗妇科常见肿瘤的新手术方式，应用宫腔镜为粘膜下肌瘤、子宫内膜病变、功能失调性子宫出血等宫内病变进行诊断治疗。产科年分娩量1200余人，自然分娩率在市同级医院处于较高水平，可完成腹膜外剖宫产、瘢痕子宫、妊娠合并子宫肌瘤、妊娠合并卵巢囊肿等有难度的剖宫产手术，并开展新生儿洗浴、新生儿游泳、新生儿抚触等服务。

四、儿科

20世纪80年代，区级医院单独设儿科，可处理小儿常见病、多发病及部分传染病和治疗肺炎合并心衰，各种肾病、肾炎、风湿热、哮喘、重度腹泻等疾病。开展灭活性卡介苗接种，开设新生儿病房，收治新生患者。2000年以后，拥有静脉输液泵、静脉注射泵、心肺监护仪、心电图机、超声雾化机等先进的医疗设备，专业涵盖小儿呼吸系统、小儿消化系统和儿童保健等方面，能够熟练掌握儿科常见病、多发病及急危重症的抢救及治疗。

五、耳鼻喉头颈外科

20世纪80年代，开展鼓室成形术、乳突根治术、食管气管异物取出术、鼻息肉、扁桃体切除术、利用纤维喉镜开展头颈部肿瘤手术等。2007年，全面开展鼻内窥镜下鼻腔鼻窦的微创手术治疗鼻息肉、鼻窦炎、阻塞性睡眠呼吸暂停低通气综合征（鼾症）的手术治疗。支撑喉镜下声带息肉的微创手术，甲状腺、腮腺、颌下腺等头颈部肿瘤的手术治疗。长期聘请天津市著名专家、硕士生导师金国威教授为特聘专家，开展喉癌患者的手术治疗。

六、眼科

20 世纪 80 年代，开展各种眼外伤缝合术、青光眼手术、白内障摘除术、眼球摘除术、斜视矫正术等。90 年代，开展白内障手术近百例。2010 年起，开展经巩膜隧道小切口白内障摘除和人工晶体植入术、人工晶体二期植入术、青光眼小梁切除术、角膜翼状胬肉切除及自体角膜干细胞移植术、鼻腔泪囊吻合术等甲级手术及各种门诊常见手术。

七、口腔科

20 世纪 80 年代，除常见病外，可开展颌面外伤手术，开设光固化树脂贴面牙齿美容。2000 年以后，新配置 5 个综合治疗台及德国西诺德综合治疗台 1 部（有内窥镜系统），能开展牙体、牙髓病治疗、根管治疗、儿童牙病治疗、牙槽外科、颌面部急创治疗、口腔肿物切除、牙周病、粘膜病治疗、口腔义齿修复、烤瓷牙、隐形义齿、铸造支架修复等项目。

八、急诊科

原设置在内、外科门诊，20 世纪 80 年代后期，建急症科，利用 CCU、ICU 设备，完成各种外伤、休克、出血、重要脏器衰竭、中毒等危重症的现场抢救和治疗，对突发性、灾害性事故有应急方案和应急能力。20 世纪 90 年代，成功抢救浓氨烧伤病人 16 名、急性食物中毒病人 41 名，均痊愈出院。2010 年，分内、外科急诊、抢救室、监护室、观察室、输液室、注射室、换药室、手术室，有呼吸机、除颤器、心电监护仪、洗胃机、心电图机等急救医疗设备，可以抢救各种原因导致的猝死、心肌梗死、心律失常、心衰、急性心衰、肺心病、呼吸衰竭、肺梗塞、脑梗塞、脑出血、脑外伤、急性上消化道出血、急性中毒，以及各种原因导致的外伤。

九、功能及医技科

1995 年前，能操作已有各种器械，利用神灯、高压氧舱、血氧光量子、激光、桑拿仪、电针等各种治疗设备检查疾病，诊断出结果。可利用 X 光机检查胃肠造影、泌尿系统造影、支气管造影、静脉胆道造影、胸肺部断层造影，并写出诊断报告。2000 年后，先后引进更新大型先进诊疗设备，功能及医技科室逐渐分设检验科、功能科、影像科、病理科、营养科、药剂科、输血科等科室，为临床科室提供先进的技术支持。

（一）影像科 拥有美国 GE 公司 4 层螺旋 CT 和数字化 X 线摄影装置（DR）、德国西门子公司数字化多功能胃肠检查机、AGFA 公司的计算机成像装置（CR）、全景牙科成像机以及多台其他影像设备，除满足日常 CT、X 线检查外，能进行 CT 多期相扫描成像、三维 CT 成像、全消化道检查、ERCP、普通血管造影、妇科造影、泌尿系统造影等特殊检查，尤其在胸部、腹部和神经系统疾病的影像诊断方面具有一定的优势。2000 年，东丽医院幺恩亮主任“CT 对小肠机械性梗阻的诊断”项目，被市卫生局审定为引进应用新技术填补空白项目。

（二）病理科　拥有组织脱水机、包埋机、切片机、展片机、冰冻切片机等先进的德国 LICA 系列设备，生物显微镜均为日本 OLYMPUS，配有双人共览显微镜和数码照相显微镜供会诊、教学、科研使用，诊断中配有图文分析系统，档案均为电脑保存，查找方便，诊断快速、准确。

（三）营养科　对住院患者进行营养评价、营养治疗、营养会诊、营养宣教，实施治疗饮食、试验饮食和代谢饮食规范，满足住院患者营养治疗的需要。

（四）检验科　设置门急诊、临床生化、临检、临床免疫、临床微生物 5 个专业实验室。拥有全自动生化分析仪、电解质分析仪、血气分析仪、血细胞分析仪、自动血凝仪、血流变仪、尿干化学分析仪、化学发光免疫分析仪、细菌鉴定和药敏系统等检验设备，共开展 200 多项常规检验项目。2009 年，东丽医院检验科余晓林“霍乱弧菌快速检测试纸条的研制”获市自然科学基金立项支持。

第三节　护　理

20 世纪 80 年代，区卫生局设专人管理护理工作，进一步健全护理管理体制，强调基础护理，强调凡未经正规培训的护理人员一律不准上岗。90 年代，进一步完善了护理管理规章制度。

2000 年开始，全面贯彻国务院《护士条例》和卫生部《中国护理事业发展规划纲要（2005—2010 年）》。进一步强化护理质量管理，组织实施对护理质量的指导、检查、评估。加强护理管理队伍及体系建设，实施护理管理人员岗位培训制度，组织二级医院护士长参加市质控中心举办的管理及专科培训，选派人员到三级医院进修学习，推动护理管理体制的完善和机制创新。2005 年开始，围绕保障患者安全，促进护理质量持续改进，建立区、院、科三级护理质量监督检查体系，确保临床护理质量。2009 年开始，开展“优质护理服务示范工程”，使护理工作“贴近病人、贴近临床、贴近社会”，实现护理技术零缺陷、护理服务零投诉、零纠纷、医患沟通零距离的目标。2010 年，东丽医院普外科荣获“天津市优质护理服务示范病房”称号。

第四节　医疗设备

20 世纪 80 年代，医院器械设备进一步改善，卫生院均装备了 X 光机、检验设备和部分手术器械。添置万元以上的仪器设备 60 余件，价值 170 余万元。90 年代，购进大型、现代化的进口器械设备 160 余件，价值 400 余万元。

1996—2010 年，东丽医院、中医医院先后购置了美国 GE 公司 LIGHTSPEED.PLUS 电子计算机体层摄影、Bright speed excel CT 四排、电子胃肠镜、CT-CR、彩色超声诊断仪、电子内窥镜、计算机 X 线系统 CR、数字化多功能 X 线机、全数字化 X 线摄像系统等。至 2010 年，二级医院共购万元以上医疗设备 371 件（台）。各社区卫生服务中心配置 X 射线计算机体层摄影装置 2 台，200 毫安 X 光机和 500 毫安 X 光机共 8 台，B 超机 6 台，心电图机 9 台，胃镜 1 台，彩超 5 台，除颤监护仪 2 台，腹、宫腔镜 1 台，血流变仪 8 台等设备。

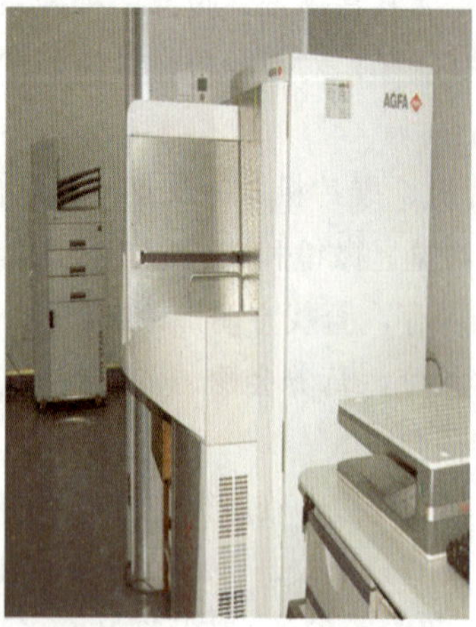

2010年，东丽医院数字胃肠诊断机

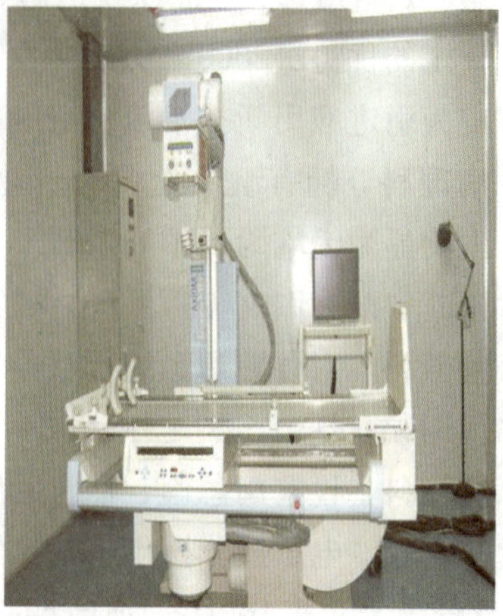

东丽医院德国AGFACR85-X扫描仪

1994—2010年东丽区医疗器械设备一览表

表31-1　　　　单位：台、件

名　称	数量	名　称	数量	名　称	数量
心电图机	28	X光机	18	激光治疗仪	3
除颤示波心电仪	2	小片机	4	综合治疗仪	1
遥测监护仪	3	CT机	2	胃镜	3
除颤器	2	彩色经颅多普勒	1	气管镜	1
超声心动图	2	生化分析仪	6	纤维鼻咽镜	1
体外反搏机	1	血流变分析仪	4	十二指肠镜	1
左右心功能仪	1	血气分析仪	1	胆道镜	1
动态心电图	1	血球计数仪	2	微循环分析仪	4
手拉心脏除颤监护仪	1	尿液分析仪	15	红外乳腺扫描仪	1
心电监护仪	3	离心机	8	液相色谱仪	1
全域心电分析仪	1	血氧饱和度仪	1	酶联免疫检测仪	1
单导床旁心电监护仪	1	多功能中风预报仪	3	火焰光度计	2
多参数床旁监护仪	1	分光光度计	5	骨质增生化疗机	1
胎儿监护仪	2	气象色谱仪	2	高速涡轮牙钻机	1
呼吸机	5	原子吸收仪	1	血红蛋白计	1
麻醉机	5	电子天平	1	低速平位离心机	1
麻醉呼吸机	1	红外凝结仪	1	微量元素仪	1
自动药物桑拿仪	1	显微镜	25	膀胱镜	1

续表 31-1

名　称	数量	名　称	数量	名　称	数量
电动牙科椅	4	高压氧仓	1	尿道膀胱照相机	1
同视机	1	救护车	8	连续膀胱灌洗电切镜	1
FA18 电测听	1	B 超机	14	尿道内切开刀	1
S.A.B 微机	2	B 超探头	1	B 超超生仪	1

2010 年东丽区医疗机构大型医用设备统计表

表 31-2

名　称	规格型号	购置时间	价格（万元）
CT	LIGHTSPEED.PLUS	2006	412
全身用 X 射线计算机体层摄影装置	CT/e	2008	198
X 射线计算机体层摄影装置	CT-C2800	2010	174
X 线电子计算机断层扫描装置（CT）	Brightspeedexcel 四排	2010	260

第五章　疾病控制

1979—2010 年，区防病工作坚持贯彻预防为主的工作方针，按照国家陆续颁布的一系列卫生法律法规，相继开展传染病防治、计划免疫、劳动卫生、食品卫生、结核病防治、检验等工作，甲乙类传染病发病率逐年下降，各项工作不断深入和加强，取得了显著成果。

第一节　地方病防治

一、饮水除氟

1980 年，全区 9 个乡镇 110 个行政村，氟中毒病区有 89 个，占 80.9%。全区总人口 27.11 万人，氟病区达 18.94 万人，氟中毒儿童占 93.78%。全区饮用水平均含氟量 4.7 毫克/升，相当于国家饮水标准 5 倍。

1980年东丽区氟中毒病区情况调查表

表31-3

乡　镇	病区村数（个）	人口数（人）	平均含氟（毫克/升）	8～15岁儿童			16岁以上		
				人数（人）	氟斑牙数（人）	检出率（%）	人数（人）	氟斑牙数（人）	检出率（%）
新立村	8	18260	3.9	3087	2716	88.00	12642	303	2.40
么六桥	13	10947	4.4	2055	1913	93.09	7511	235	3.13
军粮城	16	43893	5.1	7669	7282	94.95	30395	1194	3.93
李庄子	15	23311	6.0	4692	4606	98.17	15438	797	5.16
小东庄	15	29632	4.2	5587	5092	91.14	19850	561	2.83
赤　土	9	21882	5.2	3961	3841	96.97	14663	667	4.55
荒草坨	7	18966	4.8	3576	3421	95.67	12819	463	3.61
万新庄	2	3891	4.9	740	726	98.11	2721	103	3.78
大毕庄	4	18587	4.1	3356	2973	88.59	12467	321	2.57
合　计	89	189369	4.7	34723	32570	93.78	128506	4644	3.61

为防治氟中毒，国家下拨专项资金，组织人力攻关。1982年，采用市化工研究所研制的活性氧化铝除氟，区内第一批使用的有南孙庄村、贯庄村、中营村、小王庄及北程林村，至1986年改水68个村。

1995年底，改水84个村，其中集中式除氟73个村，分散式除氟11个村（原分散式36个村，已有25个村改式除氟），共投资410.06万元（市政府88.28万元、区政府67.96万元、乡镇8.6万元、村235.91万元、个人9.31万元），受益47613户17.15万人。2003年，经多方投资，共计883.45万元，实施更加科学的除氟工程，建设了48处除氟水站（点），彻底结束区农村长期饮用高氟水的历史。

二、布氏杆菌病防治

1986年11月，普查发现东郊农牧场5名饲养员、军粮城农场3名饲养员血清凝聚试验呈阳性，确认为布氏杆菌携带者。经多年观察、治疗，至1991年3月复查，未发生病变。1991年9月，经全国及市地方病防治办公室验收，区被授予“布氏杆菌病防治达标区县”。1993—1995年，完成布氏杆菌病监测任务，每年做血清试验50人份，均呈阴性。2001年、2005年、2010年各发病1例。

三、含碘调查

1994年，市地方病防治办公室碘检测中心同东丽区地方病防治办公室完成563名小学生采样监测，发现尿碘检测阳性 119 人，中位数 127.76 微克/升（正常为 100 微克/升），尿碘均数 147.32 微克/升。发现 I° 地方性甲状腺肿 142 人、II° 地方性甲状腺肿 4 人。饮水含碘为 60.8 微克/升，赤土小学 36 微克/升、南孙庄小学 28.0 微克/升、流芳台小学 96.0 微克/升、苗街小学 50 微克/升，东羽小学 97 微克/升。

2010 年，对么六桥乡、无瑕街道、万新街道、华明街道、新立街道等 20 个村 300 户居民进行了食用盐监测，检出合格碘盐 276 份，不合格碘盐 24 份，非碘盐 11 份，非碘盐率 3.67%，碘盐覆盖率为 96.33%，碘盐合格率为 95.5%，合格碘盐食用率为 92%，与 2009 年监测结果基本持平，均在国家规定范围之内。

2010 年东丽区居民食用碘盐监测结果一览表

表 31-4

地区名称	监测数（份）	合格数（份）	不合格数（份）	非碘盐数（份）	非碘盐率（%）	覆盖率（%）	合格率（%）	合格碘盐食用率（%）
无瑕街道	60	55	5	3	5.00	95.00	96.49	91.67
万新街道	60	57	3	1	1.67	98.33	96.61	95.00
新立街道	60	55	5	2	3.33	96.67	94.83	91.67
华明街道	60	55	5	2	3.33	96.67	94.83	91.67
么六桥回族乡	60	54	6	3	5.00	95.00	94.74	90.00
合计	300	276	24	11	3.67	96.33	95.50	92.00

第二节　传染病防治

一、控制医源性感染

1984 年始，对口腔手术器械、针灸用针、血色素吸管、采血针实行高压灭菌或用一次性器具，废弃物焚烧，预防经手传染疾病。1992 年，开始对医疗单位的高压灭菌、紫外线灯管消毒实行质量监控，重点科室的空气、物表和医护人员双手进行消毒效果监测。2008 年，开始对医疗单位进行环境卫生学检测，内容包括医务人员手、紫外线灯管辐射程度、物体表面涂抹、室内空气等。

二、预防接种与计划免疫

（一）计划免疫

1984 年，全面落实计划免疫工作，健全区、乡、村三级预防保健网。区防疫站建学前儿童年龄组数字统计账，卫生院、村卫生所建学前儿童明细账，每个儿童持预防接种证，各乡每月自查，区防疫站季度抽查，半年考核 1 次。计划免疫含小儿麻痹糖丸、麻疹疫苗、百白破三联混合制剂、卡介苗“四苗”。 1990 年，全区“四苗”全程接种率已达市 85%的标准，单项接种率达到国家标准

90%以上。1990 年，增加乙肝疫苗，试行计划免疫管理，全区计划免疫建证率 100%，“四苗”全程接种率 94.3%。至 1994 年达到 99.07%，其中卡痕率 100%（市指标 85%），建证率和及时率均为 100%，乙肝疫苗全程接种率 100%（市指标为 60%），及时率 97.2%。

1988 年，在新立村乡试行“计划免疫保偿制”；1989 年全区推广；1992 年制定《东丽区计划免疫保偿制实施方案》。全区 1999 年停止投保，根据预防接种规范从 2004 年全区取消计划免疫保偿制工作。

1995 年 4 月 6 日，区防病站开设卡介苗接种监测门诊，对象为 3 月龄至 6 岁的儿童，提高卡介苗接种质量。仅 4 月、5 月 6 次接种日统计，监测总数为 912 人，阳转人数 710 人，补种卡介苗 130 人，阳转率 77.9%。其中 3 月龄至 1 岁组监测 287 人，阳性 252 人，阳性率为 87.8%。发现强阳性 14 例，确诊结核病 4 例，年龄为 2～5 岁。

1996 年通过卫生部对计划免疫综合审评，各项指标均达到卫生部要求。1997 年计划免疫接种率调查结果，“四苗”覆盖率 100%，建证建卡率 100%，乙肝疫苗全程接种率 100%，及时率 100%，卡介苗监测阳转率 95%，保偿率 99.3%。

2003 年，无瑕街卫生院、东丽医院率先创建规范化预防接种门诊。2004 年，市卫生局批准无瑕街卫生院接种门诊、东丽医院接种门诊为东丽区示范接种门诊。2008 年，全区实行二级接种模式，取消了乡村医生接种。到 2010 年，全区 9 个社区卫生服务中心全部建成规范化接种门诊，提高了疫苗接种质量，保证了接种安全。2004—2010 年，计划免疫各项指标均达到卫生部的要求。

2010 年，可用于预防接种的一类疫苗增加到 11 种，包括卡介苗、乙肝疫苗、脊灰疫苗、麻疹、百白破三联疫苗、麻风腮疫苗、甲肝疫苗、流脑疫苗、乙脑疫苗、流脑 A+C 疫苗等。

（二）强化免疫

小儿麻痹　1990 年开始，从防病需要出发，必要时进行应急性投药接种。每年对全区适龄儿童投小儿麻痹糖丸 1～2 次。1993 年 3 月 15 日至 4 月 15 日，对全区 0～4 岁儿童进行糖丸强化免疫，在 5 乡 1 镇强化 2 次，应接种 2.37 万人次，实接种 2.31 万人次，接种率 97.6%。

脊髓灰质炎　为实现 2000 年消灭脊髓灰质炎目标，1993 年起对 0～47 月龄儿童连续三年强化免疫。1993 年 10 月 30 日至 1994 年 1 月 17 日实行第一轮强化免疫，应种 3.38 万人次，实种 3.36 万人次，接种率达 99.53%，通过了市卫生局的达标验收。1994 年 10 月至 1995 年 1 月第二轮强化免疫，应种 32611 人次，实种 3.26 万人次，接种率 100%。第三轮强化免疫自 1995 年 12 月至 1996 年 1 月，应种 3.12 万人次，实种 3.31 万人次，接种率 106.27%。至 2009 年，区已连续 20 年无脊髓灰质炎疑似病例，为巩固成果，保持“无脊灰”状态，在每年 12 月和次年 1 月开展脊髓灰质炎疫苗的强化免疫和查漏补种。2009 年，脊髓灰质炎疫苗强化免疫第一轮接种人数 1.03 万人次，第二轮接种人数 1.11 万人次，接种率 96.5%。

麻疹　2008 年 12 月 5 日至 12 月 15 日完成 8 月龄至 14 岁年龄段所有人群（包括流动人口）麻疹疫苗强化免疫工作，全区应种 6.81 万人，实种 6.73 万人，接种率 98.8%。为贯彻落实卫生部《2010 年全国麻疹疫苗强化免疫活动方案》和市重点疾病预防控制和免疫规划领导小组《2010—2012 年天津市消除麻疹行动

2010 年 9 月，国家督导麻苗强化工作

方案》要求，2010 年 9 月 11 日至 9 月 20 日对满 8 个月至 4 周岁儿童实施麻疹疫苗强化免疫，全区应种 30312 人，实种 29963 人，接种率 98.85%，达到了预期接种目标，顺利通过卫生部及市卫生局评审。

（三）应急接种

2009 年，为控制秋冬季甲型 H1N1 流感暴发，对重点人群实施流感疫苗接种。按照《东丽区 2009 年甲型 H1N1 流感疫苗预防接种实施方案》要求，对医务人员、大中小学生、孕妇、慢性病等高危人群实施预防接种。医务人员接种 2653 人，小学生接种 8057 人，中学生接种 2179 人，大学生接种 1938 人，孕妇、慢性病、其他重点人群接种 9932 人，全区共接种 2.478 万人。是年，按照《东丽区 15 岁以下人群乙肝疫苗补种工作方案》要求，对全区 15 岁以下儿童开展乙肝疫苗查漏补种工作，共调查摸底 3.38 万人次，应补种 7425 人次，实际接种 7197 人次，接种率 97%。

三、重点传染病发病情况

霍乱　1984 年 8 月，报告发病 70 例，遍及八乡两街。1994 年报告发病 165 例 129 个点,区防疫部门出动 1025 人次到基层点，有效控制住病情的蔓延。1996—1999 年，全区共报告病例 91 例。2000 年以后无病例报告。

伤寒副伤寒　1979—1995 年，报告发病 123 例。1996 至 2010 年，报告发病 8 例（伤寒 7 例，副伤寒 1 例），均为散发疫情。

斑疹伤寒　1983 年 10 月—1984 年 4 月，务本村发生新中国成立后区内第一次斑疹伤寒暴发流行，半年报告发病 87 例，流行区内 1101 户，4605 人，发病率 1.9%。1983 年 11 月病例增多，1984 年 1 月达高峰，18～45 岁青壮年占发病的 72%。1999 年报告发病 1 例，2000 年 3 例，2002 年和 2005 年各 1 例。

流行性乙型脑炎（乙脑）　1979—1995 年，共报告发病 67 例，死亡 1 例。1996—2010 年仅发病 1 例。

流行性脑脊髓膜炎（流脑）　1979—1995 年，报告发病 103 例，死亡 2 例。1996—2010 年，共报告 19 例，无死亡病例，无暴发疫情。

麻疹　1979—1995 年，全区报告发病 844 例，死亡 2 例。1996—2010 年，共报告病例 569 例，无死亡病例。2003 年，发生多起学校聚集疫情和一起医疗单位聚集疫情。2005 年、2006 年企业暴发疫情各一起，涉及病例分别为 6 例、8 例。2008 年起在全区范围开展麻疹强化免疫并确定每年 3 月为区内流动儿童疫苗补种月。

小儿麻痹症（婴儿瘫、脊髓灰质炎）　1979—1990 年，报告发病 3 例。1993 年始，对 0～47 月龄儿童连续 3 年强化免疫。2009 年后，在每年 12 月、次年 1 月开展脊灰疫苗的强化免疫和查漏补种。1990—2010 年，区内 20 年无发病病例报告。

出血热　1996—2010 年，全区共报告发病 97 例，死亡 4 例，均为散发疫情，病例多与鼠类或其分泌物有接触史。

肺结核　2003—2010 年，全区共报告肺结核 1161 例，死亡 3 例，均为散发，无暴发疫情。

狂犬病　1983—1995 年，全区共报告发病 9 例，死亡率 100%。2009 年，报告 1 例，患者为 20 岁女性流动人口，系家犬咬伤。

细菌性痢疾 各年均有报告发病。1996—2010年，共报告9315例，年均报告621例，但未见暴发疫情。

病毒性肝炎 各年报告均在100例以上。2002年10月1日起，乙肝疫苗纳入市儿童计划免疫，使小年龄组易感人群得到有效保护。

猩红热 1996—2010年，共报告223例，呈散发状态，四季可见，冬春季较多。

百日咳 1990年始，列入计划免疫程序，发病率逐年减少。1996—2010年，区内共有29例病例报告。

疟疾 1979—1995年，报告发病3例。1998年、2003年、2004年、2007年和2009年各有1例报告，其他年份未见病例报告。

新生儿破伤风 1979—1995年，报告发病3例。1999年、2000年和2003年各报告发病1例。2006年2例，其余年份未有报告病例。

布氏杆菌病 2001年、2005年和2010年各有1例病例报告，患者多与牛羊有接触史。

性传播疾病 2003—2010年，共报告艾滋病14例，死亡4例；报告梅毒700例，淋病280例。

甲型H1N1流感 2009年，报告43例，均为学校疫情。2010年，报告1例。

手足口病 2008—2010年，共报告病例3014例，病例以5岁以下儿童为主，其中暴发疫情1起。2010年区第二幼儿园出现疫情，涉及病例共31例。

四、传染病防治

（一）防治“非典”

2003年4月14日，区卫生局召开防控“非典”工作专题会议，成立区防治“非典”领导小组，印发《东丽区“非典”应急处理预案（试行）》和《关于加强东丽区“非典”防治工作的要求》。4月20日，由于北京一名患者转入武警医院，院内部分区内居民和陪伴家属受到感染，出现重症患者和疑似“非典”病例，区成为“非典”重灾区。贯庄一村民确诊为“非典”病例，共隔离8人。

为应对“非典”疫情，区政府拨款544万元购置救护车、呼吸机、温控门、血球记数仪、心电监护仪、消毒药品、隔离服等急需用品和医疗设备。区卫生局相继制定《东丽区卫生局“非典”防治工作网络图》《东丽区传染病疫情报告网络图》《东丽区发热病人就诊流程图》，组建区防治“非典”首席专家组、医疗应急队、防疫队、巡视信息组，在东丽医院、程林医院、军粮城医院、中医医院、市第一中心滨海医院建立了发热门诊，开展医务人员“非典”临床诊断标准、消毒隔离方法及自我防护专业知识培训。启动疫情报告“村村通”和全国卫生信息直报网，制作防治“非典”知识专题片6部，发放文字材料和图片4万余份，电视新闻26条，广播稿件26篇，报刊新闻26篇，防治信息600余条。

东丽医院确诊第一例“非典”病人后，防治“非典”工作日益严峻。区政府决定，在区建委园林基地建立2000平方米的医学观察所和东丽医院发热门诊，共131个房间，100张床位，并为天津机场设立可容纳40多人的鉴别所。区卫生局用6天时间紧急配备医疗急需设备和消毒防护用品，共投资550万元。是年5月8日，区卫生局决定派医务人员进驻医学观察所，广大医务人员不畏艰险踊跃报名。5月11日，第一批医务人员共40人进驻医学观察所。区防病站成立卫生应急处理大队和消毒大队，针对疫情区开展现场个案流行病学调查105人，密切接触者142人，建立医学观察隔离点 36 个，医学观察 147 人，出动应急人员 567 人次，车辆 189 车次，消毒 364 点次，投放消毒药 1 吨，处理死尸 6 具，派 12 名公共卫生医师进驻武警医院红区管理防控工作，进驻东丽湖电信培训中心医务人员休养所隔离消毒，配合环卫部门进行隔离点垃圾消毒，协调消毒药品 28 吨（政府调拨 6.7 吨）。5 月 19 日，市政府领导到区督查“非典”防治工作，对区防病站和医学观察所给予高度评价。

至 2003 年 5 月 30 日，全区累计临床确诊“非典”病例 62 例，其中区内 16 例（6 例死亡，9 例治愈，1 例转市海河医院），武警医院 40 例（1 例死亡，38 例治愈，1 例转海河医院），外省 6 例（2 例死亡，4 例治愈）；疑似病例 9 例，其中区内 4 例（1 例治愈，3 例排除），武警医院 5 例（1 例死亡，4 例治愈）。31 日，区最后 1 例密切接触者解除隔离，全区 36 个隔离点解除 33 个，排除 3 个，其中滨海浴场留观人员分流东丽区 69 人、武警医院招待所隔离人员分流东丽区 38 人，全部解除隔离。至 6 月 15 日，全区发热门诊共诊治发热病人 982 例。

（二）手足口病防治　2008 年 5 月，区卫生局成立手足口病防治领导小组，制定《东丽区手足口病防治工作方案（试行）》和相关工作要求。5 月 12—16 日分别组织召开街乡主管主任、乡长参加的手足口病防治知识培训会、各医疗应急处置小分队全体人员参加的手足口病应急处置能力培训会和各托幼机构卫生保健人员参加的防治知识培训班。区卫生防病站印制宣传单 1 万张下发到各医疗单位及托幼机构，区有线电视台录制手足口病防治专题片在黄金时段播放，东丽广播站在全区播放手足口病防治知识，《今日东丽》报刊登防治知识文章，各医疗单位在本单位以板报、大屏幕等形式进行宣传，在集市、预防接种门诊等人口聚集地区进行义诊宣传。区 2008 年报告发病 577 例，2009—2010 年共报告发病 2437 例。

（三）甲型 H1N1 流感疫情防控　2009 年 5 月初，区展开甲型 H1N1 流感防控工作，区卫生局制定《天津市东丽区卫生局甲型 H1NI 流感应急预案》《东丽区甲型 H1N1 流感医学观察工作方案（试行）》《东丽区甲型 H1N1 流感居家隔离工作方案（试行）》。5 月 14 日，区速 8 酒店被征用为天津市集中医学观察所，6 月 9 日接收第一批密切接触者，至 7 月 15 日医学观察所关闭，累计接收密切接触者 121 人，被留观人员年龄最小 5 岁，最大 82 岁，其中男性 71 人、女性 50 人，人员涉及 12 个国家和地区。9 月 17 日，确诊区首例甲型 H1NI 流感病例。至 2010 年底累计报告确诊病例 43 例，其中重症病例 5 例，累计处理区内疑似流感聚集性疫情 13 起，其中包括甲型 H1N1 流感暴发疫情 5 起（涉及确诊病例 17 人，占全部确诊病例的 39%）。

2009 年 6 月，市领导考察 H1N1 留观所并听取汇报

第三节　慢性病防治

2008 年，区开展 18 项社区公共卫生服务，建立高血压、糖尿病病人专卷 3.16 万卷，各镇、街医疗机构健全家庭责任医生制度，采取入户随访、健康指导、发放健康宣传材料、专题讲座、专

家义诊咨询等多种方式对患者和高危人群进行指导治疗和不良生活方式干预，每年开展高血压、糖尿病等主题宣传活动。2010年，全区高血压规范化管理率达35.7%、控制率17.3%；糖尿病规范化管理率达28.7%、控制率14.7%。

第四节　职业病防治

1979—1988年，区职业病发病280例,其中尘肺116例、职业性中毒111例、职业性皮肤病17例、电光性眼炎36例。尘肺病主要为矽肺和石棉肺，矽肺84例,其中电瓷行业41例、铸造业43例，发病工龄平均为22.85年；石棉肺26例,发病最短工龄为4年,集中在军粮城石棉厂。

1980年，加工石棉提纯出口和石棉制品,设备简陋，无通风除尘设施，粉尘浓度最高达1113.8毫克/立方米，超标555.9倍，对人体危害严重。体检确诊Ⅰ期石棉尘肺3人，疑似156人，异常检出率70.5%。乡镇和企业决定，停止石棉加工生产。1980年以后，改为湿性作业，改善劳动条件和生产环境，使粉尘浓度大幅度下降，绝大部分作业点均低于或接近国家规定标准。

1983年、1984年、1987年为急性中毒高发年，其中刺激性气体吸入致病49例,苯胺基与硝基化合物中毒14例，化工行业占发病的83.9%。

1992年底,全区粉尘作业企业51个,有毒作业企业84个，接触有害作业职工1.88万人，放射作业企业25个，工作人员71名。

1994年，区建劳动卫生档案，全区共建84个，完成正档78个，其中全民企业51个，职工3.54万人，有害作业6595人；集体企业22个，职工9533人，有害作业1413人，其中5个企业停业。粉尘监测点66个，合格37个，占56.1%；毒物监测点99个，合格70个，占70.7%；物理因素监测点60个，合格17个，占28.3%。合计监测225个点，合格124个，占55.1%。患职业性膀胱癌3例、尘肺4例、铸工尘肺Ⅰ期2例、农药中毒3例、苯酮中毒1例、对氨基苯酚中毒2例。

1995年，对有毒有害作业人员体检，查体单位118个，查体1554人，（其中乡镇企业113个，1067人；合资企业2个，424人；其他3个，63人。检出异常517人，占受检人数的33%，其中噪声耳聋17人、听力损伤230人、尿铅高3人、心电异常108人、肝功异常58人、血异常72人、B超阳性16人、胸片阳性13人。

1996—2010年，新发生职业病259例，职业病病种涉及7大类22种，其中尘肺8种200例，职业病放射性疾病1种1例，职业中毒7种28例，职业性皮肤病2种2例，职业性耳鼻喉口腔疾病1种1例，职业性肿瘤2种26例，其他职业病1种1例。尘肺病主要为矽肺和铸工尘肺，其中矽肺88例、铸工尘肺45例；职业中毒事故共报告11起，无死亡病例。1997年，报告急性氨气中毒1起14例。1998年、2000年共报告急性苯胺中毒2起4例；职业性肿瘤除2006年、2010年各报告1例苯所致白血病病例外，其他各年报告均为联苯胺所致膀胱癌。

2008年起，开展“天津市工业企业职业病动态监控”项目，以电焊工尘肺、苯所致白血病为监测对象，对全区3家焊接作业企业、喷涂作业企业进行职业病危害动态监控，同时完成相应作业人员职业健康监护。开展以尘肺（矽肺）为监测对象的重点职业病监测工作，对全区10家矽尘作业企业的矽尘浓度、作业人员职业健康进行哨点监测，东丽区各矽尘作业场所空气粉尘浓度存在不同程度的超标，2010年粉尘（总尘）浓度总超标率为54.5%，粉尘中游离二氧化硅含量除1家企业外均超过 10%。

2010 年，全区共有企业 4590 家，其中生产企业 1438 家，存在职业病危害作业场所的企业 721 家。在岗工人 53697 人，接触职业病危害人数为 14826 人，其中接触粉尘 6599 人，接触化学毒物 3063 人，接触物理因素 7746 人。职业病危害因素监测企业 119 厂次，测定点 916 个，合格 804 个，合格率 87.8%。完成职工体检 1.51 万人（上岗前体检 7127 人，在岗体检 7731 人，离岗体检 287 人），未检出疑似职业病病例。

第五节　结核病防治

1992 年，区成立结核病防治所。1995—2010 年，区政府累计拨付专项办公经费 20 万元，配备检验员 1 名、放射员 1 名、门诊治疗员 1 名、药品发放员 1 名、督导化疗管理员 2 名、网络监测员 1 名及健康促进员 1 名，对确诊的结核病人实行 100%全程督导化疗管理，病人治愈率达到 95%以上。

1995—2010 年东丽区年收治结核病人情况统计表

表 31-5

年份	登记病人总数	初治涂阳（人）	复治涂阳（人）	初治涂阴（人）	复治涂阴（人）	胸膜炎（人）
1995	82	32	—	46	4	—
1996	50	25	—	25	—	—
1997	54	26	—	28	—	—
1998	58	30	—	28	—	—
1999	46	15	—	31	—	—
2000	49	24	3	22	—	—
2001	60	21	6	30	3	—
2002	36	16	8	11	1	—
2003	54	23	—	30	—	1
2004	57	28	—	25	—	4
2005	54	27	6	21	—	—
2006	56	23	3	28	—	2
2007	70	25	5	38	—	2
2008	61	28	3	30	—	—
2009	55	21	1	33	—	—
2010	42	19	2	21	—	—

第六节　公共场所卫生监测

1987年，区卫生管理部门经培训专设4名卫生监督员，负责公共卫生监督、监测，1993年增到6名,添置了仪器和设备。

1988年始，区贯彻国务院《关于公共场所卫生管理条例》。理发业毛巾由煮沸改为药物“TD”消毒，理发工具由酒精改为碘氟消毒，洗发供水改为挂桶式。舞厅、影院空气由排风改为电子消毒灯照射，杯具用药物消毒，对温度、相对湿度、噪声、空气浮尘等进行监测。游泳池水定期更换，水内定期投次氯酸钠,对水的浊度和含氧量按规定进行监测。1994年，完成235户次监测，采样16个项目1164件,合格率88.62%。1995年,对公共场所卫生监督监测,旅店6051项次,合格率80.52%;文娱场所3687项次，合格率85.6%；公共浴池320项次，合格率85%；理发美容1321项次,合格率86.9%；游泳场所80项次,合格率87.5%；图书馆24项次,合格率91.67%；商场341项次,合格率81.82%，合计监测11824项次,合格率88.17%。

1996—2010年东丽区公共场所及生活饮用水卫生监督统计表

表31-6

年份	经营比例(%)			监督检查				体检情况		监测情况		生活饮用水监测	
	旅店	文化娱乐场所	美容美发	监督（户次）	处罚（户次）	罚款金额（元）	停业整顿(户)	体检人数（人）	调离人数（人）	采样数(件)	合格率(%)	采样数(件)	合格率(%)
1996	14	27	59	1512	22	2540	12	2691	10	2431	94	231	97
1997	11	30	59	1637	24	1800	5	3440	10	2312	98	245	99
1998	12	27	61	1921	17	2100	10	3995	14	2567	97	243	96
1999	13	27	60	2302	13	2610	—	3861	22	2469	99	253	94
2000	14	27	59	2035	18	1500	15	4438	17	2798	98	234	96
2001	12	30	58	1997	28	3200	9	4682	26	2646	91	265	97
2002	13	27	60	1856	5	2400	—	4652	7	2354	97	289	99
2003	11	28	61	2015	17	2700	4	4758	6	2876	99	255	97
2004	11	28	61	2231	23	3600	3	4856	13	2912	96	309	99
2005	11	28	61	1536	3	3700	—	6482	12	2899	94	321	97
2006	10	30	60	2033	20	2000	10	6648	6	2922	96	354	99
2007	10	32	58	2034	36	8200	15	8445	39	2813	97	345	96
2008	11	29	60	2481	12	4900	—	9216	24	3121	99	377	94
2009	10	29	61	1948	9	3400	—	7941	16	1244	98	354	96
2010	10	29	61	1891	2	200	—	7016	14	3280	99	321	97

第七节　学校卫生

20 世纪 80 年代，新生入学必须交验预防接种证。1984 年后，逐步完善对学生形体机能到身体素质以及疾病状况的监测。1987 年始，区防病站每年对区内中、小学校各 3 所进行学生健康状况监测，包括身高、体重、胸围、肺活量、坐高、肩宽、骨盆、收缩压、舒张压、脉搏、龋齿、视力、血红蛋白、立体前屈、引体向上等项目，并将监测结果编印《中小学生体质监测统计资料》。1992 年开始，对学校环境卫生监测，逐步落实学校卫生工作科学化、规范化和制度化的要求。以冬春季传染病、夏秋季传染病为重点，开展学校内常见病、传染病的预防工作，印发材料对学生进行教育，坚持疫情报告制度。1989 年开始，每年两次在学生中投药驱虫。1994 年 1—6 月，投药 21000 人份，查蛔虫卵中学生 501 人，阳性 1 人；小学生 200 人，阳性率为零。区内学生视力不良率较高，初中高于小学，高中高于初中。龋齿发病率也较高，与视力相反，小学高于中学。血红蛋白低、营养不良发病率小学高于中学。

1998 年，对中小学生 4444 人进行健康监测，结果营养不良占 9.88%、肥胖占 5.72%、视力不良占 33.51%、龋患占 11.52%、沙眼占 6.64%、贫血阳性占 5.33%、蛔虫占 4.5%。1999—2010 年，区卫生局继续对中小学生进行定点健康监测，根据监测情况，联合区教育局对校医进行健康教育知识培训，对区内学校的生活饮用水卫生和传染病防治工作进行专项监督检查，指导全区中小学做好各类疾病防治工作。

第八节　疾控中心实验室

一、基础设施

1979—1986 年，区防疫站有 5 间实验室，面积 60 平方米。仪器设备有 751 紫外分光光度计 1 台、721 分光光度计 1 台、细菌培养箱 2 台、冰箱 5 台。开展业务项目有职业卫生 10 项、食品卫生理化项目 10 项、微生物 6 项、水质监测项目 6 项，合计 32 项，理化检测方法均为化学法。

1986 年，迁至区先锋路 8 号，实验室占地近 800 平方米，50 平方米为净化区域。大型仪器设备有 8 台（原子吸收机 1 台、气相色谱仪 2 台、液相色谱仪 1 台、紫外分光光度计 1 台、微生物分析仪 1 台、血球仪 1 台、尿分析仪 1 台），小型设备 10 余件，开展业务项目 156 项，检测工作方法为仪器法和化学法。

1996 年以后，区防疫站新增原子荧光设备 1 台、电子天平 1 台、PCR 仪 1 台、进口生物安全柜 2 台、低温冰箱 1 台，设备共计 80 余台。

2008 年，区防疫站迁至东丽开发区一经路 15 号，面积 2000 平方米，均为净化区域。新建生物 P2 实验室、PCR 实验室，添置空调监测与检测相关设备。理化室安装了净化、通风、密封等设施，微生物室进行了有效的区域划分，生物安全实验室和分子室、临检室区域划分布局相对合理。共开展检验项目 216 项，基本达到国家 CDC 技术能力的要求。

二、科研成果

1999年，区疾控中心实验室完成“肠出血性大肠杆菌0157H7方法研究”，获市科技进步三等奖；2000年建成单位局域网及国家级档案室，完成《食品卫生检验技术手册》；2003年建成国家级实验室，成为区县级疾控中心华北地区第一家国家级实验室，并获得5项资质认证，即职业卫生检测与评价、职业性体检、预防性体检、建设项目职业病危害项目评价、放射卫生检测与评价。

2010年，区疾控中心实验室有检验人员14人，其中正高职称1人，副高级职称1人，中级职称3人，初级职称9人。

第六章　妇幼保健

20世纪70年代末，建区妇幼保健站，开始对全区妇女儿童进行保健普查工作。相继开展乳腺门诊、儿童听力筛查和先心病筛查及孕前叶酸免费筛查等项目。90年代，区妇幼保健所进一步加强妇女儿童健康管理，1991年全面实行孕产妇系统管理和儿童系统管理，住院分娩率逐年提高，孕产妇死亡率和儿童死亡率大幅下降。2010年，孕产妇住院分娩率从1985年的50%上升至100%，孕产妇死亡率从1992年的10.3/万下降为零，0～4岁婴幼儿死亡率从1991年的30.7‰下降到更低水平，有效保障了广大妇女儿童的身心健康。

第一节　妇女保健

一、新法接生

1979年，对接生员进行考核发证，共发证113件，规定无证不准接生。1980年，区内建妇产室6个，床位16张，妇保室4个，接生员14人，为妇产室装备挂图、紫外线灯、听诊器、血压表、帘、单、大衣、壶、盆、桶等。为巩固新法接生，由公社卫生院负责培训工作，每年进行一次短期培训，传授有关新知识，至1985年累计培训接生员1200人次。为改变分娩旧习惯，大力宣传住院分娩优越性。1985年，市卫生局把住院分娩率列入考核内容，要求郊区达60%以上，区1986年达到60%。1993年分娩3264人，住院分娩2169人，占66.45%；1994年分娩3307人，住院分娩2350人，占71.06%；1995年分娩2345人，住院分娩1485人，占63.33%。

1995年7月，区妇幼保健所举办3天接生员培训班，主要讲解实施《中华人民共和国母婴保健法》接生员职责、10种高危妊娠的鉴别诊断、产前检查、新生儿代谢性疾病的检查等内容，全区63名接生员和17名卫生院妇幼保健医生参加培训，90%的学员获得“农村接生员证书”。

1999年8月家庭接生取消。

二、围产期保健

20世纪80年代，把孕产妇管理纳入考核内容，建立健全三级妇女保健网，医院、卫生院、村队均安排有妇女保健医生或负责妇保人员，规定每月区、院两级上站日，汇报、部署妇幼工作。1996年，在新立镇卫生院试行孕产妇手册集中管理办法，每月由保健医生下乡入户检查，并建立早孕建卡押金制度，孕妇按预约时间到卫生院进行检查，直至怀孕32周将手册交给孕妇转至分娩医院进行孕产期检查，待分娩后将手册交回卫生院进行产后访视，访视结束后，退回建卡押金，终止孕产妇保偿。

三、孕产妇系统管理

1991年5月，区卫生局建孕产妇系统管理协作组，对孕产妇实行系统管理，规定怀孕12周早检1次，20周、28～30周、33～34周、36～38周各复查1次，产前检查不少于5次，一般产妇20～25周、28周以后到产前，各做B超1次，产后访视不少于3次，对高危产妇加强监护，适当增加检查次数。1985年后，未发生新生儿破伤风和产后中暑，子宫破裂、会阴II°裂伤、产褥感染、妊娠中毒、大出血等疾病逐年下降。

1992年下半年，区卫生局拟定《东丽区孕产妇保健保偿责任制实施方案（草案）》，经过试行修改，1993年4月正式实行，2004年废除。

1993—2010年东丽区孕产妇系统管理情况统计表

表31-7

年份	全区孕产妇总人数（人）	入保人数（人）	入保率（%）	系统管理人数（人）	管理覆盖率（%）	全年分娩人数（人）				高危孕产妇管理	
						总数	住院分娩	住院分娩率（%）	家庭接生	全年高危孕妇（人）	住院分娩率（%）
1993	1927	1800	93.4	1923	99.8	—	—	—	—	—	—
1994	2123	1790	84.3	2025	95.4	—	—	—	—	—	—
1995	2089	1807	86.5	2089	100	—	—	—	—	—	—
1996	3741	3057	81.8	3389	90.6	2023	1289	63.7	734	830	100
1997	4014	2126	53	3753	93.5	2953	2267	76.8	686	889	94.6
1998	3640	2672	73.4	3298	90.6	2185	1939	88.7	246	997	100
1999	3818	3296	86.3	3513	92	2364	2245	95	119	—	100
2000	3812	3575	93.8	3488	91.5	2664	2656	99.7	8	—	100
2001	3907	3771	96.5	—	—	2680	2673	99.7	7	1047	100
2002	3495	3395	97.1	3294	94.2	2293	2293	100	—	716	100
2003	3028	2960	97.8	2780	91.8	1865	1865	100	—	991	100

续表 31-7

年份	全区孕产妇总人数（人）	入保人数（人）	入保率（%）	系统管理人数（人）	管理覆盖率（%）	全年分娩人数（人）				高危孕产妇管理	
						总数	住院分娩	住院分娩率（%）	家庭接生	全年高危孕妇（人）	住院分娩率（%）
2004	3917	—	—	3839	98	2243	2243	100	—	1000	100
2005	3926	—	—	3749	95.5	2637	2637	100	—	1141	100
2006	3914	—	—	—	—	2506	2506	100	—	1298	100
2007	4292	—	—	3837	89.4	—	—	100	—	1073	100
2008	—	—	—	—	—	—	—	100	—	—	100
2009	—	—	—	—	—	3251	3251	100	—	1637	100
2010	3128	—	—	2815	90	—	—	100	—	1703	100

四、婚检

1992 年开始，为保障优生优育，区实行结婚前体检制度，对有不宜结婚和婚后不宜生育的青年，进行讲解、教育，告知治愈后再结婚或结婚后暂不要生育等事项。2003 年 10 月 1 日，实行自愿婚前医学检查制度，全区婚检率下降。

五、妇女病普查普治

1978—1987 年，共普查妇女 9.8 万人次，其中发病 2.1 万人次，占 21.43%。发病率最高的是宫颈糜烂，占发病人数的 80%，其次为子宫息肉，占发病人数的 3.3%，对发病人群免费发给外用药妇炎灵、洗必泰，并宣传妇女保健知识。1984 年，推广火烫治疗宫颈糜烂，并发放火烫棒、酒精灯。军粮城医院 1984—1987 年火烫 400 例，轻度 1 次治愈 190 例，中度 2 次治愈 185 例，重度 3 次治愈 16 例，其余皆有效。20 世纪 90 年代，区妇保所装备红外线凝结仪，改用仪器治疗宫颈糜烂。

2009 年 4 月，在么六桥卫生院启动区妇女病筛查工作，各医疗单位相继开展此项工作，至 11 月 30 日（含试点检查人数）共检查 3.38 万人，患病率居前三位的疾病为宫颈炎（1.15 万例，患病率 34%），乳腺增生（8835 例，患病率 26.14%），子宫肌瘤（3524 例，患病率 10.43%），确诊宫颈原位癌 5 例，乳腺癌 2 例。

2010 年，全区共完成妇女查体 7.05 万人，查出宫颈癌 15 例，乳腺癌 10 例，宫颈癌前病变 3 例。

第二节　儿童保健

一、儿童查体

1985年始，防治佝偻病从新生儿抓起，坚持对新生儿给药，与卡介苗接种一并列入常规工作。

1988年4月，举办体检人员学习班，重点培训佝偻病、营养不良、缺铁性贫血三种疾病的检查和矫治。1990年始，新生儿访视查体工作列为妇幼工作考核内容之一，对1岁内儿童每年查体3次、1～3周岁儿童每年查体2次、3周岁以上儿童每年查体1次，按检查要求逐项填表。

1996年，区妇幼保健院建儿童五官保健和口腔门诊，添置综合治疗台、气动涡轮钻、光固化机等仪器设备。是年4月对基层开办两期口腔保健学习班，并对乡镇中心幼儿园和实验小学进行了普查普治，普查10岁以下儿童2044人，筛出龋齿病610人，患病率29.84%，其中集体园所受检967人，龋齿人数366人，患病率37.85%，散居儿童受检人数1077人，患病人数244人，患病率22.66%。

2004年始，开展儿童听力筛查和先心病筛查工作。2010年，儿童听力筛查3190人，筛查率97.9%，先心病筛查4359人，筛查率93.3%。

2010年，全区筛查儿童先天性白内障4639人，筛查率95.3%；筛查儿童先天性髋关节发育不良4509人，筛查率95.86%。

二、健康保育

1979年，进行儿童保健和传染病预防知识培训，医院、卫生院保健医生负责检查指导托幼保健工作，组织医务人员查体投药。

1986年，在新立村建农村儿保试点。1987年，扩大到东堼村、民生村。

1988年，实行婴幼儿死亡监测，在大毕庄、军粮城、新立村3个乡镇设婴幼儿死亡监测点，而后全面铺开。1991年0～4岁婴幼儿死亡率为30.7‰，1992年为11.66‰，1993年为13.2‰，1994年为5.79‰，1995年为15‰。至2010年，全区婴幼儿死亡率控制在较低水平。

1991年，在两个乡开展防治贫血试点，对0～3岁常住婴幼儿预防性给药。1991年，观察478人，贫血发病24.95%。1992年观察224人，贫血发病15.17%。1993年观察375人，贫血发病15.22%。1993年，对全区贫血儿预防性给药80%以上，患儿治疗率100%，治愈率90%以上，其他体弱儿的管理及矫治率为100%，新生儿访视率100%，合格率91.8%。实行对儿童系统管理，确定佝偻病、缺铁性贫血、营养不良为矫治对象，对患以上三种病的体弱儿设专案管理，经药物矫治症状消失，达到标准转入健康队伍。

1995年9月1日开始，实施《东丽区儿童计划免疫保偿制》，2004年废除。

第三节　初级卫生保健

1990年始，为加强农村三级医疗保健网建设，大力提倡和推行合作医疗制度，区成立卫生初级保健委员会，下设初级保健卫生保健办公室（初保办），在区卫生局办公。1991 年 9 月 12 日，万新庄乡第一个成立初保委，至 10 月 10 日各乡镇街全部成立，各行政村均建初保领导小组。1992 年经市初保委验收，万新庄乡达标,相继大毕庄镇、新立镇达标，至 1994 年底，各乡镇街全部达标。1995 年 3 月 6 日市卫生局验收，6 月批准为达标区，12 月 6 日，市卫生局验收区 12 个甲级卫生所，均予以肯定。

1998 年、1999 年区卫生局相继制定《东丽区乡村卫生组织一体化管理办法》和《东丽区合作医疗管理办法》，进一步完善乡村卫生组织一体化管理，积极推行农村合作医疗制度。

2004 年，区全面推行新农合工作，至 2007 年共组织医疗队伍深入农村免费为农民查体 16.7 万次，查体率 84%。

2008 年开始，由区政府购买公共卫生服务，区政府投入资金 1000 万元完成城区 23 个社区卫生服务站及农村 41 个规范化卫生所建设，深入开展 18 项社区卫生服务项目。至 2010 年底，全区共建立居民健康档案 17.21 万份，建档率 36.2%,人均公共卫生服务经费 20 元。为 60 岁以上老年人高血压、糖尿病筛查体检 33148 人，体检率 82.37%，高血压累计检出 17835 人，检出率 53.8%，糖尿病检出 4826 人，检出率 14.56%。

第七章　医政管理

20 世纪 90 年代，区严格依法执业和初步建立医疗质量管理体系。2000 年后，工作重心逐步向深化医疗内涵质量，推动医疗行业健康有序发展，完善医疗纠纷处理制度等方面转移。至 2010 年，分别开展了质量管理年、医疗质量万里行、百姓满意示范医院、抗菌药物临床应用专项整治等活动，在提升群众就医满意度和规范医疗市场方面取得了较好效果。卫生社团工作得到进一步加强。

区卫生局负责的药政管理、药械监管与治理内容，见第十八编经济行政管理第八章食品药品监督管理第二节药政管理。

第一节　行政管理

20 世纪 80 年代，区卫生局进一步加强医疗制度的建设，开展考核晋升、业务进修等具体工作和医疗差错事故的管理及核发社会办医执照。到 1995 年，共发放执照 53 份。90 年代开始，在区执法队的配合下进行打击非法行医工作，“九五”期间，打击游医药贩，净化医疗市场，共办案件 185 件，没收药品 1484 种、器械 366 件，罚没款 3.45 万元。“十五”期间，共出动卫生监督执法人员 310 人次，取缔非法行医 270 余家，没收医疗器械 245 件、药品 210 种。

1995 年开始，根据《医疗机构管理条例》，拟定全区医疗机构设置和发展规划，依法对社会办医机构进行设置审批和校验，指导医疗机构建设、专科发展及大型医疗设备的配置。按照《执业医师法》和《护士管理条例》，组织对未取得执业医师和护士资格的医护人员参加全国资格考试和注册，每年两次对全区医疗机构开展医疗服务和质量监督、评估，依法处理医疗事故争议，协调开展重大突发事件及重大活动的医疗救护。

第二节　质量管理

20世纪80年代，建立医疗单位业务档案和卫生专业技术人员档案，对各医疗单位的门诊、住院病历书写及诊断、治疗等有关项目进行质量检查考核，逐步加强制度建设，健全医院、科室、岗位三级管理体系，各医院成立质量管理小组。1988年，区卫生局制定《病种医疗质量管理实施办法（草案）》。90年代，提高重点环节工作质量，强化院长质量查房、病历书写甲级率、三级查房等现代医政管理办法。1990年，编辑整理出版《东郊区医政管理文件汇编》，下发各医疗单位。1992年，贯彻落实医院分级管理标准，指导医院创等级准备工作。到90年代末，区属3所综合医院病历书写质量甲级率94.3%，区中医医院92.9%。

2000年起，从抓环节质量和终末质量入手，不断提高医疗质量。2004年，成立区医疗质量管理委员会，全面落实《天津市医疗机构质量控制与管理暂行办法》，建立护理、病历、院内感染、妇产、检验、放射、药品7个质控组，制定《东丽区专业质量控制标准》，进一步强化对病历书写、三级医师查房、院内感染、抗菌素合理使用等环节的质控工作。2006年，开展以提高医疗质量为主题的“医院管理年”活动，规范医疗行为，严抓医疗质量，加强基本理论、基本知识、基本技能训练与考核，组织专家对医院、卫生院影像、药事、检验、病案等专业进行质量控制，修订管理考核标准，统一规范病房和各科常见病诊疗规范和技术规程，充实调整医院质量管理委员会等相关组织，在3所医院实行病历互评、三级查房、医患沟通、医师佩戴标志上岗等制度。2008年，印发《医院管理指南（2008年版）》，持续改进医疗质量，强化医疗核心制度的落实，组织对局属各医疗单位手术室、急诊室、供应室等管理人员培训，制定护理差错警示及防范措施，组织全区护理人员学习新修订的《护士条例》，并进行考核。在二级医院开展院长质量查房观摩活动和医院感染管理工作专项检查，聘请市病案组专家对4所有床医疗机构病历抽查。2009年，开展医疗安全百日专项检查和东丽区医疗质量、医疗安全专项治理活动，各单位重新梳理完善各项规章制度和岗位责任制，3所医院开展处方点评和终末病历点评工作，全面推行抗菌素分级使用管理和15个单病种临床路径推广工作。在卫生系统启动“医疗质量万里行”活动，对38家民营医疗机构和28家准予执业的社区卫生服务站进行全面检查和指导整改。2010年，继续深化“医疗质量万里行”活动，实施医疗质量缺陷管理，充分利用二级医院评审结果进行全面质量整改，管理缺陷全部完成整改。充分发挥专家组作用，实现医疗质量控制全覆盖。强化医疗管理制度建设，在病历书写、技术操作、核心制度落实方面明显提升，全年抽查终末病历250份，甲级率达96%。

第三节　医疗事故管理

20世纪80年代开始，贯彻《天津市预防和处理医疗事故的暂行规定》，区卫生局成立医疗事故鉴定委员会，负责区内医疗事故的鉴定处理工作。一般的医疗差错，由区属各单位医疗事故鉴定委员会（小组）鉴定处理，向区卫生局备案。一般的医疗事故由区卫生局医疗事故鉴定委员会鉴定处理，向市卫生局备案。严重的医疗事故转交司法部门处理。2002年，国务院颁布新的《医疗事故处理条例》，为适应新的医疗事故鉴定工作，修改《天津市东丽区医学会章程》，调整学会理事，设立医疗事故鉴定办公室，组建鉴定专家库，主要负责全区医疗事故鉴定工作。区卫生局及所属各单位制定《医疗事故防范处理预案》。2003年，组织首例医疗事故鉴定，到2010年底，共进行医疗事故鉴定36例，其中区属医疗机构16例，驻区医疗机构20例。

第四节　卫生社团

1981年11月10日，医药学术委员会成立，由区卫生局领导和医政科长、有关学科带头人组成，下设各学科学术小组，重点研究指导医疗技术性问题。

1981—2010年，全区各医疗单位临床各科主任及高年资深医生，深入乡镇街、学校、敬老院、工厂、机关等，发放医学防病科普资料7.54万份，开展医疗咨询31次，受益群众3.96万人次；义务查体31次，累计8955人次；举办医学科普专题讲座53次，参加听课3.16万人次。

1985—2010年，每年组织一届学术年会，交流学术论文，并出版《论文汇编》。共编辑汇编论文501篇，参加全国性专业学术会723人次，交流论文662篇，在全国和各省市、地区医学刊物发表论文769篇次。

第八章　红十字会

1980年6月，东丽区恢复红十字会，至2010年,全区街乡和68所中小学及14所医疗机构已全部建立红十字会。会员和红十字青少年2万人，红十字志愿者1200人，无偿献血18178人次，招募造血干细胞捐献者1084人，累计募集款物达1724万元。建立社区红十字博爱卫生服务站10所，援建博爱图书室4个。区红十字会3次获“全国先进单位”称号，被中国红十字总会授予“先进集体奖”。

第一节　代表大会

第一次会员代表大会　1980年，区红十字会召开第一次会员代表大会。

第二次会员代表大会　1985年，区红十字会召开第二次会员代表大会。

第三次会员代表大会　1990年，区红十字会召开第三次会员代表大会。

第四次会员代表大会　1995年，区红十字会召开第四次会员代表大会。

第五次会员代表大会　1999年，区红十字会召开第五次会员代表大会。

第六次会员代表大会　2008年3月27日，区红十字会召开第六次会员代表大会。

第二节　组织建设

1980年6月，恢复成立区红十字会。1982年12月，在区卫生局设办事机构，与区政府献血办公室合署办公。2005年8月，市编委批准区红十字会机关单独设置，规格为正处级。是年9月，与卫生局合署办公。是年11月，设立专职副会长。2008年3月，丁梅任区红十字会第六届理事会会长。

第三节　主要工作

一、推进法治建设

1993—1994 年，《中华人民共和国红十字会法》和《天津市实施〈中华人民共和国红十字会法〉办法》颁布实施后，区各级红十字会深入开展普法宣传活动。根据 1998 年市红十字会、法治办、工商局、卫生局、公安局五部门联合下发《关于开展红十字标志使用执法检查的通知》及 2001 年中国红十字会下发《关于进一步清理滥用红十字标志、名称的通知》。区红十字会在全区开展红十字标志使用执法检查工作，每年执法人员按照相关法律法规对 9 个街乡的诊所、宠物医院进行执法检查，查处误用、滥用红十字标志 40 处，依法对其纠正和停止使用。

二、救灾救助

1986 年，区红十字会招募社会捐款 15. 36 万元。1987 年，为大兴安岭火灾募捐 6. 7 万元。1988 年 9 月，开展国际体育援助计划社会募捐活动，共接收社会捐款 11. 42 万元。1991 年，为南方灾区人民募捐 85. 94 万元。2005 年，开展“为印度洋海啸灾民献爱心”募捐活动，共接收社会各界和群众捐款 3. 73 万元。2006—2007 年，为南方水灾地区募捐活动，募集救助款 29. 32 万元 2007 年 6 月，为云南普洱地震灾区募捐救助款 23. 94 万元，2007 年 8 月，为中国台湾“莫拉克”台风灾害捐款活动，共接收捐款 18. 37 万元。2008 年 1 月，为南方雪灾地区募捐活动，共接收捐款 27. 49 万元，物资价值 8 万元，是年 5 月为汶川地震灾区募捐工作，共收到捐款 903 万元，物资价值 16 万元。为感谢在“5 • 12”汶川地震募捐活动中做出贡献的单位和个人，市红十字会向天津钢管集团有限公司等 8 家单位颁发“红十字博爱奖杯”及证书，向刘乃兰等 25 位个人颁发了“红十字博爱奖章”及证书。2010 年 3 月，支援西南五省抗旱救灾募捐活动，共接收募捐款 26. 11 万元，是年 4 月支援青海省玉树县地震灾区募捐活动，共收到募捐款 121. 56 万元，8 月为甘肃舟曲县泥石流灾区募捐活动，共收到募捐款 29. 42 万元。1980—2010 年，区各级红十字会累计筹集款物达 1326 万元。

区红十字会以构建和谐社会为目标，把改善民生、关注弱势群体作为工作重点，利用每年募集的资金和定项救助，广泛开展社会救助活动，形成“博爱救助”系列品牌。1980—2010 年，区各级红十字会共慰问困难家庭 2705 户，慰问和救助孤儿、残疾儿童 1009 人，对 725 名孤寡老人进行了救助和慰问；资助 2632 名贫困学生继续完成学业。对 42 名因患大病或火灾等突发事故致贫的患者和家庭实施救助，有效地缓解了经济困难。“九五”期间，区红十字会开展“集善款、博爱助人”和“资助特困生”的爱心大行动，共募集捐款 37 万元，救助特困生 534 人。2010 年，区红十字会对 507 名玉树地震灾区来津求学的学生进行救助，发放一次性困难补助费 8. 5 万元，发放 654 件 T 恤衫、600 双鞋等救助物资。

三、卫生救护培训

2005—2010 年，区红十字会以“保护人的生命和健康”为宗旨，以服务社会为目标，在全区

2010 年 6 月，东丽区振华里小学建立红十字会

举办初级卫生救护培训班百期，培训救护员 438 人。开展防灾避险和卫生防病知识讲座 200 场，受益群众 10000 人，为实现“急救社会化、结构网络化、抢救现场化、知识普及化”的目标做出贡献。2009 年，区红十字会投资 5 万元，为市红十字第二防病培训指导中心（新立村卫生院）更新增添投影仪、地拉幕和笔记本电脑等现代化教学设备，提高培训工作质量；购买 2 套模拟人及三角巾、止血带、夹板、急救箱、担架等救护器材；制作救护培训展牌 10 块，印制培训教材、教学用光盘和《紧急避险应急手册》等教学用品，为开展救护培训教学和防灾避险知识普及打下良好基础。区红十字会培训师资 27 人。按照“四统一”要求开展卫生救护培训工作（即统一教学计划、统一教材、统一质量标准、统一考核发证），并做到时间、内容、效果三落实。区卫生救护培训内容，主要以四项技术和心肺复苏为主，并根据不同行业、工种和对象，辅以中毒、触电、灼伤、中暑、溺水以及常见疾病的急救等，以提高培训的实用性。在培训方法上，突出现场感，强调简便易学、形象生动、因地制宜，因材施教，学员加强实际操作练习，并定期复训。培训安排有计划、有步骤、分期分批开展培训，根据参训单位的需求，采取上门服务、联合办班、零星报名、集中培训等方式。2005 年始，区红十字会结合实际，在镇街乡、重点行业和学校，有计划、有步骤地开展群众性救护培训。2006 年，完成卫生救护师资队伍培训、乡村医生、教师、企事业单位、“三资”企业人员培训 3000 人次。区中小学红十字会以卫生课的方式，对广大红十字青少年和学生进行卫生救护和防病知识培训。结合纪念“世界急救日”，组织人员参加市红十字会组织的救护演练活动。2009 年，对军粮城街道驻区部队部分官兵、区国防教育基地教官进行救护培训。对教育系统卫生教师进行卫生救护培训，使卫生救护知识在学校能够得到更好的利用和传播。2010 年，参加市红十字会组织的全市卫生救护技能比赛，获得优秀组织奖。

四、社区红十字服务

2005—2010 年，区红十字会在社区、农村中开展多种形式的体现红十字会宗旨的便民、利民、助民活动，受益群众 2 万人。2006 年，配合全区开展“六进”乡村宣传活动，组织各种宣传材料万余份。在“健康教育进社区”活动中向部分 60 岁以上患有心血管疾病老人免费赠送价值 2 万元的强心卡。2007 年始，开展创建社区红十字服务示范区活动，有 2 个街道、5 个村（居）委会参加评选，经市红十字会检查验收，丰年村街道办事处被评为天津市社区红十字服务示范单位，丰年里社区被评为天津市红十字服务优秀社区，实现区红十字进社区工作的新突破。2008 年，南程林村、前进村等 5 个红十字会组织“红十字博爱献爱心”捐款活动；阳光村红十字会组织残疾人座谈并发放爱心救助款；南大桥村、吴嘴村红十字会组织慰问孤残户活动；詹庄村、冯口村红十字会组织为行动不便人员清理卫生；正达村红十字会联系医护人员为残疾人和 60 岁以上人员进行健康查体。2010 年，建立 10 所社区红十字博爱卫生服务站，投资 10 万元为各服务站增添理疗仪、饮水机、便民伞、便民袋、便民纸杯等设施物品。区红十字会在 3 个街道的 4 个村委会援建 4 所博爱图书室，总投入 2 万元。

五、红十字青少年工作

区红十字会把传播红十字精神，培养青少年奉献社会、服务社会的教育作为开展红十字青少年工作的重点。坚持学校红十字会工作与促进校园精神文明建设相结合，与思想道德教育相结合，与健康教育相结合的工作思路，通过开展健康知识教育、志愿服务、募捐救助、敬老奉献等公益活动，提高青少年整体素质。

1997—2010 年，区红十字会与区教育局联合开展红十字标准校、示范校创建活动。全区 14 所中小学校被评为区级红十字标准校，鉴开中学、军粮城二中等 7 所学校被评为市级标准校，第一百中学、实验小学被评为市级示范校。至 2010 年，区 68 所中小学校全部建立了红十字会，各学校建立了理事会议制度、红十字青少年活动制度、会费收缴使用管理制度、年终评比表彰制度。

六、公民献血

1993—2010 年，全区献血人数 18178 人次，献血总量 363.56 万毫升，流动血库备血者 4285 人。1992 年 5 月，市公民义务献血委员会召开 1982—1991 年 10 年献血者表彰会，区荣获 10 年公民义务献血先进单位称号。1993 年，区建立“家庭和单位储血制度”，开展公民无偿献血工作，从 1993 年以来均超额完成市政府献血办公室下达的无偿献血规划任务，连续被评为市无偿献血工作先进集体。1994 年，区献血办获郊县评比第一名。2002 年，被评为市先进单位，区有 3 人被评为国家无偿献血奉献奖先进个人。2000 年始，区连续 7 年荣获天津市无偿献血先进区县荣誉称号。2003 年，区 3 人获国家无偿献血银奖，1 人获国家无偿献血铜奖。2006 年，《今晚报》记者采访区数年坚持献血 14000 毫升的无偿献血银奖获得者魏以杰，对先进事迹进行了报导，有力地促进了献血工作的开展，是年实行街头无偿献血，医疗用血全部来自街头无偿献血。为保证非常时期，特殊情况下供血保障，开始筹建流动血库，每年进行调整，建立了管理考核制度，应急启动预案等。2009 年始，区无偿献血工作开始在新录用国家工作人员中进行。2010 年，完成无偿献血 260 人。

1982—2010 年东丽区义务、无偿献血情况统计表

表 31-8

年份	任务数（人）	完成数（人）	年份	任务数（人）	完成数（人）
1982	1500	269	1997	491	491
1983	1500	90	1998	717	765
1984	1800	3877	1999	730	730
1985	2000	3119	2000	1726	1744
1986	2000	2415	2001	1684	1684
1987	2000	2004	2002	1844	2001
1988	2100	2529	2003	1844	1985

续表 31-8

年份	任务数（人）	完成数（人）	年份	任务数（人）	完成数（人）
1989	1000	1458	2004	1844	1972
1990	1000	1030	2005	2137	2137
1991	1000	1009	2006	1184	1184
1992	1000	1020	2007	—	—
1993	333	398	2008	—	—
1994	383	543	2009	—	266
1995	470	545	2010	—	260
1996	830	830			

七、造血干细胞志愿者招募

2002 年，为落实市红十字会筹建中国造血干细胞资料库天津市分库的要求，区红十字会经过广泛的宣传发动，全区募集资金 24 万元，超额完成市会下达的募捐指标。2006 年，经广泛宣传发动，在团区委及卫生系统红十字会协助下，年内完成造血干细胞血检任务 171 人，超额完成市红十字会血检指标。2007 年，第一百中学青年教师张艳红捐献造血干细胞 210 毫升，为挽救 16 岁上海白血病患者奉献爱心，成为区首例造血干细胞捐献者。组织 1000 余人参加捐献造血干细胞知识竞赛活动，获一等奖两名，区红十字会获得“优秀组织奖”。

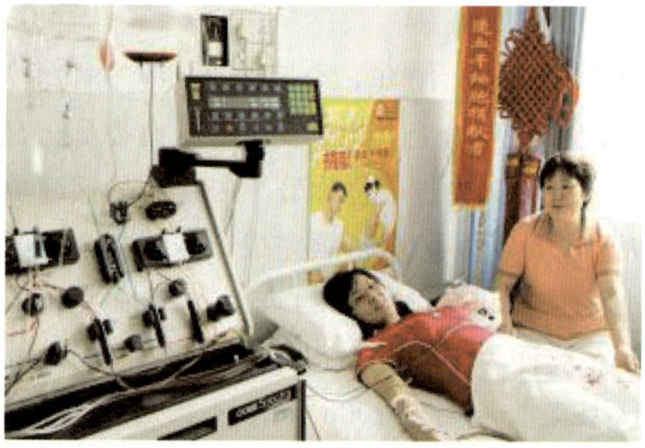

2007 年 7 月，区首例造血干细胞捐献者——张艳红

2008 年 11 月 21 日，市造血干细胞资料库管理中心在区对捐献志愿者血样采集，全区共有 347 人光荣成为造血干细胞捐献志愿者。2009 年 10 月 27 日，区红十字会在区卫生系统团员青年中开展造血干细胞宣传和志愿者招募工作，采集血样 86 人，超额完成市红十字会下达的 40 名任务数。2010 年，在市红十字会造血干细胞管理中心和团区委、天津钢管集团股份有限公司的支持下，7 月 13 日和 8 月 11 日，区红十字会共完成了 109 人次的血检入库任务。至 2010 年，区共招募造血干细胞志愿捐献者 1084 人，为挽救血液病患者的生命，造福于社会做出贡献。

第三十二编

体　育

20世纪80年代，区体育事业以学校为重点，积极推动体育活动进乡村进街道，广泛开展职工、妇女、老年人、残疾人等体育活动。竞技体育业余训练工作不断提高，已在学校工作中逐渐向制度化、科学化、规范化转变。90年代，区体育事业全面加强基础设施建设，开展“体育传统项目学校”创建活动，竞技体育得到发展，群众体育兴旺。

2001—2010年，区实施《全民健身计划纲要》打造“健康东丽”工程，开展系列群众体育健身活动。多次举办区级运动会，参加并承办市级、国家级和国际体育比赛。区投资建成街道社区全民健身广场、体育训练中心、游泳训练中心、文体中心、体育艺术学校教学楼。区体育工作被评为全国体育先进县（区）、全国群众体育先进单位、全国全民健身中心、第八批全国先进游泳池（馆）、天津市民族体育工作先进集体、全国全民健身与奥运同行活动优秀组织活动单位等称号。荣获市体育工作大型体育场馆建设、与高校联合办学、招商引资力度和体育产业创收4个全市第一。

1995年，东丽游泳馆

2004年，建设中的东丽体育中心

2006年，东丽区“三八健康杯”健身操舞比赛

2007年10月，东丽区第38届中小学运动会

第一章 管理机构

1979—2010年，区设体育运动委员会，主管全区体育工作。2001年11月，更名区体育局。体育团体有区体育总会、农民及职工体育协会、市门球协会东丽分会、青少年体育俱乐部。

第一节 体育局

1979年，区级体育管理机构为区体育运动委员会。1997年5月，区体委内设办公室、业务科、执法宣传科。

2001年11月，区体育运动委员会更名为区体育局，确定体育局是区政府主管全区体育工作的职能部门。2010年，内设：办公室、群众体育科、训练竞赛科、宣传执法科、设施管理科。下属单位：体育中心、游泳训练中心、体育艺术学校3个事业单位和联合办学的天津体育学院职业技术学院与天津体育学院运动与文化艺术学院。

第二节 体育团体

一、体育总会

2006年12月，成立区体育总会。通过《东丽区体育总会章程》，选举区体育总会第一届委员、常务委员、主席、副主席、秘书长、副秘书长和名誉主席、顾问，共58人，组成第一届体育总会委员会。2010年12月，选举产生第2届体育总会委员会。

二、农民体育协会

1987年3月，崔家码头村成立农民体育协会，成为市第一个村级农民体协。1987年4月，成立区农民体育协会。是月大毕庄乡、李庄子乡、万新庄乡、新立村乡、军粮城镇、小东庄乡、荒草坨乡、赤土乡相继成立乡级农民体协，么六桥回族乡成立农民文体协会。是年崔家码头村、南程林村、詹庄村、增兴窑村、南大桥村、吴嘴村、小王庄、北程林村、杜庄、辛庄、潘庄、西杨台村、冯口村13个村，成立村级农民体协组织。1988年，全区村级农民体协组织发展到27个。2000年，区农民体协理事增加到59人，其中常务理事26人。2010年，全区109个村均建立农民体协组织。

三、职工体育协会

1978年，恢复和建立区工会所属的各级体育协会。随着区职工体协的建立，区属企事业单位、学校等也相继组建体协组织。职工体协每年举办全区职工体育竞赛3～4项次，常设项目：乒乓球、篮球、象棋、桥牌、游泳、田径等。在区级比赛的基础上，选拔、组队、集训，参加市职工比赛。1982年后，竞赛每年开展1～2项次，并通过主题活动推动职工开展体育活动。凡遇有全国、全市性的大型社会活动，即发动组织职工开展以“庆祝、纪念”为主题体育活动或体育竞赛。

四、门球协会东丽分会

1987年9月，成立老干部局门球协会，创始时会员12人。

1992年4月，成立市门球协会东丽分会。1994年，区出资12万元，在老干部局院内建起两块门球场地，会员增至34人。2003年4月，会员发展到57人，门球队扩建为6个，其中含1个女队。每年举办迎春杯、重阳杯、丽达杯、经协杯、工商杯等赛事。并多次接待市各类门球赛事活动。2008年，承办全国少年儿童门球比赛。

五、青少年体育俱乐部

1991—2010年，相继成立区金玉环奥林匹克足球俱乐部、区群鹰青少年体育俱乐部、区育华青少年足球俱乐部、市足球训练中心、区洪兴乒乓球俱乐部、区腾飞青少年体育俱乐部、东丽足球俱乐部有限责任公司。各俱乐部坚持经常性活动，培养和输送一批体育后备人才。

第二章　传统体育

东丽区传统体育项目主要有：武术、花毽、中国象棋、风筝、民间花会等。20世纪80年代，区少年儿童业余体校开设武术班。90年代，创建少林武术学校、水浒文武学校，专门培训武术人体。21世纪初，花毽活动活跃，中国象棋普及面广泛，风筝已成为群众喜爱的健身活动。区传统体育项目在参加天津市及全国运动会比赛中，获金牌15枚。

第一节　武　术

区民间传统体育历史悠久。武术、摔跤、举重（石锁、石墩）、拔河、中国象棋、踢毽、跳绳等活动盛行。范庄村“公善水局”（亦称火会、水局），海河沿岸村庄的摔跤、举重和吴嘴村法鼓、苏庄村宝辇等民间花会，具有代表性。

20世纪80年代，“东郊区少年儿童业余体校”武术班学生多次参加全市比赛。90年代初，创建津国少林武术学校，四合庄村创建水浒文武学校，专门培养武术人才。1995年，范庄村小学成立武术队，经常在区中小学运动会上作武术表演。2001年，东丽体育艺术学校设武术班，向市输送一批武术人才，为武术运动的普及和发展打下基础。2010年，区代表队参加市首届全民健身大会武术单项比赛中获得金牌，代表市参加第八届“狮豸杯”中国香港国际武术套路大赛，获金牌7枚。

第二节　花　毽

20世纪80年代，区内踢毽活动已发展成为一项新的体育竞赛项目。街道社区建起的公园、广场休闲场所为踢毽爱好者提供了适宜的活动场地。2000年，全区花毽活动活跃普及。

2005年，区体育局在春节期间，邀请来自市和北京500多名花毽爱好者，以精彩的脚法切磋交流，展技健身。是年5月，由张贵庄街道腾飞物业管理有限公司和劝业超市东丽店共同举办的首届“腾飞·劝业杯”花毽表演赛在张贵庄街道社区服务中心举行。特邀市“四大名腿”花毽精英到场献技。

东丽花毽队，由老、中、青各年龄层的花毽骨干组成。该队由成立之初的几个人，发展到2010年的百余人，花毽健身活动已普及区街、社区体育健身娱乐场所。1990—2010年，区组队参加市举办的毽球锦标赛7次，参加国家级毽球比赛4次，均取得较好名次。

第三节　中国象棋

20世纪80年代，区境内城乡农村工厂学校，中国象棋普及面更加广泛，长盛不衰。区体委举办职工中国象棋比赛，后扩展到全区，并列入区运动会竞赛项目。1986年始，区少年宫每年12月举办一次中小学生中国象棋比赛。1986—1988年，举办全区农民象棋比赛。区组队多次参加市级比赛取得优异成绩。区农民象棋队曾获市农民中国象棋赛团体冠军，并获男子个人赛第一名。

2005年10月，区体育局承办第17届全国“棋友杯”中国象棋大奖赛。

第四节　风　筝

20世纪80年代，区境内放风筝以少年儿童为主。多为自行扎糊风筝，一般为“八卦”“沙燕”等简单的扎制工艺。80年代后，放风筝成为成年人喜爱的健身活动。大郑庄村、南大桥村民扎制工艺尤为精巧。

1996年，全国第三届农民运动会，大郑庄等村民代表天津农民在上海市奉贤县参赛，取得较好成绩。1996—2008年，又代表市参加在四川省绵阳市举办的第四届、江西省宜春市举行的第五届、福建省泉州市举行的第六届全国农民运动会风筝比赛均获优异成绩。

2005年9月，区体育局、天津风筝运动协会共同主办首届“东丽风筝节”暨全国风筝邀请赛。

2006年5月，区组队赴贵州省参加第14届全国风筝比赛。获团体总分第一名、体育道德风尚奖和最佳制作奖。是年9月，区代表队在东丽湖旅游度假村第二届东丽风筝节暨全国风筝锦标赛。获团体亚军，并获得立体类最大风筝、软翅串类大型风筝、硬板串类中型风筝3项第一名；同时获得体育道德风尚奖。

2009年，区风筝代表队参加中国银川国际运动风筝邀请赛获一等奖1个、二等奖2个和体育道德风尚奖。

2010年，区代表队参加全国农民风筝邀请赛获团体总分第二名。

第五节　民间花会

一、宝辇

1987年，苏庄村宝辇应邀参加市第一届农民运动会开幕式。是年参加市第二工人文化宫举办的民间花会展演大会上获民族文化“继承”奖旗一面，在天津外环线通车剪彩仪式上应邀表演。1988—1990年，应邀先后到“天后宫”和天津宾馆表演。

历年农历正月十六民间花会舞龙

二、舞龙

20世纪80年代后，下翟庄村为市广场艺术联谊会成员。应时到节，多次应市邀请参与庆典活动，曾代表市参加全国舞龙比赛。

三、舞狮

20世纪80年代，吴嘴村为区内最早舞狮活动的村，每逢节日于闹市与龙共舞，经常参加市区组织的庆典活动。2009年，华明街道举办龙腾虎跃闹元宵、全国龙狮大联动活动（天津会场）。

第三章　群众体育

1979—2010年，东丽区在举办共24届“群众体育节”“农村文体活动月”“全民健身周”等各类主题性全民健身活动及创建“体育之乡”“全国体育先进县”活动基础上，开展“亿万农民健身活动、职工体育竞赛活动、老年体育活动、妇女体育活动、残疾人体育活动及群众性体育健身活动”竞赛。区组队代表市参加全国第六届农民运动会，参加全国第五届伤残人运动会，均取得优异成绩。

第一节　全民健身

一、群众体育节

1984年9月始 ，每年举行一届“群众体育节”，至2007年已举办24届，成为传统项目。

1997年8月，区体育局举办全区第八套广播体操比赛。群众体育节期间，么六桥回族乡举办乒乓球比赛、程林街道举办趣味运动会、军粮城镇举办“迎香港回归”足球比赛和全镇乒乓球比赛、大毕庄举办篮球、乒乓球比赛和健身操、大秧歌活动。华明镇举办“丰收杯”足球和乒乓球比赛。

2000 年，群众体育节期间，进行多项赛事和市级健身之家、“优秀晨练辅导站”评选活动。

二、群众健身活动

1984 年始，已举办 26 届全区性大型健身展示活动。1988 年，组织“红绿灯”千人长跑活动。1990 年 5—10 月，开展“人人锻炼迎亚运”群众体育活动。全区参加体育活动的群众达 21 万人次。亚运会期间，组织“亚运之花”火炬接力活动，乡镇分管体育工作的领导赵京观摩。

1993 年，全区城乡晨晚练队伍不断扩大，项目不断更新。军粮城地毯、毛纺厂、李庄福利厂和卡曼公司、万新东方工商公司、小东乡中营储运公司等都建有篮球队，新立镇投资 10 万元修建柏油面层灯光网球场。

1995 年，实施《全民健身计划纲要》，推进全民健身“一二一”工程。1996 年，举办千人长跑活动。1997 年 4 月，区体委举办太极健身球培训班；5 月开展“全民健身宣传周”活动。

2002 年 6 月 9 日，为纪念毛泽东“发展体育运动，增强人民体质”题词发表 50 周年，全民健身周启动仪式暨天津市第十届运动会（东丽分会场）开幕式在区先锋路举行。来自乡镇街等单位 1300 人参加“千人健步行”活动，举办乡镇干部运动会及体育指导员运动会。

2007 年，以唱响“全天健身与奥运同行”主旋律为主题，举办区第四届运动会。

2009 年 2 月，在华明镇举办“龙腾虎跃闹元宵”全国舞狮大联动，天津主题会场活动。

2010 年，区实施城镇社区配建群众健身场地设施的全民健身工程全面覆盖。

第二节　职工体育

一、组织开展体育活动

1978 年，区成立“职工体育协会”，每年组织职工体育竞赛活动包括：篮球、排球、乒乓球、象棋等。1988 年 4 月，区兴建 2200 平方米的工人俱乐部。1989 年始，区职工体育竞赛活动改为每年举行 1～2 次。区级机关每年都举办机关干部、职工运动会。水利局、农林局、建委、商业局、工商局、劳动局、粮食局以及农业银行等单位，坚持经常开展职工体育活动，参与人数达 80%以上。

1990 年，成立职工气功协会。为迎接第 11 届亚洲运动会，90%以上的机关企事业单位开展以迎亚运为主题的体育活动，掀起职工体育活动的热潮。1994—1995 年，迎接天津第 43 届世界乒乓球锦标赛，职工体育活动再掀高潮。各单位自发开展乒乓球竞赛活动。1998—1999 年，迎接天津第 34 届世界体操锦标赛，全区 90%以上的单位开展多种多样的体育竞赛和趣味活动。

二、体育运动获奖

1996 年，区农业银行被市体委、市总工会评为开展职工体育健身活动优秀企业。2003 年，被市体育局授予“天津市开展广播体操工作先进单位”荣誉称号。2004 年，被天津市总工会授予“天津市模范职工之家”荣誉称号。

1997年，天津钢管公司被市体委评为职工体育“优胜单位”。2000年，被评为市职工体育先进单位。2003年，被市总工会、市体育局评为天津市群众体育工作先进单位。

2006—2010年，职工参加区、市的各项赛事中均取得优异成绩。

第三节　农民体育

一、体育健身俱乐部

1985年，全区体育健身俱乐部已发展到47个村，占112个村的41%。各乡镇相继建立文化站或文化中心，农村体育由乡镇文化站、文化中心负责组织实施。

二、亿万农民健身活动

1994年，全区开展“亿万农民健身活动”，推动农村精神文明建设。坚持农村正月文体活动月、“三八”妇女健康杯体育活动通讯赛、独生子女家庭运动会和群众体育节4项活动。开展“致富杯”农民乒乓球、篮球、象棋3项传统竞赛。乡、镇举办各种体育活动81项次。

1996年，全区9个农业乡镇有7个达到市体育先进乡镇标准，全区开展家庭体育农户158户。晨晚练成为农民新时尚，全区晨晚练点达96个，至1998年80%的村都有晨晚练点。

1999年，为迎接天津世界体操锦标赛，举办区“迎国庆”农民奔小康体育活动通讯赛，9月进行区级决赛。

2001年，全区91个村配有社会体育指导员。

2004年，围绕农村体育年主题，开展一系列群众体育活动，实施“六进乡村”，举办农村体育竞赛活动30项次。全区全民健身网点已达260个。

三、农村“五个一工程”健身

2006年，实施每个村建有一处体育活动阵地，培养一名以上社会体育指导员，组建一支以上健身队伍，每年组织一次以上村民体育活动，广大村民都能喜爱一项健身运动。促进农村“三个文明建设”，建设社会主义新农村。

四、组队参赛

2001年，区组团参加市第六届农民运动会，2008年，组织区农民风筝队、乒乓球队，代表市赴福建省泉州市参加全国第六届农民运动会。2010年，组队参加市农民体协常规性比赛。

第四节　老年体育

一、老年体育健身队伍

1987年，区体委颁发《在全区开展评选农村“体育之村”》的通知和《体育之村评比验收细则》，落实国家体委提出的“一二一”工程（做到每人每天参加一次健身活动，学会两种健身方法，每人每年进行一次体质测定。倡导每个家庭拥有一件以上的健身器材，每个季度全家进行两次以上的户外锻炼活动，每个家庭有一份以上健身报刊图书）。区内老年农民体育健身活动得到普及。

2010年，全区有老年人体育锻炼健身队伍357支，遍布全区城乡每个角落。经常参与体育锻炼的老年人占老年人总数的40%以上，中心城区及街道居委会参与锻炼的老年人占老年人总数的80%。

二、老人主要体育活动

（一）趣味运动会　1988年始，每逢重阳节都要联合举办老年人趣味性运动会。

（二）门球运动　1991—2010年，每年举办以“敬老杯、迎春杯”为主的老年门球比赛，为庆贺重大活动和节日，还多次举办老年门球单项比赛，并将其纳入区运动会比赛项目。

（三）乒乓球　20世纪80年代始，区多次举办老年人乒乓球比赛。199—1995年，区组建老年乒乓球队，连续6次参加市老年乒乓球比赛。随着“全民健身工程”的普及，各街镇乡行政村和居委会相继配建乒乓球室或露天乒乓球台，方便老年人参与乒乓球活动。

（四）太极拳（剑、扇）　20世纪90年代，全区经常参与太极拳（剑）的老年人达3000人。进入21世纪，在太极拳（剑）运动的基础上，发展成为太极功夫扇，更多老年人参加太极功夫扇健身活动。

2004年，张贵庄街道老年健身队王凤霞参加在广东省广州市举行的第10届中华武术木兰拳交流表演，获木兰扇一等奖，木兰双剑二等奖；2005年，王朝英参加在河南省焦作市举行的太极交流大会，获国家规定套路48式太极拳第八名和女子传统机械（剑）第二名。

（五）棋牌活动　1978年，区老年体育协会成立后，各街、村都相继成立老年协会或老年活动中心，为老年人提供棋牌活动场所。在中国象棋、麻将的基础上增添围棋、五子棋、跳棋、华牌（拱猪）等，其中五子棋、中国象棋和华牌被列为竞赛项目。

（六）健步行　进入21世纪，随着东丽公园扩建和东丽广场和健身路径的建成，选择散步锻炼的人群日益增多。2000年，区举办庆祝《全民健身计划纲要》颁布5周年“千人健身步行”活动。2007年，再次举办“迎奥运、创百亿”（活动主题：迎接2008年北京奥运会，拼搏五年创百亿强区）暨区第四届运动会启动仪式健步行活动。2009年，举办全民健身日，迎新中国成立60周年体育活动。2010年，举办东丽开发区杯首届长跑比赛活动。老年人参加各项体育活动的人数占全区参加人数的30%。

第五节　妇女体育

一、妇女体育活动

1982—1984年，根据市妇联、市体委等部门联合发出《关于举办天津市 “三八” 妇女健康杯体育活动通讯赛的通知》，每年开展活动，选拔组队参加区市比赛。区拥有数十支妇女健身队伍，以打拳、舞剑、扭秧歌、转呼啦圈、健美操活动于街头巷尾、广场、公园等地，并多次参加天津市健身操（舞）展示活动。

1999年9月，“庆国庆，迎澳门回归”健身操大赛。23支来自全区机关和乡镇的妇女健身队伍参加。

2007年9月，组织80名女领导干部、女企业家和9个镇街乡的200名妇联干部，参加区第4届全运会广播体操比赛和开幕式方队入场式和大型团体操展演。

二、区级“三八杯”

1982年，区成立“三八杯”活动推动小组。每年组织开展活动。

1997年，由区个体劳动者协会冠名举办“个体劳协杯”“三八 妇女健康杯”体育活动通讯赛。

2002年，区“三八杯”与健身操、健美操大赛同时举行。比赛项目为：健身操（舞），徒手健身操、太极拳、太极剑、太极球、木兰扇、街舞、健身秧歌、民族舞、拉丁舞、恰恰舞等。2005年，增加夫妻和三口之家比赛项目。

2006年，第25届“三八杯”和妇女健身操（舞）展示大赛同时举行。15个代表队400余名妇女参加健身操（舞）展示大会。进行女子飞镲、健身操（舞）、木兰扇、秧歌、筷子舞、养生太极拳等展示表演。

2007年，第26届“三八杯”与家庭趣味运动会同时举行。22支队伍400人参赛，设夫妻项目、三口之家项目趣味比赛和10人“8字”跳绳、4人踢毽及健身操（舞）的展示项目。2010年举办第29届妇女“三八”健康杯体育活动通讯赛，暨第六届家庭趣味运动会。

三、市级“三八杯”

1994—1997年，区组队参加市“三八”妇女健康杯（安乐杯、碰碰球杯）体育活动通信赛决赛。

2002年，参加“天士力杯”市“三八”妇女健康杯体育活动通讯赛决赛。其间区代表队推出特色项目——新世纪妇女健身操展示大赛。2003年，参加“天士力杯”市“三八”妇女健康杯体育活动通讯赛决赛。

2006年，参加“王朝杯”市“三八”妇女健康杯体育活动通讯赛决赛。2007年，参加市“三八杯”决赛。区建委健身操队获健身操比赛二等奖。区教育局队获集体长绳一等奖。

第六节 残疾人体育

1983年始，每年将竞赛计划中的乒乓球、棋类项目扩展到残疾人。1990年，区建立残疾人联合会，组队参加市第二届残疾人运动会、市“迎95世乒赛华明杯”残疾人乒乓球比赛、市第三届残疾人运动会及市残疾人田径、游泳、乒乓球锦标赛。

1999年4月，区参加市第四届残疾人运动会的田径、游泳、举重、乒乓球4项比赛。

2000年5月，参加在上海举行的全国第五届伤残人运动会。

2002年，参加市第五届伤残人运动会的游泳、田径、柔道、举重4个项目比赛。

2005年5月，区举办第一届残疾人棋类比赛。9个镇街乡的运动员参加中国象棋、跳棋比赛。

2006年7月，区参加市第11届运动会残疾人组比赛。获团体总分第五名，单项获金牌20枚、银牌12枚、铜牌3枚的优异成绩。

2007年，区第四届运动会首次将残疾人比赛纳入区运动会，设田径、游泳2个项目。35个单位报名参赛。是年，区举办残疾人游泳、田径单项比赛。区残联组织智残学生参加市智力残疾人运动会，区残联与丰年村街道联合建立区特奥示范社区和特奥运动员队伍。

第四章 学校体育

1979年，区实施国家《中小学体育工作暂行规定（试行）草案》。1980年始，中小学实施《国家体育锻炼标准》，达标率逐年增长。2005年始，试行《国家学生体质健康标准》，至2001年，18所中小学，60次被授予“天津市达标先进工作单位”。1989—2005年，区开展体育创建活动，4所所中小学，3名体育工作者被国家体育总局授予“全国群众体育先进单位、先进工作者”。开展体育传统学校、“1014”“希望之星”“雏鹰起飞活动”，全区有1042名小选手达到“希望之星”标准。

1979—2010年，区组队参加市级运动会和单项比赛中，均获较好成绩。参加中国·天津国际市民马拉松比赛，获女子组5千米、10千米第一名。组队代表市赴中国香港参加亚洲小铁人三项锦标赛，赴中国澳门参加公开水域小学生游泳比赛，赴日本大阪参加中国、日本、韩国三国小学生篮球友谊赛，全区中小学竞技水平得到全面提升。

第一节 幼儿体育

一、幼儿体育的实施

1979年，全区幼儿园采用市教育局编写的《幼儿园体育试用教材》，包括简易体操、队列、队形变换及简单拳术。乡村小学育红班（学前班）。采用教育部颁布的《幼儿教育纲要》，开展趣味性幼儿体育活动。以游戏为主要形式，加强对儿童各种能力的培养，使幼儿德、智、体、美、劳融于体育游戏中。

1985年，区教委成立幼儿教研组。1989年5月，在全区幼儿园推行幼儿系列体操。

1990年，区执行国家教委发布的《幼儿园工作规程》，实行“一日生活科学化”，坚持室外活动每日不少于 1 小时，发展学生个性和儿童之间互动，自由实施自由活动，使幼儿成为快乐天使。将体育活动贯穿到幼儿教育之中。1992 年，新编幼儿广播体操第 1～2 套，在全区幼儿园推广。1998 年，区成立幼儿游泳训练班，成立幼儿围棋培训班。

2000—2010 年，幼儿园和社会相结合，建立游泳、乒乓球、体操、舞蹈及跆拳道等训练班，组织幼儿参加市及全国幼儿体育竞赛活动。开展幼儿体育锻炼展示活动、趣味性独生子女运动会，使幼儿体育活动更加多姿多彩。全区幼儿园贯彻《幼儿园教育指导纲要》。各幼儿园充分利用晨间开展晨练活动，提高幼儿锻炼质量。开展体育游戏，开展户外自选体育活动，开发幼儿自由活动空间。组织幼儿进行幼儿广播操、韵律操、轻器械体操、艺术体操等活动。开展各种形式家园同乐运动会，组织幼儿园开展远足踏青活动，开展民间幼儿传统体育活动，定期为幼儿进行体能发育监测，掌握幼儿发育情况。开办幼儿围棋、乒乓球、体操等兴教班。重点幼儿园自编教材开办幼儿体育课，对幼儿进行体育能力训练。

二、幼儿体育竞赛

1981—1987 年，区举办全区首届幼儿体操比赛，幼儿团体操表演比赛，第二届幼儿健美操表演赛。

1993 年，举办幼儿广播操比赛。1995 年，中心幼儿园参加市幼儿园体操比赛获三等奖。

2001—2004 年，区举办幼儿集体舞表演赛。举办幼儿健美操比赛及市首届少年棋王赛围棋项目比赛，举办幼儿团体操表演赛。

三、幼儿体育运动会

1980 年，区举办春季幼儿运动会。1985—1995 年，区共举办 6 届幼儿运动会。

2001—2005 年，中心幼儿园举办家园同乐运动会。

2002 年，区幼儿体操队在市第十届幼儿运动会上获丙组亚军。

2006 年，区举办家庭同乐运动会。

2006 年，东丽区家庭同乐运动会

第二节　中小学生体育

一、体育课

1979 年，区实施教育部、国家体委《中小学体育工作暂行规定（试行）草案》和《十年制体育教学大纲》，制定《东郊区中小学体育课标准》。1980 年，编写区《体育教学计划》和《体育教学进度》，全区的体育教学步入规范化、制度化、科学化的正规。

1981 年，区对体育教师进行体育教材培训和考核，开展体育课教学评比活动。1982 年，根据

《天津市体育考核项目标准》，制定《东郊区中小学体育课考核标准》；并根据《中小学体育工作暂行规定（试行）》的要求，全面实施“两课、两操活动”。

1984年，区举办小学体育教师业务讲习班。从理论上解决上好一节体育课、备课和制定教学计划的问题；实践上提高跑、跳、投、技巧、舞蹈、游戏等项目教学技艺问题。1986年，使用《东郊区中小学优秀体育课教案汇编》；学校开展“达标”和“希望之星”活动，进一步丰富体育课内容。

1982年，课间眼睛保健操

1990年，区制定《东郊区中小学体育工作暂行评估办法》，将学校体育工作引入竞争机制，进行量化管理。1994年，成立教育局体育专业委员会。1995年，组织小学体育健康知识课评比活动。

1996年，区制定《关于进一步加强中小学体育卫生工作意见》，保证《学校体育工作条例》和《学校卫生工作条例》落到实处。

2006年，区举办中小学体育教师教学基本功培训和考核。42所小学和17所中学160名教师参加体育教学理论考试，进行中小学两个组别的广播操、武术、跳高、跳远、支撑、跳跃、跨栏与篮球8个项目的技能考核和展示。

2007年，区召开学校体育工作会议，贯彻全国学校体育工作会议精神，深入改革体育教学和学校体育工作，增强学校体育工作活力和吸引力。

2008—2010年，学校体育课不断深化改革，进一步走向制度化、规范化、科学化，全面提高体育课教学质量。

二、广播体操

1981年，区执行市《推广第六套广播体操的联合通知》。将第六套广播体操作为体育课及课外活动内容。1989年，推广第七套儿童广播体操（韵律操）和第五套少年广播体操（韵律操）。

1992年，在普及韵律操的基础上，各校自创自编了“素质操”“武术操”，以及各种体育运动的专门性练习等。1997年，推广第八套广播体操，举办“广播体操培训班”和广播体操展示活动。

2000年，在推广中小学广播操的基础上，各学校自创自编健身操。2003年，配合《全民健身计划纲要》的实施，推行第一套市民健身操。2005年，推广市第一套“大众广播体操”。

2005年，学校课间广播体操

2010年，开展少儿基本体操、健美操、健身操活动，参加市级比赛获得优异成绩。

三、大课间活动

1982—1983年，区落实教育部《关于保证中小学每天1小时体育活动的通知》，贯彻市教育局颁发的《关于保证中小学生每天1小时体育活动的意见》，丰富课外体育活动内容。1988年，为庆祝天津解放40周年，寓体育活动于爱国主义教育之中，中小学组织广大师生到户外去，到大自然中去锻炼。

1993年，贯彻市体委《关于开展冬季群众体育活动的意见》，学校开展“冬季累计长跑活动”。1995年，区下发《关于在中小学开展冬季体育锻炼的通知》。要求每年1月1日至3月31日为冬季锻炼期。内容：长跑、“三跳”、拔河等项，并结合“达标”开展适合冬季体育锻炼。1999年，推广中小学系列广播操，组织开展新广播操比赛，促进大课间体育活动，丰富学生课间活动内容。

1997年，东丽区实验小学大课间活动

2000年9月，区选派代表参加在红桥区实验小学召开的“天津市中小学开展大课间体育活动工作推进会”。促进全区中小学“大课间”活动的开展。

1994—1997年，军粮城中学、东丽中学、丰年中学、四合庄中学、钢管公司中学、实验小学、新立村小学、翟庄小学、钢管公司小学、小王庄小学、振华里小学、赤土小学12所中小学在市大课间活动评比中被评为“优秀单位”。

至2010年，区在开展的大课间活动评比中，有55所中小学117次获得大课间活动评比一、二、三等奖和优秀奖。

四、课外体育活动

1980年，贯彻《关于开展中小学暑假体育活动通知》，全区学校均组建“暑期活动领导小组”，指导开展暑期体育活动。

1987年，根据市教育局编写的《暑期体育》手册，使学生假期锻炼有计划、有安排进行锻炼。1989年，各学校成立冬季体育锻炼活动领导小组和冬季体育活动办公室。从1989年12月1日至1990年3月底，每人保证80个活动日。开展“三跳”活动，要求每人一根绳。开展累计长跑活动，初中以上学生累计跑距不少于10万米，小学生不少于5万米，小学一、二年级酌情进行。学校做好“1014”“希望之星”达标测试工作。

2001年，为支持北京“申办2008年奥运会”，区举行“万名青少年儿童体育健康活动”，以进行爱国主义教育。

2004年，部分学校创编“校操”，开展扭秧歌、抖空竹及各种形式的“唱游”“躲避球”等民族体育活动；有的学校开辟体育活动小区，方便学生参加体育活动。

五、实施国家健康标准

1996 年，在小学一、二年级试行“锻炼标准”及其“达标”试点工作。

1985—2001 年，军粮城中学等 18 所中小学 60 次被授予“天津市达标先进工作单位”。

2007 年 9 月，区选派实验小学、东丽中学、四合庄中学参加市中小学《国家学生体质健康标准》达标赛，荣获最佳组织奖，其中 12 名学生在测试中达到优秀等级，荣获市教委颁发的阳光体育证书和奖章。

第三节 体育传统项目创建

1981 年，在全区中小学开展创建“体育传统项目学校”活动。20 所学校提出申请，经审查批准 16 所学校为区“传统校”。其中刘辛庄中学被市体委批准为市级“传统校”。

1992—2005 年，在市体委、市教育局开展的贯彻《学校体育工作条例》、群众体育工作先进单位及开展课外体育活动评比中，有军粮城中学、东丽中学、第二职专、第一百中学、丰年中学、职教中心、钢管公司中学、实验小学、范庄小学、大毕庄小学、苗街小学、刘台小学、振华里小学、钢管公司小学、新立村小学、翟庄小学、小王庄小学、赤土小学 18 所中小学被评为市级先进单位。

1992—2005 年，在市体育局、市教育局贯彻《学校体育工作条例》、开展课外体育评比活动中，全区 48 名中小学学校领导及体育教师被评为先进工作者。

1988—2002 年东丽区被批准为全国、天津市体育传统项目学校一览表

表 32-1

年份	单 位	传统项目	级 别
1988	刘辛庄中学	田径	市级
1989	潘庄中学	田径	市级
		毽球	全国
1993	军粮城中学	田径	市级
1996	南程林小学	足球	市级
	北程林小学	乒乓球	市级
	大毕庄小学	田径	市级
	南孙庄小学	田径	市级
	苗街小学	田径	市级
1998	东丽中学	田径	市级
1999	第二职业学校	田径	市级
2002	东丽中学	田径	市级

四、“1014”“希望之星”

区围绕1988年市第二届青少年运动会、1990年市第七届运动会、1993年市第三届青少年运动会和1994年市第八届运动会制定目标，突出加强中小学体育活动与课余运动训练，把重点放在10～14岁少年儿童的训练与培养上。

通过实施“1014工程”，迅速扩大群众体育普及面，增加体育人才的培养，对提高少年儿童健康水平，增强体质起到促进作用。1986年，区召开“青少年业余训练工作会议”，各校将10～14岁学生进行重点排队，作为训练工作的重点。体育传统项目学校在中小学课余训练中发挥典型示范和带头作用，培养一批青少年运动员。1987年7月9日至8月9日，区举办“1014”希望之星夏令营，310名小选手参加活动，其中56名达到标准，被命名为“希望之星”。

1988年，市举办“希望之星”测试命名活动。区组织27所学校的“1014”选手参加测试，其中40名学生达到“希望之星”运动训练标准，并接受命名。

1989—1991年，区体委、区教育局被评为市“1014”先进单位。8所中学、23所小学共295人参加“希望之星”测试，136人达到“希望之星”标准。

1992—1996年，区举办体育教师课余训练工作培训班，对“希望之星”测试工作进行改革，实行校、区、市三级管理，分级奖励。重点放在提高质量和“成才率”上，加强精品意识，将“希望之星”与业余体校有机结合起来。1999年，全区累计共有1042名小选手达到“希望之星”标准。

1988—1999年东丽区“希望之星”达标一览表

表32-2

测试年份	达标人数（人）	测试年份	达标人数（人）
1988	40	1994	114
1989	56	1995	128
1990	88	1996	78
1991	136	1997	51
1992	144	1998	49
1993	40	1999	118
		合计	1042

五、“雏鹰起飞”通讯赛

1983年，参加全国小学生田径通信赛，苗街小学获优胜奖。赵沽里小学，获全国中、小学生“雏鹰起飞”田径通讯赛优胜奖。1987年，参加市“雏鹰起飞”田径通讯比赛。苗街小学、大毕庄小学、南孙庄小学、军粮城中学、军粮城二中被评为市“雏鹰起飞”活动先进单位。

1991年，南孙庄小学被国家体委、教委、团中央授予1991—1992年“雏鹰起飞”先进单位。

1993—1994 年，实验小学、苗街小学、大毕庄小学、四合庄小学、钢管公司小学，被市授予“雏鹰起飞”先进 单位。1997 年，区举办“雏鹰起飞”小学生比赛，项目有跳高、跳绳、踢毽。全区 60%的适龄学生参赛。

1998 年，区组队参加市第九届运动会，获奖牌总数在全市 18 个区县为第一名。其中“1014”“希望之星”“雏鹰起飞”展示课余训练取得的成果。区政府为作出贡献的学校及教练员、运动员进行表彰。获全国“雏鹰起飞”体育小能手称号的运动员：房志宝、韩秀华、吕来亮、何茂俏、邹杰、崔学岩、曹乃元、王英、王新、于娜。

第四节　体育赛事

一、区级中小学田径运动会

1979 年，区举办中小学第十届田径运动会，参赛 1600 人，有 20 人次打破 13 项区中小学田径运动会纪录。

1982—1988 年，区举办第 13～19 届中小学田径运动会。

1989 年，区举办第 20 届中小学田径运动会，有 22 人次打破 13 项区和市中小学运动会纪录。

1992 年，区举办第 23 届“中小学田径运动会”，1002 人参赛，有 121 人次打破 56 项区中小学运动会纪录。1999 年，在军粮城中学举行的“中小学田径运动会”，首次冠名“东丽开发区杯”暨第 30 届东丽区中小学田径运动会。

2003 年，第 34 届中小学田径运动会合并为区第三届运动会（青少年组），44 所中小学 758 名运动员参赛。2007 年，第 38 届“中小学田径运动会”并入区第四届运动会田径比赛（青少年组），设高中、初中和小学 3 个组别。

二、参加市级以上田径比赛

（一）长跑比赛

1979—1991 年，区组队参加市每年一度的春季长跑比赛。

1992—1997 年，区连续 5 次组队参加市“NEC 杯”国际马拉松邀请赛，少年组 5 千米和高中男、女组马拉松接力赛，均取得优异成绩。

1998 年，第五职业学校、军粮城二中、丽华中专和实验小学组队，参加市“市民迎春长跑比赛”，获团体总分第六名。

2003 年，东丽体育艺术学校参加“LG 杯”中国·天津国际市民马拉松比赛，获女子组 5 千米、10 千米第一名；男子组获 5 千米第三名。

（二）游泳比赛

1994 年始，组队参加市 8～11 届运动会少年组游泳比赛、市“铁人三项”少年组比赛，组队代表市赴中国香港参加亚洲小铁人三项锦标赛、代表市赴中国澳门参加公开水域小学生游泳比赛。

2000—2007 年，区 4 次承办并组队参加全国少儿分龄组游泳锦标赛和全国体育传统项目学校游泳夏令营活动，承办并参加市游泳冠军赛。

1998—2010年，区组队参加市游泳比赛成绩，已达到全市前4～5位的水平。

（三）篮球比赛

1979年，参加市（郊县组）中学生篮球比赛，男、女队均获第四名。

1982年，参加市（郊县组）小学生篮球比赛，获女子组第五名。1983年，参加市中学生篮球比赛，获男子组第一名。1993年参加市中小学运动会，获高中男子组第四名。

2002年，参加市第十届运动会，获少年乙组篮球比赛第五名。2004年，区组队代表天津市赴韩国参加在仁广市举行的中、日、韩三国小学生篮球友谊赛。2005年，代表市赴日本参加在大阪举行的中、日、韩三国小学生篮球友谊赛。2006年，承办并参加市第11届运动会篮球比赛，区队分获女子丙组、男子乙组、男子丙组金、银、铜牌。

2007年，参加市教委在暑期举办“晨光文具杯”中小学篮球赛，获第三名。

（四）足球比赛

1982年，市（郊县组）小学生足球比赛中获第二名。1992年，市中小学运动会足球比赛，获小学组第二名。是年8月，“南程林杯”埠际农村小学足球邀请赛。1993年，天津市中小学运动会足球比赛，获第二名。1992—1994年，南程林小学（足球学校）连续3次代表天津市农村学校参加在上海川沙县、北京大兴县、天津津南区举办的北京、天津、上海农村中学生足球比赛，分获第四名、第三名和第一名。1998年，市第九届运动会少年组足球比赛中获第六名。2004年，市第十届运动会青少年组足球比赛获乙组第三名，女队获第六名。2005年，市中小学足球比赛，小学、初中组均获第三名；高中组获第五名。

（五）乒乓球赛

1994年，区组队参加市第八届运动会，小学男子组、中学女子组均获团体总分第六名。1998年，参加市第九届运动会，乒乓球获团体总分第八名。2006年，参加市“U12杨村八小杯”乒乓球排名年度总决赛，获男子甲组第一名。

1990—2001年东丽区参加天津市及全国毽球比赛统计表

表32-3

年份	比　赛　名　称
1990	市第五届中小学毽球锦标赛
1991	市第六届中小学毽球锦标赛
1991	市毽球锦标赛
1992	市第七届中小学毽球锦标赛
1993	市第八届中小学毽球锦标赛
1994	市第九届中小学毽球锦标赛
1994	华北毽球协作区“东丽杯”毽球比赛
1995	市第十届中小学毽球锦标赛
19958	全国中学生“王力杯”毽球锦标赛

续表32-3

年份	比　赛　名　称
1997	全国中学生双天杯毽球暨花毽邀请赛
1998	全国中学生毽球比赛
2001	“卡伦湖杯”全国中学生毽球比赛

第五章　竞技体育

1988—2007 年，区举行 4 届全区运动会和 4 届全区农民运动会。1979—2010 年，组团参加市 5～12 届全民体育运动会、市 1～3 届青少年运动会。参加五、六、八届市国际马拉松比赛、1～7 届市农民运动会、4 次市残疾人运动会及第六届市残疾人传统运动会和 7 次市单项体育比赛。参加 26 次全国体育赛事和 22 次国际体育赛事。承办 22 次市体育赛事、15 次国内赛事、4 次国际体育赛事。至 2010 年，区运动员参加正式比赛获市级金牌 302 枚。

第一节　区级全民运动会

一、首届运动会

1988 年 8 月 23 日至 11 月 10 日，区举行首届运动会。运动会设田径、足球、篮球、排球、乒乓球、中国象棋、射击、拔河 8 个竞赛项目，分普通组（成年）、高中组（青年）、初中组（少年）和领导干部组，50 个代表团，266 个代表队，3022 名运动员参加比赛。军粮城镇获团体第一名。设立精神文明奖。

二、第二届运动会

1991 年 9 月 5—26 日，区举行第二届运动会。提出“隆重、热烈、精彩、祥和”的口号。运动会设田径、足球、篮球、排球、乒乓球、围棋、中国象棋、桥牌、拔河、民兵三项 10 个竞赛项目。设（成人）普通组和（少年）中学生组，设团体总分奖、项目名次奖、单项个人名次奖和体育道德风尚奖。来自全区各系统的 57 个代表团，315 个代表队，2742 名运动员参赛。

三、第三届运动会

2003 年 6—10 月，区举行第三届运动会。运动会的宗旨是“增健康、展风采、争第一、奔小康”。运动会设普通组和青少年 2 个组别，普通组设市民广播体操、大众健身、健身操、中国象棋、五子棋、拱猪、拔河、门球、田径、游泳、足球、篮球、乒乓球、羽毛球、网球 15 个竞赛项目。青少年组设田径、游泳、足球、篮球、乒乓球、国际式摔跤、柔道、跆拳道、击剑、举重 10 个竞赛项目。为发扬社会主义体育道德风尚，组委会特设“体育道德风尚奖”。由于2003年春夏之交“非典型肺炎”疫情流行，运动会开幕式延期举行。面对疫情的影响，克服种种困难，圆满完成了全部25个大项，415个单项的比赛任务，2998名运动员参赛。11月11日，举办运动会闭幕式，市歌舞团和中国移动通讯天津有限责任公司联合表演了精彩的文艺节目。

四、第四届运动会

2007年4月14日至11月13日，历时6个月，区举行第四届运动会。共有109个代表团，4243名运动员，参加青少年组、普通组、驻区企业组和残疾人组21个大项235个小项的比赛，是历届区运会规模最大、设项最多、范围最广、赛程最长的一次群众体育盛会。12月6日，在东丽宾馆大会议厅举行闭幕颁奖仪式，并对获得体育道德风尚奖的代表团和学校、获得优秀组织奖的单位和学校、获得最佳表演奖的单位和为本届运动会做出贡献的单位给予表彰。

第二节　区农民运动会

一、首届运动会

1988年，区举行首届农民运动会。全区10个乡镇街组团参赛。其中4个乡镇进入团体总分前5名，军粮城镇第一名、大毕庄乡第二名、新立村乡第三名、么六桥回族乡第五名。

二、第二届运动会

1991年，区举行第二届农民运动会。全区10个镇街乡组团参赛。其中7个乡镇进入团体总分前12名，新立村乡第一名、军粮城镇第二名、万新庄乡第五名、大毕庄乡第六名、荒草坨乡第七名、小东庄乡第八名、么六桥回族乡第九名。

三、第三届运动会

2003年，区举行第三届农民运动会。9个镇街乡组团参赛。其中4个乡镇街进入团体总分前12名，新立街道第二名、程林街道第四名、军粮城镇第五名、无瑕街道第六名。经大会组委会审评：选出最佳组织奖、体育道德风尚奖。

四、第四届运动会

2007年，区举行第四届农民运动会。全区9个镇街乡组团参赛。其中4个镇街进入金牌总数前10名，军粮城镇6枚、万新街道6枚、华明街道4枚、新立街道1枚。5个镇街进入团体总分前12名，华明街道第二名、新立街道第三名、军粮城镇第四名、万新街道第五名、无瑕街道第六名。

第三节　参加市级赛事

一、全民体育运动会

天津市第五届运动会　1982 年 8—9 月，区组队参加市第五届全民运动会。参加少年组足球、篮球、田径，成年组篮球（男、女）比赛。获少年组男子篮球第五名，成为区参加市运动会获得的第一个奖杯。

天津市第六届运动会　1986 年 8—9 月，区组队参加市第六届全民运动会。组成 76 人体育代表团参加田径、举重、篮球、柔道、角力 5 个项目的比赛。

天津市第七届运动会　1991 年 9 月 15—29 日，组队参加市第七届全民运动会。组成 53 名运动员参加田径、篮球、乒乓球、中国象棋、桥牌 5 个项目的比赛。男子篮球获第七名、乒乓球女子团体获第八名，并被评为体育道德风尚运动队。

天津市第八届运动会　1994 年 9 月，区组队参加市第八届全民运动会。283 名运动员参加少年组田径、游泳、乒乓球、角力和击剑 5 个项目，成人组田径、篮球、乒乓球 3 个项目，领导组网球、乒乓球两个项目比赛。以 34.5 枚金牌、28 枚银牌、18 枚铜牌的成绩获市 18 个区县，金牌总数、奖牌总数第三名，以 918.5 分获团体总分第四名。在全市 12 个农业区县中金牌总数、奖牌总数和团体总分均列第一名。

天津市第九届运动会　1998 年 5—10 月，区组队参加天津市第九届运动会。298 名运动员参加了青少年组的国际摔跤、跆拳道、举重、柔道、射击、田径、游泳、击剑和乒乓球 9 个项目，普通组的田径、台球、篮球（男）、保龄球（男）4 个项目，领导干部组的乒乓球、网球 2 项，老年组的门球 1 个项目比赛。青少年组以 1051 分的团体总分和 23 枚金牌，30 枚银牌，22 枚铜牌获全市第 5 名，团体总分获农业区县第一名。

天津第十届运动会　2002 年 5 月，举办区组队参加市第十届全民运动会。385 名运动员参加了领导干部组的老年组的成年组的青少年组的田径、游泳、武术、柔道、国际式摔跤、举重、足球、篮球、排球、击剑、跆拳道、铁人三项、体操共 20 个项目的比赛。获金牌 45 枚、银牌 32 枚、铜牌 28 枚，总分 1153 分。金牌数、奖牌数和总分数均排全市第一名。

天津市第十一届运动会　2006 年 5 月 16 日，区组队参加天津市第十一届全民运动会。757 名运动员参加了青少年、普通和残疾人 3 个组别的国际式摔跤、柔道、跆拳道和游泳、田径、击剑、举重、射击、体操、武术、足球、篮球、排球、乒乓球、网球、门球、羽毛球、风筝 18 个大项，456 个单项的比赛，以 104.5 枚金牌的优异成绩，获全市金牌总数第一名。是历届参赛项目、参赛人数最多的一次。

天津市第十二届运动会暨天津市首届全民健身大会　　2010 年 11 月 29 日举办，区组织 532 名运动员参加田径、游泳、足球、篮球等 20 个大项比赛，获金牌 48.5 枚，奖牌 184.5 枚，大会组委会授予区“贡献奖”。

二、青少年运动会

天津市第一届青少年运动会　1984年举办，区组成72人代表团参加田径、国际式摔跤和柔道三个项目的比赛，区队获得角力和团体总分第一名。

天津市第二届青少年运动会　1988年举办，区队获田径、国际角力2项团体总分第一名，获角力9枚金牌。

三、“NEC”国际马拉松比赛

天津市第五届“NEC”国际马拉松比赛　1992年4月举办，区队由钢管公司职工子弟小学和南孙庄、欢坨小学35人组成，参加少年5千米赛，获得铜牌。

天津市第六届“NEC”国际马拉松比赛　1993年6月举办，区队以钢管公司等小学70人组成，参加少年组5千米比赛，获得铜牌。

天津市第八届“NEC”国际马拉松比赛　1995年4月举办，区队由实验小学和钢管公司子弟小学200人组成，参加少年组5千米比赛，获得银牌。

四、农民运动会

天津市首届农民运动会　1987年5月3—11日举行。区农民体协组建70人代表团参加6个项目的角逐。区获团体总分第四名，获女子乒乓球团体冠军，男篮冠军。

天津市第二届农民运动会　1991年6月22日至7月1日举行。区农民体协组成70人代表团参加。获团体总分第三名，乒乓球男女团体冠军，男篮冠军。

天津市第三届农民运动会　1995年5月10—25日举行，区组队60名运动员参加6个项目角逐。获团体总分第三名，男女篮双获冠军，乒乓球女团冠军。区代表队获体育道德风尚奖。

天津市第四届农民运动会　1999年举办，区组建以么六桥回族乡为主体的体育代表团40名运动员参加4个大项目的比赛，获田径女子团体第一名，男子组第二名，共获10枚金牌，6枚银牌和5枚铜牌，排区县第二名。

天津市第五届农民运动会　2002年举办，区代表团获金牌数，奖牌数和总分数均在市18个区县居第5位。其中，国防式摔跤获25枚金牌、8枚银牌、6枚铜牌。柔道获8金4银5铜；总分144分；游泳实现了金牌零的突破。

天津市第六届农民运动会　2003年举办，区组成57名运动员参加了5个项目的比赛，获2枚金牌，4枚银牌，8枚铜牌。

天津市第七届农民运动会　2007年5月20—28日举办，区组队133名运动员参加了10个项目的比赛，获金牌5枚，银牌12枚，铜牌17枚。

五、残疾人运动会

天津市残疾人田径、游泳、乒乓球锦标赛　1990年9月，区组队7人参赛，获游泳2个第一名、2 个第二名和全盲 B1 级铁饼第一名。

天津市迎 95 世乒赛“华明杯”残疾人乒乓球赛 1994 年 6 月，区组队 12 人参赛，获 TTP 第二名和第五名，TT10 第二名。

天津市第三届残疾人运动会 1995 年 4 月举办、区组队 15 人参赛，获团体总分第七名、游泳第四名、举重第二名、乒乓球第四名，获 8 金 12 银、5 铜奖牌。

天津市第四届残疾人运动会 1999 年举办，区组队 21 名参赛 7 个项目，获 19 金、6 银、8 铜奖牌，获团体总分第四名。

六、少数民族传统运动会

天津市第六届少数民族传统体育运动会 2010 年举办，区代表团获朝鲜族舞蹈金奖和最佳创编奖，区代表团获体育道德风尚奖。

七、单项体育比赛

1992—1993 年，区组队参加市室内田径锦标赛

1999 年，区组队参加“庆国庆，迎回归”铁人三项比赛。

2005 年，区组队参加青少年田径锦标赛、青少年举重锦标赛、青少年击剑锦标赛、国际式摔跤锦标赛、青少年摔跤比赛、跆拳道冠军选拔赛、跆拳道锦标赛、柔道锦标赛、青少年网球锦标赛、青少年乒乓球锦标赛、天津少儿体协比赛。

2007 年，区组队参加青少年田径冠军赛、中小学生运动会、青少年摔跤比赛、青少年跆拳道比赛、击剑锦标赛、首届少儿足球比赛。2008 年，区组队参加青少年游泳冠军赛、田径冠军赛、网球锦标赛、跆拳道锦标赛等 17 项赛事。

2009 年，区组队参加第 28 届妇女“三八健康杯”通信赛总决赛、五子棋比赛、乒乓球比赛、中国象棋比赛等。2010 年，区组队参加女子手扑球比赛、乒乓球比赛、羽毛球比赛、中国象棋比赛。

第四节 参加全国、国际体育赛事

一、全国体育赛事

1979—2010 年，区选派运动员参加全国运动会和单项体育比赛，并获得优异成绩：

全国少年田径锦标赛
全国青年田径锦标赛
全国田径锦标赛
全国中学生田径锦标赛
全国少年摔跤锦标赛
全国柔道比赛
全国体育学校田径赛
北京地区田径邀请赛
全国田径分龄组锦标赛
全国青少年摔跤锦标赛
全国摔跤锦标赛
全国举重比赛

全国击剑比赛
全国城市运动会
全国垒球锦标赛
全国少儿游泳冠军赛
全国青年标枪锦标赛
全国青年高尔夫冠军决赛
全国农民风筝邀请赛
全国运动会
全国少数民族运动会
全国棒球锦标赛
全国足球联赛
全国篮球邀请赛
全国老年人健身大会
全国少儿门球比赛

二、参加国际体育赛事

1984—2010 年东丽区参加国际体育赛事表

表 32-4

年份	地点	赛事
1984	美国洛杉矶	南太平洋第一届篮球赛
1985	中国北京 澳大利亚	中、日、美女垒精英赛 亚洲女子篮球赛
1986	新西兰	第六届世界女垒竞标赛
1987	日本 澳大利亚	亚洲女子垒球赛 亚洲女子篮球赛
1988	巴塞罗那	世界中学生运动会
1989	中国天津 中国上海	中、日、澳田径青年对抗赛 中、日少年田径对抗赛
1990	日本	中、日少年田径对抗赛
1991	日本名古屋 日本东京	第一届青年奥林匹克田径锦标赛 第二届青年奥林匹克田径锦标赛
1992	中国天津	天津市第五届“NEC”杯国际马拉松邀请赛
1993	中国天津	天津市第六届“NEC”杯国际马拉松邀请赛
1995	中国天津	天津市第八届“NEC”杯国际马拉松邀请赛
1996	中国天津	“NEC”杯国际马拉松邀请赛
1997	中国天津	“NEC”杯国际马拉松邀请赛
2002	埃及	世界摔跤锦标赛
2009	塞尔维亚	世界大学生柔道比赛

续表 32-4

年份	地点	赛事
2010	中国银川 中国香港 中国上海	国际运动风筝邀请赛 国际武术套路大奖赛 国际木兰邀请赛

第五节　承办天津市赛事

东丽区体育场馆建设和配套设施的不断完善，在全市区、县承办市体育赛事具备较强的竞争能力，多次承办市级体育竞赛活动。

1979 年 8 月，天津市郊县职工篮球赛。

1980 年 9 月，天津市第五届运动会篮球比赛（东郊赛区）。

1981 年 8 月，天津市中学生篮球赛。10 月，天津市职工足球比赛（东郊赛区）。

1984 年 5 月，天津市第十届职工运动会足球比赛。（东郊赛区）承接 30 场比赛。9 月，天津市第 10 届职工运动会公路自行车比赛。

1985 年 8 月，天津市郊县小学生足球赛。

1987 年 9 月，天津市首届农民运动会篮球比赛。

1988 年 7 月，承办天津市第二届青少年运动会国际式摔跤比赛。

1989 年 7 月，承办天津市少年国际摔跤锦标赛。设古典式、自由式，共 22 个级别，限 18 岁以下年龄组。汉沽区、北郊区、东郊区参赛，运动员 50 人。

1991 年 5 月，天津市第二届农民运动会乒乓球、中国式摔跤比赛。

1993 年 7 月，天津市少年国际摔跤冠军赛暨 1993 年全国少年比赛选拔赛。河西区、西青区、北辰区、汉沽区、大港区、东丽区及天津市第二体育学校 7 个单位 53 名运动员参赛。

1994 年 4 月，天津市伤残人乒乓球比赛和中国伤残人轮椅篮球表演赛。

1995 年 8 月，天津市小学生游泳比赛。设男、女儿童甲、乙、丙 3 个组别，来自市内 6 区及东丽区的 61 所小学共 320 名运动员参加比赛。

1999 年 12 月，迎接澳门回归，天津市“东大杯”家庭水上趣味大赛。比赛设海豚戏水、齐心协力、从小培养、家庭接力、看谁最棒、珍珠丰收 6 个趣味项目，20 个家庭参赛。

2000 年 8 月，天津市“安踏杯”铁人三项赛在东丽湖举行。来自全市 10 个行业体协的近百名运动员参赛。9 月，天津市体育彩票全民健身大会“福田杯”家庭水上趣味大赛，设巧过浮桥、水中探宝、珍珠丰收、海豚戏水、抢险救灾、家庭接力 6 个项目，21 个家庭参赛。

2001 年 8 月，天津市青少年游泳冠军赛。全市 7 个区以及市游泳运动学校、大港油田、天津体院共 13 个单位 526 人参赛。比赛设高中组、少年甲组、少年乙组、儿童甲组、儿童乙组、儿童丙组 6 个组别，共 72 个项目。9 月，天津市“东鑫杯”农民乒乓球比赛。来自全市 9 个农业区、县的 49 名运动员参赛。10 月，天津市农民乒乓球比赛。

2002 年 7 月，天津市第十届运动会青少年组国际式摔跤比赛。8 月，“康乃馨杯”天津市第 10

届运动会青少年组国际式摔跤比赛。设男子甲组15～17岁，男子乙组13～14岁（古典式、自由式）和女子组13～14岁（自由式），共28个级别。全市8个区县9支代表队147名运动员参赛。8月，天津市第十届运动会青少年组举重比赛。设男、女甲组16～17岁，乙组14～15岁，丙组12～13岁，3个组别，44个级别，11个区县12支代表队，174名运动员参赛。

2003年7月，天津市"洪兴杯"暨"育才杯"乒乓球比赛。来自12个区县的12支代表队100余名运动员参赛。9月，天津市青少年国际式摔跤比赛，设男子甲组15～16岁（古典式、自由式），男子乙组13～14岁（古典式、自由式），女子组13～15岁（自由式）共3个组别5个项目，29个级别，有6个区县93名运动员参赛。

2004年2月，天津市踢毽联谊大团拜活动在东丽体育中心健身馆举行，来自12个区县及北京市踢毽协会共700余名踢毽爱好者参加此次活动。10月，天津市青少年组国际式摔跤锦标赛。设古典式、自由式、男子甲、乙、丙组和女子组自由式37个级别，7个区县86名运动员参赛。

2005年8月，天津市青少年组国际式摔跤比赛。设男子甲、乙、丙组各10个级别和女子甲、乙、丙组各8个级别。来自北辰、河西、宝坻、大港、西青、汉沽、和平、东丽8个区159名运动员参赛。是年，天津市财税系统运动会的田径、篮球、乒乓球比赛项目。来自全市各区县财税系统干部职工1000余人参赛。9月，天津市规划建设系统首届职工运动会"东丽房管杯"篮球比赛。市规划局、市市容管理委员会、市建设管理委员会等22个部门264名运动员参赛。

2006年6月，天津市第11届运动会铁人三项赛。设男子甲、乙、丙3个组别和女子甲、乙2个组别。来自南开、河北、河西、河东4个区的120余名运动员参赛。7月，天津市第11届运动会青少年组柔道比赛。设男、女甲、乙、丙组各8个级别。来自14个区县15支代表队234名运动员参赛。7月，天津市第11届运动会青少年组女子足球比赛。来自河东、河北、红桥、塘沽、蓟县、静海、东丽7个区县8支代表队共150余名运动员参赛。8月，天津市第11届运动会青少年组网球比赛。来自和平、河东、河北、津南、河西、南开、大港和东丽区（一队、二队）8个区9支代表队110名运动员参加男女甲、乙、丙、丁4个组别的单、双打比赛。8月，天津市第11届运动会青少年组篮球比赛。来自河东、塘沽、红桥、武清、宝坻、河北、南开、大港、蓟县和东丽（一队、二队）10个区县11支代表队130余名运动员参加男女甲、乙、丙3个组别的比赛。9月，天津市第11届运动会青少年组国际式摔跤比赛。设男子甲、乙、丙组各10个级别，女子甲、乙、丙组各8个级别。来自和平、北辰、西青、河东、汉沽、宝坻、河西、大港和东丽的10支代表队152名运动员参赛。10月，天津市第11届运动会"东丽杯"普通组风筝比赛。设：立体类大、中型；硬翅类大、中型；软翅类大、中型；软板类中型；龙串类中型；硬、软翅串类中型比赛，芭蕾个人和双人展示。来自南开、河西、河东、和平、北辰和东丽的9支代表队参加比赛和展示。

2007年5月，天津市青少年国际式摔跤锦标赛。设男子青、少年组古典式，男、女青、少年组自由式。来自8个区县133名运动员参赛。11月，由天津市体育局、天津市教委主办的天津市青少年柔道冠军赛。设男女甲、乙、丙组共48个级别。来自10个区县164名运动员参赛。

2010年，天津市国际式摔跤锦标赛，天津市第十二届运动会暨首届全民健身大会，国际式摔跤、乒乓球、铁人三项赛、曲棍球四项比赛。承办中冶集团暨中冶股份首届职工运动会、华北赛区男子篮球预赛、决赛两个比赛。

第六节 承办国内、国际赛事

一、承办国内赛事

1986年，承办全国业余杯体校国际摔跤比赛，埠际农民篮球邀请赛、全国乙级队毽球联赛、华北协作区中小学毽球比赛和“CCTV 杯”中国乒乓球擂台赛5项次。

1988 年 5 月，“天钢杯”全国毽球乙级队联赛。12 个省市，168 名运动员参赛。

1994 年 10 月 1—3 日，华北协作区“东丽杯”中小学毽球比赛，来自北京、天津、承德和保定的 9 支代表队 81 名运动员参加比赛。东丽区潘庄中学、杜庄小学代表天津市参赛。

1996 年 7 月，“CCTV 杯”中国乒乓球擂台赛。世界冠军丁松、杨影以及阎森、龚跃春进行擂台攻守对抗，中央电视台体育频道向全国现场直播。

2000 年 1 月 23—25 日，“2000 年士宝（英发杯）”全国少年儿童游泳分区赛，来自全国 13 个省市，505 名运动员参加比赛，此项赛事被国家体委评为“全国最佳赛区”。

2001 年 8 月 18—20 日，“士宝”（英发杯）”全国少年儿童年龄组游泳锦标赛，来自全国 24 个省市的 314 名运动员参赛。

2002 年 7 月 21—25 日，“全国体育传统项目学校游泳夏令营”，来自全国 15 个省、市、自治区游泳传统项目学校的 115 名中小学学生参加此次夏令营活动。

2003 年 8 月 17 日，全国青少年铁人三项夏令营暨天津市铁人三项锦标赛在东丽湖举行。170 余名运动员参赛。8 月 27—29 日，“2003 年‘东丽城建杯’全国少儿乙组游泳锦标赛”，19 个省市，354 名运动员参加比赛。

2004 年 7 月 1—8 月 1 日，“2004 年‘东丽宾馆杯’全国女子足球联赛”，20 个省市参赛。亚足联秘书长维拉潘、中国足协官员、市体育局和区领导出席闭幕式并为运动员颁奖。7 月 20—24 日，全国第八届东丽“奥星杯”乒乓球比赛。来自全国 14 个省市，44 支运动队 784 名运动员参加比赛。8 月 15—27 日，“2004 年‘东丽体校杯’全国少年击剑比赛”，来自全国 59 个单位的 913 名运动员参赛，香港、澳门两个特别行政区派队参赛。

2005 年 5 月 20 日至 6 月 20 日，全国百名乒乓球优秀苗子选手，在东丽进行了为期一个月的集训。8 月 17—23 日，承办“东丽杯 2005 年全国少年儿童围棋赛”。来自全国各地及香港特别行政区 73 个代表队 238 名运动员参加比赛。9 月 12—16 日，“东丽杯”2006 年全国国际象棋联赛资格赛。温州法派队、广东队、重庆移动通讯队、天津队、无锡基地队、深圳岁宝队 6 支队伍参加此次资格赛，角逐 2006 年全国甲级联赛的最后 4 个名额。9 月 23—25 日，“东丽杯”全国风筝邀请赛在东丽区体育中心举行。6 个省市和行业体协的 16 支优秀风筝队的百名队员参赛。200 余只风筝参展。这是天津市风筝比赛规模最大、范围最广的一次。10 月 1 日—7 日，第 17 届棋友杯全国象棋大奖赛暨“东丽杯”全国象棋大奖赛在区举办。来自全国 20 个省市近百名象棋爱好者参加比赛。此届比赛获得“特殊贡献奖”。

2006 年 2 月 2—12 日，“天祥房地产杯”全国国际象棋青少年比赛暨第 14 届“李成智杯”全国国际象棋青少年冠军赛在区举行。来自全国 25 个省、直辖市、自治区的 99 支代表队（俱乐部）

近千名运动员参加比赛。5月6日至10月7日，区足球俱乐部首次参加并承办“2006年中国足球协会乙级联赛”（北区），此赛季共进行18轮比赛，区体育中心进行8个主场比赛。5月19—23日，“2006年全国乒乓球优秀苗子选手集训（夏训）选拔赛”，57个单位244名11至12岁年龄组的小运动员参加比赛。5月28日，“东丽湖”杯2006年全国汽车场地越野赛天津分站赛于下午2：00在东丽湖举行开幕式。8月3—6日，区与天津市风筝协会联合举办“2006年全国青少年风筝夏令营”。来自北京、河北、江西、天津4个省市的8支代表队66名员参加活动。8月17—19日，与天津体育学院运动与文化艺术学院联合承办“2006年全国大学生男子柔道锦标赛”。比赛设8个级别，来自北京、天津、内蒙古、山东等6个省市和自治区的8所大专院校60名运动员参加比赛。8月23—27日，承办2006年全国青少年古典式摔跤锦标赛，来自北京、上海、天津、黑龙江、内蒙古等16个省市、自治区和行业体协的20支代表队166名运动员参加少年组和青年组两个组别的比赛。9月22—24日，2006年全国风筝锦标赛暨第二届东丽区风筝节在东丽湖举行。来自北京、上海、湖北、江苏、广东、辽宁、吉林、山东、山西、浙江、湖南、陕西等省、市地区的33支代表队的461支各种类型的风筝参赛。10月12—15日，中国天津赛区麻将运动第七届“绍祖杯”牌王赛暨“梦华杯”大师赛，来自陕西、山东、新疆、江苏、广西、山西、天津等46支代表队184名运动员参加了比赛。

2007年5月3—7日，全国第11届“红双喜·创新杯”少年儿童乒乓球比赛。来自全国各省市30支代表队536名运动员参加比赛。7月17—22日，2007年全国汽车场地越野锦标赛“东丽湖杯”天津分站赛在东丽湖赛车场举行。7月26—28日，全国青少年自由式摔跤锦标赛。来自内蒙古、福建、安徽等省、直辖市、自治区和行业体协29支代表队246名运动员参赛。8月2—6日，第28届全国小学生“红双喜·向阳杯”乒乓球比赛。来自全国19个省、直辖市、自治区49支代表队的413名运动员参赛。8月10—13日，2007“士宝（英发）杯”全国少儿游泳锦标赛（天津赛区）在东丽游泳训练中心露天游泳池举行。来自全国17个省市20支代表队365名运动员参赛。8月14—16日，2007年全国体育传统项目学校中学生田径锦标赛。来自全国18支代表队的200多名运动员参加比赛。8月16日，全国马拉松游泳锦标赛暨2008年奥运会选拔赛在东丽湖举行。来自全国16个省市及解放军代表队的40多名运动员参赛。8月18—23日，全国第26届“红双喜·开拓杯”少年儿童乒乓球比赛。来自全国19个省、市32支代表队436名运动员参赛。2007年12月12日至2008年1月18日，全国优秀乒乓球苗子选手集训（冬训）。

2008年4月，全国部分城市中老年篮球赛，来自全国20个省市28支代表队428人参加。7月，“振东杯”2008年全国少年儿童门球赛。来自全国19个省市，44支体协代表队，429名运动员参赛。“振东杯”2008年全国U15女子篮球赛。来自全国11个省份的业余体校和沈阳部队少年女子篮球队参赛。SPEEDO杯全国冬泳日暨天津市冬泳大会，来自全市12个冬泳俱乐部663名冬泳爱好者参加。2008年“安达杯”全国风筝精英赛暨第三届东丽风筝节。14个省份17个代表队120名运动员参赛。第二届世界大学生划水锦标赛在东丽湖温泉度假旅游区举办，22个国家的118名运动员参赛。

2009年，“全国百余城市龙腾虎跃闹元宵”，2009年全国龙狮大联动（天津分会场）在华明街举行。

2010年，“迎世博”华明2010年全国风筝精英赛。第四届东丽风筝节，15个省份90名风筝选手，233只风筝参赛。“常达杯”2010年全国U15女子篮球比赛（15岁年龄组），10个省市运动学校代表队参加。“联通杯”2010年中国乒乓球协会会员赛、（天津站）比赛，各省市行业体协60支代表队参赛。承办中国风筝协会全国国家级裁判员培训班。18个省市和行业体协54名一级裁判员参加。承接中冶集团暨中冶股份首届职工运动会华北赛区男子篮球预、决两个阶段比赛。

二、承办国际赛事

2002年8月21—25日，“万科杯”首届世界大学生滑水锦标赛在东丽湖举行。来自美国、加拿大、英国、俄罗斯、中国等21个国家和地区的350名运动员参加了团体、男女全能、花样、回旋、跳跃5个大项的比赛。

2005年8月13—22日，在东丽湖举办“万科杯世界滑水锦标赛”，来自36个国家和地区的196名运动员参加比赛。

“2006年俄罗斯年”，在天津举办“中、俄青少年运动会”。承办运动会的国际式摔跤比赛，来自中俄两国的24名青少年摔跤选手参加男子自由式、古典式和女子自由式3个项目的比赛。

2008年10月1日，第二届世界大学生划水锦标赛在东丽湖温泉度假旅游区举行。

第六章　体育管理

1979年始，区全面加强体育设施建设。至2010年，已拥有设施先进的温泉游泳池、游泳训练中心、大型体育中心（健身训练馆、体院教学楼及公寓、全民健身广场、田径场、文化中心），已具备承接国内外体育交流及体育竞赛活动的条件。区加强社会体育指导员、教练、裁判及运动员等体育队伍建设，设5所体育学校，向市及外省市地区输送体育人才241人。全区已培养国际体育健将2人、国家级运动健将6人、国家级运动员329人，培养国家级教练员、裁判员109人。

第一节　体育设施

一、外环内体育场地设施

（一）体育场

1983年，拆除1974年修建的简易训练房，在原处及体育场西侧建砖混结构平房24间，作为业余体校学生宿舍、伙房、淋浴室、锅炉房等。

1986年，体育场向东、向南扩大面积2.6万平方米。

1988年，翻修田径场改为炉渣跑道，设500米护栏，是年在体育馆南面建旱冰场2400平方米。

1994年，区城市规划全部占用体育场，保留的设施有业余体校楼，体育馆、网球场、游泳池。

（二）体育馆

1984年7月，区投资100万元修建体育馆，占地1350平方米，建筑面积1188平方米，场地为木质地板，标准篮球场。南北设观众座位1012个。附属房间有办公室、运动员休息室、器械室、

1984 年，东郊体育馆、网球场

卫生间等 216 平方米。可进行篮球、排球、乒乓球、武术、摔跤等项目比赛和训练，亦可承接市级及全国性单项比赛以及大型群众性体育活动、文艺表演等，是多功能综合性体育馆。

2001 年 9 月，体育馆改为群众健身场所对社会开放。设羽毛球场地 4 块，乒乓球台 6 张。部分场地仍保证区业余体校训练，设柔道、角力场地各 1 块，举重训练房 2 间，击剑剑道 1 条。2003 年 12 月，天津市统一规划，东丽体育馆被拆除。

（三）旱冰场

1988 年修建，占地面积 2400 平方米，水磨石地面，设速滑道和初学者活动区，场地四周用铅丝编织隔离网封闭，面向社会开放。1994 年，旱冰场被占用。

（四）网球场

1991 年 8 月，区投资 42 万元，修建占地面积 1500 平方米，建筑面积 1443 平方米的网球场。场地间用塑封铅网隔离，柏油地面配有灯光，附属设施有办公室、运动员休息室、洗手间等。

1992 年 8 月，原柏油地面进行塑胶处理。成为全市区县第一处能承接各种比赛的标准塑胶网球场地。

1994 年 11 月，网球场迁建于体育馆南场地仍为塑胶面层，配有灯光，四周全为塑封铅网封闭。

（五）温泉游泳池

1991 年，区投资 245 万元兴建东丽温泉游泳池，占地面积 2600 平方米，建筑面积 2580 平方米，泳池为 8 泳道，长 50 米，宽 21 米，深 1.80～2.00 米，属外溢式标准游泳池。池面平台走道 639 平方米，有 400 个座位的看台。附属房 40 间，建筑面积 1530 平方米，含男、女更衣室、贵宾更衣室、办公室、库房；区体育运动委员会办公用房。

1992 年 7 月 8 日竣工，每年暑期面向社会开放。

（六）游泳训练中心（游泳馆）

1995 年，区投资 480 万元兴建游泳馆。建成为多功能健身娱乐场所，建筑面积 3700 平方米。其中游泳池水面面积 405 平方米，6 泳道标准短池，循环过滤设备及次氯酸钠发生器与露天游泳池用同一套设备，另添置 40 万大卡机器人燃油锅炉 2 台（取消 2 吨燃煤锅炉），增板式换热器及供暖设备，其他附属设施有营业厅、男女更衣室、淋浴室、卫生间、职工食堂、锅炉房、车库；二楼设桑拿浴、休闲厅、健身房、贵宾休息室、消毒间、办公室、库房；三楼作为体委机关办公用房；4～5 楼作为体委招待所，有客房 19 间、办公室 1 间、库房 2 间、盥洗室 2 间、卫生间 4 间。游泳馆建成后与原温泉游泳池全面向社会开放。

二、体育中心体育设施

（一）体育中心健身训练馆

2001 年 11 月，投资 1000 万元，于津塘二线北侧临街建成体育中心健身训练馆。建筑面积 9332 平方米。

健身馆首层为底商800平方米，2层为办公室、会议室、仓库等1000平方米，3～4层为东丽体育艺术学校教室及教师、教练、管理者办公室等，面积2000平方米；北面共两层，首层面积2500平方米，有东丽体育艺术学校训练馆、餐厅等；二层为综合训练馆2500平方米。2003年，铺设塑胶面层，安装中央空调。2006年，添置移动看台（330座位）。馆内设置4个标准篮球场，有液压升降篮球架两副，乒乓球台20张，羽毛球场地4片。

健身训练馆建成后，不仅满足天津体院合作办学和东丽体育艺术学校教学与训练，同时也为承接国内外体育交流和体育竞赛活动创造条件。

（二）天津体院东丽校区

教学楼 2002年6月28日，兴建天津体院东丽校区教学楼，11月30日竣工。投资475万元，建筑面积5000平方米，为框架结构5层，檐高19.85米，东西朝向。教学楼内设：多媒体电教室3个，配有投影仪、电脑中央控制器、幻灯、电动幕、DVD影碟机、功放设备和扩音设备。英语教学语音室2个，配有卡座、耳机、显示器等语音设备90套。计算机教室3个，配有电脑170台。实验室3个，分别为生理解剖实验室、机能测试实验室和按摩保健教室，并配有多种实验器材。图书阅览室1个。会议室2个，舞蹈教室2个，普通教室13个。教学楼的建成，完善与天津体院合作办学的设施条件。

大会议厅和学生餐厅 2002年3月，投资322万元，至8月底历时5个月建成天津体院东丽校区大会议厅和学生餐厅。建筑面积2800平方米。首层为学生餐厅，可容纳1000人同时用餐。二层原为东丽体育艺术学校综合训练厅。2003年，将二层改造装修为多功能会议厅，配有800人会议可移动桌椅。该会议厅功能齐全，可供会议、庆典、文艺演出、宴会（可同时接待80桌）及棋牌比赛等。会议厅落成后，多次承接区党代会、人大会、政协会等重要会议和及全国性大型体育竞赛等活动。

2003年，学生餐厅

大学生公寓 2002年3月27日动工，8月底建成大学生公寓。该项工程投资884万元，建筑面积8100平方米，为砖混结构地采暖，标准房318间，可供1880名学生住宿。公寓各房间内配有住宿用品，书桌、书架、电话、有线电视等。是年，校区进行局部绿化。2004年，整修为园林式校区。

2003年，大学生公寓

（三）全民健身广场 2002年，兴建66000平方米的东丽健身广场。健身广场包括塑胶面层400米标准田径场（内设104×68米人造草坪足球场）、标准土质足球场4块、少儿足球场3块、柏油面层篮球场8块、排球场1块和网球场4块、土质门球场4块、露天乒乓球台10张、钓鱼池2个约1600平方米；儿童活动场健身器材区和健身路径各1处。总投资780万元。

2004年，为承接全国女子足球联赛将2块土质足球场铺植天然草坪1.5万平方米，架设护网10000余平方米，添置运动员、裁判员休息室、贵宾接待室、洗手间、1000人的观众座席、主席台等设施。同年，将原柏油面层的 4 块网球场、4 块篮球场全部铺设为塑胶面层并安装灯光照明等设备。

健身广场为全市规模最大、功能最全、项目最多、效益最好及群众健身、体育竞赛、运动训练、文化娱乐、养心休闲于一体的花园式群众健身场所。

（四）体育中心田径场

2002 年 7 月，在东丽体育中心院内建成田径场。技术标准符合国际田联最新田径规则要求，为 400 米标准跑道，每道宽 1.22 米，弯道区半径为 36.5 米，直道长 84.39 米，直弯道分界线延长 32.805 米，直弯道均为 8 条，环铝合金道沿。塑胶跑道采用空隙式 13 毫米厚聚安脂塑胶铺设，有弹性、不掉粒、不空鼓。

在 400 米标准田径场内设 104 米×68 米足球场，面层采用进口人造草坪（草的长度 5 厘米），无褶皱，无空鼓，在草坪面上充石英砂和胶粒。

跳远及三级跳远设在东侧直道外侧，撑杆跳高区设在西侧直道外侧，北半弧内设铅球区 2 个，铅球落地区内铺设天然草坪。跳高区设在南侧半弧内。

排水系统沿于跑道内侧设下水环沟，槽深 70 厘米，宽 70 厘米，通过场地泾流内排水沟，在适当地点纳入总排水系统。

2003 年春，植树木 50 株。是年秋，于直道西侧配置简易活动看台。环田径场一周种植金叶女桢绿化带 500 余米，局部种植大叶黄杨绿化带 150 米。

（五）文化中心建设工程

2008 年 12 月 28 日，区文体中心建设项目举行奠基仪式，文体中心占地 8.7 公顷，包括体育馆、网球馆、体育场、文化中心四个独立大型工程，体育馆设计达到国际、国内体育标准，可容纳 5000 名观众，网球馆、体育场及配套体育设计达到常规竞赛、训练、健身要求。

2009 年 9 月 26 日，体育中心训练馆举行竣工典礼仪式，该工程占地面积 2160 平方米，建筑面积 8288.38 平方米，地占四层建筑高度 23.95 米。首层训练大厅 729 平方米，健身厅 700 平方米。

2010 年，文体中心完成迁移改造和人造草坪标准足球场工程，新建露天塑胶面层，灯光网球场 6 片，篮球 2 片，训练中心和体育馆改造工程全面启动。

三、社会体育场地设施

2004 年东丽区社会体育场地设施统计表

表 32-5　　单位：个

单位	张贵庄街道	丰年村街道	程林街道	新立街道	无瑕街道	华明镇	大毕庄镇	军粮城镇	么六桥回族乡	教育局系统	合计
健身房	2	—	—	—	—	—	—	—	—	—	2
健身路径	7	5	3	1	—	3	1	1	1	2	24
保龄中心	1	—	—	—	—	1	—	—	—	—	2
篮球场	2	14	4	1	5	6	5	5	2	17	61

续表32-5

单位	张贵庄街道	丰年村街道	程林街道	新立街道	无瑕街道	华明镇	大毕庄镇	军粮城镇	么六桥回族乡	教育局系统	合计
乒乓球场	2	3	1	25	1	7	1	16	1	3	60
棋牌室	2	—	—	5	—	1	6	—	—	—	14
台球室	2	2	—	—	—	1	—	10	—	—	15
羽毛球场	1	—	—	1		2	—	—	—	1	5
门球场	3	—	1	—	—	—	—	—	—	—	4
游泳池	—	1	—	—	1	2	1	—	—	—	5
网球场	—	3	1	—	1	—	—	—	—	—	5
健身公园	--	1	4	—	—	—	—	—	—	—	5
赛艇	—	—	—	—	—	1	—	—	—	—	1
高尔夫球场	—	—	—	—	—	1	—	—	—	—	1
足球场	—	2	1	1	1	1	1	—	—	2	9
运动场	—	2	—	—	—	—	1	—	—	32	35
多功能训练房	—	1	—	—	—	—	—	—	—	—	1
排球场	—	6	—	—	—	—	1	—	—	—	7
操场	—	1	—	—	—	—	—	—	—	—	1
小操场	—	—	—	—	—	—	—	—	—	8	8
田径运动场	—	—	—	—	—	—	—	—	—	1	1
羽毛球场	—	—	—	3	—	—	—	—	—	—	3
合计	22	41	15	37	9	26	17	32	4	66	269

第二节　体育产业

一、产业类型

1995—2010 年，区体育局体育主体产业对外开发实行有偿服务有：旱冰场、温泉游泳池（馆）、体育馆、游泳训练中心、体育中心健身馆、体育中心田径场。体育本体产业：体育场（馆）闲适房间出租，开放存车场、住宿、饭店，经销体育服装，增加体育彩票业务，经营体育用品，出租健身训练房，成立体育局车队。相关体育产业：新立康泰体育用品厂，新立村乡办企业主要产品有助力器、哑铃、杠铃。天津市东新机械厂，新立村乡办集体企业，主要产品有杠铃、哑铃。四合庄运动衣厂，新立村乡四合庄村村办集体企业，1995 年改制为民营企业，主要产品有运动服装。天津市中北玩具游乐场，新立镇中和村村办企业，主要产品有大型游乐玩具，包括滑梯、跳板等。小东庄体育用品厂，东丽区小东庄乡小东庄村村办企业，主要产品有杠铃、哑铃等体育用品。天津市富丽达高尔夫用品有限公司，北京盛宝龙高尔夫体育文化发展有限公司、富丽达高尔夫球场设计工程有限公司，主要经营高尔夫用品及配套产品。

二、产业调整与发展

2009 年，经调整撤销东丽足球俱乐部有限责任公司、天津市东奥劳动服务公司等 7 个与体育产业相关的公司，提高体育产业的经营效益。

2010 年，提升与天津市体育学院运动与文化艺术学院联合办学条件，完成教学楼、学生餐厅、学生公寓等体校改造工程，发挥设施优势，引进天津乒乓球队落户东丽。满足群众健身需求，体育中心训练馆更名为“全民健身活动中心”。开设多功能器械健身房、乒乓球、羽毛球、篮球等健身服务项目，为开展群众体育活动提供服务。游泳训练馆对外开放，开展业余训练，承接赛事活动，为体育产业持续发展奠定基础。

第三节　体育交流

一、国际交流

（一）出访

1995 年 4 月 28 日至 5 月 3 日，区派体育工作者随市体委竞赛处组团，赴朝鲜观摩国际搏击比赛和大型团体操表演。参观平壤市体育设施，运动队训练及少年儿童文体活动。是年，市体委组团访问日本，对日本的体育管理、体育设施及大、中、小学体育活动等进行考察。

1997 年，应美国纽约乒乓球协会邀请，区组成 5 人代表团赴美国进行体育交流活动。

1998 年 11 月，区体委组织学校代表一行 6 人，赴泰国观摩第 13 届亚洲运动会。

1999 年，应韩国清州跆拳道协会武德馆邀请，区体育运动委员会一行 8 人赴韩国清洲进行为期 5 天的体育交流活动。

2001 年，应韩国清洲跆拳道武德馆邀请，区津国少林武术分校一行 7 人赴韩国清州进行为期 15 天的体育交流活动。

2002 年，应韩国清州跆拳道协会邀请，区津国少林武术学校访问韩国进行交流活动。是年，区组成 50 余人代表团，赴韩国釜山观摩第 14 届亚洲运动会。

2004 年，应韩国仁川广域市政府邀请，实验小学男子篮球一队、二队一行 27 人，赴韩国仁川广域市参加中国、日本、韩国三国小学生篮球邀请赛。

2005，应日本大阪市体协邀请，区体育局一行 3 人，赴大阪参加中、日、韩三国小学生篮球比赛工作会议。8 月 18—22 日，津门小学男、女篮球队赴日本大阪参加中、日、韩小学生篮球赛。

2006 年 3 月，区体育局组团赴欧洲考察在德国举行的 2006 年第 18 届世界杯足球赛的场地设施及欧洲足球运动的开展情况。5 月，区体育局等一行 4 人，赴英国北爱尔兰得里市进行了为期 10 天的公务考察。10 月，应日本千叶市体育协会邀请，体育局赴日本千叶市考察。

2007 年，应中德体育交流中心邀请，赴德国明斯特市参加首届中德体育论坛会议。

（二）接访

2000 年，应区体育运动委员会邀请，韩国清洲跆拳道友好访问团一行 21 人到区，双方签署了《中韩武术互访协议》。

2001 年，以韩国青源跆拳道体育馆馆长金基龙为团长的韩中武术文化交流协会访问团一行 29 人，应邀到区进行体育交流活动。

2002 年，韩国清州跆拳道协会一行 25 人应区体育局邀请，到区进行为期 6 天的访问交流活动。

2006 年，应天津市体育局邀请，承接朝鲜人民军 425 体育代表团（国际式摔跤），在团长文规植的率领下一行 21 人到区进行体育交流。朝鲜国家青年女子足球队一行 22 人在东丽体育中心足球场进行了为期 10 天的训练，并与天津汇森女子足球队进行 4 场友谊比赛。英国北爱尔兰少年足球队一行 21 人抵津在区进行了为期 9 天的文化体育交流活动。

2007 年，英国伦敦芃沃斯区教育代表团一行 7 人，到区进行为期 6 天的交流访问。

二、国内交流

（一）出访

1990 年，区组织各镇街乡、委办局分管体育工作的领导、体育干部及区体委全体职工 231 人，分 4 批赴北京观摩第 11 届亚洲运动会。

1992 年，区农民体育协会、各乡镇主管体育文化站长一行 14 人，赴湖北省孝感市观摩全国第二届农民运动会。

1994 年，区体委组织干部职工，赴山东省济南市、泰安市等处考察学习。

1995 年，区业余体校一行 20 人，赴江苏省南京市观摩第三届全国城市运动会。

1996 年，全国第三届农民运动会期间，组织农村体育干部 11 人，随市农民体育协会观摩团赴上海观摩学习。

1999 年，区体委一行 30 余人，赴陕西省西安市观摩第四届全国城市运动会。

2000 年，组织农民体协成员各乡镇农村体育干部一行 10 人，赴四川省绵阳市观摩全国第四届农民运动会。

2001 年，区体育局组织干部职工、各镇街乡文化站长 50 余人，赴广州等市观摩全国第九届运动会，并赴香港、澳门地区考察学习。

2003 年 7 月，区体育艺术学校文化课教师一行 12 人，赴香港、澳门地区考察学习。9 月，东丽宾馆一行 73 人，赴香港、澳门地区考察学习。10 月，2002—2003 年度体育先进工作者一行 30 人赴海南省、广西省桂林市、海南省等处考察学习。

2004 年 12 月，区体育局和镇街乡体育干部一行 22 人，赴江西省宜春市观摩全国第五届农民运动会。

2005年9月，区分3批组织干部职工、各镇街乡体育负责人、文化站长及2003—2004年度区体育先进工作者，200余人赴江苏省南京等市观摩全国第十届运动会。

（二）接访

2002年11月，北京市密云县体育局一行11人，到区考察参观体育设施、体育艺术学校及体育产业经营等。

2003年11月，山东省淄博市体育局一行5人，到区考察体育工作，对青少年业余训练、与天津体院职业技术学院联合办学、体育设施、体育产业等进行实地考察。

2005年12月，北京市密云区体育局一行12人到区考察青少年业余训练、与高等院校合作办学以及体育设施建设、体育产业经营、体育管理等。

第四节　人才培养

一、体育学校

（一）东丽区体育艺术学校

1994年9月，经区政府、区少年儿童业余体校更名为东丽区体育艺术学校。

1980年9月始，举办集中食宿、学习、训练“三集中”班，面向全区招生。开设田径、篮球两项。1984年5月，组建国际式摔跤班、女子足球。1994年9月，“三集中”班设男女柔道、国际摔跤、田径。普通班设乒乓球、散打、武术、击剑、举重。2001年，已建成一所集文化知识教学、体育运动训练、食宿军事化管理于一体，由区体育局管理的事业单位。学校实行9年制义务教育，为搞好运动训练的衔接，解决在训学生的出路，将高中学段纳入训练序列。在教育教学和运动训练服务上加大了软硬件建设的投入。文化学习配有计算机房、语音室、实验室。运动训练配有标准400米塑胶跑道田径场，人造草坪和两块天然草坪足球场；1万平方米训练馆，并添置大量的训练器材。配有公寓式宿舍楼，可供500人同时用餐的餐厅。

2002年，体育艺术学校开设的项目有：田径、游泳、国际摔跤、柔道、击剑、举重、武术、散打、跆拳道、足球、乒乓球、网球12个运动项目，在校学生303人，走训学生130人，文化课教师25人，教练员25人，管理及工作人员8人。至2010年，培养输送一批体育人才，造就出一支高素质高水平的师资队伍。

（二）天津市水浒文武学校

1995年1月，由西青区迁入东丽区，是以文化知识教学为主，以武术训练为特长，封闭式管理，实施国家规定的九年义务教育的民营寄宿学校。学校坐落在新立街道四合庄村津塘公路北侧。占地面积1.5万平方米，建筑面积6000平方米。学校实行董事会领导下的校长负责制，有教职员工257人。学校按“以文为主，武为特色，艺术为特长”的办学思路，在文化课的安排上，执行国家教委规定的课程。坚持文化课和武术课并重的原则，开设绘画、电子琴、合唱、健美、计算机、数学奥赛、篮球、少儿英语等特长班。至2006年，参加各类比赛，共获奖牌300枚，奖杯20个以及奖旗等。建校15年，参与国内、国际交流活动频繁，曾3次与韩国跆拳道选手进行武术交流，赴欧洲参加法国国际武术比赛，去欧洲6国进行巡回表演。21世纪初，又迁至北辰区办学。

（三）津国少林武术学校

2000 年 5 月成立，是贯庄村民贾秋有创办的九年一贯制学校，属民营非企业单位。坐落在贯庄村北，津汉公路南侧，占地面积 12654 平方米，建筑面积 4000 平方米，投资 1000 万元，建有四层教学楼和操场。管理模式为军事化封闭式管理，是食宿一体的新型学校。

文化教学实行全日制教育，有文化课教师 21 人。武术课程有：武德、武术基础理论、国际武术规定套路、国家武术竞赛套路、国际少林武术传统套路（全器械对练等共 80 余种）。生源来自全国 19 个省市和地区，年龄从 5 岁至 25 岁，年招生最多达 212 人。

2003 年，天津市统一规划，津汉公路拓宽，学校地址占地被征用，划归东丽区体育艺术学校武术班。

（四）天津体育学院职业技术学院与天津体院文化艺术学院

见第二十八编教育第五章高等院校。

二、人才培养

1978 年，恢复高考至 2010 年，全区中小学校及各级体育学校为国家、市体工队、体育院校培养、输送了 446 名体育后备人才，经各自的锻炼成长，已成为国家体育工作的骨干力量。

（一）等级运动员　国际健将：孙胜、赵天一。赵天一，军粮城镇人，1986 年及 1989 年代表中国少年、青年田径队参加在日本名古屋举行的中日少年青年田径赛，获女子跳远冠军。1986 年，在广州举行的全国少年田径赛，获得全国冠军。1989 年 12 月，国家体委批准为国际健将。国家级运动健将：于志玲　马建山　孙江海　刘爱玲　李国辉　高书梁　6 名。国家级运动员：王英　张秀萍　范永昌等 329 名。

（二）国家级教练员　高级教练：摔跤教练董星，田径教练史春福。中级教练：有田径、跆拳道、柔道、游泳　4 名。初级教练：有跆拳道、摔跤、足球、田径、击剑、网球、游泳 10 名。

（三）国家级裁判员　李光桐、李健、李隆庆、李会超、刘效良、张如超　6 名。国家一级裁判员：李永信、赵庭律、王会林等 87 名。

三、人才输送

1982—2010 年，区体育艺术学校为市及各省市体育院校输送田径、摔跤、柔道、击剑、垒球、篮球、足球、举重、游泳、跆拳道、射击等体育后备人才 241 名。

1982—2010 年东丽区体育人才输送情况表

表 32-6

天津市		外省市地区	
单位	人数	单位	人数
体育学院	5	武汉体育学院	4
第一师范学校	4	上海体育学院	1

续表 32-6

单位	人数	单位	人数
园林学校	1	北京跆拳道队	1
一轻技校	2	西安体育学院	1
武术队	6	沈阳体育学院	2
旅游学校	1	北京体育大学	2
现代技校	1	成都体育学院	1
河西中专	3	吉林体育学院	1
政学校	1	其他单位	70
体工大队	15	—	—
体育学校	65	—	—
第二体育学校	54	—	—
合计 241 人	158	—	83

东丽区志

第三十三编

社会生活

1979—2010 年，东丽区国民经济快速发展，人民生活蒸蒸日上，居民生产条件和生活方式发生重大改变。职工收入大幅上升，农民人均分配水平成为有史以来提高最快的时期。居民消费观念显著改变，日常用品种类丰富，消费档次越来越高，人们衣、食、住、行、用均发生历史性变化。全区已进入小康社会，农民生活整体基本实现城镇化。

区政治、经济、文化和社会事业发展，物质文明、精神文明程度提高，人民群众思想观念不断更新，物质生产、生活内容发生深刻变化。与现实生活不相宜的风尚礼俗逐渐淡化消失，民间流行的风尚、礼节、习惯不断演化，新时代的风尚则被人们追求、流行，积淀成为新的风俗习惯。

社会主义先进文化的发展，人们思想道德境界的不断提高，为改革开放和现代化建设提供强大精神动力和智力支持。

2008年，无瑕街道居民喜庆迁新居

第一章　居民生活

20世纪70年代末，居民因生活资料较为匮乏，生活处于温饱、半温饱水平。1979年，全区全民、集体职工人均年工资分别为683元、512元；农民人均年收入219元。80年代始，区内居民生活逐步得到改善。进入21世纪初，居民生活水平提高，收入大幅增加，消费水平呈迅速增长趋势，消费结构进一步合理。居民衣着、饮食、住宅、出行、耐用消费品显著改善，整体生活质量稳步提升，向更富裕的小康生活迈进。

第一节　收　入

一、职工收入

1979年，全区区属全民单位职工人均年工资683元，区属集体单位职工人均年工资512元。1990年，职工工资大幅度上升，全民职工人均年工资2030元，是1979年的2.97倍；集体职工人均年工资2119元，是1979年的4.14倍。

1991—1995年，国家加快调资频率和工资改革，全区职工工资大幅度增加。1995年，区属全民职工人均年工资达6094元，是1979年的8.92倍、1990年的3倍；区属集体职工人均年工资达5408元，是1979年的10.56倍、1990年的2.55倍。

1996—2000年，在1994年工资改革基础上，职工工资再度大幅提高。2000年，区属全民职工人均年工资达1.06万元，是1979年的15.46倍、1995年的1.73倍；区属集体职工人均年工资9530元，是1979年的18.61倍、1995年的1.76倍。

2001—2005年，区坚持统筹经济社会发展，着力改善民计民生，财政实力显著增强，职工工资成倍递增。2005年，区属全民职工年均工资达2.45万元，是1979年的35.84倍、2000年的2.32倍；区属集体职工年均工资达1.25万元，是1979年的24.4倍、2000年的1.31倍。

2006—2009年，区提前2年创百亿强区，职工收入再次增加。2009年，区属全民职工年均工资5.85万元，是1979年的85.63倍、2005年的2.39倍；区属集体职工年均工资达2.42万元，是1979年的47.23倍、2005年的1.94倍。

2010年，由于统计口径调整，区内各单位从业人员人均年劳动报酬为4.82万元，在岗职工人均年工资为4.76万元。

二、农民收入

1979 年始，改革为区农村经济发展注入活力，广大农民群众解放思想，大力发展第二、三产业，务工、经商、办企业，收入逐年增加，生活水平迅速提高。1979 年，人均纯收入仅 219 元。1988 年，人均纯收入 1082 元，比 1979 年增长 4.9 倍。1990 年，人均纯收入 1216 元，比 1979 年增长 5.6 倍。

1995年，人均纯收入为2722元，比1979年增长12.4倍。全区115个行政村都实现“小康村”目标，农村面貌和农民生活大为改观。

2000年，人均纯收入5351元，比1979年增长24.9倍。区开始进入城市化发展新阶段，致力改善民生，开辟增收渠道，打造薪金、股金、租金、保障金“四金”农民。大多数农民或进城经商务工转农为非，或通过迁村并点迁居新市镇，开始享受城市化新生活。

2005年，人均纯收入达8634元，比1979年增长39.4倍。2006年12月，区委第九次代表大会后，将改善民生，提高农村居民收入被摆上全区发展的重要位置。2007年，突破万元大关达10458元。农村居民增收渠道不断拓宽，收入来源更趋多元化，呈显以薪金收入增长为主体，保障金、股金、租金等转移性和财产性收入快速增长的新格局。

2010年，全区农村居民人均纯收入达到14210元，比1979年增长64.9倍。农村居民收入节节攀升，不断跨上新台阶。

1979—2010年东丽区农民人均年纯收入统计表

表33-1

单位：元

年份	农民人均纯收入	年份	农民人均纯收入	年份	农民人均纯收入
1979	219	1990	1216	2001	5851
1980	228	1991	1256	2002	6451
1981	237	1992	1363	2003	7161
1982	278	1993	1424	2004	7877
1983	399	1994	2201	2005	8634
1984	583	1995	2722	2006	9500
1985	692	1996	3342	2007	10458
1986	804	1997	4001	2008	11595
1987	925	1998	4501	2009	12834
1988	1082	1999	5001	2010	14210
1989	1180	2000	5351	—	—

1990—2010年东丽区农民人均纯收入来源情况结构表

表33-2

单位：元

年份	农民纯收入	其中		
		工资性收入	家庭经营性收入	转移性财产收入
1990	1216	840	376	—
1995	2722	1574	1103	45
2000	5351	4008	1153	190

续表 33-2

年份	农民纯收入	其中		
		工资性收入	家庭经营性收入	转移性财产收入
2005	8634	5385	2709	540
2010	14210	8138	2864	3208

第二节　消费支出

一、概况

改革开放后，农村居民家庭消费发生巨大变化，消费需求由满足生存和温饱，逐步向满足发展和享受需求消费阶段发展，使消费结构进一步合理，已迈入现代化、信息化、享受型新阶段。随着农村政策落实，境内农民收入不断增加，储蓄额逐年提高，各种物品的消费量、拥有量大幅提升。

区内社会零售额 1979 年 8522 万元；1990 年 5.17 亿元，比 1979 年增长 6.1 倍；2000 年 91.67 亿元，比 1979 年增长 107.6 倍；2010 年 106 亿元，比 1979 年增长 124.4 倍。

据农村住户抽样调查显示：1990 年，农民家庭生活消费支出人均 895 元。1995 年为 2005 元，比 1990 年增长 2.2 倍。2000 年，农民家庭生活消费支出人均 4306 元，比 1990 年增长 4.8 倍。2005 年，农民家庭生活消费支出人均 5434 元，比 1990 年增长 6.1 倍。2010 年，农民家庭生活消费支出人均 8469 元，比 1990 年增长 9.5 倍。

二、生活消费结构

（一）衣着服饰　改革开放以前，居民衣着单一。由于实行计划经济，市场商品短缺，棉布、棉花凭票供应，大多数人靠买布自己做衣服。改革开放后，人们的生活水平迅速提高，改变观念，各种款式、花色的服装为居民生活增添色彩。20 世纪 80 年代，西装兴起，男女都穿。女性服装丰富多彩。20 世纪 90 年代，服装质地更有提高，款式趋于多样化，牛仔裤、喇叭裤、紧身衫、宽松衫登市。1990 年，人们用于服装消费 111 元；2000 年，人均消费 442 元；2010 年，人均消费 995 元。衣服布料由单一的棉布逐渐向化纤、丝绸、毛料、棉麻混纺等发展。穿衣不再靠手工缝纫，主要从商场购置，中西式服装、毛衣、皮衣、裙装、T 恤等样式繁多。后又兴起皮夹克、大衣、风衣、防寒服、羽绒服、华服和各种休闲服。女子着装更是花样翻新，旗袍、短袍、短裙、蝙蝠衫、健美裤、毛衣裙。进入 21 世纪，随着城市化发展，大多数农村居民住进楼房社区，人们更加注重外表形象和衣着打扮。穿衣讲时尚漂亮，四季齐全分明。上班有工装制服，下班有休闲装，健身锻炼有运动服，讲的是舒适方便。一些高档裘皮、国际名牌时装也渐渐进入平常百姓家庭，注重面料的高档化、服装的个性化、款式的新潮化。

80 年代始，鞋袜款式逐年更新，皮鞋、暖靴取代布鞋、胶鞋、塑料鞋、棉鞋。进入 21 世纪，皮鞋、运动鞋、休闲鞋，礼帽、旅行帽、遮阳帽是人们最平常的穿戴。各种童帽，一年四季款式新颖。金银饰品流行，佩戴金耳环、钻石戒指、金项链等。

（二）饮食饮品 改革开放后，人们的生活水平不断改善，饮食结构发生根本变化。主食以大米、富强面为主，玉米面等杂粮成为调剂食品。各种风味小吃比比皆是，饺子、面条已成为家常便饭。蔬菜品种和菜肴逐年增多，新鲜的黄瓜、青椒、蘑菇、蒜薹、西红柿、豆角、生菜等细菜四季不断。一些肉类、鱼类、蛋类不再是节日才摆上饭桌的食品。很多人逢年过节或亲朋聚会在饭店聚餐成为时尚，西餐、洋快餐也成为饮食新品。饮用水实现了自来水入户，后又时兴矿泉水、纯净水，干净、卫生、方便。白酒、啤酒、红酒、洋酒和可乐、雪碧、橙汁等各种饮料一般家庭均可饮用。根据抽样调查，1990 年，家庭食品消费年人均 471 元，2000 年 1516 元，2010 年 3258 元。

2000 年后，东丽人更加讲究生活质量，饮食方式日益向营养、保健方向发展。五谷杂粮越来越受青睐，面粉有饺子粉、发酵粉、精粉，品质较高的小站稻、东北大米、泰国香米受到欢迎。肉类不再是常规猪肉一家独大，瘦肉型的猪肉、牛羊肉逐渐成为家庭肉类主角。干鲜果类除苹果、橘子、香蕉、西瓜、荔枝、山楂、栗子、核桃等外，热带水果、洋水果等均满足多种消费需求。人们更加注重饮水卫生，多数家庭使用饮水机、净水器或桶装的纯净水、矿泉水。普洱茶、铁观音、乌龙茶取代单一的茉莉花茶，咖啡、牛奶、酸奶等成为许多人日常的营养保健饮品。

（三）住宅新居 改革开放后，人民生活随着经济发展，收入增多而逐渐富裕。农民纷纷拆旧屋、盖新房，一般请专业包工队建房，屋顶为水泥预制四孔板或七孔板，多为坚固的砖瓦房。改革开放之初，全区农民建有砖平房 8142 间，建筑面积 13 万平方米，也有一些较豪华的别墅小院。20 世纪 90 年代后，砖房、楼房代替旧土房，居住环境不断改善。贯庄、东堼村等较富裕的村队，还统一拆迁统一规划，为全体村民集中建设新的村民住宅区。2005 年后，区委、区政府以国家小城镇建设试点——华明示范镇建设为重点，制订并采取宅基地换房，以土地换保障等一系列举措，为广大农民群众迁入新市镇，开始城市化新生活创造根本条件。

1988 年，建设落成张贵庄中心城区的福山里小区后，陆续又建成泰安里、詹滨里、金华里、津门里、福山北里、詹滨西里、教师公寓、天水丽园等住宅小区。跨越 20 世纪，又建成美爱家园、枫泽园和东方峻景等高档住宅小区，彻底改变东丽城区居住条件，一个容纳 10 多万人的中心城区逐步形成，且已形成规模。城区巨变，带动农村发展。全区已有 30 多个村撤村建居，有 9 万户村民告别原有农家生活方式，搬入楼房新居，过上与城里人一样的生活。农民家庭调查显示：1995 年人均居住消费 105 元，2000 年 985 元，2005 年 1086 元，2010 年 1744 元.

（四）交通通讯 人民生活节奏加快，现代化交通通讯迅速进入居民消费。农民家庭调查显示：1990 年，年人均交通通讯消费仅 5.3 元；1995 年达 87 元，2000 年上升为 459 元，2010 年交通通讯消费支出人均年达 1034 元，比 1990 年增长 195 倍。

2000 年后，全区人民群众生活水平大幅度提高，私家车进入家庭。农民家庭调查显示：2010 年，户均拥有移动电话机 2 部，生活用汽车 0.29 辆，使居民出行更加方便、快捷。

（五）耐用消费品 改革开放后，农民家庭耐用消费品发生显著变化。20 世纪 80 年代，人们追求自行车、缝纫机、手表、收音机；改革开放初期转向彩电、洗衣机、电冰箱和录音机。进入 21 世纪，电动自行车、移动电话、空调、摄像机、家用轿车等新兴高档消费品逐步进入农民家庭。2005 年，每户农民家庭有空调机 0.9 台、移动电话 0.39 部、彩电 1.14 台、电动自行车 0.13 辆、摄像机 0.03 台、家用轿车 0.12 辆。2010 年，发展为空调机 1.2 台、移动电话 1.98 部、彩电 1.3

台、电动自行车 0.42 辆、摄影机 0.04 台、家用轿车 0.29 辆。

1990—2010 年东丽区每户农民拥有耐用消费品情况统计表

表 33-3

年份	冰箱	电视	洗衣机	摩托车	空调	微波炉	电话	移动电话	影碟机	摄像机	电动自行车	轿车
	（台）	（台）	（台）	（辆）	（台）	（台）	（部）	部	（台）	（台）	（辆）	（辆）
1990	0.50	0.50	0.90	0.10	—	—	—	—	—	—	—	—
1995	0.89	1.03	1.09	0.23	—	—	—	—	—	—	—	—
2000	0.96	1.13	1.41	0.24	0.50	0.15	0.95	0.37	0.32	—	—	—
2005	1.03	1.14	0.93	0.22	0.90	0.52	0.91	0.39	0.13	0.03	0.13	0.12
2010	1.10	1.30	1.00	0.10	1.20	0.73	0.49	1.98	0.42	0.04	0.42	0.29

第二章　社会风俗

1979—2010年，东丽区居民的生活习俗基本上沿袭传统习俗，随着生活水平的提高，婚嫁、丧葬、生育、寿诞等礼仪习俗在沿袭传统的基础上，又出现了一些新的内容和方式。区内民间流行许多传统节日，且一些现代新节日也走进人们的生活，特别是有些舶来节日逐渐被年轻人接受。随着人们思想观念的转变，区内派生的习俗新风，正在冲淡弱化着传统习俗。

第一节　生活习俗

一、婚嫁

（一）**传统习俗**　20世纪80年代，区内人家大都仍沿袭传统的婚嫁程序。主要有纳采、问名、纳吉、纳徵、请期和亲迎六礼。婚姻主要由父母包办，讲究门当户对，通过媒妁之言，父母之命，为男女双方说亲。经双方家长同意后即订婚。婚期确定后，男方给女方购置新婚衣装、首饰等，结婚前日女方连同陪嫁妆奁一并带回。结婚典礼，大都沿用传统的习俗。

（二）**新式习俗**　20世纪90年代后，旧婚俗基本革除，男女婚姻自主。定亲时，家长与子女意见一致后，由介绍人领女方与其嫂或姐妹等去男方相看家庭情况，俗称“看家庭”。男方家庭予以款待，若中意则继续往来，否则，即转告介绍人中止关系。有的男女先自行恋爱，后征求家长意见，再请介绍人定亲。择偶注重政治条件，经济状况、身高、相貌等。婚礼简朴。提倡晚婚，婚龄由男20岁，女18岁改为男22周岁，女20周岁。人们对择吉日举行结婚典礼仍很重视，照旧于结婚前一天女方送嫁妆，于吉日吉时(境内东北部为上午10时，西部随市区为下午3时)男方多用小轿车接新娘。举行婚礼时，由司仪主持，宣读结婚证书，新婚夫妇向大喜字及家长鞠躬，再依次向主婚人、证婚人、介绍人鞠躬，夫妻互相鞠躬后入洞房。2000年后婚礼日趋讲究，不仅嫁妆、家具、家用电器等上档次，而且接送车辆也攀比高档和数量。90年代后，在干部、职工甚至农民中，兴起旅行结婚集体结婚等新风尚。

（三）西式习俗 随着宗教政策的落实，基督教、天主教信教群众采用西式形式结婚。新娘身着白婚纱，新郎着西服，由神父主持婚礼。新郎给新娘佩戴戒指，礼即成。

二、丧葬

（一）传统习俗 丧事，俗称“白事”，高寿而终称“喜丧”。旧俗为木棺、土葬，丧仪烦琐，以“厚葬为孝”，不论生前是否孝顺，死后丧事却是办得越热闹好像儿孙越尽孝道。长辈生命垂危时，晚辈守在身旁，谓之“送终”。长辈逝世后，灵床前设供桌，点“长明灯”。请亲邻中的全科人赶缝孝服，家属各按辈分穿孝服，孝子要“披麻戴孝”，向亲友报丧。钉棺后，全家举哀，然后孝子按长幼分跪守灵。富者请僧道诵经，超度亡灵。出殡前夕要给死者“送路”也叫“送盘川”。一般死后3天出殡埋葬。葬后3天，晚辈们到墓地烧纸添坟，俗称“圆坟”，葬礼告成。

（二）新式习俗 20世纪80年代，破除迷信，移风易俗，建立公墓，丧仪简办。提倡火葬，骨灰盒代替棺木。亲友送花圈、举行追悼会以示哀悼，臂戴黑纱取代穿孝(孙辈加一红缨，外孙加一蓝缨，再晚一辈多加一缨的旧俗仍存)，叩拜改为鞠躬、默哀。一些乡镇和部分村庄建立存放骨灰盒的灵堂，节约了大片土地。 回族的丧葬仪式依然保持着土葬、速葬、简葬三大特点，丧期不超过3天。90年代后，装裹一般为现代服装，孝服不再穿白色孝袍，棺材为租用水晶棺，祭品多为花圈花篮，吊唁为行鞠躬礼，放哀乐不再诵经，举行追悼会或向遗体告别仪式。

三、生育

（一）传统习俗

20世纪80年代，婴儿生后第3天要为其“洗(喜)三”，姥姥、舅母等携带红糖、鸡蛋、小被、席子等前来看望祝贺，吃喜面。第12天，照样庆贺一番，叫过“十二晌”。俗以为过了12晌，出了“拗日子”。婴儿满月，要剃胎头，吃喜面，产妇娘家携食品、童衣等前来祝贺，并接闺女回娘家，俗称“挪臊窝儿”。一百天过“百岁”，娘家亲朋馈赠手镯、脚镯、长命锁或衣物等礼品，主家款待喜面。多于“百岁”为婴儿摄影留念。周岁过生日，前一天吃饺子，生日煮鸡蛋，吃面条，有“催生饺子落生面”之说。姥姥家还送100个小寿桃，有的还令小孩当众“抓阄”，即摆放各种象征性物品，如书、算盘、脂粉等，任其抓取以试其志。

（二）新式习俗

20世纪80年代后，普遍新法接生或到医院接生。实行计划生育之后，提倡一对夫妻一个孩，优生优育，生男生女都一样。90年代后，区境内广泛流行西方风俗，亲朋好友给周岁的幼儿买小蛋糕、点燃小蜡烛、拍周岁照片。

四、寿诞

（一）传统习俗 区内百姓重生也重寿，过生日俗称“做寿”。一般过40岁就比较看重过生日，有的有孙子即可庆寿。“整寿”(年岁整数之寿)较隆重，“贺六十”“古稀之寿”“庆八十”等尤为重视。给老年做寿：寿诞前一天吃饺子，叫“催生饺子”，寿日吃捞面，叫“长寿面”。富有人家设寿堂，摆寿烛，挂寿幛，张灯结彩。寿堂正中设“寿星”之位，搞祝寿仪式。唱戏，宴客，收寿礼。

(二)新式习俗　20世纪80年代后，老人过生日，晚辈亲友们买寿桃、蛋糕等相送，或送给老人所喜欢的礼物。举办家庭宴会，吃捞面，敬酒祝老人长寿，使敬老的传统得以延续。21世纪始，给老人过生日多为在饭店举行，丰盛的喜宴，配以卡拉OK演唱，增添寿宴喜庆，有的拍“全家福”或录像，以示永久的纪念。有的晚辈生日，家里也要吃捞面，全家聚餐，送生日蛋糕。

第二节　节庆习俗

一、传统节俗

(一)过年　现称“春节”。年三十是一年最为重要和辞旧迎新的日子。家家户户焕然一新，处处吉言吉语、祥意盎然。晚饭丰盛，全家庆贺。晚饭后，包饺子，灯火通明，彻夜不熄，谓之“守岁”。午夜子时，吃素饺子，祈盼来年素素静静。家家户户放鞭炮、燃烟花，辞旧迎新。旧俗自农历腊月二十三至正月初五日皆在年节范围内。“糖瓜祭灶，新年来到”“二十三灶王爷上天，二十四扫房子，二十五糊窗户，二十六炖大肉，二十七宰公鸡，二十八白面发，二十九贴倒有，三十阖家欢乐吃饺子”“初一初二拜新年”。

正月初一，人人都穿新衣，到乡邻亲友家拜年，逢人拱手作揖互祝“见面发财”。正月初二，俗谓财神生日，是日家家竞相早起祭财神，挑水抱柴，意为进财(柴)进水，财源不断。早饭后夫陪妻携带礼品回娘家，岳家会女婿，成为“迎婿日”“姑爷节”。境内过年颇重食俗，有“初一饺子初二面，初三合子往家转”之说。正月初五是撤供的日子，意味着年已过去，俗称“破五”，家家包饺子，“捏小人嘴”，免一年口舌。初六一般都恢复正常的生活和工作秩序。

新中国成立后，改为公历纪年，旧历年改称“春节”，旧习大改。农村三十傍晚敲锣打鼓慰问烈军属，挂光荣灯。20世纪80年代后，电视普及，守岁为看电视文娱节目所替代。

(二)元宵节　即农历正月十五为“元宵节”，从正月十三“上灯”日始，商家挂出各式花灯供人选购，十四日“试灯”，家家挂灯，十五日为“正灯”，即灯节的正日子，鞭炮烟火，锣鼓喧天，花会出动，谓之“闹元宵”。家家吃汤圆，象征月圆人圆，万事如意。小孩们也纷纷提着灯笼，唱着歌谣，游行玩耍。有的在灯笼上写着谜语，谓之“灯谜”又称“灯虎”，喻猜谜难如射虎，故猜灯谜又叫“打灯虎”。农村在正月十五前后还要举办民间花会活动。20世纪90年代后，元宵节花会踩街活动成为全区重大的传统节日活动。

(三)二月二　古称“中和节”，俗称“龙抬头”，象征春已萌动，惊蛰后龙抬头兆雨将降，龙出则百虫伏藏，不能危害庄稼；俗传此日乃土地神的诞辰，祭土地以求丰收。是日妇女忌动针线，恐伤龙目；清晨淘出缸中存水，谓“引懒龙出窝”，挑满新水谓“引勤龙进家”；烙饼称“龙鳞”，包饺子谓“龙耳”，做面条叫“龙须面”。男人多于此日理发，称为“剃龙头”；境内尚有二月二吃焖子之习俗。

(四)清明节　公历4月5日前后是传统的清明节，又有“踏青节”“冥节”“思亲节”“寒食”之称。在这一天家家扫墓、添坟、烧纸以悼先人，已成为纪念死者、表达哀思、缅怀先烈的扫墓之习。20世纪90年代后，清明节扫墓提倡文明祭扫新风。集体公祭、社区公祭、网上祭奠、植树祭、家庭追思会等多种祭扫形式为群众逐渐接受。2008年，国家将清明节定为法定节日，休息一天并与双休日合并形成小长假。清明节不仅要祭祀先人，还是踏青、植树、旅游的好日子。清明节期间，区开展“清明节感恩”系列活动内容包括中华经典诗文诵读会、祭奠革命先烈活动、家庭追思会、楼门公祭等，推进文明祭祀，弘扬中华民族传统美德，让清明节成为中国的感恩节。

（五）端午节 农历五月初五亦称“五月节”，又称“端阳节”等。家家吃粽子，并给已嫁女儿送粽子；门上悬艾蒲以驱虫防病，并剪蛇、蝎、蛙、壁虎、蜈蚣等“五毒”图形贴于门窗或缀儿童身上以提醒避之；也有以装香草的小荷包与小葫芦或用红布剪葫芦状挂儿童身上，意在避瘟消灾。2008年，国家将端午节定为法定假日休息一天，并与相邻双休日一起实行连休，形成小长假，便于人们探亲、旅游。

（六）中秋节 农历八月十五是传统的中秋节。亲友互赠月饼、水果、酒类等礼品，家人团聚，烙糖饼、吃月饼，举行家宴，有的还赏月拜月，取“人月共圆”之意。2008年，国家将中秋节定位法定假日休息一天，并与相邻双休日一起实行连休，形成小长假，便于人们探亲、旅游。

（七）重阳节 即每年农历九月初九。庆祝重阳节包括出游赏景、登高远眺、观赏菊花、遍插茱萸、吃重阳糕、饮菊花酒等活动。1989 年国务院定农历九月初九重阳节为“老年节”，倡导尊老敬老之风。20 世纪 90 年代后，全区大多数村队成立了老龄协会，建立老年人活动中心，每逢重阳节开展多种多样的老年人文体活动。区和镇街乡领导去敬老院看望“五保”老人，慰问退休职工，许多人家给老人买蛋糕、送礼物或去饭馆聚餐庆祝，有些较富裕的村队还组织老人出外旅游，游览祖国大好河山。

二、现代节日

（一）新定节日 新中国成立后，国家陆续增加新定节日，依公历排序。

元旦新年 1月1日，又称“元旦”或“阳历年”。

国际妇女节 3 月 8 日，妇女放假半天。开展各项妇女活动庆祝节日，表彰先进。

植树节 1979 年 2 月，第五届全国人大常委会第六次会议决定将 3 月 12 日定为中国植树节，这项决议的意义在于动员全国各族人民积极植树造林，加快绿化祖国和各项林业建设的步伐。根据地区气候特点，区每年在 3 月 20 日开展植树活动。全区政府机关、各企事业单位和城乡居民群众在这一天绿化街区、村乡、单位，或根据当年绿化工程需要，到外环线、东丽湖等，集中开展全区性的植树绿化活动，已成为倡导绿化和生态环保的一个很重要的节日。

国际劳动节 5月1日，简称“五一”节。各机关单位放假1天，并举行庆祝活动。

中国青年节 5月4日，简称“青年节”，机关学校、企事业单位与共青团组织青年集会纪念中国1919年五四爱国运动。

国际儿童节 6月1日，简称“儿童节”，是日少年儿童着节日盛装举行庆祝活动。

中国共产党诞生纪念日 7月1日，是日，各级党组织召开庆祝会，表彰先进党支部和模范党员及优秀党务工作者。

建军节 1921年8月1日，中国共产党举行南昌起义，诞生人民军队，成为中国人民解放军建军纪念日，军地双方组织各种拥军优属，拥政爱民活动。

教师节　1985年，第六届全国人大常委会第九次会议决定将每年9月10日定为教师节。每到教师节，全区召开教师节表彰大会，表彰优秀教师、班主任和教育工作者。各镇街乡村召开座谈会慰问教师，社会各界给学校、幼儿园送去慰问品，帮助学校改善办学条件、添置教学设施设备，乃至捐资设立奖学金、教育基金，成为促进教育事业发展，提高教师地位责任的节日。

国庆节　中华人民共和国成立于1949年10月1日，放假3天。

（二）舶来节日

母亲节　每年5月第二个星期日。母亲节起源于美国，1914年，美国国会正式命名每年5月的第二个星期日为母亲节。2000年后，母亲节这一节日被越来越多的国人所接受。每逢母亲节，人们以自己特有的方式表达对母亲养育之恩的感谢，表达浓浓的亲情。这一天，人们会送给母亲鲜花、蛋糕、衣服等礼物，子女做饭让母亲休息。除了孝敬自己的母亲之外，社会各界举行厨艺比赛、时装秀、评选优秀母亲等各种庆祝活动。人们还以慈善募捐，志愿服务的方式向社会回报亲情，献出爱心。弘扬母爱的母亲节，已成为一个约定俗成的每年必过的节日。

环保日　1972年6月5日，联合国在瑞典首都斯德哥尔摩召开联合国人类环境会议，会议通过了《人类环境宣言》，并提出将每年的6月5日定为“世界环境日”。是年10月，第27届联合国大会通过决议接受了该建议。自此以后，各国政府每年都在6月 5日这一天，开展各项活动，宣传与强调保护和改善人类环境的重要性。2000年后，随着环境和生态问题日益凸显，我国更加重视环保日活动，区也在这一天广泛开展各种形式的专题宣传活动。

圣诞节　20世纪90年代初至2010年，年轻人逐渐崇尚圣诞节。区内有的青年男女在圣诞节前一天（平安夜）的傍晚，结伴到教堂礼拜，歌厅放歌或到繁华地区游玩、购物等。

（三）其他节日

学雷锋纪念日　1963年3月5日，毛泽东主席“向雷锋同志学习”的题词发表。后来，中共中央决定3月5日为学习雷锋纪念日。每年雷锋纪念日到来之际，全区举办雷锋事迹报告会、学雷锋演讲会等，掀起学雷锋热潮。各中、小学校开展以“学雷锋，六个一”为主题的活动。通过读一本书、讲一个故事了解雷锋事迹，开一次班会、写一篇心得感受雷锋精神，做一件好事、参加一次志愿服务活动。各行各业的人们在工作岗位、在采血车里、在捐款箱前、在打扫卫生的大街小巷，用爱心和奉献践行雷锋精神。2000年后，志愿者活动与学雷锋相结合，给这一纪念日带来新的活力，学雷锋逐渐成为常态化的社会奉献活动。

助残日　1990年12月28日，全国人大审议通过《中华人民共和国残疾人保障法》。按照规定：“每年五月第三个星期日为全国助残日”。1991年5月15日开始，区每年都进行“助残日”活动。区广泛开展宣传慰问和各项扶残助残活动，改善残疾人民生，保障残疾人权益，提高残疾人生活，弘扬扶残助残的社会风气。

第三节　民俗新风

一、春节新民俗

春节联欢晚会　1983年始，每年春节除夕夜，吃过年夜饭后，人们会守在电视机前，收看一年一度的春节联欢晚会，历经28年，填补了大年夜熬夜旧民俗的缺失，成为人们过春节不可或缺的新民俗。春节的高潮历来在“大年三十”之夜，讲究“合家欢聚”。全家人聚在一起，同看一台节目，充满欢乐、热闹、团圆的气氛。

电话、手机拜年 20世纪90年代起，流行邮政贺年卡拜年。当时“中国邮政贺卡（有奖）明信片”是节日祝贺的一种最新形式。进入21世纪后，随着电话、电脑的普及，每年节日来临时，从入夜到凌晨，用电话、手机短信拜年，成为人们春节问候的主要方式。

饭馆吃年夜饭 合家团圆吃年夜饭是传统的春节习俗。20世纪90年代中期后，人们欢聚一堂，去饭馆聚餐、吃年夜饭的家庭越来越多。一家人把酒共饮，共叙天伦，与周围更多家庭分享喜庆幸福的年味。传统意义上，过年就是待在家中，享受家人团聚的时光，然而现已有些家庭，借着春节假期外出旅行，到异地或异国感受不同风俗的春节，逐渐成为一种时尚。

二、文明殡葬祭祀

20世纪80年代后，全区城乡殡葬改革逐渐深入。90年代后，全部废除土葬实行火葬，一些乡村建立陵园存放骨灰盒。还有的实行植树葬，将亲人骨灰盒埋入墓穴，种纪念树、立纪念碑，为绿化做贡献。2000年后，流行为逝者买墓地埋葬骨灰，同时大力提倡文明殡葬、文明祭祀，丧事简办，丧事新办。

每年清明节之际，以各种文明方式祭奠已经过世的亲人。各陵园举办“都市文明、集体共祭”活动；网上祭祀，方便、快捷、环保，通过献花、祭拜、祭酒、上香等形式对逝者进行追思，吸引越来越多的群众参与；举办家庭追思会，将逝者生前的照片、录像资料制作成光盘，组织家庭成员观看，播放逝者生前喜爱的歌曲，表达对故人的缅怀之情；社区公祭，由社区为辖区内居民提供公祭场地，通过摆放逝者遗像，以敬放水果、鲜花，宣读祭文等方式进行缅怀。每年春节、清明节、中元节、寒衣节开展“文明祭祀从自家做起”“缅怀先烈先人携手先行”鲜花祭祀仪式，减少烧纸、放鞭炮等不文明不卫生的祭祀方式，倡导现代文明祭祀理念。

三、志愿服务

2005年，区建立学雷锋爱心驿站。2007年，建立区义工服务协会。2009年，成立区志愿服务协会。各街乡设义工服务站，各村居设义工服务分站，遍布城乡101个村和59个小区。区义工服务协会有党员服务站、未成年人教育基地、快乐营地、大学生实践基地、向日葵心理辅导站等机构和政策宣讲、环境清整、文明督导、网吧监督、维护交通、便民服务、心理咨询、阳光育苗等义工专项服务队，全区专职义工人数达到3000人。成立义工储蓄银行，把每位义工参加义工服务的情况记录在“义工储蓄银行登记卡”，年底评选表彰100位优秀义工。并配备统一的标志：红帽子、红马甲、红围巾、红袖标，增强义工的荣誉感和责任感。

义工服务中心每月有活动计划，每周开展一次集中的义工服务活动，每逢重大节日开展大型义工服务活动，实现了大众化、规范化、专业化、常态化。开展“环境卫士在行动，每周奉献一小时”环境清整活动，千名义工坚持不懈打造跃进路“义工奉献一条街”。开展“我们的节日”主题文化活动。端午节举办包粽子比赛、歌迷竞猜和送粽子进工地慰问农民工。中秋节举办“家乡月圆，畅想未来”主题经典诵读。重阳节举办“百善孝为先，浓浓敬老情”宣传慰问活动。以爱心超市和爱心大篷车为载体，深入基层服务。启动爱心超市，举办了十余次义卖活动，爱心大篷车开进社区、乡村、工厂，募集善款8万多元，衣物5000多件，陆续送到帮扶对象手中。与西藏拉萨彩泉福利特殊学校、德吉孤儿院和河南郑州孤儿院开展帮扶活动，赠送了17余万元的爱心物资。长期开展“文明出行我先行，每周奉献一小时”志愿活动。组织500名义工在交通路口义务站岗值勤，为过往群众服务，解决问路、行车咨询等问题，受到行人的高度评价。组建38个帮扶小组，与百名空巢老人签订帮扶协议，开展经常性的“三助二”帮扶活动。组建义工理发小分队，每月坚持去滨海耀华中学，给来自玉树灾区的568名学生义务理发，广受好评。2010年，东丽区义工服务协会荣获全国、天津市优秀志愿服务团队称号。志愿者服务深入人心，影响日益深广，已成为奉献爱心、共襄善举、弘扬文明的良好社会风气。

第四节　陋习　禁忌

一、陋习

20世纪80年代后，区内赌风渐起，赌资亦巨，有的惯赌受到法律制裁。迷信活动又有所抬头，算卦、相面、看手相等已公开化，“看香”也有时所见，有的还辅以电子计算机为人算命。纹身、认干亲，本命年系红腰带、羊年和本命年不能结婚、服中药后将药渣倾倒于路面等陋习亦常见。90年代后，赌风较普遍，打着中老年棋牌室的名义，设单间聚赌，有的赌资超千元。遇婚事索要“喜钱”途经几个村庄，主家被索取上千元“喜钱”，否则休想通过，实为主家一大负担。

1979—2010年，曾有3个年份立春不在当年，形成许多年轻人提前或推迟婚期。为生个“龙宝宝”有些农村孕妇盲目实施剖腹产。通信工具、车辆牌照等推崇吉祥数字，而一些经营单位借机对“吉祥”数字，亦以高价出售，谋取暴利。

2000年后，不法经营者印制大量“冥印”，其颜色、式样等酷似人民币，上面印着“世界地府银行”，行长“玉皇大帝”、副行长“王母娘娘”、“地府阎王”。迷信丧葬形式回潮，出现“陪哭代哭”及道士、佛徒念经“超度”等。迷信制品，样式繁多，除仿传统迷信制品外，出现许多仿现代生活的“冥品”、家用电器、洋房别墅、汽车等五花八门。

二、禁忌

（一）礼节、年节忌下午或晚上看望病人，忌斟水时壶嘴对着别人，忌待客菜为单数。忌过年包饺子、吃年夜饭时说“够了”“完了”“行了”等不吉利的话，忌出嫁女除夕夜看娘家灯，忌正月理发、压岁钱忌奇数。

（二）婚嫁、丧葬　忌正月提煤、忌迎亲车往返走同一路线、忌婚日为农历单日，忌带孝者进入非亲族家、忌出殡时孝子回头、忌丧亲后三年内逢年贴对联、忌当年内春节拜年。

（三）饮食出行　忌中药锅放在桌上、忌两人合吃一梨、忌吃饭及睡觉时照镜子。坐船时忌说“翻”“沉”“漏”字。走夜路听见有人叫喊、忌轻易回声。

第三章 宗 教

至2010年，东丽区主要有佛教、伊斯兰教、天主教。改革开放后，区成立民族宗教办公室，落实宗教政策，恢复宗教活动场所，宗教活动得以正常进行。全区依法登记的宗教活动场所有伊斯兰教清真寺3座、天主教堂1座、基督教集会点7处。

第一节 伊斯兰教

一、骆驼房子清真寺

清同治末年（1874）始建，由盐山县人李德明来此与本地回族刘玉山商议筹款兴建一座南北长12米，东西宽4米的大殿作清真寺，代替原在刘家借用的土房。1921年，李德明之子李文卿阿訇任职时接盖了3间中殿。1937年，马玉泉阿訇又接盖了3间后殿，使该寺具有了一定规模。

2005年，骆驼房子清真寺

1966年，“文化大革命”时，拆毁了大殿，清真寺成了生产队的副业加工厂，宗教活动被迫停止。

1978年，中共十一届三中全会以后，宗教活动得以落实。1981年，聘请李永福阿訇主持清真寺的宗教活动。

1982年，中共中央19号文件下达后，宗教政策得以进一步落实，是年修建了北讲堂。1983年，又盖起大门楼。

1984年，区人民政府拨款，市民族事务委员会和市伊斯兰教协会捐赠、骆驼房子村自筹款，修了一座南北跨度15米、东西宽12米、高5米的大殿。是年9月18日，适逢小开斋节举行了庆祝清真寺落成典礼，市、区有关部门的领导前来祝贺。1988年，重新修建水房子，至此百年老寺扩建成一定规模并修葺一新。该寺扩建后占地0.16公顷，建筑面积840平方米。

1998—1999年，骆驼房子众乡老倡议，幸逢盛世应将原清真寺由村中迁往村西，村委会赠地0.36公顷，天津市民族事务委员会与区、乡政府资助，有关单位相帮，众穆民纷献，兄弟民族人士相助，共集资115.5万元，先后建成1369平方米的大殿、讲堂、女寺等。每逢开斋节、宰牲节和圣纪节日时，区内及河东区等地回民多来此礼拜，骆驼房子清真寺已成为全区伊期兰教友活动的中心。

二、新兴村清真寺

清同治四年（1865），通商大臣崇原汇同兵部尚书万清藜上奏朝廷，请谕旨令军粮城以西开通东、中、西三条河道，收整民间零散土地，分地为排，招民认垦，以安定流民、扩充军粮。朝廷一纸谕令后，河北、山东等地灾民陆续逃荒前来，在西河两岸务农谋生。先后形成了徐家台、高家台、九间房、地台子、张家台等自然聚落。其中逃荒来此的回民灾民都聚住一起，将聚居地取名“清真寺”。

1920年，由刘文云捐资创建新兴村清真寺。1966年，由于“文化大革命”，新兴清真寺被毁。

1980年，落实党的宗教政策后，由刘振钢、张运来等人倡办易地重建清真寺。其间，得到区、乡、村各级政府资助，四方乡老民乜贴，众志协作，再做扩建。新兴清真寺坐落在新立街道新兴村，占地面积0.35公顷，总建筑面积1850平方米。院落内建有男大殿、女大殿、食堂、冲头室、埋体室、办公室、宿舍等。

新兴村清真寺为新兴村及周边四合庄、中河村、泥窝村、翟庄子、张贵庄、丰年村、新立村等回民和其他国内外伊斯兰教信众提供礼拜、宗教交流活动。该清真寺设立管委会，内设专职管理人员4人：教长（阿訇）1人、学生（海礼凡）2人、长教1人，举行大型活动时有志愿者参与组织与服务。

2010年8月，新立街道所属大部分村庄被市人民政府批准列入第四批宅基地换房示范小城镇。拟在津塘二线南侧兴建示范小城镇，其中新兴村将整体撤村。东丽区政府已委托天津市滨丽小城镇建设开发有限公司投资新建规模扩大、设施齐全、设备先进、功能全新的新立清真寺（原新兴清真寺易址更名）。新立清真寺坐落于新立示范镇新裕路与驯海路交口西南角，占在面积0.61公顷，总建筑面积4100平方米，总投资5252万元。建成后，能满足新立示范镇内及周边地区回民举行宗教活动的需求，并配有底商，以达到商业收入养寺的需求。

三、大宋村清真寺

清光绪十七年（1891），由原从沧县西赵河村（今属孟村回民自治县）回民刘月宽带其子刘玉山等全家逃避灾荒定居海河北岸大宋村。因此处系富庶海河积地、土壤肥沃，适宜生存。沧县老家的亲戚都拖家带口来大宋村落户，使回民人数不断增加。为解决回民礼拜问题，由刘玉山操办，倾大宋、大杨、西窑暨周边各村穆斯林献乜贴，建成一座拥有礼拜殿3间、阿訇住房2间、沐浴室2间的大宋村清真寺。

1938年，大宋村的回民人口增多，需扩建清真寺。许多老年回民返原籍沧县去募款，清真寺得以扩建，礼拜殿增加到8间，阿訇的住房和沐浴室也各增加了1间。

1966年“文化大革命”时期，清真寺遭破坏。中共十一届三中全会后，落实宗教信仰政策。经1985年修葺，又已初具规模。

1992年，区、乡政府和大宋村村委会共同出资，对清真寺进行重修。为保证清真寺能有固定的收入和资金，区政府拨款2万元，为清真寺建了一个像章厂，使清真寺拥有资金举办宗教活动。

2008年，东丽区加快城镇化建设，大宋村全面拆迁。区政府与无瑕街道鼎力资助，众穆民纷献乜贴，由天津设计院设计，选址无瑕花园北侧京山铁路线以南百余米处，以千万元的投资建成占地0.26公顷，2300平方米的砖混结构宏伟新寺。

2010年元月，新建的大宋村清真寺启用，来此礼拜的回民络绎不绝。使大宋村的百户近400人的回民及无瑕、军粮城街道和滨海新区、津南区、钢管公司等回民有了宽敞洁净的朝拜之所。

第二节　天主教

1997 年，向阳村天主教堂

1979年始，区落实宗教政策，1982年，天主教重新开堂。1987年，天津市宗教事务所和区、乡政府拨款，村民委员会及教友赞助，集资11万元，重建新的么六桥回族乡向阳村天主堂。向阳村居民95%为天主教徒，附近村庄及滨海区塘沽等地教友亦定期来天主教堂过大瞻礼，已成为区天主教友活动中心。2010年7月，向阳村村民随村整体拆迁后，入驻华明示范镇。为保证信教群众的正常宗教活动，拟于2011年，在华明家园新建天主教堂。

第四章　方言、俗语

东丽区方言处在静海话东北部和天津话东部的边缘地带，由于冀鲁地区移民的迁入、形成区内方言复杂的局面。长期以来，区内居民在生产、生活实践及社会交往中总结积累了大量方言词汇及俗语、谚语、歇后语、歌谣。既是人民大众智慧的结晶，也是生活经验的总结。随着社会发展，一些庸俗、不当的内容逐渐被淘汰，富有哲理、寓义的内容逐渐兴起。

第一节　语　音

一、区内方言的归属与区划

区内方言处在静海话东北部和天津话东部的边缘地带，与静海话、天津话相连大部分地区的土著方言受到静海话、天津话和相邻的武清话、宁河话影响，带有这几种方言之间过渡性特点。另外，新垦区(主要是排地地区)的村庄，大都是近百年来由河北沧州地区和山东省北部一些地方移民建立起来的，移民原籍方言基本上属冀鲁官话区沧惠片和石济片。属冀鲁官话区保唐片的静海话、天津话过渡性的土著方言与移民方言交织在一起，同时又共同受到普通话强烈影响，便形成区内方言十分复杂的局面。区内汉语方言可划分为4片：

（一）静海话片　区内称海浪头音，属土著方言。分布在区内南部沿海河北岸地段，包括无瑕街道各村庄，军粮城街道刘台村、后台村、北旺村、李家台村及苗街以南各村庄和大安村一部分，还包括新立街道小东庄地区沿海河各村庄及务本村、邢家圈村等。这一片以军粮城街道杨台村的方言为代表。

（二）天津话片　区内土著方言。分布在区境内西南部，包括张贵庄、顾庄、崔家码头村、詹庄村、潘庄、杜庄、吴嘴村、万新庄、南北程林村、小王庄。这一片以张贵庄村方言为代表。

（三）津北话片　区内土著方言。带有天津话、静海话、武清话和宁河话之间过渡性特点。主要分布在区境内北部，包括金钟街道、华明街道（永和村、胡张庄、李场村除外）、军粮城街道的山岭子村等，还包括新立街道西杨场村和东杨场村。各村口音有一些明显差别，华明街道南北于堡村带武清、宁河音的特点多一些，军粮城街道山岭子村带静海音特点多一些，华明街道李明庄村带天津音特点多一些。这一片以大毕庄村方言为代表。

（四）津沧鲁混音片　移民方言。主要分布在排地地区的绝大多数村庄，包括新立街道东部、北部，及老圈村以北么六桥回族乡(向阳村大部分除外)，军粮城街道的永兴村、唐山村、民生村、一村至四村及大安村一部分，还有无瑕街道五村及华明街道永和村、胡张庄、李场子村等。这片居民老年人多说原籍话，青年人多说天津话或津北话，中年人多说近似沧州话的方言。以么六桥村的中老年人的方言为代表。

除以上4片外，区内还有个别村庄的语言特别复杂。如新立街道的宝元村，是朝鲜族聚集的村庄，朝鲜族居民说朝鲜话，其余居民来自全国各地，各操自己的乡音。么六桥回族乡的向阳村，80%的居民说武清话，齿音字很少；万新街道的增兴窑、西杨台村有30%的居民说河北省一些地方的方言等。

二、区内四片方言的主要特点

（一）四片方言相同的语音特点　声母的齿音字比普通话多；普通话开口呼零声母字四片大都念成［n］声母字；普通话后鼻音韵母儿化时韵尾ŋ脱落，韵腹元音同时鼻化，四片方言韵尾脱落，韵腹元音不鼻化。

（二）四片方言之间不同的语音特点　声母韵母面略有不同，声调的单字调有较大差别。

第二节　方言词汇

一、天文、时间类

闯雨：暴雨
扫帚星：（彗星）指带来灾祸者
蒙蒙亮儿：黎明
多前儿、多咱：什么时候
昨儿个、夜儿个：昨天
火烧云：晚霞
露湿：露水
成宿(xiǔ)、成宿价：整夜
黑下：黑天
早先、早前、早前个：从前
明儿个、赶明儿：明天
年时个、头年个：去年

二、动物类

刀螂：螳螂
找找姑、找姑：布谷鸟
吉头鱼、吉头儿：小黄鱼
拐子：鲤鱼
蛐蛐儿：蟋蟀
啦啦蛄：蝼蛄
狗蹦子：跳蚤
燕巴虎儿：蝙蝠

蛤蟆秧子：蝌蚪
米蝇：蚂蚁
长虫：蛇
地蚕：蚯蚓
腻虫：蚜虫
老家贼：麻雀
钱串子：千足虫
蝎拉虎子：壁虎

三、植物类

山芋、白薯、地瓜：甘薯
大麻籽：蓖麻
稻糙子：稻谷
酸了红、红果：山楂
老婆子耳朵：扁豆
火柿子：西红柿
秫米：高粱米
马家菜、长寿菜：马齿苋
婆婆丁：蒲公英
刺菜：小蓟
曲麻菜：苣荬菜
转西莲：向日葵

四、房舍、什物类

就地：室内地面
暴土：尘土
拐棍：手杖
调羹、调羹勺：汤匙
铺扯：碎布
茅房：厕所
电棒子：手电筒
电驴子：摩托车
鞋趿拉儿：拖鞋
影背：影壁
擀面棍儿：擀面杖
泥板：抹子

五、食物类

卷子：花卷
汆汆：粗粮面和好攥成两头小、中间大煮食的食物
黏粥、糊涂：粥
就食、就吃：下饭的菜品
稀的：稀饭、粥
团子：粗粮面包菜馅的大圆团
菇渣：煮食的面疙瘩
锅饼：粗粮面摊薄烙熟的食物

六、人体、疾病类

身子骨儿、身板儿：身体
眵目糊：眼屎
大牙：臼齿
胳背：胳膊
脚脖子：踝骨
痄腮：腮腺炎
发要子：患疟疾
不得劲儿：不舒服
套脓：伤口化脓
绉巴：身体不适、动作不灵

掉蝶肚：脱肛

胳肢窝：腋窝

痨病：肺结核

离儿、离离儿儿：神经质

羊癫疯：癫痫

皮实：身体健康不爱得病

七、称谓、人品类

太爷：曾祖父

老爷子：自称其父或称人父

老疙瘩：最小的儿子

白眼儿：女儿的孩子

红眼儿、黑眼儿：儿子的子女

老丈人：岳父

丈母娘：岳母

一担挑儿：连襟

大拿：掌握实权的人

铲子匠：爱对好人好事讽刺的人

黏糊蛋：言行不干脆利索甚至纠缠不清的人

现世报儿：做丑事受惩罚的人

固登、固登虫：心眼儿多的人

屁屁、胡天：说话毫无根据，不着边际或不讲信用的人

糨子、眊饭：办事糊涂的人

窝囊废：胆小怕事、无能无用的人

八、言谈类

白话：言过其实或无稽之谈的瞎说

捯小肠、翻小肠：重提旧瓜葛

戗咕、戗巴：议论、争辩

嘀咕：缺主见、犹豫不定

扒斥：故意说人短处

矫情、褶理：强词夺理、无理取闹

编笆造模：编造谎言

塞打、丧巴：用极为不敬或不友好语气对人说话

念三音、敲铲子：旁敲侧击、说风凉话

掰生：离间、使人生疏

待见：喜欢

九、行为、工作类

摆楞、比划、摆弄：安排、整治、养活

吃二馍：从中渔利双方

挣崴：挣扎、抵抗

出溜：滑、半途而废

抱粗腿、溜沟子：拍马屁

套近乎：拉关系

要膘：故意逞强

铁了：关系特别密切；事情定而不移

挤对、挤落：逼迫使屈从

走后门儿：通过各种不正当关系或求人办事

勺了呱唧：工作随随便便、不认真

十、其他

差道儿、不够：人格低下

二五眼：不精明，办事欠妥，质量低

下，数量少

磨叽：不整洁、做事拖拉
搭眼了：上当
满盘：全部、总起来
冷不丁：突然
不犯杵：不知好歹
瓷实：结实、坚固
浮头儿、浮皮儿：表面
够戗：十分厉害、难以支持
黏乎：优柔寡断、办事不干脆

第三节 俗语 谚语 歇后语

一、俗语

一正压百邪
马好不在鞍，人好不在衫
双桥好走，独木难行
老实常在
越坐越懒，越吃越馋
恨铁不成钢
苍蝇不叮无缝的蛋
缝衣先量身，交友先交心
一步一个脚印
艺多不压身
凤凰不落无宝地
有理讲倒人
说慌瞒不了当乡，泄底就怕老乡亲
对人要宽，对己要严
家和人和万事兴
钢要用在刀刃上，钱要花在正路上

二、谚语

（一）农谚

种地不上粪，等于瞎胡混
人误地一时，地误人一年
田间管理如绣花，工夫越细越到家
人勤地生宝，人懒地生草
庄稼一枝花，全靠肥当家
三分种，七分管，人勤地不懒
多锄一遍，多收一石
桃三杏四梨五年，枣树当年就还钱

（二）天文、气象

七月十五定旱涝，八月十五定收成
天上钩钩云，地上雨淋淋
蚂蚁搬家蛇过道，大雨不久就来到
五防六月车辙雨
风刮一大片，雹打一条线
早看东南，晚看西北
东虹云彩西虹雨
一场秋雨一场寒，十场秋雨穿上棉

（二）事理

小洞不补，大洞吃苦
不怕无能，就怕无恒
有毒的别吃，犯法的别做
不能正己，焉能化人
良药苦口利于病，忠言逆耳利于行
长江后浪推前浪，一代新人换旧人
好话说上千千万万，不如亲手干一干
天下无难事，只怕有心人
人有三宝精气神，天有三宝日月星
贪小便宜吃大亏
玉不琢，不成器
众人拾柴火焰高

（四）卫生、保健

春捂秋冻，到老没病
早吃好，午吃饱，晚吃少
一日三笑，不用吃药
冬练三九，夏练三伏
刀越磨越亮，人越练越壮
夏吃大蒜冬吃姜，不用医生开药方
多愁者病多，乐观者安宁
茶喝多了养性，酒喝多了伤身
饭后一支烟，害处大无边
无气不生病，无毒不生疮
冻冻晒晒身体强，捂捂盖盖脸发黄
牙不剔不稀，耳不挖不聋

三、歇后语

八月十五的月亮——正大光明
三天没睡——缺觉(教)
下雨敞窗户——不嫌稍(臊)得慌
木匠带枷——自作自受
汽车按喇叭——靠边儿站
勃拉盖上钉掌——离蹄(题)了
脚上的泡——自己走的
梁山的军事——吴（无）
人造卫星上天——不翼而飞
卤水点豆腐——一物降一物
千里送鹅毛——礼轻情意重
芝麻开花——节节高
排地的棉花——刷儿白(极白)
绱鞋的不用锥子——针(真)好
腊月生人——冻(动)手冻(动)脚
醉雷公——胡劈
小葱拌豆腐——一清二白
瓜子不饱——是仁（人）心
排地人的老家——四面八方
用水盒子扎猛子——不知深浅
冻豆腐——难拌
晴天打伞——多此一举
火车站的铁轨——道道多
心里长草——慌了
排地的瓜——两味的
腊月的萝卜——冻（动）心了

第四节　民间传说

记述首部《东丽区志》中没有记述的民间传说。

（一）金钟河的传说

相传，宋辽时代。萧仁宗在七里海建了行宫——银安殿，并建造甲、军粮两个土城，企图以此为基业，虎视耽耽，随时准备入主中原。宋朝则命名将杨继业，率子抗辽，在海河以南扎下营寨。设大站、小站及七十二座营盘，准备迎击金兵的人侵。暑去秋来，宋兵与辽兵多次会战，千辛万苦自不必说。将近冬至，天气逐渐寒冷，宋兵还不能换上御寒的棉衣，况且粮草也所剩无几，士气低落，军心浮动。老令公杨继业几次派人催发粮草，催送棉衣。怎奈宋军元帅潘仁美嫉妒杨家将的英名，借故迟迟不发粮草也不送棉衣，欲陷杨家将于绝地。

一日，老令公独坐大帐，面对孤灯，想起潘仁美上欺皇上，下压群臣，误国害民，致使自己被困这北疆荒原，欲战不能，欲罢不忍，陷入束手待毙的绝境。不觉长叹一声落下辛酸的老泪。迷茫中，灯光忽地一闪，从中闪出一个人来。由小渐大轻轻飘落在老令公面前。左打稽首，右拿拂尘，银须白发。老令公急急拭目，迷离中认出乃是太上老君。于是急忙跪倒，纳头便拜："仙翁到此，老夫失迎，恕罪，恕罪。"老君微睁双目，轻声细语，慢慢说道："老将军，休得忧愁，不必烦恼，我来助你。"说罢将手中拂尘轻轻甩三下，然后轻轻飘起悠然逝去。突然地面狂抖乱颤，老令公一个趔蹶，几乎跌倒。这时，帐外跑进一个军卒，"报，行宫方面火光冲天，响声震耳。"老令公一惊，随即一挥手"再探"，军卒遵命退出去。过一会，军卒再来报道："辽营兵将乱作一团，吵吵嚷嚷，说是行宫在大地狂抖乱颤中，陷于地下。""啊！"老令公又是一惊，踱了几步，暗自思忖，此乃天助我也。说道，传我将令，三军立即起程，奔袭辽营。号令传下,宋兵人人精神倍增，弓上弦剑出鞘，以排山倒海之势杀奔辽营。说也奇怪，宋兵所到之处，宋兵就像热锅上的蚂蚁断了头的苍蝇一样，丢枪弃刀，呼爹唤娘，东奔西跑,各顾其命，溃不成军。天渐渐亮了，宋兵不费吹灰之力，就包围辽军指挥中心——行宫。辽营方向毫无动静。莫非有诈？老令公骑在马上，手搭凉棚极目望去。行宫处只见黑烟笼罩，黑水滚滚。辽营行宫真的天塌地陷了。老令公看罢心中欢喜，望天而拜，感谢神力相助扫灭辽兵。潘仁美得知神仙助杨家将打败辽兵，急忙差人提粮草，寒衣送到，又假惺惺地摆宴为老令公贺功请赏。后来，人们把行宫塌陷的地方起名叫塌海淀(殿)。

不知过多少年，塌海淀已有百里方圆，淀边也有不少人家。每逢阴雨天总是雾气昭昭，海市蜃楼屡屡出现，楼台殿阁、行商大贾、公子王孙，窈窕淑女、骑马的、坐轿的、沿街叫卖的、坐店堂的，应有尽有，甚是热闹，犹如仙境。偶尔也有人拾到或奔马，或蚊龙，或仙女散花，或渔人垂钓的好物件，有金有银也有珍珠、玛瑙、翡翠、玉石，形形色色尽是稀世之宝。一天，一个游方和尚来到这里，看了这奇观美景，略一沉思，似有所悟。敲起木鱼，围着塌海淀边走边念："金钟金钟，淀里修行，复见天光，八个弟兄。"和尚念念叨叨，似疯似颠，引来很多孩子嘻闹追逐。和尚围着塌海淀整整绕行三周，这和尚的歌谣孩子们都学会了。和尚却不知又到哪里出游去。孩子们聚在一起的时候，总要学着和尚的样子，手舞足蹈，边转圈边念。金钟金钟，淀里修行……但念归念，其中的奥秘却无人知晓。

有一年，一落魄秀才路过这里病倒，人们好生照应看护，才使他病情好转，逐渐康复。他感激人们，给这个村起了个名字叫乐善庄——是乐善好施的意思。秀才为感恩，自己留下来教孩子们读书识字。一天早晨，一个孩子跑来对秀才说，他到淀里提水，听到淀里有嗡嗡的钟声。秀才惊疑，就亲自去看，果然如此。他仔细揣摩，才恍然大悟。他跟村民们说破了和尚歌谣的隐秘：塌海淀原来是座行宫就必然有钟楼。行宫沉于淀底，金钟便也沉于淀底。经过天地日月风云的磨炼和淀水的喂养，已酿成天地的精灵，若得亲生弟兄八人，就可获此稀世珍宝。他家就可大发财源，落得无穷富贵。

消息传开，不少贪婪之士都跃跃欲试。淀边十里外有个千家堡，住着一个大户人家，主人叫千百万。他生了七个儿子和一个女儿。他想，我这七个儿子加一个女婿，不就是七狼八虎了吗?这金钟还不是命该我得。于是他急忙把七个儿子和一个女婿找来，连夜排船打钩准备下淀捞钟。经过七七四十九天的日夜操劳，排好了一只崭新的大对槽船，铸成不下三百环的铁索铁锚，并请阴阳先生选好了黄道吉日。趁着夜黑天，郎舅八人就架起大对槽船往淀深处划去。夜，漆黑漆黑。淀水，极静极静。虽说这是一只不小的船，但在这偌大淀水里还不如一片芦叶。郎舅八人顾不了那么多，他们越划越快。起风了，淀水夹着微弱的钟声向大船袭来。钟声越来越响，八人就越划越猛。子夜时分，他们已达淀心，钟的响声犹在船下。他们停了船，钟声激起的波纹哗哗作响，似乎有意把船推开。这时天黑的像涂了墨一样。他们下锚了，一锚两锚无动静，三锚四锚无踪影。大船由东划到西，又从南划到北。整整九九八十一锚，总算把金钟钩住了。郎舅八人那欢喜劲就不必说了，他们齐心协力开始往船上拉。他们拉一环钉一环，生怕链环退回去。好沉哪，他们拉钉到二百环已是大汗淋漓了。这时淀水波浪滚滚，清脆的钟声越来越响。拉了二百五十环，淀水波涛汹涌钟声嗡嗡作响。再拉时，金钟在汹涌的波涛中翻滚着出现了。好大的金钟，铮明瓦亮，烁烁发光，把漆黑的大淀映得通亮通亮。郎舅八人要不是手里拽着铁链，乐得几乎要晕过去，把它抱在自己怀里，压在身下。他们甩掉身上的衣服，顾不得袒胸露背、腰酸手麻，一个劲的往上拉。越往上拉，金钟翻滚的越厉害。波涛越大，钟声震耳。拽着东歪西斜的大钟，漫无目地的东逃西窜。船，忽儿被恶浪掀上浪峰，忽儿又被金钟在浪峰上拽下，郎舅八人的心收紧了，八双眼睛死死盯着难以驯服的金钟。他们互相鼓励着，拼命的往上拉着链环，也顾不得钉了，恨不得一下子把金钟拉上船。只差一环了，猛听有人喊："姐夫，使劲呀！"这一喊不要紧，金钟就象听到了什么可怕的响声一样，猛一挣，大姆指粗的链环从没有钉住的地方拉断了。金钟就象解锁的巨龙咆哮着，狂奔而去。立刻，淀水被激起两股巨大的水墙，忽东忽西地漫无目的的跌来撞去。整个大淀像开了锅。顿时，淀水暴涨，钟声呼啸，恶浪排空，天昏地暗，船翻了，郎舅八人瞪着八对贪婪的眼睛沉到了淀底，不见了踪影。

天光大亮，被惊醒的人们发现城的东面冲开一道半人深的沟。觅迹寻去，直到大海。秀才说金钟跑了，这沟是金钟逃跑时划出来的。多少年过去了，村民们虽然不断的开宽加深，但它的河床始终直上直下铜帮铁底，保持了金钟划出来的痕迹。金钟河就这样名扬乡里了。

（二）军粮城传说之一　倒坐观音堂压死真凤凰　刘台村南，军粮城中学后门以外，有一条小路。这条小路宽不过两米，东西走向，往东小路越来越窄而且越来越高，再往东仅能容一个人通行。小路往西很是平坦而且略显宽阔，再往西有一棵头大的椿树，树干粗壮须三人合抱。这棵椿树树冠浑圆，枝叶茂盛，其状恰似雨伞。小路两边各有一个圆，十分对称。这就是传说中的凤凰地。

明朝，随燕王扫北的部下都有封赏，流传最广的就是分封土地。为了让将士们得到实惠的封赏又避免分多分少，分好分坏的怨言。他想凭着部下自己运气得到自己该得的一份土地，这个办法就是所谓放火燎边的土地分配办法。

当年，军粮城地广人稀，荒草遍野。到了秋末，杂草枯萎了。他就让部下在住处一个地方点火，大火着起来了，直到自然熄灭为止。凡是大火烧过的地方，这块地就归谁所有了。明末，这些人都成了大户。他们不仅人丁兴旺，而且拥有大片的土地。李家就是这些大户中的其中之一。一天，李家产下一名女婴。这个女婴生得俊俏，体形匀称，胖胖乎乎，惹人喜爱。李家可谓家称业值，今个又喜得千金，本该大摆宴席隆重的庆贺一番。可是，李老爷几天来一直紧锁眉头提心吊胆。为嘛呢？就为这个女婴自生下来就一直哭个不停。连续几天不断的哭泣，嗓子哭哑了，声音也没大劲了，这可愁坏了李老爷，急得团团转，就是干着急没办法。

这时，一个游方和尚前来化缘。他嘴里念念叨叨：知大事，解谜团，去烦恼，了尘缘。李老爷听了和尚这些话，就觉得他是专门冲着李家来的。于是，他急忙把老和尚请进屋里，忙着沏茶倒水并请老和尚上坐。老和尚却不肯坐，只是左打稽首右执禅杖。口中念念有词：怪怪怪忙忙忙，只怪来时太匆忙，独喜人生凡间事，尘埃落定空悲伤。老和尚念念叨叨，叨叨念念地说了几遍，李老爷似有所悟地说道："师傅请便，师傅请便。"老和尚随李老爷进了里屋，那个女婴依然嘶哑地啼哭。老和尚近前几步，双目紧盯女婴，过了好一阵方把禅杖交于左手，然后，腾出右手在女婴额前晃了三晃。口中念道："莫哭莫闹底细知道，虽有所愿尘世难料，猝不及防缘缘皆薄，晓知轮回匆忙难找。"说也奇怪，老和尚说罢，女婴居然不哭了。李老爷欲问其中原故，老和尚略一稽首，口中念道"阿弥陀佛，天机不可泄漏。"说完，老和尚转身就没了踪影。李老爷愣在那里，过了好一会才醒悟地望空一拜。李老爷确实去了一桩心事，这就是女婴再也没有哭闹。但是，老和尚的妙语实难理解，这又成了他的心病。于是，李老爷让人四处寻访高人，以求解开其中奥秘。

有位叫赛半仙的算命先生，传说他知八卦晓阴阳，能知人所不知，善解人所不解。李老爷听了十分高兴。心想：这正是求之不得的人选。凡是属于李家的领地赛半仙走了个遍，最后来到一地方。赛半仙用罗盘选好了方位，又起身左顾右盼仔细端详，然后才对李老爷说：这是个凤凰地。你老看，这条小路东西走向是凤凰脊背。小路往东略高且窄，高出小路三尺有余，窄到仅容一人行走。这叫凤凰引额抬头，又叫丹凤朝阳。往西，距凤凰头一里开外有棵大椿树，树干粗壮须三人合抱，树冠浑圆壮如大伞，这就是凤尾了。小路两边那两个圆坑十分对称,就是凤凰的翅膀了。按八卦说就是天地标再加上五行，军粮城是块宝地，五百年前引来凤凰栖息。天长日久，经过几百年日月精华的浸润，凤凰的身影就深深地印在这里了。

赛半仙很是得意，这么绝好的风水宝地难得一见，谁知竟让他发现了。他说："二月二，龙抬头。三月三，凤凰引领上云端。这就是说，拥有这块宝地。若是三月三子时出生个女孩，一定能金皇宫当娘娘。"赛半仙说到这里，转身就要向李老爷道贺请赏。就在他转身的一刹那间，他突然愣住了。为嘛？他看见一座似庙非庙的建筑。说是庙却没有院子，而且它的门不是朝南而是向北。他急步走近一看，大堂正中供奉的是观音菩萨。他知道，这叫倒坐观音堂。赛半仙愣了也是傻了。因为这座倒坐观音堂建在凤凰头南边，其地势略高凤凰头一筹。他知道，这是李家遭人暗算了。倒坐观音堂，压死真凤凰。看着眼前的一切，老和尚的偈语自然就迎刃而解了。

这些，赛半仙没跟李老爷直说，只是铺纸拿笔写在纸上，然后卷好递给李老爷，转身走了。李老爷打开纸卷一看，只见上面写着"倒坐观音堂，压死真凤凰，头大空悲哀"，凤凰真的死了。小孩们到坑里玩耍的时候，经常摸到足球大小的泥球。这种泥球撕不开扯不烂，用脚踩成饼，圆也不变。用手摸摸，有种麻酥酥的感觉，就像摸羊肚子的那种感觉，传说那就是凤凰蛋。

（三）军粮城传说之二 军粮城碌碡石桥 宋辽时期，海河当时是界河。海河以南是大宋，海河以北则属辽国。五代时期，后唐皇帝石敬塘借契丹的力量才当了皇帝。为了答谢契丹的恩情，这位后唐的皇帝就以海河为界，把海河、大清河以及团泊洼、大清洼以北的大量土地割让给了契丹。后来，契丹灭，大辽兴。后周将领赵匡胤建立大宋就以这条河为界，所以称作界河，并以此与辽长期对峙。宋王朝为了收复失去的土地，就以杨继业为元帅的杨家将征讨辽国。

一次，先锋官穆桂英奉命征讨大辽。经过军粮城时，被一条三四丈宽的小河拦住了去路。怎么办？想那穆桂英13岁就是巾帼英雄、女中豪杰，面对这条小河，略一沉思就有了主意。只见她双脚点蹬，猛催战马，紧缰一抖。再看那匹枣红马，长啸一声，四蹄腾空，如箭离弦，飞也似的就跳了过去。

穆桂英是过去了，但是那些军兵步卒却过不去，淌水过河不行。立冬已过，天气寒冷。穆桂英爱兵如子，她怕兵士们感冒风寒。但是兵贵神速，刻不容缓。事出紧急，好个穆桂英，当机立断命令手下军兵步卒，把所有打谷场上的碌碡全部找来。碌碡是找来了，可是桥又怎么架呢？穆桂英让兵士们把碌碡摞起来，这就是桥桩。再把剩下的碌碡平放着搭在用碌碡摞起的桥桩上，这样一来，一个四方连续形的碌碡石桥就建成了。兵士们尽可以在这个用碌碡铺成的桥面上通过了。人过去了，可是马匹要想通过就有困难了。穆桂英又让人找来了为数不多的木板，把这些仅有的木板在碌碡的桥面上铺了窄窄的一条通道。这样一来，人走碌碡马走木板，各行其道，宋朝的兵将很快通过了这条小河，为扫灭辽兵争取了时间。这座石桥解放初期还有，只不过桥面换成石板而已。

（四）张贵庄传说之一 永乐三年，明成祖朱棣的一个宠妃张氏（封号贵妃）的哥哥张董在京都（北京）大兴土木中贪污受贿，事发后被朱棣打入死牢。因明成祖朝政较严，谁也不敢出面讲情，但张贵妃决心冒死为兄长求情。

这天晚上，御前太监传旨，万岁爷要寝在张贵妃宫中，张贵妃谢恩后，立即进行了精心地梳妆打扮，那份美貌简直能羞花闭月。刚收拾停当，只听太监低声喊到："万岁爷驾到，请贵妃娘娘接驾呀！"，张贵妃细腰风摆，金莲浮动，来到朱棣面前轻轻一跪，吐出了一串哀婉的燕语莺声："臣妾有罪，罪该万死，请万岁爷把臣妾杀了吧！"朱棣楞了一下，问："爱妃，有何罪呀？"张贵妃色羞含泪说："臣妾自幼失去双亲，由兄长抚养长大，素日兄长对臣妾爱护倍至，臣妾对兄长也只讲孝道，不谏忤逆，致使兄长犯下死罪，臣妾也有负皇恩，因故请死。"朱棣听了张贵妃的话，沉思了一会儿说："朕治天下严字当先，张董身为朝廷命官，贪污受贿犯下死罪，与爱妃毫无干系。不过，朕怜惜爱妃一片苦心，这样吧，免去张董死罪，限其今夜离开京都，如不能离开京都，朕还要重新治罪。"

张贵妃的哥哥出牢后，直奔通州码头上船，全家百十口人，分乘四条大船连夜向南行驶。张董本想回江淮老家，没成想当夜大雾弥漫，艄公在三岔河口迷了路，船队没进南运河，而是沿着海河奔东而行。天色大亮后一打听，船队已到了崔家码头。当时崔家码头已初见规模，河湾里各种船只桅杆林立。张董全家上岸后，雇了几辆大车向北行驶，行至两公里处，见一高台，有一座"药王庙"（张贵庄的西庙那时叫张古庄），觉得这里风水好，于是全家就在这里落脚定居（当时那里已有零散人口居住）。若干年以后，张家除少数人回到了江淮老家，其余留居至今。由于人口增多，逐渐在药王庙东侧形成四个居民点，即东台、西台、后台、杨台，张姓属庄中首户。

清雍正九年（1731），满清政府设天津县，第一任知县为修地方志巡视到这里，听说张贵妃救兄之事，很有兴趣，于是找来四台的地保，命他们合四为一，改张古庄为张贵妃庄。多年后，由于天津人说话有吞音的习惯就把张贵妃庄叫为张贵庄了，直到现在。

（五）老袁庄老姆庙的由来传说

在明末清初之际，福建有一名叫刘志敏的商人，雇了几条大海船，从南方载运货物到天津贩卖。

一天，海上忽然刮起了大风，几条大船在大风浪中搏斗，随时都有船翻人亡的危险。货主刘志敏眼望着九条大海船上的货物，心想：如果船翻了，真要家破人亡啊！此时，刘志敏招呼船工们都跪在船头，面对茫茫大海许愿说："如果老姆娘娘保护我们这几条船上的船工生命和货物的安全，能在这场大风浪中平安无事，我将在船停靠的第一个锚地，修一座老姆庙。"说也奇怪，许过愿不久，海上的大风浪渐渐地小了。

几天后，几条大船平安地驶进了海河。一天晚上，忽然刮起了西北大风，又逢落潮之际，大船逆风逆水无法向天津行进，刘志敏告诉船工们下锚避风。一夜过后，风向转变，货主告诉船工提锚起航。这时，一位老船工提醒刘志敏："您不是在海上遇大风浪时曾许过愿，在第一个锚地修一座老姆庙吗？"船工的话提醒了刘志敏。刘志敏便让船工用小划子（备用的小木船）把他送到海河北岸上老袁庄，找到老袁庄的乡绅，把海上遇险和许愿之事叙述了一遍，恳求乡绅在海河北岸边老袁庄给一块地方修座老姆庙。老袁庄的乡绅们觉得刘志敏有一片虔诚之心，便在海河北岸边给了一块地，一座老姆庙就建成了。

由于海河沿岸年复一年的被水冲刷，洪水泛滥成灾，虽经过清康熙和民国年间两次重修，至1939年海河再次出现洪灾，老姆庙已全部倒塌，面目皆非了。

东丽区志

第三十四编

人　物

改革开放后，东丽籍及在东丽工作的许多客籍知名人士为社会主义建设事业奉献自己的聪明才智，以优异成绩，为社会增添荣光。在改革开放的进程中，各个行业人才辈出，经济界、科技界、文化界及旅居国外的侨胞等，涌现一批杰出人物，他们为中华民族的复兴和祖国的繁荣昌盛，创造出辉煌的业绩和取得丰硕的成果，受到了国家及市委、市政府的各种奖励。现将他们的事迹载入东丽史册，激励东丽人民为社会、为家乡更加奋发图强，为建设国际型、知识型、生态型、创新型现代化津滨新城区，实现东丽科学发展、和谐发展、率先发展做出更大成绩。

新中国成立后，南开中学建立的四烈士纪念碑

南开中学四烈士纪念碑旁设立的吴鸿举烈士、高仁山烈士生平

1985年4月，东丽区人民政府设立的王克昌纪念碑

2008年，正心小学建立王克昌纪念馆，东丽区人民政府为王克昌铸铜像一座

第一章 传 记

遵循“生不立传”的原则，收录在社会上有突出贡献和重大影响已逝世的东丽籍及曾在东丽地区工作的人物。并补记载土地革命时期及新中国成立初期为革命事业和抗灾斗争牺牲的烈士；收录为捍卫改革开放成果，而壮烈牺牲的公安战士，共25人。均以生年为序。

第一节 本籍人物传记

一、前志人物补遗

王桂林（1887—1957） 原籍河北省青县。家庭出身贫寒，年轻时在天津县小站镇（今属津南区）做小买卖，维持生活。1950年前，与其子王星元给地主扛长活，每年只能挣到500多公斤粮食，难以养活全家生存。1950年初，在新立村落户，土改时分得土地2公顷。从此他积极参加生产劳动，创新压绿肥试验，获得水稻好收成。1951年，被评为天津县积肥模范。是年，带头组织王桂林互助组，种水稻4.9公顷，亩产525千克。1952年5月24日，因为水稻连续获高产，带动了全村的水稻丰产，被农业部授予“爱国丰产模范”称号，并荣获奖状、奖章和奖金。是年10月25日，出席在北京召开的劳动模范代表大会，受到毛泽东主席和中央其他领导的接见，并合影留念。1955年，积极参加防汛，因表现突出被评为天津市防汛模范。1957年7月去世，享年70岁。

王先峰（1920—1977） 女 原籍天津县小站镇（今属津南区）。家庭出身贫寒，1944年在新立村落户，靠全家看稻地房子维持生计。1949年初，土改时分得土地。1950年，任新立村妇女主任。1951年，带头组织农业生产合作组，带动妇女们参加劳动，学插秧、捋稻谷等农活。在抗美援朝期间，积极响应上级号召，动员全村妇女捐款，支援前线，每个妇女捐款2～3角，共捐款130多元（折合新人民币）。1952年，代表全村妇女出席在北京召开的全国妇女代表大会，受到毛泽东主席和其他国家领导人的接见并合影留念。1977年去世，享年57岁。

陈养恒（1928—1970） 原籍山东省寿张县五里营村（今属阳谷县）。少年时，因家境贫困，无生活依靠，乞讨为生。1941年被第三野战军冀鲁豫军区独立一旅二团一连收留参军。1942年，执行侦察任务时在河北省曲周县被俘，后经组织营救和地下工作者帮助，被当地村干部保释，又回到部队。1945年，任副排长。1947年1月，加入中国共产党。1948年，在人民解放战争董口战斗中光荣负伤，失去右臂。1949年1月30日，被冀鲁豫军区授予“一等战斗英雄”光荣称号。复员后回寿张县，被县政府授予“人民英雄”荣誉称号。1950年，任五里营村党支部书记。1953年迁至天津市津东郊区新立村务农。1955年，任东郊区新立村党支部副书记兼信用社主任。陈养恒身残志坚，从不居功自傲，工作积极，踏实肯干。领导全村农业生

产获丰收。1957年2月18日，出席在北京召开的全国劳动模范代表大会，受到毛泽东主席和中央其他领导的亲切接见，并合影留念。1958年，获天津市复转军人社会主义建设跃进奖章。1970年7月去世，享年42岁。

丁立祥

丁立祥（1951—1973） 天津市河北区人。1969年，在东郊区荒草坨公社李明庄大队插队。1972年，选调公社凿井队工作。1973年8月9日，刚下夜班的丁立祥听到“有人触电”的呼喊声，不顾自身安危，跳进带电的河中，把触电少年推离电源，自己却被无情的电流紧紧地吸在那里。由于伤势过重，在被送往医院途中停止了呼吸，年仅22岁。

二、限内人物

魏国亮（1908—1997） 化名全胜，赤土村人。贫农出身。1943年，在武宝宁六区参加革命工作，中共党员。1945年6月，任武宝宁六区武委会干事，武工队爆破组组长。曾于一天夜间只身携带汽油，烧毁侵华日军运送军需的咽喉欢坨大桥。1945年10月至1947年底，先后任天津县一区、津武县十区、宁河县六区（军粮城地区）武委会干事。1948年1月，任宁河县六区武委会主任。魏国亮在从事武委会工作中，英勇善战，是区里的埋雷能手。带领民兵经常活动在津东近郊，多次成功破坏敌人的交通及通信线路。在京山铁路军粮城以东段多次炸毁敌军用列车车头，受到了军区的嘉奖。1948年12月17日夜，魏国亮奋不顾身，跳进冰冷的金钟河，协助东北野战军某团架设浮桥，保证了部队顺利过河，完成解放张贵庄机场、军粮城地区的任务。新中国成立后，魏国亮先后在宁河县粮食局、军粮城乡政府、天津市水产局草坨子养殖场等单位任职。他从不居功自傲，不计较职务高低。1968年离休后，不留恋城市生活，回赤土村。1997年去世，享年89岁。

王克昌（1915—2007） 大郑村人。1930年，到天津裕恩永商行学徒。1939年，开办东亚贸易公司，任北方实业社社长。1941年，创立义昌行，活跃于天津、香港等地。1946年，与刘少波、陈锡华在家乡建立津东地区第一所规范的民间初等教育机构——正心小学。 1947年，赴日本谋生，白手起家，艰苦创业，事业有成。1954年，在日本开办“天津饭店”，以物美价廉的中华风味小吃赢得了良好的信誉，拥有众多客户。他与妻子以平均每年开一家分店的惊人速度经营着餐饮生意。1985年，正式成立得昌号集团管理公司，在日本拥有36家“天津饭店”分店。1992年，公司全年销售额达到32亿日元。

1987年，事业有成的王克昌没有忘家乡的“正心小学”。他为大郑村捐资27000元，建造了学校图书馆；捐资6000元为小学鼓乐队添置乐器和服装。1989年，王克昌从自己的养老金中拿出1亿日元在天津南开大学等设立了王克昌奖学基金，奖励品学兼优的大、中、小学生，为天津教育事业的发展作做了突出贡献。

1990年10月，天津市人民政府授予王克昌“天津市荣誉市民”称号。1991年，被天津市政府授予永久居住资格。是年春，王克昌再次回到大郑村探亲时，听说当初的正心小学的学生，如今遍布天津、北京、上海、青岛、秦皇岛各地工作，校友中出了十几个大学生，他深深感到当年的心血没有白费，并再次慷慨捐出 3500 万日元（合 120 万元人民币），重建学校，将大郑村小学恢复正心小学校名。1992 年 10 月，市区领导参加了新校落成剪彩。1995 年 4 月，区人民政府在正心小学设立王克昌先生纪念碑，碑文“王公克昌　慷慨捐资　重建正心　兴学重教　造福子孙立碑为志”。

2005 年，90 岁高龄的王克昌捐款 15 万元人民币为正心小学重建篮球场，支持学校教育教学活动，大郑村村民送王克昌“造福家乡”匾额。区政府对王克昌造福桑梓捐资助学精神给予了高度评价，为他铸铜像一座，以示后人。2006 年 10 月，区关心下一代工作委员会授予王克昌“捐资助学特别贡献奖”荣誉称号。2007 年 5 月 22 日，王克昌在日本去世，享年 92 岁。

2008 年 3 月 28 日，王克昌的骨灰回归故里，天津市王克昌奖学金基金会在正心小学召开追悼会，在王克昌墓志铭上镌刻“世界著名华商”。

王克昌一生搏击商海，以勤俭诚信在商界取得了辉煌成就，他几十载如一日为家乡捐资助学，情系教育。他的一生，是爱国爱乡、倾资兴学、造福桑梓、无私奉献的一生。在他的奋斗生涯中，为家乡的教育事业做出卓越的贡献，为后人留下了宝贵的精神财富，堪称爱国兴教之楷模，他在东丽区人民心中铸造了一座不朽的丰碑。区政府对王克昌造福桑梓助学精神给予高度评价，为他铸铜像一座，以示后人。正心小学建有学校纪念馆、王克昌纪念馆。嗣后，王克昌的家人，继续关心学校的发展，多次到学校看望师生，每年都有书信往来，传承老先生的精神。

杨士法（1917—2010）　苗街村人，大学学历。1935年，参加“一·二九”抗日救亡运动。1936年3月，在北平参加中华民族解放先锋队。是年11月加入中国共产党，任北平大学农学院支部委员，负责民生工作。1936年12月，任学院支部书记，1937年7月离校，赴山东抗日前线，历任山东三路

军政训处学员政训员、第五战区第二游击队政治指导员、中共山东省临沂县委书记、中共鲁南特委统战部部长、中共鲁南四地委组织部部长。1941年9月至1951年12月，历任中共鲁南三地委副书记、代书记，任中共鲁南一地委书记兼军分区政委、中共鲁中南区党委宣传部部长、中共临沂地委书记兼军分区政委。

1952年1月至1966年11月，历任中共上海市沪西区党委书记，上海市工业局局长及党委书记、中共上海市委工业工作部副部长、工业生产委员会副书记、重工业工作部部长、中共上海市委常委、市委工业工作部部长、中共杨浦区委第一书记、上海市劳动工资委员会主任兼市总工会党组书记、中共上海市委组织部部长兼市委监察委员会书记。1972年至1979年4月，历任中共上海第一钢铁厂党委书记、中共上海市机电二局党委书记兼局革委会主任、上海市革委会公交组负责人、上海市科委主任及党组书记、上海市革命委员会副主任。1979年4月至1983年4月，历任中共上海市委常委、副书记，市革委会副主任，上海市副市长、市科委主任、党组书记。1983年4月至1988年4月，历任第六届上海市政协副主席、科学技术研究委员会主任。中共八大代表。上海市第一、二、三、五届党代会代表，第六、七、八、九届党代会特邀代表，上海市第一、七、九届人大代表。

杨士法为革命、建设和改革开放事业奋斗了74个春秋。于2010年3月2日在上海去世，享年93岁（按正部级待遇）。杨士法病重期间和去世后，胡锦涛、江泽民、吴邦国、温家宝、贾庆林、李长春、习近平、李克强等以不同方式表示慰问和哀悼。

杨兆兰（1927—2006） 女 中河村人。华北精密研究所（605所）工人。退休后，她把自己的养老金和儿女们给的赡养费33万元，全部用在扶贫济困的慈善事业上，人们尊称她“菩萨奶奶”。

杨兆兰到天津市安宁医院认领了患20名精神病的“孩子”，应时应季地请裁缝师傅到医院为孩子们量体裁衣，并送去鞋袜及各种穿戴。同时捐款改善病人的生活。2000年，杨兆兰为军粮城镇一名患精神病的女孩捐了5000元医疗费，使其康复出院。

杨兆兰生活简朴，不辞劳苦地为家乡人民和精神病人服务。2000年被评为天津市“社区志愿者先进个人”，2005年被评为“天津市慈善之星”，2006年被评为东丽区“文明之星”。2006年12月去世，享年79岁。

2007年，东丽区政府有关部门，为了纪念她，成立“杨兆兰慈善基金会”。2009年，市有关部门追认杨兆兰为“天津市第二届慈善之星”。

毕玉和（1933—2007） 东堼村人。1938年，5岁的毕玉和跟着胞兄沿街乞讨度日。1949年，翻身得解放的毕玉和刚满16岁就当上了本村民兵指导员。1950年他积极投身土地改革运动。1951年他协助政府搞镇压反革命运动，后任军粮城地区联防指导员。为搞好农业生产，他响应上级号召，挺身而出组织生产互助组，后又组建农业生产合作社，出任第一任社长。1952年、1953年连续两年被评为河北省劳动模范。1953年，加入中国共产党。1958年，担任生产队长，后担任村党总支书记。“文化大革命”被打成“走资派”，被开除党籍。中共十一届三中全会后，落实政策得到平反。1980年，当选东堼村党总支书记。他再度挑起带领东堼村干部、群众向贫穷挑战的重担，成为走共同致富道路的带头人。1984年，在党的富民政策感召下，带领村民组成全市第一个运输专业村。1985年，与日商合资办起了拥有37部汽车的东堼汽车出租有限公司，又先后办起了榨油、喷涂、纸箱、汽车修理等40多个企业，全村80%以上的劳力进入村办企业。1989年，东堼村建起一条长1820米的民营铁路专用线，货物年吞吐量125万吨。是年，毕玉和被评为全国劳动模范，受到党和国家领导人的接见。从1984—1990年，毕玉和带领东堼村领导班子响应市政府的号召，在全区率先规划村民住宅建设，9万平方米新住宅楼房拔地而起，修建了2千米长水泥路面，安装了高压水银灯、闭路电视、电话交换台，新建垃圾处理点，兴建小学教学楼、幼儿园、图书馆等文化设施。1988年东堼村获“全国村镇建设样板村”荣誉称号，1993年，被市农委命名为明星小康村。

2003年，村党总支领导班子换届选举时，毕玉和主动让贤，推荐年富力强和更有创新精神的接班人挑大梁。之后，满怀抱负的毕玉和不负众望，又接过东堼工贸公司总经理、董事长的重任主抓经济。是年，全村已有60多个企业，拥有汽车1100多辆，总生产值已超过10亿元。2007年，毕玉和去世，享年74岁。

第二节　客籍人物传记

孙振武（1904—1986）　原名孙静洲，河北省阜城县人。1923 年，在河北省第一师范学校读书，参与学生联合会时，从事秘密革命工作。1925 年，加入中国共产党。1927 年 7 月，受中共天津河北支部派遣，到天津县范庄村（现东丽区华明街道范庄村）天津县公立第 62 小学，以任教为掩护秘密从事革命活动，秘密向学生及学生家长传播马克思列宁主义、宣传党的主张，为津东地区建立中共党组织打下基础。他还深入社会，对当地警察及农民自发组织首领做争取工作，激发其爱国心和正义感。1929 年 7 月，调往北仓天津县公立第六小学工作。1930 年，参加天津市“五一”罢工游行时被捕。经组织营救出狱后相继任解放区阜平县县长、冀南五专属总参议、柏乡县县长等职。

新中国成立后，先后在西南区畜产公司、中国畜产公司、商业部等部门任职。离休前任商业部食品处处长。1986 年去世，享年 82 岁。

李　忠（1911—1989）　河北省荣城县王路村人。1937 年 8 月，参加吕正操、贾桂荣在白洋淀一带组织的抗日武装队伍。1938 年 8 月，加入中国共产党。是年秋，部队进行整编，组织决定让他留在地方，初任秘密小组长，后又任党支部书记，进行地下工作。他奉命组织工会，团结发动群众，宣传共产党的抗日政策，进行抗日斗争。1940 年，面对日本侵略者残酷扫荡，他组织民兵，扒公路、剪电话线，破坏敌人的交通和通信。1945 年春，日本侵略者从平王据点出发向西部扫荡，李忠接受任务带领民兵打伏击，缴获日军机枪 1 挺和多支步枪。是年秋，他接受帮助二区突围任务，组织了区、村干部和民兵 300 多人，埋伏在李家营大堤旁，待敌人进入县大队包围圈，他率“李忠营”进行反冲锋，与县大队前后夹击，日军狼狈逃窜。日军惨败后，一提“李忠营”就心惊胆战。《翼中导报》对此进行报道，他受到上级表彰。

1946 年 12 月，李忠响应军分区号召，领导区、村干部和民兵小队积极报名参军，分区正式命名为“李忠营”。1957 年，中央军委授予李忠“解放勋章”。1958 年，他转业到天津市发电设备厂任工会主席，后又分配到河东区任交通局局长。

1962 年，分配调到东郊区，先后任区水利电力局局长、工业局局长、大毕庄人民公社革命委员会主任、区建筑公司主任、区人防办主任等职。他在工作中兢兢业业、勤勤恳恳，从不居功自傲。离休后，坚持义务工作。天津市人民广播电台曾播出他的光荣历史和先进事迹，中央人民广播电台予以转播。1989 年去世，享年 78 岁。

窦墨林（1912—2000）　天津市大港区窦庄子人，青年时学徒和务农。1949 年新立村务农谋生，在农业互助组、初级社、高级社生产中业绩突出。1957 年被评为天津市劳动模范。1958 年加入中国共产党。是年 8 月 10 日，毛泽东主席视察新立村五队水稻时，接见了窦墨林和社员们，他将毛泽东主席接见群众的照片一直珍藏在家。他先后担任第五生产队出纳、食堂管理员、生产队长等职；多次被评为东郊区、河东区先进生产者和先进工作者。1963 年天津遇到特大洪水，他带领群众奋战在独流碱河抗洪第一线，由于事迹突出被评为天津市抗洪模范。

“文化大革命”期间，他受到迫害，1976 年他被平反。在任新立村五队生产队长时，严于律己，率先垂范；实干在前，不尚空谈，深得领导和乡亲们的好评，被大家称为“窦劳模”。1981 年，被评为天津市优秀共产党员。

窦墨林教子有方，要求子女们听党的话，遵纪守法，热爱集体，不谋私利。他的家庭被评为东丽区五好家庭。2000年5月27日去世，享年88岁。

曾国栋（1916—2007） 河北省卢龙县北毛家庄村，1943年8月，加入中国共产党，是年参加革命工作。历任卢龙县北毛家庄村党支部书记、卢龙县二区城工干事、三区区委书记、卢龙县委宣传部副部长。1949年1月，随解放军进驻天津，历任天津市八区、二区区委宣传部副部长，新华区委宣传部部长及区委副书记、纪委书记，河东区委书记处书记等职。

1957年3月至1966年，任中共东郊区委书记。1970—1982年，历任中共南郊区工委建委书记及区委书记、中共天津市农林局副书记等。1982年12月离职休养（正局级）。

在抗日战争时期，曾国栋毅然放弃较优越的家庭生活，投身革命，组织家乡人民抗击日本侵略者。抗战胜利后，他一如既往，领导家乡人民搞土地改革、参加镇压反革命运动，荣获冀东区党委颁发的“农民之友”奖章一枚。在东郊区任区委书记时期，他德高望重，身先士卒，廉洁奉公，勤于研究，善于调研，艰苦工作，为东郊区的社会主义建设倾注了大量的心血，做出了贡献。2007年12月6日因病去世，享年91岁。

李默生（1917—2003） 原名李德昌，祖籍天津县高庄子。1924年，全家定居天津县咸水沽镇。

1935年，考入天津志达中学读书（今天津22中学），其间，以“默生”为笔名在上海有关刊物发表过小说《路上》，反映中国人受日本人欺辱的故事。是年，在天津参加由中国左翼作家联盟领导的“骆驼文学社”，社长是姚依林（曾任国务院副总理），副社长是李默生。常以“驼铃”为笔名发表文章，意取铃铛一样响的意思，用新文化思想，批判反动的文化围剿，揭露旧社会、旧制度，反映劳动人民的疾苦，宣传民族运动。1937年夏，日本军国主义轰炸天津，返回咸水沽老家暂避休学，其间，他以睿智和胆识，宣传抗日，宣传进步，赢得咸水沽镇上人民的佩服。1938年初夏，志达中学复课，他又重新返校读书，一面读书，一面写文章。考入北洋大学后，一边读大学，一边做记者、编辑。1941年始，主编《游艺画刊》，是20世纪30年代末期由天津一些进步的文艺工作者创办的唯一一家有益于社会进步的出版物。主要写剧评，写过骆玉笙、马三立、刘宝全、梅兰芳、孙道临、荀慧生、李少春等110余位名家，现收藏在天津图书馆与戏剧博物馆，成为研究戏剧史的珍贵资料。他与许多艺人建立了亲密关系，他救新凤霞的故事被传为佳话。一次，天津恶霸袁文会派人用卑鄙的手段欲对新凤霞进行毁容，李默生见状果敢救护，新凤霞免遭大难。新凤霞在回忆文章中称当年的这段旧事是“四十多年前的旧债”“永远还不完的债”“想这个小记者还尚在人间吗？”表达了对李默生的感激之情。40年代初，李默生为躲避袁文会报复，隐居务本村。

1947年11月，他从务本村踏上了寻求革命的道路，参加了黄克诚将军任校长的风凌渡中国人民革命军政大学。1948年4月，毕业后随部队奔赴前线，参加了攻克洛阳的战役，后随部队到达黄河岸边，接应革命烈士遗孤，转移至西柏坡，他背着王若飞的独生子小王兴到达了西柏坡，转为西柏坡育英学校美术课程教员。1949年3月，随育英学校和部队进驻北京。1954年3月，辞职回到务本村。1980年，5月，李默生在日本《朝日新闻》发表了《鉴真和尚与杨州大明寺》，他以“鉴真研究家”的赞誉扬名海内外。1982年，他在中国香港《大公报》发表《天津墙子河今昔》，向海外传播了天津改革开放城市变迁的信息，引起海内外的关注。1983年始，作为文化界知名人士，当选为东丽区政协一至四届委员。

1984年，李默生以他的瘦金体书法作品入选天津市第一届书法展，并加入天津市书法家协会。1988年，他又成功地举办“李默生个人书法展”，受到书法界好评。著名红学专家周汝昌先生在北京得知消息，欣然题写“津沽名家，瀚墨之光”，以表示对老同学、老朋友的祝贺。李默生的书法作品被编入《中国书法家大辞典》一书。

20世纪80年代初至90年代中期，李默生在各类报刊杂志发表作品数十篇，其中代表性作品有：《退海之地何处寻》《唐城遗址今尚在》《东郊务本访古问前朝》《重印<瓶外厄言>忆姚灵犀》《蜀素卷题记石刻探源》《刘云若挥泪写章回》《重新发现的残稿》《戴愚庵轶事》《重读<沽水旧闻>忆娱园》《白河偷渡》等。2003年，李默生出版个人文集《沽湾桥影寄深情》一书，周汝昌先生听闻此事，不顾年高体病，以“同字友”题诗作序，为他的文集出版祝贺。李默生的学生、国家领导人李铁映，曾为老人的晚年生活致函有关部门给予关照。他的同学，时任司法部副部长的刘峰到津考察工作时，专程驱车到家看望老人。李默生于2003年3月3日去世，享年86岁。

刘振钊（1922—1999）　山东省邹平县张高村人。1936—1940年，在山东省周村瑞兴成纺织厂学徒。1941年3月，刘振钊参军到山东省渤海区三支队特务连当战士，参加游击战与日本侵略者作斗争，是年10月加入中国共产党，历任班长、排长、连长，和战士们一起缴获敌人大炮、步枪，受到上级表彰。

解放战争中，刘振钊在华北野战军八纵22师70团历任连长、副营长、营长，先后参加了开封攻坚战、青岗战斗、孟良岗战斗、淮海战役、渡口战役、上海解放战斗，荣立二等功两次，被授予三级人民英雄。

新中国成立后，刘振钊先后任军委装甲兵技术部科长、66军198师坦克团营长和团参谋长。1962年1月至1968年3月，任天津警备区东郊区人民武装部部长。1968年3月至1979年4月，历任天津市东郊区革委会主任、区委书记。是年9月，再任东郊区人武部部长。1984年12月离休，副师级待遇。刘振钊在东郊区工作22年，任职期间为东郊区的人民武装建设，经济建设，特别是在“文化大革命”中，有效地避免派性斗争、减少武斗、维护社会稳定等方面做出了贡献。1999年11月15日去世，享年77岁。

高振儒（1925—1985）　河南省丰淘县人。1944年，参加中国共产党。1945年，参加革命工作。历任丰玉遵联合县七区抗联会主任及青年会主任、丰淘县六区抗联会主任、冀东十五地委工作团副组长。

1948年12月19日，军粮城地区解放，任宁河县第九区区长。1949年10月至1951年7月，任宁河县九区、六区区委书记（即现军粮城、无瑕街道）。

高振儒在军粮地区工作期间，按照宁河县人民政府发出的《关于动员全力完成支前任务的指示》宣传支前政策，组织开展支前活动，军粮城地区出现了热烈支前高潮，群众为支前解放天津献出粮食150万千克。面对解放初期军粮城地区阶段斗争仍然尖锐复杂、社会秩序异常混乱的状态，为迅速摧毁国民党政权和各种反动组织的残余势力，建立革命新秩序，高振儒领导军粮城地区干部及人民武装队伍，为军粮城地区的政权接受工作、稳定社会秩序及恢复生产，安定民生等做出突出业绩，深受军粮城地区人民的称赞。1951年，7月后，调往宁河县委、武清县委、汉沽农场任职。1982年去世，享年57岁。

沈炳珠（1926—1997） 天津县固辛庄人（今津南区）。1945年来新立村种地谋生。新中国成立初，加入青年团和民兵组织，任村民兵副队长。1951年，第一个组织互助组，命名“沈炳珠互动组”，种水稻10公顷，亩产525千克，为国家发展农业生产做出重要贡献。1952年5月24日，被农业部授予“爱国丰产模范”称号，并荣获奖章、奖状和奖金。1952年，在镇压反革命运动中，荣获天津县委颁发的奖状。1956—1966年，历任农业社副社长、新立村大队副大队长。1960年12月，加入中国共产党。“文化大革命”中，遭遇迫害，被开除党籍，他仍然以党员的标准要求自己，赢得了群众的赞扬。1975年5月，被恢复党籍和工作。

1979—1987年，任村党总支副书记、大队长和村民委员会主任。其间他主要负责全村农业工作，全村粮菜均获得好收成，同时积极支持开发优良蔬菜品种科学实验，使新立村二队大白菜成为天津市青麻叶大白菜优良品种生产基地，获得天津市人民政府科技成果二等奖。新立村1984和1985年持续两年被评为天津市农业战线先进集体。

沈炳珠在工作中积极支持、培养年轻干部的工作。1987年，他向组织提出从一线上退下来，让年轻人挑重担，为新立村领导班子年轻化做出了表率。退休后，他到新立轻工机械厂和铆造厂任党支部书记，发挥自己的余热。1997年8月去世，享年71岁。

葛同欢（1928—2003） 河北饶阳县人。1946年1月加入中国共产党，1946年5月，参加工作。1946—1949年，历任永清县人民银行管库出纳、冀中十分区人民银行管库出纳员。新中国成立后，任天津专区人民银行管库出纳员、办事处人事及秘书科科长。1956年4月，任天津专区人民银行副行长。1957年8月，任宁河县军粮城乡（现东丽区军粮城街道）党委书记。1958年7月至1973年8月，先后任东郊区军粮城公社、管理区党委书记，新立村公社（东丽区调整为2个大公社）党委副书记，河东区新立村公社党委副书记，军粮城公社和新立村公社党委书记（恢复东郊区建置）。1973年6月，任中共东郊区委办公室主任；1973年12月后，先后任中共东郊区委常委、革命委员会副主任，区委副书记。1980年4月，任东郊区人民政府区长；1983年5月，任中共东郊区委书记。1986年4月，兼任区人大常委会主任。1990年4月，离职休养。

葛同欢在东丽区工作33年，其间曾当选为中共天津市第四、五次代表大会代表和天津市第九、十、十一届人民代表大会代表。他忠于党和人民，立场坚定，学习勤奋，工作努力，作风扎实，注重把党的路线、方针、政策与实际工作相结合，实事求是，拥护改革开放，在思想上、政治上、行动上与党中央保持高度一致；他坚持原则，清正廉洁、公道正派、严于律已，深受广大干部和群众的尊敬，为东丽区党的建设和社会发展做出了贡献。2003 年 1 月 19 日去世，享年 75 岁。

孟繁兴（1930—2006） 原籍天津县吴家稻地村人（现津南区），1949 年定居新立村。1950 年，在新立村参加新民主主义青年团。1951 年，任村青年团书记、民兵教员；1953 年，任新立村乡乡长。1954 年 11 月，加入中国共产党。先后任新立村乡党支部书记、新立村管理区副主任、新立村党总支书记、新立集团公司董事长、总经理。1957 年，被农业部授予全国劳动模范。

1958 年 8 月 10 日，毛泽东主席视察新立村时，陪同毛泽东视察农业生产情况。曾两次出席全国劳模会议，并受到毛泽东主席和其他中央领导的接见。1959 年，应毛泽东主席邀请参加新中国成立 10 周年庆祝活动。1958—1965 年，当选为天津市人民代表大会代表，其中 1959 年当选为河北省党代会代表。1968 年 3—12 月，被打成走资派。1975 年被平反，恢复党籍。1975—1993 年，当选天津市第九至十二届人民代表大会代表。1975—1980 年，两次当选为天津市党代会代表。1975—1993 年，连续四届当选为区人大常委会常委。1995 年退出领导岗位，任新立村顾问，在培养年轻村干部上发挥了积极作用。2006 年 10 月 22 日去世，享年 76 岁。

郭景海（1938—1996） 河北省黄骅县吕家桥人，1949 年迁至军粮城三村。在军粮城小学毕业后，转入天津市第十三中学。1959 年，被保送到北京外国语学院留苏预备部学习，1960 年，选送到北京大学经济系学习世界经济。1963 年，当选北京市第五届人民代表大会代表。1965 年，在北京大学毕业后留校工作，历任北京大学团委代理书记、北京大学校刊主编、北京大学宣传部副部长、北京大学学生工作部部长等职务。1986 年 4 月，当选为中共北京大学党委常委，任北京大学党委副书记。1989 年 9 月，兼任北京大学副校长。1992 年，晋升为北京大学教授。

郭景海，1956 年 3 月加入中国共产党，曾任天津市第十三中学和北京大学学生会主席。在担任北京大学校刊主编和党委宣传部副部长期间，为北京大学的宣传工作做出了重要贡献。在担任北京大学党委副书记分管学生工作期间，建设了一支专兼职相结合的学生工作队伍，带出了一批学生工作骨干，推动了北京大学学生工作走上科学化、规范化的道路。在担任校园综治委主任期间，北京大学被评为高校综合治理先进单位。1992 年 8 月，被评为北京市德育先进工作者，是年 10 月起享受政府特殊津贴，成为学生教育工作的专家。在长期实践的基础上，注重调查研究，总结探讨高校学生思想政治教育的特点和规律，留下了宝贵的精神财富。1983—1987 年，担任北京高校德育研究会副理事长、中国延安精神研究会理事、中国青年思想教育研究中心研究员，其间做了大量的工作。1985—1992 年，在各种报刊发表文章 20 篇，共 10 万余字，其中在《红旗》杂志发表《大学生与教育体制改革》，在《中国教育报》发表《用科学社会主义理论解决深层思想问题》等文章颇有影响，赢得广泛好评。1996 年 11 月 27 日在北京逝世，是年 12 月 5 日，在北京八宝山革命公墓第一告别室举行告别仪式，享年 58 岁。

第二章 名 录

本章收录烈士5名，收录获市级及以上等级劳动模范称号者92名，收录获国家省部级荣誉称号者125名，收录享受国家特殊津贴专家及东丽区特级教师28名，收录博士及正高级技术职称33名，收录援疆、援藏、援甘干部及教师、医生务人员25名，收录在区域外工作健在的东丽区籍博士、副地师级以上职官35名。

第一节 烈 士

本节收录烈士5名，以烈士牺牲时间为序。

一、前志烈士补遗

吴鸿举（1897—1927） 东丽区欢坨村人。青年时期，原为天津南开中学学生。在1919年“五四”运动的影响下，跟随中国共产党早期的重要领导人之一张大雷积极参加天津的工人运动。后赴广州参加了中共广东省委书记张大雷和叶挺、周文雍、叶剑英、杨殷等领导的广州起义。1927年12月11日凌晨，国民革命军第四军教导团全部、警卫团一部和广州工人赤卫队七个连队以及市郊部分农民武装，联合举行武装起义。经过几个小时的激战，起义军占领了广州的绝大部分市区。由于敌我力量悬殊，起义军不可能坚守广州，由于起义军未能及时退出广州，虽进行了顽强的战斗，终因寡不抵众，在起义的第三天遭到失败，张大雷和许多起义者英勇牺牲。

吴鸿举，参加武装起义的第一天，即在广州街头壮烈牺牲，时年30岁。烈士英名镌刻在南开中学烈士纪念碑上。

翟汝佐（1922—1956） 东丽区小宋庄村人。1949年8月，在上海华东革命大学学习，10月在浙江省宁波市奉化县中镇公所工作。1952年7月，在浙江省象山县政府建设科工作。1953年7月，任象山县政府建设科副科长，10月任象山县农林科副科长。1955年11月，任象山县政府工业科副科长。

1956年8月1日，新中国成立以来，风力最强、破坏力最大、造成人员伤亡最多的5612号台风在浙江省象山县“门前涂”登陆，造成数千人死亡。在抗击台风的斗争中，象山县大部分机关干部前往第一线，在海啸中，参加抗灾的机关干部许多人被海水卷走或被压在倒塌的房屋下。8月6日，翟汝佐为保护象山县人民群主的生命财产而英勇牺牲，时年34岁。事后，光荣牺牲的50人，被有关部门追认为烈士。由于当时交通不便，通信落后等原因，翟汝佐等9名客籍烈士的家人未接到通知。

2006年，是象山县抗击“5612”号台风50周年。象山县人民政府举行隆重的纪念活动。在1956年超强台风登陆的海边小山上建立了一座纪念碑，翟汝佐等9名烈士仍无人祭拜。2007年，抗击台风的烈士墓迁入新建成的凤凰山烈士陵园。

象山县退休教师吴爱文，他面对客籍烈士翟汝佐等53年间亲人不知情的遗憾，2009年在网络上发出寻找翟汝佐等烈士亲人的帖子《烈士的亲人，你在哪里?》，经宁河县民政局和东丽区民政局的积极查找，翟汝佐的亲人已经找到。

2009年，家人得知翟汝佐为保卫象山县人民群众的生命财产而成为烈士，表示由衷感谢为寻找亲人的象山县退休教师吴爱文以及天津媒体。家人已与象山县民政部门取得了联系，商谈了烈士的有关问题，双方同意烈士的遗骨仍安放在凤凰山烈士陵园。

二、限内革命烈士

韩应秋（1964—1987 年） 增兴窑村人。1982 年参军，历任战士、班长。1986 年 6 月，加入中国共产党。1987 年 8 月 17 日夜，边境作战中率新战士坚守“老鹰嘴”52 号阵地的 6 号哨位。当时每个加强排的敌人，从 6 个方向向 52 号阵地包围过来。韩应秋向阵地长提出 6 号哨位支援 8 号哨位战斗。当时 6 号哨位只有 6 名战士，其中 5 名全是新战士，他感到当班长责任重大。而对敌人的进攻，他在 7 分钟内，投出了 30 多枚手榴弹，迫使敌人抬着尸体退却。片刻敌人重新纠集大于我十几倍的兵力，改向六号哨位猛烈射击。韩应秋命战士进“猫耳洞”后，按下电纽起爆，定向雷和早已埋设的“土地雷”“空爆弹”把围上来的敌人击毙或击伤。瞬间，敌人的炮弹砸到阵地上，韩应秋迅速向观察工事爬去，这时，一块石片打穿了他的气管与气管静脉，他对战友说：“我负伤了，人在阵地在，誓与阵地共存亡。”边说着边从衣兜掏出妹妹的来信，又指了指一只军用挎包，那里有妻子的照片和信。当军医在给韩应秋全面检查抢救时，他用满是血迹的双手抓着自己的头发说：“我的本事太小了、太小了……”22 时 57 分，韩应秋静静地躺在用鲜血和生命守卫的 6 号哨位，牺牲在老鹰嘴阵地上。

葛致纲（1964—2005） 天津市人。初中毕业后，开过出租车，当过保安。2004 年 11 月，通过严格选拔，成为一名治安队员。生前系东丽区公安局防暴队治安辅警。从事治安管理工作仅 5 个月期间，他爱岗敬业，恪尽职守，忠诚履行职责，曾随警组完成各种安全保卫 20 余次，抓获各类违法犯罪嫌疑人 20 余人，在平凡的岗位上做出了不平凡的业绩。

2005 年 4 月 17 日凌晨 2 时许，公安东丽分局接市局指挥中心 110 报警，称“在南大桥抓捕一名偷钢筋的小偷”。接警后公安指挥室立即下达处警指令，要求附近巡逻民警立即赶往现场。东丽分局巡警友队民警带领治安辅警人员迅速到达现场（东南半环快速工程南大桥工地），并将嫌疑人王某抓获。与此同时，程林派出所民警也带领治安辅警人员到达现场附近，发现前方跑来 3 名可疑男子，他们看见民警后分别仓惶逃窜，民警及辅警随即对犯罪嫌疑人实施抓捕行动，并将其中一人丁某抓获。葛致纲及程林派出所辅警人员共同追捕另一名嫌疑人。葛致纲骑自行车赶在最前面，追上嫌疑人后，牢牢抓住其脖领不放，并将可疑人扑倒在地，两人进行搏斗。穷凶极恶的嫌疑人，抽出一把锋利的匕首向葛致纲刺去。在殊死斗争中，葛致纲仍紧紧抓住歹徒不放，并大声呼喊“捕人啦！我抓住了”，行凶歹徒挣扎着将他拖出几步。此时，已经赶到的民警见状，冲上去抓住行凶歹徒的左手，准备夺下其手中的匕首，这时已中数刀的葛致刚才松开紧抓歹徒的手。将葛致钢送到附近医院救治，终因伤势过重，抢救无效而壮烈牺牲，时年 41 岁。

张志邦（1965—2006） 1965 年 5 月 12 日生，东丽区新五村人，中共党员。1983 年 7 月，在军粮城中学毕业后，考入人民警察学校治安管理专业。1985 年 7 月，分配到公安塘沽分局，历任刑警队侦察员、刑侦支队责任区大队副大队长、大队长，2004 年 6 月，任公安塘沽分局刑侦支队副支队长，二级警督警衔。

张志邦自参加公安工作以来，一直战斗在刑侦工作第一线，恪尽职守，扎实苦干，参与破获了大量刑事案件。他英勇无畏，顽强拼搏，工作中曾多次立功受奖。1989 年，在抓捕一名杀人抢劫犯罪嫌疑人时，他不顾个人安危，从三楼跳下，在双脚负伤的情况下，将犯罪嫌疑人抓获，为此，荣立个人三等功。在担任基层所队领导后，严于律己，冲锋在前，凭着高超的业务技能和过硬的工作作风，先后将两个大队带入了优秀刑侦责任区大队的行列。

2006 年 1 月 10 日，在执行抓捕涉嫌绑架、杀人重大犯罪嫌疑人过程中，壮烈牺牲。年仅 41 岁。是年 11 日，市人民政府批准张志邦为革命烈士，天津市公安局为其追记个人一等功。

第二节　劳动模范

一、全国劳动模范

1979—2010 年，东丽区属单位获全国劳动模范称号者 5 人，以获奖时间为序。

1979—2010 年东丽区属单位获全国劳动模范荣誉情况表

表 34-1

姓名	性别	单　位	荣誉称号	授予部门	获荣誉年份
毕玉和	男	东堼村	全国劳模	国务院	1989
王静波	男	邮电局	全国劳模	国务院	1989
刘乃兰	女	华明集团公司	全国劳模	国务院	2000
崔洪金	男	安达集团股份有限公司	全国劳模	国务院	2005
张凤鳌	男	市容园林委	全国先进工作者	国务院	2010

二、天津市劳动模范

1996—2010 年，东丽区属单位获天津市劳动模范称号者 87 人，以获奖时间为序。1979—1995 年，获天津市劳动模范称号者前志已记述，本章不再重复。

1996—2010 年东丽区属单位获天津市劳动模范荣誉情况表

表 34-2

姓名	性别	单位	获荣誉年份	荣誉称号
赵振祥	男	工商东丽分局	1997、1999	市劳动模范

续表 34-2

姓名	性别	单位	获荣誉年份	荣誉称号
张恩远	男	津门运输公司	1997	市劳动模范
崔洪金	男	安达集团有限公司	1997、1999、2003	市劳动模范
陈玉柱	男	房管局	1997.1999	市劳动模范
沙占琪	男	东丽排水处	1997	市劳动模范
李建国	男	赤土小学	1997	市劳动模范
赵宝山	男	文化局	1997	市劳动模范
傅长华	男	富士达集团有限公司	1997、1999	市劳动模范
刘乃兰	女	华明集团公司	1997	市劳动模范
			1999、2001、2006	市特级劳动模范
宋茂胜	男	富民实业公司	1999	市劳动模范
边宝臣	男	阳光集团公司	1999	市劳动模范
刘寿国	男	大新庄村	1999	市劳动模范
李有玺	男	山岭子村	1999	市劳动模范
韩桂忠	男	人寿保险东丽支公司	1999	市劳动模范
任仲朴	男	南孙庄中学	1999	市劳动模范
李秀凤	女	军粮城中学	1999	市劳动模范
魏荣龙	男	物价局	1999、2001	市劳动模范
郑明星	男	南何庄小学	2001	市劳动模范
宋宝莉	女	东丽中学	2001	市劳动模范
邵长华	女	丰年中学	2001	市劳动模范
邢爱增	女	东丽医院	2001	市劳动模范
刘松文	男	安达集团有限公司	2001	市劳动模范
刘义然	男	新立村	2001	市劳动模范
孙洪森	男	森林农业科技发展有限公司	2001	市劳动模范
侯梦珍	女	建筑工程有限公司	2001	市劳动模范
王嘉杰	男	工商东丽分局	2001	市劳动模范
姬辉庭	男	阳光集团公司	2001	市劳动模范
宋文华	女	实验小学	2003	市劳动模范

续表 34-2

姓名	性别	单位	获荣誉年份	荣誉称号
宋茂斌	男	职业教育中心学校	2003	市劳动模范
张伯良	男	新立街道	2003	市劳动模范
张金海	男	无瑕街道	2003	市劳动模范
王成功	男	兴农村	2003	市劳动模范
张惠敏	女	有容蒂康通讯技术有限公司	2003	市劳动模范
范喜宏	男	赛特测机有限公司	2003	市劳动模范
刘桂芳	女	美联塑料制品厂	2003	市劳动模范
吴志强	男	工商东丽分局	2003	市劳动模范
魏宝桐	男	体育局	2003	市劳动模范
范兰书	女	计生委	2003	市劳动模范
孙荣志	女	东丽医院	2003	市劳动模范
张孟星	男	二十冶金建设有限公司	2005	市劳动模范
赵治明	男	徐庄村	2005、2007	市劳动模范
王金柱	男	兴农村	2005	市劳动模范
崔玉璞	男	建城地基基础工程有限公司	2005	市劳动模范
孙树元	男	万新建筑安装工程有限公司	2005	市劳动模范
柴寿山	男	益民实业有限公司	2005	市劳动模范
贾秋生	男	工商东丽分局	2005	市劳动模范
常　莹	女	东丽医院	2005	市劳动模范
赵元花	女	山岭子小学	2005	市劳动模范
刘　耘	女	实验小学	2005	市劳动模范
赵爱军	女	东丽中学	2005	市劳动模范
杨爱莉	女	小东庄中学	2005	市劳动模范
高林华	男	詹庄村	2005	市劳动模范
高学刚	男	北方创业市政工程集团有限公司	2005	市劳动模范
李维秋	男	规划和国土资源局	2007	市劳动模范
崔洪友	男	民营企业家拥军协会	2007	市劳动模范

续表 34-2

姓名	性别	单位	获荣誉年份	荣誉称号
许会芳	男	流芳台村	2007	市劳动模范
崔凤祥	男	建成地基基础有限公司	2007	市劳动模范
高世华	男	工商东丽分局	2007	市劳动模范
杨铁顺	男	大顺园林装饰有限公司	2007	市劳动模范
杜凤瑞	男	霞辉房地产开发公司	2007	市劳动模范
张东发	男	卫生防疫站	2007	市劳动模范
闫平清	男	教育局	2007	市劳动模范
郭永强	男	第一百中学	2007	市劳动模范
田国发	男	建筑工程有限公司	2007	市劳动模范
宋志功	男	富民实业公司	2007	市劳动模范
董凤霞	女	第二幼儿园	2007	市劳动模范
佟 洁	女	华明印刷厂	2007	市劳动模范
张春静	女	新华投资集团有限公司	2007	市劳动模范
范永茂	男	公路局	2007	市劳动模范
张凤鳌	男	市容园林局	2007	市劳动模范
夏达军	男	华明集团公司	2009	市劳动模范
范金山	男	华利电器开关柜厂	2009	市劳动模范
杨志勇	男	二十冶建设有限公司	2009	市劳动模范
吴宗旺	男	管道土建工程有限公司	2009	市劳动模范
刘卫星	男	电装电机有限公司	2009	市劳动模范
郝志强	男	规划分局	2009	市劳动模范
姜文义	男	工商东丽分局	2009	市劳动模范
宋家祥	男	劳动和社会保障东丽分局	2009	市劳动模范
张长河	男	滨海华明投资实业有限公司	2009	市劳动模范
崔家颖	男	土地交易中心	2009	市劳动模范
张洪福	男	杨家泊村	2009	市劳动模范
刘桂泉	男	赵沽里村	2009	市劳动模范
刘学颖	男	程林街道卫生院	2009	市劳动模范

续表 34-2

姓名	性别	单位	获荣誉年份	荣誉称号
张松梅	女	津门小学	2009	市劳动模范
肖广娟	女	东丽中学	2009	市劳动模范
冯春秀	女	实验小学	2009	市劳动模范
张金柱	男	建筑工程有限公司	2009	市劳动模范

第三节　获省部级荣誉称号者

本节收录 1996—2010 年东丽区属单位获省部级及以上荣誉称号者 125 人，以获奖时间为序。

1996—2010 年东丽区属单位获省部级授予人人荣誉情况表

表 34-3

姓名	性别	单位	获荣誉年份	荣誉称号	授予部门
傅宝玉	男	军粮城一村	1996	全国优秀党务工作者	中共中央组织部
高燕洪	男	公安东丽分局	1996、1997	全国优秀人民警察	公安部
张凤鳌	男	区旅游局	1996	全国水利管理先进工作者	水利部
			2009	全国“五一劳动奖章”获得者	全国总工会
董　娟	女	区检察院	1996	全国检察机关保密密码工作先进个人	最高人民检察院
魏荣龙	男	区物价局	1996、1997	全国物价系统先进工作者	国家计委
			1999、2001、2009	国家农产品调查先进个人	
曹　莉	女	区物价局	1996	全国收费管理工作先进个人	国家计委
牛云鹏	男	公安东丽分局	1997	全国公安机关纪律检查先进个人	公安部
刘金城	男	区体委	1997	全国群众体育工作先进工作者	国家体委
武金禄	男	万新庄街道	1997	全国老年体育先进工作者	国家体委
			2002	全国优秀社会体育指导员	
赵凤力	男	李庄中学	1997	全国学校体育工作先进工作者	国家教委、国家体委
刘金生	男	公安东丽分局	1998	全国优秀人民警察	公安部
李秀荣	女	程林街道	1998	全国优秀乡镇党委书记	中共中央组织部

续表 34-3

姓名	性别	单位	获荣誉年份	荣誉称号	授予部门
靳兆荣	女	程林街道	1998	全国计划生育优秀工作者	国家计生委
魏迺彬	男	欢坨村	1998	全国优秀乡村医生	卫生部
魏宝桐	男	区体育局	1998	全国县（市、区）体育先进个人	国家体育总局
			2001	全国体育竞赛优秀管理者	
			2004	全国“五一劳动奖章”获得者	国家劳动部
刘景海	男	南程林村	1998	全国农村体育积极分子	农业部、国家体委
郝乃桢	男	区委研究室	1999	市清户核资先进个人	农业部、财政部
李绍福	男	区委研究室	1999	市清户核资先进个人	农业部、财政部
李培德	男	区水利局	1999	全国农村水利先进个人	水利部
张如起	男	实验小学	1999	全国学校体育卫生工作先进工作者	国家体委、国家教委
			2005	全国群众体育工作先进工作者	
刘乃兰	女	华明集团公司	2000、2006	全国优秀共产党员	中共中央组织部
			2000	全国志愿者助残先进个人	中国残联
			2001	全国“五一劳动奖章”获得者	全国总工会
			2001	全国乡镇企业家	农业部
			2002、2007	政协优秀提案者	全国政协
			2010	新中国成立60周年“三农”模范人物	农业部
刘宝华	男	区物价局	2000	全国计划物价系统法制宣传先进个人	国家计委
颜绍杰	男	实验小学	2000	全国体育工作先进工作者	国家体委 国家教委
陈学刚	男	第一职专中心学校	2000	全国推行《国家体育锻炼标准实施办法》先进工作者	国家体育总局、国家教委
王淑艳	女	军粮城镇二村	2000	全国计划生育先进工作者	国家计生委
郑会营	男	新立街道	2000	全国优秀共产党员	中共中央组织部
何居红	女	公安东丽分局	2001	全国优秀人民警察	公安部
			2009	全国公安机关排查化解矛盾纠纷先进个人	
孙学瀛	男	大毕庄镇	2001	全国群众体育先进工作者	国家体育总局

续表 34-3

姓名	性别	单位	获荣誉年份	荣誉称号	授予部门
罗忠兴	男	区体育局	2002	全国优秀社会体育指导员	国家体育总局
崔文娟	女	区体育局	2002	全国优秀社会体育指导员	国家体育总局
颜绍杰	男	小东庄村	2002	全国贯彻体育工作条例先进工作者	国家教委、国家体委
李子海	男	区质监局	2002	全国质监打假先进个人	国家质量监督检验检疫总局
陈国元	男	区环保局	2002	全国环境监察先进工作者	环保部
冯会昆	男	区委组织部	2002	全国干部统计先进工作者	中共中央组织部、人事部
魏和凤	女	区物价局	2002	全国价格法规政策公布先进个人	国家计委
王金城	男	公安东丽分局	2002	全国优秀人民警察	公安部
赵炳和	男	区质监局	2003	全国特种设备普查整治先进个人	国家质量监督检验检疫总局
付金强	男	区建委	2003	全国建设系统先进个人	建设部
张立勇	男	公安东丽分局	2003	全国优秀共青团员	团中央
魏以杰	男	华明街道	2003	国家无偿献银奖	卫生部、红十字总会、总后勤部
魏本霞	女	华明街道	2003	国家无偿献银奖	卫生部、红十字总会、总后勤部
侯宝亮	男	么六桥回族乡	2003	国家无偿献银奖	卫生部、红十字总会、总后勤部
胡金英	女	张贵庄街道	2003	全国优秀社区工作者	民政部
杨海秋	女	新立街道	2004	全国双学双比女能手	全国妇联
杨宝玲	女	胡张庄村	2004	全国“三八绿色奖章”	全国妇联
穆春利	男	公安东丽分局	2004	全国国保先进个人	公安部
刘义然	男	新立村	2004	全国乡镇企业家	农业部
刘　耘	女	实验小学	2004	全国创建“绿色学校”先进工作者	国家环保总局
闫金阁	男	公安东丽分局	2004、2005	全国优秀人民警察	公安部
李文果	男	区政协	2005	关心下一代先进工作者	中国关工委、中央文明办

续表 34-3

姓名	性别	单位	获荣誉年份	荣誉称号	授予部门
刘延芬	男	区保密局	2005	全国党政系统机要密码工作一等功	中共中央办公厅
蒋　娜	女	区民政局	2005	普法依法治理先进个人	民政部
常冬梅	女	区工业经委	2005	全国乡镇企业系统优秀统计工作者	农业部
李绪宝	男	区科协	2005	全国农村科普工作先进个人	中国科协
李树红	女	丰年村街道	2005	全国婚育新风进万家活动先进个人	中共中央宣传部、国家计生委等 10 部委
魏学卿	男	区人口计生委	2005	全国婚育新风进万家活动先进个人	中共中央宣传部、国家计生委等 10 部委
邵自广	男	跃进路消防中队	2005	边防消防警卫部队优秀士官二等功	公安部
邢振华	男	无瑕街道	2005	中国计生协会先进志愿者	中国计生协会
郑会营	男	新立街道	2006	全国优秀党务工作者	中共中央组织部
漆晓林	男	区检察院	2006	全国检察机关处理涉检信访先进个人	最高人民检察院
戴东强	男	区政府	2006、2008、2010	全国县（市）科技进步工作先进个人	科技部
周　彤	男	金钟农副产品批发市场	2006、2007	全国农村青年创业致富带头人	团中央、农业部
刘桂芳	女	友联有限公司	2007	全国巾帼标兵	全国妇联
武广华	女	区妇联	2007	全国美德在农家活动先进个人	全国妇联
			2009	全国“三八红旗手”	全国妇联
王金柱	男	兴农村	2007	“五好家庭”金奖	全国妇联
王秀清	女	新立村	2007	“五好家庭”银奖	全国妇联
齐义乐	男	鑫裕建设发展有限公司	2007	全国农村青年创业致富带头人	团中央、农业部
			2009	全国希望工程 20 年杰出公益人物	团中央
冯　侠	女	区团委	2007	全国优秀共青团干部	团中央
崔锦华	女	区人口计生委	2007	全国计生协会先进工作者	中国计生协会

续表 34-3

姓名	性别	单位	获荣誉年份	荣誉称号	授予部门
佟　洁	女	华明印刷有限公司	2007、2008	全国“双学双比”女能手	全国妇联
张铁彪	男	区广电局	2008	十七大安全播出先进个人	国家广电总局
张仁则	男	区广电局	2008	全国广播系统先进工作者	国家广电总局
田先钰	男	区科委	2008、2010	全国县（市）科技进步工作先进个人	科技部
李俊新	男	区质监局	2008	全国质检系统法制工作先进个人	国家质监检验检疫总局
韩维光	男	区农林局	2008	“三北”防护林建设突出贡献者	农业部
崔文娟	女	小东庄村	2008	全国群众喜爱社会体育指导员	国家体育总局
柴寿未	女	区体育局	2008	全国群众体育现状调查先进个人	国家体育总局
宋家华	女	张贵庄街道	2008	全国群众喜爱社会体育指导员	国家体育总局
范有志	男	区人大	2008	全国群众喜爱社会体育指导员	国家体育总局
尚德来	男	区政府	2008、2010	全国县（市）科技进步工作先进个人	科技部
王维艳	女	区妇联	2008	全国“双学双比”活动先进工作者	全国妇联
李洪霞	女	奇澳科技发展有限公司	2008	全国“双学双比”女能手	全国妇联
孙婵娣	女	区总工会	2008	全国优秀工会工作者	全国总工会
			2010	全国工会系统“五五”普法先进个人	
郭洪宇	男	津门小学	2008	全国十佳少先队员	团中央
崔维光	男	区环保局	2008	北京奥运会环境质量保障先进个人	环保部
冯邱雨	男	公安东丽分局	2008	全国县级公安机关经费保障先进个人	公安部
景　君	女	傲绿农副产品有限责任公司	2008	全国“双学双比”女能手	全国妇联
			2009	全国“三八红旗手”	
				环渤海地区创业女性	
			2010	全国城乡妇女岗位建功先进个人	
马春耘	女	广津商贸有限公司	2008	全国“双学双比”女能手	全国妇联

续表 34-3

姓名	性别	单位	获荣誉年份	荣誉称号	授予部门
刘桂芳	女	友联责任有限公司	2008	全国“三八红旗手”	全国妇联
尹　建	男	公安东丽分局	1008	全国治理自行车被盗专项行动先进个人	公安部、建设部、商务部
王之相	男	公安东丽分局	2008	一等功	公安部
庞士海	男	区农经委	2008	“助奥行动”先进个人	农业部
王桂荣	女	区委宣传部	2009	全国精神文明建设先进工作者	中央文明委
王　义	男	区政法委	2009	维护国防利益和军人军属合法权益工作先进个人	中央政法委
尚俊歆	女	杨台小学	2009	全国优秀教师	教育部
赵桂华	女	区政协	2009	孝亲敬老之星	全国妇联
魏冬菊	女	丰年街道	2009	全国群众体育先进个人	国家体育总局
徐雅春	女	华明街道	2009	全国群众体育先进个人	国家体育总局
刘金来	男	第一百中学	2009	全国优秀共青团员	团中央
刘立成	男	公安东丽分局	2009	全国公安机关出入境管理暨外国人管理工作先进个人	公安部
张树立	男	区教育局	2009	公安部社会治安模范三等功	公安部
翟学金	男	工商东丽分局	2009	全国工商系统保护奥林匹克标志专有权先进个人	国家工商行政管理总局
张春静	女	新华投资集团有限责任公司	2009	环渤海地区创业女性	全国妇联
宋文华	女	区教育局	2009	全国中小学思想道德建设优秀成果展先进个人	教育部
张者玉	女	区体育局	2009	全国体育群众体育先进个人	国家体育总局
何广祥	男	区人防办	2009	国家人民防空工程建设先进工作者	国家人防办
张树生	男	区民政局	2009	全国贯彻落实居民委员会组织法先进个人	民政部
高　杰	男	区安监局	2009	国家安全生产监管检查先进个人	国家安监总局
孙龙仪	男	区农经委	2009	全国无公害农产品优秀检查员	农业部

续表 34-3

姓名	性别	单位	获荣誉年份	荣誉称号	授予部门
范金龙	男	区农经委	2009	全国林防法律法规知识竞赛优秀奖	国家林业局
华　勇	男	工商东丽分局	2010	全国基层个私协会优秀秘书长	国家工商管理总局
李洪君	女	区环保局	2010	全国污染普查先进个人	环保部
杨华菁	女	区环保局	2010	全国污染普查先进个人	环保部
魏爱君	女	区环保局	2010	全国污染普查先进个人	环保部
王俊杰	男	区环保局	2010	全国环境、信访工作优秀个人	环保部
杨起迎	女	区环保局	2010	全国环境、信访工作优秀个人	环保部
冯　侠	女	区民政局	2010	全国农村五保供养工作先进个人	民政部
李　红	女	丰年村街道	2010	全国科普工作先进工作者	科技部、中共中央宣传部
张秀萍	女	兴旺作业钢铁贸易公司	2010	全国城乡妇女岗位建功先进个人	全国妇联
姜淑兰	女	瑞恩纺织服饰有限公司	2010	全国城乡妇女岗位建功先进个人	全国妇联
王　梅	女	区妇联	2010	全国维护妇女儿童权益先进个人	全国妇联
王国华	男	区交通运管局	2010	全国交通运输依法行政先进个人	交通运输部
李祝国	男	新立街道	2010	全国模范人民调解员	司法部
刘　耘	女	区妇联	2010	全国“巾帼建功”先进工作者	全国妇联
李勇	男	区农委	2010	农产品质量安全整治暨执法年活动先进个人、	农业部
				全国污染源普查工作先进个人	

第四节　特级荣誉称号者

本节收录 1996—2010 年东丽区享受国务院特殊津贴专家、博士学位及特级教师共 27 名，排列以授予、评定时间、出生时间为序。

1996—2010 年东丽区享受国家特殊津贴专家名录

表 34-4

姓名	性别	出生年月	文化程度	政治面目	所在单位	职称	国务院授予时间
翟兴龙	男	1931 年 7 月	大本	无党派人士	东丽医院	主任医师	1992.10
孙玉河	男	1955 年 3 月	大专	中共党员	东丽区少年宫	中学高级	2007.02

1979–2010 年客籍在东丽区工作博士学位名录

表 34-5

姓名	性别	出生年月	籍贯	单位	专业	学位
王世鑫	男	1962-03	陕西南郑	东丽医院	生物医学工程	博士
付宪文	男	1968-08	河北承德	东丽医院	神经外科	博士
周晓波	男	1968-05	江西莲花	东丽医院	临床医学	博士
余晓林	男	1970-12	四川自贡	东丽医院	临床检验诊断学	博士
王萍	女	1978-04	山东苍山	东丽医院	临床医学	博士
崔欲晓	女	1978-04	天津河东	区疾病预防控制中心	生物医学工程	博士

1996—2010 年东丽区特级教师名录

表 34-6

姓名	性别	出生年月	籍 贯	工作单位	评特级教师时间
郁原鲁	男	1941.01	江苏	东丽教师进修学校	1996.07
王桐生	男	1944.11	山东泰安	东丽教师进修学校	1998.07
孙玉河	男	1955.03	河北	东丽区少年宫	1999.09
郭绵浩	男	1961.12	河南信阳	天津市滨海实验学校	2002.02
赵金山	男	1957.08	天津	天津市第一百中学	2003
李德生	男	1954.08	天津	天津市第一百中学	2003
王悦英	女	1961.09	黑龙江齐齐哈尔	天津市东丽中学	2003.08
谭权智	男	1944.11	天津	东丽区教研室	2003.09

续表34-6

姓名	性别	出生年月	籍　贯	工作单位	评特级教师时间
吴世民	男	1967.01	河北	天津市第一百中学	2004
项　荣	女	1962.12	吉林磐石	天津市鉴开中学	2004.09
杨　福	男	1963.12	河北	天津市军粮城中学	2004.09
许士军	男	1962.09	湖南岳阳	东丽区苗街小学	2004.10
赵英伟	男	1966.02	黑龙江	东丽教师进修学校	2006
高利民	男	1967.07	湖南	天津市第一百中学	2006
陈家宝	男	1963.06	安徽全椒	东丽区教研室	2006.05
杨剑萍	女	1963.07	天津	天津市第一百中学	2007
张志欣	女	1969.08	天津	天津市东丽区实验小学	2007.08
杨惠茹	女	1955.07	天津	东丽区教研室	2007.09
郑明星	男	1966.11	天津	东丽区南何庄小学	2007.09

第五节　援藏、疆、甘干部名录

本节收录25名东丽区党政机关、教育、卫生部门支援藏、疆、甘党组织建设、政权建设及教育、卫生事业建设人员名录。其中援藏10人，援疆12人，援甘3人，排列以任职年限为序。

1981—2010年东丽区支援西藏干部名录

表34-7

姓名	性别	政治面目	援藏时间	原单位及职务	援藏单位及职务
冯振宝	男	群众	1981—1982年	第一百中学教师	那曲地区中学教师
胡增清	男	群众	1981—1982年	第一百中学教师	那曲地区中学教师
王绍东	男	群众	1987—1988年 1991—1993年	第一百中学教师	那曲地区中学教师
张　弛	男	群众	1993.06—1995.08	第一百中学教师	那曲地区中学教师
孔宪义	男	中共党员	1995.04—1998.04	环保局副局长	昌都地区芒康县副县长

续表34-7

姓名	性别	政治面目	援藏时间	原单位及职务	援藏单位及职务
张印堂	男	中共党员	1998.06—2001.08	区委组织部副部长	中共昌都地委组织部副部长
刘俊生	男	中共党员	2002.09—2004.06	区委组织部副部长（正处）	中共昌都地委丁青县委书记
暴国正	男	中共党员	2004.06—2007.06	区政府办公室副主任	昌都地区江达县副县长
张作明	男	中共党员	2007.06—2010.06	军粮城镇党委副书记（调研员）	中共昌都地区江达县委书记
华　勇	男	中共党员	2010.06—2013.06	工商局东丽分局副局长	昌都地区工商局副局长

1997—2010年东丽区支援新疆干部名录表

表34-8

姓名	性别	政治面目	援疆时间	原单位及职务	援疆单位及职务
韩宝祥	男	群众	1997.07—2000.01	李庄中学教师	喀什地区第二中学办公室副主任
赵玉林	男	群众	1999.08—2002.06	军粮城中学教师	喀什地区麦盖提县第二中学教师
孙荣志	女	群众	2002.08—2003.02	东丽医院妇产科主治医师	喀什地区叶城县第七人民医院妇产科主治医师
常莹	女	群众	2004-03—2005-07	东丽医院妇产科主治医师	喀什地区叶城县第七人民医院妇产科主治医师
陈秀梅	女	中共党员	2005.07—2007.01	东丽区卫生防病站医师	喀什地区疾病预防控制中心医师
张世弟	男	群众	2005.07—2007.01	四合庄中学教师	喀什地区第二中学教师
李志明	男	群众	2007.03—2008.06	第一百中学教师	喀什地区第二中学教师
韩力	男	中共党员	2007.03—2008.06	区卫生防病站流病科长	喀什地区疾病预防控制中心医师
郑金宾	男	中共党员	2008.08—2010.03	第一百中学教师	喀什地区伽师县第二中学教师

续表 34-8

姓名	性别	政治面目	援疆时间	原单位及职务	援疆单位及职务
孙有山	男	群众	2008.08—2010.11	职教中心学校教师	喀什地区伽师县第二中学教师
翟树发	男	中共党员	2010.03—2010.12	一百中学年级副主任	喀什地区伽师县第二中学教师
李正新	男	中共党员	2010.06—	东丽开发区管委会副主任	和田地区策勒县建设局副局长

2000—2004年东丽区支援甘肃干部名录

表 34-9

姓　名	性别	政治面目	援甘时间	原单位及职务	援甘单位及职务
李　新	男	中共党员	2000—2002	第一百中学教师	甘谷县中学教师
颜　韬	男	中共党员	2002—2003	第一百中学教师	甘谷县中学教师
徐秋顺	男	中共党员	2003—2004	第一百中学教师	甘谷县中学教师

第六节　正高级职称名录

本节收录 1979—2010 年东丽区单位正高级专业技术职称 33 人，排列以评定时间为序。

1979—2010 年东丽区卫生技术正高级职称名录

表 34-10

姓名	性别	出生年月	籍贯	工作单位	职称	资格评定时间
翟兴龙	男	1931.07	天津	东丽医院	主任医师	1987.12
宋俊莲	女	1943.02	河北	东丽医院	主任医师	1995.05
李孟琴	女	1941.01	天津	东丽医院	主任医师	1996.04
王钟媛	女	1941.12	辽宁	东丽医院	主任医师	1997.01
李锡东	男	1949.11	天津	东丽医院	主任医师	2000.12
洪志飞	男	1960.04	辽宁辽阳	东丽医院	主任医师	2001.09
邢爱增	女	1954.07	天津	东丽医院	主任医师	2003.01

续表 34-10

姓名	性别	出生年月	籍贯	工作单位	职称	资格评定时间
汪月光	男	1953.08	河北	东丽医院	主任医师	2003.12
陈金国	男	1951.03	天津	东丽医院	主任医师	2003.12
臧海林	男	1960.10	天津	东丽中医医院	主任医师	2006.10
王和平	男	1963.02	河南	东丽中医医院	主任医师	2006.11
张世翠	女	1957.03	天津东丽	东丽医院	主任医师	2007.03
陈东来	男	1962.01	河北沧州	东丽医院	主任医师	2007.07
王　岩	女	1967.05	山东	东丽医院	主任医师	2007.09
王北大	女	1968.03	辽宁	东丽医院	主任医师	2007.11
杨金萍	女	1965.06	天津	区疾病预防控制	主任医师	2007.11
刘乃胜	男	1968.02	黑龙江	东丽医院	主任医师	2007.12
陈　青	男	1961.02	天津	东丽医院	主任医师	2008.05
张露新	男	1966-05	天津	区疾病预防控制	主任医师	2008.11
幺恩亮	男	1963.12	天津	东丽医院	主任医师	2009-07
孟宪敏	女	1964.04	吉林松原	东丽医院	主任医师	2009.07
杨洪亮	男	1955.09	天津	东丽医院	主任医师	2010.05
张建芬	女	1964.08	天津	中医医院	主任医师	2010.11

2006-2009 年东丽区农业、工程正高级职称名录

表 34-11

姓名	性别	出生年月	籍贯	单位	职称	评定时间
张伯良	男	1947.08	天津东丽	新立街道	研究员	2002.12
林兆年	男	1955.04	天津东丽	区畜牧水产局	研究员	2006.12
马树敏	女	1964.01	天津静海	区畜牧水产局	正高工程师	2009.12
郭东生	男	1960.05	山东	区质量技术监督局	正高工程师	2009.12

1996—2008 年东丽区群众文化正高级职称名录

表 34-12

姓名	性别	出生年月	籍贯	单位	职称	评定时间
赵宝山	男	1937.01	天津东丽	区文化馆	研究馆员	1996.09
许向诚	男	1953.03	天津东丽	区文化馆	一级作家	2002.12
韩武喜	男	1956.07	天津静海	区文化馆	研究馆员	2008.10

2002—2007 年东丽区律师正高级职称名录

表 34-13

姓名	性别	出生年月	籍贯	单位	职称	评定时间
颜景照	男	1956.07	天津	鼎名律师事务所	一级律师	2002.02
董保军	男	1956.01	天津	鼎名律师事务所	一级律师	2006.01
刘天利	男	1958.06	天津	鼎名律师事务所	一级律师	2007.12

第七节　区境外工作的东丽籍知名人士名录

本节收录根据现有资料在区境外工作，职称在正高级以上，官职在副地师级以上健在的东丽籍人 35 名，排列以出生年月为序。

1979—2010 年东丽籍在区域外工作博士学位名录

表 34-14

姓名	性别	出生年月	籍贯	单位	专业	学位
戴学刚	男	1956.07	民生村	中国科学院化学冶金研究所	冶金化工	博士
阎永立	男	1957	卧河村	中国科学院地球物理研究所	地球物理	博士
张　平	男	1960.08	张贵庄街道	山东农业大学	农经	博士
孟广文	男	1961	山岭子村	天津师大城市与环境学院	经济地理	博士
柴春喜	男	1962.12	新袁庄村	天津城建学院	控制与机械工程	博士
李中章	男	1962	张贵庄街道	中日友好医院	医学基础	博士
戴学来	男	1963.04	民生村	天津师范大学经济学院	经济地理	博士
鲍立敏	女	1965.08	胡张庄村	清华大学	仪表	博士

续表 34-14

姓名	性别	出生年月	籍贯	单位	专业	学位
肖春花	女	1971.02	新袁庄村	天津医科大学	肿瘤学	博士
王学忠	男	1976.06	李明庄	天津师范大学	遗传育种	博士
许丹宇	男	1976.06	张贵庄街道	天津环境科学院	环境工程	博士
房士明	男	1980.06	后台村	军事医学科学院	海洋制药	博士

1979—2010 年东丽籍在区域外工作副局级以上职位名录

表 34-15

姓名	性别	出生年月	籍贯	单位	职务
于元俊	男	1943	窑上村	中国驻意大利大使馆	办公室主任
朱小岱	男	1943	杨台村	天津肿瘤医院	副院长
陈凤金	男	1943.06	小东庄村	中国远洋公司	政委
何秀恒	男	1944	南何村	天津市农委	副主任
李德崇	男	1944.03	大新庄	天津市河北区政府	副区长
冯士琴	女	1944	大宋庄	国家安全部十二局	局长
李振生	男	1944	大郑村	电力部	副部长
赵　琨	男	1946.04	大毕庄村	中共天津市河东区委	区委书记
翟衍青	男	1946	四合庄村	中共天津市津南区委	常委
赵　军	男	1949.12	东丽区	天津市发改委	正局级巡视员
杜铁章	男	1951	荒草坨村	广西北海市	副市长
李兴倩	男	1953	宝元村	国家教委设备司	副司长
李财堂	男	1957	官房村	上海市血液管理办公室	副局级主任
齐冠军	男	1957.03	新袁庄	大港区人民检察院	检察长
刘万明	男	1959	官房村	民航总局计划司	司长
周　顺	男	1959	大毕庄村	山东省济宁市	市委书记

1979—2010 年东丽籍在区域外工作副师级以上职衔名录

表 34-16

姓名	性别	出生年月	籍贯	单　位	职务
张焕桐	男	1931	小东庄村	二炮导弹学院	副师
常万和	男	1934.05	苗街村	河北唐山军分区	副司令员
王恩和	男	1938.07	小宋村	内蒙古包头军分区	副司令员

续表 34-16

姓名	性别	出生年月	籍贯	单　位	职务
刘新志	男	1941.11	卧河村	中国人民解放军总参谋部	副研究员
张　辉	男	1949	李明庄	南海舰队保险部	部长
高德海	男	1954.02	西窑村	核潜艇基地设备部	部长
傅川明	男	1957	三合庄村	北京军区老干部局	正师政委

附 录

文 存

此部分收录中共东丽区委、区政府及区人大制发的涉及全区经济建设、社会发展等方面具有战略性的实施意见、规定、决定等，共5篇。

关于加快改革扩大开放促进经济上新台阶的实施意见

抓紧有利时机，加快改革开放步伐，力争全区经济更快更好地上一个新台阶，是当前全区各级领导和干部群众的战略任务。我们要认真贯彻邓小平视察南方的重要谈话精神和市委、市政府《关于加快改革开放促进经济发展的若干意见》，把握时机，主动创造条件，以大开放促进大开发，以大开发促进大发展。紧跟形势，大造声势，发挥优势，形成态势。

一、总体目标和初步构想

1.全面规划，重点突破，梯次推进，滚动发展。以开放带动改革，以改革促进开放，借助天津市“三区”、“三带”的规划乘势而上，充分发挥我区的综合优势。重点开发“三区、两线、一湖”（“三区”是东丽经济开发区、程林高新技术工业区、新兴工贸园区；“两线”是津塘公路和外环线；“一湖”是东丽湖旅游区），把东丽区建成连贯东西的“金色走廊”。

2.以第一产业为基础，以第二产业为支柱，以第三产业为重点，逐步建成“五大支撑体系”。即优质、低耗、高效的农业生产体系；具有先进科学技术和管理水平，与城市大工业配套，协调发展的工业体系；具有综合服务功能，为海、空港配套的仓储运输和流通体系；集高尔夫球场、东丽湖旅游渡假、地热温泉、水上乐园、海河观光一体的旅游体系；以乡镇为中心，布局合理，基础设施完善的城乡建设体系。构成东丽区整体开发的基本格局。

3.修订经济发展主要指标：原“八五”规划到1995年底，全区农村生产总值达到45亿～55亿元，平均每年递增15%～17%，修定增至55亿～60亿元，平均每年递增20%～22%。比原计划提高五个百分点。到“九五”末产值达到120亿元，比“八五”翻一番。登上一个新台阶。全区农村进入超“小康水平”。各乡镇、各有关部门的年度经济指标也要作相应调整。

二、加强服务，发展优质、创汇、高效的农业

4.加强农副产品基地建设，提高农业商品率。我区农业要以市场为导向，以商品基础为依托，以把农产品推向市场为突破口，重点抓好科技兴农和农产品流通。加快推进农工商、产供销、种养加一体化步伐，走优质高产高效的路子。

5.完善社会化服务，搞活农产品流通。建立区、乡、村三级农副产品流通体系。区成立综合服务总站，区农林局成立“农业产销服务站”，重点抓好蔬菜流通，以原有植保、种籽、农资服务为依托向生产、科技、经营、服务四位一体方向发展。区畜牧水产局成立“畜牧水产购销服务站”。以种畜禽场、奶牛场、畜禽兽医、水产服务中心为依托，形成防疫、检疫、良种供应、产品经营一体化。各乡镇和大村成立农产品购销服务站，形成全区产销服务体系。

6.鼓励服务组织兴办经济实体。乡村级服务组织三年内全部过渡为经济实体，本着“立足服务搞经营，搞好经营促服务”的原则，坚持以服务为主，低偿优质，积极发展，逐步形成连片联网，扩大规模经营。以工建农基金用于在保证骨干农建工程的前提下要向农产品流通服务领域倾斜。

三、突出重点，加速发展工业企业

7.以乡镇工业主攻方向，带动街办、校办、等各种形式的企业更快地发展。要进一步调整经济结构，深化企业改革，推动科技进步，加强企业管理，提高产品质量和经济效益，在提高投入产出率、资金利用率，净产值率等方面下功夫，真正实现良性循环的高速度。

8.集中资金发展规模企业。全区每年用于企业投入的资金不少于2亿元，以增强经济发展后劲。乡村联工业企业年均增长速度达到25%，比原“八五”计划提高5个百分点，到1995年产值达到40亿元。大力发展乡镇一级企业，使乡镇办企业所占比重达到乡镇企业总值的三分之一。

9.加快产业结构调整。向重点地区、重点行业和重点企业实行政策倾斜。

重点地区，一是津塘公路沿线，要抢占津塘交通要道。发展军粮城镇的外贸产品，小东庄乡的服装鞋帽和新立村乡的机电、旅游用品；二是外环线两侧城周地区，以高科技和机电为主；三是东北部成片开发，引进外资。

重点行业，一是服装纺织；二是食品饮料；三是电子和机械加工制造；四是精细化工；五是轻型建筑材料。要加强行业管理但不改变乡镇企业所有制性质、管理体制和利润上交渠道。

重点企业，打破所有制界限，以骨干企业为龙头，以名优产品为依托，组建企业集团：例如以宏光、华特为主的食品集团；以华明纸箱为主的包装集团；以集装袋总厂为主的塑料编织袋集团；以“四羽毛”为主的服装集团；以阳光化工实业公司为主的油漆涂料集团；以新立服装二厂为主的旅游用品集团等。

10.对重点技术改造项目继续给予贴息贷款支持，并鼓励用自有资金，进行技改。要加强企业技改技措项目的管理，落实技改项目责任制，确保投入产出效益，提高技改项目的技术含量，防止低水平的重复建设。

11.稳定和完善承包经营责任制与厂长（经理）负责制。坚持以 集体承包为主，完善和健全承包指标体系，把企业的产品质量、经济效益、资产增值，企业素质等作为主要的承包考核内容。认真加强乡村集体企业的经营管理，严格执行财务、审计和监督等项制度，防止集体资产的流失。

12.积极试行股份合作制。股份制是转换企业经营机制的有效形式，对老企业新增加的固定资产和新建企业都可以实行股份合作制。实行股份合作制以集体股份占优势可控股为宜。鼓励个人联合兴办股份合作制企业。股金分红按有关政策执行。

13.狠抓亏损企业的扭亏增盈，实行扭亏责任制。对扭亏企业或虚盈实亏企业，区别不同情况，分别确定“输血”或“断奶”：对1991年底前亏损的，应由承包责任人按照承包协议的条款承担部分亏损金额，并对其余部分订出扭亏计划，在扭亏后可用三年的税前利润抵补；对扭亏无望或到期仍无好转的企业，可实行兼并或破产，通过经济手段引导优势企业兼并劣势企业，推动生产要素的合理流动和优化组合。

14.进一步完善乡镇企业运行机制。如市场导向的经营机制，优胜劣汰的竞争机制，多劳多得的分配机制，合同聘用的劳动机制，外引内育的人才机制，自负盈亏的风险机制，自我积累的发展机制，自我监督的约束机制和自主经营的管理机制等。转换经营机制的关键是落实企业自主权，使企业进一步适应外部环境和市场产业化，不断增强企业活力。

15.设立乡镇企业发展基金。资金主要来源是吸收“两金”，一是按财政部、农业部规定的1%提足乡镇企业管理费，其中0.5%列入发展基金；二是将企业每年从销售收入中提取的1%技术开发费集中管理，使用权仍归企业。

四、以东丽经济开发区为龙头，加速外经外贸发展

16.加速“东丽经济开发区”的规划实施。在“区经济开发领导小组”之下，抽调专人组建“东丽经济开发区管委会”，具体负责规划、开发、融资、招商等事宜，并组建“东丽经济技术开发区总公司”，实行“一条龙”服务。把2平方千米的开发区建成以吸引外资为主，外引内联，内外结合，技术密集型、生产创汇型、加工型为一体的经济区域，成为全区经济发展的示范和龙头。

17.明确成片开发的责任分工：在各分管区长的领导下，以高新技术为主的程林工业区由区建委、科委和万新庄乡负责；新兴工贸园区由区计委和新立村乡负责；东丽湖旅游区由区水利局和赤土乡负责。

18.积极介入天津经济开发区和保税区。设立“东丽区人民政府驻天津经济开发区办事处”和“开发区东丽对外经济贸易开发公司”，及时沟通信息，打开渠道，开展广泛的经贸交流和合作，实行“龙头龙尾”生产经营，寻求代理出口业务，促进外经外贸发展。

19.继续改善投资环境，增强对外商的吸引力。大胆引进外资、设备、技术和人才，实行佣金制度，对成功引进投资的中介者给予报酬和奖励。为了增加对国际市场的了解和加快项目合作，有关主管部门和企业可以组团出国考察。

20.鼓励现有企业特别是骨干企业与外资“嫁接”。扩大规模，提高水平和竞争力，实行产品内转外，到1995年外贸专厂发展到100家。积极推行工贸一体化，实行工贸联营和合作。同时，鼓励企业集团和企业家到外埠或国外创办商贸和企业。

五、开辟大市场，搞活大流通，大力发展第三产业

21.发挥群体优势，全民、集体、个体、联办一起上。打破内外贸、工贸、批发零售界限，实行跨地区、跨部门、跨所有制的综合经营，形成国营、集体、个体多层次、多渠道的流通网络。充分发挥50多个友好区、协作区的协作优势，逐步形成大商业、大市场、大流通的新格局。

零售商业要全面实行经营、价格、用工、分配“四放活”，对小型零售企业扩大实行个人承包和租赁。

22.加快市场建设，完善市场功能。今后发展的设点布局是“一条线”“三个点”，辐射全区。即在津塘公路沿线建设适应社会化需要的各类市场；在张贵庄、军粮城、赤土三个地区发展综合服务能力较强，商品比较齐全的第三产业中心。

开辟大型综合批发交易市场，在外环线东侧（顾庄北）建一处集批发、零售、展销、交易、娱乐、食宿于一体的大型综合商场。深购远销，买全国货，卖全国货。在综合市场开业初期，对入场经营者减征各种税费。

23.进一步加快仓储运输业发展。改善基础设施，扩大仓储运输能力，搞活经营机制，扩大货源。在“大无缝”与天津钢管公司共同建立储运联合办公机构，承揽国家重点工程业务。进一步严格管理，完善仓储、运输、加工、服务一条龙体系。

24.积极发展房地产业。按全区总体规划，在城乡结合部和居民集中地区进行房地产开发。在卫国道（万新村北侧）与市联合开辟新住宅区；在东丽湖和海河畔建一批花园式别墅楼。

25. 努力发展金融事业。大胆利用外资，广泛吸引内资，同时把自己的资金搞活。在增加营业网点的同时，在张贵庄地区建立规模较大，功能较全，具有融资、筹资等多种功能的金融中心。继续办好农村合作基金会，建立区合作基金会联合会，增加新股，扩充合作基金来源。

六、加快实施科技兴区战略，大力引进各类人才

26. 逐步建立起科技与经济结合的管理体制和运行机制。争取在科技与经济结合，吸引人才，调动广大知识分子积极性以及提高劳动者素质等方面有一个较大的突破。

树立“尊重知识、尊重人才”的社会风气，加速科技成果商品化、产业化。大力发展技术市场，鼓励科研院所、大专院校、企事业单位向我区转让科研成果，并从优给予转让费。促进科技单位以科技产权作为股份同企业结成紧密联合体，依照联合协议分得红利。

27. 聘请学有专长的人员组成智囊团和人才库，对有贡献的经营、科技人才实行奖励。科技人员开发的新产品，经鉴定可以投产，即可按成果水平、难易程度予以一次性奖励。其新产品投放市场后，年内可从该产品创造的税后利润中提取 1%～10%，奖给有关人员。

科技人员的工资、奖金要与其劳动成果和经济效益挂钩，从事新产品开发、研制及主要技术岗位的专业技术人员的工资奖金水平可以高于一般人员；对于作出突出贡献的科技人员和工人技师、革新能手要实行重奖。区政府对重大贡献科技人员的奖励一律免征个人收入调节税。

28. 积极兴办民间科研机构，组成科研生产联合体。对于科工贸型企业制定区别与一般乡镇企业的优惠政策，扶植其更快发展。

29. 加强科技人才的培训和继续教育。按照国家的有关规定，对我区科技人员定期开展评定技术职称的工作，根据科研成果和工作实绩，认真考核，合格授予国家承认的职称证书。

七、转变职能，简政放权，为经济发展创造一个宽松的环境

30. 简政放权，提高办事效率。转变政府职能，重点搞好宏观调控，做好规划、协调、监督、服务工作，由直接管理向间接管理和综合服务的方向转变。

在符合全区统一规划和国家产业调整政策的前提下，总投资在 50 万元以下的生产性项目以及 30 万元以下的非生产性项目，不需要区协调的，审批权下放到乡镇。

利用原已划拨的集体土地兴办企业，改由乡镇自行办理，送建委备案。跨度在 6 米以下的库房厂房，建筑面积不超过 200 平方米的，不再审批，将图纸送区主管部门备案。

简化工商执照审批手续，凡有上级主管部门该项批准文件和验资证明的，可先发照后补办其他手续，缩短发照时间。对申请建立科技机构和技术商品经营机构的，随到随办。对签订的各种技术合同，即时登记。对取得的科技成果，及时组织鉴定，并负责申报奖励。

筹建区乡（镇）企业技术开发总公司，利用微机联网提供信息服务、项目论证和扭亏咨询，并建立工业品购销公司，拓宽乡镇企业的购销渠道。

改进边境通行证管理，简化手续，随来随办。简化出入境手续，根据需要将多次出入境往返签证期由半年延长到一年。对重点工程要害部位的防火审建实行现场办公，当场拍板；已经政府批准急需动工的重点项目，先提出要求发给“临时开工证”，后补办审建手续，保证工程及时动工。

建立环境保护技术服务站，对企业申报治理的项目进行咨询接受治理项目的委托设计，对企业的污染治理给予支持和指导。

放宽贷款审批权，农行营业所和信用社流动资金贷款权由过去的 20 万元以内扩大到 40 万元；固定资产贷款由过去的信用社无权审批，扩大到 5 万元以内。同时放活贷款企业自有流动资金比例，对达不到30%自有资金，但项目好、效益较高、管理完善的企业可以适当放宽。

加强乡镇一级财政职能，增强乡镇财政自给自主能力。今年先在新立村乡搞财政改革试点，与区财政“分灶吃饭”、实行收支挂钩、总额分成、超支不补、结余留用、一年一定的财政体制。

31.减少职能交叉，改变管理方式，增强服务功能。对按照规定报政府部门审批的事项，要规定办结期限，过期不答复，视为同意执行，责任由主管部门承担。对一个部门内涉及多个科室的事项，必须明确由一个科室主办，内部转办，防止层层设卡。

32.严格限制各类竞赛、检查、评比活动。除国家规定的税收财务物价大检查和产品质量检查、安全防火检查外，对未经区委、区政府批准的评比检查活动，企业有权拒绝参加。

33.进一步治理乱收费、乱罚款、乱摊派。今后凡是让企业出资赞助社会活动，必须经企业主管部门审批，企业对无物价部门“收费许可证”和不使用财政统一收费凭证的收费、罚款项目，有以拒绝。

34.下力量解决会议多、文件多、活动多的“三多”问题，力戒形式主义。要认真贯彻落实区委、区政府《关于进一步精简会议、活动和文件的意见》，压缩和控制各种奠基、剪彩、揭幕、庆典等礼仪、应酬性活动，严禁公费旅游。使各级领导要精力放到经济建设这个中心工作上来。

35.鼓励区属机关、事业单位干部职工应聘直接从事经济工作。应聘到企业（包括乡村办、联办、街办、校办等）工作的第一年原单位保留工资、福利，奖金随所在企业；第二、三年继续保留福利待遇和人事、工资关系，工资、奖金随所在企业；三年期满可回原单位工作，亦可续订合同，其人事工资关系转入区人才交流服务中心。应聘到企业工作的干部职工，原干部职工的身份不变，粮户关系不变，工龄连续计算，遇到调资、分房等事宜，按在岗人员同等对待。

36.鼓励行政事业单位的干部职工从机关分离出来发展第三产业，为政府机构改革和精简人员顺利实施创造条件。各单位兴办经济实体，搞一主多副、综合经营的资金，主要由集资或贷款解决。区财政视情况逐年减拨部分或全部行政经费。

积极推动有条件的机关和事业单位在不影响安全和保密的前提下，将现有信息、咨询机构、内部服务设施和交通运输工具向社会开放，开展有偿服务，并创造条件使其与原单位脱钩，自主经宫，独立核算。

八、加强领导，两个文明一起抓

37.进一步解放思想，转变观念。这是加快我区改革开放步伐的关键。特别是用足用好用活现有政策，不能光看让干什么，还要着重研究可能干什么，改变旧的思维定式，由过去“除了政策允许的都是不允许的”，变为“凡是政策不限制的都是允许的”大胆地试、大胆地闯。

38.加强党的建设，做好深入细致地思想政治工作。要十分重视党风党纪和干部队伍建设，保持廉政为民和勤政务实的作风。在加速改革开放的实践中考察各级干部，建立健全各级领导干部责任制。对勇于开拓创新成绩显著的，要表彰奖励；对行动迟缓犹疑观望的，要帮助教育；对个别思想僵滞，工作不力，迟迟打不开局面的，要采取必要的组织措施。支持改革者，保护探索者，帮助失误者，严惩违法、违纪者，树立“无功就是过，平庸便是错”的新观念。

39.、不断提高科学决策水平。加快经济发展要尊重经济规律，扎扎实实地从本区本部门的实际情况出发，深入调查研究，广泛听取意见，反复进行论证，努力提高决策的科学性和可操作性。

40.坚持“两手抓”，做到“两手硬”。一手抓改革开放，一手抓打击各类犯罪活动；一手抓物质文明建设，一手抓精神文明建设。在干部群众中广泛进行爱国主义、集体主义、社会主义和法制教育，树立良好的社会风尚。要继续搞好社会治安综合治理和各种严打斗争，用法律手段保障改革开放和经济建设的顺利进行。

在全国改革开放的第二次浪潮中，不仅停顿要落后，没有高速度的发展也要落后。全区各级领导要以高度的历史使命感、责任感和紧迫感，不失时机地抓紧开展各项工作，力戒形式主义和官僚主义，鼓实劲而不鼓虚劲，真抓实干，多做少说，扎实工作，顽强拼搏，为振兴东丽做出积极贡献。

中共天津市东丽区委员会
天津市东丽区人民政府
一九九三年七月二十八日

关于推进农村城市化建设的决定

（天津市东丽区第十四届人民代表大会第二次全体会议通过）

为深入贯彻《中共天津市东丽区委关于进一步加快农村城市化建设的若干意见》，保证我区农村城市化建设在民主、法制、科学的轨道上快速、健康发展，做出如下决定：

一、全面推进农村城市化建设，实现“津滨新城区”战略目标

党的十六大及十六届三中全会创造性地提出了统筹城乡发展，改变城乡二元经济结构，加快城镇化进程的指导方针。天津市制定了全面建设小康社会实行“三步走”的战略部署，为贯彻中央的指导方针和市委部署，东丽区第八次党代会和十四届人大一次会议确定了建设现代化“津滨新城区”的战略目标。推进农村城市化建设是实现这一战略目标的必经之路。通过农村城市化，使人们的生产生活方式、社会管理方式和规划建设模式由农村型向城市型转变，实现土地国有化、产权股份化、户口城镇化、管理社区化和保障社会化，在社会主义物质文明、政治文明和精神文明快速、健康、协调发展的基础上，实现城乡体制的一元化。农村城市化是东丽区经济和社会发展的必然趋势；是实现“津滨新城区”战略目标的根本途径；也是富在当代、福及子孙的重大举措。

二、深化体制改革，实现城乡体制一元化

1.深化土地管理体制改革

在严格执行《中华人民共和国土地承包法》的基础上，推动集体土地承包经营权的流转。农户可以在依法、自愿、有偿的前提下，通过委托国家、集体、公司经营等形式实现土地承包经营权的转让。大力发展农村集体土地的规模化经营和集约化经营。

通过重大项目占地、城市规划建设占地、户籍管理城镇化等渠道，推动农村集体土地所有权的转变，逐步实现土地资源国有化。政府可根据我区城市建设规划，前瞻性地征用储备土地。依照国家法律和政策，并参照土地的增值因素，合理确定征地补偿标准。

对我区农用土地的分布和分类情况进行全面深入调查研究，并通过法定程序对农田性质进行合理调整。

通过土地使用权的流转、所有权的转变和使用性质的调整，实现对土地资源的全面整合。按照建设国际型、知识型、生态型中心城区的规划搞好土地整理，为经济发展及城镇建设提供载体，为

土地使用权的市场化经营提供条件，使我区有限的土地得到最大化的增值和利用。集体土地向国有土地转变、农用土地向建设用地转变以及土地使用权转让，必须符合国家对土地利用的总体规划和用途管制；必须严格履行法定程序；必须给予农民合理补偿。征地补偿可以现金、资产或股份的形式予以兑现。在补偿费的管理使用中，要依据有关法律和政策，兼顾失地农民的眼前利益和长远利益，为他们的生产和生活提供长期可靠的经济保障。

2.深化集体经济体制改革

对集体资产进行清产核资，并以份额的形式分配给集体经济组织成员，建立起归属清晰、权责明确、保护严格、流转顺畅的现代产权制度。在资产所有者自愿的基础上，成立有限责任公司或其他合法经济实体。有限责任公司要依照公司法，健全法人治理结构，规范股东会、董事会、监事会和经营管理者的责权利，建立起符合市场经济要求的现代企业制度。公司依法实行科学管理，在市场竞争中自我生存、自我发展。股东所持股份可以继承，可以转让，但不得退股。股东以所持股份为限，对公司承担责任，享受权益。

3.深化社会管理体制改革

深化户籍制度改革。凡因国家征地而与承包地脱离，或常住地已迁往城镇规划社区，或村建制已撤销的农民一律由农村户口转变为城镇户口，即由村民变为居民。

凡全部集体土地已被国家征用或代管，或全体村民已由农村户口变为城镇户口的村庄，以及地处外环线内的村庄（城中村），村建制应有计划地予以撤销。根据居民分布情况，及时建立或调整居民委员会。积极探索居民自治与物业管理相结合的有效途径，推进社区管理体制的创新和发展。

在农村城市化过程中，随着社会管理体制和城市规划布局的变化，区乡两级国家机关、人民团体、企事业单位要适时进行机构调整，并在管理体制和工作机制方面深化改革、开拓创新。要加强档案资料的收集整理，为城市化建设提供服务。

4.深化劳动和社会保障体制改革

积极拓展就业渠道。坚持劳动者自主就业、市场调节就业和政府促进就业相结合的方针，采用灵活多样的形式增加劳动就业。积极引导农民向二、三产业转移就业。在积极发展高新技术产业的同时，注意发展劳动密集型产业，扶持中小企业，发展非公有制经济，采取优惠政策鼓励企业创造更多的就业岗位。“在同等条件下，优先本地人就业”的原则应在相关占地协议和招商引资协议中有所体现。

完善就业服务体系，加强职业教育和技能培训。根据劳动力市场需求，组织各类培训班。努力提高劳动者素质，增强劳动者的市场竞争力。对培训质量好、结业后录用比例大的培训机构予以奖励和政策优惠。

不断完善社会保障体系。在农村城市化进程中农村户口转为城镇户口的新居民依法享受城镇居民的权利，并承担应尽的义务；享有城镇居民平等的发展机会和公共服务水平；享受最低生活保障等城镇居民待遇。

三、加强城市规划建设，促进经济和社会事业全面发展

1.搞好城市规划建设

高水平的城市规划建设为经济和社会事业全面发展提供载体。在推进农村城市化的过程中，要认真落实经人大常委会审议通过的城市建设规划。按照“一五二二”的城市规划建设目标，建设张贵庄中心区，新立、军粮城、无瑕、大毕庄和东丽湖五个组团，华明和么六桥两个中心镇区，以及

空港物流和泰达工业两个产业园区。城市建设要坚持高标准规划、高质量建设、高效能管理、高水平经营的原则。城镇居民社区和产业园区必须统一规划、协调发展。各居民社区要有良好的基础设施、完善的城市功能、优美的生态环境和独特的建筑风貌。建设规划一经制定，必须坚决执行，禁止非法占地、非法建筑和违规建设。要加快居民社区的建设速度。采取优惠政策，鼓励农民和居民向规划社区迁移。依法保护公民的私有财产权，对被拆迁的合法建筑采用房屋或货币等形式给予合理补偿。

2.加快现代产业发展

以工业化带动城市化。在城市化建设中，要以增加财政收入和增加劳动力就业为目标，大力发展科技含量高、经济效益好、资源消耗低、环境污染少、人力资源得到充分利用的产业。以东丽经济开发区为龙头，继续加快产业园区的规划和建设。不断优化产业结构和功能布局。使东丽经济开发区和产业园区内的企业互相依存、共同发展，形成气候，增强内部聚合力和对外吸引力，促进全区工业、农业、服务业在现代化的基础上快速协调发展。

进一步扩大对外开放。营造优越的投资环境，依照国际标准和国际惯例搭建服务平台。深化行政管理制度改革，成立行政服务中心，为企业提供“一站式”服务。强化对政府职能部门服务的社会监督机制和激励机制，以企业、公众对服务效率、服务质量、服务廉洁的评价作为标准，决定工作人员的任用和奖惩。

3.推进社会事业全面发展

提高公民的整体素质，强化公德教育和诚信教育。发展教育、科学、文化、卫生事业，创造良好的人文环境。保证适龄青少年接受九年义务教育。鼓励社会力量投资，多形式多渠道发展教育产业。与国内外高等院校结合，积极发展高等教育。鼓励全体公民特别是青少年终生学习，不断进取。逐步建成面向世界，服务本区的结构合理、水平一流的教育体系。营造人才强区的体制环境，创新人才工作机制，培养、引进和用好各类人才。大力吸引高素质人员来我区工作和安家落户。加大科技投入，推动科技创新。完善社区文化、体育、卫生设施，活跃群众文化体育生活，提高全区人民的文化品位、生活质量和健康水平。

4.加强民主与法制建设

发展社会主义民主，健全社会主义法制。深入开展普法教育，提高国家机关工作人员特别是各级领导干部的法律意识和依法治理水平，增强全体公民的法律素质。各级领导机关要建立健全决策机制，提高决策的民主化、法制化、科学化水平。各企事业单位和基层自治组织要依据有关法律和章程，加强民主管理，搞好民主自治。

全面深入贯彻《天津市社会治安综合治理条例》，落实领导责任制和目标管理制，强化重点治理。认真做好群众来信来访工作，依照法定程序，及时妥善处理城市化进程中因改革和发展所带来的各种问题，保障群众合法权益，保持社会持续稳定。

四、举全区之力，加快农村城市化建设步伐

农村城市化是一项宏大的社会系统工程。推进农村城市化建设，实现现代化“津滨新城区”的战略目标，需要全社会的共同努力。各级国家机关要依据本决定制定实施方案。区政府和有关方面要抓紧制定推进农村城市化建设的配套政策。区法院、检察院和行政执法机关要为农村城市化建设创造和谐稳定的社会环境和公正高效的法治环境。各企事业单位、人民团体及驻区单位要结合实际落实本决定的各项要求。全体国家机关工作人员要充分认识自身所肩负的历史责任，不断学习新知

识、研究新情况、解决新问题，在本职岗位上勤奋工作、扎实进取、争创第一，做农村城市化建设的排头兵。全区广大人民群众要在党的领导下，以“苦干五年争第一”的精神投身于农村城市化的各项改革和建设之中，为家乡的发展做出贡献，为到2010年把我区基本建成现代化“津滨新城区”而努力奋斗！

二〇〇四年一月八日

关于鼓励引进和培养人才的若干规定

津丽党发〔2004〕32号

为加速实施人才战略，营造良好的人才创业环境，加大引进和培养急需紧缺人才的力度，广泛吸纳优秀人才来东丽发展，依靠科技进步建设现代化津滨新城区，依据市有关文件和区委、区政府《关于实施人才强区战略的意见》，制定本规定。

一、引进高层次人才享受市内购房补贴和津贴。在我区连续服务满规定的年限，一次性发给购房补贴。正高级职称和博士学位层次人才补贴15万元；我区急需的国家和省部级科研项目负责人、学科带头人等高层次专家补贴20万元。未满服务年限要求调离者，按一定比例退还购房补贴。

津贴标准：正高级职称和博士学位层次人才，每人每月800元；我区急需的国家和省部级科研项目负责人、学科带头人等高层次专家每人每月1000元。在此间调离或离岗的中止津贴。已在东丽工作的同类人才，享受同等津贴待遇。其中已享受但没有达到相应标准的，从本文执行之日起，调增到相应标准。

二、引进高层次紧缺人才，不受单位编制、专业技术岗位职数限制。对经过努力无法实施正常调动的，可采取特聘方式先到岗工作，对其中确有真才实学的优秀人才，由用人单位报组织、人事部门审批，享受所在单位同类人员同等待遇。

三、引进的各类人才，本人及配偶、子女可随调随迁。市外的人才须符合进市条件，在全区范围内自由选择落户地。属农业户口的，按照有关政策优先办理“农转非”手续。

引进各类人才的配偶、子女符合就业条件而未就业的，由用人单位安排就业或负责联系安排就业，如用人单位确实无法安排，由人事，劳动部门协调安排就业。其子女需转入本区中、小学读书的，由教育部门优先安排到办学条件较好的学校就读。

四、鼓励用人单位采用多种方式培养人才。对我区急需紧缺专业的在校研究生，可采取对接培养的方式，由用人单位向组织、人事部门申报计划，经核实后统一与学校签订合同，从研究生一年级开始，每月给予300元补贴。

围绕经济社会发展需要，由组织、人事部门统一组织，每年有计划地选送优秀中青年人才进入国内知名大学学习，赴发达国家培训、到发达地区挂职锻炼。

具备条件的在职人员可按计划经批准攻读研究生学历或硕士、博士学位。

以上人才培养费用，各单位应视财力状况适当承担，区酌情予以补助。

五、设立"东丽杰出人才奖"，奖励在经济发展中做出重大贡献的人才；设立"东丽优秀人才奖"，奖励在经济发展、科技进步和社会事业中取得突出贡献的各类人才；设立"东丽英才伯乐奖"，奖励在引进、培养、使用人才工作中做出显著成绩的单位。

以上奖项每两年评选一次，获奖者由区委、区政府授予相应荣誉称号，并给予奖励。

六、加大资金投入。区财政每年拨专项经费不少于400万元，并根据财政状况和人才工作需要逐年递增。设立区人才发展资金，主要用于支付引进人才的购房补贴、津贴、区承担的人才培养与奖励等费用。实行专户储存、专款专用、严格管理。

七、本文涉及的各类人才及享受的相应待遇等，均应由用人单位申报，经区人才工作领导小组办公室认定和批准。

八、本文主要适用于各级党政机关、事业单位、在本区纳税的企业（第一、二条除外）。本文规定支付引进、培养人才的各项费用，差额拨款事业单位按差额比例由区和用人单位共同负担，自收自支事业单位和企业自行承担。

九、组织、人事部门依据本规定制定实施细则，并负责对本规定的解释。

十、本文自2005年1月1日起执行。

中共东丽区委员会
东丽区人民政府
二○○四年十月二十五日

关于进一步推进科技创新建设创新型城区的实施意见

津丽党发〔2009〕19号

自2006年我区提出建设创新型城区目标以来，经过全区上下共同努力，科技创新工作取得初步成效，先后被评为全国科技进步先进区、全国科普示范区和天津市可持续发展实验区，科技进步综合水平位居全市前列。在滨海新区开发开放的新形势下，东丽区迎来了快速发展的大好机遇，但也面临着发展空间、资源与环境等方面的压力。面对新的形势，积极推进科技创新、加快建设创新型城区的责任更加重大，要求更加迫切，任务更加艰巨。我们必须从全面落实科学发展观的高度，进一步推进科技创新，实现经济社会又好又快发展，加快建设创新型城区。特提出如下实施意见：

一、指导思想和发展目标

1.指导思想：高举中国特色社会主义伟大旗帜，以邓小平理论和"三个代表"重要思想为指导，深入贯彻落实科学发展观，全面贯彻党的十七大、十七届三中全会精神，按照"立足滨海新区，建设特色新市镇，把东丽区建设成为高度开放、人才聚集、经济发达、社会进步、最宜人居的国际型、知识型、生态型津滨新城区"的战略定位，围绕社会主义新农村建设，以提升发展水平为目标，以推动科技创新为重点，以提高产业竞争力为核心，把自主创新战略摆在更加突出的地位，努力开创科技工作新局面，引领和支撑经济社会全面协调可持续发展。

2.发展目标：到2010年，形成高新技术的原创地、集聚地和先进技术引进消化吸收再创新的承接地、扩散地，拥有全市一流的创新能力、创新体系和创新环境，综合科技实力保持全市前列，成为全国科技进步示范区。全社会研发投入占地区生产总值的比重达到3%以上，科技进步贡献率达到60%以上，高新技术产业产值占工业总产值的比重达到30%以上。到2020年，自主创新能力显著增强，成为我市重要的创新资源集聚和创新成果辐射中心，经济发展方式实现从资源依赖型向创新驱动型的根本转变，科技创新成为带动生产力跨越的内在动力和全社会的普遍行为，全社会研发投入占地区生产总值的比重达到4%以上，科技进步贡献率达到70%以上，建成水平高、消耗低、环境优、体制新的创新型先导城区。

二、主要任务

（一）提升区域科技进步水平

3.建设国家可持续发展实验区。转变发展观念，依托体制创新和技术创新，探索和实践人口、资源、环境和谐发展，经济、社会、生态共同进步，消除可持续发展所面临的障碍，全面增强区域总体竞争力。在区域协调发展、转变发展方式、加快城市化进程、集成式科技创新等方面，实施一批兼具经济、社会、环境效益的优先项目和示范工程，作为可持续发展的支撑，带动和引导实验区建设的有效开展。

4.创建全国科技进步示范区。实施国家、天津市科技进步考核，完善区科技进步目标管理考核体系，健全党政领导干部科技进步目标责任制。落实《东丽区中长期科技发展规划》，探索特色鲜明、成效显著、示范带动作用强的科技进步新路子，增强科技发展实力，不断提高科技对经济发展的贡献率。

5.以科技支撑新农村建设。加大社会主义新农村建设关键技术开发和科技示范工程建设力度，加快农业科技创新与成果转化，推进农业向设施农业、绿色农业、生态农业为特征的现代都市农业发展。加大农村科技开发投入，稳定壮大农业科技人才队伍，持续提高农村科技创新能力。开展科技服务，加快农民专业协会、农村合作经济组织、农业科技信息网络等农村科技创新机制的培育、示范和推广，调动发挥各方面的优势力量和资源，形成全社会支持农村科技发展的合力。

（二）增强自主创新能力

6.强化企业创新主体地位。鼓励和引导企业成为研究开发投入的主体、技术创新的主体和创新成果应用的主体。支持企业建立高水平研发机构，促进企业提高自主创新能力，对新认定的国家级、市级工程技术研究中心、重点实验室、企业技术中心给予一定补助。对企业承担国家和市级重大科技专项的给予相应的资金匹配扶持。

7.推进产学研合作。通过财政引导、税收优惠和产权激励等政策，鼓励企业引入高等院校、科研院所的科技资源，建立技术创新联盟和战略伙伴关系，形成新型的产学研紧密结合的创新组织和创新机制。引导高等院校、科研院所面向我区优势特色产业，与企业联合开展关键和共性技术研究。

8.实施知识产权战略。实施知识产权战略企业培育计划，培育具有示范带动效应的知识产权优势企业。建立区重大经济项目立项知识产权状况调查机制和区级重大科技项目知识产权申报机制。培育专利试点示范企业，鼓励专利申请，扩大自主知识产权拥有量。对专利拥有量多、实施率高且形成规模化生产的企业给予一定资助。对作为主要起草单位或参与编制国家技术标准的企业、研发机构给予一定的奖励。

（三）提升产业核心竞争力

9.发展高新技术产业。围绕我区“6+1”优势产业和潜力产业，加强科技创新，努力形成一批拥有自主知识产权的技术和产品。组织实施重大科技专项，培育高新技术产业集群。大力扶持高新技术企业发展，形成新的高新技术产业增长点。加快航空航天产业配套区、东丽软件园、滨海重机工业园等园区建设，发挥园区对高新技术企业的聚集、孵化、辐射功能。

10. 改造传统优势产业。推进传统优势产业的技术创新和信息化改造，鼓励知识产权入股，加强技术标准推广，增强传统产业的竞争能力。优化技改专项资金投向，鼓励节能环保技术的研发推广，支持发展循环经济，提高资源利用效率。积极应用信息技术改造传统服务业，全面提高服务业的技术水平和竞争能力，增强服务业领域企业的发展活力。

（四）建设科技创新服务体系

11. 加强生产力促进中心建设。整合科技创新、科技服务、科技管理和市场资源。以促进成果转化为核心，强化科技型企业发展战略咨询、科技项目咨询、科技成果转化服务、科技信息分析研究、科技项目管理人才培养培训服务及资本运作服务。培育一批创新能力强、科技含量高、具有国际竞争力的科技企业，使生产力促进中心成为企业与政府、高等院校之间的桥梁和纽带。

12. 加强科技企业孵化器建设。积极创建国家级科技企业孵化器，完善内部公共服务设施，加快建设各类公共技术平台，扩大自身服务功能，培植一批具有竞争力的高新技术企业、企业家和一批具有自主知识产权的高新技术产品。

13. 培育发展技术市场。完善技术转移机制，畅通技术转移通道，鼓励区内高等院校和科研院所建立公司制的技术转移机构，加大技术推广力度，提供技术公共服务。支持区外企业来我区参与技术交易，健全企业、中介机构有序推动的技术交易运行机制。

14. 建设公共服务平台。重点支持以建设重点实验室、工程中心为核心的研发平台，提高企业承接重大科研攻关项目的能力。建设以高新技术改造传统产业为重点的公共技术平台，提高行业技术水平和竞争力。支持建设以提供检测条件为主的公共检测平台，以提供科研文献、情报、信息服务为主的科技信息平台。支持行业龙头企业和社会力量搭建立足东丽、服务全市、辐射周边的技术服务平台、技术创新平台和信息服务等平台建设。

（五）优化科技创新环境

15. 加大政府财政科技投入。建立科技投入大幅度增长机制，区财政科技投入的增幅明显高于财政经常性收入的增幅。加强对我区科技型企业的支持力度，继续加大区科技创新专项资金投入力度。根据各类项目实施进展的需要，提高相应的资金扶持力度。

16. 完善科技投融资体系。设立科技贷款担保专项资金，用于建立科技型中小企业科技贷款担保平台，依托天津市科技贷款平台担保专项资金的引导放大作用，培育符合国家产业政策、有较高创新水平、较强市场竞争能力、较好潜在社会效益和经济效益的高新技术项目或企业。设立科技风险投资专项基金，重点扶持高新技术成果转化和高科技产业化项目以及处于孵化期、成长期的科技型中小企业，逐步建立起符合社会主义市场经济规律，支持企业技术创新和高新技术产业化的新型投入机制。

17. 加快科技型企业上市融资。积极实施《东丽区关于支持企业上市融资加快发展的实施意见》，利用资本市场，培育和扶持一批综合实力和核心竞争力强的优质科技型企业上市，区支持企业上市专项资金重点支持科技型企业上市发展。加快发展支持科技型中小企业投资公司和创业投资企业。

（六）加强科技人才的培养与引进

18. 引进高层次科技人才。对进入国家“新世纪百千万人才工程”“长江学者特聘教授”等重大人才培养计划的拔尖人才，加大支持力度。发挥以企业为主体的各类机构引才聚才作用，引进一批掌握核心技术、具有自主创新能力的学科带头人、科技拔尖人才。健全人尽其才的激励机制，坚持在创业活动中留住人才，以创新奖励的形式激励人才，在优质服务中吸引人才，为各类人才提供优质服务。

19.培养创新型人才。加快创新型拔尖人才培养，建立高水平创新人才继续教育和知识更新服务平台。以重点产业、重点学科、科研基地、重大科研和工程项目为依托，扶持和培育一批有科研实力、有产业带动力的优秀创新团队，加强优秀企业家的培训。加大对领导干部科技管理知识的培训力度，不断提高各级领导干部领导科技工作、推动创新发展的能力。

三、加强对科技创新工作的领导

20.培育创新文化。认真落实国家和天津市科技政策，营造激励科技创新的环境，努力构建有利于建设创新型城区的政策环境、法治环境和文化环境。深入实施《全民科学素质行动计划纲要》，广泛开展科学普及和创新实践活动，着力提高全民创新素质和创造才能。积极营造勇于创新、尊重创新和激励创新的文化氛围，促进创新文化发展，夯实创新型城区建设的文化基础。

21.完善科技管理机制。创新科技管理模式，建立符合科技发展规律和市场经济规律、服务于企业的科技管理体制机制。推动科技创新体系、科技创新服务和科技管理体系建设，完善科技管理组织，强化街乡科技管理职能和人员设置，形成区域科技工作合力。

22.加强组织领导。成立建设创新型城区工作领导小组，协调解决创新型城区建设中的重大问题，下设办公室，具体负责抓好各项工作的落实。各部门要切实增强大局意识和责任意识，明确职责任务，加大工作力度，根据本意见精神，抓紧制定各项配套的政策性文件，强化对策措施，明确具体要求，层层抓好落实，扎扎实实地推进创新型城区建设。

中共东丽区委员会
东丽区人民政府
二〇〇九年三月二十五日

关于进一步统筹城乡就业创建充分就业区实施意见

津丽党发〔2010〕20号

根据我区经济社会快速发展和城市化进程快速推进的实际，按照“三四五六”发展计划对统筹城乡就业和创建充分就业区的要求，为进一步深化《东丽区关于创建充分就业区实施意见》（东丽政办〔2008〕26号），引导好区域内农村劳动力和城镇劳动力在城乡、园区间有序转移就业，促进城乡劳动力市场一体化建设，实现更高标准、更高水平、更高质量的充分就业，现制定如下实施意见。

一、总体要求

坚持以邓小平理论和“三个代表”重要思想为指导，以科学发展观为统领，全面贯彻党的十七大和十七届三中、四中、五中全会精神，认真落实国家、市人力资源社会保障工作部署，以“立足协调发展，着力自主创新，完善体制机制，促进社会和谐”为原则，顺应人民群众过上更好生活新期待，努力做到：确保有培训愿望的充分培训，确保有就业愿望的充分就业，确保就业有困难的帮助就业，确保有创业愿望的充分支持，确保没有就业愿望的及时引导就业；充分就业整体水平在全市领先，困难群体就业增收水平在全国领先。

二、工作目标

在2008年充分就业区创建标准基础上，结合新形势新情况确定新的工作目标。

（一）年度目标

1.确保完成市下达新增就业指标任务的基础上，每年超额完成10%以上。

2.确保完成开发新增就业岗位18000个的指标任务，其中开发公益性岗位不少于1600个。

3.确保新增就业岗位中安置本区人员就业不少于10000人，其中安置就业困难群体就业不少于1000人，安置因企业拆迁所造成的下岗失业人员不少于2000人。

（二）到“十二五”末，确保有就业能力和愿望的各类失业人员登记就业率不低于95%，其中：

1.农村劳动力登记就业率不低于95%，被征地农村劳动力登记就业率不低于97%；

2.城镇劳动力登记就业率不低于97%；

3.城乡就业困难群体登记就业率不低于97%；

4.零就业家庭帮扶率达到100%，均有1人实现稳定就业且动态为零。

（三）到“十二五”末，确保辖区内全部街乡、社区（村）按新创建标准均实现充分就业。各年度目标为：

1.2011年充分就业社区（村）达到50%；

2.2012年充分就业社区（村）达到70%；

3.2013年充分就业社区（村）达到85%；

4.2014年充分就业社区（村）达到95%；

5.2015年充分就业社区（村）达到100%。

三、工作内容

以就业为核心，以培训为手段，以稳定为基础，以服务为保障，全力打造4个就业板块，完成14项具体工作任务，创建具有东丽特色的统筹城乡就业和充分就业新模式。

（一）通过岗位开发创造就业

1.依托“三区联动”开发就业岗位。以华明示范镇为试点，进一步探索依托“三区”就业安置的做法和经验，逐步提升并推广应用到各街乡，促进农村劳动力就近就地转移就业。对新市镇居住社区就业岗位的开发，各街乡要在新市镇规划与建设中同步科学地搞好商业服务配套设施建设，为入住后的农村劳动力转移就业预留出充足的就业载体，提前筹划与安排好新市镇居住社区物业管理工作，适时成立街属物业管理与服务公司，将社区内保安、保洁、保绿等公益性岗位全部纳入公司，重点用于安置本区域内就业困难人员。对新市镇工业园区、现代服务业聚集区就业岗位的开发，各园区管委会要同步做好进驻园区企业用工方面的各项服务工作，力争使驻园区企业的公益性岗位全部用于安置本街乡农村富余劳动力，管理、技能、操作等岗位尽量满足本街乡、本区城乡劳动力就业需求。对新市镇农业园区就业岗位的开发，各街乡要通过宣传教育提升农村劳动力对现代农业的认识，结合新型农业设施园对种养业从业人员的需要，为懂技术、有经验、会管理的农村劳动力提供适宜的就业岗位。

2.依托滨海新区市级功能区开发就业岗位。加强与泰达西区、空港经济区、滨海高新区等市级功能区的紧密联系，着力解决被征地农村劳动力转移就业和高校毕业生、退伍军人安置就业。一是分别建立就业合作工作组织，明确专门人员和职责，建立定期沟通、信息传递、岗位对接等各项长效机制。二是与滨海新区政府和泰达西区、空港经济区、滨海高新区分别签订安置就业协议，重点安置被征地农村劳动力、高校毕业生和退伍军人就业。到“十二五”末累计安置我区劳动力人数力争达到10000人以上。三是搞好功能区内职业介绍专项活动，每年由区人力社保局和功能区主管部门共同举办两次以上较大规模就业安置专场招聘会。深入驻功能区企业搞好政策宣传，协调用人单位在同等条件下优先招用东丽区农村劳动力。东丽区和功能区设立就业专项资金，共同用于奖励区内吸纳东丽区被征地农村劳动力就业的企业。四是进一步加大服务力度，加强职业教育和技能培训，提供本地就业人员班车接送等服务，协助解决劳资纠纷等，解除企业的后顾之忧。

3.依托大型国有企业开发就业岗位。进一步密切与驻区大型国有企业的联系，重点解决东丽区籍大中专毕业生和退伍军人的就业安置，力争使驻区国有企业每年有计划地拿出一定数量的岗位专门面向我区大中专毕业生和退伍军人招聘。各街乡要为驻区国有企业发展壮大创造有利条件，以服务换就业。

4.依托联盟企业和大项目好项目开发就业岗位。进一步扩大联盟企业规模，充实和完善联盟工作内容，规范“一联盟、二对接、三同时”操作程序，街乡要建立空岗报告制度和动态信息沟通制度，及时提供岗位对接与用人服务，使联盟企业工作机制更具操作性和实效性。就业联盟企业每年开发岗位不少于5000个，安置人员不少于3000人。进一步搞好大项目好项目就业岗位开发，确保在项目运作过程中做到四个跟进，即在项目谈判时跟进就业安置条款，项目确定时跟进用工需求调研，项目开工建设时跟进人力资源开发储备与培训，项目投入运营时跟进用工指导、劳动合同签订、社会保险关系续接等服务，并及时将其纳入就业联盟，落实统一的就业安置长效机制。

5.依托公益性公司开发就业岗位。依托各级公益性公司大力开发就业岗位，保证城乡各类就业困难人员能够得到有效安置。一是大力开发新市镇保安、保洁、保绿、公共设施维护等社区公益性岗位，重点解决农村就业困难人员的安置。二是大力开发中心城区社区托老、托幼、医护、居家服务等公益性岗位，重点解决中心城区就业困难人员的安置。三是大力开发机关事业单位保卫、食堂、保洁等后勤保障公益性岗位，力争将全区机关事业单位后勤岗位全部纳入区属公益性公司管理，重点解决城乡适龄就业困难人员的安置。四是加大基层劳动保障协管员队伍的管理，调整人员，充实力量，提升能力，将城乡就业困难家庭中大中专毕业生充实到协管员队伍中来。

6.依托自主创业人员开发就业岗位。积极创造条件，鼓励和扶持城乡有能力的劳动者自谋职业、自主创业，实现创业带动就业。一是建立创业服务机构，在街乡劳动保障中心开设创业服务窗口，为自主创业人员提供相关服务。二是充分发挥妇联妇女创业中心等社会团体作用，搞好剪纸、手工编织、工艺品制作等项目开发，为妇女创业提供支持与帮助。三是建立区小额贷款担保基金，积极争取市财政等额资金匹配，给予自主创业人员小额担保贷款和贴息支持，解决制约创业的资金难题。

（二）通过职业培训推动就业

7.整合培训资源，构建新型培训格局。按照科学化、规范化、标准化的要求，对全区培训资源进行有机整合，构建以公办培训机构为主导，民办培训机构为辅助，形成由区培训中心牵头，以街乡分中心为依托的各具特色的培训体系。一是根据区域和重点产业需要，拟在无瑕街、华明街、金钟街、军粮城街、妇女创业中心分别建立以重机加工、现代农业技术、物流、物业和手工编织等工种为主的培训分中心，以满足当地就业安置对培训工作的需求。二是为构建统筹城乡就业平台，着力解决被征地农民和农村富余劳动力转移就业，为滨海新区和东丽区产业发展提供高技能人才，按照全国一流、全市领先的标准，着力抓好东丽区职业培训中心暨天津市就业训练中心东丽分中心建设，采取先学历教育、后技能资格培训的“双证”办学模式搞好联合办学，划分初中毕业、高中毕业和大学毕业三个学历层次，根据不同情况分别进行学历继续教育和职业技能培训，并对东丽区籍的学员给予一定的学费减免，使受训学员毕业时既能拿到学历证又能取得职业资格证，同时保证取得“双证”的学员都能稳定就业。在职业技能培训中，要不断扩大中级以上技能等级培训力度，主动与具有高级以上等级培训资质部门合作，在高级培训上取得新突破，争取中级工以上人员占全部参加培训人员的20%以上。围绕滨海新区产业发展用工需求，重新调整专业设置，瞄准航空航天产业基地的城市定位，开设飞机维修、航材制造、数控机床等技术含量高、专业紧缺的培训项目，为航空航天产业发展提供高技能人才，力争将区职业培训中心暨天津市就业训练中心东丽分中心建设成为全国高技能职业培训示范基地。三是加强对民办培训机构办学指导。充分发挥民办培训机构补充作用，引导它们兴办以公办培训机构未涉及工种为主的培训，以满足各类用工需要。

8. 开展意向培训，提高就业安置水平。根据我区经济社会发展和市场需求，结合劳动力就业愿望，对城乡富余劳动力、大中专毕业生、复转退军人、自主创业者等开展有针对性地意向培训。一是采取先定向后培训。对用工企业急需人员实行定单式培训，组织已签订劳动合同的就业人员进行岗前培训，确保培训合格后全部就业。对已在岗人员实行岗位技能提升培训和转岗培训，增强就业稳定性。二是采取先培训后定向。对年龄偏大、就业能力差、生活有困难的群体，针对公益性岗位工种需要先行实施培训，培训合格后视具体情况定向推荐到公益性岗位就业。三是采取边培训边定向。认真开展市场调研，在对市场和紧缺工种分析预测基础上推行预备制培训，有针对性地培训输送技能型人才，为企业用工需求做好储备，争取每年培训人员不低于6000人。四是采取先培训、后实训、再就业一体化培训新模式。为有效解决培训与就业脱节问题，在20家规模大、效益好、热心社会事业的企业建立实训基地，将培训合格人员输送到基地，进行为期3～6个月的实训后再推荐就业，切实增强学员的实际动手能力。每年定期举办技能大赛，对获奖选手给予奖励，引导、激励参训人员由“要我培训”向“我要培训”转变。组织开展创业培训，选择适宜企业建立创业实训基地，按照师带徒计划对实训人员实施传、帮、带，并在实训期间给予他们一定的工资和社会保险补贴，帮助创业人员尽快立业，争取年培训自主创业人员不低于300人。

（三）通过增加收入稳定就业

9. 落实最低工资保障制度，确保职工工资水平稳步增长。按照天津市统一规定，做到职工工资每两年至少调整一次，争取每年调整一次，促进中低收入职工增加收入。严格执行最低工资保障制度，职工在法定工作时间内提供正常劳动的，用人单位必须按照不低于最低工资标准支付工资，对全日制就业的劳动者执行不低于月最低工资标准，对非全日制就业的劳动者执行不低于小时最低工资标准。约束用人单位把最低工资标准作为工资标准踩线发放工资的行为。

10. 推行工资集体协商，构建和谐用工环境。鼓励企业与职工建立协商对话机制，通过平等协商，共同确定企业工资分配制度、分配形式和支付办法等，逐步构建企业、工会组织、主管部门三方工资集体协商制度，与效益较好的企业重点协商工资增幅和福利待遇问题，与效益一般的企业重点协商工资支付保障问题；对实行计件工资的企业重点协商劳动定额标准和计件单价；在中小企业比较集中的区域重点协商地域性或行业性工资标准。

11. 规范薪金管理，提高职工福利待遇。督促劳资双方签订劳动合同，企业要为职工足额缴纳社会保险费，认真查处企业拒不发放或变相规避职工福利待遇的行为，特别是要保证员工反映比较集中的中夜班津贴、防暑降温、丧葬补助等福利待遇的发放，对经查实确有此类违法行为的企业实行劳动保障全面监察。

12. 强化工资支付保障制度，确保职工工资按时足额发放。各类用人单位应当严格按照国家及本市的相关规定，根据本单位生产经营特点依法建立工资支付制度，并严格按照法定的工资支付周期和约定的支付日期按时足额发放工资，杜绝发生工资拖欠。区、街乡劳动保障服务中心每年要对企业工资支付情况进行专项检查，特别是要把劳动密集型的外商、民营和个体工商企业作为检查重点，对存在问题的企业严格督促改正，拒不改正的要予以处罚。

（四）通过优质服务保障就业

13. 加强平台建设，提高整体办事效率。切实保证社会保障服务机构人员、经费、资金、场地、制度、工作“六到位”，在已建立区、街乡劳动保障服务中心和社区（村）劳动保障工作站的基础上，进一步完善软硬件基础设施建设，不断提高现代化办公水平。加强劳动保障队伍建设，强化对街（乡）劳动保障专职工作人员和社区（村）劳动保障协管员的管理与考核，不断提高业务能力和整体素质。在新市镇规划建设过程中，整合街乡、社区（村）劳动保障服务平台；建设高标准的劳动保障服务中心，按照社区建制重新整合村级劳动保障工作站资源，充分发挥基层服务体系作用。筹建东丽区人力资源信息平台，整合现有各类就业、人才服务平台信息资源，按照纵向到村、横向到企业、左右到功能区的要求，建设人力资源管理系统、社会保障管理系统、职业技能培训系统、就业岗位需求对接、劳动维权管理系统、人才开发系统、政策及信息发布等服务平台，为就业培训和人才引进有效对接提供快捷便利服务。

14. 完善工作流程，提升服务管理水平。一是全面掌握各项基础信息。在对劳动力资源、企业用工等情况调查摸底的基础上，建立劳动力资源、求职登记、用工信息、开发就业岗位、就业困难群体援助、公益性岗位安置、技能培训、社会保险等台账，定期更新，动态管理，做到“一户不丢，一人不漏”。二是定期开展送政策、送岗位、送补贴、送服务活动。确保每年对辖区内登记失业人员的走访率达到100%，其中对就业困难人员每半年走访一次。为就业困难人员制定就业援助计划和措施，落实就业承诺，保证零就业家庭从登记之日起30日内至少1人实现稳定就业且动态为零。对自觉服务安置的就业困难人员保证24小时内安置上岗，其他求职人员48小时内安置上岗。三是引导资源合理配置。积极利用各种职业介绍平台，定期举办职业介绍和企业招聘会，针对供需双方意愿推荐引导就业，实现岗位与人员快速对接。

四、实施步骤

统筹城乡就业和高标准充分就业区创建工作，共分为调研准备、全面实施、总结验收三个阶段，计划从2011年1月开始到2015年12月基本完成。

（一）调研准备阶段（2010年7月至2010年12月）：认真开展调查研究，全面掌握基层情况，严密制定各项工作方案，为实施创建工作奠定坚实基础。年底前，区、街乡、社区（村）要分层次召开创建活动动员会，对创建工作进行深入细致地动员部署，将组织安排落实到位。

（二）全面实施阶段（2011年1月至2015年6月）：按照工作安排部署全力抓好创建工作的具体落实，通过现场会、中期评估、年度总结考评等多种方式促进创建工作顺利实施，确保在规定时间内高标准、高水平、高质量完成创建任务。

（三）总结验收阶段（2015年7月至2015年12月）：严格按照考核验收标准和程序组织验收，总结经验，查找不足，组织召开全区充分就业区创建工作表彰大会，对表现突出的街乡、社区（村）进行表彰。

五、工作措施

（一）落实单位岗位责任，保障创建工作有序开展。切实把进一步统筹城乡就业创建充分就业区工作作为关注民计民生的头等大事，作为一把手工程，认真抓好各项工作任务的落实，把创建充分就业区工作作为一项重要内容，纳入目标管理绩效考核。成立以政府主要领导为组长、各相关部门主要负责人为成员的创建充分就业区工作领导小组，负责对创建工作的组织协调、指导推动、督查验收，研究解决创建工作中出现的新问题、新情况并制定相关政策。建立由区人力社保局牵头主抓，各街乡、各相关部门密切配合，各负其责的工作机制，确保创建工作有序有效开展。区人力资源和社会保障部门要统筹抓好创建充分就业区的组织推动工作，加强对创建工作指导和帮助，确保创建活动有序有效开展。各街（乡）要建立创建工作组织机构，具体负责本辖区创建工作的组织实施。有关委办局对创建充分就业区工作要给予大力支持，结合各自的职能积极协助推动创建工作正常开展。开发区、东丽湖及各街乡园区和新市镇在规划建设和项目引进过程中要把就业岗位开发作为一项主要内容同步跟进。

（二）落实宣传教育引导，保障创建工作深入人心。召开各个层面推动会，使各部门、各单位深刻认识统筹城乡就业、进一步创建充分就业区的重要意义，认真负责地完成好各项工作任务。研究制定宣传方案，策划宣传系列活动，通过新闻媒介，采取多种形势加大宣传力度，努力营造全社会共同关注、共同参与的良好氛围。充分利用区、街乡、社区（村）各级劳动保障服务平台、各级教育培训机构，加强对新生劳动力、农村转移就业劳动力就业观教育，树立正确的求职观、就业观和创业观。

（三）落实就业促进政策，保障创建工作顺利实施。继续实施积极的就业促进政策，以政策拉动扩大就业。在现有政策的基础上，根据财政部、税务总局《关于支持和促进就业有关税收政策的通知》精神，进一步完善企业吸纳就业的奖励办法，提高企业吸纳就业的积极性。进一步完善对就业困难群体的援助政策，提高高校毕业生公益岗、社区（村）劳动保障协管员及公益性公司从业的就业困难人员工资补贴标准。落实好支持失业人员开展经营活动政策，放宽自主创业从事小型餐饮服务、食杂店零售、社区服务业、网上经营和家庭手工业等生产经营项目的准入条件，优先提供经营场地和经营摊位，给予小额担保贷款支持和减免经营收费支持，创造良好的自主创业环境。研究制定实训基地、创业园吸纳培训学员实训和开展创业活动的补贴政策。研究探讨东丽区籍学生到区职教中心参加学历教育和技能培训补贴政策。研究制定农业技能培训、农业产业园区项目安置就业政策，扩大政策扶持范围。

（四）落实考核奖励办法，保障创建工作不走过场。重新调整完善考核标准、考核内容，按照公平、公开、公正的要求进一步改进考核方法。建立工作激励机制，对评为充分就业的社区（村）一次性给予 4 万元奖励，对社区（村）劳动保障协管员一次性给予 2400 元奖励；对年度保持充分就业的社区（村）一次性再给予 1 万元奖励，对社区（村）劳动保障协管员一次性再给予 1200 元奖励；对完成年度创建指标任务的街（乡）一次性给予 3 万元奖励；对创建为充分就业街（乡）的一次性给予 10 万元奖励；对保持充分就业街（乡）的每保持一个年度给予 5 万元奖励。

中共东丽区委员会
东丽区人民政府

前志补遗

收录前志补遗3篇，即滨海重镇军粮城；诗词：唐诗人杜甫所作《后出塞》《昔游》，清进士丁时显所作《春暮东郊》，清举人高静所作《海河》；记载：清诗人高天秩所作《铁泉记》。

（一）滨海重镇军粮城

两千年古镇源远流长

军粮城位于天津东部，在两汉时期就已形成聚落，是一座有着两千余年历史的文化古镇，是我国万里海疆中渤海内的藩卫军事重镇。

西汉时期，这里属漂榆邑。从近年来这里发现的汉代城址、窑址看，地面上散布有三足器、陶磨、盆、罐等汉魏时期的红、灰陶片，还出土了汉代的石磨、五铢钱。北魏地理学家郦道元称之为“故城”。西晋以后，这里称“角飞城”。当时，中国北方陷入少数民族混战的局面，天津平原先后被前赵、后赵所统治。后赵进平元年至三年（330-332），赵王石勒为军事上的需要，在漂榆邑故址修筑了角飞城，也叫漂榆津。关于古漂榆邑的地理位置，郦道元在其名著《水经注》中说：“渤海郡故城县（故城在今河北省盐山县东南十公里处）东北一百里，北尽漂榆，东邻巨海，民咸煮海水，籍盐为业”。这与今军粮城的位置基本相符。据此可以说，漂榆邑，角飞城，漂榆津均是军粮城的前身。

军粮城的得名，是在历史发展进程中逐步形成的，主要与唐代的海运有关。当时，海河的入海口在现今的军粮城，这里是沽河（北运河）、清河（南运河）、滹沱河（大清河）汇合如海处的“三会海口”。唐初，为防御北方奚、契丹等游牧民族的侵扰，在幽划驻守重兵91400人，马6500匹，雷衣赐80万匹段，军粮50万石。由于给养庞大，当地无法筹措。唐王朝就在江南扬州置仓，以备海运，以供东边防之需。739年，范阳节度使又兼“河北海运使”，以理海运事宜。这样，“三会海口”的今军粮城，便成为海运输地。大批军需给养在城中储存，后由水、陆分别运往京、蓟两地，以供军需。另外，“城”当时是军队的一级建置，据《新唐书.兵制》记载：“唐初，兵之戍边者，大曰军，小曰守捉、曰城、曰镇，而总之者曰道。其军、城、镇、守捉皆有使》……”由此可知，今军粮城者，乃是唐王朝在海口设立的专理军需物资的一支军队的建置，而后，这个军队的建置逐渐演变成地名，故名军粮城。军粮城也叫过聚粮城，由宋至清均有文章中这样称谓，因为这里曾储过漕粮，作过义仓。天津县志中就谈过是：“元海运屯粮之所”，甘眠羊在所编《新天津指南》中说：“军粮城聚粮城也”。

历代军事战略要地

军粮城在历史上一直因北方用兵需南粮北调作为屯粮之所而出名。因其重要的地理位置，再兼之是储存粮食的重要基地，军粮城又成为兵家必争的军事重镇。北宋与辽曾以海河为界，称海河为界河，宋军与辽军隔河长期对峙。元代，丞相伯颜开辟了从崇明岛取海道直达直沽的海运线路，军粮城成为重要的通道及存粮的基地。

从近代历史上查出，军粮城多次遭受侵略者战火。清道光二十年（1840）鸦片战争，英军北上经过军粮城，进行骚扰。咸丰八年四月（1858年5月）英法联军在大沽登陆，为攻占天津，进犯北京，先据军粮城为根据地，法军在军粮城镇杨台村东建立兵营。光绪二十六年（1900），八国联军入侵天津，法军曾在军粮城筑营盘，掌管天津至塘沽段铁路护路。

民国初年，军阀混战。张作霖的奉军两次进关，都是派其嫡系主力27师张作相率部驻守军粮城，作为军事基地。民国7年（1918）曾在此设司令部。1922年4月，张作霖率奉军入关，在军粮城组织镇威军司令部，自任总司令，通电讨伐吴佩孚，第一次直奉战争爆发。北阀时，吴佩孚败退从海上逃跑时，也曾在军粮城设过指挥部。民国20年（1931），"九一八"事变，日军占领东北三省，策划搞满洲独立的伪政权，派其关东军特务机关长土肥原贤二到天津，将清帝溥仪藏于日本船"比治山丸"内，于11月10日由海河偷渡，在经军粮城时，中国驻军命令停船检查，遭到拒绝后，对其开枪示警，"比治山丸"在枪声中仓惶逃窜。1948年12月18日，中国人民解放军136师、137师在"平津战役"中包围军粮城，击溃国民党守军，12月19日，军粮城获得解放，切断国民党守敌的津塘联系，为天津全境解放铺平了道路。

津塘走廊上的明珠

中华人民共和国成立后，军粮城古镇获得新生，以外向型经济发展著称。1958年，被定为天津市"近郊卫星工业镇"；1986年，被国务院定为"卫星城镇"；1990年，被中国基层政权建设研究会命名为"中国乡镇之星"，跻身全国明星乡镇行列。进入21世纪，军粮城将建设成为具有地域特色、兼顾都市就业和良好人居环境的现代化都市新城。军粮城以滨海新区的天津经济技术开发区西区和保税区空港物流加工区为依托，全方位服务于开发区和空港物流加工区，全力打造中国北方最大的新市镇。未来的军粮城中心城镇将以第三产业为主，大力建设成多元化、复合型、田园式的综合服务型中心城镇，打造成中国北方最大的数码智能社区，已成为未来军粮城中心城镇的全新定位，成为津塘走廊上的明珠。

（二）诗词

后出塞　（唐）　杜甫

渔阳豪侠地，　击鼓吹笙竽。
云帆转辽海[①]，　粳稻来东吴。
越罗与楚练，　照耀舆台躯。

昔游　（唐）杜甫

幽燕盛用武，　供给亦劳哉。
吴门转粟帛[②]，　泛海陵蓬莱[③]。
肉食三十万，　射猎起黄埃。

注：①辽海指唐代海运，自江南出境，经辽东，北折而西至三海汇口，即令泥沽、军粮城一带海口，沿蓟运河北上至渔阳蓟州。②指江苏转运大米、布帛。③指江苏沿海启运绕过山东半岛，途经庙岛过莱州湾。后出塞、昔游五言古诗系节选。

杜甫（712—770）唐代诗人，字子美。原籍襄阳（今属湖北），迁居巩县（今属河南）。杜甫于天宝年间（742—756）随军北上，曾经目睹了当时海运规模的盛况，即写成《后出塞》《昔游》。接纳如此大规模物资的海口，称之"三会海口"，即为军粮城。

春暮东郊（二首）　（清）　丁时显

散步大河颠①，春风二月前。
尘缘暂抛却，好景任流连。
沙长鸭头水②，泉分鹿骨田。
直沽何处是③，斜日草如烟。

步出卫城④外，行东沽水边。
青帘杨柳市，黄蝶菜花天。
胸内无愁思，囊中有酒钱。
自将闲杖履，行乐一年年。

注：①指海河边，②指绿水，③元时对海河之称，④指天津城

丁时显（？—1745），字名扬，号鹏搏，别号青蜺居士，天津人，清乾隆十年（1745）进士。

海河　（清）高静

左环畿辅控辽东①，输委深资造化工②。
天宇云开三岛碧，海门日出五更红③。
一湾河向归塘注，两岸台临巨壑雄。
战守势成防卫在，安澜粮运集艨艟。

注：①畿辅，指京师，今北京。②输委，运输装卸。③海门，河流入海处，即大沽海口。

高静（1808—1873），字慎庵，宁河人。清道光二十四年（1844）举于乡，同治元年（1862）大挑二等，选授容城教谕。著有《慎庵古近体诗》。

（三）《铁泉记》　（清）　高天秩

原文

聚粮城者，唐季刘仁恭屯粮之所地。自数百年来迄国朝，仁风翔洽，共享太平。村民胥以鬻薪播谷为业。己巳岁，村民有苗姓者一日游于野。至一高阜，俯而视之，似有铁形，以手拔之，果是。乃招村人，群以铁镐掘之，得巨铁，长丈余，宽三四尺，厚二尺许，沉重无极，人虽尽力推挪莫能动。不得已而碎之，共分其所获。既而水声潺沅，自穴中出。村人挹而饮之，甚甘。因造以为井焉。

庚午夏，余经行其他，援求村人引而视之。但见细水泠泠，平铺容鉴。村人复出其铁，凭眺之际，不觉骇然，因意此处或属泉眼。昔人恐水之汩涌，有防百姓，乃覆巨铁与其上，盖止之使不得出也，至今不知几何年月。纵属泉眼，亦安能复作汩涌为乎？

余浏览之余，因以为记，即以铁泉名篇。

译文

聚粮城，最早是唐朝末年幽州卢龙军节度使刘仁恭囤积粮草的地方。从开国几百年来，直到本朝，皇恩浩荡，政通人和，百姓世世代代共享太平之乐。当地村民一向都靠贩卖柴草、种植谷物为生。

同治八年（1869），聚粮城有个姓苗的村民，一天，他去野外闲游，登上一个高岗，俯身下视，发现高岗的形状隐隐约约类似一块巨铁。他试着用手扒开土层，果不其然，土层下还真是一块巨铁。

于是他把村民招来，用铁铲铁镐奋力挖掘高岗，终于挖掘出一块长一丈多，宽三四尺，厚二尺多的巨铁。巨铁沉重无比，即使用力推挪，也没有谁能使它移动丝毫。不得已，人们只好把它锤碎，那些锤碎的铁块就都归村民们所有了。

那块巨铁被锤碎之后，过一会儿，只听水声潺潺，一股清泉汩汩滔滔从深穴中喷涌而出。村民舀起泉水品尝，口感十分甘甜，于是人们就地凿成了一口井。

同治九年（1870）夏天，我路过聚粮城，听说有此怪事，就请求村民带领我去察看那口井。只见井中水平如镜，虽无波澜，却泠泠作响。村民还特地取出了自己分获的铁块作为佐证。在我登高望远之际，更是惊诧不已，猜想此处或许正是泉眼吧。前人唯恐泉眼喷涌，妨害百姓，便在泉眼上覆盖一块巨铁，目的无非是为了不使泉水外溢啊！到如今不知经历多少年月了，即使是泉眼，泉水又那能向外喷涌呢？

我在那口井的周围仔细察看一番之后，就把它的来历写了一篇记。此记便用《铁泉》命名吧。

索 引

（一）表（录）

表 1-1　1979—2010 年东丽区行政区划基本情况统计表/51
表 1-2　2010 年张贵庄街道社区居委会基本情况一览表/55
表 1-3　2010 年丰年村街道社区居委会基本情况一览表/59
表 1-4　2010 年万新庄街道各村基本情况一览表/62
表 1-5　2010 年万新庄街道社区居委会基本情况一览表/63
表 1-6　2010 年万新街道城市公司基本情况一览表/65
表 1-7　2010 年新立街道各村基本情况一览表/68
表 1-8　2010 年新立街道社区居委会基本情况一览表/70
表 1-9　2010 年无瑕街道各村基本情况一览表/72
表 1-10　2010 年，无瑕街道社区居委会基本情况一览表/73
表 1-11　2010 年华明街道各村基本情况一览表/75
表 1-12　2010 年金钟街道各村基本情况一览表/78
表 1-13　2010 年军粮城街道各村基本情况一览表/81
表 1-14　2010 年军粮城街道各居委会管理范围基本情况一览表/82
表 1-15　2010 年么六桥回族乡各村基本情况一览表/84
表 2-1　1996—2010 年东丽区气象资料统计表/94
表 2-2　1983 年东郊区土地评级分析数据统计表/98
表 2-3　1982 年东郊区土地土壤含量一览表/99
表 2-4　1995—2010 年东丽区土地分类面积统计表/100
表 2-5　东丽区境内日照时数与百分率表/104
表 2-6　东丽区境内各月平均太阳辐射量表/104
表 2-7　东丽区主要昆虫（益虫）资源一览表/105
表 2-8　东丽区主要鱼类资源一览表/107
表 2-9　东丽区主要无尾两栖类资源一览表/108
表 2-10　东丽区主要爬行类资源一览表/108
表 2-11　东丽区主要鱼类资源一览表/108
表 2-12　东丽区主要兽类资源一览表/109
表 2-13　东丽区主要绿化、用材树种一览表/110
表 2-14　东丽区主要野生药用植物一览表/111
表 2-15　东丽区主要绿肥植物一览表/111
表 2-16　东丽区主要水土保护植物一览表/112
表 2-17　1979—2010 年东丽区干旱灾情一览表/112
表 2-18　1979—2010 年东丽区沥涝灾情一览表/113

表 2-19　1979—2010 年东丽区境内雹灾一览表/113
表 2-20　1979—2010 年东丽区境内风灾一览表/114
表 2-21　1979—2010 年东丽区境内霜降灾害一览表/115
表 2-22　1979—2010 年东丽区境内农作物病虫灾害一览表/116
表 3-1　东丽区环境监测站“十一五”期间购置仪器设备表/119
表 3-2　2000—2010 年东丽区环保局审批建设项目情况统计表/129
表 4-1　1979—2010 年东丽区户籍总户数、总人口及平均户规模情况表/145
表 4-2　1979—2010 年东丽区户籍人口自然变动情况表/148
表 4-3　2010 年东丽区街道、乡及地区常住人口数、户数、性别情况统计表/151
表 4-4　东丽区 3～6 次全国人口普查、常住人口年龄构成统计表/152
表 4-5　2010 年东丽区百岁老人一览表/158
表 4-6　1978—2010 年东丽区人口死亡顺位比重表/159
表 4-7　1979—2010 年东丽区户籍人口计划生育情况统计表/166
表 5-1　2006 年华明新市镇村庄原建设用地统计表/177
表 5-2　1996—2010 年东丽区供热站统计表/185
表 5-3　2003—2006 年东丽区户厕改造统计表/198
表 6-1　2007—2010 年华明示范镇居委会基本情况一览表/212
表 7-1　2010 年东丽区民办铁路专用线一览表/236
表 7-2　2010 年市公交在东丽区境内客运班次线路一览表/242
表 7-3　1983—2010 年东丽区运输行业发展情况表/246
表 7-4　2010 年东丽区规模货物运输企业一览表/247
表 7-5　2010 年东丽区重点汽车货运企业基本情况一览表/249
表 7-6　1993—2010 年东丽区汽车维修企业类别统计表/253
表 7-7　1993—2010 年东丽区规模机动车维修企业基本情况统计表/254
表 9-1　2010 年东丽区一级河道基本情况一览表/282
表 9-2　2010 年东丽区海河沿岸固定排水泵站一览表/284
表 9-3　2010 年东丽区新开河、金钟河永定新河沿岸固定排水泵站一览表/284
表 9-4　2010 年东丽区污水处理情况一览表/294
表 9-5　2010 年东丽区国有泵站基本情况一览表/295
表 9-6　2010 年东丽区街乡管理泵站基本情况一览表/297
表 9-7　2010 年东丽区二级河道基本情况一览表/298
表 9-8　1995—2010 年东丽区取水许可审批一览表/300
表 9-9　1999—2010 年东丽区企业节水工程建设情况一览表/302
表 9-10　2006—2010 年东丽区水行政许可审批一览表/304
表 10-1　1979—2010 年东丽区粮食作物种植面积及产量情况一览表/319
表 10-2　1979—2010 年东丽区蔬菜种植面积及产量一览表/323

表 10-3　1979—2010 年东丽区畜禽养殖及肉蛋奶产量情况表/331
表 10-4　2008—2010 年东丽区生猪现代畜牧业示范园区建设情况统计表/334
表 10-5　1979—2010 年东丽区水产品产量及养殖面积统计表/335
表 10-6　1979—2010 年东丽区林业生产情况统计表/349
表 10-7　1979—2010 年东丽区农业机械化情况统计表/353
表 11-1　1981—2010 年东丽区工业平均增长速度统计表/372
表 11-2　1996—2010 年东丽区工业企业发展情况统计表/373
表 11-3　1979—2010 年东丽区工业产销比例统计表/374
表 11-4　1990—2010 年东丽区工业增加值占全区生产总值比重统计表/374
表 11-5　1990—2010 年东丽区工业利润利税情况统计表/374
表 11-6　2010 年东丽区重点纳税工业企业一览表/375
表 11-7　1996—2010 年东丽区规模以上工业企业发展情况一览表/375
表 11-8　2010 年东丽区销售收入 3 亿元以上规模工业企业统计表/375
表 11-9　2010 年东丽区工业行业类别及法人单位情况一览表/379
表 11-10　2008 年东丽区工业企业主要产品生产量、销售额统计表/385
表 11-11　2001—2010 年东丽区企业享受国家、市、区技改贴息支持资金统计表/391
表 11-12　2003—2010 年东丽区市级企业技术中心名称一览表/393
表 11-13　2008—2010 年东丽区企业享受区节能专项资金项目一览表/396
表 11-14　2008—2010 年东丽区万元 GDP 能耗对比表/397
表 12-1　1992—2010 年东丽经济开发区基础设施建设情况统计表/408
表 12-2　1992—2010 年东丽经济开发区招商引资情况统计表/411
表 12-3　2004—2010 年军粮城工业园区投产企业主要经济指标统计表/420
表 14-1　2010 年东丽区规模仓储企业一览表/471
表 14-2　2010 年东丽区规模以上物流企业一览表/476
表 14-3　2010 年金钟街道大型物流企业一览表/478
表 14-4　2010 年金钟街道大型专业市场一览表/478
表 15-1　1996—2010 年东丽区利用外资情况统计表/485
表 15-2　1994—2010 年东丽区三资企业基本情况统计表/494
表 15-3　2010 年东丽区销售额 2 亿元人民币以上外资企业一览表/495
表 16-1　1995—2010 年东丽区取得建筑业资质等级证书的建筑企业一览表/500
表 16-2　1980—1995 年东丽区乡村建筑企业统计表/505
表 16-3　1996—2010 年东丽区公房经营管理情况统计表/512
表 16-4　1981—1995 年东丽区换房和调房统计表/518
表 16-5　2002—2010 年东丽区商品房销售情况统计表/519

表 16-6　1998—2010 年东丽区霞辉房地产开发公司承建区重点工程一览表/522
表 17-1　1979—1995 年东丽区地方财政收入情况统计表/528
表 17-2　1996—2010 年东丽区地方财政收入情况统计表/529
表 17-3　1979—2006 年东丽区地方财政总支出情况统计表/531
表 17-4　2007—2010 年东丽区地方财政总支出情况统计表/533
表 17-5　1994—2010 年，东丽区国家税务登记统计表（新开业）/548
表 17-6　2001—2010 年东丽区国税局稽查情况统计表/552
表 17-7　1994—2010 年东丽区地方税务局税收情况统计表/555
表 17-8　1979—2010 年农行东丽支行存贷款规模情况统计表/560
表 17-9　2000—2010 年工行东丽支行经营情况统计表/562
表 17-10　1992—2010 年建行东丽支行存贷款情况统计表/563
表 17-11　199—2010 年中行东丽支行存贷款情况统计表/565
表 17-12　2009—2010 年邮储银行东丽支行存贷款情况统计表/566
表 17-13　1987—1995 年东丽区职工养老基金征集情况统计表/568
表 17-14　2005—2010 年社保东丽分中心主要业务统计表/568
表 18-1　1979—2010 年东丽区土地登记情况统计表/577
表 18-2　1979—1986 年东丽区国民经济主要指标完成情况统计表/590
表 18-3　1987—2010 年东丽区国民经济主要指标完成情况统计表/590
表 18-4　1996—2010 年东丽区个体工商户内、资企业登记情况统计表/597
表 18-5　2010 年东丽区驰名、著名商标名录/601
表 18-6　2007—2010 年东丽区主要农副产品和农用生产资料行情价目表/610
表 18-7　1996—2010 年东丽区食品卫生监督工作统计表/626
表 18-8　2002—2010 年东丽区安全生产事故情况统计表/633
表 19-1　1979—2010 年东丽区党员基本情况统计表/638
表 19-2　1979—2010 年东丽区委书记、副书记、常委名表/641
表 19-3　1979—2010 年东丽区党组织设置统计表/656
表 19-4　1996—2010 年东丽区党员违纪违法案件处理情况统计表/683
表 20-1　1979—2010 年东丽区人民代表大会代表组成情况统计表/710
表 20-2　1980—2010 年东丽区历届人大常委会主任、副主任名表/720
表 21-1　1980—2010 年东丽区历届人民政府领导人名表/731
表 21-2　东丽区 8～15 届区政府常务会议主要议题一览表/736
表 21-3　东丽区 13～15 届区长办公会议主要议题一览表/739
表 21-4　1996—2010 年东丽区信访办接待来信来访情况统计表/748
表 21-5　1994—2009 年部分外国代表团来访东丽区一览表/762
表 22-1　1984—2010 年政协东丽区历届委员会界别统计表/770
表 22-2　1979—2010 年政协东丽区委员会历届主席、副主席名表/777

索 引

表 23-1 1984—2008 年东丽区科协所属学（协）会一览表/807
表 23-2 2003—2010 年东丽区科协历届科普日活动一览表/808
表 24-1 1998—2010 年东丽区火灾事故统计表/837
表 24-2 1979—2010 年东丽区人民检察院审查批捕情况统计表/840
表 24-3 1979—2010 年东丽区人民检察院审查起诉情况统计表/843
表 24-4 1979—2010 年东丽区人民检察院查处贪污贿赂案情况统计表/845
表 24-5 1979—2010 年东丽区人民检察院受理渎职侵权案件情况统计表/846
表 24-6 1985—2010 年东丽区人民检察院控申情况统计表/848
表 24-7 1999—2010 年东丽区人民检察院受理民事申诉案件情况统计表/849
表 24-8 1979—2010 年东丽区人民法院刑事案件收、结案统计表/853
表 24-9 1979—2010 年东丽区人民法院民事案件收、结案统计表/854
表 24-10 1983—2010 年东丽区人民法院商事案件收、结案统计表/856
表 24-11 1987—2010 年东丽区人民法院行政案件收、结案统计表/857
表 24-12 1985—2010 年东丽区人民法院执行案件收、结案统计表/858
表 26-1 2007—2010 年东丽区军队转业干部安置人数统计表/891
表 26-2 1999—2010 年东丽区公开招聘公务员统计表/892
表 26-3 2006—2010 年东丽区事业单位公开招聘统计表/893
表 26-4 2007—2010 年东丽区专业技术人员职称申报情况统计表/900
表 26-5 东丽区社会保险缴费比例表/903
表 26-6 1996—2010 年东丽区劳动合同签订情况统计表/905
表 26-7 1987—2005 年东丽区失业保险费征缴情况统计表/918
表 27-1 1991—2009 年东丽区村委会换届选举情况统计表/924
表 27-2 1991—2010 年东丽区向灾区和贫困地区捐赠情况统计表/929
表 27-3 1989—2006 年东丽区修建社会救济对象住房情况统计表/933
表 27-4 1988—2010 年东丽区农村义务兵家属优待金发放情况统计表/939
表 27-5 1997—2010 年东丽区城镇义务兵家属优待金发放情况统计表/940
表 27-6 2010 年东丽区社会团体登记在册情况一览表/946
表 27-7 2010 年东丽区民办非企业单位在册情况一览表/948
表 27-8 1979—2010 年东丽区婚姻登记状况统计表/949
表 27-9 2008 年东丽区敬老院基本情况统计表/961
表 28-1 2010 年东丽区各小学情况一览表/974
表 28-2 1979—2010 年东丽区小学基本情况一览表/975
表 28-3 2010 年东丽区各中学情况一览表/982
表 28-4 1979—2010 年东丽区中学发展情况统计表/983
表 28-5 1991—1993 年东丽区中等师范教育毕业生一览表/987
表 28-6 1983—2010 年东丽区职业教育学校基本情况统计表/990

表 28-7　2010 年东丽区民办非学历培训机构基本情况一览表/995
表 28-8　1979—2010 年东丽区教育经费投入一览表/1015
表 29-1　1996—2010 年东丽区农业获奖科技成果一览表/1032
表 29-2　1996—2010 年东丽区企业获奖科技成果一览表/1033
表 29-3　2008—2010 年东丽区高新技术企业一览表/1048
表 30-1　2009 年东丽区第一批非物质文化遗产项目一览表/1085
表 30-2　2010 年东丽区第二批区级非物质文化遗产项目一览表/1086
表 30-3　1982—2010 年东丽区档案馆档案利用情况统计表/1094
表 30-4　1991—2010 年东丽区编纂部门志、专业志、乡村志情况表/1098
表 31-1　1994—2000 年东丽区医疗器械设备一览表/1118
表 31-2　2010 年东丽区医疗机构大型医用设备统计表/1119
表 31-3　1980 年东丽区氟中毒病区情况调查表/1120
表 31-4　2010 年东丽区居民食品食用碘盐监测结果一览表/1121
表 31-5　1995—2010 年东丽区年收治结核病人情况统计表/1127
表 31-6　1996—2010 年东丽区公共场所及生活饮用水卫生监测统计表/1128
表 31-7　1995—2010 年东丽区孕产妇系统管理情况统计表/1131
表 31-8　1982—2010 年东丽区义务、无偿献血情况统计表/1139
表 32-1　1988—2002 年东丽区被批准为全国、天津市体育传统项目学校一览表/1155
表 32-2　1988—1999 年东丽区“希望之星”达标一览表/1156
表 32-3　1990—2001 年东丽区参加天津市及全国毽球比赛统计表/1158
表 32-4　1984—2010 年东丽区参加国际体育赛事表/1164
表 32-5　2004 年东丽区社会体育场地设施统计表/1172
表 32-6　1982—2000 年东丽区体育人才输送情况表/1177
表 33-1　1979—2010 年东丽区农民人均纯收入统计表/1182
表 33-2　1990—2010 年东丽区农民人均纯收入来源情况结构表/1182
表 33-3　1990—2010 年东丽区每户农民拥有耐用消费品情况统计表/1185
表 34-1　1979—2010 年东丽区属单位获全国劳动模范荣誉情况表/1218
表 34-2　1996—2010 年东丽区属单位获天津市劳动模范荣誉情况表/1218
表 34-3　1996—2010 年东丽区属单位获省部级授予个人荣誉情况表/1222
表 34-4　1996—2010 年东丽区享受国家特殊津贴专家名录/1229
表 34-5　1979—2010 年客籍在东丽区工作博士学位名录/1229
表 34-6　1996—2010 年东丽区特级教师名录/1229
表 34-7　1981—2010 年东丽区支援西藏干部名录/1230
表 34-8　1997—2010 年东丽区支援新疆干部名录/1231
表 34-9　2000—2004 年东丽区支援甘肃干部名录/1232
表 34-10　1987—2010 年东丽区卫生技术正高级职称名录/1232
表 34-11　2006—2009 年东丽区农业、工程正高级职称名录/1233

表 34-12 1996—2008 年东丽区群众文化正高级职称人员名录/1234
表 34-13 2002—2007 年东丽区律师正高级职称人员名录/1234
表 34-14 1979—2010 年东丽籍在区域外工作博士学位名录/1234
表 34-15 1979—2010 年东丽籍在区域外工作副局级以上职位名录/1235
表 34-16 1979—2010 年东丽籍在区域外工作副师级以上职位名录/1235

（二）人 名

B 毕玉和/1210
C 崔洪金/475
陈养恒/1207

D 狄 青/1071
丁立祥/1208
窦墨林/1211

G 葛同欢/1214
葛致钢/1217
高振儒/1213
郭景海/1215

H 韩宝林/1067
韩应秋/1217
韩学森/1074

L 刘长会/1065
刘振钊/1213
李文梁/1065
李祥平/1274
李 忠/1211
李墨生/1212
李恩举/1047

M 毛志中/1112
孟繁兴/1215
S 邵自广/834
邵祝安/1067
石双樑/1074
孙玉河/1074
孙振武/1211
沈炳珠/1214

W 王福喜/1067
王焕庆/1071
王金厚/1074
王克昌/1208
王桂林/1207
王先峰/1207
吴鸿举/1216
魏国亮/1208

X 徐树山/522
许向诚/1071
邢纪庆/1074

Y 姚广盛/959
姚宗瑛/1071
杨铁顺/1047
杨洪珍/1077
杨士法/1209
杨兆兰/1210
Z 张艳红/1140
张志邦/1217
赵宝山/1071
赵天一/1177
曾国栋/1212
翟汝佐/1216
翟兴龙/1114

（三）地 名

街道、乡、新市镇

张贵庄街道/54
丰年村街道/58
万新街道/62
新立街道/67
无瑕街道/71
华明街道/74
金钟街道/77
军粮城街道/80
么六桥回族乡/83
华明新市镇/188
金钟新市镇/188
军粮城新市镇/188
新立新市镇/189

村 （居）

詹滨西里社区居委会/56
常熟里社区居委会/59
铁城公寓居委会/64
民航学院居委会/70
无瑕花园居委会/73
华明示范镇社区居委会/218
阳光集团有限公司/65
长青城市公司/78
华明示范镇第二居委会怀园
20 号楼 2 门/213
仓储专业村——东堼/472
仓储运输专业村——苗街/472
仓储专业村——一村/472
仓储专业村——新兴村/472
物流专业村——徐庄/79
剪纸专业村——大郑/71
农贸专业村——赵沽里/79

河流、水库

海河/281
金钟河/281
新开河/282
永定新河/282
东减河/285
西减河/286
东河/287
西河/287
月西河/287
新地河/287
外环河/287
北塘排咸河/288
新地河水库（东丽湖）/431

公 路

京津塘高速公路/225
津蓟高速公路/225
京津高速公路/226
津滨高速公路/226
津塘公路/226
津北公路/226
杨北公路/227
驯海路/1227
金钟公路/227
津汉公路/227
二道闸路/228
机场路/228
津塘二线/228
外环线公路/228
跃进路/229
津赤路/229
东金路/229
东金支路/229
津汉一支路/230
津汉二支路/230
山岭子路/230
赤海路/230
金钟河右堤路/230
东丽湖联络线/230

桥 梁

津塘公路立交桥/230
丰年村高架桥/230
新立村立交桥/231
民族路通道桥/231
军粮城立交桥/231
无瑕村立交桥/231
金钟河大桥/231
杨北立交辅道桥/231
刘台立交桥/232
金钟河重型桥/232
机场大道立交桥/233
李明庄立交桥/233
东丽湖联络线立交桥/233
华明立交桥/233
张贵庄铁路立交桥/237

铁路、车站

京山铁路/234
北环铁路/234
张贵庄车站/235
军粮城车站/235
津滨轻轨—天津地铁 9 号线/237

机 场

天津滨海国际机场/238

水路、渡口、码头

海河航道/239
大郑渡口/239
泥窝渡口/239
军粮城港埠有限公司郑家台码头/240
海河桥/240

（四）工业企业

重点工业企业

天津赛瑞机器设备有限公司/380
天津市艾瑞斯机械制造有限公司/380
卡达克汽车高新技术公司/381
天津劳尔工业有限公司/381
天津丰田合成有限公司/381
泰科图比（天津）管件有限公司/381
三圆管材有限公司/381
天津市凯鑫程有色金属加工有限公司/381
天津市东海制桶有限公司/382
天津市森源电气设备制造有限公司/382
天津益思彼电子有限公司/382
天津有容蒂康高分子材料有限公司/382
中美天津史克制药有限公司/383
天津市和国投市政水利工程有限公司/383
瑞科尔建筑材料（天津）有限公司/383
天津井上高分子材料制品有限公司/383
航天精工（天津）制造有限公司/384
天津中昌织物技术有限公司/384
天津春发生物科技集团有限公司/412
天津市金桥焊材集团有限公司/413
天津市电装电机有限公司/413
科莱恩（天津）有限公司/414
天津丰津汽车传动部件有限公司/414
天津三五汽车部件有限公司/414
天津精达里亚特种漆色线有限公司/414
天津韩星爱肯特光电子有限公司/415
安费诺（天津）电子有限公司和安费诺凯翼（天津）电子有限公司/415
天津市先导倍尔电气有限公司/415
天津天石休闲用品有限公司/416
瑞普（天津）生物药业有限公司/416
天津新兴数字电子有限公司/416

高津（天津）汽车设备有限公司/417
天津新明纤维树脂制品有限公司/417
天津富士达自行车有限公司/421
天津立业建工轻钢有限公司和轻钢立业钢材加工配送有限公司/421
天津市腾飞钢管有限公司/421
天津宝仓钢管加工制造有限公司/421
中国一重天津滨海制造基地/424
天津有容蒂康通讯技术有限公司/427
东丽区建筑工程有限公司/506

工农业园区

东丽经济开发区/407
军粮城工业园区/418
滨海重机工业园区/422
华明工业园区/425
金桥产业园区/86
万新大厦/67
天津市华泰现代农业开发有限公司/1047
天津世纪兴种养业有限公司生猪示范园区/363
东丽区大安绿丰农民专业合作社观赏鱼养殖示范园区/337
天津腾绿农业科技发展有限公司/348
天津市滨海瑞捷农业技术开发有限公司/348
天津滨海国际花卉科技园区/1047
华明宅基地复垦设施农业园区/362
天津滨海无瑕农业生态园/363
天津华泰现代农业园区/363
丽源水产良种场示范园区/364

农业产业化龙头企业

天津市金钟农产品批发市场/359
天津绿洲庄园农业技术发展有限公司/360
天津市国顺肉类食品有限公司/360
天津市傲绿农副产品集团有限公司/360
天津春发生物科技集团有限公司/360
天津市宽达水产食品有限公司/360
天津市方大禽业发展有限公司/360

（五）商业服务业

商业街、商业中心

利津路商业街/457
上东一街商业街/457
驯海路商业街/458
华明商贸中心/216
无瑕花园社区商业中心/458
天山南路社区商业中心/458

商场、超市

东丽商场/459
军粮城百货商场/459
金谷商厦/459
家世界大型超市/459
百乐福超市/460
津工超市/460
世纪华联超市/460

专业批发超市

金钟农产品批发交易市场/460
东丽商贸城/461
中国北方五金城/461
北方自行车商城/462
滨海钢材城/462
兴耀粮油食品批发市场/462
杨北路建材城/462
东环鑫泰汽配城/462

集贸市场、菜市场

军粮城农贸市场/463

军粮城标准化菜市场/463
华明第一菜市场/216
华明第二菜市场/216

酒 店

天津市津门饭店/465
天津市德悦饭店/465
友鹏海鲜酒楼/465
裕德隆饭庄/465
金三角海鲜酒楼/465

宾 馆

东丽宾馆/466
先锋宾馆/466
奥兰宾馆/467
银河大酒店/467
金滦宾馆/467
东丽湖度假村/444
东丽湖大酒店/444
恒大国际温泉会议中心/444

物 流

天津安达集团股份有限公司/475
天津大无缝物流发展有限公司/474
天津丽兴园物流发展有限公司/474
兴农钢材剪板贸易中心/474
东环物流有限公司/475
鑫汇洋水产品冷藏加工物流基地/475
安达汽车物流公司/476
天津市振东物流中心/478
天津市振东巨邦物流中心/478

（六）机 构

教育机构

第一幼儿园/970
第二幼儿园/970
实验小学/973
第一百中学/980
军粮城中学/981
鉴开中学/981
四合庄中学/982
职教中心学校/988
教师进修学校/986
农业广播电视学校/992
广播电视大学东丽分校/994
天津体育学院职业技术学院/997
天津体育学院运动与文化艺术学院/998
东丽区体育艺术学校/1176
东丽区中小学学生军事训练和社会实践基地/984

文体机构

区文化馆/1058
区图书馆/1060
东丽礼堂/1061
区新华书店/1062
区少年宫/1009
温泉游泳池/1170
游泳训练中心/1170
体育中心健身训练馆/1170
全民健身广场/1171
体育中心田径场/1172
区工会工人俱乐部/794

医疗机构

东丽医院/1105
军粮城医院/1105
程林医院/1106
中医医院/1106
天津武警部队医学院/1000
武警天津总队医院/1108
天津市安宁医院/1108
天津市第一中心（滨海）医院/1109

区疾病预防控制中心/1109
区妇幼保健院/1109
区结核病防治所/1109
街道社区卫生服务中心/1107

科技管理服务机构

环境保护监测站/119
农业技术推广服务中心/313
畜牧水产服务中心/313
质量技术监督东丽检测中心/624
东丽区生产力促进中心/1036
东丽区科丽泰科技企业孵化器/1038

金融机构

中国农业银行东丽支行/559
天津农商银行东丽支行/561
工商银行东丽支行/562
中国建设银行天津东丽支行/563
中国银行天津东丽支行/564
天津银行东丽支行/565
中国邮政储蓄银行东丽支行/566
天津社会保险基金管理中心
东丽分中心/567
中国人民财产保险股份有限公司
天津市东丽支公司/568
中国人寿保险天津东丽支公司/570

（七）旅 游

特色游

华明会议中心/217
华明湿地民俗博物馆/217
华明湿地公园/217
华明农业设施园/217
华明社区居委会、特色楼门/218
东丽湖自然艺苑区/442
东丽湖地域发展产业项目区/442
东丽湖朗钜欢乐谷温泉/443
东丽湖天海风俱乐部/443

展览馆

东丽区规划展览馆/1062
世博华明馆/218

特色农产品

滨海国际花卉科技园区高档花卉/1047
华泰现代农业园区台湾蝴蝶兰花/363

非物质文化遗产

大郑剪纸/1083
新袁庄长利高跷/1083
周氏宫灯/1083
赤土扣肉、丸子/1084
无极武术/1084
排地民谣/1084

宗教场所

骆驼房子清真寺/1192
新兴村清真寺/1192
大宋村清真寺/1193

公 园

东丽公园/200
芳草公园/200
新立公园/200
欣苑公园/201
万力公园/201
惠民公园/201
华明公园/201

《东丽区志》(1996年12月版)勘误表(部分)

页数	行	误	正	页数	行	误	正
4	正2	去病疗疾	祛病疗疾	561	正16	垡175万元	贷款175万元
12	倒7	涿洲	涿州	565	倒11	门锡瑕仪表	门锡椴仪表
45	倒10	早定值	早定植	570	正5	杨建民	杨健民
114	倒9	市属农物	市属农场	575	正8	雄县	林县
160	正6	彭佩云	彭珮云	609	倒1	住户	住房
174	正11	劫收	接收	643	正2	保甲网络	保甲制
194	正5	茅台	毛家台	671	倒14	担任67个	担任87个
196	正12	茶黄螨	茶黄螨	675	正3	军伐混战	军阀混战
206	倒8	链鱼	鲢鱼	713	正10	国粮城	军粮城
211	倒14	冠状优雅	冠状幽雅	750	倒3	推弓根的	椎弓根的
225	倒2	毛白腊	毛白蜡	772	正14	经颅多普勒	颈颅多普勒
264	倒5	农垦打造	农具锻造	773	正8	B超超生仪	B超超声仪
273	正12	重要作法	重要做法	821	倒11	赵佩如	赵佩茹
293	正3	半年村	丰年村	885	倒10	搂野菜吃	搂苲草吃
303	倒1	廊房	廊坊	894	倒3	买口薄衬	买口薄材
308	倒3	云锄	耘锄	913	倒4	瓷螬	蛴螬
329	正2	处省市	外省市	927	正12	木匠带枷	木匠戴枷
330	倒12	肩桃	肩挑	933	正14	小五庄	小王庄
331	倒10	暴晒除虫	曝晒除虫	933	正14	两杨台	西杨台
331	倒16	扒沟潮阳	扒沟朝阳	947	倒1	张广信	张户信
331	正10	渡过雨季	度过雨季	951	正7	东郊区体委	河东区体委
339	正10	出版计	出版社	952	倒3	王琪	王 俱
436	正9	准安路	淮安路	961	倒1	杨树勤	杨树勋
446	正8	变电变	变电站	974	正14	王相生	王桐生
482	正14	头象的银元	头像的银元	995	正6	布新新	布新集
497	正12	不低入6.5%	不低于6.5%	997	正2	祥瑞三环	祥瑞之环

编修始末

盛世修志，功在当代，利在千秋。根据天津市政府《关于启动区县地方志第二轮编修工作的通知》精神，为全面记述中共十一届三中全会以来，东丽区改革开放和社会主义现代化建设的历程和成果，2012年7月，区委、区政府决定启动第二轮修志工作，并下发了《关于印发东丽区地方志第二轮编修工作方案的通知》，成立了编修委员会和续志办公室，由区政府办副主任杨声远主持第二轮修志工作。

是年9月至12月，区政府办从区委党史研究室特转聘了熟悉东丽区情且从事20余年东丽区史志编研的退休干部杨茂树和曾参加全国志书编修培训会的退休小学校长刘培猛，以及区政府办吴俊侠组成筹备小组。杨茂树负责续志办全面工作。其间，编辑了《东丽区志资料汇编》，赴北辰区和津南区地志办学习考察，深入25个重点参编单位、部门调研，从20余名拟聘人员中，又择优聘请了5名人员，组成7人编修队伍。人员来自区人大、工业、农业、教育、文化、街道和市金融部门等不同渠道，所有人员均为中共党员，既熟悉区情，具备丰富的社会阅历，又有较高的写作实践经验，为编修工作提供了坚强的人才保证。同时，完成了编修人员责任分工，搜集备存了有关编修参考资料，并拟定了编修篇目，圆满完成了前期各项筹备工作。

编修人员左起：陈元 刘培猛 杨茂树 王建国 许新复 杨丰树 王志民

2013年初，聘请的7名编修人员和从民政局借调的2名工作人员全部到岗。1月17—22日，由总编杨茂树对编修人员进行了8个专题的业务培训。

2013年1月30日，区政府召开东丽区第二轮修志工作会议，全区120个参编单位主管领导及统稿人240人参加了会议。副区长刘克强主持会议，区政府办负责人部署第二轮修志工作，区委常委、区委办公室主任苑树发及市志办负责人讲话，对编修工作提出具体要求。至此，第二轮区志编修工作拉开了序幕。

二轮修志工作启动后，连续举办了两次大型培训会，全区参编单位的统稿人和撰稿人共计430人参加了业务培训。两次培训后，又分别召开了社会事业单位、农业、水利、乡镇街道、城建管理、经济管理等部门参加的定向专业培训，同时，通过梳理，找出难点和重点，深入80多个参编单位，采取面对面、一对一的方法，有的放矢的对参编人员进行业务培训和指导，接受培训和指导的基层参编人员达600人次。至5月底，历时4个月的对120个参编单位1380人次的多种形式、不同层次的培训、指导，为基层单位如何搜集资料和撰写初稿开拓了思路、奠定了基础。

2013年9月，区政府办对续志办编修人员进行调整，责成王建国为续志办负责人，并主持全面工作。同时，任《天津市东丽区志》责任总编（主笔、责任编辑），杨茂树为顾问。2014年1月至6月，各编修人员，按职责分工，指导参编单位撰写初稿，通过大家的努力，至7底，各参编单位完成了初稿上报。至12月底，在各参编单位提供初稿的基础上，编修人员通过修改、编纂，分别提供了入志初稿。2015年1月始，编修人员再次调整，除王建国和杨茂树外，其他人员区政府办终止聘用。面对人员少、时间紧、任务重的局面，为确保志书编修工作顺利进行，2位编修人员自觉加压，变编修人员为编写人员，为搜集资料，无论酷暑寒冬，深入区属单位和非区属单位、档案馆，以及车站、码头，村落等实地考察，据不全统计，考察、调研达500余次，利用节假日近500天，足迹遍布了区域边远、交通极为不便的郑家台码头、泥窝渡口、大郑渡口、大毕庄火车站、军粮城火车站、正心小学、津能热电有限公司、军粮城发电厂、东丽湖、国际花卉基地、大顺园林花卉有限公司，以及滨海新区等地，获得了大量宝贵的第一手资料，补充了60%的入志初稿内容。重新编写志书初稿13编，新增2编特色编，大修19编。2015年7月始，区政府办公室副主任刘乃强主抓地方志工作。2016年和2017年全面完成了天津市政府对东丽区二轮修志工作的绩效考核，在人员紧张任务重的情况下，实现了工作进度与质量的双赢，达成了质量标准不降低、工作任务不缩水、完成进度不改变的既定目标。

2018年12月28日，召开《天津市东丽区志（1979—2010）》复审会，区政府办副主任刘乃强主持会议并致辞，市志办主任关树锋作重要讲话，区续志办负责人王建国作复审稿编修工作情况汇报，市志办专家组成员赵继华、傅常欣作评审发言，各区志办亦提交了评审意见。与会代表对复审稿给予充分肯定和高度评价。一致认为《东丽区志（1979—2010）》复审稿，主线清晰、个性鲜明、全面系统地记载了东丽区改革开放32年的自然环境、经济、政治、文化、社会等方面的发展历程，充分体现了东丽区浓郁的区情特色及鲜明的时代特征，是一部内容丰富、资料详实、体例完备、文风端正的地方百科全书。是一部高质量的复审稿，专家认为，“东丽区在仅有两名编修人员的情况下，完成这么巨大的工作，难以想象他们付出了多少艰辛，实属难能可贵。东丽区独特的修志范式，对今后修志工作具有积极的借鉴意义。”为此，市志办张月光处长当场宣布：“东丽区复审稿达到了《天津市区级地方志书编修及审查验收规定》要求，通过复审。”

2019年1月至3月，两名编修人员以对历史、人民负责的态度，以高度的责任感，对复审会提出的修改意见建议，进行了梳理汇总，制定了修改方案。4月至7月，经历了删减、调整、增补3个阶段，共进行了4次较大修改，在内容上共删减了5章、40节、387目、462个子目、71个表格；调整了部分编章结构；增加了12幅照片，补充了部分内容。文字总量由150万字压缩至120万，使得全志重点内容更加突出，记述更加精炼，完成了终审稿修改、完善工作。

2019年8月27日，召开《天津市东丽区志（1997—2010）》终审会。会议由机构调整后的区地方志编修委员会办公室主任安战主持，东丽区委常委、区委办公室主任刘克强致开幕辞，市档案馆副馆长、市地方志编委办公室主任关树锋讲话，安战介绍了终审稿编修情况。市地方志张月光处长主持评审专家组进行了评审。方志出版社社长于伟平、天津市师范大学国际教育交流学院教授、全国语文教育专业委员会理事长谭汝为、天津市博物馆原馆长陈克、天津市社会科学院历史研究员任云兰、《天津市河北区志》总纂傅常欣分别进行了评审。专家组一致认为《天津市东丽区志（1997—2010）》是一部质量较高的终审稿，通过终审。

终审会后，根据专家组提出的意见，再次对志稿进行了打磨、完善、提高，2019年11月完成终审修改稿，12月送交方志出版社。至2020年4月下旬，经张颖初审、张景增复审、李江终审，通过审定，认为“全书指导思想明确、结构合理、编排规范、记述内容全面、条目信息丰富、编纂质量极佳，符合《图书质量管理规定》的有关要求，是一部优秀的综合志书，完全可以公开出版”。

2018 年 12 月 28 日,《天津市东丽区志(1979—2010)》复审会人员合影

2019 年 8 月 27 日,《天津市东丽区(1979—2010)》终审会人员合影

光阴似箭,岁月如梭。2020 年 6 月出版稿已全面完成。在编纂《东丽区志(1979—2010)》过程中,我们始终坚持全书设计科学,领属逻辑关系合理,体例完备,行文规范标准,记述语言严谨,资料详实准确,文风端正,内容深度和广度要实现高度的统一。做到政治观点正确,改革开放主线突出,亮点、特色鲜明,在客观真实记述历史的同时,浓墨重彩反映东丽区人民在党的领导下,勠力同心,奋发有为,

在建设国际型、知识型、生态型、创新型现代化津滨新城区等方面取得的辉煌成就，对存史、资政、育人等方面发挥积极的作用，成为全区一部不可或缺的文化产品、一个有声有色的立体信息资料库、一部全面反映东丽区改革开放历程的工具书、一部全面详实的地情书；成为开展国情、地情教育，培育爱国、爱乡情怀，树立社会主义核心价值观，坚定"文化自信"的珍贵教材。同时，对领导科学决策和社会各界了解东丽、认识东丽，继而助力东丽发展，产生积极的影响。

本志在编纂过程中，始终得到区委、区政府领导的高度重视和关心，得到市志办历任主任、处长的关心和帮助，以及业务处室的精心指导，得到各有关部门、史志专家、学者、及社会各界、各区志办和各参编单位的鼎力支持和协助，在此，一并表示诚挚的谢意。由于编者学识有限，本志一定存在不少疏漏、讹误之处，恳请读者批评指正。

编 者

2020 年 6 月

提供资料人员名单

（按姓氏笔画排列）

丁　梅	马文娟	马塾琴	马文静	马忠魁	马　骥	马宁宁	马　晖
么世良	么立顺	王树全	王玉香	王　萍	王春光	王振全	王健农
王惠良	王　嘉	王立成	王　楠	王　刚	王　浩	王　珏	王世斌
王绍森	王向杰	王成林	王　凯	井　莹	孔德礼	尹文静	石爱焕
石良玉	付雅娜	付义忠	白祎杰	刘玲玲	刘维健	刘久赛	刘立焕
刘广伟	刘桂萍	刘　健	刘　涛	刘巍巍	刘思彤	刘景隆	刘砚双
刘振静	刘金镇	刘莉华	刘　娟	刘长河	刘洪栋	刘家徽	刘寿倩
刘洪洁	刘　洁	刘　娜	孙　莹	孙丽丽	孙永顺	孙　超	孙全顺
孙雅婧	孙　震	孙　颖	孙伟娜	孙　静	孔云霞	孙　智	齐学锋
许　倩	许　洁	朱建伟	朱　强	闫富春	安　杨	邢春晖	何　伟
祁　兵	李铁峰	李　彦	李少华	李秀茹	李　帅	李　煞	李友谊
李啓明	李　虹	李允刚	李绪宝	李　嵩	李雪梅	李德强	李遵祯
李善军	何　伟	何　快	吕　悦	陈少文	杨智慧	杨兰英	杨　光
杨同海	杨凤桐	杨益璋	杨全利	吴静霞	吴学鸥	迟文泉	陆海波
宋泽宇	郑文娟	郑　娟	周倩倩	张学伟	张树爱	张立娜	张　中
张万明	张洪亮	张昀慧	张文秀	张永娜	张　媛	张希华	张成坡
张维发	张　野	赵　亮	赵　静	赵义洪	赵善辉	郝轶茹	郝　玥
姜述英	姜子广	姚明星	姚祥云	姚　军	郭生贵	郭　昀	郭富友
侯　静	夏胜利	倪长会	徐树祥	晁欣彤	黄　艳	黄爱民	黄付明
高玉兴	高　琥	曹宇宏	曹　莉	崔　颖	崔　洋	崔建辉	阎贵红
阎　青	堵　明	谢　双	董　娟	程　杰	韩维莹	韩　洁	谭伟明
樊小丽	潘子强	魏俊梅	魏俊秀	魏振山	魏同辉	魏学娜	魏二强
戴　鑫							

提供资料人员名单

（按姓氏笔画排列）

[illegible]